中華民國史檔案資料滙編

第五輯　第二編

軍事（一）

中國第二歷史檔案館編

鳳凰出版傳媒集團　鳳凰出版社

图书在版编目（C I P）数据

中华民国史档案资料汇编. 第5辑. 第2编. 军事 / 中国第二历史档案馆编. -- 南京 : 凤凰出版社, 1998.4 (2016.8重印)
ISBN 978-7-80519-976-4

Ⅰ. ①中… Ⅱ. ①中… Ⅲ. ①档案资料－汇编－中国－民国②军事－档案资料－汇编－中国－民国 Ⅳ. ①K258.063

中国版本图书馆CIP数据核字(2010)第085842号

书　　名	中华民国史档案资料汇编 第五辑　第二编　军事（共五册）
编　　者	中国第二历史档案馆
责任编辑	王家鼎　杜基顺　尹亚伟
出版发行	凤凰出版传媒股份有限公司 凤凰出版社(原江苏古籍出版社) 发行部电话025-83223462
出版社地址	南京市中央路165号,邮编:210009
出版社网址	http://www.fhcbs.com
印　　刷	金坛古籍印刷厂有限公司 江苏省金坛市晨风路186号,邮编:213200
开　　本	850×1168毫米　1/32
印　　张	112.75
字　　数	2829千字
版　　次	1998年4月第1版　2016年8月第3次印刷
标准书号	ISBN 978-7-80519-976-4
定　　价	790.00元

(本书凡印装错误可向承印厂调换,电话:0519-82338389)

编 辑 说 明

《中华民国史档案资料汇编》(1912—1949)，是为了适应中国近现代史的科学研究与教学需要，就馆藏历史档案中具有一定史料价值的资料编辑而成的一套综合性资料汇编。

这套档案资料汇编，系以前副馆长王可风生前主持编辑的《中国现代政治史资料汇编》(1912—1949)初稿为基础，进行修订补充的。全书扩编为五辑：第一辑《辛亥革命》(1911年)；第二辑《南京临时政府》(1912年)；第三辑《北洋政府》(1912—1927年)；第四辑《从广州军政府至武汉国民政府》(1917—1927年)；第五辑《南京国民政府》(1927—1949年)。

本汇编为第五辑《南京国民政府》，由施宣岑、方庆秋主编。

本辑分为三编：第一编为《南京国民政府的建立与十年内战》(1927.4—1937.7)；第二编为《第二次国共合作与八年抗战》(1937.7—1945.8)；第三编为《蒋介石发动全面内战与南京国民政府的覆灭》(1945.8—1949.9)。以上每编各按政治、军事、外交、财政经济、文化教育等分为若干分册。

本分册为第五辑第二编的军事分册。全书分为五个部分：〔一〕战时国民政府军事制度；〔二〕对日作战方针计划与部署；〔三〕正面战场作战概况；〔四〕敌后战场作战概况；〔五〕日军侵华暴行及其失败。这些档案资料，基本反映了抗日战争时期国民政府对日作战方针的变化和两个战场——正面战场与敌后战场各个重要战役的情况，以及日军侵华暴行。它对于研究中国抗日战争史和世界反法西斯战争中国战区史，有着重要的参考价值。

本分册的选编工作，开始试点于1987年11月，以陈长河为责任编辑，负责初稿的编排校阅。档案资料的选辑校对：第一部分为郭必强；第二部分为陈长河；第三部分为陈长河（卢沟桥事变、平汉线作战、长衡会战、桂柳会战）、钱建明（淞沪会战、南京保卫战、闽浙粤沿海战斗、太原会战、徐州会战、枣宜会战、中条山会战、长沙会战、浙赣会战）、毕春富（武汉会战、南昌会战、随枣会战、桂南会战、中原会战、滇缅会战）、殷华（常德会战）；第四部分的选校者为殷华；第五部分的选校者为殷华（南京大屠杀和在华北、江南各地暴行）、毕春富（施放毒气和散播细菌）、胡菊蓉（日本侵略者的投降）等。最后，全书由施宣岑、方庆秋审阅统编定稿。本分册在编辑过程中，还承蒙唐彪、蔡鸿源分担正面战场和敌后战场作战概况等部分的审校工作，在此特表谢意。

本汇编，由于涉及的面广量大，加以档案资料等条件的种种限制，以编者有限的水平，在史料的选编等方面，难免有遗漏、不当和错误之处，谨希读者批评指正。

编者　1993年11月4日

编　　例

一、本汇编所选资料，为保持档案文件原貌，凡原文中对中国共产党及革命人民的诬蔑不实之词，均未加改动，全文照录。但对少数文件因内容重复及与主题无关者，则酌予删节。资料出处，于文件篇后注明之。

二、本汇编所选资料，按问题分类排列，并以文件形成时间先后为序。但属综合性或追述性的资料，则按其内容酌加调整。

三、本汇编所选资料，一般以一篇为一题。但同属一事，彼此间又有直接联系者，则以一事为一题。文件标题、标点，均为编者所加，沿用原标题、原标点者，则予篇目之后加注说明之。

四、本汇编所选资料，一般均用简体字，但遇有可能引起文义歧异者，则保留原来繁体字。

五、本汇编所选资料，排印格式一律采用横排，凡竖排原件文中有"如左""如右"者，横排后应为如下、如上。例如："命令如左(下)"，"右(上)令"等，文中不再一一注明。

六、本汇编所选资料，凡有破损缺漏或字迹不清者，以□号代之；错字、别字和衍文的校勘以及简单注释，均加在正文之后，以〔　〕号标明之；较长的注释，在正文之后以①②等号标明之；增补的字，以【　】号标明之；文件内容删节者，以……符号标明之；待考的字，以〔?〕符号标明存疑。

南京国民政府时期

第 二 编

军　　事

目　　录

〔一〕战时国民政府军事制度

（一）军事行政机关组织

一、国防最高委员会及国民政府参军处……………………………… 1

1. 国防最高委员会通告组织成立代电
（1939年2月21日）………………………………………………… 1

2. 国防最高委员会秘书厅检发本会组织大纲等公函
（1939年2月21日）………………………………………………… 2

3. 军事委员会奉发国防最高委员会取代国防最高会议职权训令
（1939年3月24日）………………………………………………… 5

4. 军令部奉发国家总动员设计委员会组织大纲训令
（1939年12月5日）………………………………………………… 6

5. 国民政府公布国民政府参军处组织法训令
（1942年4月27日）………………………………………………… 8

二、军事委员会及其所属机构……………………………………………10

（1）军事委员会……………………………………………………………10

1. 参谋本部奉发军事委员会组织系统表密令
（1937年11月5日）………………………………………………10

2. 军事委员会颁布军事参议官服务大纲训令
（1937年11月8日）………………………………………………11

3. 军事委员会颁布最高幕僚会议规则训令

(1939年1月12日)……………………………………12
4. 军事委员会抄发西安桂林办公厅组织规程等密令
(1940年5月11日)……………………………………14
5. 军事委员会抄发修正组织大纲及系统表密令
(1940年6月26日)……………………………………16
6. 军政部兵役署关于设立军委会直辖鲁苏皖豫边区总司令部代电
(1941年12月18日)……………………………………20
7. 军政部兵役署抄发驻滇参谋团编制表密令
(1941年12月22日)……………………………………21
8. 军事委员会颁发中央军事机关现任各级人事管理人员考核委员会组织规则代电
(1942年6月15日)……………………………………21
9. 军政部兵役署奉发重庆卫戍区指挥系统表代电
(1942年7月1日)……………………………………30
10. 军事委员会检发修正重庆卫戍总司令部组织暂行条例训令
(1943年3月3日)……………………………………31
11. 军事委员会颁发印信规则
(1943年3月16日)……………………………………34
12. 军事委员会公布本会办公厅组织条例训令
(1944年11月27日)……………………………………36
13. 军事委员会颁发办事通则训令
(1945年7月7日)……………………………………38
(2) 行营(辕)、战区长官部及主任公署……………………42
1. 参谋本部总务厅第一处抄送重庆等行营组织大纲公函
(1937年7月13日)……………………………………42
2. 军事委员会颁发鄂湘川黔边区主任公署组织条例及系统编制表训令

(1938年7月28日) ……………………………………………………45
3. 军事委员会颁布战区司令长官司令部编制表及其组织大纲
(1939年1月) ……………………………………………………53
4. 军事委员会颁布西昌行辕组织大纲等训令
(1939年2月24日) ……………………………………………………56
5. 军事委员会公布成都行辕组织大纲等密令
(1939年3月22日) ……………………………………………………57
6. 军事委员会抄发天水行营组织大纲修改草案等代电
(1939年7月21日) ……………………………………………………58
7. 军事委员会核定派驻云南桂林各机关归并统一办法训令
(1943年6月14日) ……………………………………………………61
8. 军事机关部队设置驻渝办事处规则
(1945年1月25日) ……………………………………………………61
(3) 各部局署组织系统……………………………………………………64
1. 国民政府公布军政部组织法
(1937年9月6日) ……………………………………………………64
2. 军事委员会军法执行总监部检送其组织条例等致军令部公函
(1939年3月15日) ……………………………………………………74
3. 军事委员会政治部奉发军事运输总监部组织条例等训令
(1939年7月3日) ……………………………………………………74
4. 军事委员会奉发军法执行总监部执法总队组织条例训令
(1940年1月26日) ……………………………………………………77
5. 军事委员会运输统制局检送其暂行组织条例致军令部代电

(1940年4月5日)……………………………………………………80
6. 军事委员会修正后方勤务部组织条例
(1940年5月9日)……………………………………………………82
7. 军事委员会修正海军总司令部组织法
(1941年1月)………………………………………………………86
8. 军事委员会修正军法执行总监部组织条例
(1941年)……………………………………………………………93
9. 军事委员会修正军令部组织法及服务规程指令
(1942年3月6日)……………………………………………………95
10. 国民政府修正军政部组织法训令
(1942年4月18日)…………………………………………………99
11. 军政部拟订之处务规程
(1942年4月18日)…………………………………………………113
12. 后方勤务部奉发军事委员会核定该部与军令军政两部业务联系办法及职权划分之训令
(1942年12月)………………………………………………………124
13. 军事委员会调整军法执行总监部新编制表训令
(1943年3月19日)…………………………………………………125
14. 军事委员会核准军政部军医署组织条例
(1943年7月23日)…………………………………………………133
15. 军事委员会核准军法执行总监部各战区军法执行监部组织规程
(1943年11月11日)…………………………………………………136
16. 军事委员会修正军训部组织法
(1944年9月15日)…………………………………………………137
17. 军事委员会核准外事局组织条例
(1944年11月16日)…………………………………………………142
18. 军事委员会颁布政治部组织条例
(1944年12月6日)…………………………………………………143

19. 军令部抄发军事委员会调整军政部后方勤务部机构训令
(1945年1月24日) …………………………………………… 146
20. 军事委员会核准后方勤务总司令部组织条例
(1945年4月3日) …………………………………………… 147
21. 兵役部奉发本部组织法训令
(1945年4月26日) …………………………………………… 151
(4) 各院会组织系统……………………………………………… 157
1. 军事委员会公布抚恤委员会组织条例训令
(1938年6月30日) …………………………………………… 157
2. 军事委员会颁发战地党政委员会及分会组织纲要训令
(1939年1月18日) …………………………………………… 159
3. 军令部批准战史编纂委员会组织大纲备案指令
(1939年3月16日) …………………………………………… 162
4. 军事委员会颁布考核委员会组织规程密令
(1939年12月6日) …………………………………………… 164
5. 军事委员会颁发校阅委员会组织大纲训令
(1940年2月2日)……………………………………………… 165
6. 军事委员会考核委员会修正总考核规则公函
(1940年4月23日) …………………………………………… 167
7. 军事委员会制定特种研究会实施办法训令
(1940年6月20日) …………………………………………… 168
8. 国民政府修正军事参议院组织法
(1942年10月13日)…………………………………………… 170
9. 国民政府核准军事参议院院务规程
(1942年11月24日)…………………………………………… 171
10. 军事委员会颁布航空委员会组织条例
(1943年2月14日)……………………………………………… 173

(5) 战时军事行政法令……………………………………………… 176
1. 国民政府公布防空法
(1937年8月19日) ………………………………………… 176
2. 国民政府公布中华民国战时军律及其施行条例令
(1937年8月24日) ………………………………………… 178
3. 军事委员会颁布国军抗战连坐法
(1938年2月25日) ………………………………………… 179
4. 军事委员会抄发军事征用法及其施行细则训令
(1938年6月30日) ………………………………………… 181
5. 军事委员会修正军邮规程
(1939年12月2日) ………………………………………… 202
6. 军事委员会修正公布战时船舶管理条例
(1939年)……………………………………………………… 208
7. 军事委员会公布防空法施行细则
(1940年2月)………………………………………………… 209
8. 国民政府公布中华民国战时军律令
(1942年4月4日)…………………………………………… 214
9. 军事委员会政治部奉发抚恤委员会委托邮政机关发
给恤金章程训令
(1943年3月6日)…………………………………………… 217

(二) 部队组织编制

一、军官佐法规………………………………………………… 221
(1) 陆海空军官制官规……………………………………… 221
1. 国民政府修正公布参谋本部陆海空军驻外武官条例
(1937年7月27日) ………………………………………… 221
2. 军事委员会颁发陆海空军人事保证规则训令
(1938年3月29日) ………………………………………… 222
3. 军事委员会公布各省高级军事机关代核军法案件暂

行办法令
(1938年5月15日) …… 224
4. 军令部奉发战时任官暂行办法训令
(1939年5月7日) …… 225
5. 军令部奉发被俘逃回官兵处置暂行办法训令
(1939年9月8日) …… 227
6. 军事委员会关于各军事机关学校部队章制审核之限制办法训令
(1940年1月2日) …… 228
7. 军事委员会关于抗战期间中校以下军官叙晋官位训令
(1940年1月12日) …… 230
8. 军事委员会颁发战时任官审核晋叙之一般标准训令
(1940年2月23日) …… 230
9. 军事委员会颁发战时军官佐降级处分暂行办法训令
(1940年5月14日) …… 231
10. 军事委员会关于各级政治部主任协同各级指挥官考核命令实施暂行办法代电
(1940年10月1日) …… 233
11. 政治部第一厅增设各部队连指导员实施办法签呈稿
(1940年12月31日) …… 234
12. 军事委员会关于军官升迁调补注意事项训令
(1941年3月17日) …… 236
13. 军事委员会铨叙厅关于军用文官各项任用条例实施日期公函
(1941年7月2日) …… 237
14. 国民政府关于修正公布陆海空军官佐服役暂行条例指令
(1941年7月5日) …… 239
15. 国民政府关于公布陆海空军军官佐官籍规则训令

(1941年7月21日) ………………………………………… 242
16. 军事委员会颁发军职晋升规定停年表训令
(1942年5月15日) ………………………………………… 248
17. 军令部奉发战时陆海空军军官佐退役办法大纲及其施行细则训令
(1942年12月27日) ………………………………………… 249
18. 国民政府修正战时陆海空军审判简易规程训令
(1943年3月8日) ………………………………………… 254
19. 国民党中央组织部等修正公布军队政工人员兼任党工人员考绩委员会组织规程训令
(1943年5月28日) ………………………………………… 256
20. 军事委员会颁布增补退役人员俸额训令
(1943年9月30日) ………………………………………… 257
21. 军事委员会关于军队各级人事机构组织方案及管理权责训令
(1943年10月22日) ………………………………………… 258
22. 军事委员会公布陆海空军军官佐战时考绩规则
(1943年11月1日) ………………………………………… 267
23. 政治部转颁军用文职人员改称范围训令
(1943年12月23日) ………………………………………… 276
24. 政治部抄发修正各部队现有办理人事机构实施办法代电
(1944年3月7日) ………………………………………… 277
25. 政治部转发军事委员会边疆工作人员派遣规则及其给与办法训令
(1944年5月18日) ………………………………………… 279
26. 军事委员会公布陆海空军各部队机关学校铨衡会议规则
(1944年7月6日) ………………………………………… 283

27. 军事委员会关于少将晋升中将年资标准之训令
(1944年9月8日)…………………………………… 285
28. 军事委员会铨叙厅关于战时超过编制阶级人员任用办法代电
(1944年10月22日)…………………………………… 286
29. 政治部颁布师政治部及各级政训单位组织规程
(1944年12月7日)…………………………………… 286
30. 军事委员会颁布战时编余官兵安置办法暨施行细则训令
(1945年2月22日)…………………………………… 290
31. 军令部奉发部队各级政工主官任用办法训令
(1945年3月15日)…………………………………… 299
32. 军令部转颁军事委员会关于各级主官不得擅自任免所属官佐等训令
(1945年6月8日)…………………………………… 300
(2) 陆军组织官制…………………………………… 301
1. 军政部检送军事委员会突击军系统表及编组计划代电
(1938年3月19日)…………………………………… 301
2. 军事委员会修正非常时期军管区司令部组织暂行条例
(1938年3月)…………………………………… 305
3. 军事委员会制定高级司令部内军事顾问暂行规则训令
(1938年7月26日)…………………………………… 307
4. 军事委员会颁布陆军暂行编制纲领
(1938年12月)…………………………………… 309
5. 军政部颁布军师团管区司令部组织暂行条例咨
(1939年11月3日)…………………………………… 342

6. 军事委员会颁布船舶运输司令部组织大纲
(1939年) …… 345
7. 军事委员会修正集团军总司令部编制表及其组织大纲
(1940年1月) …… 347
8. 军事委员会颁布现行陆军薪饷给与表
(1940年3月) …… 350
9. 军事委员会修正交通警备司令部组织条例训令
(1940年3月31日) …… 351
10. 军令部抄发军事委员会预备总司令部组织大纲
(1940年9月18日) …… 353
11. 军事委员会调整直辖整训部队代电
(1940年11月15日) …… 354
12. 军事委员会公布陆军机械化部队军官与技术人员人事调整暂行办法训令
(1941年2月20日) …… 355
13. 军事委员会公布战时陆军上校以上军官佐退役办法大纲训令
(1941年7月2日) …… 356
14. 军事委员会调整陆军军用技术人员待遇暂行办法训令
(1941年10月16日) …… 357
15. 国民政府公布陆军礼节条例令
(1942年5月23日) …… 360
16. 政治部检发统一陆军机械化部队各种名称训令
(1943年4月20日) …… 379
17. 军事委员会修正陆军官制表
(1943年6月28日) …… 381
18. 军事委员会公布陆军官职调整办法暨陆军官佐军职

组编成办法训令
（1943年12月17日）……………………………………………… 383
19. 军事委员会公布抗战期间陆军官佐人事权责划分实施办法训令
（1944年1月8日）……………………………………………… 387
20. 军令部奉发陆军人事亟应整饬改进事项训令
（1944年1月13日）……………………………………………… 391
21. 后方勤务部关于全国陆军各部队编制官兵数量统计总表
（1944年1月）……………………………………………… 393
22. 蒋介石关于保举优秀副军长师长及团长调升军师政治部主任密电稿
（1944年9月13日）……………………………………………… 395
23. 中华民国驻印陆军师暂行编制系统表
（1944年10月）……………………………………………… 397
24. 军事委员会修正兵站分监部组织规程
（1945年2月）……………………………………………… 404
25. 中国陆军总司令部各单位主官副主官姓名表
（1945年3月11日）……………………………………………… 407
26. 军事委员会核准兵站总监部组织规程
（1945年4月22日）……………………………………………… 408
（3）海空军组织官制……………………………………………… 411
1. 军事委员会修正空军军官佐任官暂行条例
（1938年10月14日）……………………………………………… 411
2. 军事委员会办公厅抄送空军军区司令官路司令官职权范围之规定公函
（1939年12月30日）……………………………………………… 413
3. 军事委员会办公厅抄送修正空军路司令部组织规程等公函

(1940年1月15日) ······························ 417
4. 军事委员会公布空军士兵饷项给予表
(1940年3月1日)································ 419
5. 军事委员会核准空军官佐俸薪给与表
(1940年3月8日)································ 420
6. 军事委员会颁布修正重庆防空司令部组织大纲密代电
(1940年4月18日) ······························ 422
7. 军事委员会公布空军撤职官佐易处惩罚暂行办法训令
(1940年11月6日) ······························ 424
8. 军事委员会禁止各机关擅予录用海军官兵训令
(1942年7月24日) ······························ 425
9. 军事委员会奉发修正空军官制表及空军士兵等级表训令
(1942年10月3日) ······························ 426
二、战时兵役法规································ 428
1. 军训部颁布新兵教育纲领训令
(1938年7月)································ 428
2. 军事委员会奉发非常时期监犯调服军役条例训令
(1939年9月27日) ······························ 431
3. 国民政府修正陆军兵役惩罚条例训令
(1940年6月18日) ······························ 433
4. 国民政府公布妨害兵役治罪条例令
(1940年6月29日) ······························ 435
5. 军事委员会关于党员公务员及士绅子弟应着先服兵役代电
(1942年11月16日)······························ 438
6. 国民政府修正兵役法训令
(1943年3月15日) ······························ 439

7．军政部请转发学生志愿服役办法代电
(1943年12月19日)……………………………… 444
三、军需后勤法规……………………………… 446
1．军事委员会颁布调整各军医院组织办法训令
(1939年10月30日)……………………………… 446
2．军政部公布暂行军粮经理大纲及军粮总局组织规程令
(1940年1月30日)……………………………… 449
3．军政部关于军需独立部队查报人马办法公函
(1942年10月17日)……………………………… 454
4．军事委员会颁行陆军暂行给与规则
(1944年9月)……………………………… 460
5．后方勤务部所属兵站机关补给系统表
(1944年)……………………………… 474
6．军事委员会颁行中国陆军总司令部后方勤务司令部组织规程
(1945年1月)……………………………… 475
7．军事委员会颁发军粮计核委员会新订组织大纲代电
(1945年2月27日)……………………………… 478
8．中国陆军总司令部后勤概况
(1945年3月31日)……………………………… 480
9．军政部编订陆军补给纲要
(1945年4月1日)……………………………… 481
四、战时奖惩抚恤法规……………………………… 484
(1)陆海空军奖惩法规……………………………… 484
1．国民政府公布陆海空军奖励条例令
(1937年9月7日)……………………………… 484
2．军事委员会修正陆海空军勋赏条例
(1937年11月8日)……………………………… 488

3. 国民政府公布特授空军将士复兴荣誉勋章条例令
(1937年12月3日) ······························ 490
4. 军事委员会公布华胄荣誉奖章给与办法训令
(1938年4月12日) ······························ 492
5. 军令部抄发勋章颁给条例及其施行细则草案训令
(1939年9月8日) ······························ 493
6. 军事委员会公布军用电讯工作人员惩奖暂行规则令
(1939年12月17日) ······························ 499
7. 军事委员会公布陆海空军武功状给予办法训令
(1940年1月15日) ······························ 502
8. 军事委员会公布陆海空军军官佐属因案停职待讯处理办法训令
(1941年6月24日) ······························ 504
9. 军事委员会新增忠勇忠勤忠贞三种勋章颁给准则及佩带法训令
(1944年9月23日) ······························ 506
10. 军事委员会关于各级军官佐佩带勋奖章训令
(1944年10月20日) ······························ 507
11. 第六战区司令长官司令部政治部转发军政部修正反正官兵奖励办法代电
(1945年1月10日) ······························ 508
12. 国民政府公布空军勋奖条例
(1945年6月14日) ······························ 511
(2) 陆海空军抚恤法规 ······························ 514
1. 军事委员会抄发陆军抚恤暂行条例训令
(1941年3月17日) ······························ 514
2. 国民政府公布海军抚恤暂行条例指令
(1942年4月22日) ······························ 521
3. 国民政府公布空军抚恤条例训令

（1943年8月31日） …………………………………… 529

（三）军事院校组织与教育训练法规

1. 政治部检发陆军军事学校毕业学生在队见习规则训令稿
（1938年10月23日）…………………………………… 539
2. 国民政府修正陆海空军留学条例训令
（1939年2月28日） …………………………………… 541
3. 军令部抄发调整各军事学校待遇办法等训令
（1939年6月8日）…………………………………… 544
4. 军事委员会颁发中央各军事学校毕业之边疆学生统制任用暂行办法训令
（1940年1月17日） …………………………………… 547
5. 军事委员会办公厅检发空军参谋学校教育大纲公函
（1940年3月20日） …………………………………… 549
6. 军事委员会办公厅检发空军参谋学校组织条例公函
（1940年6月2日）…………………………………… 551
7. 政治部转发中央军校驻鲁冀苏干训班通用编制表训令
（1940年8月2日）…………………………………… 556
8. 军训部检送军分各校毕业学生分发实职与调训行伍出身排长实施办法代电
（1941年4月6日）…………………………………… 557
9. 军训部骑兵监检送陆军骑兵学校组织条例公函
（1943年5月24日） …………………………………… 558
10. 军训部步兵监检送中央陆军军官学校组织条例等公函
（1943年5月25日） …………………………………… 560
11. 军训部通信兵监检附通信兵学校组织条例公函

(1943年5月25日) ………………………………………… 565
12. 军训部机械兵监检送陆军机械化学校组织条例公函
(1943年5月28日) ………………………………………… 567
13. 军训部检送陆军炮兵学校组织条例代电
(1943年6月5日) ………………………………………… 569
14. 军训部炮兵监补送陆军特种兵联合分校组织条例公函
(1943年6月20日) ………………………………………… 571
15. 军训部辎重兵监附送陆军辎重兵学校组织条例公函
(1943年6月23日) ………………………………………… 573
16. 军训部工兵监附送陆军工兵学校组织条例公函
(1943年6月29日) ………………………………………… 575
17. 军事委员会审定陆海空军各军事学校等次表训令
(1943年9月28日) ………………………………………… 577
18. 军政部兵役署抄发陆军军官预备学校筹备总(分)处组织规程代电
(1944年1月4日) ………………………………………… 580
19. 军事委员会关于中央军校暨各分校毕业生分发百分之十充任连政治指导员实施办法训令
(1944年7月28日) ………………………………………… 582
20. 军令部抄发陆海空军留学毕业回国员生任用办法训令
(1944年8月31日) ………………………………………… 584
21. 军令部转发陆军军医各学校等次表训令
(1944年11月30日) ………………………………………… 585
22. 军事委员会颁发军训部保送陆军各兵科军官入国立大学深造办法训令
(1945年1月) ………………………………………… 586
23. 军事委员会修正陆军大学校组织法

(1945年4月7日)……579

〔二〕对日作战方针、计划与部署

（一）作战方针、计划与作战部署

1. 参谋本部拟《民国二十六年度作战计划》(甲案)
(1937年3月)……593
2. 国民政府大本营颁第一战区作战指导计划训令
(1937年8月20日)……613
3. 大本营颁国军战争指导方案训令
(1937年8月20日)……617
4. 大本营颁《国军作战指导计划》训令
(1937年8月20日)……622
5. 军事统帅部依作战指导计划所作紧急处置事项记录
(1937年8月)……626
6. 参谋本部拟《江防计划纲领》草案
(1937年11月)……627
7. 军事委员会拟第三期作战计划
(1937年12月13日)……634
8. 第五战区关于作战部署命令
(1937年12月—1938年2月)……637
9. 军委会办公厅等为黄河河堤防务实施经过文件
(1938年4—5月)……642
10. 军事委员会拟《修正作战计划草案》
(1938年12月14日)……652
11. 蒋介石令颁《国军第二期作战指导方案》密电
(1939年1月7日)……659
12. 蒋介石令颁《国军攻势移转部署方案》密电
(1939年2月)……661

13. 程潜转报阎锡山所属第二战区部队部署等情密电
(1939年3月5日) …… 663
14. 蒋介石策定湘赣浙赣路作战方案密电稿
(1939年3月28日) …… 663
15. 蒋介石关于颁发《二十八年夏季作战计划》与俞飞鹏往来代电
(1939年6—7月) …… 664
16. 蒋介石下达冬季攻势命令
(1939年11月19日) …… 667
17. 军令部对于目前各战区部署检讨意见
(1940年7月11日) …… 669
18. 军令部拟《拱卫行都作战计划》
(1940年7月) …… 672
19. 国民党政府拟长江上游要塞守备计划
(1940年8月) …… 676
20. 蒋介石关于修正滇越国境作战计划致龙云等密电
(1940年9月) …… 679
21. 军令部拟《国军攻势作战计划》
(1941年5月) …… 681
22. 陆军第五十军于长江皖境布雷计划
(1941年6月) …… 686
23. 军事委员会拟《各战区目前之急务》稿
(1941年) …… 691
24. 徐永昌拟具状况判断及国军三十一年夏季攻势作战方针稿签呈
(1942年3月11日) …… 693
25. 军事委员会拟《国军秋季攻势作战计划》
(1942年5月25日) …… 694
26. 军令部拟《保卫粤汉路长沙曲江衡阳各战区协同作

战计划》稿
(1942年7月2日)…………………………………………701
27. 军令部拟《拱卫陪都作战计划》稿
(1943年5月26日)………………………………………705
28. 军令部拟《收复宜沙会师武汉作战计划》摘要
(1944年3月5日)…………………………………………712
29. 军令部拟《国军今后作战指导计划大纲》稿
(1944年6月10日)………………………………………714
30. 蒋介石关于第八战区军事部署密电稿
(1944年6月10日)………………………………………717
31. 白崇禧陈第四、七、九各战区作战注意事项函
(1944年8月20日)………………………………………718
32. 蒋介石颁陆军总司令所部作战指导要领命令
(1944年12月13日)……………………………………719
33. 蒋介石为制颁《第一、五战区协同作战计划》令遵照办理密电
(1945年1月8日)…………………………………………723
34. 蒋介石为整军颁告中国陆军总司令部所辖各将领书手令
(1945年2月2日)…………………………………………724
35. 胡宗南为策应五战区作战及所部阵地位置与蒋介石来往电
(1945年2—3月)…………………………………………727
36. 军令部拟《中国陆军作战计划大纲》
(1945年2月12日)………………………………………728
37. 第十战区确保大别山地区作战计划及军委会指示密电
(1945年2月21日)………………………………………730
38. 顾祝同拟《东南战场作战计划》附蒋介石复电稿

(1945 年 5 月 28 日) …………………………………………………… 733
39. 第五战区之守势作战计划
(1945 年) ………………………………………………………………… 735

(二) 战区划分与战斗序列

1. 蒋介石关于拟在石家庄设行营等情电稿
(1937 年 7 月 14 日) …………………………………………………… 746
2. 何应钦为依战斗序列东北军以军为单位密电
(1937 年 7 月 22 日) …………………………………………………… 746
3. 何应钦等关于前后方调运兵情况谈话记录
(1937 年 8 月 12 日) …………………………………………………… 746
4. 蒋介石关于在保定设行营等情代电
(1937 年 8 月 14 日) …………………………………………………… 748
5. 何应钦关于程潜被派赴石家庄代行第一战区司令长官职权密电
(1937 年 9 月 23 日) …………………………………………………… 748
6. 蒋介石为调整第六战区战线部署密电稿
(1937 年 10 月 4 日) …………………………………………………… 743
7. 蒋介石为变更一、二两战区作战地境及划分河防密电稿
(1938 年 3 月 4 日) ……………………………………………………… 749
8. 蒋介石为拟定第一、五战区作战部署代电稿
(1938 年 5 月 25 日) …………………………………………………… 749
9. 蒋介石为变更武汉卫戍区及第一、五两战区辖境密电稿
(1938 年 6 月 10 日) …………………………………………………… 750
10. 国民党陆军兵力统计战斗序列表
(1938 年 7 月 2 日) ……………………………………………………… 751
11. 康泽报告结束别动总队处理善后函
(1939 年 6 月 12 日) …………………………………………………… 755

12. 程潜转报第八战区朱绍良所辖部队区分情形密电
(1939年7月14日) …… 758
13. 国民党陆军兵力统计战斗序列表
(1940年7月16日) …… 758
14. 国民党陆军兵力统计表
(1942年4月1日) …… 764
15. 第三十九师关于蒋介石成立第十战区日记
(1944年1月9日) …… 766
16. 国民党陆军兵力统计战斗序列表
(1944年4月1日) …… 767
17. 国民党陆军兵力统计战斗序列附驻地表
(1945年1月1日) …… 769
18. 兵役部检送1945年1月份全国各军兵员补充进度表电
(1945年2月7日) …… 771
19. 国民党陆军兵力统计战斗序列附驻地表
(1945年4月1日) …… 782

〔一〕战时国民政府军事制度

（一）军事行政机关组织

一、国防最高委员会及国民政府参军处

1. 国防最高委员会通告组织成立代电

（1939年2月21日）

国防最高委员会代电　　国文字第0018号
　　　　　　　　　　　中华民国二十八年二月廿一日

中央组织部、宣传部、训练委员会、社会部、海外部，行政院、立法院、司法院、考试院、监察院，内政部、外交部、经济部、财政部、交通部、教育部、司法行政部、最高法院、行政法院、铨叙部、审计部、考选委员会、蒙藏委员会、侨务委员会、振济委员会，军事委员会、军政部、军令部、军训部、政治部、军法执行总监部、后方勤务部、航空委员会、海军总司令部、军事参议院均鉴：本届第五次中央全体会议决议设置国防最高委员会，统一党政军之指挥，并代行中央政治委员会之职权，委员长由本党总裁任之。经依照国防最高委员会组织大纲组织成立，即日开始办公。中正受党国付畀之重，责无旁贷，义不敢辞，所冀我党政军全体同仁戮力同心，共图匡济，以弼成抗战建国之大业，是所深望。蒋中正。（智）国文。印。

〔国民政府国防部史政局及战史会档案〕

2. 国防最高委员会秘书厅检发本会组织大纲等公函

（1939年2月21日）

国防最高委员会秘书厅公函　国文字第0006号
中华民国二十八年二月廿一日发

案准中央执行委员会秘书处函知，中央常务委员会第一一二次会议决议，以群为国防最高委员会秘书长，遵经秉承委员长，依照国防最高委员会秘书厅组织规程成立秘书厅，即日开始办公。以后关于军事仍请迳致军事委员会外，关于党政重要事项希送本会核办，并于来文标明国防最高委员会。除分行外，相应检同本会组织大纲暨本厅组织规程各乙份，函达贵部，希即查照为荷。此致

军令部

附送国防最高委员会组织大纲暨国防最高委员会秘书厅组织规程各一份。

机密。

国防最高委员会组织大纲

第一条　中央执行委员会于抗战期间，设置国防最高委员会统一党政军之指挥，并代行中央政治委员会之职权，中央执行委员会所属之各部会，及国民政府五院、军事委员会及其所属之各部会兼受国防最高委员会之指挥。

总动员委员会直隶于国防最高委员会。

第二条　国防最高委员会设委员长一人，由本党总裁任之。

第三条　国防最高委员会以左列人员为委员，并由委员长于委员中指定十一人为常务委员。

一、中央执行委员会常务委员，监察委员会常务委员。

二、国民政府五院院长、副院长。

三、军事委员会委员。

四、由委员长提出经中央执行委员会常务委员会通过者。

第四条　国防最高委员会为执行决议案，以左列人员为执行委员。

一、中央党部秘书长、各部部长、训练委员会主任委员、中央政治委员会秘书长。

二、国民政府文官长。

三、行政院秘书长、各部会长。

四、军事委员会参谋总长、副参谋总长、各部部长、军事参议院院长、军法执行总监、办公厅主任、航空委员会主任、海军总司令。

五、总动员委员会主任委员、副主任委员。

六、战地党政委员会主任委员、副主任委员。

前项执行委员，经委员长之指定，得列席于国防最高委员会常务会议。

第五条　国防最高委员会会议，以委员长为主席，因故不能出席时指定常务委员一人代理之。

第六条　国防最高委员会常务会议，每星期开会一次，全体会议由委员长定期召集之。

会议规则另定之。

第七条　国防最高委员会常务会议，除依法出席之委员外，其他有关人员，必要时得由委员长指定列席。

第八条　国防最高委员会委员长，对于党政军一切事务得不依平时程序，以命令为便宜之措施。

第九条　国防最高委员会组织系统及编制另定之。

第十条　本大纲由中央执行委员会通过施行。

机密。

国防最高委员会秘书厅组织规程

第一条　国防最高委员会秘书长，承委员长之命综理秘书厅事务,副秘书长襄助秘书长处理厅务。

第二条　秘书厅置左列各处室：

一、机要室。

二、第一处。

三、第二处。

四、第三处。

第三条　机要室职掌如左：

一、机要文电之撰拟及译纂事项。

二、各处会文书之稽核事项。

三、其他交办事项。

第四条　第一处分设两科,其职掌如左：

第一科　掌理文书之撰拟、收发、缮校及印信、档案之保管事项。

第二科　掌理会计、庶务、管理、交际等事项。

第五条　第二处分设两科,其职掌如左：

第一科　掌理各机关工作之考查及报告之审核事项。

第二科　掌理各机关人事之调查、考核及各项人才之调查、登记、训练、录用事项。

第六条　第三处分设两科,其职掌如左：

第一科　掌理议事日程、会议记录之编制及议案之整理、编印事项。

第二科　掌理党政关涉事件之调查、考核事项。

第七条　秘书厅设机要室主任一人,处长三人，科长六人,科员四十至五十人,办事员三十至四十人,速记员二人至三人，承长官之命办理所管事务。

第八条　秘书厅设参事八人至十人，掌理设计、审核、视察等事项。

第九条　秘书厅设秘书八人至十人，助理秘书四人至六人，承长官之命办理指定事务。

秘书、助理秘书，得由秘书长指派在各处服务。

第十条　秘书厅置设计委员会，规划战后设施有关事项，其规则另定之。

第十一条　秘书厅得酌用雇员。

第十二条　秘书厅办事细则另定之。

第十三条　本规程未尽事宜，得呈准修改之。

第十四条　本规程自核准之日施行。

〔国民政府国防部史政局及战史会档案〕

3. 军事委员会奉发国防最高委员会取代国防最高会议职权训令

(1939年3月24日)

国民政府军事委员会训令　办(四)渝字2001号

令军令部

案奉国民政府二十八年三月十八日令开：案奉中央执行委员会二十八年三月十四日公函开：查国民参政会组织条例及省市临时参议会组织条例，均有关于国防最高会议职权之规定，现国防最高会议业已改为国防最高委员会，所有现行法令中关于国防最高会议之职权，自应由国防最高委员会执行，爰经本会常务委员会第一一六次会议决议：国防最高会议组织条例废止，现行法令中关于国防最高会议之职权，应由国防最高委员会执行在案。除函国防最高委员会外，合行令仰知照，并转饬所属一体知照。等因，奉此。除分令外，合行令仰知照，并转饬所属一体知照。此令。

委员长　蒋中正

中华民国二十八年叁月廿四日发

〔国民政府国防部史政局及战史会档案〕

4. 军令部奉发国家总动员设计委员会组织大纲训令

（1939年12月5日）

国民政府军事委员会军令部训令　渝三言制字第163号

令本部高级参谋室

案奉军事委员会渝办一参字第2016号训令开：案奉国民政府廿八年十一月四日渝密字一二八号训令内开：案准国防最高委员会二十八年十一月一日国机字第三七六七号公函开：据国家总动员设计委员会呈拟该会组织大纲请鉴核施行到会，当经酌加修改，并令饬遵照在案，相应抄同国家总动员设计委员会组织大纲函达，请烦查照，密令通饬知照。等由；准此。自应照办。除分行外，合行抄发原附组织大纲令仰知照，并密饬所属一体知照。等因。抄附原件。奉此。除分令外，合行抄发原附组织大纲令仰知照，并密饬所属一体知照。等因，奉此。除分令外，令行转抄原附组织大纲一份令仰知照，并密饬所属知照。此令。

附抄发原附国家总动员设计委员会组织大纲一份。

部长　徐永昌

中华民国二十八年十二月五日

国家总动员设计委员会组织大纲

第一条　国防最高委员会为主持国家总动员业务之研究设计及指导督促考核各级动员委员会业务进行，设置国家总动员设计委员会（以下简称本会）。

第二条　本会直隶于国防最高委员会。

第三条　本会设主任委员一人，副主任委员一人，依照国防最高委员会议第四十一次常务会议决议，以行政院院长、军事委员会参谋总长分别兼任之，并以左列人员为委员。

一、中央党部秘书长、社会部部长、训练委员会主任委员。

二、行政院秘书长、政务处长、内政部部长、财政部部长、军政部部长、经济部部长、交通部部长、教育部部长、振济委员会委员长。

三、军事委员会副参谋总长、办公厅主任、政治部部长、战地党政委员会副主任委员：

第四条　本会为研究问题及审查计划，分设四组，其职掌如左：

第一组　主管兵役、慰劳、抚恤、伤兵管理、军队卫生等事项。

第二组　主管教育、宣传及民众组训等事项。

第三组　主管地方行政、难民救济、社会卫生等事项。

第四组　主管财政金融、经济交通及国防工业等事项。

第五条　各组设组长一人，由主任委员指派，组员五人至七人，由主任委员派充，分掌各组事项，并得酌设办事员及雇员。

第六条　本会为考核各级动员工作起见，设督导员四人至六人，由主任委员派充之。

第七条　本会秘书处分左列各股：

一、总务股。

二、文书股。

三、编审股。

四、统计股。

第八条　秘书处设主任秘书一人，由主任委员指派，承主任委员、副主任委员之命，处理本会事务。

第九条　秘书处设秘书四人，股长四人，股员十二人至十六人，办事员十人至十四人，并得酌用雇员。

第十条　本会审议各项总动员业务方案应附具意见，呈请国防最高委员会核定施行。

第十一条　本会得随时指定委员或督导员，分赴各省、市动员委员会指导督察，并参加各省、市动员委员会会议。

第十二条　本会督导员及秘书处职员，以专任为原则。

第十三条　本会办事细则另定之。

第十四条　本大纲自核准之日施行。

〔军委会军令部档案〕

5. 国民政府公布国民政府参军处组织法训令

(1942年4月27日)

渝文字第四七二号

国民政府训令　令直辖各机关

查国民政府参军处组织法，现经制定明令公布，应即通饬施行。至原有之国民政府参军处条例并着废止。除分令外，合行抄发该组织法令仰知照，并转饬所属一体知照。此令。

计抄发国民政府参军处组织法一份。

主　　席　林　森

立法院院长　孙　科

中华民国三十一年四月二十七日

国民政府参军处组织法①

第一条　国民政府参军处掌理典礼、总务及宣达命令、承转军事报告事宜。

第二条　参军处设左列二局：

① 该法1942年4月27日由国民政府公布，同年10月13日国民政府对该法第三、四、五、六、八、九条予以修正，现按修正公布。

一、典礼局。

二、总务局。

第三条 典礼局之职掌如左：

一、国庆日及其他纪念日典礼事项。

二、接待外使、招待外宾事项。

三、阅兵出巡事项。

四、国际礼仪事项。

五、京内外官员及团体与蒙藏政教领袖觐见典礼事项。

六、授勋典礼事项。

七、其他大典及礼节事项。

第四条 总务局之职掌如左：

一、举行典礼之布置事项。

二、本府警卫事项。

三、本府交通事项。

四、本府卫生医药事项。

五、本府及本处庶务事项。

六、本处出纳事项。

七、本府普通交际及来宾登记事项。

八、其他不属于各局室事项。

第五条 国民政府参军处设参军长一人，特任，承国民政府主席之命，综理参军处处务，并指挥监督所属职员及机关。

第六条 国民政府参军处设参军八人至十二人，简任，由陆海空军将官中任命之，承参军长之命，分掌参军处事务。

第七条 典礼局置局长一人，由参军兼任。科长二人，荐任。科员十人至十二人，委任，其中六人得为荐任。书记官四人至六人，办事员五人至十人，委任。

第八条 总务局置局长一人，由参军兼任。科长二人，荐任。科员十人至十二人，委任，其中十一人得为荐任。书记官六人至八人，办事员六人至十人，委任。主任医官一人，荐任。医官二人，荐任或委任。司药二人，看护长一人，均委任。

第九条 参军处设秘书室，置主任秘书一人，秘书二人，均荐任。办理本处机要文书、议事章则编撰及印信之典守、图书档案之保管等事务，置委任科员、书记官、办事员各二人佐理之。

第十条 参军处设人事室，置主任一人，荐任。科员四人，委任，其中二人得为荐任。书记官、办事员各二人，委任。办理本处人事事务。

第十一条 参军处置会计主任一人，荐任。统计员一人，委任。办理岁计、会计及统计事项，秉承参军长并依主计处组织法规定，直接对主计处负责。其佐理人员由参军处及主计处就本法所定荐任、委任人员名额中会同决定之。

第十二条 参军处得酌用雇员。

第十三条 参军处设侍卫队及军乐队，其编制由参军处定之。

第十四条 参军处处务规程由参军处拟订，呈请国民政府主席核定之。

第十五条 本办法自公布日施行。

〔国民政府档案〕

二、军事委员会及其所属机构

(1) 军事委员会

1. 参谋本部奉发军事委员会组织系统表密令

(1937年11月5日)

参谋本部密令 总廉字第39724号

令本部高级参谋室

案奉军事委员会本年十一月三日总二字第八五六号令开：本

会组织系统表,应即修正颁布,除分令外,合亟检发该表十份,令仰遵照。等因;奉此。除分令外,合行检发原表一份,令仰知照。此令。

附发军事委员会组织系统表一份。

参谋总长　程　潜

2. 军事委员会颁布军事参议官服务大纲训令

(1937年11月8日)

国民政府军事委员会训令　总二字第九二七号

令第二部

为令行事,本会军事参议官服务大纲业经制定,应即颁布。除分令外,合行检发该项大纲一份,令仰知照。此令。

附发大纲一份。

委员长　蒋中正

中华民国二十六年十一月八日发

军事委员会军事参议官服务大纲

第一条　军事委员会设置军事参议官，以备国防上咨询建议及任重要之职务。

第二条　军事参议官额定二十人至二十四人。

第三条　军事参议官，以曾任上(中)将军职而有殊勋于党国者任之。

第四条　军事参议官之任务如左：

一、备委员长或参谋总长之咨询；

二、关于国防作战及军事设施上之建议；

三、协助第一部规划作战事宜；

四、奉派督战或指挥部队；

五、奉派检阅陆海空军；

六、其他奉令派遣事项。

第五条　军事参议官各附属上尉副官一人。

第六条　本大纲自公布之日施行，如有未尽事宜，得呈经委员长核准修正之。

〔国民政府军委会档案〕

3. 军事委员会颁布最高幕僚会议规则训令

（1939年1月12日）

国民政府军事委员会训令　渝办一会字第3624号

令军令部部长徐永昌

兹制定国民政府军事委员会最高幕僚会议规则暨国民政府军事委员会各部会厅会报规则密令颁布之。此令。

附颁国民政府军事委员会最高幕僚会议规则一份、国民政府军事委员会各部会厅会报规则一份。

委员长　蒋中正

中华民国廿八年一月十二日

国民政府军事委员会最高幕僚会议规则

廿八年一月十二日公布

廿八年二月七日修正

第一条　为联系军事各部业务及检讨各部工作进度，以求推进全国军事起见，特举行最高幕僚会议（以下简称本会议）。

第二条　本会议以左列人员组成之：

参谋总长

副参谋总长

军令部部长

军政部部长

军训部部长

战地党政委员会副主任委员

军事参议院院长

政治部部长

军法执行总监

后方勤务部部长

海军总司令

办公厅主任

航空委员会主任

抚恤委员会主任委员

铨叙厅厅长

侍从室主任

但遇必要时得由参谋总长指定主管厅、司、处长，及其他有关人员列席。

第三条　本会议由军事委员会参谋总长主席，如参谋总长因事故不能出席时，以副参谋总长或临时推定一会员代理主席。

第四条　本会议报告及提议事项规定如左：

甲、报告事项：

一、报告国防及作战事项。

二、各部、会、院、厅业务关连两部以上诸事项。

三、各部、院、会、厅经办主要事务之概况。

四、交办事项办理之程度。

乙、提议事项：

一、依作战及整军计划，各就主管业务，提议应行改革与推进各事项。

二、依建军精神，各就主管业务，谋各种法规之完备调整，及推行平时军事设施之建立，与军需工业、国防经济之发展等。

第五条　前条报告或提议事项，通常由提案机关印就，于会议前一日送由本会办公厅编列议事日程，但不及准备者，亦得用口头陈述，由纪录人员临时编成议案。

第六条　出席会议之人员，如因事故不能出席时，得将本人意见告知次级者，派其代行出席。

第七条　本会议举行时间得由主席临时决定，但最少应于每月首星期二开会一次。

第八条　为供本会议之采择及明悉各部重要业务与议决事项之推行状况起见，由第二条所列各部、会、院、厅次级长官，每星期举行会报一次，其规则另定之。

第九条　本规则自颁布之日施行。

国民政府军事委员会各部院会厅会报规则〔略〕。

〔国民政府国防部史政局及战史会档案〕

4. 军事委员会抄发西安桂林办公厅组织规程等密令

（1940年5月11日）

国民政府军事委员会密令　办制临字第八一九号

令军令部

本会为联系各战区推动所属各部、院、会、厅与战区有关业务起见，特设西安桂林办公厅，并经制定各该办公厅组织规程及编制表，除呈报暨分令外，合行抄发是项组织规程暨编制表，令仰知照。此令。

附发西安桂林办公厅组织规程及编制表一份。

委员长　蒋中正

中华民国廿九年五月十一日发

军事委员会西安/桂林办公厅组织规程

一、军事委员会为联系各战区，推动本会所属各部、会、厅与战区有关之业务起见，特设西安/桂林办公厅。（以下简称本厅）

二、本厅直隶于军事委员会。

三、本厅对第一、二、三、四、八、九、鲁苏、冀察各战区，得秉承委员长之命确实连系。

对驻在地之本会各机关办事处，有监督指导之权。

四、本厅设第一、二、三处暨军法组，分掌左列各事务：

1．第一处：掌理命令传达及实施之考察并各战区之协调事宜。

2．第二处：掌理情报搜集整理判断、防空及后方勤务事宜。

3．第三处：掌理文书、军需、军医、印信、人事及不属于各处之事务。

4．军法组：掌理军法事宜。

五、本厅设主任一人，承委员长之命令，参谋总长、副参谋总长之指导，综理全厅一切事务；副主任一人，辅助主任处理事务。

六、各处设处长一人，参谋、秘书、副官、军需、军医及雇员各若干人，分承长官之命办理事务。

军法组设组长一人，军法书记及雇员若干人，承长官之命办理军法事宜。

七、本厅编制如附表。

八、本规程自奉准之日施行。

军事委员会西安/桂林办公厅编制表、组织系统表〔略〕。

〔国民政府国防部史政局及战史会档案〕

5. 军事委员会抄发修正组织大纲及系统表密令

（1940年6月26日）

军事委员会密令　办制渝字第1510号

令军令部

案奉国民政府二十九年六月十四日渝文密字第七〇号训令开：为令遵事。案准国防最高委员会二十九年六月八日国议字第一零一五八号函开：据军事委员会二十九年五月二十九日办制临字第八八七号呈称：本会为应作战需求，对业务及机构上稍有更动，兹拟就现实情形，将组织大纲加以修正，缮具修正草案，请核定施行等情，经本会第三十四次常务会议决议修正通过，相应录案并钞同修正军事委员会组织大纲及组织系统表函请查照，密令饬遵。等由；准此。自应照办。除分函复并令知行政院外，合行抄发原修正组织大纲及组织系统表，令仰该会遵照。此令。等因；奉此。除分令外，合行抄发修正组织大纲、系统表，令仰遵照。此令。

附抄发修正军事委员会组织大纲及系统表一份。

委员长　蒋中正

中华民国廿九年六月廿六日

修正军事委员会组织大纲　民国二十九年六月十四日，国民政府渝文密字第七〇号令。

第一条　国民政府为巩固全国国防，统辖全国军民作战，特设军事委员会，直隶国民政府，授权委员长执行国民政府组织法第三条所规定之职权。

第二条　本会设委员长一人，委员七人至九人，由国民政府特任之。此外参谋总长、副参谋总长，军令、军政、军训、政治四部长，及军事参议院长为当然委员。

第三条　本会之组织系统如附表。

第四条　委员长统率全国陆海空军，并指挥全国国民负国防之全责，各委员襄赞委员长筹划国防用兵之大计。

第五条　参谋总长为委员长之幕僚长，指导本会所属各部会厅，襄助委员长处理本会一切职务。

副参谋总长辅助参谋总长，处理本会一切职务。

第六条　军事参议官备委员长之咨询。

第七条　办公厅职掌如左：

（一）命令、文电之承转及总务、警卫事项。

（二）各部院会厅主管业务之联系及会议会报事项。

（三）章制之审核、承办及顾问之延聘、分配事项。

（四）不属于各部院会厅之军事攸关事项。

第八条　军令部职掌如左：

（一）国防建设、国军作战指导，及陆海空军之动员指导，及战史之编纂。

（二）后方勤务之筹划、运用指导。

（三）情报及国际政情之搜集整理。

（四）参谋人员、陆军大学、测量总局及驻外武官、炮工通信各指挥部之统辖与运用。

第九条　军政部职掌如左：

（一）陆海军之建设改进，人马之维持补充，交通通信之整备，及全国总动员之筹划。

（二）管区之设置、兵员之征募编练、国民兵之组织管理，及役政攸关事宜。

（三）陆海军军费、粮秣、被服、装具、营缮，及其他军需品之筹办分配。场、厂、仓库之建设管理，及民间有关工业资源之利用。

（四）军械、弹药之制造、筹办、分配，场、厂、仓库之建设管理，及民间有关工业资源之利用。

（五）陆海军之卫生、保健，及卫生机关之筹划运用。

第十条　军训部职掌如左：

（一）全国陆军之训练、整理、校阅。

（二）军事学校之教育、建设、改造。

（三）国民兵之教育、规划、校阅。

第十一条　政治部职掌如左：

（一）陆海空军之政治训练。

（二）国民兵之政治训练及精神教育。

（三）战地服务及民众组织之指导与宣传。

第十二条　军法执行总监部掌理军队纪律之维持，与军法之执行事务。

第十三条　军事参议院掌理军事研究，及建议事项。

第十四条　航空委员会掌理空军之建设、保育、训练与指挥事务，必要时得另设空军指挥部，专任空军作战之指挥。

第十五条　战地党政委员会掌理战地党政工作之设计、指导、监督，及考核事宜。

第十六条　运输统制局职掌如左：

（一）国内外各项公私运输机关与运输工具之调遣分配。

（二）支配进出口货物运输之数量及程序。

（三）审定有关运输之一般设施。

（四）解决有关运输之争议。

（五）各线路工程之考核与督察。

运输总司令部掌管各项军事交通运输之实施。

第十七条　后方勤务部职掌如左：

（一）关于兵站之设施。

（二）关于粮、弹、油料等之补给运输。

（三）关于卫生之设备管理。

第十八条　海军总司令部掌理海军建设、训练与指挥事宜。

第十九条　铨叙厅掌理全国陆海空军人事之铨衡、考绩与惩

军事委员会组织系统表

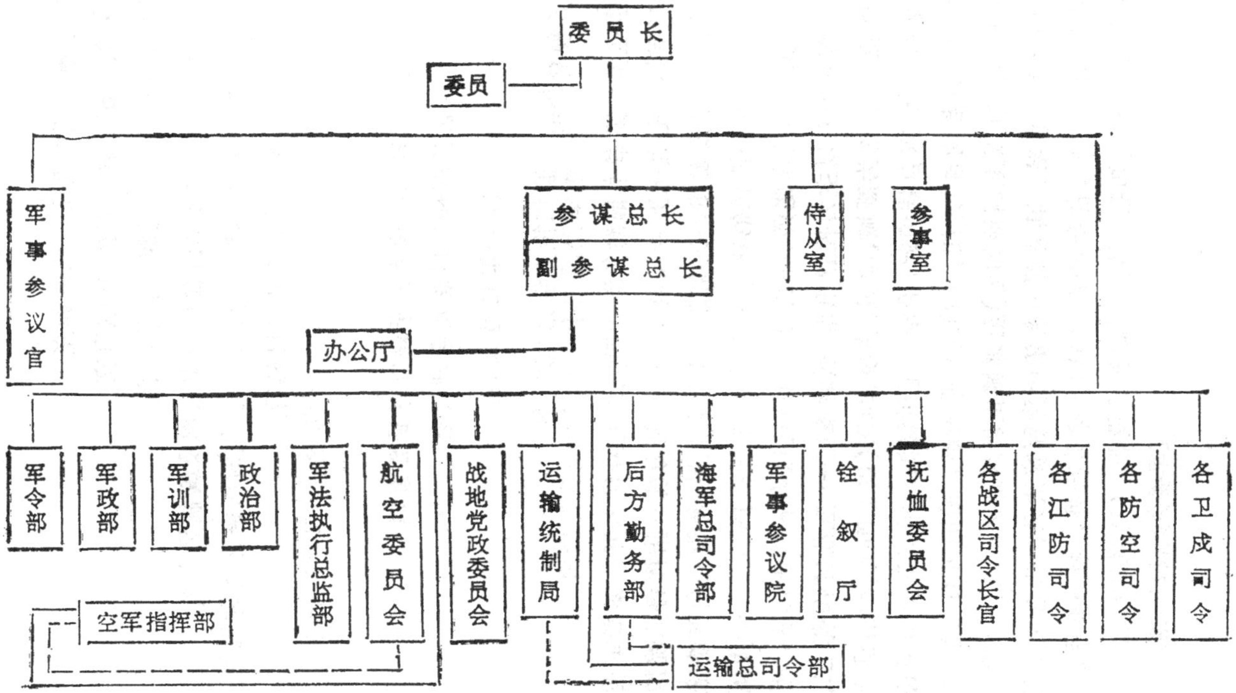
委员长
委员
军事参议官
参谋总长
副参谋总长
侍从室
参事室
办公厅
军令部
军政部
军训部
政治部
军法执行总监部
航空委员会
战地党政委员会
运输统制局
后方勤务部
海军总司令部
军事参议院
铨叙厅
抚恤委员会
各战区司令长官
各江防司令
各防空司令
各卫戍司令
空军指挥部
运输总司令部

奖事务。

第二十条　抚恤委员会职掌如左：

（一）关于伤亡官兵褒扬、抚恤事宜。

（二）关于伤亡官兵遗族之救济事宜。

第二十一条　本会各部院会厅组织条例及编制另定之。

第二十二条　本会得设各种委员会，及战时所需之各种机关。

第二十三条　本大纲自核准之日施行。

〔国民政府军委会档案〕

6．军政部兵役署关于设立军委会直辖鲁苏皖豫边区总司令部代电

（1941年12月18日）

军政部兵役署代电　渝仁役文字第3399号
中华民国三十年十二月十八日发出

视察室鉴：案奉本部渝务游四四九六九号代电开：案奉军委会令一亨字第二七九七五号代电开：一、兹为统一指挥鲁苏皖豫边区部队，游击队及重建该区党政工作便利起见，特设立鲁苏皖豫边区总司令部，并任汤恩伯兼边区总司令，统一指挥第三十一集团军、第十五集团军及马彪师，并负责整理该边区内各游击部队，但卅一集团部队仍应以主力控置汛南，适时策应一、五战区作战。二、该边区辖境：（1）南为郾城、项城、临泉、阜阳（以上四地含）沿淮河至蚌埠之线。（2）东自蚌埠起，沿淮河至洪泽湖，沿运河至黄河边（运河线以西各县均含）之线。（3）北自平阴起，沿旧黄河经兰封、陈留、尉氏、许昌（以上四地均含）至郾城止以东地区。三、该边区总司令部归本会直辖，其总部编制依照豫鄂皖边区游击总司令部编制办理。除分电外，右令知照。等因。除分行外，特电知照。等因。除分电外，特电知照。渝。军政部兵役署。（巧）仁役文。

〔军委会兵役部档案〕

7. 军政部兵役署抄发驻滇参谋团编制表密令

（1941年12月22日）

军政部兵役署密令　渝仁役文字第3478号

令视察室

案奉本部渝务军四五二二零号密令内开：案奉军事委员会三十年十一月一日渝令三德人字第一三三七号密令内开：案据驻滇参谋团团长林蔚呈报该团编制表草案，并于十一月一日暂照草案先行组织成立等情。应准备案。除指令并分行外，合行抄发原草案令仰知照。此令。等因，奉此。除分令外，合行抄发原草案令仰知照。此令。等因。除分行外，合行抄发原草案令仰知照。此令。

附抄发驻滇参谋团编制表一份。

署长　程泽润

中华民国三十年十二月廿贰日发出

8. 军事委员会颁发中央军事机关现任各级人事管理人员考核委员会组织规则代电

（1942年6月15日）

国民政府军事委员会代电　铨考字第1560号

本会政治部：查党政军中央机关现任各级人事管理人员考核办法及军事机关现任各级人事管理人员考核表式，业经本会本年五月二十日第一三零四号铨考辰号代电抄发饬遵，并限六月底以前，将受考各员之三十年年终考核表一并呈会候核在案，兹再抄发中央军事机关现任各级人事管理人员考核委员会组织规则，电希知照并遵限检送前案规定之各种考核表及现职证明文件(任职令)呈会以凭核办。除分行外，合件电仰遵照。军事委员会。铨考巳。

军事委员会驻滇参谋团编制表　　三十年十一月一日

令一亨　调制

职级	官佐		士兵		汽车	备考
	阶级	员额	阶级	名额		
团长	中(上)将	一				
副团长	中将	一				
高级参谋	中(少)将	六				
参谋	上(中)校	二				须英语熟练者一员
秘书	上 少校	一 一				
副官	中(上)校 上尉	二 一				
书记	同上尉	一				
司书	同准(少)尉	一				

（续表）

职级			官佐		士兵		汽车	备考
			阶级	员额	阶级	名额		
卫士					上中下士	一二七		团长上中下士各一，副团长中下士各一，高参每员下士各一。
公役					三四五等	一三五		
参谋	处长		少(中)将	一				
参谋	副处长		上校(少将)	一				
参谋	译电员		同少校 中尉	三				
参谋	书记		同上尉	二				
参谋	绘图员		同上(中)尉	三				
参谋	司书		同少(准)尉	六				
参谋	第一科	科长	上校(少将)	一				作战
参谋	第一科	参谋	上(中少)校	四—五				

（续表）

职级			官佐		士兵		汽车	备考
			阶级	员额	阶级	名额		
处	第二科	科长	上校(少将)	一				情报
		参谋	上(中少)校	四—三				
	第三科	科长	上校(少将)	一				后勤
		参谋	上(中少)校	三—四				
	卫士				下士	五		
	公役				三四五等	三四五		
总	处长		少将	一				
	副官		少(中)校 上(中)尉	二 一				
	书记		同上尉	一				
	司书		同少(准)尉	一				

（续表）

职级			官佐		士兵		汽车	备考
			阶级	员额	阶级	名额		
务	管理科	科长	中(上)校	一				宿营、警卫、交际、卫生
		副官	中(少)校 上尉 中尉	一 一 一				
		司书	同准尉	一				
		司号	少(准)尉	一				
		司号军士			上士	一		
	交通科	科长	中(上)校	一				
		副官	上中少尉 中(少)校	一 一 一				
		司书	同准尉	一				
		汽车司机	同准尉	五			小汽车三 卡车二	
	会	科长	中(上)校	一				庶务、会计、给养
		科员	中(少)校 上尉 中尉	二 三 三				

（续表）

职级		官佐		士兵		汽车	备考
		阶级	员额	阶级	名额		
计科	司书	同准尉	一				
	卫士			下士	一		
	公役			三 四 等 五	三 四 七		
	炊事士兵			下士 上等兵 一	一 三 七		
输	队长	上尉	一				
	队附	中尉	一				
	中队长	中(少)尉	四				
	特务长	准尉	一				
	文书军士			上士	一		
	军需军士			上士	一		

（续表）

职级		官佐		士兵		汽车	备考
		阶级	员额	阶级	名额		
送	传达兵			上 一 等兵	一五		
	号兵			上等兵	二		
	炊事兵			上 一 二 等兵	一六六		
队	班长			上 中 士	四三		
	列兵			上 二 等兵	三二 四八 八〇		
传	排长	中尉	一				
	文书军士			上士	一		
达	司机			上士	四	三轮车三 一　　一	

（续表）

职级			官佐		士兵		汽车	备考
			阶级	员额	阶级	名额		
处	排	传达军士			上中下士	一一三		
		传达兵			上一等兵	一〇六		
合计			官佐	八六一八九	士兵	一一八六	小汽车三 卡车二二 三轮车二	

〔军委会兵役部档案〕

删。印。

附抄发中央军事机关现任各级人事管理人员考核委员会组织规则一份。

中华民国三十一年六月十五日

中央军事机关现任各级人事管理人员考核委员会组织规则

三十一年五月十六日呈军事委员会核准施行

一、本规则系依据党政军中央机关各级人事管理人员考核办法第十三条之规定而订定之。

二、中央军事机关，现任各级人事管理人员考核委员会(以下简写本会)隶属于军事委员会铨叙厅。

三、本会就铨叙厅原有之组织机构及行政系统而组织之。其人员如左：

甲、设主任委员一人，由铨叙厅厅长兼任之。

乙、设副主任委员一人，由铨叙厅副厅长兼任之。

丙、设委员七至九人，由铨叙厅各处正副处长兼任之。

丁、设干事四至五人，由铨叙厅厅附、秘书及考绩科科长兼任之。

四、主任委员召集本会会议核定考核案件，主任委员缺席时得由副主任委员代理之。

委员出席本会审议考核案件。

干事出席本会整理议案及审查意见，并处理议定案件及本会会议。

五、本会议定案件，应呈由人事评判委员会会长并呈委员长核定后依照法规办理。

六、本会事务由铨叙厅第三处考绩科办理之。

七、本规则呈会核准后执行。

〔国民政府军委会档案〕

9. 军政部兵役署奉发重庆卫戍区指挥系统表代电

(1942年7月1日)

军政部兵役署代电　渝爱役文字第1970号
　　　　　　　　　中华民国卅一年七月一日发出

视察室：案奉本部渝务防字第54046号代电开：案奉委座巳元令一亨绥七七三九号代电开：关于重庆卫戍区改划卫戍分区一案，业经辰佳令一亨绥代电在案。兹据刘总司令辰养坤一杰代电称：卯虞令一亨绥暨辰佳令一亨字第六五五〇号两代电均悉。除详细计划另案呈请核示外，谨将处理情形呈复如左：（一）重庆卫戍第一、二、三、四各清乡区司令部似即改为重庆卫戍区第一、二、三、四分区司令部。（二）各分区司令及其以下诸人选拟仍照旧。（三）各分区辖仍与原清乡区域相同。（四）在卫戍计划未修正以前，关于各分区司令之权责及任务，与各县政府及保安区司令之关系仍按照以前清乡期间规定办法。以上各项除分电有关机关部队知照并饬属遵照外，谨随电附呈本部指挥系统表一份，报请鉴核备查等情。除复准备查外，希即知照。等因。特抄附原表一份，希即知照。等因。除分行外，特抄附原表仰即知照。程泽润。渝。爱(东)役文。附抄指挥系统表一份。

重庆卫戍总司令部指挥系统表

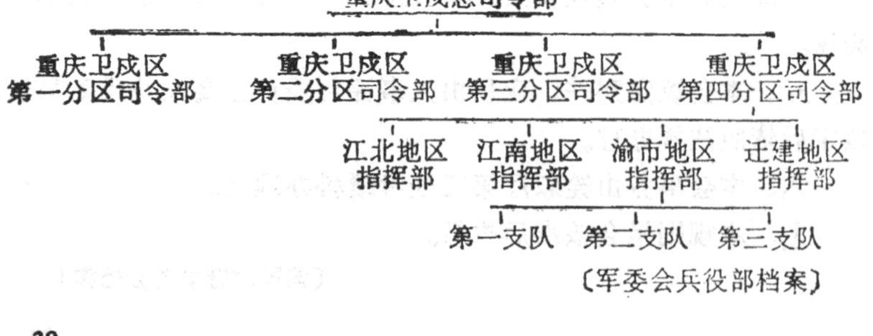

〔军委会兵役部档案〕

10. 军事委员会检发修正重庆卫戍总司令部组织暂行条例训令

（1943年3月3日）

国民政府军事委员会训令　办制渝字第四八一零号

令政治部

查重庆卫戍总司令部组织暂行条例业经修正令行，除呈府备案并分别函令外，合行检发该项修正条例令仰知照。此令。

计发修正重庆卫戍总司令部组织暂行条例一份。

委员长　蒋中正

中华民国三十二年三月三日

重庆卫戍总司令部组织暂行条例

第一条　为拱卫陪都确保安全起见，特设重庆卫戍总司令部（以下简称本部），隶属于军事委员会。

第二条　本部设总司令一员，承军事委员会委员长之命，综理一切卫戍事宜，由军事委员会遴选呈请国民政府特派之；设副总司令一员，辅佐总司令处理一切事务，由军事委员会遴选呈请国民政府任命之。

第三条　参谋长承总司令、副总司令之命，指导本部所属各处、室处理本部一切事务。

第四条　高级参谋承总司令、副总司令之命，参谋长之指导，担任军事上设计审查事宜。

第五条　总参议备总司令、副总司令之谘询，并参战〔加〕一切机宜。

第六条　左列各室、处各承总司令、副总司令之命，参谋长之指导，处理职掌内诸事宜。

一、办公室掌理文书编辑、译电并保管关防及处理不属于各处之机要文件。

二、参谋处掌理卫戍计划、警备情报、后方勤务人事及其他参谋业务。

三、副官处掌理总务、交际、管理、卫生及其他不属于各处、室之业务。

四、交通处掌理交通通讯事宜。

五、经理处掌理粮饷、被服、军械等保管、补给诸事宜。

六、军法处掌理军队纪律之维持与其他一切军法事宜。

七、稽查处掌理卫戍业务、各种调查管制之执行诸事宜。

八、督练处掌卫戍区内各部队教育训练事宜。

关于特殊业务之处理，有另设机构必要时，呈请军事委员会核准增设之。

第七条　政治部承军事委员会政治部之命，受总司令、副总司令之节制指挥，掌理所辖军队政治训练及民众组织训练并宣传诸事宜。

第八条　卫戍区域另令定之。

第九条　卫戍总司令对所辖区域内之军队、师团管区部队、区县保安团队、民众武装组织及水陆警察等，有指挥调遣之权，并对于驻在所辖区内与军事有关系之省市各地方行政机关有联络协助或指挥之责。关于卫戍勤务之分配，应预为拟具方案，呈请军事委员会分令负责遵办，紧急时得直接指挥或分配之，但须报告军事委员会。

第十条　卫戍地区内，如遇战争灾害及非常事变时，卫戍总司令得呈请军事委员会宣布戒严，或指拨部队，以供警卫调遣。倘事急不及呈请时，须酌调附近军队相机处置，但应即及时呈报军事委员会。

第十一条　卫戍总司令在戒严时，得为左列各款之宣布而执行其职权。至戒严时而按情形之必要执行左列之某款者，得一面执行，一面报军事委员会。

一、禁止有妨害地方治安或违反抗战国策之集会、结社、言论、新闻、图画、标语、戏剧等。

二、禁止聚众暴动骚扰，直接间接扰乱秩序或妨害抗战军事。

三、凡民有物品，除有规定统制者外，其他可供军需之用者，必要时禁止其输出。

四、检查出入汽车、船舶及其他物品，有时得暂行停止水陆之交通。

五、依法准许私有之军械、子弹及火具、危险物等，必要时得没收。但事后应即呈请军事委员会备案。

六、检查邮件、电报、新闻纸及其他一切印刷品。

七、卫戍地区内之地方行政、司法案件与军事有关者，地方行政官、司法官须商承卫戍总司令之依法裁判。

八、必要时得入家宅、建筑物、车船中施行检查。

九、寄住卫戍区域内之中外人民，必要时得分别令其疏散或退出。

以上各款实行时，检查人员须发证书，收没物品须发给收据，以杜假冒。

第十二条　卫戍总司令在戒严情事终止，应即呈请军事委员会行解严之宣告。

第十三条　凡驻在所辖区内之各军队、舰艇、航空器均应遵守卫戍诸规则，必要时得受卫戍总司令之指挥。

第十四条　关于卫戍规则及办事细则，应依据本条例并参酌卫戍勤务条例，由卫戍总司令自行拟定，呈请军事委员会核准施行。

第十五条　本部之组织系统及编制另定之。

第十六条　本条例自公布之日施行。

〔国民政府军委会政治部档案〕

11. 军事委员会颁发印信规则

（1943年3月16日）

军事委员会颁发印信规则　民国三十一年十一月二十四日办制渝字第四四四三号令颁，民国三十二年三月十六日办制渝字第四八六六号令修正。

第一条　军事委员会(以下简称本会)及所属各院、部、会、厅、局颁发各军事机关、学校、部队印信，悉依本规则办理。

第二条　颁发印信之机关暂定如左：

一、机关、团队直隶于本会者，其印信由本会颁发。

二、机关、学校、团队属于各院、部、会、厅、局者，其印信由各院、部、会、厅、局颁发，但在少将级以上者(空军在上校级以上者)均须转呈本会颁发。

三、各级政训机关之印信，均由政治部颁发。

四、陆海空军各军事学校印信，分由军政部、海军总司令部及航空委员会颁发，其不属于各军事学校而为本会特许设立之备训练班之印信，均由本会颁发。

五、各卫戍、警卫、游击、江防等总司令、总指挥之印信，由本会颁发。各警备、要塞及宪兵等司令部之印信，由军政部颁发。

六、陆军军(不含)以上各级司令部印信，由本会颁发。军(含)以下至营(含)以上各部队印信，由军政部颁发。连(含)印信由各部队最高单位自行刊发。

七、海军各舰队(含)以上之印信，由本会颁发，其以下之印信，由海军总司令部颁发。

八、空军大队(含)以上之印信由本会颁发，其以下之印信，由航空委员会颁发。

第三条　印信分印、关防、钤记、官章四种，其区分如左：

一、永久性机关、学校、部队发印。

二、临时性之机关、学校、部队发关防。

三、上尉级以下之机关、部队及临时组织之会社发钤记。

四、上校级以上之机关、学校、部队长官，除发印或关防外，并颁发官章。

五、印、关防、钤记均用木质，官章用角质，中将级以上之印或关防得用锡包镶之。

第四条　印信之印文，照左列规定刊制：

一、印、关防、钤记均但书该机关、学校、部队全衔，不用职称及"之"字。例如"第〇集团军关防"，"陆军第〇师印"，"〇〇师管区关防"，"陆军大学校印"，"军政部传达队钤记"。如有非用职称不可如"第〇战区司令长官"及"卫戍司令"、"警备司令"之类，仍用职称。

二、官章但书该机关、学校、部队全衔及职称，不用"之章"两字。如"〇〇省军管区司令"，"第〇〇警备司令"，"陆军第〇师师长"，"陆军步兵学校校长"，"军政部西安办事处主任"。

三、印信遗失，准予补刊时，印、关防、钤记均予全衔下加"之"字。例如"陆军暂编第某师之关防"。官章则于职称下加一"章"字。例如"〇〇师管区司令章"，以示区别。

第五条　印信之大小尺度，依陆军等级区分之(如附图式样)。其有编制为两级者，照主级刊发。例如中(上)校则照中校级刊发之，如其主官为技术人员时，比照陆军等级刊发之。

第六条　凡启用印信，应将启用日期连同印模(有官章者连官章)呈报各颁发印信机关备查。

第七条　各机关、学校、部队，如遇裁并或变更名称时，应将原颁印信裁角缴销。

第八条　印信须指派妥员负责保管，除遇非常事变应予就近销毁呈报备案外，倘有遗失，按其情节轻重，依陆海空军刑法第五四、一一二、一一三、一一四各条及陆海空军惩罚法第五条之规定分别处罚。

第九条　战时颁发印信得变通办理如左：

一、各颁发印信机关，对所属机关、学校、部队如因驻地辽远，交通阻隔不便颁发时，得酌量电请各行营(辕)、各战区司令长官部、各省军管区司令或各院、部、会、厅、局之办事处，依照规定图式代为刊发。

二、各军事机关、学校、部队，遇有急需启用印信之必要不及等待颁发时，得由各颁发印信机关核定印文及图式发交申请人自行刊制应用，仍将印模及启用日期报请备查。

第十条　各种印信之使用办法另规定之。

第十一条　在本规则未公布前已颁发之各机关、学校、部队印信，仍暂准沿用，以免纷更。

第十二条　本规则公布后，各机关以前颁行之印信条例办法等概予废止。

第十三条　本规则自公布日起施行。

附图式样〔略〕。

〔国民政府军委会政治部档案〕

12. 军事委员会公布本会办公厅组织条例训令

(1944年11月27日)

国民政府军事委员会训令　办制渝字第七四〇〇号

令政治部

兹制定本会会本部办公厅组织条例公布之，并定自三十三年十一月廿七日施行。除分令外，合行令仰知照。此令。

附本会会本部办公厅组织条例乙份。

委员长　蒋中正

中华民国三十三年十一月廿七日

军事委员会会本部办公厅组织条例

第一条　本条例根据军事委员会组织大纲第十七条之规定，为综合联系全会业务起见，在会本部设置办公厅（以下简称本厅）。

第二条　本厅设主任、副主任各一员，承委员长、参谋总长之命，综理本厅一切业务。

第三条　本厅设置第一、二、三组及机要室、经理室、会计室、军电管理处，并指挥其他附辖各机关。

各组设组长、副组长各一人，经理室设主任一人，机要室设主任、副主任各一人，军电管理处设处长、副处长各一人，均秉承本厅主任之命令，副主任之指导办理业务。

会计室设会计主任一人，承上级主计机关之命，并依法受本厅主任之指挥，副主任之指导办理业务。

第四条　第一组办理左列业务：

（一）本会各部、院、会、厅、局主管业务，军事上呈会文件之承办及会议会报事项。

（二）不属于各部、院、会、厅、局之军事攸关事项。

第五条　第二组办理左列业务：

（一）本会及本厅文电收发、传达暨刊发印信与颁赠事项。

（二）会本部及本厅警卫、内务、庶务暨士兵管理事项。

（三）中外来宾之登记、引见、接待及调查、联络事项。

（四）本会及本厅交通、通信、计划、筹备、管制事项。

（五）本厅伤病官兵治疗、卫生事项。

第六条　第三组办理左列业务：

（一）关于会内外党政上呈会文件之承办及与边务机关联系事项。

（二）本会及本厅一切收文拆封、登记及分文事项。

（三）文电撰拟及本厅人事与统计，并职员录编辑事项。

（四）本厅印信典守事项。

第七条　经理室办理经费、军粮、眷粮、军盐、被服、装具等领发、保管，及营缮工程与采购诸事项。

第八条　会计室办理一切有关岁计、会计、审核、监查诸事项。

第九条　机要室办理左列业务：

（一）机密电报之翻译，及有线、无线电报通信事项。

（二）典守会印及机密档案保管与会属各部送译电稿事项。

第十条　军电管理处办理左列业务：

（一）军事机关部队无线电台密码与译电业务及技术督导事项。

（二）军用译电业务人员管理训练及教育事项。

第十一条　本厅编制列于会本部编制内，服务规则另定之。

第十二条　本条例自奉准之日施行。

〔国民政府军委会档案〕

13．军事委员会颁发办事通则训令

（1945年7月7日）

国民政府军事委员会训令　办制字第八六七八号

令本会军令部

查本会办事通则，兹经修正随令颁发，仰遵照是项通则拟订本机关办事细则呈核，至其中权责一章，应参照总检讨会议议决案所定实施分层负责制诸项原则拟订，并将现时有关盟邦业务接洽事项，亦依上项原则归纳于该章内。又文书处理一章，可参照上年本会颁发军用文书改良办法拟订。除分行外，合行抄发本会修正办事通则，令仰知照。此令。

附抄发本会办事通则一份。

委员长　蒋中正

中华民国三十四年七月七日

军事委员会办事通则　廿八年四月廿日
卅四年七月七日办
办制渝字第三三零号公布
制字第八六七八号修正

第一章　总则

第一条　军事委员会各部、院、会、厅、局、处等直属机关（以下简称各机关）执行业务，除法令别有规定外，悉依本通则办理。

第二条　各机关对组织法规赋予业务之执行，应负完全责任。

第三条　各机关于执行业务时，如以本会或委员长名义发布文电，所属例行次要事件暨以法令为依归者，由各主官妥办代行外，其关系重要或无法令依据者，均须呈经委员长核行或由参谋总长代行。前项所称重要事件，如属于法制案件，应先呈会交由主管机关审查呈核，或提经最高幕僚会议议决后签呈核定之。

第四条　各机关长官得依法令规定，就主管范围内对所属发布各种命令。

第五条　凡关系会内或会外两机关以上事件，应由主管或关系较切机关主持会同有关机关办理，如有意见出入而经会商仍不一致时，得提请最高幕僚会议决定，或签呈委员长核示办理。

第六条　为求联系确切免致重复或抵触起见，凡各机关应行签呈核示或呈判文电，送由办公厅转陈核判为原则，但关于有关作战之命令及紧急事件或另有规定者，得由各主办机关迳呈或照规定程序办理，奉批后如系与其他各机关有关案件，应注意分行或送办公厅承办之。

办公厅对于各机关送交转陈核判之件，如认为有重复抵触或其他情事时，应加具说明或意见转陈核判。

第七条　各机关对于机密案件之处理保管，应指派专员负责，以免泄漏。

第二章　各机关分层负责办事细则原则与方式

第八条　各机关拟订办事细则之章节区分如左：

（一）总则——关于一般遵守事项。

（二）职掌——本机关组织单位，如厅、处、科等职掌。

（三）权责——各级职员应负之权责。

（四）公文处理。

（五）值日勤务。

（六）会议或会报。

（七）附则。

第三章　公文处理

第一节　收发

第九条　本会外来一切文电，统由办公厅收拆登记，除必须呈委员长、参谋总长核示者外，依其性质分别送交或抄转各机关办理，但各机关对主管业务案件，亦得迳收办理。

第十条　分送各机关文电，应按其性质，如系密件，应加盖机密戳记，并于封面写明某主官亲启；如系急速文件，应加盖最速件或速件戳记。

第十一条　各机关承办本会案件之发文，由各机关依照规定编号并登记发出。

前项发文编号之代字简号表，应呈会核定。

第十二条　各机关承办案件，除依一般公文处理程序外，得就本机关业务情形，以尽量采取简捷手续为原则。

第二节　处理要则

第十三条　各机关依照本通则第三条之规定，代行处理之案件，应于每周列表送由办公厅汇陈核阅，其表式如附表(一)。〔略〕

第十四条　各机关奉委员长交办案件而须呈复或承办案件，

必须呈核呈阅者，应分别用报告、签呈、呈阅、呈核四种表式，如附表(二)、(三)、(四)、(五)。〔略〕

第十五条　各机关处理文件，除对呈请或直接关系机关行文外，应注意分行其他有关机关。

第三节　用印

第十六条　各机关以本会名义所发文件，应一律盖用会印，如经呈准预盖会印，但于月终应将本月份使用预印公文纸列表报查，其表式如附表(六)。〔略〕

第四节　档案

第十七条　各机关档案，由各机关自行保管。

第四章　值日勤务

第十八条　本会设总值日官一员，由将级官佐担任，值日规则另定之。

第十九条　各机关各自设置值日官，受本会总值日官之指导。

第二十条　各机关值日规则，依各机关情形，由各机关自行订用。

第二十一条　凡新委人员服务未满一月者，不任值日勤务。

第五章　会报

第二十二条　本会每周举行事务会报一次，其规则另定之。

第二十三条　各机关得按其业务订定各种会报会议规则实施之。

第六章　附则

第二十四条　本通则自本会公布之日施行。

(国民政府国防部史政局及战史会档案)

(2)行营(辕)、战区长官部及主任公署

1. 参谋本部总务厅第一处抄送重庆等行营组织大纲公函

(1937年7月13日)

案奉交下军事委员会公一字第三八〇七号训令内开：查本委员长各行营组织系统及编制表，经分别重新厘定颁行，并于本年六月二十四日以公一字第三七四二号令发该部知照在卷，其各原有组织条例已不相符，兹经按照分别加以修正。除分令外，合行检发修正各行营组织大纲共四件，令仰知照。此令。等因。除分函外，相应抄送一份，即希查照密存参考为荷。此致

本厅第四处

附重庆　武汉 广州　西安 行营组织大纲各乙份。

参谋本部总务厅第一处启

七月十三日

国民政府军事委员会委员长重庆行营组织大纲

二十六年七月六日军委会公一字

第三八〇七号训令修正

第一条　国民政府军事委员会为统率川黔康三省剿匪军事，并统筹各该省份之地方善后起见，特设重庆行营主持办理。

第二条　本行营设主任一员，代理委员长行使职权；设参谋长一员，辅助主任处理一切业务。

第三条　本行营设置左列各厅、处，分掌各事项：

办公厅分课掌理文书、人事、机要等事项。

第一厅分组掌理作战、训练、编纂、编制、点校、情报、兵要地志，及交通、通信事项。

第二厅分组掌理关于川、黔、康三省地方善后之党务、民政、保安、教育、宣传、感化、新运、农村合作、农村救济，及国民经济建设等事项。

总务处分科掌理交际、警卫、会计、庶务、管理等事项。

军医处掌理医务、卫生等事宜。

军法处掌理所辖各部队、机关之军法事件，暨军委会规定审核之赤匪、盗匪、土劣、烟毒等案。

第四条　本行营除前条之规定外，得另设政训分处及财政监理处，分掌军队政训及财政监理事宜。

第五条　本行营组织系统及编制表另定之。

第六条　本大纲自公布日施行。

国民政府军事委员会委员长广州行营组织大纲　二十六年七月五日军委会公一字第三八〇七号训令修正

第一条　国民政府军事委员会为指导粤、桂、闽驻军之整理训练、民众之组织训练、交通通信之整理，及其他国防诸设施起见，特设广州行营主持办理。

第二条　本行营设主任一员，代理委员长行使职权；设参谋长一员，辅助主任处理一切业务。

第三条　本行营设置左列各厅、处，分掌各事项：

办公厅分科掌理文书、人事、电务等事项。

第一厅分组掌理作战、谍报、教育、交通、卫生等事项。

第二厅分组掌理党务、吏治、文化、经济、国民军事政治训练、民众组织及地方建设等事项。

总务处分科掌理管理、会计、军法等事项。

厅设厅长、副厅长各一员，处设处长一员及其他职员各若干员。

第四条　本行营除前条之规定外，得另设政训分处，由该主管机关派出之，掌理军队政训，并得设特务连一连，担任本行营警卫等事宜。

第五条　本行营组织系统及编制表另定之。

第六条　本大纲自公布日施行。

国民政府军事委员会委员长武汉行营组织大纲　二十六年七月五日军委会公一字第三八〇七号训令修正

第一条　国民政府军事委员会为统筹湘、鄂两省国防之设施，及驻军之整理与民众之组织训练起见，特设武汉行营主持办理。

第二条　本行营设主任一员，代理委员长行使职权，设副主任、参谋长各一员，辅助主任处理一切业务，并设副参谋长一员，以资佐助。

第三条　本行营设置左列各处，分掌各事项：

参谋处分科掌理作战、谍报、教育、人事及后方勤务等事项。

秘书处分科掌理文书、编译、特务及电务等事项。

总务处掌理所辖各部队、机关之军法事件，暨军委会规定审核之赤匪、盗匪、土劣、烟毒等案。

军医处掌理医务、卫生等事项。

第四条　本行营除前条之规定外，得另设政训分处，由该主管机关派出之，掌理军队政训及民众训练组织等事项，并得设特务队一队，担任本行营警卫等事宜。

第五条　本行营组织系统及编制表另定之。

第六条　本大纲自公布日施行。

国民政府军事委员会委员长西安行营组织大纲　二十六年七月五日军委会公一字第三八〇七号训令修正

第一条　国民政府军事委员会为统筹陕、甘、宁、青四省国防之设施，及整饬、指挥各部队肃清匪患，并处理善后与指导民众组织训练起见，特设西安行营主持办理。

第二条　本行营设主任一员，代理委员长行使职权；设副主任二员（内一员派驻兰州），参谋长一员，辅助主任处理一切业务。

第三条　本行营设置左列各厅、处，分掌各事项：

办公厅分科掌理文书、人事、电务等事项。

第一厅分组掌理作战、课报、教育、交通、卫生等事项。

第二厅分组掌理党务、吏治、文化、经济、国民军事政治训练、民众组织及地方建设等事项。

总务厅分科掌理管理、会计、军法等事项。

厅设厅长、副厅长各一员，处设处长一员，及其他职员各若干员。

第四条　本行营除前条之规定外，得另设政训分处，由该主管机关派出之，掌理军队政训，并得设特务连一连，担任本行营警备等事宜。

第五条　本行营组织系统及编制表另定之。

第六条　本大纲自公布日施行。

〔国民政府国防部史政局及战史会档案〕

2. 军事委员会颁发鄂湘川黔边区主任公署组织条例及系统编制表训令

（1938年7月28日）

国民政府军事委员会训令　办规字第三四二号

令政治部部长陈诚

查鄂湘川黔边区主任公署组织条例及系统编制表业经制定，除呈国府备案并分令外，合亟检发附件，令仰转饬知照。此令。

附发鄂湘川黔边区主任公署组织条例及系统编制表各乙份。

委员长　蒋中正

中华民国二十七年七月二十八日

鄂湘川黔边区主任公署组织条例

第一条 为筹划鄂湘川黔边区国防设施及新兵之编练补充暨地方治安之维持起见，特设鄂湘川黔边区主任公署(以下简称本署)。

第二条 本署直属于军事委员会，并受中央有关各部部长之指导。

第三条 本署设主任、副主任各一员，由军事委员会委员长遴派兼充之。

第四条 本署所辖区域如左：

一、湖北以兴山以西川境起，经远安、当阳、宜都、枝江至湖南境。

二、湖南以慈利、沅陵、辰溪、黔阳、洪江迄西至贵州境。

三、四川以城口、开县、万县、忠县、丰都、涪陵迤南至贵州境。

四、贵州以后坪、婺川、德江、思南、清溪迄东至湖南境。

第五条 边区主任对于辖区内军队、地方团队及水陆警察有指挥调遣之权，并对于驻在辖境内之军事机关有联络、协助或指导之责。

第六条 本署职掌如左：

一、关于辖区内国防设施有关事宜。

二、关于新兵之督练与补充事宜。

三、关于辖区内维持地方治安事宜。

四、关于辖区内民众组织与训练之指导、考核事宜。

五、关于抚辑流亡及救济难民事宜。

六、关于辖区内重要建筑物及场、库、站、所等之防护事宜。

第七条 对于民众之组织训练事宜，须商同各省主管机关办理之。

第八条 为使边区防务之实施及便于新兵之督练管理起见，

得就区域内划成数个分区，各冠以番号，每区设分区主任，以专责成。

第九条　本署组织系统编制表另订之。

第十条　本条例自奉准之日施行。

鄂湘川黔边区主任公署组织系统表

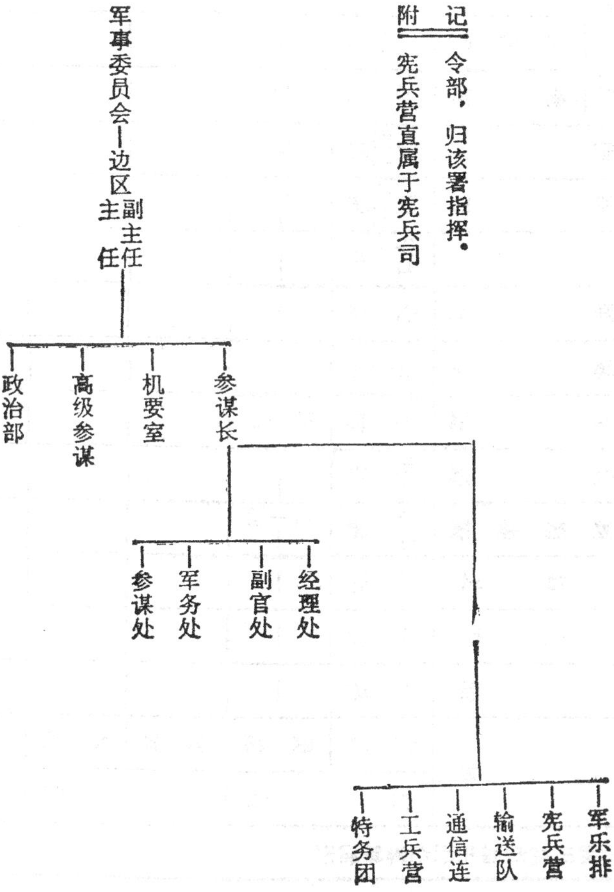

鄂湘川黔边区主任公署编制表

职别		主任	副主任	参谋长	办公室														
					高级参谋	参议	谘议	秘书	副官		书记	司书	机要室 参谋	机要室 电务员		卫士	公役	炊事员	小计
官佐	阶级	上将	中将	中将	中少将	中少将	上校	同上校	少校	上中尉	同上中尉	同少准尉	中少校	同少校	同上中尉				
	员额	一	一	一	二—四	一—一	四—八	一	一	一—一	一—二	一—三	一—二	一	一—二				三〇—三六
士兵	阶级															上中下士	二三四五等兵	上一等兵	
	名额															一五五	一一 五三	一二	二四
备考																			

（续表）

职别		参谋处																						
		处长	参谋	副官	书记	绘图员	司书	第一课				第二课				第三课				文书军士	卫士	公役	炊事兵	小计
								课长	参谋		司书	课长	参谋		司书	课长	参谋		司书					
官佐	阶级	少将	上校	少上校尉	同上中尉	同上中尉	同少准尉	上校	中少校	上尉	同准尉	上校	中少校	上尉	同准尉	上校	中少校	上尉	同准尉					
	员额	一	一	一一	一一	一一	一一	一	一一	二	一	一	二三	三	二	一	二三	三	二					三七
士兵	阶级																			上士	下士	二三四五等	上一等兵	
	名额																			五	一	一二五三	一三	二〇
备考								国防设施				新兵督练、编配、补充、教育计划。												

（续表）

职别		军务处																		
		处长	处员	副官	书记	司书	第一课				第二课					卫士	公役	炊事兵	小计
							课长	军法官	书记	司书	课长	军医	司药						
官佐	阶级	少将	中(上)校	少上校尉	同上中尉	同少准尉	同中校	同少上校尉	同上尉	同准尉	二等军医正	三一等军医正佐	二等司药佐						
	员额	一	一	一一	一一	一一	一	一一	一	一	一	一一	一						一七
士兵	阶级													中下士	上一等兵	下士	四五等	上一等兵	
	名额													一一	一一	一	三二	一一	一二
备考							军法				军医								

（续表）

职别		副官处																							
		处长	副官	书记	司书	第一课				第二课				传运排				司号军士	号兵	卫士	饲养军士	公役	饲养兵	炊事兵	小计
						课长	副官		司书	课长	副官		司书	排长	文书军士	传运军士	传运兵								
官佐	阶级	上校(少将)	少上校尉	同上中尉	同少准尉	中校	少校	上中尉	同准尉	中校	少校	上中尉	同准尉	中尉											
	员额	一	一一	一一	一一	一	二	二二	二	一	二	二二	一	一											二六
士兵	阶级														上士	中下士	上一等兵	下士	上等兵	下士	中下士	四五等	上一等兵	上一等兵	
	名额														一	一二	三三	一	一	一	一一	五二	二七	一四	五四
备考						总务、文书				管理、交际															

（续表）

职别		经理处																				总计
		处长	处员	副官	书记	司书	第一课				第二课				文书军士	军需军士	特务军士	卫士	公役	炊事兵	小计	
							课长	课员		司书	课长	课员		司书								
官佐	阶级	军需监	中校	少上校尉	同上中尉	同少准尉	二等军需正	三等军需正	一二等军需佐	同准尉	二等军需正	三等军需正	一二等军需佐	同准尉								一四〇—一四六
	员额	一	一	一	一	一	一	二	二二	二	一	三	三三	三							三〇	
士兵	阶级														上士	上士	上士	下士	三四五等	上一等兵		一二九
	名额														二	二	三	一	四三	一三	一九	
备考																						

〔国民政府军委会政治部档案〕

3. 军事委员会颁布战区司令长官司令部编制表及其组织大纲

（1939年1月）

战区司令长官司令部编制表　　机密

职别		官佐 阶级	官佐 员额	士兵 阶级	士兵 名额	乘马	汽车	备考
司令长官		上将	一			四	小汽车一	
副司令长官		上(中)将	一			四	小汽车一	
参谋长		中将	一			二	小汽车一	
秘书长		同少将	一				小汽车一	
高级参谋		少(中)将	一至五			一至五		
机要室	参谋	上(中)校	二			二		
	秘书	同上校 同中校 同少校	一 二 一					
	电务员	同少校	一					
		同上尉 同中尉 同少尉	二 二 一					
副官		少校 上尉	一 一			二		
书记		同上尉	一					
司书		同准尉	二					
文书军士				上士	二			

（续表）

职别	官佐		士兵		乘马	汽车	备考
	阶级	员额	阶级	名额			
卫士			上、中、下士	二、六、八	一五		司令长官四、副司令长官四、参谋长二、高级参谋各一。
司机	同准尉	四					
公役			二、三、四等	三、三、四			
炊事兵			一等兵	五			
饲养兵			上、一、二等兵	二、四、六			
合计		三〇		四三	三四	四	

中华民国二十八年元月军事委员会军令部印

说明：

一、政治（训）部、军法执行部、兵站总监部之编制，由军事委员会政治部、军法执行总监部及后方勤务部分别另定之。

二、司令长官亲赴前线指挥时，仅率领必要之幕僚及通信人员，设置临时指挥所。

三、依情况在本编制以外，有增设各项人员之必要时，得请由中央军事机关及军事学校临时调用之。

战区长官司令部组织大纲

第一条　为期作战指挥灵敏便利起见，特设战区长官司令部，隶属于军事委员会。

第二条　战区长官司令部设战区司令长官一员，承委员长之命，统辖区内一切军事、政治、党务事宜，设副司令长官一员，辅佐司令长官处理本战区一切事务。

第三条　本司令部设参谋长一员，承司令长官、副司令长官之命，处理本战区一切作战攸关事宜。

第四条　本司令部设秘书长一员，承司令长官、副司令长官之命及参谋长之指导，指挥各秘书办理机要文件及党政事项。

第五条　本司令部设左列各部、室、处，分掌各项业务：

一、机要室。

二、政治(训)部。

三、军法执行部。

四、参谋部。

五、军务处。

六、副官处。

七、交通处。

八、卫生处。

第六条　机要室职掌关于不属部、处之机要事件之处理，及密电翻译事宜。

第七条　政治(训)部职掌战区内军队政治训练及民众组织、训练、宣传诸攸关事宜。

第八条　参谋处职掌作战情报及后方诸攸关事宜。

第九条　军务处职掌战区内部队编整、教练、点验及人事攸关事宜。

第十条　副官处职掌总务、管理、交际及卫生诸攸关事宜。

第十一条　交通处职掌战区内一切交通、通信攸关事宜。

第十二条　卫生处职掌战区内卫生行政及本部治疗事宜。

第十三条　战区司令长官得指挥监督战区内军政部设立之军需局。

第十四条　军法执行部之职掌及组织另定之。

第十五条　本司令部组织系统及编制如另表。

战区司令长官司令部组织系统表〔略〕。

〔国民政府国防部史政局及战史会档案〕

4. 军事委员会颁布西昌行辕组织大纲等训令

（1939年2月24日）

国民政府军事委员会训令　办四（渝）字第1855号

令军令部

兹制定军事委员会委员长西昌行辕组织大纲九条颁布之。除分令外，合行检发上项组织大纲及西昌行辕编制表，令仰知照。此令。

计发军事委员会委员长西昌行辕组织大纲一份，又编制表一份。

委员长　蒋中正

中华民国廿八年二月廿四日发

国民政府军事委员会委员长西昌行辕组织大纲

第一条　国民政府军事委员会委员长，为开发边区、整饬边备及辅导地方绥靖、垦殖之进行，并办理指定事件，特设行辕于西昌。

第二条　行辕设主任一员，秉承委员长之命，处理行辕一切事务。

第三条　行辕设左列各组：

（一）总务组。

（二）第一组。

（三）第二组。

（四）调查组。

第四条　总务组设上校组长一员，督饬所属办理文书、人事、收发、电务及会计、庶务事项。

第五条　第一组设上校组长一员，督饬所属办理关于军事、交通事项。

第六条　第二组设上校组长一员，督饬所属办理关于政务、经济事项。

第七条　调查组设组长一员、上校副组长一员，督饬所属办理关于调查事项。

第八条　行辕编制如附表。

第九条　本大纲自奉批准之日施行。

国民政府军事委员会委员长西昌行辕编制表〔略〕。

〔国民政府国防部史政局及战史会档案〕

5. 军事委员会公布成都行辕组织大纲等密令

(1939年3月22日)

国民政府军事委员会公布令　渝办一参字第四五二六号

令军令部

兹制定成都行辕组织大纲暨编制表密令公布之。除分行外，合将该组织大纲暨编制表随令颁发，仰即知照。此令。

附发成都行辕组织大纲编制表全份。

委员长　蒋中正

中华民国廿八年三月廿二日

国民政府军事委员会委员长成都行辕组织大纲

第一条　国民政府军事委员会委员长，为督促指导川、康两省地方军政事宜及办理指定事件起见，特设行辕于成都。

第二条　行辕设主任一员，秉承委员长之命，处理行辕一切事务。

第三条　行辕设高级参谋二员，参议三员，秘书二员，承主任之命办理各项事务。

第四条　行辕设左列各处、课：

一、第一处。

二、第二处。

三、总务处。

四、机要课。

五、调查课。

第五条　第一处设少将(上校)处长一员，督饬所属办理关于军事事项。

第六条　第二处设同少将(上校)处长一员，督饬所属办理关于政治、军法事项。

第七条　总务处设上校处长一员，督饬所属办理关于会计、庶务、交际、医务等事项。

第八条　机要课设同上校课长一员，督饬所属办理文书、人事、收发、印信、电务事项。

第九条　调查课设上校课长一员，督饬所属办理调查事项。

第十条　行辕于必要时，得由政治部、军政部分设政治、军需、军械、军医、交通分处，附属于行辕内，办理各该部分主管事项。

第十一条　本大纲自奉批准之日起施行。

国民政府军事委员会委员长成都行辕编制表。〔略〕

〔国民政府国防部史政局及战史会档案〕

6. 军事委员会抄发天水行营组织大纲修改草案等代电

(1939年7月21日)

中华民国二十八年七月二十一日

国民政府军事委员会快邮代电　令一亨字第二六五八号

军令部徐部长：据天水行营主任程潜呈称：窃本行营成立迄今，组织粗定，惟所成立之机构与原奉颁发之组织大纲不无出入，自应查照现状呈请修改。兹特将修正之要点列举如次：一、政训部分改为政治部分。本行营原应设立政训处办理本行营各管辖战区内军队、民众之政治训练及宣传诸事项，嗣奉钧座二月办四筱电饬将政训处改为政治部，并令办理党务案件。应将第二章职掌第四项酌加修改，如草案第六项所载。二、增设行政部分。本行营以军事与政治互相关联，军事之推进有赖于行政之辅助者甚多，故请设立秘书处办理行政案件，于二月奉钧座办四筱电准予设立，并奉准设立文职参事六人至八人，研究各管辖战区内与军事有关之一切行政问题，现正陆续遴选，另呈请委，于第二章职掌内增加行政部分一项。三、增设军械处。军械补给事项原规定由军政处办理，旋军政部派军械分处归本行营指挥，承办各管辖战区械弹补给事宜。为便利起见，经呈准即将该分处同时作为行营之军械处，以资接洽，自应将原职掌酌加添改，如草案第二项所载。四、本行营各管辖战区内之交通运输、通讯补给诸事项，原定由后方勤务部办理，现归兵站统监部担任，由本行营指挥。应将原职掌第五项酌加修改，其原设之运输处即予裁去。以上应行修改部分均系按照现有机构规拟，除另制系统表呈核外，理合将拟定修改草案呈请鉴核施行，伏乞钧鉴。等情。除电复准予备案并分行外，特抄原件送请查照。军事委员会。皓。令一亨。渝。印。附抄发天水行营组织大纲修改草案及系统表各一份。

军事委员会委员长天水行营组织大纲修改草案

第一章　总则

一、军事委员会为顾虑尔后作战训练，及交通、通讯、补充、经理之便利，在天水设立行营。

二、天水行营【辖】第一、第二、第八、第十战区，及冀察、苏鲁游击战区业务。

第二章　职掌

三、军事委员会委员长行营（以下简称行营）职掌业务如次：

（1）作战部分：本军事委员会既定方针与指示，主持各管辖战区之作战，并与本会各部联系。

（2）军政部分：办理各该管辖战区内部队之整理、点验、补充、经理、卫生，及军械补给诸事项。

（3）军训部分：办理各该管辖战区内部队之教育、检阅诸事项。

（4）行政部分：办理各该管辖战区内与军事有关之行政事务，应行调整解决诸事项。

（5）军法部分：办理各该管辖战区内与军法有关诸事项。

（6）政治部分：办理各该管辖战区内特殊党政及军队、民众之政治训练，及宣传诸事项。

（7）兵站总监部分：办理各该管辖战区内之交通、运输、通讯、补给诸事项。

第三章　组织

四、行营设主任一员，参谋长、副参谋长各一员，由委员长呈请国民政府任命。

五、行营主任、参谋长、副参谋长以下，设立秘书、参谋、军政、军训、总务、军械、军法各处，并指挥政治部、兵站统监部分担任务。

六、各处处长，由军事委员会就各主管部派必要人员充任之，或由主任遴选呈请委任之。

七、行营组织系统如附表。

八、本大纲如有未尽事宜，得呈请修改之。

天水行营组织系统表〔略〕。

〔国民政府国防部史政局及战史会档案〕

7. 军事委员会核定派驻云南桂林各机关归并统一办法训令

(1943年6月14日)

国民政府军事委员会训令　渝办一参字第27545号

令政治部部长张治中

查本会各部会及所属机关,每因便于办理业务各自在云南、桂林各地派驻各种事务或业务机关,以派遣机关系统不一,性质不同,以致机关林立,相互缺乏联系,各自为谋,与各省当地政府及地方机关之接洽与磋商尤为参差不齐,殊碍军政令之推行,应亟设法归并统一。兹核定办法如下:(一)凡本会各部会及所属机关在云南、桂林各地所派驻之机关,应由各该部会设法予以归并调整。(二)此后本会各部会派驻云南及广西桂林方面之各机关,皆由本会驻昆明中将高级参谋马崇六及本会桂林办公厅分别统辖,所有各派驻机关对于当地政府及地方机关之接洽与磋商,亦皆由各该员、厅主持负责。(三)凡在各集团军作战或防守地区内,所有前述与军事有关之各单位,统由各总司令负责统一指挥,严行整饬,俾政令与事权皆规于统一。除分令各机关遵照外,合行令仰遵照并转饬遵照办理为要。此令。

委员长　蒋中正

中华民国卅二年六月十四日

〔国民政府军委会政治部档案〕

8. 军事机关部队设置驻渝办事处规则

(1945年1月25日)

军事机关部队设置驻渝办事处规则

后三功书字第0223号

中华民国卅四年元月廿五日

军委会卅四年一月十七日(卅四)
政总字第〇〇六三号训令

第一条　军事机关部队得依本规则规定设置驻渝办事处。

第二条　本规则所称军事机关部队以左列为限，但无必要时得不设置办事处。

（一）各行营(辕)；

（二）绥靖公署；

（三）战区司令长官司令部；

（四）其他独立相当于上列三项之高级军事机关部队。

第三条　上列各机关部队主官或办事处长同为一人时，应合并设置之。

第四条　各战区所属集团军及独立军得派官佐一员，附驻所隶长官部驻渝办事处办理在渝事务，并应呈报核备，不再另设办事处。

第五条　绥靖公署及战区长官部副主官，在渝应办事务，可委托所隶主管机关部队办事处代办，或派一、二员附驻办理，但因分驻各地情形特殊，曾经奉准设置之办事处，准予保留。

第六条　各集团军、各挺进军总部、各边区总部、边防总指挥部、警备总部、民军总部、中央军校、及以下各军、师、旅，不得设置办事处及类似办事处之联络处、通讯处、留守处、其他仓库等，如无特殊情形无要务时，可托所隶主管高级军事机关部队之驻渝办事处代办。

第七条　为节省人力物力计，得由数个高级军事机关部队商同设置一个联合办事处。

第八条　办事处成立时，应由所隶机关部队长官，将左列各项报请军政部备案，再由部转知各有关机关。

（一）处长之处阶、原职、姓名、别号。

（二）办事处办公地址及电报挂号箱挂号。

（三）兼办事务之机关部队名称。

（四）办公处员兵名册。

（五）钤记、印鉴之式样(须备具五份，以备存转)。

第九条　办事处不另立编制，其组织，绥靖公署及战区司令长官部【办】事处，准设官兵以十五员名为限，如兼办本规则第二条所列机关一个单位以上，或系数个机关联合设立者，每增一单位，得由该单位酌派官名称报请核备，所需经费由所隶机关部队派遣开支。

第十条　办事处职掌如左：

（一）报告该机关部队之实况，并备谘询。

（二）代表所隶机关部队切取业务上之联系。

（三）办理所隶机关部队长官之委托事项。

第十一条　办事处应遵守之事项如左：

（一）绝对不得留驻武装部队。

（二）未经核准公布之军事消息，不得擅发。

（三）遇有承领经费，不得存放取息或挪营商业。

（四）不得设置电台。

（五）不得设置仓库，遇有承领军品，不得积存，倘无法运交，应即呈缴。

（六）严禁贩运商品及变卖公物。

（七）不得无故宴会及有违犯军风犯〔纪〕情事。

（八）奉派检查时，不得阻拒。

第十二条　办事处之行文方式如左：

（一）所隶机关部队长官寄交代递之文件以原文转递。

（二）不得以所隶机关部队长官之空白印纸代行公文。

第十三条　本规例自颁布日起施行。

〔国民政府国防部史政局及战史会档案〕

(3) 各部局署组织系统

1. 国民政府公布军政部组织法

(1937年9月6日)

军政部组织法　二十六年九月六日公布

第一条　军政部直隶于国民政府行政院，管理全国陆军行政事宜。

第二条　军政部对于各地方最高级行政长官执行本部主管事务，有指示监督之责。

第三条　军政部就主管事务，对于各地方最高级行政长官之命令或处分，认为有违背法令或逾越权限者，得请由行政院院长提经行政院会议议决后，停止或撤销之。

第四条　军政部置左列各厅、司、署，并另设会计处：

总务厅。

军务司。

兵役司。

马政司。

交通司。

军法司。

军需署。

兵工署。

军医署。

第五条　总务厅分文书、人事、管理、交际四科，掌左列事项：

一、关于本部机密事项。

二、关于本部公文书类之收发、分配、承转、审查、校对、编纂、印刷、保存事项。

三、关于部令之公布事项。

四、关于典守部印、管理文库及保管图书事项。

五、关于本部编制事项。

六、关于本部及附属机关之人事事项。

七、关于陆军行政统计及报告事项。

八、关于部内军纪、风纪及警卫事项。

九、关于本部官产、官物之保管事项。

十、关于本部典礼、会议、交际、庶务及其他不属于各署、司事项。

第六条　军务司分军事、兵务、防务、整备、要塞五科，掌左列事项：

一、关于陆军建制编制及建设整理事项。

二、关于军旗、印信及礼节、服制、徽章事项。

三、关于军队之军纪风纪事项。

四、关于审拟军事法规事项。

五、关于派遣国外驻在员、留学员生及考察事项。

六、关于各兵科装备器材及其本务事项。

七、关于演习、校阅、点验、检视事项。

八、关于练兵场、射击场、演习场之筹设及营房支配事项。

九、关于宪兵及军乐队之本务及其教育事项。

十、关于各部队之补充及人马之调查统计事项。

十一、关于军队调配、卫戍、警备及绥靖事项。

十二、关于国防工事设备事项。

十三、关于防空、国内外情报及口令、信号事项。

十四、关于地方部队整理事项。

十五、关于动员计划准备执行及复员事项。

十六、关于军需品及其原料之调查、整备、分配、统制事项。

十七、关于要塞建设改进及要塞行政教育事项。

十八、关于要塞教育机关事项。

十九、关于要塞整理及要塞地带事项。

第七条　兵役司分管区、役务、征募三科，掌左列事项：

一、关于兵役管区之规划设置及推行事项。

二、关于管区各项业务之考核及人事审核事项。

三、关于兵役法规之编撰修订事项。

四、关于兵役之宣传、奖惩及兵役实施人员之训练事项。

五、关于壮丁之调查、检查、抽签事项。

六、关于现役兵之征集、募集、分配、入伍、退伍、归休事项。

七、关于常备士兵之服役、军士籍、兵籍及统计事项。

八、关于国民兵之服役，名籍簿、调查、统计、管理、召集及教育事项。

九、关于常备军官佐之退役、除役实施事项。

十、关于备役候补军官佐、预备军士之考查、登记、召集、服役事项。

十一、关于在乡军人之调查、管理、教育、召集事项。

第八条　马政司分牧政、马事、兽医、屯垦四科，掌左列事项：

一、关于普通马政、陆军马政之计划、建设、调查事项。

二、关于中央马政与地方马政及种畜场、私人牧场之联络、指导、统一事项。

三、关于全国马政管区之划分，并设置马政官任调查、指导、督促、马事等进步事项。

四、关于马政法规之拟订、审核事项。

五、关于种马、农具、兽医、药品、器材、牧草、种子之购买、保管、分配、借贷事项。

六、关于改良马种，并国有种马与民马交配繁殖事项。

七、关于所属场所土地经营、农事、水利事项。

八、关于军马购买、补充、征发、保育、检查、废役、借贷、统计事项。

九、关于地方马骡调查统计及产马奖励助成事项。

十、关于兽医、蹄铁、设计、教育及培养牧政人材事项。

十一、关于种马及军马之饲养、卫生、治疗、防疫及饲养兵之教育事项。

十二、关于兽医人员任用、留学、审核、调查、统计事项。

十三、关于移兵屯垦之设计及屯垦地区之调查、配置事项。

十四、关于屯垦业务之管理、指导、统计事项。

第九条　交通司分总务、设计、通信、运输、汽车五科，掌左列事项：

一、关于军事交通通信部队之调遣及配备事项。

二、关于军事交通通信器材之筹办、补充、整理、保管事项。

三、关于军用交通通信网之实施事项。

四、关于军用交通通信机械之制造、修理、改进事项。

五、关于水陆军运事项。

六、关于一般交通通信之调查、统计、联系、管制、征用事项。

七、关于军事交通通信机关部队之编制、人事、审议事项。

八、关于军运票照管理事项。

九、关于军用汽车之管理、检验、选择、调查、补充、修理及燃料之保管、补给、统制等事项。

第十条　军法司分军法行政、执法、监狱三科，掌左列事项：

一、关于军法官及军人监狱职员之人事事项。

二、关于军法行政事项。

三、关于军事审判事项。

四、关于赦免及罪人之处置事项。

五、关于军人监狱事项。

六、关于军事罪犯之教诲及工艺事项。

七、关于军法法规事项。

第十一条　军需署掌军需行政事务，设总务处及左列各司：

财务司。

储备司。

营造司。

第十二条　军需署总务处分人事、文书、管理三科，掌左列事项：

一、关于本署机密事项。

二、关于军需人员之铨叙、考绩、审核及教育事项。

三、关于军需动员及拟定军需法规事项。

四、关于本署公文书类之收发、分配、承转、审查、校对、编纂、印刷、保存事项。

五、关于典守署印及管理本署文库事项。

六、关于军需行政报告事项。

七、关于本署会计、庶务及其他不属于各司事项。

第十三条　财务司分经理、出纳、军人储蓄三科，掌左列事项：

一、关于军费运用之研究审议事项。

二、关于金钱给与规定事项。

三、关于军费出纳事项。

四、关于其他一切金钱经理事项。

五、关于军人储蓄计划及审核储金册表事项。

六、关于储金提取汇报及储户转调事项。

第十四条　储备司分被服、粮秣、保管三科，掌左列事项：

一、关于被服装具、粮秣、阵营具、消耗品之经理、检验、调查事项。

二、关于军需物品之给与及整备事项。

三、关于物品会计事项。

四、关于军需品料厂库事项。

五、关于军需工业之指导补助事项。

第十五条　营造司分设计、建筑、营产三科，掌左列事项：

一、关于营房及军事修建工程之设计及审查事项。

二、关于营房及军事建筑工程并其附属营具设备之核准监督事项。

三、关于军用土地之征收使用事项。

四、关于营房、场舍之保管事项。

五、关于营产之调查、管理事项。

第十六条　兵工署掌兵工技术、军火制造、军械行政事务，设署本部及左列各司：

制造司。

技术司。

军械司。

第十七条　兵工署署本部分秘书室、参谋室、顾问室、总务处(分财务、事务两科)，掌左列事项：

一、关于本署机密事项。

二、关于兵工人员之铨叙、考绩、审核、调查、登记事项。

三、关于本署公文书类之收发、分配、承转、审查、翻译、校对、编纂、印刷、保存事项。

四、关于典守署印及管理本署文库事项。

五、关于制造经费之领支出纳事项。

六、关于建设经费之审核、保管、出纳事项。

七、关于械弹价款之保管、周转事项。

八、关于军事方面之派遣、联络事项。

九、关于技术方面之谘询、译述事项。

十、关于本署之会计、庶务及其他不属于各司事项。

第十八条　制造司分事务、会计、考工、核料四科，掌左列事项：

一、关于各厂及材料保管处、库之各种组织事项。

二、关于各厂及材料保管处、库职员之任免升补事项。

三、关于各厂劳工事项。

四、关于各厂所用护照、执照及运输事项。

五、关于各厂及材料保管处、库制造费及经费之支配、预算、计算及帐务之审核，及各厂会计制度之规定事项。

六、关于各厂作业计划之拟具、工作之分配、成品与成本之稽核事项。

七、关于各厂机器之设备及房屋之调查、登记及稽核事项。

八、关于各种图样、公差详表及其他标准规格等之整理、颁行、保管事项。

九、关于各厂材料之支配、统计、稽核及料库管理方法之规定事项。

十、关于各厂工具之制造、统计、稽核及工具管理方法之规定事项。

十一、关于废料、废品稽核及处理事项。

十二、关于新设制造工厂之筹备，及各厂新建设之指导、督促事项。

第十九条　技术司分理化研究、设计、教育三处及弹道、步兵器材、炮兵(要塞)器材、运输器材、特种兵器、工兵器材六科，掌左列事项：

一、关于兵器、弹药之制式划一事项。

二、关于兵器、弹药及各种军用器材之设计、改良事项。

三、关于各种兵器、弹药、军用器材、兵工原料、材料之检验、审查、研究事项。

四、关于兵器、弹药使用保管之规定及说明书之编纂、译述事项。

五、关于兵工技术人材之养成及派遣出国考察、调查事项。

六、关于发明改良兵器、弹药、军用器材案之审核事项。

第二十条　军械司分总务、补充、库储、机械、兵器器材五科，掌左列事项：

一、关于编纂械弹及军用器材之各种法规历史及统一名称等事项。

二、关于军械库之建设、修缮事项。

三、关于各军械库及修械所之组织、管理事项。

四、关于各军械库及修械所之人事考核、任免、升调事项。

五、关于各军械库及修械所预算、计算之审核事项。

六、关于军械人员之训练事项。

七、关于军火禁令及民间自卫兵器之取缔事项。

八、关于械弹之补充、储备、调度、支配、检验、修理、调查、统计等事项。

九、关于械弹代金之核议及代造、价发、损失、赔偿、缉获、俘获、损坏、消耗之审核处理事项。

十、关于械弹废品处理事项。

十一、关于机械化之装甲兵器及动力战斗兵器，以及要塞海防等兵器筹划、配备、购置、管理、检验等事项。

十二、关于各兵种器材装具及化学战诸器材之筹划、配备、存储、购置、检验、损坏、消耗及制式之决定与废品处理事项。

第二十一条　军医署掌军医行政一切事务，设左列各处、室：

第一处。

第二处。

第三处。

视察室。

第二十二条　第一处分人事、经理、事务三科及会计室，掌左列事项：

一、关于军医、牙医、司药、看护人员之任免、审核、考绩事项。

二、关于军医、牙医、司药、看护人员动员事项。

三、关于本署文书、典守、印信及报告事项。

四、关于本署经理、会计事项。

五、关于管理本署公产、公物事项。

六、关于本署庶务、军纪、风纪及其他不属于各处、室事项。

第二十三条　第二处分医务、伤病处理、材料三科，掌左列事项：

一、关于平时战时卫生勤务设施事项。

二、关于各级医务机关之筹设配置事项。

三、关于军医建制及编制事项。

四、关于红十字会、恤兵团体管理事项。

五、关于伤病残废官兵之管理、待遇事项。

六、关于伤病残废官兵之归队、资遣、转院事项。

七、关于伤病残废官兵检伤、核恤事项。

八、关于卫生器材之设计、筹备事项。

九、关于卫生器材之出纳、保管、核销事项。

第二十四条　第三处分卫生、教育二科及统计室，掌左列事项：

一、关于保健、防疫、防毒、检验及卫生宣传事项。

二、关于卫生工程事项。

三、关于军医、牙医、司药、看护人员之教育事项。

四、关于看护士兵、担架士兵之训练事项。

五、关于各种教程图书之编译、保管、分发事项。

六、关于军医行政、统计、册籍、图表格式之编订事项。

七、关于各部队、军事机关、学校医务、卫生统计及其他统计事项。

第二十五条　视察室掌左列事项：

一、关于襄校陪检各部队、机关卫生事项。

二、关于本署各附属机关视察、指挥事项。

三、关于各地军事卫生机关及各部队医务视察、指导事项。

四、关于红十字会、恤兵团体视察、指导事项。

五、关于临时指派事务事项。

第二十六条　军政部会计处，掌本部及各军事机关部队岁计、会计事务，其组织另定之。

第二十七条　军政部及各署、司，因业务上之必要，得置常设或临时各种委员会及其他附属机关，其组织另定之。

第二十八条　军政部部长综理本部事务，统辖全国陆军行政事宜，并指挥监督所属各部队机关。

第二十九条　军政部设政务次长、常务次长各一人，辅助部长处理部务。

第三十条　军政部设参事三人至七人，撰拟、审核关于本部之法案命令。

第三十一条　军政部设部附二十人至四十人，分任研究、视察及其他交办事项。

第三十二条　军政部设秘书四人至十二人，编撰、传译各种文牍。

第三十三条　军政部设厅长一人、署长三人、司长十一人、处长八人、视察主任一人，分掌各主管事务。

第三十四条　军政部军需署、军医署、各设副署长一人，辅助署长处理署务。

第三十五条　军政部兵工署设参谋一人，襄助署长进行业务。

第三十六条　军政部及各厅、署、司、处，设秘书、副官、科长、主任、科员、军法官、检验员、看守员、视察员、译电员、会计员、统计员及其他军用文官、技术员等分任事务，其编制依附表所定。

第三十七条　军政部因事务上之必要，得呈准聘用顾问与专门人员，并得临时呈准增设额外人员，又因各厅、署、司、处事务上之繁简，对于编制范围以内之定额，得自行分配增减之。

第三十八条　军政部部长特任，次长以下上校及同上校以上军官佐与军用文职各职员简任，中少校及同中少校军官佐与军用文职各职员荐任，上中少尉及同上中少尉军官佐与军用文职各职员委任。

第三十九条　军政部处务规程以部令定之。

第四十条　本法自公布日施行。

〔国民政府档案〕

2. 军事委员会军法执行总监部检送其组织条例等致军令部公函

(1939年3月15日)

国民政府军事委员会军法执行总监部公函　法总渝字第96号

顷准贵部二十八年三月十三日渝总言(三)字第九三九号公函，请检送现行组织法及编制表各一份应用，等由；准此。兹将本部组织条例暨编制表一份随函检奉，即希查照为荷。此致

军令部

附组织条例及编制表一份〔略〕。

中华民国廿八年三月十五日

〔国民政府国防部史政局及战史会档案〕

3. 军事委员会政治部奉发军事运输总监部组织条例等训令

(1939年7月3日)

国民政府军事委员会政治部训令　治副巴字第498号

奉本会办制渝字第五六八号训令开：为统筹促进战时军事交通及运输业务，特于本会设置军事运输总监部，并为统制管理后方军事运输，特设运输总司令部，分任运输监理及实行运输事宜。兹

制定军事委员会军事运输总监部及运输总司令部组织条例各一份。除分行外，合行检同该项组织条例，令仰知照并转饬所属知照。

附注：计附组织条例各一份。

陈 诚

中华民国二十八年七月三日

军事委员会军事运输总监部组织条例

第一条　军事委员会为统筹促进战时军事交通及运输业务，特设军事运输总监部。

第二条　军事运输总监部设总监一人，承军事委员会委员长之命，综理左列各项事宜：

一、筹划、设计、促进、建设各项军事交通运输业务。

二、监督、指导各项军事交通运输机关之业务。

三、整饬军事交通运输之纪律。

四、军事交通运输线路之保安事宜。

第三条　军事运输总监部设副监一至二人，协助总监办理部业务。

第四条　军事运输总监部设办公厅主任一人，辅佐总监、副监，指导部内一切事务。

第五条　军事运输总监部设左列各厅组：

一、办公厅掌理本部文书、会计、庶务等事宜。

二、设计组掌理军事交通运输之研究、筹划、改善、增进等事宜。

三、考查组掌理军事交通运输之视察、调查、统计、督促等事宜。

四、警卫组掌理军事交通运输之保安秩序、纪律等事宜。

第六条　军事运输总监部之编制另定之。

第七条　军事运输总监部与各部有关业务之联系如左：

一、交通运输行政业务与军政部相联系。

二、作战有关之交通运输计划与军令部相联系。

三、兵站补给之交通运输事宜与后方勤务部相联系。

四、运输实施业务指导，由运输总司令部办理。

第八条　军事运输总监部之服务规程另定之。

第九条　本条例呈国民政府颁布施行。

军事委员会运输总司令部组织条例

第一条　军事委员会为统制管理后方军事运输，特设运输总司令部。

第二条　运输总司令部设总司令一人，承军事委员会委员长之命，及军政、军令、后方勤务部部长、军事运输总监之指挥，综理左列各事项：

一、指挥各项运输机关，办理军运事宜。

二、筹划增进各种军事运输之效能。

三、军运业务之管理组织及普通公私运输业务之统制。

四、维持交通运输之安宁秩序及纪律。

第三条　运输总司令部设副司令一至三人，协助总司令分掌内外一切事宜。

副司令分驻办事时，得视必要酌设副司令办事处。

第四条　运输总司令部设参谋长一人，辅佐总副司令，掌理部内一切事务。

第五条　运输总司令部设左列各处、科：

一、总务处设文书、会计、卫生、庶务四科，分掌各项总务。

二、运输处设调度、机务、通信、统计四科，分掌运输业务。

三、工务处设设计、工程、材料三科，分掌各项建设工程业务。

四、稽查处设防卫科及检查所，分掌防卫、检查业务。

五、军法处掌理执法事宜。

第六条　为管理指挥便利起见，得于所属各交通线路设置线区司令部及车站办公处。

第七条　运输总司令部之编制另定之。

第八条　运输总司令部之服务规程另定之。

第九条　本条例由军事委员会公布施行。

〔军委会政治部档案〕

4. 军事委员会奉发军法执行总监部执法总队组织条例训令

（1940年1月26日）

国民政府军事委员会训令　法高渝字第227号

令军令部

案奉国民政府廿九年一月十一日渝文字第五九号训令内开：为令知事。案据本府文官处签呈称：准国防最高委员会秘书厅二十九年一月五日国议字第五八四二号公函开：前奉交下军事委员会二十八年十二月四日法高渝呈字第一八一号呈，为严明军法整肃军纪，以适应抗战需要，增进抗战效能起见，经于军法执行总监部成立执法总队，业由本会制定执法总队组织条例，并由军法执行总监部依据组织条例第十五条之规定，拟具执法总队服务细则，分别颁发在案。兹查该条例第四条有各项授权即决之规定，关系变更法令，理合检具执法总队组织条例及服务细则呈请查核备案等情一案，并奉批"交法制专门委员会审查"，等因；经送达去后，兹准该会报告"查该条例第四条对于应处死刑之现行犯罪军人，有授权执法总队立时拘捕就地枪决之规定，此项规定系适应抗战需要之权宜办法，似无不合。其余条文及服务细则均尚妥适，拟请准予备案"等语。经陈奉国防最高委员会第二十三次常务会议决议"准予备案”。相应录案并抄同军事委员会原附执法总队组织条例及服务细则函达查照转陈令饬知照。等由；准此。谨签请鉴核，等由；准此。应即照办。合行抄发原件令仰该会知照。此令。等因。计抄发军事委员会军法执行总监部执法总队组织条例及服务细则各一份。奉此。除分令外，合行抄发原条例及服务细则各一份，令仰知照并转饬知照。此令。

附抄发军法执行总监部执法总队组织条例及服务细则各一份。

委员长　蒋中正

中华民国二十九年元月廿六日

军事委员会军法执行总监部执法总队组织条例　二十九年一月十一日国民政府备案

第一条　本会为适应抗战需要，增进抗战效能，并严明军法、整肃军纪起见，特组织执法总队，归军法执行总监部指挥，派遣各战区或随护本会战区军风纪巡察团巡察战区，执行军法任务。

第二条　执法总队暂编三个大队九个中队，其总队部设于军法执行总监部所在地，各大队、中队分遣各战区服务之配备，应依各战区实际情况，由军法总监斟酌兵力派遣之，但在随护本会战区军风纪巡察团时，则依委员长之命令定之。

第三条　分遣战区之执法队执行左列军法任务：

一、检查军纪、风纪。

二、堵截溃退官兵。

三、查拿散兵游勇。

四、检查伤退官兵。

五、检举贪污。

六、查究其他违犯军法人犯。

执法队执行前项任务，除拘押第二、三两款之官兵散勇，如无触犯军法罪嫌者，应于收容后分别交由与当地兵站、警备司令部，或其本军或师团管区编训遣散，其给养费用，由兵站核实支给。又第四款官兵之处理，依军政部检查伤退官兵暂行办法之规定外，其余各款如经获有人犯，概应就近移送战区军法执行监部，或有审判权之高级司令部依法讯办。

第四条　执法队在战区发觉左列现行犯罪军人，不问其隶属与职级，有立时拘捕就地枪决之权。

一、临阵退却者。

二、降敌通敌者。

三、奸淫掳掠者。

四、携械逃亡者。

五、放火杀人者。

六、纵兵殃民者。

七、违犯国军抗战连坐法应处死刑者。

八、溃兵游勇聚众持械抗拒截拿者。

第五条　执法队执行第三、第四两条任务，应于执行完毕后，随时报与总队部转呈总监部核转，但紧急事件得同时迳电呈报总监部。

第六条　执法队随护本会战区军风纪巡察团执行任务时，依该巡察团主任委员之命令行之。

第七条　执法队执行任务，如兵力不敷时，得请求当地高级司令部拨队协助。

第八条　执法队不直接参加作战，但与敌人遭遇时不在此限。

第九条　分遣战区之执法队应驻在于该战区适当行军进转冲要，并与接战地域有相当距离之地带，受该防区司令长官之监督与指导。

第十条　执法队在分遣战区服务期中，其进退行止应依司令长官之命令行之，如遇该战区战略变更而转进时，并负转进部队行动之责。

战区司令长官对于执法队为前命令特应电达于总监部。

第十一条　执法队应于〔与〕总监部所派巡回督察官、战区军法执行监、司令长官部、当地高级司令部驻在地宪警及各级政工人员，密切联系。

第十二条　执法队负执行军法任务应以身作则，如有违法犯纪者，除依法重惩本犯外，该管直属长官同负连带责任。

关于执法队之纪律，由总监部派员考查之，其驻在地之司令长官同负检查之责。

第十三条　执法队派遣战区，应制备特种执法队旗帜，并揭标本条例第四条规定授权立决各项罪行，牌示于队部门首，以示警惕。

第十四条　执法队服装应缀执法领章，或其他特别标识，以明区别。

第十五条　执法队服务细则，由总队部依据本条例规定纲要拟定呈核。

第十六条　本条例经委员长核准公布之日施行。

〔国民政府国防部史政局及战史会档案〕

5. 军事委员会运输统制局检送其暂行组织条例致军令部代电

（1940年4月5日）

军事委员会运输统制局代电　政总字第0013号民国廿九年四月五日自重庆国府路247号

军令部勋鉴：本局暂行组织条例，业经呈请军事委员会核定颁行，兹奉委员长批示照准，相应检送查照为荷。军事委员会运输统制局。微。印。

军事委员会运输统制局暂行组织条例

第一条　军事委员会在抗战期间，为统制各项运输业务及燃料等，指挥各运输机关监督其实施，以应抗战需要，特设运输统制局。

第二条　运输统制局掌管左列事项：

一、国内外各项公司运输机关、与运输工具之调遣分配。

二、支配进出口物资运输之数量及程序。

三、审定有关运输之一般设施。

四、解决有关运输之争议。

五、各线路工程之考察与督察。

第三条　运输统制局设主任、副主任、参谋长、副参谋长及左列各处、室：

指挥处。

监察处。

财务处。

秘书室。

第四条　指挥处区分为车务管理组、仓库管理组及燃料管理组，掌理各项运输工具之调度，厂库之设备，燃料之统制及运输有关之一切设施事宜。

第五条　监察处区分为稽查组及警卫组，掌理运输之纪律秩序，及路线之保安事宜。

第六条　财务处区分为稽核组及出纳组，掌管国外运输费及关税之核算领支，及转帐事宜。

第七条　秘书室区分为文书股及庶务股，掌理本局之文书、人事及庶务事宜。

第八条　运输总司令部、西南运输处及交通部所属各运输机关，关于运输之业务，均由本局统一指挥调度之。

运输总司令或副总司令，西南运输处主任或副主任，交通部公路总管理处处长或运输总局局长，均应率带重要干员驻局办公。

第九条　本局之编制及服务规程另定之。

第十条　本条例由军事委员会呈请国民政府核定施行。

〔国民政府国防部史政局及战史会档案〕

6. 军事委员会修正后方勤务部组织条例

（1940年5月9日）

后方勤务部组织条例　二十九年五月九日军委会办制渝字第1395号指令修正

第一条　国民政府军事委员会为策进作战军后方勤务起见，设置后方勤务部。

第二条　后方勤务部以左列各厅、处组成之：

部长办公厅。

参谋处。

副官处。

运输处。

经理处。

军械处。

通信处。

卫生处。

第三条　部长办公厅之职掌如左：

一、关于机要文电之撰拟、译发及保管事项。

二、关于章制核议事项。

三、关于兵站全部统计事项。

四、关于兵站史料纂辑事项。

五、关于各种技术之设计及审议事项。

六、关于对外宣传事项。

七、关于部长交办事项。

第四条　参谋处之职掌如左：

一、关于兵站设置计划之撰拟事项。

二、关于兵站各种章制之编审事项。

三、关于兵站命令报告及通告之起草事项。

四、关于警护部队之配置事项。

五、关于情报之搜集整理事项。

六、关于兵站设置以外诸计划之审核事项。

七、关于兵站设施及运输、补给、通信，卫生之视察改进事项。

第五条　副官处之职掌如左：

一、关于兵站人员之任免、考绩及奖惩事项。

二、关于本部文件之收发、保管事项。

三、关于典守印信事项。

四、关于本部军风纪及警卫事项。

五、关于命令报告及通报之传达事项。

六、关于本部经理及庶务、给养事项。

七、关于交际及连络事项。

八、关于不属其他各厅、处之事项。

第六条　运输处之职掌如左：

一、关于运输业务攸关诸计划之撰拟事项。

二、关于各种运输工具之调查、统计、征用、调度、修理事项。

三、关于各种运输队之编成、管理、训练事项。

四、关于运输线路之侦察、利用及修筑事项。

五、关于战地军运代办所之设置、指导事项。

六、关于各级兵站运输业务之监督、指导事项。

七、关于各种运输状况之统计、查察事项。

第七条　经理处之职掌如左：

一、关于兵站经临费预算、决算之编制审核事项。

二、关于粮服装具补给攸关诸计划之撰拟事项。

三、关于兵站经临费及粮服装具之领存核发事项。

四、关于现金及粮服装具之出纳保管事项。

五、关于粮服仓库及修理所之设置管理事项。

六、关于兵站区内物资之调查、搜集、征用及价格之平准事项。

七、关于战利粮服品之整理、利用及后送事项。

八、关于各级兵站经理业务之监督、指导事项。

第八条　军械处之职掌如左：

一、关于兵器、弹药、器材、补给攸关诸计划之撰拟事项。

二、关于作战军兵器、弹药、器材之调查、统计事项。

三、关于国内各工厂制造力之调查、统计、利用事项。

四、关于兵器仓库及修理所之设置、管理事项。

五、关于兵器、弹药、器材之收发、保管及调度事项。

六、关于战利兵器、弹药、器材之搜集、整理及后送事项。

七、关于各级兵站、兵器补给业务之监督、指导事项。

第九条　通信处之职掌如左：

一、关于通信计划之撰拟事项。

二、关于各种通信机关、部队并已成电信线路暨邮路之调查、统计、利用事项。

三、关于兵站通信机关、部队之编组管理及其运用事项。

四、关于各种通信器材之筹备、征用、保管、分配及修理事项。

五、关于军事邮递与普通邮递之联络事项。

六、关于部队通信及军邮业务之监督、指导事项。

第十条　卫生处之职掌如左：

一、关于战时人马卫生攸关诸计划之撰拟事项。

二、关于部队卫生、勤务之调查联络事项。

三、关于兵站各医院、库队及其他攸关卫生机关、部队之数目及其设置事项。

四、关于伤病人马在兵站区内之收容后送事项。

五、关于兵站区内各种卫生机关之支配调遣事项。

六、关于伤病官兵之各种统计事项。

七、关于地方卫生情况之调查、统计、利用事项。

八、关于地方慈善机关之监督、指导事项。

第十一条　后方勤务部设部长一员，承军事委员会委员长之命，并受参谋总长、副参谋总长之指挥，综理全作战军兵站攸关一切事宜。

第十二条　后方勤务部设副部长二员，辅助部长襄理兵站攸关一切事宜。

第十三条　后方勤务部设参谋长一员，承部长、副部长之命，筹划兵站攸关一切事宜。

第十四条　部长办公厅设主任一员，承部长、副部长之命，处理办公厅一切事宜。

第十五条　后方勤务部各处各设处长一员，承部长、副部长之命，参谋长及办公厅主任之指导，主管各该处事务及指挥监督其所属各机关业务，并各设副处长一至二员以助理之。

第十六条　后方勤务部各处视事务之繁简酌量分科，各科设科长一员，掌管各该科业务。

第十七条　后方勤务部设秘书，承部长、副部长、参谋长及办公厅主任之命，分任办公厅事务。

第十八条　后方勤务部设参谋副官、科员、译电员、押运员、书记、司书等各若干员，分配于各厅处，各承其上官之命，承办主管之事务。

第十九条　后方勤务部得延聘或任用熟悉军事经济及地方情形之人员为参议，承部长、副部长之命，参谋长及办公厅主任之指导，服行指办事务。

第二十条　后方勤务部得延聘或任用各种技术专家为技术委员，承部长、副部长之命，参谋长及办公厅主任之指导，服行技术任务，必要时并受所隶处长及副处长之指挥监督。

第二十一条　后方勤务部得设兵站预备员，其员数视实际之需要，由部长随时以命令定之。

第二十二条　后方勤务部得应于业务之必要，设置各种委员会，其编制于必要时定之。

第二十三条　后方勤务部人员得因事务之需要，由军事委员会分别以命令或咨请调用。

第二十四条　后方勤务部为分担业务起见，依作战军之编成，分设战区兵站总监部、兵站分监部、兵站支部、师属分站及独立旅(团)属派出所，其编制另定之。

第二十五条　后方勤务部于必要时，得就管区内重要地点，分设办事处或设置直属支部、直属分站、直属派出所，办理运输一切事宜，其编制另定之。

第二十六条　后方勤务部所属之警护部队，由军事委员会指派部队担任之。

第二十七条　后方勤务部之组织系统及编制，如附表第一、第二之规定。

第二十八条　后方勤务部之服务规程及所属机关规则另定之。

第二十九条　本条例施行日期，另以命令定之。

附表二　修正后方勤务部编制表〔略〕。

〔后方勤务部档案〕

7. 军事委员会修正海军总司令部组织法

(1941年1月)

海军总司令部组织法　民国二十七年一月二十九日军事

委员会令准备案。民国三十年一月呈请军事委员会修正。

第一条 海军总司令部直隶于军事委员会，掌理海军事务。

第二条 海军总司令部设左列各处：

参谋处。

军衡处。

舰械处。

军需处。

第三条 海军总司令承军事委员会委员长之命，综理海军事务及指挥作战，并监督所属各机关。

第四条 海军总司令部置参谋长一人，承总司令之命，辅助军务。

第五条 海军总司令部置秘书四人，承总司令之命，分任撰拟机要文件事务。

第六条 海军总司令部置副官三人，承总司令之命，分任传达、交际等事务。

第七条 海军总司令部参谋处置处长一人，承总司令之命，掌理本处事务。

第八条 海军总司令部参谋处设军务、训练、文书三科。军务科置科长一人，科员十人，司书一人。训练科置科长一人，科员九人，司书一人。文书科置科长一人，科员十一人，司书一人。承长官之命，分掌各科事务。

第九条 海军总司令部军衡处置处长一人，承总司令之命，掌理本处事务。

第十条 海军总司令部军衡处设铨叙、恤赏两科。铨叙科置科长一人，科员十人，司书一人。恤赏科置科长一人，科员五人，司书一人。承长官之命，分掌各科事务。

第十一条 海军总司令部舰械处置处长一人，承总司令之命，掌理本处事务。

海军总司令部编制表

职别	阶级	任别	人数	备考
总司令	一级上将	特任	一	
参谋长	中将	简任	一	
秘书	上校	简任	一	
秘书	中校	荐任	一	
秘书	少校	荐任	二	
副官	中校	荐任	一	
副官	少校	荐任	二	
参谋处				
处长	少将	简任	一	
军务科科长	上校	简任	一	
科员	中校	荐任	三	
科员	少校	荐任	三	
科员	上尉	委任	二	
科员	中尉	委任	一	
科员	少尉	委任	一	
司书	准尉	委任	一	
训练科科长	上校	简任	一	
科员	中校	荐任	三	
科员	少校	荐任	三	

（续表）

职别	阶级	任别	人数	备考
科员	上尉	委任	一	
科员	中尉	委任	一	
科员	少尉	委任	一	
司书	准尉	委任	一	
文书科科长	上校	简任	一	
科员	中校	荐任	一	
科员	少校	荐任	三	
科员	上尉	委任	三	
科员	中尉	委任	二	
科员	少尉	委任	二	
司书	准尉	委任	一	
军衡处				
处长	少将	简任	一	
铨叙科科长	上校	简任	一	
科员	中校	荐任	三	
科员	少校	荐任	三	
科员	上尉	委任	二	
科员	中尉	委任	一	
司书	准尉	委任	一	
科员	少尉	委任	一	

（续表）

职别	阶级	任别	人数	备考
恤赏科科长	上校	简任	一	
科员	中校	荐任	一	
科员	少校	荐任	一	
科员	上尉	委任	一	
科员	中尉	委任	一	
科员	少尉	委任	一	
司书	准尉	委任	一	
舰械处				
处长	少将	简任	一	
轮电科科长	上校	简任	一	
科员	中校	荐任	二	
科员	少校	荐任	二	
科员	上尉	委任	一	
科员	中尉	委任	一	
科员	少尉	委任	一	
司书	准尉	委任	一	
兵器科科长	上校	简任	一	
科员	中校	荐任	一	
科员	少校	荐任	二	
科员	上尉	委任	一	

（续表）

职别	阶级	任别	人数	备考
科员	中尉	委任	一	
科员	少尉	委任	一	
司书	准尉	委任	一	
电务科科长	上校	简任	一	
科员	中校	荐任	三	
科员	少校	荐任	四	
科员	上尉	委任	一	
科员	中尉	委任	一	
科员	少尉	委任	一	
司书	准尉	委任	一	
军需处				
处长	少将	简任	一	
会计科科长	上校	简任	一	
科员	中校	荐任	二	
科员	少校	荐任	三	
科员	上尉	委任	三	
科员	中尉	委任	二	
科员	少尉	委任	一	
司书	准尉	委任	一	

（续表）

职别	阶级	任别	人数	备考
储备科科长	上校	简任	一	
科员	中校	荐任	二	
科员	少校	荐任	三	
科员	上尉	委任	二	
科员	中尉	委任	二	
科员	少尉	委任	二	
司书	准尉	委任	二	
合计			二三	

附记

一、海军总司令部得设置顾问并附员。

二、海军总司令部特务连、军乐队、无线电台编制另定之。

三、海军总司令部设置卫士兵役若干人，另行列表。

〔国民政府军委会档案〕

第十二条　海军总司令部舰械处，设轮电、兵器、电务三科。轮电科置科长一人，科员七人，司书一人。兵器科置科长一人，科员六人，司书一人。电务科置科长一人，科员十人，司书一人。承长官之命，分掌各科事务。

第十三条　海军总司令部军需处置处长一人，承总司令之命，掌理本处事务。

第十四条　海军总司令部军需处设会计、储备两科。会计科置科长一人，科员十一人，司书一人。储备科置科长一人，科员十一人，司书一人。承长官之命，分掌各科事务。

第十五条　海军总司令部设置人员等级，依编制表所定。

第十六条　海军总司令部办事细则，以部令定之。

第十七条　本组织法自公布之日施行。

8. 军事委员会修正军法执行总监部组织条例

(1941年)

军事委员会军法执行总监部组织条例　三十年　月　日军委会办制渝字第七五四七号修正

第一条　本条例依据修正军事委员会组织条纲〔例〕第十二条订定之。

第二条　军法执行总监部(以下简称本部)直隶军事委员会，设总监一人，承委员长之命，综组部务，监督指挥所属职员及执法总队，并得指挥宪兵部队。

第三条　本部设副监二人，辅助总监执行职务，其一人得以宪兵司令兼任之。

第四条　本部设左列各组、室，分掌主管业务：

一、秘书室。

二、高级军法官室。

三、总务组。

四、督察组。

五、审判组。

第五条　秘书室设主任秘书及秘书、科长、科员、统务员、电务员、书记、司书等，掌管机要、文电、印信、统计、考核、编纂，及不属各组、室事宜。

第六条　高级军法官室设主任高级军法官，及高级军法官、主任书记官、书记官、司书等，掌管拟核法规，参加会审及特交军法案件事宜。

第七条　总务组设组长、副组长及各科科长、科员、副官、书记官、司书等，掌管经管人事、事务及其他行政事宜。

第八条　督察组设组长、副组长及督察官、科长、科员、书记、司书等，掌管督察战区及后方之军风纪，并检举违反军事法令之罪嫌事宜。

第九条　审判组设组长、副组长及主任秘书、秘书、专员、各科科长、主任军法官、军法官、主任书记官、书记官、科员、组员、事务员、特务员、看守所长、司书等，掌管审判审核军法案件、军法行政、解释法令及管收执行人犯并本组一切事宜。

第十条　本部得设执法总队，分遣战区或配属本会战区军风纪巡察战区，执行军法任务，其组织章则另定之。

第十一条　本部应战区之需要，得呈请设执行监及执行分监，承总监、副监之命，分驻战区及游击区，并受各该区司令长官或总司令之指挥，执行职务，其组织章则另定之。

第十二条　本部应特殊情况之需要，得呈请设置特种军法机关，其组织另定之。

第十三条　本部之编制如附表。

第十四条　本部部务规程另定之。

第十五条　本组织条例，自奉准之日施行。

编制表〔略〕

〔国民政府军委会档案〕

9. 军事委员会修正军令部组织法及服务规程指令

(1942年3月6日)

军事委员会指令　办制渝字第3674号

令军令部部长徐永昌

三十年十二月廿三日渝三功书字第十一号呈乙件，为修正该部组织法(附系统表及编制表)、服务规程等祈核示由，呈件均悉。组织法准照修正，并转请国防最高委员会及国民政府备案矣。服务规程第一条应改为"本规程依据本部组织法第七条订定之"，第二、三条首句"军令部"三字均删去，第四条"军令部"应改为"本部"。再第四条第十二项条文中应删去"教育""校阅"四字。余属可行，应准备案。此令。件存。

委员长　蒋中正

中华民国卅一年三月初六日发

军事委员会军令部组织法　民国三十一年三月六日军事委员会办制渝字第三六七四号指令修正

第一条　军令部隶属于军事委员会，掌理国防及用兵事宜。

第二条　军令部部长综理部务，统辖全国参谋人员、陆海空军大学校、测量总局、驻外武官、战史编纂委员会及工兵指挥部、通信兵指挥部。

第三条　军令部次长辅助部长处理部务。

第四条　军令部设置各厅分掌职务，但于必要时得组织各种委员会及特业组。

第五条　军令部各厅长承部、次长之命，指挥所属办理其主管业务。

第六条　军令部之系统及编制依附表所定。

第七条　军令部服务规程由军令部拟定，呈核备案。

第八条　本法自呈准日施行。

军事委员会军令部服务规程　民国卅一年三月六日，军事委员会办制渝字第三六七四号指令修正。

第一条　本规程依据本部组织法第七条订定之。

第二条　部长统理本部一切事务，并监督其实施。

第三条　次长辅助部长，处理部务，部长因事离部时，由部长指定次长一人，代行职权。

第四条　本部设第一、第二、第三三厅及工兵、通信兵两指挥部，各厅分设若干处，各处分设若干科，分掌其业务。

第一厅之职掌如左：

一、关于国防作战计划及游击战区作战计划之策定，命令之起草，监督指导作战之实施，考核战绩及兵棋布置事项。

二、关于国防工事构筑之指导事项。

三、关于国军整训调遣，暨特种部队之编组，战时编制装备之拟订事项。

四、关于后方绥靖及兵役动员有关事项。

五、关于江海防城塞之设计审核，并海空军有关作战及指导防空设施事项。

六、关于国军实力之统计，部队驻地之登记，军、师以上主官异动之建议审核，及师以下人事异动之登记及调查事项。

七、关于全国铁路、公路、道路之修筑破坏，河川之开辟疏浚，有无线电之设置撤收，国防交通通信之计划审核及其实施监督指导与建议事项。

八、关于口令、信号之规定使用及军用代名词与密本之编订使用事项。

九、关于兵站卫生、运输、补给以及对敌经济封锁一切事项之计划与指导事项。

十、关于兵要地志计划调查编纂指导，防护泛滥，全国测量业务教育计划指导审核与其实施考查及其军用地图保管核发与图库、图站设置审核事项。

十一、关于国家总动员各项计划，及全国军民对大本营意见书之审核事项。

十二、关于军队演习计划之审核及实施事项。

十三、关于战史资料之搜集编纂及战术战略之研究事项。

第二厅之职掌如左：

一、关于战场及敌国情报之搜集、整理、研究、判断、编纂事项。

二、关于其他各国情报之搜集、整理、研究、判断、编纂事项。

三、关于国内及边区情报之搜集、整理、研究、判断、编纂事项。

四、关于俘虏之审讯及战利品之研究事项。

五、关于驻外武官与调查员之派遣指导与技术配备，及外国驻华武官之招待事项。

六、关于谍报网之计划及谍报员之养成训练、派遣指导与技术配备事项。

七、关于部队情报业务及技术之指导教育事项。

八、关于军事宣传反宣传及军事新闻发布事项。

九、关于防止间谍、汉奸及检查邮电事项。

十、关于各国驻华兵力及在华外人之行动调查登记事项。

十一、关于本部谍报通信网及部队情报通信网之设计、建立、配置与指导事项。

十二、关于情报搜索技术及防谍保密技术之研究实施事项。

第三厅之职掌如左：

一、关于陆海空军参谋人员之任免、考绩、恤赏及参谋调查统计事项。

二、关于本部及所属各机关职员任免及考绩、恤赏事项。

三、关于参谋人材之养成，及参谋人员之训练事项。

四、关于陆军大学校之组织，及各期班之考选、教育纲领与教育计划之审定，并一切教育行政之审查、考核、建议事项。

五、关于留学各国陆海空大学校及参谋学校之考选与留学生成绩考查事项。

六、关于章制之拟定、审核、整理、搜索及研究事项。

七、关于本部文电收发，典守印信及不属于其他主管事项。

八、关于本部警卫、交通、运输、通讯及庶务、印刷事项。

九、关于本部及直辖各机关各项会计审核事项。

第五条　各厅厅长承部、次长之命，督率所属综理本厅一切事务，各厅副厅长辅助厅长，督率所属办理本厅一切事务。

第六条　各处处长承各长官之命，分任所管事务。

第七条　各科科长承各长官之命，主办并督率所属办理主管事务。

第八条　各处、科之参谋科员，承各长官之命，分任所管事务。

第九条　主任高级参谋暨各高级参谋，承部、次长之命，办理不属于各厅之机要事件及一切交办事项，并关于学术章制之审核、建议及临时联络之派遣。

参谋承长官之命，办理一切交办事项及临时联络之派遣。

第十条　主任秘书承部、次长之命，办理机要文件及不属于各厅文电等事务。

秘书承长官之命，办理一切文书事务。

第十一条　高级副官承部、次长之命，任重要命令之传达及一切联络事务。

副官承长官之命，分任派遣及联络随从等事务。

第十二条 陆海空军驻外武官承部、次长之命，任各友邦军事联络事务。

第十三条 陆军大学校承部、次长之命，掌理全国军事最高教育，以养成统率人材及各级幕僚事宜。

第十四条 陆地测量总局承部、次长之命，掌理全国陆地及航空测量事务。

第十五条 战史编纂委员会承部、次长之命，掌理关于中外战史材料之搜集、研究、整理、编纂事务。

第十六条 工兵指挥部承部、次长之命，任各战区攸关工兵之使用、计划、整补、训练及独立工兵部队之指挥事项。

第十七条 通信兵指挥部承部、次长之命，任各战区攸关通信兵之使用、计划、整补、训练及独立通信兵部队之指挥事项。

第十八条 本部办事通则，另订之。

第十九条 本规程如有未尽事宜，得随时修订之。

第二十条 本规程经呈军事委员会备案后施行。

〔国民政府军委会档案〕

10. 国民政府修正军政部组织法训令

(1942年4月18日)

国民政府训令 渝文字第四四三号

令直辖各机关

查军政部组织法，前经修正公布施行在案①。兹将该法再加修正，应即通饬施行。除公布并分行外，合行抄发修正组织法，令仰知照并转饬所属一体知照。此令。

---

① 军政部组织法1937年9月6日由国民政府公布，1940年2月22日修正公布，1941年2月28日第二次修正公布。

军令部部属人员编制表

职别	部长	次长	高级参谋室					秘书室					高级副官室						附记
			主任高级参谋	高级参谋	参谋	书记	司书	主任秘书	秘书	书记	秘书	司书	高级副官	副官	副官	书记	司书	合计	
阶级	上将	中将	中将	中(少)将	上中少校	同上(中)尉	同少尉	同少将	同上上(中)校	同上尉	同中(上)校	同少(准)尉	上校(少将)	中(少)校	上(中少)尉	同上尉	同少(准)尉		
员额	一	二	一	一八	五〇	二	二	一	一一	一	二	二	一	二	四	一	二	九四	
备考																			

计抄发修正军政部组织法一份。

主　　席　林　森

立法院院长　孙　科

中华民国三十一年四月十八日

军政部组织法

第一条　军政部直隶于国民政府行政院，管理全国陆军行政事宜。

第二条　军政部对于各地方最高级行政长官执行本部主管事务，有指示监督之责。

第三条　军政部就主管事务对于各地方最高级行政长官之命令或处分，认为有违背法令或逾越权限者，得请由行政院院长提经行政院会议议决后，停止或撤销之。

第四条　军政部置左列各厅、司、署，并另设会计处。

总务厅。

军务司。

机械化司。

马政司。

交通司。

军法司。

兵役司。

军需署。

兵工署。

军医署。

第五条　总务厅分文书、人事、管理、交际四科，掌左列事项：

一、关于本部机密事项。

二、关于本部公文书类之收发、分配、承转、审查、校对、编纂、印刷、保存事项。

三、关于部令之公布事项。

四、关于典守部印，管理文库及保管图书事项。

五、关于本部编制事项。

六、关于本部及附属机关之人事事项。

七、关于陆军行政统计及报告事项。

八、关于部内军纪、风纪及警卫事项。

九、关于本部官产、官物之保管事项。

十、关于本部典礼、会议、交际、庶务及其他不属于各署、司事项。

第六条　军务司分军事、整编、兵务、防务、整备五科，掌左列事项：

一、关于陆军建制、编制及建设整理事项。

二、关于军旗、印信及礼节、服制、徽章事项。

三、关于军队之军纪、风纪事项。

四、关于审拟军事法规事项。

五、关于派遣国外驻在员、留学员生及考察事项。

六、关于各科装备器材及其本务事项。

七、关于演习、校阅、点验、检视事项。

八、关于练兵场、射击场、演习场之筹设及营房之支配事项。

九、关于宪兵及军乐队之本务及其教育事项。

十、关于各部队之补充及人马之调查统计事项。

十一、关于军队调配、卫戍、警备及绥靖事项。

十二、关于防空、国内外情报及口令、信号事项。

十三、关于地方部队整理事项。

十四、关于动员、计划、准备、执行及复员事项。

十五、关于军需品及其原料之调查、整备、分配、统制事项。

第七条　机械化司分总务、整补、器材、技术四科，掌左列事项：

一、关于机械化部队建设整理之建议及实施事项。

二、关于补充、补给之审核建议事项。

三、关于器材之筹备及拨补事项。

四、关于器材之调查、运储事项。

五、关于器材之研究、检验、修理等之技术有关事项。

六、关于所属工厂之筹设、考核及指导事项。

七、关于本司及所属机关之人事考核事项。

八、关于本司之金柜出纳及预算之编拟、审核事项。

九、关于本司文书收发与所属士兵伕役之管理事项。

十、关于本司一切庶务事项。

第八条　马政司分总务、牧政、马事、兽医四科，掌左列事项：

一、关于普通马政、陆军马政之计划、建设、调查事项。

二、关于中央马政与地方马政及种畜场、私人牧场之联络、指导、统一事项。

三、关于全国马政管区之划分，并设置马政官任调查、指导、督促马事进步事项。

四、关于马政法规之拟订、审查事项。

五、关于种马、农具、兽医、药品、器材、牧草、种子之购买、保管、分配、借贷事项。

六、关于改良马种并国有种马与民马交配繁殖事项。

七、关于所属场所土地经营、农事水利事项。

八、关于军马购买、补充、征发、保育、检查、废役、借贷、统计事项。

九、关于地方马骡调查、统计及产马奖励助成事项。

十、关于兽医蹄铁设计、教育及培养牧政人材事项。

十一、关于种马及军马之饲养、卫生、治疗、防疫及饲养兵之教育事项。

十二、关于兽医人员任用、留学、审核、调查、统计事项。

十三、关于本司及所属机关之人事移转、登记事项。

十四、关于本司之出纳及所属机关经费之开支事项。

第九条　交通司分总务、器材、通信、运输、燃料、经理六科，汽车事务及料务两处，掌左列事项：

一、关于军用电机、机械、化学、造船、土木各工程之设计、研究、试验、改进事项。

二、关于本司及所属机关部队并军事交通通信机关部队之编制审核、人事事项。

三、关于所属各工厂仓库警卫之调遣分配事项。

四、关于军用通信器材之筹划、补充、整理、保管、审核事项。

五、关于军用交通通信机械之制造、修理事项。

六、关于军事交通通信部队之调遣及配置事项。

七、关于军用交通通信网之计划、实施事项。

八、关于一般交通通信之调查、统计、联系、管制、征用事项。

九、关于水陆军运事项。

十、关于军运票照管理、核发事项。

十一、关于军用燃料之制造、化验、检查、运储、防护、保管、补给、统制事项。

十二、关于本司之出纳及所属机关部队经费之开支审核事项。

十三、关于主管军用物资之统计事项。

十四、关于军用汽车之管理、检验、选择、调查、补充、修理事项。

十五、关于军用交通通信器材燃料之调查及统计购买之手续事项。

第十条　军法司分军法行政、审理、审核、监狱四科，掌左列事项：

一、关于军法官及军人监狱职员之人事事项。

二、关于军法行政事项。

三、关于军事审判事项。

四、关于赦免及罪人之处置事项。

五、关于军人监狱事项。

六、关于军事罪犯之教诲及工艺事项。

七、关于军法法规事项。

第十一条　兵役署掌兵役行政事务，设总务处、经理处、会计室及左列各司：

役政司。

征补司。

国民兵司。

第十二条　兵役署总务处分文书、事务两科，掌左列事项：

一、关于本署公文书类之撰拟、收发、分配、承转、审查、编校事项。

二、关于本署及兵役机关人事之核转、登记事项。

三、关于典守署印及管理图书事项。

四、关于本署各项业务之调查、登记、统计、调制、图表事项。

五、关于本署出纳、庶务及其他不属于各司、处事项。

第十三条　兵役署经理处分财务、被服、监理三科，掌左列事项：

一、关于兵役、机关、部队经费之核发、保管及汇兑事项。

二、关于登记帐目、编制报表、保管传票及核对各管区月报事项。

三、关于兵役管区团队被服之筹办、补充、配备、调拨及废品之处分事项。

四、关于被服经费出纳帐簿之登记，各种报表之编制及核对事项。

五、关于财务设施改进及被服之调查、监购、监制、验收事项。

六、关于财务及被服之监理事项。

第十四条　兵役署役政司分管区、役务、审查三科，掌左列事项：

一、关于兵役管区之规划设置与推行事项。

二、关于兵役实施人员之训练、考核、奖惩事项。

三、关于常备兵之服役及常备军官佐之退役、除役、实施事项。

四、关于在乡军人之调查、管理、服役事项。

五、关于兵役法规之修订、解释事项。

六、关于兵役宣传及兵役行政考察事项。

七、关于适龄壮丁之调查、抽签及检查事项。

第十五条　兵役署征补司分征募、编练、补充三科，掌左列事项：

一、关于现役兵之征集、募集、入伍、退伍、归休事项。

二、关于征募费之核定与募兵区域之指定事项。

三、关于战事补充部队之编练与点校事项。

四、关于兵员补充之规划及调拨补充事项。

五、关于战时补充部队干部之储备调补事项。

第十六条　兵役署国民兵司分组织、管训、备役三科，掌左列事项：

一、关于国民兵之调查、组织、统计事项。

二、关于国民兵之管理教育及校阅有关事项。

三、关于国民兵之召集服役事项。

四、关于预备军士、候补军官佐之登记、考核、召集、服务事项。

五、关于地方团队攸关事项。

六、关于国民兵干部之训练、分派、考核事项。

第十七条　军需署掌军需行政事务，设总务处及左列各司：

财务司。

储备司。

营造司。

第十八条　军需署总务处分文书、人事、管理三科，掌左列事项：

一、关于本署机密事项。

二、关于军需人员之铨叙、考绩、审核及教育事项。

三、关于军需动员及拟定军需法规事项。

四、关于本署公文书类之收发、分配、承转、审查、校对、编纂、印刷、保管事项。

五、关于典守署印及管理本署文库事项。

六、关于军需行政报告事项。

七、关于本署会计、庶务及其他不属于各司事项。

第十九条　军需署财务司分经理、出纳、军人储蓄三科，掌左列事项：

一、关于军费应用之研究审议事项。

二、关于金钱给与规定事项。

三、关于军费出纳事项。

四、关于其他一切金钱经理事项。

五、关于军人储蓄计划及审核储金册表事项。

六、关于储金提出汇报及储户转调事项。

第二十条　军需署储备司分制备、补给、保管、监理四科，掌左列事项：

一、关于被服、装具、粮秣、阵营具消耗品之经理、检验、调查事项。

二、关于军需物品之给与及整备事项。

三、关于物品会计事项。

四、关于军需品料厂库事项。

五、关于军需工业之指导、补助事项。

第二十一条　军需署营造司分设计、建筑、营产三科，掌左列事项：

一、关于营房及军事修建工程之设计及审查事项。

二、关于营房及军事建筑工程并其附属营具设备之核准、监督事项。

三、关于军用土地之征收、使用事项。

四、关于营房、场舍之保管事项。

五、关于营产之调查、管理事项。

第二十二条　兵工署掌兵工技术、军火制造、军械行政事务，设署本部及左列各司：

制造司。

技术司。

军械司。

第二十三条　兵工署署本部设秘书室，分文书、人事、编纂三组，参谋室、顾问室，总务处分财务、审核、管理三科，掌左列事项：

一、关于本署机密事项。

二、关于兵工人员之铨叙、考绩、审核、调查、登记事项。

三、关于本署公文书类之收发、分配、承转、审查、翻译、校对、编纂、印刷、保存事项。

四、关于典守署印及管理本署文库事项。

五、关于制造经费之领支出纳事项。

六、关于建设经费之审核、保管、出纳事项。

七、关于械弹价款之保管、周转事项。

八、关于军事方面之派遣、联络事项。

九、关于技术方面之咨询、译述事项。

十、关于本署之会计、庶务及其他不属于各司事项。

第二十四条　兵工署制造司分事务、会计、考工、核料四科，掌左列事项：

一、关于各厂及材料保管处、库之各种组织事项。

二、关于各厂及材料保管处、库职员之任免、升补事项。

三、关于各厂劳工事项。

四、关于各厂所用护照及运输事项。

五、关于各厂及材料保管处、库制造费及经费之支配、预算、计算及帐务之审核及各厂会计制度之规定事项。

六、关于各厂作业计划之拟具，工作之分配，成品与成本之稽核事项。

七、关于各厂机器之设备及房屋之调查登记及稽核事项。

八、关于各种图样、公差详表及其标准规格等之整理、颁行、保管事项。

九、关于各厂材料之支配、统计、稽核及料库管理方法之规定事项。

十、关于各厂工具之制造、统计、稽核及工具管理方法之规定事项。

十一、关于废料废品稽核及处理事项。

十二、关于新设制造工厂之筹备及各厂新建设之指导督促事项。

第二十五条　兵工署技术司分理化研究、设计、教育三处及弹道、步兵器材、炮兵器材、运输器材、特种器材、工兵器材六科，掌左列事项：

一、关于兵器弹药之制式划一事项。

二、关于兵器弹药及各种军用器材之设计改良事项。

三、关于各种兵器弹药、军用器材、兵工原料材料之检验、审查、研究事项。

四、关于兵器弹药使用保管之规定及说明书之编纂、译述事项。

五、关于兵工技术人材之养成及派遣出国考察、调查事项。

六、关于发明改良兵器弹药、军用器材案之审核事项。

第二十六条 兵工署军械司分总务、补充、库储、机械、兵器、器材五科，掌左列事项：

一、关于编纂械弹及军用器材之各种法规历史及统一名称等事项。

二、关于军械库之建设修缮事项。

三、关于各军械库及修械所之组织管理事项。

四、关于各军械库及修械所之人事任免、升调事项。

五、关于各军械库及修械所预算、计算之审核事项。

六、关于军械人员之训练事项。

七、关于军火禁令及民间自卫兵器之取缔事项。

八、关于械弹之补充、储备、调度、支配、检验、修理、调查、统计事项。

九、关于械弹代金之核议及代造价发、损失、赔偿、缉获、俘获、损坏、消耗之审核处理事项。

十、关于械弹废品处理事项。

十一、关于机械化之装甲兵器及动力战斗兵器以及要塞、海防等兵器筹划、配备、储存、购置、检验、损坏、消耗及制式之决定与废品器处理事项。

十二、关于各种兵种器材装具及化学战诸器材之筹划、配备、存储、购置、检验、损坏、消耗及制式之决定与废品处理事项。

第二十七条 军医署掌军医行政一切事务，设左列各处、室：

第一处。

第二处。

第三处。

视察室。

第二十八条　第一处分人事、经理、事务三科及会计室，掌左列事项：

一、关于军医、牙医、司药、看护人员之任免、审核、考绩事项。

二、关于军医、牙医、司药、看护人员动员事项。

三、关于本署文书、典守印信及报告事项。

四、关于本署经理、会计事项。

五、关于管理本署公产、公物事项。

六、关于本署庶务、军纪、风纪及其他不属于各处、室事项。

第二十九条　第二处分医务、伤病处理、材料三科，掌左列事项：

一、关于平时战时卫生勤务设施事项。

二、关于各级医务机关之筹设配置事项。

三、关于军医建制及编制事项。

四、关于红十字会、恤兵团体管理事项。

五、关于伤病残废官兵之管理、待遇事项。

六、关于伤病残废官兵之归队、资遣、转院事项。

七、关于伤病残废官兵之检伤核、恤事项。

八、关于卫生器材之设计、筹备事项。

九、关于卫生器材之出纳、保管、核销事项。

第三十条　第三处分卫生、教育二科及统计室，掌左列事项：

一、关于保健、防疫、防毒、检验及卫生宣传事项。

二、关于卫生工程事项。

三、关于军医、牙医、司药、看护人员之教育事项。

四、关于看护士兵、担架士兵之训练事项。

五、关于各级教程图书之编译、保管、分发事项。

六、关于军医行政统计、册籍、图表格式之编订事项。

七、关于各部队、军事机关、学校医务卫生统计及其他统计事项。

第三十一条　视察室掌左列事项：

一、关于襄校陪检各部队机关卫生事项。

二、关于本署各附属机关视察指导事项。

三、关于各地军事卫生机关及各部队医务视察指导事项。

四、关于红十字会、恤兵团体视察指导事项。

五、关于临时指派事务事项。

第三十二条　军政部会计处掌本部及各军事机关部队岁计会计事务，其组织另定之。

第三十三条　军政部及各司、署因业务上之必要，得置常设或临时各种委员会或组其他附属机关，其组织另定之。

第三十四条　军政部部长综理本部事务，统辖全国陆军行政事宜，并指挥监督所属各部队机关。

第三十五条　军政部设政务次长、常务次长各一人，辅助部长处理部务。

第三十六条　军政部设主任参事一人，参事六人，撰拟、审核关于本部之法案命令。

第三十七条　军政部设部附二十人至四十人，分任研究、视察及其他交办事项。

第三十八条　军政部设主任秘书一人，秘书四人至十一人，编撰传译各种文牍。

第三十九条　军政部设厅长一人，署长四人，司长十四人，处长十二人，视察主任一人，分掌各主管事项。

第四十条　军政部兵役署、军需署、军医署各设副署长一人，辅助署长处理署务。

第四十一条　军政部兵工署设参谋一人，襄助署长进行业务。

第四十二条　军政部及各厅、司、署、处设主任秘书、秘书、副官、科长、组长、主任科员、军法官、视察员、看守长、看守员、译电员、会计员、统计员及其他军用文官技术员等，分任事务，其编制依附表所定。

第四十三条　军政部因事务上之必要，得呈准聘用顾问与专门人员，并得临时呈准增设额外人员。又因各厅、署、司、处事务上之繁简，对于编制范围以内之定额，得自行分配增减之。

第四十四条　军政部部长特任，次长以下上校及同上校以上军官佐与军用文职各职员简任，中少校及同中少校军官佐与军用文职各职员荐任，上中少尉及同上中少尉军官佐与军用文职各职员委任。

第四十五条　军政部处务规程，以部令定之。

第四十六条　本法自公布日施行。

11. 军政部拟订之处务规程

（1942年4月18日）

军政部处务规程　三十一年四月拟订

第一章

第一条　本规程依军政部（以下简称本部）组织法第四十五条之规定制定之。

本部处务除本规程所规定外，其一般事项准照军队内务条例施行。

关于各种专业另有法令规定者，分别依照法令办理。

第二条　本部各厅、署、司、处、局、会，对于业务实施并得规定服务规则及细则。

第三条　本部行文概用部长名义，但对内往来事件有时以次长之名义行之。为处理业务便捷起见，各主管机关在职掌范围内所可决定事项，得以本单位名义行之。

第四条　各厅、署、司、处、会，对内往来文书通常以各该单位长官名义行之。

第二章　权责

第五条　部长承国民政府行政院院长、军事委员会委员长之命，综理本部事务。

第六条　政务次长、常务次长，辅助部长分别处理部务，部长因公离部时，以次长一人代行其职权。

第七条　参事承部长、次长之命，任撰拟、审核法令规章及其他交办事项。

部附承部长、次长之命，分任视察、研究及临时交办事项。

第八条　本部秘书承部长、次长之命，分任【编】撰机要文件传译及其他交办事项。

第九条　本部副官承长官之命，服行其职务。

第十条　总务厅长承部长、次长之命，督率所属处理厅务。

第十一条　署长承部长、次长之命，督率所属处理署务。

副署长辅助署长处理署务，署长因公离署时，得代行其职权。

前项规定各副司长、副局长、副处长、会常务委员准用之。

第十二条　司长承部长、次长或主管署长之命，督率所属处理司务。

第十三条　各处、局、会长官承部长、次长之命，率所属处理各该管事务。

第十四条　各厅、署、司、处、局、会秘书，承主管长官之命，分任机要文件之编撰传译及其他交办事项。

第十五条　处长(各厅、署、司、处、局、会所辖)承主管长官之命，指挥监督所属处理处务。

第十六条　科长、主任、组长各承主管长官之命，指挥监督所属处理各该管事务。

第十七条　科员承长官之命，承办主管事务。

前项规定，凡军法官、书记官、附员及其他相当官准用之。

第十八条　各厅、署、司、处、局、会，译电员、书记、司书及其他职员，各承该管长官之命，分任承当事务。

第十九条　本部及所属各机关，设有顾问、参谋、委员、专员、技术员、视察员者，该项人员各承其主官之命，分任事务。

第三章　办公要则

第二十条　本部办公时间，依照军事委员会之规定施行。

第二十一条　各种休假日期，除值星值日及其他有勤务者外，循例休假，遇有特别要公，仍得临时召集办理。

第二十二条　当退公时，若因事务上之必要，得由各该主管长官适宜延长其办公时间。

第二十三条　各职员在公务上经办事件，均应严守秘密，未经发表者不得泄露。

第二十四条　到公时，各级职员应于签到簿上签到，关于考勤与奖惩办法另定之。

第四章　文书处理

第二十五条　本部处理文书之一般程序，依照行政院各部会处理文书程序图说之规定。

第二十六条　到达本部之公文，由总务厅收发人员收受之，但电报由译电人员收受之。

各署、司、处、局、会之收文收电，由该机关适用前项之规定办理。

第二十七条　文电于收领后，各负责人员应按开拆、摘由、区分、呈阅、转送之手续程序处理，但有亲译、亲启之机密文件，应迳呈主管长官拆阅。

送呈主管长官亲阅文件，若遇长官公出时，紧急之件，得先送次级长官或主管者办理，但事后应即报告。

第二十八条　核阅文件认为必须先行呈阅者，即呈部长或次长核核〔后核字衍〕批，如有意见并应签明。

第二十九条　本部各种到文，每日分发于各主管单位，其分发次数及时间，由总务厅规定，呈奉核定行之，但电报及紧急有时间性之件，应随时提前分送。

第三十条　各署、司、处、局、会，收到本部每次分发之文电，必须于一日内一律转发于主管人员承办，其紧急及有时间性者，应随时尽先转发，但遇有误发之文电，即送还总务厅查明，改发或迳行转送于主管单位办理。

第三十一条　承办文件普通例行者，不得无故积压，紧急及有时间性者，应随到随办，但遇有必须先经计划、核算、商讨、研究等之文件，预计于限期内不能办毕者，应先行通知来文机关。

第三十二条　送呈文件应按照手续分别登记于送稿、签呈、呈阅各簿，再行送呈，以上各簿，并分为机密、紧急、重要、寻常四种，其标识另定之。

第三十三条　各级主官均有审核文稿之责，如有所修改，应加盖名章，以明责任。

第三十四条　文稿经按级审核后，用送签或送稿簿分别呈送主管长官批示，或判行紧急或秘密之件，得由承办人员亲自或密封呈送判行，以期速密。

第三十五条　文稿送判，若遇判行长官公出时，紧急之件得由次级长官或各主管长官审核，负责先发，再请补行。

第三十六条　送呈部长、次长批阅核判之签呈文稿，应送由总务厅长汇呈，遇有签注意见、修正文字之必要时，得酌签注修正或会商主办单位行之。

第三十七条　应请部长、次长裁决之紧急事项，而不及按照规定程序办理时，得由总务厅长或承办机关主官直接请示部长、次长办理，并随即通知主管者。

第三十八条　文稿经判行后仍发回原办机关，按缮校程序迅即办理，紧急及有时间性者，应即提前赶办送印。电报得预领空白印电纸提前译发，再将原稿送印。

第三十九条 监印人员对于送印之件，应分别登记于用印簿，随即用印，不得积压，紧急及有时间性之件应随到随办。

第四十条 文稿有应刊登公报者，于印发后即送公报编辑室刊登。

凡应刊登公报之通令，可省略行文手续，但须于文稿上叙明"只登公报，不另行文"字样。

本部公报事宜，由部秘书会同总务厅办理之。

第四十二条 文稿经印发或登簿传观后，除办事上尚有留备参考之必要者外，应即送管卷人员保管。

已归档之卷若须调阅时，应填具调卷单调取，如系机密案卷，应由主办科长以上人员加盖私章，俟缴回时收回原单。

第四十三条 各署、司、处、局、会，应将已办未办文件，每周自行检查一次。

第四十四条 本部文件未在集中保管以前，暂由各厅、署、司、处、局、会分别保管。

第四十五条 管卷人员应按文卷性质区分为分期保管卷与永久保管卷两类保管之(档卷保管办法另定之)。

第五章 会计经理

第四十六条 本部部本部之经费，由总务厅承领，各署、司、处、局、会之经费，由各该单位承领，依照核定预算科目妥善支配运用，事后编造计算书类送请核销。

第四十七条 关于金钱、物品之出纳，须经会计人员之核签、主管长官之批准。

第四十八条 各项零用金之支出，应采零用金制，规定金额，交由事务人员掌管，按时或在定额将用罄时列报归垫。

第四十九条 现金保管，除有特殊原因外，应采用银行存款制，前项银行存款，应存储于国家银行。

第五十条　财产及物品之购置，应先由请购人填具请购置单，送由会计人员核签，呈奉主管长官核准，方得采购，并须按照规定请求监购、验收，以符法定手续。

第五十一条　会计人员应照会计法之规定，按时登帐并编制报表，分呈各级主官查核，对于经理及庶务人员所送之财物报表，并应汇核办理。

第五十二条　经管金钱出纳及经管物品人员，应按规定编制各项报表，按规定手续送呈各级主官核阅。

第五十三条　关于财产、物品之购买及卖、转拨、损坏，应有详细之登记。

第五十四条　管理财物应注意保存方法，如有遗失或不及期损坏者，除有法令许可之特殊原因外，应由保管者或使用者负责赔偿或修理之。

第五十五条　粮秣、被服，应按期领发。

第五十六条　营缮事宜依照法定手续办理之。

第六章　典礼

第五十七条　本部对于各种典礼，应如期遵时举行仪式，其时间与办法由总务厅呈奉核定通知之。

前项所称各种典礼，包括一切纪念日及纪念周而言。

第五十八条　本部举行典礼，通常在本部大礼堂，凡本部所辖各单位职员均应全体参加，其驻部外之各署、司、处、局、会，不能全体参加时，应由各该主官参加或派次级人员代表参加。

第五十九条　举行典礼仪式均由部长主席，若部长不克出席时由次长主席。

第六十条　举行纪念周对于讲读总理遗教及法规业务攸关事项，或工作报告，由各厅、署、司、处、局、会主官轮流担任，其顺序及讲读门类，随时由总务厅长列表呈奉核定，先期通知。

第六十一条　升降旗典礼仪式照通行规则办理，由总务厅督导施行。

第七章　会议会报

第六十二条　本部为切取职掌联系促进业务效率起见，特设部务会议及会报。

第六十三条　部务会议(报)通常每周开常会一次至三次，其日期时间由部长以命令定之。

临时会议由部长临时召集之。

各厅、署、司、处、局、会之会议、会报，由各该主官自行规定举行。

第六十四条　部务会议、会报，以左列人员组成之：

部　　长

次　　长

主任参事　　参　事

主任秘书

总务厅长

署　　长　　副署长

会 计 长

司　　长

局　　长

处　　长

会主任委员

第六十五条　部务会议(报)以部长为主席，部长因事不能出席时，由次长主席。部、次长均不克出席，得指派高级长官代表主席。

各厅、署、司、处、局长官及会主任委员，因事不能出席时，得派次级者代表出席。

第六十六条　凡未经规定出席人员，若与当日议案有关，必须咨询说明者得令列席。

第六十七条　部务会议之事项如左：

一、部长交议及提示事项。

二、各厅、署、司、处、局、会之报告及协议事项。

三、关于创制整理及建议事项。

四、临时提案事项。

第六十八条　各厅、署、司、处、局、会提议之案件，须于开会三日前将提案说明书，呈请部长核准付议，其临时动议者，亦须先请主席认可。

第六十九条　凡交议及经核准之协议提议案件，须先一日送总务厅编列议程，于会议时分配出席人员，如系繁复案件并应附说明书。

第七十条　出席人员对于议案，均得申述意见，由主席裁决之。

第七十一条　繁复议案不能即席议决时，由主席指定人员先付审查，再行复议。

第七十二条　会议(报)时以秘书二人为纪录，将当日决议案件整理编为纪录，送由总务厅长呈部长核定后，仍印发各厅、署、司、处、局、会，遵照施行。

第七十三条　会议(报)案件及纪录，应守秘密不得泄漏。

第七十四条　会议(报)时先由纪录秘书宣读上次会议(报)之决议录，应由各出席单位报告遵办情形，再次讨论议案。

第八章　值星期日

第七十五条　本部设各级值星值日人员，负军风纪、内务管理、清洁、警戒及灾害预防与一切临时事故之处理等事项。

第七十六条　本部值星(日)应按各级单位设置，分别服行其勤务，部以下各级值星(日)，有递层隶属之关系。

第七十七条　部值星(日)官，由各厅、署、司、处、局、会上校级职员轮充之，其轮流次序由总务厅长列表规定，但在各厅、署、司、处、局、会未集中部内办公以前，暂以驻部内者为限。

第七十八条　各厅、署、司、处、局、会值星(日)及所属各级单位之值星(日)，由各该主管长官就其组织机构分层规定派员轮充之。

第七十九条　各级值星或值日之规定，除部值星(日)，由总务厅长规定外，其以下各级值星(日)，由各主管长官以命令定之。

各级值星(日)应酌量附以值星(日)之公役，由主管人员适宜规定轮流派充。

第八十条　当非常事变之际，在必要程度下，各级值星(日)得由各主管长官临时指派较高级人员充任之。

第八十一条　新到本部服务之职员，自到职之日起一个月内，毋须担任值星值日勤务。

第八十二条　掌管收发电报监印人员，应各自行轮值，以免事务中断致误要公。

第八十三条　各级值星值日服务细则另定之。

第九章　差假

第八十四条　本部职员因公出差，应将经办尚未结束之案，移交于代理者接办，若系短时外勤无交替必要者，则不必交代。

第八十五条　奉派公差人员，应遵限办理完竣，不得无故迟延逗留，其任务未限日期者，亦应撙节时日从速完成复命。

第八十六条　公差人员携带员役，除有规定者外，须经呈准。

第八十七条　本部职员非因必要事故或疾病，不得任意借故请假旷职误公。

第八十八条　本部职员请假，除照本规程规定外，并依陆军休假规则办理。

第十章　警卫及管理

第八十九条　本部卫兵负本部驻地警戒，及监视出入人员与维持军风纪之责。

第九十条　本部卫兵由特务团派充之，受总务厅之监督及部、厅值星（日）官之指挥。

第九十一条　遇有来部接洽之来宾于询明后，应即导至传达室接待引见，不得故意阻拦及任其自由入内，但遇有情形可疑者，应先请示奉准后再行导入。

第九十二条　对于出入之人员，如遇有携带物品或其他情形可疑者，得施行盘查，倘有疑点，应即报告部、厅值星（日）官，承其指示处置之。

第九十三条　本部之士兵、伕役、工匠，在管理人员指挥监督之下，服行其勤务（服务守则另定之）。

第九十四条　管理人员应随时巡视、监察各处士兵、伕役、工匠之勤惰，尤须适时加以必要之训练与指导。

第九十五条　管理人员得指定士兵、伕役、工匠之级高资深者数人为班长，负督率之责，整理内务。

第九十六条　士兵、伕役、工匠，应在指定处所服务，除有勤务派遣者外，不得擅离。

第九十七条　士兵、伕役之补充，须先经医官检验体格出具及格证明书，并须取具妥保，然后由管理人员呈候主官核定。

第九十八条　马匹、车辆、仓库，均应派专员负责管理。

前项马匹、车辆之使用，须经主管长官之核准。

第九十九条　本部卫兵及管理人员，应随时轮巡驻地内外各处所，并注意灾害之预防，遇有非常事变迅即救济，一面报告长官（灾害预防处理办法另定之）。

第十一章　卫生及检查

第一〇〇条　本部检诊所，承总务厅长之指示，服行本部医疗、防疫及其他卫生事务。

第一〇一条　本部检诊所，应于每年举行本部官兵身体检查一次，并报告其经过情形，其日期由总务厅长呈奉核定之，但于必要时，得由总务厅长之指示，施行临时检查。

第一〇二条　部内官兵之预防注射及种痘，应遵照规定按期举行，如发现传染病患者或疑似症患者时，检诊所主任除报告总务厅长外，应即予以适当之处置。

第一〇三条　本部于每星期内，由值星(日)官会同主管人员施行清洁检查一次，各分驻在部外之机关，自行规定检查之。

第一〇四条　本部及各署、司、处、局、会每年应举行大扫除一次，必要时并得施行临时扫除，其日期由总务厅呈奉核定之。

第一〇五条　本部每年至少举行全部内务总检查一次，其时间及检查人员之派遣，以部令定之。

第一〇六条　检查类别分左列各项：

一、清洁检查。

二、物品检查。

三、文书检查。

四、其他各种检查。

第一〇七条　检查时受检查者，应向检查人员提出口头报告后，即随同检查。

第一〇八条　检查完毕后，检查人员应就其结果成绩及注意之点予以指示，并报告于部长或其主官。

第一〇九条　马匹之检查，应会同兽医，每月施行一次。

第一一〇条　本部各厅、署、司、处、局、会，得随时分别举行各种之检查，由各该主官自定施行。

第十二章　会客

第一一一条　本部职员会客，按照规定时间，除因公接洽者外，非时不得接见。

第一一二条　职员会客应在会客室内，不得延至办公室或他处接谈。

第一一三条　职员对于来宾，非经报请主官许可，不得任意导引游览参观内部各处所。

第十三章　附则

第一一四条　本部设图书室，专供本部职员研究参考，由总务厅派员经管，关于图书阅览规则及图书管理办法另定之。

第一一五条　本部为谋增进各职员知识技能，并锻练体格起见，得于公余举行各种学术研究会，及各种业余运动，其组织及实施办法另定之。

第一一六条　本规程如有未尽事宜，以部令修正之。

第一一七条　本规程自公布之日施行。

〔军政部档案〕

12. 后方勤务部奉发军事委员会核定该部与军令军政两部业务联系办法及职权划分之训令

(1942年12月)

本部卅一年十二月参字第三号训令：案奉军事委员会渝办一参字第25377号训令开：查后方勤务部为作战机构之主要部门，须常与军令部联系，向军政部要求各项供给，以保持野战军之活力，俾适应战况而无匮乏之虞，除后勤业务机构应行调整事项已另案饬遵外，兹核定后勤部与军令、军政两部联系办法如左：

(甲)后勤部与军令部之联系

一、军令部策定作战计划时，后勤部参谋长应参加讨论并提供意见。

二、后勤部关于重要补给设计，军令部主管处长亦应参加讨论并提供意见。

三、两部主管兵站业务人员，应适宜对调服务。

四、各级兵站机关与战区及集团军之联系，应准上述一、二、三项原则施行。

(乙)后勤部与军政部业务之划分及联系

后方部队之补充，由军政部负责兵站管区之补充，照左列四项办理之。

一、参战各部队之经常补给事项，由军政部支配补充，后勤部担任运输。

二、参战部队消耗物品，由军政部交后勤部支配补充。

三、在兵站区内后方部队之补充，由后勤部运输。

四、军政部军械司与后勤部业务之划分：

（1）作战部队枪械与制式器材之补充，由军政部核定通知后勤部向指定之仓库提运发给。

（2）战区部队弹药与消耗器材之补充，由军政部整批发交后勤部运交兵站屯备，长官部按实际所需核发，各部队并按月汇报军政部备查。

丙、每一会战前后之补充计划，应由后勤部协商军令部拟定，向军政部请求拨付。以上甲、乙、丙三项，除分令外合行令，仰遵照办理为要。等因；奉此。除分令外，合行令仰遵照办理为要。此令。

〔后方勤务部档案〕

13. 军事委员会调整军法执行总监部新编制表训令

（1943年3月19日）

国民政府军事委员会训令　渝会调字第六七号

令政治部

查本会军法执行总监部及所属机关经予调整核定新编制在卷。除饬该部遵照施行外，合行抄发该部新编制分令知照。此令。

附军法执行总监部新编制全份。

委员长　蒋中正

中华民国三十二年三月十九日

军事委员会军法执行总监部编制表

职别		阶级	员名额 官佐	员名额 士兵	备考
总监		上将	一		
副监		上(中)将	二		
副官		中少上校尉	一一二		
卫士		上中下士		三三三	
公役		二四等		二二	
小计			七员	一三名	
秘书	主任秘书	同少将	一		
	秘书	同上中校	一二		
	统计员	同中(少)校	二		
	监印员	同上尉(少校)	一		
	校对员	同上尉(少校)	一		
	译电员	同少上中校尉	一一一		
	书记	同上(中)尉	四		
	卫士	下士		一	

（续表）

职别	室			高级军法官室									总				
	公役	司书	小计	主任高级军法官	高级军法官	军法官	主任书记官	书记官	司书	卫士	公役	小计	组长	副组长	副官	书记	司书
阶级	三四等	同少（准）尉		同中（少）将	同少将	同上校	同中校	同少上（中）校尉	同少（准）尉	中下士	四等		中将	少将	中校	同上中尉	同少（准）尉
员名额 官佐		八	二三员	一	六	一	一	一一	二			一三员	一	一	一	一一	二
员名额 士兵	二六		九名							一三	二	六名					
备考																	

（续表）

职别		务									组						
		第一科			第二科			第三科									
		科长	科员	司书	科长	科员	司书	科长	科员	司书	文书军士	军需军士	卫士	公役	传运	传运
阶级		同上校	同中少上(中)校尉	同少(准)尉	同上校	同中少上中校尉	同少(准)尉	同上校	同中少上(中)校尉	同少(准)尉	上士	上士	中下士	二三四(五)等	中下士	上等兵
员名额	官佐	一	一二一	三	一	一一二二	三	一	二二一	二						
	士兵										二	二	一二	一 二三七	一一	一〇
备考																

（续表）

职别				督察组											审				
								组办公室											
	伕役	伙伕	小计	组长	副组长	督察官	副官	主任组员	组员	书记	司书	卫士	公役	小计	组长	副组长	秘书	组员	书记
阶级	三等	四(五)等		中将	少(中)将	少(中)将 上校	少校	同上校	同中少校	同上(中)尉	同少(准)尉	中下士	四(五)等		同中将	同少将	同上(中)校	同中少校 上尉	同上(中)尉
员名额 官佐			三三员	一	一	八二	一	二	四四	二	三			二八员	一	二	一	一二三	二
员名额 士兵	一	九	五一员									二七	四	一三名					
备考																			

（续表）

职别	判																	
					第一科						第二科						第	
	司书	看守所长	看守长	看守员	科长	主任军法官	军法官	主任书记官	书记官	司书	科长	主任军法官	军法官	主任书记官	书记官	司书	科长	主任军法官
阶级	同少（准）尉	同中（少）校	同上（少校）尉	同中少尉	同少将（上校）	同上校	同上中少校	同少校	同上（中）尉	同少（准）尉	同少将（上校）	同上校	同上中少校	同少校	同上（中）尉	同少（准）尉	同少将（上校）	同上校
员名额 官佐	五	一	二	三三	一	二	三二二	一	七	三	一	二	三二二	一	七	三	一	二
员名额 士兵																		
备考																		

(续表)

职别	判																	
	三科				第四科						第五科					文书	庭丁	看守
	军法官	主任书记官	书记官	司书	科长	主任军法官	军法官	主任书记官	书记官	司书	科长	主任科员	科员	书记	司书			
阶级	同上中少校	同少校	同上(中)尉	同少(准)尉	同少将(上校)	同上校	同上中(少)校	同少校	同上(中)尉	同少(准)尉	同少将(上校)	同上校	同中少校	同上(中)尉	同少(准)尉	上士	中下士	上中下士
员名额 官佐	一二二	一	五	二	一	二	一二一	一	五	二	一	二	四四	三	三			
员名额 士兵																二	四四	二四一六
备考																		

（续表）

职别		组					诊疗室								合计	附员	雇员	小计	总计
		卫士	传运	公役	伙伕	小计	主任	军医	司药	看护员	司书	看士	公役	小计					
阶级		中下士	中下上士 等兵	二三四等	四(五)等		一等军医正	二三一等军医正正佐	一等司药佐	同少(准)尉	同少(准)尉	上(中)士	四等			上校	同少尉		
员名额	官佐					二六员	一	一二一	一	一	一			八	二二八员	三	四	七	二三五员
	士兵	一七	一一一〇	三三二三	一三	一〇五名						二	二	四	一九九名				一九九名
备考																			

〔国民政府军委会政治部档案〕

14. 军事委员会核准军政部军医署组织条例

（1943年7月23日）

军政部军医署组织条例　军事委员会卅二年七月二十三日渝会调字第142号指令核准施行

第一条　军医署直隶于军政部，管理全国陆军医务行政事宜。

第二条　军医署对于各军事机关、学校、部队执行本署主管事务，有指导监督之权。

第三条　军医署置左列各处、司、室，并另设会计室：

总务处。

医政司。

卫生司。

药政司。

视察室。

第四条　总务处分人事、经理、文书、管理四科，掌左列事项：

一、关于军医人员之储备、管理、动员，及普通卫生人员之征调事项。

二、关于军医人员之任免、调配、考核、奖惩事项。

三、关于军医经费之筹划、出纳、保管事项。

四、关于卫生、被服之筹划、支配，及所属仓库之调度、监督事项。

五、关于所属卫生机关军粮之支配、审核事项。

六、关于所属卫生机关营缮、购置之监验、审核事项。

七、关于典守署印、管理档案事项。

八、关于本署公文书类之收发、分配，及不属各司、室文件撰拟事项。

九、关于本署公产、公物之保管事项。

十、关于本署军纪、风纪、警卫及士兵、伕役之管训事项。

十一、关于本署典礼会议、交际、庶务及其他不属于各司、室事项。

第五条　医政司分设计、医务、伤兵处理三科，掌左列事项：

一、关于平战时卫生勤务之设施、督导事项。

二、关于军医法规编制之审拟事项。

三、关于各国军医制度之调查、研究事项。

四、关于所属卫生机关之编组、拨配、管理事项。

五、关于红十字会等恤兵团体之监督事项。

六、关于国际军医会议之参加筹备事项。

七、关于伤病官兵之待遇及应行处理事项。

八、关于伤病官兵之检伤、核恤事项。

九、关于残废官兵义肢之制配、修理事项。

第六条　卫生司分教育、技术、保健防疫三科，掌左列事项：

一、关于军医教育之规划督导事项。

二、关于医药教程图书之编审、保管、分发事项。

三、关于医疗技术之设施、督导事项。

四、关于护理工作之督导事项。

五、关于卫生诊疗有关各项图表、纪录等审核事项。

六、关于陆军体格检查之督导事项。

七、关于陆军卫生之规划、设施、督导事项。

八、关于陆军传染病、常发病之调查、研究、防止事项。

九、关于陆军防疫之督导及与地方政府之联络事项。

第七条　药政司分制备、供应、监查三科，掌左列事项：

一、关于卫生器材动员计划之拟订事项。

二、关于本署所属生产研究机关之督导及民营制药工业之奖掖、联系事项。

三、关于国内外药材产销状况之调查、登记事项。

四、关于本署购料会议决议案之整理执行，及材料经费之支配事项。

五、关于卫生材料之运输及所属运输部队之监督、指导事项。

六、关于卫生器材制式，及标准表之拟订、修正事项。

七、关于所属材料库供应社之调度、督导事项。

八、关于卫生材料之供应、稽核、汇计事项。

九、关于卫生器材军运照证之管理、核发事项。

第八条　视察室掌左列事项：

一、关于各军事机关、学校、部队之襄校陪检事项。

二、关于所属卫生机关之视察、指导事项。

三、关于红十字会等恤兵团体之视察、指导事项。

四、关于所属卫生机关被检举控告案件之调查、复查、会查事项。

五、关于所属卫生机关之监交事项。

第九条　军医署会计室掌本署及所属机关之岁计、会计、审核、监查事项，其组织另定之。

第十条　军医署因业务上之必要，得设各种委员会及军医储备团暨其他附属机关，其组织另定之。

第十一条　军医署署长综理本署事务，统辖军医行政事宜，并指挥监督所属各机关。

第十二条　军医署设副署长一人，辅助署长处理署务。

第十三条　军医署设主任秘书一人，秘书五人，办理机要文件、审核文稿及其他交办事项。

第十四条　军医署设统计主任一人，统计员六人，佐理统计员六人，办理军医统计图表之编绘、报告事项。

第十五条　军医署设技术研究员五人，分任专门技术之研究、改进事项。

第十六条　军医署设处长一人，司长三人，视察主任一人，分掌各主管事务。

第十七条　军医署各处、司、室，设副司长、专员、事务员、科长、科员、视察、绘图员、译电员，及其他军用文官、军用技术人员等，分任事务，其编制依附表所定。

第十八条　军医署因事务上之必要，得增设额外人员。

第十九条　军医署服务规则另定之。

第二十条　本条例自公布之日施行。

军政部军医署组织系统表、修正编制表〔略〕。

〔后方勤务部档案〕

15．军事委员会核准军法执行总监部各战区军法执行监部组织规程

（1943年11月11日）

军法执行总监部各战区军法执行监部组织规程

军事委员会三十二年十一月十一日
办制渝字第五八二三号令核准

第一条　本规程依据军法执行总监部组织条例第十条订定之。

第二条　各战区军法监部设执行监一人，督察官二人，主任军法官一人，军法官四人，秘书一人及书记、副官、军需、看守员（长）、司书若干人，并配属宪兵，其编制另定之。

第三条　各战区军法执行监部派驻各战区称为军事委员会军法执行总监部第某战区军法执行监部，如战区辽阔兼有特殊情形时，得设军法执行分监，其组织章则另定之。

第四条　各战区军法执行监，承军法执行总监之命，受战区司令长官之指导督察，总理部务，指挥督察官、军法官及附属之宪兵，执行本战区一切军法及整饬军风纪事宜。

第五条　各战区军法执行监，为执行职务需要兵力协助时，应

呈由本战区司令长官或当地高级司令部派遣之。

第六条　各战区军法执行监部，关于处理军法案件及整饬军风纪事宜，应随时呈报总监部查核。

第七条　凡判处五年以下有期徒刑之案件，准免送核，月终造表连判呈报备查。

第八条　各战区军法执行监部，得设置调查室，查察当地罪犯与防制战区间谍工作，其编制及服务规则另定之。

第九条　各战区军法执行监部之服务规则另定之。

第十条　本规程自呈奉军事委员会核准之日施行。

各项编制表〔略〕。

〔国民政府国防部史政局及战史会档案〕

16. 军事委员会修正军训部组织法

（1944年9月15日）

军事委员会军训部组织法　第三次修正，初稿
三十三年九月十五日

第一条　军训部直隶军事委员会，主管全国陆军教育训练之规划、督导、校阅，所属各军事学校教育之规划、督导、考核、建设、改进，国民军事教育之规划、督导、视察、校阅诸事宜。

第二条　军训部置左列各单位：

参事室。

秘书室。

总务室。

人事处。

步兵监。

骑兵监。

炮兵监。

工兵监。

辎重兵监。

通信兵监。

机械兵监。

国民军事教育处。

校阅处。

军事编译处。

军事杂志社。

统一招生委员会。

教材编审委员会。

陆军军官预备学校筹备总处。

第三条　军训部按事务之必要，得呈请增设各特种兵监或其他机关，并得设立临时委员会及各短期教育班。

第四条　军训部设部长一人，综揽部务，并督饬所属办理其职掌内诸事宜。

第五条　军训部设次长二人，辅佐部长处理部务。

第六条　军训部设部附十人，承部、次长之命，办理交办事项，并对于部务，得具申意见。

第七条　参事室设主任参事一人，参事六人，承部、次长之命，撰拟、审核本部法令章制及部、次长交办事项。

第八条　秘书室设主任秘书一人，承部、次长之命，督率所属各员办理机要事项。

第九条　总务厅设厅长一人，典守本部印信，掌管本部文书之收发、撰拟，业务之调查、统计，暨管理、庶务、警卫、消防、经理、卫生、图书之印刷，及其他不属于各单位之事项。

第十条　人事处设处长一人，掌管本部及所属各单位之人事业务。

第十一条　步兵监设兵监一人，掌管步兵部队教育训练之规划、指导、校阅、视察。步兵学校及其分校，军官学校及其分校，各军官预备学校，各干部训练团班教育之规划、考核、指导、建设、改进。本兵科留学员生之考选、派遣及人事之调查、建议。步兵编制装备之研究、改进。本兵科典范令暨参考图书之编订、修正、审查等业务。

第十二条　骑兵监设兵监一人，掌管骑兵部队教育训练之规划、指导、校阅、视察。骑兵学校、军官学校及其分校，本兵科教育之规划、考核、指导、建设、改进。本兵科留学员生之考选、派遣及人事之调查、建议。骑兵编制装备之研究改进。本兵科典范令暨参考图书之编订、修正、审查。军马繁殖、育成、调教、保育、补充之调查、研究、改进等业务。

第十三条　炮兵监设兵监一人，掌管炮兵部队（包括要塞炮兵、列车炮兵）教育训练之规划、指导、校阅、视察。炮兵学校、军官学校及其分校，特种兵联合分校，本兵科教育之规划、考核、指导、建设、改进。本兵科留学员生之考选、派遣及人事之调查、建议。炮兵编制、装备、兵器、技术之研究、改进。本兵科典范令暨参考图书之编订、修正、审查等业务。

第十四条　工兵监设兵监一人，掌管工兵部队（包括铁道队）教育训练之规划、指导、校阅、视察。工兵学校，军官学校及其分校，特种兵联合分校，本兵科教育之规划、考核、指导、建设、改进。本兵科留学员生之考选、派遣及人事之调查、建议。工兵编制、装备、器材、技术之研究、改造。本兵科典范令暨参考图书之编订、修正、审查等业务。

第十五条　辎重兵监设兵监一人，掌管辎重兵部队（包括铁道船舶输送队）教育训练之规划、指导、校阅、视察。辎重兵学校，军官学校及其分校，特种兵联合分校，本兵科教育之规划、考核、指导、建设、改进。本兵科留学员生之考选、派遣及人事之调查、建议，辎重兵编制、装备、技术、运输工具、兵站业务之研究、改进。本兵科典范令暨参考图书之编订、修正、审查等业务。

第十六条　通信兵监设兵监一人，掌管通信兵部队教育训练之规划、指导、校阅、视察。通信兵学校，军官学校及其分校，特种兵联合分校，本兵科教育之规划、考核、指导、建设、改进。本兵科留学员生之考选、派遣及人事之调查、建议。通信兵编制、装备、器材、技术之研究、改进。本兵科典范令暨参考图书之编订、修正、审查等业务。

第十七条　机械兵监设兵监一人，掌管机械化部队教育训练之规划、指导、校阅、视察。机械化学校教育之规划、考核、指导、建设、改进。本兵科留学员生之考选、派遣及人事之调查、建议。机械化部队编制、装备、兵器、器材、技术之研究、改进。本兵科典范令及参考图书之编订、修正、审查等业务。

第十八条　国民军事教育处设处长一人，掌管国民兵教育及预备干部教育暨民众组训，有关军事教育之规划、指导、校阅、视察、统计，与国民兵教材之编订、修正、审查等业务。

第十九条　校阅处设处长一人，掌管全国陆军部队、学校、国民兵及预备干部等总校【有】关事务之规划。校阅人员之调派、编组，校阅成绩之审核，呈转等业务。

第二十条　军学编译处设处长一人，掌管军事参考图书之翻译，各兵科以外参考图书之编辑、审查及军事图书之搜集、保管等业务。

第二十一条　军事杂志社设总干事一人，掌管军事杂志材料之征集、编辑、出版、发行等业务。

第二十二条　统一招生委员会设主任委员一人，掌管本部所属各军事学校、班新生招考，拨交之规划及各省分会人员之调派、招拨人数暨经费之分配，招拨成绩之审核等业务。

第二十三条　教材编审委员会设主任委员一人，掌管编审本部所属各军事学校团班现时用作教材或参考之书籍、图表、模型等业务。

第二十四条　陆军军官预备学校筹备总处设主任委员一人，掌管关于各预校筹设之计划及其编制，经费预算之编定，教材之选择、编纂与各预校一切应需设备之标准等业务。

第二十五条　总务厅设副厅长一人，步兵监设副兵监二人，其余各兵监各设副兵监一人。人事处、国民军事教育处、校阅处、军学编译处，各设副处长一人。统一招生委员会、教材编审委员会，各设副主任委员二人。陆军军官预备学校筹备总处设副主任二人。各辅佐其主官，处理该管事务。

第二十六条　军训部之组织系统及编制如附表〔略〕。

第二十七条　军训部服务规程，以部令定之。

第二十八条　本组织法，自公布日施行。

(附注)

中华民国二十七年　月　日军事委员会颁布。

中华民国二十八年五月修正，呈奉军事委员会同年六月十三日办制渝字第五四五号指令核准。

中华民国二十九年四月重新修正，同年月二十九日奉军事委员会办制渝字第一三五六号指令核准。

中华民国三十三年九月第三次修正。

1. 本法原共二十四条，此次修正虽非二十四条条文概行修改，但修改之条文，为数亦颇不少，即条文虽未修改，而条数多已变更，故应作为整个修改。

2. 查本法自成立施行至今，迄未经过立法院通过，国民政府公布手续，此次修正，应遵《现行法规整理原则八点》第一条，送请立法院通过、国民政府公布，以完成立法程序。

附表二　军事委员会军训部编制表〔略〕。

〔国民政府军委会档案〕

17．军事委员会核准外事局组织条例

（1944年11月16日）

军事委员会外事局组织条例　三十三年十一月十六日　军委会办制渝字第七三六四号指令核准。

第一条　军事委员会为求对国外军事联系及办理外籍军事人员之延聘、招待事宜，特设外事局（以下简称本局）。

第二条　本局直隶于军事委员会，设局长、副局长各一人，及秘书室第一、二处，会计室，人事科，办理本局一切事宜。

第三条　局长兼承委员长、参谋总长之命，综理局务，副局长襄助局长处理局务。

第四条　秘书室设主任、副主任各一人，下设二科，办理有关文书、编译等事宜。

第五条　第一处设处长、副处长各一人，下设三科，办理有关外籍军事人员之联络接洽，及译员之征选、调遣事宜。

第六条　第二处设处长、副处长各一人，下设三科，办理关于经理、庶务、及外籍军事人员之交际、招待事宜。

第七条　会计室之编制，应依照军政部会计处之规定，办理本局一切会计事宜。

第八条　人事科设科长一人，办理本局一切人事事宜。

第九条　本局为推进业务，得在适当地点组织办事处，或指派少数人员常年驻在办公。

第十条　本局之编制如附表。

第十一条　本局服务规程另定之。

第十二条　本条例自奉准之日施行。

军事委员会外事局编制表〔略〕。

〔国民政府军委会档案〕

18. 军事委员会颁布政治部组织条例

（1944年12月6日）

军事委员会政治部组织条例　三十三年十二月十六日军委会办制渝字第7510号颁布。

第一条　本条例依据国民政府军事委员会组织大纲第十七条之规定订定之。

第二条　政治部(以下简称本部)直属于国民政府军事委员会，掌理左列事宜：

（一）陆海空军部队、学校、机关之政治工作。

（二）军中文化工作及宣传业务。

（三）民众组织训练之指导协助。

第三条　本部对于地方党政机关执行本部主管事务，有指导监督之权。

第四条　本部设部长一人，承国民政府军事委员会之命，综理部务，监督所属职员及机关。

第五条　本部设副部长二人，辅助部长处理部务。

第六条　本部设左列各处、厅、室：

（一）秘书处。

（二）总务处。

（三）人事处。

（四）第一厅。

（五）第二厅。

（六）第三厅。

（七）设计室。

（八）编审室。

第七条　秘书处掌理机要文书、统计，及不属于其他各厅、处、室事宜。

军事委员会政治部组织系统表

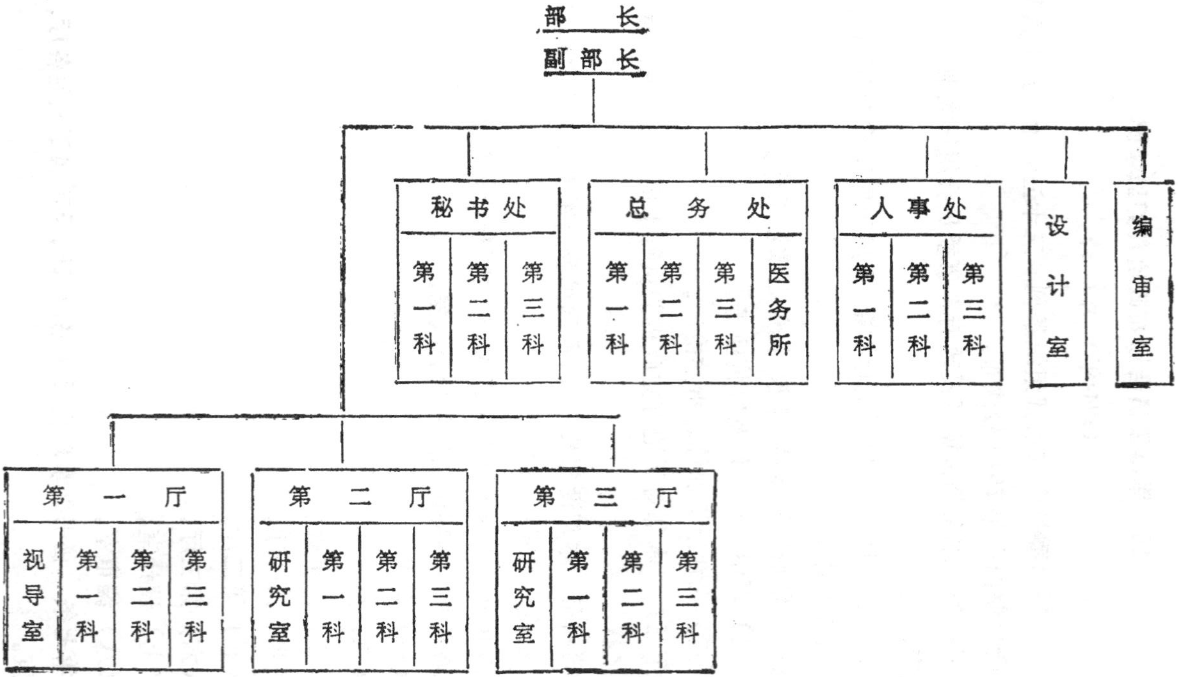

国民政府军事委员会政治部编制

部本部

职别	阶级	员额	备考
部长	上将	一	
副部长	中将	二	
主任参事	中将	一	
参事	少(中)将	六	
部附	上校(少将)	二六	
秘书	军简三(一)阶	五	随从部长二、副部长各一、参事室一。
副官	中校	一	随从部长。
	少校(上尉)	三	随从部长一、副部长各一。
书记	军委一阶	二	参事室各一员
司书	军委三(四)阶	一	参事室用
合计		四八	

第八条　总务处掌理部内事务经理及卫生事宜。

第九条　人事处掌理全部人事行政事宜。

第十条　第一厅掌理部队、军事学校、航空部队、军医院及保安团队政治工作、民众组训事宜。

第十一条　第二厅掌理情报、通讯、党团活动，及对敌伪工作事宜。

第十二条　第三厅掌理军中文化工作，及宣传事宜。

第十三条　设计室掌理各项业务设计事宜。

第十四条　编审室掌理教材、丛书及刊物编审事宜。

第十五条　本部各厅、处设厅长、副厅长、处长、副处长各一人。设计室设主任一人，编审室各设主任、副主任各一人，承部长、副部长之命，办理各该管事宜。

第十六条　本部设参事七人，承部长、副部长之命，办理法案、命令之撰拟，审核事宜，部附二十六人，承部长、副部长之命，办理指派事宜。

第十七条　本部应业务需要，得呈准设置各种委员会。

第十八条　本部编制及服务规程，暨所属机关组织规程及编制另定之。

第十九条　本条例呈奉国民政府军事委员会核准施行，并呈报国民政府备案。

〔国民政府军委会档案〕

19．军令部抄发军事委员会调整军政部后方勤务部机构训令

（1945年1月24日）

国民政府军事委员会军令部训令　渝三功书字 第0261号　中华民国三十四年元月卅日

令战史编纂委员会

案奉本会三十四年一月二十日军委会办制渝字第七七零七号训令内开：查本会后方勤务部已饬改组为后方勤务总司令部，直隶于军政部。除后方勤务总司令部组织条例、编制表另令颁行外，关于各该部因划分权责而应行调整之机构规定如次：(一)原由军政部拨隶后方勤务部之军医署，着按现行组织归还军政部建制，所有后方勤务总司令部卫生处主管之业务，着暂由军医署兼办。(二)原由军政部军需署拨隶后方勤务部之粮秣司，着按现行组织归还军政部军需署建制。原属后方勤务部之经理处、会计处，将原有任务及其人员编并于军需署，所有后方勤务总司令部经理处主管之业务，着暂由军需署兼办。(三)原由军政部拨隶后方勤务部之交通司，着分别编并于军政部军务署之交辎兵司、机械化司、通信兵司，编并完毕后，交通司名义应即撤销，但原属后方勤务部交通处、铁道运输处、军邮督察处主管之业务，着在后方勤务总司令部内设置通讯运输处负责办理。(四)原属后方勤务部之军械处，应将原有任务及其人员编并于兵工署军械司，所有后方勤务总司令部军械处主管之业务，着暂由军械司兼办。以上四项，限于一月卅一日以前办理完毕。除分令外，仰即知照。等因，奉此。除分令外，合行令仰知照。此令。

部长　徐永昌

〔国民政府国防部史政局及战史会档案〕

20．军事委员会核准后方勤务总司令部组织条例

（1945年4月3日）

后方勤务总司令部组织条例　奉军委会(卅四)四月三日办制渝字第八一一四号指令核准。

第一条　国民政府军事委员会，为策进作战军后方勤务起见，设置后方勤务总司令部(以下简称本部)直隶军政部，综理作战军

后方勤务事宜。

第二条　本部设左列各处及高参室：

参谋处。

副官处。

秘书处。

人事处。

物资处。

运输处。

经理处。

军械处。

卫生处。

第三条　参谋处之职掌如次：

一、关于兵站设施计划及命令、通报、报告之撰拟，情报之搜集、整理暨警护部队之配置事项。

二、关于兵站章制之审拟及后方勤务人员教育之计划考核事项。

三、关于兵站史料之搜集、整理、编撰、典藏及后方勤务教令之撰拟事项。

第四条　副官处之职掌如次：

一、关于本部及附属机关部队金钱物品经理事项。

二、关于本部庶务、给养及部内军风纪、警卫事项。

三、关于本部典礼、会议、交际、联络事项。

四、关于不属其他各处事项。

第五条　秘书处之职掌如次：

一、关于本部文电之收发、保管、缮校事项。

二、关于机要文电之撰拟、译发、保管及典守、印信事项。

三、关于统计及通译事项。

第六条　人事处之职掌如次：

一、关于后方勤务人员之任免、服役及人事法规之审拟事项。

二、关于后方勤务人员考绩、奖惩、抚恤之审拟、综核事项。

第七条　物资处之职掌如次：

一、关于作战物资之调查、统计、供应与分配等之设计事项。

二、关于作战物资之购办事项。

三、关于作战物资之验收、保管及盟方输入作战物资之接收、保管事项。

第八条　运输处之职掌如次：

一、关于兵站管区内水陆空运输之计划、调度事项。

二、关于有关交通运输之调查、统计及督察事项。

三、关于汽车部队之指挥、考核及交通器材、油料之补给保管事项。

四、关于兵站人兽力【运】输队之编成、训练、管理、运用事项。

五、关于兵站通信事项。

六、关于军邮之计划、设置、监督事项。

第九条　经理处之职掌如次：

一、关于经费综计及预计算事项。

二、关于粮秣之筹划、补给、仓储事项。

三、关于被服之补给、仓储事项。

四、关于营缮事项。

第十条　军械处之职掌如次：

一、关于兵器、器材、弹药之补给、调配事项。

二、关于兵器、器材、弹药、仓库及工厂、修械所之设置、监督事项。

第十一条　卫生处之职掌如次：

一、关于作战军人马卫生之计划、实施事项。

二、关于卫生机关之设置、调配事项。

三、关于医药器材之补给、保管事项。

第十二条　高参室掌理关于后方勤务之联络、督导及审议事项。

第十三条　本部设总司令一员，承军政部部长之命，综理作战军后方勤务攸关一切事宜。

第十四条　本部设副总司令四员，辅助总司令处理部务。

第十五条　本部设参谋长一员，承总司令、副总司令之命，筹划处理后方勤务攸关一切事宜。

第十六条　本部设副参谋长二员，协助参谋长筹划处理后方勤务攸关一切事宜。

第十七条　本部各处设处长一员，副处长一员至二员，高参室设高级参谋五员，承总司令、副总司令之命，参谋长、副参谋长之指导，分掌主管事务。

第十八条　本部各处设科长各若干员，承上官之命，分掌主管事务。

第十九条　本部设部附、参谋、秘书、专员、视察、编辑、科员、通译员、副官、技正、技士、译电员、书记、司书各若干员，分配于各处承上官之命办理主管事务。

第二十条　本部得延用熟悉军事、经济或地方情形之人员为参议，承总司令、副总司令之命，办理指定事务。

第二十一条　本部及各级兵站，得设预备员、押运员，其员额视补给部队之多寡、兵站线之长短、各种业务之繁简，按实际需要由总司令随时以命令定之。

第二十二条　本部得设研究、设计、技术各种委员会，各设主任委员、副主任委员各一员，委员若干员，担任后方勤务之研究、设计、技术事宜，其编制另定之。

第二十三条　本部为分区补给起见，于重要地区分别设置补给区司令部，并于各战区分别设置兵站总监部、兵站分监部、兵站支部及站所库队，其编制另定之。

第二十四条　本部之编制如附表。

第二十五条　本部服务规程另定之。

第二十六条　本条例自公布之日起施行。

编制表、系统表〔略〕。

〔军委会兵役部档案〕

21. 兵役部奉发本部组织法训令

(1945年4月26日)

兵役部训令　(卅四)总一字第189号

令督察室

案奉军事委员会三十四年四月十七日办制渝字第八一九九号训令开：查该部此次裁员后，新编制经予核定在卷。除分令外，合行核发该部组织法及修正编制一份，令仰知照。等因。附发组织编制一份。奉此。除分行外，合行抄发原件，令仰遵照。此令。

附本部组织法及编制表一份。

部长　鹿钟麟

中华民国三十四年四月念六日

兵役部组织法　中华民国三十三年十月二十五日国民政府公布

第一条　兵役部直属于行政院，兼受军事委员会之指挥监督，掌理全国兵役行政事宜。

第二条　兵役部对于各地方最高级行政长官执行本部主管事务，有指导监督之责。

第三条　兵役部就主管事务，对于各地方最高级行政长官之命令或处分，认为有违背法令或逾越权限者，得提经行政院会议议决后停止或撤销之。

第四条　兵役部设置左列各司、处：役政司、征补司、国民兵司、总务处、人事处、经理处、军医处、督察处。

第五条　役政司掌左列事项：(一)关于兵役管区之规划设置事项。(二)关于兵役法规之审订解释事项。(三)关于兵役行政之考核事项。(四)关于兵役干部之训练事项。(五)关于兵役宣传事项。(六)关于出征军人家属优待事项。其他有关兵役行政事项。

第六条　征补司掌左列事项：(一)关于现役及龄壮丁之调查、检查、抽签、征集事项。(二)关于募兵之时准及募兵区域之核定事项。(三)关于兵员补充之规划调拨事项。(四)关于补充部队之编练点验事项。(五)关于现役士兵之退伍归休事项。(六)关于现役士兵兵籍之调制事项。(七)其他有关兵员征补事项。

第七条　国民兵司掌左列事项：(一)关于国民兵之调查、登记、组织管理及召集服役事项。(二)关于预备军官佐、预备军士之调查、登记、管理及召集服役事项。(三)关于在乡军人之调查、登记、管理及召集服役事项。(四)关于国民兵校阅事项。(五)其他有关国民兵事项。

第八条　总务处掌左列事项：(一)关于公文书类之收发、分配、保管事项。(二)关于印信典守事项。(三)关于本部组织编制事项。(四)关于兵役行政统计及报告事项。(五)关于本部经费之出纳造报事项。(六)关于本部公产公物之保管事项。(七)关于庶务及其他不属于各司处事项。

第九条　人事处掌左列事项：(一)关于本部及所属机关部队军官佐属之任免、考绩、奖惩事项。(二)关于本部及所属机关部队军官佐属之任官、服役、抚恤事项。(三)关于曾受训练之兵役干部分发事项。(四)关于人事之调查统计事项。(五)其他有关人事事项。

第十条　经理处掌左列事项：(一)关于兵役经费之出纳综核

及编制表报事项。(二)关于新兵之粮秣经理、检验、调查事项。(三)关于新兵之被服装具、阵营具及一切军需物品之经理、检验、调查事项。(四)关于新兵营舍之规划、建筑、管理事项。(五)关于军械之领发保管事项。(六)关于补充兵员行军途中之宿食供应事项。(七)其他有关兵役经理事项。

第十一条　军医处掌左列事项：(一)关于新兵之卫生、医疗、防疫、救护事项。(二)关于兵役管区卫生机关之筹划、设置及考核事项。(三)关于补充部队军医之派遣及考核事项。(四)关于新兵之体格检查事项。(五)关于新兵死亡、抚恤证明事项。(六)关于新兵疾病、死亡之调查统计事项。(七)其他有关兵役机关部队之医务事项。

第十二条　督察处掌左列事项：(一)关于兵役业务之视察、督导事项。(二)关于各地方推行兵役法令利弊得失之检讨建议事项。(三)关于兵役弊端及违法案件之纠查检举事项。(四)其他有关兵役调查督察事项。

第十三条　兵役部设部长一人，特任。综理部务，指挥监督所属职员及机关部队。

第十四条　兵役部设政务次长、常务次长各一人，辅助部长处理部务。

第十五条　兵役部设参事三人至五人，选拟审核本部法案命令。

第十六条　兵役部设秘书四人至七人，办理机要文件及长官交办事项。

第十七条　兵役部设司长三人、处长五人，分掌各主管事务。各司处之编制另定之。

第十八条　兵役部设会计处，置会计长一人，统计主任一人，依国民政府主计处设置各机关岁计、会计、统计人员条例之规定，分掌本部岁计、会计与统计事务，受兵役部部长之指挥，并依国民政府主计处组织法之规定，直接对主计处负责。

会计处统计室之编制另定之。（本条三十四年一月十六日修正）

第十九条　兵役部于必要时，得呈准设置各种委员会。

第二十条　兵役部次长以下、上校以上军官佐属各级职员，简任。中少校军官佐属各级职员，荐任。上中少尉军官佐属、各级职员，委任。

第二十一条　兵役部处务规程以部令定之。

第二十二条　本法自公布日施行。

兵役部编制表

区分	职别	阶级	员额	士兵			备考
				役别	阶级	名额	
部	部长	上将	一	文书	上士	四	
	政务次长	中将	一	传达	中士	一	
	常务次长	中将	一		上等兵	一	
	主任参事	中（少）将 军简一(二)阶	一	卫士	上士	一	
	参事	少（中）将 军简二(一)阶	二～四		中士	一三	
	主任秘书	军简二(一)阶	一		下士	五	
	秘书	军简二 三阶	二 三	公役	二等	一	
		军荐一阶	二		三等	一	
	部员	中将 军简一阶	二～四		四等	四	

（续表）

区分	职别	阶级	员额	士兵			备考
				役别	阶级	名额	
本部		少将(上校) 军简二(三)阶	一五～二〇		五等	八	
	专员	少将 军简二阶	四～六				
		上校 军简三阶	四～八				
		中校 军荐一阶	一～二				
	副官	中校	一				
		少校(上尉)	三				
	编译官	军简三 荐一阶	二～四				
	翻译官	军简三阶	二				
	译电员	军荐一 二阶	一 二				
		军委一 二阶	四 四				
	书记	军委一(二)阶	二				
	司书	军委三(四)阶	六				
	附员		六〇				附员六〇员分派本部各单位服务

(续表)

区分	职别	阶级	员额	士兵			备考
				役别	阶级	名额	
	合计		一三六～一四四			三九	
附记	本表卫士设置如左：部长设上士卫士一名、中士卫士三名。政务次长、常务次长、主任参事、主任秘书各设中士卫士二名。中将部附一员，设中士卫士二名。其余中将部附三员，各设下士卫士一名(少将部附不设)。军简二阶秘书，设下士卫士一名。少将专员，设下士卫士一名(其余少将专员不设)。合计：上士一名，中士一三名，下士五名。						

兵役部组织系统表

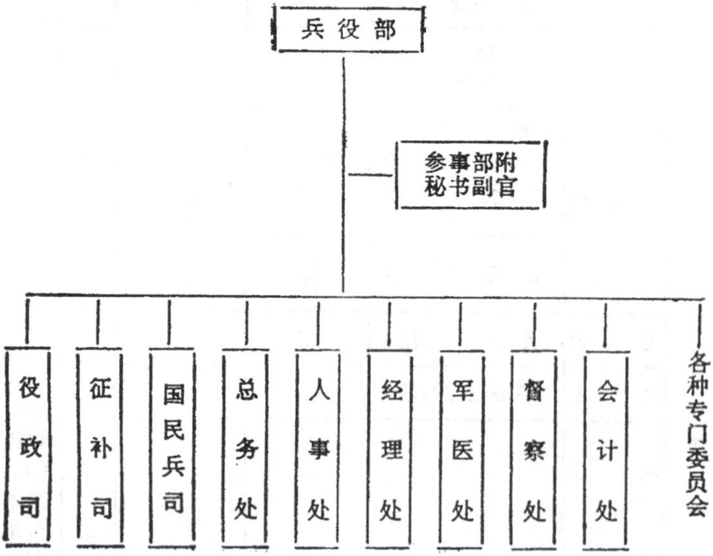

〔军委会兵役部档案〕

(4) 各院会组织系统

1. 军事委员会公布抚恤委员会组织条例训令

（1938年6月30日）

国民政府军事委员会训令　办规字第二四七号

令政治部

查自抗战军事发动以来，全国将士上下一心，喋血浴战，所有伤亡亟应从事抚恤，用慰忠魂。除令饬限期成立抚恤委员会切实办理，并转报国府及分令外，兹制定该会组织条例随令公布，仰即转饬所属一体知照。此令。

附：军事委员会抚恤委员会组织条例一份。

委员长　蒋中正

中华民国二十七年六月三十日

国民政府军事委员会抚恤委员会组织条例

第一条　国民政府军事委员会为优恤伤亡官兵并救济其遗族起见，特设抚恤委员会（以下简称为本会）。

第二条　本会直隶于国民政府军事委员会。

第三条　本会设主任委员一人、副主任委员二人、委员十三——十九人、秘书、副官、及雇员若干组织之，除铨叙厅长、军医署长、军需署长为当然委员外，余额由委员长选派。

第四条　主任委员统辖本会一切事宜，副主任委员辅助主任委员处理一切事宜，委员参加会议审议本会一切重要案件。

第五条　本会设置办公室及第一、二、三处，每处各设若干科分掌业务。

第六条　办公室掌管左列业务：

一、关于本会之文书收发、管理、印信、会计、庶务及其他事项。

二、关于抚恤事务之改进设计事项。

第七条　第一处掌管左列业务：

一、关于陆海空军死亡官兵抚恤、褒扬、特恤、国葬、公葬、子女入学、公祭、建立纪念碑等事项。

二、关于陆海空军负伤官兵抚恤、转院、纠纷处理等事项。

三、关于陆海空军伤亡官兵抚恤、登记、统计及档案保管等事项。

四、关于现行法规之解释及修改事项。

五、关于各国抚恤章制之调查研究等事项。

第八条　第二处掌管左列业务：

一、关于决定及审核伤等事项。

二、关于复验伤残事项。

第九条　第三处掌管左列业务：

一、关于恤金领发事项。

二、关于帐籍及报销事项。

第十条　办公室设秘书一人，副官及雇员各若干人，承各长官之命，掌理办公室一切事宜。

第十一条　各处设处长一人，科长、科员及雇员各若干人。

第十二条　处长承主任委员及副主任委员之命，掌理处内一切事宜。

第十三条　科长承处长之命，办理科内一切事宜。

第十四条　科员、书记、司书，各承长官之命，办理一切事务。

第十五条　本会系统及编制，如附表〔表略〕。

第十六条　本会办事细则另定之。

第十七条　本条例如有未尽事宜，得呈请修正之。

第十八条　本条例自军事委员会公布之日施行。

〔军委会政治部档案〕

2. 军事委员会颁发战地党政委员会及分会组织纲要训令

(1939年1月18日)

国民政府军事委员会训令　渝办四字第八二二号

令政治部

案奉国民政府二十八年一月十一日渝密字第四号训令内开：案准国防最高会议二十八年一月六日庆字第八八二号密函开：准军事委员会提议称：查我国此次抗战，在军事上可为一时战略之退却，在政治上断须保持与建立强力之政权。现战区扩及十余省，人民约二万万，而过去如冀、察、绥、鲁诸省党政机构，或随军事之转变而趋于涣散，或则步骤凌乱，力量抵消，伪组织因而产生，民心无由维系，敌人得以军事为手段，达成其政治目的；以政治为手段，达成其经济掠夺之目的。中央党务工作无法推动，中央权力深感鞭长莫及，此盖由于游击区党政工作，非军事无法发挥其力量，故此后对游击区，必须以军事为中心，设置统一管理与指挥之机构，以谋力量之整理与集中，特拟于军事委员会设立战地党政委员会，于指定之各地区设立分会，期以军事掩护政略之进攻，以政治助成军事之胜利。战地党政委员会及分会在组织之性质上，皆暂属幕僚机关，但任用上务在发生实际权力，故横的方面，与中央党政机关应紧密联系以免法令之分歧；纵的方面，应将战地各级党政机关彻底予以调整，俾指挥系统，趋于明确，行动克臻划一，谨拟具战地党政委员会暨分会组织纲要，提请核定施行。等由。经本会议常务委员第一百十三次会议决议修正通过。除函军事委员会查照办理并函中央执行委员会外，相应录案并抄同组织纲要函达，即希分别饬知。等由，准此。自应照办。除函复并分令外，合行抄发原附组织纲要，令仰知照，并转饬所属一体知照。此令。等因；奉此。合行抄发原附组织纲要令仰知照并转饬所属一体知照。此令。

计抄发军事委员会战地党政委员会组织纲要一份，军事委员会战地党政委员会分会组织纲要一份。

委员长　蒋中正

中华民国二十八年一月十八日

军事委员会战地(即游击区)党政委员会组织纲要

一、军事委员会为统筹战地党政军之设施起见，特设立战地党政委员会，负战地党政工作之设计、指导、监督及考核之责。

二、战地党政委员会于军事委员会指定之地区设置分会，直隶于各该地区最高军事长官。

三、战地(即游击区)之范围由军事委员会依军事之情况划定之，其标准如左：

甲、全部已沦为游击区之省份。

乙、省之一部分已沦为游击区者，如该部分事实上该省省政府不易管理时，则将该部分划归邻近之战地省政府、或该地区最高军事长官暂管，前项暂管之各县，应归并邻近之行政督察区，或另行划定行政督察区。

四、战地各省之行政督察区，得因山川形势及作战之便利，重新划定并扩充其范围与充实行政督察专员公署之组织。

五、中央党政机关对于战地特颁之法令，悉由军事委员会转行。

六、战地党政委员会对于现行法令认为在战地有暂行停止实施之必要时，得呈请军事委员会委员长核定之。

七、战地各级党政机关仍保持原有之组织及系统，如事实上有调整之必要时，得呈经军事委员会商由中央各主管机关办理之。

八、战地党政委员会及其分会，应于适当地点酌调战地现行党政工作干部人员，加以训练，并得训练新干部人员以补充之。

九、战地党政委员会设主任委员、副主任委员各一人，委员十一人至十五人，秘书长一人，设计委员、指导员各若干人，但均由各军政机关及中央党部调用，不得兼薪。并设下列五组，其各组组织及职掌如左：

机要组——设组长一人，副组长二人，秘书、干事、书记若干人，掌理文书之收发分配、印信掌管、会议记录、调查统计及长官交办事项。

总务组——设组长、副组长各一人，干事、书记若干人，掌理人事、庶务、会议事项。

党务组——设组长、副组长各一人，干事、书记若干人，掌理战地之宣传、民运及关于其他党务事项。

政务组——设组长一人、副组长二人，干事、书记若干人，掌理战地行政事项。

军务组——设组长、副组长各一人、参谋、干事、书记若干人，掌理战地游击部队之活动及人民抗敌部队之整编诸事项。

各组得分科办事。

十、战地党政委员会应于每两星期举行会议一次，讨论工作之设施方针，秘书长、设计委员、组长均得列席，必要时得由主任委员召集临时会议。

十一、战地党政委员会各级职员，以就党政军各机关现职员遴调为原则。

军事委员会战地党政委员会分会组织纲要

一、战地党政委员会分会(以下简称分会)，依据战地党政委员会组织纲要第二条之规定设置之。

二、分会负责指导及监督该战地党政事宜。

三、分会认为该战地有制订单行规则之必要时，应呈经战地党政委员会转呈军事委员会核准行之。

四、分会有考核该战地各级党政军机关工作人员之权。

五、分会对外行文悉以该战地最高军事长官名义行之。

六、分会设主任委员、副主任委员各一人，委员七至九人，秘书主任一人，专员若干人，主任委员由该战地最高军事长官兼任。

七、分会于秘书主任下设机要、总务、党务、政务、军务五科。

八、分会委员以下各级职员，皆应就地方党政军机关调用。

〔军委会政治部档案〕

3. 军令部批准战史编纂委员会组织大纲备案指令

（1939年3月16日）

国民政府军事委员会军令部指令　渝总言(三)字第948号

令战史编纂委员会主任委员周亚卫

二十八年三月八日渝字第四十号呈一件，为拟订本会服务规程是否可行，呈请鉴核令遵由，呈件均悉。除第五条应改为“编纂组掌管北伐战史、中日战史之编纂整理事项”外，其余尚妥。除转呈军事委员会备案外，准予备案。此令。

部长　徐永昌

中华民国二十八年三月十六日

军令部战史编纂委员会组织大纲

（一）为指导编纂战史并战略战术之研究与改良，特别设置本委员会，直隶军令部。

（二）本会设主任委员一员，副主任委员一员，专任委员三员至五员，兼任委员若干员。

（三）本会下设编纂、编译二组，各组执掌如左：

编纂组—任中日战史之编纂。

编译组—任日俄战史及世界大战史之编纂。

（四）本会每月开例会一次，必要时得由主任委员随时召集开会。

（五）本会编制及服务规程另定之。

（六）本纲领由军令部颁发施行。

军令部战史编纂委员会服务规程

第一条　主任委员综理本会一切事务，并监督其实施。

第二条　副主任委员辅佐主任委员处理会务，主任委员因事离会时，由副主任委员代行职权。

第三条　委员承主任委员及副主任委员之命，计划全般战史之编纂、编译、审核、整理，并讨论有关胜败之教训为正确判断，俾作改良战略战术之基础。

第四条　兼任委员由本会呈请委派各机关部队对于中外战史素有研究及参与作战经验丰富之人员，以资襄助。

第五条　编纂组掌管北伐战史、中日战史之编纂、整理事项。

第六条　编译组掌管日俄战史及世界大战史之编译、整理事项。

第七条　各组长承主任委员及副主任委员之命，督率所属综理本组一切事务，各副组长辅助组长督率所属办理本组一切事务。

第八条　编纂员及编译官各承其组长及副组长之命，办理编纂及编译事项。

第九条　秘书、书记承主任及副主任委员之命，掌理会议事务、法令、人事、统计、一般文书，并典守印信事项。

第十条　副官承主任及副主任委员之命，办理会计、庶务及一切差遣事项。

第十一条　助理员辅助长官办理一切事务。

第十二条　绘图员承长官之命，办理绘制及审核战史一切附图事项。

第十三条　司书办理收发、缮写、油印等事项。

第十四条　本规程经呈军令部核准备案后施行。

〔国民政府国防部史政局及战史会档案〕

4. 军事委员会颁布考核委员会组织规程密令

（1939年12月6日）

国民政府军事委员会密令　渝办一参字第八一〇九号

令政治部

查本会考核委员会组织规程业由本会办一参字第六〇三九号密令颁布在案，兹重新修正。凡以前由本会颁发之组织规程，着一律废止。除分令外，合行检同考核委员会组织规程一份，仰遵照为要。此令。

附注：抄发本会考核委员会组织规程一份。

委员长　蒋中正

中华民国二十八年十二月六日

军事委员会考核委员会组织规程

第一条　为考核本会所属各部、院、会、厅关于第二期战时军事行政计划及五中全会议决军事各案之实施进度及成绩，特于本会内设置考核委员会。

第二条　本会组织如左：

主任委员一，参谋总长兼任。

副主任委员一，办公厅主任兼任。

委员，以左列各员兼任：

军事委员会办公厅主任。

军政部部长。

军令部部长。

军训部部长。

政治部部长。

铨叙厅厅长。

军法执行总监部总监。

军事运输总监部总监。

航空委员会主任。

后方勤务部部长。

军事参议院院长。

抚恤委员会主任委员。

战地党政委员会副主任委员。

委员因事不克出席时，得由次官代行出席。

第三条　本会每三个月月终，由主任委员召集各委员开会总考核一次。

第四条　各部、院、会、厅应将主管重要业务之预定计划实施进度及完成限期等，于开会前三星期报送考核委员会汇集整理，于开会时提出报告，以备考核。

第五条　各部、院、会、厅所报考核案件，如有必要，得令主管官列席报告或备咨询。

第六条　本会考核各案，如有必要，得派员实地考查。

第七条　本会考核各案之评判指示及应行奖惩事项，由主任委员拟定后报告委员长核定施行。

第八条　本规程自奉核定后施行。

〔国民政府军委会档案〕

5．军事委员会颁发校阅委员会组织大纲训令

（1940年2月2日）

国民政府军事委员会训令　办制渝字第1129号

令军令部

本会为办理全国部队校阅事宜，特设置校阅委员会，以前承办校阅之机构，已令其归并改组。除分行外，合行检同该会组织大纲暨编制表，令仰知照，并饬所属知照。此令。

计发校阅委员会组织大纲暨编制表各一份。

委员长　蒋中正

中华民国二十九年二月二日发

军事委员会校阅委员会组织大纲

第一条　本委员会设立之目的在计划及实施校阅，并任校阅报告之整理及审核，以考察部队之成绩，而促进其改良与进步。

第二条　本委员会直隶军事委员会。

第三条　本委员会设主任委员一人，委员若干人，并设左列各室、组、科：

1．主任委员办公室。

2．各校阅组。

3．第一、二、三科。

右列组织人员，由军事委员会所属之各部、会、院、厅派充之，其编制系统如附表。

第四条　本委员会主办事项如左：

1．校阅计划及实施。

2．校阅报告整理与审核。

3．校阅经费之预算与支付。

第五条　主任委员由军训部部长兼任，承军事委员会委员长之命，办理全国部队校阅事宜。

委员襄助主任委员，办理各种校阅攸关事务。

第六条　主任委员办公室主任，承主任委员之命，处理本会一切事务。

副主任辅助主任处理一切事务。

各校阅组分任校阅实施事项。

各科职掌如左：

第一科　设计指导。

第二科　审核整理。

第三科　人事、经理、庶务。

第七条　本委员会服务规程另订之。

第八条　本大纲自核准之日施行。

军事委员会校阅委员会编制表〔略〕。

〔国民政府国防部史政局及战史会档案〕

6. 军事委员会考核委员会修正总考核规则公函

（1940年4月23日）

军事委员会考核委员会公函　考一(渝)字第0128号
中华民国廿九年四月廿三日

案查本月九日本会总考核之会议纪录，经于十一日分送查照存卷，所有修正之总考核规则亦已续印蒇事。除分别呈送并分函外，相应检送修正总考核规则一份，函请查照为荷。此致
军令部

附送修正总考核规则一份。

军事委员会考核委员会总考核规则

廿九年四月二十三日考一渝字第一二三号

第一条　本规则根据本会组织规程第三条订定之。

第二条　本会每年总考核四次，订于一月、四月、七月、十月举行，由主任委员主席，必要时得临时召集或变更会期。

第三条　本会总考核由办公室主任、高级参谋及主管人员担任纪录事宜。

第四条　本会总考核之主要事项如左：

一、关于各部、院、会、厅等主管业务之计划与实施及其成绩，

二、关于各部、院、会、厅各种法令法规推行之改进。

三、关于各部、院、会、厅附属机关设施之成绩。

四、其他交办事项。

第五条　每期施行总考核时，由本会办公室预将所整理之书表及编定之议事日程于开会一星期前送呈各委员。

第六条　为便利实施总考核计，本会办公室主任、高级参谋应秉承主任委员随时指示各级职员审查各部、院、会、厅之报告，其审查规则另定之。

第七条　本规则如有未尽事宜，得随时呈请修改之。

第八条　本规则自颁布之日施行。

〔国民政府军委会档案〕

7. 军事委员会制定特种研究会实施办法训令

（1940年6月20日）

军事委员会训令　渝办一参字第10082号

令政治部

兹根据本会二十八年七月二十八日办一参字第六三四二号训令第二项之规定，特制定本会特种研究会实施办法。除分令外，合行抄发该项办法令仰遵照。此令。

附发特种研究会实施办法一份。

委员长　蒋中正

中华民国二十九年六月二十日

军事委员会特种研究会实施办法

一、根据军委会二十八年七月二十八日办一参字第六三四二

号训令之二所规定，特组织军委会特种研究会，研讨本会待决之各种现实问题，求得合理之结论建议施行之。

二、本研究会以参谋总长为主席，并按研究项目之性质，由主席分别指定参加人员随时召集之。

三、就各种研究项目选定参加人员之标准，以本会有关各单位之主官及直接主管人员及有专门研究之人为原则，不拘泥于隶属系统及阶级，且各项问题之参加人员亦不必从同，应于必要并得邀请会外党政有关人员及专家参加之(每种项目以二十人为标准)。

四、本研究会之研究项目暂定如左，嗣后如有必要得随时增减之。

(1) 战争指导上重要问题之研究。

(2) 作战指导上重要问题之研究。

(3) 军队整训问题之研究。

(4) 欧战之演进及对于中日战争之影响。

(5) 党政问题之研究。

(6) 国际国内某种有关问题之研究。

(7) 交付研究事项。

五、本研究会之会期，通常于办公时间以外，由主席随时决定之，并于开会前三日先将研究项目及主要问题预为通知参加人员，俾得预为准备各种研究材料或提出答案，如遇有临时问题急待研究者，则预先通知之，手续可缩短，其期限或迳行免去，由主席酌定之。

六、开会时通常由主席排定顺序指定范围，令参加各员依次尽量发言，而后共同研讨之，经主席之裁定，以求得合理之结论。

遇有特种问题之研究，得由主管人员先将经过情形详细报告，并将拟定之数种方案提出说明之，而后由主席依前述方法依次发言研讨之。

七、如因问题复杂，关联过多，当场不易获得结论时，可指定意见矛盾之双方人员数人另开小组审查会，详密研讨(或辩论)，决定后再提出本会决定之。

八、开会时各参加人员之发言，以就指定范围，简明扼要说明为要义，必要时主席得限定每人发言之时间。

九、每次开会之时间以一小时半为标准，必要时得酌为延长之，如至时尚未能依次发言完毕，或尚未获得结论时，得于翌日续行开会完成之。

十、本会研究事项，无论有无结论及一切参考材料，概须严守机密，不得向外发表。

〔军委会政治部档案〕

8. 国民政府修正军事参议院组织法

(1942年10月13日)

修正军事参议院组织法　国民政府民国十八年九月十八日原公布，嗣经三次修正，至三十一年十月十三日　修正第三四条修文公布。

第一条　军事参议院为军事最高咨询建议机关，直隶于国民政府。

第二条　军事参议院置院长一人，总理全院事务。

第三条　军事参议院置副院长二人，辅助院长处理院务。

第四条　军事参议院置参议九十人至二百五十人，上校(一等正)级咨议一百五十人，上将级参议不得过二十五人，中将(总监)级参议不得过七十五人。

第五条　军事参议院参议、咨议，以曾任重要军职，学识优长，勋望卓著，久在党国服务之海、陆、空军将官，及上校分别任用。

第六条　军事参议院参议、咨议，平时专备咨询建议，并得担任点验、校阅、演习、调查、屯垦、兵工及特派等事。战时得遴任为高级指挥官或其他相当职务。

第七条　军事参议院为研究学术、增益智能，得设各种军事研究会。

第八条　各研究会委员由参议、咨议分任之。

第九条　各研究会各置主任委员一人，由院长就委员中指定之。

第十条　军事参议院设总务、军事两厅。总务厅设文书、管理两科。军事厅设编纂、调查两科，分掌院内事务。

第十一条　军事参议院之编制，附表规定之。

第十二条　军事参议院之院务规程，由军事参议院定之。

第十三条　本法自公布日施行。

〔军事参议院档案〕

9. 国民政府核准军事参议院院务规程

（1942年11月24日）

军事参议院院务规程　民国二十一年七月十五日核准施行民国三十一年十一月二十四日呈准修正

第一章　总则

第一条　本规程依据本院组织法第十二条订定之。

第二条　凡属本院各职员，均应受高级各主管长官指挥监督。

第二章　职掌

第一节　院长

第三条　院长统辖全院人员，总理全院事务。

第四条　院长对于本院职员，有指挥、命令、考核、赏罚、任免，及呈请任免之权。

第二节　副院长

第五条　副院长辅助院长，处理全院事务。

第六条　副院长对于本院职员，有督率、指导之权。

第三节　秘书

第七条　秘书承院长、副院长之命，撰拟、校阅机要函电及不属于两厅之文稿，并各项会议议案之整理、纪录、分发、保管等事项。

第四节　副官

第八条　高级副官承院长、副院长之命，督率副官办理本院一切内务及交际事项，并传达命令、整饬军纪、风纪，指挥守卫官兵，管理车辆、马匹等事项。

第五节　总务厅长

第九条　总务厅长承院长、副院长之命，督率所属职员办理本院文书、管理两科事项。

第六节　军事厅长

第十条　军事厅长承院长、副院长之命，督率所属职员办理本院编纂、调查两科事项。

第七节　厅副官

第十一条　厅副官承主管厅长之命，办理本厅内务及交际事项。

第八节　科长、科员

第十二条　文书科长承总务厅长之命，督率本科职员办理本院人员之任免、文书之撰拟、收发、校对、缮写及典守印信、保管案卷等事项，并本院临时交办之事件。

第十三条　管理科长承总务厅长之命，督率本科职员编造本院预算、决算、经管款项出纳、官兵薪饷，并购置用品器具材料，及办理其他一切庶务等事项。

第十四条　编纂科长承军事厅长之命，督率本科职员办理编纂一切建议，及有关军事之书报、图表、杂志等事项。

第十五条　调查科长承军事厅长之命，督率本科职员办理有关军事应行调查之事项。

第十六条　各科科员承各主管科长之命，办理各该科一切事项。

第九节　主任军医

第十七条　主任军医承总务厅长之命，督率本所员兵办理本院诊病、卫生、防疫、保健之事项。

第十节　军医、司药

第十八条　军医、司药承主任军医之命，分别办理治疗、调剂之事项。

第十一节　书记、司书

第十九条　书记、司书由各主管长官分别支配，办理校对、缮写、油印、打字等事项。

第十二节　排长、特务长

第二十条　排长承高级副官之命，率领本排官兵办理本院一切警卫事项。

第二十一条　特务长承排长之命，分办排内训练、保管、经理事项。

第三章　附则

第二十二条　本院办事细则另定之。

第二十三条　本规则如有未尽事宜，得呈请国民政府核准修改之。

第二十四条　本规程自呈奉国民政府核准日施行。

〔军事参议院档案〕

10. 军事委员会颁布航空委员会组织条例

（1943年2月14日）

航空委员会组织条例　民国三十二年二月十四日奉委员会渝会调字九号令颁。

第一条　航空委员会(以下简称本会)直隶于国民政府军事委

员会，掌理空军军令、军政、军训，以及发展航空工业设计，指导监督全国防空，暨督导民用航空等事宜。

第二条　本会设委员长一人，委员十三人，主任一人，副主任二人。

第三条　本会之组织系统及编制另定之。

第四条　委员长统率空军，综理航空、防空一切事宜。

各委员襄赞委员长，推进航空、防空之建设。

第五条　主任承委员长之命，指挥空军，处理航空、防空一切事宜。

副主任二人，承主任之命，分任本会各项业务之处理。

第六条　防空总监部设总监一人，承委员长、主任之命，指挥所属处理全国防空事宜。

防空总监部设副监一人，辅助总监处理防空总监部之业务。

防空总监部分设军防、民防、情报、总务等四处，各处设处长一人，承总监、副监之命，率领所属处理各该处职掌业务。

第七条　参事室设首席参事一人，参事十四人，承主任、副主任之命，分任设计、考核、审议、研究、校阅及临时派遣等事宜。

第八条　秘书处设处长一人，承主任、副主任之命，率领所属处理本会文书、电务，及保管印信、档案暨外国语文之翻译等事宜。

第九条　法制委员会设首席委员一人，承主任、副主任之命，率领所属处理本会法制之研究、审订、颁布等业务。

第十条　飞行失事审查委员会设首席委员一人，承主任、副主任之命，率领所属处理飞行失事之研究、审查及预防等业务。

飞行失事审查委员会得举行飞行失事审查会议，会议规则另定之。

第十一条　编译委员会设首席委员一人，承主任，副主任之

国民政府主计处
政治部
参
第一科(作战警卫)
第二科(情报)
会计处

命，率领所属处理关于典范令教程及其他空军参考书、说明书类之编译业务。

第十二条　购料委员会设首席委员一人，承主任、副主任之命，率领所属处理航空器材、油料、械弹、通信、照相、气象、卫生、交通暨特种装具等器材及其他料件之购办事务。

第十三条　参谋、航政、交通、教育、机械、经理、卫生、人事各处，各设处长一人，承主任、副主任之命，率领所属处理各该处职掌业务。

第十四条　总务处设处长一人，承主任、副主任之命，率领所属办理本会庶务、管理及出纳诸事务。

第十五条　参谋处设副处长二人，其余各处设副处长一人，辅助处长处理各该处之业务。

第十六条　各科设科长一人，组设组长一人，运输督察室设运输督察长一人，承主官之命，分别督率所属人员办理各该科、组、室职掌内之事务。

第十七条　本会政治部设主任一人，承本会主任、副主任之命，处理空军政训事宜。

第十八条　本会会计处设会计长一人，承主任、副主任之指导，依法处理空军会计事宜。

第十九条　视业务之需要，得聘请外籍顾问若干员及法律顾问一人。

第二十条　本会各单位及政治部，暨会计处之职掌办事细则、文书处理规则另定之。

本会政治部及会计处之组织规程及编制另定之。

第二十一条　本条例自呈准后公布之日施行。

(5) 战时军事行政法令

1. 国民政府公布防空法

(1937年8月19日)

防空法　二十六年八月十九日国民政府公布

第一条　为防敌机空袭，减少其所发生之危害，以卫护国家之安全，保障人民之生命财产，特制定本法。

第二条　全国防空事宜，由国民政府最高军事机关主办之，其有关各院、部、会、署，及地方机关者，由各该关系机关协同执行。

第三条　中华民国人民对于实施防空有服役及供给物力之义务，战时或事变时，人民及民用飞机及航行之船舶，对于敌国或同情敌国之飞机行动有监视并报告附近军警或防空机关之义务。

第四条　在中华民国领域内有住所居所或财产之外国人或无国籍人及有事务所、营业所或财产之法人机关团体，均负有防空之义务，但以不抵触条约及国际法为限。

第五条　有左列情形之一者，得免防空服役：

一、身体残废者；

二、有精神病者；

三、因年龄或健康状态不适于服役者；

四、因担任公务或服常备兵现役不能中辍者。

第六条　左列行为应呈经国民政府最高军事机关或其指定机关核准：

一、经营防空器材或工具；

二、发布或散播防空印刷品；

三、演映防空影片；

四、举行防空展览会。

第七条　战时或事变时，防空情报及警报得优先使用国有、公有、民有通讯设备，并改善或变更之。

第八条　因防空之必要，各地防空主管机关陈请或会同当地军政机关，得先行使左列各权，但第六款第七款应呈经国民政府最高军事机关核准。

一、命令人民参加防空工作及防空设备；

二、利用人民或外侨在当地开设之医院、诊疗所等，供防空设施之用；

三、依法征用或征收人民之土地及建筑物；

四、修改或扩大街道住宅建筑之全部或一部；

五、命令或限制人民之迁移；

六、禁止或限制民用飞机之航行；

七、征收人民防空附捐；

八、关于防空有调查必要时，得令提出资料或实施检查。

第九条　违反本法第三条、第四条、第六条之规定者，处三十日以下之拘役或一百元以下之罚金，煽惑他人为之者加倍处罚。

第十条　泄漏防空上之秘密或破坏防空设备，致妨碍防空工作或发生危险者，依陆海空军刑法或军机防护法处断。

第十一条　防空设备及实施所需经费，依其性质及实际情形，由中央与地方分别支给之。

第十二条　人民之土地或建筑物因实施防空被征用时，所受之损失由地方政府依法补偿。

第十三条　人民因防空服役致伤病或死亡时，应由中央或地方政府依法酌给医药、埋葬、抚恤之费。

第十四条　本法施行细则由国民政府最高军事机关定之。

第十五条　本法自公布之日施行。

〔联合勤务总司令部档案〕

2. 国民政府公布中华民国战时军律及其施行条例令

（1937年8月24日）

国民政府令　二十六年八月二十四日

兹制定中华民国战时军律及中华民国战时军律施行条例，公布之。此令。

主　　席　林　森

行政院长　蒋中正

立法院长　孙　科

中华民国战时军律　二十六年八月二十四日公布

第一条　不奉命令无故放弃应守之要地，致陷军事上重大损失者死刑。

第二条　不奉命令临阵退却者死刑。

第三条　奉令前进托故迟延或无故不就指定守地，致误战机使我军因此而陷于损害者死刑。

第四条　降敌者死刑。

第五条　通敌为不利于我军之行为者死刑。

第六条　故意损毁我军武器、弹药、粮秣、舰船、飞机、厂库、场坞、防御建筑物及交通通信机关以利于敌或以资敌者死刑。

第七条　主谋要挟或指使为不利于军事之叛乱行为者死刑。

第八条　敌前反抗命令不听指挥者死刑。

第九条　造谣惑众摇动军心或扰乱后方者死刑。

第十条　纵兵殃民劫夺强奸者死刑。

中华民国战时军律施行条例　二十六年八月二十四日公

布

第一条　不论文武军民人等，战时犯本军律之罪者具照本军律治罪。

第二条　犯本军律之罪者悉由军法机关依照陆海空军审判法审理之。

第三条　犯本军律之罪者依其情罪得依陆海空军刑法处断。

第四条　本军律所规定之罪以外，悉照陆海空军刑法办理。

第五条　本军律及条例自民国二十六年八月二十四日起施行。

〔国民政府档案〕

3. 军事委员会颁布国军抗战连坐法

(1938年2月25日)

国军抗战连坐法

甲、纵的连坐法

第一条　国军以遵守先总理遗嘱，完成国民革命，实行三民主义为目的。各官兵应具牺牲精神，与敌交战时，无论若何危险，不得临阵退却。

第二条　本连坐法即适用于战时临阵退却之各官兵。

第三条　连坐法之规定如左：

一、班长同全班退则杀班长。

二、排长同全排退则杀排长。

三、连长同全连退则杀连长。

四、营长同全营退则杀营长。

五、团长同全团退则杀团长。

六、旅长同全旅退则杀旅长。

七、师长同全师退则杀师长。

八、军长亦如是。

九、军长不退而全军官兵齐退，以致军长阵亡，则杀军长所属之师长。

十、师长不退而全师官兵齐退，以致师长阵亡，则杀师长所属之旅长。

十一、旅长不退而全旅官兵齐退，以致旅长阵亡，则杀旅长所属之团长。

十二、团长不退而全团官兵齐退，以致团长阵亡，则杀团长所属之营长。

十三、营长不退而全营官兵齐退，以致营长阵亡，则杀营长所属之连长。

十四、连长不退而全连官兵齐退，以致连长阵亡，则杀连长所属之排长。

十五、排长不退而全排官兵齐退，以致排长阵亡，则杀排长所属之班长。

十六、班长不退而全班官兵齐退，以致班长阵亡，则杀全班兵卒。

第四条　各级政治工作人员亦适用本连坐法。

第五条　本连坐法自公布日施行。

乙、横的连坐法

第一条　国军各部队，应具同舟共济，唇亡齿寒之精神。与敌作战时，极力与友军确保联系，互相策应，以收协同动作之效。不得存苟且偷安，观望不前，与保存实力之心理。

第二条　本连坐法适用于师（独立旅）以上各单位之指挥官。

第三条　横的连坐法之规定如左：

一、在同一战线上，或同一战场内之师（独立旅）与敌战斗时，无论攻防，倘某一师（独立旅）所受牺牲甚大，师长（独立旅长）殉职，而左右邻接或在该敌侧翼之师（独立旅），仍安全无恙者，除因战略关系或有特别命令外，该安全之师长（独立旅长）撤职，交军法裁判。

二、在同一线上，或同一战场内之军，与敌战斗时，无论攻防，倘某一军牺牲甚大，军长殉职，而左右邻接或在该敌侧翼之军，仍安全无恙者，除因战略关系或有特别命令外，该安全军长撤职，交军法裁判。

三、在同一线上或同一战场内之集团军亦如之。

第四条　在两个战区作战地境附近之战斗，则对战区司令长官，亦适用本连坐法。

第五条　本连坐法自公布日施行。

〔军事参议院档案〕

4. 军事委员会抄发军事征用法及其施行细则训令

（1938年6月30日）

国民政府军事委员会训令　办四字第4504号

令军令部

案查军事征用法，前经立法院通过，呈经国民政府于二十六年七月十二日明令公布，暨军事征用法施行细则，亦经本会会同行政院以办四字第三九三二号会令公布，并会呈国民政府备案，并请明定二十七年七月一日为军事征用法施行日期各在案。兹奉国民政府渝字第六九六号指令内开：军事征用法，已有明令定自二十七年七月一日起施行，并通令饬遵矣，仰即知照。等因；奉此。除分行本会所属各机关、各行营主任、各绥靖主任及各战区司令长官外，合亟抄发军事征用法及施行细则，令仰遵照为要。此令。

计抄发军用征用法及军用征用法施行细则各一份。

委员长　蒋中正

中华民国二十七年六月卅日

军事征用法

第一章　总则

第一条　陆海空军于战事发生或将发生时，为军事上紧急之需要，得依本法征用军需物及劳力。

陆海空军机动演习之征用，依第五章之规定。

第二条　前条第一项军需物及劳力，具备左列各款情形时，始得征用之。

一、确为军事上所必需者。

二、确为应征人所能供给，而不致妨害本人及其家属之基本生活者。

三、不能依其他方法取得，或虽能依其他方法取得而需时过久足以贻误军机者。

第三条　职业上所必需之物，不得征用。但于紧急危难之时，已无从执行其职业，或该物之征用并不妨害本人或其家属之基本生活者，不在此限。

第四条　军事征用权限，于左列各长官行使之：

一、陆海空军总司令。

二、军政部长、海军部长、航空委员会委员长。

三、陆军总司令、总指挥、军长、师长、独立旅旅长。

四、海军舰队司令、分遣舰长、陆战队独立旅旅长。

五、要塞或要港司令。

六、空军区司令指挥官。

七、兵站总监。

第五条　军事征用，应视征用标的之性质，人民之便利及地方之供给力，适宜划分区域行之。

第六条　实施征用之时期及区域，由最高军事机关决定之。但遇战机紧迫不及由其决定时，有征用权者得先行决定，呈请补行核准。

第二章　征用标的

第七条　左列之物，除本法有特别规定外，得征用之。

一、弹药、枪炮、电信器具材料及其他作战之工具。

二、粮食、饮用水、饲料、燃料、饮食及烹饪器具。

三、服装及服装材料。

四、卫生医药之器具材料。

五、房屋、厩圈或仓库。

六、乘驮挽用之牲畜、车辆、船舶、铁道、火车、电车、航空器暨各种搬运及交通设备。

七、造船厂、航空器制造厂，及其他可供军用之工厂。

八、医院。

九、土地。

十、其他军事上所必需之动产及不动产，经国民政府以命令指定者。

第八条　征用物以征用区域或应征人现有者为限。但制造物得由有征用权者酌量制造者之能力，限令于相当时期内制就，以便征用。

第九条　养老院、盲哑院、慈幼院、托儿所、贫儿院、孤儿院、拘留所、战时救护组织及其他慈善机关使用之必要场所建筑物及设备，不得征用之。

第十条　左列各款，非在合围地内或紧急危难之时而确有征用之必要者，不得征用之。

一、政府及自治机关使用之场所建筑物及执行职务所必要之物。

二、消防机关使用之场所建筑物及执行职务所必要之物。

三、图书馆、博物馆、学校、习艺所及其他教育艺术机关使用之场所建筑物及设备。

四、公务或交通用必要之车马及供孳育之种牛、种马。

第十一条　外国使馆、领事馆及其所属人员之财产，不得征用。

外国人之财产，除条约另有规定外，依本法之规定。

第十二条　有征用权者对于征用标的，得视军事上之需要，为左列之处分：

一、使用。

二、其他军事上必要之处分。

第十三条　征用左列之物时，得并征用其操业者：

一、轮船、铁道、火车、电车、汽车、航空器、骡车、马车。

二、造船厂及其他可供军用之工厂。

三、医院。

第十四条　年满二十岁未逾四十五岁，身体健全之男子，为军事上必需之服务，得征用之。

前项规定，于左列之人不适用之：

一、正在服兵役中者。

二、公务员。

三、外国使馆、领事馆所属人员及依条约应免征者。

四、学校之教职员及在学校肄业者。

五、独自经营农工商业，而因征用其所营事业无法维持者。

六、因被征用而家属之生活难以维持者。

七、职务上对于所在地之民众有重大贡献，而为该地民众所不可缺少者。

第十五条　人之征用次序如左：

一、无职业者应先于有职业者。

二、年少者应先于年长者。

三、多壮丁之户应先于少者。

第十六条　被征用之人，应按其职业经验、学识技能及体质等，分配适当之工作。

第十七条　被征用之人，关于给养、卫生、纪律裁判事项，准用关于现役军人之规定。

第十八条　被征用人之财产，除第十三条所规定者外，不得征用。

第三章　征用程序

第十九条　征用由有征用权者签发征用书，交付于省行政长官，由省行政长官酌量地方之供给力，令其所属市、县行政长官自行或委托区长、乡长、镇长实施征用。

直隶于行政院之市征用书，应迳交付市行政长官，由市行政长官酌量地方之供给力，自行或委托区长实施征用。

第二十条　遇左列情形之一时，征用书得迳交付市、县行政长官、区长、乡长、镇长：

一、征用标的为土地、房屋、饮用水，应就地征用者。

二、事机危急，不能依前条之规定办理者。

第二十一条　轮船、铁路、火车、电车、汽车、航空器，与其他类似之交通运输物及设备，不归省或直隶行政院之市管辖，或归二以上之省直隶行政院之市管辖者，征用书应交付与中央主管行政机关，由该机关斟酌情形，自行或委托。

第二十二条　遇必要时，征用书得迳交同业公会，由该会负责人酌量同业之供给力，实施征用。

第二十三条　应征人无正当理由，拒绝或怠于交付征用之物或供给征用之劳力时，得强制征用之。

第二十四条　有征用权者收到或占有征用物后，应立即填发受领证，迳行或转由征用区域之行政长官交应征人收执。

征用区域之行政长官或受委托征用者，应于应征人交付征用物时，发给临时受领证。

物主或占有人于实施征用时，不在征用地者，其受领证及临时受领证，由受委托征用者或所在地之警察机关或自治团体暂行保管，并应立即通知物主或占有人，无法通知者，应将征用标的物名称及被征地牌示或登报公告之。

第二十五条　有征用权者，应按已征用之劳力，填发证明书，交由应征人收执。

前项证明书，应于征用期终填发之。但征用期在一月以上者，应按月填发之。

第二十六条　有征用权者，征用区域之行政长官及受委托征用者，应将征用之人及物，详细登记簿册。

第二十七条　征用区域之行政长官，受委托征用者或应征人，如认征用为不当或不法，得向有征用权者或接受征用书者或受委托征用者请求纠正，如不为纠正时，得依左列规定声明异议：

一、对于行政长官或受委托征用者之处分，得向其直接上级机关声明异议，如不服其决定，得依次再向其上级机关声明异议。对于区长、乡长、镇长之处分，得迳向市、县行政长官为之。对于同业公会之处分，得向其所在地之市、县行政长官为之。但对于行政院之决定，不得声明异议。

二、对于有征用权者之处分，得向有征用权者之直接上级机关声明异议，如不服其决定，得依次再向其上级机关声明异议，至最高军事机关为止。

前项所列受理机关收到声明异议后，至迟应于三十日内予以决定。

第二十八条　前条之声明异议，无停止征用之效力。但有征用权者，征用区域之行政长官或受委托征用者认为必要时，得自动停止或暂缓实施征用。

第四章　赔偿

第二十九条　应征人因征用所受之损害，除本法另有规定外，应赔偿之，其损害之赔偿以现实直接者为限，赔偿金额应参照征用物之买卖或使用价格或劳力之代价定之。

前项价格或代价，依征用时之法定标准定之，无法定标准者，依有征用权者或征用区域之行政长官或受委托征用者与应征人之协议定之，不能协议时，依征用地于战争发生前三年间之平均价格或代价定之。

第三十条　战争发生后由外国进口之物，以买入之价格及必要费用，另加周息五厘，为法定标准买卖价格。

第三十一条　非现存之物，其成本高于战争发生前三年间之平均价格者，如不能协议价格，应以其成本及周息五厘为法定标准买卖价格。

第三十二条　依第十三条被征用之操业者，应按其征用时由服务机关或雇用人所得之报酬，给以劳力之代价。

第三十三条　被征用人工作完毕后，应资遣回原征用地。

仅供使用之征用物，应于使用完毕后发还原物主或占有人，除依第二十九条给予使用代价外，并应就其因使用而生之损坏或减少之价值，予以赔偿。

前项损坏或价值之减少，以非日常使用所生之当然结果者为限。

依第二项发还之物，如有损坏或减少价值情事，原物主或占有人未即当物验明者，应于发还后五日内，向有征用权者，征用区域之行政长官或有受委托征用权者提出书面声明。但其损坏或减少价值之情形，于五日内不能发见者，应于发见后五日内提出声明。其不提出声明，或其发见在发还后逾一月者，不得请求赔偿。

第三十四条　对于左列各款之使用，除有损坏或减少价值之情事外，不得请求赔偿：

一、无建筑物之空地。

二、牧场。

三、森林地。

四、私有之街道、巷衖、桥梁及其他类似设备。

五、空余之寺庙祠堂及其他类似之公共建筑物。

第三十五条　对于应征人因征用所受之损害，应于填发征用物受领证或征用劳力证明书后三个月内赔偿之。损害之程度不能即时确定者，其赔偿金应于损害确定之日起三个月内发给之。但有征用权者与应征人另有约定者，依其约定。

第三十六条　征用物运至交付地之搬运费及保管费，由实施征用者所属之机关先行垫付，于交付时由有征用权者偿还之。

第三十七条　应征人因征用所受损害之程度，于填发第二十四条之受领证或第二十五条之证明书时可以决定者，应由填发者于受领证或证明书内载明赔偿金额。其损害程度于发还征用物时始可决定者，应由发还人于发还时出具证明书，载明赔偿金额。

损害程度不能于前项时期决定者，应由有决定权者于决定后填发通知书，载明赔偿金额。

第三十八条　前条第二项赔偿金额之决定，由有征用权者或其代表为之，如有征用权者或其代表不在征用地或损害发生地或不为决定时，由该地行政长官为之。

第三十九条　应征人接到受领证证明书或通知书后，对于所载之赔偿金额，认为不足时，得于五日内向征用地之地方军事征用评定委员会声明异议。

第四十条　不依第三十七条之规定填发受领证证明书或通知书，或怠于决定赔偿金额时，应征人得向地方军事征用评定委员会声请补填或决定。

第四十一条　不服地方军事征用评定委员会所为之决定者，得于决定书送达后十日内，向高等军事征用评定委员会再声明异议。但赔偿请求额在三百元以下或所争执之利益不满百元者，不得再声明异议。

对于高等军事征用评定委员会所为之决定，不得声明异议。

第四十二条　地方军事征用评定委员会，由左列人员组织之：

一、市、县地方法院或其同等司法机关之推事或审判官一人。

二、市、县行政长官或其所指派之代表一人，在直隶于行政院之市为社会局长或其所指派之代表一人。

三、所在地较高级军事机关之代表一人，如系同级，其公推之代表一人。

四、市、县立法机关之代表一人，无立法机关者，由市、县行政长官指定当地有资望之公民一人代之，如征用径由同业公会实施者，由该同业公会之代表一人代之。

五、当地商会代表一人。

地方军事征用评定委员会，以推事或审判官为主席。

第四十三条　高等军事征用评定委员会，由左列人员组织之：

一、高等法院，或高等分院之推事一人。

二、省或直隶于行政院之市行政长官或其所指派之代表一人。

三、所在地较高级军事机关之代表一人，如系同级，其公推之代表一人。

四、省或直隶于行政院之市立法机关之代表一人，无立法机关者，由省、市行政长官指定当地有资望之公民一人代之。

五、省或直隶于行政院之市商会代表一人。

已参加地方军事征用评定委员会者，关于同一事件，不得参与高等军事征用评定委员会。

高等军事征用评定委员会，以推事为主席。

第四十四条　第三十九条第四十条之声明异议，在地方军事征用评定委员会未组织前，得向征用地行政长官声明保留其声明异议之权利。

第四十一条之再声明异议，在高等军事征用评定委员会未组织前，得向省或直隶于行政院之市行政长官声明，保留其再声明异议之权利。

第四十五条　因征用而受损害者，应于第三十五条所定赔偿金发给期开始后，或于赔偿金额经决定确定后，即将受领证证明书或通知书或地方或高等军事征用评定委员会之决定书，提示于市、县政府，汇经上级机关，向最高军事机关具领。

第四十六条　征用物之发还，由有征用权者或其代表，会同征用区行政长官或受委托征用者行之。

第五章　陆海空军机动演习之征用

第四十七条　陆海空军为实施机动演习，得征用不动产。

前项不动产，具备左列各款情形时，始得征用之：

一、确为演习所必需者。

二、其征用不妨害应征人及其家属之职业，或使其生活发生困难者。

三、不能以其他方法取得者。

第四十八条　第九条、第十条及第十一条所列之不动产，不得征用之。

第四十九条　第四条、第六条及第二十三条之规定，于本章之征用准用之。但第六条之但书，不在此限。

第五十条　本章之征用，由有征用权者签发征用书，交付与演习地之市、县行政长官，由市、县行政长官酌量地方情形，自行或委托区长、乡长、镇长实施征用。

接受征用书者或受委托征用者，应于实施征用前，以书面通知应征人。

第五十一条　被征用之不动产，应于演习完毕后，立即由有征用权者会同接受征用书者或受委托征用者，交还原物主或占有人。

交还被征用之不动产时，应给与使用之代价，如被征用之不动产一部或全部损坏或毁灭，并应予以赔偿。

前项代价与赔偿之数额，依所在地当时通行之标准定之。

凡因演习而受第二项以外之损害者，亦得依第三项所定之标准请求赔偿。

第五十二条　前条第二项及第四项之有赔偿请求权者，应于征用之不动产交还或损害可发见之日起，五日内，迳行或经由第五十条第二项之人员，向有征用权者提出书面声明。

第五十三条　有征用权者对于第五十一条第二项及第四项之使用代价及赔偿金额，应于决定后，以书面通知不动产之原物主占有人或请求赔偿者。

第五十四条　不动产之原物主或占有人认征用为不当或不法或征用代价为过低，或有损害请求权者不服有征用权者之决定时，得于收到征用之书面通知或征用代价或损害赔偿之书面决定后，十日内，向所在地之第一审法院起诉。

第五十五条　前条起诉，无停止征用之效力，但法院于判决前已裁定停止征用者，不在此限。

第二十八条但书之规定，于前项情形准用之。

第五十六条　第五十一条之使用代价及赔偿金，由征用地行政长官汇经上级机关，向最高军事机关具领分发。

最高军事机关接到具领使用代价或赔偿金之申请后，至迟应于一个月内发给之。

征用地行政长官领到使用代价及赔偿金后，至迟应于十日内分发之。

第六章　处罚

第五十七条　应征人无正当理由而拒绝或怠于应征者，处一月以下之拘役或一百元以下之罚金，其教唆他人拒绝或怠于应征者亦同。

第五十八条　接受征用书者或受委托征用者，无正当理由而拒绝或怠于实施征用时，处一年以下之有期徒刑拘役或一千元以下之罚金。

第五十九条　第四条之有征用权者或接受征用书者或受委托征用者，实施征用时，滥用职权，拒绝或怠于履行第二十四条、第二十五条、第三十七条、第四十五条或第四十六条之义务者，处五年以下之有期徒刑拘役或一百元以上三千元以下之罚金。

第六十条　第五十条第一项之接受征用书者或受委托征用者，无正当理由而拒绝或怠于实施征用，或滥用职权，或拒绝或怠于履行第五十条第二项及第五十六条第一项或第三项之义务者，处拘役或五百元以下之罚金。

第六十一条　第五十条第一项之有征用权者，滥用职权，或拒绝或怠于履行第五十一条第一项及第五十三条之义务时，处一年以下之有期徒刑拘役或一千元以下之罚金。

第六十二条　依第五十七条、第五十八及第六十条应处罚者，及依第五十九条应处罚之第十九条人员，依刑事诉讼法由普通法院审判之。

第六十三条　有征用权者应依第五十九条及第六十一条处罚时，由军事法庭审判之。

第七章　附则

第六十四条　本法施行细则，由行政院会同最高军事机关定之。

第六十五条　本法施行日期，以命令定之。

军事征用法施行细则

第一章　总则

第一条　陆海空军征用军需物及劳力，在本法实行前者，除本施行细则有特别规定外，不适用本法之规定。

第二条　陆海空军于本法施行前，已颁发征用之命令或通知而尚未实施征用者，除颁发征用命令或通知之程序外，余均适用本法之规定。

第三条　陆海空军于本法施行前，已实施征用，而尚未发给赔偿金者，其赔偿金之数额依本法决定之。但征用机关与应征人关于赔偿金之数额已有协议者，不在此限。

前项赔偿金，由征用机关于数额确定后，遵照本法规定之期限发给之。

第四条　本法第四条所规定之人，于本法施行时，或施行后，在名称上如何变更，其军事征用权，由职务相等之人行使之。

第五条　本法及本施行细则，对于应征人所赋予之权利，及对于物之所有者，或占有人所加之义务，得由其代理人或继承人享受或履行之。

第二章　征用标的

第六条　征用本法第七条第五款至第十款之物时，得一并征用其必要之从物或设备。

工厂之现存原料，及医院之药品器械，以前项之从物或设备论。

第七条　依本法第八条征用之非现存物，以供消费或收归国有者为限。

第八条　本法第十二条之规定，仅适用于物之征用。

有征用权者，对于被征用之物，行使本法第十二条第二款之职权时，得为左列之处分：

一、收归国有。

二、改变其形体或结构。

三、暂由政府管理。

四、其他军事上必要之处分。

第九条　本法第十四条第一项之规定，于正在依国民工役法服非常时期之劳役者，不适用之。

本法第十四条第二项第一款之规定，仅于现役军人适用之。

本法第十四条第二项第三款之规定，于服务于外国使馆、领事馆之中国人，不适用之。

第十条　本法第十五条第三款壮丁之数额，应除去本法第十四条第二项各款之人，及本施行细则第九条第一项之人计算之。

第十一条　依本法第十六条分配工作时，应使被征用之人担任与平时职业相等之职务，无相等之职务可分配时，应使担任与平时职业相类似或相近之职务。

第三章　征用程序

第十二条　征用书于必要时，得由邮局或电报局发送之，遇邮政或电报发生障碍时，有征用权者，得先以电话将征用书之内容通知接受征用书者，提前实施征用，事后仍迅速送达征用书。

第十三条　物之征用书应载明左列事项：

一、征用物之名称、种类及数量。

二、征用物如系制造品，其式样大小。

三、征用物如系土地或建筑物，其坐落地址及面积或容量。

四、交付征用物之限期。

五、交付征用物之地点。

六、对于征用物所拟为之处分。

七、征用之事由。

八、接受征用书者。

前项征用书，应由签发征用书者署名，并盖用其所属机关之印钤。

第十四条　人之征用书，应载明左列事项：

一、征用人之种类、数额。

二、对于征用人预定之工作。

三、送交征用人之限期。

四、送交征用人之地点。

五、前条第一项第七款及第八款之事项。

前条第二项之规定，于前项征用书准用之。

第十五条　签发征用书者，得于征用书内列入第十三条第一项及第十四条第一项以外关于征用标的，应说明之特殊事项。

第十六条　接受征用书者，或受委托征用者实施征用时，应先调查所属区域或人民之供给能力，然后按照比例，决定各区或人应负义务之多寡。

第十七条　依本法第二十三条强制征用时，得准用行政执行法之规定。

第十八条　遇左列情形时，接受征用书者，或受委托征用者，为迅速适应陆海空军关于物之需要，或免除人民之负累，得不实施征用而自行供给征用物。

一、征用物系动产。

二、征用物系供消费或收归国有者。

供给前项征用物之必要费用，由接受征用书者，或受委托征用者所属之机关先行垫付，然后向最高军事机关或其指定之机关具领。

第十九条　有征用权者，收到或占有前条之征用物后，应立即填发受领证，由供给征用物者所属之机关收执。

第二十条　建筑物与其从物或设备一并被征用时，填发受领证或临时受领证者，应同时发给征用物之清单。

前项规定于征用其他需要详细记载之物时准用之。

第二十一条　本法第二十四条之受领证及临时受领证，与本施行细则第十九条之受领证，应载明左列事项：

一、征用物之名称、种类及数量。

二、征用物如系制造品，其式样大小。

三、征用物如系土地或建筑物，其坐落地址及面积或容量。

四、应征人之姓名、住址及其与征用物之关系。

五、应征人交付征用物之日期及地点。

六、对于征用物所拟为之处分。

七、征用物如系旧物，而其原有之价格可以稽考者，其原有之价格。

八、征用之赔偿金额，如可决定者，其金额。赔偿金额如系协议决定者，其协议决定之事实。

九、发给受领证之机关。

临时受领证中记载之征用赔偿金额，如不适当，得由有征用权者，于填发受领证时更正之。

第二十二条　本法第二十五条之证明书，应载明左列事项：

一、应征人之姓名、年龄、籍贯、职业、住址。

二、应征后所任之工作。

三、应征后工作之机关及期间。

四、工作之报酬额，工作之报酬额如系协议决定者，其协议决定之事实。

五、填发证明书之机关及日期。

第二十三条　接受征用书者，或受委托征用者，送交被征用之人时，由有征用权者填发报到证，交由接受征用书者或受委托征用者收执。

前项报到证，应载明左列事项：

一、前条第一款、第二款及第五款之事项，

二、报到之地点，及日期。

第二十四条　受领证临时受领证证明书及报到证，均应由填发者署名，并盖用其所属机关之印钤。

第二十五条　填发受领证临时受领证证明书报到证，及征用物之清单时，应留存根或副本。

前项存根或副本，应分别载明受领证临时受领证证明书报到证，及清单所载之事项。

第二十六条　征用之物及人，得由受委托征用者迳行送交有征用权者指定之地点及机关点收，但应即将经过情形呈报接受征用书者备查。

第二十七条　本法第二十七条第一项所规定之请求纠正及声明异议权，及第二十八条但书所规定之权利，亦得由接受征用书者行使之。

第四章　赔偿

第二十八条　本法第二十九条第二项之法定标准，包括具有强制性之左列标准：

一、法律所定标准。

二、政府主管机关依据法律颁布之条例或命令所定标准。

任意性之法定标准，应后于协议标准适用之。

第二十九条　本法第二十九条第一项之价格，或代价，无本施行细则第二十八条第一项之法定标准可依据时，亦得依接受征用书者与应征人之协议定之。

第三十条　本法第二十九条第二项所规定战事发生前三年间之平均价格或代价，如无从调查，得代以战事发生前一年内之平均价格或代价，如该项平均价格或代价亦无从调查，得代以战事发生前一个月之平均价格或代价。

征用之实施，如系在战事发生之前，其赔偿金额参照征用实施时之价格或代价定之。

第三十一条　因物之征用所受之损害，无从依收归国有或使用之原则决定，或依该原则决定而显有不公平之虞者，比照前条及本法第二十九条所定标准，并斟酌征用实施时之社会情形，按其实际损害程度赔偿之。

第三十二条　本法第三十条及第三十一条所称之周息五厘，以利润五厘论。

第三十三条　遇左列情形之一时，应预付全部或一部赔偿金：

一、征用非现存物时，应征人缺乏必要之资金者。

二、征用劳力时，应征人之家属缺乏必要之生活费者。

前项预付之赔偿金，由接受征用书者，或受委托征用者所属之机关，先行垫付，然后向应征人扣算，或发给赔偿金之机关，或有征用权者具领。

第三十四条　被征用人之赔偿金，除依前条之规定发给，或被征用人表示同意外，应按月分期发给之。

前项赔偿金，得不依本法第四十五条之程序，由应征人迳向有征用权者或服务之机关具领。

第三十五条　被征用之人于被征后，及到达有征用权者所指定地点前之食宿旅费，均由接受征用书者或受委托征用者所属之机关先行垫付，于被征用之人到达指定地点时，由有征用权者偿还之。

第三十六条　本法第三十六条之费用，亦得由接受征用书者所属之机关先行垫付，于交付征用物时，由有征用权者偿还之。

第三十七条　本法第三十三条第二项至第四项之规定，于受本施行细则第八条第二项第二款至第四款处分之征用物准用之。

原物主或占有人依本法第三十三条第四项得提出之书面声明，亦得向接受征用书者提出之。

第三十八条　征用物之主要部分，毁损或改进而不合原物主或占有人之用者，原物主或占有人得请求将征用物移归国有，给予赔偿金。

第三十九条　预定供使用或受本施行细则第八条第二项第二款至第四款处分之征用物，于征用期间全部毁损者，原物主或占有人得于征用事由消灭或发见征用物毁损之事实后，随时请求于本法第三十八条之人为赔偿之决定。

本法第三十七条第二项之规定，于前项情形准用之。

第四十条　发还征用物时，发还人应于原物主或占有人，或其代理人，或继承人，收执之受领证上，注明征用物已于某日发还字样，受领证仍由原物主或占有人或其代理人或继承人保留。

第四十一条　依本法第二十一条及第二十二条征用之物，得由有征用权者，或其代表会同接受征用书者发还之。

第四十二条　发还征用物时，如原物主或占有人或其代理人或继承人不在原征用地，应将征用物交由当地警察机关或自治团体暂行保管，并由该机关或团体立即通知原物主或占有人或其代理人或继承人，其无法通知者，由该机关或团体牌示，或登报公告之。

第四十三条　遇前条情形时，本法第三十三条第四项所定提出书面声明之期间，及发见发还物损坏或减少价值等情形之期间，自原物主或占有人或其代理人或继承人接收发还物之日起算。

第四十四条　依本法第三十七条第二项及本施行细则第三十九条第二项填发之通知书，应由填发者署名，并盖用其所属机关之印钤。

第四十五条　依本法第三十五条能即时确定之损害程度，以下列者为限：

一、经有征用权者与应征人双方一致决定者。

二、经有征用权者决定，而应征人即时声明抛弃声明异议权，或表示同意者。

三、依法律之特别规定，不容应征人有何争执者。

第四十六条　遇征用物为本法第二十一条之物时，如有征用权者或其代表，不依本法第三十八条为赔偿金额之决定，或不在征用地，或损害发生地，其赔偿金额之决定，应由中央主管机关为之。

第四十七条　本法第四十条关于补填受领证证明书或通知书，及决定赔偿金额之声请，与本法第三十九条之声明异议同其效力。地方军事征用评定委员会关于该项声请所为之决定，亦与关于声明异议所为之决定同其效力。

第四十八条　本法第四十二条第一项第一款，及第二项之审判官包括兼理司法县政府之承审员及其他类似性质之人。

第四十九条　地方及高等军事征用评定委员会之主席，综理委员会之行政事务。

第五十条　地方及高等军事征用评定委员会，得设书记官及其他职员。

前项书记官及职员，得向所在地之司法或行政机关调用。

第五十一条　本法第四十三条第二项之规定，于本法第四十二条及第四十三条以外之人，不适用之。

第五十二条　本法第四十四条第二项关于保留再声明异议权利之声明，亦得向为决定之地方军事征用评定委员会为之。

第五十三条　在地方军事征用评定委员会未组织前，如关于本法第二十一条之物，有依本法第三十九条或第四十条声明异议，或为声请之必要，由应征人向中央主管机关声明保留，其声明异议或为声请之权利，在高等军事征用评定委员会未组织前，如有依本法第四十一条再声明异议之必要，由应征人向为决定之地方军事征用评定委员会，或中央主管机关声明保留其再声明异议之权利。

第五十四条　关于本法第二十一条之物，依本法第三十九条及第四十条声明异议，或为声请时，由直接管理征用物之总机关所在地之地方军事征用评定委员会受理之。

第五十五条　对于地方及高等军事征用评定委员会之声明或声请，除在言词辩论中所为者外，应以书面提出之。

第五十六条　地方及高等军事征用评定委员会，不得征收任何讼费或费用。

第五十七条　地方及高等军事征用评定委员会审理及评议系争(原文如此)事件，委员应全体出席。

第五十八条　评议前条事件时，如出席人员对于赔偿金之应否给付意见不一致，应先就该点表决之。

第五十九条　地方及高等军事征用评定委员会之评议，取决于出席人员过半数之意见。

评议赔偿金之数额时，如出席人员持三种以上之不同意见，而持每种意见者，均不及过半数，应重行表决，如重行表决后，仍不能产生过半数之意见，应将赞成最多额之人数，与赞成次多额之人数，依次相加至凑满过半数为止，即以最后加入之人所主张之金额为应征人应得之数额。

第六十条　本法第四十五条之受领证证明书通知书，或地方或高等军事征用评定委员会之决定书，遇征用物为本法第二十一条之物时，应提示于中央主管机关。

第六十一条　应征人将受领证证明书通知书，或地方或高等军事征用评定委员会之决定书，提示于市、县政府或中央主管机关时，应由市、县政府或中央主管机关发给收据。

前项收据，应载明受领证证明书或通知书所载之事项，或决定书内左列之事项：

一、决定书之号码。

二、作成决定书之地方或高等军事征用评定委员会。

三、赔偿金额。

四、赔偿之原因。

五、决定书送达之日期。

六、决定书之收执人。

第六十二条　最高军事机关因领赔偿金者之需要，及发款之便利，得会同行政院指定其他机关发给赔偿金。

第六十三条　市、县政府或中央主管机关领到赔偿金后，应即通知或公告应征人，本施行细则第六十一条之收据分别具领。

第五章　陆海空军机动演习之征用

第六十四条　本法第五十条之接受征用书者，及受委托征用者，得依本法第二十七条请求纠正，或声明异议。

第六十五条　本法第五十一条第四项之规定，于应征人以外之人准用之。

第六十六条　本法第五十六条第一项之使用代价或赔偿金，得由征用地之行政长官，迳向有征用权者所属之机关具领分发。

本法第五十六条第二项之规定，于前项之有征用权者准用之。其第三项之规定，于前项代价或赔偿金之分发准用之。

第六十七条　依本法第四十九条实施强制征用时，得准用行政执行法之规定。

第六章　处罚

第六十八条　在本法第二十七条声明异议之期间，对于本法第五十七条、第五十八条之嫌疑犯，第五十九条滥用职权之嫌疑犯，及有第六十条拒绝或怠于实施征用之嫌疑者，得停止裁判。

第六十九条　在本法第五十四条之起诉，及诉讼期间对于有本法第六十条滥用职权之嫌疑者，得停止裁判。

第七章　附则

第七十条　本施行细则自本法施行之日起施行。

〔国民政府国防部史政局及战史会档案〕

5．军事委员会修正军邮规程

(1939年12月2日)

军邮规程　军事委员会二十七年九月十七日办一通字第三〇三一号指令核准施行，军事委员会二十八年十二月二日渝办一参字第八〇五四号指令准予修正。

第一条　军邮事务之处理，除法令别有规定外，依本规程行之。

第二条　办理军邮，以便利前方作战部队之通信为主旨。

第三条　办理军邮事务之工作人员，由邮政总局就邮政原有人员中选派之。

第四条　前方各军事机关及作战部队所属之交通运输工具，均负载运军事邮件及军邮人员之责。

第五条　办理军邮事务应用之文具单册，由邮政总局供给之。

第六条　前方作战部队，对于军邮人员应尽量协助，对军邮人员工作之进行应切实予以便利。

第七条　部队移动时，主管长官应经由其所派之军邮联络员，将部队移动之新地点通知办理军邮各局所。

第八条　军邮人员及经办军事邮件之普通邮局人员，应绝对保守军事秘密。

第二章　组织

第一节　通则

第九条　军事委员会后方勤务部为军邮最高监督机关，置军邮督察处，监督全国军邮办理事宜。

第十条　交通部邮政总局，为军邮管理机关，综理全国军邮事务。

第十一条　邮政总局应按作战地域，指定办理军邮之邮区，并责成该邮区邮政管理局局长指挥该管区内军邮事宜。

第十二条　办理军邮之邮区设置左列各军邮机关及军邮人员：

一、军邮总视察段。

二、办理军邮局所。

三、军邮收集所。

四、军邮总视察。

五、军邮视察。

六、军邮员。

前项军邮总视察、军邮视察、视察军邮业务其规则另订之。

第二节 军邮总视察段

第十三条 军邮总视察段直属于办理军邮邮区，其设立、撤销及所辖区域，由邮政总局按作战情况核定之。

第十四条 军邮总视察段设军邮总视察一人，综理全段军邮事务，军邮视察及军邮员若干人，襄理段内军邮事务。

第十五条 军邮总视察驻扎该管段内冲要地点。

前项冲要地点，由军邮总视察择定后，呈由该管管理局转呈邮政总局核定之。

第十六条 军邮总视察得按实际需要，将总视察段划成若干视察分段。

前项视察分段，每段设军邮视察一人，秉承军邮总视察之命，负责指挥该管分段内军邮事务。

第十七条 军邮总视察得于其驻扎地点设置军邮总视察办公处。

第三节 办理军邮局所

第十八条 办理军邮局所，系就原有邮政局所加以补充或临时增设邮局，以应部队通信需要。其办法规定如下：

一、前方军队驻扎地点原有邮政局所，由军邮总视察、军邮视察指定为兼办军邮局所，并派员予以办理军邮事务必要之训练。

前项局所人员不足应付时，由军邮总视察、军邮视察面派员工补充。

二、前方军队驻扎地点，原有邮政代办所或信柜等不足应付时，由军邮总视察、军邮视察派委军邮员改设为军邮局。

三、前方军队驻扎地点，未设有邮政局所者，由军邮总视察、军邮视察派委军邮员设立军邮局。

四、前方师以上各级司令部，由军邮总视察、军邮视察，视需要情形派委军邮员设置军邮局。

五、军邮局得视部队需要情形，设置军邮派出所，其办法另定之。

第一项及第二项局所不随部队移动，第三项至第五项局所得视需要情形随军移动。

第十九条　办理军邮局所之设置移动及撤销，由军邮总视察依照战区情况决定之。

第二十条　军邮局随部队移动时，相关部队军事长官，应予以必要之通知及协助。

第二十一条　军邮局之办公处所及家具暨人员之住宿、膳食等项，应由相关部队供给。

第二十二条　军邮局局长，由军邮总视察遴委军邮员充任。

第二十三条　军邮局办事规则另定之。

第四节　军邮收集所

第二十四条　军邮收集所为收集及批转由后方寄往前方军事邮件之总汇机关。

第二十五条　军邮收集所设置于交通冲要及邮运便利之地点，由邮政总局核定之。

第二十六条　军邮收集所所长，由邮政总局派相关段军邮总视察兼任，或遴委资深邮政人员充任。

第二十七条　军邮收集所置主任所员一人，秉承收集所所长之命，办理所内一切事务；又所员若干人，分别办理所内军事邮件之开拆、分拣、批转及封发等事宜。

第二十八条　军邮收集所主任所员，以军邮视察或资深军邮员充任，所员以军邮员充任，由所长商请相关段军邮总视察妥为调派之。

第二十九条　军邮收集所于必要时，得由军事委员会后方勤务部转请军令部，派联络参谋一人常川驻所，担任联络及军队驻地之通报事宜。

第五节　军邮联络员

第三〇条　营本部及其以上各部队，应指派专员充任军邮联络员，办理与各军邮机关或人员之联络事宜，及各该部队内邮件汇兑等事务。

军邮联络员为加强所隶部队军邮机能起见，得商准相关军邮总视察设立军邮联络站，其办法另定之。

第三十一条　各部队凡遇军邮人员声请派委军邮联络员时，应立即照派不得推诿。

第三十二条　各部队营军邮联络员，应派少尉以上官佐。兼任团军邮联络员，应派中尉以上官佐。兼任旅以上各级司令部军邮联络员，应派上尉以上官佐。兼任各部队军邮联络员，得视需要情形，请求主管长官酌派士兵协助工作。各部队兼任军邮工作之官佐、士兵，其原任勤务应极力减少。

第三十三条　军邮联络员应与相关军邮人员及办理军邮局所切实联络，并应按日赴相关军邮局所交取邮件，其次数及时间由各军邮联络员与军邮局所视需要情形，随时商定之。

第三十四条　各师及所属旅团营等所派军邮联络员处理军邮事务，归各该师政治部监督进行，师以上各级司令部及其直属部队所派军邮联络员处理军邮事务，归各该司令部相关政治部监督进行。

第三十五条　师以上各级政治部，应随时将相关部队军邮联络员调查清楚造册存查，并于每半年造具军邮联络员工作成绩表一次，送请相关部队主管长官备核。

第三十六条　军邮联络员处理邮件及汇兑办法另定之。

第三章　业务

第一节　通则

第三十七条　军邮业务之种类，凡作战区域普通邮政局所经办者皆属之，但军邮总视察及军邮视察，得因情况之变更及部队之需要随时增减之。

第三十八条 办理军邮各局所应将各该局所经办业务种类及营业时间，在局址显明地方公告，并应随时通知当地驻军。

第三十九条 军邮业务之处理，除依本规程之规定外，适用一般邮政规章之规定。

第二节 军事邮件之处理

第四十条 凡邮件封面所写收寄件人之一方或双方为军事机关或军人，及邮件封面写有特种代表信箱号码者，统称为军事邮件。

第四十一条 军事邮件之处理，依本节之规定。

第四十二条 军事邮件分公用及私用二种，凡由军事机关交寄之文件为公用军事邮件，官佐、士兵交寄或接收之私人函件为私用军事邮件。

第四十三条 公用军事邮件得按快信交寄，仍纳单挂号邮资。

前项按快信交寄之公用军事邮件，其交寄、封发、转运及投递手续均照快件办理。

第四十四条 军事邮件之封面除法令别有规定外，应详细书明收件人及寄件人之姓名、地址、部队番号或军事机关名称。

第四十五条 军事邮件书明收件人所属部队番号、军事机关名称或特种代表信箱号码，及其地址者，如办理军邮局所已知此项地址并不准确时，得依所书番号、名称或特种代表信箱号码迳予改寄。

第四十六条 军事邮件不得运越我军防线，但军事邮件经秘密邮路通过敌军防线运往游击区时不在此限。

第四十七条 各军事机关或部队寄往游击区邮件，交由前条秘密邮路运递与否，应由各该机关或部队自行酌定。

第四十八条 军事邮件之转递应另袋另套封装，并于封套及袋牌上加注标记号式样另订之。

第三节　汇兑及包裹

第四十九条　办理军邮各局所办理军人汇兑，除法令别有规定外，准用普通邮政汇兑之规定。

第五十条　作战军人及参战航空人员，得请购免费小款汇票，其办法另定之。

第五十一条　作战军人得参加所隶部队之集团汇款，其办法另定之。

第五十二条　办理军邮各局所办理军人包裹，除法令别有规定外，准用普通邮政包裹之各项规定。

第四章　附则

第五十三条　本规则施行日期，以命令定之。

〔后方勤务部档案〕

6. 军事委员会修正公布战时船舶管理条例

（1939年）

战时船舶管理条例　军委会廿八年　月　日修正公布

第一条　战时船舶应依本条例施行管理，但法令别有规定者从其规定。

第二条　战时政府为便利军运及调节民运计，得征租民有船舶及其仓库、码头、船厂等，并加以编制管理。

第三条　未经征租之船舶，为避免敌人捕获，因而驶往某地，而船舶业主又无法管理者，得由政府编制管理之。

第四条　为筹划战时船舶之编制管理及军运事宜，得组织船舶运输司令部、各省、市船舶总队部及各兵站船舶管理所分别办理，其组织另定之。

征租及编制管理之船舶，二百吨以上之轮船，由军事委员会后方勤务部督同船舶运输司令部管理之，其不满二百吨之轮船及各项民船，由军事委员会组织各省、市船舶总队部管理之。但二百吨以上之轮船，为情况所限，不能由船舶运输司令部直接管理时，亦得由各省船舶总队部管理之，其属于各兵站运输线之军运事宜，由各兵站船舶管理所办理之，未经征用及编制管理之轮船由交通部管理之。

第五条　船舶中途接奉电令，须改开其他地点时，船长或船主应立即指挥改开指定地点。

第六条　征租之船舶，其船员应继续服务，不得擅自离船。

第七条　征租之船舶得由用船机关发给租金，如有因公损害时，亦得呈请补偿。

军用船舶租金及损失补偿金，给予办法另定之。

第八条　未经征租之船舶，得由政府查明需要情形，指定其行驶之航线。

第九条　未经征租之船舶，其运价遇必要时，得由政府规定其最高率。

第十条　未经征租之船舶，为谋军运及必需品运送之畅通，对于旅客及非必需品之运输得由政府酌量禁止或限制之。

第十一条　战时所有船舶非呈经交通部核转军事委员会批准，不得转籍让渡或租与外国人。

第十二条　战时船舶征租之办法，及运输规则另定之。

第十三条　本条例如有未尽事宜，得随时修改之。

第十四条　本条例自公布日起施行。

〔后方勤务部档案〕

7. 军事委员会公布防空法施行细则

（1940年2月）

防空法施行细则　二十九年二月军事委员会公布

第一条　本细则依防空法(以下简称本法)第十四条制定之。

第二条　本法第二条所称国民政府最高军事机关系指军事委员会,但防空业务之实施交由航空委员会负责承办之。

第三条　本法第三条所称中华民国人民对于实施防空有服役之义务，系以左列各款为限：

1．有服役防护工作之义务；

2．有服对空监视及报告敌机动态之义务；

3．有服构筑及修建防空阵地、防空壕洞、飞机场与其交通路及运输防空器材之义务；

4．对敌空军陆战队之降落及击落敌空军时，有迅速报告或设法阻止其活动及守护之义务。

第四条　本法第三条所称人民对于实施防空有供给物力之义务，系以左列各款为限：

1．所有土地、房屋、电力、救护器材、药品、防毒器材、药品[?]、消防器材、防空建筑材料、交通运输工具及其他物品，认为有必需征用时均有供给之义务。

2．所有通讯器材、望远镜、电(汽)笛、手摇警报器、警钟、锣鼓及其他有关防空情报之器材物品，认为有必需征用时，均有供给之义务。

3．有防空武器及其配件，认为有必需征用时，均有供给之义务。

第五条　本法第四条所称防空之义务，系指有服救护工作及遵从防空法令之义务，如必须供给物力时得征用之，并酌予补偿，但以与中华民国有条例关系之外国人为限。

第六条　本法第五条所列得免防空服役各款之规定，须具有左列情事之一者为准，但左列第一款戊项、第二款甲乙两项及第三款丙项之规定，须有政府注册之医师诊断书，无医师时须有当地二人以上之证明，经保甲长查明属实，由乡镇区长呈章核行之。

1．身体残废者：

甲、两眼盲；

乙、两耳聋；

丙、哑；

丁、一肢机能完全废绝者；

戊、其他相等重要之机能毁伤妨碍服役。

2．有精神病者：

甲、患癫痫、白痴等症者；

乙、患其他不治之精神病者。

3．因年龄或健康状态不适于服役者：

甲、未满十六岁者；

乙、年逾五十五岁者；

丙、因病或身体孱弱确难服役者。

4．因担任公务或服常备兵役不能中辍者：

甲、公务员须经中央或地方政府正式委任者；

乙、常备兵现役须合于兵役法第四条之规定。

第七条　本法第六条所称指定机关系航空委员会。

第八条　本法第六条第一款所称防空器材或工具系以左列各款为限：

1．高射枪炮及弹药；

2．照测器材、照空灯之炭精；

3．防空武器之各种配件；

4．警报器；

5．情报表示机；

6．情报收(送)信机；

7．防毒装具；

8．毒器检查仪器及毒气验效纸；

9．消毒撒药(水)车；

10．有关防空器材或工具。

第九条　本法第六条第二款所称防空印刷品，系以左列各款为限：

1．防空杂志(包括定期与不定期刊物)新闻；

2．防空图画；

3．防空专门译著。

第十条　本法第七条所称国有、公有、民有通讯设备，系指中央各院、部、会、署所辖及各地方政府与商营之有线无线电报、电话、广播电台、电汽公司等。

第十一条　本法第七条末段所称改善或变更，系指原有通讯设备之充实改进，筹架线路之变更，电报(话)局收发话报及电灯厂、发电厂时间之延长，广播节目之增加，民营事业在必要时并得改变其组织以适合防空之用。

第十二条　实施本法第八条第四款时，人民所受之损失，应组织评价委员会办理补偿事宜。

第十三条　实施本法第八条第五款时，应先命令老弱妇孺、无职业人民迁移，其负有防空任务或必须居住城市之人民应限制之。

第十四条　实施本法第八条第七款时，应于事先拟具防空附捐征收计划，载收支数目及用途，俟呈奉核准后方得开征，其保管由防空主管机关组织基金保管委员会办理之。

但防空附捐收支情形，应于每三个月由各省防空主管机关汇报察核。

第十五条　关于防空人力、物力之征用权，由左列各长官行使之：

1．国民政府军事委员会委员长；

2．防空委员会委员长；

3．空军军区司令；

4. 空军路司令；

5. 省、市及要地防空司令；

6. 防空指挥官。

前项三、四、五、六各款长官行使征用权，应会同当地军政机关长官行之。

第十六条　关于防空人力物力之征用，除依照本法及本施行细则办理外，并援照军事征用法及国民工役法办理之。

第十七条　本法第十条所称防空上之秘密，系包括防空上之一切秘密防空设备，系包括防空上之一切设备，如有泄漏防空秘密或破坏防空设备而致妨碍防空工作或发生危险者，分别以左列治罪：

1. 泄漏防空上之秘密者，以泄漏军事机密论，依军机防护法处断。

2. 破坏防空设备而致妨碍防空工作者，以损坏军用场所建筑物论，依陆海空军刑法处断，因而发生危险者，并依普通刑法公共危险罪从重论处。

3. 知为防空上之秘密因而破坏设备设施盗取者，以损坏军用场所建筑物与盗取军事机密论，依陆海空军刑法、军机防护法从重论处断。

4. 意图所有而盗取前款以外之物品，并无破坏防空设备之故意，未致妨碍防空工作之结果者，以通常盗取论，依普通刑法窃盗之罪处断。

5. 在剿匪或戒严区域犯第二、第四两款而有损坏或盗取防空通讯线料之行为者，并依惩治盗匪暂行办法从重论处。

第十八条　本法第十一条所称防空设备及实施所需经费，其支给之规定如左：

1. 积极防空各项设备之经费，由中央统筹支付，其有地方性者，由地方支给之。

2．防空情报经临各费，应由地方支给，但有特殊情形者，得由中央酌予补助之。

3．消极防空所需之经费，由地方支给之。

第十九条　服务防空官吏、士兵及人民遇有伤亡，其抚恤规定如左：

1．防空机关、部队、学校、监视队哨官兵照陆军平战时抚恤暂行条例办理。

但上列以编制额定官兵为准，其为兼任性质者，仍照原任本职分别抚恤（如文官、法官、警官及长警等）。

2．防护团人员包括下列各种：

宪兵、陆海空军官兵、保安团队、警察、行政人员、消防人员、军训团员生、地方绅民、地方壮丁。

以上人员应各依其身份适用陆海空军抚恤条例、公务员恤金条例、人民守土伤亡抚恤实施办法及其他抚恤规定（如地方保安团队及红十字会等），分别办理。

第二十条　本细则自公布日施行。

〔联合勤务总司令部档案〕

8．国民政府公布中华民国战时军律令

（1942年4月4日）

国民政府令　三十一年四月四日

兹制定中华民国战时军律公布之。其于民国二十八年十月二十一日修正公布之中华民国战时军律，应即废止。此令。

主　　席　林　森

立法院院长　孙　科

中华民国战时军律　三十一年四月四日公布

第一条　本军律于军人、地方团队人员及文职公务员在战时

犯罪者适用之。

无前项身份之人犯，第六条至第八条或第十六条之罪者，亦适用本军律。

第二条　不奉命令，放弃守地，至陷军事上重大损失者，处死刑。

第三条　临阵退却或托故不进者，处死刑。

第四条　敌前反抗命令或不听指挥者，处死刑。

第五条　降敌者，处死刑。

第六条　主谋要挟或指示为不利于军事上之叛乱行为者，处死刑。

第七条　意图妨害抗战，扰乱后方者，处死刑。

第八条　意图妨害抗战，而造谣惑众摇动军心者，处死刑。

第九条　纵兵殃民者，处死刑。

第十条　携带枪弹、粮饷或其他重要军用物品逃亡者，处死刑。

第十一条　抢劫或强奸者，处死刑。

第十二条　包庇走私者，处死刑。

第十三条　浮报或冒领军实者，处死刑、无期徒刑，或十年以上有期徒刑。

第十四条　有左列行为之一者，处无期徒刑，或十年以上有期徒刑：

一、无故不就指定地点，或擅离配置地者。

二、奉令前进，托故迟延者。

三、虚报敌情，至影响于指挥官之判断者。

四、玩视敌情，不为适当之处置者。

五、捏报战绩，或战斗失利不报者。

六、对于作战或与作战计划有关之命令，奉行不力，致未达成任务者。

七、对于械弹、粮饷或其他重要军用品，不尽保管之责，致遗失、损坏或烧毁者。

八、在接战地域，未经当地军事指挥官允许，而迁移机关之所在地者。

犯前项之罪，因而失误军机者，处死刑。

第十五条　部队长无故擅离部属者，处七年以上有期徒刑，因而发生事变或失误军机者，处死刑。

第十六条　在抗战期内不履行供给军需或国防有关事项之契约，或不照契约履行者，处三年以上十年以下有期徒刑，因而贻误军事或妨害抗战者，处死刑或无期徒刑。

因过失犯前项之罪者，处三年以下有期徒刑。

犯前二项之罪者，并得强制其履行契约。

第十七条　无故遗弃伤病官兵者，处七年以上有期徒刑。

第十八条　以军用舟车、航空器供私人使用图利者，处五年以上十年以下有期徒刑。

第十九条　犯本军律之罪者，除在作战区域，战区司令长官对于专科死刑之现行犯，得为紧急处置，迳以命令处刑，事后呈报备查外，由有军法职权机关依左列程序审判，呈经中央最高军事机关核准后执行之：

一、军人依陆海空军审判法之规定审判之。

二、地方团队人员及文职公务员，按其级职，比照军人阶级，准用前款规定审判之。

三、前二款以外之人犯，以军法官独任审判之。

第二十条　在作战区域犯本军律之罪，除依前条规定，应组织高等军法会审审理者外，其余案件，战区司令长官得迳下宣告判决之命令，补呈卷判备核。

前项案件，中央最高军事机关得随时提审、莅审或移转管辖。

第二十一条　军人犯本军律所规定以外之罪者，依陆海空军刑法办理。

第二十二条　本军律自公布日施行。

〔国民政府档案〕

9. 军事委员会政治部奉发抚恤委员会委托邮政机关发给恤金章程训令

（1943年3月6日）

国民政府军事委员会政治部训令　公四巴32字第10395号

令秘书室

案奉本会办制渝字第4600号令开："案据抚恤委员会主任委员何健呈报，拟委托邮政机关发给恤金章程，经核尚属简便可行，除指令准予施行并函行政院转饬及分令外，合行检同该项章程，令仰遵照并饬所属遵照"等因。奉此。除分令外，合行印发前项章程，仰即遵照。此令。

附发委托邮政机关发给恤金章程一份。

部长　张治中

中华民国三十二年三月六日发出

军事委员会抚恤委员会委托邮政机关发给恤金章程　民国卅一年十二月军委会办制渝字第4600号指令核准

壹、总则

第一条　凡根据恤金给与令，应行发给之恤金由军事委员会抚恤委员会预拨恤款，委托邮政机关代发，其手续悉照本章程办理。

第二条　上项预拨之恤款，由抚恤委员会预计每年应发恤金数目，分次整存邮政储金汇业局，开具支票储金专户，照活期存款办法存付，其存款余额按周息五厘计算利息，每半年度终了时，由邮政储金汇业局检具结息单，送抚恤委员会，列为国库收入。

上列预拨之恤款，应分存各省邮政机关，备发时即在划拨之日开列分存概算表，签发分存总数支票(是项支票仅为拨帐之用，不付现金，下仿此)一并送邮政储金汇业局，按表列金额分存各省邮政管理局备付，并由抚恤委员会通知中、中、交、农四行免费汇拨各该省邮政管理局，即由该管理局以省抚恤处户名开列支票储金帐，其办法与本条前节同。

贰、受恤人领取恤金

第三条　领恤人请领一次恤金及年抚金时，应备具保证书，以当地之保甲乡镇长为当然保证人，加盖私章及该乡镇公所钤记连同恤金给与令随时呈各该省抚恤处查明签发取款领据(保证书格式及说明，如附件)。

前项保证书由抚恤委员会印制，送请邮政总局分寄各地邮局或代办所，由受恤人就近随时取用。

第四条　领恤人收到抚恤机关寄发之恤令及签发领据后，应持同原件携带私章，就近迳向住在地县辖境内各邮局缴验原件，当面在领据及通知联内盖章支取恤金。

叁、抚恤机关

第五条　军事委员会抚恤委员会驻在各省抚恤处，收到领恤人寄呈之恤令及请领恤金保证书，经查案验明无讹，即于恤金给与令内加盖发讫戳记。

签发恤金支付书，书共四联：(一)存根联连同保证书存处备查。(二)领据联连同恤令寄还领恤人，持向邮局取款。(三)通知联按日核计总数，签发支票，造具清册二份，连同支付通知书一并送驻在省邮政管理局，分别通知发款。(四)报告联按月造具清册一份(按一日为序加具小计)呈送抚恤委员会核备(四联恤金支付书格式及使用须知，如附件二，清册格式，如附件三)。

第六条　上列四联之恤金支付书，由抚恤委员会印制发交驻省抚恤处领用，按各该省简字自行编列字号，以驻在省区内各邮局使用为限，其式样，由抚恤委员会函送邮政储金汇业局转各地邮局查对。

第七条　向抚恤委员会具领或迳发之恤金照上列规定办理，但受恤人亲赴抚恤委员会请领者不在此限；其保证及领据式样，得适用本章程之所定。

第八条　抚恤委员会根据邮政储金汇业局所汇送之恤金领据及邮政管理局掣给邮汇费收据，按月列报计算。

肆、邮政机关

第九条　各邮政管理局接到抚恤机关所签发之恤金支付通知书、支票及清册后，应随即将恤款及支付通知书，按址转发备付，不得迟延。

第十条　各地邮局（邮政代办所及特殊情形之邮局除外）接到受恤人所持领据核对恤金支付通知书，验明恤令姓名相符，申领恤人当面在领据及支付通知书上加盖名章，并由邮局将恤令及通知领据各联盖用当日邮戳，即照书面所记金额支付现金；如受恤人同意，得由邮局开列储金存簿交付，其恤令仍交还领恤人收执。

恤金给与令及领据姓名不相符合及缺少一种或领恤人印章与姓名不符者，均拒绝付款。

第十一条　各地邮局付款后于领据联上，应加盖局长及负责发款人印章，按各省抚恤处签发号次，开附清册，层转邮政储金汇业局，按月汇送抚恤委员会核办（册式如附件三）。

本条所列之领据，于寄递遗失时，得由邮局将已经受恤人盖有名章之恤金支付通知书，层转抚恤委员会报销。

第十二条　按本章程第九条分发恤款，所用挂号邮资及恤金汇费，由邮政储汇局，于每月汇送恤金领据及清册时，依各邮政管理局，掣给手据，实数开具邮汇费总收据，并送抚恤委员会，签发支票转帐。

伍、附则

第十三条　领恤人接到签发领据及发还之恤令，遇有遗失，得向付款邮局以书面挂失，并呈报原发抚恤机关。

但上附申请书到达邮局而恤金已凭领据及恤令支付者，不得向邮局索偿。

第十四条　签发恤金领据及支付通知书之日起，各受恤人未经呈奉核准，而在六个月内，不往兑取者，均停止付款，并由邮局将原发恤金支付通知书缴送抚恤委员会注销。

第十五条　本章程如有未尽事宜，得由抚恤委员会及邮政储金汇业局会商同意后，呈请修正之。

第十六条　本章程自核准日起施行。

〔国民政府军委会政治部档案〕

（二）部队组织编制

一、军官佐法规

（1）陆海空军官制官规

1. 国民政府修正公布参谋本部陆海空军驻外武官条例

（1937年7月27日）

参谋本部陆海空军驻外武官条例　二十六年七月二十七日修正公布

第一条　参谋本部为求国际间军事联络起见，得派遣驻外武官于大(公)使馆。

第二条　驻外武官直隶于参谋本部，并受驻在国之本国大(公)使之指导。

第三条　驻外武官应派遣于各国之员额，如附表。但参谋本部得视事务之繁简，随时酌量增减之。

第四条　驻外武官由参谋本部遴选晓畅军事、深明党义、熟识国际情形，精通派遣国并其他国之外国语文，曾在国内外军事专门学校毕业者，分别任用之。

第五条　驻外武官分为武官、副武官，武官阶级为少将，上、中校，副武官为中、少校，上尉，由参谋本部遴选，分别任命之。

第六条　非参谋本部职员而任驻外武官，最少须在参谋本部服务半年然后出国。

第七条　参谋本部于必要时，得指定驻在某国武官兼任邻近某同一军籍武官事务。

第八条　同一驻在国陆海空军军籍正、副武官以不同兵种为原则，正武官缺席时，由参谋本部指定同一军籍高级副武官或驻在邻国同一军籍武官代理。

第九条　驻外武官经呈奉参谋本部核准后，得酌用办事员。

第十条　驻外武官之任期定为三年，如有特别情形得变更之。

第十一条　驻外武官之薪俸及其他各项费用另表定之。

第十二条　驻外武官之办事通则暨服务细则，由参谋本部另定之。

第十三条　本条例自公布之日施行，如有未尽事宜由参谋本部呈请修正之。

〔参谋本部档案〕

2. 军事委员会颁发陆海空军人事保证规则训令

(1938年3月29日)

国民政府军事委员会训令　铨(二)汉字第三三七七号

令政治部

为令遵事。本会为防护军事机密起见，经重新规定陆海空军人事保证规则，于廿六年十二月十三日铨(二)字第三一六一七号训令通饬施行在案。查上项规则内应附联环保结格式，漏未封寄，合亟连同规则一并随令补发，仰即转饬所属切实遵照办理。此令。

计发陆海空军人事保证规则一份、空白保证书及联环保结各一份。

委员长　蒋中正

中华民国廿七年三月廿九日

陆海空军人事保证规则　民国廿六年十二月十三日军事委员会铨(二)字第三一六一七号训令公布

第一条　陆海空军各机关、学校、部队新进人员(包含初任、复任、投效、召集人员以及各学校班队招收之新生与新兵)必须自觅保证人两人，出具保证书(保证书格式附后)，对保证人服务机关或肄业之学校负被保证人纯正忠实及保守军事机密之责，对于会计及现金出纳人员，更应负廉洁之责。

第二条　前条保证人之资格如左：

(1) 新进人员之保证人，以与被保证人较高官阶之现职军官佐属或相当文官为限。

(2) 学生之保证人，以现职军官佐属文官及有资产之职业者，或原籍之教育局长，肄业时学校校长为限。

(3) 会计及现金出纳之保证人，除(1)项规定之外，更应有资产相当之职业者。

(4) 新兵之保证人，依征募规则之所定。

(5) 什兵夫役之保证人，以本机关学校部队之现职官佐属及正当商铺为限。

第三条　各机关学校部队现职人员，及现在各军事学校肄业之学生应具联环保结(联环保结格式附后)。

第四条　上项联环保结，以每五人行之，但单位编制不满五人者，得以三人行之。

第五条　被保证人在服务期内，如有反动行为或泄漏军事机密或舞弊情事，按其情节轻重，保证人应受连带处分，其舞弊者，保证人应负追赔之责。

第六条　联保人有前条情事者，其互负之责任，与保证人同。

第七条　直隶长官对于所属人员，不得以有保证或联保而疏其监督之责。

第八条　保证书应于请委人员时随案附呈，联环保结由各机关部队长官保存。

第九条　本规则自公布之日施行。

附：保证书及联环保结书〔略〕。

〔军委会政治部档案〕

3. 军事委员会公布各省高级军事机关代核军法案件暂行办法令

（1938年5月15日）

国民政府军事委员会公布令　法审寅武（二）字第2811号

兹修正各省军事机关代核军法案件暂行办法为各省高级军事机关代核军法案件暂行办法，公布之。此令。

委员长　蒋中正

中华民国廿七年五月拾伍日

各省高级军事机关代核军法案件暂行办法

第一条　依县长及地方行政长官兼理军法暂行办法审判之军法案件，除其他法规有特定者依其规定外，得依本办法由各省高级军事机关代核。

前项案件经中央最高军事机关认为有直接审核之必要时，得随时饬令送核。

第二条　代核之机关如左：

一、已设中央军事最高长官行营各省，由行营代核。

二、未设行营各省，由绥靖主任公署代核。

三、未设前二款军事机关各省，由全省保安司令代核。

四、未设前三款军事机关各省，由常设之高级军事机关代核。

如在战区或因其他情形依前项规定确有窒碍时，由中央最高军事机关指定代核机关。

第三条　代核之案件如左：

一、军人犯罪士兵处有期徒刑五年以下，尉官处有期徒刑二年以下，或违犯军风纪应予撤职以下之处分，而该军人属于该管直辖部队或机关者。

二、犯禁烟法令判处有期徒刑三年以下，或犯修正剿匪区内惩治土豪劣绅条例处有期徒刑五年以下者。

三、犯其他法令判处有期徒刑十年以下者。

前项刑期以初判宣告刑为准，其经各省军事机关驳回改判，或初判原情酌减至前项刑期者不在此限。

第四条　不合前条规定之案件，如因特殊情形于呈核确有窒碍者，中央最高军事机关得临时委任各省高级军事机关代核。

第五条　代核案件之呈核程序，及对于送核案件之处置办法适用县长及地方行政长官兼理军法暂行办法之规定。

第六条　代核机关应将每月代核案件于月终列表检判，汇呈中央最高军事机关备案。

第七条　中央最高军事机关如认代核案件有疑义或发觉错误时，得调卷复核，予以纠正或发还复审。

前项复审案件，须呈经中央最高军事机关核定。

第八条　本办法自公布日施行。

〔国民政府国防部史政局及战史会档案〕

4. 军令部奉发战时任官暂行办法训令

（1939年5月7日）

国民政府军事委员会军令部训令　总德人字第7920号

令本部战史编纂委员会

案奉本会二十八年四月二十四日铨(一)渝字第7999号训令开：查自抗战以来，陆空军军官佐人事已多变迁，平时人事法规间有不尽适合者，就中以任官一项尤然，自应略事变通，以期应合现状。兹规定战时任官暂行办法三则随令附发，仰即遵照并饬所属一体遵照。等因；附战时任官暂行办法。奉此。除分令外，合行抄同原件，令仰遵照并饬所属一体遵照。此令。

附抄发战时任官暂行办法一份。

部长　徐永昌

中华民国二十八年五月七日发出

战时任官暂行办法

一、抗战期间官职暂不相称，以官低于现职一阶为常则，俟复员后再调整之。

二、战列部队（机关学校除外）各阶官佐之停年缩短如左：

官　阶	规定停年	缩短停年
少尉晋中尉	一年半	一　年
中尉晋上尉	二　年	一　年
上尉晋少校	四　年	二　年
少校晋中校	三　年	二　年
中校晋上校	三　年	二　年
上校晋少将	四　年	三　年
少将晋中将	三　年	不　减

但于复员之日起，各阶所减停年总数之半，于本阶停年内扣还之。

三、考绩停办期间对晋任之审核增列勋绩一项，俟考绩恢复时废止之。

〔国民政府国防部史政局及战史会档案〕

5. 军令部奉发被俘逃回官兵处置暂行办法训令

(1939年9月8日)

国民政府军事委员会军令部训令　渝三宣制字第93号

令本部战史编纂委员会

案奉委座俭令二信渝代电开：查自抗战军兴以来，我将士争先恐后奋勇杀敌，难免不无少数官兵陷落敌手，其中或从容就义或乘机逃回，志节凛列，殊堪嘉许，惟恐间有意志薄弱之官兵受敌威逼利诱，为敌所用混迹归来，为害甚大。兹为缜密防患起见，特订定被俘逃回官兵处置暂行办法，除分电各行营及战区司令长官部外，兹检发该办法一份，希查照并饬所属遵照。等因；附发被俘逃回官兵处置暂行办法一份，奉此。除分令外，合行抄附原办法一份，令仰遵照并饬所属遵照。此令。

附抄发被俘逃回官兵处置暂行办法一份。

部长　徐永昌

中华民国二十八年九月八日

被俘逃回官兵处置暂行办法

一、凡被俘逃回之军官佐士兵均依照本办法办理之。

二、收容被俘逃回官兵，无论人数多寡及其被俘时间之久暂，均应另置一处，予以严密侦查与监视，并查询敌情，以免被敌利用。

三、被俘官兵在十日内逃回者，应即递送团部，由政训员会同情报人员缜密询查后，认为情节可原并确属忠实可靠者，即送归原队服务，如遇有可疑之处，应层报上级司令部询办。

四、被俘官兵在十日以上逃回者，应由原部队先予以严密监视查询，并将其被俘经过与其所述敌情，及其履历品行思想入伍时期分别造册，于三日内递送师部，由师政治部会同情报参谋详细研询后，再待查询经过递送集团军总部，予以侦察监视，并施以感化教育后，经查察确属忠实者，方准归队。

五、被俘逃回之官兵，经严密查询与感化教育后，如确认忠实可靠而有特种才干与技能堪充反间谍者，可由高级司令部情报科征用之。

六、各部队收容被俘逃回之友军官兵，应即查明其原属部队，送归其原属部队，或通知其原属部队领回办理之，不得私自留队服务或补充缺额，如其驻地相距过远未便押送时，应即递送高级司令部办理。

七、被俘逃回官兵之管理训练，及实施感化教育等事项，由集团军总部派员兵协同政治部负责办理，其训练方式与期间，可由该负责人员酌定，并呈报各该部主管查核。

八、私留被俘逃回官兵，匿而不报者，得按情节轻重，依照陆海空军惩罚法第2条之规定处罚之。

九、被俘逃回官兵，如经侦查确有通敌证据，或被俘后受敌利诱为敌作反间工作者，均得以汉奸论罪。

十、关于收容被俘逃回官兵及其处置情形，应随时层报备查。

十一、本办法自公布日施行。

〔国民政府国防部史政局及战史会档案〕

6. 军事委员会关于各军事机关学校部队章制审核之限制办法训令

(1940年1月2日)

国民政府军事委员会训令　办制渝字第二二三二号

令本会政治部

查近来各机关学校部队往往藉故呈请扩充组织，增设人员，或提高阶级改良待遇，间有未经核准即迳呈请备案，或先擅自施行，扰乱经费人事，莫此为甚。方兹建军行将开始，整军已在进行，此等现象亟应严加整理纳入正轨。关于军事章制，本会设有层层主司机关，以后各军事机关学校部队所有章制非经核奉本委员长批准不得颁行。兹特厘定各军事机关学校部队章制审核之限制办法一份，除分令外，合行抄同该办法令仰遵照，并参照本会本年三月二十一日办制渝字第一二八三号训令各节切实奉行，毋稍违忽。切切。此令。

附抄发各军事机关学校部队章制审核之限制办法一份。

委员长　蒋中正

中华民国二十九年一月二日

各军事机关学校部队章制审核之限制办法　二十九年一月二日军委会办制渝字第二二三二号令颁

一、在本案未成立前之章制均暂仍旧，非奉特令不得藉口特例之名增制，擅请扩充组织提高阶级。

二、各机关学校之特殊机密之章制，得迳呈本委员长亲自批准。其余关于扩充组织提高阶级等案，一律由主办章制机关审核并呈请核定行之。

三、各机关学校对于下列章制，概应经主办章制机关审核，并签奉本委员长或参谋总长核准，不得擅自施行或仅请备案：

1．请增设机关学校案。

2．请扩充机关学校案。

3．请修改部队现行编制案。

4．请提高编制内人员阶级案。

5．请修正组织法大纲条例案。

6．拟呈条例请核备案。

7．修正某种条例与他机关有连带关系者。

8．除第四项外关于军事一切规章拟订与修正。

9．在节余经费项下，请修正编制者。

四、各机关学校对于下列章制可迳行办理，事后报请备案：

1. 由条例所产生之办事细则、服务规程与他机关冲突者。

2. 为便利业务起见，不增加经费，不提高阶级，在某编制内发现有须加调整者。

〔军委会政治部档案〕

7. 军事委员会关于抗战期间中校以下军官叙晋官位训令

(1940年1月12日)

国民政府军事委员会训令　铨一字第八一八号

令政治部部长陈诚

案查抗战期间中校以下军官佐叙晋官位先由本会核定，以任官令布达，俟再汇案转呈国府任命，历经办理在案。值此长期抗战人事迁调，部队移动，颁发官状寄递不便，为尊崇官位，以昭慎重起见，所有中校以下官位先以本会任官令布达者，兹经决定汇案转陈国府补任，在国民政府公报公布，并即以本会布达之任官令为凭，不另发任官状，一俟抗战终止复员后，遇中校以下军官佐之叙晋时，再照规定办法呈请国府颁给任官状。除分令外，合行令仰知照并转饬所属知照。此令。

委员长　蒋中正

中华民国二十九年一月十二日

〔军委会政治部档案〕

军事委员会颁发战时任官审核晋叙之一般标准训令

(1940年2月23日)

国民政府军事委员会训令　铨一字第4685号

令政治部

查战时任官暂行办法，经于二十八年四月以铨一字第七九九九号训令令行遵照在案。兹依照该项办法增订审核晋叙之一般标准，随令颁发，仰即遵照，并转饬所属一体遵照。此令。

附：战时任官审核晋叙之一般标准

战时任官审核晋叙之一般标准

一、在抗战期间，以官低于现职一阶为常则（如集团军总司令或军长最高官阶为中将，师长最高官阶为少将，旅长为上校，团长为中校），其已任官或已晋任至低于现职一阶者，虽考绩、学资、停年等合于晋升规定，亦从缓晋，俟复员后再调整之。

二、前后方机关主管官及幕僚人员，亦按编制职级照前条原则办理。

三、其作战建立功勋或考绩最优者，得呈请核予勋奖，不得以官阶晋升为酬庸。

四、如职位升迁，而官受缓晋者，可核予职级支薪。

委员长　蒋中正

中华民国二十九年二月廿三日

〔军委会政治部档案〕

9. 军事委员会颁发战时军官佐降级处分暂行办法训令

（1940年5月14日）

国民政府军事委员会训令　办制渝字第一四零五号

令军令部

查陆海空军军官佐之降级处分，前未明文规定，值此抗战时期，事实上常有采用降级处分之需要。兹为执行时有所依据起见，特制定战时军官佐降级处分暂行办法一种，随令颁发。除分令外，合行令仰知照，并饬所属一体知照为要。此令。

计抄发战时军官佐降级处分暂行办法一份。

委员长　蒋中正

中华民国二十九年五月十四日

战时军官佐降级处分暂行办法

第一条　陆海空军军官佐战时之惩罚，除其他法令已有规定者外，得适用本办法规定之降级处分。

第二条　凡过犯不至撤职而非他种惩罚所能满足时，得予以降级处分。

第三条　凡受降级处分者，在其期限内均降支低于本职一级之职薪，至其处分撤销或抵销时为止。

第四条　降级处分以一级为限，不得连续予以相同之处分。

第五条　受降级处分者，其官位及年资均不发生连带关系。

第六条　受降级处分者，经半年后核其服务勤奋，确有成绩表现时，得撤销其处分；如着有功绩时，虽未经半年得随时抵销之。

第七条　受降级处分者，在未经撤销抵销以前，不得晋升官职。

第八条　降级处分之实施及撤销、抵销，均以命令行之。

第九条　少校及三等正以上之降级，由最高军事机关核定公布之，上尉及一等佐以下之降级，须呈经最高军事机关核准施行。

前项之规定，其撤销、抵销时亦同。

第十条　本办法第三条之所定，其职薪余额列入其部队机关节余，按月依照规定呈报。

第十一条　本办法自公布日施行。

〔国民政府国防部史政局及战史会档案〕

10. 军事委员会关于各级政治部主任协同各级指挥官考核命令实施暂行办法代电

(1940年10月1日)

国民政府军事委员会代电　中华民国二十九年十月一日
第五六八二号

查抗战以来，各级部队对命令奉行多不能彻底，实为国军最大缺点，亟应切实考核，以图改进。兹订颁各级政治部主任协同各级指挥官考核命令实施暂行办法随电附发，除分电外，仰即遵照并转饬所属遵照为要。附发各级政治部主任协同各级指挥官考核命令实施暂行办法一份。蒋中正。令一页。印。

各级政治部主任协同各级指挥官考核命令实施暂行办法

一、为协同各级指挥官考核所发命令是否实施及其实施程度，俾使各级部队官兵均能确实贯彻命令，增强抗战力量起见，特订定本办法。

二、各级指挥官对于命令之作为记述下达传达，须根据阵中要务令所示诸原则，兼参考抗战所得诸经验，务期适时适切确能规律部下行动，各级政治部主任亦应随时尽到协同考核责任。

三、各级政治部主任(集团军为政治特派员，团为政治指导员，以下同)考核命令实施应以逐级考核为原则(例如各战区政治部考核所属各集团军，各集团军政治特派员考核所属各军，各军政治部考核所属各师旅)，其余依部队系统类推。

四、各级政治部主任考核命令实施，除随时向下级政治部查询外，并应亲赴次级部队实施考察，每次考核完毕后应即呈出报告于直属之上级政治部，并同时通告同级指挥官以凭考核。

五、上级指挥官下达命令时，须依照各级部队长官与政工人员工作协进办法第三条第一款之规定，同时以附件转达其受令指挥官之同级政治部主任。

六、各级指挥官受领上级指挥官命令后，应将其计划及实施之大要，与尔后适应状况所取之处置，适时告知同级政治部主任，使其明瞭关于自己遂行所受任务之概况。

七、各级政治部主任须随时注视确知并纪录同级指挥官执行上级命令之经过，以备上级政工主官之考察。

八、各级政治部主任负有绝对保持作战机密之责，如不明同级指【挥】官之作为或有疑问时，得咨询之，但无干涉其行动之权，各级指挥官皆有答复同级政治部主任咨询之义务。

九、各级政治部主任应与同级指挥官共同行动，各级指挥官亦应确实给予同级政治部主任行动以便利，期切取联络见闻一致，不得有猜忌摩擦及其他不当行为。

十、违背本办法之规定者，除法令别有规定外，余按所犯情节从重处断。

十一、依军队区分所成立之部队，悉依本办法办理。

十二、对于各战区长官奉行命令之考核，由中央各主管机关，各就所管业务分别考核之。

十三、本办法自公布日施行。

〔国民政府国防部史政局及战史会档案〕

11. 政治部第一厅增设各部队连指导员实施办法签呈稿

（1940年12月31日）

签呈　十二月卅一日于第一厅

兹根据本部工作纲领乙项第三款之规定，拟具增设各部队连指导员实施办法一份，理合签请鉴核示遵。谨呈

部长张

附增设各部队连指导员实施办法一份。

职　袁〇〇

增设各部队连指导员实施办法

一、依据本部工作纲领乙项三款之规定，特订定本办法，以为增设连指导员实施之根据。

二、连指导员增设之步骤分左列日期行之。

第一期：本年二月初旬至三月底，各补训处全部设置完毕。

第二期：全国已设政工之部队，自本年三月初旬起至九月底止，设置半数。即每一连指导员兼任两连工作。例如第一营第一连连指导员须兼该营第二连工作。

第三期：已设置半数连指导员之部队，于本年十月初旬起至十二月底止，以全数二分之一，再增设连指导员半数。即全国两百个师中，先以一百个师全部设置连指导员，换言之即再增设全部连指导员四分之一。

以上为第一种办法，其次即于已设置半数连指导员之部队于本年九月初旬起至十二月底止，再普遍增设四分之一额数。例如四连之营，第一、第二两连按数设置，第三、第四两连则仍照旧兼任。两办法请决定一种。

第四期：所余四分之一连指导员于卅一年一月起至六月底止，逐次全部设置之。

三、连指导员之来源如左：

1. 各部队见习满期之战干团及各分校政训总队毕业学生。

2. 各战区及军政治部政治队队员之战干团毕业者。

3. 按照新颁团指导员室之编制，编余之干事、助干，其出身为军人及战干团毕业者。

以上人员设置于第一、第二两期。

4. 本部所办中下级政工人员训练班毕业生，包括本部调训之下级政工人员、部队保送受训之军官军士、各地投效之军校战干团出身学生。

以上人员设置于第三期及第四期。

四、各补训处应遵照本部新颁之团指室编制，于一月底以前将编余之干事、助干分派到连，于二月初开始服务，所缺人数专案呈报本部，听候拨派或照本办法第三条一、二、三三项之规定选充之。

五、各单位(除补训处)应遵照本部新颁之团指室编制，于二月底将编余之干事、助干分派到连，于三月初开始服务。

六、各战区及军政治部政治队队员之战干团毕业生担任连指导员者，应于二月底以前适当分配所属单位任为连指导员。

七、各单位遵照命令于第二期设置之连指导员编配完毕后，应即暂时停止补充，如有适当人选须应考核，遵本部所办之中下级政工人员训练班受训。

八、第三期、四期应设置之连指导员概须于本部中下级政工人员训练班之毕业生分派充任之。

九、团指室编余之干事、助干如有人适宜任连指导员者，应择优派充。所属指导员室之干事或各战区及军政治部之政治队队员，其能力不堪造就者，准予遣散，发薪一月作为遣散费。

十、连指导员自到连服务之月起，每员每月(兼任者同)支给办公费十五元，由团指导员请领转发。

十一、本办法自公布日施行。

〔军委会政治部档案〕

12. 军事委员会关于军官升迁调补注意事项训令

(1941年3月17日)

国民政府军事委员会训令　铨二渝字第6662号

令政治部

查人事处理本会自有权衡，升迁调补悉依法则。乃近有许多军官非分要求报会，自请调任某职或不依规定程序迳请分发工作。

以此情形，不但妨碍铨政，抑且有忝军纪，亟应严予制止。兹特制订人事注意事项如左：

（一）军官佐调职，一经命令发表，应即遵照到职，不得有非分请求。即有困难，亦须报由所隶长官转报核办，绝对不许越级呈报。

（二）凡合于陆军军官佐任职暂行条例第七条堪以调职之军官，应由所隶单位长官建议，密呈本会核办，不得自请调职。

（三）现役无职闲散军官，应向中央各军事学校毕业生调查处登记，由该处考察其去职与失业原因是否正当，及其性行、才能、体格分别堪任职务与入校受训列册报会核办，不得迳呈本会请求工作。

（四）凡堪任师长、补训处长等人员，得由军长以上所隶长官建议密呈本会，经审查合格后核予任用。如一时无缺，先予存记，以备选用。此项存记人员对外概不发表，各该长官亦不得事先通知被呈保者。除分令外，合行令仰遵照。此令。

委员长　蒋中正

中华民国三十年三月十七日

〔军委会政治部档案〕

13. 军事委员会铨叙厅关于军用文官各项任用条例实施日期公函

（1941年7月2日）

军事委员会铨叙厅公函　字第3000号

案查军用文官、军法及监狱人员、军用技术人员等任用条例，改由民国二十九年十月一日实施，曾奉军事委员会二十九年十一月十一日铨一字第三〇二三一号训令通饬并加具注意事项明白解释在案。乃军文登记举行以来，凡申请登记人员仍有以二十九年十月一日军文各种任用条例施行以后之晋升或调任之任职证件检附，并将此项经历填入登记审查表送请签转，随经本厅按照二十九年九月三十日以前之职级审查签准转送铨叙部核办，在铨叙部方面却认为与现任军用文职人员登记条例第一条之规定不符，先后退还。复经本厅函请酌予圆融，以免向隅，续请核登亦在卷。兹复奉会交铨叙部三十年六月十八日甄资字第九四八九号公函开：查现任军用文职人员登记条例第一条规定，现任军用文职人员在各项军用文职人员任用暂行条例施行以前，经陆海空军主管机关呈请任命或核准委用者予以登记，各项军用文职人员任用暂行条例均于二十九年十月一日施行各在案。在施行后之军用文职人员新有任用或晋升官阶及改任职务等，依前条之规定均应依法任用，不能办理登记审查。本会呈送现任军用文职人员登记审查各案具有上述情形者，本部业经先后退还原表件不予登记审查在卷。此项人员固不能于办理登记审查而取得任简任、荐任、委任职公务员之资格，但依各该项军用文职人员任用暂行条例审查任用转送本部查核登记后，照军用文职人员转任普通公务员条例之规定，仍可转任普通公务员，拟请本会嗣后对于上项人员之登记审查表件不再为比叙核转，并饬依各该项军用文职人员任用暂行条例办理任用审查，以符条例而资捷便。事关军文人员之叙资问题，相应函请詧酌办理，仍希见复为荷。等由；并饬厅核办迳复。等因。查铨叙部以恪遵法规为前提，自应尊重其意见。除函复照办并通函各单位知照外，相应函达，即请查照并饬所属知照为荷。此致

政治部

厅长　吴恩豫

中华民国三十年七月初二日发出

〔军委会政治部档案〕

14. 国民政府关于修正公布陆海空军官佐服役暂行条例指令

(1941年7月5日)

国民政府指令　渝文字第一一八一号

令行政院

三十年六月十四日勇式字第九三九五号呈一件，为准军事委员会函送修正陆海空军官佐服役暂行条例转呈件均悉。陆海空军官佐服役暂行条例，业经照案修正明令公布并通饬施行矣。仰即转行知照。此令。

主　　席　林　森

行政院院长　蒋中正

中华民国三十年七月五日

修正陆海空军官佐服役暂行条例

第一条　陆海空军官佐，自任官起，至服役限龄止，有服役之义务，其依本条例第七条之所定，奉命延役者同。

陆海空军官佐(军官佐下简称)之官科及官秩，依官制之所定，军官佐之任官及任职，依另条例之所定。

军官佐之服役限龄如附表。

第二条　军官佐之服役期间，区分为现役及备役如左：

(甲)现役。自任官时起役，列入官籍，在平时战时，均服军职，是为现役。(乙)备役。

军官佐依本条例第四条之所定，由现役退役后，至服役限龄止，为备役。平时如受召集外，不服军职，战时应召任职。平战两时召集规则另定之。

备役期满，则予除役。

军官佐在现役中，依任职条例而免职、停职、撤职后尚未命其退役者及奉命入学者,均仍为现役。

军官佐服现役而达服役限龄者,则不服备役,迳予除役。

第三条　现役军官佐有左列各款之一者,应予停役:

(一) 已受陆海空军官职以外之他种官职者。——称为外职停役。

(二) 受免官之处分者。

(三) 因罪处刑在执行中或受有褫夺公权之宣告者。——称为刑事停役。

前项停役后,属于(一)款而至可回军服职者,属于(二)款而经复官者,属于(三)款而刑期既满或业经审结为无罪及取消通缉并均经复官者,均予回役。

第四条　现役军官佐退为备役时,分例退及甄退二种如左:

(甲) 现役军官佐有左列各款之一者,例退为备役:

(一) 停役满三年而未回役者,——总称为停役例退。

(二) 免职、停职、撤职满三年而未任职者,——总称为停职例退。

(三) 考绩连续三年不及格者,——称为考绩例退。

(四) 届满本官阶停年四倍而不能晋任者,——称为限年例退。

(乙) 现役军官佐有左列各款之一者,甄退为备役:

(一) 体质衰弱或病伤不堪服现役者,——总称病伤甄退。

(二) 因补充及官额等事实之必要,而规定退役员额时,考绩居后者,——称为依额甄退。

军官佐之考绩,依另条例之所定。

第五条　备役军官佐之免官停役、刑事停役及回役,与第三条对于现役军官佐之所定者同。又备役军官佐,对于召集不应召者,予以停役,称为违召停役。

前项军官佐至次期召集应召时,予以回役。

第六条　现役、备役军官佐(在停役中者亦同)有左列各款之一者，均予除役：

(一) 满服役限龄者，——称为限龄除役。

(二) 病伤残废不堪服各种役务而无恢复之望者，——总称为残废除役。

(三) 判处无期徒刑者，——称为刑事除役。

(四) 消失国籍者，——称为失籍除役。

备役军官佐连续不应召满三年者，应予除役，称为违召除役。

备役官佐停役满三年者，应予除役，称为久停除役。

第七条　因官额或事实之必要，对于限年例退者，须予延长役务时，为留退延役。对于限龄除役者，须予延长役务时，为留除延役。其应延役期间均以命令定之，期满分别退役、除役。

前项延役，对于第二条第三项由现役而应予除役者，其延役应仍为现役，或为备役，以命令定之。

第八条　军官佐之退役、除役及延役，由军政部、海军部呈经行政院转呈国民政府以命令行之。

停役、回役，由军政部、海军部命令行之，并呈经行政院呈请国民政府备案。

第九条　军官佐与服役有关之身份规定如左：

(一) 各种除役，均除官籍。

(二) 外职停役、违召停役，均留官籍。

(三) 免官停役，在未复官以前，失其官位，开除官籍。

(四) 刑事停役，同时免官，其尔后得予复官与否，视其案情定之。停役期间，开除官籍。

(五) 刑事除役、违召除役及失籍除役，同时免官，永不复官。

(六) 其他停役、除役之非免官者，仍保持其原有官位。

官籍规则另定之。

第十条　本条例之施行细则另定之。

第十一条　本条例施行日期，另以命令定之。

附表：陆海空军官佐服役限龄表

上将	七十
中将	六十五岁
少将	六十岁
上校	五十八岁
中校	五十五岁
少校	五十三岁
上尉	五十岁
中尉	四十七岁
少尉	四十七岁

（备考）空军官佐，空军〔中〕服务不论阶级，均以四十七岁为最大年龄。退役未达四十七岁者为空中备役，空中备役届满而未达服役限龄者，为地面备役。

〔行政院档案〕

15. 国民政府关于公布陆海空军军官佐官籍规则训令

（1941年7月21日）

国民政府训令　渝文字第六六六号

令军事委员会

为令知事。查陆海空军军官佐官籍规则，业经制定明令公布，应即通饬施行。除分令外，合行抄发该规则令仰知照，并转饬所属一体知照。此令。

计抄发陆海空军军官佐官籍规则一份。

主　　席　林　森

行政院院长　蒋中正

中华民国三十年七月二十一日

陆海空军军官佐官籍规则

第一章　总则

第一条　本规则依陆海空军军籍条例第一条、第十四条及陆海空军官佐服役暂行条例第九条订定之。

陆海空军军官佐官籍(以下简称官籍)之一切事项，除依陆海空军军籍条例所规定者外，悉依本规则施行。

第二条　军官佐在服役期间，关于本身事迹，除登载详细履历及考绩登记册外，扼要登记于官籍。

第二章　机关

第三条　军事委员会铨叙厅为官籍主管机关，办理总籍之调制及发行，各军事机关学校部队及军(师)管区为分籍主管机关，办理分籍之调制及发行。

第四条　陆海空军军籍条例第十四条第一项之官籍存用机关如左：

甲、总籍存用机关。

一、军政部；

二、军令部；

三、军训部；

四、政治部；

五、海军总司令部；

六、航空委员会；

七、军法执行总监部；

八、内政部；

九、司法行政部；

十、陆军大学校。

乙、分籍存用机关为分籍主管机关所在地之行政院直辖市政府及县(市)政府。

第三章　总籍

第五条　总籍按军的分类如左：

甲、陆军总籍。

(子)现役官籍：

一、军官籍。

1．将官籍；

2．宪兵科官籍；

3．步兵科官籍；

4．骑兵科官籍；

5．炮兵科官籍；

6．工兵科官籍；

7．通信兵科官籍；

8．辎重兵科官籍。

二、军佐籍。

1．军需官籍；

2．军医官籍；

3．兽医官籍；

4．司药官籍；

5．测量官籍；

6．军乐官籍。

(丑)备役官籍：

一、军官籍。

二、军佐籍。

乙、海军总籍。

(子)现役官籍：

一、军官籍。

1．海军官籍；

2．轮机官籍，

二、军佐籍。

1. 造械官籍；

2. 造舰官籍；

3. 军需官籍；

4. 军医官籍；

5. 测量官籍；

6. 航务官籍；

7. 电信官籍。

(丑)备设官籍：

一、军官籍。

二、军佐籍。

丙、空军总籍。

(子)现役官籍：

一、军官籍。

二、军佐籍。

1. 机械官籍；

2. 军需官籍；

3. 军医官籍。

(丑)备役官籍：

一、军官籍。

二、军佐籍。

第六条　总籍中各役人员，自任官开始起至首次官籍编印之年止汇为一辑，称曰某年度官籍总籍，以后每年年终继续编印，各冠以年度称谓，其籍中之内容依前条之顺序各分官阶，每一官阶按五笔检字法汇姓排列。

第七条　总籍中现役官籍，由铨叙厅依任官及服役条例之规定直接调制之。备役官籍，先由各师(团)管区，空军暂由空军总站，分别陆海空军军人造册呈军政部转咨其他有关各审查机关审查后，迳转铨叙厅汇编。

第八条　总籍各辑，应保管至其中所有在籍人员悉数经转籍或除籍尽讫后，由主管机关呈请军事委员会以命令销毁之。

第九条　总籍应妥慎保管列入移交，如机关被裁并时，应即交还。

第十条　总籍发行机关，应调制发行簿册编号记载，以便查考。

第十一条　总籍中军官佐之动态，由铨叙厅于每届年终列表通知各存用机关查照登记。

第十二条　总籍之外，应附设停役名簿如左：

一、外职停役名簿；

二、免官停役名簿；

三、刑事停役名簿；

四、无职人员名簿；

五、失踪人员名簿。

前项名簿由铨叙厅制用，不予发行。

第四章　分类

第十三条　分籍分左列二项编目，准用本规则第五条之规定：

甲、现役。

一、依编制单位立籍。

二、依官佐所隶籍贯立籍。

乙、备役——依在乡管区立籍。

第十四条　前条各分籍，由铨叙厅分别区划立籍范围，编列号数通知各分籍主管机关查照调制。

第十五条　各分籍主管机关，除将动态随时呈报直属上级机关转铨叙厅及通报各存用机关外，并应于每年十月以前，按编制及管区造具现役及备役简历册转铨叙厅，供年终调整官籍之参证。

第十六条　分籍主管机关对分籍之发行，除将第十三条甲项一款及乙项呈送直属上级机关外，并将同条二款及乙项分送第四条乙款存用之机关。

第五章　入籍

第十七条　现(备)役军官佐有左列情形之一者予以入籍：

甲、初任起役者于初任之日起役。

乙、补任(指前叙任言)起役。

一、在国民政府成立前任职者以中华民国十四年七月一日起役论。

二、在国民政府成立后任职者以任职之日起役。

第十八条　经入籍之现役军官佐受外职停役，备役军官佐受违召停役时，其姓名仍行列入，并保留其原有官籍。

第十九条　因免官除籍后，经复官回役者，由铨叙厅列入官籍。

第六章　转籍

第二十条　现(备)役军官佐有左列情形之一者，予以转籍：

甲、现役人员依陆海空军官佐服役暂行条例第四条之规定核予退役者，由现役官籍转入备役官籍。

乙、现役人员依陆空军官佐任官暂行条例第六条第一、二两款规定经核准转任者，由甲官籍转入乙官籍。

丙、准尉(佐)升任少尉(三等佐)时，由准尉(佐)籍主管机关将该准尉(佐)原籍移送铨叙厅转入军官佐籍。

丁、备役军官佐有变更隶属或籍贯及人事上变动之情事时，由本人或其家族或原住所之保甲长随时递报其原属机关或官籍主管机关，转变其官籍。

戊、经核准晋任者，于晋任之日由次阶官籍转入上阶官籍。

第七章　除籍

第二十一条　现(备)役军官佐有左列情形之一者，予以除籍

甲、有危害民国行为经检举或查获证据属实者。

乙、经宣告免官停役或刑事停役者。

丙、满服役限龄因而除役者。

丁、病伤残废不堪服各种役务因而除役者。

戊、死亡者。

除役人员须分别登记之。

第二十二条　除籍各种名册应继续保管十年，但死亡除籍于国家著有殊勋，奉国民政府追晋或追赠官位，并将生前事迹宣付国史馆者，另立国殇录永久保存。

第八章　附则

第二十三条　各种册籍式样如附录。

第二十四条　本规则自公布之日施行。

附：现(备)役军官(佐)总籍表、分籍表及停役人员名册等〔略〕。

〔国民政府档案〕

16. 军事委员会颁发军职晋升规定停年表训令

（1942年5月15日）

国民政府军事委员会训令　铨二渝字第18300号

令政治部

查军职晋升，应按资绩。抗战以后，伤亡较多，恐缺员递补困难，曾将各部队人员晋升之停年酌予缩短，机关职员考绩甲等者，亦可援用，通令遵行在案。旋将上校以上缩短停年废止，改为上校晋升少将应满足年资四年，少将晋升中将年资应在五年以上，并须著有勋绩，实施在案。兹查现在虽在抗战之中，各级伤亡缺员补充尚无甚困难，但各级人员晋升过速，整个停年弛紧失调，有壅塞于上校阶段之弊，而经历速阅验不足，前定上校以下缩短停年应即废止，仍照平时停年办法执行。附发现定停年表令，仰遵照并转饬所属遵照。此令。

附发现定停年表一份。

委员长　蒋中正

中华民国三十一年五月十五日

阶　级	停　年
少尉晋升中尉	一年半
中尉晋升上尉	二　年
上尉晋升少校	四　年
少校晋升中校	二　年
中校晋升上校	三　年
上校晋升少将	四　年
少将晋升中将	五　年

〔军委会政治部档案〕

17. 军令部奉发战时陆海空军军官佐退役办法大纲及其施行细则训令

（1942年12月27日）

国民政府军事委员会军令部训令　三德人字第七九七七号

令战史编纂委员会

前奉令调整中央军事机构，裁减员兵名额，业经转令遵办在卷。兹复奉总长何卅一年十二月廿四日亥敬渝办一第二五三七九号代电，为调整中央军事机构，再规定五项，电仰遵办。等由。附退役办法大纲及施行细则，奉此。除分令外，合行抄发原件，令仰遵照办理。此令。

附抄发退役办法大纲及施行细则一份。

部长　徐永昌

中华民国卅一年十二月廿七日

抄件：

军事委员会快邮代电　办　字第25379号

民国三十一年十二月二十四日

军令部徐部长勋鉴：查中央军事机构调查一案，业经委座十二月十九日办一字第25307号训令核定调整办法饬遵在卷，兹将该训令所规定各机关应裁减四分之一人员一点尚须加以解释，且关于调整原则三项之实施时期与裁减人员之标准及裁减人员之处置法等，亦有明白规定之必要，特再逐一规定如下：(一)裁减四分之一人员之解释：(甲)对象：照现编制员额及奉准有案之额外人员员额之官兵总数裁减四分之一(官兵总数之兵字系指公役杂兵而言，至所属部队不在内)。(乙)范围：以本会直属各机关本体为范围。(丙)各单位所裁减四分之一员数，系连同所属指定撤销机关所裁减之人数在内而一并计算之。(丁)被裁机关之业务由其他机关接办者，该接办机关不得特设接办单位为原则，如因事实必需增设机关者，应按本会训令第25307号所定手续办理。(二)本会训令内所示调整原则三项应作为永久原则，第一、二两项于此次裁员调整中应即切实实施，第三项逐渐实施之。(三)裁减人员时应先尽下列各项人员裁减之：1.不必要及无事可办之冗员。2.兼差者。3.超过役龄者。4.多病体弱者。5.服务懈弛者。6.能力较差者。7.品行太差者。8.考绩庸劣者。9.志愿往边疆服务者。(四)被裁减人员之处置法：应先尽原机关空缺安插，其无法安插之编余人员应照下列五种区分办理：1.志愿赴边疆服务者，听候调派。2.军官佐合于战时退役办法大纲施行细则第四条规定者，提前退役。3.军用文官已登记者，送铨叙部分发任用。4.军用文官未登记者，资遣。5.不合上列各项之军官佐听候调派工作。6.裁减之士兵送就地师管区补充。以上所列之1、2、5项各员在未有确定机关接收管理以前，仍在原机关待命。(五)各机关对于被裁减之人员应依照第四项所列分造总名册一份，及自行安插、志愿赴边疆服务、应行退役、送铨叙部分发任用、应行资遣、听候调派工作六种分名册各一份，于十二月二十八日以前呈候统筹迅速办理，除分电外，仰即遵照办理为要。何应钦。亥。敬渝办一。印。附战时陆海空军军官佐退役办法大纲及施行细则各一份。

战时陆海空军军官佐退役办法大纲

一、陆海空军军官佐在战时退除役，依本办法行之。

二、战时退役除役暂定每年举行一次。

三、依照陆海空军服役条例第四、第六两条之原则，调查应行退役除役人员造具名册，呈由最高军事长官核定实施。

四、退役俸应按照退役员额，累增至退役员数与现役官额比率不变时为上。

五、由现役退为备役人员，依陆军在乡军官佐管理暂行规则办理，如原籍在沦陷区域时由最高军事机关指派，或由本人志愿之居住地点为其在乡之寄籍。

六、退役俸及除役手续，依陆军军官佐退役俸及赡养金给与规则暨陆军军官佐退役除役实施暂行规则办理之，但退役俸给与，得依战时环境酌量加给。

七、本办法公布后施行日期，以命令定之。

战时陆海空军军官佐退役办法大纲施行细则

第一条　本细则依战时陆海空军军官佐退役办法大纲拟定之。

第二条　战时退役除役每年于三月定期任官后举行之。

第三条　退役除役以陆海空军部队、各军事机关、军事学校各级现职军官佐应行退役者实施之。

第四条　战时退役除役，依陆海空军军官佐服役暂行条例第四、第六两条各款，除停役例退、停职例退、依额甄退，应俟复员后举行，违召除役、久停除役，应俟退役后举行外，其在考绩例退、限年例退、病伤甄退、限龄除役、残废除役、刑事除役、失籍除役等原则下，认为勿庸延役，并经过确切证明，审查属实者，得核予退役或除役。

限年例在战时退役，有届满本官阶，停年三倍不能晋任者，得申请退役。

第五条　实职年资，依任官起役计算，其服役期间在任官以前者，依任职之日起算，其任职在国民政府成立以前者，自民国十四年七月一日起算。

第六条　退除役军官佐，以任有官位者为准，如未任官尚合于任官规定或官职不相称者，按规定职级核予任官后，即予退役除役，其不合于任官规定者，按一般志愿兵役论，予以资遣（申请任官名册如附式第四）。

第七条　战时退役俸，依各级军官佐退役时之给与额（津贴除外）给与之，但战后薪给如有变更时应按新给与额调整，或规定复退役俸及赡养金给与规则之原定标准。

第八条　退役俸照预算案提出专款，交由军政部妥为保管，其保管办法另定之。

第九条　各独立单位长官于退役除役官佐之选报，应于每年年终考核呈报期，将合于退除役官佐提出各单位铨衡会议决定后，分别编造退役除役官佐姓名册（如附式第一、第二），并附各该官佐详细履历一份，二寸半身科头相片八张（以备粘贴退役令或除役令暨退役俸交付证明书之用）专案呈报。

留退延后留除延役，及在退役除役前已开缺离开原单位之官佐应另册(如附式第三第五)，专案呈核。

合于病伤甄退或残废除役官佐，应检附身体检查鉴定书或健康检查报告书呈核(如附式第六第七)。

第十条　军事委员会接到本细则第九条名册书表，除少将(监)以上由最高军事长官核定外，余由承办机关签核并案呈奉。

国民政府核准后，即将左列各件发交各官佐原隶之独立单位长官转发：

(一) 退役令或除役令(如附式第十四、十五)。

(二) 退役俸支给证书(载陆军官佐退役俸及赡养金给与规则及其细则)。

(三) 护照。

(四) 旅费。

(五) 退役除役官佐到籍后报告表(如附式第九、第十)。

刑事除役、失籍除役人员，不给前列各项表件。

停职、免职、撤职及外职停役中之官佐奉命退役或除役时，其应发令书表件，依陆军军官佐退役除役实施暂行规则第十、第十一两条办理。

第十一条　各独立单位长官办理本届退役除役完毕，应将办理情形分报军事委员会及军政部备查。

第十二条　退役除役官佐于奉到本细则第十条令书表件后随即将经办任务交代清楚，依护照规定程限内归回原籍之户籍，并将退役后职业地，居住地向所隶管理机关报告，且随时将生活状况报告管辖机关查报，以资联系。

第十三条　准尉准佐之退役除役事宜，得适用本细则之所定。

第十四条　本细则施行日期，另以命令定之。

附式各种表册令件〔缺〕。

〔国民政府国防部史政局及战史会档案〕

18. 国民政府修正战时陆海空军审判简易规程训令

（1943年3月8日）

国民政府训令　渝文字第一九四号

令直辖各机关

查战时陆海空军审判简易规程，业经修正明令公布，应即通饬施行。除分行外，合行抄发修正规程，令仰知照并转饬所属一体知照。此令。

计抄发修正陆海空军审判简易规程一份。

主　　席　林　森

行政院院长　蒋中正

中华民国三十二年三月八日

战时陆海空军审判简易规程　三十二年三月八日修正公布

第一条　本规程于战时审判陆海空军军人犯罪适用之。

第二条　审判将官及其同等军人之案件，以审判长一员、审判官四员之合议行之，审判校尉官及其同等军人之案件，以审判长一员、审判官二员之合议行之，审判士兵及其同等军人之案件，以审判官一员独任行之。但对尉官及其同等军人犯五年以下有期徒刑之罪者，得独任审判。士兵及其同等军人，犯死刑、无期徒刑之罪者，应行合议审判。

前项审判长、审判官，以军法人员任之，但关于作战不力之合议审判，如认为须有军事专家参加会审之必要时，得呈请中央最高军事机关，指派高于被告一级以上之军官为审判长。

第三条　审判将官之合议审判，由中央最高军事机关行之，但军政部及各战区司令长官司令部，得呈请中央最高军事机关授权审判。

第四条　有左列各款情形之一者，依陆海空军审判法第三十六条呈请核定：

一、将官及其同等军人判处三年以上有期徒刑以上之刑者。

二、校官及其同等军人判处十年以上有期徒刑以上之刑者。

三、尉官、准尉官及其同等军人判处无期徒刑以上之刑者。

四、士兵及其同等军人判处死刑者。

前项核定得呈请代行陆海空军大元帅职权之军事委员会委员长为之，但应按月汇报国民政府备查。

第五条　有左列各款情形之一者，依陆海空军审判法第三十七条呈请核准。

一、将官及其同等军人处刑不满三年者。

二、校官及其同等军人处刑不满十年者。

三、尉官、准尉官及其同等军人处五年以上有期徒刑者。

四、士兵及其同等军人处无期徒刑者。

第六条　有左列各款情形之一者，依陆海空军审判法第三十八条呈请备查。

一、尉官、准尉官及其同等军人，处刑不满五年者。

二、士兵及其同等军人，处有期徒刑以下之刑者。

第七条　军人犯陆海空军刑法以外之特别刑事法令之罪，在该法令定有特别程序者，仍依特别程序办理，但其处刑合于前各条之规定者，适用前各条之规定。

第八条　本规程未规定者，适用陆海空军审判法及刑事诉讼法之规定。

第九条　本规程自公布之日施行。

〔国民政府档案〕

19. 国民党中央组织部等修正公布军队政工人员兼任党工人员考绩委员会组织规程训令

（1943年5月28日）

中国国民党中央执行委员会组织部
国民政府军事委员会政治部
训令　生巴字第012号

令军务处

兹修正军队政工人员兼任党工人员考绩委员会组织规程。公布之。此令。

附军队政工人员兼任党工人员考绩委员会组织规程一份。

组织部部长　朱家骅

政治部部长　张治中

中华民国三十二年五月二十八日

军队政工人员兼任党工人员考绩委员会组织规程　民国三十年二月中央组织部、军事委员会政治部核准颁行。民国三十二年四月中央组织部、军事委员会政治部修正颁行。

第一条　中央组织部为办理军队政工人员兼任党工人员考绩事宜，特会同军事委员会政治部组织考绩委员会（以下简称本会）。

第二条　本会设委员五人，由中央组织部军队党务处处长、军事委员会政治部总务厅、第一厅、第二厅、第三厅各厅长充任之。

第三条　本会设第一、第二、第三三组，其职掌如左：

第一组掌理初步考核并汇集考核成绩事宜。

第二组掌理部队政工人员兼任党工人员考绩事宜。

第三组掌理军事学校、国民兵、游击部队、医院政工人员兼任党工人员考绩事宜。

第四条　各组设组长一人，承委员会之命，主持各该组事项。干事、录事各若干人，办理各该组事务。

第五条　各组组长、干事，由中央组织部军队党务处及军事委员会政治部第一厅、第二厅主管人事业务科长暨工作人员分别充任之，录事，由中央组织部军队党务处调用之。

第六条　本会每半年召开会议一次，时间在八月十五日及二月十五日，如因特殊事故得临时变更之。

第七条　本会开会地址在中央组织部，由第一组按期通知召集之。

第八条　本会办事细则另定之。

第九条　本规程如有未尽事宜，得提由中央组织部、军事委员会政治部联席会报决定后，经中央组织部部长、军事委员会政治部部长核准修正之。

第十条　本规程经中央组织部部长、军事委员会政治部部长核准后施行。

〔军委会政治部档案〕

20. 军事委员会颁布增补退役人员俸额训令

（1943年9月30日）

国民政府军事委员会训令　铨□□字第七二一号

令第六战区司令长官司令部

案查战时陆海空军军官佐退役通案，业经本会三十二年二月十一日铨役字第一三九九号令行遵照，并附发退役办法大纲及注意事项在卷。兹为体恤退役人员多年辛勤及顾虑其退役后生活起见，特将退役俸额略予增补如次：(一)退役俸额即照战时陆海空军军官佐退役办法大纲施行细则第七条规定办理。(二)战时陆海空军军官佐退役办法大纲施行细则第十条第四项规定之旅费比照当时旅费给予规定，不另订数额。(三)按各级退役人员在一机关服务期间之久暂发给一次补助金(如附表)。以上各项，仰即遵照并饬所属一体遵照。此令。

委员长　蒋中正

中华民国三十二年九月三十日

附：退役人员发给一次补助金数目表一份。

退役人员发给一次补助金数目表如左：

阶级	在一机关服务期间					
	三年以上未满六年		六年以上未满九年		九年以上	
准尉	1000	00	2000	00	3000	00
上(中)(少)尉	2000	00	3000	00	4000	00
校官	3000	00	4000	00	5000	00
将官	4000	00	5000	00	6000	00

〔军委会政治部档案〕

21. 军事委员会关于军队各级人事机构组织方案及管理权责训令

(1943年10月22日)

国民政府军事委员会训令　铨综字第〇九五二号

令政治部

查人事管理当宜有清晰之权责划分及合理之机构组织，所谓权责划分不外(一)矫正从前保举任免权责不清之积习。(二)明确各级管理机关分层负责之法度，使其法立而责专，事分而权集。关于此项方案，经综合各方面意见，集议精研，订制"任职"、"任官"、考绩”之权责划分表三种，并于各表规定详细办法，俾易措施。至于设置合理机构，皆依权责划分各表，决定分层管理之重心，即其重心所寄业务自繁，非其重心则业务即简，故视业务之繁简定适切之组织，自不致有设置人员漫无标准之弊。本案规划既定，合亟明令颁行，凡我各军事机关学校部队，均自本年十月一日起至十二月底以前，依照附发之人事机构组织方案自行研究改正完成。其权责划分以及中心管理工作，自三十三年一月份起实施。除分令各级单位遵照办理外，合行检附权责划分表及机构组织方案，仰即遵照并饬附属各单位一体遵照暨将遵办情形分别具报备核为要。此令。

计附权责划分表二份、机构组织方案二份、正误表二份。

委员长　蒋中正

中华民国三十二年十月二十二日

各部队人事机构组织方案

一、战区

战区司令长官部(战区总部)依照陆军官佐人事管理权责划分表之所定，管理人事业务设置人事科于军务处或其他处内，科之组织，以本区所辖部队之多寡，设科长中(上)校一，科员少校或上尉若干人(所辖三军以下每军设一科员，三军以上每二军增一科员)，如设置副长官部时，其人事组织得参照办理。

二、集团军

集团军司令部，只管其司令部及特务(营)(连)之人事，不须增设人员，但须指定一参谋负责。各边区总部，参照副长官部及集团军司令部人事组织设置之。

三、军司令部

军司令部，为全军中少校及上尉各阶之中心管理机关，且对全军其他人员之人事亦须管理，计中心管理者近一千人，非中心管理者约三、四百人，此按三师计算。至军司令部人事组织，得依照陆军官佐人事权责划分表规定设置人事课(军务处第二课)，课之组织，以业务之繁简设课长中校一，课员少校或上尉四人，以管理人事。

四、师司令部

师司令部人事，除原定少校参谋一人兼管外，得增设上尉参谋一人助理之。

五、团本部

团之人事须指定团副官负责办理之。

陆军官佐人事管理权责划分表

其一 （任职）

<table>
<tr><th colspan="2">隶属</th><th colspan="2">科别</th><th>阶级</th><th>各阶中心管理机关
存考绩表
排资绩序
登记履历
官组编成</th><th>任职权限要手续</th></tr>
<tr><td rowspan="7">部队</td><td rowspan="6">军建制以内官佐</td><td rowspan="3">军官</td><td rowspan="2">各兵科</td><td>尉官</td><td>军司令部</td><td>军长任免报会备案，但参谋(政工)尉官须报由军令(政治)部任免，转会备案。</td></tr>
<tr><td>校官</td><td>战区管辖军——战区长官部
军委会直辖军——军委会</td><td>战区管辖军战区长官报会核委，但参谋(政工)校官报军令(政治)部转会核委。军委会直辖军一军委会。</td></tr>
<tr><td colspan="2">将官</td><td colspan="2">军委会</td></tr>
<tr><td colspan="2" rowspan="3">各业科军佐</td><td>各等佐</td><td>军司令部各主管处</td><td>军政部任免报会备案。</td></tr>
<tr><td>各等正</td><td>军政部</td><td>军政部报会核委。</td></tr>
<tr><td>监以上</td><td colspan="2">军委会</td></tr>
<tr><td></td><td>军官</td><td>各兵科</td><td>尉官</td><td>部队最高单位之主官</td><td>军政部任免报会备案，但参谋(政工)尉官函军令(政治)部任免转会备案。</td></tr>
</table>

（续表）

隶属	科别			阶级	各阶中心管理机关 存考绩表排资绩序登记履历官组编成	任职权限要手续
部队	特种兵各独立旅以及军政部所属部队官佐	军官	各兵科	校官	军政部	军政部报会核委，但参谋(政工)校官函军令(政治)部转会核委。
			将官		军委会	
		各业科军佐		各等佐	部队最高单位之主官	军政部任免报会备案。
				各等正	军政部	军政部报会核委。
				监以上	军委会	
机关（学校）		军官	各兵科	尉官	部以下最高机关或学校	所隶部任免报会备案，但参谋(政工)尉官函军令(政治)部任免转会备案。
				校官	所隶部	所隶部报会核委，但参谋(政工)校官函军令（政治）部转会核委。
			将官		军委会	
		各业科军佐		各等佐	部以下最高主管处	所隶部任免会同军政部报会备案。
				各等正	所隶部	所隶部会同军政部报会核委。
				监以上	军委会	

（续表）

备考	一、各部部长及各战区长官对于将官人事有推荐建议之权责。 二、负中心管理之机关长官对其所管理之官佐有呈荐之责。 三、参谋及特种兵军官上校以上，其余军官少将以上由委员长亲核，其以下者由人事计划会会长核定之。各部部长及战区长官对所属步兵军官上校职以下者，视其必要得先准其派代，但同时仍须呈核以后任职。 四、战区长官部、集团军司令部、卫戍总司令部、警备司令部等均视同机关办理。 五、宪兵司令部及所属各团、骑兵军(师)均比照军建制办法办理。 六、军以上各司令部之尉官由指定之军任中心管理。 七、军属之任职另定之。

陆军官佐人事管理权责划分表

其二 （任官）

权责 种类	提出 呈请	有任官决定权
初任	军委会	
叙任	中心管理机关	军委会
晋任		
转任		
备考	一、任官依法规自少尉(三等佐)以上一律由会决定。 二、中心管理机关与本表其一之规定相同。 三、准尉升少尉得由所隶长官呈请。 四、本表初任系对本案成立以后毕业之学生而言。	

陆军官佐人事管理权责划分表

其三(考绩)

隶属区分			受考官	考绩官	初核官	复核官	总复核官
部队军建制内官佐	一般军官	步兵	尉官	营长	团长	师长	军长
		步兵	校官	团(师)长	师长	战区管辖军、战区长官辖，军委会直隶军军长。	战区长官 军委会
		特种兵	尉官	营长	团(师)长		军长
		特种兵	校官	团(师)长或军长	战区管辖军、战区长官辖军委会直隶军军长		战区长官 军委会
		将官		直隶长官	战区管辖军……战区长官		军委会
	参谋		上尉	直隶参谋长(处长)	直隶长官		军长
	参谋		校官	直隶参谋长(直隶长官)	各上级参谋长及各上级主官		战区管辖军、战区长官辖军委会直隶军军长
	参谋		将官	直隶参谋长(及直隶长官)	上级参谋长及上级主官	军令部长	军委会
	政工军官		尉官	团指导员及团长	各上级政治部主任及长官		军长
	政工军官		校官	直隶政工主任及主官	各上级政治部主任及长官		战区管辖军、战区长官辖军委会直隶军军长
	政工军官		将官	直隶政工主任及主官	政治部部长		军委会

（续表）

隶属区分			受考官	考绩官	初核官	复核官	总复核官
部队	特种兵各独立旅以下及军政部所属部队官佐	各业科军佐	各等佐	直隶业务主官	直隶部队长官		军主管处及军长
			各等正	直隶业科主官	各上级业务主官及部队长官		军政部长
			监	直隶长官	军政部长		军委会
		一般军官	尉官	直隶主官	各上级长官		最高单位长官
			校官	直隶主官	各上级长官		军政部长
			将官	直隶长官		军政部长	军委会
		参谋	上尉	直隶参谋长	直隶长官及上级参谋长与长官		最高单位长官
			校官	直隶长官			军政部长
			将官	直隶长官	军令/政部长		军委会
		政工军官	尉官	直隶政工主任及主官	各上级政治部主任及长官		最高单位长官
			校官	直隶政工主任及主官	各上级政治部主任及长官		军政部长
			将官	政治/军政部长			军委会

（续表）

隶属区分		受考官	考绩官	初核官	复核官	总复核官
部队	各业科军佐	各等佐	直隶业务主官	直隶部队长官	军政部分遣业科主官（军政部）	部队最高单位主管处及部队长官
		各等正				军政部长
		监	直隶长官	军政部长		军委会
机关（学校）	一般军官	尉官	直隶长官	各上级主管长官		部以下最高机关或学校
		校官	直隶长官	各上级主管长官		所隶部长
		将官	直隶长官	部长		军委会
	政工军官	尉官	直隶政工主官	各上级政工主任及上级长官		部以下最高机关或学校
		校官	直隶政工主任及主官	各上级政工主任及上级长官		所隶部长
		将官	学校最高长官（政工主任）	政治部长 所隶部长		军委会

（续表）

隶属区分		受考官	考绩官	初核官	复核官	总复核官
机关（学校）	各业科军佐	各等佐	直隶业务主官	各上级业务主官及上级长官		部以下最高机关或学校
		各等正				所隶部长
		监	直隶长官	所隶部长（会军政部）		军委会
备考	一、本表所定总复核官即为政绩审定，表明分层负责之精神。 二、受考官与本表所定考绩官及各级复核官名称不符时，由其直属长官依次比照层转复核。 三、集团军及战区长官部或其他地方部队等各级参谋人员参照本表原则，由其直隶及上级参谋长（处长）或长官分层负责考绩之。 四、表内总复核官——军委会——一栏，包含关系各部在内。					

〔军委会政治部档案〕

22. 军事委员会公布陆海空军军官佐战时考绩规则

（1943年11月1日）

陆海空军军官佐战时考绩规则　民国卅二年十一月一日军事委员会公布施行

第一条　陆海空军军官佐中将(总监)以下战时之考绩均照本规则施行，惟中将(总监)限于非独立单位长官。

第二条　应受考绩之官佐为受考官，以直隶长官为考绩官，再上之直隶长官为初核官、复核官，中心管理机关长官为总复核官，其权责划分如附表一。

第三条　考绩表之存用及绩序表之编制机关，通常为各阶中心管理机关(总复核官)，其划分如附表二。

但军事委员会应存用校官之考绩表全部。

第四条　战时考绩分为考绩表(附表三)、绩序表(附表四)、成绩最优(庸劣)人员建议表(附表五)三种表式，其办理程序如左：

(一) 考绩表：由考绩官调制，依照附表一之程序呈请复核至总复核官为止，但非本会直辖军之校官考绩表由总复核官转呈一份至军事委员会。

(二) 考绩〔绩序〕表：

一、各阶中心管理机关——就其所管理官佐分别官科，依第八条之规定，以同职阶分组编制，层报军事委员会(参谋及政工校官在战区者仍由战区排入一般军官资〔绩〕序表内，尉官在军以内者仍由军部排入一般军官资〔绩〕序表内)，其编制规定如附表二。

二、军事委员会——编将官(同等官佐)绩序表，其参谋及政工军官以同职阶者与一般军官同组编列。

(三) 成绩最优人员建议表：各中心管理机关，对所管理官佐，以每官(职)组成绩最优者，照表详填，并附呈各最优人员考绩表，呈报军事委员会核予相当之奖励。

在官(职)组未编成以前,则报每阶考绩最前者百分之二、三人员。

(四) 成绩庸劣人员建议表:各阶中心管理机关,对所管理官佐,以每官(职)组成绩最劣者,照表详填,并附呈最劣人员考绩表,层报军事委员会核予相当之惩罚。

在官(职)组未编成以前,则报每阶最末者百分之二,无丁等者免报。

第五条 战时考绩每年举行一次,中央各机关(附属机关、学校各主官在内)于次年二月半以前呈报到会,其附属机关学校及各部队于次年二月底以前呈报到会。

第六条 考绩就官佐之思想、品行、学术、体格、勤能五课目核定之。其优劣之点,应加以公平确切之批评,判定分数,核定等第。其记载之要点如附表三及说明,各课目最高分如左:

思想——十五分。

品行——十五分。

学术——十五分。

体格——十五分。

勤能——四十分。

各课目分数之总和,以功过分数加减扣抵后为考绩之绩分,其等第之核定如左:

甲等——八十分以上。

乙等——七十分以上。

丙等——六十分以上。

丁等——不满六十分。

功过分数加减扣抵后,概应注销。其记大功二次以上、记大过三次以上者,可专案报请奖惩,勿须于考绩内加减分数。

第七条 考绩表由考绩官调制之,考绩官应依照党政军机关人员小组会议与公私生活行为辅导办法第十一条之规定，平时对于所属务以公平正直之眼光，详察其思想、品质、学术、体格、勤能之情形，以及生活行为、家庭状况与有无特长等，均须洞悉无遗，记载事实，判定分数，加具总评，每员造具同样考绩表，通常官佐二份，战区校官三份（各单位内参谋、政工军官为加一份送主管部，由各主管编制各阶绩序，呈送本会备查），循序呈请初核、复核。

初核或复核官收到此项考绩表后，应认真复核或令受考者前来面加考询，有不合者立予纠正或发还重报；如另有所见时应予初核复核栏内填注意见，并划定各课目应得分数；如认为同意，则于各课目审核栏内签注同意字样，记明年月日，并署衔名盖章，即予转呈。

总复核官对所属各考绩官、初核官、复核官之意见及所判定分数是否公允与实在，应严密审查之。

考绩表由总复核官（中心管理机关长官）汇齐复核后，依照本规则第四条（二）与附表二及第八条之规定，编制管理范围内官佐之绩序表考绩表，通常以一份发还原考绩单位，以一份存查，惟战区内校官以一份发还原考绩单位，以一份连同绩序表、优劣建议表备文呈报直隶上级机关或转报军事委员会。

第八条　绩序表依同职阶同官（职）组之绩等甲乙丙丁排列，在同等中以绩分多者居先，绩分相同以学资在前者居先，再同则以出生年月日在前者居先。

第九条　各阶中心管理机关，对所管理官佐成绩最优考列甲等者，以每官（职）组甲等第一名，按规则第四条（三）之所定提出建议。各该中心管理机关，对所管理官佐考列丁等成绩太差应予惩罚者，以每组最后一名按本规则第四条（四）之所定据实建议。

第十条　军事委员会于校阅点验时，应派员前往调验考绩表或B（原文如此）受考官面予考询调验，如发现考绩官所报不确实不公平时，应即呈会纠正，并对该考绩官予以应得之处分。

第十一条　考列甲等人员，不得超过受考官佐百分之十五(除最优人员外)，各中心管理机关长官得酌予奖励，并呈报军事委员会备查。

第十二条　兼职人员由其兼职之机关切实考绩后，送原机关办理。

第十三条　考绩为军官佐一切人事施行之根据，应依规定造报，设有不得已事故，经核许者得暂行免报，但于事故终了，仍应于二月内补行造报。

第十四条　各长官离任时，应将所属官佐考绩表及关于考绩文件一并密交于新任，前任在未考绩期离职或在考绩期尚未考绩完成者，须将平日之所见告由新任继续办理，但前任如系晋任者仍由前任办理之。

受考官佐调任未满三月者，其过去成绩仍由原隶长官考绩，并应将其考绩表及关于考绩文件移送于新隶长官，如调任已满三月者，则由其新隶长官考绩。

第十五条　凡停职三月以上以及在无职期间之各官佐，均不行考绩，但调任(本单位内之调任)及晋升之官佐，均应照常考绩，并于考绩表及绩序表备考栏内注明由何处何职调任或晋升。

无职新任之官佐距考绩期未满三月者不行考绩，但其成绩得并入于下年度计算。

第十六条　军属之军荐以上人员考绩，照本规则与官佐同样办理。其军委以下人员及准尉准佐，由其所属机关长官施行之，毋庸呈报，但于升调时，应将最近考绩呈报，以备查核。

前项受考人员之奖惩，应由其主管机关长官于考绩后层报军事委员会核定。

政工人员其出身非军官佐者，亦准此办理。

第十七条　各省保安团队正式编入战斗序列参与作战者，可报由军事委员会考绩，否则仍由各省自行办理。

第十八条　备役官佐战时召集就职后，其考绩与现役官佐同。

第十九条　本规则自公布日施行。

附表一：

陆军官佐人事业务权责划分表(考绩)〔略〕。

附表二：

<table>
<tr><th colspan="6">考绩表之存用绩序表之编制机关区分表</th></tr>
<tr><th colspan="2">隶　属</th><th colspan="2">科　别</th><th>阶级</th><th>各中心管理机关　存考绩表
排绩序表</th></tr>
<tr><td rowspan="12">部
队</td><td rowspan="6">军建制以内官佐</td><td rowspan="3">军
官</td><td rowspan="2">各兵科</td><td>尉　官</td><td>军　司　令　部</td></tr>
<tr><td>校　官</td><td>战区管辖军——战区长官部
军委会直辖军——军委会</td></tr>
<tr><td colspan="2">将　官</td><td>军　委　会</td></tr>
<tr><td colspan="2" rowspan="3">各业科军　佐</td><td>各等佐</td><td>军司令部各管处</td></tr>
<tr><td>各等正</td><td>军　政　部</td></tr>
<tr><td>监以上</td><td>军　委　会</td></tr>
<tr><td rowspan="6">军政部所属部队官佐特种兵各独立旅以下及</td><td rowspan="3">一般及特种兵部队</td><td rowspan="2">各兵科</td><td>尉　官</td><td>部队最高单位之主官</td></tr>
<tr><td>校　官</td><td>军　政　部</td></tr>
<tr><td colspan="2">将　官</td><td>军　委　会</td></tr>
<tr><td colspan="2" rowspan="3">各业科军　佐</td><td>各等佐</td><td>部队最高单位之主管处</td></tr>
<tr><td>各等正</td><td>军　政　部</td></tr>
<tr><td>监以上</td><td>军　委　会</td></tr>
</table>

（续表）

<table>
<tr><th colspan="5">考绩表之存用绩序表之编制机关区分表</th></tr>
<tr><th colspan="2">隶属</th><th>科别</th><th>阶级</th><th>各中心管理机关 存考绩表 排绩序表</th></tr>
<tr><td rowspan="6">机关学校</td><td rowspan="3">军官</td><td rowspan="2">各兵科</td><td>尉官</td><td>部以下最高机关或学校</td></tr>
<tr><td>校官</td><td>所隶部</td></tr>
<tr><td colspan="2">将官</td><td>军委会</td></tr>
<tr><td colspan="2" rowspan="3">各业科军佐</td><td>各等佐</td><td>部以下最高主管处</td></tr>
<tr><td>各等正</td><td>所隶部</td></tr>
<tr><td>监以下</td><td>军委会</td></tr>
<tr><td>附注</td><td colspan="4">一、本表系根据陆军官佐人事管理权责划分表其一(任职)调制。但非本会作中心管理之校官考绩表应由中心管理机关呈送一份至本会。又凡各部队机关学校之参谋(政工)校(尉)官各另送一份考绩表至军令(政治)部存用。
二、海空军准此原则办理。
三、参谋政工之校官在战区者仍与战区一般军官同排绩序，尉官在军以内者与军内一般军官同排绩序。</td></tr>
</table>

附表三：

<table>
<tr><td colspan="10">中华民国　　年度(某部队机关学校)考绩表</td></tr>
<tr><td>官位</td><td>职称</td><td>姓名</td><td>籍贯</td><td>出生年月</td><td>学资及毕业年月日</td><td>就现职年月日</td><td>调任或升任(原任何职)</td><td colspan="2">曾受何种奖惩</td></tr>
<tr><td></td><td></td><td></td><td></td><td></td><td></td><td></td><td></td><td colspan="2"></td></tr>
<tr><td rowspan="2">课目</td><td rowspan="2">包括事项</td><td colspan="4">经过优劣事实</td><td colspan="4">评定分数</td></tr>
<tr><td>考绩官所见</td><td>初核官所见</td><td>复核官所见</td><td>总复核官所见</td><td>考绩官</td><td>初核官</td><td>复核官</td><td>总复核官</td></tr>
<tr><td>思想</td><td>信仰言论</td><td></td><td></td><td></td><td></td><td></td><td></td><td></td><td></td></tr>
<tr><td>品行</td><td>操守性情气度公私生活</td><td></td><td></td><td></td><td></td><td></td><td></td><td></td><td></td></tr>
<tr><td>学术</td><td>本业学术技能其他专业修养</td><td></td><td></td><td></td><td></td><td></td><td></td><td></td><td></td></tr>
<tr><td>体格</td><td>一般健康状况有无各种疾病</td><td></td><td></td><td></td><td></td><td></td><td></td><td></td><td></td></tr>
<tr><td>勤能</td><td>勤惰能力智力</td><td></td><td></td><td></td><td></td><td></td><td></td><td></td><td></td></tr>
<tr><td rowspan="5">总评或意见</td><td colspan="2">考绩官总评</td><td>初核官意见</td><td>复核官意见</td><td>总复核官意见</td><td colspan="2">总　　分</td><td colspan="2"></td></tr>
<tr><td colspan="2" rowspan="4">(衔名盖章)
年　月　日</td><td rowspan="4">衔名
盖章
年月日</td><td rowspan="4">衔名
盖章
年月日</td><td rowspan="4">衔名
盖章
年月日</td><td colspan="2">记功加分</td><td colspan="2"></td></tr>
<tr><td colspan="2">记过减分</td><td colspan="2"></td></tr>
<tr><td colspan="2">绩　　分</td><td colspan="2"></td></tr>
<tr><td colspan="2">绩　　等</td><td colspan="2"></td></tr>
<tr><td>备考</td><td colspan="9"></td></tr>
</table>

说明：

一、官位一栏应照受考官已任之官科官阶如步兵上尉、工科少校、一等军需正、三等军医正等填入之。

二、职称一栏应照受考官现任之职务与阶级填注。

三、姓名以下各栏由受考官详实填入之。

四、各项考绩课目之经过优劣事实，各级考绩官复核官应照考绩规则第七条各款认真办理之。

五、总评或意见及分数各栏，考绩官应根据受考官之经过优劣事实，以公正之态度加具确切肯定之批评与分数，各级复核官更应认真审核之。

六、记功加分、记过减分，由考绩官填，总分、绩分、绩等，由总复核官填。

七、本表大小及格式如表规定。

附表四：

中华民国　年(某部队机关学校)第　官(职)组绩序表										
官位	职称	姓名	籍贯	生年月日	学资及毕业年月日	总评	绩分	绩等	曾受何种奖惩	备考

说明：

一、绩序表纸幅及表式大小如表规定。

二、本表每页二十格，首页正面除标题首格二格外，共为八格，背面不用首格为十格，次页与首页背面同，共为二十格。全册长度共为二十六公分(连表格长度二十二公分在内)，阔度共为十九公分(连装订地位在内)。

三、标题——如中华民国三十一年第一军第一师上校官(职)组绩序表等字样,类推填注。

四、本绩序表以参谋政工军官与一般军官同编职组,依其同科同阶排列绩序,其排列依照本规则第八条办理。

五、官位一栏应照受考官已任之官科官阶,如步兵上尉、工兵少校、一等军需正、三等军医正等填入之。

六、职称一栏应照现任之职务与阶级填注。

七、姓名、籍贯等栏照考绩表所载填入,总评栏依考绩表所载摘要记入。

八、每册须加封面及底页,其封面应加标题,底页应加年月日并盖关防。

附表五:

中华民国　年(某部队机关学校)第　官(职)组考绩最优/最劣人员建议表

官位	职称	姓名	籍贯	生年月日	学资及毕业年月日	考绩总评	绩分	绩等	奖励惩处建议	审核意见

说明:

一、本表最优人员于考列甲等人员中以每官(职)组第一名者提出建议,在职组未编成以前则报每阶考绩最前者百分之二、三人员。

考列丁等成绩庸劣人员据实填报,在官(职)组未编成以前则报每阶考绩最末者百分之二,无丁等者免报。

二、本表各栏照考绩表所载填入,奖励或惩处建议栏由呈报机关核实填注,审核意见栏呈报机关不填。

三、呈送本表务须附送表内各最优或庸劣人员考绩表，以凭核办。

四、本表每页十格，其正面除标题及首格外共为三格，背面不用首格共为五格，次页与首页背面同，共为十格。

五、最优人员以绩分最多者在先排列之，庸劣人员以绩序最后者在先排列之。

六、全册长度、阔度依照绩序表则定行，规格如本表所定，均不得自由伸缩。

七、本表使用如填报最优人员时则将标题之庸劣二字及建议格内之惩处二字一并涂去，如填报庸劣人员时则将标题之最优二字及建议格内之奖励二字一并涂去。

〔军委会政治部档案〕

28．政治部转颁军用文职人员改称范围训令

（1943年12月23日）

国民政府军事委员会政治部训令　总一渝（卅二）字第1911号

令第二厅

案奉本会本年十一月十日铨办综字第一二一二号训令开：查军用文职人员改称为军简、军荐、军委，并定在三十二年十月一日实施，曾于本年八月二十一日铨综字第二六四号训令通饬遵照在案。惟原案载明其任职的是以军简某级、军荐某级、军委某级给委一节，各机关部队对于如何叙级，如何支薪，纷电请示或请重予研究，期与文官等级切实配合，或请规定实施办法，以便遵行，经铨叙厅汇签请核前来，照军官佐属支薪给既同，自与文官叙额叙体有别，对于分级给养或不无鉴碍难行之处，上禀涉法规之修改问题亦多，兹从新规定军文改称之范围如左：

军简一阶（即同中将），军简二阶（即同少将），军简三阶（即同上校），军荐一阶（即同中校），军荐二阶（即同少校），军委一阶（即

同上尉)，军委二阶(即同中尉)，军委三阶(即同少尉)，军委四阶(即同准尉)。

依上述规定给委，除避免不沿用同将、校、尉名称外，其余一切手续均与向例相同不予变更，其已以同官阶级给委者，在未迁调以前均仍其旧，勿庸改委，但在本规定令行之后，关于军用文职人员之任用，均照本案规定给委。除分令外，合行令仰遵照。等因，奉此。查本节现有军用文职人员，自即日起一律比照或改称，但不改委。其有迁调及新任人员，均遵照本会规定办理。除分令部内外各直属单位遵照外，合行令仰遵照。此令。

部长　张治中

中华民国三十二年十二月二十三日发出。

〔军委会政治部档案〕

24. 政治部抄发修正各部队现有办理人事机构实施办法代电

(1944年3月7日)

国民政府军事委员会政治部代电　铨渝(卅三)字第〇〇四五号

中华民国三十三年三月　日

军务处：奉本会本年二月十九日铨办(分)字第〇五九三号代电，以为谋人事简捷机密确实起见，特将各部队人事机构之隶属重新修正，改为直隶于各该级主管长官及参谋长，并规定自本(三十三)年三月一日起施行。附发实施办法及各部队人事机构系统表各一份。奉此；合行抄发实施办法及系统表，电仰知照并转饬知照。部长张治中。寅虞。渝。印。附抄发实施办法及各部队人事机构系统表各乙份。

附：修正各部队现有办理人事机构实施办法　中华民国三十

三年二月四日

（一）各部队就有人事机构名称（如战区长官部军务处第一课改为人事科，军部军务处第一课【改】为人事课，师部承办人事参谋，团部承办人事副官），参照各部队人事机构系统表，均改为直隶

各部队人事机构系统表

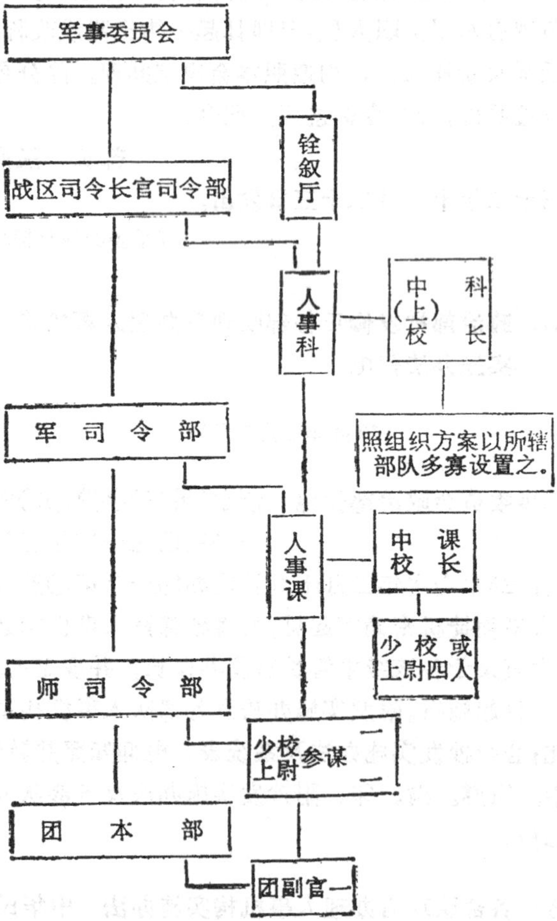

于各级主管长官及参谋长。

（二）各级办理人事人员应服从人事中心管理机构之督促指导。

（三）各部队办理人事人员员额仍照各部队人事机构组织方案规定办理。

（四）各级人事机构内业务之区分方法应力求与铨叙厅配合。

（五）各级办理人事人员在各该级主官指挥监督下照命令之规定办理官职任免及考核奖惩等重要业务，关于办理手续及技术上者，可直接与上级督导机关保持密切联系。

一、战区长官部与军部之人事科(课)原属于军务处或其他处者，改直隶于部。

二、集团军总司令部系非中心管理人事机关，只管其本部及直属部队人事，指定参谋一员负责，故不列入人事系统。

三、凡例————→直属线

- - - - - - - - →指导线

〔军委会政治部档案〕

25．政治部转发军事委员会边疆工作人员派遣规则及其给与办法训令

（1944年5月18日）

国民政府军事委员会政治部训令　总法字第002号

令军务处

案奉本会四月廿五日办制渝字第六五九三号训令开：查军事委员会边疆工作人员派遣规则及军事委员会派遣边疆工作人员给与办法业经制定公布，应即通饬实施。前于三十二年四月七日办四二边字第三七三八五号令颁之军事委员会边地工作人员派遣规则着即废止。除函请国防最高委员会秘书厅转陈备案并分别函令

外，合行检发各该规则及办法，令仰转饬遵照。等因。计检发军事委员会边疆工作人员派遣规则及军事委员会派遣边疆工作人员给与办法一份。奉此。除分令外，合行抄发该项规则及办法各一份，令仰遵照并饬所属遵照。此令。

附原规则及办法各一份。

部长　张治中

中华民国三十三年五月十八日发出

军事委员会边疆工作人员派遣规则　民国三十三年四月廿五日　办制渝字第六五九三号令颁

第一条　本规则以慎选边疆工作人员，统一派遣建设边防为目的。

第二条　凡本会所属各机关派遣边疆工作人员，除一般人事法规所规定者外，概照本规则办理。

第三条　本规定所称边疆之范围，以国民政府命令规定之区域为限。

第四条　凡派往边疆工作之人员，除资历符合规定外，并应具备左列各条件：

一、品德高尚，足为边民之表率。

二、学验丰富，确有边务之研究。

三、能力优长，富有创造之精神。

四、思想纯正，并有廉洁之操守。

五、体格健全，具有耐苦之决心。

第五条　凡拟派往边疆工作之人员，应由各级主官详细考核，认为确符第四条之规定者始符派遣，惟中校以上人员并应先呈请委员长召见审定后，始符办理任用程序。

第六条　凡原派在边疆工作之人员，如有不合于第四条之规定者，应一律调回改派，但素质较佳能就近训练改善者，不在此例。

第七条　边疆工作人员，须服务三年以上始得调回。

第八条　凡有关边防各机关，对于边务专才，应于平时注意储备，以供随时选用。

第九条　凡拟派往边疆工作之人员，以曾在中央训练团受训，或曾服务中央边政有关机关者为宜。

第十条　凡原派在边疆工作之人员，如合于第四条之规定，而未经中央训练团受训者，应视业务需要调回受训后再待返任。

第十一条　对于派往边疆工作人员，业务之处理与思想、言论、行动等，应根据既定方策及服务守则，由派遣机关随时指导纠正之。

第十二条　对于派往边疆工作之人员，应由派遣机关随时随事加以考核，凡无所建树者应予撤换。

第十三条　对于边疆工作人员人事之调整，应由派遣机关加强注意，每三月检讨一次，以作考绩之根据。

第十四条　凡边疆工作人员之惩罚，概照一般军事惩罚办法办理，至奖励部分，可按照现行一般军事奖励办法从优办理，但得视边疆远近荒僻困苦之程度斟酌增减之。

第十五条　凡边疆工作人员派遣时，其在内地所任实职年资超过二分之一者，得予以上级待遇。

第十六条　派往边疆工作人员之旅费、生活费及安家费之给与办法另定之。

第十七条　凡派往边疆工作人员，应切实予以保障，非因必要事故不得更动。

第十八条　边疆工作人员，如有伤亡时，得按照抚恤条例从优议恤。

第十九条　本规则自公布日施行。

军事委员会派遣边疆工作人员给与办法　民国卅三年四

月廿五日　办制渝字第六五九三号令颁

第一条　本办法依军事委员会边疆工作人员派遣规则第十六条制定之。

第二条　本办法所称派遣边疆工作人员(以下简称派遣人员),系指合于军事委员会边疆工作人员派遣规则之所定经核准派遣者。

第三条　派遣人员待遇,除照一般给与规定外,另发生活补助费、治装费、眷属旅费及安家费。

第四条　生活补助费由派遣机关视当地情形及派遣人数报请军政部核给。

第五条　治装费以每人发给(皮帽一顶、皮手套一副、毡鞋一双、皮大衣、皮背心)、各一件计算,由派遣机关报请军政部核发。

第六条　眷属旅费按派遣人员直系亲属同往人数,照其本阶旅费给与定额发给,五岁以下不发,其留在内地者应与后方眷属同一待遇,并以第七条给予安家费。

第七条　安家费按阶级发给,将官壹万元,校官捌仟元,尉官陆仟元。上项安家费自派遣工作人员到达工作地时一次发给。

第八条　派遣人员来往旅费,如因边地情形特殊原定给与不敷时,得将实际情形及有效证件报请军政部核实补助。

第九条　以上所需经费均应事先由派遣机关造具预算,送军政部审核,其有经管事业费之机关由经管费款项下开支,无经管事业费之机关专案发款。

第十条　各机关造送上项经费预算时,应附具军事委员会核准派遣人员名册,并分别注明阶级、年龄、任务、出发日期及随带眷属人数。

第十一条　派遣人员不满规定服务时间调回内地或死亡时,原派遣机关应即通知军政部备案。

第十二条　各部队及旅行考察暨非长期服务人员,均不适用本办法。

第十三条　本办法自公布日施行。

〔军委会政治部档案〕

26. 军事委员会公布陆海空军各部队机关学校铨衡会议规则

（1944年7月6日）①

陆海空军各部队机关学校铨衡会议规则　军事委员会公布施行，总铨字第0102号公函附发。

第一条　陆海空军各部队机关学校为求军官佐属铨衡适当，以便中央核决起见，依本则之所定组织铨衡会议。

第二条　各级铨衡会议（以下简称会议）依左列之规定组成，并由主管长官召集之。

（甲）部队

（一）军——以军长、副军长、军参谋长、师长（或独立旅长）组成之。

（二）师（独立旅）——以师（旅）长、副师（旅）长、师（旅）参谋长、旅长组成之。

独立旅除依前项规定外，以副旅长及所辖各团之团长组成之。

（三）旅——以旅长、副旅长、团长、团附组成之。

独立团除团长、团附外，以所辖各营营长组成之。

（四）团——以团长、团附及所辖各营营长组成之。

（五）各该级主管人事人员列序。

（六）独立营以下不组织会议。

右列各项除陆军各部队适用外，其他海军陆战队、舰队与空军之航空部队及其与陆军性质相当之部队等各按其组织编制，准此

① 系收文日期.

规定：

（乙）机关学校

（一）各机关学校以主管长官、副长官及所属单位长官组成之，各附属或分驻较远之单位得另组织，但仍隶属于主管机关或学校。

（二）机关学校会议之组织，除前项外，得参照本条甲款各项组成之。

（三）各该级主管人事人员列席。

第三条　各级会议依照人事法规，以着重于考绩与奖惩之建议事项为主，并得审议官位之任免转复，服役之起退停留延除，职务之任免停复撤调，及其他人事必要事项。

第四条　各级会议审议前条所列事项为建议评判性质，其复核权属人事评判委员会，最后决定权属最高军事长官。

铨叙厅综集各方建议，在职权内审拟意见呈核。

第五条　各级会议建议考绩与奖惩事项，除按照考绩与奖惩等有关法规之所定办理外，其他关于实施之程序及其注意事项如左：

（一）关于学校成绩，考试成绩一方面纳入考绩表学术课目之内，一方面由军训部或其他主管部会于每年终汇表送交铨叙厅，以作铨衡上之补助。

（二）作战成绩由军令部依据战绩考核办法第七条所定，并送由铨叙厅办理奖惩及供任免之参考。

（三）每一会战后之官佐功过奖惩，各部队应专案呈报或于战斗详报（要报）内填报，发交铨叙厅查核登记，为铨衡上之参考。

（四）每次校阅检查及各种试验后，其成绩特优特劣者，由主管部开列事实，核拟奖惩，送交铨叙厅供任免之参考。

（五）成绩最优人员铨叙厅承办考核时，拟令列举受考人员训练成绩或作战成绩，特优之事实以及适任何种职务之建议，分别先后移军训、军令两部或其他主管部会核实后，再行汇请核定实施。

（六）各级长官对所属之优劣呈报不符，经各该主管部会核实者，由铨叙厅汇请处罚之。

第六条　各级会议建议事项之呈转，仍由主管长官行之。

第七条　各级会议之审议、建议事项，除法规别有规定外，其范围如左：

（一）军或师会议中校以下。

（二）旅或团会议上尉以下（独立旅团同）。

（三）上校以上由中央审核。

右列各项除陆军部队适任外，其他陆军各机关学校及海空军各部队机关学校等各按其组织编制，准此规定办理。

第八条　各级会议审议时，应以公平确实宽严适当之态度，力避个人好恶偏重情感之心理而评判之，如遇所议事件与出席人员本身相关者，由该主管长官随时告之该员退席回避。

第九条　各级会议之建议事项，无论已否采决，不得先行发表。

第十条　各级会议除临时记录外，对内对外不得以会议名义发表文书。

第十一条　各级会议之定期会议，通常半年一次，必要时得召集临时会议，日期均由召集长官定之。

第十二条　各级会议之实施细则，由部队机关学校按照本规则及实际情形自行订定之。

第十三条　本规则自公布日施行。

〔军委会政治部档案〕

27．军事委员会关于少将晋升中将年资标准之训令

（1944年9月8日）

国民政府军事委员会训令　铨壹字第二六〇二号

令第六战区司令长官司令部

查陆军少将军职晋升年资，经以铨二机字第六五〇一号训令(二)项暂行改订为必须深资，年资应在五年以上而有特殊勋绩者，于卅一年二月二十八日通饬施行在案。兹经重新规定，少将晋升中将年资标准为本阶少将三年，次阶上校四年，两阶年资届满并必须考绩甲等，方能核予升级。除分令外，合行令仰遵照。此令。

委员长 蒋中正

中华民国三十三年九月八日

〔军委会政治部档案〕

28. 军事委员会铨叙厅关于战时超过编制阶级人员任用办法代电

(1944年10月22日)

国民政府军事委员会铨叙厅代电 铨办综字第三二六四号

查陆军各部队战时编制因适合作战，常有变更各级官佐之编制，阶级亦因之有所修改(如师参谋长旧编制为少将，新编制为上校)。兹为任用与编制相符而适存其原有身份起见，经签准任用超过编制阶级人员按编制阶级委用，保留其原级薪，其办理手续即按编制发给任职令，另附训令准照某级支薪。除分电外，特电查照为要。铨叙厅。午养(卅三)。印。

〔军委会政治部档案〕

29. 政治部颁布师政治部及各级政训单位组织规程

(1944年12月7日)

军事委员会政治部所属师政治部组织规程

第一条　本规程依据军事委员会政治部组织条例第十五条之规定订定之。

第二条　师政治部(以下简称本部)得依其驻地分别拨归战区司令长官司令部政治部管辖,并受师长之指导。

第三条　本单位设主任一人,副主任一人,下设第一、第二两科,其职掌如左:

第一科掌理部队政训、民众组训、党务及宣传等事宜。

第二科掌理人事、经理、文书及总务等事宜。

第四条　主任综理部务,副主任襄理部务。至兼任副师长之政治部主任,并得办理副师长业务。

各科科长承主任、副主任之命,办理各该管事宜。

第五条　本单位编制表另定之。

第六条　本部得依本师所辖团、连分别设置团政治指导员办公室及连政治指导员。各团、室组织规程暨编制表及连政治指导员组设办法另订之。

第七条　本规程自呈准之日施行。

军事委员会政治部所属部队政训甲级单位组织规程

第一条　本规程依据军事委员会政治部组织条例第十五条之规定订定之。

第二条　甲级政工单位(以下简称本单位)就其业务繁简及管辖范围,分为甲一级、甲二级、甲三级三种编制。

第三条　本单位直隶于军事委员会政治部,并受所属部队主管长官之监督指导。

第四条　凡适用甲一级、甲二级编制之单位,设主任、副主任各一人,主任秘书一人,秘书、督察员及其他必要人员若干人,下设第一、第二、第三、第四、第五五科,其职掌如左:

第一科掌理部队政训及党务事宜。

第二科掌理民众组训及医院、游击、政训事宜。

第三科掌理宣传事宜。

第四科掌理人事、文书及总务事宜。

第五科掌理所属单位经理事宜。

第五条　凡适用甲三级编制之单位，设主任、副主任各一人，下设第一、第二、第三三科，其职掌如左：

第一科掌理部队政训及党务事宜。

第二科掌理民众组训及宣传事宜。

第三科掌理人事、文书及总务事宜。

第六条　主任综理部务，副主任襄理部务（适用甲三级编制之单位，副主任并兼办秘书事宜）。

第七条　主任秘书承主任、副主任之命助理部务。

第八条　督察员承主任、副主任之命督察所辖各单位政训及党务事宜。

第九条　各科科长承主任、副主任之命，受主任秘书之指导，办理各该管事宜。

第十条　凡适用甲一级、甲二级编制之单位，得附设政治大队、卫兵排（班）。凡适用甲三级编制之单位，得附设政治队。其编制均另定之。

第十一条　本单位各级编制表另定之。

第十二条　本规程自呈准之日施行。

军事委员会政治部所属部队政训乙级单位组织规程

第一条　本规程依据军事委员会政治部组织条例第十五条之规定订定之。

第二条　乙级政工单位（以下简称本单位），就其业务繁简分为乙一级、乙二级两种编制。

第三条　本单位得依其驻地及战斗序列分别拨归上级政工单

位管辖，并受所属部队主管长官之监督指导。

第四条　凡适用乙一级编制之单位，设主任一人综理部务（师政治部主任兼副师长时，兼得办理副师长业务），副主任一人襄理部务，并兼办秘书事宜，下设第一、第二两科，其职掌如左：

第一科掌理部队政训、民众组训、党务及宣传等事宜。

第二科掌理人事、经理、文书及总务等事宜。

第五条　凡适用乙二级编制之单位，设主任一人综理部务（主任兼副旅长时，并得办理副旅长业务），秘书一人承主任之命助理部务，下设干事若干人，分别办理应办事宜。

第六条　本单位编制表另定之。

第七条　本规程自呈准之日施行。

军事委员会政治部所属部队政训丙级单位组织规程

第一条　本规程依据军事委员会政治部组织条例第十五条之规定订定之。

第二条　丙级政工单位（以下简称本单位），就其业务繁简分为丙一级、丙二级两种编制。

第三条　本单位得依其驻地及战斗序列分别拨归上级政工单位管辖，并受所属部队主管长官监督指导。

第四条　凡适用丙一级编制之单位，设政治指导员一人（政治指导员兼副团长时，并得办理副团长业务），干事若干人，办理部队政训、党务及宣传事宜。

第五条　凡适用丙二级编制之单位，设政治指导员一人（政治指导员兼副营长时，并得办理副营长业务），干事一人，办理部队政训、党务及宣传事宜。

第六条　政治指导员综理室务，干事承政治指导员之命办理应办事宜。

第七条　本单位编制表另定之。

第八条　本规程自呈准之日施行。

附：军事委员会政治部所属政治部及各级政训单位编制表〔略〕。

〔军委会政治部档案〕

30．军事委员会颁布战时编余官兵安置办法暨施行细则训令

（1945年2月22日）

军事委员会训令　三十四年二月二十二日
政人精字第四〇六一号

令各部队机关学校

兹将战时编余官兵安置办法颁布施行，在本办法规定以外，如各级尚有妥善办法着即呈报，以便采用。除分令本会直属机关部队外，合行检发办法暨施行细则令仰遵照并转饬所属一体遵照。此令。

附发战时编余官兵安置办法暨施行细则一份。

委员长　蒋中正

战时编余官兵安置办法　三十四年二月十二日军事委员会公布

第一章　总则

第一条　陆海空军各部队机关学校于战时整编时，其编余官兵之安置，悉依本办法行之。复员时编余官兵之安置，亦得参照本办法原则办理。

第二条　编余官兵安置之主要目的，在使编余人员能得到深造机会，及参加各种建设事业，变消费为生产并保障其生活。

第三条　编余官兵除优秀之军官佐及尚堪服役之士兵，于定额内留服现役拨补充实各部队机关学校，并与现职成绩平庸之军官佐互调外，其余加以深造或依志愿转业或准予退除役退职为原则。

第四条　无职军官佐，除无职军官管训办法别有规定外，如经请求登记并审查有正式学资合于规定者，亦得按照本办法收容安置之。

第五条　编余官兵之安置，由军事委员会各主管机关分别主持之，但第六条甲款各种转业及训练事项，暂由军政部主持、有关各部会协助办理之。

第二章　安置办法

第六条　编余官兵(登记审查合格之无职军官佐)除照第三条分别办理外，并依左列各款安置之：

甲、转业　编余官兵志愿转业者，除依法分别核予停役、退役、除役外，并按其志愿、性能选择转业项目，送由主管机关设立之专业训练班队授以专门技能后，分派相当工作。

转业项目如左：

(一) 行政官吏(中央或地方行政机关公务员及警察自卫队等属之)。

(二) 教育事业(各级普通学校之军事教官或其他科学之教授医务及国民军训等属之)。

(三) 交通工程事业(航空、通信、公路、铁路、水道及土木等工程事业属之)。

(四) 农林事业(水利、屯垦、畜牧、造林等属之)。

(五) 地方公益(各种慈善、卫生、救护及其他地方公益事宜属之)。

(六) 工厂管理(分发各大工厂及生产机关任工人管理)。

上列各项训练计划及转业程序，由军事委员会转咨行政院转饬有关各部会预为准备，并会同军政部拟订计划及程序之实施细则。

乙、退(除)役及退职

(一) 编余军官佐合于退(除)役之规定者，依志愿分别核准退役或除役。

(二) 编余军用文职人员，合于军用文官任用条例第十五条、第十六条，军法及监狱人员任用条例第十七条、第十八条，军用技术人员任用条例第十四条、第十六条等退职规定者，依志愿核予退职。

(三) 伤残不能转业之士兵，依兵役法核予退伍或送荣誉军人管理处妥为管理，如志愿归乡者优给旅费回籍。

第七条　待遇。编余军官佐退除役者，照战时退役俸给与办法办理(海空军另定)，其志愿转业者在未派相当工作以前，照现役额外附员待遇。

军用文职人员退职办法另定之。

无职军官佐经登记审查合格后，其待遇照中央军校毕业生调查处军官总队学员办理。

第三章　办理程序

第八条　凡奉令整编之部队机关学校，由奉命之日起，除拨补者应按规定拨补外，其编余人员按人数分别编队待命，并经初审后依职别及志愿转业或退(除)役退职等，分别编造名册及经费预算送达主管机关核办。

第九条　主管机关依前项名册分别种类予以核定，并指示其安置办法，另将种类人数汇送军政部转报行政院分别办理。

第十条　退(除)役退职人员发给款项及证明文件后，依指示之安置办法分遣之。

第十一条　本办法施行细则另定之。

第十二条　本办法自公布之日施行。

战时编余官兵安置办法施行细则

第一章　总则

第一条　本细则依据战时编余官兵安置办法(以下简称安置办法)第十一条订定之。

编余官兵之安置,除有关法令别有规定外,悉依本细则行之。

第二条　编余军官佐未超过服役限龄体格强健尚堪深造者,得由主管机关选拔送呈军事委员会核交各部队机关学校补用,或考送各兵科、业科、专门学校、各地干训团,及陆大参谋补习班,补习军事教育期满再行分发服务。

前项训练计划,由军令、军训、军政各部分别统筹办理之。

第三条　编余之将级军官得选送陆军大学受训,期满由军事委员会分发服务,训练计划由军令部统筹办理。

第四条　无职军官佐申请转业或回复军职者,由中央各军事学校毕业生调查处、各地通讯处暨各兵役管区办理登记审查。如有正式学资得汇报军政部经复核合格后,分别遣送各专业训练机关,或呈请军事委员会分发服务。

第五条　编余军官佐合于退(除)役规定者,依战时陆海空军军官佐退役办法大纲,严格审查核予退役或除役。

第六条　荣誉士兵之退伍事项,由军政部会同兵役部按照规定办理之。

第二章　安置办法

第七条　编余官兵依安置办法第六条甲款之转业人员,由军政部转咨中央训练委员会饬中央训练团,设立复员工作训练班,分别训练之。

第八条　复员工作训练班,依据军政部所送转业人员名册及其转业种类,分别科系拟订训练计划分期实施。

训练计划由中央训练团另订之。

第九条　专业训练期满，由军政部会同中央各有关机关，按其训练项目分发各行政部门或各场厂，予以实际工作并保障其职业。

第十条　专业训练因设备或训练期限，必须由各级普通专科学校施以专科教育者，得送由教育部审查其教育程度，核予免费入学。

第十一条　转业人员之分发事项及其职业之保障，由军事委员会会同行政院饬有关机关办理之。

第十二条　退(除)役官佐之给与，依照陆军官佐战时退役俸给与办法之所定。

第十三条　军用文职人员退职办法，如附件一。

军用文职人员志愿转业者，核予转业，惟不发一次退职金。

第十四条　志愿转业人员或选送各军事训练机关受训人员，在受训期间照现役额外附员待遇，由训练机关编造预算及人员名册，送军政部核发。

前项人员至派定工作后，其原待遇即予停止。

第三章　办理程序

第十五条　办理程序，除依照安置办法第三章各条实施外，其拨补人员应由原部队、机关、学校，按照主管机关之指示，集中编队送接收机关点收，双方交接清楚后，会同报告主管机关备案。

第十六条　转业或送训人员，在未指定报到机关以前，由主管机关指定地点集中编队待命，其人数少者应转咨军政部，饬各地毕业生调查处军官大队暂行管训，听候安置。

第十七条　各整编部队、机关、学校，应将编余军官佐，分别送训或转业(填附转业志愿书)，造送名册各二份，呈请主管机关核定后，以一份送军政部统筹分配训练名额。

第十八条　退(除)役及退职人员发给款项及证明文件后，应由原部队、机关、学校、酌量人数，商请主管运输机关，准备交通工具分遣回籍。

第十九条　转业志愿书及名册格式，如附件二。

第二十条　处理本细则实施事项，由军事委员会会同行政院，饬有关部、会派员组织联合办公机构，经常负责处理之。

第四章　附则

第二十一条　本细则自公布之日施行。

附发第十二条所指之陆军官佐战时退役俸给与办法一份。

附件一：

军用文职人员退职办法

第一条　本办法依战时编余官兵安置办法第六条一款二项及第七条二款订定之。

第二条　军用文职人员退职依本办法行之。

第三条　退职规定如左：

（一）志愿退职　本人自请离职经核准者。

（二）考绩退职　考绩连续三年不及格者。

（三）伤病退职　因伤病残废衰弱不堪服务者。

（四）裁编退职　因组织或编制变更被裁减者。

第四条　前条三、四两款退职人员，在战时得发给一次退职金，退职金给与表，如附表一。

第五条　退职时合于左列各款之一者，除发给一次退职金外，并给与终身赡养金，其金额为军官佐退役俸二分之一。

（一）军用文官军法官、监狱官年满六十岁，军用技术人员年满五十五岁，任实职在十五年以上者。

（二）在职因公残废者（应取具身体检查鉴定书为证）。

（三）任实职十五年以上，未满本条第一款之年龄，因积劳病伤不能服行公职者（应取具健康检查报告书为证）。

第六条　文学校出身在陆海空军各部队、机关、学校，所任之职务，其性质类似军官或军佐不合于任官退役之规定者，依本办法核予退职。

第七条　核给一次退职金及赡养金之退职人员，以呈奉军事委员会核委或核备有案者为限。

第八条　发给一次退职金之退职人员，其回籍旅费得按里程计算，无论乘船、步行一律照汽车票价核发车费，并照每天一百五十公里计算行程日期，另加二分之一为候车时间核发旅费。

第九条　退职人员应由所隶独立单位长官，填具姓名册及详细履历各一份，册式如附表二。

合于核给赡养金之规定者，则加附二寸半身相片四张。

第十条　退职人员赡养金支付证书，由军政部发给，其支付手续与备役军官佐同。

第十一条　退职人员在领受赡养金期内，应受在乡军人管理机关之管理。

第十二条　退职人员在领受赡养金期内，有左列情形之一者，终止或停止其赡养金：

(一) 犯有刑事处分，经判处罪刑者終止。

(二) 丧失中华民国国籍者終止。

(三) 本身死亡者終止。

(四) 于退职后再任有给职者停止。

右赡养金宣告終止者，不得申请恢复。宣告停止者能否再予恢复，须呈由军事委员会核定之。

第十三条　军用文职人员之退职，由军事委员会以命令行之。

第十四条　本办法公布后施行与废止日期，均以命令定之。

〔各类附表略〕

附件二：

陆军官佐战时退役俸给与办法

第一条　陆军官佐(以下简称官佐)依照战时陆海空军官佐退

役大纲施行细则第四条规定，退除役时照本办法规定发给退役俸退役粮，一次退役金(附表一)及旅费。

第二条　一次退役金及旅费，由军政部连同退役俸支付证书(格式一)发交退役官佐退役时所在部队、机关、学校转发。

前项旅费得按里程计算，无论乘船、步行一律照汽车票价核发车费，并照每天一百五十公里计算行程日期，另照二分之一为候车时间核发旅费。

第三条　退役俸及退役粮，按退役官佐阶级依附表二定额支给，于退役之次日起，上等官佐由军事委员会按期(每年分四期，以三个月为一期)发给，中初等官佐由退役官佐原籍或寄籍之县(市)政府垫发之。

应发退役粮，由当地定价折发代金，如受领人需现品时，即由县(市)政府在县(市)级公粮余额内，照应发代金配售现品，价款缴入县(市)库。

第四条　各县(市)政府所发退役俸及退役粮代金(以下并称退役俸)，由各该县(市)政府按期检据汇报军政部拨还归垫。

第五条　军事委员会颁发退役令时，同时饬铨叙厅照所附格式，按各机关退役官佐人数分别造册(应附退役官佐免冠二寸半身相片二张)送军政部制发退役俸支付证书。

第六条　退役俸支付领据用活页，每年一页，依退役俸给与期限合装一册，每页分四张，各附存根，每期合计三个月，应发俸金总数发给之。

第七条　每届发给退役俸时，退役官佐应凭应召证书(格式二)至所在地县(市)政府，于发讫俸金后，将本期支付证书截留，并于其证书存根内批记发款之年月日，由领发人分别盖章。

第八条　退役官佐应领俸金之数额，由军事委员会核定，于证书中载明之，备役中晋任官阶时，应换发退役俸支付证书，换发手续由退役官佐报请所隶之师(团)管区办理。

第九条　退役官佐因事实需要须变更领取退役俸地址时，得声请军政部办理。

第十条　备役官佐应召须携带证书，由所隶师(团)管区于应召证书(在支付证书末页)批记、盖章，应停给其应领俸金至下届应召止，但未奉召集命令者不在此限。

第十一条　'备役官佐应召回复军职时，照现役给与，其退役俸支付证书，同时缴呈所隶长官缴呈军政部。

第十二条　前条应召之官佐至任务终了仍为备役时，由军政部将其原缴之退役俸支付证书发还，并补注其起支年月。

第十三条　退役官佐有左列各款之一者，停给退役俸：

1. 本人身故者。

2. 备役期间停役者。

3. 除役后失籍者。

右第二款经核准回役时，再自应召起续给退役俸。

第十四条　退役俸支付证书如有遗失时，得详具事由，将本人役别、官阶、退役年月日、证书字号，及应领、已领、未领之俸金数额声叙明白，取得本籍现任荐任官以上二人之证明书，呈由本县(市)政府调查确实后，转呈该师(团)管区核转军政部补发，同时将遗失证明书登报作废。

第十五条　退役俸支付证明书不得损坏、涂改、伪造、买卖、转让、抵押，其俸金亦不得请人代领。如因病或其他特殊情形，必须请人代领者，须事先呈准所隶师(团)管区核准后，通知经发县(市)政府。

第十六条　退役官佐应领俸金经过三年不领者，由该所在地县(市)政府转报师(团)管区汇报军政部注销。

第十七条　凡违犯本办法第十五条规定者，依法惩处。

第十八条　本办法自公布之日施行。

〔国民政府国防部史政局及战史会档案〕

31. 军令部奉发部队各级政工主官任用办法训令

（1945年3月15日）

军事委员会军令部训令　三德人字第一〇〇二号
中华民国三十四年三月十五日

令战史编纂委员会

案奉本会三十四年三月四日办制渝字第七九七三号训令开，兹制定各级政工主官任用办法通饬施行。除分令外，合行检发该项办法令仰遵照。此令。等因，附抄发部队各级政工主官任用办法一份。奉此。除分令外，合行抄发原办法，令仰遵照。此令。

附抄发部队各级政工主官任用办法一份。

部长　徐永昌

部队各级政工主官任用办法　民国三十四年三月四日
军委会办制渝字第七九七三号令颁

第一条　为谋改进部队军政人事、健全政工干部、提振战斗精神、加强战斗力量，特订定本办法。

第二条　军政治部主任，必要时，得由副军长兼任之。

第三条　师设副师长二员，以一员兼政治部主任，在整训期间，专负政工之责，旅设旅政治部，其主任不兼部队副主官，团（营）连政治指导员，仍兼任副团（营）、连长（连附）。

第四条　各级政工主官，如兼任部队副主官时，必须具有相当之队职经历。

第五条　兼任团（营）、连部队副主官之政工主官，由军政治部会同军部，选拔资深绩优之次级部队长，依法定程序任用之，并由军事委员会政治部计划调训。

第六条　兼任军、师政工主官之部队副主官，由军事委员会政治部甄选训练，依法报请任用，各部队长不得任意保荐，或擅行任免。

第七条　部队长升任上一级部队副主官兼政工主官时，以回避原部队为原则。

第八条　资深绩优之兼任政工主官之部队副主官，或兼任部队副主官之政工主官，于同级部队长出缺时，得由上级政治部会同各该人事中心管理机关，依资深绩优尽先予以晋升，但不限于原部队为范围。

第九条　各级部队副主官兼任政工主官，满三年后不能升任上级部队长时，得依法予以适当之经历调任。

第十条　本办法自公布之日起施行。

〔国民政府国防部史政局及战史会档案〕

32. 军令部转颁军事委员会关于各级主官不得擅自任免所属官佐等训令

（1945年6月8日）

军事委员会军令部训令　三德人字第二三六〇号

令战史编纂委员会

案奉本会三十四年五月铨办文(卅四)字第三五〇〇号训令开：查为政在人，而人事之清明贵有制度之确立，建军前途胥赖乎此。是凡中央所颁一切人事法令规章，各级官佐均应绝对遵守，顾法可变而不可毁，政可修而不可玩，如国家有玩政毁法之人，则政治亦无修明之日。乃近来犹有少数不明大体之主官，往往对于人事狃于偏私，罔顾法令。兹为求整饬人事纪律，确立人事制度起见，特规定各级主官对于军职任免，仅能依其权限建议某人适任某职，以供中央铨选，不得指缺保荐，尤不得违反法令，于权限之外擅自任免所属官佐，或藉词阻止中央委派之人员，使其不能到职。自令到日起，如再故违，当相其情节轻重，依照陆海空军刑法及陆海空军惩罚法从严议处，决不宽贷。而主管人事及军法机关必须严切执行，务使人事早入正规。除分令外，合行令仰切实遵照，并转饬所属一体遵照。等因。除分行外，合行令仰遵照。此令。

部长　徐永昌

中华民国三十四年六月八日

〔国民政府国防部史政局及战史会档案〕

(2) 陆军组织官制

1. 军政部检送军事委员会突击军系统表及编组计划代电

(1938年3月19日)[1]

军政部代电　鄂务防第7668号

后方勤务部勋鉴：查突击军及纵队编组计划，业经呈奉委座核准并指定汤恩伯兼军长、杜聿明兼副军长，担任各纵队之师长兼纵队司令，邱清泉、廖耀湘、彭璧生等分别兼任副司令，限本月二十五日前成立。军司令部编制按甲种军部编制，纵队司令部按原有师部编制，均得酌加必要参谋及技术人员。等因。除分行外，特检同该项计划电请查照为荷。何应钦。皓。鄂务防。印。附计划一份。

突击军及纵队编组计划

一、要领

国军基于作战经验，应迅速编组坚强之攻势兵团，先以三个纵队为基干，冀期于主战区域为机动的使用，以攻击或逆袭敌人而打

---

① 原件无年月，经考订当为1938年3月。

破其侵略之迷梦。

二、编组

甲、系统。如附表。

乙、各纵队之编成以下列各兵种为主：

1. 优秀之步兵一师。

2. 新野战炮兵一团。

3. 轻榴弹炮一营(机械化)。

4. 战车一营。

5. 机械化战车防御炮一连。

6. 工兵一连(步兵师之工兵营不在内)。

7. 重机关枪一营(以二连编成，如无重机关枪则以轻机关枪代之)。

8. 载重车五十辆。

丙、主干部队之选定：

1. 步兵师拟于下列各师中选择三个步兵师：

A. 汤军团之2D、4D、25D或89D，由以上四个师中选出一师。

B. 第九战区之3D、51D。两师中选出一师。

C. 胡宗南之第一及第七、八师中选出一师。

(步兵师已分令挑选，若第九战区已挑出之师不能调动，则由汤军团多选出一师备用。)

选任纵队之步兵师，应按照调整师编制，将武器器材及各兵种全数补足，尤其是骑兵连及战车防御炮连，应完备其步兵排，每班应增加兵二名。

2. 战车营：

A. 200D——一四九团第一营配属于第一纵队。

B. 200D——一四九团第二营配属于第二纵队。

C. 200D——一五〇团第二营配属于第三纵队。

二百师之战车营系混合编成，该师目前能出动计共有俄式十吨重战车四十七辆(原共有八十二辆,内三十二辆在昆明，须于一月后到湘,此次陇海作战损失三辆,故现可用者只四十七辆)。

意大利小战车约九十二辆(原有九十四辆,内损失二辆，正修理者十七辆)。

英式六吨战车六辆及水陆战车十六辆。

以上战车共161辆,均已编成待命中。

3. 炮兵团以新成立之俄炮三团分别配属之。

轻榴弹炮营以炮兵第十一、十三团一、二营配属之。

第一纵队：

① 轻榴弹炮第十一团之一营。

② 野炮兵第十五团。

第二纵队：

① 轻榴弹炮第十三团之一营。

② 野炮兵第八团(欠两连)。

第三纵队：胡宗南。

① 轻榴弹炮第十三团之一营已开往,系十一、十三两团各一连。

② 野炮兵第二十团正开拔中。

4. 战车防御炮：

以一一五师交换下之三、七炮二连(原文如此)及炮兵五二团抽调一连分别配属之。

5. 工兵拟由工兵学校抽调一营分别配属之。

6. 重机关枪营，由防校训练已久尚无高射炮之三营改编之。

7. 卡车先筹一〇五辆,由交通司商承后方勤务部抽拨之。

丁、指挥人选：

1. 军长：汤恩伯兼。

副军长：杜聿明兼。

参谋长：

军部职员以二百师师部人员兼任为主，不足时添设之。

2．各纵队司令拟以各步兵师长兼任，副司令则以二百师副师长邱清泉、参谋长廖耀湘、军务司少将科长彭璧生等分任之。

戊、编成时期：

由军长、副军长受机械化兵监之指示，统筹分令各纵队正、副司令分别着手编组，限本月二十五日完成。

三、纵队使用方面：

第一、二两纵队冀期使用于湘赣路南昌方面。

第三纵队使用于洛阳、朝邑、大荔一带。

四、训练（由徐兵监庭瑶负责筹划）：

A．集中地：湘赣铁路之清江附近。

B．步兵战斗训练最低限度一个月，注意攻击方法、射击工事等项，并以突击、冲击、技术与精神为主。

C．战车教练最低限度一个月，注重射击、野地行驶、攻击方法。

D．特种教练注重空地联络，战车、炮兵、步兵之协同干部战术等。

E．联合演习至少一个月之诸种想定之演习。

附表：甲、系统

军事委员会突击军

- 第一纵队（汤军团选出之师为基干）
- 第二纵队（第九战区选出之师为基干）
- 第三纵队，归西安行营指挥
- 特务营，二百师原特务营
- 通信营，二百师原通信营
- 辎重营，二百师原辎重营

〔国民政府国防部史政局及战史会档案〕

2. 军事委员会修正非常时期军管区司令部组织暂行条例

（1938年3月）

非常时期军管区司令部组织暂行条例　二十七年三月修正

第一条　在非常时期，为办理各省兵役动员及国民军训，特依各省原区域划为某省军管区，设置军管区司令部。

第二条　军管区司令，以省政府主席兼任为原则，必要时得以驻该省之绥靖主任兼任司令，省政府主席兼任副司令，由全国最高军事机关核定之。

第三条　军管区司令部，直隶于军政部，关于国民军训事项并受政治部之管辖。

第四条　军管区内原定已设或未设之师管区区划，非必要不再变更，原设之各师管区司令部改隶于军管区司令部。

第五条　军管区司令于本管区内，为应付紧急事变，必要时得依照召集规则之所定，施行临时召集。

第六条　军管区司令部，设参谋长及必要人员佐理，并分置兵役处、国民军训处、总务科，其编制系统如附表。

第七条　参谋长辅助军管区司令参划机要，指导部内职员办理应行事务，军管区司令因故不能执行职务时，得由参谋长代行，设副司令之省由副司令代行。

第八条　兵役处掌理左列事务：

一、兵员之征募事项。

二、补充兵之训练、管理、调拨事项。

三、指导壮丁队之编组、训练及管理事项。

四、在乡军人之召集服役事项。

五、现役兵之处理及转役事项。

六、官佐籍、士兵籍之整理、保管、统计事项。

七、兵役宣传事项。

第九条　国民军训处掌理左列事务：

一、壮丁(国民兵役中之壮年而未被征募者)及常备壮丁队训练之实施。

二、妇女、少年团(童子军)、公务员之调查、登记、组织事项。

三、高中以上学校学生及特种青年男女之调查、登记、组织、训练、管理事项。

四、国民体育及社会补助教育事项。

五、战地国民动员服务团体之组织、训练事项。

第十条　总务科掌理文书、人事、会计、庶务、警卫等事项。

第十一条　军管区司令部服务规则另定之。

第十二条　军管区司令部人事处理及经费领发办法另定之。

第十三条　本条例在非常时期施行，时局恢复正常时废止。

第十四条　本条例自公布之日施行。

非常时期军管区司令部编制表、系统表〔略〕。

〔军委会政治部档案〕

3．军事委员会制定高级司令部内军事顾问暂行规则训令

（1938年7月26日）

军事委员会训令　办外鄂字第一二九号

令军令部部长徐永昌

为令遵事：本会为增进我军作战指挥之效能，特派遣军事顾问前来协同工作，并制定高级司令部内军事顾问暂行规则，仰即遵照。此令。

附高级司令部内军事顾问暂行规则一份。

委员长　蒋中正

中华民国二十七年七月廿六日

高级司令部内军事顾问之暂行规则

第一条　为增进我军作战指挥之效能，故派遣军事顾问于高级司令部。

第二条　高级司令部之顾问，依委员长之命令派遣之。

第三条　高级指挥官与顾问及幕僚彼此间应协调一致。

第四条　顾问在高级司令部对于作战事项，尤其关于作战之决心与处置及各种技术，有尽量发挥其见解及建议与协助实施之权，惟最后之决定，仍属于各该司令部之最高指挥官。

但顾问不同意时，准报由总顾问转报委员长，如有必要时，得

直接报告委员长。

第五条　高级司令部之最高长官应与顾问协办之事件如左：

一、对所属各级指挥官确实指导，并监督关于作战决心之执行。

二、随时对所属各级参谋人员及各级指挥官加以训练。

三、调整军需补给及卫生各事宜。

四、关于指挥军队、调整司令部各项勤务及指挥所属之工作。

五、编订各科教育大纲。

六、部队训练之指示。

七、同往视察部队，但有时顾问承司令官之许可得单独视察，而将视察结果，由顾问提出改革意见而促其改正之。

八、使部队正确运用战斗之技术，及保持各兵种间之协同动作与联系。

九、模范作业之实施，并对现代各重要兵器予以攻防极有效之指导方法。

第六条　高级司令官及幕僚各照其任务与职责应与顾问切实合作，凡关于作战之情况，无论敌方我方皆尽量详告，如举行军事会议或幕僚会议，皆应请顾问参加。

第七条　关于作战指挥上之疑难问题，及必要之决心处置，指挥官及幕僚可随时向顾问咨询，并宜充分采纳其建议。

第八条　各级司令部之最高长官对顾问应注意之事件如左：

一、应使所属各司令部及各部队，对各顾问加以优礼与重视。

二、应予顾问以交通上与食宿上之便利，务使与副司令官享同等之待遇。

第九条　本规则自奉准之日施行。

〔国民政府国防部史政局及战史会档案〕

4. 军事委员会颁布陆军暂行编制纲领

（1938年12月）

陆军暂行编制纲领

第一条 陆军部队之编制，平时以师为最高单位，其编制纲领略示如左：

甲种师编制。以步兵三旅每旅二团共计六团为基干，所配属特科兵与乙种师编制同。

乙种师编制。以步兵三旅每旅三团共计六团为基干，配属骑兵一连，炮兵一营，野（山）炮三连每连四门，工兵一营工兵三连及通信兵一连，辎重兵一营二连及师特务连一连。

丙种师编制。以步兵二旅每旅二团共计四团为基干，配属骑兵一连，炮兵一营，工兵一营工兵二连及通讯兵一连，及辎重连、特务连各一，骑兵师以骑兵二旅每旅二团共计四团为基干，配属机关枪一连及迫击炮一连，特务连一连。

前列各种师编制内之步兵团或骑兵团，其编制各依兵种，均为一律。

第二条 各兵科连以下之区分，在编制上概不规定，至战时及演习时之分排及班，于操典规定之教育及内务上各级干部之责，均于军队教育令及军队内务书中规定之。

第三条 各部队之输送及担架等各种后方勤务，平时概不设置部队，惟在辎重营养成干部，并由各部队随时指定人员轮流演习各种后方勤务，以备战时编成，其办法另定之。

第四条 凡新任人员，其阶级以编制表中所列最低者为原则。

第五条 宪兵队，军乐队及本编制表未列之部队，其编制另定之，各级部队之政治训练处编制另定之。

凡　例

一、各师司令部及步兵旅司令部、团营本部乘马之分配，除规定将官乘用二匹，团营长及团附中少校、团营副官各乘用一匹外，其余官佐、士兵，酌定公用乘马，概不指定专属，至乘马部队官兵之乘马分配，均在编制表中规定之。

二、勤务士兵之分配如左：

中将。中下士各一名。

少将。中士一名，上等兵一名。

上校。下士一名（团长加一等兵一名）。

中少校。上等兵一名（营长加一等兵一名）。

上中少尉二员，共用一等兵一名（连长及独立排长则各员专用一名）。

准尉三员，共用一等兵一名。（其共用法，系同一处所服务之尉官并用之。）

各级司令部及本部，按其业务之组织区分添设勤务兵，其标准为官佐五人以下者一名，官佐五人至十人者二名，余类推。

三、各团团本部，在将来颁发团旗时，应设少尉掌旗官一员。

关于编制之实施细则

一、各部队之编制，均须依照此次颁布之编制而编成之，但人员、器材一时容或未尽足数，则宁缺勿滥，不得为空虚之扩大。例如一师原有之炮数仅足一连，则只编成炮兵一连，或马数仅足一排，则只编成骑兵一排。又如无炮无马者，则炮兵、骑兵均从缺，其他兵种只仿此办理。至将来如何充实编成，应由军政部通盘筹划进行。

二、兵器制式之采用，均照国军裁留标准之所定。

三、各种交通通信器材，以采用现时尚能使用者为限，其旧损器材应交由直属长官存转，不得偏入。

四、其他实施细则，随时增订之。

陆军师司令部编制表

职别	师长	参谋长	参谋处					副官处						
			处长	参谋	书记	电务员	司书	处长	副官	书记	司书	司号长	传运班	
													军士	传运兵
阶级	中将	上(少将)校	中(上)校	中少上校尉	同上中尉	同上中尉	同准尉	中校	少上中校尉	同上中尉	同准尉	少尉	中下士	上一二等兵
员额	一	一	一	二二二	一一	一一	五	一	一一三	一二	四	一	一一	四八四
备考														

(续表)

职别	军械处									军需处											
											总务课			会计课			粮服课				
	处长	军械员	技士	书记	司书	工长	工匠	管库军士	管库兵	处长	课长	课员	司书	课长	课员	司书	课长	课员	司书	司事	军需军士
阶级	中校	少上中校尉	中少(准)尉	同中尉	同上准尉士	上中(下)士	上等兵	中(下)士	上一等兵	上(中)校	少校	上中尉	同准尉	少(中)校	上中尉	同准尉	少校	上中尉	同准尉	同准尉	上中下士
员额	一	一一一	一一	一	一一	一一	二	一	一二	一	一	一二	二	一	二二	二	一	一二	二	三	三一一
备考																					

(续表)

职别	军医处									军法处				勤务军士	勤务兵	伙目	伙伕	马目	马伕	乘马	輓马	总计			附记
	处长	军医			司药	书记	司书			处长	军法官	书记	司书												
阶级	上(中)校	少(中)校 少校	上尉	少(中)校 上尉	少校 上尉	同上尉	同准尉	上 中(下)士	一(上)等兵	同中校	同少校	同上尉	同准尉	中下 士	上等兵	上等兵	二(一)等兵	上等兵	二(一)等兵			官佐	士兵伕	马匹	
员额	一	一 二	一	一 一	一 一	一	二	一 二	五	一	一	一	一	一 四	二六	一	三	一	九	二〇	三	七九	一一三	二三	
备考																						共一九二			

陆军师(甲种)系统表

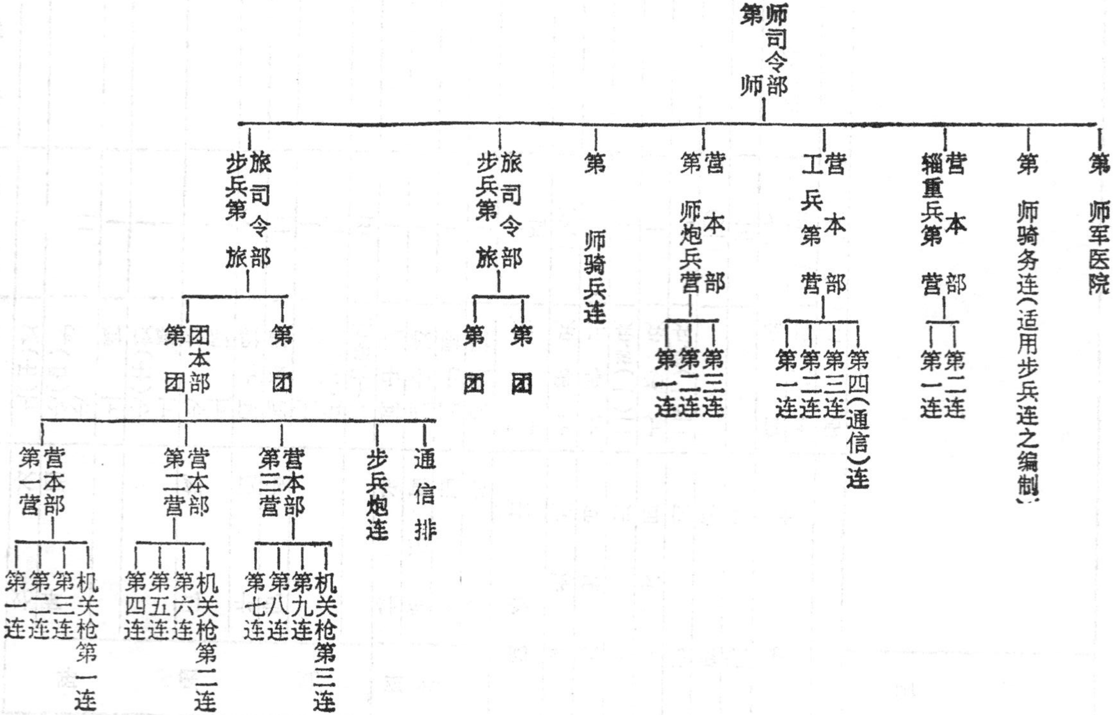
第师司令部 师部
步兵第旅司令部 旅部
第团本部 团部
第一营本部 营部
第一连
第二连
第三连
机关枪第一连
第二营本部 营部
第四连
第五连
第六连
机关枪第二连
第三营本部 营部
第七连
第八连
第九连
机关枪第三连
步兵炮连
通信排
第团
步兵第旅司令部 旅部
第团
第团
第师骑兵连
第师炮兵营本部 营部
第一连
第二连
第三连
工兵第营本部 营部
第一连
第二连
第三连
第四(通信)连
辎重兵第营本部 营部
第一连
第二连
第师骑务连(适用步兵连之编制)
第师军医院

陆军师(甲种)编制人员统计表

区别 阶级	师司令部	步兵第一旅 旅司令部	步兵第一旅 第一团	步兵第一旅 第二团	步兵第一旅 全旅合计	步兵第二旅	步兵第三旅	师骑兵连	师炮兵营 野	师炮兵营 (山)	工兵营		师特务连	师军医院	全师阶级合计 野炮兵全营之师	全师阶级合计 山炮兵全营之师
中将	1			同		同	同								1	(1)
少将		1		第	1	第	第								3	(3)
上校	3		1	一	2	一	一								9	(9)
中校	6	1	1	团	3	旅	旅				1	1		1	18	(18)
少校	13	2	6		14				1	(1)	2	2		4	64	(64)
上尉	16	3	26		55			1	7	(7)	8	6	1	3	207	(207)
中尉	16	2	35		72			3	13	(13)	17	2	2	4	282	(282)
少尉	2		17		34			1	4	(4)	5	2	1	1		(28)
准尉	22	4	20		44			1	5	(5)	6	3	1	3		(133)
官佐总计	79	13	106		225			6	30	(30)	39	25	5	16		(875)
上士	6		31		62			5	11	(11)	31	2	1	2		(253)

附记：一、师炮兵营、工兵营、辎重兵营编制均与乙种师同。

（续表）

陆军师（甲种）编制人员统计表

区别 阶级	师司令部	步兵第一旅				步兵第二旅	步兵第三旅	师骑兵连	师炮兵营		工兵营		师特务连	师军医院	全师阶级合计		附记
		旅司令部	第一团	第二团	全旅合计				野	（山）					野炮兵全营之师	山炮兵全营之师	
中士	7	2	67		136			8	32	（32）	39	15	3	7		（519）	
下士	6	1	87		175			4	18	（18）	31	6	6			（596）	
上等兵	28	7	207		421			34	91	（109）	99	63	12	14		（1622）	
一等兵	41	9	584		277			56	203	（239）	264	140	40	43		（4204）	
二等兵	25	5	607		122			61	243	（282）	277	109	43	12		（4241）	
士兵总计	23	24	1579		3182			168	598	（691）	741	344	104	78		（2783）	
人员总计	192	37	1685		3407			174	628	（721）	780	369	109	94		（12660）	

陆军师（乙种）系统表

- 第　师 师司令部
  - 步兵第　旅 旅司令部
    - 第　团 团本部
      - 第一营 营本部
        - 第一连
        - 第二连
        - 第三连
        - 机关枪第一连
      - 第二营 营本部
        - 第四连
        - 第五连
        - 第六连
        - 机关枪第二连
      - 第三营 营本部
        - 第七连
        - 第八连
        - 第九连
        - 机关枪第三连
      - 步兵炮连
      - 通信排
    - 第　团
    - 第　团
  - 步兵第　旅 旅司令部
    - 第　团
    - 第　团
    - 第　团
  - 第　师骑兵连
  - 第　师炮兵营 营本部
    - 第一连
    - 第二连
    - 第三连
  - 工兵第　营 营本部
    - 第一连
    - 第二连
    - 第三连
    - 第四（通信）连
  - 辎重兵第　营 营本部
    - 第一连
    - 第二连
  - 第　师特务连（适用步兵连之编制）
  - 第　师军医院

陆军师(乙种)编制人员统计表

阶级＼区别	师司令部	步兵第一旅															
		旅司令部	第一团												第二团	第三团	全旅合计
			团本部	第一营						第二营	第三营	步兵炮连	通信排	合计			
				营本部	第一连	第二连	第三连	机关枪连	合计								
中将	1					同	同			同	同				同	同	
少将		1				第	第			第	第				第	第	1
上校	3		1			一	一			一	一			1	一	一	3
中校	6	1	1			连	连			营	营			1	团	团	4
少校	13	2	3	1					1					6			20
上尉	16	3	10	1	1			1	5			1		26			81
中尉	16	2	6	1	2			2	9			1		33			107
少尉	2			1	1			1	5			1	1	17			51
准尉	22	4	3	1	1			1	5			1	1	20			64
官佐总计	79	13	24	5	5			5	25			5	2	106			33

(续表)

陆军师(乙种)编制人员统计表

区别/阶级	师司令部	步兵第一旅															
		旅司令部	第一团												第二团	第三团	全旅合计
			团本部	第一营						第二营	第三营	步兵炮连	通信排	合计			
				营本部	第一连	第二连	第三连	机关枪连	合计								
上士	6		6	2	1			2	7			1	3	31			93
中士	7	2	2	1	3			6	16			6	2	67			203
下士	6	1	4	1	6			6	25			6	2	87			262
上等兵	28	7	8	3	12			16	55			22	12	207			618
一等兵	41	9	30	5	40			40	165			46	12	584			1761
二等兵	25	5	9	3	42			46	175			53	16	602			1814
士兵总计	113	24	68	15	104			26	442			134	48				4761
人员合计	198	37	92	20	109			121	468			139	50	1685			5092

（续表）

步兵第二旅	师骑兵连	师炮兵营								工兵营					
		营本部	第一连		第二连	第三连		合计		营本部	第一连	第二连	第三连	第四(通信)连	合计
			野	(山)	野(山)	野	(山)	野	(山)						
同					同	同	同					同	同		
第					第	第	第					第	第		
一					一	一	一					一	一		
旅					连	连	连			1		连	连		1
		1						1	(1)	2					2
	1	4	1	(1)				7	(7)	4	1			1	8
	3	7	2	(2)				13	(13)	5	3			3	17
	1	1	1	(1)				4	(4)	1	1			1	5
	1	2	1	(1)				5	(5)	1	1			2	6

（续表）

步兵第二旅	师骑连兵	师炮兵营 营本部	师炮兵营 第一连 野	师炮兵营 第一连 （山）	师炮兵营 第二连 野（山）	师炮兵营 第三连 野	师炮兵营 第三连 （山）	师炮兵营 合计 野	师炮兵营 合计 （山）	工兵营 营本部	工兵营 第一连	工兵营 第二连	工兵营 第三连	工兵营 第四（通信）连	工兵营 合计
	6	15	5	（5）				30	（30）	14	6			7	39
	5	5	2	（2）				11	（11）	4	6			9	31
	8	2	7	（7）				32	（32）	9	8			6	39
	4		6	（6）				18	（18）	1	8			28	31
	24	13	26	（32）				91	（109）	7	22			26	99
	56	41	54	（66）				203	（239）	21	62			57	264
	61	30	71	（84）				242	（282）	9	69			61	277
	168	100	166	（97）				598	（691）	51	175			165	741
	174	115	171	（203）				628	（721）	65	181			172	780

（续表）

辎重兵营				师特务连	师军医院	全师	分计	附记
营本部	第一连	第二连	合计			炮兵全营 野炮之师	炮兵全营 山炮之师	
		同				1	(1)	
		第				2	(2)	
		一				9	(9)	
1		连	1		1	17	(17)	
2			2		4	62	(62)	
4	1		6	1	3	204	(204)	
5	3		2	2	4	280	(280)	
	1		2	1	1	118	(118)	
1	1		3	1	3	169	(169)	

（续表）

辎重兵营				师特务连	师军医院	全师分计		附记
营本部	第一连	第二连	合计			炮兵全营野炮之师	炮兵全营山炮之师	
13	6		25	5	16	862	(862)	
3	4		11	1	2			
9	3		15	3	7	517	(517)	
	3		6	6				
7	28		63	12	14			
22	59		145	40	43			
7	51		10)	42	12			
48	148		244	104	72		(2761)	
61	154		369	109	94		(12623)	

陆军师（丙种）系统表

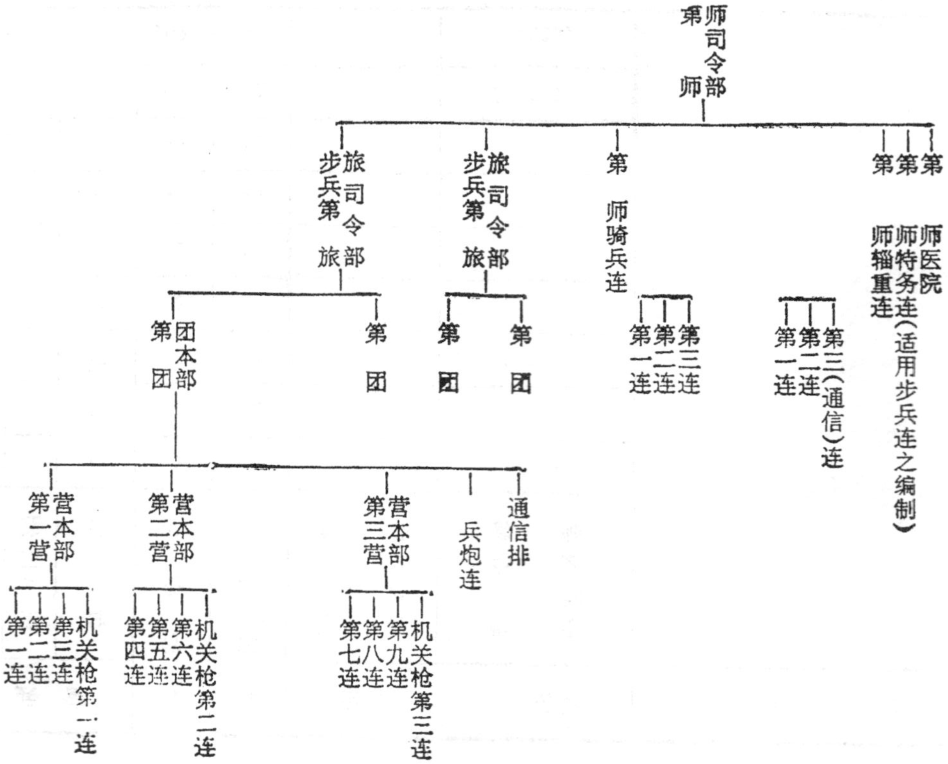
第 师
师司令部
第 旅
步兵第 旅司令部
第 团
团本部
第一营
营本部
第一连
第二连
第三连
机关枪第一连
第二营
营本部
第四连
第五连
第六连
机关枪第二连
第三营
营本部
第七连
第八连
第九连
机关枪第三连
兵炮连
通信排
第 团
第 旅
步兵第 旅司令部
第 团
第 团
第 师骑兵连
第一连
第二连
第三连
第一连
第二连
第三（通信）连
第 师辎重连
第 师特务连（适用步兵连之编制）
第 师医院

陆军师(丙种)编制人员统计表

区别 阶级	师司令部	步兵第一旅	步兵第二旅	师骑兵连	师炮兵营		工兵营					辎重兵连	师特务连	师军医院	全师阶级分计		附记
					野	(山)	营本部	第一连	第二连	第三(通信)连	合计				野炮之师炮兵全营	山炮之师炮兵全营	
中将	1		同						同						1	(1)	
少将		1	第						第						2	(2)	
上校	3	2	一						一						7	(7)	
中校	6	3	旅				1		连		1			1	14	(14)	
少校	13	14			1	(1)	2				2			4	48	(48)	
上尉	16	55		1	7	(7)	4	1		1	7	1	1	3	146	(146)	
中尉	16	72		3	13	(13)	5	3		3	14	3	2	4	199	(199)	
少尉	2	24		1	4	(4)	1	1		1	4	1	1	1	82	(82)	
准尉	22	44		1	5	(5)	1	1		2	5	1	1	3	126	(126)	
官佐总计	79	225		6	30	(30)	14	6		7	33	6	5	16	625	(625)	

（续表）

陆军师(丙种)编制人员统计表

区别 / 阶级	师司令部	步兵第一旅	步兵第二旅	师骑兵连	师炮兵营 野	师炮兵营 (山)	工兵营 营本部	工兵营 第一连	工兵营 第二连	工兵营 第三(通信)连	工兵营 合计	辎重兵连	师特务连	师军医院	全师阶级分计 野炮之师炮兵全营	全师阶级分计 山炮之师炮兵全营	附记
上士	6	62		5	11	(11)	4	6		9	25	4	1	2	178	(178)	
中士	7	136		8	32	(32)	9	8		6	31	3	3	7	363	(363)	
下士	6	175		4	18	(18)	1	8		6	23	3	6		410	(410)	
上等兵	28	421		34	91	(109)	7	22		26	77	28	12	14	266	(244)	
一等兵	41	277		56	203	(239)	21	62		57	202	59	40	43	2998		
二等兵	25	122		61	243	(282)	9	69		61	208	51	42	12			
士兵总计	113	3182		168	598	(691)	51	175		165	566	148	104	78	8139	(8232)	
人员		3															
合计	192	407		174	628	(721)	65	181		172	599	154	109	94	8764	(8857)	

陆军骑兵师系统表

- 骑兵第 师师司令部
  - 骑兵第一旅司令部
    - 骑兵第一团
      - 第一连
      - 第二连
      - 第三连
      - 第四连
    - 骑兵第二团
    - 机关枪连
    - 轻机枪连
    - 通信排
  - 骑兵第二旅司令部
  - 特务连（适用骑兵连编制）
  - 机关枪连
  - 迫击炮连（适用步兵炮连编制）

陆军骑兵师司令部编制表

职别	师长	参谋长	参谋处						副官处								
			处长	参谋	书记	书记	司书	电务员	处长	副官		书记	司书	司号长	传令军士	勤务军士	传令兵
阶级	中将	少将	上校	中少校	上尉	上尉	少准尉	上中尉	中校	少校	上中(少)尉	上中尉	准尉	准尉	上中下士	上中下士	上等兵
员额	1	1	1	2 2	1	2	1 2	1 1	1	2	2 1	1 1	4	1	1 1 1	1 2 3	12
马数	2	2	1	4	1				1	2	2 1			1	3	6	12
备考																	

（续表）

职别	军需处												军械处							
	处长	总务课			会计课			粮服课			司事	军需军士	处长	军械员	技士	书记	司书	枪工军士	枪工兵	管库士兵
		课长	课员	司书	课长	课员	司书	课长	课员	司书										
阶级	中(上)校	少校	上中尉	准尉	少校	上中尉	准尉	少校	上中尉	准尉	准尉	上中下士	中校	少上中校尉	中少(准)尉	中尉	准尉	上中(下)士	上等兵	中上一(下)等士兵
员额	1	1	1 2	2	1	1 2	1	1	1 2	1	3	3 1 2	1	1 1 1	1 1	1	1	1 1	2	1 1 2
马数	1	1											1	1						
备考																				

（续表）

职别	军医处									军法处				勤务军士	勤务兵	伙夫目	伙夫	马夫目	马夫
	处长	军医官	司药	兽医官	看护长	看护士兵	掌工士兵	书记	司书	处长	军法官	书记	司书						
阶级	中校	少校 上尉	中尉	少校 上(中)尉	准尉	上士 中士 上(等)兵	上士 中士 上(等)兵	中尉	准尉	中校	少校	中尉	准尉	上士 中士 下士	上一等兵	上等兵	二(一)等兵	上等兵	二(一)等兵
员额	1	2 2	2	2 1	1	1 2 4	1 1 2	1	2	1	1	1	1	1 2 4	19 26	1	12	1	28
马数	1	2		2	1		2			1	1								
备考																			

陆军部骑兵师司令部编制表

（续表）

职别	预备马	总计			附记
阶级		官佐	士兵夫	马匹	
员额		74	140	55	
马数	3		共214	共55	
备考					

陆军骑兵师编制人员马匹统计表

区别 / 阶级	师司令部	第一旅											
		旅司令部	第一团						第二团	机关枪连	轻机关枪连	通信排	全旅分计
			团本部	第一连	第二连	第三连	第四连	全团分计					
中将	1				同	同	同		同		同		
少将	1	1			第	第	第		第		机		1
上校	1	1	1		一	一	一	1	一		关		3
中校	7	5	1		连	连	连	1	团		枪		7
少校	13	5	4					4			连		13
上尉	14	8	5	1				9		1			28
中尉	15	6	6	3				18		4		1	51
少尉	2	1		1				4		1		1	12
准尉	20	4	2	1				6		1			18
官佐合计	74	31	19	6	6	6	6	43		7	7	2	133

(续表)

陆军骑兵师编制人员马匹统计表

区别 / 阶级	师司令部	第一旅											
		旅司令部	第一团						第二团	机关枪连	轻机关枪连	通信排	全旅分计
			团本部	第一连	第二连	第三连	第四连	全团分计					
上士	10	9	6	5				26		1		3	66
中士	11	4	8	8				40		7		2	100
下士	10	2	3	4				19		8		1	37
上等兵	42	16	9	34				145		14		9	343
一等兵	28	17	29	56				253		44		20	631
二等兵	40	12	10	61				254		48		23	639
士兵合计	141	60	65	168				737		122		58	1836
人员统计	215	91	84	174				780		129		60	1969
马匹统计	55	152	92	177				800		168		14	2102

（续表）

陆军骑兵师编制人员马匹统计表

第二旅	师特务连	师机关枪连	师迫击炮连	全师人马分计
同	同	同		1
第	骑	机		3
二	兵	关		7
旅	连	枪		21
		连		39
			1	712
			2	126
			1	29
			1	59
	6	7	5	

附记

一、机关枪连与轻机关枪连编制同，惟重机关枪连为六挺。

二、轻机关枪连则为八挺至十二挺，如系八挺编成，除弹药所要人员外，馀用骑枪。

三、迫击炮连全系曲射，其编制与步兵炮连同。

四、表列马匹数目包括乘马，驮马或预备马。

（续表）

	第二旅	师特务连	师机关枪连	师迫击炮连	全师人马分计	附记
陆军骑兵师编制人员马匹统计表				1	149	
				6	232	
				6	142	
				22	798	
				46	1436	
				53	1480	
				134	4137	
				139	4595	
				52	4556	

陆军独立旅甲(乙)种系统表

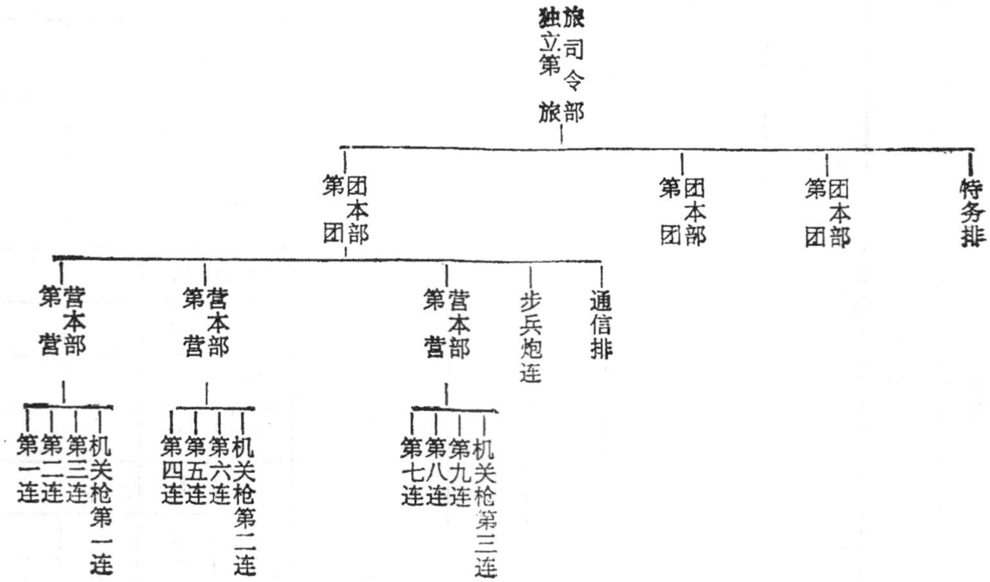

陆军独立旅司令部编制表

职别	旅长	参谋	副官	军需	军医	司药	电务员	书记	司书	司号长	军士
阶级	少将	中少上校尉	少上中校尉	少中上校尉	少上中校尉	中尉	中少尉	上中尉	准尉	准尉	上中下士
员额	一	一二一	一二三	一三一	一一一	一	一一	一二	六	一	二四二
备考		少校一员兼管军法	上中尉各一员兼管军械		中尉一员兼管兽医						看护一、传达一、勤务一 军需一、军械一、传达一、勤务一 军需一、看护一

(续表)

职别	传达兵	看护兵	管库兵	勤务兵	伙夫目	马夫目	马夫	乘马	挽马	总计			附记
阶级	上一二等兵	(上)等兵	上一等兵	上一等兵	上等兵	上等兵	二(一)等兵			官佐	士兵夫	马匹	一、于必要时得添设尉官服务员二、三员
员额	二三三	二	二二	八四一	一	一	二	一〇	三	三三	五四	一三	
备考			军需军械各二	公用二二						共八十七员名			

陆军独立旅(甲种)编制人员马匹统计表

区别 阶级	旅司令部	第一团											
		团本部	第一营						第二营	第三营	步兵炮连	通信排	分计
			营本部	第一连	第二连	第三连	机关枪连	分计					
少将	1				同	同			同	同			
上校		1			第	第			第	第			1
中校	1	1			一	一			一	一			1
少校	5	3	1		连	连		1	营	营			6
上尉	9	10	1	1			1	5			1		26
中尉	9	6	1	2			2	9			2		35
少尉	1		1	1			1	5			1	1	17
准尉	7	3	1	1			1	5			1	1	20
官佐合计	33	24	5	5			5	25			5	2	106
上士	2	6	2	1			2	7			1	3	31

(续表)

陆军独立旅(甲种)编制人员马匹统计表

区别 / 阶级	旅司令部	第一团											
		团本部	第一营						第二营	第三营	步兵炮连	通信排	分计
			营本部	第一连	第二连	第三连	机关枪连	分计					
中士	4	2	1	3			6	16			6	2	67
下士	3	4	1	6			6	25			6	2	87
上等兵	14	8	3	13			16	55			22	12	207
一等兵	21	30	5	40			40	165			46	13	584
二等兵	10	9	3	42			46	175			501	16	602
士兵合计	54	68	15	104	104	104	116	443	443	443	134	48	1579
人员统计	87	92	20	109	109	109	13	468	468	468	139	50	1685
马匹统计	13	13	6				40	46	46	46	52	1	204

（续表）

陆军独立旅(甲种)编制人员马匹统计表

第二团	第三团	特务排	全旅分计
同	同		1
第	第		3
一	一		4
团	团		23
			87
		1	25
			52
			67
		1	352
		1	96
		1	26
		2	[illegible]56
		6	141
		15	1788
		12	1831
1579	1579	37	4888
1685	1685	38	5180
204	204		625

附记

一、本表内所列第一团人马数目系据步兵团编制计算之。

二、本表内所列马匹数目系含乘马，驮马，预备马。

〔军委会后方勤务部档案〕

5. 军政部颁布军师团管区司令部组织暂行条例咨

（1939年11月3日）

军政部咨　渝役管字第8305号

查军师团各级管区司令部组织暂行条例，业经本部拟订修正草案，呈奉国民政府军事委员会二十八年十月七日办制临字第二七八号训令，准由本部先行颁布等因；除遵照颁布并呈复备案暨分令各军师管区外，兹检同军师团管区司令部组织暂行条例、编制表各一份随咨送达，即请查照为荷。此咨

军令部

附军师团管区司令部组织暂行条例、编制表各一份。

军政部长　何应钦

中华民国二十八年十一月三日

军管区司令部组织暂行条例

第一条　为综理省区兵役业务，依各省行政区域划为某省军管区，设置军管区司令部。

第二条　军管区司令部直隶于军政部，其业务有关于军令、军训、政治、内政、教育各部者，并受各部之指导。

第三条　军管区司令部设司令一员，以省政府主席兼任，但必要时得以驻该省之绥靖主任兼任，另设副司令一员，以省政府主席兼任。

第四条　军管区司令部设参谋长一员，并设政治部、征募处、编练处、总务科及必要佐理人员，其编制如附表。

第五条　军管区司令承军政部长之命，总理本管区内兵役行政、国民兵教育及动员、复员等事务。

第六条　参谋长承司令之命，指导部内各级职员，处理一切业务。司令因事故不能执行职务时，得由参谋长代行。省政府会议有关兵役事项，参谋长得列席。

第七条　政治部之编制及业务另定之。

第八条　征募处之业务如左：

（一）常备现役兵之征募、补充及归休、退伍事项。

（二）战时补充兵之征募、调拨、点验事项。

（三）国民兵及在乡军人与备役后补军官佐、预备军士之召集、服务事项。

（四）各种役务处理之审核事项。

（五）兵役宣传及其他征募攸关事项。

第九条　编练处之业务如左：

（一）国民兵及其备役干部（学生军训）之调查、组织、管理、训练、检阅事项。

（二）在乡军人之调查、组织、管理、点阅、演习事项。

（三）战时补充兵员之编练、检阅事项。

（四）编练经费之预算、稽核事项。

（五）其他与编练攸关事项。

第十条　总务科之业务如左：

（一）收发文件、拟撰稿件、校对、监印事项。

（二）所属人事处理事项。

（三）经理、会计、庶务事项。

（四）警卫及其他不属于各处事项。

第十一条　军管区司令部服务规则另定之。

第十二条　本条例自公布之日施行。

师管区司令部组织暂行条例

第一条　师管区司令部直隶于军政部，受军管区司令部之指挥监督，处置本师管区兵役业务。

第二条　师管区司令部设司令一员，主任参谋一员，并设征募、编练两科及必要佐理人员。其编制如附表。

第三条　政训人员另依政治部组织派遣之。

第四条　师管区司令承军政部长、军管区司令之命，处理本管区内兵役行政、国民兵教育及动员、复员事务。

第五条　主任参谋承司令之命，指导部内职员，处理一切事务；司令因事故不能执行职务时，得由主任参谋代行。

第六条　征募科之业务如左：

（一）现役兵之征募及退伍、归休事项。

（二）战时补充兵之征募、调拨事项。

（三）国民兵及在乡军人之召集服役事项。

（四）备役候补军官佐暨预备军士之召集服役事项。

（五）各种役务之处理及军籍事项。

（六）在乡军官佐籍之整理、保管事项。

（七）兵役宣传及其他与征募攸关事项。

第七条　编练科之业务如左：

（一）国民兵之调查、组织、管理、训练、检阅事项。

（二）在乡军人之调查、组织、管理、点阅、演习事项。

（三）战时补充兵员之编练、点阅事项。

（四）编练经费之预算、稽核事项。

（五）其他与编练攸关事项。

第八条　师管区司令兼任驻在地之团管区司令，师管区司令部兼办驻在地团管区司令部之业务。

第九条　师管区司令部服务规则另定之。

第十条　本条例自公布之日施行。

团管区司令部组织暂行条例

第一条　团管区司令部直隶于师管区司令部。

第二条　团管区司令部设司令一员，主任部员一员，及必要佐理人员。其编制如附表。

第三条　政训人员另依政治部组织派遣之。

第四条　团管区司令承师管区司令之命，督率所属，办理本管区内左列各事项：

（一）现役兵之征募、补充、归休、退伍事项。

（二）各种役务之处理及军籍事项。

（三）国民兵之调查、组织、管理、教育事项。

（四）在乡军人之调查、组织、管理、点阅、演习事项。

（五）国民兵及在乡军人与备役后补军官佐暨预备军士之召集服役事项。

（六）兵役事务之宣传、解释事项。

（七）兵要地理之调查事项。

（八）关于动员复员事项。

第五条　主任部员承司令之命，指导部内职员，处理一切事务。司令因事故不能执行职务时，得由主任部员代行。

第六条　团管区司令部服务规则另定之。

第七条　本条例自公布之日施行。

军师团管区司令部编制表〔略〕。

〔国民政府国防部史政局及战史会档案〕

6. 军事委员会颁布船舶运输司令部组织大纲

（1939年）

船舶运输司令部组织大纲

第一条　为实施战时江海及内河区域船舶之军事运输，及攸关之水道、码头、设备、趸船、堆栈、货仓工人等统制起见，设置船舶运输司令部，统理船舶运输一切事宜。

第二条　船舶运输司令部(以下简称本部)直隶于军事委员会后方勤务部。

第三条　本部对江海运输事宜，设船舶管理所办理，内河运输事宜，先于鄂、湘、赣三省各设船舶管理总所办理。

第四条　船舶管理所(江海方面)仍就军政部原设之船舶管理所赓续办理，湘、鄂、赣等省，设内河船舶管理总所，所长由各省船舶总队队长兼任(建设厅厅长)，并设副所长一至二人(如由省主席兼任总队长者，因事务太繁，可另派员办理)。其编制另定之。

第五条　船舶管理总所得依其河流区域之情形，于适当地点设置分所。其编制另定之。

第六条　本部对江海内河所有一切轮船、民船(除海军舰队外)均归统制，得视军事需要随时调遣。

第七条　船舶所使用之船舶，仍就各船舶籍在原来行驶航线差用，但为应付军事紧急，得随时调遣之。

第八条　交通部所属之各地航政局处，各省政府所设之船舶机关、水上警察(公安局)及法团所组之轮船业及民船业同业公会、引水公会、海员及民船船员工会、码头工会、民营轮船公司等，均归本部节制，关于征集、管理船舶，应充分协助，不得推诿卸责。

第九条　任何部队机关不得任便封用船只，如需要时应向本部或船舶管理所转饬征雇，按照后方勤务部规定征用规则、租船条例付给租金，伙食由征用机关直接发给船舶所有人具领，并按月将发款数目公布之。

第十条　轮民船上均应指派宪兵、水警，以资监护，所经航线沿途，由驻军切实保护，必要时应加派部队护送。

第十一条　本部或船舶管理所征用船舶于军运完毕后，随即解租，以维民运。

第十二条　本部各船舶管理总分所一切经费，均由本部向军政部领发，至船舶管理所经费，仍由军政部直接洽领。

第十三条　襄河、湘江、长江等渡河设备事宜，另由渡河指挥部负专责办理。

编制表、系统表〔略〕。

〔军委会后方勤务部档案〕

7. 军事委员会修正集团军总司令部编制表及其组织大纲

（1940年1月）

集团军总司令部编制表　　机密

职别	官佐		士兵		乘马	汽车	备考
	阶级	员额	阶级	名额			
总司令	上(中)将	一			四		
副总司令	中将	一			三		
参谋长	中(少)将	一			二		
高级参谋	少将	二			二		天目微令一亨电：指挥三军者准增高参一、乘马一。
机要室 秘书	同上(中)中少校	一一一					
机要室 电务员	同上中少尉	一二一					
机要室 书记	同上(中)尉	一					
司书	同少尉	二					
汽车司机	同准尉	三					

（续表）

集团军总司令部编制表							机密
职别	官佐		士兵		乘马	汽车	备考
	阶级	员额	阶级	名额			
卫士			上 中 士 下	一 三 六	一〇		总司令上士一、中士一、下士一；副总司令，参谋长中士一、下士一；高级参谋下士一。
公役			三 四 等	一 四			
炊事兵			上 一 等兵	一 二			
饲养兵			上 一 等兵	一 六			
合计		一八 （一九）		二五	二一 （二二）	三	

中华民国二十九年元月修正军令部印

说明：

一、本编制表集团军总司令部仅负作战指挥之责，如各军对于经理、人事诸事务有所请求时，可转呈战区司令长官核定。

二、战区内军之单位过多，依司令长官之命，在集团军总司令部增设兵站机关时，其编制由后方勤务部另定之。

三、政治（训）部之编制，由军事委员会政治部另定之。

集团军总司令部组织大纲

第一条 为使战区内指挥灵活便利起见，特设集团军总司令部。

第二条 集团军总司令部设总司令一员，承战区司令长官之命，指挥作战一切事宜。

设副总司令一员，辅助总司令处理作战一切事宜。

第三条　集团军总司令部设参谋长一员，承总司令、副司令之命，计划作战攸关一切事宜。

第四条　集团军总司令部得设左列各部、处、室，分掌各项业务：

一、机要室。

二、政治(训)部。

三、参谋处。

四、副官处。

五、军法处。

第五条　机要室职掌关于不属于各部、处之机要事件及密电收发、翻译事项。

第六条　政治(训)部职掌所属部队政治训练及民众组织宣传诸事项。

第七条　参谋处职掌作战情报、后方诸攸关事项。

第八条　副官处职掌总务、军务、军医诸事项。

第九条　军法处职掌军法、审判、督察诸事项。

第十条　集团军总司令部设特务营一营，其编制另定之。

第十一条　集团军总司令部组织系统、编制如另表。

第十二条　本大纲未尽事宜，得呈请修正之。

第十三条　本大纲自公布之日施行。

集团军总司令部组织系统表〔略〕。

〔国民政府国防部史政局及战史会档案〕

8．军事委员会颁布现行陆军薪饷给与表

（1940年3月）

现行陆军薪饷给予表		
阶　级	给予饷额	备　　　考
上　将	八〇〇〇〇	
中　将	五〇〇〇〇	
少　将	三二〇〇〇	
上　校	二四〇〇〇	
中　校	一七〇〇〇	
少　校	一三五〇〇	
上　尉	八〇〇〇	
中　尉	六〇〇〇	
少　尉	四二〇〇	
准　尉	三二〇〇	
上　士	二〇〇〇	
中　士	一六〇〇	
下　士	一四〇〇	
上等兵	一二〇〇	
一等兵	一〇五〇	
二等兵	一〇〇〇	
附　记	一、二、三、四、五、六等公役比照上、中、下士，上、一等兵给予之。	

〔军委会后方勤务部档案〕

9. 军事委员会修正交通警备司令部组织条例训令

（1940年3月31日）

国民政府军事委员会训令　办制渝字第1299号

令军令部

查本会交通警备司令部组织条例，业经核定施行在案。除通饬知照外，合行检发原条例，令仰知照，并转饬知照。此令。

附发本会交通警备司令部组织条例一份。

委员长　蒋中正

中华民国廿九年三月卅一日发

军事委员会交通警备司令部组织条例　二十八年十二月二十七日　军委会办制渝字第1031号指令修正

第一条　为谋战时各铁路、公路、航路交通之安全，特设交通警备司令部（以下简称本部）。

第二条　本部直隶军事委员会，受军政部、军令部、交通部之指挥监督。

第三条　本部设司令、副司令各一人，办理本部一切事宜；参谋长一人，承司令、副司令之命参划机要并指导部内一切事务之进行。

第四条　本部设左列各处、室：

（一）司令办公室。

（二）参谋处。

（三）副官处。

（四）军需处。

（五）军械处。

（六）军法处。

（七）稽查处。

第五条　司令办公室之职掌如左：

（一）关于本部主管法令条规之编审事项。

（二）关于机要文电之撰拟及交办事项。

（三）关于各处文件之综核、呈阅事项。

（四）关于印信之保管事项。

第六条　参谋处之职掌如左：

（一）办理交通、通信、运输等警卫之配置事项

（二）办理谍报、统计、调查等事项。

（三）办理教育、训练、检阅、演习等事项。

第七条　副官处之职掌如左：

（一）办理任免、抚恤、赏罚等事项。

（二）办理文书、交际等事项。

（三）办理庶务及物品之保管事项。

（四）办理本部卫生及考查所属有关卫生之一切事项。

第八条　军需处之职掌如左：

（一）办理预决算之造报、汇送事项。

（二）办理金钱出纳及领发事项。

（三）办理粮食出纳及被服补充事项。

第九条　军械处之职掌如左：

（一）办理军械之保管、出纳、修理及表册之造报事项。

（二）办理军械之计划、补充、购置、整理及考查、统计事项。

第十条　军法处之职掌如左：

（一）办理本部所属及有关交通警备部队机关官兵员警违犯军事法令案件之检查、审理事项。

（二）办理破坏或妨害交通案件之检查、审判事项。

（三）办理各部队员兵违背交通法令之审理及移送事项。

（四）办理交通线内及其他有关交通警备案件之审理及移送事项。

第十一条　稽查处之职掌如左：

（一）办理各交通路线盗犯、奸宄等之侦查、捕送事项。

（二）办理各警队勤务实施之考察、巡查事项。

第十二条　本部为执行任务便利，得指挥交通沿线之地方警团及担任维护交通之各部队。

第十三条　本部为确保交通安全，得请驻在交通沿线及其附近之军宪机关派兵协助之。

第十四条　本部之编制另定之。

第十五条　本条例自呈准之日施行。

〔国民政府国防部史政局及战史会档案〕

10．军令部抄发军事委员会预备总司令部组织大纲

（1940年9月18日）

军事委员会预备总司令部组织大纲　民国二十九年九月十八日，军令部发文字第641号

第一条　军事委员会为使指挥机能进步及督练后方部队起见，特设预备总司令部。

第二条　各战区集团军总司令因故撤换时，以本会预备总司令调补之。

战斗序列须增编集团军时，其集团军总司令以预备总司令派任之。

第三条　预备总司令依命令临时指定担任后方部队督练、校阅及其他任务。

第四条　预备总司令部设总司令一员，承军事委员会委员长、参谋总长、副总长之命，各部、会、厅及有关战区司令长官之指导，

報行指定任务。

必要时设副总司令一至二员，辅助总司令处理一切事宜；设参谋长一员，承总司令、副总司令之命令处理一切事宜。

第五条　预备总司令部设办公室，以必要参谋、副官、军法、文书、译电人员组织之，分掌各项业务。其编制如另表。

第六条　本大纲如有未尽事宜，得呈请修正之。

第七条　本大纲自公布之日施行。

军事委员会预备总司令部编制表。〔略〕

〔国民政府国防部史政局及战史会档案〕

11. 军事委员会调整直辖整训部队代电

(1940年11月15日)

国民政府军事委员会代电　午令一亨

查本会第四期直辖整训部队，业经规定第十四、第七十一、第十、第七十九四个军，于漾午令一亨电令饬遵在案。兹为增强国军实力，除原规定四个军外，应再增加六个军为本会直辖整训部队，其番号及整训地点如下：(一)第五军杜聿明，辖第九六师余韶、第二百师戴安澜、新二二师廖辉〔耀〕湘，整训地点贵阳附近。(二)第六军甘丽初，辖第四九师彭璧生、第九十三师吕国铨、第八补训处陈勉吾，整训地点兴仁、安龙、兴义附近。(三)第五十二军张耀明，辖第二师赵公武、第二五师张汉初、第一九五师覃异之，整训地点第二师衡阳附近，其余在河池、田东附近。(四)第五四军辖第十四师关汉骞、第五十师杨文泉、第一九八师王育瑛，整训地点富宁、南间。(五)第十八军彭善，辖第十八师罗广文、第十一师方靖、第一九九师宋瑞珂，整训地点万县、开县、梁山、重庆各附近。(六)第六四军陈公侠，辖第一五五师邓鄂、第一五六师王德全、第一五九师官祎，整训地点全州、零陵附近。以上各军统限于本月底将兵员，武器补充齐全，十二月一日开始训练，至三十年三月底整训完成。除分电有关机关及龙主任、张长官、陈长官、关总司令、杜军长、甘军长外，特电知照。委员长蒋中正。删午。令一亨。印。

〔国民政府军委会档案〕

12. 军事委员会公布陆军机械化部队军官与技术人员人事调整暂行办法训令

（1941年2月20日）

国民政府军事委员会训令　铨二渝字第三八五二号

令本会政治部

兹制订陆军机械化部队军官与技术人员人事调整暂行办法，应即公布施行。除分令外，合行检发办法一份令仰遵照。此令。

委员长　蒋中正

中华民国卅年二月廿日

陆军机械化部队军官与技术人员人事调整暂行办法

一、为确定陆军机械化部队军官技术人员任用标准，调整现役机械化部队军官及技术人员起见，特订定陆军机械化部队军官与技术人员人事调整暂行办法，以下简称本办法。

二、凡机械化部队军官与技术人员之任官任职，除遵照陆军人事法规所规定者外，照本办法施行。

三、凡任机械化部队之队职与技术业务，及各军事机械化机关或学校之主官隶属主官，或准队职与技术员者，须具备左列资格之一。

甲、战车军官：

1. 机械化学校毕业者；

2. 中央军校交通科毕业者；

3. 国外战车学校毕业者。

乙、汽车军官：

1. 机械化学校毕业者；

2. 辎重兵学校毕业者；

3. 中央军校交通科毕业者；

4. 国外汽车学校毕业者。

学兵出身，充任战车及汽车部队军官以至中尉级为止。

丙、技术人员：

1. 机械化学校机械修理班技术学员队、技术学生队毕业者；

2. 中央军校交通科毕业者；

3. 国内外各大学机械工程系毕业者；

4. 国内高等工业专门学校高级工业学校、高级职业学校机械科毕业者。

四、凡请委机械化部队军官与技术人员时，须附其证明文件，以杜浮滥，其不合前项各款所规定之资格者，予以驳复。

五、现任机械化部队军官与技术人员，而无左列第三项规定之资格者，应自本办法颁布之日起六个月内，由该管主官委明报请军事委员会转饬军训部分期召集补受机械化军官教育与技术教育，如过期不报，应由军事委员会核予调整。

六、本办法以会令公布施行。

〔军委会政治部档案〕

13. 军事委员会公布战时陆军上校以上军官佐退役办法大纲训令

(1941年7月2日)

国民政府军事委员会训令　铨(一)字第2999号

令政治部

兹制定战时陆军上校以上军官佐退役办法大纲，公布之。除呈请国民政府备案外，仰即遵照并饬所属一体知照。此令。

附：退役办法大纲一份。

委员长 蒋中正

中华民国三十年七月初二日发出

战时陆军上校以上军官佐退役办法大纲

一、陆军上校以上军官佐在战时退役依本办法行之。

二、战时退役暂定每年举行一次。

三、依陆海空军服役条例第四、第六两条之原则，调查退(除)役人员，造具名册，呈由最高军事长官决定实施。

四、退役俸应按照退役员额累增至退役员数与现役官额比率不变时为止。

五、由现役退为备役人员，依陆军在乡军官佐管理暂行规则办理。如原籍在沦陷区域时，由最高军事机关指派或由本人志愿之居住地点，为其在乡之寄籍。

六、退役俸及退役手续，依陆军军官佐退役俸及赡养金给与规则暨陆军军官佐退役除役实施暂行规则办理之。

七、本办法如有未尽事宜，得由承办机关呈请修正之。

八、本办法公布后施行日期以命令定之。

〔军委会政治部档案〕

14. 军事委员会调整陆军军用技术人员待遇暂行办法训令

(1941年10月16日)

国民政府军事委员会训令 办制渝字第三二七零号

令本会政治部

案据军政部呈请将该部现行之调整陆军军用技术人员待遇暂行办法由会修改颁行，以资划一。等情，核尚可行，应准照办。合行抄附修正办法令仰遵照，并饬所属一体遵照。此令。

附发调整陆军军用技术人员待遇暂行办法一份。

委员长　蒋中正

中华民国卅年十月十六日

调整陆军军用技术人员待遇暂行办法

一、陆军军用技术人员除兵工技术人员之阶级待遇暂仍其旧外，其他各项技术人员(以后简称技术人员)之阶级及薪给均依本办法调整之。

二、技术人员之阶级原有下列三种：(1)文官新制等级。(2)文官旧制等级。(3)同将校尉级。以后应一律依照陆军军用技术人员任用暂行条例第三条之所定改称如下：

军用技术人员阶级	对照文官阶级
同中将技监	简二至一级
同少将技监正	简五至三级
同上校技正	简八至六级
同中校技正、士	荐六至一级
同少校技士	荐十二至七级
同上尉技士、佐	委四至一级
同中尉技佐	委八至五级
同少尉技副	委十二至九级
同准尉技副	委十六至十二级

三、现在技术人员之薪给有下列四种：(1)照文官新制阶级支薪。(2)照文官旧制阶级支薪。(3)照陆军借支标准八折另加技术

加薪。(4)照陆军国难饷章另加技术加薪(详附表)。以后应一律以本办法所附甲种薪给为标准，逐渐予以调整。

四、在调整期间，新任人员按其资历照国难期间军用技术人员给与表照甲种薪给之规定核叙。

五、原有人员之改叙，按其现职任期之久暂，依左列之规定办理：

(甲)凡已满停年者(得照战时缩短停年例)照国难期间军用技术人员给与表甲种薪给同阶最低级改叙，如现行薪给之已超过甲表同阶最低薪额者，仍得比照该阶相当薪级改叙。

(乙)凡未满停年者仍赓续适用原给与，俟停年届满再按前项规定予以核叙。

六、各机关现有技术人员之阶级如有不合于本办法之规定者，应先修正编制再予调整、

七、技术人员之晋薪，须成绩优良服务满一年者，如成绩平庸虽服务满一年亦不得晋薪。

八、晋薪须循级而进，在薪水未达最高级者不得晋阶。

九、各机关学校部队所从事之业务，不在军用技术人员任用暂行条例第三条规定范围之内者，不得于编制内设置技术人员名额。

十、凡编制规定之技术人员缺额，必须以技术出身之人员充任，不得借补，并不以非技术出身人员按陆军一般给与委充。

十一、本办法自通令颁布之日施行。

国难期间军用技术人员给与表〔略〕。

〔国民政府军委会政治部档案〕

15. 国民政府公布陆军礼节条例令

（1942年5月23日）

国民政府令　三十一年五月二十三日

兹修正陆军礼节条例，公布之。此令。

主　　席林　森

立法院院长　孙　科

陆军礼节条例

第一章　总则

第一条　凡陆军军人军队之敬礼及仪节，悉依本条例行之。

军属人员服用陆军制服者，准用本条例之规定。

第二条　本条例称军人者，指服用陆军制服之军官、军佐、准尉、准佐、士兵及学员生。

称军官者，指各兵科少尉以上之军官。

称军佐者，指各业科三等佐以上之军佐。

称军属者，指军用文官政工人员、军法官监狱人员，军用技术人员及雇员。

称部队长者，指统率军队之各级部队长。

称军队者，指军人率领之队伍，其率领军队者，称带队者。

称卫兵者，指风纪卫兵及卫戍卫兵。

称哨兵者，指阵中勤务令以外之步哨。

称炮兵者，指使用于野战轻重炮兵及高射炮兵、要塞炮兵等。

称机械化兵者，指战车兵、装甲汽车兵与设有装甲及武器之三轮机踏车兵及各兵种之用机械化装备者。

第三条　准尉、准佐及见习官，均准用少尉军官之礼节，学员生及入伍生准用士兵之敬礼。

第四条　次级军官执行上级职务或代理时，对于上官仍用原有官级之礼节，但执行职务之际，其部下应对之行职务上之敬礼。

第五条　凡在犯罪执行中之军人，不适用本条例之规定。

第六条　居室、寝室、接待室、办公室、会议厅、礼堂、讲堂、幕营内、会食堂、卫兵所、营舍等均谓之室内。飞机、车船、炊事场、工场、屋廊下、操场、炮厂、马厩、地下室等均谓之室外。

第七条　重炮兵队系驾者，用野炮兵之礼节；徒步者，用步兵之礼节。

第八条　机械化部队之车辆，无论停车或行进，各车有相当之间隔与距离，在敬礼时，通常以旗语或记号指挥之，但为求其驾驶安全计，除别有规定外，概不敬礼。

第九条　机械化之官兵离开车辆，其敬礼准用本条例之规定。

第十条　对于海军或空军军人军队之敬礼，与对陆军军人军队之敬礼同。

第二章　敬礼

第一节　通则

第十一条　本条例所称敬礼如左：

一、立正——按操典规定要领行之。

二、举手——立正后，举右手五指伸直并齐，以中指及食指倚于帽檐之右侧，手掌微向外方，右上臂与肩同高，同时向受礼者注目并目迎送。

如两手持物或因故不能举手时，仅向受礼者立正注目，并将上体微向前倾。

三、扶枪——立正后，将左前臂向右水平(持骑枪斜贴)横贴胸前，手掌向内，五指伸直并齐，轻扶枪之上端，同时向受礼者注目并目迎目送。

四、举刀——由抱刀姿势，将刀垂直上举，使刀面正对面之中央刀锷与口同高，其时自然接着身体，同时向受礼者注目，必要时并目迎目送。

五、撇刀——应先举刀，再将右臂伸直，使刀斜向下方，顺右足方向撇之，同时向受礼者注目并目迎目送。

六、鞠躬——脱帽、立正，向受礼者注目，体之上部前倾约十五度，以右手执帽檐，帽口向内附于右股，佩刀时，挂其上环刀柄，向后手握刀鞘两环之间。

第十二条　军人对于着制服之上官应行敬礼，对于相识之上官不问其着制服与否，均应敬礼，上官应即答礼，同级者应互相敬礼，应俟受礼者答礼后方为礼毕。

第十三条　军人相遇，如阶级不易辨别时，应不分先后互相行礼。

第十四条　军人或军队无论何时何地，闻唱奏国歌，除特有规定外，均应立正致敬，唱奏完毕复旧。

第十五条　军人或军队对于友邦陆海空军军人或军队，均应准本条例之规定，行相当之敬礼；对于友邦元首或代表元首之专使，除另有规定外，与对国民政府主席之敬礼同，惟军乐队应于欢迎时，奏该国国歌，欢送时奏本国国歌。

第十六条　对于二人以上之上官敬礼时，应先向最高级者行礼，再向次级者行礼。路遇上官带领之军队或经过其旁时，应向带队者行礼，由带队者答礼。

第十七条　一营以上之军队其停止间之敬礼，每一营行之，行进间每一连行之。

第十八条　军队及卫兵在停止间行敬礼时，应目迎目送，如应举刀或扶枪敬礼时，于动作完毕后而行目迎目送礼，闻礼毕之口令，则先将头部复正，然后将刀枪恢复原来之姿势。

第十九条　军人或军队听上官训话或他人讲演，闻及国父、中国国民党总裁、国民政府主席、军事委员会委员长各种称谓时，第一次应自行立正，随即稍息以示崇敬。以后再有上述各称谓时，不必再立正。如坐听时勿庸立起，只须肃坐。

第二十条　在校阅时，受校阅机关学校部队，对于中央特派之校阅主任，应不分阶级，先行敬礼；但分组校阅时，受校阅者对校阅官之敬礼，准用一般之规定。

第二十一条　军人军队卫兵、哨兵，对于随护队、仪队、仪仗兵及大阅整列之军队，概不敬礼。

在服务随护中之随护队，除另有规定外，概不行礼。

任司仪及指挥交通之官兵，概不行礼。

浴室、理发室、病室及厕所，概免敬礼。

凡军队及卫兵在夜间，除另有规定外，概不行礼。

第二十二条　荣誉军人，应就其可用之机能，行相当之敬礼。

第二节　军人室内敬礼

第二十三条　军人对于中国国民党总裁、国民政府主席、军事委员会委员长，除别有规定外，均行一鞠躬礼。

第二十四条　入上官室时，先在室外立正喊"报告"（或扣门）。俟上官应许后，始行脱帽入内，进至距上官六步处行礼，上官得就席答礼，出室行礼亦同。

士兵持枪时，应照室外敬礼行之。

第二十五条　上官入室时，由先见者发"立正"口令，凡在室内者，均就原位置立正，不能起立者，可行注目礼，受礼者得依室外敬礼答之。

在服勤务时，如无别命，仍各服原有勤务，若上官问话，应立正答之。

校阅检查或点名时，由最高级者或教官发"立正"口令及报告，其敬礼、答礼均与前项同，但阶级较低或同级者，可由值日官行之。

第二十六条　凡入上官室受领或呈递文件时，应先按规定行礼后，再至适宜之处，将帽夹于左胁，以双手捧受或呈递之，授受完毕再退至六步处行礼退出。但持枪时以左手接受或呈递之，如须领受回件时，应退至适宜处待之。又领受文件须即时捧读者，以双手捧之，持枪时将枪倚于右手上臂，以肘支护之。

第二十七条　与上官同席宴会时，不得先上官就席或离席，如必须离席应先报告事由，但有时部属可先行就席，俟长官莅临再一致起立致敬。

第三节　军人室外敬礼

第二十八条　军人在室外徒手时，无论在行进间或停止间，除另有规定外，对于上官均应行举手礼。

散集士兵在停止或行进间，遇有上官经过其旁时，应由先见者发"敬礼"口令，各兵闻令后，同时向受礼者行礼。

第二十九条　军官抱刀时，对于国民政府主席、军事委员会委员长、军事高级长官或团旗，除另有规定外，应行撇刀礼，其余均就原姿势向受礼者注目，但军佐不用军刀行礼。

第三十条　士兵持枪或抱刀时，其敬礼如左：

一、对于国民政府主席、军事委员会委员长、军事高级长官、中央特派之校阅主任，徒步士兵上刺刀扶枪敬礼，乘马士兵则行举刀礼，均须立正目迎目送。

二、对于上官在行进间，至距上官约六步处，改换正步前进，就原姿势向受礼者注目，停止间扶枪或举刀，并目迎目送。

第三十一条　司号官兵持有军号时，均就持号姿势注目，但徒手或携枪时之敬礼与一般同。

第三十二条　士兵担挑背负抬运物品或乘自行车时，无论在行进或停止间，均须向上官行注目礼。

第三十三条　中国国民党总裁、国民政府主席、军事委员会委员长乘坐飞机、车、船通过时，应行敬礼。

在途中遇中国国民党总裁、国民政府主席、军事委员会委员长，均应让至道左侧停止，待受礼者临近约八步前行礼，俟过去约八步后礼毕。如遇军事高级长官及其他上官，或在其旁经过时，军官、士兵均应就行进姿势行礼。

凡遇荣誉军人集体行动或担架队运输时，军官、士兵应自动让路，分别敬礼或注目，以示崇敬。

第三十四条　在途中遇见军人之灵柩，应向之敬礼。

第三十五条　士兵等对卫兵及哨兵，均应行礼，卫兵、哨兵同时答礼。

第三十六条　在飞机、车船上遇见上官时，均应行礼并应让座。

第三十七条　在受领或呈递文件时，除行室外之敬礼外，其动作与室内同。惟乘马者，对于徒步上官，应就马上行礼，礼毕下马再行授受，授受毕行礼后再行上马。但传骑例外。

第三十八条　对上官报告事由时，应距上官六步前行礼，再进至适宜之处报告，报告毕行礼退去。

乘马者对徒步上官报告时，应在六步以外下马，再准前条要领行之，传骑可在马上行之。

第三十九条　与上官同行，应在其左侧后，如有二人以上时，应分行两侧后或后方，须不碍上官之行进，但为向导者，不在此限。

由上官后方，如须超过上官前进时，应行敬礼。

第四节　军队停止间敬礼

第四十条　对于国民政府主席、军事委员会委员长，应向其经过道路左侧整队行礼。

武装时步兵、工兵应上刺刀扶枪，骑兵、辎重兵应举刀或扶枪，野战炮兵及带有驭马车辆之部队，应下车立正，属于各部之军官均行撇刀礼（未佩军刀者行举手礼），号兵吹奏崇戎乐至距部队约三十步处行之，至去部队约十五步后停止。

第四十一条　对于上官应整队行礼，武装时就持枪抱刀之原姿势行礼。其带队者，如系军官则行撇刀礼（未佩军刀时，行举手礼），并目迎目送。如系士兵行扶枪或举刀礼，并目迎目送，号兵吹奏崇戎乐。兹规定如左：

一、军事高级长官、陆军上将及中央特派之校阅主任"三次"。

二、陆军中将"二次"。

三、陆军少将"一次"。

前项敬礼应于受礼者距离部队约十五步处施行，突然来到部队之左翼时，各连依次行礼。如号兵不能识别受礼者之官阶时，仅吹奏"一次"。对于校尉官，除号兵不吹奏外，悉依照本条之规定行礼。

第四十二条　军队对于军队带队者阶级较低，应先发立正口令，带队者行举手礼(抱刀者行撇刀礼)。

其他部队应行答礼，同级者不论先后互相行礼。

军佐、军属人员及士兵带领之部队，仅由带队者行举手礼。

第四十三条　军官集体迎送长官时，应整齐队伍，由带队者发敬礼口令，闻令后齐行举手礼。

第四十四条　军队未武装时，除无刀枪之动作外，其敬礼均与武装同。但其带队者仅行举手注目礼，不吹号。

武装军队对非武装军队其敬礼与前项同。

士兵所带领之队伍其敬礼与未武装之军队同。

第四十五条　机械化部队，如未离车辆，其敬礼应在车前集合行之。

第五节　军队行进间敬礼

第四十六条　对于国民政府主席、军事委员会委员长，应沿道左停止整队行礼，与停止间同，候随护过去后再行前进。

第四十七条　对于军事高级长官及其他上官或部队均不用停止，俟其距部队先头约八步，各连发向右(左)看口令，官兵均换正步(乘马步队原步度取立正姿势)向之行注目礼，带队者撇刀(未佩军刀时可行举手礼)，俟受礼者过去发〔向前看〕口令，头转正面照常行进。

军队在行军解散队列休息时，倘遇高级长官莅临，由高级指挥者发“立正”口令或令号兵吹奏号音，各就原位置立正，由指挥者一人行礼。

乘车马部队途遇上官时，由带队者发向右(左)看口令，行举手或撇刀礼，闻令者就原位置端正姿势，向右(左)看。

第四十八条　战车与装甲汽车队位于转塔中之车长或射手，应透出上体行举旗注目礼，其他人员则就原位置，仅向受礼者注目。

三轮机踏车队，由乘副车之人员行举旗注目礼。

第六节　教练间敬礼

第四十九条　军队在操场或射击场及作业场，如遇国民政府主席、军事委员会委员长亲临时，由在场最高级或带队者，一面发“立正”口令或令号兵吹奏立正号音，各部队即停止教练，就原位置立正，一面抱刀跑步至距受礼者约八步处行礼报告人数及教练课目，礼毕后如无别命照常教练。受礼者离场时敬礼与到场时同。

第五十条　军事高级长官、中央特派之校阅主任或直接上官莅场时，敬礼与前项规定同。但校阅时校阅官阶级较低或同级者，可由受校阅部队值日官行之。

第五十一条　军队教练间当解散队列休息时，其敬礼与第四十七条第二项敬礼同。

第五十二条　机械化之单车或部队教练间，如遇长官莅临时，除在驾驶车辆之人员不行敬礼外，其他人员应准本节各条之规定行之。

第五十三条　军队在野外演习实施中不行敬礼，仅由在场之指挥者行礼。

第七节　卫兵及哨兵敬礼

第五十四节　卫兵对于左列各款所定者，当其出入营门时，应于卫兵所前整队，军官撇刀士兵持枪或抱刀者行扶枪或举刀礼，徒手者则行举手礼，号兵按第四十条、第四十一条之规定分别吹奏号音：

一、国民政府主席；

二、军事委员会委员长；

三、团旗；

四、军事高级长官、陆军上将、中央特派之校阅主任；

五、卫戍司令及团长或独立营营长以上之各级队长(此款仅限于所属卫兵)；

六、军官率领之武装军队。

第五十五条　军官佐出入营门时，应由卫兵长或卫兵先见者发"敬礼"口令；

军士出入营门，卫兵应行敬礼。

各兵等出入营门，应先向卫兵敬礼，卫兵立正注目答礼。

第五十六条　哨兵对于第五十四条所列各款均应分别行礼。

第五十七条　哨兵对于军官佐及军士应就原位置行礼，如有特别任务可不敬礼。

第三章　仪节

第一节　通则

第五十八条　本章所称仪节如左：

一、随护；

二、仪队；

三、大阅；

四、礼炮；

五、迎送团旗；

六、升降国旗；

七、任职宣告及宣誓；

八、入伍及退伍；

九、婚礼；

十、丧葬。

第五十九条　随护队、随护卫兵、仪队、仪仗兵等之编成，另详附表第一、第二。

第六十条　关于授勋、授旗、授枪等礼节，另依规定办理之。

第二节　随护

第六十一条　随护分左列二种：

一、随护队任途中之保护，应随受礼者一同行进，但受礼者乘马或坐车时，徒步兵可不随行，仅由乘马或乘车者随从之。

二、随护卫兵任驻所之保护。

第六十二条　左列各款所定者莅临或离去卫戍地或驻地时，不问昼夜均应派遣随护队。

一、国民政府主席、军事委员会委员长。

二、参谋总长、副参谋总长及军事委员会直属各部、院、会长官。

三、中央特派之校阅主任。

以上三款，均应于驻所派遣随护卫兵。

四、师长以上之各级部队长，初到就职或升调离去卫戍地或驻扎地时。

第六十三条　随护队及随护卫兵之敬礼与军队及卫兵同，惟在随护中则概不行礼，但随护卫兵虽在夜间亦应行礼。

第三节　仪队

第六十四条　凡派遣随护队者，应同时派遣仪队迎送之。

第六十五条　仪队应于车站、船埠、飞行场、大阅场至驻所之间整队迎送。

第六十六条　仪队应照军队停止间之敬礼行礼，并吹奏崇戎乐。

第四节　大阅

第六十七条　大阅分阅兵式及分列式二种。

第六十八条　大阅通常对左列官长行之：

一、国民政府主席、军事委员会委员长。

二、军事高级长官、中央特派之校阅主任及少将以上之各级卫队长。

大阅整列之军队，除向右列各长官行礼外，其余概不行礼。

第六十九条　对于前条第一款举行大阅时，应以该地最高级部队长为指挥官，如两师以上部队在一处举行大阅时，应指派总指挥官一员统一指挥之。

前条第二款，即以部队长阶级较低于受礼者为指挥官。

第七十条　国庆日，凡军队所在地均应举行大阅，首都由国民政府主席或军事委员会委员长率同中央各军事部院长行之，其余由各该地阶级较高之将官行之，但无将官驻在之军队仅行分列式，不举行阅兵。

第七十一条　国庆日举行大阅时，各机关部队军官佐均应着常礼服佩刀(短剑)莅场参加，乘马军官应一律着黑皮马靴或绑腿，受礼者应着大礼服(或军常服)佩礼刀。

第七十二条　大阅仪式，如附录第一。

第五节　礼炮

第七十三条　凡有野战炮兵驻屯之地，对于左列各款，依照附表第一所定炮数施放礼炮，其余依特别命令行之。

一、国庆日。

二、中华民国成立纪念日。

三、国父诞辰。

四、国民政府主席、军事委员会委员长及高级军事长官因公莅临或离去卫戍地或驻扎地时。

第六节　迎送团旗

第七十四条　迎送团旗，应用团旗队以步兵一连及全营号兵或骑兵半连，及号兵六至八名编成之，均派连长一员指挥。

第七十五条　迎送团旗，以中少尉军官一员捧持，并附以军士二名护卫之。行军中在宿营地迎送团旗，除旗官及护卫军士外，团旗队仅以军官一员，士兵一班编成之。军人途遇团旗或经过其旁时，均应止步行礼。军队不问在停止或行进间，遇带有团旗之部队经过时，均应向团旗行礼。

团旗除对于国民政府主席、军事委员会委员长及中央特派之校阅主任或祭典外，概不行礼。

团旗卫兵、团旗队等，除团旗行礼时，随同行礼外，其余概不行礼。

第七节　升降国旗

第七十六条　军事机关学校及部队，除另有规定外，平日均应升降国旗。

第七十七条　升降国旗应用卫兵全部(或武装兵一班至一排)，及军乐队(或号兵)一部，在旗前十五步，面向国旗整列。

第七十八条　国旗每日升降时间，以日出日没为准，由卫兵司令或驻地最高军事长官，按照季节适宜规定之。

第七十九条　升降国旗之礼节如左：

一、全体肃立。

二、升(降)旗——敬礼(用乐队时奏国歌，用号音时奏升降旗号)，官长撇刀，士兵扶枪，向旗注目。

三、礼成。

第八十条　军人或军队闻升降国旗乐声或号音，除另有规定外，均应就原地立正致敬。

第八节　任职宣告及宣誓

第八十一条　凡军官新任职时，均应行宣告式。

第八十二条　凡行宣告式时，应全队站队，由高级长官行宣告式，如高级长官不能到场时，得派员代理之。

第八十三条　军官任职宣告者，立于队伍之中前方，任职者立宣告者之左侧面向队伍,由宣告者发“立正”口令(或令号兵吹立正号音)宣告之。

第八十四条　宣告终,由高级资深之军官(或值星官)令队伍敬礼,任职者向宣告者敬礼,宣告者答礼,然后发“礼毕”口令或号音。

第八十五条　对于团长之宣告,应竖立团旗。

第八十六条　宣告时,任职与宣告者,应着常礼服,整列之军队一律着用武装。

第八十七条　军佐、军属及见习官、附员、服务员等任职时,均于会报时通知,不行宣告式。

第八十八条　军官任职时,须行宣誓,其仪式按照军人宣誓规则行之。

第九节　新兵入伍

其一　新兵入伍

第八十九条　新兵入伍时,团长应令宣誓并发给誓书,其次序按照军人宣誓规则行之。

第九十条　团长应依左列之规定行入伍式:

一、令全团列队,以团中高级资深之军官或团值星官指挥之。

二、各连派官长、士兵若干名,带领新兵,依团长所派新兵指挥官之指示,整列于全团之中央前,按所属连次编为横队。

三、团长来至中央,团旗移至团长左侧,由团长捧读国民政府主席或军事委员会委员长训词毕,并将军人应遵守事项训示之。

第九十一条　入伍人数过少时,由连长按照前条办理,勿庸全团列队,其宣誓俟多数新兵入伍,再为补行。

其二　满期兵退伍

第九十二条　团长于满期兵退伍之前,应依左列之次序,行退伍式:

一、令全团列队，以团中高级资深之军官或团值星官指挥之。

二、各连派军官一员，带领退伍兵，依团长所派退伍兵指挥官之指示，整列于全团之中央前，按所属连次编为横队。

三、团长来至中央前，团旗移至团长左侧，由团长宣读退伍词毕，并将军人在乡所应遵守事项训示之。

四、训示完毕后，团旗及退伍兵，各归原位，全团举行分别式。

第九十三条　退伍兵人数过少时，由连长按照前条办理。

第十节　婚礼

第九十四条　军人结婚期。

军人结婚期定，应先呈报其直属长官，奉准后方可举行婚礼，其仪式暂照一般惯例行之。

第十一节　丧葬

第九十五条　丧礼，以死者直接长官为主丧人，或由上官指派其他官佐任之。

死者如有亲属在场时，由其亲属举办丧事，但所属部队仍应依照规定行礼。在战时或特别时期，不能依照规定行礼时，得由主丧人酌量行之。

第九十六条　凡军官佐及军属人员之丧礼，得设治丧委员若干人，由主丧人指派相当官佐任之。

第九十七条　死者，由死亡日起，在三日内应举行殡葬，因传染病死亡或有特殊情形时得伸缩之。

第九十八条　殓以棺殓，葬以土葬为定制，如有特殊情形，得由在场高级长官主持变通办理之。

第九十九条　士兵在战地死亡，通常用合葬，并建立墓标。

第一百条　丧礼以棺柩到达葬地时为终典，如不及时埋葬或嗣后迁葬，概不再行丧礼。

第一百零一条　关于祭奠仪仗及丧章等，均按附录第二规定办理。

第一百零二条　本条例自公布日施行。

附录第一：大阅仪式

其一　仪队

第一条　大阅场至大阅官驻所之途间(距大阅场约半公里)，应派遣仪队(兵力按本条例附表第一规定)、军乐队(或号兵八至十六名)恭迎恭送。

第二条　仪队之服装与受阅部队之服装同。

第三条　仪队应待大阅官阅毕返驻所后，方可撤回。

第四条　仪队之敬礼，依本条例第四十条、第四十一条之规定行之。

其二　阅兵场

第五条　阅兵场应在适宜地点设立阅兵台(大小可依陪阅官及来宾之多少适宜设置之)。

第六条　阅兵台上应悬挂党国旗、国父遗像及国民政府主席、军事委员会委员长肖像。

第七条　阅兵场周围，应派遣卫兵警戒之。

其三　队形

第八条　受阅部队在一师以上时，按阅兵场之大小，其队形距离间隔，由阅兵总指挥官适宜规定之。

第九条　受阅部队之队形，依照各兵种操典之规定，在阅兵及行分列式时，按步、工、通信、骑、炮、辎、机械化之顺序行之。

其四　服装

第十条　阅兵总指挥官服常礼服，佩军刀、勋章或勋表。将(校)官服常礼服，佩刀(或短剑)、黑皮鞋、马刺(乘马者可穿马靴戴马刺)、白手套、勋章或勋表。

第十一条　尉官服军常服、黑皮鞋(乘马者可穿马靴、戴马刺)、绑腿、白手套、佩军刀(短剑)、纪念章、奖章。

第十二条　士兵着全副武装。

第十三条　官佐、士兵服装颜色及种类，应按阅兵时之季节，由阅兵总指挥官临时规定之。

其五　阅兵

第十四条　阅兵官莅场时，由阅兵总指挥官发立正口令或号令，号兵依校阅官之阶级吹奏崇戎乐(受阅部队官兵立正向阅兵官注目)后，跑步至阅兵台前约十步立正，面向阅兵台，待阅兵官登台后即行撇刀礼，礼毕报告受阅人马、武器数目(如有报告表册，应由他员另交阅兵官随员转呈)，报告毕，即向队之中央正面发敬礼口令，官佐举手(或撇刀)，士兵扶枪，军乐队奏乐，乐止后，即发礼毕口令，前进至阅兵台前恭请阅兵，随即归还本队先头准备受阅。

第十五条　阅兵官行至距营(或独立连)三十步，先头由营(连)长发敬礼口令，全营(连)官佐行举手(或撇刀)注目礼，士兵扶枪注目，军乐队奏乐，候阅过本营(连)十五步后，发礼毕口令。

第十六条　机械化部队在举行阅兵式时，各种车辆之车门应严为关闭，帆布棚之野行车须将车棚卸下，车上所附武器架成水平，瞄准镜盖取下，各车员兵概于车前集合，距本车前保险杆一、二公尺成横队，指挥官视阅兵官行至受阅部队相当距离时，行旗号或口令之敬礼，其余人员即就原位置立正，向阅兵官行注目礼。校阅终了，指挥官再作旗号或口令指示，各车人员就车前集合准备尔后之动作。

第十七条　阅兵总指挥官、团旗、团长及直属官佐、士兵，均随左侧营(连)长之口令行礼。

第十八条　阅兵总指挥官敬礼后，即随同阅兵官行进。

团长或独立营长，随同阅兵官阅过本团(营)后，自行归还原位置。

其六　分列式

第十九条　分列式开始，应在阅兵后行之，由阅兵总指挥官先报告分列式开始后，即发分列式开始口令(或号令)。

第二十条　各营间分列式口令，即按操典规定，自行变换队形、方向，发分列进行口令。

第二十一条　各连到达距阅兵台三十二步(第一标兵)处发正步口令，十六步(第二标兵)处后发向右看口令，行过阅兵台十六步(第三标兵)处发向前看口令，三十二步(第四标兵)处发齐步口令。

第二十二条　机械化部队在举行分列式时，各车(战车及装甲汽车)车门及顶盖应行打开，乘员上车后紧闭车门，指挥官作所要之旗号，领导各车以低速度(时速约五公里)前进，驶至阅兵台第一标兵处，则将指挥旗向上举起，以示各车之注意，驶至第二标兵处，将旗向右前倒下，伸出成四十五度，同时向阅兵官注目，以后各车由车长，由右前伸出三角旗作同样举动以行敬礼，至射手、观测手等只行注目礼，驾驶手只端正上体不用敬礼，指挥官视所有车辆通过阅兵台，至第三标兵处，将旗向上举起收回则为礼毕，以后即取常速度领导各车前进。

第二十三条　行分列式时，各部队长均行举手(撇刀)礼，其余只行注目礼。

第二十四条　阅兵指挥官及团、营长，团旗到达阅兵台十六步(第二标兵)处自行敬礼，其所属之官佐、士兵随同行注目礼。

其七　训话

第二十五条　分列式完毕后，由阅兵总指挥官请示训话。

第二十六条　训话时按当时情形，用原阅兵队形(用播音机时)或变更队形，由阅兵总指挥官临时规定。

第二十七条　阅兵官离场时，应行敬礼，用原阅兵队形或当时队形，由阅兵总指挥官发立正敬礼口号(其仪式与阅兵前之敬礼同)，待阅兵官离场外十五步，发礼毕口令。

附录第二：丧葬仪式

其一　祭奠

第一条　死者就殓后，由主丧者指定安置棺柩地点，举行祭奠。

第二条　祭奠时，主丧者主祭，其余与祭者，按序面柩，整列行礼。如死者为准尉以下时，通常不设治丧委员，由同连全体官兵祭奠。整列之军队，除对死者外，概不行礼。

其二　仪仗

第三条　仪仗兵应于出殡以前，先至丧家或病院或营门外整列，俟棺柩运出时即对之行礼。如死者阶级应吹奏号音时，即于号音完毕后分列柩之前后沿途护送。但仪仗兵在一排以下时，应在柩前行进护送，路程不得逾半日以上。

第四条　仪仗兵行进之步度，应准柩行之速度，士兵将枪背于右肩，枪口向下，右手握于枪之护木。

第五条　仪仗兵护送至葬地时，应面柩整列，对死者敬礼。如死者为士兵，仪仗兵无须沿途护送，可迳赴葬地待柩到行礼。

第六条　各军事机关学校高级长官，及团长或独立营长以上之主官殡葬时，除照附表规定派仪仗兵外，其死者之直接部属，应整列于棺柩经路之一侧，由死者次级之军官或临时指派之军官指挥举行路祭。

第七条　举行路祭之部队，均携武器，一律徒步先至经路一侧，俟棺柩经过时对之行礼。如死者阶级应吹奏号音时，则于棺柩通过奏号后即行撤回。

其三　丧章

第八条　丧章以黑纱为之。

第九条　凡参加送葬者，及仪仗兵之左臂，以及旗、军刀、乐器，均应缀以丧章，其缀法及尺度详附图第一。

第十条　凡上官死亡时，其所属官佐，应按死者之阶级，自死亡日起缀佩丧章，将官七日，校官五日，尉官三日。

第十一条　出殡时，应将死者部队番号、官职、姓名，书于铭旌之上，以一人擎举在柩前，先导之。铭旌之尺度，如附图第二〔略〕。

附录第三：勋(奖)章佩带说明

一、各种勋章，须于着大礼服或常礼服时佩带之，但着常礼服时，一、二等勋章不佩；大绶奖章于着大礼服、常礼服、军常服时均得佩带之。

二、国光勋章、青天白日勋章、各种襟绶勋章(宝鼎、云麾勋章四等以下均襟绶，各种奖章均襟绶)及奖章佩于礼服上衣左端，与第一钮下二公分相平横线上之适宜位置(如第一图)〔略〕。

数种勋奖章并佩时，勋章居右，奖章居左，勋章以国光勋章居最右，青天白日勋章次之，襟绶宝鼎、云麾等勋章各依等次向左排列佩带之。空军复兴荣誉勋章，如与襟绶、宝鼎、云麾等勋章并佩时，应列于其左。国民革命军十周年纪念勋章佩带时，列于各种勋章之左，奖章之右。奖章以陆海空军奖章居首，光华、干城等奖章次之，华胄荣誉奖章又次之，空军星序、宣威等奖章再次之，其他奖章更次之。纪念章列于各种奖章之左，以委员长西安蒙难纪念章居首，其他纪念章次之。

三、一、二等宝鼎(云麾)勋章，佩于左襟约在第三第四钮间位置，其大绶自右肩垂于左胁下(如第一图)〔略〕。两种大绶勋章同佩时，只佩一种，大绶勋章相同者佩其较高之大绶，将较低之勋章佩于较高勋章之左。两种同等大绶勋章并佩时(例如二等宝鼎、二等云麾)，只佩一种(例如宝鼎勋章之大绶)，而将不佩大绶之勋章(例如云麾勋章)佩于带大绶勋章之左。倘有三个以上大绶勋章不能并列时，得于其下适宜位置佩带之。着常礼服佩带一、二等勋章时，佩于左襟约在第二第三钮间适宜之位置（如第二图）〔略〕。

四、三等宝鼎（云麾）勋章，用领绶系于领内，其勋章自领口垂出于外。如两种三等领绶勋章同佩时（例如三等宝鼎、三等云麾），只佩一种（例如宝鼎领绶），而将三等云麾勋章佩于礼服第二钮，不用领绶。

五、受有外国勋奖章者得同时佩带之，其佩带法照其规定，但外国佩带位置与本国勋章佩带位置之规定相同者，则应将本国勋章居右，外国勋章居左。

受有外国大绶勋章及本国大绶勋章者，除举行国际仪式需要外，总以佩带本国大绶为原则，而将外国勋章佩带于其规定位置。

六、着军常服时，只佩勋表（如第三图）〔略〕。其佩带法如下：

（一）凡已领受勋章之官佐，其军常服上衣左襟均须安置"辫线"，以为佩带勋表之用。

（二）辫线位置于左襟衣袋上方，距袋口线二公分成平行。

（三）辫线之长度，视所佩勋表之个数而定，其色与军服同。

（四）受有数种以上之勋章，其勋表在一辫线上不能完全佩带时，得于辫线上端距离二公分之上添置平行辫线一根，如再不敷佩带时，则佩其重要者。

修正陆军仪节附表及旗式等〔略〕。

〔国民政府档案〕

16．政治部检发统一陆军机械化部队各种名称训令

（1943年4月20日）

国民政府军事委员会政治部训令　总乙一巴（卅二）字第079号

令总务厅

案奉国民政府军事委员会本年四月二日渝办一参字第二六五六八号训令开：查关于陆军机械化部队有机械化、汽车化及摩托化各种名词，因其定义未加确定，每多解释不一，易滋误会，亟应明确

规定，以资统一，兹特规定如下：(一)机械化部队者，乃装甲部队与摩托化部队之总称。(二)装甲部队者，其本身有战斗装备具有攻击及自卫能力，例如战车、装甲汽车、装甲机踏车、装甲列车等是。(三)摩托化部队者，乃系以汽车装载各兵种部队，以从事运输为主，其本身并无战斗装备，因而缺乏自卫之能力，例如载重汽车及牵引汽车等是。(四)汽车化与摩托化之意义相同，今后为统一名词起见，应即将汽车化三字废除，改以摩托化代之。以上四项，除分令外，合行检发陆军机械化部队名称图解表一份，令仰知照并转饬所属一体知照为要。此令。等因；奉此。除分令外，合行检发陆军机械化部队名称图解表一份，令仰知照并转饬所属一体知照为要。此令。

附陆军机械化部队名称图解表一份。

部长　张治中

中华民国卅二年四月廿日发出

陆军机械化部队名称图解表

- 机械化部队
  - 装甲部队(有战斗装备)
    - 装甲列车
    - 装甲机踏车
    - 装甲汽车
    - 战车
  - 摩托化部队(无战斗装备)
    - 特别汽车(炊事车、卫生车、工程车、通信车等。)
    - 牵引汽车(牵引炮车及弹药车等。)
    - 机器脚踏车(即二轮、三轮车，用以侦察、搜索、通信联络。)
    - 载重汽车(以汽车运输各兵种部队。)

〔军委会政治部档案〕

17. 军事委员会修正陆军官制表

（1943年6月28日）

陆军官制表　三十二年六月二十八日修正公布

等次／官佐区别	上等			中等			初等		
军官	上将	中将	少将	宪兵上校	宪兵中校	宪兵少校	宪兵上尉	宪兵中尉	宪兵少尉
				步兵上校	步兵中校	步兵少校	步兵上尉	步兵中尉	步兵少尉
				骑兵上校	骑兵中校	骑兵少校	骑兵上尉	骑兵中尉	骑兵少尉
				炮兵上校	炮兵中校	炮兵少校	炮兵上尉	炮兵中尉	炮兵少尉
				工兵上校	工兵中校	工兵少校	工兵上尉	工兵中尉	工兵少尉
				战车兵上校	战车兵中校	战车兵少校	战车兵上尉	战车兵中尉	战车兵少尉
				通信兵上校	通信兵中校	通信兵少校	通信兵上尉	通信兵中尉	通信兵少尉
				辎重兵上校	辎重兵中校	辎重兵少校	辎重兵上尉	辎重兵中尉	辎重兵少尉

（续表）

等次 官佐区别	上等		中等			初等		
军佐	军需总监	军需监	一等军需正	二等军需正	三等军需正	一等军需佐	二等军需佐	三等军需佐
	军医总监	军医监	一等军医正	二等军医正	三等军医正	一等军医佐	二等军医佐	三等军医佐
		司药监	一等司药正	二等司药正	三等司药正	一等司药佐	二等司药佐	三等司药佐
		兽医监	一等兽医正	二等兽医正	三等兽医正	一等兽医佐	二等兽医佐	三等兽医佐
	测量总监	测量监	一等测量正	二等测量正	三等测量正	一等测量佐	二等测量佐	三等测量佐
			一等军乐正	二等军乐正	三等军乐正	一等测量佐	二等测量佐	三等测量佐
附记	一、陆军官佐均在本表所列名称之上冠以陆军字样，例如陆军上将、陆军一等军需正。 二、军官少尉之下设准尉一级，军佐三等之下设准佐一级，但不列入官等。 三、军法官、监狱官、军用技术人员及军用文官不列科，其阶级对照另定之。 四、战车兵科内含有战车军官、战车机械军官之两种。								

〔国民政府军委会档案〕

18. 军事委员会公布陆军官职调整办法暨陆军官佐军职组编成办法训令

(1943年12月17日)

国民政府军事委员会训令　铨办综字第一九四〇号

令第六战区司令长官司令部

查抗战军兴以来,因各级干部之补充率提高,乃至官职晋任超越常规,而职高于官或有职无官者,无论机关、学校、部队,比比皆是。兹为求在因质定位依官授职之原则下,力求整饬与改进起见,特制定陆军官职调整办法及陆军官佐军职组编成办法明令公布,并于公布之日同时施行。望各精研密究,期底于成,并希依照迭次电令,速将校官(三等正)以上详历表、尉官(各等佐)简历册尅日造报,以军官职调整及编成职组之顺利推行。凡"历"、"册"先报到者,得先与办理调整,按时发表,期在迅速办理,彻底执行,务勿因循观望为要。其前颁战时任官暂行办法,着同时废止。除分令外,合行令仰遵照并饬所属一体遵照。此令。

附发陆军官职调整办法暨陆军官佐军职组编成办法各一份。

委员长　蒋中正

中华民国三十二年十二月十七日

陆军官职调整办法

第一条　陆军官佐尚未任官或已任官而久未晋任,以致官职不称者,依本办法调整之。

第二条　本办法对于学资及行伍出身之审核,依任官条例及其施行细则之所定。

第三条　本办法对于年资之审核,依资序规则所定实职,年资自十四年七月一日或其以后最初任职之日计起。其职阶自同"十四"上年月日最初任职之阶计起,各阶年资合计至现职之次阶止。

第四条　依前条计算各阶年资，大抵各阶停年之数，不论已未任官，依其现职晋任或叙任。

第五条　依第三条计算，各阶年资合计不足者，得再借用本阶之资，惟借资任官后即应在本阶资内照扣。

第六条　依前条规定，借用本阶之资仍不足数者，应按年资计算，得任何阶之官即任何阶之官。

第七条　凡依年资应叙或应晋之官位仍低于现职者，不查考绩，若系与现职相称之官位先查考绩，然后依法办理。

第八条　中将职之官低于职一阶，除特准者外不得晋任。

第九条　已毕业任职而未行初任，其年资在一年半以内者，得初任少尉（或三等佐），而以任职之日起资。

第十条　凡在战时或战后一年内退役之人员均依现职为准，不再核计年资，一律叙或晋以现职相称之官，然后退役。

第十一条　凡与任官任职诸法规相合而依原有法规办理者，不在本办法范围内。

第十二条　本办法自奉准公布后施行，所有前颁战时任官暂行办法自本办法施行后同时废止之。

陆军官佐军职组编成办法

一、全国陆军官佐自上将职以下人员依本办法编成军职组如左：

甲、上将职组；

乙、中将职组或总监职组；

丙、少将职组或监职组；

丁、上校职组或一等正职组；

戊、中校职组或二等正职组；

己、少校职组或三等正职组；

庚、上尉职组或一等佐职组；

辛、中尉职组或二等佐职组；

壬、少尉职组或三等佐职组。

二、每组以十人至六十人为准。

三、各阶军职组概依官任职令上所指之阶级，且与编制所定或核准设置之员额相符者编成之。例如中将军长、中将厅长编入中将职组，少将师长、少将处长编入少将职组，少校营长、少校参谋、少校科员编入少校职组，三等军需正、科员编入三等军需正职组是。

四、遇有任职令上阶级高于编制规定时，依任职令编组。例如编制上为上校而任职令上为少将时编入少将职组。若任职令低于编制时，依任职令编组。例如编制上为中校而任职令上为少校时，除特许外通常编入少校职组。此等特殊情事，均须于名册上注明。

凡有本人原阶较高现任低职而特准保留身份者，依其本人原阶入组。例如少将职调任编制所定上校职，且令文上已指定保留本人原阶者，编入少将职组。

至待遇性质，则仍依原职编组。例如中校职而受上校待遇者，除专案特准外，通常编入中校职组。

五、各兵科业科人员，通常依其出身兵科业科分别编组。例如步兵少校与炮兵少校分别编组。三等军医正与三等司药正分别编组是。

前项编组之规定，遇有参谋及政工人员编入各兵科组内时须于册上注明。

六、兵科出身与现职不符者，先依现职为准，但于名册上注明，使定期任职时调整。例如炮兵上尉充步兵连长者，暂先编入步兵上尉职组是。

七、军属人员概不编组。文官出身而身任军官佐职务者，暂依同阶编入且于册上注明以备调整。例如文官出身而任少将处长者(编制上本为同少将者不在内),暂编入少将职组是。

现役军官佐而任军属职务者,除专案特准外视为外职,附于组后而不计资。

八、各组均由人事管理权责划分表上所定中心管理机关承编。

九、中心管理机关如组有疑义时,呈会核定。

十、部队承编之组,通常以其承编之机关为其组之所隶机关,或呈由本会指定之在机关、学校承编者,由其最高单位长官或本会指定之。

十一、校官各组由会指定其所隶机关。

十二、各业科一等正以下各组,由各主管部指定其所隶机关。例如测量由军令部指定,军需等科由军政部指定。

十三、各组之所隶机关须注意其组与上下组之承接关系,自行规定或呈上级机关指定,遇必要时,呈请修正其承接关系,并通报于各关系方面。

十四、全面官佐所隶之组及其组之承接关系,均由所隶机关呈报层转至会调制系统图表,将其上组下组或承接于一组之各邻组,均显示于其上。

十五、组之名称以其所隶部队、机关、学校名为其组名。例如军事委员会第一少将职组,军政部第一上校职组是。在一单位内之组多者编以号数。例如陆军第几军第一步兵少尉职组,第二步兵少尉职组是。

十六、各组之组员名册格式,由会制定令颁遵造,除其所隶机关及其上下组所隶机关必须存备外,并向上级机关呈报。通常上尉职组以下者,报至战区或其所隶部为止,少校职组以上报会。

前项名册属于军佐方面者,自三等正以上报会,余存各主管部。

十七、各组所隶机关,对于组内未任官或已任官与其职不称者，应速依照陆军官职调整办法呈报或通报其人之所隶长官，呈会核办。

十八、前条所定须任官或调整者，均依履历规则造送详细履历二份，由其长官负责盖章呈报本会。

十九、编组后之调任，先就本组或其邻组相互间施行，升补先依其组之上下承接关系范围内施行。

参谋人员依军令部之规定，政工人员依政治部之规定，其他有特殊情形必须取之本组外、邻组外或上下关系组以外者，呈由上级机关核示办理。

二十、本办法自奉准公布后施行之。

（军委会政治部档案）

19. 军事委员会公布抗战期间陆军官佐人事权责划分实施办法训令

（1944年1月8日）

国民政府军事委员会训令　铨办综字第二一二二号

令政治部

案查陆军官佐人事权责划分表，业于三十二年十月二十二日铨办综字第九五二号训令颁行，并规定自三十三年一月份起实施在案。嗣经人事评判委员会第八次季会议定，将该表标题改为抗战期间陆军官佐人事权责划分表，并饬铨叙厅拟订实施办法，核尚可行。兹将抗战期间陆军官佐人事权责划分实施办法公布施行。除分令外，仰即遵照并翻印转令所属各单位一体遵行。此令。

附抄发抗战期间陆军官佐人事权责划分实施办法一份。

委员长　蒋中正

中华民国三十三年元月八日

附抄抗战期间陆军官佐人事权责划分实施办法　奉准与陆军

官佐人事权责划分表同时于民国三十三年一月起实施

一、陆军各级军官佐人事在抗战期间管理权责之划分，除以本会三十二年十月二十二日训令铨办综字第0952号颁发陆军官佐人事管理权责划分表其一、其二、其三令行外，为期推行顺利起见，特订定本办法以资实施。

二、权责划分表所称中心管理机关，指各军事机关学校部队赋予中心管理之权责者而言。例如中央各部会、战区各司令长官部、军司令部皆称为中心管理机关，但经指定为军委会直辖军，若临时配属于某战区或某高级司令部指挥者，其中心管理权未明令移转者，不予移转。

三、所称军司令部各主管处，指军司令部建制下列各科、处而言；所称部队最高单位主管处，指各特种兵部队最高指挥单位建制下之业科处而言；但各业科、处无人事管理组织者，由各该单位之人事机构主办，各有关处会办；其他如测量、军乐等业科，无主管单位足资会核者，得迳由该单位之人事机构遵照规定办理。

四、所称部以下最高机关或学校，指如军令部所辖之陆军大学校及各测量局，军政部所辖各军师管区、各补训处暨各业科专校，军训部所辖各军官学校而言。所称部以下最高主管处，指如军政部直辖之军需、军医各署及其他部、会建制下之业科、处组而言。

五、权责划分表其一备考第六项所称军以上司令部，尉官由指定之军任中心管理，系根据陆军军官佐官组规则第四条。独立单位本部以内现属官佐，不另编官组，依其同一官阶编入次级单位，各官组中之规定此项指定之军即次级单位，如本部或直属次级单位之尉官定以编成官组职组时，得相宜自行编组。

六、关于军建制以内军官之任职权限如左：

（甲）尉官。依任职权限与手续之规定，尉官由军长任免报会备案，参谋政工人员，分报军令、政治两部任免转会备案，但战区管辖军同时得分报战区长官部备查。

（乙）校官。战区管辖军由战区长官报会核委，但军长得提出适当人选，向战区长官建议（如每一员缺，得提出二人或三人之建议，请战区长官核定），报请军事委员会核委。军委会直辖军得由军长迳向军事委员会建议。参谋政工人员分别由军令、政治两部核转。

（丙）将官。将官人事中心管理权，属军事委员会（铨叙厅承办）。但战区长官得依前项规定，向军事委员会建议。参谋政工人员分别由军令、政治两部向军事委员会建议。

七、关于军官佐之任官手续如左：

（甲）初任。根据军训、军政两部转报各校兵业科学生毕业成绩表，核予初任。但已经分发各部队服务之兵业科学生，尚未初任者，亦得由中心管理机关提请初任。

（乙）晋叙任。在可能范围内军事委员会自行检讨办理，通常应由军事委员会根据中心管理机关所报绩资序核予任官，其余叙晋转任，尚须由中心管理机关提请。

八、关于军官佐考绩依陆海空军军官佐战时考绩规则之所定，其所规定之复考官即中心管理机关主官。

各级受考官考绩表中心管理机关应各存一份，少校（三等正）以上之考绩表应呈送一份至军事委员会。

九、呈报人事案件应照本会三十二年十月十六日铨办综字第0863号训令颁发之陆海空军人事分类分阶专报时期之规定分别专报（以其专报案件均分别用三联单逐案呈报，不必于三联单之外，另加总格式之呈文或代电）。

十、中心管理机关应设备如左之表册：

（一）人事管理登记簿。此簿内容按编制排列，视所辖单位之大小多寡，依其系统分定为若干册，如军之于师每一师立一册。此项登记簿之意义，在使每一个军官佐之“官”、“役”、“职”、“资”、“奖”、“惩”易于检查，非必要时得免翻阅案卷。其所登记人员有迁调停免之动态时，得以册条粘贴。其新任人员之资历另填于册条之上，并相宜于每年调整一次或另立一新册。

（二）现役军官佐资绩簿。此簿内容依军职组编成办法分阶填列，并依该办法第二条以十人至六十人为准之规定编为若干组，每组以年资深浅为序，按资序规则之排列方式排列之，每年年终照此簿记载调制资序表，呈报军事委员会（迳送铨叙厅）。

（三）详细履历。此项履历须自本单位主官起至准尉、准佐止，各备一份。

此履历内容所备之“官”、“役”、“学”、“职”各历以及“勋奖”、“惩罚”、“家属”暨“经过战役”（附则栏），各栏均须随时依动态形式归纳登记，务使毫无遗漏，并同时报请上级人事管理机关登记，用为最基准之人事登记册。其登记方式，如履历规则之所定。

少校（三等正）以上履历应呈军事委员会各二份（迳送铨叙厅）。

（四）现职录。此项现职录（如附式，即替代简历册之用，此后不须再造简历册）在中心管理机关应调制全份自用，并每半年（一、七两月）另造送军事委员会两份（迳送铨叙厅），但对尉官任官案呈报时仍须检附详历。

（五）军职任免报告表。此表（表式样经于三十二年十月四日铨群综字第0750号颁行）于呈请军职任免时用之，惟可能仍须加此略历一栏，在填写略历时须载明最初入伍之番号或最初任职之职称并注明某年月日，在填写出身时应填明最初毕业之学校及现在最高之学资。

（六）任官表。分甲乙两种（如附式）。

甲种：依陆军官职调整办法而申请叙任或晋任者用之。

乙种：依陆军官佐任官条例而申请晋任、转任或初任者用之。

（七）考绩表、考绩建议表、绩序表，如陆海空军军官佐战时考绩规则之所定。

十一、非中心管理机关对所属官佐之人事，仅办理承转手续及编现职录、保存部以内及直属单位之详历，其他关于官职组之编成、绩资序之排列，皆属于中心管理机关。如集团军总司令部校官之中心管理属于战区长官部，尉官之中心管理交直属之次级单位办理，师司令部校官报由军司令部呈转，尉官由军司令部行中心管理，但对于上级中心管理机关在可能得保持其人事建议权。

十二、中心管理机关对于本实施办法有改进意见时，得随时向军事委员会建议，用实采择。

十三、本办法与陆军官佐人事权责划分表同时实施。

〔军委会政治部档案〕

20．军令部奉发陆军人事亟应整饬改进事项训令

（1944年1月13日）

国民政府军事委员会军令部训令　三德人字第二一一号

令战史编纂委员会

案奉国民政府军事委员会卅二年十二月十七日铨办综字第一七五六号训令开：兹制定陆军人事亟应整饬改进事项，令仰切实遵行并饬所属一体遵照。等因。除分令外，合行检发原件，令仰切实遵行并饬所属一体遵照为要。此令。

附发陆军人事亟应整饬改进事项四份。

部长　徐永昌

中华民国卅三年一月十三日

陆军人事亟应整饬改进事项

原则(一)控制人事。(二)遵守法纪。

一、属于人员任免权责上须严格遵守者：

1．各级主官对所属官佐不得擅自易人或越权免职，更不得

易人而不报。

2．各级主官不得越权自委人员，更不得于编制外自添名额。

3．各级主官依法令之所许，对所属缺额先行派代，同时须立将派代月日、姓名、职务详报，不得延隐。

4．各级主官对所属人员之调任，其属员现职非已满一年以上不得请求，以免人事过度波动。

5．各级主官对于通缉人员或撤职未满停用期间，不得保荐或任用。

6．各级主官任用或保举所属官佐时，必须先核检其履历(手牒)、计算年资、确定身份，然后负责呈荐，不得轻率任用或保升。

7．各级主官因有过失或不能达到任务而奉令离职时，副主官或高级属员除特许外，经常不得升补斯缺。

8．各级主官新到任，其原有副主官或幕僚及高级属员，不得自请调任或托词请假。

二、属于军官调任办理上须渐求改进者：

9．调任或晋升以定期施行为原则(每年两次)，此项原则内外各级长官须特加注意，除特殊情形外，努力求其实现。

10．配置调任如队职与队职互调，经历调任如队职与幕僚互调，暂先求其彼此相宜，与可能者斟酌行之，以树各种互调之先声。

11．目前为求后方队职军官加强实战经验之目的，施行前后方队职局部调任，先从驻川补训处及师管区开始实施，其计划另定之。

三、属于勋奖功过须加意实施者：

12．勋奖必以章状题额等荣誉者为主，至以金钱发给，或以官职酬庸，一切积习与观念必须革除。

13．功过相抵奖惩方有实效，若记过之人，未声请如何抵销，即又请奖，则过等于空记，必须胪列事实，权衡轻重，呈请核议，使惩不虚而奖不滥。

14. 赏罚应于每一战役直后(六月)即须结束，此外勋奖则可于每年定期施行，以免繁琐。

四、属于履历等件须加以整备者：

15. 各部、各军、各独立师、各直辖团队所属官佐之履历，或数目不全，或内容不备，亟须重加检点整理，严格实施动态登记。铨叙厅对于校官以上履历亦须重加整备，限于九月底以前办妥。

16. 军人手牒必须具备，各人随身携带，凡调职时检视其资历即以此为凭，若无此手牒或记载不完备者，不得轻用。

17. 军属人员之阶级、名称取销同将、同校、同尉等之字样，改用军简、军荐、军委等名称，实施行办法另定之。

以上各项为目前亟须改进或整理之要务，对于人事控制与整饬纪律、尊重法度上，均有重大关系者也。

〔国民政府国防部史政局及战史会档案〕

21. 后方勤务部关于全国陆军各部队编制官兵数量统计总表

(1944年1月)

全国陆军各部队编制官兵数量统计总表

三十三年一月份

部队类别		单位	单位小计	官佐	士兵	小计	备考
战区		11	11	3025	9603	11628	
集团军		39	39	5760	36120	41880	
军	步兵	109	115	51521	759125	810646	
	骑兵	6					

（续表）

部队类别		单位	单位小计	官佐	士兵	小计	备考
师	步兵	318	340	136395	2568630	2705025	
	骑兵	2					
独立旅	步兵	21	26	7158	105612	112770	特务旅(一)算入步兵数目
	骑兵	2					
	炮兵	3					
独立团	步兵	27	181	47339	630836	678172	特务团算入步兵数内，特种兵团即装甲及铁道兵团
	骑兵	1					
	炮兵	37					
	工兵	22					
	通信兵	6					
	辎汽兵	9					
	特种兵	3					
	运输兵	55					
	担架兵	21					
独立营	步兵	2	33	1230	18120	19350	
	炮兵	1					
	工兵	13					
	通信兵	6					
	辎重兵	8					
	运输	12					

（续表）

部队类别	单位	单位小计	官佐	士兵	小计	备考
补训处	4	4	3428	50464	53892	
合计		749	255856	4178510	4434366	
附记	1. 游击部队及军师管区各军事机关学校均未列入； 2. 其他绥署行营、江防各部均未列入。					

〔军委会后方勤务部档案〕

22. 蒋介石关于保举优秀副军长师长及团长调升军师政治部主任密电稿

（1944年9月13日）

军事委员会电稿　紧急　中华民国三十三年九月十三日上午九时拟稿

（收文单位详另表）：（108）密。（一）本会为加强部队政工，决自明年度开始于各军部设置政治部，其主任人选由副军长之一兼任，仰即就所辖各军现任副军长及资深绩优之师长中，择其体格健全、精神充沛、思想纯正、党政知识丰富者慎于保举，并限于〈申〉〈陷〉前先将番号、级职、姓名、出身、考评各项迳电本会政治部汇齐呈阅，并限即按番号、级职、姓名、别号、年龄、籍贯、学历、经历、考评等项列册寄送该部汇办，以备统筹遴派。（二）查各师副师长兼政治部主任时，有缺额亟应整批甄选，储备候用。仰就所辖部队资深绩优之现任团长中照前项甄选标准及册报格式，慎重甄选，列册保举，并限于〈酉〉〈世〉前寄送本会政治部汇办。（三）以上各项被保人员调兼军、师政治部主任时，以回避本师本军为原则。（四）各军、师政治部主任人选经此一次遴保后，嗣后每半年准就各该部队中遴选资深绩优适任军、师政工主官之部队长向本会政治部保荐一次，由该部核于储备任用。平时各级政工主官如有缺额，均应由政治部于储备待派之人员中依序报会核委，各部队长不得随意保荐或擅行任免。以上各项被保人员调兼军师政治部主任时，以回避本师本军为原则。除分电外，合亟电仰遵照办理为要。渝。委员长蒋〇〇(　　)(　　)。

〔军委会政治部档案〕

23. 中华民国驻印陆军师暂行编制系统表

(1944年10月)

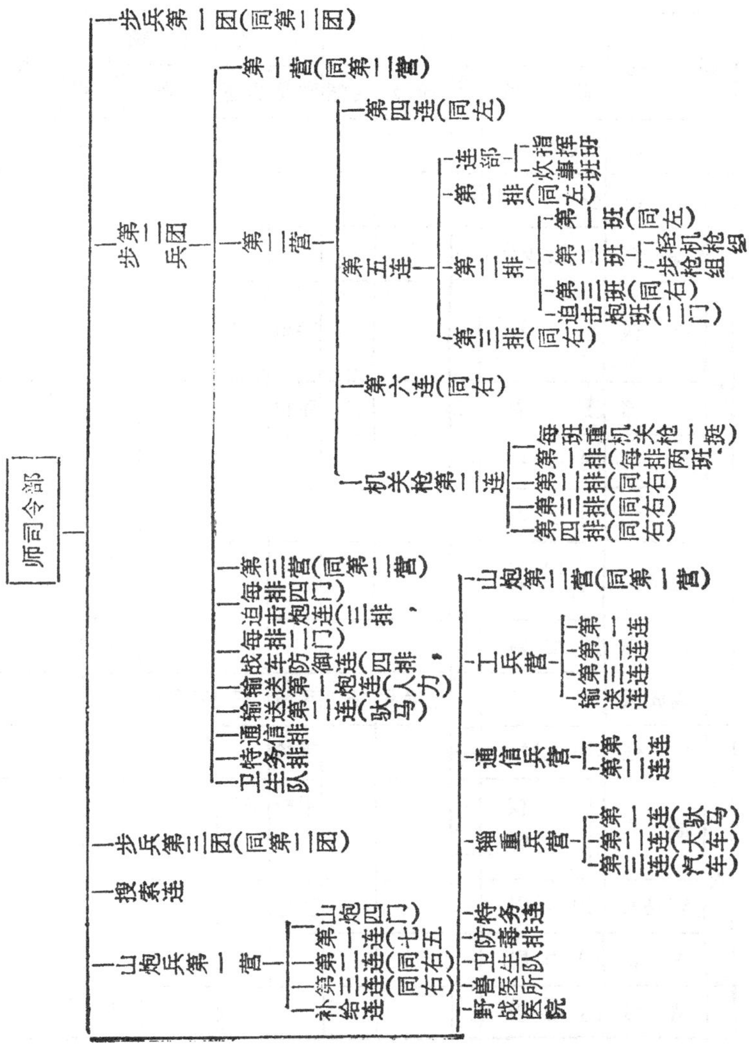

附记：必要时得增编一〇·五榴弹炮一营，其编制另订之。

中华民国驻印陆军师师司令部暂行编制表

职别		官佐		士兵		武器		车辆		马匹		备考
		阶级	员额	阶级	名额	种类	数量	种类	数量	乘	驮挽	
师长		少(中)将	一									
副师长		少将	一									
参谋长		上校(少将)	一									
参谋处	参谋	上校 中校 少校	一 一 二			手枪	四					
参谋处		上尉	二			手枪	二					
参谋处	秘书	同少校	一									
参谋处	书记	同上尉	一									
参谋处	电务员	同中尉 同少尉	二 二									
参谋处	司书	同准尉	三									
参谋处	驾驶兵			上等兵	三	手枪	三	¼汽车	三			
副官处	主任	中(上)校	一			手枪	一					
副官处	副官	少校 上尉 中尉	一 一 一			手枪	三					
副官处	查马长	少(中)尉	一			手枪	一					
副官处	书记	同中尉	一									
副官处	司书	同准尉	二									

（续表）

中华民国驻印陆军师师司令部暂行编制表												
职别		官佐		士兵		武器		车辆		马匹		备考
		阶级	员额	阶级	名额	种类	数量	种类	数量	乘	驮挽	
副官处	司号长	三等军乐佐	一			手枪	一					
副官处	驾驶军士			上士	一							
副官处				中士 下士	二 三	步枪	二	乘车 1/4汽车	二 三			师长、副师长、参谋长用
副官处	驾驶兵			上等兵	一〇	步枪	一〇	1/2汽车 3/4汽车	二 八			公用
副官处	机工			中（上）士	一							
副官处	炊事兵			上等兵 一等兵 二等兵	一 二 四							
副官处	饲养兵			上等兵 一等兵	一 二							
副官处				二等兵	五	步枪	三					
副官处	传达班 班长			上士	一	冲锋枪	一					兼驾驶
副官处	传达班 副班长			中士	一	冲锋枪	一					兼驾驶
副官处	传达班 传达兵			上等兵 一等兵	九 一八	步枪	二三	机踏车	四			上等兵四名兼驾驶
军械处	主任	中校	一			手枪	一					
军械处	军械员	少校	一			手枪	一					
军械处		上尉 中尉	一 二			手枪	三					

（续表）

中华民国驻印陆军师师司令部暂行编制表												
职别		官佐		士兵		武器		车辆		马匹		备考
		阶级	员额	阶级	名额	种类	数量	种类	数量	乘	驮挽	
军械处	书记	同中尉	一									
	司书	同准尉	四									
	军械军士			上士 中士	一 二	冲锋枪	二					
	军械兵			上等兵	五							
军需处	主任	一等军需正	一			手枪	一					
	军需	二 三等军需正	一 三			手枪	四					
		二 三(二)等军需佐	五 二									
	书记	同中尉	一									
	司书	同准尉	四									
	军需军士			上士	三							
军医处	主任	一等军医正	一									
	军医	二 三等军医正	一 二									
		一等军医佐	一									
	司药	三等司药正	一									
		二等司药佐	一	上士 中士	一 一							
	看护兵			上等兵	四							

（续表）

中华民国驻印陆军师师司令部暂行编制表

职别		官佐		士兵		武器		车辆		马匹		备考
		阶级	员额	阶级	名额	种类	数量	种类	数量	乘	驮挽	
	驾驶士兵			下士	二			T¾汽车	二			
				上等兵	一三			救护车	一三			
	机工			下士	一							
军法处	军法官	同少校	一			手枪	一					
		同上尉	一									
	书记	同中尉	一									
	司书	同准(少)尉	一									
炮兵指挥组	指挥官	上校	一			手枪	一					
	副指挥官	中校	一			手枪	一					
	参谋	少校	一			手枪	一					
		上尉	一			手枪	一					
	副官	上(中)尉	一			手枪	一					
	军需	一(二)军佐	一			手枪	一					
	军械员	中尉	一			手枪	一					
	查马长	中(少)尉	一			手枪	一					
	书记	同中尉	一			手枪	一					
	文书军士			上士	一							
	军需军士			上士	一	冲锋枪	一					

中华民国驻印陆军师

职别		官佐		士兵	
		阶级	员额	阶级	名额
炮兵指挥组	军械军士			上(中)士	一
	观测军士			上(中)士	一
	查马军士			上(中)士	一
	掌工			上(中)士	一
	积载军士			上(中)士	一
	驾驶军士			上(中下)士	一
	传达军士			上(中下)士	一
	传达兵			上等兵	一
				一等兵	二
	炊事兵			上 一 等兵	一 三
	驭手			上等兵	四
				一等兵	八
通信排	排长	中尉	一		
	无线电员	中(少)尉	一		
	助理无线电员	少(准)尉	一		
	通信军士			上(中)士	四
	通信兵			上等兵	六
				上等兵	六

（续表）

师司令部暂行编制表

武器		车辆		马匹		备考
种类	数量	种类	数量	乘	驮挽	
冲锋枪	一					
冲锋枪	一					
冲锋枪	一					
冲锋枪	一	T 1/4汽车	一			
冲锋枪	一					
冲锋枪	一					
步枪	二					
步枪	四					
		大车	二		一二	
手枪	一			一		
手枪	一			一		
手枪	一			一		
冲锋枪	四					有 无线电二 二设备一
						总机二、电话四
						助理无线电员

中华民国驻印陆军师

职别	官佐		士兵	
	阶级	员额	阶级	名额
			一等兵	六
汽车管理员	同中(上)尉	一		
卫士			中下士	二三
合计	官佐	七三	士兵	一五〇
附记	一、无手枪时得酌增冲锋机枪若干。 二、军医处救护车一三辆，系供各级卫生队及野战医院之用，由 三、乘马驮輓马及大车于无汽车或汽车不能使用时，主供炮兵指			

24．军事委员会修正兵站分监部组织规程

（1945年2月）

兵站分监部组织规程　三十二年九月二十四日军事委员会办制渝字第五六〇二号指令核准，三十四年二月修正。

第一条　兵站分监部（以下简称本部）掌管该区内作战军兵站一切业务。

（续表）

师司令部暂行编制表

武器		车辆		马匹		备考
种类	数量	种类	数量	乘	驮挽	
步枪	二				六	架设
手枪	一					管理司令部内所有各处组汽车
手枪	四					师长中士二，副师长参谋长下士各一
步枪 手枪 冲锋枪	四九 四〇 一五	五座乘车 机踏车 1/4 1/2 汽车 3/4 2 1/2 救护车 脚踏车 大车	二 四 六 二 一二 六 一三 七 九	八	三六	无线电机三

军医处统筹支配。
挥组使用。

〔军委会兵工署档案〕

第二条　本部隶属于集团军总司令部，冠以该集团军之番号，并受兵站总监部之指挥监督，如系后方勤务总司令部或兵站总监部直属分监部，则承各该管上级兵站机关之命掌管业务。

第三条　本部置左列各科，分掌其业务：

第一科之职掌如左：

（一）关于运输之指导、实施事项。

（二）关于管区内运输线路之考查、调整事项。

（三）关于管区内运输工具之调查、利用事项。

（四）关于运输所需燃料之领发、保管事项。

（五）关于通讯设施事项。

（六）关于军邮之协助事项。

第二科之职掌如左：

（一）关于管区内各部队、机关、学校经费之领发保管事项。

（二）关于粮秣及被服之补给事项。

（三）关于金钱、物品之会计、审核事项。

（四）关于补给部队人马之统计、查报事项。

第三科之职掌如左：

（一）关于管区卫生机关之指导事项。

（二）关于管区内伤病官兵之收容、后送事项。

（三）关于管区内卫生器材之查报、领发、保管事项。

（四）关于管区内地方卫生机关之接洽、指导事项。

第四条　设兵站分监一员，承集团军总司令之命，兵站总监之指挥监督，或迳承该管上级兵站长官之命，综理管区兵站攸关事宜。

第五条　设参谋长一员，承兵站分监之命，筹划该管兵站事宜。

第六条　设科长一〔三〕员，承兵站分监之命，参谋长之指导，督率各该科所属各员办理主管业务。

第七条　设参谋六员，承兵站分监之命，参谋长之指导，办理兵站计划、监护、情报、法规、人事、教育、校阅、检视及有关参谋业务。

第八条　设副官五员，承兵站分监之命，参谋长之指导，办理一切庶务。

第九条　设军械员三员，承兵站分监之命，参谋长之指导，办理军械业务。

第十条　设科员、书记、译电员、司书，各承其上官之命，办理职掌内各项业务。

第十一条　本部因业务之需要，得呈请设置预备员、管理员、押运员。

第十二条　本部为储藏兵器、粮食及其他军品，得设置仓库，但须呈报核准。

第十三条　本部所需之运输部队，由所隶属之兵站机关拨配，如需临时增设，应呈由所隶属兵站机关转呈核准。

第十四条　本部所需之通信部队，由所隶属兵站机关发配之。

第十五条　本部于必要时，得就管区内重要地点设置兵站分站，办理运输补给事宜。

第十六条　本部对于管理内之交通线及通信设备等，应切实保护之，所需监护部队，由集团军总司令部指派部队，或由该管上级兵站机关拨派监护部队。

第十七条　本部之编制如附表。〔略〕

第十八条　本部办事细则另定之。

第十九条　独立兵站分监部适用本规程。

第二十条　本规程自颁布之日起施行。

〔军委会兵工署档案〕

25. 中国陆军总司令部各单位主官副主官姓名表

（1945年3月11日）

中国陆军总司令部各单位主官副主官姓名表		
一级上将　总司令	何应钦	
上将　副总司令	龙　云	

（续表）

中国陆军总司令部各单位主官副主官姓名表		
上将　副总司令	卫立煌	
中将　参谋长	萧毅肃	
中将　高级参谋主任	马崇六	
参谋处　少将处长	邱　渊	
参谋处　少将副处长	钮先铭	
军务处　中将处长	冷　欣	
军务处　少将副处长	刘廉一	
军医处　处长	徐希麟	
军医处　副处长	林可胜	
经理处　处长	何业伟	
副官处　少将处长	龙　愚	
秘书处　处长	袁世斌	
秘书处　副处长	鲍静安	
人事科　上校科长	胡纪道	

〔国民政府国防部史政局及战史会档案〕

26. 军事委员会核准兵站总监部组织规程

（1945年4月22日）

兵站总监部组织规程　奉军委会三十四年四月廿二日办制渝字第八二三三号指令核准。

第一条　战区兵站总监部掌管该战区兵站一切事务。

第二条　战区兵站总监部，隶属于战区司令长官部，冠以战区番号，受后方勤务总司令部及该管补给区司令部之指挥监督。

第三条　战区兵站总监部置左列各处，分掌其业务：

参谋处。

副官处。

运输处。

经理处。

军械处。

卫生处。

第四条　参谋处之职掌如左：

一、关于兵站设置计划事项。

二、关于兵站之命令、通报、报章事项。

三、关于情报之搜集、整理事项。

四、关于所属兵站人员之任免、考绩、奖惩、抚恤及教育事项。

五、关于兵站章制事项。

六、关于所属监护部队之调配事项。

七、关于兵站史料之搜集、整理事项。

第五条　副官处之职掌如左：

一、关于文书收发、保管事项。

二、关于典守印信事项。

三、关于本部交际、会计、庶务、给养、警卫事项。

四、关于其他不属于各处事项。

第六条　运输处之职掌如左：

一、关于水陆运输线路之调查事项。

二、关于人兽力及车船运输之指挥、管理事项。

三、关于水陆运输工具之征购、配用事项。

四、关于兵站通信之设置、管理事项。

五、关于运输及通信器材、燃料之领发、管理事项。

六、关于军运代办所事项。

第七条　经理处之职掌如左：

一、关于管理区内各部队、机关、学校经临费之请领、出纳、保管事项。

二、关于被服补给事项。

三、关于粮秣补给事项。

四、关于金钱、物品之会计、审核及所属兵站单位经理业务之监督、指导事项。

五、关于管区内营缮事项。

第八条　军械处之职掌如左：

一、关于作战军兵器、弹药、器材之补给事项。

二、关于各种兵器、弹药、器材之储备、管修理事项。

三、关于野战军械库之设置、管理事项。

四、关于战利品之搜集、整理事项。

第九条　卫生处之职掌如左：

一、关于兵站管区卫生设施计划及监督实施事项。

二、关于卫生机关之指挥、调查事项。

三、关于伤病官兵之收疗、运输、统计及督导事项。

四、关于防疫、防毒之调查、筹办事项。

五、关于卫生机关经临费之领发及审核事项。

六、关于卫生材料、被服、装具之统筹、屯储、补给事项。

七、关于管区内各部队及地方卫生机关之调查、联络事项。

第十条　本部设总监一员，承战区司令长官之命及后方勤务总司令、各该补给区司令之指挥监督，综理本战区内作战军兵站攸关一切事宜。

第十一条　本部设副监一员，辅助总监襄理一切事宜。

第十二条　本部设参谋长一员，承总监、副监之命，筹划处理战区内兵站事宜。

第十三条　本部各处设处长一员，承总监、副监之命，参谋长之指导，督率所属办理主管业务，并设副处长一员（经理处二员）助理之。

第十四条　本部各处视事务之繁简，酌量分科，各科置科长一员，承长官之命，督率所属各员分掌各该科事务。

第十五条　本部设参谋、副官、秘书、视察、科员、通译员、书记、司书、译电员，分配于总监办公室及各处、科，承长官之命办理主管事务。

第十六条　本部因实际需要，得呈请设置预备员，以资助理。

第十七条　本部为分担业务起见，依战区作战军之编成及线路之情况，分设兵站分监部、兵站支部及分站，其编制另定之。

第十八条　本部得设置军械、粮服等仓库，及配设各级卫生机关，其数量视实际需要呈请核定。

第十九条　本部所需监护部队，由战区司令长官部指派部队担任，必要时并得呈准自行编组之。

第二十条　本部所需运输部队，得呈请后方勤务总司令部配设之。

第二十一条　本部办事细则另定之。

第二十二条　本规程自公布之日施行。

战区兵站总监部编制表〔略〕。

〔军委会兵工署档案〕

(3) 海空军组织官制

1．军事委员会修正空军军官佐任官暂行条例

（1938年10月14日）

空军军官佐任官暂行条例　二十七年十月十四日修正公布

第一条　空军军官佐均依本条例按照空军官制任官，其任职依另条例之所定。

第二条　任官分为初任、叙任、晋任、转任四项。

第三条　初任自少尉始，其规定如左：

一、初任军官。必须国立之空军军官学校毕业见习期满，或由军事委员会认可之国内外飞行学校毕业，经考验合格，补受军事训练后，见习期满者。

二、初任机械军佐。必须国立之航空机械学校专科毕业，见习期满，或国内外大学航空工程系毕业，经考验合格，补受军事训练，见习期满者。

三、初任军佐之军医、军需。必须国内外军医、军需学校或大学医科、经济科、商科及相当学校毕业，经空军军医、军需训练后，见习期满者。

四、准尉升少尉。必须服满准尉职务二年以上，曾受应行准备教育，成绩及格，但不得超过初任军官佐三分之一。

第四条　叙任。依现任职务，并具有左列规定之一，核其出身、经历、年资任以相当之官：

一、出身有第三条各款之一者。

二、出身于国内外普通航空学校，或大学及专科学校服空军军官职务满二年以上，或服空军军佐职务满三年以上者。

第五条　晋任之规定如左：

一、晋任必须逐级递进，不得超越。

二、晋任必须经过规定之实职年资，考绩优良而有上级官额时。

三、前款所称晋任，必须经过之实职年资称为停年，各级军官之停年如左：

中将　四年

少将　三年

上校　四年

中校　三年

少校　三年

上尉　四年

中尉　二年

少尉　一年半

军佐各级之停年与军官同。

第六条　转任之规定如左：

一、陆海军之军官少校以下，受空军军官之定期训练，经考验合格者，核其经历，准予转任相当之空军军官。

二、空军军佐及陆海军军佐少校以下，受空军军佐之定期训练，经考验合格者，核其经历，准予转任相当之空军军佐。

三、转任后即消失其原有之官，非经核准回复，不得任原官职务。

四、陆海军军官佐之调在空军服务者，仍按陆海军军官佐任官条例任官。

第七条　各级官佐之任官，由航空委员会核定呈由军事委员会核转国民政府任命之。

第八条　本条例施行细则另定之。

第九条　本条例自公布之日施行。

〔国民政府档案〕

2. 军事委员会办公厅抄送空军军区司令官路司令官职权范围之规定公函

（1939年12月30日）

国民政府军事委员会办公厅公函　办制渝字第1037号

案奉交下航空委员会二十八年十一月二十二日组已蓉字第四四号呈称：窃查本会前为指挥作战便利起见，制定空军路司令官职权范围之规定，经以赏已蓉字第三〇四五号呈报在案。兹以空军总站区制已有变更，并最近将温江第一总站区改归空军第三路司令官负责指挥，所有以前之空军路司令官职权范围之规定，已不适用，兹经修改，除分行饬属遵照外，理合检同上项修改规定报请鉴核备查。等情。附呈空军军区司令官路司令官职权范围之规定一份。据此。经函准贵部签复过厅，经陈奉谕准予备查。等因。除由会指令知照并分行外，相应抄同是项规定一份，函请查照为荷。

此致

军令部

附抄空军军区司令官路司令官职权范围之规定一份。

代主任　熊斌

中华民国二十八年十二月卅日发

空军军区司令官路司令官职权范围之规定　民国二十八年十二月

第一条　空军军区司令官、路司令官（以下简称司令官）为航空委员会（以下简称本会）所属一方面之指挥官，及驻在战区内司令长官之空军高级幕僚，承航空委员主任、副主任之命，指挥区内之空军总站、空军机关及在该区作战之空军部队（但学校除外）。

第二条　司令官指挥之区域。第一军区区域如左：（参阅附图）

一、第一路司令指挥区：

1．第二总站区（重庆）。

2．第三总站区（梁山）。

3．第九总站区（芷江）。

4．第五总站区（贵阳）。

5．不属总站区内之前线各站场。

6．以上区域内之空军机关。

二、第二路司令指挥区：

1. 第六总站区(衡阳)。

2. 第十总站区(柳州)。

3. 第十二总站区(吉安)。

4. 不属总站区内之前线各站场。

5. 以上区域内之空军机关。

三、第三路司令指挥区：

1. 第十一总站区(西安)。

2. 第八总站区(南郑)。

3. 第一总站区(温江)。

4. 太平寺临时总站〔在作战业务上归本路指挥节制，但人事、经理仍由军士学校负责办理。〕。

5. 不属总站区内之前线各站场。

6. 以上区域内之空军机关(第二总站区内除军士学校、机械学校、特务旅、航空仪器修造所及无线电修造厂外，其他各空军部队站厂库等，悉由本路司令负责指挥。)。

四、第一军区区域：

1. 第七总站区(兰州)。

2. 甘、宁、青、新四省内之直属站场。

3. 甘、宁、青、新四省内之空军机关。

五、本会直辖区域：

1. 第四总站区(焉益)。

2. 第十三总站区(衢州)。

3. 以上区域内之空军机关。

第三条　司令官依本会主任之命令及战区长官之指示，对空军部队发布作战命令，但在防空战斗及捕捉良机时之轰炸得独断施行，事后补报之。

第四条　司令官对所属之站、场及机关，因作战上合于机动性之移动与撤退，得有临机决断事后补报之权。

第五条 司令官在指挥区域内，应督饬各种专科任务人员分工合作，常使人员及器材合乎动员准备完毕之要领及作战之要求，并有随时巡视检阅之责。

第六条 司令部对所属部队、站、场及各机关之官佐给假事宜，得照空军休假规则规定行使。司令官编制阶级之给假权，并按照法规之所定，得照司令官编制阶级行使奖惩权。

第七条 司令官对所属部队、站、场及各机关之人员，除因作战关系作临时人事上之区分外，至正常人事业务仍由大队长、总站长及直属机关主管官直接呈请本会核办，但司令官对所属官佐之优良及不称职者，有查察、督促、纠正之责与建议奖惩之权。

第八条 司令官对所属部队总站及各机关之经常费，仍由部队、总站及直属机关直接呈由本会核办，惟关于战务费及作战有关之临时开支费用，在紧急情况之下，有代本会核准三千元以内之权，但须同时专案呈报本会备案，以免重复与纷歧之弊。

第九条 司令官所属部队、总站及各机关行文，除第七条、第八条之规定，及军政部份有全军一致之性质者，得直接呈报本会并一面分送司令官备查外，其余对于作战有关事项及军令部系统须由路司令官转报，不得迳行呈报本会，而本会对于司令官权限内处置之事项，均由路司令部承转之。如因特别紧急兼有时间性之事务，按上列行文承转手续不能如期办到者，准一面直接呈会，一面抄案送路司令部备查，本会则一面迳行批回，一面仍抄录批示送路司令部备查。

第十条 司令官得处置事项范围如左：

一、关于作战部队及本区内飞机调动事项。

二、关于作战计划事项。

三、关于阵中日记及战斗要报事项。

四、关于作战情报事项。

五、关于作战所需之官佐、士兵补充调动事项。

六、关于动员准备完毕事项。

七、关于使用之油料、械弹、器材调配运输补充事项。

八、关于站、场之设施规划事项。

九、关于通讯之配备、筹划事项。

十、关于天气测报事项。

十一、关于飞机及军械之修理、补充事项。

十二、关于因战备所必须之装具、被服补充事项。

十三、关于作战员兵之疾病、卫生事项。

十四、关于作战员兵功过之赏罚事项。

十五、关于其他作战有关事项。

第十一条　本规定自公布之日起施行。

〔国民政府国防部史政局及战史会档案〕

3. 军事委员会办公厅抄送修正空军路司令部组织规程等公函

（1940年1月15日）

国民政府军事委员会办公厅公函　办制渝字第1068号

案奉交下航委会二十八年十二月十三日组已蓉字第一七四号呈送修正空军路司令部组织规程及系统编制表请鉴核备案一案，奉批："准予备案"，等因；奉此。除以会令饬知外，相应抄送原组织规程及系统编制表，函请查照是荷。此致

军令部

代主任　熊斌

中华民国二十九年一月十五日发

空军路司令部组织规程

第一条　航空委员会（以下简称航委会）为空军部队作战指挥

便利起见，设立空军路司令部（以下简称本部）。

第二条　本部辖区之划分另定之。

第三条　本部设司令官一员，秉承航委会之命，对于所配属之部队、总站及其他机关负指挥作战及统御训练之责，同时并驻在地区之战区司令长官之高级空军幕僚。

第四条　本部之职权范围，依照空军军区司令部路司令部职权范围之规定及空军军区司令部路司令大队长、总站长人事管理权责之范围之规定。

第五条　本部设参谋长一员，承司令官之命，筹划作战，统御暨处理司令部内全般事宜。

第六条　本部设左列各科、股，分别掌理其主管业务：

甲、第一科掌理作战、情报、训练、场站、通信、气象等事项。

乙、第二科掌理油料、军械、器材、建筑、运输、警卫等事项。

丙、人事股掌理人事、军法、卫生等事项。

丁、经理股掌理金钱出纳，军需品之购办、分配、储藏等事项。

戊、总务股掌理本部给养、宿营、交际、士兵管理及庶务等项业务，暨文书处理等事项。

第七条　本部之组织系统及编制如另表。

第八条　本部服务细则另订之。

第九条　本规程自公布日施行。

〔国民政府国防部史政局及战史会档案〕

4. 军事委员会公布空军士兵饷项给予表

（1940年3月1日）

空军士兵饷项给予表		军事委员会总庚蓉字第五二四号训令公布 民国二十九年三月一日	
阶级	饷级	月饷数目	备考
上士	上级 本级	三四 三〇	
中士	上级 本级	二七 二四	
下士	上级 本级	二三 二一	
上等兵		一八	

〔军委会后方勤务部档案〕

5. 军事委员会核准空军官佐俸薪给与表

（1940年3月8日）

空军官佐俸薪给予表

军事委员会民国二十九年三月八日办二计渝字第三六一号令准照办

区分＼官阶	上将	中将			少将			上校			中校			少校			上尉			中尉			少尉			准尉		
空军军佐官阶		机械总监			机械监			一等机械正			二等机械正			三等机械正			一等机械佐			二等机械佐			三等机械佐			准佐		
空军官佐官俸(天)	四〇〇	三三〇			二〇〇			一五〇			一二〇			九〇			六〇			四五			三〇					
薪级		一级	二级	三级	一级	二级	三级	一级	二级	三级	一级	二级	三级	一级	二级	三级	一级	二级	三级	一级	二级	三级	一级	二级	三级	一级	二级	三级
空军官佐职薪(地)		四〇〇	三五〇	三〇〇	三六〇	三三〇	三〇〇	三一〇	二八〇	二五〇	二六〇	二三〇	二〇〇	二一〇	一九〇	一七〇	一八〇	一六〇	一四〇	一四五	一二五	一〇五	一一〇	九〇	七〇	七〇	六〇	五〇
空军官佐官俸职薪合计(玄)		七〇〇	六五〇	六〇〇	五六〇	五三〇	五〇〇	四六〇	四三〇	四〇〇	五八〇	三五〇	三二〇	三〇〇	二八〇	二六〇	二四〇	二二〇	二〇〇	一九〇	一七〇	一五〇	一四〇	一二〇	一〇〇	七〇	六〇	五〇
空军长官加薪(黄)		八〇〇			四〇〇			二〇〇			一二〇			八〇														
备考																												

空军官佐俸薪给予表

办二计渝字第三六一号令准照办
军事委员会民国二十九年三月八日

附记

一、空军军官飞行加给费另从其所定。

二、原照空军现行饷制支领俸给者，另定过渡时期俸给表，俟过渡关系完结后，概照本表办理。

三、后开各项人员，无论原有或新进者，照旧支领俸给，不属于本表范围之内：

(一)陆军编制人员；

(二)会计人员；

(三)聘雇而不叙阶人员。

四、官俸职薪划分给予细则另定之。

五、长官加薪给予细则另定之。

六、本表自奉准公布之日施行。

说明

一、本表规定空军现役军官佐之俸薪定额。

二、现役官佐未经任职者，及比照退役俸支领生活费者均支(天)。任实职专勤者支(玄)。

三、合于附记拦第五条之所定者兼支(黄)。

四、职薪分为三级，最低之级，称为三级递晋为二级一级

(一)每官阶内由三级晋二级，及由二级晋一级，均须在各该级服务满一年以上考绩总计甲等者，始得晋支。

(二)职薪晋级之年资计算在同一官阶内之各职，均合并累计，但以连续任职者为限。

(三)职薪晋级每年定期办理，由主管长官报请军事委员会核定施行。

(四)官阶晋升依空军官佐任官暂行条例之所定办理不得现支新级。

〔军委会后方勤务部档案〕

6　军事委员会颁布修正重庆防空司令部组织大纲密代电

（1940年4月18日）

国民政府军事委员会快邮代电　令一亨字第2117号

军令部：密。兹修正重庆防空司令部组织大纲及编制表随令颁布，并令该部于本年五月一日起按修正案施行。除分行外，特随电检附该大纲及编制表一份，仰即知照并饬属知照为要。中正。巧．令一亨。附修正重庆防空司令部组织大纲及编制表一份。

中华民国廿九年四月十八日发

重庆防空司令部组织大纲　廿九年四月十八日修正公布

第一条　为指挥训练防空部队，实施督导防空情报及消极防空之设施，并与空军联络协同，以期保障重庆行都空防之安全起见，特设重庆防空司令部（以下简称本部）。

第二条　本部为办理行都之防空，直隶于军事委员会，并受航空委员会及重庆卫戍总司令部之指挥。

第三条　本部设司令一员，综理本部一切事宜。设副司令一至三员，辅佐司令处理本部一切事务。设参谋长一员，承司令、副司令之命，监督指挥本部各级职员办理一切业务。

第四条　本部设左列各室、处、科：

办公室。

第一处。

第二处。

第三处。

总务科。

经理科。

第五条　办公室掌理印信、电务、人事，各种计划表册、日报，新闻宣传及各种法规之汇编事宜。

第六条　第一处掌理积极防空事宜。

第七条　第二处掌理防空情报事宜。

第八条　第三处掌理消极防空事宜。

第九条　总务科掌理本部庶务、管理、警卫、交际、运输、卫生及不属其他各室、处、科事宜。

第十条　经理科掌理领发经临各费，编造预决算书、筹发器材、被服并现金、物品、出纳、保管、审核、报销各事宜。

第十一条　本部之编制如附表。

第十二条　本部所辖防空区域，为重庆市及黔江、酉阳、秀山、石柱、彭水、丰都、垫江、大竹、邻水、长寿、涪陵、南川、綦江、巴县、江北、江津、永川、荣昌、大足、璧山、铜梁、合川、武胜、广安、岳池、渠县、营山、达县、仪陇、巴中、通江、南江等三十二县又一市。

第十三条　本部为执行防空业务之必要，对辖区内水陆警察机关、县政府及水电厂等，得依防空法及调整全国防空机构办法之规定行使指挥之权。

第十四条　本部为求防空业务之改进，得罗致专家及有关学校、团体，设立各种设计委员会，其组织规程另定之。

第十五条　本部为训练各种防空人材起见，得设各种训练班，其组织办法另定之。

第十六条　本部为建筑公共避难隧道、壕洞及其他防空土木工程，得设工程处，其组织办法另定之。

第十七条　本部办事细则另定之。

第十八条　本大纲如有未尽事宜，得呈请修改之。

第十九条　本大纲自呈奉核准之日施行

重庆防空司令部编制表〔略〕。

〔国民政府国防部史政局及战史会档案〕

7. 军事委员会公布空军撤职官佐易处惩罚暂行办法训令

（1940年11月6日）

国民政府军事委员会训令　办制渝字第二〇三〇号

令政治部

查战时军官佐服务，应力求避免更动，以专责成，尤其空军与特种技术人员。如因过而受撤职之处分者，亦应酌予易处，俾得改过立功之机。兹经制定空军撤职官佐易处惩罚暂行办法，除公布施行外，合行检发该项办法令仰知照。

附注：计发空军撤职官佐易处惩罚暂行办法一份。

委员长　蒋中正

中华民国廿九年十一月六日

空军撤职官佐易处惩罚暂行办法　二十九年十一月六日军委会办制渝字第2030号令颁。

第一条　空军官佐因事撤职，不涉及刑事范围者，得依本办法易处惩罚。

第二条　撤职易处惩罚之种类如左：

一、禁闭。

二、劳役。

前项各款惩罚之期限不得超过二个月。

第三条　依本办法易处惩罚之官佐，得于执行期满后核予回职或调职，在惩罚期间之待遇与准尉、准佐同。

第四条　易处惩罚如因技术之需要或军事特殊情形不克执行时，得展期执行其一部或全部。

前项之展期应酌定期限，限满仍补行之。

第五条　依前条展期执行之官佐，如在展期内建立特殊功绩时，得斟酌情形抵销其惩罚之一部或全部。

第六条　惩罚之易处，由直属主官拟定后，应呈经军事最高机关核准，方许执行。

第七条　执行第二条第二款之惩罚，以不损害受惩人员之健康为准。

第八条　凡特种军官佐之撤职处分，如因职务或技术及其他关系之需要，准用本办法之规定。

第九条　本办法于战时适用之。

第十条　本办法自公布之日施行。

〔军委会政治部档案〕

8．军事委员会禁止各机关擅予录用海军官兵训令

（1942年7月24日）

国民政府军事委员会训令　铨奖字第1895号

令政治部

据海军总司令陈绍宽呈略称：查本军官佐士兵其间有少数意志薄弱者，因受外界引诱，每有藉病呈请长假，不予核准则铤而走险，弃职潜逃，而中央暨地方军政各机关部队工厂，既不查明其来历，辄加录用并高其位置，此不独紊乱人事系统，而影响军事前途实大，拟请俯准通令全国各军政机关部队工厂，并咨行党务机关，嗣后对于海军官兵非持本部准予离职证明文件，不得擅于录用，尤不得以高阶引诱。如有化名投效者，一经查明即解送本部法办，违者该主官即以诱逃藏匿论罪，庶清弊源而肃纪纲，等情前来，应准照办。嗣后如有擅予录用海军官兵及引诱情事，一经查明则将该主官以诱逃藏匿论罪，除分别函令并指复外，合行令仰遵照并转饬所属一体遵照，并将令到日期电报备查为要。此令。

中华民国三十一年七月二十四日　　　　委员长　蒋中正

〔军委会政治部档案〕

9. 军事委员会奉发修正空军官制表及空军士兵等级表训令

（1942年10月3日）

军事委员会训令　办制渝字第4300号

令政治部

案奉国民政府本年九月廿二日渝文字第八八五号训令开：查空军官制表及空军士兵等级表，前经分别制定明令公布施行各在案。兹将该表酌加修正，应再通饬施行。除分行外，合行抄发各该表，仰即知照，并转饬所属一体知照。此令。等因。附抄发修正空军官制表及空军士兵等级表各一份。奉此。除分行外，合行抄发各原表，令仰知照，并转饬所属一体知照。此令。

计抄发修正空军官制表及空军士兵等级表各一份。

委员长　蒋中正

中华民国卅一年十月三日发

修正空军官制表　三十一年九月二十二日公布

等次 官佐区别	上等			中等			初等		
军官	上将	中将	少将	上校	中校	少校	上尉	中尉	少尉
军		机械总监	机械监	一等机械正	二等机械正	三等机械正	一等机械佐	二等机械佐	三等机械佐
			军需监	一等军需正	二等军需正	三等军需正	一等军需佐	二等军需佐	三等军需佐
			军医监	一等军医正	二等军医正	三等军医正	一等军医佐	二等军医佐	三等军医佐
				一等电信正	二等电信正	三等电信正	一等电信佐	二等电信佐	三等电信佐

（续表）

等次 官佐区别	上等		中等			初等		
佐			一等测候正	二等测候正	三等测候正	一等测候佐	二等测候佐	三等测候佐
附记	一、空军官佐均于本表所列名称之上冠以空军字样，例如空军上将、空军机械总监。 二、空军少尉之下设准尉一级，军佐三等佐之下设准佐一级，但不列入官等。 三、军法官、监狱官、军用技术人员及军用文官不列科，其阶级对照另订之。 四、本表以外之兽医、司药、看护、军乐、测量等均照陆军。							

修正空军士兵等级表　三十一年九月二十二日公布

级别 科别	军士长			军士			兵卒		
飞行	一等	二等	三等	上士	中士	下士			
机械		二等	三等	上士	中士	下士	上等兵	一等兵	二等兵
电信		二等	三等	上士	中士	下士	上等兵	一等兵	二等兵
照相				上士	中士	下士	上等兵	一等兵	二等兵
测候				上士	中士	下士	上等兵	一等兵	二等兵
军需				上士	中士	下士			
军医				上士	中士	下士	上等兵	一等兵	二等兵
附记	一、飞行军士为驱逐、侦、轰、攻击各科。 二、机械士兵为机械、军械、仪电各科。 三、军需士兵、军医士兵(包括看护、司药)以及本表以外之信号、文书、测量、军药等士兵均照陆军。								

〔军委会政治部档案〕

二、战时兵役法规

1. 军训部颁布新兵教育纲领训令

（1938年7月）

军事委员会军训部训令　战时教育训令第三号

战争之胜负，关系国家民族之存亡。现值倭寇披猖国难严重之时，为贯彻长期抗战，把握最后胜利，端赖新力量之培养与充实，方足以应要求而收良果，故新兵教育，不独为当前急务，且系根本要图。兹特规定新兵教育纲领，俾资遵守。至前训练总监部颁行之补充兵教育要领，应即废止。除呈报外，合将新兵教育纲领随令发布，仰各部队官长一体遵照，以非常的勤劳，运用非常的方式，切实加紧实施，期于短时间内，蔚为劲旅，克奏肤功，本部长有厚望焉。此令。

军事委员会军训部部长　白崇禧

中华民国二十七年七月

新兵教育纲领

一、教育主旨在遵照委员长关于新兵训练所示之要旨，期以短少时间，完成新兵参战必要之教育，以供急需之补充，争得最后的胜利。

二、教育期间定为两个月。战斗必要之教育，务于两个月内完成之。

如教育期满尚有余裕时间，继续施行复习教育，以期精练，并择要施行补足教育，以补授新兵教育期间未列之课目。

三、每日教育时间平均定为十小时，并废除星期日、休假日。在新兵初入营之第一周，得酌减为七小时。第二周，八小时。第三周，九小时。自第四周起，即按平均十小时施行。

四、教育课目力求简要专精，以培养抗战精神，及修得战场上必要技能为主。并注意锻炼其体力，与矫正其习惯。

1．精神教育：为养成新兵严守纪律，服从命令，忠勇牺牲之精神。了解捍卫国家，保护人民之责任。唤起民族意识，坚强抗战之敌忾心。以军人读训、党员守则、党歌、军歌、操典纲领、民族主义浅说、领袖宣示与训词，为精神教育必修课目。

2．术科教育：为养成新兵参战所必要之战斗技能。以战斗教练、射击教育（含手榴弹投掷教练）、刺枪教练、筑城教育、阵中勤务、夜间教育等项，为术科教育必修课目。

3．学科教育：为补助术科教育之不足，选择士兵必须明了之事项教育之。如操典第一部第一三六条至一四八条士兵在战斗间应遵守之事项，及第五部第十一篇对战车、飞机、毒气之防御，及与战车、飞机协同战斗要领，阵中要务令中搜索、警戒、通信、连络要旨，以及战时军律、连坐法等，为学科教育必修课目。

五、教育时间支配

1．教育全时间支配标准：

术科教育，约占教育全时间百分之八十。

学科教育，约占教育全时间百分之二十。

精神教育，除规定课目在学科时间施行外，尤应随时随地注意训育之。

2．术科教育时间支配标准：

战斗教练，约占全时间百分之三十。

射击教育（含手榴弹投掷教练），约占全时间百分之二十。

刺枪教练及体操，约占全时间百分之五。

筑城教育，约占全时间百分之五。

夜间教育，约占全时间百分之六。

阵中勤务，约占全时间百分之十。

基本教练，约占全时间百分之四。限于新兵初入营及出场回队之极短时间内行之。

六、术科实施必要之程度

1. 战斗教练：各个及班教练，宜十分娴熟。教育期满时，排教练必须完成。

2. 射击教育：多行瞄准训练，并随时令其练习利用各种地形地物之瞄准法。

多行射击预习(减药射击或空包射击)。

实弹射击，按规定新兵教育使用之弹数实施。

距离测量，自教育开始，即须施行，并勉励自习，务在新兵教育期间，即修得充分测距经验。

手榴弹投掷，先使确知携带、保险及投掷方法，次练投远，再练习命中，并使于沟壕或弹痕内或障碍物后练习之。

3. 刺枪教练：用枪法、前进后退法、直刺法、斜刺法，务须反复熟练之，并以养成刺枪之劈力。

4. 筑城教育：掘土法、投土法，步兵掩体掩盖，掩蔽部构筑法，卧姿使用工作器具法，伪装要领，夜间作业等，均使领会熟练之。

5. 夜间教育：夜间运动与战斗及紧急集合，在第二个月内，常演习之，使认识夜间景况与昼间之差异，了解辨别方位及连络方法。养成静肃沉着之习惯，熟悉夜间搜索警戒之要领。

6. 阵中勤务：斥候动作、行军驻军警戒、对空警戒、各种视号通信法、传令勤务连络法、行军宿营、上下车船等，均须教育之。

7. 基本教练：新兵初入营，立正姿势必须严格训练。至整列、转法、行进、操枪及队形变换，在规定时间内训练其概要。此后于每日出场及回队时，注意练习之。

七、教育计划与实施：教育责任者，务遵照教育训令，将各种课目之教育时间与进度，妥为支配制成教育预定表，更以勤劳坚忍之精神，详密之注意，严切督促实施之。

八、教育注意事项：

1. 改正教育观念。旧式专重形式及基本教练之观念，务彻底矫正之。

2. 注意实地教育。教练务在野外实地施行战斗及爬山、涉水、通过障碍诸练习，且以养成利用地形地物之习惯及判别之经验与能力。

3. 利用机会教育。教育宜利用各种天候、各种地形、各种勤务以行机会教育，俾能在各种情况下，均能持续战斗为要。

以前天候变换，即行变更预定课目之习惯，应行矫正。凡预定之课目，如非必要，不得轻易变更之。

4. 见学。教育责任者，须与附近军队或学校连系，多给新兵以见学各种兵器及演习之机会。

5. 竞赛。新兵教育，为提起其好胜心及修学兴趣，宜多用竞赛方式鼓励之。如射击、作工、行军三项，尤要以竞赛方法，促其进步。至非法责打，亟宜严禁。

九、新兵生活。新兵多来自田间，受短期训练后，即须进入战场，其生活习惯之改变极大。故在教育期间，亟宜注意，使其逐渐习惯。故第一步，使其习惯团体生活。第二步，再习惯野营生活。俾其进入战场，不致因生活遽变，而沮丧其志气。并于驻地附近，造成整齐清洁之环境，藉以引起军队生活之乐趣为要。

〔国民政府国防部史政局及战史会档案〕

2. 军事委员会奉发非常时期监犯调服军役条例训令

（1939年9月27日）

国民政府军事委员会训令　办制渝字第799号

令军令部

案奉国民政府九月九日渝字第五〇一号训令略开：查非常时期监犯调服军役条例，现经制定，明令公布，应即通饬施行。等因。

附发非常时期监犯调服军役条例一份。奉此。除分令暨查前由本会公布之战时监犯调服军役办法应即予以废止外，合行抄发该条例，令仰知照并转饬所属一体知照。此令。

计抄发非常时期监犯调服军役条例一份。

委员长 蒋中正

中华民国二十八年九月廿七日

非常时期监犯调服军役条例

第一条 作战期内之监犯，得依本条例规定调服军役。

第二条 本条例所称之监犯，谓在军人及普通监狱执行之人犯。

第三条 左列监犯，不得调服军役：

一、犯通敌或利敌罪者。

二、年在四十五岁以上者。

三、确有疾病不堪服役者。

四、受无期徒刑之执行未满五年，及受十年以上有期徒刑之执行未逾五分之一者，其受有期徒刑执行人犯之羁押日数，视作已执行之刑期。

五、女犯。

第四条 各监狱长官应将合于调服军役之人犯造册报由军政部核准后调拨服役。

前项调拨办法由军政部定之。

第五条 调服军役人犯，如有愿编入敢死队或冲锋队者，自入伍日起视同假释。调服其他军役者，其服役之日期，准予抵算刑期，但在服役期内更犯罪受刑之宣告者，不在此限。

第六条 军政部于监犯调服军役时，关于普通人犯应列册通知司法行政部门备查。

第七条 调服军役之监犯，如有特殊功绩，或因作战致其身体残废者，除照例奖恤外，并得经其主管长官证明，提请中央主管机关转呈国民政府赦免其罪刑。

第八条　监犯调服军役期内视同军人。

第九条　调服军役人犯之给与，由军政部定之。

第十条　监犯调服军役期内，不得请假或退役，违者以无故离去职役论。

第十一条　本条例自公布日施行。

（军委会军令部档案）

3. 国民政府修正陆军兵役惩罚条例训令

（1940年6月18日）

国民政府训令　渝文字第五七三号

令直辖各机关

为令知事。查陆军兵役惩罚条例，前经制定明令公布，并通饬施行在案。兹将该条例酌加修正，应再通饬施行。除明令公布并分行外，合行抄发修正条例，令仰知照，并转饬所属一体知照。此令。

计抄发修正陆军兵役惩罚条例一份。

主　　席　林　森

立法院院长　孙　科

中华民国二十九年六月十八日

陆军兵役惩罚条例

第一条　办理兵役或应服兵役者，违反本条例规定时，依本条例惩罚之。

第二条　应受惩罚之行为如左：

一、平时受召集，无故迟到在一日以上五日未满者。

二、战时受召集，无故迟到一日未满者。

三、征兵调查不依限呈报者。

四、检查或抽签时，违反秩序不听制止者。

五、意图阻碍兵役推行，公然诽谤者。

六、检查不实者。

七、监察不尽职责者。

八、办理优待出征军人家属，奉行不力者。

九、误解兵役法令，而致役政推行发生阻碍者。

十、办理兵役不遵法令程序者。

十一、不依限征送新兵者。

十二、送征集之壮丁入营，管束无方而致逃亡者。

十三、其他避免或阻碍兵役或玩忽兵役法令，未致犯罪者。

第三条　办理兵役人员之惩罚如左：

一、撤职。

二、停职。

三、记过。分记过与记大过，记过三次等于记大过一次，记大过三次者撤职，记过者六个月内不得进级。

四、罚薪。扣罚月薪百分之十至百分之三十，其期间不得逾三个月。

五、申诫。以书面或言词为之。

第四条　应服兵役者之惩罚如左：

一、禁闭。禁锢于禁闭室内，其期间为一日至三十日。

二、劳役。令服苦工，其期间为一日至三十日。

三、加训。于教育期内加训一期以下。

四、申诫。以言词为之。

第五条　服务有功绩者，得减轻、免除或抵销其惩罚。

第六条　受禁闭、劳役、加训之惩罚，遇有疾病或天灾事变，得暂停其执行。但停止日数，除因公致疾外，不得抵销。

第七条　兵役管区人员之申诫，由该管长官核定行之。罚薪、记过呈由军政部核定行之。停职、撤职呈由最高军事机关核定行之。各级地方政府办理兵役人员之惩罚，由军政部、内政部会同核定行之。自治机关人员之惩罚，由该管区司令核定，令行其主管机关执行之。其他应受劳役、禁闭未满十五日及加训未满半期或申诫之惩罚者，由团管区司令核定行之。受劳役、禁闭在十五日以上或加训在半期以上之惩罚者，呈由师管区司令核定行之。

第八条　惩罚事项，应由核定长官通行知照，其由该管区司令核定者，并于月终汇报军政部备案。

第九条　本条例自公布日施行。

〔国民政府档案〕

4. 国民政府公布妨害兵役治罪条例令

（1940年6月29日）

国民政府令　二十九年六月二十九日

兹制定妨害兵役治罪条例，公布之。此令。

主　　席　林　森

立法院院长　孙　科

妨害兵役治罪条例

第一条　本条例于有妨害兵役之行为者适用之。

第二条　对于应服兵役壮丁隐匿不报者，处三年以下有期徒刑或拘役。

编造现役及龄壮丁名簿故为不确实之记载者，处七年以下有期徒刑。

配偶五亲等内之血亲或三亲等内之姻亲犯第一项之罪者，得减轻其刑。

第三条　对于缓役、免役、停役、禁役、除役为虚伪之证明者，处五年以下有期徒刑，嘱托者亦同

第四条　办理兵役人员故纵或便利应服兵役之壮丁逃避兵役者，处五年以上、十二年以下有期徒刑。

非办理兵役人员庇护或便利前项壮丁逃避兵役者，处七年以下有期徒刑。

配偶五亲等内之血亲或三亲等内之姻亲犯第二项之罪者，得减轻其刑。

第五条　办理兵役人员对于职务上之行为，要求期约或收受贿赂或其他不正利益者，处三年以上、十年以下有期徒刑，得并科五千元以下罚金。

办理兵役人员对于违背职务之行为，要求期约或收受贿赂或其他不正利益者，处七年以上有期徒刑，得并科七千元以下罚金。

犯前项之罪，因而为违背职务之行为者，处无期徒刑或十年以上有期徒刑，得并科一万元以下罚金。

对于办理兵役人员关于职务或违背职务之行为，行求期约或交付贿赂或其他不正利益者，处三年以下有期徒刑，但自首者减轻或免除其刑，在侦查或审判中自白者，得减轻其刑。

犯第一项至第三项之罪者，所收受之贿赂没收之，如全部或一部不能没收时，追征其价额。

第六条　强迫不应征集之壮丁使服兵役，或对于壮丁为凌虐之行为者，处五年以上、十二年以下有期徒刑。

因而致人于死者，处死刑或无期徒刑，致重伤者，处无期徒刑或七年以上有期徒刑。

第七条　对于逃亡之壮丁，不依法送由有权机关审判而越权处分者，处一年以上、七年以下有期徒刑，其越权擅杀者处死刑。

第八条　负有管理壮丁职务之人员，以诈欺方法取得壮丁或其亲属之财物者，处一年以上、七年以下有期徒刑，得并科一千元以下罚金，并追还其财物交回被害人。

前项之未遂犯罚之。

第九条　玩忽兵役法令不依限征送新兵者，处三年以下有期徒刑。

第十条　意图为自己或他人避免兵役而伪造、变造、毁弃、损坏或隐匿关于兵役之文书者，处一年以上、七年以下有期徒刑，嘱托者亦同。

第十一条　意图避免兵役而有左列行为之一者，处一年以下有期徒刑或拘役：

一、缓役、停役原因消灭，应行回役而不依法呈报者。

二、对于身体检查抽签或受征集而无故不到者。

三、平时受召集无故不到逾五日者。

四、居住所迁移而无故不报者。

第十二条　意图避免兵役而有左列行为之一者，处三年以下有期徒刑：

一、征集后入营前逃亡者。

二、战时受召集无故不到，逾期在一日以上三日未满者。

前项第二款情形逾期在三日以上者，处一年以上、七年以下有期徒刑。

第十三条　意图避免兵役，捏造缓役、免役、停役、除役原因者，处三年以下有期徒刑。

第十四条　意图避免兵役，故意毁伤身体者，处五年以下有期徒刑。

第十五条　使人顶替兵役者，处三年以下有期徒刑，其顶替或介绍顶替者亦同。

顶替或介绍顶替兵役在二次以上者，处三年以上、十年以下有期徒刑。

第十六条　意图避免兵役，对于办理兵役人员执行职务时，施强暴胁迫者，处一年以上、七年以下有期徒刑。

结伙三人以上持械而犯前项之罪者，处三年以上、十年以下有期徒刑，首谋者处七年以上有期徒刑。

第十七条　意图避免兵役，公然聚众持械反抗者，处七年以上有期徒刑，首谋者处死刑、无期徒刑或十年以上有期徒刑。

第十八条　犯前二条之罪因而致人于死或重伤者，处死刑或无期徒刑。

第十九条　煽惑他人避免兵役者，平时处三年以下有期徒刑，战时处一年以上、七年以下有期徒刑。

第二十条　意图妨害兵役而造谣惑众者，处三年以上、十年以下有期徒刑。

第二十一条　意图妨害兵役，对于办理兵役人员公然侮辱者，处一年以下有期徒刑。

第二十二条　犯本条例之罪者，军人由军法机关审判，非军人由司法机关审判。

第二十三条　违反兵役法治罪条例废止之。

第二十四条　本条例自公布日施行。

〔国民政府档案〕

5．军事委员会关于党员公务员及士绅子弟应着先服兵役代电

（1942年11月16日）

国民政府军事委员会代电　三十一年十一月十六日
第五零二八七号

查党员公务员及士绅子弟应着先服兵役，以资倡导，业经通饬遵行有案。兹规定党员公务员及士绅子弟调查征集办法公布施行。除分行外，特检同上项办法希查照饬属知照。等因。附发党员公务员及士绅子弟调查征集办法一份。军委会。铣。渝(卅一)爱政段募。印。

党员公务员及士绅子弟调查征集办法

一、由各县(市)长、县(市)党部书记长、国民兵团副团长、军事科长、社会科长及师管区遴派一员组织“特种壮丁调查委员会”,以县(市)长为主任委员,党部书记长为副主任委员,余为委员。

二、以县(市)为单位,定期将全县党员公务员及士绅子弟一次调查登记,于检查后抽签公布之。

三、凡党员公务员及士绅子弟,确已应征入营参加作战,或亲送其子弟应征者,予以奖励,并保障其工作。

四、凡经调查依法应予征集者,限期送征入营,逾期或逃避者,其父兄开除党籍,停止其工作,并予究办。

五、凡党员有关之应征入伍者,如果调查不实者,应由县党部书记长负责,以颟顸舞弊论,公务员与保甲长有关者,应由县长负责,以颟顸舞弊论。

六、凡党员公务员及士绅子弟应征者,均准入模范队或特种兵部队。

七、党员入党、公务员请委时,应填表叙明家中有无壮丁,是否应征入营。

八、乡(镇)保长,以出征抗敌军人家长充当为原则,其新任乡(镇)保长中有子弟应服兵役者,先送征入营后再派充乡(镇)保长。

〔军委会政治部档案〕

6. 国民政府修正兵役法训令

(1943年3月15日)

国民政府训令　渝文字第二一九号

令直辖各机关

查兵役法现经修正明令公布,应即通饬施行。除分令外,合行抄发该修正兵役法,令仰知照并转饬所属一体知照。此令。

计抄发修正兵役法一份。

主　　席　林　森
立法院院长　孙　科

中华民国三十二年三月十五日

兵役法　三十二年三月十五日修正公布

第一章　总则

第一条　中华民国男子依本法皆有服兵役之光荣义务。

第二条　兵役分为国民兵役、常备兵役二种。

第三条　男子自年满十八岁之翌年一月一日起役，至届满四十五岁之年十二月三十一日除役。

第四条　凡身体畸形、残废或有痼疾不堪服役者，免服兵役。

第五条　凡判处无期徒刑或褫夺公权终身者，禁服兵役。

第二章　服役

第六条　国民兵役分左列三种：

一、初期国民兵役。以男子年满十八岁者服之，为期二年。

二、甲种国民兵役。以初期国民兵役期满，适合于常备兵现役所需之超额者服之。

三、乙种国民兵役。以初期国民兵役期满，而未征服常备兵役及甲种国民兵役者服之。

前项第二款、第三款国民兵役期限，均至满四十五岁止。

第七条　常备兵役分左列二种：

一、现役。以年满二十岁之翌年，经征兵检查合格，征集入营者服之，为期二年。但步兵之军士及特种兵特业兵为期三年。

二、预备役。以现役期满退伍者服之，至满四十五岁止，期满除役。

前项常备兵现役，如为曾受军训合格之高中以上毕业学生，其服役期为一年。但特种兵特业兵为期一年又六个月。

前二项常备兵现役，于期满后，得志愿留营。

第八条　国民兵役，平时受规定之军事教育，战时或事变时以命令召集，服任左列勤务：

一、作战部队之补充。

二、辅助作战勤务。

三、地方治安。

第九条　现役中有左列情形之一者，予以停役，至原因消灭时回役：

一、身体疾病不堪行动，在六个月内无健复之望者。

二、判处有期徒刑或褫夺公权，经核准停役者。

第十条　现役中有左列情形之一者，得延长其服役期间：

一、战时或事变之际。

二、航海中或在国外勤务时。

三、重要演习或特别校阅时。

四、因天灾或其他不可避免之事故时。

第三章　管理

第十一条　军政部为全国兵役行政主管机关，内政部为全国兵役行政协管机关，其他有关各部、会、署事项，由关系各部、会、署会同办理之。

第十二条　为执行兵役事务，划分全国为各级管区，分别设置管区司令部，层隶于军政部，办理各该管区内之兵役及其有关事务。

第十三条　省政府、院辖市市政府受军政部、内政部之指示监督，协助管区司令部办理兵役及其有关事务。

省政府主席、院辖市市长为省市征兵监督。

第十四条　县长及省辖市市长为县市征兵官，受上级管区司令部之指示监督，办理所管区内兵役及其有关事务。

第四章　征集

第十五条　男子年满十八岁者，为国民兵役及龄；年满二十岁者，为常备兵现役及龄。

常备兵现役及龄之年，应受左列征兵处理：

一、身家调查。

二、体格检查。

三、抽签。

四、征集。

前项征兵处理，由管区司令部会同院辖市市政府或县市政府及有关机关，组设征兵委员会办理之。

第十六条　身家调查，以乡镇为单位，每年四月至六月举行。侨居国外之现役及龄男子，身家调查由驻外使馆或领事馆办理之。

第十七条　体格检查，每年七月至九月就本籍举行，如寄居他籍者，得就寄居地行之。届检查之年因故未受检查者，于次年补行。

第十八条　抽签，每年十月举行。凡体格等位相同者，分别兵种，依抽签定其征集顺序。前项抽签，由现役及龄男子亲自行之，其未到场者，由征兵委员会代为抽签。

第十九条　征集，就本籍举行，如寄居他籍者，经呈报核准时，得就寄居地行之。应征服现役者，以每年一月一日为正规入营期，于必要时另定补助入营期。

第二十条　现役及龄男子有左列情形之一者，得延期征集，称为缓征：

一、因公出国，在三年以内未能回国者。

二、身体疾病不堪行动，经证明确实者。

三、直系血亲尊亲属或配偶死亡，未满一个月者。

四、专科以上学校肄业学生，年未满二十五岁者。

五、独负家庭生计责任，无同胞兄弟者。

六、犯罪在追诉中者。

前项缓征原因消灭时，仍受征集。

第五章　召集

第二十一条　预备役及国民兵受左列之召集：

一、教育召集。

二、演习召集。

三、动员召集。

四、点阅召集。

五、临时召集。

第二十二条　预备役及甲种国民兵有左列情形之一者，得延缓动员召集，称为缓召：

一、现任小学以上教师，经审查合格者。

二、现任荐任以上官职，经铨叙合格者。

三、现任军需工业或国防工程交通之专门技术员工，经审查核定者。

四、现任正规警察者。

五、合于第九条各款或第二十条各款者。

前项缓召原因消灭，有召集必要时，仍受召集。

第二十三条　有左列情形之一者，得免除其教育、演习、点阅或临时之召集：

一、合于第九条各款，第二十条第一款、第二款、第三款、第六款者。

二、航行于国外之海员。

第六章　权利义务

第二十四条　现役兵享有左列之权利：

一、应征前所负债务，无力清偿时，得延至服役期满后第二年内清偿之。

二、配偶及直系亲属得享受生活救济之优待。

三、退伍后，对于机关、法团、学校、工厂之职务，有优先充任之权利。

四、勋赏、抚恤及其他法令规定应享之权利。

第二十五条　预备役及国民兵，于集训及演习期内，得保留原有职位及薪金。

第二十六条　现役兵应履行左列之义务：

一、于入营或受训时，应宣誓效忠中华民国国民政府。

二、对于公务有保守秘密之责任，至除役后亦同。

三、未经长官之许可，不得参加任何集会或结社。

四、未经长官之许可，不得结婚。

第七章　附则

第二十七条　合于本法第三条年龄之女子，战时得征调服任军事辅助勤务，其服务另以法律定之。

第二十八条　依志愿而服兵役者，其服役以命令定之。

第二十九条　海空军之兵役，除法律有特别规定外，准用本法之规定。

第三十条　妨害兵役之处罚，另以法律定之。

第三十一条　本法施行法另定之。

第三十二条　本法自公布日施行。

〔国民政府档案〕

7．军政部请转发学生志愿服役办法代电

（1943年12月19日）

军政部代电　（卅二）信役务字第一四六一六号

政治部勋鉴：查近来全国知识青年从军运动正风起云涌，匪特鼓舞士气，亦足转移社会风气，关系抗战前途至深且巨，是以拟定学生志愿服役办法一份，希转饬各级知照为荷。军政部。皓。信役务。

附抄发学生志愿服役办法一份。

学生志愿服役办法　军政部三十二年十二月十九日公布

第一条　学生志愿服役，除照一般兵役法令办理外，悉依本办法之规定。

第二条　凡中等学校以上学生志愿服役，应向学校申请登记，并以年满十八岁以上为限。

第三条　学校志愿服役学生，在登记时，由校医作初步身体检查，其标准如左：

一、身长一百五十五公分以上者。

二、体重四十六公斤以上者。

三、胸围七十六公分以上者。

四、五官、四肢及肺脏正常者。

五、无重沙眼、痔疾及精神病者。

第四条　合于前条初步身体检查之学生，由学校造具志愿服役学生姓名年籍清册，送请当地军(师)管区司令部复查验收。

第五条　军(师)管区司令部，接到前项清册后，应派军医到学校复行检查，复行检查时不及第三条各款规定标准者，仍在原校继续求学。

第六条　军(师)管区司令部对于检查合格学生时，规定入营期间及地点，举行定期入营。

在入营前对于营舍、被服等项，应事先准备妥当，其有自备应用衣物在规定范围以内者，准予尽量携带。

第七条　前条合格学生，编组为教导队，由军部集中办理，或由军(师)管区司令部办理之。

前项教导编训办法另定之。

第八条　志愿服役之学生，如曾受军训合格者，得选拔为军士，训练期满后，得择优送考中央陆军军官学校。

第九条　志愿服役之学生，训练期满后，得依其所习学科及志愿，服任特种兵、特业兵，空军应适当之军事补助勤务。

第十条　学生服役后，应保留其学籍，其在服役期间之成绩，由部队政校通知原系校，以备退伍回校肄业时，按其程度酌予升级。

第十一条　学生服役期中，如有逃亡情形，除依法办理外，并开除其学籍。

第十二条　凡中等以上学校，年满十八岁以上之女生，志愿服役，应向学校申请登记后，造具清册，送请当地军(师)管区司令部，听候调任军事辅助勤务。

第十三条　公教人员、党员、团员志愿服役时，适用本办法之规定。

第十四条　本办法自公布日施行。

〔军委会政治部档案〕

三、军需后勤法规

1. 军事委员会颁布调整各军医院组织办法训令

(1939年10月30日)

国民政府军事委员会训令　办制渝字第882号

令政治部部长　陈诚

查本会上年九月五日办参字第二七七九号令颁之调整各军医院机构计划大纲草案迭据呈请修正，兹经改订为调整各军医院组织办法。除分令外，合行检发是项组织办法一份，令仰遵照。自本法施行后，前发之大纲草案，即行废止，并仰知照。此令。

附发调整各军医院组织办法一份

调整各军医院组织办法　军委会办制渝字第882号令颁

二十八年十月三十日

第一条　为求各军医院医务事务管理训导之完善，使责任专一收分工合作之效起见，特订本办法为调整各军医院机构之准则。

第二条　各军医院设院长，管理主任，政训员各一员，军医、司药、副官、军需、书记、助理员等各若干员，由军医署中央伤兵管理处政治部分别遴送，呈请委派。其组织系统，如附表。

第三条　以院长为全院之首长，承军医署长之命，综理全院院务，对于伤兵管理事宜，受所在地伤兵管理处长之指挥监督，并指导协助管理主任、政训员服行职务。

第四条　管理主任承中央伤兵管理处长之命，受院长之指导，掌理伤兵官兵纪律之维持暨轻伤与伤愈官兵之编练并转院归队等事宜，对于院中事务人员，有指挥考核之权，但以属于伤兵管理之业务范围为限。

第五条　政训员承政治部长之命，受院长之协助，负医院伤病官兵之训导、抚慰与政训之责，对于院务应兴应革事项，得向院长直接建议。

第六条　院长、管理主任、政训员各依本办法之规定，行使职权，但对外行文，除政训员行使其特授副署权外，关系管理部份，由管理主任副署。

第七条　院长、管理主任、政训员之人选，应依本办法第三、第四、第五各条所示之任务，严定标准。其具体办法，由各主管机关拟订，呈经核准后施行。

第八条　各军医院组织规程及办事细则，由军政部依据本办法修正，呈经核准施行。

第九条　本办法自核准之日施行。

各军医院组织系统表

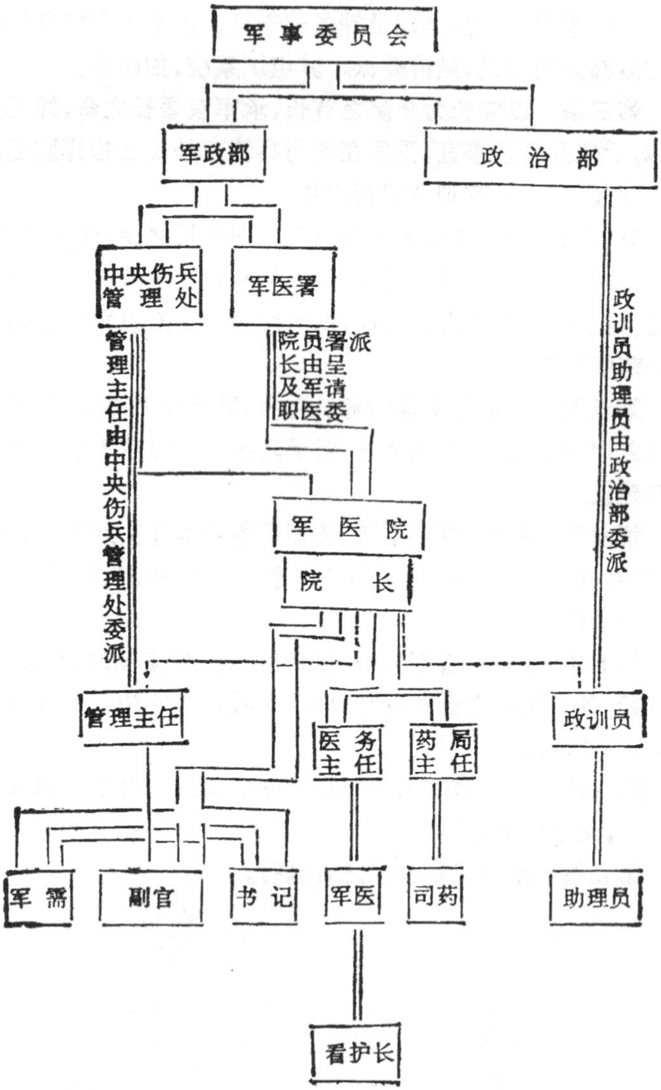
军事委员会
军政部
政治部
中央伤兵管理处
军医署
院长及军医职员由署呈请派委
管理主任由中央伤兵管理处委派
政训员助理员由政治部委派
军医院
院长
管理主任
医务主任
药局主任
政训员
军需
副官
书记
军医
司药
助理员
看护长

（续表）

附记
须视该院编制之种类增减之。 院长、管理主任、政训员以下职员。

——— 隶属线

——— 指挥线

- - - 协助指导线

〔军委会政治部档案〕

2. 军政部公布暂行军粮经理大纲及军粮总局组织规程令

（1940年1月30日）

军政部令　务军字第15779号

兹制定暂行军粮经理大纲及军粮总局组织规程暨编制表公布之。此令。

部长　何应钦

中华民国二十九年一月卅日

军政部暂行军粮经理大纲

第一条　为实行粮饷划分，特设军粮总局经理全国军粮一切事宜。兹暂定军粮经理大纲，以期确实而资齐一，所有关于军粮之筹购、制藏、运输、保管、补给、使用以及军粮之配发、核销等项，均遵照本大纲施行。

第二条　关于士兵给养定量，暂按每人每日发给大米二十四两或面粉二十四两，所有各部队暨各军事机关、学校均须遵照此项规定办理，不得参差。对于请领军粮数量，应按实有人数计算，不得滥领，以杜浮冒。

第三条　为改善士兵生活计，规定粮价每名四元，实施粮饷划分部队如有不足，仍由国库负担，由军粮总局造具月份预算呈核。

第四条　凡实行粮饷划分之部队、机关、学校，其粮食由军粮总局统筹办理。

第五条　各部队、机关、学校，应须给养，须由各地军粮局通盘计划，切实核发，至于购办军粮，除由总局派员监察验收外，其保管、运输、分配、供给诸项，则由军粮局会同地方政府（兵站）负责办理。

第六条　各部队驻在地，如有交通不便或因特种情形不能直接供给现品时，得核发粮款委托购办，以期捷便，但采办、请领诸手续，须依照规定办理之。

第七条　各部队承受委托购办粮食时，以就地采购为主旨，不得舍近求远希图廉价请赴远区采购，致使交通机关蒙受不利之损失，倘因当地无产或产量不足，且因物价超过粮款定额量须另赴他处购求时，均须事前呈报备案方可实行。

第八条　关于给养定量业有规定，不得请求增加。如有盈余严禁变卖，务须核实呈报，由公价收其价款作为公积金。

第九条　各部队直接请领给养，以师及独立旅团为单位，如系其他军事机关、学校或特种部队，即以该主管机关部队为单位，至其他各附属机关或部队均不得越级呈领以符系统。但遇有特殊情形认为有直接请领之必要时，不在此限。

第十条　为充实军粮与供给各军给养现品便利计，就各战区设置军粮局，各师或独立旅设置军粮分（支）局，其分（支）局长由师、旅军需主任兼任之。

第十一条　各部队请领给养现品，按照每月实有人数填具领用证（详军粮会计程序），直接向各指定之军粮局预借现品，俟至月终再行填具正式受领证，迳请核销。经由总局依各军粮局所报预借各数对照结算后，如有溢领欠发各数，随时会由各军粮局分别扣补。关于补发数应检各军领据呈报，其扣缴数则由经手部分出据交由承领部队迳报总局，以凭查核。至预借及请领各证均须加盖关防，并由各该主管长官及军需主任负责盖章，以昭慎重。

第十二条　为核销现品及粮款便利起见，各部队应依请领军粮单位，须在请销现品或粮款以前，先将士兵花名册及士兵革补月报表(详军粮会计程序)并各连(队)人数，出始日报表报送总局，不得积压。

第十三条　凡军粮包袋重量之规定，均按新秤折合为准，其在储藏运输之损耗，应依照规定损耗率办理之。

第十四条　各地军粮局各分支局，对于各部队、机关、学校预借或补领现品，应通知储藏仓库，均须随时交付，不得开给存条，而各部份亦须随时受领，不得请求寄存致生流弊。

第十五条　关于军粮储存各粮库待发者，均应新旧交替，不得稍有损坏，倘因受战争影响或遇有天灾事变致生意外损失时，均须立即呈报总局考核属实再行准销。如不呈报备案或呈报情节不实，均须由各该主管人员负责赔偿，以重军食。

第十六条　各部队战时如领得携带给养时(如饼干罐头等)须加意保管，非有主官命令不得随意使用，倘因战况变化或有追击任务，一经使用一部或全部时，必须立即呈报主官转请补充。

第十七条　各部队、机关、学校如遇改编归并时，其原存军粮应如数扣缴或拨交其他部份使用，但拨交时须取具收据检报转账，倘不检据呈报，即仍由原部队或机关、学校长官直接负责。如有主官更调时，对于军粮现品或粮款之交接，应会同办理具报备查。

第十八条　关于军粮配备、补给、运输等事项，为应付战时便利计，得由军粮总局商承后方勤务部办理之。

第十九条　本大纲之所定，及其他应行改进之事项，得由军粮总局统筹办理。其组织规程及各种章制另定之。

第二十条　本大纲自公布之日施行。

军政部军粮总局组织规程　二十九年一月卅日

军政部公布

第一条　本规程依军政部暂定军粮经理大纲第十九条之规定制定之。

第二条　军粮总局直隶于军政部，掌理全国部队、军事机关学校军粮现品或委托购办计划筹备一切事宜。

第三条　军粮总局设左列五处：第一处。第二处。第三处。第四处。第五处。

第四条　第一处分人事、文书、庶务三科，其职掌如左：

一、关于军粮总局及各局人员任免、铨衡、考绩事项。

二、关于典守印信、收发保存文件及会议事项。

三、关于本局会计、庶务及不属各处事项。

第五条　第二处分筹办、制藏、补给三科，其职掌如左：

一、关于军粮及包装材料之计划、采购与粮食业之指导、补助事项。

二、关于军粮之出纳、制造及所需机器、电力之购置，并厂场、仓库之管理、修建事项。

三、关于军粮现品委托购办应需价款之补给及给与定量之核定事项。

第六条　第三处分经理、出纳、统计三科，其职掌如左：

一、关于金钱收支之预核登记，单据之保管，传票之填发，预计算之拟办及一切事前稽核事项。

二、关于现金及有价证券出纳、保管事项。

三、关于军粮现品价款并损耗截旷与给养人数及各地粮食产量、价值等一切统计事项。

第七条　第四处分征调、运输二科，其职掌如左：

一、关于运输工具之征调、制购、编组、统计、计划，及动力燃料与运搬、防雨、防风、防潮，器具之购置事项。

二、关于军粮及材料之运输，并护照、执照之核发事项。

第八条　第五处分监查、审核二科，其职掌如左：

一、关于军粮之监购、监制、验收及其他一切调查事宜。

二、关于军粮现金、物品之报销，一切事后审核事项。

第九条　军粮总局设局长一人，承军政部长之命，并受军需署长之指导，管理本局事务，统辖所属各机关。

第十条　军粮总局设副局长二人，辅助局长处理局务。

第十一条　军粮总局设专员九人，承长官之命办理设计、视察、建议事务。

第十二条　军粮总局设秘书三人，承长官之命办理机要文件及翻译事务。

第十三条　军粮总局设处长、副处长各五人，承局长、副局长之命分掌各处事务，但第五处处长、副处长并须受会计处长之指挥监督。

第十四条　军粮总局各处各科设科长一人，科员若干人，承长官之命办理各科事务。

第十五条　军粮总局因技术之关系，及事务之繁剧，得增设技正、技士及附员若干人。

第十六条　军粮总局因事务上之必要，得设各种委员会、军粮刊物所及监护队，并于各地设军粮局及制粮、军粮、储粮各机构。

第十七条　军粮总局编制依附表所定。

第十八条　军粮总局服务规则另定之。

第十九条　本规程如有未尽事宜，得呈请军政部长修正之。

第二十条　本规程自公布之日施行。

军政部军粮总局编制表〔略〕。

〔军委会军令部档案〕

3. 军政部关于军需独立部队查报人马办法公函

(1942年10月17日)

军政部公函　渝需甲(二)(人)字第2621号,中华民国卅一年十月十七日

查本部为确实明了军需独立各部队人马实数起见，经订定军需独立部队查报人马办法颁行在案。惟此项办法,初付实施,窒碍在所难免,拟请贵部转饬各级政治部及各级指导员,嗣后对于各部队人马查报,尽量协助各级主办人办理,以利事功。兹将该项人马查报办法随函送达,即请查照办理见复为荷。此致

政治部

附军需独立部队查报人马办法一份。

部长　何应钦

军需独立部队查报人马办法　三十一年六月三十日，军政部核准。

第一条　为确实查报军需独立各部队人马起见，特订定本办法。

第二条　军需独立各部队人马,按下列单位分别负责查报。

子、司令长官部，查报长官部及其编制内之直属部队与受其直接指挥之各特种兵指挥部人马。凡配属部队，由各该部队自行查报。

丑、集团军总司令部，查报总司令部及其编制内之直属部队人马。凡配属部队由各该部队自行查报。

寅、经理以军为单位之军,或经理以师为单位之军,查报军司

令部及军直属部队人马，并负点查汇报其所属部队人马之责。

卯、经理属于军之师，查报师司令部及师直属部队人马。

辰、经理不属于军之师，查报师司令部、师直属部队及其所属各团人马。

巳、独立师(无军统辖之师)，查报师司令部、师直属部队及其所属各团人马(已装备之补充兵训练处同)。

午、独立旅，查报旅司令部、旅直属部队及其所属各团人马。

未、独立团(或步兵团)，查报团本部、团直属部队及其所属各营、连人马。

申、独立营，查报营本部及其所属各连之人马。

酉、连，查报本连人马。

戌、独立排查报本排人马。

第三条　军需独立部队查报人马，应由各级军需主官切实负责，并指定左列人员承办，以收专成之效：

子、司令长官部，经理处长。

丑、集团军总司令部、副官处经理科长。

寅、经理以军为单位之军，或经理以师为单位之军，军需处副处长。

卯、经理属于军之师，军需正一员。

辰、经理不属于军之师，军需处总务课长。

巳、独立师(或已装备之补训处)，军需处总务课长。

午、独立旅，军需正一员。

未、独立团(或步兵团)，军需佐一员。

申、独立营(或步兵营)，营军需佐(无军需佐者为副官)。

酉、连，特务长。

戌、独立排，特务军士。

第四条　第三条所指定人员应与各该部队主办人事人员(如军部军需处)及经理委员会与点验组切取联系办理，如遇部队校阅点验时，必须亲往参加点查人马。

第五条　第三条所指定人员，如发觉某部队人马不实在时，应报由军需主官转报部队长官，签发命令，指派有关人员会同赴该部队施行点查。

第六条　第三条所指定人员查报人马时，对于公差勤务入学事假病假住院伤病官兵等，须查明其证件。

第七条　军需独立各部队，应按部颁训练特务长规程，召训所属之特务长，特别注意训练查报人马手续。

第八条　各部队官佐任免、士兵开补逃亡、马骡拨补倒毙，均限于事实发生后二日内填具报告单，并于每月月终填具月份人马统计表递级呈报，其办理程序分别规定如左：

子、经理以军为单位之军。

1．连或独立排报表迳送团军需室，不必经营部转报。

2．营本部报表送达团军需室。

3．团军需室填造团本部报表，并连同其所属单位报表迳送军军需处，不必经师部转报。

4．师军需处填造师司令部报表，并连同师直属部队报表送达军军需处。

5．军军需处收到各级单位人马异动报告单后，设簿登记备查，根据各级单位每月月终人马统计表统计本月份全军人马实数，于下月五日以前，以电报报告军需署，下月十日以前汇造全军人马统计表二份，分送军需局及军需署备查，军以下各级单位原报表存军军需处，毋庸转送。

丑、经理以师为单位之军。

1．团以下各单位，仿照子项一、二两款程序办理。

2．团军需室填造团本部报表，并连同其所属单位报表送达师军需处。

3．师军需处填造师司令部报表并连同师直属部队报表及各团报表送达军军需处。

4．军军需处转报军需局及军需处之方式及程序，仿照子项第五款办理。

寅、独立师(或以装备之补训处)，师所属各单位仿照丑项一、二两款程序办理，师军需处仿照子项第五款规定转报军需局署。

卯、独立旅，按部队建制仿照子项一、二、三款程序办理，旅部仿照子项第五款规定转报军需局署。

辰、独立团，按部队建制仿照子项一、二款程序办理，团部仿照子项第五款规定转报军需局署。

巳、独立营，按部队建制仿照子项一款程序办理，营部仿照子项第五款规定转报军需局署。

午、司令长官部，长官部直属各部队按部队建制仿照子项一、二、三款程序办理、长官部仿照子项第五款规定转知军需局署。

未、集团军总司令部，总司令部直属各部队，按部队建制仿照子项一、二款程序办理，总司令部仿照子项第五款规定，转知军需局署。

申、接领新兵部队或派遣担任游击之部队报表不能按时送达者，须用电报呈报。

第九条　各级单位如因驻地距离较远，报表送达迟缓，得以电话报告人马实数，由第三条所指定人员负责记录，如到限期报表未送齐亦无电话报告者，第三条所指定人员，应按级以电话询问人马实数。

第十条　各级单位人马报表，由各级部队主官署名(但长官部由军务处长署名，总司令部由副官处长署名)，军需主官及承办人员副署。

第十一条　本办法如有未尽事宜，得随时修正之。

第十二条　本办法自公布日施行。

（一）经理以军为单位之军电报报告人马电文格式：本军某月份实有官佐〇〇〇员，士兵〇〇〇〇名，马骡〇〇〇匹，额外人员〇〇〇员。

（二）经理以师为单位之军电报报告人马电文格式：本军及直属部队某月份实有官佐〇〇〇员，士兵〇〇〇〇名，马骡〇〇〇

陆军　　年

区分 部队			官佐											
			上将	中将	少将	上校	中校	少校	上尉	中尉	少尉	准尉	技佐	合计
编制数	建制部队													
	战增部队													
	补充部队													
现有数	建制部队	军司令部												
		特务营												
		第　师												
	合　计													
	战增部队	辎重团												
	合　计													
	补充部队													
		合　计												

匹。某师官佐○○○员，士兵○○○○名，马骡○○○匹。全军额外人员共○○○员。

师以下各独立部队，参照附(一)电文格式办理。

附：陆军军需独立部队每月人马统计表一份。

月份人马统计表

士兵									官兵统计	马骡			备考
上士	中士	下士	上等兵	一等兵	二等兵	技工	艺徒	合计		乘马	驮马	合计	

陆军　　年

区分／部队		官佐											
		上将	中将	少将	上校	中校	少校	上尉	中尉	少尉	准尉	技佐	合计
全军总计													
缺额数	建制部队												
	战增部队												
	补充部队												
附记													

部队长官　　军需主官

中华民国　　年　　月　　日

4．军事委员会颁行陆军暂行给与规则

（1944年9月）

陆军暂行给与规则　军事委员会三十三年九月政需财字第七〇〇六号训令颁行

第一章　总则

第一条　陆军部队机关学校之给与，均照本规则行之。

第二条　本规则规定之给与种类如左：

一、战时薪给，战时饷项，零费。

二、特种加给。

三、特别办公费。

（续表）

月份人马统计表

士兵									官兵统计	马骡			备考
上士	中士	下士	上等兵	一等兵	二等兵	技工	艺徒	合计		乘马	驮马	合计	

承办人员

〔军委会军政部档案〕

四、粮食。

五、被服。

六、马乾费，掌缰费

七、办公费，党务补助费，办事处经费。

八、教育费，演习费。

九、医药费。

十、洗擦费、修机费、车辆保养费。

十一、旅运费，行军补助费。

十二、埋葬费，恤赏费。

十三、部队临时费，特支费。

十四、归队费，遣散费。

十五、征集费，开办费。

十六、课报费。

第二章 战时薪给 战时饷项 零费

第三条 官佐战时薪给(以下简称饷项)，依附表一支给之。

文官阶级军用技术人员，测量人员，及军用文官人员俸薪，暂按阶级比照前项规定支给之。

第四条 士兵战时饷项(以下简称饷项)，除驾驶士兵技工另有规定外，依附表二支给之。

第五条 奉准有案之额外人员，其待遇概照实职人员规定办理。

第六条 久住后方医院及临残院之伤病残官兵，伤者发给原薪饷，病者改发零费，校官每人每月叁仟伍百元，尉上弍仟元，中少准尉壹仟弍百元，士兵伍拾元。编入荣誉团队伤病愈官兵及留医各部队野战医院伤病官兵，均支原薪饷。

第七条 军官总队收训学员，及师管区军官队队员薪给，校官一律月支叁仟五百元，上尉弍仟元，中少准尉壹仟弍百元。

第八条 军事学校无底缺学员薪给，除陆军大学另有规定外，其余学校，一律每人月支壹仟陆百伍拾元。

第九条 学生照中士待遇。

见习官照准尉待遇。

入伍生如为一年期限者，期初六个月，照一等兵待遇，自第七个月起，照上等兵待遇，最后三个月(即自第十个月起)，照下士待遇，如系半年期限者，则前三个月照上等兵待遇，后三个月照下士待遇。

第十条 调服军役之监犯，官佐一律照准尉待遇，士兵及非军事犯按二等兵待遇。

第十一条 兼职或兼代人员不得兼薪，专代上级职务者仍支本级薪。

第十二条　薪饷之起支期，为到差入伍或报到之当日，停止期为停职离职或退伍之前一日。

第十三条　薪饷由其服役或所在之部队机关学校发给之。

调用人员薪给，原部队机关学校发生离差前一日为止，调用部队机关学校应衔接发给，其临时调用者仍由原部队机关学校发给之。

第十四条　伤病人住后方医院官兵，其在上半月离队后送者，原队发清上半月（十五天）薪饷，下半月离队后送者，原队发清本月全薪饷，再由医院接发给薪饷或零费，若因路途或时间关系，例如十三、十四或二十七、二十八日后送，预计本月内不能送达者，原队应发半个月薪饷，并于伤票或其他证件上注明薪饷截止日期，以便各院查核衔接，但上校以上负伤官佐及后方部队机关学校患病官兵，仍由原属单位发给薪饷，如原属单位认为必须开补时，上校以上负伤官佐，应呈奉核准开补日期，由军政部分饬队院两方遵照办理，后方患病官兵，应将开补日期，函知医院或呈（函）由军政部饬转，以便由院衔接发给零费。

第十五条　伤病健愈官兵出院归队或拨荣誉团队，其在上半月出院者，医院发清上半月薪饷或零费，下半月出院者，发清本月全薪饷或零费，再由部队衔接发给薪饷。荣誉团队官兵拨补时，其薪饷于接交日由接收部队衔接发给。

第十六条　入学员兵薪饷，除陆军大学学员另有规定及明令开除底缺者外，均由原部队机关学校发给之。

第十七条　学生毕业分发时，其阶级及离校起薪日期，由主管机关以命令定之，原有饷项，应发至起薪之前一日止。

第十八条　学生毕业离校时，一律由校方视分发途程远近，按分发阶级预发薪给，其路途在半个月以内者，发半个月，半个月以上一个月以内者，发一个月，一个月以上一个半月以内者，发一个半月，余类推，报到后即由所在部队机关学校衔接发给，但无正常事由而逾限报到者，应扣减之。

第三章　特种加给

第十九条　左列各项人员，除依附表一支薪外，得依附表三给与特种加给。

一、机械化部队直接在战车上作战之军官及士兵。

二、合于军用技术人员任用暂行条例第四条至第七条之规定，而从事于同条例第二条所列军用技术业务之军用技术人员。

三、合于参谋人员待遇改善办法规定之参谋人员。

四、合于军事学校教官勤务加薪暂行办法规定之教官及学员生队队长。

五、合于陆军军医技术加薪资格审查规则规定之军医人员。

六、合于兽医技术加薪资格审查规定之医兽人员。

七、无线电报有线电报之技术军官。

八、炮兵部队之炮兵军官及士兵。

九、合于军用译电人员战时勤务加给办法规定之译电人员。

十、各机关学校警卫官兵。

十一、文书军需蹄铁军士及军乐司号士兵。

第二十条　特种加给分四级，按左列规定支给之：

一、前条第一项官兵，准一律按第一级数额支给之。

二、前条第二至七项及第十一项之员兵，概照第四级数额支给之，其资深绩优者，得晋级支给至第二级止。

三、前条第八项官兵特种加给，将校官每月一百伍拾元，尉官一百元，士兵伍拾元，离兵二十元。第九项译电人员仍照勤务加给办法所定数额支给之。

四、前条第十项之员兵，一律照第四级数额支给之。

第二十一条　各教养院临时教养院之荣誉军人出院服务时之待遇，依照荣誉军人服务加给暂行办法之规定办理。

第四章　特别办公费

第二十二条　各级主官特别办公费，依附表四支给之，自职务始任之当日起，于解职之前一日止。

第二十三条　代理人员得支给其代理职务之特别办公费。

兼职或兼代者，不得兼领特别办公费，但得从其较多者支给之。

入学人员原有特别办公费者，在肄业期间应停止支给。

第五章　粮食

第二十四条　官兵主食概由公给，其给养定量为每人每日大米二十三市两（部队及军事学校另增二市两，共为二十五市两。）或面粉二十六市两。

第二十五条　主食发给现品，必要时得改发代金，交由各部队机关学校，委托地方政府或当地购粮机关平价购办，其代金标准另定之。

第二十六条　官兵副食费分为三种。甲种每人每月一九〇元，乙种一七〇元，丙种一五〇元，川康滇陕四省适用甲种，粤桂黔鄂豫甘晋七省适用乙种，其余地区适用丙种。

第二十七条　副食定量，暂定为每人每月蔬菜二十市斤，食油（植物油）一市斤，豆类（黄豆蚕豆豌豆等）二市斤，燃料（煤或木柴）三十市斤，内蔬菜占副食费定额四十五元。

第二十八条　官兵食盐供给，按每人每日四钱全月十二市两发给现品。

第二十九条　学员生及技工艺徒伕役驾驶士兵之主副食，均照士兵例发给之，但学员生副食费，一律每人每月另增十五元。

学员主副食由校发给，各原服务之单位，不再发给。

第三十条　后方医院官兵之主食，交付于医院经理之，其原部队机关学校发至送院之日为止。

第三十一条　入住后方医院及留医野战医院伤病官兵，除额定副食费外，另给营养费，甲种每人每月十元，乙种九元，丙种八元，其适用区域同士兵副食费之规定。

第三十二条　俘虏、囚犯之给养，均照士兵例办理，所需主食，即在所领军粮内核实列表，副食费在常备金内开支。

第三十三条　在非常时期，为救济军眷生活，凡正额官佐及奉准有案之额外官佐，除本人食粮外，得另发眷粮或代金，其办法另定之。

第六章　被服

第三十四条　学员生士兵伕役服装，由公发给或贷与之，其品种数量及给与期限依附表五之所定。

第三十五条　官佐服装自备，但在战时物价昂贵期间，得参照前条规定由公择要贷与，其办法另定之。

第三十六条　服装使用年限，按季节使用者，于领到换季之日起算，各季通用者，于领到后之下半月起算，但备用被服，则自实际使用之日起计算之。

第三十七条　各种服装，以发给现品为原则，但于必要时，得改发代金，由军政部核定之。

第三十八条　士兵草鞋费，分为三种：甲种每人每月六〇元，乙种五〇元，丙种四〇元（适用区域同副食费之规定）均发交各部队机关学校统筹发给现品，每月以三双为原则，但技工艺徒及按照《战时军用汽车驾驶士兵技工待遇暂行办法》待遇之驾驶士兵均不发给。

第三十九条　军事学校学生及入伍生鞋袜杂费，分为三种：甲种每人每月一二〇元，乙种一〇〇元，丙种八〇元。其适用区域同前条草鞋费，学兵同士兵例发给草鞋费，不再发鞋袜杂费。

第四十条　军事学校毕业学生，其在校修业期间在一年以上者，得于离校时发给一次治装费，甲种一，〇〇〇元，乙种九〇〇元，丙种八〇〇元，其适用之种别同前二条之规定。

第四十一条　学生士兵伕役死亡时，得按季节将其使用之帽及衣服一份，随身装殓。

第七章　马乾费　掌缰费

第四十二条　马干费分为甲乙丙丁戊己六种，川康滇陕四省适用甲种，黔豫甘三省适用乙种，粤桂晋三省适用丙种，湘鄂二省适用丁种，闽浙皖赣四省适用戊种，其他地区适用己种，每种费额依附表六支给之。

第四十三条　马骡饲料定量，平均每马每日料豆麸皮各二市斤半，马草十市斤，内马草费占马干费定额五分之一，豆麸占五分之四。

第四十四条　马骡食盐公给现品，按每马每日二钱全月六两发给。

第四十五条　洋马伊犁马及骆驼饲养量，按马骡定量加二分之一发给，毛驴减二分之一发给，耕牛同马骡之规定办理。

第四十六条　马骡掌缰费，甲种一五〇元，乙种一二〇元，丙种一〇〇元，川康滇陕四省适用甲种，黔豫甘三省适用乙种，其他地区适用丙种。

各类马骡掌缰费，除骆驼耕牛照定额二分之一发给外，其他均照前项定额支给之。

第八章　办公费　党务补助费　办事处经费。

第四十七条　部队办公费，依附表七支给之。凡文具邮电消耗租赋杂支各费均属之。但电报费超过该单位额定办公费四分之一时，其超出部份，得在常备金内列报。

第四十八条　军事机关学校所需办公费，依其编制及业务需要，由军政部核定之。

第四十九条　部队党务补助费，依附表八支给，款在常备金内列表。

第五十条　战区司令长官部及集团军总部之后方办事处，暨各军师独立旅团委托前项办事处，兼办后方事务所需经费，均由各单位在常备金内自行酌给之。

第九章　教育费　演习费

第五十一条　士兵教育费，除军事学校所属练习团营队，按每人每月三元计算外，余均按照每人每月二元计算。

第五十二条　士兵教育费，集中于有独立预算之单位统筹使用，凡教育所属书籍、讲义、器材、演习、杂支等费均属之。

第五十三条　军事学校学员生教育费，除陆军大学外，按每人每月一百元计算，学兵教育费，按每人每月二十元计算，书籍如须大量购置印刷而原有教育费确不敷开支时，得专案呈请核发。

第五十四条　部队举办短期补助教育所需用费，应由原有教育费尽先使用，不敷时得按受训人数支给补助教育费，学员以每人每月十五元，士兵十元为范围，在临时费内列报，但如系就原建制集合训练者，不得援例支给。

第五十五条　军事学校各项演习实施费用，依照“各军事学校（班团）演习实施费用暂行给与办法”之规定办理。

第五十六条　部队定期大演习。所需运输宿营杂支等费，分别依照运费及行军补助费之规定支给之。

第十章　医药费

第五十七条　医药费分期发给现品，在未发现品以前，暂按每人每马月各一元五角计算。

第五十八条　伤病官兵改住普通医院者，其补助费用另定之。

第十一章　洗擦费　修械费　车辆保养费

第五十九条　武器洗擦费，依附表九支给之。

第六十条　工兵器材洗擦费，独立工兵团月支三千元，独立工兵营月支一千元，军师属工兵营月支八百元。

第六十一条　军乐队乐器洗擦费，甲种军乐队月支二百八十元，乙种二百元，丙种一百二十元，丁种八十元，军乐班四十元。

第六十二条　修械所材料费，军部修械所月支一万元，师修械所月支四千元，编制内无修械所者不给。

车辆保养费，依附表十支给之，除汽车保养费列入预算外，余在常备金内开支。

前项汽车保养费，机械化部队按实有车辆半数计列，自行统筹办理，其他单位按实有车辆全数发给。

第十二章　旅运费　行军补助费

第六十三条　旅费分飞机费、汽车费、火车费、轮船费、民船费、车马费、挑夫费、膳宿零费、驻留日费等九种。

第六十四条　因公在本国境内出差人员之旅费，除另有规定者外，均按阶级及所经路程日数，依附表十一支给之。

第六十五条　出差人员在一地驻留十五日以上者，自第十六日起，改支驻留日费，不另支膳宿零费，凡预计出差人员在一地驻留十五日以上者，应自到达该地之次日起，即按驻留日费支给之，但驻留一地时间在三月以上者，按驻留日费之半数支给之。

第六十六条　出差官佐，一律以不带士兵为原则，其有特殊情形必须随带者，应先呈经各该主官核准，除高级主官外，将校官以一人为限。

第六十七条　短距离出差所必需之用费，不适用附表十一之规定，由各部队机关学校在办公费或常备金项下酌量支报，如因路远不及回来用膳者，每餐得预支额定膳宿零费四分之一，每日以二餐为限。

第六十八条　新任人员不给到差旅费，调差人员旅费，由调用方面支给，派遣人员旅费由派遣方面支给，原部队机关学校裁撤，调往其他部队机关学校服务者，以派遣论，补充团营及保安团队奉令拨补各部队被遣回官兵如人数未满一班者，其旅费由遣回部队预计路途远近负责发给。

第六十九条　学生分发旅费，视所分发之部队机关学校路途远近，照尉官规定支给、徒步行军时，每人每日加发伙费三十元，均交由率领人主持开支。

第七十条　汽车驾驶官兵技工随车长途出差旅费，官佐按尉官，技工按士兵，由调拨使用该项车辆之部队机关学校发给之，但不另给其他津贴。

前项随车配备之官兵人数，应照规定办理。

第七十一条　监运军品官兵之膳宿零费，按附表十一驻留日费之规定支报。

第七十二条　俘虏及军犯在押解途中用费，官佐照尉官旅费，士兵照士兵旅费支给之。

第七十三条　运输方法分铁道、汽车、轮船、民船、人力、畜力六种，如同时使用满种以上输送方法者，应在不妨碍军事范围内，择其运费低廉者使用之，并应尽量利用原有运输工具(如参战部队之增设辎重部队)。

第七十四条　铁道运输费，依照修正铁道军运条例办理，轮船汽车运费，应按公铁路局定价支给之，但规定半价或免费及由公备用者，应依实在情形办理，雇用民船及民夫车马，按当地时价支给之。

第七十五条　部队之移防调拨及接领壮丁新兵或伤愈士兵，得按官兵人数行车旅程日数，支给行军补助费，以每日官十五元，兵五元计算，凡茶水稻草设营渡河向导及一切伕杂费用应均之。

第七十六条　行军日数，应以途中必需日数为准。徒步行军，通常应以每日行程三十公里计算。

第七十七条　荣誉团队派赴各院领编伤愈官兵及各部队派出接领新兵之官兵及所率士兵，如人数未满一班时，其出发之单程旅费，得照附表十一规定支报，但率领一班以上部队出发领编及接收后共同行进时，仍照行军补助费之规定办理。

第七十八条　调拨之行军补助费，由送兵部队发给，接兵之行军补助费，由接兵部队发给，中途交接者，自交接之日起衔接发给。

第七十九条　发有战增部队经费之单位，不发行军补助费，但必要之茶水稻草设营渡河向导等费用，得照行军补助费定额五分之一在临时费内酌予补助，无战增部队者，照规定支给，款在临时费内核实支报。

第十三章　埋葬费　恤赏费

第八十条　埋葬费为官兵死亡时，购备棺木衣衾及埋殓之用，除抗战将士另有规定外，其余均依附表十二所定范围在常备金内支给之；如由其遗族自行埋殓，或在给假回籍途中死亡者，其埋葬费应发交其遗族。

第八十一条　在后方医院中死亡者，其埋葬费由医院请领支给，如由死者长官料理埋殓时，应将符号或入院证等连同死者证书，交由该长官以备报销之用。

第八十二条　入住后方医院之作战伤病官兵犒赏费，依附表十三支给之，留医野战医院负伤官兵，照定额全数，病兵照定额半数支给。

第八十三条　卤获战利品及俘虏之奖金，依照“修正俘虏及战利品之处置办法”之规定办理。

第八十四条　反正官兵及策动人员之奖励，分别依照“反正官兵奖励办法”及“策动伪军反正办法”之规定办理。

第八十五条　伤亡官兵之抚恤，依照“陆军抚恤暂行条例”之规定办理之。

第十四章　部队临时费　特支费

第八十六条　各军需独立部队每月临时费，依附表十四支给之。

上项临时费，限于开支下列各科目：(1)百分之十之政训临时费；(2)奉准有案之额外人员经费；(3)一次在五万元以上之大宗旅运费；(4)短期训练班按规定开支之补助教育费；(5)留医野战医院伤病官兵营养费；(6)行军补助费；(7)因作战必需开支之临时犒赏费特恤费。

第八十七条　各军需独立部队每月特支费，依附表十五支给之。

第八十八条　军事学校每月特支费，按经费总额千分之二核列预算发给。

第八十九条　各军需独立部队长及军事学校主官因公务上必要之特殊开支或补助各级正副主官等费用，均在特支费内开支。

第十五章　归队费　遣散费

第九十条　伤病官兵归队费，不分阶级，官佐每人发给三百元，士兵一百元。

第九十一条　医院修养院于办理伤病官兵归队时，除按规定发给主食代金及副食费(不发营养费)暨按照路途远近酌发途中给养，每日官四十元，兵二十元外，并发给归队费半数(官一百五十元，兵五十元)；各该原队或接受部队，凭院发归队证，再发半数。但病愈官兵之原队或接受部队与医院修养院同住一市或一县者，各院不发途中给养及归队费，仅由原部队或接收部队凭证发给归队费半数。

第九十二条　伤病愈官兵拨编荣誉团队者，由担任编组之单位，发给全数归队费，各院不再发给归队费及途中给养。

伤愈官佐选送入学者，仍按归队例发给途中给养及归队费。

第九十三条　留医各部队野战医院负伤官兵归队费，按照定额折半(官一百五十元，兵五十元)于归队后发给之，但病愈官兵不发。

第九十四条　部队机关学校官佐士兵，因原部队机关学校整理编并，或其他原因奉令遣散时，除发至前一日之薪饷外，其服务满六个月以上者得加发薪饷及副食费各三个月，其未满六个月者不发。

第十六章　征集费　开办费

第九十五条　新兵征集费，发给各师团管区支用，其数目由军政部核定之。

第九十六条　新兵由师团管区征集后，直接拨交部队者，于接收之日补入名额，照在营士兵待遇。

第九十七条　新成立部队开办费，依附表十六支给，凡属简要之营用具、炒事用具、床用具之购备，及普通修缮等费均属之。

前项开办费，各续成单位均按定额半数支给之。

第十七章　课报费

第九十八条　参战部队所需课报费，依附表十七支给，其起止日期，由军政部依情况任务临时核定之。

第十八章　附则

第九十九条　本规则所定之马乾费、掌缰费、部队办公费、士兵教育费、医药费、洗擦费、修械费、车辆保养费、行军补助费、课报费，均依定额，交付于各部队机关学校委任经理之，但应核实开支登帐，所有剩余，均作为公积金，依照"陆军各部队机关学校公积金处理规则"处理之。

第一〇〇条　各项给与均以法币元为单位，元以下之小数，暂以分为止，不及一分者四舍五入，月额分日计算时，应按当月之日数计算，其方法先乘后除。

第一〇一条　各项给与之分有地区适用等第者，在一个月内，因移动驻地变更其适用之种别时，得按较多之种别支给全月份。

第一〇二条　凡照中央规定确已实施军需独立之部队及实费经理部队学校，其官兵副食之食油豆类燃料及马骡饲料，必要时得照规定办法委托地方政府征购之。

第一〇三条　本规则施行后，原有各项给与规定之与本规则抵触者，一律废止。

第一〇四条　委任经理部队、游击部队、驻外武官、留学员生及雇佣人员之各项给与，暨外员旅费、购领马骡人员与国外出差旅费，均暂照原规定办理之。

第一〇五条　本规则如有未尽事宜，得应需要以命令改订或修正之。

第一〇六条　本规则自民国三十三年十月一日起施行。

附表一至十七〔略〕。

〔军委会后方勤务部档案〕

5. 后方勤务部所属兵站机关补给系统表

（1944年）

军事委员会后方勤务部所属兵站机关补给系统表

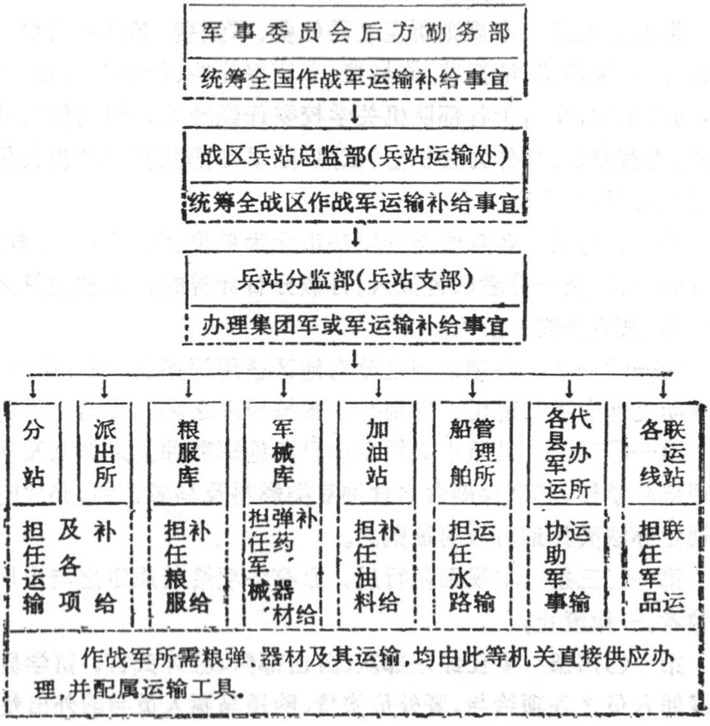

补给方法简要说明：

查作战军初次一切装备，如武器弹药、装具器材等项，向系军政部配发充实，俟作战后消耗补充由后勤部依照需要，预向军政部请领，发交各兵站机关按补给系统分别补充。至军粮一项，则由财政、粮食两部在各省征实征购，就作战军需要商定交接地点，由兵站或粮秣处接收，照米麦给予定量补给。各部队其有运输困难或情形特殊地方，则酌发代金交各部队或地方政府自行就地购办供应，以期省便。上述军需品兵站交付各部队受领地点，通常规定以距军辎重往返一日行程为标准。

〔军委会后方勤务部档案〕

6. 军事委员会颁行中国陆军总司令部后方勤务司令部组织规程

(1945年1月)

中国陆军总司令部后方勤务司令部组织规程　卅四年一月军事委员会办制渝字第七七〇七号令颁行

第一条　为办理中国陆军总司令部所辖各战区(边区)部队补给起见，特设中国陆军总司令部后方勤务司令部(以下简称本部)，指挥远征军战区、滇越边区、黔桂湘边区及第四战区等兵站业务，并兼办后方勤务总司令部昆明补给基地司令部一切业务。

第二条　本部隶属中国陆军总司令部。

第三条　本部置左列各处，分掌诸般业务：

参谋处。副官处。人事处。通信运输处。粮秣处。经理处。军械处。卫生处。

第四条　参谋处之职掌如左：

一、关于管区内各级兵站设施计划之撰拟、审核事项。

二、关于兵站命令、通报、报告之草拟事项。

三、关于管区内交通整备、通信联络等之计划事项。

四、关于各种补给运输计划之草拟、审核及建议事项。

五、关于管区内警卫、防空与监护部队配置计划及指挥调遣事项。

六、关于情报之搜集、整理事项。

第五条　副官处之职掌如左：

一、关于部内庶务之筹办事项。

二、关于命令、通报、报告之传达事项。

三、关于军风纪之维持事项。

四、关于卫戍、风纪军兵之配置事项。

五、关于本部官兵薪饷及一切给与事项。

六、关于交际事项。

第六条　人事处之职掌如左：

一、关于所属兵站人员之任免事项。

二、关于所属兵站人员之考核事项。

三、关于所属兵站人员之奖惩事项。

四、关于所属兵站人员之伤亡抚恤事项。

五、关于所属兵站人员之调查统计事项。

第七条　通信运输处之职掌如左：

一、关于运输通信之指挥、调度、监督事项。

二、关于军队运输事项。

三、关于各种输力之筹划、调拨、征集事项。

四、关于管区内兵站运输之调查、统计事项。

五、关于军邮之协助事项。

六、关于管区内交通工具之统制及各种输队之指挥事项。

七、关于空运联络事项。

八、关于交通通信材料之设库管理事项。

九、关于辖区内道路整备及构筑设计事项。

十、关于辖区内之交通、通信、侦察、建议事项。

十一、关于辖区内之工程机械及配属工兵部队之指挥事项。

第八条　粮秣处之职掌如左：

一、关于应受补给之部队人马数目及给养定量之统计事项。

二、关于军粮领发、筹办、稽核事项。

三、关于副食品之筹办计划事项。

四、关于给养代金之领发、保管、审核事项。

五、关于粮库之设置、管理事项。

第九条　经理处之职掌如左：

一、关于被服装具之请领、补给及屯储事项。

二、关于管区内兵站经临费预计算之编审事项。

三、关于中国陆军总司令所辖各部队、机关之经费请领、出纳、保管事项。

四、关于金钱、物品之会计及所属兵站单位经理业务之监督、指导事项。

第十条　军械处之职掌如左：

一、关于武器、弹药之调查、统计事项。

二、关于武器、弹药之调度、屯储、保管事项。

三、关于武器之修理事项。

四、关于军械库所之设置、管理事项。

五、关于战地废械弹及战利品之收集、整理事项。

六、关于化学战具之设计、补充事项。

第十一条　卫生处之职掌如左：

一、关于卫生机关之配置及监督事项。

二、关于伤患之统计、查报事项。

三、关于伤患收转、运输之督导事项。

四、关于卫生器材屯储、补给、稽核事项。

五、关于兽医事务之设施管理事项。

六、关于卫生经费之领发审核事项。

第十二条　本部设司令一员，承中国陆军总司令部之命，综理管区内兵站一切业务，设副司令二员辅助之。

第十三条　本部设参谋长一员，承司令、副司令之命，计划管区内兵站一切事宜，并设副参谋长一员协助之。

第十四条　本部各处各设处长一员，承司令、副司令之命，参谋长之指导，掌理各该处主管事宜，并各设副处长一员（军械处二员）至二员助理之。

第十五条　本部各处所属各科各设科长一员，承长官之命，督导所属各员分掌各项业务。

第十六条　本部设参谋、秘书、副官、视察、科员、通译员、管理员、押运员、书记、司书、译电员等，各别配属于司令办公室及各处、科，承长官之命办理各该管职掌内一切事务。

第十七条　本部所需监护部队得呈准编组，或由中国陆军总司令部指派部队担任之。

第十八条　本部编制如附表。

第十九条　本部办事细则另定之。

第二十条　本规程自呈奉准之日起施行。

中国陆军总司令部后方勤务总司令部编制表〔略〕。

〔军委会兵工署档案〕

7. 军事委员会颁发军粮计核委员会新订组织大纲代电

（1945年2月27日）

军事委员会代电　（卅四）需筹字第239号
中华民国三十四年二月二十七日

军政部：查本会军粮计核委员会业于三十四年二月份改组就绪，除分令外，合亟附发新订该会组织大纲，仰即转饬所属一体遵照为要。军事委员会。丑（感）。政需筹。印。附发组织大纲一份。

军事委员会军粮计核委员会组织大纲

第一条　军事委员会为统筹抗战期间全国军粮购屯补给事宜，特于中央及各战区分设军粮计核委员会，专负设计、稽核、协商、联系之责。

第二条　军粮计核委员会依左列规定组成之：

甲、中央军粮计核委员会

设主任委员一人，由参谋总长兼任。副主任委员四人，由军政部部长、粮食部部长、财政部部长、后方勤务总司令兼任。常务委员二[三]人，由后方勤务总司令部副总司令一人，粮食部次长一人及军政部军需署署长兼任。委员十二人，由军令部第一厅厅长、军政部次长一人、军务署署长、军需署粮秣司司长、后方勤务总司令部参谋长、经理处处长、财政部次长一人、国库署署长、田赋管理委员会主任委员、粮食部分配司司长、储备司司长、财务司司长兼任。

乙、战区军粮计核委员会

各战区军粮计核委员会，设委员三人，由战区司令长官司令部参谋长、兵站总监、及田赋粮食管理处处长兼任，并指定参谋长为主任委员。

第三条　中央军粮计核委员会，除有必要召集临时会议外，每星期开常会一次，由常务委员出席，每月开全体会议一次，由全体委员出席。

第四条　战区军粮计核委员会之开会次数，由各战区司令长官定之。

第五条　各级军粮计核委员会，因处理文书事务需要人员时，得由各参加机关调用，均无给职。

第六条　本大纲自公布之日施行。

〔军委会联合勤务总司令部档案〕

8. 中国陆军总司令部后勤概况①

（1945年3月31日）

一、后勤司令部成立日期：中国陆军总司令部后勤司令部于二月九日组织成立。各兵站机构除昆明行营兵站总监部始于三月一日拨归外，其余均自二月二十一日改归直接指挥，所有编组人事、经理，均由后勤司令部自行调整。

二、兵站系统：后勤司令部下设补给区司令部（即原有兵站总监部），担任各方面军之补给。各方面军对所配兵站，尔后不直接指挥，惟有监督、指导之责。区司令部下分设三种仓库：（1）基地仓库；（2）中间仓库；（3）前进仓库。

三、消耗品如粮弹等之补给程序：美方输进之物资，依部队所派美军联络官之申请，由美军总部通知后勤司令部转知美军后勤部，分运各区司令部，补给各部队。国内物资，依部队之申请，由后勤司令部征集分发，其送达终点，以汽车可到达之地点为止。此后即依部队输力自行运输，关于此点恐部队输力不能担任，尚待与美方详细商定。

四、补给概况：后勤司令部组织伊始，各兵站机构尚在调整中。在未调整完毕以前，对于补给暂仍以原有机构负担，一俟调整完毕后，各仓库储存物资，经常保持规定数量（预定每一士兵须保有九十天之物品），补给可不虑缺乏，惟目前粮食欠缺，正筹拨中。

五、运输概况：本部辖区内之交通网情形特殊，以汽车运输为主，铁路、空运、人兽力辅助之。目前汽车不多，故运输尚多困难。运输路线以昆明为中心，西至保山，南至蒙自，东至贵阳、芷江，北至重庆，为运输主脉。预定各该线在本年内可有七千辆汽车

---

① 沿用原标题。

输入，以供应用。

中国陆军总司令部参三科科长谷儆松呈

卅四年三月十一日

〔国民政府国防部史政局及战史会档案〕

9．军政部编订陆军补给纲要

（1945年4月1日）

陆军补给纲要

第一条　军政部为确立陆军补给系统，照左列职掌分别负责：

一、本部各署、会负军品生产、筹办、储备、分配之责。

二、后方勤务总司令部负运输、补给之责。

三、部队、机关、学校各负其补给实施之责。

第二条　军政部之军品生产、筹办、储备、分配任务，由军务署、军需署、军医署、兵工署及采购委员会分掌之。

为适应需要设置各种军需生产工厂，如兵工、被服、粮秣、交通、通信器材、卫生用具材料各厂。

为储备作战物资及治疗后送重伤病官兵于后方各重要地区，设置储备库及陆军医院。

第三条　后方勤务总司令部之运输补给任务，以物资处、运输处、经理处、军械处、卫生处分掌之，并设置左列各级补给机关以办理之：

一、补给区司令部。暂就现状划分为西南、西北、东南三个补给区。

西南补给区司令部，担任中国陆军总司令部辖境内部队、机关、学校之补给事宜。

西北补给区司令部，担任第一战区、第二战区、第五战区、第八战区、第十战区等部队、机关、学校之补给事宜。

东南补给区司令部，担任第三战区、第七战区、第九战区等部队、机关、学校之补给事宜。

第六战区部队、机关、学校之补给，由第六战区兵站总监部直接秉承后方勤务总司令部办理。

重庆卫戍区及川、康两省部队、机关、学校之补给，由后方勤务总司令部所属各机关分别办理之。

新疆境内部队、机关、学校之补给，由军政部驻新供应处办理之。

二、兵站总监部。各战区、边区设置兵站总监部，并按集团军及补给线路设兵站分监部、兵站支部、分站，担任管区内部队、机关、学校之补给。

三、库、所、院、队。为适应需要，后方勤务总司令部及补给区司令部管区设置军械、被服、粮秣、交通、通信器材、燃料、卫生材料各种补给仓库、修理场所、后方医院及人兽力汽车、各种辎重部队，隶属该管补给区司令部，或由后方勤务总司令部直辖。各战区兵站管区分设各种野战仓库、修理所、兵站医院、兵站辎重部队，担任该管区内部队、机关、学校之补给、运输业务。

第四条　凡以前公布之各种补给法令，如其与本细则有出入之处，概以本细则之规定为准。

第五条　本细则如有未尽事宜，得随时修订之。

第六条　本细则自三十四年四月一日起施行。

陆军补给业务实施系统图

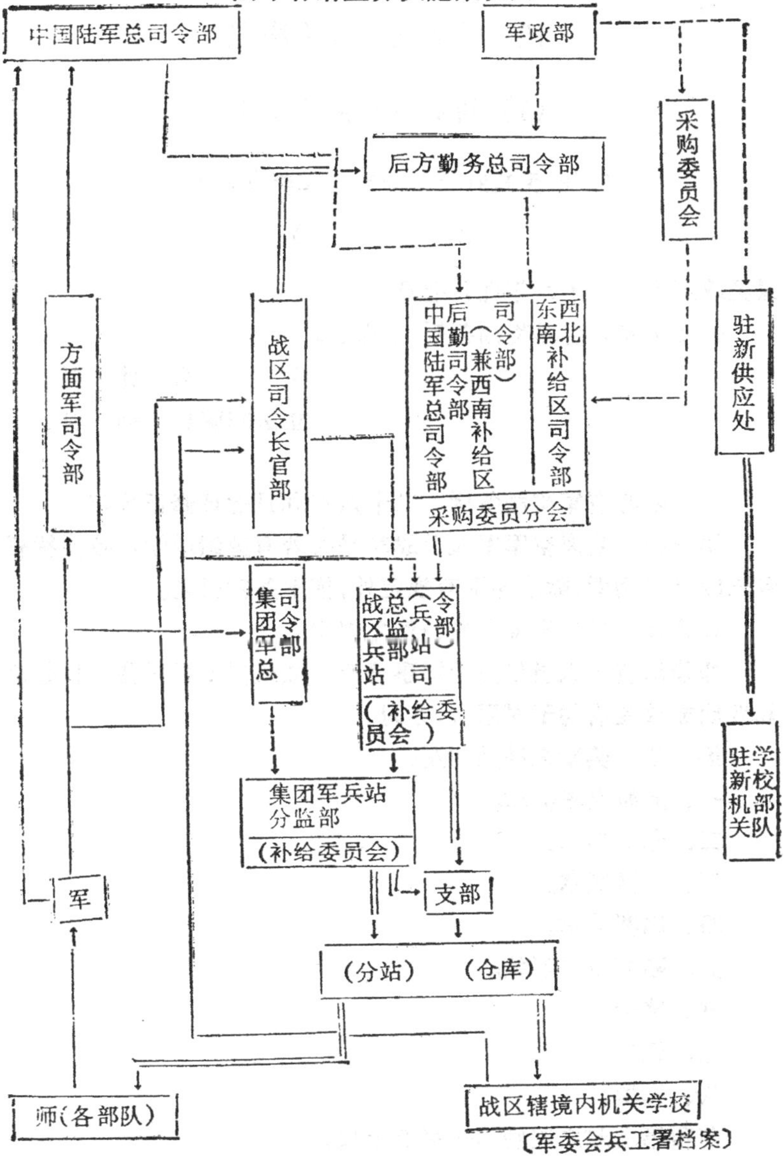

〔军委会兵工署档案〕

四、战时奖惩抚恤法规

(1) 陆海空军奖惩法规

1. 国民政府公布陆海空军奖励条例令

(1937年9月7日)

国民政府令　二十六年九月七日

兹修正陆海空军奖励条例,公布之。此令。

主　　席林　森

立法院院长　孙　科

陆海空军奖励条例　二十六年九月七日修正公布

第一条　陆海空军军人于战时平时著有劳绩或学术技能特有专长应予奖励者,除法律别有规定外,依本条例行之。

军佐及军用文官准用本条例之规定。

非陆海空军人员尽力于军事著有劳绩或捐助军用器具物品及其发明或改良有益于军用者,亦同。

第二条　奖励之种类如左:

一、陆海空军奖章。

二、光华奖章。

三、干城奖章。

四、比赛奖章。

五、陆海空军褒状。

六、奖金。

七、记功。

八、嘉奖。

前项第七款之奖励不适用于士兵。

第三条　陆海空军军人军佐及军用文官有左列事绩之一者，得予以奖励：

一、战役中著有劳绩足资矜式者。

二、战时异常出力经证明确实者。

三、陷入外敌自拔反正并著战功者。

四、任政治工作成绩优良，于军事确有裨益者。

五、任军事上特殊工作，确有成绩者。

六、应付非常事变悉合机宜，使地方获保安全者。

七、拿获间谍或破获其机关，有裨于国防者。

八、才艺优越并有著作，经审查合格者。

九、发明或改良制造新兵器或军用器具材料物品，经考验合格者。

十、射击、骑术、操舟、飞行、国术、运动各种比赛得团体总分最多或个人比赛成绩最优者。

十一、努力其他所任职务成绩特优者。

第四条　非陆海空军人员有左列事绩之一者，得予以奖励：

一、平时或战时捐输军饷或军用器具材料及物品，其数额或价值个人在一千元以上，团体在一万元以上者。

二、战时探知敌人有不利于我方之动作，报告不失时机因而得适当之处置者。

三、在战地随同出力成绩卓著者。

四、协同出力拿获间谍或破获其机关有裨国防保全地方治安者。

五、发明或改良制造新兵器或军用器具材料物品有利于军事，经考验合格者。

六、尽力于军事工作或与军事有关工作卓著效绩者。

凡外国人民有合于前项规定之一者，亦得奖励之。

第五条　有前两条之事绩者，核其情形依第二条之规定分别奖励。但非军事人员之奖励，以陆海空军奖章、光华奖章、干城奖章与陆海空军褒状、奖金及嘉奖为限。

同一事绩应有团体与其个人奖励者，得均奖励之。

第六条　陆海空军奖章及光华奖章、干城奖章之区分如左：

甲种一等奖章、二等奖章，给与中等以上官佐或其同等人员。

乙种一等奖章、二等奖章，给与初等官佐、准尉、准佐、士兵或其同等人员。

第七条　比赛奖章之区分如左：

一、绩学奖章。

二、射击奖章。

三、骑术奖章。

四、操舟奖章。

五、飞行奖章。

六、特技奖章。

前项比赛奖章各分为一等、二等，给与官佐、士兵。

第八条　给与前两条奖章时应附给执照。

第九条　陆海空军褒状应载明事绩，给与个人或团体。

第十条　奖金之区分如左：

一、个人奖金十元以上一千元以下。

二、团体奖金五十元以上五千元以下。

前项奖金数额遇有特殊情事时得增给之。

第十一条　记功分小功、大功二种，积三小功为一大功。积二大功以上者，得改给陆海空军奖章、光华奖章、干城奖章或奖金。

第十二条　嘉奖之区分如左：

一、个人嘉奖以书面或言辞为之。

二、团体嘉奖以书面为之。

第十三条　应行奖励者，除由最高军事长官特令外，其手续如左：

一、陆海空军人员由主管长官填具请奖事绩表呈请最高军事机关核定。

二、比赛奖章由训练总监部审核转呈最高军事机关核定。

第十四条　前条奖章经最高军事机关核定后，依左列规定颁给之：

一、陆海空军奖章、光华奖章、干城奖章及褒状，由最高军事机关咨行政院转呈国民政府核准颁发之。

二、比赛奖章及奖金由最高军事机关发给。

三、记功及嘉奖以命令行之。

第十五条　少将以上独立单位长官对于所属有给予奖金一百元以下、记大功一次以下及嘉奖之权，上校以下独立单位长官对于所属有记小功及嘉奖之权，奖励后均应层报最高军事机关备案。

第十六条　各种奖励应以命令公布或集合告达之。

第十七条　凡在惩罚处分中之官佐、士兵立有功绩合于奖励之规定者，得呈请抵销其处分之全部或一部，抵销后如有余功再予奖励。

第十八条　陆海空军奖章、光华奖章、干城奖章或各种比赛奖章之给与，每人于一年内领受同种者以一次为限。

第十九条　晋受奖章时，应将前受之奖章呈缴主管机关层报核销。

第二十条　受奖人员身故时，奖章及执照均免缴销。

第二十一条　奖章或执照遗失时，得呈请补给。但应于奖章背面及执照内注明补给字样。原件查获时，应即呈报注销。

第二十二条　私造奖章或佩带他人奖章者，依法处断。

第二十三条　奖章不得转让他人或抵借财物，违者除奖章注销外，并科以相当之处分。

第二十四条　本条例施行细则及奖章褒状执照之式样，由最高军事机关定之，并呈请国民政府备案。

第二十五条　本条例施行日期以命令定之。

〔国民政府档案〕

2. 军事委员会修正陆海空军勋赏条例

(1937年11月8日)

陆海空军勋赏条例　二十六年十一月八日修正公布

第一条　陆海空军军人于战时平时著有战功或勋绩者，其叙勋行赏除法律别有规定外，依本条例行之。

军属人员之勋赏准用本条例之规定。

第二条　勋赏之种类如左：

一、国光勋章。

二、青天白日勋章。

三、宝鼎勋章。

四、云麾勋章。

五、勋刀。

六、荣誉旗。

第三条　国光勋章不分等级，凡陆海空军军人于战时捍御外侮、保卫国家，著有特殊战功者颁给之。

第四条　青天白日勋章不分等级，凡陆海空军军人于战时捍御外侮、保卫国家，战功卓著者颁给之。

第五条　宝鼎勋章分为九等，凡陆海空军军人捍御外侮或镇慑内乱著有战功者，依左列规定分别颁给之：

上等官佐一等至四等。

中等官佐三等至六等。

初等官佐四等至七等。

准尉、准佐及士兵六等至九等。

第六条　云麾勋章分为九等，凡陆海空军军人对于国家建有勋绩或镇慑内乱立有勋绩者，依左列规定分别颁给之：

上等官佐一等至四等。

中等官佐三等至六等。

初等官佐四等至七等：

准尉、准佐及士兵六等至九等。

第七条　勋刀分为三等，凡陆海空军上等官佐所受勋章晋至最高等而复建有战功或勋绩者给与之。

第八条　荣誉旗不分等级，凡部队、舰艇、航空队或要塞，于战时特著忠勇之战功者颁给之。

第九条　非陆海空军军人或外籍人员，对于战事建有勋功者，得依本条例之规定颁给宝鼎或云麾勋章。

第十条　勋章、勋刀由国民政府以明令颁给，并填给勋章、勋刀证书。

第十一条　勋章、勋刀除由国民政府明令外，得由各主管长官将立功人员之功绩事实造具勋绩调查表，在陆军人员迳呈最高军事机关核定，在海军或空军人员呈请海军部或航空委员会审核，转呈最高军事机关核定，咨请行政院转呈国民政府颁给之。战时得交由最高军事长官先行授与，补呈国民政府备案，并交该管机关注册。

第十二条　勋章、勋刀之颁给上等官佐，由国民政府主席或最高军事长官亲授或派员代授之。勋章之颁给中等以下官佐及士兵，〔颁〕由主管长官或原呈请机关授与之。

第十三条　荣誉旗由最高军事长官报请国民政府审核颁发之。

国民政府核定后，交由最高军事长官亲授或派员代授之，但功勋特异者，得由国民政府派员亲往战地或所在地颁给之。

第十四条　受勋人员或部队受领勋章、勋刀或荣誉旗后，应将受领日期，在陆军者呈报最高军事机关备案，在海军或空军者呈由海军部或航空委员会转呈最高军事机关备案。

第十五条　初授宝鼎勋章、云麾勋章、勋刀，应依第五条、第六条、第七条之规定，由最低等起给，但由国民政府特令颁给者不在此限。

第十六条　晋授勋章时，应将其前授之勋章呈缴主管机关转报核销，勋刀晋授时亦同。

第十七条　有左列情事之一者，缴销其勋章、勋刀：

一、褫夺公权终身者。

二、明令褫夺勋章、勋刀者。

三、丧失中华民国国籍者。

第十八条　有左列情事之一者，停止佩带勋章、勋刀：

一、褫夺公权尚未复权者。

二、受有期徒刑尚未满期者。

第十九条　受勋人员身故时，勋章、勋刀均免缴销。

第二十条　部队、舰艇、航空队或要塞改编或解散时，所受荣誉旗应缴还注销。

第二十一条　勋章、勋刀如有遗失时，得声叙原保案及遗失原因，呈请补给。但原件查获时，应立即呈报注销。

第二十二条　勋章、勋刀不得转让他人或抵借财物，违者除将勋章、勋刀追缴注销外，并科以相当之处分。

第二十三条　本条例施行细则及勋章、勋表、勋刀之制式，章绶刀繐之色别与授勋仪式，由最高军事机关定之，并呈请国民政府备案。

第二十四条　本条例施行日期以命令定之。

〔国民政府档案〕

3. 国民政府公布特授空军将士复兴荣誉勋章条例令

(1937年12月3日)

国民政府令　二十六年十二月三日

兹制定特授空军将士复兴荣誉勋章条例，公布之。此令。

主　　席　林　森

立法院院长　孙　科

特授空军将士复兴荣誉勋章条例　二十六年十二月三日公布

第一条　复兴荣誉勋章之授与空军将士依本条例行之。

第二条　空军官佐、士兵于战时捍御外侮、保卫国家，在空中作战著有特殊战功者，除依法给予其他勋赏外，并得颁授复兴荣誉勋章。

第三条　复兴荣誉勋章分一等、二等、三等。

第四条　具有左列各款之一者，授与一等复兴荣誉勋章：

一、于空战时连续击落敌机九架以上者。

二、冒险飞入敌军炸毁敌人重要阵地、要塞、军舰、兵站、交通线、司令部等，使敌不堪使用者。

三、冒险飞入敌境，炸毁敌人航空根据地或航空母舰，使敌军蒙受重大损害者。

四、冒险飞入敌境，炸毁敌之兵工厂、弹药仓库或其他重要机构，使敌受重大损失者。

第五条　具有左列各款之一者，授与二等复兴荣誉勋章：

一、于空战时连续击落敌机六架以上者。

二、在阵地冒险低度飞行扫射敌军战壕或施放烟弹，使敌溃败者。

三、冒险飞入敌军后方，扫射敌军行军纵列或运输纵列，使敌因而动摇或溃败者。

第六条　具有左列各款之一者，授与三等复兴荣誉勋章：

一、于空战时连续击落敌机三架以上者。

二、于重要区域内击退敌人多数飞机，因而免去重大损害并有确实证明者。

三、冒险侦察报告确实，赖以洞悉敌情因获胜利者。

第七条　凡空军及陆海军官佐、士兵，于战时立有功绩为前三条各款所未列举，而确应颁给复兴荣誉勋章者，得比照前三条之规定行之。

第八条　外籍空军军人投效本国，于空战时著有前四条列举之勋绩者，亦得授与各等复兴荣誉勋章。

第九条　已受较低级之复兴荣誉勋章，如续有功绩时，得晋授较高级之复兴荣誉勋章，但晋授后应将前授之勋章呈由主管机关转报核销。

第十条　复兴荣誉勋章及勋表，如附图，其勋章均为襟绶。

第十一条　关于复兴荣誉勋章之颁授、呈报、仪式、佩带及其他一切事项，在本条例未经规定者，依陆海空军勋赏条例及其施行细则与限制办法等之规定。

第十二条　本条例自公布日施行。

〔国民政府档案〕

4. 军事委员会公布华胄荣誉奖章给与办法训令

（1938年4月12日）

国民政府军事委员会训令　铨(三)汉字第三六九〇号

令政治部

兹制定华胄荣誉奖章给与办法，公布之。除分令外，合亟检发该项给与办法一份，令仰知照，并转饬所属一体知照。此令。

附给与办法一份。

委员长　蒋中正

中华民国二十七年四月十二日

华胄荣誉奖章给与办法

一、凡抗倭战役中官佐、士兵奋勇杀敌，足资矜式者，得给与华胄荣誉奖章。

战区中文职官吏及地方团队合于前项之规定者，得照本办法给与。

二、华胄荣誉奖章不分等级，颁给官佐、士兵。

三、前项荣誉奖章，由军事委员会制定颁发。

四、给奖手续如下：

1. 各部队于抗倭战役中，得择特别勇敢、战功卓著之官佐、士兵，缮具请奖事绩表(照修正陆海空军奖励条例施行细则之所定)，呈由该管战区司令长官核呈军事委员会核给华胄荣誉奖章。

2. 军事委员会委员长对于特别勇敢、战功卓著之官佐、士兵，得直接颁给华胄荣誉奖章(不待呈报)。

3. 给与奖章时，同时发给执照。

五、受奖官兵如有玷损奖章之勇敢荣誉者，由该管长官追缴转报注销。

六、奖章及执照因正当原因遗失时，得予补发，并将原章注销。

七、奖章及执照不得抵借财物及借让他人，违者除缴销外，并予相当处分。

八、受奖人身故时，奖章及执照概免呈缴，由遗族保存，藉资纪念。

九、本办法自公布日施行。

〔国民政府军委会政治部档案〕

5. 军令部抄发勋章颁给条例及其施行细则草案训令

(1939年9月8日)

国民政府军事委员会军令部训令　渝三言制字第91号

令本部第三厅总务处

案准本会铨叙厅渝铨(三)字第17359号公函开：奉交去年十一月长沙最高军事会议议定：嗣后论功行赏须另行研究，升官升级不可持久，应另定三等九级之勋章酌给年金一案，经由本厅会同军政部拟定□□勋章图案连同颁给条例暨该项条例施行细则草案，于本年二月间呈核。旋奉总长何批交办公厅法制委员会审査，顷准该会将原案检送过厅并签注：本年八月十二日各长官谈话会传阅，佥主关于勋章之取义及图心应再广征图案。等由。兹特检附图案式样暨勋章颁给条例及该条例施行细则各一份，函送査照，并希于九月底以前赐寄本厅，以便汇陈核定。再图案设计之要点附列于左：

一、勋章命名之意义务求适合于抗战建国之旨，俾人人皆了然于本勋章之荣誉，至取义之缘由亦请说明。

二、勋章外缘无须设计，现所需要者为设计图心，此项图心其直径约十七米厘，所有勋章之命名取义均于此图心内以图画表现之，至图画则须于勋章名称有关联之意味。

颁给条例及该条例施行细则各一份。准此。除分令外，合行抄发原件，令仰切实研究，提出图案意见，于九月二十五日以前迳送第三厅汇办为要。此令。

附抄发勋章图案略式一份、颁给条例及该条例施行细则草案各一份。

部长　徐永昌

中华民国二十八年九月八日

□□勋章颁给条例草案

第一条　中华民国陆海空军军人战时著有功勋者，其叙勋给奖除法令别有规定外，依本条例行之。

第二给　□□勋章分为三等九级，凡陆海空军军人捍御外侮、著有特殊功勋者，依左列规定分别颁给之：

上等官佐一等一级至二等一级。

中等官佐一等三级至二等三级。

初等官佐二等一级至三等一级。

准尉、准佐及士兵二等三级至三等三级。

初授□□勋章时应比照官(职)由最低等级起给，但国民政府特令颁给者不在此限。

第三条　凡颁授□□勋章者，并给予年金，其规定如左：

一等一级一千元。一等二级八百元。一等三级六百元。

二等一级五百元。二等二级四百元。二等三级三百元。

三等一级二百四十元。三等二级一百八十元。三等三级一百二十元。

第四条　前条年金随□□勋章终身享有之。

第五条　颁授勋章时同时颁给证书，并由最高军事机关颁发年金领摺。

第六条　勋章之领授除由国民政府特令颁给者外，应由最高军事机关核定，咨请行政院转请国民政府颁给之。

第七条　颁给上等官佐勋章，由国民政府主席或最高军事长官亲授或派员代授之，颁给中等以下官佐及士兵时，发由所隶长官或原呈请机关代授之。

第八条　受勋人于勋章颁到后，应将领受日期呈报所隶长官层转最高军事机关备案。

第九条　已受□□勋章而复立功勋者，所受勋章得核予者，复前项晋级，在颁授(晋授)□□勋章之未满一年者不适用之。

第十条　勋章晋级时，应将前授勋章呈缴所隶长官转报核销。

第十一条　有左列情事之一者，缴销其勋章及证书：

一、褫夺公权终身者。

二、明令褫夺勋章者。

三、消失国籍者。

第十二条　有左列情事之一者，停止佩带勋章：

一、褫夺公权尚未复权者。

二、经判处有期徒刑未满期者。

第十三条　受本条例第十一条各款之处分者，缴销年金领折，受第十二条各款之处分者，停发年金。

第十四条　受勋人身故后，勋章及证书免予缴销，惟年金停止续发。

第十五条　勋章及证书如经遗失时得呈请补给，但原件查获时应立即呈报注销。

第十六条　勋章不得转让他人及抵借财物，违者除缴销其勋章外，并科以相当处分。

第十七条　本条例施行细则及勋章制式、授勋仪式、佩带规定暨年金之给领等，均由最高军事机关订定呈报备案。

第十八条　本条例自公布日施行。

□□勋章颁给条例施行细则草案

第一章　总则

第一条　本细则依本条例第十七条之规定订定之。

第二条　凡颁给□□勋章及其年金，均依本细则之规定办理。

第二章　叙勋标准

第三条　有左列各款之一者，得依本条例第二条之规定颁给□□勋章：

一、其他勋章已晋至最高等而续立功勋者。

二、战役中功绩优异，因资历编制所限而未能晋升官(职)者。

三、战役中立有特殊功勋足资矜式者。

第三章　年金之给领

第四条　本条例第三条所定年金，每年分上下两期，于
五　十一
六　十二月发给之。

第五条　年金概以通行国币为准。

第六条　年金由军政部、军需处发给之。

应领年金之现役官兵，如因服役及地区不便，不能迳向军需署

请领时，其所服役之部队（机关），应予垫发，再向军需署请领归垫。

应领年金之在乡军人，如道途过远者，得请由地方政府先行垫发，向军需署请领归垫。

第七条　请领年金时，以年金领折为凭，同时并携带证书，以备检验。

第八条　年金领折，由军政部军需处填制，送请最高军事机关颁发之。

第九条　年金领折于每期发给年金时应注明日期，由经手人盖章，其由部队（机关）或地方政府垫发者，应将机关名称或队号一并注明，并由领款人出具领据，以便请领归垫。

第十条　受勋人于第一期请领年金时，应备印鉴存军需署，以备每期领取年金时查验，但原图章遗失时，得声请改换印鉴。

第十一条　年金领折遗失时，应公告声明，并检同原勋章证书请求最高军事机关核予补发。

第十二条　缴销勋章及证书者，同时缴销领折。

第十三条　颁授勋章日期在六月以前者，其本年年金准照全年支给，在七月以后者，其本年年金照半年支给。

第十四条　受勋人身故者，得领其本年之全年年金，但领讫后领折随同缴销。

第十五条　冒领他人年金或受勋人身故不报而继续冒领者，除追缴年金外，并科以相当罪刑。

第四章　呈报叙勋及颁给勋章手续

第十六条　凡呈报叙勋者，仍照规定填具勋绩调查表四份，以备核转，其表内之作战月、日、地点、战役经过、所得战果均须注明。

第十七条　最高军事机关对于有功官兵之核领□□勋章者，应即通知原呈报长官取具受勋人四寸半身照片六张，连同勋绩调查表咨院转请国民政府核定颁发。

第十八条　国民政府核准颁发受勋人□□勋章后，应即行知最高军事机关分别饬知所隶长官，或原请机关，一面转知军需署，填具年金领折送达最高军事机关，以备转发。

第十九条　勋章由国民政府主席或最高军事长官亲授者，其年金领折由最高军事机关另文转发。

第二十条　勋章及证书除前条亲授者外，其余发由最高军事机关汇同领折发由所隶长官代授或派员代授之。

第二十一条　勋章及证书暨年金领折均编年号数，由最高军事机关登记之。

第二十二条　勋章证书及年金领折，均粘贴受勋人照片加盖硬印，前项照片由最高军事机关征取转送粘贴之。

第二十三条　勋章证书及年金领折之格式另定之(如附式)。

第五章　勋章制式及佩带规定

第二十四条　勋章之形式另定之(如图)。

第二十五条　章绶之规定如左：

一、一等各级勋章以领绶佩带之。

二、二、三等各级勋章以襟绶佩带之。

领绶、襟绶之形式色别另定之(如图)。

第二十六条　各级勋章之勋表其形式另定之(如图)。

第二十七条　各级勋章于着礼服、军礼服时佩带之，着军常服时只佩勋表。

第二十八条　各级勋章之佩带法如左：

一、一等各级勋章以领绶佩于领下。

二、二、三等各级勋章以襟绶佩于上衣左襟与第一纽下二公分相平横线上之适宜位置。

三、各等勋表均佩于左襟衣袋上方，距袋口线二公分成平行。

第二十九条　一等各级□□勋章，如与其他领绶勋章(例如三等宝鼎章)同佩带时，只佩□□勋章于领下，而将其他领绶勋章(例如三等宝鼎章)，佩于衣服第二纽，不用领绶。

第三十条　二、三等各级□□勋章如与其他襟绶勋奖章同佩时，应照自右至左之次序，佩于青天白日勋章与宝鼎勋章之间。

（例如）一、国光勋章。二、青天白日勋章。三、□□勋章。四、宝鼎勋章。五、空军复兴荣誉勋章。六、云麾勋章。七、各种奖章、纪念章等顺序排列之。

第三十一条　佩带勋表时，亦按照前条规定之次序。

第六章　附则

第三十二条　勋章授与之仪式，依照陆海空军一般授勋仪式行之。

第三十三条　勋章及证书因遗失声请补发时，应报由所隶长官（退役后呈报管区或地方长官）查核详实，层转最高军事机关核转补发。

第三十四条　补发勋章与初级颁发之手续略同，惟不举行仪式。

第三十五条　受勋人身故时，所隶或地方长官应层报最高军事机关备案。

第三十六条　本细则自公布之日施行。

〔军委会军令部档案〕

6. 军事委员会公布军用电讯工作人员惩奖暂行规则令

（1939年12月17日）

国民政府军事委员会公布令　办制渝字第994号

兹修正军用电讯工作人员惩奖暂行规则，公布之。此令。

委员长　蒋中正

中华民国二十八年十二月十七日

修正军用电讯工作人员惩奖暂行规则

第一条　凡军用电讯工作人员（包括译电人员在内）于服务

时，有过犯不涉及刑事范围应予惩罚，或著有劳绩应予奖励，除另有规定者照其规定外，概依本规则行之。

第二条　同一事件具有二种以上惩罚者，从其重者惩罚。同一事绩具有二种以上奖励者，从其重者奖励。

第三条　惩奖之种类如左：

甲、惩罚：

（一）撤职。

（二）停职。

（三）降级待遇。

（四）罚薪。

（五）记过。

（六）申诫。

乙、奖励：

（一）升用。

（二）记升。

（三）奖章。

（四）褒状。

（五）奖金。

（六）记功。

（七）嘉奖。

第四条　凡军用电讯工作人员，有左列行为之一者，得核其情节轻重，予以撤职、停职、或降级待遇之处分：

（一）加急电报，因特别故障，未能依限发出，不立即报告者。

（二）无线电报头报尾，不遵照译用规定之报头报尾密码者。

（三）有转报之责，托故推诿拒绝转递者。

（四）机件良好，天候适宜，呼应畅便时，有报搁置不发或托词拒绝收发者。

（五）传递或收转电讯，不按缓急次序者。

（六）漏发或漏送电报者。

（七）机件损坏迁延不修，或久不报告在二十四小时以上者。

（八）私自取费收发商电者。

（九）受人请托或私自将私事电报混作官电或公电递发者。

（十）值班人员擅离机器者。

（十一）不实行二十四小时工作制者。

（十二）不遵守拍发军电须知关于各军用无线电台队班应注意事项、各重要规定者。

第五条　凡军用电讯工作人员有左列情形之一者，得核予罚薪或记过、申诫之处分：

（一）在机上随意用明码或外国语谈话，或相互通知所在地址，或擅自问答部队驻地，及当地气候等事项者。

（二）在机上互相争闹詈骂，或措词下逊者。

（三）接替班次迟到早退者。

（四）工作不力者。

（五）对于机件材料不加爱护，或任意耗费公物者。

（六）电报之误送、迟送，或误译、迟译、漏译者。

（七）发现私事电报，不予扣留呈报者。

（八）私自擅发公电者。

（九）收发明码电报及关于复悉之明码电报，不用报头报尾密码译发者。

（十）收到来电不将报头报尾密码完全译出投送者。

（十一）不遵守拍发军电须知关于各军用无线电台队班应注意事项、各规定者。

第六条　凡军用电讯工作人员，有左列情形之一者，按其情节轻重予以升用、记升、奖章、褒状之奖励：

（一）能设法获得敌方之秘密呼号、暗号、挂号、密码及其机要有裨作战者。

（二）破坏敌人通信网，或截获敌人重要电讯因而奏功者。

（三）战区发生危险时，指挥得当，应付有方，得保全机械材料之全部或其重要部份者。

（四）遭敌压迫能利用电讯与友军取得联络，因而解围者。

（五）因电讯传递敏捷，使军事上获得非常胜利者。

第七条 凡军用电讯工作人员有左列情形之一者，得核予奖章奖金或记功之奖励：

（一）最困苦时毅然从事工作不辞辛劳，且足振起他人志气者。

（二）能不失时机迅捷传递军讯，或架设线路使军事进行节节顺利，而工作特别努力者。

（三）扰乱或阻碍敌人电讯，确有实效者。

（四）在我阵地内发现敌方间谍私设通信机关立即报告，因而捕获者。

（五）一般工作人员中成绩特优者。

第八条 凡军用电讯工作人员遇有左列情形之一者，得核予记功或嘉奖之奖励：

（一）在战区内从事战斗，能保护机件使之从不发生故障，随时运用灵活者。

（二）工作努力，行为谨慎者。

（三）能特别节省器材及公物者。

第九条 本规则自公布日施行。

〔国民政府国防部史政局及战史会档案〕

7．军事委员会公布陆海空军武功状给予办法训令

（1940年1月15日）

国民政府军事委员会训令 办制渝字第1067号

令军令部

本会为表彰作战特别忠勇将士或部队，经制定陆海空军武功状给予办法明令公布，应即通饬施行。除分令并函行政院查照外，合行抄发该项办法令仰知照并转饬所属一体知照。此令。

计抄发陆海空军武功状给予办法一份。

委员长　蒋中正

中华民国二十九年一月十五日

陆海空军武功状给予办法

第一条　陆海空军军人或部队战时捍御外侮著有特殊武功者，除陆海空军勋赏或奖励条例另有规定外，得依本办法之所定给予陆海空军武功状。

立功人员虽经死亡，但其武功经查明转报时，仍得给予之。

第二条　给予陆海空军武功状之标准如左：

一、作战特别忠勇，其武功战绩足为军人之模范者。

二、受特别任务冒险在敌前活动，使我军得到胜利者。

三、于战争中救上官之危急，或俘获敌之重要军官及夺获敌军联队旗者。

四、所立武功足资矜式，为前列各项所未载者。

第三条　给奖手续如左：

一、各部队在战役中遇有合乎前条之规定者，应即详细缮具立功事绩表，呈由所隶最高长官转呈军事委员会核给武功状。

二、军事委员会委员长，对于合乎前条规定之官兵或部队，得直接颁给武功状。

第四条　武功状颁由部队独立单位以上长官代授，并将事绩公告全军。

第五条　前项事绩除填列武功状暨抄送军令部战史编纂委员会外，并送交中央宣传部、军事委员会政治部等宣传表扬，另送《政府公报》登载。

第六条　武功状之制式另定之(如附式)。

第七条　颁受武功状者，仍得依照其他规定，以勋给奖。

第八条　武功状因正当原因遗失时，得予补发，但经寻获时，应将旧状报请注销。

第九条　应颁武功状人员，虽经身故或已受武功状而身故者，其武功状均由遗族保存，藉资纪念。

部队所受武功状遇长官更替时，应妥为移交，永久保存。惟改编或解散时，应呈缴军政部保存。

第十条　本办法自公布日起施行。

附式：陆海空军武功状〔略〕。

〔国民政府国防部史政局及战史会档案〕

8. 军事委员会公布陆海空军军官佐属因案停职待讯处理办法训令

(1941年6月24日)

国民政府军事委员会训令　铨二渝字第一七一一二号

令本会政治部

兹制定陆海空军军官佐属因案停职待讯处理办法，公布之。此令。

附发办法一份。

委员长　蒋中正

中华民国三十年六月二十四日

陆海空军军官佐属因案停职待讯处理办法

一、陆海空军军官佐属因有犯罪嫌疑必须收押侦讯者，应即予以待讯停职(以收押之日为停职日期，各附属机关在规定职权范围以内者，得迳行发布停职命令后呈报备案，职权范围规定以外之人员，应专案呈请停职)。

二、凡因犯罪嫌疑未经收押准许交保听候侦讯人员，除其犯罪嫌疑有关于本职者外，仍照旧服行其职务，自服押之日起照前条规定办理。

三、因案收押之人员，经侦审终结后，依左列各款办理之：

1. 判决有罪者，除业予停职处分外，自判决确定之日撤职，但宣告缓刑而无消极资格之限制，经本会认为确有特殊需要之人员得予复职。

2. 判决无罪或裁决毋庸付军法会审，或因尚无刑事上责任，刑事部份报准免议而有行政上过犯应受行政处分者，除应受停职或撤职处分者外，准予回职及补发其收押期间之薪给。

3. 判决无罪或毋庸付军法会审而无行政过犯及在刑事上行政上均无责任报准免议者，一律准予回职及补发其收押期间之薪给。

四、因案收押之人员，在侦讯中准予交保在外候讯者，除其犯罪嫌疑有关于本职者外，得斟酌情形，暂准先行回职，以回职之日复行起支薪给，侦审终结后仍照第三条各款规定办理。

准予回职而不遵令回职者予以撤职。

五、凡因案应受撤职处分，再交军法审判人员，经审理终结无论确定刑事部份有无责任，在其撤职原因未消灭以前不得复职。

六、士兵亦得比照本办法办理。

七、本办法自公布之日施行。

〔军委会政治部档案〕

9. 军事委员会新增忠勇忠勤忠贞三种勋章颁给准则及佩带法训令

(1944年9月23日)

国民政府军事委员会训令　铨办字第四八九七号

令政治部

查陆海空军勋赏条例及奖励条例中,所定勋奖章种类太少,每感不敷运用。为求适应需要起见,特增制忠勇勋章、忠勤勋章、忠贞奖章等三种。兹先将上列三种勋奖章之颁给标准以及佩带法呈请暨颁给手续等开列如次:

甲、颁给标准

(一)忠勇勋章——忠勇勋章不分等级,凡陆海空军军人捍卫外侮〔原文如此〕,坚守阵地,负伤不退,特著忠勇战功者颁给之。

(二)忠勤勋章——忠勤勋章不分等级,凡陆海空军各部队(舰队、航空队)机关学校之军官佐服役十年以上未兼外职,其服役行为足资矜式者颁给之。

(三)忠贞奖章——忠贞奖章不分等级,凡陆海空军军人军属在捍卫外侮中〔原文如此〕,为对抗顽敌强人达成任务建立光荣事迹因而负伤者颁给之。

乙、佩带法

(一)忠勇勋章——忠勇勋章以襟绶佩于左襟,位于云麾勋章之左。

(二)忠勤勋章——忠勤勋章以襟绶佩于左襟,位于忠勇勋章之左。

(三)忠贞奖章——忠贞奖章以襟绶佩于左襟,位于华胄荣誉奖章之左。

丙、呈请及颁给手续

(一)忠勇勋章——忠勇勋章之颁授仪式、呈报等以及其他一切事项，依陆海空军勋赏条例暨施行细则、叙勋限制办法等之规定办理。

（二）忠勤勋章——忠勤勋章之颁授、呈报等手续与前项同。

（三）忠贞奖章——忠贞奖章之颁授及呈报等手续，依陆海空军奖励条例及施行细则之规定办理。

以上各项除分别呈令外，合行令仰知照并饬属一体知照。等因；奉此。合行令仰遵照。此令。等因。除分令外，合行令仰遵照。此令。

委员长　蒋中正

中华民国三十三年九月二十三日

〔军委会政治部档案〕

10. 军事委员会关于各级军官佐佩带勋奖章训令

（1944年10月20日）

国民政府军事委员会训令　铨办籍字第四六一八号

令政治部部长张治中

查陆海空军勋奖章及勋奖表佩带法，业于本年八月十四日以铨办籍字第三五九一号训令颁行在案。兹为提倡重视勋奖章及勋奖表之风气起见，特再通令：此后凡受有勋奖章之各级军官佐，平日穿着军服时得佩带勋表奖表，如参加庆典时不论穿着礼服或军常服，均须佩带勋章奖章，以示尊重勋奖。除分令外，合行令仰遵照并转饬所属一体遵照为要。此令。

委员长　蒋中正

中华民国三十三年十月二十日

〔军委会政治部档案〕

11. 第六战区司令长官司令部政治部转发军政部修正反正官兵奖励办法代电

（1945年1月10日）

第六战区司令长官司令部政治部代电　中华民国三十四年元月十日　民字第七五七号

暂35师政治部：密奉总部军二宣发字第2379号支筱密代电开：密。案奉准军政部(卅三)务游九〇九八五号代电开：查反正官兵奖励办法颁行日久，关于奖金部分与目前物价指数相差悬远，实不足以资鼓励，经会同各关系机关修正公布。除分行外，特电准查照。等因；附修正办法一份，准此。除分电外，合行抄发原修正办法一份，仰即遵照为要。等因。除分电外，兹抄发原件电仰遵照为要。主任鲁宗敬。子灰。特印附抄修正反正官兵奖励办法一份。

反止官兵奖励办法　三十三年八月修正

第一条　伪陆海空军反正之官长士兵，其奖励均依本办法行之。

第二条　反正之官长士兵，如于脱离伪军时携带随身武器或马匹、舰艇、飞机来归，除照原级职仍与以相当工作，并按左列之规定分别给与奖金：

（1）步枪每枝壹仟元。

（2）手枪每枝壹仟伍佰元。

（3）手榴弹每枚贰佰元。

（4）掷弹筒每具伍佰元。

（5）迫击炮每门伍仟元。

（6）轻机关枪每挺叁仟元，重机关枪每挺壹万元

（7）山炮每门贰万元，野炮每门陆万元，

（8）战车每辆贰拾万元。

(9) 舰艇按吨位及损坏情形而定。

(10) 侦察机每架四十八万元，驱逐机、轻轰炸机每架玖拾万元，重轰炸机每架壹佰伍拾万元。

(11) 马匹每头贰仟伍佰元。

第三条　建制部队由主官率领全队来归者，按左列之规定给予奖金：

甲、陆军

(1) 满百人以上之连，枪枝在七成以上者，连长奖金壹万元，部队奖金贰万元。

(2) 满四百人以上之营，枪枝六成以上者，营长奖金叁万元，部队奖金伍万元。

(3) 满千人以上之团，枪枝在六成以上者，团长奖金伍万元，部队奖金拾万元。

(4) 满贰千人以上之旅，枪枝在五成以上者，旅长奖金拾万元，部队奖金贰拾万元。

(5) 满陆千人以上之师，枪枝在六成以上者，师长奖金拾伍万元，部队奖金叁拾万元，附有特种部队者，依前条第五款至第拾【款】受款之规定给奖。

率队来归之师旅长，除规定给奖外并得呈请国府褒奖之。

乙、空军

(1) 配备作战飞机贰拾柒架以上之空军部队，除其飞机依第二条第十款及第六条之规定核奖外，其余空地勤人员携同其原装炮达六成以上来归者，部队长奖金伍拾万元，部队奖金壹佰万元。

(2) 配备作战飞机九架以上之空军部队，除其飞机依第二条第十款及第六条之规定核奖外，其余空地勤人员携同其原装配达六成以上之来归者，部队长奖金拾万元，部队奖金贰拾万元。

(3) 配备作战飞机三架以上之空军部队，除其飞机依第二条第十款及第六条之规定核奖外，其余空地勤人员携同其原装配备六成以上来归者，部队长奖金五万元，部队奖金拾万元。

第四条 特种部队。如非随大部队来归而由直接主官率领来归者，依左列规定办理之：

（1）重机关枪排（二挺），排长奖金壹万元，部队奖金贰万元。

（2）迫击炮排（二门），排长奖金七千伍佰元，部队奖金壹万伍千元。

（3）重机关枪连（四挺），连长奖金贰万元，部队奖金四万元。

（4）迫击炮连（四门），连长奖金壹万伍千元，部队奖金叁万元。

其他特种兵，如高射炮连、战车防御连（排）等，按情形重赏之。

第五条 来归人枪不合前二条规定之数额者，其奖金得依各条之规定比例给与之。

第六条 前列第二、第三、第四各条所称之枪炮、马匹、飞机、战车等，均系指经点验后，确堪使用者而言，如损坏一部尚可修理者，奖金结半数，如已损坏者，奖给四分之一。

第七条 反正之部队于反正之际，以战略或战术上有价值之地点，呈献于国军者，于除通用前列各条给奖之规定外，并按情形呈请国府褒奖之。

第八条 反正之官兵在来归之前，能将敌军官或主要将校杀害，或毁坏其重要兵器器材及交通线仓库、空军根据地、军需品等类，确属实者，得视其价值轻重给予重赏。

第九条 反正之官兵来归时，有能揭发敌外交上或军事上之机密（如作战计划、要塞情形、交通网、谍报网、兵站基地等），有利于国军之作战者得重赏之。

第十条 建制部队之主官（如排、连、营、团、旅、师长等）率部来归、经点验后部队仍归其率领并任以同等阶级之职务。

第十一条 反正部队经点验后，有需补充者，系照国军情形一律补充之。

第十二条　本办法自公布日施行。

〔军委会政治部档案〕

12. 国民政府公布空军勋奖条例

（1945年6月14日）

空军勋奖条例　三十四年六月十四日公布

第一条　中华民国空军军人，于维护世界正义和平、消灭侵略主义之全面战争中，著有战功或勋绩，其授勋给奖，除法律另有规定外，依本条例行之。

同盟国空军军人，或陆海军军人，指挥或协助空军作战，因而立功者，其授勋给奖，适用本条例之规定。

第二条　勋章之种类如左：

一、大同勋章。

二、河图勋章。

三、洛书勋章。

四、乾元勋章。

第三条　奖章之种类如左：

一、鹏举奖章。

二、云龙奖章。

三、飞虎奖章。

四、翔豹奖章。

五、雄鹫奖章。

六、彤弓奖章。

第四条　勋章、奖章均用襟绶，不分等级。

第五条　合于左列各款之一者，得颁授大同勋章：

一、高级指挥官于空中或地面指挥得力，运筹适力，致获全功者。

二、作战获得战果，为整个战争胜利之关键者。

三、在作战飞行八百小时，或参与作战任务二百次，或战地运输一千二百小时以上，有特殊英勇之表现与成就者。

第六条　合于左列各款之一者，得颁授河图勋章：

一、战斗间处置妥善，使全军获得重大之胜利者。

二、在作战飞行六百小时，或参与作战任务一百五十次，或战地运输九百小时以上，有特殊英勇之表现与成就者。

第七条　合于左列各款之一者，得颁授洛书勋章：

一、协助陆海军作战，适合机宜，有利于全般战局者。

二、在作战飞行四百小时，或参与作战任务一百次，或战地运输六百小时以上，有特殊英勇之表现与成就者。

第八条　合于左列各款之一者，得颁授乾元勋章：

一、协同陆海军作战，适合机宜，获得重大之胜利者。

二、在作战飞行二百小时，或参与作战任务五十次，或战地运输三百小时以上，有特殊英勇之表现与成就者。

第九条　空军军人在战斗进行间，自动表现超越寻常之英勇行为，或有特异之成就者，得不受前四条所定时间与次数之限制，颁授勋章。

第十条　陆海军军人指挥或协助空军作战，建立功绩者，得比照第五条至第八条之规定颁授勋章。

第十一条　颁给奖章之标准如左：

一、作战飞行满六百小时，或参与作战任务一百五十次，或战地运输满九百小时，而有相当之成就者，给与鹏举奖章。

二、作战飞行满五百小时，或参与作战任务一百二十五次，或战地运输满七百五十小时，有相当之成就者，给与云龙奖章。

三、作战飞行满四百小时，或参与作战任务一百次，或战地运输满六百小时，有相当之成就者，给予飞虎奖章。

四、作战飞行满三百小时，或参与作战任务七十五次，或战地运输满四百五十小时，有相当之成就者，给予翔豹奖章。

五、作战飞行满二百小时，或参与作战任务五十次，或战地运输满三百小时，有相当之成就者，给予雄鸷奖章。

六、作战飞行满一百小时，或参与作战任务二十五次，或战地运输满一百五十小时，有相当之成就者，给予彤弓奖章。

第十二条　陆海军军人协助空军作战，著有功绩或劳绩者，得比照前条各款之规定颁给奖章。

第十三条　空军军人在未满第十一条各款所定时限与次数以前，而有英勇之行为或著〔卓〕越之成就表现者，得依次迳给相当之奖章。

第十四条　每种勋章、奖章，每人以领受一次为限，续立功绩仍应授予本条例所定同等勋章、奖章之一者，得依次于各该勋章之上加佩勋标，奖章之上加佩奖标。

第十五条　勋章、奖章、勋标、奖标之制式，依附图之所定。

第十六条　勋章由国民政府明令颁授，填给证书，奖章由军事最高机关颁给，发给执照；勋标、奖标之颁发，由军事最高机关以命令行之，并呈报国民政府备案。

第十七条　勋章、奖章之颁授、颁给、呈报、仪式、佩带及其他事项，本条例未规定者，参照陆海空军勋赏条例、陆海空军奖励条例之规定行之。

第十八条　勋章、奖章、勋标、奖标遗失时，得声叙原案及遗失原因，呈请补发，但原件查出时，应即呈缴注销。

第十九条　受勋奖人身故时，勋章、奖章及勋标、奖标均免缴销。

第二十条　身故人员生前建立功绩者，得依本条例之规定追赠之。

第二十一条　本条例自公布日施行。

〔国民政府档案〕

(2) 陆海空军抚恤法规

1. 军事委员会抄发陆军抚恤暂行条例训令

(1941年3月17日)

军事委员会训令　办制渝字第2542号

令军令部

案奉国民政府本年三月三日渝文字第二五一号训令开：为令知事。查陆军抚恤暂行条例，前经制定明令公布。兹将该条例明令定自民国三十年四月一日起施行，所有陆军平战时抚恤暂行条例同时废止，应并通令饬知。除分令外，合行令仰知照，并转饬所属一体知照。等因；奉此。除分令会内外各机关外，合行令仰知照，并转饬所属一体知照。此令。

委员长　蒋中正

中华民国三十年三月十七日发

陆军抚恤暂行条例　二十九年九月二十七日府令公布

第一条　陆军伤亡官佐、士兵，其抚恤悉依本条例行之。

军法官、军用文官、军用技术人员、政治训练人员等，得准照本条例抚恤。

第二条　抚恤分为战时平时两种，其范围规定如左：

甲、战时。

一、因捍卫国家而伤亡者。

二、因从事征伐而伤亡者。

乙、平时。

一、因绥靖地方而伤亡者。

二、现役军人在平时服务期间，备役军人在平时应召期间伤亡者。

第三条　平战时官佐、士兵之伤亡区别如左：

一、阵亡。

二、因公殒命。

三、积劳病故。

四、临阵受伤及因公受伤。

五、伤剧殒命。

第四条　第三条所列之伤亡，其抚恤金分别如左：

一、一次恤金，按死亡者阶级议准给恤时，依照恤金表数目，给与该死亡者遗族恤金一次。

二、年抚金，按伤亡者阶级议准给恤时，依照恤金表数目，分别给与受伤者及死亡者遗族年抚金。

第五条　有左列事故之一者均为阵亡：

一、临阵殒命。

二、御乱被戕。

三、在法定期限内伤剧殒命者。

第六条　阵亡之抚恤区别如左：

第五条第一款临阵殒命为战时阵亡，依恤金第一表给恤。

第五条第二款御乱被戕为平时阵亡，依恤金第二表给恤。

第五条第三款伤剧殒命，战时依恤金第一表给恤，平时依恤金第二表给恤。

第七条　有左列事故之一者，均为因公殒命：

一、战时因公忽罹各种灾害因而殒命者。

被敌机轰炸伤亡者，照第二十四条死事惨烈例晋一级办理。

二、服特别任务失事殒命者（但深入敌区服特别任务因而失事殒命者，得照第五条第一、二两款阵亡例给恤）。

三、平时因公误罹各种危险因而殒命者。

第八条　因公殒命之抚恤区别如左：

第七条第一款因公殒命者，为战时因公殒命，依恤金第三表给恤。

第七条第二款因公殒命者，战时依恤金第三表给恤，平时依恤金第四表给恤。

第七条第三款因公殒命者，为平时因公殒命，依恤金第四表给恤。

第九条　有左列事故之一者，均为积劳病故：

一、战时随同出征，因尽瘁职务而病故者。

二、战时担任后方勤务及参加一切作战业务，因尽瘁职务而病故者。

三、平时著有勋劳，经勋奖有案而病故者。

四、不合于前三款之规定，而服务满五年或十五年以上而病故者。

第十条　积劳病故之抚恤区别如左：

第九条第一款第二款因病身故者，为战时积劳病故，依恤金第五表给恤。

第九条第三款、第四款因病身故者，为平时积劳病故，依恤金第六表第一号给恤。

不合于前四款之规定而病故者，依恤金第六表第二号只给一次恤金，不给年抚金。

第十一条　受伤分左列两种：

一、临阵受伤。

二、因公受伤。

第十二条　受伤之抚恤区别如左：

第十一条一、二两款合于战时者，分别伤等，依恤金第七表给恤，合于平时者，分别伤等，依恤金第八表给恤。

第十三条　平战时受伤官佐、士兵治愈后，其等第依左表检定之。

一等伤	两目皆盲者。	二等伤	一手或一足全肢残废者。	三等伤	一手失去拇指或其他二指者。
	失去一手或一足以上者。		一手失去拇食二指或三指以上者，一足之五指及足之一部失去者。		一足失去三指以上者，聋一耳者，或鼻脱落者，视力障碍者。
	咀嚼及言语机能均废者。		两耳俱聋或盲一目者。		重要脏器受伤，有再发之虞者。
	生殖器损失者。		咀嚼言语机能重大障碍者。		伤难治愈，精神上贻有重大障碍者。
	身躯瘫废者。		重要脏器受伤而贻后症，确系治愈无望有危及生命之虞者。		
	与上列各项相当之伤废者。		与上列各项相当之伤废者。		与上列各项相当之伤废者。

第十四条　受伤治愈业经填发恤伤给与令者，如发现其伤等与原令不符时，得重新检定，更正其恤伤令。

第十五条　凡负伤官佐、士兵，按照第十九条规定给恤期满，尚贻有残废情形复求续恤者，应填具请求验伤报告表（如附表第十二），粘附二寸半身脱帽相片四张，呈由各该县市政府核办，其手续如次：

一、县市政府据呈后，即将验伤报告表函送驻在就近地方之陆军医院或陆军最高军医机关（如军或师部之军医处或团医务所等），并饬具呈之伤员兵迳投验伤。

二、各陆军医院或医务机关验伤后，应于原表现有伤残状况栏内详细填明负伤部位、负伤种类及残废状况，备函将表检还原送之市县政府，按表内附记之规定，分别存转。

三、各县市如无上列之军医院或其他陆军医务机关时，得函由地方公立医院或经官署备案之私立医院检验之，验毕由院长将验明伤残状况于原表内详细填明签名盖章，并加具负责证明书，备函检还市县政府核办。

第十六条　伤剧殒命者，其抚恤区别如左：

一、作战受伤在六个月内伤剧殒命者，依恤金第一表及第二表分别给恤，在期限外依恤金第三表及第四表分别给恤。

二、因公受伤在六个月内伤剧殒命者，依恤金第三表、第四表分别给恤，在期限外伤发殒命者，依恤金第五表及第六表第一号分别给恤。

三、如非伤发确系因病身亡者，均依恤金第五表及第六表第一号分别给恤。

第十七条　恤金给与令分恤亡、恤伤两种(如附表第十三、第十四)，为六联单式：(一)存根；(二)恤金给与令；(三)甲备查；(四)乙备查；(五)丙备查；(六)丁备查。均各编列字号，骑缝处加盖军事委员会印，其第一联存根存本会经办处备查，第二联恤金给与令发给受恤人，第三联甲备查交各省市政府备查，第四联乙备查交财政部备查，第五联丙备查交审计部备查，第六联丁备查交本会发款处备查。

第十八条　恤金给与令应候请恤调查表函送行政院转奉国民政府批准后方得填给，但在战时之阵亡、阵伤官兵或其他特殊情形时，得由军事委员会先行填发呈请备案。

第十九条　平战时伤亡官佐、士兵一次恤金及第一年年抚金，应自填发恤令之年起领，其年抚金给与之年限如左，限满即将恤令收缴注销：

一、战时阵亡之年抚金以给与二十年为止，平时阵亡之年抚金以给与十五年为止。

二、战时因公殒命之年抚金以给与十年为止，平时因公殒命之年抚金以给与七年为止。

三、第九条第一、第二、第三款积劳病故之年抚金均给与五年为止，第四款积劳病故之年抚金其服务五年以上者给与三年为止，服务十年以上者给与五年为止，服务十五年以上者给与七年为止。

四、平战时官佐、士兵受伤年抚金之给与，一等伤七年，二等伤五年，三等伤三年，期满将恤令收缴注销。但仍须重行检定伤等复请续恤者，其手续照第十五条规定办理。

五、受伤治疗后，仅贻轻度之机能障碍，不合于伤等之规定者，照三等伤例给与一年年抚金，若毫无肢体及器官之损折障碍者，应不给恤。

第二十条　应受恤金之遗族如左：

一、父母。

二、妻及子女（再醮或出嫁者不在内，下仿此）。

以上遗族均存者，依照家属互相扶养义务，所领恤金应予计口均分，有父母者恤令由父母保存，无父母者由妻及子女保存，父母有其他子女足以扶养者，应将恤令交其妻及子女保存。

三、无上列遗族时，给其祖父母及孙。

四、上列遗族俱无者，给其未成年之胞弟妹（给至其成年为止）。

第二十一条　受领年抚金者，如有左列事故之一，得分别停止年抚金或注销其恤金给与令。

甲、属于受伤者：

一、违反党纲查有确据者。

二、开除军籍者。

三、免官或判处徒刑三年以上者。

四、丧失中华民国国籍者。

五、本人身故者。

六、自恤令领到之日起五年之内未曾具领恤金，或按年具领恤金忽然连续停领逾五年以上者（但有特殊情形者不在此限）。

乙、属于死亡者之遗族受领年抚金者：

一、丧失中华民国国籍而无其他合法遗族者。

二、免官或判处徒刑三年以上而无其他合法遗族者。

三、第二十条列举之遗族全部死亡者。

四、自恤令领到之日起五年之内未曾具领恤金，或按年具领恤金忽然连续停领逾五年以上者(但有特殊情形者不在此限)。

第二十二条　凡请恤案，各该长官须将调查表随案呈送，其手续如左：

一、受伤者。应由原治疗之陆军医院在治疗经过后，检定受伤等第，造具调查表(依第十一表格式)，连同二寸脱帽半身相片四张，一并呈由主管机关呈报军事委员会转呈国民政府给恤。但未经陆军医院治疗者，得由原部队之军医处或团医务所或住在地公立及备案之私立医院，检定受伤等第，出具调查表，连同照片，呈由原部队直属长官查明签名盖章，盖用关防转呈核办。

二、死亡者。应由原部队最高主官填具甲种请恤调查表(依第九表格式)，呈报军事委员会查核(表内载明合法遗族姓名、住址者，提前转呈国民政府核恤)，并将乙种请恤调查表(依第十表格式)寄交其本籍或住在地县(市)政府转给其遗族着照填缴，各该县(市)政府即就表列各项查明签名盖章，盖用印信，呈送省政府转呈军事委员会查核。其原部队已编并者，即由编并之部队填；其原部队已解散或再三编并者，得由地方政府查明依例呈请核恤，但仍以曾经原部队册报或呈报有案者为限。如无前项手续，经国民政府先行给恤者，应饬原主管长官于事后补具请恤调查表呈报备案。

第二十三条　各官佐、士兵抚恤，均以其伤亡时所任之职阶为准，如有兼任上阶职务者，得照较高之阶级办理。

第二十四条　伤亡官兵晋级给恤之规定如左：

一、凡官佐、士兵合于本条例第二条甲项第一款者，得各晋一级给恤。

二、凡官佐、士兵合于本条例第二条甲项第二款及乙项第一、二两款情形死亡，而其生前功勋卓著，或临阵率先遇害，或死事惨烈者，得呈清从优晋一级给恤(至恤金表内有上下各级之金额相同者，得推进计算，以所领恤金较多于原阶为止)。

伤亡官兵其迳由国民政府特别议恤者，不在此限。

第二十五条　战地官佐、士兵，因作战生死不明，宣告失踪时，经原部队查明册报或呈报有案，于一年以外尚无消息者，得由原部队查明确实，造具调查表，或由其合法遗族取具证明文件，造具调查表，呈由地方政府分别呈转核恤。

合于本条规定者，得照阵亡例办理。

第二十六条　失踪官兵经颁发恤令，嗣复自行归队或回原籍迳投该管地方政府陈明不能归队之原因者，应立将恤令缴呈军事委员会注销，已领恤金酌予从宽办理。如不归原队而又回籍隐匿不报，仍行朦领恤金者，一经查明或被举发，除追缴恤令恤金外，其本人及家属均依法论罪。

第二十七条　陆军官佐、士兵在空军服务者，其抚恤事项均按本条例办理。

第二十八条　战时各军雇佣人员，从事战役或临阵死亡，或因公殒命，或罹各种伤痍时，得按其职务之性质，分别参照各恤金表给与相当之恤金。

第二十九条　陆军学生在毕业后见习期间，遇有伤亡时，按准尉例给恤，肄业期间，按军士例给恤。

第三十条　本条例施行日期，另以命令定之。

〔军委会联勤总司令部档案〕

2. 国民政府公布海军抚恤暂行条例指令

(1942年4月22日)

国民政府指令　渝文字第五二二号

令行政院

三十一年三月三十一日顺式字第五六六一号呈一件，为准军事委员会函，拟将海军平战时抚恤暂行条例改订为海军抚恤暂行条例，送请转呈公布等由，缮具改订条例，呈请鉴核公布由。呈件均悉。海军抚恤暂行条例，业经明令公布，并通令饬知矣。仰即转行知照，并将施行日期拟定，呈候公布。此令。

主　　席　林　森

行政院院长　蒋中正

中华民国三十一年四月二十二日

海军抚恤暂行条例　三十一年四月二十二日公布

第一条　海军伤亡官佐、士兵其抚恤悉依本条例行之。军法官、军用文官、军用技术人员、政治训练人员等(简称军属)，得准照本条例抚恤。

第二条　抚恤分为战时、平时两种，其范围之规定如左：

甲、战时。

一、因捍卫国家而伤亡者。

二、因从事征伐而伤亡者。

乙、平时。

一、因绥靖地方而伤亡者。

二、现役军人在平时服务期间、备役军人在平时应召期间伤亡者。

第三条　平战时官佐、士兵之伤亡区别如左：

一、阵亡。

二、因公殒命。

三、积劳病故。

四、临阵受伤及因公受伤。

五、伤剧殒命。

第四条　第三条所列之伤亡，其抚恤分别如左：

一、一次恤金，按死亡者阶级议准，给恤时依照恤金表数目，给该死亡者遗族恤金一次。

二、年抚恤金，按伤亡者阶级议准给恤时依照恤金表数目，分别给与受伤者及死亡者之遗族年抚金。

第五条　有左列事故之一者，均为阵亡：

一、临阵殒命。

二、御乱被戕。

三、在法定期限内伤剧殒命者。

第六条　阵亡之抚恤区别如左：

第五条第一款临阵殒命为战时阵亡，依恤金第一表给恤。第五条第二款御乱被戕为平时阵亡，依恤金第二表给恤。第五条第三款伤剧殒命，战时依恤金第一表给恤，平时依恤金第二表给恤。

第七条　有左列事故之一者，均为因公殒命。

一、战时因公忽罹各种灾害，因而殒命者，被敌机轰炸伤亡者，照第二十二条死事惨烈晋升一级办理。

二、服特别任务失事殒命者（但舰艇潜驶敌海或员兵深入敌区服特别任务，因而失事殒命者，得照第五条第一、二两款阵亡例给恤）。

三、平时因公误罹各种危险，因而殒命者。

第八条　因公殒命之抚恤区别如左：

第七条第一款因公殒命者，为战时因公殒命，依恤金第三表给恤。

第七条第二款因公殒命者，战时依恤金第三表给恤，平时依恤金第四表给恤。

第七条第三款因公殒命者，为平时因公殒命，依恤金第四表给恤。

第九条　有左列事故之一者，均为积劳病故：

一、战时随同出征，因尽瘁职务而病故者。

二、战时担任后方勤务及参加一切作战业务，因尽瘁职务而病故者。

三、平时著有勋劳，经勋奖有案而病故者。

四、不合于前三款之规定，而服务经五年或十年以上或十五年以上而病故者。

第十条　积劳病故之抚恤区别如左：

第九条第一款、第二款因病身故者，为战时积劳病故，依恤金第五表给恤。

第九条第三款、第四款因病身故者，为平时积劳病故，依恤金第六表第一号给恤。

不合于前四款之规定而病故者，依恤金第六表第二号只给一次恤金，不给年抚金。

第十一条　受伤分左列两种：

一、临阵受伤。

二、因公受伤。

第十二条　受伤之抚恤区别如左：

第十一条第一、二两款合于战时者，分别伤等依恤金第七表给恤，合于平时者，分别伤等依恤金第八表给恤。

第十三条　平战时受伤官佐、士兵治愈后，其等第依左表检定之：

第十四条　受伤治愈业经填发恤伤令者，如发现其伤等与原令不符时，得重行明确检定更正其恤伤令。

第十五条　凡负伤官佐、士兵，按照第十八条规定给恤，期满尚贻有伤残情形复求续恤者，须检同恤伤给与令，并填具请求验伤报告表(如附表第十二)，粘贴二寸半身脱帽相片四张，呈由原该管舰队司令部或机关，饬赴就近海军医院检验之后，该院应于原表现有伤残状况栏内，详细填明负伤部位，负伤种类及残废状况，并签名盖章，另具负责证书，一并复请原舰队司令部或机关，转呈海军总司令部核办。(如无就近海军医院，得函送陆军医院或其他医务

一等伤	两目皆盲者。	二等伤	一手或一足全肢残废者。	三等伤	一手失去拇指或其他二指者。
	失去一手或一足以上者。		一手失去拇食二指或三指以上者，一足之五趾及足之一部失去者。		一足失去三趾以上者，聋一耳或鼻脱落者，视力障碍者。
	咀嚼及言语机能并废者。		两耳俱聋或盲一目者。		头部及腰部运动上有障碍者。
	生殖器丧伤者。		咀嚼言语机能重大障碍者。		重要脏器受伤，有再发之虞者。
	身躯瘫废者。		重要脏器受伤而贻后症确系治愈无望，有危及生命之虞者。		伤虽治愈，精神上贻有重大障碍者。
	与上列各项相当之伤废者。		与上列各项相当之伤废者。		与上列各项有相当之伤废者。

机关及地方公立医院，官署备案之私立医院等检验之。）

第十六条　伤剧殒命者，其抚恤区别如左：

一、作战受伤在六个月内伤剧殒命者，依恤金第一表及第二表分别给恤，在期限外依恤金第三表及第四表分别给恤。

二、因公受伤在六个月内伤剧殒命者，依恤金第三表、第四表分别给恤，在期限外伤发殒命者，依恤金第五表及第六表第一号分别给恤。

三、如非伤发确系因病身亡者，均依恤金第五表及第六表第一号分别给恤。

第十七条　恤金给与令，应候请恤调查表函送行政院，转奉国民政府批准后方得填给，但在战时之阵亡阵伤官兵或其他特殊情形时，得由军事委员会先行填发，呈请备案。恤金给与令分恤亡、恤伤两种（如附表第十三、第十四），为三联单式：（一）副存根正存根；（二）恤金给与令；（三）备查均各编列字号，骑缝处加盖军事委员会印。其第一联正存根存本会核恤处，第一联副存根存经管恤款处。第二联恤金给与令发给受恤人。第三联备查发交海军总司令部或各省市政府备查。其恤金、年抚金均向军事委员会具领或向指定拨发之机关具领。

第十八条　平战时伤亡官佐、士兵一次恤金及第一年年抚金，应自填发恤令之年起领，其年抚金给与年限如左，限满即将恤令收缴注销。

一、战时阵亡之年抚金，以给与二十年为止，平时阵亡之年抚金，以给与十五年为止。

二、战时因公殒命之年抚金，以给予十年为止，平时因公殒命之年抚金，以给予七年为止。

三、第九条第一、第二、第三款积劳病故之年抚金，均给予五年为止，惟服务十年以上者，给予七年为止。第四款积劳病故之年抚金，其服务在五年以上者，给予三年为止。服务在十年以上者，给予五年为止。服务在十五年以上者，给予七年为止。

四、平战时官佐、士兵受伤年抚金之给与，一等伤七年，二等伤五年，三等伤三年，期满将恤令收缴注销。但须重行检定伤等，复请续恤者，其手续照第十五条规定办理。

五、受伤治疗后，仅贻轻度之机能障碍，不合于伤等之规定者，照三等伤例给予一年年抚金，若毫无肢体及器官之损折障碍者，应不给恤。

第十九条　应受年抚金之遗族如左：

一、父母。

二、妻及子女(再醮或出嫁者不在内，下仿此)。

以上遗族均存者，依照家属互相扶养义务所领恤金应予计口均分，有父母者恤令由父母保存，无父母者由妻及子女保存，父母有其他子女足以扶养者，应将恤令交其妻及子女保存。

三、无上列遗族时，给其祖父母及孙。

四、上列遗族俱无者，给其未成年之胞弟妹。(给至其成年为止)

第二十条 受领年抚金者，如有左列事故之一，得停止年抚金，并注销其恤金给与令。

甲、属于受伤者：

一、违反党纲，查有确据者。

二、开除军籍者。

三、免官或判处徒刑三年以上者。

四、丧失中华民国国籍者。

五、本人身故者。

六、自恤令领到之日起，五年未曾具领恤金者或连续停领五年以上者(但有特殊情形者不在此限)。

乙、属于死亡者之遗族受领年抚金者：

一、丧失中华民国国籍而无其他合法遗族者。

二、免官或判处徒刑三年以上而无其他合法遗族者。

三、第十九条列举之遗族全部死亡者。

四、自恤令领到之日起，五年之内未曾具领恤金者，或按年具领忽然停领逾五年以上者。(但有特殊情形者不在此限)

第二十一条 凡请恤案，各该管长官须将调查表随案呈送，其手续如左：

一、受伤者，应由该治疗医院在治疗经过后，详确检定受伤等第，出具调查表(依第十一表格式)并附二寸脱帽半身相片四张，交由该管长官(如舰队司令或机关长官)呈报海军总司令部，转呈军事委员会核办。其原属舰队或机关已经解散者，则由原住在医院于治疗经过后，将该表及相片迳送海军总司令部参谋处复查属实转呈核办。

二、死亡者，应由该管长官填具甲种请恤调查表(依第九表格式)呈送海军总司令部查核，并将乙种请恤调查表(依第十表格式)

寄交其本籍或住在地县市政府，转给其遗族，着照填缴各该县市政府，即就表列各项查明签名盖章，盖用印信，呈送省政府转送海军总司令部核办。其所属舰队或部队已经解散者，得由地方政府调查证明以凭请恤。如无上项手续，经国民政府先行给恤者，或遇有特别情形已知其合法遗族人之名号、住址者，得由海军总司令部呈请军事委员会变通，提前给恤。事后均补具请恤调查表、呈报备案。

第二十二条　伤亡官兵进级给恤之规定如左：

一、凡官佐、士兵合于本条例第二条甲项第一款者，得各进一级给恤。

二、凡官佐、士兵合于本条例第二条甲项第二款及乙项第一、二两款情形死亡，而其生前功勋卓著或临阵率先遇害或死事惨烈者，得呈请从优进一级给恤。（至恤金表内有上下各级之金额相同者，得推进计算，以所领恤金较多于原阶级为止。）

伤亡官兵，其迳由国民政府特别议恤者，不在此限。

第二十三条　凡应受恤金各官佐、士兵，均以其伤亡时所任之阶级为准，如有兼职者，应照其较高之阶级议恤。

第二十四条　海军见习生，在见习期间遇有伤亡时，按准尉例给恤。练习生在练习期间，学生在肄业期间，遇有伤亡时，按上士例给恤。

第二十五条　海军一等练兵，遇有伤亡时，按三等兵例给恤。

第二十六条　海军退伍员兵病故时，按原有阶级照第六表第二号给与一次抚恤金。

第二十七条　海军官佐、士兵遇有特别情形，因一等伤而致残废者，得照原阶级，按月给予原薪饷五成，终身给之，惟不另给年抚金。

第二十八条　海军官佐、士兵在空军服务者，其抚恤事项，均按本条例办理，但负空中任务奉命搭乘因而由空中伤亡者，其一次性恤金照空军抚恤条例减半发给之。

第二十九条　战时雇用员兵，从事战役或临阵死亡或因公殒命或罹各种伤痍时，得按其职务之性质，分别参照各恤金表，给与相当之恤金，但由空中伤亡者，准用第二十八条之规定。

第三十条　平时雇用员兵，遇有因公伤亡或积劳病故时，得按其职务之性质，参照各恤金表给与相当之恤金，惟不给年抚金。

第三十一条　海军陆战队及要塞官佐士兵、航空官佐士兵，遇有伤亡时，其给恤应按陆军、空军抚恤暂行条例办理。

第三十二条　本条例施行日期，另以命令定之。

海军官佐士兵死亡请恤调查表等〔略〕。

〔军委会军令部档案〕

3. 国民政府公布空军抚恤条例训令

（1943年8月31日）

国民政府训令　渝文字第五五九号

令直辖各机关

查空军抚恤条例，现经制定，明令公布，应即通行饬知。除分令外，合行抄发该条例，令仰知照并转饬所属一体知照。此令。

计抄发空军抚恤条例及附表各一份。

代理国民政府主席　蒋中正

立法院院长　孙　科

中华民国三十二年八月卅一日

空军抚恤条例　三十二年八月三十一日公布

第一条　空军官佐、士兵伤亡之抚恤依本条例行之。

第二条　抚恤分为战时、平时，其范围如左：

一、战时因捍卫国家而伤亡者。

二、平时因绥靖地方而伤亡，现役军人在平时服务期间、预备役军人在平时应召期间而伤亡者。

第三条　战时平时官佐、士兵之伤亡区别如左：

一、阵亡。

二、因公殒命。

三、积劳病故。

四、阵伤。

五、因公负伤。

第四条　第三条第一款、第二款分为当场与延期两种，其区别如左：

一、伤重立时殒命或受伤后在七日内死亡者，为当场身亡。

二、受伤后在左列期间伤发殒命者，为第一延斯殒命：

一等伤六个月。

二等伤四个月。

三等伤三个月。

三、受伤经第一延期后，在左列期间伤发殒命者，为第二延期殒命：

一等伤五年六个月。

二等伤四年八个月。

三等伤一年十个月。

第五条　第三条所列之伤亡，其抚恤区别如左：

一、一次恤金。按死亡者阶级议准给恤时，依照恤金表数目给与死亡者遗族恤金一次。

二、年抚金。按伤亡者阶级议准给恤时，依照恤金表数目分别给与受伤及死亡者遗族年抚金。

第六条　有左列事故之一者，为阵亡：

一、空中与敌作战殒命者。

二、作战回防，因人机受伤而失事殒命者。

三、飞行遭遇袭击殒命或人机受伤，因而失事殒命者。

四、降落部队，在空中被击落殒命者。

五、地面与敌作战殒命者。

六、参加作战有关之工作，遇空袭未及疏散，被炸击殒命者。

七、遇非常事变被戕殒命者。

前项第一款至第四款为空中阵亡，第五款至第七款为地面阵亡。

第七条 阵亡之抚恤区别如左：

一、第六条第一款至第四款当场身亡者，依抚恤第一表第一号给恤，在第一延期内伤发殒命者，依抚恤第一表第二号给恤，在第二延期内伤发殒命者，依抚恤第一表第三号给恤。

二、第六条第五款、第六款当场身亡者，依抚恤第二表第一号给恤，在第一延期内伤发殒命者，依抚恤第二表第二号给恤，在第二延期内伤发殒命者，依抚恤第二表第三号给恤。

三、第六条第七款当场身亡者，依抚恤第三表第一号给恤，在第一延期内伤发殒命者，依抚恤第三表第二号给恤，在第二延期内伤发殒命者，依抚恤第三表第三号给恤。

第八条 有左列事故之一者，为因公殒命：

一、出发作战或报送友军机要及军需品等，因恶劣天候、地势、机械故障、驾驶关系等而失事殒命者。

二、服空中勤务，因机械故障、恶劣天候、地势等原因，失事殒命者。

三、服空中勤务，因驾驶关系失事殒命者。

四、教练或练习盲目或夜间等飞行，因恶劣天候、地势、机械故障，驾驶关系等失事殒命者。

五、试飞发明飞机失事殒命者。

六、试飞新装飞机失事殒命者。

七、在地面上因公忽罹各种灾害因而殒命者。

八、服特别任务失事殒命者。但深入敌区服特别任务而失事殒命者，得照阵亡例给恤。

前项第一款至第六款为空中因公殒命，第七款、第八款为地面因公殒命。

第九条　因公殒命之抚恤区别如左：

一、第八条第一款，为战时空中因公殒命。当场身亡者，依抚恤第一表第二号或第三号给恤，在第一延期内伤发殒命者，依抚恤第一表第三号或第四号给恤，在第二延期内伤发殒命者，依抚恤第一表第四号或第五号给恤。

二、第八条第二款当场身亡者，战时依抚恤第一表第二号给恤，平时依第一表第三号给恤，在第一延期内伤发殒命者，依抚恤第一表第三号给恤，平时依第一表第四号给恤，在第二延期内伤发殒命者，依抚恤第一表第四号给恤，平时依第一表第五号给恤。

三、第八条第三款当场身亡者，战时依抚恤第一表第三号给恤，平时依第一表第四号给恤，在第一延期内伤发殒命者，依抚恤第一表第四号给恤，平时依第一表第五号给恤，在第二延期内伤发殒命者，依抚恤第一表第五号给恤，平时依第一表第六号给恤。

四、第八条第四款、第五款，为平时空中因公殒命。当场身亡者，依抚恤第一表第二号或第三号给恤，在第一延期内伤发殒命者，依抚恤第一表第三号或第四号给恤，在第二延期内伤发殒命者，依抚恤第一表第四号或第五号给恤。

五、第八条第六款，为平时空中因公殒命。当场身亡者，依抚恤第一表第三号给恤，在第一延期内伤发殒命者，依抚恤第一表第四号给恤，在第二延期内伤发殒命者，依抚恤第一表第五号给恤。

六、第八条第七号第八款当场身亡者，战时依抚恤第三表第二号给恤，平时依第三表第三号给恤，在第一延期内伤发殒命者，依抚恤第三表第三号给恤，平时依第三表第四号给恤，在第二延期内伤发殒命者，依抚恤第三表第四号给恤，平时依第三表第五号给恤。

第十条　有左列事故之一者，为积劳病故：

一、战时因尽瘁职务而病故者。

二、平时著有勋劳经勋奖有案而病故者。

三、不合于前二款之规定，而服务经二年以上而病故者。

第十一条　积劳病故之抚恤区别如左：

一、第十条第一款身故者，为战时积劳病故，依抚恤第四表第一号给恤。

二、第十条第二款身故者，为平时积劳病故，依抚恤第四表第二号给恤。

三、第十条第三款身故者，依抚恤第四表第三号只给一次恤金，不给年抚金，但服务五年以上者，依本条第二款给恤。

第十二条　因公负伤之抚恤，区别如左：

一、因第六条第一款至第四款事故而受伤者，为空中阵伤，按其受伤之等第，依抚恤第五表第一号办理。因第六条第五款至第七款事故而受伤者，为地面阵伤，按其受伤之等第，依抚恤第五表第三号办理。因第八条第一款、第二款、第四款至第六款各事故之空中因公负伤，亦得按其受伤等第，照抚恤第五表第一号或第二号办理，但第六款之事故应负失事责任者，则依抚恤第六表第一号办理。

二、因第八条第三款事故之空中负伤，按其受伤等第，战时依抚恤第五表第二号办理，平时依抚恤第六表第一号办理。

三、因第八条第七款、第八款事故而受伤者，为地面因公负伤，按其受伤之等第，战时依抚恤第六表第二号办理，平时依抚恤第六表第三号办理。

第十三条　凡阵伤或因公负伤者，应先送航空医官及各军医院或经航空委员会指定之医院诊疗，均应随时呈报航空委员会备案，所需医药费用，得于事后取具医院收据核实列报。

第十四条　战时、平时受伤官佐、士兵经治愈后，其等第依左表检定之：

第十五条　受伤治愈业经填发恤伤给与令者，如继续治疗后发现其伤等与原令不符时，得重行检定更正其恤伤给与金。受伤治

一等伤	二等伤	三等伤
两目瞽盲者。	一手或一足残废者，一手失去拇食二指或三指以上者，一足之五趾及足之一部失去者。	一手失去拇指或其他二指者。
失去一手或一足以上者。	两耳俱聋或盲一目者。	一足失去三趾以上者，聋一耳者或鼻脱落者，视力障碍者。
咀嚼及言语机能并废者。	咀嚼及言语机能发生重大障碍者。	头部及腰部运动上有障碍者。
生殖器损毁者。	重要脏器受伤而贻后症，确系治愈无望者。	重要脏器受伤有再发之虞者。
身躯瘫废者。	与上列各项相当之伤废者。	伤虽治愈，精神上贻有障碍者。
举上列各项相当之伤废者。		与上列各项相当之伤废者。

愈后经检定不在伤等之内者，得照三等伤例，由航空委员会核给一年年抚恤金，事后呈报备案，不另填发恤伤给与令。若毫无肢体及器官之损折障碍者，应不给恤。

第十六条　恤金给与令分恤亡、恤伤两种，如附表第十一表、第十二表均编列字号为五联单式，骑缝处加盖军事委员会印，其第一联为存根，军事委员会备查，第二联为丙备查送审计部存查，第三联为乙备查送财政部存查，第四联为甲备查交航空委员会备查，第五联为恤金给与令发给受恤者收执。

第十七条　恤金给与令应候请恤调查表函送行政院转奉国民政府批准后方得填给，但在战时之阵亡、阵伤官兵或其他特殊情形时，得由军事委员会先行填发呈请备案。

第十八条　年抚金之给与，其年限如左，限满即将恤金给与令收缴注销：

一、空中阵亡，以二十四年为限，地面阵亡，以二十年为限。但给其无子之孀妇者，终身给之。

二、空中因公殒命，战时以二十年为限，平时以十五年为限，地面因公殒命，战时、平时均以十年为限。

三、第十条第一款、第二款积劳病故者，均给与五年为止，但其服务在十年以上者，得给与七年为止，服务在十五年以上者，得给与九年为止。

四、因伤致废之年抚金，终身给之，其未致废者，一等恤伤，以给恤七年为止，二等恤伤，以给恤五年为止，三等恤伤，以给恤三年为止。

第十九条　凡负伤官佐、士兵按照前条之规定给恤，期满或尚有伤残未愈情形，须检同恤伤给与令，并填具请求验伤报告表，如附表第十表，粘附二寸半身相片四张，呈由航空委员会复验，再照复验状况改恤或延长抚恤年限。

第二十条　应受恤金之遗族如左：

一、父母。

二、妻及子女，但妻再醮或女出嫁者，不在此限。

三、父母或妻及子女俱无者，给其祖父母及孙。

四、祖父母及孙俱无者，给其未成年之胞弟妹，但妹出嫁者不在此限。

前项第一款、第二款遗族均存者，依照家属互相扶养义务所领恤金应予计口均分，有父母者恤金给与令由父母保存，无父母者由妻及子女保存，父母有其他子女足以扶养者应将恤金给与令交其妻及子女保存。

第二十一条　受领恤金给与令者向航空委员会具领恤金及年抚金，但领有一次恤金者，其年抚金须至次年方得起领。

第二十二条　受伤者受领年抚金，如有左列事故之一，得停止年抚金或注销其恤金给与令：

一、违反党纲查有确据者。

二、开除军籍者。

三、褫夺公权者。

四、丧失中华民国国籍者。

五、本人身故者。

六、自恤金给与令领到之日起，五年内未具领恤金，或按年具领而忽停领，连续五年以上者。但有特殊情形者，不在此限。

第二十三条　死亡者之遗族受领年抚金，如有左列事故之一者，得停止年抚金或注销其恤金给与令：

一、丧失中华民国国籍而无其他应领恤金之遗族者。

二、褫夺公权而无其他应领恤金之遗族者。

三、第二十条列举之遗族全部死亡者。

四、子女、孙或未成年弟妹，为他人之养子女者。

五、自恤金给与令领到之日起，五年内未具领恤金或按年具领，而忽停领连续五年以上者。但有特殊情形者，不在此限。

六、有第二十七条、第二十八条情形，经证明并未死亡者。

第二十四条　凡呈请抚恤者，须由各该管长官将应备之调查表，随案呈送，其程序如左：

一、受伤者，应由原治疗医院，在治疗经过后详确检定受伤等第，造具调查表，如附表第九表，连同最近二寸半身相片四张，呈报该部队最高长官，饬交高级医官审查属实，盖用关防，转呈航空委员会，呈报军事委员会，转呈国民政府给恤。但未经医院治疗者，得由原部队之医务机关或住在地公立及备案之私立医院检定受伤等第，填具调查表，连同相片，呈由原部队直属长官查明，签名盖章，盖用关防，转呈核办。

二、死亡者，应由原部队最高主官填具甲种请恤调查表，如附表第七表，呈报航空委员会转呈军事委员会查核。表内载明遗族姓名、住址者，提前转呈国民政府核恤，并将乙种请恤调查表，如附表第八表，寄交其本籍或住在地县市政府，转给其遗族，着照填缴各该县市政府，即就表列各项查明，签名盖章，盖用印信，呈送省政府转呈军事委员会查核。如原部队已编并者，即由编并之部队填报。其原部队已解散或再三编并者，得由遗族依照法定程序，呈报递转航空委员会核办，但仍以曾经原部队呈报有案者为限。

第二十五条　各级官佐、士兵抚恤均以伤亡时所任阶级为准，如有兼任较高阶级职务时，得照较高之阶级办理。

第二十六条　伤亡官兵之晋级给恤，依左列之规定：

一、服务满二十年，其生前劳绩卓著者。

二、地面与敌作战，或服行任务被敌机炸击殒命者。其无此情形而被炸殒命时，仍照战时因公殒命例办理。

三、从事战役，率先临阵遇害或生前功勋卓著或死事惨烈者。

四、空中与敌作战阵亡者，并得呈请追赠阶级。

晋阶级以晋一阶级为限，其迳由国民政府或军事委员会特别议恤者，不在此限。

第二十七条　飞行失踪经十二个月而无消息者，以死亡论。先发一次恤金之半数，其再经二十四个月仍无消息者，按额补给之。

第二十八条　因作战或服行职务而失踪生死不明时，经原部队查报有案，逾一年尚无消息者，由原部队造具调查表，依法呈请核恤。

第二十九条　失踪官兵，经颁发恤金给与令后自行归队，或回原籍。经陈明不能归队之原因者，应即将恤金给与令呈缴航空委员会转报军事委员会注销。如不归原队而回原籍，隐匿不报，仍冒领恤金者，经查明或被举发，追缴恤金给与令及恤金。

第三十条　军士长不分等第照准尉给恤，空军学生分别按其入学肄业所受教育进度，空军入伍生、机械等学徒照一、二等兵给恤，飞行士、机械士等学生照上等兵给恤，军官生、机械生等照下中上士给恤。但非飞行军士或不在各场站及飞机制造修理等厂，而其任务不属于飞机工作之机械士与正在学习之学徒，以及其他机械兵等，准照陆军抚恤例办理。

第三十一条　退役人员病故时，准按原有职级照抚恤第四表第三号给与一次恤金，不给年抚金。

第三十二条　陆海军军官佐在空军服务，如已转任空军官佐者，其抚恤事项照本条例给恤，其并非转任及军法官、军用文官等，仍照陆海军抚恤例办理，但负空中任务奉命搭乘，因而空中伤亡者，其一次恤金照本条例减半发给之。

第三十三条　支薪而不叙阶级及雇用人员伤亡时，按其职务之性质，分别依照陆军抚恤例办理。

第三十四条　本条例施行日期，以命令定之。

附空军各类抚恤表〔略〕。

〔国民政府档案〕

（三）军事院校组织与教育训练法规

1. 政治部检发陆军军事学校毕业学生在队见习规则训令稿

（1938年10月23日）

（部　　　　　　　衔）训令　治人（衡）字第　号

本部各厅及会计处

各战区
各行营　　政治部（各要塞政治部训室／各炮兵团政训室）
令各军师旅

后方勤务部政治部（转各医院监理员）

各干训团

查战干团／该　团毕业学生经分发各处见习者，其期限、待遇、教育、服务、考绩、任官、授职等项，除本部另有明令规定者外，均应依照陆军军事学校毕业学生在队见习规则办理。兹检发该项规则一份，仰即遵照并转饬所属一体遵照。此令。

附发陆军军事学校毕业学生在队见习规则一份。

部长　陈　〇

陆军军事学校毕业学生在队见习规则

第一章　总则

第一条　凡陆军军官学校、军需学校、军医学校医药科之本科或普通科、兽医学校正科及其他经奉核准之陆军军事学校各毕业学生必须分发部队见习者，此项见习人员称为见习官。其在队见习，悉依本规则施行之。

第二条　见习官分发到队，应由部队长官按其兵科或业科，适宜分配于所属各团（营）见习。

第三条　见习官应受长官之指挥监督，并服从部队一切规则。

第二章　期限及待遇

第四条　见习期限，自到队之日起算，军官六个月，军佐三个月。

第五条　见习官之阶级为上士，惟得参加军官集会及军官团教育。

第六条　见习官之服装，依照服制条例之所定。

第七条　见习官津贴，自入队之日起得依给与规则支给津贴。

第八条　见习官派往各部队见习时，所需旅费，遵照陆军旅费规则所定办理。

第三章　教育及服务

第九条　见习官教育，由团（营）长负完全责任。关于是项教育计划与实施方法，按军队教育令及军队内务规则之规定办理。

第十条　见习官教育之要旨，在养成其尽责任、重服从及资表率之特性与服务之能力，尤于各种勤务实施之际务使参加实习，并多予实兵指挥之机会，俾资历练。

第十一条　师（旅）（团）长，为统核所属见习官成绩起见，得派团（营）长或参谋长为管理主任，对于见习官教育，随时考察，务使进步齐一。

第四章　考绩

第十二条　见习官在见习期间，其考绩由团（营）长为考绩官，师（旅）（团）长为复考官，考绩课目，按陆军考绩规则之所定（同军官佐考绩表）。

第十三条　见习官之考绩，于见习期满时填同样考绩表三份：一份存独立单位长官；一份呈送各兵科业科主管机关；一份随同绩序表呈送军事委员会。绩序表（同军官佐绩序表）依见习官兵科业科，分别排列之。

第十四条　考绩底案，由考绩官保存，并注意见习官行为，如与原定考语有变更时，应随时注记。

第十五条　见习官他调，考绩官应将考绩底案及有关考绩文件，递呈独立单位长官，转送新隶长官继续考绩。

第五章　任官授职

第十六条　见习官在队见习期满后，其成绩及格者，应由分发部队长官将其考绩及履历(同军官佐履历表)表呈军事委员会核予任官，并授相当职务；见习期满，成绩不及格者，得呈请继续见习。

第六章　附则

第十七条　见习官奉分发后，因事病必须请假者，亦应于报到后，由分发部队长官核准之；如见习部队离校过远，得呈由本校转呈军事委员会给假，并由会令原分发部队知照。

第十八条　见习官因前条事故，假满归队应补足见习期限，方准任官授职。

第十九条　见习官如不遵令报到，或私自他就及在见习期间有过犯行为者，适用陆海空军惩罚法、陆海空军刑法，分别处分。

第二十条　本规则自公布日施行。

〔军委会政治部档案〕

2. 国民政府修正陆海空军留学条例训令

(1939年2月28日)

国民政府训令　渝字第八七号

令文官处

为令知事，查陆海空军留学条例，现经修正，明令公布，应再通饬施行。除分行外，合行抄发修正条文，令仰知照，并转饬所属一体知照。此令。

计抄发修正陆海空军留学条例一份。

国民政府主席　林　森

中华民国二十八年二月二十八日

陆海空军留学条例　二十八年二月二十八日修正公布

第一条　为求增进国军军事教育训练之进步起见，特由军事委员会派遣留学各国军事员生，分别研究陆海空军军事上之学识与技能。

第二条　派遣留学各国军事员生事务，按留学各国学校、工厂、部队之类别，由军事委员会主管业务攸关之各部、会分别办理之，其区别如左：

甲、陆海空军大学校、陆军测量学校、要塞或海岸炮兵学校等之留学事宜，由军令部主管之。

乙、陆军军官学校及各兵科专门学校等之留学事宜，由军训部主管之。

丙、兵工学校、经理学校、宪警学校、军医学校及兽医学校等之留学事宜，由军政部主管之。

丁、海军学校及海军专门学校等之留学事宜，由海军总司令部主管之。

戊、航空学校、航空机械工程等专门学校及防空学校等之留学事宜，由航空委员会主管之。

己、关于各工厂、部队之留学事宜，准用前五项规定。

第三条　留学各国军事学员生之派遣，除经军事委员会委员长特派或原在留学国肄业与军事有关之工业技术之学员生转学军事技术，经主管部、会审核呈准者外，均须以考试行之。

每年应考选留学各国员生名额及办法，由各主管部、会先期拟具计划，连同经费概算，呈请军事委员会委员长核定，由军事委员会组织考试委员会主持考选，其考试委员会章程及考试规则另定之。

第四条　留学各国军事人员，以具备左列资格者，始准参加考试，录取后以派遣留学国充当学员为主，必要时得先使入其初级军事学校充当学生。

一、曾在本国或外国正式军事学校毕业，并于毕业后服务满两年以上之现职军官佐。

二、娴习留学国之文字语言，能直接听讲者。

三、年龄在二十五岁以上、四十岁以内者，但派遣留学国初级军事学校充当学生者，年龄不得超过三十五岁。

四、学术优长合于留学学校或厂、队之程度，并熟悉国际情况及对本国情形有深切认识者。

第五条　凡经考选合格之留学各国军事员生，均给官费，其费额由军事委员会各主管部会订定给与规则，呈请军事委员会核定之。特派留学或核准转学军事之员生，给与规定另定之(但以年度经费内统筹核给，不另增加预算)。

第六条　留学员生由驻在该国之大(公)使督同驻在武官或管理员或海军留学生监督督率管理，但未设有驻在武官或管理员者，则由大(公)使监督管理之。

第七条　留学员生在留学期内，除因疾病或不得已事故，经主管部会核准者，不得中途退学或请假回国，毕业后应即归国，不得藉故逗留。

第八条　留学员生须潜心学业，不得有涉及政治与轨外言动，如有违背规章及不堪造就者，勒令退学回国，其情节重大者，并予惩处。

第九条　留学员生品行、学业之成绩等事，均由驻在该国之大(公)使暨驻在武官或管理员或海军留学生监督随时考察，通知各主管部、会。

第十条　留学员生毕业后，由驻在该国之大(公)使遣送回国，再由各主管部、会加以试验，呈请分发任用(必要时，由军事委员会举行复试)。

第十一条　关于各主管部、会办理留学生事务之规则，由各主管部会拟订呈核施行。

第十二条　本条例自公布日施行。

〔国民政府档案〕

3. 军令部抄发调整各军事学校待遇办法等训令

（1939年6月8日）

军事委员会军令部训令　渝三功字第1209号

令高级参谋室

案奉委座本年五月会贞渝字第三二七五号铣代电开：查各军事学校各项给与多未一致，亟应重新规定，以一待遇而利教育。各校过去各年度月份经临特别专款各费计算尤应分别尽速清理，兹特规定如次：(1)各军事学校待遇照所附调整办法办理，该办法各项规定一律自二十八年七月一日起实施，各校应即就本年度下半年月份支付预算书于六月二十日前呈由军政部核办。(2)各学校二十七年度以前经临、特别专款各费计算，限令到二个月内一律按照规定造送，二十八年度起一律依法按期办理，违者严予处分。除分令外，合将调整各军事学校待遇办法及各兵科学校勤务加薪办法暨修正军职兼任教官待遇规则随令颁发，仰即分别切实遵照办理为要。等因；奉此。除遵办并分令外，合行抄发调整各军事学校待遇办法、各兵科学校勤务加薪办法暨修正军职兼任教官待遇规则随令颁发，仰即切实遵照办理，并转饬所属一体遵照为要。此令。

附抄发办法二份、规则乙份。

部　长　徐永昌

中华民国二十八年六月八日

调整各军事学校待遇办法

一、官兵薪饷以不超过借支标准八折为原则，文官阶级技术人员俸薪以不超过国难期间文官阶级军用技术人员暂行给与标准表所列折发数为原则，并应切实遵照国民政府二十七年八月二十七日渝字第四四六号训令兼职不兼薪之规定办理。

二、学生津贴改为学生饷项并略为提高，入伍生按上等兵待遇，学生按下士待遇，即入伍生月支九元六角，学生月支十一元二角。编列预算时可一律按下士阶级列报，但造报计算时入伍生仍按上等兵列支。

三、学生鞋袜杂费，包括麻鞋、布袜、毛巾、剃头、沐浴、洗衣及添补针线、被服零件等项，以每人月支一元三角为限。

四、学员生、学兵教育费，包括平时及演习所需文具、纸张、书籍、讲义印刷暨补充各种教育器材等项，按照实际需要列入经常费支付预算内统筹办理，在同年度各月份准予流用，实报实销，不得另列预算。

五、学员伙食津贴改为学员伙食费，以每人月支九元六角为限，但原薪即在肄业学校发给者不给伙食费。

六、无底缺学员维持费改为无底缺学员俸薪，除陆大学员另有规定外，其余各校一律以每人月支二十元为原则。其定有阶级者照非专勤人员待遇，少准尉月支二十元，中尉以上按国难饷章支半薪。

七、学员不得列报鞋袜杂费。

八、学兵伙食津贴，改为学兵伙食费，以每人月支六元为准，但原饷即在肄业学校发给者，不给伙食费。

九、学兵除按照规定支给士兵草鞋费外，不得列报鞋袜杂费。

十、学生毕业治装费，原定修业期限在一年以上者始行发给，现因抗战关系，各校多缩短教育期限，准改为在六个月以上者即行发给。学员不发治装费。

十一、学生毕业分发旅费，可照军政部旅费给与暂行规则，比照少准尉阶级支给，惟不得带随士兵。学兵毕业分发旅费，按士兵阶级支给，切取具个人领据报销。

十二、学员毕业归队旅费，由原送机关部队在额领经费内照章预发，事后列报，不另核发；分发旅费参照阶级及规定折中发给，报销与学生同。

十三、毕业学员生佩剑，应切实遵照修正陆海空军军官佐佩剑及陆海空军各军事学校毕业员生赠剑办法规定办理，即于毕业时成绩优良考列前五名者，得呈请本会核给短剑，其余一律不发。

十四、勤务加薪除陆大另有规定外，其他各校准在额领经费内一律照各兵科学校勤务加薪办法办理。

十五、兼任教官待遇，照修正军职兼任教官待遇规则办理，惟原有之兼任教官伙食津贴即予取销。

十六、校属与一般部队性质相同之部队，其给与仍照一般部队规定办理。

十七、航委会所属各校(防空学校及各空军学校)及海军学校给与暂仍照原规定办理。

十八、按照学校经费总额准列百分之一为临时费，凡在原定科目以外之特殊必需开支，得由主官在经费内严格复实支报。

十九、本办法各项规定一律自二十八年七月一日起实施。

修正军职兼任教官待遇规则　民国二十八年五月军委会会贞预渝字第三二七五号代电颁行

一、军事学校因学术上之必要，须延用某种专门人才担任教授，而其人又现任部队机关职员或学校教授，不能专职任用时，得呈请主管部许可派为兼任教官，其待遇依本规则行之。

前项军事学校，指军政部、军令部、军训部所管辖各学校及相当教育机关而言，所谓主管部即指上述之三部。

二、军事学校延用兼任教官时，应征求本人同意后，呈请主管部核准，再由主管部通知该员本职之部队、机关、学校，如认为与本职无妨得复应允后，再为委派。

三、兼任教官每星期担任教授钟点不得逾六小时，其教授时间在本职之部队、机关、学校无须请假，得视为公差。

四、兼任教官得酌给兼任教官加薪，但本职已有勤务加薪者，可就两种加薪中支取数额较大者，不得二者兼支，兼任教官加薪数额，以本校编制所定该项教官阶级之最高级应支俸薪数目为标准，视其课程性质及教钟点就全额十分之三至十分之相当数额给与之，并报主管部备案。

五、军职人员具有专门学术，一般学校须延聘兼任教授时，应由聘用学校或其主管部于征求本人同意，函请本职主管部转分本职部队、机关、学校核夺，如认为与本职无妨，应予认可。其担任教授之钟点及应受加薪之数目，均应适用本规则第四、五条之规定。

六、本修正规则自二十八年七月一日起施行。

〔军委会军令部档案〕

4. 军事委员会颁发中央各军事学校毕业之边疆学生统制任用暂行办法训令

(1940年1月17日)

国民政府军事委员会训令　铨二字第一二〇〇号

令政治部

案查籍隶边疆之蒙、藏、宁、青、新、西康等省现服务于各军事机关、部队、学校之军官佐以及各军事学校肄业学生，予以分别查明，以便统制任用，业经本会二十八年五月二十日铨二渝字第九八零零号训令饬遵在卷。兹规定中央各军事学校毕业之边疆学生统制任用暂行办法，随令颁发，仰即转饬所属切实遵照。又现职官佐中倘有籍隶边疆而非正式军事学校出身，其年在三十岁以下，身体强壮，思想纯正，堪以造就者，得由主管长官切实考核，呈请本会查核许可后，令入相当军事学校肄业，并得保留底缺，并仰遵照。此令。

附注：附发中央各军事学校毕业之边疆学生统制任用暂行办

法及籍隶边疆区现职官佐(或学生)动态报告表、调查表各一份。

委员长　蒋中正

中华民国廿九年一月十七日

中央各军事学校毕业之边疆学生统制任用暂行办法

第一条　为集中边区人才统制任用起见,凡属籍隶蒙、藏、宁、青、新、西康等省毕业于中央各军事学校学生之任用,除别有法规规定外,悉依本办法施行。

第二条　现服务各机关、部队、学校边疆籍之军官军佐,毕业于中央各军事学校者,以及在校肄业学生,应即填写调查表一份,报由主管长官核转军事委员会登记(调查表附后)。

第三条　边疆学生毕业后,由铨叙厅会同有关机关统筹分发,各机关、部队、学校如有需要时,亦得酌斟情形,呈请军事委员会分派之。

第四条　各机关、部队、学校对于此项毕业生,应按照法规规定,优予任用,不得久使待命,有负国家培植人才本旨。

第五条　其他机关、部队、学校如因事实需要,指调此项毕业生者,应事前商准原服务机关、部队、学校同意后,再呈请军事委员会调用,倘有以高级诱致任用,以及本人擅离职他就者,一经查明属实,应分别严惩其主管长官或本人。

第六条　此项毕业生如有调职、停职、免职、撤职情事,一经核准后,应由主管长官随时填具动态报告表一份呈报军事委员会登记。(动态报告附后)

第七条　此项毕业生如有不适任现职者,得由主管长官详加考核,建议军事委员会核予调任。

第八条　本办法自公布之日施行。

某机关部队学校籍隶边区现职官佐(或学生)调查表、某机关部队学校籍隶边区现职官佐(或学生)动态报告表〔略〕。

〔军委会政治部档案〕

5. 军事委员会办公厅检发空军参谋学校教育大纲公函

(1940年3月20日)

国民政府军事委员会办公厅公函　办制渝字第1267号

查航空委员会为培养空军优秀军官之战术及技能，呈请组设空军参谋学校，拟具组织条例、编制表、教育大纲、教育计划、勤务加薪办法等件，呈请核示到会。除由会指令空军参谋学校准予设置。该校组织条例暨编制表，尚有未合，兹经分别修正。教育大纲及计划，核属可行，应予照准。勤务加薪应就该校情况，比照各军事学校成例，另案办理饬遵。等语。印发外，所有勤务加薪办法，是否适合，相应抄同各件，函请会同军政部查核办理见复为荷。此致

军令部

附：组织条例一份〔略〕

编制系统表一份〔略〕

教育大纲一份

教育计划一份〔略〕

勤务加薪办法一份〔略〕

代主任　熊　斌

中华民国二十九年三月廿日发

空军参谋学校教育大纲　二十九年三月军事委员会办制渝字第1267号指令核定

第一　方针

一、本校教育之目的，在培养空军优秀指挥官与幕僚，以期促进空军之建设，而练成精诚团结、技术卓越之空军。

第二　教育主旨

二、根据右之方针，其教育之主旨如左：

1．培养空军优秀指挥官与幕僚。

2．增进空军部队长统御技能。

3．提高空军将校之战术程度及技术认识。

4．增进空军各兵科专门学术。

5．增进空军干部之教育能力。

6．养成指挥连络之能力。

7．熟练各级司令部勤务。

8．研究陆海空军协同作战之要领，以期明了能大军统御之真谛。

9．涵养空军指挥官之性格。

第三　地址及组织

三、地址—本会所在地(暂在成都凤凰山机场)。

四、组织—编制如附件一。

第四　教育期限及教育课目

五、教育期限第一期暂定一年。

六、教育科目概定如附件二。

第五　教官之聘任待遇及员额

七、空军学术科以聘任英、俄、美各级教官为主，陆海军学术及其他各科教官，则聘任本国军事政治硕学知名之士任之，以多设专任教官为主，其待遇在专任教官按其原阶级十成支薪，并酌加勤务津贴，兼任教官比较各高级军事学校之成例办理。本校教官员额如附件三。

第六　学员之召集待遇及员额

八、本校之学员由空军中尉(曾服部队勤务二年以上者)至少校阶级之现职军官，或附员中之学术兼优、思想正确、品格优良、年龄不超过三十五岁者，考选之其员额，暂定四十员。召集详细办法另订之。

九、学员在学期间照支原薪(原有飞行资格者支二分之一加给),并保有年资,其成绩不良者,得令其退学,并停止其在学期间之年资,

十、空军将校得应考本校入学考试三届,经三届考试不能入学者,非有特准应停止其应考本校之资格。

十一、学员成绩之评定,按平时作业、毕业考试、演习成绩及品行成绩四项之平均分数,总平均以足百分之六十为及格,其不及格者,应照第九条施行。

〔国民政府国防部史政局及战史会档案〕

6. 军事委员会办公厅检发空军参谋学校组织条例公函

(1940年6月2日)

国民政府军事委员会办公厅公函　办制渝字第1457号

奉交航空委员会五月十五日主渝组字第零七二号呈一件,为拟增设空军参谋学校教务处副处长及设立该校政治主任教官办公室,并将空军参谋教育业务在本会业务区分上划归本会参谋处职掌,附呈修改该校系统表、组织条例、编制表请核示一案。除由会指令均予照准外,相应检同该校组织条例、系统表、编制表函请查照为荷。此致

军令部

附送空军参谋学校组织条例、系统表、编制表各一份。

代主任　商　震

中华民国二十九年六月初二日发

空军参谋学校组织条例

第一条　为培养空军优秀之军官,以期促进空军之战术及技能,特设空军参谋学校(以下简称本校)。

第二条　本校隶属于军事委员会航空委员会。

第三条　本校设校长一员，综理全校一切事宜。

第四条　本校设教育长一员，承校长之命，掌理本校一切事宜，并于校长不在校时代行校长职权。

第五条　本校设左列各处、室、队：

一、教育长办公室。

二、教务处。

三、总务处。

四、研究室。

五、学员队。

六、政治主任教官办公室。

第六条　教育长办公室设秘书一员，承校长、教育长之命，督率全室人员掌理本校文电之处理，印信、档案之保管，及不属于其他各处、室之事项。

第七条　教务处设处长一员，承校长、教育长之命，督率全处人员掌理本校教育之计划与实施，及教材之编译、印刷，图书器材之保管等事项。

第八条　总务处设处长一员，承校长、教育长之命，督率全处人员掌理警卫、运输、通讯、经理、卫生及车辆、水电、马匹之管理，暨士兵、伕役之训练、管理，并升降开补事项。

第九条　研究室设主任研究员一员（教育长兼），督率全室人员掌理兵学暨教育成效之研究，教材之搜集供献，及教官之培养等事项。

第十条　学员队设队长一员，承校长、教育长之命，掌管学员之管理、考绩，军风纪之维持，及督率学员工作整洁进修，及转发学员日用品事项。

第十一条　政治主任教官办公室之职掌，遵照航空委员会政治部之规定办理之。

第十二条　本校召集学员之员额、期限、资格，由航空委员会另定之。

第十三条　本校学员入校后，仍保持原支薪给及实职年资，其成绩优异者，得由本校呈请航空委员会酌予升奖之。

第十四条　本校学员修业期满，考试及格者，发给毕业证书及毕业证章。

第十五条　本校于教育上适当之时期，得派遣学员于必要之部队、学校、工厂、舰艇等机关实习，及参观国军之大演习，以增学识。

第十六条　本校教育大纲及计划另定之，其组织系统及编制如附表。

第十七条　本条例自呈准之日施行。

空军参谋学校组织系统、编制表〔略〕。

〔军委会军令部档案〕

7. 政治部转发中央军校驻鲁冀苏干训班通用编制表训令

(1940年8月2日)

国民政府军事委员会政治部训令　治用巴字第0210号

令第三厅

准本会办公厅廿九年六月廿三日办制渝字第一五〇七号公函开：奉交军训部廿九年六月四日训令步(二)渝字第三三一五号呈一件，为遵令拟具中央军校驻鲁冀苏各干训班通用编制表请核示一案，除由会予以修正并指令外，相应检同该项编制随函送请查照为荷。

附注：抄送中央军校驻鲁冀苏干部训练班班本部、大队部、各中队、练习连及无线电台编制表各一份。

部长　陈　诚

中华民国廿九年八月二日发

以下各表〔略〕。

中央军校驻鲁冀苏干部训练班班本部编制表

职别		主任	副主任	主任办公室								教务组										
				秘书	书记	副官	司书	文书军士	卫士	公役	小计	组长	组员		司书	军事总教官	军事教官	技术教官	文书军士	油印军士	公役	小计
阶级		中(少)将	少将	同上(中)校	同上尉	上中尉	同准尉	同上士	中下士	四五等	官佐 士兵役	上校(少将)	中少校	上中尉	同准尉	上校	上中校	少上校尉	同上士	同中士	三四五等	官佐 士兵役
人数	官佐	一	一	一	一	一一	二				八	一	一一	一一	二	一	六六	一一				二二
	士兵公役							一	一一	二一	七							二		二	一三三	二
马匹	乘	一	一	一		一					四	一										六
	驮																					
备考												组长阶级如系少将设下士卫士一名										

（续表）

职别	总务组																		政治部				
	组长	组员		司书	司号长	查马长	文书军士	军需军士	军械军士	传达军士	库兵	饲养兵	号兵	通信士兵		炊事军士	炊事兵	公役	小计	主任	秘书	干事	书记	政治总教官
阶级	上(中)校	中少校	上中少尉	同准尉	准佐	准尉	同上士	上士	上士	下上士 等兵	上等兵	上一等兵	上等兵	中下士	上一等兵	下士	上一等兵	三四五等兵	官士兵佐役	上校(少将)	少校	少上校尉	同上尉	上校
人数 官佐	一	一三	二一二	一	一	一													二三	一	一	一二	一	一
人数 士兵公役							三	二	二	一三	四	一四	二	一二	四四	一	四六	一四五	五一					
马匹 乘	一																		一	一				
马匹 驮																								
备考																			主任阶级如系少将设下上卫士一名					

中央军校驻鲁冀苏干部训练班班本部编制表

（续表）

中央军校驻鲁冀苏干部训练班班本部编制表

职别		政治部 政治教官	政治部 政治指导员	政治部 文书军士	政治部 公役	政治部 小计	医务所 所长	医务所 军医	医务所	医务所 司药	医务所 看护长	医务所 特务长	医务所 军需军士	医务所 文书上士	医务所 看护军士	医务所 看护兵	医务所 担架兵	医务所 炊事兵	医务所 公役	医务所 小计	总计	附记
阶级		中少校	少校(上尉)	同上士	三四五等	官士兵佐役	一等军医正	二三等军医正	一等军医佐	二等司药佐	同少(准)尉	少(准)尉	上士	同上士	同上中下士	上一等兵	二等兵	上一等兵	三四五等	官士兵佐役	官士兵佐役	本编制表班本部之下不设总队部，各大队直隶于班本部。凡辖有学(员)生两个大队至三个大队之干部训练班班本部，均适用之。
人数	官佐	五五	三			二九	一	一三	二	一	一	一								一〇	八二	
人数	士兵公役			一	一二三	七							一	一	一二二	四	八	一三	一一一	二六	一〇二	
马匹	乘					二															一二	
马匹	驮																					
备考																						

〔军委会政治部档案〕

8. 军训部检送军分各校毕业学生分发实职与调训行伍出身排长实施办法代电

（1941年4月6日）

重庆政治部勋鉴：寅删治义二巴代电敬悉。兹检送军分各校三十年内毕业学生分发实职与调训行伍出身排长实施办法一份，相应复请查照参考为荷。此复。璧。军训部。微。训步二。印。附办法一份。

军分各校毕业学生分发实职与调训行伍出身排长实施办法

一、为提高行伍出身军官学识技能，俾将来受训期满与军校毕业生具有相当学力、受同等待遇，并使军校毕业生分发后即任实职、以免闲散，特制定本办法实施之。

二、本办法暂规定以本年（三十年）内军分各校步兵科毕业学生分发后所调训行伍出身排长为限。

三、军分校每届学生毕业，按照毕业生分区补充办法分发战区或指定之部队，到达后应由所属长官按照分发人数，即抽调现役行伍出身排长，开去原缺调为附员，将其职务由毕业生接充，同时送往原校训练，仍支原薪，在所属部队节余项下支报。

四、前条所指抽调现役行伍出身排长受训人数，如有左列情形之一者，得由所属长官酌量办理，并报部转校知照：

1．所属各部排长悬缺较多，或行伍出身排长较少，得按实际上需要送训人数送训。

2．专案呈准核予分发之各部队，如所请分发之学生较少在十名以内，驻地距原校窎远及边区部队，应免抽调。

五、为使行伍出身排长受训后修得军校毕业生之学识技能计，修业期间定为一年半。

六、抽调前项行伍出身排长，须服本职一年以上，体格强健。

年龄在三十岁以内，并具有高小以上之相当学力者，如不识字及体力孱弱有暗疾者，不得选送。

七、教育课目悉照军分各校现行课目办理，但入学初期应加重普通学之补习，如数、理、化、外语、语文等，以修得其基础。

八、修业期满考试及格者，得按军分各校毕业学生规定发给中央军校毕业证书，并仍遣回原属部队服务。

九、受训期间应恪遵军分各校一切规定，违者按情节轻重惩处之。

十、调训行伍出身排长，以少(中)尉为准，但毕业学生接充职务，仍以少尉任用。

十一、送训时应由所属长官备具送训人员简历名册四份送部，以凭核转军政部铨叙厅备查，并令校考收(附册式)。

十二、凡已有学生毕业分发及调训行伍出身排长之军分各校，原有之军官训练班、学员总队应同时停办，改作收训前项行伍出身排长之用，或改办学生教育。

十三、调训各员在校修业期间，除原薪由所属部队支给外，在校待遇均准学生待遇办理之。

十四、本办法未尽事宜，得随时以部令修正之。

十五、本办法自呈准之日施行。

调训行伍出身学员简历册〔略〕。

〔国民政府军委会档案〕

9. 军训部骑兵监检送陆军骑兵学校组织条例公函

(1943年5月24日)

迳复者：准贵会本月十五日函请为检送关于各主管军事学校之组织条例及校规与各校队班之教育大纲等各两份到会，以便审查。等由，准此。兹将本监主管之骑兵学校组织条例及教育纲领各二份，并巡回教育班之教育大纲所存无多，只检一份随函附送，相应复请查照为荷。此致

教材编审委员会

附送骑校组织条例及教育纲领各两份、本监巡教班教育大纲一份。

国民政府军事委员会军训部骑兵监启

五月廿四日

陆军骑兵学校组织条例　依二十八年八月七日国民政府公布之骑兵学校条例及本年军事委员会核准之骑兵学校编制表修正

第一条　本条例依据军训部组织法第一条制定之。

第二条　陆军骑兵学校(以下简称本校)直隶于军训部，掌管全国陆军骑兵军官之召集教育，必要时，得受委托办理养成教育。

第三条　校长总理全校一切事宜，对各项设施，有规划、督导、考核之权。

第四条　本校设教育长一人，处理全校一切事宜。如校长因事不能到校时，得代行其职权。

第五条　本校设办公室、教育处、研究处、政治部、总务处、会计室。

第六条　办公室掌管机要文电、印信、纪录、统计诸事宜。

第七条　教育处掌管全校学员生之教育与管理及图书、印刷诸事宜。

第八条　研究处掌管学术之研究、实验，教育改进之建议，教材及参考图书之编译诸事宜。

第九条　政治部掌管学员生之政治训练、思想言行之考核，生活教育之指导诸事宜。

第十条　总务处掌管人事、经理、文书、庶务、军械、器材、人马、卫生、警卫、消防、电台诸事宜。

第十一条　会计室掌管全校经费、被服、军粮等出纳领发之审核诸事宜。

第十二条　本校所属各教育单位，分学员队，及受中央军校委托本兵科之学生大队。

第十三条　学员系由正式军事学校毕业之本兵科现役军官，经考验及格者，施以军官之召集教育。

第十四条　学生系由陆军军官预备学校毕业或考选高中毕业，经入伍期满考验及格者，施以本兵科军官之养成教育。

第十五条　本校因事实需要，得呈准设立其他各教育班次。

第十六条　练习团供学员演习及编制、装备技术上之实验。

第十七条　本校所属各室、处、部、队、大队、团主官，督率所属，处理主管业务。其有副主官者，得辅佐直属长官，处理主管业务。

第十八条　本校之组织系统及编制，如附表〔缺〕。

第十九条　本校有设立分校之必要时，得呈准设立，其组织准此适宜定之。

第二十条　本校服务规程，以校令定之，并呈报备案。

第二十一条　本条例自呈准日施行。

骑兵学校教育纲领、巡教班教育大纲〔缺〕。

〔军训部档案〕

10. 军训部步兵监检送中央陆军军官学校组织条例等公函

(1943年5月25日)

国民政府军事委员会军训部步兵监公函　训步(二)壁字第99号

案准贵会五月十七日函以拟订本年度中心工作计划，嘱检送各军事学校之组织条例及校规与各校队班之教育大纲等由，兹检送中央军校组织大纲〔条例〕及步校组织条例与军(步)分各校编制表各一份，另军分各校十八期生教育大纲、高教班教育大纲及步校学员队教育大纲、将官班教育大纲、教官预备班教育大纲各一份，相应复请查照办理为荷。此致

教材编审委员会

中华民国三十二年五月二十五日

中央陆军军官学校组织条例

第一条　本条例依据军训部组织法第一条制定之。

第二条　中央陆军军官学校(以下简称本校)直隶于军训部，掌管全国陆军各兵科初级军官之养成教育，必要时，各级军官之召集教育。

第三条　校长总理全校一切事宜，对各项设施有规划、督导、考核之权。

第四条　本校校务委员会设校务委员七人至十六人，对于校务之规划、整理、建设、改进，有建议之权。

第五条　本校设教育长一人，处理全校一切事宜，如校长因事不能到校时，得代行其职权。

第六条　校本部秘书、副官分任各种所管业务。

第七条　办公厅掌管全校人事、印信、文书、翻译、纪录、统计、电台诸事宜。

第八条　校本部之下，设教育处、政治部、总务处、经理处、军医处、会计室。

第九条　教育处掌管全校学员生之教育与管理，及学术之研究、实验，教育改进之建议，教材及参考图书之编译，及军械图书之管理诸事宜。

第十条　政治部掌管学员生政治训练之计划实施、思想言行之考核，及生活教育之指导，刊物文稿之撰拟，审查出版诸事宜。

第十一条　总务处掌管管理、庶务、营缮、警卫、校园诸事宜。

第十二条　经理处掌管全校经费预决算之编造、出纳，被服、军粮之领发、保管诸事宜。

第十三条　军医处掌管全校保健、防疫、诊疗，统计，及附属医院、医务所之管理诸事宜。

第十四条　会计室掌管全校经费、军粮、被服等出纳、领发之审核诸事宜。

第十五条　本校所属教育单位，分学生总队、及委托各兵科学校办理之学生队与其他教育班次。

第十六条　学生总队及委托各兵科学校办理学生队之学生，系由陆军预备学校毕业，或考选高中毕业，经入伍期满、考验及格者，施以分科之养成教育。

第十七条　其他教育班次，得因事实需要，呈准设立之，施以补习、复习之召集教育，

第十八条　练习团供学员演习及编制、装备技术上之实验。

第十九条　本校所属各厅、处、部及总队、班、团、队主官，督率所属处理主管业务。

第二十条　其有副主官者，辅佐直属主官、处理主管业务。

第二十一条　本校之组织系统及编制，如附表〔略〕。

第二十二条　本校有设分校之必要时，得呈准设立，其组织准此适宜定之。

第二十三条　本校服务规程，以校令定之，并呈报备案。

第二十四条　本条例自呈准日施行。

陆军步兵学校组织条例

第一条　本条例依据军训部组织法第一条制定之。

第二条　陆军步兵学校（以下简称本校）直隶于军训部，掌管全国陆军步兵军官之召集教育。

第三条　校长总理全校一切事宜，对各项设施有规划、督导、考核之权。

第四条　本校设教育长一人，处理全校一切事宜，如校长因事不能到校时，得代行其职权。

第五条　本校分设办公室、教育处、研究处、政治部、总务处、会计室。

第六条　办公室掌管人事、印信、文书、纪录、统计诸事宜。

第七条　教育处掌管全校学员生教育与管理，及图书、印刷、器材之管理诸事宜。

第八条　研究处掌管学术之研究、实验，教育改进之建议，教材及参考图书之编译诸事宜。

第九条　政治部掌管学员生政治训练，思想言行之考核，及生活教育之指导诸事宜。

第十条　总务处掌管庶务、经理、卫生、警卫、消防、军械、工厂、电台诸事宜。

第十一条　会计室掌管全校经费、被服、军粮等出纳、领发之审核诸事宜。

第十二条　本校所属各教育单位，分学员队与其他教育班次。

第十三条　学员系由正式军事学校毕业之步兵科现役军官，经考试及格者，施以召集教育。

第十四条　本校因事实需要，得呈准设立其他教育班次。

第十五条　练习团供学员演习及编制、装备技术上之实验。

第十六条　本校所属各室、处、部、队、班、团主官，督率所属，处理主管业务。

其有副主官者，辅佐直属主官，处理主管业务。

第十七条　本校之组织系统及编制，如附表〔缺〕。

第十八条　本校有设分校之必要时，得呈准设立，其组织准此适宜定之。

第十九条　本校服务规程，以校令定之，并呈报备案。

第二十条　本条例自呈准日施行。

中央军校第(　)分校组织条例

第一条　本条例依据军训部组织法第一条制定之。

第二条　中央军校第(　)分校(以下简称本分校)直隶于军训部，掌管本分校陆军各兵科初级军官之养成教育，必要时，得设各级军官之召集教育。

第三条　校长综理全校一切事宜。

第四条　本分校设主任一人，处理全校一切事宜，对各项设施有规划、督导、考核之权，如校长因事不能到校时，得代行其职权。

第五条　本分校设办公室，掌管全校人事、印信、文书、纪录、统计、电台诸事宜。

第六条　校本部之下设教育处、政治部、总务处、会计室。

第七条　教育处掌管全校学生(员)、士兵之教育与管理，及学术之研究实验，教育改进之建议，教材及参考图书之编译，军械、图书、马匹之管理诸事宜。

第八条　政治部掌管学生(员)、士兵政治训练之计划实施，思想言行之考核，及生活教育之指导，刊物文稿之撰拟，审查出版诸事宜。

第九条　总务处掌管管理、经理、军医、警卫、消防、输送、军乐、电灯厂诸事宜。

第十条　会计室掌管全校经费、军粮、被服等出纳、领发之审核诸事宜。

第十一条　本分校所属教育单位，分学生总队与其他教育班次。

第十二条　学生总队之学生，系由陆军预备学校毕业，或考选高中毕业经入伍期满考验及格者，施以分科之养成教育。

第十三条　本分校所属各处、部、室、及总队、班、团(营)队主官，督率所属处理主管业务。

其有副主官者，辅佐主官，处理主管业务。

第十四条　本分校之组织系统及编制如附表。〔缺〕

第十五条　本分校关于教育上须向本校连系，并接受其指导。

第十六条　本分校服务规程，以校令定之，并呈报备案。

第十七条　本条例自呈准日施行。

军(步)分各校编制表〔略〕，各教育大纲〔缺〕。

〔军训部档案〕

11．军训部通信兵监检附通信兵学校组织条例公函

(1943年5月25日)

案准贵会五月十七日训审字第二十号笺函嘱送主管军事学校之组织条例及校规与各校队班之教育大纲等各二份，以便审查。等情。兹检附通信兵学校组织条例及通信兵科学生战时教育纲领与通信兵军官补习班教育纲领各二份送请查照审查为荷。此致

教材编审委员会

附通校组织条例及学生教育纲领与军官补习班教育纲领各二份。

国民政府军事委员会军训部通信兵监启

五月廿五日

陆军通信兵学校组织条例

第一条　本条例依据军训部组织法第一条制定之。

第二条　陆军通信兵学校(以下简称本校)直隶于军训部，掌管全国陆军通信兵军官之召集教育，必要时，得受委托办理养成教育。

第三条　校长总理全校一切事宜，对各项设施，有规划、督导、考核之权。

第四条　本校设教育长一人，处理全校一切事宜，如校长因事不能到校时，得代行其职权。

第五条　本校设办公室、教育处、研究处、政治部、总务处、会计室。

第六条　办公室掌管机要文电、纪录、统计诸事宜。

第七条　教育处掌管全校学员生兵之教育与管理，及图书、印刷、仪器之管理诸事宜。

第八条　研究处掌管学术之研究、实验，通信器材之设计改良，教育图书之编译，表解模型之绘制，学员生之实习工厂之管理诸事宜。

第九条　政治部掌管学员生之政治训练，思想言行之考核，及生活教育之指导诸事宜。

第十条　总务处掌管人事、印信、文书、交际、经理、卫生、器材、装具、警卫、消防、电台、军乐诸事宜。

第十一条　会计室掌管全校经费、被服、军粮等出纳领发之审核诸事宜。

第十二条　本校所属教育单位，分研究班、学员队、通信兵军官补习班、通信犬教养所、通信鸽教养所、受中央军校委托本兵科之学生总队。

第十三条　研究班学员，系由本校及特联分校通信兵科学员队毕业之现役军官，与普通大学电机系、电信系、机械系毕业服务军事通信机关部队之现役技术人员，经考核及格者，施以深造之召集教育。

第十四条　学员队学员，系由中央军校通信兵科及他兵科毕业之现役军官，经考验及格者，施以召集教育。

第十五条　通信兵军官补习班学员，系由本兵科之现役行伍军官,经考验及格者,施以复习补习之召集教育。

第十六条　通信犬教养所,掌管通信犬之训练繁殖;士兵之训练补充诸事宜。

第十七条　通信鸽教养所,掌管通信鸽之训练繁殖;士兵之训练补充诸事宜。

第十八条　学生总队之学生,系由陆军军官预备学校毕业,或考选高中毕业,经入伍期满考验及格者,施以本兵科之养成教育。

第十九条　本校因事实需要,得呈准设立其他教育班次。

第二十条　练习团,供学员演习及编制装备技术上之实验。

第二十一条　本校所属各室、处、部、班、队、团主官,督率所属处理主管业务,其有副主官者,辅佐直属主官,处理主管业务。

第二十二条　本校之组织系统及编制如附表〔缺〕。

第二十三条　本校有设分校之必要时,得呈准设立。其组织准此适宜定之。

第二十四条　本校服务规程以校令定之,并呈报备案。

第二十五条　本条例自呈准日施行。

通信兵科学生战时教育纲领等〔缺〕。

〔军训部档案〕

12. 军训部机械兵监检送陆军机械化学校组织条例公函

(1943年5月28日)

案准贵会训审字第二〇号函开:关于各主管军事学校之组织条例及校规与各校队班之教育大纲等希各检送两份到会,以便审查。等由;准此。兹将陆军机械化学校之组织条例及该校各班队之教育大纲随函各检送两份,即希查照为荷。此致

教材编审委员会

附陆军机械化学校组织条例及陆军机械化学校各班队教育大纲各两份。〔缺〕

军事委员会军训部机械兵监启

五月廿八日

陆军机械化学校组织条例

第一条　本条例依据军训部组织法第一条制定之。

第二条　陆军机械化学校(以下简称本校)直隶于军训部，掌管全国陆军机械化部队初级军官之养成教育，及本兵科军官或其他兵科军官关于机械化部门之召集教育。

第三条　校长总理全校一切事宜，对于各项设施，有规划、督导、考核之权。

第四条　本校设教育长一人，处理全校一切事宜，如校长因事不能到校时，得代行其职权。

第五条　本校设办公室、教育处、研究处、政治部、总务处、会计室、机械修造实习工厂、战车工厂筹备处。

第六条　办公室掌管印信、机要文电及纪录诸事宜。

第七条　教育处掌管全校学员生兵之教育与管理，及图书、印刷、教育器材之管理诸事宜。

第八条　研究处掌管学术之研究、实验，战车机械之设计，教育改进之建议，教材及参考图书之编译诸事宜。

第九条　政治部掌管学员生兵与工徒之政治训练，思想言行之考核，及生活教育之指导诸事宜。

第十条　总务处掌管文书、人事、统计、庶务、经理、卫生、警卫、消防、修械及军械、电台、车辆、油料之管理诸事宜。

第十一条　会计室掌管全校经费、被服、军粮等出纳、领发之审核诸事宜。

第十二条　机械修造实习工厂掌管学员生兵工厂实习教育、工徒教育、及车辆修理、机械制造，材料购置与管理诸事宜。

第十三条　战车工厂筹备处掌管一切筹设事宜。

第十四条　本校所属教育单位分学员队、机械化工程学院、驻印训练班、学生大队、军士大队、驾驶兵教育团、工徒队。

第十五条　学员系考选现役军官与技术人员，及国内外各大学工学院之机械系、自动车系、电机系、矿冶系毕业学生，入校后，分别施以补习或深造教育。

第十六条　学生系由陆军军官预备学校毕业或考选高中毕业学生，经入伍期满考试及格者，分别施以本兵科初级军官与技术人员之养成教育。

第十七条　学兵与工徒，均系考选高小毕业或初中肄业学生，分别施以本兵科军士与技工之养成教育。

第十八条　本校因事实需要，得呈准设立其他各教育班次。

第十九条　练习团专供学员演习及编制、装备技术上之实验。

第二十条　本校所属各室、处、部、厂、班、队、团主官，督率所属处理主管业务，其有副主官者，得辅佐主官处理主管业务。

第二十一条　本校之组织系统及编制，如附表。〔略〕

第二十二条　本校有设立分校之必要时，得呈准设立，其组织准此适宜定之。

第二十三条　本校服务规程，以校令定之，并呈报备案。

第二十四条　本条例自呈准日施行。

〔军训部档案〕

13．军训部检送陆军炮兵学校组织条例代电

（1943年6月5日）

国民政府军事委员会军训部代电　炮(二)字第二五五号

案准贵会卅二年五月十七日训审字第二〇号公函略开：为请检送主管学校组织条例及校规与教育大纲各二份，以便审查。等由；准此。兹检送炮兵学校组织条例及炮、联各班队教育大纲各二份，至特联分校组织条例，俟会有关兵监校规，俟该校呈送后再行

补送，相应复请查照为荷。此致

教材编审委员会

附炮校组织条例二份，炮、联校教育纲领二份〔缺〕。

中华民国三十二年六月五日

陆军炮兵学校组织条例

第一条　本条例依据军训部组织法第一条制定之。

第二条　陆军炮兵学校(以下简称本校)直隶军训部，掌管全国陆军炮兵军官之召集教育，必要时，得受委托办理养成教育。

第三条　校长总理全校一切事宜，对各项设施，有规划、督导、考核之权。

第四条　本校设教育长一人，处理全校一切事宜，如校长因事不能到校时，得代行其职权。

第五条　本校设办公室、教育处、研究处、政治部、总务处、会计室。

第六条　办公室掌管人事、文书、印信、统计诸事宜。

第七条　教育处掌管全校学员生之教育与管理、及图书、理化、印刷、教育器材之管理诸事宜。

第八条　研究处掌管学术之研究、实验，教育改进之建议，教材及参考图书之编译诸事宜。

第九条　政治部掌管学员生之政治训练，思想言行之考核，及生活教育之指导诸事宜。

第十条　总务处掌管庶务、经理、军械、器材、人马、卫生、警卫、消防、电台、军乐诸事宜。

第十一条　会计室掌管全校经费、被服、军粮等出纳之审核诸事宜。

第十二条　本校所属各教育单位，分学员队，及受中央军校委托本兵科之学生大队。

第十三条　学员系由正式军事学校毕业之炮兵科现役军官，经考验及格者，施以军官之召集教育。

第十四条　学生系由陆军预备学校毕业，或考选高中毕业，经入伍期满考验及格者，施以本兵科军官之养成教育。

第十五条　本校因事实需要，得呈准设立其他教育班次。

第十六条　练习团供学员演习及编制、装备技术上之实验。

第十七条　本校所属各处、队、团主官，督率所属处理主管业务，其有副主官者，得辅佐主官处理主管业务。

第十八条　本校有设分校之必要时，得呈准设立，其组织准此适宜定之。

第十九条　本校之组织系统及编制，如附表〔略〕。

第二十条　本校服务规程，以校令定之，并呈报备案。

第二十一条　本条例自呈准之日施行。

〔军训部档案〕

14. 军训部炮兵监补送陆军特种兵联合分校组织条例公函

(1943年6月20日)

国民政府军事委员会军训部炮兵监公函　炮(二)字第二七七号

查特种兵联合分校组织条例，业经修竣。兹补送一份，希即查照为荷。此致

教材编审委员会

附特联分校组织条例一份。

中华民国三十二年六月廿日

陆军特种兵联合分校组织条例

第一条　本条例依据军训部组织法第一条制定之。

第二条　陆军特种兵联合分校(以下简称本校)直隶于军训

部，掌管长江以北之炮、工、辎重、通信兵科军官之召集教育。必要时得受委托办理养成教育。

第三条　校长总理全校一切事宜，对各项设施有规划、督导、考核之权。

第四条　本校设主任、副主任各一人，处理全校一切事宜，如校长因事不能到校时，得代行其职权。

第五条　本校设办公室、炮兵科、工兵科、辎重兵科、通信兵科、政治部、总务处、会计室。

第六条　办公室掌管全校教务、人事、文书、印信、图书、印刷、纪录、统计诸事宜。

第七条　炮兵科、工兵科、辎重兵科、通信兵科，得分设班、队、团(营)及工厂等，综理本兵科教育及其他业务。

第八条　政治部掌管学员生之政治训练，思想言行之考核，及生活教育之指导诸事宜。

第九条　总务处掌管庶务、经理、军械、器材、人马、卫生、警卫、消防、电台、军乐诸事宜。

第十条　会计室掌管全校经费、被服、军粮等出纳、领发之审核诸事宜。

第十一条　本校所属教育单位，分炮、工、辎、通各兵科学员队，及受中央军校托办本校所管兵科之学生大队、教导营，以及其他教育班次。

第十二条　学员系由正式军事学校毕业之各该兵科(或非本兵科)现役军官，经考验及格者，施以军官之召集教育(或转科教育)。

第十三条　学生系由陆军预备学校毕业或考选高中毕业，经入伍期满考验及格者，施以本校所管各兵科之分科养成教育。

第十四条　学兵系由初中毕业或同等学历或服务现役之军士，施以军士之养成教育。

第十五条　本校因事实需要，得呈准设立其他教育班次。

第十六条　练习团(营)供学员演习及编制、装备、技术上之实验。

第十七条　本校所属各室、″处、部、队、大队、班、团(营)主官，督率所属，处理主管业务，其有副主官者，辅助直属主官，处理主管业务。

第十八条　本校之组织系统及编制，如附表〔缺〕。

第十九条　本校服务规程，以校令定，并呈报备案。

第二十条　本条例自呈准日施行。

〔军训部档案〕

15. 军训部辎重兵监附送陆军辎重兵学校组织条例公函

(1943年6月23日)

迳复者：六月廿二日大函及附件均敬悉。查修正各军事学校组织条例本监无何意见，特此奉复，即希查照为荷。此致

教材编审委员会

附送辎校组织条例暨编制系统表各一份〔略〕。

国民政府军事委员会军训部辎重兵监户

六月廿三日

陆军辎重兵学校组织条例

第一条　本条例依据军训部组织法第一条制定之。

第二条　陆军辎重兵学校(以下简称本校)直隶于军训部，掌管全国陆军辎重兵军官之召集教育，必要时得受委托办理养成教育。

第三条　校长总理全校一切事宜，对各项设施有规划、督导、考核之权。

第四条　本校设教育长一人，处理全校一切事宜。如校长因事不能到校时，得代行其职权。

第五条　本校设办公室、教育处、研究处、政治部、总务处、会计室。

第六条　办公室掌管机要文电、纪录诸事宜。

第七条　教育处掌管全校学员生兵之教育与管理，及统计、图书、印刷、器材、工厂 马匹之管理诸事宜。

第八条　研究处掌管学术之研究、实验，运输器材之设计、改良，教育改进之建议，教材及参考图书之编译诸事宜。

第九条　政治部掌管学员生兵之政治训练、思想言行之考核，及生活教育之指导诸事宜。

第十条　总务处掌管人事、印信、文书、庶务、交际、管理、经理、人马卫生、电台、军乐、通信、警卫、消防诸事宜。

第十一条　会计室掌管全校经费、被服、军粮等出纳、领发之审核诸事宜。

第十二条　本校所属各教育单位，分学员队、受中央军校委托之学生大队、汽车输送班、驾驶兵教育团。

第十三条　学员队以正式军事学校毕业之本兵科现役校尉官，或准备派赴辎重部队之正式军事学校各兵科毕业之军官，经考验及格者，施以召集教育，或特科教育。

第十四条　学生队以陆军军官预备学校毕业，或考选高中毕业，经入伍期满考验及格者，施以本兵科军官之养成教育。

第十五条　汽车输送班以召集各汽车部队，及各机关办理汽车业务之现役军官充当，施以补习教育。

第十六条　驾驶兵教育团以考选高小毕业，或初中肄业之学生，施以军士之养成教育。

第十七条　本校因事实需要，得呈准设立其他各教育班次。

第十八条　练习营供学员演习及编制、装备、技术上之实验。

第十九条　本校所属各室、处、部、队、营主官，督率所属处理主管业务，其有副主官者，辅佐直属主官，处理主管业务。

第二十条　本校之组织系统及编制，如附表。〔缺〕

第二十一条　本校有设分校之必要时，得呈准设立，其组织准此适宜定之。

第二十二条　本校服务规程，以校令定之，并呈报备案。

第二十三条　本条例自呈准日施行。

〔军训部档案〕

16. 军训部工兵监附送陆军工兵学校组织条例公函

(1943年6月29日)

案准贵会六月廿二日通知，并附各军事学校组织条例一份到监，略以注明修正意见，务于本月底以前迳送本会。等由；现本监已将拟予修正之点按条签注浮笺，相应送请查照汇报为荷。此致
教材编审委员会

附送本监主管工兵学校组织条例一份。

工兵监启

六月廿九日

陆军工兵学校组织条例

第一条　本条例依据军训部组织法第一条制定之。

第二条　陆军工兵学校(以下简称本校)直隶于军训部，掌管全国陆军工兵军官之召集教育，必要时得受委托办理养成教育。

第三条　校长总理全校一切事宜，对各项设施有规划、督导、考核之权。

第四条　本校设教育长一人，处理全校一切事宜。如校长因事不能到校时，得代行其职权。

第五条　本校设办公室、教育处、研究处、政治部、总务处、会

计室。

第六条　办公室掌管机要文电、纪录、统计诸事宜。

第七条　教育处掌管全校学员生教育与管理，及图书、印刷、器材之管理诸事宜。

第八条　研究处掌管学术之研究、实验，教育改进之建议，教材及参考图书之编译诸事宜。

第九条　政治部掌管学员生政治训练之计划实施，思想言行之考核，及生活教育之指导诸事宜。

第十条　总务处掌管人事、经理、庶务、印信、文书、人马、卫生、警卫、消防、电台、军乐诸事宜。

第十一条　会计室掌管全校经费、被服、军粮等出纳、领发之审核诸事宜。

第十二条　本校所属各教育单位，分学员队、受中央军校委托本兵科之学生大队、教导团。

第十三条　学员系由正式军事学校毕业(行伍)之本兵科现役军官，经考验及格者，施以(补习)深造之召集教育。

第十四条　学生系由陆军预备学校毕业，或考选高中毕业，经入伍期满考核及格者，施以本兵科之军官养成教育。

第十五条　学兵系由考选初中毕业，或同等学力或现役本兵科之军士，施以军士之养成教育。

第十六条　本校因事实需要，得呈准设立其他教育班次。

第十七条　练习营供学员演习及编制、装备、技术上之实验。

第十八条　本校所属各室、处、部、队、团主官，督率所属，处理主管业务，其有副主官者，辅佐主官处理主管业务。

第十九条　本校之组织系统及编制，如附表〔略〕。

第二十条　本校有设分校之必要时，得呈准设立，其组织准此适宜定之。

第二十一条　本校服务规程，以校令定之，并呈报备案。

第二十二条　本条例自呈准日施行。

〔军训部档案〕

17. 军事委员会审定陆海空军各军事学校等次表训令

（1943年9月28日）

军事委员会训令　铨官字第六三五一号

查学资为调制资序之要素，而学校等次又为决定学资之准则。兹特依据资序规则第五、第六两条之规定，将陆海空军各军事学校及其所附设之各种训练班所审定等次列表印发，以为编制资序之准据，除分令外，合行令仰遵照并转饬所属一体遵照。此令。

附抄发陆海空军各学校等次表一份。

委员长　蒋中正

中华民国三十二年九月二十八日

陆海空军各学校等次表

一、陆军各学校等次表

（一）甲种学资

第一、陆军大学校　　各国陆军大学

第二、陆军步兵学校　　各国各科专门学校

陆军骑兵学校

陆军炮兵学校

陆军工兵学校

陆军通信兵学校

陆军辎重兵学校

陆军机械化学校

陆军特种兵联合分校

第三、中央陆军军官学校及各分校　　各国陆军军官学校

保定陆军军官学校　　各国各业科学校

宪兵学校
军需学校
军医学校
兽医学校
中央陆地测量学校

附记：以上所列学资系以各学校之正式期科为限。

（二）乙种学资

第四、云南陆军讲武堂
东北陆军讲武堂
大本营陆军讲武堂
广东陆军讲武堂
韶关讲武堂
湖南讲武堂
贵州讲武堂
四川讲武堂
陆军速成学校
北洋陆军速成学校
江苏陆军速成学校
江南陆师学堂
各军师干部训练团
山东陆军讲武堂
江北陆军速成学校
广东陆军速成学校
北方军官学校
重庆军官学校
第二集团军军官学校
第二军军官学校
西北陆军干部学校
西北高级军事学校
山西斌业学校
西北游击干训班
西南游击干训班
各省陆地测量学校
各省将弁学堂
滨宁军官讲习所
黑龙江军官养成所
各省陆军军官讲习所
各省陆军随营学校
各省陆军干部学校
各省陆军高等军事学校

第五、云南高等军事学校
湖北武昌高等军事学校
贵州武备学校
浙江武备学校
安徽武备学校
江苏武备学校
江西武备学校
江南武备学校
广西全省陆军讲武堂

江南陆军讲武堂
浙江陆军讲武堂
安徽陆军讲武堂
汕头陆军讲武堂
陕西陆军讲武堂
保定陆军讲武堂
广州陆军讲武堂
陆军部陆军讲武堂
湖北将弁学校
吉林军官教练处
东北宪兵教练处
两江宪兵教练处
各省陆军军官团
各战区干部训练团
各军师军官教育团

附记

一、陆军大学附设各班别为二等学资者，为受训时期在一年以上之班期。

二、各兵科专门学校及中央军分各校，各业科学校所设之各训练班，其受训时间总计在一年以上者，与军官学校及业科学校毕业出身相同，列为第三等学资。四个月以上，不及一年者，列为第四等学资(其原为兵业科出身者，以原学资为学资)，三个月以下者列为第五等学资。

二、海军各学校等次表

福建船政前后学堂
马尾海军学校
海军学校
天津水师学堂
江南水师学堂
广东黄埔水师学堂
黄埔海军学校
烟台海军学校
吴松海军学校
海军旅顺口鱼雷学校
福建海军飞潜学校
天津海军医学校
海军学校附设军用化学班
南京海军电雷学校
无线电班
海军陆战队讲武学校
海军陆战队讲武学堂
青岛海军学校

昆明湖驾驶班	葫芦岛海军学校
威海驾驶班	电雷学校
湖北驾驶班	海军水电营附设无线班

三、空军各学校等次表

国内

空军参谋学校	山东航空学校	
空军军官学校	湖南航空训练班	
广东航空学校	南苑航空学校	青岛海军航空队
云南航空学校	海军航空班	
四川航空学校	广西航空学校	教导队轰炸班
保定航空学校	航空委员会侦察班及轰炸班	
东北航空学校		
山西航空学校		

国外各空军学校〔略〕

〔军委会政治部档案〕

18．军政部兵役署抄发陆军军官预备学校筹备总(分)处组织规程代电

(1944年1月4日)

军政部兵役署代电　(卅三)役文字第15928号
民国三十三年一月四日发出

视察室鉴：案奉本部(卅二)务军字第七六八〇三号代电以准军事委员会办公厅办制渝字第五九六五号公函开：查陆军预备学校已改称为陆军军官预备学校，其筹备总(分)处所有组织简章及系统编制表等，亦奉准略加修正有案，相应抄同各该件函请查照为荷。等由；特电知照。附抄陆军军官预备学校筹备总(分)处组织规程、系统编制表全份等因。除分令外，特电知照。程泽润。亥支。役文。附抄陆军军官预备学校筹备总(分)处组织规程，系统编制

表一份〔略〕。

陆军军官预备学校筹备总处及各校筹备分处组织规程

第一条　遵照军事委员会颁发陆军军官预备学校(以下简称预校)筹备办法及编制表、组织系统表所规定,为期迅策进行计,特设置陆军军官预备学校筹备总处(以下简称总处)及各预校筹备分处(以下简称各分处),负责办理之。

第二条　总处直辖于军训部,处址即设军训部所在地,各分处直隶于总处,处址分设各该校所在地,分别办理一切筹备事宜。

第三条　总处及各分处,得设置左列人员,分司业务,其编制如附表第一、二表。

甲、总处:

一、主任委员。

二、副主任委员。

三、筹备委员。

四、组长。

五、筹备员。

六、事务员。

七、士兵公役。

乙、各分处:

一、主任委员。

二、筹备员。

三、事务员。

四、士兵公役。

第四条　总处主任委员,由本部部长兼任,掌管总处一切事宜。

第五条　副主任委员,由本部次长兼任,辅助主任委员办理一切筹备事宜。

第六条　筹备委员，秉承主任委员、副主任委员之命，负责规划总处应进行事宜。

第七条　各组组长，承主任委员、副主任委员之命，及筹备委员之指导，督率所属分任总务、设备及编审事宜。

第八条　为协助业务进行便利计，凡与军政、军令、政治及其他各部会厅业务攸关者，得呈由本部聘兼为总处筹备委员。

第九条　筹备员，承主任委员、副主任委员之命、及筹备委员与各组组长之指导，分任各该组筹备事宜。

第十条　事务员，兼承各主管长官之命，办理庶务、会计、交际、文书、缮写各事宜。

第十一条　各分处主任委员，秉承总处主任委员、副主任委员之命，督率所属筹备委员及事务员办理各该校一切筹备事宜。

第十二条　总处人员除由业务攸关，得由本部各单位调用外，其余中下级事务人员，得按需要设置并调用各分处人员参加筹备，将来各预校依次成立后，此项人员仍分交各预校任用。

第十三条　总处候各预校完全正式成立，将其事务交附主管单位接管后裁减之。

第十四条　各分处各须于总处指定，各该预校开学日期前两个月筹备完成正式呈报，各该预校成立后，分处名义即行撤销。

第十五条　本规程自呈准之日施行。

〔军委会兵役部档案〕

19. 军事委员会关于中央军校暨各分校毕业生分发百分之十充任连政治指导员实施办法训令

(1944年7月28日)

国民政府军事委员会训令　队训字第443号

令政治部

为抄发中央军校暨各分校每期毕业生分发百分之十充任连政治指导员实施办法，令仰遵照。等因；奉此。除分令外，合行抄发上项办法一份，令仰遵照并转饬所属一体遵照。此令。

委员长　蒋中正

中华民国三十三年七月二十八日

中央陆军军官学校暨各分校每期毕业生分发百分之十充任连政治指导员实施办法

一、中央陆军军官学校暨各分校自十八期起，所有每期毕业学生按总额以百分之十分发部队充任连政治指导员，其分发任用悉依本办法办理之。(以下简称连指)

二、毕业学生之分发事宜，由军事委员会政治部会同军训部办理之。

三、所有分发之毕业学生，依照规定见习二个月(先见习排长职务一月，再见习连指职务一月)，见习期满，核予少(中)尉阶级派代连指。

四、代理连指时间暂定为三个月至半年，由军事委员会政治部考核成绩，予以实授。

五、经实授之连指，同时并委兼连附，其程序依照军事委员会颁布之师以下政治部主任及团连政治指导员兼任部队次官实施办法办理之。

六、连政指兼连附之任期为一年，期满得即依照陆军官佐考试条例考核，得转调其他军职。

七、分发充任连指之毕业生分发离校时之旅费及服装等费，由各该学校按一般规定办理之。

八、本办法自令颁之日起实施。

〔军委会政治部档案〕

20. 军令部抄发陆海空军留学毕业回国员生任用办法训令

（1944年8月31日）

国民政府军事委员会军令部训令　三德人字第四三〇号
中华民国三十三年八月卅一日

令战史编纂委员会

案奉本会卅三年八月十八日渝办一通字第三一八五四号训令开：查陆海空军国外留学员生毕业回国者日众，其任用办法亟应规定。兹特颁发陆海空军留学毕业回国员生任用办法一份，即予施行。除分令外，合行令仰遵照并饬属遵照为要。等因；附发陆海空军留学毕业回国员生任用办法一份。奉此。除分令外，合行抄发原件，令仰遵照。此令。

附抄发陆海空军留学毕业回国员生任用办法一份。

部长　徐永昌

陆海空军留学毕业回国员生任用办法

一、陆海空军毕业回国员生（以下简称回国员生）之任用，除依现行陆海空军人事法规之规定办理外，悉依本办法之规定办理之。

二、回国员生由陆海空军留学条例第二条规定之军令、军训、军政各部及海军司令部、航空委员会，各就其主管统制任用。其支配原则及叙级之标准如左：

1．留学各国军官学校之学生毕业回国后分发部队，照规定见习期满，以少尉派服实职。

2．在国内军官学校毕业（现职军官）留学各国各兵科专门学校之学员，在留学期间年资照算，毕业回国后依其年资核予叙级，分发各军事学校，担任教官或训练工作。

3. 留学各国陆军(参谋)或其他各军事大学之学员，在留学期间年资照算，毕业回国后依其年资核予叙级，分发陆军大学或高级军事机关担任研究、设计或军事行政工作。

上项员生之分发任用，由各主管部会适当分配，列表呈请军事委员会核准后施行。

三、回国员生应分别向第二条规定之主管部、会报到，听候分发任用，不得私自就业或分发不到，如有此项情事者，予以永不录用之处分。

四、回国员生分发各部队、机关、学校后，如无实缺可补，应照第二条规定之叙级标准任为附员，遇缺尽先补实。

五、本办法自公布之日施行。

〔国民政府国防部史政局及战史会档案〕

21．军令部转发陆军军医各学校等次表训令

(1944年11月30日)

国民政府军事委员会军令部训令　三德人字第五六五一号

令战史编纂委员会

案准军政部三十三年酉感人字第一五〇三六六号代电开：兹检送陆军军医各学校等次表一份，附战时陆军军医任用标准，即请查照并转饬一体知照为荷。等由；附陆军军医各学校等次表一份。准此。除分令外，合行抄发原等次表令仰知照。此令。

附发陆军军医各学校等次表一份。

部长　徐永昌

中华民国三十三年十一月卅日

陆军军医各学校等次表　本表及任用标准于军事委员会铨叙厅三十三年九月二十日铨办分字第4144号公函提经人事改进会决议通过。

甲种第三等学校

1. 陆军军医学校及其分校之正式期科。

2. 天津海军军医学校(北洋医学)之正式期科。

3. 云南陆军军医学校之正式期科。

4. 战时军用卫生人员训练所分期军医教育班。

5. 四川陆军军医学校。

乙种第四等学校

6. 陆军军医学校与分校之军医司药补习班及药科附设药剂班。

7. 战时军用卫生人员训练所及分所之高级进修班。

8. 湖北陆军军医学校。

9. 国民革命军第四路总指挥部军医补习班。

10. 广西绥靖公署军医速成班。

11. 广西陆军军医学校附设军医速成班(该校之正式期科无毕业)。

12. 第二集团军军医学校。

13. 国民革命军第二集团军第一方面军军医速成学校。

14. 保定陆军军医学校。

乙种第五等学校

15. 战时军用卫生人员训练所与分所、军医预备团与分团之军医、司药速成班。

公私立之医牙药专科以上学校〔略〕。

〔国民政府国防部史政局及战史会档案〕

22. 军事委员会颁发军训部保送陆军各兵科军官入国立大学深造办法训令

(1945年1月)

国民政府军事委员会训令　渝办一通字第三五六一四号

令本会军令部

查保送特种兵军官入国立大学深造办法，经以卅二会训通一壁字第四一四一号训令修正颁行在案。兹为求陆军诸兵种军官素质之提高，学术之增进，能普遍平衡发展起见，特将该项办法重加修正为《军训部保送陆军各兵科军官入国立大学深造办法》，并将名额条文酌予增加修订，以期适应建军之需要。除分令外，合行检发该项修正办法一份，令仰遵照。将本年度报考人员迅报军训部核办，并饬属遵照为要。此令。

附保送陆军各兵科军官入国立大学深造办法一份。

委员长　蒋中正

中华民国三十四年一月　　日

军训部保送陆军各兵科军官入国立大学深造办法

一、本办法为深造陆军各兵科军官之学术，以养成军事技术兼备之专门人才起见，特考选各兵科优秀军官，送入国立大学肄业，使于毕业后堪任各军事机关、学校、部队之技术职务，并从事军事技术之研究与改进为主旨。

二、此项军官规定每年保送一次，由军事委员会各部，各军事学校、团、班，各军师(独立旅)及各独立特种兵部队之优秀军官中选送深造，其名额及应习系别如附件第一。

三、凡具备左列各项条件之现役军官得请保送：

1．中央陆军军官学校步(化学兵在内)、骑、炮、工、机械化(战车)等兵科毕业，品学优良，任职满二年以上，并具有高中以上毕业或同等学力，合予投考国立大学之资格者，惟具有高中毕业同等学力者，其取录名额至多不得超过保送深造定额百分之十。

2．年龄在三十岁以内者。

3．思想纯正，对本党三民主义及领袖有深刻信仰者。

4．身体健全，无不良嗜好或暗疾者。

此项军官之考选分初试与复试两种。

1. 初试——由原属机关组织考试委员会办理之。

2. 复试——初试及格人员送由军训部复试。

五、考试科目，按国立大学考试之规定行之，其课目如附件第二。

六、凡具备第三条各项条件者，应于每年一月向其主官申请保送，经审核合格，并初试及格后，由原属单位将其成绩连同左例文件，于五月底以前汇送军训部核定，听候复试。

1. 志愿书三份(格式如附件第三)。

2. 保证书三份(格式如附件第四)。

3. 详细履历表三份(并附二寸半身脱帽相片五张)。

4. 证明文件(军校毕业证书及高中毕业证书)。

七、复试录取人员，由军训部指定校系，函请教育部免试，并免除学费，分发就学。入校后，非经军训部核准，不得中途改习他系。

八、复试录取人员，如曾在国立大学肄业者，得于入学后，由校方按其程度及原习学系编入相当年级肄业，但以附件第一所列科系为限。

九、参加复试人员，无任录取与否，其一切旅费由原属单位照章核实报销。

十、复试录取人员，于入学即以原级调为军训部附员，照章实支原级一切薪津，并按月特给书籍津贴费壹仟元。

十一、各大学对于此项深造人员，应注意左列各事项：

1. 各学员之学业成绩单，应于每学期终填送军训部备查。

2. 各学员每学期考试，所得文学分，应按教育部之规定，于成绩单内注明退学与否，迳向校方令知该员遵照，并函知军训部备查。

3. 如因故请求休学或犯规开除者，应及时将各该员休学及开除情形函知军训部。

4. 修业期满时，各该员毕业证书，应迳送军训部转颁。

十二、凡经选送国立大学深造之军官，应遵守左列之规定：

1. 非经军训部核准，不得中途退学。

2. 因学业成绩不及格或因疾病经校方令饬退学或核准休学者，应仍回军训部服务，否则即予免职或撤职处分。

3. 因过被开除者，即予撤职，并视情节之轻重，开除其军校学籍。

十三、凡经选送入学之军官，其学业成绩列入甲等，且停年已满者，得由军训部叙升或奖励。

十四、学员毕业后，应由军训部分配职务，不得任意他就，否则撤职、通缉，并取销其军校及大学学籍。

五、本办法由军训部与教育部会商核定后，呈奉军事委员会及行政院核准之日起施行。

〔国民政府国防部史政局及战史会档案〕

23. 军事委员会修正陆军大学校组织法

(1945年4月7日)

陆军大学校组织法　三十四年四月七日修正公布

第一条　陆军大学校为研求高等兵学，选拔品学才能优越之军官入校，以养成现代战争之各级统率人才及幕僚。

第二条　陆军大学校隶属于军事委员会军令部。

第三条　陆军大学校设左列各院、系：

一、兵学研究院。

二、战术系。

三、机甲战术系。

四、空军战术系。

五、后方勤务系。

六、战史系。

七、军制系。

第四条　陆军大学校设左列各处：

一、教务处。

二、编译处。

三、总务处。

第五条　陆军大学校之组织系统及编制，依附表之规定。〔缺〕

第六条　陆军大学校置校长一人，承军事委员会军令部部长之命，综理校务。

第七条　陆军大学校置教育长一人，承校长之命，处理一切事务。

第八条　各院、系主任，以兵学研究院主任为首席，承校长、教育长之命，研求各项学术之改进，及督导各该院、系教育之实施。

各院、系副主任辅助主任，处理各该院、系事务。

兵学教官及其他教官、教授，任学术科之教导讲授事务。

研究员任教材之研究及编订等事项。

第九条　各处长以教务处处长为首席，承校长、教育长之命，掌理校务之执行，并与各该院、系切取联系，以配合教育之进展。

第十条　陆军大学校学员分左列各班次：

一、正则班　现役中尉至少尉级军官，曾在国内外受养成教育一年半以上，年龄在三十二岁以内，身体强健，思想纯正，品学优良者。

二、特别班　现役中校至少将级军官，曾在关内外受养成教育一年半以上，年龄在四十四岁以内，身体强健，思想纯正，品学优良者。

三、将官班　现役中将级以上之队职军官，或在中央机关现任陆军中将主管、副主管之军官，并曾受国内外陆空军军官教育，而非陆军大学校毕业者。

四、各军事学校战术教官研究班　各军事学校班团之现职军官，曾在国内外受养成教育一年半以上，年龄在三十五岁以内，身体强健，思想纯正，品学优良，对于战术具有能深造之才智者。

陆军大学校于必要时，得设参谋补习班及其他战时增设之各班，其办法由军事委员会军令部定之。

第十一条　正则班与特别班之召集，先由部队初试，申送军事委员会军令部复试录取之；将官班之召集，由军事委员会军令部指名召集之；各军事学校战术教官研究班之召集，由军事委员会军训部办理之；各班期之召集规则及教育纲领，由军事委员会军令部定之。

第十二条　各班期教育期间，正则班与特别班为二年半，将官班为三个月至六个月，各军事学校战术教官研究班为八个月，参谋补习班为六个月至一年，但在战时得依其情况增减之。

第十三条　兵学研究院之研究员，由正则班、特别班毕业学员中遴选指名召集之，研究期间为六个月至一年，其研究纲领由军事委员会军令部定之。

第十四条　各班期学员及兵学研究员之阶级，在修学及研究期间，仍照停年晋升。

第十五条　学员修学期满，经毕业考试及格者，各军事学校战术研究班之学员，呈请军事委员会军训部分发任用，余均呈由军事委员会军令部分发任用。

第十六条　兵学研究员研究结业后，应留本校或军事委员会军令部服务，未满二年不得离职。

第十七条　陆军大学校得设教导部队，以供学员实兵演习之用，其编组由校拟订，呈请军事委员会军令部及军政部核定之。

第十八条　陆军大学校设政治部、会计室及人事科，依各该主管机关之规定办理之。

第十九条　本法自公布日施行。

〔国民政府档案〕

〔二〕对日作战方针、计划与部署

（一）作战方针、计划与作战部署

1. 参谋本部拟《民国二十六年度作战计划》（甲案）

（1937年3月）

民国二十六年度作战计划（甲）

第一　敌情判断

甲、敌之企图及行动

（一）敌国之军备及一切物质上，均较我优势，并掌握绝对的制海权，且在我华北造成强大之根据地。故其对我之作战方针，将采取积极之攻势，而期速战速决。

（二）敌军之攻击方向，为对黄河迤北，由古北口—山海关，经北平—天津，沿平汉—津浦两路，向郑州—济南—徐州前进，期将我主力军歼灭，或将我国军向西北贫瘠之区压迫，期以封锁之。其副作战，由多伦经张家口—绥远—河套—大同，及由北平经保定、石家庄，向太原前进，取包围山西之势。

此外，更将利用其有绝对制海权，由胶州湾—海州等处登陆，以威胁我在黄河北岸作战军之侧背。

（三）长江下游太湖附近之地区，为我国最重要之经济工业中心及首都所在地，敌今在上海已构成相当根据地，将以有力之部队，在本方面登陆，协同海军而进攻，期挫折我国抵抗之意志。

（四）在二、三两项之作战，敌为贯彻其根本国策，具有极重要之意义，然敌国惯以武力恫吓之手段，以遂其要求。今我国既有坚决抵抗之意志，则将来战争爆发之初期，或不即实现大规模之武装冲突，而由局部战斗以揭开其序幕。

（五）敌我两国如已入于正式战争中，惹起俄日战或美日战，甚至中俄英美联合对日战，则敌将以陆空军主力应付俄军，海军主力应付英、美，对我者只有一部兵力而已。

（六）在中日战争而演成世界大战之初期，或由俄日或美日战开其端绪，则敌军为掠取资源，巩固作战之基础，或将以主力先对我国军取攻势，使在短期内消灭我抵抗之能力与意志。

（七）杭州湾迤南沿海岸各要地，预料只有局部之攻击，以达其扰乱之目的，唯福建之厦门——广东之汕头等地可与台湾——琉球亘日本三岛，构成一中国海之防御线，敌将有占领之企图。

（八）敌国为对俄形成包围有利之态势，或将以一部协助伪匪由多伦经张北—化德—归绥—包头—河套前进，以为向蒙古及陕、甘、新攫取根据。

乙、敌之兵力及输送力

（一）陆军

（子）查敌国常备军有十七个师团及军属部队。战争初期，即可征编第一批预备兵十七个师团。战争开始后，又可征编第一〔二〕批预备兵十七师团。总计约六十万余人。此外当可征集预备及后备部队，除去警备后方在外，可以用于最前线之兵力约九十三师团十七旅，约二百万人左右。

（丑）只中日两国发生武装冲突时，则日本为编成预备师，而实行总动员，非万不得已时，必不出此。故预计敌将酌留必要之兵力，以任警备。而对我使用之兵力，以十二至十四个师团为最高额。若只局部发生战斗之时机，则其使用兵力，或将不超过常备军之半数。

（寅）由中日战争而惹起俄、英、美等之对日战，则苏俄平时常备军已有一百五十余万，极东军亦有廿五万，预计苏俄即受欧洲方面牵制，亦可出兵五十万以上。故敌军为对我先取攻势，最多只能使用卅至四十师团，即六十万至八十万之兵力。若在我国方面取守势，恐将自信其素质上之优越，而使用廿师团以下之兵力。

（卯）敌国之输送其陆军经朝鲜至满洲者，每星期约二至三师团，并直属部队与其补给。经海道向我国任何海岸者，每十天约一梯团，计二至三师团连同一切附属品及补给。

（辰）敌国在伪满及朝鲜驻屯军为六个师团。天津——北平一带驻屯军有约一个加强师团。

伪满计廿六个步兵旅，骑兵六旅，独立骑兵六团。

故预计敌军如左：

北正面：驻伪满及天津三师团，在八至十日可由国内续送二至三师团，是以一星期后当有五至六个师【团】，并伪满部队若干。

海正面：加入第一梯团二至三师团，须一星期。尔后续加同等兵力，为八至十日，是以十四日至十八日后，能有兵力五至六个师团，或分用于山东半岛——海州及长江下游地区，或合用于一处。

（二）海军

现敌驻我沿海及内河之第三舰队，为廿三艘，三万余吨。台湾马公要港所属舰队四艘，三千吨。以我海岸线之延长，海军兵力之薄弱，即敌不增加其主力舰，亦足以扰乱海疆而有余。故将利用其海军之优势，行动完全自由，仅以一部协同空军掩护陆军之登陆，余或集中于长江协同其陆军作战。或于开战初期，破坏我沿海要地，并袭用其不宣而战之故技，以阻碍我长江交通。

（三）空军

敌之空军合计属于陆海两军者，殆不下飞机三千余架，民间飞机不与焉，故战时当可扩充。然苏联在远东之势力已不下飞机五百架，美国空军亦有协助苏联三岛之可能，英在新加坡、香港之空军根据地，亦足以威胁敌国之西部，故敌之空军主力，将以自卫。其使用对我侵略者，或先以主力轰炸我重要城市及我空军根据地，并主要交通线及铁路之要点，而以其一部协助其陆军之作战。

综合以上各种敌人可能的行动，预计对敌作战之时机如左：

（甲）敌国惯以武装恫吓，以达其不战而胜，遂行其外交谈判，以局部军事行动，实行其国策，或因局部军事行动，而揭开战争之序幕。如：

一、敌军为扩大冀东伪组织，实行侵占平、津，而与冀察部队惹起武装冲突之时期。

二、敌军越过长城，实行武力威胁我北方将领，而欲成立其所谓华北五省自治国之时期。

三、敌增兵淞沪，或以海空军袭击我首都，企图遂行其强迫谈判及威胁挟持等时期。

四、敌军利用伪匪，侵占扰乱我绥远边圉时期。

五、敌军藉防共之名，欲在我国自由军事行动，并利用走私，破坏我行政及经济系统，而与我武装冲突时期。

六、敌军越海侵入山东半岛及陇海路东段，与该地驻军惹起武装冲突之时期。

七、敌军欲封锁台湾海峡，实行侵占闽粤沿海岸，与该地驻军惹起武装冲突之时期。（作战计划甲）

（乙）我国因世界趋势及国情上之需要，为复兴民族而自动的自主的对敌实行作战，以收复失地之时期。（作战计划乙）

第二　敌情判决

敌惯以武装恫吓，以达其不战而胜，遂行其外交谈判，以局部军事行动，实行其国策。

第三　作战方针

国军以捍卫国土确保民族独立之自由，并恢复失地之目的，在山东半岛经海州——长江下游亘杭州湾迤南沿海岸，应根本击灭敌军登陆之企图。在黄河迤北地区，应击攘敌人于天津——北平

——张家口之线，并乘好机越过长城，采积极之行动，而歼灭敌军。不得已时，应逐次占领预定阵地，作韧强之抗战，随时转移攻势，以求最后之胜利。

第四　作战指导要领

一、国军对恃强凌弱、轻率暴进之敌军，应有坚决抵抗之意志，必信之信念。虽守势作战，而随时应发挥攻击精神，挫折敌之企图，以达成国军之目的，于不得已，实行持久战，逐次消耗敌军战斗力，乘机转移攻势。

二、开战之初，如情况所许，则国军以主力于沧州——河间——保定之线，保持重点于平汉路方面，对经北平——天津之敌军，实行决战。

三、开战初期之状况，国军如不能进出沧保线时，则以主力使用于德州——束鹿——石家庄附近之线，仍保持重点于平汉路方面，与敌行第一次之会战。

四、开战初期之状况，国军如不能进出德石线，则冀察绥部队逐次占领预定阵地，行持久战，迟滞敌人之前进，主力占领黄河下游——东阿——寿张——观成——内黄——安阳之既设阵地。左翼与山西侧面阵地相联系，实行攻势防御。

五、如第一次会战失利，则向预设阵地后退，并补充实力，准备随时转移攻势，歼灭侵入之敌军。

六、山东半岛方面，以一部于沿海岸直接阻止敌之登陆，主力保持机动，对已登陆之敌军，断行攻击。不得已时，应固守潍河之线，以掩护主力军之侧背。

七、海州方面，应直接阻止敌之登陆，对登陆成功之敌军，断然绝对攻击而歼灭。不得已时，应逐次后退固守运河之线。

八、长江下游地区之国军，于开战之初，应首先用全力占领上海，无论如何，必须扑灭在上海之敌军，以为全部作战之核心，尔后直接沿江海岸阻止敌之上陆，并对登陆成功之敌，决行攻击而歼灭之。不得已时，逐次后退占领预设阵地，最后须确保乍浦——嘉兴——无锡——江阴之线，以巩卫首都。对杭州湾、江阴之江面，实行封锁，阻绝敌舰之侵入。

九、闽粤方面之国军，应直接阻止敌之上陆，不得已时，应固守龙岩——延平——广州之线，以确保我东南资源之地。

十、空军于作战之先，以主力扑灭长江内之敌舰，及沪汉两地敌之根据地。集中间，以主力对敌海上航空母舰与舰队及运输船舶攻击，并协助我海岸防守部队之作战，以一部协同陆军作战；会战间，以主力协同北正面陆军作战，以一部协同海正面作战。准备全部重轰炸队袭击敌之佐世保——横须贺及其空军根据地，并破坏东京——大坂各大都市，以获得我空中行动之自由。

十一、海军以全力于战争初期迅速集中于长江，协力陆空军扫荡敌舰。

十二、作战时间，应有专门机关指导民众，组织义勇军并别动队，采游击战术，以牵制敌军，并扰乱其后方。

十三、作战军应乎状况之必要，若须向后撤退时，暂时放弃国土一部之时机，应利用现有之城垣，尤以天津——北平——青岛——上海——福州——广州等名城，配置守备部队，死力固守，并破坏交通机关与毁灭资源，以妨害敌军之前进。

十四、作战期间，如赤匪尚未肃清，则内地未列入战斗序列之国军，继续清剿及绥靖警备之责，并统编总预备军，集中待命。

第五　战斗序列及战场区分〔略〕

第六　集中

甲、集中配备（如别纸附图）

乙、平时配备（如别纸附图）

丙、集中输送

一、要领

国军之集中，应于宣战同时，并用火车及徒步行军，迅速开始输送，故平时应有周到与确实之整备，方能迅速，是宜确实注意者也。

二、集中输送计划(如别册)

丁、最高统帅部

一、最高统帅部位置于南京。

二、在郑州、徐州、南昌设置行营。

三、编成一行营列车，俾便随时亲往各处指挥国军作战。

第七　各兵团之任务及行动

甲、第一方面军(津浦及陇海路东段)

一、第一集团军

壹、开战之初，如情所许，则国军以主力于沧州——河间——保定之线，保持重点于平汉路方面，对经北平——天津南下之敌军，实行决战之时期。

(子) 胶东方面，应以一部直接配备于青岛——威海卫——烟台——龙口一带地区，阻止敌人上陆，控制主力于胶县——平度间地区，准备于判明敌主力于上陆点时，则断行攻击而扑灭之。不得已时，可逐次向潍河东岸山地之线后退，迟滞敌之前进，最后务固守潍县之线，以掩护主力军之侧背。

(丑) 集中于德州附近之部队，沿津浦路两侧地区，向毕孟镇——沧州——景和镇之线前进，左翼与第二集团军连系，拒止由天津经津浦路南下之敌军。

(寅) 集中于济南附近之部队，保持机动，使随时能策应胶东与津浦两方面之作战。

弍、开战初期之状况，国军如不能进出沧保线时，仍保持重点于平汉路方面，与敌行第一次会战之时期。

集中于德州附近之部队，应占领德平——陵县——德州——龙华镇等北方地区之线，拒止由天津经津浦南下之敌军。

叁、开战初期之状况，国军如不能进出德石线时之时期。

（子）集中于济南之部队，应沿黄河南岸占领利津——济东——湾口——长清之线，拒止由天津经津浦路南下之敌军。

（丑）集中于泰安——沂水附近之部队，应保持机动，使随时能策应胶东与黄河沿岸两方之作战。

二、第二集团军

壹、开战之初，如情况所许，则国军以主力于沧州——河间——保定之线，保持重点于平汉路方面，对经北平——天津南下之敌军，实行决战之时期。

（子）驻冀部队应于天津——武清——南口——北平等处东方之线，拒止敌军之侵入。不得已时，占领静海——霸县——涿州之线，任主力军掩护，尔后向津浦——平汉两路间景和镇（不在内）——河间——边渡口镇之线后退，连系第一、第七两集团军击攘南下之敌军，并准备协同第四、第五两集团军，攻击前进。

（丑）驻察部队在张家口东方拒止敌之侵入。如受优势之敌军压迫时，逐次占领要点，沿平绥路西退，尔后与集中大同附近之第七集团军协力对敌实行攻击。

贰、开战初期之状况，国军如不能进出沧保线时，仍保持重点于平汉路方面，与敌行第一次会战之时期。

驻冀部队应于天津——北平——南口等处东北方地区之线，拒止敌军之侵入。

不得已时，逐次后退占领沧州——河间——清苑等处迤北地区之线，掩护主力军之集中。尔后于龙华镇——衡水——束鹿（不在内）之线，与主力军连系，击攘南下之敌军，并协力第三集团军攻击前进。

叁、开战初期之状况，国军如不能进出德石线时之时期。

（子）驻冀部队，于天津——武清——北平——南口等处东北地区之线，拒止敌军之侵入。不得已时，应沿津浦与平汉两路逐次占领要点，滞迟敌军之南下，向长清——东阿——寿张——观城之线后退，占领该线，拒止敌军前进，并应准备协力第二方面军之攻势转移。

（丑）驻察部队，于张家口东北地区，拒止敌军之侵入。如受优势之敌军压迫时，逐次占领要点，沿平绥路西退，尔后应与第六集团军之一部，共同协力，在阳高——隆盛庄——集宁之线，拒止敌军之西进。

三、第三集团军

（子）应以一部于陈家港——连云港——青口——岚山头沿海岸直接阻止敌之登陆，集中主力于东海附近，对登陆之敌军，断然决行攻击而歼灭之。

（丑）不得已时，应逐次占领要点，迟滞敌之前进，最后务固守运河之线，以掩护主力军之侧背。

（寅）左翼应与胶东之部队密切联系。

（卯）应以一部集中于淮阴及徐州附近控置为第二线兵团，准备策应第一线之作战，并准备于必要时，能策应津浦方面之作战。

乙、第二方面军（平汉及陇海西段）

四、第四集团军

壹、开战之初，如情况所许，则国军以主力于沧州——河间——保定之线，保持重点于平汉路方面，对经北平——天津南下之敌军，实行决战之时期。

（子）集中于束鹿——南宫——宁晋及隆平——邢台——内邱间之部队，应沿平汉路东侧地区，自边渡口（不在内）——高阳——清苑（不在内）之线前进，攻击由北平经平汉路南下之敌军。

（丑）集中于临漳、内黄附近之部队，控置为第二线兵团，准备随时能策应第一线之作战。

贰、开战初期之状况，国军如不能进出沧保线时，保持重点于平汉路方面，与敌行第一次会战时期。

集中于束鹿——南宫——宁晋——隆平——邢台——内邱间

之部队，应在束鹿一带地区（平汉路不在内）之线，对平汉路南下之敌，实行攻击。

（子）集中于观城——濮阳——内黄——道口间之部队，占领观城——清丰——内黄——窦公集线上之既设阵地，对由北平经平汉路南下之敌实行攻势防御。

（丑）集中于新乡附近之部队，控置为第二线兵团，准备随时应援第一线之作战。

（寅）应于开战初期，派遣有力之一部，于石家庄方面，对沿平汉路南下之敌军，逐次占领要点，迟滞敌之前进。

五、第五集团军

壹、开战之初，如情况所许，国军以主力于沧州——河间——保定之线保持重点于平汉路方面，对经北平——天津南下之敌，实行决战之时期。

（子）集中于石家庄——栾城——高邑间之部队，应沿平汉路西侧地区，向清苑——满城（不在内）之线前进，攻击由北平经平汉路南下之敌军。

（丑）集中于磁县、安阳附近之部队，控置为第二线兵团，准备能随时策应第一线之作战。

贰、开战初期之状况，国军如不能进出沧保线时，保持重点于平汉路方面，与敌行第一次之会战时期。

集中于石家庄——栾城——高邑间之部队，应在正定亘平山（不在内）之线，对沿平汉路南下之敌，实行攻击。

叁、开战初期之状况，国军如不能进出德石线之时期。

（子）集中于安阳——淇县间地区之部队，应占领窦公集——安阳——曲沟线上之既设阵地，实行攻势防御。

（丑）应协同第四集团军，对轻率暴进之敌，乘机转移攻势，捕捉敌军于石家庄以南地区而歼灭之。

六、骑兵第一集团军

骑兵第一集团军应于开战初期，沿平汉路向北平方面挺进，支援驻冀部队之战斗，迟滞敌军之前进。

丙、第三方面军(晋绥)

七、第六集团军

壹、开战之初，如情况所许，国军以主力于沧州——河间——保定之线，保持重点于平汉路方面，对经北平——天津南下之敌，实行决战之时期。

(子)集中于娘子关附近之部队，连系第五集团军之左翼，向满城地区前进，包围攻击经平汉路南下之敌军。

(丑)集中于王庄堡——北楼口——繁峙长城，进出涞源、蔚县之线，尔后攻击敌军之侧背，向良乡——昌平之线前进。

(寅)集中于太原附近之部队，控置于第二线兵团，准备能随时策应平汉路方面之作战。

弍、开战初期之状况，国军如不能进出沧保线时，保持重点于平汉路方面，与敌行第一次会战之时期。

(子)集中于娘子关附近之部队，连系第五集团军之左翼展开于平山及其迤西地区，对经平汉线南下之敌军，包围攻击其右翼。

(丑)集中于王庄镇——北楼口——繁峙间地区之部队，应进出涞源一带地区，尔后攻击敌军之侧背，向保定——涿州之线前进。

叁、开战初期之状况，国军如不能进出德石线之时期。

(子)集中于辽县——和顺附近之部队，于册井亘南障城间及长城沿线占领既设阵地，拒止敌军前进，并掩护第二方面军之左侧。

(丑)集中于娘子关——平定附近之部队，应占领正太路南侧亘南台山以南之长城沿线，拒止敌军西进。

以上两部队，应于第二方面军转移攻势时越过长城，击破当面之敌，进出平汉路以东地区，攻击敌军之侧背。

(寅)集中于繁峙——代县——五台附近之部队，于南台山

——王庄堡——浑源之线，占领阵地，阻止敌军之侵入晋北。

（卯）控置一部于太原附近，应保持机动，使随时能策应东北两方面之作战。

八、第七集团军

壹、开战之初，如情况所许，则国军以主力于沧州——河间——保定之线，保持重点于平汉路方面，对经北平——天津南下之敌，实行决战之时期。

（子）集中于大同附近之部队，与由察省西退之第二集团军之一部，共同对沿平绥路前进之敌，向张家口附近前进。

（丑）集中于集宁——归绥附近之部队，控置为第二线兵团，准备随时能策应平汉方面之作战。

弍、开战初期之状况，国军如不能进出德石线时之时期。

集中于大同附近之部队，与由察省西退之第二集团军一部，应占领阳原——天镇——兴和之线，拒止敌军之前进。

九、骑兵第二集团军

骑兵第二集团，应向归绥方向活动，威胁敌之侧背，协助主力军之作战。

丁、第四方面军（江浙）

十、第八集团军

（子）在开战初期，以主力进出上海附近，扫荡该地陆上之敌人，破灭其根据地。尔后于吴淞——宝山——浏河——白茆口——福山——江阴沿岸，直接拒止敌之登陆。

（丑）对登陆成功之敌，应乘机断行攻击而扑灭之。

（寅）不得已时，逐次占领要点，拒止敌军之前进。最后务固守无锡——江阴之线，以巩卫首都。

（卯）应以一部驻于南通附近，警戒长江北岸，阻绝其上陆之企图，并协助南岸部队之作战。

十一、第九集团军

(子) 在开战之初，以主力进出上海附近，与第八集团军协力扫荡该地陆上之敌人，破灭其根据地。

尔后于澉浦——乍浦——奉贤——川沙——黄浦江东岸之沿海岸，直接拒止敌之登陆。

(丑) 对登陆成功之敌，应乘机断行攻击而扑灭之。

(寅) 不得已时，逐次占领要点，拒止敌军之前进。

最后固守乍浦——嘉兴——平望之线。

(卯) 应以一部配备于镇海附近，警戒杭州湾之南岸，阻绝敌军上陆之企图。

(辰) 控置一部于杭州附近，保持机动，使随时能应援镇海及沪杭方面之作战。

十二、控置一军于南京——浦口附近，对江正面，警备敌不意之袭击，并使能策应京沪——京杭两方面之作战。

午〔戊〕、第五方面军(闽粤)

十三、第十集团军

(子)在开战之初，以主力进出福州——晋江——龙溪之线，直接沿海岸，拒止敌之登陆。

(丑)不得已时，应固守南平——龙岩之线，并乘机转移攻势，扑灭当面之敌。

十四、第十一集团军

(子)开战之初期，以主力进出潮安——陆丰——番禺——台山沿海岸，直接拒止敌之登陆，以固守我沿海资源。

(丑)右翼与第十集团军密切联系。

戊〔己〕、第一总预备军

应于宣战后，陆续集中于西安附近，准备随时增援于平汉或晋绥方面。

己〔庚〕、第二总预备军

应于开战后，陆续集中于重庆附近，准备随时增援于津浦或江浙方面。

庚〔辛〕、各预备军，直辖于最高统帅部，保持机动，依状况准备就近使用于各战场。

辛〔壬〕、第三总预备军

应于开战后，陆续集中于南昌附近，准备随时增援闽粤、江浙、津浦、平汉方面之作战。

第八　航空与防空

甲、航空

宣战时期：

一、第一集团以南京——广德——杭州等地为根据，协同海军轰炸芜湖迤东（芜湖在内）长江下游之敌舰，及上海敌之根据地而破灭之。

二、第二集团以南昌——孝感——武昌等地为根据，轰炸芜湖以西以迄武汉长江江面之敌舰，及汉口敌之根据地而破灭之。

以上行动，务宜于开战之前，以决断机敏之手段，出敌不意，以空军主力实施之。预期于两日内完成。

三、如有好机，则同时以一部于济南、新乡等根据地，轰炸天津附近敌之陆空军根据地，挫折敌之锐气，迟滞敌之行动，以援助我冀、察军队之战斗。

四、应以全部重轰炸机队，于上海附近根据地，袭击敌之佐世保与关军港，以及其国内空军根据地及其重要城市，俾获得我空军行动之自由。

集中间：

五、第一集团之主力，位于江南，一部移于江北淮阴地区，对海州以南之海面搜索敌之航空母舰及运送船而破坏之，并任首都之防空与重要交通线之掩护。

六、第二集团移于陇海路地带，以主力掩护陆军之输送及集中，并搜索津浦——平汉两路之敌情，以一部协同第一集团对海州、青岛附近沿岸搜索海上敌舰而攻击之。

在此时间，对敌之空军避免决战，务宜集结兵力对敌弱点乘机奇袭，以期将敌各个袭破，逐渐消耗其实力。

会战间：

七、第一集团之一部，仍位于长江下游地区，搜索长江迤南沿岸之敌舰船而轰炸之，并协同陆军之战斗。

其他一部，移于徐、海、临、沂地区，对海州附近以迄胶州湾搜索敌舰船而轰炸之，并协同陆军以击破敌之登陆部队，或相机协同第二集团及陆军对山东半岛西进之敌攻击之。

八、第二集团进驻济南、大名、彰德一带地区，对山东半岛及津浦——平汉线路协助我陆军之作战。

追击或退却：

九、第一次会战将敌击退后，第一集团之一部仍在原地区协同陆军作战，或视当时情况，更将徐、临、沂地区之部队调出一部，协同第二集团北向德州——高邑——沧州——保定——石家庄之线移动，协同陆军之追击战。

如第一次会战未收预期之胜利而预定阵地移动时，第一集团仍在原地，第二集团掩护陆军之逐渐撤退，渐次移向济宁——郑州之线，或陇海路徐郑之线继续作战。

十、各期间空军之转移，端赖地面设备之周到及补给通信之灵活，务宜预为设备之。

乙、防空

一、要领

防空以地上高射兵器协同空军之驱逐机队担任之，其配备置重点于都市及重要交通线之要点，并注意于其他消极防空之设施，而期减少敌轰炸之损害。

二、地上防空兵器之配备

（子）首都附近：七·五高射炮二连，两公分高射小炮卅门，七·九高射机关枪七十挺。

（丑）杭州附近：七·五高射炮一连，两公分高射炮四门，七·九高射机关枪八门。

（寅）孝义兵工厂：七·九高射炮二连，七·九高射机关枪八门。

（卯）洛阳附近：两公分高射小炮四门，七·九高射机关枪四挺。

（辰）其余各大都市如天津、北平、济南、福州、广州等处，均宜预先筹划防空事宜。

三、空军驱逐部之配置

（子）在集中间：以主力配置于南京，一部置于徐州及郑州。

（丑）在会战间：以主力配属决战方面之各军，一部位于南京及徐州。

四、野战军不论在输送及战斗间，应利用固有之兵器，协力空军，担任防空。并须极力利用夜暗，以求对空掩护。

五、各要塞之防空，除利用原有之防空设施外，酌予配属一部防空武器，以担任各炮台上空之直接掩护。

六、铁道防空，应由铁道部购备必要之防空兵器，配备于重要桥梁、山洞、车站及工厂等处，以担任之。

七、防空情报，应于南京、杭州、上海、徐州、海州、开封、洛阳、济南、北平、青岛、福州、广州、南昌、太原、镇海、厦门及归绥等地，配置防空监视哨，构成严密防空情报网。

八、其他消极防空

（子）由各省市县政府，督促防空协会及社团等机关，组织防护团，充实消防、防毒、救护、避难及灯火管制与交通整理诸种设施。

（丑）由各省市县党部，对民众宣传防空知识，训练防空技能。

第九　海军

甲、要领

海军应避免与敌海军在沿海各地决战，保持我之实力，全力集中长江，协力陆空军之作战。

乙、行动概要

一、第一、第二舰队于宣战时，藉机敏之行动，迅速集中长江。在宣战同时，与我空军及要塞协力，扫荡江内之敌舰，尔后与要塞担任长江下游之警备，协力陆军之作战。

二、第三舰队平时应警备山东半岛沿海岸，务于开战之先，迅速集中长江，担任下游之警备，并协力陆军之作战。

三、各舰队于平时应严整战备，以防敌海军不意之袭击。

第十　要塞

甲、要领

平时各要塞应严整战备，缜密防范，得随时应敌。在作战期间，务击灭出现我要塞敌之舰船，并支援陆军之作战。

乙、海岸要塞

镇海——乍浦——海州各区要塞，受该方面军野战军之指挥，任各该海岸之防空，并摧破敌之上陆行动。

丙、江岸要塞

南通——江阴——江宁各区要塞，受各该区野战军之指挥，于宣战同时，出敌不意，与我海空军协力，断然袭击敌舰而扑灭之，尔后对敌舰封锁江面，并为野战军阵地之依托，而支援野战军之作战。

第十一　交通、通信

甲、交通

一、战时交通，务尽万般手段，尽量利用所有机关，而增大其输送能力。

二、战场附近之交通，为顾虑状况变化，不资敌用计，应预有破坏之准备，其破坏之程度，则按国军尔后之企图而决定之。

三、铁道输送，由最高统帅直辖而运之，但状况必要时，得指定某段路线归某方面军或集团军一时专用之。

四、海运及长江之水运，由最高统帅直辖使用。此外战区各省境内之河川，则归兵站管区或归各该方面军与集团军用之。

五、战区各省境内之公路，统归所属兵站管区或该方面军及集团军专用之。

六、对各铁道交通，平时应精密各项输送器材，预为编成列车之准备，策定运用之计划。

七、调查所有之汽车，就其性能及其载重性，预立征集、编配、运用之计划。

八、调查轮船、汽车、帆船之数量，及河川之景况；对水运之利用，须有完善之计划与准备。

九、战时轻便铁道之敷设，由铁道队担任之。

乙、通信

一、最高统帅与各方面军及各集团军间，应有直通之专用线一条，并利用国有电报与各铁道之路有电报线，而以无线电信为辅助通信。

二、最高统帅与海军及空军间之联络，以无线电信为主，国有电报线为副。

三、各方面军及各集团军与所属军(师)间，或各级司令部相互间之联络，以利用地方固有电报及电话线并所属之野战电信队为主，以无线电信副之。

四、平时应于国有、省有及民营有线通信机关，有统制运用之准备。

五、平时应精密调查所有诸无线电台，而按其性能，预定战时运用之方案。

第十二　兵站

甲、要领

一、兵站之设施，首应顾虑国军于黄河迤北地区会战不发生障碍，并准备尔后追随向北平方面前进为要。

二、对海正面方面之设施，应能随国军之攻击运动，而使补给圆滑为要。

三、为顾虑国军实施长期作战计，对资源之征集，应有周到之准备。

乙、集积主地及主兵站线

一、集积主地设施于下列各地：汉口、南昌、南京、徐州、郑州、太原。

二、主兵站线：

（子）浙赣铁道及沪杭甬铁道。（丑）京沪铁道。（寅）津浦铁道及郑州以东陇海铁道。（卯）平汉铁道及郑州以西陇海铁道。（辰）同蒲铁道、正太铁道及平绥铁道。并应尽量利用与上述各铁道线附近平行之诸公路及河川，而设置兵站线路。

丙、补给品之储存

一、储存野战军五十师三个月所有之粮秣。

二、在本年六月底储存野战军五十师份（每月五基数之弹药）一个月份弹药，十二月底一个半月份，至明年五月底，应有两个月份。

三、储存汽车一千五百辆六个月份所要之燃料三百五十万加仑。

四、上述储存品，除置藏于各集积主地外，并就左列各地设设〔立〕仓库：宣城、蚌埠、归德、信阳、洛阳。

五、补给品之储藏，务宜分散，可就集积主地及仓库地附近各处而配置之。

丁、卫生

一、作战初期须准备兵站医院二十个，所要卫生材料三个月份，约可收容伤病者二万人。

二、编兵院列车六个，以担任伤病者之输送。

三、在武昌、汉口、南昌、南京等地，应筹设重伤病院。

戊、资源之征集

一、利用民间积谷仓库之制度，以征集粮秣。

二、兵器弹药除我国原有工厂制造外，如各海口被敌海军封锁后，应于广州、昆明等处，由国外购置，以为补充之来源。

第十三　警备

甲、铁道之警备：

于战时编成四个守备军，分任津浦、平汉南段、陇海及浙赣诸路之警备。

一、第一守备军列茂恩部，第六十四及六十五两师。（津浦铁道徐州以南段，司令部位于蚌埠。）

二、第二守备军谭道源部，第十八及五十两师。（平汉路郑州以南段，司令部位于信阳。）

三、第三守备军萧之楚部，第四十四师及独立第四旅。（陇海铁道徐州以西至潼关段，司令部位于归德。）

四、第四守备军张钫部，第七十五及第七十六两师。（浙赣铁路，司令部位于衢县。）

粤汉铁道之警备，由各地警备军派队担任。至所属战区内之铁道，由野战军自任警备。

乙、各地之警备

一、陕甘宁青警备军，应继续清乡，务期使地方安定，尔后以一部担任地方警备之责，主力准备随时移调，以应援晋绥及平汉方面之作战。

二、湘鄂赣皖警备军，应继续绥靖地方及任长江沿岸之警备，并准备随时能应援各方面之作战。

三、川康警备军，继续清乡，务期迅速将地方治安不良分子扑灭，并准备随时能抽调兵力，以应援各方之作战。

四、滇黔警备军，任绥靖地方之任，并准备随时能抽调兵力，以应援各方之作战。

五、广西警备军，应集中主力于梧州附近，一部于南宁附近，担任境内之警备，并协助闽粤军之作战，及随时转移兵力于他战场。

丙、对国内驻屯敌军之处置

一、国军对平时驻屯我国内之敌人，应于战争发动之初，即予尽数扑灭。

二、平时由各地所属军事最高机关，负调查及监视之责，并预立绵密计划，设施周到之准备。

三、警备区域：（子）上海附近。（另定扫荡计划）（丑）平津附近，由廿九军负责扫荡。（寅）武汉附近，由行辕负责扫荡。（卯）闽粤附近，由驻闽绥靖公署负责扫荡。（辰）其他各地，由该地驻军或保安团队负责扫荡。

四、此外散居内地之敌民及国贼，应由各该地政府详查其居址，监视其行动，于战时即行尽数予以逮捕。

第十四　战场区分

依地形及国军平时配置之关系区分战场如左之各区：一、山东区；二、冀察区；三、河南区；四、晋绥区；五、徐海区；六、江浙区；七、闽粤区；八、陕甘宁青警备区；九、湘鄂赣皖警备区；十、川康警备区；十一、滇黔警备区；十二、广西警备区。

〔国民政府国防部史政局及战史会档案〕

2. 国民政府大本营颁第一战区作战指导计划训令

（1937年8月20日）

大本营训令　令字第三号

兹颁发第一战区作战指导计划，仰即遵照实施令。此令。

大元帅　蒋中正

中华民国二十六年八月二十日

第一战区北正面作战指导计划

一、敌情判断

平津方面之敌，旬日以来，对于南侵行动颇形迟援，而对于南口方面之攻击行为则极为活跃，依此判断敌军之企图，大概可分为下列三途：

1. 积极攻略南口后，进迫万全，以堑断平绥全线，再威胁大同，窥伺太原，以期不攻而摧破我全正面之作战。

2. 攻略南口后，以此为大旋回之轴心，以津浦线之运动为外翼，以主力由平汉路、以有力之一部由津浦路互相向我侧面压迫，逐次收获侧面攻击之成果。

3. 如南口之攻击不成功时，则以昌平、密云为据点，以掩护其侧背之安全后，再用第二项所述之方法向我进攻。

依此判断，本战区正面之作战，唯有以重兵扼守南口，方足以摧毁敌人一切之企图，故本战区正面作战之部署，应侧重于平汉线北线之西北侧。

二、指导方针

本战区北正面目前主要任务，为拒止敌人沿津浦、平汉两铁路南下，同时侧击敌人对南口方面之攻击，巩固南口万全之线，以策定尔后转移攻势收复失地之基础。

三、指导要领

为达方针前述之目的，应以平汉、津浦两铁路为轴心，以防守部队采纵深疏散据点式之防御配置，以机动部队控制于侧翼，如敌向我进攻，则协力于防守部队向敌侧背围攻而歼灭之，同时在前线之部队应组织便衣游击队，渡过永定河，深入平津铁路以东地区组织民众，破坏交通，以牵制敌人之运动。

为达方针后项所述之目的，应以强有力之机动部队向南口、怀来、万全之西南地区挺进，直接或间接援助我南口、万全一带之守军。

四、军队区分及其位置任务

甲、右地区队

指挥官：第一集团军总司令宋哲元。

六十七军之一师位置于同居、大王庄(岐河口与马厂之间)附近。

二十九军之一师位置于东湾头(小站与马厂间)附近。

二十九军之其余部队位置于静海、王家口附近。

五十三军之一师位置于霸县附近。

五十三军之其余部队位置于雄县附近。

九十一师位置于固安附近。

河北保安队(兵力须等于一师)位置于任邱、河间附近。

以上各部队以各对当面之敌，确实占领坚强之防御阵地，绝对拒止敌人之前进为主要任务。

六十七军之其余部队位置于马厂附近，取疏散配置之态势，敌军进攻时，以由侧面策应该当正面友军之作战为主。

乙、左地区队

指挥官：第二集团军总司令刘峙。

二十六路军之一师及一旅位置于琉璃河镇、涿县、高碑店附近。

十七师位置于保定附近。

以上各部队各对当面之敌，确实占领坚强之防御阵地，绝对拒止敌人之前进，为其主要任务。

二十六路军之其余部队位置于房山、张坊附近。

第三军位置于涞水、易水附近。

第二师位置于徐水附近。

二十五师位置于满城附近。

以上各部队各在指定地名及其附近，取疏散配置之态势，敌军进攻时，以由侧面策应该当正面友军之作战为主，同时保持其机动性，准备随时可以向北平、南口方面取攻势。

丙、第一总机动部队

指挥官：前敌总司令卫立煌。

指挥第十师、第八十三师、第八十五师，以斋堂、大龙门一带为活动根据地，以策应昌平、南口、怀来方面之作战，截击敌之侧面为主要任务。

第二机动部队

指挥官：第八路总指挥朱德。

指挥新编一百十五师、一百二十师、一百二十九师，以阳原、蔚县、涞源为活动根据地，以策应下花园、宣化、万全方面之作战，截击敌人之侧背，并须以便衣队深入冀东、热河地区，施行游击战，袭击敌军后方为主要任务。

五、作战地境

右
左地区——顺义县、固安县、雄县、河间县各西侧面相连之线，线上归右地区。

左　地　区
总机动部队——昌平、紫荆关、阜平相连之线。

六、总预备队

四十军之三十九师位置沧州，在杜心堡、沧州以东之线构筑阵地。

三十二军位置饶阳、武强、束鹿、安平、深泽一带，在晋县、献县之间构筑阵地。

十一路【军】位置于石家庄，在藁城、正定、石家庄地区构筑阵地。

二十三师位置德州，在德州及其附近构筑阵地。

四十七师着在石家庄待命。

七、部队配置与工事构筑

各部队无论其任务为防守或机动，务采取疏散之配置，并须利用地形、地物构筑工事，以达到步步为营、能攻能守之要求，而增加国军作战之韧强性。

八、后方勤务部队之任务

后方勤务部队，应依照此计划内所定之区分，重新规划诸设施，务适应各地区、各部队作战上之要求，完成通信、交通、卫生诸设备，充实弹药器材诸补充，对于集积运输之要领，即务必分散配置，顾虑对空遮蔽，以避免敌空军及炮兵之轰炸，且能不失时机补充前方，应本此要旨，妥拟方案，绘图具报。

九、各地区、各部队团以上之配置及机动部队预定之概略，与工事构筑之情形，应绘图具报。

（一）传达法：以书面传递。

（二）命令受领者：宋哲元、刘峙、卫立煌、朱德、俞飞鹏。

（三）通报受领者：何应钦、徐永昌、林蔚。

〔国民政府国防部史政局及战史会档案〕

3．大本营颁国军战争指导方案训令

（1937年8月20日）

大本营训令　令字第一号

兹颁国军战争指导方案，仰即遵照实施之。此令。

大元帅　蒋〇〇

民国二十六年八月二十日

战争指导方案

一、本大元帅受全体国民与全党同志之付托，统率海陆空军，及指导全民，为求我中华民族之永久生存，及国家主权之领土完整，对于侵犯我主权领土，与企图毁灭我民族生存之敌国倭寇，决以武力解决之。

二、大本营之组织如系统表。

大本营设参谋总长、副参谋总长各一员。参谋总长指挥大本营各部，辅助大元帅策划全局。副参谋总长襄助参谋总长指挥幕僚，达成全任务。

三、大本营对于作战指导，以达成“持久战”为基本主旨，因此将军令、政略、财政、经济、宣传、训练，划为六部，分担任务，各应本主旨，适切运用，紧密联系，俾获最后之胜利，为共同一致最高之原则。

四、为统帅指挥之便利计，将全军区分为四战区（战区区分及战斗序列，号令规定颁发之），主战场之正面在第一战区，主战场之侧背在第二战区。

五、国军对敌第一期作战，预期至本年十月下旬为止，各部在此期间内，应达成如左之任务，以确立我第二期对敌作战之基础：

甲、第一部

第一战区

近迫该当面之敌，实行柔性之攻击，以吸引其主力，俾我第二、第三战区之作战，得从容展布。但如敌军企图真面目与我决战时，则应毅然尽全力以防制之。

第二战区

打破敌军惯用包围行动之企图，使其对我第一战区，不敢放胆施行正面之攻击，同时牵制热河以东之敌军，使其对青岛、淞沪之作战，不能转用兵力。

第三战区

迅将目下侵入淞沪之敌，陆海军及其空军陆上根据地，扫荡扑灭，以准备敌军再来时之应付，同时对于浙江沿海敌可登陆之地区，迅速构成据点式之阵地，阻止敌人登陆，或乘机歼灭之。

第四战区

除对敌海陆空之扰乱，完成战备态势外，应充分准备参加第二期之作战。

第五战区

本战区作战之特性，为对敌强行登陆之作战，故以立于主动地位，确占先制之利，根本打破敌军登陆之企图。此为作战指导上之第一要义。纵使敌军一部先行登陆，务必迅速围攻而歼灭之，不使后续兵团藉此以为安全登陆之掩护。此为作战指导上之第二要义。必要时，在指定地区之范围内，扼要固守，绝对限制敌军之进展，运用机动部队而歼灭之，以确保我国军南北两战场作战连系之中枢。

海军

淞沪方面实行战争之同时，以闭塞吴淞口，击灭在吴淞口以内之敌舰，并绝对防制其通过江阴以西为主，以一部协力于各要塞及陆地部队之作战。

空军

空军应集中主力协同陆军，先歼灭淞沪之敌(以敌舰及炮兵为主目标)，尔后任务另指定。

第一至第四预备军

除别命所示者外，各依指定之地区，迅速集中完毕后，根据各战区前方会战之经验，各自实施(必要时可与中央各军事学校联络)适当之战时教育，并保有随时应战之机动性。

直属诸部队

与预备军同。

后方勤务部

直接受第一部之指导，适应各战区作战之要求，完成通讯、交通诸设备，充实弹药器材诸项补充。对集积运输之要领，即务必分散配置，顾虑对空遮蔽，以避免敌空军及炮兵之轰炸，且能不失时机补充前方，并考虑第二期作战之物资充足法为要。

乙、第二部

内求社会内部之安定，以树立长期抗战之基础，外谋国际舆论之同情，使敌国受孤立无援之压迫。

丙、第三部

安定金融，整理税务，紧缩支出，筹发公债及募集外债。

丁、第四部

扩张产业、广辟资源，以极力讲求自给自足之方法，纵使国际间之交通，被敌遮断，我国军与民众战时生活上必需之资源，不因此而受重大之威胁。

戊、第五部

永保精神动员之团结巩固，并将国军为自卫而应战之决心与事实，昭告国际朝野，免为敌人反宣传所蒙蔽。

己、第六部

以军事化之目的，组织及训练民众，使人人皆有为国牺牲之决心与技能，并防制汉奸间谍之暗中活动与蔓延。

六、为达成上项任务起见，如何策定方案，预定实施步骤，参谋总长督令第一部与各战区司令长官、海军司令、空军司令、各预备军司令长官、各直属部队长等，分别详细拟就候核。其余各部，即自行酌定之。

大本营组织系统表(见第622页)。

各战区作战地域如左：

第一战区　冀省及鲁北

第二战区　晋察绥

第三战区　苏南(长江以南)及浙江

第四战区　闽粤

第五战区　苏北(长江以北)及鲁省

战斗序列系统表〔略〕

一、传达法　用书面送达

二、命令受领者

参谋总长　程　潜

副参谋总长　白崇禧

第一战区司令长官　大元帅兼　由徐主任永昌分达该区各集团军总司令

第二战区司令长官　阎锡山　并由本区司令长官分达该区各集团军总司令

第三战区司令长官　冯玉祥　同右　副司令长官　顾祝同

第四战区司令长官　何应钦　同右　副司令长官　余汉谋

第五战区司令长官　大元帅兼　副司令长官　韩复榘　同右

第一预备军司令长官　李宗仁　副司令长官　白崇禧

第二预备军司令长官　刘　湘　副司令长官　邓锡侯

第三预备军司令长官　龙　云　副司令长官　薛　岳

第四预备军司令长官　何成濬　副司令长官　徐源泉

海军总司令　陈绍宽

空军总司令　大元帅兼

大本营第一部部长　黄绍雄〔竑〕

大本营第二部部长　张　群

大本营第三部部长　孔祥熙

大本营第四部部长　吴鼎昌

大本营第五部部长　陈公博

大本营第六部部长　陈立夫

大本营后方勤务部部长　俞飞鹏

大本营管理部部长　朱绍良

首都防空司令　谷正伦　副司令　黄镇球

三、通报受领者

军政部部长　何应钦

训练总监　唐生智

军事参议院院长　陈调元

大本营组织系统表

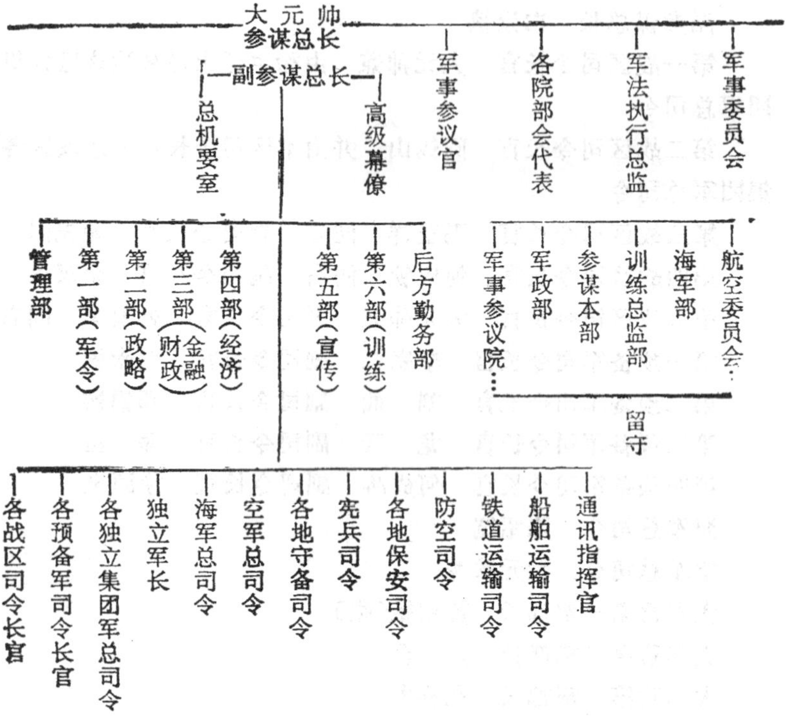

附记

1. ——指挥线，……指导线。

2. 本大元帅未正式就职以前，暂以军事委员长名义指挥之。

〔国民政府国防部史政局及战史会档案〕

4. 大本营颁《国军作战指导计划》训令

（1937年8月20日）

大本营训令　令字第二号

兹颁发国军作战指导计划，仰即遵照实施之。此令。

大元帅　蒋中正

中华民国二十六年八月二十日

国军作战指导计划

一、方略

1. 大本营受全体国民与全党同志之付托，统帅陆海空军，及指导全民为求我中华民族之永久生存，及国家主权领土之完整，对于侵犯我主权领土与企图毁灭我民族生存之敌国倭寇，决以武力解决之。

2. 国军部队之运用，以达成“持久战”为作战指导之基本主旨，各战区应本此主旨，酌定攻守计划，以完成其任务。

3. 为统御指挥之便利计，将全军区分为四战区(战区区分，及战斗序列，详另令)。主战场之正面在第一区，主战场之侧背在第二区。

二、敌情判断

综合所得诸情报，及依据历次战役之经验，判定：

1. 敌国为使现在平津一带敌军之作战便利起见，将以有力之一部先进占平绥各要点(张家口、南口等处)，尔后或深入山西，以威胁我第一战区之侧背，或转进于正定、保定方面，以直接协力于其在平津部队之攻击。

2. 敌国为牵制我国军兵力之转用，及从政略上威胁我国军根据地起见，将以一部攻我淞沪，窥伺我首都。

3. 敌国为使其平津方面之部队进展容易起见，将以一部攻我胶东，进出历城。

4. 敌军在淞沪及青岛与我对阵期间，或以一部由海州登陆，窥伺徐州，亦在应有之行动。

5. 闽粤方面，敌军以海空军扰乱，或在所难免。如用陆军实行真面目之作战，则无此能力。

三、指导要领

甲、第一期(自八月十三日至　月　日)

第一战区

对北正面(平津)为制限敌军之自由转移兵力于平绥路，及使我第二战区在平绥路方面作战之便利起见，应即派有力之一部(约两军)，近迫当面之敌，实行柔性之攻击，同时抽调在平汉路北端部队(机动性大而富于游击战之经验者)约三师(能多更好)，归第二战区长官指挥，向怀来、万全之线以北转进。

对东北正面(山东半岛)极力缩小青岛之围攻线，使敌军尔后展布困难，可能时则以有力之一部袭取而占领之。

第二战区

本战区为华北惟一之屏障，务须永久固守，以为国军尔后进出之轴心。

平绥路为第二战区之生命线，亦中苏连络之生命线，更为我国军旋回作战之能实施与否之中枢线，应以南口附近为旋回之轴，以万全、张北、康保等地方为外翼，要固守南口、万全，国军作战方有生机，要攻略张北、赤城、沽源，国军方能展布。如南口、赤城、沽源之线，始终为国军保有，则平津方面之敌，决不敢冒险南下，故本战区之作战为：

第一步　以该战区现有之兵力，最低限度，必须固守南口、万全之线，以俟第一战区转移兵力之到达。

第二步　第一战区转移兵力到达后，向赤城、沽源之线转移攻势。

第三步　依战况之推移，对于山西东北方面，厚积兵力，以期永久固守。

第三战区

对于侵入淞沪之敌，应迅速将其扫荡，以确保京沪政治经济重心。

同时对于浙江沿海敌可登陆之地区，迅速构成据点式之阵地，阻止敌人登陆，或乘机歼灭之。

第四战区

对敌海陆军之扰乱，完全战备。

海军任务

淞沪方面实行战争之同时，以闭塞吴淞口，击灭在吴淞口以内之敌舰，并绝对防止其通过江阴以西为主。并以一部协力于要塞及陆地部队之作战。

空军任务

空军应集中主力，协同陆军先歼灭淞沪之敌（以敌舰及炮兵为主要目标），尔后任务另规定。

各预备队及兵站、通信等之行动如左：

（1）第一至第四各预备军

除命令所示者外，各依指定之地区，迅速集中完毕后，根据各战区前方会战之经验，各自实施（必要时可与中央各军事学校连络）适当战时之教育，并保有随时应命之机动性。

（2）直属诸部队

与各预备军同。

（3）后方勤务部

直接受第一部之指导，适应各战区作战之要求，完成通信、交通诸设备，充实弹药器材诸补充。对集积运输之要领，即务必分散配置，顾虑对空遮蔽，以避免敌空军及炮兵之轰炸，且能不失时机，补充前方，并考虑第二期作战之物资充足法为要。

（一）传达法　以书面派员送递

（二）命令受领者　阎锡山　冯玉祥　何应钦　陈绍宽　周至柔　李宗仁　刘　湘　龙　云　何成濬　俞飞鹏

〔国民政府国防部史政局及战史会档案〕

5. 军事统帅部依作战指导计划所作紧急处置事项纪录

（1937年8月）

根据国军作战指导计划应行紧急处置之事项如左：

一、严令刘主席汝明、汤军长恩伯固守南口、万全之线，以待转进部队之达到。(未办)(已补办)

二、令卫总指挥速率10D、85D、83D向南口、怀来之线转进。(已办)

三、令新编部队(朱、毛所部)集中三原、渭南附近，用铁道输送至保定向涞源、蔚县及怀来、万全之线转进。(未办)(已补办)

四、令平汉、津浦前线部队以主力固守阵地，以一部佯攻(长辛店方面为尤要)，并须组织便衣队向北宁路线挺进，破坏敌军运输。(未办)(已补办)

五、就平汉线保定以南部队应以三师向易县、房山县之线移动，形成侧面阵地。(未办)

六、就平汉南段部队以三师转移于晋北方面。

七、令武汉之部队18A、98D转移于京沪方面。(已办)

八、令广西军之三师、广东军之两师、第四军之两师，集结于粤汉路线上。(未办)

九、令刘主任建绪部队主力向萧山、杭州集结，一部向宁波、镇海集结。(未办)

十、大本营及各战区司令部组织之公布。

十一、军令之统一及权责之划分。

十二、为补救第三战区指挥敏活起见，拟设置前敌总指挥。①

〔国民政府国防部史政局战史会档案〕

---

① 蒋介石在文件上批有"行"字样。

6．参谋本部拟《江防计划纲领》草案

（1937年11月）[1]

江防计划纲领（由南通至武汉）

一、敌情判断

当战事爆发，敌人常驻我国长江之舰队（必要时或许另增一部），其主力似协同其陆军由上海方面溯江而上，以威胁我首都，其一部或集中某一要地，企图登岸，牵制我军之行动，或分布于各处，扰乱我大江南北之交通。

二、方针

我军为防卫首都及使沿江诸要地之安全，且不使我军受敌舰之牵制起见，在开战之初，利用沿江诸险要，实行分段封锁，阻止其行动，折断其联系，困拘于某一地区，分别而歼灭之。

三、指导要领

1．在战事不可避免之际，我方应以迅雷不及掩耳之手段，以驻在之防军，一方捕灭敌人陆上之势力（如汉口敌人租界中之驻兵及其潜伏势力），一方实行将长江分段封锁，使停泊长江各处之敌舰，各自分离，然后再由驻在之防军，各个击破而解决之。

2．倘事先敌舰得在某一处所集结，而我方不能个别封锁时，则由敌舰集结处所之防军，一方与敌舰胶着施行牵制之手段，同时仍在敌舰之上下流施行封锁，俾得困拘于一地区而歼灭之。

3．设我方之江防舰队作战不利，可利用湖口之封锁，退避鄱阳湖内，再待机而动。

四、防卫地区之划分（如附图第一）〔附图缺〕

第一防卫区（由南通至鲁港镇）

a．通靖防卫分区（由南通至靖江）

① 此件月日不明，据内容推断，当为11月。

封锁地点：

狼山、军山附近(利用沉船)

b．澄镇防卫分区(由江阴至镇江)

封锁地点：

江阴附近(用水雷)

大港附近(利用沉船阻塞或水雷)

镇江附近(用水雷或沉船)

c．江宁防卫分区(由镇江至铜井镇)

封锁地点：

乌龙山附近(用水雷)

幕府山附近(用水雷)

草鞋夹附近(用水雷)

大河口附近(用沉船或水雷)

d．芜湖防卫分区(由铜井镇至鲁港)

封锁地点：

采石附近(用水雷或沉船)

东西梁山附近(用水雷或沉船)

第二防卫区(由鲁港至金口)

a．铜怀防卫分区(由鲁港至香口)

封锁地点：

大通镇附近(用沉船或其他方法)

前江口附近(用沉船或其他方法)

b．彭浔防卫分区(由香口至马头镇)

封锁地点：

马垱附近(用沉船或其他方法)

九江附近(用水雷)

湖口附近(用水雷)

c．鄂城防卫分区(由马头镇至白浒镇)

封锁地点：

田家镇附近(用沉船或其他方法)

石灰窑附近(用沉船或其他方法)

d．武汉防卫分区(由白浒镇至金口)

封锁地点：

阳逻附近(用水雷)

武汉附近(用水雷)

青山市附近(用水雷或沉船)

金口附近(用沉船或其他方法)

五、兵团部署

第一防卫区(以京沪军司令官统辖之)

a．通靖防卫分区(拟由三十一师师长兼任南通防守司令，任南通、靖江、泰兴、扬州诸地方防卫)

第三十一师

b．澄镇防卫分区

江阴、镇江两要塞炮兵及守备队

步兵一团
独立炮兵第八团(欠一营)　}(任江阴防卫)

江苏保安团队(驻镇江者)
独立炮兵第八团之一营　}(任镇江防卫)

c．江宁防卫分区(由南京警备司令兼任)

江宁要塞炮兵及守备队

教导总队
驻京宪兵部队
各学校练习队
炮兵二营(由中央军校及炮校编成)
重炮一营(新十五榴)　}(任江南之防卫)

第八十五师(任江北之防卫)

d．芜湖防卫分区（拟设芜湖防守司令，由二十一师师长兼任）

第二十一师

炮兵两营

海军第一、第二两舰队(如本年度海军作战计划所载之海军战时编制,任第一防卫区之防卫)

空军一大队(以南京为根据地,任第一防卫区之防卫)

第二防卫区(拟设长江中部防守司令官统辖之)

a．铜怀防卫分区(由安庆警备司令兼任)

安徽警备旅(两团)

第六十五师

皖保安第一、二两团

十一路军直辖炮兵营

b．彭浔防卫分区(由九江警备司令兼任)

海军陆战队第一旅

独立第三十六旅

炮兵两营

空军一大队(以南昌为根据地,任铜怀、彭浔两区之防卫.必要时可在安庆设前进着陆场)

c．鄂城防卫分区(拟设鄂城防守司令，由三十三师师长兼任)

第三十三师

30A特务旅之炮兵第二团

d．武汉防卫分区(由武汉警备司令兼任)

武汉警备旅

第五十八师

第八十二师

30A特务旅(欠炮兵第二团)

独立炮兵第六团

宪兵第一团(欠一营零一连)

空军一大队(以武汉为根据地,任鄂城、武汉两分区之防卫)

海军第三舰队(如本年度海军作战计划所载之海军战时编制,任第二防卫区之防卫)

六、封锁设备

封锁方法:

水雷封锁

沉船阻塞　以商船载大量之石子、洋灰,使之沉没于封锁地点。

航行水标及灯塔之移置或毁灭　查航行多以水标及灯塔标定航路,我方为行封锁计,可将此物移置或施行毁灭,使敌舰航行无所依从,时有触礁或搁浅之险。

引水人员之管制　查舰船在内江航行,须由引水人员领导,始能安全,我方倘将此项人员确实管制,不为敌利用,亦消极封锁之一法也。

封锁程度:

江面或完全封锁,或留置缺口,以便我舰及友国船只之航行,须依当时情况决定。

封锁材料种类、数量及工作人员:

实地勘察后,应另定封锁计划。

封锁材料之准备及屯置:

凡封锁所需材料,皆须于平时准备完善,不使临时措手不及。至该项材料平时应存于何处所,方期使用方便,且不使敌方致起疑心等处置,皆须实地勘察,再详定封锁计划。

封锁掩护阵地之构筑:

凡封锁地点,须赖步炮兵之掩护,以防害敌之扫海动作。但此等掩护阵地，皆须平时筑妥，方为适当。

七、要地防卫

1．南通之防卫（如附图第二）〔附图缺〕

防卫阵地：

a．赵家高桥—唐家闸—白龙庙之线（对北正面）

b．大悲庵—学堂桥—观音山镇—香山店之线（对东正面）

c．任家港—六号港—杜家—西马场圩—林家—鸣鸿镇之线（对江正面）

防卫兵力：

步兵　五营

炮兵　三连

2．江阴、镇江、南京之防卫

以上诸要地之防卫，已详于各地要塞防守计划及首都警卫计划，兹不赘述。

3．芜湖之防卫（如附图第三）〔附图缺〕

防卫阵地：

a．大桥镇—章头山—四福山—新城埠—齐罗山之线（对江正面）

b．吴家村—邹家村—鲁港镇—凤凰山—竹丝港之线（对南正面之第一防卫线）

c．吴家村—邹家村—鲁港镇—恽家铺—十里亭—元亩山—大小荆山之线（对南正面之第二防卫线）

防卫兵力：

步兵　六营

炮兵　四连

4．安庆之防卫（如附图第四）〔附图缺〕

防卫阵地：

a．大路桥—段家山—赵家墩—老峰头—老虎山之线（对江

正面之第一线）

b．锅底山—白衣凸—沿安庆城垣而至棋盘山—大湖闸之线（对江正面之第二线）

c　猪头尖—大龙山—半边街—公鸡山—大横山—犁头尖山—双活龙山—大小火炉尖—小庚山之线（对北正面第一线）

d．把门山—南山—集贤关—煤炭山—寺门山之线（对北正面之第二线）

防卫兵力：

步兵　六团

炮兵　六连

5．九江之防卫（如附图第五）〔附图缺〕

防卫阵地：

a．张家垅—茶安埂—后八垅—皮家垅之线（对东正面）

b．金鸡坡—老罐塘—九华门—胭脂山—枇杷岭—晋和园之线（对江正面）

c．狗头山—九坡—金鸡嘴—天井窪—赵家堰—刘庄—陈庄—五庄之线（对西正面）

段庄—徐家渡—周庄—许庄之地带，以泛滥封锁之。

防卫兵力：

步兵　九营

炮兵　四连

6．武汉之防卫（如附图第六）〔附图缺〕

防卫阵地（见附图第六）〔缺〕

防卫兵力：

步兵　十二团

炮兵　九营

八、工事

1．各封锁地点之掩护工事，以半永久式先秘密完成炮兵掩体及步兵重火器掩体，作为骨干。其步兵掩体，则临时构筑之。再择其紧要处所（如东西梁山、马垱、湖口、九江、田家镇、阳逻等处），尽财力之所及，或兴筑旧有炮台，或以最坚固之程度构成游动炮兵掩体。

2．各要地之防卫工事，应以半永久式先秘密构成各重火器掩体及观测所、指挥所、弹药储存所等作为骨干，临事再以野战工事连络之。

九、交通、通信、补给等从略。

〔国民政府国防部史政局及战史会档案〕

7．军事委员会拟第三期作战计划

（1937年12月13日）

军事委员会第三期作战计划　十二月十三日于武昌

第一　方针

国军以确保武汉为核心，持久抗战，争取最后胜利之目的，应以各战区为外廓，发动广大游击战，同时从新构成强韧阵地于湘东、赣西、皖西、豫南各山地，配置新锐兵力，待敌深入，在新阵地与之决战。

第二　指导要领

一、各战区

1．划定各战区范围，并选定根据地（如附图第一〔略〕），以面的抵抗，对敌之点或线的夺取，使不能达速战速决之目的，而消耗疲惫之。所有在各战区之军队，及行政、党务各机关，无论在任何情况下，绝对不准离开原战区，东击西应，奇正并用，以收长期抗战之效。

各战区根据地，应利用地形，构筑工事，集积粮秣弹药，讲求连络通信方法，以备独立作战。

2．现在我军战法，应于硬性之外，参以柔性，务在交通要线上，纵深配置有力部队，使任正面阻止战斗。同时组织训练民众，使连合军队，共同施行游击，以牵制扰乱破坏敌之后方，前后呼应，敌攻我正面，则游击队由各方进击，如攻我游击队，则不与决战，使其前进迟滞。

3. 为达迟滞敌军之目的，各战区之公路，现在即予破坏。（在我第一线内三十或百公里之后方者）

4. 令各省将碉堡立即拆毁，以所得材料，为构筑工事之用，并将全国各地城垣，同时拆除。因我现在既不能藉之以拒敌，反资敌将来利用以御我，必使我游击攻取，均感困难也。

5. 对于预期在广东方面上陆之敌，责成余副司令长官，以两粤之力量击攘之。不得已时，应据守粤北山地，与中央连系，使我作战容易。

二、决战地带（参照附图第二〔略〕）

1. 决战地带选定如左：

南段　莲花、萍乡沿湘赣边境之桐木、东门市、龙门厂、通城、羊楼司之线。

北段　太平镇、河口镇、新府集、武胜关之线。

中间　武汉附近构成要塞，其东部之湖沼地带则予开放。

本地带，应依机动防御要领，指挥作战。敌如直趋武汉，则我利用湖沼之障碍，及要塞之抗力，以限制敌之活动，主力向其两翼转移攻势。敌如向阵地正面攻击，即就阵地与之抵抗，各战区亦须依游击活动，以与主力作战相呼应。

在此地带之各县县长，应以军人充任，俾得组织训练民众捍卫地方。

2. 前进阵地，选定于赣江左岸清江亘九江之线，江北则沿鄂皖豫边之黄梅、□破炉、立煌、经扶等线山地构成之。

3. 兵力决定如下表〔略〕。

4. 兵团部署：

甲、配置新锐兵力　为使决战地带战斗有利，应以新锐部队配置于重要各地。（如附表第一〔略〕）

乙、各省保安团队，多有曾经训练、堪任战斗者，应改编为正式作战部队，用于列表各地。（如附表第二〔略〕）

丙、补充整理经战部队　为恢复精强能战部队之战斗力，应分调各师于表列（附表第三〔略〕）各地，整理补充，同时准备尔后之使用，以任该地附近之作战。

丁、各省尚可调集之部队，应调集决战。（如附表第四〔略〕）

5．阵地之编成要领　敌之最大长处，在能以其机械化部队，利用我之铁路、公路，深入猛进。我如在全阵线只为横方向之线的延长设施，不如于交通线上，采纵方向之点的重迭配备。如此以有力部队，在正面节节抵抗，游击部队在侧背予敌打击，必能转移战局，获得胜利。至于工事强度，虽以构筑钢骨水泥者为最所希望，但如限于材料，则不得不以土木构成之。（参照附图第四〔略〕）

6．工事之构筑部队　现在构筑阵地，应一面征用民工，以期速成，一面指定部队，以免缓不济急。查各省均有保安团队，虽曾征调为各师补充之用，但余剩者即应使之构筑工事，以免民工缓慢，及野战部队临时转进不及作工之弊。其工作区域之划分，及工作部队之配当，另为详细之规定。

三、长江及武汉之守备

1．湖口以西，武汉以东之各要塞，应力事增强，并统一指挥，以江防总司令统兵守备之，并加封锁。

2．武汉之守备，以二十个团（五师）担任之。

3．设武汉卫戍总司令，任保护核心之全责。

以上使用部队，及作战计划，另定专案。

四、交通、通信、兵站

Ⅰ、交通　应修筑之公路如左：

1．武昌、长沙间。

2. 决战地带内之各交通路。

3. 后方各省之交通路。

Ⅱ、通信　顾虑武汉、长沙等地敌之轰炸给〔结〕果，足使通信断绝，故应在各该地以外之附近地方，预先构成通信网，并为补救武汉水线之缺陷起见，应在长江上游构成联络南北之通信网。

Ⅲ、兵站　以粤汉铁路北段、平汉铁路南段为补给基线，集积弹药粮秣，先使足敷三个月之用。

五、新战力之培养　为长期抗战，维持战斗力量，须一切从新建立陆空新部队，同时准备武器弹药器材之补充，彻底抗战。

〔国民政府国防部史政局及战史会档案〕

8. 第五战区关于作战部署命令

(1937年12月—1938年2月)

第五战区作命第一号

命令　十二月七日
　　　于铜山第五战区司令长官部

一、沿津浦线南侵之敌活动于黄河以北青河镇、齐河、临清之间，平汉线之敌，由大名向黄河各口活动，均有企图南渡之模样，连云港亘日照、青岛、烟台、龙口之海岸，敌舰出没无常，烟台一带已有匪军暗中活动。

二、战区以确保山东要地之目的，以现在前方部队直接守备东海、青岛及胶东半岛各海岸，沿黄河阻止由津浦路北段南下之敌，以后方部队集结于徐州、商邱一带，准备策应。

三、各兵团之任务及部署概要如左：

第三军团(第四十军并指挥炮兵第六团)右翼联络第三战区，守备由旧黄河口亘连云港至夹仓口之海岸，置主力守东海、连云港之间，阻止敌之登陆，其司令部位置于东海。

青海守备队及第三舰队守备青岛，拒止敌之登陆。

第五十一军右翼系第三军团，守备夹仓口、青岛间之海岸及胶济线东段，北至羊角沟，防止敌之登陆，以一师位置于日照、莒县、诸城间，另以一师控置于胶县、高密、潍县间，以胶县之一部协助青岛之守备。其司令部位置于诸城，设指挥所于高密。其烟台、龙口方面之守备，由羊角沟以东，胶东半岛所属各县之保安队及地方武力担任之，归第三集团于副总司令指挥。第三集团军（第十二、第五十五、第五十六军，炮兵第一、第二团，重迫击炮团，并指挥炮一旅第一团，山东省各保安司令）右翼联系第五十一军，于青城至张秋镇间之黄河南岸占领阵地。其配备，济阳以东一旅及刘耀庭之游击队，赵明远之保安队，济阳至长清间一师，长清至平阴间一师，平阴以西一旅及范、张、赵等三个保安队，其余的为预备队，控置于济南、泰安、滋阳、济宁、钜野、郓城之间。并派遣有力支队及游击部队于黄河以北，广行搜索及袭击，以防止敌之渡河。其司令部位置于泰安，设指挥所于济南。

第十一集团军（第三十一军、炮兵第十五团）以一师位置于商邱、砀山间，一师位置于柳泉、利国驿间，一师位置于铜山附近，以便机动。其司令部位置于铜山附近。

四、作战地境如左：

第三战区	
	淮河、洪泽湖南岸、淮安、东坎镇旧黄河口之线，线上属本战区。
本战区 第三军团	
	十字路、巨峰、夹仓口之线，线上属第三军团。
本战区 第五十一军	
	临朐、寿光、羊角沟之线，线上属五十一军。
本战区 第三集团军	
	商邱、郓城、张秋镇、聊城、临清、郑家口、阜城之线，线上属本战区。
第一战区	

五、通信及补给之大要如左（其详细规定另订之）：

甲、通信 （通信兵第二团第三营及本战区通信机关部队）以徐州为基点，向第三军团青岛守备队、第三舰队、第三集团军、第五十一军、第十一集团军、战区司令部与第一战区司令部、第三战区司令部及大本营间，构成通信网，以有线电信为主通信，无线电信副之。

乙、补给　兵站总监部应将胶济路上及其附近之仓库，逐次后移至兖州、济宁附近，并以津浦、陇海两铁道为主兵站线，潍县、莒县、临沂、新安公路及济宁、鱼台、沛县、铜山公路为补助兵站线。其与军管区之境界为新安镇以西临沂、邹县、金乡以南之线，为兵站管区推进补给点，于东海、莒县、兖州、济宁诸地，担任第三军团青岛守备队、第三集团军及第五十一军之补给。

其他另以训令行之，兹略。

六、司令长官部现在铜山。

右令

司令长官　李宗仁

副司令长官　韩复榘

第五战区作命第二号

命令 十二月十四日
于徐州司令长官司令部

一、江南之敌于北岸扬州、和县间地区各要点，纷纷登陆，似将以其主力沿津浦路北上，现已达乌衣以南地区，将威胁本战区之后方。黄河北岸济阳、齐河间及观城、朝城、阳谷等地之敌各一部，最近颇形活跃，似有与北上之主力呼应渡河攻击本战区之企图。

第三战区渡江部队，现在扬州、和县、滁州南方各地，与登陆之敌激战中。

二、本战区拟以一部仍守备海岸及黄河沿岸，以大部转移于淮河之线，拒止北上之敌，相机转移攻势。

三、第三集团军（欠五十一军及炮兵第一团）以主力（约三师）

配备于济阳、东阿、泰安，沿黄河南岸设防，以余部配备于郓城、嘉祥、济宁、钜野间地区，置重点于平阴、东阿、郓城方面，沿黄河南岸构筑工事，对范县以东河岸，竭力拒止敌之渡河，以巩固本区之北面。

青岛附近，由沈副总司令所部守备外，其他胶东半岛各要点，仍由地方团队守备，归韩副司令长官负责。

青岛守备队之炮兵大队，拨归于副总司令之指挥，随车运输。

四、第五十一军(欠一团)即日以主力由胶济东段，以一部由陇海东段运输，向临淮关、蚌埠间地区转进待命，炮兵第六团(欠一营)新配属该军。其一团留驻青岛，归沈副司令指挥。

五、第三军团仍续行前任务，但其右翼缩短防线，至埒子口为止。日照方面，酌派一部担任警戒，以海头至黑林镇之线为其左翼最后之掩护线。炮兵第六团(欠一营)暂脱离其指挥。

六、第十一集团军之三十一军(欠一团，留徐州)，即日向蚌埠运输，相机向合肥方向推进。

七、炮兵第一团，即日运输至蚌埠，归十一集团军之指挥。

八、战区直辖之各部，仍旧位置于徐州附近。

九、司令长官部仍在徐州。

司令长官　李宗仁

副司令长官　韩复榘

第五战区司令长官部作命第三号

命令 二月三日十八时 于铜山司令长官部

一、津浦南段敌兵力一师团以上，以主力向定远，一部沿铁道向我攻击中。

鲁境敌军因黄河铁桥及黄河以北铁路之破坏，暂无沿津浦路南下及西越运河之积极动作，惟有企图由诸城、益都、新泰等处分途侵入鲁南山地之模样。运河南段之少数敌人于邵伯一带，正加设副防御，企图持久抵抗，以掩护其右侧。

二、战区拟对津浦南段之敌拒止于淮水以南地区，由其侧方连续予以打击，渐次驱除肃清之。同时，巩固鲁南山地，对津浦北段及陇海东段取侧击之势，牵制敌之南下或西上，以拱卫铜山，而达保持南北两根据地，阻止敌人打通津浦路之目的。

与第一战区之作战地境为郾城、周家口、鹿邑、归德、城武、郓城、张秋镇及运河之线，线上属第一战区。

我第一战区刘汝明部，位置于商邱、考城、兰封一带，预防敌沿陇海铁路西进，并任黄河南岸之守备。

三、野战军之区分运用如左：

1. 第十一集团军为第一野战兵团，位置于定远西方西三十里铺至淮河南岸之间，向临淮、蚌埠敌之侧背威胁，以牵制其渡河。

第二十一集团军为第四野战兵团，在合肥、张桥镇一带集结后，向含山、全椒前进，侧击津浦南段之敌。

第六军团及皖保安三、四团，归杨军团长森指挥，位置于安庆以东，任安庆及其附近之守备，并在安庆、庐江、无为间地区游击。

于总司令指挥第五十一军附炮兵第一团之一营为第二野战兵团，于淮河北岸布防，阻止敌之北犯。

以上各部，概归李副司令长官品仙指挥。

2. 第二十二集团军为第五野战兵团，由滕县附近分途向北游击，相机规复邹县。

四、按战区形势划分为四个游击区域，其应配置之基干部队及其任务如左：

1. 第一游击区以第二十四集团军之第五十七军(欠一师)及江苏保安总团为基干，位置于淮海扬各属，向津浦、陇海各线及江海岸之敌游击。另以112D任东海沿岸之守备。

2. 第二游击区以庞军团长指挥第六军团、海军陆战队及张里元、厉文礼、蔡晋康、杨士元、刘震东各部为基干，位置于鲁南山地，向津浦、胶济、陇海及鲁东南海岸之敌游击。

3. 第三游击区由第三集团军孙副总司令指挥所部及曹军长所属，位置于鲁西地区，向津浦、陇海之敌游击，相机规复济宁，以为北进之根据。

4. 第四游击区以在皖北之保安队及该区域内宋世科、孙伯文、季光恩游击部队为基干，位置于津浦南段两侧地区，向津浦线之敌游击，归李副司令长官之指挥。

5. 黄河以北一带游击任务，仍由范专员筑先主持，归沈副总司令鸿烈之指挥，任截断津浦北段敌人之增援。

五、五十九军张军长自忠部，即向宿县输送，在该地附近集结待命。

六、关于搜索、警戒、交通、通信、补给、卫生等项，另以特别命令规定之。

七、予在铜山。

右令

司令长官　李宗仁

副司令长官　李品仙

〔国民政府国防部史政局及战史会档案〕

9. 军委会办公厅等为黄河河堤防务实施经过文件

(1938年4—5月)

(1) 军委会办公厅公函(4月30日)

军委会办公厅公函　办四字第2808号

奉交下武汉卫戍总司令部径战代电一件，内称："据军官训练团办公厅副主任刘献捷签呈，预防敌人破坏黄河南岸河堤造成大泛滥区办法。查所陈颇具见地。除复嘉勉外，谨抄同原呈一份，恭请鉴核。”等语。并附预防敌人破坏黄河南岸河堤意见一份，经奉谕：“此事颇关重要，着交经济部、军令部、军政部、政治部会同核议具复，再行核办。”等因。相应抄同原件，函达查照，并希见复为荷。

此致

军令部

附抄预防敌人破坏黄河南岸河堤意见一份

主任　贺耀组

中华民国二十七年　月　日

抄目前抗战上亟应注意之事项

预防敌人破坏黄河南岸河堤，造成大泛滥区。

敌人打通津浦线之计划，现受顿挫，与国军相持于鲁南及津浦南段，伤亡甚重，且牵制其多数兵力，时日持久，则对敌更为不利，故敌人为缩小战场及节省兵力起见，将变更以往狼吞虎咽之方法，而细嚼烂食，以果其贪腹。

委座曾指示吾人曰：“不怕敌人之鲸吞，只怕敌人之蚕食”也。查黄河自郑州、开封以东之水势，河身（水位）多较两岸平地为高，而河堤又非十分坚固者，故一旦黄河决口，则豫东、鲁西、江苏北部、皖北等处，势将变为泽国，交通、军事，都受绝大影响。证诸黄河旧道，及近年来之水灾，已可概见一斑。窃恐敌人日暮途穷，倒行逆施，俟河水高涨时，以飞机轰炸，或集中炮火射击，或收买汉奸，或使用降落伞部队，将其灌淹矣。关于敌人动作之臆测，可归纳数点如左：

一、欲藉大自然力，歼灭我国之民众及部队，以掩饰其在此线之失败。

二、造成大泛滥区，断绝吾国南北及东西之交通干路，使在河北及山西方面作战之部队，弹药补充及给养接济，发生困难，且使与中央及各战场之呼应，均感不灵。

三、敌人既造成大泛滥区后，利用优势火力，并赶筑据点防御工事，使江南江北之一部部队，暂取守势，抽调兵力，移师北上，以扫荡我国在河北及山西作战之部队，集中力量，稳打稳拿，实行蚕食主义，则与我方亟为不利。

基于历史经验及上述臆测之敌情判断，敌人在现阶段下，进退维谷之时机，确有采取此种鄙劣手段之可能，虽不希望其实现，然危险性甚大，不得不早为之备。兹拟应急办法数件如下，以供参考：

a．我方应注意地上及空上侦察，并利用谍报勤务，随时监视敌人在此方面作战之部队，是否有无撤退之情形，藉以窥测其企图。

b．除派遣正规军防守河堤外，宜将黄河南岸（指开封以东）河堤附近村落居住之民众，加以组织及训练，编成巡河义勇队，分段负责，昼夜继续巡察河堤，既可减少守河部队之兵力，又足预防敌人之夜间偷渡，及汉奸之破坏河堤，民众为自家安全计，必乐于从事无疑也。

c．指令沿河堤之县长及保甲长，分段负守护河堤之责，且使其在河堤附近之适当地点上，准备人力，堆集堵塞材料，以备不时之需。

d．由民众编成之守堤义勇队，可指派工兵干部若干人，集中训练之，并教以简单必要之技术。

e．配备有机动性之工兵于河堤附近交通便利之地点上，以便临时驰往抢救危险之段落。

f．守河部队，须以命令规定之，在紧急情况下，不能全部离开职守，且架设可靠之通讯网。利用情报及地面与空中侦察，是否黄河北岸敌人，有秘密集中重炮兵之趋势。

g. 若有上述情形，吾人亦应提高警备，以防万一。

(2) 军委会办公厅公函(5月6日)

军委会办公厅公函　办四字第2986号

案查前奉交下武汉卫戍总司令部陈总司令代电，转陈刘献捷签呈预防敌人破坏黄河南岸河堤意见，经奉谕：由厅分函贵部及军政部、政治部、经济部核议具复在案。兹复奉交下程司令长官冬战秘电一件，内称："河防紧急，爰就管见，上陈重要三事，请饬克日组成战区河防委员会，积极进行。"等语。并奉谕："查河防事关重要，着由办公厅邀集经济、军令、军政、政治各部负责人员，并前案会议商讨，妥拟实施办法。"等因。兹定于本月十五日上午九时在本厅举行会议，除刘献捷预防敌人破坏黄河南岸河堤意见书前经抄送贵部外，特抄附程司令长官冬战秘电一份，请先期详审，签具意见，届时派负责人员出席会议，以便切实商讨结果。除分函外，相应函达查照。

此致

军令部

计抄附程司令长官原电一件

中华民国二十七年五月　日

主任　贺耀组

抄程司令长官原电

汉口军事委员会委员长蒋钧鉴：前以河防紧急，电请孔委员长祥榕回豫主持。兹准孔委员长敬、宥两代电，略称：(1)廿六年度修防费已领八十二万余元，动支无余。(2)续请拨春工费二十万元，俟领到即支配三省重要春工。(3)已派河防处长朱墉、技正陶履敦、督察主任郭宣望三员来汴主持等语。查今岁河防即为国防，早在洞鉴。现沿河官吏兵民，夙夜梭巡，时虑疏虞，而一切防洪扫坝所需砖石，继续储备支配，更非由最高主管机关指导监督，势必形成涣散。孔委员长既不克莅汴，关防亦携往汉皋，所派人员又无全权处理事务，遇事请示，文电往返稽时，必致贻误工机，言念前途，不寒而栗。管见所及，有应陈者三事：(1)已支修防费八十二万元，实际用于河防尚少，应请转饬经济部查明用途，如有余款，尽量拨充河工急需。(2)豫河春工计划，南岸一部，需款十八万元，鲁、冀两省，所需更巨。今春水已过，尚未开工，应请转饬经济部查照国防经费十成发放办法，将该会二十六年度修防预算一百一十万元，除已发八十二万元外，下余二十八万元，悉数迅予拨发，以便赶办大宗料石，日夜施工。(3)守河部队，绵亘数百里，而沿河工事栉比，关系相连。吾国前代治河长官，兼领兵备；美、荷两国，治水机关与军政机关合组，用意亦同。平时犹如此办理，今沿河已成战区，环境所趋，绝非分工所能应付。拟就战区设一战区临时河防委员会，直接督促防河机关，俾军事、河工兼筹并顾，既不误该会根本治河之工作，仍可收军事临时河防之便利。兹附录组织办法草案八则如下：(1)本委员会为适应非常时期黄河大堤防水防奸防敌各项工作之紧急需要，暂请将黄河水利委员会河防部分职权移归本会掌管，定名为战区河防委员会。(2)本会设委员若干人，以第一战区司令长官为主席委员，各区河防司令、豫鲁冀三省主席、建设厅长及黄河水利委员会委员长、河南山东修防处主任、河北河务局长为当然委员。另设常务委员三人，襄助主席委员，分掌本会一切事宜，由主席委员遴聘熟能河工大员充任，并呈由军事委员会转请国民政府明令简派之。□本会对于河防行政及技术一切事项，得全权处理之。(3)本会对于黄河水利委员会河防处人员及所属之修防处、河务局有直接监督指挥调遣之权。(4)本会经费，除请经济部将黄河水利委员会河务处一部不预算及修防费预算移归本会直接领支外，不敷之数，由本会呈请军事委员会在军事费项下补助之。(5)本会对于黄河水利委员会现有之修防材料、工具及公用器具等，遇需要时，随时借用。(6)本会临时组织条例另定之。(7)本会俟险期过后，即行呈请撤销，恢复固有组织。以上办法，如蒙俯准，即祈分电行政院转饬经济部遵照拨款，以便克日组织成立，积极进行。大水在即，一发千钧，不胜迫切待命之至。第一战区司令长官程潜叩。冬。战秘。印。

(3) 黄河水利委员会报告(5月15日)

案奉经济部交下奉军事委员会办公厅四字第二九八六号密函，略以前奉交下武汉卫戍总司令部陈总司令代电，转陈刘副主任献捷签呈预防敌人破坏黄河南岸河堤意见，谨奉谕：由厅邀集经济、军令、军政、政治各部核议具复。兹复奉交下程司令长官冬战秘电上陈重要三事，请饬克日组成战区河防委员会，并奉谕：并前案会议商讨。等因。业经部派水利司郑司长出席，并由本会派负责人员同往。等因。除遵令派员出席外，谨将本会办理河防应行陈述之点说明如下：

一、自去岁抗日军兴，本会以河防关联国防，曾经拟具办法，呈请军事委员会委员长蒋令准，联合参谋本部、豫皖绥靖公署、冀鲁豫三省政府，及第三路总指挥部等军政主管机关，各派负责人员合组黄河联防会，其主要任务，即为防水、防空、防奸三项，查与程司令长官主张组成战区河防委员会，暨刘副主任献捷所陈预防敌人破坏河堤意见，用意大致相符，故本会对于刘副主任及程长官提议，均至为赞同。复查本年黄河大堤，因军事关系，挖掘战壕甚多，而本会在沿河三省工段所存各项备防料物，大多被沿河驻军借取。其因防护堤坝所植各种树木，更时被砍伐。凡此种种，均影响河防甚剧，历经呈报有案。本会职司水利行政，对于有关军事行动，未便干涉，事实上亦无法制止，果能照程长官主张设立一战区河防委员会，由程长官兼任主席委员，所有黄河水利委员会河防部分职权，均划归河防委员会，由军事长官兼筹并顾，直接处理，则河防、国防可两受其利。其最要之点，诚如程长官冬电所云："今沿河已成战区，环境所趋，绝非分工所能应付"，故本会对于程长官提议组设战区河防委员会，以军事统筹河防，尤为极端赞成。（兹将黄河联防会防水防空防奸三项办法附录于后，用备参考）（附件一）

二、关于本会所领二十六年度修防费已领八十二万一节。查本会经中央政治会议议决，每年修防费为一百万元。二十六年度修防费，经第五次全国水利会议以本会所列工程队四队经费无疑可列，议决将原定修防费增加十万元，共为一百一十万元，统筹匀支。去年伏汛水入，防汛抢险，时间逾于平时，加以地震、台风，土质松动，堤坝龟裂，险象环生。为防患未然，因时制宜起见，遂购买备防材料，添置交通设备，补助三省防御工程及抢险用款，并其他监防运输各项必要之支出，以及意外之防空设备费用，将已领及由汴中央银行预借透支之款，动支殆尽。但当时系遵照奉准预算数一百一十万核计，统筹支配，计尚有三十余万元，专为留作准备今年春厢工程之需，应可敷用。不意去岁大汛，庆渡难关，而国难继起，奉令修防费按七折发给，以致本年春工需款无着，且一切购料等费，反因战事增高。前曾以本会目前处境，与其他水利机关不同，修防费事实上已无法紧缩，未便折减，以免影响河防而误国防。依据中央国难时期各项支出紧缩办法除外之规定，先后呈明全国经济委员会及经济部，请予转陈国民政府特准，仍照原预算拨发。而迭奉经委会、经济部令饬，以"事关通案，应毋庸议"，仍照七折领支，是本会本年修防费，因临时奉令折扣紧缩，并未照原预算数领足，以致春工费用无着。且豫省对照豫河务局时代担任之经费二十三万八千余元，以库款支绌，函达本会，减发本年度修防费十万元。又鲁省府沈主席，亦以省款困难，按该省原定修防费三十万元，实欠发本年度十九万元，并估计修防工款尚须二十万元。冀省冯主席，并电以收入毫无，请本会统筹全局，转呈拨款兴修冀省春工费九万九千余元。各省修防经费既已如是艰窘，无力担任，而本会在去岁秋前所领八十余万元之款，均用于去年春工及去年伏秋各汛河防。其原支配留作今年春工应领未领之修防费，又因未经核转，不克照原案奉发，遂至本年春工经费无着，无法应付，一切进行，至感艰困。(兹将本会所领修防费八十二万元实支数附单如后)(附件二)

三、本会应领款项，既因国难减折，不获全领，而三省应行担任之修防费无力担负者，约达四十万元之巨，以致本年春工无法进行。但河防关系国防，榕未忍坐视，前又一再将实在困难情形呈明经济部，请暂拨二十万元，以便着手春工。并以大汛在即，又就三省防汛实际最少需要情形，估计需款五十七万元，请在二十七年度本会应领修防费项下预行支拨，以便着手筹备，免误机宜。幸承经济部于本年四月十五日以"顾念河防重要，姑准拨发十万元，分两期拨付"等语，令饬到会办理春工。本会于两旬内先后领到，业经全数支配电汇三省在案。(附件三)昨复奉到经济部核准，拟拨三十万元，以为本年三省防汛之用(原请为五十七万元)。窃思程司令长官提请组设战区河防委员会，若蒙中央垂念河防有关国防，核准组织，则将来河防委员会在在需款支应，所有此次经济部甫准拨给未领之防汛费三十万元，应请全数由程长官迳向经济部领用，以应急需而利进行。至前承程长官电请军事委员会及经济部转令祥榕回汴主持河防，曾经会、部分别令祥榕回汴，或派员前往主持。等因。祥榕以马当工事紧急，亲在前方督工，不克分身回汴。又以河防重要，遵经再令原驻汴会河防处朱处长墉负责督导各处、局加意防守，并抽调在马当工作重要技术人员回汴，共同协助，认真指导策进，业经分别呈准军委会、经济部准予备案。现在河防关系国防，万分重要，知关诸公特别系念，谨将奉令核议两案情形，及本会支领经费实在状况，连同附件，一并陈明，敬祈垂察。

黄河水利委员会委员长孔祥榕谨述

五月十五日

附件一

黄河联防会防水防空防奸三项办法

(一) 防水由黄河水利委员会负责筹划进行。

(1) 密令沿河各水文站及各段汛,随时报告水位、流量、险工情事,相机度势,严加戒备。

(2) 于沿河险要工段,由黄河水利委员会加派视察监催等,组织自行车巡防队,督促豫、鲁修防处及冀河务局各段汛员兵梭巡抢护。

(3) 更于最险要工段预储备防料物,多堆土牛。

(4) 于黄河水利委员会及各险工重要处所、运输要地,酌量筹修地下室及掩蔽工棚或其他伪装工作,以及驻守巡查联络,并以工程技术方法为军事防卫。

(5) 为便利交通、保持上下游密切联防,于沿河两岸配备运输卡车,南岸柳园口、朱口,由黄河水利委员会备置;北岸武涉、陈桥暨坝头镇,由豫修防处及冀河局备置;下游泺口及清河镇,由鲁修防处备置。

(二) 防空属于豫境者,由豫皖绥靖主任公署派兵一团;属于冀境者,拟暂由豫皖绥署派兵一营;属于鲁境者,由第三路总指挥部拨派相当兵力,均各按图列险工地点,分别驻守及巡查,以资戒备。至沿河最要险工工段而与国防有极重要关系者,除平汉之郑州、津浦之泺口两铁桥,中央已有充分之准备外,尚有豫境之花园口、赵口、黑冈口、陈桥、东坝头,冀境之刘庄、翟庄、鲁境之董庄等八处,拟请军会各派高射炮两门,共计十六门,高射机关枪各四挺,共计三十二挺,协同防护。至驱逐机一项,关系防务,尤为重要,拟请军会令饬郑、汴、济及沿河附近空军就近兼任黄河防空之责,以策安全。其配置地点及兵力人数,另详图表来说明。

(三) 防奸。(1)由豫皖绥靖主任公署、三省政府,并令饬沿河县政府于堤上部分及□道,派兵放哨,严查行人。并由县长驻堤,率同各该区保甲长带领民夫上堤，负责防守。每八里搭盖窝铺一所，派民夫六名，按时分班，昼夜巡守。其堤下附近五里以内各村庄，亦须由各该县长严饬各该区保甲长各派壮丁巡逻，并施行夜间戒严，以防奸宄。(2)两岸大堤，遇非常时期，应加以封锁，非黄河水利委员会及国防河防有关人员，不准上堤。其封锁地点及方向，由军事机关与黄河水利委员会协商定之。

(4) 军委会办公厅公函(5月18日)

军委会办公厅公函　办四字第3432号

案查关于实施河防办法一案，经由本厅于五月十五日邀集各有关机关开会讨论，并决议事项，分别办理在卷。除分函行政院及军政部、政治部、经济部、黄河水利委员会外，相应检同会议纪录一份，函请查照。

此致

军令部

计检附讨论黄河实施办法会议纪录一份

主任　贺耀组

中华民国二十七年五月　日

军委会召集有关机关讨论河防实施办法会议纪录

时　间：五月十五日上午九时

地　点：军委会办公厅

出席人：军委会办公厅贺耀组、姚　琮

军政部韩建焜

军令部尹呈辅

经济部郑肇经

黄河水利委员会万　辟

军委会办公厅秘书处沈　靖、郑延卓

军委会办公厅军事处朱善培

列席人：经济部吴可邦

主　席：贺主任

纪　录：涂翔宇

报告事项

主席报告

黄河河防，素为我国一大问题，近自抗战入第二期，河防与国防更发生密切关系，因是讨论河防必兼顾国防。此次第一战区程司令长官建议组织"战区临时河防委员会"，以督促河防；又军官训练团办公厅副主任刘献捷签呈"预防敌人破坏黄河南岸河堤办法"，亦不无可取，特并付讨论，期能决定一切实而有效之办法。

决议事项

1．程司令长官请设战区临时河防委员会，因组织需时，缓不济急，为应付目前情况，仍应由黄河水利委员会负责办理；为适合军事需要，该会并归第一战区司令长官之指挥监督。该会孔委员长如因事，一时不克兼顾，可派负责人员前往主持。

2．一俟战事告一段落，当再行召集会议，缜密商讨，俾河防问题，得根本之解决。

〔国民政府国防部史政局及战史会档案〕

10．军事委员会拟《修正作战计划草案》

（1938年12月14日）

修正作战计划草案　第一号　十二·十四

第一　敌情判断

一、敌自以主力转用长江方面对华北作战，仅为保有其既占领区域，扫荡肃清我游击部队。其现在晋方兵力为第二十、第一零八、第一零九各师团全部，第二十六、第二、第九师团之一部，及酒井兵团、翁原兵团、工藤部队、米谷部队、漆井部队，计在晋南敌伪军约三万七千余人，炮近百门，晋北一带者约二万三千余人，总计约六万人之谱。除蒙伪军七八千人外，真正倭军约五万余人，历经与我在晋游击部队作战，损失颇巨，补充后，素质、装备，较以往略逊。

二、武汉会战后，判断敌之作战方略在江南方面，必以主力打通粤汉线路，夺取三湘，同时对华北方面，肃清内部，攫取黄河右岸各渡口，以备为尔后待机渡河之基础。故近日敌分路进攻晋西、晋东，尤积极攻占中条山，企图扫荡晋省国军，略取沿河渡口，以作西侵张本。

三、战局侧重西南，敌对西南用兵，预料绝不深入，盖因西南为我大兵所聚，及英、法国际关系，故对此方面，将来必一面采缓进政策，一面与英、法暗中进行妥协，而将主力转运华北，不惟可以防俄，且必乘我西北兵力单簿〔薄〕之际，积极西侵。其进攻路线，一由平绥路西侵，进出磴口、宁夏，而入甘肃，一由山西南部渡河，直趋西安，两路会合，以取得西北。

四、潼关以东山地险阻，敌由此强渡，虽可截断陇海之交通，钳制第一战区之作战，但扩张战果不易。何况中条山横阻于后，输送甚感不便。宜川以北，属于第八路军之根据地，又多山地，由此强渡成功，处处必受牵制，而大军行动困难。惟潼、韩之间地区开扩，适于机械化部队活动，敌必藉其优越之炮、空掩护，由此强渡，进入关中平原，循各公路可直趋西安。

同时，敌于垣曲、茅津、太阳渡等处渡河南侵，以策应关中方面敌军之作战。

第二　方针

一、我军须利用既设阵地，固守黄河右岸，拒止敌之渡河。如敌施行强渡时，应乘其半渡或乘其已渡立足未定之际而歼灭之。

第三　指导要领

二、河防部队对于河岸直接配备兵力，务宜节约，应以一部配置各渡口及必要地点，担任警戒，其余大部应位置于适当地区，俟敌实施强渡时，适时进入阵地，乘其半渡而击灭于水中，或乘其已渡立足未定之时而扑灭之。

三、当敌攻我黄河左岸我军现守之地点时，右岸部队应以火力支援之。

四、禹门南迄渭河间，为敌主力渡河公算最多之地区 我河防部队应利用既设阵地，发扬步、炮威力，歼灭敌人于火网前而固守之。万一阵地被敌突破，则以第二线兵团加入决战，务期将敌悉数歼灭。如仍未得手时，则韩城及其以北部队应撤入山中，掩护我军左侧背，相机袭击敌侧背，韩城以南部队应与渭河南岸我军切取联系，施行逐次抗战。

五、敌如以优势部队由潼、陕间强渡，我河防部队应与左岸游击部队协力利用既设阵地，竭力固守，如不得已时，应利用豫西山地逐次抗战，同时与右翼第一战区各友军切取联络，相机将敌歼灭之。

六、潼关要点必须固守，如不得已时，向南转移，占领潼、华间太华山脉各道路要口，确实封锁之。并须联系西荆公路警备部队，协同游击队，以威胁敌之侧背。

七、对豫境之敌沿陇海路及其以南地区西侵时，第一守备区部队应将右翼璇〔旋〕回，转进至豫西山地，联系第二守备区及西荆公路部队，阻敌侵入，并乘敌在山地运动联系困难之际，相机而击破之。

八、敌如由鄂、豫西侵，我西荆公路警备部队应扼要据守该方面诸道路要口，并协同第一、二两守备区及第一、五战区各部队阻敌西侵，并相机将敌击破之。

九、对于由襄阳、南阳沿汉白公路西侵之敌，应由第一、五两战区转进部队配备于郧县南化塘一带山地，协同我西荆方面部队守备之。

十、对于侵入陕北沿公路南下之敌，或由各渡口侵扰之敌，游击队应由韩城以北部队派一部扼守各要点，另与游击队协同扰乱其后方，并利用陕北之复杂地形，相机包围而击灭之。

十一、我军黄河沿线与敌决战后，即转进在临潼、高陵、三原主阵地，防敌西侵，并相机与之决战。如仍不能取胜时，则以主力向宝鸡方面转进，以一部向西兰公路转进，另以一部确保太华、终南山、秦岭诸山脉，阻敌南侵，此时即按另定之游击计划施行游击，与敌作持久战。

十二、西安、咸阳两据点守备部队，应利用既设阵地，竭力固守，以牵制敌人之西进，使我军得时间之余裕，以行准备。

十三、当我军在黄河沿岸与敌作战时，应以空军轰炸黄河左岸敌渡河集结地，及沿同蒲路之敌，以阻敌之增援（预定战斗机三连，轰炸机三连），请求拨派归本行营指挥。

十四、我军转进时，应将各公路、铁路按所规定之破坏交通计划，彻底破坏之。

十五、关中区各县保安团队、壮丁队，均应按规定之组织游击队办法，编为游击队，协同陆军担任破坏交通及敌之后方扰乱。

第四　兵团部署

一、兵团之编组

（一）第一守备区（自狭州东赵家底迄东吕店间）

指挥官　李铁军

第八师　河防（该师原有山炮十二门）

抗日义勇军主力（三团）　河防

（二）第二守备区（自东吕店迄渭河至三河口间）

指挥官　董　钊

第二十八师　河防

第四十六师　暂控置华县、华阴

炮十团第三营(欠一连)

第六十四师炮兵营

炮兵第七团第二营 (将配属曹师之一连归还建制)

(三) 第三守备区 (自渭河北岸迄宜川南猴儿川间)

指挥官 李 文

陕警一旅 河防

第五十三师 河防

新八师 河防

第一零九师 郃阳

第六十五师炮兵营(配属王旅)

第一一七师炮兵营(配属王旅)

炮兵第七团第二营(拟配属曹师)

晋绥炮兵廿三团第一营(配属蒋师)

第四十四师炮兵营(现在拟将该营配属蒋师)

(四) 第二线兵团

指挥官 陶峙岳

第一师 大荔以北地区

第七十八师 大荔以东地区

第一六七师之一旅 澄城附近

炮兵第二十团(欠两营) 大荔

炮兵第十三团第二营 大荔

步兵炮团第二营 大荔

炮兵四十三团第四营 大荔(机关枪十二挺)

炮兵五十四团第一营(两连)(战车防御炮)

  二零零师   一
第二   第二营 大荔
  二一五零团 一

新到之炮十五团(欠一营) 拟令暂控置于第二线兵团

(五) 空军

空军指挥官

战斗机三连

轻轰炸机一连

重轰炸机二连

（六）西安守备军

第一六七师（欠一旅）

（七）咸阳守备军

第六十一师（主力驻咸阳，一部任武功、咸阳间护路）

铁道警备第二团（欠一营）（任西兰公路护路）

（八）西荆公路警备队

第　预备师

暂编骑兵第二师步兵旅（令加强西荆方面对东工事，必要时即使用于此方阻敌西侵）。

（九）宝汉警备队

第三预备师（主力驻宝鸡）

（十）西潼护路队

暂编骑兵第二师（欠步兵旅）（以一部任西潼间护路，主力移驻三原、耀县）

（十一）凤陇护路队

骑兵第十二旅（欠一团）

二、兵团之任务

（一）第一守备区应以所属部队配置于陕州、稠桑镇间，保持重点于陕州附近，担任守备，并应乘敌半渡而击破之。

（二）第二守备区应以所属部队配置于阌乡、潼关、三河口之间，保持重点于潼关附近，担任守备，务乘敌半渡而击破之，即至不得已时，潼关要点亦必须死守。

（三）第三守备区应以所属部队配置于渭河北岸迄猴儿川间，乘敌半渡或立足未定之际而击破之。

（四）第二线兵团位置于渭南大荔、澄城一带地区，适应情况，对渡河之敌主力，施行决战歼灭之，并任各地区之策应。

（五）空军应适时协同我地上各部队作战，并应在敌主力渡河之后方集结地，施行轰炸，同时应钳制同蒲路之交通，以阻止敌后续部队之输送。

（六）西安守备军任西安城郊之固守，阻止敌军西侵。

（七）咸阳守备军任咸阳城郊之固守，阻止敌军西侵。

（八）西荆公路警备队任西荆公路警备，并加强该方面对东工事，必要时对鄂豫方面西侵之敌，协同第一、二两守备区，及第一、五战区各部队，封锁该方面诸道路要口，乘敌在山地运动联系困难之际，相机而击破之。

（九）宝汉警备队任宝鸡、汉中之警备并宝、汉间护路，主力应位置宝鸡附近。

（十）西潼护路队即以一部任西安、潼关间护路警备，主力位置于三原、耀县，必要时协力关中区部队作战。

（十一）凤陇护路队暂任凤翔至陇县间之护路及警备。

三、作战地境

第一战区
　　大集——赵家底——张茅镇——卢氏——商南——白河之线（线上属左）
第一守备区
　　东吕店——大字营——涌泉之线（线上属左）
第二守备区
　　渭河北岸沿线（线上属第二守备区）
第三守备区
　　宜川南沿猴儿川之线（线上属第二战区）
第二战区

四、指挥系统

查河防部队大部系十七集团军部队，应即由胡军团长任河防总指挥官，仍归由行营指挥。

第五

兵站、补给、交通、通信、卫生等，另定之。

〔国民政府国防部史政局及战史会档案〕

11. 蒋介石令颁《国军第二期作战指导方案》密电

(1939年1月7日)

重庆后方勤务部俞部长：密。兹颁发国军第二期作战指导方案一份，希本方针及要领所示，妥筹兵站设施。本方案应密存，不得转颁以次机关为要。川。中正。阳午。令一元。

国军第二期作战指导方案

方针

国军应以一部增强被敌占领地区内力量，积极展开广大游击战，以牵制消耗敌人。主力应配置于浙赣、湘赣、湘西、粤汉、平汉、陇海、豫西、鄂西各要线，极力保持现在态势。不得已时，亦应在现地线附近，尽量牵制敌人，获取时间之余裕，俟新战力培养完成，再行策动大规模攻势。

但第四战区应尽先集中有力部队，转移攻势。

部署

战斗序列及作战地境如另纸。

要领

（一）第四战区，应以国军一部，配合民众武力，实施机动性游击战，主力确保现在态势，速行整补，俟增调部队到达，转移攻势，保持主决战方面于东江方面，击破侵入之敌，至少须吸收敌多数兵力而消耗之。

（二）第三战区，应以一部加强游击兵力，指向京沪杭要线，袭击敌人后方，并保持沿江据点，邀击敌人舰船，继续妨害其运输。主力应尽可能保持现在态势，尽量吸收敌人多数兵力而消耗之。

（三）第九战区，应以有力一部向武汉及沿江各要点游击，并保持九宫山游击根据地，不断袭敌后方。主力配置于浙赣、湘赣、粤汉各要线，极力保持现在态势，尽量吸收敌人多数兵力而消耗之。

（四）第五战区，应以一部保持大别山游击根据地，积极向鄂东、豫南、皖北游击。主力守备荆沙（汉宜公路）及襄樊（襄花公路）各地区，极力保持现在态势，尽量吸收敌人多数兵力而消耗之。

（五）第一战区，应以一部续在豫北游击，主力守备南阳、临汝及陇海线各地区，极力保持现在态势，尽力吸收敌人多数兵力而消耗之。

（六）第二战区，继续积极开展广大之游击战，指向重点于正太、同蒲各要线。以有力部队配置中条山地区，与右岸河防部队协力，阻止敌人渡河。敌若由包、绥进犯甘、宁，应以有力部队由晋北向包、绥侧击敌人。

（七）第八战区，应加强绥西、五原、临河之守备，并向宁夏以北附近地区集结有力部队，确保西北国际交通线。

（八）（天水行营直辖部队）第十战区，应与第二战区协力，巩固河防守备，分别控置有力部队于潼关、大荔、韩城及西安各地区，策应第一、第二、第八各战区之作战。

（九）鲁苏及冀察各战区，应增强军民力量，建立并保持游击根据地，积极展开广大之游击战，袭击敌人后方，分别指向重点于津浦、陇海及平汉各要线，尽量牵制消耗敌人。

鲁苏及冀察战区之补给，由第五及第一两战区负责。

（十）各战区依状况，应将各部轮调至适宜地点整补。

（十一）政工人员对于游击区域之工作，须特别加强。

〔国民政府国防部史政局及战史会档案〕

12. 蒋介石令颁《国军攻势移转部署方案》密电

（1939年2月）

后方勤务部俞部长勋鉴：极机密。兹颁发国军攻势移转部署方案乙份，除分令桂林、天水两行营及各战区外，希就主管事项妥速准备，务力求秘密实施，并将办理情形具报为要。渝。中正。76、08令一元。附方案乙份。

国军攻势移转部署方案

方针

国军决加强游击战区兵力，并相继转移攻势，以牵制消耗敌人，援助我游击部队，打破敌扼守要点，抽转兵力，建立华北军事根据地之企图。

攻击开始时机，第一、第二、第五、第八、第十、鲁苏、冀察各战区为三月上旬，第二、第四、第九各战区为四月上旬。

部署

一、第五战区以一部约两师攻击武胜关方面之敌而牵制之，以主力约五师指向孝感、花园间，与鄂东、豫南游击部队相策应，求平汉南段之敌而歼灭之，并彻底破坏敌交通线。

二、第一战区以约一师向信阳长台关之敌攻击，以约二师北渡黄河，归鹿钟麟指挥，攻击安阳、顺德间之敌，遮断铁道，策应冀中我军之作战。

三、第二战区以约二师向晋北宁武、朔县之敌攻击，遮断铁道，阻止其转用。以现在晋南部队向临汾以南同蒲路之敌攻击，与晋西部队策应，扫荡晋南三角地带之敌。

四、第十战区以三师之一军渡河入晋，归第二战区指挥，会合晋西各军，扫荡临汾南北之敌。

五、第八战区以二至三师兵力由五临方面向东挺进，策应第二战区之作战，相机攻略包头。

六、鲁苏战区主力以鲁南山地为根据，向胶济及济徐间铁道袭击，遮断敌之交通，并以避实击虚，粉碎敌人扫荡企图。

七、冀察战区以朱怀冰指挥97A、25A，攻击新乡、安阳间之敌，并彻底破坏铁道，策应冀中我军之作战。64A及冀中各游击部队避实击虚，于元氏、定州间积极活动，破坏交通，奇袭石家庄，粉碎敌人扫荡之企图。

八、第四战区应于西江方面采决战防御，拒敌西犯。以有力一部由铁道方面，主力由增、从间向广州方面攻击，同时惠、淡、虎、宝各地区部队，应相机攻略石龙、东莞、虎门，尽量牵制吸引敌人而消耗之。

九、第三战区应各以有力之一部分向杭、嘉、京、苏各地区之敌袭击，另以一部择芜湖以西沿长江两个以上之要点攻略而占领之，以吸引敌人并妨碍其水陆交通。

十、第九战区以有力部队攻击瑞、阳间之敌，相机占领沿江据点。各以一部由南浔西侧粤汉东侧地区，分向九江方面及通、咸、崇间地区之敌攻击，协力中央攻击部队之作战，断敌水路补给线，以牵制其兵力之转用。

十一、对于安庆、开封，另组奇袭部队袭击，以吸引敌人。

十二、各战区应就现有炮兵，尽可能抽出加入攻势。

十三、各出击部队，务极力秘匿其行动，并尽诱惑欺骗敌人之能事，遂行任务。

十四、关于兵员之补充及粮弹器材之补给，各主管部应照本方案迅即准备，并先以晋南作战部队为主。

十五、准备程序及其完毕时期，限三月五日以前详报到渝。

〔国民政府国防部史政局及战史会档案〕

13. 程潜转报阎锡山所属第二战区部队部署等情密电

（1939年3月5日）

长安。限四小时到。渝委座蒋：稔密。案奉钧座二六点一八令一元勤电训令，经转所辖战区遵办去后。嗣阎百川电称：遵即部署如次：（一）卫副长官指挥第四、第五、第十四各集团军，以一部对济源方面前进，并截断同蒲路南段交通，以便向临汾以南同蒲路之敌攻击，并协同陈长捷部之南区军，扫荡晋南三角地带之敌。（二）第十八集团军确实遮断正太路之交通，阻敌移转，并发动广大之游击战，处处予敌人威胁而牵制之。（三）以上各部队，务于本月佳日以前准备完毕。其攻击开始日期，定为本月蒸日。（四）其他晋西、晋北及五台方面各军部署，业于东丑参战电呈报在案。奉电前因，已严令切实遵照积极动作矣。等情。惟查晋南部署及其他战区准备情形，均未据报，恐事实上不能如期实施。除已令各区速报部署外，拟请将攻击开始时间改三月中旬，并由钧座迳电各战区遵照，似较妥善。可否？乞示。陕。职程潜。微亥。行参战。印。

〔国民政府国防部史政局及战史会档案〕

14. 蒋介石策定湘赣浙赣路作战方案密电稿

（1939年3月28日）

（极机密。提前即到）桂林白主任、长沙薛代长官、樟树镇罗总司令、上饶顾长官、曲江张代长官：〇密。兹策定湘赣、浙赣路作战方案如次：（甲）指导方针：以击破南浔线突进之敌，并掩护粤汉北段我军攻势作战之目的，第三战区抽出有力部队转用于东乡、进贤方面，第九战区南浔路部队保持重点于湘赣公路方面，乘敌战线延长，依第三、第九两战区相呼应，包围敌军于赣江江畔而击灭之。（二）卢集团及俞济时所部，应在高安、奉新一带拒止敌之西进，并掩护罗集团之转移，尔后即位置罗集团左翼，协同作战，攻击敌人。（三）武宁及崇通方面之王集团及汤集团，应不顾南昌方面战况之变化，断行反攻，并以有力一部绕袭敌人侧后方，向修江以北南浔线马迴岭、黄老门、乌石门、德安、永修及瑞昌各地挺进，节节截断敌交通，阻敌增援补充，以便罗集团之作战容易。（四）甘丽初军必要时加入湘赣公路或粤汉北段之作战，但使用时，应先请示。（五）第三战区应以有力部队转用于东乡、进贤方面，掩护浙赣路西段，并与第九战区之作战相呼应，同时另以一部积极向沿海据点袭击，断敌水上补给及运输。（六）第四战区为顾虑万一敌于攻略南昌后，以一部沿赣江南下，应预以吴集团控置于赣州附近地区，准备随时策应赣江下游之作战。右各项，仰即部署实施，并具报为要。本方案不可转达下级指挥官。川。中〇。俭巳。令一元远。印。

〔国民政府国防部史政局及战史会档案〕

15．蒋介石关于颁发《二十八年夏季作战计划》与俞飞鹏往来代电

（1939年6—7月）

（1）蒋介石代电（6月22日）

国民政府军事委员会快邮代电　令一元字第三一二六号

重庆后方勤务部俞部长勋鉴：极机秘。兹颁发廿八年夏季作战计划一份，除令桂林、天水两行营暨各战区本计划要旨部署，关于补充原晋绥军实力及充实冀察鲁苏战区部队质量，亦已另令办理外，希就主管事项，妥速准备，务力求秘密实施，并将办理情形具报为要。中正。养辰。令一元。渝。附计划一份。

二十八年夏季作战计划　六月二十二日

方针

国军以确保山西，并坚持冀察鲁苏游击，使尔后攻势作战有利为目的，除直接增强冀察鲁苏，尤其第二战区之兵力外，各战区以约三分之一兵力（除整训部队），施行局部攻势，牵制消耗敌人。

各战区攻势开始之时机，预定为七月中旬。

指导要领

（一）由第十战区抽出精锐二军开晋东南，归卫副长官指挥，扫荡三角地带之敌。原晋东南疲惫部队抽出一至二军，至十战区整补。并补充原晋绥军实力，使攻击临汾附近之敌。（巩固晋省，即所以保西安，盖晋省不保，则西安以东不能守，西安若不守，西北必危，是以增强晋省兵力，即直接有裨于西北战局。）

第八战区应与第二战区联系，为必要之策应。

（二）迅行充实冀察鲁苏战区部队质量（如增加经费、补充弹药武器，及派遣优秀干部及政工人员等），以增强其战力。

冀察战区积极破坏津浦路沧县至德州段、平汉路定县至邯郸段铁道，组绝敌之运输。

鲁苏战区以持久战之要领，努力保持鲁南游击根据地，疲弊敌人，并相机破坏津浦、胶济、陇海各路，妨害敌之运输。

（三）第四战区应以一部由粤汉南段，主力由增、从方面进出，向敌人交通线后方绕攻，消耗敌人。

（四）第三战区应妨害敌长江航运，积极破坏京沪杭交通，特应增加淞沪地区游击兵力，积极扰袭敌人。

（五）第九战区各以有力一部，分向南浔线及咸宁、岳阳间，袭击消耗敌人。

（六）第五战区应恢复随枣之役战前态势，威胁武汉。

（七）第一战区一部向信阳、长台关之敌袭击，精锐一部（至少一师）进出开封以东陇海路南北两侧地区，积极破坏交通。另以一部遮断汴新段之联络。

（八）攻击目标之选定，务避据点之争夺，应多编支队，对据点监视佯攻，集结主力，诱敌脱离据点而歼灭之。敌若固守不出，则进出战略上重要及攻击容易地区，多方扰乱敌后方，使敌疲于奔命，各不相顾。

（九）本攻势诸准备，限于七月中旬前秘密完成之。

（十）敌若先发动攻势，或乘我攻势顿挫，转移攻势时，各战区应本原来计划指挥作战。

（2）俞飞鹏复代电稿（7月1日）

代电

委员长蒋钧鉴：六月养辰令一元渝代电暨附发二十八年夏季作战计划一份，均奉悉。基于原计划所示方针及指导要领，除将各战区现有屯积物资及兵站机关重加检讨附表呈阅外，谨策定二十八年夏季作战补给指导纲要如下：（一）站所部分，由各兵站总分监部就现有站所视攻击军之路线，酌量配备，务注意与各攻击军师属分站（独立派出所）之协合，以求达成适时适地之补给。（二）粮秣部分，攻击军除携带二日份干粮外，仍一律照发米津，利用各地物资，自行购买。并由各战区兵站总监部视各地情况，参合攻击军动员人马数目，另行准备相当现品，预存必要地点，以便随时取给。（三）对攻击军所需弹药，除尽量补足携行数外，由各战区兵站总监部就出击军之所有武器，筹备四分之一基数弹药，预存必要地区，以备补充。其屯储地点，由各战区兵站总监部呈由司令长官部决定，分报统监部及本部备查。（四）对攻击军补给所需之运输工具，由各战区兵站总分监部现有输力抽调配备，并尽量利用民间输力。（五）卫生部分，由各战区兵站总监部就现有卫生机关，依攻击军之动向，抽调配备。卫生材料，由各战区兵站总监部就库存现品，酌量补充。（七）冀察、鲁苏两战区之补给，仍发给运输补助费，由各总司令自行办理。并由邻近战区之兵站总监部准备相当弹药及卫生材料于必要地点，待机运济。上项除分饬施行，并将办理情形随时具报，以凭转呈外，谨电鉴核。职俞飞〇。午东申。参经卫械运管。印。附呈要表〇份。

〔国民政府军委会后勤部档案〕

16. 蒋介石下达冬季攻势命令

（1939年11月19日）

廿八年十一月十九日下达之冬季攻势命令

电一

有线(限三小时到)。西安程主任、洛阳卫长官、兴集阎长官、兰州朱长官、西安蒋长官：〇密。极机密。训令。国军冬季攻势之作战，依次记要旨实施：(甲)方针：(一)国军以消耗敌人导国军尔后作战有利之目的，以本会直辖整训部队主力，加入第二第三第五第九各战区，实行主攻；(二)为牵制敌之兵力，俾主攻方面奏功容易，其余第一第四第八及鲁苏、冀察各战区，向当面敌人实施助攻，策应主攻方面之作战；(三)攻势开始日期，除第五第九战区限于十一月寝日以前实施，其余助攻方面概限十一月底，主攻方面概限十二月上旬，如期分别实施。(乙)指导要领：(一)第一战区攻击开封、博爱，牵制敌人，切断汴新路及平汉路安阳附近交通，策应第二战区之作战；(二)第二战区应首先切实截断正太与同蒲二路，肃清同蒲线南部晋南三角地带敌人，如次记要领实施攻击。(子)由汾河北岸击破新绛、稷山、河津敌人，向南进出，由同蒲路东侧横水岭、夏县、平陆，向同蒲路攻击，重点置于翼城东侧地区，击破当面敌人，沿同蒲路向安邑进出，协力肃清三角地带敌人，并晋冀边境十八集团军部队，切实截断正太路交通；(丑)切断同蒲路北段介休、临汾间，及白晋公路之交通，攻击长治，并各以有力一部分由东西两面向曲沃、侯马、汾城攻击，掩护主力之侧背；(寅)以北路军主力指挥张砺生部，向归绥东南附近地区围攻敌军，并策动伪军反正。(三)第八战区绥西部队,应协同第二战区北路军主力,围攻归绥附近敌军,向归绥西北附近地区攻击。(四)第十战区,主力仍任原河防,依晋南三角地带攻击之进展,应有一部渡河,扩张战果之准备。(五)汤恩伯集团(四个师)仍归本会直辖,控置于南阳、新野间地区,掩护第一第五两战区侧背。(六)本会直辖整训部队加入第二战区作战者为第七师 47D、64D。(七)任攻击各部队,应注重敌军交通要线,实施广正面之攻击,首须将其各交通路节节切断,使其兵力分隔,前后不能相应,诱导敌人于要点外,行运动战而击灭之。依状况控置主力于待机位置,截断其策应赴援之敌,或乘虚取其要点。但务须特别注意,避免攻坚。(八)化工兵之集中配属,已另令饬遵。(九)对于空军之协同作战,另有命令。(十)主攻方面弹药之补充、积集及递送准备,须于攻势开始前完成。(丙)本命令之下达,应限于有关事项,不得照录全文,并应转饬所属各级指挥官,不得以无线下达。(丁)除分令外,仰即遵照切实准备,按期实施,并将部署情形于本月梗日以前具报为要。川。中正。皓申。令一元。印。

电二

有线。联衔。(限三小时到)桂林白主任、上饶顾长官、曲江张长官、长沙薛长官(另发)、老河口李长官(抄送)、重庆陈长官:〇密。极机密。训令国军冬季攻势之作战,依次记要旨实施:(甲)方针:(一)……(乙)指导要领:(一)第五战区扫荡平汉线南段武汉、信阳间敌人,以孙连仲集团及李仙洲军攻略信阳及广水间地区,协助友军进取汉口,21AG以一部向安庆附近攻击,以有力部队(约六个团)向黄冈、黄石港、田家镇、武穴、孔垅、望江附近攻击,以主力配合右集团由东向西两面向平汉南段广水以南花园至汉口地区攻击,务须努力挺进,以期袭击汉口,克奏肤攻〔功〕。右翼集团(江防军除外)应向汉宜路京、钟、随县、安陆敌人攻击,并切断襄花及汉宜路交通。豫鄂皖边区游击部队，向淮南路及津浦南段攻击，策应作战。(二)第九战区应向粤汉北段正面敌人攻击，其重点应注重在蒲圻、咸宁一带，切断敌军后方之交通，并向武昌附近努力挺进，威胁武汉，务使奇袭武昌，克奏奇效，并应攻击南昌及南浔路，以一部挺进袭击瑞昌、九江，牵制敌人。(三)第三战区攻击湖口、贵池、荻港间沿江敌人，切断长江之交通。依据侦察结果，以主力向湖口、马当、东流、贵池、大通、铜陵、荻港各附近隙地攻击，一举突进江岸，闭塞长江之交通，并扫荡沿江敌人。并应攻击芜湖、湾沚，切断京沪杭交通，牵制敌人。(四)依状况，各该战区应分别略取信阳、贵池、马当、武穴、田家镇各要点。(五)从现在起至三月止，我第三第五第九各战区部队，须协同一致，将南京以西之敌驱逐至长江下游。(六)第四战区对于北海方面，以持久抵抗要领，消耗登陆之敌，相机攻略潮、汕，以主力扫荡广九路。(七)汤恩伯集团(四个师)仍归本会直辖，控置于南阳、新野间地区，掩护第一第五两战区侧背。(八)本会直辖整训部队加入战区作战者如次：1.10A、86A、49A加入第三战区；2. 65A加入第四战区；3. 2AG、59A、92A加入第五战区；4. 4A、66A、99A加入第六第九战区。(九)任攻击各部队应注重敌军交通要线，实施广正面之攻击。……(十)炮工兵及布雷队之集中配属，已另令饬遵。(十一)对于空军之协同作战，另有命令。(十二)主攻方面各战区弹药之补充、积集及递送准备，须于攻势开始前完成。(丙)本命令之下达，应限于有关事项，不得照录全文。……(丁)除分令外，……川。中正。皓申。令一元。印。

〔国民政府国防部史政局及战史会档案〕

17. 军令部对于目前各战区部署检讨意见

(1940年7月11日)

一、要领：国军目前应以一部维持现在态势，主力以巩固行都并确保长沙、西安要点之目的，抽调适宜控置，并充分运用游击部队在敌后扩大扰袭，不断牵制消耗敌人。

对桂滇边境之作战，应照现在集中态势，注视情况演变，适机依预定计划实施之。

二、部署检讨：为适合上述要领，检讨现行部署，各战区尚须作□记诸处置。

(1) 第四战区

甲、159D 归制后，东江方面，应令余副长官派一师接防，以免空虚。

乙、粤桂边区应加入一军(52A或37A)兵力，威胁钦、防，牵制敌人西进或北进。

丙、16AG 应相机抽出一军在后方整补，最好控置于雷平、石龙间，兼以掩护桂西。

(2) 第三战区

甲、为适应巩固行都之大方针，该战区尔后作战，除截断敌长江航运外，应以与第九战区协同反攻南昌为主，故重点应侧重于赣北方面。

乙、第十军所辖三师过于分散(萧山南方歙县、鹰潭等处)，应适宜集中控置。

(3) 第九战区

甲、赣北方面，应将 74A、32A控置于上高、万载、宜春地区整补，30AG 应抽下一军控置于修水整补，而令控置于永安市附近之新十二师归还建制，其余与敌保持接触。

乙、鄂南方面，现99A已他调，仅有20A，似嫌空虚，既不能保有威胁武汉态势，即难适合确保长沙方针。又平江方面，亦应控置一军。

丙、湘北方面，应以 58A调任新墙河防务，将4A 适宜控置(如以 37A调平江控置，则 4A 可控置于湘阴一带)。

丁、为策应保卫行都作战，欲期有力进攻武汉，发挥牵制效用，本战区兵力最少应增加两军。

(4) 第六战区

甲、第六、九战区地境线上兵力之配备，特应注意霍揆彰集团，虽属第六战区，仍应负整个洞庭湖警备之责，与第九战区密切联系。

乙、奉节、云阳应各以一师兵力担任直接守备。

丙、兴山、上龛间地区，应完成游击根据地之设施。

(5) 第五战区

甲、应于南漳、保康间完成游击根据地之设施。

乙、王缵绪集团应迅速补充。

丙、汤恩伯集团应以一个军控置南阳、内乡间，主力控置襄樊，策应第一、第五、第六战区作战，并屏蔽汉中。

(6) 第一战区

甲、第一战区陕省境内，应责成胡总司令负责调整各军建制，尽可能使指挥系统益臻灵活，于华县、潼关间控置一个军，严加整备。

(7) 第二战区

甲、应于济源、阳城、垣曲间控置一个军，乡宁附近控置两个军，整备交通通信，以作机动使用。

(8) 第八战区

甲、应控置一、二师于临河、五原附近。

乙、应令81A迅照前令速开伊盟，先消灭森逆伪部，收复柴磴，镇慑反侧。

(9) 关于以游击部队为主、加强游击战之计划，另订如附件。〔略〕

〔国民政府国防部史政局及战史会档案〕

18. 军令部拟《拱卫行都作战计划》

(1940年7月)

拱卫行都作战计划

第一　方针

国军以拒止敌人入川之目的，应始终确保三峡，以为作战轴心，并凭依三峡及其南北连山地，破路清野，加强地形之险固，并用正面韧强抵抗，及节节侧击，遮断敌人补给线，歼灭进犯之敌于三峡南北连山地带。

预期在常德、石门、五峰、青岩沟、庙河、兴山、歇马河、南漳、襄樊各附近之线，万不得已时，亦须依托三峡，在沅陵、恩施、建始、奉节、白河之线以东，与敌决战，求主决战于清江两岸地区。决战时期在秋季以后。

第二　指导要领

(一) 第一期　作战准备(敌进犯以前)

(1) 第九、六、五战区暂取守势，但各以一部分班轮流游击，妨害敌休整，并搜索敌情，且掩护主力，构筑工事，或积极整训。

第六战区特须注意，妨害敌开放岳阳至宜昌间之长江。

(2) 本会直辖整训部队分置后方战术及交通要点，积极整训，巩固后方。

(3) 沅陵、恩施、建始、奉节、白河各附近，及黔江、万县、安康各附近，扼水陆交通，构筑纵深野战坚固工事，为本会第一第二预备阵地。

(4) 交通网之整备破坏及清野移民，应积极实施。

(5) 湘鄂川陕边区绥靖及组训民众事宜，应积极实施。

(二) 第二期　战斗实施(敌进犯时)

甲、预期敌以主力(二至三师团)沿清江、长江两岸地区，尽量利用交通线水陆并进，适时以空军陆战部队在来凤、恩施、建始、奉节附近敢行着陆，一举进出夔门，开放三峡，同时或先期以有力兵团(各约一师团)进出常德、襄樊，掩护其主力之侧背，拒止我第九、五战区之增援。

我军之指挥如左：

(1) 第六战区以一部在前进阵地逐次抵抗，焚毁战场附近所有之物资，不得已时，分散于敌进路之两侧，不断扰袭敌后方，以主力在既设主阵地带，韧强抵抗，适时加入战区预备队，移转攻势。

(2) 第九、五战区尽可能抽出强大兵力，转用洞庭湖及汉水西岸方面，攻敌侧背，直接支援第六战区。

(3) 本会直辖后方部队，应完成作战准备，必要时，则直接增援第六战区。

(4) 第四、三、一、二战区，应尽当面状况许可，抽出最大限兵力位置交通线上，完成转用准备。

(5) 其他方面，各向当面之敌，积极活动，牵制敌人。

乙、如敌主力或一师团以上有力兵团，由常德、沅陵及襄阳白河公路分进合击时，我之指导如左：

(1) 第六战区依然按前项指导要领，先求击灭沿清江、长江进犯之敌。

(2) 第九、五战区，应抽转主力击破经常德、襄樊进犯之敌，策应第六战区侧背之安全。

并各以有力一军增加于慈利、歇马河各附近地区，对进犯六战区敌人直后游击。

(3) 本会在各该方面之部队，应进出沅陵或白河方面，先击破该方面之敌。

丙、如敌先攻略长沙、常德再向四川进犯时。

(1) 第九战区至少应以三军兵力转用湘西，使第六战区作战容易。

（2）第四、三战区，应各抽出一军以上兵力，策应第九战区。

丁、如敌先攻略安康、南郑或西安、宝鸡再向四川进犯时。

（1）第一战区至少应以三军兵力转用秦岭方面，妨害敌入川，使第五战区作战容易。

（2）第五战区，应以主力由汉白公路两侧围攻沿该路突进之敌，或转用一部于秦岭，阻止由关中南下之敌。

（3）本会后方控置部队之大部应使用川北方面，先击灭该方面之敌。

戊、如敌以狭小正面沿清江、长江两岸地区向五峰、巴东及恩施、奉节逐次跃进，其两翼止于公安、枝江、荆门、当阳，直接掩护长江时，我军之指导如左：

（1）第六战区正面，应持久抵抗，并围攻敌之两翼，勿论如何，须始终确保三峡为轴，歼灭敌人。

（2）第九、五战区，应各以三军以上兵力，超越作战地境，向宜昌方面侧击敌人，使第六战区作战容易。

己、击破敌一路或一点被敌突破时。

（1）如击破敌一路时，应尽可能注入各级预备队于该方面，断行战果扩张，逐次席卷敌人。

（2）万一某地被敌突破时，该地部队应特别注意利用山地之特性，竭力防止其波及友军，影响全局。如状况许可时，则以主力或一部暂移侧方，袭敌侧背，使比邻或后方友军作战容易。其他方面部队，不得因友军偶挫，悲观战况，应继续努力作战，并尽量支援友军，挽回战局。

勿论何处被敌人突破，但三峡部队务须死守三峡，俾保持全局支柱，击灭敌人。

（三）第三期　追击

（1）如击破敌人时，应捕捉于战场附近山地内歼灭之。

（2）如敌逸出战场，应先向洞庭湖长江汉水之线追击，乘势收复宜昌。

第三　部署

（一）战斗序列及作战地境如旧。

（二）第九战区广领赣北、鄂南、湘北，行持久战，但须以一部分班轮流游击，妨害敌休整，并搜索敌情。

战区整训部队，须以一军位置益阳附近。

（三）第六战区守备三峡及其南北连山地，阻止敌入川，但江南方面，须以一部警备江湖沿岸，妨害敌扫荡长江。江北方面，须以一部分班轮流游击，妨害敌休整，并搜索敌情，对江北各小路，特须配置守备部队。该战区主力，应在常德、石门、五峰、青岩沟、庙河、兴山各附近之线，扼水陆交通，构筑纵深主阵地带而固守之。

江防军应沿三峡要塞线纵长配备，并增强要塞掩护阵地。战区整训部队，应以两军位置恩施、建始，以一军位置巫山、奉节，以一军位置慈利、大庸。

（四）第五战区广领鄂北行持久战，但须以一部分班轮流游击，妨害敌休整，并搜索敌情。

战区整训部队应以一军位置歇马河、保康间地区，以两军位置襄樊、谷城附近地区，并在襄樊、南漳、歇马河之线，扼水陆交通，构成纵深主阵地带。

（五）本会直辖（整训）部队分置左列地区，积极整训：

（1）第十军李玉堂　沅陵

（2）第二军李延年　黔江、彭水

（3）第十八军彭善　俟32A接要塞守备后调渝、万

（4）第六军甘丽初　贵阳

（5）第三九军刘和鼎　安康、白河

（6）第七十一军陈瑞河　汉中、宝鸡

（7）第三十军池峰城　南阳

（8）第五五军曹福林　邓县（归孙连仲将练）

第四　航空与防空

（1）空军在作战初期，应保持主力，准备尔后参加第六战区之决战，但先应以一部妨害敌人海军溯江开放岳阳宜昌航道及水上运输，并妨碍敌人在宜昌附近南岸登陆，尔后集中主力参加第六战区之决战。

（2）长江上游航道及施巴公路之防空部署如附纸。〔缺〕

第五　后方

交通通信补给卫生计划，另定之。

〔国民政府国防部史政局及战史会档案〕

19．国民党政府拟长江上游要塞守备计划

（1940年8月）

第一　方针

国军以拒止敌人入川之目的，应固守三峡沿江两岸要塞，始终确保三峡入川门户，以为我野战军作战轴心，歼灭敌人于三峡南北连山地带。

第二　指导要领

（甲）战斗准备

（1）各要塞应构筑核心阵地，直接固守要塞，并于要塞地带扼制敌人登陆，及由陆上攻围要塞之着眼与野战阵地相联系，构筑坚固外围阵地带，不待野战军之援助，独立歼灭要塞敌人。

（2）沿江可能登陆及由陆上迂回要塞之道路，应彻底破坏，增强守备之险固。其补给路线，应完成破坏准备，作战开始以后之补给，利用存储粮弹及由邻近野战军补给之。

（3）为击灭水上溯江敌人，应于每要塞组织漂雷队、烟幕队，阻绝航道，协同要塞火力，击灭水上溯江敌人，并于沿江两岸分布游动炮兵（迫击炮、战车炮）及守备队，击灭敌人舰船溯江及登陆，

加强夜间照明设备，防止敌人夜暗溯江或登陆。

（4）彻底破坏沿江航路标识、险滩标记及管制引水人员。

（乙）战斗实施

（1）如敌先向沿江要塞两翼之陆上攻击，然后攻略要塞，以图开放长江时，要塞守备部队应坚守要塞外围阵地，协同野战军歼灭敌人。

（2）如敌击破要塞两翼我野战军后，向要塞攻围时，应于外围阵地带顽强抵抗及不断逆袭，摧破敌之攻势，最后于外围主阵地以火力压倒敌人后，转移攻势去击灭敌人。

（3）如敌由要塞附近直接登陆，应乘敌人登陆未成功前而击灭之；如敌在要塞远方登陆，应以守备队协同游动炮兵，击破登陆敌人，并迅速转移主力于该方面，乘敌立足未稳而击灭之。

（4）如外围阵地被敌突破，应不断逆袭恢复阵地，并与核心阵地部队夹击敌人，不得已时，亦须顽强抵抗，死守不退，以待野战军之增援夹击歼灭敌人。

第三　部署

宜巴要塞区守备

指挥官第九十四军军长李及兰，副刘翼峰

要塞守备队第九十四军

江防要塞守备总队

要塞第一总台

石牌要塞

庙河要塞

漂雷烟幕队各两队

要塞第二总台

泄滩要塞

牛口要塞

漂雷烟幕队各两队

游动炮重迫炮第四团(欠第一营)

游动炮战车炮四连

重迫炮第三营

山炮连

高射枪炮连

特务连

通信连

工兵连

高射炮兵第四十二团第五营(欠一连)

探照灯队

巴万要塞区守备

指挥官第十八军军长彭善,副李端浩

要塞守备队第十八军(欠十八师)

要塞第三总台

万流要塞

青石要塞

巫山要塞

漂雷一队

要塞第四总台

大溪要塞

庙矶子要塞

漂雷一队

游动战车炮三连

重迫炮第一营

野山炮兵营

特务连

工兵连

通讯连

独立高射炮营

第四　防空

（1）各要塞对空防护之伪装，应由航委会派机侦察摄影，再行修正，并为尔后空中补给及通信之准备。

（2）沿江要塞防空部署如附图〔略〕。

第五　通信

（1）由通信兵学校以现有通信鸽一部分拨于各要塞及第六战区应用。

（2）由通信兵团增配备份无线电台于各要塞，以便尔后守城之通信。

第六　补给

（1）宜巴区及巴万区分别存储各四师份粮弹、食盐六个月份。

（2）其他副食品，应由守备部队在要塞附近自行存储或栽植蔬菜，并组织要塞区内民众协助军队作工运输及饲养牲畜、蔬菜等副食品。

〔国民政府国防部史政局及战史会档案〕

20．蒋介石关于修正滇越国境作战计划致龙云等密电

（1940年9月）

（1）9月13日密电

重庆——昆明龙主任，另发张长官：春密。极机密。训令：滇越国境作战计划，依目前状况，重行修正颁发如次：第一方针：国军以拒止敌人入滇之目的，应于敌人侵越之同时，各以一部向老开河江以南沿铁路、公路远方进出，破坏道路，袭击阻止敌人。并于金平、蛮耗、屏边、马关、麻栗坡、董干各附近地带，扼山地险要，节节抵抗，侧击伏击，俟敌进入隘路，于箇旧、蒙自、芷村、文山、西畴之线，与敌决战，保持主力于文山附近，围歼敌人于河江以西仁河左

岸地区。中正。马未。令一元。待续。印。

（2）9月21日密电

〔衔略〕春密。第二指导要领：（一）昆明行营及第四战区应组织便衣别动队潜入安南，俟敌侵越开始，即对滇越铁路桥梁及谅山、河内道路，发动破坏游击，对于道路公路各点，应先事预定，并切实指定人员及部队秘密侦察，准备一切。希将具体计划于十月东日前呈报。（二）沿金平、蛮耗、屏边、马关、麻栗坡、董干各附近抵抗地带及箇旧、芷村、文山主阵地带，应扼道路险要，构筑纵深阵地，并彻底破坏道路。中正。马未。令一元。待续。印。

〔衔略〕春密。（三）如敌侵越开始，昆明行营应即以有力一部向河江、安平以南地区进出，一部向老开、安沛以南地区进出，破坏道路，迟滞敌之前进，尔后即在该两路向敌人后方破坏游击，策应主力军之作战。（四）如敌以主力由河江向文山进犯，一部沿滇越路进犯时，昆明行营应依正面韧强抵抗及节节侧击，乘敌进入隘路，加入文山方面控置部队，移转攻势，并以富宁、田蓬方面部队向河山附近截断敌人后方，协同正面部队，包围敌人于隘路内而歼灭之。中正。马未。令一元。续二。印。

〔衔略〕春密。如富宁方面部队尚未到达，文山方面附近决战不得手时，亦应利用山地，节节韧强抵抗；富宁方面部队，应追随战况推移，始终向该路前进敌人直后侧击，协力正面之作战。（五）如敌以主力沿铁道正面前进，进迫蒙自，并以空中陆战队向蒙自袭击，直向昆明突进，一部向文山掩护其侧面时，昆明行营应固守箇旧、蒙自、芷村，抽调文山、开远控置部队及金平、屏边部队，压迫敌人于红河而歼灭之。富宁方面，部队应直接进出滇东，向敌侧击。中正。马未。令一元。续三。印。

〔衔略〕春密。(六)第四战区为策应云南方面之作战，应于敌人侵越之同时，以有力一部向高平以南地区进出，侧击由镇南关西进敌人，主力乘虚略取龙州，续追蹑敌后，进出越南，向敌人背后攻击。邕钦方面，应先确实截断邕钦、邕龙公路交点吴村圩附近，诱导敌人于要点外而击破之，乘势略取南宁。第三，部署大要：(一)昆明行营与第四战区作战地境改为沿滇桂省界经剥隘、镇边、包乐(以下均为安南四十万分之一地图)□连助田、包边、三岛、福安、河东、府里、宁平至东京湾海岸相连之线，线上属第四战区。中正。马未。令一元。续四。印。

〔衔略〕春密。(二)昆明行营应以一部在金平、蛮耗、屏边，对红河警戒，控置重点于麻栗坡、文山方面，主力控置开远、蒙自、文山各附近，准备尔后向文山或铁道正面机动，移转攻势，击灭敌人，一部在昆明对空中陆战队防御。(三)陈烈军暂留一部于靖西国境附近，对高平方面警戒，主力即经隆林、安德镇、颣谷、桃板朝道路向富州附近前进，尔后依状况进出河江附近或滇东地区，向敌侧击。第六军暂由本会控置，其行动依尔后状况定之。第九集团军之战斗序列，依状况以命令定之。(四)已令第六十军安恩溥部速向柳州附近集中，该军尔后行动依状况由本会以命令定之。中正。马未。令一元。续五。印。

〔国民政府国防部史政局及战史会档案〕

21. 军令部拟《国军攻势作战计划》

(1941年5月)

国军攻势作战计划　军令部三十年五月一元松字第六一九号庚一元松代电奉谕通报

第一　方针

一、国军以收复宜沙之目的，应依第三战区遮断长江、第九战区攻占岳阳、第五战区切断襄河东岸宜沙敌人后方，以第五、六战区主力及本会整训部队，保持于襄河西岸，包围襄河以西地区敌人而歼灭之。

第一、第二、第八战区，应以主力各向其当面汴新道清路、晋南三角地带，及包绥敌人攻击，策应长江方面之作战。

二、攻势准备，应于六月中旬完成，攻势开始时期，待命实施。

第二　指导要领

(甲)宜沙方面会战指导

第一期　会战准备

三、第五战区，对于襄河东岸至襄樊各道路，及由信阳、确山至南阳各道路，应彻底破坏，造成阻绝地带，并构筑纵深强固工事，巩固襄河西岸我军之侧背。

四、第六战区对于襄河西岸汉宜路西段，第五战区对于襄河东岸钟祥以南旧口、天门、皂市、应城间地区，应为构成泛滥之准备。关于破坏点之选定、破坏法、破坏器具之准备，及担任部队之指定，应先秘密周到，准备完成。

五、第六战区对于长江北岸荆沙东侧地区，应确保现在态势，并巩固固沙市以下长江南岸守备。对于藕池口、郝穴附近，应速构成江面封锁，确实控制宜岳间长江交通，以利尔后作战。

六、第五、六战区对于襄河西岸长江北岸地区，由现在第一线主阵地起，至秭归、歇马河、南漳、襄樊中间地区，应速构筑纵深据点阵地。第六战区应再加强长阳、宜昌以西及常德、公安各附近阵地，以利攻势作战。

第二期　会战实行

七、第六战区应依左记指导，实行会战：

(1) 以有力一军，编成多数纵队，一举向沙洋、马良集、襄河西岸挺进，破坏襄河堤防，阻绝汉宜公路，并与五战区襄河东岸部队，协力扼险据守，监视泛滥，确实遮断汉宜西段敌人交通。如泛滥不能确实阻绝该路时，应一面围攻沙洋、马良集各渡口之敌，一面彻底破坏公路，扼险据守，遮断敌人襄河两岸交通。

（2）另以一军由资福市、岑河口附近，向沙市敌人攻击，并向十里铺、荆门中间地区挺进，遮断荆沙公路交通通信，使破坏堤防部队及主力作战容易。

（3）长江南岸松滋、宜都方面，应一面固守江防，并以一部向江口董市、白洋沿江敌人攻击牵制，另以小部向河溶半月山地区破坏游击，策应主力作战。

（4）对于宜昌西岸敌阵地，应行攻略之，俾掩护炮兵向江岸推进，对宜昌敌人射击。

（5）该战区主力，应以重点指向双莲寺、龙泉铺地区，向宜昌外围席卷攻击，并节节切断各据点敌人，各个包围而歼灭之。

（6）另以有力兵团，向当阳、荆门、江陵地区敌人攻击而歼灭之，并以一部占领钟祥西岸，切断钟宜路敌人交通。

八、为协力六战区，歼灭襄河西岸敌人，第五战区应照左列指导作战：

（1）以有力一部攻略钟祥，并于旧口、京山、皂市各附近，切断汉宜交通；另编成多数纵队，向襄河沿岸挺进，破坏堤防，构成泛滥。

（2）以一部向随县、应山敌人攻击牵制，另以有力一军向花园、安陆附近挺进，遮断平汉襄花路敌人交通，威胁牵制襄花路及武汉敌人。

（3）以一部向信阳敌人佯攻，各以有力一部，向广水、黄陂附近、平汉南段攻击，威胁武汉敌人。

（4）以一师以上兵力，向安庆附近攻击，并以一部向武穴、小池口沿江各附近攻击，策应第三战区，遮断长江容易。

（5）汜东方面，仍以一部向敌游击，并拒止敌之西犯。

（6）如敌集中有力部队，沿襄河东岸及襄花路，或向南阳进犯，牵制我襄西决战时，第五战区应集中襄东部队而击破之，不得已时，亦须拒止敌人于枣阳、唐河以东，使主决战奏功为要。

九、襄河西岸之攻击，应纵深控置兵力，陆续增加，扩张战果。

十、对于据点之攻略，应先节节截断其四周交通，再行包围攻略之。

第三期　追击

十一、襄河西岸之敌，如突围东窜时，应依第五、六战区之协力，截击于襄河地障而歼灭之。并速于襄河整顿防御，一部沿汉宜路追击。

（乙）其他方面之攻势指导

十二、第三战区应加强京芜沪杭地区游击，集中主力，遮断长江敌人交通。

十三、第九战区应向赣北敌人佯攻，并加强游击破坏，集中主力攻略岳阳而确保之。并阻绝城陵矶江面，策应宜昌方面之会战。

十四、第一战区应向开封及道清路敌人攻击。第二战区应加强晋东南及同蒲北段游击破坏，以主力分由汾河北岸及横皋大道，向晋南三角地带敌人攻击。

十五、第八战区应截断平绥路，攻略包绥。

第三　兵团部署

十六、第五、第六战区作战地境，改为城口、竹谿、房县、保康、龙门集、欧家庙向南，沿襄河，经潜江、峰口至嘉鱼对岸之线，线上属第五战区。

十七、第五战区襄河西岸集团，归第六战区指挥。该集团补给系统，仍隶第五战区。

十八、第六战区第二十集团军以53A、87A、73A、26A编成之。该集团应以26A控置常德、公安，73A主力固守公安、宜都江防，87A、53A及73A一部向沙洋、沙市及沿江北岸敌人攻击。

江防军以8A、94A、32A编成之，应以一部向宜昌西岸敌人攻击，主力固守沿江要塞，并准备策应宜昌之作战。

第26AG以2A、10A、18A、75A编成之，向宜昌及其外围地区敌人攻击。

33AG以77A、59A、68A、39A编成之，向荆门、当阳、江陵地区敌人攻击。

第79A控置暖水街附近，为六战区预备队。

十九、第五战区29AG以44A、67A编成之。另以30A归孙副长官直接指挥，攻略钟祥，切断京钟、汉宜路敌人交通。

22AG向随县、应山敌人佯攻。

以上第廿九、第廿二两集团军，归孙副长官连仲指挥。

31AG以85A、55A、29A、84A编成，以一部佯攻信阳，各以有力一军，向广水以南，平汉南段敌人攻击，威胁武汉。

二十、13A应准备向老河口集中，第十四军应准备向南阳集中，为本会总预备队。

二十一、基于以上战斗序列，关于26A、2A、10A、18A、68A、30A、85A、13A、14A之兵团移动，应候令实施。各该军仍应服行现任务。各战区其他作战准备，应于五月底前完成。

二十二、如在攻势准备期间，敌人向我局部攻势时，各战区应依既定守势计划指导作战。

二十三、由本会配属各兵团之炮工兵部队之集中部署，另令饬遵。

二十四、各战区应依本计划于五月删日前，拟定实施计划呈核。

第四　空军

二十五、空军应依本计划及左列指导，协力宜沙会战。其详细计划，由航委会另行拟订。

(1) 攻势开始，直前袭扰武汉敌人空军。

(2) 会战开始时，阻止敌人经襄河之增援与补给。

(3) 协力宜沙会战方面重要据点之攻略。

第五　后方

二十六、通信补给卫生计划，另令饬遵。

〔国民政府军委会后勤部档案〕

22. 陆军第五十军于长江皖境布雷计划

(1941年6月)

(1) 陆军第五十军布雷计划(雷字第五号)

第一　方针

一、军以妨碍敌长江航运之目的，及遵照层峰迭电指示，应即加强编组有力之布雷队二组，轮番出动，乘虚突进江岸，积极实施布雷，以达成尔后总反攻准备之任务。

第二　实施要领

二、鲁港、铜陵间及贵池、前江口间江岸地区，地形极为复杂，敌军守备薄弱，空隙较大，为我布雷良好地区，应预为侦察，准备数个布雷点，俾便随时乘隙突进江岸，达成布雷任务。

三、各师应遵照规定之编组装备编成布雷队一队，在指定区域内加紧布雷，务求长期有效妨碍敌长江航运。

四、各布雷队应以精干之团长(或营长)为队长，以步兵一营为基干，附海军布雷队及所要之工兵、卫生输送队、政工人员等编成之，每队分为两组，轮番布雷。

五、布雷之先，须予为策定详细计划，尤贵充分准备，应先派多数精练干部、谍报及特工人员化装潜入敌后，从事侦察进出路线及征集船只，并与伪军警、自治会、土民等妥为联络，使我布雷队之行动容易。

六、布雷队应以冒险犯难之精神与诡秘敏捷之行动，乘隙突进，潜行布放为主，但必要时，得加强掩护兵力，一举挺进江岸强行布雷。

七、布雷实施，应不断零运零储（埋藏江岸附近）零放（到处布放），使敌不能捉摸，始终疲于应付，并尽诸般手段将雷运至江北布放，以出敌意表，尤为有效。至实施时机，应利用暗夜或大风雨之夜间行之为有利。

八、所需力伕，除海军布雷队原配属者外，应由师属运输部队尽量配用，并得依状况利用民伕协助运输，但须秘密我之行动为要。

九、掩护布雷部队，应不避艰险，须适时占领适切之掩护阵地，严密施行警戒，拒止敌人，务使布雷队安全达成任务。

十、第一线守备部队于布雷队已挺进江岸遂行任务中，应不失时机发动全线袭击，以资牵制，使我布雷容易。

十一、敌常用扫雷艇扫荡我漂雷各部，出击游击部队应尽可能努力挺入敌后，不断袭击，妨碍敌艇之扫雷。

第三　部署

十二、军队区分

右翼师（第一布雷区）

兼指挥官、陆军第一四四师师长唐明昭

第一布雷队（两组）

长、第四三二团团长张定波

步兵第四三二团第二营

海军布雷第一大队

师属工兵营之一排

师属辎重兵营之一部

卫生部队一部

特工人员一部

无线电一班

左翼师（第二布雷区）

兼指挥官、陆军第一四五师师长孟浩然

第二布雷队(两组)

长、第四三四团团长罗心量

步兵第四三四团第三营

海军布雷第五大队

师属工兵营之一排

师属辎重兵营之一部

卫生部队一部

特工人员一部

无线电一班

十三、任务及行动

甲、第一四四师(右翼师)

1. 旧县城至铜陵间江岸为军第一布雷区,应由该师长负责指挥,严督所编布雷队积极挺进江岸,轮番加紧布雷,务求长期有效妨害敌长江航运。

2. 该师应以牧家亭附近为布雷根据地,并向荻港、鲁港、皇公庙、坝埂头、三江口附近地区挺进江岸,实施布雷。

3. 该师守备部队应随时准备策应布雷之作战。

乙、第一四五师(左翼师)

1. 贵池至前江口间为军第二布雷区,应由该师长负责指挥督编布雷队积极挺进江岸,加紧布雷,务求长期有效妨害敌长江航运。

2. 该师应以高坦附近为布雷根据地,并应向贵池以西马家圩、西河口、乌沙夹、前江口附近地区挺进江岸,实施布雷。

3. 该师守备部队应随时准备策应布雷之作战。

4. 贵池、殷家汇附近,均为敌重要据点,我特种出击部队应积极挺进敌后,不断向敌袭击,以资牵制。

第四 通信联络及报告

十四、各布雷队对后方之通信,以无线电为主,递步哨为辅。

十五、各布雷队应以该方面守备部队切取联系，以资策应。

十六、各布雷队应将活动情况与布雷经过及所获成果，适时向负责指挥长官呈报核转本部，切戒迟延误机。

第五　补给及卫生

十七、各布雷队所配属之漂雷，应迅速集中布雷根据地附近，俾易补充。

十八、粮秣由各师负责接济或就地采购。

十九、对于伤患之收容转送，应由各该师医院及卫生队负责，妥为筹划之。

第六　奖惩

二十、布雷奖惩，仍遵照第三战区长官司令部第廿九年度颁布之布雷奖惩办法施行之。

廿一、凡布雷要地官兵达成任务收效特殊者，得呈请上峰逾例奖励之。

廿二、凡奉行不力或谎报成果者，一经查觉，从严惩处。

中华民国三十年六月　日　　　　　　　　军长范子英

（2）陆军第五十军布雷编组一览表

陆军第五十军各部布雷队编组一览表　　三十年六月　日　参一课制

部队番号	主官姓名		兵力	布雷地区	备考
	区别	队别			
第一四四师	第一布雷区兼指挥官唐明昭	第一布雷队队长张定波	四三二团第二营 海军布雷队 第一大队 师工兵一排 辎重兵一部 卫兵部队一部 特工人员一部 无线电一班	荻港铜陵间	

（续表）

部队番号	主官姓名 区别	主官姓名 队别	兵力	雷布地区	备考
第一四五师	第二布雷区兼指挥官孟浩然	第二布雷队队长罗心量	四三四团第一营 海军布雷队 第五大队 师工兵一排 辎重兵一部 卫生部队一部 特工人员一部 无线电一班	贵池前江口间	
附记	1. 各师布雷队每队区分两组，轮流布雷。 2. 第一布雷队队长张定波，已调该师政治部主任，所遗职务暂由该团副团长徐南洲负责。				

（3）陆军第五十军布雷成绩统计表

陆军第五十军三十年度沿江布雷成绩统计表 参一课制

布雷月日	布雷地点	布雷具数	布雷次数	布雷经过	布雷成果 炸伤 兵舰	运舰	汽舰	其他	炸沉 兵舰	运舰	汽舰	其他	备考
四月十二日	蟛蟹矶	二十具	一次	齐日我唐师布雷队由新林铺出发，佳日进至东西洋冲（峨桥南端），灰日完成布雷一切准备，真日廿四时到达蟛蟹矶（鲁港西端约五六公里），文日一时开始布放漂雷二十具，于四时许布放完毕，撤返原地。				敌伤亡敌兵十余名，小队长石岛一员，毙		一艘	一艘		孟师六月五日之布雷成

（续表）

布雷月日	布雷地点	布雷具数	布雷次数	布雷经过	布雷成果								备考
					炸伤				炸沉				
					兵舰	运舰	汽舰	其他	兵舰	运舰	汽舰	其他	
六月五日	唐家河两河口东约三公里江岸	十三具	一次	支日我孟师布雷，由四三四团第一营担任掩护，并附布雷第五大队、辎重营之一连、工兵一排、炮兵队一队及一部民伕与特工队携带漂雷十三具，由该团副团长沈清源指挥，本午由上清溪出发，酉刻抵蛇形窑，渡河完毕，歌子到达唐家河江岸（两河口东约三公里），寅刻布放完毕，即撤返上清溪。									果正查报中
附记	1．本军自廿八年冬季攻势后，即奉令实施布雷，现仍积极布放中。 2．本表所列布雷成果，系依据各师电报调制之。												

〔国民政府国防部史政局及战史会档案〕

23．军事委员会拟《各战区目前之急务》稿

（1941年）

各战区目前之急务

第一　不可惑于目前国际状况，整顿军队为当前急务

（1）毋论英、美对敌为封锁消耗战，或于短期内转取攻势与敌决战，或中、英、美、苏联合行动向敌总攻，我军均须凭依自力，利用上述有利形势，攻击敌人，收复失地。

（2）如敌海上决战失败，或不堪英、美封锁消耗而崩溃，其在中国陆上敌人，仍须我军自力驱逐，否则敌人连接东北、华北，盘踞大陆，战后仍与我不利。

（3）敌人过去对占领地区之防御设施，不遗余力，凡交通点线，均有坚固工事，各铁道两侧，均有碉堡外壕封锁线，敌人长期扼守，我军对于阵地攻击，纵敌空军炮火劣势，我军须有训练不足、非彻底提高战斗技术，不能攻击之觉悟。

（4）为使尔后攻势确能克复要地，不使攻势仅能在敌既设阵地前成为广大之游击，则各战区应乘此敌人不能攻我时机，努力整训军队，否则虽发动攻势，亦难期有效之结果。

（5）整训要项：

（A）充实兵员缺额；

（B）提高战斗技术；

（C）就当前敌情、地形，及敌人防御设施，实行阵地攻击之模拟训练；

（D）整饬军纪，严明赏罚，提高战斗精神。

第二　国军全般反攻方针

（一）本年十二月底各战区先行全面游击，发动广大破坏战，并使敌误认系我军大举攻势。

（二）各战区各选敌人主要交通线之次要据点，集中优势兵力，行局部攻势。各战区于明年三月底同时开始攻击。

（1）各战区同时攻略敌人各交通线据点，迫使敌人处处危急，乘其救援，可以优势兵力诱导敌人于阵地外行野战，予以打击。

（2）迫其自感兵力不足，缩小占领地区。

（3）较向一方面行大会战准备容易。

（三）各战区一面于明年三月底实行局部攻势，同时准备明年六月底对武汉、宜昌、广州实行总攻（总攻计划须待新战斗序列决定再拟）。

〔国民政府国防部史政局及战史会档案〕

24. 徐永昌拟具状况判断及国军三十一年夏季攻势作战方针稿签呈

（1942年3月11日）

案奉钧座元月十八日机秘(甲)第六零六五号手令开：军令部对于各战区夏季攻势之目标，应即研究指定，每战区指定正目标一，副目标二(长江区以宜昌、九江各为正目标)，拟定呈核后，即密令各战区遵照，并限于五月底以前完成攻击准备为要。及元月廿七日机秘(甲)第六零八五号手令开：今年夏季攻势中各战区反攻之目标，以及各集团军各军等反攻之任务，应即研究决定，并依据此项决定，而将各战区部队重予调整，希即拟具总方案呈核为要。等因。兹谨拟具状况判断及国军三十一年夏季攻势作战方针及部署要图〔略〕，恭呈钧鉴。如蒙裁可，再拟详细计划呈核。谨呈

总长何　转呈

委员长蒋

职　徐永昌呈　三十一年三月十一日

状况判断　三月十一
于军令部

判决

国军以消耗牵制敌人，迫其缩小防区，俾国军尔后作战有利之目的，预期于本年夏季发动全面攻势，指向主攻击于华中方面，依各战区之协力，歼灭襄西及湘北之敌，夺回宜昌、岳阳。

预定于五月廿日以前完成攻击准备，攻击开始之时机另定之。

理由

（一）敌自发动太平洋战争，其在我各战场之兵力，尤其航空及其他特种兵，已显著减少，且素质日趋低下，而其防区并未缩小，显系企图广领资源，以战养战，并防制我之发展。顾其兵力，则处处薄弱，仅凭抽转机动，以攻为守。我军如全面反攻，将见其兵力

支绌，不遑应付。

（二）华中为我之腹心，尤其宜昌扼四川门户，岳阳乃三湘咽喉，应乘虚攻略，解放敌对我之束缚，俾尔后作战容易。至于攻略九江，恐我军之集中及运动不便，故拟以截断长江交通之目的，依三、五两战区之协力，攻略贵池、安庆，使敌不能由长江下游转用兵力。

又为牵制消耗敌人起见，华北、华南各战区，应同时施行有力之助攻，俾华中方面奏功容易。

（三）国军为打击消耗敌人，并牵制其兵力转用，策应友邦作战起见，曾于本年元月十五日以前实施全面游击。其后又令各战区轮流袭击。然检讨战绩，收效甚微，似未能达成上项目的。至于本三月底所拟举行之局部攻势，现奉令亦改为全面游击。揆之以往情形，似亦难收显著效果。然英、美近在南太平洋一再受挫，势更需我急行有力之反攻，以期减轻敌寇所加之压力。且就盟军之整个作战言，我亦应断行攻击，以树盟军总反攻之先声。惟国军军需品之补充不易，复以华北情形特殊，实难全面反攻，故止于夺回宜昌为满足。至于攻击岳阳，实亦有力之牵制。

（四）预期本年夏季随德、义动向，倭寇有在远东发动新攻势以相呼应之可能，国军为适应全般战局，亦有准备攻势之必要。至于攻击开始之时机，则以投合上述时机乃能胜利，似未便过早确定。

〔国民政府国防部史政局及战史会档案〕

25　军事委员会拟《国军秋季攻势作战计划》

（1942年5月25日）

国军秋季攻势作战计划　三十一年五月廿五日

第一　方针

（一）国军以收复战略要地，迫敌缩小防区，俾尔后总反攻有利之目的，预计于本年秋季发动全面攻势，指向重点于华中方面依各战区之协力，歼灭襄西及湘北之敌，夺回宜昌、岳阳。

（二）攻击准备于八月底以前完成，攻击开始时机另令之。

（三）在攻击准备期间，特须注意抵御敌人之攻势及局部流窜，以免破坏我之攻击准备。

第二　指导要领

第一期　会战准备

（四）攻击开始前，第一线须确保现在态势，防敌对我攻势准备之破坏，同时按照轮袭及三月游击计划，确实实施，侦察敌情及敌阵地状况，研究对敌之攻击方法，完成攻击准备。

在此期间，敌如向我实行攻势，或局部流窜时，各战区应依预定之防御计划，指导作战。（对于敌之攻势，须遵照委座指示，诱致敌于我核心工事之前，再以机动部队击破之。对于敌之局部流窜，务以第一线兵团击破之，而勿轻用总预备队。）

（五）在攻击准备时期，应尽量减少第一线守备之兵力，主力就预期使用方面，纵深控制，加强整训。

控制部队之整训位置，应选定对敌向我行局部攻势时，出击容易之地点。至我攻势作战开始之直前，再推进至攻击准备位置。

（六）第五第六第九战区，担任主攻击方面之部队，须尽先迅速确实整补完毕。预期配属各部队协同作战之特种部队，应早拨配，使有协同训练之时间。又防空防毒器材，须集中配备于对主要据点攻击之部队（如宜昌、荆门、当阳、沙市、钟祥等地）。

对于预期固守核心工事之部队，应完成其固守准备。

（七）各集团军及其各军、师，须在作战地举行参谋旅行、干部演习、联合演习、防空防毒，及对据点攻击之训练；预期担任重要据点攻略之部队，应选择适当地点，实行兵棋及模拟攻击演习。

在攻击准备期间，预期在敌局部攻势时，固守核心工事之部队，亦须举行前项之诸种演习。

（八）各战区在攻击准备期间，应一面加强核心工事，彻底破坏道路，增广敷雷地区，以抵御敌之局部攻势。

（九）各战区对于粮秣弹药、卫生器材等之补给，及兵站辎重部队之充实，应确实周到准备之。

（十）在攻击准备期间，应详确调查战地户口，极力肃清敌间谍之活动，保持机密。

（十一）南信路、襄花路之防御工事，及宜城南北襄河对东之防御工事，须增强之，以巩固襄河两岸地区主攻击部队之侧背。

赣北对上高、高安，及武宁、修水，须增强据点核心工事，以巩固岳阳方面主攻击部队之侧背。

（十二）各战区攻势开始时，战线后方，我必须利用道路之修缮，及移于攻击前进已破坏道路之修复，均须有周密计划与准备。

（十三）各战区对机动部队，向预期进出方面之集中输送（如铁道、船舶及徒步等），均须于事前有周到之准备与计划，以期实施时之秘密确实。

第二期　会战实行

（甲）华中方面

（十四）第五第六战区为主攻，各以有力部队，向襄河两岸地区，南北协力攻击敌人，确实截断襄河以西敌人后方，封闭襄河敌人交通，隔绝襄西敌人增援。

（十五）第五战区，应同时以有力部队，攻击信阳、随县，并向花园、孝感、广水及汉宜路挺进攻击，破坏交通，竭力牵制敌人，使襄西之会战容易。

如敌集中有力部队，沿襄花路或向南阳攻击，牵制我襄西决战时，第五战区集中襄东部队击破之，不得已时，亦须拒止敌人于枣阳、唐河以东，使主决战方面奏功容易。同时鲁苏豫皖边区，及大别山兵团，应尽可能抽调兵力猛攻敌后。

（十六）第六战区主力应指向重点于双莲寺附近地区，向宜昌外围席卷攻击，并由南北协力，广正面突入敌阵，节节截断敌人各据点间之交通，使敌不能相互支援。同时以炮工兵、空军之主力，与有力部队协力，向宜沙、当阳敌人重点据点攻击，包围敌人而歼灭之。

（十七）第九战区应以有力部队，向贺胜桥、蒲圻、临湘地区敌人攻击，节节截断敌人水陆交通，竭力牵制当面敌人，阻敌向岳阳增援。同时依步炮工兵、空军之协力，直接略取岳阳。同时向赣北之敌攻击，掩护主力侧背。

（十八）第三战区、大别山兵团、鲁苏豫皖及鲁苏边区，应各集中主力，分别向长江及南浔浙赣线、津浦线攻击，确实遮断敌人交通，使敌不能向长江上游及赣北方面增援。同时第三战区应以有力部队，向苏南攻击，威胁京沪，使主攻方面会战容易。大别山兵团应同时派二个师向孝感攻击，牵制敌人，破坏交通，与鄂东游击队协力，威胁汉口。

（乙）其他方面之攻击指导

（十九）第一战区应收复邙山头，及佯攻中牟，确实巩固河防，掩护第五第六战区侧背，以有力一部进入中条山，建立根据地，并向开封及渡河，向道清铁路分别袭攻敌重要交通线路。

（二十）第二战区应加强同蒲路之游击破坏，主力向三角地带之敌人攻击。

18AG应遮断正太路及平汉路北段，并同蒲路敌人交通，策应晋南作战。鲁苏战区应与鲁苏豫皖边区协力，遮断津浦南段交通。（18AG集团军是否能确实实施，似以届时日、苏国际情形而定。）

（廿一）第四战区应巩固桂西、桂南之防务，并控置主力，准备策应其他战区作战。

（廿二）第七战区应巩固粤北阵地，并以有力一部向广九路方面之敌攻击。

（廿三）第八战区应猛攻包、绥截断平绥路，同时巩固陕东、陕北河防及碉堡线。

（廿四）昆明行营驱逐滇西进犯之敌人后，应以一部巩固滇南、滇西之国境防务，控置主力于昆明附近，机动使用。

第三期 追击

（廿五）攻击奏功后，襄西之敌如突围东窜时，应依第五第六战区之协力，截击敌人于襄河地障而歼灭之，主力迅速推进襄河西岸，整顿态势，巩固河防。同时以有力一部协同第五战区，沿汉宜公路及汉水，猛烈追击敌人。

（廿六）第九战区攻略岳阳后，应进出至汀泗桥东西之线，整顿态势固守之，并派一部向武昌追击。

第三 兵团部署

（廿七）兵团部署，在攻势准备期内，应就现在态势，着意于抵御敌之攻势，及局部流窜而部署之。尔后适应状况，按左记要领配置，实施攻击：

（1）第六战区对公安以东沿江沿湖一带，应使用一个集团军（以两军编成）。其一军位置于监利附近，以一部固守江防湖防，主力向潜江之敌攻击。其另一军位置于郝穴附近，以一部向沙洋攻击，与由荆、当方面南下部队密切协力，截断敌后联络，封闭襄河敌人交通，主力应攻略沙市。同时以有力一部，挺进十里铺，攻击截断汉宜路。

对公安以西经松滋、枝江亘宜都间，应使用一个集团军（以两军编成），以主力于白洋江口各附近渡江，攻击沿江北岸敌人，并自广正面突入敌后，策应宜昌之攻略战斗。

江防军以87A、18A、94A编成之。87A应以主力攻略宜昌西岸敌人阵地，推进炮兵，攻击宜昌，一部固守沿江要塞，并准备支援宜昌之作战。18A应以主力攻略宜昌。94A应以主力巩固宜昌以西之江防，并随时准备扩张宜昌战斗之成果。

26AG以两军编成之，应与江南渡攻部队协力，指向主力于宜昌外围双莲寺、鸦雀岭附近地区，同时依炮工兵、空军之协力，攻略宜昌(不含)东侧各据点。

33AG以59A、77A编成,应改隶第六战区战斗序列,增配炮兵一部,攻略当阳、荆门。尔后以有力一部,与郝穴方面部队密切协力,攻略沙洋、十里铺,截断汉宜公路,封闭襄河交通。

(2) 第五战区,2AG以30A、55A编成,应攻略钟祥,切断京钟路、汉宜路敌人交通,并力第六战区西岸部队,封闭襄河交通。

22AG以41A、45A编成之,应攻击随县,并向应城、花园推进,分别截断汉宜路、平汉铁道交通,竭力牵制敌人。

31AG以85A、68A编成之,应攻击信阳,竭力牵制敌人。

84A应向广水、花园攻击,破坏敌之交通。

21AG应派三个师向孝感附近地区攻击,与鄂东游击队互相协力,威胁汉口。

第五战区与第六战区之战斗地境,改为竹谿、竹山、房县、保康、南漳、宜城、沙洋之线,线上属第六战区。

(3) 第九战区19AG俟南昌方面战事结束后,依命令留置高荫槐部于高安附近,对南昌、安义方面掩护湘北部队之侧背,以主力(4A、79A)转移于新墙河南岸,依炮工兵及空军之协力,攻略岳阳。27AG以20A、37A编成之,应于临湘、蒲圻间地区,分多数纵队,广正面突入敌阵,截断岳阳以东敌人水陆交通,掩护岳阳攻击部队之侧背。赣北部队除30AG应派有力一部向贺胜桥、汀泗桥攻击外,其余向当面之敌袭攻。

99A应以主力扼守湘江口及其西侧地区,掩护19AG之侧背。

(廿八) 由本会配属各兵团之炮工兵部队,应于八月中旬以前,到达指定地点,归其所隶属长官指挥。其计划如另纸。

(廿九) 73A位于平江,72A位于曲江,46A位于衡阳,3A位于襄樊,9A位于南阳,13A位于桐柏地区,均归本会直辖,机动使用于主攻方面。以上各军,暂于现地整补,待命移动。

(三十) 各战区应依本计划,于七月底前拟定实施计划呈核。

第四　空军

（三十一）空军应依本计划及左列指导，协力华中主力会战。其详细计划，由航委员另行拟订。

（1）攻势开始直前，袭击武汉及宜昌一带敌人空军基地，予以严重打击。

（2）会战开始时，阻止敌人向襄西及湘北之增援与补给。

（3）协力宜、沙、荆、当及岳阳方面重要据点之攻略。

第五　后方

（三十二）后方诸勤务，应依本计划及左列要领实施。其详细计划，由后勤部拟定呈核。

（1）通信　纵横方向及前后之通信，均以有线电为主，避免使用无线电，并须竭力讲求修缮保护之手段，及中断时之有效补助通信法。

各级须有预备通信所之准备或建立，及攻击前进、通信线延伸之周密计划与　　。

（2）交通　军队集中时，关于水陆铁道、船舶之输送，须有周密之计划与准备，期能确实实施。攻击前进对我方敌方所破坏之道路、桥梁等，有必要者，须有适时之修复计划与准备，并对各重要水陆交通线之警备管理设备等，须有周到之计划与准备，以期运输圆滑。

（3）补给　对粮弹之准备，应有一次会战以上至二次会战之数量，并有充分之预备输送工具，俾能依军队之前进，而适时延伸兵站线。

对归行交通工具之分配利用，须有周到之计划，充分利用，不使空返。

（4）卫生　各部队卫生机关，须充分健全，并在主攻方面增设后方医院。

第六　补充

（三十三）为保持增进军队之战斗力，对各部队人马、器械之补充，须有周密计划，于会战开始前有充分之准备（其必要者，须能于会战中不断补充），总期能于会战之直后，即能将预期之损失补充完毕为原则。其详细计划，拟饬军政部拟具详细计划呈核。

〔国民政府国防部史政局及战史会档案〕

26. 军令部拟《保卫粤汉路长沙曲江衡阳各战区协同作战计划》稿

（1942年7月2日）

保卫粤汉路长沙曲江衡阳各战区协同作战计划

三十一年七月二日于军令部

第一　方针

国军以确保长沙、曲江、衡阳，巩固华南交通枢轴之目的，依湘北、粤北既设阵地及赣江下游两岸地区，迟滞消耗敌人，最后在长沙、曲江及赣西山地与敌决战，求主决战于长沙方面，先击破湘北方面之敌，决战时期预期在八月下旬以后。

理由

（一）敌情判断　敌于八月间如不北进攻苏，则由湘、粤夹击粤汉路我军之公算甚大。即或北进攻苏，亦有夹击粤汉路我军、摧破我之反攻实力，以攻为守之可能。同时南昌方面，亦将以有力一部向湘东行牵制的攻击。

敌使用之兵力，预期湘北方面约三至四师团，粤北方面约二至三师团，赣西方面约1·5至二师团，共计约6·5至九师团，及飞机约二百架。此外，西江方面及越缅方面，亦有以一部施行阳动，或局部窜扰，以资牵制之可能。

（二）地形判断　敌由南洋向广州转用兵力虽较便，但由粤北方面进犯衡阳则距离较远（源潭距衡阳四六一公里，新墙距衡阳二九七公里），地形险阻，交通不便（湘北方面敌利用湘江水运，直达衡阳)，又由南昌西犯长江、衡阳，其困难情形略同，故敌主力由湘北进犯之公算较多，且由湘北进犯，可遮断我军向西方之退路及滨湖粮道，对于我军之危害亦最大。

（三）国军为先击破敌之主力，解决危害最大之敌，应置主力于湘北方面，以求先击破该方面之敌，且国军态势及人事上欲形成重点于粤北或赣西方面，亦殊不便。

（四）决战时机愈晚愈佳，故应先行持久消耗战，延至八月下旬以后，再与敌决战为有利。在敌我调遣兵力时间距离上估计，亦有可能。

第二　指导要领

第一期　会战准备

（一）各级搜索及谍报机关，加紧侦察浙赣路及南并其他各方面敌兵力转用之动向，特注意武汉、广州及南昌方面敌陆空军之增减及移动状况。

（二）第四、第七、第九战区，对于敌空中及地上之搜索谍报机关，应讲求各种手段，尤其详确调查战地户口，肃清奸谍，保持我军兵力配备及阵地等一切秘密。

（三）敌后活动之挺进及别动部队等，应积极活动，破坏敌之交通、通讯，妨害其攻击准备。

（四）各战区应竭力加强既定之核心工事，及前方主要道路及水道之封锁工事。

第四战区在梧州，第九战区在莲花、萍乡、上栗，萍乡北方约四十公里，各增筑一师之据点核心工事。

（五）已破坏之公路、铁路及大道，应切实检查，择要加强破坏之，并指定部队分担防守及袭击破坏诸任务。

主阵地前方尚未破坏之公铁路及大道，应拟定具体破坏计划，完成破坏准备。

（六）各阵地守备队及各级预备队，须按照防御计划，对于各该阵地之攻防逆袭及攻势移转等，拟定各种教育计划，切实演练，特须注重干部演习及参谋旅行。

（七）第三战区抽出一军，位置南城，第六战区抽出一军，位置常德、益阳，准备策应粤汉路之作战。

（八）第五、第六战区，应按轮袭及三月游击计划，切实实施，并于八月下旬完成局部反攻，九月中旬完成总反攻之准备。

第二期　会战实施

（九）预期敌于七、八月间如不北进攻苏时，将以主力由湘北、一部由粤北呼应进攻，另一部由赣北向湘东，或再分一部由三水向梧州行牵制的攻击。

国军之指挥如左：

（1）粤北及赣北方面行战略持久战，努力拒止敌人于远方，最小限须确保曲江及莲花、萍乡、上栗、铜鼓、修水之既设阵地，掩护长沙方面我主力军之侧背。

（2）湘北方面先在长沙以北各既设阵地，持久抵抗，消耗迟滞敌人，尔后以主力向平江、长沙道以东，一部向湘江沿岸转移，诱致敌主力于长沙阵地前而拒止之。同时招致衡阳、衡山及益阳、常德之本会控置兵团（26A、74A、46A、53A）于浏阳河畔及湘江西岸，加入第九战区移转攻势，预期保持重点于浏阳河上游方面，包围敌人于涝刀河畔而歼灭之。

此时如粤北方面状况许可，则重由第七战区抽出一军，招致于长沙方面参加决战。

（3）西江方面如敌兵力强大，致梧州危急时，则以第四十六军之一部，转用于该方面。

（十）如粤北方面敌兵力意外强大，进展特速，致曲江危急而湘北状况许可时，则加入本会控置兵团（46A、74A、86A、88A），必要时并由第九战区抽调一至二军于曲江方面，预期保持重点于铁道两侧，由西北东三面包围粤北之敌于湘粤边境山地而歼灭之。

同时常德、益阳之控制兵团（8A、53A），即向长沙、衡山移动，以备万一。

（十一）万一赣西方面敌兵力意外强大，进展特速，致萍乡、莲花、上栗市阵地危急而湘北及粤北方面状况许可时，则招致本会控制兵团（46A、74A），并由湘北转用一至二军于湘东方面，另由第三战区抽调一至二军于赣江西岸，预期指向重点于敌之左翼，由北西南三面包围赣西之敌于湘赣边境山地而歼灭之。

此时（8A、53A）亦应向长沙、衡山移动，以备万一。

（十二）在右述（九）（十）（十一）三种状况下，第三、第五、第六战区，均应施行局部攻势，并加强游击，牵制敌人。第四战区应确保梧州、掩护湘桂铁路之安全，如敌北进攻苏后，再发动本作战时，则第三、第五、第六战区，应按秋季攻势计划实行总反攻。

第三期　追击

（十三）湘北、粤北或湘东方面会战胜利时，务捕捉敌人于战场内而歼灭之。

如敌逸出战场，应以一部向我军原阵地线追击，以主力集结于战场附近，准备转用于其他方面，逐次击破敌人。

但湘北方面，如在第五、第六战区实行总反攻时，则以主力或全力直向武汉追击。

第三　兵团部署（参照附图第一〔略〕）

（十四）第三、第七、第九战区兵力估计，如附表第四〔略〕。

（十五）各战区之任务及行动如左：

（1）第三战区以一部守备沿海沿江各要地，并向京、沪、杭游击，邀击长江敌舰，以主力不断袭击浙赣路沿线之敌，破坏其交通通信，妨害其修复铁路。

特须保持重点于西翼，相机收复临川、鹰潭、东乡各要点，并控制一军于南城，准备策应第九战区之作战（重点西移指导腹案如附图第二〔略〕）。

(2) 第九战区以一部与第三战区相协力，掩护赣南，守备赣西、赣□各要地，以主力守备鄂南、湘北各既设阵地，并向南浔线及鄂南游击，邀击长江敌舰。

特须控制有力兵团于长沙及其外围地区，加强工事，准备迎击进犯之敌。

(3) 第七战区以一部守备沿海各要地，并向敌后方尤其广九路游击，以主力守备曲江以南主阵地，特须控制有力兵团于曲江及其外围地区，加强工事，准备迎击进犯之敌。

(4) 第四战区以一部守备桂越边境及沿海各要地，以主力控制南宁附近，准备迎击进犯之敌。

特须注意巩固梧州方面之守备，确保湘桂铁路之安全。

(5) 第五、第六战区，应按轮袭及三月游击计划，切实实施，并于八月中旬完成局部攻击，九月中旬完成总反攻之准备，待命实施。

第六战区特须以两军控制常德、益阳，准备策应第九战区之作战。

第四　航空及防空

(十六) 空军于会战前，担任敌情搜索，妨害敌攻击准备，于会战时期，以主力协力主力军之决战。详细计划由航委会拟定之。

防空以掩护湘、桂各重要机场，及粤汉与湘桂两铁路交通要点为主，由防空总监部检讨既定计划，酌加修正。

第五　后方

(十七) 交通、通讯、补给、卫生及补充等，适时另令主管机关妥为筹备调整之。

〔国民政府国防部史政局及战史会档案〕

27. 军令部拟《拱卫陪都作战计划》稿

(1943年5月26日)

拱卫陪都作战计划　三十二年五月二十六日

于重庆军令部

第一　方针

一、国军以拒止敌人之目的，始终确保三峡为作战枢轴，凭依三峡南北连山地带，并用正面抵抗及节节侧背尾击，遮断敌人补给线，歼灭进犯之敌于三峡南北连山地带。

预期在常德、石门、五峰、资邱、木桥溪、曹家畈、石牌、远安、宜城之线以东山地，必要时则依托三峡要塞，在常德、石门、青岩湾、庙河、雾渡河、南漳、襄樊之线，与敌决战，求主决战于清江两岸亘长江间地区。

第二　搜索

二、沿江各战区及本会直辖情报机关(含谍报及空军)，竭力侦察敌情，特注意长江情况及兵力移动情形，新增师团番号之有无等。

第三　集中(军队之调遣)

三、79A(王甲本辖98D、194D、T6D)，一师常德，主力大浮山。

74A(王耀武辖51D、57D、58D)，桃源。

46A(黎行恕辖175D、N19D)，宁乡、益阳。

32A(宋肯堂辖139D、141D、5D)，一师巴东、恩施，主力木桥溪、香溪。

30A(池峰城辖27D、30D、31D)，秭归、兴山。

72A(古鼎华辖6RD、77D、78D)，衡阳。

100A(施中诚辖19D、63D)，萍乡、醴陵。

98A(刘希程辖42D、169D)，竹谿、汉中。

53A(周福成辖116D、130D)，恩施。

8A(何绍周辖G1D、103D、82D)，遵义(依状况向重庆或恩施跃进)。

93A(陈牧农辖10D、N8D)，重庆(依状况向万县跃进）。

以上十一个军之集中命令已下达。

必要时由第一第八战区及昆明行营各抽出一军，分向老河口、汉中、贵阳集中。

第四　指导要领

四、敌仅以第十一军原有部队抽调转用，沿长江两岸向第六战区施行有限度进攻时。

甲、第三战区加紧轮袭及游击牵制敌人，并强行布雷，妨害敌长江运输。

乙、第五战区以约六师兵力向平汉路、汉宜路敌之弱点攻击，以牵制敌人。

丙、第九战区以约六师兵力向粤汉路敌之弱点攻击，以牵制敌人。

丁、第六战区常澧方面，以主力固守常德及常澧间各要点，以有力一军向渔洋关、五峰间进出，攻击长阳方面敌之左侧背。长江南岸方面，利用沿江尤其石牌要塞，及其以南既设阵地，韧强抵抗，见机移转攻势。

江北方面，续向敌弱点攻击，以牵制敌人。

关于破路清野，应按既定计划严格实施。

戊、本会直辖之93A、53A、8A、30A（－27D），应不失时机，占领五峰、庙河线上之既设阵地，特须指定30A之一师，迅速进入庙河要塞而死守之。

以上各部队，务勿逐次加入石牌之战斗。

己、第一、第八战区及昆明行营各抽出一军，准备向老河口、汉中、贵阳集中。

庚、为巩固后防，即时整备后方要地之守备（已定详细计划呈核中）。

辛、兵员、武器补充重点，应置于第六战区及陪都附近各部队

(详细计划由军政部另定之)。

五、敌大举进犯时。

甲、第三战区向当面敌弱点行局部攻击,以牵制敌人,特须有效妨害敌长江运输。

乙、第五战区以全力向当面敌弱点攻击,遮断敌交通,特须以有力部队钻隙袭击汉口,并妨害敌长江交通。

丙、第九战区以全力向当面敌弱点攻击,特须以重点指向粤汉路方面,遮断敌铁路及长江交通。

100A、T2A加入第九战区序列,而以第四十六军西移常德,转属第六战区。

丁、第六战区仍按前项指导要领,正面利用沿江要塞,韧强抵抗,并向敌侧击尾击,击灭敌人于五峰、庙河、雾渡河以东山地内。荆、当方面,必要时应抽出一军,尾击雾渡河方面西窜之敌。

本会直辖之30A、93A、53A、8A,此时均加入第六战区序列,俾形成庙河会战之主力。46A或74A,如常德方面状况许可,应进出石门以北,续向渔洋关、五峰间侧击敌人。

戊、第一、第八战区及昆明行营抽出之一军,应即开始向老河口、汉中、贵阳集中。

六、追击

击破敌人时,务包围敌人于战场附近山地内歼灭之。

如敌逸出战场,或自动撤退时,应向公安、洋溪及其以北我军原阵地线,超越追击,务在该线以西捕捉歼灭敌人。

第五　部署

七、战斗序列

79A、76A、32A,到集中地后,改隶第六战区。

46A,到集中地后,改隶第九战区。

30A、53A、T2A、100A、8A、98A、93A,开始集中行动后,归

本会直辖。

- 29AG 王缵绪
  - ①
    - T5D 郭汝瑰
  - 44A 王泽濬
    - 149D 赵壁光
    - 150D 许国璋
    - 161D 何保恒
    - 162D 孙 黼
- 10AG 王敬久
  - 79A 王甲本
    - 98D 向敏思
    - 194D 龚傅文
    - T6D 赵季平
  - 66A 方 靖
    - 181D 石祖黄
    - 199D 周天健
- 江防军 吴奇伟
  - 30A 池奉城
    - 27D 许文燿
    - 30D 王 震
    - 31D 乜子彬
  - 18A 方 天
    - 11D 胡 琏
    - 18D 覃道善
    - J34D 吴啸亚
- 86AG 周 磊
  - 32A 宋肯堂
    - 5D 刘云翰
    - 139D 孙定超
    - 141D 林作桢
  - 75A 柳际明
    - 6D 沈澄年
    - 16D 唐 肃
    - 4RD 王中柱

---

① 此处缺。

- 33AG 冯治安
  - 59A 黄维纲
    - 38D 李九思
    - 180D 刘振三
    - J53D 翟祖封
  - 77A 冯治安
    - 37D 吉星文
    - 132D 王长海
    - 179D 何基沣
- 94A 牟廷方
  - 55D 吴光朝
  - 121D 戴之奇
  - J35D 劳冠英
- 86A 方日英
  - 13D 曹金轮
  - 67D 罗贤达

会直辖 74A 王耀武
- 51D 周志道
- 57D 余程万
- 58D 张灵甫

郭思演指挥 87A 高卓东
- 43D 李士林
- 118D 王　严
- N23D 盛逢尧

八、作战地境　各战区作战地境不变。

九、各战区之任务

甲、第三战区，准备以约六师兵力，向敌弱点攻击，以牵制敌人，特注意有效妨害敌长江运输，应于六月五日以前，完成攻击之准备。

乙、第五战区，以六师兵力继续攻击，牵制敌人，并准备以全力向当面敌弱点攻击，遮断敌交通，特须以有力部队（至少两师）钻隙袭击汉口，并妨害敌长江运输，应于六月五日以前完成全力攻击之准备。

丙、第九战区，以六师兵力继续攻击敌人，并准备以全力向敌弱点攻击，特须以重点指向粤汉路，遮断铁道及长江交通。

应于□月五日以前完成攻击之准备。

丁、第六战区以各一部守备常德、津澧间各要点，及江北现阵地，以主力守备三峡及其南北既设阵地，依正面韧强抵抗，及节节侧击尾击，击灭进犯之敌于资邱、石牌之线以东山地。如敌极优势，应死守石牌、庙河两要塞及庙河南北各要点，以待增援。江防军应沿三峡要塞线纵长配备，并指定部队分任各要塞之守备。对石牌、庙河两要塞，特须以充分兵力死守之。并竭力加强掩护工事，妥存粮弹及卫生防毒器材。

第六　航空及防空

十、空军及驻华美空军之主力，应协力第六战区之作战。其任务如左：

甲、先争取制空权，掩护战场之上空。

乙、轰炸汉宜间敌舰船。

丙、连续侦察汉宜间敌水路及陆路运输状况，及战场上敌后方部队移动状况。

详细计划由航委会拟定之。

十一、第六战区，尤其沿江各要塞之防空，应竭力加强。

详细办法，由防空总监部拟定之。

第七　后方

十二、交通、通信、补给、补充、卫生诸计划，由主管部另定之。

〔国民政府国防部史政局及战史会档案〕

28. 军令部拟《收复宜沙会师武汉作战计划》摘要

（1944年3月5日）

收复宜沙会师武汉作战计划摘要　三十三年三月五日修正于重庆军令部

第一　方针

一、以攻略宜沙会师武汉之目的，以第三、第五、第九各战区第一线兵团向当面敌阵地之预定目标攻击，确实遮断敌交通，阻敌增援。第五、第九两战区，另各准备有力之一个军，钻隙袭击武汉。以第六战区行主攻击，重点指向宜昌东侧地区，及宜昌西岸敌之桥头堡阵地。依中美空军之协力，各个包围各据点之敌，逐次歼灭之。先进出于汉水之线，再进而会师武汉。

二、攻击准备于三十三年五月十五日以前完成。攻击开始时期，待命实施。

第二　指导要领

三、作战准备

甲、各战区竭力搜索地形、敌情，特注意敌阵地及其后方交通一般状况，据点工事之强度，兵力之配备等，基此以策定攻击计划。

第六战区并参酌空中照像之成果，绵密计划之。

乙、各战区基于攻击计划，招集必要干部及幕僚，实施兵棋演习，切实研究作战各期间之要务，对于困难问题及缺点，讲求有效的对策。

军司令部亦须准此要旨招集演习，特注意攻略据点之方法。步、炮、工兵之协同，陆、空协同，及遮断敌交通，阻击敌增援队之方法等。

丙、各战区攻击部署，务尽早确定，俾各部队预为充分之研究及准备，务避免临时变更部署。但须注意保守秘密。

丁、担任攻击之各军所需人马、械弹、器材、粮秣，务于五月十五日以前，依重点补训办法准备完毕。

对于第六战区所需破坏及防毒器材之补给，尤须充分为要。

戊、各战区于攻击准备期间，应确保现在态势，因之须竭力加强第一线阵地，及后方要点之工事。并须注意在敌军占领区内作战之训练，及扰敌水陆交通之装备与战法，切实研究演习。

四、作战实施

甲、第三、第九、第五战区，以第一线各军向当面敌阵地攻击，并加强敌后袭击，确收局部战果。

另以有力兵团分别向武汉袭击，并进占沿江及粤汉铁路、汉宜京钟两公路上敌薄弱据点，强行布雷破路，遮断交通，至少半月间。并阻止敌之增援。

乙、第六战区以一部攻击藕池口、弥陀寺一带，长江右岸之敌，并适时推进炮兵及布雷队于江岸，遮断长江交通。以主力向宜昌、汉水间之敌攻击，特须以重点指向宜昌东侧地区，及宜昌西岸敌之桥头堡阵地。依中美空军之协力，各个包围各据点之敌，逐次击灭之。先夺取宜昌，再向东方蚕食敌阵地，向汉水之线进出。

五、追击

第六战区方面攻击进展中，如发觉敌企图退守汉水东岸时，应与第五战区协力，抑留敌人于汉水西岸捕捉而歼灭之。

如敌已退过汉水东岸时，应速在汉水西岸整顿态势，准备尔后之作战。此时向武汉会师之部署，临时依状况调整之。

第三　部署

六、作战地境，如旧不变。

6WA方面

七、以 6WA 主力 26AG 指向宜昌以东地区，33AG 指向荆。当附近地区，并准备进出沙洋。

八、以江防军主力攻略宜昌对岸桥头堡。

九、以10AG、24AG佯攻江右之敌，10AG之支援渡江，策应宜昌之攻略，并另以一部进出沙洋。

十、战区之86A、94A及会直辖之92A，准备增加于26AG方面。

5WA方面

十一、以第一线各军攻击当面之敌，妨害敌长江交通，另以22AG抽一个军，进出京山、皂市，遮断京钟、汉宜两公路。

十二、以55A由桐柏向汉口深入，以84A由黄陂向广水、花园间截断交通，并以一部协助55A攻汉口。

9WA方面

十三、以第一线各军攻击当面之敌，另以一个军进出蒲圻、临湘间，遮断长江及粤汉交通，一个军经咸宁附近向武昌深入。

3WA方面

十四、以第一线各军攻击当面之敌，另以一军进出大通、彭泽间，遮断长江交通。

十五、战斗序列如附表第一至第三〔略〕。

第四　航空及防空

从略

第五　兵站设施

十六、兵站设施，依附表第四〔略〕之要求，由后勤部另拟详细计划实施。

〔国民政府国防部史政局及战史会档案〕

29．军令部拟《国军今后作战指导计划大纲》稿

（1944年6月10日）

国军今后作战指导计划大纲　三十三年六月十日于重庆军令部

第一　作战方针

国军以巩固重庆、昆明，确保抗战基地及国际交通之目的，以第一线兵团广领前方要地，行战略持久战，并先机控制有力兵团于六盘山、秦岭、巴山、鄂西、湘西、桂东、滇南各要隘，竭力加强整训，增筑工事，严防敌奸之侵入，见机再转攻势。

第二　指导要领

一、第八战区以第一线兵团，依陕东、绥西既设阵地，拒止敌人，并监围奸伪。但关中方面，须扼制公铁路各要点，纵深配备，预为逐次抵抗之准备。

另以有力三个师，各配属有力工兵，即时配置平凉（预定N34D/57A）、陇县（预定N41D/42A）、大散关（预定61D/90A）三要点，竭力加强或增筑一个师之环状据点群工事，准备死守各该地，并由马鸿逵部抽调一个骑兵旅，控置于固原，马步芳部抽调一个骑兵师，控制于平凉，且应适时以步兵小部队，控置潼关、宝鸡间秦岭各隘路口。

长官部在天水，胡副长官部在双石铺，设置预备指挥所。

如敌突破潼关，或陕东河防时，则以一部沿公铁路各要点逐次抵抗后，退守秦岭各隘路，以主力向大散关、陇县、平凉之线撤退而固守之，但留有力之一个军于西安行韧强之抵抗。并抽出一军（预定为16A）调剑阁、绵阳控制。

如奸伪以抗敌口号向西南窜犯时，应令其向渭河以北三原以东截击敌人，我监围部队应由东向西逐次向长武、邠县、栒邑、正宁方面转移，绝对防止其向该线以西以南窜扰。

绥西及伊盟方面，应积极扰袭牵制敌人。

二、第二战区长官部应向陇东平凉转移，否则应有在晋境独立游击之准备，必要时，凡在宜川、洛川及黄龙山一带各部队，应改归第二战区之指挥。

三、第一战区（含冀察战区）以第一线兵团积极行动，牵制敌人，特须置重点于两翼，掩护第五、第八战区之侧背。其残破部队，应位置内乡、西峡口间，积极整训，必要时（攻势任务停止时）将该战区汤副长官所部，及洛河以南之地域，并入第五战区。但蒋长官直辖各部，及洛河以北之地域，划归第八战区。该战区部队之编训，另案办理中。

四、第五战区以第一线兵团行战略持久战，并以李副长官所部加强游击，特须即由第四十一军先抽调一个师，控置谷城、均县，增设两个师据点群工事。但第五十九军即开南漳，归还第六战区建制。

长官部在安康设预备指挥所，如敌大举进犯时，应在现阵地及南阳持久抵抗。但襄樊、谷城须坚决固守之。

如第一战区归并本战区时，仍继续前任务。但须由汤兵团抽出有力一军（预定为13A）控制南郑整训。

五、第六战区任务不变，但须指定一团（预定由87A抽调）位置沅陵南方之三角坪公路交叉点，增筑一个师坚固据点群工事。

六、第九战区应贯彻在浏阳河畔与敌会战，击破敌人之任务。

会战万一不利时，以T2A向桂林，以4A、99A、37A、T54D向邵阳、新化方面，以73A、74A、19D向常德、桃源方面，逐次转移。以王陵基部向修水、铜鼓，孙渡河向万载，杨森部第二十军向宜春、萍乡，丁治盘〔磐〕部向攸县、茶陵方面，逐次转移。

但须先以有力一师，即时控置邵阳，构筑坚固据点群阵地而固守之。

长官部应在邵阳设预备指挥所。

七、第三战区应广领地域，不断扰袭敌人，行战略持久战。

八、第七战区应以现有兵力，利用既设阵地，与〔予〕进犯之敌以严重打击，掩护第九、第四战区之侧背，必要时以一部（六十三军）向东江方面，以主力（62A、63A）向乐昌、连山方面，另一部（64A）向西江方面逐次转移，特须以屏障桂林之主眼，保持重点于连山方面。

长官部在连山设预备指挥所，粤省府移东江。

九、第四战区以第三十一军固守桂南现阵地，以第四十六军固守桂林。

第十军于敌迫近衡阳以前，即调全州黄沙河，担任固守，并转属张长官指挥。

十、昆明行营已另案决定。

十一、各战区于会战后，依战绩及实力，即断行整编。其方案另订之。

十二、交通通信兵站补给计划，另定之。

附记

本计划大纲批准后，不颁布，谨适时分别下达训令于关系者。

委座手批：应先令其在天水与双石铺设立预备指挥所，与其所部各军建立通信外，其余可派员面授机宜，勿用令稿。中正。

〔国民政府国防部史政局及战史会档案〕

30. 蒋介石关于第八战区军事部署密电稿

(1944年6月10日)

有线电　限即到。兰州朱长官、西安胡副长官：〇密。训令：(一)北战场之敌，似将以主力窥伺关中，以一部威胁第五战区侧背，并延修平汉路。陕北奸伪似有乘机向西向南流窜之企图；(二)国军以确保抗战基地及国际交通之目的，决以第一线兵团广领前方要地，行战略持久战，并先机巩固秦岭、六盘山各隘路，严防敌奸之侵入，见机再转攻势。(三)第八战区应：(甲)以陕东现有兵力，利用函潼及黄河天险，行持久战；(乙)关中公路路上各要点，及秦岭各隘路口，应即时配备必要一部，特须以有力一师(六十一师)控置大散关，以一师控置陇县(新四十一师)，以一师(新三十四师)控置平凉，各增筑一个师坚固据点群工事，严防敌奸之袭击；(丙)骑三军主力，控置陇县、汧阳，另由马步芳部抽调骑兵一师，控置平凉，马鸿逵部抽调骑兵一旅，控置固原，严防奸伪向西南流窜；（丁）绥西伊盟方面，应积极绕袭牵制敌人，并监围奸伪；（戊）万一潼关或其以北河防，被敌突破时，陕东主力，应向大散关、陇县之线撤退而固守之。特须置重点于大散关，关中公铁路上各部队，应掩护主力通过后，逐次南向秦岭各隘口撤退而固守之；（己）如奸伪以抗敌口号企图南窜时，可令向三原以东渭河以北截击敌人，但须绝对防止其向该线以西以南流窜，我监围部队应由东向西，逐次向长武、邠县、栒邑、正宁方面转移；（庚）朱长官应即在天水、胡副长官在双石铺设预备指挥所。以上各项，遵照并将实施情形具报。中正。巳蒸午。令一元辛。

〔国民政府国防部史政局及战史会档案〕

31．白崇禧陈第四、七、九各战区作战注意事项函

（1944年8月20日）

委员长钧鉴：职于本日往壁山处理部务，谨将四、七、九各战区今后对作战应注意事项略陈于左：

一、敌情。自衡阳失陷后，敌在湘省北部及湘江东岸之兵力仍然增加，于湘江西岸及衡阳附近，似已超过六个师团，我对湘桂路方面应特别注意。

二、对九战区敌人作战指导，似应参考职屡次电陈劣势装备对优势装备敌人战法，即组织多数支队，最大以团为单位，附以工兵及爆破器材，采取避实击虚之游击战法，截击敌军水陆两路之交通线，并与空军配合，使敌前方补给困难，或不敢贸然再行深入。若悍然不顾，仍一意西进，我可固守桂林三个月以上，必然使敌疲敝，我军可乘其敝，转移攻势，胜莫〔券〕可操。届时太平洋方面，料想有极大变化，敌本土亦感受极大威胁，我之危机或可解除也。

三、四战区兵力，现只有两军，31A守备桂林，93A守备全州，

对桂林东北之龙虎关、清水关，现只有六分校之练习营一营及学生数百作工而已。敌如进攻桂林，判断主力沿桂全大道（因铁路、公路、水路均有）直趋，另以一部取道湘省之常宁、道县、永明进入龙虎关或清水关，或出咸水威胁全州侧背，或经恭城出阳朔威胁桂林侧背，故前电拟由七战区集结两个军的兵力在于北江西岸之□连县、连山，以便进出贺县、富川，掩护桂林侧背。此着似应做到。

四、桂、全如发生战事，我在桂机场只能作前进着陆场。如敌迫近桂林，则不能使用矣。故请修理百色、独山两机场，或在南丹、河池方面再新辟一机场，以便将来必要时之应用。如蒙裁可，请饬主管机关办理。以上各项，除已面报钧座及军委会会报时报告外，仅再用书面报告，以供采纳。谨此，恭叩钧安。

职白崇禧谨呈　八·廿

〔国民政府国防部史政局及战史会档案〕

32．蒋介石颁陆军总司令所部作战指导要领命令

（1944年12月13日）

命令　十二月十三日
于重庆

兹颁布陆军总司令所部作战指导要领，希遵照实施具报。

一、任务　贵官任务为与敌保持接触，并拒止敌由湘桂路各地及越南向昆明及重庆两处之攻击。

二、军队区分　长江以南之国军，除去重庆之本会总预备队（第十四军、第七十五军及第七十六军）及第三、第六、第七、第九各战区之部队外，均归贵官指挥。

在贵官指挥下，应作下列区分：

甲、贵阳防卫区

黔桂湘边区总司令官　汤恩伯

所属部队　贵阳防卫军

第二十四集团军

第十集团军副总部(87A、94A)

任务　对本区之敌继续施以最大压力，并拒止敌向贵阳及重庆之袭击。

(1) 贵阳防卫军

司令官　汤恩伯兼

所属部队　第九军　第十三军

第二十九军　第四十二师

任务　对正向柳州退却之敌施以最大压力，并准备防守贵阳区域，及阻止敌向重庆前进。

(2) 二十四集团军

总司令　王耀武

所属部队　第二十四集团军

任务　截断敌交通线，并阻滞长沙、桂林间敌之东向行动。

(3) 第十集团军副总部

副总司令　夏楚中

所属部队　第八十七军　第九十四军

任务　拒止由东方向贵阳及重庆前进之敌。

乙、昆明防卫区

总司令　何应钦兼

所属部队　廖耀湘部(14D、22D、57A)

滇越边区所辖之第一、九集团军

远征军

昆明区预备队(第五集团军)

任务　击攘现在云南西部之敌军，并拒止将来进入昆明区之敌军。

(1) 廖耀湘部

所属部队　新六军(第十四师、第二十二师)

第五十七军

任务　拒止由贵阳区及由百色西进之敌。

(2) 滇越边区

总司令　卢　汉

所属部队　第一集团军(第六十军、暂二十师、暂二十一师、暂二十二师)

第九集团军(第五十二军、荣誉第二师)

任务　拒止由越南进入云南之敌,并准备移转百色方面使用。

(3) 远征军

司令长官　卫立煌

所属部队　远征军(应抽调各部队除外)

任务　迅速占领畹町,并与缅境盟军会合。

(4) 昆明区预备队

总司令　杜聿明

所属部队　第五军(欠二百师)

第八军

第五十三军、第五十四军 占领畹町后再转移

任务　迅速整编所部,准备随时开赴指定地点。

丙、第四战区

司令长官　张发奎

所属部队　第十六集团军

第三十五集团军

第二十七集团军(暂归何总司令直辖)

任务　竭力阻滞向百色区域前进之敌，并切断桂林以南及柳州西北之铁路交通。

三、军队行动

下列各部队正在或即将向贵官辖区内移动中，

甲、第九十四军正向芷江行进中，预期于十二月十八日集中完毕。

乙、第二十九军正由汽车输送及徒步向贵阳行进，预期十二月十五日到达。

丙、第十三军之暂十六师正由汽车输送及徒步向贵阳行进，预期于十二月十九日到达。

丁、第五十七军由西南空运至霑益，预期明年一月一日完毕。各单位于到达霑益后，陆续由汽车输送至安顺一带，进入阵地。

戊、新六军正由飞机输送至陆良集结，预期于明年一月一日输送完毕，准备再行移动。

己、远征军各部正由飞机及汽车向昆明区域输送中，务于最短期内输送完毕，俾得有充裕时间整编装备及训练。

四、补给

各部队之补给，由昆明及重庆两区域分别担任。在贵阳南北道路畅通时，凡在乌江以北各部队，应归重庆区负责，其他各部队，由昆明区负责，补给应尽量利用汽车运输，现在设法集中军用及民用汽车，以为补给贵区部队之用。昆明区之汽车，由美军后勤司令指挥，重庆区之汽车，将另设一机关指挥之。

五、美国协助

美籍军官派在贵处服务者，贵官务尽量延用助理幕僚勤务，担任训练工作，作一般顾问，或担任贵官所认为可行之作战指导。

委员长　蒋中正

右令

何总司令

〔国民政府国防部史政局及战史会档案〕

33. 蒋介石为制颁《第一、五战区协同作战计划》令遵照办理密电

(1945年1月8日)

第一、五战区协同作战计划

抄子齐令一元北电　三四·三·三策定

有线。特急。老河口李长官、南郑胡代长官：亲译。密。极机密。兹指示第一、第五战区协同作战要领如下：甲、作战方针：(一)第一、第五战区以广领要地、掩护机场、巩固川陕门户之目的，应就现态势配合路东及敌后部队行战略持久战，主力固守函、卢、宛、鄀、襄、樊，以遏阻敌奸窜扰，并利用豫、陕山地，广建根据地，完成攻守作战之准备。乙、部署：(二)两战区之豫西战斗，必要时由李长官统一指挥(不另设机构)。(三)两战区作战地境，变更为淅川、南化镇、郧西、上津、冷水河之线，线上属第五战区。(四)第一战区应遵本会(卅三)申江令□□□电核示作战计划，积极准备，并作如左之修正：(1)以一部保持现态势，主力固守大石桥镇(右翼与南阳方面第五战区阵地密切联系)、镇平、两河口、丹水、黑烟镇、朱阳关、范蠡镇、官道口、函谷关之线(于西峡口及卢氏各附近构筑纵深阵地，加强守备)。(2)以第十五军或第七十八军(由郭副长官指定)控置于内乡、淅川间，机动使用，准备适时策应南阳方面之作战。(3)右连第五战区之淅川以南阵地，于荆紫关、商南、武关、铁锁关、三要司、灵谷口、巡检司、潼关之线，由第三十六集团军总司令李玉堂率第廿七军，并指挥第九十六军、第七十八军(以上各军原序列不变)构筑第二线预备阵地。(4)为使大军运动与补给便利及实施韧强作战计，应如郭副长官所拟利用山地建立多数作战根据地。(五)第五战区应遵本会(卅三)年酉俭令一元戌电核示作战计划，积极准备，并作如左之修正：(1)以一部保持现有阵地，主力固守大洪山、枣阳、润河镇、南阳之线(利用唐河、白河构筑多

数之纵深及斜交阵地)，特须注意对敌机械化部队之防御。(2)以第四十七军控置于邓县附近，第廿二师控置于丹江以西均县东北地区，准备适时策应。(3)于襄阳、樊城、老河口、三官殿沿丹江西岸经淅川左接第一战区荆紫关阵地之线，由第四十七军并指挥第廿二师(原序列不变)构筑第二线预备阵地。(4)为实施韧强作战计，应在桐柏山、大洪山、武当山建立作战根据地。(5)第十战区大别山兵团，应以一军以上兵力向确山、信阳间攻击敌之背后。丙、交通通讯补给：(六)交通：潼关、龙驹寨、白河以东之公路及潼关以东至盘豆镇之铁路，应即作彻□〔底〕准备，依状况适时下令实施。(七)通信：以有线电为主，空中投送为辅助，对尔后留置根据地之部队，应预行筹补无线电器材。(八)补给：就现有部队，应筹储三个月作战所需粮弹(该战区即另案拟定具报)，并运屯于根据地附近。丁、注意事项：(九)部署方面，应置重点于公路两侧地区，并随时有阻绝敌破坏准备，使敌不得利用公路前进。(十)担任游击部队兵力，不宜过大，并应预先指定，使其早作准备。除分令外，仰即遵照部署报核。中〇。子齐。令一元。北。

〔国民政府国防部史政局及战史会档案〕

34. 蒋介石为整军颁告中国陆军总司令部所辖各将领书手令

(1945年2月2日)

极机密(军令部一厅一处奉批印发)第27号

昆明中国陆军总司令部勋鉴：兹颁发告诫中国陆军总司令部所辖各将领书，文曰：一、一般状况之检讨。甲、敌情：倭寇自菲岛海战失败以来，海空军消耗过半，已不能维持海上交通，太平洋各岛屿之陆军分离孤立，形同俘虏，中南半岛之陆军仅凭绵长而安全之陆上交通，势难持久。在我国战场之陆军正整备海岸防御，阻止盟军之登陆，并加强湘、桂、粤交通，以开放其中南半岛陆军之退路。其本土则加强防空，呼号增产。今后将罄其余力，并竭力搜刮我国资源，施行持久消耗战。而其崩溃之时间，首视我军反攻能力，整备之迟速，以为断。德寇人力物力，均渐衰竭，近在倾其后备军，作最后挣扎，不出数月，消耗殆尽，势将屈服。乙、伪情：伪军本质乃依附敌之卵翼，投机寄生，现在敌势日蹙，伪军心理自极动摇，然在国军兵力未能确实控制以前，尚难望其自动反正。并有一部渗入奸伪，甚至被奸伪所控制或吞并，且有与日俱增之趋势，苟非迅速反攻，加以控制，势将渐入歧途。丙、匪情：……丁、盟军状况：盟军兵力在各战场均占优势，现在美国正以强大陆军与英、苏协力夹击德寇，预期于半年以内结束欧洲战争。另以海军主力掩护陆军围攻马尼拉，准备在我国海岸登陆。并盛意援助我国整军，以期迅速夹击大陆上倭寇陆军之主力，早日结束太平洋战争，奠定世界永久之和平。二、国军现状之检讨。抗战八年，全体军民，牺牲奋斗，已获最后胜利之左卷〔券〕。各级将领，血汗辛劳，功在国家，殊堪庆慰。惟国军弱点，未能及时改进，反日见增加，尤以军纪渐趋败坏，实为我革命战争中最大之殷〔隐〕忧。甲、就整军言：指挥机构与部队番号逐渐增加，而人马武器逐年减少，不仅人力物力之浪费不可数计，非国力所能负担，且指挥运用不灵，徒陷补充补给于绝境，甚至有少数将领不顾大局，把持军队，割裂人事，克扣饷糈，武装走私，如非彻底整革，将何以完成抗战建国之使命。乙、就训练言：每年调训各级干部，为数甚巨，而回队之后，未见运用所学，增进部队之学术。即高级将领，亦鲜有以身作则，转移风气，使训练与作战打成一片，甚至捏造计划表册，粉饰外观，以眩惑校阅官之耳目，如非彻底整训，将何以达成增进战力，蔚成劲旅之实效。丙、就作战言：命令不能彻底，调遣殊欠敏活，攻每不能克，守多不能固，甚至夸大敌情，捏造战果，以自欺欺人，如非彻底觉悟改过，将何以杀敌致果。三、中国陆军整备要领。综合上述一般状况及国军现状，实有切实整革、准备反攻、早日结束战争之必要。而整备要领，首在发扬革命精神，树立法治与学术思想，提高责任心与正义感，以身作则，转移风气，以争取个人之荣誉者增进国军之荣誉。我军编制、装备，均未划一，加以缺额过多，指挥运用补给，均感困难，自难发挥战力。此次盟邦以极大热情友谊，不惜以物资、精神同时对我援助，业经拟定整备计划（口述），不独协助我指挥作战训练及装备武器，划一编制，即交通通信卫生补给后勤诸项，亦均负责帮助办理，此正我建军整军之绝好机会，吾人自应热诚接受，确实施行。此种办法，对驻印军行之已收显著成效，各将领均所熟知。若就过去一年作战成绩，将驻印军与国内部队作一比较，吾人即得一共同认识，即军队战胜之条件，不仅在指挥运用，而在人员武器充实、编制合理、训练完善，尤须具有人事经理及办理后方勤务之良规。此次整备计划，即在求具备上述战胜诸条件，若徒拥有多数番号虚名，而无作战实力，是直视军国大事等于儿戏，纵国家民族存亡姑置不论，即将来编纂战史，展开敌我态势要图，我常以数倍乃至十数倍于敌之兵力（番号），不独未能歼灭敌人，反常受丧师失地之耻辱，能勿遗臭万年乎？即令战胜，亦虽胜不武，故吾人如不欲抗战胜利，革命成功则已，否则应有彻底之革新，抱定决心，贯彻此次整备计划。吾人应知古今中外任何之革命事业，均须借助外援，以补直其弱点，改革其缺欠，乃能竟其全功。现在我盟邦美国，在政略上毫无利害之冲突，在战略上实有互助之必要，而在两国之传统友谊上，美国更时时表现其援助我国独立自由之热忱，故其在物质上及技术上，均畀我以积极之援助，对于国军之整革，莫不殷切瞩望。如我再因循自误，不图上进，则影响所及，不仅军事胜利难期，国军地位低落，而于我国家前途强弱之关系，亦非浅鲜。此种情形，自亦我各级将领所深悉。今后中国陆军总司令部所辖各级指挥机构中，均已派定美籍联络官，对于军队之整理、训练、情报、作战、后勤、补给等诸业务，应尽量接受其建议，学习其优长，并虚怀雅量接受其批评与纠正，一扫国军以往虚浮骄之颓风，养成敬爱诚勤之习性，务期我各将领不忘实事求是之格言，实践精益求精之古训，切盼此次西南整军之成功，完成反攻之胜利，以开拓我全国整军之成功，奠定最后胜利之基础，有厚望焉。希转发。中正手启。丑冬。侍参。

〔国民政府国防部史政局及战史会档案〕

35. 胡宗南为策应五战区作战及所部阵地位置与蒋介石来往电

(1945年2—3月)

(1) 胡宗南电(2月9日)

抄胡宗南复子齐令一元北及皓令一亨调两电之

丑佳秦安定寰电

(一) 关于本战区应以一个军控置于内乡、淅川间城区，准备策应五战区南阳方面作战一项，现因第十五军已大部进入警备区，正积极建立嵩山根据地，不便动摇。第七八军刻任西坪附近铁道及工事构筑任务，极为重要，实难抽调。豫西一带，防广兵单，方虞部署难周，遑论抽兵控置。为便于协同作战及掩护本战区右侧背之安全，经与五战区协商：

(1) 以位于两战区接合部之八军，暂归五战区指挥，统筹部署；

(2) 以第八九军(欠20D)控置淅川附近，归郭副长官指挥，准备策应五战区南阳方面之作战；

(3) 第廿师仍任白河、安康原防，归廿八集团军总部直辖；

(4) 待暂九军西来后，再由本战区另筹一个师兵力，守备汉白之线。

(二) 阵地位置，经再四研究，拟以荆紫关、西坪、朱阳关、卢氏、官道口、虢略镇、灵宝之线为主阵地(右与五战区淅川以南阵地连)，以竹林关、武关、铁锁关、芦灵关、巡检司亘盘头镇之线为预备阵地，各扼要构筑永久据点工事，并以野战工事辅助之。除该两阵地工地构筑另呈核外，以上当否，谨电核示。

(2) 蒋介石复密电稿(3月4日)

抄致胡宗南寅支令一元甲电

有线。提前发。西安胡代长官：丑佳秦安定寰电悉。〇密。极机密。兹指示如下：(一)部署：查N8A及89A现均已改归汉中行营直辖，所请第一节之一、二、三、四等项，已难适合现状，仍应遵照本会前令办理。(二)阵地线，仍应遵照本会(卅四)子齐令一元北电指示办理。至所请以荆紫关经西坪至朱阳关为主阵地线及以竹林关、经武关、铁锁关、巡检司至盘头镇为预备阵地线一节，可均改筑为斜交阵地，并与第五战区各阵地线切实衔接，以增大阵地韧强性。以上两项，仰即遵照。中〇。寅支。令一元甲。

〔国民政府国防部史政局及战史会档案〕

36. 军令部拟《中国陆军作战计划大纲》

(1945年2月12日)

中国陆军作战计划大纲　三十四年二月十二日
于军令部

第一　方针

一、中国陆军以开辟海口之目的，于盟军在东南海岸登陆之同时，向桂湘粤转取攻势，特须保持重点于黔桂路方面，攻略宜山、柳州，与盟军会师西江。

攻势准备于　月底以前完成。

第二　部署

二、中国陆军在何兼总司令部统一指挥之下，其部署大要如下：

甲、中国战区战斗序列如另纸附件第一〔略〕。

乙、兵团区分及作战地境如要图所示(附件第二〔略〕)，线上一律属左。

丙、各兵团任务及行动。

(一) 滇越边区(卢汉部)

扼守滇越边境，相机进出越北，掩护国军之右翼。

(二) 右兵团(张发奎部)

攻略南宁、龙州，确实遮断敌桂越水陆交通，并对越北方面，构筑坚强阵地，阻止敌军东援，巩固中央兵团右侧背之安全。

(三) 中央兵团(卫立煌、汤恩伯两部)

沿黔桂铁路及其南北地区攻略宜川、柳州后，以主力向梧州、三水突进，与盟军会师西江，以一部经荔浦、平乐、八步向曲江攻击。如盟军已先我进至广(州)三(水)以北地区时，应即以主力使用荔浦、平乐、八步道进取曲江，切断敌之退路。

于攻略宜、柳之同时，即以有力一部(美械一至二个军)于桂穗路方面，监攻桂林后，即协同左兵团沿湘桂路进攻衡阳(此项进攻部队于到达东安附近后，即归入左兵团之指挥)。

(四) 左兵团(王耀武部及第六战区之一个军)

以主力攻略邵阳，遮断粤汉铁路，以有力一部攻略祁阳、东安，并依中央兵团一部之协力，攻略衡阳。同时，另以一部由常、桃方面攻略宁乡、湘乡，掩护主力之左侧。

(五) 总预备队(杜聿明部)分别控置于昆明、贵阳两地，以备策应全般作战。

(六) 国境守备队，以2A留置滇缅边境，掩护中印公路，以93D留置车里佛海，守备国境。

三、第六战区除应确保现态势，加强工事，积极游击，以阻敌窜扰，掩护国军左侧背之安全外，并抽调一个军于常、澧方面，协力左兵团之作战。

四、其他各战区之策应攻势，预令先作充分准备，其行动于临时以命令行之。

五、关于航空、防空、交通、通信、补给、卫生等计划，由何兼总司令会商美方拟订呈核。

六、中国陆军之整补，由军政部计划实施，限于月底以前完成。

附件

1. 中国陆军战斗序列表〔略〕

2. 中国陆军作战计划要图〔略〕

〔国民政府国防部史政局及战史会档案〕

37. 第十战区确保大别山地区作战计划及军委会指示密电

(1945年2月21日)

第十战区作战计划

第一　方针

(一) 战区以确保现有地域，依现态势，分区袭敌剿匪，掩护党政建设，争取沦区民众，策反伪军，培养战力，巩固战区，准备尔后总反攻，本战区以大别山为根据地，务须巩固之。

第二　指导要领

(二) 各兵团应确保现有地域，并按轮袭办法(另发)，轮番袭击敌人，清剿区内奸匪，策动伪军反正及重建党政，尽可能抽集兵力，积极整训。

(三) 各兵团应于适当地点选定根据地，筑设强固工事，以为进攻退守之根据，并于临泉设立长官部指挥所，负责指挥淮北及山东部队，并督导辖区内党政工作。

(四) 1. 敌如进犯大别山时，淮南兵团应乘敌于外围而击破之，或诱至于有利之山岳地带围歼由信阳向潢、商侵犯之敌，淮北兵团应以有力一部进出于息县东南地区，向敌之侧背攻击之。2.

敌如向淮北地区进犯时，淮北兵团应积极击溃敌人，确保淮北要点，淮南兵团应于豫南方面掩护其西侧，并以预备兵团进出于淮河北岸，向敌之侧背攻击之，或直接增援该方面之战斗。不得已时，以主力留置敌后，以一部转移于固始附近之淮河右岸固守之，再不得已，依本部命令，退于大别山根据地，会合战区主力，持续作战。3. 敌如由信、罗方面向商、固地区进犯时，以预备兵团固守商、固要点，淮南、淮北两兵团各以有力之部队夹击之。4. 敌如由寿、凤方面沿淮河两岸进犯，淮南兵团及淮北兵团应各以有力部队协同夹击；如敌再向淮南或淮北方面进犯，该方面应极力夹击，他方面应以有力部队渡河策应之，依战况以预备兵团加入协同夹击之。5. 敌如同时进犯淮北及淮南时，各该方面应本独立作战之精神击溃敌人，相机以预备兵团加入该方面，将敌各个击破。6. 敌匪如向苏北长江下游兵团进犯时，各该兵团应协力击扰敌人，以机动游击之要领持续战斗，俾保持广大地域。

第三　兵团部署

(五)甲、军队区分及任务：

1. 淮北兵团由临泉指挥所主任何柱国指挥十五集团军(欠五十一军)、十九集团军及境内部队，以占领山东、淮北地区，巩固大别山为主，并轮袭敌人，清剿奸匪，策动伪军反正，建立沦陷区党政力量，并集中军队积极整训，相机规复涡北失地，与淮南兵团及苏北挺进军切实协同作战，并于大别山北建立预备根据地(其详细位置，另令指定)。

2. 淮南兵团兼总司令李品仙指挥二十一集团军及辖境内挺进部队，确保大别山根据地，轮袭敌人，清剿奸匪，策动伪军反正，并与淮北兵团协同作战。

3. 长江下游挺进军兼总司令李明扬指挥所部，应确保占领区域，袭击敌人，破坏交通，展开政治攻势，清剿奸匪，争取民众，策动伪军反正，建立党政，并整训部队，相机恢复陷区，须与苏北挺进军或皖东友军切实协同作战。

4．苏北挺进军兼总指挥王懋功指挥所部，应确保占领所有区域，袭击敌人，破坏交通，展开政治攻势，清剿奸匪，争取民众，策动伪军反正，建立党政，并整训部队，相机恢复陷区，须与长江下游挺进军及鲁南方面友军切实协同作战。

5．预备兵团第五十一军军长周毓英指挥所部，于商、固、潢地区积极整补，构筑工事，并随时作策应淮南及淮北两兵团作战之准备。该兵团归本部直接指挥。

乙、作战地境：

1．本战区与其邻接战区为郑州以南沿平汉路郾城、信阳、汉口长江水道至宝山出海，及郑州东北沿黄河故道至利津出海（线上均不含）。

2．淮北兵团为：A．郾城、项城、临泉、阜阳（均含），沿淮河蚌埠之线；B．东自蚌埠向北沿津浦路经徐州向东沿陇海路至连云港之线；C．北自黄河海口利津西接平汉路向南经郑州、许昌东郾城止以东地区。

3．淮南兵团为：A．郾城、项城、临泉、阜阳沿淮河至蚌埠经临淮关、严山、滁县止迄浦口；B．西自郾城沿平汉路信阳、汉口东沿长江水道至浦口止之环线内（A、B线经各均不含）。

4．长江下游挺进军（另定之）。

5．苏北挺进军（另定之）。

（六）情报：沪方另定之。

第四　交通通信补给卫生

（七）本部与各兵团之通信，以无线电为主，有线电为副，由立煌直达临泉指挥所中电话专线，应于短期内完成。

（八）在分站机构未完备前，补给事项暂保持原状。

（九）交通、卫生事宜及党政设施另定。

附抄本会复李品仙所呈计划丑马令一元甲电

无线加表"呼号"。李长官品仙：军礼子感未电悉。〇密。极机密。所呈作战计划，准予备查。兹指示事项如下：(一)查津浦、平汉两铁路，为敌主要之运输线，应督饬所部参照本会颁发第廿二号教令要领，随时予以破坏并袭扰之；(二)奸匪近向皖北、皖西及豫东、豫南积极发展，企图掌握中原，控置整个华北，应督饬所部确实严密防制，并将辖区内散匪彻底肃清，特须随时打击罗山方面奸伪，粉碎其与豫西奸匪会师，包围大别山之逆谋；(三)该战区所辖部队，系统庞杂，军纪废弛，尤以挺进部队纪律更差，应对所辖各部切实整饬，严肃纪纲。对陷区挺进部队应特加注意以上数项。仰即遵照。中。丑马。令一元。甲。

〔国民政府国防部史政局及战史会档案〕

38. 顾祝同拟《东南战场作战计划》附蒋介石复电稿

(1945年5月28日)

东南战场作战计划　三四·五·廿八核准

第一　方针

一、东南战场为期与盟军会师之目的，应即划分剿匪区，集结必要兵力，以军事为主，党政为辅，先积极剿灭防线内，及沿海沿江各要地之奸匪，再于沿海沿江各要地，挺进有力部队，彻底建立以军事为主之党政军一元化据点，准备接应盟军之登陆。

第二　指导要领

二、各战区应以剿灭奸匪、接应盟军登陆为主任务，以保守根据地为副任务，针对实况，划分剿匪区，集结必要兵力，配合党政、地方武力、敌后游击部队及运用伪军，限制奸匪之活动区域，而逐次剿灭之。

三、挺入敌后沿海各要地之部队，应彻底以军事为主，建立党政军一元化据点，并运用伪军，广为巩卫据点之外围，绝对清剿奸匪之潜伏，常备必要译员及向导，准备接应盟军之登陆。

四、对于敌我中间地带大股奸匪之清剿，应针对敌匪我之态势，集结必要兵力，妥为部署。一面以稳扎猛打之原则，依碉堡构成坚固地带，区分为进剿部队及守碉部队，逐次推进而剿灭之；一面防制敌之流窜，以免防〔妨〕害国军之进剿。

五、盟军登陆时，应排除困难，集中主力，钻隙向登陆点挺进，先与盟军会师，其他各方面，仅留置最低限兵力，扼制交通，掩护主力之行动。但第九战区主力，应以衡阳为目标，截断粤汉路敌之交通，策应黔桂路方面国军之反攻。

第三　各战区行动准据

六、第三战区以杭甬路、浙赣路东段（向北）及天目山、广德、宣城、南陵、铜陵、大通、东流县各地区之奸匪为对象，划分剿匪区，指派干员，集结必要兵力，配合党政、地方武力，担任各该区奸匪之清剿，再以有力部队，挺进闽、浙沿海附近要点，及杭州、全〔金〕山、上海、吴县、镇江、丹阳、句容各附近地区，分别建立以军事为主之党政军一元化据点，准备盟军之登陆，该战区先置重点于天目山敌我中间地带奸匪之剿灭。

七、第七战区以从化、增城、石龙、东莞、九龙、海丰、陆丰及三水、商〔高〕要、德庆、云浮、高明、南海各附近地区之奸匪为对象，划分剿匪区，指派干员，集结主要兵力，配合党政、地方武力，担任各该区奸匪之清剿，再于惠阳、淡水、九龙、东莞及潮州、汕头各附近地区，挺进有力部队，即刻建立以军事为主之党政军一元化据点，准备接应盟军之登陆。

八、第九战区以浏阳、平江、崇阳、神山、修水、武宁、瑞昌各附近地区之奸匪为对象，划分剿匪区，指派干员，集结必要兵力，配合党政、地方武力，担任该地区奸匪之清剿，主力适时以衡阳为目标，截断粤汉路敌之交通，策应黔桂方面国军之反攻。

九、敌以不充分兵力向我进犯时，各战区应集结兵力击破之。

如大举向我围攻时，应依既定计划，避实击虚，保存根据地及战力，对围剿中之奸匪，非万不得已，不得停止。

十、各战区交通、通信之整备，及盟军登陆时之作战指□〔挥〕，另行策定。

附抄本会复顾祝同饬拟东南战场作战计划备案之辰俭令一元东电

无线电。顾主任：辰养全战电悉。密。准予备案。仰严督各战区，积极实施。务于限期内完成任务，并将督剿情形随时具报。中〇。辰俭。令一元东。印。

〔国民政府国防部史政局及战史会档案〕

39. 第五战区之守势作战计划

(1945年)

第五战区守势作战计划（正核办中）

第一　敌情判断

一、敌一一五师分占南阳、唐县、邓县、新野、河口、李官桥，第一一〇师分占镇平、内乡、淅川各附近。

二、敌将来如再向本战区进犯时，以一部由荆、当攻宜、漳，一部由襄河东岸攻襄、樊及老草公路，以吸引我军于该方面，以主力由李官桥、淅川分犯均、郧、十堰，遮断我后方连络线之公算较多。

第二　方针

三、战区以巩固川、陕门户确保汉白公路之目的，以有力部队留置大洪山、桐柏山根据地，攻袭敌后，以一部任襄樊、淅川间襄河、丹江右岸之警戒，及左岸之攻袭，以主力分控盛家埭、石花街、土官垭、石鼓关、均县、曹家店、白桑关、郧县各附近，重点保持于左翼，积极整补，准备尔后之作战。

第三　指导要领

四、敌如由荆、当向宜、漳攻击时，该方面部队应将敌军击破于宜、漳以南地区，万不得已时，亦须确保欧家庙、南漳之线，以掩护本战区右侧背之安全。

五、敌如由襄东先攻樊城，次渡河攻击襄阳、茨河时，该方面部队应确保之，最不得已，亦须固守南河左岸，击退敌军。

六、敌如以有力部队由老河口方面渡河进攻老草公路时，该方面部队将敌主渡河点判明后，应依控置部队之增加，乘敌半渡而击破之，最不得已，亦须固守武当、均县线既设国防工事，击退敌军。

七、敌如以主力由李官桥、淅川方面，以一部犯均县，大部犯郧县时，该方面部队应将重点保持于左翼，将敌军击退于均县、习家店、曹家店、白桑关、狐狸垭各既设阵地前，万一该线不能固守时，必须俟襄河右岸部队转移至十堰镇至均县方面预定阵地后，襄河右岸部队方得向郧县至南化塘方面预定阵地转移，俟敌向十堰镇、郧县攻击时，相机移转攻势，包围敌军于阵地内而歼灭之。

八、敌进犯本战区时，我大洪山、桐柏山方面反正面部队，务攻击敌后，协力正面部队击歼敌人。

九、如郧县附近作战不利，尔后即固守郧西、白河、竹谿既设国防工事。

十、如于郧县附近将敌击退，即依正面及(敌后)反正面部队之协力，将敌捕捉于襄河、丹江西岸而歼灭之。

第四　兵团部署

十一、军队区分

甲、大洪山兵团

第六九军

第一八一师

暂二八师

第三、第六、第九挺进纵队

乙、桐柏山兵团

桐柏山区指挥官

第七四师

豫鄂边区挺进军

第一、第七挺进纵队

丙、右集团

第四一军

第四五军

第四七军

暂一师

炮十六团第三营之一连

丁、左集团

第五五军(欠七四师)

第六八军

第二二师

独立工兵第四营

戊、第八九军

第二〇师

炮兵第十六团(欠第三营之一连)

己、独立工兵第四团(欠第四营)

庚、通信兵第五团(在本战区者共有电话排十一,无线电班十三)

十二、各部队任务

甲、大洪山兵团

以大洪山为根据地,任平汉路(含)以西,襄河(不含)以北以东,宜城、枣阳、随县、应山、广水线(含)以南,对敌各据点及交通线之攻袭。

乙、桐柏山兵团

以桐柏山为根据地，任南阳、方城、舞阳、漯河线(含)以南，平汉路(含)以西，枣阳、随县、应山、广水线(不含)以北，枣阳、苍苔镇、新野、邓县线(不含)以东，对敌各据点及交通线之攻袭。

丙、右集团

(1) 以一部任襄阳、丹江口间襄河右岸之守备，并配合左岸前进部队及右岸炮兵与空军继续攻击光河一带之敌。

(2) 以一部由太平店方面进出襄河东岸，任光化、邓县、朱家集、樊城间对敌各据点及交通线之攻袭。

(3) 以一部守备双沟、程家河，并分派小部队占领吕堰镇、苍苔镇、枣阳，以防邓县、新野、唐河之敌向南窜扰，并掩护唐河及襄枣线粮运。

(4) 以主力分控盛家塘、石花街、土官垭各附近地区，积极整补。

丁、左集团

(1) 以一部任丹江口至淅川间丹江右岸之守备。

(2) 以一部由李官桥以东地区进出丹江左岸，任丹江口、张村、文曲集间对敌各据点及交通线之攻袭。

(3) 以主力分控石鼓关、均县、曹家店、白桑关、郧县各附近地区，积极整训。

戊、第八九军

以一部控置黄龙滩附近，主力控置于白河、鲍家店，整补并饬修工事。

己、独立工兵第四团，任战区工事构筑及交通修筑与破坏。

庚、通信兵第五团，任战区有线及无线电通信。

十三、作战地境

(1) 第二二集团与第六战区为竹谿、竹山、房县、保康、南漳、宜城沿襄河至潜江经宝塔洲至汉口之线，线上属第六战区。

(2) 第二二集团与第二集团为郧县沿襄河至丹江口经彭家寨、九重院至文曲集之线，线上属二二集团。

(3) 第二集团与一战区为郧西、南化塘、淅川、张村、贾宋、镇平、大石桥、方城、舞阳、漯河之线，线上淅川以东属一战区，淅川(含)以西属二集团。

第五 交通

十四、战区交通以汉白、老白公路及汉江为主，其他县道乡村为辅，并以便利我军作战妨害敌军作战之目的设施之。

十五、交通整理

(1) 汉江船只应由兵站分段编组船舶队，堵河、西溪河船只应由兵站登记控置，以利军运。

(2) 老白、汉白公路损坏之桥梁及路面，应督促各有关交通运输机关，迅速修补，并加强沿途各渡口漕渡能力。

(3) 襄阳、谷城道襄阳、南漳、保康、房县、竹山，白河道所有之桥梁，应督促各主管机关修整之，并加强各渡口漕渡能力，另督饬各地方政府切实维护之。

(4) 应在枣阳、苍苔镇、程家河、双沟、吕堰镇、竹条铺、太平店、徒沟埠各附近选占据点，设法利用襄河、唐白河水运及襄枣线陆运。

十六、交通破坏

(1) 老河口至黄龙滩公路，应由工四团拟定破坏计划，适时完成破坏准备。

(2) 李(官桥)均淅、均淅郧大道及其平行小道，在石鼓关、曹家店、黄石坪以北以东之不需要者，应彻底破坏阻绝之。

(3) 谷襄、漳襄道，应有破坏之计划及准备。

第六　通信

十七、战区在襄河、丹江右岸与敌作战时，以草店为通信中枢，在均、郧南北线与敌作战时，以白河为通信中枢而设施之。

十八、襄河、丹江以东部队，以无线通信为主，应加强连络时间；襄河、丹江以西部队，以有线通讯为主，应构成绵密之通信网。

十九、大洪山、桐柏山兵团与草店通信之主要线路如次：

(1) 草店—石花街—谷城—襄樊（已成）

枣阳／天河口（待修）
枣阳＼环　潭（待修）

(2) 草店—石花街—谷城—襄阳、宜城（已成）—平林店（待修）

(3) 平林店／枣阳（待修）
平林店＼周家咀／环　潭（待修）
平林店＼周家咀＼茅茨畈（待修）

二十、襄河、丹江右岸作战时，以石花街、郧县为左右两集团通信中枢，其主要通信网构成如次：

(1) 草店—石花街（原有）

(2) 石花街／盛家埭—庙滩集（待架）
石花街—谷城（原有）
石花街＼三官殿（待架）

(3) 草店／均县—郧县（原有）
草店＼黄龙滩—郧县（原有）

(4) 郧县／均县／石鼓间（原有）
郧县／均县＼曹家店（原有）
郧县＼白桑关—黄石坪—羊皮滩

二十一、于郧县、十堰线作战时，以黄龙滩、天河口为左右两集团通信中枢，其主要通信网构成如次：

(1) 白河
- ／竹谿一竹山一黄龙滩(原有)
- ＼黄龙滩(原有)

(2) 黄龙滩
- ／十堰(原有)
- ＼郧县(原有)

(3) 白河一天河口(原有)

(4) 天河口
- ／郧县(原有)
- ＼郧西
  - ／蓝家坪(待架)
  - ＼郧县(待修)

第七　阵地之侦构暨利用

二十二、战区各阵地带，须能利用大洪、桐柏及襄河、丹江以西山地，强韧抵抗敌军，以达战区作战目的而侦构之。

二十三、大洪山、桐柏山根据地工事之构筑。

(1) 大洪山方面，应于流水沟、乌头山(流水沟东卅公里)、黄山(茅茨畈西南卅公里)、大洪山、茅茨畈、环潭、厉山各附近地区，扼要构筑，并修补既设据点工事。

(2) 桐柏山方面，应于天河口市、新城、桐柏县、西新集各附近，扼要构筑，并修补既设据点工事。

(3) 敌如进犯时，应以一部兵力犄角固守，主力机动击歼敌人，无论在任何状况下，均须确保桐柏山、大洪山两根据地。

二十四、第一阵地带：

由宜城经丹江口至淅川、襄河、丹江口右岸现阵地为第一阵地带，并于程家河、双沟及樊城至杨林铺、傅家砦至台子山，选定前进据点，由左右两集团西岸现阵地守备部队暨东岸前进部队侦构之，敌如进犯时，应竭力拒止，予后方部队以作战准备时间。

二十五、第二阵地带：

（1）武当山、丁家营、草店、均县、习家店、朱家营、曹家店、白桑关、狐狸垭为第二阵地带，由各集团派工兵及控置部队，扼通敌要道侦构之，对均县、土官垭间已完成之国防工事，应妥为侦察，修整利用。

（2）本阵地带左翼接近我后方连络线，重点应保持于左翼，敌如压迫我左翼过急，不能固守时，即右翼不受压迫，亦须调整之。

二十六、第三阵地带：

（1）以梅子垭（十堰镇东南十三公里）、大庙子、红庙、六堰庙、侯家坡、沙洲、吴家坎、郧县、大堰镇、岔河、梅子关、蓝家坪、南化塘、界牌垭为第三阵地带，在襄河以南者，战区派工兵侦构之，在襄河以北者，由二集团派队侦构之；又椰口（保康西四十里）附近青粉河西岸及马栏铺（房县东廿里）附近，必要时各构一团据点工事。

（2）依敌情判断，郧县、十堰镇为敌在犯时之主要目标，依指导要领，俟敌向该两要点攻击时，战区应由两翼移转攻势。

二十七、第四阵地带：

（1）以竹谿、卡子街、白河分水岭、将军河口既设国防工事及郧西附近天河西岸地区为第四阵地带，由当地驻军就驻地附近择要补修之。

（2）本阵地带为战区最后阵地带，必须固守，在任何状况下，无命令不得放弃。

二十八、斜交阵地带，以庙滩集、盛家塘、石花街、土官垭为斜交阵地带，由右集团抽派控置部队一小部构筑之；如敌由河口方面渡河西犯，第一阵地带不能固守时，即以一小部留置于斜交阵地带，欺骗敌军，掩护主力转移第二阵地带。

第八　兵站设施暨补给

二十九、方针

兵站应依照作战指导，于对阵状态及预期敌军再行进犯时，能圆满补给而设施之。

三十、兵站设施

(1) 兵站地

兵站基地　白河

辅助基地　草店

兵站主地　郧阳　石花街　保康

(2) 兵站线

一、后方兵站线

甲、巫山—檀木树坪—蒲溪沟—竹山(辅线)

乙、汉白公路(主线)

丙、汉水(主线)

二、前方兵站线

甲、右兵站线

(甲) 白河—竹山—房县—保康—南漳—东津渡、枣阳道(辅线)

(乙) 石花街—谷城—襄阳—双沟—枣阳、苍苔镇道(主线)

(丙) 老白公路(主线)

乙、左兵站线

(甲)汉水(主线)

(乙)郧淅道(主线)

(丙)均淅道(辅线)

(丁)均石(鼓天)道(辅线)

三、主要兵站机关之设置

兵站总监部—白河

兵站总监部指挥所—草店

第一支部—襄阳

第一分监部—石花街

第二分监部—郧阳

第二支部—竹山

第三支部—安康

四、兵站管区

兵站总监部管区与各集团军管区为南化塘—郧县—均县—草店—石花街—保康之线，线上属总监部。

三十一、补给

(1) 补给系统

总监部统筹全战区及后方军事机关、学校、部队之补给。

第一分监部任右集团之补给。

第二分监部任左集团之补给。

第一支部任大洪山、桐柏山兵团之补给。

(2) 粮秣

各部队经常粮秣，兵站应就战区鄂属各县，配赋委购抢购粮，加紧催收赶运陕粮补给，战备屯粮，应迅速专案筹拨十万大包，以四万大包分屯郧县、十堰、白河间，以六万大包分屯洵阳、白河、安康间。

(3) 弹药

各部队携带基数，兵站应速补充。

兵站应控置二十个师两个屯备基数弹药。

以六个师一个屯备基数，采小仓库制，分别密屯大洪山、桐柏山，以备随时领取；以六个师一个屯备基数弹药，控置于石门集、保康，准备运补大洪山、桐柏山两兵团。

以十四个师三分一屯备基数，分屯于郧县、十堰、天河口市、白河间；以一又二分一屯备基数，分屯于白河、安康间。

兵站现有弹药，如不足上列数目时，应请补赶运分屯。

第九　卫生

三十二、方针

关于卫生，应依照现行部署暨预期尔后会战对于伤患救护输送治疗毫无遗憾而设施之。

三十三、指导要领

白河以东收转及治疗床位，须注意随时腾空。

卫生输力不足，尔后会战时，应注意利用回空车船及民众输送队，以补救之。

三十四、卫生设施

1．卫生机关之设施

关于救护输送机关卫生大队伤运站，应配置于枣阳、襄樊、茨河、南漳、石花街、土官垭、草店、均县、白桑关等处，卫生汽车应配置于草店、白河等处，卫生船舶应控置于汉水沿线均县、郧阳、白河等处。

关于收容治疗机关预备医院，应配置于均县、白桑关等处，兵站医院应配置于保康、房县、草店、十堰、郧县等处，陆军医院应配置于西乡、安康、洵阳、竹谿、蜀河、白河、黄龙滩等处。

2．伤运线与卫生管区

伤运线与兵站线，同卫生管区与兵站管区同。

（国民政府国防部史政局及战史会档案）

（二）战区划分与战斗序列

1. 蒋介石关于拟在石家庄设行营等情电稿

（1937年7月14日）

南京何部长勋鉴：○。1. 请即抽调二公分高射炮六连运往保定，以备分发各部阵地。2. 速运子弹三百万颗交朱明轩兄领用。3. 准备在石家庄设行营，以次宸为主任，浩森或哲民为参谋长，何如？4. 应即派员到石家庄设仓库与防空。5. 戈定远在何处？催火速飞庐山一谈。中正。寒。机牯。印。

〔国民政府国防部史政局及战史会档案〕

2. 何应钦为依战斗序列东北军以军为单位密电

（1937年7月22日）

急。开封刘主任经扶兄：皓电诵悉。1344密。依最近所定战斗序列，旧东北军系以军为单位，分割使用。特复。何应钦。养未。参。印。

〔国民政府国防部史政局及战史会档案〕

3. 何应钦等关于前后方调运兵情况谈话记录

（1937年8月12日）

地点：部长官邸

出席人员：何部长　黄主席　白副总司令

黎处【长】行恕　徐司长培根

罗科长泽闿

（一）十八军所属之11D、14D、67D，转运至津浦路南端，准备使用于江南，以应付上海之作战。经电话通知钱局长遵办。（应否补发电令，乞示。）

又据钱局长云：十八军现在输送状况如下：1. 14D 先头已

到安阳以北，尚有一小部在长江以南未运。2. 11D过江部队只有三分之一。3. 67D过江者不过五分之一。（未过江部队，是否令由武昌改用船运京，乞示。）

（二）在衡阳之第九师，可准备调用。

（三）1. 广西准备出兵四师（三团制师，共十二团），先开至衡阳上车。又桂省现役为二十个团，拟令三个月内再增编三十个团，共准备五十个团之兵力（现已有四十团之武器、干部、军士等）。2. 广西兵工厂之扩充经费、人员、机械等之整理，由中央派人前往检验后，统一办理。（今日下午三时，由黎处长与兵工署俞署长面洽，并拟定具体计划。又李总司令来电一件，已送俞署长。）3. 广西飞机场可容飞机百架，范围颇大。现航空高级人员，约有六十人。第一期航空兵三十人，均可作战。第二期航空兵六十人，则仅受普通军事训练。4. 南宁分校可容三千人，为训练干部最定〔安〕全之地点。

（四）拟令广东先调二师，并先成立五个预备师。

（五）98D在本日上午十二时以前，可以输送完毕，陆续到沪。张向华方面，应令57D推进至浦东及南市近郊。

（六）四川拟定出兵十师（四十团），须调精锐部队，或令准备五十团，先出二十团，或先出三至四师，其余第二期再调。

（七）云南部队有三万八千支比造良好步枪，四十余门炮，每团有步兵炮六门，每营有重机关枪连，现共有二十五团，可先出二师。

（八）宁夏可先令出一师。青海亦令出一至二师。

（九）各省速筹办补充兵若干师，湘、豫、滇、黔等省尤应速办。

（十）第三者部队，最好集结长安，用火车输送至前方，或以一部使用于山东泰山山地，一部使用于平汉路以西山地，一部使用于察省。

（十一）本日下午五时，各长官赴委座官邸会商一切。

附记：以上各项，系准备计划，均未正式下令。

〔国民政府国防部史政局及战史会档案〕

4. 蒋介石关于在保定设行营等情代电

（1937年8月14日）

国民政府军事委员会快邮代电　第3299号

军政部何部长勋鉴：一、石家庄行营即改为保定行营，以徐次辰为主任，石家庄设办事处，由林厅长主持，已电军委会给委；二、已请中央党部速即恢复河北省县党部。以上希查照为要。中正。寒申。侍参京。

中华民国二十六年八月十四日

〔国民政府国防部史政局及战史会档案〕

5. 何应钦关于程潜被派赴石家庄代行第一战区司令长官职权密电

（1937年9月23日）

即到。定县第二集团军刘总司令经扶兄：养酉电诵悉。〇密。委座已派程总长来石家庄，代行第一战区司令长官职权，请兄迳与程总长商办。何应钦。梗戌。参。印。

〔国民政府国防部史政局及战史会档案〕

6. 蒋介石为调整第六战区战线部署密电稿

（1937年10月4日）

限即到。邢台（顺德）程总长、雒口冯司令长官、济南韩副司令长官勋鉴：〇密。兹为整理第六战区战线起见，决定部署如下：（一）第六战区所属在津浦铁路以西各部队，着撤退至张秋镇、临清、南宫、宁晋之线，与第一战区连系，占领侧面阵地，拒止南进之敌；津浦线以东地区之各部队，迅速由济南及其以东地区撤退，转赴长清、张秋镇之线，担任黄河南岸之防守；如有退却困难者，即令其分散(每组约一营上下)，在沿津浦线东西地区，担任游击扰乱任务。(二)黄河下游自长清以东之防守任务，仍由韩部担任；其现在德州之部队，仍应拒止敌人，以使第六战区各部之运动容易。(三)第六战区长官指挥机关，应即移至平汉线适当地点；其在南宫、宁晋县左翼之刘汝阳、吴克仁各部，在冯司令长官未到平汉线以前，暂归程总长指挥。(四)实施情形，仍当随时具报为要。中〇。豪酉。印。

〔国民政府国防部史政局及战史会档案〕

7. 蒋介石为变更一、二两战区作战地境及划分河防密电稿

(1938年3月4日)

三小时到。郑县程长官、洛阳刘副长官、西安蒋主任：〇密。(一)兹重新规定第一、二两战区作战地境如下：黄河以北仍旧，黄河以南自白河、商南、卢氏、张茅镇、赵家底迄大集之线，线上属左。(二)巩洛区及其以西至张茅镇、赵家底、大集(不含)之河防，归刘副长官派队担任。(三)张茅镇、赵家底、大集(含)及其以西河防，归蒋主任派队担任。(四)即希将布防情形具报为要。中〇。0410令一元。鄂。印。

〔国民政府国防部史政局及战史会档案〕

8. 蒋介石为拟定第一、五战区作战部署代电稿

(1938年5月25日)

代电。程长官：〇密。兹拟定尔后部署如下：(甲)第一第五战区作战地境，为沈邱、义门集、永城、徐州之线，线上属五战区。(乙)第一战区战斗序列大要及任务如下：(一)孙桐萱部以一师至胶东，一师至晋北游击，其余在鲁西及虞城、归德间游击，以徐州、

德州间及徐州以西铁路为目标。(二)石友三军在鲁中游击，以胶济及徐州、济南间铁路为目标。(三)朱怀冰、王奇峰、郜子举等师，仍在豫北游击，以道清路为目标，并妨敌渡河。(四)刘汝明守亳州，商震守东考。(五)第一野战兵团李铁军、桂永清、李汉魂、俞济时、宋希濂等军，位置兰汴间，统归薛岳指挥。(六)第二野战兵团汤恩伯部黄杰军位置归德，李延年军、李仙舟军位置新郑、确山间，统归汤恩伯指挥。(七)第一第二野战兵团，必要时转移于密县、禹县及方城、泌阳两地区，分别以洛阳、南阳为后方。(八)张自忠、许昌庞炳勋、舞阳冯治安，扶沟整理，并负责固守。(九)刘和鼎、万福麟、彭进之各军，仍分任河防。(十)沈克任陇海、冯占海任平汉护路。(丙)第五战区，以韩德勤、樊崧甫在苏北、鲁南游击，廖磊以一部守颍州、太和，杨森守皖中，徐源泉守寿州、凤台、正阳关，余在六安、霍山为野战兵团。(丁)孙连仲、周喦、卢汉、关麟征，调豫南、鄂东整理。以上部署如何，盼复。中〇。有未。令一元。

〔国民政府国防部史政局及战史会档案〕

9. 蒋介石为变更武汉卫戍区及第一、五两战区辖境密电稿

(1938年6月10日)

即到。洛阳程长官：佳辰参战电悉。〇密。(一)武汉卫戍区不担任远前方之作战，故明港以北沈邱、永城、徐州之线，仍为第一五两战区之作战地境。(二)敌对武汉之主攻方面，尚未判明，尤以汛滥构成时，敌有沿长江两岸主攻之可能，故汤恩伯部须机动使用。(三)为补苴一战区之困难，尔后令孙桐萱部调确山，刘汝明部调郾城，商震部调许昌增防，仍均隶一战区；或划漯河(不含)以南隶武汉卫戍区，而将孙桐萱部归桐柏附近之于学忠统一指挥，隶武汉战区，余属第一战区。如何？盼复。中〇。蒸申。令一元。

〔国民政府国防部史政局及战史会档案〕

10. 国民党陆军兵力统计战斗序列表

（1938年7月2日）

陆军兵力统计战斗序列表　第十四次

二十七年七月二日令一亨调制　　№　60

陆　军　兵　力　统　计　表

区分	战区	步兵师	步兵旅	骑兵师	骑兵旅	炮兵团	炮兵营	备考
属战区部队	第一战区	二四		二	二	三	二	
	第二战区	二八	五	七	二	九		外游击司令六个，第十八集团留陕部队七团，乌盟乌拉特保安团一，保安司令二。
	第三战区	二一	三			一		外防守司令两个
	第四战区	九	二					外步兵团两个，要塞司令一，钦廉守备所部。
	闽绥靖主任	三	三					外海军陆战队一，保安团三，宪兵团一，及马尾要港所部。

（续表）

区分	战区	步兵师	步兵旅	骑兵师	骑兵旅	炮兵团	炮兵营	备考
属战区部队	第五战区	二一				一		
	第八战区	五，外165D之一旅	七	二	三			外独立炮兵第一营之一部
	西安行营	七	四	一				外骑兵团一，教导团一，特务营一。
	第九战区	六二	一			七	四，又一连	
合计		一八〇						
军委会直辖兵团		二二				一	二	外直辖炮兵第八团，炮十四团、炮十六团两连，炮十三团一连。
调后方整理部队		五						
已令调及未经调部队		一八						
预备师		三						
合计		四八						
总计		二二八	二五	一二	七	二二	八	

〔中略〕

未列入战斗序列调后方整理部队一览表

<table>
<tr><th colspan="3">部队番号及主官姓名</th><th>驻地</th><th>备考</th></tr>
<tr><td>第二二集团军
总司令 孙震</td><td>第四一军
孙震兼
第四五军
陈鼎勋</td><td>第一二二师　王志远
第一二四师　曾甦元
第一二五师　王仕俊
第一二七师　陈　离</td><td>已到淮阳，令开襄樊整训</td><td></td></tr>
<tr><td colspan="3">第一四〇师　王文彦</td><td>平江、浏阳整理</td><td></td></tr>
<tr><td colspan="5">合　计　　五个师</td></tr>
</table>

已令调滇军部队

<table>
<tr><th colspan="2">部队番号</th><th>备考</th></tr>
<tr><td rowspan="3">第五八军
孙渡</td><td>新编第十师　刘正富</td><td rowspan="3">（一）该军正在编组中，尚未出发。
（二）六十军补充团一万二千先出发。</td></tr>
<tr><td>新编第十一师鲁道源</td></tr>
<tr><td>新编第十二师龚顺璧</td></tr>
</table>

未经调动部队一览表

<table>
<tr><th colspan="2">部队番号及主官姓名</th><th>驻地</th><th>备考</th></tr>
<tr><td rowspan="3">第三六军
姚　纯
第九九军
傅仲芳</td><td>第五师　盛逢尧</td><td>重庆</td><td rowspan="2">重庆警备</td></tr>
<tr><td>第九六师　赵锡光</td><td>重庆</td></tr>
<tr><td>第九九师　傅仲芳兼</td><td>遵义</td><td>属第五军薛岳部担任贵州警备及湘黔公路护路</td></tr>
<tr><td colspan="2">第一九七师　丁炳权</td><td>长沙</td><td></td></tr>
</table>

(续表)

部队番号及主官姓名	驻地	备考
第二〇〇师　杜聿明	湘潭	该师系机械化部队所属已分配战区使用
陆军荣誉师　林英	宜昌	

川黔军未调动部队

第一二三师　曾宪栋			绵阳	属41A孙震部，41A之122D、124D及独立团一部在襄樊整训。
第九五军	黄隐	第一二六师　谢无圻	彭县	
		新编第九师　杨曬轩	绵竹、德阳	
第二四军	刘文辉	第一三六师　唐英	雅安	
		第一三七师　刘元塘	雅安	
		独立团　刘元琮		
第五六军	郭昌明	第一六三师　陈兰亭	成都	
		第一六四师　彭焕章	南充	
新编第一七师　刘树成			成都	
新编第一八师　周成虎				

留滇部队尚有步兵六个团，补充大队六个，炮兵、工兵、机关枪各一团，分驻昆明、大理。

合计十三个师，二独立旅，七个步兵团，炮兵、工兵、机关枪各一团。

附注　本表所列未调动部队，系未经参战之部队，其他未经参战部队而已列入战斗序列者，均未列入。

现有预备师一览表

番号及主官姓名	驻地	备考
第一预备师 谢辅三	咸阳	
第二预备师 冯剑飞	孝感	
第三预备师 周开勋	西安	
第四预备师 傅正模	安陆、云梦	
第六预备师 吉章简	开福州	
第七预备师 曹日晖	洛阳	
第八预备师 凌兆垚	禹县、郏县	
第九预备师 张言传	密县	
第十预备师 宣铁吾	建德、寿昌附近	
第十一预备师 赵定昌	枣阳	
第十三预备师 罗启疆	开枣阳	
合计十一个预备师，内第二、六、七、八、九、十、十一、十三各师编入战斗序列		

〔国民政府国防部史政局及战史会档案〕

11. 康泽报告结束别动总队处理善后函

(1939年6月12日)

部长钧鉴：别动队奉命改编为廿八、廿九两师，遵已分别办理。惟查该队自廿二年成立以来，全为同学所组成，迄今五载有余。关于改编后编余之安遣，历年伤亡之抚恤等问题，必须有适当之处置，方能使存殁感慰，爰召集刘总队长、马副总队长及各级干部开结束会议。兹抄录会议纪录一份，敬乞鉴核为祷。肃此，恭叩钧安。

职康泽　六月十二日

附别动队结束会议记录一份

时间：二十八年六月六日午后一时

地点：浮图关后街九号

出席人：康　泽　刘伯龙　罗次启　陈　瑞　王恒达　马维骥
袁永馥　曾晴初　贺明宣　邱一介　毛嘉谋　严登彝
周石泉　张继良　刘清源　饶　森　胡守义　戴玉藻
张一斌　周怀远　毛光远　汪一能　何树屏　柯蜀耘
郭宝华　袁宇仁　方志祥　杨砺初　安汝毅　陈芳谷
萧树经　张宗群　陈德林

主席：康泽

纪录：袁永馥

决议事项

一、编余官佐、队员如何处置案。

决议：

甲、军官　军校出身及原任军事工作者，送军政部核派工作。

乙、指导员　1. 商请政治部核派各战区游击部队政训工作；2. 直接选派河北、山东军校干部训练班工作；3. 择优介绍地方行政工作。

丙、遣散人员　依年资从优发恩饷一个月至两个月。

二、各游击部队如何处置案。

决议：

甲、本队奉令改编为正规部队，不便继续办理游击工作，应将所辖游击部队列表呈送军事委员会统筹处理。

乙、游击经费五万元，自六月十五日停领。

三、通讯器材如何支配案。

决议：

查通讯器材仅无线电机数目尚多，共四十三部，除拨二十八、二十九两师各五部及游击队六部外，余悉拨交三民主义青年团组织处，作建立各地通讯网之用。

四、团以下各级干部如何核定案。

决议：

由现任各团长就别动队原有人员中提出，呈由师长商承康主任作初步之核定，再转请委任。

五、历年伤亡员兵应如何抚恤案。

决议：

查本队自成立以来，在剿匪抗战中伤亡员兵甚众，政府抚恤在目前势不可能，为慰死者而励来兹起见，在本队节余经费内划拨一部分为抚恤金，并指定贺明宣、萧树经、陈德林、毛嘉谋、毛光远五人组织抚恤委员会，贺明宣为主任委员负责办理之。

六、节余经费如何处理案。

决议：

除划除恤金及遣散费、旅费外，余呈缴军政部。

七、是否设立联合办事处案。

决议：

议决设立中央军校特别训练班及二十八师、二十九师联合办事处，以别动队经理处长陈德林为处长。

八、四维小学应继续办理案。

决议：

四维小学继续改进充实，为本队遗族子弟之初级教育机关，由本队各种奖金及节余经费拨出一万元或两万元为基金，并派康泽、刘伯龙、马维骥、曾晴初、萧树经、毛嘉谋为董事会董事，康泽为董事长，负责筹划。

〔国民政府军政部档案〕

12. 程潜转报第八战区朱绍良所辖部队区分情形密电

（1939年7月14日）

特急。重庆委员长蒋：狮密。六月鱼午行类子及本月麻巳行涛甲两电计呈鉴察。朱长官文辰电拟定该战区部队区分如次：甲、突击军，一九一师杨德亮(兰州)、骑七师门炳岳(五原)、卅五军之一〇一师董其武(临河)、八十军孔令恂(平凉；如先行整训九七师，则一六五师及廿六师可作野战军使用)。乙、野战军，挺进军马占山、骑兵郭司令希鹏、新骑四师石玉山、骑二军何柱国、新五旅安荣昌、卅五军之新卅一及卅二两师。丙、防守军，第十七集团军马鸿逵、八十一军马鸿宾、第百师马步芳、骑五师马步青、新一军第十旅李贵清等部。当否？电呈鉴核。等情。除复应遵整训原则依限完成外，谨电呈督。陕。职程潜。盐亥。行涛甲。印。

〔国民政府国防部史政局及战史会档案〕

13. 国民党陆军兵力统计战斗序列表

（1940年7月16日）

第二十四次　二十九年七月十六日军令部第一厅第二处调制

一、陆军兵力统计表

区　　分	步兵师	步兵旅	骑兵师	骑兵旅	备　　考
第一战区	23	2	4	1	
第二战区	37	19	2	1	
第三战区	31	1			

（续表）

区分	步兵师	步兵旅	骑兵师	骑兵旅	备考
第四战区	30	4			
第五战区	30	6	1		
第六战区	32				
第八战区	15	6	5	5	
第九战区	26				
鲁苏战区	9	1			
冀察战区	6	2			
合计	239	41	12	8	
本会直辖控置部队	12	2			
重庆卫戍部队	2				
昆明行营直辖部队	6				
后方绥靖部队	9	1			
合计	29	3			
总计	268	44	12	8	

二、各战区战斗序列表〔略〕

三、第三期战区直辖整训部队番号表

战区	部队番号	备考
第一战区	12A 孙桐萱（22D）	
第二战区	17A 高桂滋（84D）	该军呈请暂缓整编

（续表）

战区	部 队 番 号	备 考
第二战区	98A 武士敏（42D、169D）	
	3A 唐淮源（7D、12D）	该军不另改编
	暂1A 傅存怀（66D、77D、214B）	该军整训不改编（各本对照为214B）
第三战区	21A 陈万仞之147D	军部不含
	50A 范子英之144D	军部不含
	100A 陈 琪（75D、80D、N20D）	
	10A 李玉堂3D	
第四战区	62A 黄 涛（152D、157D）	
	63A 张瑞贵（153D、154D、186D）	
第五战区	45A 陈鼎勋（125D、127D）	
	55A 曹福林（29D、74D）	
	48A 张义纯（176D、138D）	
	41A 孙 震（122D、123D、124D）	该军不另改编
	68A 刘汝明之143D	该师不另改编
第八战区	80A 孔令恂（97D、165D、N26D）	现该军调归一战区，N26D解除八十军建制，97D仍在八战区担任防务。
第九战区	20A 杨汉域（133D、134D）	
	97A 夏楚中之82D	军部不含

（续表）

战区	部队番号	备考
第九战区	99A 傅仲芳（92D、99D、197D）	该军除197D暂缓整编外，其余两师仅整训，不另改编。
	30AG 王陵基（72A、N14D、N15D）	
附记	一、表列共四十一师，内有十个师已改编，除84D、197D缓整训外，共卅九个师。 二、整训限期自三月十五日开始至八月底前完成。	

四、本会直辖第三期整训部队一览表

番号	主官姓名	所属部队	整训地点	备考
		9D 张　琼		
2A	李延年	76D 王凌云	施　巴　路	归第六战区指挥
		103D 何绍周		
52A	张耀明	2D 赵武公	开　柳　州	归第四战区指挥
		25D 张汉初		
		195D 覃异之		
16A	董　钊	28D 李梦笔	西　安	归第一战区指挥
		1RD 谢辅三	韩　城	
		3RD 周开勋	汾　县	
5A	杜聿明	96D 余　韶	桂林、全县	
		N22D 廖耀湘		

（续表）

番号	主官姓名	所属部队	整训地点	备考
5A	杜聿明	200D 戴安澜	桂林、全县	
		60D 董煜		
37A	陈沛	95D罗奇(署)	湘阴附近	归第九战区指挥
		140D 李棠		

五、本会直辖控置部队

- 本会直辖控置部队
  - 31AG 汤恩伯 参谋长 万建藩
    - 13A 张雪中
      - 89D 舒荣
      - 110D 吴绍周
      - N1D 蔡棨
    - 85A 王仲廉
      - 4D 石觉
      - 23D 李楚瀛
      - 11RD 蒋当翊
    - N2A 陈大庆
      - 193D 赖汝雄
      - 91D 王铖文
      - 暂16D 李强
    - 14BS
    - 15BS
  - 5A 杜聿明
    - N22D 廖耀湘
    - 96D 余韶
    - 200D 戴安澜

六、重庆卫戍部队

- 重庆卫戍总司令 刘峙
  - 参谋长 冯嶷
    - 渝市警备区
      - N25D 李根固
      - 第十五补训处 王公遐
    - 渝南警备区
      - 第十二补训处 成刚
      - 第十六补训处 石祖德
    - 渝北警备区—N29D 马维骥
    - 军政部特务第五团 程炯
    - 宪兵第三、十二团
    - 重庆警备司令 李根固
    - 重庆防空司令 刘峙(兼)
    - 重庆警察局 唐毅
    - 内政部警察总队
    - 川江航务管理处 袁育梵

七、后方绥靖部队

	24A 刘文辉	136D 唐 英	康定	
		137D 陈光藻	双流	
		独立团刘光琮	洪雅	
		靖边司令部 第一团邓德林		
		靖边司令部 第二团吴启昌		
川陕鄂边区绥靖主任 潘文华	56A 郭昌明	163D 陈兰亭	宜汉	
		164D 彭焕章	成都	
		N18D 周成虎	泸县	
川康绥靖 主任 邓锡侯 副主任 潘文华		126D 谢无圻	广汉	
		N9D 杨晒轩	广元	
		N17D 刘树成	乐山	
	绥署特务团邓亚民	绥署特务营		
滇黔绥靖副主任吴鼎昌		N28D 刘伯龙	贵阳	
		32BS 袁德性	辰谿	担任军政部后方仓库守备

〔国民政府国防部史政局及战史会档案〕

14. 国民党陆军兵力统计表

（1942年4月1日）

第二十八次　三十二年四月一日军令部第一厅第二处调制

陆军兵力统计表

战区＼部别	集团军	步兵军	步兵师	步兵旅	骑兵军	骑兵师	骑兵旅	备考
第一战区	五	一三	三四	五				
第二战区	五	七	二四	一	一	三		
第三战区	三	一一	三三	二				
第四战区	一	二	七					
第五战区	五	一三	三四					
第六战区	二	七	二〇	二				
第七战区	二	五	一四	二				
第八战区	三	一九	四五	六	二	一一	三	内5AG仅有番号，尚未编成。
第九战区	三	一一	三〇					
鲁苏战区		二	九	一				
冀察战区	二	四	九	一				
昆明行营	三	四	一二	七				
入缅部队		三	九					
鲁苏皖豫边区	一	一	四		一	二		
合　　计	三五	一〇二	二八四	二七	四	一六	三	
本会直辖部队		二	七					
重庆卫戍总队			一					

续表

部别 战区	集团军	步兵军	步兵师	步兵旅	骑兵军	骑兵师	骑兵旅	备考
后方部队		三	八	一				
总计	三五	一〇七	三〇〇	二八	四	一六	三	
附记								

〔下略〕

〔国民政府国防部史政局及战史会档案〕

15. 第三十九师关于蒋介石成立第十战区日记①

（1944年1月9日）

一月九日　晴

奉军长马子支酉祝毅代电：奉司令长官陈亥世佛俊电开：奉委座亥俭令一亨序电开：(一)平汉路东第一与第五两战区原辖区域，着并为第十战区；原豫鄂皖边区，着即撤销。(二)着第二十一集团军、第十一集团军、第五十一军、苏北挺进军、山东挺进军、长江下游挺进军，均改隶第十战区。(三)原第一战区直辖之鲁西区傅同善部、冀鲁边区齐子修部、暂编第十二师、新编第卅六师，着均改隶山东挺进军。(四)李品仙为第十战区司令长官，仍兼第廿一集团军总司令，原任第五战区副长官及豫鄂皖边区总司令职务，着即免除。(五)任何柱国、牟中珩、李明扬、王懋功为第十战区副司令长官。(六)第十战区与邻近各战区作战地境线，为自郑州以南沿平汉线郾城、信阳、汉口向东沿长江水道至宝山出海之线，及郑州东北沿黄河故道至平汉出海之线（线上均不含）。(七)着第十战区在临泉设立指挥所，派何柱国为主任，陈大庆为副主任，负责主

① 此件摘自第四十军第三十九师三十四年度元月份阵中日记。

持，并兼承长官意旨统一指挥；第十五集团军与第五十一军及其辖区内各挺进部队，并指导各党政机关，积极对敌伪、奸伪，以巩固大别山外围。至其军政方面，暂不变更。(八)着规定第十战区临泉指挥所作战地域，暂划为：甲、郾城、项城、临泉、阜阳(以上四地均含)沿淮河至蚌埠之线；乙、东至蚌埠，向北沿津浦路经徐州，向东沿陇海路至连云港之线；丙、北至旧黄河海口(利津海口)，西接平汉路向南经郑州、许昌至郾城止以东地区。等因。除分令外，仰即知照。

〔国民政府国防部史政局及战史会档案〕

16. 国民党陆军兵力统计战斗序列表

(1944年4月1日)

第三十五次　三十三年四月一日军令部第一厅第二处调制

第一表

军事委员会委员长蒋中正
参谋总长何应钦
副参谋总长程潜　白崇禧

- 第一战区司令长官　蒋鼎文
- 第二战区司令长官　阎锡山
- 第三战区司令长官　顾祝同
- 第四战区司令长官　张发奎
- 第五战区司令长官　李宗仁
- 第六战区司令长官　孙连仲
- 第七战区司令长官　余汉谋
- 第八战区司令长官　朱绍良
- 第九战区司令长官　薛　岳
- 冀察战区总司令　蒋鼎文(兼)
- 昆明行营主任　龙　云
- 远征军司令长官　陈诚(卫立煌代)
- 驻印军总指挥　史迪威
- 重庆卫戍总司令　刘　峙
- 直辖部队(含绥靖部队)

〔中略〕

第十八表

陆军兵力统计表

部别 区别	集团军	军	师	独立旅	备考
第一战区	八	一六	四三	四	内KA一、KD三
第二战区	五	八	二七	一	内KA一、KD三
第三战区	三	八	二四	二	
第四战区	二	三	九		
第五战区	三	一〇	二四		
第六战区	四	一四	四一	二	
第七战区	一	三	九	二	
第八战区	七	二三	七〇	四	内KA三、KD一六、KB三
第九战区	二	八	二五		
冀察战区		一	三		
昆明行营	三	四	一七	一	
远征军	二	五	一四		
驻印军		一	四		
重庆卫戍部队		二	六		
本会直辖部队		六	一八		
绥靖部队		三	八	三	
总计	四〇	一一五	三四一	一九	内KA五、KD二二、KB三
附记	一、32SB归军政部指挥，担任仓库守备，未列入。 二、已装备补训处四个，未列入。				

〔国民政府国防部史政局及战史会档案〕

17. 国民党陆军兵力统计战斗序列附驻地表

（1945年1月1日）

第三十七次　三十四年一月一日军令部第一厅第二处调制

第一表

- 军事委员会委员长蒋中正
  - 参谋总长何应钦
  - 副参谋总长程潜 白崇禧
    - 第一战区代司令长官　胡宗南（西安）
    - 第二战区司令长官　阎锡山（山西兴集）
    - 第三战区司令长官　顾祝同兼（江西铅山）
    - 第五战区司令长官　刘　峙（湖北老河口）
    - 第六战区司令长官　孙连仲（湖北恩施）
    - 第七战区司令长官　余汉谋（广东曲江）
    - 第八战区司令长官　朱绍良（甘肃兰州）
    - 第九战区司令长官　薛　岳（湖南郴县）
    - 第十战区司令长官　李品仙（安徽立煌）
    - 冀察战区总司令　高树勋（河南镇平）
    - 昆明行营主任　龙　云（昆明）
    - 驻印军总指挥　萨尔登（印度）
    - 重庆卫戍总司令　王缵绪（重庆）
    - 直辖部队（含绥靖部队）
    - 成都行辕主任　张　群（成都）
    - 赣州行辕主任　顾祝同
    - 西昌行辕主任　张笃伦（西康西昌）
    - 汉中行辕主任　李宗仁
- 中国陆军总司令　何应钦兼
  - 远征军司令长官　卫立煌（云南楚雄）
  - 黔桂湘边区总司令　汤恩伯（贵阳）
  - 第四战区司令长官　张发奎（广西百色）
  - 滇越边区总司令　卢汉（云南蒙自）
  - 第五集团军总司令　杜聿明（昆明）
  - 第二十四集团军总司令　王耀武

〔中略〕

第三十七次　三十四年一月一日军令部第一厅第二处调制

第廿五表

陆军兵力统计表

部别／区别	集团军	军	师	独立旅	备考
第一战区	六	一九	五二	二	内KA二、KD五
第二战区	五	八	二七	一	内KA一、KD三
第三战区	三	七	一六	二	
第五战区	二	五	一五		
第六战区	三	九	二二	二	
第七战区	一	二	六	二	
第八战区	四	一二	三七	六	内KA二、KD一四、KB三
第九战区	一	七	二〇		
第十战区	三	七	一八	二	
冀察战区		一	二		
昆明行营			二	一	
驻印军		二	五		
重庆卫戍部队		一	三		
本会直辖部队		五	一二	一	
绥靖部队		三	八	四	
远征军	二	五	一三		
黔桂湘边区	一	一一	三三		
第四战区	二	五	一八		

（续表）

区别＼部别	集团军	军	师	独立旅	备考
滇越边区	二	二	一〇		
第五集团军		二	六		
第廿七集团军		二	六		
总计	三八	一一五	三三一	二三	
附记	一、4A、102D未编成。 二、201D、202D、203D、204D、205D、206D、207D、208D、209D，均归编练总监部，未列入。				

〔国民政府国防部史政局及战史会档案〕

18. 兵役部检送1945年1月份全国各军兵员补充进度表电

（1945年2月7日）

军令部勋鉴：子梗一元略代电敬悉。兹检送本年元月份全国各军兵员补充进度表一份，复请查照为荷。兵役部。虞。役征二。中华民国卅四年二月初七日发出

全国各军兵员补充进度表

战区	编制数	三十三年度实交数	本年元月份实交数	尚缺数	配拨待交数	备考
第一战区	613942	151095	12689	113391	113391	
第二战区	151788	52912				该区兵额由阎长官统筹配补，分两个月为期，报部备案。
第三战区	238896	68194	3788	48926	48926	

（续表）

战区	编制数	三十三年度实交数	本年元月份实交数	尚缺数	配拨待交数	备考
第四战区	313463	95780		80231	80231	
第五战区	240174	50515		35978	35978	
第六战区	501307	151436		88216	88216	
第七战区	107349	23261	4163	40479	40479	
第八战区	227119	47779		38926	38926	该区元月份未据报
第九战区	166028	42287	1687	45577	45577	
本会直辖	196570	69710		67505	67505	
昆明行营	116011	24888	1446	28199	28199	
远征军	230869	61976		97595	97595	
驻印军	102000	60093	210	3000	3000	
卫戍部队	29816	9285	4316	1987	1987	
绥靖部队	未据报	5791		1800	1800	
合计	3243376	925010	45415①	691811	691811	

第一战区三十四年元月份各军兵员补充进度表

番号	军长姓名	编制数	三十三年度实交数	本年元月份实交数	尚缺数	配拨待交数	备考
1A	张卓	45707	13544		4529	4529	
16A	李正先	31541	18221		6474	6474	

① 当为"28299"。

（续表）

番号	军长姓名	编制数	三十三年度实交数	本年元月份实交数	尚缺数	配拨待交数	备考
90A	李　文	36022	7772		4536	4536	
3A	罗历戎	33264	200		3600	3600	
80A	袁　朴	31109	300	1715	5473	5473	
36A	李世龙	28668	8533		2805	2805	
57A	刘贵祺	32235	4500		2500	2500	
3KA	贺光谦	11967	1197		6339	6339	
17A	高桂滋	23609	7947	210	4337	4337	
12A	霍守义	37345	8538		1959	1959	
13A	石　觉	36941	14487	1545	2537	2537	
15A	武庭麟	23473	18169		8520	8520	
27A	周士冕	31428	17512	1000	4709	4709	
40A	马法五	33419	2734		6000	6000	
38A	张耀明	19296	3989	2989	3565	3565	
85A	吴绍周	33547	8442	2531	8446	8446	
78A	赖汝雄		3915		5000	5000	
89A	顾锡九	23909	6067	1297	11442	11442	
27A	谢辅三	20222	728	15	9385	9385	
T9A	傅立平	22313	5590		3587	3587	
T1A	王毓文						未据报

（续表）

番号	军长姓名	编制数	三十三年度实交数	本年元月份实交数	尚缺数	配拨待交数	备考
T15A	刘昌义	21838	2727		3955	3955	
2KA	廖运泽	15975	1841		1940	1940	
96A	李兴中	20094	4569	1387	1753	1753	
	合　计	613942	151095	12689	113391	113391	

第二战区三十四年元月份各军兵员补充进度表

番号	军长姓名	编制数	三十三年度实交数	本年元月份实交数	尚缺数	配拨待交数	备考
19A	史泽波	19294	7050				
23A	许鸿林	20307	5375				
33A	于镇河	20307	4453				
34A	高倬之	19294	5970				
43A	刘效会	20307	4840				
61A	梁培璜	22886	11632				
83A	孙福麟	20307	5490				
1KA	沈　瑞	9086	4763				该战区兵额由阎长官统筹配补，分二月为一期，报部备案。
	长官部		3339				
	合　计	151788	52912				

第三战区三十四年元月份各军兵员补充进度表

番号	军长姓名	编制数	三十三年度实交数	本年元月份实交数	尚缺数	配拔待交数	备考
70A	陈孔达	34282	6397	909	8210	8210	
88A	刘嘉树	31873	12309		3145	3145	
49A	王铁汉	35556	16329		5000	5000	
28A	陶　柳	36034	9656		8001	8001	
50A	田钟毅	35092	6671		12803	12803	
21A	刘雨卿	32272	5098		7987	7987	
25A	张文清	33787	11734	2879	3784	3784	
	合　计	238896	68194	3788	48926	48926①	

第四战区三十四年元月份各军兵员补充进度表

番号	军长姓名	编制数	三十三年度实交数	本年元月份实交数	尚缺数	配拔待交数	备考
31A	贺维珍	37648	15226		5573	5573	
46A	黎行恕	37256	17830	2641	4530	4530	
64A	张　弛	35841	6415	3382	8618	8618	
93A	甘丽初	35000	7495		13000	13000	
79A	方　靖	35525	14036	665	12499	12499	
20A	杨汉域	11578	5130		8158	9337	
26A	丁治磐	32397	7568	880	18120	18120	

① 当为"48930"。

（续表）

番号	军长姓名	编制数	三十三年度实交数	本年元月份实交数	尚缺数	配拨待交数	备考
37A	罗奇	35390	7760	1762	4500	4500	
44A	王泽濬	42828	14779		5233	5233	
	合计	313463	95789	9330	80231	80231	

第五战区三十四年元月份各军兵员补充进度表

番号	军长姓名	编制数	三十三年度实交数	本年元月份实交数	尚缺数	配拨待交数	备考
55A	曹福林	22722	2501		3852	3852	
68A	刘汝珍	37717	5968	13	6587	6587	
7A	徐启明	31864	6455		1500	1500	
48A	苏祖馨		4950		1775	1775	
84A	张光伟	22114	1422		383	383	
45A	陈鼎勋	23669	1903		4217	4217	
47A	李宗舫	25200	3748		5049	5049	
69A	米文和	15092	2212	326	1500	1500	
41A	曾甦元	37700	6710		4348	4348	
51A	周毓英	24096	13558		4675	4675	
71D	李才桂	3900	1088		2092	2092	
	合计	240174	50515	339	35978	35978	

第六战区三十四年元月份各军兵员补充进度表

番号	军长姓名	编制数	三十三年度实交数	本年元月份实交数	尚缺数	配拨待交数	备考
94A	牟庭芳	43755	10243		4308	4308	
30A	池峰城	38408	8809		6191	6191	
18A	胡　琏	34976	12296		1338	1338	
66A	宋瑞珂	24404	6010		5663	5663	
75A	柳际明	33735	14892	904	3973	3973	
32A	唐永良	35824	7934		3744	3744	
73A	彭位仁	37774	18636	2102	7560	7560	
74A	施中诚	42693	17190	3117	7000	7000	
100A	李天霞	38088	10356	1010	9677	9677	
59A	刘振三	36796	11233		3442	3442	
77A	何基沣	31823	8654		6852	6852	
87A	罗广文	35885	10689	314	6549	6549	
86A	朱鼎卿	33225	10205		9139	9139	
92A	侯镜如	33921	4201		12779	12779	
	合　计	501307	161436	7447	88216	88216	

第七战区三十四年元月份各军兵员补充进度表

番号	军长姓名	编制数	三十三年度实交数	本年元月份实交数	尚缺数	配拨待交数	备考
62A	黄　涛	36605	7712	850	18737	18737	

（续表）

番号	军长姓名	编制数	三十三年度实交数	本年元月份实交数	尚缺数	配拨待交数	备考
63A	张瑞贵	35228	7405	2465	6035	6035	
65A	黄国樑	35515	2609	200	14100	14100	
89B	陈　师		2342	369	529	529	
S20B	蒋　武		3193	279	1078	1078	
	合　计	107349	23261	4163	40479	40479	

第八战区三十四年元月份各军兵员补充进度表

番号	军长姓名	编制数	三十三年度实交数	本年元月份实交数	尚缺数	配拨待交数	备考
22A	高双成	17422	2621		4100	4100	
67A	何文鼎	18244	2896		3702	3702	
35A	董其武	23601	6014		3592	3592	
T3A	孙兰峰	21879	1097		7212	7212	
K4A	袁庆云	9079	1125				未据报
N2A	李铁军		2765		10176	10176	
42A	杨德亮	29256	9710		6341	6341	
97A	王　晋	26105	9314		2926	2926	
11A	马敦静	33114	2000				未据报
81A	马鸿宾	10368	3134				未据报
82A	马继援	11737	3532				未据报

（续表）

番号	军长姓名	编制数	三十三年度实交数	本年元月份实交数	尚缺数	配拨待交数	备考
5KA	马呈祥	13199	584				未据报
N11A	曹汉杰	4380	955		579	579	
东北挺军	马占山	8735	2032		298	298	
	合计	227119	47779		38926	38926	该战区元月份进度，未据报。

第九战区三十四年元月份各军兵员补充进度表

番号	军长姓名	编制数	三十三年度实交数	本年元月份实交数	尚缺数	配拨待交数	备考
58A	鲁道源	24797	9296	363	6124	6124	
4A	欧震	37599	16252	1243	20611	20611	
新3A	杨宏光	24119	5421	81	541	541	
72A	傅翼	43626	5570		10910	10910	
99A	梁汉明	35887	5748		7391	7391	
	合计	166028	42287	1687	45577	45577	

本会直辖各军三十四年元月份兵员补充进度表

番号	军长姓名	编制数	三十三年度实交数	本年元月份实交数	尚缺数	配拨待交数	备考
9A	陈金城	25898	10703		7297	7297	
39A	刘尚志	24519	3000		3751	3751	

（续表）

番号	军长姓名	编制数	三十三年度实交数	本年元月份实交数	尚缺数	配拨待交数	备考
98A	刘希程	17094	5150		10000	10000	
T2A	沈发藻	24256	541		9560	9560	
29A	孙元良	32716	9975		4235	4235	
10A	李玉堂	36778	12220		约20000	约20000	
76A	廖昂		10875		11250	11250	
91A	陈武	25309	17246		1313	1313	
	合计	196570	69760		67506	67506	

昆明行营三十四年元月份各军兵员补充进度表

番号	军长姓名	编制数	三十三年度实交数	本年元月份实交数	尚缺数	配拨待交数	备考
60A	安恩溥	35415	6200		4727	4727	
5A	邱清泉	41467	11899	1241	10966	10966	
52A	赵公武	39131	6093		7505	7505	
第二路军	张冲						
荣2D	戴坚		696	209	5001	5001	
T23D	潘朔端						
T19D	龙绳武						
S2B	龙绳祖						
	合计	116011	24888	1446	28199	28199	

远征军三十四年元月份各军兵员补充进度表

番号	军长姓名	编制数	三十三年度实交数	本年元月份实交数	尚缺数	配拨待交数	备考
6A	黄杰	39766	17013		12816	12316	
71A	钟彬	39159	8864		23759	卫长官统筹拨补	
2A	王凌云	39883	14834		19610	19610	
53A	周福成	28480	8426		12952	12952	
54A	阙汉骞	32425	5534		19000	19000	
8A	何绍周	40131	6619		8416	8416	
93D	吕国铨	11019	685		844	844	
200D	高吉人						该师缺额配由第五军拨补
	合计	230869	61976		97595	97595	

驻印军三十四年元月份各军兵员补充进度表

番号	军长姓名	编制表	三十三年度实交数	本年元月份实交数	尚缺数	配拨待交数	备考
N1A	孙立人	102000	60093	210	3000	3000	
N6A	廖耀湘						
	合计	102000	60093	210	3000	3000	

卫戍部队三十四年元月份各军兵员补充进度表

番号	军长姓名	编制数	三十三年度实交数	本年元月份实交数	尚缺数	配拨待交数	备考
14A	张际鹏	29816	9285	4316	1987	1987	
	合计	29816	9285	4316	1987	1987	

绥靖部队三十四年元月份各军兵员补充进度表

番号	军长姓名	编制数	三十三年度实交数	本年元月份实交数	尚缺数	配拨待交数	备考
24A	刘文辉	未据报	3023		未据报		
56A	潘文华	同	2768		同		
95A	黄隐	同			1800	1800	
	合计		5791		1800	1800	

〔国民政府国防部史政局及战史会档案〕

19. 国民党陆军兵力统计战斗序列附驻地表

（1945年4月1日）

第三十八次　三十四年四月一日军令部第一厅第二处调制

第一表

- 军事委员会委员长 蒋中正
- 参谋总长 何应钦 程潜代
- 副参谋总长 程潜 白崇禧
  - 中国陆军总司令何应钦兼（昆明）
    - 第一方面军司令官　卢　汉（云南蒙自）
    - 第二方面军司令官　张发奎（广西百色）
    - 第三方面军司令官　汤恩伯（贵阳）
    - 第四方面军司令官　王耀武（湖南洪江）
    - 昆明防守司令　杜聿明（昆明）
    - 直辖部队
  - 汉中行营主任李宗仁（南郑）
    - 第一战区代司令长官　胡宗南（西安）
    - 第五战区司令长官　刘　峙（湖北均县草店）
    - 第十战区司令长官　李品仙（安徽立煌）
    - 冀察战区总司令　高树勋（河南镇平）
    - 直辖部队
  - 东南行辕主任顾祝同（铅江）
    - 第三战区司令长官　顾祝同（江西铅山）
    - 第七战区司令长官　余汉谋（江西龙南）
    - 第九战区司令长官　薛岳（湖南汝城）

(续表)

- 第二战区司令长官　阎锡山(山西兴集)
- 第六战区司令长官　孙连仲(湖北恩施)
- 第八战区司令长官　朱绍良(甘肃兰州)
- 驻印军总指挥　萨尔登(印度)
- 重庆卫戍总司令　王缵绪(重庆)
- 昆明行营主任　龙　云(昆明)
- 成都行辕主任　张　群(成都)
- 西昌行辕主任　张笃伦(西康西昌)
- 本会直辖部队(含绥靖部队)

〔中略〕

第廿七表

陆军兵力统计表

区别＼部队	集团军	军	师	独立旅	备考
第一战区	六	一七	四九	一	内KA二、KD五
第二战区	五	八	二七	一	内KA一、KD三
第三战区	三	七	二一	二	
第五战区	二	五	一五		
第六战区	三	一〇	二五		
第七战区	一	二	六	六	内KA二、KD一四、KB三
第八战区	四	一二	三八		
第九战区	二	七	二一		
第十战区	三	七	一九	一	
冀察战区		一	二		
汉中行营	一	二	五		

（续表）

部别 区别	集团军	军	师	独立旅	备　　考
昆明行营			一	一	
驻印军		一	三		
重庆卫戍部队		一	四		
本会直辖部队		三	九	一	
绥靖部队		三	八	四	
中国陆军总部		四	一五		
第一方面军		二	九		
第二方面军		三	一〇		
第三方面军	一	五	一四		
第四方面军		四	一一		
昆明防守司令		二	七		
总　　计	三一	一〇六	三一九	二二	
附　　记	一、201D、202D、203D、204D、205D、206D、208D、209D、210D 均归编练总监部，未列入。				

〔国民政府国防部史政局及战史会档案〕

中華民國史檔案資料滙編

第五輯第二編

軍事(三)

中國第二歷史檔案館編

目　录

（八）武汉会战

1．钱大钧等关于武汉会战空军战斗要报
（1938年6—7月）……（1）
2．李宗仁关于第五战区战前各部位置及部署密电
（1938年6月）……（8）
3．白崇禧陈诚等关于马当要塞失守及反攻情形密电
（1938年6月）……（10）
4．蒋介石关于调整第三第九战区作战地境密电稿
（1938年7月4日）……（12）
5．薛岳转报湖口失守守军溃败情形密电
（1938年7月5日）……（13）
6．李宗仁报告黄水入淮泛滥情形密电
（1938年7月8日）……（13）
7．陈诚报告日军进攻九江附近密电
（1938年7月23日）……（14）
8．陈诚关于拟在德安与敌决战及其相应部署与蒋介石往来密电
（1938年7月）……（14）
9．白崇禧李品仙关于太湖宿松黄梅一带战况密电
（1938年7—8月）……（16）
10．陈诚报告第九战区作战部署密代电
（1938年7月29日）……（19）
11．蒋介石关于第五战区沿江一带作战部署与白崇禧等往来密电

（1938年7—8月）……………………………………………………（21）
12. 白崇禧报告第五战区作战计划密电
（1938年7月31日）………………………………………………（23）
13. 白崇禧等下达第五战区作战命令
（1938年7月）……………………………………………………（24）
14. 陈诚报告九江庐山一带战况密电
（1938年8月）……………………………………………………（27）
15. 蒋介石指示各部预备粮弹固守武汉手令密电稿
（1938年8月6日）………………………………………………（29）
16. 张发奎失守九江报告书
（1938年8月7日）………………………………………………（29）
17. 陈诚呈报第九战区军队区分及作战地境代电
（1938年8月13日）………………………………………………（32）
18. 白崇禧关于第五战区左翼兵团作战部署及作战指导调整情况密电
（1938年8—9月）…………………………………………………（33）
19. 陈诚报告瑞昌一带兵力部署及战况密电
（1938年8—9月）…………………………………………………（35）
20. 白崇禧报告反攻黄梅作战部署密电
（1938年8月28日）………………………………………………（42）
21. 白崇禧关于大别山区及其附近各地战况密电
（1938年8—9月）…………………………………………………（43）
22. 何应钦关于苏联顾问批评的三项意见
（1938年9月1日）………………………………………………（46）
23. 白崇禧关于反攻广济及富金山等地激战情形密电
（1938年9月）……………………………………………………（46）
24. 白崇禧关于何知重军擅自撤退致陷广济等情密电
（1938年9月7日）………………………………………………（49）
25. 陈诚报告瑞昌以北歼敌计划密电

（1938年9月10日）……………………………………………（50）
26. 陈诚呈报德安田家镇间会战指导要领密电
（1938年9月15日）……………………………………………（51）
27. 李宗仁关于大别山北麓潢川罗山一带战况密电
（1938年9月）……………………………………………（53）
28. 陈诚报告瑞阳瑞武沿线战况密电
（1938年9—10月）……………………………………………（55）
29. 李宗仁等为变更各兵团作战地境指挥系统及作战任务密电
（1938年9月18日）……………………………………………（60）
30. 李宗仁关于何知重军避战致使田家镇要塞失守情形密电
（1938年9月21日）……………………………………………（61）
31. 陈诚转报富池口要塞弃守经过密电
（1938年9月25日）……………………………………………（62）
32. 李宗仁关于在大别山沙窝新店等地及罗山信阳一带战况密电
（1938年9—10月）……………………………………………（63）
33. 蒋介石关于武汉会战作战计划签批
（1938年　月　日）……………………………………………（66）
34. 武汉会战作战计划
（1938年9月16日）……………………………………………（69）
35. 李宗仁改定第五战区各兵团作战部署及任务密电
（1938年10月3日）……………………………………………（69）
36. 陈诚报告万家岭歼敌经过及日军渡犯富水战况密电
（1938年10—11月）……………………………………………（70）
37. 李宗仁关于致张自忠胡宗南等部作战命令密电
（1938年10月6日）……………………………………………（76）
38. 蒋介石通令石友三等部全力协同武汉主战场作战密电稿
（1938年10月7日）……………………………………………（76）
39. 李宗仁汇报会战期间各部毙伤敌军概数密电
（1938年10月9日）……………………………………………（77）

40. 李宗仁关于敌我于蕲春茅山铺一带激战情形密电
（1938年10月）……………………………………………………（78）
41. 蒋介石为总预备军挺进攻击计划签批
（1938年10月11日）………………………………………………（79）
42. 蒋介石关于第九战区长江南岸作战指导密电稿
（1938年10月11日）………………………………………………（81）
43. 陈诚报告保安通山崇阳等地战况密电
（1938年10—11月）………………………………………………（82）
44. 李宗仁关于豫南兵团作战命令稿
（1938年10月25日）………………………………………………（83）
45. 李宗仁、蒋介石等关于禁止第五战区败兵擅自溃退密电
（1938年10—11月）………………………………………………（84）
46. 李宗仁关于所部各军转进情况密电
（1938年10—11月）………………………………………………（86）
47. 蒋介石关于调郭忏部担任江防密电稿
（1938年11月2日）………………………………………………（87）
48. 李宗仁转报孙连仲兵团退守淅河一线部署密电
（1938年11月3日）………………………………………………（87）
49. 李宗仁报告在淅河一线阻击敌军战况密电
（1938年11月）……………………………………………………（88）
50. 陈诚报告第九战区部署密电
（1938年11月4日）………………………………………………（89）
51. 陈诚报告第九战区毙伤日军概数密电
（1938年11月8日）………………………………………………（90）
52. 蒋介石饬令查办撤出新店镇崇阳溃军密电稿
（1938年11月9日）………………………………………………（91）
53. 陈诚报告退守岳阳九岭一线密电
（1938年11月10日）………………………………………………（91）
54. 第五战区武汉会战外围战斗经过概要

（1938年　月　日）……………………………………………（92）
55．第九战区第二兵团阳新咸宁一带作战经过概要
（1938年　月　日）……………………………………………（123）

（九）南昌会战

1．蒋介石训示修河方面作战要领手启密电稿
（1939年2月28日）……………………………………………（138）
2．薛岳关于南昌方面如何转取攻势与蒋介石来往电
（1939年3月）……………………………………………（138）
3．白崇禧补充第三、四、九战区作战指导要领密电
（1939年3月5日）……………………………………………（140）
4．薛岳报告第九战区各部队调整情况密电
（1939年3月9日）……………………………………………（141）
5．罗卓英关于修水一线日军施放毒气并全面强渡与蒋介石往来电
（1939年3月）……………………………………………（141）
6．罗卓英报告修河南岸战况及我军部署密电
（1939年3月21日）……………………………………………（143）
7．罗卓英薛岳报告在安义奉新一带战况及我军部署密电
（1939年3月）……………………………………………（144）
8．顾祝同报告策应南昌方面作战第三战区各部出击部署密电
（1939年3月23日）……………………………………………（146）
9．蒋介石批复军令部关于第九战区情况处置意见函
（1939年3月23日）……………………………………………（147）
10．蒋介石关于三、九战区作战地境及南昌附近作战部署密电稿
（1939年3月23日）……………………………………………（148）
11．蒋介石训示今后作战指导要领密电稿
（1939年3月25日）……………………………………………（149）
12．罗卓英报告日军进攻南昌战况及我军部署情形密电

（1939年3月）……………………………………………………（150）
13. 蒋介石令宋肯堂部死守南昌待援密电稿
（1939年3月27日）…………………………………………（151）
14. 蒋介石关于日军会攻长沙计划密电稿
（1939年3月29日）…………………………………………（151）
15. 罗卓英报告确保赣湘公路作战部署密电
（1939年3—4月）…………………………………………（152）
16. 罗卓英报告在赣湘公路激战情形密电
（1939年4月1日）…………………………………………（153）
17. 薛岳重申南昌方面作战意见密电
（1939年4月5日）…………………………………………（153）
18. 白崇禧转报罗卓英申述修水河防及南昌失守原因密电
（1939年4月7日）…………………………………………（155）
19. 罗卓英报告反攻南昌作战部署密电
（1939年4月11日）…………………………………………（155）
20. 蒋介石关于反攻南昌作战计划与白崇禧等往来电
（1939年4月）……………………………………………………（156）
21. 罗卓英报告反攻南昌在外围奉新高安向塘等地战况密电
（1939年4月）……………………………………………………（158）
22. 薛岳转报罗卓英反攻南昌作战部署密电
（1939年4月21日）…………………………………………（164）
23. 王陵基关于该部在武宁一带作战经过概要报告
（1939年4月28日）…………………………………………（166）
24. 罗卓英限期攻克南昌命令
（1939年4—5月）…………………………………………（170）
25. 罗卓英报告该部反攻南昌近郊战况密电
（1939年4—5月）…………………………………………（171）
26. 罗卓英转报上官云相部进攻南昌失败密电
（1939年5月7日）…………………………………………（175）

27. 罗卓英报告陈安宝军长督战阵亡等情密电
(1939年5月7日)……………………………………………(175)
28. 罗卓英报告敌我在南昌附近对峙等情密电
(1939年5月)……………………………………………………(176)
29. 第九战区反攻南昌作战简报
(1939年4—5月)…………………………………………………(178)
30. 顾祝同报告反攻南昌作战战斗结果密电
(1939年5月21日)………………………………………………(181)
31. 顾祝同申述反攻南昌失败原因密电
(1939年5月10日)………………………………………………(181)
32. 军委会桂林行营关于修水河防及南昌失守所得教训的总结报告
(1939年　月)……………………………………………………(182)

(十)随枣会战

1. 李宗仁关于日军向鄂中鄂北大举集结企图蠢动密电
(1939年4月)……………………………………………………(188)
2. 汤恩伯报告李宗仁关于汤部作战部署密电
(1939年4月28日)………………………………………………(189)
3. 李宗仁检呈第五战区作战命令密电
(1939年4月30日)………………………………………………(189)
4. 李宗仁汇报第五战区第一线各师及控置部队位置密电
(1939年5月2日)…………………………………………………(191)
5. 李宗仁关于日军分路进犯随枣与我作战经过密电
(1939年4—5月)…………………………………………………(192)
6. 李宗仁蒋介石等以战局不利调整部署密电
(1939年5月)……………………………………………………(197)
7. 程潜报告第五战区敌情及各部队位置密电
(1939年5月12日)………………………………………………(199)

8．李宗仁关于在桐柏山区激战及江防河防部队击敌侧后等情的密电
（1939年5月）……（200）
9．李宗仁报告随枣战后重新部署情形密电
（1939年5月21日）……（203）
10．李宗仁报告收复随枣密电
（1939年5月21日）……（204）
11．李宗仁关于随枣会战经过概要密电
（1939年5月22日）……（205）
12．第三十三集团军关于襄河东岸战斗经过的战报
（1939年8月30日）……（206）
13．军令部关于第五战区随枣会战经过的总结报告
（1939年 月）……（226）

（十一）桂南会战

1．蒋介石关于日军在钦防登陆等情密电
（1939年11月17日）……（235）
2．白崇禧报告作战部署及作战指导密电
（1939年11月）……（235）
3．白崇禧报告在高峰隘等地激战情形密电
（1939年12月2日）……（237）
4．白崇禧转报第四六军钦防一带战况及当面敌情密电
（1939年12月8日）……（237）
5．白崇禧报告各部队位置及推进情形密电
（1939年12月）……（238）
6．白崇禧报告南宁失守情形并拟惩办失职主官密电
（1939年12月19日）……（239）
7．白崇禧等关于反攻昆仑关高峰隘等地激战情形密电
（1939年12月）……（240）

8．白崇禧转报韦云淞部在龙州等地战况密电
（1939年12月）……………………………………………………（242）
9．蒋介石严令各部努力进攻达成任务手令电稿
（1939年12月21日）………………………………………………（243）
10．蒋介石命各部彻底截断敌军后方交通密电稿
（1940年1月5日）………………………………………………（243）
11．白崇禧关于特设南路兵团总司令以增强敌后作战力量密电
（1940年1月9日）………………………………………………（244）
12．白崇禧关于昆仑关龙州等役战斗经过概要代电
（1940年1月24日）………………………………………………（244）
13．白崇禧命令坚守昆仑关击退敌军反攻密电
（1940年1月30日）………………………………………………（246）
14．第四战区关于南宁各役战斗经过概要
（1940年1月）……………………………………………………（247）
15．张发奎转报永淳等地战况密电
（1940年2月1日）………………………………………………（254）
16．杜聿明报告第五军各部转移情形密电
（1940年2月2日）………………………………………………（255）
17．蒋介石关于宾阳一带作战部署密电稿
（1940年2月）……………………………………………………（256）
18．张发奎报告下达桂南方面作战命令密电
（1940年2月5日）………………………………………………（257）
19．张发奎关于桂南前线第六军等部溃败情形密电
（1940年2月）……………………………………………………（258）
20．张发奎报告宾武等方面我军部署等情密电
（1940年2月11日）………………………………………………（260）
21．军令部第一厅关于第六十六军作战不力误伤民团等情签呈
（1940年2月13日）………………………………………………（260）
22．蒋介石颁发桂南方面各集团军作战指导要旨密电稿

（1940年2月11日）…………………………………………………（261）
23. 蒋介石为部队作战不力贻笑敌国饬即查明纠正密电稿
（1940年2月15日）…………………………………………………（262）
24. 白崇禧拟请奖惩宾阳之役部队主官密电
（1940年2月15日）…………………………………………………（262）
25. 白崇禧关于桂南作战部署密电
（1940年2月16日）…………………………………………………（263）
26. 苏联军事顾问加略诺夫关于昆仑关宾阳等役战斗经过及经验教训的报告
（1940年2月19日）…………………………………………………（264）
27. 军委会草拟关于桂南方面敌情摘要
（1940年2月19日）…………………………………………………（267）
28. 张发奎报告桂南日军收缩防线陆续出海等情密电
（1940年2月20日）…………………………………………………（268）
29. 蒋介石关于桂南方面作战部署要旨密电稿
（1940年2月20日）…………………………………………………（269）
30. 张发奎转报第九师昆仑关溃退经过代电
（1940年2月25日）…………………………………………………（269）
31. 张发奎转报第四十六军陆屋镇南战役战斗经过概要代电
（1940年2月28日）…………………………………………………（271）
32. 第四战区桂南方面灵山之役战斗经过概要
（1940年3月25日）…………………………………………………（274）
33. 蒋介石为修正桂南方面作战部署要旨密电稿
（1940年4月13日）…………………………………………………（275）
34. 张发奎转报第一三一师左江两岸作战经过代电
（1940年4月16日）…………………………………………………（275）
35. 张发奎关于攻略南宁作战部署密电
（1940年9月23日）…………………………………………………（277）
36. 徐永昌拟加强滇越边境防御力量并作入越作战准备呈

（1940年9月24日）……………………………………………………（278）
37. 张发奎报告收复防城密电
（1940年9月27日）……………………………………………………（280）
38. 蒋介石通报日军侵越战况密电稿
（1940年9月29日）……………………………………………………（280）
39. 蒋介石关于乘敌侵越袭其后路密电稿
（1940年9月30日）……………………………………………………（281）
40. 张发奎下达收复南宁作战计划命令密电
（1940年10月28日）……………………………………………………（281）
41. 张发奎报告收复南宁及桂南日军出海等情密电
（1940年10—11月）……………………………………………………（282）

（十二）枣宜会战

1. 军委会拟定第五战区襄东部队作战指导方案
（1940年4月）……………………………………………………（285）
2. 李宗仁关于襄东战役战况致蒋介石往来密电
（1940年4—5月）……………………………………………………（286）
3. 张自忠报告一三二师等部在长寿店及附近地区战况密电
（1940年5月）……………………………………………………（292）
4. 蒋介石部署陶峙岳等军作战地境及任务密电稿
（1940年5月3日）……………………………………………………（293）
5. 孙连仲报告泌阳及附近地区作战情形密电
（1940年5月）……………………………………………………（294）
6. 蒋介石命李仙洲军与刘汝明等部协同夹击敌军密电稿
（1940年5月5日）……………………………………………………（295）
7. 蒋介石部署各军襄东作战任务密电稿
（1940年5月10日）……………………………………………………（295）
8. 蒋介石命五战区各部围歼枣阳随县一带敌军密电稿
（1940年5月13日）……………………………………………………（296）

9. 第三十三集团军枣宜地区战斗详报
（1940年5月16日）……………………………………（297）
10. 军委会拟定襄河西岸作战紧急部署方案
（1940年6月1日）……………………………………（298）
11. 军委会关于兵力调配及作战部署会报记录
（1940年6月1日）……………………………………（299）
12. 蒋介石关于襄河两岸各部队作战地境及作战方略等情令密电稿
（1940年6月1日）……………………………………（300）
13. 蒋介石规定宜昌钟祥等地各部指挥系统及其作战要领任务令密电稿
（1940年6月15日）……………………………………（302）
14. 蒋介石命李品仙等部推进黄陂一带攻击敌军等情训令密电稿
（1940年6月19日）……………………………………（303）
15. 苏联总顾问福尔根检讨宜昌失陷原因及目前主要任务报告
（1940年7月10日）……………………………………（303）
16. 陈诚拟收复宜沙歼灭襄河以西之敌计划与蒋介石往来密电
（1940年7—8月）……………………………………（306）
17. 徐永昌关于转饬李宗仁追究谎报占领枣阳签呈稿
（1940年10月14日）……………………………………（308）
18. 第五战区枣宜会战经过及检讨
（1940年）……………………………………（309）
19. 陈诚关于襄西战役失败原因及优点检讨密电
（1940年10月17日）……………………………………（332）
20. 张和重检呈枣宜会战资料两件密函
（1941年2月11日）……………………………………（334）

（十三）上高会战

1. 罗卓英报告所部参加上高会战战况密电

（1941年3月）……………………………………………………（343）
2．蒋介石关于上高会战作战经过及经验教训密电
（1941年3月30日）…………………………………………………（345）
3．薛岳关于上高会战战斗要报密电
（1941年4月5日）…………………………………………………（348）
4．王耀武总结第七十四军上高会战经验教训的报告
（1941年4月）……………………………………………………（352）
5．第十九集团军总部参谋处编上高会战概述
（1941年5月15日）…………………………………………………（355）
6．陆军第七十军参加上高会战经过概要
（1941年6月）……………………………………………………（373）

（十四）中条山战役

1．何应钦主持晋南会战作战准备之历次会议记录
（1941年4月）……………………………………………………（395）
2．蒋介石为检讨晋南作战经验教训电
（1941年5月28日）…………………………………………………（405）
3．军委会桂林办公厅对豫北晋南会战失败之检讨及陈述意见书
（1941年5月）……………………………………………………（406）
4．曾万钟拟第五集团军中条山会战经过概况报告书
（1941年7月）……………………………………………………（418）
5．第一战区长官司令部补呈中条山会战经过代电
（1941年10月）……………………………………………………（429）
6．第八十军关于中条山战役作战经过概要及经验教训报告
（1942年4月）……………………………………………………（446）

（十五）长沙会战

一、第一次长沙会战

1．第九战区前敌总司令部指挥各部队赣西作战计划大纲

（1939年9月1日）……………………………………………………（448）
2．第九战区前敌总司令部赣西地区作战指导腹案
（1939年9月10日）……………………………………………………（451）
3．罗卓英报告所部在上富镇甘坊等地战况及作战部署密电
（1939年9月）……………………………………………………………（456）
4．关麟征关于第十五集团军参加第一次长沙会战作战经过要报
（1939年10月）…………………………………………………………（458）
5．王陵基报告所部在塘埠修水附近战况密电
（1939年10月1日）……………………………………………………（473）
6．罗卓英报告六十军等部在找桥甘坊一线战况密电
（1939年10月4日）……………………………………………………（473）
7．第九战区前敌总司令部关于赣北方面作战经过概要
（1939年）…………………………………………………………………（474）
8．陈诚寄呈湘北作战经验与教训快邮代电
（1939年11月2日）……………………………………………………（487）
二、第二次长沙会战
1．军令部拟订第二次长沙会战之军事部署
（1941年9月19日）……………………………………………………（490）
2．薛岳报告五十八军等部在长沙以北战况密电
（1941年9—10月）……………………………………………………（491）
3．杨森关于第二十七集团军作战经过概要报告书
（1941年10月）…………………………………………………………（495）
4．徐永昌提出湘北溃窜日军处置意见密电
（1941年10月8日）……………………………………………………（500）
5．第九战区第二次长沙会战战斗详报
（1941年9月）……………………………………………………………（501）
三、第三次长沙会战
1．薛岳报告第三次长沙会战湘北战况密电
（1941年12月）…………………………………………………………（531）

2．薛岳报告第三军五十八军等部在赣北湘北战况密电
（1941年12月）……………………………………………………（533）
3．罗卓英报告新十二师等部赣北战况密电
（1941年12月）……………………………………………………（536）
4．蒋介石指挥第三次长沙会战作战密电稿
（1941年12月—1942年1月）……………………………………（537）
5．罗卓英调整高安附近所属各部作战部署密电
（1942年1月9日）…………………………………………………（538）
6．第九战区第三次长沙会战战斗要报
（1942年1月）……………………………………………………（539）
7．蒋岳报告第三次长沙会战日军三线兵力配备情形密电
（1942年1月30日）………………………………………………（543）
8．军令部编第三次长沙会战经过概要
（1942年6月）……………………………………………………（544）

（十六）浙赣战役

1．第三战区浙赣战役炮兵作战经过报告
（1942年）…………………………………………………………（548）
2．顾祝同报告衢州战役溃败经过密电
（1942年6月17日）………………………………………………（558）
3．唐子长报告所部炮兵参加金衢会战经过密电
（1942年7月）……………………………………………………（559）
4．顾祝同报告各部在建德常山江山等地战况密电
（1942年7—8月）…………………………………………………（562）
5．某某转报浙赣战役溃败情况的电话记录
（1942年）…………………………………………………………（567）
6．第三战区浙赣战役作战经验教训及检讨
（1942年11月21日）………………………………………………（568）
7．第三战区浙赣战役作战经过概要

（1942年）…………………………………………………………………………（570）
8．军令部编浙赣战役经过概况
（1943年5月）……………………………………………………………………（599）

（八）武汉会战

1．钱大钧等关于武汉会战空军战斗要报

（1938年6—7月）

（1）空军战斗要报（6月4日）

战斗要报　二十七年六月四日要报

大通方面

本（四）日我霍机两架携带五百磅炸弹各一枚于七时许由九江机场起机〔航〕东飞，至七时五十五分抵达大通上空，见江面敌舰五艘分两组散泊，由四千尺高度俯冲投弹，一弹爆发偏左五十米，一弹未投下。当投弹时，敌舰高射炮多门齐集射击，我机未受伤损，于九时四十分降落南昌机场。

（2）空军战斗要报（6月9日）

空军战斗要报　廿七年六月九日要报

大通方面

本（九）日空军第二十五队刘分队长依钧率霍克Ⅲ式机四架，每架携120磅炸弹四枚，于十五时十五分由汉口出发，到达大通附近江面时，取八千英尺高度对敌舰行俯冲投弹，俯冲至二千五百至一千英尺间，各机分别对准目标投下炸弹，结果如左：

1．曾队员培复炸中敌舰首十公尺处。

2．相队员忠德炸中两敌舰舰首之前。

3．刘分队长依钧有二弹未投下。

4．张队员慕飞四弹均未投下。

5．据陈副军长万仞9.18池参电，炸沉敌舰一艘。

6．我机投弹时有敌机六架在江面上空，惟以间有云幕，故未发

现我机。

我机任务完毕后于十八时五十分均安返抵汉口。

（3）空军战斗要报（6月10日）

战斗要报　二十七年六月十日

本（十）日我志愿队①驾S．B．机五架，各带百公斤弹四枚，八公斤弹二十枚，于十三时由汉口出发，抵黄梅改航东北向，至巢湖复折向东南，以□侵袭芜湖企图，抵荻港江面上空，忽回航西向至铜陵对岸凤凰镇附近，发现江面兵舰大小七艘，遂从四千公尺高度关闭油门、减低声响，出其不意，于三千米许一齐投弹爆发，随即爬升云上，俄复降至六百米侦察，敌舰一艘着火渐沉，另一艘上之敌纷纷跳水，敌舰高射炮乃于此时开始射击，我机以任务完成，整队沿江西向，见大通有敌舰六艘，贵池有三艘，均无弹轰炸，殊为可惜。于十六时十五分安返汉口。谨闻。

（4）空军战斗要报（6月19日）

空军战斗要报　廿七年六月十九日

本（十九）日我S．B．机八架（两分队）由志愿队驾驶，于十五时二十分自汉口机场出发，抵达安庆上空，发见江面敌舰五十余艘，即连续投弹，我第一、二两分队各命中两敌舰起火，另一舰附近中弹受伤。我机以任务完成，回头西向，其时有敌驱逐机十二架追来攻击，我机未受损。至十七时四十分安返汉口机场。

（5）空军战斗要报（6月20日）

空军战斗要报　廿七年六月二十日要报

安徽方面

二十日八时，我S.B.机九架自南昌轰炸芜湖敌机场，至黄山山脉遇大雾折回南昌。十六时三十分，志愿队S.B.轻轰炸机四架由南昌出发，到达东流附近江面上空时，见有敌舰三十余艘，其

---

①指苏联空军志愿队。

停泊距离间隔较昨（十九）日为疏散，投弹命中二艘起火，并其中一艘沉没，敌舰高射炮向我机射击，敌驱逐机亦向我机攻击，惟我机均无损害，而于十八时五十分安返南昌。

（6）空军战斗要报（6月21日）

空军战斗要报　二十七年六月二十一日

安庆方面

（一）本（廿一）日十六时三十分，据报东流方面天气良好，派志愿队C.B.轻轰炸机九架由南昌出发，惟我机到达东流附近时天气转恶，致未达成任务，乃投弹于鄱阳湖中，于十七时四十分安返南昌。

（二）本（廿一）日十六时三十五分志愿队C.B.轰炸机五架由汉口出发，飞抵彭泽附近上空，与敌轰炸机及驱逐机各二架遭遇，当即对敌攻击，其驱机一架被我击落，余机旋即逃避。斯时云幕甚低，我机前进受阻，致未达成任务，乃投弹于湖口江中，于十八时四十分安返汉口。

（7）空军战斗要报（6月24日）

空军战斗要报　廿七年六月廿四日要报

南昌方面

（一）二十四日十五时十分，志愿队C.B.机二架由南昌出发，到达东流附近，发现敌舰多艘，当集中投弹予以猛烈轰击，眼见二艘起火，余舰四散奔逃。我机任务完成，于十六时三十分安返南昌。

（二）二十四日十五时三十分，志愿队C.B.机三架由南昌出发，到达香口附近，见敌舰十五艘、小汽船四五十只，并有敌人正在登陆，我机立予轰击，投下巨量炸弹，因有敌驱逐机五架向我攻击，未及仔细观察弹着点而返，于十七时十五分安抵南昌。

（三）二十四日十七时十分，志愿队C.B.机四架由南昌出发，到达东流附近，发现敌舰船仍众，乃再施轰炸投弹后眼见浓烟笼罩两敌舰，结果未明。当C．B．机出发时，得知敌驱逐机十五架自荻港西南飞行，有截击我机之势，我乃派E15及E16驱逐机各六架出发掩护轰炸。到达东流附近见敌驱逐机整队西来，因我C．B．机已投弹完毕，任务达成，乃掩护归来，未向敌机攻出。敌机见我有备，亦不敢穷追。

（四）本日由南昌出发之各C．B．机每机均携100公斤炸弹六枚。

汉口方面

（五）二十四日九时十五分，志愿队C．B．机三架由汉口出发，到达东流时见敌舰麕集，乃以三千公尺高度向敌舰投弹，炸中大舰一艘起火，其时有敌九五式驱逐机数架向我追来，我机转舵西飞，于十时五十五分安返汉口。

（8）空军战斗要报（6月25日）

空军战斗要报　二十七年六月二十五日

汉口方面

（一）廿五日六时三十分，志愿队C．B．机三架由汉口出发，于十七时五十五分到达安庆上空时，安庆机场并无敌机，江面泊敌舰大小舰廿余艘及汽船三四十艘，乃集中投下炸弹，命中舰群，计炸伤敌大舰三艘，其时敌九五式驱逐机六架及水上驱逐机一架向我机攻击，因我机速度甚快，敌无法追及，于十九时廿分安返南昌。

南昌方面

（二）廿五日六时五十分，志愿队C．B．机十架由南昌出发，经祁门而赴芜湖，到达目的地时，见敌机场停机五架，乃投下炸弹于场中，命中停机线上，其时东北方有敌机追来，我机急转舵西航，其机种、机数未能明悉。芜湖江面泊有各种颜色之敌兵舰三十至四十艘，内有一艘向我机开炮射击，我机毫无损伤，于九时五十分安返南昌。

(三)廿五日十五时，志愿队C.B.机七架由南昌出发，内一架中途故障折回。十五时二十分，志愿队E16式驱逐机七架由南昌出发，掩护C.B.机。全体轰炸、驱逐机会合后于十五时四十分到达东流江面上空，发现江中泊敌舰甚多，乃对准其密集处投下巨量炸弹，结果如左：

1.第一小队C、B、机三架投弹命中二艘，见有向下沉没之势，旋即发现敌驱逐机廿一架分三队向我机进袭，我机乃开足油门避之，而于十七时十分安返南昌，落地后检查，得知二架油箱被击漏，一架尾部之安定面被击微损，惟均可于一、二日后修妥。

2.第二小队C.B.机三架发现敌舰五艘，内四舰相靠而泊，其余一舰泊处较远，当即投弹于四舰之间，旋见黑烟冲天而起，敌舰全被烟火包围，似有多艘被命中者。我机旋安返南昌。

3.E16驱逐机七架亦分为数小队，当发现敌驱逐机九架向我第一小队C.B.机进攻后，立即趋前救护，该敌驱逐机见有我驱逐机掩护，乃向东逃去，我驱逐机见C.B.机均已达成任务向西南飞返，故未与敌机缠斗，仍掩护我轰炸机安返南昌。

(四)廿五日十五时四十五分，志愿队C.B.机三架由南昌出发，到达安庆机场上空时，发现敌驱逐机十五架停于一线上，当即瞄准投弹，旋见黑烟上腾，多数均命中敌停机线上，旋发见空中有敌驱逐机三架警戒，并向我机攻击，我机三架乃均加足油门飞避。经安庆附近江面上空时，见有敌大舰一艘正燃烧中，后经东流方面上空亦见敌舰一艘在燃烧中，此当系我本(廿五)日先行出发各机之轰炸成果也。我机于十七时五十分安返南昌。

(9)空军战斗要报(6月26日)

空军战斗要报　廿七年六月廿六日要报

南昌方面

(一)本(二十六)日五时，二十五队霍克Ⅲ式机三架，各带500磅炸弹一枚，由南昌出发轰炸香口敌舰，于六时到达香口东北之天生洲，于该洲之东西两面发现敌舰二十余艘，其中大型二艘，余为小型者，并有汽船甚多。此时我机高度九千英尺，俯冲至二千尺投弹，二弹齐中大型舰，火烟甚大，一落舰旁，斯时敌之防空火网甚密，惟炮弹炸点较低，约在千尺左右。由曾培复驾驶之霍Ⅲ式机P--5193风档被击中，人微伤，尚勉力飞行致未能跟随领队机，偏航至新喻迫降，机损人轻微伤，其余两架则安全飞返南昌。

（二）本（二十六）日五时二十分，志愿队C。B。机六架各带100公斤弹六枚，由南昌出发轰炸东流敌舰，在东流上游附近一带见大型舰二、小型舰九、小汽艇甚多，乃投弹于各舰之间，成果未详，我E16驱逐机八架于七时二十五分出发，在香口一带掩护，八机中俄员驾驶者三，第四大队驾驶者五，由俄员领队，据报未见敌机，仅见香口江面之敌舰火烟甚大，各机于七时返南昌。

（三）本（二十六）日七时，志愿队C。B。机三架各带100公斤弹六枚由南昌出发轰炸安庆机场，见敌机四架停场中，场内弹坑甚多，我机此时高度为四千公尺，当即投弹，均命中场中。据判断该场数日内当不能使用。斯时敌方高射炮射击猛烈，惟炮弹炸点均在我机后方，我机任务完毕，于十时半安全飞抵汉口，惟C。B。B—1573号机着陆时两腿复行缩入因而失事，计左腿、螺旋桨及腹部皮包均遭损伤，人员安全，该机尚可修理。

（四）本（二十六）日九时三十九分，南昌第一路司令接繁昌报告，敌机三十七架由东向西飞，高度约二千五百公尺，十时据殷家汇报告，因天气渐阴，云低，仅闻机声甚多，由东北向西北飞行。同时，据繁昌报告，又发现敌重轰炸机九架由东北向西南飞行。十时十四分，据大通报告，九架重轰炸机由西北向西南飞行。此后，前述两批敌机于到殷家汇后即未据报告。

十时二十五分，张司令官判断恐被敌奇袭，即派单翼驱逐机六架起飞，分两组，一在南昌之东，一在南昌之北巡逻，在场之C。B机及霍Ⅲ机全数飞避吉安。奉命之六驱逐机于十时三十分起飞，十时四十五分，C．B．机及霍Ⅲ机均起飞。

十时五十分，场北上空忽发现敌与我三机战斗，而留场之E15、E16驱逐机各机乃全体起飞，计志愿队驾E16式十架，E15式十八架，第四大队驾E16式五架。斯时天雨云低，至十一时，雨愈大，战斗经过不明。至十一时三十分，雨停，第一批之敌机已被我击落二架，一堕南昌附近阳子洲，一堕青洲沙滩，为俄员古班克所击落。十一时四十分，我机第一批之六机降落加油，第二批起飞之大部飞机仍在空中警戒。十二时，敌重轰炸机三架忽由东方云中穿出，并有敌驱逐机六架掩护，此时高云约一千五百公尺，我在空中之驱逐机即向敌机攻击，发生猛烈混战，在云涡中滚滚乱翻，旋出旋入，呈空战中空前之混战奇观。斯时敌轰炸机乘隙窜入场之上空，投燃烧弹十二枚，于第二、三□厂附近待修之C．B．B—1516、B—1374、B—1568三架翼部被弹片轻伤，数小洞待修之霍Ⅲ式P—1268一架支柱亦微伤少许，场边之50加仑装铁桶汽油一桶被焚，并未延及他物，损失轻微。第二次战斗结果，击落敌机三架，均为驱逐机，此时敌机经我痛击，队形零乱，利用低云落荒逃循，惟尚见我四架驱逐机正包围一重轰炸机射击，黑烟四出，高度逐渐降低，向东飘落，我机乃安返。

综计共击落敌机六架，据报尚有堕落于水中者。我E15机P5904由俄员史托维驾驶，壮烈牺牲于南昌东北之北高峰，俄员古班克所驾之E16P—5379则因机被击坏跳伞，安全降落，机则全毁，堕于场之南端。

(10)空军战斗要报(7月24日)

空军战斗要报　廿七年七月廿四日要报

吉安方面

昨（廿三）日十四时二十五分，第二大队S．B．机两架各带100公斤炸弹六枚出发，轰炸安庆附近江心洲敌舰，起飞后至十五时四十分途中遇密云暴雨，无法通过，乃转飞湖口，仍有密云，惟以云孔处俯视江面，发现敌大型舰六艘，小型舰甚多，我机以六千公尺之高度进入投弹，目标跟即为浓云遮蔽，虽不能视察命中之程度，但当投弹时机会甚佳，系出其不意，想轰炸结果必定良好。投弹后敌之高射炮集中猛烈射击，亦因云太浓密，致未能发现敌高射炮阵地。我机任务完成后，于回航时102号机之第一发动机发生故障，驾驶员以另一发动机维持飞行，将到樟树机场附近，另一发动机又生故障，幸该驾驶员操纵得法，卒于十七时二十五分安全降落樟树场中，该机现正修理中，其余一机则安降吉安。

〔国民政府国防部史政局及战史会档案〕

2.李宗仁关于第五战区战前各部位置及部署密电

（1938年6月）

（1）6月12日密电

急。27793。武昌委座：劲密。尤未令一元电奉悉，除转饬各部遵报外，兹将各部位置列报如下：(一)徐集团所部三师因舒城危急，迭经严令以主力由霍山、六安向舒城附近之敌攻击，一部在六安。唯该部遵令行动情形迄未得报。(二)杨集团之杨汉域师在舒城南方军铺东西之线与敌对峙，一三四师在庐江、怀宁、桐城地区。（三）四十八军主力之大部在三刘集、单家埠附近，一部在淠河西岸游击，一七六师主力在三河尖，一部在阜阳附近游击。(四)廖总部及三十一军之一三一、一三八两师由固始向叶家集及其以东地区移动中，一三五师一部在正阳关以西淮河南岸游击，主力在霍邱附近。（五）第七军在商城附近整训及构筑工事。(六)冯军团一师向潢川移动中，主力在新蔡、沈邱、太和一带。(七)韩集团之八九军、四六军在苏北一带，五七军在东海一带游击。（八）职部在商城，指挥所在潢川。以上八项，谨电呈察。职李宗仁。文晨。参一。潢。印。

（2）6月16日密电

武昌委员长蒋：劳密。（15、16）令一元鄂电奉悉。已抽派卅一军全部向霍、潜前进，归李品仙指挥，协同徐、杨两部侧击该敌矣。谨复。职李宗仁叩。亥①。参一。潢。印。

（3）6月18日密电

提前。武昌委员长蒋：劲密。铣午令一元鄂电奉悉。冯治安部原在太和、沈邱、新蔡一带，已令开驻阜阳三河尖、固始、潢川、光山附近，接替该处防务并担任潢川、光山工事构筑，现在移动中。谨闻。职李宗仁。巧午。参一。潢。印。

（4）6月20日密电

急。武昌委员长蒋：劲密。兹于号十五时下达职部部署电令如下：远巧午、19、13两电均悉。兹核饬如下：（一）晖部应确遵委座迭次命令，迅速进出潜山以南，侧击西进之敌，勿得违延。（二）智部应遵远令速兼程开赴英山。（三）栋亲率亮师速兼程开河头铺附近，并与智部取连系，统归远指挥。（四）新师应迅即开赴霍山，主力在霍山附近构筑工事，一部向舒城方向游击，牵制敌之南进并阻其西进。该师着暂归浩指挥。（五）各部队每日行动及到达位置务须逐日报部，仰各凛遵勿违。谨电呈察。职李宗仁。号十六时。参一。潢二。印。

（5）6月22日密电

即到。武昌委员长蒋：劲密。顷据第二兵团总司令廖磊号未参作电报该兵团各军各师位置如下：（甲）第二兵团总司令部驻叶家集南开顺街，四十八军军部杨柳店，一七三师在六安附近，一九四师在三刘集及淠河一带布防，一七六师由固始向霍邱移动，接一三五师防务，现正分别移动交接中。（乙）七军军部及一七一师在

①16日韵母代日脱漏。据同抄电纸，发电时间为16日。

商城附近整理中，一七二师由商城号晚到叶家集构筑山地工事。（丙）七七军之一七九师开阜阳、三河尖间，接一七六师防务，一三二师开潢川筑工事，均在运动行进中。（丁）三一军之一三五师主力向霍山移动，一三八师现陆续向潜山开拔，一七一师计程已到岳西。等语。特陈。职李宗仁。参一。养巳。潢叩。印。

〔国民政府国防部史政局及战史会档案〕

3.白崇禧陈诚等关于马当要塞失守及反攻情形密电

（1938年6月）

（1）白崇禧6月25日密电

限一小时到。武昌委员长蒋：劲密。职自抵武穴后，因通信机关不备，对各方连络均极困难。本日中午，始接刘处长运乾自田家镇来电话称：敌自敬日（24日）由东流登陆后，连陷黄山、香山，且马当之娘娘庙仍在战斗中，窥其主力乘虚进攻我军南岸，其企图益为明显。职于上周视察马当时，即感该地兵力之不足，曾将薛师全部推进马当，而以彭师接防湖口。昨与向华、鹤龄两兄会晤后，又知北岸兵力之薄弱，故改变部署，已于敬巳电详陈。以目下形势论，南岸危迫万状，李军恐难持久。据报薛师长此刻位置不明，其部队无法调动。恳速令马当东北之第三战区部队星夜驰往增援，且督罗总司令迅速前往指挥，俾可挽救危局于万一也。职本日未刻离【广】济，即晚上驶，明日视察黄鄂区后即赶回汉。谨闻。职白崇禧。有午。济。印。

（2）陈诚6月27日密电

委员长蒋：据刘总司令兴宥巳参电称：顷据马当要塞司令部电话报称：我要塞守备队本晨与敌在张公矶肉搏后，伤亡既重，弹药亦尽，渐形不支。现敌已攻至白果树附近，王司令[1]正在娘娘庙督战中。等情。除令死守待援，并再严催增援各部驰救外，谨电报察。等语。谨闻。职陈诚。27·13。战。

即到。武昌委员长蒋：志密。兹为迅速恢复马当计，已对罗总司令及李军长等下达如下之命令：香山、马当为皖、赣门户，其得失影响于今后作战之胜败甚巨，着罗总司令卓英督率第十六军、第四十九军及十一师、十六师等部，务速恢复香山、马当要塞阵地而确保之，并规定攻克香山及马当要塞区者各赏洋五万元。如有作战不力、畏缩不前者，即以军法从事。凡我官兵务必奋勇争先，以歼灭当面之敌。仰即督励所属，一体凛遵，是为至要。谨闻。湖口。陈诚。感戌。战。印。

（3）陈诚6月28日密电

限即到。武昌委员长蒋。场密。刻香山已由我军克复。为继续扫荡马当要塞核心之敌，已下达如下之命令：（1）香山已被我克复，犒赏照发。（2）我军应即歼灭侵入马当要塞之敌。（3）第四十九军即防守香山、香口并确保之，以掩护我军对马当之攻击。（4）着第五十三师周师长待四十九军防妥当后，即指挥现在香山之第五十三师、第一六七师之部队，继续由东向西夹击马当要塞之敌。（5）着第一六七师薛师长指挥在青山坝方面之第五十三师、第一六七师之部队，继续由西向东夹击马当要塞之敌。（6）夹攻马当之部队务密取连络。湖【口】。陈诚。28·12。战。印。

（4）陈诚6月29日密电

武昌委员长蒋：驰密。据刘军长多荃28·13电略称：第一〇五师感（27日）晨到达下蜀坂以西地区即行攻击准备。俭（28日）子，开始攻击，该师师长、副师长亲临指挥，官兵因之振奋用命，至俭卯卒将香山克复，陷敌甚多。现以一部确保香山，扫荡香山残

①指王锡涛。

敌。等语。除电复慰勉外，谨闻。浔。职陈诚。29·14。印。

（5）陈诚6月30日代电

军事委员会委员长蒋：据江防要塞守备司令谢刚哲艳午鄂代电称：（一）第二总队长鲍长义感戌（27日）代电称：职队已牺牲四分之三，昨晨因敌屡攻屡败，伤亡在二千以上，致羞恼成怒，不顾国际公法，竟施放毒气，我方中毒者极多，敌即乘机以千余人向我包围，致我牺牲极大，各中队长、队副大部均作壮烈牺牲。指挥所亦被包围。斯时，各山遍插日旗，各中队电话均不通，援兵不到。职不得已率同残余员兵冲围而出。（二）第三总队副崔重华感亥电称（总队部在湖口）：第三大队已牺牲三分之二，炮毁四门，合计第一、二两大队共有炮十四门，现仅余七门。颜总队副刻在彭泽负责收容，已收容者约二五〇名。此间给养极端困难，有线电话及长途电话均炸断不通。（三）陆战支队第二大队长金宝山感戌电称：职队七五野炮八门，被炸毁六门，现仅余二门，已运到湖口。子弹均已用尽。（四）第三总队长康笔祥（该员本驻湖口，因两个大队调赴前方，遂前往督率）俭酉（28日）电称：马当区自与敌接触后，我守备队苦战三昼夜，弹尽粮绝伤亡惨重，援兵不到，今上午全线不支后退，本军大受影响。此役敌舰被职属各队击伤起火者甚多。第三大队大队长、副各一员，中队长、副各二员均为国捐躯，士兵伤亡甚重。职队各炮被炸毁及击损者甚多，现残余员兵均已离开马当区。各等情。谨闻。职陈诚叩。卅辰。谍。

〔国民政府国防部史政局及战史会档案〕

4.蒋介石关于调整第三第九战区作战地境密电稿

（1938年7月4日）

即到。屯溪顾长官：〇密。为鄱阳湖防警备严密起见，特将三、九两战区地境之鄱阳、进贤段中间添营枥市地名，该地（含）

以北沿湖东岸之线归第三战区负责，即希遵照为要。中〇。04·19。令一元。鄂。

〔国民政府国防部史政局及战史会档案〕

5. 薛岳转报湖口失守守军溃败情形密电

（1938年7月5日）

即到。抄送武昌委员长蒋、司令长官陈：劲密。据报湖口已不守，郭军分向湖口西岸及其以南地区溃退，郭军长、刘师长下落不明等语。除饬各部加强工事及严密警戒、准备应战外，谨闻。洪。薛岳。微戌。忠。印。

〔国民政府国防部史政局及战史会档案〕

6. 李宗仁报告黄水入淮泛滥情形密电

（1938年7月8日）

即送。武昌委员长蒋、军令部徐部长：劲密。据冯军团长微戌电：一、黄水一股由鹿邑注入肥河，一股经淮阳注入八丈河，水满出漕，续向东南泛滥，冬日抵太和城西南四十余里之郭家桥南，八丈河南平地深者丈许，浅者二、三寸，有经茨河入颖河之势。黄水流速每日约十余里。二、淮水陡涨，澧钊冈起东至南照集决口五处，由南照集至正阳关亦开口数处，三河尖一带一片汪洋，几成泽国，南照集起至霍邱道路多处需船渡，正阳关街内水深及腰。截至七月一日止，水落四华尺，二日涨约尺许。等情。谨电呈察。职李宗仁。08·21。参二。印。

〔国民政府国防部史政局及战史会档案〕

7.陈诚报告日军进攻九江附近密电

（1938年7月23日）

限即到。武昌委员长蒋：寳密。5869。顷据张总司令发奎、李军团长汉魂二三零四参电称：顷据李军长玉堂报称：大王庙东岸于二时闻有汽艇声向鄱阳湖前进，二时卅分姑塘附近发现敌汽艇多艘。我军向之射击，敌稍退。三时许，敌舰在鞋山方面发炮掩护，更用飞机在马祖山盘旋，我步、炮兵一面还击敌舰，一面拒止敌登陆。经令预十一师将预备队增加，并由十五师派兵一团增援。等语。当即面张总司令饬一二八师发兵一旅，由寥家坡经霓桥铺向水仙等附近之敌攻进〔进攻〕，务于拂晓前将该敌歼灭。等情。谨电转报。牯。职陈诚。23•11。战。印。

〔国民政府国防部史政局及战史会档案〕

8.陈诚关于拟在德安与敌决战及其相应部署与蒋介石往来密电

（1938年7月）

（1）陈诚致蒋介石密电（7月24日）

限二小时到。PRIO。委员长蒋：武昌24•14战电计呈。养密。分散。一、职已抵德安。二、判断敌于九江方面得手后，当以舰队溯江西犯，其陆军则以主力向瑞昌趋武昌，以有力之一部最少当在一师团以上经德安趋南昌。查德安马回岭方面扼南浔之冲，而与瑞昌势成犄角。原在黄老门、马回岭间之第四军业已开往九江方面，现在永修、德安间俞济时军之二师以担任由吴城至星子间之湖防，其防线迂折绵亘达二百余里，对北势难兼顾。拟请由最近捷之汤恩伯部抽调三至五个师迅速开马回岭、黄老门间地区，并另以战斗力较弱之一部接替俞军之湖防，得以抽出作为机动部队，如此则可与瑞昌方面呼应。又关麟徵部拟请即令向瑞昌方面推进，王陵基部经修水、武宁向瑞昌、德安间推进，俾预造成有利态势。三、现我军已达二十余师，但均注意于沿江、沿湖之守备，处处薄弱，敌仍可随时随地强行登陆。又因防广，无法控置机动部队，对情况变化每感应付之困难，如此次姑塘即其一例。现应请决定者：(壹)是否预期在德安、瑞昌一带予敌以打击。(贰)兵力应以集团使用。拟请指导，以便从速部署。当否，谨乞裁示。德。职陈诚。24·24。印。

（2）蒋介石复陈诚密电稿（7月26日）

限四小时。德安陈长官：24·24电悉。2580密。（一）决在德安、瑞昌一带与敌决战，但张家山阵地须固守，掩护大军开进。(二)尔后部署大纲：(甲)薛岳兵团：（1）王敬久军守星子以南湖岸及其西侧隘口。（2）俞济时军守德安及马回岭。商震军位置德安、永修间，为预备队。（4）叶肇军守南昌。（乙）张发奎兵团：（1）王陵基集团守马回岭(不含)、西岭、东岭、项家岭，重点在右。（2）萧之楚军守高岭(不含)、赤山墇、茨花山。（3）霍、李两军①守田家镇要塞，但霍军须固守马头镇。（5）关麟征军位置杨坊、笠溪间，为预备队。（丙）薛、张两兵团作战地境变更为滩溪市、虬津街、乌石门及其以北铁道西侧约一公里相连之线（线上属薛兵团）。（丁）李玉堂、吴奇伟、李汉魂等部于完成掩护任务后，适时调滩溪市、下城、武宁一带整顿，为总预备队。除分电王陵基、商震、关麟征知照外，其余各部希转饬知照。中〇。26·15。令一。元。

〔国民政府国防部史政局及战史会档案〕

①指以霍揆彰为军长的第五十四军，以李延年为军长的第二军。

9.白崇禧李品仙关于太湖宿松黄梅一带战况密电

（1938年7—8月）

（1）白崇禧密电（7月27日）

即到。武昌委员长蒋：最密。综合李副长官有亥、宥申及韦军长有戌、径亥电报告：（1）漾酉，八十四军刘师与（29）军团田旅将广济大金铺、龙坪以及据点防务交接完毕。（2）有日，小池口敌已登陆，段窑有敌小部登陆。（3）有日，潜山之敌约两联队、炮二三十门向太湖小池驿攻击前进，又一部约四千由望江向宿松急进。（4）综合以上情报判断，敌由大江两岸已开始西进。五战区中央兵团廖部正开始由六安、霍山向管驾渡、岳西之线移动中。（5）已令右翼兵团逆袭上陆之敌，并令中央兵团以先到之四八军协同廿六集团向潜山之敌侧背迅速反攻。（6）钧座（26·10）令一元鄂电调王缵绪部向阳新集中，转令遵照。顷据李副长官电称，以正面正在反攻，第二线空虚，王部可否暂时缓调。等语。乞核示。职白崇禧。沁未。印。

（2）李品仙密电（7月31日）

限即到。武昌委员长蒋：另发志。劲密。据韦军长参一艳戌电称：艳日约三旅团以上之敌，但〔向〕职军熹、致方面猛攻，致师正面左地区敌用密集部队冲锋，战况异常激烈，龙山宫、西风噇、四面尖等高地相继失守，仅鹰喝岩、天头山在我手，亦被围攻中，致地区花凉亭附近之周围阵地频频告急乞援，琼旅右翼受敌包围，亦陷于极困难状态，预备队使用已尽，并已伤亡甚巨，战况实不能维持至陷日。熹师正面麻姑寨、严恭山、白马寨之线亦陷于极度苦境。依现状判断，预备队既无，郭、颜两团又已秩序紊乱，翌早敌仍当继续攻击，必致一溃不可收拾。为避免溃败起见，除艳午参一电乞示外，处置如下：一、未失守高地留少数兵力极力迟滞敌进。二、转进至第二道阵地。三、主力阵地为霸王庙、紫金山、老冈岭、方家庵、金家寨、六省冈、金钟岩、摩头岭、王家山、蔡家山之线。四、前进阵地为亭子岭、颜恭山①、白马寨、龙须冲、大石山、狮子喉、九头冈、李杜店、范家岭、刘家寨之线。五、艳亥转进，限陷寅部署完毕。复据参一陷亥电称：据一三一师林师长电话报称：昨晚转进时，于严恭山、白马寨阵地，敌夜行袭，无法脱离，激战彻夜后，行反击冈〔？〕脱离主力阵地，但我伤亡三百余。等语。又闻金旅伍团本日行至霸王庙，亦与敌军激战甚烈。各等情。谨闻。浠。职李品仙。世。参二。行。印。

（3）白崇禧密电（7月31日）

即刻到。武昌委员长蒋：最密。职以道路不良，艳夜半始抵浠水，当以太湖方面战况吃紧，遂调四十八军南下，协同徐源泉部攻击敌侧背。昨卅日，敌增兵力继续攻击，并占领太湖以北之高点，我卅一军损失过重，迄昨午撤至二郎河、霸王庙、六省冈、王家山之线，迄晚尚能固守阵地。同时，二郎河、宿松方面敌攻亦急，当晚遂令四十八军及廿六集团继续侧击前进之敌，并令川军王缵绪部以主力集结英山，一部在张家塝，令第七军亦向黄栗杪、东西界岭附近集结，均须江日始可完毕。判敌主力仍图黄梅、广济，以一部进出英山，掩护右侧。除亲往前方候察，并妥为部署外，谨电闻。职白崇禧。世巳。浠。印。

（4）白崇禧李品仙密电（8月7日）

PRIO。武昌军令部：劲密。据浠水电话，本日（鱼）正午止出击情况如下：（一）十八军团主力在大金铺、双城驿、苦竹口，拂晓以一团由大河铺公路两侧地区向黄梅攻击，进展甚速，已达郭立桥、下仙桥一带。（二）一八九师同时反攻，已达商河桥、两

① “颜恭山”一作“严恭山”。

河口，一四九师一团占二郎河，一团南北冲，两团亭前驿附近。（三）三一军分三纵队，主力在右，一三五师三团已达花凉亭、泥家桥及冲亭河西岸，一三一师三团已达鸾凤河、九重城、大头佛尖，一三一师向太湖攻击，进展不明。（四）二六集团军当面敌约二、三联队，似尚未有进展，特闻。宋。白崇禧、李品仙。阳。谍二。印。

（5）白崇禧密电（8月12日）

即到。武昌委员长蒋：劲密。（一）本日八十四军已进抵黄梅城北附近，敌一部约千余自黄梅东撤，泛滥已到黄梅城，川军在师子岭附近与敌对峙。（二）我卅一军因作战损失，正缩小正面，交由四十八军接防中。其出击部队与敌在破凉亭对峙，破凉亭曾两得两失。最后敌以战车进袭，三十一军因缺战车防御炮，故又放弃。（三）据确报合肥为敌第十三师团，近沿舒桐路南进增援宿松，并修复公路企图利用。（四）为截击宿、黄间敌部，已令川军及四十八军由二郎河以南突入，务切断太宿间道路，以期逐次解决。（五）冯治安部灰日开始向霍山、磨子潭间移动，于学忠部向商城、叶集行动中，并令宋希濂部于信阳集结后推进潢川、商城，以增强左翼。（六）职灰日召集第二线兵团指挥官孙连仲、于学忠、曹福林、林刘睿、何知重、张自忠等来浠面告作战计划纲领，并规定第二线部位置、工事构筑及迭次钧座指示关于作战、工事及军纪应注意各点。（七）关于山地粮食运输及交通通信之补修，亦正筹议办法进行中。职白崇禧。文亥。浠。参。

（6）白崇禧密电（8月13日）

提前。武昌委员长蒋：相密。（一）敌第三师团占领黄梅，仍沿用锥形突击惯技向我广济前进，经我卅一军及二十九集团军由二郎河、花凉亭方面侧击，昨敌由黄梅抽兵回宿松应援，侧击已生效果。（二）本日酉刻，廖总司令自英山电话，舒城之敌百余被我保七团及地方武装民众袭击，敌溃走，舒城已克复。但桃溪镇之敌约六千、三河镇之敌约二千料必应援舒城，守不易□，已饬六霍方面戒备。（三）黄梅附近之敌经我刘、覃两军进攻，现以泛滥入城，有向东移动模样，已饬许、覃两军各以有力部队向黄梅以东截击，期一鼓击破该敌。并令中央兵团廖部仍同时进攻宿松之敌，作有力牵制，定明寒日拂晓开始。（四）于学忠部已过罗山，向商城前进中。（五）冯治安军已向霍山、磨子潭方面前进，寒日先头可到霍山。（六）已令萧之楚、何知重、区寿年三部构筑广济附近预备阵地及漕河工事，并催于部、冯部迅速推进商城、六安，以加强左翼之守备。（七）三十一军伤亡疲劳过甚，已令第七军寒日前往接防，将三十一军控制英山，稍事整补，且资策应，此方防务，当可无虞。谨电闻。浠。白崇禧。覃戌。印。

（7）白崇禧密电（8月15日）

即到。武昌委员长蒋：守密。一、栢林铺、商河桥之敌约七、八百，寒晨向我苦竹口许军廖师阵地攻击，并炮击数百发，当即击退。寒晚六时，敌约三百余向我四八军严恭山夜袭，被我击退，毙敌三十余，敌尸尚留在原地。二、江面敌舰甚形活动，汽艇数十只侵入太白湖，孔垄镇有敌一小部登陆，敌主力仍在太湖、宿松地区。三、宋部先头师已抵信阳，已令开潢川，俾可推进于学忠部于叶家集。四、孙连仲、曹福林部皆抵浠水上巴河附近，已指导分别侦察地形、开始构筑工事。因整顿后方交通通信及妥定征伕购米办法，以期粮秣、器材运输补给圆活切实，乘俞部长来浠，已召集鄂东专员及各县长会商一切。谨并电闻。职白崇禧。删戌。参。印。

〔国民政府国防部史政局及战史会档案〕

10．陈诚报告第九战区作战部署密代电

（1938年7月29日）

（1）

限即到。委员长蒋：密。兹将职于28·24下达各部电令之要旨

恭呈如下：（一）电万副总司令、九三师甘师长、四九师李师长、二八师董师长：着李部迅速改开黄冈、团风一带，担任该处防务，构筑据点工事，对江正面特别注意，并归甘师长指挥。该师到达后，原驻黄冈、团风一带之九三师一团即归还建制。着董部迅开横店一带，担任该处防务，归万副总司令直接指挥。（二）着九二师黄国梁部迅开岳州待命。（三）着二六军萧之楚部迅速改开大冶、鄂城一带，以一师控置于大冶，以一师分任道士袱、石灰窑、黄石港、鄂城等处沿江防务，但鄂城须有一旅兵力，俟该旅到达后，原驻鄂城之第六师部队即归还建制。（四）着卅二军团关麟徵部迅速改开阳新一带，以两师分别控制于阳新及其以西地区，以一师分任沿江下山矶、黄颡口至沛源口一带防务，并赶筑工事。（五）通电关军团长、萧军长、霍军长示以下列注意事项：1.沿江码头应尽量破坏。2.沿江各处在可能范围内应设法泛滥。3.对阵地前之道路应尽量破坏，但有关前方部队需要者须暂保留，只作破坏准备。4.大冶、鄂城之部队应尽量利用铁轨、枕木构筑强固工事。谨闻。武。陈诚。29·15。战。

（2）

限二小时到。27793。武昌。26·15令一元电奉悉。邦密。关于本战区尔后部署□呈如下：一、吴奇伟部之第四军，尔后由张家山转移至马回岭、西岭之线占领阵地，隶薛兵团，尔后预定向安义、靖安地区转移。二、第八、第六十四、第七十各军归李汉魂指挥，仍隶张兵团，应先于牛玥山、金官桥、十里山、钻林山之线阻敌南下。尔后□以第八、第六十四军向乌石街、范家铺、冯家铺方面（瑞昌西南方）转进，并预定该两军将来任辛潭铺、通山方面之作战。第七十军尔后向倪家坂（卅万分一图杨坊东北）、杨坊方面转进，并预定将来任箬溪、武宁方面之作战。三、王敬久军任星子以南之湖防及守备星子、小定山、王筋山并东孤岭、香炉峰、马尾峰及隘口街各地区，并隶薛兵团。四、俞济时军守乌石门、德安东西之线，陈安保〔宝〕师到达德安后归俞军长指挥。五、商震军以主力接叶肇部防务，以一部任鄱阳湖南侧之守备。六、李仙洲军位置于德安、永修间为预备队。七、叶肇军抽出为机动部队。八、王陵基集团应兼程向项家岭、高岭、赤山垄、茨花山之线前进，并担任该线守备。九、孙桐萱集团守天子山、牯牛岭之线，并须以一师移置瑞昌，但应先以一师占领赤山垄、茨花山之线，待王陵基部到达后，即将防务移交之。十、霍、李两军守田镇要塞，霍军并须固守码头镇。十一、薛兵团与张兵团之作战地境为塔沙港、白槎、夏家铺、东岭、沙回之线，线上属薛兵团。十二、关麟徵、萧之楚军之部署已另案呈报。以上所□当否，乞核示。大冶。职44149陈诚。29·17。

〔国民政府国防部史政局及战史会档案〕

11. 蒋介石关于第五战区沿江一带作战部署与白崇禧等往来密电

（1938年7—8月）

（1）蒋介石密电稿（7月29日）

（联衔）限即到。宋埠白代长官、浠水李副长官、罗田探交王总司令缵绪、广水孙总司令连仲、黄安刘军长膺古：○密。（一）太湖方面务须避免与敌胶着，应随时变换攻击方向，求其侧背弱点攻击之，以免大军被小敌牵制。（二）二十九集团军王缵绪部着归五战区指挥。（三）刘军长膺古率一九八师应速向上巴河（黄冈东卅公里）、黄家铺附近集结。（四）孙集团应速以一部接替黄安刘军防务，余在广水集结。（五）通信连络上应速筹划陆地线路，假使江岸线破坏时亦可通信。（六）五战区长官公署应速移驻宋埠。上六项仰各遵照，并速具报备查为要。（鄂）中○。29·11。令一元。印。

（2）白崇禧密电（8月2日）

PRIO。限即刻到。武昌委员长蒋、硕①：守密。东子电计呈钧览。今午敌约五、六千向我宿松阵地攻击，二郎河、隘口被敌占领，我廿六集团分数路攻敌侧背，已占小池驿。已饬四十八军于兵力集结后，即连系徐军向新仓、太湖之线攻击，以截断敌后方连络。据报敌团本师团长已到潜山，曾见敌将校迎接。、等语。刻除略更部署、置重点于黄梅、广济方面，并令攻击部队指定到达线、限日实施外，谨电闻。英。职白崇禧。冬子。印。

（3）蒋介石密电稿（8月2日）

限二小时。英山、宋埠白代长官，蕲水李副长官：〇密。（一）敌有变更连络线于小池口方面，以一部守宿松二郎河掩护其侧背，以主力直冲广济及张家塝之可能。（二）应以刘汝明、王缵绪、覃连芳三部死守广济主阵地，并推进，何知重军于该阵地近后方为预备队，以期确保该地，掩护田家镇要塞，因该地以西无良阵地也。（三）其余各军应以重点指向宿松、黄梅中间地区侧击敌人，方能有效策应广济战斗。如因移动兵力、时间不许，亦应逐次注入主力于该方面。对于宿松以东，仅以徐源泉部担任牵制的攻击可矣。孙连仲集团应推进宋埠。中〇。02·19。令一元。

（4）白崇禧李品仙密电（8月5日）

急。限二小时到。武昌委座：劲密。顷接浠水龙参谋处长转钧座支午电话要旨七项，除分别遵办外，因各军位置及使用之缓急关系，略有变更。兹将现在配备情形分呈如下：（一）刘汝明所部原任黄、广正面之防守，因久战缺额尚未补足，且病兵甚多，正面稍宽，加以官兵对局地战尚欠机动沉着，已令其集结兵力缩小防线，将八四军之一八九师接替其左翼火河铺（不含）、苦竹口之线，并由该方面出击，余一八八师控制于广济城附近。（二）王缵绪部因由英山推进，已令就近由张家塝、二郎河方面出击，王本人尚在

①指李宗仁。

后方，所部达到鄂东者现有三师，其主力尚不能依照计划如限达到指定地点，现到张家塝、二郎河者仅有一师一旅，余在续进中。（三）因廿九集团已使用于张家塝方面，故令四八军主力开刘公河、曹河间为总预备队，另以一师加增卅一军攻击太湖、二郎河前方之敌。（四）第七军暂令开驻英山，虞日可到，将来或即向张家塝或合水涧推进。（五）刘膺古军之一师令开浠水，任巴河市、兰溪、蕲春（不含）间之江防守备，其余各军已令遵照钧座电令办理。上五项谨电察核。广。职白崇禧、李品仙。05•08。印。

〔国民政府国防部史政局及战史会档案〕

12. 白崇禧报告第五战区作战计划密电

（1938年7月31日）

即到。武昌委员长蒋：劲密。（一）小池口、宿松方面敌情无变化。太湖附近卅一军正面受优势之敌压迫，于昨卅日退守二郎河、霸王庙、马王庙、六省岗、金钟铺、王家山亘蔡家山附近之线。当面之敌似企图以有力一部续向张家塝方向突进，以掩护主力沿徐家桥、宿松道附近地区西进。（二）本战区以攻势防御击破敌人西进之目的，拟保持主力于右翼兵团对敌作战，以第廿一及第廿九集团推进于太湖西北及英山以南地区为第二线兵团，继续向东□压迫，侧击西进之敌。（三）六八军及八四军应续行前任务。（四）卅一军应确保原阵地，努力拒止敌之攻击，以待后续兵团到达，转取攻势。四八军之一七六师仍归该军长指挥，于青风岭附近地区集结后，即续向东南前进，攻击敌之右侧背。（五）廿六集团应速向小池驿、潜山方面敌之侧背攻击前进，截断潜太道后转向太湖挺进。（六）廿九集团除以一师位置二郎河、张家塝附近取原态势，左与一三五师连系，协力拒止敌之攻击外，其余两师应速向英山吴家大湾、横河岭、隘口岭间地区集结，准备尔后之作战。（七）第廿一集团之第七军应速向黄栗杪（英山东北约四十公里）、西界岭、张坡咀、大风树、过路滩、东界岭间地区集中，并限支日前集中完毕。四八军（欠一七六师）应速向上下五河（岳西西方约十五公里）、擂钟河间地区集中，并限江日前集中完毕。上各项部署谨电奉闻。职白崇禧代。31·12。参一。浠。印。

〔国民政府国防部史政局及战史会档案〕

13. 白崇禧等下达第五战区作战命令

（1938年7月）

作命　第15号

第五战区命令

（二十七年七月？日于商城长官部）

一、敌以长江为进攻我武汉干路，其江北岸之主力似集结怀宁、合肥，将以主力由潜山趋太湖、宿松，一部由岳西、英山迂回，与长江各口上陆之敌呼应，策应其主力作战。合肥附近之敌或向我六安、霍山攻击，以资牵制我兵力之转用。

淮河增水，黄流泛滥，阜阳、霍邱、固始一带半成泽国，公路亦尽量破坏，敌我之运动均感困难。

二、战区应置重点于右，以积极之行动确保豫鄂皖边区山地及长江沿岸各要点，击破或阻止侵入之敌，以屏障武汉之翼侧。

三、右翼兵团应以主力之二十六集团军及卅一军集结于潜山、小池驿西北侧及弥陀寺、太湖、宿松附近向东作战，以积极之手段阻止西向突进之敌。

以二十九军团集结于黄梅、广济附近向南作战，应直接配备于黄、广南侧湖沼地及其北侧山地缘线，构筑数线工事，防敌之突进。敌少数部队登陆务歼灭之于湖沼地区，并与第九战区田家镇要塞部队密切连络协同作战，务勿使敌迂回要塞背后。

八十四军在浠水附近集结训练，抽出军官指挥民夫在蕲春、巴河市间江岸各要点及巴河西岸（罗田以南）对东构筑工事。

该总司令部应南移浠水附近。

四、中央兵团应保持重点于霍山以南地区，以主力之第四十八军及第七军在六安、霍山、管家渡、磨子潭、岳西间地区集结，准备向合肥、舒城、桐城、怀宁方向攻击，先各以一部支援地方武力，竭力挺进，扰乱敌之集中及运动，可能时攻占合、怀道上各要点，以为向前游击之根据。

第十九军团集结于叶集、商城附近地区，速行编并，并随时准备向六安方面推进。

该总司令部应移立煌附近。

五、左翼兵团应以第二十六军、八十七军重点在右集结于潢川及新蔡附近，各推进一部于霍邱、颍上、阜阳以为根据，向淮北地区游击，并与第一战区在太和、沈邱一带之部队密切连系。

第二集团军仍在拱卫线附近整理训练、增强工事并护路。

该总司令部应移信阳附近。

六、第二线兵团主力仍在拱卫线上监护，并增强工事。应以一部协力于右翼兵团构筑罗田以北、巴河西岸之工事（由李总司令品仙统筹之），并速侦察决定黄冈、金台冈、黄陂、祁家湾、襄河（新安渡）间向南之阵地线。

七、苏北兵团应仍在津浦以东、陇海以南之区域内，力图肃清苏北之敌主力，策动地方武力向徐浦间之津浦线游击。

八、中央及右翼两兵团在田家镇要塞尚能保持以前应确保六安、霍山、岳西、太湖、小池口、龙坪镇之线。

九、第一、五、九战区及五战区各兵团之作战地境：

（1）第一、五、九战区之作战地境：

长江—龙坪镇—蕲春—长江—团风(不含)—金台冈

第九战区

黄陂—新洲(新安渡)—汉水—襄阳(含)—孟家楼

第五战区

孟家楼—豫鄂边界—桐柏—明港—阜阳—新蔡

第一战区

蒙城

线上属右战区，以长江为界者两战【区】分任江面之作战，但北岸之田家镇要塞区域及团风、黄冈旧城两点暨汉口卫戍区均不属本战区。

（2）右、中、左三兵团之作战地境：

横川铺（桐城南三十公里）—余家井（潜山东北十五公里）—衙前镇

右翼兵团

河头铺—金家铺—罗田—宋埠—河口集—花园

中央兵团

淮河—正阳关—三刘集（东湖南端）—河口集—黎家集

左翼兵团

樟柏岭—和风桥—泼皮河—守军山—黄陂站—广水

线上属右兵团。

十、各兵团与兵站总监部管区之境界为浠水、麻城、广水、桐柏之线，线上属各兵团。必要时得在兵团管区内推进总监部之补给点。

兵站主要之设施应在汉口、浠水、广济、黄梅、宿松道(右翼兵团），汉口、黄陂、麻城、商城、叶家集道（中央及第二线兵团），平汉线、信潢公路（左翼兵团)及以上各道之平行道。蕲春以西之长江为补助。

十一、本战区通信机关之管理补充，以通信指挥官统一办理，通信线之设施另令行之。为减少电信之拥挤，本部与各兵团司令部间以下各司令部相互应利用车马及当地交通材料设置连络哨。其详细另定之。

十二、各兵团管区内交通路之修补、重设，由各该司令部自行计划实验。由宋埠经河口至花园及广水之道路，应由总监部饬令沿途各县加以修整。

十三、本部预定七月廿八日移宋埠。

代司令长官　白崇禧

副司令长官　李品仙

〔国民政府国防部史政局及战史会档案〕

14. 陈诚报告九江庐山一带战况密电

（1938年8月）

（1）8月2日密电

特急。武昌委员长蒋：最密。甲、张发奎31·46电：陷日，敌向我守南昌铺亘沙河以北之线之一三五及一八七两师全线猛攻竟日，其炮兵并由东林头向西运动，黄昏后我除以一团仍留原线警戒外，余撤至牛头山、十里山、钻林山至城门湖之主阵地带。世晨，敌炮兵向我主阵地全线试射，并与我警戒之一团激战中。又星子方面，敌舰十一艘陷驶柴塘湾，似系测量水道，现已他驶。乙、霍揆彰3048、3118两电称：（1）陷日，瑞昌情报参谋报告：敌舰十余艘现分泊九江附近，港口湖堤已决开，水向南流，马厂湖附近有敌百余在破坏水雷线。（2）陷夜，东九林地发现敌舰两艘，似在探我水雷。（3）陷未，敌机十余架飞田家镇投重量炸弹数枚，损失不详。又黄桥、马头镇等处，均有敌机来往侦察。谨闻。陈诚。冬巳。课。印。

（2）8月10日密电

即到。武昌委员长蒋：最密。瑞昌孙总部本日廿二时电话：

敌四百余本日十四时在港口登陆，徐家湾港之敌舰八艘以炮火支援，该敌自十八时起向望夫山、平项山我廿二师阵地攻击，被敌占领。顷已责令该师之一旅务迅将该两师〔地〕恢复，并另以廿师之一旅增援之。谨闻。职陈诚。灰亥。谍。印。

（3）8月12日密电

武昌委员长蒋：最密。（甲）据三集团总部本日廿一时电话，我廿二师六四旅及廿师之一团昨晚反攻望夫山，争夺数次，得而复失，敌继续增援，至本日下午，丁家山、马鞍山、平项山亦落敌。未刻，我在该线西南与敌对峙中。（乙）五四军本日廿一时电话：据探报：（一）由港口登陆之敌增至千余，望夫山、丁家山之敌约八、九百。（二）港口通赤湖小河中有敌汽艇十一只。又：敌舰不断向我阵地炮击，马西垄（赤湖西北，图无）附近十一时发现敌汽艇及民船共卅余只。等语。谨闻。陈诚。文戌。谍。印。

（4）8月18日密电

Imd。武昌委员长蒋：最密。本日情况：甲、本晨据张总司令电话：昨晚我移十五公分炮一门于大桥下附近（赤湖西岸），本拂晓对大树下敌舰射击后，敌舰二艘即向东退，其余敌舰向我炮击甚烈。乙、孙集团电话：一、丁家山、望夫山一带敌增加三、四百人。二、大树下敌不时向我朱庄以东阵地进攻，均经击退。三、彭家坂江面敌舰向大屋、何城子镇炮击，村落全毁。丙、第二军电话：一、龙坪江面敌舰七艘今晨向火龙山、乌龟山炮击。二、探报二套口有大小敌舰五艘、潜艇一艘，二套口下游约八里处有敌舰五十余艘、潜艇十余艘。三、探报二套口今晨有步炮连合之敌千余，骑兵六、七十，其东二里敌在筑飞机场。又小池口、襄孔陇镇道路敌正赶修中。等情。谨闻。陈诚。巧戌。谍。印。

（5）8月22日密电

即到。武昌委座：最密。据孙总司令电称：（甲）昨敌攻我蜈蚣山之役，竟施放催泪性毒气，呈深蓝色。我中毒者廿余人。（乙）

敌今晨使用窒息性毒气向我大屋、何城子镇进犯，我八十一师守兵两营中毒，口鼻出血，除三人逃出外，余均壮烈牺牲。现我扼守沈村、乌龟川之线。等语。谨闻。陈诚。养戌。谍。印。

〔国民政府国防部史政局及战史会档案〕

15. 蒋介石指示各部预备粮弹固守武汉手令密电稿

（1938年8月6日）

限二小时到。阳新陈司令长官、武昌万副司令：最密。武汉附近各部队在其阵地附近须储积二个月之粮弹，必须作固守二个月半以上之准备，待野战军增援时反攻，以期在武汉附近内外夹击，歼灭敌军。务使各官兵皆要有此决心，各部皆作如此计划，以免临时动摇也。应谆谆训示各部，并计划准备为要。鄂。中〇。手令。06•15。令一元。印，

〔国民政府国防部史政局及战史会档案〕

16. 张发奎失守九江报告书

（1938年8月7日）

职奉令于七月十日离汉，十四日抵瑞昌，十五日到达九江。当时部队虽已陆续到达指定位置，但阵地构筑、后方设施及地方战时组织，诸未就绪。经职分别召集会议，并亲往巡视指导，卒以时间仓促，准备未周，敌乘隙于二十四日零时在姑塘登陆，中虽经一再调队反攻无效，遂于二十五日晓奉令逐步转移。除战斗要报另案拟呈外，谨将此次九江失利原因、撤出狮子山、张家山、蔡家湖收容阵地之原因及经过与各部队作战不力情形先行条陈如下：

（甲）九江失利原因：

一、交通线破坏过早，阵地未能预先完成：查九江附近公路如

九星、九瑞、瑞昌至阳新、瑞昌致〔至〕德安、永修至箬溪以及南浔铁路北段，早经彻底破坏。九江附近工事，事先亦未构筑。此次于短期内决定固守，九江军队虽勉强集中，而交通困难、筑城材料运输不及，阵地无法立臻巩固，职到浔视察时，野战工事仅及三分之一，因之不能长期固守。

二、运输不良、兵站设施欠缺：九江方面兵站，事前殊欠准备，临时无人负责，使前线部队白昼困于飞机轰炸，夜间一面作工，一面运米，兵力疲敝，警戒自难周全，实为致败之因。故自敌在姑塘登陆后，九星路不能利用，在九江附近部队将近十万，仅恃九江至马回岭小径为后方连络线，因之粮弹之补给、伤兵之后送，均无法实施。士兵枵腹应战，伤兵呻吟道左，作战精神顿形颓丧。

三、军纪不良，民众逃亡：查此次各部向九江附近集中时，因运输困难，战时增设部队又骤难足额，沿途鸣枪拉夫、搜寻给养，不肖者且因而强奸掳掠，军行所至，村舍为墟。职由阳新徒步经瑞昌至九江时，满目荒凉，殆绝人迹，民众既失同情之心，军队自无敌忾之志。如此而欲其奋勇杀敌，自不可能。

四、连络不确，未能协同：查各部因通讯器材缺乏，致各军、师间及步、炮间纵横方向连络，均欠确实，即连络员亦甚少派遣，各自为政，互不相谋，故不能适时相互策应，收协同之效。

五、警戒疏忽：查防守江湖各部，曾奉令饬团长以上主官值夜巡查，职召集各军、师长会议时，虽亦经传谕告诫，并亲往巡视数次，乃各级军官仍有奉行不力者，致任敌在姑塘从容登陆，事先既失于察觉，事后复无法驱逐。又：敌在十二时登陆，至四时一刻始接第八军电话报告，致失增援时机。

六、高级将领间缺乏自信心、中下级干部多无力掌握部下：职此次在浔数日，与师长以上各将领晤谈，每多借口新兵过多，防区太广或武器不足、战斗力弱，动摇必胜信念，影响作战士气，益以中下级干部掌握不力，精神涣散，故每遇敌机袭击，多数溃散，甚有未见敌人，溃不成军者。

（乙）撤出狮子山、张家山、蔡家湖收容阵地之原因及经过：

自敌突破鸦雀山并在九江附近登陆后，即令第四军由狮子山、张家山亘蔡家湖之线收容各军，时值昏夜，仓猝占领，工作〔事〕未能构筑。拂晓后，敌遂利用九莲公路，以装甲车及炮兵向我进攻，且该线离九江过近，同时并受敌海军炮之射击。按地形比较，似不如在牛头山、金官桥、十里山、钻林山亘成湖之线阻止敌人为有利。经商请薛总司令代为请示钧座，奉准允行，遂于二十七日晚令第四军于黄昏后开始向第二线转进。午夜接薛总司令转示钧谕，仍守原线，自应遵办，惟当时各部业经陆续移动，若再令推进，恐滋混乱，有违钧旨，无任惶悚。

（丙）转进时未能适时报告原因：

职到达瑞昌时，即决定将总部设于马回岭附近，当即令大部人员及有线、无线各通讯部队由瑞昌迳开马回岭设置，职携少数幕僚赴浔巡视，不意视察未竟，姑塘疏防，此时为镇定军心计，不便轻离战地，遂随队逐步经莲花洞、石门涧向马回岭移动。在途两日，因电报局或被敌机炸毁、或正在移动中，无线电又未携带，故未能适时报告，致劳廑系。

（丁）各部作战不力情形：

此次预备第十一师，因警戒欠周，影响九江战局。第一二八师增援不力，反自溃散，虽因新兵过多，且受敌机威胁，但官兵平时缺乏教育，临阵各级官长均无掌握能力，自无可讳言。除详情正饬李军团长、王军长、炮兵史旅长分别查明另案呈报外，至职统率无方，轻失要地，拟请先予严处，以为溺职者戒。

以上各项是否有当，谨呈委员长蒋鉴核。

职　张发奎

〔国民政府国防部史政局及战史会档案〕

17. 陈诚呈报第九战区军队区分及作战地境代电

（1938年8月13日）

急。武昌委员长蒋：谨将本战区新军队区分及作战地境电呈如下："密。兹修正本战区军队区分及作战地境颁发如下：（一）军队区分：（甲）第一兵团总司令薛岳：子、第九集团军总司令吴奇伟、副总司令叶肇辖：1、第四军欧震（第五九、第九十师）。2、第二九军团李汉魂辖：第八军李玉堂（第三师）、第六四军李汉魂（第一五五师、第一八七师、预九师）。3、第七十军李觉（第一五、第一九师）。丑、第六六军叶肇（第一五九、第一六〇师）。寅、第二十集团军总司令兼第三十二军商震（第一三九、第一四一、第一四二师及税警旅）。卯、第三十六军团俞济时辖：第七四军俞济时（第五一、第五八师）、第二十九军陈安宝（第四〇、第七九师）。辰、第三十七军团兼二十五军王敬久（第五二、第一九〇师）。巳、鄱阳湖警备司令曾戛初辖原属各团队。（乙）第二兵团总司令张发奎、副总司令孙桐萱：子、第三集团军总司令兼十二军孙桐萱（第二〇、第二二、第八一师）。丑、第八集团军总司令张发奎、兼副总司令李汉魂辖：1、第九十二军李仙洲（第二一、第九五师）。2、第三十二军团关麟徵辖第五二军关麟徵（第二、第二五、第一九五师）及第九八军张刚（第八二、第一九三师）。寅、田北要塞区指挥官、第十一军团兼第二军李延年（第九、第五七师及田镇要塞部队）。卯、田南要塞区指挥官霍揆彰辖第五四军霍揆彰（第十四、第十八师）。（丙）武汉卫戍总司令由司令长官兼，副总司令万耀煌：子、江北区指挥官万耀煌辖：第六军甘丽初（第四九、第九三师）、第十六军董钊（第二八、第一〇二师）。丑、江南区指挥官周喦辖第七五军周喦（第六、第十三、第五五师）及黄、鄂要塞。寅、武汉警备司令郭忏辖第九四军郭忏（第一八五师及警备部队）及第四三师、第九二师。（丁）直辖兵团：子、第三十集团军总司令王陵基辖第七二军王陵基（新十三、新十四师）、第七八军张再（新十五、新十六师）。丑、第十二军团樊崧甫（第五十师、预二师）。寅、第三十军团兼第六十军卢汉（第一八二、第一八三、第一八四师）。(二)作战地境：(甲)第一兵团与第二兵团为箬溪、杨坊街、黄村、傅公山、鸡公岭、汪家咀相连之线，线上属第二兵团。(乙)第一兵团与第三战区及第二兵团与第五战区为军委会所规定本战区与第三、第五战区之线。上二项特电遵照，并转饬所属各军师遵照。"谨闻。陈诚。13•17。战。

〔国民政府国防部史政局及战史会档案〕

18. 白崇禧关于第五战区左翼兵团作战部署及作战指导调整情况密电

（1938年8—9月）

（1）8月17日密电

即到。武昌委员长蒋：朗密。12•16、14•12令一元电均奉悉，已特令廖、于两总司令、冯、万、张、宋各军团长、各军长分别遵照，并于铣酉下达修改左翼兵团部署及作战指导电令如次：一、新归入本战区之于、宋两部归入左翼兵团于副总司令之指挥。二、五十一军应推进主力于杨柳店、独山镇、叶家集、麻埠间占领既设工事，一部占领六安及南北淠河之线，支援地方武力向合肥一带游击。三、七十一军集商城附近，一部在潢川加强既设工事。四、作战指导以确实掩护本战区左翼之目的：(一)如少数之敌突进时，应击破之于杨柳店、独山镇以东地区。(二)如受优势之敌进攻时，则逐次抵抗，俟于、宋两军相合，击破之于商城以东地区。(三)万不得已时，亦须以主力在商城、小界岭间持久掩护第二线兵团转进于大别山脉之线布防完毕，其他以掩护潢川之目的，向均北逐次抵抗。

(四)左右两翼兵团应相策应作战，侧击向他一兵团方面突进之敌。(五)左翼兵团与中央兵团之作战地境改为长岭关、南庄畈、何路集、青山镇迄上派河之线，线上属右。(六)张自忠部仍任信阳山、武胜关一带之工事构筑。(七)冯部移霍山、岳西间地区后，仍归入中央兵团之指挥。(八)仰于副总司令本上列要旨策定左翼兵团作战计划呈核，并将部队移动及部署先电报。职白崇禧。筱酉。参一。印。

(2)9月7日密电

提前即到。武昌委员长蒋、军令部徐部长：另发李总司令、廖总司令。最密。本战区右中两兵团尔后作战指导如次：一、中央兵团以二六集团军在舒城、岳西间游击，但一九九师即日由英山、浠水道归还八七军之建制。二九集团军及四八军扼守停前驿、大洋台间各隘路口，常各以二分之一兵力向黄旧公路以南侧击。七军在荆竹铺、广济北方山地扼守隘口，与右翼兵团连系，由广济东侧向南侧击。二、右翼兵团以三一军三师附及八四军中抽出损害较小之两师，归韦军长之指挥，位于广济松阳桥北方山地扼守各隘口，准备随时与七军连系向南侧击，并与位于界岭附近之五五军策应，牵制并阻止敌军之西进。第二六及八六军位于栗木桥、铁石墩间地区，与要塞部队连系，侧击南下及西进之敌。其余各部，由该兵团指定地点在浠水及以东地区整补并工作。三、两兵团之作战地境为永安砦、石鼓钟、田家河、荷叶山之线，【线】上属中央。两兵团之协同，由李副司令长官律定适宜指导之。四、八七军仍以一部警戒蕲春至兰溪江面，一九九师归还建制后集结上泊河附近，该军尔后归战区之直辖。五、中央及右翼兵团司令部待部署完竣后移于英山及浠水附【近】，并速将部署情形详报。长官部指挥所暂在下麻。【浠】水。职白崇禧。阳巳。印。

(3)9月13日密电

限即到。武昌委员长蒋：最密。兹规定左翼兵团之作战指导如下：一、于总司令学忠、冯军团长治安附一三八师：两部持久抵抗，确保立煌，掩护立、麻通路，敌如由霍英道西南进时，应侧击之。该方部队由于总司令统一指挥，移驻立煌。二、孙总司令连仲、宋军长希濂：两部逐次缩短战线，掩护商城，并在其附近控置有力之一部，与潢川互相策应，侧击突进之敌。三、张军团长自忠部逐次向潢川附近集结兵力，以一部守潢川城，主力控制于适当地区机动使用，侧击西进或南进之敌。四、陈军长鼎勋部归左翼兵团指挥，以一师守信阳及五里店附近，一部推进罗山附近布防，特须注意由新蔡、息县、正阳方面由水陆两路窜入之敌。五、以上各部，务常久存在于大别山脉各隘口外及平汉路以东地区，机动运用，勿使敌得侵入隘路及铁路线区域，万不得已时亦须利用有利地形及大别山各隘路逐次抵抗，迟滞敌之猛进，以求获得时间之余裕为要。谨电呈察。浠。职白崇禧。元午。印。

〔国民政府国防部史政局及战史会档案〕

19．陈诚报告瑞昌一带兵力部署及战况密电

（1938年8—9月）

（1）8月20日密电

限即到。武昌委员长蒋：邦密。兹将瑞昌、阳新方面部署变动如下：一、第卅二军团关军团长即率第廿五师推进至瑞昌西北之大脑上、笔架山、拱山岩间地区集结，及以一部继续构筑第廿一师未完成之预备阵地，第廿一师即转进至瑞昌东南至新塘埠间地区集结，保有机动，并以一部接替第九五师之笔架山、鲤鱼山、茨花山间沿湖警戒。二、第九二军即归关军团长指挥，第二师归还五十二军建制，第一九五师仍任原防，并归汤总司令指挥。三、第九十八军第十三军及第一九五师由第卅一集团军汤总司令指挥，其部署如下：甲、第九十八军之第一九三师即配备于两剑桥经半壁山、下山

矶、黄颡口（含）间沿江一带，主力在李家垄、马鞍山、半壁山、黄金山至沙村间地区；第八十二师以三团配备于黄颡口、沣源口、道士袱、石灰窑、黄石港沿江一带，重点在道士袱、石灰窑、黄石港间，以一团配置于向城；原在鄂城第六师之一部交防后归还建制。乙、第一九五师配备于浲洲经荻田桥、阳新县城至两剑桥（含）沿湖一带，主力在阳新附近。丙、第十三军即以在金牛之第八十九师推进至大冶附近地区集结，以新卅五师及新廿三师推进至辛潭铺附近地区集结。谨闻。职陈诚。20·24。战。印。

（2）8月28日密电

武昌委员长蒋：最密。情况：（1）本日瑞昌方面之敌约千余人，分向我磨山、洪山各阵地攻击数次，均被我击退。敌伤亡过半，我亦伤亡二百余名。又：敌约二百余人攻我白龙泉阵地，亦不得逞，并伤亡五、六十人。我仅伤亡数名。（2）瑞昌南情况无变化。（3）码头镇方面敌本日向我炮击甚烈，经我还击后退去。敌弹均落我后方，故无损害。（4）据九十五师报称：昨该师俘获敌旗，得知其正面之敌为上海派遣军，为吉住部队及气附表部队。等语。谨闻。职陈诚。28·20。印。

（3）8月29日密电

即到。武昌委座：最密。〈1〉据王陵基俭子电称：（1）敌坡田支队于今晨拂晓，以飞机十余架及猛烈炮火，掩护其步兵向我鲤鱼山、笔架山阵地猛攻。激战至午，我唐旅伤亡惨重，不得已退守尖门堰亘黄牛庵、药山之线。敌继续猛攻，至午后三时，上述诸要点相继失陷。刻正与我十三师倪旅在大塘堰、姚家岭激战中。（2）职集团拟向皇天脑、北极峰、李家山之线转移阵地，其部署如后：甲、十四师向夏家虞亘皇天脑、王家洲至瑞德大道两侧之北极峰山腹转移阵地。乙、十三师（附吴旅）占领北极峰亘牛金山、团树山、李家山、范家铺前方、鱼岭山之线，以饶家岭、黄丝洞诸要点为前进阵地。其唐旅着迅速收容整顿，位置于李家山后山。丙、该两师之作战地境为新塘埠亘金家塘之连线(线上属十四师)。丁、十五师韩旅迅速移至岷山、大屋附近集结,策应刘、范两师,并派一小部占领瑞德公路东西各隘口,施行破坏工作,罗旅仍守原阵地。〈2〉复据俭亥电称:职军团自有日(25日)接替防务,阵脚未稳,敌乘机突破笔架山、鲤鱼山,连日往复争夺,始将鲤鱼山恢复。宥(26日)晨起,敌复以空、炮轰炸竟日,职刘师唐旅、范师之唐团伤亡重大,致鲤鱼山、黄山庵相继失陷,乃转移阵地,决心死守夏家洼、冷山亘皇天脑、北极峰、牛金山、团树山、李家山、鱼岭山之线,以扼守瑞德、瑞武、圣鸡瑞公路。查此线正面宽达六十余华里,用去兵力五个旅。其余唐、罗两旅则在收容整顿中。全集团已无预备队,拟请将现位置于傅家山、陈家垄之罗旅为总预备队,俾便应付战局。等语。谨闻。陈诚。29·24。战。印。

即到。武昌委员长蒋:邦密。据汤恩伯俭巳电:一、敌约两联队昨感增到瑞昌。二、鲤鱼山、笔架山、桂林桥之线川军阵地本晚被敌突破,我关军团右翼颇受威胁。码头镇以东约十余里发现敌舰七、八艘。九十五师已向洪山、郎君山之线转移,廿一师在犁头尖、虾蟆洞一带,关军团前线仍在磨山、马鞍泉、白龙泉、大脑镇、望人山、武山之线。三、刻已令十三军(欠八十九师)于本晚进出牛角泉、堰边、大岭山、石头嘴及姚家岭、仙女池、鸭鹊尖之线占领阵地,掩护关军团右侧背之安全,并准备尔后之出击。等语。谨闻。职陈诚。29·18。战。印。

即到。武昌委员长蒋:邦密。情况:一、瑞昌方面之敌,据报已增至一师团以上,本日以约一师团兵力分数次轮向我第廿五师磨山、洪山阵地猛攻,本午磨山一度被敌占领,旋即收复,敌我伤亡均大。二、瑞昌以南之新塘镇、北极峰、岷山、大屋、团树山各阵地,本日相继被敌占领,已饬该方面王陵基部由东向西反攻,务驱逐岷山、大屋之敌,以恢复原阵地。三、薛兵团正面无变化。第五十一师本夜可到岷山支援。四、沿江方面,本日无何情况。谨闻。职陈

诚。(29·21)。课。印

(4)8月30日密电

即到。武昌委员长蒋：邦密。兹为策应一兵团左侧背之安全，并打破敌贯通瑞昌、沙河之企图，已下有如后之命令：(1)进犯南浔路方面金官桥南侧孔家祠、金家山之敌被我吴集团击退。又瑞昌方面洪山、磨山之敌被我汤集团予以痛击后，敌狼狈退去，我正追击中。(2)第卅集团军务于明世拂晓前将侵入岷山、大屋、北极峰、团树山一带之敌歼灭之，并向新塘埠、石牙山、大塘堰之线进出，尔后相机恢复茨花山、鲤鱼山、笔架山一带原阵地。(3)在冷山、皇天脑、笔架山、螺山一带新十四师之一团及新十五师罗旅，着于〔于字衍〕归第四军军长欧震指挥，并由第四军派兵一旅协同该部，于本黄昏后开始于增山及沿鸡公岭至瑞昌之公路两侧地区向北极峰、新塘埠攻击前进，应注意对右侧警戒。(4)在岷山刀背岭、方家大垱、代脑山、竹山及李家山一带之各部，应由本黄昏后同时开始攻击，并肃清牛金山、团树山之敌，再向刘家畲、石牙山、洞山、大塘堰之线进出。(5)第五十一师之一旅着归王总司令指挥，应先占领岷山一带高地，相机策应第一线之攻击。(6)攻击时各部队应互相切取连络，并随时将情况通告友军。谨闻。职陈诚。30·11。战。印。

(5)8月30日密电

特急。武昌委员长蒋：穑密。据周军团长艳亥参一电称，职军团当面之敌于本月感俭两日向我第廿五师阵地不断猛攻，经我痛击，遭受巨创。挫败后昨夜复增至一师团以上、炮四十余门，于当夜十二时起即举全力向我第廿五师磨山、洪山阵地进犯，激战至今午，我磨山阵地一度危急，我官兵誓与阵地共存亡，奋力迎击，至下午三时许卒将该敌击退，阵地迄未撼动。是役，敌伤亡不下二千余人，我第廿五师第七十五旅亦伤亡过半，略有俘获，正清查中。又敌另一部于本日向我第九十五师桂林桥、杨家岭阵地攻击，数次使用瓦斯猛犯，均被击退。敌一部约千余，刻又开始向我第廿五师磨山、洪山阵地攻击，我正迎击中。等情。谨闻。职陈诚。30·23。战。印。

（6）8月31日密电

即刻到。武昌委员长蒋：邦密。兹将本战区攻势转移部置呈报如下：一、本战区决先将窜入新塘埠、鲤鱼山、瑞昌、牯牛岭一带之敌击溃之，尔后相机向港口、沙河方面进出。二、第四军仍遵前令以一旅协力新十五师之罗旅及新十四师之一团，向新塘埠、北极峰之线攻击前进。三、第五十一师之一旅仍归王总司令指挥，占领岷山附近高地，相机策应第一线之攻击。四、第卅集团军以在刀背凌、代脑山、团树山一带之各部仍向北极峰（不含）、石牙山之线攻击前进。五、第十八军着归王总司令陵基指挥，应于团树山、黄丝洞山、姚家岭之线行攻击准备，尔后向尖门堰、鲤鱼山之线攻击前进，占领尖门堰、鲤鱼山后，再以主力策应我第二兵团攻击取〔取字衍〕瑞昌，以一部向新塘埠，解决新塘埠及其以南之敌。六、第十五军（欠第廿三师，该师应位置于桂林桥、杨家岭亘磨山不含之线）以第八十九师之一部接替第二师塔上山亘武山一带之阵地，其余向牯牛岭、鸡爪山之敌攻击。七、第二师交防后控置于亭子铺附近，各〔各字衍〕构筑和尚脑、百子山亘龙山一带之预备阵地。八、第十八军与第廿三师之作战地境为大岭山、桂林桥、邓家铺、周家（瑞昌城南侧）连线，线上属十八军。九、担任攻击之各部队，统限于九月冬日黄昏前准备完毕，于冬日廿时开始总攻。其余防守各部队，均应以有力部队向当面之敌猛攻以牵制之。十、各攻击部队于攻击开始前，应详细侦察敌情、地形，及规定关于步、炮间并与友军间之协同连络事项。陈诚。31·14。战。印。

（7）9月1日密电

限即到。武昌委员长蒋：据卅二军团关军团长卅戌参电开：邦密。（一）职军团当面之敌，昨晚举犯洞〔？〕复向第廿五师磨山、洪山、马鞍泉一带阵地两次猛攻。我官兵力予痛击，激战至本日上午十二时顷，敌军死亡遍野，全线顿溃，我乘胜进占磨山以东之小高地，获敌步枪廿余支、轻机枪一挺、掷弹筒一个、文板一。【从】破瞶文件中知，与职军团作战之敌有其第九、第一〇六两师团。我伤营长两员，连长以下官兵伤亡数百余名。下午，敌据高地整顿队势，企图再犯，当令该师于下午六时卅分向敌续攻。我官兵奋勇出击，于七时许即进占该高地，受敌反击，死伤极重，得而复失，时复冲击，卒将该高地确实占领。敌纷纷溃散，死伤极重。刻复集中火力向我椎高地及洪山一带阵地攻击，我正迎击中。(二)又敌一部昨晚向我第九十五师阵地进犯，我官兵沉着应战，毙敌班长一名，获步枪两支、旗两面。等情。谨闻。职陈诚。01·11。战。印。

（8）9月3日密电

限即刻到。武昌委员长蒋：邦密。兹以吴集团各部经月余作战，各部伤亡甚大，现以侧背威胁过甚，而控置部队已用尽，为使尔后作战有利计，已作如下之处置：一、第一兵团着由薛总司令相机转移乌石门一带既设阵地，但左翼应与十八军连系，占占〔领〕乌石门西北之尖山、白云山。二、第十八军归汤总司令指挥，以六十师仍相机攻击当面之敌，策应第一兵团之转移，该师尔后除以一部为前进部队监视敌人外，应以主力占领彭山、红花尖、前山、鸡公岭、五台岭亘长埂一带，并以施家四、小溪山、老虎埂前进据点及第十一师除酌留少数部队于现阵地监视当面敌人外，应齐以一部占领秦山、方家大垱、代脑山一带为主阵地，以牛金山、团树山为前进据点，该师主力应控置于坂上李(鸦鹊尖南三公里)、叶家铺间地区。三、第十三军归汤总司令指挥，三十五师归还十三军建制，该军除占领竹山、卧龙池及其西北原阵地外，并以仙女池为前进据点。四、三十集团应在杨坊街、白水街附近地区集结待命，加紧整训。前令归欧军长指挥之罗旅及新十四师之一团着即归还建制。

五、作战地境：第一兵团与十八师为斗母岭（杨坊街东南九公里）、金娥殿、彭山、青龙岅、沙河之连线，线上属左。又十八军与十三军由汤总司令决定之。各兵团接合部应密切连系。谨闻。陈诚。03·20。战。印。

（9）9月4日密电

特急。委员长蒋：鸿密。关军团长今晨六时电话，1、郎君山昨晚经我八九师克复，本晨敌向我反攻，正在对战中。2、我六十师已确实占领童子岭、屏风坳、大木尖、岷①、观音庵之线，以主力集结待命。十一师现占领岷山、大屋、北极峰、石龙庵、牛金山、代脑山、竹山之线，团树山有我一部警戒。该十八军于敌尸搜出文件中发现有第九师团卅五联队之番号。3、我十三军已推进至乌石街以东板上、蒋楼下之线。等情。谨闻。陈诚。支巳。课。印。

（10）9月5日密电

限即刻到。武昌委员长蒋：邦密。据关军团长及霍军长先后电话报称：白水渡附近之敌，今晨以来赓续增加，向我笔架山、拱山岩阵地北侧猛攻，继被占领。刻与八十九师激战中。等语。兹处置如下：1、关军团务将窜入笔架山、拱山岩之敌肃清。2、第一九五师应于本微晚加入八九师方面出击，其部署由关军团长决定。3、第二十三师防务着交由新卅五师接替，交防后即经金鸡铺转移至严家山、雀儿冲、十八坂、三眼桥一带，占领第二线阵地，构筑工事，并策应八九师之作战。4、霍军应固守原阵地，对三眼桥一带特须注意。5、汤总司令应回原防，在瑞昌马头镇一带之卅二军团、一三军、五四军、九二军，均归汤总司令指挥。6、新卅五师归十八军黄军长指挥。谨闻。职陈诚。05·15。战。印。

（11）9月8日密电

特急。委座：武昌。邦密。据汤总司令转据关军团军〔长〕

①原文如此，“岷”字下似脱一“山”字。

微忒电称：职军团当面之敌，近三日来又复续增四五千人，迭次向我两翼猛犯，我官兵奋勇迎击，迭予重创。自昨日以来，敌以炮猛犯左翼我八十九师，守武山、笔架山、大脑上、拱山岩高点、将军庙等处之部队死伤殆尽，敌遂乘隙侵入，致现阵地正面顿形成非形，且左翼敌我错综，态势对我不利。职为节约兵力、转变态势计，特请于本晚将战线加以整理，已奉司令长官陈电允，除第五十四军仍就原部署守原阵地外，谨将拱山岩以南各部队部署情形电呈如次：一、第二师在乌石街、金仙洞、虾蟆洞、犁头尖、张家板李之线占领主阵地。二、第廿五师在大凤山、尖山坡、亭子铺、铺子山之线占领主阵地。三、第八十九师在联高地、红头岭、冬瓜岭之线占领主阵地。四、第一九五师犊毛坪、猫上山、石马坎之线占领主阵地固守。等语。谨闻。职陈诚。08·23。战。印。

〔国民政府国防部史政局及战史会档案〕

20. 白崇禧报告反攻黄梅作战部署密电

（1938年8月28日）

限即刻到。武昌委员长蒋、军令部徐部长：朗密。谨将职宥午下达感寅攻击命令部署节报如次：（一）敌情与宥日通报同。（二）本战区以击攘该敌之目的，拟以主力攻击黄梅，截击宿黄公路，以一部在六、霍一带拒止敌之西进。（三）右翼兵团以六十四军之一师、二十八军团之一旅附炮六团及炮十八团之一部，进击黄梅西侧，二十九军团之两师附山炮一营（欠一连）指派黄梅东侧及马尾山、英子山、独山镇之线攻击，他部队仍续行前任务。（四）中央兵团以各军二分之一兵力分数路向宿、太、潜附近攻击，以行牵制，但岳西以北之左翼暂取守势。（五）左翼兵团暂以五十一军拒止敌之西进，七十二〔一〕军主力预备随时向叶家集附近应援。（六）炮六团速向太河铺以东推进，炮十八团应先遣榴弹炮两连、野炮一营速向广济附近推进，□日早到达，余集浠待命。右各节仰各遵照，并将攻击部署速行拟报，以便命令攻击开始日期。嗣据李兼总司令及廖总司令于宥戌电话报称，该兵团等已按命令分别部署完竣。等语。除即令知该兵团等于感寅各向当面之敌开始攻击，并将进展情况随时具报外，合电并闻。浠。白崇禧。俭酉。参一。印团。

〔国民政府国防部史政局及战史会案档〕

21. 白崇禧关于大别山区及其附近各地战况密电

（1938年8—9月）

（1）8月28日密电

提前。武昌委员长蒋、总长何：最密。综合报告：一、据廖总司令报告，徐源泉部入潜山后，尚有残敌四、五百人，机枪四、五挺，其东北老岭头有敌数百尚未解决，正围攻中。本日上午，敌由桐城增到援军千余，我军一度后退，旋即恢复，继续向该敌攻击。感寅我七军进占太湖，感戌抵凉亭河，俭辰占破凉亭，击毙敌大队长一，即午占领宿松，敌千余人、炮十余门向黄梅方面溃退，遗尸及辎重均未及运走。二、据于副总司令感巳电，本拂晓六安城南及东北均发现敌小部，其主力在椿松冈，有向樊通桥前进模样，先头已与我接触。又据霍山丘保安处长电话，感未，霍山东北分水岭到敌数百与我保二团接触，六安南到敌八、九百与五十一军接触。又据廖总司令俭未报告，六安已于本日下午失陷，敌先头八、九百，后续部队约三、四千。三、据李副司令长官电话，本日之攻击莲花塘、丁家山系敌前进阵地，我已占领，柴子岭尚未攻下，正面李家及五井奎有敌数百，魏家凉亭敌五百呈〔仍〕顽抗。后山铺一八九师阵地已恢复，多云山、苦竹口之敌仍顽抗。下午五时，濯港之敌五百余由龙坪来援，刘军一部见敌即退。四、已令覃军、刘军、许军继续攻黄梅，四十八军主力由宿松向黄梅攻击，七军及徐军一部固守太湖、潜山间要点，扫清残敌，徐军主力向磨子潭附近集结，于、冯各部须固守霍山、独山镇、杨柳店之阵地，宋军主力向商城以东准备应援，必要时由孙总司令连仲前往指挥，在大别山北麓与该敌决战。谨闻。职白崇禧。俭戌。参。印。

（2）8月31日密电

即到。武昌委员长蒋、总长何：最密。一、据李副司令长官下午报称，晨八时，敌约一联队向我苦竹口川军阵地攻击，另约一联队由大河铺正面向我八十四军攻击，另一部约千余人向刘军团磨盘山前进阵地攻击，飞机、炮火不断袭击，致通信总机被毁，下午五时方能通话。迄下午四时止，我苦竹口、排子山、老鸦尖及大河铺一带前进阵地被迫放弃，第一线阵地伤亡皆重，刻正督部固守中。二、接孙总司令电报，六安方面攻杨柳店之敌约千余，攻独山、霍山之敌各约二、三千，其后续部队已由苏家埠渡淠河西进，判断合、桃西进之敌最少约一师团。据于总司令报告，据六安县长报称，合肥西进之敌约一万人，其到合肥近郊集结者约在三万，多由蚌埠开来。等语。谨闻。浠。白崇禧。世。参。印。

（3）9月4日密电

提前。武昌委员长蒋、总长何：最密。一、广济方面，支辰敌自五时即集中炮火猛攻生金寨，飞机不断轰炸后湖寨阵地，我一三五师、一八八师因伤亡过众，生金寨被敌占领，刘军团阵地之大佛寨曾一度陷落，旋经反攻又复夺回。二、据川军报告，江日侧击敌人，午后三时通过后山铺向大河铺、英山咀之线攻击，以一部向金钟铺攻击，卓比岩、向家铺、柘林铺、商河桥一带皆有敌盘据。三、六、霍方面敌自占八里滩、开顺街后，于军退守河西岸至红店子。江日，敌向富金山七一军阵地攻击。据报寿县敌乘汽艇五十余向颍上及正阳关，有西上之企图。合肥之敌为畑俊六及前由、横川、荻洲、松尾诸部，兵力当在两师团以上。近以敌欲在鄂东会战，自津浦、平汉、京沪调集兵力，络绎增加，或更拟行包围，殊未可测。除饬各部固守待敌，予以打击外，谨闻。【浠】水。职白崇禧。支亥。参。印。

（4）9月6日密电

CRIO。武昌委员长蒋、总长何：最密。一、右翼情况：职昨赴广济视察，刘汝明部守观音寨至大佛寨，何知重部守南无井至田家寨、笔架山。嗣因田家寨、笔架山失守，敌窜至干士，何军退至石门山迄王家寨之线。至〔？〕下何军仍告急，当令萧军两团赴南无井、石门山增援。迄至萧军到达，据报已不见何军。后湖寨阵地因受笔架山敌军之威胁，亦复不支。三十一军退守樟木尖、五峰山，并以一部接防王家寨，支援何军。川军进击，迟未得报。本鱼辰，接廖总司令电话，其一六一师、六二师已占大河铺、龙头砦，我一八九师亦进占双城驿，四十八军已占商河桥及魏家凉亭。敌本日以一联队反攻，川军退大河寨北之五桂山，拟今晚增派部队支援，恢复大河铺，并拟截断敌交通，向其侧背攻击。又据报，何军先已撤退后方，刘军电话亦复不通，当拟以萧部及卅一军尽最后努力，维持现正面，以待川军之进展。二、左翼方面：据孙总司令午后电话，三河尖、乌龙集有敌汽艇二百余，共有步兵七千余，正兴集、乌龙集各有敌数百不等。固始之敌约一联队，已迫近东门。武庙集、石门山、黎家集、南渡桥各有敌数百不等。孙总司令准备以三十一师攻击武庙之敌，以张军两师夹击固始之敌。惟孙、张、宋各军皆开商、固作战，潢、信一带殊感空虚，尔后除以一部固守麻埠、立煌根据地要点，关于潢川、信阳方面应如何预行部署，祈示遵。浠。职白崇禧。鱼巳。参。印。

〔国民政府国防部史政局及战史会档案〕

22. 何应钦关于苏联顾问批评的三项意见

（1938年9月1日）

军令部徐部长次宸兄：据特别情报所副所长俄员某君视察前方归来，对我军事之批评约有下列三点，请即转饬前方高级司令部，迅予设法改善并计划实施：（一）汉奸之防范不严密：高级司令部之行动每为敌人所侦知，飞机随时前来轰炸。第某军团部并有外籍女宾，令人怀疑。（二）情报组织不确实：往往与敌人作战数日，尚不知敌部队之番号与实力如何，此应力求改进。（三）敌人重炮又发现于长江北岸，而我空军及炮兵之威力均不足以扑灭之，惟有派遣游击队，以非常敏捷之行动，破坏此项重炮于敌人后方，但不知我最高统帅部派有专门参谋担任此项工作之计划否？各等语。请查照饬办。汉。弟应钦。01•12。参。印。

〔国民政府国防部史政局及战史会档案〕

23. 白崇禧关于反攻广济及富金山等地激战情形密电

（1938年9月）

（1）9月6日密电

Imd。武昌委员长蒋、军令部徐部长：最密。据于副总司令05•17参情电报告左翼情况如次：一、五一军方面，昨辰我守新集子亘八里滩以南阵地之一一四师部队乘敌攻击八里滩疲劳之际，转移攻势，与敌激战数小时，于支申将八里滩克复，毙敌千余，向开顺街溃退。晚十二时，该军一部奉令向攻击富金山之敌施行侧击，在开顺街附近与敌遭遇，激战颇烈，互有伤亡，本日拂晓撤回原阵地固守。二、七一军方面，昨日敌数度猛攻富金山一带阵地，均被击退，双方伤亡均重。又固始方面，敌以三个大队分由三河尖、南大桥等处取包围形势，向固始东北南三面前进，宋军及守固始之张自忠部均已派队迎击。郭陆滩发现敌便衣队窜扰，已由宋军派出部队并五一军骑兵前往驱逐矣。另据宋军长希濂微戌电称，该晨敌分向石门口、富金山阵地攻击，均经我军击退，仍在原阵地相持中。敌另约五、六百人、炮数门，本晨自黎家集以南附近渡河，经我八十八师之一营于文家店附近迎击，受敌压追，逐次退守史庙子附近，刻仍在战斗中。固始方面，南大桥之敌本晨增至一联队，攻击王大桥颇烈，刻仍与我六十一师朱旅之一团在该处附近对峙中。敌机本日两次轰袭武庙集一带。各等情。谨闻。浠。职白崇禧。鱼酉。参一。印。

（2）9月8日密电

急。武昌委员长蒋、总长何：最密。一、据李副长官、廖总司令申刻前后电话，敌自齐拂晓攻我界岭南北曹军阵地异常激烈，至十四时界岭已濒于危，适我二十六军萧之楚部已攻抵松阳桥，我卅一军韦云淞部已攻抵广济城北高地，敌遂仓皇溃退，在广济附近遗失辎重、炮弹甚多，正清查中。迄至午后十八时，大部纷向广济东南溃窜，已饬李副长官、廖总司令分饬韦、萧两军驰向广济东南方向追击，并扫清战场之敌，更令川军及八十四军并力向双城驿、大河铺以南截击，不予以喘息之余暇。为稳固后方、备敌反攻计，更令曹军仍在界岭阵地整顿部署，并以刘汝明军较为完整之两团先就漕河西岸位置，准备推进，扩张胜果。二、据孙总司令连仲未电话称，商、固之敌似以主力集结南大桥地区，其另一部约千余人已由乌龙集进抵中途店，有进攻潢川之企图。已令孙、宋、张诸部乘敌未进抵潢川以前先予以攻击，以挫折其包围迂回之企图，尔后仍取机动配置，随时出而侧击或夹击，转觉比固守一线较易持久，且或可少受损失。谨并电闻。职浠白崇禧。齐酉。参。印。

（3）9月10日密电

武昌委员长蒋、总参谋长何：最密。一、广济城内尚有残敌负隅，界岭前方困龙山、四项坪山敌约七、八百顽抗，已饬由第七军派兵两团扫荡中。八十四军已占领荆竹铺、打杼口、五里坡，广济东及其以北五峰山、卓木尖公路破坏，截获敌炮四门、马骡数十匹，该军在山地对敌，搬运不易，均用手榴弹炸毁。正在广济东南一方与敌激战中。二、商城方面，敌与十三师团全部及十师团之联队反复向我富金山阵地攻击，第十师团主力似在固始集结，本午已到约六千，以一部企图向潢川进扰，经我张军团在黄、固分途堵击中。富金山方面，亦经我宋军将士英勇击破，伏尸约五、六千。并据俘虏渡渐勇作供称：其二六旅团长沼田山重负伤，生死不明。并在击毙之大队长身上获其攻击命令及附图等件，因此敌情极明瞭。三、处置如下：广济方面以刘汝明缩编之一师推进界岭，以期巩固正面并派队出击，以何知重部归萧指挥，向两路口敌背后攻击，以七军两师向困龙山附近残敌侧击，并令四十八军及川军向公路以南进展，截断敌归路及连络线，俾得缩小包围圈，早予解决。商城方面，乘敌志气顿挫，大举转移攻势，以争取主动地位，已令孙总司令蒸晚实施。谨闻。职白崇禧。蒸酉。参。印。

特急。武昌委员长蒋：鄂11·11令一元电奉悉。朗密。甲、据孙总司令真子参战电称：按获敌十三师团作命及判断：一、得知敌以四个联队攻富金山及八零零高地，以二个大队攻武庙集。二、复据敌虞作命证明增十师团之濑谷支队（步三大队、炮一中队）助攻方家集。三、鱼终日争夺富金山，双方伤亡均重，齐辰争夺武庙亦烈，佳、灰敌竟日猛攻富金山，终于真午不守。四、固始失守后，敌沿固潢公路西犯，连日增加一师团以上。乙、灰晚之攻击部署如次：以三一师、四四旅五团兵力向叶家集攻击，五一军以两团兵力向开顺街攻击，以两团协力三一师向十三师团之敌反攻，二集团以廿七、三十两师二团兵力攻击樟柏岭之敌，企图将其压迫南大桥以北地区，以一师监视之，另以一师策应卅一师，五九军以主力攻击当面之敌，余三团监视潢北之敌，七七军以三团兵力向苏家埠攻击，一三八师以有力一部攻击独山镇，断敌连络线。丙、令徐源泉部出舒城，威胁敌后方，限铣日到达。谨复。浠。职白崇禧。文酉。参一。印。

（4）9月12日密电

提前。武昌委员长蒋、总长何：朗密。一、广济之敌连日遭我围击，仍以小部分据困龙山、广济城、后湖寨各要点顽抗。松阳桥南撒毒持久不散。本日敌之增援部队似已到达，战车数十辆掩护汽车前进，我据守之荆竹铺、打杼口皆被敌恢复。我萧军仍在游家脑、许家铺、王家湾、官仁桥一带，刘军一师已抵高山铺，我三十一军、七军仍在广济西北向敌攻击中。二、霍山之敌企图向戴家河进攻，经我冯军邀击，毙敌百余，获得战利品、文件甚夥。真日富金山失守后，文日我仍据(800)高地，敌难进展，但已发现敌轻型战车。潢川、固始间我张军团迭破当面之敌，损失亦甚重。本日敌继续增加，并向其右翼迂回，当逐次撤退至潢川附近地区。连日敌机飞潢、商轰炸甚烈。三、拟定右〔左〕翼兵团尔后之作战指导颁发，另电抄呈。谨闻。职白崇禧。文亥。浠。参。印。

〔国民政府国防部史政局及战史会档案〕

24. 白崇禧关于何知重军擅自撤退致陷广济等情密电

（1938年9月7日）

即到。武昌委员长蒋、总长何：最密。昨午前方通信中断，迄酉接李副长官报告，正面之何知重军于石门山、鹅公寨失陷后，未经报告或待友军赴援即自行撤退，以致发生空隙，刘汝明军因被三面包围，亦遂同时撤退，迄萧军抵达南无井、石门山，则已不见该两军踪迹。当时电话不通，方派人询问中，即接李军长延年电话，见何军整队经过该防地北端西退。敌于鱼申入陷广济，我三十一军仍占领广济东北方卓木尖、南山寨一带高地，幸事先已令曹福林军于鱼辰赶至界岭一带预备阵地，当令萧军集结于铁石墩，何军集结于栗木桥一带，掩护要塞侧背，卅一军及区师、八十四军之一八八师等占领广济以北山地，与曹军相互策应，相机侧击前进之敌。又据鱼申廖总司令报告，川军及一八九师进占大河铺、双城驿、龚岩、塔儿岩，敌以混合联队反攻甚烈，暂退守大河铺北端荷叶山、五桂山，并拟即晚仍行反攻，截断其公路。当即照发川军奖金两万元，凌师一万元，并饬四十八军继续攻击敌之后方，并以一部对黄梅方向掩护。此次广济作战，初以川军行动迟缓，致令正面损失过重，继以何军正面脆弱，自行撤退，致有广济之失。除俟详细作战经过报到再行报告外，谨先电闻。职白崇禧。虞未。印。

〔国民政府国防部史政局及战史会档案〕

25. 陈诚报告瑞昌以北歼敌计划密电

（1938年9月10日）

即到。委座：武昌。穑密。由瑞昌西犯之敌，连日以来向我第二、第二十五师阵地猛烈攻击，于虾蟆洞、尖山坡一带反复争夺，敌我伤亡均重。刻敌仍继续向我尖山坡西侧大凤山、犁头尖一带阵地攻击中。我为占领有利地形而乘机侧击之目的，决以正面转移至雷鼓山、金鸡铺、太阳寨之线，而由仙女池、乌石街间向北侧击，包围敌人于瑞昌以北地区而歼灭之。已部署如下：一、卅二军团、十三军即于本蒸夜转移于太阳寨、老鼠冲、王基脑、罗房山、金堂铺、严家山、雷鼓山、雀儿冲、温村一带而固守之，并留置一部占领前方各要点为前进阵地。二、五十四军应固守十八坡、人石岭、马鞍山、大桥下亘码头镇一带，并注意右翼。三、十八军应固守原阵地，其左翼着由牛角泉延伸至鹿岩附近。四、柏辉章师着改归第四军欧军长指挥，速接替白云山、五台岭一带阵地而固守之。五、八十五军应于真夜由仙女池、乌石街间地区越十八军正面向瑞昌、亭子山之敌侧击，陈大庆师应于蒸夜转进至牛角泉东南地区，吴绍周师应于蒸夜转进至仙女池以南地区准备出击，吴师防务暂由第四军派兵一部接替，候交柏师。六、归十八军指挥之炮九团之一营着以一连拨归八十五军指挥，协力攻击。七、卅二军团、十三军、八十五军、五十四军统归汤总司令指挥，直属张总司令。八、第一兵团应相机积极行动，以策应第二兵团之攻势。九、作战地境：第一兵团与十八军为杨坊街、田下桂、五台岭、小阳铺、黄龙堪之线，线上属右。又十八军与汤部为爪坑（乌石街西八公里）、镇铺、乌石街、何家坂（瑞昌西三公里）之线，线上属左。谨闻。职陈诚。10·15。战。印。

〔国民政府国防部史政局及战史会档案〕

26. 陈诚呈报德安田家镇间会战指导要领密电

（1938年9月15日）

即到。汉口委员长蒋：雍密。查自敌由港口登陆并侵占瑞昌后，我为保持码头镇关，且地域亦甚狭小，故鲜机动余地，尔后作战地域渐次扩大，并经详考此方面地形，我为积极予敌以迎击计，拟以富池口、半壁山及阳新一带为守备地区，依有利地形，以阻敌西进，而控制马头、阳新公路以南之山地，以为攻势地区。倘敌再西进，则随时予以侧击，使我军转于主动地位。谨重新颁名兵团德安、田家镇间会战指导呈报如下：（一）本战区以保卫武汉、并掩护湘赣浙路之安全，应以持久消耗之手段，积极疲惫敌人，并乘机予以局部之歼灭。（二）各兵团之任务及行动要领如后：（甲）第一兵团应掩护湘赣浙路之安全，除固守现阵地及各要点并对于调派警戒外，须不断向马回岭方面及其以北沿南浔路之敌袭击，并乘机依局部之歼灭战，予敌以打击。目前对敌打通星子、德安之企图，须努力挫折之。又：为准备尔后万一之作战，须于永修、虬津、白槎及其以北阳梅山一带选定预备阵地。（乙）第二兵团以保卫武汉外围之目的，除以一部确保田家镇南北要塞、封锁江面外，应以第一线主力于老虎头、九山鸦头亘晒山一带及其以西地区，占领纵深阵地，如遇好机，仍须积极打击敌人。尔后俟情况依下列要领行动，例如：敌以主力沿马头镇、阳新公路继续西犯时，除以十八师固守田家镇南岸要塞外，其余得步步抵抗，逐次向大屋张（老虎头西八公里）、大脑山、黄冈桥（即黄桥铺）、鸡笼山一带转移阵地，尔后即准备依排市、阳新、半壁山一带之既设前进阵地，阻止敌之西进，而以有力部队，控制黄土桥、木石港之线以南山地，对西犯之敌取侧击。配置于现在辛潭铺、排市、港口、阳新亘半壁山一带之第二线部队，依既定部署，积极准备，特须注意炮兵之配置，并于大屋以西经何庄、朗子、髻山亘排市间，准备对北侧面阵地，但田镇北岸要塞守备部队须确保要塞，并与第五战区野战部队相策应。又：视江北情形之推移，应注意半壁山以北至鄂城间之沿江警戒。（丙）第十八军并暂指挥第百十师，担任瑞昌至大桥河公路方面之作战，策应第一、第二两兵团，其行动要领如下：（一）与第一、第二两兵团协同，任两兵团间之联络，并掩护其侧翼，而应不断派队乘隙袭击敌人，以牵制扰乱之，并乘机予以局部之歼灭。（二）如第二兵团依（乙）项行动时，应即与之协同，向北侧击，并应以主力保持于公路附近。（丁）第三十集团军须于杨坊街、白水街附近加紧训练，并于各隘口构筑据点工事，候令向东进出，策应乌石门、范家铺间我军之大战。（戊）作战地境：第一兵团与第十八军为杨坊街、四下山、五台岭、杨铺、黄龙寺之线（线上属右十八军），与第二兵团为许子坡、老虎头、亭子铺之线（线上属右）。谨电呈察。职陈诚。删午。战。补发。印。

〔国民政府国防部史政局及战史会档案〕

27. 李宗仁关于大别山北麓潢川罗山一带战况密电

（1938年9月）

（1）9月16日密电

即刻到。武昌委员长蒋：邦密。据第二集团军王参谋长删十五时电话报告：一、删十四时，夹口失陷，敌并占夹口南北高地之一部，我三十师之一营已被包围，当令由三十一师抽调两营协助反攻，亦未奏效。二、四十四旅在家棚，刻与优势之敌苦战，二十七师在半个店与略等之敌对峙。总计我各师旅之伤亡约在四千五百人。三、另有步炮连合两千以上之敌已到达和风桥、双椿铺，与我在谷家畈之廿七师发生接触，以致潢川交通断绝，继情况不明。四、判断敌明日必不续〔断〕南进，以图截断商城以西交通。我军若不预先转进至商城以南孙家店、□家河之线拒止敌人，势有被敌包围之危险。五、商城系盆地，南北高地亦不甚佳，必欲坚守，牺牲过大，对于将来任务必困难。等语。当即示知要旨如左：一、不必坚守商城二垣，但须在商城以北各山口逐次迟滞敌之前进，俾敌不能以全力攻击潢川，使我信阳部队于二十【日】左右完全集中潢川之守备，最早亦须保持至十八【日】晚。左翼兵团应竭力牵制当面之敌，策应潢川方面，避免决战，应以潢川为据点，极力迟滞敌之西进，掩护大军集中，任务达成后向光山转进。合报闻。浠。职李宗仁。铣午。参一。印。

（2）9月18日密电

特急。武昌委员长蒋、军令部徐部长：2597密。一、二六军之三二师派兵一团协同曹军于筱寅攻克龙顶寨，敌向该寨北方一七六高地退却。是役，毙敌颇多，我伤亡亦重。二、据陈军长鼎勋筱申电：（一）潢川城内由五九军安旅防守，城外未发现友军，五九军主力已向光山转进中，潢西十五里樊家铺有敌骑出没。（二）另一部之敌向息县挺进中，有窥罗模样。三、据张军团长自忠巧午电，据固守潢川安旅长报称，敌以密集炮火及毒气猛攻南北两城，我官兵□矢必死之心，浴血苦战，我官兵虽伤亡殆尽，敌每次攻入均经击退，现仍在激战中。三八师在千里头、奶奶庙与敌激战热烈，三八师另一部亦在城西与敌激战中，另步骑七八百之敌绕城北西迫中。各等语。谨闻。浠。职李宗仁。巧戌。参一。印。

(3)9月19日密电

急。武昌委员长蒋、军令部长徐：朗密。(一)左翼兵团方面：一、巧日，敌步骑二千余、炮十余门，战车、载重车各十数辆，分两路攻余家集，其后续部队亦增，我六一师抵抗甚力，死伤亦重。二、卅一师在盛店与敌步一千余、炮四门之敌激战甚烈。另约七、八百，炮八门之敌攻大庙、邱山，刻仍在激战中。三、廿七师杜团业在匡家店之围，仅余三百余人。四、敌攻潢城热烈，南城仍在我手。但另七、八百、炮数门之敌已沿信潢公路西进，有窥罗山模样。(二)据陈军长巧午电称：一、有敌附汽艇一、二百只向息县前进，已达龙虎集、溪陵集。二、敌炮兵猛攻我竹竿铺阵地。(三)中央兵团战况无大变化，我时派有力部队向霍山、桃镇、舒城、六合加以袭击，破坏公路、桥梁。等情。谨闻。浠。职李宗仁。皓戌。参一。印。

(4)9月20日密电

特急。武昌委员长蒋、军令部徐部长：朗密。据胡军团长宗南皓未甲电称：一、职军团部巧申抵信阳，一师、七八师各旅于铣、炮廿团(欠一营)于筱日开始由陕南行。二、罗山东之竹竿铺桥以东地区，巧日敌用毒气攻击我四五军之王师瞿旅，伤亡颇大，现撤守桥西。当面之敌系申参木旅，兵力约六、七千人。三、军团已令四五军扼守竹竿河西岸，拒止敌西进，并命一六军之二八师推进五里店构筑工事，俟一七八师各一旅、一六七师及炮兵到达后转移攻势。等语。谨闻。浠。职李宗仁。哿未。参一。印。

〔国民政府国防部史政局及战史会档案〕

28. 陈诚报告瑞阳瑞武沿线战况密电

（1938年9—10月）

(1)9月16日密电

Imd。武昌委员长蒋：穑密。综合汤恩伯、霍揆彰、彭善等铣电称：1、今日有飞机二十余架、轻重炮十余门之敌向我十八军女人桥、宙车岭、大岭山阵地攻击，大岭山被迫放弃，我仍在附近与敌对峙中。2、删子，我十一师梅旅攻占雪坑岭、虾蟆洞、乌石铺，今夜敌千余由瑞昌向雪坑岭压迫，我仍退守原阵地。3、我百十师退占太阳寨、老虎头，右与第卅五师取得连络。4、张军昨占老虎头、大地扯，今日复向马鞍山、膳鱼脑之敌攻击。5、昨晨敌千余炮四门【向】我十四师守地丁家嘴、大鲤鱼山一营攻击，并向我右翼包围，致该营伤亡甚重，昨夜撤至大湾、杜新屋柯之线，今辰复受敌猛攻，已退守荷叶塘之阵地。又我四九师一部现占领对门山。6、敌以一联队昨由黄沙向我十八师晒山、郭家山攻击，现仍对峙。等语。谨闻。陈诚。铣戌。印。

(2)9月18日密电

即到。武昌委座：朗密。本日情况综合如下：一、冯家铺方面敌约一联队，其一部攻占我十八军之石虎山、茶园岭、香炉坪阵地，六十师正面反攻，其主力向我一一零师之火烧咀、官山脑阵地攻击，火烧咀西北之温家榜有敌战车。二、第十三军现在马鞍山、沙帽岭、道士岩之线与敌对峙，昨该军克复沙帽岭，毙敌甚众，并在下曹毁敌山炮一连，俘敌军官数名。三、雷山被敌占领，第四师已与敌接触，对门山仍在我四九师据守中，十四师方面芙蓉塘、白门楼、牛栏山前进阵地已为敌占，现该师据守坡山至黑林脑之主阵地。该方面之敌为第三十五联队，并有旅团炮兵。五、第十八师方面之敌为波田支队第二联队及海军陆战队，昨日以来向我猛攻，邓家山、晒山、鸡笼山相继被占。现该师退守大岭、猪婆山、鲤鱼山阵地，已饬归第九八军张军长指挥，死守该地，不准擅自通过富池河西岸。谨闻。陈诚。（18·21）。课。印。

(3)9月21日密电

即到。武昌委员长蒋：朗密。情况：一、昨我第十八军除第十一师、第一一零师仍在原阵地外，其六十师于昨晚留一部于白石岩、老鸦尖原阵地，以主力转至狮子脑、老洪山、屏风山占领阵地。二、沿瑞武公路西犯之敌已发现者为山下兵团宫崎部队，属北关派遣军，本日分三路向我第十八军阵地猛攻，经在横港街、大坳坳头上一带逐次激战，现该敌进至岭上周、马鞍尖、小坳、毛坡洞附近与我继续激战中，茗峰尖、观音洞、芦荡仍在我手。又敌二百余、迫击炮数门，本日由瓜坑方面窜入桃花尖，刻已进至曾家山，我廿三师正派队逆击中。三、第一四一师本马晚可到白水关附近，已令向南田坂方向急进，并确实占领风雨岭、阳扶尖、望月崖及其以北高地，归第十八军黄军长指挥。第六十师主力已令向西转移，协同第一一零师夹击小坳附近之敌。谨闻。职陈诚。21·24。课。印。

(4)9月26日密电

即到。武昌委员长蒋：穑密。一、我九一师及一四二师已到杨坊街，正向鹅公包出击中。二、敌约六七百，属北支驻屯军步三联队，昨晚攻我白水街，经我六十师反攻击退，敌遗尸二百余具。本日敌继续增援向我反攻，现我仍在白水街至昆仑山之线与敌激战中。三、沿瑞武路进攻之敌昨日占我覆血山、望月崖、桃花岭、上坳山等处，经我十六师猛烈反攻，桃花岭、上坳山当即恢复，覆血山得而复失。刻敌山炮已进至王家铺后，协力步兵与我在煤山、马鞍山间对战甚烈。谨闻。陈诚。宥戌。课。印。

(5)9月27日密电

限即到。武昌委员长蒋：朗密。据今日前方电话报称：（一）敌今日攻白水街甚烈，麒麟峰被敌占领。现我王陵基部已增援一团，于本晚向敌反攻。又：我出击部队之九一师及一四二师本晚已进至长冈坪、曾家崖，正向小坳附近之敌袭击。我九十师以一师向范家铺、冯家铺、横港街一带挺进中。（二）沿瑞武路进犯之敌，本日下午攻我甚烈，由煤山、覆血山之间冲至李家山及其三〇九一高地。其战车十余辆亦抵李家山附近，我十六师部在极力抗拒中。至昆仑山亘煤山之线仍在我手。（三）我一八四师方面，今日下桥铺西南之四八二五高地守兵一连，因敌狂炸完全牺牲，该地被占。敌复向白门楼攻击，经我击退。又，钟日亲敌百余被该师包围激战中。以上各地均在颜子山之南。谨闻。职陈诚。感戌。谍。印。

(6)9月27日密电

即到。汉口委座：觉密。据黄军长维宥卯电称，（一）昨（有）晚梨口作战状况如下：（一）陈师（第六十师）正面敌人约六、七百，二十一时起夜袭我白水街附近阵地，来势凶猛，我军一时应援不及，致白水街、麒麟峰相继失陷，经陈师预备队加入反攻，肉搏终夜，至本（宥）日五时完全将侵入白水街、麒麟峰之敌击溃，敌遗尸约二、三百，生擒敌官兵五名，俘获轻机枪五挺、步枪九十余支，该敌为北支驻屯军第三联队，我伤亡四、五百员名。（二）何师（第十六师）攻击王家铺附近窜入之敌，昨廿四小时克覆血山，激战至晚，敌机、炮轰击至烈，并射毒瓦斯甚多，致未克将敌扑灭。（三）一四一师既恢复上坳山五六五高地，现正继续反攻中。等语。谨闻。职陈诚。27·10。战。印。

(7)9月29日密电

即到。武昌委座：稽密。据薛总司令电话：（一）进犯何家山之敌为一二三及一四五两联队。昨日以来，与我第四军对战甚烈，我九一师及一四二师由小坳折回包围其侧背，迄至本日上午，遂将敌解决，阵地遗敌尸二千具，掳获甚众，正在清查中。残敌向冯家铺溃逃，我军现分兵扫荡中。（二）白水街、麒麟峰方面之敌为山下兵团宫崎联队，本日下午已被我新十三、新十五、第六十各师围攻，敌死伤近千人，遂不支，由朱家塘向北溃退。现杨坊街、白各街一带地区无敌踪。我军仍向火炎坳方面攻击中。等语。详情俟续报。谨闻。职陈诚。29·22。参。战。印。

（8）10月1日密电

即到。委座：汉口。鸿密。覆血山附近之敌攻占我李家山、马鞍岭、熊庄一带后，仍向南猛烈进犯。兹以歼击该敌之目的，部署如下：一、陈副军长沛指挥第六十师、新第十四师两师，由现阵地向西旋回，对李家山南北之敌攻击。二、李军长玉堂指挥第三、第十六、第一三三各师由河山图、棺材山之线向东北进，对李家山、熊庄线上敌人攻击，及第一四一、第十五两师由大桥河地区进出马鞍山、马家塘以东地区攻击敌之侧后。三、第九十二师到达龙港后，即经洋港、大店、新明山向田家庄、周家桥一带进出，截断敌之后路。四、第一四二师努力向小坳进出后，即以一部占领阵地对北警戒，阻止敌之增援，以主力沿公路以南夹击该敌。五、攻击时期及详细部署由薛总司令规定之。谨闻。职陈诚。01·17。战。印。

（9）10月2日密电

特急。委座。汉口。稽密。（1）反攻何家山之敌约千余，昨晚以来，被我五八师、九一师、预六师、四军一部合力解决，并生擒三百余。又：三坪口之敌，本日曾突破我罗盘山一三三师阵地，但人数仅四、五百。李家山及马鞍岭以东仅遗少数敌人，现我一四二师已到南田坂附近，该敌颇为恐慌，已令薛总司令督率各部继续围歼中。（2）汪宫章、木鱼墩、黄连洞阵地，昨日被敌突破后，一八四师退守关王山、仰天堂、栗树山、李家湾之线，已电汤总司令以卢军团之一八二师扼守排市、率州间，以二师反攻黄连洞、石梯，并相机恢复颜子山。以五十师、九二师归霍军长指挥，转进桃花尖、王子岗、小寨，切断敌连络线。八五军除以一部控制洋港附近为预备队外，余掩护五十师、九二师右侧翼之安全。四九师、二三师合编约两营，控置于龙港。（3）各部连日作战，伤亡甚大，战力颇弱。谨闻。陈诚。冬未。战。印。

(10)10月4日密电

汉口委员长蒋：穚密。据薛总司令艳酉忠行电称：沿瑞武公路西犯之敌系山下奉文兵团及一零六师一三六旅，全部计约一师团半之众，分三路向我进犯。艳日(29日)，各路战况如下：（子）东路之敌分二股企图围攻我右侧背，一股为敌一二三联队，窜黄梅、田王、面前山、竹坊桂附近，连日被我欧军围攻，敌伤亡惨重。战至艳辰，敌全部向北溃退，我军正猛追中。计毙敌约千余、马百余匹，缴获炮两门、重机枪两挺、轻机枪八挺、步枪约二百支、马八十余匹。另一股窜头口、何家山附近，系敌一四五联队。战至艳未，该敌被我傅、冯两师各一部击破，亦已陆续向北溃退，我军急进中计毙约七、八百，俘获情形待查。（丑）中路之敌系山下兵团宫崎富雄联队。自感、俭(27、28日)先后占我麒麟峰、九石隘，我傅、刘、陈三师各一部反复猛攻，剧战至艳申，敌因死伤殆尽，其少数残余向西北之朱家桑方面溃逃。计该联队之敌在麒麟峰先后两役被歼，几全消灭。现我傅师仍向火炎山、朱家塘线续攻。赘橡西路之敌自占覆血山后，续向我师阵地进犯，现在马家岭之南对峙，已派赵师一旅债应角战〔?〕，并令继续向李家山、马鞍岭、覆血山之敌努力猛攻。卯〔假〕如明辰再无新敌增援，即令傅、冯两师续向小坳、南田坂之线进击敌背，占海师分向冯家铺、山坳间断敌归路，欧军一部续行进击，主力准备迎击增援队及策应要路作战。〔原件至此无下文〕。

(11)10月4日密电

即到。汉口委座：穚密。据报：(一)昨夜我反攻罗盘山未得手，敌二、三百，大桥河之敌约七、八百，眉眼山无敌踪。又我一四二师已进至杨扶尖与敌对峙。(二)我一一零师及一二八师(即新卅五一部)昨晚克复木石港,刻已转西,攻至郑均尤,九二师已攻汤公泉,五十师及十四师一部亦已攻至了髻山,并缴获枪百余支,毙敌六、七百。(三)今晨八时,敌以舰炮及飞机掩护在半壁山北强行登陆。我一九三师守兵两营均壮烈牺牲。现我改守黄金山、冯家山、王家岭、宋家山、下山矶之线,与敌对战中。谨闻。陈诚。支亥。课。印。

(12)10月5日密电

即到。委座:汉口。鸿密。据报:一、今晨,敌约两联队由李家山、罗盘山方面窜箬溪,已令王陵基部转移于柘林、龙腹渡、玉津口沿修水河南岸之线。二、汤恩伯支电:敌一部窜至大河桥西北之王坪,已令王军派队堵击。三、我五十师已攻到黑松林,百十师已攻到木石港,有敌二千余向我反攻,被我百十师击毙五百余,获轻机枪十挺,马十余匹,敌向东北退。四、我一八四师阵地被敌突破,改守阎王山亘箕心脑之线。昨晚敌向排市渡河,被我击退。五、新发现之敌军在我第四师正面为第十联队,十四师正面为冈田联队,百十师方面为宫尾联队及重炮第四联队。谨闻。陈诚。微戌。课。印。

〔国民政府国防部史政局及战史会档案〕

29. 李宗仁等为变更各兵团作战地境指挥系统及作战任务密电

(1938年9月18日)

即刻到。武昌委员长蒋、何总参谋长、徐部长:朗密。于洽日午后下达变更各兵团地境、指挥系统及规定作战任务如下:(甲)一、左、中兵团之地境为800高地、东岳庙、1300高地、四季尖、隘门关、三河口、二徐家桥、界石河、金家寨、南阳河、何家铺、鸡鸣河、十里铺、尤河嘴之线，三两线均属中①（均属十万分一图）。（乙）变更指挥系统：一、原属中央兵团之八四军及七军均转属右翼兵团。二、原属左翼兵团之五一军及一三八师转属中央兵团。三、七七军向麻城，七一军向黄安集结，策应左翼兵团之作战，四四军向巴河西岸罗树甲移浠水，归还八七军建制，策应右翼兵团之作战，均归战区之直辖。四、新归战区指挥之十七军团及四五军归左翼兵团，田镇要塞及李延年军归右翼兵团之指挥。五、皖省保安团及游击、自卫各部队，均属中央兵团之指挥。（丙）一、右翼兵团任务在确保田镇要塞，扫荡广济附近残敌，恢复武汉外围工事线，在漕河西岸预构预备阵地。二、中央兵团任务为守备太湖至石门口间各山道，防止敌向立煌、英山、罗田窜进，确保立煌游击根据地，并发动地方武力向六、霍、桐、舒、潜、太方面游击。三、左翼兵团之作战任务以游击司令顾敬之所部守备立、商间山地，以第二集团军任商麻公路，五九军团任潢经公路之守备，并侧击西进之敌，以十七军团（四五军附）主力集结罗山，迎击西进或南进之敌，不得已时四五军任罗山、宣化店，十七军团任信阳、武胜关之守备。四、七七军任小界岭方面，五一军任经扶及宣化店方面部队之策应，四四军继续增筑巴河西岸之工事，八七军任蕲春、巴河市间江岸之守备，并以一部支援田镇之作战。以上各项，业于巧日上午传到各兵团，令本此要旨分别策定各该兵团之部署具报。谨此报闻。李宗仁、李品仙。巧戌。参一。印。

〔国民政府国防部史政局及战史会档案〕

30. 李宗仁关于何知重军避战致使田家镇要塞失守情形密电

（1938年9月21日）

限两小时到。武昌委员长蒋、军令部徐部长：朗密。（一）据

①原文如此，似有脱误。

李军团长延年马辰参电称：一、乌龟山、沙子脑、鸭掌庙之线自昨晨起双方激战甚烈，沙子脑、鸭掌庙失而复得，终以敌源源增援，而我何军部队据称无攻势任务停止于避电畈附近，故至本拂晓要塞主阵地守军伤亡甚重，第九师四十九团及一九八师之一团又未赶到，卒至对北阵地全线突破，现要塞守军正孤军逆袭中。（二）又据孙总司令智亥参战电称：据七一军长号晚电话报告：我八八师清水凌以西阵地被敌一联队、炮十余门猛烈攻击，该地突出，遂被突破，现守羊毛寨附近高地。六一师之一团占小界岭既成阵地，廿七师向沙子岗、老庙集结中，四四旅向郭店推进。各等语。谨闻。浠。职李宗仁。马酉。参一。印。

〔国民政府国防部史政局及战史会档案〕

31．陈诚转报富池口要塞弃守经过密电

（1938年9月25日）

汉口委员长蒋：鸿密。据张总司令发奎24·15参一电称：富池口要塞自梗午猪猖山、背膀山阵地先后被敌突破后，即陷于混战，至黄昏始稍安定。职遵奉委座电谕，饬张军长及第十八师李师长整理阵线、激励部曲续守七日待援。至深夜，据张军长转李师长芳郴电话称：无法再守，拟率部突围。等语。职以突围无论成败均非其职守，意谓处境困难，或一时负气之词，当饬张军长恺切晓以大义，并以令先勿自馁。乃今晨六时卅分，据张军长电话报称：李师长芳郴昨午夜召集团长以上会议突围，均不赞成，遂弃职星夜潜逃，参谋长及两旅长亦踪迹不明。该师部队自昨晚九时许起陆续向半壁山溃退，连长以上军官，除一阮团长外余无踪迹。第一九三师马旅昨晚原在猪婆山后面阵地与敌对峙，方晚始发觉，即将要塞炮督饬毁坏，炮弹船运田北后，亦继续撤归。等语。查李【师】长芳郴意志薄弱，放弃要地，经委座革职留任后，仍不能发奋为雄，妄图

以一走了事，实属无可原宥，除严令所属通缉归案，并暂责成该师阮团长在两剑桥附近迅速收容整理待命外，职指挥无方，拟请先予严处、以昭炯戒。各等语。谨转呈鉴核。职陈诚。25·24。戢。印。

〔国民政府国防部史政局及战史会档案〕

32．李宗仁关于在大别山沙窝新店等地及罗山信阳一带战况密电

（1938年9—10月）

（1）9月25日密电

限即到。武昌委员长蒋、军令部徐部长：朗密。据孙总司令敬电称：一、三十军三一师打船埠、许家冲阵地受敌十三师团五三、五八两联队计约步骑三四千、炮廿余门之敌猛烈攻击，并施放瓦斯，攻击竟日，双方伤亡均重，我另一团乘机攻击敌侧背，因得稳定。二、窜月亮口之敌约二百余继向新店猛进，在鸦雀尖附近几被我全歼，余廿余人逃窜无踪。三、八八师正面之敌为十六师团，该师漾戌夜袭我沙窝之敌，获机枪三挺，步枪十余枝。并从敌尸中得日记等件，证明当面之敌为十六师团三三联队。四、四五军马辰开始攻击信潢公路及小罗山之敌，左翼队推进三里桥，右翼队绕至刘家堂继续攻击中。五、二六、八六两军占领拓嘴、上香山北方高地亘3120高地之线。一七四师收复四望山、铁石墩、黄巅坡、陆安山，续向南攻击。六、一七三师拟使用于马口湖、黄泥方面。谨闻。宋。宗仁。有酉。参一。印。

（2）9月26日密电

特急。武昌军令部徐部长：2597密。汇报：（一）据李兼总司令敬巳电节称：漾辰至申，敌机十余架轮炸我军各处阵地。一零三师正面被敌猛攻，现尚扼守（3120）高地及松山口亘吴湾之线。一

二一师固守(2625)以北高地，被敌突破，全师崩溃，现正收容中。三十二师在孟湾、唐伯海湾与敌混战，伤亡殆尽。（二）胡军团长(23·05)电：罗山县城系晚九时失陷，详情续查。（三）胡军团长(23·19)电：漾申，敌约六、七百突进攻我二十八师左翼之范湾阵地，并放毒气，团长以下官兵多中毒，幸尚轻。我第一师及炮兵本日全部到信东，敬日可达指定地点，拟即增罗山之防。等情。宋。李宗仁。有戌。参二。印。

限即刻到。武昌委员长蒋、军令部徐部长：朗密。据孙总司令宥午参谍电节开：一、打船店、许臣冲之敌经我三一及二七两师协力夹击，毙敌无算，斩获甚多。敌之五八联队五、六百人转向我右翼迂回，与我右侧高地守兵肉搏三次，终被击退。继又增加数百人向我韩团阵地进攻，韩团长负伤□战，敌仍续行向我右翼迂回冲击，已调守小店戴团驰往增援。至戴团阵地中，二七师派兵一营接替。二、三十师并占领杨家寨。至午后二时，敌增援三百余人向马鞍山阵地猛攻，我史营长因率队坚抗受伤，全营仅剩三十余人，右翼元营亦伤亡殆尽。三十师张师长率工营前往驰援，刻正在激战中。等语。谨电奉陈。宋。李宗仁。寝戌。参一。印。

（3）9月27日密电

CRIO。武昌委员长蒋、军令部徐部长：朗密。据孙总司令电报：一、敌一联队、炮十余门，向我八八师小磨屯亘羊毛寨阵地猛攻，我工事均被毁坏，并以主力由甘家畈、阮家湾向我左侧压迫。二、箇日，三一师仍固守打船店原阵地，但一部之敌已进抵许家冲附近。三、卅师马鞍山前进之敌，有夜向我猛攻，史营长阵亡；米、刘两营全部殉国。四、另据宋军长宥电节称：八八师沙窝西南阵地，皓午以来受敌攻击，发现敌十六师团卅三、卅八两联队番号。有晨，以六一师、八七师向沙窝以北地区运动，六一师于有午攻占甘家畈、于家冲之线，八七师主力有午攻占沙窝北七〇九高地亘林墺之线，已进出余家集公路并击毁敌汽车十一辆。各等语。

谨闻。职李宗仁。感酉。参一。印。

（4）9月30日密电

PRIO。汉口委员长蒋：鹍密。据胡军团长宗南27·23电称：职军集团本感辰续攻当面之敌，八时顷第一师进出罗潢公路南侧朱湾、杨查砦线，十二时以毒气及自竹竿铺方面一再增援反攻，迄晚我右翼第一二四师逐次退守庙仙、荀桥头、姚湾之线，第一师仍保有小罗山要点及元油房、周湾（罗城南二公里）、打狗店之线，第一六七师沿信罗公路续攻，驱敌于罗城西无名河、三里桥以东，迄晚在高湾、罗湾、马湾、范堰与敌对峙。第四王军本晨曾以小部进至正罗公路之毕湾，但十五时受由息县方面南进步骑近千之敌增援反攻，刻在大小周湾、榆树店对峙。本日敌被歼五百余，毁敌大队部一，获武器、器材颇夥，我军伤亡逾千，尤以第一师为大。职拟于原阵线调整部署，暂取守势，待机再行攻击。谨电奉闻。等情。除电饬仍取攻势，俾打击敌向大别山南进企图外，谨电呈察。宋。职李宗仁。参一。全巳。印。

（6）10月12日密电

特急。汉口委员长蒋、徐部长：2597密。（甲）罗总司令文卯电：1、中山铺今晨被敌突破，敌骑已到十八里庙，战车十余辆已窜至珞家花园，并向信阳炮击。2、敌数日经青石桥向西北绕窜信阳西南之贤山，七八师派队堵击中。3、三九军奉胡军团长令，向狮河铁桥西南之龟山、易家湾以西七里棚、观音山之线转进，沿路西小高地占领阵地，掩护主力转进。（乙）第五兵团文辰、酉两电话：1、潭家河附近真未发现敌骑四五十。2、我十三师于文未刻攻击柳林。等情。谨闻。夏店。李宗仁。文戌。参二。印。

（7）10月13日密电

Sd。武昌委员长蒋、徐部长：朗密。甲、据第二集团军文亥电话，一、光山方面敌自灰日起增至七、八百人，猛攻光山，与我骑二旅激战竟日，卒将敌击退，毙敌甚多，我城防甚巩固。二、白雀园敌连日增加甚多，泼皮河以东十里各村庄均驻有敌军百数十名不等。三、八八师已到北向店附近，向潢罗公路出击，其先头已迫彭家庄、林庄、吕寨附近。乙、据第二集团军元酉电话：一、文申，有敌二、三千人包围鸦雀尖，用炮火猛攻，并施放催泪瓦斯，我官兵伤亡二百余，卒将该敌击退。二、沙窝方面敌五、六百，文申以重炮、野炮十余门猛攻金集敌，毙敌三百余，其指挥官亦被我迫击炮将其尸体击碎，我亦伤亡八十余，敌遂溃退，我阵地无变化。等情。谨闻。宋。李宗仁。元戍参二。印。

〔国民政府国防部史政局及战史会档案〕

33. 蒋介石关于武汉会战作战计划签批

（1938年　月　日）①

〔蒋介石批示〕：可照办。抄一份呈阅备查。中正。

最机密　第二号

方针

国军以聚歼敌军于武汉附近之目的，应努力保持现在态势，消耗敌军兵力，最后须确保大别山、黄、麻主阵地，及德安、箬溪、辛潭铺、通山、汀泗桥各要线，先摧毁敌包围之企图，尔后以集结之有力部队由南北两方向沿江夹击突进之敌。

指导要领

（甲）第五战区：　以现在态势确保大别山主阵地，积极击破沿江及豫南进犯之敌。

一、广济方面：

1．李延年、许绍宗、刘汝明、曹福林、萧之楚、覃联芳、韦云淞、张淦、张义纯、何知重等部，确保现阵地及田家镇要塞，积极击破当面之敌，并酌派部队在浠水（44A）、巴河（81A）两线

①原件月日不详，据内容推断，当为9月。

占领阵地。

2．田家镇要塞沦陷后，应改用持久战要领滞迟敌之西进，并利用浠、巴两线之阻止，转用约五师兵力于宋埠、黄陂间，与武汉守备部队协同作战。

二、豫南方面：

1．孙连仲、宋希濂、张自忠部固守黄、麻以北大别山阵地，并控置冯治安、徐源泉部于麻城、宋埠间，策应各要路口作战。

2．胡宗南及于学忠部取侧面攻势，与占领阵地部队相连系，努力击破该方面包围之敌。

3．必要时，十三师可抽调使用于宣化店附近固守隘路。

4．最后应确保大别山阵地及信阳，使武汉部队作战容易。

三、尔后游击部署：

1．应指定十二个师① 以上兵力，在大别山分区设立游击根据地，向安庆、舒、桐、合、六及豫东、皖北方面挺进游击，尤须积极袭击沿江西进之敌。

2．苏北兵团应以有力部队向淮南游击，破坏交通。

（乙）第九战区：应极力维持现在态势，并须确保德南、箬溪、辛潭铺、通山、汀泗桥要线，以维持全军后方，使尔后作战容易，尤须先击破经瑞武路及木石港西进之敌。

1．南浔路星子方面，以吴奇伟指挥王敬久（52D、190D）、俞济时（51D、58D）、叶肇（159D、160D）、陈安宝（40D、79D）、欧震（59D、90D）各军及102D、139D，确保德安以北现阵地，为全军之右翼。

2．薛岳亲自指挥王陵基（N13D、N14D、N15D、N16D）、黄维（11D、16D、60D）、李玉堂（3D、15D）等部及133D、141D、142D、91D、6RD，迅击破沿瑞武公路两侧进犯之

---

①原稿为“八个师”，蒋介石改为“十二个师”。

敌，确实控置箬溪、横路铺各隘路口，以阻止敌之迂回，并乘敌突入向北侧击。

3．阳新河以南，卢汉（184D、182D、183D）、汤恩伯部（23D、N35D、4D、110D）及14D，应以现在态势阻敌西进，万福鳞（4RD、130D、116D）、张刚（193D、82D）部，应确保阳新河北岸及沿江半壁山等要点，并以黄国梁军（62D、30D）推进至三溪口，准备在辛潭铺、三溪口、下浮屠之线截击西进之敌。

4．关麟征（2D、25D、荣誉师）、李仙洲（95D、197D）、周祥初（43D）以主力控置于高桥、通山附近，一部于金牛、保安，准备在通山、李家铺、金牛、保安、鄂城前方高地线，布置坚固阵地与敌决战，并保持重点于南翼。汤恩伯部转用后及孙渡（N10D、N11D、N12D）、邓龙光（154D、156D）部到达时，均加入该线向敌反攻。情况许可时，上述各部更应向前推进作战。

5．九战区尔后应以四个师以上兵力，在九宫山建立游击根据地，常向敌后方游击。

（丙）武汉卫戍部队，准备改守沿江要点及核心阵地，应以现有兵力之一部（13D）准备推进使用于五战区，3D、55D使用于九战区与敌决战，最后应固守核心阵地，使两战区野战部队得从新部置向敌夹击。

（丁）第一、二、三各战区仍以现在部署，积极向敌袭击，以牵制敌向武汉转用兵力。第三战区沿江要击炮兵，更应排除万难妥为部署，俾发挥威力，截断敌舰长江连络线。

该战区等作战方针早经指示，并已由各该战区计划实施中。

〔国民政府国防部史政局及战史会档案〕

34. 武汉会战作战计划

（1938年9月16日）

一、国军以自力更生、持久战为目的，消耗敌之兵源及物质，使敌陷于困境，促其崩溃而指导作战。

二、武汉核心之守备，以第一八五师、第四三师、第九二师分任汉口、武昌、汉阳之固守，其外围阵地，以第九十三师、第十三师、第六师及孙桐萱部防守。

三、第五战区以大别山、大洪山为作战根据地，以麻城、黄安为据点，以策应武汉核心之作战（详细部署由该战区自定）。

四、第九战区以幕阜山、九宫山为运动战根据地，以武宁、永修、通山、咸宁为据点，以策应武汉核心作战。

五、第九战区第一兵团，以最大努力侧击敌人，迟滞其前进，万不得已须固守永修、武宁以北各要点。

六、第九战区第二兵团，以主力会合在武宁、通山、咸宁之各部作战，以一部利用保安金牛之山地，节节抵抗，阻止敌之西进，务求得时间之余裕。

七、预定以李仙洲所部及荣誉师，位置于通山附近；关麟征所部及第五十五师，位置于咸宁附近；第三师、第十五师，位置于武宁附近，担任各处阵地之构筑及守备。

八、以孙渡（五十八军）所部为本战区总预备队。

35. 李宗仁改定第五战区各兵团作战部署及任务密电

（1938年10月3日）

Imd。汉口委员长蒋：朗密。(29·16)令一元电奉悉。兹改定部署如次：一、各兵团作战地境，除新划左翼兵团与胡军团长之地境外无变更。二、除三一军之一师及四八军两师统归韦军长指挥、遵钧座冬午电示集黄安吕王城、黄陂站一带，徐源泉部集麻城，李延年军在上巴河增筑巴河市至团风间沿河之工事，以上各部归战区直辖，冯治安军归孙指挥，刘膺古军归李指挥外，余无变更。三、各兵团任务：（一）右翼兵团应以纵长之部署，努力保持现阵地，不得已时以持久之手段逐次占领漕河、浠水间及浠水、巴河各线，滞迟敌之西进，但第七军应于适宜时机归中央兵团之指挥，并于田家镇上流竭力拒止敌之登陆及防害敌舰之活动。二、中央兵团以现有之兵力分置于英山、立煌附近，防止东方敌之侵入，尔后受右翼兵团移转之兵力，集结重点于罗田、麻城、浠水间山地，准备向西策应战区主力之作战。三、左翼兵团极力排除战区左翼敌之威胁，万不得已悉须确保小界岭、经扶、徒沙河之既设阵地。四、以胡军团所属各部及新到之十三师为豫南兵团，均归胡军团长宗南之指挥，受战区直辖。与左翼兵团之作战地境为老君山（黄陂站东南约十一公里）、白马山（1000）高地（宣化店东南约十一公里）、邢家湾、汪家乡（龙升镇东约九公里）之线，线上属豫南兵团。应控置主力于信、罗公路方面，侧击南进或迎击西进之得，万不得已时亦须扼守宣化店、九里关、信阳之线，特须注意罗山、宣化店道及五里店、广水道，勿使敌迂回至武胜关后方。五、详细部署由各该兵团总司令及胡军团长拟具计划候核。谨电呈察。宋。职李宗仁。江午。参一。印。

〔国民政府国防部史政局及战史会档案〕

36. 陈诚报告万家岭歼敌经过及日军渡犯富水战况密电

（1938年10—11月）

（1）10月4日密电

委座：汉口。鸿密。据薛总司令陷酉忠行电称：甲、德安方面已抽出欧军主力及冯圣法师三团，转用于左翼作战。乙、第三师已令推进协力陈、何两师各一部攻击马鞍岭、覆血山之敌，现一旅已到达，向敌猛攻中。又新十五师已抽一旅归新十三师刘师长指挥。丙、第一五五、第一八七两师各抽一旅归孔师长可权指挥，开抱桐坟（白槎北七公里）附近，任岷山关、侧背山、蜈蚣山、碗罈岭、黄土塑线预备阵地工事构筑，约东日可到达目的地。第一三九师抽一旅、税警旅抽一团，任黄土尖（不含）、乌龟山、高垄山、王家山、柘林线预备阵地工事构筑。丁、第十九师抽一旅开白槎街附近，构筑预备阵地工事，该旅东晚可达。谨电察。等语。谨闻。陈诚。支戌。战。印。

（2）10月7日密电

即到。汉口委员长蒋：稽密：一、昨晚由华塘偷渡之敌，至本日辰刻增至八九百人，我一八二师退守蜈蚣嘴北，下午陈家嘴之线终以该师新兵过多，未刻又被突破，再退守玄中立一零零二高地，现我四三师已进至大桥铺、黄土脑、紫金山一带，与一八三师确取联络，六师明八日辰刻可到三溪口，预四师可到达沿埠头，拟三面围攻以歼灭之。二、大桥河西进之敌，已由我四师在纽丝岭附近地区堵击中。三、万家岭附近发现敌四个联队番号，本日酉刻我第四军、六六军、七四军正合击中，如获战果再行西进，扫荡残敌。谨闻。陈诚。虞亥。谍。印。

（3）10月10日密电

限一小时到。汉口委员长蒋：朗密。据薛总司令电话：敌一〇六及一〇一师团两部共约四个联队，齐日（8日）被我包围于万家岭附近地区，激战两昼夜。经我各军勇猛进攻，卒于本拂晓全行解决。因敌顽抗，不愿缴械投降，致尽遭格毙，陈尸满谷，弃械遍野，仅数百人向西北豕突，情状至为狼狈。除详情另报外，谨闻。陈诚。灰巳。诰。印[1]。

即到。武昌委员长蒋：禴密。情况：（1）墎上郭、长岭及张古山尚有残敌一部据守顽抗，我李、俞、叶、欧各部仍在包围肃清中。（2）罗盘山之敌已向东北撤退，该处被我第三师占领。（3）李军长玉堂电话：今日下午六时，有由纽丝岭沿大桥河公路东撤之敌，颇为散乱，该敌是否向瑞昌撤退，抑向杨坊街方面增援，尚待侦察。（4）我四三师占领鲍家山、陈家陇镳高地之线，我第六师在石龙山、王毛尖附近，均与排市渡越富水之敌猛烈攻击中。四三师当面之敌并对我使用毒气。（5）黄颡口登陆之敌为第七联队，已增至二千余人，正与我守军战中。（6）我黄石港重炮被敌机□两门。谨闻。陈诚。灰戌。课。印。

（4）10月11日密电

即到。委座：汉口。鸿密。情况：一、杨家山、张古山[2]方面之敌残部仍被我围攻中，箬溪方面敌约千余，似向该处增援，刻与我一四二师之一部在来龙岭附近接触。二、大树河方面仍有敌续向纽丝岭西进。三、排市方面我四三师仍在鲍家山、骆驼岭及陈家垄之线与敌激战，第六师之白石岩、石龙山、龙王岩尖阵地本日被敌猛攻占领，何亦林亦到敌数百人，现该师改守4002高地、出水坪、三角脑、石灰窑、突山及迤北之线，与敌对战中。四、黄颡口两侧登陆之敌约二千人，经我八二师黄团击退，旋敌增援猛烈反攻，该团初撤火山、沙子脑之线，嗣因火山亦被攻占，遂陷入混战状态。谨闻。陈诚。真亥。课。印。

（5）10月12日密电

即到。武昌委座：禴密。情报：一、杨家山、张古山方面残敌仍在我围攻中，由箬溪向该处增援之敌二千余，刻进至圭桂尖、石灰山、上田畈、雷家渡之线，与我六十师激战中。二、龙港被敌攻

---

①该电译电纸上注明为11月，据电文考证，实为10月之误。

②亦作张姑山。

古，敌我现在东砦、西砦激战甚烈。三、我四三师、第六师连日剧战，伤亡颇大，现移转于大桥铺、八相之线占领阵地，但四三师原阵地仍留有警戒部队。谨闻。陈诚。文戌。谍。印。

（6）10月13日密电

即到。武昌委座：禧密。（一）张古山、长岭之敌系一零六师团残余，仍与我顽抗。上下桂堂之敌约千余，似系箬溪抽出增援于张古山方面者，现被我阻止于梧树尖、上卢之线。（二）大桥河敌约二百余，曾一度向我罗盘山阵地反攻，未逞。（三）本日，敌山下兵团突破我三七军山脑、石头岩、大山脑阵地，尔〔？〕因我荣誉师一旅向该敌右翼出击，并解大田畈九二师厉团之围，遂将该敌抑留于现地。（四）第六、第四三师连日与敌激战，伤亡颇大，现转移于大桥铺、余家东塘、观音山、横山嘴、半边山之线固守，待机反攻。（五）沿江敌舰及波田支队攻占小王山及道士袱以东地区，与我八二师对峙，并被我炮兵击伤兵舰一、击沉小艇一。现派九三师之三团集结石灰窑策应。谨闻。陈诚。元亥。谍。印。

急。武昌委座：据汤总司令恩伯真亥参电称：鸿密。由大桥河西窜之敌，在岩赣山、四固陇、高尖山、脱尊山一带高地，被我八五军迎头痛击，血战四昼夜，肉搏数十次。敌机十余架整日更番轰炸，重炮陆续增加，最后达十余门，亦整日不断向我阵地猛射。但我士气盛旺，前仆后继，卒将敌之北窜企图完全打破，先后毙敌在二千以上，其遗尸亦达一千余具，获轻机关枪十余挺、步枪百卅支。敌以连日向我攻击均未得逞，加之伤亡过大，及本日我挺进部队之迂回侧击，其主力已向野鸡坪及其以南高地转移，并有由西向东进犯我龙港、黄桥卅七军一带阵地。已令黄军主力集结于大山脑附近准备截击。敌近来气焰日减，惟苦于兵力，尤以每次均系一师一旅逐次增加，不能集中优势兵力予敌以歼灭之打击为憾。等语。谨闻。职陈诚。元戌。战。崇。印。

（7）10月14日密电

汉口委员长蒋：据第一零二师柏师长真参电称：稽密。(一)许、陈两团在大金山、扁担山、万家岭东南一带，自佳日(9日)起向当面之敌继续猛攻，激战两昼夜，已于本真日(11日)拂晓前将盘据扁担山之敌完全肃清，其残部约二千余人向西溃退。我部除派兵两营会同友军正向该军追击中外，余奉命占领大小金山、狮子崖、肉罗观之线待命。(二)斯役敌伤亡近千，焚尸遗弃阵地者约二百，被俘数名，我仅伤亡百五十余员名，夺获步枪卅余支、轻重机枪各数挺、马卅余匹、情报器一具，其它军用品甚多，正清查中。等语。谨闻。陈诚。寒戌。战。印。

即到。汉口委座：稽密。情况：一、王陵基部本日反攻箬溪，在对战中。箬溪以东上下桂堂一带之敌仍与我对峙。二、敌战车、装甲车向西北运动，在纽丝岭附近被我八五军截袭，毁敌战车三辆。三、我一九七师之一旅在班鸠尖、七当山、罗山之线占领阵地，另一旅与一五六师由黄桥一带向龙港及唐庄山之敌攻击，昨晚缴获步枪六十余支。我九二师占领南山岭、百岭山、大脑山之线。五十师及荣誉师主力占领小虎岩、犁头尖、对门屋、马家、长风树之线，分向突进之敌攻击。荣誉师之一部在辛潭铺附近隔河与百斗福、和尚山、马岭之敌对峙。四、我四三师现改守黄家山、老虎尾、花竹脑之线，与敌相峙。五、道士袱西之西塞山被敌机炸毁炮六门、高射炮三门，敌机被我击落一架。六、据俘虏供称：敌一零六师团因欠饷两月，时生内讧，士气沮丧。谨闻。陈诚。寒戌。谍。印。

(8)10月15日密电

汉口委员长蒋：邦密。据薛岳文亥坚电称：(甲)我军缴获敌一〇六师九月梗日(23日)于凤凰嘴下达作命甲第六一号：师团进出德安西南，自侧背攻击德安。九月养日(22日)，敌松浦中将召集师团会议，讨论此次作战特性及要领。足见敌此次迂回实欲出我意表，予我一重大损害。(乙)敌一〇六师于俭日窜至何家山、万家岭一带，我四军一部在闵家铺、戴家岭、桥嘴王、大小金山等处向西截击，九一师在何家山南北之线向东截击。敌伤颇重，行动因之迟滞。我急调德安方面五八师、永修方面一三九师一旅、乐化附近一八七师增援，由墩上郭东西线迎击，敌被阻，继由星子方面调到援军一四九联队，继向西南犯，我守军伤亡甚重，至支日（4日）势将不支，乃由火炎山方面调一四二师、德安方面调五一师、隘口方面调六六军向万家岭、蚁堡山一带作战，先解决此于我最有危害之敌。同时敌山下兵团突破我覆血山、马鞍岭，急攻箬溪。乃将白水街方面新十三师、昆仑山方面六〇师、预六师转至杨家洼、来龙岭一带对西北占领阵地，迎击南窜之敌。至虞日（7日），六六军、四军、一四二师均向万家岭、石堡山前进，遂以全力围攻敌人，激战三昼夜，至灰丑（10日）将万家岭、石堡山一带之敌【击溃】，毙敌在三千以上，伤敌更众。残敌一部突围西窜，一部窜据长岭、张古山北麓俞军阵地。俞军至灰日下午三时始报，我急调兵回攻，致佳（9日）夜敌遗弃之枪械、大部子弹未能捡获。此次敌迂回作战之企图虽遭挫折，但我集力围攻未将该敌悉数歼灭，至为痛惜。（丙）灰、真、文（10、11、12）三日继续攻击窜扰张古山、长岭北端阵地之敌，未能歼灭，敌援又续至，而箬溪方面之敌第三联队急攻我刘、陈、吉之师阵地，均不利。文日（12日），敌已攻至康头尖附近，乃急调一四二师、九一师向西增援。刻我有利时期已过，各部苦战伤亡过重，战力无几，为慎重计，于文（12日）夜令四军一一八师、六六军一九师一旅仍先占领乌石门（不含）、永丰桥、实山、郭背山、碗溪、坛岭、黄土尖、王家山、柘林、范家铺、柘林西南、修江南岸、游墩咀、罗塅线阵地。七四军一八七师一旅、一三九师一旅、新一三师、六十师、预六师、一四二师、九一师守备墩上郭、长岭、张古山、杨家山、城门山、杨家洼、猪头咀、康家尖、雷家渡线阵地，并对张古山及猪头尖之敌竭力攻击。丁、佳（9日）夜，叶、欧两部获敌轻重机枪五十余挺、步枪一千余支，俘虏三十余人、马百余匹、其它各部尚未报到。等情。谨闻。职陈诚。删酉。战。印。

〔国民政府国防部史政局及战史会档案〕

37. 李宗仁关于致张自忠胡宗南等部作战命令密电

（1938年10月6日）

限两小时到。汉口委座：邦密。胡军团长05•24电谅同阅悉。兹于戌刻下达命令如次：一、张自忠部着以一部据守光山，即率大部向罗山、潢川间前进，向西威胁敌之侧背。二、王长海师着即移经扶，归张自忠指挥，限齐日到达。三、徐源泉部着即续向礼山、大新店间地区集结，限真日到达。四、胡宗南部竭力迟滞敌之西进，与方师夹攻，务击破青山店、洪港店之敌。五、韦云淞部着即兼程向指定地区前进，限齐日以前到达。以上五项合电呈察。职硕。宋。鱼戌。参一。印。

〔国民政府国防部史政局及战史会档案〕

38. 蒋介石通令石友三等部全力协同武汉主战场作战密电稿

（1938年10月7日）

限即到。洛阳程长官、宋埠李长官、（无线）24AG韩副总司令、57A缪军长、10C石军团长、沈主席成章：△密。训令（一）武汉会战将入决战阶段。敌现在前方作战部队伤亡既众，东抽西调显见不敷，其后方警备更见单薄。各该部亟应发挥全力，协力主战场之作战。（二）缪澂流军应不顾一切超越津浦线，迅向淮南、寿县、合肥间地区挺进，对豫南敌之后方连络予以遮断，求敌后背，积极攻击。韩德勤军除以一部配合地方团队任现地之守备外，主力应与缪军协同向巢县、合肥间地区挺进，务遮断淮南铁路，求敌后背，积极攻击。(三)石友三军团除以一部留鲁南配合民众武力续行积极游击外，主力应不顾一切进出津浦线以西，向皖北、豫东积极游击。(四)沈主席应以独立第廿八旅为基干，配合地方团队向黄河以北、德州以南津浦铁路积极行动，彻底破坏交通，并切实调整胶东各游击部队，发动胶东民众，指向胶济路活动。(五)以上各部行动，须相互连络，均限十月中旬以前分别到达指定地区，积极行动。否则，严予处分。仍得逐日行动随时具报备查。除分电外，特电遵照。鄂。中〇。虞酉。令一。元。印。

〔国民政府国防部史政局及战史会档案〕

39. 李宗仁汇报会战期间各部毙伤敌军概数密电

（1938年10月9日）

限二小时到。武昌委员长蒋：朗密。鱼巳令一元电奉悉。兹将本战区各部自七月迄今各战役敌人伤亡概计列下：(一)右翼兵团方面：一、潜太之役敌第二、第三、第六等师团共约伤亡六千余，黄广之役敌第六师团及第三旅团伤亡约五千余，广济界岭之役敌第六师团伤亡约四千余，田家镇之役敌东支派遣军稻叶兵团中野旅团福团联队共约伤亡五千余，合计伤亡敌人约二万。太湖附近破凉亭、羊虎山、严恭山之役，中野部队伤亡四五〇名。二、广济、黄梅、太湖各役，第二师团雄本部队伤亡士兵九五四名。三、鹿头、石铺、洛儿岭、黑石渡、滥泥渡之役，佃利平联队伤亡六六〇名。四、潜山附近及三河镇、大蜀山，桐城附近霍、舒、六间各处游击敌军番号不明，伤亡福田少尉一名，士兵九一五名，总计二九七六名。(二)中央兵团方面。(三)左翼兵团方面：双椿铺、盛家店、打船店等役，毙敌十三师团一八七〇名，内吉川大尉一名，沙窝、夹口等役击毙十三师团及十六师团各一部敌一三六〇名，段家集、方家集、管家集、打船店各役毙敌十三师团之一部三七七〇名，新店、下板桥、鸦雀尖诸役，毙敌十三师团之一一六及五八两联队各一部三一〇名，春和铺、潢川、光山等役，毙敌十师团中校大队长一名，上尉中队长四名，士兵三千名，富金山、河窝、余家集等处毙敌（十三）、（十）、十六师团之卅三、卅八两联队七千名，内有少校大队长一名，虱山、圣人山各役毙十三师团及独立十二联队敌二千，总计一九二五〇名。三兵团合计共三二二二六名。谨电呈复。宋。李宗仁。参二。佳辰。印。

〔国民政府国防部史政局及战史会档案〕

40. 李宗仁关于敌我于蕲春茅山铺一带激战情形密电

（1938年10月）

（1）10月10日密电

特急。武昌军令部徐部长：2597密。汇报：一、据萧军长佳巳电节称：庚申，敌攻蕲春，与我守军激战，敌小舰三艘上驶至烂头矶附近，有企〔登〕陆企图，敌机数架昨在十里坝、中窑坝及阵地【上】空侦察两次，均甚久，现中窑坝已彻底破坏，并在对岸派有便衣队。二、刘军长佳巳电：敌舰十三艘，九艘已驶至茅山铺江面，四舰至湖南山，对我阵地发十余炮，仍折回。午后二时，敌舰驶抵烂头矶施放烟幕，强行登陆，被我击退。茅山铺上空约二千公尺处有敌系留汽球，敌机十余架轮炸管家窑、烂头矶，阵地全毁，村镇均成焦土。本辰，敌舰自拂晓起向茅山铺阵地轰击，同时敌机卅架在该处及湖南山、彭思桥地带轮炸，迄未稍停。等情。特闻。宋。李宗仁。蒸戌。参二。印。

（2）10月22日密电

特急。汉口委员长蒋：朗密。据刘膺古筱酉电称：敌自庚日起迭次企图藉其兵舰、飞机及水上战车掩护下强行登陆，至寒日止增加至三千余名，我一九八、一九九两师及四四军之四四七旅先后参加战斗，浴血恶战历九昼夜，茅山铺阵地得而复失者再，迄铣夜仍将要点各据其半，并将敌压迫于江边。筱巳，敌一部在兰溪西南之回风矶登陆，又被我一九九师击退。查此役敌伤亡惨重，我军自团长李秉君以下达三千余员名①。旋奉命于铣晚转移新阵地，现已在连耳湖、兰溪、彭思桥之线布防完毕。等情。谨闻。陈。职李宗仁。养申。参一。丙。印。

〔国民政府国防部史政局及战史会档案〕

41．蒋介石为总预备军挺进攻击计划签批

（1938年10月11日）

应即照改正计划，速电陈辞修、薛伯龄照办。中正。十一日。

总预备军挺进攻击计划

方针

大本营总预备军以挺进作战之目的，不受任何情况之牵制，选择敌军最感痛苦方面，断行挺进攻击。以主力猛攻敌之背后，一部掩护主力行动，并扫荡敌军后方，协同正面牵制部队，包围歼灭敌人。

要领

（一）当挺进实行时，主力应不为少数敌人所牵制，猛向既定目标迈进。如为大部敌人牵制时，亦应乘夜脱离，仍向指定目标挺进，期达既定线之敌后方，向敌猛攻，协同正面我军歼灭敌人。一部掩护主力之侧背，使其行动容易。另以有力轻快部队编成多数纵队，深入敌军后方，节节截断敌后方连络线，扫荡其补给交通，

①原文如此，文中“我军”下或“以下”下当脱“伤亡”二字。

并扼制隘路，阻敌增援，俾主力挺进部队歼敌奏功容易。

（二）挺进部队各纵队，应各编便衣一队为先导，乘虚觅隙，敏捷果敢，向敌后方挺进攻击。

（三）挺进部队为求出敌不意，得昼伏、夜行、晓袭。

（四）须有在敌后方继续作战二、三星期粮弹之准备。

（五）携带爆破材料、点火具等。

（六）向敌后方深入之轻快部队，须以扫荡敌之补给交通，或伏隘路袭击敌人，或扼制隘路，阻敌向我主力方面增援，或于夜间到处放火，迷惑敌人，其行动可飘忽不定，使敌后方不遑宁处。

（七）关于昼间、夜间之声号、视号连络，须预为绵密规定。

兵力部署

（甲）阳新方面

一、部队：93D、197D、荣誉师。

二、指挥官：关麟征。

三、使用地点：木石港附近。

部署：

以一师向阳瑞公路、双下桥、老屋柯、黄冈桥、石田河各点进出，扫荡敌之后方，并扼制隘路，阻敌增援、补给，相机占据瑞昌。

主力之一部占领木石港、田畈要点，掩护主力侧背。

主力则向排市、黄连洞、汤公泉、了髻山、小赛贤敌背后攻击，协同正面友军包围歼灭敌人。

四、攻击开始时日：应于十月十五日前全部在横路铺、洋港附近准备完毕。十六日晚开始行动，向攻击目标挺进。

（乙）箬溪方面：

一、部队：以三个师。

二、指挥官：欧震。

三、使用地点：箬溪北方。

部署：

以一师向范家铺、冯家铺、横港、大坳、小坳各点进出，扫荡敌之后方，并阻敌增援、补给，相机进占瑞昌。

主力由小坳方面进出，向上坳山、西桀山、马鞍山、覆血山敌背后挺进攻击，协力正面部队，包围歼灭敌人。

四、攻击开始时日：应于十月十五日前在柘林市附近地区准备完毕，十六日晚开始向指定目标挺进攻击。

其它部队行动

（一）当总预备军挺进攻击时，九战区全正面应同时向当面之敌攻击，不可为敌小部之窜入所牵制。

薛岳兵团可以独断之处置，适时缩短右翼阵线，抽出兵力，形成箬溪方面决胜点绝对优势，协力挺进部队歼灭敌人，务彻底达成局部之胜利。

（二）汤恩伯方面，应速消灭王陈附近之敌，俾关军攻击准备容易，尔后应以猛烈攻势，协力挺进部队包围歼灭敌人。

（三）阳新河以北及沿江一带由张发奎负责，确保固守，俾固阳新河南岸后方，而使阳新河以南之歼灭战成功。

（四）李仙洲指挥200D、21D、18D占领通山、高桥、金牛之线，作工布防。

〔国民政府国防部史政局及战史会档案〕

42. 蒋介石关于第九战区长江南岸作战指导密电稿

（1938年10月11日）

即到。崇阳陈长官：齐戌战电悉。○密。为使汤集团之攻击奏功容易，应饬薛兵团以有力部队由山下兵团后路夹击而歼灭之，并须迅速扫荡万家岭、张姑山一带残敌，免致死灰复燃。若能集中该兵团一部迫击炮及手榴弹班与敢死队等解决该敌，当能迅速为要。鄂。中〇。11·09。令一。元。

〔国民政府国防部史政局及战史会档案〕

43. 陈诚报告保安通山崇阳等地战况密电

(1938年10—11月)

(1)10月17日密电

特急。汉口委座：穑密。据周、霍两军长寒、删两日电称：七五军寒日扼守八相、大铺之线，激战两日，伤亡奇重，删日乃向王文、白石岭、邹家岭、白马山西高地、5703高地、何家山、半月山之线转移阵地，待援反攻。又荣誉一师寒午进至山脑、煤炭脑之线，向水晶河攻击，彼此遭遇，争夺甚烈，寒晚仍在煤窝脑、水晶河对峙中。寒晚，百斗福方面发现敌约两联队向该师侧击，该师即以一部于仙姑寺截击。等情。谨闻。陈诚。筱申。战。印。

(2)10月27日密电

即到。衡阳委员长蒋：朗密。甲、关麟徵有、宥两电称：一、保安敬日被敌攻占，其一部数百人向梁子湖方面活动。二、有日敌向我方天师七顶山、三角山及甘军雷打山、马鞍山阵地猛攻，除雷打山外，余被突破，我遂转移于金牛附近阵地。宥晨敌复突破我右翼方师阵地，有以主力趋高桥、一部趋贺胜桥模样。殆黄昏后，我以主力转守王马山、梅岐山、横山、牛鼻山、南山之线，并以一部在高家河节节抵抗。乙、周喦宥电：万家塘敌三、四百宥已向张师乌岩洞口前进部队攻击，现于白果树对战中。等情。谨闻。陈诚。感申。课。印。

(3)11月5日密电

即到。衡山委员长蒋：穑密。情况：一、通山方面，昨因敌由东北两面夹击甚烈，我转守通山以南石杭山、仙人洞、张家之线，敌以小部与我对峙，大部西进。二、楠林桥方面，我七五军与小岭南犯之敌连日激战，损失甚重，江晚转移于楠林桥东西之线，昨被由通山西进小岭南下之敌三四千附炮十余门，战车三、四十辆猛烈攻击，现仍对楠林桥以南芦坑、黄花尖、铜盆岭、八角尖亘观音山之线与敌鏖战中。三、崇阳以东，昨晚至今晨，敌经赵家冲（白霓桥东北）、柳林、聿塘窜抵石洞岭，我卅军团逐步堵击，终以右翼感受威胁，现撤守崇阳以东马鞍山、路口、大尖山、大市之线。四、蒲圻方面，昨敌由聂泗渡、蒲圻东南一带渡河绕攻蒲圻侧后。刻我第九师、一四零师、一五六师、九五师占领杨子坂、方山岭、了吉山、白鸡墩、桃花岭、高峰岭、纱帽山、北山、唐家脑、廓尾屋、馆山亘车埠之线，与敌对峙中。谨闻。陈诚。微戌。课。印。

〔国民政府国防部史政局及战史会档案〕

44. 李宗仁关于豫南兵团作战命令稿

（1938年10月25日）

豫南兵团命令 十月二十五日
于陈家店

一、敌情已如贵官所知。

二、本兵团以保持襄花交通、确实掩护友军转进之目的，拟在武胜关及其西北地区集结兵力，迎击南下之敌。

三、右翼军（三一军、三九军、第二集团之二二师）以韦军长云淞为总指挥，为守势部队，占领武胜关、平靖关、大庙畈之线，竭力拒止南进之敌，重点在左翼，应协力于中央军之攻击。

四、中央军（二八军团）右翼连系右翼军，向大庙畈以西迂回之敌攻击，与左翼军协力击破之。

五、左翼军（十七军团）以固县、淮河店为根据，与中央军呼应，向信阳西南侧击突进之敌（已另有电令）。

六、一八九师在应山附近，为兵团预备队。

七、右翼与中央军之作战地境为：应山、麻穰市、大庙畈、刘家堂之线，线属右。

八、以上各部队，除左翼军先已电令开始并已得覆电遵办外，中央兵团不待全兵力集结完毕，应以先到之一部协力该方三一军部队先行开始攻击，中央兵团二十七日拂晓前须布防完毕。

九、予暂在陈家店。

司令长官　李宗仁（印）

传达法：派军官专送。

〔国民政府国防部史政局及战史会档案〕

45．李宗仁、蒋介石等关于禁止第五战区败兵擅自溃退密电

（1938年10—11月）

（1）李品仙密电（10月31日）

Imd。衡山委员长蒋：另发长官李。朗密。本日据报：应城方面之敌，其先头抵皂市东方之雷家集。奉长官卅午电在潜江、京山、随县之线设防，本应遵办，但右翼兵团所属，截至目下止，炮兵大部在安陆、应城两处被敌截击，损失极大，曹军仍无下落，萧军卅二师过江不能集中，四四师仅收容二、三百名，廿九集团军各将领均脱离队伍，无人统率，纷向宜昌方面退去，有回川之说，八七军收容一大部，亦不遵照指定地点布防，向十里铺退却，有经沙市过江之意。迭经严令制止，均属无效。似此汉宜公路不独开放，即京山以南地区亦无兵设防，万一少数之敌向西突进，则荆、沙、宜昌必被垂手而得。情形危迫，究应如何办理，乞即裁夺示遵。沙详。李品仙呈。31·24。参。印。

（2）李宗仁密电（10月31日）

CRIO。衡山委员长蒋：朗密。据李总司令艳午电略称：原定

部署以王集团在仙桃镇、岳口、潜江地区对由汉水西上之敌警戒，并先派一部监视长江封锁线，八七军在皂市、天门地区，协同在京山、宋河镇之五五军，对汉宜公路警戒，二六军在钟祥附近警戒。惟五五军尚未见到，二六军现仅收容一、二百人，二九集团军收容共约二千，类皆凌乱，不堪应战，且不向指定地点集结，其将领多回宜昌休息，仅八七军残部在皂市附近战斗，目下又不知去向。关于汉宜公路及汉江下游之警备，实深忧虑。等情。谨闻。襄。职李宗仁。世午。参一。丙。印。

（3）蒋介石密电稿（11月2日）

（无线）29Ag王总司令、26A萧军长、55A曹军长、87A刘军长：△密。训令：贵总司令、军长应切实掌握所部，恪遵李司令长官命令，照原定部署，王集团在仙桃镇、岳口、潜江地区对由汉水西上之敌警戒，并先派一部监视长江封锁线，八七军在皂市、天门地区，协同在京山、宋河镇之五五军，对汉宜公路警戒，二六军在钟祥附近警戒。兹限各该部于微日以前分别到达指定地区服行任务，不得观望逗留，致干未便。衡山。中○。冬酉。令一元。印。

（4）蒋介石密电稿（11月2日）

限即到。襄阳李长官、沙洋李副长官、宜昌刘长官、29Ag王总司令、26A萧军长、87A刘军长（抄电）、南岳市后方勤务部俞部长：△密。训令：（一）第五战区各部官兵未经战区司令长官核准、发给证明书者，一概不得通过沙市、荆门、襄樊、光化之线西行，如有不遵命令擅向后方行动或逗留不前者，着刘长官负责，不分阶级一律收容，送归第五战区司令长官依法惩处，或发回原属部队服务，其有情节重大者，着迳电本会严惩。（二）着后方勤务部转饬船舶司令部，如无本会命令，第五战区部队一律不准西运或渡向南岸。（三）着刘长官转饬宜昌警备司令及宪兵第二团协助船舶司令部，严禁部队强运，对于零散官兵一律不准通过宜昌入川或渡至南岸。

衡山。中〇。冬酉。二令一元。印。

〔国民政府国防部史政局及战史会档案〕

46. 李宗仁关于所部各军转进情况密电

（1938年10—11月）

（1）10月28日密电

CRIO。衡山委员长蒋、白副总长：朗密。一、据李副长官报称：刘军长膺古已抵皂市，罗师尚存二千余，王师尚未到达，萧之楚部亦到皂市，曹福林部在黄陂靠山店被攻击，与其两师失连络中，李指挥所设沙洋。二、据孙总司令及随县石专员报称：敌袭击刘汝明军后占领应山，其骑兵一部已达陈家店附近，并有攻陷安陆之说。我转进部队除宋军六十一师、三十六师及孙军三十一师、二十七师之一部已移随县马坪附近外，其孙、宋余部及张自忠、冯治安、刘和鼎、韦云淞等军尚在转进行动中，计程仍在广水、花园及其以东以北各地，孙指挥所已移枣阳。三、前已令胡军团长饬陶军向大庙畈及应山北方攻敌侧背，已开抵余家店，因奉胡军团长电令开回桐柏，现留天河口市附近。当令陶军暂驻该地，以一部向敌后方游击。并令左右各兵团以逐次到达各部积极布署，向长江、襄河下游警戒。余俟各转进部队情况明瞭后再报。谨闻。襄。职。李宗仁。俭午。参。印。

（2）11月2日密电

CRIO。南岳委员长蒋：朗密。甲、据孙总司令东申参一电称：据三六师陈师长东辰电称：马坪于世晚十二时为敌占领，职师一营尚在马坪东南，一连在马坪附近，尚未退出，一团在襄河以东继续警戒，其余各部队均在随县附近。乙、据张总司令世午电称：职部两军于宥夜开始转移至三里城、河口之线，掩护大军西进。当晚忽接韦军长电话，谓应山之敌一部已向安陆进犯，当即派特务营一连守备安陆，复率其余三连前往堵击，不料行至陈家店附近即与敌接触，激战至感晚，因敌增加，安陆失陷。乃一面赶调三八师增至陈家店一带，以掩护主力之转进，一面移转至安陆西南地区，指挥新兵团在京山附近布防。现职部尚在安应公路以东地区，正遵令转进中。各等情。谨闻。襄。职李宗仁。冬酉。参一。印。

〔国民政府国防部史政局及战史会档案〕

47. 蒋介石关于调郭忏部担任江防密电稿

（1938年11月2日）

联衔。(有线)限即到。襄阳李长官、沙洋李副长官、（无线）94A郭军长：△密。着郭军长忏集结所部沿汉水、长江间地区，控置要路，拒敌西进。衡山。中○。冬酉。令一元。印。

〔国民政府国防部史政局及战史会档案〕

48. 李宗仁转报孙连仲兵团退守浙河一线部署密电

（1938年11月3日）

特急。衡山委员长蒋：朗密。据孙总司令东申、冬酉两电称：兹规定部署如下：三一军附三九军以有力部队占领贯庄店至浙河村落及公路之线，以主力集结于随县、均川店之间；二八军团以有力部队占领浙河村落及公路（不含）经马鞍山、李家砦至万家店（含）之线，主力集结于厉山附近，七八军先到随、枣一带之部队统归八八师钟师长指挥，在新野附近集结整顿，但三六师在浙河之一旅须俟三一军、二八军团接替清楚后方准移动；二集团军二二师归还建制；十七军团仍在高城、天河口市、桐柏县、淮河店、固县、申汤店之线执行原任务。等情。谨闻。襄。职李宗仁。参一。江未。印。

〔国民政府国防部史政局及战史会档案〕

49. 李宗仁报告在浙河一线阻击敌军战况密电

（1938年11月）

(1)11月4日密电

即到。长沙委座：当密（分散法）：一、本早敌约千余、炮四门，攻我浙河西岸阵地未逞，向北方之塔儿湾迂回，又为我刘汝明军出击部队击退。二、已令韦云淞现将收容之部向浙河正面转进，与刘军合力抵御，并以有力一部由南方侧击该敌外，并令胡宗南军留桐柏以南之部队由北向南侧击，期与该敌以一大夹击。谨陈。职李宗仁。支亥。印。

(2)11月5日密电

限即刻到。衡山委员长蒋：当密。据孙总司令支午电称：据三六师陈师长一江申电称：约步兵千余、炮四门之敌，于本江日午后一时攻陷浙河，职准今晚派有力之部由两翼向敌包围攻击，如何容续报。等情。谨闻。等情。除饬务必相机歼敌、勿使西窜外，谨闻。襄。职李宗仁。参一。歌戌。印。

(3)11月6日密电

PRIO。南岳委员长蒋：当密。据报浙河之敌向东北退去，现随县正面由三一军接防，卅六师撤往后方训练，刘军团现布防高城、六河口市间地区。谨电奉闻。襄。职李宗仁。鱼酉。参一。胜。印。

(4)11月9日密电

限即到。长沙委员长蒋：庚侍参电奉悉。当密（分散法）。甲、三一军已接浙河防务，并经与孙总司令直接连络矣。乙、另据孙总司令齐酉参一电称：据刘军团长阳申参电称：遵即在天河口市及高城一带集结，拒止西进之敌。等语。谨覆。并闻。襄。职李宗仁。佳辰。参一。丙。印。

〔国民政府国防部史政局及战史会档案〕

50、陈诚报告第九战区部署密电

（1938年11月4日）

特急。衡山委座：牺密。兹将本战区部署呈报如下：一、本战区以迅速培养力量、准备转移攻势之目的，决以现占领线修河、武宁、通山、毫头坳亘蒲圻一带施行持久战，逐次消耗敌之战力，获得时间余裕，以准备尔后之作战。二、第一兵团除以武宁方面杨森、万耀煌等部归第二兵团张总司令指挥外，其余照旧应固守现在修河南岸之线。三、第二兵团：甲、武宁方面，应保持现在态势，并不断袭击敌人。乙、湘鄂公路、粤汉铁路及沿江方面，着即依上月世晚会议所示行旨，由汤总司令恩伯负责指挥卢汉、周喦、李延年、关麟徵等部，迅速于通山、毫头坳亘蒲圻一带，调整部署，施行持久抵抗。惟对于西进之敌仍应捕捉好机，随时予以痛击，以消耗其战力，使我尔后之作战有利。又于大沙坪、羊楼洞一带应即侦察预备阵地，再对沿江各要点之配备应特予注意。丙、樊崧甫待关麟徵到达交防完毕后，即至幕阜山筹划本战区根据地之设备。沿江方面任务，由关麟徵负责指挥第五十二军及新二十三师并所属炮兵担任。丁、孔荷宠部即归第二兵团张总司令指挥，应向岷山、青山方面推进，担任向瑞昌、阳新各方面游击。四、战斗序列另发。五、第一兵团与第二兵团之作战地境，改定为由铜鼓经南平桥、水口桥、江家桥、柘林亘新塘埠（瑞昌东南）相连线，线上属第二兵团（地名参看十万分一地图）。谨闻。陈诚。支亥。战。印。

〔国民政府国防部史政局及战史会档案〕

51. 陈诚报告第九战区毙伤日军概数密电

（1938年11月8日）

即到。汉口委座：鸿密。06·10令一元电奉悉。本战区敌军之死伤数，根据俘获文件、俘敌口供及各部队之报告推算如下：（一）敌一零一师团全员以一万九千人计，在星子曾补充一次，补充比率为全员百分之三七，约七千人，补充后共计二万六千人。又，查该师团一二三联队外，其余三个联队，共只分四个联队，其死伤后〔后字衍〕为补充后三分之二，计全师团计死伤约一万七千人。（二）第一零六师团参战较久，最少亦有一次补充。其总员亦如一零一师团，计为二万六千人。据上月十四日之报告，已死伤二分之一，计之为一万三千人。其一一六旅团近在闵家铺、面前山、河家山诸役又死伤三千以上，全师团死伤亦有一万七千人。（三）第九师团死伤稍少，比照第一零一师团，补充后之总员为二万六千人，以死伤二分之一计，约为一万三千人。（四）波田支队补充后之总员比照一零一师团之半计，为一万三千人。与我接触最早，每次首先强行登陆，其死伤必多，以三分之二计，约九千人。(五)山下兵团四个步兵联队，约为一万二千人，连同特种兵，全员约有一万五千人。该兵团参战未久，而麒麟峰一役宫崎联队死伤殆尽，其死伤总数以三分之二计，约有五千人。综计以上共有五万九千人，连同陆战队及新增部队敌之死伤，除伪军外，总数约在六万以上。（六）俘获敌步枪九千二百支、机枪百余支、炮九门。谨闻。陈诚。齐巳。谍。印。

〔国民政府国防部史政局及战史会档案〕

52. 蒋介石饬令查办撤出新店镇崇阳溃军密电稿

（1938年11月9日）

限即到。平江陈司令长官、五里牌李军长仙洲、五里牌李军长延年、南江桥汤总司令恩伯、通城张军长冲、通城孙军长渡、通城周军长喦、岳阳关军团长麟征：○密。（一）敌人广播称：此次我军退出新店镇、崇阳时，不特枪弹遗弃，即碗筷亦多失落，种种狼狈情形，资为笑谈。（二）查放弃武汉原为预定计划，进至武汉之敌，已极疲惫不堪，南犯之敌不多，而我该方面部队竟不审敌之兵力，我有多数军队，不知筹划使用，有良好地形，不知利用防守，只图逃命溃走，不仅无耻，无以对年余抗战中牺牲诸先烈，且完全丧失革命军之精神。此后应力挽颓风，凡无令擅退，不论各级官长，均照连坐法严厉执行。并着陈长官查明此次从新店镇、崇阳狼狈撤退部队具报，以凭核办。（三）南江桥至城陵矶之线应尽力固守，无命令不得先期撤退，致干惩处。长。中○。佳巳。令一。元。印。

〔国民政府国防部史政局及战史会档案〕

53. 陈诚报告退守岳阳九岭一线密电

（1938年11月10日）

特急。委员长蒋：南岳。希密。情况：（一）通城已放弃，我九二军现在以南之九岭与敌对战中，第七十五军亦已到达该处。（二）我八九师及为十师现占领大茅尖、南江桥、板江之线构筑阵地，第十一师已在南江桥南之黄泥旁（加土）、桥上、大屋里、汪坪一带为预备队。（三）第五十八军孙渡部正向平江以南地区转移中。（四）李军团一部以保定关、通城西南长安桥、保定关与鄂汉鄱间为根据地，施行游击，主力向长乐街、平江西、汨水北集结。（五）关军团刻扼守桃林、岳阳东至芭蕉湖、城陵矶北之线，与敌相持中。谨闻。陈诚。灰戌。谍。印。

〔国民政府国防部史政局及战史会档案〕

54. 第五战区武汉会战外围战斗经过概要

（1938年 月 日）①

第五战区武汉外围会战
大别山南麓各战役战斗纪实

第一、战地形势概要

潜、太、黄、广一带地区当鄂东要冲，北枕大别山，南依长江，其间丘陵伏起，湖沼错杂，而田家镇要塞地濒大江，江面狭小，群峰耸立，形势险要，为天然之守势地带。

第二、一般状况

自徐州失陷后，敌军急于西进，其在豫北、皖西方面因被阻于黄水泛滥，进展困难，遂渐向长江北岸安庆、合肥一带集中兵力，大举西犯。其合肥以东之敌，自攻陷我合肥后，舒、桐顿告危急。复以三师团之兵力由安庆西进，攻我潜、太，于七月中旬以来，即与我守备潜、太徐源泉及韦云淞两部接触，激战两旬，已予敌以重大打击。嗣后敌陆续增加，遂逐次将我潜、太守军压迫于西北山地。该敌即以一部与我对峙，其主力即沿潜、太公路南下，猛扑宿松。该地守备部队因受优势之敌压迫，于八月二日放弃县城。此时敌第六师团主力与沿江登陆之敌会合，向我黄梅猛攻，黄、广会战于此开始。迨七月下旬以来，该敌即与我守备黄梅之刘汝明部激战，此际战区当令张淦、何知重、张义纯、曹福林、萧之楚各军逐次向广济一

①原件月日不详。

带集结，准备迎击该敌。综合由潜、太、宿等地西犯之敌，似已有猛扑广济、田家镇两地，与其海军会合，直趋武汉之模样。

第三、敌我兵力概计

（一）敌之兵力及番号：

敌第六师团全部、第二师团一部、第三师团一部、台湾军佐藤旅团主力并配备机械化之大部，合约七万人。

（二）我兵力番号：

萧之楚、刘汝明、覃连芳、区寿年、何知重、徐源泉、王缵绪、刘膺古各部，约为七万人。

第四、会战前敌我态势（附图其一）〔图略〕

第五、潜、太、宿战斗概况

其一、战斗经过：

进犯我潜山之敌为敌第六师团之冈本联队及台湾军佐藤旅团主力，与由安庆西进之敌约一联队会合，于七月十七、八两日即由〔向〕我潜山守备军徐源泉部猛攻，激战甚烈，敌我伤亡均重。继受敌后续部队增加之猛烈压迫，潜山城遂告失陷。该部即转移西北山地与敌对峙。该敌陷我潜山后，即沿潜太公路南犯，于廿六日与我守备太湖之韦云淞部接触。另约两联队之敌向小池驲、驼龙山方面进犯，激战两日，伤亡甚重。迨至廿五日夜，我乃放弃县城，转移新阵地。截至卅日止，敌我于太湖以西地区展开血战，敌我伤亡奇重。嗣韦军奉令退守黑尖经隘口、四姑寨迄金中砦、蔡家山之线，准备侧击敌人。该敌除以一部与我韦军对峙外，其主力向宿松进犯，战况极烈，宿松县城复受敌炮火及飞机轰炸，悉成焦土，我守备部队亦伤亡殆尽，遂于八月二日受敌猛攻失陷（战斗经过如附图其二〔图略〕）。

其二、潜太宿战斗后敌我态势（附图其三）〔图略〕

第六、黄梅战斗概况

其一、战斗经过：

敌陷我潜、太、宿后，即与沿江登陆之敌会合，倾力西犯，其先头约三千余，于八月二日以后，分途与我刘汝明、苏祖馨两部在潘家铺、徐家桥、凉亭河、二郎河等地激战中。另一部约四千余，与我双河口、据林铺、渡河桥及独山镇刘汝明主力激战，是晚因该部伤亡过半，即撤守苦竹口之线。是时，该敌即近迫黄梅城郊，向我下河桥、鲍家山之线猛攻，经我奋勇抵抗，激战至午，陷于混乱状态，复经我数度反攻，终因众寡悬殊，于四日午后敌由北门突入，与我守城部队发生激烈巷战，该敌仍陆续增加，反复肉搏，守城部队除少数突围外，余均壮烈牺牲，该城遂告失陷（战斗经过如附图其四）〔图略〕。

其二、黄梅战斗后敌我态势要图（附图其五）〔图略〕

第七、广济会战及田家镇战斗概况

其一、战斗经过：

约两师团之敌自侵占黄梅后，有急趋广济、田家镇之模样。战区为阻敌由黄广公路西进，确保广济，巩固武汉之目的，除以刘汝明之一部及区寿年师向黄梅反攻外，以主力在黄泥湖北岸、乌龟山亘大金铺、吴文贵、团山河、笔架山、恶云集、塔儿湾、破竹口、排子山、亭前驲、二郎河迄墨烟铺之线占领阵地，拒敌突进。截至八月廿八日止，黄梅之敌已增至四万余。其先头进至苦竹口、后山铺、莲花塘之线，不断向我金中铺、苦竹口阵地进犯，被我击退。我区师向该敌侧击，于廿七日攻占钱家大屋、金中铺、黄土包之线，续占魏家凉亭。同时，我覃连芳之一部及徐源泉、韦云淞各部攻占宿松、潜山、太湖，残敌分向黄梅、安庆、望江溃退。由八月卅日至九月二日，敌向我区师魏家凉亭反攻，该师为诱敌深入歼灭计，即逐次撤守大河铺、塔儿湾之线。该敌复续以优势炮火轰击，向该师猛扑，搏战数小时，该师阵地遂被敌突破，旋撤回双城驲之线。迄二日晨，该敌续向区师进迫，并施喷嚏性瓦斯，该师官兵虽在猛烈炮火及毒气攻击之下，仍能沉着应战。旋敌一部由该师右翼笔架山、凤凰山迂回猛攻，并因该师伤亡过重、疲惫已极，即奉令撤守打杍口。是日，我刘汝明之一旅攻占黄梅城城西二里许青石桥，旋因该敌反攻，不得已撤守胡大桥以西之王家河阵地。固守至三日辰，敌陆续向该旅猛攻，并施用大量毒气，激战至九时，笔架寨据点为敌突破，继以莲花塘亦陷敌手。该敌续向凤凰山阵地猛攻，并使用窒息性瓦斯，该旅守兵一营均受毒牺牲。另一部敌向我芭蕉丰余塘、岑普天寺、李家塘之覃连芳阵地猛攻，激战竟日，阵地全部被毁，该军遂被迫撤至排子山、石山铺、杨树岭亘王家仓之线。该敌继攻我排子山阵地，我守军一部伤亡过半，该山即告失陷。扼守苦竹山之王缵绪部亦受优势之敌压迫，逐次向后撤守破山口、树家岭迄大刀尖、狮子岭之线。至卅一日拂晓，该敌复向王缵绪部猛攻，战况异常激烈，继敌进迫我双城驲。九月三日，该敌续向大河铺、更磨盘山、双城驲猛攻，经我守军沉着应战，官兵均抱与阵地共存亡之决心，但因敌炮火及飞机更番轰炸之下，阵地悉被摧毁，我遂放弃，转守蓝家湾、大佛寨、田家寨、生金寨、后湖寨之线。敌即以〔于〕九月四日继向该线猛攻，相继被陷。又守备笔架山之我何绍周师阵地亦被攻陷。敌继向石门山、芦家凹、鹅公寨我牟廷芳师阵地猛扑，激战甚烈，遂被敌突破。九月五日，我王修身师、凌压西师及王缵绪各部连续反攻，占领郑公塔、彭家湾、双城驲诸据点。而占领笔架山之敌亦向我苏祖馨师大佛寨、后湖寨、五峰山之阵地猛攻，该师与敌血战竟日，伤亡已达三分之二，而阵地悉被敌火摧毁，以致相继失守。此际，战区因鉴于屏障广济之后湖寨、五峰山、石门山不守，广济势将垂危，我为确保田家镇要塞，阻敌西进，乃于九月六日以一部集结黄泥湖以北亘栗水桥之线，以主力集结东界岭一带高地，相互策应，拒敌西进。六日，我刘汝明军阵地左翼之敌，其重炮延伸射程已达广济城郊，而敌即乘我部队转移、立足未稳之际，直向我广济猛冲，该县城遂于当晚失陷。遂令曹福林军扼守界岭，拒敌西进。九月七、八两日，占领广济之敌以一部约三千，向我曹军界岭之阵地松杨桥方面进攻，因萧之楚军陈师增援，遂渐将该敌压迫于松杨桥以东地区。继该敌仍陆续增援，复向我界岭猛攻，战况异常激烈，往返争夺，肉搏数次，该阵地右翼被敌突破，我曹军乃撤守高山铺之线抵抗中。同日，我韦云淞军在广济城以北与敌激战，敌伤亡甚众，并将公路完全占领，获辎重甚多。又萧之楚军与曹福林军协力围攻界岭之敌，敌伤亡枕藉，遗尸数百具，向广济溃退。当日，敌复由广济增援，向我松杨桥反攻，并施放大量毒气，该阵地遂被攻陷。九月七日，因我韦、覃两军向广济进攻，该城之敌极度恐慌，陷于混乱，而进犯界岭、松杨桥、清水河之敌，因感后背威胁，并受我反攻之猛烈压迫，遂即仓惶溃退，适时我曹军乘胜追击，斩获无算，并恢复界岭阵地。是日，我反攻五峰山、后湖寨及十里铺之凌压西师，虽在敌炮火猛烈之下，仍能奋勇冲杀，该敌被我歼灭过半。五峰山残敌不支，遂向卓木尖溃退。同时，我区师亦攻克打杼口。九月九日，我萧之楚部攻占许家铺、竹林下、范家湾、孙家柯、张家园、松杨桥等处据点，毙敌甚多，并掳获敌廿余名。至午，敌即增援向松杨桥反攻，并施放窒息性瓦斯，该军守松杨桥之一营均受毒殉国，阵地乃被攻陷。九月十一日至十四日，我刘任师克复荆竹铺、苏家铺，苏祖馨师攻克岳西阵地，旋因敌反攻，又告失陷。九月十五日，因龙山之敌向我曹军猛攻，激战至午，均被击退。是午，我韦云淞军仍将岳山阵地恢复。九月十七日，界岭正面之敌除以一部构筑阵地、防我反攻外，其主力即由广济以南向田家镇方面转移。是晚，即与我李延年军激战于铁石墩。战区为策应田家镇之作战，即令萧之楚及何知重两军向进犯田家镇之敌积极攻击，于十九日又令曹福林军一部及张淦军猛攻四顾坪山之敌，以牵制其南下。四顾坪山一带战况激烈，敌伤亡甚众，死守不退，我遂未奏功。十八日以后，松杨桥及广济方面之敌陆续向南移动，其进攻田家镇之敌为第六师团主力及第三师团之一部，炮卅余门，综计约八千余。是日，即由松山口向沙子脑前进，适我何绍周师已达松山口附近，遂与郑作民师协力夹击该敌。同时，牟廷芳师已通过铁石墩向敌攻击前进中。惟要塞北方之潘家山亘松山口之线，因2675高地被敌攻占，刻与郑师一部激战中。又约千余之敌由老鹳巢附近登陆，向湖北湾以东进犯，经我击溃，又转犯我李德生、乌龟山、沙子脑、鸭掌庙阵地，并使用窒息性瓦斯，与我激战数小时，敌继由武穴登陆增援。迨廿日晨，复全线向我猛攻，其前被阻于湖北湾之敌亦乘机向我反攻。经我官兵奋勇抵抗，浴血苦战，鸭掌庙曾一度被陷，后经我郑师增援反攻恢复。惟敌续行增加，战况益烈。该师以伤亡过重，不得已转移新阵地。是日，何知重军连克3120高地及松山口等据点，续向2625高地之敌猛攻。九月廿一日，敌约千余由黄泥湖向我郑师阵地攻击甚烈，旋因我北方阵地被陷，侧背受威胁，乃退守乌龟山南侧，继被包围，经该师一日之苦战，始突围转守新阵地。九月廿二日，铁石墩、四重山我萧军阵地，因受优势之敌猛攻相继失守。同时，田镇北方之敌数千亦向黄泥湖、马口阵地猛攻，其主力指向我沙子脑方面，激战甚烈，并因我伤亡过重，阵地相继失守，我即转移胡家新庄、下东坡、甲湾之线固守。九月廿三、四、五三日，战况稍沉寂。惟江南敌舰艇异常活动，并整日向田镇要塞核心炮击。九月廿六日，敌一部由崔家山登陆，与我守军激战。另与我郑师在下郑新屋对峙之敌，亦乘夜向该师猛攻，该师全线连日战况异常激烈，以伤亡过重，敌仍陆续增加，同时要塞东、北西方面之敌亦积极向我压迫，猛烈攻击，经我血战竟日，肉搏达十余次之多，继因敌一部经下郑新屋施中诚师右翼突入，又因郑师正面之八峰山、黑家亦被敌攻占，遂即迫近要塞核心。我守备核心之龙团长亲自督战，中弹殉国。同时，西南富寨亦被陷，遂于廿六日晚放弃田家镇要塞。该军奉令转守甲湾、兰廷、下陈、细湾迄屏山、阳城、凤凰山之线，拒止西进。该敌攻陷我要塞后，即以一部进占蕲春，掩护其兵舰上驶，其主力由广济北移，沿漕浠公路西犯，其一部渡江参加江南作战（战斗经过要图广济其六、田家镇其七）

〔图略〕。

其二、广济田家镇战斗后敌我态势要图（附图其八）〔图略〕。

第八、茅山铺战斗及转进鄂西情形

其一、战斗经过：

我军自放弃田家镇后，战区为保持武汉外围持久作战之目的，即以萧之楚、曹福林、张淦、王缵绪、李曾志各部占领白露山、范自成、马鞍山、岳山之线，保有大江北岸地区，并由茅山铺起经板栗山、林山寺、洞儿垴、凤凰地、黄龟山、傅家大垴、石板寨迄狮子山之线构筑阵地，拒敌西进。九月卅日迄十月十日，战况无重大变化。迨十一日，蕲春江面之敌在兵舰及飞机掩护之下，由茅山铺、湖南山、岚头矶、小乱泥湖等处登陆，均经刘膺古【军】击退。是日，我据守蕲春城之罗树甲师一营与由田家镇西进之敌约一联队激战，惟该城处于三面环水之境，该营官兵坚守城池，苦战两日，反复冲杀，伤亡过重，除少数突围外，余均牺牲。迄十三日，敌向茅山铺、小乱泥湖、耀嘴顶一带进犯，我刘膺古军拼力抵抗，截至十四日止，敌已增到三千余，仍与该军鏖战中。战区因鉴左翼商、潢、信阳战况危急，又兼由黄、广及田家镇突入之敌逐次向西进迫，当以整顿态势、支配战局之目的，即令右翼主力节节抵抗，逐向铁路以西转进，淋山河、黄陂一带均有激战。至十月廿九日始达鄂西布防（战斗经过要图其九）〔图略〕。

第九、结论〔略〕。

第五战区武汉外围会战大别山北麓各战斗经过纪要

甲、六、霍方面之战斗

战斗前一般之概况：

敌自夺我马当、湖口占领九江以后，即有由我大江及其南北两岸，积极以水陆并进，向我武汉攻略之企图。本战区为保卫武汉之安全及粉碎敌人之阴谋计，预派有力部队，配备于潜、太、宿、黄间，利用该处山麓、湖沼地区，拒止敌人沿江西进，迟滞月余，几使敌军一筹莫展。敌于徘徊苦闷之中，遂乃变更计划，即由他处抽调第十三师团获洲立兵部、第十师团濑谷支队、第十六师团之三十旅团及十四师团一部，共约十余万人，于八月初旬至中旬陆续集结于合肥、舒城一带，企图犯我六、霍，取道豫南，进占信阳，包围武汉。战区早即窥破该敌诡计，遂对豫南方面严密部署，并令左翼兵团孙总司令连仲进驻商城督师迎战。于是，武汉外围会战大别山北麓战役遂告开始。

是时，我左翼兵团所属各部合计十三个师另一独立旅（共六个军），战斗员兵亦仅十万左右，素质、装备均较敌人低劣，虽在山麓地带于我有利，但以战事猝起，各处公路均未彻底破坏，致令敌机械化部队驰骋自如，殊为遗憾。至于敌人空军、炮兵均占绝对优势，对我机动运用极端妨害，亦足陷战争于不利。

六安、霍山位置于大别山东麓，当豫、鄂、皖三省要冲，自昔称为皖西门户，故敌由江淮孔道进攻豫、鄂，必先自六、霍开始也。兹将六安、霍山方面之战况分述如左（战斗前敌我态势如附图其十）〔图略〕。

六安城郊及淠河西岸之战况经过：

八月廿六日晨一时，敌便衣队数十，步兵二、三百名，向六安以东十里铺进犯，经我左兵团之于学忠部一百一十四师牟中珩师军迎击数小时，敌不支向金桥方面溃退。此时金桥附近有敌启续部队约三千开到，至八时，复发现敌步兵百余名、附炮数门向皇城岗炮击，又经我114D守军击退，向二十里铺溃窜。至八月二十七日下午八时，敌便衣队二百余名乘夜混入六安城北关，经我守军痛击，退至城北五里地之火柴公司，占领碉楼顽抗，我遂派队将其包围。至十一时四十分，飞机场发现敌军二百余，并有便衣队数十，经我守军之袭击，不支亦退。八月二十八日，本日攻六安之敌第一线兵力综计有三千余，炮十余门、唐克车、飞机多架掩护敌部队攻击。经我守军坚强抵抗，卒因敌以一部乘隙由东南城角爬入，发生激烈巷战。午后，敌一部绕至西关附近，在莲花庵等处企图渡河，被我113D骑兵击退。八月廿九日，爬入六安城内之敌迭次增加，战斗甚烈，我守军腹背受敌，伤亡极重，不得已于艳寅奉命全部撤至淠河西岸进入阵地，对东岸之敌严密戒备其强渡。至午后三时，敌军由苏家埠、韩摆渡分路进犯，用猛烈大炮掩护强行渡河，每路均有敌由数百增至两千余之多，卒以众寡悬殊，被敌冲过淠河。当晚，淠河东岸之敌初以摧泪性瓦斯弹向两岸射击，强行渡河则改用窒息性瓦斯①，我114D之一部守军全排壮烈牺牲，其余仍继续抵抗。八月三十日，敌渡过淠河，一部进至南岳庙，被我113D周光烈部守军击退。敌续增步、炮千余，猛烈轰击，战斗甚烈，至独山镇附近房舍悉被炮毁，不得已将南岳庙放弃，而占康家铺、独山镇之线，与敌激战。敌兵力千余虽猛攻我康家铺阵地，而我113D守军沉着迎击，卒被我击退。至攻我黄油房之敌，经我守军腰击，将敌冲断，遂向黄土岗溃退。渡过淠河之敌系十三师团荻洲之一部约五千余，现仍源源渡河中。又敌一部约四、五百窜至十里长岗，经我114D在舒店、关公店之部队夹击，激战数小时，敌我伤亡均重。嗣敌又增加步炮千余，猛犯我杨柳店阵地。同时，独山镇以北各村落受其蹂制，我为避免无谓损害计，自动撤至该镇西北高地扼守对峙（战斗经过参见附图其十一）〔图略〕。

霍山及黑石渡战斗概况：

八月二十七日午后九时，由桃溪镇经山南馆西犯之敌步、骑兵约五百名，山炮四、五门，进占但家庙，同时敌另一部步、骑兵约八、九百名，山炮数门，犯舒家庙，十时进至吴家冲附近，经我地方保安队及我七十一军宋希濂部之守军由大河厂、下符桥等地分向但家庙、吴家冲之敌迎击，激战三小时后，即成对峙状态。而吴家冲之

①原文如此，文中“则”字当为“后”或“嗣”之误。

敌复乘夜暗向下符桥猛攻甚烈。我派加七十七军冯治安部张凌云师之一部由青山镇南下侧击，唯敌势顽强，使正面守军被迫逐次撤退至圣人山阵地，于八月二十八日午前二时前，下符桥遂为敌占领。午前三时，急派我三十七师张凌云部以有力部队协助地方保安团队驱逐但家庙之敌，讵料当地守军已奉令他移，致该部任务未能达成，即于牌坊店附近留置小部与敌保持接触，余撤回马厂岗原阵地。至但家庙、下符桥之敌，于当夜增加后续部队达三千余，炮八、九门，其窥犯霍山之企图益形显著。当令37D全部进入阵地戒备，并令守备磨子潭部队留置一部固守原阵地，余推进至37D右翼，切取连络，相机策应战斗。同时，命我132D王长海部协同各部梯次推进，纵深配置于苏口、诸佛庵、黑石渡各要点，及担任沿淠河左岸自黑石渡至查家河等处预备阵地之构筑并守备，对淠河右岸绵密侦察，而便应援37D之战斗。是日午前五时四十分，敌千余由下符桥以东进攻圣人山、莺歌嘴阵地，激战至午后二时，敌又增兵千余，并以飞机数架协同炮火掩护向我猛攻，而我官兵沉着应战，终难接近我阵地。该敌复乘夜袭击，直达翌晓，虽经多次冲杀，均被击退，毙敌甚众。八月二十九日午前六时，敌二千余沿舒霍公路向我马厂岗阵地，另以一部向圣人山阵地包围攻击，战斗更趋紧张。至十时许，敌之增援部队八、九百附重火器甚多，加入战斗，并以飞机、炮火之协同轰击，猛冲我圣人山阵地，37D之守军曾数度与敌争夺阵地，敌我均有相当之伤亡。经该师以预备队一部向圣人山阵地推进，准备对敌施行逆袭，无如正面相持至二时许，该处阵地全部被敌炮火摧毁，加以另敌一部由小路绕我阵地侧背，向我威胁，而正面敌人又猛烈冲进，不得已放弃第一线阵地，撤至十里铺附近第二线阵地，仍与敌继续对战。同日午后四时许，敌机数架狂炸霍山，城内弹着火起，燃烧甚烈，且受敌猛烈炮火瞰射，致敌便衣队混入，与我城内守兵激烈巷战，旋按预定计划向霍山东南各指定地点转移。前线虽仍与敌鏖战，终因后方混乱，全线已感动摇，况我官兵除伤亡及患病外，战斗兵员已减大半。为重整阵线、赓续作战计，该师全部至日暮后即变换阵地于霍山以南高地一带。八月卅日，令132D主力沿淠河左岸自黑石渡亘查家河、高桥湾至两河口之线严密布置，确保阵地，防敌西渡，并令37D于拂晓前向流坡疃附近集结，为总预备队，并在石家河以西各要点构筑预备阵地。据报霍山之敌似有乘机进犯我黑石渡、戴家河之企图，当令132D进入阵地，对敌严加戒备。同日下午五时，敌步、骑二百余名向我黑石渡进犯，当经我守军之戒备部队击退。八月卅一日，霍山之敌步、骑二、三百名再举来犯，又经我警戒部队迎击，毙敌数十名，并获军品多种。敌未得逞，仍向霍山退去。九月一日，敌十三师团之一部约二百名押船十一只，经两河口向独山前进，被我守军发现，向该敌猛烈扫射，当击沉船六只，伤毙敌寇二十余名。敌仍据岸顽抗，经我派队增援，于九月二日拂晓渡河向敌夹击，敌弹药船两只中弹着火。战至辰刻，敌不支，弃尸百余具，残部向北溃窜。此役除毙敌百余名外，并俘日兵小川筱七等三名，三八步枪四十余枝，并战利品多种。九月三日，在两河口捕获日兵八幡図俊一名及文件多种。敌不时以小部队向我淠河沿岸进援，并不断炮击。我黑石渡、戴家河一带我守军严加戒备，并增强工事。连日所得报告，霍山敌增至二千余，炮四、五门，企图西犯，而独山、青山镇、三尖铺之敌续有增加。九月十日九时，霍山敌步、骑兵约千余名，炮八、九门，其大部由乌龟嘴渡河，当与我守军发生激战，敌大部利用密集炮火掩护，向我戴家河以北绕攻，并窜至戴家河阵地后方，与我部队发生混战。同时，敌炮向我戴家河、黑石渡炮击甚烈，至〔致〕阵地悉被摧毁，经我派部队向左增加，占领三保尖，对窜入之敌猛攻，经数次肉搏冲杀，毙敌百余。敌复增援二、三百，进窜黄金坂，又经我派队向黄金坂东端逆袭，及由2456高地攻击项台子以东之我军协同，将敌包围于凹道地区内，集中手榴弹、掷弹筒之火力，连续投掷，该敌二百余名悉被歼灭，遂将黄金坂、项台子一带阵地完全恢复。并肃清残敌，继攻戴家河、半边冲一带之敌。同时，我三保尖部队行正面攻击及绕袭，竟日彻夜战斗至烈。迄至翌日拂晓，敌终不支溃退。九月十一日六时，敌由青山镇增援数百名，利用炮火掩护，再向我进犯，戴家河附近山地又被占领，其窜匿山洞者亦有多股。当令132D编组扫荡队向黄金坂、戴家河一带搜剿，肃清战场。惟马鞍山之敌仍据险顽抗，经我派队绕至马鞍山以北夹击，并乘暗夜袭击，敌卒不支，乘夜逃窜，我遂占领马鞍山。十二日午，淠河以西地区均无敌踪。当令各部占领原阵地，并积极加强工事及严防敌有再犯之行动。

结论〔略〕。

乙、商叶公路方面之战斗：

战斗前一般之概况：

敌自攻陷六安、强渡淠河以后，即以一部兵力分扰六安西南地区，牵制我六、霍各军不能截击敌人，另以步、骑两千有余携炮八门，复向六安西北乌龙庙一带窜扰，而其主力则沿六叶公路向西急进，遂使商叶公路方面造成我军伟大之战绩，即富金山之争夺是也。

查商叶公路东连六合〔安〕，西通潢、信，在大别山北麓，适成一平行之交通线。但其地势崎岖，山岭险峻，亦只有商叶公路一段，其他则多系坦途耳，而富金山与峡口在商叶路间更为险要。战区当日决策时，即欲在此两处葬埋敌人，并粉碎其西进之企图，遂以我七十一军宋希濂部三师兵力配备于峡口以东、叶家集以西地区，并以富金山为堡垒；以我三十军田镇南部二师兵力配备于峡口以西，使以峡口为门户，拒止敌人西进；以我五十一军于学忠部配备于六叶公路以南各山地内，使向杨柳店、开顺街一带不时出击，破坏敌人后方交通而断其接济，并令与田、宋各军遥相呼应，以成犄角之势。部署既定，壁垒一新。迨敌军三路会合叶集时，而商叶公路方面之战斗遂告开始。

商叶公路方面之战况：

九月一日，敌步、骑兵千余，炮数门，本午西进至熊店附近，被我七十一军三十六师陈瑞河部守军拒止。午后以来，敌攻甚烈，并将守军包围，经我猛烈冲击后，毙敌颇众。卒因众寡悬殊不敌，乃向叶家集撤回。至六时许，敌先头部队进迫叶家集，与我对峙，并向开顺街51A阵地炮击。九月二日，开顺街以东附近之敌陆续集结三千余人，仍向开顺街炮击。71A叶家集正面之敌约两千余人、炮八门，自拂晓以来向叶家集进犯，经我36D守军强烈抵抗，激战至正午，乃命逐次向主阵地撤回。午后以来，51A部队放弃开顺街。晚十时，敌一部渡过史河，向西岸36D警戒阵地攻击。至四时，我骑兵部队被迫撤回西岸。九月三日，开顺街之敌自拂晓起攻击114D／51A八里滩阵地，午前已将该处占领。由开顺街渡过史河之敌午前以来续增，渡过三千余人，并将36D沿史河西岸之警戒阵地一部占领。午后，分两部向石门口本阵地及富金山东北地区之警戒阵地继续攻击，战斗颇为激烈。当派我七十一军八十八师钟彬之一部，于午前七时渡河进占黎家集，得知敌第十师团三十九联队之一部步、骑兵约四百余人向固始方面窜去。九月四日，自三日黄昏后，敌分三路向石门口、富金山、陈家淋南侧高地进攻，迄至四日拂晓前，愈战愈烈，36D颇有伤亡，而敌向陈家淋南端高地（此处系36D警戒阵地）当【时】敌误认为沿河配备之主阵地）猛攻，争夺渐趋激烈。午前十一时，我36D之守兵两连及机枪一排均以壮烈牺牲，该高地遂为敌陷。正午前后，敌机十余架、炮廿余门协同制压我炮兵，并掩护其步兵向我石门口、富金山一带阵地攻击，情势颇为紧张。宋军长希濂决心以88D一部兵力由富金山北端向东出击，协助36D之反攻。激战至午后五时，阵地遂见稳定。但陈家淋终因南端高地不守，受敌瞰制，被迫放弃。至黄昏顷，我固守石门口、富金山、丁巴店、刘家岗、红石桥之线与敌对峙中。综计昨、今两日之伤亡，计36D伤营长三，伤亡连、排长共六十余员，士兵千八百名；88D阵亡营长一，伤营长二，伤连、排长四十余，士兵五百余人。九月五日：拂晓以来，敌向石门口、富金山本阵地施行攻击，迄晚十时，均经36D节次将其击溃。检查阵地前之敌尸，系第十三师团荻洲立兵部队。正午，敌步、骑兵五六百人，炮数门混合之一纵队，自黎家集以南附近渡河西进，88D派队迎击，与敌接战于文家店、下板桥附近。午后六时，因被敌优势压迫逐次退守史庙子、墺口塘附近。八时，敌一部进逼三里岗，有犯武庙集、截断叶商公路之企图，经我派部队急自卧龙岗向敌攻击，敌感威胁，乃退据史庙子、墺口塘以北之线，仍向我攻击，彻夜激战，其后方尚有增援部队模样。我三十一师池峰城部本晨一部到达方家集，其主力黄昏前后始到集结，并以一部进驻段家集。九月六日：午前，石门口、富金山本阵地仍受敌攻击，并有敌一部本晨沿叶商公路向西进犯，企图牵制88D向武庙集方面之增援。刘家岗被敌攻占，我固守刘家松林、红石桥、卧龙岗之线抵抗中。武庙集以东之敌昨晚与88D在徐庙子、何家冲、墺口塘之线彻夜激战，我守军营长杜振华率队反攻数次，饮弹阵亡，而卒能将敌击退。至本日拂晓，敌续增援队二千余、山炮数门，仍猛烈进犯。我六十一师钟松部之一团，于三里岗、堆子大冲之线，亦与敌激战，因左翼兵力单薄，情势颇危。午后二时起，敌向富金山三面猛攻，战况异常激烈，富金山第三峰曾一度被敌占领。当经36D陈师长瑞河亲率预备队猛烈反攻，遂将顽敌击退，并毙敌甚众，获步枪数十枝，及其战利品其〔甚〕多。而富金山山腹、山麓一带遗弃敌尸甚多，查敌十三师团所部58R、56R、104R、116R等部队皆已参战。我亦伤亡七、八百人，迄晚仍鏖战中。武庙集以东之敌经我88D、61D之夹击，其攻势业已顿挫，而我阵地渐趋稳定。至黄昏时，更令两师部队并力逆袭，战斗甚烈，毙敌达三百余人。午后八时，墺口塘之敌稍向西北马家畈、观庙岗一带溃退。综计两日来，88D伤亡营长一员，连、排长廿余员，士兵五百余名。本日战斗结局，我仍固守石门口、富金山、刘家松林、卧龙岗、徐庙子、墺口塘、大冲之线。九月七日：自昨晚迄今晨，富金山敌我仍继续激战，拂晓后情况稍缓。武庙集东之敌大部向西溃退，但一部仍与我在文家店、下板桥附近保持接触。迨午后三时，敌施放催泪性瓦斯，向富金山攻击，敌我于山腹肉搏数次，卒将敌击退。至黄昏时，敌以山炮廿余门及各种轻、重火器向富金山山腹、山顶猛烈射击。十时，其步兵约五千余开始前进突击，其势极为凶猛。至十一时半，有一部迫近富金山峰，情势危迫。当经陈师长及两旅长分率所部施行逆袭，始将该敌击退，仍于山麓对峙中。文家店、下板桥之敌经我88D之攻击，黄昏前已完全肃清。九月八日：午前三时，富金山东之敌再度向我阵地进犯，激战至拂晓，我将敌击退，战局稳定。据俘虏渡边勇作供称，敌系十三师团全部，尚配有其他部队。四日对富金山之攻击时，二十六旅团长治田德重中弹，生死不明。拂晓以来，军之全线战况沉寂，敌之攻击似告顿挫，准备尔后之行动中。惟有另敌约一联队，自昨晚以来企图向方家集前进，经我三十师张金照、三十一师池峰城两部于樟柏岭附近阻止激战中。九月九日：午后五时，富金山当面之敌突发猛烈之攻击，企图由北侧击富金山之左侧背，与我88D争夺丁巴店西南端高地，彻夜激战，我失而复得者数次，但仍固守中。九月十日：敌大部转移，向88D阵地攻击，企图攻略800高地后，围攻富金山。拂晓以来，敌猛向800高地山麓攻击，并以一部沿公路进犯。午前八时以后，逐渐以大部队增援，并以炮廿余门、飞机壹拾捌架分批集中轰击。迄至正午，我阵地大部被毁，山顶守兵全连殉难，有敌五百余已窜抵山麓。午后以来，我36D由富金山阵地向敌侧击，88D连续反攻，迄至黄昏，卒将此敌几全歼灭，遗尸甚众，我仍恢复原有阵地继续对战中。九月十一日：午前二时以后，富金山800高地、本阵全线被敌猛烈攻击中。拂晓顷，石门口阵地36D与51A衔接一部被敌突破，36D全师此时仅余八百五十五人，仍与敌作激烈之战斗。61D一部拂晓之攻击已将红石桥之敌驱逐，并继续进展。至午后二时，敌更倾全力大举攻我富金山，以火炮、飞机、窒息性瓦斯等掩护步兵行最猛烈之突击。迨午后四时，富金山除最高峰外皆为敌有，36D陈师长亲率残部一部行最后之逆袭，毙敌极众。惟该师伤亡殆尽，致富金山于是日黄昏时遂告陷落。九月十二日：拂晓以来，敌继续向61D、88D阵地攻击中。午后，敌沿叶商公路西犯，与我31D东武庙集附近接触。是日午后八时奉令，61D、88D各留一团于现阵地迟滞敌人之前进，军之主力向第二线阵地转进。苦战旬余之富金山战役，遂告结束焉。

续叶商公路战况：

九月八日：敌十师团濑谷支队不断向我樟柏岭田镇南所部三十军之三十师阵地攻击，数日以来往返争夺要点，而樟柏岭仍为我固守。迨至十三日，敌以主力向我31D／77A阵地进攻甚烈，至午后四时，被敌突破一部。九月十四日：30D经连日战斗之后，因右地区友军31D被敌突破，直接感受侧背威胁，遂于元夜奉命由李围子、樟柏岭、张家庙之正面撤至夹口附近阵地，惟时间仓卒，部署未周，复于是日午前八时遭敌步、骑千余随伴坦克车多辆沿公路进抵江家棚，与我前进阵地守军发生激战。迨十二时许，敌续增至两千余人，山、野炮各十余门，将我前进阵地击毁，继续进至夹口向我主阵地猛攻。经我守军沉着应战，并以炮兵猛烈还击，击毁敌炮二门及弹药车数辆。至午后五时许，其步兵及坦克车均向后退，隐伏于卜家店附近高地。旋又有敌骑四百余、小炮五、六门，向江家棚急进，并后续部队三千余沿公路西进，一部向我卅一师右翼驻马冲以北高地进攻，其炮兵亦集中火力向该地猛击，我守兵两连全部牺牲，该地遂陷敌手。而敌之主力已接近我主阵地。惟右翼友军未照指定之地点占领阵地，致我将预备队填补翼隙，夹口重点兵力因而薄弱，鹰嘴山及赵家棚附近阵地均与敌人接触，旋均被我击退。迨黄昏时，沿公路之敌续向赵家棚方面运动，似有绕过夹口、攻我左翼之企图。本日，毙敌约五、六百名，我伤亡官兵三百余员名。

当面之敌侦知为敌军主力邈妙师团，昨、今两日续有增加，数达万余，山炮、小炮共约三十余门，战车三十余辆。今晨复向夹口以南阵地猛攻，致我阵地大部被毁，即以密集接近突击，自晨至午，冲锋、肉搏竟达十余次，我阵地守兵伤亡虽重，仍能屹然不动，遂行杀敌致果之精神。午刻，敌又集中炮火向我夹口正面阵地轰击，致我临时构筑之工事不能固守，而步兵重火器亦多被其炮火摧毁，敌虽冒险冲进，死伤枕藉，而我夹口各阵地守军伤亡亦重，卒于午后三时许，夹口以南阵地被敌占领，以北阵地亦处于被包围之态势。至左正面敌二千余以主力向容龙山攻击我阵地，战约四小时，我阵地被炮击毁，该地守兵一营仅余六十多名，余尽牺牲。又经我援队赶到，始将敌人击退。午后，敌又增援，攻我鹰嘴山阵地，遭我坚强抵抗，战至黄昏时，敌卒未逞。昨、今两日，我伤亡一千四百余员名，而敌伤亡亦达三千以上。九月十六日：为确保大别山各口计，奉令转进至油坊店、鲢鱼山附近占领阵地。又敌二千余向127D／41A双椿铺、和风桥阵地攻击，而商城感受敌左右夹击之势，且商城地势低洼，易受瞰制，且无坚固之工事，难以固守。若死守该城，匪特遭无谓之牺牲，益为兵力所限，徒增以后作战之困难。故决撤至商城以南、以西各山地，扼要据守。以部队逐次极力迟滞敌人，使之不能迳向大别山各要口突进，并使当面之敌不能直扑潢、光，俾光、潢获得余裕时间部署防御，逐次予敌一打击，再捕捉击溃该敌之机会而歼灭之（附图其十三）〔图略〕。

结论〔略〕。

丙、固、光、潢方面之战斗：

战斗前一般之状况：

敌自六、霍方面三路会合叶集时，声势浩大，锐不可当，实欲一跃而进至信阳。迨富金山受挫以后，士气颇形沮丧，遂又变更部署，以濑谷支队北趋固始，并令寿、凤一带敌军抽调三千余人，配以汽艇百艘，由正阳关方面溯淮西上，直越乌龙集（息县境），乃至掟子集（潢川境）一带，水陆并进，遥与进攻固始之孤军相呼应，遂使潢、息震动，风鹤皆警，藉以威胁我军侧翼，俾其商、叶方面作战有利。

战区逆知该敌在富金山受挫时必有偏师扰固之举，预饬七十一军分兵守固，并令张军团长自忠派该部骑兵一旅由潢川星夜驰援，复令该军两师布防于固潢公路，拒敌西进。且固、潢、光等县均在大别山外围，地势平坦，湖泽亦稀，甚利于机械化部队之活动，而淮河汽艇于水大时亦能驶至潢、息附近。此次敌人补给所需，陆运则由商叶公路，水道则利用淮河为干线。殆敌之进袭潢、固，虽与其战略攸关，亦以控制淮河航运为其有利企图也。兹将固、潢、光方面之战况略述如左（附图其十四）〔图略〕。

固、潢、光战况经过：

九月四日：石佛店之敌步兵约一营、骑兵一连、炮数门，由张老埠渡河向南大桥攻击，当经我六十一师朱旅守备军抵抗，敌不得逞。未几，敌又一部绕由南大桥以南渡河，向我阵地右翼压迫，敌炮及飞机协同猛烈轰击，剧战竟日，至午后五时，因阵地工事悉被摧毁，不得已乃变换阵地于王小桥、大皮店之线，迄晚仍在相持中。九月五日：敌于午前五时开始向我王小桥阵地炮击，其步兵约一营随即向我进攻，当经我派兵于尤家围子、老城隍庙之线占领阵地。敌分两路，一部续攻王小桥，一部进迫老城隍庙，并有敌骑兵百余复向该庙西侧窜入。经我各部守军坚强抵抗，敌未得逞退去，惟王小桥情况愈趋严重。黄昏后，我重新部署，以主力占领罗台子、五里堆之线，惟敌彻夜向我猛攻击，以致罗台子失陷。我遂改守华祖庙亘五里堆之线，与敌对峙。九月六日：敌续增约有一联队之众，拂晓时向我华祖庙、五里堆阵地猛攻，另以一部向我右侧迂回，并华祖庙阵地被敌突破，我遂改守固始南门外一带高地，坚持固守。午后三时，敌绕袭南关（固始城东门外街市）。四时许，敌炮齐向城中猛击，民房多处火起，山城如斗，在敌机及炮火瞰制之下，守军亦作殊死斗。七时许，敌分批爬城，守军一以当百，冒火奋斗，卒因伤亡过重，无法苦撑，遂致县城失陷，我守军退据城西二公里凤凰塘南北之线，阻敌西进。迨夜十一时许，侦悉城西十公里之阳关铺已陷敌手，乃向迎河集转进。九月八日，我军由迎河集北进，于新店集附近击退由阳关铺西进之敌。未几，敌以一部向我小河桥前进阵地攻击，为我五十九军张自忠部之黄维纲师击退。敌旋增兵千余，再度进攻，并向我两翼迂回，经我极力抵抗，激战竟日，迄未得逞。入夜，我转移胡族铺占领阵地。同日晨，乌龙集方面之敌千余名，乘汽艇百艘沿淮河驶至趄子集、纪滩附近，其一部与我骑接触，惟战至午时，因伤亡过重乃转移独木桥附近抵抗。至纪滩登陆之敌，与我接触后，被我击毙数十人。惟敌屡增，战斗益烈，旋敌由侧面攻击，而我抵抗部队以众寡悬殊，致连长以下殉难者百七十余人。九月九日：敌乘夜进攻，拂晓后复以炮火、飞机之掩护，向我胡族铺阵地猛攻，经我守兵沉着应战，毙敌甚众。午刻，敌步、骑三百余迂回至我左侧后张庄附近，与我守军激战。嗣后，正面之敌复倾全力攻我左翼，遂被敌突破，我乘夜转入三角地主阵地。同日晨，趄子集方面之敌大部集中上油岗，经我五十九军一八〇师刘振三部于毛家集附近正向该敌猛攻，出其不意，予敌以打击，敌伤亡甚众。九月十日晨，敌主力由胡族铺向我三角店主阵地猛攻，迄午未逞。敌后续部队步兵三千余、炮十余门向我全线猛攻，并施放毒瓦斯弹，我官兵中毒者有数百人，但仍奋不顾身，向敌冲杀，毙敌甚多，敌势稍挫。同日八时，180D派队向上油岗之敌攻击，与敌在陈营子、周砦一带接触。迄午，敌复增兵数百，激战至晚，双方伤亡颇重，仍彼此相持中。九月十一日：三十八师黄维纲部当面之敌向我全线猛攻，竟晨未停，并大量使用瓦斯攻击，而我守军坚强抵抗，并时向敌侧击，斩获尤众。惟师左翼阵地完全被敌炮击毁，我阵地守军224R牺牲殆尽，其他守军伤亡过半，惟迄午与敌混战中。同时，另有敌一部约数百名窜据雷胜岗，与我180

D之一部对战。储河集复到敌二千余，由春和铺以南向西急进，有乘我城防空虚、袭击潢川之势，旋派我一八〇师于官渡附近占领阵地。九月十二日：我军奉命重新部署，正午各部队先后到达指定位置，占领阵地。但本日拂晓时，38D之一部仍在黄寺岗附近与敌激战。午时，敌一部约八、九百人进至高店。未几，敌步、炮联合约二千有余向我官渡猛攻，另一部约步、骑五百余进犯左城，复有一部约二百余窜进中途店，均经我180D守军击退。九月十三日：进犯官渡之敌，自晨迄夕均以炮火猛烈向我阵地攻击，而我守军沉着应战，敌卒未逞。至进攻左城之敌增至八百，亦被我击退。九月十四日：官渡之敌继续增加，并积极修筑道路，以炮火向我伞平寺一带猛轰，并以步兵向我密集冲锋，经我奋勇迎击，毙敌甚众，而敌仍续有增援。古城、中途店之敌约步、骑千余仍向西窜于家店、毛围子、牛店附近，猛向西南进犯，与我180D主力展开血战。而高店之敌又增至千余，与我38D之一部发生激战。九月十五日：潢固公路正面已由38D之一部接防，当面之敌于晨刻即以飞机、大炮掩护其主力向我猛攻，与我守军发生激战。迄午，敌又续增步兵两千余、炮十余门，向我毕桥一带猛攻，并使用毒瓦斯弹，我官兵抵抗至烈，至晚未停。180D主力对毛围子一带之敌攻击，敌即增援，激战甚烈，而该师以一部兵力仍在望岗集与左城方面之敌对战中。九月十六日：180D、38D当面之敌共约七千余、炮廿余门，仍以飞机掩护向我猛攻，由晨迄晚未止，我仍与敌在瓦子岗、毕桥、七里岗、贺营、邓店子以南一带激战中。而今晨我在大许庄附近之骑第二旅因受敌压迫，伤亡颇多，不得已转移位置。但敌一部约步、骑二千余、炮多门，午刻窜到谢家凹一带向西南挺进，图窜扰信潢公路，断我后方联络交通线，经与另派部队于沿口以东警备。讵料所派之部队半途奉令折回，使我不遑另派部队戒备，而敌于未刻已越潢息公路，窜达信潢公路附近。我张军团长自忠乃率所部人员奋力抵抗，因众寡悬殊，军团部被敌包围，乃一面猛向敌冲杀，一面调38D之一部夹击，该敌卒被击退。是时，因潢川县城吃紧，即令张军团长重新部署，固守潢川，迟滞敌人西进，乃将五十九军一部进守潢川。九月十七日：敌倾全力围攻潢川，并施放毒瓦斯，而我180D、38D仍在潢川城西南东北与敌苦战。另敌一部约步、骑二千、炮六门进迫城西，向我潢川西关进犯，经我守城部队极力支持，而午后三时敌更以密集炮火攻城，并大施放烟幕弹，全城弥漫如雾，我官兵多失自由。五时许，北城及西北两方面为敌炮火摧塌，敌即乘城缺口冲入，当即发生巷战，激斗数小时，敌后续部队大增，至十一时，北城遂为敌占领，我五十九军一部仍在潢川南城与敌对战中。九月十八日，奉令掩护大军集结，故巧夜放弃潢川，以经扶为据点固守之，并派一部守备光山。十九日遵令转移，惟38D仍在光山附近与敌激战。九月二十日，38D乃由晏家河转进经扶集结，光山因亦弃守（附图其十五）〔图略〕。

结论〔略〕。

丁、豫鄂边区信、罗、小岭界方面之战斗

战斗前一般之概况：

自我商城、潢川次第陷兹〔落〕以后，敌即将其十三师团与十六师团主力转用于商麻公路方面，欲沿大别山西麓争取捷径以攻我武汉，另以第十师团主力沿信潢公路西进，企图夺取信阳，断我平汉南段之交通，藉以围攻武汉。是时，我左翼兵团各部亦分别控置商城以南、经扶以东、麻城以北各地区，利用山地扼要拒守，以阻止该敌之南下。同时并以我十七军团胡宗南所部各师，进出于信罗公路以南地区，迎击西犯之敌。于是豫鄂边区各处之战斗遂亦次第开始（附图其十六）〔图略〕。

豫鄂边区（小界岭、打船店附近）战况经过一：

九月二十日：我三十军之三十师张金照部及三十一师池峰城已在打船店、郭店亘清水塘之线与南进十六师团、十三师团各一部之敌对峙。右翼31D正面，今晨有步、骑、炮联合之敌加强联队向我打船店、沙河西岸攻击，战斗激烈。九时许，敌骑二百余、步兵三、四百名，由右翼向新店抄袭。左翼30D当面之敌步兵约千余名、山炮数门，在沙窝附近积极活动。打船店方面敌猛攻数日，卒因我守军苦撑，致敌攻势顿挫。九月廿一日：本日午前十一时，敌山炮数门向我30D清水塘迤东主阵地袭击，同时，沙窝以西河滩有敌野炮多门、步兵约五百人，搬运军品，向30D沙窝东北前进阵地，敌虽猛攻数次，均被击退，并毙敌二百余人，主阵地因我88D向公路北转移阵地，致感侧背威胁。九月廿二日：本日拂晓，31D当面之敌以步、炮联合约二千七百余，猛攻我打船店、许家冲之阵地，并施放毒瓦斯弹，当即急调援队并另派若干小部队迂回敌后猛击。30D当面之敌约步兵七、八百，炮十余门，并用毒瓦斯攻我沙窝以东阵地，经预备队于山腹荫护地对敌侧击，毙敌甚众，而阵地赖以保全。31D战斗颇有进展，并进至打船店东北高地，夺获战利品甚多，检查文件知为敌十三师团之五三及五八两联队。今晨，敌步、骑三、四十人，炮十余门，续向我打船店、许家冲阵地攻击，并施放喷嚏性瓦斯，我阵地守军亦多中毒，但阵地仍能坚守。而向我打船店攻击之敌亦被我击溃。是夜，敌全线总攻我阵地，我派援队协同逆袭，战事尤烈。30D正面，本日仅有佯攻部队，经我守军集中火力猛击，毙敌三百余，遗尸退去。九月二十四日：昨派31D一部绕击敌侧，今晨与我正面守军协力反攻，与当面之敌激战竟日，迄暮未停，敌屡增加，而山、野炮又增至二十余门，轰击最烈，致我阵地悉被摧毁。守军坚苦撑持，连长曹海亭裹伤再战，竟以殉国。而我伤亡颇多，不得已于黄昏后坚守打船店南端两侧有利之高地。31D方面，本日无激战。九月廿五日：敌五八及新增一一六联队自昨晚即向我31D全线总攻，今晨愈烈，敌又施放大量瓦斯，致我守军伤亡甚众，然我官兵以最大之努力，将许家冲一带敌之五八联队击溃，毙敌五、六百，敌阵线有动摇趋势。我二十七师黄樵松部主力对盛家店之敌猛攻，与打船店右方高地之敌发生肉搏，争夺阵地战，失而复得者三次，终为我占领。施〔旋〕敌又增援，当由31D抽派部队驰援，并以伏兵应机狙击，挫敌凶锋，战事之烈，实为罕见。30D正面之敌，经我昨日击溃，残余败兵隐伏丛林，因我师连日之战斗伤亡，亟待调整，无力出击，即将磨盘庄迄凉亭间之公路阻断，构筑障碍工事，并于要隘埋设地雷，阻敌前进。九月二十六日：晨七时起，敌以猛烈炮火并瓦斯弹向我31D阵地猛攻，许家冲前方高地一部被敌占据。30D当面之敌突增优势兵力，于昨夜袭我二次未逞。今晨七时起，敌炮十数门发射烟幕弹，掩护步兵向我马鞍山阵地猛攻，虽经我守军迭挫敌锋，而我受炮火之轰击，伤亡亦大。迄十一时许，该山高地一部被占。同时，测观右方面亦受敌猛击，官兵两营几全殉国。但俘敌文件得悉，为敌〔敌为〕第十六师团三三联队之一部，渠本日参战，损失奇重。我27D在打船店方面颇占优势，惟盛家店之敌继续增援，图摧毁我全线阵地。九月廿七日：十时，我31D与敌激战竟日，斩获甚众。但连日鏖战以来，所获文件判明当面之敌，31D正面为五八、一一六联队及十三师团之沿田得重旅团之一部四、五千人，30D正面为十六师团之一联队及三三联队。九月廿八日：我31D、30D当面之敌屡次增加新锐兵力，连续猛攻，损失极巨。昨复移重点于我左翼之七一军方面，故今晨以来除以炮火游动射击外，步兵无积极动作。九月二十九日：31D正面打船店、许家冲以东各敌均无异动。30D以一部对沙窝及马鞍山之敌侧击，甚为有效，敌虽有增援反攻，而我仍于山腰凭险对峙。是日，毙敌四、五百名，我亦伤亡百余。27D所部向许家冲之敌攻击，敌由盛家店增援，战斗至烈，我毙敌五八联队添田部吉川大尉以下官兵数百人，并战利品甚多。九月卅日：当面之敌昨夜被我攻击，其势已呈疲乏，但于打船店以北忙修道路。今晨，27D以主力协同31D对打船店河西岸及许家冲附近之敌猛攻，颇为奏效．但由打船店以北续增援反攻，迄黄昏时我占之高地仍能扼中。31D战斗颇为沉寂。十月一日：今晨敌千余由大塘洼、梨树洼、葛庙一带向沙窝活动，颇受瞰制，30D马鞍山一带阵地仍在我控置。十月二日：27D今晨拂晓攻击许家冲并打船店、盛家店敌人，同时31D施行逆袭，竟日激战。30D派小部队向敌左右侧击，并派一部兵力于余家集附近监视并牵制敌人。我军为增强持续作战力，调整阵线，重新布置。十月三日：31D正面之敌猛向我攻击，迄午未逞，惟金钢山被敌占领，大河冲口被敌封锁，敌竭力向我右后方活动。我27D及独立44B吴鹏举旅与敌血战于顾家营以西高地，陷于混战、苦斗中，卒予敌以打击，又转危为安。十月四日：敌自昨夜九时起向我全阵地进攻，彻夜未停，以31D方面为烈。至今晨拂晓，敌已迫近阵地，经我以手榴弹投掷，敌始退去。并用炮火猛击及施放烟幕，掩护其构筑工事。迄暮，敌集中炮火攻我蔡家凹岭阵地，战事渐趋剧烈。30D当面之敌，于今晨八时在沙窝以南大放烟幕，掩护南进运动之辎重大车百余辆，为我炮兵射击，伤四分之一，大部弃车向沙窝逃窜。十月五日：31D当面之敌因连日混战，似仍准备大举猛攻。十月六日：27D当面之敌，拂晓以步、骑千余向我阵地猛攻，经我守军苦斗、堵击，敌势顿挫，阵地未动。十月七日：拂晓以来，敌攻我27D各阵地尤烈，另以一部附山炮多门向右迂回，向我阵地侧击，致黄毛尖阵地三面受敌，且我27D各阵地经敌炮击两昼夜，已成焦土。又另敌一部两千余，由打船店向南疾进，战况极为险恶。30D今夜出击清水塘一带，与敌战斗甚烈，已将清水塘、金鸡岗已失阵地克复。十月八日：27D当面之敌，于今晨集中廿余门炮火向我鸦雀尖、鹅家山阵地及新店东南高地猛击，敌步兵二、三千三面向我围攻，并有增援之敌源源到达，阵地全被摧毁，新店东南高地我仅少数部队死守，黄昏后已陷混战危势。十月十日：新店昨夜被敌占领，今晨打船店之敌向新店续增，马尼山之敌均向南运动，新店东北之敌亦向东南活动。我31D部队占领汪家药铺、张福店、将军寨至鸦鹊尖之以南附近阵地。27D正面之敌新增一五〇联队，竟日集中炮火攻我鸦雀尖、鹅家山、将军寨一带阵地，并用大量瓦斯于黄昏时向我攻击，与敌搏斗十余次，阵地失而复得者数次，我官兵伤亡、中毒者八、九十名。而敌复以小部队向我阵地两翼活动，情势危迫，我部杜团长幼鼎率部由正面出击，乘势进展至鸦雀尖东北，克复原阵地。是役，毙敌六、七百，敌势大挫。十月十一日：30D正面之敌约千余人，向我李家高山阵地攻击甚烈，经我守军抵抗，并将冲入之敌官兵悉予歼灭。十月十二日：27D正面之敌千余、炮十余门，自今晨八时起向我鸦雀尖三面包围攻击，午后战事尤烈，并施放喷嚏瓦斯集中攻击，该阵地守兵虽竭力抵抗，终以众寡悬殊，致鸦雀尖东南小高地被敌占领。鹅家山之正面敌以重、野炮十余门集中火【力】向我阵地轰击，并掩护步兵猛向我阵地接近，我以盛炽火力对敌射击，卒未得逞。30D正面之敌步兵千余，山、野炮十余门，向我全阵地攻击，午后二时炮轰更烈，并以主力攻我金鸡岗阵地，突破我障碍物，峰〔蜂〕拥冲入我阵地，经我守兵肉搏，敌溃退，并毙其指挥官一名，拖尸而逃，我阵地无恙。十月十三日：27D之敌由俘获井军曹日记得悉，攻黄土岭、毛家尖阵地为获洲师团所转移之全部，配属骑兵一联队，本日向我鸦雀尖、狮子寨一带阵地攻击甚烈。鹅家山阵地亦为敌集中炮火、掩护步兵千余人连续猛攻，我阵地全线失而复得者数次，卒赖官兵之苦撑，迄黄昏时阵地仍能固守，与敌对峙。30D正面之敌1000，早八时向我左翼71A方面运动，银棚山敌200，向金鸡岗接近，马鞍山敌百余向我左翼运动，罗汉岩敌一部渐向我阵地接近，我守兵严阵以待，迄暮未逞。十月十四日：27D正面续与敌对战，因敌经我猛击及转移其兵力，故战斗不烈，阵地无变动。至44B仍坚守狮子寨、鹅家山阵地，并将工事加强之。30D方面之敌重炮多门、山炮十余门，今晨向我攻击，其步兵六百余向沙窝、马鞍山方面活动。七七军三七师张凌云部正面敌步兵三百余、山炮四门，开始攻击我天鹅铺蛋、李家高山阵地甚烈，敌继续增援六百人，战斗迄夜仍在对峙中。迨我援队到达，卒挫敌锋，毙敌中、小队长各一员。当面之敌似倾全力对我30D、37

D阵地总攻之企图。十月十五日：30D、27D正面各有敌数百向我攻击，但终被击退。十月十六日：37D当面之敌为十六师团三三、三八联队，昨夜以来不断以小部队向我阵地游动攻击，彻夜未息。今晨九时，敌向我天鹅铺蛋、长岭、洪毛屋、基寨之37D左翼及30D右翼中间两接合部攻击，图突破我阵地，而我沉着固守，卒未得逞。30D正面之敌，本日八时以炮廿余门向我观测石、金鸡岭集中猛烈轰炸，并施放催泪性瓦斯，及轰炸机数架低空盘旋、投弹，阵地多被炸毁，而敌数百在飞机、炮火下先后猛冲，经我迎击，敌卒未逞。我左翼71A与优势之敌激战，1128以.5西高地被敌占领，我30D全阵遂受敌瞰制，连络线亦有切断之虞，经令31D向天鹅铺蛋、方家河、546.5高地至吊桥湾西公路之线变换阵地。十月十七日：昨日我61D/71A放弃1128.5高地后，我30D阵地左侧背受敌炮击，正面之敌分进向我猛攻。我除留小部队在观测石、金鸡岭、磨盘山等地拒守滞敌前进外，各部队本日拂晓前进入新阵地。37D正面之敌千余，山、野炮十余门，于晨八时续向我洪店、李家高山、天鹅铺蛋攻击，战至日暮，洪店与李家高山之守军仅余数十人突围冲击，余数百人壮烈牺牲，但天鹅铺蛋阵地仍在我手。本日，敌机二队翔空助战，低空扫射，到处狂炸，37D激战竟日，伤亡甚多，遂令东移固守小店一带，并饬31D派兵接替隆兴寨亘洪毛屋基之防务。十月十八日：37D天鹅铺蛋方面与敌激战，迄黄昏仍与敌对战中。30D正面敌步兵七、八百，野、山炮十二门，飞机六架协同掩护，向我964.5高地猛攻，我守军伤亡甚大，又不能适时增援，迄午移至高地以南预备阵地，竭力抵抗，另抽小部队分头夜袭，图恢复原有阵地。十月十九日：37D当面之敌，今日拂晓续向天鹅铺蛋猛攻，屡次冲击，势极凶狂，并施放烟幕掩护。战至午后二时，天鹅铺蛋东半部被敌攻占，西半部仍固守中。洪店之敌，今早增加三百余，向我直扑，竟日激战，敌未逞。31D正面之敌，向我洪毛屋、基寨阵地猛攻。30D今早七时被敌炮十余门向我942.3高地张家祠阵地集击，并飞机六架掩护其步兵向我阵地节节进攻，至午后四时，我各阵地守兵均已殉难，经抽部队增援反攻，均未奏功。为巩固现阵地起见，重新部署。十月二十日：敌自昨日开始以野、山炮十余门向我942.3高地连续冲击，飞机九架凌空轰炸、扫射，我守兵伤亡殆尽，于本日午后三时该高地陷于敌手。夜十时，李团长文彩率部反攻，肉搏数次，毙敌二百余，于十二时许克复。本日拂晓时，敌以重、野炮十余门，步兵千余人分数股向我洪毛屋、基寨一带及李家冲、犀牛望月等高地猛攻，屡被我击退。午后二时，敌增加千二、三百人向我两翼延伸包围，我亦增援数次，延伸抵抗。但敌机十五架低空助战，我守兵受空中之威胁，及阵地摧毁之余，坚苦撑斗，激战竟日，我守兵壮烈牺牲者约十个连。中校团附杨智铭亦因督战而殉国。洪毛屋基寨高地竟因伤亡过大、后援不继而告失陷于敌手。后敌仍继进，威胁我左地区队之企图，故再事重新部署。十月廿一日：敌经昨日洪毛屋基寨激战后，主力转用于我右翼二十六集方面。本日我军之正面敌炮继续轰击，小部队时有接触，但因守备犀牛望月兵力单薄陷于敌手，并有百余敌窜至李家冲，经我派27D一部兵力攻击犀牛望月之敌，令31D截击李家冲之敌。本日，敌机数队各处轰炸，阵地、村落桥梁及电话线等，皆被毁坏，故前后方电话不能畅通。十月廿二日：奉命以整理态势、支配战局之目的，拟向枣阳以东地区转进。十月廿三日：昨夜指定与敌接触最烈之部队施行果敢之逆袭，与敌激战，使敌误判以我优势发生动摇，我主力得以乘机敏之行动，利用夜暗脱敌转进到杜家河附近地区集结、整理。先事〔是〕，九【月】二十一日下午三时，由潢经光山南下之敌步、骑约六百余向泼皮河及以西高地进犯，经我七十七军三十七师张凌云部守军迎战，至黄昏时，我乘夜向敌袭击，敌不支溃退。二十二日晨，敌由白雀园增来步兵三百余名、山炮数门，再进犯我泼皮河阵地，亦经我守军强韧抵抗，战斗至烈。十一时，敌复以飞机数架助战，并续增步、骑数百，分四股向我阵地猛冲，而我官兵沉着应战，向敌逆袭、肉搏，杀敌甚多。至下午五时，我泼皮河阵地被敌炮火摧毁殆尽，官兵伤亡亦重，同时敌由左右两翼迂回，形成包围之态势。我侧背感受威胁，而兵力单薄、应援尚艰，不得已遂转移朱家洼、胡家大山之新阵地。今日下午三时，敌步、骑百余名由白崔园向我八里畈一带阵地袭击，经我守军抵抗，不支向东北窜逃。二十三日晨，泼皮河之敌千余续向南犯，向我曾家湾之守兵迎击并分途袭敌，被迫而退泼皮河一带。二十四日：奉命西移，仍以一部固守经扶国防阵地（附图其十七）〔图略〕。

豫鄂边区（沙窝、罗、信等处附近）战况经过：

九月十七日午后三时以来，沿商麻公路南犯之敌十六师团部队先头步兵约六、七百人，战车六辆，炮数门，向我71A占领余家集、显山一带阵地攻击中。至十八日，敌步、骑兵增至千余人，攻击颇烈。我30D、88D亦以沙窝附【近】占领阵地。十九日，奉命将余家集一带部队撤至沙窝以南，而以61D于小界岭附近占领国防工事，为军之预备队。九月二十六日，约两联队之敌附炮廿余门、战车十三辆，自晨以来向沙窝东西两侧高地开始攻击，午后二时，沙窝西侧高地我88D阵受敌猛击，至四时被敌突破数点，乃以部队增援，固守香末对、羊毛寨、毛家铺北端之线。二十一日：香末对以北之敌已成顿挫状态。二十二日：敌攻88D中央，自拂晓以来，乘大雾猛犯，颇为激烈，曾一度迫近一天门附近。我易团长率部与敌肉搏，易亦负伤。迄晚，各路皆将敌击溃，并乘夜雨袭敌所据沙窝西端高地，当将该处占领，毙敌数十人，获轻机枪一挺、步枪十余枝及其他文件甚多。二十三日：沙窝附近之敌自二十日迄本午以来，分向我阵地攻击，均经我击退，而伤亡颇重。二十四日：正面之敌已减少一部，似系转用。九月二十五日，我七一军八八师钟彬部拂晓攻击，午前七时驱逐少数之敌，占领甘家畈。九时，我左翼队进展至二道河，与八十七师沈发藻部取得联络。十一时，逼近沙窝与敌一大队战斗。本午，我军与沙窝以北敌激战，占领余家湾迄7093高地之线。午后以来，敌努〔？〕反攻，经我击毙甚多，7093高地附近击毁敌汽车十一辆，并以小部队向林家湾以南挺进中。88D正面沙窝之敌，午后以步兵一大队向我阵地攻击甚烈，迄晚仍在激战中。另约一大队之敌向61D反攻未逞，惟多数辎重及炮兵于本晨向余家集撤退。九月二十六日：87D本晨以来已过林家湾，对沙窝之敌已完成包围态势，而敌企图击退我军，以维持其后方交通线，故午后战斗颇烈，故〔？〕仍令我军攻击中。午后三时，敌以千余人迂回我左翼甘家冲一带，迄晚与我相持于柏树角亘火光寨之线相持中。61D之攻击遭敌有力之阻止，仍与敌对峙。88D阵地昨晚被敌突破一部，本午前以有力部队向敌逆袭，毙敌数十人，并将原阵地恢复。九月二十七日：87D方面自昨晚迄今，敌各路反攻，均经我击退。本日午前八时，我于打儿窝以南击溃敌之一部，查系十六师团之三三联队。十二时，我将肖家湾、林家湾之敌围歼，毁战车四辆，卤获轻机枪十三挺，步枪二百余枝，毙敌甚众，俘敌下士匠长山本芳夫以下数名。自本晨以来，我与余家集之【敌】相持，午后敌增援三千余，炮廿余门，向我攻击甚烈，我另派部队向曹集以东增援中。白雀园方面，昨由双轮河南进之敌约七、八百人，本日【向】我七里桥守军攻击，迄晚仍与相持中。88D、61D昨晚向敌夜袭，毙敌颇多，88D俘虏38R中士曹长桓弘孝等数名。本晨，敌向我香末对阵地进攻，激战至黄昏，我伤亡官兵九十余人，仍固守原地。九月二十八日：87D方面昨晚以来，余家集之敌续有增加，本晨敌分两路向我攻击，约以一千余人者由余家集沿公路南侧经打儿窝以南向西攻击，约以三千人者由余家集以北之马鞍山向曹家集两侧高地猛攻，另由双轮河南下之敌自七里桥东西两侧向白雀园迂回。我守白雀园以北之部队努力拒止，骑兵团已与敌于白雀园以西遭遇、激战。沙窝之敌向北反攻，各方战斗均甚激烈。午后以来，打儿窝、吴家湾阵地战斗最烈，各路激战仍在进行中。增援部队87D尚未到达。九月二十九日：87D竟日与敌苦战中。午后以来敌各路进攻甚烈，迄晚我原阵地幸仍保持，惟伤亡颇大。九月三十日至十月五日，我重新部署，调整阵容，而敌不时以小部队出击，屡为我击退。十月六日：沙窝之敌于本日拂晓集中重炮、山炮、迫炮五十余门，向一天门、李家山间地区炮击，计五小时之久。午前十时，以步兵三千余分五路向我攻击，与87D猛烈争夺李家山北端突出之高地，我得失数次。至午后五时，因后援不继卒被敌占领。但李家山阵地经沈师长督战，士气极旺，夜深仍相持中。我是日伤亡官兵达五百余，敌亦伤亡甚大。十月七日：敌攻击停顿。八日午后以来，沙窝之敌以重炮、山炮多门掩护步兵千余人，分两路向李家山及其西侧地区87D阵地进攻，激战至黄昏将敌击退。李家山以东61D阵地虽受炮击，但无损失。十月九日正午，敌炮十余门、步兵两联队分由老杨沟、杨家畈向李家山进攻，经87D奋勇抵抗。午后以来，敌更番突击，我亦连续逆袭，至酉刻各处告警而无兵可援，卒被敌突入至林家寨、包家湾一带。黄昏后，李家山在三面包围中，敌并进迫山峰，战况危殆，此际团长李之用率残部出击，猛烈冲锋，歼敌一部，余始退却。我仍保持该山与敌对峙，惟李团长于是役阵亡殉国。同时，我派部增援李家山与敌激战，伤亡亦甚大。另敌一部由熊家河向土门攻击，至晚始击退。十月十日：敌似积极准备，以图再举进犯。61D、87D加强工事，确保阵地，并夹击突入林家寨、包家围之敌。十月十一日：昨晚迄今，61D、87D协同夜袭林家寨、包家湾之敌，未能奏功，而敌以炮十余门向我两师炮击中。十月十五日拂晓，敌炮廿余门猛轰我两师阵地，随以步兵分两路向61D阵地进犯。四时许，1128.5高地一山峰被敌占领，61D部署反攻中。包家湾之敌一度向87D攻击，当被击退。十月十六日：昨晚以来，61D迭次反攻1128.8高地，均未得手。黄昏后，敌续向我1128.5高地最高峰猛攻，守军悉数伤亡，待援未至，此山峰遂为敌占。十月十七日：敌向我61D阵地进犯，午后三时，敌自磨盘山向我侧背包围，激战至黄昏，1128.5全部陷落。十月十九日拂晓，敌由沙品公路南犯。午前十时，各据点续陷，我61D改守李家桥、石板岗连系白云山之线抵抗。十月二十日，白云山东端一带高地61D与敌激战竟日，卒以兵力劣势，被迫放弃。黄昏后，我保持吴家冲南端高地与敌对峙，敌炮射击小界岭以南公路。十月廿一日拂晓，敌由李家山、石板岗一带白云高峰进犯，被我击退，惟白云山一带整日在敌炮火围攻中。二十三日夜间，奉令向铁路以西转进。当潢川张军团撤退后，敌第十师团部队及十六师团一部猛向我罗山进攻。连日以来，经我十七军团胡宗南部及左翼兵团孙连仲部夹击，激战甚烈，并逐次坚强抵抗，予敌以时间上之消耗，敌军战斗力损失甚大。至潢川方面，敌以主力向我罗山附近守军125D阵地猛攻，多日未逞，卒因我军伤亡颇重，而阵地被炮摧毁，亦无后续部队，苦撑至九月十九日，退守罗山东十里墩附近。而124师固守七里井阵地，力抗顽敌，而敌另以一部迂回我阵地右侧，并迫罗城之东南，经我用预备队行果敢之逆袭无效，遂于九月二十日晚失陷敌手。而我军仍以主力占据罗〖山〗以西五里店及子路河一带阵地，力阻敌军西进，并屡次予以重打击。但以敌人迭次增援，猛向西攻，遂至进迫信阳，并窜犯平靖、长台、武胜诸关要隘及双东河、柳林店一带，并以一部挺进应山各地，均经我胡宗南军团罗卓英各军拒止、迟滞、抑留，历时一月有余，使敌蒙最大之损害，虽我点线之失落，而我所消耗敌人亦有相当之代价也。我军为武汉外围之消耗战目的已达，为我抗战战略计，即应调整阵容，将各部队重新部署，着各按原定计划、指定地点转进于平汉铁路以西地区整理，并重新部署准备第二阶段之战斗。

结论〔略〕。

〔国民政府国防部史政局及战史会档案〕

55. 第九战区第二兵团阳新咸宁一带作战经过概要

（1938年　月　日）①

甲、战斗经过之概要：

其一、阳新湖以东地区之战斗

一、本部移驻阳新之处置：

（一）九月一日将瑞昌军事交汤总司令恩伯负责。

（二）从事阳新方面之备战。

1．计划赶筑阳新湖西岸及白浪山、李家山、九顶山、父子山一带工事。

2．整理阳新渡河事宜。

3．调整兵站、运输、交通、通信各事宜。

4．令关军团长代行瑞昌方面军事指挥（汤总司令赴龙港时），并令霍军与之密切连系，尔后仍归汤总司令统一指挥。

二、排市、阳新一带之布防：九月二日奉令以第三十军团开排市附近（该军因兵新编组伊始，除184师外余请准缓开），第五十三军开阳新附近布防，构筑后方阵地，均归本部直接指挥，并令第四十九师开马头镇，接替第八十一师防务，归第五十四军霍军长指挥；着第八十一师开回后方，归还建制。各该部均已先后到达，遵令实施。第二师、第二十五师因损失过大，令关军团长率开蒲圻整训；着新四师开黄土桥，归汤总司令指挥。

三、马头镇之失陷：瑞昌方面，武山、凉月山、望人脑于五日失陷，磨山、石马坎、狮子岩十一日失陷，陈家坳、前门湔、严家、雀儿冲、仙女池十二日失陷，和尚塥、富山、连山、仙始台、望俯山、倪

①原件月日不详。

湾铺十三日失陷，故马头镇亦于十四日相继陷落，敌即进迫东雷湾。当日（十四）瑞昌方面我军之态势如附图第一〔图略〕。

四、李军团之变更部署：田家镇方面，敌陷广济后，企图由北方面要塞攻击，形势猝变，李军团遂呈报变更部署，如附图第二〔图略〕。十六日，铁石墩陷落，兵团为适应状况，令其以主力向北并列配备，对敌采取攻势，以求得时间之余裕。该军卒能应付得宜，予敌一大打击，歼敌数千。

五、富池口要塞之战斗。要塞之被围：九月十四日，第十八师东富湾部队与敌接触后，该师受敌围攻，时因与其本军隔离，遂成独立应战之局。经优势敌军压迫，至十七日要塞东南高地刘家山、邓家山、竹林塘、鸡笼山各据点相继陷落。十八日，该师将主阵地转移于大岭、朱婆山、鲤鱼山之线，固守待援。当时状况如附图第三〔图略〕。

六、要塞之失陷：第十八师与其本军既失连系，本部遂令张军长刚移驻半壁山，直接指挥之。十九、二十两日，敌以主力指向朱婆山，战斗激烈，该处第一〇四团之两营损失过大，李师长乞援甚急，张军长令第一九三师相昆源团推进张家湾，以为支援。廿一日，朱婆山阵地四个阶段失陷两个。廿二日午后四时，朱婆山第三阶段被敌占领。午后九时，相团增援到达，以两营接朱婆山阵地，第十八师以一部守背膀山，主力集结阵地后方。廿三日午后二时，朱婆山阵地被敌突破，背膀山守兵亦节节后退，全线渐呈混乱。是夜，该师部队多失撑〔掌〕握，自动向半壁山撤退，该师李师长亦于夜间弃职潜逃（其详细经过已另案呈报）。

七、汤军之阵地转移：汤军虽属节节后退，然仍不时逆袭敌人。十八日，第十三军之新三十五师占领纱帽岭、下曹之线，毙敌数百，俘获尤众。第四师亦于是日在大脑上、吴家垴一带与敌反复争夺，毙敌甚多。十九日，于苞茅山、佛壹山一带争夺尤烈。廿二日，我右翼已转移于黄岭、雾岭、何月朗、狮子岩之线。

其二、阳新湖以西地区之战斗

一、阳新沿湖之防御：汤军已转移阵地，敌即渐次进迫，百叠山北端公路亦发【现】敌骑向木石港前进。九月廿四日，敌进占我富池口，乃急谋攻我半壁山，并以强大部队向阳新、排市方面运动，作积极渡河之举。兵团鉴于右述情况，判断敌之企图行动，为左之二案：

（一）敌以主力由排市附近渡河，包围我阳新部队，或进犯咸宁、贺胜桥，包围武汉，以一部牵制我第一兵团及汤集团军，以一部由阳新正面渡河，同时沿江方面藉优势海、空军协同陆军侧攻我半壁山，突破沿江封锁，窜据大冶、鄂城各要地，威胁兵团左侧背，策应其主力作战。

（二）敌以主力协同海、空军沿江进犯，窜据大冶、鄂城各要地，包围兵团左侧背，以有力一部由排市渡河，进犯贺胜桥，并各以一部对其它方面牵制。由于右述判断，并遵照委座及陈长官之指示，遂策定阳新附近防御计划，以主力对阳新以右，以有力一部对左翼沿江一带警备，并令汤集团军保持机动，努力侧击敌军而制之，遂于廿一日下达防御命令，见附录第一〔略〕。

迄廿四日止，一般态势如附图第四〔图略〕。嗣以江北田家镇方面难于兼顾，已于九月廿日奉令划归第五战区矣。

二、阳新守备部队为第二十六军团之两师及第九十八军之一师，余尔后奉陈长官令，以预备第四师开白沙铺归本部指挥，构筑下浮屠一带阵地。嗣以该师多新兵徒手，械弹尚未运到，即拨归第二十六军团指挥。当富池口紧急时，因张军长以第一九三师马旅驰援，遂令第一三〇师第三九〇旅移至贾家湾附近，归张军指挥。迨富池口失陷后，仍各归还建制。

三、排市方面：因第三十军团新兵过多，除184师外均未到达，初归本部直接指挥，嗣该军开至龙港以北地区，即于廿五日着归汤总司令指挥。

A、半壁山之战斗：

四、综合连日战况概陈如左：

廿四日晚，富池口之敌约二、三百名，企图渡过富河，被我炮兵击退。嗣后迭举进犯，迄未得逞。廿八日，敌机异常活动，敌约数百名藉飞机掩护，由富池口架设帆布桥，欲强行渡河。廿九日午前，敌汽艇多只载兵数百，藉海、空军猛烈轰击之掩护，于半壁山前方陆家墩强行登陆，被我守兵击退。午后，敌舰八艘进扰鲤鱼山，向我半壁山射击，并放射毒弹，我军中毒者涕泪交流，遍身麻木，至晚因而致死者廿余人。卅日，敌又如昨，企由陆家墩登陆，经我守兵沉着应战，将敌击退，敌炮舰一艘负伤遁去。十月一、二两日，敌之登陆企图，愈形积极。时田北要塞已失，敌更于田家镇附近位置重炮，其势益炽，而我半壁山愈趋紧张。三日晨，敌于田家镇、富池口以重炮、野炮多门及兵舰炮数十门，飞机十余架，向我上下水口、陆家墩、半壁山、马鞍山一带猛烈轰击。同时，江面敌汽艇百余只满载敌兵，在上下水口、陆家墩强行登陆。经我军奋勇鏖战，敌卒未逞。是役，敌我伤亡均极惨重，我重炮、野炮各一门亦被炸毁。四日自晨至午，敌益凶猛，后增加机舰重炮，激战尤烈，我各地工事摧毁殆尽，我守兵两营与地俱殉，遂扼守马鞍山之线。午后三时，敌六、七百名挟其余势进攻马鞍山，被我击退。当遵照陈长官意旨，将半壁山重炮、高射炮均移大冶以西地区，野炮除留一连外，余移大箕铺附近。

五、兵团鉴于右述情况，为免遭无谓之重大牺牲，即晚令九十八军时〔将〕半壁山阵地略事变更，并策定尔后之作战，如附图第四、附录第三〔图略〕、〔录略〕。

B、富河沿岸之战斗：

一、由瑞昌西犯之敌除以一部协同舰队进扰沿江外，其主力则由阳瑞公路以南地区进犯，经汤总司令指挥所部逐次抵抗，迄九月廿七日，敌我之态势如附图第六〔图略〕。数日来，阳新对岸敌十分蠢动，其征集材料、实施架桥，声闻数里，昼夜不息，似系佯动。

二、综合九月廿六日至卅日之战况概陈如左：

1. 廿六日，木石港附近到敌一师团，下盆附近有一联队，明家湾有敌一小部。我184师出击，占领汤公泉之次要阵地。

2. 廿七日，第五十四军下桥铺西南182.5高地，被敌机轮炸，我守兵一连伤亡殆尽，卒陷敌手。第四十九师王子岗、东梁阵地遭敌五、六百名之猛攻，我伤亡奇重，被敌突破，经增援反攻，收复其半。又我了吉山铺、汤公泉、刘家山、新港、白石崖等阵地，均遭敌猛烈攻击，激战至烈，彼此伤亡惨重，而排市方面形势实趋紧张矣。

3. 廿八日晨，霍军第八十四团向汤公泉逆袭，战至午后四时，连克七座高地，彼此伤亡均在数百以上。迄晚，敌接向我林家冲阵地猛攻，未逞。我王仲廉军刘家山、下雾岭及霍军小塞、桃花尖并张师白门楼各阵地，均作激烈战斗。颜子山北端窜到伪、敌军约八百名，冒充112师，当被击退。

4. 卅日晨，王军方面，敌约一旅团、附山炮六门，企由张家山、双港桥西窜，经第四师及新三十五师由新才坡、余家山、新井山各方包围攻击，敌受巨创，我即占领双港桥，夺获械弹甚多。午后，敌增援步兵千余，续来进犯，激战至晚，接〔仍〕相持中。霍军方面，我麦梁新庄、王一塘一带阵地及第一八四师石梯、老屋下一带阵地，均各有敌千余猛烈进犯，经我军奋勇出击与坚强抵抗，敌乃遁退。是日，洋港东南之茶龙附近，发现敌人数百名。

三、兵团依上述连日来之情况，向为〔？〕状况判断如左：

判断：兵团为防止敌军由排市附近渡河，乘机将其击灭于富河之谷。

处置：

（一）令万军置主力于右翼，以预备第四师控置于沿埠头、荻田桥间地区，须多构筑预备阵地，并与184师及三溪口方面友军密切连系，对当面敌人应严密监视警戒。

（二）令卢军增强排市附近防务，184师应筑预备阵地，并努力抑止敌人之攻击。

（三）令汤军控制木石港方面之敌人，随时侧击之。

（四）拟请陈长官派队增强汤集团军及三溪口方面之守备，以便夹攻敌人。

（五）令张刚军固守现阵地，严密监视长江封锁，防止敌进。

（六）令张军长轸将损失过大之第八十九师及廿三师（欠69旅）率回平江整训。

（七）电呈陈长官报告。

兵团正分别令饬各部实施时，旋奉陈长官0315战电，令本兵团确保阳新河以北及沿江要点，汤集团及卢、霍两军以现在态势在阳新河以南阻止西进，待后续部队到达，即向敌反攻。等因。见附录第二〔略〕。是概与兵团意见相同。

四、浮洲敌军渡河之防害：我军正拟集结优势兵力与敌决战，讵此后情况变化。六日，敌竟先突破我卢军阵地，由浮洲渡河成功，缘于卢军184师与优势敌军苦战多日，伤亡重大，其182、183各师均系新兵，仓猝编成，未加训练，即开前线，一经接触，即现溃乱。兼以援军到达亦迟，故妨害渡河已失败。兹将十月一日以来之情况概陈如左：

1.第184师石梯、黄连洞阵地，一日午后八时被敌突破，其袁家祠、上大郁亦相继失守，遂转移木鱼墩之线，迄四日又转移太平山、箕心恼之线，敌即占领栗树尖构筑阵地，掩护渡河之准备。时我以第五十师之两团增援，统归霍军长指挥。

2.二日，敌迫近富河。我富河左岸电线原系单线，被敌截断后，即与右翼各部及长官部重要之通信已告断绝，惟恃无线电连络，颇感不便。

3.六日，敌汽艇百余艘，先数日潜入牛头山西侧湖湾中，至是【日】黄昏后，在滓洲附近强行登陆，占领据点，掩护架桥。我该处守兵182师部队未能坚强抵抗。敌渡河后，兵团部即令预备第四师迅速占领老虎头、鲁兴隆、一天门、虾公嘴、肖家窝、上河寨、沿埠头之线，严密警戒。

4．八日晨，第六师开抵三溪口，并在纱帽山、徐立中、半边山、乐思才、老虎头之线占领阵地。第四十三师在上下嘴头、骆驼山、402高地之线与敌激战中。

5．十日，滓洲渡河之敌已逾二千，向我猛攻，老虎头、白石岩、太白顶一带阵地相继失陷。

6．十一日，奉陈长官令向渡河之敌反攻，其命令要旨如左：

（一）周军长碞指挥第六师、预备第四师向北进之敌侧击，应与第四十三师协同，以期歼灭敌军于排市、滓洲间富河左岸。

（二）霍军长揆彰指挥第四十三师由现地向张岳方向猛攻，夹击北进之敌，使周军长反攻容易。

（三）第五十三军控制沿埠头附近之一旅，应即策应周军之作战，并受周军长指挥。

惟敌渡过富河为时颇久，立足已稳，且我第六师因受敌优势压迫，主力已转移至三角脑、石灰窝、白石岩、斗立顶、八相王顶之线，故此攻击未能奏效。而为三溪口方面指挥便利，遂令霍军暂归周军长指挥。至三溪口附近之战斗，当另呈之。其时敌我态势如附图第七〔图略〕。沿江方面，华祖庙、福星庵、侯家矶、下庄屋等地已于九日失守，黄颡口失而复克，敌舰亦已驶过沣源口矣。

C、石灰窑之战斗：

兹将本战斗前沿江要点之战况及处置概陈如左：

一、敌侵占我半壁山后，犹积极进犯不已，江面封锁未臻皂密，道士袱以下，重炮不能运动，殊感困难，遂不得不将阵地逐次后移。

二、十月六日夜，令各部变更配备如次：

(一)第九十八军主力仍在原阵地，以有力一部占领铜洞山、鱼儿堡、李家四、煤山至下山矾之前进阵地。

(二)第五十三军应以一团占领张家湾、李家湾、两剑桥、蕉山垅、犀牛山之阵地，并以犀牛山、蕉山垅为圆形据点，其主力应占领网湖西岸至阳新、石山保之线阵地。在两剑桥、华公山第一三〇师之一旅，即调回荻田桥附近控置，并须于银山、石山尖、荻田桥一带构筑预备阵地。

(三)十月七、八两日，敌舰艇约二十艘不断在菖蒲港活动，并向我黄颡口、大山、沙子脑一带射击，或藉飞机轰炸、或施放烟幕，掩护步兵在黄颡口、沙村、下山矾、海口闸各地登陆，先后被我击退。同时阳新对岸相林铺附近敌之重炮不断向我官桥、荻田桥一带射击。八日午刻，敌舰驶过沣源口，与我道士袱炮兵发生激战，被我击伤遁退。后企图由沣源口登陆未遂，终被我击沉汽艇两艘。午后二时，敌五、六百向我煤山猛攻，我守兵一连因损失过大而不支，煤山遂陷。

四、兵团鉴于黄石港、海口闸间，只我第八十二师之兵力五营，沿江布防，过于分散，遂令八日夜将沣源口、海口闸守军主力集结于沣源口附近，沣源口、黄石港间部队集结于道士袱附近，保持机动，直接防止敌登陆，而兵团左侧背已大感威胁矣。

五、十月九日至十三日，黄颡口、沣源口之战况：九日敌舰上驶，被我炮击止。牯牛洲下游黄颡口之敌藉机、舰之掩护，企图登陆，争夺极烈，曾一度被占，经我增援反攻，卒将敌人驱逐。是役，我伤亡三百余人，敌则倍之。又候家矶亦到敌一部，系敌第廿六联队。沣源口附近肖家湾我守兵中毒者三十余人。

甘军之参战：时第六军甘军长丽初率第九三师全部到达大冶以北地区，遂令作如次之部署：

(一)第279旅558团占领石崖、北风尖、小王山、大王山、相玉山之线，对敌警戒，主力推进至琵琶桥附近，支援第一线第八十二师之作战。

（二）第277旅553团集结于大箕铺、小箕铺、水南湾地区，构筑龙角山、饶山、大箕山、曹家湾高地、黄土山之线预备阵地。

（三）师主力集结于七里界、下陆间地区。

十日，半壁山公路王家畈附近发现敌兵千余，系台北第一支队。

黄颡口之失陷：时黄颡口之敌登陆后向大山、丘阳山之线攻击，沣源口之敌一度乘雾登陆未成，至黄昏时敌舰增至廿三艘及汽艇、橡皮船甚多。十二日午后三时许，敌海、陆军进迫西塞山附近，敌机低飞轰炸，我守兵一度陷于混乱状态，西塞山野炮八门被敌机炸毁六门，敌机被我高射炮击落一架。

沣源口之失陷：时沣源口上、下沣山第八十二师阵地，自晨以来即被千余□敌攻占。后有敌数百协同空军向北风尖猛攻，我守兵伤亡殆尽，阵地遂陷。继后向我龙头山攻击。

六、十二、十三两日来，敌机四十余架协同舰炮向我沿江阵地猛烈轰炸，工事被毁大部，小王山、龙头山之争夺数次，卒因伤亡过重，以致不守。石灰窑之形势因此频趋危急，而兵团左侧背实有被敌包围及敌舰侵入武汉之虞。遂严令甘军死守，驱逐敌人，其防御配备如附图第七〔图略〕。

十三日，奉陈长官令变更本兵团之战斗序列，如附表第二〔表略〕。

七、相五山一带高地之争夺：十四日，敌以海、陆、空军联合先向我大王山一带阵地猛攻，我军亦向敌冲击凡三、四次，歼敌五、六百。敌后续部队于〔？〕冒死增援，益以舰炮、飞机之轰击，我守兵伤亡殆尽。至午后二时许，大王山沦陷，我遂退守章山、八哥颈、相五山、西塞山之线，敌亦追至。另有敌汽艇数支侵入大冶湖，到章山以南湖面游弋。后以数千之敌及飞机、舰炮续向我西塞山之线猛攻，而以西塞山为争夺焦点，我守兵两连彻夜冲杀，失而复得者四次。至翌日十五拂晓，该处尽火灰烬，我两连将士与地俱殉，我遂转移章山、相五山、水冒冲、阮家湾、石灰窑之线，继续抵抗。敌占西塞山后，复于午间连合大批机、舰大举西犯，猛攻我相五山阵地，迄未得逞。后续增援进犯，迫抵山腹，我乘机逆袭，遂驱逐之，敌遗尸三百余具，我亦伤亡五百余人。敌复于道士袱、西塞山、明家湾、大王山附近集结已有数千并诸兵连合之强大部【队】陆续登陆，我道士袱、黄石港间江面封锁，至是全被破坏，敌舰极为活跃。十六日，敌昨全夜施放毒气，向我相五山一带阵地攻击，我连长一员、守兵一部虽中毒，而阵地屹然未动。午刻，该处守兵几全数殉职，阵地遂陷。敌乘势侵入我童子堡炮兵阵地，我增援反攻，克复童子堡，遂改守黄石港、石灰窑、狮子山、实岩山、大王山、吕家湾、徐宾、半斤山之线。

八、石灰窑之陷落：十七日，敌机数十架对黄石港、石灰窑竟日轰炸、燃烧，庐舍全成灰尽〔烬〕。同时，敌舰猛烈轰击，第一线守兵伤亡奇重，至是石灰窑、实岩山遂落敌手。甘军当即转移半斤山、徐宾、归女带、王湾、水泥厂、黄石港之线，而仍与敌军作激烈之巷战（注：石灰窑、水泥厂实地几相连为一，是石灰窑此时敌我各居其半）。

九、阳新正面我军阵地之转移：兵团原任务为确保阳新河以北及沿江各要点，以便阳新河以南我军之攻击，故极力保持原阵地。嗣深知敌向兵团两翼活动，且排市方面敌已渡河深入，我右翼已感重大威胁。又敌舰深入黄石港，我沿江要点均被敌占领，则我左侧背时有被敌包围之虞。今（十七日）三溪口方面彭家湖、乐思才相继失守，敌后由八相强行渡河。兵团除迭令甘军极力抵抗、驱逐敌人，以掩护左侧背之安全，并阻止敌舰之再深入外，兹为策应右翼友军方面（三溪口友军原为长官直接指挥）之战斗及免阳新、半壁山一带我军被敌包围之危险计，遂行左之处置：

（一）令第五十三军及第九十八军逐次向右移动占领阵地，但须留置一部于原阵地警戒。

（二）令第五十三军以一部占领沿埠头、浮屠街各要点，主力转移于三溪口、潘家湾、王官岭之线阵地，策应周军之战斗，并仍以万军团长指挥三溪口方面（第五十三军及第七十五军）之作战。

（三）令第九十八军以一团占领白沙铺、小箕铺、大箕山各要点，尔后转移潘家湾、潘中世、龙角山至大冶湖南岸金颈嘴线，扼要占领，其主力控置于八角亭、刘仁八、殷祖附近地区。

（四）各部转移到达后，即将留置阳新、半壁山、太子庙各方面部队均即撤回。

（五）甘军固守原阵地并掩护江防炮兵，阻止敌舰西侵，万不得已时须经下陆、洪浜桥、相桥之线节节抵抗，最后固守鸡子山、长平湖、相桥、大上名山、大王山至保安之线。

（六）江防炮兵任务达成后，除以野战一部开金牛山外，余即开通山、南杯桥，归汤总司令指挥。

（七）本部即移驻金牛。

十八日，兵团之战斗序列奉令变更，如附图第三〔图略〕。

军奉命令固守大冶。当万、张各军转移三溪口、白沙铺一带以西地区后，敌舰已驶过黄石港，而黄石港以北防务尚未配备，兵团为顾虑甘军时有被包围之虞，命令如右处置，以守保安而固兵团之左翼，并报告委座及陈长官。比即奉委座电话传谕，着甘军固守大冶等因。兵团即为策定防守计划，拟令转移占领下袁、柯家、大冶县、陈刘全、下陆之线，即以有力一部防守下袁、柯家、大冶城，以陈刘全为阵地中央支撑，主力置下陆附近。并令铁山守军向长乐山、马叫之线固守。旋据甘军报告，除以一部仍守大冶县外，余仍固守现阵地黄石港、胜阳港沿张家湖西岸、张家湾、金盆山、4081高地至勇大毡之线。然甘军之九十三师经连日之苦战恶斗，颇为损失，仍以之抵抗三面优势之敌，殊形危难，惟有令其抱牺牲决心，坚强抵抗，以副委座之意。

一、黄石港之陷落：石灰窑、黄石港连日遭敌机狂炸，我重炮二门亦被毁，鉴于当时情势危急，遵照陈长官意旨，令其余炮兵向金牛、鄂城方面分别转移。而黄石港以北沿江无守兵，敌舰固得畅驶，敌军十九日晚于黄石港强行登陆，甘军与敌巷战良久，卒不支而退，至是黄石港陷落。

二、甘军之突围：二十日，敌三千余沿阳大公路进将〔？〕大冶湖畔，并少数敌骑窜扰杨桥附近。时我甘军仍在前方，金牛以左极形空处〔虚〕。午后五时，被敌以一部千余人由黄滨桥渡河向我第九十三师左侧背袭击，另一部则由黄石港以上登陆铁山，经向我该师左侧背袭击，该师且战且退，至保安东方换条桥被敌包围，甘军长深夜亲率两营冲到保安附近。翌廿一日晨，该师主力陷于重围，甘军长为援救起见，亲率两营反攻，进至换条桥附近，后遭敌夹攻，不得已率特务营两连及工兵约一连，另步兵两连之众，拼命突围而出，退至保安以南朱家山头，以为收容。并以步兵两连留置保安，扼守既设阵地，拒止敌进。至其突围详细经过，已另文呈报矣。

其三、金牛以东地区之战斗

一、三溪口附近之战斗：综合十月十日至十七日之战况，概陈如左：

（一）敌渡河后之企图行动：

1.敌由滓洲渡河后，即架设桥梁，故富河左岸之敌骤增，其与我周军（第六师、第四十三师、预备第四师）对峙于三角脑、再笠顶及八相及沿三溪口左岸之线者，为日伪敌军之参半□及□第九师团之一旅。

2.该敌企图与由龙港西北进之敌互相策应，以夹击我三溪口之部队。

3.十五日拂晓，敌向我第六师观音山阵地猛攻，突破我阵线后，复于翌日午后三时猛攻我预四师半边山阵地，突破〔突破衍〕

以一部由八相强行渡河，企图直趋三溪口。

4.十六日，敌约五百余名由八相渡河，进犯我老虎头阵地。翌晨增至兵二千余名，迫近我三溪口。

(二)连日来我军之处置：

1.观音山被敌突破后，即令周军十五日转移于王文、白山岩、邹家岩、白马山西北高地5103高地、伍家山、半边山之线，左与霍军、右与万军保持连系。

2.十六日，令万军团长指挥第五十三军、第七十五军固守王文、了髻山、三溪口、老鸦山至七峰山一带高地之线。

(三)三溪口之陷落：十七日，敌猛攻我三溪口，该军〔处〕守军第五十三军与敌优势陆、空军联合激战终日，我守兵伤亡重大，竟至失守。其余亦同时受敌猛攻，而三溪河附近之第五十三军已陷混乱状态。时第六师、预四师在走马扔、王殷畈及其以北地区之线，与敌对峙中。

(四)万军阵地之转移：敌占我三溪口后分路进犯，一向大田畈，一向花莌树，兵力各约二千以上，乘我第十三军猴儿山阵地占领未毕之际，遂行猛攻，我军因即放弃该阵地，十八日向花莌树方面转移。

二、十八日敌之企图行动：是日，敌由王福经王殷畈、江马头向北运动，终夜不息，并以一部向我预四师伍家冲阵地攻击，似企图掩护其主力经花莌树进犯金牛之阳攻者。我霍军长指挥之荣誉师与千余之敌激战后，亦于当日午后放弃老虎橙阵地。

三、十九日敌我位置概要如左：

1.我第七十五军在王文、桃花尖、何家岩、伍家冲、大鸡山之线，第五十三军在尹家巷、花莌树、骆驼山、虾蟆伏一带附近。

2.敌军一部在竹窝、王福、平山村、王殷畈、鸡公旗之线，其大部集结于猴儿山附近。

四、尹家岩之争夺：十九日晨，敌六百余藉炮火之掩护及飞机猛烈轰炸，向我779团第三营尹家岩阵地猛攻，激战至午，卒不得逞。乃又增兵三百余猛犯，我继续血战良久，我阵地被占，该营张营长率队反攻，已克后，而我营长壮烈殉职矣。嗣敌再度增援反攻，肉搏四、五次，卒因全营官兵大半牺牲，复无救援，至酉刻遂又失陷。

五、花菰树之陷落：廿九日晨，第五十三军①于花菰树、畈段铺一带射击，掩护其步兵数百名向我进犯，我军当即坚强抵抗，战斗激烈。嗣因敌军增加至千余以上，并放毒气，我军中毒牺牲甚大，遂不支。至是花菰树、骆驼山均告失陷。而万军旋移于大唐、尹山、下段之线，后于廿日转移于屏风山、班□脑、白沙口之线抵抗，又不支，遂于廿一日晨撤至毛铺附近整理。尔后缩编一师，任金牛、梁子湖西之警戒，其余开后方整理。

六、小箕铺、白沙铺一带阵地之放弃：小箕铺附近第九十八军杨团十八日与步、炮连合之敌激战，迟滞敌前进，至廿日以后转移潘家湾、龙角山之线阵地作战。其白沙铺附近之胡团，遭由沿埠头进犯之敌压迫，亦向该线山中撤退。

七、廿日，新配属之暂【编】旅(第二〔？〕之第七团、第廿五八〔？〕师之750团、二百师之1152团)于白马山、熊家山、新街、虞冯、大屋、牛头脑之线阵地经敌猛攻，迄未动摇。

霍军方面，除和尚脑之荣誉师阵地被敌突破外，余仍在石门庵、张家岩之线无变化。

八、关、李二军团之参战：前奉令关、李二军团仍归本部指挥，本晚李延年军团第九师可到达詹初、子庙，170师可到达大平塘各附近，即令该军接替暂编旅白马山、牛头脑之线防务。廿一师、第九师于蔡家祠附近阵地与敌激战，伤亡颇大。廿二日，第五十三军之余部及暂编旅，【一】并突围。至金牛之甘军余部，统归关军团长指挥，任保安、金牛方面之作战。

---

①原文有误，当为日军。

九、策定新部署：嗣因保安空虚，为确保金牛、高桥以东地区之阵地，遵照陈长官之皓申电，策定新部署，如附录第四〔略〕。

当时敌我态势如附图第八〔图略〕。

十、本部移驻咸宁：廿四日，奉令第十一军团及第三十二军团着归第十九集团军总司令罗卓英指挥，本部为指挥汤、卢、罗三总司令之便利，当晚移驻咸宁。

乙所见〔略〕。

〔国民政府国防部史政局及战史会档案〕

（九）南昌会战

1. 蒋介石训示修河方面作战要领手启密电稿

（1939年2月28日）

长沙薛代长官、南昌罗总司令：○。敌攻南昌企图已明，前次情报甚确。此时应将武长路上可移动之兵力增运永修与武宁一带，而我军主力出击部队应用在武宁方面。如何布置？盼详复。中○手启。俭戌。机。渝。

〔国民政府国防部史政局及战史会档案〕

2. 薛岳关于南昌方面如何转取攻势与蒋介石来往电

（1939年3月）

(1)薛岳密电(3月3日)

即到。重庆委员长蒋：2618令一元电奉悉。巨密。甲、战区当面之敌：第一○四师团在永修、柘林、德安地区，第一○一师团在星子、九江地区，第一○六师团一部在箬溪、大桥河，主力在瑞昌、阳新地区，第九师团在通城、羊楼司、岳阳地区，第六师团及第十三师团一部在通山、崇阳、蒲圻地区，第一一六师团在咸宁、嘉鱼及其以北地区，总计约七师团。其布置于第一线占领阵地者，约三师团而弱；控置于后方各要点者，则四师团而强。其永修、柘林线，箬溪、大桥河线，通城、岳阳线，均为敌之坚固阵地；其德安、星子、九江、瑞昌、新阳〔阳新〕、通山、崇阳、蒲圻、咸宁【线】，均为敌之坚固据点，亦为敌之机动部队所在地。其由九江经瑞、新、通、崇、临至岳阳之横方向交通，业已完成，机动性甚大。乙、我军攻击目的，在牵制消耗敌人；攻击手段，在乘虚捣穴，出奇制胜。若以堂堂之阵击之，势与力均不如敌，地与形均有不可。若以大军击之反受挫，不若以奇兵袭之而取胜。斗智不斗力，出奇不用正，知己知彼，积小胜而为大胜。丙、如在此状况下，我若以五师以上兵力，以宜、万、铜、修、武为后方连络线，由武宁方面攻击瑞、阳之敌，不惟补给困难，要点难克，且必受敌机动部队之夹击，成功少而损害大。况战区直辖各部整补尚未完毕，我阵地直后之横方向交通毫无设备，部队不易转用，正面兵力单薄，亦不易冒险以出击。丁、职拟以第八军之两师由大桥河、九宫山方面，以一团至一旅兵力为单位，分路攻击瑞、阳间之敌，并相机占领沿江据点，而避决战，企图发展长江南岸游击战，牵制该方面之敌，切断敌水上补给线。另以两团由柘林方面，分两路向德安以北之敌袭击，并遮断南浔线交通，牵制该方面敌兵力转用。更以两团分由盘石铺、长安桥两方面，向蒲圻、羊楼司两处之敌袭击，并切断粤汉线交通，牵制该方面敌兵力转用。戊、实施期间，系在四月上旬，届时情况如有变化，当另拟定出击方案呈核。当否，敬乞裁示。职薛岳。江戌。智。印。〔自长沙发〕

（2）蒋介石复密电稿（3月8日）

限三小时到。长沙薛代长官：江戌电悉。〇密。训令。贵长官所陈意见及部署甚是，但兵力薄弱，应依照下列方案转移攻势。（甲）方针。第九战区为确保南昌及其后方连络线，决即先发制敌，转取攻势，以摧破敌之企图。攻击准备应于三月十日前完毕，预定攻击开始日期为三月十五日。（乙）指导要领及部署大要。（一）罗总司令卓英指挥第十九集团军十二个师，固守现阵地，积极拒止敌之渡河攻击，并应保持重点于左翼。（二）樊总指挥崧甫指挥第八军、第七十三军四个师，由武宁方面指向德安、瑞昌间，攻击敌之右侧。（三）王陵基部两个师即向武陵〔宁〕东北地区集结，并接替七十三军防务。杨森部两师即向武宁西北地区集结，并接替第八军防务，统限三月十五日前接替完毕。卢汉部四个师即向修水、三都推进，准备尔后之作战。（四）周磊、关麟征所指挥各部，应不断向鄂南、湘北之敌袭击，牵制敌兵力之转用。（五）孔荷宠游击队应确实破坏遮断阳新、通山、崇阳公路，破坏交通，袭敌辎重。（六）洞庭湖西北岸各部队对江面、湖面应严密戒备。仰即遵办并具报为要。川。中〇。齐午。令一元远。印。

〔国民政府国防部史政局及战史会档案〕

3. 白崇禧补充第三、四、九战区作战指导要领密电

（1939年3月5日）

即到。重庆委员长蒋：巨密。2618。令一远电敬悉。经详加研究，谨具申意见如下：三、四、九战区一般虽以牵制、扰乱敌之目的，但似须置重点于第九战区，而期于战略的或战术的有实际收获为是。其指导要领补充如次：甲、四战区方面：查广州外围敌之工事构筑坚固，依我军目前之装备，欲一鼓作正面之攻略，鉴诸已往经验，恐牺牲多而奏功难。兹为期获得实际利益，使敌感受痛苦，不但不能转移，且更进而向该方面增兵为目的计，拟发动广范围之活动，加强出击部队力量，对石龙方面推进攻击，对广州方面作包围攻略之态势，使其误认我真面目之攻击，以完成牵制敌兵力之企图，并待窥其弱点，予以实际打击。乙、三战区方面：确实夺取一、二要点（以马当为妙，次则东流、贵池亦可），阻绝沿江交通，并除控置兵力防敌反攻外，其它杭、嘉、京、苏方面，亦当分别进击。对于游击队应从速整理。丙、九战区方面：为期攻击有效，除于他方面作广范围之牵制、佯攻外，至少以六师为基干编成之挺进军，向崇、通方面侧击粤汉北段之敌，予以大打击。除分电外，谨电陈。职崇禧。微申。桂行参一。印。

〔国民政府国防部史政局及战史会档案〕

4. 薛岳报告第九战区各部队调整情况密电

（1939年3月9日）

重庆委员长蒋：梗未令一元电奉悉。巨密。谨将本战区各部队调整情形电呈如次：甲、战区第一期整编部队，除第三军部及第一八二师、新十二师遵令调沅陵、桃源训练新兵外，计五八、六十、七二等三军各两个师，八七军三个师，四九军之预九师，七三军之七七师，七九军之一一八师，整训兼构筑预备阵地之十八、二十两军各两个师，卅二、七四两军各三个师，整编兼洞庭湖守备之五三军两个师，五四军三个师，共计廿七个师，现正积极整训中。乙、第一线部队计第二、第三、第十五、第十九、第廿一、第廿五、第六十、第七六、第八二、第九二、第九五、第九八、第一零五、第一零七、第一四零、第一九五、第一九七、新十三、预五等师及新十六师之吴旅，共计十九个师又一旅，以担任守备，无法抽调，须俟战区第一期整编完成后，再行对调整训。丙、战区第一期整编详情，另案呈核。谨复。薛岳。虞申。严。印。〔自长沙发〕。

〔国民政府国防部史政局及战史会档案〕

5. 罗卓英关于修水一线日军施放毒气并全面强渡与蒋介石往来电

（1939年3月）

(1)罗卓英密电(3月19日)

特急。重庆。委员长蒋：稔密。据王凌云、王铁汉两师长报称：敌于涂家埠、穗津间企图大举渡河南犯。本皓申刻起向我阵地炮击三百余发混用毒气弹，我中毒旅长龚传文、团长两员，官兵颇多，炮兵亦有中毒者，毒性尚轻，两小时后始能恢复常态。酉刻起，敌由南岸周魏家洼、李家铺、邱庄、廖家、王家、河头村各点施放烟幕，强行渡河，经我沿河守军迎头痛击，激战甚烈。亥刻，据报狗子岭熊东侧及魏家洼、李家铺等处之敌均经击退，我伤营长一员，官兵数十，敌重伤亡较我尤重。河头村方面敌未得逞，廖家、王村现呈混战状态。除已严令该两师长协力，乘敌立足未稳，歼灭该敌外，谨闻。罗卓英。皓亥。同。印。〔自南昌发〕。

(2)罗卓英密电(3月20日)

即到。重庆委员长蒋：稔密。甲、本日战况（地名参照五万分一图）：一、本辰我预五师部队向吴城东侧荷溪垄登陆之敌约三百余人反攻，至午完全克复，惟松门山、吉山本午状况不明。二、吴城方面，敌舰十七只在飞机四架掩护下向吴城进迫，并有小汽艇七只由万年寺西方强渡，我一四二师张团猛烈应战，卒因敌火炽盛，至本日巳刻，敌已有百余人渡河占领狮子山（万年寺北端），我军正反攻中。三、涂家埠西北方面，本辰我一四二师向大路叶反攻，失而复得者数次，刻仍与敌激战中。该方面之敌共增至二千余，并企图向修河南岸强渡。四、迤修河北岸永修、虬津间之敌向我吴公岭、太子岭、同安岭、凤栖山等处阵地炮击千余发，并混用毒气弹，七六师四五六团团长唐际遇、一〇五师六三〇团团长于泚源均中毒亡，刻敌步兵在炮火掩护下，分由南岸邹魏家洼、邱庄、廖家、王家等处强渡，我沿岸守军正猛击中。乙、本晚已令九十八师进入涂家埠南侧修河南岸预备阵地，加强该方面守备，并令第一一八师向马路口市西北地区，第九预备师由滩溪、潘溪市推进，乘敌渡河立足未定时，向敌反攻，压迫于修河而歼灭之。谨报。罗卓英。号戌。同森。印。〔自南昌发〕。

(3)蒋介石复密电稿(3月21日)

特急。南昌罗总司令卓英：皓亥、哿辰同今号戌、同森各电均悉。〇密。暴敌滥用毒气弹，致我将士多数中毒，唐、于两团长死难，既深惋惜，尤堪愤恨。仍仰传谕所属各将士务以不屈不挠之精神，并注意防毒设施与暴敌周旋，以雪此仇。号电所陈处置至当，盼即努力歼灭渡河之敌为要。川。中〇。马酉。令一元远。印。

〔国民政府国防部史政局及战史会档案〕

6．罗卓英报告修河南岸战况及我军部署密电

（1939年3月21日）

（1）

限即到。重庆委员长蒋：号戌同森及哿亥同藩、哿亥同三电计呈。稔密。甲、目今战况：一、吴城方面、侵入其西狮子山、万年寺之敌百余人，昨夜被我傅师张团歼灭。我伤亡官三，兵七、八十。拂晓，迫近吴城之敌艘艇，经我炮击稍退，并击沉小舰三，击坏五。其东荷溪、龙吉山、松椅山状况不明。二、涂家埠方面，敌仍猛攻我主阵地。据俘敌伤兵得知，系一零一师团宇田部队。三、昨夜以来，由南岸邹魏家洼、李家铺、邱庄、廖庄、王家、河头村各点强渡之敌，炮火、毒气兼施，除击回一部外，现敌仍积极进犯。四、我七十六师概在乌沙陂、梁岭上刘家、馒头山之线。一零五师在馒头山西南高地、佛祖山、官山之线与敌激战中。乙、新部署：一、令九十八师除以大部仍占领涂家埠南侧修河南岸预备阵地外，以一旅向七十六师右翼增加，一一八师向七六师左翼增加，全线向敌反攻。二、令预备第九师进占潘溪市东北高地带，左翼衔接一零五师，形成东北向家，以作七十九军之攻势移转晋南[1]。三、令第十九师即抽一旅向滩溪西侧地区集结。四、据樊总司令报称，津口失陷，为使集团军侧面安全，业令第七十八军确实固坚现阵地及

[1]原文如此，疑有误脱。

罗坪、源口弨隘路口。谨报。罗卓英。马巳。同森。印。〔自南昌发〕。

(2)

限即到。重庆委员长蒋：胄密。涂家埠战事无变化。永修、虬津间渡河之敌，刻与我四十九军、七十九军在岭上、刘家桥湾、馒头山概略线激战中。本集团军决于潘溪东北地区包围敌人而歼灭之，其概略部署如下：一、令三十二军固守现阵地，并以一三九师接替九十八师涂家埠修河南岸预备阵地守备。二、以七十九军为攻击部队，由横港蔡（涂家埠西约四公里）、万家山、嘴上埠、畲上殷之线向北攻击。三、令四十九军御守潘溪东北高地及熊家山、佛祖山亘焦冲市以北高地带。四、令七十军固守原阵【地】并于本马晚由十九师抽调一旅兵力集结滩溪西北地区。五、令七十八军固守现阵地及罗坪与南冲源口（武宁东南约九公里）各隘路口。除实施情形续报外，谨报。罗卓英。马申。同森。印。〔自南昌发〕

〔国民政府国防部史政局及战史会档案〕

7. 罗卓英薛岳报告在安义奉新一带战况及我军部署密电

（1939年3月）

(1)3月22日密电

限即刻到。重庆委员长蒋：稔密。养巳同华电计呈。一、渡过修河之敌，继续沿公路南犯，我四九军状况不明，申起安义窜入少数敌骑，午后七时，奉新复窜入战车七辆。二、经令三十二军仍固守原阵地。七九军沿缭河经万家埠亘其西南之线，占领阵地。七十军星夜向安义前进，侧击敌人。四九军沿公路逐次抵抗敌人。

七八军仍在原线与敌保持接触，柏师先头团用汽车输送至乌树铺，其余亦令兼程向万寿宫附近前进。三、中正桥准备破坏，奉新、高安、清江间及南昌附近公路现均饬加紧破坏中。谨闻。罗卓英。养亥。同华。印。〔自南昌发〕。

(2)3月23日密电

限即到。重庆委员长蒋：巨密。子、由修江北岸进犯之敌，其一部坦克车七辆，配合步、骑兵二百余，于养日窜入安义、奉新，其主力尚在滩溪附近。丑、我第三二军现在吴城、涂家埠激战中，第七九军现在万家埠、安义东地区与敌对峙，第一零二师养夜由南昌向二山万寿宫、大城前进，第七零军漾日由安义以北山地区击敌侧背，第四九军正在收容中。寅、为聚歼敌人，已令第一集团军由修水、三都分向奉新西南地区前进，限感日到达。第七四军(欠第五八师)漾夜由长沙向清江输送，限感日到达高安附近。谨报。职薛岳。漾酉。智天。印。〔自长沙发〕

(3)3月24日密电

即到。chg委员长蒋：宵密。漾辰及梗戌同森两电计呈。一、吴城刻辰业经被迫放弃，涂家埠仍由三二军一部守备中。渡过修河之敌，据报正以主力向安义前进。二、经令卅二军确保重点于铁道沿线，七九军并指挥一〇二师确保重点于左翼，七十军迅速求敌侧背猛烈攻击。三、经令第五预备师、鄱阳湖曾警备司令、南昌赖警备司令各所部，统归卅二军宋军长指挥，其军部移驻南昌。四、南昌市兼阻塞工程，经令迅速设施完毕。谨闻。罗卓英。敬午。同森。印。〔自南昌发〕

(4)3月25日密电(辰时)

限即刻到。重庆委员长蒋：稳密。据李觉先后电称：一、养日藕潭市敌大部向滩溪以南地区前进。梗日，靖安、干州均有敌人，兵力未详。敬日，仁首街有敌二百余赶筑工事。二、本军十九师敬日到达大明脑、珠络山、长岭山、项坊熊，一零七师到达舍房、帅家、徐家岭一带，拟有日午前三时向安义之敌攻击。等语。除再饬该军长遵前令，不顾一切攻占安义，并另令夏军即以主力向安义夹击，截击敌之南犯外，谨报。罗卓英。有辰。同森。印。〔自南昌发〕

(5)3月25日密电(酉时)

即到。重庆委员长蒋：稔密。有申同森电计达。甲、渡河南犯之敌主力似已到安义及其以南地区，今午敌步、炮兵千余，战车廿余辆，向我柏辉章师乌山铺、万寿宫一带阵地猛攻，宋埠敌千余已有一部与我长埠王凌云师接战，铁道正面慈姑、将军岭亦与傅立平师接触。乙、本集团军决先以主力向敌出击，待后续部队到达，合围敌人而歼灭之。丙、部署：一、夏楚中率七九军及一零二师宥晚全力向西出击，摧破敌人后集中高安西北地区，迅对东占领阵地，右翼连系七四军。二、三二军固守南昌，于本有晚先抽一师回南昌，主力宥晚移转赣江右岸。三、第七十军仍须积极向安义策应七九军之出击。四、七四军迅速进出高安，对东北占领阵地。五、第十六师主力占领梁家渡、广福圩、市汊街，一部占领莲塘附近，对北占领阵地，对赣江东岸特须派队警备，防敌偷渡并策应南昌之作战。六、第七八军仍扼守现阵地，掩护集团左侧背。谨报。罗卓英。有酉。同华。印。〔自樟树镇发〕

〔国民政府国防部史政局及战史会档案〕

8. 顾祝同报告策应南昌方面作战第三战区各部出击部署密电

(1939年3月23日)

即到。重庆委员长蒋：犟密。兹为防敌进扰并策应南昌方面之作战，对各令如下：(甲)：第十集团军。(一)须将占据周家浦西南岛中之敌驱逐，必不得已时务阻其渡过钱江。(二)义乌至湄池铁路着即开始破坏，并已电黄主席、陆司令遵办。(乙)：第三十二集团军。(一)该集团军务按计划于四月一日开始攻击前进，应以有力一部向武进两侧一带京沪铁路挺进，破坏交通，袭击敌人，主力截断天王寺以南之京杭公路后，即向丹阳、天王寺、溧水之线挺进，袭击敌人，尔后相机攻击句容之敌，威胁南京敌根据地。(二)着以第四十师之一部推进宁国附近，以策应宣城、广德。(丙)第廿三集团军。(一)以第一四七师迅即接替第廿六师自马路口以西至都昌一线防务，该师接防后，廿三集团军与第廿九军作战境即改，新桥、茅田坂、洋塘、马涧桥、西牛舖、都昌之连络线，上属廿三集团军。(二)该集团军于宥日拂晓向大通、贵池、殷家汇、东流、香口各附近方向全线开始攻击敌人。(丁)：(一)第廿九军——廿六师着以有力一部于宥日拂晓向彭泽附近集中一点攻击敌人，予敌重大之威胁，使我九战区方面作战有利。(二)第二十六师防务交代后，主力集结浮梁附近，师部驻浮梁。(三)第廿九军部移驻东乡，七九师移驻余江、东乡一带。(戊)：(一)第廿六师进驻东乡，敬日输送完毕，归廿九军陈军长指挥。(二)预十师改取捷径，先集结桐庐建德地区，仍归战区直辖，限感日到达。以上各项，除分别饬遵外，谨呈察核。饶 。职顾祝同。梗午。钧。印。

〔国民政府国防部史政局及战史会档案〕

9．蒋介石批复军令部关于第九战区情况处置意见函

（1939年3月23日）

徐部长：

第九战区情况之处置，照第一厅所拟办法，第一、第二项可即

照办，第三项待各军即汤部集中完毕时，再行下令，第四项可先决定，但暂缓渡河为宜。

中正　三月廿三日

对第九战区情况处置之意见

一、薛代长官之请求确有必要，似应照准。白主任于廿一日经令该两师即开南昌，归罗卓英指挥。再驻浮梁之79D开东乡、进贤，任鄱【阳】湖南岸之守备。

二、查华中我军现在态势处于外线作战地位，战线绵跨大江南北，转移费时。敌则集中兵力，攻击我一点，甚易实行。亟应从各方面发动攻击，方可拘束敌人，故第九战区之出击仍应按照原定计划（已下令）。而湘鄂路及粤汉北段之我军，尤应派有力部队出击，牵制敌人转用，策应赣北方面之作战。

三、查第五战区进犯鄂西之敌，现停止于襄河以东，尚无积极行动。该方面我军此时如能乘机出击，则可牵制敌兵力之转用，以使赣北方面国军作战容易。故汤恩伯集团之85A及13A，似以归第五战区指挥部署，作有利之攻击为适宜。

四、第十战区派定渡河之部队（27A、45D、46D、8RD），仍应饬迅照原定计划，由晋西渡河，以与晋南部队协力夹击临汾及其以南三角地带之敌，以收战略上之效果。

右意见四项是否有当，敬乞钧裁。

〔国民政府国防部史政局及战史会档案〕

10．蒋介石关于三九战区作战地境及南昌附近作战部署密电稿

（1939年3月23日）

特急。桂林白主任健生兄养午参一鹏登电、长沙薛代长官马未智电、上饶顾长官马申钧电均悉。南昌罗总司令：○密。（一）兹为

作战指挥便利起见，第三、第九两战区作战地境暂定为鄱阳湖南岸，沿抚河，经南丰，再沿闽赣边境之线，线上属第三战区。（二）第三战区应速调一〇二师开南昌，归罗总司令卓英指挥，另调十六师及七十九师，移驻东乡、进贤，警戒鄱阳湖南岸，并策应南昌方面之作战。仰即分别遵办，并具报为要。川。中〇。漾未。令一元远。印。

〔国民政府国防部史政局及战史会档案〕

11. 蒋介石训示今后作战指导要领密电稿

（1939年3月25日）

（有线）限三小时到。桂林白主任、长沙薛代长官、南昌罗总司令、上饶顾长官：〇密。训令。以击破南浔线突进之敌，并掩护粤汉线国军右侧背之目的，尔后作战应按下述要领指导：（一）罗集团主力应保持重点于湘赣公路方面。攻击敌右侧，向赣江方面压迫之，切戒以主力背赣江作战。（二）南昌正面以必要一部固守之，必要时可在抚、赣两江间逐次抵抗，掩护赣南。（三）武宁及崇、通方面，应不顾南昌方面战况变化，断行反攻，并以有力部队向修江以北南浔线挺进，断敌退路。（四）第三战区须以有力部队（至少两师）及指挥官位置于东乡、进贤方面，与九战区呼应作战。（五）俞济时、卢汉两部，准向安义、奉新方面转用。（六）盼将部署具报。（七）其余照梗、漾及漾申三机渝手启电实施。中〇。有午。令一元。

〔国民政府国防部史政局及战史会档案〕

12. 罗卓英报告日军进攻南昌战况及我军部署情形密电

（1939年3月）

（1）3月26日密电

提前。重庆委员长蒋：稔密。有未同华电计呈。据宋军长宥未电称：敌战车十余辆杂有步兵突破我长头陵阵地后，即向我中正桥北端进攻，与我守军激战。当时，中正桥爆破，本军渡江部队不足两团，其余已令李师长兆瑛统一指挥。未刻敌一部由南昌西南端新州制渡江，发生巷战，刻正抽队堵击中。等情。谨闻。罗卓英。宥酉。同俊。印。〔自樟树镇发〕。

（2）3月27日密电

即到。重庆委员长蒋、司令长【官】陈：稔密。一、由生米街附近渡河之敌三百余已窜至高坊，经令何师派队围歼中。南昌仍由宋军一部固守。七九军宥晚突破万家埠、安义、奉新、大城一带马路线，夏军长亲率一部，感辰到虬岭与敌激战中。二、本集团军现遵长官薛宥申智电指示部署如下：甲、宋军长指挥三十二军、预五师、十六师及赖警备司令所部，曾部仍担任鄱湖湖防，并以三十二军一部守备南昌外，主力固守梁家渡、广福圩、市汊街之线，阻敌南犯，掩护赣南。乙、俞军以一部占领松湖街、高邮市、锦江南岸各要点，主力于刘庄、祥符观街、赶车垄线，就攻击准备位置。丙、七九军在赵村、盛庄、白露桥线，就攻击准备位置。丁、第一集团军于大禾岭、故县街、西岩岭线，就攻击准备位置。戊、七十军除以一部对修江南岸警戒，掩护攻击军左侧背，并破坏张公渡、安义之公路，左与七八军连系，主力在安义、靖安以北地区，就攻击准备位置。己、四九军在杨公圩、村前街间地区集结，为总预备队。庚、各部队就攻击准备位置待命攻击之。本部本感晚移驻宜春。谨闻。罗卓英。感酉。同森。印。〔自宜春发〕。

（3）3月29日密电

限即到。重庆委员长蒋：稳密。据宋军长俭戌电称：我南昌守备部队两团感日与敌激烈巷战，终于感夜失陷南昌。等语。谨报。罗卓英。艳酉。同森。印。〔自宜春发〕

〔国民政府国防部史政局及战史会档案〕

13. 蒋介石令宋肯堂部死守南昌待援密电稿

（1939年3月27日）

限三小时【到】。长沙薛代长官、樟树【镇】罗总司令并转宋军长肯堂：〇密。着宋肯堂军全部固守南昌，以待我主力由湘赣路方面之反攻。完成任务，应予重赏。非有予之命令，不得撤退。中〇。感酉。令一元。

〔国民政府国防部史政局及战史会档案〕

14. 蒋介石关于日军会攻长沙计划密电稿

（1939年3月29日）

急。桂林白主任：〇密。据报：（一）赣北敌军作战计划如下：渡修水后南下，经奉新转向南昌，集中兵力约七个步兵旅团，一个炮兵旅团，再南下经清江、峡江等地，西向萍乡，入湘南，直迫长沙，以与由湖北入湘之敌相呼应。（二）敌军日内即将总攻浙东，海军由宁波、台州两处登陆，四面压迫我军，陆军以约三个师团兵力，由钱塘江右岸向南方进攻，以包围我军。各等情。特电参考。川。

中〇。艳未。令一元远。印。

〔国民政府国防部史政局及战史会档案〕

15．罗卓英报告确保赣湘公路作战部署密电

（1939年3—4月）

（1）3月29日密电

限即到。重庆委员长蒋：稔密。俭申同森电计呈。本集团军为确保重点于赣湘公路方面，本艳午经电令李觉部限江日到宜丰西南附近地区集结，高荫槐部集结一师以上兵力于龙头圩附近地区，并于放溪岭、龙头圩、马岭线，对东构筑预备阵地，四九军对左翼靖安西北地区派队游击。谨报。罗卓英。艳申。同森。印。〔自宜春发〕

（2）4月2日密电

限即到。重庆委员长蒋：世申令一元电奉悉。稔密。为策定尔后作战，经于东酉下达第一集团军及七四军命令如下：用五万分一图。高安方面战况益趋激烈，判敌企图似以主力夺取高安，沿赣湘公路西犯。二、我决于高安、上高间逐次抵抗敌人，迟滞其前进，待后续部队到达，由高安、上高间以南地区击敌侧背而歼灭之。三、第一集团军目下除留置一部于现阵地，并控置有力一部于右翼，协力七四军作战外，即以主力占领村头、龙团圩、村前街、三里坑线阵地，限冬晚完毕，重点保持于公路沿线，尔后应于高安、上高间极力滞敌西进，最后务固守上高、潭山街线地带，以为我高安、上高间以南地区部队侧击敌人之支撑。又该集团军左翼支队应使该集团主力军之行动，于故县、会埠、上富、甘坊交通线，逐次掩护该集团军翼侧，最后应固守甘坊。四、第七十四军目下应以主力于高安附近现阵地，极力阻击敌人，掩护第一集团军主力占领新阵地，尔后以主力转进于罗仙坛、咽喉山、彭家渡线占领阵地，一部仍警戒锦河

南岸各渡口，阻敌南犯，掩护后续部队之进出。五、已令十八军、七九军、四九军兼程进出上高东南侧地区，准备攻敌侧背。六、第一集团军与七十四军作战地境，向西延伸至两江口（上高西南八公里）（属第一集团军）。谨报。罗卓英。冬辰。同森。印。〔自宜春发〕。

〔国民政府国防部史政局及战史会档案〕

16. 罗卓英报告在赣湘公路激战情形密电

（1939年4月1日）

限三小时到。重庆委员长蒋：稔密。本日高安方面战况，据七四军电话，拂晓后敌一零六师团一四七及一二三两联队，战车三、四十辆，炮十余门，飞机掩护，主力向我五一师祥符观一带阵地猛攻，并混用催泪喷嚏性炸弹，一部攻一八四师。我官兵奋勇应战，毙敌颇多。因当面地形不良，敌战车不限公路，向我广正面冲击。我负伤一五三旅张旅长及营长三员，士兵伤亡颇众，确数查报中。申刻，我逐次缩小正面，将右翼转移至周村（高安东北约三公里）、涂家村、王村之线，左翼仍在莲花山附近激战，决俟入晚由白石公出击，打击敌人。等语。谨闻。罗卓英。东酉。同健。印。〔自宜春发〕

〔国民政府国防部史政局及战史会档案〕

17. 薛岳重申南昌方面作战意见密电

（1939年4月5日）

限二小时到。重庆委员长蒋：江酉令一远元电奉悉。稔密。冬酉智电（该电系申具本战区作战意见）谅邀鉴察。谨再具申本战区作战意见如次。甲、查敌军战略惯行侧背运动，避免正面攻击。

近如德安会战，不以主力攻击乌石门正面阵地，而以主力迂回万家岭；南昌会战，不以主力攻击乐化正面阵地，而以主力由虬津方面突破后，经安义迂回生米街。刻敌在南昌方面，约有三师团兵力，如继续进犯，在敌人方面，仍以由高安方面突破我军，向本战区侧背活动为最有利。乙、在湘北方面，敌如以有力部队向我军攻击，我可利用既设阵地有利地形坚强抵抗，即万不得已时，仍可向后方联络线方向行逐次持久防御。丙、在赣西方面，敌如确以主力将我阵地突破，继续南犯，则我对东之正面扩大。我正面愈大，兵力愈不敷分配；正面愈薄弱，敌主力愈易消耗①，攻我后方。且敌军有机械化部队及骑兵，其机动性大，如我右翼不利，敌轻快部队进至安福、莲花一带后，则我在湘北及赣西北一带山地之部队，欲以徒步之速度转用兵力，在时间与空间上实不可能，势必陷于艰苦之境地。丁、如在上高、新喻、分宜、万载一带不与敌决战，则将主力控置于平江、浏阳、长沙、醴陵一带，俟敌军接近再行决战时，在地形上及内外作战之态势上，均有不利。职前冬酉智电乙项，业已呈明在案。戊、以陈沛之两师控置于浏阳，尔后可策应万载、铜鼓、平江各方面之作战，如控置于平江，仅能策应一方面之作战。己、如夏楚中、刘多荃两军西移，则现阵地恐无坚强防御力量，更不能转移攻势。庚、查自南昌失守，本战区正面增大，如处处配置，则处处薄弱，将防不胜防。如敌继续进犯，必须以攻为守，方能转危为安。但本战区兵力不足，仅敷对东正面之用，恳饬九集团推进泰和、永新一带，准备将来对北正面夹击敌军。当否，乞裁。职薛岳。微未。智。印。〔自长沙发〕

〔国民政府国防部史政局及战史会档案〕

①原文如此，似有误。

18. 白崇禧转报罗卓英申述修水河防及南昌失守原因密电

（1939年4月7日）

特急。重庆委员长蒋：稔密。据罗卓英冬电称：查敌此次由永修、虬津间渡过修河突进，袭取南昌，成功之速，咎有应得。敌于号申集中炮击我七六师、一零五师阵地达五千余发，混用毒弹，阵地几全毁，七六师师长王凌云、旅长龚传文、团长唐际遇，一零五师团长于沚源相继中毒，其余官兵伤亡、中毒之多可想而见。然犹自奋勇，将第一次渡过之敌击退，终以敌乘夜全线强渡，我军与敌军肉搏，陷于混乱状态。次日，敌机卅余架更番轰炸、扫射竟日，同时，敌炮火仍集中轰击。因之，各级多未能切实掌握部队。当令七九军全部出击，乃敌一部突入一零五师阵地左侧后，一零五师守军动摇，原控制麦溪市、滩溪一带之第九预备师不及增援，七九军之出击无成。而一零七师守备张公渡南岸又未能扣制焦冲市以北之已破坏公路，致敌机械化部队得迅速突进滩溪附近，敌后续部队复猛攻第四九军，滩溪附近阵地卒为敌突破，敌机械化部队直趋安义。奉新以北曾经预行破坏之公路不及彻底破坏，敌主力得迅速南犯。综上失败原因固多，而职指挥无方，且以后方空虚，不能适时补救，阻击敌人之突进，南昌为之陷落，咎不容辞，应请从严处分。等情。惟查此次失败原因甚多，谨将职见所及略呈如下：一、公路未能于事前彻底破坏。二、战略预备队使用过早。三、河川防御未能形成纵深，致修江水涨，即无法补救。又敌主力使用方面，我方部队素质欠佳，且未能形成重点。上项谨电呈察。职白崇禧。桂行。虞申。参一鹏。印。

〔国民政府国防部史政局及战史会档案〕

19. 罗卓英报告反攻南昌作战部署密电

（1939年4月11日）

限即到。重庆委员长蒋：稔密。一、顾长官灰申电，经令上官集团七九师、十六师各派有力一部，分由谢埠、抚河、赣江间地区，于文夜向南昌攻击。二、兹为牵制敌兵力转用，乘机予敌以打击，并协同卅二集团军之作战，经令七四军派兵两团，分向生米街、西山万寿宫、大城间攻击；第一集团军派兵两团，分向大城、奉新、靖安间地区攻击，均限文夜开始。谨报。罗卓英。真酉。森。印。〔自宜春发〕

〔国民政府国防部史政局及战史会档案〕

20．蒋介石关于反攻南昌作战计划与白崇禧等往来电

（1939年4月）

（1）蒋介石密电稿（4月17日）

（极机密。限三小时到。）桂林白主任健生兄、南岳陈长官、长沙薛代长官、上饶顾长官：〇密。兹策定攻略南昌计划如左，希饬参照实施。第一、方针。先以主力进攻南浔沿线之敌，确实断敌联系，再以一部直取南昌。攻击开始之时机，预定四月廿四日。第二、部署大要。（一）高集团军以一部监视安义、奉新、靖安之敌，相机攻略之。主力（至少两师）由奉新、安义两侧，向乐化、永修间南浔沿线挺进。（二）俞济时军以一部监视高安之敌，相机攻略之。主力由大城、万寿宫向牛行、乐化间南浔沿线挺进，彻底破坏交通，断敌增援，并协力南昌之攻略战。（三）刘多荃军逐次向高安方面推进，为总预备队。（四）上官集团应以一部固守现阵地，主力（至少三个师）与九战区相策应，击破南昌之敌，相机占领之。该集团应预组袭击部队（约一团），务以奇袭手段，袭取南昌。（五）以上各部均归第九战区前敌总司令罗卓英指挥。（六）武宁方面，王陵基集团以有力一部，向永修以北南浔沿线挺进，主力攻击

武宁之敌，相机占领之。第三、注意。（一）当我挺进部队进出南浔线之际，应巧行宣传，眩惑敌人，以牵制及分离敌人，使我攻城部队容易奏功。（二）除派挺进部队以攻其外，并应先设法策动南昌市内民众，并组织便衣队潜入，以攻其内，使南昌之攻略容易成功。（三）为鼓励士气，如攻克南昌，奖洋伍拾万元，官兵晋级，伤亡优予抚恤。右计划即妥为部署实施，并具报为要。川。中〇。筱酉。令一元远。印。

〔附录〕

攻略南昌计划 四月十七日 于军令部

第一、方针

先以主力进攻南浔沿线之敌，确实断敌连络，再以一部直取南昌。

攻击开始之时机为四月廿四日顷。

第二、部署大要

一、1AG（高荫槐代）以一部监视安义、奉新、靖安之敌，相机攻略之，主力（至少两师）由奉新、安义向乐化、永修间南浔沿线挺进。74A（俞济时）以一部监视高安之敌，相机攻略之，主力由大城、万寿宫向牛行、乐化间南浔沿线挺进，彻底破坏交通，断敌增援，并协力南昌之攻略战。

二、49A（刘多荃）推进至高安西侧地区，为总预备队。

三、32AG（上官云相）应以一部固守现阵地，主力（至少三师）乘第九战区部队挺进攻击、敌人分离之时机，努力击破南昌之敌，一举而占领之。

该集团应预组袭击部队（兵力约一团），以奇袭手段袭取南昌，使攻击部队容易奏功。

四、以上各部均归第九战区前敌总司令罗卓英指挥。

五、武宁方面王陵基集团以有力一部向永修以北南浔沿线挺进，主力应努力击破武宁之敌，一举而占领之。

第三、作战地境

一、32AG（上官云相）＼以赣江为界（原第三、第九战区作
74A（俞济时）／战地境）

二、74A（俞济时）＼大城—石鼻街—店前街—乐化
1AG（高荫槐）／线，线上属74A

三、1AG（高荫槐）＼武宁—修江—永修线，线上属30
30AG（王陵基）／AG

第四、附记〔略〕

（2）白崇禧复密电（4月18日）

限即到。重庆委员长蒋：稔密。筱酉令一远电奉悉。谨遵所示实施，惟关于兵团部署方面，谨将职意分述如下：（一）上官集团以三师编成攻击部队，余两师为第二线部队。对南昌以北之南浔线，应派遣多数之小部队，由东向西，以破坏扰乱敌之交通及后方。（二）俞军以有力之一部，攻击高安及锦河正面之敌，击破或引吸之。另以一部由锦河下游向牛行、乐化间挺进，切断敌之联络线。（三）卢集团遵照钧座所示实施，但先应以主力攻击奉新、靖安一带之敌，并藉以掩护挺进军之侧背，另以二师为挺进军，向乐化、永修间挺进，遮断敌之交通，阻敌南下。（四）武宁方面，遵照钧座所示速办。（五）南昌城内民众及便衣队之组织及宣传等，由熊式辉及罗卓英负责。（六）攻击时期应提前，从速实施，至迟须在二十二日左右，俞军及卢集团应先期发动。上项除电三、九两战区供参考外，谨电呈察。职白崇禧。桂行。巧申。参一鹏。印。〔自桂林发〕

〔国民政府国防部史政局及战史会档案〕

21．罗卓英报告反攻南昌在外围奉新高安向塘等地战况密电

（1939年4月）

（1）4月20日密电

即到。chg委员长蒋：主密。据陈安宝皓电称：筱丑敌二百余附重机枪四挺于谢埠市东北强渡，经由曾师派朱团长率队反攻，激战一昼夜，于巧午将该敌歼灭于间里缪汶附近地区，我伤亡排长以下官兵五十余员名。等情。谨闻。职罗卓英。号酉。森。印。〔自宜春发〕

（2）4月22日密电

即到。重庆委员长蒋：稔密。本日情况：一、午刻敌机十余架飞高安附近投弹，我无损伤。二、石头冈新近有敌百余集结。三、高安本养辰以来被我五一师围攻后，城内敌炮向大城方向撤退。四、猪婆大丘一带之敌被我进击后，向奉新方向撤退。罗卓英。养辰。同健。印。〔自宜春发〕

（3）4月23日密电

重庆委员长蒋：养午森及两养申森电计呈。稔密。一、战况：甲、上官集团预十师梗子起以三九团向梁家渡西北西凉山一带之敌攻击，敌顽强抵抗，并以剑霞圩、向塘一带之炮兵向我猛射千余发，我伤亡颇大，但官兵仍冒炮火猛攻，午刻敌不支，炮兵向沙铺潭以北撤退，该师主力已由天王渡附近渡河，向敌追击中。第十六师主力梗已攻占新村圩及其东西之线，一部沿赣江东岸河堤，梗午击溃市汊街之敌后继续北进中。乙、七十四军五七师李旅马亥驱逐松湖街北岸百余之敌后，向石头岗附近攻进，养晚以一部对据守石头岗之敌数百围攻，主力向西山万寿宫、大城一带挺进，迄梗辰三三九团第三营到达大城附近。该团第一营附师破坏队及游击队二百余，于梗晨八时占领万寿宫东南高地，已破坏公路桥梁四处，并收剪敌话线四千余公尺。李旅长亲率三营养戌到达七里岗，迄梗未复攻克石头岗，颇有斩获。查敌番号为一〇一师团一〇一联队。现该旅主力正向大城急进，已令彻底破坏通南昌、奉新两公路。高安城之敌凭坚固守，暂仍以五一师一部监视，该师主力梗晚可进展祥符观南北之线。五八师刻向虬岭挺进中，当梗辰该师廖旅攻击猪婆大丘时，俘获敌一〇六师团骑兵联队骑兵一名，讯知该方面敌确为一一三联队。丙、高集团一八四师本梗午前先后攻占大路王、峦岗岭、翟仙岭、凤凰山之线。新十师养晚经伍桥向圆石子墙附近进击，梗辰占领柏树下，与由奉新方向开来之敌五百余遭遇，正激战中。新十一师仍在渣村、会埠之线与敌对战，其向滩溪挺进之一团未得报告。二、处置：甲、令五七师李旅速向牛行、乐化一带挺进，扰敌后方，遮断敌后方交通通信。乙、令锦河南岸之第九预备师，派一支队养晚由松湖街附近渡河，向生米街挺进，断敌交通，并派一部进出石头岗、高邮市以北地区游击，并确实掌握石头岗、高邮市各桥头堡。丙、令四九军集中迫击炮于锦河南岸，向高邮市、高安城射击，支援七四军之攻击。丁、令占领马鞍岭、大禾岭之一八三师速集结主力，适时策应新十一师之攻击。谨报。罗卓英。漾未。森。印。〔自宜春发〕

（4）4月24日密电(午时)

限即到。重庆委员长蒋：漾未森电及漾亥健电计呈。稔密。一、战况：甲、上官集团预十师三九团已占领西凉山，但该方面之敌系纵深配备，凭村落顽抗，该团现在西凉山及黄溪市地区，仍向敌猛攻中。该师主力由天王渡附近渡河未成功，已改由十六师正面之沥口渡渡河北进中。十六师主力梗夜进展丁坊附近，继续向高坊挺进中。一部由冈上街出击，梗辰攻占合山、李庄。乙、四九军张师三三团游击队兵力约一营，梗子到达西山万寿宫，与敌激战约一小时，毙敌七、八十名，我略有伤亡。王铁汉师六二六团，由高邮市、高安间分三处渡河，正向高邮市、祥符观攻击前进中。石头岗于漾夜复被敌占，已饬张师派队克复中。丙、七四军一师漾晨来仍以一部监视高安城敌之主力，漾午先后攻占连城桥、白石岭、赶车垄之线，该师挺进队同时进至马形山、杨家坊中间地区，五八师漾晨来已渡河向塘桥、猪婆大丘之敌围攻，预计漾晚廖旅可到分水陵地区。又高安城确于漾酉被五一师攻克。丁、高集团一八四师漾午受敌步、骑兵三千余，追击炮三十余门集中反攻，鸦鸠岭、凤凰山阵地复失。该师右翼仍在大路王、峦冈岭线，左翼经荫槐饬移至马奇岭、白湖吴之线。新十师现在龙形山以西高地亘长水汪之线，新十一师(欠左侧支队一团)本敬拂晓向棺材山、大城之敌攻击中，进展情形尚未据报。二、处置：甲、五七师李旅经饬速向牛行、乐化挺进，锦河北岸地区由四九军派队游击并确实攻占石头岗及高邮市两桥头堡。乙、高集团即编组挺进队、包抄队，向奉新以北地区挺进，破坏安义、奉新间公路交通，阻敌增援、退却。谨报。罗卓英。敬午。森。印。〔自宜春发〕

(5)4月24日密电(亥时)

即刻到。重庆委员长蒋：稔密。战况：一、上官集团方面，敬午敌二、三百向我新村之十六师猛烈反攻，我军奋勇抵抗，反复争夺，迄酉该地仍为我固守中。二、七四军方面，敌由赤田张向猪婆大丘大事增援，现该方面战事极激烈。三、高集团一八四师右翼已进展大路王、峦冈岭以东高地附近，左翼自敬午起向鸦鸠岭、凤凰岭高地大举反攻，申刻完全克复，现正向陶仙岭、港头邓之线继续攻击中。一八三师一零八三团，敬午以来推进龙形山附近，适敌四、五百向我前进，当协同十一师迎头痛击，敌向骑□树退去。现该团仍占领龙形山附近。新十师占领柏树下以北高地亘对门鸽之线。又奉新以西自奉新至车坪附近，共三道防线：第一道棺材山、大老亘以北之线，第三道狮子山亘以南之线，第二道在车坪以东。每道均设有铁丝网。我新十一师□来攻击棺材山、大老敌阵地无进展，现饬新十师相机向北协助攻击中。谨报，罗卓英。敬亥。森。印。〔自宜春发〕

(6)4月26日密电

限二小时到。重庆委员长蒋：稔密。据俞济时宥丑电，高安附近之敌先后增加约一联队以上，与我五一师激战四昼夜，尤以敬日晨起战斗最烈。敌炮击约千余发，内有毒弹三百余发。至有日拂晓，敌攻击顿挫，遗尸三、四百具。我乃抽集五七师一团，五一师两营向敌侧击，战至宥晨二时二十分，将高安城确实克复，当抽四九军接守。刻五一师与五七师一团仍在五口桥、向石岗附近与敌激战，想此残敌定可歼灭。并令五八师继续迅速推进，五七师李旅向生米街、牛行挺进。等情。谨报。罗卓英。宥辰。森。印。

限即到。重庆委员长蒋：稔密。甲、战况：一、上官集团曾戛初师便衣队，梗、敬两晚相继潜入南昌城，妥密准备。段朗如师有晚起由罗舍渡、武阳渡间渡过抚河，宥辰首先攻占武溪市、谢埠市，歼敌一中队，俘特务长以下十余人，获枪五、六十支，敌中队长自戕。宥巳主力进占冈下、胡村、佛头塔，往来遭遇七、八百之敌顽强抵抗，一部进至新飞机场。该师仍向敌猛攻中。莲塘以南之敌受我威胁，狼狈北退。南昌市内已起火数处。何平、蒋超雄两师全线向北攻击，颇有进展。当面敌炮业已减少。左侧支队宥巳刻占领万舍街。现该两师特编击〔？〕四组奋勇队，不顾一切，乘隙向南昌挺进中。二、俞部五七师李旅挺进西山万寿宫、大城一带后渡河，破坏公路、桥梁、电线，甚有成绩。有申敌载弹药汽车十七辆由奉新向大城前进，被该旅伏兵截击，焚毁弹药车七辆，获步枪五支，余十辆窜回奉新。又敌由南昌西开汽车二十余辆，行至万寿宫西约十里之南山杨附近，亦被该旅伏兵截击，毁车十一辆，毙敌数十，获轻机关枪二挺，步枪十余支。五一师有亥消灭高安城内之敌，确实占领后，本日交由一零五师接守，五一师正扫荡大城、高安间各据点之敌。五八师除以一部围攻猪婆大丘外，主力正向赤土街攻击挺进中。三、高集团方面：敌于本日两次向我一八四师左翼凤凰山、鸦鸠岭反攻，均被我击退。新十一师右纵队团，本宥午前迫近奉新西城，枪声甚烈，申刻奉新城内已起火。左纵队团仍与敌激战于城西北之狮子山附近。该师左侧支队一连，昨宥日到达靖安以西之螺丝岭，与靖安之敌接触。另一连进至石马舒家，适敌进阵地，当向猛袭，毙敌六、七十，我亦伤连长、亡排长各一，伤亡士兵十余。乙、处置：一、除催令五七师李旅迅向牛行挺进，限感晚到达外，再令锦河南岸之第九预师本宥晚渡河，向生米街、牛行一带挺进，协攻南昌。二、五八师主力仍令迅速挺进。三、高集团一八四师迅向奉新、虬岭间公路进出，一八三师推进至龙形山以北地区，新十师向北移至五步城附近，会攻奉新，惟新十一师全部进出奉新以北地区，断敌退路。谨报。罗卓英。宥酉。森。印。〔自宜春发〕

（7）4月27日密电

限即到。重庆委员长蒋：稔密。战况：甲、上官集团蒋师感辰仍在梁家渡西之万家山、历山附近线，对西凉山、璜溪市一带凭险顽抗之敌攻击中。何师新村圩正面，本感辰有敌五百余向我反攻，丁坊有敌炮四门。我进出万舍街部队已将丁坊以北公路、桥梁破坏数处。段师第一线现在棠溪、五段冈、吴村、佛头塔之线与敌对战。昨宥敌由莲塘北撤之炮兵，晚复回到莲塘附近。为使段师得用全力攻取南昌起见，已饬二十六师派队进围该敌。乙、俞部预九师及五七师李旅现向生米街、牛行挺进中。一零五师本感辰确实攻占高邮市、司公山，五一师仍占领祥符观南北之线并扫荡残敌中。五八师本感辰攻占竹园、胡村、黄塘、猪婆大丘各据点，一部进展至分水埈，该师续向东土街、虬岭挺进。五七师（欠李旅）由祥符观附近连系五八师向东攻进。丙、高集团一八四师正面，本辰起敌千余，向我峦冈岭附近攻击甚烈，我阵地稍后撤。奉新之敌约千七百人，附战车五辆向我里通山王猛攻，我击毁敌战车三辆，正激战中。一八三师现占领龙形山、下累之线，与敌接触，新十师及新十一师各向指定地带移动中。又奉新附近，敌似有重炮放列，本辰起向峦冈岭、里通山王、下累射击。谨报。罗卓英。感午。森。印。

限即到。重庆委员长蒋：感午森电计呈。稔密。甲、战况：一、上官集团七九师正面，棠溪有敌数百，谢埠市增敌五百余，佛头塔增敌八百余，我仍向敌攻击中。预十师及十六师无大进展。二、俞部预九师除以一团守备沿锦河各要点及围攻石头岗外，张师长率主力今晨向生米街、牛行挺进中。本感午敌兵七、八百附汽车十余辆，由东经西山万寿宫以南侧地区，遇敌顽抗，现激战中。五一师本感已将祥符观附近之敌完全肃清，搜索部队以〔已〕通过祥符观以东地区。五八师继续攻击前进中。三、高集团方面，奉新敌新增兵力约一联队，本感辰起重炮四门、野山炮十余门于奉新附近占领阵地，向我猛烈射击，以步兵约八百向峦冈岭，千余向凤凰山、鸦鸠岭，千七、八百附重战车六辆、轻战车十二辆向里通山王、龙形山一带，五百余向下翟进犯，分路来犯，势甚猛烈。我亦猛烈反攻，当击毁敌战车三辆，毙敌颇多。迄午后，我六十军阵地概在大路王、港南邓、石子垅、对门山以东高地之线。我新十一师宥日仍在五步城、狮子山概略线。当面之敌约八百余，宥午后向我反攻，我右翼主力稍移后。乙、处置：一、上官集团本感晚增派二十六师两团，由武阳渡河急袭南昌。二、令俞部对东正面仍应积极进展，另以有力部队控置猪婆大丘、米峰一带，准备适时侧击敌人。三、令高集团五八军主力由白塔徐附近积极侧击由奉新向西南进犯之敌。四、俞部与高集团作战地境，改为界埠、杨公圩、米峰、赤田张、高岭上之线属俞部。谨报。罗卓英。感戌。森。印。〔自宜春发〕

〔国民政府国防部史政局及战史会档案〕

22．薛岳转报罗卓英反攻南昌作战部署密电

（1939年4月21日）

限即到。重庆总长何：4457密。罗卓英皓亥电报攻击部署：（子）上官集团：甲、以一师兵力附曾戛初师一部为一组，编成以团、营为基干之若干支队，分由南昌以东武溪市、谢埠市一带地区，乘敌不备，化装潜进，向南昌城厢一带袭击。乙、以两师兵力为市民装戴之样，自北接近攻击。对于公路附近敌之坚固据点工事，

宜派队钳制之。以主力分编若干挺进队，向敌空隙或薄弱部挺进，攻破南昌之敌，相机占领之。（丑）俞集团：甲、七四军除两支队各约兵力一团，一由木梓【洲】担任〔担任两字衍〕（松湖街北端）、涂家洲之【间】渡河，向西山、万寿宫、黄水冈一带地区攻击，一由鼻狗岭，河头、金家之【间】渡河，向古楼冈、白仙岭一带地区攻击。其余全部由俞兼军长率领，由高安以西渡河后，以一师占领石脑圩以东高地，经七里桥至后背山概略线，钳制高安城之敌，最好先攻占高安，为该军之攻击责任，以后相机策应该军主力之作战。以两师由米峰（不含）以南地区，向赤土街、虬岭一带地区攻击。乙、四九军以一零五师接替罗仙坛、咽喉山、彭家铺（不含）线七四军阵地，重兵器应由锦河南岸配备有力警戒部队守备。第九预备师仍担任赣江至高安河南岸守备，但须集结有力机动部队。（寅）高集团：以一师占领马鞍岭、大禾岭概略线阵地，并相机策应该集团主力作战。以两师由米峰（不含）以北地区，向奉新附近地区攻击。对奉新如不攻占时，则以一师钳制之。以一师务攻占陶仙岭、鸦日岭、凤凰山一带高地。另以一师分编三个支队，以一支队钳制安义城厢，以一支队钳制靖安城之敌，以一支队绕靖安、安义以北，向滩溪挺进，遮断张公渡至万家埠之交通。（卯）作战地境：甲、上官集团与俞部同筱午电规定。乙、俞部与高集团，为推口（上高东十一公里）、杨公圩、斜桥、米峰、赤田张北端、高岭、王店、前街、慈姑之线，线上属高集团。（辰）俞、高两部担任攻击之部队，到达指定地点之黄水冈、白仙岭、虬岭、凤凰山或奉新一带地域后，俞部应继续向生米街、牛行、乐化线攻击，高部以主力向乐化以北南浔线挺进，截断敌之增援，于【敌】后退【时】，以一部向张公渡附近挺进，阻止敌援兵南下。（巳）钳制高安、奉新、安义、靖安之各部队，如敌固守时，我即围困之，断其接济；如敌出城时，我则伏于敌之一侧或两侧，猛攻以歼灭之。（午）各攻击部队，尤以各支队，务编组破坏队随行，尽力破坏公路、桥梁，割断电线、电杆。（未）攻击开始时间。俞、高两部养子，上官集团漾子。等语。谨闻。职薛岳。马申。智。印。〔自长沙发〕。

〔国民政府国防部史政局及战史会档案〕

28. 王陵基关于该部在武宁一带作战经过概要报告

（1939年4月28日）

第三十集团军于武宁之役战斗详报

（甲）敌我兵力之统计

（一）敌军兵力

未战前与我相持之敌约一旅团以上，番号为第六师团之四七与一三两联队，第一零二师团之工兵联队、步兵一部、番号不明之骑兵一部，飞机二十余架，战车十余辆，其窜南岸者约一千余人，北岸约七千余人。截至二月二十七日止，逐渐增加至万余人。至二十八日敌分由阳新、瑞昌各方面调来大部兵力约两旅团，与前合计共达二万余人，飞机增至三十余架，炮二十余门，战车三十六辆。

（二）我军兵力

第三十集团军全部计两军三个师另一旅，番号为第七二军辖新十四、新十五两师，第七八军辖新十三及新十六师之一旅。

湘鄂边区游击总指挥全部计两军四个师及孔荷宠部三个支队，番号为第八军辖第三、第一九七两师，第七三军辖第十五.第七七两师。

（乙）未战前敌我态势

（一）敌军方面

敌自龙腹渡亘箬溪、罗盘山至大桥河之线占领阵地，其主力在箬溪附近。

（二）我军方面

（1）南岸第七八军主力，阵地在三边滩中横亘上芦边小长沙之线，右与第十九集团军李觉连系（如附图一〔略〕）

（2）北岸我主阵地在上滩头、棺材山经张林公、眉眼山亘横路之线，计第七七师占领上滩头、下流、甲余之线，第十五师右与七七师连系，占领棺材山亘眉眼山之线，第三师在横路附近，第一九七师在横石潭附近，保持机动（如附图一）。

（丙）战斗经过

二月十二日，职于常德军次奉长官薛佳未智电饬，率第七二军全部速开修水、三都附近，并指挥樊崧甫部，担任武宁方面之作战，遵令第七二军之新十四师由常德经长沙、平江徒步到修水，新十五师由湘乡、谷水经浏阳、铜鼓徒步到三都，总部由常德乘车到平江、再由平徒步到修水，统限三月七日以前到达。时适春雨绵绵，山洪暴发，溪河水涨，道路泥泞，因之军行甚缓，迄三月十五日各部始到达指定地。三月十六日，迭奉长官薛电令饬职督率各军于三月二十日到达指定位置，二十四日以前准备完善，二十九日开始向当面之敌出击，使其兵力不得转用于他方面，并粉碎其进取南昌之企图。当令樊总指挥遵办外，并令第七二军于三月十八日推进至甫田桥、烟港街一带，总部于二十日进驻澧溪。三月二十日，迭据樊总指挥报称，敌于十九日午后突向我第七三军阵地进犯，至二十日敌即猛攻至烈，遂将该军第一线阵地突破，刻已转移于大脑尖、波田河、望人脑亘加白老西南端高地之线。又据第七八军军长夏首勋报称，北岸之敌将第七三军阵地突破后，即于上滩头、津口等处强渡过河，约一千五、六百人，与我新十六师第二旅在天主脑、蔡家岭、黄土领、西龙山之地区激战甚烈。等语。复奉长官薛号亥电，饬职以有力部队固守武宁东北现阵地，以主力控置左翼，准备对当面之敌包围压迫于修江北岸而歼灭之。当令樊总指挥督饬所部击灭当面之敌、恢复原阵地。令七八军务将渡河之敌迅速扑灭，第七二军为总预备队，推进至武宁附近，策应彭、李两军之作战，并注意南渡之敌乘隙西窜（如附图二〔略〕）。三月二十二日，迭奉长官薛电令，饬先击灭来犯之敌，然后东进，向永修、德安线猛攻敌之侧背。复据夏首勋军长报称，吴守权旅与南渡之敌激战，伤亡重大，现又有大部敌人正在潭埠强行渡河。等语。当以七八军与七三军中间空隙甚大，敌到处可以活动，甚为可虑，因令樊总指挥以主力向当面之敌攻击，恢复原有阵地后进出于箬溪附近，并以一师兵力由左翼向大桥河方面出击，威胁敌之侧背。令第七二军以新十五师由武宁上游渡河，向黄土岭、天主脑一带与我七八军对峙之敌猛攻，以收夹击之效。新十四师为总预备队，占领武宁城东观音阁亘火烧白及清山、盘龙港亘大马堰两线之既设阵地，保持机动态势，策应作战。统限养日完成攻击准备。漾日午前五时，全线一致开始总攻，职于漾晨进住甫田镇督战（如附图三〔略〕）。三月二十三日，南岸吴守权旅所固守之罗坪为敌攻陷，敌将罗坪焚毁，即东向以攻扬州附近之新十三师刘若弼阵线。北岸敌攻占我大脑尖、棺材山、望人脑、加白老之一部，经严令全线协力反攻，职亦同时驰赴甫田桥督战，幸我官兵奋勇冲击，激战竟日，已将各地先后收复。三月二十四日，复令各军乘胜继续进攻，无奈本日敌亦以陆空联合反攻甚烈，飞机二十余架竟日不断轰炸，炮声自晨至晚迄未间断，约射二千余发，并施放毒气，我各部因伤亡过大，尤以第三师牺牲最为壮烈，致大脑尖、棺材山、望人脑、加白老阵地失而复得再，卒以敌军武器犀利，伤亡惨重，仍相继失守。我南岸七八军新十三师所固守之扬州隘口亦为敌突破，该师转移至孙家埠。新十六师吴守权旅则固守台岭下。新十五师已与吴旅取得连络，拟向罗坪之敌攻击。三月二十五日，据樊总指挥电称，我七七师被敌猛攻，伤亡甚重，现在大脑尖至公路南端之线与敌对峙，并与左翼第三师力求衔接。我十五师正向盘据加白老、金鸡山口之敌围击。我一九七师已逼近大桥河附近。复据夏军长报称，我新十六师之第二旅、新十三师先后被敌猛攻，阵地被敌炮、空毁损殆尽，伤亡累累，扬州街洞口遂告不守。等语。职以南岸之敌应迅速扫清，以便转向北岸歼灭敌人，乃令南岸之新十五师傅翼师暂拨归夏首勋军长统一指挥，迅速扫清南岸之敌，向碧溪、拓林方向前进。樊总指挥所部应以主力积极击退当面之敌，并以一师向大桥河、合掌街击敌侧背。以新十四师陈良基师受李玉堂副总指挥指挥，于二十六日拂晓由公路南侧向黄埠港附近之敌进攻，务将敌人击退（如附图四）。三月二十六日，以我第七七师连日伤亡重大，已转移至老鹿头、大并山之线，因令新十四师于二十六日接守该师防线，我第三师加白老以西陈庄阵地因官兵伤亡重大，无力防守，乃由七七师于二十六日晚前往接守，第十五师仍在原线，第一九七师则在大桥河附近与敌对峙中。三月二十七日，以敌迭经我痛击仍顽强抵抗，拟速击退当面之敌再行东进□□令第七二军除已派新十四师接守第七七师阵地外，复将新十五师由南岸调赴北岸，于二十七日午后八时接守原第三师现七七师阵地，以便抽出第八军向德安挺进。新十四师仍归还七二军建制，由代军长韩全朴指挥。樊总指挥所部则以第七三军接联七二军之左，就现势积极击退当面之敌，以达成东进之任务。第八军则遵委员长及司令长官指示，积极挺进，完成东进任务。三月二十八日，敌复增加兵力进攻，并以汽球升空指挥，猛向我七二军老鹿头、大并山、金鸡山之线追击，飞机三十余架不断轰炸，战车三十六辆由公路冲突，更兼是日风向不利，敌连施放毒气，我官兵以极败窳之武器骤当此最猛烈之火力，以肉弹与敌相持，自晨至午，阵地几次全被轰毁，正面几度为敌突破，均赖我官兵以必死之决心前仆后继，血肉横飞，争夺至再，虽因伤亡惨重，阵地屹然未动。延至午后三时，敌以竭尽威力，无法进展，遂集中火力、兵力于我公路左侧一点，实行中央突破　我防守该线之新十五师黄团一部人与阵地俱成齑粉，同时战车由公路威力前进，阵地遂被突破。其步兵在其飞机、大炮掩护之下前进，我左翼黄团被侧射而致溃，右翼新十四师左侧后受击而全部遂陷包围。彼时在敌猛烈炮火制压、飞机汽球监视下，预备队使用告尽，无法增援，不得已忍痛放弃武宁，并令樊总指挥所部以现势依山扼守，令七八军保持南岸现阵地，使敌左右均感威胁，不敢深进，而令第七二军各师之残留部队迅速整理，即扼守甫田桥、烟港街一带要点，阻敌西进。所有武宁战役经过情形，理合详报，伏祈鉴察示遵。谨呈军政部部长何。附人马伤亡弹药损耗表各一份〔表略〕。第三十集团军总司令王陵基。印。中华民国二十八年四月二十八日。

〔国民政府国防部史政局及战史会档案〕

24. 罗卓英限期攻克南昌命令

（1939年4—5月）

（1）4月29日命令

限即到。重庆委员长蒋：稔密。艳申下达各部电令如左。命令：甲、上官集团：应以快速手段，严督所部，限三十日进占南昌。乙、俞部：(一)以预九师为挺进队，除以一部攻占生米街、扫荡沿赣江西岸之敌外，主力迅由赤塘铺附近通过公路后，分头向牛行、乐化、慈姑铁道线，限三十日进出牛行。该师三十五团应即前进，归还建制，所遗赣江各要点守备及对赣江封锁，由刘军派队接替。(二)五七师李旅仍应积极攻击西山万寿宫之敌，并破坏大城附近之交通、通信。(三)主力继续攻击当面之敌。丙、高集团：(一)以新十一师为挺进队，速向安义、滩溪、万家埠一带地区挺进，派一部进出慈姑、涂家埠间铁道线，限东日前通过安义。(二)主力仍攻击当面之敌，但左侧支队改由新十师派出。丁、各挺进队进出指定地区后，应占领一中心根据地，分组出动，按照游击战术原则，采用埋伏、奇袭手段，对敌后方交通、通信尽量施行破坏，阻敌增援与退却，尤应不失时机报告敌情。谨报。罗卓英。艳酉。森。印。

〔自宜春发〕

（2）5月2日命令

即到。重庆委员长蒋：肖东两酉一元慎奉悉。稔密。冬午下达各部电令要旨如左：甲、上官集团至少以两师半兵力担任直攻南昌，并限微日前攻克。对牛行以北地区应派出有力搜索队，搜索敌情，破坏通信网，对市汊街应以一部迅速攻占后，即使担任对赣江警戒。乙、俞部（欠预九师）一〇五师任务同前。七四军应迅速扫荡当面之敌，全力先向西山万寿宫、白仙岭、赤田张一带进出后，以一部占领上线各要点，以主力速向生米街、牛行攻击前进，协力上官集团攻占南昌。丙、高集团（欠鲁师）应先以一部钳制奉新，以主力确实攻占黄埠冈、儒里、头村、天尖岭、陶仙岭、凤凰山各要点后，然后以大部向奉新攻击，以有力一部进出宋埠、安义一带地区。丁、限支日前，俞部预九师须进出牛行、乐化一带，高部、鲁部须进出安义以北地区。戊、第三十二军以一部推进高安及其以南地区，一师推进村前街附近，军部率一部推进泗溪、东港一带，均限支日到达。谨电报。罗卓英。肖申。森。印。〔自宜春发〕

〔国民政府国防部史政局及战史会档案〕

25. 罗卓英报告该部反攻南昌近郊战况密电

（1939年4—5月）

（1）4月29日密电

限即到。重庆委员长蒋：稔密。战况：甲、上官集团方面。段师长朗如率兵两团，本艳辰进展佛头塔新飞机场一带地区，仍严令不顾一切向南昌猛进。二十六师全部增加武阳渡方面，已于感、俭两晚渡过抚河两团，增加七九师作战。并已由预十师抽调一团挺进茌港以北地区，协助二十六师于抚河东岸策应七九师之攻击。至预十师推进，仍因敌凭坚顽抗，进展颇难。十六师亦无大进展。乙、俞部预九师本艳晨再度攻克生米街。五七师两营本艳晨起向鼓楼铺攻击，敌甚恐慌，即可攻克。此次我军攻克高郎市、祥符观、白石岭、杨家坊、竹园、胡村、万步脑、黄埇、猪婆、大丘各据点，官兵奋勇沉着，敌受损甚大，极为狼狈，阵地前或据点内遗尸数十具多至二百余具，并遗弃装具、武器，如背包、大衣、防毒面具、毒烟罐等更较历来为多。五八师攻克猪婆、大丘时，获山炮及平射炮各一门，毒气弹三百余发，毒烟罐七、八百个，由此已证敌人士气、战力均不如前。丙、高集团万、杨两师正面，昨晚、今晨敌不时施行小攻击，迄午后渐沉寂。五八军左翼昨俭日发现数百之敌。由靖安南下之敌，本艳日已予击退。谨报。罗卓英。艳戌。森。印。〔自宜春发〕

（2）4月30日密电

即到。重庆委员长蒋：稔密。据曾师长戛初艳酉电称：师便衣队于寝、感、俭等晚，先后在南昌市内及近郊暴动，并破坏铁丝网多处，俭晚九时放火，焚烧至艳寅止。同时有枪兵与敌巷战，徒手者掷放手榴弹。敌人惶恐，伤亡颇重，我便衣队亦牺牲颇大。胡团派出之一营，俭晚对向南昌市挺进。又俭日派队赴赣河东北岸及向乐化、南浔线骚动。等情。谨闻。罗卓英。陷亥。森。印。〔自宜春发〕

（3）5月1日密电

限即到。重庆委员长蒋：稔密。战况：甲、上官集团十六师四八团东巳攻占沙埠潭，并已与攻占向塘之四六团取得连络。预十师陷晚向当面之敌猛攻，激战竟夜，敌仍凭坚顽抗。该集团已令二十六师一五六团以一营向剑霞圩，主力向沙埠潭，与何师协力攻敌侧背，并令一零二师李副师长奇中率兵两团，归何师长指挥，速扫荡天王渡、沥口渡、向塘、丁坊间地区之残敌。七九师因该师长段朗如不遵命令，擅自行动，于艳日十四时率部经合树李庄①。该段

①原文如此，“经”字疑为“退”字之误。

朗如除经撤职查办外，该师现由叶代师长率领，经饬于昨三十日向萧昌攻击前进，现到何处未据报。乙、俞部预九师自艳子攻占生米街后，陷、东两日至德观之敌二、三百迭次向我反攻，另一股由红毛洲强行登陆，该师被迫主力暂移至巷口桥、九渡、喻家之线。俟留守锦河南岸之三十五团归还建制并经补充弹药后，当仍向牛行挺进。五七师(欠李旅)本东午攻占狮子脑，刻敌反攻。同时京冈岭、沙园、胡村东北高地野、山炮各四门，鼓楼铺以北高地重炮两门，向我射击达二千发，我伤亡颇大，但狮子脑大部仍由我占领中。沙园、胡村现有敌四、五百，机枪十余挺，战车二辆，平射炮四门，山炮三门。该师拟今晚以一团由沙园、胡村以北绕攻，并饬李旅派一团由东西攻鼓楼铺。丙、高集团：本东辰万师攻占里通山王，杨师攻占龙形山。但酉刻鸦鸠岭、凤凰山一带高地增敌五百余，竹山冈增敌一千左右，南历余增敌四、五百，干州、奉新公路上有战车九辆附载重车六辆南进，该方面之敌似又将向我高集团正面企图反攻，已饬严防中。谨报。罗卓英。东酉。森。印。〔自宜春发〕

（4）5月5日密电(巳时)

Imd。重庆委员长蒋：质亥森电计达。稔密。战况：甲、上官集团谢埠市方面，敌已增加，陈军长安宝所率二十六师部队，支晚在茌港及武阳渡间渡河，本微拂晓，该军长到达徐家（茌港西约四公里)，其余无大进展。乙、俞部预九师，支拂晓由耳口桥、九渡之家之线北进，预定支晚通过公路，到达欧阳(西山万寿宫东北约十公里)附近。五七师仍在牛角坑、塘埈上之线。赤土街我五八师三四七团部队，因敌反攻，移以西高地。丙、高集团本支日正面无变化，但敌略有增加。计午刻由安义开奉新战车四辆，由赤土街开奉新战车二辆，同时由赤田街开奉新步兵五、六百，骡马百余。丁、三十二军，昨支晚一三九师以一营兵力接防高安，其余位置高安以南地区，一四二师到达村前街、军部及一四一师进至泗溪附近。

谨报。罗卓英。微巳。森。印。〔自新喻发〕

（5）5月5日密电（戌时）

限即到。重庆委员长蒋：微巳森电计达。稔密。情况：（甲）上官集团预五师一部本微午攻占沈口街，将占据该地之敌百余击毙大半、生俘数名。十三团一营微酉进展南昌以东四公里处。同时曾师长率该部主力，到达汉王庙附近。二十六师，微酉已全部渡过徐家以西之小河，现与张罗敷林街之敌激战中。（乙）俞部预九师本微丑通过公路，进出欧阳（西山万寿宫东北）附近，已饬速向牛行、乐化挺进。七四军正面无大进展。（丙）高集团本微日敌炮击达二千发，敌步兵继续向我一八四师正面反攻，我一八四师现占领大路王、峦冈岭以西高地亘长途冈上之线，左翼颇沉寂。谨报。罗卓英。微戌。森。印。〔自新喻发〕

（6）5月7日密电

急。重庆委员长蒋：玉密。（甲）上官总司令鱼未电称：一、刘师七十八旅排除敌之一切障碍，于微日拂晓冲至南昌东门外金盘路与敌激战，敌以装甲车、步骑兵联合反攻，往复鏖战，歼敌数百，直至午刻，因伤亡过大，暂撤至郊外整理。二、曾师及七十九师二三七团全部进抵南昌东约二公里红门桥、塔子桥之线，向敌猛烈攻击，激战终夜，毙敌无算，我亦颇有伤亡。同时我潜入城内之便衣队放火响应，鱼日拂晓，卒将敌击溃，主力经红门桥冲入城防工事内，迄鱼未尚在与敌混战中。（乙）刘军长多荃鱼电称：一、王师六三零团李营，连日屡攻石头冈之敌，以敌工事坚固，刻仍在一四四七高地及大路刘东北高地之线与敌对峙。二、石头冈有敌三百余，系川田部队。万寿宫除原有敌三百余外，支戌复由南昌开来生米部队一百八十余。万寿宫南之前洲湖（图上无）为敌弹药交付所。三、来乌山有敌二百余，步炮二门，并筑有坚固工事。四、金冈岭有敌二百余，平、曲炮各二门。鼓楼铺东北公路上有敌山炮二门。各等情。谨报。（已分报）。罗卓英。虞申。森。印。〔自新

喻发〕

〔国民政府国防部史政局及战史会档案〕

26. 罗卓英转报上官云相部进攻南昌失败密电

（1939年5月7日）

限三小时到。重庆委员长蒋：稔密。据上官总司令鱼亥电称：（一）二十六师王旅进攻至金盘路后，因伤亡甚重，由新飞机场退出，至瑶湖东西地区，现正收容整理中。（二）敌步兵千余、骑兵百余，在炮空掩护下，由谢埠市、新飞机场、南昌分三路向我反攻，刻我军被迫至广阳桥、大陆桥、冈上罗之线，三面受敌，刻正尽力抗拒中。（三）职师及二三七团伤亡约二分之一，现有实力一团。（乙）决心令曾师固守现阵地，至少须保持至明阳日黄昏后，以待刘师进展，再尽最大努力协攻南昌。（丙）查各挺进部队均系轻装，弹药给养补给困难，且伤亡重大，断难作持久战。尔后应如何指导，乞核示。等情。经饬仍应尽最大努力向南昌攻击，如至今晚仍不能奏功时，即留置一部于莲塘以北地区，不断扰敌击敌，主力固守沈口、麻丘、抚河东岸、梁家渡、天王渡、市汊街之线，但对沙埠潭以南地区之敌，仍须尽力围歼之。谨报（已分报）。罗卓英。阳巳。森。印。

〔国民政府国防部史政局及战史会档案〕

27. 罗卓英报告陈安宝军长督战阵亡等情密电

（1939年5月7日）

限即刻到。重庆委员长蒋：玉密。上官集团战况：甲、陈军长安宝亲率二十六师微晚由茌港附近渡河，鱼日进展莲塘以南之沙窝附近，遭敌由上堪店、莲塘前后夹击，敌机九架轰炸扫射，同时莲塘及上共冈以南敌炮向我猛射，迄午后三时，战况益趋决战，我军抱必死决心奋勇冲杀，卒因敌步炮机协同，火力猛烈，午后四时许陈军长安宝于姚村（沙窝南端）被敌炮弹炸伤腹部，壮烈殉国，暂掩埋于原地，刘师长雨乡亦同时被敌炮弹炸伤左腿，其他官兵伤亡亦甚重，因之战况无进展。现刘师部七十八旅已到瑶湖东岸，其余到市汉街千余人，刘师长另率一部本日渡过抚河东岸。乙、陈军长遗体，该集团已饬一零二师派队前往掩运中。丙、该集团处置，经令预五师留置便衣队约二营兵力于谢埠市、南昌间地区，扰敌击敌，主力占领瑶湖、武溪市线，七九师占领抚河东岸，预十师占领梁家渡、沥口渡线，一零二师三零四团仍在向塘。刘沙埠潭以南之敌，主力占领天王寺、吴家渡、市汉街线阵地。谨报（已分报）。罗卓英。虞申。森。印。

〔国民政府国防部史政局及战史会档案〕

28. 罗卓英报告敌我在南昌附近对峙等情密电

（1939年5月）

（1）5月8日密电

限即到。重庆委员长蒋：稔密。（一）战况：甲、上官集团方面无变化。今日敌机在三江口轰炸三次。乙、俞部：（一）预九师虞日晚开始向牛行攻击，亥刻占领李家浦北方高地及前进上石头口之线，齐子继续攻占沙井公路三岔点及附近碉堡。齐日丑刻，敌汽车数十由南昌载敌七八百、平射炮二门渡河增援，拂晓后敌炮三门，在北坛向我猛射，并有敌机三架轰炸，伤亡待查。（二）一零五师一部攻击石头岗，现冈岭之敌无进展。（三）五八师齐辰攻占土山、竹山之线，继向赤土街，虬岭攻击中。丙、高集团：（一）一八四师齐辰攻占大岭，午刻又攻占翟村（鸦鸠岭南），继向鸦鸠岭、白仙岭攻击中。（二）一八三师及新十师仍在源家边厂、里遁山王亘茶陵、白塔徐之线。（三）宋埠敌新架成浮桥一座。（四）本日敌汽车由干州向奉新运输频繁，奉新现有敌车十五辆。（五）据被敌掳充挑夫土民云：虞日敌向凤凰山北侧运炮弹甚多，鸦鸠岭、凤凰山上有敌七、八百。（六）新十一师支日将庙前街三、四百敌人驱逐后，鱼子复包围由靖安、干州增来之敌三百余、炮四门，该师正一面攻击该敌，一面向滩溪挺进。二、处置：（一）为使七十四军全力攻占白仙岭、虬岭之线，经令一三九师接替七十四军右翼司公山、祥符观、张公脑一带阵地，并归俞副总司令指挥。（二）高集团应多派破坏部队，对奉新、虬岭间公路及通信，策应俞部之攻击。谨报。罗卓英。齐亥。同森。印。〔自新喻发〕

（2）5月9日密电

限即到。重庆委员长蒋：稔密。综合本日情况：甲、上官集团：敌二百余向我新村圩附近守军攻击不逞，现仍对战中，余无变化。乙、俞部：一、五一师已将公路正面司公山亘独谷脑阵地交由一三九师接替完毕。二、午前敌向鹅头岭、车塘我五十七师阵地反攻，被我击退。三、大城附近敌炮六门，向皂里射击，我无损失。下午一时，敌机三架在皂里投弹，仅伤传令兵两名。四、五十八师本日正部署围攻虬岭。丙、高集团：一、各部正面战况无变化。二、派出破坏队已将赤田张、奉新间公路破坏三处。三、未刻，敌战车十五辆、汽车十辆，由北开到奉新。四、新十一师阳日击溃庙前街东南塘口附近敌三百余后，当日进占较源（安义北二十公里），宥日继向滩溪挺进。是役，俘敌作战队长山田盛藏一名。各等情。谨报（已分报）。罗卓英。佳亥。森。印。〔自新喻发〕

〔国民政府国防部史政局及战史会档案〕

29. 第九战区反攻南昌作战简报

（1939年4—5月）

一、上官集团方面。四月二十二日已完成攻击准备。二十三日，何师长平指挥16D、10RD，以一部沿赣江东岸、主力沿铁路两侧向北攻击。段师长朗如则率79D及5RD选派之便衣队一团，由武汉、武阳、谢埠市间渡过抚河，便衣队且于二十四、五两晚潜入南昌市。二十三日午，16D击溃市汊街之敌，继续北进，二十四日占领新村圩，二十六日一部到万舍街。10RD二十四日攻克西梁山（梁家渡西），二十五、六日由璜溪市向向塘攻击。79D二十四日在谢埠市与敌激战后，二十六日主力已到达冈下、吴村，其一部则攻莲塘之敌，且已越超公路、铁路。5RD一部已达南昌机场附近。各部进展均极顺利。二十六日辰至酉，南昌城内大火，敌伤亡甚大，恐慌异常，殆有不保形势。自二十七日，敌见我攻势甚形有利，乃利用其优势空军助战，到处狂炸，并滥放毒气、毒弹，并派海军陆战队接任南昌守备，而以101D主力向我反攻。凡一周间敌我遂在南昌东南及以南近郊约十公里以内地区附近，演成激烈之争夺战。我军士气异常旺盛，颇有一举即下南昌之势。惜乎段师长朗如决心不坚，畏缩不前，坐失战机，且因我赣江以西部队未能进出南浔线，断敌后路，以致南昌之敌得以尽全力挣扎死守。我为严肃军纪，并策励各部之作战，大本营复于五月一日以东酉令一元慎电限令五月五日前攻略南昌，并令各总司令亲赴前线督战，并将段师长军前正法，以昭炯戒。于是前方将士愈亦振奋，上官集团又以26D加入作战，殆至五月五、六两日，我16D、26D、5RD各部均已进展至南昌城东之金盘路附近，而26D主力及79D一部则在莲塘附近予敌以重大之打击。敌为挽回颓势，乃于七日拂晓以空军助战，狂炸我莲塘附近29A陈安宝之部队，我陈军长安宝恰因奋勇督战，求仁得仁，因以殉国，刘师长雨卿亦负重伤。夫战机一去，虽欲猛攻，亦难期其成效，且敌已有备，我攻坚之准备未周，为应付尔后之作战，遂不得不暂时停止南昌之攻击。五月九日，经行营下令停止攻击后，各部均回复原有态势，在赣江、抚河间及沿抚河东岸之线暂取守势，以待部队之休养、整补而图后举也。

二、俞集团方面。四月二十一日，俞军主力由高安以西，一部（两团）由高邮市、石头岗间渡过锦河，分向高安、大城、万寿宫一带之敌攻击。刘军以一部向锦河以北及生米街附近之敌袭击，主力控置于南岸机动。二十二日开始攻击。二十三日酉时，51D则攻克高安，57D、58D则在大城、祥符观与敌接战，9RD、105D各一部则在生米街、万寿宫、石头岗、高邮市一带与敌激战。二十四日敌增援反攻，高安被占，二十六日又经51D夺回，并相继克复祥符观，57D占领大城、鼓楼铺，9RD攻占石头岗、生米街，105D攻占高邮市。二十七日各部均继续进展，57D、58D两部则正扫荡大城、高安间之残敌，向奉新东南之虬岭、赤土街前进。终因左翼高集团之攻击无大进展，且受奉新方面敌之牵制，未能如预定计划向南浔沿线挺进。9RD虽于七日晚一度冲入牛行，但以兵力单薄，俞军之主力未至，且南昌方面又因我上官集团之攻势遭受顿挫，敌得以自由抽调兵力增援，故亦未能确实掌握该地，断敌连络，殊为遗憾。现在调整部署，以宋肯堂军（139D、141D、142D）位置于高安附近，仍以俞、刘两军继续攻击当面之敌，以期牵制南昌敌之南下，俾我上官集团得以休养、整补之时间，以图尔后作战之万全也。

三、高集团方面。四月二十二日，高集团（N10D、N11D、183D、184D）以主力向奉新、靖安之敌开始攻击，另编一左侧支队向靖安以北滩溪市挺进。二十四日，184D、N10D已占领奉新西南及其以南之凤凰山、鸦鸠岭、桃仙岭一带高地之线，一部则到奉新以西及其西北地区与敌激战，形成三面包围之势。敌因受创甚巨，大部均向奉新撤退，城内亦于二十七日大火，旋因其后续部队增援已至，虽力图反攻，但均被我击退。我N11D之左侧支队且已到达靖安以西之螺丝岭，予敌以严重之打击。殆至二十七日，因敌增援奉新约一联队附野山、重炮共十余门，不断向我攻击并炮击，故旬日来战争胶着，互有进退，无大进展。虽经令该集团以有力一部向乐化、滩溪市挺进，终因该集团历经在高安、奉新间作战月余，伤亡甚大，且受奉新、靖安方面敌之牵制，此种战略上有利之行动未能实现，颇感遗憾。目下该集团仍然保持原有态势，以一部向当面之敌袭击，以达成牵制及持久消耗之目的。

四、武宁方面。为策应南昌之作战。(1)王陵基集团(N13D、N14D、N15D、N16D)除以主力继续监视并牵制武宁之敌外，并以一支队(两团)兵力沿修河南北岸向张公渡、永修地区挺进。五月四日，该支队将张公渡之敌驱逐而占领之，并破坏该处附近公路、桥梁。(2)樊崧甫部除所指挥之庐山游击队因作战已久，消耗颇大，现令在奉新以西之九仙汤附近整理，尔后仍继续向敌后方游击外，其余孔荷宠部及岷山游击队则正向瑞武路之敌袭击中，李玉堂之第3D亦在辛潭铺、大桥河一带积极活动。

五、鄂南、湘北方面。为策应南昌之作战。(1)樊崧甫之197D于四月二十三日攻占鄂南之通山，继向南林桥追击残败之敌，现正向咸宁、蒲圻一带挺进、扩大游击。各地方游击团队均在瑞昌、大冶、阳新、鄂城、蒲圻、咸宁、崇阳、通山、岳阳、临湘一带大举游击，破坏交通，协力正规军之作战。(2)杨森集团(133D、134D)及彭位仁军(15D、77D)则自四月二十二日起，各以一部向南林桥、白霓桥、崇阳一带之敌攻击，二十四日曾一度攻占南林桥，旋因敌有增援，又于翌日退出。现仍在该处附近与敌周旋，并大举破坏阳新——通山——崇阳之公路。(3)关集团之李仙洲(92A)、张耀明(52A)两军亦各派出一师兵力，于四月二十四日向崇、通、临、岳一带之敌袭击，于是各重要据点之敌均在我控制之下，敌异常恐慌，除严密警备、坚伏不出外，且将通城及岳阳所存积之粮弹、辎重等，由水陆两路逐次向北运走，其恐慌情形可以想见。我为呼应五战区之作战并牵制该方面之敌计，现仍继续向当面之敌袭击中。

〔国民政府国防部史政局及战史会档案〕

30．顾祝同报告反攻南昌作战战斗结果密电

（1939年5月21日）

特急。重庆军委会委员长蒋：膺密。谨将南昌会战自四月二十二日起至五月九日止，我军伤亡、损失及俘获电呈如次：（一）作战部队。第廿九军部、第七九师、第二十六师、第一零二师、第十六师、预五师、预十师。（二）我军伤亡。（甲）：参加战斗官三千二百二十员，兵四万七千一百八十四名，马五百七十三匹。（乙）：阵亡官百四十四员，兵三千三百三十名，马三十一匹。（丙）：伤官二百二十三员，兵三千一百八十六名。（丁）：生死不明官三十三员，兵一千二百五十一名。（三）损失。步枪千八百七十二枝，轻机枪五十七、重机关枪十六挺，手提机关枪二，自来得手枪八十六，杂色手枪十支，迫击炮三门，步弹九千五百，机弹千二百。（四）俘获。敌官一，兵六，马五，步枪九十四枝，轻机关枪五挺，掷弹筒一，重机关枪管、轻机关枪头、山炮、信管各一，大刀十八，步弹三千六百余，掷榴弹九，毒气弹十二，烟幕弹、手榴弹各十一，炸弹九，照明弹四，燃烧弹一箱，防毒面具八，电话机一，命令一份，地图二十五份，及被服、器材、文件等甚多。上四项谨呈。【上】饶。职顾祝同。个未。布。印。

〔国民政府国防部史政局及战史会档案〕

31．顾祝同申述反攻南昌失败原因密电

（1939年5月10日）

特急。重庆委员长蒋：国密。此次攻击南昌以前，七九师师长

段朗如违命畏缩，至误良机，致再度攻击因敌已有备，部队蒙受重大损失，陈军长安宝殉国，刘师长雨卿负创，迄未达成任务。窃考此次失败原因：(一)未能用奇袭，出敌不意。(二)限于地形，复受敌纵深据点扼制，无迂回、钻隙余地，不能避免攻坚。(三)炮、工兵太小，步兵装备不全，攻坚无力。(四)敌飞机活跃，并用毒气，因地形关系，我损失过大。(五)各师奉命限点攻击，准备多不周到，致动作不能协同一致。以上各项均为失败重要原因。除饬上官集团遵照陈长官新部署，以预五师、四十师固守抚河东岸，预十师、一零二师、十六师固守梁家渡西岸亘样继渡至市汊街之线，仍以预五师之一部牵制南昌之敌，各部并不断以小部袭扰敌人后方外，已另令七九师、廿六师开进贤附近整理。谨电请鉴核。职顾祝同。灰午。印。

〔国民政府国防部史政局及战史会档案〕

32. 军委会桂林行营关于修水河防及南昌失守所得教训的总结报告

(1939年 月)

南昌会战所得之教训

第一 敌军战法

一、敌于主攻方面，确能集结优势兵力，形成重点，而于助攻方面，则以阳动佯攻等手段，以眩惑我之判断，牵制我之兵力。如此次修河之役，先于吴城、大王庙等处，以一部攻击，而以主力由虬津方面强渡。此外于白槎、箬溪间，并无敌兵渡河，足见其如何彻底集中兵力于重点矣。

二、敌渡河攻击时间，通常在薄暮后或夜间行之，如此次在修河之渡河时间，即在三月二十日午后七时三十分。

三、敌主渡河【点】之选定，在河流向彼方湾〔弯〕曲部分，并着眼对于〔于对〕岸交通便利地点。如此次在太子岭、凤栖山附近之修河强渡，以及利用虬泽〔津〕至安义公路，故其快速部队能迅速突进至万家埠、安义等处。

四、敌渡河攻击之方法。

1.敌在主渡河点，以优势之空军、炮兵，猛烈轰炸射击，以支援其渡河部队之攻击，阻止我之出击，并妨害我后方部队之运动。如此次修水渡河，对太子岭、凤栖山等处所行之猛烈轰击。

2.敌步兵渡河时，常施放烟幕，并混用毒气，以达其掩护及袭击之目的。如此次虬津、永修间之修河沿岸施放烟幕，并于三月二十日黄昏，向我第七十六及一〇五师阵地之毒气弹射击。

3.敌渡河后即占据要点，以为其主力继续渡河或架桥之掩护。如此次渡过修水后，即占领南岸太子岭、凤栖山等地。

4.敌突破我阵地后，其快速部队即向我后方深入，后续部队亦跟踪前进，对在侧背之我军，仅以少数部队封锁警戒。如此次敌一〇六师团所用之椎形突入战法。

第二　我军过失

一、阵地未能纵深配备。此次修河防御配备缺乏纵深，以致被敌飞机、炮火猛烈轰击，一点被突破，全线即无法收拾。

二、敌情侦察判断不确实。此次我守备修河之部队，在对间间① 关于敌第一线及后方部队之动态，以及敌可能主渡河点之侦察、判断均不确实。敌情不明，对策之准备不周，以致为敌强渡突破。

三、指挥官位置不适当。如此次南昌方面指挥官之位置未能由南昌移至其它适当地点，故难期收到指挥监督适切之利。

四、不能彻底破坏交通线。仅顾目前交通之便利，而忽略敌机械化部队利用交通线发挥机动力之特性。如此次对安义、永修间

①原文如此，似有脱误。

之公路，未能预先破坏，且对于主要道路之守备，亦未特别重视及加强防御工事，致敌机械化部队得以利用，横行无阻，深入我背后联络线，并尽威胁扰乱之能事，致战【略】要点迅速为其占领，并轻易渡过赣江。

五、预备队使用过早。如第九预备师、第二八师、第一三九师，均使用过早，以致无机动部队应付不意之情况。

六、出击时间、空间之计算不正确。如第七〇军、第七九军之夹击，因对时间、空间上未能精密计算，故未能收到夹击敌人之目的。

七、缺乏协同一致精神。当敌向邻接部队攻击时，不知切实协同，对椎形突击之敌实施侧击，被敌各个击破。

八、掌握联系不确实。各部队长对掌握联系，未能确实作到，致一点被敌突破，即陷于混乱，失却掌握。

九、奉行命令不彻底。

1.第九战区转移攻势，经令于三月十五日以前完成实施，乃因准备迟拖不密，致为敌收先制之利。且当敌以广大正面及延长突进时，我亦因准备未妥，不能施行有利之截击及反攻，终至迫于被动地位。

2.第三战区未能遵照计划，确实控置三个师于东乡进点〔？〕一带，策应第九战区之作战，致南昌战局蒙大影响。

十、必胜信念不坚确。我军每潜伏不良心理，即认为敌人如欲攻占某地，迟早必为所得，不肯作坚决之抵抗与缜密之准备。

第三　今后应注意改进事项

一、敌情搜索、判断之注意。

1.应严密搜索、确实明了敌情。我最前线部队，对敌第一线及其后方部队之动态并一切征候，务严切注意，及时报告，尤应多派潜伏及便衣斥候，或利用民众在对岸侦察敌情，随时设法报告，以矫正盲目作战之错误。

2.判断敌情，应策定各种可能之腹案，而讲求一切对策之准备。

3.不可误认敌人夜间无积极企图，一入黄昏后，尤应严密警戒，及随时注意侦察对岸敌人之动态。

二、阵地配备之注意。

1.切实利用地形。在难以超越之险阻地带，配以少数必要守备部队。于主要阵地方面，除第一线外，应于后方配置据点式坚强纵深之防御地带，以节节抵抗，逐渐消耗进攻之敌。并于后方适当地点，控置必要之机动部队，以防敌之迂回，且备逆袭出击之用。更施以周密之联络设置，以歼顽寇。

2.阵地配备应力求纵深，须有重点，切实矫正一线式及平均分配兵力之错误。在敌非主渡河方面，我守兵应于敌兵力薄弱处毅然渡河突击，以牵制其主力之强渡。对主渡河点之敌人，尤应乘其半渡，猛烈攻击而歼灭之。

三、对敌渡河攻击之方策。

1.如敌攻击时，应极力镇静，详察真伪，凡敌可能之主渡河点，均应严密守备，对佯攻之敌，应即予以驱逐或包围歼灭之。

2.对敌主渡河点，在其飞机、炮兵猛烈轰炸时，除严密监视外，我方守兵应极力隐蔽，减少损害，俟敌炮火延伸射程、步兵向前运动时，以炽盛火力猛烈射击之。而炮兵尤须与我第一线步兵密切协助〔助字衍〕同，对其渡河部队猛烈射击而歼灭之。

3.对敌施放烟幕时，我第一线守备部队应准夜间射击之要领，预行射击准备，以期射击精确。尤要辨别烟幕与毒气，不可误认烟幕为毒气，自取恐慌。总之，此时官兵须沉着应战，以免为敌所乘。

4.敌如强渡占领据点时，应不惜一切之牺牲，一面用炽盛火力射击其后续部队，一面迅速逆击，收复已失据点，不可使敌稍有立足之余地。如万不得已，亦应利用纵深阵地，坚决抵抗，以待机动部队之逆袭或夹击，切不可擅自撤退。

四、指挥官位置选定之注意。指挥官之位置，应在主要战场方面，确能照顾全般情况，及便于指挥、监督所部之作战与联络容易为主。

五、交通线破坏之注意。阵地附近六十公里内之重要道路，均应彻底破坏，不可只图一巳〔己〕之便利，有所迟误，或破坏不彻底，致为敌用。关于破坏方法，除将沿路桥梁完全予以焚毁或拆除外，对于路基应完全铲除，返路为田为土。在情况急迫，亦应在山腹及弯曲部以及其他重要部分，按百公尺二、三十公尺之比例，将土基铲除，返为田土，以阻敌机械化部队之利用。

六、预备队使用之注意。

1.预备队务须位置主要作战方面，非至敌情十分明了及确属有利时，不可轻易使用，务使用为反击及逆袭为主，切忌逐次加入，填补火线。

2.预备队一经使用，应即按当时情形，设法在不重要方面迅速抽调一部控置之，务使随时均有相当之预备队，以便适应情况变化，机动使用。

七、出击时间、空间计算之注意。对于出击之目标地域，应明切指定，因之须计我第一线部队所能支持敌人之时间及地域，出击部队准备行动及其攻击开始可能之时间，敌人最大限【度】之进展程度等等，一一精密计算之，然后分别下达命令。如时间上已不可能，则对于出击法〔方〕法、目标地域等，须为所〔必〕要之考虑，务使适合状况，方能收到所望之效果。

八、协同之注意。此后各部队彼此应切实协同，务具有同舟共济之精神。如敌攻我一点，其他方面务乘机出击敌之侧背，以策应友军，藉收协同作战之胜果。切实矫正保存实力、只图侥幸等错误。倘坐失协同夹击之良机，终必与友军同归于败。

九、在敌突破我阵地时，掌握联系之注意。

1.第一线部队长如遇我阵地为敌突破时，务力求镇静，一意于任务之达成，抱与阵地共存亡之决心，确实掌握其部队。如无命令，不得擅自撤退。

2、对敌快速部队（办法另案）。

十、步炮兵相互间之责任。

1.步兵对炮兵(含战车、防御炮)应负掩护安全之责，因之关于炮兵之进退，以步兵指挥官之命令为主。

2.炮兵负射击技术上之责任，其不能达到所期望之射击效果时，其责任应由炮兵负之。

十一、奉行命令之注意。作战胜负因素固多，而最大关键乃在命令之能否切实遵行为主，倘奉行命令不彻底，必遭失败，且有干军纪。兹申述如左：

1.命令为统帅意志之表示，故服从命令者，为守军纪；不服从者，为犯军纪。

2.命令必期于贯彻，故诚意达成其任务者，为守军纪；托词敷衍其任务者，为犯军纪。

3.命令既已显明，命令有所未尽，则独断以成其意志者，为守军纪；推诿而拘泥命令者，为犯军纪。

4.典范令之所载，职务之所在，皆命令也。竭诚以尽责者，为守军纪；疏慵以失职者，为犯军纪。

十二、必胜信念之确保。此后无论官兵，均须坚定意志，怀有我无敌必死之决心，抱必胜之信念，更不可有保存实力之卑劣心理。应以自力更生之精神，并以周到之计划与准备，以歼敌致果。务须具有守则必固、攻则必克之精神，争取最后之胜利。

〔国民政府国防部史政局及战史会档案〕

（十）随枣会战

1. 李宗仁关于日军向鄂中鄂北大举集结企图蠢动密电

（1939年4月）

（1）4月25日密电

特急。徐部长：4793密。甲、鄂北方面：一、应山马、养、梗增来敌三、四千，号由安陆增来敌约七、八百。二、安陆养、梗由汉经花园开来敌十三师一部，约二千余，现共有敌约五千，安平路有敌千余。三、我一七三师派兵一部及游击队向平靖关、杨家店、应山一带之敌袭击，我一七四师派兵一部向浙〔淅〕河、马坪、应山地区之敌袭击。乙、鄂中方面：一、敌骑四旅小岛少将梗率官兵一行在朱家场、泗港一带，沿河观测照相，罗汉寺放列重炮四门。二、钟祥敌情无新局。丙、鄂皖方面：一、鄂东麻城、宋埠、新洲、黄安等处之敌，确有一部转移鄂中黄岗、淋山河、花园铺等处，敌亦有少数溯江西上。二、接防鄂东之敌系由武汉或长江下游开来，闻系三二师团，确否待证。丁、巧、皓，九江由南昌退来敌约二万余，被我空军轰炸，死伤甚众，逃散官兵被我游击队及民众捕杀，皓敌亦杀我民众甚惨。除分报外，特闻。襄。李宗仁。参二。有。印。

（2）4月30日密电

特急。重庆徐部长：紫密。甲、鄂北方面：一、艳子，敌一部四、五百余，炮四、五门，向我森林寺阵地开始进犯，被我一七三师击退。二、卅辰，马坪敌野炮数门向独山炮击，我阵地工事大部被毁，同时独山东北发现敌步少数出没。乙、鄂中方面：一、钟祥民众大部被敌驱逐，遗留者复迫居一街，声称日内将有大军到达，并扬言最近进犯襄樊。二、艳，敌分由钟祥、金冈口、罗汉寺企图强渡，均被我击退。并敌机十三架轰炸河西阵地及荆钟路一带村落，我无大损失。丙、皖鄂方面，敌情无新得。除分报外，特闻。襄。李宗仁。参二。卅。印。

〔国民政府国防部史政局及战史会档案〕

2. 汤恩伯报告李宗仁关于汤部作战部署密电

（1939年4月28日）

特急。重庆委员长蒋，稔密。甲、奉司令长官李有戌参一电节开：一、第十三军以一部接一二七师防线，主力集结唐县镇、唐王店、青苔镇、太山庙间地区，准备向高城、天河口市间求敌主力之侧背而攻击之。二、第八五军即向鹿头镇、远家堂、吴山店、马家寨间地区集结，对桐柏方面掩护战区左翼，并与十三军成梯次向敌侧背攻击。三、第十三军与右翼覃军之作战地境为小谢家店、随阳店西北五公里西高庙、万福店北六公里象鼻咀、沈家湾、樊家湾、三清观、万家店、郝家店之线，线上属右。等因。乙、遵饬张、王两军于本俭晚开始移动，张军限艳晨、王军限卅晨到达指定地区集结、准备出击。除接防及到达后情形容后呈报外，谨闻。职汤恩伯叩。俭亥。参一。印。

〔国民政府国防部史政局及战史会档案〕

3. 李宗仁检呈第五战区作战命令密电

（1939年4月30日）

重庆委员长蒋：卅申参一翔电计呈。兹检附四月三十日战区作战命令全文一份，电请睿察。襄。职李宗仁。卅酉。参一翔。附四月卅日战区命令乙份。

极机密

第五战区命令

战区命令（四月卅日于襄阳）

一、不下三师团之敌，将以主力由浙河及其以北地区西向，有力之一部由钟祥附近北向，夹击我在襄河东岸之主力兵团。

襄河沿岸之敌，似仍属以骑兵为基干之部队，沿河防守。

我一、九、三各战区继续攻势顺利进展中，一战区并以孙集团主力在桐柏一带策应本战区之作战。

二、战区决以主力行攻势防御，粉碎敌之企图，长久保持襄河东岸地区，一部渡河攻击，竭力牵制敌之兵力，俾我主力之作战容易。

我廖集团约两师，并指挥沈、黄两部，主力向花园、广水间，一部向信阳西进，策应我主力之作战。

三、江防军除以二六军主力推进沙洋、十里铺、沙市间地区外，其他部署及任务仍旧。

河防部队应各派有力部队渡河攻击，在襄河东岸获得据点后，应竭力扩张战果，向血口、沙港方面侧击。王、金两部应全部渡河，向应城、瓦庙集间攻击，并截断京钟路，以牵制敌主力之攻击。

四、右集团军应竭力增强襄河东岸部队，以纵深配备，阻止敌之北上，掩护我左翼兵团之右翼。

河防部队除竭力防止敌由钟祥附近渡河外，应令其右翼军以有力之部队渡河攻击，向钟祥南方地区侧击，牵制敌之北进。

五、左集团军以一部守备现在之线，竭力阻止敌之西进，主力控置左翼，相机向敌侧背之广水、应山、马坪间攻击，同时其右翼军亦应向平林市、马坪间攻击，与廖集团西进部队呼应夹击之。

不得已时，可引敌深入，于唐县镇、环潭镇东方地区击破敌之主力，以挫折其企图。

与桐柏方面友军，应径取联络，并以一部对该方面自行掩护其侧背。

六、各集团及江防军之作战地境，除左、右两集团之地境，应由研子湾向后延伸，经双河、新集，至李家楼（枣阳、钟祥道上）外，余无变更。

七、二十二集团军为战区第二线兵团，以四十一军在唐白河及襄河西岸坚固工事，扼要防守，并准备策应右集团之作战。

四十五军集结指定地点，暂归李兼总司令品仙之区处，准备对洛阳店、平坝或黄家集、洋梓方面使用。

八、炮兵除已明令配属各军者外，其炮十六团及二十团之各一营，仍由董指挥官统一指挥，直属本部。但在双沟之炮十六团一营，应就近受一二五师长之区处。

九、长官部仍在原地。

司令长官　　李宗仁

副司令长官　李品仙

传达法：印刷，向传令军官分送。

〔国民政府国防部史政局及战史会档案〕

4. 李宗仁汇报第五战区第一线各师及控置部队位置密电

（1939年5月2日）

提前。即到。重庆委员长蒋：东西令一元梧电奉悉。稔密。谨将本战区第一线各师及控置部队位置汇报如次：甲、左集团。（1）三九军之三四师占领云雾尖迄雷家畈之线，五六师占领古城畈、谢家店、贯庄店迄太子山之线。（2）八四军之一八九师占领小朱家湾、大张家湾迄槐树湾之线，一七四师占领槐树湾迄高城之线，一七三师占领万家店东岸两侧地区高地。（3）十三军之李、张二独立旅占领高城迄天河口市之线，主力控置于唐县镇、唐王店、太山庙镇、青苔镇附近地区。（4）八五军全部控置于鹿头镇、远家堂、吴山店、马家集附近地区。乙、右集团。（1）六七军之一六一、一六二两师任姚家集至王家巷集间河防，一部向旧口出击。（2）五五军之二九师任王家巷集至沿山头间河防，七四师集结冷水铺附近，准备接替骑九师沿山头至桐木岭间之河防。（3）一三二师主力在邹家咀、转斗湾间占领阵地，一部推进于丰乐河。（4）三八师主力任李家营、宜城间河防及宜城守备，一团推进于流水沟。（5）三七师占领薛家集、张公庙、火神庙之线。（6）一八〇师占领杨家岗、楼子庙、罗家坡、三里岗之线。（7）骑九师俟五五军接替沿山头、桐木岭间河防后，集结朱家埠、双河口间地区，准备接替一二二师防务。（8）四五军之一二二师占领乌龙山、周家集、板顿坡、笔架山之线，俟骑九师接替防务后，向朱家集、长冈店、茅茨畈附近地区集结，一二七师已由高城、天河口市，向长冈店附近集结中。（9）一七九师【于】南漳附近整训。丙、（1）二六军之四一师任沙洋、张家场、长脑渊间河防，三二师【在】沙市、官当、拾回桥，一部【在】监利，四四师【在】十里铺附近地区，一部【在】傅家场。（2）四四军之一四九、一五〇两师，任东荆河、张家场至新城市间河防。（3）七五军之第六、第十三两师在宜都附近地区，预四师【在】公安。（4）九四军之第五五、第一二一、第一八五各师集结宜昌附近地区。丁、四一军之一二四师集结宜城附近，归张总司令之区处；一二五师仍任唐白河两岸地区之防务。谨复。襄。职李宗仁。冬申。参一翔。印。

〔国民政府国防部史政局及战史会档案〕

5. 李宗仁关于日军分路进犯随枣与我作战经过密电

（1939年4—5月）

（1）4月30日密电

提前。限即到。重庆委员长蒋：稔密。综合战报：(一)三四师之一部感亥占领三阳店，俭辰沿江于、青龙圩，现正与刘家细湾、光武岭、白岩子、许家寨残留之敌激战中。又该师之一部感日占领兰家砦、沙树砦、石牌砦，正围攻平坝。(二)敌机连日狂炸荆钟路沿线及荆门、沈家集、十里铺各地。宥早，又以飞机廿五架及山野重炮十数门，向我中埠头一带河防阵地轰击，同时以步兵三百余实行强渡，已被击退。现仍续行轰炸并炮击中。(三)洋梓之敌俭竟日向我卅七师、一八零师阵地炮击。艳辰，步炮连合之敌向我进犯，刻仍对峙中。谨闻。襄。职李宗仁。卅戌。参一翔。印。

(2)5月1日密电

提前。限即到。重庆委员长蒋：稔密。综合战报：一、淅河、马坪附近之敌炮兵，昨、今两日向我随县正面及独山炮击，又数百名之敌向我森林寺及尖顶庙进犯，激战甚烈。二、钟祥敌之主力已向北移动，直河架桥三道，曾以战车试行通过，我拟派队前往破坏。又敌十六师团长藤江及敌炮四、五十门已到达钟祥。谨闻。襄。职李宗仁。东戌。参一翔。印。

(3)5月2日密电

重庆徐部长：紫密。甲、鄂北方面：一、东，敌分向我一七三、一七四两师前进阵地进犯，我军英勇抗战，毙敌官兵近千，我李团亦牺牲三分之一。今敌攻势已挫，本日自晨至午，仅以火炮向我各阵地轰击。乙、鄂中方面：钟祥敌现赶架北新集机〔桥〕梁，罗汉寺敌运三节舟五十余，并征集民船甚多，艳辰乘船廿余支偷渡，被我击沉七、八支，退回。丙、皖鄂方面：一、我由大别山西进部队四月全日开始总攻，即日克复麻城，并继续追击，东辰攻克中馆驿，并围歼汪家大领之敌。二、我另一部刻对宋埠之敌攻击。特闻。襄。李宗仁。参二。冬。印。

提前。重庆委员长蒋：稔密。综合战报：(一)八四军当面之敌，东日拂晓分数路向该军正面多处猛攻，战况激烈。一七四师前进阵地孙家寨受敌攻击，官兵中毒死亡三十余，刻向猴子洞、宋湾、柏树湾、秦湾炮击中。又一七三师正面森林寺、罗仙山、尖顶庙、双湾、大易家湾之部队以伤亡过重，现移宋家岭一带，与敌激战中。(二)五六师之一部，艳辰截击由雷公店西窜之敌，毙敌三、四十，获马骡十一匹。又该师之一部袭击河水店，刻在沙土岗与敌激战中。(三)俭辰，由直河口渡河之敌二百余，刻在朱宝大桥、火神庙之线与卅七师一部激战中。(四)六七军出击部队艳夜于王家港集渡河，刻向白口、沙港、罗汉寺、裘家集、范家集进击中。谨闻。襄。职李宗仁。冬亥。参一翔。印。

(4)5月3日密电

提前。限即到。重庆委员长蒋：稔密。综合战报：(1)一七三师当面之敌步骑二千余、炮十余门，东辰起向我猛攻，战况惨烈，东未尖顶庙、森林寺阵地我伤亡四、五百名。旋又增到敌步骑千七、八百人，我两神庙被敌突破，为便于尔后之作战，乃移守塔儿湾、李家湾、草庙、雷家湾、阎家湾之线主阵地。冬晨，敌复向我青龙山、塔儿湾、官家寨、九里冈之线阵地猛攻，敌我伤亡各百余，刻仍对峙中。(2)冬日，孙家寨、油山之敌复分向我龙王庙、胡家湾及大小铁山轰击，其进犯之步兵百余，经我击退。(3)四一师出击部队昨夜渡河攻占罗汉寺、多宝湾后，续向杨家泽追击中。又四四军之一部亦攻占泗港市，续向观音湖、新河前进。谨闻。襄。职李宗仁。江亥。参一翔。印。

(5)5月4日密电

提前。即刻到。重庆委员长蒋：物密。综合战报：(一)一七三师连日受敌猛烈压迫，冬日由万福店浣地区撤回原阵地。本日敌机及多数炮兵向塔儿湾猛烈轰击，附近村庄及工事尽毁，该师前进部队刻与敌混战中。(二)为适应状况，江辰推进十三军之八九、一一零两师占领三清观、高城、刘家滩、宫家寨劼〔?〕殷家店之线，独立旅占领朱家店附近，掩护左翼。江日，步骑混合之敌约二千余到达徐家湾、胡家湾、关帝庙及白庙、土门附近之线，与该军先进部队接触。本日，万家店之敌向大河湾、小何家进攻，柏家湾、朱家湾之敌向北进攻，均被击退，我已占领龙泉寺、白庙及三二五一高地，续向三家寨要点猛攻。又独立旅由朱家店向南攻敌侧背，战状甚烈，我伤亡七、八百名，敌伤亡亦重大。本日下午，敌复反攻白庙，我伤亡四百余名，刻仍续战中。（三）四一师及四四军之追击部队取得连络后，本日到达渔新河、观音湖、拖船埠，一部到达永隆河、南河集附近。又岳口、天门、雁门口、永隆河、南河集、白口各地之敌刻占领据点，与我挺进部队抵抗中。谨闻。襄。职李宗仁。支亥。参一翔。印。

特急。重庆委员长蒋：紫密。甲、左翼方面：一、江午，敌二千余由泉口店、吴家店进至白谩市（高城东北）、财神庙附近，另一部七、八百进抵马鞍山、三家岩（高城东北）附近，向徐家湾攻击。二、万家店方面敌（六兵联队）千余向我塔儿湾东端桥龙山、九里岗进犯，正激战中，另有一部四百余向高城前进。三、我派兵一部绕攻万家店，毙敌四十余，仍继续攻击中。乙、右翼方面：今晨五时，敌炮七、八门在狮子口（钟祥南）向我西岸炮击，同时乘民船十余只企图渡河，被我击退。除分报外，谨闻。李宗仁。参二。支。印。

（6）5月5日密电

特急。重庆委员长蒋：紫密。甲、鄂北方面：一、支午，淅河敌四千余北上增援，界河、新店、陈家店附近亦到敌千余。二、塔儿湾敌乘炮火掩护，并使用毒气七次，我守军牺牲殆尽，今辰忍痛放弃，仍在宫家岩混战，并毙敌四百余。三、我指向白庙市出击部队，现在马鞍山、三家岩附近激战中。四、敌似以淅河为轴心，向北延伸，企图包围我随县。乙、鄂中方面：一、宜汉路敌大部北移，旧口、永隆河、杨家洚各处仅有敌数百。二、我军决于今晚派兵一部夜袭，截夺敌入辎重。三、钟祥敌日来纷向北移，我六十七军渡河部正分向南新集、沙港、旧口攻击中。四、敌前向我沙洋阵地发射毒气弹

五、六十枚，着地时黑色，蒸后即变白色，味如①嗅之喷嚏涕泪，带防毒面具或以卤水中擦面，即能防御。丙、皖鄂方面：鄂东我游击队黄瑞华部在汪家畈击落敌轰炸机一架。除分报外，谨闻。襄。李宗仁。参二。微。印。

（7）5月6日密电

提前。即到。重庆委员长蒋：玉密。综合战报：甲、左集团：当面之敌连日猛攻，除战况已由李兼总司令品仙迳报外，续得战报：一、十三军之八九师微日拂晓向殷家店之敌猛烈反攻，本日下午与敌在刘家河以东地区激战，另该军有力一部已向殷家店以东地区进击中。二、八四军正面之敌，今晨由塔儿湾向我一七四师周家湾、竹林湾猛攻，十时敌复增援二千余，激战至晚，周家湾、竹林湾、高庙坡相继失守，刻在高庙坡、中湾间对峙中。又敌千余今晨攻我一九零及二二一高地，敌我伤亡各七百余，至晚敌仍续攻，并由宫家寨增援中。乙、右集团：一、由钟祥北犯之敌，江、支两日向卅七及一八零两师正面猛攻，微申杨家岗、刘子庙被敌突破，续在灵山寺、皮家坡、皮家冲之线激战，微夜移守殷寨、马家岭、洪家大桥之线。本日，敌三千余、炮二十余门、战车十辆猛攻长寿店，并各有一部窜抵丰乐河、丰山咀、贺家集、流水沟各地附近，刻与卅七师一八零师及卅八师、一三二师之河东部队激战中。又敌千余，微进犯客店坡，与一二二师激战中。二、六七军之渡河部队连日攻占南新集、董家集、吴李湾等据点后，微到达旧口附近，刻围攻中。三、金亦吾部冬夜袭占张截港，敌向天门溃退。四、四一师之渡河部队已过南河集，续向永隆河、杨家滓攻击中。谨闻。襄。职李宗仁。鱼亥。参一翔。印。

（8）5月8日密电

提前。即到。重庆委员长蒋：物密。综合战报：甲、左集团之十三军、八五军仍与敌在天河口市、刘家河附近及高城、随县正面

①原文如此，疑有漏脱。

激战中。连日敌伤亡四千余人，我伤亡亦重。乙、右集团之卅三集团，刻已到达田家集、方家集，一部已肃清清水河之敌东进中。四五军仍在茅茨畈、分水岭阻敌北进。又突破长寿店之敌，先头已达张家集、蔡阳铺附近及枣樊路上。丙、河防：一、五五军渡河之一团向二神庙前进中。二、六七军之一旅正围攻白口，又一营占领滚子口后，刻向路攻前进中。谨闻。襄。职李宗仁。齐亥。参一翔。印。

（9）5月9日密电

重庆徐部长、刘总司令、程主任并转永昶白主任、蒋长官、卫长官、阎长官、顾长官、张代长官、陈长官、薛代长官：紫密。（甲）随县方面情况未据报。（乙）钟祥方面敌自突破马家集、关门山阵地后，一部千余迫进襄阳，其先头部队三、四百已到七房〔方〕岗，另一部七、八百，炮二门续达官同。我已特调一八九师西迎击中。除分报外，特闻。襄。李宗仁。佳。印。

〔国民政府国防部史政局及战史会档案〕

6. 李宗仁蒋介石等以战局不利调整部署密电

（1939年5月）

（1）5月8日李宗仁密电

特急。重庆委员长蒋：紫密。甲、鄂中方面：一、汉宜路【敌】迭遭我包击后，即向京钟路撤退，会合钟祥敌北窜，突破我一八零师马家集、关门山阵地，现一部已窜抵黄龙畴、峪山、张家集、麻阳店一带，有截断襄花路企图。二、因连日敌机轰炸各据点，通信网被摧毁，陈军之一二二【师】及张军之一八零师已失连络。乙、鄂北方面：一、敌以第三及十三师团主力冬辰起向我随县高城之线，并以机炮助攻，敌我牺牲皆甚重。二、为适应敌情，利于尔后作战计，现已令右翼以桐柏山为依托，逐次向北移转，以脱离敌之包围，并设法增加襄河西岸之守备队。除分报外，谨闻。襄。李宗仁。参二。齐。印。

（2）5月10日蒋介石密电稿

限三小时到。襄阳李长官：〇密。(一)张集团攻击钟祥以北之敌，应令刘和鼎军协助之。左集团及汤部转移态势后，可暂在枣阳以北地区牵制襄花路方面之敌，使张集团之作战容易，并相机予该方面敌人以打击。(二)佳午令一元梧电计达。兹为更正并补充三点如下：1、已令孙连仲部即以主力推进至新野、邓县，以一部留南阳，策应五战区之作战，尔后可用于老河口方面，协同汤军掩护汉中。2、汤集团尔后可以南阳为后方，连系孙军掩护西荆公路。3、张自忠部尔后须准备以南漳附近山地为游击根据地，孙震部尔后须用于保康方面山地，担任对襄樊方面之游击。余同前，希即遵照办理并具报为要。川。中〇。蒸酉。令一元梧。印。

（3）5月12日蒋介石密电稿

限三小时到。(联衔)西安程主任，老河口李司令长官，南阳李副长官、孙副长官，唐河汤总司令：4457密。(一)张自忠刻亲在襄河东岸指挥二神庙、丰乐河、陈家集、亭子山、方家集、峪山之线我军，猛力侧击向北突进之敌，叠有斩获，战况顺利。(二)已令郭忏分别派遣有力部队，向汉宜路、京钟路之敌侧击，截断敌后方交通。(三)已令廖磊饬西攻部队向信阳附近铁道沿线攻击，牵制敌人。(四)各该部对于突进至湖阳镇①、新野之敌，应沉着应战，负责予该敌以严重之打击。(五)各该部与李长官通信联络未恢复以前，着暂归程主任直接指挥。川。中〇。震酉。令一元梧。印。

（4）5月13日卫立煌密电

限一小时到。重庆委员长蒋：文午机渝手谕奉悉。列密。一、由小林店西犯之敌约(339)旅团连日与我刘汝明军激战，刻军以一部由祖师庙(桐柏东南)攻西犯敌侧背，主力在桐柏城西北高地亘

①亦作胡阳镇。

吴城集迤南地区侧击敌人中。又敌先头五、六百向桐柏西进犯，经我击退。二、由枣阳西经湖阳镇北犯之敌约一旅团附伪军一部，主力迫近唐河，一部犯平氏，昨今两日与我卅师及地方部队在城郊激战中，唐河城午刻被敌攻陷，我正反攻中。三、已饬孙连仲以刘汝明军力行截击、集击①，以阻敌西犯，主力乘敌后续未到前配合别廷芳部地方团队先将唐河附近之敌迅速解决之，并派地方团队进出新野以南警戒。四、查目前孙、汤两部务须确实协同，庶可挽回战局，否则步骤一乱，恐被敌各个击破。拟恳饬汤集团一部留天河口市、新城方面出击随枣公路西犯之敌，主力北移与刘、孙两部接近，俾利尔后作战。除已饬孙、刘速与汤部连系外，当否乞迅核示遵。卫立煌。元子。智。印。

（5）5月13日程潜密电

重庆委员长蒋：兹致汤恩伯、张荩臣、卫俊如一电，文曰：史密。极机密。（一）唐河迤南之上屯镇、张店镇、郭滩镇、洄河镇、祁仪镇等各地，共有敌步兵约二万余。（二）孙仿鲁部应即由南阳、唐河地区向南攻击，左翼与汤集团军确取联系。（三）汤集团军应与孙仿鲁部确取连络，向西南方向攻击。（四）张荩臣部以主力向枣阳附近地区攻击前进，与汤、孙两部协力夹攻唐河迤南地区之敌，其余即向钟祥附近攻击牵制之。（五）刘汝明部主力拒止由信阳西进之敌，力予截击；其驻西新集附近之部队，应协力汤军向西攻击。（六）九十四军郭忏之一部应速向京钟路前进，策应各该部。（七）电到后应即刻开始攻击。谨闻。职程潜。覃申。行清符。

〔国民政府国防部史政局及战史会档案〕

7. 程潜报告第五战区敌情及各部队位置密电

（1939年5月12日）

重庆委员长蒋、何总长、徐部长：献密。顷由各方所得五战区

① 原文如此。

情况如左：(一)襄河以东至信阳一带敌系第十三、第三师团，沿信枣公路西进之敌似为十六师团部队。(二)东桥(钟祥东)附近敌约三联队，虞分向马家集(长寿店北)我张自忠部阵地进犯，一部齐日攻占兴龙寺(枣阳？)，佳日窜至杨家垱(枣阳北)，敌主力仍在宜城镇东，与我张部激战中。(三)佳未，杨家垱之敌骑四、五百及伪军一部进占新野，同时新野东之胡集镇发现敌情。(四)新野之敌灰日增至千余人。灰日由本行营电令邓、内、镇三县别廷芳所部自卫军三团攻击，于本真下午将新野收复，现在新野东南对战中。事后恳钧座加以奖励。(五)我卅师刻在唐河以南与敌接战，卅一【师】在独树镇(方城东北)，第十七之一团灰在陕县西北[①]，四四旅约于元日、卅一及第十七师约于文日可到南阳。(六)我六八军仍在唐河，桐柏为我李师驻守。(七)我四五军在唐河县东，李副长官品仙刻在南阳南四十里。(八)我汤恩伯部主力约在天河口附近，第四师之一团在桐柏南，已与刘汝明部取得连络。(九)第三十九军现似在应山一带。等语。陕。程潜。文子。行清穆。印。

〔国民政府国防部史政局及战史会档案〕

8．李宗仁关于在桐柏山区激战及我江防河防部队击敌侧后等情的密电

（1939年5月）

（1）5月13日密电

即到。Puo。重庆委员长蒋：玉密。综合战报：一、李兼总司令品仙率指挥所人员佳申与由杨家垱东进之敌在太平镇遭遇，指挥所颇有损失，刻已到达南阳。又八四及四五两军现在唐河以南地区与敌激战中。二、汤集团刻无续报，似已移动。三、由田家集向三八师反攻之敌被我击溃后，真午敌由小板桥增援千余，与我追

① 原文如此。“卅一”、“十七”下似漏一“师”字。

击部队在潘家河以北地区激战甚烈，文晨，北进之敌纷回增援，刻仍在田家集附近继续酣战，敌我伤亡均重。又据报，黄龙挡、方家集之敌似有向南回窜，似有向宜城、埡口进犯企图，已饬严防。四、四一师渡河部队之一团已进抵瓦庙集附近。上各项谨闻。谷。职李宗仁。元戌。参一翔。印。

（2）5月14日密电

限三小时到。重庆委员长蒋：玉密。震令一元梧电奉悉。李、汤各部连络均已恢复，并已令汤部速与敌脱离，向西北转进，与孙连仲集团协同攻击向南阳突进之敌。又，除李副长官已到达南阳外，汤总司令文午已到达唐河东三十公里之简岭店。谨复。谷。职李宗仁。寒午。参一翔。印。

（3）5月15日密电

急。渝徐部长：稔密。情况：甲、右翼方面：一、敌近日在金钢口附近阴河搬运材料甚多，有准备渡河模样。二、我丁师渡河之董团蒸晚已挺进至瓦庙集附近，另一部现与永河之陆家塞之敌激战中。三、应城近新增敌二千余，并运到木板甚多。乙、左翼方面：一、方家集、邑龙挡真日被敌焚毁。二、峪山到敌约五、六百，现正赶筑工事，并设电网。三、唐县镇之敌已向枣阳窜去。四、张家集敌正向四牌堰、石泉寺、郭家庄前进。五、敌约二百余窜至程家河。丙、鄂东方面：一、我彭士元部鱼日突入礼山城，激战数小时，该城经我完全占领。二、禹王城至广各间敌之交通为我彭部切断。特闻。谷。李宗仁。删。参二。印。

（4）5月16日密电

即刻到。重庆委员长蒋：庭密。综合战报：（一）江防军、河防部队出击队追击瓦庙集等处向西溃窜之敌，删日在清水挡焚毁敌汽车数辆，毙敌十余，内有指挥官一员。（二）五五军之出击部队已将洪家大桥附近之敌击溃，已推进至汪家岭、李庙、皮家坡、皮家老庙之线，续向长寿店之敌攻击中。（三）张集团连日攻击，敌我伤亡均重，刻三七师仅余二团余，三八师二团，一一二师不足二团，除担任河防外，仅余二团，刻由张总司令亲率，向田家集、方家集、新街方面奋力攻击中。又该集团之一八〇师前于钟祥以北地区作战及突围三次，伤亡殆尽，余部约一团，绕抵南阳，刻向宜城附近归制中。(四)由枣阳南窜之敌二、三千，其先头已达茅茨畈以北之鸡鸣寺、草蔴一带，与三九军之一团激战中。刻该军正集结部队，拟将该敌击溃后，即向唐县镇、枣阳间之敌攻击。上各项除分电外，谨闻。谷。职李宗仁。铣戌。参一。印。

(5)5月18日密电

特急。重庆委员长蒋：物密。据汤总司令删亥电节称：本集团虞日将刘家河以东地区敌第三师团之十八、三四两联队主力歼灭过半。是晚，复袭江头店，亦毙敌千余。该敌续增步兵七千、炮十余门、坦克车二十七辆，企图向我左翼迂回，均经我击退。佳辰奉令以桐柏山为依托，侧击西进之敌，当即转饬张、王两军，于佳晚转移唐王店、太山庙、刘集河、江头店之线，占领阵地，确保江头店隘口，拒敌北进，并各派一部向南出击，牵制敌之西进。是日，枣阳失陷，敌集全力分向我唐王店、太山庙、刘家河、江头店攻击，均经我张、王两军击退。另枣阳之敌继向北犯，桐柏方面之敌亦节节西进，即决定以王军李师及张军两个独立旅，归张军长指挥，以桐柏山为根据，发动游击，牵制西进之敌，主力于灰晚向唐河转进。真午，张、王两军主力于三和〔合〕店、涨山、新集山、新糜、西新集、平氏附近受敌夹击，经该两军奋勇迎击，迭予重创，毙敌千余，获轻机枪七挺、步枪数十支、乘马廿余匹、防毒面具三百余个。是时，因唐河失陷，即转向泌阳转进，于寒日该两军主力已陆续到达泌阳以北地区，集结收容。总部于铣日移驻舞阳。等情。谨闻。谷。职李宗仁。巧午。参一绵。印。

急。重庆委员长蒋：庭密。情况：一、铣日，王家店、茅茨畈、朱家集、鲍家集一带之敌共约二千余、炮数门，分向我刘和鼎军各部猛攻，激战竟日，我伤亡约二百余，敌倍之。二、均川店、包家爱子敌约千人，铣申窜扰尚家店后，复向墨汁山前进，其企图在阻我北进。三、张家集、唐家营有敌骑四百余，并有刘发贵匪部八百余，刻在该处构筑工事，并架设滚河桥梁。四、七方冈敌骑百余、匪军三、四百，真午渡程家河，有向吕堰镇、新野前进模样。五、佳灰两日，由洋梓、方家集向枣阳前进之敌约四、五千。谨闻。职李宗仁。巧辰。参二鸣。印。

(6)5月20日密电

即到。重庆委员长蒋：玉密。敌情：一、峪山、黄龙垱敌，俟日增至步骑三千余、炮六门，据闻由枣阳开来。二、张家集敌筱晨尽数向东南安陆开去，同日程家河之敌亦向东南窜去，仅鄢埠口有敌百余人。三、枣阳敌于巧晨向南撤退，该城无敌踪，我别庭芳部已抵枣阳西北之西草店、唐家山。四、连日南窜之敌，一部约六百余向黄家集窜去，其大部骑兵二千余、步兵四五千由方家集经新街、田家集向长寿店、洋梓方面活动，另一部约步骑千余窜抵流水沟附近，与我激战中。谨闻。谷。职李宗仁。号未。参二鸣。印。

〔国民政府国防部史政局及战史会档案〕

9. 李宗仁报告随枣战后重新部署情形密电

（1939年5月21日）

限三小时到。渝委员长蒋：嵩密。合酉、箴酉两令一元光电奉悉。谨遵意旨部署如次：1.突入豫南及唐河沿岸之敌，纷向随枣公路及其以南撤退，现围攻我大洪山游击部队中。判断敌已放弃北向南阳之企图，俟大洪山肃清后，或西占襄、樊，或由钟祥及其以南渡过襄河，略我宜、沙。2.战区拟以主力固守唐河及襄河沿岸，补训部队，准备尔后之作战，但豫南部队应随时准备向南侧击。3.江防军除派一部接四四军防线，使取捷径向荆门附近归制外，其江防、河防之任务仍旧，并应控置有力部队于河溶镇、十里铺一带，对【付】突进西岸之敌，准备掩护宜、沙。又，河东据点应常久保持，详侦敌之动向及企图。4.右集团军应以二九集团军（四四军归制）及三三集团军主力扼守襄河西岸，控置有力部队于荆门、快活铺等地，从速整训，以备策应钟祥、臼口及江防军方面作战，仍以小部在河东岸游击。5.二二集团军守备唐河及小河以北之襄河西岸，十一集团军在光、谷一带整训，并增强襄河西岸要点工事，统归李副长官品仙之指挥，为左集团军。对唐河及襄阳附近襄河东岸地区，应派有力部队游击，详侦敌之动向及企图。6.孙、汤、刘各部归孙副长官之指挥，为豫南集团军，除刘部在桐柏附近，向信阳、长台关之敌，张轸部在桐柏以南，向随县、应山之敌游击外，汤部主力在镇平、内乡，从速整训，必要时应推进邓县附近，准备与在唐河、新野一带之孙部协力，向南攻击由枣阳附近西进之敌。7.战区长官部在均县，暂置指挥所于石化街。上各项除分令外，谨电呈察。谷。职李宗仁。马巳。参一翔。印。

〔国民政府国防部史政局及战史会档案〕

10. 李宗仁报告收复随枣密电

（1939年5月21日）

提前。重庆委员长蒋：玉密。据报此次由钟祥北进之敌，日夜无休，疲劳已极，加以我军由各方侧击，死伤枕藉，沿途掷弃军品，减轻担负。又据报告，前数日唐县附近之敌约二千，被别庭芳部伏击，死伤数百，俘获亦多。枣阳之敌于十八日下午放火焚烧南撤，该县王县长开化率自卫队入城。又闻随县附近亦无敌踪，正侦查中。谨闻。职李宗仁。马午。参二。印。

〔国民政府国防部史政局及战史会档案〕

11. 李宗仁关于随枣会战经过概要密电

（1939年5月22日）

限即到。重庆委员长蒋：哿机渝电奉悉。嵩密。谨将此次战斗经过概陈如次：（一）左集团当面之敌，东、冬两日向八四军正面猛攻，并由万家店方面北进，与十三军在高城、刘家河、殷家店以东地区接触。江、支两日，敌大部陆续北进，战况愈烈。同日塔儿湾、官家寨受敌猛攻，先后失守。八四军之两师移守周家湾、竹林湾、高庙坡及其南北高地之线。微、鱼、虞三日，十三军及八五军之一部在段〔殷〕家店、刘家河、天河口，八四军在肖家湾、草庙、紫檀寺、七姑庙附近，歼敌颇累，我亦伤亡甚重。此际右集团方面，受钟祥北进之敌猛烈压迫，长寿店被敌突破。虞、齐两日，敌由张家集、马家集、埡口、流水沟分路窜抵田家集、分水岭、关门山、新街、方家集、黄龙一带地区，并有一部进抵枣樊路上宿营，状况突趋变化。(二)经饬于齐酉变更部署，令张集团竭力牵制敌之北进，左集团以桐柏山为左翼依托，变换向南侧面阵地夹击突进，并拒止北进之敌。虽由张总司令亲督各部，在襄河东岸向敌侧击，然以敌之大部已突入唐河、新野一带，兼以各部颇受损失，卅一集团及八四、四五两军陆续突围，向泌阳、南阳转进，现已到达镇平、内乡及光化、樊城间集结整理中。（三）此次钟祥方面在战前虽曾顾虑敌之突入，计划以四十五军集结茅莽〔茨〕畈附近地区，准备策应孙集团之作战。然以一二七师俟十三军交防后转移较迟，临时以襄阳一二四师向宜城增援，又未得力，而张集团于前次钟祥战后，实力已减，致未能拒止敌之北进深入。惟我部署未周，致敌得逞，除各部奖惩另电呈察外，拟请予职以处分，以资惕勉。谨闻。谷。职李宗仁。养午。参一翔。印。

〔国民政府国防部史政局及战史会档案〕

12．第三十三集团军关于襄河东岸战斗经过的战报

（1939年8月30日）①

右集团军各部队襄河东岸战斗详报

一、作战前敌我形势概要

当面之敌约一师团余，以主力集结于钟祥附近，于四月三十日晚以来，分三路向北移动，有进攻我襄河贺家集、长寿店、丰乐河各要点我主力部队之模样。

军为粉碎敌之企图，长久保持襄河东岸地区，并掩护左集团军右翼之目的，以主力占领河东各要点，行攻势防御；以右翼各河防部队之一部渡河，竭力牵制敌之兵力；将左翼军之重点保持于右翼，攻敌右侧，俾使我主力军作战容易（附敌我态势图一纸〔略〕）。

二、影响于战斗之天候、气象及战斗之状态

连日天气尚属温和，惟长寿店、马家集以北地区，纯系山岳地带，岗岭起伏，林木丛杂，我军运动联络及军需品之输送，均感迟缓，且联络线被敌切断。但敌除以骑兵为基干，沿河掩护搜索外，敌所恃之战车及各种重武器，受地形之限制甚大。

三、敌我之兵力、交战之敌军队号及部队长姓名

（一）敌之兵力队号：

据搜集各方情报及获敌文件中得知，此次北犯之敌，计有十六师团滕江惠全部、十三师团一部、骑兵第二旅团及骑兵第四旅团小岛吉部。各师团内及配属部队，计有步兵第九联队、第十联队、第三十三联队、第三十八联队、第十六联队（加籐源）、炮兵第二十二联队、工兵第十六联队、野战工兵第十二联队、骑兵第二十联队、辎重第十六联队、高射炮第十六联队、卫队、医院、渡河材料纵队、通信队、自动车队、输送队、电信队等。据

①系张自忠呈报之时间。

战后统计，敌之总兵力（刘桂堂匪部五千在内）共约三万五千人，炮四十余门。

（二）我之兵力，作战开始时期为六七军两个团、五五军三个团、三十七师全部、一八〇师（附骑兵一团）全部，并指挥柏启元部一二二师全部。会战激烈时期，增加五五军三个团、三八师两个团、骑兵第九师两个团，总兵力共约三万余人。

四、阵地占领及主要理由，并战斗时所下达之命令

军以确保襄河东岸地区，并掩护左集团右侧安全，使我主力军作战容易之目的，以三十七师主力占领薛家集、张公庙、火神庙之线，相机向钟祥之敌攻击；一部在贺家集、邹家咀维护渡口。一八〇师（附骑兵一团）并指挥柏启元部，接三十七师左翼，占领杨家岗、楼子庙、罗家坡、三里岗之线，相机向洋梓之敌攻击；一部在丰乐河、转斗湾维护渡口；四五军一二二师占领蔡家集北方高地，白林寺、云雾山、笔架山之线，相机向黄家集、东桥之敌攻击；六七军及五五军除以主力固守河防外，各抽派有力部队，分向凹口、钟祥及京钟路一带攻击，破坏其交通，掩护我左集团右侧安全，俾使我主力军作战容易。

理由：

当面之敌，自经我军出击部队先后猛烈将敌击溃后，敌乃陆续增兵，先压迫我河东部队西退后，再行北进，以拊我襄花路左集团之侧背，以遂其攻略襄、樊之企图。军之任务为粉碎敌之企图，长久保持襄河东岸各要点，并掩护左集团右侧安全之目的，使我主力军作战容易。

基于上述决心，遂下达如左之命令，其要旨如下：

军以确保襄河东岸地区，并掩护左集团右翼之目的，本集团各部部署及任务如左：

1.第二十九集团之六十七军，仍负姚家集（含）至王家巷之河防，并应以有力部队渡河，向钟祥之敌侧击，以牵制敌之北进。

2. 第五五军仍任王家巷（含）至陈家台河防，应保持重点于左翼，并派有力部队渡河，向钟祥之敌侧击。

3. 骑兵第九师（欠一团）将河防交代后，集结于朱家埠、双河口间地区，准备接替四五军一二二师防务。

4. 骑兵十三旅以一部担任利河口、桐木岭间各渡口警备，余仍驻胡家集附近，任交通维护。

5. 第一三二师以主力推进于邹家咀、转斗湾，增强工事，以一部推进于丰乐河，构筑桥头堡阵地，掩护浮桥，并为总预备队；炮十六团第五连配属于该师，归王师长长海指挥。

6. 第三八师以一团兵力推进于流水沟附近，为总预备队，其余仍任李家营至宜城河防及宜城守备。

五十九军野炮排配属该师，归黄师长维纲指挥。

7. 第三七师仍固守薛家集、张公庙、火神庙之原阵地。

8. 第一八〇师（附骑兵一团）应固守杨家岗、楼子庙、杨家市之原阵地线。

9. 第四十五军一二二师在骑兵未接防前，仍占领蔡家集、周家集、白林寺、云雾山之原阵地，将主力集结于右翼，相机攻敌右侧。

右集团与江防军作战地境同前。

左、右两集团作战地境，由研子湾向后延伸，经双河、新集至李家楼之线。

战斗指挥所推进于快活铺附近。

总司令张自忠

五、各时期之战斗经过及邻接部队动作（附图〔略〕）

五月一日　晴

1. 据六十七军、五五军先后报称：敌大部兵力向北移动，敌师团长藤江刻进驻钟祥指挥一切。

2. 敌以步骑千余、炮六门昨（三十日）日向我吉师攻击竟日，我守兵沉着应战，敌未得逞。今晨，敌大部增加新集、洋梓以北，共增炮二十余门、坦克车十余辆，二神庙、龚家集一带亦麕集甚众，拂晓起即向我猛烈攻击，刻仍与吉师在张公庙附近激战中。

3.洋梓、西虎山、红石坡一带之敌连日增加，东辰以步、炮联合向我陈家坡、三里岗猛攻，我奋勇迎击，毙敌甚众，刻正与敌血战中。又敌一部三百余附机枪七、八挺，向我楼子庙阵地进犯，曾受重创，敌现在西虎山、高坡、吴湾之线，赶筑工事。

4.敌一部本日在蔡家集与骑兵第一团接触，四五军当派队策应，并在曾家庙与敌遭遇，毙敌四、五十名，获敌军马三匹。

本日情况及军之处置：

据报我吉、刘两师当面之敌已增至步兵五千余人，炮二十余门，唐克车十余辆，自昨（三十日）日起，即对我实行真面目攻击，当命六七军、五五军以主力严守河防，并迅派奋勇队向河东侧击，以牵制敌之北进。五九及七七两军主力悉数增加河东，以迎击北犯之敌。同时并命一二二师速将主力集结右翼，相机攻敌右侧。

五月二日　晴

1.据报钟祥及其附近之敌已增至四千余、炮二十余门，杨家浲、沙港及白口之敌近两日来大部开赴钟祥。

2.敌三、四百今午由中埠头、狮子口间向我曹军一六九团猛攻，同时并以小部乘船强渡，均经我击退。该军二十九师今日接替王家巷至陈家台河防，该军七十四师集结于冷水铺以西地区。

3.我吉、刘两师当面之敌昨向我续攻终日，经我沉着应战，敌未得逞。至夜，吉师派队向敌后方袭击，当将朱宝大桥破坏，冬辰敌一部向左移，现仍在陶家庙、陈家坡一带对战中。

4.进犯陈家坡、三里岗之敌，仍与我刘师张团对峙中。敌一部二百余，今晚向杨家岗窜据，当被邢团击退。

五月三日　晴

1.六十七军周营、张营先后占领南新集、三公段、上罗汉寺，董家集等处，刻分向白口、沙港前进中。又该军官、余两师各派兵一团并指挥河东部队，本日猛攻白口，现进出于白石桥、郑家桥一带，切断汉宜支路，威胁敌之侧背。同时，九六七团一部正向大王庙强渡，以期夹攻白口。

2. 西犯之敌增援后，即与吉师在二神庙、张家湖、陶家庙、良普庙之线对战中。

3. 敌步骑五百余未时向杨家岗、楼子庙阵地窜扰，当与一〇七〇团接触，刻仍在激战中。石灵寺有敌二百余，孙家店有敌三百余，长堰冲有敌五百余，在该地赶筑工事，刻与一〇七二团对战中。

4. 四十五军一二二师以三六六旅附保十团黄营，扼守太平寨、白林寺、大偃沟、云雾寨、图布岭之线，于乌龟山、客店坡、板凳岭各留一连扼守，七二七团移沙河店附近，以一部推进于马山坡，以侧击企图进犯长寿店之敌。

五月四日　晴

1. 六十七军一六一师一部本日开始向张家集、肖家店之敌猛攻，以切断京钟路敌之连络。该师朱团正向南新集进展中，九六七团一部本日占领胡李湾，九六八团占领二公段，午后已将白口包围。该军一部已进至该镇街口，刻正猛烈进展中。

2. 五五军二十九师李营进攻肖家店，在新集与三、四百名之敌发生遭遇。

3. 本日子时，敌四、五百向翁湾、胡子山之线攻击，激战甚烈，至巳时仍与我吉师二一七团血战中。本日辰时，敌百余向我吉师二一七团三营陶家庙附近我前进阵地攻击，当被我勇猛击退。

4. 敌约二、三百名本日未时在卫家湾附近，【与】我刘师一〇七〇团之一部对战中。

5. 一二二师七二七团之一营本日午前在狮子尾、半边街与敌遭遇，午后敌由杨家庙增援四、五百名，附炮二门，我即调七二七团二、三营至贾家集附近，适时攻扰。

五月五日　晴

1.六七军一六一师出击部队已占领南新集，正向京钟路攻击前进中。一六二师已占领何家集，正向臼口攻击前进中。

2.钟祥附近共有敌三千余，野山炮二十余门。连日敌之伤兵由钟祥以北运向城内鸡鸦场。

3.吉、刘两师当面之敌，连日以步炮连合向我攻击，故〔敌〕未得逞。支日，复以大部猛攻我楼子庙刘师阵地，并以一部约步兵千余，炮七、八门，向胡子山、郭家砦猛攻，昨与吉、刘两师激战终日。今辰，敌复由东乔、洋梓陆续增加，刻仍在激战中。据报我吉师当面之敌，继续增加至步兵两千余，炮十余门，并以飞机更番轰炸，血战甚烈。我刘师当面之敌亦增至步兵千余人、附坦克车十余辆，自江辰迄今未停。该两部官兵连日与敌往复争夺，牺牲颇重。刻刘师仍在洪家大桥以南至灵山寺一带，吉师在杨家山、马家岭一带，均与敌激烈对战中。又本日午后二时，新店铺、胡子山、郭家砦当面之敌，已三千余、炮十余门，与我吉师血战竟日，午后四时敌将杨家岗阵地突破后，转向西进，我守兵与敌白刃冲锋，毙敌百余，五时敌一部窜至灵山寺附近，刻与我一八〇师一部激战中。西虎川，杨家集敌之步兵五百余、炮四门，午后二时向火神庙阵地炮击，五时将楼子庙占领，我守兵伤亡大半，敌复〔以〕炮兵推进至楼子庙向洪家大桥射击。刘师刻在灵山寺、皮家坡、皮家冲之线与敌对战中。

4.客家坡、半边街有敌步骑连同伪军共两千余，炮六门，刻向一二二师进攻。敌由黄家集向我温祖庙攻击，我军因伤亡过半，致为敌突破。同时，敌一部攻我纱帽山、太平砦主阵地，刻正阻敌于莲花山之线。

处置电令要旨：

令吉、刘两师尽力拒止当面之敌，令一三二师张文友团由丰河侧击普门冲之敌，命六十七军迅向京钟公路进袭，以牵制敌之北进，并断敌之后方交通，并令五五军迅派有力部队向京钟路攻击，占领李家集至肖家店，破坏其交通通信，截断敌之连络补给，以牵制敌之北进。

五月六日　晴

1.六十七军九六五团周营昨（五日）日午前在北罗汉寺与敌激战，当将敌击退而占领之。又一六一师一部刻已占领杨家埂、李家集、郑家集一带。

2.敌连日以重兵北犯，战况异常激烈，我吉师损失颇重，刻仍在丰乐河、丰山嘴一带与敌对战。我一三二师之一团，微夜向普门冲方面侧击，敌重创甚重。今辰敌增至千余名，刻在贺家集东南地区展开血战。

3.敌以步兵三千余人，炮二十余、坦克车十余辆，并以飞机往返狂炸，连日向我长寿店猛攻，我官兵前仆后继，敌未得逞。现竭力向刘师两翼迂回，并分路窜扰。刘师已与敌血战数昼夜，伤亡惨重，但官兵仍喋血裹创，誓死抵抗，在长寿店附近血战。

4.敌一部步骑约五、六百人，鱼午窜抵流水沟附近，与黄师杨团激战。另敌骑二百余窜抵哑口以东之白路坎、石庙一带，刻仍有继续北窜之势，我黄师已派队截击。

据黄师长报称：窜至流水沟附近之敌，经我杨团迎击，已向东窜溃，弃尸体甚多，刻正派队追击中。

敌此次倾力北犯，人数众多，连日东桥、黄家集各地续有增加。敌除以主力由长寿店东西两方北进外，并以小部由三里岗、东山僻小路分头窜扰。

处置要旨：

令刘师向右延伸，务与流水沟、丰乐河部队衔接，以防敌之北窜。令六七军迅以主力集结于吕林庙、周家集一带，防敌由钟祥渡河。令五五军迅以强大部队由沿山头西侧地区渡河，向敌侧背袭击，阻敌北进。并令刘师与吉、王两师协力夹击由丰乐河、贺家集以东地区向北窜扰之敌。

五月七日　晴

1.臼口之敌连日被六七军猛攻后，甚为恐慌，并将居民完全驱逐。刻有步骑五、六百，炮四门，仍在上大王庙、二公段附近与我何旅对峙。

2.五五军已遵令派兵一团由沿山头附近渡河，向二神庙侧击敌人，并饬沈团努力向京钟路以北地区活动，阻敌北进。

3.北窜之敌一部在流水沟与黄师激战，其大部由该地东侧山地向北窜扰。

4.据报敌约三千余昨晚在两乳山宿营，今晚确抵黄龙垱附近。敌以步骑两千余，炮十余门，自鱼辰起与我吉师在丰乐河及蔡家坡、陈家坡一带，彻夜激战，我官兵往复冲杀，双方伤亡奇重，迄本日午仍在血战中。刘师仍在长寿店以北地区与联合之敌两千余作殊死战。鱼虞两日，敌机更番轰炸十余次，阵地完全毁平，官兵伤亡极众。流水沟附近之敌现已向东北窜去。另敌骑一部刻窜至张家集、侯家坡一带。敌两千余连日向我四五军一二二师猛攻，我方伤亡甚众，刻转移三里岗亘黄家祠之线，拒敌北进，并留置一部于云雾砦、板凳岭一带，掩护左集团右侧。

5.四十五军一二二师已占领马头砦、青山头、三里岗、黄家祠、九华寨、大景山垭之线，阻止敌人北进，并以主力集结于板凳岗附近，向北进之敌侧击。又据陈军长电称：一二七师已集结于关门山附近。

6.骑九师因四五军方面情况变化，故未接防。

军以堵击北窜敌人之目的，特变更三十三集团军各部部署及任务如左：

（甲）河东部队（由总司令亲自指挥）

1.吉师务于八日拂晓集结于观山、傅家巷湾一带，占领寨庙、肖家冲高地，防敌北窜。

2.黄师以一部集结于清水桥、刘家台一带，扼守通新集道路，并占领李家湾、火焰坡及火〔焰坡〕以东高地，阻敌北窜，以主力集结于华家岗、耗子岗、华灵寺。

3.刘师附骑兵一团占领曹家庙、钱家湾、金龙山、曾家湾之线，阻敌北窜，与四五军一二二师切取连络。

各部作战地境如左：

第三十三集团军＼梨子园、姚家老湾、上方家老湾、牌坊河、
第四十五军　　／林家庙相连之线，线上属右。

三十三集团军各部作战地境：

第一八〇师
　　　　＼华灵寺、曹家庙、王家河、邓家河相连之线，线上
第三八师　／属右。
　　　　＼谭家河、陈家湾、肖家冲、赵家庙相连之线，线上
第三七师　／属右。

4.骑九师第三团集结垭口东北唐家湾，分向张家湾、板桥店搜索警戒。

5.游击队戴焕章部归黄师指挥，集结于田家集，对新及、李家楼方面警戒①。

（乙）河防部队（归冯副总司令指挥）

1.骑十三旅一部、一三二师、骑九师（欠两团）及在倒口附近之野炮排，为河防部队，归冯副总司令指挥，担任右自陈家台左至郭海营一带之河防。

2.第一三二师务以一团兵力占领丰乐河据点，掩护军之右翼。

3.予现在赤土坡，明（八日）日渡河至垭口附近战斗指挥所。

总司令　张自忠

---

①原文如此，疑有误脱。

五月八日　晴

1. 一六一师何旅全部正围攻白口之敌。派[1]师周营与敌在屯家冲接触，激战至晚，将滚子口高地占领，刻向京钟路攻击前进中。

2. 总司令率高级幕僚及各处机要职员，今午由垭口渡河，至垭口附近唐家湾指挥。

3. 据报吉师昨将杨家湾、胡家湾之敌驱逐后，遂占领田家湾、老湾之线。刘师仍在马家集以南地区与敌激战，今辰与观山之敌七、八百名发生激战。当令吉师务即奋力击破当面之敌，并派以一部推至丰乐河、清水桥之线，以阻敌后续部队之北窜。

4. 奉长官部电，一二四师归张总司令指挥，已饬该师接黄师宜城南北河防及守备。一二四师当以步兵两团于本日拂晓将宜城守备及郭海营（含）之河防接替完毕。

5. 由张家集北上之敌昨晚已抵双河镇附近，与一二二师发生激战；由马家集北进之敌今午逼近新集、宋家集之线。

总司令于午后九时到垭口北唐家湾，综合本日情况，于十时下达攻击命令，其要旨如左：

（一）连日敌由流水沟东侧山地北窜约数千人，以一部在流水沟以东与黄师杨团接触，以掩护其部队及辎重北进。

（二）军以攻击阻止北进之敌，并截断其连络之目的，各部之部署及任务如左。

（三）三七师就近归冯副总司令治安指挥，及一二二师河东部队坚固占领丰乐河、清水桥，确实阻敌北窜，掩护军之侧背，并以一部接替流水沟防务。

（四）三十八师由垭口、流水沟分头向田家集之敌侧击（杨团流水沟防务交七七军，未接替前，留一部监视当面之敌）。

（五）骑兵第三团以张家湾为据点，以主力向新集、张堤堰，以

[1] 原文如此，“派”字疑误。

一部沿襄河经官庄，鼋潭寺、南瓜店向方家集搜索警戒，并掩护黄师左翼。

（六）刘师长应率戴焕章部经高路集、杨家棚向宋集方向搜索警戒，并掩护黄师右侧，与一八〇师取得连络后，该师即集结于高路岗、耗子岗一带地区。各部限明（九日）日八时以前开始行动。

（七）予在唐家湾战斗指挥所。

总司令　张自忠

五月九日　晴

1.敌齐未由杨家泽向臼口增援五、六百名，向我董家集、沙港、上大王庙等处猛攻，往复争夺数次，七时许各要点均陷敌手，下午九时我增援反攻，血战通宵，卒将增援之敌击溃，并将各要点克复，敌向臼口及沙港东北地区溃退。

2.五五军派兵两团齐晚由沿山头西侧渡河，向洋梓推进。四四三团到达高家集后，通过南新集在蒋家店东北地区活动。

3.本日午，吉师已占领丰乐河至清水桥之线，敌后续部队已完全为我阻止，其一部约千余仍与我吉师在姚家河以东地区对战中。

4.我王师之张团现已将洋梓、长寿间道路切实破坏，敌后方交通完全断绝。张团在普门冲、杨家岗附近遇敌数百名，经我猛烈侧击，敌已溃乱东退。此役破坏敌装甲汽车两辆，获军马二匹及文件等。

5.黄师本日寅时由埡口出发，向田家集前进，八时，二二三团抵石庙附近，即与四、五百名之敌发生激战，二二四团由流水沟行抵耗子岗南端高地，即与数百名之敌冲突。耗子岗附近之敌约千名，经我黄师杨、张两团奋勇夹击，激战六小时，敌不支分向东南溃退。此役毙敌甚众，并毙敌指挥官一员。敌退至赵家岗、耿家岗高地后，仍作困兽之斗，后经我包围攻击，敌不支，佳申向东南溃窜。此役敌伤亡二百余，军马二十余匹，并击毙矢野静一中队长一员，获敌骑枪、洋马、钢盔、大衣、皮靴、裹腿、刺刀、背包、饭盒大小二百件（详卤获表）。

6.奉长官部电令，一二四师向宜城(含)以北延伸，巩固河防；由五五军抽调一团兵力，由黄旅长率领，于午后四时至宜城南茅草洲附近。当令该旅以一营接替一二四师所任宜城(不含)至茅草洲间河防，其主力即渡河集结于孔家畈、曹家湾一带，对东北方面警戒，右与黄师、北与张家湾附近之骑兵团切取连络。旋奉长官部电令，一二四师归制，故将该团接宜城北小河至茅草洲河防及宜城守备，故未渡河。奉长官部电令略开：右集团军河东部队仍极力夹击向枣阳方面前进之敌；江防军河东部队应仍保有利态势，向东北挺进；三九军预定留大洪山担任搜索游击；八四军向唐白河西岸转移；八五军、十三军以桐柏山为依托，逐次向新野转移；四十五军归还建制，担任襄阳、欧家庙间河防。等因。

五月十日　晴

1.六七军河东部队任团已进抵长滩埠、游家集，向东北方面活动，朱团主力集结魏家岭附近。

2.黄师张团高营今拂晓抵田家集南、亭子山北，预行埋伏，八时，适敌步骑千人自马家集经田家集北进，待敌通过田家集南端时，我全线向该敌猛烈袭击，敌猝不及备，狼狈星散，已溃不成军。此役毙敌三、四百名，我伤亡二、三百名，获敌步马枪、骡马、文件等甚夥。在亭子山附近被我击溃之敌，本午由田家集增援约七、八百名，向我反攻，刻与黄师张团激战中。黄师在田家集附近俘敌兵松井一名，本日解送到部。又该师在亭子山战役毙敌高级职员一员，获得敌人作战计划地图一份，记载此次作战部队计有十六师团、十三师团、骑兵第二旅团及第三师团。各师团进攻路线如下：

(1)十六师团经长寿店、陈家集、板桥店、黄龙垱进攻襄樊。

(2)十三师团经贾家集、张家集、马家集、宋家集分路进犯枣阳侧北①。

（3）骑兵第二旅团经丰乐河、流水沟、南瓜店、杨家脑到吕堰镇。

（4）第三师团由应山经高城、唐县镇到枣阳。

3．长寿店之役，我刘师因受敌猛烈压迫，并由吉、刘两部中间接合部突进，正面受敌强烈压迫，致一八〇师部队与刘师长失却连系，遂由李副师长率领，复因情况不明，故逐次转移，由马家集经板橙岗、双河、新集、耿家集、琚家湾、七房岗、杨家垱渡唐河西进，途中与敌接触六次，突围三次，迫不得已绕经南阳抵镇平。奉长官手令集结整顿后，即开襄南归制，已饬安旅长克敏刻留南阳办理收容，李副师长已将现有部队遵令开武安堰一带整训。

4．总司令渡河后，指挥吉、黄两师猛攻北窜之敌，连日激战，结果已将马家集、田家集附近之敌完全肃清，并将敌后续部队完全阻绝。敌之连络线被我切断后，大部退守据点，刻仍令吉师积极向敌进攻中。

5．佳夜十时，有敌约二、三百由北南窜，行至车路岗附近，经我刘师长所率游击队截击，毙敌甚众，敌即向东北溃退。灰辰，敌骑七、八十名窜至黄家冲北端，经我吉师派队包围截击毙敌大半，并获敌马枪、子弹、炸弹、钢盔、日旗、皮鞋、日记、重要文件二十余件。

五月十一日　晴

1．今午，五五军马旅将朱宝桥及道路彻底破坏后，主力已向长寿店挺进。二十九师肖家店之一团，破坏京钟路桥梁三座，并将公路破坏多处，除留少数部队在肖家店警戒外，余向洋梓方面活动。

2．由田家集向我反攻之敌与我激战至夜，经我奋勇冲杀，敌不支，除以一部退回田家集固守外，一部分向东北逃窜，黄师当派队跟踪追迹〔击〕，刻已进至潘家河、杨家湾附近，对踞守田家集

① 原文如此。

之敌，正设法歼灭中。本日午时，敌由小板桥方面向南增援步兵千余，炮四门，与我张团在潘家河西北地区遭遇，当即展开血战。黄师在田家集附近将敌击溃时，获橡皮舟十五支，因搬运困难，本午派邓参谋前往监视焚烧。

3．骑兵第三团向北挺进至新街南上麻王旗，遇敌二百余，经我猛烈袭击，敌猝不备，被我击毙十余名，狼狈北窜，刻正向新街挺进中。

五月十二日　晴

1．常李庙、良普庙、张家湖一带之敌，真夜经我五五军马旅数度猛攻，今拂晓将常李庙一带之敌完全击溃，并将各该地占领，残敌向洪家大桥退去。我四四三团二营向朱宝大桥推进，三营在普门冲以东地区前进。

2．向我黄师反攻之敌，昨竟日血战，今辰复由耿家集增援步骑五、六百名，均在田家集附近与黄师激战中。敌自佳午与我黄师激战以来，经我派队迂回绕袭，势渐不支，文辰以北窜之敌纷四增援，以致敌势复猖，酣战益烈，双方伤亡均重。

五月十三日　晴

1．五五军马旅昨留一营监视朱宝大桥之敌，其余向长寿店方面攻击前进，刻已到达楼子庙附近，沿途颇有斩获。长寿店、洋梓附近之敌被我五五军马旅及吉、王两师所派之部队攻击，敌甚为恐慌，自晨至晚炮声不息。又一六九团今辰在肖家店附近与步五、六百、炮二门之敌发生激战。

2．江防军方面之四一师董团，已占领瓦庙集、雁门口、台李庙等处，敌大部向东溃退，汉宜公路已被我江防军切断。

3．黄师当面之敌已增至步兵二千余，炮六门，连日彻夜激战，肉搏多次，毙敌数百名，我杨、张两团亦伤亡颇重，刻仍与敌血战。

4．杨家棚有敌三百余，经我吉师派队猛攻，敌顽抗数小时，旋即向桥橙岗方面溃去，现我正向该地攻击前进中。

5.本日午时，敌一部约步骑七、八百、炮二门，向长岗寺、张家竹园一带攻击，当与王师七八七团发生激战，至戌时仍在激战中。

6.奉长官李元未电略开：该师连日牵制北上之敌，任务已达，应即停止进攻，回保河西防务。左集团军各部仍未脱险，四十五军军长虽已到某地，而所部仍无消息，覃军仅零星部队到邓县、南阳，汤军尚未取得连络。等因。遵饬予各部命令，其要旨如左：

一、军以主力巩固襄河西岸防务，相机策应左集团军作战之目的，河东部除留一部续行阻止敌之北进任务外，余即开始西渡。

二、第三八师以一部与敌保持接触，主力即向垭口附近地区集结完毕后，即由垭口西渡。骑兵第三团以一部撤至孔家畈附近，对东北方向警戒，即开流水沟西渡。其留孔家畈之一部，待三八师部队到达垭口附近时，亦开向流水沟移动该处渡河。

三、第三七师以一团留置于清水桥附近，与垭口黄师之一部及右翼王师协同担任河东警戒，并相机袭击敌之北上部队，主力西渡后，集结于璞河垴、姜家坡一带地区。

五月十四日　晴

各部奉命回守河防后，对河防重新部置如左：

1.五五军黄旅长所率之一团，即令归还建制。

2.第三七师任李家营（不含）至宝潼河（含）之河防，主力位置于故襄城附近。现在河东部队应向马家集、田家集及其东北地区积极活动，随时截断敌之交通连络。

3.第三八师任宝潼河（不含）至小河之河防，主力位置于朱家咀，以一团兵力由李旅长指挥，向新街、方家集及其东北地区活动。

作战地境：

右集团军与二十二集团军作战地境为宜城、襄阳县境。

第三七师
第三八师 〉欧家冲—宝澄河—板桥店—刘家园相连之线，线上属右。

4．骑兵第九师（欠一团）集结于武安堰北方杨家集、九仙观一带，对襄樊方面警戒。在流水沟骑兵第五团之两连即归还建制，所有流水沟防务由一三二师派队接替。

5．其余各部仍续行原任务。

6．各部统限十五日辰开始行动。

五月十五日　晴

1．吉师留二一七团于清水桥、雷神观一带马家集、杨家棚东北地区活动，黄师河东部队仍与田家集附近之敌对峙，并饬相机向方家集、新集一带之敌攻击，一三二师刻在丰乐河东长岗市与敌激战。

2．总司令为兼顾河防起见，于本日午时移驻茅草洲附近指挥所。第三十三集团军所任河防重新部署后，为策重左翼起见，并令各部构筑预备阵地，其概要如左：

一、第三八师在朱家咀附近控置部队，应构筑石老寺、子云寺、朱家咀、赵家岗之线预备阵地。

二、骑兵第九师应在王家新集、1622高地、丁家集、金牛山之线构筑阵地。

三、第一八〇师应构筑武安堰东侧由一碗水经汪家咀、赵家营、肖家营、涌台寺、五里岗、陈家庙之线及武安堰西清凉河西侧高地，由灵泉寺经王家河至赵家洲之线，构筑阵地，左与一七九师衔接。

四、第一七九师应构筑武安堰西清凉河西侧高地，右与一八〇师衔接，由老官咀经方家湾、乐家畈、茅草堰、鸡龙山之线阵地。

五、各部工作及警戒线区分如左：

第三八师
骑兵九师 〉九里岗、余家营、汤家湾、张家洲相连之线，线上属右。

第一八〇师
第一七九师 〉百火梯、骑龙集、马家冲、向家集、吴家大沟相连之线，线上属右。

六、各部到达位置后，即行开始工作，并将构筑情形、阵地位置及编成绘图具报。

总司令　　张自忠

五月十六日　晴

1．五五军一六九团本日丑时将马家集以西桥梁破坏后，即在公路两侧埋伏，适敌汽车七十余辆，步兵三、四百经过，我伏军即向敌猛烈攻击，并以手榴弹投掷，敌向东北高地退去，我将其辎重尽行焚烧，毙敌约四、五十名，获敌机枪一挺，步枪二支。马旅本日已将长寿店至钟祥电话线及公路破坏六、七处，并在长寿店西南地区与敌发生激战，郑团及沈团今拂晓分别进攻洪家大桥及长寿店。

2．臼口有敌五、六百名，炮十余门，该地附近设有铁丝网三层，似有固守之势。六七军已将连络线破坏，并命九六八团向陆家寨、下洋港攻击，以断敌之后援。

3．据黄师长报称，我攻击部队删午在大转湾附近遇敌步兵二百余，经我张团猛烈攻击，激战至申，敌不支向新街窜去。敌大部在方家集，现仍向南瓜店窜扰，有进袭宜城之势。张团刻在李家湾附近，准备向新街、方家集之敌攻击。

4．我吉师之一部刻在杨家棚东北活动。我一三二师当面之敌，现由长寿店方面略有增加，删午以后，向我黄山寺反攻甚烈，刻仍在激战中。

五月十七日　晴

1．新街有敌千五、六百，炮六门，对黄师李旅已形成包围形势。敌一部二、三百名，已到新街西南，向石坡、张家湾附近①。李旅以一部在罐子口对方家集警戒，其余占领小洪山、上玉皇阁、赵家岗之线。

2．长岗寺之敌筱辰增加四、五百，炮三门，筱午进占丛仙观、黄山寺、李家大湾一带，我王师张团正与该敌激战，并派队破坏其后方交通，敌极感恐慌。奉委座川霰酉令一元电开：张自忠部主力及丁治磐部主力应速撤至襄河右岸，各留一部在襄河东岸搜索敌情，担任游击，并将部署情形具报。等因。当即电饬所属遵照矣。

五月十八日　晴

1．五五军一六九团昨夜将肖家店以东公路破坏十余段，电话三四里。长寿店、洪家大桥之敌上午十时向我马旅反攻未逞，仍在汪家岗、皮家坡、葛家岭附近对峙中。

2．敌骑兵千余、步兵两千余，今辰由方家集经新街向南活动。黄龙垱敌亦增加，现约有步骑千五、六百名。两乳山附近发现敌骑数百名，其企图尚未判明。

3．陈家集敌骑约三、四百巧午向上王家集进犯，方家集之敌约四百名同时亦向罐子口扰窜，新街之敌在里一冲附近，我二二三团刘营已与敌接触。两乳山之敌亦向西节节进犯，渐向我李旅取大包围形势。

4．总司令率总部各级职员今午由廖花园返赤土坡。

五月十九日　阴雨

1．据各方报称，连日北窜之敌大部向南回窜，其一部骑兵六百余向黄家集方面窜去，又一部骑兵两千余、步兵四、五千由方家集经新街、田家集向长店、洋梓方面活动，其一部约步骑千余窜抵流水沟及垭口附近，与我吉、王两师部队正激战中。敌后续部队颇多，当令各部严防，并设法截击。

2．吉师二一七团今晨在耗子岗、火石冲、石庙一带与由石板

---

① 原文如此，当有脱字。

桥、新街窜来步骑联合之敌三千余发生激战，午后三时，敌不支向南溃退。此役毙敌四、五百名，我伤亡官名百余员名。

敌步骑连合约五、六百名，向我流水沟进犯，当与王师之一部在财神庙、老染坊一带发生激战。自辰至午，敌续增二、三百名，分路向我围攻，我伤亡官兵百三十余员名。未时，流水沟一度为敌侵入，旋经我围攻，卒将敌击退。

由新街、板桥店窜来步骑两千余、炮六门，其先头部队骑兵三百余抵耗子岗附近，与我二一七团一部激战两小时。其步兵约八百名向我耗子岗、石庙、火石冲阵地猛攻，十一时，敌骑七、八百沿耗子岗向我右侧迂回，另一部由邱家店向我左侧压迫，形成三面包围。我沉着冲杀，几次突围，卒因伤亡过重，午后二时该团遂向垭口转移。是役毙敌六百余，我伤亡官兵约二百余员名。

五月二十日　晴

1．长寿店、普门冲现增加敌约二千余，今晨向五五军马旅进犯，当在向家庙、冯家坡附近发生激战，毙敌二百余，我郑团第三营伤亡亦众。

2．进犯石庙、向石坡、丁家湾之敌经我吉、王两部派队痛击，该敌遂向南窜去。

五月二十一日　晴

1．我吉、王、黄师各派兵一部分向马家集、板凳岗、长寿店、新街一带游击，黄师李旅已奉命移向河西，河东仅留一营兵力搜索警戒。

2．右集团军全般之部署如左：

本部主力移于襄河西岸后，河东仅由三八、一三二、三七各师各留一部担任搜索游击，各部部署：

（一）六七军担任姚家集（含）至王家巷集（不含）之河防。

（二）五五军担任王家巷集至陈家台（含）之河防。

（三）骑十三旅一部担任利河口、桐木岭间渡口警戒。

(四)七七军任邹家咀(含)至宝潼河(含)之河防，三八师担任宝潼至小河(含)之河防。

六、战斗成绩

本战役与敌激战二十余日，各部战绩如左：

(一)据搜集各方情报及据各部报告，敌伤亡约四千余人。

(二)各部卤获战利品，计军马七十四匹，大衣百余件，皮靴、刺刀、钢盔、步手枪等共二、三百件(另有附表)。

(三)伤亡，三八师伤亡官兵二〇二员名，生死不明二四名；

一八〇师伤亡官兵一，八六三员名，生死不明二，一八九名；

骑九师伤亡官兵八八员名，生死不明一六八名；

三七师伤亡官兵五七四员名，生死不明二八〇名；

一三二师伤亡官兵二一六员名，生死不明二七名；

四五军伤亡官兵一，〇二四员名；

六七军伤亡官兵三〇四员名；

五五军伤亡官兵一四三员名，生死不明一四名。

七、战斗后敌我之行动(附图〔略〕)

军以牵制及消耗敌人兵力之任务已达，遂先后遵奉委座及长官部电令停止进攻，回保河西防务。我黄、吉、王三师除各派兵一部，分向马家集、板桥店、长寿店、新街一带游击外，并以主力扼守襄河西岸河防。

据各方报告，突入豫南及唐河沿岸之敌，分向襄花公路及其以南地区回窜，刻正围攻并肃清我襄河东岸游击部队。惟敌自经我左、右两集团军、江防军及孙副长官连仲部奋勇痛击后，损失奇重，伤亡达万余人，近已无力西犯，刻正整理补充，或俟后续部队到达后，再策动尔后进犯襄、樊、荆、沙之企图，近数日河东尚无大变化。

人员伤亡、械弹损耗、卤获物品各详本报附表〔略〕。

〔国民政府国防部史政局及战史会档案〕

13. 军令部关于第五战区随枣会战经过的总结报告

（1939年 月）

第五战区作战经过概要

自四月三十一〔一字衍〕日至五月十八日

（一）战前敌我概况

长江左岸鄂境之敌为3D、16D、13D及4KB，自夺取京山、钟祥，改取守势。续遭我四月攻势，敌我损失均重。我军尚领有大洪、桐柏两山，系汤集团六师生力军，控置枣阳东南，有威胁汉口之形势。五月上旬，敌补充似已完了，为巩固武汉外围，乃有进犯随、枣，攻我主力之动机。

战前所得之情报及战区之报告概况如左：

1．四月廿三日，汉口筱谍电：由铁道、汽车及徒步开鄂西北之敌，约四万三千余，炮一百六十余门，各种车辆二，七八九辆。

2．李宗仁四月感参二电：敌13D荻州师团长率步骑二千六百余，于四月廿三日到安陆。其应山、浙河之敌，为3D、13D大部二万人，似有企图。

3．李品仙四月径申电：应山、浙河间为敌三师团（欠34R），近由花园、广水方面，增加万余人，为田井、森川两部，其番号续探中。16师团9R在三阳店附近，有大举进犯模样。

4．李宗仁五月参二东电：应山、浙河以北之敌，为3D（欠34R）及15D1/2；浙河、马坪以南之敌，为13师团（欠116R，在三阳店附近）；15D其他半部，控置花园、广水间；16D之30B及20R一部，在钟祥、洋梓附近；其19B主力，在东桥、京山、皂市一带地区；骑四旅团在汉宜路南北地区（如附图一〔略〕）。

综合以上情况，第五战区之判断及处置：

1．李宗仁四月径午电（附原电）以战区会议结果，证实敌之行动，确定作战指导方针及处置呈核。其原电如后：

委员长蒋：敬令一元辰电奉悉。战区各方情报，敌已到达花园、广水、应山、安陆一带者，约一师以上，一部已与马坪、浙河之敌向平坝【进犯】。三阳店及东桥、钟祥各地亦增兵，每地千余人，是敌向本战区正积极行动，已甚显然。昨今会议東结〔结束〕，决以长久保持桐柏、大洪两山地带，以攻为守，予敌以打击为方针。处置如下：（1）十三军向唐县镇、唐王店、青苔镇、太山庙间地区集结，一部在天河口市至高城间任务掩护，对预备向我高城两侧攻击之敌主力，攻击其侧背。（2）五五军在十三军左翼后之鹿头镇、远家堂、吴山店、马家寨间地区集结，准备对桐柏方面，掩护我战区左翼，并与十三军联络，逐次推进，向敌侧背攻击。（3）集结四五军于芳〔茅〕茨畈、朱家集、长岗岭间地区，策应左集团之右翼（三九军方面）及右集团之左翼（东桥、洋梓方面）。（4）推进廿六军于沙市、十里铺、沙洋间，而以四十一师移潜江以东地区，督饬王劲哉、金亦吾两部，渡河北进，侧击汉宜公路之敌，牵制其渡河。（5）其他各部，仍任原防，前方已得据点，仍须切实保持，且常袭击，以迟滞其攻击准备。河防部队，仍应派部向河东出击。除上五项外，桐柏方面空虚，战区左翼后及南阳方面，顾虑颇大，可否令卫长官饬孙集团仍速南移，使坚固桐柏以东之防线，且威胁信阳。另以其他部队接河防，则不但一、五战区接合部可以巩固，而卅一集团之侧背，亦可全无顾虑，使达到予敌以打击之希望。已迳商卫长官，请早日决定，从速移动。再，已令廖集团不顾一切，增加正规军至两师，并指挥沈、黄两游击队，猛烈西犯〔进〕。以上各项，为巩固随、枣目前之处置。惟敌既以主兵西进，势必欲攻略襄、樊，然后转移兵力，指向南阳或大江上游。上项处置是否有当，及以后作战方针如何，统乞迅予核示为祷。襄。职李宗仁。径午。参一。印。

2．李品仙五月冬酉参二电：敌情判断：本集团当面之敌，其主力已集结马、浙一带，似有沿襄花公路及南北地区西犯。

大本营前核李长官三月份迴酉参一绵代电暨作战计划时，为对第五战区尔后战况起见，曾于四月三日看酉令一元勤电复李长官：对汤集团应作机动部队，须呈候本会核准，方得使用，去后。复据第五战区徐参谋长祖诒四月元未电军令部次长刘斐，请求使用控置部队之一部。其原电如下：

刘厅长为章兄：稔密。本战区上月感、俭两日，令各部队施行威力搜索。本月齐日起开始反攻以来，逐日战况，谅均阅及。顷接沪讯，敌对我左翼集团，将有采取攻势，拟进占随、枣，迫我退襄河西岸。近日前方，亦以敌到处增兵反攻，我军仅勉维现状，两日来少显著之进展。而双方争夺，死亡均巨。但补充之迅速，我不如敌，逐日损耗，难乎为继。数日以后，或将维持现状而不可能，则有影响本阵地之虞。惟随、枣依托桐柏、大洪两山脉，进战退守，均极便利，战略上关系，似十百倍于京、钟。苟或不守，不仅本战区尔后之作战困难，襄西不产粮食，数十万人，将成饿殍，且南阳之右翼侧暴露，敌可旦夕进占，影响甚巨。战区至不得已时，自当放弃攻势，竭力维持原有阵线，以直接掩护襄、樊，使敌不敢贸然渡襄河，间接掩护豫西。但战区自京、钟战后，右翼兵团之实力大损；左翼兵团兵力，依此次反攻测之，殊感不足，消耗后更将薄弱。万不得已时，是否可使用控置部队之一部，支援该方之战斗，或无须死守此次占领之一点一线，以维实力。请通盘筹划，早示方针，以资准则，无任盼祷。弟徐祖诒。元未。印。

当即电复如下：

特急。襄阳长官部徐参谋长燕谋兄：元未电敬悉。〇密。贵战区出击以来，捷音频传。吾兄帷幄功高，钦迟无已。此次贵战区出击目的，一在予当面之敌以重大打击，二为策应各战区之攻势，使敌顾此失彼，并非与敌争取某点某线之得失。故此次新占之点线，如因战况推移，自无坚决固守之必要，正如来电所云，能保大洪、桐柏山之战略要地足矣。至控置部队，委座为准备长期战争，及策应贵战区与第一战区危急状况时之事先部署，故坚决不准轻易使用。亦正如尊见，该方面最后亦须能保大洪、桐柏山之战略要地也。弟刘斐。寒酉。元勤。印。

本部迭据各方情报及李长官径午参一电，知第五战区敌人增加属实，虽不能断定为消极增援，抑为准备进攻。惟其主力既控置襄花路，似有准备。敌以有力一部，由汉宜路进犯，主力沿襄花路进犯之企图，并顾虑钟祥北侧，及渡襄河窥沙、宜之各种可能行动，故于四月廿六日（寝酉令一元勤）电复李长官。其处置摘要如次：

1.第五战区以主力保持桐柏、大洪两山地带打击敌人，阻其西进之方针，同意。

2.以26A（肖之楚）之32、44两师，控置于十里铺及五里铺，作河防预备队。

3.汤恩伯集团可在襄花方面，为战区总预备队，使用时机，不可过早。

复于四月廿七日，以感巳令一元勤电刘汝明及李长官，应精诚协同，对当面敌情努力搜索，相互通报，务使前〔全〕盘战局趋于有利。又，前据第一战区卫长官三月元酉智电呈作战计划，经于三月廿日哿午令一元勤电饬修正在案。对于明（港）、桐（柏）方面之作战指示，摘要如次：

刘汝明军应以主力控置于桐柏西北地区，如敌果由信阳西北进犯时，应努力迟滞敌人，掩护第五战区左翼兵团向南阳方面之转用，以有力一部，在明港附近警戒。

（二）战斗经过

甲、鄂北方面

四月三十日，在鄂北敌第三师团即由郝家店、徐家店之线，向我出击部队张、钟两师（173D、174D）反攻。迄五月一日，敌陷吴家店、泉口店及万家店各地。我张、钟两师乃转进主阵地于塔尔〔儿〕湾附近之线，敌跟踪续犯。我汤恩伯集团于五月二日奉战区令，向东推进，增加第一线。汤恩伯虞巳电报告摘要如后：

1.张轸、王仲廉两军奉命于冬日向东推进。

2.张军以吴、张两师(89D、110D)，占领三径观、高城、土门冲、殷家店之线，占领阵地；王军集唐王店、太山庙、青苔镇一带地区。

五月二日，敌约步兵三千、炮十二门，并依飞机掩护，向我吴、张两师(89D、110D)阵地猛攻，经我迎击，迭予重创，先后毙敌一千。另有敌三千余，向塔儿湾附近阵地猛犯，与我173、174两师发生激战。斯时李副长官品仙，鉴于敌主力已逐次展开于浉河南北之线，判断敌总攻在即。为尔后出击起见，所予各部江亥参命令如次：

1.13军(张轸)即派有力部队，先将阵地前之马鞍山、三家寨附近之敌驱逐，并以寨子河为中心，将各山区隘路要点确实控制。

2.84军(覃连芳)固守主阵地，待机转移攻势。

塔儿湾附近敌我展开血战甚烈，并往复争夺。敌施放毒气六、七次，我173、174两师伤亡甚重，敌于蒋家河畔，亦陈尸累累。塔儿湾失而复得者六、七次，卒于五月四日陷于敌手，高城亦迫放弃，我军遂转进蒋家河西岸。迄五日晨，敌约一联队进至天河口东南白庙之线，与我13军接触激战。据李副长官歌辰电综合观察，敌似有一部延伸吸引我主力于天河口市方面，同时以主力由高城以南地区行中央突破，向左右席卷。至六日，敌我于厉山迄江家河之线激烈血战，敌我伤亡甚重。(附图三〔略〕)迄七日，以张自忠集团方面战况不利，敌有绕攻我左集团侧后之顾虑。据李长官佳巳参一翔电，所拟处置摘要于后：

1.左集团军仍以39A(刘和鼎)于大洪山担任游击外，主力速变换正面，以桐柏山为左翼，对随枣公路成侧面阵地，牵制西进及阻止北进之敌，不得已84军向唐河、白河以西地区转移，汤集团向新野转移，切实与第一战区友军联络。

2．右集团军（张自忠）仍极力夹击北进之敌后，向〔向字衍〕乘机向宜城、襄河转移，归还建制。

大本营总合各方情报后，悉钟祥以北状况恶化，为使左集团尔后安全，拟对轻举妄进之敌以严重打击。于五月九日，以佳午令一元梧电，令李长官之处置如下：

限三【小】时到。襄阳李长官：〇密。（甲）钟祥以北情况既趋变化，希即妥筹对策，予轻举妄进之敌以严重打击，牵制敌人于汉水以东地区。如状况万不得已时，须照下列要旨部署实施：（一）刘汝明、刘和鼎两军，仍留置桐柏、大洪山内，担任游击；（二）汤恩伯集团可转进樊城迄老河口地区，覃连芳军转进至老河口以西地区；（三）张自忠集团转进襄河布防。（乙）已令孙连仲集团先在南阳集中候命，其余可斟酌处理，具报为要。中正。佳午。令一元梧。印。

同时并以青令一元梧电卫长官及孙连仲，饬孙连仲部先在南阳集中，并以一部布防候命。

经大本营重加考虑，复于五月十日再以蒸酉令一元梧电李长官，饬将前电更正，并补充数点。其原电如下：

限三小时到。襄阳李长官：〇密。（一）张集团攻击钟祥以北之敌，应令刘和鼎部协助之。左集团及汤部转移态势后，可暂在枣阳以北地区，牵制襄花路方面之敌，使张集团之作战容易，并相机予该方面敌人以打击。（二）佳午令一元电计达，兹为更正并补充三点如下：（1）已令孙连仲部即以主力推进至新野、邓县，以一部留南阳，策应五战区之作战，尔后可用于老河口方面，协同汤军掩护汉中；（2）汤集团尔后可以南阳为后方，联系孙军，掩护西荆公路；（3）张自忠部尔后须准备以南漳附近山地为游击根据地，孙震部尔后须用于保康方面山地，担任对襄、樊方面之游击。余同前。希即遵照办理，并具报为要。川。中正。蒸酉。令一元梧。印。

同时，复以灰酉令一元梧电卫长官及孙连仲，饬孙部主力改开新野、邓县，一部留南阳。其原电如下：

（联衔）限三小时到。洛阳卫长官、唐河探投孙副长官：青令一元梧电计达。〇密。孙集团主力改开新野、邓县间集中，一部暂控置于南阳附近，策应五战区之作战，并与汤集团切取联系。除另电李长官外，仰即遵照办理，并将逐日行程具报为要。川。中正。灰酉。令一元梧。印。

是时，敌之3D廿九旅团，乘我汤集团左侧背之刘汝明军119D主力分散游击时，由信阳以南，绕经石家湾，向桐柏奇袭。我刘汝明军一面汲力抵抗，一面调整部署，终以兵力分离，不能及时集结，桐柏县城遂于五月十二日下午被敌攻陷，迫使我刘军主力由南北线正面，变为由桐柏西北，经月河店至淮河店之东西线正面，与敌激战。迄十六日拂晓，遂为我119D之一旅克复，敌向南山逃窜，我正追击中。又，十二日由平氏南方窜到敌之一部，十三日北窜马岗，经我在简岭店之刘汝明军补充旅堵击，敌仍西南回窜。由钟祥北窜之敌，大部亦到枣阳附近。覃连芳军以伤亡惨重，转进后立足未稳，致遭敌攻击，遂向唐河附近转进。汤恩伯集团在桐柏迄枣阳以北山地，自五月七日起，敌由三合店、唐王店、倒峡流、江头店等地包围，积极进攻，我汤部仍与敌彻夜鏖战，肉搏相拼。迄十一日，敌终未得逞。复以战略上无固守之必要，更无他部队能相互策应，为保持战力，应付尔后战斗起见，汤总司令恩伯遂留张轸率两师兵力，于桐柏山内担任游击，并掩护主力之撤退，亲率四个师向唐河转进，沿途遭敌之轻快部队及我之溃兵袭击，已分成数段，于十二日到达泌阳以北之廿里铺地区，迄十四日始收容完毕。此次左集团（李品仙）毙敌万余，俘获甚多，襄花道上，敌伤兵累累，尚无法救护收容（附图四〔略〕）。

乙、鄂西方面

鄂西方面，钟祥以北地区，敌以五千之众，炮廿余门，于五月一日起，向我出击部队吉星文、刘振山(37D、18D)两师反攻，激战甚烈。我吉、刘两师，虽前于京钟之役损伤甚大（实力不过五团），咸以最大之努力，予敌以强烈之抵抗。迄四日，我以众寡悬殊，乃退主阵地。同时敌一部四、五百人，窜至流水沟，与我黄维纲师之一团激战。尔后敌之进犯愈为猛烈，我之伤亡亦重，更以数量悬殊，迄七日，丰乐河及长寿店两侧地区被敌突破后，仍于原地坚强抵抗(附图三〔略〕)。敌除以有力一部牵制吉、刘两师外，主力续行北犯。同时，张总司令自忠闻状况已趋恶化，除令王长海师(132D)主力渡河，由贺家集向普门冲反攻，断敌后续部队外，复亲率38D两团渡河，驱逐流水沟之敌后，向田家集方向北进之敌侧背猛烈攻击，于亭子山附近，与敌二千余展开血战，毙敌四、五百名，及毙敌参谋长一名，搜获敌之作战命令一纸。其内容据张自忠真亥电：

1.13D、16D、4KB系由钟祥北犯；

2.3D沿襄花公路西进。

大本营接据报告后，悉敌之重点在钟祥以北，当即以文酉令一元梧电知李长官、李副长官、汤恩伯、孙连仲、刘汝明、覃连芳等注意。

敌除留大部防止我张集团侧击外，余仍积极北窜，其轻快部队于七日已占领枣阳。九日，枣阳西之张家集发现有敌千余，内大部系伤兵。襄、樊东岸之东津湾及老营，亦发现敌一部。十日，复陷湖阳镇、新野等处。我孙连仲九日到达南阳，得悉以上情况，一面令地方团队别廷芳部向湖阳、新野之敌攻击，一面急调十日由南行抵西新集之30D，向唐河转进，行抵保安寨之44BS，向南阳急进，准备向南攻击。十一日午，我王臁皓部收复新野。十一日夜，我30D陆续到达唐河，十二日拂晓，即与进犯之敌激战。当以情况不明，部署未定，唐河城遂于十二日午被敌攻陷。经与该敌激战城之西北，迄十四日晨，方将唐河收复，敌向东南窜退。十五日，我孙部除30D仍在唐河附近外，余已集结南阳。刻唐河、新野县境无敌踪。闻枣阳以北，有敌两师团集结整顿中。当敌北窜突进，我张集团始终向东侧击，虽背临汉水，但张总司令决心坚确，非与敌拼殊死战，不足以挽战局。故连日斩获颇多，毙敌数千人，吉、王两师复占清水桥、青石桥等处，现积极向长寿店及其以北地区挺进。同时曹福林军之一旅渡河占领朱宝大桥后，积极向长寿店敌之侧背进攻中。我刘和鼎军（39A两师）仍于大洪山游击。189D一旅未突出重围，刻已折回大洪山游击。180D与陈鼎勋军（45A），自遭敌包围后，经反攻六、七次，始克突出重围，已转进至唐河附近，刻已向襄樊开动中。84军损失惨重，现已至光化整理中（附图四〔略〕）。

（三）感想

1．长期消耗战，须长期控制第二线兵团，以准备次期作战，并控制有力预备队，掩护退路，以免陷于歼灭战之态势。

2．一个战场之部队，须统一指挥，其企图及指导方针、指导要领，尤须一贯。反之，如高级企图为持久，而次级企图为决战，则方针及指导要领、兵力部署等，互相乖违错乱，必遭惨败。

3．敌情判断不可全凭主观，不可先入为主，应努力搜索，应细密注意。

4．敌人凡稍大规模之真面目攻击，一贯的采用歼灭战之方式。

5．兵力部署，对于次要方面，须使用必要最小限兵力之意义，极为重要。盖次要方面如不过多过少，则主要方面之兵力，自然决定矣。

〔国民政府国防部史政局及战史会档案〕

（十一）桂南会战

1.蒋介石关于日军在钦防登陆等情密电

（1939年11月17日）

重庆徐部长、何部长、张主任岳军、刘总司令峙、调统局戴局长笠：1660密。据报：（甲）三战区：一、敌一零一师团数月来伤亡甚众，有将调沪整理之说。（乙）四战区：一、敌自铣晚七时十分在钦县南方黎头咀登陆，我守军激战一夜，逐步抵抗至筱夜，敌一部约数百进入钦县城，现与我守军巷战中。二、钦县乌雷、龙门港、企沙一带，铣日共泊敌舰廿八艘。三、防城是否失守尚未得确实情报，惟该城守军刘团已转移平旺墟、防城西北约三十里。四、琼崖敌为屋刘支队，系以饭田旅团之一部为基干，由台湾预备兵所编成，附炮兵一大队，并配属陆战队四队，共约四千余。（丙）九战区：一、删午敌步兵七百余、骑三百余，由安义开奉新，原驻奉新之加藤中队、河池中队及另两中队，于寒日向高安方面移动。二、源头山附近大沙坪西及凤凰山、西塘东南六里漆家铺附近等处之敌，于寒日经我分别击退。等语。特闻。桂。中正。崇禧代。筱申。行参二。印。

〔国民政府国防部史政局及战史会档案〕

2.白崇禧报告作战部署及作战指导密电

（1939年11月）

（1）11月24日密电

限三小时到。重庆委员长蒋：狮密。甲、由钦、防北犯之敌有于本日午后二时廿分攻陷南宁之传说，确否待证。乙、我军于兵力集中未完成之前，务以防敌之继续北犯为要着。兹作如下之处置：一、令一七零与一三五两师之主力，于不得已时应守备邕武道之高峰坳①，令第五军戴师之一团及一七零、一三五两师之一部守备邕宾道上七塘及昆仑关附近。二、南宁以西地区及邕江上游附近严密戒备。三、加紧发动以南宁为中心之邕色、邕柳、邕龙及邕江南北岸之各地民众，编练各种任务队，协助军队之作战。四、邕钦路以西地区之教导总队极力多方实施袭击与破坏敌之交通。四六军一七五师主力向西北侧击、尾击敌之北进，并破坏敌之交通。丙、此次进犯南宁之敌，其企图难保其不更积极，兵力增加时，恐或北窥柳、庆，威胁川、黔，断我连络。目下西南主要交通线为黔桂公路，湘粤、黔湘各省之仍能互相呼应，端赖此交通线之维持。若柳、庆间被敌遮断，则影响于西南奇重，柳、庆方面似应增调部队担任防范。当否乞核示。丁。职于本晚由桂抵柳，明日仍前进。柳。职白崇禧。敬亥。行参一。藩。印。

（2）11月28日密电

限三小时到。重庆②。另发桂林林参长。貌密。极机密。南宁失陷，我军退守既设阵地以来，我士气十分旺盛，各将领踊跃逾恒。职审察全般情况，特具申作战指导意见如次：一、要领：国军待第五军集中完毕后，乘敌对高峰坳、昆仑关攻击顿挫之际，全线转移攻势，以第五军主力从昆仑关以东地区配合机械化部队，一举将北犯之敌包围歼灭之，并相机而收复南宁。二、理由、要旨：敌攻击南宁之兵力，所发现者不过三、四联队，因其士气不振，重兵器缺，炮兵少，且混杂伪军甚多，尤为事实。故高峰坳、昆仑关之重要阵地若加确保，而第五军于十二月鱼日左右可到达战场时，我兵力实较敌优越，尤以我战车与重炮得以发挥威力，地形特于我有利。若

①又作“高峰隘”。

②此处当脱“委员长蒋”四字。

时日迁延，邕钦路势被修复，敌战力之增加量当较我为优。故乘此时机转移攻势，当可予敌歼灭的打击。即为消极计，若能予敌以打击、消耗，其攻击力亦将衰弱。如果未克收效，以我宾、武、迁一带有利地形，亦可从容退守。若敌更消极，我更易进而策收复南宁之计。故此良机必须捕捉，不任放逸。如蒙裁可，当详细计划，迅行准备。谨电呈察。迁。职白崇禧。俭酉。行参。印。

〔国民政府国防部史政局及战史会档案〕

3.白崇禧报告在高峰隘等地激战情形密电

（1939年12月2日）

渝委员长蒋：雒密（一）高峰隘方面阵地正面宽四、五十里，东辰敌军于正面飞机大肆轰炸之余，并向伊岭、葛圩方面迂回，我军遂转移伊岭、隙芜激战。本日情况因武鸣电不通，未得报告。（二）昆仑关方面：冬晚我向八塘之敌反攻，将正图攻击之敌击退，因八塘桥梁被炸，进占桥边。（三）钦防方面：俭日敌驮马数百到达那陈圩，感日敌步兵四千余由那陈向南宁前进。（四）邕江南岸我四六军主力及梁汉嵩部于东日开始，东西对向那陈、唐报、大唐、大峒、小董等地袭击。谨闻。迁。职白崇禧叩。冬酉。桂行参二志。印。

〔国民政府国防部史政局及战史会档案〕

4.白崇禧转报第四六军钦防一带战况及当面敌情密电

（1939年12月8日）

分二份。渝委员长蒋、总长何：痕密。微午令一元电奉悉。除分令蔡总司令、梁司令遵照外，兹将最近何宣来电呈报如下：一、据何宣陷未电称：行参一藩俭酉电奉悉。职部每日情况迭经按日电报，惟以电班要电拥挤，致多积压。兹将钦、防敌情补呈如下：（一）敌在钦防登陆约共一万五千，其主力由钦县，另一部【由】防城。（二）另据探报，由钦、防登陆之敌为藤田旅团、饭田旅团、满洲派遣军之三木部队之各一部及佐世保陆战队一部，至防城登陆之敌约为一联队（番号待查）。据微电称，据永淳县长电话转告邕失陷。冬晚，一七零师主力攻入小董，杀伤敌官兵甚多。又据阳电称，敌连日被我袭击，现甚恐慌，已抽南宁、蒲庙敌兵一部增防小董，并由敌舰调兵千余加强钦县守备，敌战车、装甲车约二百辆在钦县无法北驶。已饬新十九师、一七五师分遣小部队，配合团队，以强守性〔？〕不分昼夜破坏公路，并伏击、侧击、尾击，请教导总队在西协击。又据教导总队电称：（一）本月二、三两日，我军相继收复小董、钦州，我机炸毙敌人约七百余。（二）那陈现有敌约八百余，并设有师团兵站，淄报设分站。（三）敌汽车七辆鱼辰由那陈、萝太塘驶退，并据敌报称，敌似有动摇、缩退模样。职崇禧。齐申。桂行参一。藩。印。

〔国民政府国防部史政局及战史会档案〕

5.白崇禧报告各部队位置及推进情形密电

（1939年12月）

（1）12月11日密电

限即到。重庆委员长蒋、总长何：厦密。（一）灰晨我军曾一度袭小董，迄午后八时被敌包围退出，颇有损失。（二）邕江以南之敌分两路由社平、板城向我一七五师左翼进攻，该师即集结所部迎击。新十九师控制两团于太平圩南端，准备向敌侧击。（三）邹圩至宾阳及其以南公路路面已修复，惟桥梁尚未竣工，正赶修中。（四）十六集团之补充团朱团灰晚到邹圩，本日可到巷贤附近，张团文日可出发。（五）一八八师已将防务交卸完毕，一三一师灰通过上林，新廿二师灰通过邹圩。(六)第五军军属补充两个团，灰拂晓开始向鹿颈圩推进，预计寒日可到达。(七)二百师仍在北泗圩附近。(八)挺进第三支队之独三、独四两团向邕江南岸那莲推进,灰日可到。谨闻。迁。职白崇禧。真酉。行参二。印。

(2)12月18日密电

即到。渝委员长蒋、总长何:狮密。极机密。各部队位置:甲、三十一军军部驮万,一三一军渠黎圩附近,一八八师扶南以南。乙、一七〇师双桥以南,一三五师甘圩。丙、第五军各师正向昆仑关攻击中。丁、九二师鹿头圩附近,一八〇师甘棠。戊、九九师主力宾阳附近。已、六六军一五九师先期到来宾,一六〇师由柳州出发。余同前。迁。职白崇禧。巧亥。参一。□。印。

〔国民政府国防部史政局及战史会档案〕

6.白崇禧报告南宁失守情形并拟惩办失职主官密电

(1939年12月19日)

特急。重庆委员长蒋:狮密。前次敌由钦、防登陆直趋大寺、小董,特调一三五师,一七零师驰守南宁。该师长苏祖馨等派四零五团团长伍宗骏率部防守邕城，其余各部则分防邕城外围及邕江沿岸。末几,邕城被敌突破,乃该团长伍宗骏所部被敌截断包围,死伤虽众,然不知死守待援,竟率部退出邕城。是时一七零师防守三塘,至被该敌包围,不得已退出高峰隘。而该两师当退却时，复有持械逃亡情事,均有应得之咎。除令将该团长伍宗骏押解行营交军法处听候讯办,并将该师长苏祖馨、黎行恕各记大过一次，其余各部官长应如【何】处分,已令夏总司令查明拟处呈核外,兹将先行拟处该师、团长情形电请鉴核。是否有当,敬乞核示。迁。职白崇禧。皓。行室。印。

〔国民政府国防部史政局及战史会档案〕

7.白崇禧等关于反攻昆仑关高峰坳等地激战情形密电

（1939年12月）

（1）白崇禧12月19日密电

分送。渝委员长蒋、总长何：厦密。据报：甲、昆仑关、高峰坳方面：【（一）】我五军巧日开始反攻，午刻占领昆仑、九塘，惟昆仑敌在两据点顽抗，敌机又不断轰炸我已占领之阵地，迄夜由邕增援之敌战车二辆、装甲车一辆、汽车四辆猛烈反攻，该处致又失陷。查当面之敌系五师团之四二联队。本日我九三师向七塘挺进，新廿五师上午占领向〔向字衍〕五塘、六塘附近并击退敌之增援部队。（二）高峰坳，香炉岭原有敌七、八百，日末续有增加。本□□时，我一三五师攻占香炉岭，一七零师攻占大高峰坳。（三）小高峰有敌二、三百，我正攻击中。（四）老口渡（南宁西邕江南）之敌约二、三百，占领附近高地，与我白沙部队对峙。（五）石埠圩敌约三百，炮炮〔后"炮"字衍〕二门，与我陈步藩团之先头部队接触中。（乙）邕钦路以西方面：（一）筱辰，敌千余、汽车八十辆、驮马及骑兵数十向旧城前进。（二）我一八八师上午五时克复苏圩、山圩，并将公路破坏，已与梁翰嵩部取连络。一三一师先头已到绥禄附近。（丙）邕钦路以东方面：灵山属黄区附近之敌①，复由敌尸检获信件，证明该处之敌系南支派遣军饭田部队。等情。除分报外，谨闻。职白崇禧。皓戌。行参二。印。

（2）白崇禧12月20日密电

即送。重庆委员长蒋、总长何：厦密。据报，（甲）昆仑关、高峰坳方面，一、本午第五军主力占领界首后，战车第五连向昆仑关攻

①电文似有脱漏。

击，步兵跟踪而占领之。我现向九塘、八塘继续攻击中。荣一师之刘副师长亲率一团攻占山心圩（八塘附近）。二、七塘亦被九二师占领。三、四塘、五塘之敌约在一联队以上，并附有战车、装甲车，与新二二师激战中。四、一三五师及一七零师仍在高峰坳以北及葛圩一带。五、昨敌伤兵五百名到蒲庙，本日敌伤兵十一汽车运到小董。六、蒲庙之敌为二十三联队之一部，对岸有敌炮兵阵地。七、邕垣民生路有敌警备司令部，司令滴三木。（乙）邕钦路以东方面：一、我独立第一团现已接近小董附近。二、陆屋方面之牛岗已收复。（丙）邕钦路以西方面：我一三一师正在绥禄与敌激战中。等情。谨闻。迁。职白崇禧。咿亥。行参二。印。

（3）白崇禧12月29日密电

即到。重庆委员长蒋、总长何：厚密。据报：甲、昆仑关、高峰坳方面：一、昆仑关方面自巧日反攻以来，敌伤亡约在二千以上，近日增援之敌约一大队。二、本辰荣一师协同二百师之一团攻占界首及兴东西，共下四堡，迭获敌轻重机枪廿余挺，步枪百余枝，毙敌三、四百。乙、邕钦路以东方面：一、小董以南路段迭经我破坏，敌确不能通车，目下敌将主要后方连络线改由龙门港经黄屋屯至大寺之水道运输，我正设法阻击。二、钦董路沿线滞留之敌车上，近发现多为伪装之橡皮人。丙、邕钦路以北方面：二批回窜之敌经我连日堵截围击，先头数百人感日被贺师及教导总队攻击后，又被魏师截击，已歼灭二、三百，现在山圩被我包围，俭日敌机整日在山圩上空盘旋掩护残敌，企图脱逃，但我魏师仍包围于山圩、班鱼山、苏大间地区，俭夜猛烈围剿。等情。谨闻。职白崇禧。艳戌。迁行参二。印。

（4）白崇禧12月30日密电

即到。重庆委员长蒋、总长何：厚密。据报：甲、昆仑关、高峰坳方面：一、艳未敌以轻战车四辆、步兵一中队向我二百师阵地（昆仑关北）反攻，被我击退。二、敌五师团司令部在南宁旧省政府。三、长岗圩有敌步兵千余，大王、金鸡岭、林村、三塘等处各有敌二、三百。乙、邕钦路以东方面：一七五师主力挺进那香附近，一部仍在南忠准备那陈、小董之敌袭击，新十九师主力陆屋、平吉地区，一部牛冈，准备向敌袭击、破路。黄鹤龄之一部进占那路，一部占领长宇，对蒲庙之敌监视，其余在那桥、那楼地区。丙、空军情报：本日敌机约十八架袭柳，我机应战，击落敌机已判明者五架，俘二人。谨闻。职白崇禧。卅戌。行参二。印。

（5）徐庭瑶12月31日密电

重庆军令部部长徐：甸密。昆仑关之敌自巧日起经我日猛攻，廿余个据【点】次第攻克，于本世日11时30分将昆仑关完全占领，并进至人扒之线。当攻击之初，每一据点均遭顽强抵抗，至最近数日，每经我猛攻后，敌即呈纷溃现象，足见此役已使敌胆寒，41、21两联队已伤亡殆尽，克复南宁为期不远。谨呈。宾阳。职徐庭瑶叩。午。参。印。

〔国民政府国防部史政局及战史会档案〕

8．白崇禧转报韦云淞部在龙州等地战况密电

（1939年12月）

（1）12月20日密电

限即到。重庆委员长蒋、总长何：狮密。据韦副总司令皓酉参一电称：甲、皓晓收复旧城、固山圩、苏圩。乙、一三一师西向尾蹑步兵约三千、汽车八十余辆、骑兵百余之敌，在绥禄、陇罗、白横间歼该敌中。一八八师东向攻击唐报、吴村之敌。丙、南路部队分别侧击大塘及伏击邕龙路上回窜之敌。丁、据报敌弃小董至大塘段，赶修、改修大直、大寺、那间、那晓、大塘之乡村道，另辟大塘、太安亭子公路，现正进行中。至大费、那陈段亦已修复。惟那陈至唐报段险纡难修，有放弃修复企图。等语。除已令饬该军积极破坏

公路，机动运用军队，并分饬龙州区火速将敌可以西犯之道路破坏，使敌进退失据，俾收兜剿之效力外，谨闻。迁。职白崇禧。哿戌。行参二。印。

（2）12月28日密电

特急。渝委员长蒋：寝申令一骥电奉悉。狮密。由龙回窜之敌分成两股，第一股于敬、有等日在西长圩、山圩间，被我一三一师包围，歼敌近千，残敌约三百，由敌机掩护突围东窜。第二股步兵千余、骑兵约三百、驮马六、七百，于敬日由龙窜渡南岸，有巳到明江，宥辰先头到思乐西之北江，宥申在模范村附近与我警戒部队接触，现龙州无敌踪。谨复。迁。职白崇禧。俭酉。参一藩。印。

〔国民政府国防部史政局及战史会档案〕

9. 蒋介石严令各部努力进攻达成任务手令电稿

（1939年12月21日）

迁江白主任：△。前方各部队与炮兵等特种兵如有不积极努力进攻，或不能如限达成任务者，应即以抗命畏敌论罪，就地处治可也。蒋中○。手令。马申。机。渝。

〔国民政府国防部史政局及战史会档案〕

10. 蒋介石命各部彻底截断敌军后方交通密电稿

（1940年1月5日）

有线。即到。迁江白主任、武鸣夏总司令、（无线）蔡总司令廷锴：○密。查彻底破坏邕钦公路，断敌补给，乃制南宁敌死命之要着，希转饬负责各部队于截断敌交通后，乘敌增援未到前积极扩大破坏，务讲求有效方法、长期截断交通为要。川。中○。微申。令一元度。印。

〔国民政府国防部史政局及战史会档案〕

11. 白崇禧关于特设南路兵团总司令以增强敌后作战力量密电

（1940年1月9日）

限即到。渝徐部长：狮密。一、兹为统一邕江南岸各部队之指挥，加增对敌后方作战力量起见，特设南路兵团总司令，即以第十六集团军总司令夏威兼任总司令，第廿六集团军总司令蔡廷锴兼任南路兵团副总司令，所有南路兵团总司令部人员即由各该两集团总司令部内调用，不另组织。二、在夏总司令未到达南岸以前，关于邕江南岸各部队统一指挥事宜，暂由蔡副总司令负责。三、西路军在北岸第一纵队司令周祖晃，归行营直接指挥。除分电外，特电请察核。白崇禧。寘。佳午。桂行参。印。

〔国民政府国防部史政局及战史会档案〕

12. 白崇禧关于昆仑关龙州等役战斗经过概要代电

（1940年1月24日）

国民政府军事委员会委员长桂林行营快邮代电　迁参一字第三六一号

重庆委员长蒋：○密。谨将南宁战役概要经过列次。（子）敌军兵力及配置。敌自占领南宁后，即逐步向我压迫，于亥月东日占领高峰坳，支日占领昆仑关，即于该处构筑坚固工事，企图固守。其在邕江北岸者，计有第五师团二十一旅团（二一及四二两联队）与骑兵第五联队、炮兵第五联队之一部（山炮约一营），分布于昆仑关及邕宾路附近，四二联队分布于南宁及高峰坳、蒲庙一带，二一联队控置南宁、亭子圩、吴村一带。其在邕江南岸邕钦路以东一带者，为盐田兵团(即二十八师团主力)及海军陆战队之一部。(丑)战役经过。我军以攻击北犯之敌、收复南宁之目的，于亥月巧日拂晓开始攻击，其经过如下：(1)邕武路方面。我一三五师、一七〇师于巧丑开始攻击。皓寅，克复香炉岭、大高峰坳。翌日，继克新圩。马日，敌由高峰坳以东之山道向潭闾村窜入，我因侧背感受威胁，遂转移至葛圩附近。尔后双方均无进展，现仍在香炉岭、腾翔及其以东之线与敌对峙中。(2)邕宾路方面。我以第五军主力向昆仑关正面及侧面攻击，新二十二师由邕宾公路以西，向五、六塘进出，以牵制其四二联队主力。第五军补充团两团，由邕宾路以东向八塘、七塘间进出。九九军(欠九九师)由伶俐圩向七塘进出，断敌交通，以策应昆仑关正面之作战。巧丑开始攻击，巧未克复仙女山、老毛岭、枯桃岭等处，惟界首、同兴及昆仑关等据点尚有顽强〔敌〕据守。我部队初时因忽略于既占地之构筑工事，致敌于巧晚增援反攻，复告失陷。新廿二师皓寅到达古逢、春虎山，九九军主力马、梗两日攻占山心、七塘、沙坪圩等处。但敌利用飞机及汽车之潜入，输给弹药、给养，负隅顽抗。我军为加强正面攻击力量，缩小包围圈、克歼顽敌计，乃令一〇二军加入昆仑关东正面之攻击，新廿二师及五军补充团两团，增强于昆仑关以北及其以西之攻击，利用优势炮火，逐次扫荡。遂于卅日，我一五九师克复六五三高地，第五军克复同兴东西之三据点，世日十一时五十分，确实占领昆仑关。歼敌纷向九塘附近退却，我乘胜追击，于世未进出于四四一高地、六捌六城、枯桃岭之线，旋即进出于九塘以南。综计昆仑关方面，计毙敌旅团长中村正雄、联队长三木以下四千余，我因系攻势，损伤较大，伤亡约一万四千余。(3)邕龙路方面。敌十一联队约三千余，除以一部于苏圩、吴村任警戒外，其主力(二千余)于亥月筱日由绥禄经西长圩，向龙州窜扰。马申，与我龙州区团约两中队，在龙州市区发生激战。迄戌，我因众寡悬殊，遂转移至飞机场、自善村一带继续抵抗，另派团队不断向敌袭击，并令上金、龙村各团队，分布大青山、龙门、响水一带予敌侧击。敌因三一军主力出其不意从扶南、驮芦方面进出，且邕宾路方面战况吃紧，遂将市区焚毁，于敬晚退出龙州，向东逃窜。我卅一军即乘敌东窜，预于西长圩、霸吞、山圩等处埋伏，感、俭、艳三日，共被我歼灭千余，残敌约千余，向南宁方向窜去。（4）邕钦路方面。我卅一军于亥月艳日克复唐报，子月冬日克复七坡、棉羊村。四六军亥月艳日破坏小董以南公路，子月支日克复那扁、新成，尔后仍实施机动之袭击与破坏，尚收相当成效。综计全战役（截至本月铣日止）我军伤亡二万三千余，敌伤亡八千一百余。详情容俟续报。谨先电呈。迁。职白崇禧。敬申。参一。印。

〔国民政府国防部史政局及战史会档案〕

13. 白崇禧命令坚守昆仑关击退敌军反攻密电

（1940年1月30日）

即到。重庆委员长蒋、总长何：狮密。谨将本日下达命令【抄录】如下：命令。（子）约一个旅团之敌从马鞍山、三庄岭、石橙岭方面侵入，攻击我第六军、第九十九军，赖团〔企图〕突破我昆仑关右翼之阵地，迂回我右翼侧背。另约一个旅团之敌，以一部从邕江南岸永淳方面，主力从玲〔伶〕俐圩，企图北进，迂回我左翼侧背。（丑）军以各个击破敌迂回部队，确保昆仑关，使尔后作战有目的对右翼方面之敌予以阻止消耗，并准备于甘棠、古拉方面，包围攻击敌人。（寅）（一）九师仍担任昆仑关正面之守备，三六军以一部兵力守备既设阵地，主力占领白头山亘东施岭阵地，协同右翼军，对三庄岭、马鞍山侵入之敌予以侧击，本晚即开始移动。（二）九九军整顿态势后，一部守备塘菜岭一带高地，主力占领濛濛岭及平田一带高地之线，掩护思陇、黄圩间要道。（卯）右翼军（缺四九师)之主力，应协同三六军击破三庄岭、马鞍山、石灯岭侵入之敌，掩护昆仑关以西要地之安全。(辰)左翼军六六军以一师向鹿颈圩方面侧击由玲〔伶〕俐圩东北进犯之敌，务于明日(三十一)到达鹿颈【圩】附近。其余主力，右翼与九师密切联络，以一部在原阵地佯攻，主力于必要【时】，逐次转移对南正面之阵地线，确保昆仑关左翼要地之安全。(巳)第二军李军长指挥七六师与机械化部队及炮兵一营，协同六四军及六十六军之一师、四六军之主力，包围击破永淳、援〔伶〕俐圩北进之敌。如敌兵力过大，于各部队集结未完毕以前，应避免决战，极力阻止、迟滞敌人。【(午)】我东路军廿六集团之何纵队、四六军，以主力向永淳方面前进袭击，会同第二军、六四军，包围击破永淳、伶俐【圩】北犯之敌，其余仍配合地方武力，加紧袭击、破坏邕钦路之敌之交通与敌之增援。(未)韦纵队三一军，配合地方武力，加紧袭击、破坏邕钦路敌交通与敌之增援。(申)周纵队仍占领双桥一带原阵地，对高峰坳之敌予以牵制。(酉)五师仍在原指定之位置。(戌)余在迁江行营指挥。谨电呈察。迁。职白崇禧。卅酉。参一。印。

〔国民政府国防部史政局及战史会档案〕

14. 第四战区关于南宁各役战斗经过概要

(1939年1月)①

一、敌进犯南宁之目的

长沙会战我获得伟大战果，予敌重创，致暴敌愈陷于苦境。又鉴及我国决非诡计所能诱和与暴力所能屈服，从此僵持，确系敌人致死之打击。故敌乃举全力以期迅速解决事变，一面统一在华军事，一面积极扶持汉奸伪组织，并趁英、法无暇东顾之际，乘机夺取南宁，遮断我国际交通线，亦图再进而攻略柳州、宜山，直接威胁

① 原件无时间，此系由文件内容推定。

川、黔。其次，政治上冀扩大伪政权，达到其以华制华之迷梦，藉此雪洗湘北惨败之耻，与混淆国际之视听。

二、敌之兵力

指挥官：
高须四郎
今村均

- 第五师团
- 台湾旅团
- 台湾守备队一部
- 佐世保陆战队
- 海军第四舰队
- 台湾舰队一部

兵力：共计三万。舰队五十余只，航空母舰二只。飞机约计百架。

三、敌由上陆起至高峰坳陷落经过：

十一月以来，敌第四舰队主力“妙高”、“长良”、“名取”等巡洋舰及“加贺”航空母舰等，先后集中于琼岛洋面。同时，粤西南三水守备之台湾旅团亦集结于黄埔，皆有积极进犯南路之模样。缘于十一月十五日黎明，敌舰炮纷向企沙、龙门、钦州湾我沿海阵地射击，敌机亦低空轰炸，敌集团舰队在其海空掩护下渐次进迫，至于午后一时，敌以极优越火力，41R/5D、台湾旅团第二联队主力及田村陆战队，在企沙强行登陆。依海上机动之敌陆战队一部，午后三时在龙门登陆，经我击退，五时又强行上陆，与我警戒部队激战甚烈。我为避免敌舰炮射击损害计，退守钦县、防城附近既设阵地。

十六日晨六时，敌21R/5D、台湾旅团第二联队一部，在钦州湾南端黄屋屯强行登陆，向大寺圩直扑。另敌11R/5D、台湾旅团第一联队、陆战队一部，利用黄昏在钦县南之黎头嘴登陆，与我警戒阵地激战。尚有一部在北海登陆，以期混淆我耳目，被我迎击于郊外，迄今无法进展。

十六日午后，防城被占。侵入黎头嘴之敌，十七日继续猛向钦县攻击。我军为诱敌深入计，自动放弃钦县。敌十七日午后五时窜至钦城后，以一部（Ⅰ/11R、Ⅱ/11R）攻击隆久圩，另以一小部进击那丽圩，台湾旅团第一联队经大峰门直扑小董圩，敌21R/5D十六日陷黄屋圩后，与41R/5D相呼应，仍采取分进合击之态势，向大寺圩急进。

十七日午后，大寺圩陷落，彼我相持于小董、贵台圩之线，恶战甚烈。敌以间隙突钻、包围之战法节节压迫，我军为节节消耗敌之战力计，一面予以重大打击，依主动计划逐次抵抗。

十八日，小董、贵台圩、那晓圩均发现敌踪。敌5D之主力及台湾旅团第一联队、第二联队各一部会合于大塘圩，仍沿钦邕公路挺进。至二十日敌已窜至狮子圩、那马圩，尔后又分途进援。二十二日拂晓，敌机轮流低空轰炸，南宁南北地区更形猛烈，毁我阵地并阻我增援。该晚，敌一部由思源圩偷渡邕江，向邕宁攻击，被我135D工兵营迎击于江边。

廿三日晨，在敌机掩护之下，分由蒲津圩、良庆圩、思源塘等处强行渡河。我以猛烈射击，奈敌以优越火力且构筑浓密烟幕，却被强渡北岸计有四、五百人，袭击邕宁之侧背，其主力即在掩护下由亭子圩渡河，但敌损失甚大，彼我在郊外激战甚烈，敌势稍告顿挫。

廿四日，敌三木部队（21R/5D）、纳见部队（41R/5D）主力分由蒲庙、亭子圩渡河郁江，向南宁取包围之态势，我军在罗圩附近予敌以重创。同时，敌机不断轰炸，我为诱敌深入计，乃于廿四日下午五时退守邕宁北方高峰隘高地之线。敌侵入邕宁后，即利用汉奸、土匪、便衣队等，四出骚扰。我军在郊外附近时予敌以打击。敌为确保南宁计，乃冒险夺取南宁外围各据点。

廿六日又蠢动，分为四路进犯，以三木部队（21R/5D）沿武邕公路猛攻我高峰隘阵地，一部进出石埠墟，期迂回高峰隘之侧背，纳见部队（41R/5D）一部及骑兵第五联队松本部队进犯我邕宾路之四塘，其主力进出剪刀墟、那龙一带。廿七日，敌先头部队向我七塘、山心附近之阵地攻击，我利用昆仑关一带天然屏障并用火力及逆袭，时予以打击，敌迄今无法进展。高峰隘方面，敌极力利用飞机、炮火毁炸我阵地，以一部迂回我阵地右翼，猛烈进犯，连日恶战甚烈。

十二月一日上午，高峰隘阵地被敌突破，我军现扼守武鸣北之马安墟、陆斡墟、八塘之线。

四、我军作战经过：

甲、原来态势

南路地域之兵团以掩护桂越国际交通线，拒止敌由西江南岸地区侵入之目的，各以有力一部任南北海及鹤山、高明方面之守备，主力于灵山、玉林或岭溪、罗定各地。同时，限定规模攻击之敌各个击破之企图下，该时我军态势系以46A（欠170D）辖独立第一、第二团，南宁、龙州、玉林各区团、粤第八区地方团队为右地区军，以31A兼军长韦云淞指挥31A（131D）、梧州区团、独立第三、第四团、粤第五游击区部队、第七区地方团队为左地区军，主力位置于鹤山、高明地区，一部于西江南岸，另以配备地方团队扼要守备，131D位置容县，170D位置于兴业圩附近，为兵团预备队。

乙、我部队第一次拟集中邕江南岸与敌打击其企图：

我军为掩护国际交通线，并将侵入之敌拟于邕江南岸地区而歼灭之。其部署大概如次：

一、N19D在钦县、防城附近，175D在北流、陆川附近，为第一线部队。

二、170D向南宁以南之吴村圩移动，131D在陆川、博白附近，188D向容县转进，135D向贵县移动，为第二线部队。

三、64A仍服西江南北岸原任务，龙州教导纵队向上思移动。

十八日，敌步骑数百窜至稔子坪附近（与我对战），另敌约一联队窜抵大峰门附近，与我军激战甚烈。敌之企图拟由歌远圩向我右翼迂回，那紫附近亦发现少数敌兵。该时，令夏、韦总、副司令应处置大要如下：

1. 敌军窜入南路因地形与交通之困难，故我战法尤应彻底实施运动战，多分支队到处予敌以袭击、侧击，使敌受到严重之打击，挫折其企图，对于地方团队之配合尤须注意。

2. 以教导总队利用邕钦公路以西之高地带，作广范围要袭、侧袭、尾击敌之北犯。

3. 175D应急向西北百济附近侧击、要击，阻敌北犯。

4. 170D于135D未全部到达以前，应暂负守备南宁之责，以有力一部队从邕江南岸前进，对轻进少数之敌予以打击，掩护南宁之外围。

我为节节消耗敌人，予以严重之打击，诱其深入于我更有利之态势计，廿四日即转移于南宁以北高地带。

丙、第二次将31A主力（131D、188D）现向邕江北岸集中之企图。

我军以迟滞敌之北进，掩护主力集中之目的，以有力兵团于邕江地区扰害敌后方，破坏交通，主力利用宾武一带有利地形拒止、打击敌人，确保战略要地与有利态势，以待主力到达后转移攻势，一举击破敌人。

基于以上之企图，以135D守备高峰隘，200D与135D协同守备高峰隘后，又转用昆仑关方面，与188D协同守备昆仑关、山心一带既设阵地，131D集结于武陵附近。如看破敌之弱点，而我第五军集中时，即转移攻势，将于邕江北犯之敌一举歼灭之，并相机收复邕宁。同时以有力一部守备横县、永淳间之邕江要点，主力扼守横县以北甘棠圩、西北镇、龙山之要地，另以挺进第一支队以十万大山为根据地，于邕钦路以西地区对邕钦路等敌交通之袭击、破坏，前后夹击敌人，迟滞其行动，使我尔后之作战更趋有利。

丁、战斗经过：

十一月十五日晨，敌舰五十余艘向防属企沙炮击甚烈。至上午八时，敌纳见部队二百余名在陆海空掩护下强行登陆，与我N19D警戒部队发生激战。下午一时许，敌舰向我龙门猛烈炮击，台湾旅团第一联队一部企图在龙门附近登陆，两次均被我击退。十六日午后七时五十分，11R/5D山县部队利用黄昏时候在钦县南方之黎头嘴登陆，与我警戒部队激战，另有一部猛犯黎头嘴西方，血战一昼夜，逐步抵抗至十七日八时，敌兵数百侵入钦县，与我守军发生巷战。同时，防城我56R/N19D转移于平旺一带。

十七日下午七时，敌步骑六百余于飞机掩护之下，由大寺圩向那间、那晓我地方团队猛攻，因众寡悬殊，两处相继失守。至十八日晨，大塘亦发现敌人。同时，防城之敌仍续向大寺圩方面挺进，我N19D予以阻击，敌势稍挫。

十八日上午七时，敌步骑数百在稔子圩附近与我军对战。九时，敌约一联队在大峰门附近，该时那蒙圩附近亦发现少数敌兵，与我N19D工兵营激战中。

十八日上午九时，敌利用汽艇七艘载敌兵二百余进犯北海市东地角，企图登陆，我守军正迎击中。我N19D所部在久隆予敌以打击，敌不支，向欽县溃退，现久隆、牛岗、平吉一带无敌踪。下午一时，敌分四路北犯，一路由大岗，一路由罗蒙，一路由马一山、东国，一路由牛岗前进，与我军激战，至下午四时，小董被占。

廿二晨五时，敌骑兵百余、步兵四百余、飞机十余架，沿大塘向那马进犯，激战至九时，我特务营一连退守平乐多。该晚，敌在思源墟渡河，与我135D工兵营激战，被〔？〕渡过郁江北岸之敌二十余人，当时伍团即派队增援、堵击，敌势顿挫。

廿三日，敌飞机掩护，在青山塘、剪刀墟强行渡河，蒲庙下游敌以一部强渡向邕宁东西两翼取包围态势，我170D派在沟庙为掩护队之一营被敌包围，彼我在江岸恶战甚烈，敌死伤惨重，我亦有相当壮烈牺牲，然敌仍继续猛犯。不意我伍团被敌击退，转移三塘，即以戴师部团占领陆公祠高地，并以黎师李营、补充营等接替伍团任务。廿四日，敌又以飞机、大炮猛烈轰炸我南宁南北地区，彼我在杜罗圩附近恶战。至下午二时二十分，敌三木及纳见等部队先头约四大队侵入南宁城。该时，我以135D及200D扼守高峰隘阵地，阻击敌军。

廿五日，敌利用汉奸、土匪、便衣队等袭入宾邕路之四塘，我守军135D之二连被冲散，黄昏时又袭入五塘。我以135D之蒋团于八塘之山头一带占领阵地，进击轻进之敌。该时，我135D一部仍在邕宾路上二塘附近侧击敌人之北犯，N19D及175D在钦、防以北邕江以南侧击、尾击，夹击北进之敌。

廿六日，我200D由三塘附近转移于高峰隘一带，协同135D担任守备。是日，敌三木部队在其炮火、飞机掩护之下猛犯高峰隘阵地，另有一部犯石埠圩，企图迂回我之右翼，先后均被我击退，激战甚烈。是役，邵团长、文副团长均负伤，敌亦损失惨重。

廿七日，敌骑兵松本部队（5K之中队）、伪军一部向我八塘左翼阵地搜索，被我击退。188D亦派队增援该方面。高峰隘方面，敌以飞机轮流轰炸，其后续部队因我公路破坏，无法前进，现积极赶修小董以南之公路，以图进出。

卅日上午九时，敌机八、九架轰炸大小高峰。同时，敌数百向我小高峰攻击，激战甚烈。十一时许，敌一小部向我马团进犯，另有一部六百余向右翼运动，我600R以一营侧击该敌。昆仑关方面，整日敌机五、六十架分批沿马路两侧将我八塘阵地毁炸，至下午五时，敌遂侵占八塘。我135D蒋团未变动，200D之高团向西移动，八塘一带仅有蒋团/135D及高团/200D，高峰隘一带有170D全部及135D三个团，200D主力向八塘方面移动，188D由河田圩向八塘转进，131D仍位置于武陵附近。

十二月一日，敌陆空联合向我高峰隘阵地猛犯，战况甚烈，我官兵奋勇抵抗，奈因炮火过猛，阵地被毁殆尽，致被突破。我135D、170D则转移武鸣附近占领新阵地，我200D除以一团仍在武鸣外，余均向昆仑关方面转进。同时以独立第三、四两团由鹿颈圩向七塘前进，侧击敌人。

二日，我昆仑关方面在战车协同之下向八塘之敌转移攻势，敌不支，纷向八塘溃退。我军已抵达距八塘一里之处，因桥梁被毁，彼我成为对峙之势。

三日，高峰隘虽被敌占据，我仍时予以袭击，敌迄今无法进展。昆仑关方面我军以扼要守备，彼我仍在相持中。

戊、我后续部队集中情形：

1.第五军奉命即用铁道输送至永福，转向南宁集中待命，限十二月微日前集中完毕，该部200D先以一团至桂林下车，用汽车输送至南宁，荣一师于廿日开始输送，N22D廿一日先后由渌口、衡山、衡阳等处用火车输送，各师及军补一、二两团于永福下车徒步前进外，余均至桂林下车，徒步或用汽车输送前进，200D于廿七日即参加战斗，荣一师、N22D于预定时日集中完毕。现荣一师及N22D位置于迁江、宾阳中间位置。

2.36A奉命开宜山集中，5D由鄂西经常德、长沙，改乘火车到永福、转宜山，96D全部约于八日可到麻江附近，十四补充处先头于一日始由内江开拔，限该部于十二月十五日在宜山集中完毕。

3.99A所部92D、99D、118D奉命于十二月十日在柳州集中完毕，92D冬日过永福，约九日可到柳州，本部直属队三日抵永福，约九日可到柳州。

〔国民政府国防部史政局及战史会档案〕

15. 张发奎转报永淳等地战况密电

（1940年2月1日）

即到。重庆委员长蒋、总长何：旬密。据报：甲、永淳方面，

一、昨世晚甘棠圩续到敌二千，其后续尚有一千，并似有战车。二、世午敌在炮、空掩护下，向我七六师戴团阵地猛烈攻击，并施放毒气，在三四五高地肉搏争夺四次，终因敌机轰炸，遂转移至纱帽岭阵地。三、四九师先遣之一团令向太平岭亘六律山之线进出，占领要地警戒，并另派一团归王师指挥，一团在山口圩、中华圩附近集结，机动使用。四、世日敌千余经小黎坪向永淳活动。乙、邕宾路方面：一、六六军一部与约一千之敌在雷劈岭激战中。二、一一八师已到维新村。三、六军方面无情况。九九军仍在沿江。四、世日敌小数便衣队到林圩，已被我驱逐。丙、邕钦路方面：一、艳辰及未有敌车共一百五十辆，载粮弹由大塘向那陈开，内似有战车十余辆。二、唐报现有敌六百余，极力构筑工事，较前加强。丁、邕钦路以东方面：卅日敌两千余、骑兵二百余由板城向唐报移动。戊、钦州湾方面：一、钦县有敌千余，准备出发。二、廿五、廿六、廿七三日，每日敌三千向钦县前进。三、卅日三时，龙门港有敌三烟筒运输舰十艘，及两大邮船。等情。谨闻。迁。职张发奎。东戌。参二。印。

〔国民政府国防部史政局及战史会档案〕

16. 杜聿明报告第五军各部转移情形密电

（1940年2月2日）

战急。重庆委员长蒋、军政部长何、军令部长徐钧鉴：甸密。本军各部队世晚开始向迁江、来江以北地区转移，占领阵地，构筑工事。（一）荣一师东日转移至樊村、瞰贤、秀童间地区。（二）二百师东晚自马览圩，以一部转移至岩石、樟木圩附近担任警戒，主力转移至来宾附近。（三）廿二师东晚自思陇、司爷、溯河街附近转移。（四）补一团东晚到达邹圩附近，开始在清水河北岸占领阵地，补二团留驻思陇、司东关、佐村附近，归卅八集团军指挥。（五）

骑兵团一部留置马览圩附近，担任警戒及搜索，主力转移至河里圩。（六）炮十四团第一营在北崖山西侧占领阵地。（七）炮二旅补充营一连配属第二军，主力东晚向排陈村（迁江东北）转移。（八）装甲兵团除属昆仑关及第七军各一连外，主力东晚以一连转移至邹圩附近，余转移至河里圩整理。（九）军部已移至北泗，其余军直属队正向北泗西南各附近地区转移中。谨闻。北泗。第五军军长杜聿明叩。冬巳。参一。印。

〔国民政府国防部史政局及战史会档案〕

17. 蒋介石关于宾阳一带作战部署密电稿

（1940年2月）

（1）2月3日密电稿

（有线）限三小时到。迁江、桂林分送白主任健生兄：O密。由邕宾路西侧地区突进之敌，虽进至宾阳、思陇，但其兵力不大，且该地区山地绵亘，我兵力仍优，敌之突进，当不能对我发生若何危险。我军此时应以贵县附近之六四军及四六军一部等，向宾阳之敌后方猛烈攻击，与思陇西方甘丽初部夹击突进之敌。如兄能亲至贵县方面督战，尤为妥善。如何，盼复。中O。江酉。令一元。印。

（2）2月4日密电稿

限即到。柳州白主任、陈长官、张长官：O密。一、甘棠、古拉、永淳皆已为我军占领，敌军在宾阳之后路已经断绝，此为我军歼灭宾阳之敌最良之机会。二、我军在迁江附近之主力，应即向当面之敌开始猛攻，占领宾阳，与我昆仑关各军夹击在昆仑关附近之敌军而歼灭之。三、除迁江主力向当面之敌攻击以外，另派三个支队，每个支队约一营兵力，在当面敌阵地之左右两侧，绕道至昆仑关，与我守关部队联系通信为唯一任务。其中之一个支队，或与宾阳之敌接触牵制之，并相机占领宾阳，而其余二个支队，务须不与宾阳敌军接触，不顾一切，直达昆仑关通信为要。四、以上各支队如能达成任务，各官兵准予各升一级，并另给最名誉之勋章。蒋中O手令。支申。川侍参。

〔国民政府国防部史政局及战史会档案〕

18. 张发奎报告下达桂南方面作战命令密电

（1940年2月5日）

限即刻到。重庆委员长蒋：狮密。本日下达命令如下：（一）我军应一面以少数部队袭击敌人，迟滞其前进，一面迅速形成有利态势，准备尔后之作战。（二）夏总司令暂行指挥六军、三六军、九九军三个军，第六军以一部向宾阳以西地区之敌袭击，主力在黄圩、马头圩附近集结，三六军以一部向上林附近之敌袭击，主力在雷圩、大明山附近集结，九九军在镇圩、佛子圩附近集结并筑工事。（三）徐总司令指挥第五军附新卅三师，第四、第六两分校之学生军，第五军占领邹圩及其以北刀蒙隘、迁江、塽安附近之阵地，第四分校学生军控置于忻城，对渡口圩东西红水河北岸担任警戒，第六分校学生军控置嶅山附近，对来宾红水河北岸担任警戒。（四）邓总司令指挥六四军、四六军（欠一师）、一六零师，六四军主力控置樟木卓、寺脚圩附近，一部控置来宾附近构筑阵地，准备对北犯之敌予以侧击，四六军（欠一师）以一部向宾阳以东之敌袭击，主力控置黎塘高地带，一六零师以甘棠以东镇龙山为根据地，向武陵圩之敌袭击。（五）九师、一一八师、七六师开往柳州整补，一五九师开往大塘整补，四九师在来宾收容完毕控置柳州附近。（六）开于隆山方面部队之收容，应由夏总司令派干员督率实施。以上各项仰即遵照实施具报为要。谨电呈察。思练。职张发奎。微午。参一。印。

〔国民政府国防部史政局及战史会档案〕

19. 张发奎关于桂南前线第六军等部溃败情形密电

（1940年2月）

（1）2月5日密电

特急。重庆军令部长徐：甸密。自冬申以来综合战况：一、敌主力于冬、江两日窜抵宾阳、思陇一带，一部窜邹圩、清水清〔河〕南岸，刻仍与我杜军对峙，一部窜入上林，又一部经思陇窜那棉，与我预二师对峙中。二、据各方报称：当敌窜入宾阳，我第九师即偕三二师向上林、思陇方面撤退，江日九师在中大村，一零二师在樊古村、古民村附近隘路，受宾阳、思陇两面敌人夹击，并敌机十架猛炸，郑师长当场阵亡，官师长只身遁入山中，部队重大伤亡，多已溃散，残部正由九师副师长在隆山附近收容中。是日，六十四军进占甘棠，四十六军进占古辣，独二团克复永淳，七十六师到黎塘收容后进占王灵圩，第五军仍在邹圩布防，第六军转进黄圩，九十九军退上林西北高地，卅六军退上村西北雷圩附近，尚未取得连络。职指挥所移思练，叶、李总副司令迄今无消息。三、支日以来敌除各以一部与我第五、第九十九两军及预二师对峙，并邓总司令指挥各部仍尚〔在〕宾阳、武陵圩续攻外，无甚变化。四、查我军此次参加会战，所〔所字衍〕其实力仅六四军较为齐全，用本钧座意旨，已于微未令各军保持有利态势，向敌攻击，其部署另电呈核。此后局势之溃〔演〕变及土〔？〕年度如何处置，仍乞训示。除分呈外，谨闻。思。张发奎。参一。微申。印

限即到。重庆委员长蒋：甸密。据甘军长微电称：（一）第九师被宾阳西进之敌截击，损失甚大，师长指挥特务连作战，有殉国讯，确否待查。（二）二九六师、一五九师江午在禄田村、古民村、中大村一带逐次被敌截击、轰炸，各师长曾下令经大明山至上林集合，迄至现在各师长下落不明。（三）第五师率两团突围，支午到亨亮圩，又被敌战车冲散，师长下落不明。（四）敌骑兵百余支申窜上

林。（五）九三师自艳日起与敌接触，伤亡约千五百余，卤获战马五、轻机枪三、步枪十余、防毒面具及其他器材甚多。（六）预二师自感日起与敌接触，伤亡四千余，失踪四百余。现本军仍占领第圩同贵村、禄良、古竹、金上村、黎口隘之线，与敌对峙中。黎口隘附近已发现敌人。等语。谨闻。思练。张发奎。微亥。筹。印。

（2）2月7日密电

重庆委员长蒋：厦密。据甘军长鱼十五时克电称：预二师正面十时以后敌增至一大队以上，机炮亦增，阵地全毁，十四时禄良被敌突破，逆袭亦无进展，现在虎龙山、雷壇岭一带混战，正令九十三师增加虎龙山附近激战。同时，陌岩敌一部约五、六百人、炮三门向硇王山（天马东南）九三师阵地，另一部四百余、炮二门由古竹向烧岽岭攻击①，血战甚烈。黎口隘、金上材方面军直属队尚与敌对峙中。除饬属尽最大努力外，谨闻。等情。除分报外，谨闻。思。职张发奎。阳午。筹。印。

（3）2月8日密电

特急。渝军令部部长徐：甸密。据第六军甘军长虞八时志电称：本军正面之敌自十五时以后增至一联队以上兵力，并有野炮四门、山炮六门、敌机十余架协同，在同贵村以西叉角王山、云龙山、烧东岭一带展开剧战，因敌机炮火猛烈，我官兵伤亡奇重，迄十七时三十分敌迫进都圩，在黄圩南之九十三师李团遂被截断，黎口隘方面之敌亦乘机炮击，维持至下午七时，预二师已无力再战，九十三师亦伤亡过半，腹背受敌，危急万分。至二十时奉令转移，当以一部于天马、马碎、黎口隘继续抵抗，主力于二十二时撤守大览、小陆圩之线，预二师因实力耗尽，权令在舛桥附近收容整理，九十三师除李团被截断失连络、张团残部在黄圩固守外，可用者仅雷团两营。现在准备流最后一滴血换取代价。军部现在两江圩。等语。

---

①“烧岽岭”又作“烧东岭”。

除分报外，谨闻。思练。张发奎。齐午。筹。印。

〔国民政府国防部史政局及战史会档案〕

20. 张发奎报告宾武等方面我军部署等情密电

（1940年2月11日）

特急。渝委员长蒋：甸密。甲、宾武方面、据夏集团刘参谋长报称：（一）武鸣敌将全城占领后，于佳未被我一三六师之四零五团攻击，即行撤退。（二）现一三五师在黎圩，一七零师部在里圩（在旧思恩北），第六军部在雷圩（大明山附近）。（三）二集团目前部署率〔?〕南宁区民团担任隆安、南圩（右江南岸）之线，武鸣区民团担任杨圩、闷圩、玎珰圩之线，三〔三字衍〕一三五师担任锣圩、膺圩、仙湖之线，前进据点在邓柳圩、黑建等处。（四）一七零师担任仙湖至旧思恩城之线，前进据点在马安、清水、那杨等处。（五）第六师担任厄圩、大览圩、禄谢、小陆圩、马头圩之线，前进据点在黄圩、苞桥等处。（六）苞桥现有九三师之一营，黄圩尚有小部敌人。乙、宾迁方面、邹圩之敌被我击退后，我清水河北岸守备之新卅三师已派一部进驻该圩，向公路之南施行警戒。丙、宾贵方面，据邓总司令真戌电话称：九日上午敌战车卅七辆、摩托卡车五十七、辎重车六一、汽车五十、步兵三纵队，由马槛到宾阳；十日有敌步兵八、九千由宾阳南开。除分报外，谨闻。思练。张发奎。真戌。策。印。

〔国民政府国防部史政局及战史会档案〕

21. 军令部第一厅关于第六十六军作战不力误伤民团等情签呈

（1940年2月13日）

签呈　民国廿九年二月十三日
　　　于第一厅第一处

本电所报66A奉命侧击那河、甘棠敌人之部署，据白主任支□御电称，该军未能遵命实施，以策应正面苦战之76D、49D，致敌得乘隙突进，袭陷宾阳，而该军指挥之118D及160D忽现于邓军后方之青桐圩。复据柳州行营五日电话称，66A陈军长于一日拂晓率领160D及118D，由那何向甘棠攻击北上之敌，因误会与永淳民团激战一天，二日发现敌北上之辎重驮马千余，当即被该部击毙数百，三日该部即向陶圩、青桐圩东进，并未尾击敌人。查该军系奉命由那何向甘棠击敌侧背，此次因与永淳民团发误会，致失战机，而该军长因见敌已北上，宾阳已失陷，未能毅然独断，尾击敌人，不无遗憾。本电拟存查并复悉、当否乞示。

〔国民政府国防部史政局及战史会档案〕

22. 蒋介石颁发桂南方面各集团军作战指导要旨密电稿

（1940年2月14日）

（有线）即到。桂林白主任：O密。极机密。训令。兹指示桂南方面尔后作战指导要旨于次：（甲）方针：（一）桂南我军应以消耗敌兵力、并确保我西南新国际线路安全之目的，以有力一部与敌保持接触，不断袭扰，并加强截断邕钦路交通；主力分别控置于后方整顿，迅为恢复战力，相机收复南宁。（乙）指导要领：（二）夏兼总司令指挥所部，任邕钦路以西及邕武路之作战，应以有力一部袭击邕钦路，截断敌人交通；以主力分别控置于绥渌及田东、果德间整顿，任新国际路线掩护。其在邕江南岸部队，着由韦副总司令指挥。（三）徐总司令指挥所部，任高峰坳以东黄圩、昆仑关一带作战，以有力一部与敌保持接触，不断袭击；主力分别控置于都安及大塘圩、柳州间整顿，任黔桂路之掩护。（四）邓总司令指挥所部，任昆仑关以东至邕江北岸作战，以有力一部不断袭击邕宾路之敌，主力控置于永淳附近，任西江方面掩护。（五）蔡总司令指挥所部，任邕江南岸邕钦路以东作战，与韦副总司令协同，袭击邕钦路，断敌交通。（六）上各集团军应保持密切联系，互相策应，以利尔后之作战。（丙）希本上项要旨，速定详细部署具报，并须有于适当时□转取攻势之准备为要。川。中O。寒未。令一元渡。印。

〔国民政府国防部史政局及战史会档案〕

23. 蒋介石为部队作战不力贻笑敌国饬即查明纠正密电稿

（1940年2月15日）

联衔：桂林白主任、大塘张长官：O密。敌元夜广播称，华南派遣军鉴于此次历史的歼灭战之战果，元日对我桂南高级将领发出长篇通告，指摘我作战之拙劣等情，显有轻蔑之意。查此次战役，真夜敌即广播放弃宾阳，而当日我前方部队似未发觉，至元日方有我军一部进入宾阳之报告，足证该地区部队未能确实与敌保持接触，战场搜索亦极忽略，殊属非是，亟应查明诰诫，并转饬尔后严加纠正为要。中O。删。令一元骥。印。

〔国民政府国防部史政局及战史会档案〕

24. 白崇禧拟请奖惩宾阳之役部队主官密电

（1940年2月15日）

重庆委员长蒋：恭密。此次桂南敌反攻昆仑关作战负有直接担〔责〕任之部队，应请明令奖惩，谨分呈如下：甲、卅七集团军总司令叶肇对于甘棠方面之敌，未能按照命令指定时间，由那何圩进出甘棠。六六军军长陈骥不令所部由那何圩北向尾击敌人，乃反南行至陶圩、青桐，显然意存规避。卅六军军长姚纯指挥失当，掌握不确，以至部队转进时兵员、枪械甚多失散。九九军长傅仲芳自敌反攻昆仑关，指挥、掌握均未能适当，该军九九师师长姜教亨指挥尤怯懦无能。四九师师长李精一于武陵、古辣附近遭敌机轰炸，部队即星散，未能确实掌握，致敌容易窜入宾阳。以上各员请予以处分。乙、卅五集团军总司令兼军长邓龙光、四六军军长何宣、一七五师师长冯璜、一五六师师长王德全，于横县、贵县附近向甘棠之敌攻击前进，动作迅速，克赴事机。七六师师长王凌云在甘棠附近首与约一联队之敌鏖战四昼夜，予敌损失。以上各员，请予以奖励。以上各项，是否有当，伏候核示祇遵。桂。职白崇禧。删申。参一。印。

〔国民政府国防部史政局及战史会档案〕

25. 白崇禧关于桂南作战部署密电

（1940年2月16日）

渝委员长蒋：甸密。据张长官寒酉等电，查桂南方面之敌，大部向南宁撤退，仅有小部扼守昆仑关、高峰隘各据点，似有转移兵力于他方面之模样。战区桂南方面军以截断邕钦路、围攻南宁之目的，于本日指示各部行动如下：(一)夏集团辖第一纵队及卅一军两师，及第六军、九二师、四九师、预二师，以一部(两师)进出上思东地区，破坏敌人交通，截断邕钦路。以一部(两师)在隆山附近选择有利地带，构筑坚固据点，确保西南国际交通线。以大部(三师)在武鸣、马头间占领纵深阵地，随时派队向南宁附近之敌袭击。(二)徐集团辖第五军、新卅二师、四三师，以主力控【置】于上林、杨渡口、邹圩、石陵圩、迁江、来宾之线，占领纵深阵地，严防敌人北犯。以一部占领宾阳据点，并派有力多数部队，向昆仑关方面之敌袭击。(三)邓集团辖六四军及第卅六军，以一军推进于黎塘、甘塘之南，对昆仑关方面之敌袭击，一军控置于贵阳附近，保持机动。(四)蔡集团辖四六军两师及第一三三独立团与南路各游击司令，以灵山、陆屋一带为根据地，积极破坏邕钦路之交通而截断之。(五)作战地境：夏集团与徐集团：金钗圩、里民圩、上林县、思陇之线；徐集团与邓集团：贵县、黎塘、武陵、昆仑关之线；邓集团与蔡集团：邕江沿江各线。均属左翼。(六)战区直辖兵团九九军，任柳州附近国防阵地之守备及构筑，五四军控置于柳州、雒容附近，保持机动。(七)各部奉令后，即开始动作。另第二军(第九、第七六两师)在大塘附近集中待命；第卅七集团及三六军，调衡阳整补；四分校学生军限有日完成渡口圩附近工事后，开回宜山；六分校学生军开回桂林。等情。谨转呈察。桂行。崇禧。铣申。参一藩。印。

〔国民政府国防部史政局及战史会档案〕

26. 苏联军事顾问加略诺夫关于昆仑关宾阳等役战斗经过及经验教训的报告

(1940年2月19日)

桂南作战经过

二十九年二月十九日加略诺夫报告

记录：罗颖之

今日所欲向诸君报告者，为余此次在桂南前线所见之作战经过，及中国军队所得教训与成功之事项。

第一期作战部署：

敌情：截至上年十二月十七日止，敌之兵力部署如次：

昆仑关与八塘、九塘一带为一联队，七塘为一千人，五塘为一大队，南宁为二大队，高峰坳方面约二、三千，邕钦路为运动中之台湾旅团，南宁以北之兵力为敌最精锐之第五师团，配属有机械化部队及炮兵，并筑有钢骨水泥之坚固工事。

我之作战部署：中国军队为图消灭此区域之敌军或驱逐于海外，分东、西、北三路会攻敌军。北路军正面为第五军，亦中国方面之精锐部队，在思陇附近集结坦克车五十四辆，重炮十八门，山、野炮二十余门，并有战车防御炮及高射炮等武器；九十九军之一一八师及九十二师经古辣攻击敌后之七塘、六塘、五塘。西路军以兵力二师（一七〇师及二十一军之一部）配属炮兵，自武鸣向高峰坳攻击，另以二师（三十一军欠一师）袭击吴村、大塘、南宁之敌，遮断敌之交通。一〇二军预定由永淳渡江，袭击南宁一带。东路军以四十六军（欠一七〇师）自陆屋西进，截断敌后之公路线。我方实力雄厚，如能按预定实现，当有将敌第五师团完全消灭一鼓而下南宁之可能。

作战经过概要：

中国军队全线部署完毕后，预定自十二月十八日开始攻击，但实际十八日仅有九十九军之九十二师攻击敌人，一一八师至十九日始行动作，第五军之新二十二师亦于十九日始攻击五塘及六塘，正面之第五军未见断然之攻击。因攻击不能协同，以致未能达到预期战果。九十九军之任务为截断七塘，攻击五塘、六塘，断绝敌方补给线，该军之九十二师确已达成此项任务，在七塘南北占领阵地，并包围七塘之敌。自十八日至二十六日之八日中，七塘一带完全在九十二师之控制中。敌人欲向昆仑关增援已不可能，不得不用飞机输送弹药、给养，故敌人每日必向九十二师攻击多次，因之战事异常激烈。但截至二十六日止，第五军并未断然攻击，敌人得以抽调八塘兵力，南攻九十二师，五塘方面之敌向东北攻击，并以一部绕出七塘之东，三面包围，敌机又投掷烧夷弹及毒气弹，该师遂不得不于二十六日被迫退却。九十九师加入作战为时已晚，敌人乃得输送弹药，并增援军队至昆仑关前线。五塘、六塘以北为新二十二师，以南为一一八师，该两师对于九十二师毫无帮助，新二十二师原已占领五、六两塘，但旋即退走。九十九军之一军仅有九十二师作战。二十八、九两日，第五军始正式攻击，新二十二师亦加入正面作战。第五军正式攻击虽晚，但经三、四日之激战，即将昆仑关及九塘克复，敌人在昆仑关原筑有钢骨水泥工事，地势又易守难攻，因之战况极为猛烈。幸赖中国官兵之前仆后继，卒将敌最精锐之第五师团歼灭万余，昆仑关附近敌军遗尸累累，中国方面获炮八门，重机枪十八挺，轻机枪四十余挺，第五军每一士兵几均得有战利品，九十九军则消灭敌军一个半大队，敌军溃退时将枪炮掩埋坟墓之下，最初在昆仑关为我发现，以后在他处亦发现不少，因此获得大炮、机枪甚多。南宁会战之第一期至此遂告一段落。中国方面第五军及九十九军固已疲惫不堪，敌军更属无能为力，此役九十九军与第五军虽未能协同作战，但敌之第五师团已遭歼灭。

一月五日至一月二十六日为作战之第二期。第五军抽调后方整训，九十九军之九十二师、九十九师迅速补充后，由邕宾路以东经思陇调往公路以西，在五、六塘以北，七、八塘以西占领阵地，一面采取守势，一面增调援军。敌人方面，第五师团调赴南宁后方整理，以第十八师团接替。因双方均在准备第二期大战，全线仅有小接触。一〇二军原拟由永淳渡江攻击南宁，继乃改向八塘攻击。其时，九十九军已被迫自七塘一带撤退矣。自十二月二十六日起进入第二期。敌军向九十九军右翼之九十二师一面攻击，一面迂回，九十九军军指挥所在太平村即感受威胁。二十六日至二十九日，敌人攻击异常猛烈，十八门炮同时射击，每日发炮不下一千五百至二千发之多。二十七日，敌人曾向九十二师之一团攻击达四次，但均被击退，敌军死亡三百余。九十二师原未补充完毕，仅有步枪一千二百余枝，战斗力甚为薄弱。敌以一部由南向九十二师、一部由八塘向九十九师攻击，企图将九十九军消灭或驱逐，扫清其交通线。然就全部言之，此部尚为助攻。二十八日，敌更由永淳渡河，中国当局以发觉过迟，无法阻止。敌渡河后，经古辣一带平原至宾阳。无庸讳言，此系敌方之成功而为中国方面之失败。敌人渡河部队为一个师团及一炮兵团，既占宾阳又经思陇沿公路西至武鸣，中国方面已失去指挥连络。在中国当局判明敌人迂回策略后，急将原在思陇附近之炮兵团转移迁江附近，得以未受损失，惟在昆仑关、九塘一带正面之我军，七、八塘以东之一〇二军及配属之一一八师，邕宾路以西之九十九军及第六军，均已被敌包围，局势至为严重。幸我方大量增援部队及时赶到，始克转危为安。据昨日报载，七塘以北已无敌踪。敌方损失约两万人，第二次决战敌人又告失败矣。

根据两次作战为可得如下之结论：

第一、敌人在各战场虽有部份的成功，但就全体言，实为整个之失败。

第二、中国军队现已反守为攻，取得主动地位。

第三、中国官兵作战英勇，表现高度之战斗力，及杀敌致果之决心。

总之，此次作战敌匪特毫无所获，兵员器材且受重大之损失。余敢确言中日战争之最后胜利必属中国军队与中国人民。

〔国民政府国防部史政局及战史会档案〕

27. 军委会草拟关于桂南方面敌情摘要

（1940年2月19日）

一、敌情摘要

1．四塘以上五、六、七、八、九塘迄昆仑关均无敌踪，三塘有敌三百余，现构筑工事甚忙。敌由宾阳退南宁时，将沿途房屋及电杆尽行焚毁。十六日起，敌在南宁放火，现南宁有敌六、七百，城内尚有多数伪军。

2．高峰坳十五日有敌二、三百，十六日仅余敌百余。

3．邕江南岸邕钦路上，自九日至十四日止，敌汽车南开者共一八二四辆。钦州龙门港附近，泊敌空运输舰十余艘。

4．第四分校报告，敌G1B、5D有调回本国，18D凋粤消息，确否待证。

二、判决

桂南之敌，似以确保南宁之目的，缩短战线，节约兵力。

三、理由

敌之攻占南宁，向国际间宣传已久，今若一旦放弃，则不特对国际无以自圆其说，即对敌国内亦无以解嘲。故敌虽知占领南宁，已失其意义，不宜长此陷兵力于绝地。但与其毅然放弃，究不若缩短战线，改取守势，以少数兵力维持残局之为愈也。故南宁之敌无论退与不退，于我均属有利，毋庸过度重视此问题，而应以如何妨害敌之转移及与敌确保接触，勿使有逸出战场为最要也。

四、处置

1．增大邕江南岸我兵力，加强对邕钦路之破坏与截断。

2．对南宁正面，我应以多数有力部队，行广正面之威力搜索，与敌确保接触。

3．应控置有力兵团于灵山附近，以掩护南岸兵团侧背，并相机策应西江方面之作战。

〔国民政府国防部史政局及战史会档案〕

28. 张发奎报告桂南日军收缩防线陆续出海等情密电

（1940年2月20日）

特急。重庆委员长蒋：窥密。战报：一、邕宾方面，职皓午赴柳洞（司陇西北）第五军部，据杜军长电称：南宁之敌约有一联队据守近郊各据点及三塘、高峰坳等处，我新三十三师一部及四十三师之侦探队在四塘附近与敌对峙中等语。本(号)未据报。二、邕武方面，我一三五师之一部仍与敌在高峰坳对峙中。三、邕钦方面、据蔡总司令报称：我独一、独二两团不断向由小董南窜钦县之敌袭击，并施行破坏道路。据合浦邓专员世增报称：截至十八日止，南宁之敌经钦登舰出海者计达二、三万人，现驻钦县附近村庄尚有二万余人等语。除分报外。谨闻。迁江。职张发奎。号亥。筹。印。

〔国民政府国防部史政局及战史会档案〕

29．蒋介石关于桂南方面作战部署要旨密电稿

（1940年2月20日）

有线。(即到)大塘张长官：寒酉、铣戌各等电均悉。△密。对桂南方面作战之处置尚妥。查敌似以确保南宁之目的，缩短战线，节约兵力。我为制敌机先起见，(一)应增大邕江南岸兵力，加强对邕钦路之破坏与截断。(二)对南宁正面应以有力部队行广正面之威力搜索，与敌确保接触。(三)应控置有力兵团于灵山附近地区，以掩护南岸兵团侧背。(四)希遵照上三项要旨部署具报为要。中〇。哿未。令一元骥。印。

〔国民政府国防部史政局及战史会档案〕

30．张发奎转报第九师昆仑关溃退经过代电

（1940年2月25日）

重庆参谋总长何：据第二军李军长智申明代电称，据第九师副师长夏德贵二月十四日报告，该师于昆仑关撤退经过如下：(一)本师奉命守备昆仑关，即抱定与阵地共存亡之决心，二月一日上午七时，师长奉总司令徐电话指示放弃昆仑之腹案，师长深恐电话有

误，当派职亲谒总司令请示。曾于斯日十二时，晋谒总司令于地下室，面谕第九师在昆仑关，如左翼战事不利，敌人迂至后方、通讯中断时，可随一零一军，向上林方向行动，尔后绕至武宣归还第二军建制。奉总司令徐东午参代电开，第九师尔后行动着归第三十六军姚军长指挥。奉命之下，即向姚军长请示，随时赐予机宜。（二）二月二日上午九时，一零一军派刘参谋至本师连络面称，九九军撤退，第六军未到达我右翼，敌已跟追占领渌口，本军右侧背受敌威胁，已令三零一、三零二两师，撤至拔凿岭、濛蒙岭、那楼岭、金龙山、平田、扒顶一带地区，致本师阵地右翼受敌威胁，形成不利之态势。于下午四时，奉总司令徐电话谕，宾阳发生枪声，情况不明，如通讯中断，该师即归姚军指挥，与一零一军一致行动。我师长当以镇静态度，电话报告总司令徐，略称请总司令最好令各军坚持到底或能挽回大局造成湘北、粤北同样之胜利。午后五时，一零一军郭参谋长电话本师邓参谋长云，宾阳已被敌人占领，时机迫切，我们行动须断然自行处置，希与贵师长从速商定。邓参谋长答本师受姚军长指挥，当唯命是从。于午后七时，接本师派往一零一军连络参谋唐平电话报告，一零一军决定撤退，后方部队早已开始行动。师长据报即令职用电话向姚军长请示，当由郭参谋长接话云，命令是不能发，我以友谊关系，可以直告，本军决于本（二）日晚撤至思陇以北山地抵抗，至明（三）日下午再为行动，免受敌机威胁等语。师长复用电话向姚军长请示本师行动，当奉指示以马岭圩至思陇之公路为本军撤退路线，贵师可向东经高田圩、河田圩、新桥圩，向上林转进。（三）师长依据总司令徐撤退复案之指示，遂决心与一零一军同时行动，遂于二日晚十二时开始撤退。等情。查该师撤退经过确属实在，理合电请转报。等情。除分呈外，谨电呈察。迁江。张发奎。有申。筹。印。

〔国民政府国防部史政局及战史会档案〕

31. 张发奎转报第四十六军陆屋镇南战役战斗经过概要代电

（1940年2月28日）

重庆委员长蒋：据四六军何军长铣午参一代电称，谨将职军陆屋附近战役战斗经过概要、镇南附近战役战斗经过暨邕钦、陆屋、镇南各战役经验教训各两份随电呈察。等情。除抽存外，谨检同原件各一份随电呈察。柳。张发奎。俭未。筹。印。

附呈四六军战斗经过概要及经验教训共三本

陆军第四十六军陆屋附近战斗经过概要

二十八年十二月九日至十六日

查敌寇之侵略我南路也，先以第五师团，饭田旅团，佐世堡海军陆战队，并以第五舰队及大湊空军之掩护，于十一月十五日由钦、防开始登陆。本军因一七零师奉调为十六集团总部总预备队，一七五师任北海、电白方面防务，仅以新十九师一师兵力，担任钦、防数百里海岸防线，致被敌寇乘气候恶劣、海雾极大之际，于空隙处侵入。继复增加木石联队，台湾旅团，波田旅团一部，并附汪逆精卫派遣汉奸，及著匪王三喳余孽约共三千余人引路，合计数万之众，直逼南宁。本军于十一月廿一日奉令出发渡邕江以南侧击敌人（南宁系十一月廿四日沦陷），迄至本月二日前，进抵邕钦公路近旁，先后将那陈、大塘、南晓、台马各段交通、通信彻底破坏，两度占领小董，并进据大岗、水榕塘，毙敌近千，夺获械弹，烧毁辎重颇巨。兽敌因此恼羞成怒，由邕宁调兵数千，渡江而南回至小董，复由钦州调敌千余增援牛岗，统计原在各该据点者约逾万之敌，另附骑兵别动队，分三路各以飞机十余架掩护东进，一路由广平，一路由青塘，一路由那香向上井，企图压迫我军远离邕钦公路。达成其畅通机械化部队与后续部队、增援南宁之目的。本月九日以来，我一七五师及新十九师于上井墟、新平墟、大埠墟之线与敌激战，敌三次施放毒气，我官兵少数中毒，悲愤至极，拚死杀敌，先将上井墟与黄洞各附近敌一部击溃，并诱致广平、青塘二路之敌于陆屋附近地区，我一七五师即行反攻，新十九师与增援来到之第二挺进纵队，自上井墟方面由北而南，全力侧击，敌顽强抵抗，硝烟尘土，天地无光，官兵浴血，各不相识，鏖战至本月十六日，敌我伤亡均重，频以电话引证拿破仑最后五分钟勖勉所部，而敌顿呈溃势。复值我邕江北岸主力军突然反攻，进展甚速，敌益慌乱，纷纷向小董、钦县方向溃退，在陆屋发现未烬尸灰十余堆，并遗尸数百具，其余枪炮弹、毒气筒、装具等项，弃置战场不暇收拾，煮熟之饭，亦未成吃，可想见其溃退时之狼狈情形也。此役本军阵亡一七五师巢团营长熊件武一员，伤二员，其余官兵伤亡约四分之一。除一面追击，并仍继续实施袭敌破路任务外，即分别扫除战场，于敌军官尸体上获得颇有价值之记载（有敌军官笔记云，来华以后经过战役，此为第一次之激烈战。等语。与敌南支派遣军总部广播所称皇军一部在钦县陆屋遇强敌顽抗，其意正同。余在翻译中）。舆地图、军品等多件，已分别存缴。此为陆屋战役经过概要也。

陆军第四十六军镇南附近战斗经过概要

敌军自去年十一月中旬登陆、占领南宁以来，十二月中旬复东进，被我击溃于陆屋后，迄至一月十四日，不下二千之敌，又由大塘进扰久平（大塘东北），与我一七五师五二三【团】及野补团，在苍甲山（久平西南）一带高地发生战斗。另一股约步兵数百、骑兵百余，由小董犯板城，与我新十九师五六团前哨接触。该团以一营尚在奇灵破路，且板城地势平坦，无险可守，遂撤至板城东北大石岭一带山地，拒止敌人。十五日拂晓，久平、苍甲山附近之敌以飞机、大炮掩护，数次猛攻，均被击退，已无积极企图。十六时，又敌步骑联合约五百，由长滩窜抵南忠，而板城之敌逐次增加，合前共千余，炮数门，陆、空联合，向大石岭五六团阵地猛攻。该团以右翼受敌威胁，因向众人岭（镇南东南）转进，敌乃直扑镇南，企图进扰太平。军据报后，以太平附近形势险要，设一旦陷于敌手，构成坚固据点，并南略陆屋，北取蒲庙，则尔后东路军之作战困难，破路截敌均将无法实施。故为达成任务计，决先集结优势兵力，击灭镇南附近敌人。即令军预备队五二四团在镇南附近占领阵地，拒止敌之前进；一七五师除留一部在花〔苍〕甲山牵制敌人外，主力即向那香、百济间地区集结，对镇南附近之敌猛烈侧击；新十九师五六、五七团主力向镇南西南，期与一七五师主力【协同】，将镇南之敌包围而歼灭之。十六日，我五二四团当面之敌三次增援，步、骑、空至一联队以上，屡以飞机掩护，向我冲锋。我五二四团巢威所部官兵，以必死决心，与敌恶战，敌受重创，然犹顽强进攻。十六日戌刻，我新十九师主力到达镇南西南之明月塘、牛皮岭附近。十七日巳刻，一七五师主力亦抵镇南西北端之和尚岭及新墟附近，遂将镇南附近之敌包围。正围歼中，而敌机六架，轮流向四合坳西北高地投弹百余枚，并投烧夷弹，着火烧山，及施放催泪性毒气。我守军五二四团在该高地之一部，伤亡殆尽，致该高地被敌占领。敌得掩护其大部，乘隙向那香方面突围，然犹被我伏兵分段侧击，毙敌无算。十八日，该掩护退却之敌约六、七百，仍在四合坳西北高地及古镇一带村落，被我包围，负隅顽抗。迨由小董增加敌兵数百，企图解该敌之围，与我一七五师五二五团在新墟方面发生激战。此时适奉总座蔡巧辰手令，饬我军为整备尔后作战及避免敌之反噬，应以有力一部，扫荡战场残敌，主力集结太平、上井各附近整备。等因。遵即令新十九师及一七五师各以一部袭扰敌人，并扫荡战场，主力于十八日酉刻，分别向太平、上井各附近集结，并令五二四团在四合坳原阵地担任掩护。军部十八日申刻移旧州。十九日，四合坳西北高地及古镇一带残敌，经我扫荡，悉数歼灭，新墟方面之敌亦经痛击，向小董溃退。我各部夺获敌步枪、防毒面具、钢盔、驮鞍、观察架、军需品多种，而沿途土民乘机俘敌、击毙者亦多，且有缴敌枪达二百枝者。我追击队即追至板城附近。此役敌为近卫步兵第二联队及第四联队之一部，并配属一部骑、炮兵，经我数日围歼，损失极大，击毙其大尉深堀、前村、北尾、楠本二郎等多人。此为镇南战役经过之概要。

〔国民政府国防部史政局及战史会档案〕

32. 第四战区桂南方面灵山之役战斗经过概要①

（1940年3月25日）

战区以攻略南宁之目的，于三月一日下达命令，以主力使用于邕钦路以东地区，有力一部使用于邕钦路以西地区，企图遮蔽敌后方交通，协力我邕江北岸部队之作战。邕钦路以东部队为26AG（46A、1RS、2RS、3RS及游击队）、35AG（64A），编成东路兵团，统归吴奇伟指挥，46A主力推进于小董东北地区，64A控置于灵山西北地区。十二日，我46A以一部攻击大塘、小董间之敌，当即占领崇匡附近高地及大路岭。我188D亦于是日占领十二坛，邕钦路遂为我截断。我邕江北岸部队亦开始攻击。敌为确保南宁，解除其侧背威胁计，乃于十四日钦州之敌28D一部约一联队，附骑、炮兵各一部，由牛冈经平吉，向我进犯。南宁附近之敌5D一部，由良庆沿蒲津东窜南阳乡，继分两路，一路约联合兵种三千余，由太平前进；一路约一联队，附骑、炮兵各一部，进占永淳。十六日，旧州、陆屋相继失陷。永淳之敌亦窜抵沙坪（永淳东南）东南一带地区，与我64A部队激战。十七日午后，灵山失陷。十九日，敌一部已窜抵佛子圩、丰塘之线，我东路兵团节节抵抗，损失颇重。迄至二十日止，一部在灵山东北木梓、寨圩、乐民、苏村、城隍一带地区收容整理，吴总部已移贵县指挥。二十一日，我93D一部由横县附近南渡邕江，向大塘（平南东）前进。灵山以北南乡、江口、平

① 沿用原标题。

南、平山等处，均无敌踪，灵山之敌其主力忽向西撤退，一部南撤，似有放弃灵山之模样。二十二日，我军克复灵山，现正强行追击中。

〔国民政府国防部史政局及战史会档案〕

33. 蒋介石为修正桂南方面作战部署要旨密电稿

（1940年4月13日）

限三小时到。桂林白主任、柳州张长官、衡阳商长官：〇密。虞酉令一亨电计达。桂南方面以加强邕钦路两侧游击及新国际路线之掩护兵力，主力控置整训，以备尔后攻势之目的。兹修正其部署要旨如下：（一）第五军全部驻全县、零陵，归本会直辖整训，前令以一师留驻柳州，仍应归还建制。（二）第一九八师即开柳州附近，归还第五四军建制，该师所遗防务，由余副长官统筹接替。（三）第五四军主力驻柳州，一师驻迁江，一面整训，一面策应邕宾路之作战。（四）第六军主力任邕宾路作战，一师推进邕江南岸，加强邕钦路东侧之游击。（五）第四六军归还第十六集团战斗序列，加强新国际路线之掩护兵力，该集团主力位置右、左江附近地区整训，以有力一部进出邕钦路西侧游击。（六）第六四军一面在贵县附近整训，一面策应邕钦路东之作战。（七）新卅三师应饬即开衡阳，归还新十一军建制。（八）郑洞国军主力，仰转饬开衡阳整训，第五师仍驻湘潭，该军归本会直辖指挥。右八项除分令白主任、商长官外，仰由张长官分别转饬遵照具报。中〇。元未。令一亨。印。

〔国民政府国防部史政局及战史会档案〕

34. 张发奎转报第一三一师左江两岸作战经过代电

（1940年4月16日）

重庆委员长蒋：密。据三十一军韦军长艳、一三一师贺师长东支虞各电报告一三一师左江南北岸作战经过详情，兹谨汇呈如次：(一)寝日由沙井西进之敌一股约二千余，俭日窜入陇罗，是夜到达西长后，以一部绕至旧城西，艳日在旧城、西长之线南方高地斜面广大地域，准备向我攻击。同日由上思西进之敌先头部队约二百余、马数十匹，经昌墩到佛子墟，其余约二千到达昌墩。该师对由陇罗进犯西长、旧城之敌已派梁仲光营尾随、相机袭击外，其余主力均遵军部俭子参作电部署，以主力在那江附近，一部在佛子坳伏击敌人。(二)引日以后，扶南、大塘、山圩、绥禄、东门、旧城、西长、呆灵、板利、罗白①、岜河、渠旧、渠黎之环形线上，敌日增加。该师当时除一部由三九三团陈团长指挥，在崇善西北地区尚未取得联络外，主力均在此环圈内，面面皆有受敌攻击之虞。冬辰起，敌向我之包围圈向内紧缩，其在西长、东门线上者，分组向北运动；在西长以西者，逐向东移；在扶南方面者，循湘桂路基窜到渠旧；在岜河西方者，已未渡岜河，与该师工兵营接触。来势汹汹，情况紧迫。该师为避免重大牺牲，准备尔后有利之作战计，冬夜开始突围，由驮目北渡左江，因船只稀少，江辰始将主力渡河完毕，当时虽受敌袭击，损失尚微。陈团长指挥之一部，自卅晚冲过上崇公路，世到罗白圩，曾一度与该师主力隔断。嗣于江辰归还建制。三九一团尚在左江南岸，设法续进中。(三)支日，敌三千余窜扰驮芦附近，小部窜龙江，另一部千余窜扰驮梓附近，小部支夜窜至左杲、大桥圩附近，驮芦、驮梓之敌亦有续向左杲进犯之势。该师本弹性战斗之旨，以三九三团位置于左杲西南之西门塘，项高顶之工兵营位置于左杲南方之岜陇、渠利，三九二团位置于左杲东方之那汫、岜梗各附近，并以一部潜伏于左江北岸，与南岸三九一团相呼应。歌日拂晓，驮梓之敌已分两路，各约五、六百，炮数门，分向左杲、驮梓道两侧地带北进。驮芦之敌一部约千人，由龙江附近向那汫前进，均先后追□该师。正面战斗甫告开始，该师即接夏兼总司

①下作“罗白圩”。

令参指支申电令，饬左杲附近掩护军主力向雷平转进。当以时间紧迫，无法另作部署，遂以电话饬各部由机动姿态就地占领阵地，改为防御，拒止当面之敌，而双方兵力，计敌有二千余，炮十余门，该师除三九一团尚在左江南岸外，战斗兵不过五百余，众寡悬殊，处处被敌突破。战至是日上午九时，该师指挥所附近亦被敌攻，至电话断绝，幸在与各部尚可联络时，曾饬抵抗至正午，如不得已时，三九三团转进于榄圩，工兵营转进于榄圩东北之驮里、江村，三九二团转进于工营左翼之那翁、那何、那豆各附近，因是联络虽断，各部行动亦有准绳。至该师指挥所被敌包围后，贺师长只有特务连及教导队共百余人，与之应战，一面仓卒命指挥所人员、公文、器材即行撤退。及十一时三十分，人员各自伺机脱出，【重】要公物多只付之一炬。该师所率百余人向犬岭东方阵地转进，鱼日到达万承、杲城。三九三团歌晚到达榄圩，三九二团主力鱼辰到达大岭圩各附近，工营因背后为敌紧迫，未按照该师长指示，行有秩序之撤退，尚在陆续收容，三九一团鱼申进驻左杲城。(四)查以上各电，均系真日补发，合并陈明。除分报外，谨闻。柳。张发奎。铣。筹。战。印。

〔国民政府国防部史政局及战史会档案〕

35. 张发奎关于攻略南宁作战部署密电

（1940年9月23日）

渝委座蒋：殖密。据报，敌梗日拂晓进攻同登，越方抵抗甚烈等语。职即遵照钧座马未令一元电指挥要领，分别指挥各部队任务如下。一、夏集团应以有力一部，协同我桂西部队向高平以南地区进出，侧击由镇南关西进之敌；主力应乘虚略取龙州，分段截断、袭击邕龙路敌之后方交通，并续蹑敌后进入越南；另以有力一部，协同我邕钦路协同〔协同二字衍〕前方部队，诱敌于据点以外而歼灭之，以攻占吴村圩，并协同邕江北部队，略取南宁。二、一九八师应遵照本部前令，于桂越边境构筑工事，严密警戒，并相机以一部协同夏集团向高平以南地区进出，侧击由镇南关西进之敌。三、邓集团应以有力一部，会同我南路游击队，袭击邕龙路之敌，保持重点于吴村圩附近，诱致敌人于据点外而歼灭之，以攻占吴村圩，而截断敌邕钦、邕龙路之交通；其在邕江北岸主力，应即切实准备，相机略取南宁；并即日起，应以小部队积极活动，以搜索敌人，尤应着眼于俘虏之获得；预备第二师即归该总司令指挥。四、以上各项，分令各该部迅切准备待命实施。等语。分令在案。查桂西方面关系甚大，仅一九八师兼施攻防，均觉过于薄弱，可否以六十军到柳后，令向桂西推进。又，邕钦、邕龙路之截断，及龙州、南宁之略取，均关重要。夏集团力量薄弱，欲其攻略龙州，截断邕龙路，并尾蹑敌人进入安□，及截击镇南关西进【之敌】，恐难期确切达成任务。邓集团力量较差，对于攻略南宁，截断邕钦路、占领吴村圩之任务，亦均难期成效。可否以五十二军即开宾阳附近，以策应南宁及邕钦路之作战之处，并候钧裁。柳。职张发奎。梗戌。胜机。印。

〔国民政府国防部史政局及战史会档案〕

36. 徐永昌拟加强滇越边境防御力量并作入越作战准备呈

（1940年9月24日）

事由：为适应现在情况，经会报拟定实施处置，请鉴核施行。

关于滇越国境作战计划，前经修正呈奉核定，业于九月廿一日承办电令颁发龙主任、张长官遵照去后。现以敌已于廿三日拂晓由镇南关侵入越境同登，兹于昨（廿三）日会报，检讨原颁计划与现在情况，拟定原则及具体实施处置，即先加强滇南边境防御力量，并作入越准备。同时对法、越及敌人情况，密切注视，待机入越。其具体实施处置，应请钧座核定者如次：

一、第六军在贵阳、安顺间部队（49D、93D、第八补训处），开兴仁、安南〔?〕。

二、第二预备师经百色、田西，归还第六军建制。（该师前已令解除第六军建制留桂，第八补训处亦已编入第六军建制。查桂北兵力单薄，似毋庸再调。职刘斐谨注。）

三、第五二军即开田东、隆安一带。

四、第六十军取捷径（柳州—都安—田阳—百色道）开云南，归龙主任指挥。（龙主任马电请求饬六十军速取捷径，兼程回滇，勿在桂境牵制、逗留等情。经会报认为可行。）

五、左列部队速准备进入越境，占领越边境县城，组织游击队，破坏交通。但进入越境，须待后命。

（1）龙主任所部，以一部（约各一营兵力）由河口及麻栗坡方面，进入越境。

（2）陈烈部以一部（约一团兵力）由富州进入河江附近地区，其一九八师以一部（约一团以内兵力）由靖西进入高平以西地区。

附记：查派队进入越境，为我实践迭次声明“敌入安南，我亦即进入安南”之表示。至我部队进入北圻偏僻地区，与敌无正面接触，并易完成任务。但为观察国际间，尤其英、美态度起见，目前仍以速行准备，待机进入为宜。

六、令空军轰炸越池铁桥。

右呈是否有当，伏乞鉴核施行。

谨呈

总长何　转呈

委员长蒋

〔蒋介石批示〕一、第六军应留一师在贵阳，余可照办。

二、第五十二军以一师暂留柳州，其余可开田东、靖西一带；第五十四军留桂西之一师，待五十二军接防后，可开富州，归还建制；陈烈军之后方，应移至富州、百色、田东线上。

三、可照办。

四、各部进入越南境以前，必须待命，不得擅入，但可照所拟办法准备一切，限十日内一一准备完成后须详报。

〔国民政府国防部史政局及战史会档案〕

37. 张发奎报告收复防城密电

（1940年9月27日）

特急。重庆委员长蒋：窃密。据夏总司令申有酉电称：据黄司令申敬酉参作电称：梗晚，我叶、罗两部会攻防城。至敬子，敌不支，慌忙向茅圩退却。丑刻，我完全克复防城。现除以一部跟踪追击外，其余在防城办理绥抚，并架设由防城至滑石电线。等情。谨电呈察。等情。除分报外，谨闻。柳。张发奎。沁亥。胜戈。印。

〔国民政府国防部史政局及战史会档案〕

38. 蒋介石通报日军侵越战况密电稿

（1940年9月29日）

限即到。昆明龙主任、柳州张长官、关总司令并转王师长育瑛：〇密。据报：（一）谅山敌三千余人向河内推进，企图与海防敌会合，进攻老街、河口。（二）廿七日上午十时，敌军二千余人分两路进攻高平，一由东溪沿公路直进，一经达隆抵广渊，距高平十余公里，有继续进犯上琅（距岳圩十二公里）模样。等情。除分令龙主任、张长官、关总司令外，希严密注意防范，并将高平方面敌情随时侦查具报为要。中○。艳申。令一元。印。

〔国民政府国防部史政局及战史会档案〕

39. 蒋介石关于乘敌侵越袭其后路密电稿

（1940年9月30日）

特急。柳州张长官并转夏总司令：糠密。查敌军已窜入越境，后方空虚。仰由夏集团迅指派得力部队(约二、三团兵力)，对龙州敌人后方积极袭击，但不得进入越境为要。中○。卅申。令一元。印。

〔国民政府国防部史政局及战史会档案〕

40. 张发奎下达收复南宁作战计划命令密电

（1940年10月28日）

战急。渝委员长蒋：腐密。顷分令夏、邓总司令及朱副总司令如次：(一)龙州已于俭辰为我夏集团克复。并据报，敌确有放弃南宁模样。(二)本战区为袭击敌人、乘机收复南宁计，对各该部行动分示如下：一、夏集团应以有力一部沿邕龙路东进，扫荡沿途残敌；并以有力部队，由扶南东西地区渡过左江，会同邓集团及南路游击部队，袭击邕钦路之敌，略取南宁。二、邓集团应以有力一部，由邕武、邕宾路乘隙袭击敌人，略取南宁；并以一部迅速渡过邕江，向邕钦路北段之敌截击，截断敌现在退路，会合夏集团部队合力包围，攻击邕钦路北段之敌。三、朱副总司令所指挥各游击部队，应极力向邕钦路之敌袭击，特须与邓集团邕江南岸部队保持联系。四、各集团部队之行动，应先【以】多数之轻快小纵队，猛烈搜索前进，蹑踪之〔之字衍〕敌人。五、以上各项，以〔应〕即遵照迅【速】部署并具报。等情。除分令遵照迅速部署并具报外，谨电呈察。柳。张发奎。俭戌。胜机。印。

〔国民政府国防部史政局及战史会档案〕

41．张发奎报告收复南宁及桂南日军出海等情密电

（1940年10—11月）

（1）10月29日密电

限三小时到。重庆委员长蒋、参谋总长何、副总长白、军令部长徐：244S密。据迁江邓总部许参谋本艳日午后四时电话称：甲、南宁敌于俭晚纵火焚烧南宁城及附近村庄，火势极烈，至本午仍未停息。乙、我一五六师四六六旅于本日上午由五塘附近向南宁方面推进，刻已到达三塘附近，先头部队预定本晚可到达南宁附近，一五九师艳未进出高峰坳，详情待续。丙、据南宁探回报称：桂南敌于十一月东日前须全部到达钦县，集中出海。等语。除分电外，谨闻。柳。张发奎。艳申。攻。印。

（2）10月30日密电

委员长蒋、总长何、副总长白、军令部长徐：2460密。综合情况。（甲）敌第五师团主力本旬以来，陆续由镇南关、谅山经河内向海防方面撤退，其大部似已通过谅山。我一八八师于俭辰收复龙州，艳与敌后卫警戒部队在凭祥附近激战中，其一部同时由邕龙转邕钦路，经钦县撤退，落舰出海。我十六集团各部，经于有日先后收复上金、宁明、明江、思乐、绥渌等县，并分途追截窜退残敌中。（乙）敌近二旅团似已于本月中旬，先后经钦【县】落舰出海；近一旅团及敌廿二军各直属队，似系本旬开始，由南宁南撤，其大部于俭日渡过邕江。我邓集团各部于艳午收复高峰隘、四塘及剪刀圩等处，申刻挺进至二塘、心圩之线。至本卅日拂晓，我一五六及一五九师，分由邕宾、邕武两路同时进入南宁城，刻续向南推进中。

(丙)敌第一一零师团之一三三旅团，似已于巧、马等日，分由金、钦等处落舰出海。现邕钦路小董以南至钦县一带敌，似系敌之辎重部队及近一旅团等掩护退却部队，共约万余人。龙门港敌舰艇甚多，仍往来输送极忙。(丁)敌第廿八师团主力，似仍在河内、北宁附近地区，一部于海防附近。惟旬余以来，该方面敌调动频繁，是否已由第五师团抑其他之部队调防，及其确实番号，尚待查证。又，河内、嘉林各机场共停敌机约百余架，连日飞袭滇缅路，极形活动。(戊)综合判断：当面敌似有以廿八师团控置越北圻，从事其南运或侵滇桂根据地建设，将主力由桂南转移于琼岛集结，准备待机参加南进作战企图。除分报外，谨闻。柳。张发奎。全午。攻。印。

(3)11月4日密电

重庆委员长蒋、总长何、副总长白、部长徐：0528密。据邓总司令江西向作电称：谨将此次收复南宁经过概报如下：集团军遵照委座训示，不时以三分【之】一兵力出击、牵制、消耗当面敌人，乘机收复南宁为目的，令六十四军以有力部队，分由邕武、邕宾、邕永各线，向南宁外围各据点攻击，并令粤南游击部队加紧对邕钦路沿线袭击，使邕北方面攻击奏功容易。六十四军于酉月梗丑开始攻击，自丑至午，高峰坳、天邓村、三、四塘、剪刀圩各附近，我敌对战甚烈，贯四塘间交通完全被我遮断。旋受敌战车、装甲车压迫，迫得向西北高地稍移，高峰【坳】、四塘、剪刀【圩】之敌死守据点，与我对抗。当时敌机飞来助战，我以缺乏炮兵掩护破坏，步兵虽极力接近敌据点仰攻，终未能突破。此时敌亦增援，相持至梗申。令以一再攻击，均不能达到所期望之效果，乃令变更部署，以一部与敌保持接触，不断以编训之特种部队突击袭攻敌人，并以有力一师作随时进出邕江南岸之准备。相持至艳丑，邕北之敌当以受我压迫，开始以汽车载外围各据点之敌，由南宁向亭子溃退，我六十四军先头部队急行追击。惟该【地】埋设地雷颇多，我追击队触发，伤亡数十员名，因急侦察扫除，未即蹑尾猛追，围歼该敌，引为遗憾。现查邕北方面外围各据点工事、电话线及邕城电灯、自来水、机器均未坏，电灯厂燃料亦不及携走，邕城水电照常供应，秩序渐复，足证敌此次退却，因受我六十四军压迫，非常狼狈。我江未到达南宁，我一五五师本酉到达小董，先头之四六五旅同时到达大冈，正向南蹑追中。我一五六师四六八旅集结亭子、吴圩一带，四六六旅守备南宁，一五九师集结邕城西北郊待命。谨先电呈察。等情。除分报外，谨闻。柳。张发奎。豪戌。胜戈。印。

〔国民政府国防部史政局及战史会档案〕

（十二）枣宜会战

1. 军委会拟定第五战区襄东部队作战指导方案①

（1940年4月）②

第五战区对敌进犯沙宜预行部署襄河东岸部队准备先发制敌之作战指导腹案

第一　方　针

第五战区应乘敌进犯荆、宜企图渐趋明显以前，行先发制敌攻击。以汤恩伯、王缵绪集团两部主力，分由大洪山两侧地区，向京钟、汉宜路之敌攻击。并由襄花路、豫南及鄂东方面施行助攻，策应作战，打破敌西犯企图。

攻击开始时机，由战区密切注视敌情，适机断然实施，但须于四月中旬末，完成攻击诸准备。

第二　指导要领

一、汤恩伯集团应控置于大洪山东侧地区，王缵绪集团控置于大洪山西侧地区，完成攻击准备。尔后应相互协同，向京钟、汉宜路侧击敌人。

二、为防止敌人于其他方面先行阳动，在襄花路方面之84A及豫南方面之30A，均应同时向当面之敌攻击。

三、李品仙集团应以鄂东部队之主力，积极向鄂东攻击，威胁汉口，并须确实截断平汉线，牵制敌之西进。

四、江防军应准备以一军（三个师）渡河，扩张战果。（实

①原件上有蒋介石批示"行"字样。

②此件无时间，据内容推断，当为1940年4月。

施时间仍以本会命令行之。）

第三　理　由

一、敌如真面目渡河进犯时，必须先行排除大洪山我军之威胁，方可放胆西进。故我军须始终领有大洪山地区，控置有力部队，乘敌西犯行动渐趋判明，对敌侧背即断行先制攻击，打破敌渡河西犯企图。

二、汤恩伯集团似应集中使用，可收强大效果。如予分割使用，或仅以一军攻击，不免分散战力，难收决定成果。又，为予敌严重打击，应以王缵绪集团协同攻击。其攻击目标之选定，以指向京钟、汉宜路为适当。

三、当我大洪山地区部队予企图渡河西犯之敌以侧背攻击时，为防止敌在鄂北（襄花路）行迂回攻击，或在豫南、鄂东方面先行阳动，并为牵制敌之转用计，第五战区鄂北、豫南及鄂东之部队，应采取整个之行动，各向当面之敌攻击，藉使主攻（汤、王两集团攻击方向）奏功容易。为扩张战果，江防军亦应有以一军渡河作战之准备。

四、为先发制敌，其攻击时间不宜过早，以免惹起局部战斗徒招不必要之损害，以备敌军真面目进犯时，勿使我攻势力量先被消耗，故以先行准备完毕。其攻击之时机，本会不必遥制，由战区断然发动，而期适合战机，比较有利。

〔国民政府国防部史政局及战史会档案〕

2. 李宗仁关于襄东战役战况致蒋介石往来密电

（1940年4—5月）

（1）4月14日密电

限即到。重庆委员长蒋：彭密。据沪情报：（一）敌军计划于本月删日总攻第五战区，其战略攻击目标为襄樊，其主攻方面则为桐柏、大洪两山之中间地区。但对右翼军团张自忠部，决采防御或佯攻手段，万一攻击准备尚未部署完毕，或稍延数日。（二）敌军战斗正面之区分：自京山至钟祥沿汉水之线，划为敌军第十三师团全部，附以警备队二联队之战斗正面。但自京山、应城、安陆、随县、广水平汉线以西之地区，划为敌军第三师团，附以独立第十二混成旅团及第十三混成旅团之战斗正面。敌军之主力即配置于此线，向我四川军一二一至一二六六个师及一九三、一七四师之正面攻击。（三）敌又以骑兵三联队为主兵〔力〕，配以特种兵及步兵，编迂回兵团。其配备位置，查明续报。（四）敌军汉口方面军最高指挥官，改派园部一郎中将充任。谨闻。职李宗仁。寒午。参。印。

（2）5月2日密电

重庆委员长蒋：卷密。综合连日豫南战况及战区处置，电呈如次：（甲）战况：（一）俭晨，敌四、五百由洋河向峪井、曲岗方向进杀，当击破我戴民权①部之警戒部队后，是晚攻占淮河南岸之大小王营。并一面以汽车运输木料，积极补修道路桥梁，一面继续增加兵力。迄艳晚止，已续增至千余。（二）卅辰，敌六、七百，经陈家店窜至鲁寨，与六八军前进部队对战甚烈。同时，宽〔长台〕关敌二、三百向王厂北运动。（三）卅晚，敌在大庙口、阎岗分别架桥三座，当晚并渡河敌三千余。（四）卅未，敌七、八百，炮七、八门，飞机六架，向明港西南杨庄附近我刘军六八一团之一连警戒部队猛烈攻击，该连全部牺牲。东辰，续向我查山主阵地进犯，经我奋勇迎击，敌势稍挫，现仍对战中。（五）连日总计：信【阳】敌增加约三万，长台关增敌炮廿六门。东日，敌陷查山并围攻明港，其一部在确山附近与我九二军一四二师对战。其在游河方面者，与我三十军接触激战，其后方尚有继续增加部队。京钟路之敌约八、九千，于东日午后起，向我三十三集团军进犯，并使用瓦斯，正督

①时任第一战区游击第五纵队司令。

饬迎击中。(乙)部署:(一)九二军即归孙总司令指挥,位置于泌阳、确山间地区,准备趋击敌之北进。(二)卅军主力控置于桐柏东北附近。(三)六八军在原阵地竭力拒止敌人,不得撤退。(四)王赞斌、田镇南两部游击队积极向西南分别袭扰,以策应主力军之作战。(五)汤集团控置于唐河东南地区,准备协力左集团之作战。除尔后情况随时呈报外,谨闻。光。职李宗仁。冬辰。瑜。印。

(3)5月6日密电

急。渝。委员长蒋:影密。据张总司令自忠支戌电报称:一、军以追歼长寿店南北地区及向北突进之敌之目的,以一部担任河防及原阵线,并占领普门冲、流水沟、汪家店附近各要点,与敌保持接触。以主力分向钟祥、洋梓附近及长寿店、马家集、田家集北窜之敌截击、追击、歼灭,并相机恢复长寿店以南阵地。二、部署及任务:1、一七九师由普门寺经青石桥、马家集向田家集,三八师由丰乐河以北地区经耗子岗向田家集,追截北进之敌。以上两部统归黄师长维纲指挥。2、一八〇师由张家集向马家集、清水桥追截北进之敌,骑九师由佟家集向仙沄口追截北进之敌。河防部队各以一团兵力,分由沿山头、塘港渡河,向南新集、洋梓附近之敌扰击。3、二九集团固守汪家店、蔡家集、白庙厂、土地岭、青风山以东,由隘口相机【向】长寿店南北之敌追截。4、一三二师以一部占领普门冲以东,各以主力扼守利河口、桐木林、由〔邹〕家咀各地区。5、三八师步兵指挥官李九思,指挥五十九师补充一、二两团野战排、三八师补充团、七四师一团、二九师之野战营,担任蒋家滩、转斗湾、利河口、安家洲河防。6、七四师(欠两团)为总预备队,位置于由〔邹〕家咀附近,【策应】各方面作战。7、以上各部队于令到,即开始行动。等情。谨电呈察。光。职李宗仁。鱼巳。瑜绵。印。

(4)5月17日密电

急。重庆委员长蒋:冠密。战报:(甲)江防军:九四军部及一二一师寒午在余家庙，击溃敌人三、四百后，晚抵王家场（皂市西北）以南地区。一八五师主力铣早到雷公店附近，其先头一部寒晚到烟墩店。又：卅二师一部文日袭歼潜江东毛家嘴之敌六十余，获步枪廿三支，轻机枪、掷弹筒各一。（乙）京钟路：一、南窜之敌二千，删日经我卅二师截击于丰乐河以东地区，敌大部回窜马家集，改向东南逃遁。现该师一部在长寿店西北，主力向长寿店以东截击敌人。二、寒日在方家集与张集团特务营及骑九师、七四师激战之敌，删辰复增飞机卅余架，并炮廿余门，向我猛烈轰击，并夺路逃窜，迄晚仍酣战中。卅八师、一七九师寒日击溃新街之敌后，续向南追击。（丙）襄花路：（一）一二五师、七五〇师策应八四军一部，进攻唐县镇。寒申与敌激战于杨林湾、破山口一带，毙敌四、五十名。（二）尚市店之敌由厉山增援五、六百，删午向我反攻，被我八四军白团击溃，歼敌中队长以下二百余、焚汽车四十余辆，获轻机枪二挺、步枪十支，辎重极多。（三）一二七师一部，元未在唐家店、石堰垱等处，分别截击南溃之敌，斩获颇多，残敌一部千余向茅茨畈溃退。先头二百余，寒晚到长岗店，我一二七师、一六一师各一部正截歼中。又：七五八团元巳袭占槐树岗，毙敌百余，主力删日至兴隆集。（四）铣午敌由枣阳开来战车、汽车共百余辆，载兵二千余，到唐王店西端，因公路破坏，不能通过，与一七三师凌团激战甚烈。该团入夜在十里棚附近布防，并饬四五军派队截击中。（丁）豫南：（一）六八军除留一团围攻长台关外，主力由西绕攻信阳。（二）九二军主力铣抵吁山庙、江家河附近，即晚向唐县镇、厉山挺进。（三）卅一师删夜袭占杨家垱，毙敌三百余，获军品甚多，残敌向刘家寨溃退，我正跟追中，并以一部向枣阳挺进。（四）枣阳之敌迄寒日止，尚有万人在太平镇、枣林店、双河镇等处构筑工事，并有战车五、六十辆。（五）删辰敌增步二千余、炮五、六门，再度反攻程家河，被我八九师击退。该师与卅一师一部，铣克七房岗，获辎重甚多，续沿公路向东追击。（六）太平镇之敌删日两度增来二千余名，炮六、七门，向我湖阳附近廿三师反攻，迄晚仍激战中。（七）廿三师一部寒克湖河时，毙敌二百余，获重机枪四挺、步枪五十余支。（八）鲍刚部洪纵队一部，删在尚市店附近毁、获汽车各十余辆。（九）汤集团自寒迄删，共毙敌三千余、获马五十余匹、步枪五十余支、机枪八挺，我亦伤亡官兵二千三百余员名。（十）鄂东西进部队齐克王家店、白果庙，佳克东双河、柳林。除毙敌卅余、俘三名、获重机枪三挺、步枪十余支外，并将各附近公路悉数破坏。又：第四纵队齐克鸡公山，续向新店、武胜关之敌围歼中。谨闻。李宗仁。瑜。筱午。印。

（5）5月18日密电

渝委员长蒋：冠密。战报：（甲）江防军：卅四军部及一二一师删晨通过京皂路时，将由各方窜来之步骑千余、战车八辆、炮四门之敌击溃。计毙敌野岗预队长一员、兵四百余，获轻机枪四挺、步枪廿支、手枪一支。我亦伤亡百余员名、被敌炸毁轻机枪三挺、步枪廿余支。铣抵石板河、桑树店一带。（乙）京钟路：南窜之敌乘廿九集团主力在马家集、杨家棚以西，遮断敌后路之际，突入长岗店、王家店等处，并向张家集进攻。该集团赶派学员兵三中队堵击于望湖山一带，自寒辰至删午激战甚烈，伤亡几半。敌即冲入张家集，旋增步骑四千余、炮十余门，焚毁民房，构筑工事，并将我未运走之伤兵悉数杀戳。嗣经抽调马家集方面主力及周家集方面守备部队，回师夹击，血战两昼夜，毙敌五、六百。铣夜我军夜袭，筱拂晓风雨交加，敌机不能助战，乃乘机攻克张家集。残敌纷向杨家店溃退，遗弃焚烧未尽之尸体八十余具，击毙骡马三百余匹，获百余匹，其他战利品颇多。并俘敌十六名，因士兵恨极，制止无效，争相刺死。是役，我亦伤亡千余员名。（丙）襄花路：1.一二七师七六一团一部，寒夜乘敌不备，猛袭新集之敌千余，当毙敌百余、骡马廿余匹，并获军犬四只、驴十四匹、文件甚多。残敌纷向双河溃退。我伤亡四十余人。2.铣日午后，被我一七三师凌团截击于唐县镇附近之敌汽车三百余辆、战车数十辆。该团被战车冲击，伤亡三百余人，退至唐王店东南布防。敌损失更大。筱日午后，该批车辆续向厉山方向开去，并有徒手兵千余陆续东退。3．我七五军、卅九军攻克吕堰镇、双沟后，残敌四千以一部向东，主力向黄龙垱溃退。七五军铣续克三合镇、官庄、兴隆寺、孟家集、袁家店，卅九军克大店、蔡阳铺，均分途南下亟追中。（丁）豫南：1．卅一师筱辰克刘家寨，续向枣阳方向追击。顷敌一部四、五百，炮三门，删夜由我空隙窜至湖阳镇，经八五军一部围攻，毙敌甚多，获轻机枪三挺，余正围歼中。2．八五军筱日在新店、紫微山、湖河一带激战甚烈，敌我伤亡均重。午后敌增兵约一联队，向我第四师反攻，迄晚仍在酣战中。3．八五军筱日获追击炮二门、步枪十余支，俘敌二名。据供为四十师团，系由鄂南通城调来，师【团】长为天谷直治选。4．九二军与鲍刚部筱晨在敖棚附近，与东窜之敌三千余、战车廿余辆激战中。又：鲍刚一部铣在唐镇附近击毁敌汽车八十辆，夺获七、八辆。5．枣阳城尚有敌三千余，筱十三军追击部队已到枣阳西北二郎庙，卅军追击部队已到祝岗。6．廿七师留一团在黑龙庙，归八五军指挥，截击湖阳之敌，主力经平氏向信阳挺进。7．一四三师删晚攻占淮纪屯，续攻双井店，廿七旅仍攻长台关，骑兵团铣抵二十里河，绕袭信阳。8．鄂东西进部队，真日一部将广水以南陀子岗附近铁路破坏，并将来攻之敌百余击溃。另一部仍控置柳胡附近之铁道交通。谨电奉闻。光化。职李宗仁叩。瑜。巧酉。印。

〔国民政府国防部史政局及战史会档案〕

3．张自忠报告一三二师等部在长寿店及附近地区战况密电

（1940年5月）

（1）5月2日密电

即到。重庆委员长蒋：影密。报告：（一）据冯军长报称：敌以十三师团主力向我一三二师、一七九师全线猛攻竟日，炮击达四、五千发，并以飞机五十余架更番轰炸。我官兵浴血鏖战，往返肉搏七、八次，死亡颇重，现仍在薛家集、胡子山、灵山寺（均长寿店西南一带）激烈血战中。（二）我骑九师、一八〇师自东申起，即与敌激战未停。敌今日复增以大部，并以密集炮火及战车廿余辆、飞机四、五十架猛攻终日，我骑九师伤亡最重，刻仍在长寿店东南地区激战中。（三）窜至长寿店附近之敌数百名，现正由一八〇师派队追击。（四）敌机数十架，今日在丰乐河、转斗湾轰炸五次，投弹数百枚，我浮桥附近军民伤亡颇重，正清查中。谨闻。职张自忠。冬戌。参战。印。

（2）5月3日密电

即到。渝委员长蒋：影密。报告：（一）据冯军长报称：敌今日续以步兵约五、六百名、炮廿余门、飞机十余架，联合向我一三二师、一七九师猛攻竟日，往复冲杀不下十余次，战况较前两日尤为激烈。我王师长暨各团长亲率官兵肉搏争夺，敌迄未得逞。是役毙敌甚众，我亦重伤营长二员，其余伤亡正在清查，刻仍在杨家山激战中。（二）据卅八师报称：敌步骑二千余名、炮数门，企图由长寿店向西北窜扰，现经我截击，正在丰乐河东北地区激战中。（三）我一八〇师、骑九师连日在长寿店东与敌激战甚烈，现已令向西攻击，并令一五〇师、一六五师协力西进。谨闻。职张自忠卯。江戌。参池。印。

（3）5月5日密电

限即到。重庆委员长蒋：影密。报告：（一）据冯军长报称：我一七九师奋勇追击北窜之敌，现已越过长寿店，正向马家集方面追击中。我一三二师已将长寿店南敌交通切断，其一部仍在普门冲附近与敌约七、八百名对战中。（二）据黄师长报称：除留一部在流水沟东北与敌对战外，职率卅八师主力，不顾一切追击北窜之敌。现已追抵耗子岗附近，遇敌一部约数百名，我即分三路向该敌围攻，刻正激战中。（三）我一八〇师、骑九师今晨在马家集以北地区，与敌约千余名激战甚烈，现与一六二师在杨树垱、温峡口、新寨一带与敌作战。等情。除令各部务以全力追截北窜之敌外，现正向五十五军、七十七军抽调部队，由职亲率往河东追截。谨闻。职张自忠叩。微戌。参战。

〔国民政府国防部史政局及战史会档案〕

4．蒋介石部署陶峙岳等军作战地境及任务密电稿

（1940年5月3日）

（联衔、有线）特急。西安程主任，老河口李长官，洛阳卫长官，宜昌郭司令：O密。（一）信阳敌有经南阳西向襄樊，企图击破我汉水东岸野战军，或沿平汉线北犯郑州，以与晋南敌呼应作战之模样。（二）着陶峙岳军全部集中临汝南侧附近地区。该军第一、第七八两师奉命后，即行开拔。第一六七师俟河防交替后跟进。该军限本月寒日前集中完毕。（三）着第七六军李铁军全部集中临汝附近地区。该军第八师奉令后即行开拔，其余两师交防后，即行跟进。该军限本月筱日前集中完毕。以上陶峙岳、李铁军两军防务由卫长官调整部署，统筹接替。又李文军可调回黄河南岸使用。（四）周嵒军着先集结荆门附近，遗防由李长官调整部署接替。（五）敌如由阳〔信〕阳沿平汉路北犯时，陶、李两军应迎头痛

击。孙连仲、汤恩伯两集团应向敌侧背攻击，黄琪翔集团应向武胜关挺进，截断敌后方之交通补给连络线。（六）敌如出南阳西犯襄樊时，陶、李两军应相机向南侧击敌人，以策应孙、汤两集团之作战。（七）各部指挥系统，由卫长官、李长官妥为决定具报。中O。江。令一元。印。

〔国民政府国防部史政局及战史会档案〕

5. 孙连仲报告泌阳及附近地区作战情形密电

（1940年5月）

（1）5月5日密电

即到。委员长蒋：志密。（一）支辰，卅军为与汤集团协力夹击西犯之敌巷战，令廿七师、卅一师向泌阳附近前进。支午，敌以山野炮卅门，向我卅师小林店阵地步、骑、炮、空连合猛烈攻击达三小时之久，阵地全毁，守兵壮烈牺牲。该师因手无控置部队，敌乃得复以一部步骑二千余，由小林店向淮河店进犯，有窥桐柏模样。复据桐柏县长报告：由高城追击我友军之敌数目不详，经天河口市继续北进中。（二）泌阳汤集团方面：今晨廿三师与九二军一部将邓庄铺之敌击破后，敌一部西窜，一部东窜。（三）支晚，敌将堡子阵地突破后继续西犯，于今晨五时敌骑通过马古田，坚守〔持〕西进。（四）八时后，泌阳、桐柏通信网同时被敌炸毁，连络断绝，两方情况不明。十二时后，大河屯通信所报告：泌阳起火，敌已通过泌阳向简〔涧〕岭店前进中。（五）自东日起，敌机六、七架至二、三十架不等，在唐河以东各村镇及第一线阵地，自晨至晚在上空轮流往返轰炸不止。（六）已饬唐、泌两县积极发动有枪壮丁，由四四旅吴旅长（并指挥自卫团）竭力在唐河以东拒止敌人西犯。除战况续报外，谨闻。孙连仲。微申。辅战。印。

（2）5月6日密电

特急。渝委员长蒋：汇密。一、歌申令一元梧电奉悉，已转饬各军遵照矣。二、沿唐泌大道西逃之敌步骑增至七、八百，歌晚到达涧岭店附近。今午三时许，敌骑一部在赵岗附近，经我发动之县壮丁队袭击北窜。一部由涧岭店分两路，向南、向西南窜扰。三、四四旅吴旅长并指挥豫第六区自卫军别光汉部，在唐河一带布防，阻敌西窜。四、据汤司令歌电称：本兵团（附九二军）在泌阳以北地区，于鱼日拂晓，以全力开始向敌侧背猛攻。五、卅军之廿七、卅一两师正兼程向唐泌大道一带地区急进，与汤兵团协力截击西进之敌。六、六八军及豫南、鄂东、豫鄂边区各游击队，已令饬乘虚会攻信阳。除详情续报外，谨复。唐。孙连仲。鱼申。辅战。印。

〔国民政府国防部史政局及战史会档案〕

6．蒋介石命李仙洲军与刘汝明等部协同夹击敌军密电稿

（1940年5月5日）

（联衔）限即到。老河口李长官、唐河孙副长官：钦密。着李仙洲军迅即向南攻击，与刘汝明、池峰城等军及汤恩伯集团连系，夹击突进之敌，仰转饬遵办具报。中○。歌申。令一元梧。印。

〔国民政府国防部史政局及战史会档案〕

7．蒋介石部署各军襄东作战任务密电稿

（1940年5月10日）

限三小时。老河口李长官，南阳孙副长官，宜昌郭司令：密。训令：（一）鄂北之敌经我多日围攻，粮弹殆尽，必将向原阵地退却。（二）第五战区应乘敌态势不利、退却困难之好机，以全力围攻，捕

捉歼灭之于战场附近，尔后即向应城、花园之线追击。（三）李及兰军应全力进袭花园、孝感，遮断平汉路。（四）王缵绪集团应全力转向随县、唐县镇间进袭，遮断公路。（五）张自忠集团应以主力先向唐县镇、枣阳间进攻，遮断公路，再转攻敌背后。（六）周碞军速东向枣阳方面进攻。（七）孙连仲、汤恩伯两集团速南向随枣，截击敌人。（八）刘汝明、王赞斌两部应袭击信阳，如奏功准悬赏五十万元。（九）张、周、孙、汤各部应确取连络，协同动作。（十）敌主要退路只有唯一的襄花路，而该路雨后车辆不能运动，希严督各部，努力进击，必能收获空前战绩。以往湘北、粤北诸役缺乏有计划的进击，致成果不良。此次我各部战力健在，应乘胜穷追，扩张战果。其作战不力，不能达成任务者，自总司令以下应予处罚。中〇。蒸酉。令一元。

〔国民政府国防部史政局及战史会档案〕

8. 蒋介石命五战区各部围歼枣阳随县一带敌军密电稿

（1940年5月13日）

限三小时。老河口李长官，南阳孙副长官，新野汤总司令并转各总司令：密。训令：（一）鄂北之敌主力已开始退却，其有力后卫与我各部接触中。（二）第五战区应以遮断敌退路，断其给补为主眼，克服一切困难，迅速围歼枣阳一带敌之主力，获得伟大胜利。（三）仰转饬各总司令亲到前线指挥，以励士气。其逗留后方者，决处罚。（四）李仙洲军应速向随县方面挺进，遮断襄花路敌主力之后方为要。中〇手启。元申。令一元。

〔国民政府国防部史政局及战史会档案〕

9. 第三十三集团军枣宜地区战斗详报①

（1940年5月16日）

昨（十五）日晚，因情况变化，遂令七四师即进驻南瓜店附近，占领阵地，对西南警戒。骑九师即开两乳山占领东西之线，维护南瓜店至宜城间交通。骑九师本晚遵令到达指定地点。七四师李团占领南瓜店以南高地，沈团占领鸡鸣山，对西南警戒，四四〇团（郑团附钮营）占领杏儿山，对东南方警戒。各部部署未竟，大部之敌分由方家集、南营里各方面逐渐逼近我阵地。本（十六）日拂晓起，敌炮数门开始向我战斗指挥所罗家榨屋附近射击，西、北两方面敌机枪数挺亦逐渐迫近，掩护其步兵向我攻击，先后与七四师及本部直属之四四〇团发生激战。经我各部奋勇逆袭，敌未得逞。八时，敌续行增加，复向我冲锋肉搏多次，我官兵伤亡甚重。七四师阵地被敌突破，当经我郑团长万良率队向敌逆袭，拒敌于千公尺以外（与战斗指挥所相隔仅一山头）。总司令仍率总部人员在山寨上沉着指挥。继【之】敌续由西、北两方面增加，并由新街方面窜来一部，共达步兵五、六千名，炮十余门，向我战斗指挥所施行包围及炮击。并以飞机多架往返轰炸、扫射，我官兵浴血苦斗，鏖战至午，敌已迫近我战斗指挥所，与我特务营发生激烈肉搏，往返冲杀，血肉横飞，罗家榨屋附近之山头得而复失者四次。各官兵虽连续与敌血战七昼夜，精神仍甚旺盛，奋勇百倍，毫不气馁，咸抱必死之决心，往返拼杀。旋敌炮集中排击，炮烟弥漫，我与敌烟雾中实施混战。斯时我参谋处吴代处长光辽及特务营营长杜兰喆均负重伤，张高级参谋敬及上校附员洪进田等先后阵亡，总部及特务营官兵伤亡殆尽。我总司令虽身负重伤，仍从容指挥，高呼杀声，终因弹尽力孤，苦战至申，张总司令身负伤七处，壮烈殉国。战况之惨

① 系节录。

烈，实为抗战以来所未有。

〔国民政府国防部史政局及战史会档案〕

10. 军委会拟定襄河西岸作战紧急部署方案

（1940年6月1日）

对宜襄间渡河之敌，我襄河西岸作战紧急部署方案。六月一日上午九时。

甲、敌情判断

一、敌将以一部经南漳、保康，直趋秭归，遮断江防军后方，主力由现渡河点南向荆、当，攻略宜昌。（或先略取襄、樊，再行南向荆、宜。）

二、敌以一小部从南——保间道攻击秭归，以有力一部由宜城南犯荆、当，吸引我兵力，而以主力续由钟祥渡河，略取宜昌，亦有可能。

乙、处置大要

一、令75A迅开南漳、保康间控置，阻敌西犯，掩护右集团及江防军之左侧背。

二、命孙连仲并率30A由襄阳南下，与右集团（33AG）主力夹击宜、襄间渡河之敌，而歼灭于水际。

三、命右集团（33AG）以有力一部，巩固钟祥西岸河防，阻敌渡河。

四、命94A速经襄、樊，归还江防军建制，担任尔后江防之作战。（94A不仅对于宜昌附近地形熟悉，且尔后有与长江上游要塞配合作战之任务。）（94A如仍留枣阳以北地区，归汤恩伯指挥，攻敌后方，亦属有利一案。）

五、江防军主决战方面应保持在左，特应注意敌从右集团钟祥方面渡河，而为必要之处置（江防军之作战，大体仍照前定部署实施）。

六、命现驻万县之199D，即以船舶输送，推进秭归，巩国江防军侧后方。

七、命汤恩伯督率所部及92A，继续向襄阳、随县间之敌猛烈攻击，截断敌人后方连络，以行牵制。

八、王缵绪集团及45A，应以大洪山为根据，分向京钟路、襄花路攻击敌人后方，断其补给。

九、各部务应迅速并利用夜行军，秘匿行动。

十、新二军（陈大庆）二师（91D、193D），拟请令迅开南阳。

〔蒋介石手批：92A严令其向襄花路出击。94A与汤集团军限期集结于新野附近，准备向襄、樊方面出击。余可照办。中正。〕

〔国民政府国防部史政局及战史会档案〕

11. 军委会关于兵力调配及作战部署会报记录

（1940年6月1日）

会报纪录　六月一日午后三时半于军委会

出席人员：

委员长蒋　总长何　徐部长　陈部长　俞部长　张主任　商代主任　刘代次长　总顾问

纪录　张秉均

裁决事项：

（一）令41A（孙震部）死守襄、樊，以待30A（孙连仲部）之到达，应予重赏，如放弃襄、樊，应【予】法办。

（二）令75A（周碞部）进守南漳。

（三）令肖之楚军以一小部留守汉水右岸原阵地（41D、32D、44D、55D之各一部），余撤守十里铺南北之第二线阵地，并控制有力预备队于左翼后(荆门、远安中间地区)。

(四)76D、11D、无名师均守备董市、当阳主阵地。

(五)令李及兰军经大洪山,归还江防军序列。如渡襄河困难,即协同王缵绪集团,以大洪山为根据地,袭敌后方。

(六)汤恩伯指挥31AG及92A,由北向南攻击襄花路之敌。如敌主力渡过襄河时,应进出大洪山,攻敌之背后。

(七)孙连仲指挥30A、41A、84A、75A,先固守襄、樊、南漳,尔后由北向南攻击,牵制敌人由宜城南下。

(八)第五战区分为左、右两兵团。左兵团辖孙连仲、孙震、汤恩伯、刘汝明各部,兵团长由李长官兼任。右兵团辖冯治安、王缵绪及江防军各部,兵团长派陈部长诚兼任。

(九)黄总司令其祥〔琪翔〕,暂调长官部襄助。

(十)103D调常德,5D/N11A调宜都方面,归还N11A(郑洞国部)建制。

(十一)襄河两岸应尽量掘开堤防,构成泛滥,由郭司令负责实施具报。

〔国民政府国防部史政局及战史会档案〕

12. 蒋介石关于襄河两岸各部队作战地境及作战方略等情令密电稿

(1940年6月1日)

(联衔)限三小时到。石花街李长官,光化孙副长官,南阳汤总司令,宜昌郭司令,(抄送)陈部长:O密。极机密。命令:一、第五战区应以确保宜昌、襄樊之目的,以襄河两岸部队,从西北向东南对渡犯襄河之敌侧背攻击,压迫于襄河及湖沼地带而歼灭之。二、第五战区分为左右两兵团,左兵团辖孙连仲、孙震、汤恩伯、刘汝明各部,兵团长由李长官兼任。右兵团辖冯治安、王缵绪及江防军各部，兵团长派陈部长诚兼任。两兵团间以歇马河、三官庙、江石垭、武安堰、小河、方家集相连之线为地境，线上属右兵团。三、孙连仲指挥池峰城、孙震、莫树杰、周砉各军，先固守襄樊、南漳，尔后由北向南攻击，牵制敌人由宜城南下。四、第四十一军孙震部应死守襄樊，以待池峰城军之到达，当予重赏。如放弃襄樊，决予法办。五、周砉军着进守南漳。六、萧之楚军应以一小部留守襄河右岸原阵地（在马良、沙洋、长脑市、张家场、范家新场、莲花寺场、朱家埠及监利各据点，须各酌留约一营左右兵力担任守备，其余次要据点可各酌留置一连左右兵力防守），其余迅就十里铺南北之第二线阵地部署防御，并须控制有力预备队于左翼后。各部队行动时务须绝对秘密，勿使敌发现我企图，尔后因情况可转用于荆门、远安间地区。七、第十一、第七六及无名师守备董市、当阳主阵地。八、另令现驻万县之一九九师即以船舶输送推进秭归，向保康方面警戒，巩固江防军侧后方，归郭司令指挥。九、李及兰军经大洪山，归还江防军序列。如渡襄河困难，即协同王缵绪集团以大洪山为根据，袭敌后方。十、襄河两岸应尽量掘开堤防，构成泛滥，由郭司令负责实施具报。十一、汤恩伯指挥三十一集团及九十二军由北向南攻击襄花路之敌，如敌主力渡过襄河时，应不顾一切进出大洪山，攻敌之背后。十二、已令一〇三师开常德，第五师调宜都方面，归还郑洞国军建制。十三、陈兼兵团长未到达前，本命令由李长官先饬各部队遵照。十四、各部务应迅速，并利用夜行军秘匿行动。十五、以上各项，仰迅即遵办部署具报为要。中〇。东戌。令一元梧。印。

〔国民政府国防部史政局及战史会档案〕

13. 蒋介石规定宜昌钟祥等地各部指挥系统及其作战要领任务令密电稿

（1940年6月15日）

联衔。限即到。石花街李长官，巴东探送陈兼兵团长：密。极机密。命令：（甲）指挥系统。（一）宜昌方面之江防军分成两部：第二军、第十八军及其他在北岸各部队，归李延年指挥。在长江南岸各部归郭忏指挥，郭到南岸。以上李延年、郭忏两部均直接归陈兼兵团长指挥。（恐李延年指挥部队过多，陈兼兵团长对该方面应多负责任）（二）北正面周碞可指挥第七五军、第三十军，并归汤恩伯指挥。汤恩伯直接指挥第五五军、第八五军、第九二军、第九四军，均归陈兼兵团长统一指挥。（三）已令李长官调第九二军至襄河西岸，归汤恩伯指挥，参加宜昌方面攻击。该军在钟祥方面作战任务，由李长官调第四一军主力接替。（乙）作战要领。（四）担任宜昌攻击各部，应确实协同连系，准备周到，以整然态势攻击敌人。（五）汤恩伯直接指挥各军与周碞、李延年指挥各部，应重行规定作战地境，区分任务，形成重点，以明责任。（六）在宜昌上游秘密准备多数民船，指定部队，在主力攻击紧张之际，由上游乘夜暗将船流下（对江中封锁应预先研究通过方法），在宜昌东侧适当地区登陆，袭敌腹背，以收奇效。（七）攻击开始时机。为避敌空袭，以下午四时左右为宜；在攻击开始之前，由空军出动轰炸敌主力所在位置，轰炸之后，立即开始攻击。关于轰炸目标时机，由陈兼兵团长与周主任确取连络。（八）应将攻击开始日期及详细部署，确实拟定具报。（丙）其他各兵团任务。平汉南段李品仙出击部队，信阳方面刘汝明，襄花路黄琪翔，大洪山王缵绪，各集团均应积极行动，配合宜昌方面主力之作战。并应于鄂东方面另行指派一勇敢部队，乘虚袭击汉口。（丁）以上各项，仰即分别遵办具报为要。川。中O。删辰。令一元。印。

〔国民政府国防部史政局及战史会档案〕

14. 蒋介石命李品仙等部推进黄陂一带攻击敌军等情训令密电稿

（1940年6月19日）

（联衔）限即到。石花街李长官，襄阳孙副长官：密。训令。（甲）国际变化显然与敌不利，我应乘敌彷徨不定之际，予以决定打击。（乙）（一）襄西方面我主力已于巧日开始反攻，第三、第九两战区为协力襄西作战，已于巧日各以主力全面出击。（二）仰即转饬李品仙，亲率第七军及游击队进攻黄陂、孝感敌之后方，并另行指派一勇敢部队，乘虚袭击汉口。（三）仰贵长官即到襄樊指挥，孙副长官即到枣、信间适当位置，并指挥刘、黄两集团，向当面敌人攻击。（四）各兵团行动，仰遵照删辰令一元电丙项所示实施，并应督饬王集团努力截击京钟路敌人为要。（五）以上各项统限于养前实施。仰即遵办具报。川。中〇。皓展。令一元。印。

〔国民政府国防部史政局及战史会档案〕

15. 苏联总顾问福尔根检讨宜昌失陷原因及目前主要任务报告

（1940年7月10日）

报告　二十九年七月十日于重庆

窃此次宜昌失陷，其原因异常明显，无须加以详细陈述。职兹拟就基本原因，加以检讨如下：

一、情况判断不正确，误信敌不占宜昌之说。佥以为敌不至拿宜昌，即拿宜昌，亦不久守。此种偏见，无形使前方各级将领，尤其军委会之心理，遭受很大影响，形成消极及动作异常迟缓等现象。

二、对于部队作战，缺乏坚强与连续一贯的领导，尤其军委会方面为然。

三、极端迟缓，一切处置照例，耽误时机。以致凡事落在敌后，未能制敌机先，敌则处处制我机先。

四、缺乏监督及贯彻目的之严厉要求，尤其军委会方面如此。军委会一切命令，往往刚刚下达到部队去，便立刻从事变更与修正，事实上无异取消自己甫经发出之命令。

五、第九战区司令长官公然不执行军委会命令。

上述一般基本原因，产生种种战略战术原因。兹择其最主要者如下：

（一）五、九、三战区在作战过程中，完全没有协同。第三、九战区（尤其第九战区）之按兵不动，不但使敌从容由武汉南部抽调大批军队，转用于第五战区，以增强其进攻我五战区之兵力，且直无异促成敌大胆之冒险行动，结果遂使敌占领宜昌。敌占领宜昌，乃第九战区消极不动所致。

（二）战区长官、集团军总司令及军长等，缺乏勇敢与主动精神，无有贯彻任务之毅力与决心。

（三）兵力使用不集中，且犯各个使用之弊。换言之，即作战时不用主力。例如命令一军攻击，军则只派一师，师派一团，团派一营，结果所谓一军攻击者，实际不过一营兵力而已。

（四）不善于事先筹划并组织通信连络，以致于战局过程中，未能保障军队指挥之不间断，结果每遇战线一部发生些微动摇，有线通信中断，部队指挥随之即告停止。

（五）完全不明情况，所有报告照例，不合实际情况，往往夸大敌情及本军之损失。间有一部将领，欲求掩饰其不明情况及不善指挥之过，转而藉口下级指挥官或部队不行。须知部队素质之良否，厥惟其主官及司令部之良否是赖。凡指挥得当之部队，必能勇敢善战。

默察吾人过去各战役之经过，则可看见使宜昌陷落之上述原因重复出现于今日，所不同者，不过各战区所犯之程度间的差别而已。

由上所陈，职认为目前最高统帅部之主要任务如下：

(a)在最近期间检讨组织，并保障各部队作战过程间，真正坚强而连续的指挥实施。

(b)提高军纪，及加重高级将领达成任务之责任，此点尤须自各战区司令长官始。例如：第九战区司令长官及各集团军总司令与军长等，所有作战命令，应按时并切实达成之。

凡对作战命令未能切实完成者，应加以严厉之处分。

(c)确保各战区、各兵团及集团军间之协同动作(互助)。

(d)尽量提倡各级指挥官之理智的主动与独断，果敢与独立作战精神。

(e)确保正规军与敌后部队及游击队之作战协同。

(f)加强对沦陷区民众及游击队之政治工作，确保游击军之积极活动，切实达成扰乱敌人后方之目的，使敌人尤其傀儡政权之一切政治、经济、军事措施，无从实施。

在结论中，职认为须向钧座陈明者：即上述各原因及办法，并非新的问题。此等问题前在南岳、柳州、重庆等会议中，业经钧座阐明无余，并指出具体办法，一再下令，要求各级指挥官根本改进在案。但观此次宜昌失守，虽然证明钧座对于此项问题之指示，军委会及战区司令长官、集团军司令等，依然未能切实明瞭，以故迄未遵照实施。

职认为军队作战指挥问题，乃我军最落后的问题之一。此问题最为重要，亟须于最短期间，加以彻底解决。

吾人应确保对于部队之指挥的坚决性、连续性与果断性，对此问题之解决，首须自军委会始。军事委员会对大军统帅与指挥，须按时化、具体化、坚决化、连续化，成为全军之表率。

我军尔后作战之胜利，全唯军队指挥问题之能否正当解决，能否根据现代大军作战指挥方式，实施指挥是赖。以上所陈当否，

乞鉴核。谨呈

委员长蒋

职 稆尔根

〔国民政府国防部史政局及战史会档案〕

16．陈诚拟收复宜沙歼灭襄河以西之敌计划与蒋介石往来密电

（1940年7—8月）

（1）陈诚密电（7月19日）

即到。渝委员长蒋：丙密。（一）当面之敌，似有以一部固守襄河以西各据点，主力逐次抽调，转用他方面之模样。（二）本战区以恢复宜沙、歼灭襄河以西敌人之目的，即以江防军主力，先行攻略宜昌西岸及宜昌北侧南津关、三一〇高地、南天山等处敌据点，并乘机扩张战果。攻击开始日期，预定于未月删日。（三）廿集团军以八七军有力之两团（携带无线电），配合各游击队，编成多数纵队及便衣小组，轻装挺进，散布于沙洋、后港、江陵、河溶、□林铺间汉宜路南北地区，于未月蒸日开始活动，破坏敌之交通、通讯。并应绝对秘密原番号，化装冒充新四军等，向敌后纵火，到处袭扰，张大声势，使敌后造成恐怖混乱状态，牵制敌之兵力，详密侦察敌情，但避免与敌作真面目之战斗。七三军以有力出击队向沙市、万城间沿江地区活动，并与八七军相呼应。该集团除原任江湖守备之部队仍服原任务外，其余各部均应作推进之准备。如敌军抽调或撤退时，应不待命令即袭占敌据点，并追歼之。（四）江防军应以第八军、第九四军主力，先行攻略宜昌西岸及宜昌北侧南津关、三一〇高地、南天山等处敌据点，并乘势占领宜昌城。江防军除要塞守备队仍服原任务外，其余后方控置各部队，应作推进准备，俾能适时

加入战斗，扩大战果。（五）第廿六集团以七五军有力之一个师，轻装挺进于以半月山为中心之一带地区，于未月文日开始活动，破坏汉宜路西段敌交通通讯，并牵制阻滞敌向宜昌增援，以使我主攻方面作战容易，并确实侦察宜昌、当阳、江陵间之敌情。其余活动要领，与三项八七军所派挺进部队同。如敌抽集兵力，向该师进击时，应即向东转移，将敌引诱远离宜昌为要。（本部及该集团总部，会同派高级参谋，随该师部行动。）该集团其余一线各师，除以一部守备阵地外，预定于未月寒日开始向当面之敌围击、拊制之，以协力江防军之攻击。第三十二军随战况之进展，适时向雾渡河、两河口方面推进。（六）所有各项准备，限于预定攻击开始前完成，并务求【做】到秘密行之，设法诈骗敌人。（七）挺进各部队非有本部命令不得撤回，粮食以就地采办为主，并酌带干粮。又弹药以主力携行〔带〕数为准。行动日期预定概约十天。（八）关于炮兵部署另案规定。（九）除另电李长官转饬冯集团，派有力部队同时向荆、当之敌攻击、牵制外，谨电核备。施。职陈诚。午皓戌。黄拯。养辰发。印。

（2）蒋介石密电（8月22日）

限即到。恩施陈长官：午皓戌黄拯养辰发电悉：（　）密。查所拟收复宜沙、歼灭襄河以西敌人之处置，依据目前敌情判断及就世界全局观察，仰仍照全般攻势计划，积极准备待命实施，此时不必过早行动。至以八七军一部冒充新四军，在荆沙地区扰乱破坏之处置，无异代匪宣传抗敌，应即更正。特复遵照。中〇手令。未养巳。令一元六。

〔国民政府国防部史政局及战史会档案〕

17. 徐永昌关于转饬李宗仁追究谎报占领枣阳签呈稿

（1940年10月14日）

部签 十月十四日于军令部

奉钧座五月二十三日手令开：此次枣阳未曾确实占领而即谎报占领，以及襄花路、随阳店未确实截断而报截断，皆应严加追究惩处，以戒妄报。希即追究其妄报之人，详告。等因。奉此。经承办会电饬李长官切实追究，详报在案。兹据李长官本月灰申年〔午〕电呈复略称：查此次枣阳会战，各部队均恪遵钧座手令，奋勇直前。至铣（十六）日我左集团右翼已越过七房〔方〕岗，巧（十八）相继占领湖阳、湖河、太平、草店各镇。右翼所派出之挺进队，是晚迫近枣阳，一部已冲入城内，克复之报即于当夜。据汤恩伯、孙连仲先后电话层转前来。窃以当时我军酣战兼旬，在局部顺利进展中，或求胜心切，即以电话报部。

至随枣公路之截断，系根据陈军长鼎勋五月蒸戌、元酉、筱酉先后报称：一二五师经连日分段伏击，已切实截断襄花路。复据十一集团五月删巳电称：四五军一部寒辰占领唐县镇，截断襄花路。惟敌之车辆运输，皆以战车及一部步兵掩护，致被敌争夺，占而复失。

综上情形，我一时冲入枣城及切断襄花路之部队有限，而敌转用迅速，遂致得而复失，变于俄顷。奉电前因。除电第二、第二二、第三一各集团详查具报，谨先奉复。等情。

审核意见：查李长官呈报各节，枣阳城确被我一部一度冲入，襄花路亦被我一度截断，因敌以战车配合步兵进攻，致被打通。综上情形，则所报似为求胜心切，尚无意图欺骗情事，不无可原。本案是否待第二、第二二、第三一各集团军具报后，再行核办，抑电李长官，对各该报告不确实部队，加以申斥之处，伏乞鉴核示遵。

谨呈

总长何　　转呈

委员长蒋

职徐〇〇

〔国民政府国防部史政局及战史会档案〕

18. 第五战区枣宜会战经过及检讨①

（1940年）②

第一编　枣宜会战经过

第一章　会战前敌我态势及战略行动概要

第一节　三月廿九日前敌我态势

战区自二十八年十二月十二日发动冬季攻势，予敌第□三师团、第三师团以极大打击后，该两师团伤亡甚重。至二九年二月上旬奉令停止攻击，战区遂调整部署，迄□□〔廿九〕日止，敌我态势如第二图〔图略〕。

第二节　会战前敌我之战略行动

自四月初旬，综合各方情报，敌之兵舰于长江下游上海、汉口间往返频忙，战区当面敌人显有增加。当于四月十三四两日，召集各总司令会议，研讨敌之行动及对策。讨论方案如左：

（甲）四月中旬敌情判断

判决

敌之积极增加，似将以主力由襄花路方面攻击，企图歼灭我襄河以东地区野战军，并相机略取沙、宜。

---

① 沿用原标题。

② 原件无时间，据内容推断，当为1940年。

理由

一、敌略取沙、宜，足以切断我大江南北战场之交通，藉以威胁我首都。惟欲由汉宜路进取沙、宜，有受我襄河以东部队侧击之不利。敌为解除此种侧面痛苦，或图巩固其武汉外围，或企图消灭我野战军，均以攻击我襄河以东部队之合算为多。

二、桐柏山横于北，襄河阻于西，大洪山据其间，形成豫南、鄂西屏障。如敌主力由信阳而西，势绕桐柏以北较为迂远。如由钟祥北进，又蹈去岁战役之故辙，有被我河防部队侧击之不利。而桐柏、大洪两山间地区宽广（□＋公里），不呈险陵①。敌以主力沿襄花路及其南北直□□□，并以一部兵力自大洪山西侧北进相协力，则可压迫我于襄河西岸，获得襄樊据点，再取荆门、当阳，而拊宜昌之背，其势甚顺，行动亦属至当也。

（乙）作战指导方针

第一　方针

一、战区以一部取广正面，分路挺进敌后方，积极施行扰袭。主力适宜控置于后方，相机以先发制敌行动，于枣阳以东或荆当以南地区，与敌决战。

第二　指导要领

二、以各集团之长期破坏队及各军编组之各种出击队（遵委座三月卅午令一元略电所示），依划分之区域挺进扰袭。

三、敌主力由襄花路两侧向我进犯时：

1．中央集团应于高城、厉山、唐县镇各据点阻敌前进，主力控置襄花路南侧地区，依机动兵团及战区预备军之加入，与右集团之协力，与敌决战。

2．右集团应以大洪山地区为根据，由大洪山南侧攻击当面之敌，以行牵制。另以有力一部协力中央集团，夹击突进之敌。

3．左集团以桐柏山地区为根据，主力与机动兵团联系，协同

① “不呈险崚”拟是“十分险崚”之误。

中央集团作战，一部对信阳之敌行牵制攻击。

4．江防军待命，以一军渡河策应作战。

四．敌主力由钟祥、沙洋一带渡河进犯时：

1．江防军及右集团河西部队应互相联系，于河西岸既设阵地拒止敌之渡河。不得已时，于荆、当以南有利地形及既设阵地，乘敌立足未稳，主力自荆、当方面转移攻势，压迫敌于江河湖沼地带而歼灭之。东〔在〕荆河以东之部队应亘战局始终，向天门、皂市策应攻击。

2．右集团与机动兵团各自大洪山东、西两侧，向京钟、汉宜路侧击敌人。依状况机动兵团亦应有转用于荆门方面之准备。

3．中央集团与左集团应各对当面之敌施行助攻，策应作战。

五、大别山游击军应以有力部队，对平汉南段之敌攻击，积极威胁其后方。

六、敌如缩短战线，向武汉外围据点撤退时，应于战场内适时捕捉，予以积极打击，勿使自由脱离。

第三　兵团部署

七、江防军司令郭忏辖二六军、七五军、九四军、一二八师，第六、第七游击纵队，应利用襄河东、荆河右岸阵地，极力拒止敌之渡河。不得已时，亦须逐次消耗敌兵力，依预备军之加入与右集团之协力，在荆、当东南地区与敌决战。

八、右集团总司令张自忠，辖二九集团军、三三集团军五五军，除各以一部固守襄河西岸阵地与巩固大洪山南侧各隘路口外，应以主力适宜控置于长寿店以北地区，依机动击破进犯之敌。

九、中央集团总司令黄琪翔，辖十一集团军（欠三九军）、第四五军（由一二五师、一二三师编成）、一二七师、第一游击纵队，应于现阵地极力拒止敌之进犯，并消耗其兵力，不得已时转移于唐县镇、环〔澴〕潭间，依预备兵团之加入，自两翼包围击破进犯之敌。

十、左集团兼总司令孙连仲辖第二集团军、鲍刚游击队（两纵队）.鄂东游击队之一部（王赞斌指挥），应对信阳之敌行牵制攻击，并应准备以有力部队，协力于襄花路之作战。

十一、机动兵团总司令汤恩伯，辖三十一集团□〔军〕□□□□□北地区。预备兵团总司令孙震，辖第二二集团军（欠四五军及一二三师），暂位置于双沟。另九二军归战区直辖，三九军（欠一师）归江防司令督训。

十二、大别山游击军兼总司令李品仙，辖二十一集团军、豫鄂皖边区游击部队。除对沿江敌据点及交通并淮南路之敌时行袭击外，应以有力部队对平汉南段之敌攻击，威胁敌后方。

十三、作战地境。江防军与第六战区间：同前。与右集团间：洋坪、观音寺、掇刀石、李家集、马良、白石桥、下洋港、大和集、皂市之线，线上属左。右集团、中央集团间：宋家集、新集西、双河、长岗店、三里岗（以上属左）、古城畈、雷公店（以上属右）。中央集团、左集团间：人和店、研子湾、李家寨、凤凰店、姚公店、杨家寨车站之线，线上属左。左集团、一战区间：同前。

（丙）本计划经于四月十八日呈报委座，□□令各集团遵照实施，具报有案。

第二章　襄东（枣阳）会战经过

第一节　豫南（左集团）方面

第一目　五月一日以前

第一　敌情

一、自四月廿六日以来，信阳敌人陆续增加，迄卅日止，已达三万有奇，其番号为第三师团全部，并发现第四十、第六两师团番号，同时纷向信阳外围各据点积极增加。

二、信阳机场敌机卅余架，内运输机十架，战车八十余辆，汽车五百余辆。

三、卅日晚，由大布口、阎岗等处北渡敌约三千余，向跑马岭、查山方向进犯。

第二　战况

一、洋河敌先头四百余，于四月廿八日经龙井、曲岗，击退我田镇南游击队之一部，占领大小王营后，当晚续增千余，并赶运木料修补洋河以北道路、桥梁。当由豫南游击队田兼司令派程耀德、彭子文两部，渡河夹击。激战至晚，我田镇南部退守淮河北岸，与敌对峙。

二、四月卅日五时，敌续增约两千，强渡淮河，激战较烈。我豫南游击队戴民权部，伤亡较重。肖店、曹庄被敌攻占，敌当以二百余赶筑工事，对东北方向警戒，主力继续西窜。当日复攻占明港东北之杨店。同日敌六、七□，经陈家店窜至鲁寨，与我六□前进部队激战长台关。敌一部二、三百，亦向五厂北运动。

第三　战区处置

一、饬田镇南部主力，占领增益店、胡冲店、蓝青店□□之线，拒止敌人。并以一部向肖店、曹庄之敌施行夜袭。

二、饬左集团严密警戒当面敌人。

第二目　五月一日至二日

第一　情况

一、淮河北岸步骑约两千之敌，五月一日已进占老君山、宋寺、奶奶山等处。并一部进占增益店，继续向西北进窜，企图向确山迂回。

二、五月一日拂晓，敌约千余，炮七、八门，向明港、南杨庄阵地攻击，并以飞机十余架助战。六八军于明港南任警戒之一连，全部牺牲。午后，敌续增三、四千余，猛攻明港。迄于二日午刻，我独立第廿七旅被敌包围之一团，伤亡奇重，明港遂被敌攻陷。

三、敌步骑约二千，炮七、八门，于一日经任店北窜，与九二军廿一师在沙河以北遭遇，一四二师一部亦加入作战。

四、进犯查山之敌约两千，与我一四三师激战，迄五月一日晚攻陷查山。我六八军于二日，退守蓝店、桑园各据点及自明山顶至邢集之东西侧面阵地。

五、二日晨，敌四千余，向卅师右翼之小林店、大石桥阵地猛攻。同时廿七师所守备之申阳台、明山顶等地区之前面，亦发现敌两千余。此时，我卅一师尚在天河口附近控置。

第二　战区处置

一、令汤集团归孙副长官指挥，一部控置西新集，主力控置于唐河、泌阳间，协力左集团之作战。

二、令九二军即归孙副长官指挥，迎击北进之敌。

三、令六八军在现阵地竭力侧击敌人，不得撤退，并利用夜暗，努力恢复原来阵地。

四、令卅军由桐柏以东地区东进，截击北犯之敌。

五、令豫鄂皖边区游击部队，以有力之一部由铁路以东向明港、信阳威胁。

第二节　京钟路(右集团)方面

第一目　五月一日至五月三日

第一　情况

一、敌第十三师团大部，连日由汉宜路及天、京、皂、应各地区，分向京钟路增加，并附伪军一部，共约万余人，炮廿余门，飞机三十余架，于五月一日，分向我一七九、一三二、一八〇及骑九师进犯，敌机五十余架助战，整日轮番轰炸。

二、五月二日，我洋梓以北正面一部，被敌突破。敌步骑约千余，于十三时窜入长寿店以南附近地区，继续北窜。迄二日晚，与我一八〇、三八两师在丰乐河以东地区激战。

三、三日辰，窜抵汪家店附近之敌约七、八百，与我一五〇师激战中。

第二　战区处置

一、严令卅三集团军，虽一点被敌突破，全线不可动摇，努力恢复原阵地，并积极尾击敌人。

二、令七五军即向快活铺附近集结，归战区直接指挥，限五月六日前到达。（冬申瑜电令）

第三节　随枣（中央集团）方面

第一目　五月二日至三日

第一　敌情

一、随县之敌连日增至四、五千，确属第三九师团，五月二日由尖顶庙附近，向杨林湾一带，炮击达三小时。

二、三日拂晓，由随北向茶庵阵地炮击甚久。徐家店、尖顶庙、马鞍山一带共有敌千五、六百，炮四、五门，战车五辆。

第二　战况

一、步骑炮连合之敌约四、五千，由三日晚十时起，由滚山、尖山、娘娘庙等处，向我一八九师阵地正面进犯，并有飞机助战。该师五六七团伤亡较重。

第四节　战区处置

（甲）五月二日下达卅三、廿九、十一各集团军总司令合□〔同〕电令，要旨如左（冬酉）：

一、京钟路之敌自东日以来，向我右集团正面各部攻击。据报敌约千余，冬未已窜抵长寿店附近地区。

二、战区应即聚歼该敌。

三、右集团应竭力恢复原阵地，截断该敌退路。

四、一五零师、一六二师应由现地积极西进侧击。

五、一二二师、一二四师即归黄总司令指挥。中央集团应以一二二师及一二七师一部，分别向马家集、板凳冈一带进出，协力迎击该敌。

六、各部队应特别注意协同连系，关于协同作战，应由张、王、黄各总司令密切协定之。

(乙)综合连日各方情况，战区下达合同电令(江亥)如左：

一、左集团方面，敌约两万，与我在固县、毛集、确山一带激战中。右集团正面之敌五、六千，由洋黄路北进，其突入之一部千余，已进抵长寿店以北地区。中央集团方面之敌，已于江晚开始向我攻击。

二、战区应于随枣路及大洪山西侧拒止进犯之敌，以机动兵团加入左集团作战，于桐柏、泌阳、确山间地区，协力击破敌人。

三、江防军(七五军已归战区直辖)续行原任务，须酌派有力部队进出襄河东岸，伏击敌人，以行牵制。

四、右集团应即歼灭长寿店附近之敌，竭力恢复原阵地。不得已时，务于流水沟、汪家店亘大洪山南侧一带拒止敌人北进，河西部队应严防敌之渡河。

五、中央集团应以重点保持于襄花路以北，拒止敌之进犯。不得已时，亦须竭力迟滞敌人，以待增援兵团之到达。

六、左集团(并指挥卅一集团及九二军)应以重点保持于左翼，于桐柏、泌阳、确山间地区击破当面之敌。

七、七五军归战区直辖，先向快活铺附近集结待命。

以上七项，仰各遵照实施，并电复为要。

…………

第三章 襄西(宜昌)会战经过

第一节 五月卅一日以前敌我态势之概要

第一目 我军态势

一、自五月十九、二十两日，敌于枣阳附近倾力向我反攻，我左集团攻势遭受顿挫后，敌我一时暂呈对峙状态。

二、五月廿二日奉委座养酉令一元梧电令：第五战区应与敌确保接触，特宜加强敌后方之攻击。战区遵于五月二十三日下达部署(梗亥瑜电)，如附图第七〔图略〕。

第二目 敌军态势

一、敌自五月一日分路进犯后，激战兼旬，亦呈疲敝。五月二十四日以前，其主力蝟集枣阳附近地区，一部分据双沟、吕堰镇、朱家集、苍苔、太平镇、湖河、湖阳各点。

二、五月二十四日以后，敌主力逐次南移，其第十三师团大部，分四路扫荡我大洪山守备部队。据王总司令缵绪世电：敌连日来纷向京钟路方面撤退，驮马计约万余头。

三、据黄总司令世电：老营、东洋湾附近敌千余，并于方家集、上下王家集、老营各附近，运到架桥材料甚多。原在峪山、黄龙垱一带之敌，大部已向襄河东岸老营、流水沟一带逐次移动。璩家湾、黄龙垱、方家集、上下王家集敌已修成公路，有汽车二百余辆往来行驶

四、郭司令俭电：

1.敌近汽船百卅余只，小兵舰及拖船十余，由汉口经襄河，运送大批汽油及兵员至岳口一带屯驻。

2.截至敬日止，敌步骑二千余，经下洋港开抵瓦庙集、杨家洚一带。

3.旧口、罗汉寺间，入夜常有汽车往来声。

4.雁门口一带，敌积极征工，加强公路。

第二节 战区卅日部署及孙副长官进驻襄樊经过

第一目 战区于卅午下达各总司令各军长之合同电令

一、枣阳亘滚河附近地区之敌，其大部分途南进，与我大洪山兵团激战中。京、钟、汉、宜方面，敌尚无显著企图。我豫南及鄂北各部队正向随枣间及信阳之敌攻击，先头已达枣阳附近。

二、战区决依襄沙间河岸坚固守备，并确实保有大洪山、桐柏山根据地，袭击随枣、钟枣间敌后方连络线，正面与敌保持接触，适宜控置主力，相机恢复枣阳。

三、江防军郭司令忏，指挥第二、第二六、新十一军（欠一师）、第五五师、一二八师及要塞部队，应控置一军于当阳附近，坚固守备江防原阵地。

四、右翼兵团孙兼总司令连仲，指挥第二集团（欠六八军）、廿二集团、卅三集团、五五军、八四军，以主力守备襄河及唐白河西岸之线，巩固襄樊。并各以约两师兵力领有宜城、丰乐河以东地区，并于环潭、安居间地区，与左翼兵团协力。务切实切断钟枣、随枣间敌之交通，并策应大洪山地区之作战。

五、左翼兵团汤总司令恩伯，指挥卅一集团六八军、九二军、九四军及豫南桐柏各游击队，以主力置于桐柏西南，与随枣路以南部队，协力袭击随枣及应信间交通，并切实控制随枣路，相机攻略枣阳。

六、大洪山兵团王总司令缵绪，指挥廿八集团，一部扼要警戒大洪山南侧，主力应机动作战，保持该地区，并与右翼兵团协力截断钟枣间交通。

七、预备兵团黄总司令琪翔指挥七十五军、三九军（兵力一师），位置于孟家楼以南地区。（余从略）

第二目　孙副长官进驻襄樊经过

五月廿四日奉委座敬申机渝手令：命孙副长官赴襄樊坐镇。孙副长官奉令后，将左翼兵团之指挥交由汤总司令负责，于廿六日到达老河口战区。经与研讨结果，深觉欲固襄樊，势须以有力兵团向南攻击策应，较为得力。又战区新部署甫经梗亥下达，各部均正遵令部署，准备尔后之攻势。而孙坐镇南阳，更可兼顾豫南，对枣阳方面统筹指挥，比较便利。如不增调军队，仅以总部进驻，则限于襄樊一隅，指挥连络转觉困难。且此时黄总司令琪翔已驻襄阳指挥，战区并已电催孙总司令震回防。基于以上理由，似仍以孙副长官返宛坐镇为当。战区当即电请委座核示，并令孙副长官暂在〔老〕河口候命。嗣得张主任治中电话，转奉委座意旨：孙副长官仍应进驻〔以下残缺〕。卅午部署下达后，令孙即日前往。当夜十二时，船抵谷城以南〔以下残缺〕家集，渡河进占欧家庙，遂折返谷城指挥。

第三节 襄阳、南漳一带作战经过

第一目 战斗经过

第一、五月三十一日晚六时，欧家庙、小河对岸之敌，在炮火、毒气掩护下强渡，我河防部队被敌击破。迄至六月一日午时，由欧家庙、红山头一带续渡敌已续增五千以上，藉飞机掩护、分向丁家集、尹家集一带进犯，并续沿公路北进。其一部二千余向南漳方向突窜，我一二二、一二四两师受敌压迫，退守黄龙观、虎头山之线与敌激战。另敌千余向人字碑、阮家坡一带南窜，与五九军接触。激战至申刻，改向北窜，三八师追击至红山头、明正店一带，与敌对峙。

第二、基于以上情况战区之处置：

(一)五月三十一日令七五军及卅军，经老河口渡河，参加河西作战。

(二)东申转委座电话命令，饬四一军确保襄樊，如能达成任务，官长各晋一级，士兵重赏，否则依连坐法、军法从事。

(三)令廿九集团迅速整顿，准备攻袭敌后。

第三、二日辰，沿公路北进之敌突入襄阳，一二二、一二四两师退守吴家集以东亘万山、泥咀之线，襄阳遂陷。同时向南漳方向突窜之敌二、三千，已窜抵武安堰以西地区。黄总司令已抽调一二四师主力急趋南漳战区，当饬黄总司令严令四一军反攻襄阳，并令一二四师死守南漳，待援军到达。同时并令卅三集团派有力部队进出武安堰以东，攻袭西窜之敌。

第四、七十五军及三十军之行动。六月一日夜十二时，七五军已到老河口以南，二日先头到达茨河，三日已到龙门集、阎家坪附近。卅军各师于六月二日至四日，先后通过老河口，向谷城以南急进中。

第五、六月二日，战区奉委座东戌令一元梧电令，变更部署（如第四节）。迨至三日申刻，南漳受敌猛攻失陷，一二四师退守王溥山、凤凰山之线，与敌对峙。同日襄阳之敌在城内纵火，并炮击樊城后，退出襄阳南窜，一二二师当日未时恢复襄阳。四日晨，一二四师得七五军之协力，恢复南漳。

第六、截至五月一日，由欧家庙附近渡河北窜之敌，约五、六千，先后退出襄阳、南漳后，与由欧家庙、红山头续渡之敌相呼应，分向襄沙公路及刘侯集、仙居与报信坡、转湾斗等地，分路南下。

第四节　战区遵委座东戌电令之部署

一、战区六月二日奉委座东戌令一元梧电令，要旨如左：

（一）第五战区应以确保宜昌、襄樊之目的，以襄河两岸部队从西北向东南，对渡犯襄河之敌侧背攻击，压迫于襄河及湖沼地带而歼灭之。

（二）第五战区分为左右两兵团，左兵团辖孙连仲、孙震、汤恩伯、刘汝明各部，兵团长由李长官兼。右兵团辖冯治安、王缵绪及江防军各部，兵团长派陈部长诚兼任。两兵团以歇马河、三官庙、江石垭、武安堰、小河、方家集相连之线为地境线，线上属右兵团。

（三）孙连仲指挥池峰城、孙震、莫树杰、周碞各军，先固守襄樊、南漳，尔后由北向南攻击牵制敌之南下。

（四）第四一军孙震部应死守襄樊，以待池峰城军之到达，当予重赏。如放弃襄樊，决予法办。

（五）周碞军着进驻南漳。

（六）萧之楚军应以小部留守襄河右岸原阵地，其余迅就十里铺南北第二线阵地，部署防御。并须控置有力预备队于左翼后，尔后依情况可转用于荆门、远安间地区。

（七）第十一、第七六及无名师，守备董市、当阳主阵地。

（八）另令驻万县之一九九师，即以船舶输送，推进秭归，向保康方向警戒，归郭司令指挥。

（九）李及兰军经大洪山归还江防军序列。如渡河困难，即协同王缵绪集团，以大洪山为根据，袭敌后方。

（十）襄河两岸应尽量掘开堤防，构成泛滥，由郭司令负责实施具报。

（十一）汤恩伯指挥卅一集团及九二军，由北向南攻击襄花路敌之主力。如敌主力渡过襄河时，应不顾一切进出大洪山以南地区，攻击敌之背后。

（十二）已令一〇三师开常德，第五师调宜昌方面，归还郑洞国军建制。（余略）二战区奉令后，当即转饬各部遵照，并于冬亥下达左兵团部署。电令如左：

1.自欧家庙渡河之敌，与我四十一军主力在昵咀、吴家集附近之线对战中。京、钟、汉、宜方面之敌，近日均有增加。

2.兹遵委座东戌令一元梧电规定，左翼兵团部署如次：

①右集团总司令孙连仲兼，指挥卅军、七五军、八四军、四一军，应以主力展开于南漳、茨河之线，以一部自襄河北岸渡河，协力击攘襄河西岸之敌，并牵制其南下。

②左集团总司令汤恩伯，指挥卅一集团九二军、九四军及鲍刚游击部队，应以各一部，分别于枣阳以北及桐柏附近，与敌保持接触。主力应以果敢行动越过襄花路，进出大洪山地区，攻击敌之背后。但九四军应相机由大洪山地区归还江防军建制。

③豫南友军司令刘汝明指挥六八军及各游击部队，应固守长台关迄小林店之线，监视信阳之敌，并掩护左集团之左侧背。

④十一集团总司令黄琪翔指挥十一集团（欠八四军），为兵团预备军，位置于光化。

第五节、第六节〔均略〕

第七节　宜昌附近之作战

第一目　战斗经过

一、六月九日夜，江防军各部向古老背、鸦雀岭、玉泉山亘远安之线转进后，十日拂晓敌乘我立足未稳之际，分路续行猛攻，鸦雀岭被敌突破，卅二师在古老背附近地区被敌包围，四四师在新庄大部被敌遮断，无法掌握，五五师及四一师亦大部散失或被敌遮断，第二军所指挥之各师仍在玉泉山及其以北之线，与敌激战中。同时沿江西进之敌，先头先到达白洋附近。

二、十日夜调整部署，退守土门垭、龙泉铺、凤凰岭、分乡场、分水岭之线，惟于各部转移间，敌已突进，直趋宜昌近郊。

三、先是十八军之一九九师及十八师，于九、十两日先后开抵宜昌，其一九九师占领宜昌以北镇境山、小溪塔之线，十八师任宜昌直接守备。迨至十一日拂晓，杨义路已发现敌踪，惟竟日无大接触。

四、十二日拂晓以后，大批飞机不断轰炸，宜昌近郊均有战斗。下午以后，慈云寺阵地被敌突破，全线进入混战状态。同时宜昌以北地区，敌向金家堤攻击，发生激战。当日酉刻，敌突入宜昌，与十八师之一部巷战。入夜后，江防军各部，向南津关、小溪塔、石板湾、南城坪、里长岭、三义口之线转进，与敌暂呈对峙状态。

第二目　左兵团各部之行动

一、七五军九日扫荡宋家口、金相坪、巡检司一带之敌后，向西追击。十一日到达峡口，十二日收复远安，向南追击。十四日进抵百宝寨、卫家冈之线，向焦家堤之敌攻击中。

二、卅军连日向南挺进，十二日其主力到达阎家湾、转湾头、钱家河一带。十四日到达石马槽、武安山、毛家冈、观音寺之线，向南挺进中。

三、汤集团之八五及九四两军，九、十两日渡河完毕后，即向荆门急进。十二日，八五军一部通过乐乡关，主力到达栗溪、盐池庙附近。九四军到达南漳以北地区。十四日，八五军之一部到达观音寺附近，主力到达姚家河附近，续向南桥铺、荆门挺进。九四军同日向报信坡、刘侯集间地区集结。

第八节 对宜昌之攻击

第一目 委座电令及战区处置

第一、六月十三日奉委座文酉令一元电：着第三十军在远安、观音寺之线，八五军、九四军在观音寺、荆门各附近之线，归汤恩伯指挥。先行整顿态势，准备攻击进犯宜昌之敌。等因。当以瑜元电转饬遵照。

第二、同日奉委座元辰令一元梧电，要旨如次：

(一)右兵团应占领三游洞及以北三合岩、两河口阵地，迅速收容各部，并掌握有力部队参加汤恩伯部，反攻宜昌。

(二)第卅军、七五军、八五军、九四军统归汤恩伯指挥，以一部攻占荆门，主力由远安、观音寺之间攻击宜昌方面之敌。

(三)九三军应猛攻钟祥方面之敌，阻敌增援补给。

(四)各部应不顾一切猛力进攻，不可失机。

(五)着汤总司令与陈兵团长取得连络后，即归陈兵团长统一指挥。

第三、战区遵于元亥下达部署电令如次：

(一)九二军、四一军归孙副长官指挥，四一军仍服原任务，九二军应向钟祥方面之敌攻击，阻敌增援、补给。

(二)廿九集团归战区直辖，除以一部守备大洪山外，主力应与九二军协力向京山、皂市方向攻击，截断京钟路，阻敌增援。

(三)汤恩伯部暂归战区指挥，俟与陈兵团长取得连络后，即归陈兵团长统一指挥。

(四)其余遵照委座元辰令一元梧电实施。

(五)各部限删日攻击准备完了，铣日开始攻击。

第四、十四日令五五军归汤总司令指挥。

第五、十四日战区下达反攻宜昌合同电令如次：

（一）襄河西岸之敌，其主力现在荆、当、双莲寺一带，一部现在宜昌，与我十八师之一营巷战中。

（二）战区以围歼该敌之目的，重点置荆、当以北地区，部署如次：

（三）陈兼兵团长指挥江防部队及七五军，应就现态势，迅速完成攻击准备，铣日开始反攻当面敌人。

（四）汤总司令指挥卅军、五五军、八五军、九四军、九二军，应就远安亘荆门以北一带，完成攻击准备。铣日开始向荆、当攻击，压迫敌人于江陵东北地区而歼灭之。

（五）四一军即开张家集、马家集一带，接替九二军防务。并应向钟祥方向佯攻，策应河西主力军之作战，仍归孙副长官指挥。

（六）卅三集团军改归孙副长官指挥，即开南漳、宜城间整理。派一部于孔家湾、快活铺间地区，策应河两岸友军作战。

（七）廿九集团仍应遵元亥电，积极向京、皂方向攻击。

第六、又十四日以寒未电令九二军，向丰乐河以北地区集结渡河，仍归汤总司令指挥。

第七、十五日奉委座删辰令一元电令如次：

（甲）指挥系统

（一）宜昌方面之江防军，分成两部：第二军、第十八军及其他在北岸部队，归李延年指挥；在长江南岸各部归郭忏指挥。以上两部均直接归陈兼兵团长指挥。

（二）北正面周碞指挥七五军、卅军，并归汤恩伯指挥。汤恩伯直接指挥第五五军、八五军、九二军、九四军，均归陈兼兵团长统一指挥。

（三）已令李长官调九二军至襄河西岸，归汤恩伯指挥，参加宜昌方面攻击。该军在钟祥方面作战任务，由李长官调四一军主力接替。

（乙）作战要领

(四)担任宜昌攻击各部，应确实协同连系，准备周到，以整结态势攻击敌人。

(五)汤恩伯指挥各军与周喦、李延年指挥各部，应重行规定作战地境，区分任务，形成重点，以明责任。

(六)在宜昌上游秘密准备多数民船，指定部队在主力攻击紧张之际，由上游乘暗夜将船流下，在宜昌东侧适当地区登陆，袭敌腹背，以收奇效。

(七)攻击开始时机，为避敌空袭，以下午四时左右为宜。在攻击开始之前，由空军出动轰炸敌主力所在位置，轰炸之后立即开始攻击。关于轰炸目标、时机，由陈兼兵团长与周主任确取连络。〔以下残缺〕细部署，确实拟定具报。

(丙)□□□兵团任务

平汉南段李品仙出击部队□□方面：刘汝明襄花路，黄琪翔大洪山，王缵绪各集团，均应积极行动，配合宜昌方面主力之作战。并应于鄂东方面，另行指派一勇敢部队，乘机袭击汉口。

第八、战区奉到上项电令后，当以咸亥电转饬各部遵照。

第九、又十五、六两日，先后奉到委座盐巳、愿申两令一元梧电如次：

(一)汤总司令应确实掌握各部，以整结态势攻击敌人，不可轻敌。

(二)曹福林军着隶汤总司令指挥，参加反攻宜昌。

(三)李仙洲军着归汤总司令指挥，仍积极攻击钟祥方面之敌，并须确实控制钟祥以北地区，掩护汤军主力左侧背。(盐巳电)又李仙洲军着改由宜城附近渡河，向荆门进出，参加该方面之作战。所遗攻击钟祥之任务，着以四一军接替。并应责成四一军，须确实攻击钟祥敌后方，并控制钟祥以北地区，掩护汤恩伯部左侧背。(愿申电)右两电令均经转饬遵照。

第二目　战斗经过

第一、右兵团（附汤集团）十四日下达之反攻部署如次：

（一）襄河以西之敌，其主力有向当阳附近集中模样，宜昌城区仍由我十八师一部固守。

（二）兵团以歼灭襄河以西敌人之目的，决向当阳之敌攻击，压迫于长江襄□间而歼灭之。

（三）郭司令仍指挥原属各军，即以李军长延年指挥第二、第十八两军为攻击军。应由南津关、小溪塔关、庄场、宋家咀之线，向宜昌及龙泉铺、土门垭与双莲寺、鸦雀岭及其以南攻击，先包围宜昌东侧之敌而歼灭之。对左侧应派有力部队逆袭，如敌向东撤退时，该攻击军应迅由当阳以南向东转进，与汤集团协同歼灭敌人。新十一军除守备江南外，应抽派三团以上兵力渡江，攻占沙市、江陵、万城、江口、董市、白洋沿江各要点，并竭力向敌后挺进，牵制其兵力。

（四）汤总司令指挥所属各军，应由峡口、焦家堤及当阳、沟溪河、荆门各北侧地区之线，向跑马冈、石子岭、半月山及河溶镇、张家口、团林铺、十里铺以南攻击敌人。如敌主力在当阳以南时，应即向右旋回；如敌主力向东北转移时，即与李延年部协同聚歼之。对左侧须梯次配备，讲求掩护。

（五）筱日下午四时开始反攻。

第二、战况概要

十七日开始反攻后，江防部队一度克复宜昌，旋以敌增援逆袭，又复失陷。汤集团方面均略有进展，九二军十七日晚渡河完毕，十九日晚到达荆门东北地区。

第三、战区六月十九日奉委座皓辰令一亨电如次：

（甲）国际变化显然与敌不利，我应乘敌彷徨不定之际，予以决定打击。

（乙）（一）我主力已于巧日开始反攻，第三、第九两战区为协力襄西作战，已于巧日各以主力全面出击。（二）仰即转饬李品仙，亲率第七军及游击队进攻黄陂、孝感敌之后方。另行指派一勇敢部队，乘虚袭击汉口。（三）仰贵长官即到襄樊指挥，孙副长官即到枣信间适当位置，并指挥刘、黄两集团，向当面敌人攻击。（四）各兵团行动，仰遵照删辰令一元电丙项所示实施，并应督饬王集团努力截击京钟路敌人为要。

第四、战区当即转饬遵照，并于智酉下达部署，电令如次：

（甲）战区决乘敌疲敝，后方空虚，于襄河以东取全面攻击，策应荆宜方面之作战，予敌以决定之打击。

（乙）左兵团改变部署如次：

（一）河西集团总司令汤恩伯，指挥七五、三十、五十五、八十五、九十二、九十四各军，续行原任务。

（二）河东集团军总司令孙连仲，指挥廿二、十一、卅三、第二（欠卅军）各集团及豫南游击部队，应即以各一部对京钟路及信阳之敌攻击，以主力对襄花路南北之敌攻击，相机占领钟祥、随县各要点。但须控置有力一部于长寿店，以〔以下残缺〕军之作战。

（丙）鄂东游击兵团总司令李品仙，指挥第七军及各游击部队，以主力进攻广水以南之敌后方，以一部对广水以北铁路之敌攻击。□□定一有力部队，袭击汉口。（王□斌部归还建制）

（丁）大洪山游击兵团长王缵绪，应以大洪山为根据，向京钟路之敌攻击，并相机占领京山。

（戊）本部指挥所即向樊城推进。

第四、迨至廿日以后，我右兵团之江防部队在南津关、小溪塔、桂花图、杜岩迄三界土地之线。汤集团各部在卫家冈、舒家庄、金牛岭、杨旗岩、俞家店、公母树、观音寺、子陵铺亘利河口附近之线，与敌成对峙状态。

第五、五月廿五日奉委座敬酉令一元电：为应付国际变化，保持国军战力，俾利整训之目的，第五战区应即停止对宜昌攻击。第三、第九两战区亦应停止大规模攻击，而各以一部与敌保持接触，不断袭击牵制敌人为要。等因。战区当即转饬遵照。襄河西岸会战至此告一段落。

第六、襄西会战停止后，敌我态势如附图第八〔图略〕。……

……

第二编　枣宜会战检讨

第一章　襄东（枣阳）会战检讨

一、此次敌之进犯，在信阳方面以步骑兵为主干，在随枣正面则以机械化部队为主干，由钟祥北进者，则以骑兵及轻装步兵与轻炮兵配合编成。

二、本会战对敌情判断及兵团部署，以及枣阳方面之反包围作战指导等，均甚正确。例如：

1.自四月初旬，根据各方情报，敌之兵舰于长江下游、上海、汉口间甚为活跃。当时迭奉最高统帅部电令，饬对汉宜路江防方面严加注意。而当时战区对敌情判断：敌如进窥宜沙，必先由鄂北发动扫荡。我襄河以东部队，故毅然将主力控置于襄花路以北地区，当时判断甚属正确。

2.能适应情况，将机动兵团先转移于唐河附近，适时秘密进出敌之侧背。如汤集团于四月中旬，集结枣阳东北刘升店、太山庙一带，主【力】准备对随枣公路方面之作战，仍于四月终依状况，密令转移唐河附近。当敌第三师团主力于五月一日由信阳向泌阳方面开始侵犯时，该集团能适应时机，进出泌阳东北地区，始终立于主动地位，随时向西南侧击敌人，予敌以重大打击。此实五月十八日前所获战果之主因。

3.五月上旬令江防之九四军渡襄河，向汉宜、京钟路东北方向进出，及令豫鄂皖游击部队之西进，截断平汉路，威胁及破坏敌之后方，使敌补给连络发生极大困难，亦为本战役中有价值之处置。

三、部队如能密切协力，各发挥其特长，不难予敌以重大打击。例如：豫南方面敌第三师团，自五月一日倾力西犯，时我第二集团军能充分发挥其强韧性战斗之优点，节节诱敌，逐次保持夹击、侧击之态势。迄于五月十日，诱敌于唐河、新野一带。我汤集团能发挥其机动特长，适机进出泌阳东北地区，随时南下协力侧击，到处予敌以重大打击，致获得六月十日之战果。溯自信敌于东日倾力进犯时，兵力约达两万，而五月十日以后由新野、唐河向枣阳撤退时，仅七、八千余，其中虽间有向桐柏、信阳退窜者，但被我击歼数目亦在四千以上。

四、战区最初之敌情判断：敌之至当行动，先犯鄂北，扫荡我襄东部队。而其主攻方向，当在襄花路方面。但尔后根据状况之推演，不失时机，以主力向北移动。同时令随枣路之十一集团机动诱敌，适时转移。卅三集团之北进尾击及调江防部队之兼程北上，进出樊城以北堵击，致使敌企图包围我主力于随枣路之计划终归失败，而我方反造成反包围之态势者非偶然也。

五、因装备之差别，在战□□虽态势良好，欲求达歼灭之目的亦属理想。此次枣阳外围之役，我孙、汤两部于五月十八日，已袭占七房〔方〕岗、草店、太平镇、湖河镇各据点，并一部一度冲入枣阳城。七五军及五六师已攻克双沟、吕堰两镇，进出滚河以南地区，大军围追枣阳。就外线作战而言，已越过利害变换线，形成分进合击之优良态势。乃敌于十九日悉力反攻，以飞机约百架整日更番轰炸，及战车二百余辆分段冲击，攻击遭受顿挫，情况遂生极大变化。

六、战略纵深部队非但应绝对控置，且须亘战斗始终而保持之，方能于必要时机获得最后胜果。例如：五月十七、八日枣阳外围之会战，敌我已激战两旬，情绪已极度紧张，而敌正一部转用之际，在此瞬间，我如能投以一部新锐力量，想能获得枣阳会战之成果也。

七、各级情报多不确实，且对情况过度乐观。如五月十日至十八日间之战斗，各集团情报均不加缜密考虑，咸报敌已溃退，且甚狼狈，殊不□敌系转用兵力，致使上级指挥部为扩大既得胜果，不惜投以全力，以求决战，而奏全功。殆敌悉力反击，遂发生五月十九日之变化。嗣后关于情报应力求翔实，尤以敌在战略上随意放弃据点，而竟夸张捏报如何击溃敌人等，更所深戒。

八、通信连络良否，左右战斗之胜负者甚大。如五月十三日至十五日，张故总司令在南瓜店东北罐子口附近时，有线电报、电话均不能通，三日间断连络，十五日后仅赖无线通信，因之不能适时得知该方面战况。又如七五军于筱日，在黄龙垱附近电台被炸，以致全般情况不明，遭敌击破。此后对通信连络应力求周密，不但对通信机关之配置，应详密考虑，即补助手段尤应竭力讲求，以增加连络之效力。

九、部队运动迟缓，常易逸失机会。如此次荆当部队北上堵击敌人时，五月十日以后始渡过襄河，致使敌于十一日窜据吕堰镇据点，达成掩护其第十三师团转用于京钟路各个击破我张集团之企图。

十、各级官兵对敌战车、骑兵多抱过度恐慌心理，不遵教令所示讲求对策，亟应设法纠正之。

第二章　襄西(宜昌)会战检讨

一、本会战因受襄东会战之影响，陷于被动。加之襄东战后，部队收容未毕，士气□□□。守备小河、襄阳之四一军及守备宜城、荆门之三三集团军□□□损失较大，人事又不健全，影响最大。

二、高级指挥部命令□□□实考虑受令者识量、决心，处置尤不可轻易动摇，屡屡变更。否则部下徒劳，无所适从，甚或遗误戎机。例如：此次敌渡过襄河西岸时，汤集团主力究用□□西岸或东岸，迟疑不决。于六月一日奉令，以主力集结新野，准备由老河口方面渡河参加襄西战斗，而六月二日又奉令改向随县、京山一带袭击。六月六日各部先头已进出大洪山及其东南一带，又奉令改由宜城以北渡河，参加宜昌会战。当该军于六月十日在宜城附近渡河甫毕，而十二日宜昌已告失守矣。

三、劣势装备之河川防御，应以直接配备为有利。例如敌于五月卅一日由上下王家集渡河，我一二二师守备小河至襄阳之河防，一二四师控置于尹家集、丁家集间，以襄河之险，卅一日晚，敌未受若何妨害，一举度过两千余。当时如以主力沿河川直接配备，敌之渡河或不致如此轻易。又如江防方面，敌于六月五日由沙洋及其南北各点渡河后，其进展迅速，九日即攻陷我当阳主阵地带者，亦因在汉水西岸未予敌以若何防〔妨〕害之所致也。由此次教训，在劣势装备之河川防御，如采取后退配备，乘敌半渡而击之原则，恐难成功。

四、部队机动性之优劣，影响于战斗者至大。此次敌由钟祥以南各点渡河西犯时，仅四、五□□即攻陷。我当阳、董市之主阵地带者，虽因江防□未能尽力迟滞消灭敌人，但由襄、樊南下部队运动迟缓，未能适时参加当阳主阵地带之战斗，厥唯主因。拿翁云：战胜在脚，信然。

五、敌此次行动多利用夜间。如突破一二二师欧家庙河防时，即于夜间施行。是故，夜间战斗至为重要，必须勤加训练。

六、敌攻击重点多指向我素质较弱之部队，或配备薄弱之部份（接合部）。对我部队配备、素质，侦查极详，此我应特加注意者。

七、平射炮对敌强渡之船只，射击颇有效力，山野【炮】亦然。如仅持步机枪，以阻止在机炮掩护下之强渡之敌，成功殊鲜。

八、当攻击时，切戒侥幸取巧之心理，须具有为我整个战役之胜利自身牺牲亦所不顾之精神。故受命后，决不可令部下避免攻坚，避免决战等，以动摇部下攻击信念。假设你不攻坚，不决战，我不决战，试问战斗尚有胜利乎。

九、各部队对各种炮兵，在作战时多运后方，不知使用，减少部队之作战力，至为可惜。今后应严为改善之，对于炮兵使用，只求有代价，纵牺牲亦在所不惜也。

十、军纪为军队之命脉，而战后为尤要。此次枣宜会战亘时两月，部队军纪率多废弛，此实各带兵官应严为注意者。…………………

〔国民政府国防部史政局及战史会档案〕

19. 陈诚关于襄西战役失败原因及优点检讨密电

（1940年10月17日）①

限即到。南岳委员长蒋：文未玄、文黄、删午天三电计呈。臻密。此次襄西之役，就时机、态势、兵力而论，均较敌为有利，然结果由奇袭而分别包围强攻，虽攻克大小据点六十余处，而主要之宜昌未下。除拟分别召集全战区班长以上干部开会研讨外，兹谨将本部继续研究所得各点，续呈如下：（甲）攻略重点未奏功原因，与将来应注意收进者：（一）查襄西敌为十三及卅九两师团，约步兵六个联队及各该师特种兵、炮，配合伪军，约一万余人，而以最强劲之十三师团，分八个联队（步兵三个联队），配置于宜昌附近。我攻击兵力照原计划变动太大，原预定与第二军会攻宜昌之第八军，不能不转用于沙市、沙洋方面。虽大胆冒险，将全力使用截断敌人之攻击，而在宜昌附近只能集中三个军（第二军、第三二军、第九四军共八个师），以对敌之步、骑、炮、工、辎共七个联队。按抗战以来之经验，在运动战时，我优良之一个师尚勉可对敌之一个联队，现竟有以一个军始能对付敌一联队者，而部队内素质之低落可知，以之在短时日内【无法】强行攻略并歼灭素称顽强不屈、死守坚固据点之敌。一个联队（敌据点之铁丝网多为四至六层，掩体多为钢筋水泥及石洞，掩盖枪眼装置铁板）中，以【而我

①原件无年份，据内容推断应为1940年。

之】炮数虽多，【但】均系临时配合，协同自差，且能用之于前线者，均是山炮、迫击炮，其破坏力不够可知。更以时机关系，虽使敌已濒于绝境，而不能不主动转移，循〔驯〕至功亏一篑，殊为遗憾。(二)关于编制上亦有值得研究者，按编制每师或军，人员甚多，而实际用于作战者不及三分之一(每师不外四千人)。因此，每师伤亡一千人即失去战斗力，不能支持较长时日之韧强战斗。此在编制上须加以检讨改进者。(三)补充问题亦有影响。如长期补充、随时损耗，作战后许久不能补齐，而致攻击前每军缺员均在一万名以上，即每团缺员一千名以上，大部均奉拨半年至一年而未领到者（第二军缺一万二千七百余人）。而所缺均系战斗兵，因人数不能足额，自然影响战斗持久力。又补充兵素质过差，亦与战斗力有极大关系。(四)战斗技能欠精练，有的新兵补入后即参战。或干部过差，训练不得法。尤其对于冲锋准备后之突击战斗（阵内战斗）及对障碍物与侧防机关之破坏并白刃战等更差。因此，常受挫于冲锋突击之顷刻。（五）步、炮、工协同欠佳。因配属关系平时无适宜之连合，演习战时又运用不当。尤其对于工兵不善运用，甚少以工兵与步兵协同战斗及以之担任破坏铁丝网及侧防机关者。（六）防毒训练与设备不够。我每攻击至敌掩体直前，敌即放射毒气。又此次宜昌城郊附近，敌更大量使用毒气，以致伤亡过大，不能扩张战果。(七)士兵因新兵时，即孱弱不堪，入营后又以营养关系，不能恢复其壮健之体格，一般体力不够。如敌占领较高之山为据点，我士兵由山脚爬至山顶时，即已疲劳不堪，更无力与敌白刃战。故今后征兵、练兵，均宜以养兵为首。(乙)以上所举，均为我军急待研究解决之问题。但在此次作战中所表现之优点亦不少，收获亦大。兹谨略述如下：(一)对于坚固据点攻击，过去甚少，大规模攻击之经验，一般多缺乏信念，或仅作理论上之探讨。经此次攻击，而使全战区部队均得有普遍的实地经验与血的教训，对于今后之作战裨益甚大，此实为最大之收获。(二)各部队军纪良好为过去所少见，亦为年来整饬军风纪之一试验也。（三）民气非常振奋，一般民众均不要钱，自动协助运输。又我军奋勇队突入葛洲坝时，坝上居民见后，跪地拜祷，欢跃异常，并自动为之烧饭。（四）救护伤运亦甚良好，所有伤兵多由民众抢运，又照料亦甚周到。并沿途均由党政机关设荣誉服务站，使伤病官兵减少痛苦。凡此亦为前所罕见。（丙）除详细情形再继续研究续呈外，谨电呈察。陈诚。酉筱辰。天。印。

〔国民政府国防部史政局及战史会档案〕

20. 张和重检呈枣宜会战资料两件密函

（1941年2月11日）

赞忱老伯：谨检呈关于随枣会战资料两种，请赐收，密存备查为祷。

世晚　张和重拜上　二月十一日

一、第五战区作战经过

武汉之敌自去岁经我不断攻击以来，常感威胁，为确保武汉外围，达成以战养战计，自三月末以来，于赣南湘北抽调兵力，企图作孤注之一掷，以图一逞，而期减少武汉之威胁，是为敌进犯襄东及渡襄河西窥沙宜之原因。兹就其作战经过概要，胪陈于次：

枣阳会战

敌3D、13D、39D及6D一旅与40D一个联队，于四月底已集中汉口以北地区，企图两翼包围豫鄂边境之我军，其方略自为敌战略上至当之行动。无如敌之企图早经我识破，将计就计，诱致敌人，使自陷牢笼而遭歼灭打击之悲运。其进犯路线计分三路：一由钟祥北进，进窥豫南平原；一由襄花路西进；一由信阳方面分向西、向北窥唐河，再行南下，达成包围之目的。当五月一日各路之敌开始猛烈进犯，其在钟祥以北之敌13D向我张自忠集团进攻，并以飞机四、五十架助战，敌我激战甚烈，双方伤亡甚重。迄二、三日，长寿店、田家集相继被敌攻陷。至六日，方家集、丰乐河又陷敌手，我张集团部队仍极力扼止，并施行侧击。王缵绪集团亦积极向张家集、汪家店攻击，拊敌侧背。同时除战区已调孙震堵击北进之敌外，张总司令自忠复亲率兵力两团渡河督战。至七日，敌已窜抵枣阳路之张家集，一部进攻双沟。迄八日，敌骑一部窜至新野，我张总司令自忠亲率所部尾击北进之敌，已攻至田家集、黄龙垱附近。王缵绪集团仍向敌后方辎重部队猛力截击。另在襄花路敌之39D全部及6D一旅，为待两翼包围之进展，尚未同时施行攻击。迄五月四日，始向我黄琪翔集团进犯，与我莫树杰、陈鼎勋两军激战甚烈。迄五日，高城、安居、均川相继被敌攻陷。同日，我遂转移环潭镇、唐县镇迄高城以北之线。嗣后黄总司令琪翔因张集团方面情况紧张，曾转用两师兵力参加该方面之作战。同时，枣襄路有被敌切断之虞，乃以174D留置唐县镇附近，余转移枣阳第三线阵地。彼时在转进间，唐县镇正面之敌大举进攻，并以战车二百余辆，由两翼包围，致我174D陷于苦斗。当时李长官以枣阳路被敌截断，决放弃枣阳，以黄集团撤守唐白河西岸。我黄集团除以173D与敌保持接触外，主力由唐白河转进。迄七日，敌攻占随阳店及吴家店。八日，敌复陷枣阳。同时173D突围时，被敌战车数百辆节节冲击，部队无法掌握，师长钟毅仅率官兵数十人突围，遂遇敌骑千余，经激战后弹药告罄，全部均壮烈殉国，师长毅亦饮弹自戕。西进之敌，已与钟祥北进之敌取得联系。又在信阳之敌，3D及40D一个联队，先于四月二十八日，以有力一部由平汉路东侧绕攻明港北狮子桥。迄五月一日，复以全力攻我明港、狮子桥及桐柏以东之小林店，与我刘汝明、池峰城各军一部激战甚烈。同日，上述各地被敌攻占。至五日，泌阳、桐柏又沦敌手。彼时我汤恩伯集团正集结于泌阳东北地区，乃即协同刘汝明、李仙洲两军尾击西进之敌。

池峰城军除一部扼守桐柏以西地区，主力向西进之敌侧击。迄七日，敌3D又攻占唐河，旋即南窜。我汤恩伯集团复于八、九两日相继克复唐河、新野。各路进犯之敌已于襄东唐、白河畔地区会合。其包围之态势虽告成功，但不特未能捕捉我之主力，且包围圈内阒无一人，致包围扑空，反陷我反包围之内，其包围计划遂完全粉碎。月之十日，我合围之势已成，孙连仲、汤恩伯集团及李仙洲军由北向南，刘和鼎、周碞两军由西向东，张自忠、王缵绪两集团由南向北，努力围攻。并以李及兰军进出汉宜路，深入京山、皂市、应城、云梦附近地区，攻敌后方。同时张淦军及鄂东游击部队攻占平汉线上鸡公山、李家寨、郴林车站各据点，我李仙洲、刘汝明两军亦相继克复泌阳、桐柏、明港，随将敌约四个师团兵力包围于襄东平原，猛力聚歼。迄十一日，敌不支陆续向东南撤退，我军跟踪追击，努力扫荡。至十六日，我汤集团一度克复枣阳。十八日我刘汝明军又一度克复信阳，毁敌飞机十二架。综计自敌发动攻势之日起，毙敌约四万以上，毁战车数十辆，汽车三百余辆，其他俘获甚多。当敌向东撤退时，我张自忠集团为防范敌之漏网、聚歼顽敌计，乃积极迎头痛击于方家集、黄龙垱之线，展开血战，毙敌甚多。迄十四日，敌约四千之众，窜抵南瓜店附近，我张总司令自忠复亲率特务营及74D两个团，驰往堵击。鏖战竟日，毙敌甚重。至十六日，敌复增援反攻，并以飞机十余架助战。自辰至申，我74D两团牺牲甚大，特务营亦伤亡殆尽，张总司令亦于斯时壮烈殉国矣。尔后枣阳附近之敌为恐遭受歼灭打击之厄运，乃于十九日以全力及战车四百余辆，向我猛力反攻，并以飞机百余架助战，敌我激战甚烈。我为避免无谓消耗，于二十一日遂又转移唐、白河西岸及新野、唐河以南地区。

宜昌会战

敌于襄东会战遭我严重打击后，为解除枣阳方面被包围之不利及挽回国际视听计，乃于苏、赣方面抽调约两个师兵力(15D、34

D各一团及14BS、20BS），控置武汉外围各据点，维护其后方交通。一面另辟战场，迳渡襄河，进窥荆、宜。五月底，敌突破我包围圈后，其13D及6D一部已到汉宜路附近。至三十一日晚，敌3D、39D乃由宜城、欧家庙间渡过襄河，与我河防部队孙震部激战甚烈。迄一日，襄阳被敌攻陷。三日南漳、宜城又相继沦入敌手。我孙震军除一部于同日克复襄阳外，一部仍于南漳附近与敌鏖战，冯治安部仍于宜城以南与敌激战甚烈。至四日，我又克复南漳，敌大部复积极南犯。同时汉宜路之敌3D及6D一部，亦于同日晚分由沙洋、泗港附近地区渡过襄河。我江防军（郭忏）为照预定计划歼敌计，事先已将主力撤守主阵地，一部与敌保持接触。同时第五战区为求聚歼计，亦于事先令孙连仲、汤恩伯集团积极南下。迄五日，我遂放弃沙洋。六日荆门、十里铺、拾回桥又相继沦陷，我冯治安及郭忏军各一部，仍与敌血战。同日，我孙连仲部克复宜城，并积极南下。尔后敌之主力集结于荆门、十里铺两地。八日，敌陷我荆沙。迄九日晨，敌以全力向我董市、当阳、远安之线主阵地猛攻，并以飞机助战，敌我激战甚烈，双方伤亡甚重。至下午，我右翼阵地被敌突破。迄晚，我遂转移古老背、双莲寺、当阳沿沮水西亘远安之线第二线阵地，俟孙（连仲）、汤（恩伯）两部到达，协同转移攻势。又前由宜城方面窜远安之敌，于同日在远安东北之金相坪附近，被我周砻军歼灭一个大队以上。迄十日，古老背、鸦雀岭、当阳各地又陷敌手，我遂撤守宜昌外围阵地。至十二日，敌复大举猛攻宜昌，我彭善军伤亡甚重，忍痛于当晚转移宜昌以西阵地。尔后我孙连仲、汤恩伯两集团已全部到达当阳迄荆门以北地区。至十六日，我遂开始全面反攻，战况非常激烈。迄十七日晨，我彭善军克复宜昌，随【后】敌又大举反攻，迄晚，又被敌攻陷。现彭军已将宜昌包围，积极攻击中。孙连仲部及周砻军正猛攻当阳，汤恩伯集团已截断当阳、荆门敌之交通，并围攻荆门。在江南岸之王修身、刘采庭两师，已渡过北岸，正向荆、沙及十里铺猛攻中。刻敌主力在当阳附近地区，襄河两岸敌后方连络线，均已被我截断，顽敌当可聚歼也。

二、枣阳会战

廿九年五月一日至五月卅一日

自冬季攻势以来，敌遭我不断进攻，损兵折将，声誉扫地。乃于此声势颓丧、军事彷徨之际，将汪逆扮演登场，并派阿部信行来华，期于政治上另谋出路，藉遮饰其在军事上之失败。讵料汪逆登台、阿部来华后，不仅半筹莫展，反益增强我同仇敌忾、抗战愈坚之自信心。尤以我军在武汉外围线上，大洪山、桐柏山一带保有优势之兵力，随时有直下武汉之势，更予敌寇内心上极大之恐怖，局促难安。敌为除此威胁，近复驱其残败之师，妄冀侥幸一逞，以图击破我豫鄂边区之主力。

四月中旬，敌即由各地抽调兵力，缩小鄂东、赣北防区，自行放弃麻城、奉新、靖安等地，将原在湘北6D之主力及赣北40D之一部，转用鄂中。连同原驻鄂省之3D、13D、39D等部，先后集结于京钟、随县、信阳各方面。同时敌酋阿部、西尾、板垣等在武汉作最后会议，决以占领老河口、宜城一线为目的，发动豫南、鄂北战事，企图分三路会师襄樊。敌进犯企图日益明显，我最高统帅除对所属详密指示外，并从事各项准备，预定歼敌计划。当时我五战区各部队位置大概如次：郭歼〔忏〕指挥江防军（26A、94A、128D），任荆沙、宜昌一带之防务；右翼军团张自忠指挥33AG（59A、77A、55A），任襄河守备。其在东岸担任钟祥、洋梓以北附近地区之防务者，计有77A之179D、132D、59A之180D、9KD等部；至东桥镇、三阳店以北之防务，则以67A（161D、162D）守备之；中央集团军方面计有45A（127D、125D）担任洛阳店、随县以西，84A（173D、189D、174D）担任随县以北、商城以南各地区防务，豫南方面有我30A担任，桐柏以东68A担任。平昌关以北及明港一带防务，另以92A（21D、142D）控置于确山。41A（122D、123D、

124D)控置于襄阳以东双沟、黄龙垱附近，44A(149D、150D)控置于大洪山、张家集一带待机。此外，鲍刚、曹文彬部在桐柏东南；豫南游击军田镇南部在正阳以南；王赞斌指挥之蒙志仁、顾莹等部在罗山西南各附近，纷向信阳、长台关一带。程汝怀指挥之李九皋、蒋章骥部及独立第十一、十二支队，在花园以东，向花园、孝感。曹勗部在京山附近，向京山、皂市，分袭各当面之敌，牵敌西侵。

五月一日，信阳、随县、钟祥一带之敌，即开始蠢动，分三路向我总攻。北路以集结于信阳附近之敌3D全部及40D之一部，复分三路，以40D之梨刚联队，由信阳向桐柏以东之小林店进犯，藉牵制桐柏方面之我军。另以3D之一部由长台关沿邢集、毛集道，主力由信阳以北迂回明港，经任店、竹沟，向泌阳以西进出，企图与由随县、钟祥北上之敌会师襄樊，围歼我军主力。当与我30A在小林店(桐柏东)，68A在查山、明港，92A之142D在任店(确山南)一带，展开激战。午后，我小林店、明港、任店等地即先后被敌攻占。五月二日，敌万余附炮卅余门、战车六十余辆，已进至小林店以西及毛集、竹沟一带，纷向泌阳方面西侵，与我68A之27BS在李新集、143D在邢集、119D在毛集、黄岗一带鏖战至烈。惟敌仍不顾一切豕突狼奔，向西急窜，遂于五日进陷泌阳。我92A乃由确山西移，协同30A围歼泌阳之敌。并以13A之110D在泌阳以西大河屯伏击，44BS及刘光汉部在唐河、源潭一带布防，阻敌深入。其由小林店犯我桐柏之敌，亦于五日将我30A桐柏以东阵地突破，旋即陷我桐柏，我乃逐次后撤。六日晨，我27D于西新集附近，与西窜之敌激战。31D转移沙河铺附近侧击，30D在固县一带与敌激战。旋以敌大部均已越桐柏、泌阳西进，我各部遂亦向唐、泌间转进，与31AG夹击由泌阳西窜之敌，敌我在箭岭店(泌阳西)一带展开血战。斯时敌先头部队三千余已窜至唐河一带，虽经我44BS及刘光汉部堵截，无如敌主力续至，攻击益烈，致六日午后，唐河不守，我44BS及刘光汉部乃向河西转移。敌进据唐河后，即以一部迳向南阳北窜，经我92A主力，协同85A、13A在源潭镇一带堵截，旋即回窜唐河。七日，我31AG主力由源潭向唐河包围，92A主力亦绕至唐河以东，我30A主力由唐泌大道以南袭取唐河。敌经我三面压迫，主力逐转向唐河西南急窜，遂与由随县、钟祥北上之敌6D、39D及13D等部会合，逗留于枣阳以北。郭滩镇以南附近地区，其有力一部在唐河经我围攻，激战竟日，双方伤亡均重，经我奋勇冲杀，八日唐河及大河屯终为我31AG等部克复，歼敌二千余。九日，【敌】经下河屯迳窜新野及邓县以南地区，复经我30A之30D、31D及31AG之23D、110D等部协同夹击，当将邓县附近之敌击溃。我68A亦于同【日】上午攻克明港。十日，新野之敌被我围攻，敌以伤亡惨重，外援断绝，乃突围向枣阳南窜，我110D随即将县城克复。是日，我92A一部及30A之27D，亦攻占泌阳，向西挺进，协同汤集团各部及由襄花路、钟祥北上我军，围歼枣阳以北地区之敌。

随县方面之敌为39D及6D一部，五月三日开始向我45A、84A随县西北阵地进犯，企图牵制我军，以达其由外翼包围我主力之目的。我窥破敌军狡谋，我中央集团除以有力部队坚守现阵地外，主力逐次后撤。五日，敌即进至源潭镇、唐县镇、高城一带，与我84A作剧烈战斗。我以阵地全毁，且因泌阳之敌已进至唐河，为取得尔后有利态势，乃以174D于唐县镇以北地区侧击北窜之敌，主力向敌外翼邓县附近后撤。我45A向安居附近转移，协同大洪山附近我67A，伺机侧击敌军后路。敌进据唐县镇后，仍向西北进窜，七日与我84A一部及45A在随阳店激战。敌且战且走，向枣阳窜去。我45A乘机收复均川、安居、源潭等地，断敌连络。八日晨，我127D进占关门山，向资山、吴家店追击。十一日，克复吴家店，残敌北窜，与由桐柏、唐河西进之敌会合于枣阳以北地区。敌以路截断，无法图逃，乃于枣阳附近负隅顽抗，我大军正缩小包围圈，向敌进迫。

钟祥方面为敌13D主力，配属战车廿余辆及骑炮兵等，在敌机掩护下，于五月一日由洋梓及黄家集一带，向我9KD及180D阵地进犯。二日晨，我阵地为敌突破，长寿店亦为敌攻占，并分向普门冲、马家集一带流窜，我179D、132D等部乃撤至垭口以东地区，向田家集之敌侧击。38D长黄维刚指挥180D、9KD等部，与敌在新集一带激战。我44A及67A等部，仍固守茅茨畈东南山地，并向长寿店之敌侧击。五日，我38D击溃田家集之敌三千余，协同74D转向新街、黄龙垱之敌攻击。9KD、180D与敌在新集激战后，向双沟追击。六、七、八等日，我132D、150D并将马家集、长寿店敌后方交通线截断，协同161D夹击回窜之敌。我张自忠总司令亲率38D、74D将方家集之敌千余歼灭，并向枣阳、双沟之敌压迫。十一日，敌我在土桥铺、兴隆寺一带激战，斩获甚多。十二日晨，我渡襄河增援之75A亦进至吕堰镇〔驿〕附近，向刘家岗、小申家、高田等处之敌压迫，我炮九团亦加入作战。敌虽陷重围，仍向我作困兽斗，藉图一逞。

当敌军三路会合于枣阳附近地区时，不仅一无所获，反陷入我包围圈内。我各路大军已分由南阳、泌阳、桐柏及随县、钟祥以北地区，采分进合击态势，云集于枣阳附近敌军外围线上。至十三日，已完成外线作战之最有利态势，并全线向敌出击。十五日午，我75A克复吕堰镇〔驿〕，并协同56D向双沟之敌进击。我85A十四日克复湖河镇。30A一部亦进抵苍台镇东北，向郭滩镇进击。N1D亦由苍台镇东南侧击北窜之敌，敌以陷我重围无法脱逃，为取得外援，乃以有力一部沿襄河东岸南窜突围，藉图打通其后方连络。主力则在枣阳一带构筑工事固守。南窜之敌，十四日由峪南窜至方家湾一带。我张总司令亲率特务营及总部人员，加以围歼，战况激烈。我张总司令求仁得仁，竟以身殉职。我29AG各部亦于张家集、马家集，132D在长寿寺一带，与敌激战。另敌一部由枣阳东南溃窜，遭我15A与84A夹击，于唐县镇附近斩获颇多。十六日，我向枣阳附近之敌围攻，30A及89D各一部攻克七房〔方〕岗、土桥铺，我13A于十八日曾一度攻入枣阳。敌仍负隅顽抗，并由东南增加五千余及战车多辆，同时由各处逃窜之敌亦复回窜。二十日，敌以飞机四、五十架，战车二百余辆掩护，分向我湖阳镇、湖河镇、杨家垱、七房〔方〕岗各地猛攻。我为避免损失、诱敌深入，相机予以打击计，除以小部队迟滞敌之北进外，主力向唐河西南、新野西北及白河以西转进。敌进占湖河、湖阳镇后，即分向我新野、下屯镇等地窜扰。经我85A围攻，新野之敌廿二日晨复回窜枣阳，下屯镇之敌亦向西南退窜。现我30A在唐河以南之上屯镇附近，85A27D在唐河东南西新集附近，13A在邓县、新野附近，75A一部在孟家楼（老河口东）一带。6D已转移至湖阳镇以东祁仪镇，84A之三个团在老河口东南占领阵地，189D、173D现在樊城外围及白河附近布防，123D任樊城守备，92A在西新集正向枣阳方面之敌挺进围攻中。

综观是役，敌以数师团之众，挟其锐利武器、飞机、战车等，不下二十余万人，满以为构成此广大之包围战场，必可歼灭我军。不料我以巧妙之战略，诱其深入，反将敌主力包围于枣阳附近，予以痛击，使其蹈〔陷〕入进退不能之泥沼。于此，益足证敌攻势威力日益低落，崩溃之期当不在远也。

〔国民政府国防部史政局及战史会档案〕

（十三）上高会战

1. 罗卓英报告所部参加上高会战战况密电

（1941年3月）

（1）3月24日密电

限即到。重庆委员长蒋：黛密。捷报二（一）本集团诱敌包围计划，赖各部队遵令实施，至昨漾夜，业已完成。廿六师漾酉攻克灰埠，正肃清灰埠至石头街之南岸残敌中。七四军李师及军补充团占领石头街、界埠至白面彭之南岸阵地，正扑灭华阳以北残敌中。余(51D)、廖(58D)两师坚守石洪桥、下陂桥沿岸、【白】茅山、江家奥、樟树、下荷舍之线阵地，相机出击。李军(70A)唐师(19D)漾酉攻占杨公圩；张师(9RD)漾巳克复官桥街，酉刻进展至长岭一带；宋师(107D)由田南推进至城陂、新圩以西地区。新十五师先头团漾晚到达雷市。（二）漾夜彻夜激战不停，今敬辰，来敌仍倾其全力，向我王军(74A)石洪桥、下陂桥、白茅山阵地猛攻钻侵，弹发如雨，敌机十余架由辰至酉轮番轰炸，阵地随补随毁。仗我领袖德威，长官指示，将士用命，酣战终日，往复争夺，声震遐迩，杀敌挫锐，卒保阵地无恙，敌我伤亡均达千余人。由敌尸铜牌证明：有217联队，池田混成旅之102、103、104、105、106等大队及骑、炮、工各大队。（三）李军唐师，辰由杨公圩西进至泗溪、英【冈岭】高地，发生战斗，详情未悉。张师午前南压，进占傲古山、水南、新屋、毕家之线。午后，敌五、六百，炮二门，向该师反攻，发生争夺战，毙敌百余。至五时，敌不支溃退，该师乘势猛压。（四）新十五师先头团，未刻占领水口圩后，即向南展开攻击。主力午刻到达雷市，随即前进，加入战斗，详情尚未据报。（五）申刻，敌机卅余架分批向下陂桥以北投掷接济，足证敌路已断。当再严令各军迅速奋勇紧迫围击。酉刻，敌已动摇，其辎重、骡马似向西北方面行动。判断：包围圈内尚有敌军约四千人，必向东北、西北两方面突围。我正加紧围歼，并作追击准备。谨报。罗卓英。敬戌。尧。印。〔自上高发〕

（2）3月29日密电

重庆侍从室译呈委员长蒋：囤密。上高会战自寅删敌即进犯起，至俭日我开始追击止，计时两周。仰统帅德威，赖将士用命，用歼顽寇，克保上高，奠定胜利年之胜利基础。除会战详细经过及战斗详报编印另邮呈外，谨先将会战概要电呈鉴核。(一)敌军进犯企图。删丑，敌分三路进犯：北路由卅三师团长樱井指挥之214、215联队各一部及特种兵，由奉新；中路由卅四师团长大贺指挥之该师团，沿赣湘路；南路由廿混成旅团长池田指挥之该旅团，由锦河南岸，采分进合击态势，合攻上高。总计出动兵力三万余，飞机卅余架。但本部事前估计仅万余，实系各部队长为遵奉上级意旨，无证件不敢妄报故也。(二)本部反击计划。预选三个抵抗线，以七十军配备第一、二线，逐次抵抗；七十四军控置第三线，任决战主力。(三)会战经过概要。(甲)由删至皓为逐次抵抗时期。(1)在第一抵抗线前，经选派搜索警备，并使成纵深逐次抵抗，消耗敌人。(2)第二线作战后，渐向两翼转进，形成口袋。(3)左翼利用山头，以七十军主力，处处予敌袭击，使先崩溃；右翼秘密由赣江东岸尽量抽调，得变内线为外线，即以包围对付包围。(乙)由号至敬为决战时期。(1)正面尽所有力量，施行坚强抵抗，本部特务营亦使参战。(2)两翼部队用突进方法，适时形成四面包围，摧破敌犯上高幻梦。(丙)由有至俭为粉碎敌增援军与突围残敌军时期。本时期敌人顽抗原因：(1)为其高级指挥官大贺未出重围；(2)伤兵及死尸未运走；(3)被我围困；(4)我无炮兵。(四)战果。(1)敌伤亡岩永少将以下约一万五千余，战场遗尸敌不及运走者，多砍臂运走。(2)我伤亡约两万(遭飞机轰炸伤亡者颇多)。(3)俘获敌兵卅余名，炮四门，机枪廿余挺，步枪三百余支，击毁四发动重轰炸机一【架】，其他正清点中。（五）经验与教训。（甲）敌失败原因：（1）对我军力量估计过低（轻敌）。（2）由于过去扫荡战所产生之骄妄行动（忽敌）。（3）优势装备不能尽量发挥（交通破坏）。（4）不能击破我正面有力部队，反而投入我包围圈内。（5）后方受我有计划之破坏及扰乱。（乙）我胜利原因：（1）确遵统帅意旨，主动的运用消耗、歼灭两战法计划作战，且坚定决心，不为情况变化所动摇。（2）确遵统帅训示，尽量集中兵力于决战方面。（3）配备纵深。（4）外翼部队用突进方法作向心运动，对敌包围。（5）七十四军战斗力量坚强，得使我较为运用，获得时间余裕。（6）纵横通信，有利后方补给不受影响。（六）本会战特点。（1）始终立于主动地位，主宰战场，一切均基于事前准备及指导顺利推行。（2）以歼灭战摧破敌之扫荡战。（3）以守必固，打击敌人，攻必克。（4）我变内线被包围为外线反包围。罗卓英。寅艳。尧。印。〔自上高发〕

〔国民政府国防部史政局及战史会档案〕

2. 蒋介石关于上高会战作战经过及经验教训密电

（1941年3月30日）

西安熊代主任，洛阳卫长官、卫兼总司令，兴集阎长官，桂林李主任，上饶顾长官，柳州张长官，老河口李长官，恩施陈长官，曲江余长官，兰州朱长官，昆明龙主任，鲁苏于总司令：密。此次上高会战之检讨：（甲）会战经过概要：（一）查此次上高会战，敌自十二日放弃武宁，节约三十三师团兵力，并以独立十四旅团接替赣江西岸及箬溪等处防务。其主力三十四师团全部及新增之独立廿旅团全部，于删日前，在南昌安义各附近行战略展开完毕。删日拂晓，敌三十三师团主力由安义攻击奉新后，沿缭河盆地西犯，我七十军凭藉缭河两侧高地，节节予敌打击。十八、十九两日，在甘坊、上富地区，向三十三师①猛烈夹击，敌伤亡约两千五百余，我七十军亦伤亡甚重，卒将此路敌军击破。敌三十三师十九日起，沿缭河向安义退却。（二）铣日、筱日，敌三十四师全部，沿锦河北岸、湘赣公路西犯。独立廿旅全部，由南昌渡过锦河，沿锦河南岸西犯。企图先以三十三师主力，将我七十军击破后，以三十四师、独立廿旅向七四军两翼包围。我七四军乃以一部在棠浦河以东迟滞敌之前进，主力转移泗溪、棠浦第三预备阵地。同时以七十军向南压迫，并抽调南昌正面第四九军二六师、一零五师（欠一团），迎击锦河南岸之敌。（三）号日、马日，敌三四师向我七四军阵地攻击。其独立廿旅亦由灰埠、石头街各附近北渡锦江，与三四师会合，向我七四军阵地猛攻。独廿旅留置锦江南岸搜索警戒之小部队，被我廿六师先后在新市街、芦家圩各附近完全歼灭。（四）养日起，敌左路以独立廿旅全部，沿锦河北岸向我七四军阵地右翼攻击，以三四师主力为重点，由石洪桥指向上高攻击。右路为三四师一部，由其步兵指挥官岩永指挥，向我左翼白茅山阵地攻击，企图突破我阵地后，直指上高，压迫七四军于锦河而歼灭之。我七四军凭藉既设阵地，自养日起至有日，与敌肉搏苦斗，各处高地屡失屡得。敌机数十架，终日助战，战况异常惨烈。（五）因七四军韧强抵抗，敌占领上高、击破七四军之企图，终未得逞。故由北向南之七十、七二两军及锦河南岸之二六、一零五两师，得以逐渐向敌形成包围。至敬日起，包围圈逐渐缩小，敌军大部陷于火力包围中，死伤枕藉，全线不支。敬日黄昏，敌即开始突围，经我猛烈堵击，向西、向北突围之敌均未得逞。仅有七、八百突围至灰埠附近，仍被我二六师堵击，歼灭过半，残部三百余仍回窜包围圈。（六）有日，敌增援部队约二千余，由奉新、伍桥河、村前街向西急进。被我包围之敌，以一部在南茶罗向南攻击，掩护其主力向北突围。我预九师及十九师，因受突围与增援敌人夹击，敌突围部队与增援部队遂能在棠浦附近会合。

① 原文如此，师、旅当为师团、旅团，下同。

我于当夜，又将突围与增援之敌完成第二次包围，并继续向敌猛攻。宥夜，攻克棠浦，续向官桥、南茶罗攻击。感夜，残敌一部掩护辎重、伤兵，由官桥、村前街东窜。其增援部队二千余，在南茶罗、官桥掩护退却。我以十九师在村前街、胡城圩，二六及一零五师在杨公圩、石脑圩、高安各道路设伏，截击退却残敌。（七）俭日，各部对官桥、南茶罗残敌继续猛攻，敌于午后四时，分两纵队向杨公圩、村前街溃退，被我一零五师在龙团圩、二六师在杨公圩猛烈截击。（八）俭日黄昏，扫清战场，据虏获文件判断，大贺茂师团长在毕家附近被击毙。并据俘虏供称：其步兵指挥官岩永受重伤，战场遗尸遍野，卤获枪炮、马匹甚多。（已知者：炮五门、步枪四百余、轻重机枪百余、马二百余，俘虏数十。敌被歼约十分之七。其余卤获正清查中。）残敌回窜者不过十分之三，残部正分股四面逃窜，均被我截击，有全部被歼可能。（九）综合此次作战，亘十五日，敌三三师主力被我军击破，伤亡惨重。三四师及独立廿旅被歼约为十分之七，实为空前战捷。敌我兵力相等，而我军缺乏飞机、炮兵，卒以我军指挥果决，将士奋勇，将敌三四师及独立廿旅歼灭。（乙）会战教训之检讨：（一）罗总司令指挥适切，能放胆集中优势兵力，彻底包围歼灭敌人。而三、九战区作战地境之变更，能使该方各军在统一指挥下，迅速向一地会战，亦为战捷主要原因。（二）指挥官坚毅果决，始终严历〔格〕贯彻包围歼灭敌人之企图。（三）对突围敌人能适时完成二次包围，追击战斗猛烈果决。（四）能完成包围态势之主要功绩：由于七四军能依既设阵地，韧强抵抗，求得时间余裕，以待友军之合围。（五）主阵地前道路彻底破坏，先以一部对敌持久抵抗，诱敌至不利地形，凭既设阵地韧强抵抗。并彻底集中兵力，向敌四面包围猛攻，卒能歼灭顽敌。（六）以最小限兵力，保安团、游击队等，对南昌敌人放火扰乱，袭击破坏，收积极牵制之效，放胆抽调该方面兵力参加会战。（七）敌人受此次惨败教训，其以一、二师向我深入，闪电游击之作战方式似将变更。判断敌人尔后须审慎行动，以周到准备，集中较优势兵力，向我短距离之战法为多。①我军尔后指导，应注意者如左：（1）第一线以最小限兵力，向敌游击、搜索警戒，主力机动控置。（2）预期敌人进犯方面及道路两侧，构筑据点群阵地。并彻底破坏道路，敷设地雷 石柱。（3）准备于我有利之战场，选择有利地形，构成强大纵深据点群式主阵地，并构筑数线预备阵地及其中间之斜交阵地。（4）如敌以短距离一举向我闪击时，在短距离内避免与敌决战，应诱敌深入，以一部利用前进阵地（据点群工事），逐次抵抗，迟滞敌人，诱导敌人于我主阵地前，以韧强抵抗及迅速彻底集中兵力，四面包围敌人而歼灭之。（5）如敌分进合击时，应依敌各纵队兵力、距离、地形，予以各个击破。或于预期敌人各纵队合一点附近，依既设阵地坚强抵抗，而以迅速集中兵力，实行反包围而歼灭之。对于敌人前进各纵队，应各以一部，依既设前进阵地迟滞敌人，并截击、侧击、阻绝其后方交通、辎重。（6）预期敌人回窜道路，扼险设伏截击，并实行猛烈追击。（7）以游击队在敌后纵火，袭击破坏交通，积极扰乱牵制，并搜索敌情。以上各项作战教训及尔后我军作战指导、注意事项，仰即遵照。【并】转饬所属遵照，并师长以上皆须阅读研究。但须秘密，不为敌获悉，为要。渝。中〇。卅申。令一元。印。

〔国民政府国防部史政局及战史会档案〕

3. 薛岳关于上高会战战斗要报密电②

（1941年4月5日）

特急。重庆委员长蒋：黛密。上高会战战斗要报。甲、作战计划。依据本部廿九年四月颁布之反击作战计划，敌如向高安、万载进犯时，则诱敌于分宜、上高、宜丰一带地区反击而歼灭之。本会战

①字傍有“读卅申令一元三电”夹批。

②此系五个不同内容之电合并而成。电文首尾重复处删去。

即系基此要领指导作战，于市汉街(不含)沿锦江南岸，至车前浅〔渡〕口亘祥符观、米峰、来堡、圹里线第一阵地及仙姑岭、老坑岭、龙团庄〔圩〕、华林寨、泉港第二阵地，运用诱敌歼灭战法，节节打击敌【军】。一俟吸敌至泉港街、钩山岭、石头冈、泗溪、棠浦、上富、九仙汤线第三阵地时，则求决战，反击而歼灭之。乙、战前敌我态势。子、敌军。一、位置及动态：第卅四师团守备南昌、莲圹，跨赣江亘厚田街、西山、万寿宫地区；卅三师团守备向坊街、宋埠、安义、乾州街、仁首街地区；独立第十四混成旅团一部，守备箬溪、合掌街、上庄地区。丑月下旬起，敌以第五师团编成之独立廿混成旅团，向南昌、牛行，至寅月上旬集中完毕。二、企图：敌以攻略上高、扫荡我军之目的，以混成旅团为南支队，由锦江南岸；卅四师团之第二一六、第二一七及骑炮二联队为中支队，沿湘赣公路；卅三师团之第二一四、第二一五及骑炮工联队各一部为北支队，由奉新、村前街、棠浦，取分进合击态势，会犯上高。丑、我军。第四十九军守备罗金〔舍〕渡、梁家渡，跨抚河亘叶子山、市汉街线；七十军守备市汉街(不含)，沿锦河南岸亘石头冈、大城、赤田厢〔张〕、奉新、靖安线；七四军分驻英冈岭、泗溪、棠浦整训；七八军守备武宁及棺材山、大桥河；七二军一部守备燕厦、木次①、石潭、宝石河，主力控置三都、辽田。丙、会战经过。子、出击时期。删丑，南路敌由后〔厚〕田街方面南渡锦江，北路敌犯奉新，经一〇七师、十九师分别痛击，至篠日，南路敌窜独城、坑里湖，与五一及一〇七师各一部对战，中路敌犯大城、赤土街，北路敌窜伍桥河，与十九及预九师对战。巧日，我按预定诱敌歼灭计划，节节诱击，一〇七师转移五里谌，十九及预九师转移华林寨、会〔灰〕埠，五一师进入来脊【岭】、猪头山线，五七及五八师进入石头街、官桥、棠浦线各阵地。丑、决战时期。皓、号、马三日，南路敌与五一师在来脊岭、太阳圩、朱〔猪〕头山、夹石岭线激战，歼敌千余。我由赣江东岸抽调之廿六师

① "木次"二字误。应为"木黄"。

前往清江以北，协同五一师，攻击敌侧背。中路敌攻泗溪、官桥街，用锥形战法，摧破我阵地一点，马日窜抵上漆家。五七及五八师仍以攻击手段，确保上高。北路敌经十九及预九师到处截击，向老巢回窜。遂令十九师转向杨公圩，预九师转向官桥街，击敌侧背；令七二军开官坊、大溉，抽调赣江东岸一〇五师主力渡江西进，策应作战。养日，敌八百余，突由锦江北岸经石头街西窜华阳，经五一师截击，歼敌四百余。中路敌被阻于石洪桥、下陂桥、上漆家之线。我新十五师正经雷市向水口坊急进。并令武宁方面之七八军，攻钳当面之敌，制其转用增援。梗日，五一师攻占石头街、华阳，敌溃锦江北岸，预九师攻占官桥街。至是，两岸之敌悉被困于官桥街地区。敬日，十九师进展杨公圩，预九师进展官桥街西南，新十五师进展水口圩东南，反包围之势已成。梗、敬两日，敌以飞机卅余架助战，倾力猛扑石洪桥、下陂桥，经五七及五八师痛击，其势遂挫。又，武宁方面，七八军与攻占那〔棺〕材山、望人脑之敌激战两昼夜，歼敌五百余。寅、压击时期。有日，牛行之敌千余，以汽车输送，沿湘赣公路西进，急援奉新之敌二千余。宦〔官〕桥街、棠浦被困之敌被我围歼，逐渐溃集官桥街方面，期与新来援敌合力，作最后挣扎。为聚歼敌军，遂命七五师由灰埠分渡锦江截击；七四军（欠五一师，附一零七师）向官桥街，七二军向江家洲、棠浦追击；七十军（欠一零七师）于杨公圩及官桥街以东堵击。宥日，七四军在敌机廿架掩护〔轰炸〕之下，攻占泗溪、傲古山、铁笔山、谢家王。感日，敌机卅余架整日轰炸，七四军、七二军浴血苦战，将敌压迫于官桥街南茶罗一隅，距官桥街仅四里，七二军并攻占棠浦。但敌因伤兵二千余未后送及掩护撤退，敌酋大贺乃于午后驱残敌千余，向一零七师、新十五师正面反攻，我稍却，新十五师阵亡团长一员。迄夜，敌大部开始东溃，及〔我〕一零五师、廿六师、五一师已均由指定地点渡过锦江，分向龙团圩、杨公圩、泗溪截击。俭日，七四军攻占龙形山、官桥街，残敌几全就歼，敌少将步兵指挥官岩永亦受重伤，俘获甚多。东溃之敌遭【一零】五师于龙团圩、廿六师于杨公圩截击，激战甚烈。当命各部猛追，围歼龙团圩、杨公圩、村前街残敌后，四九军（欠预五师，附新十四师）沿湘赣公路，经高安向大城、牛行追击；七十军经村前街、伍桥河向奉新、安义、万家堡追击；七四军清扫泗溪、官桥街战场；新十五师在荷舍整理。卯、追击时期。艳日，四九军于龙团圩及杨公圩截击东溃之敌，敌以机、炮协助，激战至卅日，均将敌击溃。七十军追歼残敌，同时进抵杨公圩、村前街中间地区。世日，四九军肃清龙团圩以北残敌后，沿公路两侧，向东急进。东辰，克复高安城。迄申，逐次攻占佐家山、祥符观。冬日，攻占西山、万寿街、赤土街。七十军世日肃清杨公圩西北残敌，攻占村前街。十九师阵亡团长一员。东日，分两路向儒里、温村、奉新、蒋家坪一线追击。迄冬巳，攻占儒里、温村、奉新城。至是，除克复西山、万寿宫各据点外，余已完全恢复战前态势，本会战遂告终结。丁、战果。伤毙敌官兵一二，五〇二名，俘敌一四名，【缴获】马一八二匹，步枪三八四支，轻机枪二四挺，炮三门，掷弹筒二六个，步弹四〇，七七一发，炮弹四六六发，其他文件、装具等。戊、【经验教训】。子、本会战我始终按预定诱敌歼灭计划指导作战，处处立于主动，先胜〔诱〕而后求战。丑、敌离据点行运动战，其所凭藉之强固工事全失效能。我军于第一、第二阵地，运用节节诱击战法，打击敌军，吸敌至第三阵地时，始求决战，用能造成大捷，足证诱敌歼灭战法为制敌唯一良策。寅、我判断敌在南昌、武宁方面必无企图，故得以抽调赣江东岸之四九军，三都方面之七二军，以攻敌侧背，使内线变为外线，足证判明情况，大胆抽兵注入重点方面，为制胜之要诀。卯、敌全部麇集官桥街西南地区，无异深入口袋。我以七四军攻其前，七二军击其侧，四九军、七十军击其背，实施反包围，遂收歼灭之效，足证反包围为歼敌最有效战法。辰、敌此次分纵队深入，我坚定信心，以逸待劳，选择战场，以歼灭战答复敌之扫荡战，足证敌现时惯用之扫荡战不仅不能收效，反授我以歼灭之良机。巳、自皓迄感日，敌图达到攻略上高之目的，陆、空协同于锦江两岸，竭尽攻击手段。我七四军均能确保阵地，以待合围之势成，足证战斗力之重要，今后国军务应注意素质与训练。午、道路破坏彻底，敌战车、大炮不能大量使用，以大批飞机代大炮整日轰炸，我军全不为所威吓，足证抗战四年来我军之坚忍沉着，愈有进步。谨闻。职薛岳。微午。勋。印。〔自长沙发〕

〔国民政府国防部史政局及战史会档案〕

4. 王耀武总结第七十四军上高会战经验教训的报告

（1941年4月）

陆军第七四军上高会战经验教训

一、飞机投下通信袋不可过于接近第一线。

（战例）此次战役倭寇第三飞行团远爱少将，于二十二日乘坐飞机亲自指挥，协同陆军作战。其投致第卅四师团大贺中将之通报及要图，因过于接近第一线，致误投我方阵地，为我所获，遂得完全察知敌之企图及敌之窘急情形，因而得以预作对策，将敌之企图完全粉碎。其致大贺中将通报大意如左：

三月二十二日南昌远爱少将致书于大贺中将阁下，连日连夜之激战，劳苦实甚。岂料气压下降天气恶化，是则更有赖于不可思议之坚持及上天保佑，以占领上高矣。切望贯彻最后五分钟之战斗，以收赫赫有名之战果，本队亦誓为后盾。池田支队已与本队取得连络，请勿介怀。总之，微力所能及，当尽力以赴，故必同心协力，以占领上高。请示知总攻上高之时机，我方已准备以全力协助，一定一举突入云云。（原件已呈交军令部）

又查其要图，锦河北岸为大贺师团全部，其重点由聂家山直指上高。锦河南岸为池田支队（独立廿旅团），其重点由石头街经华阳指向界埠。其飞机轰炸区为我阵地及上高、界埠等处之桥梁。

二、敌机轰炸我阵地时，步兵宜奋勇前进接【近】敌【人】，同时对空射击部队须实施对空射击，制压敌机低飞，使敌我混淆难分，敌机不敢在最前线投弹。

（战例）上高会战敌因深入山岳地带，炮兵运动困难，威力不易发挥。倭寇乃以飞机代替炮兵，使用大量飞机，常有三十余架之多，在我阵地上空循环不息，往返狂炸，连绵不断之山岭，满布爆烟尘土，同时敌机所投之烧夷弹，燃烧大火，整个阵地各山岭地皮翻转，草木焦赤，轰炸之烈可以想见。我阵地官兵在最初数日均系隐伏，既不向敌前进，亦不射击敌机，死伤之多出乎意料。由数日以来之经验，深知已往之错误，与其消极的荫蔽，被炸而死，无宁积极的对之射击与奋勇前进，以接近敌人。于是当敌机狂炸之时，奋不顾身勇往前进，与敌肉搏。一面将有高射设备之机枪，适宜分布于阵地及桥头，以任对空射击，敌机遂不敢任意低飞投弹，失其准确。且以我步兵近接敌人之故，敌机投弹有所顾忌，轰炸威力因以减少，战后检查将士之被炸伤亡者大为减少。又机枪同样可以击落敌机，如于二十三日击落敌机一架（飞机引擎号码三三六八），可为明证。

三、敌近以正规军一部，服我国民众便衣，扰乱我后方。与敌第一线策应作战，尤其夜袭时为甚。【敌】纵火鸣枪，尽量扰乱【我】部队，稍不沉着，即致溃乱。故必须严密防范，沉着应付，则此等便衣部队，天明后即易为我捕捉歼灭。

（战例）三月二十二日夜十二时，敌乘夜猛袭我五七五八阵地（上高北），旋被敌突破两处，敌便衣队即乘机在上高附近及我阵地后方各处纵火鸣枪，破坏电线。一时联络断绝，状况混沌，情势至为危急。但我洞悉敌奸，各级指挥所屹不为动，沉着应付。各部队皆能死守原位置，决未稍有动摇，苦撑至晓。我聂家及白茅山已失之阵地，经我奋勇争夺，次第恢复，敌之奸谋卒不得逞。是夜，我五八师捕获敌便衣队多人，内班长一名。据供称：陈木山，朝鲜人，伊等系杂入难民中混入我军后方。敌预定于廿二日夜一面向我阵地急袭，一面由潜入我后方之便衣队实行扰乱，以期一举迫我撤退等语。

四、确实争取机先行动，并尽量发挥部队机动力。

(战例)二十一日晚，我在锦河南岸太和圩、英岗岭一带之五一师，奉命于廿二日拂晓向辽山、小石岭、鸡公山之敌转移攻势，以占领灰埠。同时奉令：凡先克高安者赏伍万元。该师乃遵令部署攻击，并每团制旗一面，上书"四克高安"，士气极为旺盛。廿二日早五时，该师已攻占红石岭、甑鼓岭、大石岭之线，师长已进抵官圹圩，充预备队之补充团(胡团)亦已到达冷圹附近。讵料因我侦察欠确，敌已乘夜转移，主力于石头街以东地区(锦河南岸为敌之独立廿旅团)，企图一举袭占石头街、华阳，经界埠直趋上高。早四时半，向我石头街猛袭，是时石头街仅有我五一师一五二团之一营，担任警戒，极力抗拒，气不稍馁。乃敌人愈战愈多，五时许敌骑兵二百余，由石头街以西锦河北岸渡河袭击该营之左侧背，该营死力支撑，至六时许，渐不能支。五一师遂急以胡团向西北跑步急进，侧击由石头街西进之敌，该团为制敌机先确实争取时间避免混乱计，不迳向石头街增援，而斜向华阳急进，夺取战场要点。限于上午七时赶到，确实占领，阻敌西窜。并令五一师主力速向左旋回，求敌猛攻。六时半，石头街陷落，先头达华阳东侧小流，情势危急。幸赖胡团行动迅速，冷圹距华阳虽有十四里之遥，但该团不顾敌机轰炸，跑步急进，卒能于上午七时如命到达(仅需一小时之时间)，机先占领三家山及华阳以东无名高地，此高地控制战场极为重要，迎头堵击。而该师主力亦能以敏速之机动，向左旋回，猛攻敌之侧背，用能大挫敌锋，转危为安，其攻占上高之迷梦遂成幻想矣。

五、平时训练注重射击教育及战斗间应遵守十三条之效用。

(战例)此次战役，敌以一师团半之强大兵力，向我一军猛扑。

在我后方友军尚未到达之前，兵力单薄，不敷使用，乃令军补充团参加战斗。但该团尽属新兵，训练未及五月，枪枝仅有半数，而且废旧不堪，重火器及通信器材等完全缺乏，官长以无手枪，每人只带手榴弹四枚。如此战力不足之部队，故只令该团沿锦河南岸，在界埠亘上高间地区担任警戒，以防敌之偷渡。所以如此使用者，盖以隔河之故，可以略增新兵之胆量也。讵意在敌机狂炸、敌火炽盛、死伤迭出惨烈状态之下，该团仍能沉着固守，从容应战。当敌偷渡锦河时，亦能精确瞄准，沉着射击，将敌击退。自廿二日至二十五日，该团守御三昼夜之久，卒能达成任务，且获步枪七枝。以一补充部队而代替一建制团之任务，因该团射击尚不失准确，敌亦竟误认为有训练之团。推原其故，实皆由于平日训练注意射击与战斗十三条之功也。

六、攻击须尽力采取包围战术，以收歼敌之效。

（战例）三月廿八日诸兵种连合之敌千余，占据水南一七七六高地、南茶罗、长岭各据点，顽强抵抗，以掩护败退之敌。我向该敌攻击之五八师为求歼灭敌人，乃以一部兵力由正面（罗坑、石下、河埠北高地之线）向敌迫压，主力由右翼向敌之侧背实施包围，由罗坑经坑口、冷港、西罗向长岭、燕子窝敌之左侧背猛烈攻击。敌即陷入重围之中，腹背受敌，状极狼狈，后虽依其空军之协助死力挣扎，以作困兽之斗。鏖战竟日，卒被我歼灭过半，残敌乘夜溃窜。以上各地遂相继攻占，官桥亦于是晚九时完全克复矣。

〔国民政府军政部档案〕

5. 第十九集团军总部参谋处编
上高会战概述

（1941年5月15日）

一、敌之企图与我之作战指导

倭阀西进大陆政策的迷梦，经我四年来之抗战打击，已深陷泥淖，无力自拔，乃企图混水摸鱼，乘英、美有事欧西之秋，发动南进，窃取资源。但欲发动南进，以先天不足的倭国，决难再由国内扩兵，是必由西进中抽兵，以行转用。去冬南宁的退出，即其明证。其余各战场为遂行其部份的抽兵，并为巩固其既占的城镇，乃以先发制人之阴谋，对我各战场实施所谓扫荡战。此种扫荡战，其目的实含有【以】下之三种：

（一）为军事上的打击：企图击破我之野战军，摧毁我之军事部署，使我无力反攻，俾达其抽兵南进以攻为守之目的。

（二）为经济上的掠夺：抢劫我之现有物资，以解决其经济困乏之一部【分】，摧毁我之生产工具，以增加我之经济困难。

（三）为政治上的毁灭：即以焚杀、奸淫的手段，造成政治的恐布，战地的浩劫，使战场内无村落，无人烟，我军队无法进驻。

敌为达成【以】上之三种目的，其扫荡计划常为不断的行动，其地区以愈扩大愈深入为愈好。去岁的浙东战役与今春的豫南战役，已可见其流窜之阴谋。本会战敌企图一举攻略上高后，即经新喻、清江东渡赣江，窜扰樟树、丰城，扫荡我赣江两岸物资。即企图横扫本集团全正面，以图巩固南昌外围，达到扫荡战之目的。故敌名此次进犯为“鄱阳作战”，非无意义也。

由获敌人文件证明敌企图一斑：

1．三月十二日龟岛队（二一七联队、炮队）编成表及三月十日二一七联队上山中队编成表，均冠有“鄱阳作战”字样。

2．敌赣江支队长坂本，于三月廿一日呈池田旅团长之电报第五条：“速禾师团① 主力渡赣江日期及预定渡点。”同日另一电报第二条有：“支队拟排除万难，在泉港附近，实施师团渡河准备。”

3．敌第三飞行团司令远藤少将，三月廿二致大贺师团长之函有：“上高占领就在目前，希望速收赫赫之战功……。”又有：“上高

①此师团系指大贺师团，当时池田归大贺指挥。

占领迁延时日，敌军（指我军）整顿态势、后方扰乱亦渐活泼，希望迅速占领后即转进……。”

4.所获敌日记簿上，均记载有丰城、清江、新喻、上高、宜丰、上富等地名。

观右述文件，足知敌之企图：企【图】先夺取上高，然后转师，经新喻、清江东渡赣江，窜扰樟树、丰城，实施其大规模之“鄱阳扫荡战”也。

我军在赣北方面之作战指导：对于敌人来犯，早经策定反击计划，在第一、二线运用磁铁战，实施逐次抵抗，诱敌深入并消耗敌人。俟诱至地形于我有利之第三阵地前，则运用歼灭战，实行反击，与敌决战。

民国三十年三月十五日起，敌集结兵力两师一旅，共六万余众，分三路取分进合击态势，以上高为目标大举西犯。另以一支队（赣江支队又称板本支队）沿赣江南犯，企图攻占清江、樟树、丰城，作渡河准备，以接应其主力军攻占上高后之渡江东犯，其来势可谓尽其凶猛。但我洞烛其奸，依照既定计划，以坚决决心，指导作战。经浃旬〔？〕苦斗，卒仰我层峰详确指示与赖我将士忠勇用命，对于其两翼之北、南两路及骈支之赣江支队，首先运用各个击破战术，逐次予以摧折。然后以囊袋形态势，于上高东北地区，复围歼其主力，使敌之“鄱阳扫荡战”变为我之对敌“上高歼灭战”。由此足证上高会战虽发自敌人“先发制人”之阴谋，然开战后，完全由我主动，强敌作战，迫敌就歼也。

此一战役，敌之初步进犯目标，分三路指向上高。我亦以确保上高为中心，而运用对敌围歼战术。故此役在敌若得上高，其扫荡计划即可自诩完成，在我必须凭藉上高为囊底，始克完成对敌歼灭战。因之上高之得失，敌我均为胜败之所关。所以定名上高会战，一就会战态势取形，一就会战胜败取意也。

二、敌我参加会战兵力

在赣北本正面，右起鄱阳湖，左讫武宁，自廿八年秋长沙会战后，敌即调来卅四、卅三两师团担任防守。当鄂西、豫南战役时，该两师团均曾抽兵前往增援。此次敌为对我施行扫荡战，鉴于过去迭次所受之挫折，似已经有了相当慎重的准备。自三十年元月起，除陆续将卅四、卅三两师团他调之兵全部调回外，另新增池田混成一旅团。并先放弃武宁，抽出二一三联队开向安义，彻底集中使用兵力，以图大逞。截至三月上旬，南昌、安义敌军共增至各种兵六万五千余人，飞机百余架（远藤空军少将指挥之第三飞行团），战车四十余辆，并强拉民伕万余，使南昌市上顿成荒乱。

我军参加会战兵力共九个师，我与敌较，敌军一师兵数二万五千余，我军一师约一万二千人，但实际每师平均八千余人。故就兵数言，我须三个师才与敌一个师相等，且敌军进攻时，各种配属部队颇多，加上其优势之装备，依据过去各战役经验，我欲攻击敌人，常须五至六个师对付敌人一个师，才算兵力相等。本会战敌军两师一旅，我为九个师（在会战中，我固曾由战区增加两师，但仅一部到达参战，我会战胜利即已定局），是我以劣势兵力（若就兵数言，则略相等）对优势敌军。然我军终敢施行大胆之四面包围战，并克获歼灭敌人之战果；此岂非我军愈战愈强之铁证乎！？

三、会战经过概要

敌总兵力，迄三月上旬增至六万五千余众，已如前述。其出动兵力约为全兵力三分之二，即为四万二千余，其余二万余则担任其原阵地及后方之守备。出动兵主力初分三路，分犯上高，北路敌为卅三师团，由樱井师团长指挥，兵力一万五千余；中路敌为卅四师团，由大贺师团长指挥，兵力二万余，为各路中之主力；南路敌为第廿混成旅团，由池田旅团长指挥，兵力八千余。另由池田旅团派出一赣江支队，由板本大队长指挥，以独立步兵第一〇二大队及独立工兵第二联队、池田旅团工兵大队之各一部编成之，其任务已述于前。

北路与南路敌，先中路敌发动，其企图显然欲以两臂合抱之态势，先捕捉我军主力于高安、上高间地区而歼灭之。但我洞烛其奸，除令第一线部队遵照既定计划用磁铁战术诱敌外，并令分向两翼作离心的转进，迫敌南北两路部队不能合犯上高。并不得不与我对战。于是我先摧折其两臂膀之计划，首先告成。在此期间，同时遵照领袖过去指示，由不重要正面大胆抽兵，乃随战况之进展，渐次对敌形成反包围。敌以过去各战役之幸进，养成轻忽心理及骄妄行动，故虽陷孤军，仍图深入，终于予我以克奏歼灭之机会。兹将作战经过概述于左：

（1）磁铁战诱敌时期（自三月十五日至三月十九日）

北路敌于十五日三时开始行动，其主力由乾州南下，藉空军之掩护，午陷奉新。十六日，窜入棺材山、车坪，被我痛击后陆续增援，窜经水口甘。十七日，与由石鼻街经儒里、温村窜猪婆、大丘，被我击退，转经米岭西犯之一部敌，会陷伍桥何。此后我左翼诱击部队主力，即为离心的转进，将敌诱入下观童、花门楼、苦竹坳一带山地，经两日夜之围击、截击，歼敌二千余。另以一部由会埠方面经水口甘指向伍桥何，蹑敌尾击，残敌乃不得不分三路回师。其主力于十九日突围经上富，一部循原路经伍桥何回窜奉新。

南路敌于十五日午，到达锦河与赣江合流之河口夏附近，在炮兵、飞机掩护下企图渡河，均被击退。入晚，复恃其优势炮兵与浅水汽艇之协攻，渡过锦河。十六日，窜抵曲江附近，与我派出之增援军一营，在仙姑岭、梅仙岭一带激战。十七日，分三股，其主力西窜坑里胡，一股窜独城，一股窜坞社里（即赣江支队），均与我派出之诱击部队发生接触。十八日，经坑里胡、独城西窜之敌，与我诱击部队在清高沿线对战。十九日，该两股敌与我锦河南岸决战部队，在来脊岭、猪头山发生激战。该南路池田敌，其战斗力较之大贺师团应稍逊。而我则锦河南岸部队，为力量极坚强之师。即以后由赣江东岸抽调担任合围之部队，其战力亦极强，尔后渡锦河，对敌退却路担任侧击，更使敌狼狈溃逃，几陷全灭。总之，锦河南岸，我以战力坚强之部队，对付敌人战力较弱之部队，故每一接战均如摧枯拉朽，动辄演成局部歼灭战，使敌各路为之胆寒。上高会战胜利，我锦河南岸部队实居首功也。本十九日，来脊岭、猪头山两战斗，各歼敌八百余，该两战地敌遗尸四百余具。

南路敌派出之赣江支队，十八日分窜泉港街、张家渡、经楼墟等地。十九日，泉港敌以二百余偷渡赣江东岸，企犯樟树镇。是辰，其先头窜抵新市街时，适我由赣江东岸抽调西进之部队赶到，乃乘敌半渡，予以迎头痛击，残敌不支，慌乱图逃，乘船大部复没江心，寇尸漂流，使敌从此不敢再觊觎我赣江东岸。窜张家渡敌为其支队主力，由板本支队长率领。十九日，经蓝家桥、张家山，企图窜过陈家坊，急袭清江县城。殊知我由赣江东岸抽调担任合围部队之先头李团，十八日午后于樟树，在直接电话指挥下，已迅速渡过赣江。十九日午，敌先头窜到张家山、崇祯观、蜀家淩附近时，我李团亦适时赶到，发挥极勇敢之攻击精神，予敌以歼灭打击。崇祯观一地敌遗尸达四十余具，马卅余匹。樟树、清江克〔确〕保无恙，民众有誉该师为神兵者。窜经楼圩之敌，因其主力已被歼于崇祯观附近，乃闻风北窜。该赣江支队敌，自廿日以后至廿三日，始终蜷伏曲水河以北，未敢稍动。

板本支队文件数件：〔略〕

中路敌继北南两路发动之翌日，即十六日，开始行动，以高安为目标，先以战车二十辆冲到祥符观。十七日，在飞机数十架轮流轰炸下，除祥符观一股仍继续西犯外，另二股附战车十余辆，由赤土街分经常家巷、熊圹桥，南犯莲花山。经激战后，十七日晚我自动放弃高安，将该方面部队转向锦河南岸，衔接原在锦河南岸部队之右翼，对敌形成反合抱式右手臂。十八日，敌经高安西窜至龙团圩，十九日继续西窜至官桥、泗溪我决战阵地前，于是敌我两军开始明二十日以后之主力战矣。

（2）包围战歼敌时期（自三月二十日至三月廿四日）

北路残敌于十九日回窜时，复遭我尾击、截击，被歼大部。二十日，我克伍桥何、车坪，残敌向奉新溃退。至此，北路敌作战未六日，已先行溃退，我军遂得迅将兵力转用于对敌中路之包围歼灭战。

南路敌于十九日在来脊岭、猪头山一带，迭遭复灭后仍执迷不悟，廿日再向猪头山一带猛犯，复被我军歼灭千余。至此，南路敌锋始挫，乃乘夜将主力窜由灰埠北渡锦河，与其中路军会合。故敌企图围抱我军之两手臂，经十九与二十两日之战斗，完全被我摧断。而我军依两翼胜利之部队，因得自然对敌形成包围态势，此即所谓以反包围对付敌之包围也。

敌两臂已断，理应回窜，但敌酋大贺以任务与颜面关系，不顾孤军，仍然深入。廿日起，敌中路在飞机三十余架轮番轰炸下，用锥形突击法，向我官桥、塘坎、泗溪阵地猛犯，当于塘坎附近被敌突进一部，是晚我左翼阵地略向后转移。

廿一日：敌继续以二一七联队攻我白茅山，二一六联队攻我云头山、源山庙、龟形山各阵地，二一八联队攻我泗溪阵地，来势甚凶。但我军亦以极机动的新姿态，迭予还击，敌我伤亡均极大。本部更以极坚决的决心，除令担任正面作战之军以攻击手段确保上高外，当令北翼包围部队，以杨公圩、泗溪、官桥为目标，用突进方法兼程南下。南翼包围部队以已渡赣江之先头师，协力锦河南岸部队，先彻底解决锦河南岸残敌。并逐次向左移靠，缩小对敌包围圈。并令赣江东岸部队继续抽调数个团，渡江兼程西进。

廿二日：全线大血战，敌池田旅团残部渡过锦江后，于本日丑刻复由锦河北岸渡窜石头街、华阳一带，急图西犯。当时形势十分险恶。卒因我南岸部队运用最大机动力，其中扼救华阳之李师胡团，以每小时十五里之速度，在敌机轰炸下，先敌赶到华阳，一幕遭遇战，我得先敌展开有利态势，当予敌以迎头痛击，使敌欲切断我锦河两岸部队连系，以遂其包围上高之迷梦，复成泡幻。同时上高方面，我为缩小正面，已转移上高核心堡垒区。敌仍在飞机三十余架轰炸下，集结最大兵力，向我下陂桥阵地猛犯，演成上高核心区最激烈之争夺战。是日一日间，全线敌我伤亡均在四千以上。本部为加强各级决心及增援第一线兵力，于午刻令本部特务营开赴第一线参加作战。

是夜(即廿三日子刻)，总司令并手拟当前胜利保障十则，颁行各部队。其条文如左：

(一)记着委座的训示："我不怕敌，敌便怕我。"

(二)记着司令长官的训言："苦斗必生，苦干必成。"

(三)记着本总司令的训告："军人事业在战场，军人功罪也在战场。"

(四)目下对敌包围形势业已完成，包围圈也已缩小。今天就是我军全线对敌施行求心攻击开始的时候，也是我军对敌展开歼灭战的良机。

(五)我忠勇将士苦战八日，业已取得八分胜利，今天第九日，必须努力争取九分胜利，以保障明天的十分胜利。

(六)依昨日战况判断，敌军攻势业已顿挫，力量业已耗尽。若无后续援军，不仅不能攻我，而且必遭惨败。纵有增兵，亦不过一大队，而我合围已成，力量凝集，增援部队新十五师今日可加入战斗，新十四师明日即可赶到参加。预计战局多延一小时，我军多得援兵一营，多延一天，多得援兵一师。围歼力量，绝对优势。

(七)过去八天苦斗中，万余伤亡将士的血花，正期待吾人今、明两日之努力，结成胜利之果，报答国家。七十军奉新烈士墓，七四军高安烈士墓，巍然在望。吾人必须迅速歼灭巨敌，以伟大战果，报慰英灵。

(八)吾人必须把握住抗战四年来仅有的对敌取得包围歼灭战的有利态势，将十天以后的作战精神及力量，提前到今明两天来，适时使用，充分发挥，俾在赣北战场收一劳永逸之效，而开今年胜利年之先路。

（九）各级指挥官绝对不许有怕牺牲、保实力之观念，务须指挥中国的军队，歼灭中国的敌人，以表现中华民族革命军人之真精神。凡属最能牺牲最奏战绩之部队，我军领袖必然予以优先之补充与厚赏。本总司令亦当负责报请补充，迅恢战力。

（十）各级指挥官务须确实掌握部队，向指定任务坚定迈进，并切实执行连坐法。

廿三日，锦河南岸我克石头街，灰埠及华阳以北地区，各仅残敌一部，据家屋顽抗。我集中迫击炮向敌轰击，北岸敌在飞机掩护下，仍尽死力迭向我石洪桥、下陂桥阵地猛攻，我阵地终屹然未动。是日，我北翼包围部队唐师，已进占杨公圩，向泗溪前进中。张师已进抵官桥附近。

廿四日，我北翼包围部队之张师，由官桥指向敌大贺师团部所在地之毕家，向敌后猛攻。唐师由杨公圩指向泗溪敌左侧翼猛攻，已占领泗溪。此时由战区派来之傅师亦展开水口圩，向东南压迫。同时我事先由锦河南岸右翼抽出之一师，亦进出上高西北地区、锦河南岸。我此时已有精锐之三个师，正准备渡锦河北进中。总览全态势，敌本日完全在我南北约十华里、东西约三十华里包围圈中矣。但是日敌飞机更为活跃，被围之敌迷梦不醒，以为其飞机威力足恃，仍向我上高核心阵地全线猛攻，企图最后一逞。我守军自获悉各路包围情形后，勇气百倍，亦向敌施行猛烈逆袭。迄午后三时许，敌势终呈动摇，我乃开始部署全线出击。

（3）围歼敌突围军与增援军时期（自三月廿五日至三月三十日）

敌因陷重围，尤以我北翼包围部队，以攻击箭头由其背后直指向毕家师团司令部，胁威甚大。其“皇军”荣冠无法再顾，于廿四日午后开始崩溃，已见前述。但敌以通信灵活，该大贺师团在被围时，曾声请其汉口军司令官复派卅三师团，由奉新前来增援，于是（廿四)夜到达伍桥何，廿五日经村前街，以一部窜犯棠浦，主力则向官桥急进。大贺残敌得此救援，于廿五日辰起，乃向我东北包围线行极猛烈之突围战。我北翼包围部队在敌东西夹击之下，是晚稍向北转移，开一袋口，敌增援军与突围军乃得于官桥附近合流。敌既合流，欲图再逞，但以我正面出击部队之奋勇进击，于河坡附近复大挫其锋，敌势乃敛。是时敌因伤亡官兵及残械、骡马待运，仍盘踞官桥、南茶罗一带集团〔结〕家屋，负隅顽抗。盖敌从来对于现局不肯轻易遗弃，于是复予我第二次围歼之机会。

廿六日，雨雾蒙蒙，敌机不能活动。我正面出击部队尾敌压迫，当进展泗溪、桥头、河坡、南岽、胥家陵〔凌〕之线。锦河南岸部队已渡河，向龙团圩、杨公圩挺进中。

廿七日，我正面出击部队，继续向官桥近迫，右翼当进展敖古山、水南、毕家之线。敌被迫乃开始向泗溪河东岸溃退，但我北渡锦河部队已进出龙团圩、杨公圩、虎形岭之线，对敌退路形成长蛇式之侧击阵线。而敌以被围情急，曾到处请援。由九江运牛行下车，经高安来援之敌二千余人，是日亦到达龙团圩附近，与我进出龙团圩部队发生激战。其经泗溪河溃退残敌，则与我进出杨公圩、虎形山部队发生激战。敌为掩护其退却，以困兽之斗向我全线猛攻。而我以战胜余威，亦以极活泼之姿态向敌进击。是日也，我夺获大炮两门，其他枪弹、装具甚多。

廿八日，我正面出击部队克官桥，残敌被歼殆尽。我一部并由桥头渡过泗溪河东岸，右翼连系我南路侧击部队，此时我北路南下部队复进占打鼓岭、荷岭以及凉山脑之线。于是从右翼起，我南、西、北三方面部队复于龙团圩、杨公圩、官桥亘村前街西南地区，对敌形成第三次包围。其东向虽开放小口，可是我南路侧击部队之右翼伸展龙团圩，终使敌无能循大道退却。同时我挺进部队已早设伏于米岭、伍桥何一带地区，故此时之敌确仍在我包围圈内。总之，进犯之敌经我数度围歼，伤亡官兵总数确在两万以上，骡马、辎重损失尤不可数计。

廿九日，被围残敌犹作困兽之斗，前线战况仍极激烈。但本日我北路部队之左翼已进展湖城圩，逼近村前街，南路部队之右翼，亦进展龙团圩东北地区。

三十日，残敌全部向东溃窜，于是我即编成两个追击军，全线移于追击。

（4）追击时期（自三月卅一日至四月九日）

卅一日子刻，我任伏击之挺进纵队克复高安。敌以归路被截，晨起藉飞机十五架掩护突围，向斜桥方面逃窜。我右追击军乃经高安向西山、万寿宫、牛行方面追击。左追击军向奉新、安义方面追击，沿途扫荡。迄四月二日，我除恢复原态势外，并攻占西山、万寿宫。八、九两日，克安义外围之长埠、宋埠、干州、伏桶山、湾弓尖各要点。是后，我因参战部队另有任务，奉令停止攻击。

四、我军所获战果（详另表）〔略〕

五、敌军惨败情形

（一）由获敌文件查知（已见前）：敌称此次作战为鄱阳作战，其企图实欲一举攻占上高后，横扫赣江两岸地区。但结果其作战第一目标之上高，亦无法夺取，则可证其企图与计划完全被我粉碎无余矣。

（二）三月二十二日，敌第三飞行团长远藤少将致卅四师团长大贺函："大贺中将阁下：连日连夜之战斗，想极辛劳！气象台虽预报天气恶化，但仍继续晴天，可谓天佑。上高占领即在目前，请继续奋斗，以收赫赫战捷，不胜盼切。池田支队、板本队已取得连络，弹药亦已投下，状况较为缓和①，请安心！本团虽微力，当尽死力协助于上高占领。倘因时间迁延，则敌将整顿态势，后方扰乱亦将活泼，希望迅速占领后，即行回师。请示知上高总攻击时刻，本团当以全力协助之！请决定时刻，一举突入如何？"观此信，足见敌

① "池田支队……较为缓和"这段与42页第三行有出入。

陆、空两指挥官攻上高不下之焦灼与恐怖矣。

又函："因为侦察将校负伤，对不起！我现回去，但当另派侦察机来协助……。"观此信，则知其空军因我地上部队之射击，亦受到极大损失。

（三）三月廿三日，三三师团命令第一条："奉军通报：卅四师团正面之敌，在上高附近（棠浦南方）顽强抵抗中。"第二条："师团拟突进于棠浦方面，击攘同方面之敌，协力于卅四师团之战斗。"

三月廿六日，三三师团二一四联队第二大队作战命令第二二号第一条第二项：浜田支队拟与河村部队连系，于明廿七日七时由荼家坂西南侧，向包围大贺师团之敌侧背开始攻击。

观右述，足证大贺师团被我围歼惨败之一般。

（四）观前述赣江支队各报告，足知本会战我部队之行动迅速，攻击勇敢与敌之伤亡一斑。

六、会战检讨

（甲）敌失败原因

（一）战略上——虽用分进合击，但实际仅有分进而无法合击，反被我各个击破。

分进合击，即所谓外线作战，在包围攻击战中收效最宏。但若运用不当，则有反被各个击破之虞。故其最重要条件，为各兵团未到达内外线之利害转换线以前，必须不受对方之妨害。

本会战敌以上高为目标，采三路并进之分进合击战法。但其各路军行动未能协调，更受我意外之打击，无法完成合击的态势，而反遭受各个击破的惨败。例如：其北路第三十三师团，被我诱击部队之离心退却所引诱，竟放弃其合攻上高之任务。其南路第二十独立旅团，被我逐次解决其大部后，竟将残余主力移向锦河北岸与其中路合流。其中路部队迟一日行动，使我得先各个击破其南北两路，自然对其中路向心前进，形成反包围之良好态势。

（二）战术上——使用锥形突进及局部包围，均遭我严重的反击而失败。

1．锥形突进：在对方正面过广、纵深薄弱时，容易成功。惟若遇企图心旺盛之指挥官及战斗力坚强之部队，予以猛烈之反击，则反有被歼之虞。

本会战敌在官桥以南之塘坎，因我正面过广，侥幸奏功。而在红石岭、石头街、下陂桥、白茅山等处，均因我军运用得法，能造成局部优势，给以猛烈之反击而卒遭溃败。

2．局部包围：在警戒疏忽及侧背感大之部队，固易成功。但遇训练有素、机动力大之部队，则又有反遭各个击破之虞。

本会战敌攻伍桥何时，因我部队一部疏忽，竟被侥幸成功。而在锦河南岸来脊岭、猪头山、华阳等处，虽仍屡用此战法，终归无效，且遭复灭。

（三）战斗上——空军代炮兵未能生效。

查空军代炮兵为目前新颖之战法，德军曾以之击败英、法。但其条件，第一、须空军数量多，亘全战役中在战场上空不断活跃。第二、须空军能直接参加地上战斗，当空军将对方步兵制压后，须能如炮兵之延伸投弹。第三、须陆军、空军联合，作战技术良好。第四、须陆军战斗力坚强，空军因故障不能出动时，陆军能以自身力量保障陆空连合作战所得之成果。又敌官兵倚赖物质过甚，战斗时每赖空军及炮兵之优势，先行压制我军，开辟进路。其步兵必须藉炮、空之掩护，行逐步之占领，否则士气不壮，前进不猛。此次会战中，敌空军间为天雨所阻，使其不能发挥优势之物质□，官兵精神因而消沮。据俘虏供称："官兵每遇雨雾，飞机不能出动时，即成恐怖心理，惧怕我之反攻，甚至有哭泣者。"可见敌人离开物质，战斗力即减弱矣。……

（四）指挥上——前方无统一之指挥官，不能适应战况，调整各兵团之行动。

本会战敌军参加单位为：三十三师团、三十四师团、第二十独立旅团及飞行第三兵团。而其军司令部远在武汉，既未在赣北设置前方指挥所，又未指定一师团长统一前线陆空军之指挥（仅第二十独立旅团归大贺师团长指挥）。故其各路兵团于会战开始以后，未能协调并进，相互策应，以取得战略上有利的态势。举例如左：

1. 第三十四师团尚未攻下上高，其三十三师团即被迫回窜奉新，使我军得以会合，向敌主力实行反包围。

2. 三月二十二日，敌第三飞行兵团长远藤少将致三十四师团长大贺函中有："……请示知上高总攻击时刻，本团当以全力协助……"。可见其空军系协力陆军之战斗，而非陆空军在统一指挥之下从事作战。

3. 三月二十二日第三十三师团命令第一条："奉军通报：三十四师团正面之敌，在上高附近（棠浦南方）顽强抵抗中。"第三条："师团拟突进于棠浦方面，击攘同方面之敌，协力于三十四师团之战斗。"等语。可知三十三、三十四两师团系始终以协调方式参加作战。

（五）补给上——民伕及骡马代运输汽车，影响于战斗之遂行。敌因我交通彻底破坏，强征大批民伕及骡马携带粮弹，行动迟滞。迭经剧战后，民伕逃散甚多，骡马死伤甚众，不仅粮秣及弹药发生恐慌，实足影响战场一般之心理。关于飞机投送补给一项，不但主正面须依赖之，以小小的赣江支队前进三日，即请求投送。至于投送鞋袜，更暴露其战场丑态矣。

（六）季候上——因赣江西岸之泛滥，给予敌军意外之困阻，因而使其赣江支队遭受意外之歼灭。

本会战敌军除向上高分三路并进外，另派出坂本部队为赣江支队，沿赣江西岸南犯。其任务：（1）迅速袭占樟树、清江，断我赣江两岸部队之连络。（2）阻我东岸部队之西援，且以掩护其进攻各兵团之侧背安全。（3）掩护其工兵联队在樟树、丰城间完成渡江准备，接应其攻略上高之主力军，奏功后，乘胜左旋，窜扰新喻及赣江东岸地区，达成其所谓“鄱阳扫荡战”。故该支队之行动实具有战略上之意义，但是时适值赣江水涨，西岸泉港附近之一段河堤溃决，江水倒灌，竟成泛滥，敌前进时异常困难。乃将其重兵器、驮马放置泉港附近，仅以步兵经蓝家桥，经楼圩、张家山，企图迅速袭占樟树镇及清江县城。岂料沿途泛滥，行动阻滞，遂被我由赣江东岸抽调西援之五师先头李团所摧毁。又一股于三月十九日由泉港街偷渡赣江，一小部侵入东岸新市街，又被我西进中之五师所发觉，迅予扑灭，其余在半渡中将其击灭。从此，敌赣江支队遂一蹶不振矣。

查敌军对战地兵要地志之调查，素极讲求，而此次竟受意外之困阻，足证战争虽至微之事，亦不容忽视也。

（七）虚虚实实之运用过于呆板，守势方面之行动，过于消极。

1.敌惯用声东击西之法，一、二月间屡由伪组织传出消息，敌人将攻鹰潭、进贤、临川等地。二月下旬，南昌之敌由莲塘向三江口攻击，出动战车，声势颇凶。但经过两日即全行退回。此为敌一贯之欺骗炫惑手段，我已洞察，敌计不售。

2.三月十五日，赣江西岸高安、奉新方面战事发动后三日，东岸及抚河方面之敌军未见行动。我令该方面守备部队迅向敌阵地施行夜袭，结果，据报敌退守碉堡，加强外壕，引水灌满，不敢应战。我遂判定该方面之敌甚少，实行大胆抽兵，令刘军主力渡江西进，参加主决战方面，卒以实现对敌反包围之歼灭战，此亦一重要关键也。

（八）检讨全战役，敌之失败总原因：实犯“轻”、“忽”、“急”三个字。敌过去在各地实施“扫荡战”时，因我军常采消极抵御，致能达到其一部份目的，养成其骄傲心理。故在战前对我军之战力、决心、计划等，均估计过低，而陷入于轻敌之过失。因心理上的“轻敌”，遂生出部署上的“疏忽”，如上列各项所述事实，均为确切之证据。当其北南两路被我摧折，赣江支队为我粉碎之后，中路主力大贺师团一因任务尚未达成，二因有碍“皇军”面子，仍然冒险作孤军之深入。三月二十二日，接到空军少将远藤司令速占上高之警告后，更为“着急”，作无聊之举动。以飞机散发传单，劝我七十四军让出上高城，殊不知此时敌已入我包围圈内。二十四日，大贺师团司令部（毕家）被我攻击，且我已将整个包围圈缩小至南北直径五公里，东西直径十五公里矣。

（乙）我胜利原因

（一）作战计划正确，准备充分。本部基于层峰指示，事前策定反击作战计划，将诱击兵团与决战兵团妥为区分，任务明确，阵地亦选定三线。第一、二两线为抵抗线，第三线为主阵地线，（决战线）预为充分之准备。结果，敌之扫荡顶点，适为我预定之决战阵地线，我遂获得歼敌之良机。

（二）判断敌情正确，主宰战场。本年一月，敌即开始散布将东攻鹰潭、进贤、临川之谣言及佯动，以眩惑我军之耳目。二月，开始向修河南岸增兵，同时放弃通城、武宁两据点，而集注兵力于西山两侧地区。本部洞察敌之惯技，判断敌袭用声东击西之诡计，我仍依既定方针，预为部署。敌果如我所判断，我之诱击兵团于会战初期施行离心退却，使敌人只有分进，无法合击。决战兵团于会战中期，以猛虎在山之姿态，出而应战，予敌痛创。又于会战初期，由非决战正面（赣江东岸方面）抽调精锐部队，西进侧击，变被包围为反包围。更于获悉赣江东岸之敌，遭我军猛烈钳击后，曾以江水倒灌外壕，死力挣扎，知该敌无能向我进攻，遂复在该方面继续抽兵参加围歼，使主战场兵力彻底形成优势，牵制敌人。

（三）发挥内线作战原则，各个击破敌人。敌分三路，以合抱态势向我进攻。我既处内线，乃运用内线作战原则，令北翼部队行离心退却，迫敌进入苦竹坳附近山地内，予以局部围歼，而先断其右臂。同时令锦河南岸部队大胆迎击该方面之敌池田旅团，予以各个击破，更摧折其左臂。敌之两臂已断，仅余中路孤军，冒险深入，乃入我包围圈中就歼矣。

（四）变更战区作战地境，使赣江两岸部队运用灵活，得以实行大胆抽兵，而收包围歼灭之战果。

查三、九两战区作战地境，原系沿赣江划分，今春统帅部稍加变更，将赣江以东地区及刘军划归九战区，使同具一个战略意义地城内之作战部队，得以整然发挥其战力，使赣江两岸部队在统一准备（战前）与指挥（战时）之条件下，进行作战，自易奏功。本会战之胜利，固有赖于赣江西岸诱击与决战两兵团之奋发忠勇，达成任务，而我对全般敌情明瞭后，得以实行大胆抽兵，将东岸刘军之主力迅速西调，首先粉碎敌板本支队隔断我赣江之企图，并彻底形成大包围之态势，获得以包围歼灭战，摧毁敌人扫荡战之战果，此完全出于统帅部卓越指示之效也。

（五）正面部队抵抗坚强，使包围轴稳固，俾担任包围部队得有余裕时间，渐次对敌紧缩包围圈。兴登堡、于坦能堡歼灭战之奏功，固有赖于担任包围之第一军团动作迅速果敢，然若无第二十军团于季耳根堡方面作坚强之抵抗，则全局皆非矣。本会战正面守备部队之屹然不动，确保上高，诚有坚固囊底不容敌人脱颖之殊功。

又上高核心战，我阵地为扇形，且背负锦河，为一种背水战。赖□〔我〕领袖德威，将士用命，卒能苦撑到底，转危为安，以“守必固”之事实，粉碎敌人“攻必克”之妄念。

（六）机动部队运动迅速，能发挥极大机动力。

1.抚河东岸王克俊师以两日半时间渡两次河，行约二百华里途程，至赣江西岸参战，得保樟树、清江无恙。

2.锦河两岸之李天霞、余程万两师控制部队，在华阳及下陂桥争夺战时，均以一小时十四、五里之行军速度，在敌机轰炸下向任务迈进。但均能争得时间上之先制与空间上之有利态势，不但转危为安，且能歼敌取胜。

（七）集注兵力，放弃次要正面，保持战略上有利态势。本会战因敌我兵力约略相等，故初期决战兵团占领正面不免过大。当二十日我决战阵地线之塘坎附近被敌突破后，我军尚未形成合围形势。本部遂决心放弃上高至宜丰之东正面，诱敌再度深入，而集注兵力保持沿锦河南岸由灰埠至上高之北正面及上高核心区，布成对敌之侧面阵地。并控置有力部队于上高西北凌江口一带地区，机动使用。故能于二十一至二十三之三日血战中，迭予敌人以重创，而确保上高战略要点，造成对敌人合围【态】势。

（八）各级决心坚确，上下信赖诚笃，能以战斗保障战术的胜利，以战术保障战略的成功。本会战中各部队均能遵令努力，危急时亦能咬紧牙关苦撑。如上高核心战，我正面部队在背水状况下，对于陆空协同、明冲暗袭、志在必得上高之顽敌，苦战五日，迭予反击。其间各级指挥所位置，均能遵本部命令，未稍后移。华阳、下陂桥两处争夺战，尤能自动抢救。此皆战术保障战略成功之战例。

又，各部队战斗力均充分发挥，李天霞师之炊事兵以扁担与敌肉搏，士兵两三人共一刺刀与敌格斗。战后总司令赴各医院慰问伤兵，见官兵中负刀伤者颇多，其中并有负刀伤至九处，尤可想当时格斗之情景。精神胜物质，此战斗保障战术的胜利之确据也。

（九）我派出敌后之挺进队与潜伏敌后之地方团队，均能积极行动，不惟使敌无法抽守原阵地之兵，开赴前线增援，且增加前进扫荡之敌人对于后方之顾虑。例如：我第二挺进纵队，挺进奉新、高安，截敌归路及辎重，并发动民众破坏张安公路桥梁。安义自卫队冲入万家埠，焚毁敌兵舍、仓库等，使敌一夕数惊，蜷伏不敢稍动。

（十）通信灵活。在情况紧急时，本部得直接指挥下级部队行动。例如：樟树、清江电话局在情况极紧张时期，均能从容服行任务。使抽调担任合围之赣江东岸部队之先头团，能在本部直接指示之下，迅速渡河，获得先制。又当敌侵入上高东北地区决战最激烈时，我北翼包围之各师能在本部掌握之下，听受指挥。战区增援部队之先头团，亦受本部直接电话，适时参加合围。锦河下游两岸部队，迅速向高安、龙团圩、杨公圩等地挺进，造成第三次对敌之包围夹击，皆通讯不断之效也。

（十一）后方勤务良好。兵站设施年来已渐臻健全，兵站人员及地方民众亦极努力。故本会战敌进犯时，对于伸〔派〕出之兵站末〔各〕地弹药，得全部抢救后运，无一损失。而会战进行中及追击时，补给复极园滑，使部队得专心作战，此于会战胜利亦有功也。

（十二）民众用命，彻底破坏交通，使敌解除优势装备，达成“以破坏战保障歼灭战的成功”。民众均能努力服行任务，尤以交通破坏，特见彻底，不但使敌机械化部队不能运动，即驮马亦感困难，致其运送补给仅赖人力，战力过顶点①。被围困后，尤不得不以飞机代驮马，运投粮弹、鞋袜也。……

〔国民政府国防部史政局及战史会档案〕

6、陆军第七十军参加上高会战作战经过概要

（1941年6月）

其一　战斗前敌我形势概述

敌第三十四师团以南昌为核心，第三十三师团以安义为核心，东起鄱湖，跨抚河、赣江、锦江、缭水诸流域，西迄修河之线，

①原文如此。

深沟高垒，与我对峙。依据全般地形观察当前敌阵线，颇形成弧形态势。益以安义、张公渡间以西地区，多为层峦锦〔绵〕亘山地，我军虽经常派遣有力部队挺进敌后攻袭，然敌得仍凭坚蛰守。去年十月中旬，敌曾一度纠集二千余人，沿缭水、南源向奉新、会埠本军阵地窜犯，经我运用反击战术分途夹击，激战五昼夜，受创而逃。尔后仍退伏原守阵地，与我相持。

本军原担任右自米峰北麓亘奉新、靖安各附近一带地区之守备，本年三月上旬，复奉令向右延伸守备地区。右自赣江市汊街（不含）起，右〔左〕至靖安以北雷公尖止，亘高安、奉新、靖安三县，赣江、锦江、缭水诸河，总计所任正面宽达二百四十余华里。当时因防广兵单，遵照总司令罗之指示，所辖三个师并烈〔列〕配置于第一线，计右翼107D守备，右自赣江西岸沿锦江南岸，经高安城至米峰北麓之第一主阵地线。中央9RD守备，右连系107D，亘米岭、石子拨、上下翟至肺头赵之第一主阵地线。左翼19D，右连系9RD，亘潭埠、杨梅垓至潭脑山之第一主阵地线。更于上述第一主阵线之前，层叠占领前进抵抗阵地及警戒阵地线。复于上述第一主阵地线之后，节节预筑两线预备阵地。准备敌进犯时，初期为逐步抵抗以消耗之，尔后诱敌进入我第三阵地泗溪、棠浦、花桥、上富、九仙汤之线，予敌分途围击，以歼灭之。上述作战方案，系秉承集团军总部反击作战计划大纲之指示，以策定者。（按：即为我有利之诱敌歼灭战法）

三月十四日以前，迭据各方谍报，（一）敌将修河沿岸之易家埠、莫家尖、老鼠岩及缭水、中源沿岸之项坊街、太子街各据点，均行放弃。并抽调枧下刘团、岗雷等处兵力，计集中仁首街、港头魏二千余，泉背周、安龙桥千余，石鼻街、港口约二千人。（二）厚田街、感古寺、西山、万寿宫等处之敌，连日以来军运频繁，兵力亦有增加。（三）敌令安义、新建、南昌等地伪维持会，勒征民夫各二、三千人不等，有于十四、十五两日向我奉新、靖安进犯之说。综观上述情报，是敌已有蠢动之征候。本部当即分饬各师，严密注意戒备，并不断派遣小部队行威力搜索，以侦察之。

果尔自十五日拂晓起，敌即分三路向我奉新附近9RD、19D两师阵地进犯，每股约二千人，炮三、四门。其一股由枧下直犯奉新城，趋经五步城、肺头赵、山口邹向西窜犯。另一股由泉埠、锁石沿缭水南岸地区，向我9RD正面猛犯。又一股由石鼻街经虬岭、米峰以南，窜犯伍桥何。同时敌另以三路沿锦江南北两岸，以高安为目标，向西窜犯。嗣即全线发生接触，大战序幕于以揭开。

其二 战斗经过大要

此次上高会战，敌军进犯路线全在本军担任守备地区之内，亘全战役始终，几于靡役不与其间。因敌我两方互相争取立于外线包围之姿态，因此演变经过极尽变幻复杂。兹为叙述便利简明起见，变〔便〕就全战役划分为：(甲)绪战，(乙)围歼，(丙)追击三个期间，分别述之：

(甲)绪战期间——自三月十五日起至二十一日止

先是敌第三十三师团，区分三个纵队（系根据夺获敌军33D樱井部队长官司作命甲字第十四号及古田纵队古本作命第五号之作战命令而得知），分沿缭水、南源南北两岸地区西进，均以伍桥何为中心目标，有向我19D、9RD两阵地猛犯，特以主力指向我9RD之正面。自三月十五日拂晓开始战斗以来，敌以空军协助，其势极猛。我依纵深配备之重层阵地及秉承总司令罗指示之意旨，与我预定之计划，对敌节节韧强抵抗。其右纵队窜抵奉新以西约十五里之地区，被我19D、9RD守军猛力堵击。并由19D抽调有力一团，由北向南侧击，结果迫使敌经缺大〔尖〕岭折向东南进窜。因是敌之兵力大部注向我伍桥何，与我9RD激战。经一昼夜之搏斗，至十六日，敌利用大批空军轰炸之掩护，其经米峰西犯之一股及缺尖岭之一股，遂于是日午后侵入伍桥何。我仍凭藉以西山地与敌搏战，争夺极烈，敌我伤亡均称奇重。

又我右翼107D方面：十五日拂晓起，西山、万寿宫及赣、锦两江合流处附近之𨱏头山敌炮，分别向我阵地轰击。同时据报：有敌二千余（按：即为敌第三十四师团部队）集结西山、万寿宫以西约六公里之白仙岭附近。傍晚，由奉新东南约七公里之儒里、温村方面窜来敌骑二百余，向我107D左翼与9RD接合部进犯，经我反击，敌势稍挫。同时敌千余，以橡皮浮囊，由赣、锦两江合流处附近，企图南渡锦江未逞。迨十六日拂晓，仍由原处强力渡过锦江南岸，登陆后随窜上下回峰。我守兵一连被敌围攻，几经冲击退守张坊。我当派兵增援，而白仙岭之敌亦循湘赣公路侧地区，向西猛犯，从此全线展开激战。

十六日午，军遵上令，以利用各阵地线消耗敌人，再以决战之目的调整阵线如次：（一）右翼107D锦江南岸部队，应确保仙岭、老虎山、松湖街及西沿锦江南岸之线。其锦江北岸部队，改向东北占领马形山、榜山、狮子山、南山何之线。（二）中央9RD，改占南山何、大千岭、缺乏夫岭、渣村之线。（三）左翼19D一小部，改占渣村、会埠、斗口之线，主力由北向南，协力9RD夹击西窜之敌。敌自侵入伍桥何及其以南地区后，仍挟其优越之装备，继续西犯。更利用我地广兵单之弱点，乘隙钻进。自是我原有之简陋通信机构多为截断，一时陷于各自为战之状态。尤以右翼107D方面，适当敌军主力进出之区，地形开敌〔阔〕，道路复杂，部队分置锦江南北两岸，远隔军部，通信阻绝，因之该师战况一时不易传到。自十七日酉刻以后，奉令改归总部直接指挥，遵将锦江北岸部队转移锦江南岸，但须确保北岸之张家渡、灰埠两桥头堡阵地，并尽力扼守高安城；主力集结莲花塘附近，须确保灰埠、钧山岭、新圩、三皇圩、罗仙坛、大山岭、鸭婆岭之线，以打击敌人。尔后该师辗转协力友军，与敌搏斗于锦江南岸及参加上高、水口墟、官桥街间围歼敌军之战斗。至卅日，如〔在〕于材前街附近，归还建制，共同参加追击作战。

敌第卅三师团，十六日午窜达伍桥何后，其师团补给部队留驻于此，似为中继站。以主力继向西南，经村前街道，指向官桥、上高进犯。另由原田联队长指挥约二千余人之右纵队，则经丁坊道继向西犯，被我9RD节节堵击，激战甚烈。至十七日，我9RD藉洪城、凤凰圩以西之沙树坑、上门得、竹山得、富楼幸之线复杂山地，与敌苦斗整日夜。是晚，遵照总部筱酉电令，以诱敌于第三主阵地线前面而与决战之目的，本军（欠107D）特将阵线再度调整。而以主力移占池溪桥、花桥、苦竹坳、十字路、治城之线，而于其直前各要点，分别占领前进抵抗阵地，而确保之，俾使主力作战方面作战容易。此时我9RD搏战已三昼夜，伤亡相当重大，且尚有一部在前方突围，未获取得连络。我19D有回〔四〕营兵力，方与敌战于伍桥何东北地区。另一加强营尚在敌后，担任破坏攻袭，未及归还。是该师目前所能使用之兵力，连同该师直属部队，仅约四营半，乃以军属工兵营两连配属之。上项新部署，于不断战斗中甫告就绪。十八日十八时许，又奉到总部电令：着本军（欠107D）应以主力，于十八日午夜向当面之敌攻击，一举进出仙姑坛、以易山、伍桥何、大手岭之线。正遵办间，而原因〔因字衍〕田联队长之纵队已于十九日拂晓窜抵苦竹坳以东地区，方与我19D五六团（欠一营）及军属工兵营之一部接触，战斗逐渐剧烈。该处山峦重叠，道路崎岖，适为有利于我之地形。军为乘机彻底围歼该敌以便尔后作战计，当即决心由19D、9RD两师各抽调相当兵力，19D由西北向东南，9RD由南向北，军属工兵营由东向西，分五路前进，对该敌来〔夹〕击围攻。敌乃利用我既设阵地工事、碉堡，持续【抵】抗。经我各路猛烈冲杀，敌势乃挫。黄昏后，敌复以炮火向我猛力集中轰击，企图突围。我亦极力堵截，反复冲锋几十余次，未使得逞。是时敌伤亡甚重，人马尸体垒垒，复被我敢死队击毁山炮一门。迨至二十日拂晓后，敌利用飞机之掩护，复向西、向北猛冲。我终以敌机轰炸及炮火炽盛，伤亡惨重，被敌突破一点，经上富、冶城折回奉新方面，狼仓〔狈〕急遁。我19D一面衔尾紧追，一面抽调兵力一营，沿缭水、南源两岸地区，分处设伏，先后在冶城、罗坊、阴村等处，节节予以截击。是役，敌军受创惨重，沿途人马遗骸遍野，内并毙敌指挥官一名。获指挥刀及敌原田大佐纵队长三月十九日于帝鼻关所发作战命令一件，马三匹，其他战利品甚多。二十日，我9RD遵总座罗皓戌尧电，将洪城、凤凰圩残敌击溃后，续向仙姑坛、团山、以易山、大千岭之线前进。于二十一日拂晓前确实占领该线，并派队分向南山何、六尺桥搜击敌人。夺获樱井师团长十九日在伍桥何所发官司作命甲第十四号及第三飞行团长于×月×日在××所发命令一件(原件已交呈)。二十一日，奉总座罗马巳渡电，9RD向村前街、龙团桥挺进，遂于午后立即向指定目标挺进。此外，我19D五七团钟团长雄飞，率兵四营，自十六日起，由奉新以西缭水、南源南岸地区，先肃清当面残敌，尔后由北向南，分经大千岭、缺夫岭之线，指向伍桥何前进，求攻敌之侧背，并截断其后方连络线。该团先后在缭水、南源南岸及大千岭、缺夫岭、樟树岭一带地区，与敌激战，将甚〔敌〕击溃。截至二十日辰刻，攻占伍桥何残敌，主力经关王庙向北突逃。一部三百余，经上江陈向奉新回窜，经我分途堵截蹑追，先头当日迫沿溪李东、田刘各附近。是役，总计毙敌官兵数百，马百余匹，夺获步枪四枝、轻机枪一挺，迫击炮架一座，其他弹药、粮秣、器材、文件等战利品甚多。

综查绪战期间，共计苦战七日。初期我以广大正面坚强抵抗，予敌以巨量之消耗，继之在苦竹坳、伍桥何各附近，复予敌以重大之打击，自是本军当面渐入沉静状态。二十一日后，乃遵令悉力南进，参加官桥街、上高间围歼敌军主力之决战，经过情形另段述之。

事后得知敌第三十三师团右纵队，原企图西犯花桥，南折棠浦，会攻上高，结果被我粉碎，迫使残敌向东回窜。故当敌我主力在官桥街、上高间鏖战之际，棠浦未受敌扰。减少我主力军侧背威胁，使上高会战取得包围圈，为赣北大胜之一重要因素也。

（乙）围歼期间——自三月二十一日起至二十八日止

本军（欠107D）将西甯苦竹坳、盘据伍桥何之敌分别击溃后，敌我主力方在官桥街、泗溪、上高间地区鏖战苦斗。旋即遵令，除留一部守备棠浦、花桥、苦竹坳、上富、冶城、罗坊各要点外，9RD主力南向村前街、龙团圩，19D主力南向米峰、高安挺袭，截断敌之后方连络。计于二十一日午后开始行动。二十二日复奉总座罗养巳尧电令：以9RD改向官桥，19D改向杨公圩，求敌侧背攻击，并阻向东回窜。因部队方在行动，突又转换方向，传达运动需时，我9RD于二十二日黄昏展开于棠浦东、蜈蚣形、凤凰山、坪山突之线，乘夜向官桥街攻击前进，战况甚烈。至二十三日八时三十分，先头二十五团及二十六团一部，即已攻克官桥街，并占领西南各附近高地，与敌激战整日，颇有斩获。其余亦先后到达崇山胡、棠浦之线。二十四日拂晓，遵总座罗昨夜电话：以东港为目标继续南攻，张师长亦推进至官桥街指挥。尔后该师即在官桥【街】西南、东南附近地区与敌激战，反复冲杀，争夺战况甚为激烈。尤以傲古山、入卦窝、峦嵋之线及1724高地之争夺，为最猛烈，往复三次，敌我伤亡均在七、八百人以上。在廿四、五两日进犯上高之敌，倾其主力，向我9RD决战，企图突围逃窜。我19D主力先头之五七团，亦于二十三日酉刻进至杨公圩，继向西南（泗溪方面）索敌侧背攻击。师部率五五团之两营及直属部队，亦到达石坑、岭漠间地区。二十四日未刻，在虾墩〔蟆〕碑附近，将敌警戒部队驱逐。敌约三百余，占领泗溪附近，利用周围村落，顽强抵抗。经我彻底猛攻，至二十五日卯刻，率将击溃，我遂占领泗溪。敌退守泗溪河西岸、塘下、索子山之线，继续顽抗。师部率其余部队，申刻进至桐子坑鲁，当因河水陡涨，渡过困难，拟即于上游约五公里之游家墟附近强渡，再向西南突进。查官桥街、泗溪，既为敌之后方连络要道，又为敌之前线侧背要害，今均被我占领，自感重大威胁。爰于二十五日晨，敌倾其主力数千之众，分向我9RD官桥街西南1724高地、晏庄南茶罗、介子坡一带悉力反攻，意图突围，势极凶猛。同时敌炮四门，敌机十余架，向我阵地散布〔扫射〕轰击，战况异常激烈。我一面固守，一面逆袭，乃受挫。午后，渐趋稳定，已呈胶着状态。惟兵力使用殆尽，师直属队均悉加入火线，如再发生意外情况，颇感无力应付。果尔敌一股约千余人，由奉新、伍桥何方面向西南进窜，其企图似为应援突围之敌。午刻，我已知其先头六、七百人，正经村前街前进中，后续兵力不详。我19D正拟移【动】，由游家圩渡泗溪河之五七团，以一部在泗溪监视，主力集结于王里坑邓、冷水坑邓。并以五五团之一营（欠一连）及工兵营、徒骑连，占领鲁港山、相子坑、凉山脑之线。旋与该敌发生接触，逐渐掀起激战。十七时据报：有敌骑兵百余，窜抵棠浦附近，正与我9RD野补团守备该处之两连激战中。嗣后敌渐增加，达六、七百人，猛烈围攻棠浦。其主力则经枫树下、杉塘晏直趋江家洲，围攻官桥街，企图援救被困之敌，其势甚为凶锐。未几，棠浦、官桥街间电话不通，各师情况不明。但军部黄参谋长已先于午刻遵奉总部电令，转饬19D留置冶城、苦竹坳等处守备之。五六团（约两营）兼程南开，连同军直属部队，统由军部黄参谋长指挥，于花桥、棠浦间行广正面搜索，设伏截击敌人，作战经过姑待后述。此时我9RD在官桥街附近，西南正面之敌知其增援已到，即又悉力与敌猛烈反攻。我9RD遂陷苦战境地，前后交通通信均被截断，腹背受敌，而敌机之轰炸亦更加猛烈，伤亡至为惨重。官桥街西南之晏家、针笔山附近二十七团一营，往来争夺混战，肉搏多次。至我19D唐师长所率部队不足两团，前面正与敌对峙，后面亦发生接触，侧背均无依托，已处被敌包围之态势。旋奉张副军长于十四时廿分转下总司令罗电话谕令：向官桥街方面转移，连系9RD，堵击突围与增援之敌。正遵办间，戌刻张副军长率9RD一部，突围到达桐子坑，与唐师长晤面。原意脱敌包围后，拟以土地庙王为中心，在四周高原伏击退敌，合并19D捣乱敌后，再形成反反〔反字衍〕包围敌人之态势。是时始知19D在泗溪方面，正呈胶着状态，而土地庙王南北之线，亦正对战中。当就敌情、地形、彼我兵力，几经较量，结果决定暂时向北突围转移。以19D集中凤凰圩，9RD集中庄坊各附近，再作后图。乃于亥刻开始转移，计19D担任土地庙王附近掩护，尔后沿途节节与敌激战。至二十七日丑刻，均先后到达预定地区集结整顿，准备后图。关于该两师转移行动，军部于二十六日未刻接总部梁参谋长电话见告，始得知悉。当经迭电严饬，务立遵照总部司令部罗电令，仍迅向官桥街南进，堵击突围增援之敌，以竟全功。

此外，二十五日傍晚起，窜扰棠浦之敌六、七百人，经我9RD野补团闻〔闻字衍〕原守该处之一连尽力抵抗，终以众寡悬殊，一度陷于敌手。经我军部黄参谋长指挥，19D五六团及军直属部队，于二十六日拂晓起不断猛力攻击。敌负固顽抗，激战至二十七日七时，将敌完全击溃，确实攻占棠浦。残敌大部向官桥街，一部向村前街方面退窜，当经分途追击。旋即遵令停止追击，确保棠浦。是役，敌军伤亡五十余，夺获敌马一匹及其他战利品一部。我亦伤亡士兵二十三名。

二十七日早，奉总座罗寝戌尧电：着唐、张两师仍向官桥街前进，击敌侧背。当即转饬张副军长遵照施行。我19D、9RD两师遂于二十七日午开始，复遵令分经万坊上、二源、长岭、龚治、泗溪河以东南进，围攻官桥街负隅顽抗之敌。至二十八日申刻以前，我9RD已展开于打鼓岭、猴子岭（含）之线，19D已展开于猴子岭（不含）、荷岭之线，完成攻击准备。并派小部队行威力搜索，拟于明日二十九日拂晓，指向官桥街猛攻。迨至是晚二十时，忽奉总司令罗电话谕：官桥街敌之主力已向杨公圩、龙团桥东窜，正与我26D、105D激战中。该军19D、9RD两师应速向杨公圩、龙团桥协同截歼，如敌转向东北地区退却，应即击歼之。等因。当经由电话转知张副军长，遵照施行。自此围歼期间之战斗已告段落，而进入追击作战期间之阶段矣。

（丙）开始追击至复员止期间——自三月二十九日起至四月十六日止

被我包围于官桥街之敌，突围向东溃窜。除由西向东蹑敌尾追外，我总司令罗烛照机先，早经预令各军，分由南、北两面，对敌一再形成包围来〔夹〕击姿态之追击部署，使敌在退却中节节受我截留，而予以彻底之歼灭。本军奉到追击命令后，当即令饬9RD取新屋喻、码头港谢、土地庙王道路，向杨公圩。19D取鸾坑、王社、前街道路，向龙团圩，协同北进友军，先行解决各该地附近溃逃之敌，再以奉新、安义为目标，施行追击。同时107D亦奉令归还建制，经饬即先向村前街前进，准备追截东窜残敌。我9RD于二十九日辰刻，右纵队追至码头港谢，左纵队追至桐子坑、鲁西梅附近。适敌步骑炮兵约千余，炮两门，正经由码头港向土地庙王东窜。经我猛烈堵击、腰击，敌仓惶应战，奔溃四散，被我截为数段，并行局部包围，敌无法脱离，只好勉力挣扎，激战整日。至夜，其主力乃乘夜北遁，向村前街面〔西〕逃。是役，计伤毙敌百余名，伤毙敌马八十余匹，获钢盔三十四顶、马八匹、枪数枝。是晚，复遵总司令罗电令，改向村前街前进，夹击退窜之敌。卅日晨刻，我廿七团进抵老子坑、□溪、陈家附近，与所窜之敌（步骑炮约千余，山炮、迫炮各两门）发生激战。敌被我迎头阻击，其大部即仓惶向桐树朱方向仍因① 逃窜。同时我二十五团亦进至村前街南龙王山、陈家山一带堵截，与敌接触。午刻后，敌一部三百余，向我村前街东北地区之二十五团左翼、野补团右翼，猛力冲突，经我反击，陷于相持。盖我野补团之一营，已于先一日赶到村前街及以北各高地，设护〔防〕堵截也。未刻，我二十七团第二营，进出狗子脑以东，索敌截击。又派我二十六团之一营，同时经由陈家山、大龙坑出击，协力廿五、廿七两团围歼北窜残敌，激战甚烈。酉刻，东窜敌三百

①原文如此。

余，由斜桥方向复折向我龙王山包围，激战竟夜。至卅一日卯刻，敌另一部又回窜村前街附近，同时与我廿七团在老子坑对战之敌，亦企图北窜村前街，经我猛力截击，敌终未逞。我107D三一九团于卅日未刻，到达村前街西南之龙西、泽前附近，当令其向署马冈、青石冈包围堵截。至傍晚，即到达村前街以北一带高地，与9RD野补团连络，向南夹击。卅一日辰刻，该团即由雷公岭、火食岭、和尚岭之线，指向东南之青石岗攻击，对敌形成围歼之有利态势。激战至巳刻，敌已陷于混乱状态。适敌机廿五架飞陵〔凌〕上空，轮番轰炸，因此地面溃敌在其掩护之下，主力向南山何，一部向斜桥分途狼狈退窜。我除一面施行战场追击外，同时并准备移于纵队追击。综计是役毙敌约三百人，我9RD亦伤亡官兵二百五十余，107D伤亡官兵卅余。

又，我19D之五七团，于二十九日辰刻，追至官桥街东约四公里之廖家附近，正遇敌向东逃窜，当痛予腰击，与敌接触，激战至十二时许，敌不支向东南急窜，我当以一部跟踪追击。主力因任务关系，仍经楼宣喻向土地庙附近地区，溢出敌前截击。迨卅日拂晓，该团于桐子坑鲁东南附近，遭遇步骑炮连合之敌近二千人，自卯至午激战，未巳经我痛予侧击，逐步占领鲁港山。其主力已向东窜，一部约五百人，附炮二门，尚被我抑留于土地庙王附近地区。我复绕至敌后包围猛攻，敌凭村落顽抗，我官兵奋勇反复冲杀达十余次，并以追击炮向敌轰击，敌大部就歼，阵地前面遗尸遍野，无法收殓。其残部约二百余，经我继续围歼，激战至卅一日午，敌在飞机掩护之下，突围向东北逃窜。我亦不顾牺牲，跟追至港西朱附近，当即清扫战场。又19D之五五团（欠七十攻击队一营）亦于卅日拂晓以来，在中家山、港西朱附近地区，与约六、七百、炮四门之敌激战甚烈，彼此往复肉搏几十余次。我因所占阵地居高临下，未刻我更以五六团之一营由左翼绕攻敌之侧背，故敌受创特重。但我伤亡亦大，尤以五五团第三营（欠一连）仅存官长四员，战斗惨烈可以概见。而我官兵仍奋不顾身，继续猛攻。敌亦陆续增加六、七百人。正苦斗中，适我原归军部指挥之五六团一、三两营，于黄昏稍后赶到，旋令加入战斗，激烈彻夜。敌主力乘夜向东北退窜，仍残留一部掩护。卅一日拂晓，我乃以一营，由兴华庙东北绕出西龙山侧击。七时起，敌机廿余架，轮流不断低飞助战，炸弹及机枪弹抛射如雨。截至未刻，残敌遂在其掩护下，急向东北溃逃。尔后该师一面清扫战场，一面遵令向村前街附近集结待命。综计该师经三日之恶战苦斗，共计毙伤敌官兵约四百余名，马六十余匹，夺获轻机枪一挺、步枪五枝、马二匹，敌命令簿一本及其他战利品甚多。我亦阵亡五五团中校副团长、代理团长蔡冠生一员，以下伤亡官兵约达六百多名。

杨公圩、村前街附近一带溃敌，经我三日来之截击，受创甚重，一部向龙团圩、斜桥，主力向南山何方向窜走。卅一日申刻，军部基于总部命令意旨及现在部队态势，决定初步追击部署如次：(一)107D经南山何、白鹭桥、大尺桥、郑社、冈上向儒里、温村、洪田之线追击。(二)9RD经以易山南北道路、伍桥何、上江陈、赤岸向奉新、蒋家坪之线追击。(三)19D将当面残敌扫清后，于四月一日早朝，在村前街南端地区集结。尔后在107D后跟进，随时准备策应107D、9RD之作战。(四)各师先头，于四月一日四时卅分开始行动。(五)军部在19D后，依追击进展情形逐步跃进。上项追击部署命令下遵〔达〕之后，各师分别遵照实施。兹将逐日进展情形记述如左：

四月一日，107D追击部队，仅在南山何附近与敌小有接触，其先头部队已达六尺桥郑，主力到达学山、涂历、酒吴、南山何北端之线。9RD追击部队仅在伍桥何与敌小有接触，其先头已达上江陈，主力到达伍桥何、古塘朱、樟树岭之线，一部继向子同、罗车坪方向前进。19D到达南山何、村前街间地区，军部在村前街西约六公里之余家。是日酉刻，对各师为如下之指示：1.各师应遵本部三月卅一日原刻〔发〕电令：限于明(二)日追达儒里、温村、洪田、奉新、蒋家坪之线，尔后如无重大敌情，107D应继向东埠、石鼻街、长埠，9RD应继向黄家洲、乾州街、安义追击前进。并先于午刻电令原任敌后攻击队、现达罗坊之19D五五团第二营，立即驰赴大禾岭，分向奉新东南地区截敌，策应军主力之追击。

二日，107D追击部队先头，已达五显岗、锁石、洪田、奉新城北、蒋家垅之线，主力到达儒里、温村、白沙脑、富揭邹之线，师部到达湾里陈。本日，该师左追击队(三二一团)先头加强营，拂晓前曾在奉新城西，与敌骑三百余遭遇，当向猛袭，敌不支向岭背李方面溃退，我退占领奉新城，并追达蒋家垅。计夺获步枪二枪〔支〕，防毒面具二十余具。尔后该师拟先以两加强营，向雷王殿、水南王施行威力搜索，再以主力攻击宋埠。戌刻据报：敌似已退守原阵地，别无异动。9RD追击部队先头，已达赤岸、五步城、狮子山、蒋家圩之线，其余到达盘山附近，师部到潭埠，并于酉刻一部进入奉新城，努力搜索敌情中。19D到达白鹭桥、枫树何、白竹徐、巷里李一带地区，军部亦于本日未刻进抵古塘朱。于途中目见敌骑蹄痕，将通左田地踏成宽丈许、深尺许之熟泥浆，其马数当属不少。且掳掠焚烧【悲】惨，尚有积薪待焚之民屋，因我跟追而不及纵火者，足证状极仓惶，亦足证我破坏道路之效果及敌人逃窜之困难。据土民云：回窜残敌，先头于卅一日晨，后尾于四月一日晨，通过南山何，分途向奉新方面窜走。本军拟俟各师搜索敌情具报及与友军取得连络后，决继向安义、万家埠追击前进。

三日，107D师部推进至马奇岭附近，其三一九团曾派队向石鼻街、向坊街攻击，均已迫近。子刻，石鼻街敌一度向我反扑，经我沉着应战，反复搏斗，敌仍退守原阵地内，计毙敌四十余名。拟本晚利用暗夜，继续攻击。其三二一团之一部，丑刻向据守泉埠百余之敌进攻，激战至未刻，因地形开阔，昼间不易接近，现进占杨家边、牌楼泉之线，拟本夜再度猛攻。另一部在蒋家垅与残敌百余对峙，拂晓后交由9RD二十六团接替，改任奉新城东南端之守备。9RD师部及廿五团推进至劳山余附近，其廿六、廿七两团，午刻分别进占关中山、二里垅、蒋家坪、馒头山、白云山之线。并各派一营分向黄家洲、岭背李、干洲街之敌攻袭，另派搜索队晨刻进占瓦桥街。其廿七团一部，巳刻逼近岭背李，与约百余、炮一门之敌对战二小时，另一部继向鸭婆潭方向前进搜击中。野补团（欠一营）午刻进至马家嘴、奉新之线，担任守备。19D师部推进至上江陈，各团进至沿溪李垅、上王、南里余各附近集结待命。军部为便利尔后指挥，推进至店前王。并规定107D、9RD两师作战地境，延伸为关中山、上第店、安义城、杨泗、垅滩溪各东端相连之线，线上属9RD。本日，据各师搜索所得敌情：安义、奉新间公路经敌修复，西犯之敌回窜抵奉新后，因我紧追，于二日夜至三日晨，分乘汽车三百余辆，运往安义。据被敌掳运伤亡之逃回土民称：回窜之敌形极狼狈，伤兵约数千人。宋埠、石鼻街各有敌二、三百，黄家洲、麻岭均有敌据守，兵力不详。岭背李原亦有敌据守，申刻增加百余，炮三门。乾州街增敌七十余，炮二门。纵合上述情报，是敌已完全退守原阵地线。

四日，107D三一九团之一加强营，于三日十九时攻占石鼻街，残敌百余退守雷村。正追击中，忽被汉奸将石鼻街纵火，我乃以一部抢守石鼻街，一部占领缭水、南源支流西岸，另以一部向徐家垅之敌佯攻。更由该团令攻袭向坊街之连，阻敌向石鼻街增援，策应加强营作战计〔计字衍〕，在谢家附近与敌遭遇激战。拂晓以来，敌四百余分由东南向我反扑，形成三面包围，激战至巳刻，我终被迫退出石鼻街，移至伏芦根熊、沿溪熊之线，继续对战。计毙敌二十余，我亦伤亡约二十多名。又三二一团之一加强营，自三日酉刻起，向宋埠之敌攻击竟夜。因地形平坦，工事坚固，敌并施放催泪性毒气，我官兵八十余人中毒，负伤三名，截至本日巳刻，终未奏功。9RD昨三日夜间，廿六团一部向黄家洲之敌，廿七团一部向岭背李之敌袭击。廿六团曾迫近龙顽〔须〕岗，敌凭原有坚固阵地顽抗，无法攻克，仍与敌密保接触。又该师搜索队，昨三日戌刻进袭鸭婆潭，毙敌六名，获枪一枝。本日酉刻，该师决心以逐次攻占当面敌各据点进出安义之目的，令廿六团以筲箕岗南北之线，廿七团以麻岭、岭背李为目标，本夜开始猛力攻袭。工兵营任靖安守备，占领困麦岗、禅师岭、螺丝岭之线。野补团以有力一部守备奉新，其余集结山林。刘师部及二十五团仍在劳山余附近，19D位置无变动，军部移至吟溪柘下。

五日，107D方面仍系与敌相持，密保接触。9RD昨四日夜，廿六团向筲箕岗之敌，廿七团一部向岭背李之敌分别袭击，敌仍凭坚顽抗，战至拂晓，我遂停止攻袭，与敌保接触。师搜索队推至鸭婆潭附近设伏及侦察敌情，野补团已令移槽下集结，以有力一部在曾家坳对北警戒，余无变动。19D及军部仍各在原位置。

六日，第一线各部队仍在原线，与敌密保接触，并不断对敌袭击，其余亦均各在原位置。

七日巳刻，前线9RD鱼日情报得知：敌各级军官五日晨齐至安义樱井司令部开会。枧下刘、筲箕岗、岭背李、乾州街、松树山、湾弓尖一带敌，正焚烧工事，并撤收铁丝网、电话线。六日晨至午刻，施放烟幕，以为掩蔽岭背李、安义一带民伕，汽车搬运频繁。综合判断：敌似有弃守安义模样。该师乘势猛攻，集中迫炮火力，先将岭背李敌重要据点，经于昨六日二十时被二十七团完全占领。龙头岗、筲箕岗敌据点，亦经我二十六团于本晓奋力攻克，残敌向东溃窜，我亦跟踪追击。寅刻，敌退至乾州街、河南火水山高地，据守顽抗。拂晓以来，敌炮向我猛轰，仍激战中。野补团附工兵营子刻以后，分向伏桶山、湾弓尖攻击。丑刻，工兵营一排冲破湾弓尖敌三层铁丝网，陷于混战。该团主力仍在靖安以东地区，与敌对战。该处之敌凭坚顽抗，似无动摇模样。师搜索队本晓分别钻入垅里周、张家山魏及乾州街内，发生激烈巷战。军部基于上述状况，当于巳刻处置如次：（1）9RD应按既定部署，猛向安义挺进，相机占领，并追歼残敌。（2）107D即派有力部队，挺袭宋埠、石鼻街、长埠敌各据点，占领后，继向万家埠挺进，追歼残敌。（3）19D即以有力一团，推进于靖安城、困麦岗、禅师岭附近地区，策应9RD攻击。主力移至于船下洲、丁富管、喻曾村、巡埠附近待命，限本（七）日十六时前到达。（4）军部定于本（七）日十六时前，移进潭埠。上项命令下达后，同时电报总部，而各师亦均即分别开始行动。计107D三一九团派一加强营，向石鼻街、长埠，三二一团派一加强营向宋埠挺袭，均于本（七）日晚动作。19D亦如限分别到达指定地区，师部在曲湖严。9RD方面截至戌刻，据报廿六团仍确保龙头岗、筲箕岗之线，一部进出于横大路、青芝龙一带。廿七团仍确保岭背李、乾州街、河南高地之线，与敌保持接触。野补团附工营，仍与伏桶山、湾弓尖一带之敌对峙中。是日，并据该师所得情报：上高会战退安义敌，似向九江方面开去，安义野战仓库多向乐化搬运，闻该敌系调往徐州方面。另有属中井师团指挥之一混成旅团，三日内可达安义接防，确否待证。现驻安义敌军为樱井属饭田部队。

八日，9RD九时前，先后占领乾洲街、伏桶山、松树山、湾弓尖敌各据点，并进克团岗雷。毙敌卅余，获三八式步枪一枝，马一匹，猎犬、药材、食品及文件甚多。残部向仁首街撤退，我仍继续追击。综计敌主力步骑千余，炮四门，迄仍抢守宋埠、老屋陈、三官殿、仁首街之线，工事坚固，戒备綦严。判断敌将先在此剿强抵抗，再行放弃安义或期待新增旅团之来到。本日，迭奉总司令罗虞戌、齐巳两电，要旨令本军攻略安义第一线，师应加紧攻袭，并派一加强营及七十攻击队，分向大脑、岩洪山、泉背周一带袭击，并已令第三军向前推进。二挺纵队保四团，速向仁首街、安义攻击，策应该军作战。等因。当遵饬107D、9RD第一线部队加紧攻袭，并着9R

D、19D各派一加强营，经仁首街以北转向安义攻袭，搜求敌人。对安义守备之阵地、位置及兵力、兵种与重点所在诸要项，克日完成任务具报，以为策定攻略安义部署之准备。

九日，9RD野补团钟营，九时在九里岗附近与敌卅余发生激战，当被我驱逐，敌向仁首街撤退，我跟追中。计毙敌六、获枪一枝及文件、子弹一部。其余各部队仍继续向敌搜索袭击，并派【队】密保〔切〕接触中。申刻，奉总司令罗佳午电令，饬督【所】部乘机夺取安义，并令四九军向当面之敌攻袭。二挺纵队以保四团及十四支队主力，由泉背周以东向南攻击，协力本军夺取安义，一部袭击万家埠，截敌归路及增援。等因。当即先行令饬107D，于明(十)日拂晓前，派兵一营接替9RD龙头岗、筲箕岗一带防务。同时分令9RD、19D于明(十)日前抽集部队，并速领运三天食米及对安义附近熟悉之响导，待命出动。

十日，107D据报：三一九团一加强营，八日申刻由小路口向长埠挺袭，戌刻攻克长埠，当以一连占领，主力改港口挺进。三二一团加强营九日晚攻击宋埠，激战彻夜，未获成果，仍对峙中。我计伤亡士兵十余名。因缭水、南源北岸兵单防广，已饬该营留一部监视宋埠之敌，主力移至奉新城北二里垅，策应北岸作战。9RD二十五团一加强营，九日申刻到达警头崖东麓之胡家，协同野补团一部向仁首街威力搜索。十日午刻，尚在棺材山、团岗雷附近，与敌对峙。二十七团仍扼守乾州街及以南高地之线，二十六团已集结井上涂附近，二十五团(欠一营)仍在里房周附近。军部于酉刻下达攻略安义之部署命令，要旨如次：(1)107D以一部先接守龙头岗、筲箕岗各据点，而确保之，并与敌保持接触。另一部猛向宋埠、石鼻街、长埠攻袭，占领后相机向万家埠进出。师部移山口邹、骑马山附近。(2)9RD以一部确保筲箕岗(不含)、岭背李、乾州街、团城雷及伏桶山、松树山、湾弓尖各据点。主力由松树山、洪口街、涂家山、何家山道路迂回仁首街以北，连系19D向安义攻击。(3)

19D以有力一团，沿靖安、塘坪、王庄、里胡、长岭山、象湖赵道路，先进占老头山、大明脑、2288高地亘珠络山之线，掩护主力进出。其余继续跟进，先占领老头山、大明脑亘泉背【周】东南1800高地之线，完成攻击准备。尔后连系9RD，南向安义攻击。（4）攻击开始时间，预定为十二日拂晓。（5）占领安义城后，9RD攻击部队即归19D唐师长指挥，以一部任该城守备，主力推进安义城东之光山、七里墩、蟹蚣山、长岭山、周家山、泉背周之线，相机追歼残敌。（6）军部先设情报收集所于劳山、脚下彭，尔后军部随攻击进展，向劳山、脚下彭推进。上项命令下达后，同时电报总部，而各师随亦开始行动矣。

十一日，各部一面与敌保持对【峙】状态，一面正在运动，准备大举攻击期间。

十二日，本日为开始攻击安义日期，进展情形尚未据报。截至末刻，仅据各师先后报告，攻击部署大要如次：（1）107D三一九团以进抵长埠之加强营一部保有长埠，主力向港口攻击，其余向石鼻街、宋埠攻击，限十三日拂晓前占领。三二一团除确保龙头岗、筲箕岗各据点外，以有力一部向黄家洲攻击，策应三一九团攻击宋埠。三二〇团占领儒里、温村、洪田、奉新城、蒋家拨之线，以守备之。师指挥所移长水汪。（2）9RD二十七团以一部确保筲箕岗（不含）、岭背李、乾州街之线据点，主力分置山下背、徐鸟、岚桥席、大理冈各附近，东〔乘〕机进出安义。二十六团集结井上涂、鸭婆潭附近，保持机动，准备扩张战果及应付乾州街以南之情况。二十五团十二日拂晓前，展开于何家山、棺材山、洞田洲之线，向仁首街、安义攻击。野补团确保伏桶山、松树山、湾弓尖各据点，并以一部占领团雷南北之线，策应廿五团之作战。师指挥所【驻】相里余家。（3）19D五五团进占象湖山、火〔大〕明脑之线，五七团主力进占大明脑、泉背、1808高地之线，一部进占2288高地亘珠络山之线，均限十一日前完成攻击准备，十二日拂晓开始向安义攻击。

五六团以一营留置靖安，维护交通，主力推进至坳下街，准备策应主力之作战。并于长岭山、鸡公尖之线，对东、北、南警戒。师指挥所移坳下街。

十三日巳刻，综合各师先后报告：十二日拂晓以来，分向宋埠、仁首街、安义攻击。情形如次：107D三一九团一加强营，十日午由长埠向港口挺进，截至十一日午，进占老魂山南北之线，正在激战。因敌增援，向我左侧包围，迫守〔退〕老魂山以东山地对峙。合计毙敌卅余，我亦伤亡士兵十八。其余攻击宋埠因地形开阔、敌阵坚固，无进展。至三二一团，十二日拂晓起，攻击黄家洲，几经激战，戌刻占领该处。十三日丑刻，敌由塔前增援，藉炮火掩护，猛烈反攻，拂晓被迫撤回龙头岗。现敌炮四门，不断向我轰击中。是役，该团伤亡颇众。（2）9RD十二日晓，二十七团由青芝龙、大水山之线，向上茅店、三官殿之敌攻击。野补团一部由团岗雷南北之线，向九里岗、马山之敌攻击，以敌利用既设工事及炮火，阻止与强行逆袭，均无成果，现仍对战中。廿五团由何家山、警头崖之线，向仁首街攻击，于七至九及十三至十四时，两度兴起攻击。敌凭马山、黄谷岭、太婆岭坚固工事顽抗，并有炮四门，向我猛行阻止射击，达二百余发，火力炽盛，未能进展，仍在警头崖南侧与敌对峙中。十二日晚，拟全线策动夜袭。（3）19D五七团，十一日戌刻由詹坊东渡缭水支流，得知珠络山西南之杉木岭有敌六十余，炮两门，珠络山南端石头山有敌五、六十，大明脑、泉背【周】均为攻击重要据点，兵力不详。十二日拂晓，分向杉木岭、石头山攻击前进，八时许进至杉木岭、珠络村各附近，与敌接触。当经猛攻，敌依有利地形之坚固工事顽抗，未奏功，我伤亡士兵十余。午刻，我以迫炮向敌射击，命中工事多处，仍猛攻中。五五团十一日戌刻进至詹坊附近，旋一营推进象湖山。十二日拂晓，连系五七团，向老头山攻击。八时许，在象湖山东端高地，与敌便衣兵接触，继向老头山猛攻。该处敌约百余，炮二门，蛰守工事顽抗。经以迫炮轰击，敌炮亦向我还击五、六十发，我伤亡士兵五名，仍对战中。师指挥所十三日推进至项坊熊，决心继续全力猛攻。军部为求与各师通信灵活及指挥便利计，于本十三日申刻，由潭埠移抵劳山脚下彭附近。酉刻，综据各师报告，战况如次：（1）107D方面。本早宋埠敌炮向我龙头岗射击约二百发，该处我敌仍对峙中。已与9RD协商，本晚午夜同时分向宋埠、枧下刘、仁首街攻击。（2）9RD廿五团，子刻向马山、九里冈、河北张之敌夜袭，激战至晓，无甚进展，与敌对战于何家山、黄谷岭、北方高地、警头崖东南、螺丝山之线。野补团一部拂晓向九里岗之敌几度冲击，仍无战果。廿七团仍在筲箕岗、乾州街之线，监视牵制当面之敌，拂晓后战况沉寂。其便衣队设伏于青芝龙附近。廿六团经以一部接任乾州、伏桶山之线守备。（3）19D五五团对老头山，五七团对杉木岭、石头山继续攻击中。该团长另率两营进至太平刘附近，五六团（欠一营）已集结项坊熊以南地区，保持机动。综观以上各部战况，攻击均无重大进展，军部曾经迭电严饬督励，努力攻击，务达任务。

四月十四日拂晓，综据各师电话报告：昨十三日午夜，各师同时对宋埠、仁首街、杉木岭、石头山之敌再度兴〔掀〕起强烈攻击，卒以敌凭坚固工事顽抗，均无成果。而本军自三月十五日开始战斗以来，为期已逾一月，人员伤亡几及半数，弹药消耗更多，我所特以制敌之迫击炮弹，几已使用殆尽。经将上项情形电报总部，请求补给弹药或拨炮兵一营，俾得集中火力摧毁敌阵，而使攻击容易奏功。但各师仍极端忍受困苦，缺乏继续不断奋力搏战。截至申刻，综据各师报告，战况如此：（1）107D三一九团进占长埠之加强营，十一日晚分向港口、老魂山攻击，激战四时，冲锋三度，敌阵强固，终未攻入。继有敌步骑四、五百，炮二门，由向家垅两翼向我包围，被迫撤守长埠，计毙敌卅余，我亦伤亡士兵七。又该团十三日子刻继攻宋埠，卯刻迫近敌阵，激战甚烈，敌凭坚顽抗，并由石鼻街以一部来援，威胁我右翼，致未奏功。本日子刻，再度强攻，激战至寅，敌并施放大量喷嚏性毒气，我官兵中毒甚重，拂晓被迫撤至锁石东北之线，我计伤亡排长一，士兵七。至三二一团，十三日晓，猛向黄家洲攻击，追敌退至黄家洲西端高地，顽强固守。本日子刻，再向强袭，丑刻一部突进敌铁丝网内，反复肉搏，激战至晓，终以炮火猛烈，无法进展，不【得】已退守龙头岗原阵地。晨刻，敌二百余，由向家巷向我龙头岗阵地进犯，经我痛击，仍向东北窜走。我共伤亡士兵七名，中有两班长突入敌铁丝网内负重伤，不能逃出，当以手榴弹自杀，并先将枪掷出我方。其忠勇精神，实堪矜式。（2）9RD，十三日午后，敌向二十五团阵地炮击数百发，我以迫炮还击，多数命中马山。十四日拂晓，该团分向马山、笔架山攻击，以期逐次攻击仁首街，其余各团仍在原线对峙。（3）19D五七团十二日晚夜袭杉木岭之敌，业经迫近，我一士兵触发其地雷，敌即发觉，凭有利地形之坚固阵地，顽强抵抗，尔后入于相持。十三日【拂】晓，猛攻珠络村东南2288高地（俗名石头山）之敌，激战两小时，敌约卅余向泉背退窜，现已占领2288亘2134高地之线，仍拟继续进攻，共伤亡士兵九名。又五五团十二日晚及十三日【拂】晓，几度向老头山之敌攻击，因湾里舒以西地形开阔，东北又受杉木岭敌之瞰射，终无进展。是日午后，杉木岭、马山敌炮向我集中射击，接近困难。廿一时以后，复向老头山强攻，犹激战中。

查本军自四月十三日拂晓以来，以夺取安义之目的，对宋埠、仁首街、安义不断施行拂晓攻击、夜暗强袭。经各部队奋勇之努力，达三昼夜之激战，虽以敌阵强固，我之攻【敌】装备未获成果，然仍督部继续猛攻，以期早克安义。迨至十五日未刻，奉到总司令罗卯寒未尧鹏电，颁发准备尔后作战调整部署之命令，当即分令各师停止攻击，就〔重〕新部署，以从事尔后作战之准备矣。但于上述调整部署命令之后，犹接到各师如下最后之战报：（1）107D三一九团，十六日子刻乘夜继向宋埠强袭、猛扑，六时卒将顽敌击溃，将宋埠完全占领，残敌向石鼻街方向退窜。同时三二一团亦向黄家洲猛攻，八时亦将该处占领，残敌向况家垅溃走，仍追击中。共计毙敌卅余，我亦伤亡数十，战利品待清查。（2）19D五五团十四日晚间，向老头山夜袭，十五日子刻将若源刘敌警戒部队驱逐。三时许，一部秘密接近敌阵，敌经施放毒气，未获奏功。拂晓，仍撤回湾里、涂家，与敌对峙。我伤士兵三，因中毒而咳嗽、呕吐、腹胀者：排长一、士兵三。又五七团十四日晚继向杉木岭，一部向牛山之敌攻击。十五日拂晓，攻占牛山，敌退守上白田据点内。计毙敌十余，我亦伤亡四名。是于下达调整部署命令之后，犹均攻克宋埠、黄家洲两要点，以补足上高会战胜利最后之果。

各师于四月十七日晨，分别交替防务完毕，就〔重〕新部署。军部亦于是日移驻罗坊附近之梧桐坪，上高会战乃告终结，而努力争取下次胜利之准备工作焉。〔附表略〕

〔国民政府国防部史政局及战史会档案〕

（十四）中条山战役

1.何应钦主持晋南会战作战准备之历次会议记录

（1941年4月）

（1）第一次会议（4月18日）

对晋南三角地带作战之第一次检讨会

日期：三十年四月十八日午后三时至七时半。

地点：洛阳西站第十九号房。

主席：总长。

参加人员：

第五战区	李长官宗仁
2 AG	刘副总司令汝明
22AG	陈副总司令鼎勋
85A	李军长楚瀛
30A	池军长峰城
13A	张军长雪中
31AG	万参谋长建蕃
第一、二战区	冯副长官钦哉
	郭参谋长寄峤
44G	孙总司令蔚如
5AG	曾总司令万钟
36AG	李总司令家钰
14AG	刘总司令茂恩
30AG	唐参谋长邦植
8AG	楚副总司令溪春
36AG	高副总司令桂滋

38 A	赵军长寿山
96 A	张参谋长平
14 A	陈副军长鸿远
N 7 A	彭军长杰如
80 A	孔军长令恂
9 A	裴军长昌会
98 A	武军长士敏
15 A	武军长庭麟
3 A	唐军长淮源
K 2 A	何军长柱国
本　会	何高级参谋竞武
总长随员	谢高级参谋汝霖
	刘参谋廉一

讨论经过。

总长：李长官、各位总司令、军长：此次本已〔人〕来洛，奉委座谕，应先向前方各高级将领致慰问之意。今日请各位来此，检讨第一、二、五各战区敌情、匪情及我军部署。为节省时间，拟先听取各位报告后，再分别予以研究，然后再转报委员长，并通知各主管部照办。

军令部因对各战区现地形不甚明了，我国军用地图复多不确，故地形判断难免错误，尤以第二、八战区方面之地图，较实相差太远。在北战场方面：第一、五战区甚为重要，如第五战区方面巩固，则不独洛阳免受威胁，而第六战区亦得以巩固。在第一、二战区方面，中条山地位异常重要，如现三角地带一部为敌占领，则陇海路不独深感威胁，且洛阳恐亦难保，而西安亦危。设洛阳、西安不守，则第五战区侧背完全受敌威胁，由此可知第一、五战区关系之重要。

今先从晋南敌情方面加以研究，再谋对于中条山方面究应如何扼守之方法。其次，陕北匪军似在与敌比肩作战，刻虽不致向西安进攻，倘敌进攻洛阳、南阳时，匪亦必乘机以谋西安，或向西、向北扩展或流窜。如匪果如此行动时，我又将如何应付。第五战区方面，经与李长官商谈，对此似无多顾虑，但第一、二战区则否。故拟请诸君先将晋南方面敌情、匪情及该方面地形详细报告，然后再谋防匪驱敌之方。因晋南三角地带自翼城、绛县被敌占领后，我中条山右〔左〕翼即受到威胁，阵地之扼守亦感困难也。

郭参谋长：第一战区方面敌人态势如附图。在晋南方面：晋城附近有敌之36D，临汾附近41D，三角地带37D，正太路4BS，同浦路及晋北，则归阎长官指挥。第一、二战区（第二战区仅指晋东南之一部）敌兵力共有五个师团（35D、21D、36D、37D、41D）、三个独立旅（S_1B、S_3B、S_4B）及一骑兵旅（4KB）。

敌情判断：敌现积极修筑豫东泛滥区大堤，并整理交通，期向北延伸，加强据点工事，似有待机进犯郑、洛企图。

晋南方面：则向我中条山逐次推进封锁线，并会犯垣曲，然后与豫境之敌相呼应，进窥潼、洛。

在晋东及豫北方面：则训练伪军接防，以主力控置于后方，随时向我实行局部之扫荡。

至第一、二战区方面奸党之态势，豫北安阳附近为129D主力，约五、六万人，其目的似在妨我24AG之北进。

晋东南有晋叛军两个旅与18AG总部及直属部队等，共约三万余人。

判断：匪将其主力完全控置于豫北(129D)、鲁西(115D)方面，似在积极建立根据地，以防我之进剿。

为恢复晋南三角地带，拟请求之事项：

1.一战区方面至少须增加三个军以上之兵力。

2.现有炮兵以〔已〕不够分配，亦请增加．尤以炮弹最感缺乏。

3.请充实第一、二战区战车防御炮力量。

4.请增补防毒器材。

5.增设兵站，以利补给。

一、敌情判断

总长结论。

判决：

晋南之敌，似将逐次夺取我中条山各据点，企图彻底肃清黄河北岸之我军，然后与豫东之敌相呼应，进取洛阳、潼关，以威胁我五战区之侧背，或西向进窥长安。

二、各单位之报告

36AG李总司令：本部以两个师担任河防守备，并令每团各抽一营兵力过河游击。现敌欲积极修通至潼关之公路，我已竭力加以阻止及破坏。如敌将此路修通，则不独我在北部活动困难，且我南部亦将感受威胁。刻敌尚无渡河之企图，因潼关、洛阳均在我手，且中条山尚有我大量友军，以敌现有之37D决不足以言犯。似将在同蒲路沿线做成据点，再逐渐扩充以成面。现灵宝对岸敌向北修有公路，将来敌以由此方面渡河之公算为大。其次在平陆方面敌修有公路，以通解县，于是敌于运城可以随时转用兵力。刻我不断派队过河，予敌以袭击。至于17A方面之情况，以已归5AG指挥，故不甚明。

80A孔军长：本军所属97D尚在陇东，165D及N27D则在中条山，本军左与36AG、右与5AG相接。当面之敌为226R，人约二千余。现敌因调动频繁，建制多被破坏，番号调查颇为困难。本军现担任之正面约八十余华里，多为山岳，在张茅大道以西多深沟，我可利用逐次予敌以抵抗。但在接近5AG方面，则沟多东西向，敌易接近，而我则防守困难。茅津方面，敌我各据一半，为恢复三角地带，必须加强该方面之政治活动，以巩固陇东，而为我反攻之准备。粮食均赖河南岸兵站之补给，再过两个月后，有麦可以短期供给。我在该方面有四道阵地可守，且前有五条大沟以为障碍。现我所辖各师，兵器异常缺乏，且N27D又非调整师，力量自然薄弱。在张茅大道以西，似宜再增加数团兵力，较为稳妥。

5AG曾总司令：本部所辖为八个师、四个游击支队。因整训调去三个师，前方又抽出一师训练为突击师，故守备兵力仅四个师。当面之敌为卅七师团227R及226R之一部，现似积极加强工事，扩大伪组织，并实行分区扫荡。近敌在其41D右翼、37D左翼各抽出一部，向北开去约一千，南增约二千，并竭力向我3A左翼、80A右翼推进，据点修筑横直方向之汽车路，以期便于转调兵力。现敌已占领我之警戒阵地，如敌犯我主阵地，则必须由我阵地两翼打出。如此必须使整训之三个师仍归还建制，以便以两个师对张马方向，拒止敌之南援，以一师兵力协同本阵地守军以出击。如仅死守中条山，则必难久以支持。

17A高军长：本军依建制属于36AG，现归5AG指挥。于二十八年春开到中条山，阵地虽一度后撤，但近逐渐推进，现距敌仅二、三百公尺。现有阵地纵深甚大、甚巩固，敌曾以六百发炮弹向我阵地轰击，但我仅伤七人。为欲恢复三角地带，以敌交通、通信之便利，且空军优势甚为困难。现当面之敌约一千余，步枪约一千三百枝，重机枪廿一挺，轻机枪五十一挺，迫击炮八门，山炮约九门。平时以少防我，犯我时则增兵甚多，在战术上，每以多而胜我。倘我工事构筑得当，敌来犯短时内亦可无虞。

14AG刘总司令：当面之敌为41D主力，右为敌36D一部，左为敌37D之一部。总合各方情报，高平附近约有敌七、八百名，阳城附近一千五、六百人，张马六、七百人，松树掌二千余人，翼城一千一、二百人，浮山、王寨约千余人，计有一万多人。现虽无异动，但将在收麦时必向我进攻。地形上沁水北多耕地，南多石山，其中以西桑池方面最为重要。如天盘王〔山〕(又似天王山)及贾家山二据点，必须加派工兵，增强工事。前敌突破15A阵地，即系以重兵指向此方面而来者，故宜深加注意。

8AG楚副司令：所部43A系由未经叛变之晋新军改编者，武器异常缺乏，亟待补充。通西桑池公路，敌已积极征夫赶筑，并已发现十五榴重炮向我射击。本军阵地全长五十余华里，第一线距敌仅三百余公尺，我天盘山阵地虽较高，但以炮兵缺乏，难收俯射之效。且天盘山以南东西山脉，深不过十余华里，再南则较低，若突破此处，敌即可长驱入垣曲，而达黄河北岸（五分之一地图多与实地不合）。故亟应加强工事，增加重兵器，以资固守，而打击敌人。本军当面之敌为36D之224R及35D219R之一部，伪军两个旅，人数共约万余，但伪军实无战斗力可言。粮食当地尚不能自给，敌我均难利用。地形上如敌来犯，我尚可守，因我阵地前已筑成泛滥，故可节约兵力，而限制敌之行动。

3AG唐参谋长：当面之敌为35D之220R，附有其他特种兵，人数约三千八、九百人。伪军在豫东方面，为伪和平救国军第一军，辖五个师，人数约一万六、七千人，但敌对伪军猜忌甚深。本军阵地左翼与4AG、右翼与游击第四纵队各相连，担任河防约六百余里，以两师配备，甚为薄弱，机动部队亦控置太少，故特别加强情报之组织，以期应付。不过全处被动地位，殊为痛苦耳。豫东地形平坦，自廿九年后，敌对陇海路控制日益加强。现敌筑有长约二百十里，高约四公尺，上宽十六公尺，底宽三十二公尺之大堤，在逼黄河泛滥西去，且在江村附近筑有水坝。

各部队之作战情绪，以经造〔逐〕次整训补充，精神上甚具杀敌之慨。惟攻击敌据点时，每感重兵器不足。

K2A何军长：敌以南徐州为伪南北政府之分歧点。经济方面，徐州使用伪钞，蚌埠使用法币；政治方面，敌伪在华中有青年团，华北有新民会，南北敌伪对张岚峰拿〔拉〕拢甚烈。以上之矛盾，国军大可利用。其次我苏鲁战区孤悬，有被奸党占领之危险。总括各方意见，应造成各小游击据点，以保连络线，而维持连系。

鲁西方面，将来可与31AG逐渐接近，而取得连络。

奸党拟由华中夺取政权，其所取之策略，为先礼后兵，扩大宣传，顽逼我让，实行谣言攻势袭击。对于俘虏、武器，交回一部，一打一拉，又打又拉，有理、有利、有节。其总方案为配合政治、军事，宣传游击战。但其中矛盾丛生，内部团结日懈，国军可以利用此种空隙，而谋正〔瓦〕解之工作。

总长：第一战区各单位报告，至此暂告结束。现李长官由老河口来洛，因第一、五战区有连带关系，拟请李长官对于第五战区方面情形加以说明，以便尔后相互之连络。

李长官：本战区当面之敌约有五个师团，计步兵八万五千，骑一万一千，炮五百零一门，战车四百余辆。最近动态：敌自在襄河东西两岸、豫南、鄂西诸次会战失败后，损伤甚大。现除京钟、襄花两路有向大洪山方面窜扰模样外，余无大企图。

本战区在地理方面，在铁路以西有大洪山、桐柏山，虽纵深不大，然敌欲对我以行扫荡亦为不易，而我得时时出而威胁敌人，使其不安。在铁路以西〔东〕有大别山，区域甚广，惜我兵力不大。

敌我态势：敌每扬言西上或南犯长沙，声东击西，以谋犯我，因敌非将本战区方面兵力击溃后，是决不足以言西进。现敌对华所使用之兵力已达最高度，敌犯本战区时，多由各方面抽调兵力而来。故在其兵力上、形势上，西上决不能。洛阳、西安在战略上地位异常重要，且山西为敌我所必争。欲保山西，必须保洛阳；欲保洛阳，则必须保南阳。由此可见，第一、五战区关系之重大。

尔后指导作战之腹案。设敌冒险西进，本战区当应与第六战区夹击敌人，并从荆、当方面以截击敌人；设敌南去，则本战区则当策应第九战区，连合第六战区，以反攻武汉；设敌不动，则我当取攻势，以消灭之。

匪军情形。在淮南方面约二万五千人，大部分散皖中活动；淮北方面约三万余，大部分散豫、皖、苏边区活动；鄂中及豫鄂边区约二万七千余，大部分散鄂中及鄂东各县活动。

进剿情形。自去年奉令清剿以来，颇有进展，嗣以豫南会战而中止。但匪并无甚力量，全藉敌军力量以为护符，敌亦在利用匪军以牵制我军。现匪军严重之问题，并不在铁路以西，而在苏、鲁方面。

总长：第五战区大概情形，已如李长官所述。现以时间关系，报告暂行停止。关于奸党问题，准后日（二十日）再行检讨。又对建军方面，请多多提出意见，如能根据现势加以检讨，以谋改良，将来国军力量必可增强数倍，歼敌亦为不难。希望各位对此问题多费一点脑筋，考虑考虑。

（2）第二次会议（4月20日）

对晋南三角地带作战第二次检讨会

日期：卅年四月廿日午前七时卅分至九时十五分。

地点：洛阳第一战区长官司令部大礼堂。

主席：总长何。

参加人员：冯钦哉　赵寿山　高桂滋

陈牧农　郭寄峤　孔令恂

何柱国　高增级　唐邦植

裴昌会　张　平　李忠毅

孙蔚如　武士敏　宋克宾

□□□　李家钰　武庭麟

公秉藩　□□□　曾万钟

唐淮源　□□□　□□□

刘茂恩　彭杰如　□□□

□□□　楚溪春　陈鸿远

王□□　（以上第一、二战区）

李长官　陈鼎勋　李楚瀛

刘汝明　池峰城　张雪中

徐祖诒　王冠五　万建蕃

（以上第五战区）

总长指示：国军为确保中条山，（一）第一步，应相机各以一部由北向南（93A），由东向西（27A），与我中条山阵地右翼各部，合力攻取高平、晋城、阳城、沁水间地区，以恢复廿九年四月前之态势。（二）第二步，与晋西军及第二、第八战区协力，包围晋南三角地带之敌，而歼灭之。（三）最低限度，亦须能确保中条山。

因此，首宜从速加强十五军方面之现阵地。

第一战区及晋南作战军应就上项速作准备，第一战区长官部并应本此要旨，提出具体之计划。

一、关于指导晋南作战应注意之事项

1.一战区长官部应速派有力高级参谋，前往现地侦察地形敌情，提供尔后作战指导之参考。

长官部并速提出具体之计划。

2.防守中条山各部队，应利用山地之特性，以火力封锁各道路口，如地形许可，应多作反斜面之阵地。

3.阵地前及第一阵地与第二阵地间之交通，应彻底破坏，以限制敌之行动，而节约我之兵力。

4.应利用中条山纵深地带，多构筑斜交阵地，以备一点被敌突破时，我尚得依交叉火力而扑灭之。但对主阵地带工事，须随时日而增强之，并竭力施以伪装，并增设各种障碍物。

5.部署军队时，应适宜付以独立性，并切实注意协同动作，相互策应。凡在不受敌攻击，或敌攻击力量甚微之方面，须竭力向当面之敌猛攻，以分散敌之兵力，勿令敌人得集中力量，对我以行各个击破，

二、作战时各部队之缺点及今后应改进之事项

1.不注重情报，不调制敌我全般态势图。

事先不注意情报之搜集，即令能对敌军方面得一、二情况，但又多不调制敌我态势要图，致处置时多有忽此漏彼之误。

2.不实行现地侦察。

我国军用地图类多不确，且出版亦欠，缺点甚多，故必须与实地对照，方可无误。否则障碍重重，计划必难实现。

3.部署军队时多无重点。

无论攻防，凡部署军队时，均须彻底形成重点，切忌平均分配，致使兵力处处薄弱。

4.阵地编成不当。

阵地须有纵深火网，编成须注意严密。

5.对报告通报之注意。

对上报告应确实，不可夸大，不可妄报；对下命令应明确，应负责；对相互间各部队须切取连络，时常交换情报，状况许可时，应互派连络参谋。

6.通信不确实。

如应战况推移，指挥所须前进或后撤时，必须等待新指挥所开设完毕后，再行撤收。但在原位置仍须派员留守，以收受命令及各方之通报、报告。

7.作战地境之划分。

应注意不可沿交通线，或平分山顶及村庄，致使责任不明。

8.非万不得已时，切忌分割部队之建制。

9.绝对注意协同动作。

凡甲部队方面受敌攻击，乙部队即须予以援助，以防被敌各个击破。

10.为求指挥适切，各指挥官及幕僚应常判断状况。

11.注意命令之监督及实行。

如事先监督命令之缮发、传递、考察；命令执行时，可派遣幕僚，亲赴现地视察或予询问；事后检查其对部下所发给之命令。

12.报告、通报，应多以要图表示，凡图上记载小地名时，须指出其与著名城镇之关系位置。

13.行军及驻军间，应注意对地、空之警戒，在战斗间无论攻防，均须注意筑城使用。

14.应注意对敌战法之研究，在战地之各部队，应常注意实施机会教育。

15.侧翼兵团之配置，可防敌之包围及迂回，故在地形上无可依托时，须注意讲求此种部署。

16. 战略预备队之控制及适时之使用。

17. 机密之遵守。

各部队之通讯，多以有线电信为主，而有线电报固可使用密码；而各部队间使用电话通讯时，则多无机密之处置。故对军机方面，每有泄露。嗣后各部队行电话通讯时，应互编暗语表（如以某字代某部队番号，某字代某行动）以使用之，而防军机之泄漏。…………

〔国民政府国防部史政局及战史会档案〕

2. 蒋介石为检讨晋南作战经验教训电

（1941年5月28日）

洛阳卫长官：〇。此次晋南作战致败之原因，应切实检讨详报，以为今后作战之经验。据中研究，所得最重要之点如下：

一、黄河北岸只注意前线工事，而对于其各渡口生死攸关之桥头堡毫不注重，而且未闻有何工事，甚至掩护退却与收容阵地工事亦无之。此为最大之错误，亦为抗战史中最大之耻辱。

二、在敌军大规模攻势准备时，我军早已探悉，其时间且在半月以上。在此期间，我军一如常时而毫无万一之准备，以致敌军一经中间突破，各部皆陷于包围零乱之中，竟至不可收拾。此为我军平时疏忽大意之过错也。

三、晋南部署以四十三军最弱部队当皋垣大道之要务，而且我军料定敌之主力与目的在垣曲，仍不从新配备，而令第三军偏置于左侧。应知我晋南后方最后之退路，惟以豫北与晋东南之一角比较稳妥，而长官部竟无事先准备，以防万一之处置。此部署与准备设计不周之错误也。至于各部队之通信所、指挥所及平时对敌匪突击队之防范、搜索与避毒、防空，尤其对集中轰炸之处置，皆未有准备等各种缺点，犹在其次也。惟前事不忘为后事之师，尔今尔后必须以此次严重教训为覆辙之鉴，切实检讨与改正，则未始非转败为胜之道。现时最要者为洛阳飞机场以及其附近防备敌降落伞之袭击，与各级司令部之第二、第三指挥所、通信所之准备，应限期完成。此后敌如果向河南岸侵犯，其必先用降落伞，在洛阳附近袭击我高级司令部为其唯一战术无疑，务望积极研究消灭其降落伞与袭击部队之对策，以免临时仓皇为要。洛阳核心工事与防制降落伞之准备，限于六月十日前完成，详复勿延。中正手启。〇〇。

〔国民政府国防部史政局及战史会档案〕

3、军委会桂林办公厅对豫北晋南会战失败之检讨及陈述意见书

（1941年5月）

一、关于豫北晋南会战失败之检讨

自三十年五月七日起至五月廿七日止

甲、战前敌我态势（如附图一）〔图略〕

乙、敌完成攻击准备时之敌我态势（附图第二）〔图略〕

（一）豫北（道清西段）

敌军35D一部，21D一部，4KB共一个半师团，计二万五千余人。

我军9A（N24D、47D、54D），4BSJ树本部共约四个师，计三万余人。

（二）晋南（阳城、绛县、闻喜、夏县、平陆一带）。

敌军主力33D一部，4BS、41D一部，9BS主力，36D、37D一部，3BS一部，24D共五个师团，计七万余人。

我军10D、93A、98A（42D、169D）毕梅轩纵队，15A（64D、65D），43A（暂47D、70D），74A（85A〔D〕、94D），17A（N2D、84D），3A（7D、12D、34D），80A（N27D、165D），乔明礼部，共十六个师，计十二万人。总计敌军约七个师团兵力，约十万余人。我军十九个师、一个旅、三个游击纵队，兵力约十五、六万。

丙、本会战指导方针

当本会于四月廿八日判断，敌有由济源横皋大道会犯垣曲企图，即策定先制出击计划，其要旨如次：

（1）加强阵地工事破坏，阻塞主阵地前道路。

（2）先制出击（以一军向高博，以各一军向闻喜、侯马、夏县），打破敌之攻势。

（3）第二战区晋西部队向同蒲，第五战区汜东部队向陇海，牵制策应。

（二）本会以冬戌令一元度电，将上项要旨分别训令第一、二、五、八战区遵照。惟命令层次下达迟延费时，且卫长官此时尚在途中，待卫长官返洛，五月五日所策定之出击部署未及全部实施，敌已于七日下午开始总攻。

（三）指导方针之检讨

本会对晋南作战指导方针不外三案：第一案主力向南岸撤退，巩固河防，但大军渡河费时，敌必跟踪压迫，同时以空军轰炸，并追随我军渡河，向洛阳夹击，截断我之退路。如我军当时行上项处置，则军心紊乱，有全军复没之虞。且晋南不战而失，河防亦随之不保。因以上之考虑，故当时未采用此案。（据乔明礼获悉，敌人地图之计划，敌人首先向河岸压迫我军，同时由铁谢、渑池渡河，向洛阳夹击，如我军行本案消极处置，至现在证明，实极危险。）且国军尽可能应坚持山西，敌人一日不将山西扫荡，即一日不敢渡河。故本会指导，以坚持山西，确保河防为方针。

第二案（即本会指导案）积极的先制出击，则敌必以其集中之部队追随我之行动，向我出击部队攻击，则可打破敌之攻势，使敌陷于被动。同时我军可打通晋博、闻喜封锁，使我军处于自由机动。但本案因战区准备过迟，惜未实施。

第三案采革命战术原则，依正面抵抗，侧击进犯之敌，相机向敌后退却，变换正面，绕攻敌后。（此次会战系依本方针实行，惜垣皋大道正面部署劣势兵力，不能持久抵抗，使曾集团不能获得余裕时间，从容向北转进，致被敌包围。）

丁、会战经过概要（附图第三）〔图略〕

自四月中下旬至五月四日，敌集中输送，逐次完毕，将主力分别集结于道清西段，阳城、绛县、闻喜、夏县及张茅大道之线，就攻击准备位置。五月七日下午以钳形与中失〔央〕突破之方式，分六路向我中条山进犯。兹分述会战经过概要如次：

（一）道清西段之敌，于七日下午一时，分三股向我济源、孟县进犯，我防守济源之9A主力，因态势不利，于八日正午自动放弃济、孟，转进至封门口既设阵地。敌增兵猛攻，自九日上午激战至十日辰，封口被敌攻破，我9A即分别转进于济垣大道南北地区。战至十一日，54D、9A一个团被迫由狂口南渡，余仍在原地游击。十二日晨，敌一部控置百坡至官阳以西各渡口，主力继续西进至邵源，与由垣曲东进之敌合围。

（二）阳城方面，敌以牵制之目的，于七日下午于董封东西之线，向我98A攻击。激战至十二日，我阵地屹然未动，敌一个大队侵入董封东南二里腰，被我全部围歼。十三日敌增援反攻，董封失陷，我98A、15A逐步转移至横河镇东西地区。

（三）绛县横岭关方面，敌二万余以中央突破直下垣曲之闪击战法，于七日下午四时向横皋大道西侧我43A猛攻，激战至八日上午二时，阵地正面被敌突破，43A数度反攻，均未奏功，旋被敌压迫至望仙庄附近。八日晨，敌不顾一切将主力分为数股，以钻隙行动向垣曲深入，43A纷纷后退，垣曲于八日黄昏失陷，我军向两侧转移。自是我中条山部队被截为东西两部，失去连络。九、十两日，敌复由垣曲分股向东、向西挺进包围，我14AG及5AG于十二晨东进。敌窜到邵源，与济源西进敌会合后，复分路向北攻击我14AG，西进敌于十一日占领五福涧，掌握黄河北岸各渡口。

（四）闻喜、夏县东南之敌，于七日下午四时，向我张店镇以东80A、3A接合部猛攻。激战数小时，阵地被突破，敌分若干小股向我阵地后方钻进。八日下午，我80A、3A转移至望原村、四焦村，节节抵抗。九日下午我80A转进台寨村附近，与敌坚持苦斗。N27D损失较重，师长王峻、副师长梁希贤、参谋长陈文杞等，因以殉国。十日晚该军奉命陆续南渡。我5AG方面因绛垣大道被敌截断腹背，又以敌预伏第五纵队在各司令部，乘机扰乱指挥，因以紊乱。于九日拂晓，卫长官下命令，该部变更部署，将3A、17A主力转移至夏县、通皋落大道南侧山地，继续战斗。惟我军因受气候（降雨）、地形限制，连络掌握均困难，苦战至十日，敌四面进逼，情况紧张。曾总司令乃决定团以上为单位，向西北突围。十三日我3A及17A各四个团，突破敌包围圈，向汾河西岸转进。十九日分别到达稷山、乡宁，收容整理，其余部队多被冲散。自十日起，长官部与曾总司令、高军长、唐军长及寸、高、公、刘各师长之连络因以中断。迄二十七日曾总司令、唐军长、寸师长、刘师长等，方率部到白浪对岸，现正渡河中。

（五）我14AG方面，自十四日起，决定向北突围。同时93A刘戡率主力策应，结果仅42D、98A、169D（欠一个团）、98A、10D二个团、93A一个团、15A通过晋翼公路，到达沁水以北地区。其余①（欠一个团）15A二个团、169D、10D（欠二个团）、93A及刘总部均被敌阻袭，折回济垣路以北地区，与43A取得连络，向敌游击。二十日后，敌除加强沿河封锁、整备交通路不断向我南岸炮击、试渡外，并转移兵力，一面加紧围攻济垣大道我剩余部队，一面向沁水以北地区我98A进攻。

戊、战果及我伤亡损耗情形，正调查统计中。

己、经验与教训

（一）战术呆板，始终陷于被动。我晋南防守部队经年累月驻守一地，既未调换防地，又少出击动作，并不讲求欺骗、阳动等秘密企图与手段，至我军内情完全为敌所侦悉。

（二）疏忽情报判断，部署错误。查卫长官部素来所据情报均属承转资料，致判断敌可能使用之兵力、番号及其企图泰半错误，因之军队部署一本原态，未作重大处置。尤以将素质低劣之43A赵世铃，配置于横皋大道东则沙宝河、贾家山阵地薄弱部份。一经敌主力攻击，遂被突破，直下垣曲，以致中条山我军被截为东西两部，失却连系，致为敌所乘。

（三）战场整备不周。中条山山地险要，各部与敌对阵将近三年，而并未积极加强阵地工事，构筑后方据点与彻底破坏或阻绝通敌道路。查敌人系攻势作战，对于占领点线，尚利用我之民众，到处构成不可超越之堑壕。而我军取守势作战，对于封门口、横皋大道、张店镇以东各要道、隘口反任其自然，致敌大部队及重兵器得以迅速突进。我军不能迟滞敌人于正面，以致无法从容转进，变为外线绕攻敌后。

尤以各渡河点无桥头堡阵地，致被敌迅速夺取各渡口。

（四）部队长官对战术修养太差，感觉迟钝。敌屡次攻占我横岭关东南、东西桑池高地及张店镇以东、辛黎园、上下庄各据点，

①原文如此，疑有脱漏。

以威力搜索，得悉我阵地薄弱部及兵团接合部，并先控制高点，为尔后总攻容易，企图甚明。而我部队长官置身实地，毫无察觉，反将12D推进至易守难攻、可以节约兵力之韩家岭、唐王山正面，置两军(80A、3A)接合部于不顾，贾家山后方亦未构筑坚固之预备阵地或据点，致为敌所乘，向后溃退。

(五)补给不良。补给粮弹不能应作战要求，应需给养，只输送至黄河各渡口为止，各军不得不抽派三分之一以上之战斗兵，不断往返搬取，以应每日所需。因之部队战斗力加速减低，且战斗开始即告断炊，致因饿而致死者甚多。

(六)司令长官离开战区，不能及时执行统帅部命令。部队长官专在司令部听取部下虚伪报告，参谋则多属闭门造车，未能至前线视察，每致实状况不明，作战准备不周，作战指导、兵力部署均发生极大错误。

(七)作战指导不周。当八日黄昏，垣曲失陷及整个战局完全转变，情况紧张，长官部并无重大处置报会，任各军各自为战。延至十日，5AG全军陷于重围，长官部虽命令其向北转进，惟当时通信工具全毁，与各部已失连络，命令无法下达。同时济源方面9A并未坚强抵抗，全军自由后退未加制止，使敌得以迅速合围，影响14AG方面作战甚大。狂口渡亦早落敌手，豫北退路全被闭锁。

(八)通信连络不良，为曾集团失败主因。八日垣曲陷落，十日午后该集团各部无线电完全不通。据报战斗开始，潜伏司令部附近之敌第五纵队，即袭扰司令部，破坏通信、交通，致指挥陷于紊乱。以后各司令部及通信所位置应适当隔离，并须有预备指挥所及预备通信所。对于敌第五纵队之平时防范及作战时之警戒，尤不可忽。

(九)警戒、盘查、搜索等均甚疏忽，任各色小贩、工人进出哨线，致敌第五纵队得以乘隙潜入我驻地，战斗开始即发动内应，分头袭击、焚毁我辎重、医院、仓库及各级指挥所，破坏我电线、电台及后方交通，扰乱指挥系统，使全军失去重心，陷于纷乱。

（十）政工人员工作不力，致军纪败坏，民众离心、离德，反为敌用。

庚、战前晋南、豫北我军战斗序列。（如附表）〔表略〕

二、对豫北晋南会战之检讨陈述意见

本研究案系奉委座歌令一元衢电，饬研究后具复。等因。遵将研究所得，陈述意见如左：

甲、战前敌我态势。（参照原案附图一）〔图略〕按：敌我战前态势之造成由来已久，可不置议，惟觉沁河（一名沁水，长五百里强，流经山西东部——河南北部，以入黄河。上游虽鲜障碍，下游沁阳以下则有阻滞通过之可能。）西岸之沁阳县城，被敌先行占领，使其无河川之障阻，轻易达成其主攻击之运用，是一缺憾。

乙、敌完成攻击准备时之敌我态势。（参照原案附图二）〔图略〕就一般而论，敌以其大部由风陵渡、闻喜、绛县——阳城——沁阳——温县，造成其战略之外线态势，而以一部在晋城——长治及其以北地区，成楔形之突入。我则于黄河沿岸及其以北地区，成为战略之内线态势，而以两军兵力，控置于晋城——高平——长治道之两旁，注意该道附近敌之行动。且以道西面之一军兼顾沁水，道东之一军向南方敌军作进攻之准备。此项态势之形成，其重大之缺憾，在于：

（一）我未能先将阳城——晋城——高平一带之敌加以驱逐，确实占领各该地域，而使我之野战军反内线成外线，以右翼与24AG协同，向北将敌包围，施行主动的攻击。

（二）对于沁阳以东地区之敌，如沁阳县城不被敌先占领，可利用沁河施行防御。迨北面之敌被我击破，即可转面〔而〕将沁阳以东地区之敌予以歼除。

因有上述缺憾之造成，致有处内线受困厄之不利，实亦势所必然也。更就敌我兵力比较，敌仅十万余人，我则有十五、六万众，夫以偌大兵力，反被敌所包围，已属奇特。矧以偌大兵力，局促于黄河北岸之狭小地区，实已表现我之甘居被动，未免战阵无勇矣。

丙、本会战指导方针

（一）判断：敌有由济源、横皋大道会犯垣曲。此项判断，就会战经过敌之行动观之，果然大体适合，洵为洽当。更就指导之方案以加分析，即一面加强阵地工事及破坏阻塞主阵地前道路，同时先制出击（以一军向高博，一军向闻喜、侯马、夏县），打破敌之攻势。复以二战区之晋西兵力向同蒲，五战区汜东部队向陇海，施行牵制与策应。依此方案，可以资为研究者，有左之数点：

（1）甘居战略的内线，而形成守势，其不适当既如上陈。

（2）所拟先制出击，系令我两翼兵力作东西两方面之伸张，并无重点之保持与运用，未免两用力分，不能于敌以极大之打击，是一缺憾。况就当时敌方所处之地形及兵力而论：晋省西南地区有同蒲铁路之贯通，便于敌之策动。且该方面敌有安达及清水两兵团，约有两个师团之兵力，其较晋东南交通固多方便，而其兵力亦有过之。质而言之，即晋西南在敌当视为作战之枢纽，以为作战上之重心，而有控置较大兵力之事实。至于晋省东南，其重要性之较低无待深论，亦可认识。因此之故，我致先制出击，诚莫妙于集结较大力量，只向一个方面进攻。复以两利之相权，应先向晋东南之敌施行攻击，如斯指导，成功较易且速。成功之后，尚有左举之利便，即：

（A）驱除晋城——长治及其以北地区突入之敌，使我野战军不受敌所分隔。

（B）上项企图成功，即可转内线而成外线，包围敌之左翼，以使尔后之围攻容易。

（C）使博爱附近之敌35D一部，形成孤立，得于尔后或发动汜东之兵力，向之压迫而歼灭之。

至于以二战区之晋西部队向同蒲，牵制策应，颇觉适当。惟五战区之汜东部队，似应于先制出击之稍前，或同时（指专向晋东南之敌进攻时）渡河而北，向沁阳——博爱——修武一带之敌进攻，使我北向战斗时，不为该地区之敌所牵制，似亦有其必要。当时未曾使4AG以一部兵力渡河，未免测重河防，致有减低攻击精神之缺憾。

（二）上项要旨下达各战区时，因命令层次下达迟延费时，且卫长官尚在途中，直至五月五日始将出击部署策定，未及实施，敌已于七日下午开始总攻。按此一段情形，于命令下达迟延费时，由于中间指挥机关过多，层次下达费时，固属原因之一。而对敌轻视，疏于防范，似亦不为无因。盖当时豫北、晋南之敌情已经大致明瞭，彼此几已形成对阵态势，情形之紧张，可以不言而喻。在斯种情形之下，于作战之指导，应已早有腹案，即使卫长官尚在途中，或犹位置他处，则以电报先达要旨，实亦有必要与可能，何必待其到达新位置后，乃行策定部署。于此一点，幕僚人员实有未能分劳尽责之嫌。

（三）指导方针之检讨

第一案　以主力向南撤退，巩固河防。此案不予采用，洵属适当。盖如侧重河防，必使敌人得到所述之便利，抑且黄河以北之豫北、晋南地区，将无复有我军之立足地。在敌则可不战而全部占领之，得黄河以为其后路之屏障，而后转用其兵力以向晋西进出，于我之不利殊巨也。

第二案　积极先制出击。此案着眼点，不惟战可取得主动，如果运用得宜，尚可转变内线而成外线，且能对沁阳以东地区之敌人，予以腰袭或侧击。其理由已述于前，不再赘陈。

第三案　正面抵抗，而以兵力迂回绕攻敌后。此案既系本会战所实行，容于（丁）项（会战经过概要）再陈意见。

丁及已、会战经过概要（参照附图第三）〔图略〕及经验与教训。

依会战之经过，所得之经验与教训，在本会战之检讨原案中指示甚详，殊可不必再事陈述。惟尚有应行补充者，谨陈如左：

（一）此次会战，战术固不免失于呆板，以致始终陷于被动。计虑所及，认为不特战术为然，即战略之未能于会战前反内线成外线，致受敌之围攻，到处被其突破，亦一重大之原因。如能一反上述，不惟能以向敌围攻，即欲向北转进，亦尚有其方面可趋，不致局促于黄河沿岸，发生背水作战及分散突围之困难。其理由已详陈于前，兹不赘述。

（二）所谓我军内情，悉为敌所侦知，其原因似不只于久驻一地及少秘密企图与手段，盖于驻地附近之民众，未能坚固组织及间谍之未能预防，以及我军机密不能保守，似亦原因之一。在豫北、晋南固不免发现此种情形，推而至于其他各战区，所有我军一切动作，几莫不为敌所详悉。何以言之？试一听取倭冠之播音，对我内情几乎了若指掌。以故今后政工人员，应极力设法使战地附近之民众，不但不与敌人或间谍接近，更应对于军机防护，严密注意，泄者固应加罪，询者亦须取缔。然而民心向背，所关实巨，则各部队之纪律尤应特加整饬，庶军民融洽，彻底合作，抵御外侮，力量不止倍增矣。

（三）情报之必须整理、判断，在我最高统帅部曾经再三指示，宜如何遵奉实行。其所以至今尚以承转为能，甚至发生判断之错误者，一则我国军队对于敌情之搜集，向不十分注意，尤以谍报经费之欠充分，亦其一大原因。今后必须：

1. 培养并专任谍报参谋。

2. 增加谍报经费。

3. 布置并扩充谍报网。

4. 组训并奖励战地民众，不为敌所利用，庶能协助我之情报搜集。

5. 严禁以军事攸关诸问题，向外谈论或宣泄。

(四)战场整备不周，固属战区长官部以下各部队未能尽责所致。顾各战列部队，因初级干部学力不足，以及工事作业以器材之缺乏，未能如上级之所要求，实亦数见不鲜。至于黄河渡口桥头堡之设置，就黄河本身而论，除风陵、茅津两渡口为显著之通行渡口以外，其余沿岸各地，有时均能船渡，有时则因沙积关系，竟致无法通过。是则桥头堡之设置，几乎不能适用。再则，我岸（即西、南两岸）之河防工事，过去因材料经费之不充裕，与乎当时担任工事设计人员缺乏作战知识，不惟构筑不甚坚固。且工事位置不免有显露及无消灭死角之缺憾。凡此事实，亦有其整饬之必要。既目下对各战区均有工兵指挥官及工兵部队之配属，此项责任，应悉以责成之。

(五)部队长官对战术之修养，其最大缺憾实为顾此失彼。何以言之？即例如侧重于局部而忘却全般是。例如守备一据点，只注意其本身而不顾及环境之整备，此其一。又对敌之威力搜索，于其搜索部队必然后退时，往往声称被我击退，不顾及敌将主力部队跟踪前进，以为所居阵地不致再被敌攻，而形成松懈。一旦敌之增援部队来临，不免仓惶后退，此其二。再则，第一线部队长，忘却以小部兵力施行阳动，每见前方有可乘之小机会，即不顾全般及友军之如何，竟施行单独之行动，以致破坏协同，而予敌以可乘之隙（尤其兵团结合部），此其三。更就全般研究，则全线应以何段取守势，即应矗立不动，不为当时之小利而生动摇。何方取攻势，即须保持兵力重点而指向之。此次会战，12D单独推进至韩家岭——王家山正面，致两军结合部发生空隙，其过失或即在此，此其四。

(六)关于补给，其过似属于各部队长。盖抗战以来，各师输送队之编成相当充足，以之补助辎重运输不能认为缺乏，自不应减少战斗兵，以担任补给品之搬取，尤其不应使部队发生断炊之不良现象。如谓补给品因黄河船只不敷载运，则亦情有可原。

(七)卫司令长官离开战区，竟致发生作战攸关之一切错误，其咎似在幕僚长平时指导欠周，有以致此。诚能尽其职责，则卫长官纵有离开情形，与一切参谋业务不致发生影响。又对各部队长官、幕僚长在长官离开，负有代拆代行期间中，固亦可以长官名义指挥作战，以身负责，初无长官在否之可分也。

（八）因作战指导不周，致豫北渡口全被困锁。如果当时能令黄河南岸之4AG派出有力部队，渡河而北，向敌之35D进攻。或向洛阳以西地区移动，对封门口方面实施应援，即可减少我14AG及9A后顾之忧，必尚可以从容应战。如其办到，则虽垣曲陷于敌手，决不至于影响全局也。

（九）对敌第五纵队未能预为防范，诚如原案所指示，顾所谓敌之第五纵队除少数干部为日人外，大部则为战地附近我之民众，于此次福州失陷，更足证明。其原因即我之政治欠良，民众反被敌人诱惑，有以致之。以故今后欲防敌之第五纵队，应从安民做起。欲致民安，则政治之改良及军纪之树立，似均未可忽视。

（十）按政工人员之设，一方面监察维持部队本身之纪律，同时并应组织训练战地附近之民众，明瞭国家至上、民族至上之要义，使不为敌所迷诱，而能为祖国尽其最大之努力。庶战争前途，得到伟大之帮助，用意至善，推行殊力。乃政工人员多所忽略，顾〔固〕属责无旁贷。特部队官兵对于政治工作，不免失于推崇，而政工本身，因人员之待遇过低，费用之开支短绌，似不必否认。为今之计，尔后对于政治工作，必须设法提高并充实之，庶能使之尽到职责。今幸我最高统帅部已见及此，对于上述各点，已在改进中，政工前途必能日臻进步，于此次会战之缺憾，当不致再见于来兹矣。

庚、战前晋南豫北我军战斗序列。（参照原案附表）按：战斗序列之策立，原为使系统分明，便于指挥作战而设。且为顾虑作战便利起见，于某一地区，务须以一个建制单位，担任其攻防。如是，则战斗之际，始克各自负责，不相诿卸，此其一。再则，一指挥官所指挥之单位数目，不宜过多，多则于指挥上不无增多顾虑。以故由经验所得，概以不宜超过八个单位以上，此其二。又一指挥机关所指挥者，如仍为一个单位，则此中间机关实不宜于设置，否则不但架桥添屋，尤有无意识的增多层次之不便，此其三。兹就现实言之，即：

（一）卫长官所指挥之单位，计战斗序列所表示者为三个集团军及四个独立军，共为七个单位，固属不悖原则。惟若临时配属炮、工、兵等直属部队及因指挥后方勤务机关时，则或不免超过八个以上之数目。又况参加会战者，于黄河南岸之单位姑可不计，而于高平——晋城以东之37A，似乎应该算入。由是观之，是则指挥之单位，殊不能不嫌其过多。

（二）再就当时部队位置言，17A及80A既均与3A同位置于垣曲、夏县间地区，孰若即令该两军同3A编入5AG之序列以内，于指挥固感方便，而于该地区之攻防，实亦较能尽责。

（三）又14A（属85D及94D）系于攻击准备前，参加于垣曲——皋落方面，与8AG所指挥之43A同在一个地区，实亦可以并入8AG序列以内。若欲留出85D为卫长官部之总预备队，固亦不妨将94D划归3AG指挥之。

依上拟议，则卫长官所指挥之单位，即将9A与27A以及85D一并列入，其数目不过六个。纵有炮、工、兵等之直属部队以及后方勤务机关之参加，亦不超过八个之数，如斯策立，指挥似较余裕焉。

〔国民政府国防部史政局及战史会档案〕

4．曾万钟拟第五集团军中条山会战经过概况报告书

（1941年7月）

甲、绪言

本集团军自二十七年秋，奉令转至中条山作战以来，瞬届三载。在此三年中，曾击破敌十一次之进犯。迄二十九年春，即遵照司令长官卫命令，增筑木质活动堡垒，以为全阵地之骨干，增强阵地抗力，并筑成第一、第二、第三三线阵地及训练各特种部队。敌则沿山口构筑据点工事，加强封锁，并修筑山口各重要据点之后方交通，运储粮弹，统制沦陷区民众及资源，强化伪政权。一面施行警备战术，抽集一部兵力流窜佯动，以掩护其主力之备战与休整。迄本年二月以来，敌即不断抽集各据点兵力，发动局部攻势，侦察我阵地工事之强度，并先攻占我左翼八十军右翼团坡墒上前进阵地，继复攻占辛黎园及两军接合部之西村。三月中旬复由绛县方面向我右翼第十四集团军之十五军进犯，攻占华山庙东西桑池及其以南各制高点，深入我两翼，形成钳形。此种态势于我颇为不利，虽曾迭次协力两翼友军恢复原阵地，均未奏功，遂演成此次会战之最大弱点，使敌得沿此楔形深入我侧后，先打破我之指挥系统，致遭败绩，实属憾事。

乙、敌情

晋南之敌原有三七、四一两师团分布于绛县、横岭关、闻喜、夏县、安、运、虞、解、永、风、河津与闻、夏以东各山口及沁、翼、曲、侯、新绛、临汾一带，封锁山口，整备交通，维护伪组织。四月中旬以来，晋北、晋东之敌即利用同蒲路，逐日南运，携带大批渡河器材，集结于虞、解、运城一带，并以一部经襄陵、新绛，集结于河津附近，扬言增兵五师团，渡河西犯。至二十日同蒲路即停止民运，专供军运。张茅大道方面，曾发现独三旅团番号，三七师团亦全部南窜，河津、永、风敌亦逐次换防，与南窜敌集结于夏县及安、运附近，其防务交由四一师团独九旅及伪军一部接替。沁、翼以东晋、阳一带之三十六师团亦逐次西移，原驻徐海之二一师团亦有西运讯。同时三角地带之敌强征民伕二万余，着与我军同样之草黄色军服，向西、向南输送。敌亦昼南夜北，忽东忽西，往返流窜，眩惑我军。当时综合所得情报、判断敌以夺取晋南战略要点之目的，有抽集优势兵力，向我大举进犯样。当饬各部严密监视敌之行动，一面调整部署，并向长官部建议，请调十四军一个师北渡，控置祁家河附近，为本集团军总预备队兵团，并调整右翼友军之部署。五月二至五日窜集虞、解之敌，以夜行军窜集横水以西地区，窜集河津之敌，亦回窜新绛附近。统计兵力共约五万余，炮七八十门，是时敌我态势（如附图第一）。〔图略〕

丙、战斗经过

五月七日十五时许，敌约三千人，先向我左翼孔军右翼进犯。薄暮时另敌千余，向我第七师左翼张家峪、下焦庄二十团阵地进犯，战斗甚烈。二十二时敌一股约四、五百人，由通峪村东南进袭蔡家窑头二十团团部。二十四时控置涧底河附近之第七师二十一团，亦与由南北进及东进之敌接触。八日一时敌之后续部队渐增，三时二十一团涧底河东南线之侧面阵地被敌突破。敌一股约五、六百即袭占四交村，另一股二、三百，经赵家河向王家河大涧口第七师部袭击。唐军长即以控置寨里附近之十二师三十四团增援七师左翼，协力二十团恢复原阵地。三十六团围歼四交之敌，七时四交敌之后续部队千余，由四交以南地区沿唐回大道向下唐回第三军部攻进。同时三十四师正面唐王山被敌攻占，激战至十四时许，未经我增援，反攻夺回。我右翼东西桑池方面之敌，亦向我左家湾、铜矿峪十四军九十四师正面及十七军右翼猛犯，战况异常激烈。九时窜至下唐回之敌续增，当时该处仅有军特务连，因众寡悬殊，伤亡过半，下唐回遂陷。此时敌已增至二千余，炮四门，其主力即沿马村大道，一部二、三百经任家窑、干沟向麻家匣急进，有会犯马村本部样。时马村仅一特务营，兵力单薄，乃急调在温峪、架桑、麻岔担任运输及在马家庙西北构筑工事之游击第一纵队，先以一支队跑步驰援下唐回至麻家匣西北之黑虎庙，即与敌遭遇，乃占领黑虎庙堵击深入之敌。同时唐军长亦由围攻四交之三十六团抽一营，跟敌尾追夹击，即在黑虎庙附近展开激烈之战斗。十二时经干沟进犯之敌，由小道侵陷麻家匣，我黑虎庙至马村之连络遂断。此时本集团军全正面第一线部队均与敌接触，与右翼友军未取得连络，我右翼左家湾九四师阵地已被敌突破，敌正向涧底村、皋落镇前进，并向西压迫我高军八四师。第一线部队腹背受敌，新二师当进入第二线阵地，十七军之野补团在其右前方上下回村一带阻敌西进，激战甚烈。三四师恢复唐王山阵地已奏功，并夺获步枪六十余，轻机枪六挺，掷弹筒五个。十五时由孔军正面进袭五龙庙之敌，已侵至王家河（武家坪南），武家坪至南沟村之交通已被敌截断，马村至南沟间又无兵控置，后方空虚，势颇危殆。当商孔军长，以河北民军一团围歼深入之敌，巩固南沟渡口。令三四师由第一线抽一个团驰至马村附近，归本部直接指挥，截歼由麻家匣南犯之敌，掩护架桑、马村、南沟交通之安全。是时侵占麻家匣之敌续向马村前进，与本部特务营在阎王砮（马村西北隘口）激战中，第一线部队除右翼之九四师外，均仍在原阵地激战中。三十六团并将四交村之敌歼灭过半，夺山炮两门、马骡十余匹。惟垣曲已失陷，右翼友军情况不明，左翼敌已深入我侧后。因敌我态势前后交错，乃至准变更部署，撤守第二线既设阵地。令十四军八十五、九十四两师（八十五师仅五个营）占领法家山、北山、上五女山亘田家岭之线，阻击敌之西犯。十七军占领田家岭（不含）、乔家山、胡家峪亘东峪沟之线，阻击敌之南犯。三四师占领东峪村（不含）、岔车、管家圪塔亘罗有村（不含）之线，阻击敌之南犯及东犯。第三军（欠三四师）以一部占领罗有村、孤子岭、野猪岭至秦家村之线，主力沿唐回、马村大道寻歼深入之敌。到达唐回后，以一部占领秦家村、下砖至五龙庙（不含）之线阵地，主力续向马村攻击前进。八十军（临时奉令归指挥），占领五龙庙、黄家庄东南高地亘望原村之线阵地，阻击敌之东犯，统限薄暮后开始行动，九日拂晓前就新位置。部署完毕，魏纵队担任敌后游击。二十四时阎王砮附近之敌已增至三千余，进攻愈急，祁家河附近亦发现敌踪。

九日天候晴，月龄十三。本部不得已即于四时移至涧南沟（马村东）指挥，同时奉长官卫由电话传达回述命令：本部已派兵两团，在五福涧以北高地占桥头堡阵地，并征集渡船四、五十只。不得已时各军应逐次南移，在五福涧渡河。等因。遵即拟订腹案，派参谋传达各军。（一）固守现阵地，相机抽集兵力，寻歼深入之敌，恢复原态势。（二）不得已时，即利用山地，逐次抵抗南移，在五福涧附近渡河。（三）第二案不成功，即分路突围，向敌后退却，马村即于是日拂晓失陷。八时马村敌二千余，炮四门，即以主力向架桑移动，一部七、八百，分东、南两路袭击涧南沟。本部特务营因伤亡甚重，众寡不敌，遂向马沟崖（架桑东南）转移，拟与十四、十七两军靠拢，以便指挥，但公私行李已于涧南沟损失殆尽，无线电班亦被敌冲散，通信连络即中断。三十四师驰援马村之一零零团（欠第三营），行至架桑西南十里之小庄村附近，即与由马村北窜之敌遭遇。激战至午，受由朱家庄方面窜来之敌二、三百袭其侧背，该团腹背受敌，苦战至暮，始向东西交口附近转移，架桑遂失陷。十七时本部到达马沟崖附近，得知八五师五个营正在王茅以西地区与敌激战。九四师伤亡甚重，已在马沟崖以北收容，约有两营，当令邱团长明指挥。新二师归夏参谋长余三指挥，固守现阵地，并派便探与各军、师连络。据报：八四师在段家庄、庄子坪之线与敌激战，第三军在县山、东西交口、樊家沟、黑虎庙一带与敌战斗中。时已薄暮，正拟向北连络，各军师适进北滩以东高地，被突破，各部官兵蜂拥南退，本部当转移八达山（土岭西南高地）。自八日以来敌极活跃，我第一线及各交通线与渡口均终日有敌机盘旋，往返轰炸，是日十时台寨西北并发现敌伞兵千余名。十日上午晴，下午雨，月龄（十四）。本日皋垣大道西犯敌，已侵入板涧河西岸，五福涧已于昨九日午失陷。由五福庙、下涧、台寨、王家河（武家坪南）东犯敌，已侵入南沟、七泉村、东西北沟一带。本日辰第三军遵照长官卫命令要旨；以主力沿温峪大道南进，适与由马村北窜之敌遭遇，即与敌在温峪东北高地展开激烈之争夺战。因敌据有我既设工事顽抗，并由西南逐次增援，遂成胶着。该军乃转向东突围，拟到朱家庄后再南移，又被阻于徐家山、胡家峪附近。是时敌合围之势已成，该军拟转移外线，即以团为单位，化整为零，分路突围南移。唐军长率十二师向东，第七师除以十九团向涧南沟、马村寻获本部外，余即分路向北，三四师向西南。二十三时本部冒雨夜行，又转至涧南沟，仍未与各部取得连络，但判断各军仍在指定位置，决继续北进与各军连络。

十一日天候阴雨，月龄（十五）。本日一时，决经马村附近向曹家庄、东西交口前进，拂晓到达柳沟（马村东）东侧，即被敌阻。此时本部仅率特务营之两排及各部失散官兵百余名，幸大雨滂沱，敌运动困难，即在涧南沟西北高地停止侦察。本日唐军长率十二师向东突围未奏功，即在东交口附近与敌激战竟日，第七师向北突围后，亦为清山村、上横榆之敌所阻，而西移。三四师亦在圪马沟（温峪西北）被敌包围，苦战至日暮，始冒雨突围，转移至河东村附近。是夜十二师及三四师一零零团续向东突围，在徐家山、胡家峪一带与敌激战甚烈。寸师长、杨副师长及三四团团长张正书均于是役负伤，三四师一零零团乘夜向马蹄沟方面转移。

十二日天候雨，月龄（十六）。本日五时三四师一零零团到达县山，魏纵队亦同时到达，据报马蹄沟已为敌据，即在县山占领阵地。八时许唐军长亦率一部到达县山，以突围未奏功，官兵伤亡惨重，已极愤慨。十一时马蹄沟、水泉村、大寺坪等处之敌，复向县山围攻甚急，各部官兵伤亡过半，情况万分险恶。唐军长即于大雨滂沱中遣去左右，自戕殉职于县山顶，副师长杨玉崑闻耗，赶至后已不及救，即哭奠掩埋于县山之巅。官兵闻耗无不感泣，悲奋之余，复与敌血战至薄暮，战斗益趋激烈。一零零团薛团长亦负重伤，而殉职于阵地。其余官兵当由第二营刘营长收容，于十九时向东南冲杀，至徐家山复被敌冲散，该团官兵现归队者仅九十余员名。魏纵队向东南突围，至朱家庄亦被敌截为数段，失去连络，其在闻喜西北游击之一支队则已随队西渡来洛。第七师李师长世龙率直属部队及二十团，十一日在清山村被阻，西移后即转至马家庙，适与三四师一零二团会合，当于是夜由子儿山突围出山。该师之二十一团十一日在马蹄沟被敌包围，伤亡甚重，除一部由上天桥、蔡村突围出山外，余即由该团长率领向东南突围，十二师寸师长性奇负伤后即陷重围。经三十六团副团长龙世章率队救出，绕道至余家山收容部队，并策定重向胡家峪方向突围计划，令各部队统归副师长杨玉崑指挥突围。

十三日天候晴，月龄（十七）。本日三时十二师先头之三六团已通过胡家峪隘口，师部始到达胡家峪附近，天已渐明，遂被胡家峪之敌截击。同时南海峪、店头村、上下横榆之敌三面围攻，该师复陷重围，官兵伤亡极重，寸师长亲到隘口督战，腿部复受伤，势至危殆。即慨然曰："现情况已极险恶，应以为国家保全实力为重，无因余而陷军队于绝境。即令各团以稷王山为目标，分路向西突围，以分敌势。"当时该副师长杨玉崑，曾令三五团第三营护卫该师长。十五日各团已先后到达目的地，继续西渡，惟寸师长迄今生死不明，随护之第三营亦仅有少数官兵脱围。据报：被围混战后，即与师长失去连络，官兵亦被冲散，闻师长已于是役阵亡。等语。该师三十六团长黄仙谷亦于是役失踪，迄今生死不明。三四师师长公秉藩率直属部队及一零零团突围后，十二日至东交口，十三日至大河村，该师师长即于是日失去连络，部队当分散出山，与一零二团会合西渡。右翼之九四师，自九日转进至五女山、马沟崖附近后，十日被敌南北夹击，战至十八时，始向东突围。十一日抵南北塔（图无，王茅东），复被敌包围，官兵冒雨冲杀。血战竟日，不能脱围，乃以营为单位，向横河镇方向突围。二八一团团长邱明即于是役阵亡，刘师长明夏行踪不明。十七军之八十四师，十日拂晓与敌在余家山、焦家庄、胡家峪、马蹄沟各地区激战竟日，伤亡颇重。入暮后即开始向北突围，十一日乃出山西移，野补团支团长亚春即于是役阵亡。同时新二师亦在板家河、秦战河附近向北突围。左翼之八十军，自八日夜奉令以主力转至台寨东北，掩护南沟渡口后，至九日午后因敌猛迫，入夜后即开始渡河。至十一日夜大部亦南渡完毕。自战斗开始至突围止，各时期态势如（附图二）其一、其二。〔图略〕

本部于十二日在上桃沟与十九团会合后，获悉各部已分路突围，即决心在山中与敌旋回，以便收容各部失散官兵，于十三日夜率该团东移。

十四日天候晴，月龄（十八）。本日拂晓本部率十九团到达进北滩（架桑东），即与田家岭、金坫垛之敌对战竟日。是夜又经马沟崖回涧南沟，时已收容各部官兵万余，共编成三个纵队，拟以陈家山、黄家河（五福涧东北）、马排沟（夏县东南）为根据地，分区游击，以控制深入之敌。

十五日天候晴，月龄（十九）。是日在涧南沟西北高地停止侦察，入夜即令各纵队向指定位置移动，毕选文纵队向马排沟，谭善详纵队（约三团）向黄家河，本部率刘海东纵队经马村北向陈家山前进。

十六日天候晴，月龄（二十）。本日拂晓，本部率刘纵队到达马村附近，即与约千余、炮三、四门之敌遭遇。前卫十九团第一营伤亡甚重，乃撤至马村、金家岭以东高地。十二时马村、麻岔之敌分路向我进犯，激战至十五时，敌主力复向我两翼迂回，正面之敌炮击尤烈。涧南沟东北亦发现敌情，正与谭善详纵队之一部对战中。敌之包围圈逐渐缩小，乃决心转移外线，分路突围。本部率刘海东纵队于是夜继续向西突围，开始时因受马村东北高地之敌截击，经第二次突围始脱围。

十七日天候晴，月龄（二十一）。本日拂晓，本部率刘纵队之一部到达聂沽垛(马村北)，因本部职员及十九团一、三两营之大部于第一次突围时被敌截断，失去连络，当在聂沽垛停止收容。至二十二时乃继续向西突围，十八日晨到达陈家山，毕纵队亦到达马排沟附近，惟谭纵队未突围，即被敌冲散，以后情况不明。本部于十八日夜通过武家坪敌封锁线，十九日拂晓前到达水塔村(下唐回西南)，停止侦察，并准备给养。十九夜原拟再回陈家山收容本部及刘团失散官兵，因敌大部北撤，武家坪通路被阻，又折回水塔村。

二十日天候晴，月龄(二十四)。八时，下唐回、干沟村、任家窑(武家坪西北)敌共千余，分三路向我包围，激战甚烈。我以前后受敌，官兵伤亡甚重，乃向南转移，在武家坪以西高地停止收容后，至薄暮乃继续西移。

二十一日天候晴，月龄(二十五)。本日拂晓，本部率十九团之一部到达漫沟(四交村南)，八时四交村、庞家湾、涧底河之敌复三面向我包围，此时刘团官兵及本部官佐不满三百。乃乘敌未合围，先向西转移，使敌扑空，以争取时间。薄暮到达石岭村(四交西)，是时山口情况不明，官兵已两昼夜不食、不眠、不休，而石岭村距山口与预定停止之目的地尚有九十华里，进退维谷，情势极危。所幸士气尚盛，即决心冒险前进，先编成突击队，选定路线后，即于二十时出发。虽道路崎岖，行进甚速，但行军军纪极优良，盖即自觉纪律之表现也。

二十二日天候晴，月龄(二十六)。本部率刘团之一部一时到达大庙村东端，得知大庙村有敌盘据，因绕道通过，又耗时一时二十分。比出山口，天已渐明，闻夏县城敌起床号音，官兵情绪愈紧张，及经夏县南关时，敌骑四、五十突向我冲来，势极危殆。幸官兵沉着，即就行军队形停止向敌骑快放，悲壮之杀声亦继机步枪声而起，卒将敌骑击退。乃向夏县西北之史庄急进，八时半到达，此时敌机甚活跃，我亦饥疲交困，乃停止早餐。十二时闻喜、夏县、安邑敌各二、三百，炮二二门，分路向史庄包围，与我在史庄西南激战甚烈。十三时敌一小部已侵入史庄东北，击我侧后，乃向西突围，在郭店、水头、东西浒村间分散旋回。苦战至十六时，我虽伤亡惨重，敌亦无法将我围歼，而退去。入暮后乃集合残余官兵，冲过铁道、敌碉堡封锁线，二十三日十五时到达稷王山，二十四日在稷王山南之上义村休息。二十五日十八时续西行，二十六日一时渡汾河，突围战斗至此即终止。由开始突围至渡汾河各时期，敌我态势如(附图三)。〔图略〕

丁、经验教训

一、敌我优劣点：

（一）敌之优点：

1. 不顾一切遂行任务。

2. 运动迅速。

3. 善应用其武器以配合战法。（如快速部队以掷弹筒代炮兵）

4. 善运用伪宣传、伪情报及佯动，以掩护其企图。

（二）敌之劣点：

1. 孤军深入，如我配备有纵深，即可各个歼灭。

2. 入山后极恐慌，夜间步哨均烧大火，并狂喊壮胆。

3. 士气低落，不敢入沟及森林搜索，搜山时以民伕担枪尾随。

（三）我军优点：

1. 强韧性与忍耐力强，不为敌态势所压倒。

2. 意志坚定，宁忍受饥寒隐匿山中，待机出围，不缴枪不投降。

3. 行军力猛。

（四）我军劣点：

1. 对敌情缺乏有系统之研究判断。

2. 不爱惜武器，情况紧急时多任意抛弃武器。

3. 一般干部不能利用地形之复杂与敌之弱点，作适当之配备，以增大山地及森林之价值。（如森林与道路不能逐次设伏兵以阻敌）

4. 战斗动作生疏。

5. 掌握不确实。

二、敌之战法

敌因鉴于迭次犯山由正面攻击之惨败，经一年来之研究准备，并探知我军无纵深配备。此次乃以曾受特种训练之部队，不顾损害，以钻隙迂回战法与冒险犯难之精神，攀登绝壁、沿沟道，向我侧后挺进，袭击我各级司令部，截断我后方连络线，打破我军之指挥系统。

三、教训

（一）置之死地而后生之战斗心理，可备用不可久用。

（二）对军事不可存侥幸心与幸免心，如孙子所云：无恃其不来，恃我有备也。

（三）情况紧急时，对无线电须派必要兵力专任掩护。

（四）情况不明，影响决心，处置至巨。通信连络中断后，各级指挥官除指挥战斗外，其唯一之任务为尽诸种手段与纵横方向连络。例如五月九日第三军攻克黑虎庙后，如情况明瞭，向南继续攻进，即可将侵入五福涧附近之敌歼灭，完成占领桥头堡阵地，掩护南渡之任务。又十日后，如知敌大部已进占南沟、五福涧各渡口，即可全师向敌后退却。

（五）主要战场应建立通信根据地，于平时预置无线电于适当地点（最好化装隐藏民间），使团以上主官知其位置，以备必要时之通信连络。

（六）本军事第一、胜利第一之原则，应以国家全力彻底改善现在之输送补给，使野战军得专心于作战准备。如以战斗上兵背粮磨面，其损失之大，实无法估计。

（七）大兵团若无后方交通线或根据地，影响士气甚大，即勉强支撑，亦鲜有战果。

四、敌以快速部队钻隙迂回之对策：

（一）山地防御之工事位置，除阵地之制高点外，应多选在山腹、山麓及反斜面，尤以沟道须以木堡直接封锁之。

（二）沟道及山麓之木堡，以取短射界，而以火力奇袭为有利。

（三）师以上各级指挥官须控置必要之预备队，以打破敌钻隙迂回与冒险犯难之战法。

第五集团军三十年五月中条山战役人马伤亡统计表〔略〕

总司令　曾万钟

中华民国三十年七月　　日

〔国民政府国防部史政局及战史会档案〕

5. 第一战区长官司令部补呈中条山会战经过代电

（1941年10月）

第一战区司令长官司令部代电　　　　参字第21811号

重庆委员长蒋：O密。谨将此次中条山会战要报补呈如次：(甲)豫北、晋南敌除原有第三五、第三六、第三七、第四一等师团，第三、第四、第九等独立旅团外，自四月中旬以来，先后由华北、华中抽调有【第】二一、第三三等师团，骑四旅团、炮二旅团、独立山野重炮兵共约五个联队，伪军第二十四师及张岚峰、刘彦峰、伪大汉义军等部，附飞机三百余架，化学部队、空军陆战队各若干，以扫荡中条山国军，摧毁我晋南游击根据地之目的，窃取闪击战法，以垣曲为目标，于五月虞午分五路，以第三五师团主力、计一师团、骑四旅团各一部(附伪军张岚峰、刘彦峰等部),由温、沁向孟、济西犯;第三三师团附独四旅团一部分,经阳城沁翼大道向董封东西线南犯;第四一师团主力附独立第九旅团及伪大汉义军,由绛、横向横皋大道南犯;第三六师团经沁水、侯马、闻喜、堰掌方面向东南犯;第三七师团附独三旅团一部及伪军第二四师,分由夏县、张茅大道东犯,重点指向横皋大道及夏县方面。分下列等步骤:(一)入犯之敌分编多数纵队,威广正面钻隙迂回,并利用汉奸、快速小部队袭截我通信连络及各级指挥部,打破我战斗组织,增大我指挥上之困难。(二)将重兵分置于各交通要点,构筑工事,遮断我军连络,各个击破之。(三)封锁山口、渡口,逐步紧缩包围圈,完成分进合击式歼灭战。本部于会战前,经以辰东诚电令各部,以交通线为目标,加紧游击袭破,妨害敌之攻击准备及兵力集中,并以辰东亥诚电呈报在案。会战开始第二日,因情况剧变,敌之来势极猛,当严令各部应力保现态势,粉碎敌蚀食中条山企图,诱敌于有利地带,转取攻势而夹歼之。虞迄真日战斗惨烈,为抗战数年来所未有,每日自拂晓起至黄昏止,平均无一分钟天空不见敌机活动,阵地所在无尺寸土不为敌炮烟、毒气所笼罩。本部鉴于中条山阵地战条件不健全,如续行决战,不仅各部给养无法解决,前岸胜利公算微渺,即南岸河防亦成问题,遂令接近河防之第九军主力、第八十军南渡,增强河防兵力,第五、第十四等集团转移外线,发展敌后游击。删日前各部主力已按预定计划排除困难,向指定地区转进,一部留现地分散游击。惟在转进过程中,各部给养至为困难,通信器材或为敌机炸毁,或为敌冲散遗失,指挥连络作战均极困难,故续令各该集团以最小限兵力保持前岸。中条山游击主力暂时分批南渡休整,俟补充竣事后,再北渡作战。综合全会战,约达四星期,消灭敌约在三万以上,除黄河北岸各交通线及大渡口为敌控据外,其太行、太岳固仍为我国掌握,即中条山亦仍为我各部游击队直接、间接所控置领有。(乙)敌为造成本会战态势于有利,曾于五月微迄删日发动两次局部攻势。(一)鱼辰敌以三六师团主力、三五师团一部,配合炮空,分由壶关、荫城、高平、晋城会犯陵川,企图一举打破我范汉杰军,减轻会战时侧背威胁,卒被我范汉杰军长战术运用得宜(转变内线作战为外线作战),将敌击溃回窜,我获全胜。(二)灰日敌以三七、四一等师团暨独立第九旅团各一部,附炮空、化学、伪大汉义军等部队,以深夜袭占绛县东南、武庭麟军阵地两要点后,即展开大部兵力,分由中村、绛县、横岭三方面,向我阵地全面猛攻。激战五昼夜,我虽将敌拒止,扼守杨家梁、上下官庄、山子上、陆家坪、卢园山、天盘山、贾家山之线,惟第一线阵地要点松树掌、西堡、岭上、大晋堂、干梁沟、庙上、南河、东西桑池等要点,悉先后沦陷敌手。因各方均感防广兵单,抽转不易,虽几经规复,终未圆满达成。(丙)战斗经过:(子)裴昌会军方面。沁、博、温、孟一带西犯敌,以第三五师团主力附第二十一师团骑四旅团各一部为基干,虞申分三股,左翼以温县为发起点,先头步兵五千以上,骑兵千余,炮二十余门、飞机数十架,战汽、装甲等车共百辆,沿黄河北岸突进。我丁树本部一部在招贤集附近迎击,激战数小时,以受敌迂回,遂移守孟县以北地区。(当令王晋师主力南移禹寺镇策应,抽丁部主力驰赴孟县附近,阻敌西进。)该敌不顾一切,除以一部续对丁部猛攻外,主力向白坡挺进。中央以沁、博为发起点,一股先头千余,循沁济大道西犯,为我王晋师击溃。另一股先头二千余,附炮十余门,于窜陷西向义庄后,继向捏掌、紫陵、东逮寨、留村一带猛扑。激战至寅刻,我第十七支队任昇荣部退守沁河南岸,当以新廿四师一部向留村增援,将数度强渡之敌予以击溃。旋敌已增至三千以上,我已伤亡过重,转移和庄、河头迄五龙头、磨盘山之既设阵地。齐已陷白坡之敌,以一部侵占坡头,主力折向北犯,向济源西南突进,与王师一部在泥沟河对战中。同时沁河北岸敌三千余,以飞机十余架、炮廿余门掩护,强渡沁河,攻陷我官庄、裴村,我张东凯师及任昇荣支队转移至武山、李八庄、大社一带。本部得息后，当以电话命令该军，迅即留置一部于晋博公路以西山地及武陟、温县一带，发展敌后游击，适时侧击西犯之敌。主力迅速移守封门口南北迄黄河之线，击敌西犯，兼掩护官阳、邵源、横河补给、连络安全。该军基于本部电令，以第八、第十七、第廿六等支队，留置刘坪及武陟、温县各附近游击。独四旅杨兆荣部向西进之敌侧击，郭贻珩师除以一小部于邵源镇向西警戒外，主力占领竹园沟迄封门口之线阵地。未刻敌机廿余架向我更番狂炸，同时济源、南泥、沟河、小王庄之敌向西承留猛攻，酉刻官庄、裴村之敌续陷西许庙街。佳午该军主力已按预定计划陆续到达，占领右起黄河亘大峪镇、杜岭、葛兰庄、秦岭、封门口迄马沟岭既设阵地。戌刻因蒲掌失陷，该军腹背受敌，当即以电话命令该军，应切实注意刘集团南侧掩护，不得已时发展敌后游击，抽集有力一部，准备南渡，加强河防。灰午敌步骑约二千余，炮十余门，于机炮、毒气掩护下，向我玄坛殿、李八庄前进阵地猛攻，我各部予敌打击后，陆续西移，申刻敌跟踪追近我封门口主阵地，实行强烈毒攻。我郭师耿团、王师张团、张师宋团，守备阵地，官兵中毒者各达三分之一，卒将敌击溃。旋敌大举增援至万余，攻势益猛，当即发生剧烈争夺战，阵地要点得而复失者再，迄亥仍苦战中。真辰起窜踞坡头以西一带之敌，屡以千余或数百不等，在猛烈机枪炮火掩护下，实行强渡，均被我南岸河防守备部队击退。本部因王屋山、桥头堡阵地渐失作用，南岸河防（孟津以西、陕州以东河防约一百七十余公里，原系游击队河队、壮丁队担任守备）岌岌可危。兼以北岸官兵给养堪虞，乃令该军以一部转移王屋、邵源以北，掩护刘集团侧背，攻牵（尾击）南犯（南渡）之敌。主力占领右起黄河亘王拐、洛岭、槐树庄、韩彦、一一七五八高地线及洛岭、十字路、一〇五四一、九五五一、五三四一线交互掩护，继续南渡。午刻窜至王屋附近敌六、七千，炮卅余门，骑兵装甲车甚多，并以飞机数十架，更番向我轮炸，掩护步兵突进。申刻沿河岸西犯敌先头四、五百，附炮两门，窜抵交兑、大峪镇一带，旋增至三千余，炮十余门，均被我郭师奋勇击退。文子王师大部南渡完毕，郭师正续赓南渡，辰刻起遭敌机百余架轰炸，官阳东西渡口船只多被炸毁，而敌亦已迫近，遂饬将未南渡部队向官阳东西转进，以作敌后游击。张师及杨旅、丁任等部在济邵大道南北、博晋公路以西，与敌旋回激战。迄已号郭师大部、张师主力陆续南渡，而杨旅后被敌压迫，突过晋博封锁线，建立道清西段以北山地游击根据地。丁树本、任昇荣、谢荣堂等部，利用济源境山地发展游击中。总计是役共毙伤敌约五、六千。（丑）刘茂恩集团方面，敌以第三三、第四一等师团及独立第四、第九旅团为基干，虞晚由东西桑池南犯敌约五千余，附炮廿余门，分向赵世铃军垣曲北木耳河、贾家山阵地猛攻。激战至齐日拂晓，续增敌三千余，飞机数十架，更番狂炸，并放射大量瓦斯，阵地遂被突破。旋敌后分两股，一继南犯，一突过十八盘直趋望仙庄。本部得报后，当严令该集团转饬赵军，竭力固守现阵地，另速抽集有力部队向西出击，协力曾集团夹歼入犯之敌。巳刻望仙庄不守，大南沟（同善镇西北）继陷。其南进之股午刻已窜抵王茅镇，激战至烈。敌复以少数降落伞部队，于王村镇以南降落，协力快速部队，戌陷垣曲。本部鉴于情况变化甚速，增援不易，当一面急令曾集团注意右翼，防敌钻隙迂回；一面电话严令刘集团竭力保持现态势，诱敌于有利地带，转取攻势夹歼之。另阳城北贾楼虞晚到敌千余，齐辰分两路，一由天掌村向北次营，一由陶河向董封前进。同日中村敌千余窜至交口村，与我武士敏军王克敬师接触，激战至佳丑，将敌击退。是时该集团遵照本部电令要旨，作如下部署：（一）九三军（欠第十师）应即以主力南下，打破高、沁敌之封锁线，直捣刘村镇，威胁阳城、董封。（二）第十师确保现阵地，以有力一部向阳城东、西、南积极活动，侦袭流窜之敌。（三）九八军附毕梅轩纵队，确保现阵地，并竭力恢复已失阵地。（四）十五军与四十三军连系，确保现阵地，并拒止敌东犯。部署甫下达，佳辰河头村、井苏村一带增敌至三千余，午刻刘戡军以刘师、程师附马叔明师一个团（附铁道破坏队一分队），攻袭东邬岭敌据点。主力攻取沁水，一部对屯留、张店、良马、古县敌匪警戒，马师主力集结于端氏附近机动，并派有力一部对仙翁山、刘村镇之敌攻牵。本部鉴于中条山战况日益紧张，戌刻以电话命令该集团，注意北进道路侦选。灰日各方战况继续演变，济源、垣曲间各主要渡口渐次被敌封锁。该集团整个补给中断，兼阳城南山贫瘠，不适于大部队生存，遂以电话命令该集团阳城以西部队主力，迅向沁翼公路以北分路转移，以旋回钻隙战法，打击敌人侧背。卯刻该集团全面与敌发生激战，申刻交口之敌陆续增至三、四千，窜陷清风、圪塔、煤坪。同时第十师与九八军接合部之二里腰亦被约二千余之敌突破而陷，邵源之敌亦向西北紧迫，此时该集团三面有受敌顾虑。遂遵照本部电令，以第十师一部在阳城以南、以西积极游击，抑牵当面之敌。主力经董封、沁水以西地区北进，十五军之六五师（欠一团）以横河镇为核心，积极游击，抑牵当面之敌。该军主力由董封、沁水以东北进，以毕纵队于张马以南、同善镇以西、横垣大道以东地区，向南北外围扩大游击。九三军力保现态势，掩护主力北进，四十三军任务照旧。入夜刘戡军（欠第十师）向沁水、刘村镇猛攻，甚为得手。文拂晓各部未能与敌脱离，二里腰之敌约一联队续陷吉德、白庙，直扑横河镇。当经第十师陈师长亲率野补团等部反攻，将敌完全击溃，毙敌七、八百，获步枪二百余枝，轻重机枪数十挺，文件及军品甚多，敌攻势稍挫。惟突入九八军方面之敌，集中飞机、毒气猛攻，雪泉岭阵地岌岌可危，十五军东移部队亦加入作战。是晚总部附第十师经横河、析城山东进，元辰到达桑林村，未刻武庭麟、武士敏两军仍与敌胶着。寒辰总部折回西庄凹，以便就近指挥。各部突围到达后，得悉九八军四二师、一六九师（欠两个团）已于文至元辰突过封锁线北进，十五军主力文晚于牛沟被敌二千余所阻，乃折向南转进。元寅毕梅轩部自动以一部留原地游击，主力随九十八军越沁翼公路北进。（该部通过封锁线后，毕梅轩本人只身离队，故大部离散游击。）同日武庭麟率直属队，姚北辰率该师一部，进抵析城山麓老苗、坡泉、西圈头一带，又被横河之敌千余尾击，寒晚该部率六十四师一部到达石窑上。六五师主力在茨滩河、李圪塔、后文堂附近，与敌对战。刘戡军刘、马两师仍与敌对战，九八军王、郭两师已到达东邬岭、沁水间。删夜东冶到敌二千余，第十师廿九、卅两团分由阳城以东北进，陈师长因掩护总部，在西冶北小王庄被敌阻，铣未仍折回西庄凹。筱午西冶之敌续占桑林。巧日武庭麟率队移上下土圈，姚北辰率一部移黄家门，拟向南突围绕道北进，适桑林之敌攻我益烈。另一部敌约三千余，分由析城山、风山岭、老君堂向西庄凹包围。该总司令因大部不易行动，乃分总部为两组。由刘总司令亲率之一组，计有陈师长率两团及六五师一九二团，东渡沁河。由符参谋长率领之一组，计有十五军野补团、一九四团及郭景唐师之潘、赵两团等部北进，于皓晚分别突围。同日晚本部电令北上各部队，在刘总司令未到达太岳区前，悉归副总司令刘戡指挥。刘总司令组〔？〕号抵龙岩底（距沁河八里），被约千余之敌截击、尾击，激战竟日，敌我伤亡均重，适值大雨，方打开进路。本部鉴于各该部迁延时日太大，北上殊多危险，留置现地游击，给养困难，将士疲劳，遂于马日电令刘总司令，除留必要兵力保持阳城南山游击根据地发展游击外，即率在阳城以南之武庭麟军主力、武士敏军及陈牧农师各一部，分期分组南渡。梗子行抵西承留附近，与武山之敌六、七百，战车二辆遭遇，当予迎击，毙伤敌百余，毁战车一辆，余敌溃散。敬抵坡头，击退敌千余后，陆续经西河清渡过南岸。符参谋长组及陆续收容九四师、八五师约一团，在阳城西南与敌游击约两周，于六月江日，由桑林、风山岭分组分路，于微迄齐等日，乘夜突过封锁线，由柿林村、西河清、小狼地及塔地等处渡过南岸。以武士敏军王师，养寅于西犯村与田浮山来袭敌千余激战后，东渡沁河。梗日军部及王师继续向北进，有卯抵宋家岭附近地区，遇追敌二千余、飞机卅余架来攻，被追以团为单位，取捷径北进。敬午军部郭师于小寺庄，与追敌一部二千余、飞机廿余架接触激战，迄申大挫敌锋，我当以一部抑留该敌，主力续向北突进。感日长子、田家沟敌千余阻我进路，当予击溃。六月东日后，军及各部陆续到达东沟（沁源东），旋以敌大部西窜，我南移于王村、郭庄一带整理，并抚辑流亡、恢复政权中。综计自虞日起，大小战斗数十次，共毙伤敌九千余，缴获步枪一百余枝。（寅）曾万钟集团（附高桂滋军）方面，入犯之敌系第四一、第三六、第三七等师团主力及第三、第九等独立旅团之各一部为基干。虞日薄暮前后，分由横皋大道及闻、夏等方面南犯、东犯。其在夏县方面者，先头六、七千分三股，主力一股三千余，炮三、四十门，向我唐军李世龙师左翼马团之张家峪、下焦庄、大庙村一带阵地进犯。一股步骑千余，由逦峪村东南进袭蔡家窑头。同时驻涧底河之毕团，亦遭由南北进之敌千余猛攻。另横岭关、余家山、镇风塔等处之敌亦集中炮火，向我秋千岭、白石山、杨家山高桂滋军阵地轰击。齐子李师当面之敌大举增援后，实行强烈猛攻，丑刻我涧底河东西线之侧面阵地被敌突破，敌乘势以主力千余袭占四交村。一股七、八百，经赵家河、王家河，向大涧口第七师部猛扑，唐军长当急调卅四团协力李师恢复马团原阵地，卅六团围歼四交村之敌。另闻喜敌三六师团先头部三千余，亦向公师、野峪、十八坪、唐王山阵地猛攻，旋唐王山被陷。经我增援反攻，于未刻夺回，计毙敌五百余，获轻机枪六挺、步枪五十余枝，掷弹筒二具。正乘胜追歼之际，东西桑池方面敌七、八千，炮廿余门、飞机数十架，于突破我贾家山阵地后，继向左家湾、铜矿峪、胡峪刘明夏师正面。另敌二千余，炮七、八门、战车廿余辆，向我高军右翼秋千岭、白石山、路家沟 北山阵地猛攻，激战至烈。午刻刘师左家湾、石龙山阵地侧后，因受贾家山方面之敌威胁，抽兵堵截，致阵地守兵薄弱被突破。申刻神烈沟、西交村敌共千余，会陷下唐回，续增至二千余，炮八、九门，以主力沿艾儿沟、通马村道急进。一部

二、三百经任家窑、于沟、麻家匣，会犯马村，时总部仅有一特务营，乃急调魏纵队一支队驰援，并将围攻四交村之卅六团抽一营尾敌夹击。比至麻家匣西北之黑虎庙，即与敌遭遇，当即展开激战，毙敌大队长以下四百余。未刻马蹄、拮垛、王家河（武家坪南）、下涧一带，均先后发现敌情，武家坪至南沟线已被截断，马村至南沟线又无兵控置，孔令恂军方面情况亦渐次严重。本部为调整战线，便利指挥起见，当令孔令恂军归曾总司令指挥，并将曾、孔连系予以调整。曾抽乔明礼部一团寻殄深入之敌，公秉藩师一团驰援马村。同时侵入麻家匣之敌续向马村猛攻，在阎王硖（马村西北隘口）附近激战甚烈。酉刻唐军已将四交村之敌击溃，毙伤五、六百，夺获山炮二门、战马数十匹及其他战利品无算。戌刻因敌我阵地交错，指挥困难，遂下令变更部署，以该集团主力移守法家山、北山、上五女山、田家岭、乔家山、胡家峪、东峪沟、管家屹垱、罗有村、孤子岭、野猪岭亘秦家村第二线既设阵地。一部沿唐回、麻家匣大道及以东地区，寻殄深入之敌，到达唐回后，以一部占领秦家村、下砖庙至五龙庙之线，与孔军谋取连系，统限于佳寅部署完毕。佳子阎王硖附近之敌已增至二千余，炮十余门，进攻愈猛，祁家河亦发现敌情。本部因曾总部四面受敌，瞬息之间即有与断绝电话连络可能，当以电话预示该集团，万不得已时，除后方人员及一部酌由五福涧方面南渡外，主力应分向东北及西北敌后转移。丑刻曾总司令由马村移驻涧南沟（马村东）指挥，辰刻马村敌主力折窜架桑，一部千余分两路袭击涧南沟，复以飞机十余架助战。酉刻曾总部再移于马沟崖（架桑东）。是时刘明夏师及谷熹师之两个团，在王茅以西地区；高桂滋军在段家庄、庄子坪之线；唐军在县山、东西交口、樊家沟、黑虎庙、架桑村一带，分别与敌激战，我各部伤亡均重。灰辰由皋垣大道西犯敌已侵入板家河西岸，由下涧、五龙庙、台寨东犯之敌，亦侵入五福涧、七泉村、东西北沟一带。其由马村北窜之敌，在小庄附近与公师增援之一团激战后，已窜至温峪村附近，与由皋落西进、唐王山南进、夏县东进之敌，会向我唐军胡家峪、张家坪、东西交口一带地区围攻。巳刻唐军主力沿温峪大道，迎击北犯之股，至温峪东北高地与敌遭遇，当即展开剧烈争夺战，迄亥敌我伤亡均重。同日刘师在马沟崖，高军在余家山、焦家庄、胡家峪、马蹄沟一带受敌包围，激战至烈。该集团基于本部佳夜电话要旨，以高桂滋军(附刘师、谷师之一部)向东、唐军(欠公师)向东北、公师向西北，以团为单位突围。部署下达后，刘师高军续与敌苦战竟日，入暮后始脱围。刘师二八一团团长邱明高、军野补团团长艾亚春先后战死。唐军长率寸师向东，李师除派十九团赴总部外，主力分路向北。总部经涧南沟向曹家庄、东西交口前进，真辰抵柳沟(马村东)，遭敌八、九百截击，因值大雨，将敌击退。惟无线电人员被敌冲散，不得已暂就现地(涧南沟西北高地)停止，留候归队。旋侦知向东突围之寸师，仍在张家坪、东交口附近与敌激战。李师向北突围后，复为清山村、上横榆一带之敌所阻，折向西进。公师在圪马沟、温峪西北被包围，苦战至日暮，始脱围南移。是夜寸师及公师、薛团续向东急进，至徐家山、胡家峪一带，与敌千余搏战竟夜。我寸师长及三四团团长张正书负重伤，公师一百团团长薛金吾阵亡。文巳唐军长以保卫中条山职志未遂，当前大敌未殄，于县山顶庙内自戕殉国。文日总部到达马村北之聂圪垛，申刻李师十九团亦赶到上排沟。据该团长报称：真日曾在徐家山、金圪垛两次突围，俘敌八名，因坚不随行，已处决。等语。元日拂晓第十二师突围进至胡家峪，遭敌截击，该师师长寸性奇亲率所部，与敌苦战，旋负重伤，部队且战且走。该师长因伤重，未能随队行，铣迄今生死不明。寒辰总部到达架桑东之进北滩，与田家岭、金圪垛一带之敌遭遇，激战竟日，将敌击退。入夜复经马沟产折回涧南沟，沿途调集各部官兵万余，共编成三个纵队，以陈家山、黄家河(五福涧东北)、马排沟(武家坪西)为根据，分区游击。删夜我即以毕选文纵队向马排沟，谭善祥纵队向黄家河，总部率刘海东纵队向陈家山分途前进。铣拂晓总部及刘纵队在马村附近，与敌千余遭遇，激战至申，敌向我两翼迂回，正面则以炮群轰击，而在涧南沟东北之谭善祥纵队亦受强敌攻击，敌之包围圈渐形缩小。铣夜除谭纵队被阻，仍匿中条山分散游击伺机行止外，总部与十九团及刘纵队筱辰到达聂坫垛，惟人马在马村东北高地被敌冲散甚多，亥刻继续西进。皓夜敌大部北移，武家坪通路被阻，不能脱围，仍折回水峪村。号巳下唐回、于沟村、任家窑（武家坪西北）敌千余，分三路向我包围，激战至薄暮，将敌击溃。马拂晓到达四交村南之漫沟，旋被庞家湾（四交村东南）敌千余侦知，分由四交村、庞家河、涧底河三面向我围攻。我即乘敌未合围，向西转移至石岭村，养子抵大庙村附近，越出山口，卯刻经夏县南，遇敌骑百余，当将其击退，甫抵史庄、闻喜、夏县、安邑等处。敌三千余，炮五、六门，复分向史庄包围，经我且战且移，于宥拂晓渡过汾河，其余各部截至巳俭陆续西渡，转豫境休整。惟刘师长明夏、公师长秉藩，真日突围时，概因只身离队被俘。综计该集团十余日之战斗，共毙伤敌约一万三千余。（卯）孔令恂军方面，虞未敌以三七师团（二二六、二二七等联队）主力附伪二十四师，分多数纵队成广正面法，集中机炮火力，并以飞机诱导步兵，向我西村、牵犁园、王家窑头、杨家窑头王竣师右翼八十团（唐、孔两军接合部附近）阵地猛攻。另以独三旅附三七师团一部，向刘家沟、古王、计王王治歧师全面佯攻牵制，激战迄戌，我右翼团王家窑头线阵地及观音殿、燕家坪、任家窑线阵地相继不守，且有局部遭敌包围，唐、孔两军连系为敌遮断。齐子王竣师移守石头山、一八〇〇高地、门坎山、将军岔、解垣、刘家沟线阵地，驰援之民军第一、三两团，正行抵石头山、门坎山附近地区，丑刻敌三千余，复分三路向我石头山、刘家凹、将军岔各附近突窜，当即展开激烈争夺战，刘家凹得而复失者再，计殄敌中队长以下五百余。刘家凹失陷后，石头山阵地被包围，门坎山、上吉窑头阵地先后被摧毁。王竣、王治歧两师连络中断，敌钻隙南进益猛，经我乔明礼部在核桃凹附近截击，毙伤敌甚多。遂令乔明礼部占领虎头山、神仙岭以北之线，掩护王竣师向黄家庄、羊皮岭、毛家山、解垣、刘家沟转移，并以王治岐师主力向神仙岭方面转取攻势。部署甫定，敌七千余在飞机数十架掩护下，分由大石岭向毛家山、九眼窑、向羊皮岭反复猛扑，经我各部奋勇击退，殄敌千余。旋敌大举增援，实施强烈毒攻，未刻王治岐师黄家庄、羊皮岭阵地相继不守，各部被迫退守饿罗山、长权村、神仙岭一带激战。为维护王治岐对东交通，当急令该师抽兵一部，占领南北白山、老茨沟、淹底线阵地，防敌南窜。午刻五龙庙仓库附近，发现敌便衣队三、四百，当经乔部派队击退。本部为调整战线，便利指挥起见，电话令孔令恂军归曾总司令指挥。未刻九眼窑之敌三千余向东山底、小坡、老茨沟王治岐师阵地进攻，高家咀、古王、计王方面均有激战。槐下村、稀子村一带集结敌五、六千。我以处境险恶，当调整部署，以乔明礼、王治歧主力移守五龙庙、饿罗山、西沟村、望原村迄黄河之线，力与唐淮源军谋取连系，王竣师残部抽控郭原以东地区休整。申刻王治歧师南北白山、老茨沟阵地，遭敌二千余猛攻，益以飞机十余架低空轰炸，我官兵浴血苦战，当击毁敌轰炸机一架，落于毛家山以北地区。同时饿罗山迄望源西北高地遭敌多数纵队强袭，数经击退，共殄敌七、八百（内有指挥官一员）。卒已〔以〕敌增援不已，乔明礼阵地右翼被敌突破后，退守贺雨村。本部以该军孤立危险，乃令该军从第一线抽一部出击，掩护主力移守交家川、姚家坪、五里庵、师徒庙、柳树窑之线，加紧对唐军连系，采〔并〕掩护白浪渡口。戌刻长权村北敌骑二、三百，向我乔部伏击，悉数就殄。佳未敌约四、五千，在飞机廿余架掩护诱导下，分由祈家河、王家河、下涧来犯，马圈沟、望源之敌亦追踪而至，我官兵奋勇应战，敌我伤亡均重，申刻敌窜据台寨以北高地。前窑亦发现敌情。新二十七师师长王竣、参谋长陈文杞，均在曹家川附近先后被炸身死。灰日拂晓战斗益烈，敌机更番轮炸扫射，爆烟起处，血肉横飞，幸赖我官兵咸抱有敌无我决心，激战竟日，歼敌六百余，敌终未得逞。本部因中条山战况日益变化，桥头堡阵地渐失效用，南岸多属空防，在在堪虑，乃令该军南渡，增强河防兵力。真辰我渡河掩护部队，勉就文家川、孤书㝐、九四六八高地之线，敌由大宽河窜陷交底沟，直扑南沟，我集结窑坪部队，奋起应战，与敌搏战，卒将敌击退。旋敌大举增援，益以飞机数十架大肆狂炸，掩护步兵向我全线进扑，师家滩被陷落。午刻密云四合，大雨滂沱，我乘敌运动困难，猛力反攻，敌被重创后遁，迄文申，除乔明礼部向东北转进游击外，余均南渡。综计该军自虞申至文午激战五昼夜，歼敌达五千余。（丁）会战前本部因鉴于豫东中牟迄温县以东各渡口悉被敌封锁，道清西段沿线及以南地区兵力骤增，晋南侯、闻、安、运、解、永一带增集敌约达两师团以上，会犯垣曲，侵毁我晋南根据地企图日益显明，当以辰东诚电令各部队，应制机先积极实施游击，以粉碎敌之攻击准备及兵力集中。并律定各部任务如次：（1）庞炳勋集团以有力一部，分对安阳、淇县及壶关一带积极游击。（2）范汉杰军以一部向新博间道清沿线游击，主力向陵川以南移动，至对晋城方面积极游击，可能时则力求打破敌人白晋公路之封锁。（3）裴昌会军应以有力部队进出温县以东，积极实施敌后游击。（4）刘茂恩集团以有力一部对高平及沁、翼方面积极游击，可能时则力求突破阳沁翼大道敌之封锁。（5）曾万钟集团孔令恂军，各以有力一部进出同蒲路以西，以稷王山为根据，积极袭截同蒲交通。（6）李家钰军以一部加强中条山西段游击。（7）守备阵地各部应确保现态势，加强现阵地，迅速完成战斗诸准备，迎击敌之来犯。会战间迭令庞、范等部加紧行动，努力遮断晋高长交通，打破博晋公路敌封锁，策应刘、裴两军作战，并令孙蔚如、家钰等部，加派精锐部队北渡，加强沁河南岸及中条山西段游击。各部奉令后均发动若干次有限目标攻击，虽未能直接影响战果，然对平汉、道清、同蒲各铁路。博晋、晋长各公路敌兵力转移、补给、运送，实获牵制之力不少。（戊）本部因鉴太行区方面第十八集团军三八、五三、八六新【编】各一旅，旋逐次南移至林县东之鹤壁、陵川、东北行、行头、树掌一带。太岳区方面，晋东叛军薄一波部，已侵入洪屯公路以南封仪镇、松树掌、边寨一带，经由各方迭经严电制止，难期效果，刘集团主力北移后，如再与奸伪作战，则地幅狭小，旋回困难，给养亦无法筹措，有全军覆灭之虞。当以辰马亥诚电令刘戡、范汉杰，协取捷径，分经灵石、洪洞间及洪洞、侯马间，迅速通过汾河，向乡宁、吉县突进。先移晋西，尔后相机由小船窝、师家滩西渡转豫，增强河防。刘军奉命后，有辰以刘师主力为前卫，马师一部为后卫西进。适府城镇、南北孔滩、马壁敌三、四千，向东阻我进路。端氏、玉壁敌四、五千向北尾追，经我分别迎击，且战且走。宥夜至河东村，感夜至东沟，俭夜先后到达唐城镇（安泽西北）及南北石村一带地区，稍事休整。卅夜赵城、洪洞敌知我西进，戒备甚严，乃折转向北绕出绵山，世早抵柏子镇，东晨至木盆沟，策定突过封锁线计划与部署，冬午开始行动。除陈师之廿九、卅两团在介休附近被敌阻击，参谋长刘迺俊战死，不得已仍退集绵山东麓。迄六月真日，始由赵城北渡过汾河跟进外，军部直属部队及刘师、马师，卒将沿途障碍次第扫除干【净】。六月支日经过双池镇，铣、筱等日先后集结韩城以北地区休整中。范军于敬晚分由高平南北突过长晋封锁线，旋奉委座辰漾亥令一元电，令该军暂留陵川服行原任务。原电令虽于辰敬午后无线电发到，但斯时该军已进至高平南北大道东侧地区。当夜仍续行西进，有迄感日该军陈、李、黄等师，分在高平西北以西及西南地区与围犯之敌激战颇烈，至感晚遵令东返。黄师全部、陈师主力，分由高平南北，于艳辰先后到达陵川，军部及直属部队在窑儿头、高坑堆（均高平西）受敌包围，于俭晓分批东移。范军长亲率一部，经后河村、唐安村、西太阳、南义城，世晨抵陵川。陈师长率一部、李师长率主力，为敌抑留于高平西北地区，俭迄世日均与各方围犯之敌猛烈激战。至巳月江、鱼两日，始先后击退当面之敌，东返陵川原防。总计刘军西进、范军东返，先后均历旬余，乃至两旬，与敌各激战十余次，共歼敌约九千余，我亦因沿途与敌作战、与敌机轰炸，共伤亡、中毒、失踪官兵达一万三千七百五十一员名。（己）本部为加强前岸游击，直接掩护河防，确保太行、太岳，呼应吕梁山国军攻牵敌渡犯，除遵委座皓令一元、马令一元各电要旨，拟订分区游击部置，经于辰漾子诚、辰艳子诚、巳有【子】诚、艳申童发各电呈核在案外，其南渡、西渡各部亦正加紧整训补充，待命北渡作战中。（庚）本会战所得经验教训，检讨如次：一、敌军战法。（一）敌此次会犯中条山系运用闪击战法，集中大优势兵力，以多数纵队寻求我守军接合队，以多数空军诱导掩护突进直入，首扑各级司令部。（二）敌运用快速小部队，化装难民，潜袭各司令部，占据后方要隘，配合其野战军作战。（三）对我阵地及支撑点，除炮、空协攻外，更使用大量毒瓦斯。（四）对我阵地后方锁钥部，则用伞兵降落，以威胁我军之侧背。（五）在会战间，对我会战地及后方各主要交通线之各交通工具，如隘口、铁路、公路、车站、机车、水塔、黄河渡口、各船只，日夜不息的继续轰炸、炮击，虽一船一车不任残存，使我交通上停止一切活动。（六）敌利用伪军着我制服，冒我番号，混入我阵地后方，或化装难民，施行扰袭与间谍工作。二、敌军优点。（一）敌诸兵种协同密切。（二）敌于作战地域内，兵要地理调查详确，一切准备充裕。（三）部队转用灵活。（四）善于利用伪军及土民。（五）战斗行动确能遵照其上级计划勇猛实施，不以局部困难牵制全局发展。（六）以大量伪钞骗使沦区民众，受其利用。三、敌军劣点。（一）敌军虽欲歼灭我野战军，但因部署欠周，我军各部主力多能遵命转至外线，粉碎其歼灭战之企图。（二）敌虽拟分区扫荡，但因其搜索未周，故迄今仍有大部在中条山续行游击任务。（三）于沦陷各区多遭各种残暴兽行，纪律极劣。四、我军优点。（一）我军各部大半能遵上级指示，励行革命战术，将被包围时向敌后方突进，应战况需要化整为零，突围钻隙。（二）忍耐艰苦，撑持旬余，绝粮时食树皮、草类及战马，续行游击任务。五、我军劣点。(一)会战前地域条件太缺，因兵力与特种兵之缺乏，对敌人对山口之封锁，虽屡经突破，但终难长期掌握，我军完全处于内线，形成被包围之形态。万山崇崇，道路崎岖，交通困难，兵力转用，补给运送极感艰窘。山地瘠硗，农产不丰，背近黄河，兵团转用更乏旋回之余地。更以敌碉堡封锁政策，致我军难于利害变换线之外，集中兵力，击破某一面进犯之敌。阵地纵深既小，复缺乏兵力守备，是徒具有阵地之躯壳，并无阵地战之条件也。(二)作战重要因素。兵员数量过于悬殊，战区自二十八年后，前后奉命调出部队有第二集团军、第二十二集团军、第七十一军、第七十六军、第三十六军、骑二军、骑八师、骑十四旅，炮兵第五、第十七两团等部队。由晋南调出者则有第二、第四、第二十二各集团军全部，第五集团军之第十四军，第三十六集团军之第四十七军、第七十六军，而只代以第八十军之两个师与第卅四师。因敌人之日渐推进，我军工事之增加，其需要兵力在原则上原应随时日以俱增，方合时势上之需要。但以倡导晋南军队太多之声浪日益高涨，致晋南作战军迭次抽出，以致防广兵单，既无纵深兵力，复无控制兵团。故一经接触，短期间预备队即使用罄尽，致难与进犯之敌作长时间周旋。斯种情形，迭经多方请求，陈述各在案，终以后方无兵而未【决】。若以敌我兵力相较，我军概为十七万余人，敌方则在十八万至廿一万。此外，空军三百余架、独立山重野炮兵约五、六个联队，瓦斯部队、降落伞部队各若干，是在火力及战斗活力上比较，则又超我远甚。势有别、数悬殊，千里馈粮，背水列阵，兹不得不转对阵而为游击也。(三)会战地域内政治、经济情形特殊。晋南作战军因环境关系，甚难获得政治上之配合，物资极度贫乏，根本不能辅助军事，只恃军事一方面之支撑，而无从发动全面性之抗战。(四)作战军编制待遇未能一律之影响。晋南作战军，各单位因负同一战斗任务，而部队因已整编未整编、实费经理与非实费经理关系，饷糈显有丰窘，待遇间不平均，相形见绌，啧有烦言。此关于团结精神与作战意志者，至深切大，似应速谋调整者。（五）部队杂项组织太多，战斗力因之削弱。晋南山地瘠硗，粮食缺乏，各军给养全赖后方之输运，其近山口远离后方者，须冒险通过敌方封锁线，抢运敌方粮食。又因运到部队粮食多半小麦与杂粮，以是各部队对于运粮、磨面、挑水、打柴队各种勤务实占全连三分之一以上。此外，更有突击队、搜索队、侦察队、便衣混城队等等之特种勤务，复占去若干名额，加以新兵、病兵，所余战斗兵不及编制数二分之一。而干部方面，则又若干分赴多方面受训，是指挥机构又失去若干效能。因各种杂勤太多，补给困难，故疾病、逃跑等缺额亦随之增加。（六）官兵骄怠，警戒疏忽，为敌所乘。晋南作战军除少数部队外，率皆频年作战，毫无休息，但因屡挫进犯之敌，每谓中条山有金汤之固，恃而无恐。骄怠一生，戒备遂疏，敌谍混入，致一日间师以上多数司令部为敌狙击，致指挥通信时有中断。（七）白刃战技术与体力一般均不能与敌对抗，取得搏击胜利。（八）武器不足维持部队之战斗力。晋南各部队武器大半使用过久，虽奉有拨发，究属为数太少，炮兵则极度缺乏，无以维持火力上之骨干。若以敌方编制论，其此次使用炮数二公分以上概约八百门、七公分五以上概约五百门左右。而我晋南各部每师平均不过一门余，且弹药极少，观测器材缺乏，真正能用之亦不过卜福斯之九门耳。（九）感受空军绝大威胁。此次会战敌空军三百余架，逐日出动，除交通线、渡河场、通信线路完全被其破坏控制外，我阵地上空无时不遭其轰炸与威胁。阵地摧毁，人马伤亡，补给断绝，增援不及，几使我部队行动完全陷于停顿中。（十）受敌特种兵器之损害。敌每挫顿时，必使大量毒瓦斯，致使我军无法坚守。（十一）通信较差，通信器材过于笨重，部队转移致多损失。而人员训练亦感不足，又补助通信器材几全部无有，故主通信一生障碍，则无法以补救之。谨闻。洛。卫立煌。申俭删。印。重发。

中华民国三十年十月

〔国民政府国防部史政局及战史会档案〕

6.第八十军关于中条山战役作战经过概要及经验教训报告

（1942年4月）

第三次参谋长会议陆军第八十军三十年五月中条山战役作战经过概要暨所得之经验教训

（甲）作战经过概要

一、敌于四月中旬进犯辛黎园（系新二七师前进阵地），军即判断此地必为敌重点之所在，乃以河北民军控制于石头山附近，终以敌兵力强大，未能有所补救。当时如后方控制部队强而有力，虽未能有补于全局，亦可使局部战况转危为安，故控制部队须视当时之情况如何，而指挥者须根据一切之判断以掌握之，实为至要。

二、"作战部署未能适时变更"。各部队担任之战斗地区为时过久，以致我阵地配备、部队素质、主官性情、惯用战法等，均为敌侦悉，而得从容研讨对策之方案。此兵法所谓"知己知彼，百战不殆"。

（乙）

一、敌攻击时以主力由我地形或配备上之弱点突入，避我军之抵抗，直向我后方要点或高级司令部进犯。此种锥形战术，在昔仅局部使用，此次中条山战役则广泛运用。攻势发动前，敌预先在我各军、师之前面均配以所要之兵力，全面同时发动，所采用战法如出一辄〔辙〕。此种以纵的力量楔入之战法，与以前之广正面攻击方式不同，当视为战术上之一大转变。

二、敌攻击我要点时，先遣便衣队或穿著我军服装之第五纵队混入我后方，俟机发动，以收内外夹攻之效。

三、山地防御沟道之封锁极关重要，如此次敌犯中条山时，其便衣队多由深谷或小道趁夜暗入我后方。

四、敌军步炮协同极为确实，步兵进至要求炮兵火制之时机，即能应时发射，极为有效，步兵攻至我阵地之最近距离之瞬间，炮兵复能应机延伸其射程。

五、民众组织甚欠严密，奸伪容易混入。

中华民国三十一年四月　日

〔国民政府国防部史政局及战史会档案〕

（十五）长沙会战

一、第一次长沙会战

1.第九战区前敌总司令部指挥各部队赣西作战计划大纲①

（1939年9月1日）

第一、方针

一、我为达成持久消耗战之目的，先依锦河南岸亘奉新以西之现既设阵地线，极力消耗敌人。敌如继续进犯，则于新淦、新喻线以北亘新喻、宜丰线以东地区，行逐次抵抗，相机断然采取攻势。

第二、指导要领

二、逐次抵抗阵地线选定概【略】如左：

甲、第一线为市汊（不含）——松湖街——湾头街——赶车垅——猪婆大坧（或米峰）——对门山——故县街——船下洲丁概略线。

乙、第二线为樟树（不含）经楼圩——太阳圩——石头街——官桥街——棠浦概略线。

丙、第三线为新淦（不含）——东乡山——罗坊街——鸡公岭——鹰嘴脑——水口圩——石洪桥——官桥街——棠浦概略线。

三、于各线作战指导要领如左：

甲、第一线大体为现占阵地线，我应于此线极力消耗敌人。但在整训未完了前，敌如向我进犯，以现有第一线部队打击敌人为原则，在接近整训完毕时期，敌始发动攻击，我整训部队能参加第一线作战时，则依本部五月下旬所策定之高安附近作战计划，指导

①沿用原标题。

作战。

乙、第二线为中间阵地线，仍以第一线部队转进此线，担任作战为原则。

丙、第三线为最后阵地线，应于此线利用整训部队之增加，断然采取攻势，并应长时间确保该线。在此线采取攻势，重点预定保持于新喻、上高间地区，将敌压迫于赣江、锦江间三角地带内而击灭之。此时期希望使用整训部队应在三师以上。此外，在此线后方应选定新淦（不含）——观音山——百丈峰——鱼鳞山——太和圩——公和圩——应嘴脑——洞口脑——同登脑——南门山——罗坪头线之预备阵地，并设法构筑之。

四、在现态势下，如有机可乘（例如：发现敌人确抽调主力向他方面转进，或我之他战场处于有利形势，确认转移攻势可以成功时等），应脱离阵地断然转取攻势。此时期之作战指导，应着意能以主力截断修河以南敌之公铁路交通，遮断敌之退路，而期聚歼敌人。

五、在行逐次抵抗时之作战地境线预定如左：

49Â ＼新喻南端——罗坊街东端——义成圩——英冈岭——
23A ／太阳圩——黄沙冈——胡村——乌山铺相连之线。

23A ＼田心圩——南门山——磻村——界埠——车头——龙团
1AG ／桥南端——大王岭——莲花山——竹园胡村——杨梅港——石鼻街之线。

第三、理由大要

六、以左之理由判断敌人对于本战区或仍有攻势企图。

甲、德苏互不侵犯协定成立后，英法有所顾忌，或作更大之忍让，因此波兰问题不一定即能引起欧洲战争。英、倭因德苏协定之订立，同感愤惧，或有妥协之进行。设欧洲不发生战事，英、倭转趋妥协，则倭将对苏极力避免真面目之战争，而在英方不支持中国经济之形势下，先对中国作进一步的压迫。

乙、德苏协定成立后，敌国朝野均感不安，敌阀为掩饰过失，振作民心，将有向中国再兴攻击，企图一逞之必要。

丙、敌为巩固华北占领地，节约华中兵力，同时为使我之兵力转移困难，将利用长江为天然封锁线，似有进一步的西犯宜、沙之企图。

丁、湘省资源尤以食粮多在洞庭湖沿岸地区，敌为进一步困我，同时为自方取得资源计，或有进出洞庭湖南岸地区之野心。

戊、赣北、鄂南、湘北敌后方交通线大体完成，江湖之水仍在盛涨时期，在九、十月间算是敌军进犯的一个时机。

七、敌欲向湘北进攻，为牵制我军兵力，必先由本正面发动。本部为能确实达成掩护战区右侧背安全，并为确保赣南，势不得不先着意阻止敌之西进与南进，而后求打击敌人。此计划先行逐次抵抗，而后相机采取攻势之理由也。

须行逐次抵抗之另一理由，有左之数端：

甲、我之抗战方针：在可以打击敌人时，务予敌以打击，在可以不放弃土地时，虽寸土亦不可放弃。因之我现占阵地线，概为战况之自然演进线，并非完全就阵地上应具备之条件考量而选定者，欲在此线行一线抵抗，地形上不可能。

乙、现在第一线正面过宽，不但兵力不敷使用，且素质欠良。欲以现有兵力，在现占阵地线行一线抵抗或决战，力量殊欠充分。

丙、现占阵地线接近公路，敌可藉其优势装备以临我，如过此线后，公路已彻底破坏，敌无法展其所长矣。

丁、到第三线决战，我可利用有利地形及使用整训部队，乘敌进展困难而施行大规模之攻势转移。

八、欲守必先能攻，长期抗战，尤不可不着意战术上之攻势，此本计划终极目的，必须断然采取攻势之理由也。

九、就地形上考量，为施行逐次抵抗，在第一线虽不求敌决战，但系既设阵地线，自不可不依阵地极力消耗敌人。第二线之目的有二：一为达成持久战之目的，一为使在第一线部队之转进中间目标及整训部队有为攻势准备之余裕。第三线在地形上较利于决战，尤便于行长久时间之抵抗，此本计划所以采取为最后阵地线也。

〔国民政府国防部史政局及战史会档案〕

2.第九战区前敌总司令部赣西地区作战指导腹案①

（1939年9月10日）

一、方针

我为达成持久消耗战之目的，先依锦河南岸亘奉新以西之现既设阵地线，极力消耗敌人。敌如继续进犯，则于新淦、新喻线以北亘新喻、宜丰线以东地区，行逐次抵抗，相机断然采取攻势。

甲、理由

Ⅰ、敌情判断

1.敌如因满蒙边境战事之扩大，感受苏联之实力威胁，或其国内发生事变，以一部在现在阵地施行牵制，以主力向南浔线退却时。

2.敌如于本正面行佯攻，冀图牵制。同时以有力之一部，沿武修公路及靖安西南之山地，进扰我之左侧背，以策应其主力方面进攻修水——平江，窥我湘垣，与湘北敌主力相呼应，以达其侵占宜、沙之企图时。

3.敌如以主力沿湘赣旧公路线进攻高安，以一部向石头岗攻击，或另以有力之一部陆海军，在空军掩护之下沿赣江西犯，威胁

①沿用原标题。

我之右侧背，以策应其主力攻击时。或以主力于进出石头岗、高安以西地区后，向左迂回，以一部沿赣江西进（或由要点登陆），与其主力相呼应，会攻清江时。

4.敌以主力沿湘赣旧公路线攻略高安，进犯万载，同时于赣江及奉新西南之山地带，向我围攻时。

Ⅱ、地形判断

1.我右翼赣江，为三、九两战区之接合部，形成敌迂回我右翼良好之水上进路。于现季节江水正大，具有海军舰艇之敌，正好竭力发挥其特长，以协助其陆军之作战。

2.我中央石头岗至竹园胡村间，敌后方公路纵横，可通南、浔。九月下旬，南浔铁路已将完成，其兵力转用非常容易。我三十二军作战地域内，地形平坦，攻易守难。后方公路虽经彻底破坏，于现季节稻割田涸，无水可灌，均成旱田，形成波状地，对敌机械化部队之阻止，遂觉困难。

3.我左侧山地带与三十集团军间，有约45km之大间隙，山岭绵亘，道路纵横，警戒发生困难，敌潜入进扰容易。无论敌由右翼赣江、左翼山地向我迂回，均能使我战略上陷于不利。以我火炮贫乏之现时，相〔想〕阻止敌舰于江上非易，只能作陆上防御而已。

Ⅲ、任务判断

1.以策应战区主力方面之作战容易为目的，依状况则断然采取攻势，以有力之一部（约三师）向修河南岸地区挺进，相机攻占南昌。

2.以协助左翼友军方面作战为目的，应以有力之一部（约两师）向武修公路挺进，侧击敌军。

3.以确保赣西，掩护战区主力军之作战安全为目的，并与第三战区取得作战上之连系计，应于新淦、新喻以北亘新喻、宜丰以东中间地区，行逐次抵抗，以消耗敌军，相机与敌求决战。

二、指导要领

Ⅰ、各阵地之预定

1．第一阵地

（同现在线，含预备阵地，从略。）但第一集团军预备阵地左翼，应另于闵家山——马鞍岭——白露岭——亘石凸山之路，增加一复线阵地，以确实封锁奉新大道（第一线正面约108km，预备阵地正面约54km）。

2．第二阵地（距第一阵地约38km）

为樟树、清江、曲水桥——太阳墟——石头街——泗溪——官桥街亘棠浦北方高地之概略线（正面约56km）。

3．第三阵地（距第二阵地近者约18km，远者约38km）

为鱼鳞山——罗坊街——鸡公岭——鹰嘴脑——和尚脑——上高城东——唐家山亘宜丰北侧高地之概略线｛江防另以有力之一部（约一师）配置于观音山——鲢鱼岭——仁和墟中间山地，主任赣江之防御，并对鱼鳞山、袁水下游方面警戒｝（约80km，江防山地约18km。）

以上各预定阵地，须派员行现地侦察后，再策定各阵地详细位置。

Ⅱ、各期兵力使用之概数

1．第一时期约七师（不含183D），又保一团、机动部队一师。

2．第二时期约九师，又保一团或二团。

3．第三时期约十一师，又保一团或二团。

以上各时期，系指于第一、二、三阵地使用兵力之概计。

Ⅲ、各期指导概要

乙、第一案（74A能参加作战）

1．于敌情任务判断第一（敌向南浔线退却，我策应战区主力作战）。我于判定敌之企图及行动方向后，即断然以60A之全部及

49A之一师，向修河南岸挺进，追击敌军，相机攻占南昌、安义，尔后则依情况定之。

2. 于敌情判断第二（敌主攻30AG，一部向我佯攻）。依任务判断第二（协力友军作战），以六十军向箬溪，或武宁等处挺进，侧击敌军，以协助30AG方面之作战。此时将74A控置于棠浦、上高、宜丰中间地区，为战略预备队。

3. 于敌情判断第三、四、五（敌三方俱来，或主力西进以一部左翼迂回）。任务判断第三（掩护战区主力作战）各种情况，如全线遭受敌之猛烈攻击时，应于判断敌主力之使用方向后，视当时之情况，各军依计划逐次转移于预备阵地，极力拒止敌军。若赣江方面威胁力不大，则令第一线部队相互掩护，转移于第二、三阵地行逐次抵抗。74A则以一部占领第三阵地，以主力（两师）控置于阵地中央后，相机与敌决战。若赣江方面威胁力甚大，或敌有一部已在左岸登陆，则令49A自行掩护，逐次转移于第二阵地（以一部阻止江上之敌人）。32A受1AG之掩护，逐次转移于第二阵地，1AG除以一部（一军）掩护32A之转移阵地外，60A则与32A同时转移于第二阵地。

若以上各时期，敌如先由中央32A地区突入，西进迟缓，或确认其无从续部队，且西进之兵力不大等时机，则令49A之左方师，1AG之右方军分向西北、东南山地调整阵线，形成守势钩形。32A即转移于第三阵地整理，同时以74A全部向前挺进，协力49A、1AG包围侵入之敌军而聚歼之，并相机转移攻势，将敌向赣江左岸压迫而歼灭之。

4. 无论在任何情况之下，对右翼赣江应派一部，严密戒备。如确认敌有登陆企图，则加强兵力竭力阻止之。左翼山地带，应由杨遇春部（加强其实力约步二团）配置于会埠、九仙汤、石门楼之中间地区，依游击战之方式，努力封锁与30AG间之间隙及任对小部队之驱逐，并掩护一集团军之左侧。

5.一八三师应预先令其归还建制，以掩护本正面左侧之作战安全。若时间不许可，则令其以奉新西北侧山地为根据，侧击由奉、靖西进之敌，以协助主力之作战。

6.于第二、三时期（第二、三阵地）之作战指导，则应视情况另行策划之。

丙、第二案（74A不能参加作战）

于第三、四情况，若74A不归我使用时，则第一线部队竭力抵抗，于判断敌主力方向后，转移于预备阵地，努力拒止敌军，依情况必要时，相互掩护逐次抵抗，转入第三阵地。酌抽1AG之一部（约两师）为战略预备队，竭力拒止敌之西进（行动标准，视敌由中央突入兵力之大小及右翼威胁之程度而定）。

丁、搜索警戒要旨

Ⅰ、搜索

1.敌未发动前，各部应派出小部队，行威力搜索，努力与敌保持接触。适时应真确明了敌之企图，切勿为敌之佯动所欺骗而趋于不利（详细计划如另纸〔略〕）。

2.敌发动后，应努力搜索敌之主力所在及其动向。同时派遣搜索队，对两翼行较大规模之威力搜索。

Ⅱ、警戒

对赣江在最初仅以小部队警戒为已足，以免为敌所牵制。确认敌有登陆之企图后，再依情况酌派有力之独立部队，担任江防，竭力阻止敌之登陆（部队之派遣视情况而定）。

戊、兵站、交通、通信要旨

1.兵站以使攻守之补给裕如计，应预将各军兵站线路，向修河以南地域延伸，作成腹案，并应准备会战必需之弹药（计划另定之）。

2.交通应充分准备，为逐行补给之必要输力，位置于适当地点待用（计划另定之）。

3.通信无论任何情况之下，均应保持有线电(电话)之通信为要（计划另定之）。

4.各卫生机关应预行控置，俾各时期均能于适当之位置而开设之。

〔国民政府国防部史政局及战史会档案〕

3.罗卓英报告所部在上富镇甘坊等地战况及作战部署密电

（1939年9月）

(1)9月26日密电

急。重庆委员长蒋，分报主任白、长官陈、代长官薛：膺密。战况及部署：(一)我五十一师进占伍桥何、樟树岭要点。第一集团军主力及一五师、五七师正向上富镇、甘坊之敌攻击中。（二）为掩护战区主力作战右侧安全之目的，先行击破西犯之敌，变更部署如下：（1）四九军预九师仍在现阵地，重点保持于左。一零五师向左延伸，占领马形山、白石岭、富公岭、虎形山、旂山亘南山何之线，接替一四一师阵地。(2)三十二军一四一师将阵地交替后，即转向万载附近，一三九师俭日可到达万载东方集结。七四军五一师仍在潭山何、院前邹庄、店前、富楼、幸家原阵地。五七师续行原任务，正向上富镇、冶城之敌攻击中。五八师在官桥街附近地区集结。(3)第一集团军主力及一五师正向甘坊、横桥之敌围攻中。(4)各交接阵地部队限感日完毕。除令遵外，谨报。罗卓英。宥未。钧。印。〔自分宜发〕

(2)9月27日密电

特急。抄二份。重庆委员长蒋、司令长官陈(另报主任白，长官陈、薛)：膺密。战况：本日拂晓向冶城、上富镇、甘坊之敌奋勇总攻以来，战况异常激烈，截现在止，七四军五七师感卯已击破冶城、上富镇南岸之敌后，即渡河追击。上富之敌步骑约八百余，经猛烈攻击后，已向上富以北溃退，扫荡队一部已进至上富镇，与残敌巷战，迄辰完全占领。五一师一部已攻占罗坊河南高地，与敌隔河对战中。第七一【师】各队已进展甘坊附近陈家坳、小坳头、石公庙、石洞口之线，正向甘坊之敌猛围攻中，一八四师一部已占领横桥。入暮，敌续有增加，同时向五一师正面攻击。除严令各向敌夜袭以期聚歼外，谨报。罗卓英。感未。钧。印。〔自分宜发〕

(3)9月28日密电

急。重庆委员长蒋：膺密。战况：连日窜入上富、甘坊欲行西犯之敌，自我攻占上富，包围甘坊，首尾截击，处处受创，甘坊之敌被我第一集团军及一五师正在解决中。俭午，敌由九仙汤方面增来千余(一一三联队)，向我反攻，同时又以飞机轰炸及放毒弹，经一再严令奋勇歼敌，故在甘坊附近，反复肉搏，不下数次。俭申，一八四师仍在小坳头线北端之线，一五师伤亡较重，现占坳头、错箕窝高地之线。俭晚，令一八三师接替该线，一五师即移甘坊北面，复作包围之攻击。是晚，敌一部七八百压迫我横桥之一八四师一营，进犯下南岭、梅秀庵，已令五七师及五八军各派一部阻其南犯。敌一部已受我军之打击。除饬各部努力攻击外，谨报。罗卓英。俭戌。钧。印。〔自分宜发〕

(4)9月30日密电

特急。重庆委员长蒋：膺密。战况：(一)高集团方面，续向甘坊西南增援之敌，由文件证明系一零六师团一一三联队。自辰至午，在飞机、炮火掩护之下，向我一八三师猛攻，我左翼五四九团伤亡甚大，全团仅余二百。未刻，品〔？〕树坳遂告放弃，敌亦有相当伤亡。现仍竭力固守坳头西方樟树岭亘将军庙西南端之线。敌机五架，更番轰炸。一五师情况未详。敌五百已窜抵茶坑。新十师已到找桥，新十一师亦向找桥急进，一八四师仍向甘坊之敌猛攻中。(二)七四军伍桥河之敌续增约三百，未刻向我五一师六千岭炮击六百发，并施放烟幕，现仍在激战中。全线于戌刻同时向敌攻击，进展情形容另报。罗卓英。卅申。钧创。印。〔自分宜发〕

〔国民政府国防部史政局及战史会档案〕

4. 关麟征关于第十五集团军参加第一次长沙会战作战经过要报

（1939年10月）

第十五集团军长沙会战战斗要报

一、作战前敌我一般态势

敌自侵占湘、赣北部边境之后，正面扩展，连络线增长，需用兵力愈多，捉襟见肘，图穷匕见，陷入泥淖，时感仓皇。重以我各方面乘其弱点，极力反击，深入敌后，时时袭击，每多斩获。湘鄂公路及粤汉北段，崇、通、临、岳一带，无时不见我军之袭击。加以敌之士气颓衰，战斗力锐减，虽时欲抽集一部兵力向我局部攻击，亦以转用为难。屡试屡挫，固早已拘于被动态势之下，而我湘鄂公路及粤汉北段诸军，则力求积极□□□□兵力，向敌进击。通、崇、临、岳一带之敌，守点守线则处处有断绝连络之苦，既失协同之效，更无反搏之力。所有在敌区内之公路、铁道及通信等，又时时被我袭击部队破坏阻截，不能常时利用敌之后方连络线，仅可利用武汉通岳阳之水道。敌以久受我军压迫与桎梏，亟思破此痛苦，以新士气。数次集其主力，欲由新墙河一逞，又累遭挫败，不能进展。至敌蓄意侵犯长沙，进窥衡阳，筹谋已久，以我将士忠勇，未敢轻犯。九月初，密将其□□赣、鄂方面之兵力转向临、岳、通城一带抽调，企图由粤汉□□□协同，并以一部由湘鄂公路方面长驱直下，以摧破我湘北之主力。又于九月上旬，以其一零六师团由赣北向高安一带进犯，以眩惑我方之判断，吸引我军兵力。而于九月十八日，凭其海陆空之协力，由水路全面开始向我猛犯，长沙会战于焉肇兴。

二、作战经过概要

子、新墙、汨罗两线及湘鄂公路方面作战经过概要：

（甲）敌军兵力及进犯方略概见。

兵力

第三师团（欠两个大队）

第六师团

第十三师团

第三十三师团

炮兵第八联队

工兵第八联队

战车一部

飞机若干（见于战场者约百架）

洞庭舰队

进犯方略

1．以第卅三师团之主力（附轻战车一部）为助攻，由通城北之大沙坪经麦市、桃树港、龙门厂、长寿街，转向平江、浏阳前进，策应其主力军之作战。

2．以第六、第十三两师团为基干，任主攻，由新墙河正面压迫我军。另以第三师团由岳阳、□□□、荷叶湖改乘铁舟，由水道迂回，在空军掩护之下□□，由附近强袭登陆。同时以洞庭舰队之陆战队，在九马咀、鹿角附近登陆，施行侧背攻击，企图由水、陆两面包围我军于新墙、汨罗两河之间歼灭之。然后直取长沙，再图衡阳。

（乙）本集团军作战经过概要。

（一）战斗序列：

第十五集团军总司令关麟征

参谋长姚国俊

第三十七军军长陈　沛

第六十师师长梁仲江

第六〔九〕十五师师长罗　奇

第一四〇师师长李　棠

第五十二军军长张耀明

第二师师长赵公武

第二十五师师长张汉初

第一九五师师长覃异之

第七十军军长李　觉

第十九师师长唐伯寅

第一〇七师师长段　珩

第七十三军军长彭位仁

第七十七师师长柳际明

第七十九军军长夏楚中

第八十二师师长罗启疆

第九十八师师长王甲本

（二）九月十八日前之部署大要。本集团自奉令保卫湘北，担任湘鄂公路及粤汉北段之守备以来，历时八月。一面力图巩固正面及沿湖、沿江之防守，并时时抽派一部有力部队，深入敌之后方，不断猛袭，多有斩获。九月十八日以前所指挥之部队为：第三十七军（60D、95D、140D）、第五十二军（2D、25D、195D）、第七十九军（82D、98D）。以决在九岭、新墙河、汨罗河两线持久机动防御，乘敌进犯之际，击灭之目的，与必要时，诱至于新墙、汨罗两河之间围歼之方针，授予各部队之任务如下：

1．第七十九军（82D、98D）附第一四零师，在麦市经九岭、黄岸市亘长安桥（含）之线，占领阵地，阻击敌之进犯，主力保持于中央。

2. 第五十二军（2D、25D、195D）附第三十七军之第六十师，在长安桥（不含）经杨林街、新墙、荣家湾亘九马咀、鹿角、磊石山一带，占领据点固守之。主力保持于中央，乘敌进犯之际，击灭之。

3. 第三十七军之第九十五师，任归义、汨罗亘营□〔田〕、□□、湘阴、于家咀沿汨罗河南岸及湘江东岸占领阵地□□〔固守〕之，主力保持于营田方面。

自敌大举增兵湘北，于九月十八日开始向我进犯，已判明敌之企图及兵力，系为有充分准备，翔切计划。其目的必不在侵占长沙即止，而我正面非常之大，兵力处处薄弱。司令长官薛乃于十九日，令第七十军（19D、107D）及第七十三军（欠15D），加入本集团战列。

（三）作战经过

九月十八日

新墙河北岸之敌增至万余，黄昏顷以一股步炮三千以上，向我新墙河北岸下燕安、大桥岭等处前进据点猛攻。我守该各处之第二师部队即予迎击，激战终夜，卒为我击退，敌伤亡颇多。

十九日晨，当面之敌继续向我进犯，又迭遭我打击。至午，第七十军（19D、107D）及第七十三军均归职指挥，当时情况综合如下：

本集团当面通、崇、临、岳一带之敌已得知者，有其第六师团及第三十三师团（当多未明者）并炮、骑、工各一联队。昨、今两日向我下燕安、大桥岭等处进犯之敌，与我前进部队仍在激战中，并渐增加，有渡河进犯之企图。

决心

本集团决在九岭、黄岸市、杨林街、新墙、鹿角、磊石山一带及汨罗河南岸两线，持久防御，逐次消耗敌人，乘其疲顿之际，侧击歼灭之。

处置大要

军队区分

右地区队

指挥官第七十九军军长夏楚中

第八二师

第九八师

第一四零师

炮一团第五连

第十挺进支队

左地区队

指挥官第五二军军长张耀明

第二师

第二十五师

第一九五师

第三十七军(欠第一四〇师及第九五师)

炮一团第一连

炮八团第二营

第十一挺进支队

第十二挺进支队

汨罗河南岸守备军

指挥官第七十军军长李觉

第十九师

第九五师(附炮一团第二连及第二十五师战车炮连)

第一〇七师

总预备队

指挥官第七十三军军长彭位仁

第七十七师

一、右地区队应在麦市经九岭至长安桥(含)之线，占领阵地，构筑工事，阻击敌之进犯。主力保持于中央，并扼要占领前进据点。其所派出之游击部队，务竭力向通、崇间及羊楼司以东地区猛袭，并搜索敌之行动，务达到牵制敌转用兵力之目的。

二、左地区队应在长安桥（不含）经杨林街、潼溪□□□□□家湾、九马咀、鹿角、磊石山一带，占领阵地。主力保持□□□□敌进犯新墙河之际，一举击灭之。另以一部兵力进出新墙河北岸，并指挥第十一、第十二两挺进支队，向羊楼司、岳阳间铁道南北地区不断袭击，搜索敌情。

三、汨罗河守备军应以一师，控置于长乐街以南地区待命，以两师任语口径长乐街、新市、归义、汨罗亘营田、湘阴、于家咀沿汨罗河南岸及湘江东岸之守备。

四、第七十三军为总预备队，着控置于平江附近。

十九日

本日进犯下燕安、大桥岭之敌猛攻终日，又被我击退。

二十日

拂晓，敌又猛向我下燕安、大桥岭据点进犯，激战终日，迄未能逞。

二十一日

拂晓，敌除猛攻下燕安、大桥岭我前进据点外，另以一部七百余，向我草鞋岭前进据点猛犯。另以一部五百余，向马家院进犯，同时并施放毒气。激战一日，均被我击退，敌伤亡□□□守草鞋岭之第一九五师史营长，奋战阵亡。

二十二日

通城附近之敌，渐有增加麦市以北之高冲，至下午二时，窜到敌二千余，并向大白塅进犯。午后，进犯草鞋岭、下燕安、大桥岭、马家院等处之敌，又继向我该各处猛攻，均未得逞。同时鹿角附近到敌舰数只、汽艇五十只，有登陆之企图。

二十三日

上午晨，高冲附近之敌，向我第一四〇师鸡笼山、□□□□进犯。草鞋岭之敌增至千余，彻夜猛攻。鹿角附近敌□〔舰〕□□□〔增〕至二十六只、汽艇百余只。营田方面自荷叶湖、经夹滩窜来敌艇五十余只，同时施放大量剧烈毒气。并敌机成队轰炸新墙、鹿角、营田，掩护其陆军及陆战队，由九马咀、鹿角、营田强行登陆。其一部约千余，由杨林街以西向张思明附近攻击。其主力约万余，由新墙附近以西王街坊，猛犯第五二军第二师阵地。我各处守备部队均奋力迎击，反复争夺，登陆之敌屡被击退。其由新墙河正面来犯者，亦均受重创而挫。经严令各部固守原阵地。

下午二时，进犯麦市之敌，以一部攻击该处外，一部约二千转向该处东南窜扰。向我杨林街附近以西及新墙附近以西进犯之敌，续有增援，再蹶再犯。其在鹿角、营田之海军陆战队及陆军，各有大量增加，与其大队空军协力，继续强行登陆。我各部官兵勇猛无前，愈战愈奋。由新墙河正面进犯者，再受我重挫。第五十二军第二师担任正面甚大，激战数日，屡创敌之主力，厥功甚著。由鹿角、营田企图进攻之敌，亦迭予击退。其后各处来犯之敌源源增加，我虽伤亡〔残缺〕河线之主阵地及鹿角据点，始终保持。惟守麦市部队，因众□□□〔寡悬殊〕，至五时被敌侵占。我守营田之九十一师部队与敌激战已久，因敌陆海空威力过盛，伤亡太大，营长阵亡二员、伤一员，移该处以东附近，继续抵抗，仍能阻其扩张。本月一日，综计敌之伤亡三千有余，我亦伤亡特重。战况惨烈，前所未有。

下午五时，决心仍固守新墙河线主阵地，并反攻麦市、新墙及营田登陆之敌。处置如下：

（一）着第七十九军派一部，侧击向麦市东南窜之敌，并反攻〔下残〕。

（二）着第五二军（附第六十师）以一部，本晚反攻新墙之敌。

（三）着第七十军（附第九十五师）以一部，与营田之敌继续抵抗，主力占领新市、荷夹塘、虞公庙之线。一部在湘阴沿江、沿湖守备，并抽有力之大部，即晚反攻营田之敌。

（四）着第七十三军（欠第十五师）兼程开新开市〔塘〕附近待命。

二十四日

昨夜，第七十九军反攻麦市，将其包围。第五十二军反攻新墙，克之。第七十军反击营田，克复其一部。入晓后，敌又增援，反击新墙，并向该方主阵地冲击。一部千余，并向杨林街以西张思明附近冲击。营田之敌渐次增加，力图向东发展，我各部均力行迎击，始终不懈，又迭予挫败。我九马咀、鹿角各据点守备部队，以极度伤亡，于上午十时移至该各处以东附近，仍竭力阻敌前进。

下午一时，进犯新墙河方面之敌及由九马咀、鹿角、营田登陆之敌，渐次增加后，又续向我猛扑。并有一股绕至荷夹塘附近，向汨罗站进犯，我各部尽力搏击，更予巨创。我虽两线同时激战，仍能于广大正□□〔侧面〕，活用兵力，处处反击，使敌掏掣难前。

至五时，奉令以第五十二军于汨罗河北岸，留置一部有力□□□敌南犯之际，予以侧击。其主力转移汨罗河线守备，并以第七十军一部反击营田之敌。遂将左地区队及汨罗河守备军任务，区分如下：

（一）第五十二军以第六十师即开桥墩附近待命，归本部直接指挥。以其一部在颜家铺（不含）、新〔残缺〕占领阵地。该军尔后即担任侧击，由长湖经大荆街，向汨罗进犯之敌〔下残〕。

（二）第七十军（附第九十五师）现仍努力迎击由营田进犯之敌，相机压迫于湘江东岸歼灭之。必要时即在新市、归义、大路铺、三〔残缺〕塘、马头山、湘阴、于家咀一带，占领阵地。

（三）第七十三军开新开市〔塘〕后，归第七十军李军长指挥。

二十五日

晨，麦市附近之敌，仍在其以南附近，与第一四零师激战中。其向麦市东南窜之敌，第七九军已派一部与杨集团部队夹击中。进犯杨林街附近之敌，数次猛冲，均被第一九五师击退。其由新墙附近向汨罗河南犯之敌，于长湖附近被我第五二军侧击，激战至午，敌伤亡枕藉，顿呈疲颓。侵占营田之敌一部八百余，向第七十军东塘阵地猛犯，旋被击退。下午二时，敌一股三百余，由汨罗河北岸犯归义据点。三时，又一股进犯新市，经反击，旋克复。同时进至长湖附近之敌，以一股三千余，由大荆街以西地区，向长乐街挺进。我第五二军继于大荆街附近，由其尾侧击之，敌伤亡又极惨众〔重〕。

下午四时，熟虑状况，决以本集团主力固守汨罗河线阵地，以一部以关王桥附近山地为根据，侧击向长乐街进犯之敌，并再予由营田东犯之敌以打击。将全般部署予以调整，处置如下：

（一）以第七十九军（82D、93D）（附第一四〇师）为右地区队，占领〔残缺〕之线。以一部与杨集团协力，截击向麦市东南窜之〔下残〕。

（二）以第五十二军（欠第一九五师）（附第六十师）为中央地区□□□□、长乐街、新市（不含）之线，保持主力于中央，乘敌进犯汨罗河之际击灭之。该军之第一九五师着开白沙桥、□□□〔待〕命。

（三）第七十军（附第九十五师〔残缺〕、第十五师）为左地区队，在新市、归义、大路铺、三星桥、东塘、乌龙咀、湘阴、于家咀之线占领阵地。主力保持于中央，尽力阻击敌之前进。

下午七时，向麦市东南窜之敌，折至桃树港，转向南窜，□□□□。第七十九军以一师守备九岭附近阵地，保持幕阜山游击根据地。□□□军长即率其主力向桃树港附近之敌进击，务抑制其南

□□□□□十军于本晚反击由营田附近东犯之敌，亦颇得手。

二十六日

自上午三时起，进犯之敌以数纵队，分向我汨罗河线长乐街、伍会市、新市、归义、东桥、三姐桥等处阵地猛犯。重〔复〕以大队飞机助战，终日连续交攻。赖我官兵忠勇，迭予力击，主阵地卒未被撼动，而敌之伤亡益多。至下午五时，奉司令长官薛转示委座电令：本集团除以一部与敌保持接触，节节抵抗，并以七十三军在栗桥、三姐桥设伏，以第一九五师在福临铺附近设伏外，其余即向株、醴之线转进。职当时之处置如下：

(一)第七十九军(附第一四〇师)仍以第一四零师守备九岭附近阵地，保持幕阜山游击根据地。该军主力仍应努力与杨集团协力夹击由桃树港南窜之敌，并竭力阻抑其行动。

(二)第五十二军(欠195D、附第六十师)留置两团兵力于浯口、新市现阵地，阻止敌人。其余于本晚七时三十分，由新市、青山铺、洞阳市、白〔残缺〕地区开醴陵，即占领新田、泗汾、铁河口(含)线阵地。

(三)第七十军(附第一九五师)留置两团兵力于新市、白泥湖、□□□地阻止敌人。其余于本晚七时三十分，由新市、青山市、洞阳市、□□□之线以西地区，开株州、渌口，即占领铁〔残缺〕、石亭、渌口市(含)线阵地。第五二军与第七十军留置部队，于明拂晓后开始后撤，归还建制。

(四)第一九五师应即在福临铺、□□设伏，乘敌由通长乐街南犯时，予以重大打击，并迟滞敌四日以上行程后开醴陵，归还第五二军建制。

(五)第七十三军(欠15D)应于本(二十六)晚转在栗桥、三姐桥附近□□，乘敌由通新市道及沿铁道南犯之时予以重大打击，并迟滞敌□□□□行程后，开浏阳结集待命。

本集团在湘北会战，至二十六日已及九日，由俘虏及敌〔下残〕，进犯长沙之敌，有第三、第六、第十三、第三十三等师团与洞庭舰队、陆战队，共计近十万人。自九月十八日至二十六日止，其伤亡已经逾万。

丑、长沙以北地区运动战经过概要。

（一）部署大要：

九月二十七日上午七时，本部于转进中，途经黄花市，奉司令长官薛感卯电，要旨如下：

（1）该集团应予进犯长沙之敌以打击。

（2）第七十三军（欠第十五师）及第一九五师，应仍任原伏击任务。

（3）第五十二军（欠第一九五师、附第六十师）应控置于上杉市、永安市附近，侧击进犯长沙之敌。

（4）第四军（59D、90D、102D）及第十一师，概归兄统一指挥。

（5）第七十军（附第九十五师）仍开株洲附近，占领阵地。

奉到上项电令意旨，当时决心与处置如次：

决心

集团军决以伏击部队先予敌以大打击，以一部在浏阳〔残缺〕间沿浏阳河南岸占领阵地，以主力控置于上杉市、永安市以东□□，乘敌南犯之际，围聚于浏阳河北岸、湘江东岸地区歼灭之。

处置

（1）第一九五师仍于福临铺□□□□南犯之敌，并务须抑制敌四日行程。

（2）第七十三军（欠第十五师）仍在栗桥、三姐桥附近设伏，□□□打击，抑滞敌四日行程后，转至高桥附近，掩护第五十二军〔下残〕。

（3）第六十师应即控置于上杉市附近，第二十五师应〔下残〕附近。第二师应即控置于洞阳市附近，准备向进犯□□之敌侧击。

（4）第二、第二十五师、第六十师、第一九五各师，均归第五十二军张军长指挥。

（5）第五十九师即在枫树河，沿浏阳河南岸，经长沙至湘江东岸之线，占领阵地固守之。

（6）第十一师仍在岳麓山亘谷山一带占领阵地，确保长沙附近湘江封锁线。并以火力压制由铁道进犯长沙之敌，支援第五十九师作战。

（7）第七十军（附第九十五师）以主力占领渭安桥、白关铺、株州之线阵地，以第九十五师集结于石亭、渌口间地区。

（8）第四军（欠第五十九师）在油铺垅经万福桥至湘江口间，沿湘江南岸占领阵地，构筑工事。

（二）作战经过

1．福临铺、栗桥、三姐桥一带伏击战：九月二十八日，敌越汨罗河分股南犯，其一部四千余，由铁〔下残〕进，上午八时于栗桥附近，遭我彭军伏击，激战尽〔竟〕日，敌□□□□受挫未前。二十九日，栗桥附近受挫之敌渐次增加，上午六时，以一部七百余，向三姐桥前进。同时并向栗桥□□□□，彭军再予截击，制其行动。又由长乐街及新市南□之敌□□□□福临铺前进，经我第一九五师设伏部队腰击，受创极重。敌乃【以】一股四、五百分向金井前进，至下午五时，栗桥、三姐桥以北之敌，仍与彭军激战。福临铺方面之□□〔敌继〕续增加，主力□进，我第一九五师迎击、腰截、尾击，创敌最〔下残〕。

2．上杉市附近之侧击：三十日晨，敌约三千余，进犯上杉市。我第一九五师及第六十师□□围击，酣战终日，敌伤亡盈野。同时敌约三百余，窜至永安市附近，被我第二十五师击退。下午五时，进犯上杉市之敌增至七千余，金井已到敌约二千，当时职一面抽调第二师于蒜州、枫树河间，沿浏阳河南岸占领阵地，与第五十九师连系，守备浏阳河线。并严督第五十二军（欠第二师、附第六十师)，务勇猛将该敌围歼于浏阳河北岸及湘江东岸地区。

十月一日，我第五二军(欠第二师、附第六十师)仍继续围击进犯上杉市附近之敌，激战至晚，敌卒受顿挫，显逞〔呈〕徘徊之状，我仍继续猛攻，务期尽歼。

正午顷，长寿街、平江均发现敌情，并有向浏阳进犯企图。当时处置如下：

(1)令第七十三军(欠第十五师)即经高桥开浏阳，在扁担山经浏阳城至蒜州间，占领阵地。

(2)令第六十师开官庄附近待命。

十月二日晨，被我军围困于上杉市附近之敌，经我连日□□，伤亡二千余，归路断绝，仓皇无措，大部遂向麻林桥、青山市方向溃退。残留之敌，尚有千余，仍为其掩护部队，我即乘胜追击。

寅、追击

十月二日上午八时，敌以受我重大打击，全部崩溃。当时决心处置如下：

决心

由上杉市溃退之敌，决令各部跟踪尾追。第一步□□□□岸为目标，截击歼灭之。

处置

(1)以第七十三军以一部，向平江方向挺进。

(2)第五十二军之第二十五师、第一九五师各以一部，围歼上杉市附近残敌。分派支队向金井、福临铺、青山市等处跟踪追击，至汨罗河南岸，将溃退之敌截击歼灭之。

(3)第五十九师以一部向栗桥、三姐桥尾追残敌，于汨罗、营田一带击灭之。

(4)第六十师接替第二师蒜州、枫树河间守备。

(5)第二师交防后开洞阳市，归还第五十二军建制。

十月二日下午五时，困拘于上杉市附近残敌大部就歼，一小部向西北溃逃，上杉市遂即克复。我各追击部队并克复麻林桥、青山市后，分头扫荡前进。

十月三日，崩溃之敌分向汨罗河北岸逃窜，状至狼狈，溃不成军。我次第克复金井、白沙桥、白水，续向汨罗河南岸追击。十月四日，溃至安定桥及退据长乐街、新市、汨罗、营田一带之敌，经我各追击部队扫荡，续向北溃退。至下午五时，我〔下残〕长乐街、新市、汨罗、营田等据点。是时在长寿街〔下残〕我第七九军协同杨集团夹击，狼狈不堪，亦纷向〔下残〕南江桥、上塔市一带溃窜中。当时之决心及处置□□〔如下〕：

决心

各追击部队，仍即迅速跟踪追击，务期于新墙〔下残〕南地区，将敌击灭之。

处置

（1）第七十九军应即跟踪追击由平江一带北溃之敌，并〔下残〕。

（2）第七十三军追击部队，即分向长寿街、平江方面〔下残〕。

（3）第五十二军第二十五师，应即挺进至蒲塘附近，以一部〔下残〕进，占领该城守备之。该军第一九五师应不停，即越汨罗河跟踪追击，务于新墙河南岸地区，将残敌分股击灭之。

（4）第五十九师追击部队，即以大娘桥为根据，以一部占汨罗、营田、湘阴守备之。

十月五日上午十时，第五十二军第二十五师向平江追击之部队，已将平江之敌击溃，占领该城，并跟踪向南江桥追击。第一九五师越汨罗河后，分由大荆街、黄沙街直扑新墙河。追击至晚，将大荆街及黄沙街克复后，继续前进。十月六日，第七十九军李师腰击平江北窜之敌，占领南江桥。第一九五师已将新墙河南岸残敌扫除，占领杨林街、新墙、荣家湾、鹿角等据点，一部并越新墙河追击。十月七日，溃退之敌向通城、临湘、岳阳一带逃窜，我追击部队仍□□继续扫荡。各军并次第就新部署。同时令第七十九军以一〔下残〕羊楼司一带之敌进击，相机占领通城。第四军以一部向〔下残〕之敌进击。第一九五师向临湘、岳阳一带之敌进击，相机〔下残〕。

（三）结论

进犯湘北之敌，筹谋数月，调转兵力，已在历次会战之上，挟其海、陆、空军主力，协力进犯湘北，企图一举而侵占长沙，更图南犯。□〔敌〕酋冈村宁次曾亲到新市指挥，可见敌寇对于此次作战具有极大之决心。本集团受命保卫湘北，早知此战胜负，与我全部抗战前途关系至大，惟恐计虑不周，有负寄托，罔不念兹。在兹期于敌来犯之时，必□□□□我全体官兵均洞晓此意，奋臂待击。是以九月巧日，战事发端〔下残〕，能竭其忠诚，奋发效命。而第二师及第一九五师于此战〔下残〕激心胸，发扬蹈烈，不顾一切，展厥战果。而诸军之协力，官兵之用命，得以于新墙、汨罗两线挫敌顽锋。一切处置，悉能如所腹画〔划〕，致我官兵精神愈战愈壮，两线主阵地始终保持。然战况之烈，伤亡之重，实为前所未有。但士气激昂，倍逾往昔，精神纪律尤见进步。故两次奉令转进时，行动敏捷，运用自如，整齐严肃，井井不纷〔有条〕。因此我军能适时处于有利态势，予敌痛创。盖敌先于新墙、汨罗两线挫顿已深，于栗桥、三姐桥、福临铺一带，又遭意外伏击，及至上杉市附近，更受我猛烈侧击。综计敌自九月十八日至十月五日止，伤亡实在二万人以上。因之其侵占长沙之计划为之粉碎，而不得不狼狈溃窜，演成其侵华以来空前之失败，而造成我军抗战以来空前之胜利。谨将是役敌我得失之检讨，附之于后。

长沙会战敌我得失之检讨〔略〕

总司令　关麟征

中华民国二十八年十月　日

〔国民政府国防部史政局及战史会档案〕

5．王陵基报告所部在塘埠修水附近战况密电

（1939年10月1日）

即到。重庆委员长蒋钧鉴：膺密。（一）由靖安进犯塘埠之敌六、七百人，在塘埠西北端之狗子脑、界牌仑、温草湖、花崖尖各地，于有日起与我新十三师三八团激战三昼夜，敌集中机炮向我猛击，并施放毒瓦斯。我官兵奋勇杀敌，与敌肉搏十余次，敌伤亡惨重，我阵亡连长、营副各一员，排长数员，负伤连长数员，士兵三百余名。（二）窜修水之敌约千余人，于俭日与我新十五师之四十五团在黄沙桥接触，激战终日，拒止敌人西窜。艳、陷两日，经我新十五师全部及新十六师之四八团围击，已将该敌击溃，主力退据黄花尖、海湖山、大板尖高地顽抗，一部向高□、何家嘴方向窜去，已被我四四团刘营截击他窜。敌增援部队约一大队，于陷午到达沙窝里，连日激战，我伤亡官兵甚众，详情另报。梁口。职王陵基叩。东辰。总参一。印。

〔国民政府国防部史政局及战史会档案〕

6．罗卓英报告六十军等部在找桥甘坊一线战况密电

（1939年10月4日）

特急。重庆委员长蒋：膺密。战况：（一）高集团方面，冬申攻找桥之役，敌系一四七联队及岩崎工兵联队、骑炮兵各一部千余人。刘师阵亡副团长、营长各一员，重伤团附一员，伤亡连排长十余人。我鲁师江午克复找桥后，现配备于找桥、塞塘洞、下堂之线，

与敌对峙中。本日我六十军由甘坊向西北出击，敌狼狈北窜，奋勇队三十名冲入厚田街之铁丝网，遭敌猛射，全部牺牲，敌旋施放毒气，我官兵中毒者颇多。冬申撤锦河南岸。是役，毙敌四十余，夺获掷弹筒、军毯、钢盔等二十余件，我伤连排长三员，士兵二十七，阵亡士兵四十，损失轻机枪一挺，步枪十五支。一零五师魏团江丑出击，攻占马鞍岭以东及米峰南，于山地发现敌遗尸百余具，获步枪一余□支，子弹数十籍〔箱〕，汽油二十余籍〔箱〕。(二)七四军，个晚伍桥河之敌向我李师一五七团阵地袭击数次，均被我击溃，毙敌三十余名。上富北岸之敌亦向我施师袭击，被我击退，我伤亡三十余。(三)四九军预九师一部，冬寅渡锦河，攻击厚田街附近山背、喻庄之敌约二百余，战斗激烈。赣江东岸之敌渡河增援顽抗。我西【面】各山头毙敌三十余名，获三八式步枪一支，掷弹筒一个，毒气罐二个及其他文件三十余件，我伤排长一，士兵二十余。(四)三十二军一三九师江酉到达大塅，今日派队向带溪、古家桥搜索，均无敌情。除分报外，谨报。罗卓英。支酉。创。印。〔自分宜发〕

〔国民政府国防部史政局及战史会档案〕

7. 第九战区前敌总司令部关于赣北方面作战经过概要

(1939年)

长沙会战赣北方面作战经过概要

二十八年九月十四日至十月二十日止

第九战区前敌总司令部

一、作战前敌我态势：自四月攻围南昌后，敌我夹锦江下游亘大城、奉新、靖安间，成对阵之势。我军本积小胜为大胜之旨，历月以来，经过数十战，迭有斩获。

二、此次战役敌我使用兵力概数：

(1)敌主力为一〇六师团之全部、一〇一师团之半部（一〇二旅团之一〇三、一五七两联队及一〇一联队、骑兵联队各一部）、杂伪军第三师，飞机二十余架、中轻战车三十余辆、野山重炮五十余门、装甲汽车四十余辆。

(2)我作战初期参加高安、会埠战斗者，为49Ａ、32Ａ、58Ａ、60Ａ（欠183Ｄ）、74Ａ（欠57Ｄ），计九个师及山炮六门。次期参加高安、上富、甘坊、找桥战斗者，为49Ａ、74Ａ、58Ａ、60Ａ、15Ｄ，计十个师。末期参加追击战者，为49Ａ、32Ａ、74Ａ，计七个师。全战役期间，总计参战兵力为十二个师及炮六门。

三、敌我采用战略战术：

(1)敌为策应湘北敌之主力会攻长沙，采用迂回战略，先以一部（一〇一师团之一〇二旅团主力）对我高安行牵制攻击。主力（一〇六师团全部）集结于奉、靖地区，派一部佯攻修水，大部对我左翼行迂回攻击，企图压迫我主力于锦江南岸后，取秘密迅速手段，以监视高安、佯攻修水之姿态，牵制我军于赣北。并实行掩护其一〇六师全部及杂伪军分两路西犯，一由奉新进占上富镇，积极修复旧公路为主要补给线；一由靖安袭取九仙汤，尔后即由上高镇经甘坊、找桥、大塅及由九仙汤经山口。两路会攻铜鼓，直趋浏阳，拊我战区主力之右侧背，以促其长沙会战之成功。

(2)我以掩护战区主力军作战右侧安全及相机策应主力军作战之目的，力争主动，出敌意表，向敌处处侧攻，节节包围。本作战指导：以消耗战始，以歼灭战终。其中经过，一本委座五月铣电及九月号午电指示之意旨，以策定计划。

四、作战前敌之动态：九月佳、灰、真等日，敌机异常活跃，不断侦炸清江、樟树、峡江各要点及我锦江、高安、米峰亘大禾岭之主阵地。敌阵地后方调动部队尤频，其机械化部队及炮兵，时在奉新、大城、南昌间运动。或声言调防，或佯云攻高安，窥万载，以乱我耳目。本部派探多方侦察，元日得悉敌战车三十余辆，主力在奉新，一部在大城。而奉新、陶仙岭间，有野山重炮三十余门，大城、赤田张间有野山炮二十余门。同时，张公渡、安义间有敌大部集结。

五、作战开始：九月文、元等日，敌机侦炸我交通机关及高安浮桥。寒日，靖安西南、船下洲丁、青树一带到敌数百，有向会埠前进模样。同时奉新西南之敌炮兵，对高集团阵地射击数百发，内杂毒弹。步兵在其空军掩护下，亦向我阵地运动，战斗于以开始。

六、高安、会埠线战斗经过：

（A）我于市汊街、赣江西岸起，沿锦河南岸，经马形山、莲花山、米峰、石子堎、对门山亘棺材山之线，为主阵地。其前为警戒阵地及前进据点，守备部队右为49A，中央为32A，左为1AG（欠183D）。敌步兵一五七联队，于九月删辰，藉其机、炮掩护，开始由赤土街附近，向我32A之141D与58A之N10D接合部小仙岭、万步脑、竹园、胡村各据点进犯。我军逐步抵抗，退至警戒阵地线。

（B）铣日，敌向我压迫，兼施毒气。我新十师退守茅竹岭、城里主阵地，我141D形成突出。敌即以主力南向该师施行侧击，该师亦以预备队占领北正面，与敌激战甚烈，双方伤亡均巨。大城、鼓楼铺之敌（一〇三联队），由公路以战车、炮兵掩护一部步兵，向我139D司公山、祥符观进犯，被我击退。奉新之敌进占白塔徐后，一面猛攻我对门山、棺材山，一面掩护其修筑通上富之公路。其由船下洲丁、青树南下之敌，亦将我左侧掩护队压迫回潦水以南。铣辰，攻占我会埠后，急向渣村、水口甘南犯。另一股步骑联合千余人，向阴山村、罗坊西进。据报会埠以北，仍有后续敌军，已发现之番号为123R及145R。因此判断敌军窥我左翼弱点，特向我左侧后行迂回攻击。乃令60A184D抽兵握守水口甘、樟树岭，固我翼侧。急电183D星夜由西头、邱家街，向会埠南下，击敌之背。

并令74A之51D，由上高西南出发，兼程向上富前进，迎击罗坊附近敌军，并协同60A三面进击，围歼会埠、阴山村之敌。57D由分宜推进水北街、钱墟地区，58D由万载推进官桥街、东港地区，军部由分宜推进上高待命。

（C）筱日，正面敌军，攻破我新十师茅竹岭、城里线主阵地，退至松茅山、对面岭、老屋彭之线，赖我141D猛力向敌侧击，阵势始告稳定。但58A阵地过宽，无纵深配备，32A形成突出，扩大加倍，正面且受敌两方面之猛烈炮火压迫，势难持久。60A之184D正面彻夜激战，至筱午先后放弃对门山、棺材山、文笔山，退守石子拨、上江陈、大禾岭线。同时水口甘亦告不守，我退据缺夫岭、仙女寨之线。184D急调队增强樟树岭、伍桥何之守备。酉刻，据报樟树岭被敌侵入，西进之敌进占罗坊、冶城后，转向南犯，先头进抵下观童、苦竹坳。此时我183D行动尚未得报，51D一部抵棠浦，大部尚在上高、官桥街道上行进中。我为适应战机，争取主动，乃于筱亥下达战略转移之部署。令49A在锦河南岸占领两线阵地，集结有力部队于高安南之莲花塘。32A以一师守备高安，并掩护1AG转进，一师转移于灰埠、石头街之线。74A主力占领泗溪、官桥街、棠浦之线，派一部向杨公圩、村前街前进，掩护1AG转进。1AG向宜丰、徐家渡地区转移，集结待命。

（D）巧日，高安以东139D对西犯之敌猛烈抵抗，申刻仍在连城桥、东花街、火凌上之线激战。1AG转进部队在村前街与敌发生战斗，敌机竟日轰炸高安、灰埠、上高及锦江各浮桥。申刻，杨公圩发现敌百余名，被我58D挺进队击走。巧夜起，敌猛攻高安，我139D皓辰九时放弃高安北城，退守高安南城及城西石鼓岭、黄姑岭对〔以〕北阵地。141D一部占领石脑圩西南高地，扼制公路，阻敌西犯。1AG大部到达上高东侧地区，改令其在上高以北地区集结，并令183D占领上富镇，努力搜索奉、靖、会埠方面敌情。

（E）咨日，我搜索队驱逐龙团圩、村前街、杨公圩各二百余之敌，占领之。咨夜，敌在高安城西，偷渡锦河不逞。

（F）马日，敌除在高安以东锦河沿岸向我炮击，焚毁民房，以西樟树桥、斜桥、南山何各点筑工及空军炸我独城、上高、宜丰外，未见显著行动。本部为欲明瞭敌之企图，乃于巳刻令49A派队由高邮市以东渡河袭敌，32A严密监视高安之敌。并以龙团圩为基点，74A以杨公圩、村前街为基点，各向东北地区努力搜索敌情。183D由上富向罗坊、阴山村攻进，即拟以赤岸、龙团圩、村前街、罗坊之线为反攻发起线，向敌反攻。各路搜索结果，知敌无积极行动。马夜，32A开始由西南两面反攻，养晨克复高安北城。74A亦攻占斜桥、南山何，敌向东退却。

（G）养巳，下达新部署，令49A仍派队渡河，努力袭敌。32A一部由高安跟踪追击敌人，主力以石脑圩为基点，确保高安、水盆岭、岳飞场各要点。74A派一师以村前街为基点，确保斜桥、南山何、院前、邹庄、店前各要点。183D进占冶城为基点，确保路口、阴山村各要点。尔后各向当面之敌攻击，相机进展马形山、莲花山、凤凰山、马鞍岭、白鹭桥、仙女寨、渣村之线。各军奉令后，奋勇前进，毙敌甚多，至漾晨止，32A完全占领指定进展线，74A亦已接近指定线，惟上富、罗坊方面尚未据报，情况不明。

七、高安、上富、横桥、甘坊、找桥一带侧击敌军之战斗经过：

（A）我正面克复高安后，进展顺利。惟左翼罗坊、冶城之敌续犯上富，而鄂南、湘北方面之敌亦已正式开始进犯。基此判断，敌主力有由奉、靖西进会攻长沙可能。我为策应战区主力作战，掩护其右侧安全，准备侧击该敌之目的，漾申调整部署如下：

1.49A、9RD任务同前，105D接替高安，32A马形山、白石岭、火埄上阵地。

2.32A139D交防后，迅速集结龙团圩附近待命，141D占领肖公坛、老虎山、南山何阵地。

3.74A以51D占领南山何(不含)、院前、邹庄、店前、李家山阵地，主力控置上高、泗溪、官桥街地区。

4.1AG以60A附15D，先击破冶城、罗坊之敌，确实占领，准备向会埠之敌攻击。58A在棠浦西侧地区集结，总部推进宜丰附近。

(B)敬辰，由139D所获敌一〇二旅团之作战命令，该旅有占领樟树岭、米峰、鼓楼铺线，掩护中井师团北进之任务。同时据报：由会埠向上富前进之敌续有增加，自昨漾日以来，与我183D及15D一部在上富、横桥一带激战中。塘埠友军亦与敌发生战斗。因此敌一〇六师团企图西进，会攻长沙，业已证明。敬午电令：60A安军长严督所部，阻敌西犯。74A59D限于有子前到达花桥、山田桥，有日开始向冶城、上富镇之敌猛行侧击，协同60A歼灭该敌。

(C)有日，我51D进占伍桥何、樟树岭，但甘坊、横桥各到敌千余，冶城、上富有敌二千余，继续西进。宥辰，我57D展开枫树坳、天马山、马形山线，向冶城、上富之敌攻击。我183D在甘坊西北，15D在甘坊西面，184D在甘坊、横桥南侧，将甘坊之敌三面包围攻击中。当令58A推进同安市、黄沙坳地区策应之。是时，奉代长官薛有日电令：32A即抽出开万载及其西南，为战区预备队。乃令49A向左延伸，接替141D阵地，并令32A以139D到卢家洲，141D到万载附近集结。我各路宥日开始总攻以来，战况异常激烈。感卯，57D击破冶城、上富南岸之敌后，确实占领上富镇。敌步骑约八百余，退据上富以北山地死守。51D一部攻占罗坊河南高地，184D一部攻占横桥。而甘坊之敌因183D攻击不力，乃以全力向15D正面突围，双方伤亡均大。

(D)俭日，接1AG高代总司令宥、感两电，方知183D杨师长因误听敌情，决心不坚，未遵令南击，并将部队撤至找桥附近。高代总司令严令该师，迅由找桥东进，担任甘坊正面之攻击。将15D

北移，保持主力在左，兼对九仙汤方向之警戒。另令新十师推进找桥构筑据点。旋据报敌二千（一一三联队）由九仙汤分两路南下，一向甘坊增援，一向找桥前进。当前战况更趋激烈，入夜竟陷于混战中。艳辰，得悉横桥失守，经上富向甘坊西犯之敌为一四七及一四五两联队。会埠、冶城道仍有敌千余继续西进。据报：敌正抢修奉新、罗坊间公路，又进陷沙窝里之敌，继犯黄沙桥。基此判断，敌主力已到九仙汤、上富镇之线，乃令74A57D以一部固守上富，主力猛攻横桥，相机协助60军解决甘坊之敌。51D派队不断袭击罗坊、冶城，牵制敌之行动。60A及15D迅速扫荡甘坊之敌。58A确实掌握找桥，并封锁通九仙汤要道。艳、陷两日，全线战况空前激烈，敌炸弹、毒气兼施，我十五师伤亡八百余，44R团长王诗萱负伤。我各部官兵忠勇用命，各自实行其堵击、侧击、围击之使命，前仆后继，无间日夜。卒使敌向西行进中受我全线侧击，不得不转而南向，与我对战。至十月东晨，我已奏大效。184D克甘坊，57D克横桥，51D袭击冶城、罗坊之敌，15D阻敌于百丈、大雄岭之线。斩获甚多，敌露溃势。

（E）甘坊、横桥、上富各要点入我掌握后，残敌一部窜犯找桥，与新十师在找桥东北发生激战。据报：沙窝里、黄沙桥之敌，正与我友军激战，其一股有西窜山口街模样。湘北正面之敌，此时侵入长寿街、上杉市，我转移平江、浏阳线。基上情况，本正面之敌有由沙窝里、九仙汤积极西犯之企图。但我认为敌军入山经旬，苦战受创，已陷危境，亦即为我彻底聚歼该敌之良机。是日，适奉令修水方面之第三十集团军归本部指挥，乃决定上富以东取守势，派小部佯攻，牵制敌军，而于上富、横桥、甘坊、找桥、大塅、山口、黄沙桥各点，分置有力部队，诱敌深入围歼之。东西，部署概要如此：

（甲）高集团附15D，固守甘坊、找桥、石街之线，竭力拒敌西犯，俟王集团及宋军到达山口、大塅攻敌时，断然转移攻势，夹击该敌。

（乙）王集团一部对东守备，主力由黄沙桥、山口急速南进，重点保持于山口，务与高集团及宋军协力夹击西进之敌。

（丙）32A139D即由卢家洲出发，速经铜鼓、三都圩向大瑕前进，迎击西犯之敌。141D推进铜鼓附近策应。

（丁）74A57D向上富、横桥以北攻击，抚敌之背，51D集结于宜丰附近，58D改开万载以西珠潭、桐木间。

（戊）49A以一部任高安以东锦河南岸之守备，主力在锦河北岸，延接高安、南山何、店前、下观童各要点。尔后以独城、高安、村前街为基点，向大城、奉新、会埠、罗坊方面之敌施行游击，掩护本正面右侧之安全。

（F）冬日，敌猛攻新十师，巳刻该师放弃找桥。午刻，新十一师赶到，仍将找桥克复。新十五师克复黄沙桥。

八、追击战：

（A）敌之回窜与我之追击部署：湘北之敌一被挫于金井、上杉市间，一被围于龙门厂、长寿街间。本正面之敌，初受创上富，继失利甘坊，窜鼠截蛇，势成弩末，乃放弃三路（上富、九仙汤、修水）会师大瑕进犯铜鼓之迷梦。（冬日，N11D克复找桥后敌地图查知）江日，窜过找桥之敌，除派出一部至带溪、沙井一带警戒外，主力经石街回窜沙窝里。我15D于百丈寒、毛坳与敌激战后，正拟向石街集结，复与此部回窜之敌遭遇血战，双方伤亡甚大。139D到达大瑕。同日第三战区79D奉命接替锦河南岸防务。支日，乃命49A以主力集结村前街以北地区，先攻占阴山村、治城、上富各据点，准备对潦河以北九仙汤之敌攻击。并令其他各军除各固守已占据点外，应积极向当面之敌出击。同日15D突围至何家咀，139D由大瑕北进。微申，51D攻占石溪。此时湘北之敌已行溃退，我战区主力亦已全线出击，向平江、长乐街、大荆街、黄沙街地区追击中。本正面敌一〇六师团经我分头堵击、包围、侧攻，封锁于九仙汤、沙窝里一带山地，现亦开始退却。我为追歼该敌，鱼西乃为左之追击部署：

1．49A左方师应即攻占罗坊、冶城两据点，进出北侧山地，掩护74A向仰山街、九仙汤地区之挺进。并派有力部队向会埠、阴山村进击，相机占领之，断敌退路。

2．74A（欠58D）应迅攻夺九仙汤要点，进占仰山街、邱家街之线后，派有力部队向西头、山口街、塘埠一带地区挺进搜索，断敌退路。59D由万载开回宜丰北侧地区，集结待命。

3．第一集团军之58A，以找桥、唐梓里为基点，努力肃清该线以北牛坳、黄沙港一带地区之残敌。60A将防务交替后，开至凌江口、徐家渡附近，整顿待命。

4．32A139D迅经观前、东岭，向佛岭坳、沙窝里、黄沙港追击前进，占领后派队向石门楼搜索，以断修水方向敌之退路。141D应于古家桥、大塅、晏公殿各点，择要构筑工事，派一部向山口与王集团取连络。15D集结大塅完毕后，开铜鼓整理。

5．30AG应以全力驱逐修水之敌，确保该方面各要点。

（B）51D九仙汤之追击战：

阳辰，51D攻克九仙汤，毙敌及俘获甚多，我跟踪追击至吊钟形标高、126.8高地、石坪、吴庄之线。未刻起，敌炮十数门，向我猛射，迄晚达千余发，并杂毒弹。敌并三次反攻，均经击退，我伤亡六百余，敌伤亡亦三、四百。齐拂晓，我以一部向仰山街迂回攻击。巳刻，敌三千余，附炮八门，在敌机十二架更番掩护之下，分由沙窝里、邱〔丘〕家街，向九仙亭、九云岭我九仙汤北侧51D追击队猛烈反攻，反复肉搏，激战甚烈。申刻，敌稍退。入夜，敌复由东、北两面增援，三次反攻，我军奋勇冲杀，敌卒未逞。佳拂晓前，有敌五、六百被我包围痛击，敌夺径乱窜，至辰完全将敌击溃。该敌分向仰山街、邱〔丘〕家街溃退。当跟踪追击，灰辰收复仰山街、邱家街各据点。是役，战斗时间亘两昼夜，毙伤敌逾千，战地敌遗尸三百余具，我51D亦伤亡七、八百人。

(C)57D上富追击战：

虞酉，57D由上富渡河攻击，几经激战，齐辰将上富北侧高地完全克复，并将凭据家屋顽抗之敌百余包围焚毙，获步枪六十五枝、重机枪二挺、轻机枪四挺、战马六匹，并其他战利品。

(D)105D冶城罗坊之追击战：

齐辰，105D向罗坊、冶城之敌猛攻，巳刻将上茅坪、雷庄、永济庵占领，戌刻攻占冶城及其东北高地，当续向东追击。但敌急由奉新以汽车输送援兵三百余，开罗坊增援，该师乃由西、南两面取包围态势，向罗坊进攻。灰辰，敌由奉新陆续增援达千余，向我反攻，激战至午，经我奋勇冲杀，卒将敌主力击溃。残敌百余，凭家屋顽抗，灰申被我完全歼灭，遗尸六十余具，我遂将罗坊完全占领，获轻机枪二挺、手枪二枝、步枪十五枝、马七匹，敌我伤亡均约四百余。

(E)沙窝里附近之追击战：

15D在何家咀附近，本日已令开回铜鼓整理，适敌开始退却，虞午经过郭城市，该师乃独断尾追，44R并独断攻占沙窝里。139D虞申亦到佛岭坳。

(F)105D会埠追击战：

灰申，105D占领罗坊后，仍继续东追，真未达村头、东村、吴下、石冈山之线。文拂晓，开始向会埠猛攻，激战至辰，将敌击溃，我乃完全占领会埠，毙敌六十余，我亦伤亡二、三十。

(G)对奉、靖之攻击：

(1)文日，我105D占领会埠，9RD攻占伍桥河、樟树岭。32A奉长官薛电，令向靖安追击。

本部为攻略奉、靖，扫荡残敌，文戌部署如左：(甲)49A以一师与74A协同攻击奉新之敌，另一师应恢复原阵地。(乙)74A派一师以会埠为基点，协同49A向奉新之敌追击。(丙)32A以九仙汤、邱家街为基点，速向靖安之敌追击。

(2)元日战况：(甲)105D元辰到达车坪西侧，与敌激战，反复争夺数次，双方伤亡均重。午刻，卒将敌击溃。申刻进展龙形山、骑马山、白塔徐之线。(乙)9RD元拂晓向米峰、大禾岭猛攻，激战至未，克复该两高地，续进展石子墩南北之线。(丙)以〔此〕外，51D辰刻推进潭埠南北之线，32A之139D与141D于辰刻各到达塘埠及青石桥西头之线。元夜，51D并进占九山、鹅掌山、沥里徐之线。

(3)寒日战况：(甲)49A105D拂晓由石子墩、白塔徐之线，向奉新攻击。敌顽强抵抗，激战至未，进展青岭、七贯脑、八里铺线。9RD未刻攻占大路王、猪婆大坵各据点。(乙)74A51D辰刻在从九山、沥里徐之线，与敌展开血战，至午突被〔破〕敌既设阵地，攻占五步城。另一部在狮子山与敌激战。(丙)32A139D先头，晚抵高湖。141D辰向巡埠、来垦线推进。

(4)奉新敌之反攻：

(甲)删辰，奉新之敌六、七百，在猛烈炮火下向我大举反攻，向105D正面者约三、四百，该师被迫退守骑马山以西阵地。向51D右翼与105D接合部者亦约三、四百，午刻我五步城被敌攻占，敌续进陷归头赵。我51D伤亡营长以下九员，士兵百余。

(乙)铣辰，敌步兵增加至六、七百，同时山野重炮五、六门，在赤岸、湖井一带援助其步兵，向我港同、上下李105D左翼猛犯。激战至申，敌陆续增加至千余，被我击毙数百，攻势稍挫。酉刻，敌六、七百，又在炮六、七门掩护下，分由公路两傍向我长头岐、车坪、棺材山一带猛攻。激战至亥，我退守上下翟、文笔山、乌江、龟山、大老线。是日，我阵亡排长五员，伤连长以下十七员，伤亡士兵五百余，损坏轻机枪七挺、步枪八十余枝。51D方面，铣拂晓起，敌以位置蒋家岐之重炮两门、山林刘山炮六门，掩护步兵六百余，分向我从九山、鹅掌山攻击。辰刻，攻占我从九山后，续向东脑山攻击，我151R奋勇迎击，激战至午，该山守兵一连伤亡殆尽。迄未，我转移阵地至沥家垅、东脑山、姚家墈、白马庙、结子山、乌石脑之线。32A方面：139D铣辰迫近靖安北西侧雷公尖、万家脑，141D进展螺丝岭、盒子岭之线，与敌激战。

（丙）我为围歼窜入车坪、棺材山一带之敌，筱午令74A王军长进驻上富，统一指挥一〇五与五一两师，使任攻击。并令58D推进水口甘、会埠之线，令32A右翼延伸至姚家墈，俾51D抽出左翼部队，增加攻击力。

（丁）西窜之敌经我筱午新部署后，筱申我51D克复上下李、麦木、江邹等地，入夜更增调援军。巧拂晓，继续猛攻，辰刻收复骑马山、尖咀山、棺材山、车坪、长头垓线阵地。午刻，恢复白塔徐、归头赵、白马庙原阵地。奉、靖之敌据既设阵地，似图固守。皓辰令105D归还49A建制，适时停止对奉、靖之攻击。

（H）大城敌又行牵制攻击。

巧申，敌兵三百余，在炮火、毒气兼施下，向我49A9RD右翼之马形山、莲花山一带攻击。激战至皓辰，左家坊附近敌炮六门，向我马形山、白茅冈、杨家坊一带射击五、六百发。迄午，敌步兵增至五百余，向我猛攻激战后，马形山亘杨家坊阵地被敌攻占，我退守莲塘、左家山、高石岭、赶车垅之线。皓戌，敌继续西进，左家山、高石岭一带阵地亦被陷。是日，我9RD27R伤亡尉官四员，士兵百六十余。哿辰，我增援大举反攻，申刻乃恢复原阵地。

（九）战役结束与调整部署。

（A）30AG遵照新战斗序列，归还长官部直接指挥。

（B）15D开铜鼓后，奉令归还73A建制。

（C）79D奉令归还三战区10A建制。

（D）皓巳，为整个调整本正面部署，下达电令如左：

（1）第一集团军之58A以N11D，接替79D锦河南岸自汉街（不含）亘高安、南城间之防务，限本月卅日接替完毕。军部率N10D进驻傅家圩附近整训，总部及六十军开万载附近整训。

(2)49A右与58A切取连系，于锦河北岸马形山、莲花山、米峰、石子堎、上下翟之线占领主阵地。并在更鼓脑、塔前、猪婆大丘、大路王、马奇岭、龙形山、骑马山各要点，派出警戒部队。

(3)32A于上下翟（不含）、尖咀山、棺材山、车坪、潭埠、船下洲丁亘巡埠之线，占领主阵地。在茶园、白塔徐、归头赵、绪子山、东脑山、沥家泷、劳山、盒子岭、燕子岩、沙港、燕窝各要点，派出警戒部队。并各以有力一部，确保来堡、上东坑、山口街、塘埠、西头、邱家街、九仙汤各要点，掩护左侧背安全。

(4)74A将防务交代完毕后，开回水口圩、上高、官桥、棠浦一带集结整训。

(十)全战役敌我伤亡损耗概数：

(A)我军官兵伤亡失踪数：(1)校官伤八员、亡五员、失踪一员。(2)尉官伤二九四员、亡一六七员、失踪六四员。(3)士兵参战一一三六五六名，伤五六五八名、亡□二二八名、失踪三八五六名。

(B)武器损失数：步骑枪二〇二八枝、手枪九枝、轻机枪八七挺、重机枪一七挺、山炮一门、迫炮六门。

(C)弹药消耗数：步枪弹九八九二二〇粒、轻机弹七二五九三一粒、重机弹九二〇六三〇粒、手枪弹二〇二一四粒、迫炮弹五九九六颗、山炮(共六门)弹二〇二颗、平射炮弹二一三颗、手榴弹一九六〇七颗。

(D)敌军伤亡概数一〇一〇〇员名。

(E)俘获数：敌兵二十余名、马十七匹、步枪一六〇枝、重机枪一挺、轻机枪三挺、手枪三枝、钢盔一四六顶、防毒面具六二个、毒气罐二一〇个，其他弹药、器材、文件甚多。

〔国民政府国防部史政局及战史会档案〕

8．陈诚寄呈湘北作战经验与教训快邮代电

（1939年11月2日）

重庆军委会委员长蒋：真未令一贞电奉悉。兹寄呈湘北作战经验与教训一份，敬乞察核。衡岳。陈诚。冬酉。战。附湘北作战经验与教训一份。

中华民国廿八年十一月二日

湘北作战经验与教训

甲、作战经验与教训

（一）作战指导

1．各级指导不一致，最初预定计划，实施时发生顿挫。幸前线部队作战得力，将士用命，兼以敌方战略上发生兵力分散，后方被我截断之重大过失，为我所乘，故能获胜。

例：此次湘北作战，上级机关均用委座名义指导，然皆与委座意旨不符，尤复彼此参差。在战区按原定计划实施时，忽生顿挫，指挥上一时陷于无所适从之境。赖最高统帅决心神速，于窥破敌发生重大错误后，断然处置，卒收赫赫之战绩。

2．改正过去被动为主动，不死守阵地。能握着时间、空间之有利情况，自由造定战场，依机动予敌以打击。

例：敌此次进犯湘北，我乃避开正面，将主力迅速转移于福临铺、上杉市、永安市一带地区，占领侧面阵地。出敌意表，突向敌侧击，使残余之敌因我大军威胁其左侧背，始终不敢进占长沙，终因死伤太重，陷于崩溃。又如九月十四日，敌攻占会埠后，即向高安附近我军左翼迂回。我为避免敌之包围计，乃自动放弃高安，适时将74A增援反攻，不但仍将高安克复，且粉碎其西进策应长沙方面作战之企图，更予以严重之打击。

3.游击战与正规战之配合适切，能乘敌冢突冒进，予以伏击。同时留在敌后之挺进队，亦适时袭击敌后，策应主力之作战。

例：我新墙、汨罗两线守军，俟予敌以打击后，除主力转进为侧击部队外，并留置伏击部队于预期敌进路线两侧。同时我自施行九月攻势以来，各挺进军深入敌后，组训民众，积极扰袭，牵制其兵力，阻挠其运输，使其兵力转用不易，补给联络断绝，纵能一度突入，亦不得不狼狈溃退。

(二)战术

谍报组织不健全，搜索警戒不严密，致不能随时明瞭敌情，作适时适切之处置。

例：九月二十二日，敌小汽艇已由荷叶湖经夹港，秘密在营田附近作登陆准备。迄二十三日晨，我军始发觉，战端开始，营田即告不守，致初期作战处于不利态势。又敌人此次退却时，我未能详悉敌之企图，集结生力军乘胜作果敢之追击，以获更大之战果。

(三)战斗

在山地战时，敌补给、联络均感困难，我若能以主力歼灭其辎重，切断其归路，敌必感恐慌而溃败。

例：此次一三三师在包家岭、朱溪、龙门厂、长寿街各役，侧击深入之敌，以一部牵制敌战斗部队，以主力寻敌辎重而截击之，敌因感侧后威胁及补给断绝而溃退。

(四)特种地形战斗

地形、天时于我有利。湘北、鄂南、赣北山岭重叠，到处有良好抵抗阵地，又便于我军设伏及部队运动。且二十三日敌自营田登陆后，连日大雨，敌前进不得不受限制，我军得时间之余裕，重新部署，捕捉战机。

例：敌此次以主力侵犯湘北，各一部由赣北、鄂南向西向南进犯，以作策应。结果因赣北、鄂南之敌因在山地作战，行动迟滞，未能达其预定之目的，致呼应不灵，而遭我各个击破。

（五）其他

1. 军民配合适切，道路破坏彻底。敌特以作战之炮兵及重兵器无法使用，而其后方又被我处处截断，补给断绝，增援不易，亦为敌陷于溃败之一要因。

2. 此次我军前线各部，莫不士气旺盛，虽死伤甚大，仍能按照上级指示，果敢行动，未常〔尝〕紊乱。当敌动摇时，尚能立即转移攻势，并断行追击。

3. 后方业务仍多遗憾，尤以前线伤兵不能迅速救护，且有遗弃于战场者。

乙、敌我优劣之比较〔略〕

〔国民政府国防部史政局及战史会档案〕

二、第二次长沙会战

1. 军令部拟订第二次长沙会战之军事部署

（1941年9月19日）

状况判断 九月十九日于军令部

判决

国军决确保长沙，并乘虚打击消耗敌人之目的，第九战区应先以一部占领汨罗江以北地区，行持久战。并各以有力一部，固守汨罗江以南各既设阵地，以于平江附近外翼地区，求敌侧背反包围而击破之。

处置

（一）第九战区应速加强主阵地工事，发动民众，彻底破坏主阵地前道路，敷设地雷。并预以一部化装农民，分组潜伏于主阵地北侧地区，准备对敌伏击。对于湘阴及其以南湘江两岸，应速构筑工事，加强水道封锁。并加强益阳、沅江沿湖守备，巩固长沙之左侧背。

（二）第六战区应以一部，由监利、上车湾各附近，向临湘、白螺矶、岳阳方面进出，布放漂雷，并向岳阳附近佯渡，威胁敌人。另以一军（两个师）速开岳阳、宁乡地区，归第九战区指挥，限养日到达，准备策应湖防及增援湘江两岸之作战。该战区对于荆、宜敌人，应以多数小部积极袭攻，策应九战区作战。

（三）第五战区应以有力一部，向花园、孝感附近挺进、奇袭，威胁武汉敌人，并向信阳敌人佯攻。该战区对于鄂东、沿江、平汉、襄花、京钟、汉宜路及荆、当敌人，应发动全面游击，相机袭攻据点，策应九战区作战。

（四）第三战区应向当面敌人发动全面游击，向长江游击布雷，并以一部佯攻南昌。如敌以有力部队由赣北西犯时，该战区应以一部向高安方面进出，增援九战区作战。

（五）第三、第五、第六战区之攻势行动，均限漾日开始实施。

（六）第十、第二六军均归第九战区指挥（据九战区赵处长十八日夜电话，已令26A开金井附近，廿一日可达。并令10A于十八日夜开拔，廿一日可达长沙、浏阳）。

（七）驻全州之第五军装甲兵团，应以一部向渌口附近集结待命。此项部队原定向滇缅使用，长沙附近地形开阔，可否向该方面使用，乞示。

（八）驻祁阳之重炮兵第十四团第一营，应向长沙集中，归第九战区指挥。

理由

（一）敌似先以有力一部，向我汨罗江以北地区部队行局部包围，尔后以主力分路向长沙东侧地区突进。同时由营田、湘阴登陆，直指长沙，包围歼灭我军于湘江以东地区之企图。敌为防我向其侧击，有以一部行梯次配备，向我反包围之可能。故第九战区应以有力一部保持机动，准备向敌反包围为要。

（二）长沙为军事、经济要地，应尽量确保。

（三）为使九战区作战容易，第三、六、五战区应各以有力一部出击，策应九战区作战。

〔国民政府国防部史政局及战史会档案〕

2．薛岳报告五十八军等部在长沙以北战况密电

（1941年9—10月）

（1）9月19日密电

限两小时到。委座、部长徐：5112密。战况：甲、渡新墙河南犯

之敌，已窜抵关王桥、大荆街、黄沙一带，刻正向南猖獗攻击中。在严家岭、上青山、中青山、下青山一带登陆之敌，我守兵因四面环水，连络断绝，仍与敌死战中。乙、据敌第四师团俘虏荒木秀一供称：该师团长北野，灰日全部由豪〔通〕城、三阳店开嘉鱼，真日转开岳阳。丙、罗集团（余七四军）及王集团军部署未变动，当面无异状。七二军开通城附近，任该方面之作战。丁、王指挥官劲修指挥第四、第五、第八挺进纵队及边区总部第一、第二补充团，攻击贺胜桥、蒲圻间地区之敌，确实截断粤汉路北段交通。第六挺进纵队以一部攻击赵李桥、羊楼洞一带之敌，主力攻忠防、桃林一带之敌。第七挺进纵队由杨林街、新墙方面，自北向南尾击南犯之敌。第五八军、第廿军（欠暂五师）、第四军主力由桃街、胡少保亘洪源洞以南之线，自东北向西南尾击、侧击南犯之敌。第四军一部正在汨罗河以北迟滞南犯之敌。戊、第卅军（附九二师）已以一部任长乐街、新市间至汨罗河南岸守备，主力于麻峰嘴、李家桥、彭家坳占领既设野战阵地，完成战斗准备。第九九军之九九师仍任汨罗河南岸及湘阴、营田一带守备。第一九七师仍任湘江南岸及洞庭湖南岸守备。第廿六军约号日可推进金井、将军坝一带地区。第十军正由衡阳、衡山向高桥、上杉市、长沙推进中。己、已令第七四军以两师开浏阳，一师开洞阳市，策应湘北方面之作战。六战区七九军之九八师即开益阳、军山铺，军部率暂六师开石门桥。庚、已令重迫击炮第二团、第七四军炮兵团、炮兵第一团，集中使用于汨罗河南岸之主阵地线。辛、此次作战，敌兵力庞大，且取纵深梯次部署向我进犯，当督励各部力战歼敌。职薛岳。皓未。涵。印。〔自长沙发〕

(2)9月20日电

限即到。重庆委员长蒋、部长徐：盏密。战情：甲：渡新墙河南犯之敌，其主力被我第四、第二十、第五八军截击于三江口、大荆街，现正剧战中。其先头一部约千余人，于皓夜窜至汨罗河，现正与我第卅七军前进部队激战中。又敌一部有由长乐街之横山桥进犯平江模样，现正与第四军之一部激战中。乙、皓申敌百余乘汽艇四只，于归义西北河夹塘登陆，被我第九九师守兵击退。皓晚敌汽艇二只，拖民船七只，向营田北白鱼岐窜扰，被该师炮兵将民船完全击沉，汽艇击沉一只。丙、近因洞庭水涨，水位高于封锁线，刻上、下荷叶湖、横岭湖、里湖、慈场湖、杨林赛湖均有敌艇活动，正与第一九七师激战中。职薛岳。号未。涵。印。〔自长沙发〕

(3)9月21日密电

限两小时到。重庆委员长蒋、军令部长徐：臻密。战情：甲、第廿军号夜攻占关王桥。号夜敌四十师团之二三四联队来援，被我欧、杨、孙各军协力击破，现各军仍继续猛击敌之后侧。号日窜长乐街、横山桥之敌千余，号晚被我第四军一部击退。乙、皓晚以来，渡汨罗河之敌第三、第六、第四师团之各约四千人，企图掩护其主力继续渡河南犯，号夜我三十七军前进部队猛烈夜袭，激烈战至马巳，敌伤亡颇重，退过汨罗江北岸。浯口及长乐街南岸之敌一部仍与我激战中。马巳瓮江北张家陂附近发现敌骑兵及便衣队，企图迂回我右侧，我第四十四师正在驱逐中。丙、窜入杨林赛湖、神湖之敌艇，被我一九七师于号日击退，北窜横岭湖，皓日窜慈场湖向锡江口进犯之敌汽艇，被该师击沉二只，余窜横岭湖。皓申敌艇廿余只窜团林港，向畎口进犯，被该师于号日击沉。马辰复来扰乱，正与守军对战中。丁、已令第五八军、第廿军、第四军，由东北方继续向长乐街、磨刀滩、新市、归义衔敌后侧攻击前进；第卅七军、第廿六军除扫荡敌及掩护渡河部队外，充分准备与敌主力决战；第九九军努力攻击湖面敌之舰艇，严防其登陆窜扰。戊、第七二军漾日可到平江，第十军本日可到指定地区，第七九军之九八师马日可到宁乡，暂六师号日由常德出发，马日可到益阳，第七四军有日可到达浏阳、洞洋〔阳〕市。职薛岳。马未。涵。印。〔自长沙发〕

(4)9月22日密电

限两小时到。重庆委员长蒋、部长徐：盏密。战情：甲、据俘敌口供及虏获文件证明，此次向我进犯之敌，除海空军外，其陆军有第三、第四、第六、第四十师团及卅三师团之二一五联队（第十三师团一一六联队尚未发现），以第三、第六、第四师团为第一线兵团，第四十师团及第卅三师团之二一五联队为第二线兵团，取纵深配备，向我进犯。乙、第五八军在杨林街南栗塘冲，第廿军在关王桥西南，第四军至关王桥东南各地区，继续攻击敌之后侧。丙、马晚敌有力部队向瓮江攻击，与第四四师、第卅二师战斗甚烈。丁、第卅七军前进部队马晚攻占伍公市东南桐子山，刻在马头岭、伍公市、新市、骆公市各附近与敌激战中。戊、第九九师之一部，刻对窜至归义东南人中瑕、东山冲之敌猛烈攻击，主力仍守备河夹塘、湘阴、营田一带防务。本晨击落敌机一架，坠于青山以北湖面。己、马辰敌舰三艘、汽艇十余只，由横岭湖经西湖向团竹寺、锡江口猛攻，经第一九七师守兵痛击，击伤敌舰一艘。马未增来敌舰两艘，汽艇卅余只，至马酉仍在激战中。马晚芦林潭被敌攻占，经该师增援反攻，失而复得者二次，现仍在我手中。为严密江湖封锁，已令将湘阴通涡河口、濠河口湘江航道及涡河口、临泚〔资〕口、白马寺、E湖口通沅江航道布雷封锁。职薛岳。养未。涵。印。〔自长沙发〕

(5)10月2日密电

限两小时到。重庆委员长蒋、部长徐：聚密。此次进犯之敌经我军廿六昼夜之围攻痛击，伤亡过半。而敌由武汉各地抽派民夫十五万，赶筑新墙、汨罗后方交通线，增援补充。但均被我军处处截断。尤其于陷、东两日在金井西北之脱甲桥及麻峰各地，将其由长乐街方面向南追送粮、弹之装甲车五十余辆，悉数击毁，死援兵一千余人，仍不能增援补给，继续作战，于东申开始突围北退。当令第五八军超越浯口市以北，由长乐街、关王桥方面，自东向西截击败退之敌。第四军、第廿军由福临铺、长乐街及栗桥、新市方面自东向西截击败退之敌。第九二、第九九两师由石子铺、福临铺及长沙栗桥方向，自东向西截击败退之敌。第七二军速经平江西北山地向杨林街方面，超越截击败退之敌。第廿六军由浏阳西北方自东向西清扫捞刀河南北两岸战场。第七四军由普迹市方面，自东向西清扫浏阳河南北两岸战场。暂二军一部沿株州至长沙大道东西地区，自南向北清扫战场。第七九军以一师守备长沙，主力向新市、长乐街衔尾追击败退之敌。谨电察。职薛岳。冬辰。涵。印。〔自朱亭发〕

(6)10月6日密电

限二小时到。渝委员长蒋、部长徐：臻密。败逃之敌自东日以来，被我欧、杨、傅三军在汨罗江、捞刀河间猛烈截击，萧、夏两军猛烈追击。至本鱼日，其主力狼狈渡汨罗江，北岸沿途遗尸甚多，刻我韩军先头部队已达到杨林街，正自东向西截击败逃之敌，孙军正在大荆街西方猛烈攻击，欧军已由长乐街附近渡江，协力孙军自东向西截击败逃之敌，杨军正由伍公市、新市方面渡江，各部猛追尾敌。傅军梁、高两师正协同肃清新市、归义、河夹马〔塘〕、营田一带残敌，萧军已越高桥向长乐街，方、夏军王、赵两师已越过福临铺、新桥向伍公市、新市方【面】，清扫战场，策应各追击军作战，其余各部任务同前。薛岳。鱼戌。涵。印。〔自长沙发〕

〔国民政府国防部史政局及战史会档案〕

3. 杨森关于第二十七集团军作战经过概要报告书

（1941年10月）

第二次长沙会战二十七集团军作战经过概要报告书

兼总司令　杨　森

以本集团为主力军之第二次长沙会战，敌使用兵力计有第三、第四、第六、第十三、第卅三、第卅四、第四十等七个师团及独立第十四、第十八两个旅团与其他特种部队。当中第三、第四、第六、第十三、第四十等师团系主力，其余系一部兵力，总数在十二万人以上。会战经过时间凡三十五日（自九月七日起至十月十一日奉令以一部佯攻临、岳，主力变更部署止）。其作战经过概要，仅分为三个时期报告之。

（甲）第一时期（大云山附近之战斗）

此次会战前之我敌态势：陆、水以东之敌为四十师团，以西之敌为六师团。自敌数月以来，一面高唱南进、北进，一面使华中敌军扬言将抽调兵力到上海，转用于越南及东北两方面，以松懈国军之防备，企图彻底集中优势兵力，出我不意，闪击长沙。时本集团军之二十（杨）军、五八（孙）军、第四（欧）军，各以一部在金城山、铁柱港、北港、新墙、鹿角亘磊石山之线固守，主力在桃树港、南江桥、关王桥各附近整训。九月七日拂晓，第六师团之敌约八、九千，分由忠防、西塘两路南犯。当时所得情报：只知四十师团一部已到湘北，不知敌尚有大批后续部队，故判断敌人企图在扫荡大云山我军游击根据地，决心以第四（欧）军之第五九（张）师、第一零二（柏）师及第五八（孙）军之新十（鲁）师，实施反扫荡战。敌自开始攻击以来，敌机、敌炮协力其步兵向我猛扑。我大云山守军第一零二（柏）师一部，于八日晚为敌突破。十日，新十（鲁）师收复大云山，直至十七日，我敌在甘田、港口、草鞋岭、比家山地区反复激战。敌之后续部队源源增加。当时本集团军判断，敌军决有大举南犯长沙之企图。一面呈报长官薛，一面令第五八（孙）军全部西移，一面令暂五四（孔）师准备接替一三三（夏）师防务，令第二十（杨）军集结主力待命。时长官薛亦将六十师拨归第四军欧军长指挥，以加强其战力。十七日晚，敌军一部竟由童溪街第一零二（柏）师防线，突破新墙河闸矣，敌进犯长沙之企图，至此暴露无遗。当时本集团军之敌情判断：敌决置重点于左，向南急进，向右旋回，进攻长沙。遂决心以第四（欧）军节节抵抗，迟滞敌之南进；以第五八（孙）军、第二十（杨）军梯次配备，向南侧击；以第六（李精一）、第七（李子亮）挺进纵队，在敌后破坏道路、桥梁、通信，截击辎重，焚毁仓库，断其补给与后送。当时对各部之作战指导，即对敌采绝对攻势，被敌突破，即向敌后转进，确切实施侧击、尾击、伏击、截击。

（乙）第二时期（敌突破新墙河进犯长沙，我军之诱敌歼灭战。）

九月十八日，敌开始行真面目之战斗，分三路突进：主力由杨林街、瓮江、金井、春华山、黄花市及其以南；一部由潼溪桥、大荆街、福临铺、石子铺；一部沿粤汉铁道，另以海军一部佯攻营田。自十九日敌突破汨罗以后，逐日向左翼延伸，时奉命拨归本集团指挥之七二（韩）军，又不能在二十二日前开到平江。集团军指挥所当时在平江，感受威胁，欲变换指挥所，因限于通信器材，则与前后方连络必中断一日。卒以坚韧得保各军之连络。二十五日，第二十（杨）军攻占毛栗坳、朱砂岺〔岭〕之线后，向南续进。在渡头桥获敌军用鸽，带有敌三师团参谋长呈十一军参谋长报告一件，要求迅速补给。二十六，（肖）军奉命拨归本集团军指挥，当时正是我敌在捞刀河决战之际。本集团军奉命以第五八（孙）军向南攻新安市，第二十（杨）军向南攻万家铺，第四（欧）军向南攻麻林市，第二六（肖）军向西攻上杉市，第七二（韩）军向西攻路口畲。各军均遵令积极行动。二十七日以后，第二六（肖）军失去连络，致二十九晚奉令以主力向南，一部向西，改令第二六（肖）军在蕉溪岭布防固守浏阳之命令。本集团军虽尽诸般手段，未能按时确〔到〕达，该军几误大局。

（丙）第三时期（敌开始崩溃，我各军之追击）

十月一日，奉到委座电命：敌已于九月三十夜开始由北撤退，浏阳河南岸已无敌踪。集团之追击部署，令第二十（杨）军、第四（欧）军在麻峰咀、金井向西截击败退之敌；令第七二（韩）军、第五八（孙）军分向杨林街、大荆街行超越追击；令第二六（肖）军向西清扫捞刀河两岸战场后，协力第二十（杨）军、第四（欧）军衔敌尾追，追击目标为蒲圻、岳阳之线。六日晚，我追击部队之先头已北渡新墙河。八日，新墙以南残敌完全肃清。正奋力攻击临湘、岳阳间，十一日奉令变更部署，会战遂告结束。（各期兵力部署如另图〔图略〕）

检　讨

甲、新墙河北岸绪战时期

一、敌情判断似嫌主观。当敌在大云山开始向我攻击时，根据敌过去攻占我南山鹰嘴岩、段山之行动，认为敌企图仅在攻占大云山、方山洞。及至敌放弃大云山，而向我杨林街以北之甘田、港口方面进攻时，复认为系向我扫荡。其错误在：始终认敌第六师团全部抽调他去，此不过为其掩护撤退动作，及至久经鏖战不退，始疑其别有企图。此为初期判断敌情，一般似嫌偏于主观。

二、友军彼此互不相信，致乏协力。当欧、孙两军夹击甘田、港口之敌时，欧军以在大云山受相当损失之后，士气稍差，孙军初次加入，士气比较旺盛，故两军战果稍有出入。因此所报战况、敌情，经本部通知时，两军互不相信，故缺乏协同动作，遂使敌于被夹击中得从容挣扎，掩护其南进部署。

乙、新墙河南岸至浏阳河向〔向字衍〕北岸作战时期

三、部队一般运动迟缓。当敌突过新墙河、汨罗江时，我北上迎击、南下尾击及西向侧击各部队，除欧军较为迅速、杨军稍次外，其他一般均甚迟缓。至于我迎击部队，对指定目的地多尚未到达，在行军纵队中即被敌骑冲散。而尾击、侧击者亦因缓到，未能适时予敌以致命打击，使敌得一意突进，如入无人之境。

四、各级指挥官统率能力薄弱。敌突过新墙河南岸以后，我

各部官兵辄多因敌骑骤至，望风披靡，官长全失掌握，士兵四处溃散，纷纷到平江、浏阳，络绎不绝。甚至团长亦有只身后遁者，既不见官长收容，复不见自动集合寻觅部队，本部曾令受训始回之。张德能师长多方截堵收容，奈以能截堵地方有限，收容者不过什一，但亦在千以上，其他地方可以想见。后闻此等溃散官兵，有到醴陵、攸县、株州、衡阳者。以此概计名为一军一师，其实作战未终，伤亡者不过十分之一、二，溃散、逃亡者十分之五、六，在战场作战者亦不过十分之二、三而已。细察此种溃散原因，自然系被敌快速部队闪电突击，我则因防御正面过大，或因初到措手不及，或因无对敌大量骑兵作战经验，平时训练不够，被敌冲散所致。但一经脱离敌人射界，部队长官即应迅速集合部下，确实掌握。乃一任溃散，靡所底止，殊足见团长以下指挥官之无能力也。

五、各部官兵纪律太坏。此次各部溃散官兵，普遍奸掳、烧杀。甚至部队前进、转进中，在部队长官率领下，亦有之。较之上海抗战之役溃散蔓延数百里，有过之无不及。盖当时仅溃散不归队，尚无此普遍奸掳、烧杀也。部队官长平时教育之不良，约束之无方，可以概见。

六、奉行命令不彻底，甚至对所受任务取巧规避。各部常因战斗情势恶劣之际，对命令多取怀疑态度，毫无自信能力，不肯排除万难，尽最大努力，以致迟缓徘徊，希图一己苟安，不顾整个战局。例如：担任侧击及非敌主攻〔力〕方面之攻击部队，每以一个军或师，辄为数百人所抑留与牵制，不肯取断然手段歼灭或驱逐敌人，而保持对峙状态。甚至在此战局极度紧张时期，不肯拼命与友军协力，反抛弃任务，率部遁入深山。事前并不通知上级指挥部与邻接有关友军，而将有线、无线通信停止，故意隔绝，致命令无法下达。事后见敌已退去，始出而电询战况、敌情者，大有人在。似此规避取巧，在抗战的今日，殊不应有。

丙、敌人溃退时期

七、追击部队尚称努力。敌人溃退时，我在高桥、金井、福临铺以北作战部队对于侧击、截击、尾追任务之遂行，虽因敌团结主力，作有计划之撤退，致收功虽小，但一般尚能迅确实施。不过稍有因顾惜疲劳，致企图心不旺盛，动作不积极之嫌。

八、部队协力优点。敌人溃退至高桥以后，我欧、杨两军在金井、脱甲桥、何家坳、江家桥之线，极度协调，动作一致，用能予敌重大打击，此为不可多得之优点。…………

〔国民政府国防部史政局及战史会档案〕

4. 徐永昌提出湘北溃窜日军处置意见密电

(1941年10月8日)

限二小时到。南岳贺主任：〇密。转呈委员长蒋：湘北回窜敌人，有与郑州附近敌人之南下相策应，向襄樊方面采取攻势之可能。晋南敌人施行佯动，或有竟行渡犯洛阳、陕州之可能。为准备上项作战，除对第五、六战区之处置意见已于阳酉令一元电呈核外，谨拟处置如下：（一）第九战区应以有力部队向退却敌人跟踪追击，努力向武岳路沿线敌人袭攻、破路。（二）第二十六军肖之楚部开常德，控置整训，准备策应第六战区作战。（三）李品仙之八十四军速向礼山附近集中，准备向广水、花园敌后攻击。（四）第七十九军夏楚中位置长沙附近，第三十七军陈沛位置株州、湘潭、渌口附近，第十军李玉堂位置衡阳附近，均归本会直辖，控置整训，准备策应第六、第九战区或滇缅路之作战。〔中略〕以上处置是否可行，乞速核示，以便遵办。职徐〇〇。庚午。令一元。印。

〔国民政府国防部史政局及战史会档案〕

5. 第九战区第二次长沙会战战斗详报①

（1941年9月）

第一　会战前敌我形势之概要

甲、敌军〔略〕

乙、我军

子、部署概况（参照附图第一、附表第八）〔图表略〕

一、赣北方面：预五师警备梁家渡、市汊街之线。赣保安纵队警备市汊街（不含）沿锦河南岸迄车前渡口之线及港口、南港、周家、七里冈各前进据点。新三军警备祥符观、□冈岭、奉新、靖安之线及西山、万寿宫、赤田张、朱埠、干州各前进据点。第二挺进纵队之赣保第四团，警备望湖冈、上东坑之线及茅山、横峰山各前进据点。第七四军集结新喻、分宜、彬大桥积极整训。第七八军警备坳头坪、老塔下、火烧白、观音阁之线及潭埠、津口、大桥河各前进据点。第七二军集结三都南北地区，积极整训，及以一部警备留咀桥、界牌、东坑岭之线。

二、鄂南方面：第二十军警备杨芳林、港口及斗米山、雪堂岭、通城之线与堰市、铁柱港各前进据点，并以其第一三四师集结桃洲港，积极整训。第五八军之新十一师警备九岭、琉璃坳、保定关、黄岸市之线及赛公桥、北港各前进据点。其新十师集结上塔市，积极整训。

三、湘北方面：第四军警备新墙河南岸公田、杨林街、新墙、鹿角、磊石山之线及姚林、西塘（均不含）、游港东岸、笋口、草鞋岭、大小桥岭各前进据点，并以其第五九师集结关王桥积极整训。第九九军之第九九师警备归义、营田、湘阴之线，第三十七军集结瓮

①系节选。

江铺、蒲塘、长乐街、白沙桥、石门源一带地区，积极整训。第九九军之九二师集结上彬市、安沙，积极整训。

四、湘西方面：第九九军之一九七师，警备芦林潭、螃市、廖潭口、沅江、汉寿一带湖防。

五、军委会直辖归战区督训之第二十六军，集结浏阳、普迹市及金井一带地区，第十军集结曾家冲、大堡、衡山附近一带地区，积极整训。

六、以上各警备部队，均经常派队连同各军攻击部队、各挺进部队，不断对敌正面侧翼背后积极攻袭，破坏敌后交通、通信，焚敌粮弹、辎积〔重〕，使敌日夜不安，颇能达成消耗敌军之任务。（各军攻击队、各挺进队攻袭破坏区域，参照附图第二）〔图略〕

丑、作战计划及指导要领

根据战区本年三月策定之反击作战计划第一案，敌如以主力由杨林街、长乐街、福临铺道及粤汉铁路两侧地区，向长沙进犯时，则诱敌于汨罗江以南、捞刀河两岸地区，反击而歼灭之。本会战即基此要领指导作战，先于关王桥、大荆街及金井、福临铺、栗桥、三姐桥各一带地区，构成纵深强固阵地，节节抗拒敌人，消耗敌力。并彻底转用赣北、鄂南方面兵力于杨林街、关王桥、长乐街、平江、沙□□、永安市方面，自东向西对敌侧击。及以有力兵团紧衔敌尾，南渡汨罗江，对敌尾击。同时加强外翼，争取外翼，对敌形成反包围，为外线作战之典型，用能陷敌后路断绝、补给不能圆滑、弹尽援绝、死伤惨重之悲境，遂得战胜敌军。

第二　会战经过

（含状况、战斗经过及处置）

九月六至十五日状况及战斗经过〔略〕

九月十六日状况及战斗经过：

一、自十三日以来，由武昌开岳阳之敌四千余，重炮十二门，汽车五十余辆，马三百余匹，其后续部队尚在陆续东运中。

二、第五八军，第四军之五九师、一〇二师及六十师，仍续攻击大云山南、杨林街北、甘田、百羊田、草鞋岭一带地区之敌。

九月十七日状况及战斗经过：

一、第五八军占领学堂坡、游家坳、兰家冲东端高地之线，仍对胡野溪一带之敌侧背攻击，当面之敌似为第卅三师团之二一五联队。

二、第四军之五九师、附六十师一团，由胡野溪附近向当面之敌攻击，激战终日，第一〇二师主力守备新墙河南岸、四六方、杉木桥之线，一部仍在西冲附近与敌激战。入夜，敌六千余人，向杨林街、新墙间强渡新墙河，我第四军正痛击中。

三、敌舰三艘掩护汽艇三十余只，载敌四百余，乘夜于上青山登陆，我一九七师守备兵正迎击中。

四、基于以上敌情，敌以第三、第四、第六、第十三、第卅三、第四十等师团及海空军一部闪击长沙之企图，已完全暴露。

九月十八日

甲、状况及战斗经过

一、第五八军攻占甘田后，即由东开向西南，对渡河之敌侧背攻击。

二、敌七、八千，藉飞机二十余架、炮三十余门之掩护，本晨以来分向阳林街西端缪家渡、四六方、潼溪街、杉木桥一带强渡。经第四军(附六十师)痛击，至午窜至王复泰、关王桥、长湖一带，我第四军转至胡火保、关王桥以东及洪源洞、向家洞一带地区，对敌侧击。

三、第一九七师一部仍在上下青山与敌激战，击沉敌汽艇二只。惟敌机轰炸甚烈，致电话不通，情况不明。我主力已推进至芦林潭、锡江口、上下八百弓、老龙潭之线及临阶口，准备痛击进犯之敌。

乙、长官陈啸午电告七九军行动

本战区以阻敌由洞庭湖南犯、巩固长、常之目的，已令常德九八师即闵盎阳军；山铺、澧县七九军军部及暂六师，即开石门桥以东地区，准备策应贵战区之作战。

丙、巧辰电指定74A、26A、10A、72A行动任务

子、着七四军军部于皓日率两师开万载，一师开黄茅集结待命，限漾日完全到达。

丑、着二十六军(欠卅二师)于巧日，以一师开枫林港，军部率一师开上杉市，准备作战。

寅、着第十军于巧夜开始，以第三师开东山，第一九〇师开渡头市，军部率预十师开普迹市集结待命。

卯、着七二军即开通城附近，准备任该方面之反击作战。

丁、巧戌电指示26A、37A、92D.99D部署及任务

子、第二十六军军部率第四四师，推进至金井附近，第三十二师仍在金井附近集结，第四一师推进至将军坝，限号日拂晓完成到达，准备战斗。

丑、第卅七军应以第一四〇师之一部，任长乐街附近汨罗江南岸守备，以主力于麻峰咀附近占领阵地；第九师之一部，任新市附近汨罗江南岸守备，主力于李家瑕附近占领阵地，统限皓晓部署完毕。

寅、第九九军之九二师，推进至三姐桥北彭家坳附近，占领阵地，限皓晚部署完毕。第九九师应于现阵地竭力拒止敌人，尔后待命推进至大家铺、樟树港间，占领阵地，均归卅七军陈军长指挥。

卯、敌如渡过汨罗江南犯时，第二十六军（欠四一师）待命自东南向西北侧击之，第四一师策应第二十六军、卅七军之作战。

辰、炮兵王指挥官，率七四军炮兵团即开金井，指挥该团及重迫击炮第二团，先协力第三十七军之守势作战，阻止由长乐街南犯

之敌．尔后支援第廿六军之攻击前进。

己、配属卅七军之炮兵，须能阻止沿长乐街、麻峰咀道及新市、李家塅道南犯之敌。

戊、巧亥电令20A、58A、4A尾击侧击南犯之敌

第二十军（欠暂五四师、任通城方面警备）即由王安屋、朱公桥方面，协力第五八军、第四军，对由杨林街、新墙间渡过新墙河南犯之敌，于皓日拂晓开始紧衔敌尾，跟踪追击、侧击。如作战不力，遗误汨罗江南岸之作战，定予重惩。

己、巧申电令挺进部队攻袭敌后破坏交通通讯

着王指挥官劲修，亲率第四、第五、第八挺进纵队及边区挺进总部之补一、补二团，攻击贺胜桥、咸宁、蒲圻一带之敌，确实截断贺胜桥、蒲圻间铁道、公路之交通。

九月十九日

甲、状况及战斗经过

一、杨林街方面之敌千余，本晨向我石塘、步仙桥、李日秀阵地进犯，经第四军节节抵抗，并将关王桥之敌击回周庆祖。迨黄昏，我占领渭洞、大屋冲、欢石门、向家洞、新开岭[1]一带地区，对敌侧击。

二、南犯之敌，自午前八时以来，分在浯口、长乐街、磨刀滩、易家河、□市河、骆公桥等处，开始强渡汨罗江。我三十七军前进部队，正痛击中。

三、敌舰四、兵百余，向我九九师河夹塘，及舰艇十余，由慈场湖、杨林赛湖、团林港分向我一九七师锡江口、畎口一带阵地进犯，均经击退，共击沉敌汽艇四只。又在上下青山登陆之敌，我守兵因四面环水，连络断绝，仍与敌死战中。

---

① 以上五处地名傍原有“不录”字样。

四、第廿六军已进至金井附近，第七九军之九八师，已进至益阳附近。

乙、皓辰、皓申电指定74A、10A位置及到达日期

子、第七四军到达万载、黄茅后不停，由王军长率两师开浏阳，以一师开洞阳市，限有日完全到达。

丑、第十军军部率一师开高桥，以一师开上杉市，以一师开安沙，限马日拂晓前完全到达。

丙、皓戌电令4A、58A、80A衔尾攻击敌人

第四军应紧衔敌尾，经王家坊、杨家巷，向长乐街、磨刀滩攻击。第五八军、第二十军应紧御敌尾，经关王桥、大荆街，向新市、归义攻击。务于号日拂晓开始，不顾一切，奋勇实施。如敌以小部占领阵地，拒我前进，应以一部监视之，主力努力前进，务达成任务为要。

丁、皓戌电令李纵队尾击破坏

第七挺进纵队除尾击南犯之敌外，应大量发动民众，破坏敌后交通通讯，截击敌辎重，以利我汨罗江南岸之作战。

九月二十日

甲、状况及战斗经过

一、第五八军攻占杨林街南之粟塘冲，正向白羊冲攻击，与敌激战甚烈。

二、第二十军攻占关王桥，迄夜敌四十师团二一①四联队来援，正在登龙桥与敌激战。

三、第四军占领大屋冲、水口桥、向家洞之线，自东向西，猛攻关王桥②、洪源洞、得胜岩一带之敌，激战至烈。忽敌四、五百

---

① “一”字傍有置疑号。

② “关王桥”三字傍有“不录”字样。

由长乐街经梓江，犯横山桥，图围攻我左侧背。经派队迎击，至夜将敌击退。

四、昨夜以来，由长乐街、伍公市、新市、骆公桥等处渡过汨罗江之敌，第六、第三、第四师团各一部，约四千人，企图掩护其主力继续南渡，仍被我卅七军前进部队阻击于鲁家桥、二九八六高地、孙家山、兴隆山及江北岸西山庙、向家墈、长坡岭、骆公桥之线，我正实施夜袭中。

五、敌汽艇二只，拖民船七只，昨夜以来，向营田以北之白鱼歧窜犯，被九九师炮兵击沉汽艇一只，民船全数沉没。又敌舰二艘、汽艇七只，再向畎口进犯，仍经一九二师守兵击退。

六、第二十六军之三十二师，已进至捂冈岭、白源洞、白马庙、大屋坳一带地区，四四师正向蒲塘、瓮江、瓮江潭之线前进，四一师已在花门楼地区集结，拒止南犯之敌。

七、第十军之预十师到达永安市附近，第三师、第一九〇师正向上杉市、安沙急进。

八、第七四军到达分宜、金瑞、樣场圩一带地区。

乙、委座号令一元电指示作战

子、湘北方面：敌集中约四个师，兵舰十余艘，汽艇一百八十余只，自筱日起，其有力一部渡新墙河南犯，迄皓亥渡过汨罗江。刻与我第九战区部队激战中，似有闪击长沙之企图。

丑、国军以决保长沙并乘机打击消耗敌人之目的，第九战区应先以一部向汨罗江以北地区行持久战，并各以有力一部固守湘江西岸及汨罗江以南各既设阵地，加强抵抗，保持主力于外翼，求敌侧背反包围而歼灭之。第三、第五、第六战区，应乘虚向当面敌人攻袭，予敌严重打击。

寅、第九战区对于湘鄂公路，应彻底阻绝破坏，并以有力一部，于通城、九岭南北地区，确实阻止敌之南犯，保障主力右侧背之安全。对靖江、乔口、岳麓山各要点，应先期以一部固守，巩固长沙。作战军对于主阵地工事，应速加强，并发动民众彻底破坏主阵地前道路，敷设地雷，预以一部化装准备伏袭。对于湘阴及其以南湘江两岸，应速构筑工事，加强水道封锁，并加强益阳、沅江沿湖工事，巩固长沙之左侧背。

卯、第六战区应向荆、宜敌人积极袭攻，相机收复宜昌，并以一部由□〔监〕利、上车湾各附近，向临湘、白螺矶、岳阳方面进出，布放漂雷，并向岳阳附近佯攻，威胁敌人。另以一军即开益阳、宁乡，归第九战区指挥，限养日到达，准备策应湖防及增援湘江两岸之作战。

辰、第五战区应向沿江、平汉、襄花、京钟、汉宜路及荆、宜当面敌人发动全面游击，相机袭击据点，并应以重点指向汉宜路，截断荆、宜敌人后方，阻敌转入第六战区作战。

巳、第三战区应向当面敌人发动全面游击，向长江布放漂雷，并以一部任攻南昌。如敌以有力部队由赣北西犯时，该战区应以有力一部向高安方面进袭，增援第九战区作战。

午、第三、第五、第六战区之攻势行动，均限漾日开始实施。

未、第十军、第二十六军，均归第九战区指挥。

丙、委座等令一元电指示七战区一军及炮兵战车之动行指挥系统

子、着第七战区抽调一个军（两师），即日用铁道输送株州，归第九战区指挥，限有日前到达。

丑、着驻曲江之战车炮第五四团第三营，即日用铁道输送长沙附近，归第九战区指挥，限漾日前到达。

寅、着第五军即将驻全州之战车一连，用铁道输送渌口附近，归第九战区指挥。

丁、委座哿未令一元六电告增加七九军一师开益阳、宁乡

第六战区除夏楚中率领之两师，应速增一师统归夏楚中指挥，

限申月梗日到达益阳、宁乡北，归第九战区指挥。

戊、号巳电请长官陈指定七九军位置

请饬九八师推进至宁乡，夏军长率暂六师开益阳，以便策应汨罗江南岸及沅江方面之作战。

己、号巳电请余长官以暂二军策应作战

请以暂二军策应湘北作战，并饬邹军长即先率一师，用铁道输送至株州集结。

庚、号未电指定七二军位置及到达日期

着第七二军即开平江，限养日到达，归杨副长官指挥。

九月二十一日

甲、状况及战斗经过

一、第五八军仍在杨林街南之粟塘冲，对敌侧后猛攻。

二、第二十军自昨夜以来，与敌激战，我至本日午后二时，复克登龙桥，即向三江口急进。忽敌四、五千，由王复泰方面增加反攻，当在胡火堡、登龙桥、关王桥之线猛烈攻击，与敌激战甚烈。

三、第四军本晚以来，自东向西，对关王桥以南盒内、洪源洞、横山桥、蓝家洞一带之敌猛烈侧击，于午刻攻占盒内。敌由长乐街方面不断增援，仍在洪源洞、新开岭、龙蟠一带地区，与敌激战。

四、敌骑兵及便衣队午前十时顷，窜至瓮江北之张家坡，至午后三时，浯口之敌千余，山追炮五门，窜至新开岭。黄棠亦发现敌人，经我二十六军之四四师、卅二师痛击。迄夜，敌复增加有力部队，向瓮江攻击，激战至烈。

五、第卅七军自时〔是〕夜以来，对当面之敌全线强袭，攻克兴隆山、马头岭、鸭婆尖、狮形山、虎形山、西山庙、向家垌、大坪里及伍公市、新市各前进据点，毙敌十三联队河野队长等百余。自昼至夜，在马头岭、永平站、伍公市、新市、骆公桥各附近，与敌激战。

六、第九九军之九九师一部，正对归义附近之敌攻击。而敌舰三艘、汽艇十余只，午前八时顷，由横岭湖经两湖猛攻园竹寺、锡江口，经一九七师击伤敌舰一艘。午后三时，增来敌舰二艘，汽艇二十余只，至黄昏仍激战中。又芦林潭于夜间被敌攻占，我增援反攻，失而复得者两次。为严密江湖防【务】，已将湘阴通涡河口、濠河口、湘江航道及涡河口、临泚口、白马寺、茈湖口、沅江航道，布雷封锁。

乙　马亥电指示26A作战

第二十六军之四四师、卅二师，应协力速歼由语口、黄棠东南窜新开岭之敌，并确占语口，以利尔后作战。其四一师即推蒲塘，准备作战。

丙、马亥电令七八军一师开龙门厂归韩军指挥

第七八军着即抽出一师兼程开龙门厂，归韩军长全朴指挥。

丁、马亥电指示七九军行动位置

第七九军之九八师即开岳麓山，暂六师着兼程开益阳。

戊、余长官电告暂二军行动

已限令暂八师于马日兼程来曲江，转车开株州。并令邹军长统率暂七师之一旅，已于删日由清远开曲江。其余一旅俟交防后，迅续开曲江，准备转车开株州。

九月二十二日

甲、状况及战斗经过

一、据俘敌口供及虏获文件证明，进犯之敌除海空军外，其陆军为第三、第四、第四十师团及第十三师团之第一一六联队，第卅三师团之【第】二一四、第二一五联队，另第十四、第十八独立混成旅团各三个大队。第三、第四、第六师团为第一线兵团，第四十师

团、第卅三师团之两个联队为第二线兵团，取纵深配备，向我进犯。

二、第五八军仍在栗塘冲，第二十军在关王桥，第四军在关王桥东南洪源洞、横山桥及水口桥、朱公桥一带地区，继续攻击敌之侧后，均有激战。

三、由涪口窜瓮江之敌，与第二十六军之四四、卅二师在杨梓坳、瓮江、黄塘源、桃花洞线激战终日，敌我伤亡均重。迄夜，我转移风源洞、喻家关、白源洞之线，仍与敌激战。又三角塘午后四时顷，发现敌踪，我四一师之一团正迎击中。

四、涪口之敌五百余，午后四时向东南窜至南阳庙、班召庙、彭家坳，我卅七军之一四〇师一部，对敌截击，遭遇于双江口，激战甚烈，我第十军之一九〇师，即以一部向该敌协击，以主力占领白石尖、麻峰咀、飘风山线阵地，策应一四〇师之作战。又敌一部乘夜由新市窜马王桥、密岩山，我卅七军之九五师及九九军之九二师各一部，正痛击中。

五、第九九军之九九师一部，正对由归义窜至人中撥、东山冲之敌猛攻，其主力仍守备河夹塘、营田、湘阴一带防务。本晨，击落敌机一架，堕于青山以北湖面。我一九七师本寅克复芦林潭后，敌复以兵舰八艘、汽艇五十余只反攻，至申又陷。我仍在对岸之斗米嘴，对敌攻击中。

六、第七二军已到达龙门厂、长寿街道上，继续夜行军，向平江急进。第七八军之新十六师，已到达修水附近。

七、第七四军到达宜春、黄茅、高城一带地区。

八、第七九军之九八师已过宁乡，暂六师到达常德以北二十公里之长岭冈。

乙、养亥电令指示第十军及九二师之部署

子、第十军之一九〇师，务于本夜推进至麻峰咀、检市厂间东侧地区，策应卅七军一四〇师之作战，并以一部肃清浯口东南经南阳庙向彭家坳流窜之敌。

丑、第十军之预十师，务于本夜占领金井、福临铺（不含）线主阵地，第三师务于本夜占领福临铺、栗桥、茅根坝线主阵地，为二线兵团，左与第九二师阵地衔接。

寅、第九九军之九二师，仍占领茅根坝（不含）、大龙山、三姐桥、界头铺线主阵地。

卯、以上各部，均限梗辰部署完毕。

丙、养巳电手令暂励 4 A、20 A、58 A 作战

此次会战关系国家存亡，欧、杨、孙三军任务重要，各该军、师应确保协同，积极向敌侧后攻击，努力搜索敌情。

丁、杨副长官养未电指示欧、杨、孙三军之作战

欧军向南及西南，杨军向西及西南，孙军向北及西北，各对当面之敌痛击，务必予以重创。

九月二十三日

甲、状况及战斗经过

一、第五八军攻占袁子成，向大荆街一带之敌攻击。第二十军占领胡火保、关王桥之线，攻击由黄复泰窜来之敌，激战至烈。第四军已将水口桥、朱公桥之敌驱逐，占领六景寺，兔源洞、上新田、马嘶洞①及横山桥、蓝家洞之线，向西积极搜敌攻击。

二、第二十六军仍在横板塅、风源洞、喻家关、梧冈岭之线，与敌对战。惟敌千余，由三角塘向更鼓台流窜，我预十师之一部正迎击中。

三、第卅七军当面之敌不断向我攻击，无进展。第一四〇师与敌争夺栗山巷东南之大头岭，苦战甚烈。

---

①“兔源洞、上新田、马嘶洞”傍有“此语不录”字样。

四、窜密岩山之敌，经九五师、九二师各一部痛击，徘徊无进展。

五、由新市窜入中塅、东山冲之敌，经九九师痛击，无进展。

六、敌汽艇二艘满载敌兵，午前八时由南湖窜虞公庙西岸登陆，经一九七师守兵击退。又我斗米咀之一部，仍与芦林潭之敌隔河对战中。

七、第十军已在金井、福临铺、栗桥、茅根坝之线，进入阵地。

八、第七四军到达金瑞、慈化、枫林铺一带地区。

九、第九八师已到长沙，向捞刀河前进中。

乙、漾未手启电指示欧、杨、孙各军尾击敌人之行动

第四军应向浯口，第二十军向长乐街，第五八军向新市，星夜兼程，紧衔敌尾，攻击前进。

丙、梗亥电指示七二军作战要领

第七二军即以一师占领平江西南茶子坳、老虎洞、钟家塅一带山地，对敌严密搜索、警戒。以一师集结安定桥附近，明晨向更鼓台方面搜索前进，求敌侧背面攻击之。

丁、漾午电指示九八师任务

第九八师以主力占领太阳坡（捞刀市东北）、柳家冲、张家冲、林家冲、秀峰山、平头铺、观音井、斑竹园、鹅羊山线阵地，构筑纵深据点工事。并于□黄桥、长峝冲、窑坡、柏家庄、霞□〔凝〕港一带占领前进阵地，以一部控置于三窑塘（捞刀市东南）以南地区。

戊、漾电指示炮兵配属及任务

炮五四团第三营着配属九八师，用船舶输送至捞刀市，上岸担任江防。

九月二十四日

甲、状况及战斗经过

一、第五八军仍据袁子成一带地区，攻击大荆街之敌，第二十军之一三三师，仍由关王桥侧击大荆街之敌，一三四师经太平塅、渡头桥，向长乐街攻击前进。第四军由梓江、花桥、龙蟠，分向浯口、长乐街之敌侧击。

二、第二十六军在罗家田、双江口、风源洞、喻家关、白源洞、柘树岭之线，终日激战，彼此伤亡均众。但敌骑千八百余，分由双江口东侧及五马槽，经金井北窜官家桥，我三十二师一部正侧击中。

三、由浯口渡河经三角营、更鼓台窜石湾、单家坝之敌，经预十师痛击，未能进展。昨窜南阳庙、彭家坳之敌，分向脱甲桥、罗家桥流窜，经一九〇师痛击，激战至烈。我师长朱岳重伤，副师长赖全湘阵亡，致西乡塅、象鼻桥陷落。该师自南向北，第一四〇师自东向西，正夹击该敌。昨窜密岩山之敌，南窜新开市，经九五师、九二师、九九师沿途截击，伤亡惨重。九五师自东向西，九二师自南向北，九九师自西向东，正围歼该敌。

四、第九九军之一九七师一部，仍在斗米咀与芦林潭之敌隔河对战。敌机自辰至酉，向我轰炸甚烈。

五、第七四军之五七师，已到洞阳市、大经桥中间地区，五八师到浏阳，五一师到石湖附近。

乙、手启敬子电对欧、杨、孙三军作战之督励

子、敌先头已到金井、福临铺附近。

丑、我军决在捞刀河以北地区，与敌决战。

寅、欧、杨、孙三军务遵手启漾未电令，积极行动，渡过汨罗江，猛攻敌背。

丙、敬申电指示二十六军作战

着该军以主力痛击由瓮江向东南流窜之敌，以一部协同金井预十师，肃清金井两侧之敌。

丁、敬卯电对第十军作战之指示

第十军（附九二师）着以主力占领金井、福临铺、东桥、明月山、三姐桥、大象山之线，积极迎击南窜之敌一星期。其第一九〇师以一团，向金井之敌攻击，以主力转进至金井、福临铺间以南地区，为军预备队。

戊、敬酉电规定陈、李各军指挥系统及指示作战要领

子、第九九师暂归九二师梁师长指挥，第一四〇师暂归九三师罗师长指挥，梁、罗两师长均归卅七军陈军长指挥。

丑、第三师、第一九〇师、第十预备师仍由李军长直接指挥。

寅、陈、李两军切不可呆置阵地，遗失战机，必须注意道路，协同一致，索敌攻击，制敌流窜。

己、敬戌电指示萧、韩两军之作战

子、由更鼓台向石湾窜扰之敌，被预十师击退，向东北窜去。

丑、韩军以一师由东，萧军以全力由北，向更鼓台方面搜索前进，求敌而攻击之。攻击奏功后，即转向更鼓台以南高桥以东地区，自东向西，继续攻击敌人。

寅、两军务于有晨开始行动，密切连系，协同歼敌。

庚、敬戌电指示七四军位置

第七四军之五七师到东山，五八师到古港，五一师到黄花市。

辛、杨副长官敬巳电报七二军部署

第七二军以新十四师占领茶子坳、老虎洞、钟家塅、大桥坳之线，新十五师即由安定桥向更鼓台前进，新十六师控置于安定桥。

九月二十五日

甲、状况及战斗经过

一、第二十六军仍在罗家田、喻家关、栢树岭及官家桥原阵地，对敌攻击，以公路南北两端激战最烈。

二、第十军(附九二师)在高桥、福临铺、栗桥、三姐桥之线，与敌激战。福临铺村落及毛家坝均发现敌踪。

三、第九九军之九九师由玉池山，向东侧击南窜之敌，但营田已被敌占领，该师一部转至石头塘，与敌对峙。一九七师一部，仍由斗米咀猛攻芦林潭。敌舰三艘，汽艇十余只，向灵官咀、老龙潭、鈥口等处进犯，犯〔经〕击退。

四、第卅七军(欠六十师)向上杉市、麻林市、新桥之线转进，协同第十军作战，痛击南犯之敌。

五、第七二军新十五师攻占更鼓台，续向石湾、金井攻击。

六、第五八军进出大荆街东北邓家冲，向大荆街通新市道路两侧之敌攻击。第二十军攻占长乐街之虎坪、王沙坪、赤马江、三里牌，正准备南渡。第四军正向清江口、浯口一带之敌攻击，准备南渡。

七、第四挺进纵队，昨夜攻占汀泗桥，将交通、通讯彻底破坏。本晨受优势之敌压迫，撤回。

乙、委座有戌令一元电督励作战

子、湘北敌人经各部奋勇截击，势已疲。其兵站线亦不易迅速推进，此为我军截断敌人后方、复灭敌寇之良机，希我全体将士，抱定必须击灭侵犯之敌决心。纵敌进出长沙附近，更须再接再厉，抱定必胜信念，猛烈向敌截击，迫使敌人无法立足而溃灭之，以争取最后胜利，发扬湘北再捷之光辉。

丑、此次敌人抽调五、六战区兵力，向湘北进犯，敌异常空虚。第三、第五、第六战区已于漾日发动攻势，第九战区方面应坚决猛烈打击敌人，使其首尾不能相顾，粉碎敌占长沙企图。

丙、有巳电令指示作战

子、南犯之敌，先头窜至福临铺东南地区。

丑、我军决抽集兵力，对敌猛烈攻击。

寅、第九九师务于黄昏前派队接替九二师防务，九二师除留一部交防外，即集结主力于栗桥东南地区，归李军长玉堂指挥，协同第三师、第十预备师攻击南窜之敌，确保金井、福临铺、栗桥之线，以利尔后之作战。

丁、有午电指示作战

第二十六军处于内线，应速集结兵力，攻敌一点，切勿对各方均取守势。希即向更鼓台、石湾方面，协同七二军夹击由三角塘经更鼓台、石湾向金井流窜之敌。奏功后即背东向西，协同高桥、福临铺方面之第十军，向金井、高桥方面，夹击由五马槽窜将军坝、福临铺附近之敌。

戊、有未电指示七四【军】任务

着七四军担任夏家塘、春华山、赤石河、石灰嘴之线防务，迎击南窜之敌，望迅速部署完妥。

己、有未电告敌后方断绝，勉努力杀敌

子、第二十军击落敌通讯鸽一只，获第三师团参谋长致十一军参谋长报告：因后方连络线被截断，补给困难，请用飞机输送补给、弹药等语。足见敌悬军深入，弹药已尽，痛苦至极。

丑、我欧、杨两军正渡汨罗江，紧衔敌尾痛击。孙军在汨罗江北岸，断敌后方连络。王、韩、邹各军，均先后到达战场，对敌形成包围夹击态势。望我各级将士发挥至大至刚之英勇，捕捉千载一时之战机，灭此朝食，立功报国。

庚、有戊电指示炮兵位置

炮十四团第一营，即在下摄司附近集结待命，并对东北侦察阵地。

九月二十六日

甲、状况及战斗经过

一、第十军当面之敌，早朝以来，全线攻击甚烈。我因伤亡过大，至午后一时，逐渐转移石牯牛、徐家桥及万家铺、天雷山之线，与敌激战。而敌步骑二、三千，分由麻林市、安沙我两侧流窜。第九五师已到达麻林市西南地区，正向麻林市之敌猛攻。

二、第七四军之五八师及五七师，已在永安市、春华山、赤石河一带占领阵地，五一师正由浏阳向永安市急进。

三、第九九军九九师仍由玉池山附近侧击南犯之敌，及在湘阴、在头铺与营田方面进犯之敌激战。第一九七师仍在斗米嘴与芦林潭之敌对战。敌四百余乘舰艇向杨林、赛湖以西之福兴□猛攻，正激战中。

四、第二十六军自北向南，协同七二军攻击石湾一带之敌。

五、第七二军正由更鼓台、三江口、晋坑、簮埠岭之线，分向金井、分水岭、大棠铺、边株树一带之敌侧击。新十六师已到安定桥，继向更鼓台方面前进，加入作战。

六、第五八军正由大荆街东北之邓家冲，向黄沙街攻击前进，并积极破坏敌后交通通讯。第二十军仍向长乐街以北附近之敌攻击。第四军已将张家坡、浯口、清江口、汨水北岸之敌肃清，正准备南渡。

七、暂二军之暂八师，正由曲江用火车向株州输送中。

乙、手启宥亥电令指示各部攻击部署

子、渡汨罗江南犯之敌，经我军连日痛击，伤亡惨重，补给断绝，弹药用尽，崩溃在即。

丑、战区决向进犯之敌施行总攻，以期一举歼灭。部署如次：

一、欧军向麻林市攻击；

二、杨军向万家铺攻击；

三、孙军向新安铺攻击；

四、韩军向路口畬、豺狗垅攻击；

五、萧军向上杉市攻击；

六、李军向高桥攻击，罗师向上杉市攻击；

七、梁、高、李三师归陈军长指挥，向石子铺攻击；

八、王军（附重迫炮第二团，该军炮兵团即归还建制）向当面之敌攻击，重点保持于右，指向路口畬；对由春华山渡河之敌，须迅速驱逐；

九、王甲本师向当面之敌攻击；

十、赵季平师任长沙附近湘江西岸，南起岳麓山以南，北至靖港沿江守备；

十一、王作华师控置于东山，张君嵩师（附炮一团）固守长沙，欧百川师控置长沙以东地区，为战略预备队；

十二、以上各部统限令到后，开始总攻击。

寅、各部务切实协同，督励所部达成任务，争取最后胜利。

丙、宥亥电指示第十军作战要领

敌悬军深入，我已形成合围之势，决即全线反击，歼灭敌人。该军应竭力拒敌南犯，准备反击，不得已时应西靠大山，尔后指向东南，与梁、高、李各师协同作战，共歼敌军。

丁、宥申电饬各部严防敌快速队及伞兵

此次敌犯湘北，专以快速骑兵及便衣队向我钻进，并以小部降落伞部队，在我阵地后方降落扰乱。务希严督所部，对各方特别警戒，只要能沉着不乱，不难将敌此种部队击破。

戊、宥酉电令各部组督战队

各军、师立应组成督战队一排，位置于重要路口，收容离队士兵，将枪械收缴。士兵收容后归还其原部队，距其原部队过远者，应编组使用，增强战力，俟战斗结局，再行归还。如有不服从收容者，就地枪决。

己、宥申电对后方之部署

湖南保安部队已到湘潭者，着以一个大队，于宥夜进驻易家湾，对东北严密警戒。以一个大队任湘潭警备，一个大队在下摄司警备，一个大队任株州警备。其后续之两个大队，着以一个开湘潭，一个开下摄司。如查有离队士兵，即缴械，交本部转发原部队，将士兵妥为收容。

九月二十七日

甲、状况及战斗经过

一、第十军昨移万家铺、天雷山之线后，入夜以来，敌继续猛烈压迫，激战彻夜，终因伤亡过大，向枫林港以南地区转进。

二、第卅七军在麻林市、安沙各附近，与敌混战竟日，至夜九时，向枫林港附近地区转进。

三、第七四军五八师永安市阵地，受敌主力猛攻时，五一师仅赶到一团，致被突破一部，该军向浏阳南山地转进，自东南向西北侧击南犯之敌。

四、第九八师在捞刀市〔河〕以北太阳坡、张家冲、秀峰山、鹅羊山之线，与南犯之敌激战甚烈。

五、第九九军之九二师，仍由玉池山、明月山附近地区，侧击土地坳、新桥一带之敌。又九九师一部，仍在湘阴东北石头塘，阻击营田方面之敌。第一九七师一部仍在斗米咀，与芦林潭之敌对战。敌艇三只载敌向芦林潭增援，被我击沉一只。

六、第二十六军已通过石湾，向沙市街方面攻击前进。

七、第七二军攻占石湾，续向路口畬攻击前进。

八、第四军已将清江口、浯口一带之敌肃清，正分途渡河，向金井、脱甲桥方面攻击前进。

九、第二十军在长乐街激战后，乘夜脱离敌人，由长乐街东南渡河，向麻峰咀方面攻击前进。

十、第五八军将洪源洞南端高地得胜寨之敌击溃，正向向家洞方面攻击前进。①

十一、第七九军之八二师到达常德，正向长沙续进。

乙、委座手启感未令一元电指示作战

---

①此条傍有“应不录”字样。

第九战区待后续部队到达长沙附近地区，应不失时机，对当面前进之敌转移攻势，重点指向高桥、春华山方面，时期为二十八日，其他重点处置如下：

子、应加紧对武昌、岳阳间敌后方之扰乱袭击。

丑、在汨罗【江】北岸之第四军、二十军、五八军，应不顾一切攻击敌后方部队，尤须破坏敌后兵站补给线路，断绝其粮弹补给。

寅、第七二军应以一部确保平江据点，主力协同二十六军由金井、方家冲尾击敌人。

卯、第七九军以主力占领岳麓山（特须加配炮兵），一部守备长沙。以上两地务须确保，不得撤退。

辰、第九九军主力应确保湘江两岸要点及封锁线，阻敌水上交通。

巳、第七四军、暂二军及由正面转移之第十军、第五七军，应于二十八日由高桥、春华山方面，向进攻长沙之敌左侧后猛烈攻击，务须歼灭敌人于长沙以北地区。

午、各部队及后方之连络，应注意使用无线电报。

丙、委座手启感未令一元几电督导作战

我第九战区各部，应在长沙附近歼灭敌人，不在长沙城之得失。如情势紧张，该东南各部队务在长沙附近继续战斗到底，不得退出现在战场或停止战斗，仰转令各军遵照为要。

丁、委座手令感辰长电督励各部作战

此次捞刀河作战，关系保卫长沙与国家生死存亡，如有不奉行命令、畏缩不前及擅自撤退者，定予就地枪决。

戊、感未电规定各军部署及指示作战要领

子、南犯之敌有先窜永安市、长沙，续窜株州、湘潭之企图，

丑、部署

一、王耀武军以李师占领普迹市、镇头市南北山地，向西侧击敌人。余、廖两师对由永安市、春华山方面南窜之敌，跟踪衔尾痛击，尔后转普迹市、浏阳以西山地，自东向西侧击敌人。

二、夏楚中军（附张【师】及炮一团）固守长沙及岳麓山，以张君嵩师占领东山、榔梨市、东南渡、湖迹渡至浏阳河口之线阵地。俟欧师到达接替张任务后，张师即开株州，归还建制。长沙警备司令丘兆琛，归夏军长指挥。

三、第四军之第一、第二补充团，第卅七军之第二补充团，归薛指挥官纯武统一指挥，俟王、张两师布防后，任湘潭、岳麓山（均不含）线湘江西岸守备。

四、李玉堂、陈沛两军随王耀武行动，尾击敌人，尔后转移至普迹市、镇头市以南山地，占领阵地，攻击敌人。

己、感申电报敌情及部署与指导要领

子、敌情

一、第六师团、第四十师团，第卅三师团之第二一四、第二一五联队，第十八混成旅团之三个大队，由涪口方面渡江，经瓮江、金井，向永安市、春华山方面攻击。

二、第三师团由长乐街方面渡江，经检市厂、福临铺，向枫林港方面攻击。

三、第四师团由新市方面渡江，经新开市、栗桥，向石子铺方面攻击。

四、第十三师团之第一一六联队，由汨罗方面渡江，沿铁道向捞刀市方面攻击。

五、第十四混成旅团之三个大队及海军陆战队一师，乘兵舰三十余艘、汽艇二百余只，向洞庭湖方面攻击。

丑、我军在瓮江、检市厂、新市、大娘桥阵地带及金井、福临铺、栗桥、三姐桥阵地带及捞刀河阵地带与洞庭湖方面，予以痛击。并由汨罗江北岸渡江尾击，伤毙敌约三万三千六百余。据杨汉域报告：敌第三师团长丰岛于栗山巷，负伤自杀。又据李玉堂报告：敌第四师团长北野，似于栗桥附近被我击毙。夺获敌作战计划图，标示第一步攻占永安市、长沙，第二步攻占株州、湘潭。

寅、部署(见二十六日乙项宥亥电令)

卯、感午敌大部窜至永安市以南地区，且陆续增加，向我右翼猛犯。为争取主动，获得有利态势，并遵委座感午电话谕要旨，于感未再部署如左：(见戊项之感未电令)

庚、感申电令指示战车连行动

着株州第五军之战车连，迅速开衡阳待命。

九月二十八日

甲、状况及战斗经过

一、第七四军占领普迹市、镇头市南北及浏阳西南山地，自东向西，正对南犯之敌侧击。

二、第十军、第卅七军向普迹市、镇头市、浏阳河南岸转进，占领阵地中。

三、暂八师占领马鞍山、白田铺之线阵地，正向东山附近之敌攻击。又暂七师之一部，正由曲江向渌口火车输送中。

四、第九八师在捞刀河以南及湖迹渡附近，与敌竟日混战，而敌主力向长沙进犯，经我击退。

五、第二十六军由沙市街方面①，向春华山方面攻击前进中。

六、第七二军分由瓮江、更鼓台②、龙伏市，正向高桥、路口畬、春华山一带之敌侧击。

七、第九九军之九二师进至安沙附近，侧击安沙、马鞍铺一带之敌，乘夜击毙马鞍铺之敌骑甚多，正向东攻击前进。九九师主力

①“沙市街”傍有“应不录”字样。

②“瓮江、更鼓台”傍有“应不录”字样。

仍占领达摩山、玉池山、明月山、王思岩一带阵地，对新桥一带之敌侧击。一部仍在石头塘攻击营田方面之敌。第一九七师一部仍与敌陆海空军激战于芦林潭、锡江口一带。敌以飞机整日轰炸，并施放毒气助战，我坚苦撑持，敌无寸进。

八、第四军已过蒲塘以南，向金井、脱甲桥之敌尾击。第二十军已过长乐街南之鲁家桥，向福临铺攻击前进。第五八军仍在洪源洞、白家洞一带地区扫荡残敌。

九、第七挺进纵队袭击潼溪街、箕口敌仓库，毙敌二十余名，焚毁炮弹二千余箱、步弹八千余箱，获山迫炮弹一百三十三箱，并将平水铺铁桥炸毁，敌车数日不通。

十、第八、第四、第五挺进纵队，向贺胜桥、汀泗桥、官塘驿一带之敌攻击，破坏交通通信甚多。

乙、委座俭未令一元九电督导七九军作战

着夏楚中军并指挥张君嵩师，固守长沙，以待各友军向敌反攻，围歼敌人。

丙、俭未电令各部切实遵令攻击敌人

着各军、师务遵感未□电命令，确实达成任务，希将现在敌我状况立告。

丁、俭未电指示八二师位置

着八二师开岳麓山，限十月东日到达，希将逐日到达地点具报。

九月二十九日

甲、状况及战斗经过

一、敌第三、第四、第六、第四十师团，第卅三师团之第二一四、第二一五联队，第十三师团之第一一六联队等部主力，已窜至浏阳河、捞刀河间地区。浏阳河南岸各要点及长沙附近，有敌小部或骑兵便衣队出没扰乱。捞刀河、汨罗江间地区各要点，均有敌一部固守。

二、第七四军仍由浏阳西南山地及普迹市方面，侧击南窜之敌。

三、第十军、第卅七军在普迹市、镇头市、枫树河、浏阳河南岸地区占领阵地，拒敌南犯。(【我】部正驱逐中)

四、暂二军之暂八师，由马鞍山、白田铺续向东山附近之敌攻击，暂七师用火车输送，正向渌口前进。

五、第七九军之九八师，在湖迹渡、石子铺各附近侧击敌军，暂六师由岳麓山夜入长沙城东郊，正扫荡敌人。

六、第二十六军攻克周汉冲、牌楼前，及协同七二军攻击沙市街，续向永安市攻击前进。

七、第七二军攻克上市口、淋家冲及协同二十六军攻克沙市街，续向路口畲攻击前进。

八、第四军与金井、脱甲桥之敌激战终日，敌增加千余顽抗，仍猛攻中。第二十军正向麻峰咀攻击前进。第五八军进至新田、平江道上，正向平江前进。

九、第九九军之九二师、九九师攻占马鞍铺、水渡河，正向石子铺攻击。九九师一部已攻克营田。第一九七师一部乘夜攻克芦林潭，击沉敌汽艇二只，续向严家山、上中下青山之敌攻击。

乙、艳巳电指示各军作战

子、俭日以来，敌以第三、第四、第六师团围攻长沙，经我各军痛击，已受顿挫。刻因粮弹缺乏，似有先击破我七四【军】突围逃窜之企图。

丑、我军应运用避实击虚战法，对敌主力避免决战，对敌一部，则集中力量歼灭之，并彻底破坏其交通通讯，截断其运输，以达逐次消耗敌人之目的。

寅、第七九军(附暂八师)务固守长沙，待援军之到来。

卯、第七四军务先向永安市，次向槊梨市东，猛攻敌之侧背，以收合围聚歼之效。

辰、第十军、第卅七军随七四军行动，由浏阳河南岸攻击敌之侧背。

巳、杨副长官指挥之第二十六军、第七二军、第四军、第二十军、第五八军，须严防敌之回窜，向豺狗垅、路口畲、上杉市、麻林市、万家铺、新安铺之线急进，猛攻敌之侧背。

午、第九九军之九二师、九九师，务向长沙东北石子铺攻击。一九七师担任江湖防。

未、各部务必排除万难，掌握部队，互取连系，努力歼敌。

丙、艳日命令指示暂七师任务

子、我军刻与敌在长沙近郊激战中。

丑、暂七师不待集中完毕，迅到渌口北约十华里地区，占领主阵地，构筑工作〔事〕，拒敌南窜。并派有力一部，占领株州附近要点，严密搜索警戒，对浏阳、长沙方面友军，须切取连络。

寅、此次作战，敌常用少数(二、三十人)便衣队，扰乱我第一线后方，务令官兵严防。如遇敌此种部队，即沉着歼灭之。

九月三十日

甲、状况及战斗经过

一、第七四军由浏阳西南山地及普迹市方面，自东向西，第卅七军由渡头市方面，自南向北，第十军由枫树河方面，自西南向东北，对浏阳河北岸之敌合力痛击。至午后四时，敌开始向永安市方面逃窜，我七四军之一部，正跟追中。

二、暂二军之暂八师，由马鞍山、白田铺，正肃清东山附近之敌。暂七师之一旅，已在渌口以北之大郑冲、角尖之线及渌水南岸、石亭、渌口之线，占领阵地。其又一旅用火车输送，续向渌口前进，约十月二日可以到达。

三、第七九军之九八师、暂六师，仍在长沙城东郊及东北郊，与敌激战甚烈。

四、第二十六军在蕉溪岭占领阵地，正向永安市之敌侧击。

五、第七二军攻克赤马殿，续向沙市街西南及春华山东北地区之敌侧击。

六、第四军在金井、脱甲桥之线，与敌竟日激战，敌以小型战车助战，被我击毁八辆，毙敌人、马各三百。

七、第二十军攻占麻峰嘴，继向福临铺之敌攻击前进，及协力第四军夹击脱甲桥之敌。

八、第五八军已在平江附近集结，准备随战况之推移，适时加入战斗。

九、第九九军之九二师、九九师，正由马鞍铺、水渡河之线，向枫林港、石子铺之敌攻击。

乙、委座卅未令一元中电示对敌伞兵作战之要领

子、敌此次向湘北进犯，其使用降落伞部队，每师一飞机，仅搭载伞兵四、五人，故敌不能使用大量部队，对我作有力战斗。

丑、敌跳伞兵均着便衣，在我第一线直后方要点降落，潜混入我第一线后方，扰乱或混入我转进部队中，放枪扰乱。

寅、各战区对敌此种战法之对策如次：

一、对第一线后方应严密警戒，注意捕捉敌人便衣队兵。

二、各级司令部及通信所，应注意警戒。

三、对于通讯线，应组织巡查队，捕捉敌人之窃听或破坏。

丙、卅戌电指示李、陈两军位置

第卅七军（欠六十师）开朱亭、衡山间，第十军开下摄司、衡山间，集结整理。

丁、卅申电指示八二师及欧、陈两军补充团位置任务

子、第八二师速开岳麓山，任岳麓山及湘江西岸守备。

丑、第卅七军补一团开湘潭，第四军补一团、补二团开下摄司，任各该处守备，均归薛指挥纯武统一指挥。

戊、卅申电令王、黎两支队破坏敌后交通

进犯之敌被我痛击，有退却模样。为确〔切〕断敌归路，第十一挺进支队对杨林街、长乐街道，十二挺进支队对新墙、新市道，务必彻底切断。

十月一日

甲、状况及战斗经过

一、第七四军由浏阳西南山地、普迹市方面，搜击浏阳河北岸、永安市以南地区之残敌。

二、第三十七军向朱亭、衡山间，第十军向下摄司、衡山间集结整理中。

三、暂二军之暂七师一部，向株州东北地区清扫战场。暂八师向长沙附近追击。

四、长沙城郊之敌，连日经我七九军之九八师，在捞刀河方面协同外围友军，积极痛击。暂六师在城东郊痛击，【敌】伤亡惨重。下午四时顷，开始突围，我正向北尾击中。

五、第二十六军乘夜将浏阳西北高昇桥千余之敌击溃，续向捞刀河方面追击。

六、第七二军乘夜将沙市附近二千余之敌击溃，续向大桥市、路口畲之敌追击。

七、第四军在金井、脱甲桥之线，与敌激战终日，毙敌四百余，但敌由南增加千余，我仍痛击中。

八、第二十军在汪家桥、白沙桥、何家坳一带，与敌二、三千终日激战。敌先后增到骑兵二百余，战车三十余辆，经我反复冲击，毙敌六百余，夺获战马十匹。

九、连日以来，敌装甲车五十余辆，由长乐街方面向南运送弹药，被我第四军于脱甲桥、二十军于麻峰咀各附近完全击毁，弹药悉数俘获。

十、第九九军之九二师、九九师，仍由马鞍铺、水渡河之线，对石子铺、枫林港一带之敌猛击。

十一、第六挺进纵队在关王桥，第七挺进纵队在长湖谷一带地，截击敌军及破坏敌后交通通讯，均与残留之敌激战。

十二、浏阳河、捞刀河间地区之敌，被我军四面痛击，伤亡惨重，连日由长乐街南送弹药，均被我全数俘获，后路断绝，势疲力竭，于本日下午四时顷，开始突围。我各军正按以下之东戌涵电所示之部署，追击中。

乙、东戌涵电规定各军追击部署及指示追击作战要领

浏阳河、捞刀河间地区之敌，被我痛击，伤亡惨重。其连日由长乐街南送之弹药，被我全数俘获，势疲力竭，后路断绝，已开始退却。各军应按以下要领，果敢追击，歼灭逃窜之敌。

子、孙军不失时机，迅速超越浯口市以北，由长乐街、关王桥方面，自东向西截击败退之敌。

丑、欧军、杨汉域两军，自福临铺、长乐街及栗桥、新市方面，自东向西截击败退之敌。

寅、梁汉明、高魁元两师，由石子铺、福临铺及长沙、栗桥方面，自东向西截击败退之敌。

卯、韩全军速经平江西北山地，向杨林街方面超越，截击败退之敌。

辰、萧之楚军由浏阳西北方，自东向西清扫捞刀河南北两岸战场。

巳、王耀武军由普迹市方面，自东向西清扫浏阳河南北两岸战场。

午、邹洪军以主力服行原任务，以一部沿株州至长沙大道东西地区，自南向北清扫战场。

未、夏楚中军以一师守备长沙，以主力向新市、长乐街，跟踪追击败退之敌。

申、王指挥官劲修亲率第四、第五、第八挺进纵队，于咸宁、蒲

圻间截击败退之敌，务使敌人不能乘车回窜。

酉、第六挺进纵队应向□防、杨林街方面，第七挺进纵队应向杨林街、新墙方面，自东向西截击败退之敌，务使敌人不能安全渡过新墙河。

戌、敌白昼退却，必用飞机掩护，各部应注意防空，并编组便衣队，以行追击。

亥、追击须注重超越侧击、伏击，尤以乘敌疲弊、夜间宿营之际，予以猛烈之奇袭，收效必大。〔下略〕

〔国民政府国防部史政局及战史会档案〕

三、第三次长沙会战

1. 薛岳报告第三次长沙会战湘北战况密电

（1941年12月）

（1）12日17日密电

急。分送渝委员长蒋、总长何、军令部长徐：盅密。综合半月敌情：甲、赣北〔略〕。乙、鄂南：〔略〕。丙、湘北：（子）敌第六师团仍踞临、岳，据报该师团一部近向羊楼司附近集结。（丑）酉月回、有两日，由武汉开咸宁敌独立十一混成旅团，于支、微两日开蒲圻千余，近又窜岳阳，有接第六师团防务示。丁、判断：当面之敌抽集部队，将有使用。职薛岳。亥筱。淙长。印。〔自长沙发〕

（2）12月18日密电

急。渝委员长蒋、部长徐：园密。战况：甲、鄂南：齐辰，蒲圻、羊楼洞、崇阳连合之敌八百余，向我第十五支队崇阳西北东笺港进犯，经该支队分途设伏，奋力迎击，迄佳午将各路进犯之敌击退。计毙敌高级官员一员（姓名待查）士兵二十余名，伤四十余名，毙敌马六匹。乙、湘北：（子）佳卯，第一〇支队一部设伏于忠坊附近，击毙敌十八名，获防毒面具三具。（丑）真辰，桃林东南鹰嘴岩敌四十余，向我杨岭附近进犯，经第一〇支队一部击退，毙伤敌十八名。谨察。职薛岳。巧未。涵。印。〔自长沙发〕

（3）12月23日密电

限三小时到。重庆委员长蒋：甬密。湘北战况：（子）草鞋岭北尖山、图无敌一部，草鞋岭西望歌亭敌三百余。元〔三〕港嘴对岸敌三百余，于本梗辰向我进犯，均经我第134师击退。（丑）游港附近梅树滩之敌千余，梗辰向我进犯，至午经134师击退，至申复进犯，刻在王家岭附近与我对战中。（寅）复山坪之敌仍不断向我炮击。

谨电察。职薛岳。梗未。涵。印。〔自长沙发〕

（4）12月24日密电

限即到。抄二份。重庆委员长蒋、军令部徐部长：盅密。本日湘北战况：(子)柳树厂方面之敌三百余，酉刻向方山洞进犯，黄口之敌二千余强渡新墙河后，窜至罗袁塅附近地区，与我第一三四师激战中。(丑)未刻，大冲之敌六百余，强渡新墙河至清水坑，经我击退，酉刻复于彭子明附近强渡。另一股一千余，于新墙西北渡河，窜至王家坊、株树港附近。一股二千余，于铁道正面及八仙渡渡河，窜至毛家嘴、孙武各附近，刻与我第一三三师对战中。谨密〔察〕。职薛岳。敬戌。涵。印。〔自长沙发〕

（5）12月25日密电

限即到。重庆委员长蒋：盅密。湘北战况：(子)自养日起，强渡新墙河南犯之敌先头师第六、第四十师团，于有辰至申，由湖家园、良〔长〕湖、七里山、胡德裕各附近，窜至观德冲(杨林街西)、王柏祥、南岳庙、洪桥、大荆街、彭家岭、熊家嘴、黄沙街、桃李店各附近地区，共约百余人，现与我第二〇军激战中。(丑)第五八军之新一一师已进至杨林街，军部率新十师于明(有)辰可到胡少保附近。该军准备协同第廿军由东向西侧击南犯之敌。谨察。职薛岳。有酉。涵。印。〔自长沙发〕

（6）12月31日密电

即刻到。重庆委员长蒋：盅密。甲、渡汨罗江南犯之敌第四十师团，由长乐街方面渡江，经栗山港、长岭、花门楼、高桥、上沙市、春华山、永安市道进犯。至卅晚，其骑兵先头窜至永安市附近，主力窜至上沙市以南地区。敌第六师团由新市方面渡江，经双江口、福临铺、枫林港、榘梨市、杨林铺附近，主力窜至麻林市以南地区。敌第三师团由归义方面渡江、经李家塅、青山市、安沙〔波〕、石子铺道进犯。至世晚，其骑兵先头窜至石子铺附近，主力窜至唐田庙附近。敌第四师团主力由归义方面渡江，经大娘桥、新开市、栗桥、新桥、塅头桥道进犯。至卅晚，其骑兵先头窜塅至头桥，大部窜至苦竹坳以南地区。其六一联队向我大娘桥、王思岩进犯。敌后续兵团之第十三、第三九师团似已窜至汨罗江以北地区，独立第十一、第十四旅团掩护新墙河至汨罗江间之交通。乙、卅日，我第二〇、第五八军仍在长乐街、大荆街方面，自东向西攻击。我第三七军在金井以北、栗山巷以东、青江口以南之山地，自东北向西南侧击南窜之敌。我第九九军除确保湘阴、营田及湖防外，在大娘桥、三姐桥一带山地以主力自西向东，以一部自南向北，侧击南窜之敌。敌已进入我预定包围线内。除严督各部围歼外，谨闻。职薛。亥卅戌。涵。印。〔自长沙发〕

〔国民政府国防部史政局及战史会档案〕

2. 薛岳报告新三军五十八军等部在赣北湘北战况密电

（1941年12月）

（1）12月26日密电

限即到。重庆委员长蒋、部长徐：盅密。战况：甲、赣北：有（子），向我进犯之敌第卅四师团之一部，刻仍在猪婆大丘、马奇岭附近，与我新三军对战中。（丑）武宁方面由王家铺进犯之敌十四旅团之一部，仍与我第三四师在枫树脑、火烧白对战中。乙、湘北：（子）渡新墙河南犯之敌先头第四十、第六师团，于本有日窜至大荆街、黄沙街南方地区，有力一部于申刻向东，攻占三江口、关王桥、陈家桥各据点。同时，汨罗江北岸之杨家仓、油埠滩、汨罗等处发现敌骑，其后续之敌继渡新墙南进中。（丑）第五八军在杨林街、胡少保附近，第廿军在登龙桥、新墙、横坊附近，自东向北侧击南犯之敌。职薛岳。宥酉。涵。印。〔自长沙发〕

（2）12月28日密电

即到。渝委员长蒋、军令部长徐：盅密。战况：甲、赣北：(子)感未高安北城被敌占领，俭寅复向我新三军阵地攻击，至未我新三军转移姑子岭、龙团圩、斜桥、南山河、六千岭线阵地。(丑)武宁我第卅四师仍在河山、柳山、七里山、牛奶窝、火烧白之线，与敌激战。乙、湘北：(子)自感未强渡汨罗江之敌，其左翼方面：俭寅在长乐街附近，酉在兰市河附近共渡过千余，被我第卅七军猛烈突击，未能进展。其右翼方面：感未到俭午，在骆公桥、朱沙桥、南渡、河夹塘等处共渡过敌三万余，俭申窜至新桥西八里塅、丁家垄、团螺山、密岩山及铁路西落马桥、牌楼峰、东塞各附近地区，与我第九九军激战中。按敌强渡后进犯情形，似有庞大后续兵团。(丑)已令陈家桥、三江口方面之第廿军，向长乐街东张家冲方面攻击渡汨罗河之敌。长湖、新塞冲方面之第五八军，向大荆街、渡头桥方面之敌攻击。金井方面之第一四〇师，向李家塅方面增加铁道方面作战，痛击南犯之敌。谨察。职薛岳。俭酉。涵。印。〔自长沙发〕

(3) 12月29日密电

限即到。渝委员长蒋：甬密。战况：甲、赣北：(子)我赣保安纵队于艳巳克复高安北城，旋敌增援反攻，于未刻复陷敌手，现我军仍继续反击中。(丑)武宁方面窜石鼓范(澧溪西南十六里)方面之敌千余，分三路续犯清江、芜山口、洋湖，现与我第卅四师一部对战中。(寅)艳未敌千余由修河南岸长仑上西窜澧溪附近。乙、湘北：(子)感【日】，在长乐街附近强渡之敌七千余，于艳午向清江口、秀水塅、颜家铺进犯。感酉在兰市河方面渡江之敌增至二千，于艳向鸦冲进犯，均与第卅七军激战中。(丑)汨罗江南岸铁道方面之敌三万余，竟日猛攻同乐桥、新开市、笔架山、密岩山、牌楼峰、东塘各据点，经我第一四〇、第九二、第九九各师猛烈反击，敌伤亡惨重，均未得逞。(寅)已令第五八军向火田、车田坊之线，第廿军向车田坊、兰市河之线循汨罗江北岸，自东向西击敌侧背。谨察。

职薛岳。艳酉。涵。印。〔自长沙发〕

（4）12月30日密电

渝委员长蒋、部长徐：甬密。甲、赣北：（子）卅拂晓我新十二师向大王庙、徐家山之敌攻击，激战至巳，被敌压迫向村前街方面转进。一八三师卅拂晓，以主力向龙团墟攻击，策应新十二师作战，以一部固守南山何、樟树岭阵地。预五师艳日到达太阳墟。（丑）澧溪之敌于艳亥窜至三都，与我三四师激战。乙、湘北：（子）我五八及廿两军，于卅辰驱逐渡头桥、长乐街之敌，当将该两地占领。惟大荆街仍在敌手，刻仍继续〔进〕临头东，向西攻击中。（丑）本日，我三七军竟日在磨刀尖、秀水垴、伍公市、虎形山、晏家洞、麻石山、飘风山与约二师团之敌激战。我一四零师、九二师、九九师，竟日在斩儿桥、新开市、大娘桥、王思岩，与兵力约二师团之敌激战。谨〔谨字衍〕另有兵力约一师团之敌，于卅巳突过李家垴方面，窜至栗桥、云先头，约千余已窜至青山市，向麻林市前进，其目的在分经金井、福临铺、栗桥三路向长沙急进。我军已按照既定计划围歼此敌。薛岳。亥卅酉。涵。印。〔自长沙发〕

（5）12月31日密电

即刻到。重庆委员长蒋：盅密。甲、渡汨罗江南犯之敌第四十师团，由长乐街方面渡江，经栗山港、长岭、花门楼、高桥、上沙市、春华山、永安市道进犯。至卅晚，其骑兵先头窜至永安市附近，主力窜至上沙市以南地区。敌第六师团由新市方面渡江，经双江口、福临铺、枫林港、梆〔槊〕梨市、杨林铺附近，主力窜至麻林市以南地区。敌第三师团由归义方面渡江，经李家垴、青山市、安沙〔波〕、石子铺道进犯。至世晚，其骑兵先头窜至石子铺附近，主力窜至唐田庙附近。敌第四师团主力由归义方面渡江，经大娘桥、新开市、栗桥、新桥、垴头桥道进犯。至世晚，其骑兵先头窜至垴头桥，大部窜至苦竹坳以南地区，其六一联队向我大娘桥、王思岩进犯。敌后续兵团之第十三、第三九师团似已窜至汨罗江以北地区，独立第十一、第十四旅团掩护新墙河至汨罗江间之交通。乙、世日我第二〇、第五八军仍在长乐街、大荆街方面，自东向西攻击。我第三七军在金井以北、栗山巷以东、青江口以南之山地，自东北向西南侧击南窜之敌。我第九九军除确保湘阴、营田及湖防外，在大娘桥、三姐桥一带山地，以主力自西向东，以一部自南向北侧击南窜之敌。敌已进入我预定包围线内，除严督各部围歼外，谨闻。职薛岳。亥世戌。涵。印。〔自长沙发〕

〔国民政府国防部史政局及战史会档案〕

3. 罗卓英报告新十二师等部赣北战况密电

（1941年12月）

（1）12月26日密电

重庆委员长蒋：亥有戌华愚电计呈。盅密。战况：（一）由湘赣公路西犯之敌，本宥寅以步骑二千余，附炮十余门，不断向我高安北莲花山、猪婆大丘、马奇岭之线猛犯，与我新十二师第一线三五、三六两团发生激战。晨至正午，曾两度突破我莲花山附近阵地，旋经逆袭恢复，迄晚仍激战中。（二）处置：（1）预五师西渡赣江之一团，即向独城推进，暂归保安纵队熊司令指挥。（2）熊纵队即以有力部队渡锦河向大城、乌山铺进出，求敌而截击之。并相机占领西山万寿宫、石富缪，以策应新三军作战。（3）新三军应即以主力予敌反击。上项谨报。罗卓英。亥宥申。华愚。印。〔自上高发〕

（2）12月28日密电

限即到。渝委员长蒋：盅密。（一）沿湘赣公路西犯之敌约五千，刻与我新三军在龙团圩、斜桥南北之线激战中。（二）本集团军为确保战区右侧背之安全，决于泗溪、官桥、棠浦以东地区积极打击敌人。（三）已令预五师主力即先渡江向水北急进，准备作战。

该师之江东岸防务，已电传长官顾及一百军，就近派队于本俭夜接替完毕。尔后三战区与本集团军作战地境，拟暂改为薛家渡（樟树对岸）、泉港街、生米街、牛行、樵舍、吴城、湖口丝〔相〕连之线，线上属右。是否可行，谨电鉴核示遵。罗卓英。亥俭巳。华鹏。印。〔自上高发〕

〔国民政府国防部史政局及战史会档案〕

4.蒋介石指挥第三次长沙会战作战密电稿

（1941年12月—1942年1月）

（1）12月28日密电稿

限二小时到。恩施陈长官、宁乡第七三军彭军长位仁、长沙薛长官：〇密。第七三军彭位仁部着归第九战区指挥，该军之第十五师应速向军主力归还建制。除迳令彭军长外，特电遵照。中〇。俭午。令一元。九印。

（2）12月30日密电稿

限即刻到。长沙薛长官：〇密。(一)敌似有沿铁道线逐步推进，攻长沙之企图。(二)该战区在长沙附近决战时，为防敌以一部向长沙牵制，先以主力强迫我第二线兵团决战，然后围攻长沙，我应以第二线兵团距离于战场较远地区，保持外线有利态势，以确保机动之自由，使敌先攻长沙，乘其攻击顿挫，同时集举各方全力，一举向敌围击，以主动地位把握决战为要。渝中〇。卅酉。令一元玖。印。

（3）1月2日密电稿

限二小时到。长沙薛长官、李军长玉堂、周师长庆祥、朱师长岳、方师长先觉，并转全体官兵均鉴：〇密。我第十军官兵两日以来，坚守阵地，奋勇歼敌，至堪嘉慰。此次长沙会战之成败，全视我第十军之能否长期固守长沙，以待友军围歼敌人。此种光荣重大任务，全国军民均瞩目于我第十军之能否完成，亦即我第十军全体官兵成功成仁之良机。敌人悬军深入，后方断绝。同时我主力正向敌人四面围攻。我第十军如能抱定与长沙共存亡之决心，必能摧破强敌，获得无上光荣。望激励所属，坚强不拔，忍耐鏖战，时时争取最后五分钟，完成使命，无负本委员长及国人所期为要。中○手启。冬亥。令一元九。

〔国民政府国防部史政局及战史会档案〕

5.罗卓英调整高安附近所属各部作战部署密电

（1942年1月9日）

即刻到。渝委员长蒋：子虞申电计呈。甬密。甲、高安附近溃退之敌，虞已窜归原据点，我追击部队亦于同日进展至西山万寿宫、小路口、宋埠、干洲各以东之线，与敌对峙。因敌据点工事巩固，我攻击兵器缺乏，为避免攻坚，确保战区侧背安全计，本部业于虞未下令停止追击，守备原阵地。并调整部置如次：（1）预五师即开返赣江东岸，接替十九师防务，并配备重点于南昌、半城道附近，另派一部继续构筑樟树核心阵地。所有配属之战防炮十一连及布雷队仍归该师指挥，附近一带元日拂晓前交接部署完毕。（2）十九师交防后即归还建制，熊纵队仍守备锦河南岸原阵地，并派一部扼占河口夏、董家桥、新塘喻、港口桥、九渡喻家、葫芦境、七里冈、长冈熊各前进据点，配备重点于左地区方面。（3）高集团之第一八三师，守备马形山亘莲花山、米峰、石子埈之既设阵地，并派一部扼占古楼冈、小岭、万步脑、大岭、陶仙岭各前进据点，置配备重点于赣湘公路方面。新十二师仍控置于泗溪附近，康纵队即解除该部隶属。（4）康纵队除以一个支队以游源、钵盂山间山地为根据，积极对敌袭击扰乱外，保四团及游击支队应守山里邹亘上翟、车坪、潭埠、船下洲丁、巡埠、燕子岩之既设阵地，并以一部扼守凤凰山、赤岸、五步域、鹅掌山、盒子岭、靖安城各前进据点，置配备重点于奉新、上富道附近，该纵队仍归本部直接指挥。（5）作战地境：预五师与熊纵队仍为薛家渡（樟树对岸）、泉港街、生米街、牛行相连之线。熊纵队与高集团为泥口渡沿锦河北岸，经征前渡口、赤土冈、苏古岭、西山万寿宫、缪家、赤塘铺相连之线，高集团与康纵队为富楼、幸家、樟树岭、上江陈、里通山、王材、仙岭、天保冈、长埠、分路口相连之线。以上线上均属右。乙、各部应加强工事，节约守兵，控置主力，保持机动，并不断派出一部向敌袭扰，以疲敌人、消耗敌人。除各部部署续报外，谨报。罗卓英，刘膺古代。子佳午。鹏。印。〔自上高发〕

〔国民政府国防部史政局及战史会档案〕

6.第九战区第三次长沙会战战斗要报

（1942年1月）

第三次长沙会战战斗要报　三十年十二月十九日至

三十一年一月十六日

甲、敌军作战目的及兵力

中华民国三十年十二月八日，敌对我友邦英、美宣战，开始向太平洋进攻。为企图攻占长沙，打通粤汉线，牵制我军策援英、美作战之目的，集中第三、第六、第四十师团及第四、第五师团之各一部，为第一线兵团，直犯长沙。池上、外园、加藤、平冈等四个旅团为第二线兵团。第十三、第十五、第三十九师团之各一部为第三线兵团，合计兵力十二万余人，企图于三十一年元旦攻占长沙，打通粤汉线。并以第三十四师团由南昌向上高，一部向修水进犯，企图牵制我军，遥相呼应。

乙、我军作战目的及兵力

第二次长沙会战之后，太平洋战争开始。我军为收复失地、策援友邦作战之目的，积极整训，积极备战，并策定天铲战。本会战始终按照天铲战要领指导作战，计使用战斗员约八万人。

丙、战斗经过(附图第一、第二)〔图略〕

子、油港河初期消耗战

十二月十九日起，敌第六、第四十师团开始向我守军炮击，积极向油港河以东进犯。我第二十军之一部在油港河以东，迎头痛击，韧强抵抗，消耗敌军战力。

丑、新墙河二期消耗战

二十四日，敌军由四六方、荣家湾间强渡新墙河。我二十军在新墙河南岸迎头痛击敌军后，转至三江口、王家坊，自东向西猛烈侧击。第五八军由黄岸市方面进至杨林街、关王桥方面，自东向西猛烈侧击，敌军伤亡惨重。

寅、汨罗江三期消耗战

二十七日，敌军由长乐街、河夹塘间，强渡汨罗江，其主力沿铁道南窜。我第三十七军、第九九军在长乐街、伍公市、新市、归义、河夹塘、汨罗江南岸网形阵地，韧强抵抗，节节痛击。敌死伤惨重，进展迟滞。

卯、长沙外围磁铁战

十二月三十一日，敌军窜至长沙外围。三十一年一月一日子时起，第四十师团向长沙南郊，第六、第三师团向长沙东南郊，第四师团向长沙东北郊，猛烈进攻。我第十军抱必死决心、必胜信念，在长沙外围猴子石、黄土岭、阿弥岭、杨家山、五里牌、杜家山一带，与敌浴血搏斗。激战至元月四日黄昏，敌伤亡惨重，遗尸遍野，弹尽粮绝，智穷力竭。虽其第二线兵团由长乐街、新市全力南进急援，及运用毒气战、烧夷战，终不能挽救其惨败。自元月四日黄昏，全线崩溃，残部向东北溃逃。至进犯高安之敌，亦被我新三军、鄱保安纵队，于三日在杨公圩、村前街以东地区击溃回窜。犯武宁之敌，经我第七二军、三十四师，于三日在三都附近击溃回窜。

辰、长沙外围反包围歼灭战

当敌军开始攻击我长沙外围时，我军为求彻底歼灭敌军于长沙外围之目的，罗集团之第四军自株州方面向长沙东南郊，第七九军自渡头市方面向东山、槊梨市，第二十六军自洞阳市方面向东屯渡，王集团之第七八军自三角塘、更鼓台方面向湖迹渡，第三十七军自蒲塘方面向望仙桥，杨集团之第二十军自清江口方面向石子铺，第五八军自长乐街方面向安沙，直辖第九九军自三姐桥方面向洪山庙、捞刀市，第七三军自岳麓山方面渡湘江向长沙东南郊，四面猛烈围攻。至元月四日，第四军将阿弥岭、黄土岭、金盆岭一带之敌歼灭，其余各军均积极向目的地猛烈进攻。饿疲惨败之敌，经我四面环攻，伤亡过半，溃不成军。残敌阻于浏阳、捞刀两河之天然障碍，泅水向东北溃逃，厥状至惨。至敌第二线兵团，企图以全力向长沙急援之池上、外园、加藤、平冈各旅团，此时前进至福临铺南北一带，亦被我第三十七军各个击破，同遭溃败。

巳、追击歼灭战

元月四日夜起，我军为彻底歼灭溃败之敌之目的，以罗副长官为南方追击军总司令，指挥第四军、第七三军，分由东屯渡、湖迹渡，向长乐街、伍公市、兰市河、新市追击败残之敌。并指挥第二十六军、第七九军，在东山、槊梨市、长桥截击败溃之敌。以杨副长官为北方堵击军总司令，指挥第二十军、第五八军，在象鼻桥、福临铺、栗桥，自北向南堵击败溃之敌。以王副长官为东方截击军总司令，指挥第七八军、第三十七军，在枫林港以北、长乐街以南地区，自东向西截击败溃之敌。以傅军长为西方截击军司令官，指挥第九九军，在石子铺以北、新市以南地区，自西向东截击败溃之敌。尔后随追击战况之推进，始终按追击、堵击、截击、反包围歼灭战之要领，围歼溃逃之敌军。自四日夜间追击开始，至十六日追至新墙河北岸止，追击作战亘十二昼夜。败残之敌又经我军四次之猛烈围歼，生还无几，实为敌军空前之惨败。

一、捞刀河初期追击歼灭战：元月四日夜，自长沙外围败残之敌，溃逃至东山、槩梨市、长桥、石灰嘴地带。我第四军由东屯渡，第七三军由湖迹渡，衔尾猛烈追击。第七九军向东山、槩梨市，第二十六军向长桥，第七八军向滨勘，自东向西猛烈截击。第九九军向石灰嘴、白茅铺，自西向东猛烈截击，形成第一次追击包围战，痛歼二昼夜，斩获甚众。

二、汨罗江二期追击歼灭战：元月七日，败残之敌溃逃至麻林市、福临铺地带，敌军第二线兵团之池上、外园、加藤、平冈各旅团，前进至福临铺南北地带，企图掩护败敌溃逃。我第二十六军自伍家埠方面，第四军自枫林港方面，猛烈追击。第二十军自福临铺方面，第五八军自影珠山方面，自北向南猛烈堵击。第七八军自上杉市方面，第三十七军自将军坝方面，自东向西猛烈截击。第七三军自青山市方面，自西向东猛烈截击，形成第二次追击包围战，痛歼二昼夜，敌尸横遍野。至九日败残之敌溃逃至福临铺、麻峰嘴地带，又被我第二十六军自梅林桥方面、第四军自福临铺方面、第七三军自影珠山方面猛烈追击。第三十七军自麻峰嘴方面，自东北向西南猛烈截击。第九九军自黄柏塅方面，自西北向东南猛烈截击，形成第三次追击包围战，痛歼五昼夜，敌军伤亡惨重，遗尸遍野。至十三日，残余之敌溃渡汨罗江时，又被我第三十七军在颜家铺，第四军在伍公市，第七三军在新市，第二十军在武昌庙、新市一带猛烈痛歼。敌军官兵自相践踏，落水淹死者惨重。

三、新墙河三期追击歼灭战：元月十四日，败残之敌溃逃至汨罗江北岸大荆街、龙凤桥一带。我第三十七军自颜家铺，第四军自伍公市，第七三军自新市猛烈追击。暂五四师自洪桥、长湖，第一四零师自黄沙街，自北向南猛烈堵击。第七八军自长乐街、渡头桥、大荆街，自东向西猛烈截击。第二十军、第五八军自黄谷市、关山，自西向东猛烈截击，形成第四次追击包围战，痛歼二昼夜，残敌被我斩俘几尽。至十六日，第七八军追至四六方、潼溪街，第五八军追至新墙，第二十军追至荣家湾，暂五四师向忠坊，第一四零师向桃林、西塘一带，扫荡残余之敌。溃敌渡新墙河逃回岳、临者，仅剩一万三千余人。

丁、实得战果

子、击毙敌第三师团第十八联队长土屋京次、第三大队长森胁，第三十四联队长木原义雄，辎重联队长片冈初吉，第六联队第二大队长加藤中尉、中队长小冢登，第六师团第十三联队长友成敏一，第一代大队长古谷信、第二大队长小塙庸胜，第三大队长鹰林，第九师团第三十六联队长板口利夫，第三十四师团二一七联队二大队六中队长川琦，机枪中队长酒井，第十四混成旅团六三大队一中队长白鸟彦三郎。敌军官兵遗尸五万六千九百四十四具，马一千二百三十二匹。其敌已焚化之阵亡及重伤官兵则遍地皆是。其轻伤能随队行动逃回之官兵，则尚不在此数之内。

丑、生俘敌松野荣吉炮兵大尉以下官兵一百三十九员名，军马二百六十八匹。

寅、夺获步枪一千一百二十二枝、轻机关枪一百零一挺、重机关枪十三挺、山炮十一门、手枪九枝、掷弹筒二十个、无线电机九部、钢盔二百六十顶、防毒面具二百八十九个、重要文件一百六十八种，其他弹药、装具等无算。

〔国民政府国防部史政局及战史会档案〕

7．薛岳报告第三次长沙会战日军三线兵力配备情形密电

（1942年1月30日）

渝委员长蒋：昼密。第三次长沙会战肉搏配备，【敌】系采取

三线重叠：其第一线兵团：计有第3、第6、第40等师团及第4师团一部，人员共约62725，马匹20779，步兵炮76，联队炮44，山炮117。第二线计有池上、加藤、平冈等旅团及外围支队，人员共约36000，马匹10120，步兵炮160，联队炮16，山炮48。第三线计有第13、第15、第116等师团各一部，及18旅团一部，人员共约14100，马匹1708，步兵炮16，山炮36。此外，尚有独立山炮第二联队，独立山炮第51、52两大队，独立野炮第15联队，独立工兵第二联队及第37团特种部队，配属各线。该各特种部队人员共约9984，马匹7160，山炮72，野炮24，飞机204架。总合各线人员共约122809，马匹39767，步兵炮252，联队炮60，山炮273，野炮24，飞机204架。职薛岳。子卅。印。

〔国民政府国防部史政局及战史会档案〕

8．军令部编第三次长沙会战经过概要①

（1942年6月）

自去年（中华民国三十年）十二月八日，敌在太平洋发动对英、美作战后，华中之敌为策应华南广九、香港方面作战及企图打通粤汉铁路，解除其华南及太平洋西岸陆空威胁之顾虑，并振奋其民心士气计，故在第二次长沙会战经我予以溃灭打击后之两月余，又作第三次进犯长沙之准备。十二月十七日至二十三日一周间，敌陆续抽调其3D、6D、4D、39D、40D、11BS、9BS、51AR所属各部队，集中岳阳附近地区，其总兵力约五万余。二十四日以七千余在罗袁塅（新墙东约十公里）、八仙渡（新墙西约十二公里）间，分八路渡新墙河南犯。我守备部队杨军，迎头痛击。敌陆续增援达万余，分途钻隙南窜，至二十五日，进至关王桥、大荆街、黄沙街之线。我杨军经逐次【抵】抗后，以一部留置正面，与敌保持接触，主力按原定

①节选自《军令部编第三次长沙会战检讨》。

计划向东南关王桥方面转移。正面孙军先后由平江方面到达杨林街及其以南地区，乃协同杨军，由东向西侧击南窜之敌。敌以一部掩护其侧背，对我孙、杨两军作战，主力冒险突进，继续南窜。至二十六日晚，迫近长乐街及其以西汨罗江北岸附近地区，遂与我陈、傅两军在汨罗江北岸前进部队发生战斗。二十七日午后三时，敌藉炮空掩护，由其右翼，各以一部分于归义、汨罗各附近强渡成功，乃陆续增援，沿铁道线逐步向南推进，曾逐次与陈、傅两军发生激战。二十八日，其左翼部，复以一部约千余，于长乐街附近渡过汨罗江。因我陈军极力抵抗，激战于清江口、丁家洞之线。至三十日辰，该敌仍未能进展。由铁道正面南犯之敌，于二十九日晚，窜至新开市、大娘桥一带地区，以一部向左旋回，企图包围我陈军。左翼主力于三十日在新开市附近整顿后，三十一日晨分由金井、福临铺、栗桥、新桥四路向捞刀河推进。至夜，其各路先头部队，分经春华山、枫林港、石子铺窜至捞刀河、浏阳河中间地区，并以其左翼之40D向浏阳河畔金潭、渡头市、仙人市各地推进。其6D、3D向右旋回，对长沙外围就攻击准备。其沿铁道线南窜之一部，被我李军朱师堵击于长沙北侧外围阵地以外。我汨罗江南岸陈军、傅军，经予敌相当打击后，于三十日按既定计划，陈军向长乐街、金井东侧地区，傅军向铁道线以西地区转移，准备待机向南窜之敌围击。至本(一)月一日晨，敌6D、3D开始向长沙城猛攻。但因我守备之李军沉着应战，加以步炮协同良好，予敌以意外猛烈之打击。敌复于二日，将已进出浏阳河畔之40D主力，向长沙方面转用，继续围攻。其空军亦参加助战。迄四日，我军阵地屹然未动，敌不得逞，攻势乃呈顿挫。我军按原定计划，于四日开始，以孙、杨两军由北向南，以夏、陈两军由东北向西南，萧军由东向西，夏楚中军由东南向西北，欧军由南向北，李军及彭军由东向西，傅军由西北向东南，对进犯之敌施行包围总反攻。敌既因攻长沙伤亡惨重，复感四面被我包围，乃于四日夜，开始由长沙城郊向东北溃退，泅渡浏阳河东岸后，分经春华山、望仙桥、石子铺，向北急急逃窜。敌虽欲迅速脱离战场，但被我军重重包围，猛烈追击、截击、侧击，致其行动非常迟缓，平均每日行程不及十公里。至五日晚，除一部由石子铺道退却之敌（侧卫），得渡过捞刀河北岸外，其大部仍被阻滞于金井河、浏渭〔阳〕河以南地区。我欧、彭、李、夏各部追击于后，萧、夏各军侧击于右，傅军及李师侧击于左。陈、杨、孙各军，除以主力占领金井、福临铺、栗桥一带有利地形截断败敌退路外，并各以一部由北向南，进出路口畲、麻林市、唐田庙各要地截击敌人。敌酋阿南惟畿，鉴于轻进之敌已陷于不可收拾之悲运，企图挽救危局，乃急遣上月卅一日由太原调来长乐街担任后方掩护之第九独立旅团（配属第五一炮兵联队），分途南下，企图在脱甲桥、福临铺、栗桥以南上沙市、麻林市、青山市以北地区，掩护其主力退却（敌上项企图已获得敌文件证实）。讵知于五日到达花门楼、古华山及福临铺以北地区时，即遭受我陈、杨、孙各军迎头痛击。我傅军亦于七日适时到达李家塅、新开市、神鼎山一带地区，由西向该敌侧击。该敌虽处于不利态势，死伤惨重，然犹着意于救援主力之任务，顽强战斗。延至八日，伤亡殆尽，仍不能获得其主力之呼应，我南北各个击破之势因以形成。此乃由长沙溃退之敌，因被追而致行动迟滞之所致也。北溃之敌，渡过金井河、捞刀河后，以大部经枫林港、麻林市、福临铺、长乐街道，一部经新安铺、青山市、栗桥、新市道北窜。我乃以李、夏两军，清扫长沙附近及浏阳河、捞刀河间地区战场，以萧、欧、彭各军为追击队，衔尾追击。以夏、傅两军，分为东西侧击队，猛烈侧击。仍以陈、杨、孙各军为截击队，在原地截击。另以李师由南向岳阳挺进，以孔师由东向岳阳挺进，以某某军向某地挺进。即却之敌，既不能与我追击部队迅速脱离，复遭受我两侧猛烈侧击，加以天雨泥泞，狼狈万状。直至八日，当其南援之9BS大部被我消灭之后，该敌始到达福临铺、栗桥附近地区。又经我各截击军予以痛击，敌溃 成军，遗尸遍野。至九日，会合北下残部，分多数小股，向汨罗江逃窜。其官兵多改着土民衣服，乔装难民。至十三日，残敌大部由长乐街、新市间各处纷乱渡过汨罗江北岸。其一部及掩护部队，尚留置于栗山巷、长岭、双江口各附近顽抗，旋被我全部歼灭。我除以萧、欧、彭各军由正面追击，陈、傅两军由东西侧击外，并以夏军由右自浯口渡过汨罗江北岸，向大荆街，以孙军由左向新市、黄谷市，行超越[illegible]击。向岳阳挺进之李师主力，同日进至黄沙街以北地区，其一部则渡过新墙河北岸，进出晏家大山附近地区，奉命在新墙河南北两岸乘机截击败溃之敌。孔师为适应战机，亦奉命于同日到达洪桥、长湖、新墙一带地区，准备截击。敌人侥幸渡过汨水北岸，十四日继续向新墙河奔逃。然我右超越追击之夏军，已于十二日克复长乐街，展开于长乐街、渡头桥、三江口一带，由东向西猛烈截击。左超越追击部队之孙、杨两军，在黄谷市、关山由西向东猛烈截击，使长乐街、大荆街、黄谷市各地敌留置之掩护部队，无法达成其任务。除大部被歼外，残余亦同时向北狼奔。窜至洪桥、长湖、新墙一带地区时，又被孔、李两师由两侧夹击。即以十四日正拟由新墙渡河之敌伤兵被我李师俘虏八百余观之，敌之狼狈可概见矣。至十五日夜，新墙河南岸之敌，被我扫数肃清，当即恢复会战前态势。残敌渡过新墙，向临湘、岳阳方面逃去。我除各以有力一部分向临湘、岳阳继续猛烈追击外，其他各部队奉命开始重新部署位置。第三次大捷之长沙会战，至此遂告一段落。此次会战，自十二月廿四日起，至本月十五日止，共计廿二日。（计敌前进八日，攻城四日，退却行十一日）敌之伤亡损耗，据俘虏敌各部队官兵供词综合判断，敌军伤亡当在百分之六十五以上，损耗更无计矣。敌虽遭此惨败，然因其传统之残暴性成，侵略之野心难弭，企图再作最后之逞，势或必然。惟我既抱定与友邦并肩作战，征服侵略暴力，有我无敌之决心，对敌整个歼灭计划，亦正准备逐步实施中，是我更大之胜利，当拭目可待也。〔下略〕

〔国民政府国防部史政局及战史会档案〕

（十六）浙赣战役

1. 第三战区浙赣战役炮兵作战经过报告①

（1942年）

第一节　敌我概述

甲、敌情梗概

一、动机与企图

自三十一年四月十八日美空军轰炸东京后，敌寇全国骚然。次日起即对我衙〔衢〕县及附近各机场开始侦察轰炸，并抽调大军集中沪杭，准备攻掠我浙赣线，破坏飞机场，并企图击破我野战军主力。

二、兵力与部署

在本战区之敌兵力，迄五月上旬，浙东方面由杭分开余杭、富阳、萧山、绍兴，不下十万（详日寇兵力判断表），以衙〔衢〕州、江山、丽水等机场及上饶要点为目标，由浙赣路东端发动攻势，并以赣东之敌为策应。五月下旬，集结南昌之敌约三万，以南城机场及临川、鹰潭、贵溪等要点为目标，由抚河沿岸及浙赣路西端发动攻势，与浙东之敌策应，夹击上饶。

此次敌寇配合之特种部队，约计飞机六十余架、野战炮百门及伪军约两万之众。

乙、战区对策

一、战区作战指导

第一阶段——金、兰决战。战区为确保浙赣线各政治经济要点，避免为敌攫夺，最初集中步炮兵主力，准备于金、兰决战。五月

①系节选自《第三战区浙赣战役炮兵作战经过与检讨》。

十七日遵照指示，避免于金、兰决战，除留置少数步兵及一部炮兵（计金、兰战防炮各一连，重迫炮各一排，建德战防炮各一连）扼守金、兰、建阵地外，余均集中于衢州，准备决战。

第二阶段——衢州决战。除利用建德、金华、兰溪各既设阵地竭力迟滞消耗敌人外，并诱致于衢州要点前，以八十六军（欠七九师）暨战区炮兵主力死守衢州既设阵地，任情况如何圜变，均须死守坚持，然后乘敌攻势顿挫时，另以主力分由衢州南北山地，合力围击而歼灭之。

第三阶段——避免决战。为保全我野战军主力，遵照指示，最后放弃衢州决战，而使少数步炮兵协同死守衢州阵地，阻滞其进展，以掩护战区主力，逐次转进至江山以南、浙赣路南侧之线，并对沿线据守之敌不断出击，予以消耗牵制敌军。

二、炮兵作战指导要领

第一阶段（详长字一〇一号作战方针与指导要领）

（一）方针

根据战区作战指导腹案杭五字第四号拟呈炮兵使用方针：以战区炮兵山炮之主力及战防炮、重迫炮之大部与七四军山野炮之一部，为第一线炮兵，固守金华、兰溪；以山炮两连、摩托化重炮一营为预备炮兵，控制于金、兰公路，作决战攻势之用；以七四军野炮之大部、战防炮之一部为战区直辖炮兵，配属于八六军于衢县阵地，以不参加金、兰会战【为】主旨。

（二）部署

A、第一线炮兵

1.金华：卜式山炮两连（四门）、野炮一连（三门）、战防炮三连（十二门）、重迫炮一连（四门）、防空小炮一连，以上配属七九师使用。

2.兰溪：战防炮一连（四门）、七四军山炮一连（四门）、重迫炮一连（四门），防空小炮一排，以上配属于六三师使用。

B、预备炮兵

摩托化重炮一营(六门)、卜式山炮二连(四门)、防空小炮一连，以上配属于第十集团军使用。

C、战区直辖炮兵

七四军野炮营(缺一连、六门)、战防炮两连(八门)。(预定配属八六军使用于衢县阵地，不参加金、兰会战。)

第二阶段(详长字一〇二号作战方针与指导要领)

(一)方针

秉承委座五月十九日电谕及战区作战指导腹案杭五字第五号，拟定炮兵使用方针：以战区炮兵主力及军属野战炮兵之全部，支援步兵死守衢县，并乘敌疲惫协力反攻，歼敌于我既设阵地；以独立战防炮及军属山炮各一部，分别配属金、兰、建、鹰之守军，协力抵抗，并偷袭敌之后方连络线。

(二)部署(详炮兵指挥配属一览表)

A、浙西方面

1.金华：俄式三七战防炮一连(三门)，十五公分重迫炮一排(二门)，第三六军所属日式山炮一排(二门)，以上配于七九师使用。

2.兰溪：俄式三七战防炮一连(三门)，十五公分重迫炮一排(二门)，第二六军所属日式山炮一排(二门)，以上配于六三师使用。

3.建德：俄式三七战防炮一连(二门)，配于预五师使用。

B、衢州方面

1.七五卜式山炮三连(六门)，俄式三七战防炮三连(十二门)，十五公分重迫炮一连(四门)，七四军炮兵团野炮营(三连共九门)，以上配于六七师使用。

2.七五卜式山炮一连(二门)，俄式三七战防炮二连(六门)，十五公分重迫炮一连(四门)，以上配于十六师使用。

3．摩托化十五公分榴弹炮一营（六门），二公分防空炮一连（三门），以上配于八六军。

C、赣东方面

鹰潭：俄式三七战防炮二连（六门），配属一百军使用。

第二节 战斗经过

甲、炮兵一般战斗经过

一、第一阶段

当敌尚未接近，有所行动，我作战方针即行改变，故炮兵各部队于五月十七日奉令撤出金、兰阵地，转用于衢县。除原在金、兰担任防空之炮四三团第一营第二连及第四连各一排，于五月廿三日起分向玉山、上饶撤退外，余亦于五月廿四日晨全部到达衢县已设之阵地，在此期间无战斗。

二、第二阶段

（一）浙西战斗经过

自五月十日后，浙敌分向钱南及浙西集中，五月廿日起，分路向我广正面发动攻势。

1．建德方面：余杭、富阳之敌窜犯新登，在桐庐发生接触后，我向建德退守。建德预五师对配于该师之战防炮连火炮二门，只留一门，余一门当令归还建制。所留用之火炮一门，亦未参加战斗。

2．金华方面：自五月廿三日起，由永康西犯与诸暨南犯之敌共万余，继续迫近我金华七九师阵地，该师留置步兵约一团及配属炮兵全部，固守城垣。

自廿五日早五时起，我战防炮连即于金华山以左之高地，掩护友军逆袭，集中火力用榴弹向敌机枪阵地射击，歼敌步兵二百余名，机枪七、八挺，一举而夺回黄坭弄之阵地。

重迫炮一排，则同时占领东关街以南高地，对戴店之敌发射十数发，目睹敌成混乱状态。

八时三十分，敌机廿五架，分【别】在我阵地轮流狂炸，我战防炮连一、三两炮不幸先后中弹炸毁，第四炮奉令撤回城内义乌门以左之阵地。重追炮排亦以避免敌机扫射，撤回义乌门阵地。

廿六日早五时，敌以步骑兵集中东关街向我猛攻，我重追炮排向敌行歼灭射击，敌势大杀，遂趋沉寂。下午一时许，敌约有步骑兵三百名，附山炮两门，向城东北突击。我遂变换阵地于天一门，对敌行阻止射击，敌未得逞。下午四时，敌空炮协击我阵地，我奋勇还击，阵地屹然未动。

廿七日，金华城郊已被敌包围，我重追炮排奉命变换阵地于明月楼，援助友军，阻止前进之敌。战防炮连第四炮则进入天一门以左之阵地，当消灭敌机枪二挺。十时廿分，用榴弹向我阵地迫近之敌密集部队射击，歼敌二百余名。午后三时五十分，敌山炮向我猛烈射击，掩护其步兵前进。我战防炮适时变换阵地，对敌行制压射击，支援我友军战斗。是晚八时，全部奉令突围，十一时至五里亭被敌截击，兵伕伤亡甚众，火炮已无法脱围，遂将火炮分解埋藏，官兵突围。

3.兰溪方面：由浦江分头进犯之敌五、六千，附炮约六门，当【我】继续迫近兰溪时，五月廿三日敌由黄泥岭攻我阵地。我战防炮连第一排在334.6高地北端，当即迅速射击，将敌击退。旋转移射向于陈家井附近，向敌密集骑兵射击，又毙敌骑数十。

廿四日，该排奉命交换阵地至花□北端附近，向蒋宅、前陈之敌急袭射击，伤敌人马数十。后以侧面阵地被敌占领，又奉命转移于毛竹园、北山之线。该连第二排则由下卡变换阵地，至火车站附近。

廿五日八时卅分，第二排发见敌于火车站东北小高地架炮，当即向敌炮位射击，将敌炮一门击毁。下午四时，敌于黄片以东之小森林中集结，似有进犯模样，该排急袭射击，又歼敌百余名。

廿六日，敌占领黄湓、中徐之线，我进入大云山阵地之重追炮排，即对该线之敌行杀伤射击。旋奉命推进至郑家祠后高地，对敌行破坏射击，均获相当战果。午后四时，敌约千余又于黄片集结，我战防炮连第二排，当集中火力行歼灭射击，毙敌百余名，残敌不支，我遂将黄片克复。

廿七日晨，我重迫炮排奉令变换阵地于铁路右侧高地，发现敌之山炮兵阵地，当向之行破坏射击，连续发射廿余发，敌炮四门一并被毁。

下午一时，我第一线右翼被敌冲破，该排奉令撤至枯童园后铁路左侧。是晚六时，全部奉命撤出阵地，战防炮连集结于茶坞，受敌包围，弹药消耗殆尽。奉六三师师长命：将火炮分解，埋藏于北山土中，官兵突围至山口集结待命。重迫炮排廿八日晨突围至三岔口，遇敌包围，奉命火炮分解，沉入沟渠，官兵突围，均向北山指定地区集中。

至廿六军山炮第二连，原分割配于金、兰使用，以徒步至龙游与敌遭遇，未待与指挥师取得联络，遂仍回后溪街转徐岭归还建制。炮兵参战金、兰，至此告一段落。

（二）衢州战斗经过

衢州为我炮兵主力所在，于五月廿七日即完成阵地及射击诸准备。衢江南岸西北垅、樟树潭飞机场及城南一带既设阵地，由山炮营三连、战防炮三连、重迫炮一连，分别占领扼守之。衢江北岸各既设阵地，则由战防炮二连、重迫炮一连，分别占领扼守之。山炮第四连则担任衢江北岸游动炮兵。尚有七四军炮兵团野炮营（三连共九门）为远战炮兵，本配于衢江南岸六七师，因输送阻碍，始终未参加战斗。

渡新安江之敌，五月卅日陷寿昌后，大部乃向衢江北岸急进。是日下午七时许，敌之先头部队已到达车塘、大塘一带，我北岸游动炮兵连即开始射击，敌伤亡三、四十名。

卅一日十一时，敌攻我新田铺阵地，我北岸战防炮第一连，以榴弹射击将敌攻势击退。

六月一日晨，敌步兵一联队、骑兵一大队集结于大塘附近，我北岸游动山炮连当进出于步兵警戒阵地，急袭向我进犯之敌，当毙敌二、三百名，骡马百余匹，敌仓皇溃退，中止攻击前进。下午三时，该连又以猛烈火力，制压由下余向我射击之敌炮兵。是日午前，敌攻我庙山、孤山、蒋家山等据点，我战防炮连猛烈射击，歼敌机枪五挺，毙敌五十余名。

二日七时，我游动炮兵连，又对大塘之敌行急袭射击，敌伤亡逾百，急向左翼逃避。十时对枫树塝之敌，下午三时对锦桥之敌，续行急袭射击，敌伤亡在二百名以上。同时间敌步骑兵数百、炮二门，向我孟姜塔、茂坞阵地进犯，当被我战防炮连集中火力射击，歼敌四、五十名，【获】机枪七、八挺。双方激战四小时，敌卒不支溃退。是日晨，我北岸重迫炮连，向杜泽、上花园之敌射击，连长汪海生奋勇指挥，敌伤亡颇重。但敌步兵前进甚速，我步兵扼守不力，汪连长被敌机枪扫射阵亡，火炮因射击损坏一门，当由排长率领继续战斗。是晚九时，令本部邹参谋长向莫军长建议，将山炮各连即晚撤至戚家、魏家阵地，并亲就〔与〕莫军长商洽，当予同意。十时，王总司令命令莫军长，将衢江南岸山炮营之暂二连改配四十师，扼守大洲镇。

三日拂晓，衢江南岸之敌，配合飞机与火炮，同时向我西北垅、樟树潭之线猛犯，我山炮四门当与敌山炮约一大队（六门）（此役敌山炮多为两门制）开始炮战。敌炮多占暴露阵地，射击亦不精确，故屡为我藉前地测地成果①，迅速加以制压。同时我南岸战防炮三连及重迫炮一连亦各就原阵地，向敌行阻止射击。九时，敌步兵开始攻击，我战防炮第十连发射近四百发，毁敌步兵平射炮二门，机枪数挺，毙敌四、五十名，十一连毁敌机枪四、五挺。双方战斗至十一时，我山炮射击近三百发，卒将敌炮全部制压。【敌】一再变换阵地，一再为我制压，终趋沉寂，我步兵阵地赖以稳定。

①原文如此，当有误脱。

北岸自三日四时起，敌向我外围全线接近，我各阵地火炮均能予敌痛击，将敌炮制压。十时许，我十六师四七团主阵地被突破一处，左翼全师防线因以动摇。下午二时许，十六师全部主阵地均放弃，向南岸溃退。敌先头已到达姜家山，我卜式山炮二门、重迫炮三门、战防炮六门，均随同十六师溃退。时驮马尽失，均以炮伕抢运，向桃园方向集中。

当北岸溃退之炮兵集结于六马桥附近时，即令邹参谋长向莫军长建议，全部退集后溪街本部整理。经莫军长拒绝，并令山炮一连于衢城东北占领阵地，战防炮二连于六马桥占领阵地，重迫炮一连于衢城北占领阵地，向东南、西北之敌射击。

南岸山炮于三日下午一时，以敌迫近，奉令变换阵地，至东迹江西岸，尚未到达戚家、魏家之阵地，仍猛击西伯垅方向之敌步炮兵，当毁敌炮二门。下午四时，我战防炮亦以阵地被突破，第十、十一连奉令移至杨家村及洋桥附近继续战斗。第十二连于童村射击馒头山之敌，当毁敌炮一门，击散敌骑兵一队。我重迫炮连因发射损坏火炮三门，余撤回藏家固守坷西。十五公分榴弹炮营，屡次经莫军长要求参加战斗，均以未至决战时机，委婉拒绝。三日十二时，该营第八连奉莫军长命，进入六马桥阵地。该连娄连长方率观测员向观测所前进，不知该观测所已为敌占领，当被敌步兵轻机枪扫射负伤，即令邹参谋长向军长建议，火炮停留廿里街。此时原控制廿里街、塘坞一带之一〇五师，已奉调至航埠、衢州，通后方要道极为空虚，随时均有被敌截断之可能，当令邹参谋长向莫军长传令。奉长官顾令：速将重炮营全部归战区直辖，开江山待命，尔后该营火炮六门，均由前进炮兵指挥部直辖。

三日下午六时，赴江山与王总司令协商，准备次日反攻，随奉长官命于王总部待命。夜十一时，奉命将衢县阵地炮兵主力撤退。王总司令电话，令莫军长，配属该军之炮兵，除留战防炮二连、山炮一连、重迫炮一连外，余均撤退廿里街待命。此时后溪街电线中断，迄四日三时二十分，方将命令传达莫军长。同时命令本部江参谋、重炮营闻副营长、五三团陈团附，分【别】以指挥车、三轮车送达撤退命令。于廿里街即被阻于敌兵，乃退至后溪街一带收容。

四日四时半，除十五榴【弹炮】营与防空炮连全部安全撤退外，其余应撤退之山炮四门、战防炮十二门、重迫炮四门均未撤出。当经邹参谋长面请莫军长派兵抢救各炮兵部队，莫军长随令陈师长派工兵营掩护各炮兵部队撤退。未料六马桥业已为敌占领，无法通过，命令迄未送到。当时应撤退各炮兵部队因后路已断，且天已破晓，敌机凌空轰炸，停滞于大南门汽车站一带，不能行动。六时应撤退炮兵由马营长指挥。旋奉六七师陈师长命，谓十五里凉亭、廿里街已为敌占领，炮兵如不能撤退即进城守城。马营长相臣与战防炮营长乐在中等，遂率全部入城。意以我大军反攻在即，后方交通必不难恢复，然后再作安全撤退之计。

十时，衢县城垣附近核心阵地全部为敌包围，右侧步兵由主阵地向城内撤退，敌更以密集队形向我接近。马、乐两营长遂集中山炮、战防炮、重迫炮火力向敌射击，敌猝不及防，伤亡惨重。是役，非特阻敌前进，并协助步兵恢复城外主阵地之大部。

五日，我炮兵各部队射击竟日，敌未敢续行再进，但敌机疯狂肆虐，我官兵亦有伤亡。是日，我山炮第五连于东门击毁敌炮一门，毙敌二百余名。重迫炮第二连于西安门射击龚家埠之敌，亦毁炮一门。

六日四时卅分，敌又大举攻城，一部步兵突围，炮兵并不得悉，仍以全部急袭火力向敌射击。施〔旋〕奉一九九团谢团长令：炮兵固守东门、新开门与西安门之线。九时，以弹药告尽，乃将火炮分解埋藏，集合枪兵参加守城。十时，敌进攻东门，为我击退未逞。下午二时，敌由新开门进犯，并放毒气。此时已有少数日军由东门与新开门附近击毁部突入城垣，与我巷战，我奋勇还击，毙敌甚众。

即晚七时，敌又大举来犯，并放毒气，我守备部队弹药将罄，外援绝望。七日三时，全部突围，山炮与战防炮官兵由马、乐两营长率领，零散步兵先后由东南城角突围。当以受敌外围截击，马营长身负重伤，被敌俘获。我重迫炮第二连连长孙铭勳，当时因不知突围，仍率部剩余廿余人，在城中与敌巷战竟日。迄晚七时后，始各缒城脱围。我炮兵部队参加衢县战役，至此战斗终结。

（三）赣东战斗概述

赣东之敌为策应□敌作战，于五月卅一日起，分由谢埠市、连培一带开始蠢动：

1.右路敌于六月二日窜抵三江口、大港，七日晨进抵丰城、秀才埠之线。

2.中路敌于六月五日陷临川后，分三股：一股于十六日陷兰溪，一股于八日分陷崇仁、宜黄，一股于十二日窜占南城。

3.左路敌于五月廿一日晚，由谢埠市渡抚河，六月二日陷进贤，六日陷东乡，九日进占邓家埠。我配属一百军之战防炮第二连奉命向塘湾转进，第三连则奉命进入阵地，准备射击，是日夜十一时，敌向鹰潭进击，便衣队业已渡河，当亦奉命向塘湾转进。

十五日鹰潭陷落，下午三时半敌于塘湾四周向我突击，步兵仓皇溃退。我战防炮二、三两连当将枪兵集中，掩护炮兵伕拽炮退却。十六日，退至文坊，敌节节追击，十七日转进至花桥。

十八日，一百军令我战防炮两连之步枪、轻机枪集中文坊，与敌对抗。十九日，又由火烧关转进马鞍山，廿日转进陈坊，廿三日早奉命进湖坊，廿五日退港东。第三连奉命改配十九师，经际云关转进资溪。……

〔国民政府国防部史政局及战史会档案〕

2．顾祝同报告衢州战役溃败经过密电

（1942年6月17日）

即到。重庆委员长蒋：集密。据王总司令寒电报称：谨将衢州会战经过概呈如次：敌移龙游后，我四零师转至大洲镇附近，归莫军长指挥。东晨，与敌二百余，在东岳山、大栗山、横山庙一带，激战至夜。同【日】晨，陈师一部在安仁街附近与敌百余接触，我移南山底附近。曹师当面之敌五、六百，犯(1482)高地被击退。冬晨，四零师当面之敌增至千余，激战至午，我转守大洲镇、上西垄线阵地。六七师当面之敌向我南山底进攻横路后，我前进阵地炮击竟日，一六师邵宅、庙山、山头、周角垄前进阵地失守。江晨，敌三千余向六亩尖、石宝街攻击，我五八师痛击，未得逞。方师逐次转至大松树、底岭、底背、西山之线。陈师当面之敌三千余，并以机炮、毒气猛攻上下窖、西伯垄、樟树潭线阵地，苦战至夜。我一九九团石团长负伤，阵地失守，余部转至城南加入该师预备队。一六师当面之敌六千余，江寅向茂坞、新田铺、孔家山、姜家坞、杆山猛攻。飞机多架助战，并施放催泪性毒气。午刻，茂坞、新田铺、姜家坞失守。申刻，敌窜至浮石渡。酉刻，鸡鸣山失守，莫军长移百家塘。支晨，敌三千余，炮十二门，续向五八师大毛坪、红头背山攻击，至午我转至黄坛口附近。支巳，敌五、六百由天河口渡河，分趋(梅家?)、万川陈。未刻，向六马桥以东陈师阵地猛扑。入夜，敌千余窜入六马桥、铁桥之线，经我派队彻夜扫荡，悉予歼灭。十六师当面，支辰裘家山、钱家山、衢江北岸阵地全陷，莫军长转航埠附近。微晨，敌万人，飞机十余架，猛攻六七师阵地。未刻，六马桥(叶家弄)阵地失守。酉刻，敌六千余，炮十余门，分由南门及西北门开始攻击，另各以二千余向五八师(凹石岗)、雷公殿山及廿六师

塘坞、六都桥攻击，未逞。鱼丑，六七师陈师长率部千余，偕曹师长突围，拂晓在官戴附近受敌截击，乃改经溪口向清湖镇转进。同日拂晓后，敌以全力续攻衢县，戌刻窜入西南城角，发生巷战。虞寅，谢团长率残部突围。是役，我【伤】团长、参谋各一员，生死不明者一员；阵亡上校参谋一员、营长十一员（内山炮营营长一员）、生死不明者三员；连排长及士兵伤亡及生死不明者十分之八，敌伤亡约与我相等。谨闻。等情。除分电桂林（委座）外，谨闻。职顾祝同。巳筱酉。幄一。印。

〔国民政府国防部史政局及战史会档案〕

3．唐子长报告所部炮兵参加金衢会战经过密电

（1942年7月）

（1）7月7日密电

炮兵总指挥邹，5045密。谨将此次金兰、衢州会战炮兵部署、作战经过及现状呈报如下：（一）部署。衢州方面以七五卜式山炮六门、俄式三七战防炮十二门，配属于六七师。以卜式山炮二门、战防炮六门，配属十六师。以十五【公分】榴弹炮六门、二公分防空炮三门，配属第八十军。又金兰、鹰潭方面，以战防炮三门，配属于第二十六军。以山炮二门，配属于金华七九师及兰溪六三师。以三七战防炮二门，配【属】于建德预五师。以四七【公分】战防炮六门，配【属】于鹰潭一百军。（一）经过。衢州于五月廿五日完成阵地诸准备，六月冬（二）日晨，配【属】于十六师之卜式山炮二门，进出于左侧步兵警戒阵地，急袭由衢江北岸向我进攻之敌数次，约二百余①，射击六十发。迄江（三）晚，敌无动作。江日拂晓，衢江南岸卜式山炮六门，与敌山炮约十二门，开始炮战。至十一时，射击

①原文如此，拟有错漏。

近三百发，将敌炮全部制压，稳定步兵。陡〔突然〕北岸敌山炮四门，向十六师炮阵地攻击约廿小时，各步兵后退。十三时，战防炮六门，卜式山炮二门，均随同第十六师后退，驮马尽失。十五公分榴弹炮三门，奉莫军长命令，进入六马桥、驿瑾州南约三公里集中阵地。该连娄连长由广渭街率观测员，驰向钱劈山观测所。方过江，即为敌机枪扫射，该连长重伤，观测员轻伤，炮三门停留二十里街。尔后该营全部火炮六门，即由战区直辖，控制于江山。江(三)日十七时，职至江山与王总司令协商，准备反攻，并令直辖炮长准备过江。廿三时，遵即奉长官命令，将衢县阵地炮兵主力撤退。王总司令谕：莫军长将山炮六门、战防炮十二门，撤退二十里街待命。此时后溪街电话线已断，经王总司令悬赏修复，于支(四)日六时将命令传达莫军长。职并遵命将十五【公分】榴弹炮六门，又防空炮三门，转移至二十八都。并令闻副营长乘车于廿里街收容各重伤长官，转进于江山之线。支日四时半，除十五榴【弹炮】与防空炮全部及改配四十师卜式山炮二门安全撤退外，余炮由马营长指挥，均由十五里凉亭、六马桥沿途受敌分段截击。因后路已截断，且天已破晓，敌机凌〔临〕空轰炸，复退入衢城，损失甚大。支日七时，闻副营长报告，二十里街已于四时为敌占领，无法撤退。十时，衢县阵地全部为敌包围，右侧一方面步兵由主阵地向城内撤退。马营长建议，六七师陈师长乃集中全部山炮、迫击炮、战防炮火力，阻止敌人前进，俾协力步兵恢复主阵地。微(五)日拂晓，一部步兵突围。各火炮竟日射击，弹药使用殆尽，乃将火炮埋藏，集合枪兵，固守东门。鱼(六)日后，方由东南城角突围，分由炮兵营长马相臣、乐在中，连长邝纪云、陈大本率领收容。结果经〔经字衍〕乐营长、邝连长、陈连长各突围，余均失踪。(三)现状。衢州会战计损失卜式山炮六门，战防炮十八门。现有之火炮，计卜式山炮四门，两门使用于南平，两门在建瓯整理。战防炮十门，使用于南平六门，二十八都、昆门、铅山两门，情况不明者七门。二公分防空炮十二门，三门布置建瓯，八门在崇建道上。十五榴【弹炮】六门现在建阳，准备归还建制。上四项谨电核备。职唐子长。午阳亥。运捷。

（2）7月31日密电

炮兵总指挥部：1635密。□参一电奉悉。此次浙东战役全部炮兵作战经过，已于崇安齐战电禀外，遵将炮一团二营参加衢县作战经过，摘禀于下：（甲）部署概要。（一）该营共七五【公分】山炮十门，编成五个连，除第六连于两个月前派马尾，余均奉命死守衢【县】阵地。（二）第四连配属于八六军十六师阵地，为衢江北岸游动炮兵。（三）第五连及暂一、暂二两连配【属】于八六军六七师之主阵地，为直协炮兵，以马营长相臣为群长。（乙）战斗经过：（一）游动炮兵斥堠【候】，五月卅一日，在阵地左前方进出警戒阵地，急袭向衢县阵地接近敌之纵队，当毙敌二百余人，因此所有之敌两日未敢攻击前进。（二）三日下午二时，衢江北岸因十六师溃退，第四连骑兵尽失，以士兵、炮夫搬运，南至六马桥。此时本部邹参谋长建议八十军莫军长请撤退江山整理，经莫军长拒绝，并令在六马桥占领阵地，向东南、西北之敌射击。（三）直协炮兵群于六月三日上午在胡溪桥东岸，奉莫军长命，对多我一倍之敌炮兵（山炮约十二门）实行炮战，约两日，将其全数制压。（四）三日下午一时，职因大洲镇不稳，与莫军长面商，即夜将山炮撤至过胡溪桥以西原有阵地。完全同意，并已火速即办。（五）三日拂晓，第十集团军王总司令，令暂二连配属四十师，行抵上叶。该师已退江山，遂尾随转进于江山石门，得遇该师方师长，即命归还本部。（六）三日下午三时半，胡溪桥主阵地之第五、暂一两连方奉命撤退。当时东迹树已为敌火控制，胡溪桥亦为我步兵破坏，不得已乃在敌我双方机枪炮火夹击，退走雪濟渡，致暂一连伤亡淹没殆尽，火炮损失，第五连伤亡过半，但火炮六门抢过胡溪桥、夹江。（七）四日上午三时半，马营长奉命撤退后溪街，乃亲率第五连与暂一连转进之四连会台于衢州召集外。此时六七师陈师长给予马营长命令，谓退路已断，一个月恐难撤走，着即退入城中固守。马营长困守，乃率两连至城内，继续战斗。（八）四日下午，车站附近之步兵主阵地不支，经马营长指挥全部山炮及战防炮，集中射击，掩护步兵夺回主阵地，再守。（九）五日，闻步兵已有大部突围而去，敌军四面追城强攻，我山炮兵射击最烈。所有炮弹八百余发，迄六日晚已全数用罄，当夜即将两连火炮四门，分拆密埋城内洞垣中。（十）上旬?日拂晓，马营长亲率守城步炮兵共五、六百人，由东门城穴出城，天破晓时方至飞机场。时全部暴露于敌数垂枪火之下，伤亡极重。（丙）收容现状：（一）暂二连杨连长全部及火炮二门。（二）第五连邝连长本人及杂兵二人。（三）第四连陈连长一人因为敌俘获，二十日乘机杀敌守卫逃出。（四）马营长效死，暂一连凌连长禧德迄今生死不定。（五）截至发电时，该营营长收容连、排留守在内，共计官佐十八员，士兵一百六十名……。职唐子长叩。世午。厩。

〔国民政府国防部史政局及战史会档案〕

4. 顾祝同报告各部在建德常山江山等地战况密电

（1942年7—8月）

（1）致李济深7月5日密电

桂林办公厅李主任任潮先生勋鉴：据陶柳巳灰电称：据刘长庚戌电称：心密。一八四团（欠二、三营）已抵中雪、阮宅之线攻击准备位置，即向下涯埠（建德西）之敌攻击。一八六团汤团长率第一营已抵西车坞附近，第三营到达小山头、桥头山之线，第二营到达里圹街路边之线，完成攻击准备位置，黄昏后开始攻击。职率一八四团第三营位置黄山坳附近，钟纵队司令率第一支队位置花峰山，第二支队向北高峰、东关之敌攻击，第三支队占领麻车桥、乾潭、溪口之线。又据该师长佳丑电称：一八六团第三营二时卅分占领九峰山，续向十里埠攻击，激战甚烈。第二营迂回钻隙，已趋过乌龙山，以一部向建城，主力向屯军山敌指挥部攻击中。各等语。谨闻。等情。敬闻。顾祝同。午微酉。运一。

（2）7月7日电

重庆军委会委员长蒋钧鉴：战况：（甲）据王敬久巳齐电补报战况，据莫军长东酉电称：攻我谢师东岳阵地之敌，于冬卯续向我大镇洲攻击。冬辰，敌二、三百向我草堆山攻击，经我迫击炮射击，敌伤亡约五、六十名，旋即退去。冬未，敌四、五百，骑兵卅余，炮两门，向上西垄攻击，迄未得逞。计冬日伤亡敌二百余，我伤亡官佐四员，士兵百余。（乙）据陶柳午东电称：据六二师刘师长俭辰、艳辰两电略称：师于感廿二时乘机向建城攻袭，一八六团第一营攻占九峰山、方乌弄间碉堡一个，第三营攻占皇廊，毁敌据点一个。次辰仍撤至百奇山、岩口之线。一八四团（欠一营）及一八六团第二营攻击方乌弄、长生庵，敌受创甚重。突击队感晚突入建城，杀毙敌伪甚多，焚毁天主堂附近敌仓库一个，并摧毁巷口东北碉堡一个。拂晓脱离敌人，转移至乌龙山山地，至俭日黄昏转移我攻击准备位置。伤亡损耗及卤获数另报。等情。又据一四六师石师长俭电称：四三八团第一营感晚攻击新安江南岸南高峰，敌不支，退至宝塔附近固守。山源、龙江之敌亦被击溃，窜新安江北岸。该营旋进至望城楼以北。迫炮向建城轰击大洋埠之敌，【及其】增援【部队】被我击退。除分报外，各等情，谨闻。职顾祝同。午虞巳。运一。

（3）7月10日电

重庆军委会委员长蒋钧鉴：战况。据王敬久冬电称：据七四军王军长东仁云电称：（一）五八师一七三团本宣〔奉令〕派侦察排，向卅六师（江山西南）方面搜索，巳刻至游溪与敌廿余遭遇，对战一小时，敌受创溃退。敌伤亡七名，我伤兵三名。（二）五一师左翼，本午敌四十余，循交溪口（五都东）袭击我一五二团阵地，经我猛击，敌向原路窜退，伤敌兵五名。等情。谨闻。职顾祝同。午灰亥。运一。

（4）7月13日电

军委会委员长蒋钧鉴：补报战况。据王敬久巳冬电称：七九师文、李两团，感日到东阳以东地区。文团感丑在荷叶圹、义乌东北十里附近与敌遭遇，发生激战，苏溪镇之敌来增，汽车二十余辆满载敌兵，并战车三辆，卒给我奋勇击退。计毙敌官兵二百余，获轻机枪一挺，手枪一枝，俘敌八名（因游泳渡河，押船困难，就地枪决）。我伤校官二员，伤亡连长五员及以下官兵二百余。重武器因渡河困难，颇有损失。等情。谨闻。职顾祝同。午元巳。运一。

（5）7月31日代电

军委会委员长蒋钧鉴：战况。据廿一军刘军长转一四五师孟师长文电称：（一）文丑，敌三百余，于九亩（常山以西七公里）与我四三三团第八连接战。迄卯刻，敌增至五百余，在炮火掩护下分向九亩、石鱼村攻击。同时有敌便衣兵百余，与该团第二营在球川镇、草萍镇间地区战斗。（二）文辰，浮河村（常山东北十三公里）敌二百余向常山前进。迄午，常山附近敌增至千余，附炮二门，与我守城部队激战。未刻，敌以二百余沿马金溪北进，在大山、检头附近与我四三五团第二营之两连对战。巳刻，敌便衣队及骑兵共四百余，窜抵常山附近，与四三四团第一营对战。申刻，该营连络中断，常山情况不明。等情。谨闻。职顾祝同。午世未。运一。

（6）8月7日密电

限二小时到。重庆委员长蒋：竞密。第十集团电话战况：（一）微日起，江山敌四百余，窜抵徐家（江郎街北五华里）、大星（江郎街北八华里）。鱼日，增至六、七百，经江郎街至峡口、金田坂、下大弄（凤林镇西十华里）一带。虞丑，敌共增至两千二百余，炮十五、六门之敌，分四路大举进犯，窜抵莲花山（峡口西南五华里）、西山（莲花山西五华里）、桥头（西山西四华里）、青淤（官村东南五华里）一线后，莲花山敌集八、九百，炮五、六门；西山敌集三百余，炮五、六门；桥头敌集五、六百，炮二、三门；青淤敌集四百余，炮二门，于辰刻各地同时向南进犯，并有飞机八架在峡口轰炸助战。至申刻，到达竽岭（峡口南十五华里）、虎头山（峡口西南十二华里）、柴家（峡口西南十八华里）、翁婆坑（四十二都东四华里）之线。另交溪亭（四十二都西北八华里）敌二百余，亦同时窜抵黄沙岭（四十二都西八华里），刻与我第一〇五师三一五团、三一四团之两营及三一三团激战中。（二）本虞日上午，敌机二次轰炸浦城，第一批六架，第二批三架。另敌机一、二架不等，炸浦城通峡口公路之较大市镇仙阳、鱼梁、吴墩（四九军军部所在）、二十八都、保安街以及广丰东南桐家坂、王家村（二十七师师部）均被投弹，在峡口、山乡口一带，三一四团、三一五团之各第五连被炸，损失极重。（三）据八都镇逃出难民谈，鱼日广丰方面向八都镇移动敌有千余，确否及企图行动正饬查中。等情。判断：敌似企图占领仙霞关及其左右各据高地隘，封锁我军，掩护江山、广丰及北浙赣路之安全，威胁我浦城要点，并藉以牵制我兵力之转用。已令王总司令务竭力拒止敌人，迅集结兵力，驱逐该敌，恢复原态势外，谨闻。顾祝同。未虞亥。筹。印。

（7）8月11日密电

限即到。重庆委员长蒋：竞密。战况：（甲）第十集团军方面：十日晨寅刻，我一零五师攻克峡口、王村（峡口西八华里）、蔓豆（王村西南七华里）、青淤（峡口西南十八华里）一线。我左翼已推进至郑家际、师公尖、王家坞、尖约（四十二都东北五华里）之线。（乙）第卅二集团军方面：（一）十日上午六时，上饶之敌二百余，炮二门，沿上饶至铅山公路南犯，现与我四十一师守备队在冷水滩（上饶西南十三华里）以东激战中。（二）七日晚，敌三百余，马六十余匹，在黎墟（浒湾东北卅二华里）以北山地，与我十九师之五十七团激战，敌伤亡极重。（三）九日上午，敌七百余，炮二门，攻我琉璃岗（浒湾东北十五华里），我十九师之五十五团之两营及五十七团之一营，与该敌激战。至下午三时，琉璃岗被敌攻占，现我在琉璃岗东南山地与敌对峙中。（四）八日晨，我军退出浒湾，转移至浒湾以东高地。浒湾以北灵公岭一线，与敌激战之我十九师之五十五团，于九日受敌三面包围，旋突围至东北山地，现在八角亭（浒湾东五华里）南北高地之线与敌对峙。是役，我伤亡甚重。现敌无向我反攻之势，我正严为监视中。上甲、乙两项，谨闻。顾祝同。未真戌。筹一。印。

特急。重庆委员长蒋：竞密。战况：廿三集团军方面：（一）鱼戌，一四七师四三九团及四四一团，展开于山里圹、江枫、树里陈、王相庙、毕家之线，攻击桃源岗、雅溪坑附近之敌。战至虞丑，敌进逼寮上邱、桃源岗、雅溪坑，敌续大部增援，四三九团数次猛烈冲杀，卯刻击退敌人，克复桃源岗。斯时雅溪坑之敌南下袭击我克复桃源岗，败退之敌复乘机向桃源岗逆袭，四三九团南北应战。迄辰刻，敌机一架低空助战，雅溪坑敌分向四三九团及四四一团猛扑，四三九团被迫向洋源江撤退，敌跟踪追至四方桥向我包围。午刻，敌进至三方余，被我击退。（三）阳未，常山敌二百余经山头篷北窜，戌刻在童村附近遭我一四五师四三五团第一营阻击至烈。齐卯，转至华埠以东之石灰窑附近，战斗激烈。申刻，敌突破石灰窑向燕窝头进犯。迄戌刻止，我四三五团占领皮山、燕窝头、火路边以北山地，与敌相峙中。（三）廿一军刘军长已令一四六师四三八团，佳日移驻华埠以西分水山策应，并令一四五师确保华埠。等情。谨闻。顾祝同。未真。筹一。印。

〔国民政府国防部史政局及战史会档案〕

5. 某某转报浙赣战役溃败情况的电话记录

(1942年)

谨将廿三日下午崇安黄参谋长电话大要恭呈鉴核：

(一)赣东方面鹰潭至贵溪、港口各线，第一百军指挥之75D、147D因毫无战斗力，不能按预定计划逐次予敌相当打击后，即行后撤。同时敌亦专寻该军打击，致溃不成军，指挥掌握困难。战区为整饬纪律起见，除将刘军长广济撤职查办，以该军副军长韩文英暂代外，尔后拟调整部署，以第19D(生力军)打击该方面之敌。

(二)今(廿二)日上午，顾长官与薛长官通话时，曾彼此交换意见，以南城、临川方面敌我均成胶着状态，判断如不设法加强赣东方面兵力，及早驱逐敌人，仅就现有力量持久下去，恐仍易招损。盖南昌敌后交通便利，转用容易，前者为争取时间，后者因部队相当疲劳(尤以夏军电报情况与事实不尽符合)，应请注意。并请于赣东设立总司令指挥机构，专负该方面指挥责权，以收实效。因三、九两战区隔离不远，指挥困难，特向大本营建议，以利指导。

三、查本战区浙移，闽省非产米区，惟视南城、临川为三战区之生命线。是赖希望将该方面之敌解决后，而浙东方面亦少侧背顾虑，尔后容易集中全力反攻。

四、本战区各部队实力消耗调查。除19D、10D及108D、25A尚未用外，计74A伤亡四千余，40D方日英所率两团仅剩七个连，26A每师实有七营。(每师两营，接新兵未归队，也只当两个师用)。86A因由衢州突围，损失太大，现仅编成两个营，以丽水方面无部队，已全开去。79D、63D守金兰之后，及88A、79A各部全属残破，加之各部队苦战四十天，需要整顿。

五、广丰敌因企图强攻我五峰山、杉滨各要点，继续向南压迫，遇我74A、49A劲旅抵抗后，敌死伤二千余人，攻势已形顿挫。遂又转移兵力，东犯丽水。

六、对广丰、上饶方面之攻势，因108D行动太慢，未达预期效果。（原令该师廿日到达上饶以北地区，现始由常山出发。）拟重新部署，将74A、26A靠拢，从中抽出49A，拟令开浦城附近，作为控置部队，一俟108D到达指定位置时，再兴攻势。

七、74A、26A、49A、19D等部队士气均正旺盛，108D亦不差，惜行动太慢。

八、对23A之指挥联络，自鹰潭失守以后，有线电已断。本部向不重用无线，拟俟调正后，当可取得连络。

九、战区补给因桥梁被大水冲断，74A因未赶上，粥食四、五日，弹药补给遂极困难。因事前军政部发给太少，于参谋长会议时，经报请准发给四百万发，除已运到五〇万发外，余无车辆输送。

〔国民政府国防部史政局及战史会档案〕

6. 第三战区浙赣战役作战经验教训及检讨①

（1942年11月21日）

甲、敌此次作战之特点

第一、本战役绪战时，浙赣路东段敌并列多数小纵队，行广正面之前进，使我游击部队不能留置其后方，以确保其侧背之安全，而争取外线态势。

第二、敌于浙赣路西段，以南昌为中心，分向鄱阳、余干、鹰潭、宜黄、崇仁、樟树前进，一再以各纵队并列，行广正面之威力

①系沿用原标题。

搜索，以掩蔽其主力之所在，使我无法判明。

第三、外线作战采广正面前进时，对于后方连络线须适时变更减少之，以减轻后方之警备及繁累。敌此次本此原则，最初之正面：左起奉化，右迄分水，以逾二百公里之正面逐渐缩小至衢州附近时，仅以约三十公里之正面，乃逐次放弃永康、汤溪诸要点，改由女埠、龙游为后方连络线。又敌利用我各处屯粮，并搜劫民间粮食，不待其后方兵站线之延伸，即继续深入。

乙、经验教训

第四、我军兵站辎重不健全，输力不足，致前线未败而后方先形混乱，自招无谓之损害。自金兰转进后，虽为有计划的退避作战，犹不免重大损失。尤以军队到处拉伕，影响民心与军纪。

第五、我各级司令部，平时对于建制之完整未能注意，其分割之甚，有至团、营者。国军现行编制以军为战略单位，过度分割，不独影响精神团结，且补给上因之紊乱，而至掌握不确实。

第六、战场中凡百措施，均应以军事为中心。如兵役、粮政、民众组训及经济、政治、党务诸设施，均应密切配合，以求军事上之便利。如各自为政，则难收综合之威力。

第七、素质劣等之部队及游击队，不仅虚糜饷糈，且有害民心与士气。本战役中19A、88A及所有游击队，徒滋纷扰，毫无贡献。

第八、伏击为有效之战法，但须极端隐蔽与耐守。如74A埋伏小部队于五峰山地约一周之久，待敌通过埋伏圈时，四出奇袭，杀伤敌人四百之多。

〔国民政府国防部史政局及战史会档案〕

7. 第三战区浙赣战役作战经过概要①

(1942年)

甲、金兰会战作战经过

(五月十五日至二十八日)

五月上旬以来，浙敌不下十万，纷向钱南及浙西集中。删辰起，分路向我广正面发动攻势。

左翼方面：奉化之敌三千余，上虞之敌五千余，辰刻分沿奉、新公路及曹娥江方面，向暂九军进犯。我暂卅五师一部于真诏附近，予敌打击后，筱日主力转就长乐镇附近既设阵地，继续打击敌人。守备曹娥江两岸之暂卅二师，于三界镇附近抵抗该敌后，铣日主力自嵊县向敌后转进。是时陈天侨部已转进至新昌，巧日敌陷天台。

中央方面：绍兴、萧山之敌四千余，分向八八军进犯。筱日，该军新卅师及新廿一师，分就勾嵊山、安华、王沙溪市之线既设阵地，韧强抵抗。

右翼方面：余杭、富阳之敌千余，铣寅犯新登，经钱北军（指挥一九二、预五、一四六、四十各师，由陶柳指挥）一九二师极力抵抗。巧日，敌窜新登，已就桐庐附近阵地之预五师一部，本巧日于窄溪镇附近，与敌先头发生激战。皓弃桐庐，晢日敌向建德急进。

筱日，战区遵照指示，避免在金、兰决战，即以四十九军（除暂十三师开龙游，归莫军长指挥）转至衢州西北集结，七四军控置大洲镇、灵山镇附近，廿六军控置衢州、江山、常山间集结，八六军（欠七九师）即就衢州既设阵地，准备衢州决战。留置第七九师固守金华，第六三师固守兰溪，均归八八军何军【长】指挥。暂九军

①沿用原标题。

利用长乐、东阳、义乌各既设阵地，予敌打击，并控置东永道，策应金华作战。以上各部，除陶广军归上官云相指挥，廿六军归本部直辖外，均归王敬久统一指挥之。

暂九军方面：巧晚，以一部留置长乐，以朱师一部，占领歌山掩护主力，向东阳、义乌间地区转进。马日，敌陷东阳、永康，梗日陷武义，该军仍转移东、永公路两侧地区，侧击敌人，此时敌先头已迫近岭下朱。

八八军方面：篠日，敌陷诸暨，乃向我勾嵊山、安华、王沙溪市之线会犯，哿日激战竟日，被敌突破，新廿一师乃向浦江转进，新卅师向义乌转进。号日，敌陷浦江，并以一部约七、八百西进。马日，敌陷义乌。梗日，各路之敌已迫抵孝顺。何军长此时已到北山指挥，新卅师渡义乌江南下，王总部亦移龙游三叠岩指挥。

钱北军方面：哿日犯建德之敌，梗日凑集五千余，猛攻建德，激战竟日，是晚城陷，预五师乃转移建德外围活动。是日，独立卅三旅以一部推进芝厦镇，侧击犯建德之敌，尔后仍撤守临安、分水、金、兰，【行】真面目战争，至此渐次展开。

皓日，令上官总部率必要人员移常山指挥，张文清军率一〇八师开淳安待命，一四五师开茶园，一四七师开贵溪，由本部直辖，尔后归一百军指挥。此时，划兰江以东、衢江以南地区归王敬久指挥，该两江以西、以北地区归上官云相指挥。当敌犯建德时，上官集团已在兰江西岸、新安江南岸布防。敬巳，敌四百余，渡新安江西犯，与一四六师一部及四十师一二〇团，在洋溪、望城岭等处激战。

金兰方面：自梗日起，由永康西犯之敌四千余，骑千余；诸暨南犯之敌八千余，骑八千余，继续迫近我金华核心阵地。段师利用既设工事，与敌鏖战至宥，段师长率主力转移陆殿、李宅之线，留置二三七团及二三六团之一营固守城垣。混战至俭亥，始突围至北山地区。自回日起，由浦江分头进犯之敌五、六千，继续迫近兰溪，以高圣尖争夺最为惨烈。血战至俭巳，以周团第二营及第七连留置固守，核心主力逐次向北山集结。俭亥，留置部队亦完全突围。

金、兰会战至此告一段落。是时战区为准备衢州会战，变更十集团与卅二集团之作战地境为长青山、坳头、上溪、大陈、新圹坞、胡家岭、苏州堂、三官岭、分水岭、万川陈，再沿衢江、兰江、七里垅、富春江、钱江左岸迄杭州湾口之线，线上长青山至万川陈属上官集团，万川陈以下属王集团。以第八六军、第七四两军归王敬久指挥，第二十六军第一游击区及钱北军归上官云相指挥。王总部宥日移江山，上官总部艳日移遂安。

〔以上残缺〕集团总部，五月廿七日执行任务，指挥八八军、暂九军及沿海各守备部队及游击部队。此时，与十集团之作战地境为龙泉、松阳、宣平、武义、诸暨沿浦阳江之线，线上属廿五集团。

乙、衢州会战作战经过

（五月廿九日至六月廿二日）

子、衢州附近作战经过

第十集团军方面：辰月有日，暂十三师在古方附近与敌激战，宥日向汤溪转进，是时王敬久令该师（欠一团）归方日英指挥，敌跟踪追击，汤溪遂陷。四十师乃逐次抵抗，向龙游以西转进。感午，敌陷龙游，暂十三师乃向灵山镇转进，掩护七四军右侧翼，四十师转进大洲镇，扼守该要点，并归八六军莫军长指挥。俭日，敌向灵镇、金旺镇进犯，经暂十三师阻击，未逞。

第三十二集团军方面：渡新安江之敌，自有日起，与一四六师激战。卅日，陷寿昌，敌大部向衢江北岸急进。本日敌一部，进抵诸葛镇，同时峡口、杜泽均发现敌踪，并分向衢北山地各隘路口搜索。此时上官云相已令六二师开茶园镇，一〇八师开寺磡头，一四五师向大同、上方间开拨。钱北军有日起归陶广指挥，第一〇八、第一四五、第一四六等三师，归廿五军军长张文清指挥。此时预五师控置淳安附近，游击第一纵队截击桐庐、建德间敌之水运。

巳月东日以来，敌积极完成围攻衢州诸准备，对我衢州南北山地部队，不断实施威力搜索。江日拂晓，衢江南北岸之敌，配合多数飞机与炮兵，同时向我进犯。衢江南岸之敌，冬日突进大洲镇，我第四十师按照预定步骤避开正面。我四十九军当与该敌发生激战，由铁路南侧前进。又敌突破我六七师警戒阵地后，继续迫近衢州主阵地，向馒头山、河埠猛犯。北岸之敌，江日拂晓起，向十六师正面孔家山、杆山进犯。迄午，阵地大部被毁。戌刻，莫军军部移百家圹，六七师重点移六马桥，十六师主力移裘家山、钱家山之线。同时敌以一部，向四十九军李家山、白云山、衢门山之线猛犯，廿六军之卅二师，乃以一部由石梁市侧击该敌。是晚，王铁汉军令廿六师主力集结华墅以东地区，一〇五师主力集结孙家埠、牛坑背一带，并以一部推进航埠。

战区鉴于衢州决战之时机成熟，本(江)日乃向王集团及上官集团下达攻势转移命令，规定两集团江亥分就攻击准备位置，准备明支日与敌决战，一切准备概已完成。嗣奉委座令一元江亥电：避免衢州决战。乃令七四军逐次向江山转进，四九军在衢州西南守备待命，廿六军以一师守备常山，两师向玉山转进，廿五军一〇八师向常山转进，第一四五师、第一四六两师向西移动，预定一〇八师到达常山后，廿六军之一师开上饶，此时八六军尚在衢州主阵地，与敌持久抵抗。鱼晚，除留置十六师谢士炎团死守衢州外，全部由曹、陈两师长率领，向东南方向突围。继虞晨，谢团亦由东南突围，损失均甚轻微，附近战斗至此告一结束。此时王总部移廿八都，上官云相尚在华埠附近。十集团军与廿五集团军之作战地境，改为龙泉、宣平、武义、金华、兰溪之线，线上属廿五集团，以北仍旧。

丑、衢州至信河附近转进作战经过

第十集团军方面

衢州既退，我本统帅部指示：诱敌深入，机动打击敌人，由秘动的守变为主动的出击。一面到处袭扰敌人，一面逐次分就新部署，敌亦跟踪前进。虞、齐、佳等日，衢敌约千余，藉飞机掩护，向王铁汉军仁家弄、碗窑、大桥头、钱陈、坟山峡等阵地进犯。王耀武军正面之敌，亦向五一师岸家、观音堂阵地进犯，均经击退，并毙敌百名。

灰日，敌无进展，战区乃令该集团以有力一部，固守江山要点，与常山方面友军呼应作战。主力待就：右自浦溪、界牌、礼贤镇、八都镇亘吴村桥（含）之线阵地，重点保持于左。本（灰）日，八六军已通过廿八都，向浦城集结。

真日，敌七、八千，炮十余门，分别由江山江东两岸，向江山猛犯，并使用毒气。我五一师守城部队奋战至午，歼敌甚众，旋敌一部约五百余，由两岸进击，江山遂陷敌手。

文日，江山敌百余，向清湖镇搜索，经五七师击溃。未刻，一营被敌包围，苦战至午夜，仅百余名突围。另敌千余，于里徐弄一带，与一〇五师遭遇，迄午仍相持中。未刻，陷玉山。申刻电令该集团军，迅就峡口及广丰、洋口河流南岸之线，严整战备；对广丰及其他渡河点，应确实掌握之。

元辰，江山之敌千余，骑二百，便衣三百余，沿江、广公路南犯广丰。申刻，与二六师一部于王府附近激战，其一部窜至枫树底，我暂十三师予以堵击，激战竟夜。

寒子，敌一部窜入广丰城，暂十三师乃逐次转移廿四都集结。四十九军军部移上孚，以一〇五师在右，占鸡公、石安、西山底亘火石山（含）之线。廿六师在左，占火石山亘下圹、塔山之线，主【要】对广丰警戒。七四军军部移峡口，以五一师守备峡口正面一带，五八师主右，占梅溪口一带，五七师在左，占四十二都一带，正移动中。迄辰，窜广丰之敌以一部约二百余，由镡背尖强渡信河，大部千余向西南移动，经廿六师击退。

删巳，官溪市之敌千余，炮四门，另飞机三架掩护，窜抵排山，续向四九军攻击，我一〇五师与之激战。至申，鸡公、石安被敌占领，该师退徐家山、王家坂之线，继续抵抗，故未得逞。另一部敌数百，窜六洲墩、下圹墀，企图渡河，均被击退。同时官溪市之敌三百余，向七四军棋盘山阵地攻击，经五七师极力抵抗，未逞。

铣日，犯棋盘山之敌，仍与五七师对峙。一〇五师正面之敌，本辰约二千余犯徐家山、苏家，攻击甚烈，午后在大岗坞至杉溪以东一带激战。

篠拂晓，敌二千余，藉飞机掩护，向七都、尖山、石鼓岭、五峰山五一师猛犯。该师官兵浴血鏖战，一再争夺，尤以七都、尖山受敌机炮猛击，该阵地官兵伤亡殆尽，为敌突破。杜团长奋不顾身，率兵两连逆袭，卒将该阵地夺回。是役毙敌二百余，我伤亡官兵三百余。另敌一部窜至五峰山东麓交溪口附近，午刻由上圹墀渡河，与廿六师在南山附近激战。

巧拂晓，杉溪之敌千余，以飞机掩护，续攻石鼓岭、五峰山，激战至巳，未逞。未刻，五一师李师长亲率五三团及迫炮营，由西岗附近出击。申刻，占领西岗附近北侧□名山、鸡公、石安、西山底、徐家山之线。酉刻，进抵王家坂、杉溪。迄亥，突入敌阵，共毙敌五百余，我伤亡官兵三百六十余。另，鹅湖河渡之敌千余，与我四十九军在大悲山、徐茅山、南山、官山之线激战。又敌二、三百余窜水南，该军以当时形势有利，决以一〇五师歼灭公路以东之敌，廿六师歼灭公路以西之敌，暂十三师派一团由洋口渡河，相机协力规复广丰。

皓日，徐家山、王家坂、沙溪、支〔支字衍〕溪口之敌，经五一师压迫，一部向五都逃窜，复被一〇五师击退，北溃大石山，五一师即占领鸡公、石安、徐家山、庙山、夜外场之线，五七师据守大阳岭、尖山、石鼓岭、五峰山之线。哿日，五七师正面敌千余，续向石鼓岭、五峰山攻击，未奏功。太阳岭附近亦有敌活动。

该集团本哿日调整部署如左：

一、七四军右翼仍旧，左翼以太阳岭、尖山、七都、尖山、石鼓岭、五峰山之线为主阵地，并占领鸡公、石安、祝家坞各要点。五一师主力开铜家坂，并以一部控制十都机动。

二、四十九军暂十三师张团，占领五都亘虎头背、洋口之线。一〇五师除三一五团仍留溪山守备外，主力集结上孚附近整理。四十师（欠一二〇团）开廿四都，归王铁溪指挥，总部移九牧。

马日，石鼓岭、五峰山之敌猛烈攻击，并以便衣一部绕至茅阪附近。养日，五峰山、石鼓岭之敌攻击益烈，五一师掩护五七师转移新阵地后，相继脱离敌人，该阵地遂陷敌手。

第卅二集团军方面

虞日，一四五师接替卅二师杜泽镇、石梁市一带防务，卅二师开玉山。齐日，约二千余之敌窜抵常山以东蜈蚣山、浮河村一带，与四一师遭遇激战。一〇八师本日到芳村镇，掩护廿五军向常山集结。此时四四师已到常山，战区即令四一师及四四师星夜开玉山。

佳日，常山之敌辰刻陷常山，先头当晚进抵灰埠。此时一〇八师已驱逐山头蓬之敌，并进占寺后、叶家渡、源口、裘大岭、林家各要点，截击西进之敌，掩护卅二师南渡。

佳日，敌无进展，战区乃令该集团军以有力一部攻占常山要点，与江山友军呼应作战。主力待命分就吴村桥（不含）、六都桥、玉山城、詹家坞亘圹山之线阵地，重点保持淤下。真日，一〇八师攻克常山，卤获甚巨。是日，该总部移上饶，继续指挥。

文日，该集团军以廿六军有力一部，留置于六都桥、玉山城，尔后沿铁路行持久抵抗。主力由洋口、上饶河，迅就□□（不含）及上饶至江村信河南岸之线主阵地，严整战备，对上饶及其他渡河点，确实掌握之。廿五军积极活动，于江山、玉山、浙干路以北及常山一带，协助廿六军作战。元日，除廿五军为山洪暴发所阻外，各部转进均已大致就绪。

寒午，王家桥、灵溪、洋口均发现敌人。廿六军当以一部占领皂头、宣桥、江村各要点，对上饶、广丰方面警戒。申刻，敌占上饶，酉刻敌三百余，沿河窜至三江桥，被四一师击退，该军主力星夜转向牙山岗、高山集结。此时，卅二师在八都遇敌激战，尚未渡河，四一师占皂头湖、潭头、南岩之线，四四师在东田，总部转移至铅山。十九师本(寒)日占领江村、河口之线，归上官总司令直接指挥。

删日，廿六军军部移茅店，四一师师部在茅店东北，四四师师部在茅店西北白石镜，廿二师主力至江村镇，十九师师部位置打石坞。

铣、筱两日，战况沉寂。

巧【日】，一〇八师由灰埠、球川镇，向玉山进出，并破常山附近公路十五公里。廿六军复向北推进，并以四四师四个营渡河，协助王集团攻击广丰之敌，并阻止上饶之敌增援。皓日，廿六军已挺进至上饶南岸，并击退三江桥、象鼻山之敌。

哿日，十九师以一部任江村、河口之守备，主力集结陈家棚、大屋年一带。马日，四四师渡河之四个营，除两个营为山洪暴涨阻于皂头附近外，已渡之两个营连日与石圹山之敌激战甚烈。养日，渡信河之两营，迄亥完全撤回。

丙、丽水遂昌方面暨沿信河两岸附近作战经过

(六月廿三日至八月十四日)

子、第二十五集团军方面

巳月哿日，武义之敌三千余，分两股南犯。马日，一股千余窜夏家畈，与浙保第四团发生激战。养日，又一股二千余，向岭下汤进犯，至未刻窜抵太平汛附近，被我浙保第三团猛力堵击。本(养)日，暂卅二师由永康向武义南犯之敌尾击。暂卅五师向宣平前进，预期侧击犯丽水之敌。暂卅四师向遂昌前进。暂九军军部抵松

阳。新卅师在大港头至松阳(瓯江西岸)之线布防。六七师新编之部队开石圹,准备合力歼灭南犯丽水之敌人。

巳梗,犯太平汛之敌,窜抵丽水以北地区,我浙保三团以一部与敌保持接触,主力转移丽水南岸,浙保四团向桃花岭之敌进击。

巳感,令暂卅二师由缙云向沙畈、桃花岭、下岭,暂卅五师由宣平向太平汛、长乐,限艳日攻略丽水城。

午东,暂卅三师向丽水攻击,午刻占领关下、九里及陈寮以南高地之线,残敌四百余退入丽水城内固守。暂卅五师与敌激战于茶园附近,惜行动迟缓,攻末奏效。该集团军为避免攻坚,至晚令暂卅二师停止攻击,脱离敌人,由暂卅五师掩护,渡霭溪后,向大港头集结,暂卅五师向碧湖集结(尔后移松阳)。

午支,由丽水渡河南犯敌,经新卅师猛攻,回窜丽水。午微,丽水敌五、六百复窜南岸,抢掠粮秣后,回窜丽水。午虞,敌七、八百向青田进犯,另一股三百余,炮三门,由石帆市渡河,向南岸新卅师张岗尖窜扰,被我击退。午齐,丽水犯青田之敌,与暂卅三师在芝溪头激战中。

午佳,沿瓯江东窜之敌,共约千余,炮四门,午刻窜抵船寮市与我暂卅三师激战。至晚,我以消耗目的已达,乃转移屿前附近,敌进入青田城。午真,青田敌一部,向永嘉进犯,在渚浦岭与暂卅三师第三团激战,至酉刻,续增千余,猛攻永嘉,我以兵力单薄,自动放弃。

午元,青田之敌除留一部于城郊外,大部窜永嘉,经暂卅三师第三团不断袭击,至戌刻完全占领青田,该团仍向永嘉挺进中。午寒,暂卅三师向永嘉之敌攻击,激战甚烈。午筱,丽水南岸桐岭及洋田岭之敌,被我暂卅二师驱逐,该师第三团已占领余村及余庄弄附近,与敌对峙。午巧,新卅师第九〇团向回溪南岸之敌猛攻,敌不支北溃。

午皓,暂卅三师第三团在南寨山、洋田一带,与敌激烈争战,敌我伤亡均大。旋丽水敌增援，向我包围，我转移蒋村附近。午智，丽水敌一部窜碧湖，与浙保三、四团激战中。

午马，浙保三、四团向碧湖之敌反攻，至巳刻右翼攻入碧湖，左翼被阻于魏村。本日沙溪之敌，向暂卅二师猛攻，九龙之敌同时亦向该师侧击。除以该师猛力堵击外，并以新卅师之一团，向弓岸、南明山进击，策应沙溪方面之作战。午养，碧湖敌被浙保三、四团击退后，经九龙退至石牛衔。本【日】未，暂卅二师向沙溪之敌猛攻，敌不支向丽水溃窜。午梗，退石牛街之敌复经追击，分向吕步、白岩村溃退，我浙保三、四团，将九龙即其〔“即其”二字衍〕完全克复。

午感，永嘉敌二百余，沿江西窜温溪，暂卅三师第三团奋勇堵击。午俭，犯温溪之敌，续增四百余，炮二门，沿瓯江两岸犯青田，我以众寡悬殊，被迫退至南岸油竹，与敌相持。至未刻，北岸敌窜入青田城。

午艳，龙游以南官村附近，有敌千余，申刻，该敌五百余窜上圹市、沭尘，与我奋勇队激战。本日，我暂卅三师再度克复青田，敌向船寮、海口退去。午卅，敌四百余，炮二门，已至大豆岭（遂昌北廿公里），与暂卅四师第三团激战。

午引，暂卅四师第三团转移青云岭附近，与敌对战。本日，丽敌四百余，经米湖窜港口，续向九龙、碧湖进犯。未东，敌千余，炮四门，在洋条、青云岭之线，与暂卅四师激战至辰刻。又敌二百余，向鸡树窑攻击，我以腹背受敌，遂突围至白益坞、远路口附近，敌陷遂昌城。本日，敌二千余，窜抵裕溪市，与保二团对战中，已令八十八军向裕溪市之敌侧击。至申刻，该敌窜至金坑，向松阳进犯，保二团退至大港头，保四团到达松阳。

未冬，敌千余由排坞向古市渡河，攻击暂卅五师力溪、馒头山阵地，正激战间，敌九百余由五溪口向松阳急窜，该师遂转移源口附近。保四团与敌在松阳激战后，乃转移港口附近，至未刻敌窜入松阳城。未江，暂卅四师向遂昌猛攻，敌不支退据金岸市。该师攻占遂昌后，仍向敌尾击。又力溪敌五百余，向暂卅五师第二团蝓殿进犯，该团被迫转移赤岩东北高地，该师第三团与敌在源口激战甚烈，伤毙敌百余。

未支，在源口激战之敌，向暂卅五师猛攻未逞，该师仍在源口、东坞、横坑岙、官岭之线，与敌对战。

未微，松阳敌千余分向石仓源及大阴村进犯，与新廿一师及保四团激战甚烈。当以七九师开大播坑、司马坪附近，暂卅二师集结石圹、小顺间，预歼来犯之敌。未鱼，松阳来犯之敌，仍与我在三马排、洋坑埠、石仓源一带对战。

未虞，新廿一师向三马排之敌攻击，激战至未，敌退据荷树坞尖。本日，船寮南犯敌三百余，窜入青田城。未齐，新廿一师续向石仓源之敌攻击，迄巳，我攻占七尖顶、坎龙山，敌伤毙三百余，向松阳方向退去。未灰，松阳敌大部向遂昌回窜，其先头部队被暂卅四师击退。

未真以后，该集团军转移攻势，令暂九军协力八十八军相机规复松阳，七九师推进至俞叶村附近，准备策应冯军作战，暂卅三师向永嘉之敌攻击，反攻作战于是乎展开。

丑、第十集团军方面

巳月梗日以来，当面战况渐趋沉寂，敌我已成对峙态势。寝日拂晓，广丰之敌千余，炮四门，分向廿六师大井头、虎背头阵地猛攻。八时，敌又增炮二门及重迫炮二门，续与我在该处反复争夺，战斗异常激烈，我伤亡官兵二百名，敌亦死伤甚众。巳感，五一师以一部袭击五峰山、石鼓岭之敌，战于毛坞附近，颇有斩获。

巳俭，石鼓岭之敌与我碗石背炮兵对战甚烈。午东，广丰敌四、五百，经水南、塔山与廿六师接战后，窜入洋口。午冬，廿六师攻击洋口，敌不支退据鸡母山，我克复洋口。午支，敌二百余向廿六师扶云山、利川山攻击，我接战后，乃转移山坞、王家山附近。

午微，敌五百余由里郑村窜黄沙岭，与五七师接战，其一部二百余窜百花桥。午鱼，五一师一五三团于官溪市西南设伏，适敌四百余由高路亭西窜，被我击毙百余，仓惶四散。

午虞，清湖镇敌百余窜石门市，经五八师一七三团阻击后，向万青山窜去。午真，敌四、五百由八都镇经卅二都，企图向五八师一七四团进犯，被我三条岗、何家墩守军击退。

午文，敌二百余由里郑村窜柴坞，经五七师阻击，敌不支退据黄沙岭。午元，鸡悦山之敌百余向霞坊进扰，被廿六师七八团击退。午寒至有，当面之敌大肆烧杀，并抢掠物资，向江山、衢州后运，战况又趋沉寂。

午梗，鸡母山敌又窜入洋口。本日，五一师防务交廿六师接替。午回，五七师防务交一〇五师接替，七四军开浦城集中。午感，八都镇以南有敌百余窜中大埒，经一〇五师三一四团夹击，敌不支回窜三条岗。午艳，四十二都东北郑家际、师公尖一带，共有敌四百余，向一〇五师平风岗阵地攻击，刻与我激战中。同时，下溪边敌百七、八十，向急峰山廿六师攻击，我派兵两连夹击该敌，敌不支退下溪边。

午卅，四十二都东北之敌，窜至乌石岩、老鹰口、白石山一带高地，我一〇五师以少数部队与敌保持接触，主力则转移大坞尖、茶子山、十一都，莲花山之线。至晚，该师派两营分由太阳岭、莲花山，向四十二都之敌夹击。

午世拂晓，我一〇五师夹击部队攻占郑家际、师公尖，刻敌主力向沙溪、排山溃退，我仍向该敌追击。未东以来，当面之敌仅调动频繁，无进展。未微，敌千四百余，分由徐家、毛坂、官溪市，向江郎街、三条岗、后阳市一〇五师进犯，我与敌对战中。

未鱼，江郎街敌二千余，经峡口渡河南犯，经一〇五师三一四团奋勇队堵击后，即转移三狮岗亘金田坂之线。又毛坂敌二百余窜中大埒。巳刻，后阳市敌二百余，窜至龙溪。

未虞，峡口亘龙溪之敌共二千余，炮十门，向我莲花山、柴村、西山、叠石弄、羊角山之线猛攻，并以飞机八架助战，我三一四团伤亡重大，逐次转移至保安街、双溪口一带，与敌相持。又郑家际敌四百，排山敌五百余，向四十二都三一三团进犯，刻激战中。本日，我伤亡二百余，敌亦死伤甚大。

未齐，敌续经柴村、保安街，向我天雨庙及外排山进犯。至巳，又向我三义坞猛攻，并施放毒气。我三一四团再度转移关圣庙及鹤顶山之线，敌又续增四百余，复向我猛攻。我为作战有利计，遂撤至龙井、茶岭一带有利地形，预歼来犯之敌。同时，郑家际之敌四百余，猛攻三一三团阵地，该团避免突出，亦转至拨刀岗、十都之线。

未佳，一〇五师转移攻势，三一五团为主攻，第次攻克仙霞岭、鹤顶山、天雨庵，歼敌甚众。至未，我确占保安街，追击队已挺进至山乡口、柴村附近，残敌向峡口溃退中。未灰，三一五团挺进至峡口亘青淤之线，三一三团挺进至郑家际亘师公尖之线，该师恢复原阵地。

未真，昨被我一〇五师击退之敌，全部退至淤头市及八都镇附近。本日，预五师已接替廿六师防务。未元，广丰之敌五百余，窜至五都，已与预五师接触。未寒，五都敌二百余向大都窜扰，与预五师一四团接战中。未删以后，该集团军转移攻势，信河南岸之对战乃告一段落。

寅、第三十二集团军方面

巳月梗日以来，当面之敌被阻于信河北岸，已无进展。该集团军各部队之转进大致就绪，敌我已成对峙态势。巳感，湖潭头敌向廿六军四一师象鼻山攻击，同时□□敌百余绕我右侧背，致象鼻山一度失守。至申刻，我配山炮二门，猛烈反攻，迄亥将象鼻山克复，残敌向何家溃退，我续行追击。

巳俭，我正扫荡何家之敌时，范村、长山排、黄荆岭，敌炮七、八门，向我象鼻山集中射击。何家之敌亦出而反击，我伤亡惨重，象鼻山复被敌占领。至巳刻，我仍向该敌反攻，击毙敌甚多，本日我亦伤亡二百余。未刻，廿五军由弋阳南渡，在前河街遇敌四、五百，当发生激战。

巳艳，前河街敌增千余，并以飞机八架助战，我除以一〇八师已渡河之三二四团在仙女庙，三二三团在汪二渡附近集结对北警戒外，三二二团及四〇师之一二〇团、十六师之四八团，逐次打击敌人后，现已转至黄板桥、烈桥一带，弋阳被敌占领。

午先，敌七、八十，附炮一门、重机枪十挺，巳刻在水门山对岸，掩护架桥，被四四师一三一团击退。本日，弋阳敌一部窜横峰。午萧，弋阳、横峰之敌约三、四百，炮二门，分向四〇师一二〇团及一〇八师三二二团进犯，均经击退。现该两团扼要据守中港坂、铁石岭及毛家山、胡家确各附近。

午肴，弋阳敌五百余，炮四门，向汪二渡进扰，经七五师二二五团击退。同时敌四百余，向一二〇团及三二二团之樟树墩、谢源、青坂桥、毛家山进犯。战至支辰，敌我伤亡均重，我退据和祥、王山圹、何家坝一带高地。

午歌，象鼻山、盘石渡之敌分向皂头夹攻，我四四师一三一团正堵击中。午麻，昨攻皂头之敌藉飞机掩护，并施放毒气，窜入皂头，我转移新洋、下立桥附近，与敌激战。

午蒸，贵溪之敌一千二百余，附炮二门，由港口东窜，与一四七师战于上方、西坑之线。午尤，弋阳窜周家潭之敌续增六百余，我以七五师二二四团及一〇八师三二三团，向该敌夹击。同时令十九师之一团，进出上方，截敌归路，迄午该敌被包围歼灭中。

午侵，周家潭之敌经我围歼后，经双港向西北突围，我复以三二三团在双港以东，廿五师二二四团在周家潭，十九师之一团在苦竹港黄〔？〕向双港歼敌聚歼中。午覃，双港之敌经我围歼后，向弋阳回窜。本日，象鼻山敌百余，经皂头向尊公桥窜扰，经四四师一三一团击退，并收复皂头。

午盐，汪二渡西北公路上发现敌三、四百，一部窜汪二渡附近。我一〇八师之一部，仍据守汪二渡，拒止该敌。午啸，卅二师郎营攻击横峰，敌百余仓皇应战，不支向东溃退，我确占横峰。午效，一〇八师攻入弋阳城，残敌向西溃退，正猛追中。

午号至午漾，当面之敌忙于抢运粮秣、铁轨等物资，该集团军重新调整部署：以廿六军仍任洋口至横峰之防务，以廿五军之一〇八师任横峰至贵溪之防务。一百军军部到达资溪，以七五师占领贵溪至邓家埠以南地区之线，十九师占领邓家埠亘浒湾以南地区之线。

午敬，七五师二二四团攻入鹰潭。迄未，正扫荡残敌，突由信河北岸窜来敌三、四百，向我反扑，我乃转移带宝山附近，与敌相持。

午径，十九师五五团攻入浒湾，与敌各据一半，相持至未，我夺获敌重机枪一挺，仍返原防。午沁，信河北岸敌二百余，附炮一门，与一〇八师三二二团对峙于河潭埠之线。信河南岸敌四百余，炮二门，与一〇八师三二三团，在流口、衣服山对峙。本晚，十九师五七团一部，曾一度攻入邓家埠后，仍回原防。

午勘，鹰潭敌续增千余，炮四门、马四百匹，与七五师二二三团激战于白沙坂附近。午引，十九师五七团在邓家埠以南地区，与敌四百激战甚烈。未江，十九师五五团，附山炮二门、战防炮二门，攻击浒湾及其以北地区之敌。激战竟日，我攻占神仙崖、灵姑岭、寒牛不出栏敌阵地。迄未，该团第三营冲入街市，与敌激战、巷战。五七团向东乡进击，与敌四百，炮二门，在赛阳关一带激战，敌不支退庄下、周村附近。未支，五五团仍向退据浒湾、天主堂之敌续攻，巳刻进占街市中心。

未微，五五团与敌对战于浒湾街、灵谷岭、白鹭岭、马头山之线，迄巳太阳圩、流坊圩敌四百余，分向我白鹭岭、马头山阵地攻击，被我击退。未鱼，邓家埠之敌七、八百，向王家桥五六团猛攻。至午，该敌窜至斗米圹、乌龟山之线，仍与我激战。

未虞，五六、五七两团在双岗、黎圩以北地区，与敌千五百余搏战竟日，伤毙敌三百余。现该敌被阻于坑西、黎圩附近。未齐，十九师五五团三面受敌包围，遂退去浒湾，转移浒湾以东高地一带，与敌对峙。

未佳，敌七百余，炮二门，攻我五七团琉璃岗阵地，激战六小时，琉璃岗被敌占领，我退琉璃岗东南地区，与敌相持。未灰，上饶敌二百，炮二门，南犯四一师冷水滩阵地，被我击退。未真，象鼻山敌二百余，炮二门，分由毛湾、塔水向下立桥进犯，经四一师赵团击退。

未元，浒湾有敌四百余，向王家桥窜扰，经五六团击退。未寒以后，敌军调动频繁，并纵火焚烧民房，有退却模样。该集团军乘机转移攻势，信河南岸之对战乃告一段落。

卯、第廿三集团军方面

该集团军于辰月，浙东、赣东敌我主力未接触前，以一四四师、第一四八师、鄱阳湖警备部及海军布雷第一、二、三、五大队（第二大队欠一中队），守备右自铜陵迄湖口沿江及湖口迄瑞洪、鄱湖东岸防务。以第一四六师、第一四七师先后集结于贵溪附近。旋第一四六师由贵溪登车，依火车输送至龙游下车，开赴寿昌附近，参加浙东作战。第一四七师于南昌敌人南犯东窜时，归第一百军指挥，参加赣东作战。第一四五师由防地经歙县，开赴淳安附近，参加浙东作战。迄午月，本部以午筱午运一电，令第廿一军军长刘雨卿军部，推进德兴，指挥第一四五、六、七师及鄱湖警备部，对沿浙赣路及信江沿岸，东自常山、玉山、上饶、横峰、弋阳、贵溪、余江、余干、鄱阳敌人，发动袭击。其经过战斗如后：

午删，第一四五师之四三四团，挺进上饶东北八都镇、皇固附近。铣卯，突击沙溪祝同中学约一中队之敌，毙敌约三分之二，俘日兵石川前贤一名，夺获轻机枪一挺。敌旋由沙溪增来三百余，该团逐次撤回皇固附近。

午宥晚，第一四六师之四三八团，分向上饶东北沙溪街、吉阳山之敌突击，亥刻冲入沙溪街，感子冲至吉阳山麓，敌我白刃肉搏，各有伤亡。旋敌由上饶等处增援，向我分别包围，该团撤至皇固附近，拒止敌人北窜。

午感戌刻，贵溪（东北卅里）、花屋西（廿里）、北李之敌，约二千余，分向三方余港、后李及神仙街附近我第一四七师各部守兵进犯，被我四三九团将敌阻止于库桥，四四零团将敌阻止于墩上汪附近 战斗迄俭日丑刻，四三九团向三了桥、四四零团向二比垄部、四四一团向陈家咀各附近集结。卯刻，敌窜至库桥及神仙街后，复向三了桥附近进犯。□刻，四三九团进出□□化，抄击敌后。四四零团在邱家山、莲圹之线，猛烈反击进犯之敌。四四一团展开于刘子华、汪家之线，攻击库桥附近之敌。敌不支，于艳卯狼狈向贵溪方向回窜，我跟踪追击。辰刻，恢复原态势。

午感卯刻，一四六师四三八团撤至皇固后，敌跟踪追进。酉刻，敌由上饶增来敌二百余，经吴村窜至岭下，抄袭我后背，发生激战。迄俭日未刻，敌不支退至皇固，该团跟踪追至皇固以西水口庙附近，与敌对峙。未冬，赣保八团派便衣队袭入余干县城，敌仓惶逃避，窜据龙山。我卤获步枪五枝，步弹一九〇发。

鱼戌，第一四七师主力（四三九团，四四一团一部）展开于山里圹、江枫、树里陈、王相庙、毕家之线，攻击贵溪以北桃源岗、雅溪坑附近之敌。激战至虞卯，四三九团一度克复桃源岗。迄辰刻，敌增援三百余及飞机一架，低空助战，向我猛烈反扑。我四三九团攻占桃源岗部队，站脚未稳，被迫撤退，牵动全线向后转移，敌跟踪追至三方余附近，被我击退。

虞戌，第一四七师主力（四三九团及四四一团一部）展开于松树窝、乐家仓、毕家之线，一部（四四零团一部）埋伏淤桥、上阳、张家桥附近。齐丑，开始攻击石榴崖、雅溪坑之敌，激战一小时，敌由寮上邱增来二百余，协同东峰桥江之敌猛烈反扑，该师分向裴家及姑圹转进，诱敌中伏。敌不察，跟踪追至桥上杨附近，被我埋伏部队猛击，毙敌廿余，马一匹，卤获三八式步枪二枝，步弹二七五粒、手榴弹一五枚。敌不支，退回雅溪坑。

虞未，常山敌二百余，经山头蓬北窜。戌刻，在童村附近被我一四五师四三五团第一营阻击。齐卯，转移至石灰窑附近，发生激战。辰刻，敌增至四百余。申刻突破石灰窑我守军阵地，向燕窝头进犯。窜至灰埠附近敌二百余，午刻突破源口我守兵【阵地】，西窜。同时窜至王江村之敌百余，向高山进犯。球川镇附近之敌六百余，窜至石仓山、里山溪，与我四三三团对战。

佳辰，各路之敌纷纷窜至华埠附近，与一四五师激战。迄未刻，华埠情况不明。申刻，华埠被敌侵占后，敌沿华、开路向我追击。佳戌，第一四五师撤至开化附近，占领五里圩、木杓坞尖、鄱阳坑之线，拒止敌人北窜。

灰午，敌千余向白都村一四五师阵地进犯，未逞。真巳起，敌纷向常山方向撤退，该师全力猛烈压迫，午刻克复华埠，并分两追击队，向上下界首、燕窝头之敌追击。寒申，贵溪以北桃源岗、雅溪坑附近之敌，步兵约六百余、骑兵八十余，分三路向一四七师库桥、神仙街一带守兵进犯。删巳接触，敌势凶猛，我逐次转进至三了桥附近，发生激战。迄铣子，敌不逞，仍分三路向桃源岗、雅溪坑回窜，我跟踪追击。寅刻，恢复原阵地。巳刻，乘势攻占桃源岗、雅溪坑，仍派有力部队向贵溪城郊及杨家渡、金沙挺进。巧酉，克复贵溪城郊及杨家渡、金沙一带地区，续向退据贵溪、信河【以下残缺】追击。

丁、浙赣两端追击作战经过

（八月十五日以后）

子、第二十五集团军方面

信河南岸之敌我对战，迄未寒告一段落。时该集团方面第一线各队，进抵之概略线如左：

一、暂九军暂三十三师：永嘉西南之营盘山经馒头驻亘藤桥之线。

二、八十八军、暂三十二师：丽水以南莲花山经火山尖亘碧湖之线。88A、新二十一师：港口经大竹溪亘源口之线。

三、暂九军暂三十五师：贤周寮经小岭坑亘上下源口之线。T9A暂三十四师：遂昌县。删日以后，该集团即转移攻势。

一、永嘉之克复（未删酉）

未寒以前，敌我在营盘山、凤凰山、大屏山、白塔地亘宝昌岭、藤桥线上，连日均有激战。删晨，敌千余，马卅余匹，在飞机两架掩护下，迂回进扰藤桥，并连合石鼓山方面之敌，与我暂卅三师左翼第三团发生激战，经我迂回宝昌岭进击敌后，敌仓惶应战，午刻纷向山竹岭方向溃退。迄申，敌全部窜抵西周、外垟村、仁地村、驿头村、下龙村一带，并搜集大帆船五十余艘，停泊江边。于山竹岭、枫林、岙村、东山、外垟村等处，均有敌警戒部队，与我对峙。时我判断敌企图有掩护其主力过江北窜模样，当以第三团猛力痛歼当面之敌，以第二团派队向敌截击，并防其西窜。永嘉城内之敌，因感外围据点均被我占领，惶恐不安，于删晚沿瓯江，由水陆两路分向青田方面窜逃。我暂卅三师当以第一团占领该城，主力向北窜之敌追击。

二、青田之克复（未巧酉）

由永嘉窜抵西周、外垟村、驿头村等处之敌，于铣经我暂三十三师第三团由猴山、龙元冈猛烈压迫后，相持至午。在敌机两架盘旋掩护下，大部在驿头村附近北渡西窜，一股约二百余，沿南岸前进，掩护江上辎重、帆船卅五艘，溯江西窜。未刻，被我暂卅三师第二团于驿头村附近击沉两艘，其北岸部队亦已窜抵温溪。我除以第三团跟踪追击，并令第二团猛力堵击，期收夹击之效。筱辰，敌继向下冈山、叶山溃退，当经第二团截击，无法前进，被我围歼于港头附近。北岸之敌，亦在温溪以西金村一带，与我激战。沿江敌船百余艘，亦被我迫炮击沉十余艘。及晚，港头被困之敌突围西窜。巧晨，窜抵青田南岸水南附近，经我第二团节节堵击，自寅至未，战斗至烈。北岸金村附近之敌，亦在下楚村以东山地，与我第二团一部激战后，大部窜抵青田。巧晨，青田之敌，经我继续强烈压迫，不支，分批由东坳铺南岸下白部向北窜。迄午后三时，水南之敌亦被我击溃，向船寮窜去，我暂卅三师第二、三两团遂攻占青田城，并继向溃退之敌跟踪追击中。

三、丽水之克复（未俭巳）

未号晨，敌在飞机掩护下，继向北窜。是日已通过船寮，其主力已抵海口附近。亥刻，于石门洞附近，经我暂卅三师第三团猛袭后，马辰该敌已通过海口向丽水方向溃退时，我除以暂卅三师之两个团继续尾追外，并令丽水以南何绍周军之暂卅二师，亦向丽水挺进。迄有田，暂卅二师已进至丽水南，占领洋田岭——吕步之线。寝辰，丽水西北三岩之敌，向我吕步猛烈炮击，掩护渡河之敌二百余至吕步，与我激战。午后二时，另敌二百余，由米湖渡河南窜至蒋村后，向东转移，围攻我洋田岭暂卅二师之左侧背。该师当在包围下，奋勇与敌搏斗。至感辰，暂卅三师第三团追抵该线，协力友军将敌击退，并继向丽水城进迫。及晚，敌不支，主力分向永康、武义溃退。战至俭巳，我暂卅三师第三团协同暂卅二师，遂确实克复丽水城，并继向新建方向追击。时我八十八军之新廿一师，亦已进至丽水以北附近，尔后该方面之追击任务，遂交由新廿一师担任。暂卅三师之二、三两团，遂归还建制。该师并改归八十八军指挥，继任永嘉方面防务。暂卅二师亦另命后调，改归八十六军指挥。

四、缙云及永康之克复（未艳巳至申东寅）

由丽水溃退之敌，经缙云窜永康，我新廿一师跟踪追击，于艳已攻克缙云，继向永康溃【退】之敌尾追。敌因经我节节打击，狼狈不堪，惶恐莫安，故我猛烈向敌压迫，该师六三团于申东寅刻遂攻占永康城，敌向东阳方面逃窜，我继续追击。未刻，于芝英市一带，与敌激战数小时，将敌击溃，当进坑口、古山之线，续向四路口市方向追击。冬寅，追抵四路口市附近，与敌后卫激战两小时，即将敌击退，占领该市。敌主力一股约千余向郭宅市，一股二千余向东阳逃窜，我继向南马市进追，敌据该市顽抗。至皓，不支，向东阳窜去。我新廿一师占领南马市后，续向东阳追击，刻正与退据东阳以南东岘峰、西岘峰线上之敌对战中。

五、松阳宣平之克复（未艳未至陷未）

未删以后，该集团左翼第一线，新廿一师、暂卅五师、暂卅四师，与当面之敌于松阳东南古市——大竹溪——贤周寮——小岭坑——上下源口——遂昌线上，连日发生激战。遂昌城争夺尤烈，我暂卅四师几度与敌激烈巷战，敌我伤亡均重。迄铣，该城终为敌占。迄皓，我向该方面增加之七九师到达后，向敌猛烈反击，敌不支，分向古市、赤岸、下源口各处退去，该师复攻克遂昌，乘胜追击，并继向松阳、古市攻击。是时原任松阳方面攻击之新廿一师，另命向丽水附近挺进，暂卅四、卅五两师亦另命后调。该方面之攻击任务，交由该（七九）师担任。战至俭申，该师左翼二三六团攻占古市，继向松阳敌之右侧背进迫、协力右翼二三五团猛烈围攻松阳。迄艳辰，敌不支，向宣平方向溃退。未刻，我七九师攻克松阳，并继向溃敌跟踪追击。陷午，敌窜抵竹客口附近，经该师击退后，二三五团及二三六团，即各以一加强营及搜索连，续向宣平追击。迄未刻，二三五团第三营攻占宣平，残敌向武义方向溃退，我继向该敌追击挺进。

六、武义附近之战斗

未世申，我七九师追击队追近武义郊【外】，与敌掩护部队发生激战。申冬，武义之敌主力向杨公桥撤退，一部约两大队困据武义西南之马杜山及马昂一带，与我对战。该师搜索连冬日亦已进抵仙里，继向武义城搜索。战至元酉，该师全部向当面之敌攻击搜索，于同日戌刻占领大冈岩后，二三五、二三六两团即以全力向敌压迫。迄寒拂晓，二三五团攻克武义城，敌主力千余向上茭道，一部向岭下朱溃退。旋我进入城时，有残敌约五百余，炮二门、重机枪八挺，因不及脱离，遂与我发生激烈巷战。迄未刻，敌复增步、骑兵二百余，向我反扑，我被迫退至城郊，与敌反复肉搏。刻仍在武义南郊端村——和尚桥——五里亭之线，与敌激战中。

丑、第十集团军方面

敌我信河南岸之对战，迄未寒告一段落。是时，该集团方面第一线各队进抵之概略线如左：

一、王铁汉军一〇五师：峡口——青淤之线。第五预备师：双山——后山——双店空之线。删日后，该集团即转移攻势。

一、广丰之克复（未号辰）

未寒辰，步炮连合之敌百余，由五都经鹅颈，向我预五师一四团双店空警戒阵地进攻，经我截击后，敌即回窜。午刻，敌复以二百余，由六都附近渡河，向我南犯，仍经我阻击，成对峙状态。及删卯，又敌四十余，由五都渡河，向我预五师双山、后山阵地进攻。对战至未，敌增援二百余猛犯，另四、五十进犯我鹅颈、双店空警戒阵地右翼，均被我先后击退，向杉溪方面窜去。是役，我伤亡士兵八，敌伤亡卅余。迄皓，我预五师方面发现敌有撤退模样，该集团当令一〇五师以三一五、三一三两个团，各以一部分向清湖、淤豆、八都，预五师以十三、十五两团各派兵一连，分向□□、广丰各要点行威力搜索，并相机占领。号辰，预五师第一线部队已占领七都、五峰山、尖溪、虎头背之线，继向广丰进迫。时我搜索队亦迫近广丰城郊，城内之敌极形【为】动摇，纷向江山方向撤退，并满城纵火。于十时左右，我预五师十三团即占领广丰城，续向排山之线追击，于马日占领排山、排门附近各要点，并以十五团经八都，向江山方向追击前进。

二、江山之克复（未梗卯）

自未皓亥，一〇五师三一三、三一五两团奉命各以一部向敌搜索，当经三一五团以第三营向清湖，第二营向淤豆，三一三团以第三营向八都，各分别搜索前进后，其战斗经过概要如次：（一）智辰，三一五团进至江郎街，向敌行威力搜索，当将青山豆之敌七百余击退，该敌退据徐家继续顽抗。及马，该营继向敌猛攻，敌不支北窜。十时，我占领徐家，并继向石门方向进击、搜索。戌刻，进抵石门附近，与敌发生激战。迄养辰，乃先后攻克塔底、石门市、上台、下东序、骑马山、礼贤镇等处，并继向清湖方向进击。未刻，进占清湖、刘家等处。至梗寅，进迫景云山，与残敌二百余激战二小时。敌在飞机两架掩护下，向东溃退，我继向江山进迫，梗卯攻占江山城，继向衢州方向追击。

（二）智申，三一五团第二营进抵枫林镇西北地区，将下徐之敌驱逐后，继向毛坂进击。及马八时，敌百余附战车三辆，向该营反击，经以猛烈火力阻击，敌仍退回原处。午刻，该营复向毛坂之敌猛攻，敌不支北窜，我当占领毛坂，并继向淤豆方向搜索追击。养卯，攻占淤豆市，继向贺材市挺进。申刻，占领该市。梗辰，亦向江山推进。

（三）三一三团第三营于智申进抵青湖，继搜索前进，入夜到达后阳市。马日，向八都之敌进击，九时，占领该镇后，亦向江山方向追击前进。同日，刘雨卿军克复常山后，与王铁汉军并肩进击前进。

三、衢州之克复（未俭辰）

（一）未梗卯克江山后，四十九军之追击部署：

1.第一〇五师以一部扫荡乌溪江两岸残敌，掩护师之右侧背安全，主力即沿公路猛力追击，攻占衢州城。

2.第五预备师继向前推进，至窑里、陈村、江山城中间地区集结，机动策应一〇五师之追击，并一部向湖南镇、浮口街方向搜索警戒，并与一〇五师切取连络。

3.军部感日位置石门市，俭晨进至蔡家山。

（二）一〇五师三一五团于克复江山后，继续追击前进，回日进抵大溪滩、上余之线，仍跟踪追击。及寝，抵廿里街以南地区。寅刻，退据石室街之敌二百余，向我进犯，当与该团第二营对战于茶坞山、吴家之线。至廿四时，敌被击溃，退至九龙山、上厅山之线。同时第一营向廿里街攻击，敌不支，退据樟圹山、猫头山，我当占领廿里街，续向敌攻击。及申，猫头山之敌二百余，山炮一门，向我反攻，仍被击退。又该团第三营，于寝丑向狮子山之敌攻击，卯刻我攻克狮子山，当以主力向营盘山，一部向万川陈继续攻击。廿二时，该团全部在茶坞山、上蔡、七圹坞、廿里街、钱山、狮子山之线，与敌对战中。激战两日，迄俭子，该团猛烈反攻，将当面之敌击溃。当跟踪追击时，廿三集团方面，二十一军一四五师于未梗克常山后，亦已进抵衢州附近，于俭子先后攻占鹿鸣山、双圹岭及花园港、梅山，并继以四三三团向衢城进迫。该师与一〇五师已取得连络，战至辰刻，该团与一〇五师三一五团及游一纵队第二支队，协力攻占衢州城，敌纷向大洲镇、樟树潭方向逃窜。我一〇五师当以三一三、三一五两团，分两纵队向龙游方向追击前进。一四五师令于廿一军未全部到达前，暂归四九军指挥，任铁道以左衢江北岸之追击，故该师亦当即经杜泽，向兰溪方向追击前进。

四、龙游汤溪之克复（未艳未至陷世）

未艳辰，三一五团通过樟树潭，三一三团通过大洲镇，继分向龙游、灵山镇追击。午刻，该两团先头已抵安仁街、水沧岖之线，继向龙游城进迫。未刻，左追击队三一五团与游一纵队第二支队，协力攻克龙游。敌大部向金华溃退，一股约四、五百，由衢江北岸经蛮王殿，向兰溪逃窜。经我跟踪追击，迄陷巳，三一五团继攻克汤溪。

五、金华附近之战斗

未世，克汤溪后，溃敌乃退据金华江西岸古方、开化、馒头山之线顽抗。我一〇五师跟踪追击，申冬卯该师三一三团已挺进至琅方徐、麻雀陇、杨圹下之线，三一五团进至潘家、清水圹、江圹西之线，向该敌猛烈攻击。冬寅，敌红山头山炮四门，馒头山山炮七门，向我三一三、三一五团阵地猛射，掩护敌步兵四百余猛犯。经我抗拒，激战至辰，未逞。旋右翼之敌增至八百余，并以飞机三架助战。我为转变有利态势，逐渐转移汤溪县城东方高地，与敌激战。迄虞日拂晓，古方之敌百余，山炮二门，于炮火掩护下，向我一〇五师三一三团木鸟山阵地进犯，激战两小时，敌不支退去。又开化之敌，亦以便衣队三、四十，向我白沙沿窜扰，亦被击溃。是役，计毙敌百余名，我伤兵三。齐日，仍在原线对战。佳亥，三一三团派兵一部，向桐溪村、长山敌袭击，敌凭坚顽抗。旋由石门方面增到敌百五十余，激战至灰寅，无战果。又三一五团同日亦派兵一部，分向清水圹、宅口、下汪、张麻车等处袭击，激战至灰寅亦撤回。是日，计毙伤敌卅余，我伤兵二，阵亡兵六。灰辰，古方、开化方面各敌百余，在敌炮及飞机两架掩护下，分向我三一三团麻雀陇，三一五团白沙沿各阵地进犯，激战一小时，该两团各以一连，向大宅垅敌左侧背及大铺田敌右侧背夹击，敌不支退去。未刻，复由龙永公路窜来步炮之敌百余，图犯罗埠、上章，与我三一五团激战一小时，敌仍循原方向退去。是役，计毙敌卅余，我伤兵五、亡兵三。

真日，敌我无进退。文寅，古方之敌百余，炮四门，向我进犯，与我三一三团激战于百亩山、山背里、白沙沿之线以东地区，相持至寒辰，敌仍撤退酒杯山、大宅垅、一二七〇高地亘开化、馒头山之线，我三一团当分向该线攻击，激战一小时，将各该地占领。午刻，由长山、拾坑各增到敌二百余，炮二门，向我反扑，并有敌机两架助战，激战至申，我一度被迫退回原阵地。删辰，我向敌猛攻，敌不支向东撤退，我继向敌进迫。戌刻，右翼三一三团遂进占西昌、天母山、上章之线，并续向长山、邵村残敌驱逐，敌我在该处激战终夜。

铣日拂晓，我占领长山，乘势全线东进，分向桐溪村、沿圹凹路、青圹、下石门线上之敌猛攻。又左翼三一五团删夜将白龙桥、横路圹之敌击退后，铣卯亦攻占亚兆、马海垅、益圹等地，以全力向里圹下、石伯、沙溪、榻水桥线上之敌猛扑。筱午，我以第五预备师向一零五师右翼增加，展开于回坑村、申村、白虎坦东北高地亘尖破山一线，向安地市攻击。自未刻开始，鏖战至啸，仍续战中。一〇五师方面仍继向当面之敌攻击，并以迫炮、平射炮各四门助攻，于筱申开始攻击，激战四小时，先后攻占沿圹凹路及邵村、里圹下、榻水桥各要点。亥刻，敌由长山头增援四百余，向我猛扑，敌我冲杀情形惨烈。曾、应两师攻至啸子，以大雨如注、山洪暴涨，进展困难，仍在该线续战。同日，我廿一军亦已全部抵达游埠附近，原向兰溪方面进击之一四五师，仍归还该军指挥。又为加强金华方面攻势力量计，复以该军之一四七师向一零五师方面增加，并暂归四九军指挥。是日，该一四七师亦已进抵临江、沈村之线，相机北渡，策应军主力之作战。一〇五师正面亦以三一四团接替三一五团防务。

皓至晉日，敌我均在原线续战。迄有酉，由石门、杉溪线上窜出敌六百余，先将我警戒部队驱逐后，敌我遂在马分山——朱官——天母山、马海地线上展开激战。拂晓后，敌藉石门以西炮四门、长山头野炮三门掩护下，向我猛犯，未逞。七时后，敌续增至千余，再度进犯，并敌机三架凌空助战，敌我激战甚烈。酒林山、同山塔、青洋桥之争夺形同拉锯，我三一三团副营长刘月桂以下官兵百余壮烈牺牲，并伤连长两员。有午，另由临江窜来敌步骑兵四百余，经横路圹、后童垅向我火焰山阵地侧击，我三一四团第二营对敌之三面围攻奋勇搏斗，敌我伤亡均重。迄申，一〇五师仍在马分山、酒杯山、同山塔、火焰山、白龙桥之线，与敌恶战中。左翼一四七师方面，有子金华江北岸石柱头、后黄地一带之敌千余，企图在石柱头、下苏各附近强渡，均被该师四四〇团击退。有卯，敌藉飞机两架，并潘村炮四门之掩护，由同下强行登陆百五十余。辰刻，复越过白沙溪，向我临江、后堇垅阵地进犯。敌我遂在官山附近展开激战。至申刻，仍在续战中。预五师方面，是日无变化，申有以后，敌我续战，无大进展，刻我金华方面全线仍在银坑尖——大溪口——项村——长山——马海地——临江——下苏——沈村——横圹之线，向安地市——石门——里塘下——榻水桥——及沿金华江东岸线上之敌续攻击中。

六 兰溪附近之战斗

未俭，克衢州后，我一四五师经杜泽向兰溪方面追击。迄申冬子，该师四三三、四三五两团分别进抵塔山、五里亭，与该地之敌二百余发生激战。至晚，敌增至五百余，炮三门，藉飞机掩护下，分两路向我进犯，我被迫后撤，抢守石郎头、大圹头、西天顶之线，与敌对峙。及至佳日，敌复由兰溪方面增来四百余，马廿余匹。我一四五师当晚以有力一部，分向金家、蔡□、切桥、彭村一带之敌袭击，并以迫炮向彭村射击，全数命中，敌仓惶逃至高地顽抗。迄文拂晓，该师攻占护顶山、塔山，继向横山、七里溪、西市挺进。刻该师仍在横山西南亘七里【溪】之线，继向横山、外董溪、西市之敌攻击，并不断袭击中。兰溪以北，自未敬以后，我独立卅三旅亦在该方面不时向敌袭击，时有激战。未艳以后，我六二师亦已渡过兰江东岸，与卅三旅协力，不断向兰城攻击、袭击，并于兰浦公路两侧随时截击敌人，时有斩获。刻该师仍在石渠市、马涧市以北之线，独立卅三旅主力于香溪市附近，一部于女埠镇以南，继向兰溪之敌攻击中。

寅、第三十二集团军方面

敌我信河南岸之对战，迄未寒告一段落。时该集团方面第一线各队进抵之概略线如左：

一、丁治盘〔磐〕军四一师：洋口——皂头——冷水滩之线。

二、张文清军一〇八师：弋阳——贵溪铁道以南附近之线。

三、韩文英军七五师：鹰潭东南附近地区。十九师：邓家埠东南、浒湾以东各附近地区。删日以后，该集团方面亦转移攻势。

一、上饶之克复（未皓亥）

未删以后，我四一师正面逐次进展，及皓午后，该师一二一团将水南街之敌驱逐后，继向城内之敌猛追，于晚十时左右，遂攻占上饶城。同时，一二二团亦占领上饶车站，敌纷向玉山方向逃窜，我除跟踪追击外，并令在盘石渡附近之一二三团，占领盘石渡后即向沙溪方面行超越追击。及号，丁治盘〔磐〕军各部推进位置：

（一）四一师进至王东阁。（二）卅二师推进至枫林头、横山榴。（三）四四师推进至皂头。（四）军部向石溪以南南岩推进。

二、玉山之克复（未马戌）

未号辰，我廿六军派出搜索营，直由洋口经大南桥、行店向玉山方向追击，并截击由上饶溃退之敌。该军四一师仍继向溃退之敌跟踪追击，该师追击队先头，同日亦抵沙溪。及马戌，该师协同军搜索营克复玉山城，敌分向江山、常山方面撤退。是时，我右翼第十集团军方面，第一线亦已进至清湖、淤豆之线，该方面尔后之追击任务，遂归第十集团担任。

三、贵溪之克复（未皓午）

未寒以后，我一〇八师向当面之敌攻击，连日均有激战。及皓辰，该师三二四团将雅溪坑之敌驱逐后，继向贵溪城进迫。同时，我廿三集团军方面一四七师四三九团，亦已进至神仙街、桃园岗，并继向贵溪城进击中。午刻，我一〇八师三二四团，协同一四七师之四三九团，确实攻占贵溪城。另贵溪东南流口附近，残敌二百余，亦被我三二三团加紧扫荡，蒙受重创，向鹰潭溃窜，我并继向该敌追击。

四、鹰潭之克复（未马午）

未寒以后，我七五师向当面之敌连日猛攻，因敌据带宝山一带阵地顽抗，进展迟滞。迄马卯，该师二二五团向敌猛烈反攻，将带宝山之敌击溃后，继向鹰潭猛追，与敌激战三小时。至午刻，敌不支，分向余江、邓家埠窜去，我即确实占领鹰潭，并分向余江、邓家埠方向追击。

五、邓家埠、浒湾之克复（未养申至梗辰）

鹰潭攻占后，邓家埠之敌极感恐慌，形呈动摇。同时，我连日来对该方面攻击之十九师，亦相机进追，敌不支，于养申该师五六团攻克邓家埠，敌窜东乡，该师当以五七团向敌追击。另浒湾之敌，亦经该师五五团连日猛攻，亦于梗辰占领，敌向临川溃退，该团继向灵谷岭、流坊圩残敌扫荡。申刻，已挺进至临川以东十华里之杨家、牌柱下一带，与敌对峙中。

六、东乡、进贤之克复（未回辰至艳申）

未养申，我十九师攻克邓家埠后，该师五七团当向东乡追击前进，梗未抵赛阳关附近，当将该处残敌驱逐，继向东乡挺进，黄昏迫近东乡城，与敌掩护部队激战。至回拂晓，该团奋勇突入城内，激烈巷战，毙敌数十，敌不支，向进贤方向窜去。辰刻，我完全占领东乡城。并当〔由〕一〇八师向溃退之敌跟踪追击。迄艳申，该师追击队三二四团与赣保八团协力克复进贤，敌向抚河以西南昌方向溃窜，我继续追击前进。未月底，我已进至柘林、泾口、罗舍渡、武阳渡、荏港、梁家渡之线。赣东方面，至是已恢复辰月删日以前原态势，该集团方面战事遂告一段落。

卯、第廿三集团军方面

该集团军迄未月号日，仍以第一四四师、第一四八师守备铜陵经湖口迄鄱阳、四十里街沿江南岸及鄱湖东岸之防务。而以刘雨卿军指挥第一四五、六、七师，对贵溪、常山两城反复攻击。其中常山得而复失者再，最后于克复两城后，改归第十集团军王总司令敬久指挥，沿衢江北岸向衢州逃溃之敌追击。（追击作战经过详第十集团军方面）鄱湖警备部在刘雨卿军长指挥之下，未号前以赣保第八团及余江、余干自卫队，不断向余江、余干沿信河之敌袭击。其克复各城之经过如下：

余江余干瑞洪之克复

号晚，余江自卫队向盘据余江城之敌袭击，敌不支向瑞洪退去，该自卫队当即克复余江县城。

号夜，赣保八团向黄金埠、杨家埠之敌夜袭，敌仓惶向信江下游溃退，该团亥刻克复黄金埠、杨家埠等地区，向余干方向挺进。马辰，击退余干附近敌人，克复余干县城，即继向退向瑞洪附近之敌追击。养辰，迫近瑞洪攻击，敌不支，纷纷登舰向康山方向逃溃，养午克复瑞洪。

8．军令部编浙赣战役经过概况①

（1943年5月）

第一节 敌进犯浙东目的及准备

自太平洋战争爆发后，敌恐惧我丽水、衢州、玉山各机场将为美空军利用为基地，以袭击其本土。讵三十一年四月十八日，东京、横滨、名古屋、神户各重要城市果被轰炸，于是社会骚动，朝野责难，莫之能抑！敌为解除此项威胁及打击我军之目的，于四月下旬，即积极开始作进犯金、兰、衢之作战准备。原驻鄞、奉、余、慈地区之敌第七十师团（原独立第二〇旅团改编）大部，集中奉化、溪口一带。杭、嘉、湖地区敌第二二师团主力及伪第一师及第十三师所部，集中余、绍地区。同时在杭、萧等地征集民伕万余，积极修缮公路，整备交通。并先后由冀、晋、鲁、苏、皖、鄂各地，抽调独立第一旅团、第一一〇、第四一、第三二、第一七、第四〇等师团及其他部队，陆续经津浦路及长江输送，集中于杭州西南之留下镇及凌家桥地区。驻南京附近之第十五师团及驻芜湖沿江之第一一六师团一部，苏、常地区之独立第十一旅团（后改编第六〇师团）一

①选自军令部编《浙赣战役之检讨》丛书。

部，亦继续经沪杭、苏嘉两路南运，分别集中于萧山、余杭、富阳等地区。同时海军陆战队分向厦门、石浦、象山等地窜扰，苏皖边区之敌亦佯动。判断其总兵力约联合兵种十四万余，今西等飞行战队计飞机六十余架，由敌第十三军团长泽田茂自沪移杭指挥，共辖五个兵团，又二个混成旅团。迄五月十四日以前，均分别集中，完成其作战诸准备。

第二节　金兰会战

我大本营稔知敌企图，于四月下旬由湘、赣方面调第七十四军、第二六军及第五预备师增防浙东，五月中旬均已到达指定地点。战区即令上官云相先后移驻遂安、常山，指挥钱江北岸部队，王敬久先后驻龙游、江山，指挥钱南及金、兰、衢守军，李觉进驻缙云，指挥浙南部队。并积极调整部署，加强准备。

五月十五日拂晓，敌开始分路进犯，其左侧兵团：（内田兵团内田孝行中将，计辖第七十师团奈良支队之第四一师团二三七、二三八两联队，及独立第十七旅团。）沿奉新公路进犯新昌后，经尖山市、文义镇西进，二十日犯永康，二十三日犯武义。除以骑兵一部于十八日窜天台，其主力控置永康确保其左翼安全外，复以有力一部由永康、武义会攻金华。我暂编第九军及各游击部队，除一部留置敌后游击外，主力按预定计划，在真诏市长乐街既设阵地，逐步打击消耗敌人后，转进东（阳）、永（康）公路南侧地区，侧击敌人。敌左翼兵团：（大城户兵团大城户三治中将，辖第二二师团及第三四师团之二一六联队）由上虞、汤浦镇、绍兴分股南犯，主力沿曹娥江南岸地区会攻嵊县，其一部迳犯东阳，我暂第三二师在三界镇抵抗后，自嵊县向敌后转进伏击。二十一日，敌于会陷东阳后，即沿金华江南岸地区，直迫金华右侧背，与我固守之第七九师发生激战。此际敌第二线部队（判断似为内田兵团之一部，或河野旅团），则超越金华以南，向西突进。二十五日，于古方附近，与我暂第十三师之一部战斗。敌中央兵团：（酒井兵团酒井直次郎中将，辖第十五师团及第一独立混成旅团一部）由萧山经临浦犯诸暨，十七日陷该城。我第八八军所部附挺一纵队，按预定计划在勾嵊山、安华市、王沙溪市之线既设阵地，作韧强抵抗后，为诱敌深入计，乃向义乌、浦江及金兰外围逐次转进。该军何军长率新第二一师进入北山，新三〇师南渡金华江，专任敌后之夜袭、伏击、侧击、尾击，策应金兰作战。二十一日，敌陷义乌，直迫孝顺，进搏金华核心阵地。其独立第一旅团，则沿铁路以西地区南犯。二十日，陷浦江后，在高圣尖与我固守兰溪之第六三师发生惨烈争夺战。敌右翼兵团：（武内兵团武内井二郎中将，辖第一一六师团原田混成旅团、第一七师团及第六〇师团各一部）自余杭、富阳分犯新登、桐庐、与我第一二九师预五师展开战斗。十八日，新登、桐庐相继失守，敌即以第六〇师团之一部续向建德急进，其大部则留置新登、桐庐，确保后方水陆交通安全。右路第二线部队（井出兵团井出铁藏中将，辖第三二师团、第一一〇师团之第一四〇联队，第二七师团之山炮第二七联队，第四一师团之山炮第四一联队）于武内兵团掩护下，沿富春江西岸地区急进，于廿三日猛攻建德，激战竟日，是晚城陷，我预五师乃转移建德外围活动。是时敌一小部已渡新安江，于洋溪镇、望城岭、白沙埠等处，与我第四〇师之一部及第一四六师激战中。敌控制部队河野（辖第四〇师团一部）及小薗江（辖第二六、第三七两师团各一部）两混成旅团，则尾大城户兵团及酒井兵团之后，分路向西增援。我军预定计划准备在衢县附近决战故。至五月二十八日，我金兰守军已达迟滞消耗敌人目的，奉令向北山敌后转进，协力八八军继续打击敌人，金兰遂告失陷敌手。酒井兵团大部乘机偷渡兰江，窜抵诸葛镇，其先头达衢江北岸地区。井出兵团大部于三十日攻陷寿昌城，继续南犯中。真〔正〕面战争，至此渐次展开。以上为金兰会战概略经过。是役，毙敌甚多，敌酋酒井直次郎中将一员，于兰溪附近阵亡。开抗战以来，为我击毙敌现役师团长之新纪录。

第三节　衢州会战

我军遵照指示，避免金兰决战，主力早经先后西移，敌谋打击我军企图，遂不获逞，于金兰攻略之余，稍事整顿后，以内田兵团仍留置永康地区警备，武内兵团为机动部队，大城户兵团除其第二线部队已越金华西窜，于二十六日陷汤溪外，主力顺铁道及其以南地区跟进，与我暂第十三师及第四十师主力逐步战斗。另由兰江南下兵力不详之敌，一部到达衢江北岸之游埠附近，向洋埠炮击，我被迫转进，于龙游一度苦战后，二十七日敌陷龙游，折向衢州东南地区集结。并向我第七四军当面搜索封锁，有作守势〔两〕翼企图。陷兰溪之敌酒井兵团，则沿衢江两岸地区西犯，于二十七日会陷龙游后，向衢州东面铁道两侧地区集结，作正面攻略准备。是时我诱敌部队由龙游交互后移，我暂第十三师在灵山镇与敌河野旅团（第四〇师团）一部接触后，于遂昌北界镇任掩护。第四〇师主力以诱敌深入目的，由铁道南侧逐次与敌保持接触，向大洲镇及衢州以南石室街附近，向后引退。敌井出兵团于攻陷寿昌后，大部已集结衢江北岸硖口、杜泽、莲花市一带，于前进阵地与我固守衢州之第八六军及控制之第二六军，各有局部战斗。此时我第二十五军（张文清）控置寿昌以西寺墈头、大同镇、上方镇地区。第二十六军（丁治磐）在衢州西北浮河村、芳村镇一带。第四十九军（王铁汉）在衢州以西招贤镇附近。第七十四军（王耀武）在衢州以南黄坛口、溪口街、湖山镇、芦头一带秘密集结，准备对进犯衢州之敌，内外夹击而歼灭之。

此际赣东敌为策应衢州作战，于三十日起自南昌渡抚河，由西东犯。同时由浙进犯之敌，藉空中与地上便衣队之侦察，发现我张、丁、王、王各军所在，亦由广正面西犯。且此次敌进犯总兵力超出我预想以外。本会基于上述情况，认为原定衢州会战计划，不能获预期之成功，乃于六月三日下令变更计划，仅以第八十六军（莫尖硕）吸引敌军，其余避开铁道正面，撤至南北两侧山地，俟敌企图东西会合时，分段截击之，先后予敌以严重打击。惟准备截击部队以时值大雨，山洪暴涨，路崩桥圮，洵六十年来所仅见，大军运动困难，又未能如预期行动。莫军守城部队第六十七师（陈颐鼎）、第十六师（曹振铎）两师，终因众寡悬殊，阵地工事被毁，遂于六月六日丑刻、七日寅刻，先后由南门突出重围，向后转进。至是衢州会战乃告一段。

第四节　赣东会战

赣东之敌为策应浙敌作战，自五月下旬以来，陆续调集南昌之敌，共约联合兵种三万二千余，于三十日与东路进犯之敌，越过龙游到达衢州之同时，分由谢埠市、莲圹一带发起攻势，向东进犯。敌第十一军团长阿南帷畿，率一部参谋人员，于六月一日前由武汉抵南昌指挥，共辖三个兵团及两个支队。

一、浙赣路西段沿线及鄱湖地区

敌左翼兵团：（大贺兵团第三四师团长大贺茂中将，辖岩永支队及第三四师团主力），于五月卅一日晚，分由谢家埠亘李家渡间地区，渡犯抚河东岸，当与我第一百军之第七十五师接触。六月二日陷进贤，三日占将军岭，六日陷东乡，九日陷邓家埠，十三日犯鹰潭。我第七五师于敌陷进贤后，除留置第一线一个团逐次抵抗外，主力即按预定计划，向鹰潭以西既设阵地转进，与第二一军之第一四七师主力，协力坚强抵御。讵至十五日，鹰潭不守，十六日贵溪失陷。我第一百军以原建制部队分割，使用于兰溪、上饶方面，临时拨归指挥部队，因掌握不确，所部溃散，故未能予敌以决定性之打击，弋阳、横峰致陷混乱状态，不无遗憾！该军为整顿态势，乃就弋阳铁道以南迄信河南岸之线部署，相机截击敌人。

敌左侧支队：（竹原支队，第六师团步兵团长竹原三郎，辖第六师团独立第十四旅团及海军陆战队各一部）企图牵制我第二三集团方面沿江部队。自六月二日开始集中舰艇，向鄱湖沿岸及信河北岸地区窜扰。是日陷都昌，六日陷余干，九日分窜余江及黄金埠，十五日陷瑞洪，十六日陷余江，廿八日陷鄱阳。先后与我鄱阳警备部队及保安团队战斗，终以众寡不敌，鄱湖迄信河水上交通遂被敌完全控制利用。

二、临川、南城地区

敌中央兵团：（高桥兵团第三师团高桥多贺二中将，辖第三师团之第五旅团及第三四师团一部）六月一日由温家圳、李家渡越抚河，分向临川、浒湾、金溪进犯。此时我第七九军（夏楚中）奉命由赣东星夜驰援，准备参加金溪、鹰潭战斗。三日，暂第六师先头，于同源墟、展坪墟与敌遭遇，发生激战，不能东渡抚河，即由第九八师派队及军直属工兵营进守临川。四日，竟夜巷战。五日辰，敌增援，陷临川，浒湾、金溪亦发现敌便衣队。六日，我全线战斗不利，向安乐、秋溪、油顿、茅排之线逐次抵抗，敌遂于八日窜犯崇仁，九日陷宜黄，并经崇〔棠〕阴、裹塔圩向南城窜犯。夏军乃争取外线，占领要点，守备南城。至十一日，敌突破我阵地，三面猛攻，我第一九四师伤亡綦重。十二日晚，南城不守，大部转进硝石整理。十四日以后，推进至万年桥南十里麻岭之线，与敌对峙，相机反攻。

三、赣江地区

敌右翼兵团：（柴田兵团第十三师团第一六三旅团长柴田卯一少将，辖第十三师团第一〇三旅团及第四十师团一部。至末期战斗，曾转用第三十四师团及独立第十四旅团各主力。）五月卅日，向我抚河西岸梁家渡、市汊街阵地进犯，经我赣保纵队一部迎头堵击，激战至六月一日下午，我转移高公岭、广福圩、三贤湖之线。同时以主力在虎头峰、白土圩、大港口之线占领阵地，逐次抵抗。四日申，即与敌发生争夺战，同时我第五八军之新第十一师，以一部增援。五日敌受顿挫，六日敌陆续增援猛攻，七日我右翼被突破，敌窜陶沙圩、杜家园，我退秀才埠迄丰城概略线上，阻止敌人。八日辰，敌大部续经潘桥窜崇仁，与其中央兵团会合，一部与我新第十一师主力对战中。自十五日至七月五日间，当我欧震第四军、夏楚中第七十九军、孙渡第五十八军各军，反攻宜黄、崇仁、临川、浒湾之际，互为攻守，态势屡变，鏖战至烈（详反攻临川战斗）。敌因受创极巨，企图围歼我孙渡军第五十八军辖新十师、新第十一师于潘桥附近，以图最后一逞。敌转用第三十四师团及独立第十四旅团各一部，由崇仁、临川、三江口三路反攻。其由三江口增援之敌，于十六日其先头窜丰城、樟树，与我赣保纵队战斗。七日敌便衣队窜赣江西岸之蛟湖，同日丰城、樟树亦被敌占。另一股窜至新淦北之永泰、石口附近，经孙军派队阻止，敌势再衰三竭，不复能举。

第五节 敌贯通浙赣线企图之失败

浙东敌于攻陷衢州后，除以一部清扫战场外，复分两路继续西犯。以大城户兵团为左路，沿铁道江山段进犯，于六月十一日攻占江山后，经江山浦城大道南犯。另一股乘我转进苦战之际，向广丰急进，经我暂第十三师逐次抵抗，于十三日陷广丰，有继续南窜模样。井出兵团为右路，沿常山港于九日窜陷常山，十二日陷玉山，顺铁道进犯，十五日陷上饶，并企图贯通浙赣全线，经我处处尾击、侧击、堵击，未逞。中旬以来，我各路军互相掩护转进，至东自硖口、仙霞岭、广丰、上饶沿信河南岸，西迄汪二渡之线，部署就绪，相机出击。

敌为确保占领地安全，即不断与我第七四、第四九、第二六各军，在硖口以西山地及杉溪、广丰、上饶、信河南北岸地区，发生局部争夺战。敌以三联队兵力陆续为我击溃，乃于月之下旬，将第十五师团主力增强广丰方面防务。原第二二师团移上饶，协力第三二师【团】西犯，于七月一日与东犯之敌会陷横峰，浙赣线遂被贯通。

七月中旬，浙赣线两侧我军发动局部攻势。首于十五日，我钱北敌后部队第六二、第一九二两师克桐庐，十九日克建德。敌感兵力疲竭，顾此失彼，占领地区不易确保，其武内兵团之原田旅团（第十七师团一部）即向兰溪撤退。我第七五、第一〇八、第一四七各师，于十八、十九两日先后克复横峰、弋阳，敌分退贵溪、上饶，贯通浙赣全线企图终成泡影。同时我赣东守军围攻南城，十六日克金溪，敌第十三师团之第六八联队退据浒湾，第三四师团据守贵溪以东地区，已濒崩溃之势。

第六节　浙东南敌窜扰前部署判断

七月上旬以来，敌除在各占领区内掳掠我物资外，同时积极部署，企图南侵入闽，求我野战军而击歼之。其内田兵团之第七十师团，驻金华、武义、诸暨间地区，并指挥丽水之奈良支队及温州之小茵江旅团。驻兰溪之原田旅团，亦开龙游方面，归该师团指挥。武内兵团之第六十师团（原独立第十一旅团）一部，则驻兰溪、浦江间地区，衢州附近似为该兵团之第一一六师团。玉山、常山间地区为井出兵团之第三二师团，江山为大城户兵团之河野旅团（第四〇师团一部），广丰为第十五师团主力，上饶为二二师团。至其余参战之酒井兵团独立第一旅团主力，井出兵团之第一一〇师团之一四〇联队及内田兵团之独立第十七旅团一部，似于六月下旬迄七月中旬，均先后返原防。

第七节　敌窜扰浙东南经过及失败

一、敌主力西犯期间，我留敌后各部队，乘机加强袭击，于六月一、二两日，相继克复寿昌、永康、浦江，十八日一度克复武义。适敌攻略衢州、广饶之际，敌既感兵力不敷，后方又极空虚，乃抽调第六十师团之一部回窜浦江，任北山地区对第八八军及守金兰转进各师之作战。

二、同时企图破坏我丽水机场，并觊觎我瓯江一带物资，及以内田兵团所辖之第七十师团、指挥小茵江旅团及奈良支队（第四十师团之二三七、二三八两联队），于十九日再陷永康、武义，分路进窥丽水，与我浙保纵队及暂第九军主力战斗。奈良支队于二十四日晚以主力占领丽水城，一部窜扰碧湖任警备。小茵江旅团于七月九日沿瓯江陷青田，与我暂第三三师战斗，十一日陷温州。同日，温州洋面到敌舰十余艘，并有海军陆战队千余登陆，十二日陷瑞安。十三日我克青田。十六日复有敌数千经温州乘舰他去（判断似为第四师团之二三八联队）。十七日我克瑞安，同日温州克而复失。七月廿七日，平阳海面敌一部登陆，窜扰鳌江地区，次日逸去。二十八日，我迸击温州，敌以一部据守城垣，挟带满载物资、船只数十回窜，青田又陷，我暂第三三师二十九日再克青田，残敌向丽水撤退。

三、敌以广、饶正面受我严重打击，乃以武内兵团所辖之原田旅团，于八月一日首由龙游南犯，陷遂昌后即东犯松阳，与奈良支队合股，二日松阳失陷，企图窜云和。适我第八八军所部，奉令由北山后调整补，中途到达，即协力暂第九军南北夹击，阻止敌人于石仓源、洋坑埠、三马排一带，展开战斗。

四、是时我战区奉令重点西移，当第七四军交防第四九军之际，敌河野旅团自江山，第十五师团一部自八都镇，向浦城方面，陆空协同，猛犯我第四九军阵地，六日会陷峡口，七日陷保安街，八日占领仙霞关及关帝庙，与松阳方面之敌呼应，企图打击我战区主力军，有直窥闽北模样。经我第一〇五师与敌血战六昼夜，卒未得逞。九日我克仙霞关、保安街，十日我克峡口，恢复原阵地，并乘胜向八都、江山跟踪追击中。我浙南第八八军亦于十日克石仓源，敌退松阳。上饶以南，我第二六军先后于上宜桥、冷滩、坑口等处予敌重创，敌退上饶城。

五、敌以战局无进展，占领区难期巩固，为掩饰败迹计，乃向我唐集团（第二十三集团军）侧背发动流窜。以第三二师团一部自常山北犯开化，于九日攻占华埠。另一部自玉山西犯德兴，于球川镇分别与我二一军之第一四五师战斗。上饶敌第二二师团窜郑家坊。与第一四六师对战。赣东敌第三四师团亦于同时蠢动，与我上官集团各军不断发生争夺战，经我各方面军奋勇迎击，均未得逞。敌崩溃之象，至此欲盖弥彰。

第八节 反攻临川战斗

我战区重点西移后，即开始以七九军就现态势攻南城，第四军由临川南，第五八军由临川西，第一百军由金溪会攻临川、浒湾。十五日，第四军克复崇仁、宜黄，十九日进至临川以南新墟、上顿渡附近。第五八军进至上顿渡北、临川以西地区。第七九军在南城亦进入攻城战中。敌恐其左翼兵团方面南昌至鹰潭交通被我遮断，遂集中优势兵力，企图分别于宜黄、临川间地区围歼我第四军主力，及在抚河、赣江间包围我第五八军，然后乘虚南犯，直窥吉安。我军预期于宜黄、崇仁、铁炉头、永泰以北地区，先迟滞敌人，待主力达到赣江以东地区时，以全力由崇仁、新淦间山地开始反击，将敌人压迫于赣江东岸地区而歼灭之。二十三日，南城、浒湾、临川之敌，三面向临川南方我第四军包围攻击。我第七九军以一部继续围攻南城外，主力自棠阴方面由东向西攻击敌左侧。第四军于二十九日转移宜黄西南山地，攻敌右侧。第五八军除一部向龙骨渡方面攻击敌后外，主力向西转移。我既争取外翼，处处予敌夹击、堵击，于七月四日克宜黄，敌返窜崇仁。五日，敌由崇仁、临川、三江口三方面，向秀才埠、潘桥之线包围我第五八军，我即按预定计划，令该军当晚转移荷湖墟、铁炉头、焦坑、富水以西山地。第四军向三山庙、白陂、铁炉头方面，第七九军主力向崇仁北之杜家园、潘桥方面分途急进。自六日起，我第七九军一部猛攻南城外，主力由崇仁方面，第四军由白陂方面，由南向北予敌侧背猛烈打击。第五八军由荷湖墟方面，赣保纵队由三湖方面，由西向东对敌阻击。八日，我连克南城、崇仁、樟树。激战至九日，敌知我主力并未渡赣江，西犯显已扑空，既不能击破我军，且侧背大受威胁，兼伤亡病脚日众，补给困难，乃分向临川、李家渡、三江口各方面退却。我第七九军向临川，第五八军向三江口方面追击，十三日到达临川及三江口附近。自是我遂分数路攻击队，不断向临川、李家渡、三江口之敌攻击，其抚河水上交通已被我截断。第三四师团之一部，则退据临川、浒湾困守。

第九节　敌退却及我追击经过

敌自八月上旬窜扰企图失败后，即一蹶不振。我遂利用各第一线部队之局部胜利，诱〔掀〕起全线反攻，敌即分向原方向退却。计我各路追击概况如左：

浙东南我第二五集团军方面：暂第三三师首于八月十五日克复温州，敌小菌江旅团残部回窜青田、丽水，向东阳撤退，该师二十八日三度克青田，二十八日协力暂第三二师克丽水后返原防。新第二十一师二十三日克缙云，九月一日克永康。敌奈良支队经我第七九师攻击后，由松阳经宣平退东阳。该师二十九日克松阳，三十日克宣平，十九日克遂昌。敌原田旅团退据武义，与我对峙。

广信第十集团军方面：自打破敌南犯浦城、北窜开化、西扰德兴之企图后，即乘胜追击。第五预备师廿日克广丰，第一〇五师于八月廿三日克江山。敌除以第三二师团有力部队于衢州西郊掩护外，其第二二、第六十、第十五各师团及河野旅团等部队，先后经衢州向金兰撤退转杭。二十八日我第一〇五师及游一纵队一部克衢州，二十九日克龙游，三十日克汤溪。敌即以第七十师团据守金兰，与退据武义之敌互为犄角，有久据模样。

至九月上旬，其第三二师团等部队，先后调返济南各原防后，即以第二二师团全部，担任金、兰、诸间地区守备，第七〇师团主力改任钱江北岸防务。

赣东第三二集团军方面：十九日第四一师克上饶，廿一日克玉山后，停止前进。沿浙赣路西段敌第三四师团残部，经我不断打击后，陆续顺铁道向南昌撤退。我第一〇八、第一四七两师，于八月十九日克贵溪　　五师二十一日克鹰潭，第一九师廿二日克邓家埠，廿四日克东乡，廿九日第一〇八师及赣保团克进贤。抚河、赣江间之敌，于廿三日亦因后方交通截断，向南昌撤退。我第十九师一部即克浒湾，暂第六师克临川。

第二三集团军方面：廿三日第一四五师克常山，鄱湖地区之敌自我克复贵溪后，即分由信河及鄱阳湖向康山、南昌退却。我鄱湖警备部队所属，于八月廿日克余江，二十一日克余干，二十二日克瑞洪，廿三日克鄱阳，廿四日克都昌，恢复原阵地。

第九战区抚河西岸方面：新第十师廿四日克三江口，新第十一师廿五日克李家渡，廿七日克梁家渡，遂恢复六月以前态势。

第十节　会战终结

浙赣战役自五月十五日开始，至八月三十日止，前后共达百余日。会战时间之长，突破空前纪录。统计浙东南暨广信各战斗共毙伤敌二万二千四百一十三名，击毙敌现役师团长酒井直次朗中将一员，马骡四百九十三匹，俘虏炮兵少尉西野惣市等五十二名，击毁飞机两架，卤获武器弹药甚多，重要文件五十一种。又赣江、抚河方面毙伤敌一万三千，俘敌井上哲南等十名，步枪一百二十一枝、手枪四枝、战马十匹，其他军用品文件甚多。总共全战役毙敌三万五千余人。

〔国民政府国防部史政局及战史会档案〕

中華民國史檔案資料匯編

第五輯第二編

軍事(二)

中國第二歷史檔案館編

江蘇古籍出版社

目　录

〔三〕正面战场作战概况

(一) 芦沟桥事变

1. 严宽报告日军进攻芦沟桥国民党守军情形密电
(1937年7月8日) …… 1
2. 俞飞鹏报告芦沟桥事变发生中日双方交火交涉情形密电
(1937年7月8日) …… 1
3. 蒋介石于事变发生后派孙连仲等部向石家庄或保定集中密电稿
(1937年7月9日) …… 2
4. 俞飞鹏关于平津地区中日双方和战情形密电
(1937年7月9日) …… 2
5. 宋哲元表示遵照不丧权不失土意旨同敌周旋与蒋介石往来密电
(1937年7月) …… 3
6. 秦德纯以形势已趋和缓为词要求援军暂缓北上与钱大钧往来密电
(1937年7月) …… 4
7. 何应钦转秦德纯关于日军又向芦沟桥发动攻击密电稿
(1937年7月10日) …… 5
8. 钱大钧转蒋介石关于对日和战方略密电
(1937年7月10日) …… 5

9. 严宽报告日军对芦案之“和平希望”及“军事计划”密电
(1937年7月11日)…………………………………………………5
10. 秦德纯等报告驻守芦沟桥国民党军士气高昂等情密电
(1937年7月)…………………………………………………6
11. 钱大钧转天津电话局关于日方提出无理条件便笺
(1937年7月11日)…………………………………………………7
12. 何应钦等于芦沟桥事变后召开的历次会报记录
(1937年7月11日—8月12日) ……………………………………7
13. 何应钦要宋哲元自津赴保坐镇主持往来密电
(1937年7月)…………………………………………………60
14. 熊斌报告平津及其附近地区军政情形密电
(1937年7月14日)…………………………………………………60
15. 徐永昌对芦沟桥事件主张“以小屈求大伸”电
(1937年7月14日)…………………………………………………61
16. 何应钦等于芦沟桥事变后筹划军事有关会议记录及附件
(1937年7—9月)…………………………………………………62
17. 何应钦要宋哲元等当心日方缓兵之计往来密电
(1937年7月)…………………………………………………82
18. 严宽报告北平汉奸乘机大肆活动情形密电
(1937年7月15日)…………………………………………………82
19. 芦沟桥事件发生以来日军行动节略
(1937年7月16日)…………………………………………………83
20. 顾祝同报告刘湘表示四川愿出兵参战密电
(1937年7月16日)…………………………………………………85
21. 何应钦关于中共表示愿共同抗日意旨密电
(1937年7月16日)…………………………………………………86
22. 何应钦要宋哲元等一面不放弃和平一面应作军事准备密电

(1937 年 7 月 17 日)……………………………………………………87
23. 熊斌关于宋哲元对中央有“隔阂误会”之处密电
(1937 年 7 月 17 日)……………………………………………………88
24. 蒋介石为调商震部四团赴石家庄待命密电
(1937 年 7 月 17 日)……………………………………………………88
25. 蒋介石命孙连仲庞炳勋所部归宋哲元指挥密电
(1937 年 7 月 17 日)……………………………………………………88
26. 熊斌为宋哲元就芦沟桥事变表明态度密电
(1937 年 7 月 18 日)……………………………………………………89
27. 何应钦要宋哲元秦德纯等“坚苦撑持”密电
(1937 年 7 月 19 日)……………………………………………………89
28. 熊斌关于宋哲元表示对芦沟桥事变将本中央意旨处理密电
(1937年 7 月 19 日)……………………………………………………89
29. 宋哲元再次表示决本中央意旨处理一切与何应钦往来密电
(1937 年 7 月)……………………………………………………90
30. 熊斌转告日军又向芦沟桥地区发动攻击等情密电
(1937 年 7 月 20 日)……………………………………………………91
31. 孙连仲报告平津前线军政动态密电
(1937 年 7 月 21 日)……………………………………………………92
32. 杨宣诚关于宋哲元与日蒋关系错综复杂情形报告
(1937 年 7 月 22 日)……………………………………………………92
33. 宋哲元关于同日方拟定处理意见三条与何应钦往来密电
(1937 年 7 月)……………………………………………………94
34. 吉星文为率部奋起抵抗并表示抗战到底决心电
(1937 年 7 月 24 日)……………………………………………………95
35. 宋哲元为日军向廊房北平通县天津发动攻击与蒋介石

等往来密电
(1937年7月) ……96
36．宋哲元孙连仲等为第二十九军退出平津并重新集结整备与蒋介石等往来密电
(1937年7—8月) …… 100
37．何应钦关于中央军事准备报告稿
(1937年8月7日) …… 103
38．孙连仲为日军进入北平及在平汉奸加紧活动密电
(1937年8月15日)…… 106
39．国际联合会“关于芦沟桥事变以后中日争议所通过之决议案及报告书”
(1937年9月—1938年5月)…… 107
40．国际联合会所通过“关于中日争议之决议案及报告书”
(1938年9月29—30日)…… 124

(二) 平汉线作战

1．国民政府军事机关负责人在蒋介石官邸会报决定事项记录
(1937年7月27日)…… 127
2．徐永昌等报告宋哲元部平津作战败退情形并提出对付办法密电稿
(1937年7月30日)…… 127
3．徐永昌关于宋哲元所部重新部署等情密电稿
(1937年7月30日)…… 129
4．秦德纯于二十九军退至冀南后请求决定和战方针密电
(1937年7月31日)…… 129
5．何应钦关于红军抗日部队使用及经路建议书
(1937年7月)…… 130
6．第二十六路军孙连仲部在平汉线房山琉璃河地区作战

经过报告
(1937年7—9月) …………………………………………………… 131
7. 陈诚转李默庵陈平津陷敌后我方在政略战略上应取对策密电
(1937年8月3日) …………………………………………………… 147
8. 孔祥熙分析华北抗战失利原因电
(1937年8月3日) …………………………………………………… 148
9. 何应钦转达蒋介石要求平汉线部队暂勿向良乡前进密电稿
(1937年8月11日)…………………………………………………… 148
10. 蒋介石等于平津陷敌后对津浦平汉等沿线据点重作军事部署电
(1937年8月) …………………………………………………… 149
11. 第二集团军平汉线第一期作战计划
(1937年8月13日)…………………………………………………… 150
12. 第二集团军刘峙部在平汉线保定一带失败情况概要报告
(1937年8—9月) …………………………………………………… 153
13. 韩子正报告二十九军各师撤至沧县经过密电
(1937年9月11日)…………………………………………………… 167
14. 第二集团军平汉线防御作战方案
(1937年9月) …………………………………………………… 168
15. 刘峙关于所部在固安涿县一带节节败退情形代电
(1937年9月) …………………………………………………… 170
16. 第二集团军平汉线保定附近会战计划
(1937年9月) …………………………………………………… 171
17. 黄绍竑为刘峙请处分作战不力之关麟征等文电
(1937年10月)…………………………………………………… 173
18. 蒋介石要程潜转令各军遵照指挥系统下达命令密电稿

（1937 年 10 月 5 日）…………………………………………… 174
19．何应钦关于命冯治安等部侧击平汉线敌军以策应汤军作战密电稿
（1937 年 10 月 21 日）…………………………………………… 174
20．蒋介石关于调整第一集团军宋哲元部作战部署密电稿
（1937 年 10 月 25 日）…………………………………………… 174
21．张华澜等为刘峙丧师失地提出弹劾提案
（1937 年 10 月 26 日）…………………………………………… 175
22．第二十九军联络参谋揭露该军作战不力报告
（1937 年 10 月）…………………………………………… 176
23．刘移山关于第五十三军万福麟部在永定河滹沱河作战经过情况报告
（1938 年 1 月 10 日）…………………………………………… 177
24．袁德性关于视察宋哲元部抗战不力失守大名及第一集团军内部复杂情形报告
（1938 年 1 月 24 日）…………………………………………… 182
25．陈诚转报第五十三军万福麟部在豫北撤退情形代电
（1938 年 2 月 25日）…………………………………………… 185

（三）淞沪抗战

1．张治中报告日军战前动态密电
（1937 年 8 月 9 日）…………………………………………… 186
2．俞鸿钧等报告虹桥机场一案及有关意见密电
（1937 年 8 月）…………………………………………… 187
3．张发奎报告日军扰乱杭州湾及其附近密电
（1937 年 8 月 11 日）…………………………………………… 189
4．军委会编：《沪战经过及教训》
（1937 年）…………………………………………… 190
5．何应钦在国防最高会议上关于上海战事的报告

(1937年8月17日)………………………………………… 198
6. 蒋介石关于调动部队及分配作战任务密电
(1937年8月)………………………………………… 199
7. 徐志勖编淞沪抗战经过概要
(1937年9月)………………………………………… 201
8. 第十八军罗店宝山战役经过报告
(1937年8月23日—9月30日)………………………… 206
9. 大本营颁发淞沪抗战第二期作战指导计划训令
(1937年9月)………………………………………… 239
10. 蒋介石颁发淞沪会战战斗序列密电稿
(1937年9月21日)………………………………………… 243
11. 顾祝同报告第三战区各部队位置及其战况密电
(1937年9—11月)………………………………………… 244
12. 陈诚报告淞沪会战中央军左翼军之攻击计划密电稿
(1937年10月4日)………………………………………… 251
13. 第二十军杨森部淞沪会战战斗要报
(1937年11月)………………………………………… 252
14. 淞沪抗战第三期作战计划
(1937年11月16日)………………………………………… 255
15. 张治中关于第九集团军淞沪战役报告书
(1937年11月4—20日)………………………………………… 256
16. 顾祝同为规定长官司令部与前敌总司令部职权密电
(1937年11月20日)………………………………………… 286
17. 蒋介石关于变更第三第七战区等战斗序列作战地境密电稿
(1937年11月25日)………………………………………… 287
18. 罗广文报告第十八师淞沪会战战斗概要
(1943年5月10日)………………………………………… 288
（四）南京保卫战

一、作战部署及前期战况
1. 江阴要塞区作战经过概要
(1937年12月)…… 290
2. 镇江要塞区作战经过概要
(1937年12月)…… 293
3. 唐生智转达总顾问斯达开战前部署建议函
(1937年9月)…… 296
4. 蒋介石关于战前部署电
(1937年9—11月)…… 297
5. 白崇禧抄转唐生智关于第三、五两战区作战地境区分意见的签呈
(1937年10月)…… 299
6. 刘湘呈送该部作战部署报告
(1937年11月20日)…… 299
7. 陈继承报告该部作战部署密电
(1937年11月20日)…… 300
8. 刘兴报告江防部队在江阴抢劫等情密电
(1937年11月23日)…… 301
9. 林显扬关于镇江区要塞作战经过报告
(1938年2月)…… 301
二、战斗经过
1. 第二军团徐源泉部增援南京战斗经过详报
(1937年11月—1938年1月)…… 307
2. 江宁要塞区作战经过概要
(1937年12月)…… 323
3. 南京警察抗战经过报告
(1937年12月)…… 326
4. 唐生智发布首都卫戍部队突围命令稿
(1937年12月)…… 329

5. 宪兵司令部在京抗战部队战斗详报
(1937年12月)…… 331
6. 南京卫戍军抗战战报
(1937年12月)…… 335
7. 徐源泉报告该部守备南京经过密电
(1937年12月)…… 345
8. 唐生智罗卓英等报告南京守军溃退出城密电
(1937年12月13日)…… 346
9. 徐源泉呈报该军栖霞山等地战况密电
(1937年12月23日)…… 347
10. 吕琦等关于南京沦陷前夕国民练习队等部溃败经过报告
(1937年12月30日)…… 349
11. 陆军第五十一师保卫南京战斗经过
(1938年1月)…… 357
12. 宋希濂关于第七十八军于南京战役之守备计划及战报
(1938年1月)…… 360
13. 陆军第六十六军叶肇部南京突围战报
(1938年7月4日)…… 369

(五) 闽浙粤沿海战斗

1. 余汉谋为固守淡水一带海防调整军事部署密电
(1937年8月31日)…… 373
2. 蒋介石有关守卫金门密电稿
(1937年10月)…… 373
3. 蒋介石令余汉谋等严守厦门一带要地密电稿
(1937年11月1日)…… 374
4. 杨华报告厦门失陷经过密电
(1938年5月13日)…… 374

5. 陈绍宽关于厦门要港失陷经过报告
(1938年5月18日)…… 375
6. 许珊夫等揭露市长逃匿及汉奸通敌致使厦门失陷真相电
(1938年5月24日)…… 376
7. 魏怀关于余汉谋指挥不当失守广州经革职留任一案公函
(1938年12月5日)…… 378
8. 第十二集团军关于惠淡广增战役作战经过概要
(1938年)…… 378
9. 桂林行营关于闽浙沿海防御之检讨
(1941年4月)…… 379
10. 蒋介石为检讨惠博战斗密电稿
(1941年6月15日)…… 381
11. 余汉谋等检讨惠博战役失败原因密电
(1941年7月2日)…… 382
12. 第七十五师福州福清等地抗战事迹纪略
(1941年7月)…… 382
13. 桂林行营关于闽浙沿海及诸暨附近战斗检讨报告
(1941年8月)…… 387
14. 第十二集团军在惠博一带作战经过报告
(1942年5月23日)…… 391
15. 李良荣拟第八十师在福州附近作战计划
(1942年11月)…… 396

(六) 太原会战

一、大同至平型关战役
1. 第二战区晋绥军作战计划
(1937年)…… 400
2. 第七、二、八三个战区作战指导方案

(1937年) …………………………………………………………… 401
3. 晋北战役及平型关会战作战计划
(1937年) …………………………………………………………… 402
4. 蒋介石关于晋绥阵地作战方针密电稿
(1937年9月11日)……………………………………………… 404
5. 阎锡山报告大同广灵失守经过密电
(1937年9月14日)……………………………………………… 404
6. 李仙洲等报告六一旅在刘家沟突围经过密电
(1937年9月14日)……………………………………………… 405
7. 何柱国报告所部作战计划密电
(1937年9月15日)……………………………………………… 405
8. 阎锡山关于八十四师等部在刘家沟一带与敌激战密电
(1937年9月) ……………………………………………………… 406
9. 黄绍竑报告第二战区兵力部署密电
(1937年9月20日)……………………………………………… 407
10. 介景和报告灵邱失守士气颓丧密电
(1937年9月21日)……………………………………………… 407
11. 阎锡山声称未令门师开回雁门关密电
(1937年9月22日)……………………………………………… 408
12. 阎锡山报告灵邱等地战况代电
(1937年9月23日)……………………………………………… 408
13. 阎锡山报告平型关及团城口守军歼敌情形往来密电
(1937年9月) ……………………………………………………… 409
14. 阎锡山报告敌我双方争夺平型关阵地密电
(1937年9月24日)……………………………………………… 410
15. 阎锡山报告守军在团城口歼敌经过往来密电
(1937年9月) ……………………………………………………… 411
16. 李仙洲等请求派兵增援团城口阵地密电
(1937年9月25日) ……………………………………………… 411

17. 阎锡山呈报集宁方面战况密电
(1937年9月26日)…………………………………………………… 412
18. 阎锡山部署各集团军作战任务密电
(1937年9月26日)…………………………………………………… 412
19. 阎锡山报告第二战区新属各部队布防地点密电
(1937年9月26日)…………………………………………………… 413
20. 介景和报告蔡家峪等地战况密电
(1937年9月26日)…………………………………………………… 414
21. 刘茂恩报告敌夜袭师福沟阵地密电
(1937年9月26日)…………………………………………………… 415
22. 阎锡山报告平型关至雁门关一线战况密电
(1937年9月27日)…………………………………………………… 415
23. 刘茂恩报告陈宝山营在浑源柴树沟与敌激战密电
(1937年9月27日)…………………………………………………… 416
24. 高桂滋报告第二十四师在团城口等地血战密电
(1937年9月27日)…………………………………………………… 416
25. 第六、一、二战区第二期作战指导计划抄件
(1937年9月27日)…………………………………………………… 417
26. 阎锡山关于平型关守军与之敌激战密电
(1937年9月28日)…………………………………………………… 419
27. 阎锡山转报敌军在平型关一带兵力及番号密电
(1937年9月28日)…………………………………………………… 419
28. 阎锡山报告各路守军在茹越口平型关一带抗敌情形密电
(1937年9月28日)…………………………………………………… 420
29. 徐永昌报告八路军在灵邱涞源抗敌情形密电
(1937年9月28日)…………………………………………………… 420
30. 阎锡山报告梁鉴堂等部在团城口铁角岭一带激战密电
(1937年9月)…………………………………………………… 421
31. 陆军第七十一师关于平型关战役经验教训总结

(1938年2月1日) …………………………………………………… 423
32．曲宪治转报阎锡山关于平型关战役经过要报呈
(1939年8月21日)…………………………………………………… 424
33．第二战区司令长官部编平型关会战纪要
(1939年8月21日)…………………………………………………… 431
34．陆军第七十三师平型关战役经验总结
(1943年2月) …………………………………………………… 450
二、忻口战役
1．阎锡山编拟忻口会战纪要
(1937年) …………………………………………………… 450
2．阎锡山报告原平等地战况密电
(1937年10月7日)…………………………………………………… 466
3．李仙洲等关于官村以南战况密电
(1937年10月15日)…………………………………………………… 467
4．第十四集团军忻口战役敌我态势与经验教训
(1937年12月)…………………………………………………… 468
5．李兴中部忻口临晋地带作战经过概要
(1942年3月) …………………………………………………… 470
三、娘子关保卫战
1．第二战区娘子关保卫战作战方针和指导要领
(1937年) …………………………………………………… 472
2．第二集团军报告娘子关战前敌我形势概要
(1937年10月)…………………………………………………… 473
3．第二战区司令长官部后方办事处编娘子关会战概要
(1937年) …………………………………………………… 474
4．孙连仲报告娘子关石门一带作战情形密电
(1937年10—11月)…………………………………………………… 484
5．蒋介石命令阎锡山坚守寿阳以东地区密电
(1937年10月28日) …………………………………………………… 491

四、太原保卫战
1．第七集团军太原城防工事计划
(1937年10月)…………………………………………………… 492
2．孙震邓锡侯报告一二四师等部在阳泉平定一线战况密电
(1937年10月)…………………………………………………… 492
3．第二战区太原会战纪要
(1937年11月)…………………………………………………… 494
4．阎锡山等报告太原保卫战情形密电
(1937年11月)…………………………………………………… 504
5．曾万钟军在榆次等地作战情形密电
(1937年11月9日)………………………………………………… 505
6．卫立煌等报告各部在忻县阳曲一线战况密电
(1937年11月)…………………………………………………… 506
7．傅作义报告太原附近原定作战计划往来密电
(1937年11月)…………………………………………………… 507

(七)徐州会战

一、会战前部署及作战计划
1．蒋介石部署徐州会战密电
(1938年2月)……………………………………………………… 508
2．李宗仁重新部署五战区作战任务及邓锡侯部署廿二集团军作战任务电
(1938年2月14日)………………………………………………… 512
3．蒋介石发布汤恩伯及庞炳勋等部作战任务密电
(1938年3月20日)………………………………………………… 513
4．蒋介石修正津浦北段作战部署密电
(1938年3月21日)………………………………………………… 514
5．蒋介石关于鲁南等地作战部署密电
(1938年4月27—30日)…………………………………………… 515

6. 李宗仁等报告鲁南会战方针及兵力部署密电
(1938年4月30日)…………………………………………………… 516
7. 李品仙报告该军在津浦线以东等地兵力部署密电
(1938年4月30日)…………………………………………………… 517
8. 军令部拟订指导徐州会战作战有关文
(1938年) ……………………………………………………………… 517
9. 李宗仁等报告所部在鲁南与苏北一带作战位置密电
(1938年4—5月) …………………………………………………… 520
10. 国军作战指导方案
(1938年5月1日) …………………………………………………… 524
11. 何应钦等徐州失守后拟订攻略郑州作战计划密电
(1938年5月21日)…………………………………………………… 528
12. 军令部徐州失守后关于津浦陇海两铁路线作战意见书
(1938年5月25日)…………………………………………………… 529
13. 蒋介石拟订一、五两战区作战部署密代电
(1938年5月25日)…………………………………………………… 530
14. 李宗仁关于徐州会战结束后各部位置及部署密电
(1938年5月26日)…………………………………………………… 531
15. 蒋介石发布徐州失陷后军事部署代电
(1938年5月28日)…………………………………………………… 532
二、临沂及台儿庄作战
1. 庞炳勋报告三九师补充团在临沂一带战况及各部位置密电
(1938年1月15日)…………………………………………………… 532
2. 庞炳勋关于莒县招贤集等地战况密电
(1938年2月22—23日)……………………………………………… 533
3. 第二集团军孙连仲部台儿庄战役战斗详报
(1938年3—5月) …………………………………………………… 535
4. 庞炳勋报告五九军等部在临沂一带战况密电

(1938年3月21日)…………………………………………………… 558
5．蒋介石关于固守原地派兵挺进莒县破坏交通密电
(1938年3月29日)…………………………………………………… 559
6．李宗仁报告临沂一带战况密电
(1938年3月) …………………………………………………… 559
7．李宗仁报告台儿庄战况密电
(1938年3月) …………………………………………………… 560
8．林蔚等关于台儿庄一带战况及作战方针密电
(1938年3月30日)…………………………………………………… 561
9．蒋介石关于截击聚歼台峄等地残敌防敌脱逃密电
(1938年4月) …………………………………………………… 562
10．孙连仲报告该军台儿庄附近战况密电
(1938年4月) …………………………………………………… 563
11．蒋介石关于封锁交通阻击莒沂方向之敌确保台峄战斗胜利密电
(1938年4月4日) …………………………………………………… 564
12．孙连仲关于该军占领台儿庄附近数十村落密电
(1938年4月5日) …………………………………………………… 565
13．林蔚刘斐报告台儿庄附近各部位置及战况密电
(1938年4月6日) …………………………………………………… 566
14．李宗仁等提出台儿庄大捷后全歼残敌作战任务密电
(1938年4月13日)…………………………………………………… 566
15．张自忠报告该部在向城等地作战情况密电
(1938年4月13日)…………………………………………………… 567
16．徐永昌转报台儿庄附近与敌作战对策密电
(1938年4月14日)…………………………………………………… 568
17．张自忠报告该部在汤头等地战况密电
(1938年4月16日)…………………………………………………… 568
18．张自忠报告该部在十里铺等地激战情况密电

(1938年4月) ………………………………………… 569
19. 张自忠报告该部在临沂城内激战情况密电
(1938年4月19日)…………………………………… 570
20. 李宗仁报告台儿庄附近兵力部署密电
(1938年4月19日)…………………………………… 570
21. 张自忠关于该军在临沂城等地战况密电
(1938年4月20日)…………………………………… 571
22. 李宗仁转报庞炳勋部在临沂一带战况密电
(1938年4月20日)…………………………………… 571
23. 李宗仁报告张自忠部临沂等地战况密电
(1938年4月21日)…………………………………… 572
24. 李宗仁等关于吴良琛师在临沂向城两地战况密电
(1938年4月22日)…………………………………… 572
25. 李宗仁李品仙发布临沂等地作战部署命令
(1938年4月25日)…………………………………… 573
26. 李宗仁李品仙转报临沂城失守经过密电
(1938年4月25日)…………………………………… 574
27. 陈诚请示台儿庄以南作战部署密电
(1938年4月27日)…………………………………… 575
28. 蒋介石发布台儿庄战斗胜利后各部务必继续反击残敌密电
(1938年4—5月) ……………………………………… 575
29. 盛家兴报告六十军在台儿庄一带战况密电
(1938年4月27日)…………………………………… 577
30. 陈诚关于该部在台儿庄一线战况密电
(1938年5月2日) ……………………………………… 577
31. 李宗仁报告石友三部在临沂一带破坏交通密电
(1938年5月13日)…………………………………… 579
32. 第二十军团汤恩伯部参加鲁南会战各战役战斗详报

（节选）
（1938年）……………………………………………………… 580
三、津浦北段战斗及徐州突围经过
1. 谷良民报告第二十二师进攻济宁经过密电
（1938年2月19日）…………………………………………… 585
2. 庞炳勋报告敖阳镇等地战况及各部作战部署密电
（1938年2月21日）…………………………………………… 587
3. 韩德勤关于该部在来安城等地作战情况密电
（1938年2月24日）…………………………………………… 587
4. 蒋介石关于张自忠军在泰安兖州一线作战任务密电
（1938年2—3月）…………………………………………… 588
5. 韩德勤关于该部在临淮关火烧营一带战况密电
（1938年3月1日）…………………………………………… 589
6. 程潜请求率部进击津浦铁路线北段之敌密电
（1938年3月2日）…………………………………………… 590
7. 汤恩伯关于第三集团军在济宁方面战况及配备密电
（1938年3月5日）…………………………………………… 590
8. 蒋介石关于张庞两军战况及汤军调防密电
（1938年3月15日）…………………………………………… 591
9. 梁寿笙报告徐州北南战场战况密电
（1938年3月18日）…………………………………………… 591
10. 汤恩伯关于该军团津浦北段战斗经过密电
（1938年3月20日）…………………………………………… 593
11. 蒋介石修正临城保卫战部署密电稿
（1938年3月21日）…………………………………………… 595
12. 蒋介石令饬汤恩伯等部围攻津浦铁路正面之敌密电
（1938年3月22日）…………………………………………… 595
13. 陈诚关于所属各部调防并集结徐州待命代电
（1938年4月2日）…………………………………………… 596

14. 蒋介石任命周碞为整编新军军长密电
(1938年 4月5日) …………………………………… 597
15. 蒋介石派部集结郓城阻击范县渡河之敌密电
(1938年4月5日) …………………………………… 597
16. 梁寿笙关于第五战区鲁南各部战况密电
(1938年4月9日) …………………………………… 597
17. 李宗仁转报孙连仲台儿庄战后于鲁南作战五项意见密电
(1938年4月18日)…………………………………… 598
18. 李宗仁关于津浦沿线敌情及作战方针密电
(1938年4月20日)…………………………………… 599
19. 蒋介石关于鲁南战役军事部署令电
(1938年4月21日)…………………………………… 600
20. 蒋介石令饬樊崧甫等部围歼鲁南敌军密电
(1938年4月) …………………………………… 600
21. 韩德勤报告该部在盐城一带战况密电
(1938年4月26日)…………………………………… 601
22. 李宗仁等报告铜山附近各部战况密电
(1938年4月29日)…………………………………… 602
23. 蒋介石发布进攻盐城拒敌北窜密电
(1938年4月30日)…………………………………… 603
24. 韩德勤报告该部在范家坝等地综合战况密电
(1938年5月) …………………………………… 603
25. 蒋介石交替部署冯治安等部作战地境与任务密电
(1938年5月) …………………………………… 606
26. 李宗仁转报集中兵力攻击淮北以解徐州之危密电
(1938年5月7日) …………………………………… 608
27. 顾祝同分析阜宁盐城失守原因密电
(1938年5月9日) …………………………………… 609
28. 蒋介石令饬李宗仁等率部夹歼蒙城之敌密电

(1938年5月11日)…………………………………………………… 610
29. 蒋介石关于破坏铁道和连云港以阻敌军密电
(1938年5月11日)…………………………………………………… 610
30. 蒋介石关于五战区各部暂取守势反击敌包围徐州之企图密电
(1938年5月11日)…………………………………………………… 610
31. 徐永昌关等于确保徐州应注意事项密电稿
(1938年5月13日)…………………………………………………… 611
32. 俞济时报告七十四军在砀山等地战况密电
(1938年5月14日)…………………………………………………… 612
33. 徐源泉关于第十军所部在淝河两岸及朱家岗等地战况密电
(1938年5月15日)…………………………………………………… 613
34. 罗树甲报告第199师在合肥城附近战斗经过密电
(1938年5月15日)…………………………………………………… 614
35. 何应钦等激励廖磊等部努力作战粉碎敌围攻徐州企图密电稿
(1938年5月17日)…………………………………………………… 615
36. 杜聿明转报该部在豫省兰封一带退敌战况密电
(1938年5月19日)…………………………………………………… 616
37. 何应钦转报李延年军在皖省萧宿两县战况密电
(1938年5月21日)…………………………………………………… 616
38. 蒋介石关于围攻毛姑寨等地敌军密电
(1938年5月24日)…………………………………………………… 617
39. 徐永昌转达蒋伯诚关于汤部策应归德一事密电
(1938年5月26日)…………………………………………………… 618
40. 蒋介石关于编组扫荡队及其作战任务密电
(1938年5月27日)…………………………………………………… 618
41. 陈诚转报合肥作战情形及失陷经过代电

(1938年5月29日)······ 619
42. 李宗仁关于因无战区兵力可抽调命李延年回师淮阳密电
(1938年5月30日)······ 619
43. 蒋介石转告李品仙关于固守津浦线南段及巩固江防之作战原则快邮代电
(1938年5月31日)······ 620
44. 李宗仁等报告皖省涡城失陷经过情形密电
(1938年6月10日)······ 621
45. 廖磊转报蒙城作战经过代电
(1938年6月12日)······ 622
46. 李宗仁转报萧县激战情况密电
(1938年6月16日)······ 626
47. 第一百三十九师守卫萧县战斗详报
(1938年7月)······ 627
48. 第九十二军李仙洲部参加萧县战斗详报
(1938年7月28日)······ 631
四、经验教训
1. 程潜关于徐州战役的总结报告
(1938年7月)······ 638
2. 王文彦关于一百四十师鲁南战役经验及教训的报告
(1938年7月7日)······ 640
3. 程槐视察鲁南战区报告概略
(1938年8月)······ 643

〔三〕正面战场作战概况

（一）芦沟桥事变

1．严宽报告日军进攻芦沟桥国民党守军情形密电

（1937年7月8日）

急。重庆军政部部长何钧鉴：〇密。请转委员长蒋：庚晨电计呈钧督。1．绍文、治安谈：昨夜日军强迫侵入芦沟桥镇，遂与我驻芦部队发生冲突。现检查我军死伤180余名。刻日军企图侵入芦镇，要求我军退出。秦谓：芦镇绝不能退出。刻正在对峙中。2．秦谈：日军示威多日，此次在卢发生冲突，系日军有计划行动。3．我军士气极盛。职宽叩。庚辰。

〔国民政府国防部史政局及战史会档案〕

2．俞飞鹏报告芦沟桥事变发生中日双方交火交涉情形密电

（1937年7月8日）

急。巴县行营何部长、顾主任：更密。据平津报话局电，略称：1．驻丰台日军约五百人，昨晚开芦沟桥演习，因附近驻有廿九军部队，日军于演习完时，有一部分冲入廿九军驻地，致起冲突。旋日军派森甲中佐要求停战，遂停止。□时炮声又作，至十时止。日死准尉一，伤少尉。日并占领芦沟桥北千米之龙王庙。廿九军尚占住卢沟桥。2．庚晨一时，日军至卢演习，声称上次演习日走失一人，并藉口我驻军有向彼射击事，要求进宛平城搜查，我未允。五时彼先射击，至十时双方停战，我驻军一面防御，一面由冀会派林

耕宇赴当地交涉。我要求日军撤退原防再交涉，迄未撤退。3. 齐午，津日军出动（有大批坦克车等），由平津公路向平方开去。各情。除委座已指示明轩及京方针外，谨电闻。余续报。俞飞鹏卯。齐亥。秙秘。印。

〔国民政府国防部史政局及战史会档案〕

3. 蒋介石于事变发生后派孙连仲等部向石家庄或保定集中密电稿

（1937年7月9日）

（1）致孙连仲密电

限即到。孙总指挥仿鲁兄：○密。希即由平汉路方面派两师，即向石家庄或保定集中。至车辆等事，径与经扶主任商洽可也。中○。佳晨。侍参。海。印。

（2）致宋哲元密电稿

北平、乐陵宋主任：治密。此间已派孙仿鲁两师向石家庄或保定集中，及庞炳勋部与高桂滋部先向石家庄集中，希兄速回保定指挥可也。中○。佳晨。侍参。海。

〔国民政府国防部史政局及战史会档案〕

4. 俞飞鹏关于平津地区中日双方和战情形密电

（1937年7月9日）

急（二份）。重庆行营何部长、顾主任：更密。齐戌电谅达。兹再将就平、津所得情况录陈：1. 日军久谋长辛店、芦沟桥我国不得驻军，虞晚日军演习，经我军阻止，致起冲突，显有预谋。2. 自虞晚起，开火数次，双方各有伤亡。现各增兵。日军要求路局备车两列运兵，平方为阻日军进城，闭城戒严。3. 双方在平谈判，日军并托人向在津某当局斡旋。现冯主席在长辛店，张市长留平。以上为本日四时前消息。4. 本日十时半起，双方部队向永定河东西岸后撤，候谈判解决。现平方秦市长等态度颇强硬，津方由李公安局长等与日接洽，日方驻屯军及使馆，均有人向我接洽。窥其情形，似有牵就我方，不愿事态扩大之意。截至下午谈判结束，尚无闻，但无冲突。5. 日要求长辛店、芦沟桥我方不得驻军一层，宋明轩绝对拒绝。余容续闻。俞飞鹏叩。青酉。牯秘。印。

〔国民政府国防部史政局及战史会档案〕

5. 宋哲元表示遵照不丧权不失土意旨同敌周旋与蒋介石往来密电

(1937年7月)

(1) 宋哲元密电(7月9日)

急。牯岭委员长蒋钧鉴：〇密。齐戌、蟹已机参海电均奉悉。此间战事，业于今晨停息，所有日军均已撤退丰台，似可告一段落。一切情况，业由秦市长电告熊次长，想已转达钧座。华北部队守土有责，自当努力应付当前现况，职决遵照钧座不丧权、不失土之意旨，暂与周旋。倘中枢大战准备完成，则固国民心理夙夜祷企者也。谨此奉复。职宋哲元叩。佳戌。印。

(2) 蒋介石复密电稿(7月10日)

特急。北平、乐陵宋主任明轩兄：〇密。务望在此期间，从速构筑预定之国防线工事，星夜赶筑，如限完成为要。中正。灰。机牯。印。

(3) 蒋介石复密电稿(7月10日)

北平、乐陵宋主任明轩兄：佳申、佳戌两电均悉。治密。至慰。守土应具决死决战之决心，与积极准备之精神应付。至谈判，尤须防其奸狡之惯技，务期不丧丝毫主权为原则。吾兄忠直亮节，中所素稔。此后尚希共为国家民族前途互勉。特复。中○。蒸。侍参。牯。

〔国民政府国防部史政局及战史会档案〕

6. 秦德纯以形势已趋和缓为词要求援军暂缓北上与钱大钧往来密电

（1937年7月）

（1）秦德纯密电（7月10日）

牯岭钱主任慕尹兄勋鉴：生密。蒋委员长致宋主任电派四师北上，统归指挥，业由宋公径复遵办。惟此间形势已趋和缓，倘中央大战准备尚未完成，或恐影响，反致扩大，可否转请暂令准备北上各部，在原防集结待命，以后果有所需，再为电请之处，务乞察酌为祷。弟秦德纯叩。蒸午。印。

（2）钱大钧复密电（7月11日）

北平秦市长绍文兄：蒸午电敬悉。4873密。卓见极佩，当经转陈。如情况和缓，可饬令停止也。情况如何？盼速电示。弟钱大钧。真。

（3）秦德纯复密电（7月12日）

特急。牯岭钱主任慕尹兄勋鉴：真电敬悉。更密。芦沟桥经蒸日战斗后，彼方又提议和平解决，双方首脑部曾一度会晤。对此不幸事件，同表惋惜，尔后不愿再有类此事件发生。刻日军大部已逆次撤回丰台原防，芦沟桥防务仍为我军驻守。此事能否告一段落，以观演变如何耳。余容续闻。弟秦德纯叩。文午。参。印。

〔国民政府国防部史政局及战史会档案〕

7. 何应钦转秦德纯关于日军又向芦沟桥发动攻击密电稿①

（1937年7月10日）

○密。本日下午九时半，接北平秦市长电话云：1. 中日军双方昨日约定各回原防，宛平县城由我保安队填防，日军退回丰台。但回至丰台之日军约步兵一营，炮廿六门，今日上午十时，又忽由丰台向芦沟桥前进，意欲夺取该桥。我军得报后，即派兵一营在芦沟桥北附近拒止该敌之前进。下午五时，日军向我军炮击，现正在战斗中。2. 闻日军有十列车由辽宁向关内开拔，已有两列车过山海关。等情。特闻。应钦。蒸亥。秘。

〔国民政府国防部史政局及战史会档案〕

8. 钱大钧转蒋介石关于对日和战方略密电

（1937年7月10日）

京军委会徐主任次宸兄：密。顷委座致各行营、绥署及各省市密电一通，文曰：日军挑衅，齐日与吾第廿九军部队相持于宛平附近，当经通饬一体戒备，准备抗战，并调廿六路两师、第四十军及第八十五师各部迅开保、石，以备应援。另令第廿一、廿五两师继续开拔各在案。顷据报，双方撤兵，听候谈判，但日人诡诈，用意莫测。我全国各地方、各部队，仍应切实准备，勿稍疏懈，以防万一，是为至要。等因。特达。钱大钧。灰。牯。印。

〔国民政府国防部史政局及战史会档案〕

9. 严宽报告日军对卢案之“和平希望”及“军事计划”密电

（1937年7月11日）

31284。南京部长何：○密。一、闻日军对芦案，利以军事威

① 此密电稿原无衔名。

胁后之和平希望，概要如下：1. 撤退芦华军。2. 严惩责任者。3. 根绝华北一切抗日行动。4. 共同反共及其他等项。二、据报：日对芦案最后军事计划，初期概略如下：1. 决定扩大准备，以武清、丰台、宛平、昌平为第一线侵略出发点，对平市取包围形势，兵力以河边及韩则信伪部为主。2. 以通、唐等为第二线，以入关日军及张庆余、张砚田等伪部之一部及海光寺日军为进犯天津主力。3. 以榆、葫、连、锦等为第三线。4. 以继续入关之日军及伪军为预备。5. 秦岛、北戴河、塘沽口等要隘，由日海军负责，葫岛为日军集点。6. 到必要时，以空军作威胁。7. 以白坚武、郝鹏【举】等率便衣队作骚扰活动。三、观察各方情况，似非简单即可了事，倘从容就范，则汉奸胜利，恐此间形成冀东之二。职宽叩。真二。印。

〔国民政府国防部史政局及战史会档案〕

10. 秦德纯等报告驻守芦沟桥国民党军士气高昂等情密电

(1937年7月)

(1) 7月11日密电

限即到。牯岭委员长蒋钧鉴：真侍参牯电奉悉。更密。自应遵照钧命办理。现我官兵均具有与敌拼死之决心。至芦沟桥我军防线，甚为巩固，纵敌顽强，亦万无一失。知劳廑注。谨先复。职秦德纯、张自忠、冯治安叩。真亥。印。

(2) 7月12日密电

特急。牯岭委员长蒋、副委员长冯：生密。真亥电计呈。芦沟桥战事复经磋商解决办法，规定双方会同派员监视前方部队于现状下各撤原防，刻下正在进行。惟彼不顾信义，能否履行，尚不敢必〔信〕。芦桥城及铁路桥仍为我军驻守。谨先电闻。秦德纯、冯治安、张自忠叩。文申。参。印

〔国民政府国防部史政局及战史会档案〕

11. 钱大钧转天津电话局关于日方提出无理条件便笺

（1937年7月11日）

天津电话(俞部长转天津电话局长报告)

现在空气较为和缓。

日方提出三条件：1. 惩办肇事部队;2. 取缔反日分子;3.永定河正面不许二十九军驻扎。

对1、2已允许,对3正在磋商中。

据该局消息,所传关东军十列车开入关内消息不确,现只有两列车在关外云。

职钱大钧呈　七、十一正午

〔国民政府国防部史政局及战史会档案〕

12. 何应钦等于芦沟桥事变后召开的历次会报记录

（1937年7月11日—8月12日）

芦沟桥事件第一次会报

时间　七月十一日下午九时。

地点　部长官邸大客厅。

出席人员　唐总监　陈院长　刘副主任
　　周主任至柔　曹次长　熊次长
　　周署长　俞署长　项厅长　王司长
　　陈代司长　端木委员　佘参事
　　罗科长　谭科长道平

主席　部长

会商事项：

（一）罗科长宣读情报。

（二）委座谕：在熊、曹二次长中派一人赴北平。部长意，以熊次长为宜。

（三）已到新武器之使用。

1．3·7战车炮，就已到者，限十五日以前分发指定之部队，其未完成之车辆，由军务司长与交通司洽商，速拨载重汽车代用。

2．3·7高射炮及2cm高射炮，亦速按已定计划编成，以便随时分发使用。

3．8·8高射炮已到者，决定装于江阴，限星夜赶筑。

（四）弹药检讨。

俞署长报告：长江北岸各地存储共约六千万发，武昌约四千万发，南京约一万万发；步机枪弹共有五万万发，其中三万万为库存，二万万分在各部队。

步炮弹药五十万发，3·7战车炮弹约三千万发，山野炮弹、卜福式山炮弹约十二万发，克式野炮弹约十万发。

合计以二十个师计算，可供作战三个月之用，应先将一部运过黄河，分散屯储。

（五）航空。

周主任报告：现在可使用于第一线之飞机约二百架，航空根据地拟设在太原。

（六）粮秣。

现存五十万人、十万匹马粮秣一个月份，应速购二月份，一面将一部粮秣推进至黄河北岸存储。

（七）燃料。

汽油现存三百万加仑。

飞机汽油现存二百五十万加仑。

（八）部队。

1．各部速就国防位置，解除其勤务最为重要。

2．十六师调至芜湖、宣城一带，并换发其枪枝。

3．韩部之74D，先发汉造新枪二千支。

4. 可使用之部队，由军委会再加检讨。

5. 陕西孙蔚如部可调一师。

6. 57D 应否回嘉兴原防。

7. 刘建绪部应准备抽调一部，随时可以接延平 3D 之防务。

8. 另拟动员计划。

（九）通信兵团调一营至新乡，一营至徐州待命。

（十）防空兵器统属于军政部或航委会。

部长意，以属于军政部为宜，因必与陆军连系作战也。

（十一）医院应调一部过黄河准备。

芦沟桥事件第二次会报

时间　七月十二日下午九时。

地点　部长官邸大客厅。

出席人员　部长　程总长　唐总监　徐主任

曹次长　熊次长　刘副主任

林厅长　周主任　周署长　俞署长

项厅长　王司长（文宣）　王司长（景录）

陈代司长　佘参事

端木委员　罗科长　谭科长

张署长健

会商事项：

（一）派赵部附巽于明（十三日）乘飞机将卢沟桥工事图送往保定，交冯主席治安转送前方应用，并携公函及密电本，以后即留保定作连络参谋。

（二）熊次长北上案。

1. 到达地点　先乘飞机到郑州，再换乘火车赴保定。

2. 随行人员　杨处长宣诚同行，并派方高级参谋迳赴天津，促宋主任即日到保定，与熊次长会面。

3．任务　宣达中央意旨，即本委座所示不挑战必抗战之旨。如宋主任环境关系，认为需要忍耐，以求缓兵，但仍须作全般之准备，卢沟桥、宛平城不可放弃。如廿九军需要子弹与军实，中央可以源源补充。

（三）以后情报及新闻之发表，由佘参事负责审查，另由参部派人协助。

（四）部队准备案。

1．照刘副主任拟案另加检讨修正。

2．15D王东原部，先令开武汉待命。

3．第一次使用于第一线部队，不可全用调整师，应将稍差部队夹用。

4．令各边区主任就目前各边区情况，可以抽调部队若干，迅速具报，以凭统筹计划。

5．令各部队于奉到命令后几小时可以出动，速具报备查。

6．令各省保安团队，演习维护后方交通之勤务。

7．津浦路车北上之开行，应不露痕迹，将车辆逐渐南移。

8．可通知粤、桂、川省等部队，准备必要时抽调部队北上；其正在整编者，迅速整编。

9．必要时发动绥东之战争及察北伪军之反正。

10．必要时令第三者出绥东侵内蒙，以扰敌之侧背。

（五）后方勤务事项。

1．医院应准备推进，由军医署速拟计划。

2．弹药之推进，照军械司所拟办法办理。

3．粮秣之推进，照军【需】署所拟办法办理。

卢沟桥事件第三次会报

时间　廿六年七月十三日下午九时。

地点　部长官邸大客厅。

出席人员　何部长　程总长　唐总监　徐主任

刘副主任　俞部长　俞署长

周署长　张署长　林厅长　曹次长

项厅长　王司长(务司)　王司长(交司)

陈代司长　佘参事　端木委员

尹处长　吴副主任思豫　罗科长

谭科长

会商事项：

(一) 部队调动之检讨。

1. 战斗序列照刘副主任拟案，由四长官加以指正，于明(十四日)修改后再提出决定。

2. 调2D补充旅(钟松)至江南，并以一团防守上海。又龙华飞机场，须另筹拨军队二个营防守。

3. 调57D回嘉兴原防。

4. 95D罗奇部，已由刘主任调至郑、汴集结待命，将来拟调津浦南段守备，并将现在滁县之教总队一团归还建制。

(二) 情报之通电与通报。

仍由部长办公厅名义，每日汇集发表一次，重要者随时通报(行政院各部部长，行院秘书政务处，亦须送一份)。

(三) 兵站准备事项。

1. 战时各部队经费标准案(军需署拟)与战斗序列攸关，留待战斗序列确定，再审核决定。

2. 米津以第一线部队为限，并以现品为宜，不可用代金，亦俟战斗序列决定再定。

(四) 外交谋略。

日武官大神户请见部长，先由次长代见，探其意向，如确有诚意，亦可与之谈判。

芦沟桥事件第四次会报

时间　廿六年七月十四日下午九时。

地点　部长官邸大客厅。

出席人员　何部长　程总长　唐总监　徐主任
刘副主任　曹次长　吴副主任
林厅长　周署长　俞署长　项厅长
王司长(务司)　王司长(交司)
陈代司长　尹处长　端木委员
佘参事　罗科长　谭科长

会商事项：

（一）罗科长报告今日所得各方情报。

（二）曹次长报告　顷接熊次长电话云：已于一小时前到达保定，寓省政府。得天津方面电话，知方高级参谋亦已到天津，孙连仲部已过石家庄。据保定军事长官云，因保定无防空设备，希望中央军缓开保定。现天津日本飞机甚多，如中央军仓卒开到，恐被其不意之轰炸。又津浦路北端甚空虚，甚愿中央军能由津浦路北上到沧州等处云云。

（三）部长报告　委座有电到外交部，嘱发表申明书，顷研究甚久，但觉颇难着笔。因据外交界确实消息，十一日晚，宋已签字，承认日方条件，现中央并非申明宣战，仍须说明和平愿望，而地方已与对方签订和平条件，中央尚不知底蕴，仍在调兵遣将，准备抗战，是中央与地方太不连系，故发表宣言，甚难措辞。研究结果，以电话告钱主任，请转陈委座核示。

又据北平消息：日方及汉奸对宋部大肆挑衅，谓日军此次行动，系拥护冀察利益，拒止中央军来占冀察地盘。又对张自忠部下，则谓仅打冯治安部，不打张部等语。

又英国领事及一新闻记者，曾见宋，宋发表谈话，谓代表所签字承认之条件，系敷衍日方面子，日方兴师动众，非得一点凭据，面子不好看。现在，日本全国仅二十师人，用于平津者，不过五六万人。现中央交四个师归我指挥，决不怕日军之压迫。等语。

但据北平私人电话，宋为亲日分子齐燮元、张〇〇、张允荣、陈觉生四大金〔刚〕所包围，确已于十一日晚签字，承认日方之条件如下：

1．道歉并惩办此次事变责任者；

2．取缔共产党、蓝衣社激烈分子排日抗日等运动；

3．永定河以东、西山以西，不驻中国军队。

(按此条有南北二百余里，东西百余里地方，又形成冀东状态。)

但秦德纯致牯岭电话，不承认有上叙事实，谓并未签订任何条件。

(四) 关于战斗序列。

1．照刘副主任案，尚须再加研究与检讨。

2．各级主官名称，可分二案，请委座核定。

A．陆海空军大元帅
各方面军总司令
各集团军司令官
以下军长、师长

B．陆海空军总司令
各方面军司令长官
各集团军司令官
以下军长、师长

3．大元帅幕僚长，仍称参谋总长。

4．预备军中李宗仁与方面军同等称呼，其他各预备军则与集团军同等。又第五预备军以何成浚为司令官，陈辞修副之。

5．炮兵及机械化官，须妥为分配。

6．空军以直属大元帅为原则，依其必要，可分属于各方面军。

7．素质不良部队，宁可列入后方警备部队之中，以便在后方整理，不宜列入第一线，以免耗费。

8．后方警备部队，须同时拟定计划。

9．从新检讨战斗序列时，最好先列出立案之原则与纲领，如作战计划内第一线预计使用若干师为合理，及重点使用于何方、集中于何方面为适当。先有此种前提，方可产生细节之战斗序列也。（按昨晚之战斗序列，多违反此前提，且与以前曾经委座批准之作战计划，大有出入。）

10．大本营编制，亦应检出拟定。

11．平汉、津浦之间空隙甚大，中央军不可置于第二线，宜用一部于第一线，而填补空隙，并免韩、宋等之怀疑（曹次长所提）。

（五）关于长江封锁。

1．注意不失时机撤除长江之灯塔航标。

2．与陈季良次长接洽，请其妥定海军使用计划。

3．张教育长主张巩固吴福阵地，且在南通刘海沙设堡垒。

4．决定将镇江圌台旧炮移装刘海沙。

5．江阴新炮限期完成，并先使能单炮射击。

6．另到之八八炮四门，本拟装于海州，但目下主炮未到，仅装八八炮四门，无甚效力，可先将此四门装于南通或刘海沙，或汉口，以任腰击及防空之用，由小组会议研究之。

（六）关于谋略与外交方针。

1．徐主任意见　现在我准备未周开战，难操胜算，必在此最困苦关头，能忍耐渡过。若日方真如其宣传，确不欲事态扩大，则我似应抓住其意向，表示可以妥协，最好由中央给予宋明轩以妥协标准，使其便于商谈。

2．程总长意见　现在我们希望缓兵，以完成我方准备。所谓完成准备，即对长江设备完成，可以确实控置长江之安全，而保长江之枢纽，则无论实行持久战或歼灭战，乃有把握。但目下之准备与军队之动员，仍不可忽。

3. 唐总监之意见　现在宋明轩已在中央许可范围以外，从事妥协之运动，如中央再给以和平妥协之意图，则前途将不可问，冀察必非我有。故目前中央宜表示强硬，而任宋明轩之妥协运动之进行，如结果不超出中央期望之外，则中央可追认之，否则，中央仍予以否认。至军事准备，尤不可忽。

（七）晋阎、川刘之表示。

1. 熊次长电话云：阎主任派张荫梧赴天津，有最恳切函致宋明轩，劝其接受中央军之援助，协同抗战，不可妄听汉奸之挑拨。并谓如前岁赤匪入晋，中央派军援晋，彼时持反对论者甚多，余（阎自称）力排众议，决定欢迎中央军入晋，结果始能击退赤匪，而中央军在晋，并无其他作用，可为例证。云云。

2. 川刘湘顷有通电，请缨抗日。并谓遵令整军待命。等语。已嘱中央新闻检查所缓三日再决定发表与否。

芦沟桥事件第五次会报

时间　廿六年七月十五日下午九时。

地点　部长官邸大客厅。

出席人员　何部长　唐总监　蒋主任鼎文
俞部长飞鹏　徐主任　刘副主任
何参议竞武　吴副主任思豫
林厅长　谷司令　曹次长
张教育长治中　黄校长镇球
周署长　俞署长　张署长
端木委员　项厅长　王司长（务司）　王司长（交司）
尹处长呈辅

余参事　罗科长　谭科长

（一）罗科长报告本日情报。

（二）防空计划。

1. 黄校长报告现有防空兵器及所拟分配使用计划。

2. 现在牯岭之二公分高射炮十门，速电调返京，控置使用。

3. 各要地防空处及监视所，应速令成立。

4. 首都防空司令部秘密成立，以谷司令兼任防空司令，黄校长与王厅长兼任副司令。

5. 3·7高射炮，至少须控置二门，随航空根据地行动。

（刘副主任报告：阎主任同意在太原设航空根据地，请航委会全权办理。）

6. 洛阳不必派3·7炮，武汉则分配3·7炮四门。

7. 石家庄可少派二公分炮一连，将此连控置于南京。石家庄之一连，先在开封待命。

8. 保定派二公分炮三连（36D仅抽二连）。

9. 到保定三连，先开彰德，归10D控置之。

10. 下命令节约高射炮子弹，可定一简单规则。

11. 明日下午，由林厅长召集兵工及防空有关人员，商讨防空兵器之分配及子弹库设置地点（子弹库须分区设置，并合于作战要求之地点）。

（三）部队之调动及战斗序列，明日军委会长官会报时再研讨。

芦沟桥事件第六次会报

时间　廿六年七月十六日下午九时。

地点　部长官邸大客厅。

出席人员　部长　程总长　唐总监　徐主任

刘副主任　吴副主任　林厅长

龚厅长浩　徐厅长祖贻　曹次长

黄教育长　周署长　俞署长
张署长　项厅长　王司长(务)
王司长(交)　陈司长(械)
端木委员　尹处长　佘参事
罗科长　谭科长

会商事项：

(一) 情报报告。

(二) 电北平绥署及宋、秦等，告以日军动员及输送情形，廿九军在平之危险态度，请速拟日军奇袭时之应付计划见复。

(三) 江宁要塞区 Mg 作高射用，仍用在要塞内。

(四) 31D之 Mg，均云均无高射架，兵工署查明发给。

(五) 李及兰师长云，该师所领汉造步枪弹，无弹夹，兵工署查明原委，并研讨各种步枪弹可否通用于各种枪。

(六) 德 Hapro 公司索付一千万马克案，再电委座请示。

(七) 今日行政院会议提出对日作战，是否全部化或局部化，及绝交或宣战之手续与步骤如何，定于昨(十七日)上午八时在外交部会商，研究其利害得失。派参谋本部第二厅徐厅长燕谋出席，并带明了国际公法者一人同往。

(八) 普通医院之征用，已由军医署、卫生署及全国红十字总会会同组织一机关，统筹办理中。

(九) 弹药库之存储及数量，照林厅长审定案办理。

(十) 炮七团仍令在彰德待命(委座之意，仍须北开)。

(十一) 战斗序列，呈委座核定，不必再研究。

附录战争全部化或局部化之意见。

陈院长：

按实际一经开战，则侨民下旗归国，未有所谓局部化。

程总长：

依现在实际状况，仅能局部化，第一步似不能谈绝交，但如青岛、海州发生战争，则我在上海方面，似应先有所动作。

唐总监：

绝交则长江腹地到处开炮，我甚不利，但仅局部化，则敌仍可处处自由行动，敌亦有利。

现在最宜考虑者，如宋被奸人包围，签字撤兵，廿九军内部分化，中央如何办理(程总长主张中央应严申纪纲)。

部长：

1．如局部化，日军对廿九军攻击时，中央军当然参加，此时其他地方均不动。

2．敌如在青岛上陆，则我拒止之，又发生战争。惟此时是否仍仅限于北平与青岛，其他各处仍如九一八时，官民照常往返，照常通商。或此时全部化，实行绝交宣战。

3．如全部化，则绝交宣战，对敌之租界、兵舰、商船、居留民等，如何处置。

4．现我须全部准备，但究竟局部化与全部化，何者于我有利，在国际公约上手续如何，均须详为研究。

芦沟桥事件第七次会报

时间　廿六年七月十七日下午九时。

地点　部长官邸大客厅。

出席人员　何部长　程总长　唐总监　徐主任
俞部长　刘副主任　吴副主任
曹次长　林厅长　周署长　俞署长
黄校长　龚厅长　徐厅长　项厅长
王司长(务)　王司长(交)
陈司长　尹处长　佘参事
端木委员　谭科长道平

罗科长泽闿

会商事项：

（一）情报报告（罗科长报告）。

（二）部长报告。

1．今日日高见王处长，谓日方对卢沟桥事件，不愿扩大，只要中政府将外交权交与冀察自行交涉，而冀察当局能忠实履行十一日晚所签定之条约，即可和平解决等语。其目的在使冀察特殊化。

2．本日大诚户武官到部，请正式谒见何部长，经派曹次长代见。大城户提出书面意见，略谓：如中央派兵北上及派飞机北上，则日本将有适当处置，以资应付，因此而引起之事端，应由中国方面负其责任等语。除已抄送外交部及呈报委座外，拟置之不理。

（三）刘副主任报告。

1．已令炮七团开保定，归孙连仲指挥。

2．已令商震部抽四个团编为一师，星夜进驻石家庄。

3．本日小组会议，从新决定各要塞即须装置之炮位，如刘海沙、兔耳矶、湖口等处。

4．第五连之八八炮四门，拟仍装于海州。惟海州工事未筑成以前，拟将炮先置于后方安全地点，俟该处工事及炮座筑成，再运往装置（部长云：可先置于滁州）。

5．航路标志委员会曾开会，对于长江航标之撤除，谓须商请海政局执行，甚为麻烦，且难适应时机，请分段责成各要塞司令、警备司令负责办理。

6．拟派袁德信赴平津，为廿九军之联络参谋（袁此次巡察工事，成绩颇好，且与廿九军有渊源）。

7．日方警告民用商用飞机，不许飞至北平；如飞到，即以敌机看待。我欧亚及中航机，应否停飞北平（仍继续飞行）。

8．富贵山地下室，八月底可完成，其垂直通风孔，应否堵塞。

9．通信兵团请充实，或将各行营电话排调回（已令在陕西者集中西安，在川黔者集中重庆）。

10．各部、院、会，拟另觅小房屋，为机密办公处（可照办）。

（四）吴副主任报告。

陈绍宽由北平来电，率海军人员回国，枕戈待命（转呈委座）。

（五）交通司王司长报告。

1．现即需支付购买汽车及燃料费二百五十万元，燃料费一百五十万。原有预算汽车费一百万元，请另行筹拨。因已订购汽车一百辆，二三星期即可交货（先在截旷项下垫付）。

2．中国汽车公司（曾次长养甫主办）现存有柴油汽车一百四十辆，请电曾次长拨归本部应用，价款请记帐，每辆约四千余元（可照办，仍在上海装配成若干，即随时由沪杭、京杭路开驶来京）。

（六）徐厅长报告。

今日上午与外交部徐次长等商讨开战后之绝交、宣战等手续及其利害。所得结论如下：

1．正式冲突后，外交部即发表一正式宣言，叙明日本对我压迫，我不能不自卫之理由（宣言稿现已准备）。

2．关于断绝国交，如绝交后双方即具有交战国资格，现日本海军绝对优势，日本即可以交战国地位通告各国，禁止一切军需品及军需原料输入中国，其范围甚广，现我国一切军用品能否自给自足，大有问题。又绝交后，日本居留民及日租界之日人，仍可迁入英法等国租界居住，依然可以作造谣、扰乱、谍报等工作，英法租界必加以保护，我无法驱逐及拘捕之。但我国在日本之侨民，则无法保护，将被驱逐，甚至拘捕，而我亦无如许船只装载侨民归国。故两相比较，绝交后日方可以行使交战国之权利，我方则不能享此交战国权利。因之，交战后不宜绝交，仍以如九一八时之状况为宜。

3．我不表示绝交，仍有一补救办法，即由军部将作战地划为一军事区域，所有区内之日本居留民，可以驱逐出境，或请各国侨民撤退。且此区域，无妨放大区划。如在河北作战，即后方要点如武汉、浦口等处，均可划入军事区内。

4．上海公共租界作战时，可以提出书面要求，禁止日人以公共租界为护符而行扰乱。如公共租界当局不接受此要求，则可收回之。不过此事因英人权力较大，最初先向英方疏通，总可办到。

5．北平东交民巷之使馆区，战时亦可请其退去。

以上各项，由徐厅长用书面录出，报告委座，以供参考。

（七）熊次长云：宋明轩因总司令名义未发表，或对中央不无误会，此次颁布战斗序列时，可否将宋列为方面军总司令，与阎平等地位，电告钱主任陈委座核定。

（八）刘副主任报告：本日小组会议时，周主任报告空军现状，对空军颇表示菲薄之意，谓前年飞机已到退伍时期，去年飞机其精华时期已过，明年飞机尚未补充到达，且北方燃料、炸弹、飞行场等，均无准备，故目前为我空军最不利时期，须到明年一至三月，新飞机补充齐全，方为我空军有利时期，云云。周主任明（十八）日飞庐山谒委座报告一切。

芦沟桥事件第八次会报

时间　廿六年七月十八日下午九时。

地点　部长官邸大客厅。

出席人员　何部长　徐主任　刘副主任
吴副主任　曹次长　林厅长
周署长　张署长　黄校长　龚厅长
徐厅长　项厅长　王司长（务）
王司长（交）　陈司长（械）
端木委员　佘参事　谭科长
罗科长

会商事项：

（一）罗科长报告情报，并提出意见二项如下：

1. 依庞军长电告，遵令由石庄向沧县前进，先头由篠晚出发，预定六日行程可到等语。可见我军集中已甚迟缓，实因最高统帅部无整个计划所致。如前此决定庞部开沧县，则令由运城经茅津渡渡河，经陇海转津浦路车，运至沧州下车，既便利而迅速，且免六日行军之劳。

2. 敌机扫射列车，必须低飞，我军高射Mg应可在车上射击，恐各部队运输时未作防空准备，以后无论运输、行军、宿营、战斗间，均有危险，似宜通令注意，切实防空准备。

（二）目下最重要者，为部队迅速集中与配置妥当，在战斗序列未奉委座颁行以前，军委会调遣部队，切实注意。

（三）弹药照前日决定办法，迅速配置妥当。

（四）通令各部队尤其出动部队，告以炮七团及32A本日兵车被敌机扫射之教训，以后无论在运输间、行军间、驻军间、战斗间，对于防空、防毒及防战车、装甲汽车等之准备与动作，须切实注意与演练（军委会办）。

（五）战时各部队给与，应特别节约，在未正式作战以前，尤不能发给许多特别费用，即较剿匪时给与，尚须节省。因大战发生后，财政及经济之统制，能有饭吃，即属幸事，不可另发许多杂费也。

（六）林厅长提出，宋所谓第二步计划，究竟是何用意，现在不知廿九军第一步计划，则第二步计划实难策定，是否则任廿九军被敌缴械，我军仅作退一步之防御计划，或须作应援廿九军之计划，均须确定。

芦沟桥事件第九次会报

时间　廿六年七月十九日下午九时。

地点　部长官邸大客厅。

出席人员　何部长　程总长　唐总监　徐主任

刘副主任　吴副主任　曹次长

陈会计长　周署长　俞署长
林厅长　张署长　黄校长　龚厅长
徐厅长　尹处长　端木委员
佘参事　王司事(务司)　王司长(交司)
陈司长(械司)　谭科长
罗科长

会商事项：

（一）罗科长报告今日情报。

（二）部长报告。

1．今日与喜多会见情形(另有谈话记录)。

2．日高向外部送备忘录及外交答复后，日高又提出质问各情。

3．委座对暑训团训话内容。

（三）程总长报告。

1．喜多今日见我谈话与见部长所谈相同，我意现既决意作战，但应掩蔽我之企图，故我对喜多仍表示极端和平。

2．现最可顾虑者，为我军队之质量与训练，尚不够现有武器之地位。

（四）部长结论。

1．明日上午十一时，在军委会长官会报研究具体办法后，请程总长与徐主任赴牯岭谒委座(军政部并着曹次长、王司长、罗科长参加)，请各位先拟好书面意见，以便研讨。

2．林厅长建议后方准备各项，通知各机关照办(建议如另纸)。

3．重要文件，另易地保存。

芦沟桥事件第十次会报

时间　廿六年七月二十日下午九时。

地点　何部长官邸。

出席人员　何部长　程总长　唐总监　徐主任
俞部长　钱主任　刘副主任
吴副主任　曹次长　谷司令
林厅长　龚厅长　徐厅长　俞署长
周署长　张署长　陈会计长
王司长　王司长　陈司长　黄校长
项厅长　端木委员　尹处长
佘参事　谭科长　罗科长

（甲）报告情报。

（乙）会商事项：

（一）黄校长报告。

委座既已返京，本京三公分七及两公分高射炮，应否进入阵地。

部长：先将飞机场、兵工厂、军委会三处高射炮进入待机阵地。

（二）刘副主任报告。

1．刘主任以95D另有任务，请调郑、汴一带。至津浦南端之护路，请另调沈克师或杨渠统师担任。

部长：该师纪律稍差，不可靠，仍调95D。

2．刘主任请保留豫省保安团七团，并请有事时，至少留三师在豫、皖境内，协同保安队维持治安。

部长：在全国警备计划内注意及之。

（三）敌机飞我内地，外交部均拟提抗意〔议〕。令各警备司令部，如发现敌【机】，即报告中央。军委会专派一人清查日人在华不法诸案之统计，如走私、犯〔贩〕毒、强查邮件、自由拘人等等。并电各省，自本年一月起，将此类案件清查见复。

（四）欧亚、中航机自明日起，停飞平津两处。

（五）廿九军作战命令（七月十六日正午于北平所发）。

谭参谋宣读。

（六）海琛舰长请示，如敌舰先开一炮，是否还击。现下关敌我军舰皆装弹对峙，随时有冲突可能。

（七）张司令文伯请给欧阳格以江防司令名义。

卢沟桥事件第十一次会报

时间　廿六年七月廿一日下午九时。

地点　何部长官邸。

出席人员　何部长　唐总监　熊主席　曹次长

刘副主任　吴副主任　林厅长

龚厅长　徐厅长　周署长　俞署长

张署长　黄校长　陈会计长

项厅长　王司令（务）　王司长（交）

陈司长（械）　尹处长　端木委员

佘参事　谭科长　李参谋崑岗（侍从室）

罗科长

会商事项：

（一）情报报告。

（二）部长报告本日会商总动员实施之决议各项（另有记录，从略）。

通知各关系部，限文到一日内，即召集商讨，迅速实施，并将办理情形见复。

（三）作战计划之研究。

1．蒋百里先生之意见（呈委座函之原文）。

2．军委会所拟战斗序列，已奉委座核定并改正。

3．尚有细部须再加检讨，如102D、103D宜联合使用，杨德亮旅宜留置甘肃。

遵委座改正各点，参照蒋百里意见，重加检讨修正。

（四）钟松旅之一团，不宜急遽开入上海，可将该旅驻松江附近待机。

（五）战法之研究。

熊主席主张：1．屡战屡败，屡败屡战；2．移民移物，坚壁清野；3．避实击虚，昼伏夜动。

（六）关于突击战术、阵地编成以及各级官兵必要之战斗知识与技能，如对炮兵对骑兵对战车对装甲汽车对飞机对毒瓦斯等之战术及士兵之射击技能等等，由龚厅长摘要编纂。

卢沟桥事件第十二次会报

时间　廿六年七月廿二日下午九时。

地点　部长官邸大客厅。

出席人员　何部长　陈院长　熊主席天翼

张秘书长岳军　曹次长　林厅长

刘副主任　吴副主任　俞署长

周署长　张署长　林教育长柏森

黄校长　龚厅长　徐厅长

王司长（务）　王司长（交）

陈司长（械）　项厅长　端木委员

尹处长　佘参事　李参谋　罗科长

会商事项：

（一）罗科长报告情报。

（二）刘副主任报告。鹰屋总顾问云：连日日本用英语广播，将此次中日军冲突完全委过于中国，使世界各国均深信责任在中国，而不在日本。此种国际宣传战，中国不可忽略等语。

部长：由徐厅长注意与中央宣传部洽商，每晚增加对国际之广播，与日方对抗。

（三）交通司王司长报告。

1．机械化部队过江用轮渡，铁道部不肯免费，是否改用轮船运渡。

部长：可付价。仍用轮渡，以保秘密。

2．向中国汽车公司索拨之柴油汽车一百五十辆，已复电允许。惟须照付价款，每辆五千余元，共约七十余万元。如无现金，亦须信用担保。

部长：军需署将此款列入战费内。

（四）黄校长报告。

1．洛口高射炮已到达，军民均表欢欣。

2．接前方防空监视哨报告：本日上午九至十时顷，有日机二架在德州以北沧州、马厂一带侦察，约一小时始北飞。

3．如敌机来我阵地侦察，是否射击。

部长：

1．洛口、郑州之高射击炮阵地，是否适当及隐蔽，着派高级官前往视察指导。

2．敌单机高空侦察，不必射击，以免暴露我高射炮阵地；如结队低飞有轰炸企图时，则射击之，着用命令下达。

3．另准备小炮一连，往济南防空。

（五）军务司王司长报告。

防御战车炮，现南京一营，徐州一营，信阳一营。

部长：可准备抽一连赴济南控置。

（六）军械司明晨将库存枪炮数列表呈核。

以后每调整师，仅发步枪三千五百支。

（七）刘副主任报告部队调动。

遵委座指示：10D、83D开石家庄转往武强、献县一带集中。25D、17D开石家庄集中。

卢沟桥事件第十三次会报

时间　廿六年七月二十三日(星期五)。

地点　部长官邸大客厅。

出席人员　何部长　唐总监　曹次长　项厅长
刘副主任　周署长　林教育长
林厅长　龚厅长　徐厅长　俞署长
张署长　陈会计长　王司长(务)
王司长(交)　陈司长(械)
朱司长(役)　尹处长　端木委员
佘参事　徐主任　谭参谋　李参谋
罗科长

会报事项：

(一) 情报报告。

(二) 周署长报告在实业部开会,吴部长对衣〔食〕粮统制意见(另详书面报告)。

部长：可照办。

(三) 项厅长报告拟具总动员设计委员会之组织与人选(另详书面报告)。

唐总监：1. 设置此委员会,认为必要;2. 当然委员中，加入训练总监部副监。

(四) 罗科长报告韩主席电告，截获日方关中军侵华五大计划。

部长：请参谋本部研究。

(五) 林教育长报告。

1. 工兵器材缺乏。原定于六日前充实十一个营器材,但因经费关系,未能办到,而军械司已用去器材费三百余万，多系不应作之事。

陈司长申明，此事须查案方可答复，惟四、五、六月份器材费，均未领到。

部长：军需署速将四、五月材料费筹拨。

2．现在最缺乏者为火药，请速补充，因战时爆破之物甚多。

3．作战时学校之任务与准备，请明白规定。

唐总监：由训练总监部召集各学校教育长会商决定。

4．工校学兵，为数不多，且与教育为主，但军委会用命令，源源调去作工及守护工事等勤务，于教育大有妨碍。

刘副主任：守备工事，已下令交要塞司令接替。

5．委座命令成立工兵四团，现虽一时不能实现，但干部之养成，与工兵之来源，应先为筹划，拟军士由士兵中挑选，工兵则于征兵时挑选志愿者充之。

朱司长申明，可以照办。

6．作战时公文手续，应请改良，平时购办器材、关于预算之公事，至少须五、六个月，且往返驳诘，甚感困难。

陈会计长申明：照法令规定，凡用款在万元以上者，须呈军委会核准，故手续不免迟延。现自廿六年度起，凡重要公文到部，至多十天须办去，否则承办人受处分。如最重要公事，最好请派专人送到，则一二日内或数小时，可得结果。

7．所派到校会计人员十数人之多，而做事则乱，且主张将预算放大，足见派遣军需人员之坏。

部长：预算公事之迟缓，乃为事实。在审计制度未废止以前，先谋补救办法，即在一定范围内由部负责核准以后，凡需要速办者，可先行申明。

（六）海琛舰长报告炮弹缺乏，6吋炮每门仅二十发，4吋炮每门仅八发，请转知海军部酌予补充为每门一百发(至今五十发)。

部长：函请军委会办公厅令海军部照办。

（七）28A(陶广)军部已到长沙，现所属师均已调出，对军部如何安置。

部长：设法在刘恢先边区内安置一军部(刘部共编四军)。

(八)江阴8·8炮位,已决定否?

刘副主任：江南岸均已决定,江北岸俟张炮兵监视察后再定。

(九)项厅长报告。

日人收买废铁,为我资源之损失,我国铁厂过少,不能吸收民间废铁,似应由公家另办铁厂,以资补救。

部长：兵工署与资源委员会会商收买废铁办法。

(十)刘副主任提出军法处所拟惩治汉奸法。

照呈。

(十一)佘参事报告修正战斗序列。

(十二)中央应派大员赴石家庄,主持工事之构筑(如熊次长、曹次长、陈次长、卫督办等,择一人前往)。

部长：由铨叙厅拟定数人,呈委座核示。

芦沟桥事件第十四次会报

时间　廿六年七月廿四日下午九时。

地点　部长官邸大客厅。

出席人员　何部长　唐总监　徐主任

张司令官文伯　钱主任

熊主席天翼　钱秘书长昌照

曹次长　林厅长　林教育长

刘副主任　吴副主任

黄校长　周署长　俞署长　龚厅长

徐厅长　项厅长　徐秘书主任培根

尹处长　端木委员　王司长(务)

王司长(交)　陈司长(械)

佘参事　谭科长　李参谋　罗科长

会商事项：

（一）罗科长报告情报。

（二）徐厅长报告综合连日情报，可作两种相反之判断，即：1.敌不愿事态扩大；2.敌将大举进攻。究竟实情如何，颇难断定。已饬在日本内地情报员，就其动员上，详为侦察。

（三）刘副主任报告。

1．冯副委员长建议，由长辛店至门头沟速修铁道，以打通平汉、平绥路之交通（现时恐来不及，交执二组审查研究）。

2．上海报告，日海军司令函淞沪警备司令，谓我飞机飞日租界及日兵营，作轰炸状态，请注意制止等语，如何答复（可答以已转航空机关矣）。

3．蒋主任铭三令其参谋长龚理明速返福州。龚本日到京，委座召见，嘱其速赴福州布置防务。龚请示第二军军长何人接替（李延年代）。

（四）张司令官文伯报告。

1．请给欧阳格以江防司令名义。

部长：欧不能统辖海军，现海军方面正拟呈请整理海军，请委座兼海军部长，将来长江有第三舰队，欧不能指挥，故只可给以江阴区江防司令名义，请示委座（此系秘密名义，不发表）。

2．现在亟须办者三事，即：（1）江岸工事；（2）通信网；（3）交通路。

城塞组拖延一年，迄未开工，且经费未发，请速示办法。

部长：经费早已发五十万，可责成张司令官负责办理，经费、材料、人员，皆由城塞组拨发应用，并规定：（1）江岸工事，秘密工作，用修筑警察所名义；（2）通信网限二星期完成；（3）交通路择其急要者，先筑一二条。

（五）钟松旅改为独立旅，给以新番号。

（六）钱秘书长昌照报告。

汽车柴油已购得数百万加仑。

（七）部长结论(已分别通知)。

1．凡各主管机关应作之事，统于本月底加以检讨是否办到。

2．明晨九时，本部曹次长、项厅长、王司长、陈司长、徐秘书主任、罗科长等，来此开会，研讨现存军械之分配，余参事说明战斗序列，以便有所准据。

3．军队集中照战斗序列，第一线兵团限本月底到达。

4．粮秣限期购办齐全(先购一百万人半年用粮秣)。

5．弹药各总分库照计划于本月底完全搬运完毕。

6．装备补充，如第一线兵团之通讯器材、工作器具、行军锅灶、防毒面具及辎重车辆等，从速补充。

7．兵站于本月底开始设置(先干部)。

8．铁道运输司令部本月底秘密组成。

9．大本营及各级司令部编制迅速拟定，本月底秘密成立。

a．幕僚阶级提高；b．大本营须有海空军幕僚；c．海军部派一人在大本营任幕僚，但除海军事务外，不必参与；d．催海军部于一星期内将计划呈出。

（八）熊主席意见。

1．作战计划，须先决定采用持久战抑歼灭战。如采持久战，则空军不宜全部投入。

2．应同时注意民众之利用，可研究逃荒办法。凡我军退出一地，即将房屋建筑等完全毁灭，人民无论老幼，均逃荒转移于内地。

部长：十六岁以上，均须编队，随军行动。此条通知兵役司，注意研究。

3．民众不知自己为中国人，且不知当汉奸之耻辱，应速设法唤醒。

芦沟桥事件第十五次会报

时间　廿六年七月廿五日下午九时。

地点　部长官邸大客厅。

出席人员　何部长　唐总监　熊主席

张司令官文伯　曹次长　刘副主任

吴副主任　龚厅长　徐厅长

林教育长　黄校长　俞署长

周署长　张署长　陈会计长

徐主任秘书　端木委员　王司长(务)

王司长(交)　陈司长(械)

佘参事　谭科长　李参谋　罗科长

会商事项：

(一) 罗科长报告情报。

(二) 徐厅长报告。判断敌在华北及辽、热兵力概况如下：

1．芦沟桥丰台附近为20D(川岸)之一部，约一旅，及原驻平津之牟田口联队。

2．通州及北平为河边旅之主力，约二个联队(即原平津驻屯军欠牟田口联队)。

3．天津、杨村为5D之一部，不及一旅。

4．以唐山为中心之平榆路为10D之大部或一部。

5．热河南部为4D一部及佐籐部队之一部，其另一部进入古北口，在密云、顺义、昌平等地。

6．榆关、锦州间约尚有一师，队号未详。

(三) 罗科长宣读昨晚会报记录(部长谕：重要者通知关系机关)。

(四) 项厅长宣读顷间张司令与上海童参谋长通话记录(大意沪上平安无事，日人抗议我飞机不得在日界飞行事，拟予以答复)。

部长谕：日人要求事项，我不可承认，尤不可有书面答复，只可口头答以已转航空机关矣。当经电话告知童参谋长。

（五）刘副主任报告。

1．海军部方面计划，迄未呈出，顷送来阻塞南通附近江面之办法，请准备器材如下：

民船　一百六十只(长一百尺，高六尺)

轮船　六只

石子　七五万立方公尺

洋灰　八百桶

现拟一面交城塞组计算需费若干，一面研究此项阻塞可否实行。

部长：如此，恐长江将成泛滥，恐难实行，姑留作一案。至海面方面，仍催其对我舰队如何使用，妥定计划。

2．俞部长条呈，在豫、鲁等省购办马骡大车数千，共约需一百万元，经委座批准，请饬军需署、马政司会同执二组派员购办。

部长：只可准备征发，不宜大量购买，此案可交军政部核办。

3．阎主任处台高级参谋寿民请求三事：(a)第一期工事费尚欠七十万元，请速发给；(b)不敷工事费四百万元，请筹发；(c)前李生达部剿匪费二万，请补发(陈会计长云：照通案不发，已电复矣)。

4．孙连仲来电：奉令构筑沧保线工事，最少须五师兵力，已派人侦察，该部单独担任不了，请从保定起至以东某处止一范围(已抄送林厅长就近指示规定)。

部长：(a)龚厅长检查沧保、德石两线工事旧案，再于图上加以研究，最好先就大道公路等要点构筑据点工事；(b)通令该处民间收获时，只割禾颠，将禾干留存，以收青纱帐之利。

5．宋明轩电徐主任、冯副委员长，谓中央积极准备，似有把握，究竟此战如何打法，似系探询中央内情之意。

6．委座对于我军集中及作战诸处置，每日必有数次手令查询，此后拟每日作下列三项呈报委座：(a)情报组每日将敌军之行动及位置摘要列出，并作敌情判断；（b）作战组每日将我军集中及到达位置列表或制图；（c）作战组根据上列两项，作一情况判断，以检查过去处置有无不当，及尔后有无应补助之处置（由徐培根、罗泽闿负责）。

7．作战组加入侍从室李参谋崑岗。

（六）保定105D高射炮营名目不妥，应另给以名目（军务司办）。

（七）平汉路黄河桥已配置高射炮，请交通部通知中航、欧亚两公司，勿由桥上飞过，以免误会（军委会正式去公文通知）。

（八）黄校长报告。

连日郑州、开封一带，皆有日机飞来侦察。

部长：军委会随时通知外交部。

（九）情报组加派陈焯为副主任，并报告委座（呈明正主任陈立夫，仅负名义，实际由徐、陈二副主任负责）。

（十）原定装于海州之8·8cm高射兼邀击炮一连（四门），因主炮未到，拟改装于他处。有主张装于郑州任黄河桥之防空者。但武汉甚为重要，可改装武汉（龟山）。另调49A刘多荃部派双管13mm高射机关炮一连往郑州，协同已到之高射炮四门，担任黄河桥之防空（办公厅签呈委座）。

（十一）北平张参谋长来时，嘱其以后对敌情须常常报告。

卢沟桥事件第十六次会报

时间　廿六年七月廿六日下午九时。

地点　何部长官邸。

出席人员　何部长　程总长　唐总监　徐主任

陈院长　俞部长　熊主席　熊次长

曹次长　钱主任　周主任至柔

刘副主任　吴副主任　龚厅长

徐厅长　张主任发奎　钱秘书长昌照

林教育长　黄校长　俞署长

陈会计长　杨司长继曾　周署长

张署长　项厅长　徐秘书主任

尹处长　王司长(务)　王司长(交)

陈司长　端木委员　李司长(外交部)

佘参事　谭科长　李参谋　罗科长

会商事项：

(一) 罗科长报告情报。

(二) 熊次长报告北行所得实情。

1. 事变中廿九军将领之内情。

芦事发生后，八号及十号，冯治安、秦德纯决心反攻，宋亦由乐陵电令消灭当面之敌。当开会时，冯发表主战言论后，问张自忠意见如何，张答无意见。于是，于八日晚下反攻命令。殊日人方面，因兵力甚少，得此消息，即多方派人疏通，谓可无条件撤兵。因之，乃收回反攻命令。至十日，日军未撤，冯等又下令反攻。日人又向张自忠及许多亲日份子从事疏通，致反攻未成事实。宋到天津后，为许多亲日份子所包围，形势乃不佳。

熊次长到保后，乃派李处长炘赴津，告以：(1)中央军北上，乃为增援廿九军；(2)如能和平解决，亦可为廿九军助威。并向宋解释诸种误会。

宋在津被包围，结果乃派张自忠、张允荣与日方议定三条，系无头无尾之条约，原文如下：

解决之件：(1)道歉；(2)廿九军退出卢沟桥及龙王庙，以保安队接防；(3)取缔共产党、蓝衣社等。廿六年七月廿一日，张自忠、张允荣签名。

至外传许多条件，如撤换秦、冯，经济合作等，均未正式提出。

宋到平后，表示和战均听命中央。如主战，则因廿九军尚未集结，须有相当时间之拖延，以便集结兵力，并请中央亦作相当准备。

宋于廿三日将和平三条件电呈委座后，曾二次询问委座复电，可知宋对和平不敢自主。

和平条件成立后，廿二日由平开出一团，扬言系37D部队，实系保安队驻天坛之新兵。齐燮元于廿四日催宋撤兵，并谓如再不撤，日军将以飞机百架轰炸北平云云(燮元为一大汉奸)。

2．廿九军之官兵态度。

宋哲元态度无可疑虑，不过希望俟有准备后再抗战。且宋主张攻势作战，不主张守势作战，故对沧保线工事不主张构筑，主张以四师兵力由天津冲山海关。前中央所发工事费五十万元，以廿五万给刘汝明筑察省工事。至河北，则主攻，不主守。

秦德纯、冯治安则始终强硬主战，甚服从中央。

张自忠自赴日本以还，似害有二种病，即：(a)因日人给以许多新式武器之参观，以致畏日；(b)因日人对其优待而亲日。但廿九军将领一致主战，则张亦不致独持异议。刘汝明态度亦强硬。赵登禹则无成见，以众议为依归。

中下级干部及士兵，则完全情绪热烈，不惜一拼，士气大为可用。

3．敌方情形。

敌军入关者，共已四十五列车，每列最多者五六百人，少者一二百人、数十人不等。汽车、装甲汽车及其他军用品不少。现在统计平津一带，共约一万五千人，重炮廿余门，已到丰台。

此次作战，日军士气不旺。龙王庙一役，我仅二排，敌先以一连，旋复以一营进攻，不能成功，死伤甚多。现日军皆切实和平早日实现。

日伤兵以大刀、手榴弹、迫击炮伤为多，我则受炮弹伤为多。

4．我军位置。

廿九军之赵登禹师，已调至平郊一旅，驻南苑。

张师在天津、廊房、马厂一带。

冯师在西苑、卢沟桥一带。

石友三部保安队四团，现石态度甚好，无亲日意。

孙仿鲁部已到保定。

炮七团亦到保定，由27D掩护之。

高射炮营已入阵地，掩护保定防空。

（三）关于新闻发布及宣传，甚关重要。日方反宣传甚多，如今日廊房冲突，日方诬我军破坏其电线，我应说出种种理由。宣传其预谋侵略（徐厅长与外交部情报司李司长会同办理）。

（四）作战之研究。

1．徐厅长判断敌情（另图）〔略〕。

关内第一线不过二师，第二线不过三师。

辽北有重兵，不能移动。国内输送来华部队，大连、釜山未见有大部队登陆，仅塘沽有军用品上陆。

山东方面，无敌情。

国内似尚未大规模出动，第一线之挑战，恐系少壮派之自由行动，尚非整个计划。

2．佘参事报告我军集中情形（另图）〔略〕。

除廿九军在平津外，现我已集中沧保线五师，已下命令正向德石线输送者五师。

3．徐司长作情况判断。

（1）廿九军与敌之混战已开始，可知敌有先击灭廿九军之企图。

（2）现我军以德石线为主力集中地域，以沧保线为集中掩护线，距平津过远，增援廿九军不易。

（3）现在可采者，有下列二案：（甲）将沧保线部队推进至永定河岸，以便增援北平，而将主力之集中推进于沧保线。（乙）我中央军仍在沧保及德石线上集中，而指导廿九军退出北平，以保实力，免被各个击破。

4．诸长官均主张采用第一案，由作战组诸人拟具判决文及处置事项（限明早六时以前呈出），呈委座决定。（已于当晚拟妥，由刘副主任转呈。）

芦沟桥事件第十七次会报

时间　廿六年七月廿七日下午九时。

地点　何部长官邸大客厅。

出席人员　何部长　程总长　张秘书长岳军

熊主席天翼　邵部长力子

于主任孝侯　唐总监　徐主任

陈院长　俞部长　陈教育长武鸣

曹次长　刘副主任　吴副主任

欧阳教育长　张副监华辅

张主任向华　徐兵监月祥　周署长

俞署长　张署长　钱主任慕尹

熊次长　龚厅长　徐厅长　黄校长

陈会计长　项厅长　端木委员

徐主任秘书　尹处长　杨司长继曾

王司长（务）　王司长（交）

陈司长（械）　朱司长（役）

佘参事　李参谋　谭科长　罗科长

会商事项：

（一）罗科长报告情报。

（二）俞部长报告。今日沪市政府方面消息，日人拟破坏上海国际电台，已通知淞沪警备司令部防范。至万一被敌破坏，则南京与重庆之无线电台，亦可与国际通讯，已在准备中。

（三）项厅长报告。委座手令各院、部、会，实施动员演习及准备迁地办公，限三日具报。

经于今日在行政院会商结果如下：

（甲）关于动员演习。(1)动员演习之意义，以公务人员自卫勤务为主旨；(2)依平时已有之防空自卫组织而加以充实；(3)实施程序：今日检点原组织之人员名簿，指定负责人，明日检点器材，后日实施演习，星期五将演习成果具报。

（乙）关于迁地办公。(1)第一步各机关办公地点疏开，即假定敌机轰炸或敌舰开炮时，各机关在城内或城外准备民房，秘密办公，并先登记负责人及电话号数等，以资连络。(2)万不得已时，则迁移他处办公(如衡阳)。必须永久保存之重要文件，先行迁地保管。至各机关之实行迁移，则须候命实施。

（四）委座手令军政部所属之兵工厂、仓库等之疏散。

杨司长报告。(1)兵工厂凡造好之子弹，随即搬走，并不多存留，火药库亦仅存有一部分半成品。至危险炸药，均已搬走。(2)兵工厂机器，则无法疏散。如汉口厂欲行迁移，非停工三年不可，则弹药制造停工，无法补充。

部长：(1)炸药危险物等，尽量搬迁疏解，机器暂不动。(2)速派员乘飞机赴重庆接收火药厂，以便整理制造。(3)其他仓库及交通器材等之疏散，由总务厅督率速办。

（五）俞署长报告。(1)现有弹药如节约使用，勉可维持六至七个月。(2)战争一开，我制造厂必被敌机炸毁，故现计划与比、法接洽，购买欧洲成品及包购比、法之子弹制造(每月约一二千万元)，则以后子弹可以源源接济(另有详细签呈)。(3)国际交通线现取香港，如香港不通，只有由海防入口经安南入广西之一路，请交通部协助。

部长：先电李、白询海防经镇南关通内地交通情形。

（六）黄校长报告。今晚二至四时，本京二连高射炮演习防空。

（七）朱司长报告。各省壮丁动员演习计划(另有签呈)。

卢沟桥事件第十八次会报

时间　廿六年七月二十八日下午九时。

地点　何部长官邸大客厅。

出席人员　何部长　程总长　于主任孝侯
徐主任　唐总监　陈院长　熊主席
陈教育长　熊次长　邵主席
曹次长　刘副主任　吴副主任
俞部长　钱秘书长　钱主任
龚厅长　徐厅长　项厅长
何委员竞武　周署长　俞署长
张署长　周主任　毛总队长
陈会计长　欧阳教育长　王司长(务)
王司长(交)　陈司长(械)
杨司长　黄校长　尹处长　佘参事
徐主任秘书　李参谋　谭科长
罗科长

会商事项：

（一）罗科长报告情报。

（二）徐厅长报告。

本日日海军武官见参谋本部杨处长，询以赴保定之任务，是否策划作战事宜。杨答以到保定，系赞勷和平交涉，本人系海军出身，谈不到策划作战。因到保后，和平之路不通，故返京。

（三）邵部长力子报告。

路透社记者见我，谓中国某外交当局言，中国将对日绝交，不知确否。我当答以现在中国不致如此。但若日本强占平津，中国不得不发动全部自卫战争时或将考虑行之。

(四) 欧阳教育长报告。

昨晚八时，日军舰“莲”在南通青天礁一带停泊梭巡，今早六时始开走。近来日舰在长江甚为活跃，已派舰往青天礁一带搜索并监视矣。

(五) 熊次长报告。

上海失踪之日水兵宫崎，已在江阴水面捕获送外交部矣。

据云：失踪之当日晚，系在沪冶游未归。旋在沪匿居二日，乘小船至江阴，失足落水，被人救起，送苏省府转送外交部，经多方审问，始自认为宫崎。

(六) 周主任报告。

1．中国飞机并无在上海日租界编队飞行之事。

2．据报：日本飞机一架，系二发动机，曾飞往洛阳，又由洛飞郑，仅廿分钟，可知其速度颇大，且必系轰炸机。

(七) 熊主席报告。

南京防空兵器缺乏，请发高射机关枪若干。

(八) 徐主任明日赴石家庄，熊次长赴保定。

(九) 本日之敌情判断与情况判断(另纸)。

芦沟桥事件第十九次会报

时间　廿六年七月廿九日下午九时。

地点　部长官邸大客厅。

出席人员　何部长　钱秘书长　陈教育长
黄次长　刘副主任　吴副主任
周署长　俞署长　林教育长
黄校长　项厅长　尹处长　陈司长
杨司长　王司长　王司长
徐主任秘书　端木委员　龚厅长

徐厅长　陈会计长　朱司长(役司)

余参事　李参谋　谭科长　罗科长

(一) 罗科长报告情报及宣读日海军武官所送第二舰队备忘录。

(二) 部长谕：现在须计划办理者，尚有下列各项：

1．民食问题。

2．沿江各重镇居民之疏散。如南京市百万余人口，战时甚感不便，亦可先将妇孺迁移他处。此事虽不免使人民稍有恐慌，但终久必归实现，故可着手办理。尤其机关职员之眷属，尤宜先秘密移动(此项关系重大，须由军委会召集各院、部、会开秘密会商议，妥拟方案，请委座核示后，再逐渐办理)。

3．间谍之防止。

4．各省地方长官现在应准备之事项，并由中央给以大政方针。

5．兵员补充。

朱司长：兵员补充，已拟有方案，先成立三十营，即将开办。

部长：现有失业黄埔学生八百余人，可分派充任训练补充兵之干部。

6．粮食统制。

(三) 钱秘书长报告。

现在资源委员会已统计而取得联络之技术人员共有四万余人，分为矿冶、化学、土木、机械、电气五部分，彼等皆愿为国服务，但不明需要之所在，无从投效，请通知各部队、学校、机关，就上叙五部份各就需要之人才加以检点，以便随时延引。此四万余技术人员可以即刻组织起来，以供应用。

部长：兵工署、交通司、城塞组等各就需要，拟定延揽及补充计划。

朱司长：现正拟国民劳役规则，其性质与此相仿佛。

（四）朱司长报告壮丁动员演习办法（另有签呈）。

林教育长：民众动员训练，最好预想各重要战区就民众所应做之事拟定方案，如破坏敌人交通路、通信网等工作，不必工兵担任，使民众亦能担任为宜。

朱司长：已拟订民众义勇队战区服务规则，即系此意。

项厅长：原计划文字上拟修改二点：（1）课目内注意应用课目；（2）各省酌量集中演习者，加以限制，以节省经费。

部长：总务厅、兵役司会同再加修正后，呈军委会通令实施。

应办理事项，分别函请各主管机关拟办。钦。

芦沟桥事件第二十次会报

时间　廿六年七月三十日下午九时

地点　部长官邸大客厅。

出席人员　何部长　程总长　唐总监　陈院长
熊主席　郭司令（忏）　邵部长力子
钱秘书长昌照　陈教育长武鸣
曹次长　刘副主任　吴副主任
林教育长柏森　黄校长
周主任至柔　龚厅长　徐厅长
周署长　俞署长　张署长
陈会计长　项厅长　王司长（务）
王司长（交）　陈司长（械）
杨司长（制）　尹处长
徐主任秘书　佘参事　李参谋
谭科长　罗科长　端木委员

（一）罗科长报告情报。

（二）部长：委座手谕：各战区各集团军编制及经费，从速规定。

龚厅长：编制已拟就，明日拟召集有关人员开会检讨，即可呈出。

（三）刘副主任报告。陈会计长提山西阎主任请补发国防费案，如何办理。

部长：签请委座核示，并陈明财部未拨款情形。

（四）龚厅长：民食问题，除军粮设仓库外，民间富商似亦应屯储。

（五）刘副主任报告。(1)委座手令：军委会设总动员处，各部设动员科，每日会报商办总动员事。拟签请即以前日决定之总动员设计委员会为主体机关，不另设动员处。(2)汤部已调张家口，平地泉空虚，是否将何柱国骑兵军开往接防，及令朱、毛部队出动赴绥东(签呈委座)。(3)平汉路无负责指挥官，拟请派卫立煌前往(签呈委座)。

（六）郭司令报告。(1)武汉对租界之炮兵，已足用，惟对兵舰，则缺乏炮兵，故请调十五榴重炮。如能发给七七野炮，以着发信管之破甲弹，则重炮不调亦可。杨司长申明：七七野炮造破甲弹，系新设计，有无把握，尚属问题(调十五榴赴武汉命令，暂缓发表，俟郭司令返汉，与何主任、黄主席商洽后再定)。(2)为增强武汉兵力，请调77 D到武汉(签呈委座核示)。(3)汉租界日人表示决不退出。现武汉居留民共二千余人，且汉口以上日人，均已集中汉口，九江以下日侨，集中上海。至汉口日侨妇孺，现已走八十余人。

（七）黄校长：现首都防空兵器不够，如军校搬至庐山，则请将高射炮留下应用。又特务团，原定廿余门高射 Mg，现仅六门可用，应请补发。(列入新计划内，以新出品之 Mg 补充)

（八）李主任复程总长电，说明南宁通安南交通情形。(交兵工署。至请补助加强公路桥经费一节，俟桂省所派韦厅长到京再商办。)

附卅日晚各长官商定事项：(1)对上海日陆战队之应付计划；

(2)对汉口日租界之扫荡计划；(3)长江上下游各要塞之阻塞及对日舰之扫荡计划；(4)黄河铁桥被破坏后渡河办法；(5)大本营之秘密组织；(6)南京防空统一办法之实施；(7)各地日居留民之处置；(8)南宁—安南之道路，桂邕公路及湘桂公路与江西各公路桥梁之加强。

芦沟桥事件第廿一次会报

时间　廿六年七月卅一日下午九时。

地点　何部长官邸。

出席人员　何部长　程总长　熊主席　邵部长
唐总监　陈院长　钱秘书长
陈教育长　俞部长　曹次长
刘副主任　吴副主任　龚厅长
徐厅长　周主任　周署长　俞署长
张署长　黄校长　项厅长　徐兵监
陈会计长　袁处长　王司长
王司长　陈司长　朱司长　杨司长
端木委员　尹处长　佘参事
石科长　谭科长　罗科长

（一）罗科长报告情报。

（二）徐厅长报告敌情之综合及判断(如另纸)。

部长：速印刷通知各方，尤其河北、晋、绥、山东等处各将领，速用航邮分送。

（三）部长：韩主席向方来电，态度良好，主张抗战到底。

（四）刘副主任报告。(1)徐主任、熊次长等商妥沧保线各部队之新部署(如另图)〔略〕。(2)3 A 及23 D 改开顺德、彰德间，防守既设阵地，并加强工事。刘茂恩部两师开顺德集结。(3)关于其他各部队之调动，签呈委座请示(如另签)。

芦沟桥事件第二十二次会报

时间　廿六年八月一日下午九时。

地点　何部长官邸。

出席人员　何部长　邵部长　程总长　唐总监
陈院长　钱秘书长　熊主席
刘主任经扶　钱主任　袁处长
周主任　曹次长　吴副主任
刘主任恢先　周署长　陈会计长
黄兵监琪翔　张司令官文白
黄校长　龚厅长　徐厅长
徐主任秘书　端木委员　尹处长
项厅长　王司长(务)　王司长(交)
杨司长(制)　陈司长(械)
佘参事　石科长祖黄　谭科长
罗科长

(一)罗科长报告情报。

(二)防空检讨。

(三)张司令官请发京沪区工事经费。

芦沟桥事件第二十三次会报

时间　廿六年八月二日下午九时。

地点　何部长官邸。

出席人员　何部长　邵部长　俞部长　程总长
唐总监　陈院长　陈教育长
钱主任　钱秘书长　曹次长
刘副主任　吴副主任　龚厅长
徐厅长　俞署长　周署长　张署长

黄校长　黄兵监琪翔　徐兵监庭瑶
刘耀扬　陈会计长　项厅长
袁处长　徐主任秘书　姚副主任琮
王司长　杨司长　陈司长　尹处长
佘参事　石科长祖黄　谭科长
罗科长

（一）罗科长报告情报。

（二）战区内学校处置办法(教育部拟)。

（三）黄校长报告：报载杭州有敌机编队飞行事，不确。查系我国飞机(请邵部长转饬中央社更正)。

（四）部长说明八八炮急装事。

江阴区二连，限于八月底完成(永久炮位则限于四个月完成)。

南京区二连，限于八月底完成(永久炮位则限四个月完成)。

武汉一连，限于八月底完成。

又江阴区15cm四门，九月初可到，限四个月完成。

（五）通知中央社及新闻检查所，以后旅长以上军事长官行动及所属部队之番号与行动，不得在报上发表。

芦沟桥事件第二十四次会报

时间　廿六年八月三日下午九时。

地点　何部长官邸大客厅。

出席人员　何部长　程总长　唐总监　陈院长
朱主任一民　蒋主任铭三
何主任芸樵　熊主席天翼
余主任幄奇　曹次长　周主任至柔
刘副主任　吴副主任　姚副主任维新
俞署长　周署长　张署长
袁处长守谦　陈教育长武鸣

龚厅长　徐厅长　项厅长

陈会计长　徐主任秘书　尹处长

王司长(务)　朱司长(役)

陈司长(械)　杨司长(制)

佘参事　石科长　谭科长　罗科长

会商事项：

(一) 罗科长报告情报，其内容如下：(1)前线情况；(2)敌机活动情况；(3)上海情况；(4)青岛情况；(5)国际对中日战争论调。

(二) 徐厅长报告。敌国对作战之判断。

(三) 部长对各署、司指示各项：(1)重要命令、通报、报告之传达，尚嫌迟缓，如敌机活动及战报等电报，往往至次日始到。着交通司将前此发电手续再加检讨，另行规定，何项电报，应提前拍发，用何种符号。其有将符号误用或顺序颠倒者，应加处罚。又最重要者，可先译成密码，由电话传达。(2)无线电密码，应妥为规定，以免被敌窃取。现资源委员会有一种机器密码，可以不致泄露。着交通司询问接洽，并于明晚取来试验。(3)华北防空情报，着防空处妥为部署，务使严密、迅速。(4)我军出动部队，由刘副主任加以检讨。(5)军械司补充56D轻机关枪。

以下各署、司退席后，秘密会商所得知各项。

(四) 部长向余主任、何主席等说明平津作战经过。

(五) 与徐厅长谈，得知所拟情报组之组织如下：

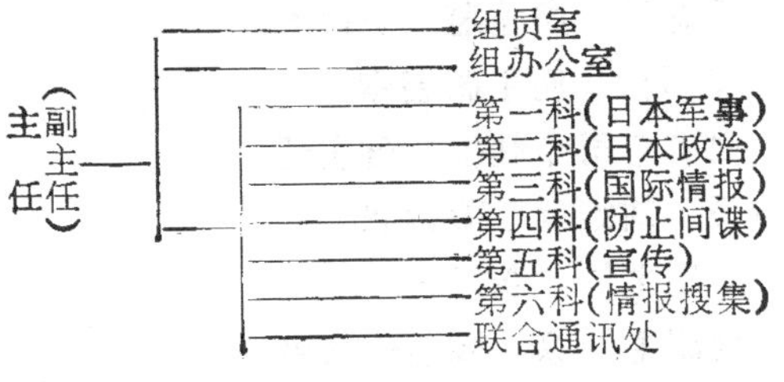

（六）与谭科长谈，得知部队新部署如下：

（甲）委座核定（在四长官签呈上批定）：(1)骑兵第三师由郃县开大同，与骑七师合编为骑兵军（军长何柱国），使用于察北。骑兵第十师使用于津浦路以东之侧翼，任掩护。(2)77D调田家镇，封锁武汉。(3)即令陕北朱、毛所部开绥东，出察北，向热河挺进（红军现编为三师，其番号115D、120D、129D）。(4)55D、独立5B、独立45B，使用于沪杭；61D、15D，使用于京沪，令经赣浙开拔。(5)首都警卫部队，稍缓再调36D。(6)王东原15D调粤汉路集结，驻黔部队调一师填湘西王师防，再调二师至粤汉路待命。

（乙）委座手令已发表各项：(1)84D、21D合编为军，高桂滋任军长，与刘汝明所部合编为察省守备军团，为刘为总指挥，即负责收复绥东、察北。汤军即向宣化、怀来集结为预备军。以上各军，统归傅作义指挥。(2)令朱、毛秘密由察北向热河挺进。(3)32A酌留一部守大名飞机材料。30D开保定。47D开石家庄。56D开蚌埠。2D开海州。(4)第一战区原为四个集团军，兹改为五个集团军。(a)津浦北段（刘峙）；(b)平汉北段（宋哲元）；(c)胶济路（韩复榘）；(d)浦口以北、兖洲以南、砀山以东至海州（白崇禧）；(e)鲁西之运河以西至黄河南岸（顾祝同）。

芦沟桥事件第二十五次会报

时间　廿六年八月四日午后九时。

地点　何部长官邸。

出席人员　何部长　程总长　唐总监　陈院长
熊主席　邵部长　何主席芸樵
俞部长　白副总司令健生　蒋主任
朱主任一民　刘维章　黎行恕
曹次长　刘副主任　龚厅长
徐厅长　姚副主任琮　钱主任慕尹

周主任至柔　徐兵监庭瑶

陈教育长　项厅长　黄校长

袁处长　周署长　俞署长　王司长

陈司长　尹处长　佘参事

端木委员　石科长　谭科长

罗科长

（一）罗科长报告情报。以下各署、司退席。

（二）徐厅长报告平津作战经过。

（三）佘参事报告战区划分及部队调动集中概要。

（四）部长询白副总司令桂省可出若干师。白答桂省现有七师，有六团正在开矿，故约有五师兵力可用。俟第二次征兵实行，可望增加若干。

（五）部长谕示各项。（1）战时政府所在地应加研究（是否以武汉为宜）。（2）外国新闻记者要求赴前线采访新闻，如美国合众社已派来六人，并已向外交部申请。此事由徐厅长研究办法，与外交部接洽，似宜派员引导，一面招待，一面监视，并妥为保护，使其对我有好感，可为我宣传。（3）秦市长云：奉委座谕：廿九军应照中央颁布之编制改编。又云：该军除损失外，现有者计132D七个团，37D九个团，38D六个团，保安队三个团，共廿五个团。等语。由曹次长与秦接洽商办。（4）上海工厂迁移内地，是否以移武汉为宜，先加研究，再呈委座核示。（5）冀、鲁等省各村寨，应挖掘外壕，使各村寨连络，以阻敌战车事，应下令办理（刘副主任先询钱主任已否下令）。

芦沟桥事件第廿六次会报〔缺〕

芦沟桥事件第二十七次会报

时间　廿六年八月六日下午九时。

地点　何部长官邸。

出席人员　何部长　顾主任(祝同)

何主任(成浚)　邵部长(力子)

熊主席(式辉)　朱主任(绍良)

钱主任(大钧)　钱秘书长(昌照)

曹次长(浩森)　周主任(至柔)

刘副主任(光)　吴副主任(思豫)

姚副主任(琮)　陈教育长(继承)

黄校长(镇球)　黄兵监(琪翔)

徐兵监(庭瑶)　龚厅长(浩)

徐厅长(祖诒)　袁处长(守谦)

周组长(斌)　周署长(骏彦)

陈会计长(良)　徐司长(培根)

项厅长(雄霄)　王司长(文宣)

王司长(景录)　杨司长(继曾)

陈司长(东生)　谭科长(道平)

石科长(祖黄)　罗科长(泽闿)

(一) 罗科长报告本日情报。

(二) 徐厅长报告。目下绥远、察哈尔情况,似较严重。

(三) 部长问敌在察、绥部队多少。徐答约二万余人。

(四) 部长问檀自新师之枪械发否。陈代司令答已发。

(五) 部长谕:(1) 第一期出动部队,七月底到达;第二期出动部队,八月初到达。(2)仓库之位置应分散(陈代司长注意)。(3)学兵队预算应早核定(陈会计长注意)。(4)31D 轻机关枪太少,应即补充,每连二挺(陈司长办)。

(六) 袁处长报告。汉口电话:据平汉路消息:日本东西京同时发生重大变故(不确)。

(七) 部长问炮八团之 15H 已否开往武汉。王司长答已下命令，尚未开动(决定改派一连前往)。

（八）部长：(1)明日国防会议时，航空事件由周主任至柔报告。(2)每日情报材料印刷否。徐司长答未印刷。(拟自本日起照谭科员所摘录之情况表印刷，用部长办公厅名义分送，当否。乞示。)(用军政部总务厅名义)

（九）部长报告今日与阎主任谈话经过。

（十）徐司长报告。敌集中相当兵力于大阁、丰宁（如12B、4D),有经独口及永宁、延庆直拊南口之背之企图。

（十一）国防会议各部应出席人员通知。

附录：阎主任之谈话　八月六日下午五时

1．政略：抵抗日本之侵略。

2．战略：实行持久战,放弃土地,无关重要。在持久战中应研究减少敌人三种力量,即：(1)飞机;(2)战车;(3)大炮。

3．战术：现敌军甚为骄傲,香月说中国军队若干师，均等于一师;又说中国军队师长以上,不知有国家,只知有个人。最好在敌傲慢之下,第一次会战须求得胜利,以正世界观听。尔后，再将军队疏散,实行持久战。

4．战斗：日军除运用火力外,他无所恃。其军官士兵,一生活优裕,二感觉战争无意义,故在战斗上,只要避开其火力,使其火力不能充分发扬,必可取得胜利。故我宜在有利之地形与之作战,使其飞机、战车、大炮皆失作用。又，我非支持一年，不能得苏俄之援助。

卢沟桥事件第二十八次会报〔缺〕

卢沟桥事件第二十九次会报

时间　廿六年八月八日下午九时。

地点　何部长官邸。

出席人员　何部长　程总长　俞部长　陈院长

黄主席(季宽)　熊主席　卫督办(俊如)

朱主任(一民)　钱秘书长

刘副主任　吴副主任　邵部长(力子)

袁处长　项厅长　龚厅长　徐厅长

黄校长　张署长　徐兵监(月祥)

周署长　陈会计长　王司长

王司长　徐司长　陈司长　谭科长

石科长　罗科长

（一）罗科长报告情报。

（二）徐厅长报告敌情判断：(1)平汉路未增兵力，该方部队有向昌平、古北口移动模样。(2)海上输送之部队，有约一师之兵力，到达塘沽，队号未详。(3)第十二预备师有向承德移动消息。(4)由国内开来之骑兵第一旅(13KR、14KR)，现在沽源。发现骑兵第四师有向赤峰、多伦移动消息。(5)热河伪军向察北、热西移动。

（三）黄主席意见：(1)对上海应作积极之准备，如敌人增兵上陆，应先以空军轰炸之。因之，我空军应推进至上海附近，随时至海上行侦察。敌虽有航空母舰，但不能同时起飞，其空军必较我为劣势。(2)对敌兵舰，最好用小电船，置以多量炸药，藏于吴淞口一带，俟敌舰驶入，出其不意，直闯近而爆炸之，较鱼雷艇尤为有效。(3)在河北战场，应令前线部队派出挺进队(每师一营)密入敌之后方北宁路一带扰乱侦察。

（四）熊主席意见。大本营宜从速成立，方可各负责任。惟目前未正式宣战，日方现仍以关东军及驻屯军名义指挥，并无作战军司令部之新组织。我大本营似亦不宜公开，惟大本营所属各部宜速秘密成立。

（五）朱主任之意见。大本营所在地，第一步在南京，则大本营人员虽至开炮及敌机轰炸时，亦不许离京。

（六）部长。

1．余汉谋请求各项：(1)燕塘分校学生，请分散在韶州、肇庆(可照办)；(2)广东暂分为十个师管区(可暂准照办)；(3)广东向义大利所订购之水雷，何日可到(军械司查明)；(4)粤军请编为五军及二独立旅，军长：张達、张瑞贵、李汉魂、李振球、叶肇，独立旅长：罗梓材、李江(交刘副主任核办)。

2．宣读军律草案(项厅长再审核)。

3．函宋明轩恢复政治训练，派宣介溪负责，请予接洽(已告谢主任照办)。

4．查明已训练之河北特工人员五百人(袁处长查)。

5．电阎主任，告以察绥敌情及敌人有先击破察省部队企图，请推进二三师至平地泉。如需部队填防，请指定地点，以便派队入晋接防(已办)。

芦沟桥事件第三十次会报

时间　廿六年八月九日下午九时。

地点　何部长官邸。

出席人员　何部长　程总长　唐总监　陈院长
龙主席(云)　顾主任　黄主席
熊主席　邵部长　白副司令
卫督办　朱主任(一民)
何主任(雪竹)　曹次长　刘副主任
陈教育长　黄兵监　姚处长
黄校长　徐厅长　陈会计长
钱秘书长　周署长　王司长
袁处长　周主任　尹处长　陈代司长
陈劲节　吴副主任　王司长
项厅长　徐司长　王教育长(达天)

徐兵监　谭科长　石科长　罗科长

（一）罗科长报告情报。

（二）徐厅长报告上海方面之敌情判断。敌在沪陆战队仅三千人，由汉口来者千余人，连同在乡军人，亦不过六千人，在未增兵到沪以前，似不致发动事变。惟现在既已发生虹桥机场事故，则日方或将藉口保侨，向上海增兵一二师。

（三）部长。注意秘密（如飞机及炮弹等，中央党部人员多知其内容）。

（四）程总长提出，现市面发生谣言甚多，应由警备司令部注意其真伪：(1)中央军校纪念周时，有日人混入，不知确否？陈教育长：恐系误传，因军校有461号汽车入内，或系卫兵误认为481号，盖481号车为日本新闻记者乘车也。(2)飞机场汉奸扰乱及射伤卫兵事，确否？周主任：确有其事，现正查究中。(3)熊主席：南昌破获汉奸机关，捕女犯二名，已在九江枪毙。

（五）刘副主任报告德总顾问法肯豪森往前线视察返京，先用口头提出下列报告：(1)敌方中级以上军官愿意作战，下级官及士兵则甚恐惧，我方适相反，士兵奋勇，高级官恐惧。各部队一般士气旺盛，惟间有枪枝窳劣者，如万福麟部。(2)敌机轰炸保定，系侦察机，其所投炸弹，不过十二磅。由于我方不善用高射兵器，故敌机如此活跃。又观击落之敌机，系旧式。如我空军出动，必占优势。(3)工事线似注意沧石线，实嫌过于落后，即沧保线，亦嫌其落后，最好推进至大清河。(4)我军如在一星期前采取攻势，必可将平津敌人歼灭。但目下再准备攻势，尚未为晚，因集中部队已不少也。(5)我方情报工作太不良，不独敌情不明，即自己兵力位置、前方负责将领，无一人完全明瞭者，此为最危险之事。以后应特别注意情报之搜集与整理，每日至少有二次将敌我情况作图对照。(6)取攻势时，卢沟桥及其以西地区，地形良好，永定河亦便于渡过，选为攻势地区最为相宜，应派各级官长前往该地区，认识地形。(7)廿九军不可担任一方面之作战，宜调至后方整理；如仍使其担任一方面之作战，将必引起大不幸。此事关系太大，虽牵涉人事，故亦直言之。(8)我方高级官过于怯懦，如万福麟即其一也。余(顾问自称)曾向万建议击退当面敌人之少数部队，推进至永定河，但万云其部队不行，故不敢实行等语。但考察其部队，士气甚旺，实系其本人不行。

(六) 汉奸之严厉处置：公开枪毙。谷司令报告：现拘押汉奸甚多，拟于数日内审问清楚，严切处置。

(七) 电前线各部队，敌用于第一线者，皆系装甲汽车，并非战车，对此种装甲汽车，即步枪亦可用钢心弹射击之，毫不足畏(已办)。

(八) 电刘主任经扶，速赴保定组织集团军指挥部，部署一切(已办)。(查卫俊如系平汉方面集团军副司令官，是否促其赴前方，乞示。)

芦沟桥事件第三十一次会报

时间　廿六年八月十日下午九时。

地点　何部长官邸。

出席人员　何部长　程总长　唐总监　陈院长
白副司令　黄主席　朱主任
卫督办　熊主席　顾主任　熊次长
曹次长　邵部长　刘副主任
周署长　姚处长　陈教育长
徐兵监　张署长　袁处长
王教育长　龚厅长　黄校长
钱秘书长　徐厅长　欧阳教育长
陈会计长　项厅长　王司长
徐司长　陈代司长　尹处长

石科长　谭科长　李参谋　罗科长

（一）罗科长报告情报。

（二）项厅长报告国家总动员建设委员会成立经过及经办事项。

（三）曹次长：各国动员法，下级机关无向上级机关请示之权，只能遵照命令实施。现我国许多事情，下命令后，往往申述困难，及请示以后，关于总动员事项应禁止申述及请示，方可奏效。又凡呈委座尚未奉批之事项，应仍照所拟实行；其有不必请示者，则先做再呈报备案。

（四）唐总监：兵工署对防毒面具之检查，不可过严。黄主席：对于毒气及飞机之威力，宣传过甚，而对地下室防毒面具等之要求，亦过严，似应注意。

（五）熊主席提惩治汉奸法。交项厅长，限三日内审查完竣。

（六）张署长报告医院筹备情形。准备成立三十个后方医院，三十个临时医院，连同原有医院共一百〇六个医院。现在已成立者，后方医院十个（每个可容一千人），临时医院二十个（每个可容五百人），合计约有八万人之收容量。成立X光组、手术组、防疫组等游动工作。另有卫生视察队，每军或每师派四五人参加。六个卫生列车，每列可容一百〇五人，专在各铁道线任伤病兵之运输。卫生汽车组，每组可运四十三人。卫生仓库，用船舶输送。重伤医院四个。卫生材料，已准备一百师人及所有医院六个月所需之材料。民众方面，由红十字会、卫生署、军医署合组非常时期卫生事项连合办事处，正积极进行中。各教会医院，约可收容五千人，于不得已时使用之，每日每人需纳费五角。

（七）部长谕示各项：(1)各路运煤车，设法开行，不得扣留。(2)委座手谕：(a)已制成防毒面具成品几何，以后每五日，须有五千具送石家庄（兵工署遵办）。(b)本月份德国运来货物，何日可以到港，查明呈复(兵工署)。(3)粮食须有船舶输送。(4)教育部文件，应准其由差轮运输。

芦沟桥事件第三十二次会报〔缺〕

芦沟桥事件第三十三次会报

时间　廿六年八月十二日下午九时。

地点　何部长官邸。

出席人员　何部长　唐总监　顾主任　陈院长
刘副主任　钱秘书长　邵司令
王司长　陈会计长　徐司长
俞署长　陈代司长　吴兵监
杨司长　黄兵监　张署长　黄校长
林教育长　尹处长　袁处长
王教育长　邵部长　陈局长
陈教育长　卫督办　姚处长
朱主任一民　吴副主任　项厅长
王司长　邹次长　曹次长　朱司长
谷司令　周署长　谭科长　李参谋
石科长　罗科长

(一) 罗科长报告情报。

(二) 邵司令报告江宁要塞8·8炮装置情形，并拟试射及实弹射击。

(三) 吴兵监和宣报告江阴8·8炮装置情形，依原来计划，于八月底完成，现已电令设法提早完成。

(四)部长谕：以后京汉间江轮，酌配高射机枪防空。

以下各署、司退席。

(一) 大本营位置暂在南京。

（二）冯副委员长速组第三战区司令部，赴苏、沪前线指挥，参谋长人选，以熊次长担任。

（三）第三者路线速决定。

人事方面，派参谋长三人前往，先称联络参谋。

子弹补充，着先将武器种类、口径造册呈报，酌予补充。

朱等宣言，暂缓发表（有日有半通电式之电报，有国共合作之语，亦不发表）。

（四）孙殿英名义问题（候委座核定）。

〔国民政府国防部史政局及战史会档案〕

13. 何应钦要宋哲元自津赴保坐镇主持往来密电

（1937年7月）

（1）何应钦密电（7月12日）

特急。天津宋主任明轩兄：393密。顷闻大旆抵津，至慰驰系。惟芦事日趋严重，津市遍布日军，兄在津万分危险，务祈即刻秘密赴保，坐镇主持，无任盼祷。盼复。弟应钦。文亥。秘。

（2）宋哲元复密电（7月14日）

急。南京部长何：3932密。文亥电敬悉。因兵力大部在平津附近，且平津地当冲要，故先到津布署，俟稍有头绪，即行赴保。辱蒙关切，至为感谢。谨复。职宋哲元叩。寒。印。

〔国民政府国防部史政局及战史会档案〕

14. 熊斌报告平津及其附近地区军政情形密电

（1937年7月14日）

急。牯岭委员长蒋钧鉴：符密。1. 职本日午后八时抵保定，寓省政府。2. 此间士气甚旺，外传妥协之说，绝对不确。但日来天津方面或有接洽。3．中央决心及准备情形，此间当局似未能完全明瞭，已代为解说矣。4．日方飞机连日在保定、石家庄一带侦察，此间因无防空设备，恐大部队集中保定，不免危险。希望中央能派一部分空军部队及防空部队来保。5．明轩因平汉线上队伍不少，而津浦线上较为空虚，故电孙仿鲁嘱其北上部队到沧州以南集结。但冯师先头业抵正定，现经商定在保定郊外下车，分驻铁路两旁森林中。6．前方昨日小有接触，本日平静。7．丰台日军集结二千余人，向大瓦窑、五里树、芦沟桥方面警戒。又有日军千余人由天津开出，经杨村向通州前进。冀东伪组织之保安队已开赴密云一带。8．冯治安主席在北平任戒严司令，指挥平郊作战；张市长病痢甚剧，亦在北平。宋明轩主任，大约暂无来保意，已函促之，托由阎百川主任所派现〔之〕张荫梧带去矣。9．经新乡晤庞军长更陈〔臣〕，托转恳委座准其驻新乡现两团一并开赴前方，以厚兵力。又，特费一万五千元，请仍照发，可否，乞径示。谨先电呈，余续报。职熊斌叩。寒亥。印。

〔国民政府国防部史政局及战史会档案〕

15．徐永昌对芦沟桥事件主张"以小屈求大伸"电

（1937年7月14日）

敬之先生勋鉴：宛平事件，日人声言，不期扩大。今先肯定敌情，日军部之暴戾举动，果出整个日政府之意乎？抑非整个日政府之意乎？如出整个日政府之意，而犹声言不期扩大，是以欺骗言论激励其国民，并求得世界之谅解；如非出整个日政府之意，则其声言似属可信。就昨日求见我参部某科长之日武官所云，其要求尚不甚奢，似有和平之望。今更肯定我国果以及时抗战为利乎？抑最小限尚须一年或半年之准备方较有利乎？若以及时抗战为利无论矣。倘尚须一年或半年之准备，则此时以努力忍耐为宜。顺日武官之绪而寻之，亦未始非计。果能维持和平以达我由忍耐求准备

之目的，我固有利，即无结果，我又何尝不可以求和平不得益重日人之暴而博世界之同情耶？总之，今日之事，似宜以小屈求大伸。我公谋国公忠，必有安危至计。弟以全国利害，不忍不竭其愚，藉资裁择，乞亮詧焉。敬颂勋绥。

弟徐永昌手启　即刻

〔国民政府国防部史政局及战史会档案〕

16. 何应钦等于芦沟桥事变后筹划军事有关会议记录及附件

（1937年7—9月）

七月十四日

曹　熊已于一小时前到保，寓省府，据云：方已到天津，孙部已过石家庄，在保军事长官，希望中央军不到保定，因天津日飞机甚多，保定无防空设备。

部长　委座电外部发表申明书，但甚难着笔。据确息，十一日晚，宋已签字，承认日方条件。现中央并非宣战，既求和平，而地方政府已和平了结，而中央不知，尚调兵遣将，中央地方太无连系，结果电话告钱主任转陈委座核定。日方及汉奸挑拨，谓日军系拥护冀察利益，拒止中央军占冀察地盘。对张自忠部下，则谓仅打张〔冯〕治安，不打张部。又英国领事及一新闻记者见宋，宋发表谈话，谓代表所签字，因日军兴师动众，非得一点凭据，面子不好看。现日本仅二十师人，用于平津者不过五六万人，中央有十师归我指挥等语。

七月廿日上午十一时　于会

何　程　唐　徐　刘　吴　林　曹　龚　徐　王　罗

部长　大战准备，须先有具体方案，昨已请诸位考虑，现请尽量发表，以便电委座采择。

一、总顾问案(如另纸)；二、罗案；三、龚□举乌尔摩会战宋之态度不外：一被敌先解决，二灰色，故我增援军宜增至十师左右，以求能击破入关之五万敌人。山东韩之态度，如与宋同，则战略大不利，宜先行注意绥东，宜进攻张家口及①；四、佘案，先集中大军于沧保线；五、王案。

1. 入关者，不过一师一旅，合计五万人计算。

2. 日本国内非大损失，不致生变化。

3. 日经济，俄国少，而以美为最多，英次之。英之经济封锁难能。美国中立法案于我不利，应行外交，使不行中立法案。俄国非在三条件之下，必不参战，惟仍应外交上尽力，希其在边境摇旗呐喊，以牵制F军不入关。1. 中败日；2. 中国持久甚久，日则精疲力竭；3. 中俄政治发生关系，如同盟或走入第三国际路线。

唐　应依目前状况最低限，赤颗颗〔裸裸〕说，我是弱国，故抗战须迟〔持〕久，凡一重要城池，非流血不放弃。但以大兵力白白牺牲，则不可。长城、上海战事，可为殷鉴。我集中甚缓，且铁道受敌机防〔妨〕害，故大本营幕僚须注意弱国之作战，故全国动员最为重要，即以持久战消耗敌人为目的。以此决心，应付此局面，一切事体顾虑现实状况，一切事，就实际取办法，可以做到办法。又情报统一国际宣传(各国大使、公使，一致动员)。

部长　电熊次长、廿九军参长，随时将敌人到达数目及位置，详侦电告。

曹　其时平津作战为必要，最好集中部队，不仅平汉，由山西至滦口亦可进兵。

部长　应付非常事变之准备各项方案，交几人以冷静态度研究成案，不局部准备，应全部准备，在全部未准备完成以前，仍以外交周旋，不可挑战。

---

① 原文如此，似有脱漏。

程　整个计划，现是否容许我从容准备，即目前如何达到此准备之目的，敌系对多国准备，我系对一国准备，敌如得到小利，即行停止，以行蚕食，故我应达到集中能应付之，使敌不知之准备。

部长　1．应付非常时期各项方案，由参一厅、军委员高一组，加林厅长、罗科长、余参事，由刘副主任负责。2．总动员实施计划，以俞部长为主任，项厅长为副主任，俞署长、高二组长、参四处长、程高级参谋泽润、李兵监国良、军务司长、行政院何处长、资委会钱秘长、秦秘书汾①。3．情报，陈立夫为主任，徐副，由外交部李司长统筹办理，并成立新闻处。

…………

实施总动员谈话会记录

时间　廿六年七月廿一日下午四时。

地点　何部长官邸大客厅。

出席人员　何廉（行政院）　周骏彦（军需署）　沈静（参谋部）　俞飞鹏（交通部）　陈良（会计处）　王文宣（军务司）　竺鸣涛（军委会高二组）　陈东生（军械司）　俞大维（兵工署）　钱昌照（资源委员会）　项雄霄（军政部）　曹浩森（军政部）　秦汾（赵祖康代，经济委员会）　程泽润（交通部）

主席　何部长

记录　罗泽闿

决议事项：

（甲）全国总动员之机构与组织，将来另行研究。

① 原文如此，意犹未尽。

（乙）就目前即须实施事项，决定如下：

（一）粮食统制　由实业、财政、内政、军政四部计划实施，由实业部召集。

（二）民众组织与训练（包括壮丁训练、技术训练、防空防毒训练）　由中央党部、民众训练委员会、训练总监部、教育部、内政部、军政部主办，由训练总监部召集。

（三）资源统制　由资源委员会、经济委员会、实业军政财政交通铁道各部会同主办，由资源委员会召集。

（四）交通统制（包括国际交通线）　由交通部、铁道部、军政部、资源委员会、经济委员会会同主办，由交通部召集。

（五）各地卫生机关及人员、材料之调查统制　由军政部、卫生署、内政部会同主办，由军政部召集。

（六）财政金融之筹划　由财政、军政、实业三部研究，由财政部召集。

（丙）将决议各项通知各部，迅速召集研讨实施。（已由项厅长拟办部稿通知中）

武器整备会议记录

时间　廿六年七月廿五日上午九时。

地点　部长官邸大客厅。

出席人员　项厅长　王司长（务）　王司长（交）　陈司长（械）　程高级参谋　徐主任秘书　余参事

主席　部长

记录　罗科长

决议事项：

（一）旧枪七八万支，迅速修理及添设修械所。

1. 将旧枪移一部分于华阴修械所，从事修理。

2. 在湖南衡阳南方东阳渡旧兵工厂址设修械所，并将旧枪先移一部前往。

（二）余参事说明修正之战斗序列。大约四个战区军，第一线兵团合共约一百师，五个预备军合共约八十师。

（三）依据战斗序列，库存兵器之分配：

1. 现有哈乞开斯高射机关枪之分配(约共存三百挺)。(a)韩向方五个师，每师发四挺，共计廿挺；(b)第三线之调整师，每师发八挺或十挺；(c)第一线部队现无高射兵器者，每师酌发四或八挺。以上原则，由军务、军械两司将部队番号、分配数目，于一日内列表呈核。

2. 现有斯来得山炮，轻者十六门，重者十二门。如何支配使用，亦由军务、军械两司计划呈核。

3. 现有8·2迫击炮约一百廿门，尽第一线部队先行支配，由军务、军械两司计划呈核。

4. 现存步枪数及应发部队，亦妥为计划呈核。第一线部队应补充武器者计有：(a)韩部74D已发二千支，另一千支已通知来领，八月可发，并令该师将原有枪支并为二团使用；(b)孙部31D已补充Mg，尚须补充步枪；(c)15D、62D之武器，查明现状如何，应否酌予补充；(d)121D、新8D，须换发新枪。

（四）节省弹药办法。节省弹药、防空、防毒、防战车、防装甲汽车等项，由项厅长会商训练总监部，作为简明军歌印发各部队。

（五）钟松旅之充实：

1. 另给独立旅番号。

2. 成立一通信连、一特务排。

3. 该旅经费自八月份起，直接向军需署领取，人事以后亦直接呈报(通知军需署及钟旅)。

（六）现有工作器具及通信器材，查明数量，并拟定支配于第一线部队办法。

（七）各省旧有兵工厂之调查（如华阴、开封、长沙、东阳渡等处），通知兵工署派员调查，以便利用。

（八）3·7战车炮，迅速编成，准备随时可以出动。（交通司王司长云：该炮所需汽车，约三星期可以到齐。）

（九）委座令交，将税警总团改编为装甲师（即系意大利轻快车之意）。

王司长报告务司审核及编制检讨意见。

部长：1. 呈请委座先购7·5野炮一团（约需六百余万元）；2. 税警总团存款先购汽车，先准备以一团机械化。

战车防御炮分配使用计划

（甲）要领

一、现有之战车防御炮共一百廿四门，以大部分配于第一线兵团，以一部控置于后方要点，留待尔后机动使用。

二、分配于第一线兵团者，以沧保、沧石、德石线上之部队为主，而绥东、胶东、京沪、汉口方面，亦各分配一部。

三、控置于后方者，以南京、徐州为主。

四、分配于第一线兵团者，以分配于军部（或总指挥部）为原则，各该军部（或总指挥部）应就战区内交通状况，预想敌方战车可以使用之方面，如铁道、公路、大道各要点，随时配属于所所〔在〕之师。

（乙）火炮现情

新购三公分七战车防御炮共一百廿四门（教导总队所有者不在内），其所属单位及地点如下：

1. 绥东4D、89D各一连，共十二门（马挽曳）。

2. 京沪区87D、88D各一连，共十二门（马挽曳）。

3. 装甲兵团所属一营计三连，共十八门（机械化在南京）。

4. 炮一旅负责训练一营计四连，共廿四门（机械化在汤山）。

5. 第一军负责训练一营计四连，共廿四门（机械化在徐州）。

6. 武汉分校负责训练一营计四连，共廿四门（机械化在信阳）。

7. 军校、步校、交辎校各一排（二门），共六门。

8. 库存四门（三门已不堪用）。

（丙）分配办法

一、绥东4D、89D各一连，共十二门，仍旧属之。

二、京沪区87D、88D各一连，共十二门，仍旧属之。

三、军校、步校、交辎校及库存者，共十门，多已损坏，暂仍旧。

四、武汉分校负责训练之一营廿四门，分配如下：

1. 26路孙连仲，一连，计六门（使用于沧保线之平汉路附近）。

2. 十四军李默庵，一连，计六门（使用于沧石线之平汉路附近）。

3. 53A万福麟，二排，计四门（使用于沧保线平汉路以东地区安新、任邱附近）。该军所担任地区，多湖泊（白洋淀），大道较少，故仅分配二排。

4. 29A宋哲元，一排，计二门（使用于沧保线之吕公堡附近）。该军之37D在满城附近，无使用战车炮之必要。至38D及132D，在沧保线上，正面甚狭，故分配一排。

5. 汉口警备司令郭忏，一连，计六门（使用于汉口日租界，将来任务完成后，再分配于第一线兵团）。

五、炮一旅负责训练之一营，分配如下：

1. 40A庞炳勋，一连，计六门（使用于沧保津浦路附近）。

2. ？A① 关麟征，一连，计六门（使用于沧保线、德石线之津浦路方面）。

3. 三路韩复榘，一连，计六门（使用胶东方面）。

---

① 其旁注有（25D、85D）字样。

4. 3A 曾万钟，一连，计六门(暂控置于彰德)。

六、第一军负责训练之一营(廿四门)，暂不分配，仍控置于徐州，以备尔后之机动。

七月二十七日上午8:30在委座官邸会报决定事项

一、我军应仍照原定计划在沧保、沧石二线上集中，构成阵地，期在此线上与敌作整齐之战斗。

二、电告宋哲元(军委会办)：中央军以援助平津，期与敌在永定河地区作战之目的，先以主力集结于沧州、保定之线。第二十九军应固守北平、卢沟桥、长辛店、涿县之线，与保定方面保持确切连络。为增援二十九军，令孙连仲部二十六路军即向永定河地区前进，此后该路军归该主任指挥，该路军之行动，即由该主任妥为规定。至该路军原防地保定、任邱一带，另令万福麟部五十三军推进接防。

三、令孙连仲部二十六路军即向永定河地区前进，该路军之行动，此后归宋主任哲元指挥。所遗保定、任邱、河间、献县防地，已令万福麟部五十三军接防(刘副主任11:30电话：河间、献县另令曾万钟部接防)。

四、令万福麟部五十三军即推进于保定、任邱之线，接二十六路军防地，在该线上构成阵地。

唐　徐　蒋鼎文　俞　王　刘　何部长　王　项　吴　林
谷司令　曹端　尹　佘　谭　张鉴　张治中　王　黄镇球
陈　周　俞

(一) 黄校长报告防空情形(如另表)〔缺〕

1. 牯岭2cm炮共十门，速电调返京，控置使用。

2. 各处防空司令部及监视所应速成立，首都防空司令署暗中成立，以谷司令为司令，另设副司令二人。

3．另须控置2万3·7高炮，随航空根据地以行动。洛阳不必派3·7炮，武汉则加多〔增加〕3·7炮四门。

4．石家庄少派一连，留一连控置之于南京。石家庄一连，先在开封待命前进。保定三连（卅六师仅抽二连）。

5．置子弹要点：青龙山、武昌、信阳、蚌埠。俞署长主张置于火车上活动使用。

6．明日由林厅长召集有关人员，商讨其位置及子弹分散。根据作战计划，下命令节省高射炮子弹及□一简单守则。

7．到保定之三连，先开彰德，□10D控置之。

（二）调动部队事，明日会报再研讨。

抗战会议　七日在何部长官邸

报告主题

一、平津作战经过（以部长与宋主任往返电文为根据）。

二、敌军动态及敌情判断（以搜集所得之情报及参谋本部七月卅一日止之判断为根据。

三、以后作战计划（徐报告）。

（一）平津作战经过

1．七月七日卢沟桥事变发生时，部长在渝，于八日奉委座电令返京，乃于十日飞京，遵照委座意旨，为全般抗战准备，此时开赴前线部队：二十六路二师，四十军庞部一师一旅，五十三A万部之推进；10D、83D，已令集结；准备动员者：二十五D、十七D、八十四D、廿一D、三A。

此时前方部队一面输送后方，如：1．弹药仓库之设置，国外交通线之筹划；2．粮食，十万人半年□；3．防空及新兵器之分配；4．总动员之筹划。

…………

2．宋到津后，希望和平，着孙部在河北境外停止。及部长催其赴保，宋又来电，以和平尚有希望，请千忍万忍，及报告和约内容(自十一日至廿二日止)，为文、寒、皓、铣、马、养各电(宋皓晨到平)。

3．宋到平后，和平希望益微(自廿五日起发生冲突，至廿九日晨三时宋离平止)之情形，为宋之宥、感、俭、艳各电。俭日上午，秦、冯电，谓宋决心守北平，三五日内，当可无虞。是日部长与各长官紧急会商之结果，决增援平、津，一面令孙部迅速推进至永定河，归宋指挥，令万部推进至保定，接孙防后方集中部队□，决定迅速输送，逐次推进，并令庞部照宋意集中沧州。孙部于俭晚以火车输送，27D拟在长辛店下车，31D拟在涿县下车，再转进至固安一带永定河之线。艳晨宋退北平，致孙部在中途停止，未得参加平郊作战，引为遗憾。

4．现在我军部署

A．沧涿线(平汉以琉璃河、涿县、高碑店三线为掩护，津浦以静海、马厂、青县为掩护。)

B．沧石线

C．德石线

(二) 敌军动态及敌情判断

1．七月十六日止所〔逐〕日之情况(如送外交部节略乙项)。

2．廿六日止之敌方情况(如阵中日记所列表)。

3．卅一日止之敌情判断(如参部所印)。

八月十一日下午四时谈话会

何部长　唐总监　白副司令　黄主席　朱　周　叶　卫督办　陈教育长

一、徐司长报告敌我情况

二、白　情报太不灵，似可派人携无线电至平、津，潜伏侦察。

三、黄　平汉路部队过于拥挤，宜推进至保定以西地区，以太行山为根据。

四、周　大部均在：115D在淳化、顺义一带，贺龙部在耀县，其余大部在甘肃正宁一带。奉命后集中需时，且令集中榆林一带较之指定集中日期，相差过远，故此次来京第一问题，即在请指定捷近路线，最好沿渭河北岸经韩城渡黄河。

五、部长报告上海电话

日方请求二项：1．保安队军事设备撤除；2．为保侨，有三千陆战队上登〔岸〕，请谅解。

周　敌之主要者为吞并整个华北，他处则扰乱及武装挑衅，但仍以华北问题为中心。中央方针系全局布置，加紧华北抗战，委座决心，甚为正确。依此坚强决心，整个部署，动员全国军民，方可得最后胜利。外交拖延办法，亦可便利军事完成及民众动员及一切军事准备，但不可动摇抗战决心。

1．主战场在华北方面，不可因一部问题而牵及局部之发动，局部之持久，以争取全部作战之准备。他方面如上海，敌有武装威胁之可能。即福建方面及青岛、海州，皆有夺我海口之可能。惟主战场仍在华北，其局部扰乱，不过分散我兵力。故在坚定方针之下，可以采援兵，以完成动员之方案。又闻外交上可寻得妥协途径。在此情况之下，欲恢复卢沟桥事变以前状态（日军撤退平津，我军退出河北），此为不可能之事。作战方针上，为展开黄河北岸之抗战，则交通运输有被截断之可能，故第一第二战区须培养可独立持久之能力，因在华北由阵地战转为平原与山地之扩大运动战。正面防御，不可倚赖一线及数线之阵地，因兵力不如敌人，突破一线，则影响第二线，故正面宜以集团工事，虽被突破一点，不影响其他，而由侧面扰乱之。

2．其次，则用游击战术，交通大道则坚壁清野，在其侧面山地则不退，且组织民众，以军事人才指导。

3. 派员连络组织敌后方民众。

概括言之，装备良好部队宜尽量用于山地及农田地，以行运动战。敌将用许多方法，先取得南口、张家口，而增加平绥线上。因道途过远，希望能早日出发。在察部队利于守，中央军及国军利于突击迂回。如南口、张家口不守，则无法迂回。

4. 关于军制

（1）国防会议希望在作战期间，成为委座有力辅助机关。

（2）中央机关重复多，而统制缺乏。

（3）预备军区宜即刻动员，以从事各种准备。惟军区划分，不必以历史关系，宜以每一军区可以独立予作战军以人力物力之供应为宜。（如陕、甘与四川连成一区，即不相宜。）

（4）编制：利用北伐经验，为使运动战轻便灵活，则采三三制为利。如现一师二旅指挥单位较多，反不利于独立作战。

（5）动员方面，能将一切部队列入序列为佳，至地方守备部队，长江敌舰已退，与我有利，则可用保安队、民团担负之。

（6）军队政治工作，须扩大及统一，使全国政治工作方针依北伐经验而统一施行，不外军队本身及民众之组织。

（7）西北方面，希望回民有一部分军队参加，以吸引民族之抗战，以便〔免〕发生回民之异动，如第二德王者。

朱 战略上，一面对峙，持久防御，但在物资条件上有相当困难。但事实上战略上又需要此持久防御。中国科学落后，武器只有相当，故不能不多拼人力，单靠正面持久不行，正面广大，彼方不能不以多兵对峙，亦为一利。但我既决心在华北作战，在背水之形势下，战术上应采攻势。战略持久，正面用相当兵力，工事坚固，虽飞机、大炮亦损失不大，以巩固正面。正面兵力拥挤，必受损失。必伸至侧翼以活动，因敌人作战不可离开道路，我则应离开道路，以行运动战。在运动战中，希望能零星解决之。

敌必固守其后方阵线，故我宜尽量破坏其后方。迨我动员完成，准备周到，仍应转取攻势，以恢复平津。最大活动方面，仍为第二战区，此区可用大兵力，策动于敌之后方，即出东三省，亦必由此前进。目前为巩固华北，固一时办不到，但南口、张家口须能固守。今日情况判断，敌将来攻上海，但必系声东击西，以吸引我之兵力。敌之目前主要战线，必系张家口，以除侧方顾虑。至长线攻绥，亦不至发生。彼得张家口后，仍必进兵华北。现据大军在黄河北岸，则正面打破不能退回，只有由侧面前进，以与之拼命。大军若无好后方，则顾虑甚大，故宜在民众中设法就地解决。有此计划，方可依靠，不与敌拼火力。第一第二战区为主战区，兵力已有相当多，但仍须准备兵力于该两战区，因敌必不以大兵在他方策动也。故在江长上海①，但先制以各个击破敌人，以各方面之胜利而巩固主战场之胜利。政治力量，甚为重要，因在整个抗战之下，民众完全一致，在此有力条件，必须应运用之，以发生力量。战区内居民之政治工作，即应开始，由上而下，由下而上，须组织之，方可发生力量。对日本之破坏，以政治工作亦必有效，因敌之侵略战争，矛盾甚大，欲战胜以消此矛盾，如不胜则矛盾更大。故抓住此弱点，将真理阐明，以使其下层消极，则政治之破坏，尤属必要，F虽不瓦解，必趋消极。

游击战为抗战中之重要者，破坏敌人后方，牵制敌人，不能不以大兵力守其后方，效果甚大。每一游击队长训练好，则破坏其输送等，可使其部队前方一半，后方一半。躲避战争，扰乱后方（另有具体建议），欲办此事，宜先开办一训练班。

后方划分，四川划入第一【战】区不相宜，似可划入第二战区，因陕、甘物资不足，需要相当补给也。一般之方针与计划，甚同意，惟第三、四区兵力，尚有加入第一区之必要。预备军已动员者，亦宜迅速开至相当地点，因我之动员系已成，军队只出动也，

---

① 原文如此。

宜速至第一线为宜也。至后方治安，只要保安队维持，必无问题。

黄　防御方面，以交通路线为基点，采纵深点线防御攻击，用对流式攻击，敌向我点线攻击，我即以点线侧攻击之。现因守南口、张家口固甚重要，惟对平、津之攻击问题，大可考虑，宜以少数兵力牵制敌对南口之攻击。战争开始，宜如何根绝和平妥协空气，因持久战之持久。

八月十二日上午十一时三长官谈话记录

地点　部长官邸。

出席人员　何部长　黄主席　白副司令
　　　　　黎处长行恕　徐司长培根
　　　　　罗科长泽闿

（一）十八军所属之11D、14D、67D，转运至津浦路南端，准备使用于江南，以应付上海之作战，经电话通知钱局长遵办（应否补发电令，乞示）。

又据钱局长云：十八军现在输送状况如下：1. 14D先头已到安阳以北，尚有一小部在长江以南未运；2. 11D过江部队，只有三分之一；3. 67D过江者，不过五分之一（未过江部队，是否令由武昌改用船运来，乞示）。

（二）在衡阳之第九师，可准备调用。

（三）1. 广西准备出兵四师（三团制师共十二团），先开至衡阳上车。又桂省现役为二十个团，拟令三个月内再增编三十个团，共准备五十个团之兵力（现已有四十团之武器、干部、军士等）。

2. 广西兵工厂之扩充，经费、人员、机械等之整理，由中央派人前往检验后，统一办理。（今日下午三时，由黎处长与兵工署俞署长面洽，并拟定具体计划。又李总司令来电一件，已送俞署长。）

3. 广西飞机场可容飞机百架，范围颇大。现航空高级人员约有六十人，第一期航空兵三十人，均可作战，第二期航空兵六十人，则仅受普通军事训练。

4．南宁分校可容三千人，为训练干部最完全之地点。

（四）拟令广东先调二师，并先成立五个预备师。

（五）98D在本日上午十二时以前，可以输送完毕，陆续到沪。张向华方面，应令57D推进至浦东及南市近郊。

（六）四川拟定出兵十师（四十团），须调精锐部队，或令准备五十团先出二十团，或先出三至四师，其余第二期再调。

（七）云南部队有三万八千支比造良好步枪，四十余门炮，每团有步兵炮六门，每营有重机关枪连，现共有二十五团，可先出二师。

（八）宁夏可先令出一师。青海亦令出一至二师。

（九）各省速筹办补充兵若干师，湘、豫、滇、黔等省，尤应速办。

（十）第三者部队最好集结长安，用火车输送至前方，或以一部使用于山东泰山山地，一部使用于平汉路以西山地，一部使用于察省。

（十一）本日下午五时，各长官赴委座官邸会商一切。

附记：以上各项系准备计划，均未正式下令。

八月卅日下午八时会报

出席人　部长　曹次长　陈院长　胡军长　张副监　徐兵监　谷司令　项厅长　钱秘书长　黄校长　邵司令　王司长　徐司长　陈司长　朱司长　罗科长

一、朱司长报告筹设补充兵经过

1．各省拨保安团补充情形。

2．第一期野战补充营一〇营，后方补充营二〇营。第二期野战补充营七一，后方补充营七五。第三期野战补充营一九，后方补充营五五。共野战补充营一〇〇营，后方补充营一五〇营。

二、部长　分二种办法：(1)每师一个补充团，由各师自行训练。(2)本部另办补充营。

三、胡军长　十九军战争时，八日内死伤六千余人，因本师自办补充团，每团有三千人之多，自己招募，随时训练，仅三星期，即可作战，故损伤虽大，但始终可维持作战能力。

四、部长　将平汉、京沪路上作战部队均成立补充团，团长亦由各师自派，即在其作战后方由其训练。至何师应成立，视其作战情形而定，由军务司长、兵役司长、徐参事、罗科长等负责办理。

十五公分炮限期做临时炮位(曹次长催城塞组照办)。

部长　兵的来源：1. 照管区名册征集；2. 无管区之省，责成省政府照数送来；3. 招集志愿兵(广事宣传，使人民乐于抗日，奋勇应募)。

应即成立补充团者如下：88D　36D　11D　14D　67D　20BS　57D　98D　教总　87D　56D　1D　6D　51D　58D　78D　27D　10D　83D　2D　25D　85D　21D　4D　89D

(甲) 目前实际形势

一、自南口、张家口失守，我在北正面有利之态势已失。现晋军放弃大同，退守雁门关，我平西山地之卫纵队已处孤军突出之状态。目下由平西越永定河取攻势之企图，事实上已不可能。

二、沪战胶着，双方无限制增兵，我为确保江南腹心地，又不能不以精锐部队与敌周旋，因之我战略重点，无形中已转移于江南。此时北正面只有采守势作战，逐次抵抗，与敌持久，以待川、桂军集中完毕，或沪战告一结束，方可策划北正面之攻势。

三、敌以关东军沿平绥路进展，占领大同后，将囊括绥远全省，以组织所谓蒙古国。其驻屯军及新到部队，若以主力攻下沧县，再沿沧石大道以趋石家庄，以遮断我平汉路十余师部队之后方联络，则我军将被压迫于太行山地，此为最不利之形势。

（乙）今后作战要领

一、上海方面，暂时以阵地战之手段与敌持久，俟敌兵力疲惫，攻击顿挫，仍〔乃〕相进攻，以期可以转用兵力。

二、晋绥方面，以主力固守雁门既设阵地，一部守绥东逐次抵抗，并多采游击战以扰敌之侧背。

三、河北正面，以沧保、德石两线阵地为凭藉，与敌持久抗战，待川、桂军集中完毕，或江南兵力可以转用时，再策划攻势。但沧保、德石两线上，应控置有力之机动部队于中央，以策应各方，并随时行战术上之攻势，以局部之包围歼灭敌人。

（丙）处置

一、将卫纵队之 10D、83D、85D 独、55B，再附以 2D、25D，编为有力之机动兵团，撤至河间、献县、武强附近地区，为负下列任务：1. 掩蔽石家庄根据地；2. 作沧保、德石两线之总预备队；3. 敌如越沧州南进，则侧击之，如由沧州向石家庄或保定西进，则迎击之。

二、平汉路以 26 路三师一旅、3A 两师 47D、94D 及孙蔚如两师，共九师一旅，担任作战；以冯钦哉两师位置石庄附近，为预备队，但须以任邱、保定、满城为主阵地。其在琉璃河、徐水等线上，系警戒阵地性质，敌如以小部队来犯则击退之，如以大部队进攻，宜逐次抵抗至主阵地，再与决战。

三、万福麟部及商震部担任沧保、德石两线上中间地区之作战，须能与平汉、津浦切实连系。

四、津浦县〔线〕上，以 40A、67A、49A 共五师半，固守沧州。廿九军及刘汝明部队，除抽精良一部作津浦线预备队外，余抽出德石线上作工事。

五、敌如以主力攻下沧州而保定仍能撑持时，则可将沧保线变为德保线，而以卫纵队出击，以歼灭津浦之敌。

六、敌如以主力沿平汉路南下，则万一保定不守，则沧保线变为沧石线，或退守德石线，而以卫纵队向平汉路出击。

七、第八路军之使用有二案：1. 用于平汉路以西山地，协同平汉路作战，而由山地绕攻敌侧背；2. 用于绥远方面，使其独立作战，成功则直趋察热，不成功则在绥宁一带与敌持久，并保有与外蒙及苏联之联络。

八、晋军固守雁门，可能则规复大同。

汤指挥之84D、21D调石庄。

萧之楚、刘培绪二军，亦止于石庄，系总预备队，不必往大同。

九月五日上午十一时

部长　次长　项厅长　徐参事

徐　现总动员设计委员长〔会〕对总动员业务，尚不能总其成，最好在大本营设总动员部办事较好。

部长　唐总监意见，现中央力量已完全用于南北二方，最少须练成十至廿师以控置之，既可用于前方，亦可控置后方。

部务会议

预备师(正规军)

一、就指定各省成立预备师十个，以中央库存及新购武器(不足者则以各省保安团中优良武器选用)编成正规部队，控置后方，加紧训练。

二、补充军遵委座指定〔示〕动员各省(每省十万)为标准，成立若干补充团，并各省成立若干保安团(以壮丁队补充保安团)，以源源补充。

三、民众武装组织，全国五百万人。

部长：现拟每省组织武装十万，全国预计二百万，以维持第一线百余万之战斗力。人员动员办法，已拟定送项厅长。

政略战略

一、中日战争估计一般以为敌至相当胜利后，即将进行谈判，以为可以利用谈判，以行拖延。此种意见固属正确，但事实上，中国空前之统一团结及国防力之增强，日人必另有一种估计，非给我以大打击，再一二年后，更不可侮。此为一因素。另一因素，即国际问题，我以为日人对象为苏联，既占我东四省，即可引日人刀尖以向苏联。但日人为对苏联，必先占中国。吾人观察托洛斯基派之破坏，其论调在缩短世界战之过程，以保存苏联之工业与经济，故苏联之肃清托派，即为扫清此障碍。但东方甚少此派军官，其肃军不致影响东方之防御力量，此力量一九三八年完成，为日本之大威胁。因此因素，日人必迅速侵略中国，亦在此。日人企图至少欲击破我主力及破坏我国防建设，最后占我华北，以使我多年不能恢复，彼可专心对俄，故日人乃大规模之破坏作战，决非不战而胜及小威胁而已。英人不可靠，或对此次日人行动已有默契，亦未可知。

日本战略展开，必先取得下列五点：上海、青岛、天津、北平、张家口。日人对我估计错误，现动员计划及经费预算，均须重新布置，现尚未完成其战略展开。

1．我之重点在上海，虽胜利不能转移全战局；如在平绥线置重点，则可转移全战局，而破坏敌人整个计划。

2．持久问题。真正助我者，只有苏俄，故保守平绥伸至察热，以保有与苏联之联系，乃最重要者，因其他海外交通，将被敌封锁也。

故当时应因应当时状况，或先击破攻南口之敌，或先击破承德南下之敌，配有大员，活用第一第二战区之兵力，以主力击破敌人，乃为得策。

二、(1)应有专门刊物，将十年内战、一·二八上海及长城作战及阿比西利亚、西班牙以及此次南口、张家口、上海之经验，提供实际问题。(2)虽战略上持久,但战术上仍应攻势,以求速战速决。(3)战略上虽采内线,但战术上仍应取外线,随时包围敌人。

故集团防御战争、广大游击战争、广大民众之运动战,以此三原则,以行作战。

三、武装民众

军委会之下设有总动员部,省有省动员部,县有动员支局或动员科。(总动员部以军事政治混合组成)

每县估计壮丁数,以不减地方生产力为限,将壮丁尽量动员,成立补充师、补充团。真正补充前线时,再来一次动员(双重动员),经政治工作后再赴前线(以自愿为多)。在补充团内,不一定有枪,仅有刀矛、坏枪等。第二次动员后入某部队,再发武器。另以宣传鼓动,使动员容易。

动员后之巩固工作,则为儿童、妇女之鼓励监督等,并帮助被动员者之家庭工作等,以巩固动员之确实。有逃回者,积极监督,并禁止宣传入伍之苦。

战区工作则为大本营之政治工作。如预计敌人可侵入者,作坚壁清野工作(战区工作委员会),规定清野区域、后方收容区域及后方收容办法。壮丁则事先编成游击队,在战区内扰乱敌之后方;其无游击兴趣者,则采其所长,而分配战区工作。故战区以参战为原则,后方以生产为原则。

粮食问题。政治部、经理部、地方绅士共同组织粮食委员会。在行军中,军队过境前一二日行程,派人与之接洽供给(或代价购买),战区则以代价向各地粮食委员会嘱其集中于粮食补给点。补充前线部队时之出发时及沿途,应由地方举行热烈之欢迎欢送。

〔国民政府国防部史政局及战史会档案〕

17. 何应钦要宋哲元等当心日方缓兵之计往来密电

（1937年7月）

（1）何应钦密电（7月15日）

机急。天津宋主任明轩兄、北平秦市长绍文兄、冯主席仰之兄：3112密。顷据确报，丰台之日军现正集中包围南苑一带，首先消灭南苑一万二千之我军，将为日军机动之第一目标，虽自昨晨三时半以来，当地形势稍现和缓，谈判亦已重开，中外富有眼光之观察者，以为现下之混沌沉闷状态，实有诡谲欺诈性质，众人以为日军当局，现仅等待增援完竣，然后发动，以驱廿九军于河北省境外耳。等语。查日人效一·二八故事，先行缓兵，俟援军到达，即不顾信义，希图将我廿九军一网打尽，形势显然，最为可虑，望即切实注意，计划应付为祷。弟何应钦。删酉。参。印。

（2）宋哲元密电（7月16日）

特急。南京军政部部长何钧鉴：2577密。删酉参电敬悉。自芦事发生以来，哲元即首先顾虑到全局之如何发展，周详审慎，以期万全。兹奉电示各节，倘不幸而真成事实，则是现在已陷绝境，应请中央作第二步准备，以待非常之变也。谨复。职宋哲元叩。铣午。印。

〔国民政府国防部史政局及战史会档案〕

18. 严宽报告北平汉奸乘机大肆活动情形密电

（1937年7月15日）

南京部长何：○密。据报汉奸申振林、张亚龙、邢照堂等，企图促成伪大北方人民自卫政府，该等鉴于芦案之突起，乘机大肆活动，并受日方利诱，故在力图进展。现彼等议定梦想之步骤，大要如下：1. 于政治转变后，廿九军退出时，即由大北方人民自卫集团出为收拾，以维治安。2. 由李金城等负责编组两万之基本保安队。该伪团体现密设通州。3. 与友三实行合作，到必要时，拟推戴子玉出来号召。4. 经济，日伪负责。5. 日韩浪人与汉奸已组恐怖团，设东单三条居留民房，促成自卫伪府等云。职宽叩。删二。印。

〔国民政府国防部史政局及战史会档案〕

19. 芦沟桥事件发生以来日军行动节略①

（1937年7月16日）

卢沟桥事件发生以来日军行动节略
七月十六日送外交部稿

（甲）事变经过

（1）七月七日十二时，日军一中队在卢沟桥外演习间，藉口闻有枪声，当经收队点名，发现缺少一兵。

（2）日本武官松井认为枪声系由卢沟桥城所起，要求率队进城搜查。

（3）我驻芦沟桥部队以值深夜，日兵入城，足引起地方不安。且我方官兵正在睡眠，枪声非我方所发，当经拒绝。该武官以我方不允，即令日军向卢沟桥城取包围形势。经与日方商定，双方派员前往调查。

（4）日方所派之寺平副官到达芦沟桥后，仍坚持日军入城搜查，我方未允。正商议间，忽东门外枪炮声大作，继西门外炮声及机枪声继起，我方均未还击。少顷，炮火更烈，我方为正当防卫计，始行抵抗。

（乙）事变后日本国内及朝鲜驻军动员情形

（1）第二十师团文日由鲜出动开华北，该师预备军由神户到鲜。

① 此件系战史会抄件照录送外交部稿，发文机关未详，沿用原标题。

(2) 第十二师团亦有开华北消息，闻将由大连登陆。

又讯：该师团已由佐世保用船舶输送，其登陆地点未明。

(3) 在韩之第二十工兵联队、第二十六炮兵联队、第二十七骑兵联队，均自文日起，由韩分批向天津出动。

(4) 在韩之预备役已行召集。

(5) 日本第十师团已准备出动。

(6) 日本第五师团已上船出动，向天津输送，其预备役亦均经召集。

(7) 日本在天津之在乡军人，均已发给武器，随时召集。

(8) 朝鲜军在京畿道征集在乡军人万人补充部队。京城方面医学生数百，邮务员四十，汽车夫三百，日、鲜民伕二千，大汽车征发殆尽，铁路集中车辆，十二日起供军运五天。

(9) 日本大批飞机出动，到丰台者已四五十架，并在造家村设飞机场。天津飞机数十架。

(10) 神户自十二日起扣商船十四艘。大坂码头因装运军械，不准外轮靠岸。川崎职工多被征调。

(11) 安东、沈阳各地十三日晚起，宣布防空令，军需用品运输忙碌。

(丙) 事变后日本关东军向关内输送及包围平津强迫车辆之情形。

(1) 自芦沟桥事变发生以来，日关东军纷纷入关，截至十五日止，由榆开天津兵车共二十列，每列挂车自二十七八辆至四十余辆不等，所有迭次强行开车时间及到达天津时间，以及迭次机车号数，路局均有详细登记。

(2) 日军到津下车后，均陆续循平津公路及津保公路向北平及保定方向行军，对北平取包围形势。

(3) 元日，有日军军官等在天津东站，强用该路二二八号机车及三等客车、马车、货车、□车多辆，组成专车一列，于十三点开行，运军及马，正赴丰台。又驻塘沽日军，将该站仓库强行占驻，并将该库内电话交换室原设机件一并占用，仍迫该站电话生代任接线工作。

（4）元日上午二点卅分，日军官一员，带兵十余名，将天津东站下行站台女候车室，占作该军临时警备办公处。

（5）寒日日军在天津东站成立天津停车站司令部，占用该站贵宾室办公。

（6）日军约二千名，现仍在瓦窑、五里店、邮店子、大井村、七里店、东管头之线，与我对峙，以少数部队占领并构筑工事，大部集结于造家村及丰台日兵营内。

（7）由山海关运津十余列车，人员三千余，马约三百匹，重野山炮卅余门，高射炮六门，载重汽车百余辆，唐克车四辆，铁甲车十三辆，电信、架桥、铁道、建筑等材料甚多。

（8）十五日日步炮兵约二千，炮二三十门，由津徒步出发，向北平方面增援。午后六时到杨村宿营。十六日早一时向通县前进。

（9）津海光寺日兵三百人于十五日早一时出发，徒步往丰台。

（10）伪冀东保安队第一二两总队及教导总队，刻集结于顺义、高丽营、怀柔等地，将通城内防务让于日军。

（11）高丽营新到日步骑兵百五十人，密云驻日军一大队。

〔国民政府国防部史政局及战史会档案〕

20. 顾祝同报告刘湘表示四川愿出兵参战密电

（1937年7月16日）

特急。牯岭委员长蒋：寒辰渝电谅邀钧鉴。〇密。顷据刘甫澄咸秘电称：潘仲三旋省，转述奉委座电询川省出兵事，敬悉。在此国难当前，正我辈捍卫国家报效领袖之时，弟昨已迳谒委座，一陈明下悃，并通电各省，主张于委座整个计划之下，同德一心，共同御侮。自当漏夜整军方案赶速改编，以期适于抗敌之用。拾师之数，决当遵办。川省应负责任，不惟不敢迟误，且思竭尽心力，多所贡献也。耿耿此心，尚乞代陈。等语。查整军会后，甫澄心理确已较前好转，出兵事当可做到。谨先电呈。职顾祝同叩。铣午。渝。印。

〔国民政府国防部史政局及战史会档案〕

21. 何应钦关于中共表示愿共同抗日意旨密电

（1937年7月16日）

（1）致蒋介石密电

机密。牯岭委员长蒋：（1344）密。据西安行营侯厅长成删申电称：关于第三者调出参战①事，曾与叶剑英洽询，叶并将此意转告肤施。顷得复电如下：（一）蒋委员长及政府决心抗日，我们竭诚拥护，愿在委员长指挥下努力杀敌。（二）红军主力，准备随时调动抗日，并已下令各军十天内准备完毕，待命出动。（三）同意担任平绥线作战任务，并愿以一部深入敌后方，打击敌后。（四）惟红军特长在运动战，防守非其所长，最好能与善于防守之友军配合作战，更能顺利的完成国家所给予的使命。等语。职意该军之使用，俟正式战事发动时，似可照办。除复电转知前途予以慰勉外，谨电参考。职应钦。铣(未)。参。印。

（2）复侯腾密电

机密。西安行营侯厅长天士兄：删申电悉。(1131)密。第三者之使用，俟正式战争发动时，可以照办。除转电委座参考外，希转告前途，予以慰勉。何应钦。铣(未)。参。印。

〔国民政府国防部史政局及战史会档案〕

① "参战"原稿为"抗日"，系何应钦所改。

22. 何应钦要宋哲元等一面不放弃和平一面应作军事准备密电

(1937年7月17日)

机急。天津宋主任明轩兄、张市长荩忱兄，北平秦市长绍文兄、冯主席仰之兄、张参谋长樾亭兄：〇密。综合近日情报，日本国内已动员及出动之部队，有第五、第六、第十、第十二、第十六等五个师团及朝鲜之第二十师团。日军部共征发邮船会社、大坂会社及国际山下、三井等社商船，共三十余艘，调兵遣将，未稍停止，而关东军陆续输送至天津者，截至删日止，已二十列车，当已在一个师团左右，并有数千人沿平津公路及津保公路前进中。其在芦沟桥正面者千余人，正构筑工事及在造家村设飞机场。窥其用意，显系对北平及南苑取包围形势。而近日则派小参谋数人与我方谈判和平，希图缓兵，以牵制我方，使不作军事准备，一俟到达平郊部队较我廿九军占优势时，即开始攻占北平，先消灭我廿九军。此项诡计，最为可虑。一·二八之役，可为前车。兄等近日似均陷于政治谈判之圈套，而对军事准备颇现疏懈，如果能在不损失领土主权之原则下和平解决，固所深愿，第恐谈判未成，大兵入关，迩时在强力压迫之下，和战皆陷于绝境，不得不作城下之盟，则将噬脐无及。望兄等一面不放弃和平，一面应暗作军事准备，尤其防止敌军奇袭北平及南苑，更须妥定计划。弟意宜以北平城、南苑及宛平为三个据点，将兵力集结，构筑工事，作持久抵抗之准备。如日军开始包围攻击时，我保定、沧州之部队及在任丘之赵师，同时北上应援，庶平、津可保，敌计不逞，如何？希酌夺见复。弟何应钦。篠。参。印。

〔国民政府国防部史政局及战史会档案〕

23. 熊斌关于宋哲元对中央有“隔阂误会”之处密电

（1937年7月17日）

急。南京何部长、程总长、唐总监、徐主任钧鉴：0467密。据由津来保之张荫梧君言，宋对中央决心及准备，似仍不免隔阂与误会，为图运用圆滑计，实有此间情形向委座报告之必要，而此中曲折，又有非电报、电话所能确切表示者，经商请鹿瑞伯、张荫梧二君即夕赴郑转飞牯岭，面陈一切。又，前日赴津之李处长灼约明日回保，已切嘱其商请明轩尽量发抒意见，并开具具体办法带来，以便转呈核夺。谨闻。职熊斌叩。篠未。印。

〔国民政府国防部史政局及战史会档案〕

24. 蒋介石为调商震部四团赴石家庄待命密电稿

（1937年7月17日）

北平、天津宋主任：3112密。兹调商震部原驻黄河以北之四团开赴石家庄，集中待命。希知照。中〇。篠未。侍参。牯。

〔国民政府国防部史政局及战史会档案〕

25. 蒋介石命孙连仲庞炳勋所部归宋哲元指挥密电

（1937年7月17日）

南京军委会徐主任：2894密。兹致宋哲元、熊斌、孙连仲、庞炳勋一电，文曰：第二十六路孙总指挥所部、第四十军庞军长炳勋所部，统归冀察绥靖主任宋哲元指挥，并派熊次长斌驻保联络，仰各遵照等语。希查照。中正。篠申。侍参。牯。

〔国民政府国防部史政局及战史会档案〕

26. 熊斌为宋哲元就芦沟桥事变表明态度密电

(1937年7月18日)

南京何部长、程总长、唐总监、徐主任钧鉴：0467密。职抵保后，觉意志未尽统一，原因在前后情况不甚明了，特托李处长炘赴津说明中央意志及准备各情况。明轩已有了解，刻亲由津电话告知数事，请为转陈：1. 战争恐不能免。2. 彼现在津，不能有明白表示。3. 决不作丧权辱国之事，请勿听谣言。4. 应作第二步计划，即召张维藩赴津转保与斌商洽。谨电奉闻。参谋次长熊斌叩。巧巳一。印。

〔国民政府国防部史政局及战史会档案〕

27. 何应钦要宋哲元秦德纯等"坚苦撑持"密电

(1937年7月19日)

急。北平秦市长绍文兄：巧子电奉悉。〇密。极密。明轩兄与兄等支撑危局，艰苦备尝，委座极为明了，此间同人，亦极能体谅。承示复慕尹兄各点，愈见忠忱谋国，荩虑周详，尤为佩慰。国危至此，实惟有举国一致，内外相维，有牺牲之准备，作折冲之后盾，然后可谋挽救。刻下全国意志，极为齐一，整个抗战计划，此间亦正积极统筹进行中，还望兄等本既定之方针，坚苦撑持，则最后胜利，当能我属也。明轩兄闻已返平，最近情形并祷随时详以见示，无任盼祷。弟应钦。皓。秘。

〔国民政府国防部史政局及战史会档案〕

28. 熊斌关于宋哲元表示对芦沟桥事变将本中央意旨处理密电

(1937年7月19日)

(1) 致何应钦密电

南京何部长敬公并转颂、孟、次诸公钧鉴：0467密。职铣日电明轩，以挑拨离间为某方惯技，当此严重时期，应请格外注意。兹据巧电复称：铣电敬悉。当此多事之秋，外间谣言，决不能置信。现在危机四伏，将见如二十四年之往事，日本企图侵占华北之表现，已无可讳言。弟向以国家为前提，以民族利益为依归，本中央意旨办理，丧权辱国之事，决不去作，谅我兄亦能见信。此间情形复杂，非文电所能尽述，请原谅之。等语。谨闻。职熊斌叩。皓午。印。

(2) 致何应钦、程潜等密电

南京何部长、程总长、唐总监、徐主任钧鉴：6912。顷接明轩由北平电斌称：1. 今晨十时由津返平。2. 皓〔巧〕午后一时，与香月在某俱乐部见面，双方表示不愿事态扩大，早有恢复芦沟桥事变前之和平状态。3. 本人始终站在国家立场，国民地位，本中央意旨处理，希望中央忍耐。以上三项，嘱为转呈，并谓待面商之事尚多，希望职赴平一行。谨闻。职熊斌叩。皓未。印。

〔国民政府国防部史政局及战史会档案〕

29. 宋哲元再次表示决本中央意旨处理一切与何应钦往来密电

(1937年7月)

(1) 宋哲元密电(7月19日)

特急。南京部长何钧鉴：3112密。哲元今日上午十时由津返平。昨日下午一时，在天津与香月彼此会晤，除普通寒暄外，彼此希望早日恢复本月八日以前状态。哲元决本中央之意旨处理一切，并请钧座千忍万忍。知关钧注，谨此电陈。职宋哲元叩。皓午。印。

(2) 何应钦复密电(7月20日)

急。北平宋主任明轩兄：皓午电奉悉。2577密。大旆返平坐镇，闻之至深欣慰。吾兄为国守土，备历艰辛，中枢中人，靡不感念。惟日人谋我，野心未戢，观其着着部署，用意难测。嗣后情形，务祈随时赐示，俾得密切联系，共策应付也。弟应钦。哿辰。秘。

(3) 宋哲元复密电(7月21日)

南京部长何钧鉴：哿辰秘电敬悉。2577密。我公所见深远，极为敬佩。战事之事，将来恐不能免。刻下方在合法合理之原则下，本中央之意旨处理一切。如有具体办法，即行报告。谨复。职宋哲元叩。马。印。

〔国民政府国防部史政局及战史会档案〕

30. 熊斌转告日军又向芦沟桥地区发动攻击等情密电①

(1937年7月20日)

急。南京委员长蒋、何部长、程总长、唐总监、徐主任钧鉴：2577密。1. 据长辛店戴旅长电话：本日午后三时，有炮兵掩护之日步兵连〔约〕千余向我芦沟桥东门攻击前进，约发炮二百余响，炮弹有落在长辛店街市者，我方死伤兵民十余人。大井村方面，对北亦有炮声，交战约一小时，旋即停止，傍晚复来攻，现仍在对峙中。吉团长受伤甚重。2. 据南苑张参谋长电告：杨村续到日兵约二千人，在通州之敌兵千余人，经顺义向高丽营移动。又，敌骑千余，由狼筏渡河，已被击退。3. 职今晨二时乘火车赴长辛店，改乘汽车赴北，行抵卧龙岗，因新辟道路泥滑，又适逢大雨，车辆陷入泥中，无法前进，遂折回保定。谨闻。职熊斌叩。号戌。印。

〔国民政府国防部史政局及战史会档案〕

---

① 何应钦在电文上批有："呈阅。并转吉团致慰问之意"字样。

31. 孙连仲报告平津前线军政动态密电

(1937年7月21日)

(一)

京委员长蒋：〇密。报告：1. 职到保分别与各厅处长谈话，该员等对敌欺我，统甚愤慨。2. 到保后知宋主任已于巧卯由津抵平，以与宋一时不克晤谈，遂赶派警务处长李炘赴平代表谒宋，适阻雨，乃返。嗣当仍派前往。3. 闻二十九军在不丧权、不辱国条件下与日谋和，乃虚与委蛇，藉作充分准备。4. 自宋到平，即传出改组冀察政委会为自治会之消息，惟宋未赞同。5. 宋在津发表谈话，另有作用，请免予顾问。6. 嗣后凡宋上钧座电，请不予发表，免敌方对宋质难。7. 钧座每予宋函电，最好指示中兼寓奖赖之意。8. 职正多方进行，必期婉达钧意旨，俾能上下明澈情通。职孙连仲。马申。秘。印。

(二)

急。京军委会委员长蒋：领密。报告：1. 本日芦沟桥方面无动作。2. 原驻北平冯治安师一部调离北平，以赵登禹师一旅接防，明早开始交替，赵、张两师为主和者。3. 谋和条件，要为取缔反日分子及宣传道歉、撤惩挑衅主官冯治安及经济协调等四条，以最末一条为主要。4. 凡职报告、电报，请密不发表。职孙连仲叩。马戌。秘。印。

〔国民政府国防部史政局及战史会档案〕

32. 杨宣诚关于宋哲元与日蒋关系错综复杂情形报告

(1937年7月22日)

窃职此次随熊次长赴保定工作，所有北方情形，均已由熊次长随时报告，无待赘述。惟电报电话中，有未能尽者，谨遵熊次长面谕，再概略报告如次：

一、宋与中央仍不免隔阂，而最大原因，不外宋之部下恐中央军北上，渐次夺其地盘，此种错觉，似甚普遍。虽经熊次长详加解释，仍不能免。至谓宋已中日人之宣传，谓中央军之北上，另有企图，此层并不确实也。

二、宋个性倔强，本人绝不至为日人所屈服。不过宋之部下，实乏见识远到之人才，宋是否不为所愚，自属另一问题。

三、宋及宋之部属，似均视事太易，即中央所转报之日本动员出师情报，冯治安主席曾电问究竟是否确实，即此可知。

四、宋暂时与日方谋妥协之唯一理由，则因其部队始终未集结。闻卅八师迄今仍分驻八处，宋欲缓和一时，以便集中军队。就目下形势而论，一旦战事爆发，宋部实有被日人各个击破之虞。

五、中央北上之师，宋初均令其止于河北南境，意谓大军北上，必刺激日人。且保定防空设备全无，大军云集时，如遭日人空军轰炸，必不免重大损失。经熊次长与各部队长官商定配置地点（沿漕河在沧保线上布防），宋似意不谓然。迄今对孙总指挥禀到之电尚未复，孙、万均极感困难。

六、据北平谍报员报告，日人此次欲使华北脱离中央，曾有种种计划，仍以宋为华北政府首领，齐燮元、陈觉生、何其巩辈，均在罗致之列。此时所谓之条件，大约不过表面上文章，随后必有一极严酷之条件提出，届时宋究竟如何应付，熊次长已嘱李处长炘密询之宋。宋答云：我有决心，决不屈辱，将来即令与日人成立何种协定，必较以往之何梅协定为佳等语。

七、宋头脑较简单，个性较强，而部下无人才，环境又恶劣。中央此时似不能操之过急，仍以敷衍罗致为宜。此点，熊次长命当面报告。

八、宋颇忌昔日西北军首领北上，如鹿委员钟麟此次赴保，宋颇不悦，鹿去电请其来保，宋竟复以作战应在前线，后者何为者。鹿与通电话，宋竟不接。诸如此类，可概其他。

九、宋对中央虽不免牢骚，然仍怀畏惧之念。熊次长原拟请鹿委员飞牯岭，代向委座报告一切，宋闻之，即多方阻其行，即其明证。

十、据闻所谓和平接洽条件，桥本群(日驻屯军参谋长)所提者与和知鹰二(驻屯军参谋)所提者不一，日方之无诚意如此，其别有用意，事实显然。

右报告，谨呈。

部长何

参谋本部第二厅第一处处长　职杨宣诚

〔国民政府国防部史政局及战史会档案〕

33. 宋哲元关于同日方拟定处理意见三条与何应钦往来密电

(1937年7月)

(1) 宋哲元密电(7月22日)

急。南京何部长钧鉴：2494密。马秘电承示与日本喜多武官谈话各节敬悉。此次事件发生后，哲元始终本中央之意旨处理，关于交涉经过，曾于本月十一日概略协商，拟定下列三条，即：1. 廿九军代表对于日本军队表示遗憾之意，并责任者处分，以及声明将来负责防止再惹起此类事件。2. 中国军为日本在丰台驻军，避免过于接近易于惹起事端起见，不驻军于芦沟桥城郊及龙王庙，以保安队维持其治安。3. 此事件认为多胚胎于所谓蓝衣社、共产党、其他抗日系各种团体之指导，故此将来对之求讲对策，并且彻底须取缔。等语。查该条件内容，均甚空洞，本拟早日电陈请示，因双方屡次冲突，故未即报告。刻下虽较有进步，然尚无把握，就今日情形观察，此事或可暂告一小段落。所有以上三条，已分陈委座并请我公赐予指示。惟此后枝节仍恐不免，祈我公垂注为祷。谨复。职宋哲元叩。养。印。

(2) 何应钦复密电(7月23日)

北平宋主任明轩兄：养电奉悉。3112密。吾兄应付事变之苦衷，中央同人靡不感念。委座于接兄电后，业已电复，计当达览。今日国危至此，惟有向外一致，密切连系，方足以策万全。兄处有何困难及嗣后一切情形，亦盼随时示知。弟棉力所及，自当竭尽维助也。弟应钦。漾亥。秘。

〔国民政府国防部史政局及战史会档案〕

34. 吉星文为率部奋起抵抗并表示抗战到底决心电

(1937年7月24日)

部长何钧鉴：马戌参电敬悉。星文前在京高教班第五期受训期间，蒙委座及我公之朝夕训诲，深知国势危急已若累卵，军人职责，至深且巨，矢志决本委座爱好和平之旨，并我公所指示之救亡图存大道，向前奋斗。乃倭寇抱侵略之野心，复逞其占据东北四省之故智，一再来芦沟桥无端挑衅，用机枪重炮向我驻地猛攻，横施射击。星文守土有责，此种无理之侮，殊难容忍，不能不作正当之防卫，遂督率部属予以痛击，幸赖各官兵均能深明大义，不惜牺牲，奋勇冲锋，肉搏三、四次，将倭敌击退，现在静待当局诸公和平交涉。在此未获圆满解决以前，星文等只有抱定牺牲到底之决心，荷枪实弹以待，誓与芦城共存亡，决不以寸土让人。目前抗战之际，头部受微伤，现在前方医院治疗，不久即可告痊，祈勿以此为念。星文不才，并祈时加指示为盼。职吉星文叩。敬。中华民国廿六年七月二十四日。

〔国民政府国防部史政局及战史会档案〕

35. 宋哲元为日军向廊房北平通县天津发动攻击与蒋介石等往来密电

(1937年7月)

(1) 宋哲元致何应钦密电(7月26日)

限即到。南京部长何：3112密。今日下午七时，敌用载重车三十余辆，载兵约五百名之谱，由广安门强行入城，经我守兵阻拦，不服制止，以致互相冲突，刻正在对峙中。似此情形，敌有预定计划，大战势所不免。除饬各部即日准备外，谨闻。职宋哲元叩。寝。印。

(2) 宋哲元致蒋介石等密电(7月26日)

限即刻到。南京委员长蒋、军政部长何钧鉴：0467密。日兵三百名于有未陆续开抵廊房，当夜十二时，突向我廊房驻军袭击。今晨又派轰炸机六架向我军轰击。刻下仍在对峙中。除令固守原防竭力抵抗外，谨闻。宋哲元叩。宥辰。参。印。

(3) 宋哲元致何应钦密电①(7月26日)

南京部长何：宥辰参电计达。3112密。今早八时，日军又由天津开抵廊房千余名，同时并以飞机十四架，装甲车数辆，向我当地驻军猛烈轰击。我军四面受敌，现已撤出阵地。平津交通已被切断，战事恐不可免。将来北平尚可支持，天津方面兵力单薄，危险万分。拟请速饬庞军集结沧县，以作总援。查日方此次发动，纯对冀、察，乃职部防务辽远，战端一启，处处堪虑。即祈速示机宜，

① 此件上蒋介石批有"寝、宥申各电〇。此时先应固守北平、保定、宛平各城为基础，切勿使之疏失。保定防务，应有确实部队负责固守。至平津增援部队，可直令仿鲁随时加入也。此时电报恐随时被阻，请与仿鲁切商办法，中央必以全力增援，勿念。"字样。

以备遵循为祷。职宋哲元叩。宥申。参。

(4) 宋哲元通电(7月27日)

南京委员长蒋,各院、会钧鉴:各部,各省、市政府,各绥靖主任,各总司令,各总指挥,各军长,各师长、旅长,各法团,各报馆均鉴:哲元自奉命负冀察军政之责,两年来,以爱护和平为宗旨,在国土主权不受损失之原则下,本中央意志处理一切,以谋华北地区之安宁,此国人所共谅,亦中日两民族所深切认识者也。不幸于本月七日夜,日军突向我芦沟桥驻军袭击,我军守土有责,不得不正当防卫。十一日双方协议撤兵,恢复和平。不料于二十一日,炮击我宛平县城及长辛店驻军;于二十五日夜,突向我廊房驻军猛烈攻击,继以飞机大炮肆行轰炸;于二十六日晚,又袭击我广安门驻军;二十七日早三时,又围攻我通县驻军,进逼北平,南、北苑已均在激战中。似此日日增兵,处处挑衅,我军为自卫守土计,除尽力防卫听候中央解决外,谨将经过事实掬诚奉闻。国家存亡,千钧一发。伏乞赐教,是所企祷。第二十九军军长宋哲元叩。感。印。

(5) 宋哲元致何应钦密电(7月27日)

南京部长何:3112密。有亥参电承示情报两条,敬悉。现在平、津已危,请密示机宜,以便遵循为祷。谨复。职宋哲元叩。感辰。印。

(6) 宋哲元致蒋介石等密电①(7月27日)

限即刻到。南京委员长蒋、军政部长何钧鉴:3112密。感晨一时,通县日军两千余人,将我驻该县之傅鸿恩营包围,拟令交械,

---

① 此件上何应钦批有"呈阅汇复悉。并告以委座已定增援平、津之大计"字样。

经傅营长严词拒绝，遂于今晨三时发生冲突，战斗非常激烈，迄早七时尚未停止。惟该营四面受敌，除饬沉着应付外，谨闻。职宋哲元叩。感辰。参。印。

（7）宋哲元致蒋介石密电（7月27日）

急。南京委员长蒋钧鉴：○密。宥戌机京电蒙示决心四条，谨悉。北平为华北重镇，人心所系，大势所关。现在已成四面皆敌之形势。通县于今晨三时起，亦正在激战中。职受国家人民付托之重，已决心固守北平，以安人心，而作士气，决不敢稍有畏避也。谨复。职宋哲元叩。感辰。印。

（8）蒋介石致宋哲元密电稿（7月27日）

限即到。北平宋主任明轩兄：偃密。此时先应固守北平、保定、宛平各城为基础，切勿使之疏失。保定防务应有确实部队负责固守。至平、津增援部队，可直令仿鲁随时加入也。此时电报恐随时被阻，请与仿鲁切商办法，必以全力增援，勿念。中○。感辰。侍参。京。

（9）宋哲元致蒋介石等密电（7月27日）

急。南京委员长蒋、军政部长何钧鉴：3112密。1. 我驻通县之傅鸿恩营，自今晨三时被敌围攻，战斗异常激烈，迄十一时，由傅营长率部冲出重围，敌复以飞机跟踪轰炸，刻已撤抵南苑收容整理。2. 今日下午三时，敌步、骑约四百名，附唐克车数辆，向我团河驻军猛攻，经我向其两翼绕击，敌伤亡甚众，刻仍在激战中。3. 敌四百余名，今早八时，向我小汤山之商镇夏营攻击，同时以飞机轰炸，经我沉着应战，敌未得逞，刻仍在对峙中。4. 本日敌机屡在平市上空侦察，并在城外投弹轰炸。下午四时以后，复来敌机四、五架，盘旋侦察甚久，并在各郊投弹数十。除饬各部详侦敌情主动应战外，谨闻。职宋哲元叩。感酉。参。印。

(10) 宋哲元致蒋介石等密电(7月28日)

南京委员长蒋、军政部长何钧鉴：2577密。廿六日日方向我提出通告，限于廿七午十二时以前，将八宝山、芦沟桥等处之我军撤至长辛店以南，并限于廿八日之〔之字衍〕我军撤至永定河以西。此种要求，实属无理之甚，均已严词拒绝矣。谨禀。宋哲元叩。俭。印。

(11) 蒋介石致宋哲元密电稿(7月28日)

限即到。北平宋主任明轩兄：感未参电悉。偃密。孙部应即前进勿延，庞部现尚未集中，应令在沧州待后方部队到后向前推进。此时应敌，先要巩固现有阵地，然后方易出奇制胜。所谓先求稳定，次求变化，请兄切记之。中〇手启。俭辰。侍参。京。

(12) 蒋介石致庞炳勋密电稿(7月28日)

限即到。沧州庞军长勋鉴：感巳参电悉。6972密。兄部应尽力在沧、献一带星夜赶筑工事，先固该线防务，务于三日内，完成第一期初步工事，完成后，继续加强为要。至静海方面，待后方部队集中后，再令推进。除电宋主任外，特复。中〇手启。俭辰。侍参。京。

(13) 宋哲元致蒋介石等密电(7月28日)

特急。南京委员长蒋、军政部长何钧鉴：3112密。报告：1. 今早敌约万余人，飞机数十架，炮百余门及装甲车，向我平郊各防地轰炸猛火〔烈〕，正在激战中。2. 要断我平绥路及平汉路各处交通。3. 派队绕敌之后攻其丰台，成功与否，尚不敢定。特此报告。职宋哲元叩。俭辰。印。

（14）宋哲元致何应钦密电（7月29日）

南京军政部长何钧鉴：2577密。我驻津卅八师部队，自本早二时起，与日军发生激战，情形如下：1. 三时，东局子机场被我攻下，并烧毁敌机六十余架。2. 海河大铁桥及金钢桥，均已炸断，市内交通断绝。3. 所有天津东西两车站、特别四区之日军，均被击退。4. 敌以飞机、坦克车轰炸冲击，河北一带遂入混战状态。海光寺日兵营上空，敌以飞机五十余架，盘旋掩护，迄未攻下，现仍在激战中。5. 查我驻津部队仅有一旅，其他部队，亦均在与敌接触，现正激烈抗战，恐难久持，拟请中央速派大队增援。谨禀。职宋哲元叩。艳。印。

〔国民政府国防部史政局及战史会档案〕

36. 宋哲元孙连仲等为第二十九军退出平津并重新集结整备与蒋介石等往来密电

（1937年7—8月）

（1）宋哲元致蒋介石等密电（7月29日）

南京委员长蒋、军政部长何：6912密。职今晨三时抵保，秦市长德纯、张局长维藩偕来，所有北平军政事宜，统由张师长自忠负责处理。昨日日军以全力向我南北苑驻军进攻，猛烈轰炸，我官兵伤亡甚重，副军长佟麟阁阵亡，师长赵登禹踪迹不明，南苑营房被轰炸，已成一片焦土。卅八师驻南苑之一部，截至今日下午八时，尚据守围墙之一隅与敌挣扎。似此情形，殊难有胜算把握也。谨此电陈。职宋哲元叩。艳寅。印。

（2）孙连仲致钱大钧密电①（7月29日）

① 蒋介石在此电上批有"兄能派一旅在琉璃河附近阻止敌军直入，竭尽职责，足慰我怀矣"字样。

即到。南京委员长侍从室钱主任呈委员长蒋:领密。报告:1.本日早二时,李副师长文田率李、刘两旅及保安队分随〔集〕天津日租界兵营飞机场津浦总站,情形甚好。后敌兵增加,势渐不支。午后一时,奉宋命撤退。八时,大部始退炒米店,小部尚在纷战,连同北苑、通州各役,均属无计划的失败。2. 二十九军各师虽尚有力量,惜高级将领精神不振,宋谓二十九军不克再战,拟赴河间收容部队。3. 沧保线工事,宋拟不构筑,政府即筑,亦无济于事等语。4. 职为鼓励二十九军士气,并阻敌直入,且使后方充裕准备,特派一旅在琉璃河附近占领阵地,必要时用作收容其余部队,开赴任丘构筑沧保线工事。5. 宋到河间或将作下野表示,请钧座对平汉、津浦两方面指挥人员,早为选定。6. 本路北上以来,虽处境困难,但本钧座意旨,对二十九军力为宣慰鼓励,期必在钧座指导之下,为国效命抗战。职孙连仲。艳戌。参。印。

(3) 宋哲元致蒋介石等密电(7月30日)

南京委员长蒋、部长何钧鉴:2577密。哲元刻患头痛,亟宜休养。当此军事吃紧之际,恐于大局有误,所有廿九军军长职务,已委冯师长治安代理,并请中央明令发表。谨禀。职宋哲元叩。卅卯。印。

(4) 宋哲元致蒋介石密电(7月30日)

南京委员长蒋、军政部长何钧鉴:2577密。据报:通州保安队廿九日午反正,将日韩人杀了许多,并将弹药焚烧。现保安队被迫退出城外。等语。谨电报告。职宋哲元叩。卅辰。印。

(5) 宋哲元致蒋介石密电(7月30日)

南京委员长蒋钧鉴:手启艳戌电奉悉。更密。谨遵谕办理。惟天津方面,日方又增厚兵力,且取有大批飞机飞至。至我驻津各部因受日方压迫，已撤至马厂。谨复。职宋哲元叩。卅辰。印。

(6) 秦德纯致何应钦密电(7月31日)

南京部长何钧鉴：3932密。宋军长精神时有错乱，说话有时失常。军部现在保定，由冯师长治安代理二十九军军长职务。嗣后如有谕示，务恳径电保定冯师长为祷。秦德纯叩。世一。印。

(7) 冯治安致蒋介石密电①(7月31日)

急。南京委员长蒋：陷未参电谨悉。○密。此间昨与徐主任、熊次长、孙总指挥议定，平汉前线由二十六路负责。平、津退下部队，正在集结分别整顿之中。敌机连日在涿州、徐水、漕河、保定侦察轰炸。今后军事重点，要在北守察、绥，南扼沧、保，对平、津取监视控制之姿态。宋主任昨亲赴任丘视防，职暂驻保定，地方秩序安定。至钧谕深沟宽壕严防敌军坦克车突进扰乱一节，即已严令各部遵办。谨电奉复。职冯治安叩。世。印。

(8) 宋哲元致蒋介石等密电(8月1日)

即到。南京委员长蒋、部长何、总长程钧鉴：更密。此次职军平、津各区混战后，亟应重加整备。谨将各部队集结地点报告如下：1. 第卅七师除陈春荣旅仍驻保定外，其余各部集结于安新、高阳、属〔肃〕宁一带，师部及特务团暂驻高阳。河北保安旅移驻涿县、徐水、望都一带，旅部驻保定。2. 第卅八师沿津浦线部队，以一部扼守静海，其余集结于马厂、大城、青县、沧县一带，沿平汉线各部集结于蠡县后，即归还该师。3. 一三二师集结于固安、任丘、河间一带，师部暂驻任邱。4. 骑兵第九师以一部仍担任固安、永

① 蒋介石在此电上批有"世电甚慰。务望激励将士再折〔接〕再厉，期达雪耻报仇之目的。对于廿九军此次平津详报及南苑布防实情与阵亡官长姓名与武器损失之数，希详报"字样。

清一带防务，师部及其余部队集结于新镇、霸县附近。5. 军特务旅集结于张登镇(保定南)附近，旅部暂驻张登镇。6. 冀北保安司令部所属各部集结于涞水、易县附近，司令部暂驻涞水。除令各部即速移动完成整备外，谨禀。职宋哲元叩。东参。战。印。

(9) 张樾亭致钱大钧密电(8月1日)

南京军事委员会钱主任译呈委员长蒋、军政部长何钧鉴：司密。1. 平、津城郊廿九军部队与敌混战，我军被敌飞机炮火猛力轰击，伤亡奇重，佟副军长麟阁及一三二师赵师长登禹，在南苑团河之役阵亡。现在第三十七师师部及独立第二十五旅在涿县，三十七师刘、何两旅到达高碑店、史家镇一带，预定在安新、高阳、肃宁附近整备。三十八师黄旅一团在固安，黄刘两旅及独立第二十六旅到达静海、马厂、大城一带，预定在静海、大城、青县一带整备。一三二师石旅一部仍在北平，刘、柴两旅在任邱、固安一带，即在该地整备。一四三旅仍在察省守备中。骑九师第一旅在永清、安次一带警戒。郑师长率第二旅到达涿县，预定第二旅在霸县附近整备。石友三部陈、吴两旅，到达房山、涞水之间，预定在涞水、易县附近整备。在静海、固安、涿县各部队，派游击队分向天津、廊房、宛平游击。2. 天津保安队与警察一部及勇敢爱国之民众，与日军刻仍在混战相持中。长辛店方面日军，借铁甲车之掩护，在南岗凹构筑工事中。3. 张市长奉宋主任命，留平维持治安。宋主任偕秦市长现在任邱。谨电奉闻。职张樾亭叩。东。

〔国民政府国防部史政局及战史会档案〕

37. 何应钦关于中央军事准备报告稿

(1937年8月7日)

中央之军事准备(部长在国防会议之报告稿)八．七。

(一) 卢沟桥事件发生后，中央之准备工作。

七月七日晚，卢沟桥事件发生，我卅七师开始抗战后，本人适在重庆主持川、康整军会议。于九日奉委座电令，即日返京。遵即将整军会提前于九日下午闭幕，于十日下午飞返南京，遵照委座意旨，准备一切。

Ⅰ、委座之紧急处置。七月九日手令：

（1）令驻平汉路南段孙连仲第二十六路两师，向保定集中，并电商宋明轩，令庞炳勋部与高桂滋部，皆向石家庄集中。

（2）徐主任转程总长、唐总监、何部长：倭寇挑衅，无论其用意如何，我军应准备全部动员，各地皆戒备，并准备宣战手续。如前令各部开动外，第二十一、二十五各师及第三军，亦令动员候调为要。

Ⅱ、本人返京后之准备工作。

本人返京后，遵照委座准备全部动员，整个抗战之意旨，邀请在京各军事长官及参战军各主管负责人员，每日下午九时至十二时，举行会报，分别将一切军事准备，均由平时状态转移为战时状态，并详细研讨作战上之方针与策略，呈委座核定。所有积极准备情形，均有详细记录，可作将来抗战之文献。此项准备工作之比较重要者如下：

（1）战斗序列草案之规定。将全国军队列入抗战序列者，第一线约一百个师，预备军约八十师，已呈委座核定，不日当可颁布。而依照序列，使用于河北者，共约五十师，正源源向沧州、保定、石家庄一带集中。

（2）弹药之整备。将军政部年来存储之弹药（约可供全军作战六个月之需），拟定计划，依作战之要求，分设弹药总库若干及分库若干。约计在长江及黄河以北屯积三分之二，江南屯积三分之一，现已按计划搬运完毕。又为准备长期抵抗，我兵工厂万一被敌机炸毁，为求弹药可以源源接济，已与法、比两国商洽购办。第一步由香港入口，如香港不能入口，则由海防经安南入广西。其沿途运输状况，已与李总司令会商，可望打通此条国际交通线，使军械与弹药，可以源源接济。

(3) 粮秣。准备购办一百万人、十万匹马之六个月份粮秣。

(4) 防空及新兵器之分配。所有防空高射炮、高射机关枪、三七战车炮、八·八高射炮及各要塞之新炮，均已分配妥当，分别配置及限期装置。

(5) 总动员之筹划。已呈准设立总动员建设委员会，办理全国总动员事宜，由本人担任主任委员，各关系部次长，皆为当然委员，现正积极进行中。

(6) 交通通讯之整备及器材之购办，正积极办理，如在沪上新购卡车在三百辆以上。

(7) 兵员之补充及民众之组织训练。已成立补充兵三十营，其民众之组织、壮丁之训练，均已拟有详细计划。

(二) 平郊战事发动后，中央之增援准备。

卢事发生后，中央之准备，其大致已如上叙。而自宋主任到天津后，平津和平空气甚为浓厚。中央派入河北之先头部队孙连仲、庞炳勋两部，共三师一旅，指定到达沧、保后，归宋主任指挥。惟至二十二日又来电，陈明与日方协定之三条件，并谓就今日情形观察，此事或可暂告一小段落，陈明三条，请委座指示之养电。故自十一日起，至廿四日止之两星期中，完全在日方和平欺骗手段中而度过。本人于十五日已见到日方之狡计，曾有删电致宋主任，内有"查日人效一·二八故智，先行缓兵，供〔待〕援军到达，即不顾信义，希图将我二十九军一网打尽。形势显然，最为可虑，望即切实注意，计划应付。"等语。嗣后果不幸而言中，殊堪浩叹。至二十五日起，日方果开始向我廊房进攻，至二十六、二十七两日，竟大举包围北平四郊。南苑、北苑、西苑、丰台、廊房、团河等处，皆有激烈之战争。宋主任俭电呈明，拒绝日方最后通牒，决心抗战。并谓固守北平，三五日可无虑，请中央速派大军增援。等语。本人乃于廿八日上午，奉委座谕，约集程总长、唐总监、徐主任、陈院长及有关诸幕僚开紧急会议。当决定迅速增援北平，一面令已到保定之孙连仲二师，星夜向永定河推进，归宋主任指挥，并令五十三军推进至保定，亦作增援北平之准备。一面令内地动员各部队迅速输送，向沧州、保定之线集中。比经呈奉委座裁可，于二十八日正午下令照办。孙部当即用火车输送，其二十七师预定至长辛店下车，卅一师预定至涿县下车，向固安集结。乃该部于当晚行至中途，而宋主任已离开北平，该部乃中途下车，在琉璃河占领阵地，收容二十九军。因时间仓卒，中央增援部队不能依计划参加北平战争，此不能不引为遗憾者也。

至中央空军，亦已全部准备出动，并已与阎主任商定，以太原为根据地(请绝对秘密)。惟因河北境内，平时无飞行场及油弹之准备，在飞机性能上，无法飞往平津参战，虽经派员前往积极准备与部署，然已不及矣。

〔国民政府国防部史政局及战史会档案〕

38. 孙连仲为日军进入北平及在平汉奸加紧活动密电

(1937年8月15日)

南京部长何：0407密。据报：1. 北平政会江发表开除石友三、石敬亭等八委员职；支发表常委齐燮元、贾景〔德〕耀、张允荣、潘毓桂等八员委员负责；绥署富双英负责；全市警察歌改换黑制服；鱼潘毓桂讲演，痛责南京中央之非，并招待新闻界，不得有反日言论。2. 日兵灰入城，在长安街集合后，分驻城内。全城共约五千余人，南苑及西苑各驻一联队至一千四百余。上黄村车站约二百人驻守。每日仅开城门四次，日、鲜民人照常。谨闻。孙连仲。删亥。参谍。印。

〔国民政府国防部史政局及战史会档案〕

39. 国际联合会“关于芦沟桥事变以后中日争议所通过之决议案及报告书”①

（1937年9月—1938年5月）

国际联合会关于一九三七年七月七日芦沟桥事变以后中日争议所通过之决议案及报告书

一、大会于一九三七年九月二十八日所通过之决议案

本大会：对于日本飞机在中国不设防之城市从事空中轰炸一事，予以紧急之考虑；对于上项轰炸之结果，使包括巨数妇孺在内之无辜人民丧失其生命一节，表示深刻之痛惜；上项行动，业已引起全世界之恐怖与厌恶，特宣告为无可原宥，并严正的予以谴责。

二、大会于一九三七年十月六日所通过之决议案

本大会：特将谘询委员会关于中日争议所提出之报告书多件，予以通过，作为本大会自身之报告书；对于上述报告书中第二报告书所载各项建议，特予认可；关于所拟邀请一九二二年二月六日在华盛顿所订九国条约各缔约国之现为国际联合会会员国者举行会议一节，特请本大会主席采取必要之行动；对于中国，表示精神上之援助，并建议国际联合会各会员国应勿采取足以减弱中国抵抗力量，以致增加其在此次冲突中之困难之任何行动，并应就各该国对于中国之个别援助究能达如何程度一节，予以考虑；决定本届会议，现在休会，并授权主席，得因谘询委员会之请求，再行召集会议。

三、经大会于一九三七年十月六日决议采纳之报告书

① 系国民政府外交部编印。原有标点，除个别不妥酌加改正外，余均沿用。

甲、远东谘询委员会报告书

大会前于一九三三年二月二十四日所设立之本谘询委员会，曾遵照行政院一九三七年九月十六日之决议案举行会议，对于中国所提请注意之局势，予以考查。

本委员会选定拉特维亚(Latvia)外交部部长蒙德施氏(M·V·Munters)为主席，并于本届会期中，举行会议五次。

本委员会随即邀请争议当是国中国与日本，以及德国与澳大利亚参与本委员会之工作，此项邀请，嗣经中国与澳大利亚予以接受，而为德国与日本所谢绝。兹将该四国政府之复文，作为本报告书之附件，一并陈阅。

关于日本飞机在中国实施空中轰炸一事，本委员会曾于一九三七年九月廿七日通过一决议案。该项决议案，嗣经送达大会，并经大会于一九三七年九月廿八日以全场一致之赞可，采为大会自身之决议案。

本委员会并组织一小组委员会，(注一)其职责如左：

对于由中日两国在远东之冲突而造成之局势，予以考查；

对于因此而引起之问题，予以研讨；

将该小组委员会所视为适宜之建议，提供本委员会。

本委员会仍为受权向大会呈送报告书及提出建议之唯一机关。本委员会同时认为：如为该小组委员会所愿，不妨许其迳将呈送本委员会之报告书，分送国际联合会会员国及非会员国，以供参考。该小组委员会如已依此办理，则该项报告书，自以概行公布为合于实际。

本委员会业经决定将其议事记录呈送大会核阅。此项议事记录，并将以本报告书附件之方式，尽速公布。

本委员会曾自该小组委员会收到报告书两件，并曾通过如左之决议案。

“本谘询委员会特将其所属小组委员会于一九三七年十月五

日所呈送之报告书两件，采为本委员会自身之报告书，并经议决将该项报告书分送大会，联合会各会员国及美利坚合众国政府。”

本委员会谨向大会提出如左之议决案草案，以备采纳：

“本大会：特将谘询委员会关于中日争议所提出之报告书多件，予以通过，作为本大会自身之报告书；

对于上述报告书中第二报告书所载各项建议，特予认为；关于所拟邀请一九二二年二月六日在华盛顿所订九国条约各缔约国之现为联合会会员国者举行会议一节，特请本大会主席采取必要行动；

对于中国，表示精神上之援助，并建议联合会各会员国应勿采取足以减弱中国抵抗力量，以致增加其在此次冲突中之困难之任何行动，并应就各该国对于中国之个别援助究能达如何程度一节，予以考虑；

决定本届会议，现在休会，并授权主席，得因咨询委员会之请求，再行召集会议。”

（注一）该小组委员会，由如下各国构成：拉特维亚（主席），澳大利亚，比利时，英国，中国，厄瓜多，法兰西，纽丝纶、和兰，波兰，瑞典，苏联，美国——美国之参加条件，与其参加谘询委员会之条件完全相同。

附件

各国政府对于谘询委员会所发邀请书之复文

（1）德国

致秘书长：

德国政府对于贵秘书长九月二十一日来电之答复，本人已于本日会谈中转达贵秘书长，兹谨予以证实。

本人兹遵本国政府训令，将德国歉难参与对于远东局势，现正开会考虑之谘询委员会之工作之理由，转达贵秘书长。

克罗尔(签字)

一九三七年九月二十三日，

日内瓦。

(2) 中国

致秘书长：

接准贵秘书长一九三七年九月二十二日来函，以谘询委员会名义，邀请中国政府参予该委员会之工作，业经阅悉。

本代表已将上项邀请书转呈本国政府，兹遵复训，通知贵秘书长，中国政府乐于接受。

出席行政院代表
出席大会首席代表 顾维钧(签字)

一九三七年九月二十三日，

日内瓦。

(3) 日本

致秘书长：

接准贵秘书长九月二十一日来电，邀请本帝国政府参与谘询委员会之工作，业经阅悉，兹奉复如左：

以中日两国之协和的合作，维持远东和平，原为本帝国政府之历来主旨，并曾从事种种努力，以促其成，无如中国政府却以反对日本及煽动反日活动为其国策之基础；种种挑衅行动，继续遍行全国，致酿最近之不幸事件。因此本帝国政府惟有希望中国政府鉴于目前情形，从速改变其态度。

关于本事件之解决，本帝国政府前已屡次声明，现仍坚信，凡涉及中日两国之问题，其公正，持平，以及切乎实际之解决办法，当能由两国自行求得之。

对于国际联合会之政治活动，本帝国政府现无改变其从来行动路线之理，故对于谘询委员会此次邀请，歉难予以接受。

日本外务省大臣　广田（签字）
一九三七年九月二十五日
东京

（4）澳大利亚

致秘书长：

前准贵秘书长月二十二日来函，邀请英王陛下在澳大利亚之政府参与前依大会一九三三年二月二十四日决议案所设立之谘询委员会之工作，本人前于同月日以上项来函业经收到一节通知贵秘书长之时，并曾声明：上项来函，已转呈本国政府鉴核，贵秘书长当能记忆。

兹奉本国政府复训，对于参与谘询委员会工作之邀请，予以接受。

布鲁斯（签字）
一九三七年九月二十七日
日内瓦

乙、远东谘询委员会小组委员会第一报告书

本小组委员会对远东争议之历史的及根本的原因，不拟有所论列。即如本小组委员会以为满洲事变，既备载于一九三三年二月二十四日大会所通过之报告书中，自无追述之必要。且于事变之演进，即在军事行动，交涉，或政策之范围以内，亦不欲详加叙述。良以双方关于此节所陈述之事实，既互相抵触，即欲根据可资应用之材料，详加叙述，亦不可能，况日本自一九三五年三月二十八日以后既不复为联合会会员国，不允派遣代表出席本小组委员会，此节尤不可能。

无论如何，详细之研究亦非必要。当一九三七年七月之初，中日两国任何一方，并未揭示两国关系中有不能和平解决之事端，本小组委员会所须为者，即将中日事件自一和平关系之状态，演进至双方大军冲突之情势，加以叙述及评定。

本小组委员会于是在可应用之时间以内，得以历叙事件之重要演变；研讨当事双方条约上之义务；并拟具结论，载于本报告书之篇末。

一

当一九三七年七月之初，华北日本驻军约有七十人。此项军队之驻屯，系根据一九〇一年九月七日中国与在北京设有使馆之各国缔结之议定书(及其附件)。依据该项办法，中国承认各国有权在北京使馆界内常川派驻卫队，并得驻扎军队于指定地点十二处(注一)以维持北京通海之交通。依据一九〇二年七月十五日至十八日所商定之补充办法，驻扎于各地点之外国军队“有权举行田野演习与来复枪实习等事，——除实弹演习外，不必通知中国当局。”

日本以外各国(注二)，现在北平(即北京)及依据一九〇一年九月七日议定书所规定地点中某某等地点，仅驻有极少数之部队。本年七月之初，驻华北英军之人数，为一千零七名；此数尚包括使馆卫队二百五十二名在内。与此类似者，驻河北法国军队之军力，计自一千七百名至一千九百名不等，大部驻于天津，其余则分驻于山海关，秦皇岛，塘沽，及北京，驻扎于北京之部队，即为使馆卫队。目前该国军队之总数，为兵士一千六百名，军官六十名，使馆卫队一百二十名。

满洲及热河境内之事态及演变而外，日本在华北之政治活动，日本军队较其他各国军队之大为增多，其操演与演习之频繁，(注三)在在均使中国人民感觉不安。当此空气紧张之际，竟于七月七日发生事变，此次事变，非与前次所发生者大相悬殊，第为此次日军在华北军事行动之导源耳。

此次事变之肇端，系在北平(即北京)西南十三公里之芦沟桥。中国驻军与在该处举行夜间演习之日军发生冲突。

关于事变之说明，华方日方，各异其说。

依据日方说明，系由中国第二十九军之士兵开枪而起，中日双方军事当局，于七月八日午前约定暂时停止敌对行为，俾双方军事当局得以立即开始交涉，从事于该事变之解决；乃中国士兵既不遵守此约，而于翌日所订中日军队互相撤退之办法，亦不予遵守；中国军队此种侵略态度，实使日本军事当局与天津市长及河北省保安处处长于七月十一日所订解决事变之协定(注四)，亦无效果。

依据华方说明，七月七日夜间，日军举行演习时，借口有一兵士失踪，要求准其入宛平(芦沟桥)城内搜查；此项要求，当被拒绝，日军遂以步炮兵攻击宛平(芦沟桥)；中国驻军予以抵抗；情势之扩大，并非由于中国军队之行动，乃系由于日本之行动，因中国军队在日军未开始撤退以前已遵照撤兵之约定办理，而日军于增得大批援军以后，又复向宛平(芦沟桥)区域进攻，扩展其军事行动于北平之近郊。中国政府并不反对七月十一日中国地方当局与日军所成之约定所订各项条款，但日本方面，不独于该项原有约定之外，增添补充办法，且不顾互撤军队之约定，而扩展其军事行动于华北。

中日双方对于事变之说明显不相符各点，姑置不论，所堪注意者，当地方当局正在进行就地解决之时，亦即中日两国政府正在进行商洽，日方坚持就地解决借以确立日方在华北之势力，不欲南京过问之时，大规模军队之调动，竟使情势愈趋恶劣。根据华方报告，日方迅即自满洲增调援军于天津及北平近郊之结果，截至七月十二日为止，日军人数，已超过二万人，日本空军实力，已进达飞机一百架之多。又据报告，中国中央政府之军队，亦正向北方移动。

关于中国中央军队向北方调动一事，日本政府曾向中国政府提出警告，正与日方劝告南京不干涉七月七日事变之解决一事，同出一辙，日方援引一九三三年五月三十一日塘沽停战协定及华方曾有异议之一九三五年六月十日何梅协定，警告南京政府，谓调遣中央军队开入河北省境将引起严重之结果。

七月月底，当地方谈判犹在进行之际，敌对行为，已在华北开始。日军旋占领北平，天津，并攫取联系平津与华中之铁路，亲日之新政府，亦在河北成立。

日军嗣沿平绥路，经过张家口、大同而向西进展，并沿冀、察边区，攻取在北平西北八十公里之南口，俾日本调自满洲之军队易于侵入内蒙。

日军在华北之军事行动，激起中国活跃之反感。日本政治家所宣称，中国必须屈服之主张，东京所采紧急财政办法，以及留华日侨之撤退，使中国政府及人民断定日本决以武力击破中国之抵抗力量。

迨八月第二星期之末，上海地方，因中国与各国之利益交相密织，虽经力请将上海划出于敌对行为范围若干距离以外，然卒变为第二军事行动场所。中国政府及人民之上述断言，于兹益信。

追忆一九三二年之上海战事，以同年五月五日协定之签订而得以结束。按该协定第二条规定，中国军队，在本协定所涉及区域内之常态恢复，未经决定办法以前，留驻其现在地位。当出席上海会议之中国代表团于接受上海停战协定时，特加声明，谓：兹了解"本协定并无含有对中国军队在中国领土内之移动受任何永久限制之意。"

日本外相于一九三七年九月五日议会席上演辞中，叙述八月九日上海事变发端之情形及翌日所发生之困难如次：

"……八月九日，海军陆战队大山中尉及斋籐水兵，在上海为中国保安队刺死。

"日本虽在当时，仍坚守和平，力请撤退保安队，并拆除违反一九三二年停战协定一切已成之防御工事，以求解决，乃中国于利用种种借口，拒绝我方要求之外，复增援军队，在停战区域内，多筑防御工事，终于向日军开始不当之攻击。

"因此，我政府以职责所在，派遣少数海军援军赴沪，作为保护上海日人之紧急办法。”

广田外相于叙述各国力请将上海划出于敌对行为范围以外之后，继称：“八月十三日午后，中国军队，既已麇集于上海一带，遂实行进攻。”

上述各节，可与中国政府于八月三十日送达国际联合会之声明，比照而观。

中国方面所述之八月九日事变如次：

“日本海军军人，不顾中国方面之警告，企图行近上海附近之中国军用飞机场，因此发生冲突，死日本海军军官一人，水兵一人，中国保安队一人。”

中国代表团，除于声述中国政府迭经令行上海地方当局严防任何意外事件之发生外，并曾进述该国代表团在签订一九三二年五月五日协定时所为之上文已予述及之声明，坚持中国军队在中国领土以内之移动，不能认为系破坏该项协定之行为。

中国方面来文，并以下列字样，叙述上海敌对行为之开始。

“日本在不足四十八小时以内，调集军舰约三十艘于上海，并将其在上海之军力，增加数千人之众，同时复向中国当局提出要求，企图撤除或削弱之防御。距事变发生四日后，原所预期之日方攻击，果于八月十三日开始。”

自此以后，剧烈战争，即在上海四周进行。七月之初，留驻于上海公共租界及越界筑路地方之日军，总计为四千人。迨九月底，据中国当局之估计，日本援军之麇集于吴淞一带日舰三十八艘掩护之下登陆者，竟达十万人以上。

在过去数星期中，日本军事行动之进展，不限于扬子江流域以内，除其他军事行动外，其空军轰炸中国之首都，固属屡次不鲜，即中国沿海及内地各地方，亦常遭其空中轰炸。

目前，除日本陆军在华北及华中进行军中行动，及其空军轰炸商港及内地城市之外，日本海军舰队，复一面赓续与陆军合作，尤于上海为然，一面巡防中国沿海地方，阻止中国船只将接济输入中国，其中不少中国船只，已被沉没(注五)。

溯自七月七日以降，日本所遇抵抗，方兴未艾，仍不断加紧进行其军事行动。调动之军队，日益增多，使用之军器，亦日益犀利。就华方估计，日军之在上海者，计有十万人。其运用于中国各地方者，已在二十五万人以上。

关于日本空军行动一事，谘询委员会曾就其对中国不设防城市施行空中轰炸一节，于九月廿七日决议中，加以谴责。此项决议案，并经大会予以采纳。(注六)

二

本小组委员会之当前目的，为就现今局势之事实部分，予以研讨，故于中日各条约之对于通商事项暨留华日侨应享领事裁判权之法律地位以及其他类似事项有所规定者，似无论及之必要。其与本小组委员会当前目的有关之主要条约，仅有三种，即一九〇一年九月七日之最后议定书，一九二二年在华盛顿所订之九国条约，暨一九二八年之巴黎公约。他如一九〇七年十月十八日海牙公约之第一号(注七)，其性质虽略有不同，亦可纳入上项条约之列。此外，中日地方当局，复曾先后就地订有种种，即数目亦无从确定之双面协定。此项协定之内容如何，以及其效力在解释上又如何，在在均有争执。然而此类协定，固不能影响或超越中日任何一方对上述多面条约所负之义务也。

依据一九〇一年九月七日议定书及附属文件，日本连同某某其他国家，为维持北平使馆通海之交通，有沿北宁铁路在河北省境内某某地方驻扎军队之权利。该项驻军并“有权举行田野演习及来复枪实习等事，除实弹演习外，不必通知中国当局”。

依据一九二二年九国间关于中国事件应适用各原则及政策之条约，中国以外之各缔约国，于协定各事项中，约定尊重中国之主权与独立暨领土与行政之完整，给予中国以完全无碍之机会，以发展并维持一巩固有力之政府，缔约各国（包括中国在内）并约定，无论何时，遇有某种情形发生，缔约国中之任何一国认为牵涉本条约规定之适用问题，而该项适用宜付诸讨论者，有关系之缔约各国，应完全坦白互相通知。

依据一九二八年巴黎公约，缔约各国以各该国人民之名义，郑重声明：彼等谴责恃战争以解决国际纠纷，并斥责以战争为施行与彼此有关之国家政策之工具。缔约各国并约定：各国间凡有争端或冲突发生，不论性质若何，因何发端，只可以和平方法解决或调处之。

三

本报告书第一部所载事实，即自表面上观之，已足构成日本违背其对于中国及其他国家在该项条约上所负义务之行为。在上述情形之下，日方以陆、海、空军在中国全境从事敌对行为，即自表面上观之，亦已与尊重中国之主权与独立暨领土之完整，以及与中国发生争端，不论性质或发端如何，只以和平方法解决之义务，不相符合。按日军在中国所处地位，必须能说明为自卫上之必要办法（所谓自卫，包括依法留驻中国领土之日军与日侨之防卫在内），始能使之与日本在条约上所负义务不相抵触。

当事双方在争议演变期中，截至现在为止，关于其态度暨政策所发表之声言：必可资为足以判断本问题资料之一。

中国之态度，于其行政院长蒋介石将军在一九三七年七月十七日所发表之演词中明白表示。在该项演词中，蒋氏郑重声言：民族自存与国际共存两点，为中国国民政府之对外政策。……中国不求战争，仅为自国生存而应战。反之，中国仍力求和平。然究为和平，抑系战争，全系于日本军队之行动。蒋氏继陈述四点，作为和平解决最低限度之立场。其四点为：

（一）任何解决，不得含有侵害中国主权与领土完整之条款；

（二）冀察行政组织，不容任何不合法之改变；

（三）中央所派地方官吏，不能任人要求撤换；

（四）第廿九军现在所驻地区，不能受任何约束。

按七月十九日中国外交部递交驻南京日本大使馆之备忘录中，中国政府“重新提议双方约定一确定之日期，在此日期，双方同时停止军事调动，并将军队各撤回原地。”外交部并明白声言：为求事变之解决，凡国际公约或国际条约所公认之任何和平方法，如双方直接交涉，斡旋，调解，及公解等，中国政府均准备予以接受。

至于日本对于争议之一般态度，则见诸七月廿七日日本首相所发表之声言。当其在会议中答复质询时，曾称：

“日本在中国毫无领土野心。倘日本果有此项企图，如华方之所明言，则日军早经占领华北全部矣。中国政府暨各国自当认识此点。日本所需要者，中国之合作，非中国之领土也。余所谓合作，非谓使中国利益受日本利益之支配，乃谓两国基于平等互惠之原则，共谋远东文化与繁荣之发展耳。”

日本外相广田氏在九月五日议会演词中宣称：日本政府之政策，向为就地解决，与不扩大事态，并尽种种努力，以谋迅速之解决。

九月十五日，日本外务省发言人宣称：日本政府根据就地及不扩大事态之政策，业经尽力之所能，以期得有迅速之解决。

上述各项声言，似揭示双方于事变初起之际，均信该事变可就地获得和平之解决，乃此项结果，卒不可得。

所值得注意者，日本官方声称：中国军队之调动及中国政府之侵略意向，终使日本政府和平之意愿成为泡影。反之，中国官方声明，恰以同样攻讦，加诸日本，——即日军之侵入及日本政府之侵略意向，竟使一地方事件变为重大之惨祸。

事变发生未几，日本于觅取地方解决之外，似复抱有将中日两国间一切争执问题予以解决之决心。

七月十一日晨间，日本内阁会议所拟之声言，于同日夕间由外务省发表。该项声言之旨趣，为日本政府对于华北之治安与秩序，虽切望予以维持；然仍拟采取一切必要办法，将军队调往该处。

近卫公爵于七月廿七日所发表之演词中，载有如下之声言：

“余以为不仅所有对华问题，必须就地解决，吾人且须更进一步将中日两国间一切关系，获得根本之解决。”

广田氏于九月五日在会议中声称：日本政府之基本政策，意在调整中、日、“满”三国之关系，以谋共同之繁荣与幸福。中国既渎视我方之真意，而调动大军，反抗吾人，吾人对于此项动员，不得不以武力相对抗……吾人确信根据自卫权暨正义，吾国对于此种国家（指中国），决予以彻底之打击，使其对于己身之误谬有所反省，……日本帝国唯一可采之办法，厥为对中国军队，予以上述之打击，使其战斗意志，全行丧失。

其在华方，蒋介石将军于七月三十日发表声言，载有如下之语句：

“余在庐山所为之宣告，及所举解决芦沟桥事变最低限度四点，绝无可以变更。今既临此最后关头，岂能复视平津之事为局部问题，听任日本之宰割，或更制造傀儡组织。吾人惟有发动整个之计划，领导全国，奋斗到底。总之，政府为应付日本侵略所采之政策，始终一贯，毫不变更，即保存中国领土之完整与政治之独立是也。”

日本政府历经声述其“和平解决”与“中日间协和的合作”之愿望。但始终坚持此种结果，应仅由中日双方互商而得，不容有第三者之干涉。以是在七月二十九日预算总会中，有建议政府应发表坚决声明预防第三国之干涉者，日本外相答称：此种干涉，并非彼预料所及，倘竟有此项提议发生，政府必概予拒绝。

又广田氏对于谘询委员会邀请参加其工作一事，曾于九月二十五日复电拒绝，内称：关于本事件之解决，本帝国政府前已历次声明，现仍坚信，凡涉及中日两国之问题，其公正，持平，以及切乎实际之解决办法，当能由中日两国自行求得之。

至于中国之态度，中国代表团在大会暨委员会中所为之声言，均可资为参考。而前述七月十九日之备忘录，仍足继续代表中国政府之政策，似不容疑。

四 结 论

两国对于争议之根本原因，以及所以引起敌对行为之事变，均持有互相悬殊之见解。

然日本业以强有力之军队侵入中国领土，并将包括北平在内之中国广泛区域，置于军事控制之下；日本政府并已采取海军行动，断绝中国船舶沿中国海岸线之航行；而日本空军正在中国各地大施轰炸；均为不可申辩之事实。

本小组委员会根据所获事实，加以检讨之后，不得不认为日本陆、海、空军对中国所实行之军事行动，实与引起冲突之事件，全不相称；并不得不认为此项行动，对于日本政治家所声明日方政策之目标，即所谓中日双方之友好合作，不能予以便利或促进；更不得不认为此项行动，不能依据现行合法约章或自卫权以资辩护，且系违背日本在一九二二年二月六日所签订九国条约，及一九二八年八月廿七日所签订巴黎非战公约下所负之义务。

(注一)所指定各处，计为黄村、廊房、杨村、天津、军粮城、塘沽、芦台、唐山、滦州、昌黎、秦皇岛、山海关。

(注二)自一九二四年起，苏联已放弃俄罗斯前依一九零一年议定书而取得之在华驻兵权，故现无驻军。

(注三)就事实方面而言，日本大使馆，例于每年夏季，在北平西郊举行演习，至其他各国之使馆卫队，则似无从事于"狭义的演习"之习惯，其所从事者，仅限于郊外毛瑟枪打靶演习及步伐练习。

(注四)此事之日方说法，见同盟社通讯稿。其所叙述之七月十一日协定，由左列三点构成之：(1)二十九军派代表道歉，并惩办直接负责人员；(2)中国军队自芦沟桥撤退而代以保安队，俾中日军队间保有充分之距离；(3)以彻底办法取缔蓝衣社及共产党之活动。

(注五)统率日本海军之长谷川海军中将，于一九三七年八月二十五日在上海发表如下之布告：

“兹于八月二十五日下午六时起，对中国海岸自北纬三十二度四分，东经一百二十一度四十四分，至北纬二十三度十四分，东经一百一十六度四十八分之区域内，宣告予以封锁，取缔中国船只航行。但第三国之船只及日本船只，仍得于封锁区域内自由通过。”

迨九月五日，东京海军省复宣告：自是日正午起，中国之海岸全线，均予封锁，取缔中国船只航行。但青岛及第三国之租借地，不在此限。

(注六)大会第六委员会于既已听取中国代表之声述以后，曾拟一报告书，吁请有关各方，于武装冲突中，对于代表文化最高水准之美术建筑物及文化机关，应予顾及。此项报告书，嗣经大会于九月三十日会议中予以采纳。

(注七)一九零七年十月十八日海牙公约之第一号，业经中日两国予以签字及批准，该公约第一条规定：各缔约国“为减少各国于彼此关系间诉诸武力之可能起见”，约定“各尽最善之努力，使一切国际争议，得以和平解决”。该公约复建议：应视案件之情形如何？适用调解，公断，或国际调查团等办法。

丙、远东谘询委员会小组委员会第二报告书

一、中国目前之局势，及日本在条约上所负之义务，业经在本小组委员会所呈送于谘询委员会之报告书中，加以探讨。该项报告书并曾指出：日本所采行动，为违反日本在条约上所负之义务，不能认为正当。

二、建立以国际法为各国政府行为之真正准则之理解，及在有组织之人民相互往来间，应维持对于条约义务之尊重，乃对于各国均有重大利害关系之事。

三、中国目前之局势，不仅关系冲突中之两国，且对于一切国家，均有多少关系。许多国家均已在其人民生命及物质利益方面，直接蒙受影响。而尤较重要者，厥维所有国家均必感觉和平之当予恢复与维持。此实为国际联合会所以存在之根本目的。故国际联合会有依照盟约及条约上之现存义务，以谋迅速恢复远东和平之职责与权利。

四、本小组委员会已首先研究在此种情形之下，盟约对于国际联合会各会员国所加之义务。

五、谘询委员会，系依照盟约第三条(第三项)之广泛规定而设立。该条授权大会于会议中处理属于国际联合会举动范围以内或关系世界和平之任何事件。

六、上项条文，对于大会之行动，未设任何限制，而中国除其他条文外所援引之第十一条，复规定“联合会得采取任何视为适当而有效之行动，以保持各国间之和平。”

七、本小组委员会，已就局势，予以考虑，以冀决定何种行动为适当而有效。

八、远东目前之争议，牵涉日本之违反条约义务，业已指出如上，故不能认为仅能由中日两国以直接方法予以解决。反之，必对整个局势予以充分之考量；其尤要者，为对于与盟约及国际法原则暨现行条约相符之任何足以重树和平之适当办法，必须予以探讨。

九、本小组委员会深信：即在此次争议之现阶段中，于研求其他可能的办法以前，仍当作再进一步之努力，冀以彼此同意方式，恢复和平。

十、联合会在谋以谈判方式解决目前争议之际，不能不顾及争议之一造为非会员国，且对谘询委员会之工作，曾明白表示关于政治事项拒绝与联合会合作之事实。

十一、本小组委员会查依据在华盛顿所订九国条约之规定，中国以外之各缔约国，于协定各事项中，曾约定尊重中国之主权与独立，暨领土与行政之完整；缔约各国，包括中国在内，并约定无论何时，如有涉及适用该约规定之局势发生而此项适用宜付诸讨论者，有关系之国家，应完全坦白互相通知。因此，本小组委员会认为：大会以联合会名义所应采取之第一步骤，似为邀请联合会各会员国中之同时为该九国条约之缔约国者，于最短期间内，发动此项商讨。本小组委员会提议上述会员国，应即开会决定实行此项邀请之最善与最速之方法。本小组委员会并希望关系各国，能与其他在远东有特殊利益之国家联合工作，寻求以彼此同意之方式，结束此次争议之方法。

十二、如此从事商讨之各国，或欲随时将其建议经由谘询委员会转向大会提出。本小组委员会建议：大会不应闭会，并应宣告联合会对上述任何建议，愿考量予以最充分而切乎实际之合作。谘询委员会，无论如何，应于一个月以内，再行开会一次（地点或在日内瓦或在他处）。

十三、在所建议各项行动尚未得有结果以前，谘询委员会应请求大会对于中国，表示精神上之援助，并建议联合会各会员国应勿采取足以减弱中国抵抗力量，以致增加其在此次冲突中之困难之任何行动，并应就各该国个别援助中国究能达如何程度一节，予以考量。

四、行政院于一九三八年二月二日所通过之决议案

行政院对于远东情势，既经加以考虑，知悉中国境内之敌对行为仍在演进，且自本院上次会议以降，转趋剧烈，引为遗憾；

当此中国国民政府在政治上经济上努力建设，卓著功绩之际，

而发生此种恶劣情势，尤堪痛惜；

追忆大会于一九三七年十月六日决议中，曾经表示予中国以精神上之援助，并建议联合会各会员国应勿采取足以减弱中国抵抗力量，以致增加其在此次冲突中之困难之任何行动，并应就各该国个别援助中国究能达如何程度一节，予以考量；

爰唤起联合会各会员国对上述决议最严重之注意；

深信凡在行政院派有代表之国家，对于此种情势，自感特殊关系，应不坐失时机，而与具有同样关系之其他国家，协商、研讨任何进一步切实可行之办法，以谋远东争议公允之解决。

五、行政院于一九三八年五月十四日所通过之决议案

行政院业经聆悉中国代表关于远东情势暨中国国防需要之声言：

一、恳切敦促联合会各会员国对于大会暨行政院前此关于此事之决议案内所为之建议，尽其最大之努力，使之发生效力，倘或收到中国政府依据该项决议案所提出之请求，并请予以严重而同情之考量，中国英勇抗战，以维护其因日军侵入而受威胁之独立与领土之完整，其人民因此感受痛苦，爰对中国表示同情。

二、追忆使用毒气，为国际公法所斥责之战争方法，此种方法，倘竟有使用情事，决不能逃世界文明国家之谴责，用是请求各国政府，就其所处地位，可将关于此事所得之任何情报，通知联合会。

〔国民政府军委会政治部档案〕

40. 国际联合会所通过“关于中日争议之决议案及报告书”①

（1938年9月29—30日）

① 系国民政府外交部编印。原有标点，除个别不妥酌加改正外，余均沿用。

国际联合会一九三八年九月所通过关于中日争议之决议案及报告书

一、行政院于一九三八年九月廿九日所通过之决议案

行政院　案查本行政院前于一九三八年五月十四日所通过之决议案，其第二部曾追忆使用毒气，为国际公约所斥责之战争方法，此种方法，倘竟有使用情事，决不能逃世界文明国家之谴责，并请求各国政府，就其所处地位，可将关于此事所得之任何情报，通知联合会；

知悉中国代表关于此事之迭次通知，并知悉中国代表所为声明，谓在中国组织一中立观察者委员会，以调查在中国使用毒气各项案件，监视关于此方面之局势，并撰拟报告书，提备审核，殊有迫切需要；

爰请求各国政府之在本行政院及远东谘询委员会派有代表并在中国驻有官方代表者，应即经由外交途径，在可能范围以内，并采取最适宜之方法，分就提示于各该国之各项条件，从事调查，并将一切有关报告，呈备审核及考量。

二、行政院于一九三八年九月卅日所通过之报告书

（一）大会于一九三七年十月六日通过远东谘询委员会之报告书，曾经声明："日本陆、海、空军对于中国所实行之军事行动，……不能依据现行合法约章或自卫权，以资辩护，且系违背日本在一九二二年二月六日所签订九国条约，及一九二八年八月廿九日所签订巴黎非战公约下所负之义务。"

（二）联合会现经依照盟约第十七条第一项之规定，邀请日本接受联合会会员国为解决争议而负担之义务，日本政府业已拒绝该项邀请。

（三）实施第十六条及第十七条第三项之条件，依照成例，在原则上，虽由各会员国就每一事件自行决定其是否具备；惟就现时

行政院所受理之特别事件而言，日本在中国所采取之军事行动，业经大会认定为违法，既如上述，大会所为上项认定，自仍应保有其完全效力。

（四）日本既已拒绝向其发出之上项邀请，则依照第十七条第三项之规定，在目前情形之下，第十六条自得适用，联合会各会员国不独得根据上述认定，继续其至今所采之行动，且得各别采取第十六条所规定之各项办法。

（五）各会员国采取行动之调整办法，依过去之经验，其应有之各种要素，尚未能确认为已经具备。

（六）大会在其于一九三七年十月六日所通过之决议案内，曾保证予中国以精神上之援助，并建议各会员国“应勿采取足以减弱中国抵抗力量以致增加其在此次冲突中之困难之任何行动，并应就各该国对于中国之个别援助究能达到如何程度一节，予以考虑。”

又本行政院前曾特别引用上项决议案，于一九三八年五月十四日，恳切敦促联合会各会员国“对于大会暨行政院前此关于此事之议决案内所为之建议，尽其最大之努力，使之发生效力，倘或收到中国政府依据该项决议案所提出之请求，并请予以严重而同情之考量。”

（七）调整各政府业已实施或将来实施之各项办法一节，虽尚未能予以考量；然有一事实，现仍存在，即中国因此次英勇抵抗侵略者，实有要求各会员国之同情及援助之权。虽在世界另一区域内已发生严重之国际政局，亦不能使各会员国忘却中国人民所受之痛苦，或其不得减弱中国抵抗力之义务，或其考量个别所能援助中国之义务。

〔国民政府军委会政治部档案〕

（二）平汉线作战

1. 国民政府军事机关负责人在蒋介石官邸会报决定事项记录

（1937年7月27日）

1. 我军应仍照原定计划，在沧保、沧石二线上集中，构成阵地，期在此线上与敌作整齐之战斗。

2. 电告宋哲元：（军委会办）中央军以援助平、津，期与敌在永定河地区作战之目的，先以主力集结于沧州、保定之线。第二十九军应固守北平、芦沟桥、长辛店、涿县之线，与保定方面保持确切联络。为增援二十九军，令孙连仲部二十六路军即向永定河地区线前进，此后该路军归该主任指挥，该路军之行动，即由该主任妥为规定。至该路军原防地保定、任邱一带，另令万福麟部五十三军推进接防。

3. 令孙连仲部二十六路军即向永定河地区前进，该路军之行动，此后归宋主任哲元指挥。所遗保定、任邱、【河】间、献县防地，已令万福麟部五十三军接防。（刘副主任 11:30 电话：河间、献县另令曾万钟部接防）

4. 令万福麟部五十三军，即推进于保定、任邱之线，接二十六路军防地，在该线上构成阵地。

〔国民政府国防部史政局及战史会档案〕

2. 徐永昌等报告宋哲元部平津作战败退情形并提出对付办法密电稿

（1937年7月30日）

（一）

限即刻到。南京委员长蒋钧鉴：○密。顷与明轩、绍文等晤谈，得知情况如下：一、俭日午后，我军在南苑、团河等处受敌爆炸炮击，伤亡甚众，佟副军长麟阁、赵师长登禹均阵亡，情况逆转。明轩因钧座屡令来保，遂委张自忠代理其委员长及北平市长职务，离平南下。平市秩序现尚安定，电话可通。二、赵师两团留北平城内，阮玄武部三团除作战略有损失外，亦均留平北郊。三、冯师除驻保一团外，余在长辛店至保定间行进中。四、赵师有步一旅、骑一团在固安；王旅及师直属部队明日可到任邱；蔡旅在河间、大名间。五、张德顺骑兵旅在永清、安次一带；郑大章率骑兵一部及教育团学生二千余原在南苑，现不知退至何处。六、张师黄旅在大沽一带，情况不明；刘旅一部由安次向天津附近移动中；董旅残部由固安向津浦北段移动，另一旅经马厂师部直属二千余人向房山退却中。七、石友三部四团除激战伤亡千余外，已退抵良乡，转赴房山、涞水整顿。八、各师弹药多运后方。九、孙部冯师一旅在琉璃河，一旅在保定附近；池师及炮十团开高阳，均作工事。十、□□部主力在保定附近构筑工事。十一、明轩偕绍文已赴任邱收容并整顿张、赵两师，军长职务委冯治安代理。十二、本日午间，敌机十五架分炸保定一带，城内无大损害，其他地方损害情形，尚未据报。余另电禀。职徐〇〇、熊〇叩。卅未。

（二）

限即刻到。南京委员长蒋钧鉴：〇密。卅未电谅荷垂察。目前应付办法，条陈如下：一、廿九军平津激战，虽有大损失，总计人数尚不在少，仍宜付明轩以重责，使之整顿，一星期后犹可应战。二、明轩一再声述，不能负平汉、津浦全线指挥之任，但其名义，似又不宜过低，职意或令其指挥平汉至任邱一段，津浦方面则派一与其资望相当之人负责，或委一总指挥隶经扶或向方之下，全其颜面，或令启予前往指挥。三、平汉铁路正面仅琉璃河有孙部一旅，拟令酌派少数部队到良乡警戒，并以铁甲车一列属其指挥。四、沧、保工事，暂令万、孙、庞各部加工赶筑，冀早完成。是否有当，敬乞钧裁。职徐〇〇、熊〇叩。卅申。

〔国民政府国防部史政局及战史会档案〕

3. 徐永昌关于宋哲元所部重新部署等情密电稿

（1937年7月30日）

太原阎副委员长钧鉴：〇密。昌奉命视察沧保线工事，于卅晨到保晤明轩，得知情况：一、俭日我军在南苑、团河等处受敌围攻，佟麟阁阵亡，赵登禹受伤，情况逆转，明轩委张自忠代理其委员长及北平市长职后，即率部来保。二、赵师两团、阮玄武部三团，留守北平。三、冯师除驻保一团外，余在良乡至保定间行进中。四、赵师大部及驻天津一带之张师均已退出，石友三部四团亦退抵良乡以南，转赴房山、涞水整顿。五、明轩偕绍文赴任邱收容张、赵两师。六、卅日敌机十余架分炸保定一带，城内无大损害。特电闻。徐〇〇叩。世。

〔国民政府国防部史政局及战史会档案〕

4. 秦德纯于二十九军退至冀南后请求决定和战方针密电

（1937年7月31日）

京委员长蒋钧鉴：偃密。查平津战役，二十九军防线由大沽口至察边，兵力尚未集结完毕，即与敌接触，而天津一战，尤为壮烈，功败垂成，深堪惋惜。二十九军现在冀南各地整饬，虽兵员略有损失，而士气尚堪一战。为今之计，只有战和两途，如决战，则拟请将大兵分为三路，平汉、平浦及中间各一路，二十九军任一路，由钧座统一指挥，则一举而平津可下，直捣长城沿线，则冀东各处保安队等必群起响应矣。若节节抗战，零星消耗，则抗战愈久，损失必愈大。如不战而和，则拟请中央派员到平津与日方直接交涉，或亦可敷衍一时。倘不和不战，则国家前途实不堪设想矣。冒昧直陈，敬请鉴察。职秦德纯叩。世。印。

〔国民政府国防部史政局及战史会档案〕

5. 何应钦关于红军抗日部队使用及经路建议书

(1937年7月)

第三者使用方面及经路之建议

(甲) 使用方面

为使对于第一第二战区之作战，能直接发生影响，而与敌人侧方以威胁，并顾虑给养关系起见，拟以察东龙关为根据，经赤城向丰宁、承德方面活动。

(乙) 经路

现第三者正在耀县、鄜县、正宁中间地区集结，为使迅速到达目的地，研究结果，拟采如下之经路：

由韩城禹门口渡黄河至新绛东之侯马上车，沿同蒲路至大同，转平绥路至宣化或下花园下车，再徒步至龙关稍事休息，即开始向赤城活动。

本经路由耀县至侯马约十日，尔后改乘火车至下花园，因中间阳明堡至大同一段车尚未通，亦用徒步，约需五日可至下花园，再徒步至龙关约一天半可到，总共十七日即可使用于战场。

(其他路线，均在一个月以上，至少廿七八日)

(丙)秘密方法

用现在115D、120D、129D番号，一切旗帜、符号、服装，均改换，主官亦改名换姓。

〔国民政府国防部史政局及战史会档案〕

6. 第二十六路军孙连仲部在平汉线房山琉璃河地区作战经过报告①

（1937年7—9月）

甲、在琉璃河附近占领阵地掩护沧保线筑工之作战

A. 战斗前彼我之态势

一、自七月中旬以来，敌积极在平、津增兵，迨至月底，部署完成，即以其陆空军主力攻陷我北平，复企图沿平汉线南犯。

二、二十九军在平郊部队被敌击破，正沿平大公路及平汉路向南转进。

三、本路军之廿七师（欠七九旅）及卅一师在保定附近集中完毕，准备向永定河之线推进，正待车北运。廿七师先头之七九旅已进抵良乡附近，三十师及四四旅仍在江北一带构筑国防工事。

B. 作战经过

一、七月二十九日，冀省保安旅之一部在长辛店及其以西高地之警戒，被陆空协力之敌猛攻，战局极为危殆。

二、军基于上项情况，为阻止敌人南犯，确保平汉路线起见，乃独断部署，于十六时给予廿七师之命令要旨如左：着七九旅以主力占领琉璃河、马头镇之线，速完成该线工事，以一部对长安城方面警戒。

三、二十七师七九旅于是夜到达琉璃河、马头镇之线，即构筑工事，严密警戒。

四、是日奉委员长蒋电令如左：沧保线工事应星夜赶筑，由沧（不含）至郑州由二十六路担任，新安镇至满城，由五十三军担任。

---

① 原标题为《第二十六路军之冀北作战经过》。

五、军受命后，即令卅一师今(廿九)日晚进驻任邱，担任构筑吕公堡至郑州间工事，并在赵北口、十里铺构筑工事，对十三联桥须严密警戒。

六、七月三十日，平汉之敌有南犯模样，军为迟滞敌之南进，于本日给予廿七师之命令如左：1. 着七九旅选派精干之便衣队进出良乡以北地区，扰乱敌人，并协同钢甲车迟滞敌之前进，对于敌情，务须详细侦察具报。2. 钢甲车第四中队归黄旅长指挥，并对良乡以北铁桥相机破坏。

七、七月卅一日，长辛店被敌占领，琉璃河以北各友军纷纷南撤，在长辛店警戒之保安旅，亦沿平保公路向南转进。

八、是日，奉委员长蒋电令，着本路派队相机袭击长辛店。军受命后，即令廿七师七九旅派有力便衣队协同钢甲车，于今(卅一日)夜向长辛店袭击，并相机占领之。

九、是夜，七九旅协同钢甲车袭击长辛店，颇予敌以巨创。至拂晓，敌大量增援，企图报复，我乃撤回原阵地。

十、八月一日，长辛店、南岗洼之敌，约六七百名，正在构筑工事中。良乡新到敌步炮兵六百余名，坦克车百余辆。窦店附近有敌战车廿余辆，在该处活动。

十一、军基于上项情况判断，敌人仍不放弃南犯企图，军为阻止敌人南进，以掩护我沧保线安全筑工之目的，于十五时给予廿七师之命令要旨如左：1. 该师以掩护构筑沧保线工事之任务，须沿平汉线逐次抵抗，迟滞敌人南进。2. 该师在琉璃河镇、涿县、高碑店附近，分别构筑坚固阵地，以资韧强抵抗。3. 钢甲车队，归该师长指挥。4. 工事须先构筑据点式，有余裕时间，则构筑数线阵地，外壕必须宽深。

十二、是日，廿七师八十旅进驻涿县附近，该师直属部队进驻高碑店附近，筑工防守，师部进驻高碑店指挥。

十三、是日七时，奉委员长蒋电令如左：工事重新区分：1.

平汉路(不含)至满城,归五十三军担任。2. 平汉路至新安镇,归廿六路担任。3. 新安镇经郑州至赵官庄,归廿九军担任。

十四、军受命后,即令卅一师当晚接替构筑平汉路至新安镇地区之工事。

十五、八月二日,本路军各部之情形如左:1. 二十七师七九旅之琉璃河工事,初期已完成,现正加强中。又该旅之便衣队,终日向良乡一带袭击敌人。2. 二十七师(欠七九旅)在涿县高碑店,正赶筑工事中。3. 卅一师构筑平汉路至新安工事,限八月七日完成初期工程,并在漕河择要构筑永久工事。其筑工材料,正向徐主任、熊次长请商中。4. 炮七团正在漕河附近侦察地形,即构筑炮兵阵地。

十六、八月二日,廿七师七九旅便衣队在良乡、窦店间游击,遇敌二二七零号装甲汽车一辆,载步兵数十名,当即将该车包围猛击,其步兵伤亡殆尽,装甲车亦被我击毁。同时,并击落敌机一架。敌复以装甲汽车数辆、战车两辆,载步兵百余名,大举反攻,经我便衣队痛击,敌不支溃退。其飞机及汽车经我摘取零件后,更以手榴弹将其完全毁坏。

十七、连日以来,良乡以北之敌,尚无积极行动,我七九旅便衣队则常向敌人袭击,予以损害颇巨。

十八、八月六日,奉委员长蒋电令,着卅师(欠一旅)及独立四十四旅即北开,归还廿六路军建制。

十九、军受命后,即令卅师(欠八九旅)及四四旅将江北之国防工事妥为交替后,即向清苑开拔归还建制。

二十、八月六日以后,敌积极向平北增兵,企图攻略南口,继犯察绥。在南口之汤恩伯军,正与敌对敌中。

廿一、八月十一日,奉委员长蒋电令如左:我琉璃河阵地已成,良乡敌兵不多,其阵地亦未坚固,希令廿七师即速进占该城为要。

廿二、军受命后,于本日十四时给予廿七师及炮七团之命令要旨如左：1. 廿七师以一部附炮兵一营、高射机枪一连，即进占良乡。2. 炮七团之一营，归冯师长指挥。3. 廿七师攻击准备，务迅速完成，尤以利用夜间向敌秘密进攻为宜。4. 铁路工程列车，今晚抵涿县，归冯师长指挥修理路桥。

廿三、八月十二日，二十七师攻城部队之一营及便衣队，于二时卅分完全攀上城垣，即攻入街巷，与敌巷战，十分激烈。同时，我已将昊天塔及良乡车站占领，预备队已进至纸坊村，敌渐不支，良乡城几于全部克复。适奉委员长电话命令，停止进攻良乡，当遵令廿七师遵照。该师攻击部队，旋于下午二时仍返回琉璃河阵地。是役，我伤亡官兵百余名，毙敌甚众。

廿四、八月十六日，奉总司令刘转委员长蒋电令如左：南口方面吃紧，应由平汉方面佯攻为要。

廿五、军受命后，即电令廿七师相机向坨里、良乡一带之敌进攻。

廿六、卫总司令立煌奉命率领三师经易县、涞水增援在南口、怀来之汤军，刻正向周店一带集结中。

廿七、军奉令掩护卫军集中安全，于十六日给予廿七师之命令如左：着该师八十旅即占领房山附近，与固守琉璃河之七九旅连系，掩护卫军集中，并积极筑构工事。

廿八、八月十七日，卅师（欠八九旅）及四四旅到达清苑附近，军于是日给予各部队之命令如左：1. 三十师（欠八九旅）即向固安前进，占领知子营经固安至长安城之线，严密警戒，并积极构筑工事。2. 四十四旅进驻松林店，担任徐水、涿县间桥梁之守护。

廿九、八月十八日，廿七师之八十旅与三十师（欠八九旅）及四十四旅，先后到达指定位置，即严密戒备，并积极构筑工事。

三十、本路军之态势，如附图第一〔略〕。

卅一、将本路军近日部署经过情形，电呈委员长蒋。

卅二、自北平失守，敌乘我友军南退之际，相继占领长辛店、良乡等处，复企图沿平汉路南犯，华北战局，颇形严重。本路军为挽回颓势，乃毅然令廿七师之七九旅占领琉璃河一带阵地，阻敌南犯。并编组便衣队远出袭敌，颇予巨创，致强寇不敢轻犯，危局转缓。嗣后南口吃紧，乃令廿七师进攻良乡，以牵制敌之兵力，使南口方面我友军作战容易。现各部正积极构筑坚固工事，以期对南犯之敌韧强抗战。

乙、在房山附近地区掩护卫军，进出王平口及平汉正面琉璃河地区之作战

A、战斗前彼我之态势

一、八月上旬以来，敌以陆空军主力猛攻南口，刻又增援大部，由白阳城向我汤军之黄老院、禾子涧、北石岭、马刨泉一带阵地猛攻，正在激战中。

二、连日以来，敌由北宁路运至榆堡数千名，似有向金门闸前进模样。

三、平汉路正面无变化，仍与敌挟河对峙中。

四、卫总司令立煌奉令率第十、八三、八五三师增援南口，刻在涿县、周口店附近集中完毕。

五、本路各部之位置如左：1. 二十七师占领琉璃河、房山一带阵地，与敌对峙中。2. 三十师(欠八九旅)占领知子营经固安至长安城之线构筑工事，并阻止渡永定河之敌。3. 三十一师在漕河、新安镇一带工事区构筑工事。4. 四十四旅任徐水、涿县间铁路、桥梁之守护。5. 炮兵第七团(欠第三营)在涿县一带，归冯兼师长指挥，第二营驻保定。

B、作战经过

一、自八月以来，军除令廿七师及三十师(欠八九旅)固守固安、琉璃河、房山一带阵地，积极增强工事，以防御南犯之敌外，并编组挺进队及有力便衣队，时向良乡、长辛店、大灰场一带之敌攻击，以牵制敌人兵力，使我南口方面之友军作战容易。

二、八月十九日十四时，奉总司令刘命令要旨如左：贵部派一部占领房山城及其以北高地之阵地，掩护卫军进出。

三、军受命后之处置，于十六时给予各部之命令要旨如左：1. 本军以掩护卫军侧背进出容易之目的，着三十一师今（十九日）晚向房山输送前进，占领房山城及其以北高地之侧面阵地，以掩护卫军进出，并派便衣队占领坨里及鲁道滩诸要点。但该师工兵营仍留置漕河工事区任监护。我卫军已在涿县、周口店附近集中完毕。2. 二十七师（附炮七团步兵炮连）占领琉璃河、房山间阵地，黄旅仍固守原阵地，阎旅俟池师到达房山后开始构筑右接黄旅至房山城（不含）据点式坚固阵地，主力应控置于琉璃河附近。3. 三十师（欠八九旅）务在现地构筑工事，阻敌渡河，候换防后再集结涿县附近，四十四旅（欠符营）仍在原地停止及守护涿徐间平汉线铁桥之责。4. 炮兵第七团步兵炮连（汽车留保）均开驻涿县、琉璃河间。5. 作战地境：由周口店—房山—杨〔羊〕头岗北方—充各庄—朱各庄—宛平之线，线上归廿七师。

四、三十师九三旅于廿三时已先后由漕河头车站开出，其余部队仍在待车北运。

五、军本日得悉之情况如左：1. 坨里、石梯于本日晨被敌占领，大灰场之敌向鲁滩活动。2. 二十七师八十旅在八十亩田、羊头岗与敌隔河对峙，敌一部向马各庄攻击，被该旅击退。3. 永定河左岸之敌，昨（十八）日在曹辛庄、金门闸、西押堤等处强行渡河，均被三十师击退。

六、军基于上项情况，于十八日给予各部之命令如左：1. 二十七师饬八十旅对坨里方面及其西北山地，务要注意特别戒备，与右翼七十九旅连系。2. 三十师赶筑长安城至马头镇（不含）之线据点工事，与马头镇二十七师保持连系。

七、八月廿日得悉各方情况如左：1. 敌已到平、津者，有河边混成旅团及酒井、川岸两师团。本月尚有第五、六、十、二十等师团，将陆续开津，拟占领南口后，即向琉璃河大举进犯，企图攻略保定。2. 南口、马刨泉、北石岭战斗异常激烈，敌企图在我援军未到前，突破我阵地。3. 卫军先头部队已到达潭木港，正向王平口推进中。4. 本日七时，步炮联合五六百名之敌，在其钢甲车、战车掩护下，向廿七师八十旅守备之马各庄、羊头岗等处阵地猛攻，经该旅守兵沉着应战，将敌击退。

八、本日十八时，奉总司令刘留保代电转委员长蒋皓亥侍京电，令卫路军即出发北进，我平汉、津浦两路可各以有力之一部向平、津攻击前进，使敌首尾不能相应，以达成卫军之任务。如津浦不及出动，平汉路亦应单独前进，但后方原阵地仍派兵守备，并望自二十一日晨开始行动，向良乡积极进攻。

九、军受命后之处置：1. 命廿七师附炮七团及步兵炮连明（廿二）日拂晓向良乡进攻，重点控置于左翼。2. 三十一师速进占房山城及其迤北高地至鲁摊附近高地之线，占领侧面阵地，并派有力便衣队在王平口附近活动警戒，我左翼廿七师进攻时，可相机进展。3. 卅师除固守原阵地外，并派一部沿金门闸以北永定河右岸警戒。4. 四十四旅仍在涿县附近。

十、三十一师九三旅由十三日到达房山附近，于黄昏后开始接替房山县城、马各庄、羊头岗、前后朱各庄、八十亩地、南大寨、南罐、口头村一带二十七师八十旅之防务，于廿三时接替完毕。并派便衣队两连进占北车营、鲁滩各要点警戒，九一旅由漕河头先后搭车北开．师部及直属部队（欠工兵营）至十九时由清苑车站开出。

十一、廿七师八十旅将防务交替毕，即向顾册村亘坨头街至吉阳村之线构筑阵地，并以大石河沿岸瓜市村至板桥之线为警戒阵地。

十二、炮七团及步兵炮连十八时到西阳和庄。

十三、是夜，敌对平顶山、八十亩田〔地〕施行炮击，并以小部队不时向羊头岗攻击，均被三十一师九三旅击退，我损伤甚微。

十四、八月廿一日得获各方之情况如左：1. 廿七师七九旅以有力之便衣队，于今(廿一)日三时分向葫芦垡、昊天塔及开各庄、良乡城之敌攻击，激战三小时，毙敌甚众。因敌据有坚固工事及优势炮火，难于奏功，至七时许，仍撤至原阵地固守。2. 三十一师九三旅便衣队向北车营、鲁滩前进中，于六时三十分在北车营南方及煤儿岭高地一带，与敌三百余人遭遇，激战一小时许，我将煤儿岭占领，敌退据北车营高地对峙。3. 坨里后方高地有敌二百余名，炮八、九门，今晨以来，向我吴村、翟家庄之第一八六团第二营猛烈炮击，我王连长祥禄、陈排长自友阵亡，五、二两连伤亡达八十余名之多。

十五、三十一师九一旅于十一时到达房山，一八一团即出发驱逐北车营之敌，并以有力之一部进占鲁滩，防敌西扰；一八二团一部担任城防，一部位置北坡，为九三旅预备队；师部进抵红寺。

十六、军综合上项情况，于十二时给予三十一师二十七师如左之命令：1. 三十一师速以一旅占领北车营西北 600、656 高地，抵御敌人，并派有力便衣队向该敌右翼扰乱为要。2. 廿七师乘夜攻占开各庄，以策援三十一师。

十七、是日十三时起迄黄昏止，坨里之敌向房山炮击四百余发，并以飞机轰炸，但我损失甚微。

十八、八月廿二日，平绥线大村方面，敌新增一旅团。黄老院溃口扩大，居庸关情形甚急。

十九、七时奉主任徐转委员长蒋电，令冯占海师于廿二日晚开到固安，接替永定河岸防务。

二十、军受命后，于十二时给予三十师之命令如左：该师俟冯占海师到达，即将知子营(含)经固安至长安城(含)之线防务妥为交代后，至涿县附近集结待命。

廿一、本日先后得悉三十一师之战况如左：1. 九一旅一八一团于四时将北车营之敌击溃，敌向南北上苑退去，我遂将煤儿岭及北车营附近高地完全占领。至十一时，敌以野炮四门，向我北车营东方一带阵地射击达五小时之久，继以步兵五六百名数次猛冲，均被击退，敌死亡枕藉，我亦伤亡四十余名。

廿二、查平顶山为制高要点，关系全阵，价值颇巨，当令卅一师于今夜收复之。

廿三、廿七师部及其直属部队，于本日晨由涿县进驻蜂东村、韩村河。又该师八十旅之游击队两队，由郑营附云奇率领，于本日廿四时零分向开各庄、南梨园之敌猛扑，敌不支，狼狈向良乡逃窜。计毙敌四十余名，获轻机枪两挺，步枪廿余支，我伤亡官兵六员名。

廿四、四十四旅于本日晨将廿七师所遗涿县城防及附近构筑未完成之工事接替完毕，即继续赶筑工事。

廿五、各部到达位置如附图第二〔略〕。

廿六、八月廿三日十时，奉总司令刘养保电转委员长蒋马侍参京电令，要旨如左：涿县、房山以北地区至门头沟附近一带，应派一、二师兵力依托山麓，布置阵地，构筑工事等因。兹规定构筑之主阵地右翼自东西秧房起经长沟镇、五候村、顾册村、房山城至北车营及其以北之线，并应自小坟经韩继、牛骨峪、沙峪及其以西北约四公里无名高地之线准备第二线阵地。

廿七、军受命后，于十四时给予廿七师、三十一师之命令要旨如左：1. 着自马各庄、房山城、红寺（均含）连接之线以北为池师，其以南归冯师，分别负责派队督同民工构筑。但至五候村（含）以南，可由冯师长饬四四旅酌派队指导民工担任。2. 希极力利用现地物料，赶速构筑，尤以池师担任区域，须特别注意加强为要。

廿八、本日先后得悉三十一师之战况如左：1. 王团长震率兵两营，于昨（廿二日）夜袭击平顶山之敌，虽该地山势陡峭，敌据险顽抗，但我官兵咸奋不顾身，奋勇直前，肉搏数次，虽伤亡甚众，但激战至三小时，终将平顶山、翟家庄之阵地完全克复，敌退至北大岩、石梯等处。是役，毙敌官兵数十人，内有大尉一员，并获机步枪二十余支，我伤亡官兵一百六十余名，程营长希芝负伤甚众〔重〕。2. 平顶山阵地被我恢复后，于六时卅分，坨里之敌炮兵及坨里村附近之铁甲车，即以猛烈炮火向我平顶山阵地猛击。同时，平顶山北方高地之敌，亦以机关枪向我平顶山阵地射击，我军伤亡迭出。3. 盘踞北大寨之敌百余名，经一八一团八、九两连击退，于十四时将该地完全占领。

廿九、良乡、长辛店敌之兵力转移于煤儿岭第三十一师左翼，有突破我左翼逐行西进之企图。

三十、军基于本日情况，给予各部之任务如左：1. 命廿七师务于今(廿三)日夜接替卅一师马各庄经羊头岗至姚老林(不含)之阵地，并以野炮一部占领羊头岗附近，对坨里、石梯方面之敌施行压制，并与池师切取连系。2. 十二时给予三十一师之命令如左：查北车营以北高地过于突出，最易受敌迂回，我军原任务着眼在掩护卫军进出，如该师现阵地不易固守时，改在人头山650、600高地之线，以期达成任务为要。

卅一、入夜以来，战况逐渐趋沉寂。

卅二、八月廿四日，卫立煌军进抵西板桥(王平口西三公里)，其左纵队在青白口一带，已与敌接触，并即向平北南口方面进出。

卅三、廿七师八十旅于本晨将卅一师之羊头岗一带防务接替完毕。

卅四、三十师长安城、马头镇一带之防务，与九一师交替完毕，至涿县集结。

卅五、卅一师于昨夜廿四时变换，右自朝阳洞以南高地经煤儿岭、平顶山、翟家庄、羊头岗、前朱各庄、八十亩地至口头村之线新阵地，师部移驻羊拉玉。

卅六、四四旅仍在涿县附近星夜赶筑工事。

卅七、将新部署报告总司令刘。各部之位置如附图第三〔略〕。

卅八、本日接得卅一师之报告如左：1．本日午，敌由良乡开到坨里一列车，约有步兵七百余名，下车后向石梯运动。十七时，敌又由良乡开来两列车，骑兵约三百余名，步兵约八百余，弹药甚多，均于坨里下车后，骑兵即向大小东村移动，步兵即进入坨里村。2．本日敌炮火向我口头村、七泉岭、平顶山阵地猛烈轰击，竟日未停。十三时，坨里之敌约百余，在炮火掩护下向我口头村阵地猛烈攻击，被第三连及第二连之一部奋勇击退。计毙敌数十名，我伤亡三十余名。

卅九、军综合上项情况，敌彻底集中兵力于卅一师左翼，显然将大举进犯，除令该师严加防范外，并下达如左之训令：1．该师现阵地为平汉线正面阵地之依托及关系卫军侧背之安全，希各官兵努力苦斗，不辞任何牺牲，奋发忠贞，克尽厥责。2．防守部队应乘敌之弱点，或利用夜暗及不良天候，相机以一部出击，弥补我弱点。3．工事未完成以前，白昼在阵地地内配设少数守兵，大部分散隐匿，并在要路两旁秘设伏兵，俟敌步兵接近时奇袭之。4．便衣队务在鲁摊、大石岭一带活动，并派探远出搜索。5．如南口方面我友军得势，敌必乘机撤退，应不时注意追击，断其归路。

四十、本日入夜后，战况颇沉寂，但敌炮兵仍不时向卅一师阵地轰击。

四十一、八月廿五日，接卫军通报：李默庵师一团占领秦峪口东侧，刘勘师一团在庄户，均与敌对峙，余部由大村沿河城分向马刨泉、铁边之敌攻击中；陈铁师在千军台、秦峪口一带；总部在军下；当面门头沟之敌为第五师团。

四十二、本日得悉卅一师之战况如左：1．拂晓，敌以炮兵〔兵字衍〕廿余门，向我阵地猛烈轰击达六小时，更以飞机五架及钢甲车一列助战。其步兵在炮火掩护下，向我阵地攻击，我口头村尤为敌攻击之重心，我守军与之反复争夺，激战三小时，全连伤亡殆尽，始被敌突入。敌更向我七泉岭阵地猛攻，经我守兵沉着应战，毙敌甚众。敌复新增部队，以全力猛攻，我因伤亡奇重，七泉岭阵地一部被敌突破，经我李营长荣贵整集残部，益以便衣队等猛烈反攻，争夺数次，卒将敌击退。2. 当时全线各处俱陷，紧张情况〔情况紧张〕。七泉岭之敌被击退后，敌更调大部，企图再逞。十一时许，坨里附近，敌又续到装甲车一列，步兵一大队。平顶山方面，亦有新增敌机突至五十七架之多，炮兵亦有续增，更有重迫击炮一部参加，空炸炮击，较前益甚。经我壮烈之逆袭，肉搏数次，始将口头村之阵地恢复。3. 平顶山方面之一八二团第一营，受敌猛烈之攻击，自朝至午，伤亡甚重，激战至十二时，竟为敌突入一部。虽经几度逆袭，卒以伤亡过重，兵力稀薄，未克奏功，该处阵地竟被陷落。4. 十四时，口头村守兵为敌猛烈炮火，损失殆尽。敌占口头村后，在步、炮、飞机连合下，以主力攻击七泉镇。又以飞机十余架之低空扫射轰炸，妨碍我军动作。激战至十六时，我吕团附淮清以下伤亡二百余，七泉岭阵地遂与敌成阵地内惨烈之混战。敌此次攻击，伤亡无计，同时敌机一架亦被击伤，跌落于坨里附近。5. 占领平岭山之敌，并企图截断我阵地两翼之连络。其步兵经漫水河，拟渡河西，进至万佛堂、高线铁路附近，为我一八一团截击，毙敌三百余。其后续部队继增，我军遂据磁器坞、万佛堂，与敌对峙。此时，敌势大挫，但其炮空合力猛烈轰击，以制压我军出击之企图。

四十三、三十一师本日与敌之激战，极尽悲壮惨烈之境，敌炮兵数十门猛击竟日，片刻不停，及飞机十余架轰炸助战，未曾稍息。而该师已占领阵地，又多为岩石地，作工既感困难，而石砾益以增加杀亡之效力。然几次肉搏，敌人死亡枕藉，亦不稍减于我。该师因伤亡过重，为集结兵力巩固阵线，以达成任务计，乃变换阵地，右自羊头岗经八十亩地、南大寨、南车营之线。

四十四、八月廿六日，三十二师损失过重，乃令该师调至涿县整顿。本军之新部署如左：1. 三十一师调涿县整顿，所遗南大寨至黄土坡阵地，由三十师（欠八九旅）及四四旅之一部接替。2. 廿七师附炮兵第七团仍固守琉璃河一带之原阵地。3. 房山县(含)经歇歇岗至蚊山北侧高地为第二阵地,银红寺经2154至迤北东天宫高地为第三阵地,由四四旅派一部督工督筑,另由卅一师派一部监筑甘池、龙龙口、王家坡、东天宫侧面阵地。4. 廿七师便衣队在南大院一带,卅一师便衣队在南罐、黄土坡一带积极活动,并相机扰乱敌之后方。

四十五、本日各部到达之新位置如附图第四〔略〕。

四十六、将新部署报告总司令刘。

四十七、军自本月十九日奉命掩护卫军进出王平口,增援南口,当命三十一师占领房山以北之侧面阵地,及坨里、鲁道滩各要点。连日以来,敌以二十师团之第七九、八十两联队为基干,并附多数野重炮及战车、装甲汽车之机械化部队,总数达五六千人,藉钢甲车及飞机之掩护,以炽盛之火力,向三十一师阵地猛攻。我虽武器较劣,但官兵咸抱有我无敌之决心,奋勇应战,虽至最危急之期,亦不少却,且尺寸之地,亦必争夺,并出奇兵袭其侧背,及与之肉搏,弥补我短。平顶山、口头村、七泉岭各地之反复冲夺,极尽悲壮惨烈。我官兵忠勇抗战之精神,于兹发挥尽致,亦足使强敌心栗也。统计该师伤亡千五百余人,但亦毙敌千余人。又乘敌西犯之际,即令廿七师向良乡一带之敌攻击,颇予以巨创。经两师之互相策援,韧强抗战,我虽有牺牲,但终能使卫军安全进出,且平汉门户之保安,亦利赖焉。

丙、在房山附近地区掩护卫军转进及平汉线正面琉璃河附近之作战

A、战斗前彼我之态势

一、八月下旬以来,敌以其陆空军主力向平绥线猛攻,异常激烈。刻我守怀来、居庸关各军,均向后撤退。敌复进逼张垣。

二、卫军因平绥方面战况不利,奉令转进,以求尔后之作战容易。刻正由青白口向南转进中。

三、平汉线之敌向我左翼运动，企图切断本路军与卫军之连络。刻以步炮联合之一纵队，正沿高线铁路积极西进中。

四、本路军各师旅之位置如附图第四〔略〕。

B、作战经过

一、八月二十六日，平绥方面战况不利，平汉线战局亦日趋紧张，总指挥为切实明了前方之情形及授于各部之作战机宜起见，乃于是日率领所要人员赴涿县附近之韩村河视察。指挥于是日得悉沿高线铁路敌军之配备如左：1. 进庄一带有敌步骑兵六百余名。2. 坨里车站有敌野炮二十余门，小钢炮五、六门，钢甲车一列，时常向我阵地射击。并有步兵千二百余名。3. 坨里车站东南之瓜市、龚家墩、杨岗村等地，有敌步兵千五六百名，车站西北之慢水河、北车营、煤儿岭等处，有步兵千八百余名。

二、军基于上项情况判断，敌有占领我平汉两方高地以切断本路军与卫军之连络，且切断卫军之归路，并瞰制我平汉正面阵地之企图，军为掩护卫军安全转进之目的，于二十七日给予各部之命令要旨如左：1. 军为掩护卫军转进之目的，应固守原阵地，并对西进之敌施行扰乱。2. 第二十七师仍固守原阵地，派有力便衣队对大小东村东方之高线铁路施行破坏，并扰乱其后方，切断其连络线。3. 第三十师(欠八九旅)仍固守原阵地，派步兵一营占领黑龙关、佛子庄，阻止西进之敌，韧强抵抗，非有命令，不准撤退。并派有力之便衣队对高线路站万佛堂、半壁店施行扰乱。4. 各师(旅)原派之挺进队，仍续行其任务，积极向敌攻击为要。

四、八月二十八日得悉各【地】之战况如左：1. 二十七师守备之琉璃河一带阵地无变化；该师七九旅之挺进队与江村、普安屯二百余之敌遭遇，激战一小时，敌不支溃退，正向良乡挺进中；八十旅之挺进队已占领东流水。2. 本日十六时，敌以飞机十二架掩护步炮联合之敌三百余名，向三十师守备之南大寨猛攻，激战数小时，该地守兵一连伤亡殆尽，遂被敌陷。但入夜以来，经我夜袭猛冲数次，终将该地克复。军为巩固左翼阵地及与卫军确保连系起见，乃令四十四旅进占黑龙关、佛子庄附近，并以一部与红煤厂卫部便衣队连络，对陈家台、马石槽方面严加戒备。该旅受命后，于二十九日拂晓到达指定位置。

五、八月卅日，敌藉机、炮之掩护，向卅师守备之阵地猛攻，经该师迎头痛击，激战终日，敌未得逞。刻仍固守原阵地。廿七师守备之琉璃河阵地颇沉寂。

六、军为指挥便利，在涿县设立战斗指挥所，归卅军军长田镇南负责。

七、是日十二时，给予卅一师之构筑阵地命令要旨如左：(一)阵地带之位置：1. 警戒阵地为四平庄、马坊、永乐站、尚庄之线；2. 前进阵地为莲池、永乐车站沿鲁村之线；3. 主阵地为何各庄、南石家堡、涿县城、四家庄之线，如时间余裕，可延伸至大清河西岸。4. 炮兵阵地及观测所地带，为太平庄、涿县、海深棠之线。(二)构筑要领：主阵地带之工事，概采用纵深据点梅花式阵地，适宜疏散，纵敌突破一点，亦期以逆袭恢复之，而行韧强之战斗。

八、八月三十一日，敌千余名，藉机、炮之掩护，向卅师一七六团守备之南大寨及650高地阵地猛攻，经该地守兵奋勇抵抗，激战终日，肉搏数次，终因伤亡奇重，该地被敌占领，现正积极向敌反攻，以图恢复。但该师之主力仍在羊尔峪东西高地及沙峪一带固守中。

九、九月一日五时，奉总司令刘世代电转委员长蒋电令如左：固安对岸敌兵力颇厚，有乘我弱点渡河攻击之意图，务迅令前方注意，并须迅速增加固安兵力等因。又查敌军猛攻我卅师阵地，并派一部向槽木港、黑龙关方面前进，有向我左侧背迂回之企图。兹着骑兵军全部对永定河担任防守警戒。四十七师开到长沟桥。该两部统由孙总指挥指挥。对于房山西北高地，务宜竭力固守，并令五十三军全部开固安、永清增防。

十、军受命后，于十二时给予各部如左之命令：1. 骑兵军进驻河西务附近，任东西杨村(不含)经长安城、马头镇(含)守备，并加强该线据点式工事。骑兵沿永定河右岸向朱家岗、葫芦堡活动，并对该方施行搜索警戒。2. 四十七师构筑何各庄、南石家堡、涿县城、演武庄、四家庄间工事，及由甘池至东天宫间侧面阵地，并派一部任固村(不含)、涿县(含)护路。3. 廿七师、三十师、四十四旅及炮七团，仍续行原任务。但四十四旅须以黑龙关、佛子庄、上英水为根据，向陈家台、马蚁槽以东地区活动，扰乱敌人。4. 三十一师进驻五候村、瓦井附近地区集结整顿，另派一团接四十四旅监筑艮红寺、长沟峪工事，以一部监筑，大部集结为机动部队，位置于左翼，掩护本军左翼安全。

十一、九月二日，各部先后到达指定位置施行任务。其位置如附图第五〔略〕。

十二、九月六日，连日以来，敌在平汉方面陆续增兵，似有南犯模样，军为使各部严防起见，于是日下达如左之训令：日来战况沉寂，近日敌陆续增兵，恐不日大举进犯，仰各级官长急应乘此时机，振作奋发，以收最后之胜利。兹将注意事项略述如左：1. 各级长官竭力侦察地形，用战略战术眼光判断其利害而配备之。对于工事，应不时增强，期克加强抗战之准备。2. 我炮兵质量、数量，均逊于敌，须以巧妙之指挥与运用，更宜多筑预备阵地，以应随时之变换，如时机许可，应以少数炮手予敌以重大之打击。3. 应以小部队与便衣队时时实行游击、扰乱、威胁诸手段，使敌疲于奔命，更须广布间谍于敌军后方，搜集有价值之真实敌情。4. 三十师对南大寨、南罐之敌，务严制其进展与活动，并应在沙峪、迎风坡、石庄及其以北附近地区选择炮兵阵地，专任侧击敌人。

十三、自八月下旬敌陷我南口后，复乘卫军转进之际，极力向我左翼阵地猛攻，企图切断卫军归路，并领有平汉线西方高地，瞰制我正面阵地，军迭令三十师、四十四旅韧强抵抗，幸各该部能奋勇应战，致敌毫未得逞。近日以来，敌复在平汉正面陆续增兵，蠢蠢思动，军则攻防兼使，以有力之挺进队及便衣队，时向敌袭击，予敌重创，更令各部极力增强工事，巧妙设置伪装，且战且教严阵以待，倘敌来犯，则不难歼灭于我阵地之前也。

…………

〔国民政府国防部史政局及战史会档案〕

7. 陈诚转李默庵陈平津陷敌后我方在政略战略上应取对策密电

（1937年8月3日）

南京委员长蒋、部长何：据李师长默庵东巳电称：1344密。倭寇得逞于平、津，国军设防于沧、保，如敌即长驱南犯，我可凭险迎击，诚为计之得者。惟自政略上言之，敌为缓国际之疾视，防我国之死战，向取逐步宰割手段，故虽得逞，犹云无占平、津野心。自战略上言之，每一会战终结之后，必有相当时间之准备，并于占领地力谋巩固，然后资之前进，故最近观察，敌除以空军向我威胁破坏，并策动间谍、汉奸活动于我军区外，似暂不致对我北上主力作真面目之攻击。而我之对策，在政略上似宜速派政训处大批干练人员，分别活动于河北南部，对民众宣传、组织、训练，激发其敌忾精神，养成其抗战能力，不惟可以对间谍、汉奸，作广泛之防范，且可增加民族斗争之力量。因河北久□于中央政令，师行所至，人民之观感，俨然视以前之奉战，国家民族之意识，至为薄弱，亟待宣导也。在战略上，似应于扼要工作外，措十师左右兵力，编为二军，由津浦、平汉两路，迅速规复平、津，同时以陕北之共匪军进出于冀热之长城内外，以抗倭寇之背。以现在河北之倭军，不过二万内外，且新得平、津，布署准备未周，一鼓前进，克复可期。如此，可以回世界之观听，作全军之士气，且全国人心所关，不止于战略也。现战起半月，我集中军队，颇觉迟缓，战斗序列，犹未颁发，后方补给，亦未规定，前军各师，各自为政。如万一敌窥此虚，猝然来犯，则兵力虽多，指挥不一，亦危道也。以上是否有当，如蒙采及刍荛，转向委座具申，以定大计，实为幸甚。等语。查该师长所陈，颇有见地，谨转呈鉴核。陈诚。江酉。庐。参。印。

〔国民政府国防部史政局及战史会档案〕

8．孔祥熙分析华北抗战失利原因电

（1937年8月3日）

密译转林主席钧鉴：各院、部长勋鉴：华北事变，中外震惊，近则敌势愈张，我气益沮，国际间向表同情于我者，亦将对我失望，至为痛心。查我此次失利原因，不外：（一）军事上缺乏组织，不能以整个力量对外；（二）各方意见分歧，不能一致，虽有计划，难于实行，结果举棋不定，坐失良机；（三）地方军事领袖缺乏连络，更不能防患未然，致成今日之局面。又因消息延缓，且多不真确，影响外人观感甚大。今应如何亟谋改善，亡羊补牢，诸公老成谋国，想必有成竹也。临电无任翘企。弟孔祥熙叩。江。

〔国民政府国防部史政局及战史会档案〕

9．何应钦转达蒋介石要求平汉线部队暂勿向良乡前进密电稿

（1937年8月11日）

机急。保定徐主任次宸兄、孙总指挥仿鲁兄：（0407）密。奉委座面谕：我平汉路前线部队，着在原地停止待命，严密警戒，暂勿向良乡前进。何应钦。真（戌）。参。印。

〔国民政府国防部史政局及战史会档案〕

10. 蒋介石等于平津陷敌后对津浦平汉等沿线据点重作军事部署电

（1937年8月）

（1）蒋介石密电（8月12日）

即到。清苑徐主任，并译转宋总司令、冯主席，定县刘总司令，石家庄林厅长勋鉴：○密。据报敌军定删日向我开始进攻，届时我军各部阵地如尚未构筑完成，则一面继续赶筑完成，一面应选定据点数处，以各阵地附近之县城及庄，皆为主要据点。兹特事先指定，希各从速筹备如下：(1)河间、任邱、马厂、青县、静海、大城、肃宁、文安各城，皆归二十九军负责固守。(2)文安(不含)、雄霸各县，归第五十三军万军长负责固守。以上属津浦线，统归宋总司令之指挥，宋未视事以前，由冯主席代理负责指挥。(3)涿县、定兴、新城、徐水，归廿六路军负责固守。(4)定县、新乐、曲阳，归第三军负责固守。(5)清苑、高阳、满城、完县，归第二师、第二十五师负责固守，由关军长麟征指挥。(6)涞水、易县，归八十五师负责固守。以上属平汉线，归刘总司令之指挥。(7)石家庄、正定、获鹿、藁城，归李军即第十、第八十三师负责固守；武强、深县、饶阳、安平，归第三十二军负责固守。(8)晋县、深泽，归第十七师负责固守。(9)献县、刘各庄、吕公堡，归六十七军(吴克仁部)负责固守。(10)沧州、兴济，归第四十军庞更陈部负责固守。以上属沧石线，归石家庄行营徐主任直接指挥可也。又第十五军刘茂恩部与第十八军为总预备队，暂控置于沧石线以南地区。中正手令。侵酉。侍参。京。印。

（2）徐永昌电稿（8月13日）

保定冯主席仰之兄、孙总指挥仿鲁兄、万军长寿山兄勋鉴：顷奉委座手令侵酉侍参京电开：云云。等因。即祈遵照，并将前规定五十三军担任之任邱城防，应即由廿九军接替，二十九军担任之高阳城防，应即由关军接替为要。弟徐〇〇。元辰。

〔国民政府国防部史政局及战史会档案〕

11. 第二集团军平汉线第一期作战计划

（1937年8月13日）

第二集团军第一期作战计划　八月十三日

第一　方针

一、本集团应以一部在固安附近牵制当面之敌军，另一部沿平汉线北进，主力由房山县以北山地向平北方面进出，协同南口友军会攻北平。

会战开始日期，预定在各部队行动三日后。

第二　指导要领

二、固安方面之我军，应沿永定河南岸，利用村落，坚固占领梅花式据点，并依机动方式，阻止敌之南进，相机向平南进出。

三、集团军另以一部先推进于良乡、坨里之线，牵制当面之敌军，以便军主力向平北之进出容易。

四、军主力应分两纵队前进，右纵队由涿州附近出发，经房山、磁家务、十字道、门头沟、三家店、煤厂，向回龙观附近之线前进，左纵队由涿州经周口店、上英水、煤窝、杨家村、清白口、傅家台、高家口、南柳村、大捻坨，向大小汤山附近之线前进，绕攻北平，重点保持于右纵队方面。

五、琉璃河、马头镇、涿州地区，控置一师兵力，以便策应固安及良乡两方面之作战。

六、为使本集团军作战容易计，要求右翼友军同时向平东进出。

七、使用强大空军，掩护军主力山地之进出，并协助其作战。

八、以骑兵部队由固安附近进出永定河右岸，对北平附近之敌军施行扰乱，并图截断平津间之交通。

九、必要时以后方控置兵团之全部或大部，由固安附近向通县方面挺进。

第三　兵团部署

十、军队区分

a、航空队

由最高统帅部临时配属之

b、骑兵部队

骑兵第十师

c、永定河方面军(第廿六路)

右翼师第三十师(欠一旅加独立四十四旅之一团)　固安方面

左翼师第二十七师　良乡方面

配属炮兵第七团

控置部队　第三十一师(琉璃河、马头镇、涿州间)

d、平北挺进军(卫总司令指挥)

右纵队　第十师

左纵队　第八十五师

e、总预备军

第十一路

第三军

第三十二军

第五十二军(欠五十一师)

第二师

第十七师

十一、任务及行动

航空队

各部队前进期间，以一部担任掩护，主力侦察平汉、平绥、北宁各路及平郊附近敌军之行动，并妨碍之。

会战间，协助地上部队之作战及友军之联络。

骑兵部队

由固安附近向永定河左岸进出，对敌扰乱，并截断平津之联络，受强敌压迫时，须退守第三十师之右翼，担任警戒。

第三十师(右翼师)

应于永定河右岸占领据点，坚固防守，相机进出平南，以策应军主力方面之作战。

第二十七师(左翼师)

应先向良乡、坨里及其附近之线推进，以掩护军主力向平北之进出，会战时，应猛烈攻击当面之敌，向永定河北岸进出，会攻北平。

第三十一师位置于琉璃河、马头镇及涿州间地区，策应固安及良乡两方面之作战。

平北挺进军之右纵队

该左纵队一日开始由涿州附近出发，向回龙观、白各庄之线前进。

左纵队

第八十五师应即由涿州附近出发，向牛房圈、大小汤山附近之线前进。

两纵队到达之位置如下：

右纵队(第十师在前，第八三师在后)

第一日　房山城附近

第二日　门头沟附近

第三日　依情况而定之

左纵队(第八十五师)

第一日　上英水附近

第二日　青白口及其西南地区

第三日　依情况而定之

总预备军

各部队除留少数兵员（如工兵）在担任工事地段指导民伕继续筑工外，应即集结于相当地点，作随时前进之准备。

十二、作战地境之划分如左：

永定河方面军——房山—七泉岭—北车营—马鞍山—石门营—五道桥—磨石口—双槐树之线，线上属右

平北挺进军、南口方面军——由卫总司令与南口方面最高长官商定之

〔国民政府国防部史政局及战史会档案〕

12. 第二集团军刘峙部在平汉线保定一带失败情况概要报告①

（1937年8—9月）

甲、部队集中概况及当时敌我两军之态势

八月初奉命北上指挥，即于八月十日十时率领豫皖绥署幕僚之一部，由开封经郑州北上，十一日七时抵定县，十二日移驻保定视察，并派员侦察涿州、门头沟、房山、三家店一带地形及永定河（永清—固安—琉璃河）渡河点。当时奉军委会电，本署应组织兵站分监部，一个所属各师应各组织兵站，一个独立旅组织派出所，统限本月铣日以前成立。计应转饬之部队为3A、14A、15A、32A、40A、67A各军，〈2D、10D〉、17D、23D、25D、〈83D、85D〉、47D、106D、新35D各师，独46B，骑14B。（注〈　〉为原令所未列，而事实上已在平汉路动员之部队。）

我军当时集中地概况如下：

3A 石家庄　　14A 六安　　15A 蚌埠

---

① 原标题为《第二集团军平汉线作战要报》。

32A 束鹿、深县　　40A 沧县

67A 德州　　2D 定县　　10D 石家庄

17D 石家庄　　23A 德州　　25D 沧县

83D 石家庄　　85D 德州　　106D 汝南

47D 孝感　　546B 信阳　　K4B 确山

26 路保定、长辛店(附 A7R)　　11 路德州

A6B 石家庄

敌我两军态势如附图(八月中旬)〔图略〕

乙、八月中旬策应南口友军作战与军之任务

南口战事,于八月上中旬之交发动,此时我二十六路冯师、黄旅于八月十二日曾夜袭良乡，旋奉令撤回。我平汉路最前线在窦店,与敌对峙。良乡、公义庄一带,有敌骑兵活动。

八月十五日,接徐主任转委座电话：南口方面吃紧,应由平汉方面部队施行佯攻。当即令孙连仲速抽一旅，以一部威胁坨里一带之敌,并警戒我侧翼,以主力经周口店向王平口、千军台之线佯攻,以牵制西进之敌,铁路正面,应向良乡佯攻。此时,委座已电令(元戌参京电)卫立煌率 10D、83D、85D 自易县向涞水移动，限十日到达。当时与保定徐主任商议,拟定第一期作战计划,如附录第一〔略〕。惟因战斗序列未奉到,指挥系统未能确定,部队集中地随时奉令变更,故未能按照实施。又奉委座(侵酉侍参)电令,敌军定删日开始向我进攻，我军各部阵地如尚未构成，应先选定据点数处,并选定涿州、定兴、新城、徐水归二十六路负责固守，定县、新乐、曲阳归第三军负责固守,清苑、高阳、满城、完县归第二、第二十五师负责固守,涞水、易县归八十五师负责固守。以上各师，统归刘总司令指挥。遵即转令各军、师遵照。此时,所指挥各部队概要位置及部署如下：1. 孙连仲部：廿七师、七十九旅及炮七团之一营,主力在窦店以北,一部在永定河右岸;八十旅在大石河右岸;卅一师在房山附近;卅师(欠侯旅)及独立四十四旅,于十六日方由徐

州到保定。2. 曾万钟部：第七师在新乐，第十二师在定县，构筑工事。关麟征部：第二师在保定，第廿五师在满城，构筑工事。3. 檀自新部骑兵师及张占魁部骑十四旅向保定开拔中。斯时固安仅有郑大章骑兵两连，保安队五六十人，兵力极感单薄，当时电呈委座，请令53A以一部推进永清、固安之线防守，并令孙连仲派兵一团到固安附近协防。

丙、八月下旬房山及其西北高地之争夺战及军队部署

八月中旬以来，南口方面正陷于苦战中，当令李默庵代卫立煌率10D、83D兼程北上，令85D驰赴涞水，并令孙殿英部由房山向王平口、西板桥一带前进，对门头沟、三家店之敌警戒，以掩护李军北进。

八月二十日奉委座电，任命刘峙为第一战区第二集团军总司令，卫立煌为副总司令。阅数日，方奉到大本营训令第一号及训令第三号。斯时奉委座电令要旨：卫军既出发北进，我平汉与津浦两路军可各以有力之一部向平津攻击前进；如津浦路不及出动，则平汉路亦应单独前进，但后方原阵地仍派兵守备。并望自廿晨起开始行动，向良乡积极进攻，勿误。当即令孙连仲部遵照实行。据该部报告部署如下：1. 30D除固守原阵地外，并派一部沿金门闸以北永定河右岸警戒；2. 31D进占房山城及其迤北高地至鲁滩附近高地，占领侧面阵地，相机进展，并派有力便衣队在王平口附近活动；3. 27D附炮七团步兵炮连，明（廿一）日拂晓进攻良乡；4. S44D在涿县集结。

该军自马日起，与敌激战于良乡城南及房山西北高地一带，良乡方面进至葫芦岱、开各六十三里村、萧庄附近，因该处敌阵地坚固，形成对峙状态。廿五日，敌人忽以飞机、大炮猛攻我口头村、南罐一带阵地，战况异常激烈，186团几全团殉国，182团刘营长受伤，全团被敌包围。其结果，房山北方之北车营、平顶山阵地，经数次之争夺，卒陷于敌手，不得已于八月廿七日后撤至南大寨、南罐

标高 645 高地，继续抵抗。斯时我军部署如下：如附图二〔图略〕。1. 孙连仲部：27D 扼守马头镇、琉璃河一带，一部在窦店北方；31D 因伤亡过重，死伤约二千余人，调涿州整理；30D（欠一旅）及独立四十四旅，扼守南大寨—黄土城阵地。2. 曾万钟军：在定兴、涞水，令构筑大清河西岸大小紫营、驸马庄、新城北、谢家营、元锦店、衣锦村、赵家庄、李家营、高牌店、李各庄、涞水、南北涧头、娄村镇之阵地；另于东厂村、胡家峪、上下店、上下岳各村，构筑支撑点（行营规定）。3. 裴昌会师：令在涿县下车，在涿州为预备队，并构筑工事。4. 檀自新部：以 K10D 之一团担任东西杨村、长安城、马头镇之警戒，以大部在新城构筑工事。5. 张占魁部：在新城附近构筑工事。6. 关麟征部：17D 构筑漕河头工事，2D、25D 分任保定、满城工事。

孙连仲部卅师（欠侯旅）自扼守南大寨—南罐新阵地后，大受敌人飞机及炮兵之威胁。良乡以西之敌，仍不断由坨里向西运输。此时，敌概况如下：1. 坨里车站、漫水河、煤岭口、口头村一带地区，有敌四千余，重野山炮约四十余门，由陈家台、马石槽西南进，企图包围。2. 高线铁路，敌军运输甚忙。孙军不得已变更新部署如下：1. 南大寨至黄土坡以南高地之线，因系石顶构筑，工事困难，不能控置多兵，改为警戒阵地；房山（不含）经北庄西方至柴厂以东之高地，因较南大寨高地之线，比高太低，且在敌炮火有效射程中，现改为前进阵地；房山（不含）经牛骨峪、东天宫、长沟峪之线为主阵地。2. 左翼师（卅师欠一旅）附 44B 一团，以一营占领警戒阵地，一营占领前进阵地；另由 44B 之一团进占黑龙关，一连固守北鞍子村，阻敌西进；余均在主阵地星夜赶筑工事。3. 右翼师（27D）附 28R/10KD 在长安城、马头镇、窦店亘房山之线防守。4. 高线铁路及南大寨至檀木港一带山地，由 21D、30D 两师便衣队分别游击扰乱。

丁、九月上旬作战策略之拟定及敌我概况

保定行营基于大本营颁发第三号训令指导计划及目前状况，策定第一战区北正面作战实施方案与本集团军攸关事项要旨如下：

左地区队指挥官：第二集团军总司令刘峙。

左地区队为第二十六路(附骑兵第十师)、第四十七师、第三军、第五十二军。

左地区队各部队任务：1. 第二十六路(附骑兵第十师)在固安县(不含)、琉璃河、房山县、黑龙关之线，确实占领阵地，并以便衣队扰乱敌之侧背；2. 第四十七师在涿县附近，准备支援第二十六路之战斗；3. 第三军在高碑店、涞水、易县一带地区构筑阵地，并准备尔后之作战；4. 第五十二军在新安镇、漕河、满城、保定一带地区构筑阵地，并准备尔后之作战。

作战地境：{右地区队 / 左地区队}河间县、雄县、固安县、顺义县各西侧相连之线(线上属右方兵团)；{左地区队 / 总机动部队}曲阳县、良各庄、昌平县各西侧相连之线(线上属右方兵团)。

本部基于上述作战实施方案，经呈准施行，拟定命令如下：

第二集团军命令　九月九日于保定

一、固安、葫芦垡间、永定河左岸之敌，近有增减，目下企图未明；平西方面之敌，在良乡、坨里附近者，现无积极攻势行动，其在王平口、镇边城一带者，正分由东北两正面向我第十四集团军压迫中(注：卫部改为第十四集团军，不属本部指挥)；我第十四集团军主力，仍在东坡道庄户青白口沿河城之线，与敌对战中，其一部已到黑龙关、南岭附近。

二、本集团军拟以第一线现有部队机动攻势，吸引当面敌之兵力，并拒止其南进，以有力之一兵团，迅即经房山西方山地北进，冲击其侧背，以策应友军之作战，相机广领平西一带山地，准备尔后进攻北平。

三、第廿六路配属第四十七师炮兵第七团、炮兵第五团之第二营(欠一个连),应先依攻守之并用,确实占领兴隆庄、交道镇、望褚、夏村、田各庄沿大石河右岸经南大寨、六四五高地、荞麦山亘陈家台之线,拒止敌之前进,尔后依第三军侧击成果之诱导,与之进击,向长辛店、大灰厂、永定河之线攻势前进。

四、第三军(欠工兵两营)迅即先遣有力之一部,由现地经长沟镇、房山西方山地进出黑龙关、五峰尖附近之线后,开始冲击大石河沿岸敌军之侧背,策应两翼友军之作战,尔后视情况,续向门头沟方向攻势前进;其主力分别集结于黄山店、拴马店间,上下中院、狐山口东西南北、甘池间,东西域寺、下庄前后、石门、石窝镇间,及乾河、张方镇间各地区,待机北进,参与会战。该军所遗高碑店以西至紫荆关之工事,由第七师工兵营及本部另行派队构筑(其分担地域,另令区处)。

五、第五十二军之军主力,仍担任新安镇、保定、满城间工事之构筑,准备一师随时北进,归本部之直接使用。

六、各部队会战开始日期,另行指示。

七、作战地境之划分:

第一集团军、第廿六路军:雄县、固安、顺义各西端之连络线,线上属右。

第廿六路军、第三军:石门尖(周口店西约六公里)、上寺岭、马石槽、东庄、积谷山、马鞍山、北辛安各西端之连线,线上属右。

第三军、第十四集团军:乾河、大潭港、五道河、南寺、花儿寺、冷各庄、军庄之连线,线上属左。

八、各部到达永定后之行动,视情况定之。

九、各部队无论攻防,须将兵力活泼运用,并多组便衣队游击,深入敌人后方,破坏其交通连络,牵制其行动。

十、通信补给及卫生诸项，由各部队与兵站商洽办之。

十一、各部队应特别讲求夜间行动与对空秘匿之处置，以免泄漏企图。

十二、余在清苑。

以上诸项，仰即迅确遵办，随时具报。

斯时因刘汝明部自蔚县南撤，涞源告急，遵照行营指令，第三军暂缓北进，并以该军第十二师之三个团开赴涞源、紫荆关、城南司各地，担任防守及警戒，故此命令未能实行，命令亦未下达。

此时敌情概要如下：1. 日驻屯军部认平绥战事，日方已操绝对优势，已调第五师团板垣部及廿师团获州之一部增援平汉线，攻取保定、石家庄。2. 于一星期内截断我军在平汉、平绥两线之连络，阻我北进，企图怀来及良乡两野战军确保现在所有之据点。3. 平汉线指挥官为坂垣征四郎，率5D、20D全部，河边旅团全部，关东军铃木兵团全部，南满酒井梯队。4. 高线铁道之敌，逐渐西进，频频向我孙军炮击。5. 永定河北岸之敌通信网已构成，并沿岸构筑工事。

本军各部队概况如下：1. 令孙军固守房山、歇歇冈亘其西北高地一带及周口店、长沟峪、鞍子山、黑龙关一带阵地，不准放弃。2. 47D在涿县、马官屯、长沟镇一带，构筑工事。3. 3A除派一部赴涞源应援外，大部仍在定兴一带做工。4. 令骑十师全部推进至柳河、营河、西务附近，并警戒西杨村(不含)、长安城、马头镇(含)一带。5. 骑十四旅仍协同3A在新城附近做工。6. 第五十二军仍在安新、漕河、保定、满城一带做工。此外，为增强涞源工事起见，并令新35D之一营驰赴该处构筑工事。

戊、固安之突破及涿县部队之南撤

一、九月上中旬之交敌情概要：1. 庞各庄敌之大部，近日携多数胶皮船南下，似有偷渡永定河企图。2. 齐午，廊房由津开来兵车三列，有步骑炮连合数百人，其一列载舟桥制式材料甚多，向孔贤镇、榆垡镇输送中。3. 齐日，曹家务河北岸由黄村开到敌步骑炮连合兵约七八百人，至南四垡、友各庄一带构筑阵地。4.庞各庄之敌移向胡村、十里铺、辛安庄一带，该庄新到敌人络绎不绝。5. 连日天津运大批军火，卸存万庄、黄李各站〔庄〕，丰台敌兵拥护。6.日驻屯军部令特务机关积极征发民伕，赶造板船120艘，内层装钉铁板，限十五日完成。7. 津浦方面敌军，尚系佯攻，主攻在平汉线。8. 蒸日，十里铺到敌钢质小船四五百只，庞各庄附近到有六马曳引之炮十五六门、汽车曳引炮二十余门、小型战车十余辆。9.永清北各庄到敌约千五六百名，年龄约三四十岁。

基于右述敌情，本集团军曾策定防御作战方案（附录第二〔略〕），正拟颁发实施，因情况变化，敌人突于九月十四日由固安方面渡河进攻，本军即调四十七师由涿州向大清河沿岸各要点布防，并以四十七师之有力一部及檀师堵截渡河之敌。当时之战况如左：九月十四日十时，固安对岸十里铺之敌，在永定河西至龙王庙两处架设浮桥强渡，同时以大队飞机及大炮向我91D东西杨村阵地轰击，十二时，全阵地被毁，该师五四五团损伤甚大，东西魏村、朱各庄、相各庄①，全被敌占。十五时，91D援军在北相谷庄一带与敌激战，河西务之望海楼②附近敌军，被我47D击退，我骑十师亦与敌对战于长安城、大米各庄、北村等处。

本部之处置：1. 本集团军为巩固右翼起见，拟以涿州、定兴附近控置之兵团进出大清河东岸，向固安方面迎击，压迫敌于永定河畔而歼灭之。2. 第廿六路所属，除巩固原阵线外，即以第卅一师之主力（一部固守涿州）会合第四十七师，由涿州东进，于望海庄、东西苇沱之线越过大清河，迎击当面之敌。3. 第三军（附骑兵第十四旅）除以一部防守紫荆关、涞源及守备高碑店外，其余一师迅即由定兴、高碑店东进，经东西双铺附近渡过大清河，包围攻击

① 一作“相谷庄”。

② 一作“望海庄”。

西进敌人之左侧背。4. 各部队之行动,应迅即开始,不得延误,并在开始攻击后,须猛烈果敢行之,不得已时,亦须固守大清河西岸。5. 第四十七师、第三十一师主力,统归第三军曾军长之指挥。6. 第五十二军之任务仍旧。同时顾虑涞源方面之安全,令第三军寸团到达涞源后,应占领涞源以北中区张家铺各点。

各部队战况：1. 47D各部于十六日被敌包围,铣巳277R、278R迭经苦战,综计伤亡在二千五六百以上,辛庄、韩家庄之218R,不得已向毛营以南地区转进,282R之一营在毛营至前后塘之线。2. 删晨,敌以飞机十余架向羊头岗、姚老府一带轰炸,27D派队迎击,伤亡奇重。3. 檀自新师被敌轰炸,伤亡甚多,被压迫,逐渐渡过大清河西岸,向涿县转进。

十七日,本部呈准委座电话所示处置如下：1. 令47D协同31D之一团,速将南良沟之敌驱逐,并调47D未加入战斗之步兵四营在涿县、松林店间占领阵地。2. 令檀师在涿县东北地区搜索,并令其步兵协同31D固守涿州附近阵地及涿州城。3. 令第三军迅派一部由大清河平汉线中间地区向柳河营、酱各庄方向前进,协同攻击当面之敌。

各部队务于十七日十八时以前部署完毕,随即攻击前进为要。九月十八日,攻涿东南之敌,已进至皋店、石庄之线,其一部已占领松林店,大部已迫近涿城北大石桥。斯时,各部队状况如下：1. 47D经敌击溃,已失战斗力,位置不明。2. 30D及S44B损失甚大,在张坊镇附近收容中,30D约有四五百人,S44B约有三四百人,均无战斗力。3. 31D损失奇重,详情不明。4. 27D集结于涞水东北之新庄、魏村、横岐村一带,损失较重。5. 第三军第七师卅七团与新城东北之东西孟良营之敌对峙,第十二师有三个团由涞水转进至高碑店附近。

基于上【述】之战况,给予第三军命令要旨如下：一、贵军应自即时起,以主力自大清河右岸大小柴营起,经驸马庄、谢家营、衣锦村亘陈各庄(五万分一为陈辛庄)(含)之线,占领坚固防御阵地,拒止敌之前进。二、由涞源、紫荆关、南城司归还之三个团,可分别集结于贾家营、天宫寺、大小朱庄间,及新城县南方各村庄,为该军之预备队。三、配属该军之骑十四旅,可附以步兵一部,使用于大清河沿岸,担任该军右侧背之警戒。四、贵军左翼与第廿六路须切取连系。

给予第廿六路命令要旨如下:一、贵路军应即以主力自高碑店北之陈各庄(不含)经岐沟、张翠台、安阳村、娄村镇之线,占领坚固阵地,拒止敌之前进,并以步兵一部及骑兵部队位置于南北上洛、石亭镇一带,对北警戒,并适时东向侧击由平汉线南下之敌。二、该路须控置一部兵力于涞水及其东西地区。三、右翼须与第三军切取连络。惟此时通信网被敌破坏,连络异常困难,各军均陷于混战状态。同时,卫军由张坊镇南撤,故入于溃退之状态。

己、保定附近之会战

第廿六路第四十七师、第三军及骑十师南撤后,本集团军为准备保定附近之会战,即令 52A 所属 2D、25D、17D 各部队加强安新、漕河、头满城之阵地,并占领之。

保定附近会战计划(如附录第三〔略〕)。此计划颁发后,因新乐南之沙河桥被敌机破坏,第二十七路仅一六九师一团到达望都附近之于家庄,其余阻于沙河,正徒步涉水北进中。又以白昼行军困难,故徒步行军亦受限制。当时考虑之余,决以第三军改任左地区兵团,使之接替满城附近之守备。而第三军又适已到达保定附近地区。但以该军行动迟缓,直至会战开始,犹未能接替第二十五师满城附近之阵地,故保定线正面作战,实际仅有五十二军之三师兵力,而正面之广超过七十公里,平均每师约廿四公里,其易为敌所突破,固意中事。惟当时并无其他精强可用部队(第廿六路第四十七师已成强弩之末,且因收容未毕,不能担任任务),更不若淞沪作战之控有数线之兵团可比拟也。

保定附近阵地，右翼依托于白洋淀沿漕河而西经杂粮碇南岸安新城、漕河头，左翼依托满城西北高地，正面约七十余公里。依一般防御原则，防御战斗正面为六至八公里，全线约须九个师，加预备军二或三师，共约十一个师。以三师占领偌大之正面，当感兵力之不敷也。(附图四〔略〕)炮六旅亦以铁路、桥梁破坏关系，未能赶到。九月廿日，敌逐渐接近我阵地，徐水东西一线之前进阵地放弃过早，此因主阵地带兵力薄弱所致。廿一日晨，敌开始攻击，并以飞机数十架参战，前线工事多被轰毁。廿一日晚，我第廿五师阵地神星村、王各庄、黄村阵地，即迭被敌军突破，经数度肉搏，始得恢复。但黄村依然为敌所占据，激战彻夜。廿二日午侵入黄村附近之敌步兵，利用坦克车，向我第二十五师阵地席卷。我军曾使用预备队逆袭，图挽战局，然卒无济于事。是役，第三军曾一度协同第二十五师反攻，不逾时即行溃败。继之者为第廿五师右翼、第十七师之右翼，因当面敌未强攻，故尚能支持。至第二师正面，亦被突破。

廿二日晚，奉委座电话谕：我军须固守保定、满城各据点等因，特示各部队数项如左：一、第五十二军务固守保定、安新两城及其附近地区，第三军务固守满城及其西北一带高地。二、我前方各将领须戮力同心协作，抗战到底。三、第四十七师及豫省保安第三团，统归关军长指挥。四、第三军应协力反攻当面之敌。五、第二十七师应位置于完县北方各高地，掩护军主力左侧背，并策应满城方面之作战。

廿三日，接关军长麟征梗酉电，告以该军之新部署如下：一、第二师、第四十七师之各一旅、第十七师补充团、第一六九师之第四团，担任保定城防。二、第十七师主力在保定城以西经颉家庄、王家七里店、富昌村、小汲村之线，占领阵地。四、第二十五师仅四营及第十七师之一团为军预备队。

惟未接第三军报告(事后查得该军并未遵守命令守满城及其

西北高地)，第五十二军各部廿三、廿四两日在保定近郊与敌激战中，本部为坚强该部之抗战决心起见，曾有敬酉电对关军长训示如次：奉委座电令，郑、赵、裴各部，须固守保定，无令不准撤退。务望排除万难，勉力撑持为要。但事后据报，第五十二军军长关麟征及各师长及部队，均因不能支持自动南撤。

庚、平汉线各部队之南撤

九月廿三日晚，由行营林参谋长蔚文电告委座意旨，对各部队为如左之部署：1. 169D应即由现地沿平大公路及其以西各道路南移，尔后即沿西许村、张家营、北祝村一带以北之唐河占领阵地；豫保安第二支队，即占领定县以北沿唐河之阵地，由武师长统一指挥，迟滞敌之前进，不得已时，逐时向沙河及其以南诸河引退。2. 骑兵军(10D、14B)逐次由高阳移至蠡县附近地区集结，沿潴龙河警戒集团军之右侧，并与万军连系。3. 2D、17D、47D仍固守保定。4. 25D由现地逐次经平汉线以西道路向平山县附近地区集结，尔后在该处布防。5. 第廿六路军之27D在望都北方之线，掩护3A及25D撤退后向行唐转进，尔后归第三军曾军长指挥。6. 3A由现地经平汉线以西道路逐次移向曲阳、行唐一带，并与第二十七师占领曲阳、行唐之侧面阵地。以上部署，系各别电令，惟因敌机到处大事轰炸，撤退仓皇，交通阻隔，多未能完全实施。

九月廿五日以后，各军纷纷南移，渡过滹沱河。廿七日，军队区分，经第一战区司令长官重新规定本集团军平汉路正面作战任务，遂告终结。

此次作战失利因素甚多，择尤列述如左(九月廿八日勘酉电)：(一)部队系统纷杂。此次作战，本部所指挥之部队，历史不同，有滇(第三军)、陕(第十七师及一七七师)、旧直系(第四十七师)、东北(骑十师)、西北(第廿六路及骑十四旅)及中央等军，系统不一，士兵性格、教育训练及武器装备各异，指挥自难如意，命令亦多难贯彻。(二)指挥系统不确定。此次奉令指挥之部队，自始无明白规定，至八月下旬，虽奉到训令第一、三号，然对于军队区分，又迭经变更，各部队驻地分散，因此指挥上极感困难。(三)我军素质远不如敌。我军之素质，如士兵知识及军队教育训练程度，均远非敌比，此固人尽知，事无可讳言者。(四)各线重迭配备，被敌各个击破。平汉线我军分琉璃河、高碑店、保定三线，重迭配置(各线或为委座所定，或为行营所定，非有命令，不准移动)，而各线间之距离，均在三十公里以上，彼此援应困难，致被敌各个击破，且各线正面宽广，兵力薄弱，敌遂敢行突破，此线被突破，由于士兵溃散之结果，彼线亦蒙受影响。(五)空军之缺乏。敌陆空联合作战，甚见活跃。反顾我平汉线作战，无一飞机参加，致将士均怀恐怖之念，影响于精神至大。又我阵地工事，全暴露于敌空视之下，弱点完全显露，遂为敌所乘。更由于敌机之低飞无忌，我阵地工事，遂多被轰毁，我步兵除夜间外，几无近接敌步兵之可能，是我军日有消耗，而敌无之。第廿六路之第三十、第卅一两师，即在此种景况之下，蒙受损失甚大。苟我有空军助战，则敌机、敌炮均不能自由活动，此当另形成一新战局也。(六)蔚县失守之影响。蔚县本不在第二集团军作战区域内，惟该城自刘汝明部不待交替擅撤后，涞源即告急，敌亦跟踪而至，因之我平汉线正面之左侧背，深感有被敌包围之虞。此时遵保定令，以第三军之三个团开赴紫荆关、涞源、南城司一带防守警戒，分散高碑店线阵地之兵力，以致此后固安突破，未有强大兵力遂行反攻而解危局。(七)作战地境划定之欠妥。第一、第二集团军之作战地境为雄县、固安、顺义之连战〔？〕线，线【上】属第一集团军之万福麟军。此地境线适与永定河割成一纵长地带，于作战上极感不便利。而固安至东西杨村属于第五十三军、第九十一师之守备范围，第九十一师之战斗力既异常薄弱，而又适为两集团军之接合部，致敌军以小部队渡河，第九十一师即行溃散，敌遂得扩张战果，举兵西向，渡大清河，直趋涿州。我东向迎击之第四十七师，因其部署正面过广(十五公里)，遂遭突破。因此危及琉璃河第廿六路之后方。且因全线总退之结果，致保定线之作战亦受至大影响。苟此作战地境线划在固安、永清间，则此种弊害，或可免除。(八)交通通信工具之破坏。我军兵站线路，几全恃铁路列车运行，多在夜间，加以车站、桥梁时被炸毁，以致补给及兵力转用，均极困难。又通信网亦常为敌机及汉奸破坏，指挥联络遂生莫大阻碍。(九)南口之援应过迟。第十四集团军因援应南口过迟，张垣又失，汤军亦无法支持，敌将平绥路打通后，兵力转用，畅其所欲，而我平汉线作战，遂更感棘手矣。(十)汉奸太多。河北各地汉奸太多，予敌以种种便利。(十一)前方士气不旺盛。前线将士，因敌机轰炸，精神上失其安定，且因筑工时间太久，体力疲乏，致影响于士气及战斗力。(十二)兵站线路选定不适宜。兵站线路，全恃铁路，不可为训，已如上述。今后应于道路、水路并行设置，不再因铁道、桥梁被炸，中断补给为妥。(十三)平时作战准备不充分。我军此次作战，乃被迫而行，准备当感不足。

刘峙在开封十月青电(由保定南移经过，在要报中未详叙，兹补充之)：敌机自九月十六夜两次轰炸保定后，敌机每日来往不绝，保定逐日受其威胁，因之，各文武大小机关及商民纷纷向南迁避。至廿日，河北保安队及清苑城警察，均完全撤退，已入于无政府状态。职为维持治安、巩固阵地后方计，乃令河南保安第三团担任城厢警备。至廿一日，裴师长昌会到保，复令该师长负任城防司令。职在保从容部署，并面授关、曾、檀各军长作战机宜。惟因保定到定县间有线电线被敌机破坏甚多，修复不易，而保定电局拟件又复损坏，人员逃亡，致有线电报及长途电话不通，而无线电又奉令不准报告主要部署。且我军右翼在高阳，左翼在完县，其余如九四师(朱怀冰)及卅八军(孙蔚如)之一部，均在曲阳东北一带。为指挥全线便利起见，以移住定县为宜，乃于廿二日移住定县，遂得与南京、石庄方面接通电报、电话，保定前线军用电话亦通。

当职由保定移定县时，并曾留总部人员以及总部通讯部队一部在保，专令担任传达命令及联络通讯之责，彼时均经电陈在案。

二十三日接奉委座电谕及林参谋长蔚文转委座电谕，令第三军及廿五军、廿七师(冯治安)转移到曲阳、行唐，廿六路转移到奕城美化镇，卫部转移到石庄一带。职当即转令遵照。适复奉到职任第一战区副司令长官电令，又接行营电话，程总长颂公奉委座命令，到平汉线指挥，并兼代第一战区司令长官职务。职以接到部队转移命令，已处置完毕，除留必要人员及通信部队在定县，并派员到各交通大道联络指示外，职遂亲到石庄谒见程总长，陈商一切。

廿五日上午，奉程总长及□□召，在获鹿会商以后作战计划，至下午完毕。职即再赴前线视察指挥。

廿六日晨，抵东长寿车站，乃督率河保第二支队及鲍刚旅之一营，在河南岸抵抗追击之敌。骑兵及便衣队布置完毕后，即使正定县指挥鲍刚旅进入新安前方之前进阵地，并令工一团爆破班、八十三师工兵营及铁甲车队破坏沙河以南铁道、桥梁。至廿七日晚，因奉到程代司令长官命令，另有新部署及回住石家庄处理一切。此职由保南移之经过情形。谨呈鉴核。

〔国民政府国防部史政局及战史会档案〕

13. 韩子正报告二十九军各师撤至沧县经过密电

(1937年9月11日)

保定徐主任：卧密。廿九军之卅七、卅八、一三二各师，灰午自碱河、马厂之线被敌压迫，向后撤退，迄真丑，该军先头已退抵沧县附近。现庞军长同冯军长商定，四十军在马落坡、姚官屯、赵官营预筑阵地之线布防，廿九军分任左右翼。查廿九军屡次后退，士气不免颓丧，如在沧口阵地线配备未完，遭敌攻击，津浦正面顾虑实多。谨电。第四十军连络参谋韩子正叩。真未。印。

〔国民政府国防部史政局及战史会档案〕

14. 第二集团军平汉线防御作战方案

（1937年9月）

第一战区第二集团军防御作战方案

九月十四日以前　大概在九、十日左右

第一　敌情判断

综合最近各方报告：平津之敌，自津浦方面取得优势后，确有积极行动。本集团军铁道正面敌人，依交通上便利关系，似有随时运输兵力于适当地点，沿平汉线两侧，大举南犯；另以有力之一部，完成渡河准备，由固安方面威胁本集团军右侧背，以期袭取保定之企图。

第二　指导方针

本集团军为达成韧性防御，待机进攻之目的，应以必要之兵力，坚守大清河沿岸，掩护我右侧背之安全；更沿马头镇、窦店、房山东北地区黑龙关之线，及其后方适当地点，配备有力之部队，严密固守，乘敌人过失，捕捉好机，先将已渡永定河之敌歼灭，准备尔后之攻击。

第三　指导要领

一、现在位于东西杨村亘马头镇之部队，应积极完成守备工事，对强迫渡河之敌，须预为妨害及歼灭之区处；同时对固安及其以南地区，务与友军切取联络，严密警戒之。

二、敌人由长辛店经良乡进犯时，我军应严密扼守窦店至房山西北地区之阵地带，与第十四集团军切取联络；并抽派有力之部队，乘机袭取凤凰山、大灰厂，以威胁当面敌军之翼侧。

三、大清河一带应集结有力之一部，沿河西岸构筑据点式工事，以掩护军右侧背之安全。

四、军之重点，应保持于松林店、涞水、高牌〔碑〕店地区，须集结有力部队，先行完成所要工事，并为尔后扩张战果之企图。

五、第二线兵团控置于保定、安新、徐水、漕河头、满城地区内，以取得军之自由。

第四　兵团部署及各部队任务

一、军队区分

第一线兵团

第一集团军附第四十七师、骑兵第十师

第三军

豫省保安第二团

独立骑兵第十四旅

第二线兵团

第五十二军（欠第五十一师）附第二师　第十七师

直属各部队

二、各部队任务

1. 骑兵第四军，先期应完成由东西杨村至马头镇（不含）亘大清河西岸佟村、北相一带之工事，尔后由孙总指挥适当区处之。

2. 第四十七师，应以一部构筑北相、韩家庄间工事，其大部位置于涿县东方地区潘各庄、柳河营、韩家庄一带，连结第二十七师之右翼亘大清河沿岸韩家庄以北各要点，占领阵地。

3. 独立骑兵第十四旅，先期应完成韩家庄亘新城一带工事，尔后由本部区处之。

4. 豫保安第二团，应构筑新城至十里铺之工事，尔后即沿大清河西岸，由韩家庄亘新城至十里铺之线扼守，与四十七师切取联络。

5. 第二十六路，大部应固守现在阵地带，以一部控置于涿县附近。

6. 第三军，先完成陈各庄、涞水、易县工事，尔后以主力位置于松林店、高碑店附近，以一部位置于涞水，掩护军之左侧。

7．第五十二军（欠五一师）附第二师、第十七师，应以一师控置于容城县、安新一带，以大部控置于徐水、漕河、保定、满城，仍以一团驻高阳。

第五　通信补给

仍照原定计划实施。

〔国民政府国防部史政局及战史会档案〕

15．刘峙关于所部在固安涿县一带节节败退情形代电

（1937年9月）

（1）9月17月代电

第二集团军总司令部代电　参字第〇七一一号

保定徐主任次辰兄、获鹿林参谋长蔚□〔文〕兄勋鉴：一、固安渡河之敌，在北相、望海庄等处突破裴师阵地后，一部窜至南良沟，一部窜至白塔附近，卅一师在白塔附近之一团正反攻中；二、新庄、驼头桥间之阵地，被敌突破，窦店之敌，增兵三次，已冲入镇内，并已右绕至马头镇，将该镇三面包围，房山以西阵地，遭敌连日轰击，工事全毁，卅师任旅两团伤亡殆尽；二、孙总指挥已令前线部队将琉璃河迄房山以西阵地放弃，廿七师、卅师铣日十九时开始撤退至涿州亘张坊镇之线，卅一师之一团及四七师反攻南良沟之敌后，即与卅一师之两团及骑四军退至涿州城内及其附近，拒止敌人。特闻。刘峙。篠亥。参战。印。

中华民国廿六年九月

（2）9月18日代电

第二集团军总司令部代电　参字第〇七三九号

保定徐主任次辰兄勋鉴：据仿鲁兄巧卯报称：一、攻涿县东南之敌，篠夜增加至一联队以上，已进至南皋店、石屯之线，松林店

已被敌占领；涿北之敌，篠晚已迫近大石桥附近，正激战中。二、檀军只余步骑数百人，现协同池师守涿县；裴师死伤约二千五六百人以上，其余无战斗力，篠日午后行动不明；廿七师自琉璃河激战后，颇有死伤，篠晚到达张翠台以西地区；卅师在房山附近，与敌激战三昼夜，死伤极重，现仅余数百人，篠晚在南北上洛、张坊镇中间；四四旅吴团篠晚已到镇江营。三、松林店被敌占领后，涿保间交通断绝，涿县被围，驻涿檀、池两部巧晨向涞水附近转进。四、长沟镇以北地区发现敌骑，现张师正收容残余，沿拒马河守备，并以吴旅一部在我前方游击。惟河水甚浅，不成障碍，抗拒实难。五、本路除廿七师损失稍轻外，余伤亡极重，拟请将各该部调定县或石庄以南整理补充，以廿七师调满城或完县附近，稍加整理，备尔后参加作战。等语。特闻。刘峙。巧午。参战。印。

中华民国廿六年九月

〔国民政府国防部史政局及战史会档案〕

16. 第二集团军平汉线保定附近会战计划

（1937年9月）

第二集团军保定附近会战计划

第一　方针

一、集团军应坚固占领新安镇经安新县、漕河头亘满城北方高地之既设阵地线，拒止敌军南进，相机由左地区转移攻势，压迫敌于大清河右岸地区而击灭之。

第二　指导要领

二、各地区兵团应确实占领既设阵地，采取纵深配置，并随时加增其坚固程度。

三、各兵团不得轻率放弃阵地，但攻势转移时，应对当面之敌猛烈攻击而压倒之。

四、各兵团应于其所担任之战斗正面内，各派一部为前进部队，竭力迟滞敌人之行动。

前进阵地，概为南和村、黑龙口、崔庄镇、徐水、古遂城镇、樊庄、大茅山、南贾庄、塘湖镇之线。

五、主阵地左右依托于地障，以防敌之包围迂回，并以坚强之正面，吸引敌之攻击力。

第三　兵力部署

六、第五十二军配属炮六旅（野炮、重炮各一团）、炮七团为右地区兵团，应占领自新安镇经安新沿漕河经漕河头东西白亭亘东庄店之线，拒止敌之前进，并以坚强之正面，吸引敌之攻击力，以便我军出击部队之攻势转移容易。

第五十二军东庄店（不含）以西之正面，应俟第廿七路到达接替后，方可撤移。

七、第廿七路配属炮五团（欠一连）为左地区兵团，应占领自东庄店（不含）附近起经大石桥、下紫口、象山标高五九五·八高地亘西山北之线，拒止敌人之前进，务利用高地，节约兵力，控置强大预备队，以增厚攻势转移之兵力；同时对于满城西北及完县北方山地，应严密注意，以防遏敌人之迂回，并与我第十四集团军切取联络。

八、各地区作战地境之划分如左：

右地区
左地区 〉张辛庄（保定西约十公里）—前大留—东庄店—刘官营—古遂城镇—马家庄—陈村各西端之连线，线上属右地区

九、第廿六路集结于满城西南附近地区，第三军集结于满城东南许庄、谢家庄、夏家庄间地区，为总预备队，归总司令直接指挥。

十、骑兵第十师、骑兵十四旅，由檀军长统一指挥，接替高阳及其附近防务，担任集团军右侧背之警戒。

高阳第二师之一团，俟交防后，即归还建制。

十一、第四十七师守备保定。

第四　通信联络

十二、各兵团与本部间之通信联络，以利用有线电话电信为主，无线电信副之；如发生故障时，应各自勉力设法沟通。

第五　补给及卫生

十三、各兵团弹药、粮秣之补给，依旧有系统，各自适时向兵站要求供给。

十四、卫生事项从略。

〔国民政府国防部史政局及战史会档案〕

17. 黄绍竑为刘峙请处分作战不力之关麟征等文电

（1937年10月）

（1）致蒋介石呈①（10月3日）

谨将刘总司令峙勘酉电所陈各节拟具意见如下：

一、所呈抗战失败原因十三项，拟择要通令各军深切注意。

二、所请处分关麟征等七员，拟俟程总长查复后，再行核办。

右两项呈请鉴核。谨呈

委员长蒋

职黄绍竑呈　二十六年十月三日

（2）致程潜密电稿（10月5日）

邢台程代司令长官：〇密。据刘峙勘酉电请予处分抗战不力之军长关麟征、曾万钟，师长张耀明、裴昌会、郑洞国、赵寿山、唐淮源等七员一案，经签呈委座，奉批：交程总长查复后，再行核办。等因。特达。黄〇〇。微未。一作元。

〔国民政府国防部史政局及战史会档案〕

---

① 蒋介石在签呈上批有"如拟"字样。

18. 蒋介石要程潜转令各军遵照指挥系统下达命令密电稿

(1937年10月5日)

有线　廿六年十月五日上午十一时

急。高邑程总长颂云兄勋鉴：○密。据冯钦哉江亥电称：一日同受三命，程、卫、刘各一。再则同日又受商、孙各一，所予任务各不相同，实难胜任。等语。除电复外，希即转令各军，务遵照指挥系统下达命令，毋得逾越为要。中○。微午。一作元。

〔国民政府国防部史政局及战史会档案〕

19. 何应钦关于命冯治安等部侧击平汉线敌军以策应汤军作战密电稿

(1937年10月21日)

限即到。卫辉程总长颂云兄：(2404)密。平汉正面敌已渡过漳河，我汤军仅有四个师，现正苦战，情势可虑。查冯治安、刘汝明等部，现在大名一带集结，当面敌人不多，似可令其侧击平汉之敌，以策应汤军作战。如何？请酌夺办理。弟应钦。马亥。参。印。

〔国民政府国防部史政局及战史会档案〕

20. 蒋介石关于调整第一集团军宋哲元部作战部署密电稿

(1937年10月25日)

军急。新乡程代司令长官、宋总司令，济南韩副司令长官：○密。命令：(一)第一集团军以大名为根据，以一部活动于津浦、平汉两线中间地区，牵制敌人，以主力协同正面友军，击破沿平汉线南下之敌，一举进出于石家庄方面，使我晋东方面之作战容易而有利。(二)第一集团军直属于第一战区，归程代司令长官指挥。(三)

第五十三军万福麟部，直隶于第一战区。(四)第六十七军吴克仁部，另有任务。(五)第一八〇师刘振山部归第五战区，受韩副司令长官指挥。此令。中〇。有已。一作元。

〔国民政府国防部史政局及战史会档案〕

21. 张华澜等为刘峙丧师失地提出弹劾提案

(1937年10月26日)

为专阃大员丧师失地，特行提案弹劾事。盖闻丧师失地，法所必诛，此古今之通义，未有军法不行而国家能幸存者也。自暴日侵略，全国应战，前方诸将杀敌致果、力扼阵地者固不乏人，而畏死偷生、节节退却者亦不在少数，应战甫逾两月，失地已达三省，由此类推，后患何堪设想。兵法曰：有必胜之将，无必胜之民。即如琉璃河之溃，兵非不多，器非不利，徒以主将，豫皖绥靖主任刘峙，恇怯畏死，未经激战，遂下令总退却，一溃直至石家庄，致使全冀皆失，而豫、晋两省交受其祸，今又退至彰德矣。夫由琉璃河至石家庄，计里四百余，由石家庄至彰德，计里亦四百余，是旬日之间，败退几达千里，自古及今，丧师失地，未有如是之速者矣。此而不诛，是军法可以不设也。昔马谡仅失一街亭，而武侯诛之，故其后出师有胜无败，遂能以区区西蜀，延汉室数十年之祚。高仙芝仅弃一陕县，而明皇诛之，故李、郭发奋，卒灭安史，而复唐室。宋之高孝，姑息张浚，三败不诛，遂至恢复无望，而成偏安之局。明之弘光，姑息四镇，弃地不罪，卒致偏安而不可得。又如近岁，张学良弃东三省而不诛，致汤玉麟效尤，而有弃热河之祸。汤玉麟弃热河而不诛，致宋哲元效尤，而有弃平津之祸。宋哲元弃平津而不诛，故刘峙效尤，而又有弃全冀之祸。今再不诛刘峙，以后群相效尤，中国各行省，能经几弃乎？故特提案弹劾，请将丧师失地之豫皖绥靖主任刘峙移付军事长官惩戒会，按战时军律，速正典刑，以昭炯戒，庶将士皆知警惕，失地不难恢复，刑一人而救全国，何所顾忌而不为乎？是

否有当，敬祈鉴核。谨呈

院长于

监察委员　张华澜

朱雷章

郑螺生

中华民国二十六年十月二十六日

〔国民政府监察院档案〕

22. 第二十九军联络参谋揭露该军作战不力报告

（1937月10月）

〔上略〕

乙、人事方面

1. 廿九军似无战意　此次作战失败之原因固多，而廿九军怠于作战，实为失败之主因。原二十九军在本战区中兵力最大，与敌作战之经验最多，二十九军前军长宋哲元兼任第一集团军总司令，本战区各军均归其指挥。乃徒以该军毫无战意，只坐观第三军团之40A、49A在姚官屯附近与敌血战六昼夜，终以力竭而退。冯家口以南各地，均为廿九军所守，乃竟望敌而逃，竟使敌长趋而下德州，不旬日而失地数百里。此谁之罪欤？兹列二十九军怠于作战之事实如左：

（1）该军自青县撤退，只将38D、132D置于3C之左右两翼，面前又无敌人，其余各师撤至阵地之远后方。

（2）九月二十三日，冯司令长官应庞军团长之请求，严令三十八师由右翼出击，以牵制敌对姚官屯正面之攻击，该师竟抗不遵令，终未出击。

（3）冯家口以南各要地之轻易失守或放弃。

（4）冯代总司令治安对作战部队之指导极少。

该军怠于作战，前方其他各部咸怀疑虑，窥其怠于作战之原因，似有如左各种：

(1) 宋哲元请假，中央照准。

(2) 冯司令长官指挥第六战区。

(3) 听萧仙阁等政客之计划，保存实力，以为以后抢夺地盘之张本。

2. 冯治安代第一集团军总司令职务，似属资望过浅，于作战上亦有妨碍。

3. 庞、刘二军长对于二十九军之情感，俱不甚恰〔洽〕；23D 李师长对第六战区各部队，似极感生疏。

4. 对作战军之编组，职意在我国，现在军政、军令尚未绝对统一之前，对人事问题，仍须加以牵〔迁〕就。

丙、关于派遣联络参谋之意见具申：

1. 大本营应对所派遣之联络参谋，随时指示全国主要战况及对所派遣部队所要之指导，使所在部队随时得明瞭大本营之意旨。

2. 联络参谋应为大本营之参谋(即其底缺在大本营)，俾可安心任职。

3. 联络参谋应规定随带少尉译电员或书记一员。

右谨报告

处长陈转呈

组长刘鉴核

〔国民政府国防部史政局及战史会档案〕

23. 刘移山关于第五十三军万福麟部在永定河滹沱河作战经过情况报告

(1938年1月10日)

…………

五十三军在永定河、滹沱河两次作战经过概要

第一期永定河南岸之滹沱河北岸中间地区之会战　二十六年七月八日至九月三十日

（一）战斗地之状态

（1）各县平坦开阔，土质松软，河流亦不成最大障碍。唯霪雨四十日，以致河水外溢，白洋淀、文安淀之水，骤成氾滥，各村镇积水八九尺，使部队难于行动，平保、平津之汽车路，亦多被冲毁，即县道、乡村道，亦多被水淹，交通十分困难。惟保定至白洋淀之船舶，尚堪军用。

（2）各县均有地方架设之长途电话，且亦或有省立之长途，甚为便利。

（二）敌方之兵力及其团队号数、将帅姓名

甲、兵力及兵种　第五师团、第六师团、第十师团、第十四师团、第二十师团、骑兵第一、二旅团、野炮兵约两旅团，飞机百余架，特种部队唐克装甲车等，河边指挥之驻屯军约一旅团。

乙、敌将姓名　指挥平汉者土肥原，平汉、津浦中间地区者为樱井中佐参谋。

（三）我方之兵力及其位置

甲、友军位置　第二十九军在马厂，第六十七军在大城，第五十二军在满城，第二十六路军在涿州、房山，第十三军在南口。

乙、我五十三军之兵力及指挥官之姓名　第九十一师冯占海（三旅制），第百十六师周福成，第百三十师朱鸿勋（以上整理师），骑兵第四师王奇峰（拨归四十军一团、骑兵军一团），军直属炮兵营、特务营、通信队、高射炮连。

（四）战斗经过之概要

1．永清固安之防御战斗　八月中旬，本军奉命于文安、雄、霸各县构筑阵地。于九月初，推进于永定河右岸之永清、固安，从事防御。九月五日早，我阵地正面发现敌少数骑兵，侦探敌之主力十四师团，盘据于旧州僧垡一带，其由平东下樱井参谋指挥之混合部队三千名，集结于揄垡。九月十三日早，敌先以炮兵向我百十六师永清附近之阵地轰击，而固安九一师之正面，南北张华、十里铺一带，亦以炮轰击。十四日早，我各师正面敌炮火较烈，至九时左右，由渠庄渡河敌六七百名，向我永清猛攻，旋被击回。同时我守固安之九一师，亦受由西玉渡河之敌五六百名攻击，经我二七二旅之逆击，亦退回。至十二时左右，我百十六师正面渡河之敌，已达三四千，九一师正面亦续增三四千。此时敌炮火较前猛烈，阵地失而复得。至下午四时，敌飞机、唐克相继参加战斗，阵地多被毁坏，我师预备队，全数增加。抗战至六时，我周师右翼被敌包围，冯师左侧之西玉阵地，亦被突破。斯役，二七二旅赵旅长受伤，官兵伤亡亦重，军遂于牛驼镇、渠沟镇、平景镇东西线，构筑预备阵地。十五日早，敌我激战较烈。至下午，各师不支，向预备阵地撤退。其时，敌飞机又行轰炸，当被我骑师刘排击落敌机一架，毙上尉一员，司机二名。

2. 牛驼镇、渠沟镇、平景镇间之战斗　十六日，敌向预备阵地跟追。十七日拂晓，敌陆续增加，我平景镇之冯师，牛驼、渠沟镇之周师，左右两翼，被敌包击，九一师被迫向容城撤退，骑四师亦转进于大清河西岸、白沟镇附近。

3. 大清河西岸及雄坝县之战斗　十八日，白沟河镇之骑四师，容城之九十一师，受由平保路南进之敌侧击，冯师撤至雄县以西，百十六师撤至独流村。日暮，又令周、冯两师向□州任邱间集结整顿。以后敌仅以一部监视雄、霸县之守军，主力向平汉路之保定侧击。

4. 任邱、雄、坝县我军之行动　二十五日，敌主力沿子牙河南进，军以百十六师移于任邱以南沿平大路东布防，百三十师主力集结于任邱附近，九一师于吕汉准备渡河材料，至廿六日渐向东撤退。二十七日，以百三十师为一纵队，在西沿潴龙河堤，以九一师、百十六师为一纵队，在东沿平大路，向肃宁附近转进。至二十八日，军各部已到肃宁，五时各师由吕汉辛营渡河，分向饶阳、安平转进。

第二期滹沱河南岸至沙河中间地区之会战　十月一日至十八日

（一）战斗地方状态　饶阳、安平、深县、宁晋、晋县、赵县、束鹿等地，均开阔，唯河水氾滥，道路不良，村落周围间有积水。

（二）敌我之兵力及其兵团队号　1. 与我对战之敌，为第二十师团主力、第十四师团之一部、骑兵千余名，炮兵约一联队（四十门），唐克车二十辆，装甲车数十辆，飞机三十余架，指挥官为樱井参谋。2. 军辖步兵三师，骑兵一师（除拨出外，只有一团），百十六师损失十分之二。

（三）战斗经过之概要

1. 深县安平附近之战斗　十月一日以后，本军各部陆续由吕汉辛营渡过滹沱河南岸，以百三十师在深县、百十六师在安平、骑四师于留楚镇附近警戒，九一师于南北四塚村附近集结，为军预备队。十月三日，敌已占献县，以一部沿沧石路西进，与留楚镇之骑兵接触，翌日敌东退。

2. 束鹿、辛集、晋县间之战斗　十月五日，军奉命转移于束鹿、晋县、宁晋间，于八日部署完毕。敌之装甲车、唐克车二十余辆，后随敌兵三四百名，沿沧石路西进，向我阵地攻击，至薄暮，我以各师之预备队，左右袭击，敌向安平方向走退。是役，毙敌数十名，我亦伤亡数十。

3. 宁晋、晋县及宁晋、赵县间之战斗　十月九日，军奉命移转于宁晋、晋县间布防，当我七七九团到达百尺口之南瓦窑附近，与敌遭遇，激战三时，毙敌二百余。斯役我该团一营长梁尹贵阵亡，一、二两连损失甚重，第三营长负伤。十日，我阵地前方，均与少数敌接触，八时许，知我左翼之檀军南撤，遂变更部署如左：（1）九一师附军野炮连，任宁晋至南马村之线及宁晋城防；（2）百三十师一部任南马村至北中马之线，一旅位北辛庄，为军预备队；(3)百十六师任北中马至美化镇之线；(4)骑四师于东旺镇附近，任军右侧之掩护；(5)军部直属营连，位北辛庄附近。部署甫毕，敌跟踪而至，激战数时。至十一日早，军奉命移转宁晋，至大石桥，尔后进至南苏。百十六师，与敌成胶着状态，至贾谷庄附近，敌我相距百公尺。当时周师长决心先行逆袭，而后撤退，激战两小时，敌稍却，乘机南撤。唯掩护撤退之六九一团被敌截断，迄今未还。同时九一师正面，亦发【现】敌三千余，向我进攻，冯师以全力应付，激战竟日，彼我伤亡均重。入夜，我左翼之檀军不支，向高邑退，致军之左侧被包围，而军左右方三十里铺，亦发现敌骑。南苏军部，四面枪声，即以百三十师在西，百十六师在东，突围南进，分途向尧山、柏乡转进。

4. 尧山、柏乡之战斗　十三日午后，百三十师抵尧山，被七八百名敌追求〔及〕，该师以七八零团在尧山北激战，第二营长李文杰负伤。九一师与骑四师抵隆平时，突受敌袭，向南撤退，以后联络中断。十四日，百十六师抵公子村时，敌步炮兵三千，又复掩至，在张家、魏家庄之线，与敌激战，至日没后甫行南撤。我百三十师亦在关城附近，被敌追及，发生激战，幸赖我六十七军在邢台东南宋伊村之掩护，得与敌脱离。军主力十五日到张村、韩村一带，据报顺德已被敌占领，沙河各渡口亦被封锁，令百三十师张旅将南阳渡口之敌击退。各部于十七日夜渡过沙河，而六九一团自十二日被敌抑留于西乡洋后，即变为敌人后方之有力游击队。

五、敌我伤亡之概数

1. 百十六师于永清等前后各战役，毙敌千余，击落飞机一架。该师伤亡官兵约有两千余，损失步骑枪千余支，轻重机关枪二十余挺，轻重迫击炮数门，消耗枪弹百余万发，手榴弹万余，迫击炮弹三千，平射炮弹七百，马百余匹。

2. 百三十师于束鹿、尧山等前后各战役，毙敌数百，击落重轰炸机一架。该师伤亡官兵千名上下，马百余匹，步骑枪不到千支，其他轻重迫击炮、机关枪等，亦稍有损失，消耗枪弹百万发左右。

军直属之营连队　俘获间谍数名。被轰炸及南苏突围，伤亡官兵二十余名，马三十余匹，损失一四式野炮四门，高射机枪六挺，步骑枪五十支，消耗野炮弹千发，机枪弹六千发，步骑枪弹二万发。

骑四师及九十一师，因调赴其他【地】方整理，不得其详。

军事委员会第一部特派五十三军少将
联络参谋刘移山呈
二十七年一月十日

〔国民政府国防部史政局及战史会档案〕

24. 袁德性关于视察宋哲元部抗战不力失守大名及第一集团军内部复杂情形报告

(1938年1月24日)

报告　一月二十四，汉口

谨将职自去年十一月五日奉命派赴河北新乡、大名一带，视察第一集团军宋哲元部抗战情形，报告列左：

一、宋哲元部奉令进攻石家庄，协同友军，收复安、顺，策应太原，其初本具决心，士气亦旺，惟因忽视战略要点，过于轻进，以致大名失守，师长自戕，使有利之态势，转为失败。虽因平汉正面商部未动，左翼兵力分移，如能计划周到，不惜牺牲，何致数万大军，不战而退。此无他，实各级将领缺乏认识全面抗战，是为争取民族解放和独立，及救亡图存之战，凡属国人，应抱定自我牺牲。如能有此了解之精神，其保存实力，逃避责任之心理，绝不致发生。此实不明抗战意义所致耳。

二、宋哲元自去年十月间赴京领训后，对于过去之错误，觉悟甚速，自认学识浅薄，思想陈旧，再三表示，嗣后一切奋斗，誓本中央意旨，及最高领袖委员长蒋之计划，努力做去，以赎前衍。惟以见地落后，学养不足，态度严厉，塞尽忠谏之路，使下情不易上达，是其最大缺陷处。

三、冯治安与徐维烈谈话间云：“中央近年外交路线，若对日本采取宽大主义，疏远欧美，日本绝不致相逼如此之甚。卢沟桥事变之初，日本所希望者，不过沧石铁路之建筑、龙烟煤矿之开采，及河北省经济合作而已。当时如肯稍予利益，则此次国破家亡之战祸，或不致发生。”等语。观其意态及言论，实与去夏伊在北平时，对于抗战见地，前后判若两人。查徐维烈，是托洛斯基派之重要分子，现在冯处，虽未任何职务，然对于国际路线上，恐亦不无使命，冯之表示，所以有此者，或受徐之影响，亦未可知。此系职在河北濮阳县时，亲聆其谈话之概要也。

四、石友三部抗战之精神，与第一集团军全部比较，总算稍肯牺牲，尚知努力，一般舆论，对石过去汉奸劣迹，指责亦较缓，似有以观后效之意。而石奋发洗刷，力保该部之存在，并誓言从此做一新人，表示真诚，不遗余力。然伊过去之为人，素乏诚信，利之所在，恒置道义于不顾，将来羽毛丰满时，能否如今日之忠实，须视其思想转变之程度如何以为断。但就目前言之，其本人要好心固切，以其部队过于庞杂，虽努力整饬，势难于最短期内，造成纪律之师。

五、第一集团军于大名失守前，在作战间内部之现象：查大军作战，非协同一致，万难决胜，而该军各师旅，对于联合作战，反多避免协同之联系。例如无线电，恒至数日不架，虽有设施，亦多故意不接。其原因，一则为避免询问增调之麻烦，二则可避免紧急危险之任务。惟彼此暗派侦探，互相监视，不问当面有无敌人，只要接得甲部有退却模样之报告，则乙部不问有无命令与当否，即擅行退去，甚至甲部能退八十里，乙部至少亦退出百里之外。以如此心理之将领，担任国际战争，诚为可虑，无论其将来作战之精神如何，其过去在北战场作战实况，大半如此。

六、第一战区总参议萧振瀛，过去虽于宋部有深长历史，因言行锋芒，其中信仰早为失去，虽优礼相待，实具有敬鬼神而不敢远〔近〕之心理，若钧座忽略内情，认为该员仍可领导该部，纳入正轨，恐有未能耳。若希望其收获何种伟绩，尤非理想所能实现，况张自忠已返部，对于伊之工作，深受打击，观其精神，似抱消极。

七、刘汝明之为人，封建观念较深，诸凡故制，既无学养，又缺乏民族思想，此等人，出任疆吏，岂有不偾事者。若能领导得宜，尚不失为平庸之好人也。

八、职去年十一月二十四日在河北濮阳，适值宋部正由大名以北退归，向道口及黄河南岸东明、考城一带移防，职遂返京报告。嗣于十二月三日抵京，而钧座已移武昌，当即转道芜湖，职以途中感冒风寒甚剧，原拟稍加诊治，即乘轮西上，迨至五日英轮被炸，职病仍未减轻，行动不易，而敌机轰炸益烈，不得已于七日夜，雇抬伕向皖南繁昌、南陵、青阳、贵池等县西返，且行且医，直至去年十二月二十六日，由贵池雇民船一只，于本年元月十六日始安全到汉。职因病滞芜，曾电禀在案。

九、南战场转进之见闻：职自芜湖经繁昌、青阳等县，前后数百里，似无兵站设施，亦无部队收容，溃伤兵士，抢掠奸杀，无处无之，尤以百零五师纪律为最坏，沿途难民，多被搜劫，因此投河溺死之妇孺，不可胜计，惨酷情形，诚不忍睹，凡所经过之城镇，未有不为之抢掠一空者。此种现象，实于全民抗战中，影响国民精神甚大。谨将见闻所及录备参考。右列各项，乃职此次奉令出差及因病延期复命之实情，理合据实报告。伏乞鉴核。谨呈

组长刘转呈

部长徐

职袁德性谨呈

〔国民政府国防部史政局及战史会档案〕

25. 陈诚转报第五十三军万福麟部在豫北撤退情形代电

(1938年2月25日)

军令部：据五三军处长杨竹埒等马电称：一、本军(53A)军部暨(116)师师部于巧日由修武西南撤至焦作，皓晚至博爱，现已移至沁阳附近。(130)师之一部由朱师长率领，于篠日由辉县北境往林县会合。该师(388)旅向西南撤退。二、军后方办公人员暨(116)师之(691)团(新兵)已先撤至黄河南现汜水孟津一带。三、截至今日为止，沿道清路各县，均陷敌手。本军伤亡过半。职等率领工作人员随军撤退，晚夜奔走，电台无法架设。等语。谨电转报。陈诚。有酉。谍。

〔国民政府国防部史政局及战史会档案〕

（三）淞沪抗战

1. 张治中报告日军战前动态密电

（1937年8月9日）

（一）

急。南京委员长蒋、部长何、参谋总长程、训练总监唐钧鉴：7191密。（1）日军在沪兵力，近日来迭有增加，总合各方情形，计陆战队官兵约五千人，业经组织健全之在乡军人约三千人，壮丁义勇队三千五百人。各种轻重口径炮约三十余门，高射炮八门，战车及装甲汽车各约二十余辆。（2）本日由长江上游抵沪之日舰计九艘，连原有在沪之日舰三艘，合计十二艘。各舰可随时登陆之水兵，共计约三千人。（3）准俞市长鱼亥电：日海省对第二舰队已下动员令，准备向青岛集中，姬路师团定删日到青，广岛、熊本两师团定删日到津。（4）日海军武官本田今晨电东京，略谓我保安队之设备，认为有增兵之必要，建议政府请将拟赴青岛之姬路师团及第二舰队调沪待机。等语。谨电呈核。职张治中叩。佳戌。印。

（二）

南京委员长蒋、军政部长何、参谋总长程、训练总监唐钧鉴、7191密。（1）据淞沪警备司令部报称：本日午后五时，有日兵五名，乘汽车一辆至虹桥飞机场附近向我射击，经我机场附近部队还击，该日兵等即乘汽车逃去。闻当时曾击毙二人，系着日军服装，刻正派员赴沪调查中。（2）顷据八十九师转据保安第四团报称：本日午后一时，有不明国籍之兵舰三艘，在白茆口外游弋。三时向下游驶去二艘，六时复由下游驶来一艘，现该二艘仍泊白茆口外江面。各等语。谨电呈。职张治中叩。佳亥。印。〔自吴县发〕

〔国民政府国防部史政局及战史会档案〕

2. 俞鸿钧等报告虹桥机场一案及有关意见密电

（1937年8月）

（1）俞鸿钧密电（8月9日）

南京军事委员会钧鉴、军政部何部长勋鉴：今日下午五时左右，虹桥飞机场附近，有日军官二人，乘小汽车越入我警戒线，向飞机场方向直驶，不服制止命令，反向我守兵开枪，守兵初未还击。后该车转入碑坊路，该处保安队士兵闻枪声仰视，该日军官复开枪向之射击，保安队遂还击。一时枪声四起，该车前轮乃跌入沟内，车内一日军官下车向田内奔走，在附近因伤倒毙，另一军官伤毙车外。检查身内有明片两张，印有"海军中尉大山勇夫"字样。我方士兵亦倒毙一名。当出事时，职用电话通知冈本总领事云：据报有日军官意欲冲入我虹桥飞机场，与守兵发生冲突。请派人处置，免致扩大。冈本通知日陆战队司令部后，据答复并无陆战队士兵外出，定系谣传，请勿轻信。等语。日海军武官本田亦同样答复。后日领署与陆战队方面冲野武官及福井秘书前往调查，但发电时彼等尚未明真相。此事恐将扩大，除即设法向日方接洽外，特先电闻。职俞鸿钧叩。佳酉。

（2）张治中密电（8月11日）

南京委员长蒋、军政部长何、参谋总长程、训练总监唐钧鉴：7191密。（一）据淞沪警备司令部电话称：①本日上午六时，有不明国籍飞机三架，在我虹桥飞机场上空盘旋。②本日上午十一时半，有日巡洋舰四、驱逐舰十二，由白龙港向上海前进。计合原沪泊之日舰十三艘，共为二十九艘。③川樾运动英、美各国领事，拟沪上十二英里内，划为非战区。（二）准上海俞市长蒸电称：①日第二舰队已于今晨四时由佐世保出发来沪。②日陆军省于今晨四时，对五十三岁以下之后备队下动员令。③日第十六驱逐队，昨晨已沪〔停〕泊吴淞口外。④日原拟熊本、广岛等师团，于删日左右抵津后再犯保定，但现时已准备将平津部队先行推进。各等语。谨电呈。职张治中叩。真未。印。〔自吴县发〕

(3) 俞鸿钧密电(8月11日)

急。南京军事委员会钧鉴、何部长勋鉴：7200密。今午四时，日总领冈本来见，谓虹桥机场案发生后，日方以着海军制服之军官及水兵为华人惨杀，认为对皇军重大侮辱，全国愤激。故彼奉命查询我方对此案之态度及在本案未正式交涉前，为避免同样事件之发生，计提下列二点：(1)撤退保安队。(2)所有保安队之防御工事应拆除。等语。当答称：我方对本案亦甚重视，故决定以公正至诚之态度从事调查，俾明其真相。届时自可根据调查结果，循外交常轨，谋圆满之解决。至避免再起冲突一层，我方亦早经注意。出事之夜，本市长已自动令饬保安队步哨之贴近日侨居住区域者一律离开。至该处堆置之沙包、铁丝网等物，系为免市民惊惶，亦已令饬迁去。故贵方所要求者，我方早已自动办理。日领继要求双方派员决定保安队撤退之距离。当驳称：我方为避免冲突，饬保安队步哨离开日侨居住区域，系自动行为。该处系我国土地，无所谓撤退，更无所谓距离。双方派员云云，自不能同意。日领旋指责保安队之军队化及战备之违反协定，妨碍治安。当经一一驳复，并告以我方为避免冲突，现已令保安队步哨离开日侨。如日侨不守秩序任意挑衅，恐纠纷终不能避免，应请制止。又，第二舰队闻已到沪。是日，日方一面赞同以外交方式解决本案；一面增兵威胁，殊属不合。日领谓该案发生，日海军非常愤激，故不能不有表示。等语。双方辩论三小时，日领始辞去。临行时，谓彼对市府之诚意甚为感谢，当报告政府及转知各方。并谓日政府已训令日高赴外部为同样之要求，谅南京方面不久将有训电到沪云。今日冲野武官亦赴警备司令部，转达上述各点。谨闻。上海市市长俞鸿钧叩。真亥。印。

（4）杨虎密电（8月11日）

急。南京何部长钧鉴：7200密。虹桥事件，现尚在调查接洽中。本日下午四时，日使馆派冲野武官偕总领馆秘书福井，来部谈话，市府亦派代表参加。彼方谈话要点：上海中日双方一切误会，均由保安队积极军事准备而起；今日海军陆战队二千人来沪，纯为护侨。现在要免除双方误会，须令保安队撤退，并废除一切防御工事，则新来之陆战队，亦可撤退云。味其语气，似即将正式提出抗议。除力持镇定外，谨闻。鉴核。职杨虎叩。真申。印。

〔国民政府国防部史政局及战史会档案〕

3．张发奎报告日军扰乱杭州湾及其附近密电

（1937年8月11日）

即到。南京委员长蒋：内密。据报：本日上午七时，敌机六架先后飞杭州、笕桥一带盘旋侦察。经我方派机压迫，即向宁、绍方向逸去。我机追踪侦察，发现杭州湾出口洋面停泊敌舰约念艘，阵容甚整。昨夜九时以后，并有敌舰三艘，先后驰泊金山卫，用探照灯向乍浦一带探视，拂晓前即他驶。等语。判断敌有以海空军扰乱我沿海及杭州湾企图。查杭州湾北岸乍澉浦一带，已有相当兵力严密警备。惟南岸绍兴、余姚一带刻尚疏防，王皞南所属卅七旅巩固宁镇，似嫌单薄，势难再令兼顾。现驻五夫、余姚之戴民权师指挥系统，迄尚未蒙复示，一旦变起仓卒，甚感呼应不灵。职意拟请增调一师，归王皞南指挥，责令防守杭州湾南岸亘象山港区域，庶责任专一，而缓急可恃。当否？敬候核示。职张发奎。真未。参一。印。〔自嘉兴发〕

〔国民政府国防部史政局及战史会档案〕

4. 军委会编：《沪战经过及教训》

（1937年）

第一期　攻势时期

自八月十三日至九月廿三日

一、沪战爆发。自虹桥飞机场事件发生后，敌之海军陆战队约六千人，在淞沪一带藉端启衅。我第九集团军为应付事变计，陆续向该处集结，至八月十三日战事即告揭幕。

二、我军之攻势。沪战爆发后，我军为求立于主动地位，扫荡留沪之敌军计，乃向之取积极之攻击。当时以87D在左、88D在右，向上海之敌攻击。后又增加36D、98D，并改变重点，指向汇山码头，企图中央突破，将留沪敌军截为两段，更席卷而扫荡之。至八月二十日，我攻击部队已迫至汇山码头，乃因未依原定计划。不待98D到达，即行攻击，致无充分兵力以扩张战果，更以各兵种协同与处置之不当，未竟全功。

三、敌军之登陆及我军阻止登陆之攻击。八月二十二日晚，敌乃以增援来沪之第十二师团，由狮子林、石洞口、川沙口方面，同时以一部由张华滨〔浜〕附近强行登陆，企图威胁我攻沪军之侧背。当时因我沿江配备兵力单薄，未能阻止敌军之登陆。后乃以87D之一部及教导总队、上海保安总团等部，转向张华滨〔浜〕登陆之敌攻击。同时以在吴福线之11D及在杨行、宝山方面之98D，转向狮子林、川沙口方面之敌攻击，更以在昆山、吴县附近集结之67D用汽车输送，急向罗店挺进。并急调正向常熟、福山前进之14D，向太仓、罗店方向前进，以求会歼登陆之敌军。卒以我各部队相距过远，待赶到战场，敌之主力已登陆成功。兼以敌军以五十余艘兵舰之舰炮及优势空军，向我集中轰击。然我军仍冒万难，积极猛攻，比即在罗店附近互相争夺，演成激战。惜因我军伤亡过大，敌之增援不绝，仅能打破敌军胁迫我侧背之狡计，未能将其压迫于江中而歼灭之。迨后敌以罗店附近为我十八军各师所阻，未能进展，乃转向吴淞附近及虬江码头强行登陆。我即以新到之61D、6D及1A等部继续加入，对在吴淞登陆之敌施行猛攻。

四、杨行至刘行之战斗。至九月六日宝山被陷，我98D姚子青营孤军固守，全营殉国。同时吴淞、张华滨〔浜〕及虬江码头方面之敌继续增加，未能扑灭，至是沿江之敌得打通一气，敌遂以主力沿宝刘公路向杨行突进。九月十一日杨行被占，至九月十六日我第九集团军被迫撤至北站、江湾、庙行、杨家宅之线固守。敌既占杨行，乃以主力续向刘行猛攻，但我在罗店南端之18A仍继续向罗店北端之敌攻击。在月浦方面，98D之一部，则因伤亡过大，且过于突出，不得已撤至陆福桥、新镇之线。自后因沿刘宝公路西犯之敌续进不已，刘行危殆，我围攻罗店北端敌人之计划遂因以放弃，暂退守罗店西南及罗嘉公路之施相公庙一带。然以各部队牺牲过大，全部之攻势自是无形停止，惟局部之攻击仍继续未已。

第二期　守势时期

自九月廿四日至十月廿五日

五、由刘行至蕴藻滨〔浜〕之战斗。当在刘行以东杨木桥附近战斗时，我66A、4A、15D、77D等部陆续到达，曾加入攻击亦未奏效，而敌且已迫近刘行。至九月廿四日，中央宝刘公路方面为调整战线，乃撤至右与杨家宅附近之第九集团军联系，经窦家弄——顾家镇——刘行东侧(国际电台附近)——太平桥——万桥——沿荻泾至罗店南侧之线。当时在沪之敌军，计有1D、3D、11D、12D及8D、16D各一部，并海军陆战队等约十余万众，野山炮约四百门，战车二百余辆，飞机二百余架，大小兵舰七十余艘。至九月三十日，顾家镇与刘行间之陆桥附近，我57D与15D之接合部被敌突入，经该两师派队逆袭，将其击退。同时刘行与长滨〔浜〕站间之万桥附近，我15D与77D之接合部亦被敌突入。我77D因官兵伤亡过大，全部溃乱，牵动全局。至十月一日晚，乃以15D之一团留置刘行，57D之二营留置顾家镇，掩护我军之转移。主力撤至由杨家宅、唐桥站，沿蕰藻滨〔浜〕南岸经陈家行——广福——罗店西南两侧——施相公庙——曹王庙、互双、草墩之线。

六、由蕰藻滨〔浜〕至苏州河。自我军由刘行撤退后，敌初向广福方面跟踪前进，猛攻广福。经一周之久，卒以我守军奋勇抵抗，敌不得逞。至十月六日，敌乃转移主力，沿沪太公路南下，企图占领大场，以威胁我第九集团军之侧背，而达到其占领上海之目的。是晚，我 8D 左翼黑大黄宅附近之阵地被敌突破。当时乃以撤至昆山附近整理之 1A及新到达之税警总团与19D、26D、20A等部陆续增援，仍未能挫阻敌势。是时适我五路军171D、173D、174D、176D 等陆续到达。为乘敌攻击疲惫之际突予猛击，以期击破渡过蕰藻滨〔浜〕南岸之敌，并进而恢复刘行，乘胜迫敌于沿江而歼灭之目的，又由左翼抽调 98D及正在整理之 66A加入。依此详密策定攻击计划，并为周到之准备，于十月十九日晚，在谈家头、陈家行、广福之线，就攻击准备位置。由十月廿日晚开始总攻，经三日之激战，卒以我五路军各部限于运输，不能如期集中，且因新兵过多，部队混乱，终招顿挫。至二十四日，逐次退守大场、走马塘之线。廿五日大场被围，敌由大场东西两侧突进，我 33D不战而溃。至是敌对闸北、江湾、庙行方面之我军，已成包围之势。迄廿六日，情况愈形不利，有及早调整阵线之必要。故除以 88D之一团固守北站外，主力乃撤守由丰田纱厂沿苏州河南岸经江桥镇至南翔之线，左翼方面则仍固守原阵地。

第三期　转移阵地时期

自十月廿七日以后

七、苏州河之战斗。我军右翼撤至苏州河之线以后，适中央军指挥官朱总司令奉令调西北，而此间部队则并交张总司令指挥。当新旧交替之际，敌续向苏州河方面跟踪追蹑，同时并以有力部队向南翔、江桥镇猛攻。在江桥镇、南翔之我军并力死守，屹然不动。而苏州河方面，因我部队立足未稳，旋被侵入。经调左翼之67D及新到之54D、46D、教导总队等部支援反攻，战况至为剧烈。至十一月五日，我军正与渡过苏州河南岸之敌相峙。苦战之际，杭州湾之警讯忽传，盖全公亭、金山咀方面之海岸已发现敌人登陆。我为击破该方面之敌，以策侧背安全计，乃急以62D、63D及19D等部转向该敌攻击。同时又将守备浦东之S45B亦向该方面转进，并以集结于青浦之26D余部及集结于青浦、白鹤港间之67A，向松江方面前进，迎头堵击。终以我军行动迂缓，未能如期实施攻击。迄十一月九日，苏州河南岸之战势仍未挽回，而右翼之险象又生。松江、枫泾同时被陷，战况益濒危殆，内线作战之利已不可期。为解除战略上不利谋尔后之长期抗战计，惟有迅速转移，重行部署。遂决定以右翼扼守既设之乍嘉阵地，苏州河方面则于当晚向青浦黄渡之线撤退，以期与左翼军联系，再事抵抗。讵料因时机过迟，而命令不能下达，各部均失掌握。兼以地形不良，道路稀少，公路上大军拥挤，同时白鹤港桥梁又被炸毁，车辆阻塞，秩序紊乱。后卫部队又未按命令实行掩护，致使左右两翼军间发生空隙，安亭附近被敌突入，左翼军之撤退，遂大受影响。

八、京沪路之退却。当十一月十一日晚，我左翼军开始撤退时，因安亭附近发见敌人，公路、铁路均未遮断。是晚我撤退之先头部队行抵安亭附近，突遇敌袭，乃不行攻击，竟向嘉定方面转进。嗣我9D来到，该师长立命所部向当面之敌攻击，以期恢复通路，使友军得以安全撤退。此种处置甚为适当，攻击结果将敌击退于路外，自后由南翔附近撤退之部队，遂得安然通过。

九、沪杭路、京沪路方面之战斗。初我军原期撤至乍、嘉、吴、福之既设阵地固守，以待机转取攻势。但因平望、南浔相继被敌窜入，苏嘉路为之截断，致我由左翼转用于沪杭路方面之部队无法南下。迨十一月十九日嘉兴失守。该方面之敌，有继续西进以迂回我吴福线侧背之企图。同时，浒浦登陆之敌猛攻福山，旋告失陷，吴福线亦难坚守。迨撤至锡澄线时，因右翼放弃乍嘉线，同时沿京沪路之敌又继续猛攻，至十一月廿六日锡澄线遂亦放弃。江阴要塞由廿七日至十二月一日激战五日，因援绝被陷。京杭路方面之敌，更沿太湖南侧长驱直犯。廿四日吴兴又失，斯时我唐式遵部到达安吉、泗安、广德、长兴间，虽曾攻击，而未实施。自后节节后撤，宣城、芜湖遂亦相继失陷。

十、南京会战。〔略〕

十一、浙皖方面之配置。当敌以主力攻击南京时，同时以一部沿吴宣公路向宣城、芜湖方面突进。当时在沪杭路方面之我军为刘建绪部，在安吉、孝丰方面为我廖磊部（7A两个师）。在江南铁路方面之川军（六个师），或因伤亡过巨，或因各级指挥官主张不同，至不能策应南京会战，遗憾殊甚。

自此迄今，除安吉、孝丰、杭州、富阳相继放弃外，在第三战区当面之敌军，因已陆续他转，战斗较为沉寂。现我第三战区利用地形，固守阵地，同时施行游击，袭敌后方，积极转守为攻，以备挽回战局。来日之胜利，正期待间。

我军失败之原因及所得之教训

一、将领不研究学问，缺乏修养，生活太奢，为此次失败根本原因之所在，领袖已屡言之矣。昔总理常云："革命之基础，在有高深之学问。"盖无学问，则智识浅陋，不足以当大任。缺乏修养，则德行不孚，生活太奢，则不能刻苦耐劳，更不能以身作则。凡我将领，应三复斯言，深自警惕，则胜利方可有望也。

二、选将不慎，用人不专，系统不明，权限不清。临阵易将，兵家所忌。此次作战，即坐此病。盖屡当情况危急之际，骤行易将，因新旧交替，而予敌以可乘之机，如中央军之屡易将领可为殷鉴。故应慎选于先，专任于后。至指挥系统之明晰与权限之分清与否，尤有关于指挥之统一。故当授命之际，即应确定系统，明分权限。俾为将者有专成之责，为部下者无谁从之虞。于是上下一致，方能放胆敢为之动作，收指挥灵活之效果。

三、战略与政略之关系。战略原为达成政略目的之一种手段，但战争既启，则应以战略为主，不能因政略而掣肘战略。盖战略若胜，则政略之环境或可随之而转好；战略失败，则最初之有利政略亦将随之而受影响。此次因顾虑政略之关系，而以战略作政略之牺牲，良堪深思。

四、军事与政治之关系。军事与政治原为不可分离之一体，此次在作战前及作战当中，我军事与政治上之缺憾最多，彼此不能密切合作，尤以地方与军队间不能打成一片。自后虽由于军队之纪律松弛，致使地方畏避，但当在淞沪地区作战时，地方对军队漠不相干者，不一而足。尤以自敌军自狮子林方面登陆后，县长、专员闻风先遁者相继发生，亦可深慨。

五、前方与后方之关系。作战时前方军队与后方补给及前方战场与后方民众之关系最为重大，盖军队不能枵腹而战，而近代火器发达，弹药之补充更为重要。至战场军队及难民之慰劳收容，均后方民众组织以任慰劳收容之责。但此次作战，因我前后方未臻密切联系与合作，缺憾丛生。如粮弹不能按时补给，伤兵、难民无人收容，以致影响于作战者至大。而此次转移时遗弃之粮秣、弹药、武器、汽油，为数尤巨。此种事先既无充分准备，临事又乏应急措置之错误，有值得注意者也。

六、一般准备不足。如通信、交通、运输及其他军用器材与地方民众组织等之准备，均不充分，致战事发生后，仓卒应付，以致通信不能畅通。铁路、公路一经破坏，亦无应急修理之准备。各种车辆之调度分配与管理，亦无事先之准备与预定之计划。故凡于平时可以预期发生之事，可以预为准备者均应预先准备，亦可免临时仓惶与忙乱。

七、初期攻势不能成功之原因。当沪战爆发后，我军从三师之众，对数千之敌陆战队实行攻击，终未奏功者，实以当时部署上之种种不当所致也。如不能彻底集中兵力，形成重点及步炮协同之不良，迨至迫近汇山码头时，又以未待98D之到达，致感兵力薄弱，不能扩张战果。倘当时能依原定计划，待98D到达后，使用于重点方面，则该方面之战斗定可获得期望之效果，而将留沪敌军扫荡之。如此，敌在沪之立足点既失，或不致演成今日之局面也。

八、登陆敌军不能阻止之原因。当我对上海之敌攻击时，对于宝山、浏河方面沿江配备之部队既甚单薄，而新到之11D、67D等部又远置昆山、苏州。因此敌军登陆时，既无力以阻止之，及其登陆后，又因各控制部队相距过远，未能及时赶到，以歼灭敌军于立足未固之时，此实由于最初配置之错误也。

九、应以战术、技术补救装备不良之缺憾。当我攻击敌军时，虽因受敌军猛烈舰炮及飞机轰击，至伤亡过大。但各部队未知设法补救，不行疏散配置，以求减少损害，要不能辞其咎。自后转为守势时，敌之主力每选于我全阵地之一点，尤以兵团结合部，集中其所有之炮火与飞机，以图突破。而我由两侧出击之部队，因为敌空军所制与炮火之封锁，行动大受限制。然因战术、技术之不良，致出击不能奏功者甚大。盖我一般指挥官均不知攻击应如何准备？如何实施？铁丝网如何破坏？步炮兵如何协同？重点如何形成与选定？敌阵地内如何扫荡？上下左右如何联系？仅知以肉弹抵抗钢弹，牺牲无不重大，攻击无不顿挫。至于各部队及阵地间之结合部，不知紧密联系，以致发生空隙，形成弱点，每为敌所乘者，例不胜举，以后实应深切注意。又各部队无论攻击防御，对于地形之利用，亦多不得要领，尤不注意构筑工事，忘却多流汗少流血之原则，更为最大之错误。

十、退却时期之捕捉与行动之失当。我之整个方针，既为持久战，则于持久目的达到相当程度后，即应顾虑我军队之实力，以免受无益之损失，使尔后决战时有充分之力量。但此次淞沪作战，当敌之主力已为我诱来，而我军损失极大，增援已穷，反攻无效时，犹且勉力支持。待部队溃乱，战线动摇时，始实行被迫之撤退，因此不能实施整然而有计划之退却。酿成混乱之原因，惟于此有应注意者。即其他方面之不战而退，藉持久游击之名，以行保全实力者，则不能与此同日语也。

至撤退时各部队之紊乱，虽由于地形不良、交通路缺少所致，但因负掩护之部队不能实行任务，缺乏为友军牺牲之精神，以致为敌所乘，授敌以隙，而突进威胁我军之侧背，亦为紊乱主要之原因。

十一、守城之教训。南京国防工事虽年来积极布置，然犹未具现代要塞之设备，且背水孤立，就战略上言，原无固守之可能。但以国际之关系，国民之殷望，惨淡经营之十年国都，不能轻易放弃，乃令精锐国军十余师之继续加入，犹不免于陷落，良可痛也。

十二、对于兵器之爱惜观念过差。此次作战损失武器甚多，虽因各部队之伤亡过大，乃受敌炮空之猛烈轰击，武器多被埋没。但各部队对于伤亡官兵武器之处理及遗散战场武器之搜集，事前毫不讲究，实为其主因。以致每一参战部队在短促期间内即丧失其战斗力，且使尔后之补充大感困难，亦为致败之原因。

十三、各部队间之连络及协同动作不良。各部队间之联系及互相协同援应之精神最为缺乏，几有不相闻问之感。及后撤退期间，因通信联络之断绝，不能协力，更无论矣。

十四、通信卫生与作战之关系。此次通信，不知尽诸般手段，即电信一项，亦不能畅通，影响作战，亦属至巨。又卫生机关之办理不善，以致战场之伤兵不能收容后送。纵送至后方，亦多照料不周，而影响前方士气，并造成伤兵之滋扰。此亦为今后应行注意中重要之一端也。

〔国民政府国防部史政局及战史会档案〕

5. 何应钦在国防最高会议上关于上海战事的报告

（1937年8月17日）

部长在国防最高会议之报告　八、十七

自我二十九军于七月二十八日晚退出平津以还，双方在永定河两岸为主力军之集中。而南口与上海，则先后发生激烈之战争。近数月来，京、沪、杭一带，更发生激烈之空战，全面战争次第展开。谨将此期内情况，概略报告如下：

Ⅰ、敌人动态(至八月十六日止)〔略〕

Ⅱ、我军概况

1．河北方面〔略〕

2．察哈尔方面〔略〕

3．上海方面

上海方面，自虹口机场事件发生以来，敌舰卅余艘，麇集黄浦江及吴淞口，并增陆战队四千余人登陆，向我提出撤退保安队及撤除防御设备之无理要求，希图以武力威胁，达到侵略之目的。经我严重拒绝后，竟于十三日上午开衅，对我闸北保安队攻击，我军不得已而抗战。迄至现在止，我军到达前线者，计有八十七师、八十八师、九十五师、五十六师、十四师、五十七师及独立二十旅等部队。连日并已逐次占领敌根据地外围各要地，如八字桥、持志大学、沪江大学、爱国女校、广东中学及窦安路敌海军俱乐部等处。现在对敌虹口公园及杨树浦各根据地围攻扫荡中。本日下午，并用重炮击中敌在虬江码头之巡洋舰二艘。其一艘已不能行动，由二小舰夹住，向吴淞口退去。我八十八师黄旅长梅兴，在持志大学指挥进攻，不幸中弹阵亡。

4．空战概况

自十三日上海战争开始后，我空军于十四日晨出动，袭炸敌军舰及杨树浦根据地，予敌以重大之损失，其汇山码头、公大纱厂、日陆战队司令部均被毁。而自十四日下午起，敌大队飞机先后飞南京、杭州及浙、赣各大都市轰炸扰乱，因之惹起最激烈之空战。我空军奋勇杀敌，予敌机以意外之大损失。计十四日下午，敌轰炸机一架，由台湾飞杭州、广德、长兴轰炸，被我击落三架。又六架似在浙省兰溪各处被压降落，仅飞去三架。十五日敌机二十余架炸杭州，十六架炸南京，在杭者被我击落八架，在京者被击落六架。昨(十六)日在句容被我击落二架，击伤一架，在上海被我击落二架，在扬州、镇江被我击落三架，在嘉兴被我击落二架。共计三日来，敌机损失已在卅架以上，我机仅受伤数架，空军人员死二人，伤五、六人。

〔国民政府国防部史政局及战史会档案〕

6. 蒋介石关于调动部队及分配作战任务密电

(1937年8月)

(1) 致何应钦密电(8月23日)

何部长密鉴：据刘主任建绪皓戌参经电报称：职部奉命担任国防，谨将所辖各部，现在遵令调动情形电呈鉴核。(一)奉令调出部队：(甲)十五师开九江，接替六一师防务，现已由湘西原防开动。(乙)六二师现拨归张主任发奎指挥，该部除尚有两营因湘赣铁路被水冲坏在萍乡、樟树途中外，余悉已达到市〔平〕湖、乍浦、澉浦、海盐之线布防。(二)浙东部队：(子)十九师已全部达到永嘉至海门沿海之线布防。(丑)十六师已令开象山港至椒江口沿海之线布防。(寅)新卅四师已令开宁波增防。(卯)六三师现集结上饶、江山一带待命，拟令其转移金华、义乌之线，以便机动。(三)浙西部队：(A)暂十一旅担任浙赣、京贵两路赣境地护路与仓库保管，及上、广、铅、贵、资各县绥靖。(B)暂十二旅担任京贵路，自宣城至倒湖段护路及沿线各县绥靖，并守备宣城等县仓库。(C)暂十三旅担任浙赣路自金华至玉山段及兰溪支线护路，并沿线各县绥靖，与江山、玉山、衢县仓库保管。(D)五二师担任原闽浙边区浙南十七县即〔及〕闽北浦、崇、松三县绥靖。(E)本部特务团，亦参加担负各种勤务。三项除驻在本辖境绍兴、百官、五夫之四十五师及宁波王防守司令与独立三十七旅尚未奉令归职指挥暂未列入外，所有前列各部，伏恳钧座转饬军需署，按战时规定，分别发给作战桥梁移动各费，以资转发，而应急用。并请令饬第三战区兵站部【知】照为祷。等情。除令以主力集中肖山、杭州，并将部队调动及防务筹划立【即】电复外，关于开拨费，着由该部核发，蒋中正。梗。执一。印。

(2) 致冯玉祥密电稿(8月27日)

特急。宜兴冯司令长官：○密。据陈次长诚敬酉吴参电称：按现在状况，第三战区各分区部队区分，应重新调整：于浙江方面区分为浙东区、杭州湾北岸区；江苏方面区分为淞沪区、江防区。请明令规定，以一指挥事权。等情。现已增加之第五十一师、第五十八师、第六师，皆归第三战区指挥，着由该司令长官酌即变更，呈报备案可也。中○。感。一作。

(3) 致冯玉祥等密电稿(8月27日)

限即刻到。宜兴冯司令长官，苏州顾副司令长官、陈总司令，南通第百十一师常师长：○密。(一)第百十一师着归第三战区指挥。(二)该师应于南通、海门等处严为守备，绝对阻止敌之登陆。主力驻南通，于启东派必要一部。如敌来犯，虽战至一兵一卒，不许撤退。除分令外，特电遵照。蒋○○。沁。执一。

〔国民政府国防部史政局及战史会档案〕

7. 徐志勖编淞沪抗战经过概要①

（1937年9月）

第一期 阻止登陆战斗

八月十三日至九月十六日

第一章 战争之爆发

自八月十日虹桥飞机场事件发生后，淞沪方面战云弥漫，中日大战大有一触即发之势。是时驻沪之敌海军陆战队为数约六千人，在引〔南〕翔镇至苏州河下游一带地区寻端启衅，形势恶劣无以复加。我卫戍京沪之9AG（36D、87D、88D）为应付非常事变计，于十一日起，陆续向淞沪集结。至十三日，双方前哨开始接触，全面战争遂告爆发。我以根本扫除敌之淞沪根据地为目的，即以已达到之87D、88D向其陆战队进攻。

第二章 我攻击之不奏功与退守

我9AG之攻击虽获进展，且一度迫近汇山码头，然敌藉其既设之坚固工事，顽强抵抗，以待其国内之增援。延至八月 日〔原文如此〕，敌之陆军首由张华浜登陆，沿淞沪铁路南犯。战至九月二日，与我36D、87D对峙于南泗塘河两岸。至九月十二日，我9AG受迫退守北站——江湾——庙行、顾家宅之线。我15AG（14D、11D、93D、67D）于八月二十二日集结于南翔、苏州、常熟一带。斯时据报：敌在川沙、狮子林、宝山等处同时登陆，当即以攻击之目的，向宝山、罗店、浏河之线推进。二十四日起，各部由宝山、月浦、五图角、罗店北端之线开始攻击。只以敌阵地构筑之迅速，铁丝网之坚固，海军之炮击，空军之轰炸，与我战术上之错误，至二十八日未能奏功。嗣后敌之后续部队陆续登陆，并以主力犯罗店。至八月十九日，罗店即告失守，我虽数度反攻，均未收效。九月一日至七日，

---

① 原题《第三战区作战经过概要》，此件系上校课长徐志勖所编。

吴淞、宝山相继失陷，至十七日全线撤守北站、江湾——庙行——朝王庙——罗店西南——双草墩之间。

第二期　阵地战

九月十七日至十月十八日

第三章　由刘行至蕴藻浜

九月中旬，已到淞沪之敌计有1D、3D、11D及8D、16D、6D之各一部，共约十万人，炮三百余门，唐克车二百余辆，飞机二百余架。而我之右翼、中央、左翼各军，共计五十个师，野山炮四团，重炮两营。自九月十七日起，敌我在北站——庙行——刘行——罗店西南——浏河之线，两翼依托租界及江滨，开始互相争夺之阵地战。其间，敌每注其1D、3D之主力于浏罗公路间猛犯，但因我增援部队之强烈抵抗，进展甚缓。

九月三十日，我77D正面之万桥、严宅及57D正面之陆桥等处，同时被敌突破。左翼军为巩固阵地计，向蕴藻浜两岸——陈行——广福——施相公庙——浏河之线转进。

第四章　敌渡蕴藻浜

我军自转进至新阵地后，一周无激战。敌之102D、106D、107D、114D、116D之各一旅及台湾军、伪李春山、于藏山部，此时均已先后到沪，总计其兵力约二十万人。十月七日敌之3D、9D藉其炮兵之掩护，由蕴藻浜北岸向我8D正面之黑大黄宅及一军正面之西六房开始强渡。我8D、61D、1A及税警总团各部激战数日，未能将其悉数歼灭。至十月七日，敌于黑大黄宅至东西赵家角之线，构成宽约二公里之桥头堡阵地。十月十一日以后，敌藉其南岸部队之掩护陆续南渡，企图扩张战果，一举突破我阵地，进占大场、南翔，断我闸北、江湾、庙行方面中央军之归路。我因该处为全阵地之锁钥，不能不为死守，故战争之激烈较前尤甚。至十七日止，敌之进展仅数百公尺至千余公尺而已。

第五章　我军之攻势转移

第三战区司令长官以恢复我蕴藻浜南岸阵地之目的，决行全线出击，其部署：

1. 以新到之48A为第一路攻击军，由黄港北、侯宅、谈家头附近，向蕴藻浜南岸之敌攻击，进出唐桥站、田都之线。

2. 以66A为二路攻击军，由赵家宅附近向东攻击，进出杨家宅、徐宅之线。

3. 以48D为三路攻击军，由广福南侧地区向孙家头至张家宅之线进出。

4. 原任守备之各师，各编成一个至三个突击队，向当面之敌攻击，协助各路攻击军之前进。

5. 各部攻击准备，限十九日黄昏以前完成。

十九日夜，各部按照预定计划开始前进。至二十日，陈行以北之二一路攻击军及各师突击队之前进，虽遭敌之抵抗，然皆突进数百公尺至两千公尺不等之距离。惟蕴藻浜南岸之各部攻击，因前进时方向混乱，致有相冲突者，且误认敌之烟幕为毒气，各自恐惧。同时敌之主攻方面亦选于此处，故其飞机与炮兵之轰击特烈，因此我之牺牲极大，而进展反难。旋于廿一日全线停止攻击，固守原阵地。

我南岸各部因伤亡綦重，阵地似现动摇，二十二日勉强支持，二十三日即被突破，不得已撤至小顾宅——大场——沿走马塘——新泾桥——唐家桥之线。是时我闸北、淞□、庙行方面之中央军及陈行以北之左翼军，因敌无真面目之攻击，仍固守原阵地。

第六章　大场被陷

大场及其以西走马塘南岸阵地为18D、33D担任守备，其已构筑之野战工事，非常薄弱。十月二十四日，敌挟其陆空之主力，猛犯大场，我18D师苦战竟日，至二十五日阵地大都被毁，遂被突破。我中央军因归路将断，欲求避免歼灭，不得不为战略上之撤退。故于二十六日各以一部占领北站、彭浦、暨南学校、王家宅附近之阵地，迟滞敌之前进。以36D于虬江南岸占领前进阵地，主力向苏州河南岸——江桥镇、小南翔之线转进。我中央军及左翼军走马塘各部之转进，因敌无猛烈攻击，二十七日安然到达预定阵地。十月二十六、二十九两日，我虬江南岸之36D与敌稍为战斗后，即撤回。卅日敌开始向周家宅、姚家宅两处渡过苏州河，其由周家宅南渡之敌人数甚少，匿据于坚固建筑物内。经我税警总团之连日攻击，虽未悉数歼灭，但至十一月八日，敌未扩大其过河点。由姚家宅南渡者兵力较大，且利用河川之湾曲部构筑工事，掩护其后续部队之渡河。我67D、61D、3D及教导总队围攻数日，非仅不能将其歼灭，至十一月七日，敌已于蔡家宅、陈家衖、虞姬墩之线筑成桥头堡阵地。十一月八日因由金山咀、全公亭上陆之敌进迫松江，我腹背受敌，不得已向青浦转移阵地。

第七章　金山咀全公亭之敌登陆

敌为减少损害而根本瓦解我淞沪方面之阵地计，以其18D、6D于十一月五日由金山咀、全公亭登陆。我右翼军原以63D任乍浦、澉浦间，62D任全公亭、金山咀间，55D及45BS任浦东之守备。因中央军撤至苏州河南岸后，浦东方面骤形吃紧，遂将62D之主力向该处转进，全公亭、金山咀之线，仅有62D之一部担任守备。五日晨敌兵登陆时，我以兵力悬殊，无法阻止。当时大本营之处置，迅调浦东之62D主力、45B及新到枫泾之79D攻击登陆之敌。并令新到青浦之67A向松江推进，以资策应。

各部队虽遵令移动，时以天雨泥泞及敌机轰炸，行动甚为迟缓。而敌之后续部队源源登陆，其6D主力沿沪杭路前进，一部直扑松江，企图攻击我苏州南岸守军之背后，松江、枫泾于十一月九日同时委于敌手。

第三期　退却战与守城战

十一月九日至十二月三十一日

第八章　由苏州河至锡澄线

十一月九日晨一时，我中央军开始向青浦、白鹤港之线转移阵地。因退却命令之下达太迟，各部队非仅无余裕之准备，竟有未接退却命令而随邻部队之撤退而撤者。且对于退却之道路，未予明示，各部均拥挤于公路，秩序至为混乱。故预定之青浦、白鹤港线于十一日又不能守，敌之便衣队将近安亭，此时左翼军不得不与中央军协同向吴福阵地撤退。因退却部署之不适当与敌机之轰炸，部队混乱情形较前尤甚。吴福线之国防工事，无图可按，无钥开门，加之各部队完全脱离掌握，士气沮丧，故不能阻止敌之前进，而向锡澄线溃退。至十一月二十四日，敌追至无锡附近，次日该处又被占领。我军为脱离由京杭国道之大包围，于二十六日以一部沿京沪铁路向常州，主力向浙、皖、赣边境退却。

第九章　由嘉善至吴兴至芜湖之作战

沪杭铁路方面，敌之 6D 及 GD 之一部①，自占领松江、枫泾后，其主力即沿该铁路进犯嘉善。我右翼军之 10AG 因攻击计划不能实施，于十一月九日占领乍平嘉之国防既设阵地，阻止当面之敌。战至十一月十四日，嘉善被陷。至十九日，嘉兴又告失守。而右翼方面，因敌之陆战队无积极之企图，仍任乍浦、平湖、新丰之线。

由青浦经湖沼地西进之敌，于十一月十三日占领平望。尔后与其由嘉兴前进者会合，沿太湖南侧地区，长驱直入，二十日攻占南浔。我为巩固吴兴方面之战局，令新到之 7 A 先头部队在昇山市至大钱镇线占领阵地，以川军之五个师集结广德、泗安、安吉、一带地区，以为策应。敌之主力自占领南浔后继续西进，于二十四日突破昇山市，二十六日夺取吴兴。当时大本营虽令泗安、安吉之川军三个师，即向突入之敌攻击，但限于部队之素质与指挥官之企图心未得实施。此后敌以一部向泗安、广德、宣城、芜湖西犯，主力

---

① 原文如此，疑有漏脱。

由郎溪会攻南京。

第十章　江阴战斗

十二月二十六日，我军放弃锡澄线后，江阴要塞已陷于孤立。该处守军在南岸者为103D、112D及要塞守备队等，其周围山地为天然之坚固阵地，但我限于兵力，仅用之前进阵地，而主阵地则选于要塞及城厢附近。至十一月二十八日，敌之先头部队由青阳镇方面攻我南闸镇、花山之前进阵地，我守备该处之112D两营，即将其击退。敌误认此处为我之本阵地，于廿九日猛攻，激战竟日，我伤亡虽大，但未放弃。该处三十日敌继续攻击，南闸、花山即被占领，向我本阵地接近。是夜112D以一部夜袭南闸，冲入敌之某司令部，刺杀其中将一员。因出发时间太晚，不久即将拂晓，故即撤回。十二月一日，敌之攻击一度冲破我本阵地，经我预备队之逆袭，旋又恢复。此时守备要塞附近之103D正面尚无激烈战斗，我军为保持实力计，决心放弃要塞。十二月一日夜，103D、112D由夏港镇突围，向镇江方向转移。

〔国民政府国防部史政局及战史会档案〕

8. 第十八军罗店宝山战役经过报告①

（1937年8日23日—9月30日）

第一章　第十八军时代罗店宝山之役

（八月廿三日起
九月三十日止）

第一节　军加入作战前之状况

敌驻沪陆战队及第六师团，于八月十三日由虹口、杨树浦间开

① 此件节选自《第十八第十六军团及第十五、十九集团军关于东战场淞沪战役的战斗详报》。

始进犯，被我军(87D、88D、36D、98D为基干)先后到达奋勇击退。其后续增援部队之十一师团,藉其海陆空之联合,于二十二日十九时,分由宝山、沙龙口、狮子林、川沙口一带登陆，以其主力指向罗店方面,企图进窥嘉定,直逼南翔、大场,以解虹口之围，并断我军前后之联络,形势严重。

先是本(十八)军第十一、第十四、第六十七各师(九八师当时任武汉防务),驻粤汉沿线一带警备,于八月四日奉命准备,参加保定方面之作战。七日开始铁路输送,十一日先头一部已越郑州。旋因沪战爆发,奉命改向苏州附近集结。迄同月二十二日,各部先后到达。集结情况如下:

(一) 11D于二十一日先后到达南翔,二十二日午后八时由南翔出发(31B奉令拨归87D王师长指挥,当晚到达江湾以北三里许之南陶家湾),师部及33B是晚在大场镇宿营。

(二) 14D于十五、十六两日，先后到达苏州、唯亭一带集结。旋奉命开常熟附近，担任梅李镇、福山间沿江警戒,并加强吴福线国防工事。于二十一日到达指定地点,部署完毕。

(三) 67D于十六日在镇江登陆,十七日到达武进,二十二日该师201B推进至苏州,师部及199B推进至无锡待命。

(四) 98D已于十四日,由武汉水运先到上海江湾附近,参加作战。二十至二十二日，对据守沪江大学海军俱乐部、开林公司等处之敌,协同友军攻击中(奉令暂归张司令官指挥)。

(五) 军部及直属部队,由八月十四日由曲江出发，于二十二日到无锡。

第二节　战斗各期之经过

宝山城位于吴淞之北，紧靠长江。本军为扫荡由狮子林、川沙口一带登陆之敌,该城实为右翼据点,且为左翼旋回扫荡战之旋回轴。其形势有类马尔如河战役之威尔丹，罗店则巴黎。故敌自在罗店遭我阻击，困无进展，后乃谋打击我旋回轴。结果终因敌装备优势，海陆空齐施，尤以海军炮火集注射击，致使孤城守军我九十八师姚子青全营与城共亡。自兹城被陷后，我扫荡战遂亦变为持久战，但在战略上我已获得时间余裕，在精神上使中外认识我抗战军之英勇，尤使敌人从此不敢轻侮。我军姚营之牺牲，可谓有代价矣。

至罗店位淞沪之侧背，实第一次欧战时西战场之巴黎，交通四达，向南循浏（浏河）沪（上海）公路，经刘行、大场，可直趋淞沪方面我友军侧背，向西循罗（罗店）嘉（嘉定）公路趋嘉定，可断我后方主要交通线之沪宁铁路，故在地形上十分重要。以是敌登陆后，于八月二十三日首即袭占该镇（原无我守兵），同时并陷我宝山。我整个沪战形势十分严重，本军乃奉命堵击该敌。是时本军之十一及十八两师，由沪线抽出六十七师，则由苏、锡向嘉定急进。军部亦于八月二十二日夜，始由无锡到达苏、嘉。幸各师杀敌心殷，略事部署，即于二十三、二十四两日，经我十一师及九十八师分别克复罗店及宝山。嗣因对登陆之敌大举扫荡，敌亦以继续登陆部队大事增援，罗店于二十五日复陷。自兹以后，卒演成沪战中有名之罗店争夺战。我因装备劣势，无攻坚利器，虽未克将敌完全歼灭，但终沪战全期，使敌在该方面未能进展一步。是其战斗经过，亦足述矣。

其一　第十一师克复罗店张华浜之战斗

八月二十二日夜，军长由无锡向苏州进发，途次接获如左之情况：

1. 兵力未详之敌，于二十二日十九时起，由宝山、狮子林、石洞口、川沙口一带登陆中。

2. 我第五十六师约有步兵四营，在浏河附近。宝山有该师之二连守备。

二十三日拂晓，于抵苏州时，奉第三战区前敌总司令陈命令，要旨如左：

着该军长即指挥十一师、第六十七师附炮兵十六团，击灭由宝山、狮子林一带登陆之敌，并完成吴淞——罗店——嘉定——太仓——昆山线上据点工事。本部奉令后，除十一师(欠三一旅)已经总司令陈迳命向刘行、罗店方面前进外，当于九时给予六十七师之命令，要旨如下：

第六十七师第二零一旅蔡旅长，即率该旅由苏州用汽车，经太仓向嘉定输送。到达以后，以一部占领罗店，主力占领新泾河。余部由无锡用火车输送至安亭下车，徒步向嘉定前进。

斯时本军参加江湾方面作战之第十一师之三一旅及九十八师，亦奉张司令官命令，正准备由战线抽出，向杨家行及刘家行前进，归还建制中。同日十四时，军长进至太仓第三十九军军部，得悉宝山城、罗店镇于午刻均告失守。基于上述情况，军决心即令已向罗店前进之十一师，先夺回罗店，再图击灭登陆之敌。第十一师(欠旧八七师指挥之三一旅)奉命后，即以第三三旅全部，于敌机轰炸之下，向罗店急进。十六时许，先头到达罗店镇东南约三里之长浜站附近，侦悉罗店之敌约四五百，正从事构筑工事。当展开六十六团向该敌攻击，经奋勇冲杀，突入市内，与敌激烈巷战，短兵相接，白刃肉搏，毙敌百余，生擒三名。残敌不支，退据罗店以北陆家村一带村落，顽强抵抗。时已入暮，该师为彻底扫荡负隅残敌，复饬六十六团向陆家村进击，将敌击溃，一部向北逃窜，弃尸累累。从击毙敌工兵上尉尸身上搜获地图一幅，得悉敌首先登陆者为步兵第四十三、第四十七两联队及工兵第十一联队。

附录　第十一师第三十一旅张华浜之战斗(八月二十二日)

当敌由石洞口、川沙口登陆侵占罗店之际，其一部同时在蕰藻浜、张华浜、狮子林一带登陆。我十一师归八十七师指挥之三十一旅，于二十二日三时奉张司令官之命：以六十二团协同该处保安团攻击该敌。该团第三营于四时由南陶家湾出发，五时三十分到达张华浜车站。斯时原驻该处之保安团被迫后退，该营即加入战斗，猛烈进攻。敌兵舰及飞机协同轰击，我伤亡颇大，然仍沉着应战，将敌击退。旋敌增援反攻，战况更趋激烈。我营连长以下伤亡奇重，被迫退回张华浜车站附近占领阵地，死力抵抗。正危急间，该团团长余子温率第一、第二两营赶到增援，而敌陆海空又复协力进攻，炮火猛烈达于极点。我官兵抱必死决心，奋勇苦斗，卒于十一时许复将敌击退，仍固守张行宅、孙家宅之线。迄十五时，教导总队之一团先后到达接防。该旅奉令于二十时，经川家行向罗店归还建制。是亦本军部队沪战之一部，故特附记于此。

其二　对登陆之敌第一次扫荡战中之宝山克复及新镇罗店之战斗

八月二十三日二十四时，军长接第十一师克复罗店之报告，并悉六十七师两旅先头各一团(三九八团及四零二团)，已于二十三日九时赶达嘉定。(其利用汽车输送之四零二团，当经唯亭站时，被敌机炸毁两辆，伤亡排长以下二十一员名。)

军基于本情况，决于二十四日晚，以广正面攻击登陆之敌，压迫于江岸而歼灭之。于二十四日六时许，于嘉定司令部给予各师之命令，要旨如左：

(一) 第九十八师由杨家行，对杨家行——宝山线(含)以左地区之敌攻击。

(二) 第十一师由罗店，对新镇——月浦——狮子林线(含)以左地区之敌攻击。

(三) 第六十七师为军预备队，并以有力之一部，由罗店、嘉定，对罗店——聚源桥——东王庙线(含)以左地区之敌攻击，右与第十一师，左与浏河五十六师部队取联络。

二十四日十八时三十分，综合续得各方情况如左：

1. 登陆之敌约一混成旅团，一部占据吴淞炮台车站及宝山城附近，主力向狮子林进展，并以一部向浏河牵制我军。其在罗店被我十一师击退之一部，仍在罗店以北地区与我对峙中。

2. 我第九十八师因交防稍迟，本(二十四)晨始陆续到达杨家行、金家坞等处，拟即占领右自杨家行东端，经李家浜、贾家桥迄许家宅之线。

3. 第十一师占领罗店及其东南地区，其右翼已与第九十八师取得连络。

4. 第六七师先头两团(三九八团及四零二团)由第一九九旅旅长李芳郴指挥，于昨(廿三)夜分两纵队沿罗嘉公路及其以南前进，于本(廿四)日四时，到达罗店西侧李家宅、高家村、沈家湾之线，并与第十一师取得联络。该师后续部队，亦已到达新泾桥以东附近地区集结。

5. 吴淞镇仍有八十七师之一部，浏河有五十六师之一团守备。

6. 由宝山退出之五十六师王营，已到杨家行以东地区集结。

军基于上述情况，为彻底实行命令计，军长于黄昏亲至罗店镇第十一师三十三旅旅部，召集各师长及参谋长面授机宜。得悉九十八师本(廿四)日九时，已先行独断向宝山、吴淞之敌攻击，刻正激战中。故为确实制敌西犯及掩护左侧背之安全，对浏河及沿罗浏公路一带，应增强兵力，于二十二时三十分复给予六十七师之命令，要旨如左：

一、第十一师、第九十八师今夜十时，由现驻地，依军本(廿四)日六时命令，攻击前进。

二、第六十七师应以三九七团取捷径，进至浏河及浏河口，并指挥第五十六师之一团，制敌西犯；三九八团沿罗店至浏河公路游击，其余主力集结罗店镇附近，派一部佯攻尤家楼之敌，使十一师攻击容易。

兹将其战斗经过分述如左：

一、第九十八师方面：该师本(廿四)日八时，于杨家行附近，奉到军六时下达之攻击命令。斯时正敌向我驻吴淞保安团进攻之际，宝山附近亦被攻占。该师以该两处之敌，对上海、罗店两战场之侧背威胁颇大，遂决心独断，先行攻击，以支援吴淞方面友军之战斗，于九时下令攻击。其部署及战斗经过概要如次：

1. 二九四旅附师山炮营(欠一连)为右翼队，即展开于东沈宅——八字桥之线。除支援吴淞友军外，以主力扫荡月浦以东之敌，并相机占领宝山。

2. 二九二旅(欠五八三团之一营)附山炮一连为左翼队，即展开于八字桥——徐宅之线。准备扫荡月浦附近之敌，并与左翼第十一师取连络。

3. 第五八三团之一营为师预备队，位置于新镇附近。

是日十七时许，吴淞方面之保安总团受敌压迫，退至三官堂站附近，战况极为激烈。该师二九四旅即令五八八团第一营由东沈村往援，奋勇进攻。因此，保安总团士气亦随大振，协力夹攻。敌不支，藉海军炮火掩护，退至江边，吴淞镇遂为我克复。同时该团第三营于吴淞激战之际，乘机由八字桥向宝山城急袭。敌约三百，立足未稳，激战不时，即向狮子林逃窜，复将宝山攻克。其二九二旅于黄昏移占月浦、新镇之线，构筑工事，并准备扫荡狮子林附近之敌。是时适该师夏师长由罗店受命后返防，即饬该旅以五八三团第三营乘夜由月浦向狮子林扫荡，与敌二百余激战，敌据险顽抗。迄二十五日十二时，我攻占狮子林，残敌沿江上窜。

二、第十一师方面：

该师于奉令后，即妥为部署。黄昏后，彭师长复由罗店返防，藉悉九十八师方面之战况。同时秉军长面授意旨，于廿五日三时开始袭击。是夜星光满天，尤宜夜战。乃以三十一旅(欠六十二团)为右翼队，三十三旅为左翼队，六十二团为预备队。炮兵第十六团第九连于马家宅附近进入阵地，先准备协力第一段之战斗，尔后随战况进展，逐次向前变换阵地。其第一线部队分四段推进：第一段推进马家宅、五斗泾之线，第二段进占新镇、五图角之线，第三段向月浦、顾宅、周宅之线推进，第四段将登陆之敌压迫于江岸而歼之。

廿五日三时三十分左右，第一线部队已推进于月浦、周宅附近之线，其左翼队(三十三旅)即以一部向狮子林炮台及石洞口搜索前进。师预备队(六十二团)及炮兵第九连则已推进至新镇附近。正准备继向狮子林、石洞口扫荡之际，忽接探报：有兵力不详之敌，由聚源桥方面向新镇前进中。该师即令第六十二团并指挥炮兵第九连，就地展开于北顾宅、顾宅之线迎击。七时许，敌二百余，开始向我攻击，同时其后续部队逐次到达，愈战愈增，来势甚猛。乃令三十一旅旅长王严，率第六十一团赶回新镇附近策应。八时许，敌包围我六十二团左翼，战况更趋激烈。截至十时止，双方白刃格斗，往复冲杀，互进互退达七、八次，情况严重，达于极点。斯时六十一团业已赶到，即参加六十二团左翼战斗。全旅与敌周旋。比以敌援军续增，该师决心以全力歼敌：令三十三旅以六十六团由月浦向西钱桥，攻击敌之左侧背；六十五团向新镇转进，为师预备队。于是两面夹击，敌势顿挫，退守村落顽抗，我六十二团复数度向敌侧背猛冲。鏖战至黄昏，终以敌阵地前有河流障碍，前进不易，致第一营营长张杰负伤，官兵伤亡颇众，成对峙状态。入夜，复以六十七师方面战况不利，即固守新镇附近之线原阵地，彻夜构筑工事。

三、第六十七师方面：

该师奉令后，即饬第二零一旅以四零一团(欠第三营)，于本(廿四)晚接替第十一师罗店之守备。副旅长兼四零二团团长李维藩，率该团及四零一团第三营，向罗店聚源桥、东王庙(含)线以左地区之敌攻击，协力第十一师之战斗。旋李师长由罗店返抵师部，乃遵照军长之指示及所授任务，除饬第二零一旅照原任务实施，并以重点指向尤家楼外，另令第一九九旅（欠三九八团）星夜沿新泾河向浏河镇前进，协同制敌西犯。三九八团（欠第二营）进出曹王庙、秦宅之线，与罗店、浏河两方连系，相机策应其第二营为师预备队，位置于周家宅附近。

廿五日三时许，四零二团（附四零一团第三营）即展开于张宅、郭宅、钱宅、马家楼之线，向尤家楼方向攻击前进，即与占据陆家村、沈宅一带之敌接触。斯时十一师约已到达月浦附近，因连络不确，情况不明，未能协同进展。该师为达成吸引敌人、策应第十一师并掩护其左侧之任务，遂向敌猛烈攻击。因该师炮兵缺乏，敌阵地坚固，且敌陆续增援，炮火异常猛烈，益以天色渐曙，敌机活跃，大肆轰炸，陷于苦战状态。该兼团长李维藩、营长魏汝谋相继负伤，李兼团长旋即殒命殉国，营长张培雨阵亡。其余连长以下干部伤亡过半，攻击遂形顿挫。九时许，敌更向罗店以西包围，威胁我左翼时，旅长蔡炳炎目睹战况极形危急，亲率师预备队（三九八团第二营）投入左翼，不顾伤亡，反复肉搏，战况更趋激烈。迄至十一时许，敌已逼近罗嘉公路，此时因蔡旅长督战，愈战愈奋。卒以寡众悬殊，竟成仁于该阵地，阵线几呈动摇。适三九八团（欠第二营）向罗店驰援，痛上官之阵亡，扼罗店而拒敌。因此敌亦伤亡惨重，且知吾军士气不可侮，未敢近迫，相持于罗店以北之线。入夜，该师四零二团牺牲过半，调嘉定整理。并饬浏河方面之第一九九旅（欠三九八团），占领施相公庙亘蒲家庙间阵地。

其三　对登陆之敌第二次扫荡战中罗店之再陷

八月廿五日，当第十一、第六十七两师之战斗正激烈之际，军于太仓指挥所据报，川沙口、狮子林一带登陆之敌约一旅团，占领狮子林、川沙口、聚源桥、陆家村一带，掩护其后续部队之登陆。军决乘其主力未到达前而击破之，于九时电令各师，命令要旨如左：

一、第九十八师以一团控置宝山及其附近，沿江警戒，主力转对狮子林之敌攻击。

二、第十一师以一部协助九十八师攻击狮子林之敌，以主力扫荡狮子林以西、川沙口以东地区之敌。

三、第十四师霍师长指挥四十旅及第六十七师一九九旅（欠三九八团），由浏河方面向川沙之敌攻击。

四、第六十七师（欠一九九旅）攻占陆家村后，即连系十一师、十四师，协同进展，歼灭该敌。

五、炮兵第十六团新镇附近阵地之炮兵，以主火力指向狮子林，一部火力指向石洞口、白家祠。

是日十二时，据六十七师李师长电话报告：第二零一旅攻击失利、罗店情况不明。即一面将情况及处置转报层峰，一面紧急处置如左：

一、第九十八师应固守宝山、月浦镇之线，与十一师确取连系。

二、第十一师即连系九十八师，固守月浦镇、新镇，并以有力一部位置于左翼警戒。并相机对罗店当面之敌予以侧击，而威胁之。

是夜廿一时，奉委员长蒋有酉电令，要旨如左：

一、今晚必须恢复罗店，占领罗店后即在罗店附近构【筑】野战工事，一面在淑里桥、南长沟封家村构筑据点工事。

二、第十一师、九十八师今晚仍照预定目标攻击前进。

三、第十四师留一团在太仓，一团在福山口构筑工事，主力今夜应向嘉定、罗店推进。

四、第六十一师在大场、杨家行一带，赶筑工事。

军奉令后，当转令各师遵照。旋得六十七师报告：罗店仍为我固守，刻对战中。

廿六日晨奉令：饬第六十一师暂归本军指挥。军长鉴于全般状况及任务，决继续攻击当面之敌。于九时卅分，给予各部队之攻击准备命令如左：

一、当面之敌约一加强旅，昨日于新镇、罗店以北地区与我激战，刻尚对峙中。

二、军以攻击当面之敌之目的，决先占领宝山——月浦镇——罗店——周家桥之线，完成攻击准备。

三、各部攻击准备位置规定如左：

1. 第九十八师占领宝山——月浦镇之线。

2. 第十一师占领新镇以西至罗店(不含)之线。

3. 第六十七师占领罗店镇——周家宅之线，固守该线，掩护军之左翼。

4. 各部作战地境及搜索地境如左：

九十八师 十一师	顾家镇——陈家巷——东王庙之线，线上属九十八师。
十一师 六十七师	广福——罗店镇——马桶泾——史家宅之线，线上属六十七师。

四、第十四师(欠守福山镇之一团)以一团守备浏河，一旅控置嘉定。

五、第六十一师控置于刘家行附近，准备策应。

六、炮兵第十六团一部位置于杨家行、寺前村附近地区，主力于国际无线电台顾家镇站、刘行车站间占领阵地。

七、各师应互相连系，即在准备位置附近，构筑坚强之据点或野战工事，并派遣便衣队侦察敌情。

各师奉令后，分别调整阵线，遵旨部署。其概要如左：

一、第九十八师方面：该师五八三团，除以主力集结于月浦筑工外，第三营据守宝山城。五八八团除以第六连（附重机枪一排）据守狮子林炮台外，其余集结于狮子林、月浦、宝山间地区，并于宝山、月浦、狮子林三据点构筑工事。五八四、五八七团集结于月浦以西地区，并以五八四团逐步向西延伸筑工，入夜接替十一师新镇、顾家角线阵地。

二、第十一师方面：该师以三十三旅六十一团，担任老许宅、西小河流、新镇、宋宅（含）沿河南岸构筑阵地。六十六团位置于六十一团后方。三十一旅六十五团担任宋宅（不含）、钱宅、北塘口、李家宅沿河南岸构成阵地。六十二团位置于六十五团后。旋奉令将老许宅至顾家角线阵地，交六十八师接替，以六十六团向罗店六十七师连系，六十一团位置于六十六团后方。

三、第六十七师方面：该师一九九旅主力坚固守备罗店镇、周家宅之线，一部占领唐家宅、蒲家庙之线构筑工事，掩护后方连络，对左侧警戒，并与十四师曹王庙部队取连络。四零一团将罗店防务交替后，撤至新泾桥附近地区整理，为师预备队。四零二团仍在嘉定整理。

四、第十四师方面：该师八十团仍固守浏河一带，以七十九团一部推进曹王庙，策应六十七师。其八十三团在嘉定附近集结，八十四团在福山镇一带担任江防。

廿七日我各师调整阵线，部署完毕。同时奉令饬第六十一师转江湾、杨行方面参战，另以第六师之十八旅归本军指挥。是日敌颇活跃，其一部已越马路塘南岸，占据周家宅、龚家宅，威胁罗店侧背。十七时军长根据所得情况，决向该敌攻击。下达命令如左：

一、当面之敌本（廿七）晨以来，其先头部队在罗店东北，出没于孙宅、龚家宅附近，与我十一师对峙中。在罗店西北之敌亦出现于吴家村，与我十四师曹王庙部队对峙，企图攻击罗店。

二、军决于本（廿七）晚，由月浦镇——新镇——罗店——蒲家庙之线攻击该敌，并相机由十一师方面与六十七师左翼包围，攻击而歼灭之。

三、各师任务及行动规定如下：

1. 九十八师以一部据守宝山城、狮子林，主力固守月浦亘新镇东西之线，保持重点于左翼。

2. 十一师(配属重迫击炮一连)以有力之一部，固守顾家角、罗店间之阵地，以主力于本(廿七)晚，击灭已渡南岸周家宅、龚家宅之敌，相机出击，应置重点于罗浏公路附近。

3. 六十七师以一九九旅，固守罗店据点及由罗店亘蒲家庙之线阵地。四零一团位置施相公庙附近，策应四零二团，仍控置于嘉定。

4. 十四师(欠守备福山、浏河江防之两团)集结于新泾桥站附近，策应六十七师，相机袭击敌之侧翼。其在曹王庙、陈家桥之警戒部队，应极力活动。

四、各师作战地境：

九十八师 十一师	顾家镇、陆福桥、顾家角、聚源桥、张宅之线，线上属右。
十一师 六十七师	唐福、包家宅、南朱宅、坍石桥、陆家村、马桶泾、史家宅之线，线上属右。
六十七师 十四师	嘉定城、姚家宅、浦家庙、蒋宅、陈家宅之线，线上属右。

五、第六十七师归霍师长统一指挥。

六、第六师第十八旅集结于长浜站附近，准备策应，并以主力占领太平桥——顾家桥附近间之阵地。

七、炮兵部署：

A、炮兵第十六团以一部占领寺前村附近，主力占领太平桥、顾家镇、顾家桥附近间之阵地。

B、火力配备：

第一期十一师方面：该师攻击河以南之敌时，炮兵应以一营火力，制压敌炮兵及遮断龚家宅、周家宅以北敌之增援，将火力指向于龚家宅、孙宅、坍石桥间地区。

第二期十一师、十四师攻击转移时，以主力指向南长沟、罗店以北吴家村、潘家桥站间地区。另以一部火力指向九十八师正面及曹王庙、陈家桥、永汉桥间地区，准备以三连火力专应十四师之要求。

八、重迫击炮营以一连配属于十一师，黄昏后进入阵地，其余位置于原地。

九、各阵地务须加强工事构筑，掩盖配置力求纵深。

右令下达后，各部队即遵命部署，准备进攻。军长亦于本(廿七)日午夜，率领幕僚至罗店西南三官殿附近六十七师指挥所，面授机宜，并指挥作战。兹将战斗经过分述如左：

（一）第十一师方面：

该师以三十三旅六十六团向周家宅，六十五团向龚家宅之敌攻击，其余固守顾家角(不含)经北塘口至西苏塘之线阵地。廿八日四时，三十三旅由金村、金家宅、李家宅之线开始攻击。敌凭村落顽抗，经我反复冲锋肉搏，格斗混战，至五时许，毙敌百余。其残部向罗店东北潘宅方面逃窜。我攻占周家宅、龚家宅后，即续向潘宅、坍石桥之线追击。迨拂晓，敌机活跃，地形不利，运动困难，乃撤占罗店东南、马路塘南岸亘李家宅之线。七时许敌约千余在炮空掩护下，大举反攻，战况较前尤烈。鏖战至十二时许，将敌击退。我六十六团第三营营长王仲彬身先士卒，不幸阵亡。连长以下伤亡二十五员，士兵三百余，敌之伤亡较我尤众。

（二）第六十七师方面：

该师一九九旅仍以主力(四营)守备罗店，以两营由左翼出击。四零一团为师预备队，位置于徐家宅附近。五时许，三九七团(欠一营)由左翼进出陆家桥、张家堰、蒲家庙之线。时已天明，敌机六架、炮十余门，猛烈轰炸。同时其步兵千余，分数路向罗店猛扑，该师三九八团第三营罗店东北端阵地，被敌炮火集中轰击，粉碎无遗。混战至十一时许，营长欧阳佐负伤，全营官兵伤亡殆尽。虽经数度增援反攻，终以敌机投掷烧夷弹，尘烟弥漫，火光接天，敌乘机突入罗店，我守兵犹于火烟熊熊中与敌激烈巷战。迄十二时许，我以伤亡惨重，罗店遂再陷于敌手。而左翼之三九七团（欠一营），于陆家桥、蒲家庙之线，自晨至午与敌激战。斯时该师李师长即令四零一团中校团附汪化霖，率领师预备队余部，协同三九八团余部，由小堂子反攻罗店，于十六时四十分冲入罗店南部，与敌激烈巷战，因众寡悬殊，难以进展。乃固守小堂子附近阵地，与敌相持。其守罗店之三九八团附一营，撤回三官殿附近整理。

其四　反攻罗店

军长鉴于本（廿八）日全般战况不利，决先夺回罗店据点，然后压迫登陆之敌于江畔而歼灭之。于十七时下达命令如左：

一、敌情如贵官所知。

二、军决于本（廿八）晚继续猛攻，歼灭当面之敌。

三、第九十八师即派二九二旅，急由新镇向罗店东北地区猛攻敌之侧背，主力集结于长浜站附近待命，但对左侧应另派游击队。

四、第十一师除以一部守备阵地抑制当面之敌外，以主力沿罗浏公路，向敌正面猛攻。

五、第六十七师之四零一团，应于小堂子附近原阵地待机出击。

六、第十四师之两团及六十七师之一部，由西向东猛攻罗店，须侧重西北方面。另派有力之一部，由曹王庙攻敌侧背。

右令先以电话告知，再派参谋分送。是晚，各部队以苦战竟日伤亡惨重，战力疲惫，且因部队整顿需时，行动迟缓，加以大雨倾盆，道路泥泞，未能协同进展。兹将其经过概述如左：

(一) 第九十八师方面：该师奉命后，即令第二九二旅旅长吕国铨，率领五八四团、五八七团，于黄昏后展开于新镇、顾家角北端之线，就攻击准备位置，七时许攻击前进。其右翼五八七团第二营向北疾进，急袭朱宅、孙家楼之敌。于廿九日拂晓，将该处之敌驱逐后，复向孙家楼敌炮兵阵地猛袭。其掩护队约三百余，仓卒应战，死力挣扎，混战半小时，敌炮后撤。旋敌增援反攻，我以进展过速，后续部队未能赶到，致伤亡惨重，黄营长负伤，遂占领朱宅、孙家楼之线，与敌对峙。左翼五八四团于驱逐顾家角以西敌之警戒部队后，乘夜向西猛追，于二十九日拂晓，攻占五斗、泾界、牌桥、土竹园之线。是时，敌机数十架盘旋上空，但因敌我阵地密接，不敢滥炸。我即乘机向前猛攻，经数次肉搏苦斗，又夺占龚宅、潘宅、孟宅之线阵地，一部冲入罗店东端之十里长街。斯时，敌即大举增援反扑，短兵相接，白刃格斗，反复冲锋，杀声震天。我五八四团以奋勇血战，九个步兵连长均负重伤，排长以下官兵伤亡四百余。正危急间，适吕旅长率队(五八七团之两营)赶到，继续猛攻。一时鲜血白刃相辉映，敌胆为寒，复将韩宅、顾家【角】、油车敌阵地攻占，赶筑阵地，与敌相持。

(二) 第十一师方面：该师本(廿八)日激战竟日，伤亡颇重。加以罗店被陷，左翼空虚，将预备队向西延伸，占领金家至公路之线，因之兵力单薄。是晚，以一部向罗店攻击，至二十九日拂晓攻占罗店南端之大洋房，以为反攻据点，与敌相持。

(三) 第六十七师方面：该师以四零一团及三九七团(欠一营)，由小堂子附近向罗店西南端攻击，于二十八日十九时开始行动，以臂缠白布为记号。是夜适暴雨，河水陡涨，道路泥泞，运动迟滞。至二十二时进抵罗店西南端，与敌接触，敌凭墙垣顽抗。我四零一团汪团附化霖率队猛冲，虽略有进展，但终因右翼十一师未能按时协同进展，而敌火猛烈，汪团附壮烈牺牲。同时，十四师八三团左侧背受敌猛袭，忽向后退，情况严重。是时天色微曙，敌飞机、大炮猛烈轰击，伤亡惨重。入夜，撤回嘉定整理，其小堂子迄沈家湾间阵地，归第六师十八旅接替。

（四）第十四师方面：该师以八十三团由蒲家庙经张家堰，攻罗店西面，以七十九团由曹王庙经长桥，攻罗店北面。于廿八日廿一时开始攻击前进，廿九日二时八十三团挺进至罗店西端河边。敌以重兵扼守桥梁，该团四、七两连因争夺桥梁，全部牺牲。斯时潜伏于张家堰敌二百余，突袭我左侧，致与左翼七十九团发生空隙，四面受敌，伤亡奇重，陷于停顿状态。其左翼之七十九团第一营，于三时攻占朱宅、金宅、何宅之线。第三营攻占周家宅、长桥之线，距罗店约一华里。敌乃增援反扑，彼此肉搏，冲锋达六、七次。第一营长李开文及连长二员均负重伤，并阵亡连长一员，排长以下官兵二百余，情势严重。乃以第二营增援，将敌击退。于是我长桥方面之第三营，即乘势突入罗店镇内敌□□司令部，击毙其指挥官旅团长以下百余人，并夺获其辎重、钢炮等。敌仓皇失措，增调大部向该营重重包围，我军抱必死决心，与敌血战。营长李伯钧身负重伤，犹勉指挥。终以众寡不敌，全营伤亡殆尽，该营长亦投河自尽。此等视死如归，不求苟免之精神，真足为军人之模范。时天已拂晓，敌海军炮火集中轰击，乃奉令撤回施相公庙亘曹王庙间原阵地。

八月三十日，军长以连日攻击均遭顿挫，部队伤亡甚重，我十四师原在福山镇及浏河之两团，是日已开抵嘉定附近待命。同时据报：当面之敌迄昨（廿九）晚止，已登陆者约一师团。另有约一联队之敌，复进占罗店东南周家宅、龚家宅一带，刻正集结中，企图不明。遂决心确保宝山、狮子林、月浦之线，再图反攻。于十四时给予各部队命令如左：

一、登陆之敌约一师团，本晨以约一团兵力集结于罗店东南之周家宅、龚家宅一带，企图不明。顾家桥、聚源桥已为敌人自动破坏。我五十七师、五十一师已到达太仓、嘉定附近。

二、军即占领宝山、狮子林、月浦、新镇、顾家角、南北塘口、西苏塘、金村、金家宅、袁家宅、杜宅、南北周宅之线阵地，准备尔后之攻击。

三、九十八师即占领宝山——狮子林——月浦镇——新镇——顾家角东端之阵地，将重点保持于左翼，并派前进部队于林家桥、东西钱桥、钱宅附近之渡口各地。

四、第十一师附重迫炮营(欠一连)，即占领南北塘口——西苏塘——金村——西马宅之线阵地。

五、第六师第十八旅附重迫击炮一连，即占领南朱宅——袁家宅——金家宅——南周宅之线，并派出前进部队于小堂子、沈家湾各地。

六、第十四师以有力之一部占领施相公庙——浦家庙——曹王庙之线，为前进阵地，主力暂先固守新泾河西岸之线。

七、众略。

右令下达后，各部队即分别部署，调整阵线，构筑工事，待命再攻。三十日吴淞、宝山江面之敌麕集，颇为活跃。江湾、吴淞镇方面情况颇紧，复奉令饬第六师，于本(卅)日晚开吴淞方面参战，另以五十一师之一团接替练祁塘南岸小掌亘沈家湾之线阵地。

其五　九十八师血战狮子林及宝山

敌于石洞口、川沙口方面登陆成功，占据罗店后，即企图再攻宝山，直趋月浦。先打通淞沪、罗店间联络，然后进窥嘉定、南翔，截断淞沪方面我军后方联络。故日来敌舰麕集于宝山、狮子林一带江面，其飞机不断侦察轰炸。

我防守宝山、狮子林、月浦一带之九十八师，于八月三十日晚，奉军本(卅)日十四时命令后，该师即为如下之部署：

一、五八三团以第三营固守宝山据点，主力于月浦镇构筑对东北面工事。

二、五八八团以第六连守备狮子林炮台，主力仍控置于宝山、狮子林、月浦间，构筑来淘桥、杨家桥、柯宅线各据点工事。

三、第五八七团仍在朱宅、孙家楼、顾家、油车之线原阵地整理，构筑工事。

四、第五八四团仍在罗店以东韩宅、五斗、泾界、牌桥、土竹园之线原阵地，钳制罗店之敌。

八月三十一日拂晓以来，敌机不断向该师阵地轰炸，其舰艇沿岸扫射整日，向我扰击。迄九月一日九时许，狮子林江面敌舰二十余【艘】、飞机十余架，突又集中轰击我狮子林、月浦一带阵地，并施放烟幕。九时卅分，敌约千余，利用烟幕、炮火掩护，分向狮子林、谭宅第五八八团第二营阵地进犯，其守狮子林之第六连(附重机一排)，受敌陆海空联合轰击，阵地被毁殆尽，伤亡颇重，形势危急。该团第二营唐营长即饬赵营附，率第五连由谭宅前往增援。斯时正双方肉搏混战之际，该营附即率第五连反攻，激战一小时，率将敌击退，情况渐趋稳定。旋敌约四五百，由西南冲入杨家宅，包围狮子林，于是战况更趋激烈，双方肉搏冲锋达四小时。斯时该团派第三营前往增援，被敌机轰炸，运动困难，未及赶到。而赵营附因率部冲锋，身负重伤，官兵伤亡殆尽。迄十四时许，狮子林遂陷敌手。我即以五八八团(欠第一营)撤占右自江边经杨家桥、伍家宅、南唐宅之线阵地，五八三团(欠一营)仍占领柯宅至月浦镇西端之线，五八八团第一营位置于月浦，为预备队。

九月二日拂晓，敌约千余，向伍家宅、柯宅五八八团、第五八三团阵地猛扑，我守兵沉着应战，俟其逼近，突予逆袭，毙敌甚众，残部纷纷溃退。斯时五八三团第六连乘机由柯宅出击，敌仓皇向狮子林逃窜。黄昏后敌复大举夜袭，战况尤为猛烈。激战至廿二时，敌不支，向狮子林回窜。斯时吴淞亦为友军失守，敌源源而增，该师为巩固月浦起见，即饬五八七团回驻月浦、新镇，占领阵地，五八八团第一营归还该团建制，五八四团则仍占领罗店以东阵地，阵线复趋稳定。

九月三日拂晓，敌二千余藉海陆炮火之掩护，向该师杨家桥、月浦间阵地全线攻击。先以炮火集中轰击杨家桥、顾三房达二小时,阵地尽毁。继以步兵于烟幕掩护下,向贵家宅、北塘宅、张宅之线猛冲,我守顾三房之五八八团第二连全部壮烈牺牲,阵地遂被突破,情况危急达于极点。该师即令五八三团以一营,由月浦出击,威胁其右翼。敌乃转移主力于江边,攻我右翼五八八团第三营阵地,激战四小时,伤亡惨重,渐呈不支。我即以五八七团第一营增援反攻,战况异常激烈。斯时五八八团第三营营长蒋作庸、营附晏如同时负伤,全营伤亡殆尽。复命二九四旅龚副旅长,亲率五八七团第六连驰援,与敌肉搏恶斗,终以众寡悬殊,伤亡过半,而敌复以汽艇运一部绕袭我右侧,时已黄昏,被迫转移于顾家宅、周家宅,左接杨家桥线阵地,与敌对峙。五日敌为打通吴淞、狮子林间交通,遂不惜倾全力向我猛攻,并由上海方面调来战车三十余辆为前导,沿军工路向右翼友军第六师阵地猛冲。该师以伤亡过半,向后撤退,敌遂越泗堂桥、曾庆堂向西侵犯。于是狮子林、吴淞间连络,被敌打通,致我守备宝山之五八三团第三营陷于重围。斯时敌以海军炮火及飞机,向该城轰炸竟日,我守备该城之营长姚子青,沉着应战,凭坚固守,敌终不得逞。迨十三时,敌复倾全力猛扑,并以战车向各城门猛冲,官兵伤亡惨重,城危如卵。该师夏师长接姚营长微未电称:敌以兵舰三十余【艘】,排列于我东门江面,飞机十余架轰击我各城门,复以战车向我各城门冲击,职决遵命死守。等语。

夏师长据报后,当即以微申电勖勉如下:

宝山城关系全局,该营长应仰体委座意旨,战至一兵一卒亦须固守。吾辈成功成仁,本无二致,该营应以宝山为归宿地,建立不世之奇功。并应准备充分巷战,万一城池被陷,亦当与敌偕亡于城中也。

是夜该师复连接姚营长微酉、微亥两电,节称如左:

(一)职等受主义之薰陶、领袖之恩德,敢不尽死,以报国恩。誓本与敌偕亡之旨,固守城垣,一息尚存,奋斗到底。

（二）职营官兵均抱与敌偕亡之决心，惟孤城无援，日久难支，恐人城俱亡，与大局无补，仍恳速援解围。

夏师长据报后即复电嘉奖，并告以第一军已到杨行，正向宝山急进中，以坚其固守之心。但终以四面隔绝，难以赴援。且敌逞其无人道之毒辣手段，施放硫磺弹，满城着火，城垣为炮所毁，屋宇尽成灰烬。该营处此危城之中，犹苦力支持，与敌巷战。迨弹尽援绝，于九月六日晨全营与城偕亡，其忠勇壮烈、尽忠职守，为我抗战史上永留光辉之一页也。

兹再录该营殉国后，夏师长报告及各方慰电于后：

（一）夏师长鱼电：转据该营独一生还之第九连二等兵魏建臣报告如下：敌以优势兵力，并兵舰三十余艘、唐克车十余辆，自五日起，在炮、空掩护下猛攻宝山城。我第三营死守孤城，极力抗战，城多被毁，建筑物一无幸免。我众寡悬殊，伤亡惨重，孤军无援，激战彻夜。迄本（六）日晨，敌复以唐克车堵塞四门，海军炮火及空军齐来轰击，城无全瓦，我官兵犹复为最后之苦斗，与敌巷战，猛烈肉搏。斯时营长姚子青、连长任之均阵亡东门，其他官兵伤亡殆尽。宝山城遂于十时失陷，全营官兵亦偕城作壮烈牺牲矣。

（二）军长据报后，一面转报层峰，一面电勉夏师长如下：贵师路团姚营全营官兵与城共亡，其壮烈牺牲，殊堪悼惜。除转报外，希将该营长及全营官兵殉难情形详查报部为要。

（三）顾副师长虞亥电如下：夏师姚营奋力抗战，伤亡殆尽，壮烈牺牲，殊堪悼惜。除转报委座外，特电嘉勉。

以上为姚营殉国后，各方电慰之概略情形，特录之以慰姚营于泉下。从此该营官兵精神不死，军人有魂矣。

其六　再攻罗店

八月卅一日，当敌海军向宝山、狮子林沿岸活跃，企图攻略月浦，打通淞沪、罗店间连络之线，我第十一师第三十三旅于是日拂晓，乘敌立足未稳，驱逐马路塘南岸之敌。其六十六团于攻占周家宅后，推进宋家桥、孟宅、垳石桥之线，六十五团占领罗店南端土堤之线，与敌相持。我第十四师仍在施相公庙、蒲家庙之线，与敌对峙，威胁敌之右侧背。

九月一日拂晓以来，宝山、狮子林方面敌陆海空军非常活跃。军长鉴于当面敌军之动态及其企图，决乘敌淞沪、罗店间连络未打通以前，利用十一师既得战果，先歼灭罗店之敌。十时于嘉定军司令部下达攻击命令，要旨如左：

一、敌情如贵官所知。

二、军决于本(一日)夜攻击罗店北半部之敌左侧背，而歼灭之。

三、第十四师应以第四十旅固守原阵地，并于本夜二十三时卅分向当面之敌佯攻。第四十二旅应于本(一)日黄昏，迅由施相公庙西端地区渡河，经罗店镇、南张家宅向南曹前进，务于本夜二十二时前集结于顾家角、北塘口、马家宅间地区，准备由顾家角、北塘口之线向孙家楼、陆家村之线攻击敌之侧背。

四、第十一师应由现阵地攻击当面之敌而牵制之。

五、第九十八师之五八四团应掩护第十四师四十二旅之展开，连系十一师攻击当面之敌，随第四二旅之攻击前进，然后待命集结于五斗泾附近。该师其余部队应固守原阵地，并派队在阵地前活动游击。

六、第五十一师之三零一团一部，应固守小堂子、沈家湾线阵地警戒。第十一师左侧主力，应准备待命策应第十一师之攻击。

七、作战地境如左：

第九十八师 第十一师	何家店——顾家角——孙家宅——东杨家宅之连线。
第十一师 第三零一团	小高宅——小堂子——扁家楼——周家宅之连线。
第三零一团 第十四师	林家宅——北周宅——张家堰之连线。线上均属于右方师。

八、第十一师与第十四师之四十二旅之攻击到达线，由孙家楼经南长沟亘罗店镇北端之线。

九、炮兵第十六团应以主力向长滨站附近推进，占领阵地，主力与第十一师协力，以能射击罗店镇以北及东北长街附近为主。

十、重迫击炮第二营仍配属于第十一师。

右令于十三时左右到达各部。旋奉令以五十一师接替第十四师第四二旅阵地，并归本军指挥。当即命第十四师四二旅交防后，向东移动于十一师后方，准备策应。是日黄昏，我第十四师与五十一师阵地尚未交接，各师部署未竣之际，敌已于十六时许，向我十一师六十六团塀石桥阵地进犯。酣战至午夜，双方伤亡俱重，终未得逞。敌乃改变目标，向该师龚家宅北端阵地猛攻，战斗异常激烈，迄拂晓犹相持中。而第十四师之四十二旅，因夜间行动不易，失却连络，致未能按时协力第十一师之攻击，至翌日七时始到达顾家角、北塘口之线。

九月二日狮子林方面我九十八师，仍与敌激烈战斗中。军决乘机夺回罗店之目的，继续攻击，于十四时下达命令要旨如左：

一、军决于本(二)日夜继续攻击罗店镇北部之敌左侧背而歼灭之。

二、第五十一师(欠三零一团)本夜固守施相公庙、曹王庙阵地线，并派一部向敌佯攻。其三零一团仍守备小堂子亘沈家湾线原阵地。

三、第十一师本夜应由现阵地攻击当面之敌，占领罗店镇。

四、第十四师之四二旅准备由顾家角、北塘口之线，向泥墙围、毛家宅、标高282之线攻击敌之侧背。四十旅应随战况之进展，随时策应。

右命下达后，又接九十八师夏师长报告：狮子林于昨(一日)晚失陷，吴淞亦为敌占。情况紧张，请饬新镇、孙家楼、顾家角间之五八七团，调月浦、新镇间策应。当即以六十七师整理甫毕之三九七团，接替新镇东端亘顾家角线阵地。入夜，各师遵命部署攻击。兹将其战斗经过分述于左：

（1）第十一师宋家桥、坍石桥方面，因六十六团伤亡过大，于十九时以六十一团对调守备，以六十五团向罗店反攻。该团主力由正面攻击，以一部绕道五一师阵地，拟渡过练祁塘（罗店西南之小河流）向罗店西北压迫。因夜渡困难，未获达成任务，而主力虽已攻占罗店车站，但拂晓后敌之各种火器齐向该地射击，死伤过大，遂放弃已占领之阵地，仍于宋家桥经坍石桥、龚家宅亘小堂子之线，与敌相持。

（2）第十四师四十二旅于本（二）日晚，展开于顾家角、北塘口之线，攻击前进。迄三日晨，攻占孙家楼、顾家、油车、韩宅、龚宅之线。右翼第八十三团已渡过河之北岸，并派队将施杨宅、王宅之敌，于日没前驱逐，而占领之。三日黄昏后，敌乘暗来袭，激战终夜，卒将其击退，毙敌数十名。该团高团长亲在第一线指挥，致腿部受弹伤。至该旅第八十四团除以主力守备五斗泾、韩宅、龚宅，以钳制罗店之敌外，并以其一部，于三日晚向南长沟攻击。激战至天明，卒将该处占领。

其七　三攻罗店

军长先后接获日来各师战斗报告：以当面之敌，虽凭其飞机、舰炮、轻重火器之威力，并依据村落工事顽强抵抗，然经我之不断攻击，伤亡甚重，已形恐慌。四日奉总司令陈命令，着本军应乘胜继续猛攻，先求包围罗店之敌歼灭之。军长奉命后，即于十时下达命令如下：

一、罗店附近之敌，经旬来之激战，伤亡甚重，极为恐慌。月浦方面之敌，亦经我九十八师击退。罗店、川沙镇之线以西地区，敌之侧背甚为空虚。

二、本军基于集团军之企图，决乘胜以现有之部队协同友军继续猛攻。先求包围罗店之敌而歼灭之，以一部牵制吴淞口登陆之敌，固守原阵地，掩护军之右侧背。尔后进而扫荡石洞口、川沙口附近之残敌，以固我江防。

总攻击时期，定于本(四)日十九时开始。

我五十一师于昨(三)日晚，已将张家堰附近敌人肃清，今日可进出罗店西南端及西北公路界泾河之线。准备本(四)日夜，以主力由长桥附近向罗店北侧攻击，与我军协同，包围歼灭罗店之敌。

三、第六十七师之第三九七团仍固守新镇以西亘顾家角间阵地，待第十四师出击后，顾家角以西至土竹园间防务并归该团担任之，两翼特须注意与邻接部队之连络。

四、第十四师应于本夜，由孙家楼、顾家、油车、韩宅、龚宅之线，渡过顾泾河，向杨家桥、毛家宅、陆家村之线攻击敌之侧背，保持主力于右翼。

五、第十一师本夜应出现阵地攻击当面之敌，占领朱家宅、张郭宅、罗店镇北端之线。

六、出击部队之作战地境如下：

第十四师
第十一师 } 张家宅——宋家宅——朱家宅——张宅——沈宅之线。

第十一师
第五十一师 } 北宅——小堂子——罗店镇北端郭宅之线。线上属左方师。

七、从略。

各师战斗经过如左：

1．第十四师方面。该师以四十二旅一部固守原阵地，主力向杨家桥、毛家宅、陆家村之线攻击。四十旅第八零团位置于钱家宅、小曹、丁宅附近，派队向聚源桥西、周家角、余家湾等处活动。七九团位置于南北塘口附近，山炮兵营在南北塘口附近进入阵地，准备向杨家桥、毛家宅、陆家村及罗店、十里长街一带射击，援助步兵之攻击。部署甫毕，正准备攻击前进，而敌突向该师八十四团正面攻击，来势甚猛。待敌接近，我突以手榴弹、轻机枪还袭，毙敌百余，敌犹顽强抵抗，相持终夜。该师第八三团亦因攻击顿挫，退守原阵地。

五日该师为贯彻原定计划，遂重新部署。以第四十旅(欠第七九团)由孙家楼附近地区，向杨家桥、赵家宅、毛家宅、陆家村之敌节节攻略而席卷之。第四十二旅，除固守孙家楼、韩宅、龚宅之原阵地外，并以一部向敌积极活动，牵制当面之敌。并派兵一部位置于施杨宅附近，警戒师之右侧背。以七十九团为预备队，位置于杨宅附近地区。于廿时部署完毕，开始攻击前进，敌节节抵抗，我第一线部队勇往直前，十一时顷占领吴宅。敌仍凭河顽强抵抗，我军不顾牺牲，于敌前强迫架桥，猛力冲击，于三时卅分已攻占杨家桥。正拟向陆家村进攻间，天已拂晓，敌飞机、炮火集中轰击，不能前进。敌之大部队亦向我杨家桥阵地猛攻，均被击退。

2．第十一师方面部署如下：

① 第三十一旅除固守现阵地外，相机以六十一团之一部逐步推进，夺取潘宅。尔后连络第十四师之攻击部队，相机攻占罗店镇。

② 第三十三旅应选拨挺进队三十名，暗袭当面之敌，而牵制之。

③ 重迫击炮营本(四)日晚火力最初指向于潘宅，尔后随战斗之进展，向罗店街市及其东北角十里长街射击之。

是晚，该师第六十一团派出一部，经激烈战斗后，当将潘宅占领。又因地形开阔，且形突出，三面受敌攻击，伤亡甚重，遂又放弃。我各部与敌相持，迄五日双方成对峙状态。

其八　四攻罗店

六日宝山方面之敌，于攻陷该城后，敌一部沿宝罗公路西犯，被我九十八师拒止于月浦以东地区，而罗店之敌被我包围之势业已形成。是日十四时，奉总司令陈命令如下：

(一) 罗店及其以北之敌，连日被我痛击，极形恐慌。又川沙口上游敌舰，均向下游驰去。我十四师于昨(五)日晚，占领杨家桥附近各村，积极进展中。

(二) 本集团军于今(六)日晚，确实包围罗店而占领之，并进而扫荡川沙口以南之敌。

步兵开始攻击时，为十九时三十分。

(三) 右翼军

1. 第九十八师固守月浦、新镇之线，相机进击，牵制当面之敌，使我攻击部队容易奏功。

2. 第十四师应于今(六)日晚，以一部对北警戒，主力向罗店以北地区进展。

3. 第十一师于今(六)日晚，全线向罗店进攻，与五十一师合围，歼灭罗店之敌，而占领之。

(四) 左翼军

1. 第五十一师应于今(六)日晚，除以在罗店西南附近之部队向罗店进攻与十一师合围罗店外，其主力应向长桥、陶家村、沈家衙、封家宅附近攻击，确实占领之，以截断敌之退路。

2. 五十八师之一七四旅于今(六)日晚，以有力之一部对北严密警备，主力向石洞口进展，断敌归路，阻止江岸之敌向罗店增援。

3. 第五十六师之三三二团于今(六)日晚，应稳固本阵地，并掩护吴旅右侧背，尽量向川沙口方面活动。

(五) 第六十七师(欠两团)应于今(六)日晚，推进于施相公庙、蒲家庙间地区，准备策应。

(六) 今日两次奉领袖电话训示：罗店关系重要，须要限期攻下。本夜总攻关系至重，各级指挥官务于攻击时亲临督战，以完成伟大之任务。

(七) 余在昆山，本晚攻击时在嘉定战斗司令部，又同时转奉委座微侍秘京电开：此次抗敌作战，为我民族死中求生之唯一出路，亦即我革命军人报国图功之大好良机，自应加倍奋励，各下不成功即成仁之最大决心，有进无退，有我无敌，歼灭寇虏，固我邦家。本委员长现率全国各军，誓与我袍泽同患难，共生死。兹特以至诚至严之意，与我全体将士约言：凡贪生怕死、临阵畏怯、不能发扬战术与武器威力者，同侪将士应共弃之。凡信仰动摇、精神松懈、不能尽其责任而致贻误战机者，同侪将士应共除之。大义所在，躬亲罔循。本委员长尤当按照军律，以衡情论罪，不稍宽假。凡以上约言，亦即本委员长所以自励，苟有逾越，我全体将士均可执约相加，所不敢辞，望共凛之。等情。由于以上训示，可见决心歼敌之精神矣。

军长奉命后，决先迅速歼灭该敌。除转达总司令陈命令外，并下达命令要旨如左：

一、我十四师微夜之激战，进展甚速，确实占领李八宅、杨家宅、杨家桥、陆陈宅、吴宅、南长沟、韩宅、龚宅之线。本午有敌约三百名，由罗店向东北运动，并有五六百人向十四师阵地攻击。本未刻，九十八师斥候，望见有约千余之敌，由宝山向石洞口以西方向前进，其企图不明。

二、本右翼军决增①，左翼军包围歼灭罗店之敌，于本(六)日晚十九时开始断续攻击。

三、第十一师、第十四师为攻击部队，其任务与昨(五)日晚概略相同，但十四师应努力攻占毛家宅、陆家村，断敌退路。其右侧后特须控置强大兵力，并须派有力之一部破坏聚源桥、石线桥西、周家角、金家湾一带之桥梁，严密向东警戒。

四、九十八师及六十七师三九七团固守原阵地，九十八师应派有力之一部，向杨宅、林家桥方向，牵制敌之西进。三九七团应派兵远出游击活动，掩护十四师之右侧翼。

---

① 原文如此，疑有脱漏。

右令下达后，各师遵命部署完毕。兹将是夜十四、十一两师之战斗经过，分述如左：

一、第十四师方面。是晚二十一时许，利用炮击之成果，正向毛家宅、陆家村之敌攻击前进之际，敌约一团兵力复犯我杨家桥、吴宅、顾家、油车、南长沟、韩宅、龚宅阵地。初以炮兵行急袭射击，继行弹幕射击，掩护其步兵前进。计前后三次，均经我军沉着射击，将敌击溃，敌约死伤二百余人。我乘其攻击顿挫后，随即抽派第八十团之一部，三次逆袭。天明时，进出于杨家桥以西之徐家宅一带地区，敌受创颇巨。

二、第十一师方面。以三十三旅钳制当面之敌，三十一旅以一部固守原阵地，而以主力出击。晚二十时，炮兵开始射击，向罗店东北集中火力，二十一时射击停止。该师三十一旅进攻之先头部队高团周营开始攻击。因我炮兵夜间观测不精，攻未命中。且当面之敌，利用强固工事，浓密火网，凭河顽抗，不易进展。迄至七日三时，始达到潘宅对岸之竹林。该地三面环水，仅右方河沟可以迂迴，但相距甚远，且受罗店北十里长街敌之侧射。但该营仍以主力强渡，并以一排向北迂迴，拂晓后渡河者仅三分之一。因敌之火力猛烈射击及其掷弹筒、手榴弹之爆炸，该营伤亡过半，而前后隔绝，增援困难，牺牲至巨。殆至拂晓，无法前进，停于原线构筑工事。

当是晚二时许，我第十四师、十一师已将罗店包围之际，军长遂命六十七师二零一旅杨旅长，即率四零一团接第三九七团右翼，猛烈向罗店攻击。当该旅赶到金家宅、高家宅之线准备攻击时，天色渐曙，而敌炮集中猛烈轰击，我攻击部队前进困难，遂陷于停顿状态。

九月六日罗店方面。经我十四师与十一师四昼夜之猛攻，包围之势已成。正拟由敌后侧背席卷歼灭之际，忽接宝山城已于今（六日）晨被敌攻陷，其淞沪、狮子林间连络业已完成。斯时我包围罗店之第十四师，侧背受敌威胁，加以该师连日苦战，伤亡奇重。权衡轻重，决心转移兵力，待机再攻。于是晚二十时，电令第十四师、第十一师变更部署如下：

1. 十四师第四十旅除留置一部于原阵地警戒掩护外，主力于是夜十时开始撤退，经南长沟集结于南曹、南北塘口一带地区，为预备队。第四十二旅应即占领顾家角北方、杨宅、丁宅、曹宅、顾家、油车、南长沟、韩宅、龚宅之线，构筑阵地，加强据点，以节兵力。孙家楼之支撑点，仍不放弃。

2. 第十一师及六十七师四零一团仍固守原阵地，但今后务必攻占潘宅，同时向罗店佯攻。

其九　月浦激战及转移阵地

淞沪方面之敌，自八月十三日以来，陆续增援，达四、五师团之众。其已经文件证明者，有第六、第二、第三、第十二等四个师团及海军陆战队一部，均被我迎头痛击，伤亡惨重，迄未得逞。东京方面限敌军本(九)月十八日前攻陷淞沪，故敌酋在出云舰集议，拟分五路大举进犯，以达其迷梦。因此敌于九月六日攻陷宝山，打通狮子林与淞沪间联络后，遂积极沿宝罗公路西犯。是时我罗店方面之第十四、第十一、第五十一等师，正包围攻击罗店残敌。月浦方面之九十八师，则自六日晨被敌攻陷宝山城后，吴淞方面之敌复越泗溪塘西犯，该师侧背感受威胁，即转移阵地于月浦以东马路河北岸之王家宅，经孙宅、周宅、月浦、新镇亘顾家角线阵地。九月七日以后，敌新锐部队陆续于宝山、狮子林、石洞口登陆，积极向月浦①，企图贯彻打通淞沪、罗店联络之原定计划。

九月九日，敌陆海空军联合向月浦附近进犯，战况益烈，数度冲击，双方伤亡均重，该师乃将左翼之五八四团撤回，于新镇附近策应。是晚，军为策应该方面之战斗并尔后之作战计，于

① 原文如此，疑有脱漏。

十九时电令第九十八师、第十四师、第六十七师之命令要旨如左：

一、第十四师第四十旅应以八零团之一部，于本(九)晚，接替第六十七师三九七团新镇、顾家角线阵地之守备，其余集结于南北塘口附近，以备策应。第七十九团于黄昏后，以一营接替九十八师五八四团五斗泾、界牌桥之阵地，其余集结于南北塘口附近，并派便衣队在施扬宅以东地区活动。

二、第六十七师之三九七团交防后，即开施相公庙附近，归还建制。

三、第九十八师之五八四团交防后，即于本(九)晚开月浦附近，归还建制。

九月十日九时起，敌以石洞口、狮子林、宝山三方面之海军炮，向我密集轰击。并以飞机数十架，战车八辆，向我月浦以东孙宅、周宅五八八团阵地猛冲，周宅失而得者三次。当周宅二次失陷时，该团向团长敏思于危急之际，收集少数部队及团部传令兵等，亲自率领向敌反攻，虽伤亡重大，终将阵地恢复，惟该团长不幸负伤。至十六时，敌增援来犯，周宅阵地又濒危殆，该师当即以五八四团全力逆袭，始将敌击退。同时月浦北端之敌，再度向我正面五八三团阵地猛攻，经我沉着击退。惟该团团长路景荣、团附李馨远，以督战殉国，殊堪惋惜耳。

九月十一日拂晓以来，敌即以海陆炮火猛烈轰击，我月浦东端阵地及副防御均被击毁，守兵伤亡奇重。月浦东街复中起火，阵地遂被突破，守兵被迫退入街内与敌巷战。正危急间，我十四师第七十九团之一营适奉令赶到增援反攻，复将敌击退，夺回月浦。迄十五时，我右翼友军第一师杨家行、月浦右侧间阵地，因受炮火及战车之猛攻，伤亡惨重，阵地动摇。其与我九十八师邻接之第三团向后撤退，情况顿行逆转。当月浦战况紧张之际，军于十二时奉总司令陈训令如左：

兹为调整阵线重新部署，特规定各军、师之行动如下：

（一）第一军应尽力保持杨行南北之线，万不得已时，着向东阳宅（杨家宅）、紫藤树下（紫藤海）、永安桥、张家宅、陆福桥（不含）之线变换阵地，但须与左翼十八军一致行动。

（二）第十八军各师行动概要：

第九十八师应尽力保持月浦附近之线，万不得已时，应逐次抵抗，向后撤退，尔后移至广福附近待命。第十四师应即于贾家桥、中沈巷、新镇、顾宅、杨宅之线占领阵地。如九十八师撤退时，应尽力收容之，阻敌军前进，并在陆福桥、北朱店、顾家角、苏宅之线构筑本阵地。

第十一师除尽力封锁罗店东南侧外，并利用练祁塘上流，在小钱宅、界牌桥、坍石桥之线占领阵地。第六十七师除以一部占领原阵地外，主力应即在周家牌楼、北龚宅、齐家村、林家宅亘施相公庙（不含）之线，构筑阵地。该师尔后即归罗军长直接指挥。但十八军应于：A、南北塘口；B、龚家宅、李家宅、周家宅、西马宅；C、小堂子、高家宅等地，构筑坚固据点工事。

（三）作战地境

第十九集团军
　　＞ 由南翔沿蕰藻浜至吴淞南端之线，线上属十九集团军。
第　一　军
　　＞ 由周家牌楼（刘行西北）经陆福桥、贾家桥、浦央桥之线，线上属左。
第　十　八　军

（四）第一线部队开始向后移动时，务互相通报，密切连系，一致行动，并应先期报告本部。

（五）向后移动时，应步步为营，逐次抵抗，以阻绝敌之行动，而收持久战之效果。军奉令后，除将原令转达外，并于十七时下达如左之训令：

一、友军情况及行动如另纸（原训令）。

二、本军基于集团军训令，规定各师之行动概要如左：

1. 第九十八师仍竭力保持月浦附近之线，万不得已时，应逐次抵抗，向后撤退，尔后移至广福附近待命。

2. 第十四师应占领贾家桥——中沈巷——新镇及其以西原阵地。如第九十八师撤退时，应尽力收容之，并阻止敌军前进。又应于本晚，以一团在陆福桥——北朱店——顾家角之线构筑据点工事。并须于南北塘口，即行构筑坚固据点。

3. 第十一师固守原阵地，钳制罗店之敌，并应于罗店东南之龚家宅、李家宅、周家宅、西马宅，即行构筑集团工事。

4. 第六十七师除以一部占领金家宅经张家宅亘高家宅原阵地对罗店之敌封锁外，该师在周家牌楼——北龚宅——齐家宅——林家宅亘施相公庙(不含)之预备阵地，着仍继续派队构筑。并应于罗店西南、小堂子、高家宅、小高宅、周家桥，即行构筑集团工事。

三、第一线部队之开始移动，应先期得本部之许可，并应与邻接部队及后方部队密切连系。

四、各师撤退时，对担任区域主要道路及桥梁之爆破与阻绝，应即实施之。

右令下达后，即奉令按预定行动实施。军长当即于二十三时，用电话令九十八师及十四师之处置如次：

一、第九十八师酌留一小部，与敌保持接触，其余即向广福转进，集结待命，向太仓整理。

二、第十四师占领贾家桥——中沈巷——老许宅阵地之八十团，即掩护九十八师撤退，并阻止敌之前进。

第九十八师奉令后，即于十二日二时开始向广福转移，旋开太仓整理待命。该师自参加沪战以来，始在江湾方面，继在宝山、狮子林、月浦等处与敌周旋，血战数旬，迭予倭寇以重创，虽牺牲最

巨，而所搏①代价亦大，尤以宝山城姚营全营之殉国，耸动中外，即敌寇亦百口赞叹，精神不死，岂但俎豆千秋已耶。〔下略〕

〔国民政府国防部史政局及战史会档案〕

9. 大本营颁发淞沪抗战第二期作战指导计划训令

（1937年9月）

（1）大本营训令稿（9月2日）

大本营训令　仁令字第三号

查大本营仁令字第二号训令所颁发之第三战区第二期作战指导计划内之兵团部署一栏，关于张治中集团第四项“应使后方部队在天通庵——大□镇——胡家庄附近构筑据点工事”，应改为“使后方部队迅即在北站——横滨河——五卅公墓——芦泾浦——江湾——庙行镇——顾家宅——蕰藻浜南岸，向西至黑大黄宅之线，构筑强固工事”。必要时，杨树浦、蕰藻浜、吴淞之各部队可以移该线固守之，其余仍照第二号训令，依作战地境分别切实办理。并将各后方要点工事逐步构筑，力求强固为要。

委员长　蒋〇

传达法：用书面递达。

训令受领者　第三战区冯司令长官

第三战区顾副司令长官

第九集团军张总司令

第十五集团军陈总司令

（2）大本营训令（9月6日）

大本营训令　令字第三号

---

① 似为“获”字之误。

兹颁布第三战区第二期第二步作战指导计划，仰即遵照。并应迅速先行完成计划内指定之后方各据点工事。其实施时期，另有命令。此令。中华民国二十六年九月六日

大元帅　蒋中正印

第三战区第二期作战指导计划

一、敌情判断

敌增援部队，在浏河、川沙口、张华浜等处登陆，其主力必由罗店向南突进，以威胁我围攻部队之左侧背，形成大包围。同时张华浜方面之敌，亦必向江湾镇方面攻击，吸收我攻围部队之兵力于其包围圈内，并对围攻上海租界之我军，形成小包围，以遂其迅速击破我军、完全占领上海之企图。甚或以此为其扩大侵略之根据地，再由其国内增加兵力，继续分向昆山、吴县及松江方面发展，以图威胁我首都。

二、指导要领

一、本战区为保持经济重心，巩固首都，并有利于全局之持久作战起见，务就现已形成之包围态势，对于上海及各处上陆之敌，运用优势兵力断绝其连系，限制其发展，并努力围攻由狮子林及川沙方面上陆之敌，打破其包围企图，而收各个击破之效。

二、如各个围攻之目的不能达到，则依状况逐次于后方占领阵地，采取攻势防御，乘其海陆火力不能协调之际，发扬我之精神与物质威力，一举而击破之。

三、于万不得已时，则退守后方既设阵地，作韧强之抵抗，以待后方部队之到达，再行决战，期护〔获〕最后胜利。

三、各兵团之部署

四、第一步（努力限制敌之发展，并各个击破各方面之上陆敌人）。

（一）张发奎集团（浦东防守军）继续前任务（守备浦东威胁浦

江左岸之敌)。

(二) 张治中集团(上海围攻军)

① 对租界内之敌,增强现在围攻线之工事,将其封锁。

② 对张华浜方面之敌,仍须努力攻击,将其歼灭。情况不许可时,亦须固守围攻线,以阻断其与租界敌人之连接。

③ 对吴淞、宝山、江湾方面,须固守据点,以防止敌人之登陆。

④ 应使后方部队在北站——沿横滨——五卅公墓——沿芦泾浦——江湾——庙行——顾家宅——沿蕴藻浜南岸,向西至黑大黄宅之线,构筑据点工事。于必要时,即在该线阻止当面敌人之发展。①

(三) 陈诚集团(江岸防守军)

① 以一部固守罗店、浏河两地及其以西地区,防止当面敌人之冲出。同时以有力部队,分由新镇及曹王庙、沈家园两方面,攻击敌之两翼。

② 并在刘家行、嘉定、浏河之线,构筑据点工事,必要时,即在该线阻止敌人之发展。

(四) 各集团作战地境如下:

集团	作战地境
张发奎集团 / 张治中集团	苏州河之线。
张治中集团 / 陈诚集团	第二塘、陈家行、胡家庄、吴淞镇各北端之线,线上属张治中集团。

注意

① 前方部队之集结整顿,应适时行之。

② 各集团之兵力,为现在所指挥之部队。

五、第二步(努力限制敌之发展,并利用地形与工事,以与敌为有利之决战。)

① 此段文字与上文大本营训令仁字第三号中第四项文字有出入。

（一）张发奎集团（称右翼军）

① 以有力之一部兵力（一旅以上）在浦东方面，继续前任务。

② 以主力（一师以上）在浦江左岸，由公共租界经曹家渡、北新泾镇至张家宅之线（沿苏州河右岸）占领阵地，防止敌人向苏州河以南发展。并威胁苏州河以北地区之敌人左侧，以使在苏州河北岸之我军战斗容易。

（二）张治中集团（称中央军）

在苏州河左岸范家宅附近，经江桥镇、南翔、马陆铺至嘉定南端之线占领阵地，以主力配置于南翔及其以北地区，利用地形工事，以与当面之敌人决战。

（三）陈诚集团（称左翼军）

在嘉定、周家园、浏河至长江南岸之线占领阵地，以主力配置于嘉定、浏河中间地区，利用地形工事，以与当面敌人决战。

（四）各兵团之作战地境如左：

张发奎集团 张治中集团	纪王庙——苏州河之线，线上属张发奎集团。
张治中集团 陈　诚集团	太仓、嘉定各南端，广福、唐桥之线，线上属陈诚集团。

注意

① 前方部队之集结整顿，须不失时机，适当行之。

② 后方增加部队到后之战斗序列，另定之。

（3）蒋介石致顾祝同等密电稿（9月25日）

常州顾副司令长官、上官军团长、薛总司令、香副总司令，南京刘司令长官、唐司令长官，宣城陈总司令，杭州临平刘总司令，泗安张总司令，宜兴探交廖总司令。密。命令：

一、兹将第三、第七战区及首都卫戍之战斗序列，分别变更颁定【如】下：

甲、第三战区司令长官仍由中正兼，副司令长官顾祝同。第九集团军总司令顾祝同兼，副总司令上官云相，辖第十一军团上官云相部、第十七军团胡宗南部。第十九集团军总司令薛岳，副总司令香翰屏，辖第十五军团刘兴部、第十八军团吴奇伟部。

乙、第七战区司令长官刘湘，副司令长官陈诚。第十五集团军总司令陈诚兼，副总司令刘建绪，辖第二十三军团刘建绪部，第十六军团罗卓英部。第八集团军总司令张发奎，副总司令廖磊，辖第七军团廖磊部。第二十三集团军总司令刘湘兼，副总司令唐式遵，辖第二十四军团唐式遵部，第二十五军团潘文华部。

各战区军团以下战斗序列，由各战区编配呈报。

丙、首都卫戍部队战斗序列另发。（按：第三页）

二、第七、第三两战区之作战地境如左：

遂安——淳安——昌化——广德——蜀山镇之线，线上属右。特须对太湖方面严密警戒。

三、第七战区以一部确保许村、博鹿、洛舍镇、埭溪镇阵地，以新锐之川军攻击吴兴方面之敌，并各以一部确保广德、孝丰。其应加整理之部队，着向兰溪及其西南地区转进。

四、第三战区应以有力部队扼守锡澄线，保持重点于无锡方面。并各以一部确保南渡镇、溧阳、宜兴各据点，须与南京卫戍部队连系。其应加整理之部队，着向徽州及其以西地区转进。

五、首都卫戍部队，迅速构筑工事，固守南京，并与第三战区确取连络。中〇。有申。一作元。

〔国民政府国防部史政局及战史会档案〕

10. 蒋介石颁发淞沪会战战斗序列密电稿

（1937年9月21日）

安亭顾副司令长官、张总司令，昆山陈总司令，嘉兴张总司令：

○密。(一)第三战区之黄浦江以西蕰藻浜以南地区划为中央军,朱绍良为总司令,以第十八师及第九集团军编成之。(二)第九集团军总司令由中央军总司令朱绍良兼。(三)左翼军以第十九、第十五集团军编成之,右翼军仍以第八、第十集团军编成之。以上三项,仰各遵照。中○。(马)待。参京。

〔国民政府国防部史政局及战史会档案〕

11. 顾祝同报告第三战区各部队位置及其战况密电

(1937年9—11月)

(1) 9月24日密电稿

南京委员长蒋、部长何、参谋总长程、唐总监:○密。职部为便于指挥起见,准于梗晚移驻苏州。谨闻。职顾祝同。敬酉。参战。苏。印。

南京委员长蒋:○密。谨将本战区各部队位置报告如下:甲、位置:(1)右翼军第五十五师,任徐家宅沿黄浦江东岸滥泥渡、朱家镇、东沟防务及川沙、二九港、白龙港、老洪洼、高行、高桥沿海一带之警戒。独立第四十五旅,任南汇、奉贤旧城、奉贤、柘林沿海警戒。第六十二师陶广所部,担任柘林(不含)、乍浦、场前(不含)沿海各要点守备。第六十三师,任场前、长川坝、高阳山、海宁之线守备。第十九师集结宁波、镇海间,协助新三十四师防守海岸。第四十五师,担任现海卫至曹娥江右岸江防。暂编第十一、十二旅宁波、绍兴一带。暂编第十三旅永嘉、瑞安。(2)中央军第十八师黄旅,已于哿晚接防十六师龙华至北新泾防务,余部祃晚可到梅龙镇。第四十四、八十八师在北站至江湾以南之线。沪保安总队自北站沿苏州河北岸至曹家渡,对租界方面警戒。第三十六师江湾、庙行以南。第八十七师庙行至蕰藻浜南岸。第六十一师一旅在严湾、矿桥站，一旅由大场沿走马塘、小南翔筑工，师部驻洛阳桥。(3)左翼军第八师周家宅、南王宅、紫藤海、朱家冈、袁宅之线。第十六师窦家弄、孟湾。第五十七师张宅、王九房、张家巷。第一百五十九师杨木桥、金家湾、朝王庙、易店。第七十七师北杨宅、陆福桥、郝家宅。教导旅周家心、前王宅、樊家桥。第一百六十师一团加入一五九师正面，余两团在教导旅左翼。第四军五十九师一部及九十师主力尤梅宅以南至郭家宅、金家宅。第十一师卅三旅周家宅、张家宅、高宅。第六十七师小堂子、曹家宅、陆宅。第五十一师施相公庙、浦家庙、曹王庙。第五十八师岳王庄、杨家桥、铁渡桥、北新泾桥、许家宅。第五十六师许家宅、浏河镇、刘河口、杨林口、七丫口、鹿鸣泾口，担任江防。第十四师太仓。第九八师嘉定东侧筑工。第十五师刘行。(4)本区直属部队已令第一军第一师在昆山、陆家桥镇间。第七十八师昆山、张浦镇间筑工。第十三师陈枯行、广福镇间筑工，主力置于广福镇。第六师及独卅六旅南翔附近筑工。第三十二师正由昆山附近向青浦前进中，已令在黄渡镇至外冈间筑工。第一百十一师构筑启东、海门、南通、靖江沿江工事。第一百零三师担任江阴江防，已到一团，余部在运输中。乙、处置：为节省兵力，位置略有变更。部署情形，另案呈报。职顾祝同。敬亥。参战。吴。印。

(2) 9月25日密电稿

南京委员长蒋：〇密。综合本战区部队位置及战况报告如下：(甲)位置：(一)右翼军第十九师唐旅邬团，号晚宿营黄岩，师部及直属部队宿营大溪镇，李旅仍负温防任务，余无变动。(二)中央军位置仍旧。(三)左翼军第八师除留一部原阵地外，余已移至唐桥站、陈家行间作工。第一五九师一部原阵地，余已移至刘行、广福间集结整理。第一六零师在一五九师及教导旅间参加战斗，余无变动。(四)江防部队刘师任鹿鸣、泾口小城、浦口江防务，冯师已到达常熟、浒浦附近，详细部署尚未据报。(乙）战况：(一）昨敬日敌以炮兵及坦克掩护其步兵，向我刘防〔行〕及罗店以南阵地猛攻，经激烈之战斗，彼我损失均大，但敌仍未得逞。(二)昨廿四日晚，敌以坦克车十五辆，冲进我福缫房附近阵地，经我炮兵集中火力之射击，旋即将其击退。(三)本晨敌以步炮兵向我罗店以南十八军阵地攻击，被我击退。职顾祝同。有亥。参战。吴。印。

(3) 9月26日密电稿

南京委员长蒋：〇密。综合本战区位置及战况报告如下：甲、位置：一、右翼军、中央军无变动。二、右翼军各部队新部署：以江家宅、窦家弄、顾家宅、刘行、太平桥、万桥、樊家桥亘罗店南站为主阵地，以各部队原阵地由陈家行东至沈家行、沈家宅北至施相公庙为预备阵地。第八师除留一部固守杨家宅、朱家冈原阵地外，主力移至唐桥站、大场间地区。并以一旅由唐桥站(不含)沿薀藻浜南岸，至陈家行间筑工。第十六师及五十七师占领江家宅、窦家弄、孟湾、顾家镇亘酸浦南岸之线，但五十七师仍固守杨九房、张家巷原阵地。第十五师占领刘行附近至太平桥既设阵地。第七十七师除以有力一部留在原阵地外，余在太平桥(不含)、万桥、李宅、张家宅、樊家桥沿河之线占领阵地。第一五九师除以三分之一兵力仍固守原阵地外，主力在罗湾公路西侧刘家港附近集结整理。第一六〇师一团及教导旅，仍维持原阵地，必要时撤至顾宅、刘胡宅之线。第四军占领樊家桥(不含)、郭家宅、杨家沿河之线亘陶家宅一带阵地。第十一师及六十七师固守原阵地，并在陶家宅(不含)、金家宅、南朱宅、北宅、龚家桥、姚家宅、南北周宅、施相公庙(不含)构筑预备阵地。第十三师(欠一部)在陈家行至广福以北之孙家宅(不含)筑工，余无变动。三、本部直属部队第一〇三师，有日六一三团向郎街、615团向大港镇、618团向申港镇前进中，余无变动。

乙、战况：一、右翼军。漾午敌舰三艘向我李师新三井码头阵地炮击，企图登陆，被我张团猛击，未逞。二、中央军全线沉寂。三、左翼军方面。敌于本宥日上下午，两次向我樊家桥、金家宅、杨家、龚家桥第四军阵地攻击，猛烈激战。入夜，我军仍保有原阵地。该敌系由东北调来之伪军。其他方面战况沉寂。谨闻。顾祝同。宥亥。参仁。吴。印。

(4) 9月27日密电稿

南京委员长蒋：外密。综合本战区部队位置及战况报告如下：(甲)位置：(一)右翼军、中央军无变化。(二)左翼军第一五九师移至嘉定西南之方泰镇。教导旅在周家牌楼集结整理。第一六零师除任掩护之一部外，主力控置中心阁、广福一带，该师留驻常熟之二营，已于有晚【到达】。第一军第一师宥午到达昆山以北、朱家湾、鸭脚滨、太平河、十八图、东横泾、东楼桥一带。七十八师有晚到达昆山及其东南地区。(乙)战况：(一)右翼军方面。寝午敌机两架，由杭州经柯桥、新昌至栎社机场，投弹两枚，一枚中机库，毁库屋三分之一。嗣复至甬上空盘旋，被我守兵以机枪射击，即行飞去。寝未敌舰一艘，由龙山驶至我镇海炮台前，发炮二发，旋遁去。(二)中央军方面。战况沉寂。(三)左翼军方面。宥午敌以步兵一营，向我十五师阵地攻击，激战至午后六时，仍在对峙中。(四)本感日拂晓，敌以战车九辆掩护步兵，向我十六师顾家镇附近阵地攻击，剧战甚烈。至十时许，敌以飞机八架轰炸我军阵地，我军迄未动摇。至午后四时，仍在对峙中。杨九房附近并有敌三、四百人，正在构筑工事。谨闻。职顾祝同。感亥。参仁。吴。印。

(5) 9月30日密电稿

南京委员长蒋：〇密。综合本战区部队位置及战况报告如下：(甲)位置：(一)右翼军第十九师已令开往嘉兴，该唐旅长率一零九团尚在海门(浙江黄岩东)。一一零团感达上虞属之嵩墦，正徒步向杭州行进中，余无变更。(二)中央军位置仍旧。(三)左翼军独立第卅七旅，已令开驻宁波、镇海。第四四师，陈总司令已令开至周王前、金家店一带，准备接替第四军阵地，并加强工事。第十一师金家宅、南朱宅、龚家桥之线。第六七师在徐宅、杜宅、汤家宅、陆宅之线。炮十团之一营及卜福斯山炮二营，仍在大场以北地区。我炮十六团在新泾桥东北地区占领阵地，已能交叉火力，余无变更。(四)本部直辖部队第九师，除四十九团在湘担任长衡段护路外，全部集结无锡待命。第一零二师已令由常州下车，徒步前往江阴，担任刘福、海沙至福山(不含)柏〔？〕防。税警总团第一支队已到达彭浦、大场一带，担任筑工，归中央军指挥。(乙)战况：(一)今晨三时，敌以步兵向我第八师江家宅、汪宅阵地攻击，颇为猛烈。其一部进至我阵地前，被我军以手榴弹击毙十余名，掳获步枪八支，余不支退去。其后未敢来犯，惟以炮兵向我猛烈射击。(二)我十六师在顾家镇、孟湾、张宅之线，于今日上午三时起，与当面约千余之顽敌对峙，敌以飞机、大炮攻击猛烈。至下午三、四时许，始将残敌击溃。击毙残敌五百余名，内有官长五名，一名系敌少佐林木八装。缴敌轻机枪一支，步枪十余支，现散失在阵地前敌枪械尚甚多。(三)昨夜敌炮兵对我顾家镇附近十六师阵地射击，炮〔破〕坏铁丝网，为敌步兵开拓进路，致敌廿余人突进我阵内，我军沉着应战，遂将突入之敌完全歼灭。(四)昨晚唐家浜附近有敌坦克廿余辆，并有约二千人向北移动，企图在殷家附近渡河，被我七七师击退。今天又有敌军一部，在郭巷桥附近施行强渡，亦被该师击退。(五)本日拂晓以来，敌对严宅附近我第四军阵地炮击颇烈，继以战车十余辆掩护步兵攻击，现仍在相峙中。(六)昨日我五十一师施相公庙附近阵地之敌，今晨又续来攻击，仍被我击退。又，本日江湾附近敌炮击甚烈，继以步兵出击，当被我军击退。谨闻。职顾祝同。卅亥。参仁。吴。印。

(6) 10月14日密电稿

南京委员长蒋：○密。综合本战区部队位置、战况及处置等报告如下：(甲)位置：无变动。(乙)战况：连日以来，敌不断向我蕴藻浜南岸攻击。本日敌自唐桥站以西砌石桥、西塘桥、桥亭宅、陈家行之线猛烈进犯，在西塘桥、陈家行两处尤为激烈。广福以南新陆宅我军阵地，一时被敌占领，我十三师以预备队逆袭，当即恢复。(丙)处置：本日下达命令要旨如下：(1)本军应先行巩固现阵地，再图扑灭蕴藻浜南岸敌军，恢复刘行、罗店之原地。(2)右翼军应巩固沿江海岸一带地区之守备，打破敌上陆之企图。并利用浦东、黄浦江岸阵地，对虹口敌根据地及敌舰实行扰乱射击。松江附近阵地带及嘉乍阵地战区工事之构筑，应迅速完成其计划。(3)中央军应先巩固蕴藻浜南岸之阵线，并迅速加强彭浦至大场及江湾至大场至老人桥至新泾桥至陈家行一带预备阵地。再着主力由唐桥站以西地区转移攻势，扑灭蕴藻浜南岸之敌，向刘行以南地区进展。另以一部担任沪南、沪西一带之警戒与守备，及黄浦江西岸阵地之构筑。(4)左翼军应先以一部担任江岸之守备，主力先巩固原阵线。并加强南翔至马陆镇至登桥镇至沿新泾河至浏河镇之预备阵地，再协同中央军转移攻势，向刘行、罗店一带地区进展。(5)第十一军团应以主力担任江岸之守备，一部构筑吴福阵地野战工事及昆支阵地，并积极设备〔置〕太湖地区之防卫。(6)扬子江两岸江防队，应严密江阴附近之封锁，并担任江岸之守备。另以一部构筑江阴要塞地带之野战工事。(7)炮兵队应以主力于小南翔以东地区，一部于马陆镇附近占领阵地，须能以全火力指向唐桥站以西、蕴藻浜南岸及广福以南地区，支援第廿一集团军及第十九集团军之战斗。对敌炮兵之制压，应于短时间内行急袭射击。(丁)第廿一集团军以第一军之第一师、第七八师，第七军之第一七一师，第六八军之第一七三、第一七四师、第十九师及第三十二师编成之，属中央军。以南翔汽车站至小南翔至唐家桥至陈家行至杨家宅至刘行南岸相连之线，为中央军与左翼军作战地境之分界线，线上属中央军。谨闻。职顾祝同。寒酉。参。印。〔自吴县发〕

(7) 10月15日密电稿

南京委员长蒋：固密。谨将作战命令第四号，另纸列报如下：(甲)军队区分：(一)右翼军：(1)第八集团辖第62、63、55各师、独立45旅、炮二旅二团、教总队炮营。(2)第十集团辖第45、52、128各师，暂11、12、13旅、独37旅、宁波防守司令。(二)中央军：(1)第九集团辖第87、88、36、3、61、18各师，税警总团、沪保总团、炮二旅三团一营、沪警备司令。(2)第廿一集团辖第1、78、171、173、174、175、19、32各师。(3)直属第26师。(三)左翼军：(1)第十九集团辖第52、13、9、6、134、135、159、160各师、教导旅。(2)第十五集团辖第44、60、51、58、56、11、67、14、98、59、90、15、77、8、16各师、独34旅、苏保四团、炮16团。(四)江防总司令辖第102、103、111、112、53各师、海军司令、江防司令、江阴、镇江要塞司令、苏保二团、炮八团一营、炮十团一营。(五)第十一军团辖第33、40、76各师及太湖警备指挥部。(六)炮兵指挥官刘翰东辖炮三团一营及炮四团、炮十团之一营、炮校练习队两连。(乙)作战地境：除中央军与左翼军略有变更，业经电呈外，余无变更。谨呈。职顾祝同。删酉。参。印。〔自吴县发〕

(8) 11月17日密电稿

南京委员长蒋：○密。据罗总司令卓英15、14电报，本集团军部署及行动：(1)第十三师、第九八师，昨晚已进入昆城北端，经荒野、花园里、三里桥至王家宅基间既设阵地。并由各该师各派有力一部，占领五渠镇及兴隆桥为前进阵地。(2)第六十师已到达刘家口、谢家桥镇、东家桥头之线，正占领阵地中。四十八军主力占领王家宅基、张家阁、忠国庙之线既设阵地。(3)第一三三师占领塘湖、昆城湖间主阵地及布沿杨城湖、横泾塘东岸警戒。四四师今夜开至常熟城南地区。二二八旅集结辛庄镇附近待命。又，廿一集团军已到达汪家闸以北至福山间，占领既设阵地。等语。谨呈。职顾祝同。篠午。参。印。〔自武进发〕

〔国民政府国防部史政局及战史会档案〕

12. 陈诚报告淞沪会战中央军左翼军之攻击计划密电稿

(1937年10月4日)

特急。南京委员长蒋：〇密。极机密。拟待敌军攻击顿挫时，我军转移攻势。兹拟定攻击计划，概要如次：第三战区中央军、左翼军方面攻击计划概要：(一)方针：(1)我军应乘敌攻击之顿挫，乘机积极转取攻势，务打破其占领淞沪之根本企图。(二)指导要领：(2)我军之攻击，以在庙行、唐桥站间进出之部队为主，以期截断宝刘公路，痛攻敌之侧背。(3)中央军应以有力之部队，直接从正面转取攻势，夺取市中心区敌之根据地，使敌之兵力转用增加困难。(4)为使主力部队成攻①容易，应自陈家行附近及广福以北地区，对刘行方面夹攻。(5)为乘敌弱点夺取敌作战之枢轴，应以有力部队对罗店及以北地区之敌施行侧击，以收席土②之效果。(6)为稳固阵线，准备万一，应使在原线上之部队一时取守势，并准备策应攻击部队之行动。(三)部署概要：(7)第九集团军应以其第八十八师、税警总团之一部及第八十七师，据守原阵地，以第三十六师及税警总团之主力，应〔应字衍〕自江湾附近进占市中心区附近敌之要点。(8)第十九集团军应以其第八师、第五十七师、第十三师据守原阵地，并策应攻击部队之行动。(9)第一军(第一师、第

① 似为进攻之误。

② 原文如此。

七十八师)、第卅二师及罗启疆旅，即配属于第十九集团军，归胡军长指挥，应以其重点左右①，先在庙行、唐桥站中间地区从事攻击准备，攻击开始后，应一意向杨行、顾十房线上进出，确实截断敌之主连络线，截获敌人主力而歼灭之。(10)第十六师应先在陈家行附近从事攻击准备，攻击开始后应即向刘家行方面进击。第九师及第六十师即配备于第十五集团军，归罗军长指挥，应先在孙家宅附近地区从事攻击准备，攻击开始后，即向刘行、万桥间地区进击。前项部队应切实连络，以收夹击之效。(11)第十五集团军应以其第四十四师、第十一师、第六十七师、第五十一师、第五十八师及第五十六师据守原阵地，并策应攻击部队之行动。以杨森所部两师，应〔应字衍〕先在第五十一师、第五十八师阵地之直后，从事攻击准备，攻击准备开始后，应即对罗浏公路沿线之敌断然突破，并须对罗店方面扩张战果。(12)各攻击部队务严密侦察敌情地形，完成攻击准备。并须注意通信网之完成、进路选择及军桥之架设等。攻击开始之时日，预定为十月　日午后七时。(13)第六师应在南翔、马陆镇(不含)间，第一六零师应在马陆镇、石岗门(不含)间，第九十八师应在石岗门、蒋家宅间，第十四师应在新泾桥及其以北地区，分别加强其预备阵地之工事，并准备策应各部。(14)中央军炮兵群之任务，由朱总司令自行规定，左翼军之炮兵应分为两群，右翼炮兵群归薛总司令指挥，左翼炮兵群归罗军团长指挥，其任务均以支援攻击部队之行动为主。该部得与炮兵总指挥官协定。是否有当，迄〔乞〕核示遵行。职陈诚。支巳。参。印。

〔国民政府国防部史政局及战史会档案〕

13. 第二十军杨森部淞沪会战战斗要报

(1937年11月)

第二十军淞沪会战战斗要报　二十六年十一月

① 原文如此。

一、战斗经过概要：

淞沪会战开始后，军于九月一日动员全军，由贵阳出发，徒步沿湘黔公路强行军，于九月二十四日兼程赶到长沙，当夜改乘火车，沿粤汉、平汉、陇海、津浦、京沪线，向东战场急行输送，于十月八日在南翔附近下车，加入战斗。

十月九日，军主力在上海近郊老人桥、郁公庙、新泾桥、谈家头、池后宅、战头桥之线，构筑第二阵地带工事，一部在输送中。时敌在淞沪方面正第三次增援，第四次总攻，企图中央突破，截断京沪连络，故蕴藻浜附近之战斗甚为激烈。我在塘北宅、盛宅地区之友军第七八师，死伤惨重。军曾遵19AG总司令薛电令，以先到达之134D集结谭家头、新泾桥，准备增援。余仍续行筑工原任务。

十月十日，南翔西北地区，敌攻势亦极猛烈。当晚军尚未全部集结完毕，即奉命接替税警总团及22D盛宅、桥亭宅、顿悟寺、陈家行之线之守备，遂进入阵地直接与敌发生血战。十二日拂晓起，敌以一旅团之众，配合特种部队，指向陈家行东侧猛攻。经我134D迎头痛击，反复冲杀，激战至十四时，敌势不支，陈家行失而复得。十三、十四两日，敌再兴攻势，增援一部，在优势炮、空军掩护之下，向我原线，以排山倒海之势，继续进犯。我亦增加133D（缺在输送中之399B）猛烈出击，官兵前仆后继，视死如归，其壮烈牺牲之精神，洵足惊人。不意，苦战至十四日十五时，我各兵种未协调，顿悟寺西侧工事被敌摧毁，守军先纠华营全部殉国。一点突破，全阵几为之震撼。此时军长在小南翔，本与阵地共存亡之决心，令134D师长杨汉忠率部努力施行逆袭。该师长忠勇奋发，在敌机俯冲轰炸与扫射下，虽弹穿左股，亦能不顾一切裹伤前进，遂致全军感奋，而于是日傍晚恢复原阵地。十四日夜，军当面敌再度增援，再度猛进，锐不可当。我夏副军长炯、133D杨师长汉域，均在第一线坑壕指挥督战，须〔？〕寸土必争，故陈家行、顿悟寺一带阵地形成焦土，当第三次告失守，而终于十五日黄昏前由盛宅反复施行逆袭，迅速夺回原地，全线屹立，依然无恙。十六日晨，敌又作第四次侵犯，然已一鼓作气，再而衰，三而竭，与我争夺半日，毫无所获矣。亘全战斗经过，军长以下各高级指挥官均亲临前线，士气旺盛，诚所罕觏。

十六日十二时，军在陈家行、顿悟寺及其附近原阵地，依照规定绘图，正式交代48A接替后，即在纪王庙、吴淞江西岸附近，构筑后方阵地。并整编133D、134D残余部队为一个师，归133D师长杨汉域指挥。编余官兵，由134D副师长李朝信率往安庆训练新兵。

迄十一月七日夜，军奉命经安亭、昆山道向吴（苏州）福（福山镇）线转进，受11C〔？〕军团长上官云相指挥，构筑角直镇、真义镇、吴家滨、巴城镇、东塘堡、古里村亘梅李（常熟东）之线之阵地工事。十一月十三日由长江西周市、浒浦镇登陆之敌，于突破我江防友军阵地后，忽向军133D（缺397B加402B/134D）侧背急袭，赖我官兵沉着应战，未受意外重大损害。

十一月十八日，军在洋〔阳〕澄湖、昆成湖、常熟之线占领阵地，构筑工事。时昆成湖西岸有敌小部登陆。十九日晨，苏州亦告失陷，我15AG正逐步向西转进，1A在无锡南方沿苏锡公路布防中。军以掩护15AG主力南侧安全为主任务，经努力奋斗，艰苦撑持，始得遵限于十九日晚完成任务后，亦向溧阳西进，准备尔后之作战。

二、敌兵力、部队号及特异之装备：

与本军战斗之敌为近卫师团之一旅，第三师团、第九师团、第一〇一师团之各一部，另配属空军、战车、炮兵，总兵力约在二万以上。

敌之陆空军装备均较我为优，我制空权殆为敌掌握，我炮兵殆为敌炮压制，难以自由活动。

三、敌我损害概数〔略〕

四、所见：

当军由贵阳出发时，滇黔绥靖主任公署给予本军之行军计划，规定五十九日到达长沙，但军仅费二十四日即已赶到，足见各官兵同仇敌忾，爱国情殷。进入淞沪战场后，其杀敌精神更不可侮。

军在南翔尚未集结完了，战场内敌情、地形、友军状况亦未十分明瞭，即奉命加入战斗，致犯仓卒及逐次使用兵力之过失。

既设阵地内，坑壕过深、过窄，交通、防空、排水及逆袭设备不良，防御正面有限，全线特别拥塞，更蒙极大不必要损害。

亘全战斗经过，军无直协①炮兵，故步炮协同困难。各级指挥官无阵地战经验，牺牲精神有余，歼敌能力则不足。

附表〔略〕

中华民国二十六年十一月　日

军长　杨　森

〔国民政府国防部史政局及战史会档案〕

14. 淞沪抗战第三期作战计划

(1937年11月16日)

第三战区第三期作战计划十一月十六日于南京

第一　方针

为打破敌由杭州湾方面包围我军之企图，并巩固首都起见，京沪线方面应利用既设工事，节约兵力，抽调一部转用于沪杭线方面，阻止敌人之发展。同时抽调一部，巩卫首都。待后续兵团到达，以广德为中心，转移攻势，压迫敌于钱塘江附近而歼灭之。

第二　指导要领

一、京沪线方面，务以最小限之兵力，利用吴福线工事，阻止该方面之敌。不得已时，转进于锡澄、宜(宜兴)、武(武进)等阵地，

① 原文如此。

节节抗战。

二、由京沪线抽调约两个师(除第七军),经宜兴、长兴进出吴兴,归张发奎指挥。同时以炮兵大部转用于沪杭方面。另抽较次之三至五个师,回任首都之巩卫,并预先构筑工事。

三、沪杭线方面,应扼守崇德、石湾、南浔线及临平、吴兴线最后应以刘建绪所部(第十集团军)退守杭州附近。第七军之徐、程两师,退守长兴附近,待川军到达后,一齐转移攻势。

四、续到之川军六个师,车运者,由南京用汽车输送至广德附近。航运者,由芜湖、宣城,再用汽车输送至宁国附近集中。置重点于广德方面,攻击沪杭方面之敌。

五、京沪方面不堪作战之部队及可抽出之资材即运后方。

〔国民政府国防部史政局及战史会档案〕

15. 张治中关于第九集团军淞沪战役报告书

(1937年11月4—20日)

苏州河南岸之防御与撤退(十一月四日至十日)

十一月四日

自奉令兼第九集团军总司令后,职于一日晚率必要人员驰赴青浦属之北干山附近,四日始正式接替第九集团军指挥职务。斯时苏州河南岸刘家宅方面,我第三十六师正面渡河之敌,虽经歼灭大部,但厅头及吴家库附近,昨又渡过百余。本集团军在苏州河南岸部队之概略位置如下:(1)第八十八师在丰田纱厂东西及以北,沿苏州河东岸之线。(2)第三师、第三十六师由周家桥镇至金家宅,沿苏州河南岸之线。(3)第一军为蔡家宅北新泾镇、屈家桥之线。(4)第六十一师、八十七师、六十七师自张江渡亘姚家宅之线。(5)第四十六师自姚家宅亘问津亭、吴淞江南岸之线构筑工事。(6)第二十军自王家滨亘纪王庙,沿吴淞江南岸之线构筑工事。(7)沪保安总团在梵王渡车站至徐家汇车站,沿沪杭铁道之线。(8)税警总团在王家楼附近整理。(9)第一零二师在中新泾镇以北地区。(10)第一五四师在纪念碑路以西地区。(11)炮三团在虹桥飞机场以北地区,炮四团之一营在永安公墓以西地区,归本军指挥。

十一月五日

本日刘家宅方面之敌,仍在该处顽强抵抗,厅头、吴家库之敌亦续有增加。本部即令第八十八师派兵一团,位置于北龚家宅附近,支援第三十六师。并变更部署如左:

一、第七四军(俞济时)指挥第四十六师及五十八师,担任构筑由木杆桥、焦家宅、徐家宅、北蒋上、西蒋上、北汤家巷、陈家巷、华曹镇之线第二线阵地带之工事,第四十六师在左翼。

二、第一军以百零二师之一部,构筑由赵巷(含)、沈巷宅、郭家宅、赵家宅之线第二线阵地带之工事。

三、税警总团构筑由赵巷(不含)以东经杜家堰、金家宅至丰田纱厂之第二线阵地带之工事。

四、第三师撤至虹桥飞机场(含)及其以东高家湾、九图里、柏王里、高家桥、施家塘之线,担任第三线阵地带之工事构筑。

五、第二十军构筑由飞机场(不含)经南张巷、陆家弄、顾家湾、钱巷、陶家桥、长浜、谢浜头、薛家埭、陈思桥、黄泥冈亘南庄泾之线第三阵地带之工事构筑。

六、独立工兵第一团之傅营,以一连构筑虹桥镇据点工事,并指导该处水泥工事;以一连构筑中新泾镇据点工事,并准备该处附近桥梁之破坏。

第六十七师奉前敌总司令陈命,撤至七宝镇附近整理,遗防以教导总队接替之。

十一月六日

本日刘家宅、龚家宅及厅头、吴家库之敌续有增加,昼夜敌以炮兵向我阵地内猛轰,我六十七师伤亡颇重。本部乃令第五十八师以一旅归第十七军团长指挥,支援第三十六师作战。第六十七师本晚撤至安亭附近整理。本日敌机在我战场上到处轰炸。

十一月七日

本日厅头、吴家库之敌已扩张至八字桥、施家弄之线，我教导总队与敌鏖战一昼夜，伤亡颇重。当奉前敌总司令陈令：(1)着第五十八师以一旅调归桂总队长指挥增援。(2)第三师任七宝镇、虹桥机场之线，第八十七师任顾家宅(华漕镇西南)、陶家桥、谢浜头、陈思桥、杨家宅、潘家巷之线工事构筑。(3)第五一师任马桥(青浦城南)、青浦城、铁店塘、三角店之线工事构筑。(4)第四十六师任白鹤港以东之何家桥、小木桥村、徐家村、仇江之线工事构筑。(5)第二十军于本晚经安亭、昆山开吴福线，税警总团开青阳港附近地区，均归第十一军团长指挥。

十一月八日

敌机在我战场内轰炸终日，本部中校参谋秦楚卿被敌轰炸殒命，少校副官张初开重伤，已成残废，并炸死驻本部附近之特务连士兵杨标等十二名，伤士兵二名。通信网亦被破坏，致与各方通信连络完全断绝。战区司令长官鉴于苏州河南岸战况之不利，同时又感于淞〔松〕江方面敌人之猛进，为策我军背后之安全计，本部于是晚九时奉到战区司令长官电令如左：

一、第一军经安亭徒步行军到达吴县以西地区，集结待命。

二、第一〇二师经安亭徒步行军到达真仪附近，归前敌总司令部直接指挥。

上二项部队行动由胡军团长宗南部署之。

三、第三师经安亭徒步行军到达吴县以北地区，集结待命。

四、第八十七师经安亭徒步行军到达吴县以北地区，集结待命。

上二项部队行动由王军长敬久部署之。

五、第八十八师附沪保安总团经安亭到达昆山东、青阳港铁道以北地区构筑阵地，归前敌总司令部直接指挥。

六、第三十六师经安亭到达昆山东青阳港铁道以南地区构筑阵地，归前敌总司令部直接指挥。

上二项部队行动，由孙军长元良部署之。

七、第五十五师（欠一团）经青浦、安亭到达昆山上车，经苏嘉铁路输送至嘉兴下车，归刘总司令建绪指挥。

八、独立第四十五旅、第一零七师、第一零八师应以由沪杭铁道向嘉善附近转进为主，不得已时经青浦、安亭到达昆山附近待命，着黄代总司令适应状况，适宜处置之。

九、第六十一师经安亭、昆山徒步行军，至无锡以北地区整理。

十、苏州河南岸炮兵部队应即经安亭，由炮兵指挥官刘翰东部署，转进于昆支线占领阵地，归前敌总司令部直接指挥。

十一、青浦至仇江本阵地应迅速占领，各守备部队非奉命令，应固守阵地，不得撤退。

十二、平射炮、高射炮均留青浦附近使用，归第五十一师师长王耀武指挥。

十三、原配属第一军迫击炮孔营之两连到达安亭后，着归第六十七师师长黄维指挥。

职当以时在深夜下达命令，已为时间所不许，但延至翌晨又为敌机轰炸，部队运动困难，为使各部较〔获〕得余裕之时间与安全起见，即遵命令，并规定各部队拂晓前到达地点，用电话分别转达命令。其要旨如左：

一、第八十七师、第三师占领七宝镇（不含）、虹桥机场、华曹镇西南之顾家湾、陈思桥、杨家宅、潘家之线，收容第一线部队之撤退【官兵】。

第八十八师、第三十六师保安总团，应即开始撤退。该部队等即由现地经北新泾镇、陈家桥、虹桥机场，至青浦大道两侧平行道西进。第三十六师在杨泾巷向埂卡、李经桥地区，第八十八师在潘家弄、潘家塘、马家塘地区，保安总团在孙家巷、田港弄、赵家塘地区集结，统归胡军团长指挥。第八十八师撤退时，应将丰田纱厂尽量破坏。

二、胡军团长宗南指挥第一师、第七十八师、第一零二师及第五十八师之一旅，除留置一部于原阵地掩护撤退外，其余由新泾镇、陈家桥、虹桥机场，向青浦道前进。第一师在木泥浜、老宅、金家行地区，第七十八师在杜家行、蟠龙桥地区，第一零二师在蟠龙镇北、陆石泾、着衣桥地区，第五十八师在窦家港、柿子园、郧家桥地区集结，归桂总队长指挥之。第五十八师之一旅通过收容阵地后，亦归还建制，受胡军团长节制。

三、胡军团长各部队集结地区，统在收容阵地之西侧五公里之北新泾镇、虹桥机场大道南北地区。

第五十五师应即撤至莘庄、七宝(含)之线左翼，与胡军团长宗南所指挥之第三师、保安总团、第七十八师等切取连系，协力胡军担任苏州河南岸第一线部队之收容。

四、教导总队于即夜经西蒋上、刘家桥、诸翟镇道路，撤退至诸翟镇、蟠龙镇地区。所指挥第五十八师之一旅，即到窦家港、柿子园、郧家桥地区，归还建制。

五、炮兵第三团即开始经青浦向安亭附近撤退。

六、工兵营于各部队撤退后，对莘庄、七宝镇至华曹镇以东地区之道路、桥梁应尽予破坏。

七、通信兵营于各部队撤退后，对于莘庄、七宝镇至华曹镇以东地区之电话、电报线，应尽量予以破坏或撤收之。

各部队于接到命令后，旋即分别开始移动。

十一月九日

为继续实施昨日之撤退计划，本晨二时又下达合同命令如左：

一、第一军区处第一零二师及保安总团，于本(九)日黄昏后，经青浦、安亭大道前进。第一军到苏州以西地区集结待命。第一零二师受胡军长之区处，经安亭到真仪〔如〕附近集结，归前敌总司令陈直接指挥。保安总团在安亭附近待命。

二、第七一军区处第三师于本(九)日黄昏后，经诸翟镇、观音堂镇、杜村镇、安亭道路前进。第八七师到苏州以北地区集结待命。

第三师受王军长之区处，到苏州以北地区集结待命。

三、第七二军区处第三十六师，于本(九)日黄昏后，经华港、穆家桥、郏店、安亭道路前进。第八八师到达昆山以东、青阳港铁道以北地区构筑工事，归前敌总司令陈直接指挥。

第三十六师受孙军长区处，经青浦、安亭到达昆山东青阳港铁道以南地区，构筑阵地。

四、第五五师(欠一团)本(九)日黄昏后，经青浦、安亭到昆山，乘车经苏嘉路至嘉兴，归刘总司令指挥。

五、独立第四五旅、一零七师、一零八师仍由沪杭路向嘉善附近转进，如不得已时，可经青浦、安亭到昆山集结待命，归黄总司令琪翔相机处置。

六、第六一师经安亭到无锡整理。

七、教导总队于本(九)日黄昏后，经诸翟镇、复庆桥、安亭到昆山上车返京。

八、苏州河南岸炮兵，于本(九)日晚，经青浦、安亭道路，归刘指挥翰东指挥。原配属第一军迫击炮二连，即向安亭移动，到达安亭后，归六十七师黄师长指挥。

九、高射炮第十二连及平射炮留青浦附近，归五一师王师长指挥。

十、第五一师、五八师、四六师及百五四师归俞军长济时指挥，应速加强青浦、仇江线上工事，如无命令，不准撤退。

十一、工兵一团第三营应照预定计划，对退却后各道路要点，尽量破坏。

十二、通信兵营完成各部队间之通信网，并对撤退后之电话、电报线路，予以破坏及撤收。

十三、第九兵站分监部 应于本(九)日起移至真如附近。

各部队行动日期及到达地点表

队别	十日拂晓前到达地点	十一日拂晓前到达地点
第一军 第一〇二师 保安总队	青浦城附近	安亭以西地区
第七一军 第三师	杜村镇附近	安亭以北地区
第七二军 第三六师	小高桥附近	安亭以东地区
第五五师	青浦城以北地区	安亭车站附近
教导总队	白鹤港附近	安亭以西新开口附近
第五八师 第一五四师	复成桥一带	
炮三团	看山桥东王滨一带(青山公路)	白鹤港附近

而各部队竟于本日白昼，在敌机轰炸与扫射之下，即向西移动，秩序颇为紊乱。是日自晨迄夕，敌机异常活跃，致电话线中断。虽派员向各方连络，亦苦无法觅得部队位置，连络中断者达一日。本部于本日晚移驻青浦城西北之金家桥附近，并下达命令如下：(1)一〇八师即日向珠街阁至青浦南之马桥(不含)之线前进，占领阵地，左翼与五一师切取连系。(2)一〇七师即随一〇八师跟进，在青浦以东公路南北地区占领要点，拒止敌之西进。(3)独立四五

旅即日经青浦至陶家桥附近，连系税【警】总团占领阵地。当日因部队混杂异常，命令无法传达，各部队之情形不明。

十一月十日

本部昨夜移驻昆山城。本晚职奉命驰赴嘉兴，协助刘总司令指挥第十集团军。以九集团军揆①归左翼军指挥，并将指挥任务交副总司令香翰屏接受。

浦东及杭州湾北岸之防御与撤退

（八月一日至十一月二十日）

自芦沟桥事变发生起，上海方面敌军敌舰续有增加，及至八月上旬虹桥事件发生后，计敌陆续调集于上海附近者，有军舰二十余艘，陆战队及在乡军人约万余。斯时在苏浙边区主任公署所辖境内，各部队之位置及变更如左：

一、第五十六师原以一六六旅驻嘉兴、嘉善一带，一六八旅驻平湖、海盐、乍浦一带，经本部八月三日令该师以主力集结于平湖附近，以一部进驻金山卫，并占领乍浦、澉浦间之要点，严密防止敌人由杭州湾登陆及由沪杭公路前进。旋又奉委座三日电令：该师速开蚌埠，于七日开始由嘉兴输送。

二、第五十七师原以一六九旅驻嘉兴与硖石一带，一七一旅驻王店附近，经本部八月三日令该师以驻硖石之一六九旅全部推进于嘉善附近，并于沪杭铁路及公路附近，对上海方面之敌严密警备。旋以第五十六师调开蚌埠，于四、五两日又令该师驻王店之一七一旅推至平湖、海盐、乍浦、澉浦一带，接替第五十六师防务，并限七日移交完毕。十二日夜又奉委座令，以一六九旅开龙华占领阵地，归张总司令治中指挥。

三、第五十五师奉委座令，于八月十一、十二日分由弋阳、横峰、衢县、樟树潭等处乘车，到海盐、平湖一带待命。

①“揆”为“拨”之误。

四、第六十二师奉委座令，于八月十日起，以一八六旅及三六八团由金华开拔，陆续开往嘉兴，其三六七团十三日由湘起程开嘉兴。

五、第十六师奉委座七日令，由浙南开嘉兴。

六、独立第四十五旅奉委座令，于八月十一日，以一团由祁门出发，其余两团于十二、十三日由浮梁、瑶里开海盐、澉浦一带。

七、炮兵第二旅原驻嘉兴，八月十一日奉何部长电令，以第三团开苏州，归张总司令治中指挥。

八月十三日

上海方面敌兵及军舰，向上海市中心区及江湾之我守兵工事开始轰击，并以坦克车向我军工路虹口市中心区进攻，战事由此开端。

八月十四日

奉委座令：本军为第八集团军，并规定第十、第九、第八集团军之作战地境线如下：第八、第十两集团军为由杭城西南经钱塘江、玉盘山之线，线上属八集团军。第八、第九两集团军为由苏州河经北新泾镇、诸翟镇至青浦城之线，线上属第九集团军。然上海市苏州河以南地区，在扫荡敌人期中，其部队之指挥权暂归第九集团军。同日奉委座令，以五十七师开龙华施〔寺〕。一六九旅之三三七团，并附炮二旅二团之一营（由蔡旅长亲率），即晚渡过黄浦江东岸，扫荡浦东敌人。并以炮火主力，指向浦西公大纱厂、汇山码头射击。以该师驻平湖、海盐之一七一旅续开龙华、法华路至林肯路、苏州河沿岸警戒。又令第五十五师之三二五及三二八团乘车至枫泾，向南桥集结。

八月十五日

奉委座令：第五十七师之一七一旅旅长率三二四团开浦东，对南汇、川沙海岸警戒。本部并下达浦东兵力部署之命令如左：

一、第五十五师。(1)以主力经枫泾、泆泾向南桥集结，应不待集结完毕，即以步兵三团向东北推进。以主力向南洋、泾桥、塘桥之线，接替五十七师浦东防务，指挥炮兵。炮二旅之一营协同淞沪军攻击浦西之敌，并逐次扑灭浦东敌人。以一部配附炮兵在川沙方面，固守白龙港附近，拒敌登陆。更控置一部于相当地点，随时策应。其余集结南桥待命，并对拓林、闵行警戒。(2)南汇至奉贤旧城沿海一带，该师酌派一部协同民众武力，阻敌登陆。(3)各部应与淞沪军切取连系。

二、第五十七师之浦东防务交代后，应即归还建制。

三、尔后炮二旅之一营归第五十五师指挥。

第五五师之一六三旅及三二八团到达南桥后，即由一六五旅长率领向东北推进。

八月十六日

本晚我浦东炮二旅之一营，开始向杨树浦之敌射击。同时我第五十七师三三七团亦开始进攻浦东沿江之敌，占领三菱、日清、太仓等公司码头。敌军不支，纷纷登舰向浦西逃窜。残余浦东之敌，尚有新三井码头、老三井码头、日华纱厂等处，共约三百余人，机枪八挺。同时在白龙港方面，敌舰十余艘向我海岸第五十七师一七一旅阵地炮击，我略有死伤。

八月十七日

第五七师三三七团本日进展至洋泾镇、张家湾、唐庄之线。第五五师主力推进至东三林塘、御界桥、王庙之线，一团到达南桥。

八月十八日

本部下达之兵力部署命令，要旨如左：

一、第五十七师现在浦东之一旅(三三七、三四二团)，附炮二团之一营，应就原配备，于第五十五师到达浦东，取得连络后，暂归五十五师李师长指挥。其主力在法华镇及林肯路一带，协助京沪军作战，并归张总司令治中指挥。

二、第五十五师指挥五十七师谈旅(三三七、三四二团)，并加派步兵一团，一面迅速扫荡黄浦江东岸残敌，使用炮火协力京沪军，攻击浦西之敌，一面控置主力于适当地点，对于白龙港或高桥镇方面登陆之敌切实拒止，并在川沙、南汇、奉贤一带海岸酌派一部指挥民众武力，扼要警备。以一团集结于周浦镇附近，以二团控置南桥附近，对闵行、拓林方面严行警备，并赶速完成该线上之工事。

三、第六十二师(配属炮二团第二营)以主力，固守由澉浦经海盐、乍浦、全公亭至金山卫之线，拒止敌之登陆。并控置有力部队于平湖附近，对于该方面登陆之敌予以迎击而歼灭之。该师并应乎必要，务于各永久工事间赶筑野战工事。

四、独立四五旅以两团位置于硖石，一团位置于嘉兴附近，为总预备队。

本午复奉战区司令长官令：五十七师阮师长立率一团，星夜于龙华附近渡黄浦江东岸，指挥该师(暂欠一团)全部及五五师与炮二团第一营，迅速扫荡浦东沿江敌之根据地。并以主力对沿岸要点，拒止登陆之敌。暂留一团在原防，俟独立四十五旅先头团由硖石运送龙华接防后，继续渡江，归还建制。同时令独立四十五旅旅长亲率先头团，星夜运送龙华接防，并暂归张总司令治中指挥。该旅后续部到达杭州，即迳向龙华输送。

本日上午五时许，白龙港敌舰三十余艘，载敌兵约四团，离岸甚近，企图登陆。因我戒备严密，敌未得逞。我五五师三二五团今日进至川沙附近，归五十七师一七一旅旅长指挥。五十五师一六三旅(欠三二五团)由东三林塘进至张江栅镇，一六五旅(欠三二〇团)在周浦镇附近集结。本晚我五七师之三三七团攻占老三井码头及日华纱厂，将该厂焚毁。并炮击邮船会社及新三井码头，未能奏功。

八月十九日

昨晚以迄今晨，敌舰、敌机连合对白龙港猛烈轰击，企图登陆，经我五七师一七一旅严行戒备，敌未得逞。

今晨，独立四五旅(欠七三四团)到龙华，晚间始接替五七师苏州河南岸至黄浦江西岸之防务。

第六十二师(欠一团)已陆续到达澉浦、海盐、乍浦、金山卫沿海一带。

八月二十日

第五七师三三七团本晨先以便衣队进袭邮船会社码头，经激烈战斗后，敌退入兵舰。该团第一营左翼及三营全部，均已推进至江岸构筑工事。本部午间即令五七师师长督率洋泾镇附近之步炮兵，限二十一日拂晓前将黄浦江东岸之敌完全肃清，尔后威胁日租界方面之敌，并以炮兵集中射击敌之建筑物。同时对浦东之兵力重新部置如左：

一、第五十七师一七一旅谈旅长，指挥三四二团及五十五师一六三旅之三二五及三二七团，警备白龙港、徐家路及高行镇一带，拒止敌之登陆，并使用炮火协力攻击浦西之敌。

二、第五十五师一七一旅①张旅长指挥五十七师三三七团及炮二团第一营，迅速扫荡黄浦江东岸残敌。一六三旅杨旅长率三二八团，位置于周浦镇附近，派一部在白龙港以南奉贤旧城以北一带海岸，并指挥民众武力扼要警备。该师第三三〇团位置于南桥，对闵行及拓林方面警备，并赶速完成该线上之工事。职亦于本夜，由嘉兴率必要人员，驰赴浦东督战。

第五十七师沪西防务，昨已交由独立四十五旅接替。阮师长率三三九及三四〇团于昨夜渡江，今日拂晓三三九团向张家栅镇，三四〇团向川沙前进，独立四五旅之七三四团亦已到达龙华。

八月二十一日

浦东沿江部队自昨日接得攻击命令后，异常兴奋。职复于昨夜

① 字傍注有“一六五”字样，“一七一”当为“一六五”之误。

间赶赴前线，率步炮兵于午夜开始猛攻新三井码头及附近之敌。我士卒莫不奋勇当先，敌兵即呈动摇，我军乘胜冒敌炮火直冲，敌不支纷向兵舰内溃退。今日上午四时，已将新三井码头确实占领，浦东之敌遂告肃清。因之重新部署浦东兵力如左：

一、第五十七师一七一旅以主力在白龙港、老洪洼、徐家路之线择要构筑阵地，以一部控置于适当地点，拒止敌之登陆。

二、第五十七师一六九旅除以三三九团控置于张江栅镇附近为师预备队外，其余并附炮二团第一营，在黄浦江岸坚固构筑工事，严密警备，并以炮兵射击浦西之敌，协力京沪军之作战。

三、第五十五师三二五团于高行镇附近构筑阵地，对高桥方面严密警戒，拒止敌之登陆，并归五十七师阮师长指挥。

四、第五十五师(欠三二五团)应以一部集结于周浦镇附近，主力在柘林、南桥、闵行之线构筑阵地，并酌派一小部协同民众武力警戒沿海。

八月二十二日

奉委座令：本军与第十集团军作战地境线，由杭州至玉盘山之线，线上属第十集团军。又四十五师调归本部指挥。

八月二十三日

敌机在我浦东沿江阵地侦察，并轰炸终日。本日奉委座令，变更浦东之兵力部署如左：

一、第五十五师即向白龙港、高行、洋泾镇推进，接替五十七师防务。

二、第五十七师于交防后，即向闵行、南桥之线集结，派一小部协同地方武力，兼顾南汇、奉贤旧城间防务。

三、炮二团第一营着即归五十五师指挥。

职本晚率必要人员进驻南桥。

八月二十四日

本日复奉委座令：(1)第五十五师迅接五十七师之防。(2)第五十七师交防后迅速渡江，以一部接独立四十五旅沪西防务，主力控置于北桥附近，集结待命。(3)独立四五旅交防后，迅速渡江，分置于闵行、南桥、柘林线构筑工事。并派一小部协助地方武力，于南汇、奉贤旧城间对海岸严密警戒。该旅后续之一团，着由枫泾下车，迳开南桥集结待命。

第五十五师因为新部署如左：

一、第一六三旅即接五十七师一七一旅防务，第三二五团归还建制，仍在川沙、六团湾、白龙港、老洪洼、徐家路至高行之线，并派一部进至高桥，对海岸方面严密警戒。

二、第一六五旅(欠三八二团)(欠一营)即接五十七师一六九旅沿浦江一带防务，右翼须与一六三旅密取连系，对浦江方面严密警戒。

三、第三二八团(欠一营)位置于张江栅镇，为师预备队。

八月二十五日

情况无变化。

八月二十六日

第五十七师一六九旅施旅长率三三九团，于二十四日由周家渡渡江完毕，接替独立四五旅沪西防务。三三七团将浦江沿岸防务交五十五师接替后，昨夜由白莲泾渡江集结于漕河泾附近。第一七一旅将川沙、白龙港至徐家路一带防务交五十五师接替后，于二十四日在北桥附近集结完毕。

八月二十七日

敌舰向浦东日清码头炮击二百余发，我颇有损伤。午刻敌用小火轮数只，载兵百余名，依兵舰掩护，在新三井码头登陆，经我五十五师守兵拼力抵抗，始将敌军击退。敌死伤狼藉，我亦伤连排长各一员。奉战区副司令长官顾令：第五十七师已令其于二十七日晚移至暨南新村附近，准备接替闸北至虹口方面八十八师之防务。

八月二十八日

本日下午三时许，浦东太古堆栈附近，我五十五师第三三〇团第七连阵地，被敌舰炮击，伤亡官兵十余员名。本夕敌舰一艘，悬挂美国旗，泊新三井码头，我守兵发觉后，即派兵前往侦察。甫及码头，见有敌兵数十名，业已登陆，当即迎头痛击。敌又由舰上以一部增援，我守兵全部向敌反攻，敌不支，仓卒退回舰上驶去。浦江敌舰多艘，同时向我炮击，弹中三井堆栈房，我伤官兵数人.

八月二十九日

奉委座令：独立三十七旅归本部指挥，该旅已于二十八日晚到达龙华，暂受张总司令治中节制。

八月三十日

第四十五师于二十八日又奉委座令：开回宁波、镇海一带待命。已到海宁之二六五团，于本晨开回曹娥江边，其余部队亦中止运输。

八月三十一日

奉委座令：六三师调往平湖、海盐一带，归本部指挥。

九月一日

本部对杭州湾北岸之兵力部署如下：着第六二师、六三师及炮兵第二团第一营暂归二十八军陶军长指挥，担任自柘林(不含)经乍澉浦迄海宁沿海一带防务，拒止敌之登陆。并派步兵一营附工兵一部，担任杭乍公路阻绝监护任务，但须于沿海各要点附近控置有力部队，保持机动。

九月二日

奉委座令：第十六师全部开南翔，暂归战区副司令长官顾直接指挥。又独立三七旅一日以一团开刘家行、广福，一团今晚续开。

九月三日

本日午前九时半，敌舰十余艘、飞机二十余架，向我浦东五五师三三〇团阵地猛烈轰击。同时有敌数百人，即在其掩护之下在春江码头强行登陆，我守兵三三〇团第一营即予以痛击，继又挑选奋勇队向敌猛扑。激战至午后三时，将敌完全击溃，毙敌三十余名，我阵亡营长朱子义与士兵共二十余员名。

第十六师四八旅二日晚经嘉兴，奉委座改令该师全部推进于龙华至闵行，沿黄浦江各渡口构筑据点工事。该旅遂于今晚改开龙华。

九月四日

本日本军各部之新部署如左：（附图第一）〔略〕。

一、第五十五师。(1)一六三旅（欠三二五团）除控置一营于右翼外，以一营任三九港至小渔滩海岸各要点之警备，拒止敌之登陆，分一小部任小渔滩至海滨浴场之监视，左与一六五旅监视哨连络。其余占领白龙港、小湾、王麻、义桥、栅桥村（含）之线构筑工事，逐渐加强由三九港至吴家洪之线。(2)一六五旅（附炮二团之一营）除控置两营于适当位置外，以主力任陆家渡至东沟江岸之警备，拒止敌人登陆。并占领洋泾镇北侧，经孙家宅、栅桥村（不含）之线构筑工事，以一小部任高行方面之监视，右与一六三旅监视哨连络。(3)三二五团为师预备队，位置于杨家镇、北蔡附近。

二、二十八军。(1)第六十二师担任由柘林（不含）至场前（不含）间沿海防务，置重点于金山卫、乍浦。(2)第六十三师任场前（含）至海宁间沿海防务，置重点于澉浦，并各控置有力部队于相当地点，保持机动。(3)炮兵第二团第二营在乍浦、澉浦及金山卫等处，占领既设阵地。

九月五日

本部令独立四五旅在奉贤旧城、南汇沿海之线，占领由柘林（含）经钱家桥、东门港、天妃宫、老港至吴家路之线阵地。（附图第一）〔略〕

第十六师四六旅本午到达莘庄。

九月六日

第十六师四六旅本晨移至北桥、闵行、龙华一带，构筑工事。

九月七日至九月八日

情况无变化。

九月九日

本日上午十一时三十分，敌以小军舰两艘，带驳船二只，载敌兵二百余名，在招商华栈与邮船会社码头登陆。经我五五师一六五旅猛击后，敌窜匿江岸栈房内，后经围攻，敌不支，逃回船上逸去。午后敌舰三艘及飞机数架，向我沿江阵地不断施行轰击。

九月十日

本日下午四时三十分，敌舰七艘拖民船二十余只，每只载兵三十名，向我浦东春江码头及新三井码头，以炮火猛烈射击，并以飞机十余架轰炸，企图掩护敌兵登陆。经我五五师协同炮兵沉着应战，严行阻止，敌卒不得逞退去。计有炮弹五枚中敌舰上，我亦有伤亡。下午五时，我炮兵又击中浦西，日领事署起火。

九月十一日

奉委座令：第十六师彭师长亲率一旅，即开暨南新村候命，龙华、闵行一带工事，仍由该师所留之一旅继续担任构筑。并重新规定第八、九两集团军之作战地境为：青浦、北门、郏寨、诸翟、北新泾镇，经沿苏州河之线，线上属九集团军。

九月十二日

奉委座令：第十六师留龙华、闵行线上之何旅一团开往大场，归还建制。

九月十三日至九月十五日

情况无变化。

九月十六日

奉委座令：在贵溪之张钫所部即开松江，归本部指挥。

九月十七日

情况无变化。

九月十八日

本日上午八时起，敌机数架向浦东东沟轰炸。迄十时许，敌舰四艘及驳船八只，载敌兵数千人，亦驶向东沟炮击，并以机枪扫射。其中一舰及驳船数只即乘机靠岸，有敌兵百余人登陆，当经我五五师守兵奋勇拒止，激战半小时许，敌不得逞，仍退回原舰。下午三时许，敌又以机炮向我沿江阵地不断轰击，我伤亡士兵十余人。

奉委座令：驻龙华、闵行线上十六师之一团，应于龙华、闵行、虹桥飞机场守地，各派兵一连驻守。其主力担任南市沪西防务，与上海警察局蔡局长严密布防。

九月十九日

奉委座令：第十八师开龙华，担任南市沪西防务，原在龙华附近十六师之一团，于交防后即开暨南新村，归还建制。

九月二十日

情况无变化。

九月二十一日

奉委座令：(1)第三战区左翼军总司令陈诚，右翼军总司令张发奎。(2)左翼军以第九、第十九、第十五集团军组成之，右翼军以第八、第十集团军组成之。(3)第八集团军总司令张发奎兼第十集团军总司令，刘建绪旋奉令改(1)① 。黄浦江以西蕰藻滨〔浜〕以南地区划为中央军，并任朱绍良为总司令，以第十八师及第九集团军编成之。

九月二十二日

情况无变化。

九月二十三日

奉战区副司令长官顾本日命令规定，本战区军队区分及作战地境如下：(1)右翼军总司令张发奎，第八、第十集团军属之。八集

① 原文如此。

团军总司令张发奎兼辖第二十八军(六二及六三师)、五十五师、独立四五旅、炮二旅第二团。十集团军总司令刘建绪，辖第七十军(十九师)、第四五师、新三四师、第五二师、暂十一旅、暂十三旅、暂十六旅。(2)作战地境线：右翼军、中央军为西塘镇北端、松江城北门、得胜港北端，沿黄浦江南岸至吴淞口相连之线，线上属中央军。

九月二十四日

本日下午二时，我浦东炮兵炮击浦西之敌，计有一弹中大阪码头附近之敌汽船，敌兵纷纷逃避，一弹落该码头后面起火。敌舰于下午三时向我浦东新三井码头炮击十余发，我稍有损伤。

九月二十五日

敌机不断向我浦江沿岸阵地轰炸。

九月二十六日

本日下午二时，敌舰向我浦江沿岸阵地炮击甚烈，敌机亦不断在我阵地上空侦察。浦西汇山、大阪、黄浦各码头，共有敌炮四十余门，向浦东放列。

九月二十七日

奉战区副司令长官顾令：第十九师由宁波开嘉兴，遗防以独立三七旅接替。

九月二十八日

情况无变化。

九月二十九日

本日下午四时，象山港口南岸钱仓城附近，敌舰一艘，向岸上炮击十余发，并用小汽船载兵百余人，陆续登岸。经我守兵新三四师陈营驱逐，逃去。

九月三十日

昨夜浦江敌舰一艘，率汽船十余只，企图向浦东登陆，因我防范严密，敌未得逞。今晨我浦东炮兵射击浦江敌舰时，敌亦还击。

敌机竟日向我浦江沿岸阵地轰炸，颇受损失。

十月一日〔略〕

十月二日

本日浦江敌舰，不断向我浦江沿岸阵地炮击。

十月三日

本日浦东战况与昨同，第十九师先头团今到杭州，独立三七旅晨抵宁波。

十月四日

奉委座令：第十九师担任金山咀至青浦线上之工事构筑。

十月五日

杭州湾敌舰四艘，本晨向我第六十三师泰山阵地发炮五发，即驶去。

十月六日

情况无变化。

十月七日

本日上午四时许，浦江有敌兵三十余人，由船上在浦东庆宁寺右侧登陆，经我五十五师三二八团击退。夜十一时，我炮兵对浦西汇山码头射击，敌船亦同时向我还击。奉战区副司令长官顾令，第十九师开昆山。

十月八日

本日下午三时，敌舰及浦西炮兵向浦东庆宁寺一带炮击数十发。五时许，又向东沟炮击，毁我工事甚多。

十月九日至十月十日

情况无变化。

十月十一日

本日上午四时五十分，我浦东炮兵全部共十二门〔及〕迫击炮，向浦西公大纱厂附近敌机场及杨树浦日领事署并浦江敌舰，开始射击，至五时三十分停止，敌机场起火。敌炮亦竟日向我还击，发炮千余发，并有敌机十余架，更番在我浦江沿岸阵地轰炸，并投弹三百余枚，我伤官兵共十余名。

十月十二日

情况无变化。

十月十三日

本军为巩固浦东防务起见，变更部署如左：

一、第五五师以主力（三团）拒止浦江中敌人之登陆，即将自二九港、白龙港、海滨浴场至龙王庙沿海岸线防务交独立四五旅接替，以步兵一团控置于张江栅镇附近。

二、独立四五旅即以自泥城镇经东门港至柘林沿海防务交二十八军接替，以步兵一团接替五五师沿海防务。该旅应置重点于白龙港方面。其第七三三团第二营仍暂归本部直接指挥，担任柘林、闵行线上工事之构筑。

三、第二十八军即派步兵一团，接替独立四五旅沿海遗防，并限十六日以前接替完毕。

十月十四日

本日自晨至夕，敌机不断向我浦东龙王庙炮兵阵地轰炸。上午八时许，敌以小汽船三只先后驶至浦东春江码头附近，以机枪向我守兵扫射，被我击退。旋敌舰数艘向我阵地炮击约半小时，下午二时又炮击数十发。四时许，我步炮兵向浦西射击。傍晚，我机飞来助战，投弹二十余枚。

十月十五日

奉战区副司令长官顾令：第五十二师由杭州乘车至龙华站，开赴北新泾镇、姚家渡、华曹镇一带构筑工事，归中央军指挥。

十月十六日

本日下午一时三十分，敌四五十人在浦东新三井码头登陆，利用煤堆，携带轻机枪七挺，向我五五师三三〇团阵地射击，我官兵奋勇出击。至下午二时许，将敌击溃，退回船上逸去。敌我均有死伤。本日敌舰不断向我阵地及浦西炮击，敌机亦整日在我阵地侦炸，共投弹五十余枚，我略有损失。

十月十七日至十月十九日

日间，浦江敌舰终日不断向我三菱、三井各码头、招商华栈一带炮击，并以飞机竟日在我阵地轰炸。我浦东增加野炮二门。余无变化。

十月二十日

浦东马路桥、庆宁寺一带，本日被敌机轰炸甚烈。

十月二十一日至十月二十二日

两日来情况无变化。二十一日奉委座令：第四五师限于本月二十六日以前在松江集结完毕，其在海岸任警戒之一团，即由独立三十七旅抽兵一营接防。

十月二十三日至十月二十四日

二十三日下午一时，浦江敌舰向招商华栈及高行炮击。敌机本日在姚家宅、塘桥、魏家宅我五五师一六三旅阵地投弹六七十枚，二十四日又投弹四十枚。

十月二十五日

本日白龙港外敌舰，向我阵地用机枪扫射。浦江方面，敌机又向我五五师一六二旅阵地投弹三十余枚。敌船一艘拖铁驳一只，载兵向新三井码头登陆，被我击退。敌向我阵地炮击十余发。

十月二十六日

本日敌机十余架，在浦东其昌栈、塘桥我五五师一六五旅阵地一带，投弹三十余枚。

十月二十七日

本日敌机十五架，在我浦东五五师江岸阵地投弹三十余枚。敌舰自上午十一时起，向新三井码头、天章纸厂等地，先后炮击百二十余发，工事大部被毁。下午七时，我炮兵向浦西汇山码头、永安公大纱厂一带，炮击二十余发，敌舰亦还击甚烈。本部对全军之新部署如左：

一、第二十八军协同地方武力，担任自澉浦附近经乍浦、奉贤旧城、南汇城至吴家路沿海一带守备。应即抽兵一部接替自泥城镇至吴家路间独立四五旅遗防，并置重点于澉浦、海盐、᷃场前、乍浦、金山咀、柘林、奉贤城、南汇城等地附近，阻止敌之登陆。

二、独立四五旅(欠七三三团之一营)即将泥城镇至吴家路之防务，交由二十八军接替。以主力集结于张江栅镇附近，并任五五师以前未完成各线阵地之构筑及工事之修补，以一小部任二九港及其以北沿海警戒。

三、第五十五师仍在原防地阻止敌人由沿江登陆。其控置于张江栅镇之师预备队，须移置于龙王庙附近。

四、二十八军与独立四五旅之作战地境为二九港、川沙城相连之线，线上属四五旅。

五、各部防务统限于本月三十日以前部署完毕。

十月二十八日至十月二十九日

两日敌机不断向我浦东沿江阵地轰炸。二十九日晨起，敌船不断向我阵地炮击。

十月三十日

我浦东炮兵在塘桥、高行两处，由本日下午七时三十分开始，向浦西汇山码头、大阪码头、虹口海军下士集合所、永安公大两纱厂、虹口路沪江大学、鱼市场等处射击一百八十八发，至九时三十分始停。当时敌亦向我还击甚烈。

十月三十一日

情况无变化。

十一月一日

奉战区副司令长官顾令：调六十二师之一旅，即开沪西，归右翼军直接指挥。

同日，奉前敌总司令陈电令：职兼第九集团军总司令，于本晚偕必要人员赴青浦指挥苏州河南岸方面军事，浦东方面交由刘总司令建绪负责指挥。

十一月二日至十一月三日

两日情况均无变化。三日奉委座令：右翼军总司令张发奎兼第八、第九集团军总司令，调黄琪翔为第八集团军副总司令，调香翰屏为第九集团军副总司令。

二十八军已抽派六二师一八六旅开虹桥集中，所遗独山至柘林防务，由六三师以一团延伸接替。

十一月四日

本日上午五时，浦江敌舰向我东沟阵地射击十余发。下午三时，向新三井码头、陆家咀射击三十余发。敌机十一架不断向我阵地轰炸，投弹约五十余枚。

本右翼军特规定各集团军之指挥职权如下：(1)第八集团军辖境之浦东沿江海及杭州湾以北地区，改归第十集团军。(2)宁波、温台两防守区仍归第十集团军统一指挥。(3)所有原归第八集团军指挥之各部队，应改归刘总司令建绪指挥。第六二师一八六旅本日到达闵行、南桥一带。

十一月五日

本日拂晓，敌舰乘大雾及利用渔民领导，以小汽艇五六十只，在金山咀附近登陆数十人。同时全公亭、乍浦之间亦有敌登陆，我第六三师即往截击。第六二师开沪西之一旅，由二十八军陶军长令其仍归还建制。刘总司令今日移驻嘉兴指挥。

十一月六日

由杭州湾登陆之敌，兵力不详，经松隐北进。本日黄昏，有百余在米市渡附近渡过黄浦江，我守兵第四三军（系由青浦开来）之一营，未经抵抗即行撤退。第六十七军之百〇七师，五日夕由白鹤港出发，本日夕到达松江后，即向金鸡滨、米市渡、得胜港之线前进。其百〇八师续开松江，第六十一师亦到闵行附近。我二十八军行动及战况均不明。

第八集团军副总司令黄琪翔，奉前敌总司令陈命，亦于本夜驰赴松江指挥第四三及六七两军，拒止敌之北进。当即令第百〇七师驱逐由米市渡渡河之敌，并制止敌之渡河。职同时对松江附近江北岸之兵力部署，下达命令如左：（附图第二）〔略〕

一、第六十一师即在孙家里、闵行之线占领阵地，固守各渡口，拒止敌之渡河，并对左侧严加警戒。

二、第六十七军之百零七师，即在翁家宅、西家滨、得胜港亘孙家角之线占领阵地，固守各渡口，拒止敌之渡河。第百零八师到达目的地后，即以一旅协同百零七师担任防守江岸，其余一旅控置于松江城附近，为预备队。

三、第二十六师即移至南库滨、石滨、南库北界泾之线，占领阵地，固守各渡口，拒止敌之渡河。并以一部进至马家滨、泖港镇、蒋沙滨之线，施行警戒。俟预备十一师接防后，即行撤至横潦泾、斜塘北岸，担任守备。其与预备十一师之作战地境，为横潦泾、斜塘南岸之线。

四、第七九师之一部，即在王莫塘、珠泾镇亘新埭镇之线坚守，拒止敌之渡河，并对于右侧严加警戒。

五、各部队之作战地境如左线，线上属左。

第六十一师	第百〇七师	马家塘——王家塘——董家坟之线。
第百〇七师	第二十六师	大漏——孙家角——奚家塘之线。
第二十六师	第七十九师	唐土圩——西角头——李滨——朱家庄之线。
第八集团军	第十集团军	自澄照寺沿泖湖、运粮河、斜塘、横潦泾、竖潦泾南岸之线至孙家角之线，线上属左。

十一月七日

本晨，第百零七师与渡江之敌约四百余名，遭遇激战。至夜，将金鸡滨、夏照滨、夕家村之敌击退，压迫至江岸张家村附近，杀敌百余，我伤亡团长以下共约四百余人。

十一月八日

昨夜，第百零八师以一旅经松江向北界泾、斜塘、横潦泾之线前进。本晨，在李家塔汇① 附近与敌遭遇，一部三十一号桥沿斜塘东北岸展开，与当面之敌对峙。由三十一号桥迄得胜港间各渡口，敌均有渡河企图，并利用装甲小汽艇在港汊内到处扰乱。

本日下午三时，敌一部由金山经新埭镇向枫泾前进。下午八时，与我七九师警戒部队接触。今日敌机在枫泾、嘉善、嘉兴、平湖等地，投弹各一二百枚。沪杭路之石湖荡附近，已被敌阻绝。敌舰今向乍浦、海盐附近炮击甚烈。

敌机在松江附近轰炸竟日，各方连络均告断绝。晚间，苏州河南岸部队奉战区副司令长官顾令（参照十一月八日电令），开始撤退。乃先令第六十一师星夜经青浦、昆山向无锡以北地区撤退。又令在浦东之五十五师（缺一团留上海南市），立即转移于七宝、莘庄之线。独立第四五旅及六十七军，均由沪杭铁路向嘉善附近转进。然当时因电报、电话均告断绝，军官传令沿途又多阻碍，未克送到。黄副总司令因情况不明，乃令第六七及四三两军固守松江附近待援，以三天为限。

又奉战区副司令长官顾令：一二八师由宁波开嘉兴增援，本晚已有一团到达嘉兴。

第十集团军之新部署如左：

一、第六三师占领自海盐经乍浦至独山（不含）沿海之线既设阵地。

二、第七九师占领自独山（含）经虎啸桥、太平桥、载圩路、香圩路至湖家滨（不含）之线既设第一线阵地。

三、预备十一师（胡达部）占领自胡家滨（含）经王家港、詠圩

① 原文如此。

至许家滨(不含)之线既设第一线阵地。

四、第百零九师(附教导总队之一营)占领自许家浜(含)经张浜、汇镇、盈字圩至南姚滨之线既设第一线阵地，并置重点于铁道公路附近。

五、第六三师及第七九师归二十八军陶军长指挥，预备十一师及百零九师(附教导总队之一营)归第十集团军直接指挥。今晚第六二师一部到达北桥。

十一月九日

敌数百在敌飞机六架掩护之下，猛攻大营头(全公亭附近)我六三师之一营，激战甚烈，终被我击溃。又敌约千余人附小钢炮数门，本日拂晓分由石湖荡及金山县城，进犯枫泾，与我预备十一师张团激战甚烈。刘总司令建绪令该师长，仍以一部警戒右翼新埭镇一带，亲率一部驰赴枫泾，连同张团驱逐当面之敌。在百零九师未全到前，令其先头团及教导总队之一营扼守既设阵地，并统归预备十一师长指挥。

本晚第七九师全部到达阵地，第百零九师因铁道被阻，昨晚到达嘉善只有一团。预备十一师大部，今日到新埭镇附近之既设阵地。第十六师之一旅，本晚开嘉善占领阵地，策应预备十一师，驱逐当面之敌。

松江方面战斗，本晚愈趋激烈，午后三时我军尚称稳定。迄黄昏以后，敌已进至松江西车站，我军退守松江城，松江背后之佘山方面亦发现敌人。

十一月十日至十一月二十日

自十日后，因苏州河南岸部队向西撤退，一时各方连络断绝。杭州湾方面登陆之敌，情况不甚明瞭。是日晨，松江附近我军部队因伤亡过重，无兵增援，已成溃退之势，秩序紊乱，无法指挥，敌更向四面包围，黄副总司令琪翔于重围中竟率少数卫弁冒险而出，十一日夜抵嘉兴，至此各部队均失去连络，十一日将第九集团军总司令职务，在苏州交香副总司令翰屏接收。十四日奉委座令：赴嘉兴协助刘总司令建绪指挥。十集团军十五日晨向马牧港、长安镇、崇德县、石湾镇、青镇、南浔镇之线，转移新阵地。二十日奉令指挥第七军及七五军，右翼军职务于此告一段落。至杭州湾北岸战况之推移，另详“杭州附近及安吉、孝丰一带之防御与撤退”经过要报中……。

经验与教训

回顾数月以来，与敌苦战相持，终归失利，此失利之原因，决非单纯就一事一端可以概括。盖平时准备未充，战时组织未密，而经济、政治、党务诸部门与军事又息息相关也。今兹暴日侵略，野心未已，国人舍继续抗战外，绝无生路。职在军言军，姑就此次在战场身历其境，所受失败种种之教训，略陈梗概，以申知此① 知彼之意。古人云：前事之不忘，后事之师也。故感观所及，敢进蒭言。

（甲）敌方致胜之因。

一、敌装备之优良无可讳言，其攻击之精神，每赖新兵器而发挥。故就敌我步兵而论，在白兵战时机，敌步兵之低能显而易见。在炮战时机，则我纯陷于被动姿势。在前线每利用集团射击，使我阵地工事悉遭毁坏。而工兵携带器材更为完备，普通河川湖沼，不能障碍其行动。至空军之出动，常与陆军一致。盖敌之军团、师团均配属航空队，每于战略、战术要点附近城市、村镇，必受轰炸灰烬，使我野战军作战资源均陷于极困难之地步。此就敌方装备而言，我应竭国力、财力，成立最低限度现代化之部队也。

二、敌之战略战术均能根据原则而实施，故正面不能成功，则用中央突破及迂回攻击等手段。盖开战以来，敌始终立于主动、机动地位，而我则陷于专守防御姿势，逐次使用兵力于第一线，不能预期寻一适当会战地点，集结全力与敌决战，以致局部失利，影响

---

① “此”为“已”之误。

全线。此因我之战略失去机动之运用，不能予敌以重大打击也。

三、其他敌之陆海空军之动作协同一致，谍报勤务组织之严密，战场纪律之严肃，是由其平时武士道之教育，忠君爱国之精神，亦未可厚非。

（乙）我方失败之因素。

我之战略运用失宜，已略前述。其他指挥之紊乱、军纪之颓〔废〕驰、民众无组织、官兵缺乏必死之精神、通讯连络无补助方法等等，均为此次失败之近因，因兹再分述之。

一、各级指挥之紊乱。(1)战斗序列同高级指挥官屡次变易，此为统帅原则所深忌。因新旧变动之际，正我防线薄弱之时。且大军团作战，其当面敌情地形不易一目而瞭①。继任者每因情况不明，部署困难，致失机宜。(2)课〔授〕予任务，每与其兵力不称。此次各军团所负作战区域，每因正面过大，兵力不敷分配。第一线兵力既无可节约，后方遂无适当纵深配备，以致处处感觉兵力薄弱，一遇战况紧张，无以应付。故此次预备队之用途，鲜能达到任务。(3)战时抽调部队，其命令多由最高统帅者直接下达，至部队已经转移，直接指挥官尚有未明其位置者。甚或一个部队在同一时机，可接数级长官不同之命令，使受令者感觉无所适从，殊为此役作战之缺点。

二、军纪之颓〔废〕弛。苏州河撤退以后，国军部队脱离指挥官掌握，士兵在前线受极度之疲劳，一退后方，心理突起变态。且因装具不全，此时饥寒交迫，于是取之掠之，任意所欲，军纪观念荡然无存。而民众望风逃避，愤怒横生，是军民合作基本条件，应先从整饬纪律着手。

三、民众缺乏组织与训练。民众原为抗战主要之力量，从此次参战之成分说来，仅有政府与军队抗战，民众实未发动。在积极

---

① 原文如此。

方面，武装、自卫、谍报、勤务等项，固未能有所协助，即消极方面，如维持秩序、防止汉奸等工作，亦鲜有实效。是皆党的工作未能深入下层民众，遂致抗战意识模糊，避难逃生，比户〔比〕皆是。故欲统一民族战线，发挥群众战最大之力量：(1)必须允许人民集会结社与武装抗敌之自由。(2)国民党党员应深入民间，宣传民族总动员之意义及军民一致合作之步骤。(3)地方政府应注意人民生活的改善，如救济灾民、难民等项。

四、缺欠牺牲到底之决心。战争胜败之数，精神之成分超过物质。夫我之物质之不如敌，在未开战前我固已深知，所恃以争取胜利者，诚如委座训词：我不怕他，他必怕我。怕人的一定失败，不怕人的一定胜利。故初期淞沪作战，前仆后继，旷日持久，尚足以抵御者职是之故。迨淞沪撤退以后，受环境之影响，全军士气稍馁，即深觉支持不易。此后国军应加紧政治训练，鼓舞其勇气，提高其抗敌情绪，务使官兵具有民族存亡之观念，咸具献身报国之精神，成仁义之大节，以百折不挠之决心，与敌决最后之死生。

(丙)今后整理之要项。

一、此次参加淞沪作战部队，损失甚大。现番号尚留，实力大减，仍以编入战斗序列，不特运用困难，而经管亦感未便。似应速将前方部队，以师为单位，从事编整，充实其力量。而编余人员调赴后方，训练新兵，准备第二期参战。如是更番运用，不独劳逸均等，而作战经验亦得施诸，训练健旅易成也。

二、通信连络方法，当极力讲求及补助方法。此次在前线作战，每因敌机到处轰炸，各级司令部间有线电话、电报之连络，有竟日断绝者，因之高级司令部一切工作停顿，危险殊大。此皆由平时设施不合战时之要求，故对通信网及材料与人员等，在平时设备应以战时为标准。

三、健全谍报机关之组织。此次与敌作战最感困难者情况不明，故与我对峙之敌兵力若干？企图如何？兵种为何？番号为何？

各级指挥官均搜集不到有价值之材料。盖战时谍报不仅徒恃前线部队之侦察，必须有组织谍报人员深入敌军根据地，或预先分布战区各要点，方能收效。惟此应不惜经费，力加改善。

四、保障各级幕僚之独立性。此次前方高级指挥官之临时变动时，而幕僚亦随之进退，影响于作战者甚大。因继任者情况不明，一切处置不免迟缓，有失时机。尔后似应保障其独立性，俾勿因主管进退而轻离原职。以上所举数端，均就战场局部所见所闻，认为当加改善者。然此皮相之谈，想当局早已洞鉴。此后抗战前途，只有本中央一贯政策、具体方案，在最高领袖领导之下，完成复兴民族之伟业。

〔国民政府国防部史政局及战史会档案〕

16. 顾祝同为规定长官司令部与前敌总司令部职权密电

（1937年11月20日）

南京委员长蒋：迩密。兹于号酉分令各部，规定长官司令部与前敌总司令部之职权如下：(1)长官司令部秉承大本营之意旨，决定本战区作战宣传指导要领及基础之兵团配置，并监位置指导实施之。(2)前敌总司令部本长官司令部所定之作战宣传指导要领及基础之兵团配置，策定关于各时期之会战计划，并负指导战斗实行之责。(3)各集团军以上之总司令部及直属各部，对于战况及部队位置等，应分报长官司令部及前敌总司令部。但请示作战行动事项，由前敌总司令批复之。(4)长官司令部除控置必要之战略预备队外，其他各部队之作战行动，概指示前敌总司令命令行之。(5)关于战地部队教育、后方阵地构筑及战区行政等，概由长官司令部办理。(6)长官司令部与前敌总司令部及与各翼总司令部间之水陆本处〔交通〕及通信连络，归长官司令部办理，各翼军以下由前敌总司令部办理。(7)关于兵站设定之指导、补给品之运输集积及批发，归长官司令部命令兵站总监办理之。(8)后方卫生机关之设置、卫生材料之补给、伤病官兵之管理，由长官司令部办理，患者收容与输送，由前敌总司令部办理。(9)部队之补充、整理，归长官司令部办理。等语。谨呈鉴核备案。职顾祝同。号酉。参。印。〔自武进发〕。

〔国民政府国防部史政局及战史会档案〕

17. 蒋介石关于变更第三第七战区等战斗序列作战地境密电稿

(1937年11月25日)

特急。桑园冯副委员长，安亭顾副司令长官、张总司令治中，昆山陈总司令，嘉兴张总司令发奎，杭州刘总司令，南京抄送办事处薛总司令：〇密。兹改定第三战区军队区分如次：(一)司令长官由本委员长兼，副司令长官顾祝同。(二)左翼军总司令陈诚，右翼军总司令张发奎。(三)左翼军以第九集团军、第十九集团军、第十五集团军组成之。(四)右翼【军】以第八集团军、第十集团军组成之。(五)第九集团军总司令张治中，副总司令黄琪翔。第十九集团军总司令薛岳，副总司令吴奇伟。第十五集团军总司令陈诚兼，副总司令罗卓英。(六)第八集团军总司令张发奎兼。第十集团军总司令刘建绪。以上各项，仰各遵照。中〇。

限即到。常州顾副司令长官、上官军团长、薛总司令、香副总司令，南京刘司令长官、唐司令长官，宣城陈总司令，杭州临平刘总司令，泗安张总司令，宜兴廖总司令：〇密。命令：(一)兹将第三、第七战区及首都卫戍之战斗序列分别变更，颁定如下：(甲)第三战区司令长官仍由中正兼，副司令长官顾祝同。第九集团军总司令顾祝同兼，副总司令上官云相，辖第十一军团上官云相部、第十七军团胡宗南部。第十九集团军总司令薛岳，副总司令香翰屏，辖第十五军团刘兴部、第十八军团吴奇伟部。(乙)第七战区司令长官刘湘，副司令长官陈诚。第十五集团军总司令陈诚兼，副总司令刘建绪，辖第二十三军团刘建绪部、第十六军团罗卓英部。第八集团军总司令张发奎，副总司令廖磊，辖第七军团廖磊部。第二十三集团军总司令刘湘，副总司令唐式遵，辖第二十四军团唐式遵部、第二十五军团潘文华部。各战区军团以下战斗序列，由各战区编配呈报。(丙)首都卫戍部队战斗序列另发。(二)第七、第三两战区之作战地境如左：遂安、淳安、昌化、广德、蜀山镇之线，线上属右，特须对太湖方面严密警戒。(三)第七战区以一部确保许村、博鹿、洛舍镇、埭溪镇阵地，以新锐之川军攻击吴兴方面之敌，并各以一部确保广德、孝丰各据点。其应加整理之部队，着向兰溪及其西南地区转进。(四)第三战区应以有力部队扼守锡澄线，保持重点于无锡方面，并各以一部确保南渡镇、溧阳、宜兴各据点，须与南京卫戍部队连系。其应加整理之部队，着向徽州及其以西地区转进。(五)首都卫戍部队迅速构筑工事，固守南京，并与第三战区切取连络。中正。有酉。一作。元。

〔国民政府国防部史政局及战史会档案〕

18. 罗广文报告第十八师淞沪会战战斗概要

(1943年5月10日)

陆军第十八军第十八师民国二十六年淞沪会战战斗概要

甲、战斗前敌我形势之概要

一、敌人倭寇于八月十三日挑起虹桥机场事变——八一三事变后，赓续增兵上海，对我采取攻势，意在威胁我首都南京，促成华北战争及早结束。

二、本师于九月八日奉命由江西万载向南昌开拔，十二日集结万寿宫附近，十六日利用浙赣铁路输送，十八日集结于上海梅龙及龙华附近，归右翼军总司令张发奎指挥。以一团任虹桥机场警备，其余任苏州河南岸自漕河泾至北新泾间阵地之构筑。旋改归中央军总司令朱绍良指挥。十月十五日集结北新泾以北附近地区，十七日接收八十七师真茹至大场一带阵地守备任务。

乙、军队部署

三、师以五十二旅为左地区队，任大场及其以南地区之守备，五十四旅(欠一零八团)为右地区队，衔接五十二旅右翼亘真茹车站之守备，一零八团为总预备队，位置于大场西端。

四、师右与八十七师，左与新三十三师相连系。

丙、战斗经过概要

五、当面之敌师团之一部，于十八日正午对本师开始攻击，经我沉着应战，敌不获逞。我一面严整战备，一面利用夜间加强阵地工事，是以敌虽于十九、二十两日均经发动攻击，且甚激烈，但悉被击退。二十日入夜后，敌大事增援，我以连日激战，伤亡颇大。为增强第一线战斗力计，乃以总预队一〇八团接替一〇三团大场阵地守备，以一〇三团移于大场西端控置为总预备队。二十一日上午十时，敌对我行第四度之攻击，其重点指向大场方面。初则集中炮火轰击约五百发，并利用其优越空军对大场附近投弹约百枚，继则以坦克车廿一辆集中向我冲击，我伤亡极重。尤以左地区方面之通信网悉被毁坏，消息中断，形势甚危。赖各官兵英勇，不屈不挠，与敌周旋于血肉横飞之中。大场阵地失而复得者凡三次。惜以敌众我寡，又限于敌空军优势，致总预备队未能及时增援，大场阵地终不获保，殊为遗憾。

丁、战斗后之情形

六、二十一日夜，奉令移七宝镇附近整理。

七、计此役伤亡官兵在全师总数二分之一以上，旋遵令整编为两个团，归五十四旅旅长喻镜渊指挥。十月二十五日，改归左翼兵团总司令薛岳指挥，移南翔附近控置待命。

师　长　罗广文

中华民国三十二年五月十日

〔国民政府国防部史政局及战史会档案〕

(四) 南京保卫战

一、作战部署及前期战况

1. 江阴要塞区作战经过概要

(1937年12月)

江阴要塞二十六年十一月二十六日至十二月一日间
作战经过概要

(甲) 战斗前

(一) 敌情

(1) 自沪战发生后,敌即不断以空军来澄,向我要塞及舰队轰炸,尤以舰队受损最巨。

(2) 继即以海军进迫南通、刘海沙一带,日向两岸炮击,企图上扰。

(3) 迨我常锡相继撤退后,敌即以由陆正面围攻澄塞之目的,以大部(约步兵一旅团,重炮十余门,战车三十余辆)沿锡澄公路,以一部(约步兵二混成联队)沿常澄公路向澄推进,于二十六日到达青阳、华墅、杨舍之线,与我接触。

(二) 我军状况

(1) 兵力:江防总司令刘兴,指挥部队约为一〇三师、一一二师、江防司令、海军司令及要塞司令。(所属计共步兵二营,工兵、通信、小炮各一连及要塞备炮六十一门,内有十五公分新炮四门,八八公分新炮八门。)

(2) 配备:江防总司令于二十六日午后七时下达命令,概要如左:(甲)江防军以主力固守江阴要塞,以一部警备江岸,施行持久抵抗,以保长江门户。(乙)一一二师以主力占领由夏港口、夏港镇、青山、江阴城南至金童桥间之主阵地带,拒止敌人。(丙)一〇三师以主力占领由金童桥(不含)经杨家港、凤凰山东麓至长山东麓间之主阵地带，拒止敌人。(丁)五七军率一一一师，以一部警备南通，拒止敌人上陆。以大部在靖江附近，协同要塞妨害敌舰活动，并拒止敌人上陆。(戊)要塞部队严整备战，构成江上火力阻塞线。制压敌舰之动作。尤须对于陆正面准备火力，支援陆军作战，(己)江防部队须以鱼雷快艇袭击敌舰，妨害敌舰活动，掩护地区。

要塞司令于接奉前项命令后，当即区分各台任务如左：(A)丙一台及远射程各炮，以火力制压张黄港附近敌舰之侵入。(B)甲三、四两台除担任空防外，并协同十二公分以下各炮，掩护水雷线与阻塞线。(C)所有全区各台火炮，集中火力，构成江上火力封锁线，以阻止并歼灭敌舰之强袭。(D)各台能对陆正面转移射击之火炮，按情况之必要，尽量支援我防守陆军之作战。

(乙) 战斗间

十一月廿六日，我青阳、华墅、杨舍各点守军与敌接触激战后，即行撤回预定阵地。

敌机十余架轮炸炮台及北关一带，当被击落一架。敌舰六十余艘，泊于段山港以东，时向段山港、毛竹港我沿江部队射击。各部按照作战命令，当夜配备完毕。

廿七日，敌于南闸、云亭、詹文桥前方，修整炮车、战车进出路，与我竟日均在原线相持，似在围攻准备中。敌炮兵在小茅山附近占领阵地，向我黄田港口及君山等处断续射击，我丙一台亦予还击。敌机除侧重我步兵阵地外，更于各台上空活动，投弹百余，无甚损失。

廿八日，敌抵南闸镇、云亭镇之线，向我守军冲袭，情势甚危。当由我丙一、黄山台分向敌步炮兵施行阻止，制压射击，士气大振。敌在小茅山炮兵推进南闸附近，与我炮台约距万余公尺，主向黄田港、八圩港射击，企图断我江上交通，曾向八圩废舰误射二三百发。敌旋于云亭镇南五百公尺处，约增重炮一连，使用系留汽球观测,主向我马鞍山、黄山炮台及其诸工事,不断施以破坏射击。是晚南闸失守,经我反复争夺,于拂晓前仍行恢复。

廿九日敌以主力于南闸、云亭镇向我右地区猛攻,花山、起山两据点先后被占。经我各台尽量以火力支援反攻,虽曾恢复,终以兵力薄弱,损失过重,延至晚间,仍复后撤青山、板桥之线。詹文桥、齿山之线敌我战斗亦烈,我甲四台尽量予以支援。敌机十余,竟日向我炮台一带轰炸。

三十日午前八时许,于新港附近距丙一台约一万五千公尺处,发现敌舰五支。据报:尚有十五支正自巫山上驶中,经我新炮及巫山海炮射击,当即击沉一支,重伤一支,轻伤一支,余均遁去,自此不敢复犯。

本日除敌步兵与我相持附郭之线外,更于南闸、云亭镇方面增加炮兵,与海空军协力,企图毁我炮台。而我新炮亦复大展所长,除将敌舰击退外,更将敌机击落二支,伤三支。是日因炮战过烈,我西山、黄山旧十五公分炮各膛炸一门,通信网亦多破坏。

十二月一日敌我不断炮战,激烈达于极点。我鹅山、黄山各台共毁火炮四门,通信设备几全破坏,敌通信连据报亦几全被消灭。敌机向我各台大肆轰炸,并向八圩港、十圩港投弹百余,企图断我江上交通。及至午后,我附廓步兵渐形不支,逐向后撤。五时许西北关被敌突破,冲入城内,加以战车二十余辆,掩护步兵,更自西北关分进至君山、龙岗我炮台区下。虽我守备部队死力抗拒,损失甚重,但因遮蔽角过大,备炮全失效力。晚间,因我部队损失过重,弹药亦告缺乏,适时一一二师霍师长受伤,情势危急,军心浘〔混〕乱,实已再难支持,当由刘总司令下达撤退命令。

要塞司令于受领撤退命令后,其处置概要如左:

(一)各台一面向夏港方向射击,掩护友军突围,一面向云亭镇、詹文桥方面射击,阻止敌人追击。

(二)各台将所余弹药尽量射完后,即将火炮工事销毁,限于二日午前五时，处理完毕。

（丙）战斗后

（一）撤退情形：步兵由夏港突围，向武进撤退。要塞于掩护友军退却后，均渡江北向镇江撤退。当因两岸交通连日被敌破坏，船舶过少，损失颇多。

（二）敌我损耗概况：

（1）是役敌方损耗：其已确知者约毁兵舰一支，伤二支，毁飞机三支，伤三支。

（2）我炮台弹药于撤退前，业经消耗五分之四，火炮亦均相当销毁。尤其各新炮干部，于〔艰〕难中尽将所有器材运达仪征，缴呈该区司令。惜该司令竟以埋置土中，殊觉不值。该区退出残余部队、武器，计经军官、军士大队收容者，约有官佐三十七员，士兵百十五名，炮对镜数支。经胡军接收者，约有官佐三十一员、士兵五百四十一名，步枪六百二十支，机枪三十七挺，小炮四门。

（三）其他：我于澄江所敷水雷，于撤退后仍留士兵看守。事后据欧阳教育长转据该士兵等归队后报告，约如左：

（甲）二日午后敌舰四支上驶，触发水雷，返时只余一支。

（乙）五日午后敌舰一支，触雷未返。

（丙）八日午前，敌汽艇一支触雷炸沉，午后铁驳船七支，载满敌兵，将达雷位，经该士兵等速发水雷二排（十二支），似有被毁模样，顿时退返。

〔国民政府国防部史政局及战史会档案〕

2. 镇江要塞区作战经过概要

（1937年12月）

镇江要塞区自二十六年十二月八日至十二日间作战经过概要

（甲）战斗前

（一）敌情　敌自攻略我澄塞直后，即图续攻镇塞。十二月七日以一部由丹阳直趋句容，一部由镇江西南十里长山方面前进，午后三时，与我一〇三师接触。

（二）我军状况：

（1）兵力：该区原隶江防总部，惟因刘总司令远在澄区，实由兼警备司令项致庄负责。及至十一月下旬，苏省府改组，保安警察先后渡江，项亦卸职。迨十二月一日，王敬久军到镇，乃由唐司令长官令归该军指挥。乃阅三日，王军调赴龙潭，改归沈师长指挥。阅二日，沈师又调龙潭。继因澄塞失守，刘总司令虽曾率部到镇，但仅二日又复转京，令归戴师长指挥。其兵力约如左：

一〇三师（约人枪二千余）

保安队之一部

要塞部队（所属计共守备步兵一营，工兵、通信各一连及炮台备炮二十九门）。

（2）配备：除该区原有各炮台外，丹徒至禹山归要塞守备营，砚梁山由保安队，砚梁山以西由一〇三师分负其防务。

（乙）战斗间

十二月七日，自午后三时，敌与我一〇三师接触后，至晚仍相持中。八日拂晓后，敌以猛烈火炮向我射击，但我各台备炮无法超越镇城，支援友军作战。至九时，一〇三师已觉不支，下达命令大要约如左：

"（1）敌以猛烈炮火攻击甚烈，我军有不支之势，拟向龙潭方面转进。（2）贵部即行渡江，向六合转进。"该司令于奉到前项命令后，当即呈报部长及唐司令长官，自愿坚守，并组敢死队一一三名，配置小合山一带，拒止敌人。十二时敌占镇城，我以兵力薄弱，固守象山之一隅。午后三时，敌以炮兵占领甘露寺阵地，向我象台猛射，并以战车十八辆，步兵二百余，沿镇象公路前进。我以破坏道路不及，而象、焦两台共仅四炮，能对陆上射击，当被冲入象台。惟经我备炮猛射及敢死队勇敢之抗拒，旋即毁敌战军三辆，迫使退去。其步兵亦于北固山停止，与我相持至晚，我死伤约十余人。

入夜后，因敌部队增加，而我部队有限，与其坚守象台，背临大江，自陷绝境，何如退保焦、都，可藉一水之隔，以为持久之助。当即乘夜将象台官兵退集焦台，司令部撤至都天庙，并将弹药、粮秣、炮闩各件分别后撤。

九日午后五时，敌即进达象山，利用象台原有工事，并以炮兵于甘露寺、九里街、尧山各点占领阵地，协同飞机（三至八支）竟日向我焦、都各台轰击。我虽尽力还击，终以敌占遮蔽阵地，而我观测器材缺乏，难收显著效果。当日焦山建筑几全破坏，焦台三、四两炮被毁，伤亡官长一员，士兵四十余名。

十日，本日敌炮与飞机五架协同，续行向我焦台猛射。午后四时而后，更加十五公分火炮，掩护步兵操舟，向我焦台登陆。当时该台仅余一炮可用，通信亦被断绝，故于督饬所余残部尽力与敌周旋后，毁炮撤退。

十一日午前，敌以火炮协同飞机，向我都台轰击，所有都台附近（司令部在内）全部炸毁，廿三公分及十五公分炮口亦为损坏。幸各炮位均有掩盖之故，官兵死伤不过五人而已。午后四时，敌以民船渡抵焦台。

十二日午前，敌机三度飞向都台轰炸。午后复以小炮、机枪，由焦居高临下，向我猛烈射击，我炮已全炸毁，无法还击。延至午后四时，闻敌已于上游六圩渡江，我保安队及要塞工兵均已不支撤退。差幸要塞守备营尚在坚持，敌未于我炮台附近渡江。入晚而后，该司令因觉无力再事支持，乃商请苏保安队李总队长派队接防，率同残部向扬州撤退。

附：圌台战斗之经过。该台孤立镇江下游六十余里，自敌占领镇城后，电线割断，即失连络。及至十四日，据该台长报告经过概要如左：

“（1）我台守兵仅四十余名，故均集中配备炮台附近。

(2) 九日午后，敌约三百余名向我攻击前进，当由我五峰山步兵协同龟山备炮，予以还击。相持至晚，因觉后方已失连络，乃携炮闩及其他武器弹药渡过江北撤退。

(3) 是役计共伤亡七名，失踪十余名，步枪全无损失，弹药除消耗者外，亦均携行。

（丙）战斗后

（一）撤退情形：该部于十三日晚退集扬州，十四日随同自镇退下之苏保安队，向高邮转进。

（二）敌我损害情形：是役该部计共伤亡官长三员，士兵一百六十余名。生死未明者：官长九员，士兵九十余名。所余残部，约可合编一团。

〔国民政府国防部史政局及战史会档案〕

3. 唐生智转达总顾问斯达开战前部署建议函

(1937年9月)①

敬之先生勋鉴：顷代总顾问斯达开来此建议数事，颇有可采之处。兹特另纸开陈，以备参考，即祈查察，酌核施行为荷。顺颂

勋祉

弟唐生智敬启

附代总顾问斯达开建议事项

抄代总顾问斯达开建议事项

一、日使通知各使团，预备明日正午以后轰炸南京，请速离开。请考虑政府应否迁移。

① 此件原无时间，据内容推断，当为1937年9月。

二、请指定各顾问安全办公地点，并缓和各顾问借薪(已通李处长办理)。

三、前奉委座令派资深顾问三人前往津浦、平汉、平绥各正面，现除总顾问已赴前方外，只有斯泰秋、斯达开、史培曼三人为将官阶级，斯如前去，此间将无人主持。又前经时请先说明情况，并规定隶属关系。(似可许其派将官二员、校官一员，余请作战组拟办。)

四、前购之鱼雷帽及十五公分炮皆已到香港，请设法运至江阴。

五、江阴之封锁，除船只、水雷外，应再加木料圆材一层，以增强之。

六、第十团之重炮，现在福山三连、浦口一连，皆无用，请改派至前方使用。

七、上海方面防御战车之地雷，因前方部队不习使用法，皆弃而不用，请派工兵学校人员前往指示。

八、上海考尔夫球场，外人消息停有敌机一百七十架，皆暴露场上。我炮兵(在我射界内)或飞机若能急予轰炸，实为破坏其大举空袭之最有效方法。

九、昨日人广播我军在沪使用毒瓦斯，或为故意造谣，为彼方使用地步，亦未可知，应速更正。(斯并之〔知〕我之化学工业尚在幼稚，决不宜采用，予人口实。)

〔国民政府国防部史政局及战史会档案〕

4. 蒋介石关于战前部署电

(1937年9—11月)

(1) 蒋介石电稿(9月4日)

南京谷司令鉴：九月二日呈悉。宪兵第一团第二营所担任监护之国防工事任务，准由第一二一师接替。除分电外，仰即派员与吴师长接洽，并将接替情形具报。中〇。文。一作。

(2) 蒋介石电稿(9月9日)①

本京谷司令：已电令第五十三师、第七十七师、第一百二十一师迅速开南京，归该司令指挥，加强首都附近之工事。预定七十七师担任常州、宜兴、长兴一带；五十三师担任浦镇、滁州一带；百二十一师担任句容、天王寺一带。希妥为计划，并于到京后，分别予以指示为要。中〇。一作。京。

(3) 蒋介石电(11月25日)

南京唐司令长官勋鉴：兹颁定首都卫戍部队战斗序列如下：(一)司令长官唐生智。(二)第七十二军孙元良部。(三)第七十八军宋希濂部。(四)首都警备军谷正伦。(甲)桂总队。(乙)宪兵部队。(五)其他特种部队之一部。中正。有酉。一作元。

(4) 蒋介石密电稿(11月30日)

军急。南京顾副司令长官、刘司令长官、唐卫戍司长官令：〇密。兹规定第三、第七战区及首都卫戍军之任务如下：一、第七战区除固守现地外，其左翼须以有力部队留置于安吉、孝丰山地，相机攻击敌侧背，迟滞其前进。二、第三战区依前令开始转进以后，须以有力部队分别留置于龙潭以南广德以北各山地，迟滞敌之前进，掩护主力之行动，并破坏重要交通线。三、各战区须与首都卫戍军相策应，对敌作战保持动作之自由。其损失过大之部队，应酌令其撤退于宁国、芜湖以西地区，积极整理补充待命。四、首都、卫戍军除固守南京既设阵地外，应与第三战区部队密切协同相互策应，击破敌之攻围军。五、将各战区之部署具报为要。中〇。

①：此系签注日期。

卅辰。

〔国民政府国防部史政局及战史会档案〕

5. 白崇禧抄转唐生智关于第三、五两战区作战地境区分意见的签呈

（1937年10月）

抄唐生智签呈　廿六年十月

兹谨拟具第三战区与第五战区作战地境区分意见如左：

甲、作战地境

第三战区与第五战区之作战地境，拟选定于桥墅镇（扬州东北约二十公里）——姜堰镇——海安镇——（如皋北约二十公里）亘海之线。

乙、理由

一、淮阴与海州有密切关系，无论就作战之策应上及后方之交通上，均应属第五战区。

二、长江为敌重要之侵入路，启东、如皋、泰县等地，逼近长江，直接影响江防，以属于第三战区为妥。

三、缪军仅两师，且与江南有长江之隔，欲以江南之兵力增援，殊感不便。故其守备区域宜小，泰县以北由第五战区负责为当。

以上所拟，是否有当，伏祈批示。谨呈

委员长蒋

批：依照白副总长指示办理。

〔国民政府国防部史政局及战史会档案〕

6. 刘湘呈送该部作战部署报告

（1937年11月20日）

报告　十一月廿日午前十二时于南京赤壁路司令长官部

一、效酉一作元电奉悉。

二、职部遵照部署如下：

1. 第二纵队行动如次：

A、以一个师担任长兴、一个旅担任宜兴附近湖岸之警戒，并于二十三日完全到达。

B、以两个师集结于五里店、广德、七里店、十八里店地区间，并推进一部至泗安镇附近警戒，廿二日前须到达一个师。

C、以一师半集结于溧阳张渚镇、戴埠镇地区间，限廿二日全部到达。

2. 直属部队行动如次：

A、独立十三旅集结于清水河附近（芜湖以东廿公里）。

B、独立第十四旅集结于芜湖。

C、宪兵营驻南京。

右呈

委员长蒋

第七战区司令长官刘湘呈

〔国民政府国防部史政局及战史会档案〕

7. 陈继承报告该部作战部署密电

（1937年11月20日）

特急。南京委员长蒋：〇密。按目前情况，敌情判断如下：(1)敌当以一部沿京沪线进逼，以主力循京杭国道绕攻南京。此路敌军到达长兴后，必分兵出广德、宣城，循江南铁路袭取芜湖，断我后路，并与京沪、京杭三面夹击，作围攻首都之企图。(2)处置：我军为粉碎敌之企图计，拟请于广德、郎溪附近火速抽控有力兵团扼要固守，相机出击。情况有利时，则直蹑京杭道上敌军侧背，与南京方面友军遥相呼应而夹击之。谨呈管见，当否？乞核。职陈继承。哿。印。

〔国民政府国防部史政局及战史会档案〕

8. 刘兴报告江防部队在江阴抢劫等情密电

(1937年11月23日)

急。南京委员长蒋：○密。(1)自吴福线放弃后，刘海沙江防部队不能独立作战，亦奉令撤退。当以友军秩序混乱，乃以一小部监视江面，大部掩护友军后移，防敌尾追。嗣又锡澄线兵力不敷部署，香总司令商请协防，经暂以(103)师担任由万安桥经后塍以东徐家圩，至巫山东北向家埭一带，约十五六里之陆正面，于杨舍营、猛将堂一带置前进阵地，并于鹿苑、兴街、毛竹港设便衣队警戒，目前尚无敌情。以(112)师之(336)旅构筑要塞东部环形阵地。更因友军初经撤退，士气欠振，环形工事有全部构筑之必要。复将(112)师之(334)旅调澄，赶速构筑，以备万一。该旅正在集结渡江中。(111)师由缪军长督率，于南通、靖江间设防，重点在靖江，并赶筑靖江环形工事。(2)拟装江阴要塞之海炮，除留(12)公分四门装设巫山外，其余已由曾司令起运镇江者计小径(11)门。将起运者计(15)公分一门，(12)公分四门。抵镇后由海军部派轮接运南京，听候分配装置。(3)我军此次撤退，士气不如往日振奋，且屡有抢劫情事，影响民心，深堪顾虑。刘兴。梗已。参战。澄。印。

〔国民政府国防部史政局及战史会档案〕

9. 林显扬关于镇江区要塞作战经过报告

(1938年2月)

镇江区要塞司令林显扬谨将作战经过及事后之处置，摘要详陈，缮呈鉴核。

甲、战前之经过：

一、本区配备大略：一般皆注意于江防，而陆防均未注意。职以欲守镇江，非仅江防可生效力，必须以三师（至少二师一旅）配备沿运河岘凉山一带。曾绘图具说，分别具报在案。其时沪战正亟，军队均调往前方。职与项处长商议，自岘凉山以西归保安处，以东沿禹山至丹徒归要塞。当即召集民伕挖掘战壕，并命工兵沿壕赶筑刺铅丝网，圜都各台亦同时并举，其时其他工程又甚亟，故经二周始克告成。

二、长江阻塞之经过：此案曾奉钧会执一部、作一部先后电令保安处长项致庄，会同职办理，并由电雷学校派员指导。依照长江宽深，须巨轮数十艘、石块数万方，以材料取支困难，往返电商，旋由黄河水利会建议，用"柳石枕"阻塞。经钧会责成苏省府办料，黄河水利会施工，由项处长及职监督指挥。奈彼时苏省府适有改组，水利会派工程司来镇视察，总以材料征集困难，施工亦非短期可能，旋又有改移下游之议，以致停顿。迨锡澄线吃紧，时机急迫，又奉令饬职办理。其时省府已迁，人民逃避一空，材料、工人一无办法，焦急万状。不得已建议用海盗劫轮方法，期其速就，曾电钧会请示。蒙执一部电复，极表同意，并蒙详细指示。故即饬士兵漏夜赶制麻铅网，满江密布，冀绞轮齿，以迟延军舰行动。经七昼夜，计共投下三四千。此急迫中阻塞之一法也。

三、指挥之隶属：要塞向直隶于钧会及军、参各部。而作战时，必有高级长官率领大部队伍，协同要塞作战。江阴、江宁均派有高级长官及大部分军队，惟镇江无之，故本区要塞之作战艰苦特甚。职曾电呈各上级机关，依照战况情形，陆防且较江防为严重，若陆不守，要塞失效，故希望镇江能派重兵之心甚切。其时江防刘总司令率全部队伍远在江阴，不能抽派军队到达镇江。当时镇江以项处长兼警备司令，陆防当由其负责。至十一月下旬省府改组，项处长同时卸责，并将保安队及警察先后渡江，镇江方面仅职部一小部分队伍耳。迨十二月一日，王军长敬久率部到达镇江。职期求统一指挥起见，经电话请示于唐总监，蒙谕归王军长指挥。职深幸陆防负责有人，乃阅三日，军长又调龙潭，奉命归沈师长指挥。隔日沈又率部赴龙潭，所幸江防刘总司令率一〇三师，由江阴撤达扬州，乘夜渡江，深幸有主持长官。乃阅二日，刘总司令奉调入京，仅留一〇三师二千余名防守镇江，命职受戴师长指挥。此在战前受指挥之经过□□。

乙、战事之经过：

镇江地面辽阔，兵力过少，故以本区守备营防守丹徒至禹山，以保安队之一部守岘梁山，以西则由一〇三师守之。

十二月七日敌由丹阳直趋句容，以一部由十里长山方面（镇江西南）向镇江攻击前进，盖避我步兵阵地（因筑有深固战壕及刺铅丝网等）与要塞炮之火力也。自下午三时起，与一〇三师作战，至晚两方尚能相持。

八日拂晓，敌方炮火甚烈，我要塞炮均对江装置，且在镇江城东北八里外，势难超越镇江市区协助友军，至九时一〇三师不支。职于十一时接到戴师长九时所发命令，大要如左：

（1）敌以猛烈炮火攻击甚烈，我军有不支之势，拟向龙潭方面转进。

（2）贵部即行渡江，向六合转进。

职奉令后，以要塞不能退却，随即以电话告知戴师长。并电报军政部何部长，说明奉令情形，并愿死守不退。一面给以重赏，赶组敢死队，以焦建和连长为队长，王有震、王坐山、薛奇英为分队长，士兵踊跃报名者一三一名。至十二时，敌竟占镇江城，我以兵力薄弱，仅固守象山之一隅。下午三时，敌以炮兵配备于甘露寺，向我猛射。并以唐克车十八辆由镇象路冲入象台，一部步兵续进。此时我正饬兵破坏镇象路，以时间匆促，难奏效果。而我炮能转向陆射击者，合象、焦两台，仅有四炮与敌对抗，猛烈射击。敢死队及步兵急布于小合山一带，当毁其唐〔坦〕克车三辆，余均退去，其步兵亦止于北固山。相持至晚，我死伤十余人。入晚，敌调大部军队向我进逼，我以工事尽毁，且小部分军队固守象山一隅，面临大江，后路被占，处此绝地，纵全部牺牲亦无济事，不若保持一部分实力，尚可退保焦、都两台，继续抗战。即乘夜将象台弹药粮秣及一切军用品与炮闩，分别运至焦、都，并命范台长为焦、都总台长，率敢死队及象台官兵之一部，死守焦台。司令部人员则撤至都天庙，以冀一水之隔，藉可韧强抗敌，保持江防。

九日上午五时，敌猛力包围象山，并以炮火分三个阵地：(1)甘露寺，(2)九里街，(3)尧山，以猛烈炮火集中射击焦台，我炮兵分别应战。至八时，敌机又来轰炸，盘垣〔桓〕约一小时，投弹十余枚飞去。经一刻钟又来。如是者一日八次，每次小则三架，多则八架，共投弹约近百颗，将焦山之寺院、一切建筑物全部毁坏，我兵伤亡四十余名，官伤一员，毁炮一门。幸我官兵奋勇坚忍，死力撑扎〔持〕。入晚十时，复益以敢死队三十二名，藉以壮守焦官兵之胆气。

十日敌机轰炸与火炮之射击，且甚于九日，焦台几成焦土，山南一部被击崩十余丈。至午，炮复被毁一门，士兵死伤亦二十余。复经下午半日之作战，我炮膛炸一门，复被毁一门，弹药亦尽，步炮兵死伤已过半，炮四门均全毁。入晚，范总台长迫于不已，率一部炮兵，将伤兵及炮闩等密渡江北，仍令敢死队掩伏焦台，以邀击渡江之敌。

十一日八时，敌以炮火向焦台射击，复以机枪在象山扫射，我伏兵不加还击，敌亦停射。九时，敌机三架飞炸都台，投弹二十余。十二时及下午二时、四时前后，又投弹五十余。都台前后附近被炸几尽，幸炮位有掩盖，故一日之间仅死伤五人，二十三公分炮及十五公分第三炮口损坏，该台部及兵房大部毁坏，所有司令部文卷致散毁大半。敌以焦山我军退净，于下午四时用民船渡江，我伏兵俟其接近，齐出以机枪扫射，当被我击沉六艘，落水死者约百余人。惟敌船众多，复以大炮、机枪在象掩护，率被渡过。在焦官兵除伤亡及少数躲于芦滩外，均与肉搏。总以众寡悬殊，全被杀害，至可痛也。

十二日，敌又以飞机三度向都台轰炸，我炮全被炸毁。下午复以小炮机枪在焦射击，居高临下，火力猛烈，加以我炮受损，不能还击。至下午四时，右翼以伤亡重大，且据报敌已在上游六圩渡江，故保安队之一部及要塞工兵均不支，败退。幸左翼守备营坚持未动，敌未能在炮台附近渡江。

十三日未明，职以守备营疲乏过甚，伤亡亦众，商请苏保安队派队接防，俾守备营得向后方移动整理。承李总团长允可，拂晓全部撤至扬州。是役也，我要塞独立作战，而所装炮位，均对江不能对陆。乃敌先占我后方，致我要塞各炮不能展其威力，仅此小数部队，与敌相持五日。防空兵器毫无，致官长阵亡二名，伤一名，士兵伤亡一百六十余名。生死未明者，官长五员、士兵九十余。兹将官长中功过略开于后：

勇敢及尽心职务者四员：范圣域、王乐坡、刘推泰、焦建和。阵亡二员：薛奇英、王坐山。受伤一员：朱富。生死未明者五员：周启沣、王有震（二员在焦未退出）、郑锡麟、吴永清（二员在象未退出）、翁俊（失踪）。临阵脱逃者一员：张志渠。畏缩躲避三员：何生法、刘建安、丁瑞廷。战斗不力二员：许济国、卢佐周。

丙、圌台之战事经过：

圌台孤立下游，远隔六十余里，敌占镇江后，电线被敌割断，无法通讯，于八日派员间道送达命令，饬其死守，相机独断。去后，待至十四日，据该台长报告，战事经过如后：

一、我守兵步兵仅四十余名，不敷配备，只得集中炮台附近，尽量派遣侦探，以探究敌情。

二、十二月九日下午，敌约三百名，携小炮、机枪甚多，向我压迫。我步兵占领五峰山，并以龟山之炮对其射击，互击至晚。

三、我仅一小部分队伍，而后方已失联络，纵全体牺牲，与国无补，故不得已于晚间携带弹药及炮闩、电话等，渡过江北。

四、我兵伤亡七名，失踪者十余人，敌亦相当死伤。

五、步枪均无损失，弹药除消耗外，均携带。

丁、战后之经过及处置：

十三日晚，我军集中扬州、沿江一带，请求苏保安队接防。即整理军队，集中准备，拟作一昼夜休息，再作抵抗。

十四日晚，苏保安队不支，向高邮转进，一部坚守扬州。我部队亦随同至高邮。旋扬州、高邮一带由国军接防。苏保安队李总团长命保安队及要塞，均向淮阴集中。

二十二日，部队陆续到达淮阴后，船只集中淮阴东南运河，曾一度被敌机轰炸，幸无损失。当将部队加以改编，其办法如左：

一、守备营仍补充成营。并以象、圌炮兵各编一连，焦、都合编一连，合为一营。工兵、通讯兵仍各一连，拟合编为一团。

二、拟以参谋长王乐坡为团长，经电呈军政部，阅四日，接奉复电照准。惟在此四日之间，经与李总团长守维、韩副总司令德勤接洽军队补充、驻地办法，旋奉韩副司令、顾总司令命令，将所部一概归并苏省保安处。正在办理移交之际，奉到军政部复电，即由参谋长王乐坡持电前往苏保安处，向李总团长请示。乃当时竟至误会。且淮阴至徐州旱道，车辆、民伕均无方法可雇。职为免除误会起见，仍遵韩副司令、顾总司令之命，暂将所部拨归苏保安队。经即电呈军政部，奉复电准予备案。以上系本区此次战事经过之大略也。

戊、对于此次战事之感想与痛苦：

一、要塞仅对江防，无陆防队伍协助，致我炮不能发挥威力，而后方被占，要塞已成困守绝地。故建筑要塞，必须接连陆防，且有大部军队附属，方可达其任务。

二、现空战为战争主体，我要塞无防空兵器，任敌轰炸，实此次失败之最大原因。

三、我国军队缺乏连络性。此次本区要塞孤立作战，附近他军亦鲜趋协助，而一切补充更为困难，亦失败之一因。

四、镇江方面无兵站及运输之组织，即失利后，关于各项之运输极感困难。

右呈

军事委员会委员长蒋

镇江要塞司令林显扬谨呈

中华民国二十七年二月　日

〔国民政府国防部史政局及战史会档案〕

二、战斗经过

1. 第二军团徐源泉部增援南京战斗经过详报①

（1937年11月—1938年1月）

一、战斗前彼我形势之概要及登陆后之部署

本军团于二十六年十一月二十九日，奉委员长蒋令开，赴南京抗战。遵于十二月二日，由汉口开始船舶输送。先头第四十一师之第一二一旅及其师部，于十二月四日上午十时到达下关煤炭港登陆，即向甘家巷前进。其第一二三旅于五日正午，船抵南京、芜湖间，迭遇空袭，不能行驶，隐匿停泊。至六日上午三时许，始达煤炭港登陆，向甘家巷跟进。第四十八师分批赓续输送，行至安庆、芜湖间，亦时受空袭。至八日始，先后登陆完毕。初奉卫戍参字十

① 此件原标题为：第二军团京东战役战斗详报。

二月一日〇时作命第二号，要旨如左：

（一）敌在宜兴、武进附近与我友军保持接触中，广德附近发现敌军一部。我第三战区主力由天王寺向溧水、宣城之线转进，大河口、浦口有我第一军，镇江有我第七十一军占领阵地，江阴要塞在我固守中。

（二）卫戍军以防护首都之目的成二线配备，即开始占领阵地。

（三）（四）从略（友军部署）。

（五）第二军团徐源泉所部，即渡江加入南京守备，以其主力在小金庄、甘家巷、杨梅山、仙鹤观之线，接收八十三军阵地。

应派旅长指挥步兵一团及乌龙山要塞部队，任乌龙山要塞之固守。该军团与七十八军教导总队之守备地境，规定如左：

七十八军

刘家凹——土冈——笆斗山镇相连之线，线上属第二军团。

第二军团

刘家凹——杨坊山北麓——仙鹤观南麓东码头相连之线，线上属第二军团。

教导总队

余从略。

同时侦得向镇江所追之敌先头部队，为第十师团第三十八联队，即处置如左：

命令　十二月四日十一时于傅厚岗66号（要旨）

（一）敌情及友军情况如卫戍军命令第二号。

（二）本军团以协力守备南京之目的，决即于龙王山、栖霞山及仙鹤观、杨梅山、甘家巷、小金庄之线占领阵地，逐次拒止敌人之前进。与友军作战地境：同卫戍参作命第二号。

（三）第四十一师（欠一二三旅）应由煤炭港出发，迅速占领龙王山、栖霞山之线。以纵深配备，利用交叉火，构成坚固工事，拒止敌人，并掩护军主力占领阵地。

前方并与八十三军之一五四师联络。

（四）第一二三旅附无线电一班于登陆后，以二四六团迅推进小金庄占领阵地。俟四八师派部队接替后，该团即推进栖霞山，增强该师前方力量。余由该旅长率领守备乌龙山要塞，并指挥要塞部队增筑工事，固守该要塞。

（五）第四十八师于煤炭港登陆后，应于仙鹤观、杨梅山、南北象山、小金庄之线，构筑坚固工事。完成后控置于甘家巷、台家塘、上花林附近待命。

（六）军部即进驻尧化门。

旋据第四一师丁师长治磐报告：职师（欠一二三旅）于本（四）日上午九时，于煤炭港登陆完毕，比即向甘家巷前进，行至和平门车站与太平门车站、尧化门车站间，迭遇空袭，至下午十时始到达甘家巷附近集合，拟于明（五）日拂晓前占领龙王山、栖霞山之线。第一二三旅约于五日可到。俟其先头团登陆后，遵令该团进占小金庄阵地。余由该旅长率占乌龙山，并指挥要塞部队守备该要塞。等语。

二、战斗经过

五日拂晓前第四一师（欠一二三旅）遵令占领龙王山、栖霞山之线，构筑工事。六日上午一时，该师之二四六团登陆，拂晓即进占小金庄阵地，增筑野战工事。六日上午三时许，第一二三旅（欠二四六团）登陆，即出发乌龙山，并指挥要塞部队守备该要塞。（如附图第一、第二）〔图略〕

六日奉卫参字两作命，要旨如左：

（一）进据句容之敌步兵三千名，炮二十余门。又汤水东南约八公里之杨家村附近，亦发现敌步探三、五人。

前派往该方向之警戒部队，已向汤水镇撤退。

（二）着第二军团前线部队迅占乌雅山、拜经台、雷彭台之线，并派步兵一连至乌雅山东约七、八公里之普渡桥，对东方、南方警戒，并与八十三军连络。

本军团长即率四一师丁师长治磐、张旅长习崇、芮旅长勤学，驰赴该线附近侦察。查全正面约二十公里左右，若以装备不全之一步兵师配备该线，实嫌过宽，处处薄弱，再与右翼汤水镇友军159D衔接，更属难能。但为遵守命令，维持全局计，只得强勉处置如左：

命令　十二月六日上午十一时于栖霞街(要旨)

（一）敌情及友军情况。(略)

（二）着该师派二四一团，并调担任小金庄警戒之二四六团，归张旅长习崇指挥，迅速占领乌雅山、拜经台、雷彭台之线。分派一部至九华山占领前进阵地，另以步兵一连扼守普渡桥，构筑工事，逐次拒止敌人。

（三）第二四二团迅占领龙王山、栖霞山之线，构筑工事。

（四）第一二三旅(欠二、四、六团)并指挥要塞部队，守备乌龙山要塞。

旋于本(六)日下午十一时四十分，接丁师长报告如左：

（一）据张旅长习崇报称如左：

1. 第二四一团已于本(六)日下午十时，占领拜经台、雷彭台之线，并步兵一连占领普渡桥完毕。

2. 第二四六团进至丁家山、龙江头附近，即与由孟塘方面侵入之敌约七八百人遭遇。该团当占领丁家山一带，驱逐该敌，并威力侦察其后方情况。等语。

（二）职拟俟该团侦明敌情后，即令二四二团由龙王山进至乌家山、狮子山之线，成侧面梯次配备。其守备乌龙山之二四五团，调至龙王山为师预备队。等语。

本军团长据报后，处置如左：

命令　十二月七日上午一时于尧化门

（一）该师着如所拟部署，向当面之敌攻击前进。

（二）栖霞山、小金庄各阵地及乌龙山要塞守备，俟四八师到达后，另令迅即分别占领。

同时将上项情况及处置，用电话报告唐卫戍司令长官备查。七日拂晓，我第二四六团在射乌山、石洞山、丁家山之线，即与一循东斗山，一循陈家边、德山庙、火龙山、大胡山一带之敌，步兵约一旅团，炮约十余门，激战终日，互有伤亡。同日下午八时，我二四二团亦占领乌家山、狮子山之线，与当面之敌对峙。夜间施行侦察，预备明（八）日拂晓向敌人左翼出击，冀捕捉而歼灭之。（如附图第三）〔图略〕

本日战斗后，拾得敌尸符号，悉为第三八、第三九联队，知当面之敌确系第十师团。

八日六时，奉卫参作命第25号命令如左。

命令　十二月七日下午十二时于南京

卫戍司令长官司令部

（一）侵入孟塘附近之敌约二三百人，仍盘据火龙山、大胡山附近，顽强抵抗中。

（二）我军以彻底消灭敌之目的，决自岘山——狮子山——射乌山三方面包围攻击，并限明（八）日将该敌捕捉歼灭之。

（三）六十六军以有力部队展开于棘山——空山之线，向该敌攻击前进。并须截断孟塘附近敌之退路，堵截其后继部队。

（四）三十六师补充二团展开于岘山——马基山之线，向当面之敌攻击前进。

（五）四一师除守备龙潭、拜经台之部队外，应展开于射乌山——木山及龙王山之线，向当面之敌攻击前进。

（六）战车队主力协三十六师补充二团之战斗，并掩护我步兵之前进，受第三十六师李团长指挥。

各部限今(七)日晚须攻击部署完毕，明(八)日早六时一举摧破敌军。

(七) 重炮兵第八团之一连由娄团长指挥，于东流镇附近占领阵地，与友军切取连络，支援步兵。攻击开始时间，由该团长协同三十六师李团长决定之。使用弹药五十发。

(八) 击破敌军后，各部行动如左：

1. 第四一师应推进至岘山，经乌雅山至拜经台占领阵地。

2. 第三十六师补充二团，着于百家庄、赤燕山以南地区集结待命。

3. 重炮兵第八团之一连，暂归六十六军军长指挥。

注意：1. 各部应密切联络。

2. 八十七师以三团向孟塘前进，预计明(八)日午后先头可至。

3. 一五六师一部已抵九华山附近，与敌交战中。

在未奉令前，业饬丁师长实行攻击准备。及奉令时，该师已于本(八)日早六时开始攻击。敌步兵约数千人，炮约三十余门，亦于同时攻击我丁家山、石洞山、射鸟山、狮子山之线。并以一部牵制我拜经台二四一团，互相激战。我毙敌甚多，本军亦伤亡枕藉。我242R、246R除固守所占各阵地外，另以一营争夺东西斗山，冀免敌之侧射。至九时许，正酣战中，敌更以飞机六架、坦克车八、九辆，与其原有之步炮连合部队，猛烈攻击。我即以守龙王山之二四五团(欠一营)，由右翼出击。卒形成东西斗山、丁家山各点之争夺战，终日肉搏，旋失旋得，遂使我242R、246R干部伤亡殆尽，而245R、241R亦各伤亡二三百名不等。至下午六时许，我四一师仍固守狮子山、石洞山、射鸟山及拜经台、龙潭之线，与敌对峙。同时，我派出与三十六师向大胡山攻击之补充二团连络。中校参谋黄立武回称：该团在复兴桥、许巷间占领阵地，攻击无进展。汤水镇友军闻亦撤退。

同日，第四八师先头第142R于上午二时，到达煤炭港，先后登陆。即饬该旅急行军，以284R守备乌龙山要塞，283R接替龙王山阵地。该团于十二时到达之际，适敌有一部约四百余人，由小胡山窜入红堰头、漳桥各村落，截断我242R、246R与后方之连络。当饬该团令第三营驱逐漳桥、红堰头一带之敌，而占领之。其师部及144R亦于上午八时登陆。复饬该部向栖霞山急进，另以一部分进小金庄占领阵地，赶筑工事。至下午五时始完成全军纵深配备。(如附图第四)〔图略〕

八时复奉卫戍司令长官唐卫参字第28号命令如左：

命令　十二月八月十六日于卫戍长官司令部

(一) 有约步兵二千余人、炮二十余门、坦克车四十余辆之敌，自七日拂晓以来，向我淳化镇祖堂山之74A阵地攻击。

(二) 另有步兵千余、炮数门之敌及战车十余辆，与我汤水镇66A阵地部队混战中，并有一部西进至岘山、马基山附近。

(三) 军以集中力量固守复廓阵地之目的，规定各部队行动如左：

友军(从略)

1. 第二军团之第四八师(欠一团)，占领杨坊山、122.5高地北麓、薛氏坟、曹村、和尚庄、杨家边、下西风头、曹庄之线，左与乌龙山守备队，右与教导总队连络，务速构筑工事。该军团之第四一师，仍占领龙潭及打油山、龙王山之线，右与三十六师之补充二团连系，拒止敌人，并于栖霞山、龙王山之线。预备占领第二阵地。

2. 第二军团以旅长指挥之一团，附重炮第八团之一连及要塞部队为乌龙山守备队，于下西风头——张家边——小金庄、乌龙山炮台——百家边之地区，编成坚固之环形阵地，务具独立持久作战能力。

附本军与左右友军作战地境如左：

教导总队 第二军团 乌龙山守备队	林家庄(太平门车站北)——朝阳洞北麓——木田——紫竹园——萧公庙——东码头南横山之线，线上属右。 许家边——李家苑——下西风头——北象山——董家边北端相连之线，线上属右。

在未奉前令之先，四一师已牺牲过大，与敌胶着，难以撤退。而龙王山、栖霞山及小金庄之线，已由四八师之283R、287R及284R之一部分别占领，从事增筑工事中。军团长鉴于上项情形，一面将前方情形用电话报告唐司令长官，一面拟遵令四一师改占龙潭及打油山、龙王山之线。并抽出部队接替龙王山、栖霞山之阵地，以使四八师遵令占领新阵线。但四一师因正面过广，伤亡过重，疲劳过甚，当夜深变换阵地之际，未免混乱，以致撤退未完，敌即以一部跟踪追击，以大部由小胡山经复兴桥，向龙王山以西地区绕追，企图截断我全阵地后方连络线。遂即处置如左：

命令　十二月九日上午二时于尧化门军司令部

（一）敌情及友军新部署如卫参字第28号命令所示。（另纸）

（二）本军团应迅速占领杨坊山北麓、薛氏坟——曹村——和尚庄——杨家边——下西风头——曹庄之线，左藉乌龙山要塞，以主力控置于太平山附近。与敌决战之目的，规定各部部署如左：

1. 48D（欠一四二旅之二八四团）应即占领薛氏坟——曹村——和尚庄（含）之线，构筑工事。以283R控置于银孔山左右，方袁、枣树附近，为师预备队。

2. 41D（欠242R、246R）应即占领和尚庄（不含）、杨家边——下西风头——曹庄之线，构筑工事。

3. 48D第一四二旅（欠二八三团）任乌龙要塞之守备。遵照卫参字第28号命令规定，迅速编成坚固之环形阵地，具最后与敌作持久战之能力。

4. 41D 第 242R、246R 迅撤至太平山后、朱家边、伏家坊一带整理，并为军预备队。

（三）本军团与教导总队作战地境如左：

竹园——萧公庙——东码头——南横山咀之线，线上属右。

（四）两师作战地境如左：

四八师
四一师 } 和尚庄——前村——羊山头——冈下之线，线上属右。

（五）军战斗指挥所设于乌龙山。

当由 48D 之 283R、287R，于龙王山、栖霞山之线与敌保持接触，阻止敌之追击。我四一师全部于九日拂晓前脱离敌人，撤至上示之线占领阵地。其四八师龙王山之283R，于拂晓亦相继藉栖霞山287R之掩护，撤至银孔山左后方袁枣树一带，占领预备阵地。287R在栖霞山中梅墓一带与敌支持竟日，敌虽多方攻击，终未得逞。至晚七时，即令其归还建制，加入该旅之和尚庄一带防御线，以厚兵力。查由杨坊山北麓经和尚庄、下西风头至曹庄之线，即无预筑阵地，即要塞区域防御工事亦欠完成。经本军各部赶筑终日，不过粗具野战工事之程度，未克增强。复查杨坊山全部形势重要，而教导总队未及占领，设被敌占，则彼此侧翼均受瞰制，殊为可虑。为维持全局，不能不顾计。勉令 288R 第三营延伸至杨坊山而占领之，抢筑工事，以作右翼重点之支撑。（如附图第五）〔图略〕十日上午九时以前，敌机飞来本阵线上空侦察，同时多方威力搜索，侦我虚实，作攻击准备。至下午二时许，遂向我和尚庄、曹村、杨坊山一带猛攻。我部沉着应战，予以痛击，卒未得逞。

十一日晨，敌以炮三十余门、飞机十余架连合，不断向我杨坊山一点攻击。将工事毁平，随以坦克车十六辆掩护步兵二千余人，围攻此山。我守该山 288R第三营陈营长庆勋，指挥全营反复混战。卒以敌炮火与飞机轰炸及其轻机枪火猛烈，全营壮烈牺牲，陈营长身负重伤，此山遂被敌占。同时本军全正面均受敌攻击，激战终日，以致288R中校团附何继厚、第一营营长苑师温、287R第三营营长秦慎符等，亦先后受伤。下级干部负伤尤多，士兵更无论矣。当其激战之际，军团长恐杨坊山一失，后方连络即被截断。遂令283R第一营进入银孔山阵地，以为之备。而敌占杨坊山后，随以全力继向银孔山猛攻轰炸，惨烈尤倍于前。我守该山283R之第一营营长单喆渊、连长孙世考，身先士卒，血战半日，饮弹殉国，而全营官兵亦伤亡殆尽。当单营激战时，该团之第二、三营前往增援，受敌炮击与飞机轰炸，未及赶到，又伤亡过半，银孔山遂为敌占。同时全正面战斗均甚激烈，预备队使用无余，无力出击。全军损失已达三分之一以上。(如附图第六)〔图略〕

当本(十一)日中午战斗正酣之际，卫戍司令部余参谋长电询本军情况，并悉光华门已被敌冲破之讯。至晚六时许，军团长鉴于本(十一)日伤亡奇重，正面过广，决难久持，恐误战局，除将本日战况及整理战线与部队各情形电禀唐司令长官外，并请派得力部队恢复空隙。以保城内与前方之交通，助本军巩固乌龙山要塞，作南京外廓之支点。但唯时京郊公路线已为友军阻塞，且被敌人截断，而本军粮弹无法接济，尤其伤病官兵更难转送，至以为虑。本日晚，睹紫金山东段高地火光熊熊，延烧半夜。

十二日上午八时起，敌机不断与陆炮连合猛炸要塞区，下游敌舰亦炮击炮台。所有要塞重炮及配属高射炮，均被炸毁，区内房屋亦多被焚烧。当本(十二)日激战时，军团长因情况紧急，亲赴前线视察，以振士气。督率所部坚守原阵地，与敌抗战。至下午二时许，唐司令长官与邵要塞司令先后电话，垂询本军战况，并令本军团出击。适军团长在前线未归，由丁师长治磐接话。当即报告全线受敌人攻击甚烈，无力出击。等情。逮军团长接丁师长治磐报告回指挥所，而电话已断。至下午三时二十分，小金庄下游江面封锁线有被敌舰破坏模样，敌舰逐渐上移。同时接乌龙山要塞龙台台长卓超寰报告两起，如左：

报 告 一

本台龙一台二三公分及一五公分炮，均被敌机炸毁坏或自损，均不能射击。仅留龙二台十六公分炮可射击，士兵炸死、伤三十余人。

报 告 二

本日下午二时余，敌舰冲过封锁线下，当本炮台各炮发射将敌击退，刻未见敌舰踪迹。又于四时五十五分，发见敌扫海舰数艘，亦将其击退，仅十二公分炮二门可射击。旋又接守备队队长丁绾符报告如左：

报告　下午五时

职调查本日要塞部队被敌机及炮火爆炸情形如左：

1．职营全营人员、武器，均无损失伤亡。

2．甲一台 88 高射炮，被敌炮火损坏之。

3．龙台二三公分炮二门、十五公分炮二门，均被炮火毁坏。受伤官兵正在调查中。

又高射炮队长李诚午报告如左：

报告　午后六时于乌龙山庙台部

1．官长无损伤，士兵轻伤二名。

2．第一炮发射机炸断，方向盘炸坏，不能转动方向，炮闩损坏，内有炮弹一颗不能退出。第二炮之炮闩损坏，不能开关，炮上亦炸伤数处。第四炮管退机损坏，不能射击。测远机炸毁，一搜索镜箱及零件均炸毁。

3．对空消耗炮弹七十一发，对水上目标消耗炮弹八十发。

4．黄昏时敌舰六艘在划子口外江中停止，状况不明。夜间无探照灯照明，且炮上无照明器材，不能射击。

四时许卓台长失踪，野(山)炮各连长亦多不见。当用无线电报报唐司令长官电文如下：职军昨(真)日，与步炮连合万余之敌并附战车二十余辆，激战入夜。以各师连日逐次消耗兵力达三分之二，不能再于要塞外作战，拟缩小阵线，以一部撤入乌龙山要塞内，大部占领要塞外之戴家边、贾家边、汪家边、白家边之线，力求巩固，以备与要塞共存亡。惟龙台总长业已失踪，并将龙台平时通信设备，如无线电电话、军鸽，破坏无余，使职无法指挥，迄〔且〕欲与钧座通话亦不可能。尤可虑者，要塞炮射击指挥无人，野(山)各连官长亦多不见，而要塞工程原未完竣。查今(文)日自拂晓起至发电时止，敌炮仍向要塞区连续发炮，飞机轰炸五次，似此要塞本身已不可恃。职惟有尽力督率官兵，在重围之中与敌奋斗。惟给养弹药及伤兵后送诸问题，仍祈设法解决为祷。1216(如附图第七)〔图略〕

至下午十一时许，犹无复电。正在苦闷中，而上游沿江边络绎逃来散兵，均云：南京失守，出城部队蝟集下关江边，无船渡江，抱木板浮渡，而淹毙者甚多，情形凄惨，言之可痛云云。同时又见由上游下驶民船二十余只，陆续逃至乌龙山下。据船夫称：南京于下午即失。我等原在浦口被扣，下午无人过问，见情况不好。又上新河、白河口一带均有敌，不能上驶，只得向下游逃生。等语。当即扣留各该船于乌龙山下。窃以本军若孤守待命，必至全部消灭，实与长期抗战无补。同时要塞区外西南两面，又被敌冲破，情况甚危。遂决心令要塞区内部队，据守阵地，拼死抗敌，以收容区外部队。于十三日午前零时，先令一部奋向东面打开退路，严密警戒。乃由周家沙、黄泥荡(即黄天荡)两码头乘夜陆续渡江，分向长江北岸之望江亭、通江集等处收容集结。当一时许开始渡江，正遇东风，达旦不息，往来顺风，驶渡甚速，至十三日早七时许渡毕，所有乌龙山炮台及守备队官兵，均率其同时过江。并事先令野(山)炮尽毁。渡毕后仅一小时，约十三日午前八时，敌舰即上驶，敌机亦至长江两岸上空侦炸。(如附图第八)〔图略〕

三、转进情形

十三日晨，本军于望江亭、高家片子、沙洲桥、通江集一带分别收容。又幸该地带柳林丛密，得藉其以隐蔽之。至下午三时许，急令两师分路转进至来安集合。

十六日抵来安，胡军长宗南派联络参谋朱有连来部，投递公函一件，内附顾副司令长官代电一通。文曰：奉委座电谕，贵部即取捷径开赴合肥整理，并须对芜湖及江浦方面严密警戒。等因。合亟转达，希即查照。等因。奉此。当因顾副司令长官驻在地不明，未能呈复。拟即经沙河集、滁县、全椒等地，开往合肥，行抵大新集，得悉滁县方面友军在该县集结甚多，全椒已有敌人，遂绕道张八岭、池河驿，向定远前进，再转合肥。

二十日在寿县东马厂集，奉唐司令长官皓酉电开。文曰：撤退命令迭派员分途设法驰送，深虑不易到达，无时不以兄及贵部情形为念。今晨抵汉，闻兄苦战奋斗，卒能率大部突围渡江，至佩至慰。除面呈委座外，希将详情电告。当日酉刻，将京东战役前后经过概况及部队转进情形，电复唐司令长官。

二十二日在寿县，奉武汉行营主任何养未鄂参电开：奉委员长蒋马午一作元代电开，第十军徐源泉部抗战经过一节悉，该军应令移至黄安、麻城整理。等因。特达。等因。奉此。除电复经六安转黄安、麻城整理，惟行日久、兵力疲劳、拟到六安稍为休息再续进外，同时将京东战役经过概况及转进中情形，电呈顾副司令长官。二十三日本军于寿县出发前，曾将京东战役人员、马匹、枪械之伤亡损失及卤获，与沿途收容补足各情形电禀委座。二十四日至雁口集遇雪，休息一日。二十五日续进。二十七日到达六安，因官兵疲劳过甚，二十八、二十九日复降雪，休息数日，整理补充。遂于二十七年元月五日出发，至十四日完全到达黄安、麻城集结。（如附表第二、三、四、五）〔图略〕

此次退却其秩序不紊者，上自军团长，下至军士，均未离队，而兵卒亦能确守军纪。先是本军派在南京城内及煤炭港办公之官

兵，于南京失守时，仅41D无线电第五班张班长洪轩回部，其余人员均失踪，至今未归。姓名见(附表第一)〔表略〕

四、抗战所得之经验与感想

甲、第二军团长徐源泉有关京东抗战所得经验与感想

（一）防御应取攻势。本军两师系本年十月间改编之整理师，兵器装备皆甚窳劣。京东之役，四十一师于栖霞山、龙王山之线及龙潭、拜经台、射乌山之线，四十八师于乌龙山、曹庄、和尚庄、杨坊山之线，实地正面各约二十公里。纵有少数国防工事，或因重兵器不足，或因无是项兵器，大都不能利用。各线地境过宽，各以全师兵力完全展布，犹觉不敷分配。而敌之攻我，专注一点，我则处处薄弱，坐以受攻，终至于被敌各个击破。盖防御而不取攻势，鲜有能达目的者。为取攻势，必须使下级部队各有相当预备队，以作机动出击之用。此防御地区之决定，应顾虑下级兵力，使能适合攻势之要求，实为必要。

（二）师或军应配属炮兵。炮兵能压制敌火，壮我士气，步炮协同攻守皆利。京东之役，敌炮每以数十门向我连续发射，弹如雨注，而我无一炮还击，于士卒精神上颇受打击，因之敌更猖狂无忌，我之损害大矣。统计我军伤亡，被炮击者占十分之七。为求步兵能发挥伟大战力，则师或军必须配属炮兵。

（三）要塞构筑应求强固。乌龙山为首都复廓要点，又为江防重地，设置要塞诚为必要。惟以现代空军发达，而我海军又极贫弱，不能阻敌舰深入，则该要塞之构筑非力求强固不可。乃乌龙山炮台炮位露天，无异于野战炮兵之阵地，经敌舰半日之炮击，全台炮位即毁坏无遗。(失去要塞之效用，实为憾事。)

乙、第四十一师师长丁治磐关于京东抗战所得经验与感想

（一）贫乏国家，装备应先于国防工事。国防工事构筑甚多，糜款亦巨。然此次抗战，实无一处能得其用。其原因在既无预定部队驻守，临时配以某部，殆知既成之衣，未必适体。例如：本师自十

二月四日起参加首都卫戍战役，始而进入龙王山、栖霞山一带阵地，继而推至拜经台、龙潭一带阵地。所见数处掩体，在实地既嫌散漫，在本师则反以兵器缺乏，无法利用。结果石洞山、丁家山一役，仍须脱离国防工事，施行野战。虽以窳劣武器，在敌之空炮、战车连合攻击之下，与之互攻一日之间，仍能杀敌逾千。尔后太平山之役亦然。及至十二月十一、十二日，本师扼守乌龙山要塞，以为可藉要塞炮火力掩护，得行长期抗战。乃敌舰以半日之炮击，乌龙山各炮及高射炮全毁。倘使以国防工事之费，尽量使军队装备更新，使之随地可战，俾敌之野战军受我打击，则胜利之券岂不操之在我。

（二）建制分割之害。此次抗战战斗序列至为凌乱，甚至平时已有之军师序列亦多以临时抽调，而致破坏指挥统御，使战时不能收协同一致之效，实减少战斗力量。本军虽未被分割使用，然以两师之众，只以步枪为重要之武器，加入战场，兼未附属炮兵，加之在一月以前，老兵已被抽调，新兵入伍者不足一月。在被抽之老兵补充他师，情感既殊，仅作新兵之用。在被抽之师，则以多数新兵羼入，有不教是弃之苦。以故本师此次战斗，干部、老兵为新兵装枪者有之，为新兵选地形者有之，挈新兵前进者有之，而老兵、干部伤亡遂重矣。老兵常于战后啼血而道曰："敌则易击，惜我新兵多累耳。"

（三）作战指导与方针不一致。栖霞山、龙潭阵地既为持久目的，则不应令主力推进。本师原任守此持久阵地，后又受命全师推进于拜经台、射乌山、孟塘之线，与敌战斗，致消耗过半，及至最后，阵地无力出击。此指导与方针不一致之害。

（四）无重点，欠主动。敌之攻我，多为攻击一点。本师于石洞山、丁家山、太平山、乌龙山各战斗，敌之攻我，其正面皆不过一公里，则集中空炮火力及步兵冲力，一点既破，全线动摇。而我方始终须遵守固守某某线之命，毫无主动之能力，终至战局全现悲状而后已。

（五）守秘密太过，致使友军无连系。自发动抗战以来，即秘密队号，并秘匿指挥位置，此对防备汉奸则得矣。然而因此友军情况不能互知，协同实多障碍。某部被攻，他部情况不明，因之不敢出击，致逸战机。一部失败，全部瓦解，是直为小失大耳。且纪律不良之军队，已可藉此以自匿其奸。见于退却途中，实不少此弊。

（六）逐次使用兵力之害。本师使用之时，四八师尚未全到，致使丁家山之役，不能并本军全力予敌人以更大打击。及四八师受敌攻击时，本师又在战后整理之际，不能立时出击。而教导总队在我右翼，又不能策应。及十二日敌攻紫金山、幕府山时，本军亦已精疲力尽。推而至于上海之战，在战略上亦犯只求局部胜利，忽略作战方针之弊。大敌当前，不能互为呼应，使用兵力之害也。

（七）我空军贫弱之际，应集中使用于野战军主决战方面，都市防空可依消极防空手段。

此次抗战，敌之陆军除炮火外，并无可骄于我者。而我最受其威胁者，为敌优势之空军，轰炸我步兵阵地。而我之空军多用于都市防空，结果都市防空亦不能周密。及今思之，实不如集中我空军于主决战方面，而使陆军得有协力之为愈也。

丙、第四十八师师长徐继武关于京东抗战所得经验与感想

子、我军之缺点

（一）有牺牲心而无协同心。抗战以来，我军大部采取守势，故敌人恒以少数部队与我军对峙，牵制我之兵力。另以大部并集中炮火与飞机之轰炸，以冲破我军之一点，达其席卷之目的。而我军当敌人冲破时，虽不惜任何牺牲，极力抵抗，但邻接部队罔有乘机出击以协助者，终致被敌各个击破，无法挽回战局。

（二）步炮不能协同。炮兵射击准确之修正，除恃飞机之观测及炮兵自行规则外，其主要之规则，则有赖第一线之步兵规则，报

告于炮兵指挥官修正之。查此次战役步炮协同之效力甚小，反观敌炮弹射击准确，则胜我实多。

（三）无纵深配备。我师除以一团守乌龙山要塞外，其余三团则担任左自和尚庄起，右至杨坊山北麓至，山地起伏，绵长二十余里之战线。一线配备尚虑不足，纵深配置实所不能。（查杨坊山原属教导总队，因该部未派队接替，故我军不得不分兵布防。）

（四）部队欠训练。本师在未参战以前，即奉令抽选老兵。虽经补充，然因无征兵区，招募又极困难，截至出发方得陆续补足。查此次新补之兵素无训练，一旦驱入前线，不但无应战知识，且不易指挥，故下级干部伤亡较多。

（五）情况不明。知已知彼，百战百胜，而正面之敌及友军状况均欠明瞭，故作战指导难得适切。

丑、战略上拟请考核之点

（一）国军装备及编制，应力求划一，以免高级指挥部战时指挥部队。对于区分任务及作战计划，有所扞格。

（二）敌人采取外线作战方式，以其精锐之兵力及炮兵，用于主攻方面。其他方面则采守势，用以威胁牵制我军。我军大底系均衡配备，随时可使敌人觅得其弱点。若我守势亦形成重点，乘机打破其攻守计划，则敌疲于奔命，难得为所欲为矣。

（三）扩大义勇军之组织，加强游击战，以扰乱敌之后方。

〔国民政府国防部史政局及战史会档案〕

2. 江宁要塞区作战经过概要

（1937年12月）

江宁要塞区自二十六年十二月九日起至十三日止间作战经过概要

（甲）战斗前

（一）敌情：犯我首都之敌，于十二月九日接近尧化门、孝陵卫、安德门附近，城内已被敌炮射击，乌龙山前方我第十军与敌自七日起，即已开始战斗。

（二）我军状况：

（1）兵力：该区战时隶属首都卫戍司令长官，所属计共江防守备第二大队（海炮六门）、守备步兵二营，野山炮、工兵、通信各一连及要塞备炮五十一门（内有八·八公分新炮八门）。

（2）配备：除原有乌龙山、乌龙庙、幕府山、老虎山、狮子山、马家山、雨花台、清凉山各一台外，海炮分装划子口四门，小金庄二门。野山炮连（三一炮八门）于乌龙山占领阵地。

（乙）战斗间

九日晨，雨台首向花神庙、安德门方面之敌开始射击。敌机迭飞甘家巷友军上空轰炸，当被甲一台驱逐。

十日上午五时，猛攻乌龙山之敌，与我第十军激战。午后四时，终被击溃。敌机竟日向我尧化门、甘家巷间友军阵地轰炸，经我甲一台驱逐，不遑而退。惟友军损失过重，自甘家巷后移至尧化门新阵地。小金庄附近海炮移划子口。

十一日晨，唐司令长官命将狮台野炮二门，移第一公园放列，向光华门外之敌射击，毁敌重炮二门。晨，尧化门友军后移太平山、银孔山之线。午前十时，敌复向之猛攻，我乌龙山一带备炮向敌密集部队猛射，闻敌受伤极重。至午后六时，友军后撤新阵地，而龙台已成被敌包围形式。午前九时，雨台火炮一门被敌击毁。十时敌于雨台左侧后袭入，该台被陷，人员多未退出。本日，甲一台击落敌机一架。长江要塞守备总队第二大队全部调划子口，备敌登陆。

十二日及十三日。本日敌炮骤增，内有重炮七、八门，主向我龙台、甲一台射击。至十二时许，先后毁我龙台火炮四门，甲一台火炮三门。午前十一时半，敌驱逐舰四支沿江而上，至封锁线前约千五百公尺处，经我划子口海炮及乌龙山一带备炮射击，结果一只前桅及望台被毁，其余亦均被伤，回驶封锁线外约万公尺处，不时向我射击。

午后五时，唐司令长官召集会议，决定即行撤退，并令要塞射击掩护，必要时毁炮撤退。各台施行掩护射击及撤退情形如左：

（1）乌龙山一带备炮仅余龙台一门，甲一台一门及野山炮连八门，自午后八时开始尽量射击，掩护友军退却。至十三日午前一时，友军撤尽，敌战车十余辆分由北家边瓜村掩护步兵向我龙台进迫，当即被我炮连击毁三辆。惟以敌迫过紧，乃分别毁炮撤退。

（2）虎台与甲二台自午后八时，均向红山、北固山集中射击，掩护友军撤退。至十三日午前三时，毁炮撤退。

（3）狮台于午后九时，向水西门、上新河一带之敌射击，掩护友军撤退。惟其十二公分炮二门限于地形，无法射击。至十三日午前三时，毁炮撤退。

（4）马台于午后八时，向上新河一带射击，掩护友军退却。旋因消息断绝，被陷城中，无退出者。十三日午前七时许，敌机多架轰炸封锁线，当将浮舟炸沉，并炸毁水雷九只。（共设二十八只，战前已毁五只。）至九时半，敌舰九只向我封锁线直驶，被我划子口海炮射击，当即伤二只、沉一只（系被炮击或触发水雷，未详）。我海炮三门，亦被击毁。

（丙）战斗后

（一）撤退及结束情形：撤出残部，由该司令率领经津浦、陇海、平汉路来汉。

（二）敌我损耗情形：

（1）敌军损耗情形：被我先后击毁兵舰一支（伤五支）、飞机一架、战车三辆，重炮二门。

（2）该部损耗情形：关于武器部分，除火炮全部被敌及自动破坏外，其余步兵火器及器材等项，多因伤亡遗失或于途间被友军截缴。现到汉者共仅步马枪五十支，机枪、手枪各二支，及少量之通信器材而已。

关于弹药部分：炮弹消耗约四千发以上，枪弹除退出士兵携行少数外，余多消耗。至于人员部分：伤亡及踪迹不明者十之六七，无法详查。计约沿途归并者四百余员名，来汉者百余员名。

〔国民政府国防部史政局及战史会档案〕

3. 南京警察抗战经过报告

（1937年12月）

首都警察抗战实况

二十六年十二月，时距我抗战大纛之竖起仅五阅月，敌寇冒绝大之牺牲，循京沪、京杭两路进薄我首都。时江阴封锁线被突破，敌舰溯江上驶，我守城部队在水陆环攻之下，转辗奋战，继之以白刃肉搏，卒于是月十三日，于血花火光中突遭沦陷。于此役中，首都警察厅六千员警，亦为参加战斗之一部，十之六七尽成国殇。凡此当时事迹，有可得而书者，谨为分叙述要于【后】：

战前之部署　首都警察平时编制：在警察厅之下分设警察局九、巡逻队三，保安队、特务队各一大队，水上警察一中队。局之下□有分驻所、派出所。其配备采散在制，于战时运用，颇嫌迟缓。【因此】为应战时之需要，将各局警士改编为八个大队，特务队及巡逻队则并入保安队，并扩充保安警察为三大队，以战时建制，作统一之指挥，无形中增加抗战之实力。十一月二十六日，领袖召集全厅各单位长官，在陵园训话。略谓："此次我国为维持世界正义，保障民族生存而抗战，军警人员，宜明斯旨。首都为总理陵寝所在，守斯土者更应尽【力】抗御。警察人员虽与军队性质不同，但维持后方治安，保护全市民众，实为责任所在。在此时期，尤须协助军队，坚守勿屈，是所厚望。"恭聆训言后，全厅员警益加奋励，咸有枕戈待旦，灭此朝食之慨。

十一月二十九日广德、宜兴失陷后，敌寇猛扑句容，首都战事迫于眉睫。南京卫戍司令长官唐生智氏，为求宪警联合动作，易于指挥，派宪兵副司令萧山令兼长警厅，并擢升第一警察局局长方超为副厅长。所有员警亦全体动员，派保安警察第一大队第三中队守太平门及小营，第二、四两中队守中山门、紫金山附近。保安警察第二大队第六中队守金川门，第七中队守中央门外近郊。保安警察第三大队第八中队守飞机场及光华门，第九中队守通济门，并另派其他队警分守水西门、汉西门、三叉河、燕子矶。各局所编之警察大队，除第七局仍守下关、第八局仍守浦口外，其余各局则扼守清凉山及各城关之内线。水上警察□游弋江面。是时在京外侨发起组织国际委员会，划定中山北路以西，汉中路与山西路之间为市民避难区域。由警厅抽调各局一部分员警，组织难民区警卫组。并由唐司令长官令派第六警察局长任建鹏兼警卫长，劝令留京之市民迁入难民区。四周均派遣警卫，并选派消防队警担任救护，以策安全。部署粗毕，战事已迫至首都近郊。

战斗实况 十二月七日起，敌寇由汤山、淳化镇、秣陵关会攻首都。时在京之作战部队，为教导总队税警团五十八师、八十八师、一百〇五师，宪兵第二团、第十团暨驻浦口之第一军与原有江宁要塞守备部队等。在附郭坚守阵地，沉着应战，并由警察护送近郊人民渡江，然后纵火焚居，实行坚壁清野之计。十二月十一日，敌寇以炽盛炮火掩护，冲入大教场。我保安第八中队之一部，与一〇五师取得联络，协同作战，三度将冲入之寇击退，且予以重创。维时机场已为炮火破坏无余，奉命退守光华门。敌寇仍以密集炮火进犯，城垣崩圮，我第八中队员警躬负畚锸沙袋，于硝烟弹雨中冒死填筑，修缮略备，复随军作战。因兵力单薄，伤亡复众，急调第六、第七两中队增援。十二日敌寇在机炮掩护下，以坦克车、骑兵侵入光华门，我保安队警协同作战部队及宪兵拼死将敌击退。敌以正面进犯不逞，分兵由采石矶渡江，进窥和县、江浦，以断我后路。我驻防浦口、下关之员警，协同第一军奋勇抵抗，敌又未逞。十二日下午，雨花台、紫金山相继沦陷。入夜，经过□□混战，大部分军队纷向挹江门撤退。警察人员虽于是时奉到唐司令长官命令，撤赴下关，因多数员警不忍以形胜之区沦入敌手，迟至午夜，尚坚守原地待援。十三日清晨，光华门、中华门、水西门相继失陷，敌骑兵坦克车队循雨花路进城，步兵由昇州路窜入。是时守军尽撤，而警察人员尚在小营、汉西门、挹江门附近与敌作殊死战。卒以众寡悬殊、孤立无援，转战至三汊河、燕子矶，稍作集结，复与敌寇作遭遇战者累日。我以步枪、手榴弹为唯一之武器，几经肉搏，仅少数员警随同退军经江心洲转辗渡至北岸。检点人数，才三百余人耳。此三百之员警，幸得副厅长方超、第六警察局长任建鹏之率领，于十三日上午随军退却，循津浦线北行，沿途收编。然浮水渡江脱险来归之警士，亦仅寥寥数十人耳。抵徐州后，略事编整，抵达汉皋。警厅保安警察队原有一千七百余人，战后仅存一百余人，亦由保安总队长赵世瑞率领，先后到达汉口，奉命改编为内政部警察总队。

殉难员警调查　首都警察参与抗战，虽因变更战略，作战部队奉命退却，未能达保全守土之任务。惟员警作壮烈之牺牲者，实较任何各处为多。作战之前，在敌机轰炸下伤亡者约数十名。光华门、通济门作战时，第六中队长沈迪祥，第七中队王轩韶，第八中队长王中坚，第九中队长黄□，率领所属奋勇抗战，几全部牺牲。保安第二、第四两中队则在中山门、紫金山附近作战时伤亡过半。保安第三中队于小营附近遭敌围攻，中队长蔡志阵亡，员警死伤者十之六、七。第一大队长邵增，中队长王中坚、沈迪祥、王轩韶，分队长祝宝山、曹志平、黄清，特务长刘席珍，录事李道生，或则身受重伤，或则杳无消息。以上仅就保安总队一部分而言，伤亡已达千余名。其他局队员警，则在汉西门、挹江门附近抗战，及在城内各处与敌巷战而伤亡者，约五百余人。厅长萧山令于下关指挥宪警作战时失散，迄今生死不明。督察长李蕃清于挹江门率警作战，饮弹而亡。第二局长贺如涛被抗〔捕〕不屈遇害，督察处长竺莘翘被敌监禁。第五局长祝维平被敌押解沪上，情况不明。巡官谢尔康、郑宗正、郭云县、徐虬、万金钊，办事员汪森彩、李其臻，户籍员熊春隆、董宝鑫等，于燕子矶作战，因弹尽援绝，先后殉职。其他员警之为国牺牲者，难更仆〔卜〕数，迄尚在转辗调查之中。首都警厅原有员警六千余人，抗战后达汉口者仅百分之十四；被陷都门未能脱险者，约占百分之二十；其余十之六、七，尽作壮烈之牺牲矣。嗟呼！裹创且再战，风雪万重山，后死者之责任，正未已也。

〔国民政府国防部史政局及战史会档案〕

4. 唐生智发布首都卫戍部队突围命令稿

(1937年12月)

(一)

卫戍作命特字第一号　地名参看卅万分之一图

命令　十二月　日　午时于首都
铁道部卫戍司令部

一、敌情如贵官所知。

二、首都卫戍部队决于本(　)日晚冲破当面之敌，向浙、皖边区转进。我第七战区各部队刻据守安吉、柏垫(宁国东北)、孙家铺(宣城东南)、杨柳铺(宣城西南)之线，牵制当面之敌，并准备接应我首都各部队之转进。芜湖有我第七十六师，其南石炮镇有我第六师占领阵地，正与敌抗战中。

三、本日晚各部队行动开始时机、经过区域及集结地区，如另纸附表规定。

四、要塞炮及运动困难之各种火炮并弹药，应彻底自行炸毁，不使为敌利用。

五、通信兵团，除配属外部队者应随所属部队行动外，其余固定而笨重之通信器材及城内外既设一切通信网，应协同地方通信机关彻底破坏之。

六、各部队突围后，运动务避开公路，并须酌派部队破坏重要公路桥梁，阻止敌之运动为要。

七、各部队官兵应携带四日份炒米及食盐。

八、予刻在卫戍司令部，尔后到浦镇。

右令

计附表第一第二两纸〔略〕

司令长官唐〇〇

（二）

命令　十二月十二日下午三时于南京司令部

一、本部各部队奉命向徽州附近地区转进。

二、本司令部直属部队及三十六师着于今（十二）日晚渡江，向乌衣、花旗营附近先集结待命。

三、各部队之行动，如另表规定。

右令

附各部渡江次序规定表一份〔略〕

司令长官唐〇〇

南京卫戍军突击计划					
	队号	74A	71A 72A	教总队 66A 103D 112D	83A
	突围时地境区分	铁心桥——谷里村 ——陆郎桥	飞机场东侧——高桥门 淳化镇——溧水	（按教导总队、103D、112D、66A之次序）	紫金山北麓——麒麟门 ——土桥镇——天王寺 各相连之线，线上属右。

续表

（卫戍作命特字第一号附件第一）	开始时间	12日午后11时　12日午后11时　12日午后11时　13日6时
	行军地境	74A　71A　72A　66A　教导总队　103D　112D　83A 淳化镇—溧水县、郎溪县—十字铺—宁国—绩熙〔溪〕歙县相连之线，线下主要道路属右。
	集结地	一、74A祁门附近　二、71A黟县附近　三、66A休宁附近　四、83A歙县附近　五、教导总队昌化附近　六、103D 112D于潜附近
		如附表第二之规定
附记		一、第二军团应极力固守乌龙山要塞封锁线，万不得已时，渡江向六合集结待命。 二、第三十六师应掩护各机关及直属部队渡江后开始渡江，向乌衣附近集结待命。

〔国民政府国防部史政局及战史会档案〕

5. 宪兵司令部在京抗战部队战斗详报

（1937年12月）

宪兵司令部在京抗战部队之战斗详报

甲、战斗前彼我形势概要

一、本部历驻南京，故全国宪兵勤务，均以首都为中心。自上海失陷，敌军西渐。政府为顾虑宪兵勤务不至中断起见，于二十六年十一月，命本部副司令张镇率领一部分人员迁湘办公，俾全国宪兵在任何环境下，不致失其主脑。其余在京之部员及所有宪兵部队，统归副司令肖山令(原系本部参谋长)指挥，协助友军防护首都。嗣敌进逼苏州，南京防务益形吃紧，副司令决于是月十八日，以在京之宪兵教导团为基干，指导民工构筑雨花台一带工事。同时我宪兵第十团加紧巡察及城防勤务，以防汉奸之活动。宪兵第五团之一部，负护卫长官及监护运输之责。至二十六日，本部宪兵第二团、教导团特务营及宪兵第五团之一部，受命为清凉山守备队，并将雨花台一带之工事交第八十八师接收。防务交代后，即计划清凉山阵地之构筑。同时我宪兵第十团撤收郊外，宪兵队担任明故宫飞机场至第三十三标附近高地一带之守备任务。

二、敌自十二月七日侵入句容、溧水后，即沿京杭国道及京湖公路向南京前进。

三、本部参加作战部队之军队区分：

1. 清凉山守备队长、宪兵第二团团长少将罗友胜

宪兵第二团

宪兵教导团

宪兵特务营

宪兵第五团之一营及重机枪十连

2. 明故宫守备队长、宪兵第十团团长上校陈烈林

宪兵第十团

乙、兵力部署

一、清凉山守备队之兵力部署如左：

教导团第一营附宪五团之重机枪连，配备于上新河棉花堤之阵地。

教导团(欠一营)配备于水西门、汉中门至清凉山二十八号机枪掩体之线。

第二团配备于清凉山至老虎洞阵地之线。

特务营为预备队。

二、明故宫守备队之兵力部署如左：

第一营附重机枪一排，配备于明故宫附近。

第二营(欠一连)附重机枪一排，配备于复成桥。

第三营附重机枪一排，配备于第三十三标附近。

第五连为预备队。

丙、战斗经过

十二月九日七时，由方山前进之敌，约数百名，坦克车三十余辆，进占光华门外防空学校，并猛力向我光华门——通济门之线【进袭】。守备该处之友军教导总队之一部，兵力薄弱，势甚危急。我清凉山守备队奉令派兵二连，迅速向该两处增援，当由周团长亲往部署。斯时也，敌机约十余架，分向该地带轰炸，掩护□□□□□□□□□□□□□□□。但以我增援部队之沉着射击及友军教导总队之迫击炮命中精确，遂将已突进至光华门外护城河之敌击退。十六时，友军教导总队之后续部队到达，我增援部队以任务已完成，一部奉命归还清凉山防地。同时我明故宫守备队之当面，亦遭受由中山门外而来之敌之猛攻。不得已奉命放弃原来阵地，占领淮清河、逸仙桥至竺桥之线，阻止敌之前进。是夜，我清凉山守备队即开始进入阵地，当由守备队指挥官罗友胜，下进入阵地命令：

1. 敌人业已逼近城垣，突入光华门之敌已被我军包围歼灭。我军在各城垣之阵地尚无变化。

2. 本队以拒止敌人之目的，即时进入阵地，并严防敌利用夜暗之爬城。

3. 宪兵第二团为左地区队，即时进入清凉山以左之阵地。

4. 宪兵教导团及第五团之一部为右地区队，即时进入清凉山以右至水西门一带之阵地，并派兵警戒城墙。

5. 特务营为预备队，位置于右地区队后。

6. 叶排长率兵六名，并携带炸药，准备爆破水西门、汉西门外之桥梁。

7. 予在金陵大学附近。

至十日十二时，我派出至上新河棉花堤之部队，被约有骑兵一连及便衣队二百名之敌猛烈攻击，卒以我坚强抵抗，敌未得逞。同日，我向光华门增援部队之一部，亦协助友军将又突破光华门之敌予以歼灭。我防守逸仙桥一带之守备队，于是日十五时，奉命退至古林寺、五台山一带，严阵以待。至十一日拂晓，有步骑炮联合之敌，大举犯我棉花堤之阵地，势甚凶猛。因我之前仆后继，阵地迄无变化。但因友军五十八师遭受敌之猛烈袭击，向江东门一带转进，我在棉花堤之阵地，遂形突出。不得已，乃退至棉花堤稍后之线，继续抵抗。至十一时许，敌机数十架轮流轰炸我城内之各守备队阵地。至十四时顷，枪声更密，敌我相距益近，然我阵地屹然未动。至十二日拂晓，南京城外附近之敌约约〔纷纷〕向我固守复廓阵地之友军猛攻。斯时我城外之部队，竭力协助友军作战。八时许，敌炮兵开始射击我水西门、清凉山一带之阵地，我虽伤亡奇重，但阵地始终未能摇动。十二时，奉命在南京之部队，须有与南京共存亡之决心，并增筑准备巷战之工事。全部闻命，气为之一壮。十六时，奉命将水西门之阵地交于友军五十一师，移交尚未清楚之际，我在南门守备之友军纷纷向后撤退，城中秩序遂形紊乱。我宪兵部队正拟严阵以待，与敌作殊死战。正部署中，即转奉卫戍长官命令，向花旗营集结待命。本部各团营遂按各部队渡河次序规定表之规定，于六时向下关江边集结，遵时渡江。斯时，萧副司令以身兼首都警察厅长，未能随队出发。所有在京之宪兵部队，暂由少将团长罗友胜指挥。当令宪兵教导团派兵两营，占领蛇山、龙蟠里、五台山一带阵地，掩护所属部队之退却，其掩护部队务于十时到达江边。不意，行至铁道部附近，即被友军三十六师之阻止。斯时，友军纷踏而至，拥挤不堪，枪声四起，血肉横飞。于是队伍为之散乱，行装为之全失。迭经交涉，方许通行。至海军部门前又被该师所阻，本部所属团营益形紊乱，致能至下关江边者为数甚少。斯时，江中已无船可渡，乃扎木筏渡江。渡江后，指挥官罗友胜本拟将所属稍加统制，再至花旗营集结。谁知沿途屡被友军三十六、五十一等师之阻，屡经交涉，始到达徐州集结，遵令开湘整理。

丁、此次战斗中之所见

一、各级指挥官多乏积极的企图心，不能适时乘敌军之弱点而转取攻势。

二、指挥不统一，尤以各部队之连络欠佳，致予敌以各个击破之机会。

三、指挥官多缺乏战术头脑，致敌情判断多不正确。

四、步炮协同不良，任务尤不能彻底达成。

五、纪律废弛，致命令不能彻底。

六、渡河准备不充分，致十余万大军云集江边，均无船可渡，不得已而扎筏，当时溺毙于江中者甚多。

七、命令下达过于迟延，致背进部队屡被友军之阻止。

八、背进部署应事先计划，而退路之规定尤应详密。今以一挹江门（沙袋均未撤去），而退出十余万大军，致被踏死者堆积如山。

九、信号连络之规定太不确实，致友军隔河对射。

十、沿途互相缴枪，甚至将有组织之部队亦予以围缴，影响尔后抗战军之心理。

十一、缺乏新兵器之认识，致有误烟幕为毒气，见坦克车而溃退之现象。嗣后新兵教育，应予以各新兵器见学之机会。

〔国民政府国防部史政局及战史会档案〕

6. 南京卫戍军抗战战报

(1937年12月)①

一、作战地点：

---

① 原件未注明年月，据内容推断，当为1937年12月。

1. 南京东南正面阵地(江宁镇、牛首山、淳化镇、汤山、龙潭之线)(十二月四日至八日)

2. 南京复廓阵地(雨花台、紫金山、乌龙山、幕府山及南京城垣)(十二月九日至十二日)

二、作战部队(战斗序列同):

南京卫戍军司令长官唐生智

副司令长官罗卓英

刘　兴

第二军团　军团长徐源泉

第四十一师　师长丁治磐

第四十八师　师长徐继武

第六十军　军长叶　肇

第一五九师　师长谭　邃

第一六〇师　师长叶　肇(兼)

第七十一军　军长王敬久

第八十七师　师长沈发藻

第七十二军　军长孙元良

第八十八师　师长　孙元良(兼)

第七十四军　军长俞济时

第五十一师　师长王耀武

第五十八师　师长冯圣法

第七十八军　军长宋希濂

第三十六师　师长宋希濂(兼)

第八十三军　军长邓龙光

第一五四师　师长巫剑雄

第一五六师　师长李　江

教导总队　总队长桂永清

第一〇三师　师长何知重

第一一二师　师长霍守义

宪兵部队(约二团)　司令肖山令

江宁要塞部队　司令邵百昌

炮兵第八团之一营(十五榴)

炮兵第十团之一营(新十五榴)

战车防御炮八门、轻战车十辆

防空司令部所属各高射炮队(大小共二十七门)

城防通信营

本部特务队

三、作战前敌我双方之情况及布置概要：

敌在杭州湾登【陆】成功后，与淞沪方面之敌策应西进，我乍、平、嘉、吴、福、锡、澄诸阵地及吴兴、长兴诸要点相继失守。当时首都防御军仅有八十八师、第三十六师、教导总队及宪兵部队，皆属上海抗战后最近到京，新加补充者。当决定以固守附郭据点及城垣之目的，策定防御部署要旨如左：

（一）以第八十八师任右地区雨花台及城南之守备。

（二）以教导总队任中央地区紫金山及城垣东部之守备。

（三）以第三十六师任左地区江山、幕府山及城北之守备。

（四）以宪兵部队任清凉山附近之守备。

（五）以旅长指挥教导总队之一团及乌龙山要塞部队，警戒长江封锁线。

并令各部队征集民伕，于各地区内赶筑工事。迄复奉令增加七十四、六十六、八十三各军(皆经久战补充整理尚未完毕)，乃决定东南阵地为第一道防御阵地，其配备如左：

（一）第七十二军派出右侧支队至江宁镇附近，任右翼掩护。

（二）第七十四军任牛首山至淳化镇附近之守备，并向秣陵关、湖熟镇派出前进部队。

（三）第六十六军任淳化镇附近至凤牛山之守备，并向句容附近派有力之前进部队。

(四)第八十三军任凤牛山附近经拜经台至龙潭之守备,向下蜀派出前进部队。

是时以第九师团全部为主力,约二师团之敌军,配有强大之炮兵及机械化部队,已以一部由武进向丹阳、一部由京杭国道向首都前进(附录)。适我八十三军复奉令转进至丹阳、镇江作战(附录),其龙潭至孟塘一段阵地,改由第二军团徐源泉之一师担任守备,乌龙山要塞亦由该军团派队接防。其后续之一师,俟到达后,准备以主力在杨坊山、乌龙山线上构筑工事。但截至四日晚,徐军到龙潭者只一团,其余甫进至栖霞山附近(附录)。此时我六十六军之前进部队,已在句容与敌开始交战。此作战前一般之概略情形也。

四、战斗经过概况

十二月四日

是日句容以东四十里处及天王寺西北上葛村附近,各发现便衣敌军,与我派在前方之游击队接触。南渡、溧阳间及丹阳以西公路,有敌步炮联合纵队与机械化部队,其进攻南京企图,业已明瞭。当即令各部努力搜索敌情,并严加戒备。我左翼八十三军之一五四师(一五六师尚在丹阳、镇江间作战),奉令调往东昌街策应镇江部队作战后,其接防之第十军四十一师部队正在输送中。先头之一团,本日开抵下关,即令向龙潭急进。其他第一线、第二线兵团已占领阵地完毕,努力赶筑工事。

十二月五日

本日拂晓,第六十六军派在句容占领前进阵地之两团(一营守句容城,主力在句容西北栗子里附近占领阵地)与敌接触,略经射击,敌即后退。午后,土桥镇、牧马场诸地发现敌部队,似有向我两翼包围企图。当命六十六军严加防范,并命前进部队于不得已时,可相机归还建制。

湖熟镇方面敌骑颇为活跃,与我在该处之五十一师前进部队接触，当被击毙数名。索墅镇及禄口镇亦有敌骑、敌探出没无常。

第二军团之四十一师部队，本日一团到达龙潭，二团到栖霞山、龙王山之线，正开始占领阵地。其余一团开驻乌龙山，担任要塞守备。后续之四十八师，俟到达后，准备向龙潭推进。当以情况渐次严重，该军团右翼尚不能与六十六军衔接，中间发生空隙，随时有被敌侵入可能。入晚会议后，即令在栖霞山线上之四十一师部队迅向保国山、拜经台之线先行推进(附录)。

本日敌机十余架轮流轰炸，大校场及明故宫机场略有损失。

十二月六日

昨晚句容之敌约三联队，以一部向我前进阵地正面攻击，主力分两路向土桥镇、牧马场前进包围，其一部并由土桥镇转向新塘市迂回，截断我句容部队归路。当经六十六军派兵一团向新塘市之敌攻击，并命在东昌街之一五四师向句容前进助战，但新塘市之敌得有增援，未能迅速驱逐。我前进部队是日陷于苦战，情况不明，事后调查，该部被敌包围，损失颇大。

午前十时，向牧马场前进之敌突有一部由九华山北麓侵入孟塘，虽经派部堵剿，但该敌一面抵抗，一面利用凹地继续西进。午后二时，其先头在高家庄、大胡山附近，发现金汤大道及六十六军后方连络线有被截断之虞。当命三十六师抽兵一团，配属战车防御炮等前往扑灭(附录)，并命四十一师由北、六十六军由南，向孟塘、大胡山间凹地围攻。是晚，各部布置完毕，准备明拂晓将敌一举肃清。同时固守镇江之七十一军及一五六师，亦奉命以主力向南京转进，冲击孟塘敌之侧背(附录)。

由天王寺经上葛村前进之敌，约一联队，本日向湖熟镇我前进阵地猛攻，五十一师守军积极抵抗后，不得已撤回。而昨晚由土桥镇前进之敌，本早进至索墅镇，向我淳化镇阵地行威力搜索，更有大批敌机竟日在淳化镇阵地轮流轰炸。我守军沉着应战，并派队向索墅镇驱逐，得敌旗数面，枪十余支，斩获颇多。

京建关道本日有敌步炮纵队，由溧水向南京前进，其先头向我派在秣陵关部队进攻，另有敌骑绕道向江宁镇方向前进。

十二月七日

午前二时，据六十六军不确情报，进据孟塘、大胡山之敌突然失踪，似有向北转进进攻龙潭模样。当命三十六师之一团，暂控置在麒麟门附近待命。四十一师照常占领阵地，并向孟塘前进，与六十六军左翼确实连系。七十一军迳开高桥门附近待命。拂晓后得知大胡山附近之敌，仍盘据未去，因令各部继续连系前进，迅将该敌消灭。终以通讯困难及敌机之骚扰，各部队未能同时进展，未克奏效(附录)。是日我汤水镇前面第一线阵地，受在炮兵营房展开之优势敌军攻击，各处被敌突入，不得已于入暮后，撤退至第二线，固守汤山及汤水镇。同日龙潭、拜经台、保国山之线，亦到处发现敌踪，与四十一师发生混战，双方各有伤亡。

淳化镇之敌，本日以步、炮、飞机协同向我阵地猛攻，机枪掩体亦被击毁十余座。我五十一师守军奋勇抗战，杀敌甚多，阵地屡失屡得，我部队伤亡甚大。嗣调该师预备队前往增援，得维持原状入暮(附录)。

秣陵关前面之敌，分两路向我进攻，本日已进至杜桥、汤山之线，并有向我右侧大山迂回模样。

第四十八师部队，本日到达南京，即命开往杨坊山、乌龙山之线占领阵地，赶筑工事。八十七师之一团，乘车到达高桥门，准备在河定桥、上坊门、高桥门线上接防原五十一师第二线阵地。

在东昌街之一五四师，本日攻击前进，到达白兔镇、行乡镇附近。惜因汤山方面情况变迁，半途中止。

十二月八日

本日敌以主力及炮兵机械化部队进攻汤山第二道防线，与我守军发生混战。至八时许，汤山镇状况不明，汤山及两侧高地始终在我手中，其后方珠山、青龙山之线，复经一五六师派部队接防(该师已有二团于七日晚间，由镇江到达麒麟门，归六十六军军长指挥)，阵地渐形稳固。惟占领大胡山、高家庄之敌，昨晚得增援后，本日拂晓向我进攻部队激烈反攻，并调主力向栖霞山方面包围。我四十一师及三十六师之一团，反复冲击，毙敌甚多。终以敌机轰炸及炮兵优势，到处呈苦战状况，未能将侵入之敌依限解决，我进攻部队伤亡很大(附录)。

淳化镇方面。本日敌进攻愈烈，并分向东樵村、西庄附近包围，企图截断归路。我五十一师部队奋勇抗战，伤亡累累，其中五营官兵几全部壮烈牺牲。后援不继，该镇遂于午后四时失守。

本早进攻牛首山之敌，以战车四十余辆为先导，向将军山附近猛扑，经我战车防御炮击毁六辆，即迅速后退。全日战况极为沉寂。惟右侧支队受敌有力部队攻击，渐呈不支状态，下午自动向板桥镇后移。

八十七师本晚大部到达指定地点。一五六师余部及一五四师正向南京转进中。

鉴于上述情况及集中兵力固守南京起见，是晚下令退守复廓阵地，其部署要旨如左：

右侧支队固守板桥镇、大山之线。

第七十四军固守牛首山一带据点至河定桥之线。

第八十八师固守雨花台。

第七十一军之八十七师固守河定桥至孩子里(江南铁路北)之线，右与八十八师及五十一师、左与教导总队连系。

教导总队固守紫金山。

第二军团固守杨坊山、乌龙山之线及乌龙山要塞。

第三十六师固守红山、幕府山一带。

第六十六军至大水关附近集结整理待命。

第八十三军之一五六师及三十六师之一团，在青龙山、龙王山线掩护撤退。

在镇江之一〇三、一一二师向南京急进。

十二月九日

敌乘五十一师撤退、八十七师当时仅到二团、阵地占领尚未稳定之际，跟踪而来，高桥门、七瓮桥及中和桥均不及破坏，敌遂得于拂晓进至光华门外，将大校场、通光营房占领（敌约步兵二千、坦克车十余辆）。时光华门附近仅有教导总队少数守兵，见情势紧急，比将城门紧闭。敌将野山炮推进高桥门附近，向光华门轰击，不一时洞穿二穴，敌军小部突入，当被我军击灭。此后随堵随破，几频于危者凡三数次。赖八十七师后续部队之反攻及直属特务队之增援，至午后四时，始将大校场之敌击退。但盘据通光营房内及城门洞内之少数敌人，则始终顽抗（附录）。

同日，牛首山方面五十八师与敌激战竟日。因八十八师派出之右侧支队过早撤退，敌军一部进占大胜关，且有沿江北犯模样，我五十八师阵地形成孤立。入晚下令撤退，与五十一师联合担任双涧镇至宋家凹守备（在八十八师右翼延伸线上）。

十二月十日

敌向雨花台、通济门、光华门、紫金山第三峰同时攻击，战斗较九日为激烈。光华门复被敌突破二次，但冲入城内之敌百余人，悉被歼灭。比以一五六师增援通济门及光华门之城垣守备，一面于城内赶筑工事（附录）。并以一五九师控制明故宫附近策应一五六师作战，另以新由镇江撤退回京之一〇三师，任中山门附近城垣守备，归桂总队长指挥。是夜一五六师选敢死队坠城，将潜伏城门洞内之少数敌军焚毙，将盘据通光营房之敌歼灭，光华门及通济门方面遂得转危为安。但雨花台八十八师阵地右翼稍形动摇，失去阵地前要点三数处（附录）。至第二军团方面，本日情况稍缓，不甚紧急。惟该军团四十一师以攻击孟塘方面受挫，正撤退收容中（附录）。

十二月十一日

敌以主力一面向紫金山、雨花台攻击，同时以一部攻占杨坊山及银花山，并以一部由大胜关渡江至江心洲，向我七十四军右侧背射击。至午后二时，我八十八师雨花台右翼阵地为敌突破，中华门城门亦被敌炮击毁，有少数敌军突入，但被歼灭。我第二军团因银孔山失守，与城内连络已断，午后战况不明。是夜令八十八师缩短阵线，固守城外主要阵地，右与七十四军、左与八十七师密切联系，其城垣防务（除中华门、雨花台附近外），由一五六师及七十四军分担。原拟将六十六军或八十三军诸部队转移攻势，但考虑各部队疲惫已甚，无此力量。至一一二师、一〇三师因新自镇江方面撤回，其疲劳则过之。

十二月十二日

本日自拂晓起，敌以飞机、炮兵同时猛烈攻击，战况较昨尤为激烈。至正午止，八十八师雨花台主阵地全被敌军占领，紫金山第二峰亦失，第二军团则被压迫，退守乌龙山至吉祥庵之背水阵地。遂令一五四师增援中华门方面之作战，但八十八师退入城内之部队混乱异常，云梯城门撤闭不及，为敌侵入约三百余【人】。雨花门及中央门城垣均为敌炮击毁数处，遂调三十六师一团进城准备巷战。至午后三时，八十八、八十七两师各一部溃退部队，经中山路北走，拟出挹江门，至铁道部附近为本部特务队三十六师所阻，不听，秩序益紊。午后五时，召集各高级将领会议，决定大部突围，一部渡江。因十一晚曾奉到委座两真电：如情势不能久持时，可相机撤退，以图整理而期反攻之要旨也。遂下达命令要旨如下：

（一）七十四军由铁心桥、谷里村、陆郎桥以右地区突击，向祁门附近集结。

（二）七十一军、七十二军，自飞机场东侧高桥门、淳化镇、溧水以右地区向敌突击，向黟县附近集结。

（三）教导总队、六六军、一〇三师、一一二师，自紫金山北麓、麒麟门、土桥镇、天王寺以南地区向敌突击，教导总队向昌化附近集结，六六军向休宁附近集结，一〇三师、一一二师向于潜附近集结。

（四）八十三军于紫金山、麒麟门、土桥镇东北地区突击，向歙县附近集结。

以上各部队突击时机为十二日晚十一时后开始，但八十三军为十三日晨六时。

（五）第二军团应极力固守乌龙山要塞，掩护封锁线，于不得已时渡江，向六合集结。

（六）三十六师、宪兵部队及直属诸队，依次渡江（另有渡江计划表）。先向花旗营、乌衣附近集结，但三十六师应掩护各部队渡江后，然后渡江。（又最后口授命令要旨：87D、88D、74A、教导总队诸部队，如不能全部突围，有轮渡时可过江，向滁州集结。）

十二月十三日

突围部队除一部按照计划实施外，其余多向下关渡江者，遂命令各部向临淮、蚌埠集结。

五、所见

（一）此番防护首都部队，多系历经战斗，损失重大，老兵缺少，新补士兵未受训练即加入火线，官兵多不认识。一遇敌机、敌炮，相率复溃〔溃逃〕，致无法统御，实为固守南京之计划重大打击。

（二）各部到达南京为时过迟，对于地形之认识、工事之赶筑，皆迫不及待，官兵体力精神俱感疲【惫】，故对于敌情搜索，殊欠周密，而旺盛企图心及机动力更为缺乏。

（三）国府西迁后，各项交通器材随之俱行，各军经上海撤退损失，亦所存无多，致弹药之补给，伤兵之救护，与夫扼堵城垣缺口材料之运输俱极缓慢，一被突破，即有牵动全线之虞。

（四）首都防护永久工事，虽早经构筑，但正面过广，与兵力不相称。临时土工兴筑不多，新兵又不知利用，处处呈遭遭战状态

〔原文如此〕，以致不能演成阵地战。

（五）各级指挥官对上级命令不重视，尤其不按指定之时间履行任务，是为最大之弊端。此外，部队对新兵器使用之智识缺乏，每遇敌之特种兵器，即形慌乱，无所措置。

（六）各部队长缺乏互信观念，无独立作战精神，往往道听或悬揣友军情况之不利，而自乱其作战步骤。

（七）畏惧敌人心理过甚，但求局部苟安，全无旺盛企图心。故部队一经占领阵地，即无法活用。敌得集中力量，任意选择攻击目标。以我军素质、装备与敌悬殊，欲固守一地，自亦难矣。

〔国民政府国防部史政局及战史会档案〕

7. 徐源泉报告该部守备南京经过密电

（1937年12月）①

（1）12月9日密电

急。武昌陈处长转主任何，祈转委座：密。职部刻入南京守备以来，遵卫戍计划，以主力在小金庄、杨梅山线占领阵地，当令四一师急成工事。至支日，以八三军向东昌街出击，而龙潭以南阵地空虚，令四一师推进龙潭、拜经台之线。七日，四十八师到达，遵令占领下西、风头、杨仿山之线，构筑第二道阵地。七日，四一师于拜经台附近与敌接触，敌步兵八九千，炮卅余进据火龙山、孟塘。该处关系东南阵地之得失，遂令四一师以主力击退该方之敌。职以所部多系新兵，乃亲至第一线指挥。激战终日，肉搏四、五次。我四十一师赵、孟两团为争夺丁家山一带高地，血战终日，官长伤亡无余，士兵伤亡过半，但仍极力抗战。旋因左翼六六军于阳晨八时放弃汤水，我阵地右翼暴露。但我军抱必死守土之决心，不肯以尺寸之地让敌，故不惜牺牲，率予敌以大打击。此役伤亡官兵约一千二

① 原件仅有日期，年月系据内容所得。

百余人，敌则倍之，因以七一军及八三军得以安全转进至第一阵地线。刻下四一师主力亦已撤至杨仿山、乌龙山之线，协助四八师坚守第二道阵地，其一部尚在栖霞山固守，如敌来犯，当予打击也。职徐源泉。(09、7)。印。

(2) 12月13日密电

限即刻到。武昌陈处长汉存弟：○密。呈主任何。本军连日激战，伤亡奇重，于十一日晚退入要塞区内收容整理，藉以固守与共存亡。昨文午后一时许，龙一台廿三公分重炮又被敌炮炸毁。旋据该台守备营丁营长绾符报告：全台各炮均被炸毁，不能射击。二时许，龙台下游小里庄附近江面封锁线被敌舰冲破，发现敌舰八艘相率而上，向乌龙山阵地炮击。同时敌机连合陆地步、炮、坦克车包围，猛烈进攻。我守备官兵奋勇抵抗，至午后十二时，要塞东面守兵伤亡殆尽，敌遂冲入，混战于我阵地内。嗣南面守兵前后受敌夹击，亦复混战，伤亡净尽。至本元日午前二时许弹尽。职赴西北角指挥该处之一部向敌攻击，以期就此殉国，而为近傍之官兵所阻挟。职冲出混乱渡江，环求收容，再图整理抗战。不得已允在通江集、高家片子一带收容，再图抵抗。但辱负钧命，罪无可逭，应请转呈委座。不胜惶悚待罪之至。职徐源泉叩。13.07。印。

〔国民政府国防部史政局及战史会档案〕

8. 唐生智罗卓英等报告南京守军溃退出城密电

(1937年12月13日)

机急。牯岭钱主任。护密。飞呈委座钧鉴：谨将奉到真侍参、真戌侍参两电时情况及以后处置经过概要，呈报如下：(1)光华门自佳至真，被敌突破三次。先赖教导总队支持，继赖一五六师苦战歼敌狝械，幸告无恙。而真午起，雨花台方面恶报频传，安德门、凤台门各要点均陷敌手。即令八十八师缩短阵地,七十四军、七十一军与之密切联系,飞调一五四师应援。讵文日八八师雨花台、八七师工兵学校,孩子吵,教导总队紫金山第三峰均告失陷,城内各地亦被敌之机弹、炮弹轰炸。十四时,雨花台、中华门突入敌人三百余,八十七、八十八两师溃兵退至铁道部,为卫戍司令部特务队阻止及被包围,比须急紧。当严令调三十六师一团入城戒备,秩序暂定。申,中山门城垣被敌轰塌三处,紫金山东部火光四起。据报敌一部由采石矶渡江,进犯江浦、乌龙山,江面发现敌舰三艘,徐军阵地亦被突破数处,已退守乌龙山附近,情势益急。十七时召集各军长会议,决定分头突围,当晚实施(另电呈报)。散会后返铁道部,交通阻隔,已不能入。原定偕宋军长渡江计划不克实施。职等于是夜九时渡江,徒步六合,本晨乘车抵滁。本部员兵五百余人,现已渡江会集者仅约百人,现在六合、乌衣等处分头收容中。职唐生智、罗卓英、刘兴同叩。元。印。

〔国民政府国防部史政局及战史会档案〕

9. 徐源泉呈报该军栖霞山等地战况密电

(1937年12月23日)

武昌委员长蒋:为密。职军先头部队,歌日先后抵京,即编入卫戍军战斗序列,奉令担任栖霞山、中山墓之线,构作第二线预备阵地。鱼日因汤水镇北之孟塘,发现敌人数千向我挺进,旋奉令推进至龙潭、拜经台、射乌山、孟塘之线,以与汤水友军齐头,藉固左翼刻〔刘〕师。(246R)进至石洞山附近,即与敌遭遇,发生激战,肉搏终日,而占领石洞山。同时(241R)占领拜经台、龙潭一带后,亦与敌接触。但(246R)被敌重围困,据核心顽强抗战,尤为壮烈。遂令(242R)于阳日拂晓前向石洞山左翼增援,予敌痛击,反复冲锋,其乌山、丁家山、鸡笼山、东山头等处为我所夺,毙敌甚多。但我(246R)、(242R)亦伤亡过半。迨至庚晨汤山失守,友军后撤，本军阵地右后方各要点，遂为敌威胁。同时敌另有一股，约千余人，突破我石洞山、丁家山之间，占领红纫头、漳桥等处，断我联络。是日适(48D)(42B)赶到，即令进占龙王山，以一部逐漳桥之敌而占领之。其(144B)晚亦到达，故即占领栖霞山、中山墓之线以遥援之。当晚又奉令撤至左自乌龙山到曹庄，赶经和尚庄至杨坊山北麓薛氏坟止，并以(142B)欠(273R)专任乌龙山要塞守备，右与教导总队连系。青日拂晓遵命撤至所命之线，该线不特无预筑之阵地，即要塞区之工事亦未完成，兼之杨坊山要留守，教导总队未及占领。职察知该山位置两军结合部间，关系甚重，若置而不顾，危险堪虞，不得已勉抽(287R)第三营占领此山，支撑重点，藉维战局。蒸日下午二时许，敌乃向我和尚庄方面猛攻，我予痛击，未能得逞。真晨敌以炮卅余门，飞机十余架，连合不断向我杨坊山一带攻击，将工事毁平。随以坦克车十六辆掩护步兵二千余人围攻此山，我守该山秦营长慎符指挥全营反复混战，卒以敌炮火、飞机轰炸过烈，全营壮烈牺牲。当其激战之际，职恐该山一失，后方连络即被截断，由我左翼抽调(283R)第一营进占银孔山抢筑工事，以为之备。而敌占杨坊山后，随以全力继续猛攻，轰炸惨烈，尤倍于前。我守该山乔营长喆渊身先士卒，血战半日，饮弹殉国，而全营亦壮烈随之而牺牲矣。斯时职军损失已达三分之一以上，而预备队亦使用无余。至晚六时许，只得整理残部，缩小阵线，退入乌龙山要塞区内坚守，誓共存亡，以作南京城外廓之支点。讵知我军退入后，台长即失通信，设备亦被毁坏。至文日敌机与陆炮连合猛攻，下游敌舰亦炮击炮台，所有要塞重炮及配属高射炮均为炸毁，区内房屋多被烧焚。至下午五时许，小金庄下游江面封锁线，似已被敌破坏，敌舰逐渐上移。同时要塞区西南两面被敌冲破，同时我军粮弹俱绝，不得已率残部由东面冲出，乘夜渡江，再图报国。幸至元日午前七时许，陆续渡竣，于通江集略为收容。而敌机复跟踪轰炸，敌舰复向之射击，不能久留，仓卒指示来安县为集合点，令各师分寻小道渐进。十七日到来，集合半数，旋即向定远转进，今抵寿县矣。该详查(41D)官长阵亡57员，受伤38员，士兵阵亡1725名，受伤581名，骡马阵亡90匹，受伤26匹。(48D)官长阵亡44员，受伤45员，士兵阵亡2093名，受伤435名，骡马阵亡95匹，伤5匹。军团部特务连士兵阵亡47名，受伤13名。(41D)损失步枪1580支，匣枪19支，轻机枪3挺，重机枪3挺，信号枪3支，工作器具3946把。(48D)损失步枪1244支，匣枪63支，轻机枪7挺，重机枪13挺，信号枪一支，工作器具1936把。军团部特务连损失步枪4支，匣枪8支，工作器具89把。……再连日行军，所经各地电报不通，以致报告延期，并乞垂察。职徐源泉叩。(23.03)印。〔寿县〕。

〔国民政府国防部史政局及战史会档案〕

10. 吕琦等关于南京沦陷前夕国民练习队等部溃败经过报告

(1937年12月30日)

报告　十二月三十日

谨将防守南京自本月六日起至十二日晚撤退后收容以迄二十日回汉止之经过情形，详陈于后，敬呈鉴核。

练习队队付　吕　琦

第四十一团第一营营长李甲之

十二月六日

本日遵照钧座之意旨，着重于掩护要点。当令各连队于当晚移动，翌晨三时止全部已占领新阵地完毕，其配置如附表。惟原占领浦口拟调往富贵山之三七炮一门，因无轮渡及铁驳船过江，当往请示卫戍司令部余参谋长，结果着仍留浦口。

是晚奉唐司令长官手谕，着调二公分炮二门，即开赴淳化镇，归五十一师王师长耀武指挥。当即转令四十二团第四连，着占领清凉山、北极阁之二公分炮二门，即行准备于翌晨开往淳化镇；拨练习队第一连卡车二辆给该连运送，并调占领狮子山第三连之二公分炮二门至北极阁，调下关轮渡第七连之二公分炮二门至狮子山，均为求各连之指挥便利，故也。

七日

七日晨七时余，职至五台山附近，指示第四连出发。淳化镇排上车并加以到达向王师长报到后之各种注意，八时出发。十时许，以书面呈报卫戍司令部，说明关于“情报网日渐缩短，敌机瞬即可至京市上空，照空灯须有相当之准备时间(平均约需十五分钟)始得开灯，尤其是天冷，发动机之发动困难。除令各灯夜间隔二小时发动一次，以资补救外，余另无补救方法，殊不易达成任务”之报告。

本日下午，由卫戍司令部领到木柄手榴弹百枚，即集合各连队长。当发给练一连二十五枚，照测队二十枚，三七炮每炮四枚，二公分炮每炮二枚。并给各连队长关于必要时重申对武器器材之破坏及车辆处置之注意事项，更规定必要时之集合路线及收容地点。

八日

八日中午接第四连之报告：在淳化镇之排，本上午击落敌机一架，落于敌阵地后。

本日晚淳化镇之二公分炮二门，奉令退往浦口待命。十一时许接该排之报告，已过江到达浦口。

九日

九日晨五时许，敌军已冲至光华门，本日即攻城甚烈，敌机对城墙投弹甚多。下午三时奉卫戍司令部令，着派二公分炮二门掩护光华门。当令占领北极阁第三连之二公分炮二门，于本晚变换至明故宫附近占领阵地，给与确实得以掩护光华门之任务，并指示接近步兵线之应注意事项。北极阁所遗阵地，由下关电厂第七连之二公分炮二门调往，是晚均占领完毕。

自防空司令部离京后，守卫之宪兵离开台城，对于受领命令、请领口令及联络给养、秩序之维持等等，均感十分困难。尤其是通信网之被炸，损坏者日必数起。除自行勉为修理外，其损坏大者，因人员、材料关系，不得不请求通信营设法。但斯时均只自顾，致本日不能通话者有自来水厂、光华门、古林寺各阵地。并自本日起，命令能通话与不能通话之全部各阵地，各派传达兵一名至指挥部，以防连络断绝。

本日下午三时，为求连络确实，特晋见卫戍司令部参谋处长，告以防空司令部已离京，请其嗣后给高射部队之命令、通报，勿再由防空司令部层转，以免传达不到或遗〔贻〕误时间。斯时刘处长为授受命令之便利，着指挥部搬至卫戍司令部内。职以搬至司令部内与各阵地之连络更为不便，故本日未搬往。

本晚十一时许，接卫戍司令部余参谋长电告：卫戍司令部由百子亭搬至铁道部，着百子亭之三七炮一门及另调二公分炮一门，至铁道部附近占领阵地，确实掩护铁道部。当转令百子亭之第三连即行变换之，广东山庄另调狮子山第七连之二公分炮一门，在铁道部南占领阵地，均于十日拂晓变换完毕。

十日

本日晨敌猛攻光华门及南门之雨花台，是日自晨至晚，敌机三五不断，在城内轰炸五台山。七五炮阵地附近落弹数枚，炮弹亦有在五台山附近炸裂者，各阵地弹药消耗亦以本日为最多（惟当时各阵地每日弹药之消耗量，因报告表已全部遗失，不能详细呈明）。

上午十一时许，敌之轻轰炸机在城南被七五炮击落一架，坠落于大校场东南方向 。

下午三时，据照测队郭分队长炜报告：谓和平门至辛庄之马路，三十六师在破坏中，过本日恐该灯即不能移动。当着将该灯移至和平门附近占领阵地。

四时赴卫戍司令部报告余参谋长，拟以七五炮二门，携带指挥仪变换至浦口，可以掩护渡河点及城北。以二门不动用距离，掌握射击，掩护城南，奈未得允准。

八时三十分接卫戍司令部余参谋长电话：以七·五炮、三·七炮所存炮弹决不敷应用，着电钧长速行补送来京，并嘱代唐司令长官拟一给钧长补送弹药之电稿。职以所存尚多，不再需要炮弹，至翌日面禀后而搁置。

本晚十时许，敌攻光华门甚烈，并由城门上扒上敌兵八、九人，以轻机关枪向城内我守军扫射。占领明故宫阵地第三连之一排，其排附龚国屏先至指挥部报告，呈万分惊慌之状。旋该连张连长砥中亦来部报告：该排长将二公分炮暂行后撤时，腿部中弹受伤，并阵亡士兵二，伤亡士兵三。当着朱军医开业，前往诊治及送院，借给张连长大洋壹百五拾元，着其回连先行处置埋葬及送院手续。

斯时着该排官兵均甚惊慌，不得不予以安定之处置。即电召第七连刘连长澄嵩来部，着其将北极阁之二公分炮二门，即时亲自带往光华门占领阵地，并给予注意各点；着漏夜多掘掩蔽部，将原在光华门第三连之一排调回北极阁。

是晚十时止，除城北之连络尚好外，城东南各阵地之电话均已不通。

十一日

十一日晨六时，随宪兵肖副司令至卫戍司令部，接洽关于二公分炮将来运动所需之器材。

八时台城地下室被炸，进口之房子已倒毁，地下连络线全被炸坏，各阵地之通信完全不通，内部混乱异常。斯时指挥部乃移至铁道部、卫戍司令部内办公，并着附近之阵地即行架设电话。

是日雨台之一部被敌占领，掩护该地之第一连三七炮二门、第四连二公分炮二门，转移至中华门内附近占领阵地。

本日五台山阵地附近落弹甚多，且因官长之关系，兵心甚为动摇。职即赴阵地对士兵加以勉励，并告以即行变换阵地，旋赴卫戍司令部报告阵地之危险情形。当决定变换至模范路附近，亲带陈排长卓夫前往侦察。

午后五时，据王队长国荣、郭分队长炜报告：以南京因不适用，已不需要照空灯(理由与前呈司令部之报告略同)，请求撤退。此问题职无法答复，因其再三要求，乃带伊等往见余参谋长，说明理由。据答：南京尚不可保，何惜几灯，而无结果。

本晚九时，余偕陈连长率领练习队第一连七五炮，自五台山开始变换至模范路附近。至翌晨二时许，全部整置完毕。

十二日

十二日晨，雨花台之大部被敌占领，城东之敌已到达陵园，东、南、西三面均有枪炮声。因警察之向挹江门混乱急走，城内甚呈惊慌状态。

八时许，守城南之某师曾一度溃退至挹江门，虽旋即收容，但人心已更被摇动。

九时应宪兵萧副司令电邀，前往各公馆司令部，商洽关于高射炮将来之运动事宜。

午后四时余据报：占领中华门第四连之二公分炮二门，一门被敌炮弹炸坏，士兵有伤亡，排长不知下落。另一门由排副带领退出，现停止于挹江门狮子山前。当派传达兵找该排附来部，告以须绝对遵守高射炮兵之信条，非有命令，虽至如何困难，不可自行撤退。并着该排附即回挹江门，带领士兵及小炮回铁道部前停止集合，告以自行撤退之非是，及勉励之训话，并给予可减少炮弹损害之注意各点。完毕后，士兵均甚兴奋，即拉炮重回中华门，斯时已五时半矣。职回部仅晚膳出〔时〕，即卫戍司令部之诸多汽车均已离部，他开心，知有异，就往找司令官及余参谋长而不见，部内几寂无人声，仅参谋处尚有参谋二人，精神甚紧张，在收拾行李。询之如何情況，仅答以和他们不可失连络。再询之，即着我们随他们走，余无所言。始知局势已到最紧张关头，即集合各连、排传达兵，着速回连、排报告：局势已甚紧张，并给与相机处置之命令。斯时三七炮第一连冯连长子裕、第四连杨连长秉文、郭分队长炜亦在部，即着其各速回队相机处理。职乃收拾行李，六时四十分始随二参谋并带浦口阵地之传达兵出部，而挹江门至铁道部之马路上，已人马车辆满塞矣。因守城部队未接有撤退命令而未开城。如此滞留马路上几一小时，只闻阻止出城之步枪、机枪声。故挹江门附近因此而自相残杀者甚众，殊伤心惨目。人马愈停愈多，堵塞无隙地，不独车辆不能进退，则人与人之间已无法转动，危险殊甚。斯时不得不抛弃车辆与行李，绕道前进。七时四十分始得交涉出城，十一时余过江达浦口，即着传达兵通知浦口阵地。步行至浦镇时，听江浦方面之枪声极密，并离浦镇甚近。询之由该方向来之难民，知江浦城已被敌便衣队占领。是晚敌人之过江者甚众，原预定之此路线及收容之地点巢县，不得不行变更。此时决定沿铁路线前进，在蚌埠收容。乃贴标示于叉路口，旋即步行前进。午夜一时许抵花旗营车站，知原在浦口第四连及第七连之二公分炮各二门，已由花旗营乘火车北开。事后得知高参谋长之事先照料，得此便利也。

十三日

十三日上午十时抵滁县，二公分炮四门及教导总队之三七炮一门均在此。斯时卫戍司令部之专车亦在此，即前往质问参谋处：本部已请求在前，何以不事先给予命令？据答始知，撤退前只师长以上参加会议，余均无命令与知之者。即参谋处亦不知撤退命令与情形，此实为指挥作战者之弱点。均为重要器材及无辜死伤者叹惜。旋即往见高参谋长，请其设法车辆，以便带领四炮赴蚌埠。高参谋长请求暂留二门掩护滁县车站，由其负责带回，当时公私方面似均难却。教导总队三七炮一门，桂总队长永清自行带去。当于车站上粘贴本校官兵至蚌埠练一连收容之条子，乃先带第四连之二门，于是晚离滁。

十四日

十四日晨抵蚌埠，当派练二连学兵四名在车站收容，并着连内预备驻地及伙食。

下午五时，第四连杨连长率士兵三十余名到蚌。据报：十二日晚奉命离指挥部后，待八时余才出城，即往自来水厂将小炮两门下船渡江。至翌晨四时余到达浦口，五时许抵浦镇。该公路之桥梁已破坏，拟找另道前进。孰料敌人已接近，枪声甚烈，当被击伤士兵数名，阵亡三名。看情形决已无法通过，不得已乃将火炮破坏。职事后查询与该连同时经过浦镇之驾驶兵，确属实情。

是晚交练二连张特务长拍发寒电，将概略情形报告钧座：本日到蚌官兵共一百五十余名。晚九时据杨连长报告：得俞军长济时之通知，到蚌之二公分炮二门，原归该军五十一师指挥，需留蚌待命。职即着该连长前往五十一师商洽，以南京防守告一段落，应请予以归还建制。延至翌日，数次交洽之结果，始得允许由该师给第四连排长，着归还建制之命令。

是晚因二炮留滁，心甚不安。再赴车站备路局（原文如此）之电话，电告滁县高参谋长，以前方来电需炮，商请其将留滁之炮二门，予以运蚌。斯适（原文如此）滁县之退兵抢车甚乱，高参谋长亦不愿留此二炮，允许即行设法装蚌，但本晚无车。

十五日

十五日晨，运汉之车辆已交涉妥当。再电高参谋长，询问留滁二炮之装运情形。而高参谋长因退兵抢车开枪，互击混乱，已步行离滁。职急甚，再电请滁站楼司令，设法下午三时乃由铁甲车装运至临淮关。但蚌站本日无车皮可拨，允翌日拨给装运。乃决定着第七连刘连长率该二炮暂待，其余于本日先行离蚌。因商妥附挂七十一军专车不能延迟故也。

本日到蚌官兵计一百一十余名，昨、今两日共到二百七十余名。

下午五时余集合官兵，各发路上伙食维持费壹元，即带至车站上车。八时许开车，路经徐州、郑州时，又收容官兵三十余名。二十日中午抵达汉口，即着各连队归还各原属部队。

附记

此次南京撤退，事先既不给予适当之准备，临时又无适合时机之命令给与，致重要武器，不能得时间及船只以退出。对此种无计划混乱之撤退，冤枉之损失，殊为遗憾。

退回者仅三七炮一门（教导总队）、二公分炮四门。计损失练习队第一连七·五炮四门，基塔式二公分炮一门，第四十一团第一连三·七炮二门，第三连三·七炮一门，教导总队三·七炮一门，第四十二团第三连二公分炮六门，第四连二公分炮四门，第七连二公分炮四门，照测队德式照空灯三副，英式照空灯一副。至其他大小枪支、器材与弹药之损失及官兵之失踪者，现各部队均已归还建制，职不易调查具报，拟请转令各参加部队呈报。

此次防守南京之各部官兵，其行动与处置不无失当者。查练习队第一连上尉连附李品三、中尉排长卢泰元，于本月十日潜逃离京。炮第四十二团第三连准尉排附龚国屏、少尉附员派往照测队服务之胡泽润，于本月十一日潜逃离京。练习队第一连连长陈达观于该连官佐逃散后，仍能独立支持，但退却时即已离开队伍。同连战炮排长陈卓夫在连长连附离开之后，情况异常紧张，仍能从容指挥，全连官兵按次渡江。及最后轮至自己时，已无船只，始以木板凫水而渡。炮兵第四十二团第四连连长杨秉义，在退却极端混乱状态之下，仍能冒险回自来水厂，统率官兵、火炮下船渡江，直至浦镇。后因公路、桥梁已被破坏，火炮无法通过，遇敌不能离时，始将火炮破坏。炮兵第四十一团第一连连长冯子裕，当给予退却命令时，自誓愿与火炮共存亡，立即驰回阵地，现尚未知下落。炮兵第四十二团第三连连长张砥中在前线，现亦未知下落。

〔国民政府国防部史政局及战史会档案〕

11. 陆军第五十一师保卫南京战斗经过

（1938年1月）

一、本师奉命保卫南京，于十一月二十八日由句容开抵上方镇附近，当奉到司令长官唐命令，着以主力担任方山至淳化镇之守备，以国防工事为主，构筑野战阵地，尽量联系加强之；以一部位置于高桥门、河定桥（不含）之线，构筑预备阵地；于湖熟镇派出警戒部队，严密监视，左与66A、右与58D切取联络。当以三〇一团占领右由宋墅（含），经淳化镇迄上庄（不含）之线，左与66A切取联络。以三〇二团占领右由方山（含）左迄宋墅（不含）之线，右与58D切取联络，限三日内完成可御中口径炮弹之防御工事。以三〇六团为师预备队，位置于宋墅附近，策应第一线部队之战斗，重点保持于左翼。以三〇五团位置于高桥门至河定桥（不含）之线，构筑预备阵地。师部位置于上方镇之城塔里、湖熟镇。又由三〇一团派步兵一连担任警戒，句容、汤水、秣陵关一带均派有严密之斥候幕监视敌情，并与各友军保持联络。此战斗前我军之一般状况与部署概略。

二、在淳化附近之国防工事，均系距离甚远而目标显明之机关枪掩体，欲构成坚固而纵深之阵地，需工甚大。而担任外线作战之部队，输送力量薄弱，爆破材料及障碍物材料极感缺乏。虽经星夜赶筑，终以正面过宽、材料缺乏，阵地未能完成预期之坚固程度。且本师在罗店附近恶战两月，官兵伤亡过半，后复担任青浦、昆山、望亭数次之掩护任务，孤军苦斗，精锐尽失，中间虽经数度补充，然皆为来自田间之新兵，故战斗工作力量均感不足。

三、十二月四日下午二时，由土桥、索墅西犯之敌约五百余人，炮四门，与我淳化前进部队接触。同时由天王寺西犯之敌骑百余，后续步兵五百余人，则直趋湖熟，亦与该处之警戒部队接触。迨至五日下午，淳化正面之敌已增至二千余人，炮十余门，终日激战，其飞机、大炮轰炸尤烈。至六日下午，我湖熟之连仅余二十余人，遂突围退出，其余官兵均与阵地共殉，而我左翼汤木镇亦于六日失守矣。以是淳化成为畿辅战局之焦点。

七日晨由湖熟北进之敌约五百余人，由咸墅、李墅攻击我宋墅、下王墅阵地，并向方山迂回，与我三〇二团接触。复以一部约二百余人向上庄攻击，企图由左翼窜入，威胁淳化之侧背。对淳化正面则以炮火、飞机竟日轰炸，其步兵又复猛烈攻击，战况异常激烈。三日以来，我官兵伤亡达九百余人，然士气旺盛，阵线巩固。敌倾全力来犯，总计不下十余次，均经我军击溃。是役，我共缴获敌步枪三十余支，战旗十三面，地图二付〔幅〕，毙敌二百余，伤三百余名。我军亦因伤亡过重，左翼依托空虚，敌复以精锐部队向我猛烈攻击，我即以三〇一团之一部对左翼形成勾形配备，以确实掩护左侧背，以三〇六团之一部增加宋墅，对下王墅之敌攻击前进，恢复原有阵地，彻夜激战，敌卒退出下王墅。八日晨敌由湖熟开到之主力部队约二千人，炮十余门，加入下王墅至淳化方面之战斗。同时以主力部队由上庄抄袭破山口，断我归路。其正面部队又在飞机、炮兵、坦克车掩护之下，向淳化猛攻。战况之烈、炮火之密，前所未有。然我宋墅、淳化之守军虽在硝烟弹雨中，仍拼死撑持，与敌肉搏，冲锋杀声振天。相持至下午九时，仍在淳化附近与该敌胶着中。是日，我三〇一团代团长纪鸿儒负重伤，连长伤亡九员，排长以下伤亡一千四百余名，敌亦伤亡极重，尸横遍野。当晚奉到司令长官唐命令，放弃淳化、方山阵地，向河定桥(不含)、麻田桥之线转移。于九日拂晓始安全脱离，进入新线阵地。我三〇五团担任之高桥门至河定桥之线，于七日晚奉命交由八七师接替。当以该团位置于管头左翼构筑阵地，掩护淳化部队之战斗。八日晚，我奉命放弃淳化，该团即负责掩护我第一线部队之转移，在管头、上方镇附近与敌激战甚烈。该团团长张灵甫负伤，连长伤亡五员，排长以下伤亡六百余名。惟河定桥先期为敌占领，该线又未构筑工事，仓卒应敌，激战半日，始恢复阵地。九日晚复奉命转移于藏家巷、毛官渡、新闸、杨庄之线，占领阵地。奈该线亦先为敌人占领，经彻夜之混战，始将该敌击退。十日拂晓，敌七、八百名沿京芜铁路，由小米行攻击我军左侧，激战甚烈。迄十一日晨，敌已增至二千余名，又飞机、炮兵不断轰炸。相持至午刻，敌以主力由孙家凹绕攻华严寺、姜家营，复以一部沿天后宫大堤，企图突破毛官渡。华严寺失而复得者数次，据守该处之三〇五团营长于清祥负重伤，连排长以下伤亡四百余名。十一日午刻，因我雨花台之守军先行退去，以致我毛官渡、华严寺阵地腹背受敌，然犹奋力拼战，不敢轻弃寸土。相持至本晚十一时，奉命换守赛公桥经沈家圩迄关帝庙以东之线，并以一部担任水西门以南八百公尺处起、迄西南城角之城垣守备，左与88D，右与58D切取连络。当以一五一旅之程团全部及三〇五团之残余，扼守赛公桥至关帝庙以东之线，一五三旅邱团全部及三〇一团之残余，据守水西门以南八百公尺处起至西南城角之城垣构筑工事，掩护附廓阵地之战斗。

十二日拂晓，敌即集中炮火轰击赛公桥及西南城角。旋以坦克车十余辆、飞机二十余架，掩护步兵进攻赛公桥，战况之烈，空前未有。赛公桥为敌突破数次，幸赖官兵英勇与敌肉搏，经三小时之恶战，终将赛公桥阵地完全恢复。是役我三〇二团团长程智阵亡，营长曹恕初受伤，连长以下伤亡一千七百余名，我击毁敌战车四辆，毙敌五百余名，获轻重机枪十余挺，步枪四十余支。十二日午时，中华门以西城垛被敌炸毁数处。至午后二时，敌爬墙登城者约二百余名，而我左翼守兵又复不战而退，东段城垣翕〔杳〕无一人。我三〇六团虽奋力将该敌驱逐，然因受雨花台敌火之瞰制，兵力又极单薄，相持至晚七时，已阵亡营长万琼、胡豪二员，负伤团长邱维达一员，连长以下一千三百余名。是夜八时奉令突围，即集结残余兵力协同58D，向双闸镇冲锋，至元日拂晓渡江完毕。

〔附图附表略〕

中华民国二十七年一月

〔国民政府国防部史政局及战史会档案〕

12. 宋希濂关于第七十八军于南京战役之守备计划及战报

(1938年1月)

一、第七十八军南京北郊附近守备计划

甲、方针

(一) 军以协同友军固守南京之目的,决于红山、猪头山、幕府山、下关、和平门、挹江门附近地区占领阵地,利用工事连系要塞,主以火力歼灭来攻之敌。敌之攻击重点:东正面将指向红山附近,西正面将指向下关附近。

乙、指导要领

(二) 依一般情况,东正面主阵地选定于红山、北固山、幕府山东端高地之线,左右两翼依托于玄武湖与幕府山要塞,而以右顶山南北各高地、高家村高地、铁石山、猪头山东方附近高地线为前进阵地,并派出一部于太平门东站、陆家井、晓庄村、反省院、燕子矶之线,占领警戒阵地。西正面主阵地选定于老虎山、象山、水关桥、狮子山、黄泥山、南山、华严岗之线,左右依托于幕府山要塞与南京城,而以水雷营、东炮台迄下关惠民河东岸之线为前进阵地,并以一部于海军体育场、江口车站、电灯厂、九家圩之线,占领警戒阵地。

炮兵主阵地于南京牧场西南侧地区选定之。

(三) 阵地工事就原有之永久工事为基础而构筑之,首完成以交通壕纵横连贯之散兵坑、有掩盖之步兵重火器掩体、人员武器轻中掩蔽部及必要之副防御工事(外壕与铁丝网),尔后依时间之许可逐渐加强之。但工事重点应如左着眼:

A、红山、北固山、猪头山、象山、狮子山、黄泥山、南山各构成

强固闭锁堡，充分赋予独立性。

B、石顶山、华严岗各构成半闭锁堡。

各阵地之工事，主【要】由各该守备部队担任构筑。

（四）就现阵地一般编成之工事（如附图〔略〕），应用专守防御诸原则（参照附件），发挥各据点独立战斗之性能，并极力节省阵地守兵。其间隙之封锁务以火力，而不以人力，确保我有生的战斗力量。而下过早消耗，以达成持久战斗之目的。

（五）基于上项要领，红山地区守备队至少应控预备队一营，北固山地区守备队应控置预备队五连，西正面守备队战斗初期至少须控置预备队一团。

（六）东正面守备部队，须利用警戒阵地及前进阵地之地形与工事，作韧强之抵抗，使敌误认为主阵地，过早消耗其物质，且掩护我主阵地不致过早为战〔敌〕所发现。但石顶山、猪头山两据点，必须固守之。西正面警戒部队利用警戒阵地之永久工事与幕府山、狮子山诸要塞炮协力，极力妨害敌舰之接近及其陆战队之登陆。

（七）敌不待清扫江阴、镇江、乌龙山水上封锁线，即挟其陆空军以临我时，则东正面为主战场。西正面之预备队得适时转用于东正面，相机行盛大之逆袭或出击，歼灭当面之敌。如陆、海、空军并进以临我时，则东西固守，依情况以总预备队分别支援之。敌如挟强大之陆、海、空军以攻我，而我东、西两阵地之要点大部为其所夺，兵力亦大部过早消耗时，则以总预备队协同金川门、挹江门守城部队，掩护收容退守南京城北垣，连系狮子山要塞，与敌作殊死战。反之，阵地仅一部为敌所突破时，则依逆袭计划实施逆袭。（逆袭计划附）〔计划缺〕

（八）阵地前后交通网之破坏，依计划（如另纸）实施之。

丙、守备部署及任务

（九）三十六师骑兵之主力，位置于大水关，一部位置于燕子矶各附近，连络友军，搜索敌情。遇敌压迫时，则经由吉祥庵、铁石冈、三元庵、和平门道撤退，归入军预备队位置。

（十）三十六师一零八旅任东正面红山、北固山阵地之守备，右与教导总队连络，左与一零六旅连系。一零六旅以一部守备东正面猪头山阵地，其主力协同幕府山、狮子山各要塞，担任西正面之守备与金川门、新民门之警戒，右与一零八旅连系，左与清凉山守备队连络。

教导总队	
	玄武门南侧——太平门车站——刘家凹之线，线上属左。
一零八旅	上元村——场冈——北黄方村各北端——764高地北侧靴部——嘉善寺。
	金陵煤矿公司——反省院——象坊村各南端之线，线上属左。
一零六旅	
宪兵第二团	步兵学校——张家庄之线，线上属右。

（十一）三十六师工兵营，任全阵地铁丝网之构筑及阵地前交通网一部之破坏。完毕后即归入总预备队位置。

（十二）炮兵主力于风景山西南附近地区，一部于篆塘附近占领阵地。并在红山、黄方村北端高地设立观测所，其主射向为晓庄村、过街蓬各附近。关于炮兵防御应有之各计划另定之。

（十三）军补充旅第二团，三十六师工兵营、骑兵连为总预备队，统归该旅李团长指挥，集结于和平门、金川门附近地区，并以一小部任玄武门、和平门、中央门之警戒。

丁、通信〔下略〕

军长宋希濂　呈

中华民国二十七年元月　日

二、第七十八军南京之役战斗详报

军于二十六年十一月十八日，在无锡归入第三战区总预备队序列。旋奉总预备队指挥官第十七军团长胡(宗南)面授命令，着即开赴南京集结待命。等因。军遵照以所部于二十二日集结南京麒麟门附近。奉南京卫戍司令长官唐(生智)正参字第三号训令：以主力位置于汤山附近，担任观山至朝真观地区之警戒，并于警戒地境内指导民伕构筑复廓阵地。等因。二十三日军遵照命令行动，并于指定之复廓阵地位置，侦察地形，计划工事。

二十四日所要民夫无着，军以所余部队进入工作地区，自行担任构筑。唯部队因补充新兵逐次到达，必须整理。原有实力甚微而担任工区过广，故迄二十五日止，工事殊少进展。十七时军长奉召赴卫戍司令长官公署会报，并随司令长官晋谒钧座听训，面奉南京城垣守备计划。军于当晚即策定新部署，下达翌日军之行动命令。并使各旅、团长及直属部队长准备，于翌晨随军长侦察新阵地之地形。迄二十六日午后，军之态势如附图第三〔图略〕。并由侦察之结果，重新决定，详细部署，下达军阵地构筑命令。

二十七日补奉司令长官卫参作字第一号命令，要旨与守备计划同。军正遵照施行其作战地境及军队区分之规定，迄三十日之三日间，军主力所任红山、北固山、煤炭山及象山附近之阵地，工事逐日进展。并以城防部队担任玄武、中央、新民、兴中、挹江(留一孔)各城门之堵塞，军之战备始奠初基。同时，一周以来逐次补充整理部队，亦大体完毕。

十二月一日，奉司令长官卫参字第一七一号合同命令所示，敌我态势及军队部署如附图〔图略〕。第六军授予各部队战斗任务，下达守备命令，其部署如附图第七〔图略〕。

二日以后，军一面监察所部工事之进行，军长率全部幕僚每日视察阵地，作种种研究，以指导工事，改正弱点。并于阵地中随时召集各级干部，作精神讲话及预想战斗上之指导。凡属官兵，无不踊跃从事，互相策勉。故克以什一之力，集十倍之事。

三日补充第二团，所任红山要点工事先限完成，因另使其担任北固山、幕府山阵地前外壕之构筑。同时军一面考虑万一疏虞时之准备，而策定城内街市战之工事设施计划。预拟于城外阵地完成后，调还城防部队，使之担任构设。

六日午后三时，奉司令长官命令如左：

“1. 我第六十六军在汤水镇前方与敌激战中，孟塘附近发现敌之一部。2. 着三十六师派步兵一团，进驻麒麟门附近，向前面酌派警戒部队。”

军即以补充第二团，开赴麒麟门附近担任警戒。并为该团离京之故，重新部署军队。

七日，军得知一般状况如左：

1. 汤水以东附近之敌，约步炮混合加强一联队，仍与我六十六军部队激战中。

2. 栖霞山东南之江陈村，发现敌约千余人，与我在该处之友军亦发生激战。

3. 孟塘附近之敌兵力未详。昨(六日)午以来，有继续向西挺进之模样。

4. 军补充第二团，归司令长官直接指挥，于本(七)日正午十二时，奉令展开于葛家边、复兴桥、北岗之线，向东攻击。该团由麒麟门出发，午后二时许，以步兵先头到达东流镇西端，得知许巷、复兴桥已先被敌占领，遂以所部展开于眼前庙南北高地之线，向许巷、复兴桥攻击，午后六时占领许巷。惟复兴桥附近之敌猛烈顽抗，且较我优势，我左右均无依托，且新兵畏战，不能再攻，遂成相持之局，各于原地彻夜。

八日军得知一般状况如左：

1. 淳化镇附近自六日以来，敌我发生激战。本(八)日午后，已入于混战状态中。

2. 我六十六军于本(八)日午，已放弃汤水。

3. 栖霞山附近，本(八)日拂晓以来，敌我激战甚烈。午后七时以后，亦入于混战状态。

4. 军补充第二团(轻战车七辆协同)，本(八)日向复兴桥、大小胡山之敌行拂晓攻击。十时许连续冲锋数次，得攻占马基山。惟是时敌大部增援到达，全线转移攻势。并有战车五辆由小胡山掩护步兵向西出击，我战车被击毁二辆，余均撤退。旋马基山南半部被敌占领，敌主力更向我左侧后移动。该团自团长以下虽奋勇力战，屡次突破敌之包围，卒以所部究属新编，连排长指挥能力薄弱，意志极不统一，士兵亦无训练，类多束手待毙。其第二营大部遂被敌完全歼灭，其余众亦完全溃散，营长朱丹负伤。第一、三营共伤亡连排长以下百余员名。迄午后七时，遂仍退守原阵地与敌对峙。此役团长李牧良衣襟被穿两弹，卒仍于第一线掌握部队，依次撤退，据守原阵地，实堪嘉慰。

九日晨军长赴红山、北固山、煤炭山一带视察，亲见全线阵地工事悉已如规定程度完成。遂召集守备部队营长以上主官，于红山面授南京北郊附近守备计划。并征询各员所见，一一解答之。归更下达命令，使各部队人员悉就令定位置，严重戒备。午后所得之一般情况如左：

1. 敌占领大胜关，我七十四军刻仍在该处东北附近地区与敌激战。

2. 光华门外飞机场、东光营房一带，我八十七师及教导总队一部，正协力恢复中。

3. 军补充第二团，昨(八日)晚在原阵地掩护两翼友军撤退后，于当晚十二时许，奉令经麒麟门、尧化门以西岔路口附近开回南京，归还建制，本(九)日午后四时到京整理中。人员伤亡、武器弹药损失、消耗如附表第三。〔略〕

4. 马群附近，我教导总队已与敌接触。

5．我四十八师仍与敌在栖霞山附近对峙中。

十日，奉司令长官九日午后七时卫参作字第三十六号命令如左：

“1．本军目下占领复廓阵地，为固守南京之最后战线。各部队应以与阵地共存亡之决心，尽力固守，决不许轻弃寸地，摇动全军。若有不遵命令擅自后移，定遵委座命令，按连坐法从严办理。

2．各军所有船只，一律缴交运输司令部保管，不准私自扣留。着派第七十八军军长宋希濂，负责指挥沿江宪警，严禁部队散兵私自乘船渡江。违者即行拘捕严办，倘敢抗拒，准以武力制止。”

军遵照下令，由下关守备部队第二一二团协同宪警负责送办，并出示布告，使各友军知照。其要旨如左：

1．无司令长官公署通行证而渡江者，认为私行渡江。

2．私行渡江不服制止者，准一律拘捕转送核办。

本日敌围攻东南城更为逼近，午后并曾一度突入光华门外廓，黄昏时始得恢复。

十一日军奉令增厚城防，作巷战准备。午后一时许，奉司令长官面授命令。要旨如左：

“第四十一、四十八两师务须固守朝阳洞至乌龙山之线阵地，如有部队散兵自行后退，着由该军严予制止。倘敢违抗，准以武力执行。”

军当经命令北固山一带阵地守备部队，妥慎遵办。

十二日午前，军所得一般状况如左：

1．昨(十一)日以来，敌一部已占领江心洲，其大部与我七十四军在上河镇附近激战中。

2．敌第九师团主力攻雨花台、光华门一带甚烈。

3．敌另约一旅团，攻陵园、遗族学校、吴王坟一带甚烈。

4．敌另约一旅团突破我四十一、四十八两师在和尚庄附近之阵地，已占领杨坊山、银孔山附近一带，继续向退入乌龙山要塞之

四十一、四十八两师攻击中。并有一部向西搜索前进。

军炮兵当即以准备之火力向杨坊山、银孔山、尧化门一带地区行急袭射击。尔后该方面敌情沉寂。正午十二时许，军长奉司令长官电召面谕。要旨如左：

“1. 下关通浦口为我军后方惟一交通路，该军应竭力维持秩序，禁止散兵游勇麕集，以确保要点。

2. 七十四军在上河镇与敌激战，其后方交通由汉西门与城内连络。禁止一切散兵及部队通过三汊河，退入下关。”

午后一时，复奉司令长官电话命令：着于下关宣布戒严，禁止一切行动。各等因。军均遵照办理。并令第二一二团除留兵力四连守城外，余均开入下关，宣布戒严。此时并得知雨花台已失守，敌攻城甚激。我八十七师部队由城外爬城入内，向挹江门溃退。二时许经我挹江门戒严部队劝堵收容，约二千余人，由孙师长亲自率领，仍回中华门附近。四时许，据下关戒严部队报告：七十四军在三汊河向下关搭浮桥。等语。军以与戒严令抵触，向司令长官公署请示，奉令制止。等因。当亦遵即执行。五时军长赴司令长官公署开会。当时经司令长官宣示全般状况，征询各主官意见后，即授予印刷命令。军奉令掩护司令长官公署及直属部队，由下关渡江后，继续渡江。此时深以大局夷陵，部队未发一枪，未杀一敌，即行撤退，并未能与各友军同一行动，突破敌之包围，引为遗憾。军长回部后已至午后六时，因一面令附属之炮兵第三连即刻归还建制，一面下令召集各部队长，于军部面授掩护渡江之部署。八时三十分各部队长先后到达，军长即面授命令。其要旨如左：

1. 军掩护司令长官公署及其直属部队渡江后，待命继续渡江。

2. 各部队任务及行动，详细规定如要图。(附图第十五)〔略〕

3. 现在无任务之部队，本(十二)日晚十一时开始移动至和记公司附近集合，受一〇八旅刘旅长英指挥。

4. 各部队概由金川门出城，不准经过挹江门。

5. 余仍在原地，十二时以后，由金川门至和记公司附近。

九时许各部队长回队部署，迄十时挹江门内拥挤炮兵及教导总队、六十六军、七十四军、八十七师、八十八师，各部队甚多，均争先抢过城门，互不相让，秩序顿形混乱。加以先有各机关汽车，因拥挤不能通过，委弃城门附近，通路更为狭窄。各部士兵前停后挤，迟到者更急不可待，任意开枪，甚至自相冲突。随之下关秩序亦无法维持，仅有之少数船帕，至此人人争渡，任意鸣枪。船至中流，被岸上未渡部队以枪击毁沉没者有之，装载过重沉没者亦有之。十二时三十分，城南一带枪声尚甚稀，战况殊为沉寂。是时军长率幕僚至和记公司附近，军直属部队先已到达，非掩护部队亦渐次到达集结。适先派往浦口觅船者，觅得小汽艇两艘，又约五百吨之小河轮一艘，民船十五支，皆系重金雇佣，计小汽艇运一次给资十元，小河轮运一次给资百元，民船运一次给资五元。军长因受各部队长之敦促，遂随军直属部队(欠工兵营)，于第一次渡江到达浦口后，更使各船继续往江南装运。但因麕集下关之其他各部队，均行向和记公司拥挤，于是军属各部队悉被冲乱抢渡矣。当时概计本军完全未渡江者，计在三汊河担任掩护之二一一团第三营全部、在三牌楼担任掩护之二一二团第一营全部、在中央路担任掩护之补充第二团第三营全部、在红山担任掩护之二一五团第三营全部、在卖糕桥北固山担任掩护之二一六团第二营全部及在江边不得渡过之工兵营全部、二一六团第三营全部、辎重营第一连全部、通信营第一连全部、无线电排全部，军马及预备械弹、被服、辎重全部，其他渡过之部队亦残缺不全。军长在浦口亲自指挥船渡，鹄候部队。遥闻隔江嚎恸之惨，惟有相向唏嘘，默然泪下也。当时已渡江之部队，即令陆续向司令长官指定之乌衣镇前进，集结待命。军长于十三日上午四时许下令：各旅、团长须待至正午十二时，始能离浦口向乌衣镇前进。

十三日午后四时许抵乌衣。

十四日奉令开蚌埠集结。清晨军长召集各旅团长，面授收容整顿部队事宜。

十八日开始以列车输送至信阳，以后续奉命由列车输送至萍乡整理，迄本(十二)月三十日全部到达。至此清查部队经沿途收容,约尚共有官兵四千余员名,其实力概况如附表第四〔表略〕。至南京之役,经清查人员伤亡,如附表第五〔表略〕。武器弹药、器材损耗如附表第六〔表略〕。被服、装具全数损失,因无存档可稽，无法查报。

惟战后追怀,百感丛集。良以深负党国之重托，领袖之期望，虽未敢失职违命,然力不足挽邦国之夷陵,而厚民族以玷辱纲常维重,谨束身以待罪。(完)

军长宋希濂

中华民国二十七年元月　日

〔国民政府国防部史政局及战史会档案〕

13. 陆军第六十六军叶肇部南京突围战报

(1938年7月4日)

陆军第六十六军南京突围战斗详报

一、突围前敌我形势(如附图二)〔略〕

民国二十六年十二月十二日,早朝以来,敌以主力(约两师团)向我紫金山(教导队防守)、雨花台(八十八师防守)之线猛烈攻击,敌我争夺甚烈。至午后一时，雨花台及紫金山第一峰据点相继失守。八十八师之一部,直向下关溃退,为驻铁路部之卫戍司令部特务营所制止。时中山、中正马路上兵民混杂,枪声四起,秩序大乱,交通几断。职军除一五九师归八十三军指挥,于是早驱逐雨花门、中华门之乱外,而一六零师及军属炮工兵营集结于玄武门、水西门一带,构筑工事,准备巷战。

职军自十日由太水关入城待命后(如附图一)〔略〕，以作战日久，伤亡甚巨，乃权命一五九师缩编为两团，归林旅长伟涛(原九五零团团长)指挥。一六〇师缩为两团，归喻旅长英奇(原九五六团团长)指挥，全军人数不足一师。人事整理虽略已就绪，但械弹补给，则尚未完备。

二、影响于战斗之天候气象及战斗地状态

突围出城时，因一部胶着于第一线，撤收不易。而太平门沙包堆积，竟一时许之搬运，部队始通过。时又值教导总队撤入城内，互相挤拥，队伍紊乱。出城后虽经整理，又因此途地雷满布，触发不少，颇有死伤。以至队伍益形紊乱，而敌战车又往来驰突，节节拦阻，以致我军伤亡甚巨。

三、突围理由及所下达之命令

我军死守孤城，虽可稍延时日，然我守敌攻，主客互易，处处陷于被动。敌可集中陆空军击我一点，城池虽固，势难持久。况十二日雨花台、紫金山第一峰之要点，亦已失陷，城内全被瞰制。若向后转移，则有长江之阻，大部队渡江甚感不利。与其为敌歼灭，或自淹死江中，如何反攻，与敌作殊死战，则胜负之素未可定也。兵法有云：置之死地而后生。故宜以旺盛之企图，出敌不意毅然反攻也。是日午后四时，接奉卫戍司令长官唐突围命令后，即下达要旨命令如左：(如附图三)〔略〕

1．敌约五、六联队向雨花台、紫金山我友军阵地猛烈攻击中，紫金山以北有敌一联队。我守军全部于本(十二日)夜突围，向安徽转进。

2．军以突围之目的，于本夜九时由太平门出发，经紫金山北麓东西流镇、句容、溧阳、郎溪等地，向宁国集中。

3．第一六零师(欠四八零旅)应于黄昏后到太平门集合，撤除城门沙包，依九五六团、九五五团次序，经紫金山麓向句容方向之敌攻击，掩护主力前进，至高骊山后，即向南转进。

4. 军属炮兵营、工兵营应于黄昏后，依次到太平门集合，在一六零师之后跟进。

5. 第一五九师(欠四七七旅)应于黄昏后，将守城部队逐次撤退，到太平门附近集合，在工兵营之后跟进。

6. 笨重行李及机密图书文件，不得已时自行焚毁，勿入敌手。

7. 行进时，予在九五五团先头。

下达法：集合团长以上口授要旨，使自行暗记。

附记：1. 左臂缠白手巾为识别。2. 口令：丢那妈。

四、各时期战斗经过

第一五九师于十三日拂晓，行抵尧化门、仙鹤门时，与敌遭遇，发生激战，我军奋勇冲锋，将敌击退。十三晨，行抵东流镇附近，又与敌遭遇，肉搏数小时，卒将敌击退，毁敌炮四门。十三夜，行抵珠山、火龙山附近整理队伍，重行编队。十四晨，行抵汤水镇公路，又与敌千余人发生激战，在敌陆空军协击之下，不顾一切，奋力冲锋，再三肉搏，将敌击退，向九华山、高骊山前进(如附图四)〔略〕。第一六零师于十二月十二日午后十一时，九五六团行抵岔路口附近，遇敌警戒部队，发生接触，我师即以一部向敌冲锋，几经肉搏，敌不支而退。我师乃以一部向敌施行掩护，主力向东迅速前进。十三日二时，行抵仙鹤门东端，又与步炮联合之敌遭遇，我军奋不顾身，向敌炮兵阵地攻击，毁敌炮数门，敌不支而退(如附图五)〔略〕。至午前五时，到达复兴桥附近，一部向空山前进。派职军参谋处长郭永镳，率领一部向火山前进，职率主力向狮子山前进。到达空山、狮子山后，与步、炮、空联合约四五千之敌遭遇，发生激战。屡围屡攻，再三肉搏，牺牲壮烈，得未曾有。毙敌千余，毁敌炮数门，战车三辆，铁甲车一辆，汽车二辆。黄昏后，敌纷向汤水镇、龙潭方向溃退。我军乃以一部跟踪追击，掩护主力向九华山附近前进(如附图六)〔略〕。入夜后，因部队混乱，指挥困难，乃各自为战，职乃与部队失却连络，一部由华副师长率领，抵汤山附近，被敌拦阻，乃转向青龙山东南，经老虎洞南转；一部向龙潭之敌追击，至江边后，乘隙渡江，经郑州南返。我主力于本(十三)日夜半，行抵九华门附近，因疲劳过甚，乃于九华门、乌雅山附近休息。至十四日，由职军部参谋处长郭永镳于九华山、高骊山间地区开设收容处，收容各师官兵千五百人，并组织民众担任游击，屡挫敌人。至十二月三十一日率领南返，经茅山、溧阳、郎溪、广德至目的地集中。(郭处长永镳突围经过如附录)〔略〕。

陆军第六十六军军长叶肇

中华民国二十七年七月四日

〔国民政府国防部史政局及战史会档案〕

（五）闽浙粤沿海战斗

1．余汉谋为固守淡水一带海防调整军事部署密电

（1937年8月31日）

即到。南京委员长蒋、黄埔行营主任何：谷密。（一）顷据密报：敌将以重兵由惠州属之淡水一带登陆，以图截断我与香港之交通。查省港为我接济孔道，万一有失，不独广东不利，即中央军械亦无从输入，危险殊甚。职部自抽出两师一旅北上抗战后，即处处皆现兵力薄弱。兹为巩固省港交通计，故重新设防如下：（二）漳、厦以一师固守，曾师调回惠州、河源间，以策应惠州海防。李、邓两师固守潮、汕，以莫师位置惠州沿海，廿师仍留虎门协防，巫师警戒中山至四邑，独九旅调驻南路沿海守备，琼崖仍留陈师固守，张师警卫广州及韶关机厂。谨电呈察。职余汉谋叩。世申。参一。印。

〔国民政府国防部史政局及战史会档案〕

2．蒋介石有关守卫金门密电稿

（1937年10月）

（1）10月28日密电稿

福州陈主席：感午保电悉。2019密。已电余主任酌办矣。中○。勘未。一作元。

广州余副司令长官幄奇兄：0524密。据福州陈主席感午保电称：敌舰寝辰炮击金门，敌机低空扫射，掩护登陆，仅有电艇八只，人数当在一连左右，如于最短时间派队前往收复，较易。等语。希即酌办，并将办理情形具报为要。中○。勘未。一作元。

(2) 10月29日密电稿

广州余副司令长官：0524密。勘未作元电计达。顷又据陈主席寝酉保电，以金门于宥日失陷，已令黄师派队收复。该省岛屿林立，每岛配置相当兵力颇感不敷分配。等语。查闽省兵力不敷分配，亦系实情，如今之计，应以确保漳、厦为主，金门如为敌小部队，即驱逐之，可也。特电遵照。中〇。艳辰。一作元。

〔国民政府国防部史政局及战史会档案〕

3. 蒋介石令余汉谋等严守厦门一带要地密电稿

（1937年11月1日）

广州余副司令长官幄奇兄：△密。并代电抄送本京何司令长官。据福州陈主席陷戌、世未两电称：敌机轰炸晋江、围头、厦门、江东桥，敌浅水舰驶入何厝岸停泊，金门舶有敌舰多艘。并据外息，日海军大熊少将率小炮艇卅余艘、二等驱逐舰五艘、航母舰一艘，拟分路攻我五通、厦门、澳头，并拟进攻楼崎，进占厦门。各等语。除复饬戒备外，希饬黄师遵照艳辰一作元电要旨确保漳、厦一带要地，严密戒备，勿任登陆为要。中〇。东酉。一作元。

福州陈主席：世未、陷戌两电均悉。密。已电余副司令长官，转饬黄师遵照艳辰一作元电要旨，确保漳、厦一带要地，严密戒备，勿任登陆。仍希饬部严密戒备为要。中〇。东酉。一作元。

〔国民政府国防部史政局及战史会档案〕

4. 杨华报告厦门失陷经过密电

（1938年5月13日）

武昌部长陈：6064密。厦门近海敌舰于佳晨派陆战队约五百余人，乘隙在禾山登陆。我守军七五师计四营，配合壮丁常备队三中队强烈抵抗,激战至灰晨,毙敌百余人,俘敌十余人。我韩警备司令文英负伤,阵亡参谋主任一、营长一,伤团副一、营长二,下级士兵伤亡过半。敌旋增援,我伤亡惨重,众寡悬殊,遂向后退。敌于真日下午四时侵入厦门市区,我军、政、民现退集漳州、海澄。谨闻。职杨华。元。印。

〔国民政府国防部史政局及战史会档案〕

5. 陈绍宽关于厦门要港失陷经过报告

(1938年5月18日)

窃自抗战军兴,即令海军厦门要港司令严密防备,及至二十六年九月三日起,敌机、敌舰即开始向我厦口骚扰,要塞各台先后均被炸击,员兵迭有伤亡。同时,我海军驻厦各机关,如海军要港司令部、海军航空处、海军飞机场、海军无线电台等,均先后被敌机炸坏,均经先后报告在案。本月十日晨四时,敌舰十一艘,敌机十八架,猛向我何厝一带攻炸。旋即掩护敌之汽艇三十余艘,装载敌兵由五通附近登陆,何厝、江头相继失守,禾山随陷,何厝炮台只有士兵一人脱险。是晚,我方增援部队到达,向敌反攻,但无进展。十一日晨,敌机又复麕集,不断炸我阵地,形势险恶。同时,敌另由厦门口外海边之黄厝、塔头登陆,围攻白石炮台。另有敌驱逐舰三艘,炮舰两艘,在该台正面猛烈攻击,该台炮力本甚薄弱,无法支持,退入胡里山炮台。十时半,胡里山、盘石两台亦被围攻,两台员兵坚决死守.抗战尤烈,卒因弹尽援绝,伤亡惨重。台长张元龙现尚下落不明,参谋龚庆霖未及退出,闻被敌俘,生死不明。同时敌机数十架,分途狂炸,驻军抵抗力量已告丧失,遂渐后撤。敌于是日午刻进占市内,厦门因而完全失陷。时海军厦门要港司令高宪申,亦奉陈兼绥靖主任仪令,退往漳州候令。当晚,即在厦岛对岸之嵩屿收容员兵。同时海军厦门造船所,海军医院及海军电台人员亦相继撤退,沿途收集漳州。时厦门对岸之屿仔尾炮台仍在我军坚守中。

为增强防御力量起见，于盘石炮台陷后，遂移该台员兵加入屿仔尾炮台，继续作战，由盘石台台长邓宝初率带，并担任指挥，由十二日晨起，即在敌舰、敌机极度猛攻下，拼力苦守支持。至十三日下午，该台因火药库及炮之要件暨轨道等全被炸毁，始无法抵御，最后退出厦地。至于各台炮闩要件，除五通、何厝两台因伤亡过重未能卸毁、屿仔尾台之炮已全部被炸外，其余各台均经分别将炮闩要件或经拆卸，或秘密掩埋。禾山药弹库亦经我自行炸毁，以免资敌。计此役海军厦门要港司令部、厦门要塞，白石、胡里山、盘石、屿仔尾各炮台，五通、何厝各临时炮台，海军造船所、海军医院、海军无线电台、海军航空处及水陆飞机场、海军药弹库等，均随厦门失陷。理合将经过情形备文呈报，伏乞察鉴。谨呈

军事委员会委员长蒋　　　　　　　　海军总司令　陈绍宽

〔国民政府国防部史政局及战史会档案〕

6. 许珊夫等揭露市长逃匿及汉奸通敌致使厦门失陷真相电

（1938年5月24日）

汉口海陆空军总司令部蒋总司令：万急。厦门敌间谍侦知我七五师与八十师互调防地尚未齐集之际，灰日即由凤屿监狱内羁押之汉奸重犯吕天宝等，领导该监狱犯三百余人反监起事，一哄而群集于中山路天仙旅社（该社系吕天宝所开设，营业前曾挂日籍曾厚坤籍牌者），将整个犯人悉数化装我七五师之军服，捣乱后方，俱见该汉奸包藏祸心蓄谋已久。奈何我市区内无武装军士，仅由壮丁队、警察队看守而已。查前项壮丁队又泰半出自从前未撤退之台人，而厦门当局贪取其献金，登记脱籍，收编为壮丁受训者。真日该收编台人之壮丁队反戈相向，对我壮丁队以机关枪扫射，死伤枕藉，且宣传日军已由禾山、江头登陆，而莲坂、吕厝、何厝等地均有敌兵。同时盛传厦门水上警察第二大队长邱铮，有通敌嫌疑。谓邱

以洋油自焚其水上警察电艇为响影〔应〕敌人暗号，故该水警队不战而退，而敌方即以电艇驱朝鲜、东北疲敝之兵二三百人，由禾山之江头上陆，恃有水上机二架掩护敌兵耳。同时，七五师韩副师长文英，带队应战，指挥军事，适被敌方炮火中伤足部，因援军不到，旋向后退矣。市公安局长沈觐康临阵退缩，市长高鋆〔？〕秋真日即弃城逃匿于鼓浪屿鹿耳礁私寓，不与市城共存亡。至日昨始离鼓他适。故国人皆曰：沈觐康、邱铮、高鋆〔？〕秋可杀，以其守土有责之长官，前方未失守，而后方先退却也。呜呼！谁实为之，孰令致之。倘当时将汉奸重犯吕天宝等及登记之各台人，早置诸重典，厦门断不致有今日发生之变故。遂使我厦禾山河表里并未取得敌人丝毫代价，拱手而让敌人，坠国际之信仰，失国家之名誉，上违钧座持久抗战之明训，下陷人民火热水深之痛苦。慨自强盗入寇厦门，敌方自揣实力薄弱，难以立足，故操切以强盗手段断然处置，凡我厦所有金玉、珠□、五金物品，下至铁门、铁床、铁柜，均抢劫一空，均由其敌方运输舰数只满载而归，凡我商民遭此空前莫大之损失，奚啻以数千万计耶。昔郑延平扼守金、厦两岛，以抗清廷之师，则此地为军事上必争之据点也可知。倘厦门一日不收复，则福建危将不保，唇亡齿寒，其闽、粤之谓乎。敝会同人心所谓危，难安缄然，不揣冒昧，为厦、鼓、禾一十八万难民请命，素仰钧座神武天纵，知人善任，恩准□派大员督师，并派国机二十架援厦，以十五架应付空战，五架掩护我军由禾山、牛家村、碑头社上陆，一鼓而克复厦禾，则事半而功必倍之，蠢兹流寇，不足平欤！夫泰山不辞土壤，河海不择细流，狂夫之言，圣人择焉。谨电密陈，鹄候察照，俯为所请，以收失地而顺民情。曷胜引领，敬颂戎安。

漳属各县旅厦同乡会鼓浪屿分会代表许珊夫率厦、禾、鼓一十八万难民同叩。迥。印。

中华民国廿七年五月廿四日。

〔国民政府国防部史政局及战史会档案〕

7. 魏怀关于余汉谋指挥不当失守广州经革职留任一案公函

(1938年12月5日)

国民政府文官处公函　渝密字第二九一号

迳启者。奉主席交下贵委员长韶令一元删电,为此次在广、惠一带作战,第四战区副司令长官兼第十二集团军总司令余汉谋,指挥失当,失守广州,业经革职留任,戴罪图功,以观后效。其余作战不力人员,业经查核,另案分别依法惩处,呈请备案等由一案,奉谕"准予备案"。等因。相应函达查照。此致

军事委员会

文官长　魏怀

中华民国二十七年十二月五日

〔国民政府国防部史政局及战史会档案〕

8. 第十二集团军关于惠淡广增战役作战经过概要

(1938年)

敌以优势之海陆空军,十月十二日自我惠属大亚湾强行登陆。计海军有小金水、出中岛、野崎、永田等部,陆战队有朝田、川通、态田、渡野、石丸等部,陆军有饭田、酒井、宇野、安田等部,空军约有八九十架。我军仅第一五一师防守,因正面过广,一时难以集结兵力与敌决战,仅以配置在平山、淡水一带之部队与地方团队连合,节节抵抗,与敌鏖战。我依拦腰截击之方式,以消耗敌军之力量。敌用锥形突击之态势,以强袭我之中枢。十四日,敌围攻惠阳城,飞机、大炮肆意轰击,我城郊工事悉被摧毁,士兵伤亡□出。虽经我一五一师浴血抗战,死力抵御,卒以无险可凭,众寡悬殊,势穷力尽,惠城遂于十五日失陷。

十七、十八两日，敌主力约一万五千人（后续部队未计）向增城前进，在罗浮山东南方地区，受我第一五三师张瑞贵部（欠一旅在虎宝）之夹击，屡截断其连络，而屡被其冲锋夺回。同时，敌军一纵队约三千人由龙门经正果，向增城施行大包围。我独二十旅陈勉吾部在正果与之激战，受其牵制，不能按照原定计划以协力于增城正面一八六师李振部之作战。十九日，李振一师以新成立之部队（缺乏重兵器），正面抗御敌军主力之攻击。十九日下午，敌陆续由增城南北两侧渡河，屡被我军逆袭击退。入夜，敌使用便衣队及正规军，由我阵地空隙潜入后方，被我发觉，血战终夜，大部虽被击退，小部仍难肃清。二十日上午一时，余总司令率同王参谋长等亲临前线督战，指示机宜，料敌拂晓必全线攻击，于是调集所有装甲车、战车及第二线一五四梁世骥师之一部，决行全线先期逆袭，以歼灭当面之敌。惟因阵地外方两翼之一五三师张瑞贵、独立廿旅陈勉吾等出击部队，受敌牵制不能同时动作。二十日全日，增城阵地全部陷入混战状态。此日下午，敌大量之飞机与唐克车向我前方、后方益形猖獗，本副司令长官见歼灭当面敌军之时机已成过去，乃选择更有利于我之地形战线（翁英线既设阵地），以策第二次大决战之进行。即令我军主力转移于新阵地，以一部扼守广州市区。无如留广州市之守备部队兵力薄弱，而敌军如狂风怒涛向广州猛扑而来，我守备部队抵抗无效，遂至失陷。

〔国民政府国防部史政局及战史会档案〕

9. 桂林行营关于闽浙沿海防御之检讨

（1941年4月）

一、鉴于敌人前在粤海各港登陆，经统一调整粤、闽、浙沿海防务，加强守备兵力，分区指挥，业经实施在案。

二、惟因我无制海权，海上敌人行动完全不明，同时沿海地区辽阔，兵力单薄，而各港多无要塞可资防守，故在敌人优势海、空、陆协力之下，向我攻击，我军实难固守。

三、十九日拂晓，敌分由闽江两岸及在浙海之飞云江口瑞安附近，灵江口海门附近，象山港南石浦附近，甬江口镇海附近登陆后，刻除闽江因有长门要塞敌未能窜入，我军正以该要塞为凭藉向敌反攻外，其他各港敌人均长驱直入。截止〔至〕二十日午后止，陷瑞安之敌窜温州，被我守军击退；陷海门之敌，沿灵江陆续占领黄岩、台州，陷镇海之敌续陷宁波。

四、就目前所知状况，检讨如左：

1. 闽江因有封锁线及要塞，敌人虽有海空军掩护，仍不敢正面登陆，乃于闽江两侧之漳港、大小澳登陆。

2. 温州之瓯江因有封锁线，敌人乃在瑞安登陆，再沿陆路向温州进犯。因此，我军得有余裕时间，集结兵力防守温州，将进犯温州敌人击退。

3. 海门登陆之敌，系直接由灵江口进入。尔后并利用舟艇，一日之内迅速占领黄岩、台州。

我军不能有舟艇迅速，故台州、黄岩均不战而失。

4. 镇海炮台，前被敌毁，因器材、火炮缺乏，未能复修。甬江似未封锁完善，故敌能由甬江迂回至镇海南侧登陆，迅速占领。

五、根据以上检讨，尔后之改善：

1. 沿海各港水面仍应加强封锁，留出入孔，使我物资出入。

2. 各港预期敌人登陆点，构筑前进阵地，迟滞敌人，以便集结兵力。

3. 须固守之要点，应构筑坚固工事。

六、敌人企图判断：

敌为加强对我封锁，除对闽江、温州、台州、石浦各港窜扰外，对镇海、宁波、绍兴似有占领企图。

七、处置意见：

1. 福建方面兵力有100A三个师及保安部队五个旅，兵力尚足，似应令陈总司令击破进犯之敌，确保福州及闽江各港。

2. 浙海方面沿海兵力仅暂33D、暂34D、194D，兵力尚感不足，似应训令顾长官，尽可能迅速增加浙东及沿海兵力，击破进犯之敌，收复各港。

右拟可否，乞核示。

〔国民政府国防部史政局及战史会档案〕

10. 蒋介石为检讨惠博战斗密电稿

（1941年6月15日）

西安熊代主任、洛阳卫长官、卫兼总司令、兴集阎长官、桂林李主任、上饶顾长官、柳州张长官、老河口李长官、恩施陈长官、曲江余长官、兰州朱长官、长沙薛长官、昆明龙主任、鲁苏于总司令：密。查第七战区此次进犯惠博系敌之十八、卅八两师团各一部，约近万人，分东、西、北三方面向我取包围攻击，我该地区防守兵力约为两个师。敌自五月八日起开始蠢动，十一日晚进占博罗，十二日晚陷惠阳，至廿一晚全部向原防回窜。兹特将此次战斗检讨所得，略述如次：（一）我攻略淡水行动迟疑不决。敌二月间占据淡水，我为恢复港韶间交通，战区第一次拟定攻略淡水计划，四月五日准备完成。旋以兵力薄弱，复由北江增调一六〇师东开，乃另拟二次攻略计划，并定四月二十六日准备完成。只见文电报告，迄未付诸实施，致为敌占先制之利。（二）战场准备不周。东江之封锁、阻塞及各道路之破坏，均未彻底实施，致敌能利用迅速突进。且既设工事亦简陋，部队未能利用工事以拒止敌之进犯，故敌长驱直入，如无人之境。（三）战斗指导错误，而且无计划。事前缺乏周密之计划及准备，俟敌进犯，遂无所措手足。乃至敌包围圈形成，尤斤斤于淡水之攻击，既未利用内线向敌一路出击，又不能设法向敌之外翼转移攻击，致所受损失甚重。（四）通信连络协同不良。战区与东江方面之连络常常中断，战区对当前之情况常常不明。敌于马日晚退出博罗，战区尚未知晓，即其一例。以上各项：（对余长官）仰该战区长官、参谋长切实审查；（对各战区）仰各战区长官并转各总司令及参谋长研究陈述所见为要。中○。删未。令一元。泰。印。

〔国民政府国防部史政局及战史会档案〕

11. 余汉谋等检讨惠博战役失败原因密电

（1941年7月2日）

特急。重庆委员长蒋：删未令【一】元电奉悉。弹密。谨将此次惠博战役所示各点，切实详审检讨，陈复如次：1. 攻略淡水修正计划，原限四月寝日准备完成，嗣以给养运输未及，并因奉命以六五军主力续东开攻略淡水，颇觉如逐次使用兵力，似不若俟后续部队到达后，集结兵力一举实施较为有利。又适以战区全般部署调整关系，拟具甲、乙丙案，呈候核示，致六五军东开稍有稽延，遂被敌占先制之利。检讨回思，足为尔后作战指导之深切教训。2. 东江方面，河流封锁及道路破坏均未彻底，工事亦欠强固，致敌长驱直入，未能阻止。职等已严饬各部速弥缺憾，并增调水雷队，加强河道封锁。3. 作战指导上之缺点，职等检讨所及，深具同感，并于巳铣智明电所陈经验教训及尔后对策内呈报。4. 通信连络不良，现正设法积极调整。惟以器材缺乏，前经呈请军政部补充。嗣奉电示，因购运困难，未准核发。顷又电请迅赐补充。至力求今后情报之迅速、确实，遵已严督各部切实注意。奉电前因，谨电察核。曲。余汉谋、王俊。午冬未。智战。印。

〔国民政府国防部史政局及战史会档案〕

12. 第七十五师福州福清等地抗战事迹纪略

（1941年7月）

陆军第七十五师三十年四月下旬至五月底福州、福清、连江附近抗战特殊事迹纪略自本年四月十九日，敌于福清、长乐、连江沿海各地登陆，官兵不惜牺牲，喋血沙场月余之中，大小战役不下十余次，其英勇壮烈事迹，有足发扬民族精神、激励士气者，未可令其泯灭无闻，爰纪崖略如次：

一、二二四团机二连掩护福清撤退，全连壮烈牺牲：

四月二十一日晨，有步炮联合之敌约五百余，藉飞机四架掩护，由牛头湾登陆，绕海口向我里美进犯（距福清县城仅八里）。时我二二四团主力在高山市、龙田一带，福清城内仅该团输送连一部及野补团步炮连两班，势甚危急。居民扶携载道，仓惶奔避，各机关亦正在移动。我机二连连长陈风云在龙田得悉上项情况，不计生死成败，率部兼程驰赴应援，即在里美西北高地占领阵地，坚强抵抗。当时敌以优势兵力，集中炮火向我冲击，并以飞机向我阵地狂施轰炸。我陈连长恐福清城内各机关及民众不及撤退，遭受蹂躏，虽伤亡惨重，仍竭力死守激战。至午后三时，终以弹尽力竭，全部壮烈牺牲，此时福清城内之人民、物资大部赖以移出，其忠勇牺牲之精神诚不可泯。而全连官兵生死与共，患难相从，又非陈连长管教有素，亦不易致此也。

二、二二三团班长李玉会、杨树芬负伤杀敌：

五月八日朱山之役，二二三团（欠一营）与敌五百余激战，正相持不下，我一连班长李玉会与副班长杨树芬鉴于时势迫促，不可再缓，乃率领少数兵士奋勇冲杀，毙敌甚多，旋即先后负伤，然犹裹创再战，卒击毙敌军官一员，俘获敌战马而归。壮哉！李、杨二班长可谓虎虎有生气焉。

三、单清江、解维新两排长率奋勇队攻占岭头门：

五月十七日，我军反攻福州时，敌在岭头门据点构筑坚固工事，又布铁丝网数层，阻我前进。我二二五团四连排长单清江与六连排长解维新，利用夜暗，各率奋勇队三十名，攀藤附葛，出敌不易〔意〕，投掷大量手榴弹，破坏其铁丝网，乘势冲杀，血战至拂晓，敌不支溃退，该岭头门据点即被我占领。惟单、解两排长，至此亦均受重伤，所部士兵亦伤亡过半，其犯难冒险之精神，殊可嘉尚也。

四、二二四团第九连攻占井仔高地：

反攻福州之役，二二五团单、解两排长既于五月十七日夜攻占岭头门，二二四团第九连亦向敌左侧阵地进击，连长赵文庆、排长周超人，身先士卒，奋不顾身，猛冲井仔高地，敌不支溃退。旋又数度反攻，赵连死守拒战，忍饥渴，扶创伤，两昼夜不退后。后以我军转移阵地，始行放弃突围而出，其忠勇殊可嘉也。

五、二二四团司马副团长殉难及第一连官兵全部壮烈牺牲：

五月二十六日拂晓，侧击大湖之役与步炮联合之敌遭遇于柯岭底，发生激战，由晨至午，敌我伤亡均重。未刻，敌又增至千余，藉炮火掩护，向我猛烈攻击，我官兵奋勇冲杀肉搏，浴血苦战。讵我左翼队三营被敌牵制于芦洋附近，至〔致〕战局陷于胶着。斯时发现江洋附近有敌指挥官督战，企图向我右翼迂回，我司马副团长为救此危局，即率第一营第一连奋勇猛扑，反复冲杀。申刻，后门亭、鹞山敌炮兵集中火力向我射击，于两小时内发射五百余炮。该副团长臂部中弹，犹裹创指挥。此时第一连已全部牺牲，该副团长头、腿两部又中弹数处，立即殒命。同时第一营胡营长及黄副营长均受重创，焦团长已陷于不利态势，全团将士睹状悲奋异常，拼死拒敌。师长当令我预备队增援，以一部由西洋袭敌左侧背，主力由牛场山向敌右翼压迫，战局始得稳定。此役得以转危为安者，多赖司马副团长死难之功也。

六、特务连谢排长兹斌不甘被俘自杀成仁：

五月二十七日侧击大湖之役，我军在坂头以南与敌肉搏血战时，师长率特务连在最前线指挥督战。战局曾一度陷于危急状态，我特务连谢排长兹斌率兵一班，奋勇冲杀，予敌重创，终以众寡悬殊，被敌包围。血战至晚，谢排长手刃敌兵五名，仍未能突出重围，所带一班士兵均已壮烈牺牲，谢排长身中数弹，不甘被俘受辱，当即自杀成仁。临难不易，有足称焉。

七、本师侧击大湖战役：

（甲）福州之敌于我反攻福州后，鉴于我军常采积极行动，感觉不安，企图消灭我野战军。由五月二十一日起，遂集结兵力（约一个联队，附炮廿余门），向我江左腹地转移攻势，攻占我甘蔗、白沙后，分三路侵入大湖，企图向古田、南平流窜，其先头已侵入雪峰。我友军八十师及李纵队军属补二团，均处不利态势，战局极度危急，古田、建瓯、南平均形骚动。师长鉴于福建局势危殆，并判断敌人对我军系实行各个击破之战略，为求救福建、救友军、救自己，不得不力求一战，生死成败在所不计。当决定集结师二二四、二二五两团主力及特务连，计约千人，由师长亲自率领，经小仓、日溪、文洋、点洋侧击大湖，企图吸引该敌主力，不得不掉头与我决战，以解大湖之围，救友军之难，而奠安瓯、延。当以此意电呈总司令陈、军长陈核示，并请于敌主力吸引与我师决战时，饬令各友军协力袭击敌之后背，以收双方夹击聚歼之效。当蒙复电允许，并慰勉有加。当一面遵照策定侧击大湖腹案，一面饬命各部队准备出动。

（乙）二十四日，师长、参谋长率师战斗指挥所及侧击大湖各部队，先后出发。二十五日晚，我先头焦团到达点洋，主力到达文洋宿营。据焦团长报告：有步炮联合之敌约八百余，据守柯岭、江洋，企图迟滞我军前进。师长即决心先将敌歼灭，继攻大湖。当晚并决定攻击部署，下达命令。

（丙）二十六日拂晓，我左翼队（二二四团）展开牛场山及其以西附近高地之线，开始攻击。适敌亦向我攻击，即遭遇于柯岭底附近，战斗激烈。我官兵用命，于辰刻迫近敌阵，激战甚烈，敌我伤亡均重。未刻，敌又增至千余，我官兵奋勇肉搏，浴血苦战。讵由长基助攻之王营，被敌牵制于芦洋附近，致陷战局于胶着。斯时发现江洋附近敌指挥官督战，企图向我右翼迂回。该团司马副团长即率胡营万连奋勇猛扑，与敌反复冲杀于柯岭脚下。战至未刻，因遭后门亭、鹞山敌炮兵集中火力向我射击，于两小时内发射五百余炮。该副团长左臂中弹，犹能裹创指挥。此时万连已全部壮烈牺牲，该副团长头、腿两部又中弹数处，立即殒命。同时第一营胡营长及黄副营长均受重伤，焦团已陷不利，态势颇形危殆。该团将士睹状悲奋异常，拼死拒敌。该师长当令我预备队(二二五团)增援，以一部由西洋袭敌左侧背，主力由牛场山向敌右翼压迫，战局始得稳定。黄昏后双方停战，各守原阵地。

是日酉刻，下寮之敌约二三百名，于王坑右侧，由我空隙中潜入，袭取文洋。我后方连络线既被遮断，有被敌包围之虞，且我损失过重，补给告绝，尤以装备关系，实不能与敌作阵地战。当于感子，以一部抑留正面之敌，主力乘夜移于坂头附近，猛袭敌之左侧，遂又在坂头以南展开血战，曾数度短兵相接，至为惨烈。我军医处王主任在战场救护伤兵负伤，二二五团第二营营长谷宗岩受伤，特务连少尉排长谢兹斌在坂头以南被敌包围，奋勇抗战，时以弹尽力竭，不甘被俘受辱，自杀成仁。血战入夜，敌因受我重大打击，无力再战，即乘夜退回福州。我以大湖之敌既被我吸引转来，目的已达，且我官兵三日绝粮，疲惫已极，不能续战，亦于二十八日转向霍口补充。

(丁) 二十六日酉刻，袭我文祥之敌，二十七日晨侵入日溪，午后继犯小仓。当经我野补团第一营(田营长)以四班之兵力，在前进阵地(河西岸高地)沉着应战。敌虽优势，亦不能进尺寸。同时我左侧支队(辎重营)由寿山、王坑，抄袭敌后，断敌连络。敌因被我前后压迫，势不能支，于二十八日酉刻，回窜文洋。

(戊) 大湖之敌被迫与我决战，不得窜犯古田，已如上述。乃衔恨乘我根据地空虚，遂转用兵力于连江方面。于廿八日午刻，敌约四百余，以飞机四架掩护，由连江经潘渡、朱公、定田，侵入我廖洋根据地。经我朱副师长指挥二二三团(欠一营)于朱公、定田、廖洋等处，逐次坚强抵抗，敌我伤亡均重。敌之兵力并继续增加，我以众寡悬殊，已逐渐不支。师长时在霍口。据朱副师长报告后，当指示以空间换时间，逐次抵抗，迟滞该敌前进。一面率主力由霍口星夜回军应援，于三十日午刻抵飞竹时，我守军已移于蒲边北方高地，与敌对战。当令焦、张两团增加于岭头洋、秀岭、寿桥之线反攻，激战至晚，仍在对峙。我以该敌既经深入，为扩张战果计，于卅一日晨亲率预备队(辎重营、战列部队补充团第一营及特务连)，绕道丹阳、朱山附近，袭敌侧背，断敌归路。讵敌被我压迫过重，已于卅一日晨，在敌机二架掩护下撤退。及师长绕至丹阳附近时，敌已先我越过朱山，窜回连江。我正面部队立即跟踪追击，于午后三时恢复廖洋、朱公、朱山原阵地。

(己)本师侧击大湖之本意，原为吸引大湖敌之主力掉头，与我决战，以解大局之危，以救友军之急，结果如愿以偿。我军虽受重大损失，而敌之伤亡更倍于我，卒使福建全战局转危为安，各友军均得借此解围脱险。惜当时友军粮弹缺乏，无力续战，不能与本师协力扩张战果。深为遗憾。

中华民国三十年七月　日

〔国民政府国防部史政局及战史会档案〕

13. 桂林行营关于闽浙沿海及诸暨附近战斗检讨报告

(1941年8月)

甲、战斗经过概要

福建方面

敌主力28D一部、18D及海军陆战队、伪军等共四五千人，依海空军之协力，于四月十九号拂晓以前，分由松下、漳港、长门、大小澳、百胜、东岱等处登陆，当经我75D及马尾要港等部队竭力抵抗，卒以不堪敌海陆空军之压迫，以上各地及长乐、连江，均于当日相继失守。廿日敌陷福清，廿一日亥进占福州及马尾两地，廿五日我224R、75D一度攻克福清，尔后敌我相持，各无进展，迨五月十六日，我开始反攻，75D一度克复连江，80D攻至福州外围，毙敌颇众。廿二日敌千余，溯江西上，在甘蔗、白沙登陆，廿三日北窜大湖，威胁我侧背。同时以主力二千余向我正面突进，我被迫转至板头附近。廿四日敌三四百在堤头登陆，当被我保7R击退。廿六日我装备团反攻大湖，获敌机、步枪甚多。廿八日大湖敌百余北犯东元桥，廿九日被我保10R击溃。卅早大湖敌向关源里退却，我正追击中。

浙东沿海方面

（一）敌21B/5D之21R、42R各一部，共约三四千，四月十九晨在沙园城登陆，当陷我瑞安。廿日与我暂33D激战，续陷温州、平阳。廿一日敌一部进至梅岙，廿三日被我击退。迄五月二日我攻克温州，三日收复瑞安、平阳，残敌均落舰北去。

（二）敌海军陆战队千余，附伪军一部，四月十九晨在海门登陆，我蒋指挥官志英督战殉职，敌遂陷黄岩。廿日占我台州，我副指挥官陈普民率领地方团队等，廿五日攻克台州，五月二日收复黄岩，三日夺回海门。

（三）敌9B、5D所部约三千余人，四月十九日晨，以一部由甬江奇袭，我守军卒不及防，镇海当即被占。廿日敌续陷宁波，同日我一度克复镇海，廿二日侵入慈溪，廿三日一部窜至溪口，当被我暂34D击退。同日余姚又告失陷。廿六日敌又分陷我奉化、溪口等地，嗣被我194D、暂34D等部阻击于奉化西郊及康岭一带。迄五月十五日，溪口敌窜至上下跸驻，十七日被我击退。廿四日百官敌三百余窜入上虞，廿五日被我浙保总队击退，我当即克复上虞。迄现在止，浙东宁波、奉化、余姚、慈溪、绍兴之敌，仍共约四千余人，与我对持战斗中。

诸暨方面

（一）86□22D三千余，十六日由钱江南渡，在三江城登陆，十七日进陷绍兴，十九日窜抵枫桥镇，与我16D激战。

（二）敌84□22D三千余，十七日由肖山南犯，廿日午会同枫桥镇之敌陷我诸暨，并继续南进。

（三）富阳85□22D二千余，十七日渡江经大源，廿日到十二都附近，被【我】67D、79D围歼大半，廿三日残敌突围窜入诸暨。

（四）诸暨正面之敌，廿三日向我横山市、安华之线猛攻。上午十时集中主力，指向我勾嵊山阵地猛攻。迄晚被我暂13D击毙二千余，敌向诸暨北溃，我追至街亭、外陈之线。

（五）五月六日我部署完成，开始反攻，右翼军86A当日进展至念里牌，左翼军暂9A攻至街亭、外陈以北及草塔市以东之线，形成围攻诸暨态势。同时以一部向诸暨西北挺进，遮断敌后。

（六）诸暨敌继续发现有15D、11BS各一部，七日敌千余与空军协力，向诸东念里牌我右翼军反攻，下午三时我被迫向横山市转移。

（七）十日敌二千余向诸西草塔市出击，我左翼军被迫转至王沙溪及安华以东之既设阵地。十三日敌窜至傅宅市，十四日窜黄宅市，并以主力三四千由牌头窜抵苏溪，十四日敌一部窜华溪市及黄宅市。

（八）我因侧背受敌威胁，十四日分别转移至东阳、义乌及浦江之线。

（九）敌21B5D十一日由杭州至三江城登陆，经绍南下，十六晓到巍山镇，当晚协同华溪市之敌，陷我东阳。十七晓我67D攻克东阳，残敌纷纷北溃。

（十）南犯之敌十六日夜开始总退却，廿早退出诸暨，我即分途追击，廿一日午收复诸暨，刻已进至白鹿塘附近地区。

乙、经验教训

子、闽浙沿海方面

（一）福建方面第一百军官兵精神颓废、士气消沉。该军久戍福州，毫无训练，亦无战备。敌人由连江登陆后，陈琪即请求放弃福州，经本会严令制止，不一日而福州失守。

（二）闽浙沿海各部战备缺乏，战场准备不周，并无预期敌人登陆之准备。如阵地构筑、道路破坏、河道封锁均未实行，致敌奇袭登陆，如入无人之境，未能作有效抵抗，打击消耗敌人。以后应于沿海敌人可能登陆之地点，破坏道路，构筑工事，敷设爆发地雷，完成各种战备，并应时时演习。

（三）警戒疏忽。因我无制海权，海上情报完全不明，如警戒疏忽，敌人时有奇袭登陆可能。此次闽浙沿海均被敌人奇袭，物资不及内运，损失甚多。以后沿海各军设法搜集海上情报，严密警戒，对于输出入物资应存置离海岸较远地方。

丑、诸暨方面

（一）战场准备不周。肖山以南通诸暨道路未彻底破坏，阵地构筑亦未完成，致不能正面迟滞敌人，向敌侧击。

（二）指挥部署失当。当敌分三路会攻诸暨时，正面不能逐次持久抵抗，与侧击部队配合打击敌人。

（三）由三江城方面登陆之敌，当日午后奇袭绍兴，我绍兴守军毫无准备，敌第五纵队乘机内应，我不战溃退。以后各部防区应封锁，盘查敌间混入。

（四）反攻诸暨，指挥部署失当，致遭受敌人打击。敌人占领诸暨后，即于其外围山地完成阵地。我军反攻因准备迟滞，既不能收奇袭之效，当不能由正面强攻，应截断敌人后方交通，诱导敌人于阵地外而击破之。

三战区当时部署以主力行正面攻击，绕攻敌后部队，不能勇往挺进，致敌人得以一部据守阵地，主力控置诸暨，向我再三反击。我正面部队亦屡进屡退，徒受牺牲，毫无结果。（上项部署失当，本会经有训令指示。）

追击不力。当敌人于十六日午后退却，第十集团军始于十九日下达追击命令。如恐敌反击，亦应向敌退路两侧挺进，截击留置敌后部队，向敌伏击，而以主力逐步推进。但三战区此次使敌安然退却，毫未追击。

（六）通信连络机构不健全。此次电讯中断，情况不明，上下左右消息不通时有所闻，妨害指挥最甚。如：浙东俞济时军有线电讯自四月十九日被敌机炸断，迄五月廿二日方修复，可见一般。

（七）民运工作未推行。如福州之民众反感，汉奸群起，并有“宁为亡国奴，不做饿死鬼”之标语发现，可见政治不良。平时对于民众组训，未能切实实施。

奉批：高参室第一、二处研讨，提幕僚会报告。

〔国民政府国防部史政局及战史会档案〕

14. 第十二集团军在惠博一带作战经过报告

（1942年5月23日）①

集团军廿九年一月至卅一年二月作战经过概况与所得经验及教训

集团军以消耗敌人之目的，于廿九年、卅年及本（卅一年）一、二月份之作战计有：廿九年五月良口之役；卅年二月间狮岭、白泥、国泰（清远以南花县以西）之役；五月间惠博之役；九月间清花之役；十二月间攻击九龙之役；本（卅一）年一月来第二次惠博之役及团以下兵力出击诸战役。除廿九年五月良口之役及同年出击各战役之详情，因案卷存江西省龙南县后方，为时间所限无法调取详叙，仅将其战果列表（附表第一）附呈外，其余概述如次：

（甲）狮岭、白泥、国泰之役：

卅年二月子刻，敌步骑炮兵二千余名，进犯狮岭（花县西）。我

① 此件原无年代，据内容推断，当为1942年。

守军一五八师四七四团一部及番禺自卫队一部，被优势之敌压迫，逐次撤至盘古皇阵地抵抗。至辰刻，敌机三架助战，战况惨烈。午后我以一部向敌侧击，克复狮岭，残敌退窜冯村、白泥。至亥刻，我追击队乘胜占领冯村。十日晨，新街敌二百余进犯旗岭，我军极力抵抗，遂在原阵地相持彻夜。十一日晨，敌藉空军掩护，复向我军攻击，我诱敌至水壳岭、牛尾之线，乃以一部由十八岭向敌迂回，敌向和安里方面溃退。同日十一时，据报国泰敌千余，白泥敌二百余，我与〔与我〕暂编第八师一部对峙，我以策应友军作战之目的，以四七四团邹、王两营，协同暂八师攻击白泥、国泰。是时，敌机六架助战，我军曾两度冲入白泥，嗣因敌军反攻，下午八时，我撤回三台石、东坑尾一带，与敌对峙。十二日晨，敌开始溃窜，我军尾追，敌固守新街。计是役毙敌百余名，战马数十匹，获折叠舟三十八艘，弹药、文件数种。

（乙）惠博之役：

卅年五月十日，集结于增城、石龙、石滩、稳山之敌伪军，共约三万，藉空军掩护，分六路先后向我响水、博罗、石马、平山等处攻击，同时以一部在花县及从化之狮前、向田冈及增城之小楼一带，施行佯攻。兹分述如次：

1. 增城之敌，以主力约五千，沿惠博公路进犯。十日陷龙华、湖镇，向响水进犯。另一部三千，由证果、横河、柏塘，向响水迂回，于十一日陷响水。我独九旅六二六团及独二支队猛烈抵抗，予敌重大打击后，分向罗山、神山转进，尾击敌人。

2. 石龙敌步炮兵三千余，于十一日晨，藉空军掩护，溯江东上。我挺进独立第二支队一部及独立第三支队沿江节节抵抗。至下午，敌陷博罗，该部乃向众头山转进，向敌后袭击。敌陷博罗后，复向惠阳前进，于十二日晨，与我独立第九旅六二六团第三营在温坑遭遇，激战甚烈，双方伤亡均重。

3. 由柏塘窜【国】泰之敌，于十二日晨陷横沥后，一部八百余，沿惠紫公路进犯大岚。一部四百余，由石下渡河南犯，与一六〇师野补团相持于三台山附近。

4. 稔山敌三千余，于十二日晨，分向平山、白茫花进犯，与我一六〇师四七八团激战于亚婊岭，得失凡三次。至下午，我平山、白茫花均告失陷。是晚，一六〇师四八〇团由大坑向敌侧击，乃将白茫花克复。

5. 陷博罗之敌，于十二日晨，藉空军掩护，沿江进犯惠阳。我一六〇师四七八团在学〔学字衍〕平山一带抵抗，迨横沥失陷，该团乃突围向梁化转进。

6. 横冈敌步骑炮兵约二千余，进犯石马，我挺进独立第一支队及保安第八团阵地被敌突破。十三日，敌乃由公路向惠阳急进，我挺进第六纵队及独立第一支队、保八团等，分据观澜、大窝山及石马东侧高地，向敌后袭击。

7. 留在惠阳以南之独九旅六二六团，为脱离不利态势，除以一部留双田、麻溪游击外，主力于十二日向梁化转进。至占领白茫花之一六〇师四八〇团，因受敌围攻，于十三日转移布吉，袭击敌后。至十五日，乃由平山南侧突围，向潭公圩转进。

8. 敌陷惠阳后，以一部窜梁花，一部窜大岚，均被我军阻止，并无进展，而其主力仍滞留于惠、淡间。十七日，我向梁化转进部队，经已部署完毕。敌复因受我留置敌后部队袭击，乃开始退却，我军分别进击。十八日我独九旅六二七团克横沥，二十日一六〇师四七九团一部克复平山，廿一日克复惠阳，敌分向博罗、增城、石龙、淡水退却，我军逐次恢复原有阵地。计是役敌伤亡约七千名，马三百余匹，我伤官兵七百余名。

(丙) 清花之役：

卅年九月，敌为策应湘北作战，乃以一部兵力对我清、花方面施行攻击，其主力则使用于清远方面，一部佯攻源潭及花县。兹分述之如左：

1. 九月廿六日晚，敌主力集结于三角岭(龙塘西南)。廿七日晨，以步骑炮兵一千五百余，经西沙冈向清远攻击。当经我四五一团第六连在正江口抵抗，逐次转移至飞水河。午后，敌在城郊构筑工事。廿九日，派步兵二百余，向风吹罗带进扰。卅日，复派步兵数百，向我老虎头阵地攻击，旋被我军击退。卅日晚，我四五一团反攻清远，激战至烈。十月一日晨，敌不支向北江两岸撤退。

2. 九月廿八日晨，敌约千余，由军田窜抵三兜松。廿九日，继续向大莲、新圩进迫。我四五一团第三营与敌在大莲、新圩隔河相持。卅日，该营向敌反攻，敌不支向军田撤退。

3. 敌另一部约四五百名，于九月廿八日由龙翔向花县攻击，我四五二团一部韧强抵抗后，转进至百步梯附近。十月一日，敌再犯百步梯，我军予敌痛击，敌始溃退。

(丁) 攻击九龙之役：

我军奉命攻击九龙，援助英军作战，乃于十二月十二日先命独九旅开始行动，以牵制攻击香港之敌军。集团军主力六五军、暂二军及一五四师等部陆续向惠阳前进，总司令部亦于十二月廿五日进抵新丰。六十三军之一五二师则于十二月廿四日前占领大坡洞、澜石圩、龙溪圩之线(增城东)，掩护集团军主力向东江南岸集中。

独九旅奉命后，于十二月十七日夜，以六二五团攻占新塘，六二六团一部攻占布吉之新村，主力绕攻深圳，毁敌仓库一所，奈敌众我寡，乃向鸡公岭、沥□转进。十八日，敌续有增加，并以敌兵七百在仙人岭警戒，我六二六团分向深圳布吉攻击，并炮毁敌营房数座。十九日，以六二五、六二六两团继续攻击当面之敌，敌据要点顽强抵抗。廿一日，六二五、六二七两团向布吉、丹竹头之敌攻击，曾一度攻占丹竹头。旋敌增援，无甚进展，而该旅亦以粮弹亟待补充，乃以一部与敌保持接触，主力控置于塘沥、三峰、清溪附近整理。十二月廿六日，六五军、暂二军及一五四师等部，均已按照预定计划到达惠阳南北各附近地区。六五军并已决定于廿八日开始攻击深圳附近之敌。六十三军(欠一五二师)则进抵派潭、永汉各附近之线，准备于廿七日夜，开始向增城、坑贝间之敌攻击，策应东江南岸部队之战斗。后因香港失陷，奉令停止进攻，集团军各部队旋即恢复原态势。

(戊)第二次惠、博之役：

1. 石宠〔龙〕敌冈藤联队山岸大队八百余，于卅一年一月廿五日晨，沿东江及增博公路进犯惠、博。我挺进独立第二支队梁柱部及保安第八团之一部(一个大队)，在九子潭、马嘶、礼村、企石、东岸(均博罗西)抵抗竟日。至廿六日未刻，独二支队被迫转移于众头山(惠阳北)附近，博罗遂告失守。廿七日晚，博罗之敌续犯惠阳，与我独立第九旅之一部，激战于惠阳西北之枚湖一带，敌不得逞，退据田螺岭(博罗东)。廿八日未刻，敌由博罗增援，再向惠阳进犯，复与我独九旅六二七团于枚湖、大岭顶、平顶岭、挂榜山(惠阳西)之线，激战终日。至廿九日寅，我独九旅六二六团之一部，向该敌侧击。至申，敌不支分向博罗、鸭仔埗、陈岗(惠阳西南)退窜。

2、一月廿六日晚，东莞敌下村菊太郎约千，进至之步、东坑、常平、大郎(东莞西南)。又宝安敌三百余，进至章阁(广九路天堂围站西约十公里)。廿七日晨，常平之敌犯石马，章阁之敌犯塘厦(广九路南段)，并续进至清溪、约场(惠阳西南)。廿八日，犯新圩，与我保安第八团主力激战于洋坑围、骆村、新圩、佛祖坳之线。廿九日晨，石马敌一部向新圩方面增援，一部沿惠樟公路犯井龙、白沙堆及镇隆(惠阳西南)，我保八团与敌混战至烈，伤亡惨重。至未刻，我独九旅六二七团原驻淡水之一营，由淡水向犯佛祖坳之敌侧击，敌乃窜据阵岗，与廿九日在惠阳西侧阵地被我击退之敌会合，共约二千余人，集结于三和、鸭仔埗、陈岗、吴村等处。

二月一、二两日，敌复由石龙增援步骑约千，炮数门，连原有者共约步三千余，骑三四百，炮约一中队，于四日晨，分由博罗、鸭仔埗、陈岗进犯惠阳。我独九旅主力，于梅湖、平顶山、挂榜、大岭头之线，与敌激战。至戌刻，我因受敌优势炮火之压迫，损害过重，乃退守府城，亥刻向横沥（惠阳东）、马鞍转进，惠城遂陷。七日，我以独九旅向惠阳挺进，保八团进出陈岗附近地区，向敌侧击，挺进第六纵队主力（含独立第一、三支队）在石马截击，一部（即独立第二支队）向博罗前进，企图围歼盘据惠博之敌。巳刻独九旅克复惠阳，未刻独二支队克复博罗，敌大部沿惠樟公路，一部沿东江河道，分别向西窜退。总计是役，敌军伤亡达千余人，而惠城遭敌焚杀，损失亦甚惨重也。

（己）（卅年一月至卅一年二月）出击概况（如附表第二）〔略〕

（庚）经验教训　〔略〕

〔国民政府国防部史政局及战史会档案〕

15．李良荣拟第八十师在福州附近作战计划

（1942年11月）

（一）敌情判断

一、依我军状况及地形，攻略福州之主力，以运动便利，展开容易，并控制要点之意义，应由连江经汤岭向大北岭。一部由汤岭经桃源、下尾、江南竹或并经白齐、长龙、九峰，向小北岭及其以北地区，拊我之背。又一部由长乐沿闽江右岸，从峡兜渡河，占领高盖山、妙峰山，分向仓前山及洪山桥，或并由闽安镇、马尾分向鼓岭、魁岐。如我抵抗有力，则并以有力之一部，由桐口登陆，拊我右侧背。

（二）方针

二、依确保福州要点之目的，在桐口、洪山桥、福州城、岭头门、大幅山、汤岭、桃源、白齐之线占领阵地，以大小北岭为主要支撑点，相机集结兵力，转移攻势。

（三）兵力部署

三、第二四零团副团长陈维金，指挥该团第一营，配置于魁岐、马尾、闽安镇、长门、下岐沿江之线，为江防部队，平时归江防李司令指挥，战斗开始后，由本部直接区处。

四、搜索连及连江自卫队为连江守备队，由连江谢县长指挥。以连江自卫队配置于大澳、小澳、浦口、下洋、透堡、小埕沿海一带地区，以搜索连控置于连江城附近，为机动部队。

五、第二四零团(欠第一营)为右地区队，配置于桐口、淮安、洪塘、大腹山、金牛山、大小王山沿江之线，团部位置于保福附近。

六、第二三八团为中央地区队，配置于福州城、康山、上溪口之线，于仓前山、高盖山、东塔山、鼓岭各点，派出前进部队，对仓前山、鼓岭应使其特别强固，团部位置于屏山附近。

七、第三二〇团为左地区队，配置于铁坑山、岭头门、蝗螂岗、大帽山、少姐仑、降虎、汤岭、桃源、白齐之线，于通梅洋及连江道路要点，酌派前进部队，对罗汉应以一部确实控制，团部位置于官溪附近。

八、战斗地境：

保安纵队

沿闽江、乌龙江右岸，岸上属右。

右 地 区

下赤桥—北坛—西湖西缘—西门兜—荷泽—振武楼—牛道—飞凤山之线，线上属左。

中央地区

下赤桥—罗汉山—上溪口—园中—过仑—南洋—阴台—春园—戈山之线，线上属右。

左 地 区

大桥—黄浦—流源—日溪—小仓—丹阳—马鼻之线，线上属右。

一〇七师

九、第二三九团位置于新店东北地区，战斗开始时，集结于小北岭附近，为预备队。

十、炮兵第一团第六连，位置于桥头店附近，在大小北岭设〔预〕备阵地。战车防御炮连归江防部队陈副团长指挥，于警戒战斗完了后，移桐口、洪山桥，归右地区宋团长指挥。

十一、工兵连担任桥梁、道路及各种术(原文如此)工物之破坏，并协助山炮兵之进出。

十二、师指挥所在小北岭。

（四）指导要领

十三、敌如完全依敌【情】判断所假想之态势向我攻击时，则以预备队在小北岭附近进入阵地，形成防御核心，并支援左地区队之左侧背。一面将江防部队收容整理，并将各正面次要兵力，依可能先行抽调，迅速编成新预备队，支援大北岭之战斗。中央地区队及右地区队之左正面部队，依大小北岭情况之缓急，逐次抵抗，适时向北转用。

十四、敌如依敌情判断所假想之态势，向我攻击，而对小北岭无兵力指向时，则预备队应以支援大北岭之战斗为主，由七星坪以北地区，向敌之右侧攻击。中央地区队及右地区队，应向当面之敌尽力打击，如大北岭之战斗困难，则依情况之缓急，逐次抵抗，适时向北转用，最后应在风扇同、湖顶山及其南麓各高地占领阵地，掩护大北岭之背。

十五、敌如以主力由洪山桥、仓前山、魁岐各点指向福州城，一部分向我其余正面攻击时，我左地区队应尽力打击当面之敌，保持阵地。中央地区队及右地区队，应以前进部队作主阵地同等之战斗，使敌不致过早接近我主阵地。江防部队于警戒战斗完了后，归还建制，参加主阵地之战斗。预备队如大小北岭无顾虑，而敌主力之兵力亦不甚大，则利用福州城东西高地，觅敌之一翼，包围攻击之。否则在风扇同、湖顶山及其南麓各高地占领阵地，收容中央地区队及右地区队，作第二次之战斗。

十六、敌如以主力由乌龙江指向桐口附近，一部分向我其他正面攻击时，预备队以一部控置小北岭头附近，主力在湖顶山及叶洋西南高地占领阵地，各正面部队尽力向当面之敌打击。江防部队于警戒战斗完了后，归还建制，参加右地区战斗。中央地区队依情况，适时将前进部队向福州城北集结，待机转用，一面在主阵地与敌战斗。如叶洋附近之战斗困难，则于中央地区队与右地区队中，以一个地区队在风扇同、湖顶山南麓各高地占领阵地，一个地区队向小北岭头附近集结，支援叶洋方面之战斗。如敌主力之战斗力不甚强大，则中央地区队与右地区队，应一面在主阵地与敌战斗，一面抽编新预备队，依命令向敌主力之侧翼攻击。

（五）阵地编成及构筑

十七、除依既成工事外，所有小北岭附近未完成部分及叶洋西南各高地应行增加部分，由二三九团完成之，其余倒塌部分，由各地区队自行修补之。

（六）通信

有线电对上联络，在战斗开始前，以交通部闽江报线为主，雪峰、江洋、小北岭线为副。战斗开始后，以雪峰、江洋、小北岭线为主，以闽江报线为副。

交通部福州电报局于战斗开始后，移小箬开设，并派收发员一组，随师部工作。以小北岭为基点之新通信网，应由通信连预行准备，将赤桥经桥头店到官溪线，改经小北岭、红庙到官溪；由福州城经东岳庙到鼓岭线，改由赤桥经恩顶、岭头门至鼓岭。

无线电对上联络，在无情况时，每日两次，战斗准备时，每三小时一次，战斗开始后，随时呼听，不得停止。

（七）补给〔下略〕

师长　李良荣

中华民国三十一年十一月　日

〔国民政府国防部史政局及战史会档案〕

（六）太 原 会 战

一、大同至平型关战役

1．第二战区晋绥军作战计划

（1937年）

敌情判断

敌人现利用伪军李守信、包贵庭等部凡一万二千余众，有准备分途进攻绥东之势，并调其本国军二联队，进占张北，作伪军后援。揆其意，似将乘机攻克绥东五县，企图向张北西南推进，截断平绥线，进占大同，断我晋、绥、察三省之连络，为再窥晋、宁、陕、甘之根据。其次利用阴山以北空虚地区，以图窥窃绥西，使我力分，期压迫我军于长城以内，以截断中俄之连系，而遂其蚕食之阴谋。

方　　针

晋绥军以决战防御之目的，拒止敌人于阳高—隆盛庄—奇尔泊—陶林—章丹—三原井之线以东，保持主力于两翼，相机移转攻势，将当面之敌人击灭之。

兵力部署

甲、兵力之预定

步兵七师

炮兵三团

骑兵一师三旅

预备队：由阎主任抽调晋省驻军二师为预备队。

乙、兵力集结地〔略〕

指导要领

一、晋北、绥东不仅为宁、甘、晋、陕之门户，而且为国军进战退守之枢纽，地位非常重要。防军如遇敌之攻击，应死力固守，勿稍退让。如遇好机即转【移】攻势，勿稍犹豫。且敌不轻易将本国部队加入攻击，所利用者尽为叛匪三部，战斗力薄弱。尤应注意此点，切勿被其虚张之声势所眩惑。

二、敌如以主力攻击我集宁—丰镇—大同方面时，我集结和林格尔附近之部队，由左翼陶林方面移转攻势，将敌压迫于长城而歼灭之。敌如以主力攻击我武川—归绥方面时，我集结大同、丰镇附近之部队，由右翼转移攻势，将敌背后连络截断，协同右翼军包围而歼灭之。

三、各阵地之要点，应迅速构筑工事，为死守之准备。

四、集结于东达乌苏附近之骑兵，应以主力在乌兰伊尔哈河以北之地区活动，并掩护我军之左翼。

五、右翼应与察省部队切取连络。

〔国民政府国防部史政局及战史会档案〕

2. 第七、二、八三个战区作战指导方案

（1937年）

方　　针

国军为挽救北方战局，应以西安为基地，以主力确保太原、陕北及宁夏三要地，相机进出晋北及绥东；以一部分扼绥新、绥、甘各要道，维护中外交通。

要　　领

一、第七战区以一部向娘子关，以主力【向】寿阳敌之侧背攻击。

二、第二战区固守太原附近地区，俟后续部队到达，转移攻势.

三、第八战区以主力(五师或六师)确保陕北。为收复晋绥之根据地，以有力之一部固守宁夏(约三个师)，另以一部分布于榆林、安边堡、盐池、公呼都克、苏汗都克、居延各要道(以骑兵为宜)，防敌西窜，确维中俄交通。

四、绥西各部努力向东推进。

兵团部署

一、以邓锡侯部之四师及已到河南之川军，均使用于第七战区，专对晋东作战。

二、第二战区之各部队，固守太原，俟徐源泉之41D、48D两师及李及兰之49D到达后，转移攻势。

三、以邓宝珊之86D、165D、新11B，及樊松甫之28D、140D、陕西警备两旅，向陕北集中，构筑坚固工事，确保陕北。视情况之转移，进出晋北或绥东。令马彪之骑兵第一师，进至榆林、靖边一带。

四、以马鸿逵部35D、168D之两警备旅、步兵独立第十旅、新十一旅，在石咀山以南构筑阵地，固守宁夏及定远营。其骑兵两旅可令移公呼都克及苏汗都克一带，防敌西窜。

五、令孔令恂部43D、97D推进至定边、靖边一带，策应陕北及宁夏之作战。24D推进潼关，构筑工事。

六、马步青之骑兵师推进至居延、酒泉、张掖等地，维护中俄交通。马步芳之一〇〇师集结于民权、武威一带，策应宁夏之作战。

七、令绥西各部努力东进。

八、一九一师杨得亮控置兰州。

〔国民政府国防部史政局及战史会档案〕

3. 晋北战役及平型关会战作战计划

(1937年)

晋北战役及平型关会战

二十六年九月三日至十月三日

一、作战方针

本军以利用山地歼灭敌人之目的，以主力配置于天镇、阳高、广灵、灵邱、平型关各地区，以一部控制于大同、浑源、应县附近，以策应各方之战斗，相机移转攻势。

二、指导要领

1. 敌情判断

敌攻我晋北如下述两途：

(子)以一部兵力由蔚县向灵广行佯攻，以主力沿平绥路西进夺取大同，以图切断我晋绥之连络线。

(丑)以一部兵力向天镇行牵制攻击，以主力向广灵进攻，企图截断我雁门后路。

2. 我为打破敌人以上两种企图计，在灵邱、广灵、东进集、天镇各地区附近，配备强有力之部队，以阻绝其前进。以一部配备于大同附近，以大部控置于浑源、应县附近，以策应各方之战斗。

3. 如敌以主力进攻广灵时，该处守兵应固守待援，以总预备队主力应援该方面之战斗。此时东井集之部队应向广灵敌之侧背威胁，以使该方面之战斗容易成功。

4. 如敌以主力进攻天镇时，我天镇守军拼死待援。以大同附近之总预备队应机向天镇附近推进，以浑源附近兵力渡桑乾河，向天镇右翼实行侧面攻击，以图牵制敌人。俟其顿挫，由天镇两翼夹击之。

5. 骑兵军以主力位置商都、尚义、化德等处，相机威胁敌之侧背，以一部守备大庙、百灵庙各据点。

6. 第十八集团军到达后，应进出灵邱、蔚县附近，威胁敌之侧背，以使进攻之敌不敢孤军深入。在敌我决战时期，该军应向敌侧背实行猛朴〔扑〕，以期我军确获战捷。

三、敌我两方之兵力(附表第一、第二〔略〕)

四、兵团部署

第二战区军除汤军之第四、第八十九两师开顺德整补，九十四师(朱怀冰)开马黄峪归卫(立煌)指挥，刘(汝明)军在蔚县一带依山作战，十七军开广灵布防，仍归汤总指挥指挥外，晋绥各军固守晋绥，部署情形如下：（一）六集团三十三军章拯宇旅布防灵邱，刘奉滨师布防广灵，孟宪吉旅控制大营，三十四军梁鉴堂旅布防东井集，姜玉贞旅控置浑源、应县，郭宗汾师拟控置〔七一师控置〕岱岳，金宪章师控置沙河。（二）七集团之六十一军李俊功师固守天镇，刘覃馥旅布防阳高，马延守旅拟控置大同以东地区。三十五军王子修旅固守兴和，安荣昌旅控置隆盛庄，董其武旅固守集宁，孙兰峰旅控置绥远，方克猷、田树梅两旅控置大同、丰镇。（三）预备军陈长捷师拟控置应县，段树华旅控置怀仁以北，杜堃旅控置雁门一带，陈庆华旅控置平型关一带，杜春沂师控置太原附进，骑兵军主力在商都、尚义、化德等处布防，一部守大庙、百灵庙。（四）司令长官行营于八月二十九日进驻岭口。

〔国民政府国防部史政局及战史会档案〕

4. 蒋介石关于晋绥阵地作战方针密电稿

（1937年9月11日）

限即到。岭口阎副委员长：佳戌行一电敬悉。6210密。集中兵力于一点，与敌决战，是失我所长，而补敌短，此非不得已，切勿轻用。弟意晋绥阵地【战】取积极防御为主也。中〇。真午。侍参。京。

〔国民政府国防部史政局及战史会档案〕

5. 阎锡山报告大同广灵失守经过密电

（1937年9月14日）

即到。南京蒋委员长钧鉴：介密。元早以来，大同电话不通，留同部队被敌压迫退至大同西方山地。桑干河南岸我军因受火烧岭敌军侧击，已渐次向恒山左右构成坚固阵【地】。广灵更经文、元两日激战，我刘师伤亡奇重，吕团长阵亡，官兵牺牲千余人。寒晨广灵失守，余部在广灵南方各要口扼守。灵邱东敌约千，猛攻终日，终未得逞。经出击后，敌虽稍退，左翼仍激战，似在企图截断灵广连络。八路军先头，今夜可达灵邱。谨闻。山叩。寒戌。行一。印。〔自岭口发〕

〔国民政府国防部史政局及战史会档案〕

6. 李仙洲等报告六一旅在刘家沟突围经过密电

（1937年9月14日）

即到。京委员长蒋：烟密。本师元午因八四师火烧岭（广灵西北约卅公里）左方刘家沟阵地，被约二千余之敌包围，当令六一旅崔旅长，率兵两团向刘家沟之敌攻击。同时令六三旅吕旅长率兵两团，在望抓村（火烧岭西南）、乱零关以北高地占领阵地，防敌迂回。职率一二四团进驻赵家坪督战。至夜十时，我广灵之七三师因战况不利，将数年所构筑之国防既设工事放弃。我八四师右侧背感受威胁，决心撤退。职部奉总指挥汤【令】：撤至鳌峪、上白羊（火烧岭西南）、石人山、陈家沟之线，预筑工事。已于寒申先后到达指定地点，师部【驻】鄄竺子沟（广灵西约三十五公里）。谨禀。职李仙洲、黄祖埙叩。寒。参。印。〔自崞县发〕

〔国民政府国防部史政局及战史会档案〕

7. 何柱国报告所部作战计划密电

（1937年9月15日）

即到。南京军政部长何钧鉴：励密。职元晚抵岭口，谒阎主任，知大同放弃，即面谒请示关于职军尔后用途。决定第一步进阳方口，维持朔县、平鲁、杀虎口间晋绥之交通，敌如同攻雁门，则侧击之。第二步与赵承绶军协力维持绥远，并扰乱敌之后方，以期待外蒙发动。第三步保守五原、临河，以屏障西北路线。职部先头部队铣日出发，经宁武向朔县前进，其余须两日后乃能集结原平续进。谨电奉闻。职何柱国叩。删。原。机。印。

〔国民政府国防部史政局及战史会档案〕

8. 阎锡山关于八十四师等部在刘家沟一带与敌激战密电

（1937年9月）

（1）9月16日密电

特急。南京何部长敬之兄：5647密。1.战况：元日敌步兵二千余，向我火烧岭西方刘家沟一带八十四师阵地猛烈进攻，敌机、炮不断轰炸，刻该师尚在苦战中。广灵正面之敌，亦猛扑我洗马庄各阵地，我刘、李两师均与敌激战甚烈。又，由蔚县经石门峪南进之敌，本日向我刁泉一带（灵邱东北约八十里）阵地攻击，战况极烈。敌死伤甚众，我官兵为敌飞机、炮轰击，伤亡亦多。激战多日，敌未得逞。惟另有敌一大部，向该阵地左翼尹家店一带迂回，有切断灵、广连络之企图。2.敌情：浑源北境桑乾河北岸，发现敌骑兵三四百名，南壕堑方面之敌大部集结于哈拉沟一带。特闻。阎锡山。铣辰。行一课。印。〔自岭口发〕

（2）9月18日密电

特急。南京何部长敬之兄：5647密。一、战况：（甲）灵广方面：自十二至十五四日剧烈激战后，敌我伤亡俱甚奇重。铣日以来，战况和缓，仍在对峙中。（乙）篠日午后，有敌步骑数百、炮数门向丰镇车站进攻。旋又增兵千余，向东北迂回，截断铁道，并将我铁甲车击毁，正激战中。（丙）商都方面：敌骑兵五师、蒙古军一部，篠日已向我天成梁向我〔向我两字衍〕攻击，守兵奋勇迎击，毙敌五六百名，敌向后退。二、灵邱、驿马岭、黄土岭均发现敌之便衣队，留家庄之敌篠日在涞源西北之金家井盘据。灵邱东北约百里之北口，发现新到敌人七八千，炮四十余门。特闻。阎锡山。巧

酉。行谍。印。〔自岭口发〕

〔国民政府国防部史政局及战史会档案〕

9．黄绍竑报告第二战区兵力部署密电

（1937年9月20日）

特急。京委员长蒋：○密。（一）第二战区部署如下（查五万分一图）：第三独立旅、第七三师、八四师、二一师，占领刁泉村、义泉岭、王成庄、南洞沟之线。由南洞沟经恒山至北楼口为刘茂恩部阵线。由北楼口至狼峪、銮县东南十五公里为一百零一狮。由狼峪至恍门峪为卅四军之一九六旅、二零三旅。由恍门峪至青羊山岭为十九军之二一五旅、二零五旅。二零岭至曲民堡为新编第七独立旅及新编第三步兵团。作战地境：沙河镇、长城沟、小辛庄之连线：右归杨爱源，左归傅作义指挥。右翼地区预备队为独立第八旅、新编第二师之两团，控置大营、沙河；左翼地区预备队为卅五军之四个团，控置阳明堡；总预备队七一师、七二师、独立第一旅，控置代县、繁峙。（二）一一五师刻在冉阶、上寨镇一带，已派一营向涞源奇袭，闻已与敌接触。一二零师已到忻县、原平一带。（三）绥远方面有卅五军步兵两团，骑兵第一师、第二师、第七师及新编步兵第五、六两旅、骑兵第二旅、补充第二团、国民兵五个团等部，归赵承绥。情况：白旷堡、灵邱东北二十五公里有敌一二千，与我独三旅接触。谨闻。职黄绍竑叩。号亥。印。〔自岭口发〕

〔国民政府国防部史政局及战史会档案〕

10．介景和报告灵邱失守士气颓丧密电

（1937年9月21日）

即到。南京大本营第一部部长黄：中密。灵邱独立第三旅阵地，号日被敌突破。我军右翼各部队，马日午奉命齐向马路泉、平型关、北谷寺口、柴树沟、小西沟、北楼口之线撤退。该作战区经屡

次背进，士气颓丧，一处失利，即全线动摇，常此深恐影响大局，请特加注意。再：该区近日除灵邱被攻外，全线无战事。职介景和叩。马酉。印。

〔国民政府国防部史政局及战史会档案〕

11. 阎锡山声称未令门师开回雁门关密电

(1937年9月22日)

特急。南京军委会第一部鉴：6210密。号一作元京电悉。查雁门关内不适骑兵行动，在关内而尚令其出关，此间并未令门师开回雁门，现该师仍在集宁以北协同作战。顷已电赵司令遵照电示办理矣。阎锡山。养巳。行一。印。〔自岭口发〕

〔国民政府国防部史政局及战史会档案〕

12. 阎锡山报告灵邱等地战况代电

(1937年9月23日)

南京蒋委员长钧鉴：谨续将本区铣至养日一周间战况汇报于下：(一)灵邱方面：篠夜有步骑五六千及炮四十余门之敌，分数路向我灵邱以北阵地猛袭，均经我守兵用手掷弹击退。巧午，该敌又连合机、炮，向我白旷堡阵地猛攻未逞。至夜十时，敌更竭全力猛攻。我官兵抗战，肉搏数次，敌兵炮火猛烈，我官兵伤亡殆尽，各连余一、二人至十余人者颇多，敌之伤亡在我二倍以上。经派兵驰援，始将顽敌击退。皓晨，敌两千余人，利用机、炮掩护突入我白旷堡阵地，肉搏混战甚久。我官兵伤亡过半。经我左翼刘师派兵侧击，敌始后退。(二)应浑方面：皓日，应县之敌向我阵地扰攻，经我守兵痛击退去。浑源之敌23日下午炮击我阵地，旋即停止。(三)商都方面：铣晨日伪骑兵约五师，战车、装甲汽车三十余辆，依飞机之协助，向商都、天成梁一带猛攻。激战至午后二时，情势始缓。我门师以丰镇失陷，遂乘机向贲红转进，以固集宁。(四)平绥路西段方面：铣日午后有步、骑、炮连合之敌千余，分数路向丰镇进攻。激战至夜，敌增兵三列车，篠日拂晓将丰镇包围，机、炮集中火力轰城。激战至午后三时，南门摧毁，敌战车乘势冲入，我守兵伤亡过多，扼堵不及，城遂失陷。(五)左云方面：篠晚敌骑千余，战车、装甲车十余辆，由大同向左云进攻未逞。巧晨继攻，酣战甚久，敌以装甲车五十余辆向北绕攻。我孙师四、六两团损失甚大，不堪压迫，节节抵抗，皓日退至右玉至威远堡之间拒止敌人。号日拂晓，敌分两路向我四、六两团猛冲，我炮兵在右玉城上放列，对敌猛击。激战至午后七时，我孙师退威远、威平两堡之线整顿抵抗。此役我骑四团伤亡甚重，只余骑兵一连。马日，敌之一部续进至杀虎口外附近，与我骑五团对峙中，当派步骑各一团往援中。(六)兴和方面：我王旅巧晚出城袭敌，激战两小时，敌不支向大涧沟退击。该旅因商都及丰镇失陷，养日转进至集宁西约三十公里之旗下营附近。除损伤、俘获等查实另报外，谨闻。阎锡山。漾。行一课。

〔国民政府国防部史政局及战史会档案〕

13. 阎锡山报告平型关及团城口守军歼敌情形往来密电

(1937年9月)

(1) 阎锡山密电(9月23日)

限即到。京蒋委员长钧鉴：〇密。今晨二时，灵邱方面之敌分两路，约一师团攻平型关及团城口，激战剧烈。至梗二时，将平型关之敌击退，追击。下午四时将团城口之敌亦击退，分三路追击中。我伤团长一，伤亡营长三、士兵二千余人。敌伤亡尤众，虏获人枪另报。谨闻。阎锡山。漾戌。行一。印。〔自岭口发〕

(2) 蒋介石复密电(9月26日)

岭口阎副委员长勋鉴：漾戌行一电敬悉。吉密。捷报传来，至为欣慰。吾兄指挥若定，克奏肤功，行见视〔敌〕寇溃灭在即，失地之收复非远矣。特复。中〇。寝辰。侍参京。

〔国民政府国防部史政局及战史会档案〕

14. 阎锡山报告敌我双方争夺平型关阵地密电

(1937年9月24日)

南京蒋委员长钧鉴：谨密。顷据喷河杨总司令爱源、孙副总司令楚梗申参战电称：梗丑，敌以坦克车等猛攻我平型关附近东西跑池阵地，致汽车路右侧最高山头陷于敌手。经职等悬赏，于梗午由第十七军独立第八旅、第七十二师各抽派劲旅猛烈反攻，前仆后继，伤亡惨巨。幸赖将士用命，卒于梗午后一时完全克复。拟每部赏洋五千元，以励士气。请电示遵。等情。除电复照准外，谨电奉闻，敬请鉴核。阎锡山。回戌。行二经。〔自岭口发〕

特急。南京大本营：〇密。(一)战况：养日，灵邱方面之敌，向我平型关、蔡家峪前进阵地进攻，我守兵极力抵抗。是夜敌以大部猛袭平型关阵地，我军奋勇拒敌，肉搏多次，将敌击退。漾晓，敌约一师团，分两路进攻平型关及团城口，战况剧烈。因敌我争夺山头，伤亡奇重。激战至午，卒将敌击退，追击廿余里。团城口之敌，亦于午后四时被我击退。金崎店、小窝单方面(平型关东北约六十里)，拂晓时亦有敌八百余，向我阵地猛攻，经我击退。此役我伤团长一，伤亡营长三，士兵约两千。敌死亡尤重，俘获人枪正在查报中。(二)敌情：梗早，有敌千余，向浑源以东运动。马邑发现敌二百余名，装甲车七辆，并向人民查问阳方口道路。消息无新得。阎锡山。敬申。行一。印。〔自岭口发〕

〔国民政府国防部史政局及战史会档案〕

15. 阎锡山报告守军在团城口歼敌经过往来密电

（1937年9月）

（1）阎锡山密电(9月25日)

南京蒋委员长钧鉴：谨密。漾戎行一电谅呈。进攻平型关之敌，自漾日经我痛击后，复增兵以图再逞。遂决调重兵出击，连络八路军林师包抄该敌。有日拂晓，我出击部队正前进之际，敌主力向我团城口河北高军阵地猛攻。经我郭师迎头痛击，激战至午，将敌右翼击溃。林师及七十三师一部向敌左侧背挺进，占领蔡家峪，将平型关通灵邱之汽车路截断，敌机械部队及重兵器均不能退走。已获敌汽车五十余辆，均满载军用品。现已将平型关正面之敌约千余人解决，团城口之敌包围在一深沟中，已令迅速解决，以免逃逸。查敌系铃木兵团，配合蒙古军。阎锡山。有戎。行一。〔自岭口发〕

（2）蒋介石复密电稿(9月27日)

岭口阎副委员长：有戎行一电敬悉。6120密。朕功克奏，欣慰良深，希将出力官兵呈报，以便奖励为盼。中〇。感午。侍参京。〔同前〕

〔国民政府国防部史政局及战史会档案〕

16. 李仙洲等请求派兵增援团城口阵地密电

（1937年9月25日）

京委员长蒋：珊密。(一)本午八四师伤亡较重，全部溃退，致团城口(平型关北五里)阵地被敌突破。查此地为晋北主阵地之要点，一被突破，则雁门关感受威胁，关系重大。傅总司令已率生力军十余团到达平型关附近，准备反攻，现正在部署中。(二)本师现仍固守西河口(团城口北八里)亘水(乞加土旁)朵至杨庄四十余里之原阵地，以为左翼之支撑。但当面之敌，不过一团，现仍与我对战中。(三)此间作战不利原因：(1)指挥官能力薄弱。(2)指挥不统一。(3)上下欠联络。(4)友军互不相信，各不相救，致敌各个击破。(四)查山西为华北据点，一旦不守，则平汉、津浦均受影响。但晋军战斗力较差，殊不可持〔恃〕。以现在情况观察，除中央速派五师以上精锐部队并派大员前来指导外，山西前途，殊觉可虑。所见是否有当，恭候钧裁。职李仙洲、黄祖埙叩。有亥。参。印。

〔国民政府国防部史政局及战史会档案〕

17. 阎锡山呈报集宁方面战况密电

(1937年9月26日)

限即刻到。南京大本营：○密。战况：集宁方面之敌，自马日以来，屡向我榆树湾、贾家村、毛不浪各阵地猛攻，均经我安、王两旅及四三五团死力抵抗，将敌击退。漾日，敌约三千余向集宁右后方迂回，贾家村当面之敌同时猛攻，我军伤亡甚巨。复因进逼凉城之敌乘我骑兵彭师激战猛烈，无兵可援，安、王两旅损伤过重。至回日，各阵地卒被突破，集城遂陷，各该旅退守旗下营。凉城彭师亦受约两千之敌并战车、装甲车百余辆之压迫，连日剧战，伤亡奇重。于有日变换阵地，至石匣子、鄙绍、忙牛山之线，阻住敌之北进。此役，我骑兵伤亡三分之一，骑二团仅余一连，安、王两旅及四三五团损失三分之二，敌伤亡尤重。阎锡山。宥亥。行一战。印。〔自岭口发〕

〔国民政府国防部史政局及战史会档案〕

18. 阎锡山部署各集团军作战任务密电

(1937年9月26日)

限即刻到。南京大本营：○密。本晚传达各集团军命令如下：(一)瘦〔庾〕蛛关正面之敌，连日与我激战，已被我击溃。宥日，敌由浑源、灵邱增援甚众，煌据部约两千余，炮廿余门，向我【茹】越口一带进攻，敌似有进入关内之企图。(二)我决集中兵力，迅速抗拒各个正来犯之敌。(三)六集团军应联合十八集团军及总预备军，迅速击破进攻平型关之敌。七集团之杨爱源军，应竭力抗拒在越口一带之敌。其余各军固守阵地，以待我主力转移，反攻该敌。(四)各集团军应本以上要旨，妥筹部署，即行开始动作。谨电报闻。阎锡山。寝亥。行一。印。〔自岭口发〕

〔国民政府国防部史政局及战史会档案〕

19. 阎锡山报告第二战区新属各部队布防地点密电

(1937年9月26日)

特急。京蒋委员长钧鉴：鸣密。巧未一作京电奉悉。遵将第二战区内新属部队遵照电示意旨分陈如下：第六集团军司令部，繁峙高色〔？〕庄。第三十三军部，军砂河。第七十三师师部，繁峙□□村。第一九七旅，平型关附近。第二一二旅，繁峙红□村。独立第三旅，繁峙口泉村。独立第八旅，繁峙大营镇。炮兵第二十五团，繁峙沙河镇。第三十四军军部，繁峙魏家庄。第七十一师师部，繁峙齐口村。第二〇二旅，繁峙□□□。第二一四旅，繁峙齐城村。第一九六旅，繁峙胡家□。第二〇三旅，繁峙书堂崖。炮兵二十六团，繁峙。新编第二师，繁峙下孤村。炮兵第二十二团，□县西留属村。第七集团军司令部及第二十三军军部，代县马站堡。第二一一旅，代县下班镇。第二一八旅，代县王董庄，第二〇五旅，代县李家磨。补充第二团，阳曲。炮兵第二十一团，代县阳明堡。第六十一军军部，繁峙沙河。第一三一师师部，繁峙白蟒石。第二〇一旅，繁峙泉沟。第二一三旅，繁峙正南沟。第二百旅，崞县原平镇。独立第七旅，宁武。炮兵第二十九团，集宁附近。第十七军军部及第八十四师师部，繁【峙】上台村。第二五□旅及第二五一旅，团城口附近。第二十一师师部，繁峙牛心堡。第六一及六三两旅，繁峙西河口各朵上一带。新编第五旅旅部，集宁附近。第六旅,绥远旗下营。炮兵第二十七团,五台台怀镇。十九军军部,代县长郝村。第七十二师师部,繁峙夥营。第二〇八旅,繁峙齐城村。第二一七旅,繁峙水磨上。新编第四旅,大营西嵬。第二一五旅,代县后腰脯。独立第二旅,代县。第二十四团,代县阳明堡。第八十六师及第二〇四、二〇□两旅,均驻太原。第二〇九旅,代县盘□梁。独立第一旅,代县。新编第一团,太原。新编第二团,神池。新第四、七两团,繁峙大营附近。新编第五团,临汾。新编第八团,五台台怀镇。新编第九团,太原。第十团,叶子关。炮兵第二十三团,繁峙隆兴。炮兵第二十八团,繁峙齐城村。骑兵司令部,绥远归绥。骑兵第一师,凉城附近。骑兵第二师,右玉至威远堡间。骑兵第七师,集宁附近。新编骑兵二旅,绥远贲红附近。第十五军军部及第六十五师,繁峙下崧野。第六十四师师部,浑源黄崖村。第一九一旅,浑源官儿上。第一九二旅,浑源北土岭。第一九四旅,浑源西胡芦头。第一九五旅,浑源油房沟。第十七〔八〕集团军司令部,五台茹村。第一一五师及其所属各旅,正向朔县前进中。第五九旅,向五台前进中。何柱国部及骑骑〔骑字衍〕三师师部,朔县。骑兵第六师,集宁附近。除以后移动情形随时呈报外,谨复。山。宥酉。行一战。印。〔自岭口发〕

〔国民政府国防部史政局及战史会档案〕

20. 介景和报告蔡家峪等地战况密电

(1937年9月26日)

南京大本营第一部部长黄:1135密。昨敌我在平型关附近决战竟日,我八路军占蔡家峪、东西跑池各地,将敌主力包围于鹞子涧、六郎村山。昨夜敌一部向王庄堡突围而去,我除分队追击外,余仍在包围歼灭中。又,本日午前各方报告,十五军当面之敌,除师福沟附近夜间不断进攻外,其左右地区,均向后退浑源、应县大道上。拂晓起,先有敌大队步兵,队形混乱,向西移动。后又有汽车约二百余辆，满载士兵向西驶去。综上各情形，敌似有改变企图模样。职介景和。宥午。印。

〔国民政府国防部史政局及战史会档案〕

21. 刘茂恩报告敌夜袭师福沟阵地密电

（1937年9月26日）

京大元帅蒋、军政部长何：○密。一、据职部姚旅长北辰宥七时三十分电称：昨夜敌约五六百人，向师福沟以西三八七团第二营阵地袭击，炮火异常猛烈，激战四小时，肉搏三次，毙敌四五十人。我四连连长杨温如率兵一排，在阵地前二百公尺之小高地奋不顾身指挥杀敌，竟身殉国，全排伤亡殆尽。现令三九零团邢团长国光，率一、三两营增加固守，与敌对峙中。二、昨晚有敌一部，向东茶房六五补充团警戒阵地进攻，当予痛击。今日拂晓，敌向大小全岭退去，大砖窑尚有敌人。三、与我师福沟对峙之敌，盘据对面山上，各处均有工事，并附有山炮四门，与大小全岭敌人密切联络。除复令严密戒备，要为防守外，谨闻。职刘茂恩叩。宥未。总参治。印。

〔国民政府国防部史政局及战史会档案〕

22. 阎锡山报告平型关至雁门关一线战况密电

（1937年9月27日）

南京蒋委员长钧鉴：○密。本日战况：（一）平型关方面被我包围之敌，一部分突围，又增加二三千名，向我左翼绕攻。该方战事，全线激烈。敌人顽强，被围之敌，坚不檄〔缴〕枪，只有硬打之一法。西河口廿一师右翼，亦有敌千余，分路进攻，激战亦烈。大小石口、茹越口、朔县均有敌人进攻。朔县之敌约二千余名。茹越口敌人攻击甚烈。炮卅余门，炮击一昼夜，我守兵两营损失殆尽。已令杨军长抽兵今晚出击，歼灭该敌。（二）由敌阵亡少佐身上搜得命令，

系坂垣指挥，其目的在突破雁门后路。谨闻。阎锡山。沁戌。行一。印。〔自岭口发〕

〔国民政府国防部史政局及战史会档案〕

23. 刘茂恩报告陈宝山营在浑源柴树沟与敌激战密电

(1937年9月27日)

特急。大元帅蒋、军政部长何：〇密。据姚旅长北辰宥廿时电称：本日派六五补充团第一营陈营长宝三，率队赴阵前之敌后方游击截袭。十五时许，该营行抵柴树沟附近，与敌步、炮连合之敌五六百遭遇，激战三小时，肉搏三、四次，双方伤亡甚重。我陈营长及机一连连长，一、二、三连连长阵亡。并伤亡官兵百余名，确数正调查中。又据杨旅长宥十八时电称：敌本日拂晓前，沿凌云口以北汽车路西退，三八四团便衣队遂进至汽车路附近，潜伏监视，相机进击。拂晓，敌汽车约百余，满载步兵由浑源西进。我便衣队待至最后数辆，以手榴弹、步枪向敌猛击，毙敌数名，余遂下车抵抗，旋亦乘车逃去。又韩团第二营司营长率队，十六时已进抵裴村，正在该村附近破坏汽车路、桥梁。各等语。除令各以有力部队，向敌抄袭，勿使安全逃逸外，谨闻。职刘茂恩叩。感巳。总参。印。

〔国民政府国防部史政局及战史会档案〕

24. 高桂滋报告第二十四师在团城口等地血战密电

(1937年9月27日)

京大元帅蒋：烟密。职军马巳奉令向灵邱西南王成庄附近转进，养申接替(1886.4)高地。经团城口、霸河口、上寺、讲堂村至(1981.4)高地防务，曾于漾辰参一执呈。自养戌起，敌坂垣第五师团第九旅团长所属(11)、(41)、(21)三联队，野炮兵第四中队及伪蒙军部队共约六 七千人，我晋军独一旅由蔡家川后撤，【敌】跟踪由路迫近(184.4)防线，猛攻(1886.4)高地，另以一部【向】团城口猛扑。我各部为巩固(1886.4)高地阵线，率队增援，因奋勇受伤，营长李荣光阵亡。漾日拂晓，敌攻我阵线未逞，乃以全力攻东跑池以南独八旅阵地，旋被占领。为维持全局，复经吕团选拨奋勇官兵再次夺回，毙敌甚多。我亦伤亡甚众，伤亡排长(20)余员，士兵百余名。敬日，敌仍陆续增援，激战竟日，官兵虽无预筑工事以资掩护，仍奋不顾身，拚死肉搏。职一面严令与阵地共存亡，不得稍退一步①，勘连电阎司令长官并孙总副司令，陈明伤亡过重，不能维持，本日战局，请增援固防。虽电准派遣，迄未加入。同时弹药消耗已尽，待弹不至，士兵赤手肉搏，悲惨万分。直至有巳及午，该师全线被敌攻破，各守据点。斯时下级干部伤亡十之六、七，无人指挥，代理艾团长之杜团副亦受重伤。职催送弹药将到，已被敌人遮断，此时仍盼援军加入，或可挽回。力竭声嘶，终未到达，致各据点均被包围，大部官兵壮烈殉国。各部尚奋勇冲出，退回后防，逐渐收容。旋奉阎司令长官有戌行一电，我军大部已于今晨开始攻击，将当面之敌击溃。计漾、敬、有三日，伤团长一员、团副二员、营长二员、营副连排长六员、士兵(985)名。阵亡营长一员、营副连排长卅员、士兵(820)名。查八四师自经沙城、火烧岭战后，所属(950)旅官兵伤亡过半，此次激战，伤亡尤重。现集结上台庄、茸家庄附近之战斗兵，不过两千余，继续抗战。至应如何整理补充之处，敬乞示遵。职高桂滋叩。沁。屯参一。印。〔自阳曲发〕

〔国民政府国防部史政局及战史会档案〕

25. 第六、一、二战区第二期作战指导计划抄件

(1937年9月27日)

九月二十七日亥刻，程总参谋长电〔致〕委座暨白副总参谋长、黄部长电：兹定第六、一、二战区第二期作战指导计划如下：

① 疑有错漏。

第一、方针

1．第六、一、二战区以确保山东、山西两战略要地，使国军尔后作战容易进展为目的，在冀省中部竭力抵抗并固守晋北，以待增援部队之到来，再转攻势击灭敌人。

第二、指导要领

2．第六战区和沧州抗战，到万不得已时，应在南皮、泊头、献县之线竭力抵抗。以一部沿运河东岸，以主力沿运河西岸地区持久抵抗。最后须在德州东西之线竭力拒止敌人，以待第五战区兵力之转进。

3．第一战区固守滹沱河畔阵地，并以一部在该河左岸各地及沙河之线逐次抵抗，并须确保正定、桥头堡，迟滞敌之前进。特派出有力部队以平山西北方山地为根据，与阜平山地第一战区机动部队相呼应，对沿平汉线南下之敌，相机断行攻击敌之侧背。万不得已时，以有力部队向井陉及娘子关方面转进，增强山西东正面之防御。余在平汉线持久抵抗。

4．第二战区以一部今〔于〕集宁、绥远线节节抵抗，阻敌西进。各集主力南下，须袭击敌侧背，以主力固守雁门关、平型关现阵地。另以机动部队在平型关外及阜平一带山地为根据，见机袭击晋北方面及沿平汉线南下敌之侧背，与第二、第一战区正面兵团相策应。击灭敌人。并酌以各一部在龙泉关、黑山关、娘子关各隘路增强工事。

5．各战区、各兵团对于阵地前方之铁道、桥梁、道路、电线，准备必须之器材，于必要时行彻底之破坏，以迟滞敌之前进。等语。是否可行，请委座裁夺，电令第六、一、二战区遵照实施。

〔国民政府国防部史政局及战史会档案〕

26. 阎锡山关于平型关守军与之敌激战密电

(1937年9月28日)

即刻到。南京大本营：○密。(一)在平型关方面被我包围之敌，顽强抵抗。宥日，敌坂垣师团廿一、四十一、四十二三联队，由浑源、灵邱方面增援，与我激战终日，敌我伤亡均重。沁日，敌二千余向我左翼绕攻，全线战斗激烈。大小石口、茹越口、朔县均有敌人进攻，朔县及茹越口之敌，各约二千余，并野山炮二三十门，炮击甚烈，我守兵伤亡惨重。(二)由敌阵亡少佐身上搜得坂垣命令一件，企图突破平型关，威胁雁门后路。谨闻。阎锡山。俭午。行一。印。〔自岭口发〕

〔国民政府国防部史政局及战史会档案〕

27. 阎锡山转报敌军在平型关一带兵力及番号密电

(1937年9月28日)

限即刻到。南京大本营第一部：谨密。据军长孙楚、高桂滋等感电称：此次在平型关作战，掳获敌人日记、命令等，得悉由涞源西进之敌，为坂垣第五师团。到涞源后，以国崎少将指挥第九旅团，转向东南，威胁保定。以三伺少将率第四二旅团，辖(11)、(41)、(21)三联队。(21)联队长为(粟饭原)，另附蒙古军一部，野山炮各一团，战车若干，向平型关进攻。又：刘茂恩军俘日兵内岛善松一名，据供为山炮第三联队弹药兵，八月十日在门司上船，十五日到天津。该联队配属第五师团，联队辖三大队，大队辖三中队。中队有山炮四门，弹约□□。一中队每叚〔？〕列有马十匹，驮弹十二发，每中队共有士兵约二百人。各等情。特闻。阎锡山。俭戌。行参谍。印。〔自岭口发〕

〔国民政府国防部史政局及战史会档案〕

28. 阎锡山报告各路守军在茹越口平型关一带抗敌情形密电

(1937年9月28日)

特急。京大本营：〇密。甲、战况：(一)平型关方面，我陈师于感夜由黄圪底凹向六郎城出击，迄俭丑，将六郎城完全占领，其余各部无进占。(二)茹越口方面，我杨军赵团沁晚出击，未见成果。当夜以来，受敌步、炮连合约三千余众之猛烈攻击，野山炮三四十门不断轰击，杨军长及梁旅长亲临前线指挥，官兵均抱牺牲决心，努力抵抗，得保全阵地。我梁旅长鉴堂俭午以身殉国，所部向团伤亡三分之二，赵温先团亦伤亡半数以上。(三)汤方口方面，约有以骑兵为主体连合兵种之敌二千余名，感日将我何军骑兵压迫于朔西山地一带。自俭寅以来，猛烈围攻朔县，我守兵沉着应战，敌未得逞。(四)俭辰，大小石口方面，敌约三四千人攻我李师阵地，战事激烈，伤亡颇重，至黄昏仍在对战中。乙、敌情判断：敌以一部在汤方口、茹越口方面牵制，以主力攻击平型关。谨闻。阎锡山。勘亥。行一战。印。〔自岭口发〕

〔国民政府国防部史政局及战史会档案〕

29. 徐永昌报告八路军在灵邱涞源抗敌情形密电

(1937年9月28日)

急。南京委员长蒋、参谋总长程、军政部长何：谨密。情报：一、我八路军一部迂回敌之侧背，在灵邱附近截获满载辎重汽车五十余辆，并俘虏敌二百余人。二、我八路军林师已到涞源南插箭岭一带，即取涞源。三、我紫荆关方面之朱师亦与八路军取得连系。谨闻。徐永昌、林蔚。俭午。一作石。印。〔自石家庄发〕

〔国民政府国防部史政局及战史会档案〕

30. 阎锡山报告梁鉴堂等部在团城口铁角岭一带激战密电

（1937年9月）

（1）9月29日密电

即到。京蒋委员长钧鉴：般密。艳行电计呈。本日平型关、团城口、铁腒梁等处战事均异常激烈。平型关方面，敌以两个纵队突犯我阵地，数频危殆，幸赖我官兵奋勇牺牲，卒挽回颓势。铁角岭方面，梁旅长丁〔鉴〕堂阵亡。敌我损失奇重，现正在肉搏中。据俘敌军官供称：平型关新增之敌系板垣全师，铁角岭之敌为关东军。谨闻。阎锡山。艳戌。印。〔自沙河发〕

限即到。南京蒋委员长钧鉴：般密。欲解决平型关战事，山于昨晚来前方督师。到后，知我敦晃部队四团，连夺山头、村庄数个，歼灭敌人计千余。但我陈师陈团，因突入太深，被敌包围，仅余下级官士兵数十人，其余团长以下均殉国。日来，涞源方面敌增加四千余人，平绥方面敌增加六七千人。欲包围歼灭，殊不易达到目的，暂作固守，另谋击敌。再，茹越口得而复失者三、四次，敌我损伤均甚奇重。现在繁峙以北三四十里之铁角岭布防。谨闻。山。艳。行。〔自阳曲发〕

南京大本营鉴：〇密。甲、战况：(一)平型关方面东正面，俭辰以来，敌由上下铺西之小道，陆续向东西跑池增加，愈聚愈众。我陈、郭两师各以一部出击，拟先击破鹞子涧之敌，然后再转向东西跑池方面、期一举将敌歼灭。激战终日，敌我伤亡甚重。我陈师程团长及两营长阵亡，一营长受伤，全团官兵，壮烈殉国。我郭师四二八团阎、李两营长受伤，官兵约伤亡半数。虽未能达到歼敌目的，今尚能坚守迷回村至二一四一点九六高地，待机反攻。北正面，感辰以来，有步、炮连合约两千之敌，分三路向我高军李师西河口二二零□高地及水垛之阵地攻击。因我守兵沉着抵抗，敌未得逞。(二)茹越口方面，因我杨军伤亡甚重，俭晚敌已进至铁角岭一带。小石口附近，俭辰以来有敌步炮约五六千余众，正向我李师阵地攻击中。(三)阳方口方面，俭巳朔县失守，刻敌已近迫方口至利民堡正面，我贺师准备由利民堡向井坪镇方向出动，攻敌侧背。乙、敌情判断：敌已有后续部队到达，于最近有攻破我阵地之企图。阎锡山。艳酉。行一战。印。〔自岭口发〕

(2) 9月30日密电

限即刻到。南京蒋委员长钧鉴：○密。山到平型关督战，该地战况虽稍佳，敌由平绥路用汽车转运大部兵力，专攻铁角岭，杨军长澄源以全部兵力与敌血战两昼夜，山并将总预备队三团加入作战。卒因众寡不敌，致敌冲到檄〔繁〕峙。山得讯后，拟抽平型关部队回兵堵击，而此时平型关方面，敌复猛攻阵地左翼高地，失而复得者数次。黄昏，我军复牺牲一团以上之兵力，将该高地夺回。该高地为平型关锁钥，正拟由平型关抽兵两旅，雁门关抽兵两旅。刘茂恩军前方，敌人尚不甚多，并拟将该军撤下，由山亲自督战，夹击敌人，命令已下。而晚九时，该高地复被敌人夺去，平型关方面成危局。高军长桂滋亦以刘军一撤，该军左翼暴露，绝难维持。遂不得已于今早一时，决定由五台山经檄〔繁〕峙、代州间达雁门关，占领斜角阵地。山于今早八时到台怀镇指挥布置，至损失及占领之阵地另行电报。山指挥无方，丧失关隘，遗误国事，非特自疚，实为国法所不容，恳钧座呈请政府严予惩处。山。卅申。印。

〔国民政府国防部史政局及战史会档案〕

31. 陆军第七十一师关于平型关战役经验教训总结①

（1938年2月1日）

一、我军官兵吃苦耐劳及牺牲精神均远过敌人。惟士兵作战技能太差，指挥官指挥能力太古板，不知利用时机，寻敌弱点。兼以通信连络太欠灵活，致处处被敌牵制不能互助。

二、我军士兵欠沉着，仍有早放枪早投手掷弹之弊，与敌作战间只知死拼，而不知巧用方法。尤其每遇长官伤亡，即失其团体性与作战能力。又官兵受伤后，常有多数士兵随护而下，因之战斗力大减。

三、我军派出侦探极少，敌情不易明瞭。盖因一般居民早已逃避一空，不能利用本地居民报告敌情也。

四、敌军自动火器固胜于我，而其战斗技能及指挥灵活亦为我军所不及，且其通信、调动均甚迅速。故与敌作战，应力避小部队向远处绕攻，免陷于不利，反长敌人之士气也。

五、我军战略，素主先为不可胜，以待敌之可胜。然守阵地者，多不能按预期时日守住，出击部队未见机会即须参战，常陷于主力冲突，不能寻敌弱点，致多不能奏功。

六、步炮协同太差，其原因平日无演习，临时少连络，战场机会稍纵即逝，致步兵无论攻防，甚少得炮兵之协助。炮兵对炮兵，亦颇为劣势。

七、军队素质不同，临时归其指挥者，多不能达到预期之效能。结果虽有军队，亦不能如意使用。

〔国民政府国防部史政局及战史会档案〕

① 此件选自《陆军第七一师平型关会战团城口方面战斗详报》。

32. 曲宪治转报阎锡山关于平型关战役经过要报呈

(1939年8月21日)

为呈送事：奉阎司令长官七月马戌参战代电内开：兹将平型关八次争夺战经过随电寄去，仰即迳呈委座并电复。等因。除已电复呈送外，理合将平型关八次争夺战经过原件，备文呈送，伏乞钧鉴为祷。谨呈

委员长蒋

附呈平型关八次争夺战经过一件

第二战区司令长官司令部驻
渝办事处主任曲宪治谨呈

中华民国二十八年八月二十一日

平型关战役作战经过

(一) 战前之形势

二十七〔六〕年九月上旬，大同附近会战前，我军为掩护雁门右翼机动关外作战起见，以三十三军(孙楚部)控置于广灵(七十三师刘奉滨部)、灵邱(独立三旅章拯宇部)、大营(独八旅孟宪吉部)一带。嗣大同方面战端已开，而敌坂垣兵团(第五师团全部及第九师团一部为基干)尚留置于宣化、涿鹿一带，并向南积极活动。同时察省军队相继放弃察南各要地，阳原、蔚县亦皆不守。至是已判明敌必以主力进袭雁门右侧背，遮断我军之后路。我军遂断然中止大同附近之会战，移守雁门之线。当以第六集团军(总司令杨爱源、副总司令孙楚)及刘茂恩之十五军，就近配备于茹越口以东地区。斯时我十七军(高桂滋)之八十四师(高兼)及二十一师(李仙洲)等部，先后会集广灵。即以十七军配备广灵北方，七十三师配备广灵东方各阵地，并以汤恩伯指挥广灵方面之作战。旋敌坂垣征四郎指挥华北军(即坂垣兵团)，集中蔚县附近，以主力向我广灵东洗马

庄及以南地区之七十三师阵地猛攻，以一部进袭涞源。同时敌关东军约五六千人，由阳原与东井集，分攻广灵西北之大山及火烧岭我十七军阵地。我与敌作数日之苦战，阵地经数度之争夺，卒以我军伤亡过大，刘师与高军阵地先后为敌突破。高军不得已向西南转移，刘师变换至广灵南之直峪阵地继续抵抗。时在灵邱之章旅，已先在直峪东方高地至灵邱东南腰站之线占领阵地，遂协同刘师抵抗继续向南猛攻之敌。经四日恶战，刘师长因督战受伤，章旅为敌主力所指向。虽四、六两团伤亡殆尽，然犹能与敌反复争夺，数易阵地，节节抵抗，而予敌以极大之打击。嗣占领涞源之敌增援西犯，章旅腹背受敌，不得已退据南山。刘师亦向平型关转进，灵邱遂为敌占领。

（二）战斗之开始

当灵邱方面我军将撤退时，以在大营一带之孟旅占领平型关，经团城口至西河口及其西北高地之线，督同民伕构筑工事，并掩护撤回部队之占领阵地。斯时预定平型关阵地之配备：系令七十三师占领平型关南之马跑池，经平型关至东跑池南侧之线。十七军占领东跑池，经团城口、西河口至西河口西北高地之线。十五军（刘茂恩）占领大坪村（西河口西北），经凌云口至北楼口之线。以孟旅（拟将来由工事线上撤回集结于大营）为总预备队。不意敌于占领灵邱后，即以快速部队向平型关挺进。斯时高军及刘师甫到，正在进入阵地时，我军即逐次与敌接触，移〔转〕入大战。

先是新编第十一团（文焕）之一部（约一营），于二十二日在蔡家峪附近破坏公路中，突与敌接触，经半日之苦战，受敌战车之猛攻，几遭全灭。旋我八十四师派往蔡家峪之掩护部队（约一营），于黄昏时与敌机械化部队在途中遭遇，激战至烈，我军伤亡亦甚众。敌遂薄我平型关阵地，与独八旅（孟宪吉）之六二三团（郎春生）前进阵地接触。我守兵一连奋勇激战，伤亡过半，阵地失而复得者数次。

是夜，敌复以大部猛袭我公路两侧(即东西跑池南北侧)各高地，当时担任阵地工事之孟旅，尚未全部交换。在东西跑池南北高地仅郎团二营之五、六两连，适受敌全力注攻之点，遂以该部死守阵地。该部以两连兵力抵抗极优势之敌，赖我官兵异常奋勇，经多次肉搏，卒将敌击溃。

（三）敌人之总攻及我军与敌争夺战

敌之进攻平型关，除以快速部队迳由广灵乘汽车向平型【关】挺进外，以主力(第五师团大部)由灵邱沿公路向平型关进攻；以一部(第五师团之步兵两大队、野炮两中队)由浑源经王千庄绕袭大营，断我平型【关】之后路，并由关东军协力进犯凌云口以西地区。于二十二日夜，敌主力已大部到达，遂于二十三日拂晓分两路，向公路两侧各阵地猛犯。并以战车数十辆沿汽车路进攻，在汽车路南北高地之我军两连，经夜苦战，死伤过半。卒未得接防部队之增援，复受敌大部猛攻，终与阵地共同牺牲，而公路南北主要山头，遂陷入敌手。在公路南之一连尚生存十余名，坚守高地一角，抵死不退，终得到第二营营长韩荣标率预备队增援，与敌反复肉搏，将敌击溃，夺回公路南山头之阵地。公路北之敌仍继续深入，适遇高军接防部队之五〇二团，遂迎头痛击。激战至寅，敌未得逞。我艾团长督战受重伤，李营长阵亡，官兵伤亡颇多。时敌仍继续增加，猛攻不已。孙副总司令(楚)即令高军以吕、任两团向南出击，刘师一部向北出击，孟旅以徐团向东出击，预备队悉数推进。各部队拼命争斗，血战至十三时将敌击溃，克复东西跑池 1886.4 及附近高地。但我郎团以反复争夺，伤亡殆尽，徐团以追敌深入，遇敌增援，其一、二两营死伤过半，一营营长曾绍信阵亡。团城口之敌，亦于十六时被我高军奋勇击退。同日拂晓，敌八百余由小窝单(在枪凤岭正南十余里)向我李师阵地右翼及刘军左翼猛攻，经守兵击退。此股敌人，即系由浑源经王千庄南下之第五师团一部，企图经龙咀村(在枪风岭南二十里)、大坪村(在大小窝单西南十里)，直捣大营，其进路适受我刘茂恩军阵地右翼及前进阵地处处侧击。二十二日及本日，与刘军一部，在勺窝(枪风岭北二十里)、龙咀村之间以西山地数次激战，虽我刘军颇有伤亡，然卒皆将敌击溃。

（四）我军阵地之整理出击准备及与敌再度之争夺战

我军经二十二、二十三两日与敌混战以来，双方伤亡极重大，而敌后继部队又复到达。我军为强固阵地并准备出击起见，遂将阵地加以整理。以高军担任公路(东西跑池含)以北阵地，其李师左翼与刘军右翼在大坪村东方高地，确实衔接，刘军增厚其右翼之兵力；孟旅担任公路南(东西跑池不含)至平型关南高地之线，与刘师衔接；孟旅右翼担任其以南之阵地。经此整理后，阵地渐趋稳固。

敌此次向平型关阵地进攻，其主力方面以约一师团以上之兵力，仅集于公路两侧之狭小地区，企图全力攻破我一点。自经我屡次予以严重打击，其锐气已大挫，且其后继部队亦将用尽。我军以时机已至，爰定于二十四日出击。预定用总预备队中之七十一师(郭宗汾)附新二师(金宪章)共八个团，由公路以北地区作小迂回，向东西跑池、小寨间侧击敌之右侧背。并以在平型关东方山地之林彪师，截断敌之后路，以夹击之。并以七十二师(陈长捷)及三十五军之孙、董两旅为总预备队，由傅总司令任出击军之指挥，于二十三日午协同杨总司令(爱源)到达前方。并令七十一师附金师(由沙河出发)，于二十三日午后，迅向大营东北地区前进。七十二师(陈长捷)迅向沙河前进。孙、董两旅亦集结阳明堡待命出发，傅总司令随即进至大营督战。嗣以出击军行军疲劳之故，变更为二十五日拂晓前出击。而敌于廿四日晨又增兵五千，分向平型关、东西跑池、1886.4高地、团城口及讲堂村(系列军阵地)各阵地猛烈进攻，炮击甚烈，阵地失而复得，激战终日，卒被我击退。刘师三九三团，并击毁敌战车数辆。孟旅徐团一部捣毁敌之一大队部，俘获甚多。我高军伤亡团长、副营长数员，连排长三十余员，士兵千余。其余各部伤亡亦多，而1886.4高地及东西跑池遂委敌手。

（五）我军之出击

二十五日拂晓，我军按预定计划分路出击，适敌亦向团城口高军阵地猛攻。而高军以出击不利，遂向后转移阵地。东西跑池以北之险要为敌侵占，致出击之郭师及孟旅之一部，不得不先向敌迎头痛击，堵其内侵。激战至午，将敌左翼击溃。郭师连夺山头数个，并占领鷂子间南方高地，续行攻击，血战竟日，恢复原阵地大部。俟陈师吕、梁两旅陆续加入，乃连合大举反攻。陈师吕旅、郭师赵旅由公路两翼出击，将公路两侧之敌包围于东西跑池之深沟内。同时林师由平型关东方山中，分三路向蔡家峪、小寨村，主力向老爷庙进袭，刘师三九四团亦向敌左侧背挺进。九时许，林师分别攻占老爷庙、蔡家峪、小寨村及1886.4高地，并将小寨村敌兵站守护队约步兵一营，悉数歼灭，将敌后路截断，敌机械化部队遂不能撤退。我夺获汽车五十余辆，焚毁敌军用品甚多。惟林师不惯持久战，已占各地旋又被敌攻占。

（六）敌军得援与我军反复作争夺战及茹越口之激战

二十六日拂晓前，敌由灵邱方面用汽车向东西跑池增援千余，并以由浑源南下之第五师团一部迂回至王庄堡附近，向团城口及其以北地区攻击，企图解东西跑池之围。并以战车十余辆，掩护步兵乘夜冲至鹞子涧附近，即鹞子涧、六郎城、团城口及1886.4高地一带，与我展开激战。我陈师、郭师、孟旅等部反复争夺，伤亡甚重。尤其1886.4高地争夺尤烈，血战至十六时，敌我成混战状态。

同日敌二千余，向我茹越口二〇三旅（梁鉴堂）和团阵地猛攻，激战终日，敌未得逞。即令一九六旅（姜玉贞）之四一三团移至铁角岭，以行策应。先是敌关东军，数日来由浑源向凌云口不断侦察活动。经刘军在恒山之前进阵地不断派小部袭扰，并凭藉恒山附近之天险，使敌终不得逞。旋于昨、今两日，见敌由浑源首次用汽车二百余辆、大车百余辆，二次用汽车三百辆、大车数百辆，先后向应县方面输送，是敌已改向茹越口方面进攻，而本日茹越口之敌，即系其第一批运转之兵力也。

（七）敌再得援突围与我争夺及茹越口之出击

二十七日，东西跑池附近被我包围之敌一部突围，其余顽强抵抗。我正歼灭之际，敌又增兵二千余，向我左翼绕攻，全线激烈剧战。同时敌二千余，分向李师西河口、2100高地及水圪垛阵地猛攻。

茹越口方面之敌增至三千余，炮三十余门，向我轰击。激战一昼夜，我梁旅和团守兵两营损失殆尽。遂令三十四军（杨澄源）于当晚出击，歼灭该敌。

（八）平型关之再度大激战茹越口之失陷

二十八日，平型关方面我出击部队，连夺山头、村庄数个，歼敌千余。但我陈师程团因突入太深，被敌包围，激战后仅余官兵数十人，余自团长以下均壮烈殉职。同时敌人由跑池北方，向陈师阵地攻击甚烈。自晨迄申，二〇八旅残余战斗兵不满百余。是时独立第三旅已由灵邱、南山绕回至大营附近，当即加入陈师左翼及二十一师右翼，夺取团城口西方高地。反复肉搏，结果虽告相当成功，然该旅损失亦极重大。因调孙、董两旅，乘汽车前往大营增援。

同日茹越口因出击未成功，敌复以炽盛之炮火向我阵地猛烈轰击，我守兵伤亡殆尽。梁旅长奋勇督战，伤重阵亡。残部遂撤至繁峙以北铁角岭布防，当即令独二旅（方克猷）迅往增援。

（九）平型关我军再度计划围攻与敌由平绥向茹方面大

增兵及铁角岭之失落

二十九日，平型关、团城口、铁角岭等处，战事异常激烈。平型关方面敌以两纵队向我猛突，阵地数频危殆，经我官兵奋勇搏战，挽回颓势。经八、九日血战，敌虽数次增援，终未得寸进〔尺〕。但我亦因装备不良、战斗力薄弱，未能将被围于东西跑池附近之敌全数歼灭。正拟以傅军孙、董两旅及独三旅之一部，增援平型关，大举围攻，而敌由平绥路用汽车转运大部兵力，专攻铁角岭。虽经杨军长竭尽全力与敌血战，卒以众寡不敌，铁角岭被敌突破。

（十）繁峙及代县之失陷与我军阵地之变换

三十日，敌突破铁角岭后，即冲至繁峙，繁峙城旋即陷落。平型【关】方面我军之后路遂为敌遮断，出击计划归诸泡影。当时为挽回危局计，令平型【关】方面暂取守势，由阵地抽出刘茂恩全部，合傅部之孙、董两旅，令孙副总司令(楚)指挥，扫荡侵入铁角岭以南之敌。刘军大部已集中沙河，一部业向繁峙挺进。而二十一师左翼因失刘军之依托，正面又受敌之猛攻，军心颇受动摇。该师阵地万一有失，则大营即将不保，我平型【关】全军必受敌包围，不得已遂中止繁峙之攻击，而变换阵地。当以平型【关】方面全军移占台山南端阵地，以铁角岭以西之兵力移占由雁门关南，折经代县城东横断勾注入五台两山间谷地之斜交阵地。其右翼由峪口村附近与五台山阵地相衔接，新阵地对平型【关】西进之敌处处成侧面阵地，对繁峙之敌成夹击之势，尚可持久抵抗，待机歼敌。不意，我台山阵地甫就绪，而代县阵地尚未稳固时，繁峙之敌即于十月一日向代县猛攻，虽经苦斗，终于不守。我军不得不再变更计划，除留一部于台山外，并令王军(靖国)固守崞县，姜旅(玉贞)守原平，马旅(延守)固守轩岗，阻敌南下，掩护大军在忻县附近集中，以期缩短战线，用全力与敌决战。

〔国民政府国防部史政局及战史会档案〕

33. 第二战区司令长官部编平型关会战纪要

(1939年8月21日)

一、作战方针

本军以利用山地歼灭敌人之目的,以主力配置于天镇、阳高、广灵、灵邱、平型关各地区,以一部控置于大同、浑源、应县附近,以策应各方之战斗,相机移转攻势。

二、指导要领

(一) 敌情判断:敌攻我晋北如下述两途:(子)以一部兵力由蔚县向广灵行佯攻,以主力沿平绥路西进,夺取大同,以图切断我晋绥之连络线。(丑)以一部兵力向天镇行牵制攻击,以主力向广灵进攻,企图截断我雁门后路。

(二) 我为打破敌人以上两种企图计,在灵邱、广灵、东井集、天镇各地区附近,配备强有力之部队,以阻绝其前进;以一部配备于大同附近,以大部控置于浑源、应县附近,以策应各方之战斗。

(三) 敌如以主力进攻天镇时,我天镇守军拼死待援,以大同附近之总预备队,应机向天镇附近推进,以浑源附近兵力,渡桑干河向天镇右翼实行侧面攻击,以图牵制敌人。俟其顿挫,由天镇两翼夹击之。

(四) 敌以主力进攻广灵时,该处守兵应固守待援,以总预备队主力应援该方面之战斗。此时东井集之部队,应向广灵敌之侧背威胁,以使该方面之战斗容易成功。

(五) 驻兵军以主力位置商都、尚义、化德等处,相机威胁敌之侧背,以一部守备大庙、百灵庙各据点。

(六) 第十八集团军到达后,应进出灵邱、蔚县附近,威胁敌之侧背,以使进攻之敌不敢孤军深入。在敌我决战时期,该军应向敌侧背实行猛扑,以期我军确获战捷。

三、敌我两方之兵力(如附表第一、第二)〔附表略〕

四、兵团部署

第二战区军除汤军之第四、第八十九两师开顺德整补，九十四师（朱怀冰）开马黄峪，归卫（立煌）指挥，刘军在蔚县一带依山作战，十七军开广灵布防，仍归汤总指挥指挥外，晋绥各军固守晋绥。部署情形如下：

（一）六集团三十三军章极宇旅布防灵邱，刘奉滨师布防广灵、孟宪吉旅控置大营。三十四军梁鉴堂旅布防东井集、浑源，姜玉贞旅控置应县，郭宗汾师拟控置岱岳，金宪章师控置沙河。（二）七集团之六十一军李俊功师，固守天镇，刘霏馥旅布防阳高，马延守旅拟控置大同以东地区。三十五军王子修旅固守兴和，安荣昌旅控置隆盛庄，董其武旅固守集宁，孙兰峰旅控置绥远，方克猷、田树梅两旅控置大同、丰镇。（三）预备军阵长捷师拟控置应县，段树华旅控置怀仁以北，杜堃旅控置雁门一带，陈庆华旅控置平型关一带，杜春沂师控制太原附近。骑兵军主力在商都、尚义、化德等处布防，一部守大庙、百灵庙。（四）司令长官行营，于八月二十九日进驻岭口。

五、战斗经过概要

（一）九月一日得知情报如下：日军近向怀来、张垣一带集中，以大同为进攻目标。敌日〔之〕中央军部，现今由南口前进之华北军集中怀来，以关东军及蒙古军占领大同为目的，以华北军坂垣部队由怀来向广灵前进，并企图由广灵南下。

此时我军已据守广灵、天镇、集宁、大同、绥远五大据点与兴和、隆盛庄、丰镇、商都、尚义、化德六小据点，并大庙、百灵庙均配备相当守兵，在积极进展中。

（二）二日，奉委座冬巳参京电示如下：津日驻屯军部，企图于一周内截断我军平绥、平汉两线之连络，并令怀来、良乡之两野战军确保现在所有之据点，着即以山西灵邱为攻击目标，先将察省阳原、蔚县及晋省广灵之我军，于一期内截断与平汉、平绥两路之连络，以待关东军之到达，再歼灭晋军，截断我中央军由山西向北进出之路。

当电（江西行一）委座如下：敌人此着最毒辣，此等兵团显系欲在山地作战。涞源地形有天然要塞之形势，尤为第一、二两战区之枢纽，此地一失，一、二两战区后路均受威胁。十八集团军集中为期尚早，请迅在涞源派得力部队两、三师固守，以易县、涞源之师防其东去，广灵、灵邱之兵堵其西来。此部署如成，并可相机歼敌，请钧裁。旋奉复电开：已电徐主任核办。

（三）（晋北天镇方面）三日，天镇、阳高一带六十一军阵地配备如左：①右地区队：四百团、四百零二团、炮二十四团第六连，占领盘山、师家梁、夏家山、刘仲屯、鲍家岭一带。②左地区队：四百二十五团、四百二十六团、炮二十九团第五、六连，占领周家山、夏家堡、石佛寺一带。张西河、砖窑村有师派出警戒部队。③四百三十四团、炮二十四团第四连为预备队，位置张家庄、邓家园。三百九十九团、炮二十四团第五连，担任天镇城防。四百一十四团，担任阳高城防，并在李官屯、八里墩附近派队警戒。同日步炮连合敌二千余，向我天镇、砖窑村前进阵地进攻，炮击二百余发，飞机八架助〔与〕我激战。至黄昏后，毙敌数百，敌始稍退，我伤亡数十人。

（四）四日，天镇东李家山、罗家山当面两千余【敌】，分四处各随野炮数门，向我各阵地猛攻，飞机三十余架掩护轰炸，自晨至暮，我伤亡官兵二百余，敌伤亡尤重，现成对峙状态。

同日，给傅总司令电：大同方面布置要旨如下：大同依城野战布置，业经手谕。我应再在预期敌人能来之方向上，设法拒止敌人于稍远地方，以免其互相连系，合力攻我。故应在孤山南北，预选有利地形，设一阵地，使由东及北来之敌，借采掠山截成两段。我大同方面取内线作战之方便〔便利〕，集中兵力，先扑灭其一路。总预备队用于决胜点，但不可过早，致暴露企图。又敌情判断指示如下：①敌主力攻集宁，取绥东、天镇、广灵为牵制。如此则我最易应敌，一面固守绥远，在集宁与敌决战。②敌由天镇、东井集及兴和、隆盛庄三路攻取大同，以攻集宁、广灵为牵制，则须在大同附近与敌决战。③敌主力攻广灵、灵邱，断我后路，则我须连合第一战区军协同抗敌。

同日情报：(1)居庸关、怀来一带为敌第五师团及铃木部队，现向怀来，涿鹿方面进行中。(2)占领张家口者为本田兵团，到达柴沟堡者为酒井兵团。按此，敌有压迫刘(汝明)进取蔚、涞之势，即令各部队就原阵地固守，着刘军俟接防后再开拔。

（五）五日，接徐主任(次辰)电(歌申行一保)如下：查涞源现有汤总指挥率九十四师前往布防，委员长既无新指示，似可即令其加用民工，扼要赶筑二、三师用之阵地。就近由汤督饬办理。俟敌进迫时，再抽调县部队前往增援，相机夹击。如此庶可双方兼顾，诱敌而歼之。

当即复电如下：奉委座支侍京手启电，敌第五师团及铃木部队，向怀来、涿鹿前进。按此敌有压迫刘军进取蔚、涞之势。第九十四师已开马黄峪接防，归卫指挥。刘军又奉开津浦归还建制之令。涞源如为敌得，则保定、雁门均感威胁。希就近推进涞源两师，俟十八集团军到后再撤回，以免以隙予敌。一、二两战区之连络被敌冲断。

同日上午，敌步骑三千余，战车、装甲汽车四五十辆，重炮十数门，飞机三十架，向我天镇、戴家屯、李家寨一带各阵地屡行猛攻，均经我击退。敌死伤甚重，我伤亡营长以下十余员，士兵三百余。同日，将敌情判断及决心电陈委座如下：①(敌情)综合情报，敌情判断如下：关东军主力，三路直扑大同：一路由天镇，一路由东井集，一路由兴和、隆盛庄。②决心：在大同附近与敌决战。③理由：汤军五师、晋绥军两师四旅损失奇重，而汤部三师又他调，防长兵单，难以持久，决心集中兵力，择一有利地带，与敌决战。④

处置：以李服膺军七团固守天镇，阻止该路敌人。孙楚军、高桂兹军驻守广灵，巩固右翼。傅作义军在集宁、绥远，巩固左翼。王靖国军固守大同，杨澄源、刘茂恩军为总预备队，位置于大同附近。⑤钧座有何指示？⑥注意此次决战无论胜败，敌我两方均应是极大损失。钧座对积极方面收复察平，或增兵固守晋绥，俟敌再度来攻，或消极固守山西，均应早有打算。

（六）六日早，敌复增兵向我天镇东方及北方各阵地全线猛攻，重炮与飞机连续轰炸，并用刺激性毒气弹射击。我守兵待敌接近，拼命突击。敌往复攻击，死伤遍野。我守兵亦伤亡殆尽。炮二十四团第六连炮三门被炸毁。午后四时，又运到敌三列车，约三千余，附野炮十二门，向我四百二十六团右翼运动。午后五时，战斗极烈，【敌】我伤亡均众。本晚，敌复以大部攻我天镇东南盘山阵地，炮火甚烈。我守兵拼死固守，双方肉搏，死伤枕藉，四百团几全团殉国。敌后续部队增援，卒将盘山占领。同日奉委座电（支侍参京），要旨如下：刘子亮可开津浦线，归还建制。同时电（鱼戌行一）复委座如下：刘主席子亮来电，请派队接防，当复俟接防部队到达后，再行开拔。

（七）七日拂晓，敌攻至天镇城下，我守兵用手掷弹猛击，敌死亡数百，稍行后退，我仍固守县城，阻敌西进。

（八）八日早七时，敌机六架轰炸阳高城，同时敌唐克车及便衣队绕天镇以北地区，向阳高活动，并有后续大部队跟进。另一部向天镇南大白登一带运动。午后一时许，敌机二十余架，炮十余门，向天镇城轰击。其步兵两千余持登城器具，由城墙塌处爬城。我三百九十九团守兵，用手掷弹猛击，毙敌百余，敌始退去。

（九）九日，独立七旅到达镇边堡。即令布防如下：六百一十九团在镇川口山头及元墩子一带布防，六百二十团在镇边堡及东北山地区布防，六百二十一团沿银斗沟接镇边堡之线布防，旅部在镇边堡。

（十）十日，天镇围城后，敌两次猛攻，均未得逞。刻继在城周专以飞机、炮火轰击，其余沿铁路分两路前进。一路约两千余人，在铁路以北沿长城，佳晨进至阳高西北之镇宏堡、大小二墩梁一带，经我伏兵邀击，敌伤亡颇众，退据长城各口。一路敌约千余人，由铁路以南地区前进，与我阳高及王千户岭一百零一师对峙。一部刻下已至聚乐堡以东王官屯一带，并有战车二十余辆、装甲车三十余辆，受我游击队之牵扰，尚未深入。嗣敌以大部围攻阳高城，我四百十四团与敌激战甚烈，城墙被轰破，团附、营长以下伤亡颇多，遂致失陷。同时一百零一师阵地被敌三面包围，迭经激战，毙敌甚多。终以我伤亡枕藉，势难坚守，以四百三十九团任掩护，李军长率部（除守天镇之三百九十九团）撤至瓜园村。此时傅总司令已令独立七旅（马延守）在镇边堡一带布防，梁（鉴堂）旅在小北庄1484高地一带布防，段旅在1533高地一带布防。傅总司令即令李军长率四百三十四团、四百零一团开大同，李师长（俊功）率其余部队至土井村以西整顿。

同日电委座（蒸未行一）如下：据汤总指挥由广灵电话报称：刘主席部现已自动开拔在蔚部队，明日即可开完。等语。查第十八集团军先头部队约删日前后始可到蔚，已迭电刘主席，须俟接防部队到达后，方可开拔。深恐该部撤退后，敌即跟踪前进。除饬汤总指挥在十八集团军未到以前，如蔚县刘部全行撤走时，应派二十一师前往固守外，请钧座速电刘主席，务饬待十八集团军林师全部到蔚，妥交防务后，再行开动为祷。

（十一）十一日，镇宏堡之敌约两千余，附炮多门，复向前移动，我镇川堡马（延守）部与敌迎击。嗣敌增至四千余，将我阵地冲为两段，一部陷于重围。傅总司令即令以一部在采掠山警戒，其余在山南散盆村、水峪村集结。同时敌以飞机、大炮轰天镇城，东北城角被击陷，敌步兵来势猛冲，经我守兵奋勇击退。惟城内粮弹两缺，已令相机突围。

同日，汤总指挥八十一①两师在广灵布防如下：八十四师配置于六棱山、火烧岭一带，二十一师主力配置于豹峪、洗马庄一带。同日电（尤巳行一）委座如下：顷据汤总指挥称：刘部自动撤退后，敌即追踪跟进，昨晚即到蔚县，涞源现无驻兵，倘被敌占据，一、二两战区侧后方，均极危险。等语。希请钧座迅由易县抽调有力部队，至少一师，星夜前往县以北固守各口。又电（真甲行一）委座如下：汤总指挥顷到行营，据称昨刘部退出蔚县，事前并未通知。【得知】消息后，当即派队，令用跑步前往接防。今午，接高军长报告：我接防部队由广灵派一团用跑步前进，讵赶至讵〔距〕蔚县七、八里之地点，敌已用大部装甲汽车输送步兵七八百人，先我占据该城。该县既失，现在唯有占领广灵阵地，坚固布防，并请钧座迅由易县抽调大部赶速占领涞源。同时将上项情况通知徐主任后，徐主任复电如下：已电令刘子亮暂留有力一部，在永宿亘小四庄之线占领阵地，对桃花堡、西河营、蔚县方面警戒。并令曾军抽派一团，自易县出发，赶往涞源布防。以上两部均待李兴中师接防后，再行归还建制，

同日拂晓，大同方面：段旅当面之敌步约四千余，骑数百，战车五六十辆，炮十余门，并以飞机数架掩护，向左翼山头猛攻。我守兵奋勇激战，至午双方伤亡甚众。因受敌优势炮火之制压及战车之冲突，致将1533及1645高地陷于敌手。梁旅四百零六团左翼，亦受敌优势步兵之包围。梁旅长恐丰稔山据点有失，遂着温团逐次撤至该山以西一带高地，占领阵地。本日午后，敌向我大同以东阵地全线猛攻我右翼聚乐堡以北山头。敌以多数飞机、重炮猛烈轰击，我守兵一营伤亡殆尽，余部扼险防守。其聚乐堡以南平地之敌，以机械化部队及炮兵射击后，继以步兵冲锋，战斗异常激烈。我反复逆袭四、五次后，左翼出击攻敌侧背，敌始稍后退。我受重

① 原文如此，当指八十四师及二十一师。

伤及生死不明之团长各一员，四个营官兵几全数殉国，其余各部均有相当损失。敌人伤亡尤多。前曾奉委座电：不可轻于决战。时刘茂恩部尚未到达，纵决战我亦难得优势。且敌关东军主力及北支军一师团又一兵团，有攻灵、广确讯。遂留一旅在大同城附近，依城野战，以两旅占领大同以西山地，阻敌西进。余部撤至大同以南桑干河南岸之山地，渐次巩固雁门战线。傅总司令随军南移，察绥部队由骑兵赵司令(承绥)指挥，固守数据点，与敌作游击战。集宁、绥远一带共有步兵十二团、骑兵三师及马占山部，拒敌西进。同日，给部队电(真酉行一)令，要旨如左：

① 给浑源杨军长(澄源)电：该军速将姜、梁两旅移驻桑干河南岸，接大王村金师左翼，经后子口至瓮城口(含)间布防。十九军在瓮城口(不含)至应县间，嗣后该军应与右翼高军协同。

② 给李军长(服膺)电：该部即驻瓮城口、北楼口，在北楼口、小石口(不含)间布防。

③ 给浑源郭师长(宗汾)电：该师在应县南、小石口至水峪口之间布防，师部驻繁峙。

④ 给应县陈师长(长捷)电：该师应即时开回勾注山，接防杜旅左翼，在广武西约二十里之八岔口至阳方口东之达达庄布防。(广灵方面)十二日晨，敌二千余、炮数门，由南徐堡向我火烧岭八十四师阵地猛攻，现在激战中。同时敌一部向火烧岭以左〔东〕地区迂回，汤总指挥令二十一师之一旅在六棱山、乱岭关一带布防。广灵东面敌亦向洗马庄附近压迫。

同日，奉委座真一作京电要旨如下：十八集团军着隶属第二战区，归该司令长官指挥。又接空军司令周至柔电：为协助北正面作战，特抽调四中队，组北正面空军混合支队，命空中侦察司令陈栖霞统率。即行北上，预期十五日实施战斗。

(十三) 十三日，敌步炮二千余，向我火烧岭西方刘家沟一带八十四师四百九十九团阵地猛攻，敌机不断轰炸，刻在苦战中。敌人千余猛扑我西加斗、洗马庄各阵地，二十一师、七十三师与敌奋战甚烈。西加斗亘南方高地之间，以炮火集中射击，四百二十四团奋勇肉搏，伤亡甚众，阵地被敌突破。旋以四百二十三团逆袭，由吕团长(超然)奋不顾身，率领冲锋，竟致阵亡。团附、营长均受重伤，拟以夜袭恢复阵地。

又由蔚经石门峪南进之敌，本日已向我刁泉一带(灵邱东北约八十里)章旅阵地攻击，战况极烈。敌死伤甚众，我官兵为敌飞机、炮火轰击，伤亡颇多。激战终日，经我派队击敌背后，敌始狼狈窜去。另有敌一大部，向该阵地左翼伊家庄一带迂回，有切断灵、广连络之企图。当令汤总指挥指挥高(桂滋)军、刘(奉滨)师各部，相机夹击。同日，浑源北境桑干河北岸，发现敌骑三四百名。

同日，电(元子行一)令浑源杨军长(澄源)，要旨如下：该军除金师仍留大王村，以掩护广灵守军侧后，并由姜、梁两旅酌留两营部队警戒后子口、瓮城口外，该军军部及姜、梁两旅主力移驻狼峪口(含)至水峪口间，坚固工事，作积极的防御。杨军及布防如左：

梁旅主力移向狼峪口(含)至东安峪(不含)间，姜旅主力移向东安峪(含)至水峪口间布防，旅部移驻繁峙。

同日，给各部队电(元行一)令，要旨如左：

① 给傅总司令电：第三十五军应在青年岭经项家山、阳方口、石板沟迄利民堡之线布防。②给王军长电：该军应在水峪口(含)经广武、八岔口、青羊岭(不含)之线布防。③给陈师长(长捷)电：该师防务已令王军长派部接替，该师即集结代县附近为总预队。④给繁峙郭师长(宗汾)电：狼峪【口】(含)至水峪口(不含)间阵地，已派三十四军接替，俟军到达后，该师即集结繁峙待命。⑤给六十一军李军长电：该军阵地左翼着延伸至小口西之狼峪【口】(不含)。⑥给应县十五军刘军长电：该军除怀仁部队俟达成任务再行转进外，余部速占领乱岭关(含)、浑源东四十里，经恒山、凌云口、黄沙口、康峪至北楼口(不含)之线，扼要死守，坚固工事。我汤

部之高军及刘师仍在广灵与敌对战，杨军之金师及姜、梁两旅掩护队，在浑源北、大王村、后子口、瓮城口之线，应与切取连络。⑦给灵邱章旅长电：此次敌人攻击法，对于山地固多用迂回法，但其对于攻击方面，无不集中全力，以锥子式打法攻一点，以钳子式奇兵截击胁间。该旅长要将不重要方面兵力集结于重要方面，判明敌情，厚布势力，目前似以伊家店至蕉庄间为重要。又电：灵邱为广灵后路，系一、二两战区之锁钥，为华北抗战之生命线，希振奋士气，沉着杀敌。十八集团军三、二日内可到灵邱。⑧给汤总指挥电：十八集团军已到沙河以东地区，向灵邱急进。陈师及孟旅亦向灵邱方面推进。

（十四）十四日自元早以来，大同电话不通，守同部队被敌压迫，至大同西方山地。桑干河南岸，敌后续部队有向左云方面前进之【模】样。灵邱、刁泉方面之敌千余，猛攻甚烈。本日拂晓，由章旅杨营长率奋勇队出击，敌顽强抵抗后渐不支，向石门方面退去，左翼仍激战。

同日，给章旅长电（旱酉行一）令，要旨如下：着派文团由大营开往灵邱，支援该旅右翼。同日给汤总指挥、刘师长电（寒辰行一）令，要旨如下：如不得已时，可指导高军刘师右接章旅，占领牛家岭、直峪、上林、关东迄恒山，与刘茂恩军连系，缩短防线，扼要固守。广灵方面，敌以飞机、炮火，向我阵地猛烈进攻，七十三师官兵伤亡千余人。汤总指挥元酉先后接高军长电话：请转移阵地，再图进袭。时虑灵邱连络被敌切断，不得已乃令七十三师转移于井村亘长城梁、郭卯尖，八十四师于周图寺、香炉台、鳌峪，二十一师于鳌峪（不含）、上白羊、石人山、岔口村之线，对北正面左、右两翼，对东北、西北侧防，各构筑坚固阵地。同日，敌攻我贺家窑、上下林关、鳌峪等处阵地，八十四师与敌激战甚烈。我伤亡颇多，卒将敌击退。

给杨军长、金师长电（覃申行一）令如下：太王村以东之敌，已向火烧岭高军李旅攻击，金师长相机策动。不得已时，经凌【云】口（浑源南）到沙河待命。姜、梁两旅在后子口、瓮城口之掩护队，亦随同撤退。同日大同以北地区发现敌之小部，其后续部队似有向左云前进之样。本日给傅总司令、汤总指挥、刘军长（茂恩）、李军长（服膺）、杨军长（澄源）、王军长（靖国）电（寒行一）令如下：

兹规定作战地境如下：汤、刘为大戏山、寒水村、王庄堡、麻地坪、清水沟、大草坪之线。刘、李为沙河镇、长柴沟、康峪、小辛庄之线。李、杨为伏连坊、沙渠、北河种之线。杨、王为上磨坊、石门峪、帐头铺之线。王、傅为上马围、红河、羊道坡、上沙楞村、一半村之线，线上属右方部队。同日担任怀仁至鹅毛口之线，掩护友军撤退之刘军武师一百九十一旅，驻怀仁城内之三百八十一团第一营，为避免无益牺牲，亦同时撤退。

（十五）十五日军队区分如左：

（一）右地区总司令杨爱源、副总司令孙楚，第三十三军、第十七军、第十五军。（二）左地区总司令傅作义，第六十一军、第三十四军、第十九军、第三十五军。（三）预备军第十八集团军、第七十一师、第七十二师。（四）军以下部队及炮兵，由各地区总司令妥为区分。同日给汤总指挥电（删巳行一）令，要旨如下：刘师长已在广灵南上〔山〕布置阵地，已令遵照执事指示，坚固工事，不得再退，致干军法。希严督高、刘各部固守新线。同日拂晓，敌向我蔡庄、红土岭、马坡、村口前等处章旅阵地猛攻五、六次，经我派队用手掷弹逆袭，将敌击退。广灵之敌乘我变换阵地高、刘两部尚未取得连络之际，以大部猛攻我直峪口左翼阵地，我与肉搏五、六次。嗣后以炮火集中射击，以掩护其步兵进攻。我手掷弹、刺刀兼用，刘师长督队力战，以致受伤。兹有〔以〕刘师损失奇重，即着移转义泉岭北东西高地，应由高军侧击敌背，如能将敌击退，着即赏洋两万元。同日灵邱、驿马岭东北三十里之刘家庄，发现步骑联合之敌千余，有西进模样。同日给傅总司令电（删中行一）令如下：现为集结有力预备队起见，该军防区着以马旅附姚团担任，孙、董两旅即集结阳明堡附近待命。同日奉委座寒电：准汤总指挥赴汴、洛整补所属各部。等因。即派孙总司令前往接替指挥。

（十六）十六日，浑源之敌数百，向我唐庄、郝寨附近进攻，被我刘军六十四师击退。同日电（铣展行一）令马旅长，要旨如下：该旅在阳方口一带布防，藉以整理。并着姚（骊祥）团开进防地，坚固布置。此线为华北生命线，着督饬所属，致抱定牺牲。

（十七）十七日晚，敌步骑千余，战车十余辆，由大同进攻左云城，被我骑二师第四团迎头击退。同日电令刘（茂恩）军长：将防线改为北楼口至恒山，折向后华岭西方高地至南涧沟北方高地，与二十一师衔接。高师及二十一师变换至南涧沟、王城庄至东西口头之线。同日灵邱东北约百里之北口，发现新到敌人七八千，炮四十余门。

（十八）十八日晨，左云之敌向南猛扑六、七次，激战终日，敌未得逞。同日令一百零一师拨归三十四军杨军长指挥。同日晚九时，敌增加战车七八十辆，将左云城包围。骑兵孙师之第四团与敌激战两小时，于十一时冲出，占领城西北七、八里之高地，拒止敌人。

（十九）十九日晨，敌二千余，以机炮猛轰我灵邱白旷村一带章旅阵地，敌兵乘势突入，我争奋〔夺〕甚烈，守兵伤亡过半。经我左翼刘师派队由南县沟一带侧击，敌始退去。浑源之敌数百名，由晋家庄向我凌云口阵地进攻，被我刘军六十四师三百八十三团击退。同日小磨、傅家坡一带续到敌千余。同日敌装甲车二十余辆，向我右玉骑兵孙师压迫，我骑四团在牛星堡阻敌西进。六团在距右玉二十里处阻止敌人，战斗甚烈，该敌有进占杀虎口之企图。同日应县失陷，向下杜〔社〕前进之敌，与我四百零二团正激战中。灵邱之敌自十八日晚十时，猛攻章旅四、六两团阵地，官兵奋勇战斗，肉搏数次，卒以敌兵力优势，炮火猛烈，我官兵伤亡殆尽，每连余剩十数人，以至一、二人，我官兵骁勇鏖战，不稍后退，但敌后续部队源源增加，愈打愈多，遂暂退守灵邱南，【待】机出击。孙副总司令当给刘师及章旅电令如下：十八集团军刻未集结完毕，后方诸总备亦未成功，该旅若退，势必影响全局，不得已时该师、旅应互相切实连系，可转进至苍耳岭及其北方高地、鹿角村、九谷山、将军山、药王山、西旗村高地、龙泉寺、白咀子高地、大西沟、窑沟之线固守。作战地境为牛角坝、温子堡、龙泉寺、贾家坡、药陶山村、庄头村之线，线上属左翼。

（二十）二十日右玉附近之敌，有进犯绥远企图。骑二师在右玉、威远堡间，掩护刘（茂恩）军六十五师。部署如下：①一百九十四旅为右地区队，担任右自南洞沟（不含）亘白强沟、沙渠，左至涧庄子（不含）之线占领阵地，并于斗咀至干凹之线配备警戒阵地。②一百九十五旅为左地区队，任右担至涧庄子（含）经大华皮沟、黄土坡，左至大坡沟之线，左与六十四师右翼连络，占领阵地。特以步兵一团占领恒山一带，为前进部队。同日刘师转移于龙泉寺、白咀子、1326高地至大西沟之线。斯时将军山一带阵地被敌突破，独立三旅左翼受创甚巨，乃退据灵邱以南山地拒敌。同日敌数十名向北楼村前进，经我一百零一师四百二十五团便衣队击退。

（二十一）二十一日，七十三师因将军山一带阵地，被敌突破，重新占领阵地如下：右自马跑泉至关沟、小西沟之线。该师一百九十七旅及三百九十三团、三百九十四团驻平型关附近，二百一十二旅驻红涧村，四百二十三团驻桥儿沟，四百二十四团驻四道沟，师部驻前所村。

（二十二）二十二日晨，灵邱方面步炮连络〔合〕之敌四五千，向我平型关、蔡家峪孟（宪吉）旅六百二十三团前进阵地进攻，我守兵一连奋勇激战，伤亡过半，连长阵亡，阵地失而复得者数次。是夜，敌复以大部猛袭平型关阵地，我军奋勇拒敌，肉搏多次，将敌击退。

（二十三）二十三日晨，敌约一师团，分两路进攻平型关及团城口，以唐克车数十辆沿汽车路进攻蔡家峪，独八旅之一营被迫而退，经高军五百零二团迎击，激战至寅时，敌未得逞。我艾团长亲身督战受重伤，李营长阵亡，其余官兵伤亡颇多。该敌以二千余，复向左翼迂回我东西跑池南北高地之线，我独八旅郎团之两连与敌激战甚烈，全部殉国，该高地遂被敌占领。孙副司令长官即令高军以吕团、任团向南出击。七十三师以一部向北出击，孟旅以徐团向东出击，预备队悉数推进。各部队□命争斗，血战至午后一时许，当将敌击溃，克复东西跑池及附近高地。郎团伤亡殆尽。团城口之敌亦于午后四时，被我高军奋勇击退。

同日拂晓，敌八百余由小窝单、金峰店（平型关东北约六十里），向我二十一师一百二十五团阵地猛攻，经守兵击退。同日，步骑连合敌千余，向我刘军六十五师三百八十八团师福沟西北高地阵线猛攻，激战甚烈，□□击退。综计是役我伤亡官兵二千余，敌倍于我。同日，金（宪章）师开驻沙河东北、东西沿村一带。同日，令傅总司令率总预备军加入右地区，与杨总司令连合指挥。

同日，傅总司令电称：左右两地区阵地变更如下：（一）兹改定独七旅担任正面，由青羊岭至三府窑一段，划归十九军担任。（二）刘军六十四师、六十五师之作战地境，为勿乱翅沟、道士沟、芦子窊之线，线上属六十四师一百九十一旅，着将大板沟至大坡沟之一段，移向后方道士沟至大板沟占领阵地，余照旧。一百九十四旅之预备队两营撤至沟堂村，经师福沟至董家庄之线占领阵地。六十五补充团进至董家庄，经2400高地至道士沟之线占领阵地。警戒阵地由右自小窝单、北谷寺、236712高地，左至凌云口、高庄之线。一百九十四旅（欠两营）着于黄昏后撤至西葫芦头，一百九十五旅撤至油房沟一带集结。同日电（漾申行一）令各部队，要旨如左：①给朱（德）总司令电：我决歼灭平型关之敌，增加八团兵力，明拂晓可到，希电林师夹击敌之侧背。②给七十一师郭师长电令，要旨如下：该师即时集结，于晚间迅向大营东北地区前进，归孙副总司令指挥。③给七十二师陈(长捷)师长电令，要旨如下：该师迅速向沙河前进待命。

同日，六十一军归一百零一师李师长改编后，其布防情形如下：二百一十三旅担任北楼口至牛糟峪(不含)间防务，二百零一旅担任牛糟峪(含)至狼峪间防务。并与右翼十五军，左翼与三十四军取得连络。同日高军部署如下：①八十四师① 占领东跑池、团城口至198049高地(含)之线，师部驻上台庄。②二十一师占领198049高地(不含)经西河口、水各垛、上寺沟、堂沟至19814高地之线，师部驻牛心堡。③军部驻上台庄。

同日，十五军六十四师部署如下：①一百九十一旅右翼由龙王堂经四凹、红花沟至北土之线，对高庄子、水沟、西峪、神堂峪、四昌沟等处派队警戒。②一百九十二旅任北土岭(含)经老光沟、柳坪村至长城沟(不含)之线，对茶房以南标高、236190高山派兵两连，固守凌云口、黄沙口，各派一连固守山流地、徐峪、高庄等处，各派小部队警戒。③该两旅战斗境地为凌云口至沙河镇之线，线上属一百九十二旅。④ 师部住广崖。

(二十四) 二十四日晨，敌又增兵五千余，向平型关东西跑池、18864【高地】、团城口及讲堂村各阵地猛攻，炮击甚烈。我阵地失而复得。激战终日，卒被我击退。刘师三百九十三团，并击毁敌战车数辆。我高军伤亡团长、附〔副〕营长数员，连排长三十余员，士兵千余，其余各部队伤亡亦多。同日，十八集团军独立支队一部，在灵邱东北击溃敌军一连，并续向广灵、蔚县间前进。同日，我骑兵何军已在平鲁附近集结完毕，并与骑二师取得连络，协同进攻石玉敌侧背，期与彭师长收夹击之效。

(二十五) 二十五日，杨总司令、孙副总司令对平型关出击战

---

① 原文如此，当为“四十八师”之误。

场范围及尔后行动方略如下：①战场应以东河南、赵壁村之线为东极限，白马寺（赵壁村南）、王庄堡、西河口之线为北极限。②与十八【集】团军连合，将上项战场内敌人歼灭后，应以一部留置于蔡家堡附近。第八路以一部藏伏于王堡庄附近，以备腰击讲堂村之敌。主力应缩回蔡家堡以西地区，准备第二次战。自灵邱附近及其以北地区之清扫，应归十八集团军。③如能预期到达目的后，应即时歼灭讲堂村附近之敌。

同日拂晓，我调集重兵分路出击，敌亦向我团城口以北高军阵地猛攻。经我出击之郭师及孟旅一部迎头痛击，激战至午，将敌左翼击溃。郭师连夺山头数个，并占领鷂子涧南方高地，续行攻进，我十八集团军林师分三路向蔡家峪、小寨，主力向老爷庙进攻。七十三师三百九十四团两营，亦向敌左侧背挺进。九时，林师占领老爷庙、蔡家峪及18864高地，小寨村有敌兵站守护队约步兵一营，被我林师完全歼灭。并将平型关通灵邱之汽车路截断，敌机械化部队已不能退走。并获敌汽车五十辆，焚毁敌军用品甚多。现已将平型关正面之敌千余人完全解决，团城口之敌包围于一深沟内，正解决中。惟高军出击不利，仍退回原阵地以西固守。上下之敌，系铃木兵团配合蒙古军。同日，我空军飞往助战。同日，马邑发现敌骑百余名，由我何（柱国）部骑七团往剿。本日晚，敌以优势兵力进攻我长门镇骑二师阵地，以一部威胁左翼，我孙师被迫于三层洞及平鲁以北地区，骑兵何军第三师已集结井坪镇应援。同日未时，孙副总司令令章旅，开驻大营东南之东西连仲整顿。

（二十六）二十六日早，敌坂垣师团由浑源、灵邱用汽车增加千余，王庄堡附近有其一部。其主力与团城口方面之残敌，仍在该处及鷂子涧、六郎城并18864高地一带，与我激战。我陈师、郭师孟旅等部，反复争夺数次，伤亡甚众。18864高地争夺尤烈，敌屡进屡退，成拉据式激战。至午后四时，敌我已成混战状态。

同日，敌约二千余，炮二十余门，向我茹越口杨军梁旅和团阵地猛攻。激战终日，敌未得逞。同时因该区兵力单薄，已令姜旅之四百一十三团移至铁角岭，以策应之。同日，我贺（龙）师，正向宁武附近集中。同日，给五台朱、大营傅、沙河杨总司令（寝亥行一）命令，要旨如下：①平型关正面之敌，连日与我激战，已被我击退。本日敌由浑源、灵邱增援甚众，其一部约两千余，炮二十余门，向茹越口一带进攻，似有进入关内之企图。②六集团应联合十八集团军及总预备军，迅速击破攻平型关之敌。七集团之杨澄源军，应竭力抗拒茹越【口】一带之敌。其余各军固守阵地，以待我主力转移，反攻该敌。③各集团军应本以上要旨，妥筹部署，即行开始行动。

（二十七）二十七日，平型关方面被我包围之敌，一部分突围，其余顽强抵抗，坚不缴械，我已实行歼灭。敌又增加二三千名，向我左翼绕攻，该方面战事全线激烈。同时西河口二十一师亦有敌二千余，分攻西河口、2100高地及水圪垛之阵地，猛攻激战颇烈。茹越口之敌增至三千余，攻击甚烈，以炮三十余门轰击昼夜，我梁旅和团守兵两营损失殆尽，梁旅左翼金师当面之敌屡进屡退，激战颇剧。已令杨军长抽兵，于本晚出击，歼灭该敌。但攻击鷂子涧之陈师四百三十四团，攻袭六郎城之金师各部，均未获效，损失颇多。同时敌二千余攻朔县，另一部攻小石口。由敌阵亡少佐身上搜得命令，该方面军系坂垣指挥，其目的在突破雁门后。同日，我飞机到平型关一带侦炸敌阵地，均命中。同日敌以装甲车六十辆及唐克车九辆攻平鲁，并以野炮向我井坪镇以北阵地轰击，我骑三师之两团及骑十团已由两翼出击。

（二十八）二十八日，敌籐井部将朔县三面包围，与马旅守城之连及孙师骑兵激战甚烈。我守兵寥少，死伤颇多，遂被敌攻陷，周连及骑兵退据城西南中。

同日，平型关方面我出击部队四团，连夺山头村庄数□，歼灭敌千余。我陈师程团因突入太深，被敌包围，仅余下级官兵数十人，其余团长以下均殉国。同时敌部〔军〕由西跑池北方，向陈师阵地攻击甚烈。自晨迄申，二百零八旅残余战斗兵不满百名，仍与敌激战中。

同日，敌五六千名，续【向】小石口、牛糟峪李(俊功)师二百零一旅阵地猛攻，我阵地几全被敌炮轰毁。敌复以大部向左翼迂回，我竭力战斗。又由茹越口进攻之敌，炮火极烈，我守兵两营伤亡殆尽。梁旅长(鉴堂)奋勇督战，重伤阵亡。我阵地失而复得者三、四次。兹以损失奇重，即在繁峙以北铁角岭布防。

又敌大部向我十五军东西葫芦阵地进攻，经我奋勇迎战，敌未得逞。日来涞源方面敌增加四千余人，平绥方面增加六千余，欲图包围歼灭，殊不易达到目的，遂暂作固守，另谋击敌。同日，雁门关方面有敌数百名，装甲车、战车等三十余辆，向我猛攻。我守兵沉着防御，敌未得逞。同日司令长【官】亲赴大营督战。

(二十九) 二十九日，平型关、团城口、铁角岭等处，战事异常激烈。平型关方面，敌以两个纵队向我猛突，我阵地数频危殆，经我官兵奋勇牺牲，挽回颓势。据俘敌军官称：平型关所增之敌，系坂垣全师，铁角岭之敌为关东军。同日，司令长官亲到大营督战后，该地战况虽稍转佳，但敌由平绥路用汽车转运大部兵力，专攻铁角岭。杨军长(澄源)以全部兵力，与敌血战两昼夜，并将预备队三团加入作战，卒因众寡不敌，铁角岭被敌突破。

(三十) 三十日敌突破铁角岭后，即冲至繁峙。原拟抽平型关部队回兵堵击，而此时平型关方面敌复猛攻阵地左翼高地，失而复得者数次。黄昏后我军复牺牲一团以上之兵力，始将该高地夺回。该高地为平型关之锁匙，正拟由平型关抽兵两旅、雁门关抽兵两旅，刘(茂恩)军前方敌人尚不甚多，并拟将该军撤下，由司令长官亲自督战，夹击敌人。命令已下，而晚九时，该高地复被敌人夺占，平型关方面亦成危局。高军长(桂滋)亦以刘军一撤，该军左翼暴露，绝难维持，遂不得已，乃于十月一日决定：由五台、台山、山阴之神堂堡、车厂、山羊会、香坪里、大黄尖、葫芦咀、羊草渠、楼圪、梁峨口、峪口，经代县、雁门关至阳方口之线，占领斜角阵地。司令长官到五台、台怀镇指挥、布署，令十九军回守崞县，三十四军姜旅固守原平，独立第七(马)旅固守轩岗，阻敌南下，以掩护大军在怀县附近之集中。十月一日，三十五军在沙河附近与敌激战，掩护我各部队逐次向新阵地转进。同日，我贺师、马(延守)旅一部，向宁武、朔县一带之敌进攻中。

同日我兵团部署如左：

① 第十八集团军(欠一百二十师)、第七十三师(附炮兵一营)、第一百零一师(附炮兵一营)、新编第一师为右翼军，归朱(德)总司令指挥，在五台山、罗圈沟、军马厂、翠岩峰、挂月峰迄义口、峪口之线占领阵地。②第十四集团军第十五军、第十七军、第十九军、第一百九十六旅，炮兵二十七团(欠第四、第六连)为中央军，归卫(立煌)总司令指挥，在蔡家岗、灵山、界河铺、南怀花、大白水、1482高地之线，占领阵地。以另一部在中解村、杨〔阳〕明堡、虎头山、黑峪村之线占领阵地。③第六十八师、第七十一师、第一百二十师、独立第七旅、炮二十三团第三营、炮二十四团第三营、炮二十八团第三营为左翼军，归傅(作义)总司令指挥，在黑峪村迄阳方口之线占领阵地。④三十四军、三十五军，六十一军、六十六师、独立一旅、独立三旅为总预备队。

(三十二) 二日，我各部队布防完毕。同日，敌之大部向代县方向急进，其一部与我十九军在阳明堡附近战斗中。同日，宁武、朔县一带之敌，经我十八集团军贺师及马(延守)旅将敌击退。同日，十七军撤回忻县整顿。司令长官为指挥便利计，于本日晨由台怀返回太原。(尔后战斗详忻口会战)

附表〔略〕

二十八年八月二十一日

〔国民政府国防部史政局及战史会档案〕

34. 陆军第七十三师平型关战役经验总结①

(1943年2月)

(一) 敌军步、炮协同密确,兵力转运迅速,增援适机,我各级指挥官均可取法。

(二) 部队出击应力求秘密,出敌不意,使敌无所措手,慌于应付,乘机痛击,最易成功。

(三) 山地防御,自动火器应配置于山峰两侧,既可避免敌炮之射击,又可出敌不意,发挥火器侧斜射之效能。

〔国民政府国防部史政局及战史会档案〕

二、忻口战役

1. 阎锡山编拟忻口会战纪要

(1937年)

丙　忻口会战

二十六年十月三日至十一月四日

一、忻口作战方针

(一) 本战区军以攻势防御之目的,以主力占领蔡家岗、灵山、界河铺、南怀花、大泉、卫家庄、1482高地、迄阳、方口既设阵地线,两翼依托五台及宁武各山脉,缩短战线,集中兵力,对侵入之敌乘其立足未稳,迅速击灭之。

(二) 以一部占领五台山、罗圈沟、峨口至峪口之线,另以主力之一部占领中解村、阳明堡、虎头山、黑峪村之线,竭力阻止敌之前进。不得已时,撤据崞县、原平、轩岗一带,逐次消灭敌之实力,以

① 此件选自《陆军第七十三师广灵、灵邱、平型关战役战斗详报》。

掩护大军之集中。

二、敌情判断

（三）敌以主力由大营、繁峙，以一部由大同、雁门沿汽车路进攻。另以一部由阳方口附近实行牵制攻击，以使其主力攻击容易。

三、指导要领

（四）在阳明堡、虎头山一带之部队，应竭力阻止敌之前进，以掩护后方部队之集中及主阵地之占领。

（五）以十八集团军之林、贺各师，分由平型关及雁门关施行包抄，并截断敌后方连络线，以使主力之作战容易。并派有力之一部，由马兰口方面相机威胁敌之右侧背，形成优越之包围态势。

（六）主阵地之部队，藉前方之掩护，竭力充实战斗诸准备。在战斗间竭力阻止敌之进展，相机出击，并协同林、贺各部包围敌人于原平以北地区，而歼灭之。

四、战斗前敌我态势

（如附表第一、二及附图第一〔表与图略〕）

五、兵团部置

（一）以第十八集团军（欠一百二十师）第七十三师（附炮兵一营）、第一百零一师（附炮兵一营）及新编第二师为右翼军，归朱（德）总司令指挥，在五台山、罗圈沟、军马场、翠岩峰、挂月峰迄峨口、峪口之线占领阵地。

（二）以第十四集团军第九军（欠第四十七师）、第十五军、第十七军、第十九军及第一百九十六旅炮兵二十七团（欠第四、第六连）为中央军，归卫（立煌）总司令指挥。在蔡家岗、灵山、界河铺、南怀花、大白水至1482高地之线占领阵地，以另一部在中解村、阳明堡、虎头山、黑谷村之线占领阵地。

（三）以第六十八师、第七十一师、第一百二十师及独立第七旅、炮兵二十三团第三营、炮兵二十四团第三营、炮兵二十八团第三营为左翼军，归杨（爱源）总司令指挥，在黑峪村、迄阳方口之线占领阵地。

（四）以第三十四军（欠第一百九十六旅）、第三十五军、第六十一军第六十六师及独立第一旅、独立第三旅为总预备军，归傅（作义）总司令指挥，位置于定襄、忻县一带，策应各方。

六、作战经过概要

(1) 十月三日，繁峙之敌乘我阵地变换之际，以大部进袭代县，其一部千余人与我十九军，在阳明堡附近激战中。

(2) 四日，敌千余侵入阳明堡后，由飞机掩护向崞县围攻，经我第十九（王靖国）军守兵击退。同日，敌复以步骑兵四百余、装甲车数辆，向我小南关桥南段师王团阵地西侧攻击，亦未得逞。同日，令陈（长捷）军并指挥七十三师、新编二师、新编八团，固守合怀一带阵地，归朱（德）总司令指挥。

(3) 五日，第九军（欠第四十七师）到达太原，即令开赴忻口附近。

(4) 六日，阳方口方【面】我独立第七（马延守）旅阵地，敌自昨彻夜猛攻后，今拂晓又增兵，向我左侧翼迂回，攻击甚烈。马旅长亲率弁护兵加入阵地，与敌死拼，卒以众寡悬殊，被敌侵入，遂退据段家岭、瓦窑、焦家寨、轩岗一带拒敌。同时敌攻陷宁武。同日下午二时，敌步兵迫近崞县北关外西桥一带，十九军刘团及西关马团阵地炮轰至烈，刘团全部殉国。自四日以来，敌迭增援，以飞机协助攻击原平甚急。我第一百九十六（姜玉贞）旅浴血搏战，与敌肉搏，冲锋五、六次，战斗至为剧烈，敌伤亡三倍于我，我士气甚旺，誓与阵地共存亡。

同日给卫总司令、杨总司令、朱总司令命令如下。（一）自昨（五）日以来，敌对我崞县十九军及原平姜旅、轩岗马旅猛烈围攻中，其后续部队位置不明。娘子关、龙泉关一带有我第二集团军扼敌西进。（二）本战区军拟对侵入平型关、雁门关、阳方口之敌，乘其立足未稳，迅速击破，并先歼灭围攻原平、崞县之敌。（三）右翼军以一部对平型关方面警戒，以主力进出代县、繁峙间，截击敌人。(四)中央军由忻口通崞县公路两侧地区，向原平、崞县之敌进攻。(五)左翼军速扫荡宁武、朔县之敌，并进出广武以北地区，遮断敌之后路连络。(六)骑兵何(柱国)军应协同左翼军扫荡朔县以北残敌，尔后进出岱岳(广武北二十五公里)附近地区，断敌后方连络。骑兵赵(承绶)军在平鲁、右玉、凉城以西地区活动，阻止绥远方面敌军南下，并相机进出大同附近，截断平绥铁路。(七)总预备军暂位置于太原以北地区，尔后随战况之进展再行推进。(八)各军作战地境如下：①右翼军与中央军：东冶镇、天池沟、张仙堡、代县、馒头山。②中央军与左翼军：东峪村、盘道底、瓦屯、孙家坪、盘道梁，线上均属右方军。(九)预期于蒸晚开始动作。

(5) 七日，自王军刘团阵地陷落后，敌增至五六千余，猛攻崞县城西北隅。以飞机二十余架猛烈轰炸，重炮四门，野炮十数门，对北城行地区射击六小时。城垣摧毁，全城几成焦土，守兵伤亡殆尽，敌乘势登城。我东西城守兵奋勇夹击，巷战肉搏，反复冲击。阵亡团长二、参谋一，官兵伤亡惨重。我王军残部乃退出崞县，转移于辛章村附近。同日由敌尸上检获文件，得知崞县之敌系黑省汤浅部队，受坂垣指挥，经张家口、大同、茹越口、代县到崞县。

(6) 八日，第九军(欠第四十七师)到达忻口，即在该处附近高地占领阵地。

(7) 九日，自昨日来，崞县之敌，其一部向我王军辛章村附近部队进犯，攻原平之敌，向原平东关攻击，旋又转攻南关，现正对峙中。轩岗之敌在后口高地构筑阵地，经马旅派队出击，将敌驱逐。

(8) 十日，给卫总司令、杨总司令、朱总司令、傅总司令电(封西行一战)令如下：(一)敌自虞午猛攻崞县城，我王军受优势敌人压迫，辗转于原平东南地区，原平姜旅仍受敌猛攻中。(二)右翼军应以一部由东冶镇通中解村，苏龙口道路，乘中央军与敌激战之际，进出于阳明堡方面，断敌归路。(三)中央军应于真日拂晓前，一部进出于原平东方1625高地至神山高地之线，并速向围攻原平之敌进攻，援助姜旅。(四)左翼军应于真日，以主力进出于王家庄(原平西偏北约十七公里)、彭家塔之线，协助中央军之进攻。(五)总预备军，以主力推进部落镇附近。

又给杨总司令电(灰戌行一战)令如下：(一)综合各方情报，宁武城有日军五六十人，阳方口以南残敌无几，阳方口以北之敌有逐次向北移动模样，我骑兵师已至宁武附近。我贺(龙)师张旅真日由轩角以北地区，向崞县之敌积极进攻。(二)仰该军速以一部连合轩岗附近贺部及骑二师，先肃清宁武城、阳方口残敌，以完成原平会战优越之态势。同日，围攻原平之敌，以飞机、战车、装甲车掩护步兵，迭次猛攻，我姜旅拚死抵抗，肉搏甚烈，双方死亡极众，我击毁敌战车二辆。

(9) 十一日，敌仍猛攻原平，我姜旅激战剧烈，损失奇重，仅余官兵二三百人，山炮全毁，仍据守原平东北角，与敌肉搏巷战，姜旅长亲身督战阵亡，余部伤亡殆尽，原平遂陷。同日，我中央军一部推进至东西岔村以西高地，经姚园村迄平地泉之线，遭遇敌之顽抗。我郝(梦龄)军夺获敌战车一辆，防毒面具若干。我第十师当面之敌攻击甚烈，阵亡营、连长数员，仍激战中。

(10) 十二日令傅总司令率三十五军、六十一军、独立第二、第三旅等，开赴忻口一带，归卫总司令指挥，协助中央军作战。

(11) 十三日，崞县、原平之敌连日准备进攻。我方亦积极备战。本日拂晓，敌飞机约三十架，竟日在我第九、第十四两军阵地轰炸。并以战车五六十辆，炮四、五十门，掩护步兵约五千，向我南怀花、阎庄五十四师及第十师阵地猛攻，南怀花阵地被敌突破，正由二十一师、十师及陈长捷部之于(镇河)旅，协力夹击规复中。卫总司令已令李(默庵)军长，本夜以第十师一部及傅总司令所部，先歼灭突破口之敌，再向平地泉、小原平之敌攻击。并以八十三及八十五两师，由左翼方面向永兴村以北亘马家山一带之敌猛力围攻。本日激战终日，计敌伤亡在三千以上，击毁敌战车二十二辆。同日，我马旅克复宁武城，残敌向阳方口溃退，正追击中。同日，我一百一十三师之一团占领平型关，并将团城口、东河南间汽车路破坏十余里。

(12) 十四日，给朱总司令电(寒巳参)令，要旨如下：忻口之敌分三路进攻，已击溃两路，中路只剩数百人，正包围歼灭中。该军任务：对增援之敌负责阻止，对退却之敌相机歼灭。

同日，原平以南之敌约有一师团，昨晚攻击顿挫后，我增加生力军，转取攻势，将突入南怀花之敌八百余包围歼灭，残敌数十名已被我俘掳。今早敌又增兵二千，向南怀花反攻甚烈。永兴村附近之敌主力约五千余，经我左翼部队进攻，顽强抵抗，战况甚烈。我十八集团军之一部已将大牛店(原平西北方)占领，现向北三泉夹击中。右翼之敌攻我灵山阵地，刻正激烈战斗中，现我军已完成包围态势。同日，我一百一十五师之一团，在平型关东之小寨村附近，截获敌援军汽车数十辆，并敌伤亡二百余。

(13) 十五日晨。(一)原平方面：我李(默庵)军已攻占新旧练庄、阎庄、卫家庄之线，我傅军已攻占板市、下王庄、弓家庄之线。旋敌增兵反攻，并以坦克车数十辆，横纵肉搏终日，仍成对峙状态。惟昨夜突入南怀花之敌二千余，经我傅军由第九军五十四师正面出击及五十四师、二十一师等部数度围攻。歼灭净尽。获军用品甚多，并毁敌装甲车八辆。我右翼刘(茂恩)军灵山阵地被千余之敌猛攻，失而复得。现敌主力七八千在永兴村、安家庄一带，与我李、郝、陈各军激战一昼夜，往复进攻，双方伤亡均重。我一百二十师之一旅，本日亦向永兴村夹击，现敌仍顽抗中。计昨、今两日，敌伤亡五六千，我伤亡五千余。我郝军长(梦龄)、刘师长(家麒)、郑旅长(延年)等，均奋勇督战阵亡。李师长(仙洲)、于旅长(镇河)、董旅长(其武)均受伤。(二)我一百二十师及骑二师各一部，先后进占阳方口。

同日，给傅总司令电(咸戌参战)令如下：着七十三师全部及一百零一师之王丕荣旅并张敬俊团,星夜开忻县二十里铺,归该总司令指挥。

同日,给朱总司令电(删酉参)令如下：敌现仍源源增加不已,希贵总司令指挥台山部队,断敌来路,免再增加。又给电(咸参)令如下：现中央地区兵力甚感不足，请速饬七十三师全部及一百零一师王丕荣旅张敬俊团,迅速轻装出发,开赴忻县，归傅总司令指挥。

同日,我十八集团军之一部,在灵邱、广灵间击溃敌步骑兵二百余,汽车三十余辆,并进占广灵，现向蔚县追击中。同时另一支队克复涞源后,现已进占紫荆关。同日,我李(仙洲)师由获得文件中得知：晋北之敌系第五师团,第二、第三师团各一部及酒井、铃木两兵团,并骑兵及重炮各一联队。

(14) 十六日,激战仍烈，双方无进展。计前后共获敌步枪三百余支、轻重机枪四十余挺、炮二十余门,并击落重轰炸机一架。我攻占板市、弓家庄之三十五军部队,因过于突出,已撤回本阵地。同日晚,我一百一十五师之一部占领团城口。

同日，给各部队电令要旨如左：(一)给卫总司令电(叶未参战)：兹调朱怀冰师及许权中旅,由五台之耿镇、龙泉关一带,星夜开赴兰台镇、二十里铺间，归贵官指挥，约于巧日到达。又电(铣午)：兹已饬王军长(靖国)卒〔率〕所部,即速开至金山铺，仍归贵官指挥。(二)给朱(怀冰)师长电(叶未参战)：着该部星夜开赴忻县、兰台镇、二十里铺，归卫总司令指挥。(三)给十五军刘军长电(铣巳参)：据卫总司令电话：灵山又被敌突破,仰速集结兵力拼死恢复,以免影响战局。并着严督所部死力抗敌,不得再有疏失。(四)给十九军王军长电(铣巳参)：着该军长所率各旅，迅速开赴金山铺,听卫总司令指挥增援各军。此次战事关系华北存亡,着该军长戴罪图功,严督各旅拼死杀敌,以赎前衍。

(15) 十七日，敌分三路猛攻，一路约千余，攻我右翼，已被我刘军击退。一路约四五千人，攻我中央陈军，上午炮击最烈，下午，敌步兵冲入我官村、南怀花等处，阵地经反复冲击，仍成对峙状态。一路以战车三十余辆，掩护步兵三千余，向我左翼李军进攻，飞机轰炸甚烈。本日敌我伤亡均重。

同日给各部队电令如左：

(一) 给骑兵赵军长电(篠辰参战)：着该军长率部进出阳方口，积极向广武方面活动。并速将岱岳镇南约十五华里安营村南桑干河之木桥焚毁，遮断敌人交通。(二)给马(延守)旅长电(篠午参战)：仰速与一百二十师张旅连络，袭击敌之右侧背，不得迟疑，遗〔贻〕误戎机。(三)给卫总司令电(篠申参)：兹已电傅总司令，迅速督饬构筑忻县附近及石岭关各处工事。总预备军在前方各部队，即由贵官统一指挥。至构筑忻县第二线工事，希商同傅总司令，由五台开回之团担任。除电傅总司令外，特电遵照。(四)给傅总司令电(篠申参)：现晋北战事将成持久之势，拟在忻县城北公路两侧西方高地构筑第二阵地，归执事负责。并希督促忻县至省垣各线工事，以期迅速完成。至总预备军在前方各部队，即交由卫总司令指挥。至构筑忻县第二阵地，应与卫总司令商定，由五台开回之五个团担任。除电卫总司令遵照外，特电遵照。

(16) 十八日，二十一师当面之敌复增加部队，以炮火掩护，向该师六十三旅阵地数度猛攻，该旅阵地几全被击毁，我军奋勇迎敌，激战甚烈。吕旅长(祥云)、王团长(元堂)均负伤，一百二十四及一百二十五两团营、连、排长伤亡殆尽，每连余剩七、八名。我官兵誓死抵抗，卒将敌击退。

(17) 十九日晨，敌猛攻我右翼。上午十时至下午一时，战事最为激烈，我军拼死迎击。下午二时，渐趋和缓，我中央各部与敌争夺官村以南高地，敌伤亡奇重，我伤亡亦多，现成对峙状态。敌大部仍在永兴村附近，并向我施放烟幕弹，敌似有转移兵力于他方之模样。连日激战,我击毁敌战车二十余辆、装甲车二十余辆,均置于云中河槽。现敌战车、装甲车不敢再迫近我阵地。今日我军击落敌机两架。我左翼阵地突出,遂稍向后移。本日夜,我续团游击队,协同八路军侵入泊水村(阳明堡南约五华里)敌飞机场,焚毁敌机二十二架。

(18) 二十日上午,敌猛攻我官村一带阵地,并用催泪瓦斯弹射击。因敌我争夺高地战斗剧烈,敌伤亡甚重。我三百九十九团张团长(敬俊)受重伤,四百三十三团曹团长(炳)阵亡,杜(堃)旅卢团长(仪欧)阵亡,李团长(秀亭)重伤,其余营长以下官兵伤亡惨重。右翼灵山阵地敌攻甚急,终被我击退。左翼大白水一带,敌炮击甚烈。迄午后二时许,战况方渐和缓。同日晚,贺师一部占领雁门关,破坏公路桥梁五处。

(19) 二十一日上午,敌仍续向官村西南一带猛攻,机炮轰炸甚烈,该阵地全毁。敌兵突进我阵地,我增兵逆袭,情况严重。我军虽死伤甚重,仍奋勇搏战。至午后,始将敌击退,现在对峙中。右翼于上午,敌炮兵射击灵山一带阵地,左翼战况较和缓。

同日,给各部队电令,要旨如左:(一)给王总指挥(靖国)电(马亥参电):兹着李师长(俊功)即赴忻口指挥,王(丕荣)旅及张(敬俊)团并听执事指挥。(二)给定襄陈旅长庆华电(马亥参战):着该旅长率领续(儒林)团,星夜开回太原。(三)给杨总司令电(祃丑三参):着新编第三团,即行开回太原。

(20) 二十二日,官村一带连日敌我反复冲击,敌以机炮连续轰炸,双方伤亡奇重。本日,我八十五师增援反攻,连获山头数个,获步枪三百余支,轻重机枪数十挺。左右两翼较和缓,现在对峙中。同日,着杨总司令(爱源)返回太原,筹划晋南防务,所有左翼军交由卫总司令指挥。并给孙副总司令电(养戌参战)令如下:据报由第一战区退入潞泽一带友军甚多,着该司令迅速赴长治一带,维持治安,联络友军,用资镇摄〔慑〕。同日,晋东娘子关方面战况甚激烈。

(21) 二十三日，晋北方面，最近敌兵力如下：第五师团全部，第二、第三两师团各一部，独立第十、第十一两联队、正岗联队，关东军第十五守备队附骑兵若干。各种炮兵、战车、装甲车、飞机甚多，均归坂垣指挥。坂垣司令部现住崞县。另有蒙古军，兵力未详。李守信司令部亦驻崞县。

同日，据报敌情如下：(一)闻敌官兵谈：敌军来晋北者六万余人，刻已死伤万余。(二)旬日来遭各处猛力攻击，频频失败，决采用毒瓦斯、烧夷弹挽回战局。(三)日华北指挥官寺内寿一，现率兵两师来晋增援。同日午前四时，敌猛攻我官村东方阵地，并向红沟西方阵地集中射击甚烈，步兵乘势进攻，已被我击退。午后，东泥河发现敌军千余，向南怀花运动。敌似有新部队增加，敌炮兵由永兴村向阎庄附近增加。同时右翼刘军被敌炮轰甚烈，南郭下附近阵地多被击毁，我守兵仍沉着固守中。

同日，给傅总司令电(梗子参)令如下：兹着一百零一师、独立第一旅陈庆华部(附新编第六团)、新编第三姚团、新编第八阎团、新编第九孙团，归该总司令指挥，连合董其武旅，迅速布置省垣城防，以固我资源重地。同日，我十八集团军宋支队，于黄昏后，在周庄(岱岳北约十四华里)附近埋伏，适遇由大同开广武之敌汽车三十一辆，毁其汽车一十八辆。并将粮弹焚毁，俘日兵三十余名及枪械数十支。又一百二十师王旅刘团一部，在王董村(崞县北约十五华里)埋伏，遇敌由崞县北开之汽车八十余辆，当毁其二十四辆，并获枪枝、军毯数十件。

(22) 二十四日午前四时许，我忻口方面右、中、左阵地各以一部出击；右正面出击部队将滹沱河东岸之敌已肃清；正面出击正遇敌军进攻，激战甚烈，双方无进展；左正面出击将敌击退，仍退守原阵地。本日下午，敌仍猛攻官村迤南阵地，被我击退。左正面南峪、盟誓间阵地，经敌猛烈攻击，飞机连续轰炸，我伤亡甚众，阵地尚稳。

(23) 二十五日，昨夜我军中央出击部队，曾一度进占前后城头。嗣敌兵反攻，仍撤回原线。左翼出击部队未得手。本日激战甚烈，右翼及中央战况尚和缓。

(24) 二十六日早，敌猛攻我左翼。迄午后二时许，将八十三师盟誉村阵地一部突破，经派队恢复中。正面之敌攻我数次，未得逞，惟南怀花敌增一二千，前后城头敌已数次增兵。右翼敌攻灵山及南郭下以南阵地，未得逞，嗣敌增兵复将东西荣花夺去。同日，给杨(澄源)军长电(宥亥参)令如下：太原附近之砖井至殷家堡间野战工事及青龙镇野战工事，着予三日内一律完成圆形阵地。

(25) 二十七日早，右翼东西荣花村之敌，向我西南贾村猛攻。中央前面之敌距我甚近，现采用坑道攻击法，逐渐近逼，我各部队，用对壕前进及小部侧击应付之。左翼我盟誉村北方高地于午时复失，旋由我第十师派队反攻夺回。双方伤亡甚重，迄今全线仍在激战中。同日据报：我林师杨支队占领广灵后，乘胜尾追，于昨日拂晓袭占蔚县城。连日与敌激战，敌我各伤亡三百余人，我获敌枪械三十余支，毁敌汽车四辆。同日早，骑兵彭师攻下广武，毙敌七八十名，毁敌汽车八、九辆及油弹甚多。午间，敌由北增援装甲车及汽车三十余辆，向我空马冲击，我遂撤至南辛寨整补。我骑六团将桑干河安营(岱岳镇南十五华里)大桥破坏三分之二，毙敌六十余，获枪数支。

(26) 二十八日，敌炮击我两翼甚烈，左翼部队出击，斩获甚多。本日三时，敌千余向我中央二百一十五旅阵地强袭，各种利器兼施并用。一部利用坑道秘密逼近，我守兵单薄，增援不及，情势甚危。当悬赏六千元，士气大振。毙敌二百余，获步枪十数支及地图、手簿等件，我官兵伤亡五十余。午后二时，敌复向我一十五师梁、杜两旅猛烈攻击，情势甚为汹涌〔严峻〕。当将预备队加入，激战剧烈。同日，晋东方面，我军前线在平定东南约五公里之高墅石

〔南磐石〕庄上、赵庄、南庄等要地，与西进之敌对战中。

(27) 二十九日，敌增加炮兵，猛击我右翼阵地。中央战况，上午尚不激烈，午后敌炮空联合猛力轰击。左翼自早迄午后三时，敌向我盟眷村附近高地猛攻数次，曾一度被敌攻占。我急增兵驰往，奋勇肉搏，战斗剧烈，卒将敌约二千人完全歼灭。我八十三师连日牺牲，全师不足一团。本日敌在南怀花、下王庄增野炮二十余门，向我猛攻，激战终日。迄晚七时，我南郭下南方面高地被敌突破二、三里宽，其最高山头仍在我手，正左右夹攻中。晋北敌军除第二、第三、第五师团等部队外，新发现敌第十一、第十九两师团，第七十三联队及第十五、第十六、第十七各守备队。今日敌在弓家庄、永兴村等处施放烟幕弹，其后方有汽车约三百辆，荫蔽前进，显系增兵进攻。

据由原平逃回难民称：大泉之役，敌寺田师团长被我击毙，连日遭我夜袭，损失甚大，故对陷入敌区人民惨杀泄愤。又崞县现在敌伤亡五六千，每日北运。

同日，给傅总司令电(艳戌参)令如左：兹着七十三师，暂归卫总司令直接指挥。

(28) 三十及三十一日情况无变化，敌我仍在对峙中。

(29) 十一月一日，给卫总司令要旨如下：我晋东军因受优势之敌压迫，正逐次向太原以东地区转移中。除已令傅总司令在太原布置城防以固我资源重地外，希贵部在菜水坞、青龙镇、天门关之线占领阵地，俟敌接近一举而歼灭之。并协助固守太原之傅(作义)军依城野战，以保固太原。

(30) 二日，令炮兵周(玳)司令，着炮兵刘副司令(振蕃)指挥炮二十五团(欠第一营)、炮二十六团、炮二十七团、炮二十八团，归卫总司令指挥。

同日，卫总司令给各部队电令，要旨如左：(一)敌情如贵官所知，娘子关、平定、阳泉先后失陷，我晋东南军受敌压迫，正逐次向太原以东地区转移中。我第二百零三旅已令于曹村、芝群村、匡村堡、东社村、外润沟西南 10984 高地之线占领阵地。又我六十六师二百零六旅(欠一团)一三式山炮一连,一八式山炮二门,已令于杨家坟、王家山、石岭关、南山、上宋川村之线占领阵地,统归王总指挥靖国之指挥,掩护军之转进及阵地占领。(二)军以确保太原,防敌深入,协同友军将其歼灭之目的,拟于本(2)日夜,先向太原以北附近地区转进,占领现设阵地。(三)我飞行队应于明(3)日拂晓,以全部掩护军之转进。(四)右地区队应于本日二十一时起,由现阵地开始分驻玉会村、代郡村、南湖村、鸦儿坑、晋庄城、晋阳、赵庄、后李家山、水沟村道及其以东平行路,先向鄯都村、钱家坡一带附近地区行进。明晚续向川套里、窑子上之线转进,占领阵地。以一部于黄代沟、赵庄之线,占领前进阵地。原配属该地区之炮兵一部,着即归还二十八团之建制(但须日暮后始得移动)。(五)中央地区队应于本日日暮直后,着派一部增加于二百零三旅,占领阵地。并另抽第二十一师迅增石岭关,占领掩护阵地。其余部队于二十一时起,由现阵地开始分经忻太公路及其两侧平行路,先向石岭关、宋川村一带以南附近地区行进。明晚续向窑子上、青龙镇、周家山线转进,占领既设阵地。但该地区炮兵集团,除着留一连任协力掩护部队外,余于黄昏直后,速向前后李家山、黄花园附近地区转进,占领既设阵地。到达阳曲镇后,独立旅、一百七十七师杨旅,应即集结于丈子头、新店村以南附近地区,为军预备队。(六)左地区队应于本日日暮直后,酌派小部取捷径,先期占领会理村东侧小道亘合索村、陀罗村各南侧一带高地之线,确实连系二百零三旅,掩护军之转进。其余各部本(2)日二十一时起,分经南高村、东汾城、依堤村、五家咀、土墙山道及其以西平行路,先向田庄村、后交附近地区转进,即以有力一部占领邢家山、马狐沟、南冯村之线一带高地,掩护军阵地占领,并与二十一师取连系。主力于明晚续向观象坡、东青善、西青善及东坞村迄天门关之线转进,占领纵深阵地；以一部于泥屯镇，占领前进阵地。但该地区炮兵集团，除酌留一连任协力掩护部队外，余于黄昏直后，速向东留村、于文村附近地区转进，占领阵地。又尔后应酌抽一师以上，于新城村以南附近地区集结，为军预备队。(七)各地区队本(2)日二十一时以前，主力转进时，第一线应置一小部对当面之敌严行抗战，非受敌真面目攻击，拂晓前不得全撤。对凉楼台、代郡村、辛庄、部落镇、奇村镇、寺坪村及白家山、鸦儿坑、麻会镇、庄磨镇、三交镇两线，应各置有力后卫。如受敌压【迫】时，应讲求变换小部队，利用村落山地向敌侧背狙击，以迟滞其前进。(八)各地区队转进，限四日午以前到达指定线，占领阵地。(九)装甲汽车队，着暂配属中央地区，应尽量阻敌前进。并负充分破坏沿途桥梁之责，务使于半个月内汽车不能通行。(十)转移间作战地境如左：

右地区队
中央地区队　王会村——谷村——东张村——沟北——棘针沟——赵庄——窑子——水沟村相连之线，线上及以东属右地区队。

中央地区队
左地区队　井沟——六石村——肖家峪——宋川村西侧1500高地——王家咀——上墙山——东坞村——新城村东端相连之线，线上及以东属中央地区队。

(十一)军炮兵队(炮二十三团之野炮、卜福斯炮)应于本日日暮直后，由阵地撤去，均经忻太公路，向前后李家山、南坪、赵道峪附近地区占领阵地。(十二)军通信【队】在行进间，除中央地区队主用电话外，余主用无线电。(注意：须用本部加发之密码单。)但各地区队须于明早，各在到达地开设无线电，向本部通信。军通信队应速以太原城内本部为基点，构成通信网。各地区队及炮兵指挥部，尔后速向本部架设电话。(十三)军补给另候规定。(十四)余本晚先向大盂镇行进。

(31) 三日，四十七师到达太原，即令开往青龙镇附近，听候卫总司令指挥。

同日电(江未参战)大本营如左：

兹为本战区作战指挥统一起见，特委卫立煌为第二战区前敌总司令，所有第二战区各军均听该总司令指挥。除分电外，谨电，请备案。同日，卫总司令给各部队命令(菜水坞、青龙镇、天水关一带部置)如左：

中央军命令　　十一月三日午前十一时于忻县总司令部

(一) 敌情如贵官所知。(二)军队以确保太原，拟于菜水坞、青龙镇、天水关之线占领阵地。俟敌接近，一举将敌歼灭于阵地前。(三)飞行队应于明(4)日拂晓，侦炸由忻口南进之敌。(四)右兵团应以主力确占菜水坞、川套里亘前坡迄窑子上南端之线，一部于黄代沟、西万寿、赵庄之线，利用既设阵地，鳞次配备，重点置于左翼。(五)中央兵团应以主力于窑子上西北端亘青龙镇迄周家山线，对东北占领侧面阵地。并对周家山须特别巩固，以一部占领凤阁梁迄东墕〔坞〕村东端之线。(六)左兵团应以主力确占观象坡、东亲善、西亲善及东墕〔坞〕村亘栏岗村迄天关之线，以有力一部于泥屯镇占领前进阵地。另以一小部占领凌井村，警戒军之左侧。(七)各兵团统限四日午前，阵地占领完毕，并星夜加强工事。(八)作战地境如左：

右兵团
长沟村——前李家山——窑子上——赵庄——大同庄——晋城驿东端——棘针沟相连之线，线上及以东属右兵团。
中央兵团
新城村东端——小坟村——东墕〔坞〕村东端——南岭——起月沟——神坡村——土墙山相连之线，线上及以东属中央兵团。
左兵团

(九) 军炮兵集团应以主力于凤阁、梁阳、曲镇，一部于栏岗村附近既设阵地，占领阵地。限于五日拂晓前占领阵地，完成射击准备。(十)中央及左兵团所派石岭关及下社村一带之阵地占领掩护队,应于军主力确实占领阵地后,待命撤回。(十一)军预备队应如左规定位置：

第八十五师,太原附近。独立第五旅,新城村附近。第一百七十七师五百二十九旅,新店附近。

(十二) 军补给另候特别规定。

(十三) 余在太原城内。

军队区分

飞行队

指挥官：北正面空军司令官陈栖霞

侦察机全部

右兵团

长：第十三军团长刘茂恩

副：第十七军军长高桂滋

第十五军、第十七军(欠二十一师)、配属部队、山炮第一营(到达阳曲镇线后派遣之)。

中央兵团

长：第十九军军长王靖国

副：第六十一军军长陈长捷

第三十五军一部、第六十一军、第二十一师、第四十七师、第四十二师、第五十四师、第七十二师、第七十三师、第六十六师二百零六旅、第一百零一师第二百零三旅、独立第二旅、独立第三旅,配属部队原附属之炮兵、装甲汽车队。

左兵团

长：第十四军军长李默庵

副：第九十四师师长朱怀冰

第十四军、第六十一师、第七十一师、第九十四师、独立第七旅配属部队炮兵第二十七团(欠第二营之第四连)、第二师炮兵营。

军炮兵集团

指挥官：炮兵副司令刘振蘅

炮兵第五团、炮兵第二十三团、炮兵第二十八团。

军总预备队

第八十五师、独立第五旅、第一百七十七师五百二十九旅。

(32) 四日，给卫总司令(支酉参战)令如下：兹委该总司令兼为第二战区前敌总司令，所有第二战区各部队(第六集团军、第十八集团在外)统归贵官指挥，并与十八集团军随时协商作战。除报大本营及分电各部队外，仰即遵照。

以下详见太原会战。

〔国民政府国防部史政局及战史会档案〕

2. 阎锡山报告原平等地战况密电

(1937年10月7日)

特急。南京大本营：固密。战况：(一)鱼日上午，崞县方面之敌约两千余人，炮廿余门，三面围攻，逐渐进迫至阵地前百米附近构筑工事。午后三时，敌集中炮火猛轰我刘团阵地，该团阵地完全摧毁，全团官兵殉国。(二)原平之敌，微夜三度猛攻，均被击退，惟炮战终夜不息。鱼拂晓，敌以数倍兵力向我谷团(谷树枫 391R)三营实行冲锋，全线亦猛烈攻击，敌近迫至二十米，双方停止射击，实行肉搏战，格斗之烈，向所未有。我方以手榴弹、白刃与敌激战至七时许，始稍停顿。阵地附近，尸体狼藉，敌较我伤亡加倍。在激战间，敌机投弹百余，我炮被击毁五门，阵地多被破坏。我官兵抱与阵地共亡之决心，精神仍甚旺盛。(三)轩岗之敌，本日上午增加四五百人，向我猛攻，并以一部向左翼迂回，已被击退。谨闻。阎锡山。虞辰。行一课。并。印。〔阳曲〕

急。南京大本营：敏密。(甲)战况：一、原平之敌，本日午后三时许，由原平西北方向堡内轰击，步兵仍与对峙。二、崞县之敌，自我刘团阵地沉没后，敌乘势猛攻城西北隅，敌兵增加甚众。午后，敌机二十余架轮流轰炸，敌重炮四门、山野炮十余门行地区射击，我伤亡甚众，现仍炮击中。三、轩岗之敌与我马旅激战甚烈，该旅正苦战死守。(乙)敌情：一、由敌尸检获图囊一具，知崞县之敌系黑省汤浅部队，受坂垣指挥，经张家口、大同、茹越口、代县到崞县。二、代县有敌三千余，苏龙口(崞县东北约十二公里)有敌千余。(丙)消息无新得。阎锡山。阳亥。行一。并。印〔自阳曲发〕

〔国民政府国防部史政局及战史会档案〕

3. 李仙洲等关于官村以南战况密电

(1937年10月15日)

特急。南京委员长蒋、部长何：0536密。本日拂晓以来，敌继续以炽盛炮火仍向我六十三旅官村以南阵地及六十一旅(1300)高地一带阵地猛击。并以步兵千余分三路进犯，我官兵沉着应战，激战至午，毙敌甚多。至下午二时，敌复集中炮火，以全力向我六十一旅左翼阵地轰击，炮火之烈，前所未有，致将我前进阵地完全击毁，守兵一连全部为国牺牲。敌即利用其炮击效力，以步兵猛攻。我官兵因为有与阵地共存亡之决心，当即全部出击，一举将敌击退。敌攻击发生钝挫后，复再实行炮兵掩护其步兵攻击，复被我击退。下午以来，敌在其炮弹〔火〕掩护下，反复向我猛扑七次，均被我击退。至下午八时，敌气尽竭，已成强弩之末，不敢再犯。我现仍在原阵地与敌对峙中。是役敌伤亡枕藉，我亦阵亡营长焦秀民一员，负伤团附白英书，营长吴步云、宋天修二员，其余伤亡官兵连长以下六七百名，详数正调查中。查当面之敌为坂垣师团之四十二联队，因连日损失甚重，极狼狈，如全线出击，不难歼灭。谨禀。职

李仙洲、黄祖埙。删。参一。印。〔自忻县发〕

〔国民政府国防部史政局及战史会档案〕

4. 第十四集团军忻口战役敌我态势与经验教训①

(1937年12月)

平绥线敌计有第三、第五两师团全部，第一、第八、第十九各师团之一部及铃木、酒井兵团、满蒙军等，总共不下六七万，由坂垣中将指挥。自八、九两月来，攻占我怀来——大同，继陷我广灵——怀仁——浑源——山阴——马邑各要地后，直越长城，分由平型关——雁门关——朔县各路侵入晋北，企图直捣太原，夺取黄河以东、以北整个华北地区，藉达大陆政策之迷梦。

我晋绥军及第十八集团军、第十三军团等，虽经分途节节强韧抵抗，迭予敌以重创，然卒因敌火优越，损失奇重，一时无法挽回。为待援反攻计，除朔县方面由第一二〇师、崞县方面由第十九军及独立第七旅步步拼死力抵抗外，其在五台方面之第十八集团军(欠第一二〇师)，仍在原地游击。其余第七集团军(七十二师及第三十五军宋、董两旅)，第十三军团第十七军、第三十四军(七一师及独立第二旅、独立第八旅两旅)等部，遂由十月二日起，分向忻县东西地区转移，情势极为危急。〔中略〕

(一) 敌每以飞机轰炸我后方重要都市及交通路线，藉引起我民众生活之恐慌及我军接济之阻滞，应极力扩充积极、消极防空利器，破坏其企图。

(二) 敌侦察机于每晨先向我阵地及后方侦察一周，将所得目标飞回报告后，轰炸机始继来寻我目标侦炸。我对显著目标动作，应于夜间行之，昼间力守隐秘。

---

① 选自《第二战区第十四集团军(卫立煌)晋北忻口战役战斗详报》。

（三）我对敌机射击，每于机来机去，距离过远时行之，故命中公算甚少。应配高射火器，俟机飞临上空，距离接近时，一齐射击，其命中较为可靠。

（四）敌每于步兵前进之先，以炮、空连合轰炸，并以多辆战车冲锋，藉开进路。我当炸轰期间，除留少数哨兵对敌严行警戒外，大部应避入掩蔽部内，藉免重大牺牲。俟敌步兵接近时，密配机枪及手榴弹、白刃等格杀之。

（五）敌多于昼间动作，夜间休息（有时警戒极疏懈）。我应于昼间避免真面目战，夜间出奇偷袭之。

（六）敌之前线部队不能持久吃苦时，与后方预备队换班，我应乘其交替站脚未稳之际，实行猛袭。

（七）敌军战时待遇极优，不惯粗恶食用。我应多配游击队深入敌后方扰袭，阻滞其输送，截夺其物品。

（八）敌之主攻火器为炮、空、战车，其步兵攻击精神与牺牲精神均较我劣。我应于绪战开始，力求与敌接近，发扬步兵威力制压之。

（九）敌善转移兵力集攻甲点，得手后再集攻乙点。我应对敌集攻之点，多取纵深配备及注意侧防支援之。又应乘敌转移间所暴露之弱点，同时亦集全力突破之。

（十）敌兵员短少，每于非主攻方面，以少数混合兵种，早上由甲地开乙地，晚间由乙地回甲地，企图迷我耳目，误认为增加重兵。我应详辨虚伪，乘机扑灭之。

（十一）敌炮射程多半较我长大，其阵地多在我炮射程以外。当敌发射时，我炮只可以一部制压，藉省弹药，俟敌步兵拥进时，即举全力歼灭之。

（十二）我与〔于〕阵地之外，选目标显露处束草为假人，摆列牛车为假炮，使敌机及敌炮观测误认为我炮兵阵地，集中火力轰炸，虚耗弹药，收效甚宏。

（十三）我于阵地前之交通路口，若时间许可，多掘垂直式深坑，上敷薄砂，使敌战车陷落，或多埋地雷爆炸，收效均巨。

（十四）我与敌战，其牺牲重大。当为预料□□及对兵员之补充，及宜先事储备于战区附近，俾得及时补充，永维战力。

〔国民政府国防部史政局及战史会档案〕

5. 李兴中部忻口临晋地带作战经过概要①

（1942年3月）

廿六年八月至廿七年七月河北涞水易县紫金关曲阳龙泉关及山西忻口晋城高平各战役

七七事变爆发之际，本军一七七师正在陕西三原、耀县一带集结训练。旋奉派五二九旅于八月廿一日出发，参加河北作战。九月上旬到达正定，归第一战区指挥，担任河北沙河一带之工事构筑。十五日开抵涞水、易县、紫荆关之线，掩护我大军左翼之安全。廿一日奉令转进曲阳之灵山镇，十月二日归九四师朱师长怀冰指挥，守备东西口南青观一带。四日将西犯之敌击退后，九日改任龙泉关之守备。因晋北忻口战况吃紧，十二日奉令兼程驰援，隶卫总司令立煌指挥。十九日加入南怀化阵地正面战斗，与敌苦战十四昼夜，战局卒赖稳定。维因战略关系，十一月四日奉令转移，归高军长桂滋指挥。廿日撤至离石交口镇附近，整理待命，经并编为一团欠一营。廿七年一月十八日移驻洪洞县，复归卫总司令直接指挥，开赴陵川。廿日开往高平，归十七师赵师长寿山指挥。是时该旅一〇五七团已补充齐备，并增编游击队千四百余人，在高平、阳城、晋城一带游击，曾克复晋城，并将晋博公路彻底破坏。迨至七月廿八日，始奉令归还建制。计以上各战役，我

① 此件选自第九十六军各时期各阶段作战经过概要中两节：(1)廿六年八月至廿七年七月河北涞水、易县、紫金关、曲阳、龙泉关及山西忻口、晋城、高平路战役。(2)廿七年二月至七月收复晋南三角地带各战役。

伤亡及失踪官兵一千八百余员名。

廿七年二月至七月收复晋南三角地带各战役

廿六年九月，一七七师(欠五二九旅)奉令计划构筑潼关至北禹门间黄河右岸国防工事，负守备任务。敌廿师团进占晋南三角地带后，于二月初，该师即编组游击部队及正规部队，先后进出左岸地区游击，掩护河防两月余。历经闻喜之小郭庄、安邑之水头镇及荣河、王政诸战役，颇有斩获。五月三日奉令全师(欠五二九旅)渡河，归卫副长官直接指挥，负规复晋南三角地带之任务。四日先分兵袭取临晋、猗氏两县城，续将永济属、潘侯东、张镇各据点之敌击溃。六日，以一部阻击汾河方面南犯敌于荣河之孙级〔吉〕镇，主力围攻永济、张营镇之重要据点，与敌七七联队全部争夺四昼夜，彼我伤亡均形惨重。后以安运、解虞各地敌大部以汽车增援，致未奏全功。而敌反以全力大举反攻，直迫我吴王渡师司令部。经我坚强抵抗，并派兵侧背迂回，血战两日夜，卒将该敌击退，窜据同蒲沿线各点。我以战胜之余，于十三日先乘虚进占万泉，复秘密南向。廿日拂晓前，一举克复虞乡，俘获颇众。当将该段铁公路彻底破坏六十余里。安运、永、风之敌曾连续向我猛烈夹击，均经我于席张村、东西马蒲头等地分别击退。廿七日我以一部埋伏于中条山西端山地，主力暗移猗氏，并派队攻取荣河，该敌仓惶北窜河津。是时风陵渡之敌亦麇集永济，因感后方连络切断，复与安运方向呼应，全部出城，企图打通虞乡。我埋伏部队，乃乘虚占领永济城。同时我主力亦由猗氏回师，击其侧背，敌以交通被阻，损伤綦重，不敢恋战，竟将解县一并放弃，窜聚安、运两城。我直追至城郊，忽奉令北调，(六月初)与五八师协攻闻喜。十一日开始动作，未及攻克，旋于十三日奉令归第三军曾军长指挥，在柴穴庄东西洼地底附近结集(闻喜北)。十四日又奉令：仍归卫副长官直接指挥，一面攻安运。讵意运城之敌于十六日午前，窜出步炮千余、飞机五架，竟向我孙坞一〇六团部队攻势〔击〕。经痛击，当晚即狼狈回窜。自是即发动民众协助军队。截至二十六日，已将闻喜至风陵渡同蒲铁道以及各县相连之公路、大路、电信等破坏无余。同时，奉令归我指挥之四三师之一二九旅，亦由潼关到达。当就安运西北两面完成攻击准备，且与东侧四七军队取得连络，并派武装便衣队百余，混入安邑。七月三日发动内外夹攻，克复安邑，残敌千余北窜闻喜。我以一部分兵腰击，在石碑村、牛家凹、闻喜南关及迤南各村庄，均予敌重创。主力围攻运城，经数日奋勇攻击，已将城郊各据点、飞机场、城东南西关及车站分别占领，行见孤城指日可下。而曲沃、侯马方面之敌三四千，忽于十日已越过闻喜，南犯增援。我为避免腹背受敌，遂奉命转移解、猗之线，以期诱击该敌。是时独立四七旅奉令渡河参战，我集团总部已进驻六官村(永济属)，本军亦于是日归还建制，正在调整部置。而优势之敌，挟其炮、空威力，节节向我压迫。十二日攻我猗氏，鏖战两日夜，卒以城垣被毁，伤亡过重，县城陷落，乡头、眉阳亦相继失守。是时奉令以一七七师主力，守备解虞段中条山各隘口。一部附属独四七旅，配置于临晋附近，机动阻敌西犯。计以上各战，被〔被字衍〕我伤亡均在三千以上……

〔国民政府国防部史政局及战史会档案〕

三、娘子关保卫战

1. 第二战区娘子关保卫战作战方针和指导要领

(1937年)

娘子关会战　二十六年十月十四日至十一月四日

一、作战方针

为保固山西，将来收复华北失地容易，使我晋北作战军无后顾之忧起见，以第一战区由保定南移之部队，进占娘子关一带山地，确实保守之。并相机进袭石家庄，威胁由平汉路南进之敌军。

二、指导要领

1. 在开战之初，应于雪花山前进阵地配备强有力之部队，以迟滞敌之前进，并掩护主力部队迅速占领阵地。

2. 主力在北青掌、梁家墒、旧关、核桃园、乏驴岭、大台山之线占领阵地，总预备队分置于槐村铺、好汉地、娘子关附近，以应援各方之战斗。

3. 为防遏敌人由我阵地右翼迂回攻击，在西回村、张家墒、南墒沟、神仙洞、娘子关之线，摘要构筑预备阵地。

4. 如敌由核桃园方面进攻时，该处部队应竭力阻止其前进。娘子关之预备队由核桃园之右翼袭其侧背，以期击破其攻击能力。

5. 为防万一计，在桥头村、城子岭、驷穰镇、东道沟、上董寨之线构筑阵地，准备尔后之作战。

〔下略〕

〔国民政府国防部史政局及战史会档案〕

2. 第二集团军报告娘子关战前敌我形势概要①

（1937年10月）

自十月中旬以来，晋北之敌陷我五台后，其主力继向崞县、忻口猛攻，积极南犯。连日经我友军竭力抵抗，战局似已好转。平汉方面之敌陷我石家庄后，并新增土肥原师团，在漳河一带与我商集团对战。另以川岸师团附伪满军一师，由正太路进犯，企图进出娘子关以西地区，威胁太原，而策应其晋北方面之作战。乘我友军各部向娘子关附近转移时，以七七、七九两联队侵入雪花山、旧关及关沟附近地区，占领我国防工事，并积极进攻。我担任守备娘子关

① 选自《第二集团军娘子关战役战斗详报》。

一带之二十七路第三军及本集团第三一师，遂与敌接触，展开激烈之山地战。

〔国民政府国防部史政局及战史会档案〕

3. 第二战区司令长官部后方办事处编娘子关会战概要

(1937年)①

作战经过概要

1. 第一战区部队自放弃石庄后，我晋东防务空虚，无兵可派，遂由孙总司令(连仲)率部转移至井陉、娘子关一带，扼守晋东门户。敌乘我孙军向西转进跟踪尾追，十月十四日一部由井陉北之贾庄、小枣、井陉正面进攻；一部约千余名，绕攻长牲口②，直抵旧关，进迫娘子关侧后。当时因兵力未集，部署未定，情形危急万分。十三日夜，即令十七师固守雪花山，并以一部向长牲口出击，迟滞敌人前进。初时颇为得手，后被敌人反攻，致将井陉西南之雪花山失陷，不得已退守乏驴岭。据黄副司令长官寒戌电称：十七师此次攻守皆颇尽力，损失奇重，殊堪嘉慰。十四日辰，令二十七师一团由苇泽关向核桃园，又一团由新关向旧关进攻，激战至午后，始将敌一股四百余歼灭，又一股窜向核桃园东南高地，正围歼中。

为防止敌人西进，已派员在娘子关一带侦察阵地竣事。兹将部署情形列下：第三军第七师派兵三团(欠两营)，在九龙关至北孤台之线布防，其余在旧关西南集结，消灭旧关附近之敌。九十四师及一百七十七师之许旅(五二九旅)，在黑山关及龙泉关一带布防。二十六路派兵一团，在六岭关扼守。第二十七师全部，速在娘子关集结，并以重〔主〕力进占葛丹阵地。三十师派兵一旅，占领桃

① 原件无成文时间，据内容推断，当为1937年底或1938年初。

② 又作“长生口”，下同。

林坪、小枣之线，抗拒敌人西进。三十一师速由阳泉开至程家陇底，为总预备队。现该方面敌人只发现五千余，若不大量增加，当无顾虑也。（如附图第一、二及附表第二〔图略〕）本日晚，贾庄一带之敌约一千四百余名，向我三十师侯旅桃林坪东北高地进攻。同日，又电令（寒巳二参电）五台朱总司令，兹着一百二十九师（欠一团）速开阳泉，归黄副司令长官指挥。

2. 十五日，敌十七联队步炮共约一千余人，附小炮四门，以一股约五六百名侵入旧关，一股约六百余名，附山炮二门侵入关沟。三十师当面之敌经派队出击，毙敌甚众，已向南移。贾庄、小枣附近均无敌踪。（附图第一〔图略〕）同日，电令（删子参电）黄副司令长官，娘子关方面战事以孙总司令连仲负责指挥，并同时电孙总司令及曾军长。电令要旨如左：

旧关附近之敌，兹限十六日完全解决，并赏洋五万元，希严督进攻部队拼命杀敌。该总司令、军长应亲自督战，有畏缩不前者，就地枪决。本日晚，二十七师及第三军之敢死队，已将关沟、旧关之敌包围痛击，敌已消灭殆尽。入夜，有步炮联合之敌约五六百名，经大小龙窝驰援旧关，我毙敌上、中尉官兵三百余名，获马数十匹、炮二门，枪支文件甚多。我伤亡连、排长十余员，士兵一百廿余名。当即策定翌日计划，以歼灭敌军之目的，于明（十六）日拂晓，我军全线对敌总攻。以第三军为主攻，以二十七师主力由大小龙窝切断敌军归路，以一部先肃清关沟之敌，协同第三军在旧关西方为助攻。二十七路工兵营仍在旧关西南高地固守，待机堵击。三十师侯旅协助十七师固守乏驴岭。三十一师九十三旅占领关沟西北高地。（如附图第二〔图略〕）

3. 十六日拂晓，经总攻后，关沟残敌即被肃清，大小龙窝亦被我二十七师主力切断。王家岭高地之敌，经第三军攻击，未有进展。旧关之敌经我包围后，即利用旧关东南端985高地及西北小山头占领阵地，顽强抵抗。旧关高地仍较我军所占阵地为高，我须仰攻，因敌机甚活跃，以机枪扫射，故始终未将旧关攻下。待薄暮后，敌向我二十七路工兵营反攻，即被突破，我伤亡官兵二十余名。后增加该路教导团千余人，伤亡奇重，勉强在突破点前方维持阵地。当夜策定翌日攻击部署，为肃清旧关之敌，先切断其后路，然后包围歼灭。以第三军一部封锁大小梁家、范家岭、北羊沟、红土岭各要点，阻敌后续部队之进路。二十七师以有力一部占领长生口、大小龙窝。对旧关围攻部队，以第三军主力九十三旅、二十七旅及二十七师之一部担任之。各围攻部队仍照十五日原位置互相连系，并利用麻包构筑工事。并加入炮垒大队山炮四门，抽出二十七师之一部集结苇泽关。三十一师(欠一旅)后续部队控置程家陇底，仍为预备队。(如附图第二〔图略〕)

4. 十七日拂晓，旧关附近之敌大举反攻，敌我肉搏十余次，伤亡均重。我第三军唐师奋勇杀敌，逼近旧关，该师吕团即攻夺旧关西侧高地，该师尹团及工兵营现正向旧关以东高地猛攻。第十二师马旅及第七师三十七团已攻至核桃园附近，旧关至核桃园通路已被我大力封锁。二十七师黄旅亦同时向核桃园进攻，截断敌人之归路。甫至，即与敌接触，击毁敌炮数门，毙敌甚多，并夺获步机枪百余支，我亦伤亡五六百人。(附图第二〔图略〕)

5. 十八日，敌由大小龙窝，通旧关道路以南之山地鞍部，突增加部队七八百人，分向我教导团及第二十七师阵地突进，因我军四处堵击，敌未得逞。敌后续增援部队二百余人西进，被侯团徐营击散，向南溃退(如附图第二〔图略〕)。同日据报，元氏之敌寒日大部向北撤退，判断该敌系转向西犯。已令各军严防，并通报平汉线我军反攻，以行牵制。

6. 十九日，十七师乏驴岭阵地，因敌又增加一联队，攻击甚烈，守该地之团长受伤，该岭失陷。三十七师李旅星夜赶至北峪东北高地，将西进之敌击退，毙敌数十，获步枪数支。

7. 二十日，据孙总司令电报：旧关、核桃园一带之敌，系川岸兵团两个联队(七七、七八)。经近日围攻肉搏，山沟中积尸垒垒，敌伤亡甚多。残敌千余退守旧关附近高山，构筑工事，与我对峙中。同日，十八集团军第一百二十九师(欠一团)已到阳泉，已令进驻马山村、七瓦村一带。

8. 二十一日，井陉之敌，近又增加七八联队，其后尚有伪满军第三十七师团及其他部队，分头进攻。孙总司令已令八十九旅星夜赶援三十师，并令第七师占领大小梁家及红土岭阵地，主力在核桃园南端高地。十二师占领红河西端985高地端[1]阵地，三十一师占领神仙洞、好汉池阵地，二十七师占领核桃园北端、小龙窝、指北沟、张家岗南段铁路线阵地，三十师占领张家凹、炉桥岭阵地。次日晨，敌用飞机、炮火集中轰炸，并燃烧弹向1000高地二十七师阵地猛攻，并已突破。同时北峪以北贵泉村之阵地亦被敌突破，两地官兵皆已全数殉国。当面之敌已至地都附近，旧关之敌一部已到苇泽关附近，三十师正面受敌压迫，全线被敌突破，三十师师长亲往督战，敌人有向我后方压迫企图，该师孙团昨(二十日)夜向北峪敌人逆袭，被敌包围。(如附图第三〔图略〕)

当给孙总司令电(祃亥)令如左：

该部奋勇杀敌，致多壮烈牺牲，既惜且佩，希仍督令努力固守阵地。

同日，又据孙总司令养亥电称：昨、今两日敌军陆续增加，敌利用飞机、大炮协同步兵猛攻，我阵地多被突破。本路军自房山、琉璃河、涿州、平山抗战以来，激战数十次，实力损失三分之一强。嗣又奉令援晋，在娘子关一带血战八昼夜，损失甚重，实力不满六千人，担任阵地线上五十余里，兵力分配无余。敌若攻破任何一点，即难应付，请速调生力军增援。等情。当令川军一百二十二师及一百二十四师，乘正太车驰往应援。当给予邓总司令电令，要旨

---

① 原文如此，似有漏字。

如左：

兹着一二二、一二四两师迅速乘正太车开往娘子关，归黄副司令长官指挥，并令该路军占领旧关经绵山、苇泽关至驴桥岭之线。(右为卅一师，中为廿七师，左为卅师)四十四混成旅控制后方。十七师在神灵台整理。第三军第七师之十九旅控置梁家堖附近，为机动部队。一百二十九师陈旅(三百八十六旅)本晚已到娘子关，并令进占马山村。(如附图第三〔图略〕)

9．二十三日上午，有步、骑、炮联合之敌约三千余人，由横口车站渡河后，向西南前进，其骑兵先头正午已到南障城。并探询到测鱼镇道路，另有二三百人，酉刻已在刘家栅、固兰村附近发现。陈旅□(三八六旅)一部，在马山村附近。第三军为阻止该敌前进并掩护我右翼安全计，孙总司令已令集结梁家堖之第七师十九旅，以一团驰赴固兰村、魏家凹工事线，并与现驻蒋家村之三十八团连络。其余位置于白灰村。(如附图第四〔图略〕)

10．二十四日，由南障城测鱼镇方面企图迂回我右翼之敌三千余，本日早有步骑连合之敌数百，在七瓦村与我第一二九师陈旅一部冲突，我颇受损失。固兰村、蒋家村方面小有接触，娘子关附近及其以北地带，本日无激战，炮击稀薄，似有撤退模样。

川军一二二师本日到一旅，已命进驻马山村，其余一旅本日即可到达。据黄副司令长官有(二十五)酉电报：因第三军右翼固兰村之线过于突出，乃决定向后缩短。右起1314高地，经北青掌、大青岩、梁家堖、甘桃驿与三十一师相连接，控置有力部队于固驿镇，再以一二二师迅往占领马山村东方高地，拟本日拂晓前转移完毕。终日全正面除旧关稍有炮击外，其余阵地颇形沉寂。又一二九师之一部，因梗日在七瓦村受创后，向南移动。敌约一联队附二三百骑兵，遂由营庄村北边向西迂回前进。而三六四旅之一团，有辰向马山村前进时，左翼受敌不意之侧击，溃退至西回村西北方高地，而第三军以为三六四旅已到马山村，故向后缩短正面。不意该旅未到，致被敌步骑兵约三百余，窜入十字路、乱安村，进攻固驿镇右侧背。当即令已到桥头村之一二二师之一团，迳向固驿镇前进，夹攻该敌，并坚固现时阵地，集结兵力攻击敌人外，令第三军抽右翼主力，向侧后方夹击，务期于寝早前将其消灭。本日，阳泉东北已发现敌便衣队。（如附图第四〔图略〕）

11．二十六日，该步骑兵敌数百，并后有大量部队，自昨日午后闯入我第三军后翼十字路、乱安村及固驿镇南端高地。该军部亦在此处，敌我冲突甚烈。新加入之川军一二二师亦同时遭遇强大之敌军，于西回村西方【阵】地，自昨迄今，仍在猛力冲突中。（如附图第四〔图略〕）此次由马山村窜入之敌，共约四个联队。马山村为通平定之道路，除一二二师战斗力薄弱外，别无部队可遣。当即商得本司令长官同意，抱最大决心，以二十六路留一小部守娘子关，主力移至巨城镇、移穰镇，进出柏井驿、桥头村。以本日第二次新加之川军一二四师之一旅推进石门口，准备对敌总攻。并暂留调赴北正面之第七军（冯钦哉）三团，于上下磐石至巨城镇间，抗拒娘子关方面敌军之侵入。上述决心，本夜即可至预定地点，二十七日即实施总攻。第三军及一二二师仍保原阵地，但通信连络于午后四时中断。（如附图第四〔图略〕）

当即给黄副司令长官径参电如左：

(1) 敌军（约两个多师团）目前似欲移其重点至正太路迤南，企图以其南翼经石门口，向平定突进。幸我第四十一师（川军）已在石门口以东加入，且第一二九师在其迤南协力防范，可希望打破敌人之阴谋。(2)晋东各师，凡位于无危险地区性之地区及当面无敌情者，概可全部或一部调至平定一带充预备队，俾资指挥官随时可有部队掌握。苟发觉敌军拟在某处突破，即可调往该处加入。川军第一二四师到达后，可控置为预备队。(3)依据以往经验，敌军每每指向关口道路攻击。故我军兵力须强固，纵深配备于关口道路及其两旁至为重要。最忌分散兵力，关口附近尤须配备炮兵，并纵深配备。委员长极为注意，希饬各军均须确实遵照。

12. 二十七日，为夹攻向我右侧背侵入之敌起见，我各部现在向指定各地点分别前进。川军除已加入该方面之一二二师外，其一二四师之先头旅已到达石门口附近。（如附图第四〔图略〕）近日来晋东敌军屡屡增加，为避免我晋北作战部队受其影响，当即电令十八集团军朱总司令，兹着一一五师（欠一旅）及一二〇师速开往阳泉，归黄副司令长官指挥。

13. 二十八日，有步炮联合之敌三千余，昨晚分进至移穰镇附近。同日，十七师占领东小麻，会礼村阵地被敌攻陷，并敌七八百人尾追前进，向我右翼包围。我反攻肉搏凡三、四次，终因兵单械竭，士气馁挫，巨城失陷。乃转进至圪套村，复被敌击破，现已占据赵家庄附近阵地。师部驻辛庄。（附图第四〔图略〕）

同日，一二二师向东圐村一带增援我第三军右翼后，迄无消息。昨到移穰镇之敌已向我左翼乱流一带猛攻，正在激战中。（如附图第四〔图略〕）

又一股向我三十师上庄附近阵地猛攻，激战五小时许，全线被优势之敌突破，伤亡奇重，有一部失却掌握，孙总司令仍令该师扼守王家庄各路口，继续抵抗。同时敌以千余攻我石门曾旅阵地，七四四团伤亡极重，全旅只剩四百余人，我阵地致被突破，现转移至西郊以东高地，与敌激战中。（如附图第四〔图略〕）时一六九师及一二二师位置不明，我正面已成包围之势，孙总司令严令各部苦撑死守。我二十七师正面亦受该部队攻击，现在激战中。

本日各部队阵地位置如左：

曾旅在西郊东方附近各地拒敌西进，三十师（欠一旅）在石门北王家庄附近，四十二军在白道堰、乱流附近，三十一师在平定东南常家沟附近扼守，十七师在赵庄附近，孙总部及三十师一旅共两营，在坡头村附近，黄副司令长官本日移驻寿阳。（如附图第四〔图略〕）

14. 二十九日，据孙总司令艳辰参战电报：遵奉委座俭午电，在寿阳以东地区坚强抗战待援，拟定各期行动如左：

① 抵抗地带以现阵地为第一次，以赵家庄、南茹村、辛兴镇为第二次，以台泉上、龙泉镇、郭家庄、南沟为第三次，以松塔镇、范豹岭、芹泉镇为最后死守地带。如有退出此线以西者，处罪。

② 各部队活动范围：四二军沿正太路向右四公里，并与卅师连系，向左二公里。卅师在道路两侧各二公里，并与左翼三十师连系。各按此规定节节抵抗。

③ 各部变换抵抗地带，须俟本部命令施行。张师昨日激战终日，双方损失均重，阵地被敌突破。侯旅所余二三百人及工兵营百余人，在王家庄附近与敌对峙，但至晚该师电话与后方不通。(如附图第四、五〔图略〕)同日，敌约千余人，向四二军阵地猛攻，一部向阳泉方面前进，现仍对峙中。该军二十七师之一营，只剩军士六人，仍在战斗中。(如附图第四、五〔图略〕)十七师同日亦受敌约二千余人压迫，现向三都村退却，敌人跟踪尾追，另一部有向阳泉南下企图。(如附图第五〔图略〕)同日，三十一师右侧阵地，亦被敌约二千人猛攻，已派一部至水峪沟、兆虎岩据守，川军向榆次退却。(如附图第五〔图略〕)同日，第三军曾军长现在芹泉镇收容，该军约一千余人，余无下落。

据孙总司令本日下午九时电话报告，各部队阵地位置情形如左：

三十一师仍在常家沟，川军曾旅已移南堑石，三十师在王家庄，二十七师在乱流各阵地。冯军长(钦哉)现在清城镇，所部两师，一六九师在圪套村、水峪一带与敌对峙，四十二师现在山头村、高垴庄、黑石堰之线布防。(如附图第五〔图略〕)

15. 三十日，自昨晚至今，敌全线总攻。右翼三十一师、三十师伤亡太大，已在平定西方据守。现全线形势：中央凹入，仍在此线对峙中。(如附图第五〔图略〕)同日，冯总指挥(钦哉)报告：敌约二千余人，攻我甚烈，左翼三个山头已被占领。同日，十二师已由旧关突出，一旅现在上下荫营附近。同日，第三军已收容两团余人及川军一二二师、一二四师之一旅在上龙泉、郭家峪之线从事整理，并堵击、扼守通榆次大道。同日，据孙总司令下午八时电话报告，各部转移占领阵地位置如下：

二十七师阵地为窖鱼村、琅浒村，三十师为苇池村，三十一师为冶西、刘家庄，川军曾旅为南北汤胜，一六九师为西堖村，四十二师为上烟黑方。（如附图第五〔图略〕）同日，十八集团军彭副司令率陈旅先头团，本晚已到达上龙泉。徐副师长率七六九团到马介川村，黄副司令长官移驻马首，孙总司令移驻寿阳。

16. 三十一日早，三十师阵地正面发现敌约一千余，三十一师正面发现敌约二千余，二十七师正面发现敌约二千余，分头进攻，我阵地受敌包围。艳日，激战尤烈，伤亡极重，各部队所余战斗员，计三十师侯旅五六百人，三十一师及二十七师各约千余人，现仍在激战中。为迟滞敌人节节抵抗计，一面支持，一面向后选择阵地。同时四四旅在大峪村被敌包围，与敌混战中。（如附图第五〔图略〕）张师激战后，所部百余人现在苇池村附近，被五六百之敌攻击，逐次抵抗，现占领南茹北方高地。敌已迫近北茹附近。（如附图第五〔图略〕）二十七师一部被敌包围击散，另一部数十人刻到测石驿，师所属工兵营刻在桑掌村一带与敌苦战中。敌一部向我左翼迂回，已饬侯团长率所部数十人，向左翼延伸增加。为逐次抵抗，已令该师阎旅【予】以激战。余之五六百人，在河口、簸箕一带布防。池师与敌激战后，现编为六个连，仍在原地与敌抗战。（如附图第五〔图略〕）

17. 十一月一日，二十七师工辎骑兵四连，在桑掌村与敌千余人苦战，伤亡甚重，致左端高地被敌占领，仍在该处附近占领阵地，阻止西进。右翼三十一师仍在南茹村附近，川军邓总司令及孙总司令已到马首。（如附图第五〔图略〕）又昨（三十一）日，敌突由九龙关进占昔阳东冶头镇。本日(一日)进至西固壁，与我十八集团军之刘师一小部对峙中。我刘师决在首〔昔〕阳以东、东冶头之线，各个消灭该敌。(如附图第五〔图略〕)

18. 二日，南阳胜、药林寺之敌四千余人，向我马道岭阵地猛攻，经我十八集团军陈光旅抗击，敌伤亡奇重，黄昏尚在激战中。由东冶头向昔阳进犯之敌，仍在昔阳以东，与我刘师对战中。同日下午五时，据孙总司令电话报告，四四旅阵地现被敌包围，结果不明。二十七师被敌围攻后，现有三十余人突围，其余现无下落。三十师之二百余人及保安队二连，已令守寿阳。三十一师之残余分占马首及太安驿，阻敌西进。第三军现无情况。(如附图第五〔图略〕)

19. 三日，据孙总司令电话报告：敌现约五个联队跟踪追进，我各部全溃，战斗员总共不过八百余人。本人现拟赴预定榆次东之芦家庄、上下潘家垴、王村一带收容阵地收容。(如附图第五〔图略〕)

20. 四日，敌退至寿阳，当与我守城部队激战甚烈，敌我伤亡均重。后因众寡悬殊，我乃于晚间突围出城，屡战屡退，毙敌甚多。同日，致黄副司令长官命令，要旨如次：(1)川军四十五军到达各部，占领赵家坡、砖井、兆营既设阵地。(2) 二十六路占领赵家坡(不含)、黄土坡、东沟、张家河之线□据点阵地。(3)二十七路〔师〕占领张家河(不含)、刘家河之线。(4)四十一军在狄村、马庄、黄家坟集结整理。(5)第三军在上庄、松庄之线。(6)第十七师在孟家井、大小窑头之线。(7)第十八集团军主力牵制晋东敌之前进，并破坏正太铁路，断敌后方接济。(如附图第六〔图略〕)

附表第一(娘子关作战部队)〔略〕

〔国民政府国防部史政局及战史会档案〕

4. 孙连仲报告娘子关石门一带作战情形密电

（1937年10—11月）

(1) 10月13日密电

nk委员长蒋、司令长官程：远密。(一)本路奉令援晋，各部业已开始西进。适晋东战况紧张，阱峙店被敌占领，我左翼廿七路【军】退在栾庄附近，我右翼第三军在侧鱼镇、九龙关间，正面只有本路卅师占领曹泉高地，经桃林坪至观音驼之阵地，及十七师占领井陉北高地与乏驴岭之线，与敌对战中。(二)奉司令长官阎、黄面令：以晋东情势紧张，着本路先开晋东，以救目前之急。又夜面奉黄部长命令：廿七师一部占领北峪南北高地之线，主力在娘子关，卅师仍占领原阵地，卅一师暂在寿阳、阳泉两地集结，以资策应。四四旅占领方岭关。(三)职现在阳泉附近。谨禀。孙连仲。元午。参。印。

(2) 10月16日密电

南京委员长蒋：远密。谨将本路娘子关附近近日战况报告如次：(一)寒辰，敌七七联队共千三四百人，分向旧关镇及僮泽关侵入，经我七九旅迎头痛击。另派有力部队绕袭核桃园，分向关沟之敌猛力夹击，激战两日，肉搏十余次，当将关沟之敌歼灭殆尽。其占领旧关之敌，协同第三军围攻中。是役，毙敌大队长中岛利男、少佐鲤登及上中尉官兵三百余名，马数十匹，获山炮二门，其余枪械、马匹、文件甚多，详数查明续报。我伤亡连排长十余员，士兵百余人。(二)元辰，另有步骑联合之敌约五六百人，由小枣村、贾庄向我卅师阵地猛攻。我孙、李两团沉着应战，激战三小时，毙敌二百余，其余仓皇遁去。现令该师抽调一部，协同十七师任正面作战。(三)我四四旅已占领六岭关。(四)卅一师九三旅删寅开抵程家楞底，协同围攻旧关，余部在阳泉附近。谨闻。余情续禀。职孙连仲。铣巳。参谋。印。

（3）10月18日密电

委员长蒋：○密。职率二七、卅一师增援晋北，正在途中，晋东忽然紧张，复奉令开回。职文夜抵娘关，得悉旧关及各要口已大半失陷。本路除卅师仍任曹泉至西板山之线，与敌对峙不能调动外，当令二七师恢复娘关前方关口、大小龙窝各要口，并扼要【坚守】之。并令卅一师星夜东开，该师九十三旅到达后，即守备新关西北诸高地及廿七路【师】部防务。余亦陆续到达，准备增援。惟旧关之敌，确有一兵团，且该镇地处要冲，为晋东之键。曾军连日夜袭，终未收复，敌且有陆续增援之样。查本路房山、良乡之役，各损失均将半数，近日以来廿七师及九三旅更协同友军与敌搏战，双方伤亡均重。惟敌焰仍炽，刻正遴选敢死队，随卅一师部队与盘据旧关之敌作最后之一拼。成败利钝，在所不计，一息尚存，誓与敌周旋，以报党国。谨闻。孙连仲。巧亥。参。印。

急。南京委员长蒋：□密。（一）敌于铣午攻占廿七路【军】工兵营右翼两山头后，即以千人于篠辰向该方面猛烈攻击。适卅八军教导团赶到增援，当协同我卅一师之九三旅予以痛击，该敌伤亡颇重。我夏旅阵亡连长一员、士兵四十余名，教导团几全部殉国。在敌主力向我攻击时，同时向关沟方面我廿七师七九旅阵地施行佯攻。经我七九旅将该方面之敌全部击溃后，即以火力增援教导团及九三旅方面，敌终未得逞。是日夜十时，我七九旅以两连向长生口附近活动，适值敌大部辎重经长生口西进，当予以猛击，毙敌人、马各百余，并截获辎重物品甚多，及重机枪两挺与驮兽若干。（二）篠夜，我军袭击核桃园及旧关敌方高地，同时十七师袭击长生口附近之敌。战斗经过尚未据报。卅师以两营兵力夜袭井陉。据报井陉城内仅有敌少数辎重，车站有敌甚多，北关外河滩并架有数线电网。我虽向敌猛袭，因敌【戒备】森严，未奏全功。篠夜，卅八军教导团阵地，由我卅一师派队接守。(三)巧午，敌复转移兵力，向我七九旅及九三旅阵地猛攻。各官兵奋勇拒敌，将敌击退，双方均有伤亡，刻仍在原阵地与敌对峙中。(四)巧夜，我卅一师已将廿七路【军】娘子关附近阵地全部接替，俟布置就绪，拟袭击旧关。余情续闻。孙连仲。巧戌。系。印。

(4) 10月20日密电

京军【委】会委员长蒋：致密。我方池、冯两师攻击旧关核桃园之敌，战斗经过业已电陈在案。今午抽调卅师李旅来娘子关，原拟增援池师扩张战果，恢复国防工事。嗣因下午二时，十七师失陷乏驴岭，全部溃退，当令李旅占领该方面南北峪之线。此时据各方报称：旧关街及附近高地尚有敌千余人，长生口及井陉附近敌增有一师，南北峪正面之敌陆续增加，廿师侯旅正面蔡庄西北花税岭敌先头部队约四五百，正与对战中。尚有大部续到。职已无控置兵力，除蒙副司令长官黄电话允缩短防线外，重新部署各次进攻之卅一师一部撤回原阵地，廿七师仍固大小龙窝、核桃园、地都各高地之线，卅师李旅占北峪东西葛舟之线。其侯旅之一部候交防再撤外，其主力南移，当在横漕河附近集结，准备节节抵抗。谨闻。孙连仲。20。参战。印。

(5) 10月20日密电

京军会委员长蒋：致密。本路连日在旧关、核桃园及袭击井陉战斗经过，业经先后电呈在案。谨再呈报于次：(一)旧关、核桃园一带原系川岸兵团两个联队，经我卅一、二七两师分向旧关、核桃园猛攻，肉搏冲击，连日混战，山沟中集尸累累，敌伤亡甚多。残敌千余退守旧关附近高山国防工事，与我对战中。(二)我卅一师巧夜袭旧关时，夺获步机枪百余支。廿七师黄旅之一部皓夜由核桃园夜袭旧关时，炸毁敌炮数门，毙敌人马甚多。(三)夜袭时，我卅一师伤亡约六百人，廿七师伤亡亦有四五百人。(四)皓日，十七师乏驴岭阵地失陷，我卅师李旅星夜赶至北峪东北高地。号晨，将西进之敌击退，毙敌数十，获机步枪数支。(五)据报：攻乏驴岭及长生口刻有一部与我卅师李旅对战中。(六)旧关之敌急须解决，但此间无预备队用。刻奉司令长官黄电话：拟令曾军向左翼延伸，接卅一师阵地，以便抽出卅一师全力机动使用。谨闻。孙连仲。号申。参谋。印。

(6) 10月21日密电

特急。京委员长蒋：致密。窃娘子关为晋东门户，原筑有国防工事。第一线在井陉以东、三家店南北之线；第二线为九郦〔龙〕关、雪花山亘观音坨线；第三线为旧关、娘子关以东诸高地线，以一、二两线较为坚固。职文日受命，增援晋东之雪花山、旧关、长生口，各国防工事及各隘口均被敌占领，并向娘子关猛攻。嗣经我廿七师寒删在〔再〕赶到关沟附近，将敌第七七联队歼灭大半，始稳阵脚。连日令冯、池两师与第三军围攻旧关，经八昼夜血战，各部虽迭有斩获，但我军伤亡已达两千余。敌仍利用旧关以西国防工事顽强抵抗，并新增七八联队及伪满军，沿铁路节节进攻。皓日，十七师于乏驴岭失陷时，随令卅师陆续增援，先以李旅占领北峪以东及东西葛丹之线。号日，敌复猛攻该处，我李旅伤营长三员、连排长廿余员、战斗兵伤亡殆尽。继又飞调侯旅向常坪堵击，本路军现仍扼守溃① 泉南峪，经1000高地亘阔沟、绵山及旧关西北高山，协同第三军扼要封锁。惟敌每于白昼利用飞机、大炮先行轰炸，继以步兵猛烈冲击，山头工事、守兵均成灰烬。本路部队现均布防于绵亘五十余里之阵地，前线兵力既感单薄，后方又无控置部队，任何一点被击破，即感应付困难。查本路前在房甘〔山〕、琉璃河、涿州、

① 原文如此，疑有错漏。

平山一带激战数十次，实力损失已达三分之一强，连月转战未得补充整理。又经此次血战，实力损伤，精神疲倦，自属难免。统计全路战斗员不足一万，步枪只七八千支，精神、物质远不如前。查山西为华北枢纽，娘子关若有疏失，关系大局，良非浅鲜。除再督饬所部，就现有确实与对刘面①之敌施行夜袭，以求恢复原有阵地外，成败延〔利〕钝，实所不顾。一息尚存，誓死关头，存亡将举最近②。等情。电呈鉴核。孙连仲。马戌。参战。印。

(7) 10月23日密电

京委员长蒋：远密。谨将号、马、养各日战斗经过列陈：(一)查〈1000〉高地确居雁门③东南，为军事必争要点，系廿七师黄旅固守。旬日以来，悍敌猛攻数十次，损失最大，迄未得逞。敌乃增调卅九联队，约四五千人，辅以飞机、大炮，用烧夷炸弹，号日起即昼夜猛攻。敌我施行争夺战，肉搏混战数十次。因伤亡过重，附近各山顶均被敌攻陷，仅余数十人死守最高峰，不少退让。养晚，因左翼南峪被攻陷，三面围顶，山顶工事完全毁平，数十人殉国，阵地遂陷。黄旅现只余战斗员四百余人，其阎旅亦不过千余人。(二)乏驴岭被敌攻陷后，赶派卅师李旅四营兵力约千人，占北峪葛丹阵地抵抗。敌以八联队之主力，马日猛攻，血战终日，伤亡极重。仍转守南峪东北阵地，赶调侯旅一营、工兵营协同固守。养日，敌复猛攻南峪，全日浴血抗战，伤亡极重，现该部只余战斗员六百余人。(三)为恢复已失阵地计，马晚向敌袭击，并调正在交防中之卅师侯旅，向北峪方面敌人攻击，以挽危局。各部夜袭，均予敌以大损害。侯旅孙团攻敌进至北峪附近，被优势之敌包围，激战终日。至养晚，我正面阵地被敌攻破，乃令孙团向左翼转进。现侯旅只有千数百

① 原文如此，似有错漏。
② 原文如此。
③ “雁门”字傍有“关”字样。

人。(四)卅一师仍固守原阵地,约有二千余人,四四旅只两营,约七八百人。(五)本路经此惨烈血战后,全路战斗员不过六千余人,各级官长伤亡五分之三。战后已经无队号之区分,而所守正面尚有数十华里,处处有被敌击破之虞。不得已,乃禀承副司令长官意旨,整理所部,觉〔率〕领右翼,自旧关北高地经绵桀左翼至苇泽关、羔北高地、石人湾之线,抵抗敌人。本路官兵伤亡甚重,而忠勇之气、牺牲精神丝毫不懈。一息尚存,均抱与阵地共存亡之决心。成败利钝,在所不计也。谨闻。孙连仲。漾。参。印。

(8) 10月28日密电

即到。xgq 委员长蒋、xlgA 司令长官阎、xlgq 副司令长官黄:致密。据报十七师已退至赵家、漉庄一带,一六九师现在位置冯总指挥不大明瞭,一二二师下落不明。曾旅只余四百余人,仍在西郊附近高地。本路战斗员不足六千人,防线之长约三四十里,兵力实感单薄。而按现况,石门被敌突破,巨城失守。赵部西北退通阳泉大道,已无兵扼守,对我正面已受包围之势。虽万分困难,仍严令各部竭力苦撑,死守现阵地,直至牺牲净尽而后已。但死守无工事之秃山,又无新锐部队之增援,恐终不免被敌歼灭或溃散,其情形必其于曾无①。职为大局着想,全部牺牲能迟滞敌之前进,于任务上,则可达成。然为确保太原、榆次,必须另调精锐生力军布置第二线,以期拒止敌人为祷。职孙连仲。俭未。参。印。

南京委员长蒋、xlga 司令长官阎、xlgq 部长黄:远密。本路军奉命由移动转用兵力部署之际,我两翼友军曾军、川军,廿七路【军】武师、赵师均受敌压迫,逐次后退。本路军两翼已无友军,现陷于孤立艰苦之境。为贯彻抗战决心,拟如下作战:(一)第一期作战。死守石门口北、最最高上庄、鼋庄、乱柳村以北山地阵地,顽

① 原文如此。

强阻止敌人。(二)第二期作战。以四二军确保阳泉附近地区，以卅师确保平定附近地区，以卅一师确保平定、榆次大道。在平定以南地区占领阵地，扼要死守。(三)施行第二期作战地区，等候命令。(四)所规定第二期作战地区，除有令外，不准再向后移动一步，违者以军律处罪。以上四项，已严令本路军各部队遵照施行，以平定等地为最后坟墓，以报国家。谨闻。职孙连仲。俭酉。参。印。

(9) 10月29日密电

特急。南京委员长蒋、司令官阎：致密。本路军为遵奉委座俭午电，在寿阳以东地区，坚强抗战待援。计拟定各期行动如下：(一)抵抗地带唯现阵地为第一，次以赵家庄、南茹村、辛兴镇为第二，次以台泉、上龙泉镇、郭家庄、南沟为第三，次以松塔镇、范畉岭、芹泉镇为最后死守地带；如有退至此线以西者处罪。(二)各部队活动范围：四二军沿正太路向右四公里，并与卅师连系，向左二公里。卅师在道路内侧各二公里，右与卅一师、左与四二军连系。卅一师在平榆大道两侧各二公里，并与左翼卅师连系。各按此规定，节节抗战。(三)各部队变换抵抗地带，须以本部命令施行。以上四项，除饬各部遵照外，谨闻。职孙连仲。艳辰。参战。印。

(10) 11月13日密电

急。南京委员长蒋、部长何：〇密。佳午一作元电敬悉。(一)本路军自宥夜，由娘子关转用兵力于石门、移穰之线，以战斗员不足五千之数，与各兵种联合四联队之敌，连日作殊死战。因左右两翼友军被敌压迫西退，本路孤军在阳泉、平定以东地区陷于重围，防线处处被优势之敌冲破混战。乃奉令利用寿阳以东山地节节抵抗，迟敌西进，并保持阳寿、平榆〔定〕两大道。优势之敌遂沿铁路西进，我四十二军及三十师均受压迫，逐次与敌激战，损失极大。乃令二十七师在寿阳以北,三十一师在马首村占领侧面阵地,三十师残部在寿阳附近复被敌击散。(二)本路军江日奉令向太原以东地区集结,职率本部及四十四旅,沿铁路西进,到什贴镇迤南地区,与敌遭遇战,被敌冲断。职赴太原,职部人员及四十四旅转向南下。什贴镇之敌,歌日直向汾河东岸小店镇前进,二十七师歌夜到太原东孟家井附近。遂令星夜攻击小店镇之敌,并掩护各军渡汾河,及〔乃〕使太原城防获得时间之余裕。三十一师及三十师四十四旅残部,遂沿铁路南下。职随卫总司令赴汾阳,收整所部。(三)职佳日到汾阳,奉令本路军在仁义镇集结。佳日,二十七师在小店镇与敌背水激战终日,损失奇重。现收容战斗员不足千人,元日可到仁义。三十一师编有步兵六连,文日已抵仁义。三十师迭次被敌突破,只剩战斗员三四百人,已令开洪洞收容整理。四十四旅亦只三、四百人,已令开赵城。本部昨晚到汾西以北,元晚可达赵城。(四)本路军转战冀、晋,数月以来,迭次损失,现计全路战斗员不过三千人。前次虽蒙补充徒手九千名,然多系新兵,正在豫省加紧训练,一时未得补充。而三千余之战斗员,又系残余集编,原有干部损失殆尽,已无战斗力量。非假以时日,加以整理补充,实不堪应战。谨乞鉴核示遵。职孙连仲。元午。印。

〔国民政府国防部史政局及战史会档案〕

5. 蒋介石命令阎锡山坚守寿阳以东地区密电

(1937年10月28日)

限一小时到。太原阎司令长官,寿阳黄副司令长官:○密。娘子关失守,影响全晋。我为保障晋北最后胜利及待川军增援起见,在娘子关方面作战各军应在寿阳以东地区,利用山地坚强抵抗,如无命令,即将全部牺牲,亦不许退至寿阳以西。如有不听命令者,决依军法从处,望即转令遵照为要。中○。俭午。

〔国民政府国防部史政局及战史会档案〕

四、太原保卫战

1. 第七集团军太原城防工事计划①

（1937年10月）

太原城防工事指导要领

甲、要旨

一、城防各种兵器之配备，应能集中所有火力，以达歼灭敌人之目的。

乙、指导要领

二、为使接近城垣之敌完全消灭于我火网内，城外近距离之死角，须以最大之努力削除之。

三、各城角、各瓮城及城根掘洞，伏藏山炮。对接近城墙之敌，以零线子母弹构成交叉火网。

四、各城墙突出部，构筑机关枪地下室，以侧射火力辅助山炮火力。

五、监视哨所一律设置于城墙腹部，采用互相监视法。

六、城内房院可形成复廓者，须加筑外壕，形成纵横无数之方形阵地，以备阻绝突入城内之敌。

七、城内较高坚之建筑物，配备远射炮，并能向各方随时集中射击。

〔国民政府国防部史政局及战史会档案〕

2. 孙震邓锡侯报告一二四师等部在阳泉平定一线战况密电

（1937年10月）

（1）10月27日密电

① 选自《第七集团军战斗详报》（南口会战迄太原守城）。

南京委员长蒋钧鉴：枕密。职宥亥秦参电计入钧览。职刻行抵潼关，渡河北岸。顷据(124)师曾旅感亥电称：职旅宥夜赶到阳泉，奉黄副长官、孙总【司令】连仲命令：星夜兼程赴平定县前方石门口，部署阵地。感巳方到石门泺〔口〕，午刻即与敌人接触。敌以飞机、大炮、机枪猛攻石门，我阵地自午至亥，死伤甚重。职督部尽力撑持，誓以牺牲决心，固守该点。等语。至王师战况，候得报，即转呈。职孙震叩。感亥潼参。印。

(2) 10月30日密电

急。xgg委员长蒋钧鉴：枕密。职等本晨到达太原。〈122〉师及〈124〉师曾旅，现在南磐、平定、阳泉之线，正激战中，归孙连仲指挥。〈127〉师之一旅已到达榆次，一旅在同蒲道上，〈125〉师在宝鸡至西安路上。除战况另电详报外，谨呈。职邓锡侯、孙震叩。卅巳。晋。印。

京委员长蒋：○密。宥亥秦参电计入钧览。顷据王师俭申电称：职师王、童两旅在西回村与敌遭遇，经有、宥两日激战后，官兵伤亡二分之一以上。计蹇团陈营在争夺阵地中全营牺牲殆尽，王团连长伤亡十员，排长廿余员。现奉黄副长官命令，撤守平定县西南上下磁头大道，并从事整理。等语。又据曾旅俭电称：职旅奉命扼守平定前方石门口、西郊村一带，感巳起迄俭止，与敌激战。我七四四团伤亡颇重，其黄营因迭次向敌逆袭，全营牺牲，仅余数十。现奉命移守北阳、夏庄之线。等语。谨呈。职孙震叩。卅亥。并参战。印。

〔国民政府国防部史政局及战史会档案〕

3. 第二战区太原会战纪要①

（1937年11月）

太原会战　二十六年十一月三日至八日

一、方针

（一）本会战在利用太原四周既设阵地线，实行依城野战，以阻敌前进，消灭其兵力，待我后续兵团到达，再施行反攻夹击而聚歼之。

二、指导要领

（二）在殷家堡、西吴村、大吴村、黄陵村、北营、村窑子上、赵家坡、张河村、店儿上、莱水墕、横岭上、常峪村、西黄水、青龙镇、周家山既设阵地线上，竭力加固工事。尤其对南北铁路正面及周家山方面，更应坚固编成之。

（三）如因北面作战影响，敌由黄寨镇方面向南进攻时，拟定作战要领如左：

1. 本阵地以持久防御之目的：在阻绝敌之前进，逐渐消灭其力量，以待后续兵团之到达。

2. 主战斗正面：东由小岗头，西至周家山，长约十五公里，须以步兵二万、山炮兵二团、野炮兵一营、骑兵四连守备之。

3. 兵力部署：以主力配备铁道正面，以强有力之一部配置于周家山，以预备队分置于青龙镇、周家山后方地区。

4. 敌情判断：敌将以主力沿公路南攻，以强有力之一部攻周家山，以协助其主力之攻击。

5. 指导要领

A. 此阵地以持久战为主，但为达成持久战之任务，各地区队应相机逆袭敌人，以消耗其兵力，

---

① 沿用原标题。

B．后继兵团到达后，应由思西村（周家山西北）地区出击，以期在黄寨附近地区包围敌军而击破之。

C、在会沟至青龙镇东北地区，构成浓密之火网。

（四）如因东路军作战影响，敌人由正太路方面沿铁路进攻太原时，拟定作战要领如左：

1．在殷家堡、黄陵村、北营、东西砖井之线，右翼依靠汾河，左翼依靠山地，竭力阻绝敌之前进，以待后续兵团到达而夹击之。

2．主战斗正面由殷家堡至赵家坡，长约十六公里，须以步兵二万五千、山炮一团、野炮兵二营、骑兵二连守备之。

3．兵力部署，以主力配备于铁道正面，以强有力之一部配备于赵家坡、河口村附近，以预备队分置于许檀村、五龙沟附近地区。

4．敌情判断：敌将以主力向河口附近进攻，以有力之一部沿铁道进攻，以协助其主力之攻击。

5．指导要领

A．此阵地以持久战为主，但为达成持久战之任务，各地区队应相机袭击敌人，以消耗其兵力。

B．俟汤兵团大部到达子洪口附近时，主力应由砖井村附近出击，包围敌军而聚歼之。

（五）为巩固北正面计，在风阁梁、欢咀村、郭家窑、陈家窑、拦岗村、岗北村构筑内部防御线，以期达到持久战之目的。

（六）将太原城编成复廓要塞，以资作最后之战斗。

（七）敌如由正太及黄寨两面同时进攻时，应在主战斗线东西，以配备少数部队掩护侧背。其战斗计划临时再按情况拟定之。

三、战斗前敌我态势（附图一、二〔图略〕）

四、兵团部署

（一）着第三十五军（第二二旅、第二一八旅、独立第一旅、第二一三旅，新编第三、第八、第九各团、第七十三师之一旅及炮二十三团刘团长（倚衡）指挥之炮二十一团、炮二十二团（欠第二营营部及第三、六连)、炮二十五团第一营、炮垒大队，并由忻口开拔中之第七十一师、独立第七、第八旅等部，统归傅总司令(作义)指挥，布置太原城防。

(二) 以黄副司令长官指挥之各部，在北营、赵家坡、张河村、刘家河及孟家井、上庄一带占领既设阵地。以卫总司令(立煌)指挥之各部队，在菜水塥、青龙镇、天门关一带占领既设阵地。统归卫总司令指挥，在太原附近准备依城野战。

(三) 以达到黎城、东阳关之汤恩伯军向榆次附近推进，俟敌攻太原时，与太原附近部队夹击而歼灭之。

(四) 太原近郊并城周重要工事，由新编第六旅、独立第一旅之步兵一部及骑兵连担任警戒。

五、作战经过概要

(一) 十月二十三日，令傅总司令(作义)布置省垣城防，以固我资源重地。即于十一月一日决定部署如下：以三十五军(第二一一、第二一八旅)及七十三师之一部分任东西两城防务，并以一部配备于城外。以新编第三团配备于北城，独立第一旅配备于西城，第二一三旅配备于南城，新编第八、第九两团为预备队(71D、独1B、独8B开到后另行部署)。

(二) 十一月一日，给卫总司令(立煌)电令，要旨如左：

晋东方面我军因受优势之敌压迫，正逐次向太原以东地区转移中。除已令傅(作义)总司令在太原布置城防以固我资源重地外，希贵部在菜水塥、青龙镇、天门关一带占领既设阵地，俟敌接近一举而歼灭之。并协助守太原之傅军依城野战，以保固太原。(原令详见忻口会战十一月一日栏内)

同日，给杨(澄源)军长电(东参)令如左：

着该部李营长庆沛指挥正太路破坏班，负责将正太路施行破坏，务使敌在长期间不能恢复。至破坏时期及地段，请示黄副司令长官办理。

（三）二日，给炮兵周（玳）司令电（东亥参战）令如左：

按现在战况上之必要，规定炮兵新方案如下：

1. 太原守城之炮兵为炮二十一团、炮二十二团（欠第二营营部及第三、六连）、炮二十五团第一营炮垒大队。着炮二十二团刘团长（倚衡）统筹办理，均归傅总司令指挥。

2. 归卫总司令指挥之炮兵为：炮兵指挥部、炮二十五团（欠第一营）、炮二十六团、炮二十七团、炮二十八团。并着炮二十五、六、七、八团，统归炮兵刘副司令（振蘅）指挥。

3. 以步步为营、节节抵抗之战略及炮种、炮弹之关系，着炮二十三团、炮二十四团、炮二十九团（欠第三、四连）调韩侯岭，炮二十二团之第二营营部及第三、六连调驻临汾。至炮二十三团、二十四团、炮二十二团第二营营部之开动时间，由刘副司令相机指示施行，炮二十九团之开动时间由本部迳行指示之。

4. 炮二十一、二十九团之第九连，着炮二十四团第二营李营长率领，并该营营部及第四、六两连于冬晚开动，调驻临汾附近。炮兵二十六、二十七、二十八团之第九连，着即归还建制，听候各该团长之指挥。

5. 炮二十四团第三营（欠第七连），仍附属李俊功师，第八连仍附属李师杨维垣旅。尔后使用上如有调整，必要时着均由刘副司令负责办理。

6. 为便于统筹全炮兵之运用及办理兵站事宜计，着炮兵司令部移驻临汾附近。该部一部人员于冬晚向临汾出动，其重要人员俟必要时随同司令长官部行营出动。

同日，给卫（立煌）总司令电令，要旨如左：

兹着孙连仲指挥之各部队及汤恩伯军，统归贵司令指挥，利用太原附近既设阵地实行依城野战，俟敌攻太原时，夹击而歼灭之。

（四）三日，晋东之敌进至寿阳，即将县城包围猛攻，我守城部队与敌激战终日，双方伤亡颇多。终因众寡悬殊，我守城部队遂于夜间突围出城，且战且退，向榆次之太安驿、芦家庄、上下潘家垴线之收容阵地转进。黄副司令长官遂令各部队退据太原东南，协助傅(作义)军依城野战，并预定部署如左：

1. 以川军第四十五军占领赵家坡、砖井、北营既设阵地线，川军第四十一军在狄村、马庄、黄家坡集结整理。

2. 以二十六路孙连仲部，占领赵家坡(不含)、黄土坡、东沟、张河村之线之据点阵地。

3. 以第二十七路冯钦哉部，占领张河村(不含)、刘家河之线。

4. 以第三军曾万钟部占领上庄、松庄之线，以第十七师赵寿山部占领孟家井、大小窑头之线。

同日，因晋东方面数日来战况甚形失利，现我该方面部队正逐次向太原以东地区转移中，我忻口方面北路军遂于二日晚逐次抗战，逐次向青龙镇一带转进，卫总司令(立煌)并拟定部署如左：

1. 以第十五军、十七军(欠二十一师)山炮一营为右兵团，以主力占领莱水塥、川套里亘前坡迄窑子上南端之线，一部于黄代沟西方亘赵庄之线，利用既设阵地，鳞次配备，重点置于左翼。

2. 以前三十五军一部、第二十一师、四十七师、四十二师王旅、五十四师、七十二师、七十三师、一〇一师、六十六师之二〇六旅、第二〇三旅、独立第二、第三旅各部队原配属之炮兵装甲汽车队，为中央兵团。以主力于窑子上西北端亘青龙镇迄周家山线，对东北占领侧面阵地，并对周家山须特别巩固。以一部占领风阁梁迄东塥村东端之线。

3. 以第十四军、第六十一军一部、七十一师、九十四师、独立第七旅、炮二十七团(欠第四连)、第二师炮兵炮〔团〕为左兵团。以主力占领观象坡、东青善、西青善及东塥村亘拦岗村迄天门关之线，以有力一部于泥屯镇占领前进阵地。另以一小部占领凌井村，警戒军之左侧。

4. 各兵团统限四日午前，阵地占领完毕，并星夜加强工事。

5．作战地境如左：

右 兵 团
长沟村—前李家山—窑子上—赵庄—大屯庄—城晋驿东端—棘针沟相连之线，线上及以东，属右兵团。

中央兵团
新城村东端—小坟村—东堝村东端—南岭—起见沟—神坡村—王璠山相连之线，线上及以东，属中央兵团。

左 兵 团

6．以炮兵第五团、炮二十三团、炮二十八团为军炮兵集团，归炮兵副司令刘振蘅指挥。以主力于风阁梁、阳曲镇，一部于拦岗村附近占领既设之阵地，限于五日拂晓前完成射击准备。

7．中央及左兵团，所〔将〕派石岭关及下社（石岭关东北）一带之阵地占领，掩护队应于军主力确实占领阵地后，待命撤回。

8．军预备队应如左之规定位置：第八十五师太原附近、独立第五旅新城村附近、第一七七师五二九旅新店附近。（右命令已详见忻口会战十一月三日栏内）

同日，给朱总司令（德）电（江戌参战）令如左：

1．敌情如贵官所知。2、贵部应以主力牵制晋东方面之敌，并广为破坏交通，极力迟滞敌之西进。以一部协同骑兵赵承绶部努力牵制敌之南进，尔后并乘机进出东关口西北地区，威胁敌人，以掩护本军之左侧背。同日，汤恩伯部先头部队到达子洪口。

（五）四日晨，晋东之敌与我东路军孙连仲部，在榆次附近激战终日。敌后续部队陆续到达，因众寡悬殊，我军被压迫于榆次西南地区，敌遂占据榆次县城。

同日，我北路军于二日由忻口转进时，即节节受敌追击，仓卒之际未能保持青龙镇东西之线。卫总司令遂给北路军各部队电令，要旨如左：

1．晋东敌骑兵一部，江亥到什贴镇以东一带，其主力在寿阳、马首村一带。晋北敌一部江午向我忻县攻击中，本晨渐迫石岭关。

我晋东军除二十六路一小部沿卢家庄、太安驿各以西向太原转移外，其余各部概向铁路南北转移，阳曲城守备由第七集团军专任。2. 军以右翼空虚，为达成决战防御之目的，即以一部占领敦化坊、沙河北(以兵工厂北侧为标准)、三角村、松树坡之线。主力集结太原县、吴家堡一带地区，相机转移攻势。3. 空军服行前任务。4. 右兵团即由现在地，以一部在王家岭、洛阳线与中央兵团连系，掩护军阵地占领。主力即沿阳曲城东侧、南侧，期于鱼拂晓，先以一部赶到太原县之东城角村、吴家堡一带，对东警戒。5. 中央兵团(欠已拨第七集团军之六六师之二〇六旅、七十三师、六十八师之二〇三旅，装甲车队主力)酌以有力一部，于青龙镇、周家山收容。石灵关部队撤收及掩护军之阵地占领，尽量迟滞敌之前进外，主力即沿阳曲城北侧移集彭村、移村一带。6. 左兵团除以一部连系中央兵团逐次撤退，并另以一部占领小东流东侧河边迄松树坡线外，其余即沿古城村以北渡河，集结东社及迤南地区。7. 转移间作战地境向南延伸：甲、丈子头、享堂、小北门、首义门、新上庄之线，线上含以东，以南属右兵团(阳曲城守备在内)。乙、新城村东侧赵庄、小东流东、汾河东侧、沙河西、彭村之线，线上及以东归中央兵团。8. 军炮兵即沿阳曲城、西桥梁渡河，以一部于西窊流，主力于吴家堡、武家庄附近占领阵地，对阳曲南北充分作射击准备。9. 军预备队八十五师集结太原县，独五旅新上庄、南屯，一七七师杨旅在董茹，分别集结。10. 军通讯部队应以义井为基点，构成通信网。11. 补给另电规定。12. 余现在阳曲，尔后在义井设指挥所。

同日晨，晋北之敌渐迫近石岭关。

(六) 五日，我东路军孙连仲各部，仍在榆次西南地区与敌对峙中。

同日，晋北之敌向我青龙镇、周家山一带之掩护队攻击，我掩护队以任务完毕，且敌后续部队逐渐到达，遂逐次抵抗，撤回本阵地。

(七) 六日，我东路军孙连仲各部队，因作战以来损失甚重，所余残部战斗力甚为微弱，遂令经徐沟、祁县、平遥、介休等县开赴灵石、仁义镇附近，集结待命。

同日，为阻止晋东之敌沿同蒲路南犯，以巩固晋南计，卫（立煌）军决在平遥、汾阳之线以南附近地区集结，准备尔后战斗。遂将太原城周之部队，逐渐向太原县附近转移。

同日拂晓，城北兵工厂附近发现敌坂垣兵团先头步炮千余，与我前进部队开始战斗。至九时，西北牧羊厂，东北享堂村、敦化坊，正东剪子湾，均发现敌情。敌坂垣兵团（附伪蒙骑兵军等及坦克车、钢甲车百余辆）主力展开于东、北两面，向我东、北、西三面城垣炮击甚烈。敌飞机持九架数量，向城中交织轰炸，片刻不停。敌步兵向前紧迫，与我配备城外部队激战终日。彼时卫总司令令第七十一师及独立第七、第八两旅，增守城防，均到汾河西岸彭村、宜流等处集结。至晚九时，仅独立第八旅由汾河西岸渡过一营，进入西城，其余部队以受敌攻击，未能继续入城，被敌压迫，节节南撤。

（八）七日晨，东路敌川岸兵团之先头部队约一千五百余，亦进迫坞城村附近，一部进抵双塔寺，与城东之北路敌人会合。此时城西之汾河各桥均被敌占领，太原城遂完全陷于包围状态。同时东、北两面敌步炮连合向城垣猛轰猛扑，直至黄昏，敌机仍在城内轰炸。我城外部队受敌压迫，伤亡殆尽，城垣之炮垒队炮位多被敌炮火制压轰毁。入夜，敌炮击更烈，城内汉奸隐伏，四出活动，电话随修随断，消息梗阻，形势极为危恶。傅总司令亲巡各城，一面鼓励士气，一面指画方略，人心始稍稳定。同日，晋东之敌一部，由小店镇渡汾河西岸，沿太原、汾阳公路南犯。

（九）八日晨，敌两路兵团主力步炮全集城下，东、北两面攻击剧烈。敌机十三架轮流轰炸，北城楼被焚，东、北两城到处起火，电话逐断被毁，火焰弥漫全城。至九时，东北及西北两城角，敌集中炮火连续轰击，该两城角遂被轰陷。旋东北两面城墙亦相继轰开破口十余处，城墙各掩蔽部及弹药洞多被轰塌。敌步兵在其机炮掩护下向城内猛冲，我城墙埋伏之炮垒队亦被敌击散，歼敌计划概失效用。我东、北两城步兵誓死不退，一面拼杀入城之敌，一面封锁城墙各口。敌我皆争取最后胜利，死亡异常惨重。至午后四时，城墙各口皆被我封锁，仅东北城角一处入城之敌千余，与我激烈巷战，亦被我歼灭大半。最后敌机数次在城内大教场降落，又向城内增加大量步兵，复利用夜间隐蔽夹杂混战，处处突袭。我官兵伤亡甚多，而西南两城部队及预备队亦为敌人袭散，应战残余兵力益感不敷分配。盖第三十五军及二一三旅均在绥东及晋北连续作战，伤亡甚重，疲惫之余，喘息未定。而新编各团亦成立未久，概无相当时间之整训，炮垒队编组又不甚健全，以致预行布署之伏枪、伏炮未能发挥其效用。而敌则坂垣、川岸两兵团乘胜会师城下，其机械化部队固属望尘莫及，即兵力亦复数倍优越于我。血战之余，我官兵寥落无几，城遂被陷。我守城残部遂经文水一带，向离石附近集结，准备尔后战斗。

（十）九日，为巩固晋南，以阻敌之南犯，卫（立煌）总司令给与各部队命令如左：

A．晋东之敌一部，由小店镇渡汾河西岸，沿太原汾阳公路，主力由榆次沿同蒲路分道南犯。昨（八）日与我汤部先头团在太谷附近激战，刻敌之先头似已越祁县、交城之线续进。我第十八集团军主力仍在昔阳、榆次间扰击晋东敌之侧背，一部仍在宣化、雁门、代县、崞县间截断晋北敌之后路中。介休有我第六集团第六十六师刘效增团，韩侯岭有我三十四军杨澄源部约五团兵力，正在构筑阵地中。

B．军决于平遥、汾阳之线以南附近地区集结，准备尔后回歼深入晋中之敌。

C．各兵团之行动及任务如左：

1．第十三军应以一部确实占领子洪镇，主力速进至子洪镇以南附近集结，并截击沿铁道南下之敌侧背。

2. 第二集团军附第三军，应即开赴灵石以南仁义镇集结待命，其主力限于十一日以前到达。

3. 第十七军（欠二十一师）附一七七师杨旅，应于明（十）日日暮前，接任汾阳及其附近警备事宜。尔后如受敌压迫，不得已时向吴城镇南北山地转移，发动游击战，充分扰击敌侧。

4. 第十四军附九四师，应于明（十）日晚，由现地经汾阳、兑九峪、大麦郊、石口镇，向汾西、霍县之线集结待命，其主力限于十六日以前到达。但移动时须通知邻近部队，并派有力之后卫。

5. 第十九军附第七十一师、第六十八师（欠已入阳曲部队）、独立第三、第七各旅及第六十一军，应以编整之有力部队，限于十二日以前，确实占领兑九峪附近，拒止敌之前进。其余在隰县附近迅速整编。

6. 第二十七路附一七师，应立即经汾阳、兑九峪、辛庄、峪口村道，限于十三日以前到达南关村道、美村附近集结，并限后尾部明晚通过汾阳。

7. 第四七师应即由现地星夜开赴兑九峪，对东北正面构筑据点工事，俟第十九军部队到达移交后，限于十五日以前到达汾西、霍县间待命。

8. 第十五军应于明（十）日黄昏前，经孝义取直径向霍县西南地区附近集结待命，限十四日以前到达。

9. 第二十一师及第八十五师除所余战斗员兵完全编为作战部队，归本部直接指挥外，其余即开侯马及曲沃补充整理。

10. 独立五旅应于明（十）日，将汾阳及其附近警备任务交十七军接任后，即跟第廿七路军经兑九峪、双池镇、大麦镇、汾西，限十四日以前到达赵城县城待命。

11. 第五四师着即经兑九峪、大麦郊镇、石口镇、隰县、蒲县，到达临汾附近集结待命。

12. 炮兵第五团附第二师山炮营，应开赴霍县，并先于韩侯岭选定阵地。其余以前配属兵团之炮兵，由原各兵团长妥为区处之。但第二师山炮营，已开隰县待命。

13. 第二十二集团军(在黎城、长治一带)及骑兵第一军、第二军，仍服以前任务。

14. 战车防御炮营着即移驻隰县待命，原配属第六十一军之战车防御炮连，着即归还建制。

D. 军通信主用无线电，但灵石以南各部队到达指定位置后，续向赵城本部加设电话。军通信队速以赵城县为基点，构成向各部队通信网。(军补给规定从略)

E. 余明晚起向赵城县城行进。

〔国民政府国防部史政局及战史会档案〕

4. 阎锡山等报告太原保卫战情形

(1937年11月)

(1) 11月3日密电

即到。南京蒋委员长钧鉴：吉密。我东路军黄部退至寿阳以东附近地区后，连日被敌猛攻，仍不能支持，不得不准其逐次向西撤退。在此千钧一发时机，若不速令西路军卫部向南转进，一旦敌突至阳曲城下，不特该城防部队陷于孤立，难以固守，即卫部后方，亦感莫大胁迫，攻守两难。为策万全计，已拟以依城野战之目的，令卫部于冬晚向叶水墕、青龙镇、天门关之线转进，占领阵地，与敌决战。除撤退及占领阵地详情另电呈报外，谨先奉闻。山。江子。参战。印。〔自阳曲发〕

限即刻到。南京大本营钧鉴：应密。兹为本战区作战指挥统一起见，特委卫立煌为第二战区前敌总司令，所有第二战区各军均听该总司令指挥。除分电外，谨电请备案。阎锡山、黄绍竑。江未。

参战。印。〔自阳曲发〕

(2) 11月4日密电

特急。蒋委员长钧鉴：吉密。自东路军节节后退，已至无抵抗能力，山不得已令东北两路，均撤向太原，依城野战，确保太原。将各部队整理为八个单位，骑炮兵各一，步兵六个集团。第三军归第二集团军，廿七路、第十五军、第十七军、九十四师并归十四集团军，川军均归廿二集团军，新二师并归十八集团军，晋绥留太原者全归第七集团军，余归第六集团军。骑兵军仍在雁门关外游击。炮兵除附属各部队外，均由炮兵副司令统管。并委卫立煌为第二战区前敌总司令，除第十八集团及第六集团军外，均归其指挥。委傅作义兼太原守备司令。省政府为统筹省政便利计，移驻临汾。第二战区司令长官行营，移至近省地方指挥。尔后情况续报外，谨先电闻。山叩。支戌。印。

(3) 11月6日密电

限即刻到。南京蒋委员长钧鉴：吉密。因东路部队除孙连仲部，余均南撤，城南防务无法布置。北路部队于青龙镇阵地亦未能立足。已令卫总司令将北路部队集结西山，东路部队集结东山，整顿补充，俟援军到后，再图夹击攻城之敌。傅固守城垣。并告黄副司令长官转到平遥，堵队南下。山在交城指挥一切。谨禀。阎锡山叩。鱼戌。印。〔自交城发〕

〔国民政府国防部史政局及战史会档案〕

5. 曾万钟军在榆次等地作战情形密电

(1937年11月9日)

特急。南京委员长蒋：固密。(1)本军自新关附近脱围后，即奉令开松塔镇阻止沿平定大道西进之敌。江夜，又奉令驰回太原以东地区为预备队，藉资整理。即于支丑北开，微晨驰抵榆次西北之鸣李村附近，与敌遭遇。正激战间，榆次突陷，因腹背受敌，即转向小店镇北进。又受阻混战竟日，仅先头朱旅一部突围北进，其余因失去连络，乃于鱼丑撤至北截镇收容。但与太原始终未取得连络，各友军又纷纷南移，不得已即于阳子向南移动。本日已到武乡属范权店，拟到沁县附近收容整理待命。(2)两师现到官兵：七师约二千人，十二师一千二百人。朱淮旅现到何处，尚无消息。职曾万钟。佳戌。于权店。印。

〔国民政府国防部史政局及战史会档案〕

6. 卫立煌等报告各部在忻县阳曲一线战况密电

（1937年11月）

（1）卫立煌密电（11月6日）

即到。委员长蒋：远密。一、昨日职部无线电机被炸，有线电悉断，致无报告。二、忻口转移后，敌步、炮、空、坦克紧接追击，各部均有损失。忻县、石岭、灵关之线掩护，均各激战，步、骑伤亡奇重。微未，敌猛攻青龙镇、阳曲镇，我守兵以伤亡过巨，被敌突破，正面各军、师形成溃退，曾竭力督饬，终以战斗员太少，无法挽回。刻先头计已退过清源及以北山也〔地〕，职正督饬其余各部，巩固城防，力图继战。三、新配属之晋东各军、师，除令冯钦哉部及赵寿山师占阳曲东北亘正稔，第廿七师进占小店镇、北营村一带外，其余尚未取得连络。四、晋东之敌步、骑兵约千余，微晚已迫切〔近〕城南北营村。谨闻。职卫立煌。鱼晨。参。印。

（2）阎锡山等密电（11月8日）

即到。南京蒋委员长钧鉴：〇密。虞日敌对太原东北、西北两面竟日猛烈炮击，城垣上部工事多已摧毁。又：敌步骑千余名，战车四辆、炮十余门，与我守太谷城汤部激战，汤军长率主力拟经榆社北进，拊敌侧背。由晋东撤回之孙（连仲）、曾（万钟）等部，现在太谷西南之子洪镇附近。川军沿同蒲路向介休溃退。由晋北撤下之卫（立煌）、王（靖国）、李（默庵）、刘（茂恩）等部，现在交城、汾阳一带，一面布防，一面集结整理。我军此次转进，因受敌机轰炸，颇形混乱。除饬各部迅速收容整理，以备再战外，谨闻。阎锡山、黄绍竑叩。8.22。参。

〔国民政府国防部史政局及战史会档案〕

7. 傅作义报告太原附近原定作战计划往来密电

（1937年11月）

（1）傅作义密电（11月7日）

即刻到。南京委员长蒋：挺密。太原附近原定作战计划：职余新旧各六团，皆经过作战损失之余，有每团仅二百余人者，计实数战斗兵共约六千余，守备太原。全军主力在外，依城野战，城内外均归卫总司令指挥。讵东、北两路各部队转进时，未能按原定计划，立足不稳，致卫总司令两日失却联络，友军位置悉不明了，刻环城附近已无友军。昨今两日，敌已将城之东、北、西包围，开始接触，南面敌相距十余里，刻敌已使用主力，正式猛攻。我守城部队经职训话，士气旺盛者结局〔果〕几有两千余。职正用各种方法，激励士气，决心与敌死拼，吸敌兵力，以待我之主力进展击敌。职傅作义叩。虞酉。参。运城办公处转。齐。印。

（2）蒋介石复电（11月10日）

限即刻到。太原傅总司令：〇密。虞酉电悉。贵部迭挫敌锋，现更能激励士气，据守孤城，以待后援。举国上下均极钦佩，仍希努力抗守，牵制敌兵，俾后方部队有整备出击之暇，为盼。中正。蒸巳。一作。印。

〔国民政府国防部史政局及战史会档案〕

（七）徐州会战

一、会战前部署及作战计划

1. 蒋介石部署徐州会战密电

1938年2月

（1） 2月4日密电

徐州李司令长官，砀山于总司令：密。于学忠部着速开淮河北岸，扼守阻敌渡河，并将扼守情形具报。中〇。支午。令一元。

限即到。徐州李司令长官，曹县孙副总司令，曹总指挥：密。着孙桐萱、曹福林所部，速向津浦北段济宁以北取攻势，并将出击情形随时具报。中〇。支未。令一元。

（2） 2月8日密电

特急。徐州李司令长官，曹县沈主席、孙副总司令、曹总指挥，临沂庞军团长：〇密。（一）着庞、沈部队从速出击，并编组小支队绕出胶济路以北地区活动。（二）孙、曹部队以绕攻济宁汶上为宜，不必由正面攻击，希转饬遵照。中〇。08.17。命一元。鄂。

（3） 2月9日密电

急。徐州李司令长官：05.16、07.15、08.13各电悉。〇密。在合肥方面集结之我军，应迅速准备向滁州以北地区攻击前进，同时须在合肥地方选择战术要点、要线构筑阵地，为进攻之据点。各方敌情希续报。中〇。09.16。令一元。

（4） 2月12日密电

急。徐州李司令长官：○密。着转饬孙代总司令桐萱，迅由酌派一部守备黄河、运河合流点至董口(含)间地区，左与刘汝明军连系，拒止敌人渡河，掩护五战区左侧为要。中○。12.14。令一元。鄂。印。

(5) 2月14日密电

限即到。郑州程长官，周家口飞送汤军团长：○密。汤军团应以主力推进阜阳、太和，一部在涡阳附近集结待命，并对前方地形与进出道路预行侦察，具报为要。中○。14.19。令一元。

限即到。徐州李司令长官：○密。训令：(一)决对津浦南段敌人加以彻底打击。(二)于学忠军应竭力阻止铁路正面敌人之前进。(三)张自忠军应以主力攻略怀远。(四)李品仙、廖磊两部应以主力进攻定远，并各以一部进出明光、全椒间，破坏铁道。(五)部署情形希具报。此间已令汤恩伯军团以主力推进阜阳、太和，一部至涡阳附近，集结待命矣。中○。14.19。令一元。

(6) 2月15日密电

限即到。郑州程司令长官：○密。对于郑州以东，原准备黄河北岸之码头及渡河材料等，必要时应予破坏。并饬河防部队，将所有船只一律扣留南岸，勿为敌所利用为要。中○。15.17。令一元。鄂。印。

限即到。郑州钱运输司令、何副司令：○密。对于郑州以东，原准备黄河北岸之码头及渡河材料等，应禀承程司令长官意旨，于必要时施行破坏，勿为敌所利用为要。中○。15.17。令一元。鄂。印。

急。郑州程司令长官。○密。关于黄河铁桥须俟敌人到达新乡后，再决定破坏时机。惟破伤准备，应先期确实完成。中○。15.20。令一元。

急。徐州李司令长官：○密。(一)对淮河北岸应饬令59A以主力夺取怀远，并相机令于、张两部转移攻势。(二)在淮河南岸除合肥、巢县控置有力部队外，廖部应以两至三师兵力攻击定远方面敌人，并令津浦南段以东地区游击队尽百般手段破坏交通，消灭敌小部队，毁灭其补充机关为要。中○。15.20。令一元。

(7) 2月16日密电

限即到。郑州程司令长官、临汾阎司令长官：○密。(一)第一战区对铁道正面之作战，不必死守一地，徒增损失。既设阵地亦不可轻易放弃，应充分利用，行逐次抵抗。宋集团军主力应向新乡、获嘉、修武方向逐渐后退，万军仍守辉县西方山地。(二)由第二战区抽调在晋城之赵寿山部及在长治之李家钰部，并由同蒲路再调两师至晋城方面，概归第一战区宋总司令指挥。至该项新增部队之用法，由该战区司令长官与宋总司令斟酌决定，务以能保障山西东南部山地，并能以继续侧击平汉线之敌人为主。(三)刘汝明部应即派一团渡河游击。中○。16.20。令一元。鄂。印。

(8) 2月18日密电

限三小时。徐州李司令长官：密。训令。(1)孙桐萱集团以牵制敌人不得沿铁路南下为主眼，应向兖州以北积极游击。对于济宁、汶上之敌，如力攻不下，须改取监视，并确保运河西岸，且与刘汝明军连系，拒敌渡河。(2)邓锡侯集团由铁路两侧向敌后方游击，万不得已时，以主力向铁路以东山地转移，袭敌侧背。(3)庞炳勋部向兖州以北益都以西铁路游击，务避免力攻蒙阴、泗水。(4)沈鸿烈部向益都以东铁路游击。(5)张自忠军开临城待命，但留两团于淮远，监视该敌，俟张轸部110D接防后，归还建制。(6)于学忠军肃清淮河北岸之敌，张自忠部淮远两团暂归于指挥。(7)李品仙部约四营，协助张自忠部监视淮远。(8)已令汤恩伯军团在阜阳、太阳、亳州集结，并派张轸部 110D至淮〔怀〕远接防。中○。18.21。令一元。

徐州李司令长官：○密。(一)前鱼电已令在徐州、宿县构筑据点工事，准备于必要时能以少数兵力(至多四团)防守之。(二)兹查徐州附近宜在云龙山、泰山、凤凰山、奎山及狮子山、黄山岭与其北方山地，并白云山与城北车站、西阁城北之堤埂，作成附廓工事。并将城南铁道附近之阎家窝、北翟山、十里铺、唐庄及城北铁道附近之张台、龙庄、大山庄、洞山庄之永久工事及橘南庄、桥口附近之永久工事，均用野战工事连接之，以便仅以一师兵力之防守。(三)将宿县、蒙城、涡阳作成据点，以便仅用少数兵力之防守。(四)将宿县北方湖沼地及山地，作成野战工事，并与铁道公路成直角，构筑能防战车纵深工事。(五)将亳州西南方面，补筑野战工事。(六)对各铁道、公路、桥梁之爆破材料，应预作准备，必要时负责彻底破坏之。除另派员前往侦察外，特电遵照。希将办理情形随时电复。中○。23 午。令一元。鄂。印。

(9) 2月19日密电

即到。徐州李司令长官、太和军团长：○密。(一)淮河北岸仍由于学忠部担任肃清及防守。(二)张自忠部须即日仍调赴临城待命，以两团在怀远原防监视警备，俟 51A及 31A各以一部接防后，再行归还建制。(三)51A 及 31A应即日各以一部，接怀远张自忠部原防，接防后对怀远之敌严密监视。(四)汤军团应以 110D推进蒙城，另以一军集结寿县待命，不必以 110D接张自忠部防。(五)

部队行动及位置对敌保秘密。(六)以上各部开拔到达及接防情形具报为要。中○。19.21。令一元。

武昌军令部徐部长勋鉴：据商震铣申电略称：自敌军由濮阳南侵后，长垣、封邱相继失陷，开封、城北、黑冈口、柳园口等渡口已发现敌踪，受命担任河防，惟有尽力挽救。但职军本请准作一个月之整理补充，乃为时未及两周，即行担任任务。临时配属之冯占海一旅素质未敢深信，又王劲哉师仅能抽出一团，战斗亦微。既无炮兵以阻敌之扼渡，又无汽车输送，以备部队机动。沿河二三百里防务辽阔，深恐遗误。除督饬所部竭力应付外，所有实在情形谨呈鉴察。等语。除电程司令长官就近速拨炮兵配属使用外，希知照。中正。皓。一侍参。鄂。

〔国民政府国防部史政局及战史会档案〕

2. 李宗仁重新部署五战区作战任务及邓锡侯部署廿二集团军作战任务电

(1938年2月14日)

(1) 李宗仁电

本战区于十三日十九时重新部署，各部队之情况如左：

十一集团军(五十一军脱离其指挥)应以一部扼守明光、红心铺之线，主力置于合肥、定远之间，对滁州之敌监视。第一百卅五师(欠一旅)归还其建制。

廿四集团军仍在江苏北部各地，续行前任务。

五十一军速开黄口附近待命，归入第三集团军之序列。该集团其余部队，应扼守济宁以北运河之线及郓城西侧黄河之线，对济宁尤须坚固守备。

廿二集团军以主力集结滕县，攻击邹县之敌而占领之。其一部推进至临城或利国驿附近，坚固占领，以支援主力之战斗。

当二十二集团军攻击邹县时，守备济宁之部队应向兖州取攻势，以牵制当面敌人兵力之转用。

第三军团（指挥海军陆战队）仍以一部在海岸防守，以主力在临沂附近向诸城、沂水、蒙阴、费县附近游击，并掩护第廿二集团军之右侧。

一百卅五师（欠一旅）着即赴蚌埠，归还第十一集团军之建制。

在鲁南山地（临沂附近）速集积弹药、粮秣及食盐等，并设备、交通、通信。着第廿二集团军派员会同第三军团人员，先行侦察设计，并通知兵站办理。

司令长官部仍在徐州。

业经委座电复，部署甚当，盼速施行。

（李司令长官寒电）

（2）邓锡侯电

廿二集团军为牵制邹县敌军南下之目的，该军作如左之部署：

一百廿五师于十四日进驻滕县，以全力驱逐邹县之敌。

一百廿七师于十四日全部移驻临城，以一部向曲阜附近游击，助攻邹县。一百廿二师及一百廿四师为预备队，位置于运河南岸自台儿庄、利国驿之线，构筑阵地。

（邓锡侯十四日电）

〔国民政府国防部史政局及战史会档案〕

3. 蒋介石发布汤恩伯及庞炳勋等部作战任务密电

（1938年3月20日）

即到。铜山李长官、郑州程长官并转孙总司令仿鲁、汤军团长恩伯，曹县孙代总司令、沈主席，城武曹总司令，临沂庞军团长、张军长：6517密。（一）对津浦北段轻举暴进之敌，决包围于微山湖畔歼灭之。(二)汤军团及孙仿鲁部先到徐之一师一旅，归汤恩伯统一指挥，于养日拂晓以前保持重点于右翼，开始攻击。(三)孙、曹集团速以主力向兖州、界河间攻击前进，须遮断敌退路，并阻止其增援。(并无增援情报)(四)庞、张两军协力，速扫荡当面残敌外，须选派有力部队向滕县南北地区挺进，并限二十二日以前到达，破坏交通，袭敌侧背。(五)沈主席所部须全力扰袭敌后方，使我主作战有利。(六)孙仿鲁亲率商、邱两师开徐州，守备国防工事。中〇。20.21。令一元。

〔国民政府国防部史政局及战史会档案〕

4. 蒋介石修正津浦北段作战部署密电

(1938年3月21日)

即到。徐州李长官并转孙总司令仿鲁、汤军团长恩伯，曹县孙代总司令城武、曹总司令，临沂庞军团长、张军长：0517密。对津浦北段之敌，决依20.21令一元电之企图围攻聚歼之。其部署修正如下：(1)汤军团进出运河后，以约两师对峄县方面佯攻，以三师由峄县以东梯次迂回，求滕县以南亘峄县间敌之侧背攻击之。(2)张轸师及独四四旅归孙仿鲁指挥，守备运河。(3)孙仿鲁部两师集结徐州待机。(4)张自忠军除以主力仍须与庞军团相协力肃清临沂当面残敌外，以约三至四团经泗水进出曲阜方面，牵制敌人。(5)孙、曹出击部队除以主力向邹县、两下店间地区挺进外，另以两团由汶上方面向肥城、大汶口挺进游击，限宥日到达，准予悬赏。万一敌有增援队由济宁出击时，除守势部队竭力阻止外，其出击部队仍须在铁路线上游击，不得撤回运河西岸。中〇。21.21。令一元。

〔国民政府国防部史政局及战史会档案〕

5. 蒋介石关于鲁南等地作战部署密电

(1938年4月27—30日)

(1) 4月27日密电

限二小时。徐州李长官、白副总长：密。(一)对鲁南之敌应迅速击破之。(二)樊军不必连系汤军右翼，应果敢迂回敌左侧背，向敌最感痛苦之处奇袭，以便速结战局。对沂河东岸迄马头镇之敌，不必攻击，应电张自忠军牵制之。(三)石友三军应改由沂河东岸向敌后方挺进，扰袭敌后方，阻敌增援。特须以一旅以上兵力向青岛攻击前进，该军勿受小敌所牵制，尔后应以大岘山地为根据。(四)一四〇师、五〇师应用以加强攻击军，形成重点。(五)王长海师应移炮车站集结，尔后依情况归汤恩伯或张自忠指挥，遣利国驿防【守】，以第九师一旅担任。(六)第三师应集结运河站，并筑运河站至台儿庄间运河南岸据点工事。(七)孙震军应筑台儿庄至利国驿间运河南岸据点工事。(八)孙、于两军正面应尽可能抽出部队，位置汤卢军后方。(九)已令刘汝明即开徐州，归五战区指挥。中〇手令。感未。令一元。

(2) 4月30日密电

限三小时到。徐州李长官。佁密。训令：(一)鲁南方面。(1)敌之攻势已顿挫。(2)决全线转攻势，加敌以更大之打击。(3)石友三军不攻郯城，不顾任何敌人之牵制，向敌后方挺进，并以一旅以上兵力向青岛攻击前进。(4)樊崧甫军避开马头镇据点之攻击，向敌主力后方挺进袭击。(5)其余守势，正面各军可增加第五十、第一四〇两师，全线转移攻势。(6)转攻以后无论效果大小，抑或万一顿挫，均须适时抽出损害过重部队，至运河后方构筑据点工事，并整顿补充。(7)其他已到、未到控制部队，不得使用。(二)淮南方面：(1)敌总兵力不过四万，我占绝对优势。惟敌立内线，如向我任何一点进攻,均感应付困难。(2)以打破敌策应鲁南企图,使其陷于被动之目的,决制敌机,先采取攻势。(3)韩德勤部应集结兵力,迅速攻击突进之敌。(4)廖磊部先以一部佯攻诱敌,离开阵地而击破之。(5)徐源泉部到达合肥,即向当面之敌攻击前进。(6)杨森所部主力应开前方,攻击巢湖以南之敌,酌留一部守备安庆及沿江要点。(7)已令罗树甲师开合肥,归徐源泉指挥,并令唐式遵抽调两团至安庆增防,归杨森指挥。(三)各方面攻击部署细部由战区决定,务须迅速开始为要。中〇。卅未。令一元。

〔国民政府国防部史政局及战史会档案〕

6. 李宗仁等报告鲁南会战方针及兵力部署密电

(1938年4月30日)

急。武昌委员长蒋钧鉴:艳申、艳酉、卅辰已令一元各电均奉悉。密。(一)鲁南会战贯彻与敌决战方针,移动兵力,准备一切。本拟各日开始,但以郯城、马头之敌南进,右翼军之旋回不可能,且受敌机之妨碍,兵力不克如期集中,故不得不延至江日开始。(二)会战部署之要旨在竭力增强右翼攻击军之力量,向西压迫,求敌之主力,与之决战。俟敌以全力阻止我攻击部队之进展时,即以有力之部队由台庄以北地区,向东出击,以夹击之。并以一部由卧虎寨南北之线侧击峄枣,以行牵制。(三)兵力部署,遵以樊归汤指挥,并以李延年、李仙洲(罗师归还后)两军加强攻势。军之右翼樊部,于两日内如不能扫清沂河东岸之敌股,则一部监视主力,仍照原定计划,断然向左旋回。石部遵命直向临沂挺进,预定以刘汝明部为左翼攻势之部队,先向运河挺进。如能使冯治安部推进徐州,则可控置为战区预备兵力,策应各方之作战。(四)除对皖南指导,坚守要点,扼住淮河防线,并令韩代总司令以攻击阻止敌之北进外,谨呈复如右。职李宗仁、白崇禧。卅亥。印。

〔国民政府国防部史政局及战史会档案〕

7. 李品仙报告该军在津浦线以东等地兵力部署密电

(1938年4月30日)

武昌委员长蒋、徐州长官李、副总长白：岱密。徐州北部及蚌埠之敌，以打通津浦线，迭次受挫，或将乘虚北自济宁而出鲁西，以断陇海路南，由江北攻合肥、寿州，牵制我淮河南岸之侧击。据报：本日长清之敌约三四千经肥城，一部沿黄河东岸南下。又渡江之敌约数千犯巢县，已至清溪，我军全力集中津浦沿线以东，对南北两方实可顾虑。似宜一方加强鲁南淮北主力军之作战，一方仍宜确保鲁西及肥、巢两方为妥。因此兵力之部置仍应迅调一军控置于商邱附近，一军在合肥、舒城之间，以策安全。同时大江南岸友军迅攻京芜，以牵制之。可否，伏乞钧裁。职李品仙。(30.24)。印。

〔国民政府国防部史政局及战史会档案〕

8. 军令部拟订指导徐州会战作战有关文①

(1938年)②

(1) 对于二、三两战区敌缩短战线转用津浦铁路后国军作战指导之意见

(一) 第三战区应采取积极攻势，务求遮断京沪交通，确实钳制江南之敌。

(二) 第二、八两战区应积极发动并扩大晋绥方面之游击，牵制该方面之敌，同时以有力部队规复晋南。

(三) 第一战区以有力部队对黄河以北平汉线之敌攻击，策应鲁南、晋南之作战，相机收复豫北。

---

① 此系抄件。

② 原件时间不明，据内容推断，似为1938年4至5月。

（四）津浦北段，我应极力向台潍公路及津浦铁路之敌后方连络线进袭，阻止敌之增援。以有力兵团由右翼造成包围态势，乘敌攻击顿挫疲惫之际，一举而击破之。

（2）第四处拟呈国军尔后作战指导之意见

（一）目前敌之唯一企图在集中兵力，打通津浦线，并求我主力决战，达其速战速决目的。惟敌使用之兵力，有如下之三案：

1．就现有鲁南兵力（依第二厅判断为六师半，依前方部队报告则仅两师团，但依作战力及作战正面等而估计，当为三师团强）继续攻击。

2．就京沪、平汉、晋绥再尽量抽调（假定可再抽三至四个师团），仍由鲁南攻击。

3．除上条外，并由国内及关东军，更抽调三至四个师团，以为孤注一掷。

（二）依战术、交通、地形，尤其政略着眼，我应确保徐州，而彻底集中兵力与敌决战。但依战略，尤具长期抗战方针着眼。目前尚非与敌作最后决战之时期，则应避免决战，放弃津浦线，以免消耗兵力，致蹈上海之覆辙。

（三）前条两种矛盾要求之合理解决为检讨我之总兵力，应乎敌得〔所〕使用之兵力，在数量上定一两全之限度。因之：

1．我对鲁南使用之兵力，以能对付第一条敌得〔能〕使用兵力之一、二两案为标准。就现有兵力外，准备再增加二至三师为限，对敌一、二两案之兵力，以阻止其打通津浦线之目的，行攻势防御。

2．如敌之兵力增至三案，则我仍以前项之兵力为限度，避免决战，行持久抵抗，逐次后退。

3．同时须集中二十个师以上之敌力量，在武汉及平汉路上，准备放弃徐州后之作战。

（四）目前我已使用于第一线之兵力为十九个师，但多数系曾经久战损耗之部队，实力仅能以十二三个师计算。（如：张自忠仅能以一师，汤恩伯、孙连仲各仅能以二个师计算。）与敌作战旬日，对敌三个师团，仍为四与一之比。现我已到达而未使用之兵力，尚有十个师（6D、9D、132D、143D、50D、92D、181D、26D、119D、143D）。假定敌再抽调京沪、平汉、晋绥之兵力为三师团，则我再增加二至三师，仍为四与一之比，可以达阻止敌人之目的。如敌不能增至三师团，则我可操必胜，而行积极攻势。

（五）如敌再由国内增兵，则我以上叙〔述〕兵力，与之行持久战，逐次抵抗。第一步将右翼退至运河线，左翼依托微山湖，右翼依托洪泽湖。第二步退守蒙城、涡阳、亳州、归德之线（此时津浦南段亦退至合肥、寿县，连结于蒙城之右翼），并以有力部队仍分散于鲁南及津浦路东侧地区，施行游击，并扰乱其后方。

（六）同时以武汉外围阵地为核心，应集中二十个师以上，再加上由前线退下部队，于敌力相当消耗之后，与之决战。此项新锐力量如下：

1. 现在武汉卫戍部队九个师（14D、55D、18D、61D、109D、15D、185D、57D、167D）及南阳、巩、洛、孝感等处控置之部队。

2. 广东二个师，广西三个师（现在钦廉之一军），四川五至六个师，云南二个师。

3. 三战区皖南以南京、芜湖、宣城为目标，取积极攻势。如可能则进占南京，否则亦须牵制敌兵力之转用。浙东宜取守势，可抽出二个师至武汉附近。

4. 晋省对同蒲路要点攻击，以扫荡残敌，但宜抽出三个师至郑州附近集结。

5. 淮南宜取守势，但须将主力集结于相当位置，以便机动。徐州至固镇间多备空车，将津浦南北段兵力，随时转用。

（3）国军作战指导方案

（一）方针

一、国军以确保徐州之目的，应对沿津浦铁道及沂河南下之敌切实阻止，并以有力部队威胁敌之侧背。俟迂回部队达到临沂、费县、滕县线上并集结相当兵力于徐州附近后，然后以主力由南面转取攻势，歼灭敌军。至万不得已时，则用逐次抵抗，退守洪泽湖至微山湖中间地区。第二、三战区除以一部直接或间接支援徐州方面之作战外，主力应积极进攻当面之敌，使敌不得放胆转用其兵力于津浦北段。

（二）指导要领

二、第五战区之部队，应以主力固守郯城以南经邳县至韩庄二线，并以四师以上之兵力，由济宁至东平间地区突入敌后方，对峄县、郯城之敌攻击。并以集结之兵力加入南北夹击，以收歼灭当面之敌之效。至不得已时，我南面部队须利用逐次抵抗退守洪泽湖、微山湖中间地区，待机转移攻势。迂回部队则专任敌后方之游击。

三、第一战区部队，主力积极向济南方向活动，破坏津浦铁路北段交通，并向敌军后方发展游击战，一部攻击当面之敌。第二战区部队应积极攻击当面之敌，牵制当面敌军之转移，并抽调一部向徐州附近集结。

四、第三战区应抽调一部控置于相当地点，作战略预备队，主力努力攻击当面之敌。

五、即以现在控置于后方之部队，向徐州附近集结，准备将来之攻势转移。

〔国民政府国防部史政局及战史会档案〕

9. 李宗仁等报告所部在鲁南与苏北一带作战位置密电

（1938年4—5月）

（1）4月30日密电

急。武昌委员长蒋：杀密。艳日各部位置如下：一、鲁南。〔天〕(甲)四六军二八师(欠一旅姚庄)大王庄、杨家集、王家海、子径庄附近。四九师西北拐一部，狼子湖一团，向郯城前进，另一部向大王庄敌侧背迂回中。九二师二〇团关爷庙。〔地〕(甲)五二军二师朱古堆、李家庄。二五师虎皮山、艾山后。八五军四师东黄石山、王庄、云台寺。新五师翟家场。(乙)二七军团五九军三八师半庄(沟上集东北约五公里)、庄庵子、南北荆邑、吉庄、南港上。一八零师袁庄、刘庄。九二军一三师刘湖、大埠(长龙集东)附近。二一师沟上集、桃庄、响水溜及蔡庄、朱古堆、乔官庄、张官庄、燕子河东岸一带。骑九师滩头、蒋庄一带。一三旅关爷庙。(丙)五零师鹅鸭城、谷山。(丁)一三九师官湖镇、邳霞玄。第二集团三零军三零师(欠九一旅)顾庄、大小官庄、东邵里、童家庄、北山西，望仙山、柳庄、蛟山、白庙。三一师顾庄。四二军二七师兰成店、姚家庄、颜庄。独四四旅台儿庄、杨桥、鱼鳞，一部丁家桥、马家窑、李庄。(戊)五一军陶沟桥、黄庄、刘庄及〔黄庄〕张楼、小集、兰成店。(己)六零军枣庄营、禹王山、杨家桥、刘庄、火石埠、东庄、陈家渡、丁家桥、马家窑。(庚)七五军六师熊保、王家庄、晒米厂、前城、东邵里。九三师小官庄、汪家庄。(辛)一一零师卧虎寨、望仙山、卜集村(楚仙山西北)、孙家庄、贾庄、前后黄山湖、重庄。第一四零师王母山附近。〔黄〕(甲)六九军一八一师炮车站、运河站。新六师向大院寺、郯城方向挺进中。〔宇〕(甲)二二集团军运河南、韩庄、岔河子、曹庄、得胜庄。〔宙〕(甲)第二军三师马兰屯、黄家桥、前后枣庄、孙家庄、胡家庄、南洛、龚庄、任家楼。九师茸山庄(唐棣埠南河北岸)、毛寺、东佛房、唐棣埠、王湾子。一三二师涧头集、新闸子、耿山子、湖头。〔洪〕(甲)六八军由柳河向徐输送途中。二、鲁西。〔天〕(甲)第三集团五二军巨野、肥城南、独山集、东愧。五五军羊山集、万福河、居安镇(曹福林指挥七个团，向宁阳前进中)。三、淮南北。〔天〕(甲)二七集团军安荣附近。(乙)二一集团七军一七零、一七一师西新集、龙亢附近。一七二师梁园店附近。四八军一七三师洛河附近。一七四师北卢桥附近，一七六师合肥。(丙)十一集团三一军一三一师苏集、曹老集，一三五师王庄、曹老集。一三八师固镇、南河集。四、江北东海。〔天〕(甲)二四集团五七军一一一师(欠三三三旅，邳县)永兴集、东海镇。一一二师(欠三三六旅，东海)赣榆东北地区。八九军三三师淮阴、高邮。一一七师埔〔埔字衍〕泰县、兴化、板闸界。(乙)第三军团沛县附近。谨电呈察。职李宗仁李品仙。全酉。参一。印。

(2) 5月11日密电

武昌委员长蒋：齐巳令一元鄂电奉悉。1486密。谨将灰日各部队位置报告如下：(甲)六十九军石师抵西岭泉、怪草一带，高师抵淇河、天圣堂附近，军部抵后寨沟，晚向营县以南地区挺进。(乙)四六军接张军团防务外，仍续行前任务。第二军两师接替关军及第廿一师防务，第五十师仍在现在之线，归廿二军长谭军长指挥。廿五师俟交替后即开淮阴，归韩代总司令德勤。张军团(附一三师)俟交替后，即沿猫儿窝、运河车站、徐漕集、滩上集、泇口圩(不含)之线，构筑工事。关军俟交替后，先开徐塘集附近集结，再由曹八集乘车开赴指定地点。(以上各部详细位置，俟换防就绪再行详报。)(丙)一四零师石坝任泇口圩、王母山、董林庄河防工事设备。一团在禹王山，归六十军指挥。六十军余家凹，一八三师山头村，任山头村至枣庄营之线。一八四师及一四零师一团禹王山西侧，任禹王山亘房庄、古县、王城、刘庄之线。一八三师赵庄，任赵家渡口亘东庄、陈家渡之线。四四旅(欠一团)台儿庄，经丁家桥、李庄之线及台儿庄筑工。五一军燕子铺，一一三师陈家塘，任陶家桥亘低石桥、张楼之线。一一四师三里庄，任小集亘杨家庙之线。二七师南洛，任三佛戒、兰城店西端亘小贾庄之线。三一师之九一旅前夹房，任郝家庄亘大小官庄之线。七五军黄家庄，九三师河湾，任黄家庄东五百公尺亘泥沟、柳园及其以西八百公尺处之线。第六师黄家庄，经江家庄、熊堡亘晒米厂、后城之线。三零师及四四旅一团李沟，任梁庄东八百公尺亘东高王庙、袁庄、大王庄之线。一一零师大荒，任十庄亘西沿河、古邵镇之线。一三二师孝庄，任金陵寺亘十落村、上屯村之线。三零军及四二军徐庄，第二集团军部扒悉山。(丁)廿二集团军总部柳泉指挥所利国驿。四五军一二五师之瞿、孙两团兵力约两营余，四一军一五四师之余团兵力约一营余，五一军梁旅李团兵力约一营余，统由四一军董副军长指挥，在曹庄、复兴庄、得鸽庄之线。四五军一二七师之兵力两营余，由陈旅长指挥，守备新闸子至姚庄、运河南岸。四一军之约五个营之兵力，统由四一军曾旅长指挥，守备自姚庄至湖头之南岸与微山湖东岸之东西微碏。(戊)七四师部辛王寨，八六旅部西邹庙，一七一团侯家楼，一七二团杜家海，二二二旅部潭口集，一七零团东李家庄，四四四团周家庄，二二零旅部张魏家庄，四三九团李家海，四四零团芦楼、南邹庄。卜福斯山【炮】营、工兵营、战车防御炮连白蛇集，二二师一部在马洗、任家山、董冈之线警戒，主力汤家山、珉房集、凤凰山、炉山庄之线构筑工事。二零师之一一六团巨野，一二零团在独山集，廿九师之一六九团一营余部在谷亭镇、王鲁集以东地区，警戒南阳湖之敌。八一师之四八二团在金乡筑工，其余无变化。(己)徐部四一师晚行邳，经瓦童集、靠山集、曹家店、上窑方向前进，与四八军切取连络，夹击凤、蚌之敌。四八师一部由柘皋向巢县佯攻，其余一部向八牛岭推进，与程师连络，围攻定远。四八军军部黑泥凹，一七四师(欠两团)及配属部队，除覃副师长率牛团之一营与方环舟义军一大队进占刘府。又牛团长率一营，由洪山进攻考城，一营在锥子山。张团长率所部两营及义军主力进至王家湖、余家湖外，其余在此龙头坝阵地。一七三师(欠周副师长率领一零三团)在蒙城被敌围攻，突围损失甚大，周元生死不明。一切配属部队除李团郑营在龙头坝北方前楼子附近外，其余在珞河阵地。(庚)五十七军部宿迁，指挥所东海。一一一师部顾庄、张庄、佃湖西北约十里。三三一旅徐王庄、佃湖西北约二里。六六一团一部在白沙，主力佃湖、清近。六六二团佃湖、西北林、徐庄、张庄。三三三旅全部东海，一一二师部东海，三三三旅部张家庄，六六七团张家庄、石埠、厉庄集，六六八团东海附近，三三六旅全部由响水口推进至旧黄河北岸公路两侧地区。八九军部及三三师淮阴，九七旅部涟水，一九三团正向涟水前进中。一九四团淮阴，九九旅部淮阴，一九七团涟水，一九八团新沟集、张集、西塘、砖桥、埠宁间游击。一一七师部及六九八团淮阴，六九七团昭关、坝露筋、高邮一带，三五一旅全部在涟水整训，廿一师到达堰头镇，其余无变化。谨电呈察。职李宗仁、李品仙。真酉。参一。印。

〔国民政府国防部史政局及战史会档案〕

10. 国军作战指导方案

（1938年5月1日）

国军作战指导方案

廿七年五月一日拟

（甲）敌情判断

判决：

敌当集中兵力打通津浦线，以求击破我军主力，以达速战速决之目的。

敌可能之行动与兵力：

基于右述之判断，敌可能之行动及使用之兵力如左：

（一）就现有鲁南兵力（依第二厅判断为六师半、依前方部队报告则仅两师，但依作战力及战斗正面等而估计当为三师）继续攻击。

（二）再尽量抽调京沪、平汉、晋绥兵力（假定三至四师）仍由鲁南攻击。

（三）除上条外并由国内及关东军，更抽调三至四个师，以为孤注一掷。

（四）同时并在淮南方面行助攻。

（五）苏北仍以小部队（至多不过一旅）相机前进，策应鲁南之作战。

（乙）方针

国军以阻止敌打通津浦路之目的，在鲁南集结相当限度的兵力，行攻势防御。但敌如由国内大举增援至兵力较我绝对优势时，则应避免决战，逐次抵抗，以消耗敌之战力。同时在武汉及郑州以西集结兵力，准备诱敌深入与之决战。

（丙）指导要领

（一）鲁南之敌依〔一〕案行动时，我就现有兵力迅速击破之。

（二）敌依〔二〕案行动时，我就现有兵力并准备再增二至三师，行攻势防御。

（三）敌依〔三〕案行动时，我仍以前项兵力为限度，避免决战，行逐次抵抗，以消耗敌之战力。并以大部散布于鲁南及津浦路东侧地区作游击战，一面侧击敌人并扰乱其后方。

行持久抵抗时，第一步将右翼退至运河后方，以两翼依托洪泽湖、微山湖。第二步退守蒙城、涡阳、亳州、归德之线（此时津浦南段亦退至合肥、寿县，连结于蒙城之右翼）。

（四）津浦南段对铁道正面行佯攻，对含、椒间应取积极攻势，牵制敌之北犯。

（五）对苏北洪泽湖以东之敌应极力阻止之，如可能则击破之，以掩护徐海我军之侧背。

（六）第三战区皖南应求切断京沪交通，确实钳制江南之敌。浙东宜取守势，可抽出二师转用。

（七）第一战区应在黄河以北继续游击，并阻止敌之渡河。

（八）第二战区应一面对归绥攻击，一面扫荡同蒲路南段三角地带之残敌。

（九）第八战区应协同第二战区攻略归绥。

（十）集中两个有力兵团，一在武汉附近（廿个师以上），一在陇海西段（约十五个师），准备未来之作战。

（丁）处置概要

（一）鲁南方面：

（1）乘敌现在攻势顿挫之时，就目前态度，右翼以樊松甫、石友三两部共五师，对敌行包翼攻击。正面加入50D、140D全线出击，期在敌后继部队未到达以前击破之。

（2）其余控置之3D、9D、132D、68A、77A暂不使用，以机动态势应付敌增援部队。

（3）抽调萧之楚（或彭进之）军两师，至归德加强预备队兵力（已有冯治安军两师）。

（4）孙桐萱、曹福林部继续前任务，努力遮断津浦路敌后方连络。

（二）津浦南段：

（1）以桂军四师、徐源泉军三师（含87A罗树甲师）、杨森军一师向含、椒间攻击，制敌先机，打破其北犯之企图。

（2）杨军安庆防务，调唐式遵部一旅接替。

（3）7A（欠一师）集结于蒙城附近，为第五战区之战略预备队。

（4）调俞济时军（51D、58D）至六安附近，以屏障武汉。

（三）苏北：

以24AG韩〔德勤〕部相机向盐城之敌攻击，如不能奏功，可行逐次抵抗。但在鲁南未决战前应确保淮河之线，必要时以缪澄流军一部加强之。

（四）第三战区应以19AG、23AG、24AG派出有力推进部队，力求切断京沪交通，确实钳制江南之敌，不使转移于长江以北。刘建绪部对浙东取守势，并抽调二师至武汉集中待命。

（五）第一战区在黄河以北部队应继续游击，并远至平津活动。河防部队阻止敌渡河，对郑州以东特须注意。

（六）第二战区以傅作义部会同第八战区部队进攻归绥，以晋东、晋西、晋南部队先截断同蒲南段沿线要点敌之连络，再软硬兼用扫荡三角地带之残敌，以便晋南我军之转用及节约河防部队，准备集结。

（七）第八战区门炳岳、马鸿逵部协同傅军进规包头、绥远。

（八）集中二十个师以上兵力于武汉外围及核心。

（1）现在武汉卫戍部队十个师：14D、55D、185D、61D、18D、15D、109D、57D、167D、77D。

（2）广东调二师（李汉魂部）、广西三师（莫树杰一师、夏威二师）、四川约八师（王缵绪三师半、王陵基约廿团、云南一师）。

（3）浙东刘建绪部抽出二师。

（4）其他：53D、82D、193D、197D、190D、52D、159D、160D、36D、46D、121D、103D，迅速补充亦可使用。

（九）集中约十五个师于陇海路郑州以西地区。

（1）现在豫西部队：87D、88D、195D、196D、95D、160D。

（2）西安行营所属部队1D、78D、40D、102D、8D、24D、43D。

（3）山西或甘肃部队亦可抽调两师。

（十）预备师应迅速尽量充实。

附记：

我鲁南使用相当限度兵力计算之标准：

（1）截至廿九日止，我展开于第一线之部队：110D、27D、30D、31D、44BS、6D、93D、113D、114D、182D、183D、184D、4D、25D、2D、21D、13D、139D、38D、180D共十九师半。但大

部(如孙连仲、汤恩伯、周碞、张自忠各军)均已于前次战役损耗过半,故实际仅能以十二个师力量计算,对敌三师团约五·四与一之比。

(2) 现已到达而未使用之部队:28D、140D、49D、92D、50D、187D、26D、132D、3D、9D、37D、179D、119D、143D共十四个师。假定敌由京沪、平汉、晋绥再抽调三乃至四师团之兵力增援,我们以四与一之比对付之,约需十二乃至十六师。故宜再调萧之楚(或彭进之)军二师乃可达阻止敌打通津浦之目的,过此限度不再增加兵力。

〔国民政府国防部史政局及战史会档案〕

11. 何应钦等徐州失守后拟订攻略郑州作战计划密电

(1938年5月21日)

限二小时到。程司令长官:岱密。转呈委座。皖北、鲁南作战推移,判断敌必乘我皖北、鲁南撤退,一面行猛烈超越追击,一面沿陇海线向西突进,企图攻略郑州,转窥武汉。基于上记之判断,拟定尔后作战计划,恭呈钧鉴:(一)应迅速结束鲁西作战,免为敌算。(二)以皖北、鲁南、鲁西之作战军,各以一部与敌保持接触,一面以寿县、董家集、涡阳、亳县、归德、考城为游击据点,并实行既定计划。在此线以东地方,扩大积极游击战,迟滞敌之前进及掩护尔后之作战。第五战区应积极规复合肥、蒙城,至少亦须阻止该方面之敌不得西进。一面以主力军向固始、新泰、确山、罗山三角地域,以有力兵团向扶沟、开封、许昌三角地域撤退。以一部向周家口撤退,准备尔后之作战。(三)令陈卫戍总司令速布长江、大别山脉之防,布防重点置于武胜关方面。(四)令第三战区,除牵制当面之敌不得他移外,尽量抽转兵力,协助江防并北渡作战。(五)如敌打通津浦线后向西方猛突冒进,应开放确山、许昌间平汉线。以上记之一部向豫西撤退，吸引多数敌兵，以同方面由南北夹击之。若敌专向信阳、郑州方突进时，则由南北互相策应，以击其背，用符长期作战方针。(六)离散之兵除由一、五战区自行收容外，已令军法部协同驻军(含李品仙及平汉线上各部)，于适当交通线上收容。职何应钦、徐永昌。马午。令一元。鄂。印。

〔国民政府国防部史政局及战史会档案〕

12. 军令部徐州失守后关于津浦陇海两铁路线作战意见书

(1938年5月25日)

目前津浦陇海作战之意见具由

(一)对兰封附近之敌土肥原部，应续取攻势，迅速压迫于黄河而歼灭之，奏功后主力集结于郑州、开封、兰封间各要地，取待机姿势。前方广置游动部队，以牵制并搜索敌情，尔后或反攻徐州，或直出鲁西，或确保郑汴，视当时状况而定。

(二)对合肥仍取攻势，以牵制淮南敌之北上，桂军应反攻蒙城、怀远，孙连仲、樊崧甫等部仍继续在徐州以东地区游击，牵制鲁南及徐海之敌。

(四)由徐州撤回之主力，在河南平原地不与敌决战，先求稳定六安、颍上、阜阳、亳州、归德、兰封之线。但本线正面过广，只宜扼守各据点，以作持久战之支撑，一面准备在大别山脉附近再与敌决战。其指导要领如下：

甲、第五战区撤出部队集结于颍上、阜阳、涡阳、亳州各要点而扼守之，其损失过大之部队，分调豫西南阳附近及鄂东黄梅附近整理，以备大别山脉决战时可以使用。

乙、各据点守备部队应坚固固守，阻敌深入，如敌从间隙侵入时，则夹击之。如遇强大之敌正攻时，则避决战，逐次抵抗，以求获得时间之余裕。

丙、大别山脉继续调后方部队布防，并宜着眼于要点之保有，而为据点式之配置，其间隙俟前方部队撤退后补缀之。

丁、武汉宜控置四至五师之机动预备队。

（五）对由间隙侵入之敌小部队、快速部队等，应特派一部扫荡之。后方交通线上各要点亦宜酌派一部守备之，前线主力宜沉着稳定，不为侧背敌小部队之扰乱所眩惑。

〔国民政府国防部史政局及战史会档案〕

13. 蒋介石拟订一、五两战区作战部署密代电

（1938年5月25日）

代电。程长官：密。兹拟定尔后部署如下：（甲）第一、第五战区作战地境为沈邱、义门集、永城、徐州之线，线上属五战区。（乙）第一战区战斗序列大要及任务如下：（一）孙桐萱部以一师至胶东，一师至鲁北游击，其余在鲁西及虞城、归德间游击，以徐州、德州间及徐州以西铁路为目标。（二）石友三军在鲁中游击，以胶济及徐州、济南间铁路为目标。（三）朱怀冰、王奇峰、郜子举等师，仍在豫北游击，以道清路为目标，并妨敌渡河。（四）刘汝明守亳州，商震守东考。（五）第一野战兵团黄杰位置归德，李铁军、桂永清、李汉魂、俞济时、宋希濂等军位置兰汴、郑间，统归薛岳指挥。（六）第二野战兵团汤恩伯部黄杰位置归德，李延年军、李仙舟〔洲〕军位置新郑、确山间，统归汤恩伯指挥。（七）第一、第二野战兵团必要时转移于密县、禹县及方城、泌阳两地区，分别以洛阳、南阳为后方。（八）张自忠许昌、庞炳勋舞阳、冯治安扶沟，整理并负责固守。（九）刘和鼎、万福麟、彭进之各军，仍分任河防。（十）沈克任陇海，冯占海任平汉护路。（丙）第五战区以韩德勤、樊崧甫在苏北、鲁南游击，廖磊以一部守颍州、太和，杨森守皖中，徐源泉守寿州、凤台、正阳关，余在六安、霍山，为野战兵团。（丁）孙连仲、周碞、卢汉、关麟征调豫南、鄂东整理。以上部署如何，盼复。中〇。有

未。令一元。

〔国民政府国防部史政局及战史会档案〕

14. 李宗仁关于徐州会战结束后各部位置及部署密电

(1938年5月26日)

即到。郑县委员长蒋钧鉴：1145密。俞课长到阜奉钧示，深蒙抚慰，体恤周至，惭感无地。关于收容散兵，抚慰部属及补给诸事项，正与樵峰兄熟拟办中。壹、惟职自离徐以来，通信部队未能追随，以致与各方无法通信，连络中断。兹谨就从各方探查所得各军状况暨职处置事项，分项列报于下：(甲)各部队位置：(1)陇海兵团汤恩伯率领之第二军全部及第四、第一一零、第九五等师，均到亳涡附近，刘汝明军到义门南北附近地区。(2)淮北兵团冯治安部到太和附近。廖磊部卅一、第七两军到涡阳及阜阳附近。(3)苏北兵团仍在原位置。(4)鲁南兵团除闻九十三师已到凤台附近外，其余孙仿鲁所率各部无确实连络。惟探闻二集团及六十军已向涡阳、亳县间前进中。(5)淮南兵团据李品仙报告：大致无甚变化。(乙)对于已突围各部之部署：(1)汤恩伯部已遵钧座电令，饬开亳县，归一区指挥。(2)令刘汝明军在义门镇附近，准备与区支队司令寿年夹击，进攻涡阳之敌。(3)令区支队并指挥罗奇师，负责固守涡阳。(4)令廖部主力固守阜阳。(5)令九三师暂在凤台收容整理。(6)令冯治安暂在太和收容整理。(7)A、于正阳关、凤台、颍上、六十里铺设收容所，由李品仙负责。B、于阜阳之三里湾、洋桥及太和、阜阳设收容所，由廖磊、区寿年负责。C、于亳州设收容所，由汤恩伯负责。(8)职战区指挥所暂在阜阳，俟各部部署粗定，即向固始移动，以就通信便利，俾资指挥。弍、职奉职无状，指挥无方，有辱委任，惶愧万分，伏恳明令，严加处分，以肃军律，无任屏营待命之至。再，健蔚为诸兄，决遵令即赴郑候谒，务恳钧座节驾，早日返鄂为祷。职宗仁。宥巳。参阜。印。

〔国民政府国防部史政局及战史会档案〕

15. 蒋介石发布徐州失陷后军事部署代电

（1938年5月28日）

特急。淮阴韩副总司令即转孙总司令、樊军长并所属各部队长：（一）徐州失陷，我军整然西撤，损失甚微，现在六安、寿县、阜阳、太和、亳县、归德、曹县、荷泽战略线上准备，尔后之作战已部署就绪。（二）五战区正围攻巢县、合肥之敌，一战区已将土肥原师团包围于兰封西三义寨附近，正解决中。徐州之敌感日以来渐向涡阳、亳县、归德前进，已与我刘汝明、黄杰、曹福林、孙桐萱各军接触。蚌埠以南，津浦沿线，敌守备兵力概属薄弱。（三）着樊军长指挥所部，周喦指挥吴良琛、王文彦及其他零星部队，依情况以游击之目的分途向铁路以西转进，否则断然分向大江以南并苏鲁边区及津浦南段，游击牵制并吸引敌人。（四）着韩副总司令仍指挥缪澄流军，务尽守土之责，万不得已时可实行有午参淮电呈之计划，分区游击。（五）仍希将实施经过情形随时具报。中〇。俭午。令一元。鄂。印。

〔国民政府国防部史政局及战史会档案〕

二、临沂及台儿庄作战

1. 庞炳勋报告三九师补充团在临沂一带战况及各部位置密电

（1938年1月15日）

汉口委员长蒋：护密。（1）三十九师补充团李团长文电称：文日率队进攻临沂北青驼寺之敌三百余，装甲车十余，及至敌已移退程子寨，当晚将其包围，元晨猛攻，敌不支向蒙阴逃窜。我占程子寨后，继续跟追，获自行车五辆，罐头百余筒，大米数十包。李团长删电称：寒日敌退至青驼寺北(45)里之垛庄，我当追到将其包围，正在激战，而垛庄北(15)里之赵庄桥于寒戌发现敌人，似有救援垛庄敌人企图，当派一营迎头痛击溃退。寒亥敌后续部队复到该处，被我伏兵突击，激战甚烈，敌狼狈逃窜，毙敌数十，获装甲车五辆，我伤亡官兵三十四员名①，刻调山炮一门已到，垛庄被围之敌即可全数歼灭。又通蒙阴公路，我已破坏，敌难图逃。(3)各部调防前已呈报，刻均到达指定位置，计军团部及卅九师部仍在海州、一一五旅及二二九团驻新浦、二三零团驻赣榆、一一七旅及二三四团驻郯城北大沙沟、二三三团驻新安镇、补充团驻临沂。庞炳勋(15、14)参。印。

〔国民政府国防部史政局及战史会档案〕

2. 庞炳勋关于莒县招贤集等地战况密电

(1938年2月22—23日)

(1) 2月22日密电

特急。武昌委员长、何部长：中密。(1)一一五旅朱旅长22.08电：职率二二九团(21.24)驰抵莒县，是时当招贤失陷后，陆战队损失奇重，退在夏庄整顿。刘震东一部二百余人在城内，北面空虚，致于今晨四时刘桂堂二千余，枪全并附有日军四百余、炮四门、重汽车卅余辆，迫临攻城，现已侵至南北关，正向守部队激战中。(2)二三零团赵团长(21.24)电：职于号夜率队驰抵招贤，比到罗米庄，招贤已失，斯时我在沂水北官庄与敌激战之。第三营至箇晨，敌步骑炮联合增至千余，装甲车七辆均俱载军，在飞机掩护下向我猛攻，同时以一部迂攻沂水县城。地方游击队、陆战队弃守，去向不明。该营前后受击，竭力抵抗，损失极大。职即率部驰援抵

①：原电伤亡士兵七名。

七里桥，时沂水县城已失，职即转至城南司马店，更阻敌南侵并收容，准备反攻。(3)职据报告：以莒县兵力单薄，且情势急迫，已令二三零团即转向聚〔豪〕县夹击该敌。至对沂水方面，另派二三三团之一营驰赴河阳、汤头一带警戒，俟莒县收效后，再转兵力攻击之。(4)(21.12)电报：职军布〔部〕署：现李旅长率两营，尚需两日方能到达临沂。此地原有部队连日以来均派赴各方增援，刻只余两营，而各游击队名不符实，遇敌退避，不详所在。当此三面敌侵，虽感兵力不敷分配，但矢志抵抗，决不摒弃守责，请释锦念。庞炳勋。22、12。参。印。

(2) 2月23日密电

武昌委员长蒋：勉密。(1)据一一五旅朱旅长报称：职率队驰援莒县，于(21.24)到达，时城内守军均已撤走，异常空虚，敌早乘势潜伏关内。旋至早四时，即联合大部猛攻，战斗经过均已电报。激战至(23.10)，情形好转，而扼守城东北角之游击队，以刘司令震东阵亡，气馁疏防，突破攻入，该部溃退。敌继以炮火、飞机轰炸，掩护大部，由此续进，纯为由胶济路经安邱来坂垣部队元野联队千余人，而刘桂堂部二千余人则围城环攻，牵制守军。职亲率守城部队仅两营，连日激战，团长及此两营长均已受伤，士兵伤亡亦众。当此之际 众寡悬殊，竭力抵抗，节节巷战，而伤亡愈增，援军为敌所阻，又不得助，不得已放弃县城。现至夏庄一带，一面抵抗，一面整顿。等语。(乙)该部莒县作战情形均于(22.12)(22.19)电报钧鉴，现受伤团、营长及轻伤官兵约三百人，均已运回。其重伤者因情况急迫，复以人民逃避，势未运出。至损失详情，另饬查报再陈外，已令该旅长迅速集结所部，遵照电令反攻莒县。此次该旅长朱家麟放弃县城，虽因牺牲重大，寡不敌众，亦属指挥不善，拟请革职留任，带罪图功。(3)职部二三四团补充团奉令进攻泗蒙及其以西游击，遵令重新布〔部〕署，将其调回。业经电报，然以路程较远，顾虑前敌，现尚未到。刻泗、蒙、沂、莒、日各县，敌皆盘踞，各游击队未能强予阻扰。只职孤军应付，各方似感兵单，但决与周旋。庞炳勋。(23、20)参。印。

〔国民政府国防部史政局及战史会档案〕

3. 第二集团军孙连仲部台儿庄战役战斗详报

(1938年3—5月)

第二集团军台儿庄战役战斗详报

(甲) 战斗前本军任务

本军自一月间由晋调豫后，各部积极整补训练，期于最短期间练成劲旅，以为争取最后胜利之准备。嗣奉命担任构筑潢川及武胜关一带国防工事，并一面加紧训练。正在工作及整训实施期间，于三月十四日奉委座令：着二集团全部即日向郑、洛集中，担任河防任务，李仙洲河防部队归该军指挥。所有武胜关一带未完工事，移交六十军担任构筑，受命后即向指定地点出发。

(乙) 变更任务之经过

各部到达指定地——郑、洛后，适鲁南滕县、临城、峄县、枣庄相告失陷，情况异常紧张。奉长官程转奉委座令：第二集团军全部迅开归德集结待命，归李长官指挥。正在运输中，奉李长官电：该军31D(附44B)暂归汤军团长指挥。

(丙)战斗前彼我态势

一、津浦线敌攻我徐海，急急南侵调遣，平汉、晋南之敌大量增加。

二、临城、枣庄、峄县之敌，约步兵三联队、骑兵一联队、炮兵一联队、工兵一联队，唐克车约五六十辆，联合之敌约万余人。

三、我汤军在峄县东北地区监视敌人，八十五军在韩庄以南地区。一日，十师守运河南岸防务，31D以主力据守台儿庄，以一部住河防。

（丁）运输情形

各部于三月二十二日先后输送，总司令部亦于是日下午二时由许昌站出发，于廿三日到达津浦线之茅村镇。

（戊）抗战经过

四月廿三日接池师长电：本日九时许，师骑兵于康庄与三百余之敌接触。继在赵庄附近与我骑兵支援队激战后，敌增加约五百余人，唐克车七辆、炮六门，向我前城障山之线压迫，激战数小时，我骑兵退归左翼警戒。

一、廿三日下午五时接卅一师报告：

1. 敌向我孙庄进攻，经我守兵抵抗，敌未得逞，于九时敌后继部队约二千，余炮廿余门，沿台枣公路由兰城店向东南急进中。

2. 北洛之敌以猛烈炮火向三里庄、北站、台儿庄各地轰击，并向南洛进攻，经被我击退。

3. 十一时敌后续部队到达刘家湖，以步炮协同猛迫台庄，战况至为激烈。园上被敌攻破，我台庄守兵仍奋勇迎战中。

二、奉司令长官李命令，要旨如左：

1. 孙总司令即赴台儿庄指挥。

2. 驻贾汪之廿七师，星夜徒步向台儿庄附近集结。

3. 附属汤军团之卅一师归还建制。

三、军受命后之处置：

1. 总部廿四日早四时抵韩家寺。

2. 卅一师之河防任务由廿七师之一营接替，归池师长指挥。

四、十四时，卅一师一部由南洛向敌右翼绕攻，激战一小时，将敌主力击溃，使敌兵力分散于东、西两地区。

五、十七时敌全部反攻，以野山炮廿余门向台庄北部寨墙轰击，历四小时之久，摧毁缺口甚大。其步兵二百余，利用坦克车掩护，由缺口突入。经我守兵奋勇抵抗，此时王团长震、姜营长常泰，因督率部下负伤。以下官兵伤亡甚多，卒将迫近寨墙及突入之敌击退。

六、敌我态势如附图第一。〔图略〕

一、廿五日接卅一师电话，得知情况如左：

本日拂晓，敌集中炮火猛攻台儿庄北门及小北门，同时约六七百之敌，向我邵庄猛攻，我官兵浴血抗战，杀敌甚众。敌继藉炮火掩护，由小北门突入二百余人，当被我围困于大庙内。我王代表团长①督率官兵内攻外防，激战益烈，卒将破口堵塞，免敌后续冲入。

二、军为确保台儿庄据点，即令卅一师守城部队设法肃清冲入之敌，并令廿七师一部由黄林庄渡河，侧击由我右翼攻台庄之敌侧背，44B接守台庄南岸河防。

三、十时许，敌大部向南洛、刘家湖、邵庄我卅一师阵地全线进攻，我官兵奋勇迎袭，激战至十一时。敌进攻益烈，我梁营长敬贤阵亡，王团长郁彬、高营长鸿立均负重伤，其余下级干部伤亡甚巨，因此刘家湖、邵庄被敌占领。

四、廿七师本日战况如下：有敌步兵数百，炮两门，战车五六十辆，由刘桥向后移动。我郑团附率队向该敌奇袭，敌即退守刘桥村内抵抗。我亦因援军不能赶到，退回斐庄。敌继以猛烈炮火向我前彭村及斐庄轰击，我郑团附云奇中弹殉国，其余官兵伤亡九十余名。

五、军基于上项情况，为确保台儿庄及北站之目的，乘敌由刘家湖南下时，以机动手段侧击南下之敌。当即给各部之命令要旨如左：

1. 我110D张师长率兵两团，向金庄25D高地方面威胁敌人。

我44B吴旅长率兵一团，由胡鲁沟亦向铁路方面威胁。

2. 31D(附山炮营)以主力占领台儿庄及北站地区，加强工

---

① 原文如此。

事，拒止当面之敌。以一部占领三里桥及其以南地区，乘机侧击南下之敌。

3. 27D以一旅集结沟桥村、上村、雷草墕、速成据点工事，乘机侧击南下之敌。以一旅集结黄家桥、水晶沟、陈庄附近，为军之预备队。

六、入夜敌情无变化。

三月廿六日奉司令长官李命令，要旨如左：

一、着卅师袁团兵力车运台儿庄，在车辐山下车，归孙总司令指挥，其余即由茅村镇向右翼移动。

二、军受命后部署如左：

1. 军以歼灭由峄县南下增援刘家湖之敌之目的，拟明（廿七）日拂晓攻击。

2. 廿七师本（廿六）日秘向上村、张楼附近集结，明拂晓向孙庄北洛地区之敌攻击。

3. 卅一师附炮兵队，仍扼守原阵地，以主力集结于左后方。明拂晓以小部袭击当面之敌，而抑留之，俾主力攻击之容易。

4. 四四旅集结于胡鲁沟附近，以主力乘夜向高家庄、西邵礼前进。于明拂晓协同攻击敌之后侧背，并派一部占领獐山，遮断敌归路。

5. 卅师袁团接替台庄运河南岸守备。

6. 卅师另派兵一团，位置于顿庄闸、郝楼间，任河防守备，归四四旅吴旅长指挥，其余在原阵地，为军之预备队。

7. 重炮连占领水晶沟附近阵地，除对敌炮兵制压外，并支援第一线拂晓之攻击。

8. 战车防御炮连以二门配属廿七师，其余配属卅一师。

三、本日十五时，卅一师186R向园上、孟家庄出击，旋敌大部反攻，被迫退入台庄寨内。七时敌机六架轰炸台庄及南北站，园上之敌在机炮掩护下续行反攻，台庄寨内多处中弹起火。我官兵沉着应战，将敌击退，但敌仍炮击小北门。

十三时敌炮约五、六门，由刘家虎向刘家桥占领阵地，并向台庄西北城墙轰击，工事多被摧毁。

四、本晚各部夜袭均未得手，仅达扰乱之目的。

一、廿七日得悉各部战况如左：

1. 廿七师于一时前，各部均推进攻击准备位置。五时许79B占领斐庄、孟家庄，复集中兵力围攻刘家桥、刘家虎，于七时将后刘家桥之敌击溃。80B亦将岔路口、潘坠之敌击退，并确实占领前后枣庄、杨家庙、张家楼等村，李团并将邵家庄攻克。下午二时敌复以步骑五六百，坦克车七辆，在猛烈炮火掩护之下，向孙庄、前后枣庄等处反攻。是役我伤亡官兵百余名，敌亦伤亡数百人。

2. 卅一师于五时卅分与敌接触，敌以重炮十余门集中火力向台庄行墙壁射击，大小北门均被摧毁，我守北门之181R牺牲殆尽。敌藉炮火掩护冲入百余名，势盛狂獗，并高悬日旗。我王团长冠五奋不顾身，督率186R将侵入之敌歼灭大半，并夺获日旗数面，敌则退入大庙及碉楼顽抗。下午三时，有敌坦克车十一辆，由刘家虎向台儿庄运动。距城三百公尺处，我战车防御炮射击，毁坦克车六辆，余即仓皇北遁。

二、据各师先后报告情况如左：

1. 廿七师五时电，北园村有敌四百余，在碉楼架设机枪，刘家虎附近有敌炮四门。

2. 30D四时电称：泥沟一带续到敌千余，炮十余门，敌战车卅余辆，向台儿庄急进中。

三、军基于上项情况，于十五时给各部命令，要旨如左：

1. 军以确保台儿庄之目的，以一部固守之，以主力机动战击破敌人。

2. 卅一师（附炮兵队）仍固守台儿庄及北站，不时以小部向敌逆袭，且乘夜肃清台庄城内之敌。

3. 廿七师确守既得之村落，迅速构筑工事。明(廿八)日拂晓向南洛方面及台庄以北之孟家庄、园上方面攻击，敌人主力集结于右后方。

4. 四四旅主力乘夜南移，向小屋子、龚庄附近集结，就近赶筑工事，明(廿八)日拂晓协力廿七师攻击南洛。

5. 30D袁团(归池师长指挥)乘夜以一营任台庄南浮桥至铁路桥间守备，以一营任铁路桥至候新闸间守备，余控置中央后。

四、十八时接27D黄师长电话称：本日黄昏前发现敌援军约步兵二千余、骑兵三百余，战车及装甲汽车五六十辆，沿台枣公路南进。

五、军得悉上项情况后，即令炮兵团张团长转饬重炮连，向刘家虎射击，阻敌前进。

六、炮兵受命后，即向该处射击。据报：击毁敌战车及装甲车数辆，毙敌骑兵数十名，余仓皇北逃。

七、入夜，敌炮向我炮兵阵地轰击，我炮兵即变换阵地，未受损伤。

一、廿八日战况如左：

1. 廿七师郭团，于五时向刘家虎之敌进攻。杜团向邵家庄、前园村、汶上之敌进攻，将铁路以东之敌压迫于以西地区，凭村落、碉楼顽强抵抗。激战二小时，杜团占领前邵家庄，郭团迫近刘家虎寨边。激战至下午二时，双方遂成对峙状态。三时许，敌复集中炮火向我邵家庄、孟家庄等处反攻，我虽伤亡惨重，仍保原阵地。

2. 31D于四时左右进攻台寨内之敌，我一面以敢死队冒火杀敌，一面以迫击炮集中向大庙轰击，颇占优势。

A. 七时许，敌重炮廿余门分向台庄西北角及北站轰击，敌藉炮火迫近北站。幸我官兵沉着应战，将敌击退。

B. 台庄西北角城墙被击破三丈余。

C. 十七时敌骑兵冲至台庄西关，当被我戴团击退。

二、军拟肃清台庄寨内之敌，先将占据寨外各村之敌歼灭，以断其与寨内之连络。给各部命令要旨如左：

1. 廿七师（附山炮一营、战车防御炮二门）以三团兵力，须于明（廿九）日拂晓将园上、孟庄之敌完全歼灭，并确实占领之。但留置小部，保持我已占领之态势。

2. 卅一师（附30D袁团）及炮七团之一营，须于明（廿九）日拂晓前乘廿七师攻击园上、孟庄之机，以全力将台庄寨内外之敌迅速肃清之。

3. 卅师（欠89B）附44B，务于明（廿九）日拂晓以前向南北洛，截断敌之连络线，阻敌增援部队南下，并侧击刘家虎之敌，使我廿七师、卅一师之攻击容易。

4. 炮兵伺机援助各部队之攻击。

三、本日廿二时台庄城内巷战甚烈，城外之敌大举来犯，城内火光烛天，电话中断，战况之激为前所未有。得悉于一时，西北角之寨墙敌又突破，城外之敌不断侵入，我王营长祖献阵亡，其余官兵伤亡殆尽。预备队增援数次，均未奏效，已届最严重关头。

一、廿九日台庄城内已被敌占领二分之一，幸我官兵上下用命，得能维持危境。军为挽救危亡，当派督战员分赴前线督战。

二、接林次长电话，转奉委座谕，要旨如左：

台儿庄屏障徐海，关系第二期作战至巨，故以第二集团军全力保守，即有一兵一卒亦须本牺牲精神，努力死拼。如果失守，不特该军全体官兵重惩，即李长官、白副总参谋长、林次长亦有处分。

三、军受谕后，当将委座钧旨传令各部队官兵，奋斗到底。

四、关军奉命派有力之一部迅速南下，进出于北洛、泥沟附近，侧击敌人。

五、本（廿九）日各部战况如左：

1. 廿七师杜团于三时将斐庄、邵庄占领，毙敌甚众。五时敌图反攻，集中炮火向斐庄、邵庄轰击，房舍中弹起火，尽成焦土。

A. 侯旅亦同时向刘家虎之敌进攻,集中迫炮火力,击毁敌汽油车四辆。

B. 下午一时,我炮兵阵地被敌发现,以重炮向我轰击,毁炮两门,伤亡官兵多人。

2. 30D(欠一旅)附44B,于一时利用麦地向南洛潜进,至距敌二百公尺处向阵地猛攻,遂即占领南洛。44B之732R于廿四时,以主力夜袭三里庄,一部夜袭鱼鳞,即出敌不意将三里庄占领。天明后敌增援数百,向我反攻,同时敌增援队约二千余人,附炮兵、坦克车,由泥沟、贾家口向马兰屯侧击我侧背。并以汽车载运步兵数百人,向胡鲁沟急进,似有由顿庄闸渡河企图。我为阻敌渡河,不得已退守顿庄闸及沿河各要点。

3. 31D、91B与台庄寨内之敌巷战,康副师长率军官队向西北角及占据碉楼之敌攻击,歼灭过半,残敌退守大庙内。

六、敌我态势如附图第二。〔图略〕

一、卅日据31D报告情况如左:

1. 30D昨日午后,敌一小部伺隙冲入顿庄闸,并占领一部、

二、我军态势如左:

1. 110D以一旅仍在运河北岸之金庄附近高地,以一旅守备韩庄、新闸子间。

2. 139D在车辐山下车集结,于寒山寨准备迎击渡河之敌。

3. 汤军团以主力南下,拟向泥沟、北洛猛进之敌主力而击破之。

4. 本(卅)日接关军长电称:奉令以全部攻击台庄敌之侧背,午后又与敌接触。

5. 据报关军于十五时在大庄、马庄、泥沟一带与敌激战中。

三、台庄附近之敌未能一举肃清,殊与委座期许相违。为灭杀敌人昼夜攻击精神,令各部队务于夜间多派小部队(以一班或一

排)，用种种方法，夜袭或扰乱，使敌疲弊〔敝〕。但对于派出之部队，务将攻击目标及出入路应指示明白，并须通知毗邻部队，免生误会。

四、本日战况如左：

1．二十七师黄旅于零时零分，派数个小部队向台庄、刘家湖之敌夜袭及扰乱，以妨碍敌之休息。

天明后我山炮营发现，刘家桥附近敌装甲、汽车及炮兵、机关枪等麇集。当即向该敌射击，命中准确，敌纷乱奔驰。

2．因守台儿庄，寨内部队日有伤亡，令30D河防之一营增台儿庄寨内。即与敌发生巷战，肉搏数小时，毙敌甚多。

3．31D于八时许集中迫炮轰击寨西北角，碉楼之敌歼灭大半，余在围攻中。廿二时我挑选奋勇队五十七名，改穿敌人军服、钢盔，向西北角之敌袭击。敌人误认为友军，得以挺进敌院内，以炸弹、手榴弹冲杀良久，从此敌益形削弱矣。

一、卅一日各方敌情如左：

1．二十七师一时电：杨家庙有敌指挥部，其北端树林内有敌炮四门向我射击。

A．有敌约三四百名，坦克车多辆，由西北向东增援，已到达杨家庙、贾园等处。

B．有敌约步兵两连及炮兵、汽车等，已到达贾园北端。

2．31D十八时电：三里庄到有汽车多辆，有敌指挥官多名，以望远镜侦察我阵地。

A．台儿庄西北角，续入之敌约百余人，向我西门攻击。

二、军基于上项情况，给各部之命令要旨如左：

1．敌增加部队有向我两翼运动模样。

2．本军拟暂守现阵地线，以待关军进出南北洛、泥沟一带，再转移攻势，协同歼灭之。

3．各部队须乘夜增强工事，并派小部夜袭，扰乱敌人。

4. 各部须控置强大预备队，以作机动之准备。

三、各部战况如左：

1. 二十七师上午四点五十分，我郭团向刘家虎、刘桥进攻，同时杨团向三里庄、园上之敌攻击。敌以步骑炮联合约三四百名，战车八辆应战，并围攻我岔路口阵地。

A. 我战车防御炮击毁敌坦克三辆，敌以重炮还击，我防御炮二门被毁。

B. 下午五时，敌更以战车八辆包围岔路口，以十辆攻我园上、孟庄，更以重野山炮等轰击各村落。

2. 31D于廿时在台庄寨内外发生激战，七旅李营入寨增援。此时西关、西门皆为敌火力所控制，电话中断，西北角之敌向袁团进攻。

A. 台庄北门冲入敌兵五百余名，沿巷口与我白刃战争。我敌伤亡甚重，惟缺口随堵随破，敌仍不时侵入。

四、台儿庄第一次侵入之敌被我完全扑灭，第二次侵入之敌即盘据碉楼及大庙内，与我不时发生巷战。我方用尽方法，逐渐将敌消灭，无如缺口随堵随破。敌仍可随时增加，而侵入之敌屡以火光及其他方法在寨内表示其占领区域。以故白昼敌之飞机向我之区域轰炸，夜间敌之炮火集中向我之区域射击，致我方伤亡惨重。所幸官兵尚知用命，一寸土不轻易放弃予敌，虽以重大之牺牲与代价，而不能换取区区小寨。总司令以守寨官兵如此奋勇，特赏洋五千元。

五、于本日关军到达，重新部置如左：

1. 二十七师保守原阵地，在右翼派出警戒部队与关军切实联系。

2. 31D（附袁团）努力保守原阵地。

3. 30D之李旅（欠吴团）在插花庙、彭家楼、小庄子、龚庄一带游击，威胁攻击台儿庄北站之敌，黄旅（欠袁团）仍任河防守备，俟

110D 部队到达时，将顿庄闸以西之地区交代于该师接替。

4. 44B 以一连任重炮连之掩护，其余集结于石家庄整理。

5. 110D 河防向右延伸至顿庄闸村东端之线，游击任务着即取销。

6. 30D 之吴团，用最快速度向台庄移动，归池师指挥。

一、四月一日军拟从速歼灭台庄城内残敌，为鼓舞士气，特悬赏金，俾早日完成任务。给各部之命令要旨如左：

1. 着由廿七师挑选奋勇队二百五十人，从台庄东北角寨墙爬入，以扑灭盘据碉楼及大庙敌人为主任务，达到后即立赏五千元。除守园上之必要部队外，须控置一营兵力防敌反攻，并时时派小部队向刘家虎佯攻。

2. 卅师(欠袁、吴两团)以优于敌人之兵力，向三里庄攻击，并确实占领之。

3. 卅一师于奋勇队进寨后，开始向敌夜袭，援助奋勇队之奏功。

4. 炮兵队于本午后七时，集中火力向刘家湖开始射击。

二、台庄附近之敌连日受我攻击，精锐之部伤亡殆尽，不时以炮击向我射击，已成强弩之末，但无积极进犯模样。

三、敌炮、敌机每日不断向台庄寨内轰击及投弹，寨内已成焦土。

一、四月二日早六时，接到台庄寨内指挥官报告，战况如左：

1. 廿七师奋勇队于一时，出敌不意由东北角延至东门，并乘势向西北扩张战果。下午二时，将城东部占领，我东门外之部队始得与寨内联系，但与我31D 部队尚未取得联络。

2. 30D 之 175R 攻击台庄西北角敌人，毙敌数十人，将西北角完全夺回。

二、峄县之敌，因汤军团向南移动，即由峄县沿台枣公路向东南急进。我廿七师守燕子景、雷草熿、刘桥、边庄一带之阵地均为敌据,不得已被迫退守台庄东面各村庄。

三、我汤军团正与敌鏖战于洪山镇一带，敌一部由临沂方面窜扰汤军团侧背。

四、敌人本日复南下,向台庄以东我军右翼迂回,李庄、五圣台、五窑路、辛庄均被包围。

五、139D奉令调岔河镇,并派兵侧击敌人,得转危为安。

一、四月三日得悉各部战况如左：

1. 七时卅分敌集中炮火向台庄东南廿七师阵地攻击，陈庄、李庄被敌占领,该师退守石拉、古梁、王城,刻与相峙中。

2. 台庄城内之敌,全线向我总攻,作最后之挣扎。

二、九时廿分得悉情况如左：

1. 台庄南门外有敌二百余、唐克车四辆,进占黄林庄,有偷渡运河模样。

2. 边庄、孟庄被敌炮毁平,敌又使用催泪瓦斯。

三、军基于上项情况，即令四四旅之杨团及卅二军重迫击炮营(欠一连),速占领黄林庄附近运河南岸阵地,妨敌渡河，归池师长指挥。

四、本日友军情况如左：

1. 周军由岔河镇向敌迎击,王军由小良壁向敌侧击。

2. 关军主力在北方,由洪山镇、大小良壁、岔河镇向敌攻击前进。

3. 110D之一旅再由新闸子渡河,向獐山前进。

五、综合本日战况：我右翼陷于危境，敌以一部牵制汤军团于洪山镇，以大部向我右翼进攻，其企图在解除台庄左侧之威胁也。

一、四月四日我军态势如左：

1. 汤军团刻向敌包围攻击中。

2. 21D已到达宿羊山车站。

3. 张轸师之一旅拟攻占獐山。

二、台庄正面之敌，经我数日攻击，受创甚重，攻击力顿挫。

三、军基于上项情况，给各部之命令要旨如左：

1. 我右翼军正与敌在台庄东北地区激战中，我第二〇师之一支队，袭击北洛、泥沟之敌。

2. 军拟乘机先肃清沿运河北岸之敌，以便尔后作战之容易。

3. 廿七师派队驱逐黄林庄之敌，确实占领后，迅速构筑由台庄东南起至刘庄之线据点工事。

4. 卅一师(附袁、吴两团)重炮二门，担任攻击台庄敌，务须努力扩张战果，以求迅速收复台庄。

5. 卅师(欠袁、吴两团)附重迫炮排，驱逐顿庄闸、南坝子之敌，再藉已占领之据点，向北扩张战果。

6. 四四旅附重迫击炮连，除在郭家寨、黄林庄河防外，协力廿七师攻占黄林庄。

7. 十三师以一团守备右自黄林庄，左至万里闸(均不含)河防，余在徐家庄集结。

8. 炮兵队以主火力对李庄、丁家桥，以一部对刘家虎射击。

四、本军各部行动如左：

1. 第六师由萧汪向台儿庄方面攻击。

2. 廿七师须恢复黄林庄至台儿庄东门原防线。

3. 十三师以一旅控置于燕子铺，派一部担任由台庄南浮桥起至侯新闸警戒。

4. 四四旅杨团仍归七旅指挥，巩固东南之河防。

5. 汤军团今可南来，进出燕子景、刘家虎地区。

五、命令下达后，得悉各部战况如左：

1. 廿七师克复石拉、黄林庄。

2. 第六师攻击大石埠之敌，激战数小时未奏功。

3. 台庄西北角之敌，向我西北城角进攻，受我伏兵袭击，敌损失甚重，当即退回。

4. 卅一师挑选攻击队数队，向敌猛攻，余固守原阵地，并占领小金庄。

5. 我卅一师攻击队，于廿一时藉重迫击炮火力掩护，奋勇出击，占领城内大庙，并俘获敌伤兵二名，残敌退守房舍顽抗。

一、四月五日奉司令长官程命令，要旨如左：

1. 本长官奉令，特来徐州督战。

2. 台庄之敌限自鱼日起至齐日止，三日内务捕捉歼灭。

3. 树立首功者奖洋十万元，否者师长以上定予重惩。

二、军受命后即严令各部，务于限期内将当面之敌肃清，免受军令制裁。

三、本日情况：峄县南下之敌，被我汤军团包围，连日猛攻，伤亡甚大，我汤军团将进至台庄附近地区。

我一一〇师已进抵金陵寺，即向獐山急进。

四、本拂晓台庄当面之敌以炮火集中向我猛攻，大庙之敌亦向我反攻，但均未得逞。

一、四月六日情况如左：

1. 十时得悉：我关军先头已到刘庄，周军已到东庄，正分别向台庄推进中。

2. 敌军主力本日下午向关军右翼反攻，在底阁、张楼一带激战。

3. 十七时，关军由岔路口转向枣庄北进。

二、军基于上项情况，即给各部之命令如左：

1. 敌受包围，损失极大，我汤军团定本（六）日下午八时至十二时，由岔路口、刘庄一带总攻敌人。

2. 着廿七师派队于本（六）日晚八时，向孟庄、斐庄、园上地区进出，协同汤军之作战。

3. 三十师应集结有力部队，同时向南北洛进出，协同作战。

4. 三十一师应同时向三里庄以南之敌出击，并台儿庄寨内之敌包围而肃清之。

5. 四四旅除担任河防防敌窜渡外，应相机协助廿七师之战斗。

四、本日各部夜袭及收复台儿庄经过：

1. 廿七师精选袭击队二连，于十八时分向纪庄、王庄进攻，到达沧汪庙、园上、东庄、李庄、陶沟桥等处，向敌猛攻。敌仓惶应战，稍行抵抗，即向北撤退，至二十三时即将各村庄占领。

我大部遂即跟进，复向前后刘家桥、刘家虎之敌进击，敌汽车、骡马、辎重等纷纷北退，状极狼狈，我又当将各村占领。

2. 十九时园上敌之弹药库经我重炮击中爆炸，火光烛天，敌兵纷乱四逃，我31D吴即乘机于城西北角向园上进攻，即将该庄占领。

3. 同时城内之敌极感恐慌，约有一小队由北门向园上增援，我禹营乘机逆袭，并将西北占领。

4. 廿三时31D七旅率队入城，协同王旅肃清城内之敌。时该旅一部已将东门占领，城内之敌均潜匿不动，我各部即搜捕肃清之。

五、各部夜袭均有进展，敌全部动摇，我官兵更形奋勇，于此轰动中外之台庄大会战，我已得最后胜利之基础矣。

六、台庄之敌被我肃清后，各部即向北推进，与敌保持接触。

七、彼我态势如附图第三。〔略〕

向峄县追击之作战

A、四月七日前彼我之态势

一、台儿庄败退之敌，一部沿台枣铁路，主力沿台枣公路，向峄县方面撤退。

二、汤军团之追击队，被敌之掩护队顽强拒止，以故敌之大部得以安全撤退。

三、110D 预先占领獐山、天柱山等要点，堵击退却之敌，被峄县南下之敌攻击，退至金陵寺一带。

四、本集团军27D 施行战场内追击，进至刘家虎、彭家楼一带，31D、44BS 因损失奇重，即在台儿庄附近整顿。

五、30D 即派一团以上兵力，向南北洛追击敌人。

B、作战经过

一、四月七日，因我军追击部队被敌掩护队拒止，至战场所获效果甚小。于本日下午，敌之大部已在獐山、天柱山、草山子、黄山、长山及峄县以东山地之线占领阵地。

二、四月八日敌我状况如左：

1. 敌之掩护队于任务完了后，已向峄县东北高地撤退。

2. 我汤军团之第二师，已过马山、九山，向峄县附近之敌攻击，85A 抵柿树园、兰城店之线。

3. 我30D 追击队已向南北洛攻击。

三、四月九日敌我状况如左：

1. 敌前进阵地在赵庄、獐山、⊙155高地一带，双山、潭山有敌炮兵，其主力似在枣庄、峄县间。

2. 2D 右翼占领九山与王军连系，左翼进逼峄县东南。

3. 6D 在黄家庄、贾房一带，向当面之敌攻击中。

4. 30D 一部已占泥沟、前城、后城，主力在南田营。

5. 110D 在白山西、罗山口、⊙250高地一带，与敌对峙中。

6. 27D 正准备向白山西方向前进中。

7. 31D、44BC 仍在台儿庄附近整顿。

8. 炮兵进抵南洛附近。

9. 总部位置杨楼。

四、午后七时奉司令长官李命令，要旨如左：

1. 汤军今晚夺取双山、潭山，曹军攻击枣庄，遮断枣峄交通。

2. 第二集团军今晚夺取獐山、⊙150、⊙155高地及天柱山各要点，准备对峄县攻击。

3. 军队区分仍旧，惟6D拨归孙部指挥。

4. 孙、汤作战地境为台枣铁路线，线上属汤军。

五、军受命后，于下午十一时给予各部之命令，要旨如左：

1. 同长官部令。

2. 着第六师今夜占领鲍家庄、柳园之线，三十师今晚袭取天柱山、草山子、北山各要点，并坚固占领，为枣峄攻击之准备。

3. 110D向王庄、虎山间前进，并确实占领虎山，准备对峄县之敌攻击。

4. 作战地境：第六师、三十师向〔间〕为东高皇庙、□家庄，30D、110D向〔间〕为金陵寺、黄庄、王庄、三里堂之线，线上属右。

5. 炮兵队为炮七团(欠两营)，重炮连、山炮连统归张团长指挥，充分制压敌炮兵，支援步兵之攻击。

6. 27D为军预备队，于明拂晓前集结于马兰屯东沿河附近。

7. 31D十日推进南洛，44BS仍在台儿庄待命。

8. 总部杨家楼。

六、四月十日，总司令赴贾家口前方指挥，敌我状况如左：

1. 敌占领双山、潭山、七里店、王庄、曹庄、田楼、吴家林、乱沟、獐山之线为主阵地，枣庄之敌正加强工事中。

2. 汤军团之52A，昨晚攻双山未下。

3. 第六师占领泥沟东之官庄。

4. 30D昨晚袭击獐山、天柱山未下，现占领泥沟北之柳园、西邵里、童家庄一带。

5. 110D仍在白山西一带，与敌对峙中。

七、午后五时，奉司令长官李命令，要旨如左：

1. 孙集团今晚进攻，限明拂晓进至乱沟、丁家坝、天柱山、草山子之线，到达后将重炮推至郭庄附近，以便对双山、潭山、峄县射击。

2. 汤军团今晚由潘家庵侧击乱沟，协助孙军之前进。

八、军受命后，于午后六时给与各部之命令，要旨如左：

1. 第6D限于本(十)日黄昏前占领戴家庄、李家楼之线，准备明(十一)日拂晓向乱沟、徐家庄之敌攻击。

2. 30D俟6D进抵戴庄、李楼之线后，以一部夜袭天柱山，一部由张庄、赵庄、柳庄向北山西之敌攻击。

3. 110D务于明(十一)日拂晓，向七里山、濠城之线侧击敌人。

4. 27D为军预备队，务于明(十一)日拂晓前控置于虎里布附近。

5. 第6D、30D夜袭奏功后，作战地境如左：

高家庄、梁庄、何庄、关庄、土楼河、峄县之线，线上属右各师。

九、夜半据第六师报告：黄昏向敌袭击，激战二小时，将李楼东南之赵庄、郭庄、李庄各村落占领。李楼尚有盘据回寨之敌顽强抵抗，正继续攻击中。

十、四月十一日据110D报告如左：

1. 敌大部重兵器及车辆，由峄县向西移动，有退却模样。

2. 自昨夜以来，敌炮击甚密。

3. 据飞机侦察，敌炮兵由峄县向枣庄移动。

4. 6D拂晓由戴庄向乱沟袭击，敌占据碉寨顽强抵抗，攻击部队受阻于外濠及围墙之外，无法突入，并受敌炽盛火力射击，伤亡颇重。至天明攻击未奏效，仍撤回原阵地。

5. 30D于晨一时许，分向獐山、北山之敌猛攻，敌虽凭险顽抗，但官兵皆奋不顾身，争先前驱，勇猛冲杀，登山死拼，达一小时，终将各处迭次攻下。迨至天明，敌又增援反攻，我因伤亡过重，致得而复失，只占领北山一部分，其他未奏效。

6. 27D控制虎里布、夏庄、朱竹园、程庄一带。

十一、军拟歼灭当面之敌，于午后三时给予各部之命令，要旨如左：

1. 110D即以全力遮断峄临公路，并相机侧击敌人。

2. 27D即由现地向小庄子，并在各村落秘匿埋伏，截击运动之敌。

3. 30D即向当面之敌猛攻，并抽派一部隐匿，占领长山、七里山之线，侧击敌人，敌如退却，即跟踪追击。

4. 6D即以全部挺进至肃桥、大小转湾一带，阻敌向峄县连络，并与30D协力攻击敌人。

十二、四月十二日敌我状况如左：

1. 当面之敌同前。

2. 敌一部约二千人，由峄县向税郭移动，汤军团即决定先解决税郭之敌，而敌主力仍向汤军团右翼延伸攻击。

3. 110D已挺进至老虎山北方之永安庄、夏庄、佛山、天王山一带。

4. 其他各师仍与敌对峙中。

十三、军为歼灭顽敌，拟仍继续施行攻击，于十时给予各部之命令，要旨如左：

1. 110D务于本（十二）日黄昏前到达夏庄、小庄子等处，准备夜间以主力向峄县西南之吴庄、张庄、黄庄攻击，并以一部向卧虎山攻击。

2. 27D于本（十二）日黄昏前到达卜洛村，以有力之一部准备夜间向壕城、钢义楼、大桥之敌攻击，并占领之。

3. 30D仍继续向当面之敌攻击，并以一部占领长山、七里山之线，侧击敌人。

4. 6D务于本（十二）日黄昏前将李楼占领，另派一部准备夜间向郑庄、兵坊镇攻击，并占领之，以造成围攻獐山、天柱山之态势。

5. 炮兵队对天柱山之敌射击，并派野炮一连，在朱庄附近占领阵地，以能充分射击北山西、罗山口之敌为要。

6. 各部队于本(十二)日二十二时务必到达攻击准备位置，二十四时同时开始攻击。

十四、各部受命后，于二十二时先后就攻击准备位置。

十五、四月十三日晨，各部夜战经过如左：

1. 6D昨夜分向李楼、徐家庄攻击，敌藉其优越之火力，据寨顽抗。我因伤亡奇重，攻击顿挫，未得进展。

2. 30D一部于三时许攻至獐山顶，因敌居高临下，伤亡及半，乃撤至石圩子五十公尺处，与敌对峙，其余亦无进展。

3. 27D四时许将钢义楼、吴家楼占领，遮断天柱山与峄县之交通。

4. 110D占领老虎山、卧虎寨、刘庄、于庄、张庄等处，主力沿峄县西方公路前进。

十六、午前十一时状况如左：

1. 敌昨晚以主力由税郭向汤军反攻，25D、21D伤亡甚重。

2. 85A主力在九山、苏家埠、潘家巷之线，一部占领乱沟、丁坝。

3. 6D将徐家庄占领。

4. 3CD再度攻击天柱山，毙敌甚众。

十七、军基于上项情况，为攻峄县并解汤军团之危急，处置如下：

1. 6D继向当面之敌猛攻。

2. 30D今(十三)日晚向北山西刘庄之敌夜袭。

3. 27D除一五九团仍于今晚夜袭谢庄外，余俟44BS接防后，即移卜集、老龙潭、马家山及东西阴棠一带集结。

4. 110D保持孙庄、于庄、卧虎寨之阵地，今夜向马汪崖、杏花村之线袭击，确实占领之。

5. 44BS 今黄昏时接替 27D 之 79B 阵地。

十八、四月十四日敌我状况如左：

1. 敌主力仍在税郭附近，另数百之敌附炮四门，三轮摩托车五六十辆，有向向城增援模样。

2. 汤军团避免攻坚，将主力集结于九山以东、平山、傅山、青山一带，一部在尚岩附近围攻税郭之敌。

3. 6D 李团长率兵两营，昨夜攻击李楼，团长阵亡，攻击顿挫。

4. 30D 对天柱山正面之敌数度猛烈进击，未能奏功。

5. 27D 侯旅，两日来袭占濠城、钢义楼、谢山、萧桥、大桥、红庙、马厂、河汪崖一带村落，对峄县西南两关均能确实封锁，敌之交通改由土楼河绕三里庄入东门。土楼河东岸有敌防御工事，长山、七里山、黄山之敌归路已断。该师李团已进至马家山、放马场一带，(老虎山西方)策应张轸师之作战。

6. 44B 昨夜将金陵前后第一山湖阵地接替，昨夜向长山、黄山之敌猛袭，一度占须〔领〕长山。于拂晓后众〔众字衍〕连续反攻，同时受草山、黄山之敌火侧射，致长山大部仍为敌夺取。

7. 110D仍固守卧虎寨、老虎山阵地，其左侧有少数敌人迂回，已由27D 派一部附炮二门，在虎山口堵截。

十九、是日奉委座元酉手令，限两日攻下峄、枣。

二十、军受命后，拟以一部监视天柱山、草山子、长山之敌，主力进出于峄县附近，将敌包围而歼灭之。处置如左：

1. 6D 务迅速向王家屯、康家庄、李家庄、黄家庄攻击，而占领之。

2. 30D 应确实将北山一带之敌驱逐，监视天柱山、草山子敌之行动。

3. 27D 以钢义楼、大桥为据点，推进于福家庄、贾家庄之线，对前后围子、土楼河河北、仓梧之敌包围，而歼灭之。

4. 44BS 除占领赵家林、望仙山、前后黄山湖、东西匡、谈贾庄各地外，应由濠城附近向黄山之敌攻击，而占领之。

5. 110D 除确保老虎山、卧虎寨，竭力驱逐锅底之敌，而占领之，于虎山口及峄枣公路须派出警戒部队，并以一部攻击杏花村之敌。

6. 炮兵队于金陵寺附近选择阵地，以主要火力指向河北、仓梧、峄县之敌。

7. 31D 编为一旅，为军预备队。

8. 本(十四)日二十三时到达攻击准备位置，二十四时开始攻击。

二十一、是日奉司令长官李命令，要旨如左：

93D 即调至苏家埠，归第二集团军孙总司令指挥，准备由东向西攻击，扫荡峄县西南之敌。

二十二、军受命后即转令该师。

二十三、四月十五日晨，各部昨夜之夜袭经过如左：

1. 6D 先以野炮行破坏射击，开冲锋路，结果仅贯穿寨墙小孔数处。步兵虽经数度猛攻，仍未达到成果。

2. 27D 于零时三十分向福家庄之敌夜袭，因月色微明，被敌发觉，受其炽盛火力之射击，故未奏功。另一部夜袭峄县南关，曾一度克复，旋得而复失。

3. 31D、44BS 之攻击未进展。

二十四、本日午敌我状况如左：

1. 曹福林部刻在枣庄以北王家庄、张庄一带，与敌步兵千余、炮数门激战中。

2. 敌由临城开向卧虎寨附近，汽车十余辆满载步兵。又峄县亦增援数百名，附骑兵百余，分两路向卧虎寨、八里屯我110D攻击，刻正激战中。

二十五、退据峄县附近之敌，凭险据寨，顽强抵抗。我虽连日猛攻，不惟进展甚缓，且颇受损失。

奉司令长官命令，要旨如下：

（一）拟先行扫荡峄县以南山地之敌，再行攻略峄县。

（二）85A（欠4D）附93D及6D之一团，归王军长仲廉指挥。

（三）明（十六）日拂晓，由东向西攻击前进，与27D会合，截断峄县敌之连络线。

二十六、军根据命令，于午后八时给予各部命令，要旨如左：

1. 六师之一团，现在葛庄、朱楼附近，即归王军长指挥。

2. 六师（欠一团）于明（十六）日拂晓，继续攻击獐山之敌。

3. 二十七师于明拂晓向土楼之敌攻击，与八十五军之一部会合，截断敌之连络。

4. 一百一十师明拂晓向当面之敌攻击，并确保卧虎寨、八里屯之阵地。

5. 三十师明拂晓以主力向草山子之敌出击，以一部确保天柱山以南各阵地，相机协助八十五军主力之作战。

6. 独立四十四旅，明拂晓向长山、黄山之敌攻击。

7. 三十一师之九十一旅为军预备队，控制于马兰屯。

二十七、入夜后战况沉寂。

二十八、四月十六日上午，各部之攻击情形如左：

1. 八十五军附九十三师，自晨三时半开始攻击，占领康庄，进展甚缓。

2. 六师本晨攻至獐山东南端，因受山地敌人瞰制及童家庄敌之侧击，乃撤至前城西端之干沟一带。

3. 二十七师向土楼河之攻击，因被敌战车阻止，未克奏功。

4. 一百一十师仍在卧虎寨、八里屯固守，但连日苦战，伤亡颇重。

二十九、本日下午奉司令长官李训令，要旨如左：

1. 峄县附近之敌，因地形、地物之特殊，由刚性之强攻改用柔性之围攻。一面监视当面之敌，一面逐次袭占各要点，削减其凭藉，并阻敌增援，断绝其补给为要。

2. 八十五军归还汤军团建制，九十三师在出头林、响连屯一带，归孙总司令指挥。

于运河峄县间防御战〔略〕。

〔国民政府国防部史政局及战史会档案〕

4. 庞炳勋报告五九军等部在临沂一带战况密电

(1938年3月21日)

特急。武昌委员长蒋、部长何：中密。(1)昨五九军正面之敌连续攻陷白塔、沙岭子，其势焰甚锐。(2)五九军奉令转进滕县，于(20.21)即将全部西撤。敌步骑二千余，炮七八门，乘机沿公路南进。(3)三十九师初因与五九军分途追击，故在公路以东相距尚远。当此情况，急以一部由滕家官庄、左家官庄侧击该敌，同时令在停子头、东庄屯之部队阻击，以主力急由各柴步河、魏家林迂进增援。斯时战斗激烈，我二二九团一营代营长游联纬受伤。三营营长汪大章阵亡，此两营官兵伤亡殆尽，其余亦伤亡惨重，数目待查。未及增援部队到达停子头、东庄屯之线，即被突破。(4)兹以调整部队集结兵力，向桃园、蒋家庄、石埠岭、黄山之线既设阵地转进。(5)沂河以西五九军均已开动，留有卅八师一一二旅归职指挥。此旅亦伤亡众多，现有千余人，已令在石埠头、古城、冉家屯、小官庄之线占领阵地，并沿沂河西岸布防。(6)昨日敌增援反攻，五九军他调。揆之各部损失现有力量，情况危急。庞炳勋。(21、23)参。印。

〔国民政府国防部史政局及战史会档案〕

5. 蒋介石关于固守原地派兵挺进莒县破坏交通密电

(1938年3月29日)

即到。徐州李长官：密。临沂方面在援军未到以前，正面应固守。另以一团或一两营兵力，向莒县方向敌之远后方挺进，破坏交通，或设伏兵袭击其增援部队及辎重为要。中〇。29、20。令一元。

〔国民政府国防部史政局及战史会档案〕

6. 李宗仁报告临沂一带战况密电

(1938年3月)

(1) 3月29日密电

即到。武昌委员长蒋、何总长、徐部长：0022密。据张军长自忠29.04电称：(1)当面之敌自27、07开始向我古城、南沙埠、小岭北道攻击后，复于廿八日增加约千余人，炮十二三门，附以飞机往复轰炸，密集炮火射击。村中房屋多着火焚烧，烟焰弥漫。我军喋血抗战，前仆后继，毙敌甚重，遗尸遍野，战事激烈为前所未有。我守军血战两昼夜，全部壮烈牺牲。现为节约兵力计，在七得、前后七里屯、韦家村、前后冈头一带占领阵地。(2)据报28日午有敌步骑约五百余人，经费县东南之探沂庄，向西南运动。(3)汤部骑兵团及缪军之一旅均未到达。(4)职军两日以来伤亡两千余人，连前此伤亡达万余人。职一息尚存，决与敌奋战到底。等情。谨闻。李宗仁。29、23。参二。印。

(2) 3月30日密电

即到。武昌委员长蒋、何总长、徐部长：2691密。诒29、19电：(1)本日庞军方面无动静。(2)张军方面敌猛攻东西钦宿，三次争夺，毙敌数百，仍据原线。(3)缪军王肇治旅本早已到，下午职赴各团训话后，即偕王旅长赴张军部。该部士气旺盛，已令十九时由东高都出发，向十里铺(临沂东北)前进，拟明早向大小岭出击。(4)汤部骑兵团本日午后抵胡子峪(古城西方廿里)，已令向义堂集以北进攻。(5)十九时抵张军部。据报告：敌连日约伤亡千余，有退却模样，已准备穷追。李宗仁。30、01。参谍。徐。印。

〔国民政府国防部史政局及战史会档案〕

7. 李宗仁报告台儿庄战况密电

(1938年3月)

(1) 3月29日密电

武昌委员长蒋：0022密。顷接鲁艳辰电，池师长廿八日报告：(一)敌于廿时由台儿庄城西破口冲入三百余人，联合原在之敌与我复发生激烈混战，城内一时混乱。经王副师冠五督队，将新侵入之敌歼灭中。(二)刻令卅师袁团长(176团)率兵两营进台儿庄，协力肃清城内之敌。职亦于斯时率手枪队入城整顿，已恢复今日廿时前状态。等情。谨闻。李宗仁。29、24。参。印。

(2) 3月30日电

急。武昌委员长蒋：中密。谨将30、01下达汤军团长之命令，电呈察核：(1)台儿庄附近之敌三千余人，重炮四门、野山炮若干，占据台儿庄北部及刘家湖、三里庄、南洛一带村庄顽强抵抗。我孙集团虽将该敌三面包围，但双方胶着对峙，一时不易歼灭该敌。(2)我军以先行扫荡台儿庄附近敌人之目的，付予汤军团如下之任务：(甲)王军明(卅)日应对峄县之敌佯攻，以牵制该方面之敌南下。但应保持由东向西之原方向。(乙)关军明(卅)日应速向泥沟、北洛前进，到达该地后，以一部向南洛协助孙集团解决台儿庄附近之敌，以主力极力破坏铁路、公路，遮断峄县与台儿庄之连络，并与王军协同阻止峄县南下之敌，但王军应保持由东向西之原方向。(3)汤军团长应速向孙总司令密取连络。(4)予在铜山。等语。职李宗仁。30、01。参一。印。

即到。武昌委员长蒋、何总长、徐部长：0022密。鲁艳申电称：(1)攻台儿庄之敌，今晨六时正值敌我在寨内搏斗时，敌猛攻北站，经卅一师官兵奋勇击退。(2)廿七师于今晨三时开始攻击，刻已占园上、孟庄，仅少数敌人据碉顽抗。毙敌甚多，获炮一门，继向邵庄、斐庄攻击。我以迫击炮击中敌汽油库起火，敌战车七、八辆向刘家湖移动，乘敌动摇之际，一鼓攻占邵庄。但我占各村，被敌用烧夷弹集射起火，并以战车协同步兵反攻。我战车防御炮协同步兵防御，击毁敌战车二辆，我射手被敌机枪扫射阵亡，车辆毁一个。(3)台儿庄正面之敌，自昨夜迄现在连击猛攻，并与我三一师剧烈巷战，未尝稍停，刻仍在肉搏中。(4)我四四旅猛攻三里庄之敌，毙敌甚多，并即占领之。敌以战车协步炮千余，由公路向该旅左翼猛冲，我伤亡甚重，三里庄复失。刻该旅占据铁路沿线，准备续攻中。(5)卅师(欠八九旅)铁路西渡河，切断敌连络线，并侧击敌根据地之刘家湖。进展情形尚无根据，我官兵伤亡容待续报。谨闻。宗仁。30、01。战课。印。

〔国民政府国防部史政局及战史会档案〕

8. 林蔚等关于台儿庄一带战况及作战方针密电

(1938年3月30日)

限即刻到。武昌委员长蒋、总长何、部长徐：中密。(1)台庄情况如下：(甲)敌约三千余人，附重炮四门，野山炮、战车若干，占据南洛、刘家湖、三里庄及宋庄东北部，凭藉围寨、碉堡负隅顽抗，重炮声彻夜不停。(乙)我(31D)在台庄，(27D)在右翼孟庄、邵庄，向西绕至北翼枣庄、孙庄，向南将敌包围。虽猛攻竟日，未能奏功，且伤亡甚重。(31D)连日作战，伤团长三、营长八，士兵约二千。(丙)卅日继续围攻，并以独四四旅由板桥向东攻三里庄，卅师向北攻南洛，期将该敌完全围歼。(2)汤军团方面：敌二千余人在枣庄东北黄山、马山、周村一带与我第四师十旅激战一昼夜，双方伤亡均大。艳晨该敌大部向郭里集方面撤退，汤军团以协助孙军先歼灭台庄敌人之目的。(甲)以第四、廿五两师及第二师欠一旅，由关军长指挥，艳晚由女峰山经尚岩、兰陵镇向南转进。已令其进出于泥沟、北洛间，遮断峄县与台庄之连络，并以一部协助孙军围攻台庄之敌。(乙)第八九师及第二师欠一旅由王军长指挥，艳晚确实占领平山、傅山、石城岗、青山、女峰山一带高地，向峄县佯攻，以牵制该敌。(3)临沂无新情况。(4)目下之方针在先歼灭台庄之敌，并确实稳定临沂，以打破其与峄县敌人会合之企图，第二步再设法将敌包围于峄县附近而歼灭之。该敌后方连络线切断，且增援亦不及，必难脱逸。(5)我重炮正设法在台庄使用。职林蔚、刘斐。(30、12)令一徐。印。

〔国民政府国防部史政局及战史会档案〕

9. 蒋介石关于截击聚歼台峄等地残敌防敌脱逃密电

(1938年4月)

(1) 4月1日密电

限二小时到。临沂张军长：流密。临沂之敌得自由转用于向城、兰陵镇方面，实该军之耻。应速派有力部队向向城之敌猛烈追击，免致台、峄之敌已届聚歼之时再行逸脱。事关抗战前途甚巨，务望努力为要。中○。01、15。令一元。

(2) 4月15日密电

即到。台儿庄林次长、副厅长：1409。令一台电悉。密。李长官、白副总长1312台电所陈已复准照办。惟峄、枣之敌似企图与莒、沂、费之敌会合，我军宜以有力部队集结于适当地点，分途截击，务使峄枣残敌陷于孤立无援地位，即早歼灭之，勿遗后患。若完全消极坐视援敌到达，则尔后作战必大感困难，希转达注意。中〇。合酉。令一元。

〔国民政府国防部史政局及战史会档案〕

10. 孙连仲报告该军台儿庄附近战况密电

（1938年4月）

（1）4月1日密电

特急。武昌委员长蒋：柱密。本军各师奉令逐次增加台儿庄方面，适敌矶谷师团沿台枣路南进，企图一鼓攻下台庄，进迫铜山。是时台庄寨内已被敌冲入一部，其前方村落、据点多被占领，当令各部向敌猛攻。经连日恶战，毙敌甚多，惟台庄附近地势地窳〔窊〕，射界开阔，村落多石砌碉楼。我军每攻开一村，反复肉搏数次，将敌击溃。正在扫除盘踞碉楼顽抗之际，敌即利用炮火摧毁村落，继以飞机轰炸，阻我增援部队。终以坦克车掩护敌大部猛烈逆袭，致我进占村落官兵不得不壮烈牺牲，以致伤亡惨重。台庄寨内之敌藉重野炮掩护之下，每日数次肉搏，致我伤亡约有三团之众，刻仍与敌激战中。迄世日止，综计廿七师约伤亡二千余，卅一师约三四千，卅师约千余。四四旅两次攻陷三里庄，尤以装备太差，终被敌击溃，战斗能力已失，现令稍为整理，准备再战。查各部新兵未得训练，战斗技能虽差，牺牲精神尚称旺盛。谨遵长官意旨，鼓励部下誓歼此寇，以报知遇。谨闻。孙连仲。东卯。参。印。

（2）4月2日密电

XQXB。送呈委员长蒋：4272密。报告：（一）本军为击溃当面之敌，确保台庄，由漾迄今十余日，不分昼夜，向敌连续猛攻。

敌持兵器优越，每日以猛烈炮火及大批战车、飞机助战。我官兵与敌搏斗，每日数次，前仆后继，一村落一据点之争夺，宁整个营连牺牲，亦所不惜。尤以台庄之坚守，截至今日，我军伤亡四五千人，敌人亦日以汽车满载尸体，运回峄县焚化，共约三千以上。总计前后击毁敌战车十三辆，野重炮四、五门，夺获敌山炮两门，炮击毁汽油仓库一座，其他军用品无算。(二)东夜由廿七师奋勇队八百余人，向占领台庄一隅之敌施行夜袭，攀登寨墙，由东北角冲入与敌肉搏，结果占据寨内大部及文昌阁敌指挥部。是役计毙敌五六百名，夺获电话机三具，枪枝及军用品、文书、地图甚多。我三十一师守城部队亦乘机反攻，猛烈巷战，敌尸塞途，刻正协力肃清残敌中。如敌无续增部队，不难歼灭。(三)敌军连日挫败，近又大批增援步兵三四千，野炮、重炮及战车各四、五十向我反攻未逞。敌更连合与汤军在洪山镇、兰陵镇对战之矶谷师团主力，并附机械化兵种，昨、今两日又积极南犯，向我两翼包围压迫。除彭村、潘坠、甲洛、马兰屯一带防守部队与阵地共成灰烬，无一生还者外，我廿七师五窑路、陶沟桥、邢家楼及卅师彭家楼、插花庙、马兰屯、褚家埠之线阵地，被截成数段。廿七师师部、旅部均被包围，登先混战，我官兵宁死不退，迄今尤在搏斗中。(四)本军抗战旬余，毙敌约在数千人，我军伤亡将近万名。自康副师长以下，负重伤之中上级官长计二三十人，下级官十分之七点五。为粉碎敌人打通津浦线企图，官兵誓死与台庄共存亡，即一兵一卒亦必以最后之一滴血，以换取最大之代价。余俟续报。谨闻。孙连仲。冬申。参谍。印。

〔国民政府国防部史政局及战史会档案〕

11．蒋介石关于封锁交通阻击莒沂方向之敌确保台峄战斗胜利密电

(1938年4月4日)

限二小时到。临沂张军长自忠：○密。(一)近日敌军仍有小

部队由临沂、费县方向向台儿庄方面驰援。(二)着该军一面阻止莒县、沂水方向敌兵前进,一面以三日期限确实封锁台儿庄、临沂及台儿庄、费县间之交通,保障台、驿〔峄〕方面彻底胜利,而利全局为要。中○。04、10。令一元。

〔国民政府国防部史政局及战史会档案〕

12. 孙连仲关于该军占领台儿庄附近数十村落密电

(1938年4月5日)

特急。武昌委员长蒋:中密。本军为迅速达成机动歼灭敌之任务,开始即对先我占领台儿庄附近据点之敌实行猛攻,运动游击与阵地战术交互运用。敌每乘我立足未稳,以炮火制压,飞机轰炸,坦克车冲击,协同步兵实行反攻或逆袭。我仅持步机枪及手榴弹与敌肉搏,甲仆乙继,有进无退。综计十余日来,我先后占领台庄附近数十村落,毙敌三四千人。正值合围歼敌之际,敌忽于冬晨由峄县大批增援,对我廿七师、卅一师及卅师阵地猛烈炮击,并用烧夷弹击毁村落,昼夜不停,阵地已成灰烬。我健儿埋骨于敌炮火下者,达二千余人,战事之烈,实所罕有。现我廿七师仍在台儿庄以东,扬庄、后堡及李家圩东北高地,一部在石拉沿河之线,阻敌前进。卅一师守寨部队协同冬晓奋勇登城之廿七师一营,与敌巷战,今晨迄暮,肉搏达十余次,毙敌甚多,颇为得手。卅师艳日进至南洛,断敌归路,伤亡甚众,坚守原防,不时出击。占据顿庄闸之敌,被我击毙七八十人。连日激战,结果廿七师仅余战斗员千余人,卅一师千余人,卅师伤〔伤字衍〕二千余人,四四旅二千余人。负伤官兵之未退出者,誓与阵地偕亡,杀声振天,足寒敌胆。现我全军士气愈是振奋,誓矢忠贞,以报党国,使台儿庄留历史上之光荣,藉以唤起全民抗战精神,博取最大代价,即余一兵一卒,绝不轻离寸地。昨午卅一师师长池峰城检呈俘敌重要文件甚多,已呈第五战区。得悉敌最初即以步兵两联队为基干,配属重野炮各一团、山炮一营、战车一队，分两支队南犯。日来迭次增援，已感穷于应付，我正设法围歼中。败利在此一举。余容续陈。谨闻。孙连仲。微丑。参战。印。

〔国民政府国防部史政局及战史会档案〕

13. 林蔚刘斐报告台儿庄附近各部位置及战况密电

（1938年4月6日）

即到。武昌委员长蒋、总长何、部长徐：2691密。（一）微日下午我军位置：关军柿树园、陶墩、常沟之线；王军朱庄、潭庄、58高地之线；周军贺庄、萧汪、东庄之线；孙集团赵庄、台庄、插花庙、小屋子、南坝子、张庄之线；张轸师主力已占领獐山。敌除一度向谭庄及台庄攻击未逞外，余无变化，战车及炮兵亦不甚活动。（二）汤军团主力微晚继续前进，本日决不顾一切攻到台庄。张轸师向兰城店攻敌侧背，十三师星夜进至四户镇，归汤指挥。廿一师转运至车辐山下车，归孙指挥。（三）曹福林部主力向峄县西之卧虎寨挺进，约本日可到达。城①。滕县仅有数百敌人，已由我游击队监视。（四）发电时止，关军已到张横附近，与敌激战中，各村落均有敌盘据，渐入混战状态。向城北约廿公里中村附近，发现敌约千余人。临沂西南约十公里朱陈、王庄附近，发现敌数百人。我十三师一旅已到鲁坊附近占领阵地，掩护汤军团侧背。职林蔚、刘斐。（06、10）。印。

〔国民政府国防部史政局及战史会档案〕

14. 李宗仁等提出台儿庄大捷后全歼残敌作战任务密电

（1938年4月13日）

即到。武昌委员长蒋：4272密。台庄之役敌孤军深入，我正

---

① 原文如此，似有脱漏字。

面藉台庄为据点与敌支持，以优势兵力揃敌侧背，在有利态势之下行运动战，故得捕捉机会击退敌人。现敌改攻为守，凭藉峄县附近山地为据点，以枣庄为犄角，行机动防御。我因阵线过广，处处薄弱，连日攻击甚鲜成效。汤军团攻双山、潭山，孙集团攻击桂山、乱沟，伤亡均大，迄未奏功。真日以来，敌主力由郭里集向汤军团右翼迂回，在税郭及以东地区激战，我廿五、廿一两师伤亡过半。发电时止，仍在激战中。无论结果如何，欲彻底消灭敌人，事实上恐难如愿，若长此胶着，继续攻坚，势将演成阵地战。查鲁南村落，多系石质围寨与碉楼，非步兵、火器所能摧毁。我炮兵缺乏，且因炮弹及射击技术等关系，均无攻略敌阵地之把握。第二期抗战之方针，原在避免阵地战，以运动战消耗敌之兵力，而收集小胜为大胜之功。兹值台庄战利之后，士气未馁，拟在包围阵线上仅配置少数监视兵，将主力分别集结于便于机动之位置。一面破坏敌后方交通，断绝其粮弹之补给；一面以小部先游击诱致敌人于阵地外求决战，既能避免无益之消耗，又得自由活用之兵力，无论敌由何方增援，均可应付裕如。为此，职等连日在前方实地观察，认为迅宜改用之战法原则，如蒙裁可，拟即相机实施。如何乞示遵。职李宗仁、白崇禧。(13、12)台。

〔国民政府国防部史政局及战史会档案〕

15. 张自忠报告该部在向城等地作战情况密电

(1938年4月13日)

即到。武昌委员长蒋：3177密。报告：(一)本晨六时有步兵五百余、骑兵百余、炮四门、三轮摩托车五六十辆之敌，由北向大中村前进，似有向向城方面增援之模样。当与我骑兵十三旅之第二团接触，激战至十一时，敌我伤亡均甚奇重。现我第二团占领大秦庄一带山地，十三军独立骑兵团占领萧陵、东作，七七团高营占领将相台一带高地，阻敌南窜，刻仍激战中。(二)骑兵十三旅之一、三两团，于昨日午后四时即与敌步炮六七百在薛南遭遇，激战竟日，敌仍顽抗。刻该敌已窜至将相台、贾庄、作庄一带。除奉司令长官李电话令：吴师留一团协攻朱陈，一团赴向城协同一三九师解决该处之敌，其余对中村南下之敌攻击，已转饬遵照外，谨闻。职张自忠叩。元酉。参战。印。

〔国民政府国防部史政局及战史会档案〕

16. 徐永昌转报台儿庄附近与敌作战对策密电

(1938年4月14日)

急。铜山李长官译转林次长蔚文兄：○密。鹰屋意见：以峄县、枣庄之敌，若尝试向西北方退却，则对策为左翼(峄县西南)以强大兵力向临城前进，将敌向东北方之抱犊山压迫。斯时不向敌后卫或侧卫攻击，常进出于敌之行军方向，包围其主力。我孙、曹两部宜向纵深与横宽，成梯次形堵截敌之退却。右翼汤部宜向右超越，由空隙地点突入。我空军对敌退却运动常施攻击，并向由青岛通临沂之连络线侦察。我方动作要迅速坚决，尤要者目前利用月光到处穷蹑敌军，则愈能迅速歼敌，而所受之损害愈小。若不能达到此步，则台儿庄之胜利不过寻常胜利，非歼灭战。等语。希查照。徐○○。寒申。一元。鄂。

〔国民政府国防部史政局及战史会档案〕

17. 张自忠报告该部在汤头等地战况密电

(1938年4月16日)

限即到。武昌委员长蒋：勉密。报告：(一)本日步炮连合千余名之敌，分攻我葛家、王平、小官路、大岭黄师阵地，激战竟日。顷仍继续增加，向我猛攻中。(二)汤头昨到敌步兵一千五百余，炮廿余，本早经大枣、沟头西进，经我骑兵张师截击，已窜至诸保一带。

(三)昨由向城北窜步炮联合三四百名之敌，刻仍在黄庄附近，与我骑兵姚旅激战中。(四)我刘师及十三师之一团铣申猛攻朱陈，刻寨墙已被我炮击倾斜，正拼力攻击中。(五)据报：莒县本日又到敌一千四百余名，已沿台潍路西进。(六)据厉司令文礼报告：青岛昨午有步炮联合二千余名之敌登陆。谨闻。张自忠。铣戌。参战。印。

〔国民政府国防部史政局及战史会档案〕

18. 张自忠报告该部在十里铺等地激战情况密电

(1938年4月)

(1) 4月18日密电

即到。武昌委员长蒋：砥密。我当面之敌昼夜向我猛攻，并大部继续增加，炮火异常激烈，十里铺、韦家屯、八里屯、东西婢宿一带阵地完全摧毁，我官兵肉搏苦战，往复争夺，刻已全数牺牲，正集合后方零星官佐兵伕悉数参加。我刘师除留少数监视朱陈之敌，余已完全抽入。职分属军人，一息尚存，惟有本救国天职，苦撑到底。谨电报闻。职张自忠。巧巳。参战。印。

(2) 4月19日密电

限一小时到。武昌委员长蒋：砥密。报告：(一)当面之敌啸晚向我水田猛烈进犯，我吴师朱旅奋力抵抗，激战竟夜，肉搏多次。该旅王团长胜泌受伤，营长伤二亡一，士兵伤亡甚众，逐次据守水田以南地区及城西关扼守〔扼守城西关〕，刻正激战中。(二)据黄师长报称：敌藉炮火掩护，将城垣西北角轰破，一部侵入城中，正与我守城庞部激战。职已严令黄师截击。(三)吴师今晨总攻，占领大小岭，已令向八里屯、韦家屯移转攻击，并令所部拼力，以收夹击之效。谨闻。职张自忠叩。皓巳。参战。印。

〔国民政府国防部史政局及战史会档案〕

19. 张自忠报告该部在临沂城内激战情况密电

（1938年4月19日）

限一小时到。武昌委员长蒋：2691密。当面之敌自铣晨以来猛烈犯我，着着进迫，迄未停止。啸晚继续彻夜激战，炮火炽烈，我阵地全毁，房屋均着火，炮弹已渐达城垣。我官兵于火光烟焰中喋血抵抗，前仆后继，伤亡累累，而干部伤亡尤重，陷于苦战状态。现援军仅到一部，廿一师尚无消息。现时情况：廿一师如今晨不能到达，危险堪虞。职已严饬所部，无论伤亡如何，即余一兵一弹，亦须拼其全力苦撑到底，以实现保卫临沂之任务。谨闻。职张自忠叩。皓辰。参战。印。

〔国民政府国防部史政局及战史会档案〕

20. 李宗仁报告台儿庄附近兵力部署密电

（1938年4月19日）

武昌委员长蒋：岱密。巧申令一元电奉悉。据孙桐萱16、14电称：敌将植田泰两师团自津浦增援，企图攻徐。先头已陆续到达临城、峄、枣参加战斗（因我孙、曹阻止部队不确实），并于兖州、济宁等处增加部队。又据张自忠报告：临沂之敌为坂本支队，其后续部队亦逐次到达，参加战斗，是否即为上海开来未详。于学忠部及汤恩伯部原拟遵令继李仙洲军后增援临沂，将该方之敌先予以各个击破。于部方在台庄下车集结中。适篠晚税郭之敌全线反攻，巧午汤部土山及曹庄正面退据四流井、响连屯一带，与敌混战。因恐汤军被敌突破，致影响全局，遂令于部先向兰陵镇、甘露寺集结，以待卢汉部之到达。现敌企图攻徐，并以主力侧重津浦。为应付此战局，除请继续迅速调集兵力外，拟令李副司令长官品仙，赴鲁西指挥孙、曹、刘诸部攻击济、兖，于总司令学忠指挥张、庞、李及所部，确保临沂，并令徐参谋长祖诒前往臂助。本拟遵派健生兄前往临沂指挥作战，因情况转变，拟留徐州、台庄间，便于商筹全局，以期策划周密，击破敌军，以纾钧座之虑。谨呈核。职李宗仁叩。皓巳。印。

〔国民政府国防部史政局及战史会档案〕

21. 张自忠关于该军在临沂城等地战况密电

(1938年4月20日)

即到。武昌委员长蒋：流密。(1)皓巳我黄师朱旅占领临沂城西北隅破口，与敌肉搏血战。敌据城垣顽抗，敌大部复陆续由北门侵入，该旅遭受夹击，伤亡奇重，不得已至晚撤出。(2)城内庞部李旅与敌肉搏巷战，该旅长亲率士兵冲锋，激战甚烈。闻至黄昏(01、55)分，该旅始撤出。(3)我黄、刘两师连日苦战，伤亡极重。皓日下午五里铺黄师师部两次被敌猛击，经该师长亲率卫士击退，毙敌数十名。(4)我吴师在水田激战之朱旅，仅余官兵三百余人。攻击大小岭之张旅，因敌用汽车增援反攻之，损失甚重。(5)现我黄师及刘师之一部据守营子、林村、黎行之线，刘师欠一部监视朱陈之敌，吴师展开东晌墩、前后岗头之线。廿一师于皓亥到达，夜展开十里铺至白衣庄之线，以备节节抵抗。惟职指挥无状，致失沂城，拟请议处，以肃军纪。职张自忠叩。哿丑。参战。印。

〔国民政府国防部史政局及战史会档案〕

22. 李宗仁转报庞炳勋部在临沂一带战况密电

(1938年4月20日)

限10【日到】。武昌委员长蒋：中密。炎1920电：(1)巧酉张军右翼大柳园(临沂城西北)被敌攻陷，即继向北关攻击，当被我二三四团击退。(2)本辰敌续增部队向北关、西关进攻，至巳时我扼守西关保安队不支退走，致被敌突入城内。临沂城墙经民十六年驻军拆毁，又被两日敌之炮击，到处皆可通过。我守北关部队受敌夹击，即撤入城，并将守备沂河以东阵地之二三三团亦飞调入城，由一一七旅旅长李运通指挥以上两团及军属特务营。但各该部苦战两月，伤亡惨重，战斗力甚微，虽奋勇堵击，而竟被敌占。城内北半部及北关、西关余部仍由我占据，相对巷战。申时以前尚在混战中，以后情况不明。(3)本午敌占领水田、临沂城西，继占留庄(城西南)，刻向南关包围中。(4)我二三三团三营钟营长毓麟受伤，官兵伤亡甚众，毙敌亦多。虽以较劣之兵器，而卅八师黄师长在五里铺仅余士兵数十名仍固守。卅九师李旅长在城内亲率手枪兵数十名，与敌突击肉搏。李宗仁。20、24。参谍徐。印。

〔国民政府国防部史政局及战史会档案〕

23. 李宗仁报告张自忠部临沂等地战况密电

(1938年4月21日)

急。武昌委员长蒋：岱密。据张自忠智丑参战电称：(1)皓巳我黄师①……以肃军纪。等情。谨电呈察。惟该军团长所部苦战数月，实力大损，且部队均于城外阵地与敌激战，增援部队又不能适时赶到，仅庞军团所余极少兵力守城，致被失陷，尚非战不力之咎。所请议处一节，拟请免议。当否，恳核示遵。职李宗仁。马辰。参一。印。

〔国民政府国防部史政局及战史会档案〕

24. 李宗仁等关于吴良琛师在临沂向城两地战况密电

(1938年4月22日)

武昌军令部：1486密。A、普马未电：(1)被敌包于西辛庄之一二五师姚团尹营，已于昨晚突围，惟仅余二百余人。由敌尸检获之慰问袋上，知与尹营交战之敌为十三师团之千叶步兵团高岛队。

---

① 以下电文内容与前面4月20日张自忠致蒋介石电相同，故略。

(2)在临城得敌小队长中谷宽日记，知中谷宽之直属上官为第十师团长松浦纯六郎，第二十二旅团长田岛荣次郎，第十联队长上野勘一郎，第三大队长冈清三郎，第十二队长菊池重则。B、吴师长良琛号午电：本师铣晚围攻向城，篠晨移至向城东北之纸房、崔头岭、贾庄、官桥之线，占领阵地，阻敌南窜。旋以临沂情况紧急，奉令集结于临沂西南之东西石埠，并先派朱旅驰赴临沂西北之红田、林庄、鲁家、王庄应援，均于巧酉赶到。皓辰率张旅由西石埠向古城、南沙、埠庄、大小岭攻击，午刻即攻占大小岭。同时临沂方面敌大部增加，向临沂西北两面攻击，我右翼黄师被敌压迫南移，我四十军亦退出临沂。现本师占领杜家、三岗、黎行、前岗头之线，拒止敌人。是役我苏旅伤团长、团附各一，营长以下官兵伤亡十之七、八。张旅伤亡亦大。现全师兵力综计不过一团。光远①。参谋徐。印。

〔国民政府国防部史政局及战史会档案〕

25. 李宗仁李品仙发布临沂等地作战部署命令

(1938年4月25日)

作命　第六号

第五战区命令　四月二十五日于徐州

一、临沂、峄枣之敌合约两师团，其主力似已深入我四户镇、台儿庄间地区。

二、战区以消灭敌主力之目的，拟以鲁南兵团向左旋回攻击该敌，并与鲁西兵团相策应，围困之于峄县附近山地而逐次击破之。第一攻击目标为向城、傅山口、响连屯、獐山之线，攻击开始预定二十七日早。鲁西兵团（以孙、曹、刘三部编成，由李副司令长官品仙指挥之）以全力进出津浦线，阻止敌南下之增援，及遮断其补给，并以有力之部队南下与鲁南兵团策应，夹击峄枣附近之敌。

① 电文前的文件处理表上注明作者为李宗仁和李品仙。

三、挺进军应速集结于沭河、沂河间陇海沿线地区，向郯城、临沂方面挺进，掩护兵团之右侧，阻止敌之增援，并切断其后方之交通。

四、右翼军应集结于运河以东陇海线北侧地区，速进出于马头镇、后湖以北之线后，向左旋回，即向向城、青山之线攻击前进。

五、中央军速夹击驱逐正面之敌后，与右翼军连系，向傅山口、鹅山之线攻击前进。

六、左翼军集结主力，于其右翼与中央军连系，向响连屯、獐山之线攻击前进，其左翼应保持现在之线，施行佯攻。

七、主力各军之作战地境如左：

右翼军、中央军：后湖══河湾——秋湖══石城岗之线。

中央军、左翼军：马甸——陶墩——出头林——土山之线。

以上各线属于左方军。

八、韩庄守备军固守韩庄附近运河之线，阻止敌之突进。

九、战区总预备队(约三师及炮兵若干)，分置于徐州、归德间，策应两兵团之作战。

十、关于通信补给等另令之。

十一、予在徐州。

司令长官　李宗仁

副司令长官　李品仙

〔国民政府国防部史政局及战史会档案〕

26．李宗仁李品仙转报临沂城失守经过密电

(1938年4月25日)

武昌军令部：6912密。庞军团长22、21电：张司令里元马午报告：职奉令守临沂城，当〔未〕令保一团勛营守西关，二团一营守西关外天齐庙。巧晧敌炮猛攻西门及西北、西南，两城角均被击

毁。皓辰天齐村亦陷，敌复向西关猛攻。皓巳敌由西城突入城内，当令特务营手枪队向西门反攻，因伤亡殆尽，被迫出城。是役共伤亡官兵六百余。现退守李家庄、东曹庄一带收编整顿。等情。谨闻。宗仁、品仙。25、13。参谍徐。印。

〔国民政府国防部史政局及战史会档案〕

27. 陈诚请示台儿庄以南作战部署密电

（1938年4月27日）

武昌侍从室呈委员长蒋：俗密。（一）津浦北段之敌，日来已获增援反攻，有企图由临台支线以东地区邳县方面，向我台儿庄以南迂回，并截断陇海路模样。（二）我军应先求各个击灭向邳县南犯之敌，以挫折其企图。谨拟陈如下之处置：（甲）以邳县附近之部队，由正面牵制敌军，诱其深入。同时以台儿庄附近控置之兵团，向岔河镇、大小良壁之线推进，与农山圩、邹家埠方面及由北向南追蹑敌后已到河湾、魏家楼之我军，密切协同，由四面包围向邳县南下之敌，而歼灭之。（乙）此时在郯城之我军，应竭力牵制该方面之敌，使不得西援。同时在临台支线正面之我军，亦应施行佯攻，以牵制敌人。（三）在津浦北段之作战，以乘敌分离之际，施行局部之歼灭战，积小胜以成大胜，亦为挫敌之一法。故应竭力使敌之前后不相及，众寡不相恃，卒离而不集，兵合而不齐。然后以我机动兵团，乘其不及而掩击之，至欲使敌之前后不相及，则以竭力破坏其交通，多方牵制其兵力，使其离而不集，以造成各个击破之有利时机。以上所陈当否，谨乞钧裁。职陈诚。感午。战祁。印。

〔国民政府国防部史政局及战史会档案〕

28. 蒋介石发布台儿庄战斗胜利后各部务必继续反击残敌密电

（1938年4—5月）

（1）4月27日密电

即到。徐州李长官、李副长官并转所属各总司令、各军团长、各军师长以上：训令。密查第二期抗战开始以还，我各战区本运动战游击战相配合、积小胜为大胜之最高原则，以攻为守，指导作战，屡遏凶焰，挫彼顽敌，士气振奋，精神日旺，台庄胜利足为表征。惟是各军无论据守一点，抑或转战匝月，其伤亡之重均感痛苦。苟为情况所许，则抽调整理补充早在计划中，然为顽敌所迫，势有难能。当此时若非以最后五分钟坚忍之精神，难保已得之胜利。试观前者残寇负嵎峄、枣，虽极小部之敌在我包围攻击之下，亦保持攻击精神，堪资借镜。诚恐我军各部久战之后不无精神弛缓，贻误战局，即希该长官等严令所属，共体斯旨，纵部队在残缺苦战中，亦不得稍隳志气，放弃任务，致干罪戾。本委员长决本信赏必罚，用达民族复兴之目的，望各勉之。中〇。感辰。令一元。印。

(2) 5月 11 日密电

限四小时。徐州李长官、白副总长：密。换防可采用第三案原则，但须注意如下：(一)右翼侧须先抽集机动兵团，准备反击，以防敌乘机向台庄以南突围攻击。(二)后方主阵地工事须确实准备。(三)依情况须逐次行之，勿过早被敌发觉。(四)运河站以东铁路、桥梁、路基，均须彻底破坏。中〇。真辰。令一元。

限四小时。运河站飞送汤军团长：密。(一)以缩短战线抽出多数部队整补之目的，已令李长官逐次向运河线转移阵地。(二)为防敌向台庄以南突贯攻击及向我右翼包围，着该军团注意如次：(1)新安镇南侧高地须控制有力两师，准备反击，以掩护我右侧。(2)如状况许可，则以一部进入向城山地，扰敌后方，以分散敌兵力。(3)对于转移阵地，应秘密准备，逐次实行。(三)该军团转移计划与右外翼控置兵团，限文日迳报本委员长。中〇。真巳。令一元。

〔国民政府国防部史政局及战史会档案〕

29. 盛家兴报告六十军在台儿庄一带战况密电

（1938年4月27日）

武昌委员长蒋钧鉴：2118密。六十军智陆续到达台儿庄附近，正按上令向陈瓦房、五圣堂、五窑路集中。养晨前线友军情况变至〔化〕，该军于耿庄、陈瓦房、邢家楼、五圣堂、陶沟桥集中地与敌遭遇，激战竟日。梗晨奉命向车墩、堡子出击，午进占该村。敌全线反攻，集中战车二十余辆，大小炮三十余门，激战至晚，官兵伤亡近万余人。梗夜奉命固守西黄石山、戴庄、后堡、火石埠、陈家渡、丁家桥之线及台儿庄。回晨敌集中火力向我(182 D)正面之敌后堡进攻，午被敌占领。有午(182 D)反攻萧汪前后堡，申克复，惟伤亡过重。寝晨敌猛攻又陷，更突进至湖山。经六日激战，于开□平坦地争夺村落碉堡，屡退屡进。敌伤亡亦相当惨重，计击毁敌战车一辆，获轻机枪数挺，并俘敌伤兵三人。(183 D)仅余战斗兵约千人，阵亡旅长一、团长一，伤一。(182 D)伤旅长一，阵亡团长二，余战斗兵约七百余人，营长以下不计其数。(184 D)伤旅长一，兵卒伤亡较少。刻正固守山头村、枣庄营、李家圩、刘庄、火石埠、东庄、陈家渡、丁家桥、马家窑，与敌浴血苦战中。职盛家兴叩。感。印。

〔国民政府国防部史政局及战史会档案〕

30. 陈诚关于该部在台儿庄一线战况密电

（1938年5月2日）

（一）

武昌委员长蒋：据第六十军卢军长汉艳亥电称：职军奉命开赴台儿庄、五窑路以东地区集中之际，不期在陈瓦屋、邢家楼、吾圣堂与敌主力遭遇。未及构筑工事，遂以血肉与敌炮火猛搏。八日来在五窑路、耿庄、肃汪、戴庄、后堡、锅山之间，反复争夺每一阵地，失去官兵均少生还。安、高两师牺牲尤巨，我坚苦支持，士气愈奋。

截至本日止，安、高两师战斗员均不满千，张师亦不足四分之三。计阵亡旅长一、团长四、代团长一，伤旅长一、团长四、代团长一、团附营长以下伤亡正清查中。窃职军全线抗敌主力虽毙敌约五千以上，而职部亦损失奇重。现仍固守禹王山至东庄之线，与敌激战中。除严督余部牺牲到底，冀达任务完成大计外，伏乞指示，俾有遵循。等语。除复电慰勉外，谨闻。职陈诚。冬酉。课。

（二）

委员长蒋钧鉴：顷接第七十五军军长周喦、第六师师长张珙四月二十一日函节称：（一）七日夜间八时，敌向东家渡、李家捎、东庄西北退窜，我第三十四团第二营跟迹追击，至五圣堂附近。当时奉汤总司令命令，本军停止于台儿庄、大良壁之线，清扫战场，为总预备队。但本师三十一、三十四两团仍进出至堡子、低石桥之线。司令长官李来电，诘责本师何故停留此线，当将经过报告。（二）八日上午九时，本军奉令向兰陵镇、桥头、甘露寺、底阁、杨楼、陶墩之线推进。本师占领底阁、杨楼、陶墩之线，对西警戒。当晚第一三九师奉命向向城前进，脱出本军指挥。（三）九日上午，本师奉命转移至泥沟附近（峄县东南），正午到达泥沟与第三十师取得联络，师即展开于红瓦屋屯至黄家庄附近之线。此后本军即归第二集团军总司令孙指挥，当日奉到电话接收泥沟以西之沙河起至铁道止第三十师之防务。十日复奉命接收右至铁道（含）起亘泥沟、梁庄、西邵里至东高皇庙之线，同日下午三时，复奉命于黄昏前占领代庄、葛庄、李楼之线，准备于明（十一）日拂晓向乱沟、徐家庄、郑庄之敌攻击。第三十师俟第六师到达代庄、李楼之线后，以一部夜袭天柱山成功后，交由第六师接防，当派第三十六团立即向前推进，并令第三十四团即时占领前城、后城，于下午八时前，两团均到达所命位置。惟李楼仅占领一半，其余一半尚在敌手中。即由电话向总司令孙报告：十一日上午三时二十分，忽奉到司令长官李

(11、02)电令开：据孙总司令(11、01)报告，第六师本晚仅到达黄家埠(泥沟南)，对于所命任务并未完成，着周军长磐、张师长珙迅速督饬所部，努力进攻。限于拂晓前占领乱沟、徐家庄、郑庄之线，勿得逗留不前，致干重咎为要。奉电之后，殊深惶骇，但事实俱在，当不致完全抹煞，即将九日至十日经过情形电呈察核。十二日司令长官派参谋团前来实地察看，始恍然知獐山、天柱山犹在敌手，本师阵地已向前突出，此事始寝。现磐、珙等均受相当处分，但不敢计较功过，自当格外努力，以报国家。等语。谨闻。职陈诚。冬申。战。印。附原图三份〔略〕。

〔国民政府国防部史政局及战史会档案〕

31. 李宗仁报告石友三部在临沂一带破坏交通密电

(1938年5月13日)

军急。武昌委员长蒋：1486密。石友三文午电称：(1)盘踞莒县城关及其附近之敌步约三百、骑百余，山炮四门。(2)骑九师将临蒙、临费各交通破坏后，现移临沂以北地区，负责破坏汤头镇至临沂段之台潍路，并随时扰乱临沂之敌。(3)骑十三旅及高师之张旅(欠一团)，刻在汤头镇东北附近，负责破坏由汤头经管西破至夏庄段之台潍路。(4)高师主力在莒县城南附近，相机袭击莒县，并派有一部破坏夏庄至莒县段之台潍路。(5)沂水城现为我团队固守，沂水至临沂公路早已不通，该路已无敌人。又莒县公路已大行破坏。(6)查莒、临间公路破坏多处，但以平地关系，敌汽车每能绕行。惟莒县至招贤镇段在两河之间，若行破坏，敌车即难绕行。本此决心，即率石师向莒县东北地区迈进，分头歼灭杨家店子之敌，并破坏该处桥梁及该方面台潍公路，以截击敌之运输。等语。李宗仁。(13、24)参谋徐。印。

〔国民政府国防部史政局及战史会档案〕

32. 第二十军团汤恩伯部参加鲁南会战各战役战斗详报①（节选）

（1938年）

一、概说

会战前敌我之形势概要，于另款详述之。兹就本战役接触时起，迄台儿庄会战——税郭撤围——邳北之阵地战——增援徐西——突围浍河之日止，分别纪要如次：

本军团奉命增援第廿二集团军之津浦北段作战，正值向临城开始集中之际，即为滕县告急之时，本军团之本队第五十二军方由亳州限调归德——准备东运。讵敌已奇袭到达官桥、临城，与我第八十五军集中未完之先头激战。按当时战况，虽为不预期之遭遇战，然根据所奉命令与全般情况而论，尚不致惹起不预期之接触。惟敌方利用航空之搜索——汉奸之谍报，不啻对我施行一种决定的奇袭。处此情况之下，如何使未集结完毕之部队立足？如何使装备较劣之部队与机械化之顽敌应战？如何能稳定津浦正面以安定徐州？凡此皆为我适应战况推移之先决条件，本军团身当其冲，不容徘徊。乃循此方针，以避免临城之决战，一面巩固运河河防，以争取作战之时间，一面保持峄枣东北高地，取得有利之态势，以强导敌人追随我之主动作战，是为当时部署之主要着眼。

我军根据上述之作战方针，转用主力自台儿庄方面北渡运河，反攻峄枣，不断消耗敌之实力，长期迟滞敌之进展，加强我之作战准备，实为造成我战局有利开展之主要阶段。

当敌主力渐接台儿庄，正与我扼守台儿庄正面之孙集团军——池峰城师展开血战。本军团既已位置于犯台敌之侧背；当然有选定时机及地域等之自由，以判明敌主力之行动为根据，而予以

① 原题为《鲁南抗日于台儿庄—徐州全线各役战斗详报》。

彻底之打击。故本军团于三月廿七日先派一部迫敌侧背，而于三月廿九日即举军团全力尾敌猛攻者在此。讵正歼敌于腰里徐、柿树园、张楼、兰成店一带十余村寨〔余〕，毙敌三千余，其势已成土崩瓦解。我与孙集团军有聚歼犯台敌之可能时，不意敌由临沂增援赶到之片野先遣队，突然进出于我侧背十余公里之爱曲秋湖地方，致不能不以神速机动之有利态势，再度席卷新旧敌人，以图实现一网打尽之目的。

值上述歼灭战之进行中，据第四、第八十九师之迎击与腰截，所发见对战之敌不过二三千人。旋经第廿五师与第二师第八团之围歼，在房前及刘家抄没之敌司令部两所。据检获之敌片作命第四号所载：片野先遣部队为片野步兵联队、骑兵第五联队、野战重炮独立大队、工兵一中队等所编成。以此推知，其实力当为四千人左右之连合兵种。如当时不能将态势神速变更部署，则敌我必处于相互混乱与腹背受敌之危险。且片野先遣队与本军团由北南移之期间同时(见片作命第四号：于临沂西之红沙埠附近，三月廿九日十六时所发者)。假使非我行速(我于三月廿九日晚至卅日晨行军百二十里)，而敌行缓(敌与我由北南移之途程相仿，而我行军只一夜一晨，而敌即行军两日两夜)，则中途即发生并行之遭遇战。万一本军团主力于三月廿七日即以先行攻迫犯台敌之侧背，则敌自能以留置枣峄尚未南下之主力，而围攻我之侧背。另一方面如因聚歼犯台之敌尚未奏效，则我迫台敌侧背愈近，即所领地域愈小。斯时欲应时势转用兵力，亦不可得矣！由此观之，台儿庄之胜利，殆由人天参半之不谋而巧合者。

自四月七日在台儿庄——大顾珊——杨楼、底阁一带同时击破顽敌后，本军团奉命沿枣台支路以东与孙集团军并行追击。迄四月八、九两日，即已追达土山、马山、苏家埠、潘家巷，且经重大牺牲克复九山，连续向峄县围攻三日。以孙集团军被敌扼阻于獐山以南，而敌乃利用獐山之炮兵侧射阵地，轰击我潘家巷、苏家埠、九山一带之侧背，攻击遂无法进展。于是又变更攻击方向，以新锐之第廿一师及原属之廿五师，部署由枣峄东北进攻峄枣，并预定于击破峄枣敌人后，即并向临、滕追击。讵我于十一日晚行动开始，敌亦同时由峄县转移主力于税郭，向我反攻，被我迎头痛击。经两日夜之血战，敌之企图虽成泡影，然在敌我均伤亡惨重之时，仍不能解决相互之对峙局面。为谋战局之有利发展，遂又再作大迂回之部署。

从税郭东北向西北之包围与实施，部署甫定，以集歼税郭敌主力为中心，以隔断枣峄与税郭之连络为主旨。正开始攻击间，殊不知因何情况所影响，本军团奉命撤围，易攻为守。同时将第廿一师、第九十三师、第十三师奉拨他调，第七十五军亦归还建制。我之兵力骤减，而敌援复由临沂、滕枣源源增到，不但主动位置全失，且反处于三面被围之孤立状态。旋受敌于十八、十九两日之全力反攻，复以毒瓦斯与其飞机、大炮、坦克车于太平庄、黄家泉之惨酷肆虐，我第八十九师于死守黄家泉、太平庄、石门庄、土山、九山、马山一带，精锐耗尽，全局危殆，乃奉命转移于向城之东南地区，重新部署。

于四月二十日以后，在邳县以北地区之阵地战，敌我对战匝月。(一)虽敌曾举全力猛攻我东西马甸、盆河镇、连防山、艾山后、东西黄石山、胡山、锅山一带，不断血战，然我多数阵地敌始终未能越雷池一步。例如连防山我第廿五师高团与敌血战，固曾全团殉国，然经该师戴旅夺回该地村庄之一半后，我虽未能全部克复，而敌亦无从再进，彼此各据残破之村庄对峙。又胡山、锅山阵地，虽因第一八二师接替后，为敌猛攻所陷，但嗣后敌据该山之棱线，对我形成居高临下，惟我坚决抗拒，死守该山麓之村庄，不但不退，且屡次攻入敌阵。尤其于连防山及东西马甸之村落战，曾发挥无上奇绩〔迹〕。当时敌机数架曾滥炸终日，而其炮兵之轰击与其坦克车五辆之冲扑，一般观测以为该村庄既成灰烬，度我守兵必尽成肉泥，孰知我固守连防山之廿五师及固守岔河镇东西马匍之第四师及三三三旅一部，原仅置有少数散兵，掘壕配守其村缘，以大部固守村外，以工事坚固，伤亡之微，竟出意外。况该地守兵与敌战车能作进出路之两侧二三十公尺地区，以每七、八人分组，设多组伏击战车队群。专门窥伺敌战车之通过，投掷手榴弹，以狙击敌战车。复于敌战车通过后，又用步、机枪以钢心弹行狙击之射击。纵遇敌战车之机枪扫射或冲压，若辈即从容缩身，屈入置身守备之坑内，不受损害。另于此等伏击队之较远处，预设重火器阵地，以防敌战车随伴部队之袭击，而掩护之。因此敌颇觉威胁，走头无路。又我第四师守备岔河镇之突击部，初虽被敌猛烈数日环攻，然为该师予敌以甚大之打击后，继则相峙不敢再犯。综计此役战斗经过，敌之伤亡必倍于我，殊为我对敌施行阵地战中光荣之一段。

于四月廿五日以后，拨归本军团指挥之单位增多，而当时情况复杂，仅足支持正面与敌长期相峙，未能发挥惊人之成绩，本属憾事。惟奉派之第四十六军、第二军等，由东向西经郯城、马头镇，向四户镇一带之敌主力屡次进攻，均未奏效。究其原因，敌之装备较优姑不俱论，实以敌能善用装备，加以利用地形、地物得宜。故益增其战斗之韧强性，当为攻击无效之有力因素，国军今后之教育改进，此诚足为藉镜耳。

自五月十五日起，战区司令长官部以徐州西郊为敌围迫，特令本军团抽出第二军全部及第四师西开。其余全奉拨为孙集团军指挥，恩伯即率抽出之部队驰援徐西，拟打破由淮北、鲁西围犯徐州西郊之敌。但以奉令后行军三日，于十七晚赶到奉命集中地区之徐州西南十余公里之孤山集附近，正积极部署行动之际，因情况变化，遂奉令向涡阳方面突围。经宿县东北及其以北一带遇敌进袭，及近浍河又为敌阻，然均经我坚决突击，将敌之封锁线层层突破，终于达到突围成功之目的。所可述者，敌在浍河所架设通过坦克车渡河桥梁，为我炮四团及炮十团机械化重炮营所利用，无一损失而安全突过，到达涡阳。神奇如此，深足引为抗战前途之无限乐观。

本军团于突围后，复以第四师、第一一〇师向浍河南北之线，反攻于殷家庙、临涣集、曹市集、董亭集一带。经五日之战斗，掩护我各友军逐次突围，到达涡亳、鹿淮各县，重整态势，不但未为敌所歼灭，且敌反受我各军之相当打击。由此证明，敌对我之决战将永为不可能之事实，以我军战斗力之与日俱增，敌必葬身于我大中华民国抗战之手也，无疑。

鲁南会战敌我伤亡均极惨重，敌方被我粉碎之实力，已知之者为坂垣、矶谷两师团及第九师团之一部外，其后续逐次增加，受我创伤者不详。而本军团所指挥各部队，除第四、第八十九师已将战斗详报逕呈到部外，其他各军师均因转战关系，迄未报来。计第四师伤亡官兵三千四百五十四员名，第八十九师伤亡官兵四千零四十四员名。他如第五十二军、第七五军、第九十三师、第一三九师、第九十二军，第二十七军团第二军、第四十六军、第二十二军、第八军、第六十八军等，伤亡及战绩因未得各该部队之战斗详报，无从统计汇报，致我将士之壮烈功勋不能尽情表彰，深致遗憾。

鲁南——台儿庄——徐州之大会战有足述者：第一为李司令长官之坚决沉着，看破战机，集中主力机动使用，造成台儿庄胜利之主因。第二为国军各方面之门户观念打破，咸能和衷共济。例如：池峰城部之死守台儿庄，曹福林之截断敌方后路，予本军团以机动侧击之余裕。刘汝明部于突围后在亳州一带之坚决抗战，咸能发挥协同互助、生死与共之无上精神，征服我军装备劣势之先天弱点，迫敌自认其骄狂之观念错误，造成我最后胜利之阶梯逐步到来。〔下略〕

〔国民政府国防部史政局及战史会档案〕

三、津浦北段战斗及徐州突围经过

1. 谷良民报告第二十二师进攻济宁经过密电

（1938年2月19日）

急。×〇大元帅蒋：0517密。谨将职师此次进攻济宁经过报告如下：(1)会□同然① 旅于14日二时开始攻击济宁县城，当时部署以葛开祥团为预备队，位置于五星屯、十里铺、大戴庄之线，警戒汶上、宁阳、兖州之敌。以田海中团由北门西侧，林秉海团由北门东侧爬城进攻。午前四时双方已爬进官兵三百余名，时城内之敌仅五、六百名，而南关及西南关之敌遂源源向城内增援，我亦续向城内强行爬进。及至五时，我之炮兵已将北门破坏，一冲进路〔街〕，该旅长即率两团城外官兵向内猛冲。惟该破坏孔颇为窄狭，难能多数官兵同时并进及忽〔突〕进城之外门。敌援兵已在城内设置重机枪数挺，向我猛烈扫射，我官兵猛冲数次，均未深入。伤亡于外门以里内门以外之者已百数十名，而我田海中团三营营付傅嘉祯亦同时阵亡，而城内敌之援兵益见增加，各要点均被敌人占领。上午六时我官兵爬进城者约八九百余名，业与敌作激烈之巷战。这时爬城官兵因被敌炽盛炮火所阻，已难续行爬进。自早及晚苦战十小时之久，而我城内之官兵已伤亡过半旅。遂令葛开祥团向前推进，准备夜间继续爬城，攻击城内之敌。师为警戒该两侧背计，遂令薛明亮旅王成章团进驻二十里铺，归该旅长指挥，同时被调进驻戴五屯。午后四时由宁阳增来之敌约千余名，向我驻戴五屯之王团猛扑，激战甚烈。159师复令黄志忠团进驻二十里铺，仍归时旅长指挥以夹击该敌。当时敌复由□上窜来五六百名，并附有坦克车二十余辆、装甲车卅余辆，与黄团激战于廿里、秦营一带。旅遂

① 原文如此。

决暂止攻城，决歼该敌，以绝后顾之忧。(2)即令葛开祥团进占济宁北关及附近村庄，以监该城内之敌，将田团撤至十里铺，林团撤至仙人庄。于16、2饬令林团长秉海率兵两营，由二十里铺西侧进攻敌之左侧背，同时令黄团正面猛攻。是役我官兵与敌肉搏，反复冲锋二十余次，毙敌无算，敌遂不支，向北退去七、八里。六时敌复增援反攻，我不得已仍回原阵地坚守。职于此时正督薛旅之宋团严密在大长沟布置警戒，以备敌犯之□。而大长沟东二里余之南田家、白果树一带发现敌兵四五百，附炮四门，坦克车、装甲车数目不详，向大长沟进犯，即与我宋东山团三营激战甚烈，且敌援军源源增加。十一时半，遂令田海中团驶往增援。午后九时济宁城内之敌约千五六百名，附炮十余门、装甲车十余辆出击。葛团当时遂成被包围式之混战状态，被敌之坦克车、装甲车左冲右突，轻重机枪任意扫射，飞机大炮纵横轰炸。我官兵与敌以肉弹击铁弹，前仆后继，肉血死拼。129团二营营长张天祥、三营营长马峻峰同时阵亡，该旅官兵伤亡在二千以上，敌亦伤亡不下两千。(3)南田、薛家、白果树一带之敌逐渐增加，势甚凶猛，既截断我时旅后方连络，复企图越大长沟而西犯。我宋东山团之第三营与敌作殊死拼，伤亡奇重，该营营长赵德生受重伤。当令薛旅长明亮速饬驻程子崖之宋团第二营增援，并以一部向敌侧袭，而敌炮火猛烈排射，迄未得逞。比战至日暮，双方均伤亡奇重，我第二营营长李怀德受重伤。正在拟令工兵营向大长沟增加，并令我薛旅长明亮速率驻大长沟之宋团第一营乘夜间出击之际，而我二十师之117团援军赶到，接替大长沟警戒。遂督令我薛旅长明亮、宋团长东山亲率驻大长沟之第一营及第二营之一部向南田庄、薛家、白果树一带之敌猛攻，敌不支。我遂将朱庄、南田庄、袁二田庄等数村光复，敌即退据白果树、杨胡李一带村庄顽抗，竟夜鏖战，敌益增加。十七日拂晓，职督令我薛旅长明亮、宋团长东山乘机进袭，我薛旅长、宋团长均身先士卒，向敌猛攻。同时我中央炮兵第五连即在大长沟西岸进入阵地，向白果树之敌猛射，而敌人机枪、炮火炽烈排射，我薛旅长明亮头部受伤，第一营营长魏树朋受伤。我宋团长指挥所部苦战竟日，伤亡过半，敌人伤亡亦重，我时旅及薛旅之黄、王两团之连络均被敌截断。(4)17、19命令由59旅掩护固守运河西岸。统计自进攻济宁至守运河西岸，我各部官兵均奋勇抗战，苦战四昼夜，伤亡已极惨重。刻正激励士气，待命反攻，虽一兵一夫，亦必与倭奴作一死拼。职谷良民。19、20。印。

〔国民政府国防部史政局及战史会档案〕

2. 庞炳勋报告敖阳镇等地战况及各部作战部署密电

(1938年2月21日)

武昌委员长蒋：勉密。奉李司令长官号巳电令，以正轨〔规〕军扼守敖阳镇、卞桥等要隘，以地方武力向新泰、泰安、泗水、兖州等处游击。因此节约之正轨〔规〕军兵力，即转用于沂莒方面，彻底剿灭侵入莒境之刘桂堂部，免致燎原。等因。查蒙阴敌增约千人，敖阳镇事实上不能扼守。至穆陵关由于陆战队失守，敌已进至北官庄，正与二三零团二营激战。招贤镇敌继续南犯。兹遵令部署如下：(1)一一五旅朱旅长率二二九团即向莒沂前进，与二三零团担任剿灭进犯莒沂之敌。(2)一一七旅李旅长率二三四团(留一营扼守卞桥)，即向临沂集结，准备策应各方。(3)补充团以一营驻青驼寺，余移北桃墟附近。(4)鲁第三区保一团之一营留北桃墟，保二团之一营留卞桥，协同各部阻敌进扰。以上各部本日动作。并令杨士元部向泗水南北活动。庞炳勋(21、12)参。印。

〔国民政府国防部史政局及战史会档案〕

3. 韩德勤关于该部在来安城等地作战情况密电

(1938年2月24日)

武昌委员长蒋：据苏保安总团长李守维养梗先后报称：勉密。

(一)保安连一支队于养晨挑选强壮士兵,每组二十余名,官一员,编为突击队,化装冲进来安城东门,毙敌五名,获钢盔一顶。敌系加藤部队约二百余人。我突击队受伤队兵一名,因众寡悬殊,复行退出。现集结张山集、杨山集一带,再乘机再行袭击。(二)据曹支队长梗酉电称:保安第二团第三大队于养日上午二时到达十八里店(来安西南),适敌由滁州开来汽车一辆,载日军廿余名,当用手榴弹炸毁,毙敌五、六名。随后又有敌汽车四辆,载敌兵一百十余名,即在十八里店附近与我发生激战。经我军奋勇冲杀,毙敌七、八名,内有牧垫文田少佐一名。后敌分途向我包围,该大队以腹背受敌,乃向周大营集结。计是役我阵亡士兵六名,伤中尉分队长一员,士兵五名。俘获敌军旗二面、地图十二份(附有我京沪、津浦防御位置)、钢盔二个、工兵钳子两把、汽车油壶一个、慰劳旗十三面、千人缝三个、皮箱两只、雨衣一件、奉公袋慰劳袋各一只、肩章一副、黄泥大衣一件、饭盒水壶各两个。(三)据如皋保安第九团长杨仲华电称:澄(江阴)虞(常熟)地区游击队赵韵松部,自进占获漕港、后滕镇后,现又进占常熟之锦丰镇、十二圩、老海坝等处。江阴城伪自治委员长为陈彝(字祖培),日前曾率领日军进犯泰兴、季家市。各等语。除饬保安第一支队积极选取有利目标,用全力向敌猛袭,予以更大打击外,谨闻。职韩德勤。敬巳。参一。印。

〔国民政府国防部史政局及战史会档案〕

4. 蒋介石关于张自忠军在泰安兖州一线作战任务密电

(1938年2—3月)

(1) 2月 27 日密电

限一小时到。铜山李司令长官:勉密。着张自忠军转用于铁路以东泗水以南尼山山地,以一部向泰安、兖州间铁路游击,以主力控置适当地点,待机出击,希转饬遵照。中〇。27、19。令一元。

(2) 3月1日密电

急。铜山李司令长官，俭巳参一08、10两电均悉：密。嘉祥方面敌之大部既有退守济宁模样，则张自忠部不宜单独以一部向济宁进攻，致遭逐次消耗兵力之不利。应依前令以主力集结于铁道以东山地，伺敌西进或南犯时，再以全力侧击之为当。所请免予变更，应勿庸议，仰即遵照。中○。01、20。令一元。

〔国民政府国防部史政局及战史会档案〕

5. 韩德勤关于该部在临淮关火烧营一带战况密电

(1938年3月1日)

武昌委员长蒋：0517密。(甲)据常师长恩多28、21参谍电称：据截获由临淮关敌放回之船夫陈林双、崔牙发供称：(一)临淮关河南岸约有敌军二百，河北约有敌军三百余，十天前均为骑兵，现均步兵。(二)临淮关西端架有橡皮舟橋一座，宽约二丈，有日完成。(三)敌军三分之二能操华语，每于夜静聚谈家乡，相对饮泣。(乙)据缪军长征流28、20参电，转据常师长报：俭午有敌六七百名，装甲车十余辆，骑兵四五十名，炮四、五门，由火烧营、铺子岗分路北犯，我六六二团竭力抵抗，刻在耻天岭、水溪一带激战中，已令六六六团在五河严密布防。另令驻泗县之六六一团第一营，向五河以北地区推进，以备不虞。(丙)据霍师长守义俭电称：①虎山铺以北之敌宥午向我进攻，我守军奋勇迎击，敌伤亡甚重，终未得逞。②当面伪军因不堪日寇压迫，率皆待机投诚。闻敌方以伪军有投诚意外，又向后【方】请援，现已有伪军廖弼臣师由青岛向日照运送中。③巨峰敌千余，宥午向我碑廓镇一带进攻，激战竟日未逞，敌伤亡百余。④刘桂堂匪部被庞军击破，现有转日照向海州前窜模样。各等情。谨闻。职韩德勤。东戌。参一。印。

〔国民政府国防部史政局及战史会档案〕

6. 程潜请求率部进击津浦铁路线北段之敌密电

（1938年3月2日）

限一小时到。武昌委员长蒋：勉密。(1)窃查第五战区之敌，其津浦南段被我军强大牵制，尚无进展。北段济宁方面，我第三集团相持甚久，我居劣势。第二战区之敌已沿汾河及垣曲合进，敌优我拙。(2)统度全局，倘敌将晋南吞并后，必转力南渡。尔时济宁之敌倾力西进，不仅徐海孤，即陇海正面东西同时受威胁，应付殊感困难。职再三思虑，趁此时机，以汤军团五师之众，会合第三集团及张自忠军立向济宁，将津浦北段之敌击破之，则立振津浦北段我军之势，亦可稍抒鲁南北顾之忧。此时敌纵增援，已立于主动地位，不难将敌击破。尔后审察机宜，再对晋南之敌确求内线作战之成功。以目前形势，倘我稍一迟误，敌计全盘活动，尔时必节节受其威逼。谨抒所见，如蒙采纳，则职立即调集汤军实施，当否伏候睿虑示遵。职程潜叩。冬午。由汴发。印。

〔国民政府国防部史政局及战史会档案〕

7. 汤恩伯关于第三集团军在济宁方面战况及配备密电

（1938年3月5日）

特急。武昌委员长蒋。勉密。据八五军张参谋长支午电称：谨将此次赴金乡、曹县所得关于济宁方面敌情及第三集团军目前配备情形报告如次：(一)二月梗日在济宁西南侧唐家口、安居集、韩庄等地，与我五十五军作战之敌为沼田、长野、桑田三联队，战车一大队(轻战车二十余辆，装甲汽车十余辆，野战重炮一连，五生的榴弹炮四门及陆军航空队二连)，山田森冈中队，总计敌兵力不下万余人。经我曹军猛烈抗战，敌死伤约二千余人，目下桑田联队已调至津浦北段，其余分驻汶上、济宁(约一千七百余人)、嘉祥约千余人。该地其主力似集结于嘉祥附近，敌因损失过重，已无积极进犯企图。敌人最前线位置在唐口集、安居集、新桃河、嘉祥村、嘉祥等地，距第三集团军阵地尚有四十余里。(2)第三集团军配备概略：第三集团军自在济宁及其西南侧与敌激战后，退守万福河右岸，现正积极构筑阵地。其主阵地配备如次：第二九师在陈家楼亘周家楼之间，第七四师在花鼓楼亘江庄之间；第二二师附二八旅在江庄亘相家桥之间；第八一师在相家桥亘倪楼之间；第二十师位置城武附近，为预备队；第十二军军部在城武北之郭楼；第五五军军部在金乡南约十余里之李庄。(3)关于地形：一、在南阳湖西侧，河流纵横，敌战车及重兵器运动颇为不便。二、除万福河沿线占为阵地外，尚有其南方老黄河亦可利用。(4)金乡附近及巨野有第六八军之八五八团驻守，第六八军在荷泽附近，第二三师李必蕃部在定陶附近。等情。谨闻。职汤恩伯叩。微戌。参谍。印。

〔国民政府国防部史政局及战史会档案〕

8. 蒋介石关于张庞两军战况及汤军调防密电

(1938年3月15日)

即到。郑州程长官：中密。(一)临沂方面张、庞两军反攻顺利进展中。(二)津浦正面敌向界河攻击甚烈。(三)着汤军团长亲率王仲廉军开临城，归李长官指挥，关麟征军开商邱，张轸师仍在蒙城待命。除分令外，特达。中〇。15、23。令一元。

〔国民政府国防部史政局及战史会档案〕

9. 梁寿笙报告徐州北南战场战况密电

(1938年3月18日)

(一)

即到。武昌军令部刘厅长为章：0022密。自18.16止，综合北战场情况如下：(一)据今晨汤军团长电称：临城昨晚失陷，我王仲廉军主力在临城东方，稍偏南一带。滕县有川军约一团守，自

17.15止已无消息。王军一部在滕县东南龙山、虎山附近，与敌二三千、炮十余门激战中。由滕县南下之敌，共步兵七千、炮卅余门、战车五十辆。(二)关麟征军第二师之一旅在临城南之沙沟，与敌对峙。另一旅由关军长率领，在韩庄运河附近布防，其廿五师正向韩庄方面输送中。(三)川军孙副总司令现在利国驿，其一小部除守滕县外，余均溃散于临枣路韩庄地区。另一部散至沛县。现令其在沛县之一部就地整顿，并补充其弹药，令其对微山湖警戒。其余已令其在微山湖南段地区之垞〔临〕城、茅村镇间集结，整理待命。(四)蒙城张轸师已命其开宿县，向徐运输，约两日后可到宿转徐。(五)临沂方面之敌已完全击溃，大部向莒县，一部向北溃走，正追击中。汤头镇尚有少数敌人掩护，正扫荡中。是役敌伤亡极大，毙联队长长野一名，牟田中校一名，又大队长一名。此次敌主力全溃走不支，尔后拟将汤头以南敌肃清后，59 A继战北追，40 A于今晚即向费县转进。(六)霍师之一旅前命其攻日照南方安东卫之敌，以协同之效，现开始攻击中。该方敌一部前曾反正投降，其志甚颓。东海时有敌舰来往。缪军长率其一旅已由宿迁向赣前进中。(七)济宁敌甚少，三集团方面全面反攻。孙有展师及吴手枪旅篠午到达开河镇，因运河渡口被敌固守，刻在强渡中。曹军以一旅出南阳镇，向铁道界河方向击敌侧背。余向济宁、安居、嘉祥方向攻击，于(17、18)将唐家口、杜家屯两要点完全克复。谷师向嘉祥、安居镇西北方攻击，孙军廿师位置独集河、嘉祥间地区，为预备队。(八)依判断：临城目前敌人不多，以关军在沙沟、韩庄守正面(其后续部以由铁道迳运枣庄方面加强东翼，侧击敌人更佳)；以王军在铁路东地区侧击敌人，压迫于湖中聚歼之，亦可演成临沂之佳况也。况三集团又分攻界河及向兖州、大汶口间前进，再加以临沂、安东卫之敌扫荡后，以一部任佯击(十团)，一部照弟前22.15电意转移兵力，出泗水、蒙阴、东里店，以向兖州、泰安、济南间袭击，其效力极大也。是看目前汤军团之能力如何耳。徐州人心极为安定。南战场另电呈。弟梁寿笙。18、17。印。

〔国民政府国防部史政局及战史会档案〕

(二)

限即刻到。武昌军令部刘厅长为章：截至□止，南战场方面如下：(一)淮河两岸于部电话称：派一部扫荡淮河北岸敌人，于删夜接触，敌隔河炮击，并陆续增援。我军逐次接近，今日小蚌埠敌百六七十名，窜至双墩。又一部百二三十及骑廿余，战车一辆窜至高家井，被我周师、张旅将该处包围。敌伤亡超过半数，尚激战。山岘东西赵家之敌，被红枪会包围，怀远、荆山昨晚被红枪会袭击，敌甚恐惧。(二)南通方面敌舰十四艘，于(18、20)有敌数百登陆，因敌炮猛烈，致南通失陷。(三)北战场空军状况：连日敌机均来协战，并炸徐交通。今日我机十架，飞临城方面助战，回时将敌机二架击落。于临城北之下店，我机低飞，被敌射伤二架，迫降于九里山球场。人机均好，余八机安抵邱。(四)王仲连军(18.16)电：敌步兵约二千余，炮廿门，战车十辆，(18、10)向我西固山赖旅猛攻。又敌骑千余，由北开抵临城附近回家桥。又山西发现敌数百、敌战车廿余辆，已越过我西固山阵地，沿铁路向枣庄推进。第二师邵旅在沙与敌激战，铣日以在党山之一部与敌三千、敌炮廿余门、敌战车廿余激战，我伤亡奇重，敌尤甚。目下四师主力在楼北方一带高地，八九师主力在井家卫附近。谨闻。弟梁寿笙(18、24)叩。印。

〔国民政府国防部史政局及战史会档案〕

10．汤恩伯关于该军团津浦北段战斗经过密电

(1938年3月20日)

武昌委员长蒋：勉密。谨将本军团于津浦北段战斗经过情形电呈如下：删日奉钧座电令，推进津浦北段，相机出击。遵令各部

于当日由商、亳分别开拔，职亦于铣日先行赶到铜山。当时所得情报：龙山、滕县、大乌村一带，有我孙震部占领，故令王军集结临城。迨职于铣晚抵临城，晤孙副司令，始知所得情报与实际状况完全不同。除滕县县城有少数部队驻守外，其他各处已一律放弃，正面完全空虚。当时深恐被敌长驱直下，直取徐州，并在我尚未集中前，企图各个击破，情况颇为险恶。当晚即令王军先头部队在官桥一带占领阵地，并派一部篠晨由虎山、龙山向滕县东北、东沙河、桑村之线攻击前进，以牵制敌人之南下，并掩护关军之集中。迄篠辰敌果不出我意料，分两路沿铁路正面及其以西地区向我阵地猛攻，并迂回向临城挺进。当时王军尚未全部到达，且临城附近地形开阔，无可利用，当经该军猛力抵抗，故双方伤亡均大。本拟即率该军向北挺进，直驱两下店挽回战局，以各部士气之旺盛，当可予敌以彻底打击。乃以关军尚未到达，铜山附近防务空虚，故令王军暂时占领临城东南高地，并派有力之一部进出山口、枣庄之线，以策关军集中及铜山之安全。篠晚关军郑师之邓旅到达，即令在沙沟附近王军左翼占领阵地。巧辰敌复向王军张师及郑师邓旅阵地猛烈攻击，激战终日，张师及邓旅阵地被敌突破，伤亡甚大。巧日郑师全部到达，即令在韩庄沿运河布防。当时判断敌之企图，似有袭取峄县、台儿庄，威胁铜山之企图。当令王军东进占领峄县东北及西南一带高地，以便尔后之出击。皓辰敌果来犯，与我王军陈师激战一昼夜，彼我伤亡均大，刻仍在对峙中。关军张师昨皓晚始全部到达，已令向台庄移动，并已请李长官将一一〇师及卅一师克日接替韩庄、台庄间运河河防。一俟接替完毕，职即率关军由台庄渡河，与王军一同出击。各部士气均极旺盛，祈释念。职汤恩伯叩(20、19)印。

〔国民政府国防部史政局及战史会档案〕

11．蒋介石修正临城保卫战部署密电稿

（1938年3月21日）

即到。徐州李长官并孙总司令仿鲁、汤军团长恩伯、曹县孙代总司令、城武曹总司令、临沂庞军团长、张军长：0517密。对津浦北段之敌，决依20、21令一元电之企图，围攻聚歼之。其部署修正如下：(1)汤军团进出运河后，以约两师对峄县方面佯攻，以三师由峄县以东梯次迂回，求滕县以南亘峄县间敌之侧背攻击之。(2)张轸师及独四四旅归孙仿鲁指挥守备运河。(3)孙仿鲁部两师集结徐州待机。(4)张自忠军除以主力仍须与庞军团相协力肃清临沂当面残敌外，以约三至四团经泗水进出曲阜方面牵制敌人。(5)孙曹出击部队除以主力向邹县、两下店间地区挺进外，另以两团由汶上方面向肥城、大汶口挺进游击，限宥日到达，准予悬赏。万一敌有增援队由济宁出击时，除守势部队竭力阻止外，其出击部队仍须在铁路线上游击，不得撤回运河西岸。中〇。21、21。令一元。

〔国民政府国防部史政局及战史会档案〕

12．蒋介石令饬汤恩伯等部围攻津浦铁路正面之敌密电

（1938年3月22日）

即到。郑州程长官，徐州李长官：密。(一)对于津浦正面之敌，决以汤军团及孙集团之一部围攻之。(二)在决战以前，万一敌增加兵力，由济宁方面进犯时，除令孙、曹集团死守待援外，五战区应准备以孙连仲之两师，由微山湖以西向孙、曹集团右翼进出。一战区应准备以刘汝明、李必蕃两师，由黄河以南地区向孙、曹集团左翼进出，与孙、曹集团确切协力夹击突进之敌。(三)商震集团除以税警、保安队、骑兵旅等部队直接守备黄河外，其余主力须即日集结开封附近待机。(四)汤军团后方，应在徐州以东适当选择位

置，以便尔后补充连络。(五)对(二)、(三)两项希机密准备为盼。中〇。22、09。令一元。

〔国民政府国防部史政局及战史会档案〕

13. 陈诚关于所属各部调防并集结徐州待命代电

(1938年4月2日)

武昌委员长蒋钧鉴：谨将本部所属各部队奉令开拔及集结情形电呈如下：(一)第七十五军周碞指挥之第六师，于卅日十九时由汉口开始输送，至世日十八时输送完了。第十三师于世日十七时，由汉口开始输送，至东日十时完毕。第九十三师因粤汉路车运拥挤，为求迅速输送计，已于世日令由宜春乘车转浔轮运来汉，再换车北上。该师已定冬日由宜春开始输送，以上各部均令开徐州集结待命。(二)炮兵第四团孔庆桂部在孝感之两营，于世日三时五十分由孝感开车；在纸坊之一营于东日二十四时由汉口开车。重迫击炮第二营和本□部先头一连(炮六门)于世日十七时卅分，其余各连(共十门)于东日二十时，先后由横店开车。后续各连驻地因距车站较远，且武器笨重，故开车较迟。以上各部均令开徐州，归李司令长官指挥。(三)第六十军卢汉部，以军部及直属部队在孝感车站，第一八二师在花园车站，第一八三师在信阳车站，第一八四师在李家寨及新店车站各附近，分别集中候命。除第一八三师因剿匪部队距离较远，须冬日集中完毕外，其余各部均已于东日集中完毕。又该军第一八三师剿匪任务已停止。(四)第十四师第八十三团于东日十七时四十分由汉口输送至信阳，接替信阳一八三师防务，俟第三十二师到达接防后，该团归还建制。该师其余各部刻正继续输送，前往武胜关附近接替第一八四师工事任务。约于东日可输送完毕。以上四项，谨电奉闻。职陈诚。〈2、12〉戕。印。

〔国民政府国防部史政局及战史会档案〕

14. 蒋介石任命周喦为整编新军军长密电

（1938年4月5日）

即到。徐州李长官并转周军长喦、黄师长光华：密。查鲁南会战关系重大，兹为统帅便利，以第一三九师、第六师合编为一军，以周喦为军长。须努力奋斗，勿负委任。中〇。05、10。令一元。

〔国民政府国防部史政局及战史会档案〕

15. 蒋介石派部集结郓城阻击范县渡河之敌密电

（1938年4月5日）

即到。郑州程长官、徐州李长官：〇密。查自济宁至东阿一段运河，在防御时为对沿津浦线南下敌人最良好之侧面阵地。换言之为阻止敌人超过运河，直驱归德，遮断我陇海路最好之地障线。又自东明至东阿一段，黄河为屏障，敌人由范、濮两县方面渡河，直驱归德最良之地障。以上两段地障线应绝对确保，以目前之情况，似宜由一战区以有力部队集结郓城附近，准备乘由范县方面敌之渡河而击灭之。否则任敌由该方面渡河，不仅影响三集团遮断津浦北段，后患堪虞。以上希分别研究利用及阻止敌人偷渡，具报。中〇。05、18。令一元。

〔国民政府国防部史政局及战史会档案〕

16. 梁寿笙关于第五战区鲁南各部战况密电

（1938年4月9日）

即到。武昌熊次长钧鉴：谨将五战区截至现时止情况列报。0562密。09、09止，台儿庄方面各部份〔队〕综合情况如下：（一）敌人方面。枣庄、郭里集、峄县城均有敌占领，卧虎寨及（310）高地亦为敌所【占】领，潭山附近有敌炮兵阵地。双山乃敌步兵占领，敌另一部占獐山150高地，敌之炮兵、机化大部均滞留于峄县之南。（因峄县桥已断，不能通过）（二）我军状况。A、（30D）对北田营方面攻击，27D在后南洛附近前进，31D在台儿庄附近整理，孙集团兵尽数开南洛。B、6D占领泥沟，一部【由】南田营向北田营之敌攻击，主力向獐山150高地之敌攻击，以策应110D之作战。白山头、金陵寺、罗山口、张庄、朱庄、南庄、250高地为（110D）所占领，刻正与獐山方面之敌激战中。刻命，（6D）（110D）努力攻击，以收夹击之效。C．九山附近为我（2D）占领，九山右后为（139D），九山左后为（85A）。又（139D）派旅长率兵四营，向向城之敌（约五百）围攻扫荡中。D、令曹福林、李明扬部应即破坏临枣公路及袭敌汽车，并迅速追击南下。E、09.11孙总司令电话：三集团（28B）便衣队袭济南，占领白马山及八日、东关、寇美医院。敌之辎重刻向黄河北移动。（三）孙桐萱以南阳镇之两个团向滕县移进，以后方之一团向南阳镇前移。（四）李修身游击队进出泰安以东，截断博山、莱芜汽车路。李以善游击队千余人截泗水与兖州间之汽车路。（五）三集团贺参谋长09、12电话：临北面敌情无特殊状况。A、朱陈有敌约五百人，以数十人南突，被我军击退。另一百人向北突窜，亦被我五九军骑兵击退。B、我十三师先头占领赵发庄之前面村落警戒，主力在赵发庄、窑北头、窑南头集结。明（十）拂晓向敌攻击，因昨晚到，未明敌情也。费县我180D一营占领，费县无敌踪。（六）汤军团长09、16电话：顷敌向曹福林在郭里集之部队反攻，已令关军互助之。并恳转报委座。五战区长官部参谋长梁寿笙呈。09、17。部。印。

〔国民政府国防部史政局及战史会档案〕

17. 李宗仁转报孙连仲台儿庄战后于鲁南作战五项意见密电

（1938年4月18日）

武昌委员长钧鉴：中密。据孙总司令连仲篠申电陈述意见五项：(一)国军应利用消耗战略，并切断敌各部之连络，而后各个击破之。(二)以张、庞两部加生力军三、四个师，拒止由青岛上陆，向峄县前进之敌在临沂附近地区。(三)以刘汝明、孙桐萱部迅速进出于滕县以北地区，阻敌由济南南下。且掩护后方部队四个师以上集中，由台儿庄经峄县以西向滕县以北阻敌南援。(四)另以一部约一个师占领费县附近，隔断东西敌军之连络。(五)当面峄枣之敌，则无处增援，敌必弹粮缺乏。此时职军(27)师、(30)师、(31)师、(44)旅、(6)师、(110)师约余二分之一，(93)师一师及汤军团(52)军、(85)军约余二分一，及(21)师、(139)师两个师并增加重炮八门及野山炮若干，包围而歼灭之较易奏效，尔后再推进于东或西而各个击破之。谨转陈并乞采择。职李宗仁。巧。参一。印。

〔国民政府国防部史政局及战史会档案〕

18. 李宗仁关于津浦沿线敌情及作战方针密电

(1938年4月20日)

限即到。武昌委员长蒋：密。(一)迭据前方报告，敌由临城方面向峄县增援，已到达各兵种联合约一旅团。韩庄方面亦有步炮联合之敌约一大队，正南进中。又据庞军团长报告：临沂方面昨日敌兵已增至两团及骑、炮各一联队。济南方面之敌仍在陆续运输中，至平汉山西之敌亦在纷纷东向转移于津浦线上。似此各方之敌，集中于津浦方向，似欲在鲁南一带与我决战。(二)请饬平汉路我军，乘敌转移之际，迅速出击山西，我军亦应以有力之一部，由晋东向平汉线东进，分敌兵力，并可乘机恢复平汉线各要地。其他各战皆应同时转取攻势，俾津浦方面作战容易。是否有当，仍乞裁夺。职李宗仁。哿未。印。

〔国民政府国防部史政局及战史会档案〕

19. 蒋介石关于鲁南战役军事部署令电

（1938年4月21日）

即到。徐州李长官、白副总长：密。训令：（一）鲁南之敌仍系坂垣、矶谷两师，济南敌援军万余，其半部已到兖、济、滕接防。（二）决依机动防御及运动战击灭敌人。（三）张自忠军并指挥李仙舟军，在临沂东南侧。主力置于沂河左岸，牵制该敌，并向敌后方莒县、费县一带发动游击。（四）庞炳勋军调郯城、马头整补，并掩护铁道。（五）孙连仲军附张轸师及周嵒军，在刘庄、高皇庙、十字楼北侧高地各附近之线，占领纵深据点或阵地，持久抵抗。但须控制有力预备队于南北济附近，并以一部加强台儿庄阵地。（六）于学忠军附一三九师，以主力在常沟、红瓦屋屯之线，占领纵深据点阵地，持久抵抗。以一部在作字沟、兰陵镇附近监视向城之敌，但须控置有力预备队于张楼东侧，该军统归孙连仲指挥。（七）孙震部任韩庄南方运河守备。（八）汤恩伯军团（欠张轸师）在四户、大小良壁、岔河镇间整补。（九）卢汉军在台儿庄南侧集结。（十）樊崧甫军两师在贾汪、利国驿结集，一师在徐州集结。（十一）第三、第九、第五十、第九十二、第百四十师为总预备队，位置砀山、商邱、兰封，但须以一所位置丰县。中〇。马巳。令一元。

〔国民政府国防部史政局及战史会档案〕

20. 蒋介石令饬樊崧甫等部围歼鲁南敌军密电

（1938年4月）

（1）4月24日密电

限二小时。徐州李长官、白副总长并分电樊崧甫、张自忠、李品仙、孙连仲、汤恩伯：密。训令：（一）决包围鲁南敌之左翼而击破之。（二）孙连仲指挥第二集团附卢、于、周军及张轸师，在现阵地行韧强之逐次抵抗，消耗敌人，并须由左翼沉寂正面抽出有力部队，控制台儿庄附近，加强预备阵地。(三)汤恩伯指挥二十军团缺张轸师，附一三九师，固守现阵地，掩护樊军展开。(四)樊崧甫军并指挥李仙舟〔洲〕军(李师及黄国梁师)展开于汤军团右翼，向敌左侧背包围攻击。(五)张自忠指挥五十九军附吴良琛师，与庞炳勋军确切协力对郯城、临沂之敌，掩护主力军之右侧背，但须待樊军到达再转进。(六)石友三军(石师、高师)以蒙阴方面山地为根据，积极扰袭敌后方，夺敌辎重，须确实遮断临沂、台儿庄间连络。(七)一四〇师、五〇师为职区预备队，分置车辋山及柳泉。(八)三师、九师分置徐州、砀山，归予直辖。(九)孙震及孙、曹集团及刘汝明军续行前任务，须确实遮断铁道。(十)淮阴方面酌抽一部，位置新安镇，巩固右侧。中〇。敬申。令一元。

(2) 4月30日密电

即到。徐州李长官、白副总长：沁午电悉。锋密。所虑极是，惟战场幅员及补给关系与淞沪战场迥异。目下敌之攻势已顿挫，尚有击破之可能，决本既定方针，以石、曹、孙部断敌补给，以樊部围攻敌左翼。万一不能奏功，则以樊部进入抱犊崮山地游击，以孙、于、卢及王长海部守运河站、韩庄间，缩短战线。以汤部附李延年等军，右移沂河东岸，诱敌突进，再向四户方向敌左侧背反击，以运动战击破之。并以刘汝明部守徐州工事线，以备万一。如时间许可，则以刘军加入右翼攻势，而以冯治安军推进徐州。至于淮南方面，除增强淮河防线外，须令韩德勤集结兵力攻击盐城之敌，并增强东海之守备为要。中〇。卅辰。令一元。

〔国民政府国防部史政局及战史会档案〕

21. 韩德勤报告该部在盐城一带战况密电

(1938年4月26日)

特急。武昌委员长蒋：岱密。综合各方情报，此次由东台进犯之敌系(101)旅团之饭冢联队，步骑炮连合约二千人。于敬日起分三路北犯，经我军各部队于白驹、刘庄、西团、戴家窑、新镇、安丰、大团、伍佐各地奋勇抗战，毙敌甚多，尤以中路我(194)团姜云清部牺牲最巨。有夜以(701)团第二营占领新河桥阵地，两营任城防，(194)团残余约一营任预备队。宥晨敌陆空军联合，以主力向我新河桥(盐城南约八、九里)阵地猛攻，以一部步兵五百余人炮四门，由岗门镇突破我盐城常备团，即逼近盐城西门，猛烈轰击城门附近，城墙被轰倒数处。敌即由缺口冲入，发生巷战，经我军奋勇冲锋，迭次肉搏，始将西门夺回，毙敌数十名。同时敌之另一部，附炮六门，逼攻东门。又城内被敌机投烧夷弹轰炸，焚毁数处，守兵伤亡甚大。至午后一时，中路新河桥阵地两翼均被敌突破，该营抵死不退，致第五连连长以下完全壮烈牺牲，全营损失过半。至酉刻乃以姜团残余部队向东门外之敌反攻，将敌击退数百公尺，新河桥之孙团第二营始得突围撤至城北。职本拟严令各该部队死守盐城，惟因(57军)常师之一旅感日拂晓始可到达东沟、永兴集一带。而盐城城墙原多破坏，复被轰毁数处，城外房屋密接，工事多已摧毁，守兵伤亡过重，增援不及，反易遭敌各个击破。当令各部队于宥夜向上岗、沟墩撤退，占领阵地，节节抵抗，俟常师一旅到达指定位置后，即部署反攻，合力歼敌。谨电呈报。职韩德勤叩。宥亥。印。

〔国民政府国防部史政局及战史会档案〕

22. 李宗仁等报告铜山附近各部战况密电

(1938年4月29日)

限即到。武昌委员长蒋：冲密。感未手令奉悉。鲁南敌情及作战概况已于沁午电详陈，关于尔后作战指导，当遵手令要旨实施，以期迅速决战。惟沂河东岸马头镇之敌，已增至一旅团，约三千余，并向张自忠军压迫。张军残部战斗兵只剩二千余，决难达成牵制任务。樊军进路被阻，自亦不能放胆迂回，以形成会战有利态势。一四〇、五〇师现在邳、台后方，非不得已决不使用，但为援应第一线之危急，已以一部增加汤军正面。王长海师不甚完整，已开利国驿，拟仍以三、九两师控置运河至台儿庄间，构筑阵地，并准备策应第一线之攻击。刘汝明军遵令调徐，俟攻击进展时，可由左翼正面出击。是否有当，仅电呈核。职李宗仁、白崇禧。艳巳。印。

〔国民政府国防部史政局及战史会档案〕

23. 蒋介石发布进攻盐城拒敌北窜密电

(1938年4月30日)

限即到。淮阴韩副总司令：艳未电悉。〇密。部署虽妥，仍嫌消极。该集团军应迅速集中兵力，乘敌立足未稳，后继部队未到以前，断然对盐城之敌采取攻势，不得一再使该敌肆意猖獗或北窜，致陷被动。否则，阜宁丢，东海更危，贵总司令应负全责。中〇。陷酉。令一元。鄂。印。

〔国民政府国防部史政局及战史会档案〕

24. 韩德勤报告该部在范家坝等地综合战况密电

(1938年5月)

(1) 5月1日密电

限即到。武昌委员长蒋：勇密。01、16参电计达钧座，综合本日战况：敌经我截成两段后，拼命挣扎，分途向我瞎子港、沟安墩、倪缺口、草堰口各地猛攻，我士气极旺，与敌反复肉搏，双方激战极烈。我一一七师三五一旅伤亡过半，我一一一师三三一旅伤亡三分一以上，六六一团六、八两连全连牺牲殆尽。刻敌由上冈方面，左翼汽艇二十余艘、装甲汽车七、八辆，满载援兵至范家坝集结，并附山炮三门。职现令各部队分期向敌猛击，纵余一兵一弹亦必尽最后努力，誓死杀敌。惟阜宁仅有新兵一营，力量单薄，现飞调淮阴方面之预备队七零二团欠一连，明日午前可到东沟镇。万一明日正面兵力完全消耗，攻击不能奏功，大局殊为可虑，拟请钧座即调一两师建制部队，火速增援，可否乞示。职韩德勤叩。01、21。参。印。

(2) 5月3日密电

武昌委员长蒋：(01、21)参电计邀钧鉴。俗密。冬日我一一一师六六二团于拂晓前攻占倪缺口、马家庄，六六一团仍在草堰口南北地区与敌胶着。我一一七师之一九四团① 于冬未由广福桥强渡后，击退曹王庄、张庄一带之敌，本拂晓前已攻占南陈庄以北公路。惟沟安墩南端之敌仍利用房屋顽强抵抗，急切不能解决，我七〇一团由沟安墩正面及左翼瞎子港两点出击，仅各强渡一部，遭敌反攻，呈胶着状态。拂晓后敌由海河镇方面抽出数百人绕攻我瞎子港左翼阵地，我七〇一团第一、三两营在瞎子港附近阵地遭敌三面包围，竭力抵抗，反复肉搏。干部伤亡殆尽，阵地终被敌突破，遂将特务连及省府警卫队一连占领韩家墩。抵抗至午，敌复猛攻，冲入沟安墩北端，混战数小时，迭次反攻未能得手。敌复绕攻我一九四团左侧背，呈混战状态。职以预备队用尽，无法增援，正面兵力几全消耗。第一一一师唐旅，以陷于不利态势，乃决心凭障射阳河固守阜宁县城，以迟滞敌之前进。遂乘夜变更部署：(一)命第一一七师三五一旅代旅长韩练成为阜宁城防指挥官，指挥七〇二团(欠一营)，一九八团之第一营。第三三、一一七师之工兵各一连，阜宁常备队两个中队在阜宁城坚工固守。(二)第八军游击第一支队

---

① 电文旁有“查一九四团原属第三三师直辖，是电称该团为一一七师之第一九四团，系临时配合使用，参照四月艳电”批语。

(辖五、六两总队)在城北张庄、王庄、大李庄一带占领阵地,任该地区之守备。(三)第一一一师向新沟(阜宁城西十二里)附近城区集结待命,并派一部任喻口以北至郭大桥沿河警戒。(四)第三三师之一九八团(欠一营又二连)位置于永兴集、顾家集以东地区,对上岗、沟安墩方面严密警戒,扼要防守,阻敌西犯。(五)一九四团残部任喻口附近守备,刻已布置完毕,继续阻敌北犯。职誓尽最后努力,以期无负职守。谨闻。职韩德勤叩。冬亥。江未补发一淮。印。

(3) 5月5日密电

即到。武昌委员长蒋:另发铜山司令长官李。岱密。本军此次部署:以李师之一部及第八军第五总队任阜城附近守备,以第八军第六总队集结掌庄、王庄一带,以常师唐旅集结新沟附近,待机出击。敌自江日起,以飞机及炮兵(内有十五榴炮二门)竟日轰炸,李师一部在河南岸与敌接触。支巳敌由射阳河、无苞二河迂回,向我城东青龙桥、小井桥、通万桥各地守兵攻击,第五总队一再告急。支午令李师长由城内抽调守城部队前往增援,死力抗拒。同时敌复以二三百人,向我城北邵庄、蒋庄、掌庄一带猛攻。职以敌军大部既由阜宁独游渡河,当调常师由新沟向阜城东北急进,侧击该敌。因途亘河以阻滞,进行稍缓。黄昏时游击第五总队即向北溃退无踪,敌复猛攻我城东及城北,蒋庄、邵庄、掌庄激战益烈。李师长亲率特务连前往增援,反复肉搏,死力撑持。拂晓后常师唐旅一部由双里棚(阜城西北约五里)增援蒋庄,主力于未刻展开于头灶、陈庄、大小硕庄之线,即向当面之敌攻击前进。我守城部队连日受敌机炮猛轰,城厢内外尽成焦土,官兵伤亡五百余人。职现亲率常、李两师长在最前线指挥,鼓励官兵誓歼倭寇,以报党国,乞释钧虑。惟第八军第六纵队迄未到达指定地点,拟恳钧座严令曾司令锡圭,转饬该总队向砖桥(阜城北约二十里)附近急进为祷。职韩德勤叩。微午。参淮阴转。印。

(4) 5月6日密电

限即到。武昌委员长蒋：2420密。鱼已电计邀钧鉴：(1)鱼日午前敌以五六百名向我城东阵地猛攻，东门被敌冲破。经由西城抽调奋勇队，将敌全数击毙，所有总部及(117)师部特务连均经加入守城。鱼午敌又增加兵力，分两路集入东门，当令抽调西、南两面守兵死力抵御。姜代旅长云清亲率特务排前往堵击，发生激烈巷战，卒以我军伤亡过众，未能将敌完全击退，因之城内秩序混乱，战局无法挽回。职与李师长分头督集各部，共余三百人左右，仍在蒋庄与敌对峙。我常师唐旅原向大顾庄、通万桥、入官庵之敌攻击，午后敌以六七百人向该师反攻，顾庄得而复失。城北虽攻占陈八舍，但伤亡甚众，复利用坚固家屋为据点，组成浓密火网。致常师攻击无庄① 顿挫，且据报弹药告罄，因连日阴雨，运送不上，据此态势，为达成迟滞敌人前进之目的，当率各部向东坎转进。掉〔经〕部署如下：常师集结佃湖，取机动姿势，并准备在旧黄河北岸阻敌北犯。第八军游击第一支队以一部占领刘断、天字场(阜宁城北四十里)，主力布置东坎以北，黄河北岸，逐次阻敌北犯，以上均归常师长统一指挥。惟职部自上月敬日起对东台北犯之敌节节抗战以来，迄今半月，李师官兵伤亡殆尽，常师唐旅亦损失过半，实力单薄。除电请司令长官在响水口、新安镇两地增派部队设防外。谨呈。职韩德勤叩。鱼亥。参战。印。

〔国民政府国防部史政局及战史会档案〕

25. 蒋介石交替部署冯治安等部作战地境与任务密电

(1938年5月)

(1) 5月5日密电

即到。徐州李长官、白副总长：密。训令：(一)此后如续攻，

① “无庄”旁有“情形”字样。

二、三日内仍无进展或万一顿挫，决即整理战线，将参加台庄第一次会战各部抽出整补，以便迅速恢复战力。(二)交替部署。(1)冯治安军三师与孙连仲、周喦、张轸三部交替。(2)刘汝明军二师与汤部关、王两军交替。(3)李仙舟〔洲〕军(第廿一、第九十五师)与张自忠军交替，但骑兵转属石友三。(4)于学忠、卢汉、李延年(附新五师)三部仍用于第一线。(5)樊军第廿八、第四十九师由汤恩伯亲自指挥，在攻击时期击敌侧背，尔后该军即以费县一带山地为根据，实施游击。(6)第五十、第九十二、第一四〇师为战区预备队。(三)整补位置。(1)孙连仲军归德附近，铁道北侧。(2)关、王两军及张轸师兰封附近。(3)张自忠军及吴良琛师徐州附近。(4)周喦军砀山附近。(5)一三九师柳河，归商震整顿。(6)孙震军以有力部仍任韩庄附近运河守备，除加强工事外，余在茅村镇、利国驿间整补。(四)以上应速预备实施，交替日期可依状况，由战区司令长官决定。中〇。歌未。令一元。享。

(2) 5月6日密电

限三小时。徐州李长官、白副总长：岱密。(一)对于大良壁、禹王山间突进之敌，应集中炮兵并展开第一四〇师，速解决之。(二)冯治安部与孙连仲军换防速即实施，孙部交防后集结归德。(三)刘汝明军如可能，应暂控制，以备与汤恩伯部换防。(四)李仙舟〔洲〕部第二十一师，尔后向费县山地游击，关于饷弹、通信等须预为准备。(五)石友三部主力应不顾一切，速向莒县挺进。(六)罗奇师即开宿县，归廖磊指挥。(七)杨森部应向巢县佯攻牵制之，徐源泉部应向定远、蚌埠方面攻击前进，并着李品仙以炮兵一营配属之。其余李品仙部主力，应使用于淮河北正面。中〇。鱼未。令一元。

(3) 5月7日密电

即到。徐州李长官、白副总长：密。查鲁南敌之攻势已顿挫，徒以地形及装备关系，我军既难迅速歼敌，即应讲求持久之方策。故除石友三军、李仙舟〔洲〕师须断然挺进敌之后方实行游击外，并即将参加第一次台庄会战之疲惫部队抽出整补。否则徒增损害，精锐消亡，对于敌尔后之攻势将无法应付。目下冯治安军虽已调宿县，但鲁南各部仍须换防。如此：(一)刘汝明军与孙连仲部及周碞军换防后，孙部调归德、周碞军调砀山整补。(二)汤恩伯部关、王两军及吴良琛师应即调兰封一带整补，遗防即由第三、第九、第五十、第一四〇等师担任。(三)张自忠军(除骑兵)即调徐州整补，遗防由樊军担任。其余细部部署希速拟具计划，确定实施日期，负责实施，并具报为要。再冯军既南调宿县，罗奇师不准再南调。中〇。阳申。令一元。

(4) 5月8日密电

限三小时。徐州李长官、白副总长：密。换防部署：(一)阵地线除汤、于两军突出部稍加调整外，其余大部仍须保持原阵地，并须留置必要一部于原突出部阵地，以秘密企图。(二)指挥官右翼仍由汤恩伯，左翼仍由孙连仲统一指挥。(三)应抽出部队为：张自忠军(除骑兵)、李兆锳师、吴良琛师，关、王两军，卢军(留较好一师附王文彦师，归卢汉指挥，守原阵地)、周碞军、孙连仲军(留较好一师位置台庄南侧，为预备队并增强工事)、张轸师。(四)抽出部队整补位置：第一步运河后方，第二步依阳申令一元电，但卢汉部位置徐州。(五)换防时期尽速实行。(六)石军及李仙舟〔洲〕师须断然挺进游击。(七)明光、滁县方面亦须加紧游击。中〇。齐申。令一元。

〔国民政府国防部史政局及战史会档案〕

26. 李宗仁转报集中兵力攻击淮北以解徐州之危密电

(1938年5月7日)

武昌委员长蒋钧鉴：5897密。综合支日以来，据廖磊、韦云淞报称：淮河北岸及肥河、涡河等处已发见敌之番号，兵力为第十三师团全部、第三师团一个旅团及第七联队，总计约在七个联队以上。连日敌以炮空猛袭及战车六七十辆冲击，继以步骑兵攻击，致一七零、二七一两师大部被冲散，现正收容整理继续战斗中。至铁路正面之卅一军，因有较强之阵地工事，故敌未得逞。等情。查敌企图策应其鲁南方面之作战，于淮北方面所用兵力将达两师团，自必力求猛进，窥伺徐州。且淮北地形开阔，地域广大，阻止困难。窃以鲁南敌我已成胶着状态，彼此进展均属困难。故职意淮北情况实较鲁南为紧急，拟即集中兵力准备于固镇分设阵地，将敌击破，以解徐州后顾之忧。谨电呈察。职李宗仁。阳巳。参。印。

〔国民政府国防部史政局及战史会档案〕

27. 顾祝同分析阜宁盐城失守原因密电

(1938年5月9日)

武昌委员长蒋：2814密。据韩副总司令德勤庚酉电称：我敌在阜宁激战三日，卒因我军伤亡过重，于鱼晚阜城被陷。查此次军事失利原因一：通、如北犯之敌系正规军第一百零一旅团，由东台攻盐城系一个联队，始终保持二千余人作战事。我89军系保安团改编，素质既差，武器装备又复不全。75军虽较稍好，但霍师奉令担任东海守备，不能抽调。常师王旅奉调参加台儿庄战役，唐旅本已奉令开赴新安镇，因东台之敌北犯，敬夜始请求李司令长官准予调回，驰援盐城，然已赴往不及。职因中路运河亦甚紧要，守备兵仅有一团余，不敢抽调，其余奉令津浦南段游击一个团，裹榴河游击一个团，故兼用正面作战，兵力均系临时抽调，不及集结使用。盐城失陷后，曾经向战区请求增援，皆以津浦紧急，未能办到。职本日由前方遣返淮阴，不顾一切，再将中、西两路部队勉抽两团，并已动员武装民众三千人，开赴前线，誓死一拼，以阻敌进窥陇海东段。惟职处境之困难与本身力量之单薄，恐未能为委座所深悉鉴谅，乞代转陈。等语。除电复须以全力与敌周旋保持陇海东段外，谨代转陈。职顾祝同。佳。机电。印。

〔国民政府国防部史政局及战史会档案〕

28. 蒋介石令饬李宗仁等率部夹歼蒙城之敌密电

(1938年5月11日)

限三小时到。徐州李长官、白副总长：六安李副长官10.18行六电悉。○密。蒙城为战略要点，关系津浦、陇海及鲁南作战者极大，不得以牵制为目的，应乘敌突入机会，由侧方背后夹击而歼灭之为要。中○。真巳。令一元。鄂。印。

〔国民政府国防部史政局及战史会档案〕

29. 蒋介石关于破坏铁道和连云港以阻敌军密电

(1938年5月11日)

即到。徐州李长官：密。运河站以东铁道路基须处处掘断之，连云港须彻底破坏具报。中○。真巳。令一元。

〔国民政府国防部史政局及战史会档案〕

30. 蒋介石关于五战区各部暂取守势反击敌包围徐州之企图密电

(1938年5月11日)

限二小时。郑州程长官，徐州李长官，宿县白副总长，六安李副长官：佁密。训令：(一)敌以疲惫且极劣势兵力，滥用大胆的外线作战，向我徐州包围运动中。(二)为乘敌兵力分散且离开据点之好机，第五战区应对鲁南残敌暂取战略守势，以优势兵力先行击灭超越淮河之敌。第一战区应集中新〔精〕锐兵团，击破侵入鲁西之敌。(三)注意事项：(1)鲁南之敌有抽转于鲁西及新安镇求新发展之模样，故鲁南我军虽久战疲劳，仍须在战场整补。并积极施行战术的局部攻击牵制之，并秘密企图。(2)刘汝明军应转用津浦南段，以期迅速击破敌人，确收战果，鲁南炮兵亦应着抽一部转用南段。(3)涡阳、临汉集等各要点，应先指派部队负责固守，免蹈蒙城覆辙。(4)对淮南敌后方之扰袭，应以杨、徐两军担任为主。四十八军主力应转用淮北，遮断怀远、龙亢间交通。(5)现调归砀〔汤〕之俞济时、黄杰、李汉魂各军，统归薛岳指挥，为鲁西方面攻势兵团，应指向该方面敌主力而击破之。(6)其余原在鲁西各部，酌量交孙桐轩〔萱〕、商震指挥，担任迟滞敌人，并固守沛县、鱼台、金乡、巨野、荷泽各据点，掩护攻势兵团之集中及展开。(7)各方面对敌后方应随时注意，加紧游击，扰袭敌后方。(8)战场广大，战况复杂，勿为敌情所眩惑。我虽各方面均占优势，然须明察状况，保持重点，指向敌最感疼苦之方向而疼击之，粉碎敌人锥形突击，以图幸逞之企图。中〇。真申。令一元。

特急。徐州李【长官】、六安李副长官：〇密。此次怀远方面之敌开始北犯，其先〔行〕兵力仅一联队，余未经剧烈战斗即被突入。不旋踵而蒙城又告陷落，深用诧异。各该方面之指挥官暨守备部队长，着一并查明具报，以凭核办。中〇。真申。令一元。鄂。印。

〔国民政府国防部史政局及战史会档案〕

31. 徐永昌等关于确保徐州应注意事项密电稿

(1938年5月13日)

即到。郑州、徐州林次长蔚文兄：岱密。顷据何副厅长意见：敌现有兵力不及我五分一，竟指导外线歼灭战，为战史上绝无仅有之事。然应注意如下：(一)素质能力稍差之军，最怕迂回包绕，因精神不沉着而动作又迟钝。(二)我军应有确保徐州并各个击破敌人之决心。(三)应再由鲁南抽出一部交汤恩伯指挥，使用于砀山东北，攻击渡微山湖之敌。(四)应以冯、刘、俞三军与廖部协力攻击永城方面之敌，以黄杰、李汉魂、宋希濂部攻击荷泽、东明方面之敌。(五)杨森固守合肥，徐源泉向蚌埠挺进。(六)内线作战之要诀：各部队须万分沉着，一处被敌突进，应速夹击扑灭，不影响他处。等语。所见颇有可采，希酌予转陈。弟徐〇〇、熊〇。元未。令一。

〔国民政府国防部史政局及战史会档案〕

32. 俞济时报告七十四军在砀山等地战况密电

(1938年5月14日)

限即到。武昌委员长蒋：佁密。(甲)本军除五十一师之一旅于寒晨可到达砀山外，其五十八师全部及五十一师(欠一旅)均于元晚前先后到达砀山。奉程司令长官电令，着派一旅迅进至丰县，准备支援鱼台方面孙军作战，其余在砀山集结待命。并于元晨五时奉到钧座命令，派兵一旅由砀山向永城前进，遵派五十八师一七四旅于文夜进至丰县。第五十八师(欠一旅)于元晨八时向永城急进，其余在砀山集结待命。(乙)据五十八师冯师长报告：于元日下午五时，过韩道口(在砀山南卅六里)南约二里许，与敌遭遇。始发见敌步骑兵各四五百人，附炮数门、坦克车十余辆，藉飞机掩护，向我数次猛攻，均被击退，并击落敌机两架。据砀山黄县长报告：一架落鱼山，一架落神湖乡以西，均已焚毁，并饬派人前往被〔彼〕检证件。继而敌之后续部队逐渐增加，其步兵约有两千余人，骑兵约五六百名，炮约二十余门、坦克车四十五辆，与冯师发生激烈战斗，被〔彼〕我伤亡均重。计击毁敌坦克车八辆，已饬将机枪拆卸，并夺获敌机枪二挺，步枪十余支。现冯部仍占据韩道口、曹口寨，与敌激战中。(丙)职亲赴前线视察态势，非以相当兵力出击，难以打破敌之企图。已请准薛总司令，分令刘汝明及罗奇部并一零二师，向该敌夹击，并在砀山附近布置警戒。以支砀山要点，而维交通。余容续禀。俞济时。寒。智砀。印。

〔国民政府国防部史政局及战史会档案〕

33. 徐源泉关于第十军所部在淝河两岸及朱家岗等地战况密电

(1938年5月15日)

武昌委员长蒋：奎密。谨将元、寒两日战斗经过及在事后之处置报告如下：(甲)元日与敌接战情形，经逐次电报在案。入夜敌即向我肥城东南之淝河两岸及朱家岗一带阵地彻夜冲击，我官兵沉着应战，敌未得逞。至寒早四时五十分起，敌复开始向我全阵地猛烈炮轰，延至七时许，竟将我朱家岗、王大郢方面之阵地摧毁，并将我还击之山炮击损一门。敌继以千余之众，在其弹幕引导之下，向我朱家岗、葛小店间第四八师与一九九师之衔接部猛扑。此时我官兵均奋身应战，往返冲击均十余次，双方伤亡均重。乃敌复集中炮火掩护其后续部队，继续迫我阵地。卒因我官兵伤亡惨重，敌焰益张，且该师皆新由以巢县附近之柘皋、双山口、八斗岭一带，星夜赶回，沿途数次激战，疲惫已极。而一九九师又新兵，其五七三旅虽先夜到达，加入部署，而五七四旅寒晨始到，喘息未定，即冒敌火开进。综查该师兼程前进，日行一百四十余里，其疲劳可见，因而战斗力缺乏。一经接敌，力难久持，致为敌所逞，向西转进，敌更跟追。当令我四八师守备阵地之二八三团及二八四团各抽有力一部，向敌逆袭。讵敌复再以后续部队向我逆袭部队猛烈侧击，情势遂成混战。但因一九九师之西退，敌乃得由西门冲进城内，当令四八师师长徐继武、旅长韩浚极力督战，并据合城西南地区收容。同时职即经北门出，以便督促两师部队，并拟迎候由永翥镇回援之四一师部队反攻，以冀挽颓局。(乙)当职出城途中，冲进西门之敌已与守兵巷战。而敌机数架，适时盘旋，往复轰炸城内，敌兵又复迂回猛袭。职司令部已被敌机投弹五、六枚，均命中。当时我二八七团长赵我华阵亡殉职，二八八团长曹毅失踪，其余营长以下官兵伤亡惨重，血肉模糊，建制混乱。职在此情况之下，无法收容，遂令各部分在高塘集、圆疃集一带集结整理，以便再图反攻。惟至晚到达者甚少，且高塘集接近肥城，收整不便，遂于今日移至双庙集，以便整理。（丙）现用口信及电台呼号、代字等深恐遗失，拟通令作废，另发为祷。除将收容及我官兵伤亡详情容另呈报外，惟职指挥无方，至丧师失地，应严予处分为叩。谨呈。职徐源泉。删未。印。

〔国民政府国防部史政局及战史会档案〕

34. 罗树甲报告第199师在合肥城附近战斗经过密电

（1938年5月15日）

武昌委员长蒋：6670、0030密。谨将本师十四日合肥城附近战斗经过及近情电【呈】于次：（一）本师经长途行军，星夜奔驰，兵力疲【惫】已达极点。第(573)旅方既平部于文亥赶到合肥，元申奉令进入阵地，与敌接触。第五七四旅刘爱山部于寒辰赶到西门外七里岗附近，亦遵总司令徐令：经包公庙向敌左侧出击。（二）寒辰因战斗激烈，职亲赴南门外大谕岗第五七三旅阵地督战，一时士气振奋，战况颇佳。因预计第五七四旅之侧背攻击即可奏效，乃第四十八师韩旅长遵照徐总司令意旨：促各以帮〔预〕备队一营出击，以摧破当面之敌，收夹击聚歼之效。卒以敌火猛烈，伤亡惨重，时出击友军一部顿挫，以致牵动全局。职目睹情况危急，乃令预备队第(1146)团全部增加，死力抵抗，同时职即向南薰门面报总司令徐请示。适城门已闭，乃折回西门本师右翼阵地，率励所部反复冲锋，冀挽颓势。适遇本师参谋长刘召东，持徐总司令寒日午前十时手令，并遵命谕率领直属部队出城。职急令工、特两连加入阵地作战，以俟(574)旅之侧背攻击成功，挽回战局，乃〔仍〕在前进督师。而敌机已侵入上空低飞投弹，大肆轰炸，且以机枪猛向地上部队扫射。一时部队混乱，职亦几濒于危。同时(574)旅于攻击前进至判公庙、松树岗间，亦遭受敌机轰炸及密集炮火、步兵之压迫，转回二钩、俅塘、朱小营、五里墪、洪郢间阵地抵抗。该旅迄寒晚止，全局已无法挽回，始节节抵抗至十里庙，占领阵地，拒止敌人。(三)职于敌机逸去后，率少数官兵在董埠、十里庙一带收容，为最后反攻之准备，并一面将战斗经过派员冒险呈送总司令徐请示。因敌已接近，西门城内起火，故未送，但职沿途收容本部。抵官亭东端，第(573)旅及直属部队已陆续到齐，第(574)旅现在三十岗附近扼要堵击。并于大蜀山附近赶筑工事，破坏公路、交通，阻敌西进，相机反攻。职立即率(573)旅余部，推进至三十岗后，相机窥〔规〕复合肥。(四)是役本师(573)旅官兵伤亡过半，直【属】部队及第(574)旅伤亡亦重，正在切实清查中。(五)职此次抗战抱成功成仁之决心，与强敌拼命，终以战局陡变，无法挽回，实为悲痛。除详情另报外，谨闻。陆军第一九九师师长罗树甲叩。删戌。印。

〔国民政府国防部史政局及战史会档案〕

55. 何应钦等激励廖磊等部努力作战粉碎敌围攻徐州企图密电稿

(1938年5月17日)

急。21AG廖总司令、19C冯军团长、68A刘军长：密。目下敌由四面围攻徐州，然其兵力不足，处处均有极大空隙，除主要交通线上行真正面目攻击外，其余概系监视牵制。我军应窥破敌之弱点，乘其缩小包围圈、兵力分离运动中之好机，各个击破之。尤其西面之敌，受我东西两面夹击，故战术上我军立于有利态势。望鼓舞所属，精诚团结，以最大之努力粉碎敌人之企图，勿为敌小部队所牵制，迅速迈进，果决实行，以利全局，不胜切盼。何应〇、徐永〇。篠申。令一元。

〔国民政府国防部史政局及战史会档案〕

36. 杜聿明转报该部在豫省兰封一带退敌战况密电

(1938年5月19日)

武昌委员长蒋钧鉴：0948密。顷据生师副师长邱清泉巧晨兰电报告称：职所率战车部队铣晨到达兰封西郊，篠午敌之土肥原部，以一旅由定陶南犯商邱，以一旅由荷泽南犯内黄，企图进攻杞县，威胁汴垣。犯我内黄之步骑炮联合兵力二千余人，首截袭我内黄车站西行之列车，继乘势向兰封以东各要点猛犯。职见形势猛烈，自动派出战车八辆，沿铁道以北地区援助我(88)(106)等师，驱逐该敌。至十六时，经我战车猛烈冲击，始向东溃退图逃。敌遗尸遍地，且拾得敌进犯陇海整个作战计划。我战车、官兵无伤亡，势益壮，敌截断陇海之企图已粉碎矣。等情。除电饬振奋杀敌外，谨电转呈，伏乞鉴察为祷。生杜聿明叩。皓辰。谭。印。

〔国民政府国防部史政局及战史会档案〕

37. 何应钦转报李延年军在皖省萧宿两县战况密电

(1938年5月21日)

即到。郑州委座：岱密。据李军长延年箇戌参电称：因萧、砀有警，删日职军奉命退守运河。铣夜调徐南时，我张部在萧县，李军在徐西南与敌激战，南坪集与孙疃集①间被敌突破，冯军溃退徐东禹王山，亦被敌突破。篠夜调夹沟，巧夜调符离集及西三铺

① "孙疃集"似是"孙町集"之误。

间，准备皓日拂晓与固镇北调之友军夹击攻宿之敌，徐、萧仍为我军固守。另敌一股约三千攻宿州西门，皓晨二时宿州失守。敌续攻符离集，被我击退。巧日李、白、林、汤、廖诸公在李庄站之孙寨议决，李、张在徐西竭力支持孙集团，一部化整为零，一部节节南撤。职军附九十五师炮七团，皓晨冲破孙疃、童亭间敌之防线及五沟、界沟交通线，哿辰到达檀集、北刑沙附近。司令长官部汤军团部及第四、第一一零师、特旅重炮团等，闻亦陆续通过转运。仅李师在孙疃，郑师在五沟与敌稍有接触，除总伤亡百余人及少数掩护部队未到达外，余无损失。惟布置萧县张部损失甚大，徐州李军行踪不明，职部与汤军团尚未取得连络。为给养便利计，拟马夜稍向西移。等语。谨闻。职应钦。21、14。参武。印。

〔国民政府国防部史政局及战史会档案〕

38. 蒋介石关于围攻毛姑寨等地敌军密电

(1938年5月24日)

特急。武昌何部长、徐部长。1145密。(一)敌土肥原部十四师，于养夜留置一部于毛姑寨、东冈头，以主力经杨堌集、兰封窜至陈留东方地区，图袭开封。因我有备，遂北窜罗王及三义寨一带地区，与河北观台之敌连络，连日被我胡、桂、宋、李诸军围攻，伤亡惨重。迄敬午尤烈，三义寨、典兴集及以北地区作困兽斗，聚歼可期。其毛姑寨之一部被兰封我龙师部队包围中，兰封、罗王间铁路附近及其以南之敌已肃清。(二)博爱、沁阳、孟县一带之敌，最多不过一旅团，自漾日以来，似有渡河企图，我已有备。(三)徐宿之敌尚无西进模样，永城、砀山、牛堤圈、虞城各附近之敌，与我刘汝明、黄杰、曹福林各军相对峙。(四)廖磊、冯治安、汤恩伯、卢汉、李仙舟〔洲〕、李兆锳各部已到阜阳、涡阳、亳州之线集结，樊崧甫、成光耀各部已转进泗阳方面。孙连仲、于学忠、张自忠、周碞、王长海、孙震各部，似亦转进泗阳方面，但其失连络之部队，以西移至亳州。中

○。敬未。令一元。郑。印。

〔国民政府国防部史政局及战史会档案〕

39. 徐永昌转达蒋伯诚关于汤部策应归德一事密电

(1938年5月26日)

限即刻到。郑州程长官：○密。顷据蒋伯诚(25.24)电称：顷达云电话谓，已与恩伯商酌，拟将孙、曹所部除在南封作战廿师外，余集结于曹县附近，以便策应归德。等语。职以时机急迫，请速示遵。等情。特达。徐○○(26、21)一元。

〔国民政府国防部史政局及战史会档案〕

40. 蒋介石关于编组扫荡队及其作战任务密电

(1938年5月27日)

限即刻到。郑州程长官、阜阳李长官、亳州汤军团长、开封骑兵第十四旅张旅长、湘潭第二百师杜师长：○密。命令：(一)国军以防止敌轻快部队挺进至平汉线，援我后方之目的，于豫皖边区内编成扫荡队、游击队，并组织配合民众武力扫荡侵入之敌，确保交通安全，而使作战有利。(二)编组(甲)以十三军骑兵团及第二师骑兵团、机械化第一搜索支队、战车防御炮一连、工兵一连，编成第一扫荡队，其指挥官由战区指定之。(乙)以骑兵第十四旅、机械化第二搜索支队、战车防御炮一连、工兵一连编成第二扫荡队。(丙)除机械化搜索一、二两支队由第二百师搜索营、新装甲车十四辆及飞亚特小战车十二辆、汽车化步兵二连编成分属外，余均由战区抽拨。(三)任务：(甲)第一扫荡队以新蔡为根据，任合肥、信阳公路及阜阳、项城间搜索，并与保安团队、游击队及民众武力配合，担任由此方面而来敌之警戒与攻击。(乙)第二扫荡队以淮阳为根据，任亳州、商邱、太康、杞县地区内之搜索，并与保安团队、游击队及民众武力配合，担任由此方面而来敌之警戒与攻击。(四)两扫荡队地境以一、五战区地境为界，第一扫荡队归五战区指挥，第二扫荡队归一战区指挥，但须相互连系，并与战区部队协力。(五)一、五战区应速组织豫皖边区游击队，协同扫荡队及保安团队之作战，并传达消息、破坏交通(公路、电线等)。又须加强豫皖各县民众自卫力，使侵入之敌到处皆遇抵抗及不意之袭击，迟滞其行动。(六)各部队限六月江日以前分别到达新蔡及淮阳，归入编组，开始行动，具报为要。中〇。27.19。令一元。亨鄂。印。

〔国民政府国防部史政局及战史会档案〕

41. 陈诚转报合肥作战情形及失陷经过代电

(1938年5月29日)

委员长蒋：兹据由前方负伤返汉之第四十八师连长刘丹仙来部报称：此次合肥作战情形及失陷经过：(一)本(五)月十三日下午一时，在合肥东南与敌接触，当面之敌不过二千，仅有野炮，并无飞机、坦克车助战。照理大可解决敌人，惜师长徐继武在合肥城内，不临前线指挥，队伍全在郊外，无一兵守城，致被敌冲入城内，又由城内出击本师背后，因而不支溃退。(二)一九九师于十三日下午到达，一部仅加入两营，一接触即溃败四散。(三)敌入合肥时，宋世科部下有一部叛变，故不战而陷。当时合肥城内汉奸蜂起，一时秩序乱极，军长与师长仓卒而逃。(四)此次合肥失陷，为师长徐继武不肯牺牲，参谋长张思全指挥无方，如师长不加以撤职，无法作战。等语。谨电转报，敬乞鉴核。职陈诚。(29.09)课。

〔国民政府国防部史政局及战史会档案〕

42. 李宗仁关于因无战区兵力可抽调命李延年回师淮阳密电

(1938年5月30日)

限二小时到。武昌白副总长健生兄、徐部长次辰兄、另发郑州程长官颂云兄：1145密。俭申参战、艳未参战两电，同于陷申奉悉。前接健生兄由信阳来电，略谓委座令一区抽派六师开淮阳、颂兄因无兵可抽，拟由五区抽两师开淮阳。等语。经将五区现所指挥部队实数及布防情形于陷午电迳复颂兄，并报委座在案，实无抽派两师之事。查一、五两区地境，虽敌人则一，自应密切协同应付。惟五区兵力及现状，诸兄或有未明，兹重述如次：(一)五区指挥部队，除尚隔断于江北、淮海一带之各部，淮南之徐海源泉、杨森等部外，淮北各军已突围者多，由委座直接迳令调后整补，或令归一区指挥，弟处均未奉到明令。即现有之刘汝明、李仙洲两军亦经由敝处电请迳归颂兄指挥，以维陇海线战局，而固亳州守备矣。此外，仅有七七军冯治安部(连王长海师)其残破之五千余人，担任太和附近守备。廿一集团区、程两师则自俭、艳两日已在涡阳附近，与渡过涡河之敌激战中。一七〇师已在吕望集等地与敌对峙，卅一军则防守阜阳至凤台之线，且以一部在王市集附近策应各部作战。四十八军主力亦在洛河、定远间与敌周旋。此外，实无一兵可抽。此五区部队实情与布防状况也。然淮阳空虚，殊深焦虑。昨接李军长延年俭申电称：奉委座令，调封禹县整编，三、九两师俭到淮阳，艳续西行。等语。预料此刻离淮阳尚近，为移缓就急计，拟即令该军回师淮阳。除电饬李军长外，并请颂兄同时电饬，并就近以电话报告委座，核准饬遵，庶足应付。特电奉复。弟李宗仁。陷申。参一阜。印。

〔国民政府国防部史政局及战史会档案〕

43. 蒋介石转告李品仙关于固守津浦线南段及巩固江防之作战原则快邮代电

(1938年5月31日)

武昌军令部徐部长勋鉴：据李品仙感六电称：徐州鏖战原为持久之争，最后胜利尚有待于将来。惟徐州之失原因固多，而事先忽略南段之敌，鲁西之防亦为重要因素。曩昔南段敌军一度北进，以我军迅转淮南，予敌侧击，敌受重创，数月来徘徊于怀、蚌之间，未敢再进。嗣因于军北开，廖、韦各部换防，淮北、淮南空虚，敌遂伺隙而动。鲁西方面，曹军进出湖东，刘军复调台、枣，长清河北之敌得以长驱而下。职奉命赴澧〔鲁〕回皖，目击形势，以津浦南段及鲁西为可虑。故迭电请增派得力一军控置淮南，一军增援淮北，总预备队控置于商邱。终因输送困难，均未能及时到达。职回抵六安后，又欲以区、程两师用在淮南，合并徐部。一面驱逐巢含之敌，一面集中主力，经定远出刘府攻怀、蚌，以图挽救。旋以区、程又复北调，不能实施，终致蒙城之危不及援，合肥之守遂失利，一著之差摇动全局。合肥之失，虽有前因，而部队脆弱，官兵怯敌，无可讳言。职统率偏军，待罪营中，既不能纾宵旰之忧，复不能坚肥、巢之守，疚心无已。近复据各方情报：江南之敌继续渡江，至今未已。长江敌舰增至十余艘，停泊刘家渡、无为县属襄安镇南，从事扫海。大征民工，尽量修理合巢公路、合肥机场，西进野心昭然若揭。窃以皖西近接武汉水陆交通，我军对敌无论攻防，皖西一隅仍属重要，非有重兵不足遏敌人西进之念。拟恳：(一)从速策定整个作战计划，布置部队。(二)请将卅一军控置淮南，吴奇韦军从速开六安。罗树甲部训练未成，力量微弱，吴军到后调回后方从事工作。(三)长江封锁线若无重炮，自不能确实掩护，请饬刘总司令速派炮兵与得力部队，扼守封锁线，巩固江防，阻止敌海军主力之西进。以上三项，伏乞俯准，以便戴罪图功。若仅以现在兵力防水陆西进之敌，委实困难，倘再有失职，虽万死无补戎机。谨贡愚忱，尚乞裁夺。等情。希査照核办。中正。卅一。侍参。鄂。

〔国民政府国防部史政局及战史会档案〕

44. 李宗仁等报告皖省涡城失陷经过情形密电

(1938年6月10日)

武昌军令部徐部长勋鉴：据廖总司令磊参一冬戌电称：兹将

涡城失陷日期及区、程部署详情汇报如下：艳夕敌于高炉集附近，以坦克及装甲车三十余辆，在敌炮火猛烈掩护下强行渡河，向我猛冲。敌复于西阳集及涡阳西北之彭步口，积极向我压迫。〇密。我区、程两师以全力及徐师一部，分头一面迎击，激战终宵。〇密。此时留守涡城之罗师尹团，正奉命归还建制，急于西撤。而我区支队正在高炉集、张窑、汪庄、王庄、田少家及涡阳西北一带，各与当面敌人行激烈之胶着。战斗中勉抽郭团接守城防，于情况紧急之际接收，尚未确实即为敌所趁，以致涡城于全晨乃告失陷。此后敌复数处急进，卒以敌坦克及装甲车之猛冲。〇密。程、区两师乃各以一部控制邦集、王方庙及李官桥、后信家湖。〇密。主力移旧城集、江家桥、赵桥及花沟集、徐大庄，沿黄河南岸构筑工事，拒止敌之前进。徐师仍在蒋町集、吕望集附近积极游击，职据报后，〇密，即饬团军长率杨俊昌师之一团，进驻东城集指挥。并令覃师移驻王市集西之程三王庙附近，相机策应。此涡城失陷之前后情形。等情。特电奉闻。李宗仁、李品仙。参一。灰。潢。印。

〔国民政府国防部史政局及战史会档案〕

45．廖磊转报蒙城作战经过代电

（1938年6月12日）

武昌副总长白钧鉴：案据职军第一七三师□□□□① 长凌云上报告蒙城作战经过内称：职奉钧令，率领全团官兵追随副师座，兼程前往固守蒙城。遵于五月六日拂晓前全部到达，当即四出侦察阵地。旋悉该城城墙异常单薄，不堪敌人之一击，乃决定于附近城郊七八百公尺处，选择据点布防。是日八时部署完毕后，即一面饬各官兵昼夜构筑工事，一面派探向怀远方面侦察敌情。此时发见大量友军散兵向城退却，探询后知为第七军失利向涡河南北地

① 此处残缺不清。

区撤退者。职即于是日十八时，派别动队向王家集方面活动。七日八时据探回报：敌约三千余众，已进抵离蒙城三十余里，向城作大包围势。职当饬各部严密警戒，准备袭击。十三时三十分，敌装甲骑兵二百余，步兵八百余蜂拥而来，我别动队及第五连，当在北门外小北街东北约千公尺处予以迎头痛击。当时敌骑步兵虽以自动步枪向我猛冲，但我官兵沉着应战，毫无退缩，当毙敌骑二十余，步兵四五十名，我亦伤亡二十余。十六时左右，敌后续步兵赶到，与敌骑兵调换，向我攻击。其骑兵即沿涡河上游前进，敌炮亦于此时猛烈向我射击。至十九时，敌步兵三千余均已到达附城以北地区。我以涡河北岸之部队纯为警戒性质，乃于廿时逐步掩护，撤回小北门外沿河上下约八百米正面，择要防守，并将浮桥破坏。至二十时四十分撤退完毕，是晚战斗无甚激烈。并探知敌步骑二千余，沿涡河北岸直上，超过蒙城十余里之李楼附近，渡过南岸。即转饬防守西北门外之第一营准备袭击。八日拂晓前，敌果已将我西门外阵地包围，向我猛攻。五时左右，于东西门外约三千公尺处，复发见敌步、骑、炮约三千余，战车三十余辆，以密集队形向我节节进迫。及至距我约千余公尺时，职即令我步兵炮连开始向敌射击，当毙伤敌约四五十名。此时敌已展开向我节节进攻，至相距五六百公尺，我步兵即开始射击。七时三十分，敌已将蒙城四面包围，开始炮空联合向我猛攻。计敌炮三十余门，飞机四、五架，自晨至暮更翻向我阵地轰炸。是日自七时起至十七时止，敌向我炮击约五千余发，我各方防守部队在城郊阵地与敌肉搏六、七次。直至十八时，我已伤亡相当惨重，如第一营原有战斗士兵四百余名，至是时官长已伤亡十之六、七，士兵尚余约一百三十余名。职以兵力减弱，防线过宽，防御不易，乃将该营之一部撤回西门城内防守。至南门外之部队，亦伤亡十之五、六，因亦撤回一部于城内西南角防守，而城墙各处被敌炮毁已十余处，当饬各部抢修。惟我无炮兵，而敌炮则能推进至极近距离，乘夜向我城垣轰击，以至屡修屡塌。当晚七时左右，我南门外部队被敌冲为数段，将我内外连络切断，南门外房屋亦被占领。当令东门附近之第八连，以一部向该敌冲锋，企图收复被占房屋，而解南门之危。无如敌众我寡，南门外房屋虽一度收复，惟以伤亡过重，终难支持，因之该房仍落敌手。自是以后敌更以炮兵向南门城门洞城墙集中轰击，城门洞连中三十余弹，重机枪十余挺，则不断扫射城垛。此时南门口工事已被炮毁十之六、七，当饬士兵数十名枪修，敌卒无法冲入，但城顶守兵伤亡过半。敌乘我守兵不能抬头，乃攀城而入，当以手榴弹及利刃杀敌百余，其已冲入城内者不过十余人。在我四处堵截大施搜索之后，该敌扫数被我杀毙，从此南门方面防务始较前转好。至西门外街道之战斗，比之南门尤为激烈。八日十五时，敌步兵百八十余名，曾冲至西北城角，企图登城，当时贾营长率领第一连残部十七名，向敌反攻，经我奋勇肉搏，卒以十七名之勇士，将百七八十名之暴敌击退，并追击至七百公尺以外。此时该敌狼狈不堪，本可一举歼灭，惟我以人数过少，不克穷追，乃在该处布置阵地继续抗战，西北城角之危局因以挽回。八日入夜，西门外街道之争夺复趋激烈，敌以四百余之众猛攻此街，我以百人左右与之肉搏。该西门外街道虽经五度失陷，但经我最大之努力与勇敢牺牲，仍能屡失屡复，直至九日拂晓，此房屋仍在我手中。至小北门外以西街道，敌仍以数百名冲入，经我第五、六连之一部勇敢抗战，于街道内巷战，被此肉搏数次，卒将敌杀退于四百公尺以外。东门外之战斗，敌于八日十二时，虽被冲破两次，然经我肉搏收回。自此以后敌已不敢猛攻。至八日夜三时许，据各营长报告：各士兵所存弹药每人仅二十余发。敌仍继续猛攻。职当饬各部官兵，如敌于一百公尺以外切勿射击，应将所余手榴弹准备，沉着待机，静候敌至二十公尺处，即以手榴弹出其不意而袭击。再每人即刻向敌猛烈射击二、三发，继以刺刀冲杀。各部均遵照实行，以节省弹药，实行后果能收效极大，敌人因之遭受伤亡极重。及九日天明，敌炮数十门，继续向东西南三城门及城顶猛烈射击，计自五时三十分至八时二十分止，不下二千余发。每方面城垣附近均有敌兵千余名，以机枪不断猛烈射击。敌之榴霰弹并炸弹亦均不断落于城顶及城脚附近，树林之枝干尽为破片炸光，城墙附近民房并成焦土，南门附近守兵伤亡殆尽。六时左右，敌以炮五、六门专射击南门城门洞，约命中四五十发，南门城楼崩塌，城门工事如沙包、木箱、铁条网，均被炮毁无余。六时三十分，敌乘机攀登城顶，并以战车十余辆冲入南门，继以大队步兵。当时职见此危机，即以重机枪二挺，对敌战车迎击，并抽较次要方面之兵力向侵入南门之敌，由各小巷抄出敌人背后混战，企图将敌驱逐于南门之外。当时发生最激烈之肉搏，互相冲杀，手榴弹之声密如爆竹，我官兵均怀必死之心，奋勇百倍。在此一小时之内，敌伤亡不下五百余，我全团官兵抗战数日，原已伤亡十之五、六，至是又经如此之壮烈牺牲，已渐次消失战斗力量。我副师长犹鼓余勇，令职务须在此时有一分力量，仍须与敌搏战，以待援兵到来。当时职立即遵命，亲率特务排及别动队，与敌肉搏于南门城内各街道。此时敌战车及骑兵已横冲直冲〔撞〕于城市中心，职所率之部队与敌混战，敌我混乱，各自为战，互相肉搏，在此混乱状态之下指挥不易。至八时，东、南、西三面城顶已布满敌兵，其步兵大部亦继冲至城市中央之十字街，职再率防守北门之第四连及第一营之一部，再向敌冲锋，以期保持北门一角。于八时十五分，我第四连已冲至十字街与敌肉搏，一部已冲至南门附近。无奈敌众我寡，弹尽援绝，伤亡惨重，未能将敌驱出城外。至八时二十五分，敌战车三辆已冲至距小北门约百余米之处(指挥所前附近)，各处街道亦到战车十余辆。此时职与副师座相对痛哭之余，再率残部肉搏，但所有残部均散置各街，敌我混乱不堪，无法指挥。此刻副师座即将殉城决心简单拟成电稿，报告各级长官，但稿未竟而敌大部已至小北门街。当时副师长与职等原欲于此时成仁，复念如此牺牲，不如仍留待罪之躯，作他日杀敌之用，乃决心杀一血路冲出城外。于八时四十分率同第二营李营长国文，第三营兰营长权，率残部百余，枪七十余支，随副师座出小北门右转弯，沿河边街向东冲出重围。当冲出时，敌四面截堵，步炮猛烈射击，再加敌机处处投弹，我军前仆后继，卒将七、八度重围突破。至距城三十余里未见援兵，敌仍以骑兵追击，不得不仍且战且退。当冲出城时，我副师座仅手枪五、六支，随待离城约里许后，以敌人火力过于猛烈，命职将队伍疏散而行，即与职失去连络。兰营长权因腿部重伤，不能行动，然仍能以自用手枪杀敌数名，始从容就义。李营长国文因病不能行动，至今未见回队，想必已遭敌毒手。贾营长及团部直属部队并其余各营残部，尚在城中未能随职冲出。闻九日夜半爬城跳出士兵报告：贾营长仍率城内残部与敌肉搏，至下午三时，我军全数已作壮烈牺牲，而敌亦伤亡千六七百人。而职团人员、马匹、武器、弹药、被服、装具、各种器材全部损失，尚余若干待查明后再行呈报。回忆职团在钧座领导之下，于江浙抗战诸役，虽牺牲惨重，然亦不过十之六、七，不比此次之全数牺牲者。而职之指挥失当，以至丧师失地，罪有应得，此次回部待罪，即钧座处以最严厉之典型，亦无怨怼。悲愤之余，谨将蒙城抗战经过情形，泣陈察核。等情。查尚属实，除人员、马匹、武器、弹药、被服、装具、各种器材尚余若干，俟查明另行呈报外，谨电呈察备案。等情。据此。除战斗详报另行专案呈报外，谨电转呈察核。职廖磊呈。文午。参作固。印。

〔国民政府国防部史政局及战史会档案〕

46. 李宗仁转报萧县激战情况密电

(1938年6月16日)

武昌军令部徐部长：〇密。据商总司令震元戌参战电开：据一三九师李师长兆瑛由许昌报称：窃职师于参加鲁南战役后，此残破之余奉令归还整理，于删已到达徐州。因萧县告急，复奉李司令长官手令，限当日下午六时开抵萧县，担任该城之守备，以待援军到达。旋以该城四面环山，欲保城垣，非守城外高山不可。当派七六二团及补一团之各一营，向帽山店、丁里集东西之线推进，以期阻敌于远方，而得时间之余裕。不料行至中途，即与敌遭遇，于凤凰山及龙山之线占领阵地。铣晨以后，敌军每日夜以飞机、重炮、战车猛攻，城外高地及四关先后落于敌手，后方连络完全断绝。至篠日止，忽奉白总长电谕，得悉一四三师、一八零师、二一师已分别到达萧县附近之祖楼、孤山集、姚楼等地，但均为敌所阻，无法作积极之动作，以解萧县之危。职师以疲惫之余困守孤城，官兵浴血苦战，伤亡惨重。加以四面被敌重围，粮弹俱绝，电信、电话均被破坏，危急万分。迄巧晨，敌复以步炮空联合猛攻，守兵死伤殆尽，城垣塌陷多处，敌遂乘机由此门附近冲入城内，师旅预备队均已用尽。职乃率两旅长及幕僚等亲督守兵，并罗致非列兵等数十人，与敌巷战。经数时之久战，闻之惨为空前所未有，官兵牺牲之壮烈，亦实可歌可泣也。彼时职及石副师长均受轻伤，少将参谋长邓佐虞、上校副旅长吕汝爽、马骥德、中校团附陈芳荣、少校营长李彦文、黄超云、李廷舟等同时阵亡。目击城内守兵寥寥无几，城垣阵地仅剩东门一隅，于万不得已中，遂被迫出城，冒弹雨冲出重围。皓辰同孙、张两旅长，石副师长及官兵二百余人到达师部，于敬日到太康。沿途收容职师官兵，现已达千余人，此后职在何处集结，请电示为祷。等情。除分令暂在襄城、叶县集结待命，并饬将人马、械弹损耗详情清查呈报外，谨闻。等语。特闻。李宗仁。参二。铣戌。印。

〔国民政府国防部史政局及战史会档案〕

47. 第一百三十九师守卫萧县战斗详报①

（1938年7月）

一、战斗前一般之态势

① 沿用原标题。

师原已奉令归还考城附近三十二军建制，补充整理。但以徐州西方陇海路两侧受敌威胁，萧县告急，故师以残破之余，担任萧县要点之守备。最高统帅部鉴于永城及荷泽之失守，敌军分路东侵，相继占我黄口、李楼等要点。徐州之连络线全被切断，故拟将台儿庄、邳县、运河附近之大军撤回，以图打通陇海线。但留一部归孙总司令，担任运河之防守，迟滞敌之前进。师于归还建制途中，路经铜山，因敌由睢溪口、瓦子口方向向萧县前进，逼近徐州。故奉司令长官李手令(徐参谋长代)，着本师于五月十五日下午六时到达萧县。

二、情况及处置

师长率必要之幕僚等，乘汽车于十五日下午五时到达萧县。得悉当面情况如左：

1. 帽山店有地方团队数百人，正与敌苦战中。

2. 丁里寨有第二十二集团军之特务营黄营，与敌对峙中。

3. 向萧县前进之敌军兵力约计二千余人，炮十余门，战车、装甲汽车数十辆。

经实地侦察与图上研究结果，遂下达如左之命令：

命令　五月十五日下午四时二十分于萧县县政府师前进指挥所

一、师奉令固守萧县待援。

二、第二旅应立即以一部推进至帽山店、丁里寨附近之线，以期阻敌于远方，主力任萧县城之守备。

三、第一旅于到达萧县后，即以一团守备城内，一团在老宅、三里庄、郝庄之线占领阵地，迟滞敌之前进。

四、卫生连及兵站须以一部进至萧县城内，分别开设绷带所及粮秣交付所。

五、各直属部队均在姚楼停止待命。

六、余在萧城城内县立医院师部。

下达法：笔记命令，分送各部队。

师长　李兆锳

三、战斗经过

师自参加台儿庄战役后，以损失惨重，于五月十日已奉令归还建制，开回考城整理。于十三日夜徒步开拔，十五日晨到达徐州。因萧县告急，李司令长官复令师开往萧县，担任守备，以待援军。并限当日下午六时到达，奉令后师长即率旅团长及少数幕僚，乘汽车先行到萧与李专员、王县长会晤，并视察该城附近地形。下午五时第二旅全部到达，当与该旅以补一团守卫县城，以七二六团向帽山店、丁里寨东西之线推进，以期阻敌于远方，而得时间之余裕。不意该团行抵中途，即与敌遭遇，遂在凤凰山、龙山及萧县南郊各村落之线占领阵地。下午十时第一旅亦先后到达萧县，即以该旅之七二四团守备城内，七一七团分向段家花园亘三里屯之线占领阵地。当夜敌曾两度向凤凰山等处之七二六团攻击，均被击退。铣晨敌仍向我阵地攻击，各部队奋勇抵抗。旋奉白副总长电话谕：增援萧县之第一八〇师及第二十一师，至迟篠晨定可到达，该师如能苦撑至援军到达，赏洋五万元。等因。由晨至晚，城外部队无不遭遇敌之猛烈攻击，虽均经我守备部队苦战，将敌击退，但伤亡之数均已过半。篠晨据派往一八〇师之连络军官高团长衍珍报告，第一八〇师刻到达萧县东南地区，已向张二庄左右之线攻击。因敌顽抗，进展不易。复据派往第二十一师之连络参谋崔坦报告：二十一师奉令在姚楼、鲁山一带占领阵地，相机应援萧县。当仍令该参谋重往该师，请求即向萧县推进。该师遂以一连向凤凰山，一营向龙山增援后，以徐州西之霸王山失守，二十一师复被调回徐州附近。当日敌仍以飞机、重炮及坦克车继续猛攻城外各高地并及四关，致城外与城内之连络设施，悉被摧毁，与徐州方面之交通因亦断绝。迄当晚止，城外各高地及四关先后均入敌手，萧县城遂陷入重围之中，情况危殆达于极点，待援之望已成泡影。我城外部队由于各高地撤退后，即着以游击方式向敌佯攻，卒以兵少弹缺，收效甚微。是夜敌利用黑暗，分三路向北、西、南三面进攻，数度攀登，均经我守兵击退。尤以守南城之补一团，敌人五次攀登均经击退，敌人遗尸不下百具。巧日拂晓，敌更以极猛烈之炮火，向城内施行散布射击约二小时，将城内房舍焚毁殆尽，工事、电话几尽破坏。敌复集中炮火向北城集中射击，【将】城上守兵尽数伤亡，城上工事多被破坏。敌兵数百在其炮火延伸射程及坦克车掩护下爬城时，该师之预备队增加到来，当与敌以猛烈冲杀，虽敌之少数冲上北城，悉被我守兵歼灭。旋敌复以坦克车十余辆掩护，其步兵重行冲来，师长复以预备队扫数驰往增援，以冀挽回危局。时北城方面守兵弹药已经用罄，而援兵无能再增，但均能以必死报国之决心，勇猛沉着，揭取城上砖石，向城下冲来之敌及坦克车作愤恨之投掷。终以众寡悬殊，敌遂冲入城内，惨酷之巷战因兹发生。时间愈久入城之敌愈众。而我方以伤亡之故，兵力愈见减少，我官兵处此极悲惨之状况下，未有畏缩不前而不与敌作血肉之拼者，其可歌可泣之牺牲精神，实为从来所未有。十时许，师长与两旅长分率重要幕僚与非列兵数十名，与敌作持续之巷战。终以众寡悬殊，不克歼敌。及正午，城内阵地仅余东门一隅，师长与石副师长在城上督战之际，均受微伤。邓参谋长佐虞、吕副旅长汝爽、马副旅长骥德、陈团附芳荣、李营长彦文，均于巷战时先后殉国。下级干部伤亡尤重。师长目睹战况亦难挽回，迫不得已遂冒弹雨冲出重围，冀与二十一师取得连络，再图反攻。终以战略关系，未得如愿以偿。

四、附表及附图〔略〕。

中华民国二十七年七月

〔国民政府国防部史政局及战史会档案〕

48. 第九十二军李仙洲部参加萧县战斗详报

(1938年7月28日)

(一) 本军加入战斗前敌我之态势

1. 由蒙城北犯之敌约四五千人，十五日在回龙集、韩道口附近，与我俞济时部激战。

2. 我第三集团军在金乡以北，万福河附近，与敌对战中。

第一三九师固守萧县待援，一八〇师在孤山集附近。

(二) 本军阵地之进入及兵力编组

本军(缺第九十五师)奉令赴援淮阴，五月十日自沟上集、响水溜、朱古堆、交防出发。十二日到达沭阳县城，即奉司令长官李文未参电节开：淮北鲁西正在决战，着该军所部廿一师迅速到新安镇车站登车，开徐州附近待命。等因。当令廿一师星夜向新安镇车站前进，军长于十三日晨乘汽车赴徐州，谒司令长官请示。十六日奉同日命令开：

(1) 步炮约千余之敌，猛攻萧县及其西北之凤凰山，我一三九师在该地固守待援中。

(2) 着李军长仙洲指挥一三九师、一八〇师，进援萧县。

(3) 兹拨炮四团之一营及本部直属苏罗通炮三门，归该军长指挥。等因。遵即下达各部命令，其要旨如左：

(A) 约步兵千余，炮六、七门之敌，本日以来猛攻萧县及其西北之凤凰山，我一三九师在萧【县】、凤凰山固守待援中。

我汤军团本晚可到达王门、白山头、孤山集之线，准备尔后之攻击。

(B) 奉司令长官李五月十六日命令，着李军长仙洲指挥一三九师、一八〇师，炮四团之一营及苏罗通炮三门进援萧县。

(C) 本军以增援萧县、击破当面敌人之目的，部署如左：

甲、一三九师务须坚守萧县及凤凰山一带原阵地，迎击当面之敌。

乙、一八〇师附炮四团之一营，着即刻沿萧铜公路前进，务于明(十七)上午三时前，以一部对萧宿公路东南方严密警戒，主力向老鸦山、黄山方面攻击而占领之，右翼务与一三九师切取连系为要。

丙、第一三九、一八〇师之作战地境：

东家场——王龙潭——三里庄——三星庄——欧巷——毛庄之线，线上属一三九师。

丁、第廿一师六十三旅附小炮三门到达卧牛山后，即沿萧铜公路急进，务须于明日(十七)拂晓前占领义安山、鲁山、苗山、周行、北姜场一带，准备随时增援一三九师之作战。第六十一旅务须于明(十七)日拂晓前，集结于马山头、大北望、小南望一带地区，为军之预备队。

(4) 予现在含山，明(十七)拂晓进驻小山口。

本军第廿一师因运河以东桥梁破坏，列车仅能通赵墩，遂于十五、十六两日分赵墩、八义集两车站登车。该师第六十三旅于十六日在徐州下车，午后十时到达卧牛山、马山头附近，一二五团派兵一连占领霸王山，对西北警戒。师部直属部队及六十一旅十六日午后七时在八义集登车，十七日拂晓先后到达徐州下车，向指定地点前进。十七日午奉司令长官李铣电节开：九十二军着归张军团长指挥。等因。(兵力编组及指挥系统如附表第一)〔附表略〕

(三) 战斗经过概要

五月十七日

(甲) 萧县方面：

第一三九师奉令固守萧县，自十五日晚与敌接触，至十六日十二时敌增至两千余名，炮六、七门，战车十余辆，向该县城猛烈攻击。敌机不断轰炸，工事多被摧毁，守兵伤亡大半，城郊附近各阵地及凤凰山相继失守。当晚敌复以猛烈炮火及战车等犯我西门城东之龙山，旋告失守，反攻数次迄未恢复。本晨龙山附近各村落及黄山头复相继失守，县城遂陷于完全被敌包围钳制之形势。该师一面补修工事，一面迎击攻城之敌。一八〇师为援助一三九师之作战，于午前四时展开于张二庄、孟油坊之线，主力向老鸦山、黄山之敌攻击前进。一部占领毛营子、南姜场一带，对东南方面警戒。该部到张二庄时，公路南发现少数敌人，当经击退，敌由邵庄增援反攻，敌炮兵向陈庄、张二庄射击。午后二时敌向吴庄、孟油坊增加部队，似有企图包围张二庄之模样。

（乙）义安山、霸王山方面：

第廿一师六十三旅以一二五团占领义安、小霸王山、鲁山、苗山、毛庄之线，一二六团之一营占领郑桃园、周行、北姜场之线，其余集结于姚楼、沈庄附近。第六十一旅一二一团第一营于午后一时，在卧牛山、马山头、杏山子一带占领阵地。奉白副总长电话：霸王山西北有配属战车之敌，向该地前进中。当令一二一团派兵两营据守霸王山，一二一团逐次向阎寨附近集中，为军预备队。午后五时敌由祁村（霸王山、义安山间）向我猛攻，与一二一团发生激战，六时该团改占十八里村、大王庄之线，义安山以西有敌轻汽球升腾。

午后八时，复令一三九师坚守萧县凤凰山及龙山一带原有阵地，一八〇师将防务交第廿一师接替后，即开赴卧牛山、霸王山附近地区，归军团长直接指挥，以作尔后向霸王山攻击之准备。该师附属野炮四团之一营，仍应交第廿一师接防部队指挥，第廿一师应以一二一团即刻接替一八〇师之阵地，协助一三九师攻击萧县附近之敌。第六十三旅应以一团控置于义安山、苗山、鲁山附近，以一团协助一八〇师攻击霸王山之敌。占领后即将霸王山防务交一八〇师接替，取捷径归还建制。

五月十八日

（甲）萧县方面：

十七晚我一三九师与攻城之敌彻夜激战，至本(十八)日午前八时，该师因伤亡过重，敌遂乘机冲入。当发生激烈之巷战达两小时之久，我守城及巷战部队被敌分段包围，官兵死伤过半，战况陷于极端不利。该师长李兆锳遂令各部突围出城，经过凤凰山、龙山、黄山头各山口时，复遭敌人截击，李师长以下高级官长五员生死不明。午后五时，郭、王两团长到达鲁山、苗山附近，收容仅存官兵千人。(伤亡、损耗详情，未据该师呈报。)

(乙) 义安山、霸王山方面：

当面之敌主力为中支派遣军田代部队、浅野队，昨晚以来，敌以全力向我廿一师祁村及义安山一带阵地猛烈攻击。我一二六团王营长松柏率兵五连抵抗，班长以上伤亡殆尽，兵卒仅存百余名，敌死伤尤多。阵地前敌尸内捡出北支派遣指宿部队队长铃木孙三郎、森田部队工兵少尉铃木骏一郎等二名。午前九时敌步兵千余、骑兵二百余、战车十余辆，由霸王山、义安山间向我前进。其一部约步兵七八百，战车十余辆，由义安山、凤凰山间向我运动。我一八〇师张二庄阵地，敌放催泪性毒瓦斯，官兵中毒甚多。

本部于昨(十七)晚由含山移驻下杜楼，本(十八)日午后十时三十分下达各部命令，其要旨如左：

(1) 敌情略。

我孙连仲军刻在九里山一带占领阵地。

(2) 军以巩固徐州之目的，拟将战线重新整理，变更部置如左：

(甲) 第廿一师应以六十一旅，在小山子、卧牛山、马山头、路家窝、大北望之线占领阵地，迎击当面之敌，右与孙连仲军设法连络。第六十三旅在龟山、梁台子、赵山头、黄山、窝虎山腰亘白山头(不含)之线占领阵地，迎击当面之敌。并于王门、姚楼等处占领警戒阵地，左与一八〇师切取连络。

(乙) 第一八〇师应在白山头、西间村、阎寨、马场、龙虎山迄马家瓦房、南北高地之线占领阵地，迎击当面之敌。并于王窑、北娄场、大张庄占领警戒阵地，右与廿一师切取连络。再派一部位置于孤山湖附近，掩护军之左侧背。

（3）作战地境：

第廿一师—第六十一旅—第六十三旅—间——田巷——龟山—新庄——张山窝—二十五里桥之线，线上属左方旅。

第一百八十师—间——姬村——路庄——白山头——光山（200）高地——银坑之线，线上属左方师。

（4）第一三九师应开旱沟附近，集结整理。

（5）卫生补给由各师自理。

（6）第廿一师通信营应以下杜楼为基点，构成军师间通讯网。

（7）各师、旅均限于明（十九）日拂晓前变换阵地完毕，构筑工事，即将公路及桥梁阻塞、破坏。

五月十九日

（甲）卧牛山、马山头方面：

本日拂晓以来，敌步兵藉飞机及战车掩护，向我第廿一师一二一团卧牛山、马山头一带阵地猛攻。至九时，官兵伤亡过半，当令一二二团接守阵地，该团移后方整理。十时徐州失陷，该师仍在原阵地拒止敌人，掩护友军转进。（各役伤亡、损耗、卤获如附表第

二、第三、第四。)〔附表略〕

(三) 本军之转进

五月十九日十二时，奉军团长张皓巳电开：(1) 奉长官部电令，着本军团向西南转进。(2) 本军团即于本日午后七时开始西进。(3) 第五十九军经孤山集、蔡里集、柳子集、孙井子、观音堂，向亳州西南地区集结。(4) 贵军附一三九师准五十九军行进路跟进，或在左右另选行进路并进。等因。当即决定经二十五里桥、前后白庄、五柳集，向亳州转进，并下达命令。其要旨如左：

(1) 敌情略。

(2) 奉军团长张皓巳电开：奉长官部电令，着本军团向西南转进，第九十二军附一三九师准五十九军行进路，或在左右另选行进路并进。等因。当即决定经二十五里桥、前后白庄、五柳集向亳州转进，并下达命令。其要旨如左：

(1) 敌情略。

(2) 奉军团长张皓巳电开：奉长官部电令，着本军团向西南转进，第九十二军附一三九师准五十九军行进路，或在左右另选行进路并进。等因。

(3) 军决于本(十九)日遵令向亳州前进。

(甲) 第廿一师六十三旅(附山炮一连，高射炮一队)应即派兵一营到下杜楼，归本部直接指挥。其余于本(十九)日午后七时，逐渐由阵地转移集结后，经汉王庙、旱沟到达大五柳集，集结待命。

(乙) 军部及廿一师师部直属部队及六十三旅之一营，应于本(十九)日午后六时出发，经廿五里桥、官桥、赵桥、前后白庄到达后邓庄、屠家庄附近宿营。

(丙) 第六十三旅(欠一营)应以一部占领茶棚东南及桃园西北一带高地，确实掩护军之转进。其余应于本(十九)日午后八时出发，准师部行进路到达曹家楼、东岳庙附近集结待命，该旅掩护部队俟任务达成后即在后跟进。

(4) 第一三九师应于本(十九)日午后八时出发，准第六十三旅行进路到达大五柳集附近，集结待命。

(5) 予现在杜楼，本晚即向后邓庄前进。

(四) 转进间之战斗

(1) 王桥附近之役

各部遵令于十九日晚出发，二十日晨分别到达指定位置，集结完毕。十二时闻后邓庄南方炮声甚急，往探悉宿县失陷。夹沟车站附近落敌炮弹甚多。当令第六十三旅在大五柳集、壮马山、钓鱼台一带占领阵地，六十一旅在龙池集以西地区集结待命。午后五时继续西进，七时抵蔡里集，决心经王桥、侯老沟、殷庄到达前后石门南北地区，集结待命。第廿一师六十一旅为前行，十时由蔡里集出发，十二时抵王桥附近，与兵力不详之敌遭遇。该旅当以一二一团占领阵地，极力抵抗，并派一部向敌右侧猛击，以掩护本队之安全通过。廿一日午前三时，该团任务达成，即继续向前后石门前进。是役因在夜间与敌不期遭遇，又在敌优势炮火猛击之下，敌官兵伤亡颇多。如附表第二。〔表略〕

(2) 鹿邑柘城之固守

五月廿七日抵王竹园，奉军团长汤转奉委座电令：着廿一师即开禹县集结待命，并限于本月底以前到达。等因。遵于廿八日率该师向禹县前进，当晚到达王寨附近宿营。奉军团长汤命令：我六十八军刻在亳州与敌对峙中，着李军长率廿一师并指挥新五师，固守鹿邑、柘城之线，【增援】归亳友军之作战。等因。遵即部署并下达命令，其要旨如左：

(1) 我六十八军刻在亳州与敌对峙中。

(2) 军奉令固守鹿邑、柘城之线，策应我亳州、归德友军之作战。

(3) 新五师应以主力固守鹿邑县城，一部固守柘城县城，与廿一师及亳州六十八军切取连系。

(4) 第廿一师应以一团控置观武集及其以北地区，协助新五师固守柘城县城，随时以一部游击柘城西南及惠济河西南地区。守柘城之新五师部队，着归观武集之团长指挥，廿一师主力着控置于鹿邑县城以西地区待命。

(5) 予现在王寨，明(廿九)晨移驻试量集。

各部奉命后，即遵照部署，廿九日本部移驻试量集。午后四时奉军团长汤命令：李军长仍率廿一师开禹县整理。当晚七时出发，经唐李集、康庄、许昌，于六月五日到达灵井寨，因禹县友军云集，六日移驻大吕街附近。旋奉军团长汤电令：本军第廿一师改开南召整理，第九十五师开方城整理。等因。各该师于九、十三两日先后到达方城附近，奉令即在该县集结整理。

陆军九十二军军长李仙洲

中华民国二十七年七月二十八日

〔国民政府国防部史政局及战史会档案〕

四、经验教训

1. 程潜关于徐州战役的总结报告①

(1938年7月)

一、大军作战胜败之分野，端视主动与被动，兵力众寡其次焉者也。盖一陷被动，则必致处处防备，处处薄弱。孙子有云：寡者备人者也，众者使人备己者也。此项名言，洵为主动与被动最透彻之解释。此次徐州会战，我军虽四倍于敌，但主动地位已失，终于失败。然我军既取守势，作战欲得机先，争取主动，比较困难。故此后惟有预选战地，机先部署，随时把握战机，以期致胜。

二、现敌骄矜狂妄，虽微弱部队，亦敢放胆深入，与我以可乘

① 原题为《第一战区鲁西豫东作战所得之经验与教训》。

之机极多。惜我各级指挥官视敌如虎，企图消极，故战机多被逸失。此种畏敌心理而形成的指挥官，企图消极，军队战斗精神衰颓，可谓为我开战以来失败之最大原因。今后务宜推奖指挥官之独断、积极，随时乘敌作战指导之错误(如小部队之远离主力……)，以绝对优势兵力，彻底打击敌人，俾恢复旺盛之士气。

三、敌惯用战法的再认识与对策：敌军深悉我军侧背感应性大之弱点，故每次攻击必惯用侧背运动(包围及迂回)，而我军在部署上又多缺乏梯次配置，故每为敌所乘。此后我军在防御部署上，应尽量加强梯次配置之兵力，并须用积极手段，打击迂回的敌人。

四、敌此次会战，又创用所谓快速部队(以战车骑兵为主之小部队)。因我军侧背感应性大，竟得到成功，以后在各战场恐将惯用。我军对敌之快速部队，应出以积极手段寻之击灭，不可处处设防。因此等部队行踪飘忽，狼奔豕突，实防不胜防也。如能以多数之战车及防战车炮，配以汽车装载之步兵，编为扫荡队，控置适宜地点，机动的使用打击此项快速部队则尤为有效。

五、现代战斗，其性质极端复杂与强韧，无论攻击与防御，必须具坚韧不拔之毅力，排除万难，勇往迈进，始能克奏肤功。我军因训练缺乏，且习于内战时之轻易战斗，故战斗毫无韧强性，此亦为我军攻击不易成功之一原因。此后我军除注意装备之增强外，应致力于战斗强韧性之训练。

六、我军炮兵贫弱，战车尤感缺乏。今后我军对此种兵器之使用，应采集中使用主义，且忌分属，以便求得局部之优势。

七、现我各部队之士兵，多为强迫式的征集而来，故作战时极易潜逃，尤其作战地接近此等士兵乡里时，为尤然。故此后以使新征集之兵员，远离其乡里作战为有利。

八、除上述各点外，我军尚有几项缺点，胪举于左。

(一) 缺乏搜索，情报不良，甚或伪造敌情，图免任务。

(二) 各级指挥官不能确实服行命令，甚或企图避免损失，阳奉阴违。

（三）各部队间及各兵种间均缺乏协同，或以敌不来攻我为得计，即至有利之情况，亦按兵不动。

（四）各级指挥官对特种兵，尤其新式兵器，不能适切的运用。由于滥用及妄用之结果，多受无谓之牺牲与损失。

结言

此次鲁西、豫东各役参加部队凡十余万，战斗经过两旬，所得经验与教训当不止此。此不过择其荦荦大端，列举呈察，以供鉴往开来之资料耳。

司令长官　程潜

中华民国二十七年七月　日

2. 王文彦关于一百四十师鲁南战役经验及教训的报告

（1938年7月7日）

鲁南战役所得经验及教训

一、大军之运用，因有后方设施诸种关系，不如师以下部队之简单。是以部署一定，胜败攸分。尤以国军装备较劣于敌，交通工具缺乏非常，欲期转用兵力之灵活，趋赴事机之适切，必较困难。故大军作战必须考虑周到，绵密计划，部署适当，当能制其机先。若待发现破绽后，始行补缀，则战略上已经失败，必难以战术挽回战局。

二、敌之战术为锥形突击，其兵力使用常集注指向于一点，故我在防御时除为纵深配备外，并须控置强大之预备队。对于河川战，无论河之大小，当能将主力保持于适当之后方。如此次运河之役，敌仅于运河车站及大王庙突破两点，其他方面只用少数部队，以行佯攻。惜鲁南兵团之第二线兵团，悉调徐州，致被敌突破时，无预备队以行反击，遂为所乘。故今后对河川战，宁使第一线兵力薄弱，预备队则不可不控置。

三、敌我步兵相较，我之勇敢精神实比敌军为强。当五月十八日我后邻友军阵地被敌突破后，向我右侧侵进时，我部队一举出击，白刃相接，敌即稍退，其后续部队亦即行停止。惟其炮火甚为猛烈，步兵常能藉其移动弹幕以行前进，但我阵地之全部未被毁灭。尚有若干守兵誓死不退，则敌步兵终难进占我阵地。

四、敌步兵之牺牲精神固属薄弱，而行动亦甚迟缓。其于前进情况不明之村落，常先以小钢炮射击，以为试探。但其机械化部队及骑兵颇为活跃，当我军由运河转进，脱离战场已三日之久，其坦克车及大队汽车(搭载步炮兵)于三数小时之间，即行超越在我之前占据高地，迎头截击。故我军今后不得已而转进时，若准备不周，以其急于退避，毋宁将交通大道节节破坏，而撤退之为愈也。

五、敌之后方甚为空虚，即属要点亦不过布置少数兵力而已，且其后方之部队质量上大都次等者。当我部队越过津浦线时，其防堵之守兵若我一意向前突击，敌即退避。由此观之，我游击部队若能以敏速之行动、积极之企图深入其后方，以行袭击扰乱及破坏其交通、厂库等，实非难事。

六、国军迭次失败之原因，多由情报缺乏、状况不明，高级指挥官无从根据，以供判断，而为适当之处置。然战略搜索首重航空兵，我军飞机已属劣势，则军以上必设法赋予军属骑兵，师以下宜编配骑兵连或侦探队，以为战术或战斗之搜索。若以毫无是种技能及训练之人，临时派充其职，自难达成任务。若谍报人员必于战区后方预为严密组织，俾我万一退出后，能为有力之活动。若由正面潜入敌方，困难必多。

七、通信连络之周密为确保指挥灵活之要件，此种设施在阵地攻击及防御时尚易为之，若在转进间则甚感困难。然连络一旦失去，部队即生紊乱之危机。此次鲁南兵团转进后，各部队即发生行进交叉，行进目标亦参差不整，以故一遇敌人堵击，各军行动遂陷混乱。稽其原因，皆由连络中断，失却指挥统一，有以致之。故部署退却时，而尤以大军无论情况如何危急，对于各部之任务，撤退之时刻、经路、行进目标、退却目标及中间命令报告、通报时间地点等，必须详明规定。若徒依器材，必难确保连络。

八、国军各部队对于互相策应协同动作之程度，常因部队籍贯、语言、习俗及历史等关系，而有差别。此种习气固应设法消除，俾成全国整个之军队。然此次鲁南战役中，上述关系不同之部队仍不免发生隔膜，甚有情况变化亦不通知，故陷友军于困难，而图自利者。故在最近期间，畛域观念尚未完全磨灭，以前于同一战线之邻接友军及指挥系统，犹〔尤〕须量其相互关系而使用之。

九、制空权之获得。在部队转进之初期与决战时之重点方面，宜可为重视。盖在对战时部队以疏散之队行、隐蔽之行动接近敌人，敌机轰炸之效力尚可减少。若为较长时日之转进，又不得已而须白昼行车时，则不惟因之行动迟钝，且必暴露企图，更以密集队行受损必巨，过于疏散又易脱离指挥官之掌握。故在转进间，为期迅速脱离战场免为敌所抑留及减少损害计，对于制空权实有获得之必要。

十、数量不多之新式武器，如战车炮必须经济使用。若固定其编制，则收效必微，甚至影响战局。如某师虽有此项武器，但未使之参加战斗，则将有用之物置于无用之地，或已使之参加战斗。然在情况上、地形上、需要上，比之其他方面较小，则不但不能发挥我战车炮之性能，且予敌战车收其效果。故今后对于此等武器，宜依情况视其〔任〕地形而活用之。

十一、整理中或新成立之部队，对于后方机关，如辎重营、卫生队等，虽不同时编成，至低限度亦宜预为设置基干，加以训练，以便扩充。若于参加战斗之直前始行编配，则不但不能负其职责，甚且贻误军事。如在本师，此种机关及人员均为临时募集而来，因之其行动上非有武装兵严密监督，即将负伤官兵及行李、辎重抛弃，相率逃匿，减少战斗活力，军事蒙其影响。

十二、地方政治之良否，影响于军事者甚巨。此次我军在鲁南作战，地方民众不惟极少协助，且多无识愚民等充汉奸。鲁南、苏皖边区之自卫队、红枪会、猴子会，更乘我军之转进，四处鸣枪，以劫掠落伍官兵或较小部队之枪械、财物等。故此次鲁南兵团之损失，被敌损害者小，落于此等恶民之手者多。为杜后患计，今后地方官吏之人选、保甲之组织，必须严加整饬。

〔附图及附表略〕

中华民国二十七年七月七日

师长　王文彦

〔国民政府国防部史政局及战史会档案〕

3. 程槐视察鲁南战区报告概略

（1938年8月）

此次奉命赴鲁南战区视察，因战略上转移地区，未能如预定计划细密研考，仅就短期视察所得略申管见，条陈钧察。

（甲）视察情形

一、地形及天候

沂河东南附近地多于山，四面开阔。铜山西南山地各半，但土路能通汽车者均有十之八、九。春夏雨季，农家多种大小麦及高粱，大军团行动，为防敌人优势火力，易于隐避。而每个村落均系独立村落，四周或一面多有池塘、树木，处处有小据点，故利于机动的"群式"作战。

天候雨少晴多，虽至夏天，早晚如初春时节。运河一带水流甚清，其外旁流支河，均混浊不堪，行军饮料多取给于民间自掘之土井。惟有时因大部队取用过量，井水亦干枯混浊，士兵多有患疟疾及痢泻症者。

二、部队作战精神及能力

连以下指挥官均能振作士气，勇于对敌，惟士兵多不明地形之利用及弹药之节省，故易为敌人消灭火力。师旅长作战精神亦颇勇敢，惟判断能力间有不足，指挥决心欠强，故下达命令时，即关于团、营位置亦须向高级指挥部电话请示，因此军部对计划命令不能不作琐细记载，此种弊端有碍于战斗企图，易失时机。

三、幕僚作业状况

最高指挥部与高级指挥部(如集团军总部及军部等)参谋处人员，注重室内作业，鲜与前线部队联络，命令计划多由参谋长及高级指挥官策划，甚至参谋处长亦少参预军以下之谍报网，无系统的配备，送达最高指挥部之情报记载多无秩序，甚至发现敌人七、八名或十余名亦记载无遗，成有闻必录状态。

军部参谋处之组织，有只二、三人不分科者，有分科而至数十人者，师部参谋人员多类似临时组合。

四、部队之装备

各部队装备，轻重机枪尚可敷用，步兵炮配属甚少，步枪口径不一，一营中有多种不同口径，甚至来福枪亦无，不能发挥火力防御，战车炮军以上配备甚少。

士兵服装杂色甚多，有灰色者，有草绿色者，间有部队士兵服装只一套，无换洗。子弹带布质者(即九龙带)多破坏不堪，皮制者甚少。

五、交通及通信

各部队行动间，其输送工具大半利用火车，无铁道线之地区除徒步外，汽车、船舶输送甚少。阵地后方土路及石子公路面高低不平，汽车进度每小时只能行十公里有余。

通讯方面，军、师、旅、团有线电话配备尚敷用，无线电配属不齐，甚至军部亦缺少无线电班(如四六军)，旅以下均少无线电设备。

六、补给及卫生

关于粮秣方面：后方补给大米与麦面并用，惟各部多感所领不足，有在阵地中之官兵五、六日吃不着米粥，而以老百姓高粱面代替。并有发现士兵手持麦面馒头，非但外皮霉坏，即馒心亦酸臭不堪。

关于弹药方面：炮弹箱装分量太多，由前方运至阵地，人口搬运颇感费力。而各部所领炮弹新旧不一，有搁置多年旧弹发出无效者，部队欲掉换此项炮弹，往往补给机关仍然原弹退还，或隔数日始能运到。

师以上医院及医务所对于病兵之管理、诊治均甚疏忽，伤病官兵过境，后方各部医务人员绝少接待，几无处理能力。

后方医院对伤病官兵管理、治疗亦与师属医务人员相同，职曾亲见某后方医院对伤兵包扎腿部，不十分钟绷带已与腿部脱离，伤兵要求重扎，医务人员视若无睹。士兵饮食均系冷饭、冷菜、服务团欲加入服务遭谢绝，原因恐渠等察悉腐化内容。

七、散兵、伤兵过境

零星散兵及伤兵过境，后方绝少有收容机关，以致散兵因无给养，向老百姓强索食物，伤兵倒毙路旁□者，强占民间驿马代步，数见不鲜。

八、军民关系

军民少充分合作精神，且各□地点汉奸甚多。由于战地行政力量未深入民间，县长能称职者固多，而滥施权威，无代价强征民工，军队间向老百姓取食物而不给钱者，此均为军民不能充分合作之因素。

（乙）意见具申

一、关于指挥官命令计划：似宜由最高统帅部轮流招集师长、副师长、参谋长讲话，并指示决心及命令计划之要领。各战区长官部亦应不时招集各级幕僚商讨探询，随时指示一切，并须抽派参谋人员与各部联络。

二、关于幕僚作业：师以上参谋人员组织应绝对健全，以人材为重，能称职者须保障其位置、生活安全，勿随便迁调。同时须养成其参预计划之识力，每一参谋不仅注意于本身业务，须使能明了全般状况。

军、师、旅须组织确实之谍报网，军部谍报参谋应专派二员主持流动侦察事宜，其任务除搜集情报外，并与师、旅谍报参谋密切联络。

军以上之情报记载不但要确实，并须有判断能力，摘要记载，切忌琐细。

三、关于部队之装备：观察敌战车及飞机虽多，因被我小炮及步兵射击及破坏，故有时虽有敌机掩护作战，而在野战中实无大效用。我军所受敌妨害最大者厥为敌之炮兵，今后我似宜多置山炮，其重炮配属于主要方面。

为使野战中杀伤敌步兵，宜多使用“子母弹”，并多制“烧夷弹”，以使用于占据村落之敌，向其攻击，即迫击炮亦宜用“烧夷弹”。

重机枪运行时目标较大，且须骡马驮载，宜减为每步兵团一连之配属，步兵团部可加步兵炮一连。

枪、炮、弹如系陈旧者，起运时宜设法先行试射，勿使运至前线毫无作用。炮弹装箱份量宜少，便于人工搬运，此层与发扬火力时关系重大。

士兵服装似宜一律规定草绿色子弹袋，须常检查，如有破坏，须即刻换用。

四、关于交通通信方面：前方公路既多土路面，或虽系石子路面亦少平坦者，接近前方之兵站机关，应随时派工分段修填，以增进运输速度。铁道运输机关人员除铁路原有调用者外，多系学非所用分子，临时无处理决心与能力，互相推诿，宜设法选用干材，优予待遇。

各部无线电设备太差，今后旅部及团部仍宜配用十瓦特收发报机一座，其作用可使与各级指挥官不断联络。电话无机会架设，附无线电可以临时代替通信。

五、关于补给卫生方面：后方补给机关应随时探询前方需用程度，并须注意米面发出份量及有无霉坏，勿以输送整批米面或必使前方电报、电话频催开始运输，认为任务已达为了事。

各级部队卫生人员应随时注意士兵饮食，如遇水分不净，应设法调合解毒药物，勿使士兵因小病而失战斗力。

伤病官兵后方医院中应多派监理员监察管理，其监理员待遇宜提高，以养其廉，人品宜慎选，以免舞弊。

六、关于伤、散兵过境：似宜立即通令有关机关，择必要城镇赶设伤、散兵收容所，妥为招待收容，再设法逐渐遣送后方，勿使流落民间，增长纷扰。

七、民众团体赴前方服务者，宜先经政治部考核或训练后，再准入战区。职默察各服务团，除山东省青年服务团及廿军团战地服务团有工作表现外，其余名不符实。男女嘻滚，等于游历，非但无补于前方将士，往往服务团到达前线，后方动须〔辄〕请军队招待，反成为前方作战之障碍物也。

〔国民政府国防部史政局及战史会档案〕

中華民國史檔案資料滙編

第五輯 第二編

軍事（五）

中國第二歷史檔案館編

鳳凰出版傳媒集團 鳳凰出版社

目　录

〔四〕敌后战场作战概况

（一）八路军新四军实力分布

1. 军令部关于第十八集团军新四军各种组织系统简表
(1940年6月) …… 1
2. 军令部关于中共分布各战区抗日军实力位置一览表
(1941年3月) …… 23
3. 军令部关于中共分布在华北华中地区抗日军实力统计表
(1943年5月) …… 48

（二）在晋冀鲁豫等地的抗日游击队

1. 八路军总部关于晋北冀西游击战情况报告
(1937年12月20日) …… 59
2. 八路军总部关于河北山西等地区战斗情况报告
(1938年1月24日) …… 65
3. 朱德彭德怀关于八路军在华北战场战况密电
(1938年1月) …… 79
4. 八路军驻汉办事处关于八路军在河北等地战绩报告
(1938年1—2月) …… 83
5. 叶剑英关于八路军在晋冀境内对敌作战情况函
(1938年2月) …… 85
6. 叶剑英转朱德彭德怀关于八路军在晋冀交界处响堂

铺附近战斗要报呈
(1938年4月3日)……………………………………………93
7. 朱德彭德怀关于八路军在晋冀鲁等地粉碎敌人九路围攻后重新部署密电
(1938年4月20日)……………………………………………94
8. 叶剑英转朱德彭德怀关于八路军在平石线上对敌作战情况呈
(1938年5月1日)……………………………………………95
9. 叶剑英转报朱德彭德怀关于八路军粉碎日军九路围攻后战况呈
(1938年5月3日)……………………………………………95
10. 叶剑英转聂荣臻关于八路军在平绥平汉平津等线上大量歼灭敌伪军等情与徐永昌往来呈电
(1938年5月)……………………………………………96
11. 康泽等关于八路军在晋冀长治邯郸等地抗敌情况电
(1938年5月)……………………………………………98
12. 军令部关于八路军新四军在第二第三等战区战况密电
(1938年5—6月)…………………………………………100
13. 第二战区关于八路军在晋冀察边区歼敌战报稿
(1938年5—11月)…………………………………………102
14. 叶剑英转报朱德彭德怀部坚决打击侵犯晋冀察边区日军战绩呈
(1938年9月30日)…………………………………………114
15. 八路军办事处关于八路军在晋察等地抗日情形报告
(1938年11月24日)…………………………………………115
16. 叶剑英转报八路军于晋北广灵等地歼敌战绩呈
(1938年11月25日)…………………………………………116
17. 蒋介石关于八路军在晋冀察边区歼敌嘉奖密电稿
(1938年11—12月)…………………………………………117

18. 朱德等报告八路军在晋获得敌机一架已飞西安电
(1938年12月3日)…………………………………………… 118
19. 八路军总部关于冀晋察边区抗敌战斗报告
(1938年12月22日)…………………………………………… 118
20. 程潜报告八路军在冀晋等地区作战情况密电
(1939年1—3月)…………………………………………… 129
21. 卫立煌关于第二等战区八路军战绩电
(1939年1—3月)…………………………………………… 135
22. 叶剑英转报八路军在冀中冀南歼敌战绩呈
(1939年2月)…………………………………………… 141
23. 叶剑英转报八路军破坏日军后方铁路情形呈
(1939年2月26日)…………………………………………… 144
24. 朱德彭德怀关于八路军在山东东阿平阴一带歼敌战绩电
(1939年2月29日)…………………………………………… 146
25. 程潜转报八路军于晋东南陷敌后所提抗战决策电
(1939年3月2日)…………………………………………… 147
26. 叶剑英转报八路军在冀晋鲁歼敌战况战绩呈
(1939年5月)…………………………………………… 148
27. 周恩来为送左权著《一月来华北战局概况》与刘维京往来函
(1939年6月)…………………………………………… 149
28. 叶剑英转报八路军粉碎日军对晋东南扫荡经过呈
(1939年7月20日)…………………………………………… 171
29. 朱德彭德怀关于八路军在鲁西歼敌战与蒋介石往来电
(1939年8月)…………………………………………… 174
30. 叶剑英转报聂荣臻部在晋冀察边区歼敌战况函
(1939年9月30日)…………………………………………… 175

31. 叶剑英转报朱彭所部于晋北广灵歼灭日军战绩呈
(1939年11月2日)…………………………………………… 176
32. 朱德彭德怀报告八路军击溃向冀中扫荡之日军情况电
(1939年11月14日)…………………………………………… 177
33. 军令部第一厅调制第十八集团军十月份歼敌战绩表
(1939年11月20日)…………………………………………… 178
34. 叶剑英转报八路军在晋察冀边区反日军扫荡部署呈
(1939年12月12日)…………………………………………… 180
35. 朱德彭德怀报告八路军一一五师歼灭侵犯徐州日军经过电
(1939年12月18日)…………………………………………… 181
36. 军令部第一厅调制第十八集团军十一月份歼敌战绩表
(1939年12月18日)…………………………………………… 182
37. 程潜报告八路军在潞城长治一带歼敌战绩密电
(1939年12月20日)…………………………………………… 184
38. 程潜转报八路军在晋东南地区战绩电
(1940年1月)…………………………………………… 184
39. 李宗仁转报新四军豫鄂挺进纵队坚持敌后游击战情况代电
(1940年1月)…………………………………………… 185
40. 朱德彭德怀报告八路军在晋绥抗击日军战绩电
(1940年2月3日)…………………………………………… 189
41. 朱德彭德怀关于八路军在山东滕县金乡一带歼敌战绩电
(1940年2月6日)…………………………………………… 189
42. 朱德彭德怀关于八路军在山东胶东半岛歼敌战绩电
(1940年2月10日)…………………………………………… 190
43. 朱德彭德怀报告晋绥游击队歼击日伪军战绩电

(1940年2月14日)…………………………………………………… 190
44. 朱德叶剑英等报告八路军在晋绥地区对敌作战情况呈电
(1940年2月) …………………………………………………… 191
45. 程潜转报第二战区八路军战况电
(1940年2—4月)………………………………………………… 193
46. 叶剑英转报八路军在苏鲁地区歼敌战绩呈
(1940年3月20日)…………………………………………………… 196
47. 程潜转报八路军在晋西南粉碎日军局部扫荡企图密电
(1940年3月30日)…………………………………………………… 197
48. 程潜报告冀察鲁苏两战区八路军战绩电
(1940年3—5月)………………………………………………… 197
49. 朱德等报告八路军在晋冀等地区抗击日军战况战绩电
(1940年3—4月)………………………………………………… 199
50. 朱德彭德怀报告八路军四月份战斗缴获统计电
(1940年4月18日)…………………………………………………… 212
51. 朱德彭德怀报告八路军三月份战斗俘获统计电
(1940年4月20日)…………………………………………………… 212
52. 朱德彭德怀报告八路军在鲁豫等地区抗日战况战绩电
(1940年5—6月)………………………………………………… 213
53. 朱德彭德怀报告八路军五月份战斗俘获统计电
(1940年6月10日)…………………………………………………… 238
54. 朱德彭德怀报告八路军缴获石家庄特务机关长重要通令电
(1940年6月25日)…………………………………………………… 239
55. 朱德彭德怀报告刘伯承部破袭敌交通战绩电

(1940 年 6 月 25 日)…………………………………………………………… 239
56. 朱德彭德怀报告八路军在冀鲁察热等地区战况战绩电
(1940 年 7—8 月)…………………………………………………………… 240
57. 朱德彭德怀报告八路军六月份战斗缴获统计电
(1940 年 7 月 12 日)…………………………………………………………… 262
58. 朱德彭德怀报告八路军七月份战斗俘获统计电
(1940 年 7 月 13 日)…………………………………………………………… 263
59. 叶剑英转报八路军在冀晋地区反击日军扫荡呈
(1940 年 10 月 24 日)…………………………………………………………… 263
60. 朱德彭德怀关于八路军在太行山区歼敌战绩电
(1940 年 11 月 8 日)…………………………………………………………… 265
61. 军令部拟制第十八集团军于各战区歼敌战果表
(1940 年 11 月 15 日)………………………………………………………… 266-267
62. 朱德报告八路军在河南积极打击日军情形电
(1941 年 10 月 19 日)…………………………………………………………… 267
63. 周恩来转报八路军在晋鲁等地歼击日军战斗呈
(1941 年 12 月 8 日)…………………………………………………………… 267
64. 叶剑英转报朱德等关于八路军二月份歼敌战果呈
(1943 年 3 月14 日)…………………………………………………………… 269
65. 朱德彭德怀关于八路军侧击忻口南下日军战斗情况电
(1943 年 3 月 30 日)…………………………………………………………… 270
66. 《解放日报》刊载“国共两党抗战成绩的比较”文
(1943 年 8 月 23 日)…………………………………………………………… 273
67. 《解放日报》刊载“中国共产党抗击全部伪军概况”文
(1943 年 8 月 23 日)…………………………………………………………… 279
68. 八路军新四军一年来战绩表
(1943 年)…………………………………………………………… 281

（三）百团大战

1. 《新中华报》刊载蒋介石等关于百团大战嘉奖电
（1940年8—9月）…… 283
2. 叶剑英转报八路军百团大战兵力部署电呈
（1940年8月27日）…… 284
3. 军令部第一处转百团大战部署略图致徐永昌签
呈
（1940年11月11日）…… 286
4. 叶剑英转报八路军百团大战战报战绩电呈
（1940年9月）…… 287
5. 军令部绘制十八集团军百团大战战果表
（1940年9月）…… 324-325
6. 《新中华报》刊载百团大战战绩初步总结电讯
（1940年9月22日）…… 326
7. 叶剑英转报八路军百团大战第二阶段战斗部署呈
（1940年9月30日）…… 330
8. 军令部拟制第十八集团军第一阶段分次战绩总结表
（1940年10月7日）…… 330-331
9. 叶剑英转报八路军百团大战战报战绩电呈
（1940年10月）…… 332
10. 朱德等著《论八路军百团大战》
（1940年10月）…… 346
11. 军令部拟制第十八集团军百团大战战绩总结表
（1941年1月6日）…… 358-359

（四）坚持在大江南北的游击队

1. 钱之光转报新四军陈毅支队在丹阳南京间与民众配
合抗敌呈

(1938年6月22日)…………………………………………………… 359
2. 钱之光等转报新四军叶挺部于苏皖地区抗击日军战绩呈
(1938年7—10月)………………………………………………… 360
3. 叶挺项英关于新四军对敌作战情形报告
(1939年3月10日)………………………………………………… 372
4. 叶挺等关于新四军在苏皖溧水当涂等地抗击日军情形与蒋介石往来密电
(1939年4月)………………………………………………………… 378
5. 叶挺等关于新四军在苏皖全椒丹阳等地抗击日军情形与蒋介石往来密电
(1939年5月)………………………………………………………… 379
6. 叶挺项英总结一年来新四军抗击日军经验及建议报告
(1939年10月)……………………………………………………… 383
7. 叶挺项英报告江南江北日军兵力分布及动态电
(1939年11月9日)………………………………………………… 386
8. 叶挺项英汇报新四军在苏皖镇江六合芜湖铜陵等地袭击日军情形密电
(1940年1—8月)…………………………………………………… 388
9. 叶挺汇报新四军在江南句容繁昌等地抗敌情形密电
(1940年3月)………………………………………………………… 409
10. 孟繁纶报送新四军江南江北部队游击战绩概要表册
(1940年4月)………………………………………………………… 411
11. 第三战区第二游击区总指挥部关于江南战场新四军各部驻地
(1940年7月1日)…………………………………………………… 740
12. 第三战区第二游击总指挥部关于新四军在皖南繁昌等地区歼敌情形日记

(1940年9月) …………………………………………………………… 741
13. 顾祝同关于赋予新四军于荻港一带布雷任务等情电
(1940年10月5日)…………………………………………………… 744
14. 周恩来转报八路军在苏北抗击日军战绩呈
(1941年12月12日) ………………………………………………… 745

〔五〕日军侵华暴行及其失败

(一)南京大屠杀

1. 金陵大学非常委员会就日军在南京暴行致日本大使馆函
(1937年12月)………………………………………………………… 747
2. 东京《日日新闻》关于日军在南京杀人比赛的报道
(1937年12月)………………………………………………………… 756
3. 南京市崇善堂呈报《南京市崇善堂掩埋工作一览表》
(1938年) ……………………………………………………………… 757
4. 郭沫若拟《为日寇暴行告全世界友邦军人书》稿签呈
(1938年6月22日)…………………………………………………… 761
5. 世界红卍字会南京分会请求拨助赈款呈
(1938年10月14日) ………………………………………………… 765
6. 世界红卍字会南京分会救济队掩埋组关于掩埋尸体情况统计表
(1938年) ……………………………………………………………… 766
7. 周一渔请求补助经费以续办慈善事业呈
(1938年12月6日)…………………………………………………… 773
8. 高冠吾书《无主孤魂碑》碑文
(1939年1月) ………………………………………………………… 773
9. 陈光敬撰《写在敌人罪行照片集子前面的几句话》
(1946年1月14日)…………………………………………………… 774

10. 国防部审判战犯军事法庭检查官对战犯谷寿夫的起诉书
(1946年12月31日) …………………………………… 775
11. 周一渔关于南京大屠杀及收尸情形陈述笔录
(1947年2月3日) …………………………………… 780
12. 国防部审判战犯军事法庭对战犯谷寿夫的判决书及其附件
(1947年3月10日)…………………………………… 782
13. 中国驻日代表团成员王丕丞关于日军在南京杀人比赛罪证的代电
(1947年6月9日) …………………………………… 859
14. 国防部审判战犯军事法庭检察官对战犯向井敏明等人的起诉书
(1947年12月4日)…………………………………… 859
15. 国防部审判战犯军事法庭对战犯向井敏明等人的判决书
(1947年12月18日) …………………………………… 861
16. 远东国际军事法庭关于日军在南京进行大屠杀罪行的判决
(1948年11月4日)…………………………………… 864

(二) 日军在华北江南各地的暴行

1. 军委会政治部编"日寇暴行录"
(1938年6月) …………………………………… 869
2. 王修身关于岳阳城内日军暴行等情密电
(1939年2月11日)…………………………………… 889
3. 卫立煌关于日军在豫拉伕勒索破坏金融情形密电
(1939年3月9日) …………………………………… 890
4. 罗卓英关于日军在庐山尽性屠杀民众等情密电

(1939年4月30日)…… 891
5. 汤恩伯关于随枣日军败退沿途烧杀奸淫等情密电
(1939年5月28日)…… 891
6. 叶剑英转报日军决开沙河滹沱河冀中七县民众淹毙惨状致陈诚密电
(1939年7月25日)…… 892
7. 第三十二集团军关于日军在江南各地暴行统计表
(1939年9月)…… 893
8. 日军在湖南桃林滥杀无辜威逼乡民充其耳目的布告
(1941年2月21日)…… 895
9. 第四战区桂柳会战中日军暴行纪实
(1944年10月)…… 896
10. 谢恬英谢恬杰为第二十九军军医处长谢振平遭日军虐杀等情致蒋介石呈
(1945年12月15日)…… 897
11. 叶剑英报告解放区被日军破坏蹂躏情形函
(1946年1月30日)…… 900
12. 冀中行署关于日军决开白洋淀滹沱河等堤全区三十五县灾情报告
(1946年)…… 902

(三) 施放毒气与散播细菌

1. 朱德彭德怀报告日寇在豫北地区滥施霍乱及疟疾病菌罪行电
(1938年10月11日)…… 903
2. 军事委员会转报日军派遣汉奸潜入散播细菌等情致重庆卫戍总司令部电
(1939年6月1日)…… 903
3. 黄绍竑等关于日军在浙江金华等地散播细菌及疫情

函电
(1940年12月—1941年2月) …… 904
4. 抗战八年来敌军用毒经过报告书
(1945年9月) …… 907

(四) 日本侵略者的投降

1. 中、美、英等国促令日本投降的开罗宣言
(1943年12月1日) …… 979
2. 中、美、英等国敦促日本投降的波茨坦公告
(1945年7月26日) …… 980
3. 重庆中央社关于葛拉斯理转日本投降建议照会的电讯
(1945年8月11日) …… 981
4. 中、美、英、苏等国接受日本投降的复文
(1945年8月11日) …… 982
5. 《中央日报》关于日本政府广播请求投降的报道
(1945年8月11日) …… 983
6. 《贵州日报》转发中、美、英、苏接受日本投降的复文
(1945年8月12日) …… 983
7. 日本政府关于投降致中、美、英、苏政府电
(1945年8月15日) …… 984
8. 军令部关于日本投降专使赴马尼拉洽降纪要
(1945年8月23日) …… 985
9. 军令部关于同盟国在东京湾准备受降纪要
(1945年8月27日) …… 985
10. 中央社关于麦克阿瑟元帅演说词的电讯
(1945年9月2日) …… 990
11. 日本向同盟国家投降的降书
(1945年9月2日) …… 990

12. 中国记者关于东京湾日本投降情形报道
(1945 年 9 月 2 日) …………………………………………………… 992
13. 盟军驻日最高统帅部命令
(1945 年 9 月 2 日) …………………………………………………… 994
14. 《中央日报》关于日本大本营通令日军武装部队全体投降的报道
(1945 年 9 月 3 日) …………………………………………………… 998
15. 《中央日报》关于日本向同盟国总投降签字情况的报道
(1945年 9 月 3 日) …………………………………………………… 998
16. 中国记者关于徐永昌参加受降典礼之感想的报道
(1945 年 9 月) ……………………………………………………………1000

〔四〕敌后战场作战概况

（一）八路军新四军实力分布

1. 军令部关于第十八集团军新四军各种组织系统简表

（1940年6月）

第十八集团军
新　四　军　各种组织系统简表

二十九年六月　日第一厅
第一处第十二科制

目　次

一、指挥组织系统简表
二、战地组织系统简表
三、民运组织系统简表
四、教育组织系统简表
五、宣传组织系统简表
六、行政组织系统简表
七、领导组织系统简表
八、合作社组织系统简表
九、其他组织系统简表

第十八集团军
新　四　军　指挥组织系统简表

华北最高指挥机关之各级组织

- 北方局
  - 书　记　杨尚昆
  - 组织部　朱　瑞（调查、统计两科）
  - 宣传部　李天章
  - 民运部　王柏人
  - 武装部
  - 统一战线部
  - 秘书处　（秘书、油印、交通、事务四科）
  - 党报委员会　（另有天津、山东两分局）
  - 晋察冀边区党委员会
  - 冀鲁豫边区党委员会
  - 晋冀豫边区党委员会
  - 山西省党委会
  - 河北省党委会
    - 书　记　李雪峰
    - 宣传部
    - 武装部　唐天骥
    - 统一战线部　安子文
    - 秘书处
- 太岳区
  - 书　记　王一新
  - 组织部　任志远
  - 宣传部　魏晓云
  - 民运部　傅贯一
  - 武装部
  - 统一战线部
  - 秘书处　陈华廈
- 中心区及县委
  - 组织与战地会同惟部改科
  - （无秘书及统一战线之科）
  - 科下为区委区委下乡村支部

第十八集团军
新　四　军　战地组织系统表

河北庆云革命战争战地委员会

主任 林启民

- 总务部
  - 部长 郑子勤
  - 副部长 刘振声
  - 干事：刘玉香、王会堂
- 组织部
  - 部长 王景峤
  - 干事：刘兆明
- 宣传部
  - 部长 王纲
  - 副部长 刘兴斌
  - 干事
- 武装部
  - 部长
  - 干事：郝赋龄、王维祥、陈文义、李少先
- 锄奸部
  - 部长 王养
  - 干事：胡炳亭、胡金辉
- 分配部
  - 部长
  - 干事：刘西元
- 各区战委会
  - 第一区主任 苗树藩
  - 第二区主任 李化贞
  - 第三区主任 张建生
- 各救亡团体
  - 农救会主任 张机衡
  - 青救会主任 贾国贞
  - 妇救会主任 王木兰

宁津民族革命解放战争战地总动员委员会主任

- 总务部 正副部长①（ ）干事（ ）
- 组织部 正副部长（ ）干事（ ）
- 锄奸部 正副部长（ ）干事（ ）
- 武装部 正副部长（ ）干事（ ）
- 动员部 正副部长（ ）干事（ ）
- 农民救国会
- 青年武装队
- 民族解放先锋队

第十八集团军/新四军 民运组织系统简表

名称	组织	地址	负责者	
农民救国会	组织 宣传 锄奸 文化	永城	新四军 彭雪枫	以县为单位，其系统下为区、联保、保三种，每种设正副会长各一人，委员四人，分任组织、宣传、锄奸、文化等职。各级会长、委员系选举而成，（如保选联保、联保选区、区选县），依次监视官及领导民众。
青年训练团				以不分畛域，秘密集结青年，辅助农会工作。

① 各部设正副部长各一人，干事若干。全会人数不过三十人。农救会、青武队、先锋队人数不过五人。

续表

名称	组织	地址	负责者	
老头会		永城	新四军 彭雪枫	由行政官员及地方公务员招集，用恳谈方式联络，以除抗日障碍。
儿童团				以村为单位，凡十二岁以上之男女均得入团受训。
妇女会				专助农会宣传工作。
县委会 民运工作团 抗敌后援会 工会 农会 商会 青年团 妇女救国会 妇女联合会		陇东	十八集团军	
自救救国会 农民救国会 战时教育促进会 军民合作饭店 体育院 工行团		鄂北京应	新四军 李先念	

续表

名称	组织	地址	负责者	
民众抗日自卫委员会	总务科	江都	新四军 管文蔚	
	宣传科			
	教育科			
	组织科			
	人事委员会			
	调解委员会			
	救济委员会			
	食粮委员会			
	管理委员会			
宪政讨论会		泾县	新四军	以泾、繁、铜、青、大谷县之农工妇等抗敌协会组成。
苏鲁豫区宪政促进会		金乡	十八集团军 彭明治	以苏鲁豫支队所占各县之农工青妇各团体组成。
沪民社组织	救国会	上海	王任叔 张宗麟 吴耀宗	此系外围之最高组织。
	青年会		郑振铎等五人	
	救国联合会		张宗麟	
	文化界救国会		郑振铎	
	职业界救国会		李杜杰	
	妇女界救国会		许广平 朱文英	

续表

名称	组织	地址	负责者	
全县武力组织	新兵大队 特务大队 补充中队 候补中队 游击挺进队 地方训练所		新四军	在各地游击战区及接近战区之各县组织。

十八集团军
新四军 教育组织系统简表

名称	负责人	地址	备注
中央党校	康生	延安	专为训练干部而设。
边区党校	高岗	延安	调训边区程度较低之共党分子。
中华人民抗日军政大学	林彪 罗瑞卿	屯留	毕业者达万五千人。
抗大第一分校	陈伯钧	灵寿	
抗大第二分校	何长工 周纯全	晋东南	原为庆阳分校。
抗大第三分校	许光达	延安	征集中学生及小学教师，毕业分发十八集团军工作。

续表

名　称	负责人	地址	备　　注
抗大第四分校	彭雪枫 吴芝圃 萧望东	涡阳	原N_4A第六支队随营学校，内分军事、政治、民运各大队。
陕北公学	成仿吾	晋东南	二十七年七月创设，专收共党分子。
陕公分校		延安	
鲁迅师范	林迪生	栒邑	普通中学课程，注重实际工作，分高级、初级、予三班，造就各县政工人员及小学教师。
鲁迅艺术学院	赵毅敏	延安	
工人大学	张　浩	延安	系抗大职工第四大队扩充，培养工运干部，学员多沦陷区工人，内分铁工、泥水、鞋匠、理发等技术课程。
中国女子大学	王　明	延安	二十八年三月成立，共分八班，一、二班是妇女训练班，抗大女生队，五、六班是普通班，七班是参加长征妇干，八班是高级班，研究性质。
马列学院	毛泽东	延安	调训共党之优秀分子，课程为共党高深理论，毕业后充各学校教员及各地高级干部。
泽东青年干部学校	陈　云 冯文彬	延安	以抗日之名而麻醉青年。
泽东青年干部学校第一分校	王　震	绥德	

续表

名　称	负责人	地址	备　　　注
卫生学校	王　斌	鄜县	为看护医务人员之训练机关，陕公女生多编入该校。
荣誉学校	王　群	淳化	原为十八集团军残废军人教导院。
农业学校		延安	该校分农艺、园艺、畜牧三部。
自然科学研究院			收容国内外科学专家及科学专校或大学毕业者共同研究。
边区中学	蔡子伟	延安	课程为政治、国语、史地、算术、民运、游击战术等，伙食、衣服由校供给。
通讯学校	张可曾	延安	学生由十八集团军各师选送，训练无线电秘密技术。
十八集团军总部随营学校	韦国清 陈　明	辽县	毕业后分发各军游击工作。
战时青年训练班	冯文彬 乔　木	泾县	毕业者约五万人，现已停办。
延安儿童保育院	杨芸芳	安塞	
后方留守处军事干部班与参谋班		延安	连长以上军官参加军事干部班，抗大陕北军事教官参加参谋班。
军政学院	王稼祥	延安	最近成立，调训18Ag各部中级干部受训。

续表

名　称	负责人	地址	备　　　注
边区第二师范	习仲勋	栒邑	
385B政治教导班	耿　飚	庆阳	调训连、排长。
N4A 军官教导大队	N4A 江北指挥部	寿县	调训排长以上，团长以下之军官，三月毕业后返部工作。
萧宿永麦 联合中学	N4A 第六支队	涡阳	造就政工下级干部，内分高初二班，有经济、行政、民运等科，六月毕业。
华北军政 干部学校	张一荫	陵川	
晋察冀边区 军政学校	孙　毅	晋东北	
河北省抗战学院	杨秀峰	深县	
抗建学院	宋邵文 程宏毅	阜丰	晋察冀边区政府创办。
军政干部训练班		阜丰	晋察冀边区司令部设办。
警察训练班	宋邵文	阜丰	晋察冀边区政府设办。
民族革命中学			晋察冀边区政府于一专员区设办一所，校长由专员兼。
工运训练班		阜丰	晋察冀边区政府群众团体主办。

续表

名　称	负责人	地址	备　　注
妇运训练班		阜丰	晋察冀边区政府群众团体主办.
农运训练班		阜丰	晋察冀边区政府群众团体主办.
自卫队军政人员训练班			
第四军分区军政学校	程义之		
平民学校		景县	
政治训练班	黄　岗	阳高	训练各县教育科长及小学校长.
民族革命学校	刘子超	晋东南	
战斗中学		晋北	
农工干部学校		晋北	
速成新闻学校	何　云	晋东南	十八集团军政治部附设.
N4A军官教导队	周子昆	泾县	训练中校军官.

十八集团军
新　四　军　宣传组织系统简表

名　称	负 责 人	地址	备　　注
全国文艺界抗敌协会	蔡　磊 叶　锋 李　尧	惠阳	倾销共党刊物，以为文化活动之总机关。
中央宣传部	杨　松 吴亮平	延安	策划指导全国各地组织及宣传工作。
文化工作委员会	潘汉年 徐来(?)	延安	负责联络策动全国左翼文化界之活动。
党报编辑委员会	何克全 华西园	延安	主持华西日报新中华报。
新华通讯社	党报编委会	延安	分编辑、国际、宣传三部，凡共党要人言论播送及一切刊载消息。
边区印刷厂	党报编委会	延安	印刷总机关。
《共产党人》编辑委员会	毛泽东 王稼祥	延安	共党秘密机关。
太行文化教育出版社	张伯园 张培行	晋东南	系18Ag北方局专印共党书籍。
新华日报	潘梓生	重庆	共党最大之主要机关报，系该党上层分子主持，散布西南诸省市，日出两万六千余份，工商学生多阅。
战　号	N4A 第五支队		该支队随营报。
拂晓日报	N4A 第六支队	永城	为该支队宣传战绩及共党主义。
抗　敌　报	N4A 江北指挥部	庐江	共党机关报。

续表

名称	负责人	地址	备注
三日新闻	N4A 第四支队	立煌	
抗敌五日刊	N4A 政治部	泾县	
战讯	N4A 第四支队	合肥	N4A第一支队第八团随军报。
江北游击队 战斗报	黄育贤 魏今非	无为	散布皖北各县。
新华日报华北版	何云	长治	宣传共党政治主张及战绩。
新中华报	中央党部 编委会	延安	宣传共党政治主张。
西北	共陕省委	延安	陕共党机关报。
抗战日报	鲁西北 伪共政府	聊城	宣传共产主义政治主张及战绩。
力报	鲁西北民族 革命动委会	临清	宣传共产主义及抗战要闻。
冲锋日报	山东纵队 第十支队	冠县	宣传十八集团军战绩。
胜利报	安岗	辽县	
救亡日报	陕甘宁边区 陇东办事处	庆阳	
大众日报	山东纵队 政治部	沂水	

续表

名称	负责人	地址	备注
永光日报	伪永城县府	永城	
光华报	习仲勋	栒邑	
解放	中共中央党报编委会	延安	
中国青年	中共青年部	延安	宣传共产主义教育青年。
团结	18Ag陕甘宁边区党委会	延安	
八路军军政杂志	18Ag政治部	山西	宣传主义及战绩。
群众	潘梓生	重庆	共党机关报。
小消息		豫南	
抗敌月报	N4A教导队	泾县	
火线	N4A第二支队政治部		
拂晓丛刊	N4A游击支队政治部	涡阳	专刊共党论文、诱惑青年，为不定期刊行。
政导报	晋察冀伪政府主办	阜平	宣传边区行政情形。
锻炼三日刊	18Ag政干学政治部	辽县	

续表

名称	负责人	地址	备注
前线周报	18Ag总部	山西	
抗战生活半月刊		晋东南	
新生报		阳城	系北方局主办。
战地报		陵川	同上
抗战导报		高陵	同上
新人报		长子	同上
晨风报		壶关	同上
太行山		黎城	同上
活路		襄垣	同上
挺进		平顺	同上

十八集团军
新四军 行政组织系统简表

名称	职别	负责人	所辖机关及地域	备注
陕甘宁边区政府	主席	林伯渠	计辖陕北、关中、三边、庆环、陇东等五个专员区；鄜县、安定、神府、安塞、保安、延川、延长、甘泉、延安、固临等十个直属县；延安、延长两个直属市。	
	副主席	高自立		
	委员	曹力如		
		周扬		
		刘景范		

续表

名称	职别	负责人	所辖机关及地域	备注
陕甘宁边区政府		王世泰		
		马锡五		
		乔锺灵		
		高岗		
		李子厚		
		周兴		
	秘书长	曹力如		
	民政厅长	高自立		
	副厅长	艾楚南		
	财政厅长	张慕尧		
	教育厅长	周扬		
	建设厅长	刘景范		
	保安处长	周兴		
	保安司令	高岗		
	审计处	曹力如		
	粮食局	曹胜祥		
	边区银行	曹菊如		
	边区医院	欧阳竞		
	议长	高岗		
	副议长	张邦英		

续表

名称	职别	负责人	所辖机关及地域	备注
陕甘宁边区政府	议员	高述先		
		王观澜		
		路子亮		
		崔田夫		
		陈伯达		
		毛齐华		
		周长安		
边区高等法院	院长	雷经夫		
陕北分区专员公署	专员	王震		陕北事变后，共党擅委专员、县长，非法成立，该专员区公署设绥德。
	绥德县长	李鹤椮		
	清涧县长	黄江		
	吴堡县长	张驿图		
关中分区专员公署	专员	霍维德		专署设栒邑三家源。
	淳耀县长	郭存信		将淳、化、耀之各一部划为淳耀县。
	赤水县长	王振熹		将栒邑及邠县各一部划为赤水县。
	新宁县长	屈计君		将宁县之一部划为新宁县。
	新正县长	霍维德兼		将正宁县一个半区划为新正县。

续表

名称	职别	负责人	所辖机关及地域	备注
三边分区专员公署	专员	王子直		专署在定边。
	定边县长	强晓初	辖定边盘龙各一部共分六区	
	靖边县长	王治邦	辖安定、横山交界处共分七区	
	新城县长	陈光亚	辖安塞、保安各一部共分七区	
	新安县长	薛尧华	辖安边、定边交界处共分六区	
	赤环县长	费春圃	辖定边环县各一部	
庆环分区专员公署	专员	马锡五		专署设曲子。
	环县县长	杨玉亭		
	曲子县长	马锡五兼		将环曲子镇附近地区划为曲子县。
	华池县长			将合水之东华池等地划为华池县。
陇东分区专员公署	专员	王维舟		专署设庆阳。
	庆阳县长	朱开铨		将庆阳、驿马关以北划为庆阳县。
	合水县长	高朗亭		
	镇北县长	冯治国		将马渠、玉坝、三岔等划分为镇北县。
直辖各县	神府县长	乔钟灵		
	延安县长	刘秉温		

续表

名称	职别	负责人	所辖机关及地域	备注
直辖各县	安塞县长	石子珍		
	延川县长	常德仪		
	甘泉县长	王明远		
	安定县长	薛兰斌		
	固临县长	赵建国		
	鄜县县长	罗德城		
	保安县长	赵光祖		
	延长县长	译生彬		
直辖两市	延安市	高朗亭		
	延长市	李俊邦		
晋察冀边区政府	第一专员区			原晋第一行政区改编
	第二专员区			原晋西北区改编
	第三专员区	陈一凡	易县、涞源、蔚县、徐水、蒲城、定兴。	原边区及冀西之一、二、三、四行政区改编为三、四、五、六专员区。
	第四专员区	张冲	广县、定县、望都、曲阳、阜平。	
	第五专员区	邵式平	平山、灵寿、获鹿、井陉、正定、行唐、新乐。	
	第六专员区	徐达	房山、良乡、怀来、宣化、涿鹿、宛平、涞水、怀安、阳高。	

十八集团军
新四军 领导组织系统简表

<table>
<tr><th colspan="3">名称</th><th>中心县委</th><th>辖县</th><th>备注</th></tr>
<tr><td rowspan="5">皖省组织领导系统</td><td rowspan="2">东南分局</td><td>赣皖边区特委</td><td></td><td>休宁、祁门、至德、浮梁、婺源。</td><td rowspan="2">皖南方面</td></tr>
<tr><td>皖南特委</td><td></td><td>广德、旌德、南陵、黟县、宣城、泾县、歙县、宁国、铜陵、太平、青阳、芜湖、石埭、繁昌、当涂。</td></tr>
<tr><td rowspan="2">中原分局</td><td>豫鄂皖边区特委</td><td>黄梅</td><td>黄梅、英山、广济、宿松</td><td rowspan="2">皖北方面</td></tr>
<tr><td>苏鲁豫皖边区特委</td><td>寿县</td><td>寿县、定远、凤阳、凤台、怀远、霍邱、阜阳、太和、临泉、合肥。</td></tr>
<tr><td>其他分局</td><td>各支部</td><td></td><td></td><td></td></tr>
<tr><td rowspan="4" colspan="2">晋南战地委员会</td><td>书记</td><td rowspan="2">翼城</td><td rowspan="2">翼城、曲沃、绛县。</td><td rowspan="4">中心县委下设区委，区委下设支部，支部下设小组。</td></tr>
<tr><td>委员</td></tr>
<tr><td>组织</td><td>夏县</td><td>夏县、闻喜、安邑。</td></tr>
<tr><td>宣传</td><td>平陆</td><td>平陆、永济、虞乡、解县。</td></tr>
</table>

十八集团军
新四军 合作社组织系统简表

名称	分类	组织	地址	负责者	备注
地方合作社	武乡合作社		武乡	十八集团军	此系地方经营，为掌握武乡经济之用。
	牺公合作社				
	工会合作社				
	农会合作社				
	商人合作社				
	羊工合作社				
	区合作社				
第十八集团军合作社	太行合作社	经济部		十八集团军	资本五万元，用冀省银行钞票收集法币输出者为食粮、皮毛、油麻、核桃等，输入者为仇货（如布匹、化装品、颜料、文具等）。
		批发部			
		运输部			
		营业部			
		借贷部			
	两华合作社	经济部			资本约一万元，其他情形同前。
		批发部			
		运输部			
		营业部			
		借贷部			

附记　此合作社性质，纯以贩卖仇货，推行伪钞，吸收法币及操纵地方金融为目的。

十八集团军 新四军 其他组织系统简表

名称	组织内容	负责者	地址	备注
民社干部周会	一、混入三民主义青年团作青年运动。 二、从事反汪利用国民党员作先锋，自身在幕后策动，以保全实力。 三、加紧各处团及学校剧场中之活动。 四、利用学校学生，尤其基督教团体灌输唯物史观思想，惟不显明提出马克思主义。 五、利用国民党经费以作开支。	沪共产党员	上海	
合理负担办法	以户为单位，每户所有地亩按照数平均分配，每丁满三亩者应以规定税额缴纳，如每丁满六亩者负担税捐加一倍，十亩者二倍、二十亩者任意征数不定。	新四军彭雪枫	永城	
屯粮概况	一、襄垣十一万余石， 二、武乡二十七万余石， 三、黎城十二万余石， 四、辽县十二万余石， 五、榆社九万六千余石， 六、和顺八万余石， 七、沁源十二万余石， 八、沁县十二万余石， 九、安泽十二万余石， 十、昔阳一万余石， 十一、晋五区各县约五千余石.	十八集团军		以上屯粮现正分向平顺、杨威村集中。
附记	本表系根据调查统计局情报及各方来电摘要调制之。			

〔国民政府国防部史政局及战史会档案〕

2. 军令部关于中共分布各战区抗日军实力位置一览表

（1941年3月）

<table>
<tr><th colspan="11">中共军分布第一战区之实力位置一览表</th></tr>
<tr><th colspan="3" rowspan="2">部　队</th><th rowspan="2">主官
姓名</th><th colspan="4">实力</th><th rowspan="2">位　置</th><th rowspan="2">备　考</th></tr>
<tr><th>人</th><th>枪</th><th>炮</th><th>马</th></tr>
<tr><td colspan="3">第十八集团军
总司令</td><td>朱德</td><td rowspan="13">五万</td><td rowspan="13">四万</td><td rowspan="13">三十</td><td rowspan="13"></td><td>武乡附近</td><td>据报朱本人现驻涉县赤岸。</td></tr>
<tr><td colspan="3">副总司令</td><td>彭德怀</td><td>武乡附近</td><td>彭有密到苏北之说。</td></tr>
<tr><td colspan="3">特务团</td><td>尹光炳</td><td>武乡附近</td><td></td></tr>
<tr><td rowspan="10">第一二九师</td><td colspan="2">师长</td><td>刘伯承</td><td>涉林辽沙一带</td><td></td></tr>
<tr><td rowspan="3">三八五旅</td><td>旅长</td><td>陈锡联</td><td rowspan="2">主力在晋豫边区</td><td rowspan="2">该旅副旅长王维舟及970团驻庆阳白马铺。</td></tr>
<tr><td></td><td></td></tr>
<tr><td>七六九团</td><td>王尼山</td><td>延长附近</td><td></td></tr>
<tr><td colspan="2">三八六旅</td><td>陈赓</td><td>甘泉、临真、牛武、屈家湾一带</td><td>大部似仍在晋豫边区。</td></tr>
<tr><td rowspan="3">新编一旅</td><td>旅长</td><td>韦杰</td><td>安阳、磊口、杨家寨一带</td><td></td></tr>
<tr><td>第一团</td><td>韦杰</td><td>林县东北任村附近</td><td></td></tr>
<tr><td>第二团</td><td>唐天杰</td><td>同上</td><td></td></tr>
</table>

续表

部队	主官姓名	实力				位置	备考
		人	枪	炮	马		
晋冀豫边区游击第二支队	赵继梅					河南汤阴西鹤壁集一带	
平汉游击纵队	范子侠					涉县附近	
合计	约有五万余人，枪约四万余枝，各种炮约三十余门。						

中共军分布第二战区之实力位置一览表

部队			主官姓名	实力				位置	备考
				人	枪	炮	马		
第一二零师	三五九旅	旅长	王震	40	50			绥德	
第一二零师	三五九旅	七一七团	程万禄	2000	2000			甘泉临真镇一带	
第一二零师	三五九旅	七一八团	何远坪	1500	1100			绥德双湖峪	
第一二零师	三五九旅	七一九团	刘转运	2000	1500	4		米脂附近	据报该团由米脂经甘泉向南开动中。
第一二零师	独一旅			4000	3000			临县方山一带	该旅主官姓名在调查中。

续表

部队			主官姓名	实力				位置	备考
				人	枪	炮	马		
第一二零师	独二旅	旅长	彭绍辉	1200	400			河曲府谷	
		第二团						同上	
		第三团		4000	3000			同上	
		第五团						同上	
绥德分区专员兼警备司令			马济民					绥德	
保安团			李仲英	1000	500			同上	
保一团			李伯英	2000	2000			安定王家湾	
保二团			高某	1000	800			安定城内	
第一一五师独立游击支部			陈士渠					汾阳孝义一带	
晋冀豫边区	司令		倪志亮					辽县附近	
	独立游击支队		桂干生					榆次、平定、寿阳、阳泉、辽县高邑、井陉、太谷一带	
骑兵大队			王鸿荣	1000	700		700	安定一带	该队系收缴赵永绥部骑兵改编。

续表

部队		主官姓名	实力				位置	备考
			人	枪	炮	马		
雁北支队		徐光先					米脂葭县一带	
独立第四团		张绍武	1200	1000	10		同上	
抗大学生五个支队			2560	2500			安定、安塞、延安、延川、定边一带	
叛军	前第三区专员	薄一波	5600				沁源一带	辖七个团归刘伯承指挥。
叛军	前第五区专员	戎伍胜					同上	
叛军	前第五游击纵队	孙定国	1300				汾阳以北地区	
叛军	前第六游击纵队						浮山附近	
叛军	决死三纵队	董天和	6000	6000			蟋蜊峪、吴堡间	
合计	约有三万六千四百余人，枪约二万四千五百五十余支，炮十四门，马七百余匹。							

中共军分布第八战区之实力位置一览表

<table>
<tr><th colspan="3" rowspan="2">部　　队</th><th rowspan="2">主官姓名</th><th colspan="4">实　　力</th><th rowspan="2">位　　置</th><th rowspan="2">备　　考</th></tr>
<tr><th>人</th><th>枪</th><th>炮</th><th>马</th></tr>
<tr><td rowspan="8">第一二零师</td><td colspan="2">师　长</td><td>贺　龙</td><td></td><td></td><td></td><td></td><td>鄜　　县</td><td></td></tr>
<tr><td rowspan="5">三五八旅</td><td>旅长</td><td>卢东生</td><td></td><td></td><td></td><td></td><td>宜君、马栏镇一带</td><td></td></tr>
<tr><td>七一五团</td><td>李文清</td><td>800</td><td>600</td><td>4</td><td>300</td><td>宜君、关门、石底镇转角一带</td><td></td></tr>
<tr><td>七一六团</td><td>贺炳炎</td><td>1200</td><td>1000</td><td></td><td></td><td>宜君、马栏、柳芽镇一带</td><td>该员有报在耀县小邱阵亡说。</td></tr>
<tr><td>独一团</td><td>毛少先</td><td>1000</td><td>700</td><td></td><td></td><td>淳化、桃渠、宜君、衣食楼一带</td><td></td></tr>
<tr><td>独二团</td><td>张新华</td><td>1000</td><td>700</td><td>4</td><td></td><td>宜君石底镇一带</td><td></td></tr>
<tr><td colspan="2">教导团</td><td></td><td>500</td><td>400</td><td></td><td></td><td>府谷、河曲</td><td></td></tr>
<tr><td colspan="2">特务团</td><td></td><td>400</td><td>400</td><td></td><td></td><td>同　　上</td><td></td></tr>
<tr><td rowspan="3">第一二九师</td><td rowspan="3">三八五旅</td><td>副旅长</td><td>王维舟</td><td>300</td><td>300</td><td>2</td><td></td><td>庆　　阳</td><td></td></tr>
<tr><td>七七零团</td><td>张千村</td><td>1000</td><td>1000</td><td></td><td></td><td>庆阳、白马铺</td><td></td></tr>
<tr><td>教导队</td><td>程占标</td><td>300</td><td>200</td><td>2</td><td></td><td>庆阳城内</td><td></td></tr>
</table>

续表

<table>
<tr><th colspan="2" rowspan="2">部　队</th><th rowspan="2">主官姓名</th><th colspan="4">实　力</th><th rowspan="2">位　置</th><th rowspan="2">备　考</th></tr>
<tr><th>人</th><th>枪</th><th>炮</th><th>马</th></tr>
<tr><td rowspan="4">第一二九师</td><td>独立旅</td><td></td><td>3000</td><td>2000</td><td></td><td></td><td>镇原、三岔、马渠一带</td><td></td></tr>
<tr><td>骑兵团</td><td></td><td>250</td><td></td><td></td><td>110</td><td>鄜县西黑水寺</td><td></td></tr>
<tr><td>炮兵团</td><td></td><td rowspan="2">6000</td><td rowspan="2">5500</td><td>10</td><td></td><td>鄜县、牛武、交道一带</td><td></td></tr>
<tr><td>补充团</td><td>汪荣米</td><td></td><td></td><td>同　上</td><td></td></tr>
<tr><td colspan="2">鄜甘警备司令</td><td>司令文年生
副司令陈光瑞</td><td>220</td><td>200</td><td></td><td></td><td>鄜　县</td><td></td></tr>
<tr><td colspan="2">警备旅长</td><td>文年生</td><td></td><td></td><td></td><td></td><td>鄜县城内</td><td></td></tr>
<tr><td colspan="2">警一团</td><td>贺晋年</td><td>800</td><td>600</td><td>3</td><td></td><td>盐池、定边一带</td><td></td></tr>
<tr><td colspan="2">警二团</td><td>邹湫莹</td><td>700</td><td>600</td><td></td><td></td><td>定边、环县、曲子镇、盘客一带</td><td></td></tr>
<tr><td colspan="2">警三团</td><td>杜　平</td><td>1200</td><td>800</td><td>2</td><td></td><td>鄜县、石灰沟、张村驲一带</td><td></td></tr>
<tr><td colspan="2">警四团</td><td>陈光瑞</td><td>1200</td><td>700</td><td></td><td></td><td>鄜县、四仙村、双柳树一带</td><td></td></tr>
</table>

续表

部队	主官姓名	实力				位置	备考
		人	枪	炮	马		
警五团	白志文	800	500	3		宜川、雷多河以北地区	
警六团	陈绍群	1200	1000	2		鄜西黑水寺	
警七团	袁渊	950	650			合水、西华池、望宁堡一带	
警八团	杨在泉	1500	1500	3		淳化、马家山、路金镇、宜君、浮渠一带	
特务团	刘镇国	800	600	5		鄜县、山寨、监军台一带	
大青山支队	李景泉					大青山附近一部在伊盟抗锦旗	
十八集团军直属炮兵团	武亭			4		洛川附近	
十八集团军直属营队		14570	5200			陕北各县	
第七团	陈国栋	1000	1000			正盆南□襄乐一带	
第八团	王天霸	1000	1000			栒邑、砀波头南一桥一带	

续表

部队		主官姓名	实力				位置	备考
			人	枪	炮	马		
骑一团		凡令甫	300	200		100	横山、青阳岔	
骑二团		康建年	1400	1200	2	1000	主力在定边、一部在庆阳三十里铺	该团有报汪坚者
警二旅第三团		王　某	1000				镇阳、固源、三岔附近	
独一营		高步云	720	350			栒邑前后义羊	有报张占云者
独二营		孙占云	300	300			栒邑清水源	有报牛占标者
独三营		贺其祥	350	300			栒邑后张里村	
独四营		王　坚	250	240			淳化安社南村一带	
独五营		刘文科	300	250			环县曲子一带	
独六营			120	100			葭县万户峪	
叛军	前暂一师	窦范亭	10000	3000			主力在神人、盘塘、沙茆一部在兴临一带	
	前第六区专员	张文昴					同上	

续表

部队		主官姓名	实力				位置	备考
			人	枪	炮	马		
叛军	前第四游击纵队						主力在神人、盘塘、沙茆一部在兴临一带	
		韩钧					同上	
合计	约有五万六千一百三十余人，枪约三万三千零九十余枝，炮四十六门，马一千七百一十四。							

中共军分布冀察战区之实力位置一览表

部队		主官姓名	实力				位置	备考
			人	枪	炮	马		
挺进军	司令	萧克					冀东、冀北	
	第一支队	邓华					平西及平绥路以南地区	
	第二支队	宋时轮					同上	
	陈支队						平古路线一带	
	包支队						密云、怀柔、古北口、平绥铁路东庄、青龙桥一带	

续表

部队		主官姓名	实力				位置	备考
			人	枪	炮	马		
挺进军	李支队						北宁路、唐山、□县之间	
	黄支队						房山一带	
	萧支队						房山、良乡之间	
	白支队							
晋冀察边区	司令	聂荣臻	30000				阜平附近	辖十九个团
	第一支队	杨成武					涞源、徐水、禹县、保定、满城一带	
	第二支队	郭天民					同上	
	第三支队	陈漫远					唐县、曲阳、完县、望都、定县一带	
	第四支队	熊伯涛					娘子关、井陉一带	
	周纵队						津浦路霞口、泊头镇、沧县一带	

续表

<table>
<tr><th colspan="3" rowspan="2">部　　队</th><th rowspan="2">主官姓名</th><th colspan="4">实　　力</th><th rowspan="2">位　　置</th><th rowspan="2">备　　考</th></tr>
<tr><th>人</th><th>枪</th><th>炮</th><th>马</th></tr>
<tr><td colspan="3">一二九师先遣纵队</td><td>李聚奎</td><td>7000</td><td></td><td></td><td></td><td>郓城、阳谷、寿张、郓城、范县一带</td><td>一部三千余，窜武涉、磁县。</td></tr>
<tr><td colspan="3">筑先纵队</td><td>张维翰</td><td>5000</td><td></td><td></td><td></td><td>临清馆陶邱县</td><td></td></tr>
<tr><td colspan="3">陶山支队</td><td></td><td>200</td><td>150</td><td></td><td></td><td>馆　陶</td><td></td></tr>
<tr><td colspan="3">晋冀豫边区先遣支队</td><td>张贤约</td><td></td><td></td><td></td><td></td><td>顺德、磁县以西地区</td><td></td></tr>
<tr><td rowspan="6">津浦挺进纵队</td><td colspan="2">司　令</td><td>萧　华</td><td></td><td></td><td></td><td></td><td>主力在濮县东平、寿张一带，即在口临边界</td><td></td></tr>
<tr><td colspan="2">泰西游击大队</td><td>徐宝珊</td><td>2200</td><td>1700</td><td></td><td></td><td>茌　平</td><td></td></tr>
<tr><td colspan="2">永兴支队</td><td>牟宜之</td><td>600</td><td>450</td><td></td><td></td><td>乐　陵</td><td></td></tr>
<tr><td colspan="2">挺进队</td><td>邢仁甫</td><td>650</td><td>460</td><td></td><td></td><td>盐山、东光、桑园、商河一带</td><td></td></tr>
<tr><td rowspan="2">鲁北支队</td><td>司令</td><td>杨　忠</td><td rowspan="2">7000</td><td rowspan="2">7000</td><td rowspan="2"></td><td rowspan="2"></td><td>商河、东光、陵县、德平一带</td><td></td></tr>
<tr><td>第一团</td><td>龙书金</td><td>同　上</td><td></td></tr>
</table>

续表

部队			主官姓名	实力				位置	备考
				人	枪	炮	马		
津浦挺进纵队	鲁北支队	第二团	杨承德					商河、东光、陵县、德平一带	
		第三团	王叙坤					同上	
		第四团						濮县六塔集一带	
		第五团						同上	
冀南	第一军分区		徐绍恩	2500	1500			辖束鹿、晋县、临城、赵县、藁城、高邑等县	
	第二军分区		周光策	2700	1620			辖隆平、柏乡、尧山、任县、钜鹿、南和、平乡、内邱、邢台	
	第三军分区		孙树林	2500	1500			辖鸡泽、曲周、永年、肥乡、成安、广平、临漳、邯郸、沙河	
	第四军分区		余隆盛	1500	1500			辖新河、南宫、广宗、清河	
	第五军分区		葛贵斋	2300	1400			辖故城、枣强、冀县、衡水、武邑、阜城、景县	

续表

部队		主官姓名	实力				位置	备考
			人	枪	炮	马		
冀南	第六军分区	邢仁甫	3500	2450			辖新海、静海、东光、吴桥、广云、盐山、宁津、南皮	
冀中	军区司令兼第三纵队司令	吕正操	20000				冀中	
	第一军分区兼第七支队司令	赵承金	7000	4200			同上	赵率两个团调往濮县、观城、濮阳一带。
	第二军分区兼第八支队司令	于权伸	5500	3300			同上	
	第三军分区兼第九支队司令	阎九祥	2500	1500			同上	
	第四军分区兼第十支队司令	孟庆山	5500	3500			同上	
	第五军分区兼第十一支队司令	朱占魁	3500	1750			同上	
	第六军分区	赵志尚					同上	
	独立第四支队	高士一	3000	1500			同上	
	宋支队						同上	

续表

部队	主官姓名	实力				位置	备考
		人	枪	炮	马		
十八集团军第二纵队	杨德志	20000				濮阳、东明、鄄城一带	
	谭建					定陶王庄一带	
	吴大明					濮阳东明一带	
	刘子明					同上	
梁山支队	张仁轩					阳谷	
卫河支队		600	500			馆陶	
冀西先遣支队司令	张贤	5000				邢台、沙河以西地区	
冀西司令	吴杰	2000				临城以西地区	
冀西游击司令	宋任穷	1500				濮阳清丰一带	
津南抗日自卫军司令	张宗龄	1000				献县	
津南抗日自卫军支队司令	曾国华	3000				东光、庆云一带	
回民教导总队	马本斋	800				正定、无极一带	

续表

部队	主官姓名	实力				位置	备考
		人	枪	炮	马		
东进纵队司令	宋任穷	1500				濮阳清丰一带	
挺进青年司令	陈再道	3000				深县、大名、广平、临清一带	
青年纵队	段海洲					邢台、内邱一带	
冀东纵队	陈群	7000				开平、滦县	
支支队	常德喜					坝县附近	
骑兵营						灵寿附近	
合计	约有一十六万一千零五十余人，枪约三万六千二百六十余枝。						

中共军分布鲁苏战区之实力位置一览表

部队		主官姓名	实力				位置	备考
			人	枪	炮	马		
伪新四军第一支队	司令	陈毅	7000	4300			泰兴、海安、黄桥一带	
	副司令	傅秋涛						

续表

部队			主官姓名	实力				位置	备考
				人	枪	炮	马		
伪新四军第一支队	第一团		傅秋涛					东台、戴家窑一带	
伪新四军第一支队	第二团							东台附近	
第一二九师副师长			徐向前	2400	2000			蒙阴莱芜中村一带	
第一一五师	代师长		陈光	500	400			费县西北一带	该师三四四旅刘震在门上风台一带活动，归第四游击纵队彭雪枫指挥。
第一一五师	三四三旅	旅长	陈光						
第一一五师	三四三旅	第六八五团	彭明治	2000	1600			淮安、淮阴、宝应一带	
第一一五师	三四三旅	第六八六团	张仁初	1520	1000			嶧县、滕县、费县	
第一一五师	独立旅		杨勇	7000				主力在濮县附近，一部三千余在莱芜	辖三个团
第一一五师	特务第五旅		王秉章	3000	2800			邳县、良璧一带	

续表

部队		主官姓名	实力				位置	备考
			人	枪	炮	马		
鲁苏支队		张光中	1500	1200			峄县	
沧洲支队			250	250			沂水、临沂交界	
豫鲁支队			2000	1620			鱼台、单县、曹县	
山东纵队	指挥	张经武	2300	1700			沂水金星乡	
山东纵队	第一支队	马宝山	2000	1600			泰安附近	
山东纵队	第二支队	刘勇	1600	1200			莒县、日照	
山东纵队	第三支队	杨果夫	4000	2600			临淄、寿光、博兴	
山东纵队	第四支队	廖容标	2900	1700			莱芜、蒙阴、新泰	
山东纵队	第五支队	吴克华	6200	4200			黄县、蓬莱、招远、莱阳	
山东纵队	第六支队	何光宇	2300	1600			东阿、东平、平阴、历城、宁阳、肥城、上清、汶上、滋阳	
山东纵队	第八支队	马保三	1600	1200			泰安、泗县、费县、	

续表

部队		主官姓名	实力				位置	备考
			人	枪	炮	马		
苏鲁豫支队	司令	彭明治	8000	5000			涟水、淮安、淮阴、宝应一带	
	南进大队	张爱萍						
	大山大队	孙绍坤						
	乌江大队	胡某						
	陇海大队	许宝华						
	独立大队	李时庄						
	第七大队	耿玉泰						
教导大队		何辉	500	300			东平	
陇海支队		钟辉	1500	1200			淮阴、涟水	
河北支队		杨熙	1500				沛、丰、单等县	
苏皖支队		陶劲	2000				泰兴黄桥一带	
黄河支队		彭雄	3000	3000			鄄城、沛丰萧等县	

续表

部队			主官姓名	实力				位置	备考
				人	枪	炮	马		
沭河支队			王道五	2000	2000			宿迁、泗阳、淮阴一带	
			江　华	3000				同　上	
伪新四军	第一纵队	司　令	管文蔚	1000	600			泰县、泰兴、东台一带	
		第三团	张开先	600	300			沭阳、宿迁边境	
		第五团	王　澄	700				江都、吴家店一带	
		第八团	吴　觉	300	200			淮阴、涟水一带	
		第九团	詹化雨					滁县、龙亢、花山一带	
		第十团	陈　钧					同　上	
	第二纵队	司　令	王　俭	2000	2000			如皋、东台、大顾庄	
		第一大队							
		第二大队	朱绍青						
	第三纵队司令		陈玉生						

续表

部队		主官姓名	实力				位置	备考
			人	枪	炮	马		
第十八集团军第五纵队	司令	黄克诚	8000	7000			东台、盐城、阜宁、涟水、淮安一带	
	第一支队	彭明治					主力集结口塘东沟、益林	
	第二支队	罗瑞卿						
	第三支队	张爱萍						
	第四支队							
	第五支队							
合计	约有八万四千四百五十余人，枪约五万二千五百五十余支。							

中共军分布鄂皖之实力位置一览表

部队	主官姓名	实力				位置	备考
		人	枪	炮	马		
伪新四军军长	陈毅					泰兴、海安、黄桥	
副军长	张云逸					定远、滁县一带	

续表

部队	主官姓名	实力 人	实力 枪	实力 炮	实力 马	位置	备考
参谋长	赖传珠						
政委	刘少奇						
政治主任	邓子恢						
江北指挥官	张云逸					定远附近	
副司令	罗炳辉					同上	
第三支队 司令	张云逸	9000	6000				
第三支队 副司令	谭震						
第三支队 第五团	孙光裕						
第三支队 第六团	焦之甫						
第三支队 独立大队	章肃衡						
第三支队 特务营	尤树堂						
第四支队 司令	谭希林	10000	7000			定远西滁县合肥一带	
第四支队 副司令	林维先						

续表

部队		主官姓名	实力				位置	备考
			人	枪	炮	马		
第四支队	第七团	秦贤安					淮阴、古沟一带	有报阵亡者
	第九团	詹文海					同　上	
	第十四团	杨从学					定南大桥一带	
	特务团						滁县、全椒附近	
第五支队	司　令	周骏鸣					洪泽湖、泗县、灵璧一带一部在皖中巢县一带	
	副司令	郭树勋						
	第八团	凌　恺					滁县、黄甫山、定远、安方集一带	
	第十团	纪　正	6000	5500			巢县、含山一带	
	独立团	廖　康						
	教导大队	黄泰隆						
	特务营	李其安						
第四游击纵队	司　令	彭雪枫						
	副司令	吴芝圃						

续表

部队			主官姓名	实力 人	实力 枪	实力 炮	实力 马	位置	备考
第四游击纵队	三四五旅	旅长	滕海青	6000	6000			亳、宿、蒙、涡、凤、应、山、武、胜、关、花园一带	
		第一团	张太生						
		第二团	周启邦						
		第三团	刘子云						
	番号未详之旅	旅长	田松尧						
		第四团	孔庆同						
		第五团	郭静生						
		第六团	赵汇川						兼宿灵行署主任
	三四四旅	旅长	刘　震						该旅第八团耿续斋已率部反正
		第七团	余世麟						主力在定远藕塘
		第九团	刘神五						
	特务大队		孔石泉						

续表

部队		主官姓名	实力				位置	备考
			人	枪	炮	马		
第四游击纵队	特务团	程志远						
	独立团	蓝建华						涡阳西新兴集附近
	独立大队	高凌云						
江北游击队	司令	孙仲德					定远、藕塘、长塘刘一带	
	副司令	黄岩					巢县附近	
	第一大队	任道济					同上	
	第二大队	林新					桐城、灰河、周家谭	
	第三大队	赖正刚					无为、汤家沟、龙王庙	
	特务大队	罗俊辉						
豫鄂挺进纵队	司令	李先念					黄安、礼山、黄陂、孝感、黄岗、浠水	
	政委	张体学						

续表

部队		主官姓名	实力				位置	备考
			人	枪	炮	马		
豫鄂挺进纵队	参谋长	董绍明	7000	6400			黄岗、北潘、家塘	
	第一团	程大姐					黄安、黄陂、麻城、礼山一带	
	第二团	罗厚福					同上	
	第三团	吴林唤					武穴、新洲及沿江一带	
	第十团	张体学					信阳、朱堂店一部在经扶	
	独立团队	林唤					黄岗、浠水一带	
	大队长	漆少川					黄岗、团凤间之淋头镇	
		傅大韶						
合计	约有四万三千余人，枪约三万五千余枝。							

〔国民政府国防部史政局及战史会档案〕

3. 军令部关于中共分布在华北华中地区抗日军实力统计表

（1943年5月）

一、华北方面

部队番号			奸首姓名	兵力	枪数	炮数	活动地区	备考
第十八集团军	集团军司令部	总司令	朱　德				晋涉县附近	
		副总司令	彭德怀					
		参谋长	滕代远					
		警卫旅长	王长江	五〇〇〇	四五〇〇		晋辽县亘邦台	
		炮兵团团长	武　亭	一四〇〇	八〇〇	四〇	冀　邢　台	
	第一一五师	师　长	陈　光					
		参谋长	王秉章					
		教一旅	彭　雄	三〇〇〇	一五〇〇		鲁　黄　县	
		教二旅	曾国华	三〇〇〇	二〇〇〇		鲁西范县	

续表

部队番号			奸首姓名	兵力	枪数	炮数	活动地区	备考
第十八集团军	第一一五师	教三旅	杨　勇	四〇〇〇	三四〇〇	迫炮六门 山炮二门	鲁西观城边区	
		教四旅	邓克明	五〇〇〇	二五〇〇		鲁金乡、鱼台、单县	
		教五旅						
		教六旅	邢仁甫	一五〇〇	五〇〇		鲁冠县、馆陶一带	
		教七旅	赵承金	六一〇〇	三六〇〇	迫二	冀清丰、鲁冠县	
	第一二〇师	师　长	贺　龙				陕　延　安	
		副师长	萧　克					
		参谋长	周士悌					
		三五八旅	卢东生	三八〇〇	二〇〇〇	迫十	陕绥德、米脂、清涧一带	
		三五九旅	王　震	七四〇〇	六二〇〇		陕洛川、定边一带	
		独立第一旅	徐光达	四〇〇〇	三〇〇〇		陕绥德一带	

续表

部队番号			奸首姓名	兵力	枪数	炮数	活动地区	备考
第十八集团军	第一二〇师	独立第二旅	彭绍辉	六〇〇〇	四〇〇〇		晋河曲、保德一带	
		绥蒙游击队司令兼第一支队队长	姚　杰	一五〇〇	一〇四〇		绥武川、大青山一带	
		绥蒙游击队第二支队长	于占标	七〇〇	四二〇		晋绥边区	
	第一二九师	师　长	刘伯承				豫涉县、赤岸镇	
		副师长	徐向前				山东沂水	
		参谋长	李　达				豫涉县赤岸镇	
		特务团					同　上	
		炮兵团	武　亨				豫涉县、古城一带	
		三八五旅	王维舟	六〇〇〇	三六〇〇	迫十二门	豫涉县西窝铺一带	
		三八六旅	陈　赓	五〇〇〇	三〇〇〇	迫十	晋武乡一带	
		新一旅	韦　杰	三〇〇〇	二五〇〇		晋平顺、辽县、黎城、豫武、安涉县	
		新二旅					冀石家庄附近	

续表

部队番号			奸首姓名	兵力	枪数	炮数	活动地区	备考
第十八集团军	第一二九师	新三旅	于克勋	二〇〇〇	一五〇〇		晋冀豫鲁边区	
		新四旅	徐新吉	三〇〇〇	二〇〇〇	迫十	晋黎城、豫涉县一带	
		新五旅	陈锡联	三〇〇〇	一〇〇〇		磁西彭城镇	
		新六旅	杨　忠	三二〇〇	二五〇〇		豫涉县一带	
		新七旅	易良品	三〇〇〇	一八〇〇		冀东明、鲁曹县一带	
		新八旅	张继汉	二五〇〇	一一〇〇		鲁阳榖一带	
		新九旅	桂千生	一五〇〇	一〇〇〇		冀大名、成安，豫临漳一带	
		新十旅	范子侠	二〇〇〇	二〇〇〇	迫六	晋武安一带	
		新十一旅	尹光炳	二〇〇〇	一二〇〇		晋黎城、平顺一带	
		新十二旅	陈载道	三〇〇〇	一八〇〇		晋武安县附近	

续表

	部队番号	奸首姓名	兵力	枪数	炮数	活动地区	备考
	独立旅	徐寿青	三〇〇〇	二八〇〇		鲁范县，冀清丰一带	
隶一二九师序列	第一纵队	徐向前	四二〇〇〇	三三〇〇〇		鲁沂水、范县、平渡、掖县、日照一带	
	第二纵队	杨德志	二一二〇〇	七三〇〇		鲁冠城，冀清丰一带	
	第三纵队	吕正操	一七二〇〇	三〇〇〇		冀任邱、天津、涿县一带	
	冀察挺进军	萧　克	二〇〇〇〇	一二〇〇〇		冀北平、滦县一带	
	决死一纵队	薄一波	八七〇〇	六三〇〇		晋临汾、屯留一带	
	决死二纵队	韩　钧	五二〇〇	三三〇〇		晋文水、汾阳一带	
	决死三纵队	戎五胜	一六〇〇	九〇〇		晋黎城、壶关一带	
	决死四纵队	雷任民	二三〇〇	一八〇〇		晋临县、离石一带	

续表

部队番号		奸首姓名	兵力	枪数	炮数	活动地区	备考
	漳河游击队					豫涉县、石泊村城	
晋冀军区	司　　令	聂荣臻				冀阜平一带	
	副司令	吕正操					
	参谋长	聂河亭					
	第一军分区	杨成武	五〇〇〇	三〇〇〇		冀涞源、阜平一带	
	第二军分区	谭国汉	五〇〇〇	三五〇〇		晋定襄、阳泉一带	
	第三军分区	黄永胜	四五〇〇	三二〇〇		冀正定附近	
	第四军分区	熊伯涛	六〇〇〇	四二〇〇		冀涞源以南地区	
	第五军分区	邓　华	四五〇〇	二二〇〇		晋大同附近	
	第六军分区	王长江	三八〇〇	二二〇〇			
	第七军分区	于权伸	二八〇〇	一九〇〇		冀无极附近	

续表

	部队番号	奸首姓名	兵力	枪数	炮数	活动地区	备考
	第九军分区	孟庆山	四六〇〇	三七〇〇		冀新城附近	
	第十军分区	朱占魁	四五〇〇	四〇〇〇		冀　中	
冀南军区	司　令	宋任穷				冀南宫	
	第一军分区	桂干生	二七〇〇	一六〇〇		冀南宫附近	
	第二军分区	周克荣	三〇〇〇	一八〇〇		冀邢台、隆平一带	
	第三军分区	孙树林	二五〇〇	一五〇〇		冀曲周永年一带	
	第四军分区	余隆盛	二〇〇〇	一二〇〇		冀新河广宗一带	
	第五军分区	唐铭哲	二〇〇〇	一四〇〇		冀枣强一带	
	第六军分区	邢仁甫				冀鲁边区	
	华北民军	朱　程				冀濮阳附近	
	新四军氾东独立第五团	林耀祖					

二、华中方面

部队番号			奸首姓名	兵力	枪数	炮数	活动地区	备考
新四军	军部	军长	陈毅				近自阜阳西迁，有开鲁西讯	
		副军长	张云逸					
		参谋长	赖传珠					
		独立第一旅	于剑	一八〇〇	一二〇〇		苏东台、富阳	
		独立第二旅	杨培基	一五〇〇	一〇八〇		苏仪征、六合、天长一带	
		独立第三旅	梁与祚	一六〇〇	九六〇		苏涟水、泗阳一带	
	第一师	师长	粟裕				苏泰县	
		第一旅	叶飞	三五〇〇	二七〇〇		苏泰县附近	
		第二旅	王必成	三二〇〇	二四〇〇		苏盐城一带	
		第三旅	陶勇	四〇〇〇	六〇〇		苏通明一带	
	第二师	师长	张云逸				随军部	

续表

<table>
<tr><th colspan="3">部队番号</th><th>奸首姓名</th><th>兵力</th><th>枪数</th><th>炮数</th><th>活动地区</th><th>备考</th></tr>
<tr><td rowspan="14">新四军</td><td rowspan="4">第二师</td><td>副师长</td><td>罗炳辉</td><td></td><td></td><td></td><td>皖定远</td><td></td></tr>
<tr><td>第四旅</td><td>成钧</td><td>四〇〇〇</td><td>二五〇〇</td><td></td><td>皖定远、藕塘一带</td><td></td></tr>
<tr><td>第五旅</td><td>周俊鸣</td><td>三八〇〇</td><td>二四〇〇</td><td></td><td>皖洪泽湖以南地区</td><td></td></tr>
<tr><td>第六旅</td><td>谭西林</td><td>四〇〇〇</td><td>二二〇〇</td><td></td><td>皖定远一带</td><td></td></tr>
<tr><td rowspan="5">第三师</td><td>师长</td><td>黄克成</td><td></td><td></td><td></td><td>苏阜宁</td><td></td></tr>
<tr><td>第七旅</td><td>彭明哲</td><td>三〇〇〇</td><td>一八〇〇</td><td></td><td>苏阜宁一带</td><td></td></tr>
<tr><td>第八旅</td><td>田守克</td><td>三三〇〇</td><td>一九〇〇</td><td></td><td>苏涟水一带</td><td></td></tr>
<tr><td>第九旅</td><td>张爱萍</td><td></td><td></td><td></td><td></td><td></td></tr>
<tr><td colspan="0" style="display:none"></td></tr>
<tr><td rowspan="4">第四师</td><td>师长</td><td>彭雪枫</td><td></td><td></td><td></td><td>皖泗县</td><td></td></tr>
<tr><td>第十旅</td><td>刘震</td><td>四〇〇〇</td><td>二六〇〇</td><td></td><td>苏泗阳一带</td><td></td></tr>
<tr><td>第十一旅</td><td>滕海清</td><td>四二〇〇</td><td>三六〇〇</td><td></td><td>苏泗阳一带</td><td></td></tr>
<tr><td>第十二旅</td><td>韩友林</td><td></td><td></td><td></td><td>苏皖边区</td><td></td></tr>
</table>

续表

部队番号			奸首姓名	兵力	枪数	炮数	活动地区	备考
新四军	第五师	师长	李先念				流窜鄂东	
新四军	第五师	付师长	江岳洪					
新四军	第五师	参谋长	刘绍卿					
新四军	第五师	第十三旅	周志坚	三〇〇〇	二四〇〇		鄂东	
新四军	第五师	第十四旅	吴林涣	三〇〇〇	一九〇〇		主力在鄂东、一部在鄂南	
新四军	第五师	第十五旅	杨经曲	二八〇〇	一六〇〇		鄂东	
新四军	第六师	师长	谭震林				苏高淳附近	
新四军	第六师	第十六旅	罗志毅	三二〇〇	二五〇〇		苏金坛、句容一带	
新四军	第六师	第十七旅	李万春	二五〇〇	二一〇〇		苏江都泰兴一带	
新四军	第六师	第十八旅	江渭清	二〇〇〇	一八〇〇		苏泰县	
新四军	第七师	师长	张鼎丞				皖无为附近	
新四军	第七师	第十九旅	孙仲德	三二〇〇	二〇〇〇		皖无为附近	

续表

部队番号			奸首姓名	兵力	枪数	炮数	活动地区	备考
新四军	第七师	第二十旅	不详	二八〇〇	二一〇〇		皖南	
		第二十一旅	林维光	三五〇〇	二四〇〇		皖无为附近	

〔国民政府国防部史政局及战史会档案〕

（二）在晋冀鲁豫等地的抗日游击队

1. 八路军总部关于晋北冀西游击战情况报告①

（1937年12月20日）

半月来，晋中正面之主力战斗仍是沉寂，但晋北之游击战及本军在敌之后方连络线上之活动仍在继续开展着。半月来，本路军战斗活动情况概述如次：

阳原乱岭关之敌支日分向广灵攻击，于十时许，我杨支主力在上下白羊、望狐之线与乱岭关来敌约六、七百接触，战约两小时许，敌被我击溃，向乱岭关退去，敌伤亡约百人。正当激战之际，阳原复来敌约千人猛袭广灵城，我守城部队仅约一个连，战一小时许，我以众寡悬殊当即退去，于十二时左右敌进占广灵城。

进至西合营之敌步骑兵千七、八百人，在飞机四架掩护之下，支午进占蔚县城。微日一部约三百名进抵暖泉镇，我杨支一部支晚恢复西合营。

紫荆关之敌支晨向王安镇进犯，当即被我击溃，至下午四时许，敌复猛攻我王安镇口子上线阵地，黄昏时，该阵地被我肖、赵两部战斗竟日，我伤亡两百余人，退守浮图峪马圈村之线阵地。

代县之敌骑五百余，微日向繁峙前进，鱼日被我游击队在代、繁间击溃退回代县。

寿阳敌千余于虞午进占盂县，我驻盂县游击队退上社镇，至齐日，约有一个连到长峪河侦察，被我当地游击队击溃，缴得步枪两支。盂县附近已坚壁清野，群众逃跑一空，该敌自占盂县后，遭我周、

① 此件为1937年12月20日八路军总部油印《第八路军自十二月五日一十二月二十日半月战斗汇报》全文。

曾两支队及当地义勇军、游击队等日夜积极袭扰后，于佳晚向寿阳方向退去，弃粮、弹不少。

涞源于虞辰失陷，我肖、赵两部于鱼晚在涞源以东与敌鏖战彻夜，后向涞源西南转移。

敌对晋西北我宋支队活动地区采取各方围攻布置，如：北口泉之敌步炮约千人向长流水进，左云之敌步骑炮约八百人经黑流水向长流水进，怀仁之敌步骑炮约六百人经鹅毛口上三井进，尚希庄敌六百余人进至吴家窑、黄家店之线堵击，有截击我宋支队大峪口、左云大道以北之企图，但我宋支队于支晚安全通过大峪口至左云公路，一无损失，敌之初次围攻计划已不击自破矣。

鱼日由崞县、原平南开之空汽车卅余辆，被我王旅便衣队伏击于崞、原间，最后两辆被我伏击部队截住，当即焚毁，我无伤亡。班村营房驻敌五百余人，鱼午约百人到文殊庄、梅家庄抢掠，被我游击队配合义勇军将其击退回班村。

我刘师侦察队冬日在大原庄附近遇敌卅余，被我击溃，毙敌人马各十余，敌甚恐慌，次日敌枪炮乱打一日。

该师另派出之赖支队一部于江日，于白林村击溃敌抢粮队卅余，当毙敌三人，获步枪二支；另一部便衣队伪装老百姓拕〔驮〕炭，鱼日，在西洛镇附近击溃敌游击队二十余人，当毙敌六名，缴步枪四支、骡子二匹。长凝驻敌百余，经我游击队每日在周围设埋伏，打冷枪，敌甚恐慌，终日不敢外出，至虞晚增敌二百余人。

刘师便衣队于佳晚袭击获鹿、石家庄间之南新城之敌，守敌二十余人被我袭溃，毙敌二人，缴步枪二支，子弹二百余发。

我王旅刘团二营鱼、虞两晚，分途袭击顾家村、上田村，均杀伤敌不少。阳明堡敌四百余人，炮六门，齐午进攻上官院九龙村，与我三营及游击队一部接触，我依山抗击，战约四小时，被我击溃，退回阳明堡，我伤亡十余人，敌伤亡卅人，弃尸九具，缴步枪两支。

忻县敌百余人齐日进至上、下南宋抢劫，当被我徐旅派出之游击队及当地义勇军击溃，于黄昏时退回原地。

占涞源、广灵之敌各有千五百人左右，紫荆关驻敌七、八百人，迄至齐日未动。蔚县之敌在该地构筑飞机场。我肖部于虞夜恢复大小龙华，于灰晚袭击易县、龙华间南石门之敌，因汉奸告密，敌早有准备，固守村落，致袭击未奏效，我伤亡十余人。

保定之敌二百余人虞日向满城攻击，在苛村镇附近被我驻满城之骑营击溃，退回原地。

涞源之敌三百余人、骑兵一部向南、北上屯前进，佳日进至张家峪高山一带，企图进犯腰站，灰午与我上寨游击队接触，战约三小时，敌亡五、六十人，不支，向涞源退去。

进占广灵之敌被我杨支一部配合当地民众武装重重围困，敌人进攻前，经我们对群众宣传解释，号召群众坚壁清野，使敌深入无一粒粮、一勺水之接济，加之后路交通被破坏，敌异常恐慌，于真日拂晓时向东猛烈突围，与我围困部队激战两小时，被其突破，敌向蔚县方向狼狈逃去，广灵城当即被我收复，敌弃伤兵数十人，内有蒙伪兵多名。

行唐之敌两百余人佳日与我李部接触，战约一小时，敌即向行唐退去。

周、曾两支队尾击盂县退敌，猛追至寿阳城附近，沿途抛弃伤兵多名，其他军用品不少。到寿阳附近时，敌曾向我反击，我又折回河底镇。敌在盂县及一路撤退所经过各地，杀死民众数百人，烧毁民房不少。

刘师一部佳日在元氏以北之太平庄破坏铁轨二十余丈，后由元氏开来汽车十余辆，我以任务完竣即向元氏西北撤去。灰日拂晓，由元氏开来步兵二百余人，向我元氏西之东苏、羊井、下山一带阵地进攻，被我一部配合当地义勇军游击队将敌击溃，退回元氏城。是役，毙敌卅余人，缴步枪十余支，短枪二支，子弹数百发，我伤亡十余人。

刘师在临城部队真日袭击内邱附近某镇，捕获大汉奸、前某军部军长一名，维持会长张俨明、何聪二名，缴手枪二支。又该师游击队收得日军布告一份，该布告谓"大日本清乡队布告，为布告事：国民政府联俄容共，欲陷东亚于万劫不复，故皇军施以挞伐。现在南京已被我军占据，国民政府官吏狼狈西逃，从此东亚将永绝共产恶魔扰害，和平乐土行将实现。仰尔居民为信皇军此意，各安生业，勿事惊慌。如尔知红军部队之情形，从速向榆次本队报呈，以免对尔民众危害，切切此布。如将左列各项送呈本队者，给以重偿：(一)红军发出之文件传单。(二)有红军关系之物品。(三)红军之行动情形。内申武夫。昭和十二年十一月二十四日"。

阳明堡、崞县之敌，十日起至十三日止，连日以约一百到二百不等之步兵向阳明堡、崞县以西之上中石峙中多鲁文殊村抢劫民物①，并企图进行伪组织维持会等，均被我当地游击队伏袭击退。

我汪支队一部文日晚夜袭正太路之狼峪车站，敌警戒甚为疏忽，至我接近时还不得知，我乘敌不备以手榴弹向敌人驻之票房窗户里投去，驻敌均张惶失散，伤亡甚大，后敌以装甲车数辆向我冲击，我即安全撤回狼峪西南地区，敌装甲车因受道路限制，结果仍然撤回，我无损失。同日，该支队另一部亦在正太路之河口附近，炸毁铁路及电线各一段。

昔阳之敌约六百人，元午向平定北开，经过张净镇时，其后卫被我汪支队予伏部队截住，毙敌十余人，缴步枪两支，我伤亡三人。

进攻大同西南之长流水、黑流水、马到头等地之敌，经我宋支队分途反攻袭击后，于支日全部退走(马到头敌五百余人退左云、长流水，黑流水敌八百人左右退口泉，上三径之敌经鹅毛口退回怀仁)。长流水、黑流水、马到头等地均为我收复。

涞源之敌数百人，寒日进至插箭岭附近，与我赵部及义勇军激

① 原文如此，疑有舛误。

战昼夜，终被击退回涞源城，敌伤亡卅余人。

元日，敌二百余人到北田镇，被我赖支队一部配合地方武装两次伏击，毙敌三人，缴步枪二支，检查伤亡者多系东北人。长凝（榆次东南）之敌被我赖支队及配合地方武装经常伏击袭扰，异常恐惶，现向我设铁丝网埋地雷，破坏我之进路。

我刘师陈团一部寒晚袭击井陉、获鹿间之微水车站，因被当地汉奸告密，敌早有准备，战约二小时未奏效，只将路破坏一段，电线卅余杆，敌伤亡二十余名，我伤亡八人。太谷、榆次间汽车路，元日被该师赖支队一部破坏。寒晨，敌汽车二辆开太谷，先头一辆被我击坏，毙敌二人。

驻平定之敌约六百余人，寒日进到锁簧镇（平定、昔阳间），被我汪支队一部将敌先头部队约百余人击溃，敌伤亡二十余人，敌后续部队即停止不敢前进，到黄昏前，敌向北撤退回平定。是役，我伤亡八名。

赖支队一部寒晚在韩庄北东村、北合流一线，配合民众破坏该地电线约四里许。

我宋支队粉碎敌之围攻后，即以一部向北挺进，于寒晚一部袭击大同北卅里处之姑山村车站，守敌十余人全被我消灭，缴获步枪八支，驳壳二支，手枪一支，各种子弹五百余发，将车站全部烧毁，破坏铁路电线各一段。

敌约五百人，唐克车三辆由榆次向我范村进攻。我王团一部沿敌人进路，分若干组〔组字衍〕战斗小组埋伏，以少数部队诱敌深入。敌进至西曲河附近，其先头唐克车一辆因路陷失掉作用，被我密集火力扫射，该唐克车当已被我击毁，共毙敌二十余人，我伤亡三名，敌当黄昏时即退回范村镇。

汪支队一部删夜袭昔阳城，未奏效，因敌固守城墙，戒备极严，惟我将城外步哨驱逐，敌伤、亡各一，缴步枪三支，旋即撤回原地。

东进队一部配合唐县、曲阳一带游击队、义勇军，寒晚夜袭定县城，敌固守城墙，恐惶万状，城墙上均悬挂满的〔的字衍〕灯火，以防止我接近和不断的枪炮声。

汪支队铣日派向沾尚之侦察，游击部队途中遭遇敌人，战约一小时，我一战士未及撤回，躲至窑洞内，与敌打了一天，黄昏时敌退走，始出窑洞，该战士身上只余三颗子弹矣。

我孟部在易县紫荆关以南之南石娄附近，与敌二百余人遭遇，将敌全部击溃，毙敌三十余人，弃尸九具，缴获轻机关枪二支，步枪三十五支，其他军用品甚多。

石家庄敌千余人，炮六门在飞机七架掩护之下，于筱日拂晓起猛攻我平山，激战至上午八时，我守城游击队因众寡悬殊，且弹尽，我机动的向城西突围，游击队伤亡二十余人。

冯村敌百余人，寒日向临城前进，在途中被五十余名便衣队伏击，退回冯村。删日，冯村敌全部在飞机掩护下复进攻临城，与驻城内之游击队战约一小时，敌即进入临城。同日，鸭鸽营之敌已开冯村接防。

汪支队一部筱晚袭击井陉、获鹿间之头泉车站，敌护路之廿七名死守票房，被我将房子放火完全烧死，计内有轻机枪两支，步枪及电话机子一架和汽油百余瓶均被烧毁，后由获鹿开来兵车一列应援，我已撤至头泉车站以南山地，当列车刚快接近头泉时，我以密集火力扫射，敌伤亡甚大，后敌全部下车与我对战，这时我除一部保持接触外，大部安全南撤。

日军巧日在崞县召集城周附近村长以上会议，被我王旅便衣侦探混入会场，据称会议内容为：(1)号召群众组织伪军。(2)所有企业到十二月底不经登记表者一律没收。(3)宣布日本占领南京后中国已无抗日力量，要在南京、北平、太原等地组织新政府。(4)共产党八路军是皇军最大的敌人，大家不要相信共产党八路军。(5)民众应安居乐业，遵守皇军纪律，不要参加地方游击队义勇军。

(6)报告八路军的消息的有偿。等语。

〔国民政府国防部史政局及战史会档案〕

2. 八路军总部关于河北山西等地区战斗情况报告①

（1938年1月24日）

十二月十九日

（一）涞源之敌因四面交通被我切断，同时，我各游击支队和地方武装不分昼夜袭击，加之群众的坚壁清野，各方得不到接济，士兵病者甚多。该敌于皓拂晓向东突围，我杨支队除一部尾敌追击外，同时收复涞源城，敌遗弃病兵多名。

（二）进占平山之敌本午一部出城，抢掠民间财物，被我游击队第二支队于平山西之王平村附近给了迎头痛击，毁敌汽车一辆，敌死伤卅余人，狼狈退回平山城，缴步枪三支，短枪一支，我伤四名。

十二月二十日

（一）有日，敌十余人在高邑属之东塔镇强奸妇女，被群众用木棍打死，日寇藉此，本日开来日军百余人大肆屠杀，将群众高悬拷打，并捆束树上宛〔剜〕心破肚，受此刑死者百余人，其状极惨。

（二）本日小原平之敌约二百余人向西、东石寺进攻，被我驻大牛店部队和当地义勇军击退，敌伤亡二十余人，弃尸一具，缴步枪二支，我伤亡七人。

（三）杨支队一部尾涞源东退之敌，占领紫荆关后继向易县追击。

（四）昔阳之敌二百余人本日进到虹桥关，被我汪支队一部击溃，敌死伤十余人，缴获步枪一支，敌人所抢得群众物件及骡、驴十

---

① 此件为1938年1月24日八路军总部所印《第八路军自1937年12月19日起至1938年1月20日止之战斗汇报》全文。

余匹亦被我追掉〔到〕，我伤一人，敌当晚退回昔阳城。

十二月二十一日

（一）王旅一部本日午，在定风庄附近侧击由崞县向南驶之汽车队，被我击毁四辆，正结束战斗之际，由崞县来敌一部增援，我集中猛进，又将该援敌击退，毙敌卅余人，缴获大米百余袋，缴步枪三支，并缴获文件多种。查该敌系十一师团辎重部队，由岱岳运粮到原平内，另有命令一件，谓在崞县征集壮丁三千，组织保安队。

（二）杨支队另一部尾涞源东退之敌，已于本日进占紫荆关。

（三）本日，敌一路由昔阳经沾尚镇，一路由寿阳，一路由平定经上龙泉，一路由榆次经阔郊。每路约四、五百至一千□百人不等，分向松塔马坊镇附近之我刘师王团攻击。

（四）我刘师一部配合当地游击队、义勇军等，于本夜分向平汉线各车站袭击，经过如下：

① 以一部配合游击队袭高邑南之鸭鸽营之车站，战约一小时，敌死伤十余人，缴步枪二支，并破坏该车站铁轨一段，我伤三人。

② 另一支队袭冯村之南北车站未奏效，只破坏该处铁轨及公路各十余丈，后敌由南开来汽车一辆，驶至破坏处不能续驶，我以火力猛射，该汽车当被我击毁，毙敌五名，我伤亡十余人。

③ 我陈团一部配合地方游击队，袭击邯郸之马头镇车站，守敌百余人，该敌哨兵被我击毙，另有敌步骑炮兵四百余人由北向马头镇车站前进，当与该站守敌误为我游击队，互相发生冲突，一时枪炮声大作，战约一小时，互有伤亡。

十二月二十二日

（一）进至平山之敌以约二百余人据守城内，城的周围均有各种防御设备，如铁丝网工事，并对我戒备甚严，余约千人向井陉开去，我徐旅一部进袭平山、行唐之敌。

（二）蔚县敌五百余人，宁城敌三百余人，西合营有敌约一连，我杨支队一部及地方武装本日分途向该敌袭击，原灵邱汉奸武装百三十余人大部已被我消灭，计缴获步枪五十余支，轻机枪五挺，手枪二支，卜壳、左轮各二支，子弹三千余发，手榴弹八十余个，活捉匪首大队长一名，俘虏七十余人，毙者四十余人，余被冲散。

十二月二十三日

（一）我陈支队一个连配合当地游击队于本日进至大龙华时，该地驻敌疏于警戒，被我猛袭，激战三小时，将敌全部击溃，缴获无线电一架、汽车二辆、步枪十余支、轻机枪一挺。正解决战斗之际，由易县来敌一部增援，企图夺回所失物件，又被我击溃，残敌向易县逃去，是役，敌伤亡甚重，我伤亡二十余人。

（二）马坊镇之敌本晨向我南北军城进攻，被我王团一部击退。

（三）长凝、庄窝之敌约六百余人本日向庆城前进，被我秦支队配合地方武装将敌击退，另一部乘胜深入敌后侧活动，是日该方枪炮声终日不息。

（四）定县日军本日开会和表演傀儡戏剧，被我便衣队混入，打死日军十余人，会场秩序大乱，我便衣队乘混乱之际安全退出。

十二月二十四日

（一）杜庄村之敌昨日进到关帝庙（杜庄村、和顺之间），经我汪支队一部绕至敌左侧，激战终日，敌伤亡数十，当退回杜庄村后，又被该支队彻夜袭击围攻，敌异常恐慌，于本晨继向昔阳城退去。

（二）沾尚敌五百余人，于敬日进到西寨镇，在该带大肆烧杀，我郑支队配合民众向该敌积极袭扰。

（三）忻口附近，本日有群众以两个手榴弹击毙征壮丁之日兵和汉奸数名，崞县阳明堡、班村之敌，昨、今两日以一部进到以西数里村庄抢劫，被我游击队与义勇军击退。又据探报，敌见原平到宁武之铁路已被我完全毁坏，正拟在崞县至太和岭口一段重新建筑铁道。

（四）我陈支队昨日占大龙华后，本日由易县开来之敌步兵千余，附炮兵、骑兵、装甲车等，在飞机四架掩护下，向大龙华前进，敌先头一部约二百余人，经小龙华时被该支肖部于小龙华以北山地伏击，敌伤亡甚众，战约两小时，因敌后〔续〕陆续赶到，故未能解决战斗，我即撤至大龙华西北山地，并继续监视与袭扰该敌。

（五）阳曲西之白家庄本日到敌一个大队，掩护运煤，并准备该煤矿即日开工，我王旅一部乘夜袭击，毙敌十余人。

十二月二十五日

庆城之敌经我击退后，庄窝及范村于本晨退太谷。进攻和顺之敌本日被击退。西寨之敌退回昔阳。我汪支队已尾敌向昔阳游击。进占马坊之敌退松塔镇。

十二月二十六日

（一）宋支队一部在榆树城西南和林格尔东南之新店子打灭该地维持会，守敌数十名被我击溃，伤敌三名，缴步枪三支，子弹数百发，电话机子二架，马三匹。

（二）徐旅一部本日将井陉东之横口车站铁桥破坏，守桥之敌二十余人被击退，该地公路及电话线亦被破坏。同日徐旅又一部于本日晚将井陉西二十里之驴岭北二里铁道公路交通点之铁桥破坏，三岔口附近小铁桥亦破坏。

（三）本日拂晓，敌四百余，附炮四门，由东社车站向我庄磨镇、西社镇进攻，我王旅一部利用山地与敌扰击竟日，敌死伤五十余，黄昏时，我以有力一部向敌左翼侧击，最后将进攻之敌击退，是役我伤亡廿余人，重伤连长一人。

十二月二十七日

（一）我刘团一部配合义勇军击溃进攻与抢劫下、中、上石寺之敌四百余人，该敌所抢劫之猪羊等均被我夺回交往被劫民众。

（二）本日我陈支队于易县西之大□桥与敌百余人遭遇，战约一小时，终将敌击退，毙敌二十余人，缴获步枪七支，俘虏五名。

（三）本日同蒲路由雁北南开敌汽车五十余辆，系载军粮、食品，又由阳明堡经崞县至原平以西之文殊庄、宿营之敌步兵约三百、骑兵二百，我王旅一部乘夜袭击，敌固守街巷，我以手榴弹击毁装甲车二辆，敌死伤甚众，自我袭击后，敌动摇万分，彻夜枪声不停。

十二月二十八日

由阳明堡、崞县出来敌二百余人，分向王笔村、上、中、下石寺掳掠民间财物、猪、羊、牛等，被我袭击，敌怆惶退去，该地人民物产未遭损害。

十二月二十九日

（一）徐旅一部袭击冈头风山之煤矿厂，当已奏效，缴获有线电话机二架，收音机四架，活捉矿警十余人，并其他军用品甚多。

（二）易县敌五百余人企图包围我陈支队，本日进到东西罗村、野里店附近，与我陈支队一部接触，后继于十二时进到东西河北，与我陈支队激战终日。

（三）日军在忻县一带，大批收集钢铁军用品等，用汽车装运大同，忻县汉奸甚活跃，招募流氓、地痞、溃兵和烟鬼企图进行伪军武装组织，并反对我在地方组织之各种救亡团体。

十二月三十日

（一）井陉、冈头、崔峰之敌共约六百人，炮数门，在飞机三架掩护下，于本日向我徐旅驻井陉北之小寨部队进攻，我依山抗击，战约三小时，即将敌击退，敌伤亡数十人。

（二）平汉路由于我军屡次袭击、破坏交通，现平汉线各车站守敌均禁止中国人接近，并车站附近居民除令其移居、离开车站或以金钱贿赂群众代为日人护路，同时以“一人修路万人幸福”等口号欺骗群众。高邑前被我破坏之铁轨已先后翻倒火车两列，尚未搬走，近三日已停止通车。

（三）磁县敌约一个联队，附炮兵，于本月分三路，一经坭河九龙口，一经石桥，一经石庙、张家楼，向彭城镇进攻，与我张、韩支队激战。

（四）凉城南之新店子、榆树城之敌经我宋支队袭击后，本辰向和林格尔退去，该支队一部当尾敌追击。

（五）本日由高邑敌进到孤山水洼时，将该带民房烧毁百余所，同时敌在赞皇及西汜洞共杀死百姓十余人，宰去头颅和破开肚肠，群众痛恨入骨。

十二月三十一日

（一）由磁县分三路进攻彭城镇之敌，除右路之敌于本日被我张、韩支队击退外，彭城镇已于本日被敌占领。

（二）灵寿之敌约三百余人，于本辰向石家庄开去，我徐旅便衣队于本日晚夜袭正定、曲阳之间维持会，该会被我冲散，获手枪二支，捕捉该会审判官一名。

（三）卅日敌便衣队十余人渡过滹沱河东岸，被我地方游击队击退，死、伤各一人，缴获长枪二支，短枪一支。近日南开之敌，全系骑兵，千余人北开；汽车系载伤兵。

（四）王支队一部在清水河北之杨林子消灭当地维持会及汉奸武装五十余，缴步枪二十五支，冲锋机枪四架，花机关枪一架，马十五匹，骡、驴等四匹（系群众的已退还被劫群众）及资材一部，毙敌三十余，伤五名，我伤亡七名。

一九三八年一月一日

定县原有敌二百余人，汉奸武装五、六百人，每日不断派汽车向新乐铁道巡查。我游击队散布该城周围，日夜袭击该敌，并破坏铁路。

一 月 二 日

我张、韩支队一部于昨晚袭击磁县西之彭城镇之敌，未奏效，因敌固守街道，但经袭击后，敌甚恐慌，枪声彻夜未停。我于本日拂晓撤至彭城镇西北山地，敌以约三百余人尾我前进，当即接触，战约两小时，给敌打击后，我复向西转移。

一 月 三 日

正太路经我袭击后，敌戒备甚严，井陉以东之各车站及大小桥梁均驻有敌维护交通。井陉西之乏驴岭铁桥被我破坏后，敌刚要修成功，又被我徐旅一部于本日晚再一次破坏。

一月四日

（一）本晨我王旅之一部于定风庄与田家庄之间截击敌人交通，至九时由原平南开敌汽车十余辆，先头载步兵约十余人，后又继续开来百余辆，被我猛袭，敌一部下车与我抗击，敌伤亡甚重。复由原平来援敌三百余人，战约二小时。计是役击毁敌汽车十六辆，烧毁十四辆，缴步枪五支，呢大衣数十条，电话机数架，俘敌三名，我阵亡连长一、排长以下伤亡十余人。次日我派到该作战场游击部队见到该地埋葬敌十余人，还有死尸多具露在路旁未埋，血痕遍野皆是，即击坏之汽车十余辆尚未搬走，复又被我加工焚掉。

（二）我张、韩支队一部配合地方武装向彭城之敌袭击。

（三）本日西合营敌向我九宫口进犯，被我杨支队一部击退。

一月五日

（一）刘师本日派出各支队分向正太、平汉两铁路破坏。经过如下：

① 汪支队一部袭击乏驴岭，破坏铁轨约一段，守敌十余人被驱逐。后由井陉来援敌数百人，我以任务完竣，即向乏驴岭南山地撤回。

② 该支队另一部袭击娘子关、阳泉间之下盘石，该地满驻敌人，周围设有铁丝网及埋的地雷，战约二小时，终未奏效，仅将该地电话线割断。

③ 骑兵支队袭击井陉、获鹿间之头泉车站，守敌二百余人，战约二小时未奏效。

④ 该师另一支队袭击高邑、石家庄间之马村，破坏铁路及公路各约十余丈。

（二）徐旅本晚破坏娘子关、井陉间之北峪铁桥之部队，因该地守敌约百余人被当地汉奸报密，敌事先已有准备，当我到达时即为敌发觉，战约二小时未得手，我伤亡十余人。

一 月 六 日

（一）我徐旅本晚袭击东王舍车站，守敌廿余人被击散向东逃去，破坏铁轨十余丈，毁火车头一个，该车站所储存煤油及其他物件均被焚毁。

（二）大同、怀仁、左云之敌昨、今两日又分向我宋支队进攻，其步署：左云、吴家窑、怀仁之敌步、骑兵共约千五百人于昨日进抵毛官屯，朔县敌八百余人分两路，亦于同日进至井坪上面高地区，本日分途向我史家屯、观音堂、织女泉、乱道沟各地游击队、义勇军进攻，惟我地方武装仍能灵活的运动与敌周旋，曾有数处钳制和打击敌人的进攻，迭有小的胜利。

（三）陈旅游击队本日在乏驴岭附近破坏铁轨一段，适与守敌查路队数十人遭遇，我以猛烈火力扫射，毙敌数名，余狼狈逃去，缴步枪二支，我伤数人。

（四）我赖支队配合榆次县游击队于本日破坏寿阳西南之芦家庄铁路一段，守敌二十余被击散。

一 月 七 日

（一）长凝敌约三百人，附炮五门，本日向南坪道进攻，遭我赖支队伏击，敌伤亡卅余人。

（二）怀仁、左云、马邑、岱岳、朔县、井坪之敌共约四千余人，合击我口前村。该地区的游击队及宋支队一部分途抗击该敌。

（三）本日原平、崞县之敌共约千六百人附装甲汽车、唐克车共十余辆，炮十余门向神山大牛堡、施家庄地带进攻，我王旅主力及配合地方武装部队与敌激战竟日，战况甚烈，直至黄昏，我以一部绕至敌左翼侧击，及当日晚一部夜袭该敌，结果上默都、大牛堡被我收复，敌向东退去，攻大牛堡之敌被我以手榴弹击毁敌汽车二辆，是役，敌伤亡甚众，我亦伤亡排长以下数十员，消耗弹药甚大。

（四）伪军第七团骑兵三百余及步兵五百余，于本日进攻破儿堡，激战五小时，反复冲锋数次，终被我击溃，敌人伤亡人百余，马三十余匹，黄昏时，敌北撤三十余里之五号附近，我伤亡连、排长以下十五人。

一月八日

（一）昨日被我王旅击退之敌本晨复向阳武村、浮图村及大牛店一带进攻，经我顽强抵抗，该带地区终保持在我手中，幸免遭敌人蹂躏，惟阳武、大牛店之东南各村落已被敌烧成一片焦土，该进攻之敌至本晚向原平撤去，我以一部已尾敌进至阳武大牛店东南地区和协助群众救火，计昨、今两日战斗，我王旅伤亡二百余人，敌伤亡亦甚重。

（二）进至黄土堡之敌于齐日拂晓，在飞机二架掩护下向我驻右玉游击队进攻，我游击队因众寡不敌，战约三小时，右玉终于十时失陷。

（三）平定之敌汽车九十余辆，于齐日经娘子关东南之柏木井被我刘师陈团一部伏击，战约二小时，计击毁汽车十七辆，另烧毁八辆，击毙敌连长、排长各一，以下伤四十余人，缴获无线电一架、长枪五支、手枪二支、军用品甚多，我亦伤亡十余，残敌向东逃去。

（四）刘师骑兵支队配合元氏游击队，于本晚破坏石家庄、高邑间之窦妪村附近之铁轨十余丈，并破获该地伪组织一个，将办公人员数名逮捕，搜集日本公文多种及日本旗子等。

一月九日

（一）阳泉之敌约五百余人，于本日经河底镇向盂县进攻，并有飞机一架掩护，至下午四时许进到距盂县二十里之清城镇附近，与我周支队对战中。又寿阳敌三百余同时向盂县进攻，至晚，仍在大贤村南北上社一带附近，与我地方部队接触。

（二）刘师陈团派出之游击队本晚袭击昔阳南之留庄，毙敌七名，击伤四名，我无损失。

（三）徐旅一部本晚袭击井陉煤矿甚为得手，将杨金沟、岗头自来水井完全破坏，守敌数十，除当被击毙与打伤者十余，余均被击散。另一部同时袭击东王舍，守敌完全睡觉和疏于警戒，我乘敌梦睡不备，即突入兵房，以轻机枪与手榴弹猛袭，击毙与击伤二十余人，缴获步枪八支，手枪一支，该东王舍及杨金沟所蓄煤油及征取煤油器具完全被烧毁，估计以后复工不易。

（四）本晨由崞县出来之敌百余人，与我王旅一部于上下大林附近遭遇，战约三小时将敌击退，敌死伤三十余人，我伤亡五人。

（五）元氏游击一、二队于昨晚在石家庄、高邑之窦妪车站附近破坏铁轨一段，本晚由南北开火车一列，损坏车头一个，车厢亦损坏数个。

一月十日

（一）由阳泉进到清城镇及由寿阳进到大贤村等地之敌，于本日下午四时向我盂县城合击，我周支队及盂县游击队战斗两日，盂县城终于是日失陷，我伤亡约至百人，但敌伤亡亦大，我仍在盂县附近监视、袭扰敌人。

（二）彭城镇敌约千余人，附骑兵一部、炮四门，及武安敌约六百余人，分三路进攻贾壁、索井、水峪地区。

（三）昨日平汉及正太路分数路向临城赞皇以西地区进攻之敌，除由高邑、鸭鸽营、赞皇、元氏等四路，经我刘师骑兵支队及孙军（殿英）与地方武装分途抗击，直至本日逐渐被击退外，余如黑水河、南佐、南、北沙滩和由井陉进到南、北庐村之敌尚在对峙中，该进攻之敌每路约有兵力五、六百人，并附有骑、炮兵一部，敌所撤退经过地方的村庄几乎完全烧毁，许多地方因敌遭受挫败，藉以百姓造反而烧杀。

一月十一日

（一）崞县、原平间田家庄之敌百余人，本日续向大牛堡进攻，与我该地之游击队接触，战约二小时，至黄昏前我王旅一部赶到，将敌击退。敌撤回田家庄后，向我发炮四百余发，死伤群众很多，据战地各村村长报告，自敌七日开始进攻至本日至，人民遭敌屠杀及被炮弹炸死、伤约五百余人，烧毁民房千一百余户。

（二）据盂县县长报告，半月前敌人在寿阳杀害外籍传教教徒六人，内计美国男、女五人，法国一人。

（三）我任支队前在反攻正太路南进之敌，于沾尚附近缴获日本袖珍新式小电台一架。

（四）宋支队一部在长城外之厂汉营附近与伪军二百余人激战一小时，残敌向香火地溃退，毙敌人、马各十余，伤人二、马三，我阵亡一人。

一月十二日

（一）敌进占盂县后，仅小部与我城附近之大桃园城五村一带之游击部队每日常有接触，现敌以数百人掩护，修由盂县至平定，由盂县至寿阳之汽车道，敌为防我在城郊接近，于昨、今两日在盂县城外十里以内之各村落完全烧毁，群众为请愿及救火而遭屠杀者三十余人，群众已无家可归，纷向东北山地逃跑，敌正在该城利用汉奸组织维持会。

（二）井陉敌六百余人进到岗头后，于本晨分两路向我驻小寨之徐旅部队进攻，但事先已为我发觉，当敌先头进至小寨南四里许之赵庄岭附近，被我伏击部队猛烈袭击，敌狼狈后退七、八里。是役，敌伤亡八十余人。弃死尸五具、军用品一部，但战斗仍在继续中。

（三）本日由太原开来汽车四辆，载步兵廿余人，到太原西北之上兰村掳去群众卅余人，内三分之二系未逃走的妇女。

（四）进攻我口前观音堂之敌，经我宋支队昼夜不断分途袭扰后，于本日分途退至下面高毛官屯。

（五）昔阳元日增敌三百余人，一部进到张城与我地方游击队接触。

（六）高邑敌约一联队、唐克汽车各约廿余辆，本日分三路向以西地区进攻，在院头村与我刘师骑兵支队及地方武装激战终日，至黄昏时敌始东退去。该村庄约三百余户，已被进攻之敌烧成一片焦土。

（七）敌约四百余，炮十门，本日进占王万庄（朔县南），与蔡、杨支队接触。

一月十三日

（一）昨、今两日我徐旅一部在井陉以北与进攻小寨之敌激战后，终将敌击退，该地群众抗日情绪极高，对我军作战前后有如下表现：

① 敌开始进攻时，将所探得敌之人数及武器分若干路进攻和进攻路线等消息，不分昼夜向我军作数次报告。

② 全未经我军动员，群众自动上火线，抬负伤战士。

③ 群众由各乡村甚至数十里以外之各村送来鸡子、鸡蛋和粮食、蔬菜等，慰劳我受伤战士，计第一天收到群众慰劳鸡蛋五千余个，鸡子四百余只。

（二）我军利用退却、夜袭及群众等散发对日军传单标语，日兵拾得后【受】很大影响，有的阅了欢喜，有的因感动而流泪，并在驻地附近与逃走的居民老妇群打听今天中国抗战及共产党、红军的情形和表现其厌战的情绪。

一月十四日

（一）进攻滹沱河东岸之敌，于本日下午退回崞县，闻在河东与我赵支队接触，伤亡廿余人。

（二）毛官屯之敌因受我宋支队之袭击，退至吴家窑、左云一带据点之内。

一月十五日

本日由代县东开之敌汽车十余辆，刚出城被我赵支队一部即城东附近村庄截击，毙敌八名，我以手榴弹击毁汽车一辆，余逃返代县城内，该被毁汽车内获步枪三支，弹药军用品一部，该车继被我焚毁。

一月十六日

（一）昨日，平定、昔阳之敌又分三路向东进攻，一由东回村到马山村，一由昔阳到东冶，一由石门口到西回村、前石瑙进攻，企图消灭我井陉、获鹿、娘子关以南地区之游击队、义勇军等地方武装。今日敌一部二百余人进到南庄以东，被我陈团一部截击，战约二小时，敌死伤卅余人，我伤亡十一人，缴获步枪二支。黄昏时敌退至南庄以西地区。

（二）本日，我陈团派出之便衣队化装八个农民及随眷共十余人，携手榴弹、手枪等向东冶头东南山地逃走，被敌发觉，敌以十余人猛向我追击，不到二十分钟敌接近，距我二十余米达处，我追转时猛烈以手榴弹反击，毙敌四名，伤五人，余狼狈奔命，逃回东冶【头】，我轻伤、重伤各一人，缴获步枪四支，短枪二支。该便衣队仍进到东冶【头】附近活动。由马山东进之敌当日下午许即撤回马山，惟该敌在退路时以有力一部设埋伏，企图打击我尾追部队，被我发觉仍未得逞。

（三）我骑兵支队在唐县破获日间谍机关一个，捕获汉奸犯数人，并搜出无线电一架。该支队另一部本日进占杨城镇，将保定以南、望都以东之伪组织摧毁，汉奸武装全部解决，缴获长、短枪十余支，并捉获汉奸首要份子二名。后由保定开来敌百余人，激战二小时，毙敌数十名，敌即溃退。

（四）我刘师叶团之一部组织轻装于十五日拂晓前出发，以神速的急行军取小径翻山越岭，以一昼夜的时间通过二百一十里，于本日拂晓前，突然进到正太路上，将阳泉至寿阳间之桑掌村、辛店占领，守敌全无准备，除被击毙与打伤二十余人，余分向阳泉、寿阳逃窜，缴获步枪十支，短枪三支，将辛店附近两座铁桥完全炸毁，并破坏铁轨二百余米达。天明时有寿阳来敌二百余人，与我战约一小时，我以任务完成即向南山地撤回。此次我共伤亡九人，这是模范的袭击战例，应该仿效与发扬的，

一月十七日

（一）阳泉之敌七十余名，昨日向暖泉南之石门峪修汽车道，被我完全击散，缴获步枪十一支，工作器具五十余具，大衣六十四件，敌死伤二十余人。本晨开来汽车五辆，向石门峪发炮五十余发，该路终未修成。

（二）保定北之铁路经我陈支队一部于本晚破坏十余丈。

（三）望都本日早被我骑兵支队袭击，捕获哨兵二名，枪二支，该城之敌甚动摇。

（四）忻县火车站有敌二百余人，被我游击第六大队于本日在冰天雪地夜袭，守敌被击散，向城内逃去，我游击队破坏铁路一段，缴获太阳旗子二面。

（五）我王旅派出崞县以北之游击支队，于铣、篠两日夜袭崞县城，刚进到城北关，与敌巡查队数十人遭遇，毙敌四名，余狼狈向城内逃去。此一接触继引起守城之敌的注意，枪炮声整夜未停，崞县至代县的铁道现正铺垫枕木。崞县以北两个桥梁被我篠晚袭击崞县之部队烧毁。

一月十八日

（一）进攻口前村观音堂宋支队之敌，大部已退回左云、朔县、岱岳，仅约百余人尚在吴家窑，正构筑防御工事。我宋支队仍在马邑以北及左云以南地区活动。

（二）日寇在原平、崞县、代县、太和、岭口、忻口一线沿公路附近各村镇压迫人民，组织维持会和抽青年壮丁组织地方保安队，人民愤恨至极，惟日军命令极严，违者以反皇军论罪便给以烧杀，除一部逼不得已暂时听从者外，余均纷纷离开向左右山地逃走。

（三）正太路之敌近不断调动，据该处群众报告，敌向东运者除每汽车内驾驶人及一、二日人押车外，余概系由太原、榆次一带捉去的中国青年壮丁；其向西运之汽车，除少数日本人外，大部是伪装的橡皮人。

一月十九日

（一）前由平定、昔阳东进之敌昨日集东冶头附近，随即向昔阳伪装撤退，企图伏击我追击部队，但已为我予先发觉，敌未得逞。本晨，我在小瓦邱、南界都附近部队向敌袭击，战约三小时，肉搏数次，将敌击溃，退入昔阳城。是役，敌伤亡数十人，我亦伤亡二十余人，缴获步枪五支，军用品一部，我便衣队乘胜尾敌进至昔阳城附近。

（二）查敌对我军及地方游击队之作战手段：

① 每在退路设埋伏，诱我出击，企图乘我追击不意而消灭我有生力量及地方抗日义勇军及游击队和采取以迅速动作突然分途出击，企图一举歼灭我军，敌此种企图终未实现，已被我完全打破。

② 对我军与游击队活动地区施以屠杀、焚烧，镇压群众抗日运动。此次敌在崔家庄、小瓦邱及马山村以东各村庄，除将房内粮财抢劫一空，余均先后被烧毁并屠杀未逃走老人、男、女三十余人。

一月二十日

（一）阳曲敌步、骑兵各约五百余人，于昨日向阳曲西之王封镇进攻，与我贺师之贺、廖支队对战终日，双方均有伤亡，结果因敌众我寡，王封镇于是日黄昏时失陷。

（二）盂县敌一部约五百余人，本晨出城向苌池进攻，与我驻城五村之周、刘支队一部激战二小时，敌伤亡四十余，但终未能阻止该敌于是日下午三时许，敌在飞机二架掩护下，即占领苌池，判断该敌可能掩护修通盂县至下社之汽车道，以便今后之继续北犯。

〔国民政府国防部史政局及战史会档案〕

3. 朱德彭德怀关于八路军在华北战场战况密电

（1938年1月）

（1）1月3日密电

特急。汉口大元帅蒋：密。（甲）邯郸敌一联队附炮兵一连、唐克车三辆、汽车十余辆、大车二百余辆满载弹、粮，于感日抵武安。李聘三率民团匪众一部，于东日开彭城镇、磁县。敌约一联队附骑、炮兵于陷日分三路，一经泥河九龙口，一经石桥，一经石庙向彭城镇进攻。除右路于陷日被我击退之，全部城镇已于卅日失守。该敌率部五百余人，东日向南羊村之孙殿英进攻。(乙)邢台有敌二千人，东日开追悼土肥原会议。丰乐镇住敌司令部。光禄镇有敌千余。高邑近有敌多少不详。元济，敌汽车二十辆，满载步兵陷日向赞皇开去。(丙)前被范松塔部击溃之敌已分向平定、榆次退去。石家庄有敌三千余人。行唐百余。平山步、骑八百余。保定有敌六千人，以约千人开高邑，千三百人开满城，以六百人开望都，以二百余驻方顺桥。定县有敌二百余及汉奸武装二百人。(丁)陷日，由雁北南开，崞县之敌步、骑千余。新否子、榆林城、辛窑子、翼旂、马厂之敌经我猛击后，陷晨已向和林格尔、原城退去。(戊)太谷全县仅住敌五百余，大部已南移。榆次敌亦有南移，多少不详。长踬有敌二百余。(己)灵皋之敌约三百余，卅日开石家庄。我便衣队于卅晚将曲阳、正定间之维持会击散，缴手枪二支，捕审刑官一名。敌在正定、曲阳间组织伪军约一团，已设正副团长校官各一，均系日籍。①

(2) 1月9日密电

十万火急。武昌大元帅蒋：密。(甲)虞日，原平、崞县之敌共约千六百人，附装甲汽车、唐克车共十余辆，炮十余门，向神山、大牛堡、施家庄地带进攻。王旅主力及配合地方游击队、义勇军等与敌激战终日，战况甚烈，直至黄昏，我以一部绕至敌左翼侧击。又当日晚，一部夜袭该敌，结果上默都、大牛堡被我收复，敌向东逃窜。进攻大牛堡之敌，被我以手榴弹击毁敌汽车二辆。是役，敌伤亡甚众，死伤血痕遍野皆是。我亦伤亡排长以下数十员，消耗弹药甚

① 该电尾无发电人姓名，据内容推断，当为朱德、彭德怀所发。

大。老百姓因在火线上帮我们送饭及抬伤员及接近战区，居民受伤亦巨。(乙)据报：(一)慵葆驻敌约千人①。坂垣征四郎微日率完兵百余人到石家庄。(二)由北平来人云，北平傀儡政府以吴佩孚【为】主席，悬挂五色国旗。等语。(三)满城、沈顺桥、望都、新乐、正定一带敌情近无变化。(丙)刘师长齐已报：(一)邢台之敌鱼日约六百人向任县东开去，武安城内驻敌三百余人，大部系伪满军，并有唐克车八辆，近无动静，该敌正演习实弹射击。彭城镇有敌二百余人，惟戒备甚严，常有少数进出城周围游击，并强奸妇女，因此该带妇女纷纷向西山地一带避乱。(二)石家庄以南所被我破坏的铁轨及公路，近日军掩护正修筑中。(三)寿阳驻敌步、骑、炮兵共千余人马，首村、上湖村、芦家庄各驻敌数十到百人不等，芦家庄驻有敌一个医院。(四)平定、昔阳各有敌约千三百人。(丁)左云敌千余，炮兵一连，汽车及唐克车共十余辆，于齐在飞机二架掩护下进占右玉。朱、彭。佳酉。印。

(3) 1月19日密电

特急。汉口密〔密字衍〕大元帅蒋：密。由平山、井陉分向洪子店进攻之敌共约一个联队，附炮十余门。养日，我徐旅六八八团在温汤镇附近，伏击由井陉前进之敌。九时许，即与井陉来敌开始接触，当即将该敌约千人击溃，敌伤亡约二百余人，但未能解决，战至十二时，平山来敌赶到，随来敌机两架助战，敌发炮十发，该团长督率所部奋勇攻击，反复冲锋二、三次，战至黄昏，温汤镇终被敌占领，该团团长陈锦秀及第三营营长均作壮烈牺牲，并伤亡连长以下三百余人，但敌亦伤亡颇大。次日晨，敌续向洪子店攻击，该团又与敌接触，战约二小时，敌在飞机、炮火掩护下，于十二时洪子店继失。该团迫不得已，撤至洪子店以北及以西地区休整，并继续向进

① 地点“慵葆”似有误。

驻洪子店之敌袭扰，断敌归路，以期驱逐该敌。朱、彭。效申。印。

(4) 1月21日密电

急。汉口大元帅蒋：规密。前由平定、昔阳东进之敌，皓晨，被我刘师一部在小瓦邱、南界都附近袭击，敌伤亡数十人，我亦伤亡廿余人，缴获步枪五支，军用品一部，我军乘胜追击昔阳城附近。(二)正太路之敌近日东运者除汽车驾驶员及一、二日军外，余均是由太原、榆次一带捉去之中国壮丁，西开之汽车仅有少数日军，大部是橡皮人。(三)盂县敌约五百余人，哿晨进攻苌池，被我周、刘支队迎击，敌伤亡四十余人。(四)据传保定之敌已开山东，现保定仅驻伪满军约六百人云。(五)铣日拂晓，我刘师一部袭占正太路阳泉至寿阳间之桑掌村、率店，守部百余人，被我击散，缴获步枪三支，率店附近两架铁桥已全毁坏，并破坏铁道一段。(六)前由邢台西进之敌大部已退，驻岗头及漾家线之敌被我不断袭击，伤亡极大，甚为恐慌。朱、彭。马午。印。

(5) 1月26日密电

急。武昌委员长蒋：密。(甲)驻高阳坂垣之四十联队第三中队，计轻、重机枪六挺、炮十门、步枪八十余支，于养日被我东进支队及当地群众诱出城南附近消灭殆尽，敌中队长、上尉日川丹治被击毙，除俘掳十余人，均被击毙和打伤和伤亡六十余人。(乙)邢台分三路西犯之敌于敬日撤回邢台。(丙)同蒲路之敌近略有北撤，驻崞县炮兵有日已北开阳曲。忻县一带之敌因水土不服，近病死甚多，连日以一、二百辆汽车装运病兵掩护北开。朱、彭。寝午。印。

〔国民政府国防部史政局及战史编纂委员会档案〕

4. 八路军驻汉办事处关于八路军在河北等地战绩报告

（1938年1—2月）

（1）1月27日报告

接第八路军总部宥参电：

一、紫荆关敌千人，有日在飞机六架掩护下西进，被我杨支队伏击于王安镇附近，毙敌八百余，四散溃窜者不及二百人，嗣援敌赶到，仍在王安、鲍征间对战中。

二、敬日，被我朱师击溃之敌向东、西炉村退去，敌复增步、炮约二千余，战车五辆，在飞机掩护下，有日向马陵关北之楼儿底一带进攻，正与我李团激战中。

三、我宋支队连日将岱岳、怀仁间铁路电线破坏十余里。

四、我周支队号日将石家庄附近公路破坏十余里。

五、我吕部养日在定州东之土厚村、翟城附近与敌骑三百余，激战终日，毙敌人、马卅余。

六、忻县敌千余敬向定襄进攻，我金师配合地方游击队与敌对战中。

七、保定有敌千五百人，最近敌军官厌战自杀者十余人，望都、方顺桥各有敌七、八十人，定县二百余，数日内，平汉北开车多载敌军死尸。

八、平西门头沟增敌四百余，怀来有敌二百余，涿鹿百余。

第八路军驻汉办事处

二十七日

（2）2月12日报告

接第八路军总部真参电开：

我向平汉线出击，连日战况如次：

（一）我陈支队一部齐晚向定县猛攻，与守敌三百余人激战三小时，敌不支，退守县署，利用房屋顽抗。我以洋油用水龙注射，一时火势猛烈，守敌与房屋同烬。二十四时，县城全部为我占领。灰晨三时许，正定方面援敌分乘汽车二十余辆，装甲车十余辆赶来，复被我予伏部队截击，战约一小时，将敌全部击溃，毙敌百余，缴获步枪四十余支，轻机枪五挺，定县车站之敌数百人据房死守，仍在围攻中。

该支队另一部攻击清风店车站，守敌百余人据车站坚固房屋顽抗，我以手榴弹、硝包掷炸，火势猛烈，敌大部与房同烬，小部企图突围，复被我歼灭，缴获步枪十余支。

该支队另一部攻击望都县城，守敌百余人据城顽抗，我军奋不顾身，蜂拥扒城，将敌全部歼灭，缴步枪八十余支、轻机关枪六挺，捕获汉奸主犯数人，俘敌五人及敌伤兵十余人。

（二）我周支队一部进攻新乐县城，守敌百余人据城顽抗，我军数度冲锋攀城而入，将守敌全部歼灭，内日军官十余人亦被击毙，同时守护该地车站之敌约一排，亦被我全部歼灭，计缴获步枪八十余支，轻机关枪六挺，战马百余匹，手枪十余支，军用品及文件甚多，俘敌二十余人，汉奸十余人，民众恨之入骨，争欲殴击，车站已被我全部破坏。灰日四时许，由正定方面开来火车二列，满载援敌，复被我予伏部队截击，当即翻车一列，敌死伤甚多，同时我以手榴弹猛击，大部被我解决，一部向东逃窜，正尾追中，其后续列车经我猛烈射击，敌未下车，急向南退走。是役缴获步枪百余支，轻机关枪十余挺，弹药数十箱，其他军用品甚多，俘敌十余人。

（三）我刘骑支队攻击保定及西关车站，激战数小时，以敌戒备甚严未奏效。

（四）我杨支队一部攻击浑源县城，守敌约一营被我强攻入城，占领东南城楼。灰四时仍在激烈巷战中。

（五）攻击满城、行唐及平汉路以东之部队，但闻枪声激烈，尚无详报，我占领之铁路线、电线等正彻底破坏中。

第八路军驻汉办事处 叶剑英

十二日

〔国民政府国防部史政局及战史会档案〕

5. 叶剑英关于八路军在晋冀境内对敌作战情况函

（1938年2月）

（1）2月1日函

维章组长勋鉴：接八路军总部世参电：

一、我赵支队俭日在代县附近伏击南进之敌，毙敌三十余人，残敌退窜城内，我伤亡六人。

二、昔日之敌五百余人艳日到南北界都劫掠，被我游击队伏击，毙敌廿余人，余狼狈窜回。

三、太谷附近之敌近在各村征发便衣千余套，企图化装进扰。

四、我王旅便衣队世晚袭击忻县附近之敌，毙敌小队长以下二十余人，我伤亡二人。

五、我张支队艳晚消灭姚坪伪组织，获长、短枪二十人余支，并获重要文件多种。

第八路军驻汉办事处叶剑英

二月一日

（2）2月2日函

维章组长勋鉴：接第八路军总部东参电：

一、定襄敌二百余人艳日企图渡滹沱河北进，被我赵支队一部击退。

二、邢台属先贤村驻日寇百余，内邱九百余，官庄车站百余人，沙河店、王村、高邑、赵县各驻敌二百余人。

三、高邑敌于十余日前在东大营强奸妇女，被民众击毙日兵二人。敌发觉后即派大队来屠杀，计以机关枪扫射死者百余人，妇女投河者百余人，烧民房千余户。

又倭寇在藁城县属之梅花镇肆行淫掠，被民众击毙数十人，嗣后派大队来扫射，死千余人，全家男女老幼被杀尽者三十余户，村庄烬余无存。

四、太原敌约二千人，汽车三十余辆，艳日开原平。

第八路军驻汉办事处叶剑英

二月二日

(3) 2月4日函

接第八路军总部江参电：

一、我林师派出之萧支队世日袭击交城、清源间之高白镇。守敌百余人，当击毙二十余人，获军用品一部。

又该支队之一部连日袭击太原王封镇之敌，毙敌三十余人。

二、自我萧支队在交城、清源积极活动后，引起敌人极度不安，东日清源敌千余人分向随家庄、仙人坪进攻，交城敌千余人，太原王封镇敌五百余人，向古交镇进攻，我正分途抗击中。

三、忻县敌六百余人东日进占三交镇，我游击队正与对战中。

四、我徐旅之一部冬日在河底镇东南伏击敌人，毁汽车一辆，毙敌三十余人，获军用品一部。

五、崞县驻敌三百余人，阳明堡五百余人，代县四百余，大和岭百余，近日来往汽车较少，每日不过二、三十辆。

六、我游击队一部引晚破坏正太路寿阳、上湖间铁路一段，马首守敌戒备颇严，袭击未奏效。

七、据报河北威县之敌已逼近广宗，有向钜鹿筑路模样，我东进支队正在钜鹿、隆平、新河地区配合民众武装积极活动，准备予以痛击，邢台之敌分三路向任县进攻，其先头部队三百余人陷达任县西之××寨，我东进支队一部配合民众武装分途抗击中。

第八路军驻汉办事处叶剑英

二月四日

（4） 2月6日函

接第八路军总部微参电：

一、我王旅一部四日在崞县、原平之定风庄附近伏击敌人，约七时许，由崞县南来汽车十余辆，载敌步兵二百余人，即被我突然猛烈袭击，正激战中，又由原平开来火车二列，满载步、炮兵下车增援，我又猛击，激战至下午五时，敌向原平溃窜，我尾追至原平附近，敌据工事，枪炮彻夜未停。是役，毙敌百余人，缴机关枪两挺，步枪廿余支，日军旗两面，文件及军用品甚多，毁汽车六辆。

二、彭城镇之敌七百余人，附炮二门，世日拂晓向西王看进攻，我韩支队一部配合游击队及磁县保卫队，与敌激战三小时，将敌击溃，纷向彭城窜回。我伤亡十余人，磁县县长田裕民亦负伤。

三、孟县河底镇之敌千余人，附炮三门，江晨进袭孟县河底间之牵牛镇，我徐旅一部与对战中。

第八路军驻汉办事处叶剑英

二月六日

（5） 2月8日函

大元帅钧鉴：接第八路军总部鱼参电：

一、忻县之敌步、骑、炮二千余人，配以侦察机数架，东日向三交镇进攻，我王旅之一部与敌激战终日，毙敌二百余人，获机枪一挺、步枪廿余支。残敌当晚退回忻县。是役，我伤亡六十余人，三交以东村庄均被敌烧毁。

二、交城、清源向古交镇进攻之敌，微日在李家庄、刘庄、张头一带被我萧支队击毙卅余人，余众分向交城、清源退去，沿途焚毁民房，杀死民众卅余人。

三、我王旅一部四日在原平、崞县间击溃敌二千余，后跟踪追至原平附近，当夜袭占原平，残敌向忻县溃窜。

四、我人民自卫军赵团微日克复平汉路东之赵县城，向正向束鹿、晋县推进中。

五、据杨支队俘获日兵供称，保定有敌第五师团所属五、六百人，宪兵二十余人，伪冀东保安队二千余人，反日情绪甚高。

六、日寇、汉奸近于纸烟中置毒，贱价出售，现驻地附近民众颇有中毒死者，其置毒纸烟已发现者多为大丰包牌号。

七、太原进攻河口之敌，微夜被我张旅一部在西岭头附近猛烈袭击，毙敌二十余人，获步枪十余支、马三匹，残敌向太原退去。

第八路军驻汉办事处职叶剑英谨呈

二月八日

（6）2月18日函

接第八路军总部筱参电：

一、我林师一部铣午在湿县、罗曲间伏击敌第十一师团辎重掩护队人、马各三百余，当将敌全部消灭，缴获甚多，在清查中。

二、我林师一部筱在井沟附近截击由蒲县西开之敌汽车四十余辆，当即击毁一部，其余驶至午城，后被该师另一部将其全部消灭，俘获在清查中。

第八路军驻汉办事处叶剑英

十八日

（7）2月19日函

维章组长勋鉴：接第八路军总部巧参电：

一、平定、昔阳之敌删日分两路向平定东之东、西回林进攻。

铣日，被我刘师陈团之一部在南庄附近截击，其先头部队二百余人，战约二小时，将敌击溃，毙敌三十余人，获枪十余支，我伤亡十余人。

二、我陈团之一部铣夜袭溃南庄以西之敌，尾追至东冶附近，毙敌二十余人，获步枪十余支，短枪二支。

三、巧日，敌汽车约六十辆，满载步兵，经忻县南开太原。

四、井陉敌约一旅团以上，真至元日开赴正定。

五、忻县城有敌三百余，车站二百余，筱晚我游击六大队袭击车站，守敌仓皇向城内逃去，我获军用品一部，破坏车站铁路一段

六、我陈支队一部筱晚破坏保定北铁路一段，迄未修复。

七、我骑兵支队筱晚袭保定南之望都县，俘其城门哨兵四人，以敌大部增援未能占领该城。该支队另一部在距定县十里处获敌探三人。

八、新乐有敌六、七十人，完县三百余人，满城自被我袭击后增三百余人，戒备甚严。

九、蔚县有敌三百余人；暖泉、西合营各百余人；花稍营、桃花堡各二百余人。

十、暖泉之敌七、八十人铣日向石门峪方向修筑汽车路，被我击溃，获步枪十余支，工作器具五十余具，大衣六十余件，毙敌二十余人。

第八路军驻汉办事处叶剑英

十九日

（8）2月22日函

接第八路军总部号参电开：

一、进攻大麦郊之敌约五、六千人，巧与王军激战中。

二、我贺师之一部筱日在平社以南伏击敌南开火车，敌伤亡百余，分向平社、青龙退走。我七一五团团长王尚银负重伤，营教导

员及三连长阵亡。

三、我林师陈旅主力号晨袭占大麦郊，缴炮一门，军用品甚多。现正配合友军消灭向南河里山店、高庙前进之敌。又，陈旅一部皓日在兑九峪附近截击由孝义开兑九峪之敌汽车四十辆，满载步兵，毙三十余人，毁汽车两辆。

四、平鲁、威远、白家堡之敌一部返回右玉；归绥新到日军四千、战车四辆、装甲车廿余辆；托县伪骑兵第二十四团返归绥，日军百余人接替之；凉城驻伪骑兵第七团。

五、忻口、原平线驻敌四百余，崞县、王董堡、阳明堡、大和岭各驻敌百余。

六、朔县敌骑兵七百余，炮十余门，筱午进到朔县西北之岢峪村，我游击队与接触中。

第八路军驻汉办事处叶剑英

二十二日

（9）2月22日函

接第八路军总部马参电：

一、十八日，敌步兵八百余人，附炮二门，战车六辆，在飞机六架掩护下，由蒲县西进至井沟附近，遭我林师之一部突然侧击，激战三小时，将敌全部击溃，迫入山沟内。我继续猛烈围攻，激战终夜，除小部突围逃窜外，迄十九日拂晓，将敌全部歼灭。计毙敌六百余人，俘人马六十余，获炮一门，重机关枪九挺，步枪五百余支，毁战车六辆，其他弹药、军用品甚多，在清查中。是役，我伤亡营长三，连长以下二百余人。

二、我贺师一部袭击离石附近罗婆山，守敌四百余人，当毙敌二百余人，获机枪二挺，步枪卅余支。

三、我第二支队铣袭击清源、晋祠间之黄楼口，毙敌二百余人，因敌大部迅速增援，我急须转移，故缴获未能多携。

四、我萧支队佳进占双池，敌退窜前残杀民众三百余人，粮食、房屋被烧一空。

五、我赵师齐击退由沁水犯高平之敌和田部队四百余人，汽车数十辆，敌死伤甚大，分向沁水长子逃退。

六、我挺进支队齐日到永定河畔之樊山堡、厚宗坪附近，民众热烈欢迎，群起响应，北平敌人大为恐慌。

第八路军驻汉办事处叶剑英

二十二日

(10) 2月23日函

节录第八路军总部马参电：

一、宁武及杨方口敌经我贺师连日不断袭击，均于皓晨向朔县退去，宁武、杨方口均被我贺师收复。

二、黎城敌约七百人皓日向东开去，同日下午由东开来敌五百余，东阳关至黎城电线杆多埋有炸弹，防我破坏。

第八路军驻汉办事处叶剑英

二十三日

(11) 2月26日函

接第八路军总部梗参电：

一、我贺师一部袭占平社车站、毙敌十余人，获迫击炮一门，步枪十余支，军用品一部，俘廿余名，附近铁道完全破坏，我伤亡四十余人。

二、贺师一部在田庄附近伏击北开火车一列，毙敌四、五十人，缴获轻机枪一挺，步枪十余支。

三、贺师一部马日在李家窑附近与朔县开来之敌人五、六百激战终日，毙敌七、八十，我牺牲游击队长一，伤战士十余人。

四、贺师骑兵营一部与进占利民堡附近之敌对战中。

第八路军驻汉办事处叶剑英

二月二十六日

（12） 2月27日函

维章组长勋鉴：接第八路军总部感参电：

一、进攻洪子店之敌，烧毁该地后，敬日向平山撤退，我徐旅在洪子店间活动。

二、崞县敌大部已北开原、崞公路，左右设置铁丝网，敬日由雁门关南开汽车二十余辆，北开汽车二百余辆。

三、原、崞间田家庄之敌百余，敬日犯神山，又崞县百余敌到苏鱼抢粮，忻口敌百余渡沱河东岸之白村，先后均被我击退。

四、岱岳敌六百余人正在该地抽壮丁，组织清乡队。

五、朔县进扰杨方口之敌二、三百人，被我地雷爆炸，死伤过半，余在折回途中之大小莲花村复被我伏击，毙敌五十余人。

六、我游击一支队之一部，漾晚袭击平汉线之定县，当接近城垣时被敌发觉，守敌纷扰射击，彻夜未停。

七、我骑兵支队一部，有日在保定以西与敌百余人遭遇，毙敌二十余人，将敌完全击溃，缴获重机枪一挺，步枪九支，子弹千余箱，迫击炮弹三箱，我伤亡五人，将望都到保定之电话线完全破坏。

八、我游击第十大队一部于有晚袭击保定、望都、方顺桥之敌，毙敌二十余人，俘伪警十余名，缴获步枪四支，我伤亡二人。

第八路军驻汉办事处叶剑英

二十七日

（13） 2月28日函

接第八路军总部俭参电：

一、我林师陈旅养日在石川附近与敌二十师团松山部激战终日，毙敌二百余人，获步枪百余支，弹药十余万发，信号弹五箱，梗日仍在石口东北地区与敌相持中。又大麦郊仍在我手。

二、我特务团之一部宥辰在古县西之尧店附近，截击西进之敌，击毙百余人，获枪十余支，马十五匹，其他军用品甚多。

三、我贺师一部梗日在忻县以北颠复敌火车两列，现同蒲路自奥村至豆罗车站，以及忻口、忻县间均为我控制与破坏，火车、汽车均已断绝通行。

第八路军驻汉办事处叶剑英

二月二十八日

〔国民政府国防部史政局及战史会档案〕

6. 叶剑英转朱德彭德怀关于八路军在晋冀交界处响堂铺附近战斗要报呈

(1938年4月3日)

委座钧鉴：谨将朱彭总副司令来电译呈，钧鉴。

附抄电一份

职　叶剑英呈　三日

委座钧鉴：职部刘师卅一日在响堂铺附近战斗要报：(一)战前敌情概况：计黎城敌千余人，东阳关二百人，涉县四百余人，武安千五百人，黎涉公路时有敌汽车来往，数日内数量加多。(二)卅日拂晓，以主力埋伏于响堂铺东西地区，一部位于长凝附近，一部位于河头村附近，钳制东西增援之敌。(三)七时许，敌山田及森林两汽车中队，并另一部，共汽车一百八十余辆，每辆有敌兵五、六名押运资材，分由涉县、黎城方向驶来，我当即猛烈突击，自八时开始战斗，至十一时将敌全部解决，嗣黎城敌步、骑、炮六百余人，涉县四百余人驰援，并有重轰炸机十二架掩护助战，我分在长凝、河头一带与敌激战半日，薄暮，将敌全部击退。(四)此役，毙敌森林少佐以下五百余人，伤者更多，我缴获长、短枪七百余支，机关枪十二挺，迫击炮四门，军衣毯数百件，弹药一部，汽车百八十辆及其余军用品全部烧毁。(五)我伤亡营长以下三百余人。职朱德、彭德怀。叩。冬亥。

〔国民政府国防部史政局及战史会档案〕

7. 朱德彭德怀关于八路军在晋冀鲁等地粉碎敌人九路围攻后重新部署密电

(1938年4月20日)

无线。

武昌委员长蒋。6985密。主任钱译呈委员长蒋钧鉴：(甲)敌之九路围攻已完全粉碎，另具简报。(乙)职等遵照前电部署如下：(一)朱师向榆次、寿阳，武师向祁县、太谷县活动。(二)刘师夺取辽县、和顺后向石家庄、娘子关活动，并占领正太路一段。(三)曾军向东阳关、黎城、潞城，长治以东活动，遮断公路。(四)一一五师之徐旅及决死第一纵队以屯留、虒亭【为】根据【地】，一部逼近长治，围困该敌。五二九旅仍担任截击晋高长线公路。(丙)已令贺师一个旅进占阳曲、关城岭、忻口地带，遮断敌之交通，打击增援队；另以一部袭扰阳曲。(丁)察冀边区之职部一部出宣化、涿鹿及北平近郊及附近各县，另每部出击天津附近大城青县。(戊)由一二九师陈副师长率三千余人为津浦支队，日前已占德州、济南间之黄河涯。以上各兵团均经以具体任务打击运动之敌及收复城市。职朱、彭。(2020)。印。

〔国民政府国防部史政局及战史会档案〕

8. 叶剑英转朱德彭德怀关于八路军在平石线上对敌作战情况呈

（1938年5月1日）

部长徐钧鉴：谨将朱、彭总副司令东辰电译抄呈阅。

叶剑英呈

五月一日

部长徐钧鉴：顷据晋冀察边区司令聂荣臻电称：该部以抑留华北敌军，配合津浦作战之目的，以一部于二十八日完全破坏定州、寨西店、清风店、望都各站间铁路电线。当日并伏击颠覆敌北开兵车一列，除击毙敌百余人外，其余大部被车压毙伤。该部主力于二十九日晚间，分途袭击涞水、高碑店、涿州、琉璃河等处，当将涞水县城克服，毙敌百余人，获枪三十余支，军用品甚多。攻涿州部队与守敌激战半小时后，城内伪军张浙、宋海两部千余人，经我政治宣传立即反正，配合我军作战，当将涿州城克服，毙日寇二百余人，缴获正在清查中。等语。谨呈鉴核。职朱德、彭德怀叩。东辰。

〔国民政府国防部史政局及战史会档案〕

9. 叶剑英转报朱德彭德怀关于八路军粉碎日军九路围攻后战况呈

（1938年5月3日）

委座钧鉴：朱、彭总副司令陷亥电译抄呈阅。

附抄电一纸

职　叶剑英呈

五月三日

委座钧鉴：我东路军自粉碎敌军九路围攻后，残敌遭我猛追尾击，狼狈南窜，我军直追长治、潞城、黎城城下，敌势颓衰，于有日更行南窜，后被我林师徐旅、赵师五二九旅等部截击，敌死伤达千人以上，缴获甚多，侵入晋东南之敌已全部被我扫荡，失地被我全部收复。兹将最近战况分报如下：(一)长治敌一零八师团约八千人，于宥辰开始突围南窜，遭我林师徐旅、十七师五二九旅、决死一队等部猛烈追击堵截，伤亡极重，尤以俭日林师徐旅于高店、长治间之张度岭战斗为烈，截敌三千余，汽、马车数一百辆，激战竟日，敌在我白刃扑搏下死伤六、七百人，我缴获轻重机枪三挺，炮一门，军用品甚多，残敌狼狈南窜。决一队感日收复长治，赵师及杨旅于高店北之箭滞村附近截敌步骑炮兵约千人，激战终夜，敌伤亡惨重，高平为我收复。(二)曾军有日收复潞城，感日占黎城，东阳关，艳日占涉县，敌向东退。我正向武安、邯郸追击中。(三)翼城马日被我八十三师及决三纵队各一部收复。(四)林县敌经五十三军朱师收复。此系粉碎敌九路大举围攻后战果的扩张与胜利的继续。谨呈鉴核。职朱德、彭德怀叩。陷亥。

〔国民政府国防部史政局及战史会档案〕

10. 叶剑英转聂荣臻关于八路军在平绥平汉平津等线上大量歼灭敌伪军等情与徐永昌往来呈电

(1938年5月)

(1) 叶剑英呈(5月11日)

部长徐钧鉴：谨将晋冀察边区聂司令鱼电译抄呈阅。

附抄电一件

职　叶剑英谨呈

五月十一日

部长徐钧鉴：为抑留华北敌军，配合津浦作战，职曾以主力于艳晚分向平绥路之南口至怀来间、平汉路之涞水、涿州、门头沟、宛平、琉璃河、永乐、定州、保定各点与平津间各车站总攻。自艳日至微日止，我杨支队一部配合当地民众，先后袭占平绥路响水堡、沙城、下花园、青龙桥，袭击昌平、宣化等处。杨、邓两支队主力先后袭占涿州、琉璃河、宛平、门头沟；另一部逼近平西近郊及丰台、芦沟桥一带。陈支队攻占涞水，围攻高碑店，占永乐。周支队袭击保定至定州间各车站。吕支队收复霸县、交河、献县、大城、新城、安次，袭击北宁、津浦各车站；一部袭击杨柳青，唐官屯，逼近天津附近连日战斗，除琉璃河、高碑店等处，敌以空军及唐克、装甲车等机械化部队协同作战外，涿州之役尤为激烈，激战十余小时，肉搏数次，我一面积极军事进攻，并一面加紧对伪军政治宣传，结果涿州之伪车张浙、宋海二部千六百余人，在战斗紧张之际实行反正，配合我军作战；涿州日敌三百余人大部被我歼灭，一部弃城东逃，良乡至涿州，完县、方顺桥至定县，保定至涞水，居庸关至青龙桥，沙城至下花园、廊坊、唐官屯等段铁路以及琉璃河之铁桥并附近公路与电报电话线均被我大量破坏。现平绥火车已不能直达平地泉，平汉路由北平至石家庄已中断，由平至津之列车时常出轨。我军此次行动给平津之敌、伪以极大威胁与打击。据由平津逃来之群众云，平、津敌伪极为恐慌，连日宣布戒严，加深城防附近工事，敌唐克、装甲车、汽车昼夜不息在城周巡查，平、津日侨连日纷纷撤退，敌机每日数次飞平西门头沟以南地区轰炸，汉奸极感不安不敢活动。敌伤兵连日到平甚多，连日在平、津大施恐吓，清查户口，屠杀群众，青年学生被杀者日以数起。我军此次行动使广大群众愈加兴奋，我军每到一处群众热烈欢迎，帮助送信、带路，北平城内亦组织慰问团，在敌人严格戒备之下，秘密到我军中慰问。平、津附近各地亦纷纷派人前来慰问、欢迎我军。此间群众民族意识非常坚强，虽然敌伪施以残酷镇压，但仍用尽一切方法再接再厉与敌伪斗争，即北平城内亦时常发现抗日集会，敌占领后，他们把国旗都埋藏起来，当我军克复平西各城镇后，都纷纷悬挂国旗，就是最小的儿童见了国旗都非常兴奋鼓舞。现我军正积极行动打击敌人，破坏交通，并普遍发动群众，组织广泛的抗日游击战争，缴获敌伪文件，取得当地群众报告。连日，敌币价值大跌，每元合华币九角四分三厘，一切物价均比往常昂贵。冀东群众跃跃欲动，敌伪在冀东各县继续进行清查户口，各家连坐，登记民枪，各县城乡住户安设警铃，玉田、迁安等处敌伪人员时有被刺事件发生。敌在华北汉奸组织有华北青年党、中华佛教会、亚洲黎明会、道学避习所、新民会、各省同乡会等，在各处进行奴化教育，村设义务教育委员会，教科书一律用日文注音，并组织新民学院培养汉奸。北平市内经常发生暗杀事件，前几天日警察两名被抗日群众击毙；津市实行五家联保，组织清乡队到海河一带清乡。职聂荣臻叩。鱼。

(2) 徐永昌复电稿(5月16日)

汉口第十八集团军办事处转聂司令荣臻鱼电悉。贵部转战幽燕，撼敌腹心，无任佩慰，盼继续努力，扬我军威。徐〇〇。铣辰。一元鄂。

〔国民政府国防部史政局及战史会档案〕

11. 康泽等关于八路军在晋冀长治邯郸等地抗敌情况电

(1938年5月)

(1) 康泽致徐永昌电(5月5日)

军令部部长徐钧鉴：据报，(一)同蒲路南段驻敌二十师团约二万人，师团部驻临汾；北段驻第九师团；大同一带驻二十六师团。(二)长治南窜之敌五、六千径、俭两日在高坪附近，被我十七师及徐海东旅先后夹击，毙敌七百余，残敌南窜，正追击中。(三)涉县敌千五百经武安向邯郸撤退。(四)邢台仅敌二百五十，经增援。平汉北开列车载坦克车及炮，同日南下均空军[1]。(五)望都敌在城外掘壕，极恐慌。(六)定县城内敌全北开，由伪保安队千余接替。(七)晋城敌加岛朗已窜清化。等语。谨闻。职康泽叩。微午。一武动。参战。印。

(2) 康泽、黄珍吾致徐永昌电(5月21日)

部长徐钧鉴：据报，(一)敌骑百余，装甲汽车三辆，删午窜至内黄扰乱，当经我军赶到击溃。(二)武城东句村集又到敌千余，战车四辆，装甲汽车百余辆，于删夜占领郜城集。铣午，该敌并派便衣队向西活动甚力。(三)曹县西二十里旧考城铣午发现敌骑百余，当被我军击退，曹县民众已逃走一空。(四)泗阳城已增敌三、四千，构筑工事有坚守模样。(五)道清路车每日对开二次，大部运送弹药给养。(六)温孟境内我守军薄弱。(七)八路军一部由晋南向沁阳、博爱乘虚进攻。敌已由沁调兵千人赴西马坡，企图顽抗。等语。谨闻。职别动总队长康泽、副总队长并代总队长职务黄珍吾叩。马辰。武动参。印。

(3) 康泽、黄珍吾致徐永昌电(5月29日)

部长徐钧鉴：据报，近八路军部队分布情形如下：总部驻沁县。特务团驻灵石、介休。炮兵团驻洛川、柳林。三四三旅驻汾阳。三四四旅驻冀南宫、寅□陵一带。贺师部驻岚县。三五八旅驻五寨、原平。三五九旅驻阳曲、山阴、应县。王支队驻归绥、凉城一带。刘师部驻邢台西北。三八五旅驻南宫、元氏、赞皇，并以一团

---

① 原文如此，疑有脱误。

留陕北。三八六旅驻陵川、西秦、枝阳、寿阳、阳榆等地区。冀察晋边区司令聂荣臻率五个支队分布阜平、蔚县、易县、涿州、灵邱、浑源、代县之方顺桥、定县、新乐、盂县、井陉、娘子关、石家庄南面。津浦支队在德平、宁津、陵县。冀察热边区系邓支队,在宛平、沙河一带,主力正向北平北面推进中。宋支队在浑源,推进至冀东。等语。谨闻。别动总队长康泽、副总队长代理总队长职务黄珍吾叩。赚辰。武动参战。

〔国民政府国防部史政局及战史会档案〕

12. 军令部关于八路军新四军在第二第三等战区战况密电

(1938年5—6月)

(1) 5月1日密电

急。郑州程长官、宜川阎长官并转卫副长官、屯溪薛代长官、韶关何主任、广州余副长官、徐州李长官、西安蒋主任、兰州朱副长官:密。通报:(甲)、(乙)、(丙)、(一)、(二)〔略〕(三)我林师感日在张店一带截击毙敌百余后,继续猛追。俭晨将由长治南窜之敌三千余、汽车、马车三百余辆全部击溃,计毙敌六百余,缴获在清查中。军令部。东酉。一元。鄂。

(2) 5月6日密电

急。郑州程长官、宜川阎长官并转卫副长官、屯溪薛代长官、韶关何主任、广州余副长官、徐州李长官、西安蒋主任、兰州朱副长官:密。通报:(甲)、(乙)、(丙)(一)〔略〕,(二)我聂司令率部卅晨克复涞水,毙敌六十余,获步枪卅余支。一部攻涿州,战十小时,城内伪军张浙东、宋海两部千六百人全部反正,消灭城内敌兵三百余,克复该城。军令部。鱼未。一元。鄂。印。

(3) 5月8日密电

急。郑州程长官、宜川阎长官并转卫副长官、屯溪薛代长官、韶关何主任、广州余副长官、徐州李长官、西安蒋主任、兰州朱副长官、昆明龙主任：〇密。通报：(甲)〔略〕。(乙)二区(一)聂司令所部微日拂晓袭芦沟桥及宛平县城，守敌六、七百顽抗，我一部进逼丰台，将长辛店、丰台间铁路、电线完全破坏，平敌连日闭城搜查，恐惶异常，汉奸多销声匿迹，隐避不出。(二)、(三)〔略〕。军令部。齐申。一元。鄂。印。

(4) 5月10日电

急。郑州程长官、宜川阎长官、渑池卫副长官、屯溪顾长官、韶关何主任、广州余副长官、徐州李长官、西安蒋主任、兰州朱副长官、昆明龙主任：通报：(甲)、(乙)、(丙)〔略〕。(丁)二区(一)杨支队支日克复平绥线之青龙桥，直逼昌平，现围攻中。另一部克复沙城、下花园，现逼近宣化。吕支队克复新城、霸县、安次，续向北宁、津浦线袭击中。一部袭击杨柳青、唐官屯，逼近天津近郊。(二)贺龙师微申在南北偏城间截击由离石东开敌汽车，毁四十余辆及其他军用品甚多，毙敌六十余。军令部。灰申。一元。鄂。印。

(5) 5月12日密电

衔略。〇密。通报：(甲)、(乙)(一)〔略〕，(二)刘伯承部江日克复任县。军令部。文酉。一元。鄂。

(6) 5月17日电

衔略。密。通报：(甲)、(乙)、(丙)(一)、(二)〔略〕，(三)八路军东进支队虞日克复任县、南和。军令部。筱酉。一元。鄂。

（7）5月18日密电

衔略。密。通报：（甲）、（乙）（一）〔略〕，（二）贺师元日在崞县南田家庄与六、七百之敌激战，毙敌百余，缴获轻重机枪七挺、步枪四十余支。军令部。巧酉。一元。鄂。

（8）5月20日密电

衔略。密。通报：（甲）、（乙）〔略〕，（丙）二区贺师寒日攻占定襄西北之高城村，毙敌百余。另一部袭击北场村，获敌汽车三辆、毁十辆。军令部。智申。一元。鄂。

（9）6月3日密电

衔略。〇密。通报。（甲）〔略〕，（乙）二区（一）刘伯承师在临清附近将汉奸冯午桥、张殿卿全部解决，获步枪七百余支。（二）永年汉奸萧耀东部四百余，内二百余俭日反正，余被刘伯承师一部解决，获步枪百余支。军令部。0318。一元。鄂。

（10）6月20日密电

衔略。密。通报：（甲）（一）〔略〕，（二）叶挺部巧日在镇江附近截获汽车五辆，毙敌少佐上尉各一、兵十余名。（乙）〔略〕。（鄂）军令部。2018一元。印。

〔国民政府国防部史政局及战史会档案〕

13. 第二战区关于八路军在晋冀察边区歼敌战报稿①

（1938年5—11月）

五月十一日

朱德虞电：

① 摘自第二战区战报汇编稿

一、我晋察冀边区聂司令所部杨支队一部，支(4日)日占领平绥线上之青龙桥，继续越长城南下，直逼昌平县城。围攻中另一部占领沙城下花园等处后，现逼宣化袭击中。

二、吕支队自收复交河、献县、大城后，继续克复新城、坝县、安次等县，继续向北宁线、京〔津〕浦线袭击中，一部袭击杨柳青、唐官屯等处、逼近天津近郊。

三、我贺师一部，五日于南北偏城间截击由离石东开敌汽车五十余辆，载兵二、三百人，战三小时，毙敌六十余名，毁汽车四十余辆，缴获步枪三十余支，其他军用品甚多，正清查中。由汾阳东援敌三百余人，行抵杨家庄附近，复遇我伏击，溃退。

卫立煌八日廿时地电：

一、林师陈旅一部，微(五)日于汾阳西南北偏城截击离石东窜之敌二百余，毁汽车四十余辆，毙敌十余，夺获收音机一架、步枪十余支。

五月十二日

卫立煌九日廿一时地电：

一、聂荣臻部五日袭击保定南关及机场，毙敌十余，夺枪数支，俘日寇二名。刘师一部东袭东牛峪，俘伪军百廿余，缴步枪五十余支。

二、陈光部六日申在杨家庄截获汽车一辆，毙敌十余，俘数名。

三、贺师一部六日袭下王庄，毙敌队长以下卅余。五日与我李师杨团激战于东张街之敌伤亡百余。鱼(六)日仍在东西吕村以北对战之我王、孙两团纷向康昌村、楞鹊镇抄击中。

朱德齐电：

一、我129D刘师江(三)晨克复平汉线以东之任县，俘敌及军用品一部，在清查中。

二、我115D林师一部支(四)日将灵石附近铁路线破坏一段，炸毁铁桥一座，护路之敌六十余人被我击溃。

三、我120D贺师一部连日破坏同蒲北段，不断截击敌军并占忻口。

阎锡山蒸午课电：

〔一——四略〕

五、115D一部江(三)、支(四)、微(五)等日在汾阳西北南北偏城一带截击由离石东开汽车六十余辆，汾阳敌三百余、炮数门增援，被我击退，计击毁汽车四十余辆，毙伤敌百余，获步枪廿余及收音机一架，其他军用品甚多。

阎锡山真午课电：

〔一——二略〕

三、贺师一部，鱼(六)日晚炸毁忻口南金山铁路，并分袭上、下王庄，毙伤敌警备队长以下二十余，截获汽车一辆、步枪数支。我伤亡二十余。

五月十四日

朱德灰电：

一、我林师一部，鱼(六)日破坏灵石附近宁家沟铁桥，适南来敌兵车两列，被阻修桥。我乘机猛袭，毙敌四十余人，余仓惶登车回窜。〔下略〕

五月十六日

卫立煌十五日十一时地电：

〔一——四略〕

五、120D贺师一部将豆罗、平社、忻口各桥梁炸毁，十日攻占前市下王庄；另一部攻袭崞县，未奏效，据获敌文件。杨明堡、忻县之敌为板□师团长黑泽联队，系上月由文水调来。

五月十七日

卫立煌寒地电：

〔一——四略〕

五、120D贺师一部，齐(八)日于平社(忻县南)附近俘敌十余，供称忻县驻敌司令黑泽画一率部千余主持晋北警戒。

朱德寒电

一、我王支队一部，元(十三)日袭占北平、昌平间橐桥方镇，守敌大部被我消灭，获枪百五十余支、马四十余匹，俘伪军百余。

二、十二日，盛县敌汽车卅余辆、炮九门东开，经老公、官砦被我陈纵队一部截击，毙敌十余。又十三日克复临清县城。

三、我东进支队一部，八日拂晓进攻威县，守敌顽抗。我奋勇攻入城内。此役毙敌五、六百人，夺机关枪二挺、步枪廿余支。我亦伤亡三百余。

四、我东进支队，虞(七)晚克复南和县城，获步枪四十余支。

五、定州保安队三大队经我宣传反正，定于佳(九)晚实行，因不密被发觉，被敌包围、缴械。十一日晚，我聂部攻入城内，毙敌廿余。

六、青县被我吕纵队收复。我周支队袭击娘子关，毙敌十余人。

七、虞(七)日，盂县敌二百余进犯苌池，我靳支队一部与敌激战，毙敌五、六十人，我伤连长以下九名。

八、代县有敌约九百人，忻县敌十余人到爷村奸淫妇女，被我在该地政治工作人员以手榴弹毙敌四人。

九、游击队在杨家庄毙敌小队长以下三人。

十、杨支队一部，十一日在蔚县、西合营间伏击敌汽车一辆，人、物全被我获。

五月十八日

朱德删电：

一、我贺师一部，元(十三)在崞县南之田家庄，与敌步骑炮兵六百余激战数小时，毙敌百余，残敌退崞县，计获炮弹甚多mg4、mg3、g45、R5、火车三辆。

二、120 D贺师一部，十四日在岱岳北周庄附近截击由朔县北开汽车十三辆，缴获三辆，计毙敌十余，获g6。

三、贺师一部齐(八)在田家庄伏击敌五百余，缴枪二支。又一部同日于田庄村俘敌日人一名。

四、陈旅杨勇团，十二日于石家庄毙敌六十余。另萧支队十日袭家滩，毙敌六名。

五月十九日

卫立煌十七日廿三时地电：

〔一——五略〕

六、贺师一部，十四日于北固村截获敌汽车三辆，毁九辆，夺步、手枪四支。另一部袭占奇村，毙敌六、七十名。

五月二十日

阎锡山巧午电：

〔一——二略〕

三、贺师一部，十二日在文殊庄与由原平增援崞县之敌激战，获 mg4、lg3。

阎锡山巧酉行参课电：

一、120D贺师，十四日晨攻占忻县高村车站，敌百余只逃出数人，其余全部被歼灭，计获机枪一挺。我伤亡营、连长以下六十余。又一部在北周庄击敌汽车，缴获三辆，烧毁十辆，毙敌八名，我伤亡数名。

〔下略〕

六月三日

阎锡山艳午参课电：

一、梗(廿三)日，与贺师一部在朔县、井坪间马沔山附近对战之敌为千田联队鸟川讼一大队之第三中队，井坪敌步骑百余亦归其指挥，据俘供：千田联队主力经朔县该部第三大队长石丸，梗(廿三)由绥调驻岱岳，原驻该处之○大队闻已调回。等情。

六月八日

朱德文电：

杨支队一部二日在窑子头伏击由西合营向宣化北开汽车十三辆，步兵三百余，当将击溃，毙敌卅余，汽车全毁，缴获军品货物一部、步枪十余支，俘蒙藏公司人员九、汽车工人三。我伤亡营长以下廿四人。近日，蔚县西合营之敌积极构筑工事。邓支一部，冬袭易州南关，固守敌彻夜放枪。吕支于廿日袭保定附近之于家庄，破坏、收电线千余斤。另一部破坏坊顺桥铁路一段。敌粮站于廿三日被我烧毁。近日我便衣在津甚活跃。

六月九日

朱德、彭德怀支电：

129D副师长徐向前电称：德〔？〕属汉奸武装杨玉昆部于五月间进入河北枣强县城，将该县保安队强令改编，自称救国军中央直属第三路第二旅旅长。查该逆前曾亲到天津，与倭接洽。据伪《新北平报》、《新天津时报》载，杨玉昆任伪冀州自治军军长，并劫夺国军电台，戕杀国军官兵廿七人。又该逆叔父杨维高现任伪河北十九县联防自治主任。本人驻津，信使往还不绝。按照上述情形，杨玉昆显系叛国附逆，当即派队将该逆全部解决，并查获倭军护照一件。伪河北十九县联防办事处，四月十六日委杨为固城、枣强调查员证状一件及令该逆在徐州失陷后，在民众中广泛散布中国无法抗战文件一件等。

六月十一日

朱、彭齐电：

贺师一部三日进攻应县东南下社之敌，激战数小时将敌击溃，计毙敌五十余人，内中队长一名，缴获机枪一挺、步枪五支、马四匹。

老营水泉之敌，四日进抵偏关，我傅部转移三岔一带。东至支日朔县每有汽车卅辆送粮秣、军用品到井坪，并加修该段公路。

据报拟分三路，一由保德，一由军渡，一由茅津渡分途渡河犯陕。

六月十七日

朱、彭寒电：

一、我宋支队支夜入袭占昌平县城，获步枪四十余支、无线电一架、收音机八架、电话机六架，俘敌二十四人。

二、邓支队一部，江晨袭占延庆县城，同日，分袭青龙桥北康庄车站。缴获【正】清查中。

三、贺师一部，虞晚袭击丰镇西河湖洞之伪军，缴步枪四十余、马十二【匹】。

四、盂县北犯敌，八日经周支队击溃，毙敌卅余人。

五、正太路获鹿、井陉、寿阳、平定、高阳各有敌三、五百不等。榆次有敌千余。

六、犯偏关之敌，经傅军及贺师夹击，业向朔县回窜。

阎锡山16、17行参战电：

贺师王旅，灰日在浑源、应县间之罗庄，截击敌汽车五辆，毙敌廿余，获步枪二支、子弹八箱。

朱德删电：

邓支队五日夜袭昌平北之四海沿，毙敌卅余，缴获轻机关枪一挺。另袭周四沟之敌，缴步枪三支、电话二架。

贺师一部，七日截击浑源、广灵间之罗浦之敌汽车五辆，毙敌十余，缴步枪二支。

宋支队，六日袭击昌平东大东流之敌，缴步枪十五支、手枪一支。八日晚，我望都游击队破坏望都附近铁桥一段。徐水敌千余，十一日向崔家庄进攻未逞，徐水、保定之敌步炮三百余，向我骑支追攻，毙敌四十余。

六月十九日

朱德巧电：

保定附近之敌连日向我陈纵队进犯，均被击退。

黄支队一部，文晚袭入盂县城，敌仓惶应战，我以手榴弹、机枪猛击，毙敌六十余。至拂晓，阳泉敌大队增援，我安全退出。

陈旅一部，篠日在介休南崖家沟附近，伏击敌南开兵车三列，毙敌卅余，残敌狼狈回窜。

贺师一部，铣日在平鲁、威远堡间之台子附近，伏击敌北开宫奇部队之一部，战约半小时将敌消灭，获步枪三十四支，毁汽车四辆，我伤亡廿余人。

敌近在天镇、阳高大肆拉伕，对民伕均注射哑针。现已达三千余人。

六月二十日

一、我东进支队于十五日将平热路古北口石匣镇段铁桥、路轨、电线全部破坏，消灭该地区日伪军队。冀、热民众睹国军莅境异常兴奋，正群起配合我军杀敌。

二、贺师一部十六日攻占察南阳原县城，守敌大部被我消灭，缴获正清查中。

三、阳高、天镇各有守敌二百余人。

四、贺师一部十六日在台子村附近，将敌宫奇部队大部消灭后，复派部队跟追溃散之敌，除毙伤外，十七日又生俘日兵五人。

六月廿五日

朱德篠电：

一、陈旅寒夜袭安阳、水治，毙敌伪团长一，以下百余，俘廿二人，缴获长短枪卅余支。

二、120 D一部，十九日袭阳原东南之敌，获〔俘〕卅四人，【获】步枪廿九支。

三、沁阳敌为善四部队，约九百人、炮六门。

七月十三日

朱德灰电：

晋冀察边区第五支队赵部，于六日分向北平西之门头沟狼山车站等处袭击。七日黄昏，狼山车站被我占领，获步枪卅七支，俘日伪卅余，毁车头一辆。旋敌由北平增援，我又毙敌百六十余。

八月七日

朱德支(四)日电：

一、游击队郭部配合滕县(津浦路两下店南)民众武装，围攻伪军申部。至卅一日全部解决。计伤毙敌七十余，俘七十余人，缴获步枪百余支，其他军用品无数。另一部八十余人，携械投诚。

二、定县伪军卅余人，一日反正，现已到达唐县(保定南)与聂部会合。

八月九日

卫立煌鱼(六)电：120D(贺)一部，四日袭击岱岳(朔县东南)、榆林车站，毙敌一百五十余，俘一人，毁火车一列。

八月十日

朱德微电：一、吕纵队一部，微晚攻占保定东北容城，守敌二百余人全被消灭，生俘百余人。

八月十二日

朱德佳(九)电：一、我宋、邓支队一部，七月卅一日攻占冀东之蓟县，守敌向三河溃窜，另一部四日晚克迁安县，获步枪百余支，汽车二辆。

八月廿二日

朱、彭巧(十八)电：一、我第四支队一部及第三支队配合友军石部于十三日晚袭入济南，翌日拂晓，敌援军大至，我乃安全退出。

二、又第四支队之又一部于十二日袭占泗水，守敌向曲阜溃窜。

八月廿八日

朱、彭有(廿五)电：一、陈支队一部，廿三日占领保定西之满城县，原驻伪军石振声部四百余人，全部反正。

二、骑兵支队廿一日伏击由大名开邯郸汽车五十余辆，当毙敌百余，毁敌汽车十一辆。

八月卅一日

朱德感(廿七)电：一、驻保定伪军刘森、杨子威部五、六百人，全部于廿五日反正，已与我聂司令部会合。

二、杨支队一部将定县、新乐间之铁桥路轨破坏数段，短期不能恢复。

朱德俭(廿八)电：129D刘伯承一部廿二日将邢台附近之皇协军百廿余全部消灭。生俘敌队长一、士兵八十余，获步枪百余支、机枪四挺。

九月七日

卫立煌江(三)电：二、吕纵队八月廿五日将天津附近之东沽港收复，另一部在天津北之杨村破坏铁道数处。

朱彭支(四)日电：

一、我津浦支队，俭(廿八)日袭击东光连镇、桑园等车站之敌，破路数段，毁铁桥二座，占领连镇，毙敌数十人，俘日兵三名，获枪廿余支。

二、华北敌近以冀察伪军纷纷反正，极感不安。顷将驻定县之伪军一团，以日兵监视，强迫北去整顿，伪军更为惴惴自危，益思乘机投入祖国之怀抱。

九月十日

朱德微(五)电：李支队于本月四日克复陶林县(绥北)，该处驻敌伪蒙军七、八百人，大部被我消灭，俘百余，获枪二百余支。

九月十六日

朱德元(十三)电：一、我熊支队十日于石家庄北之灵寿附近与步骑炮千余之敌激战，毙敌二百余。

二、十三日敌四百余，炮数门，占领军渡，隔河向我炮击甚烈，并征集木材，似有渡河企图。

九月十七日

萧御寰元(十三)未电：359B (贺龙)九日在广灵(晋北)附近与敌步骑炮六百遭遇，激战数小时，毙伤敌百余，俘伤兵五名。

朱德寒(十四)电：北进支队十一日袭击归绥北之武川县，因敌戒备严密未攻下。另一部在武川东关截获敌汽车一辆，俘伪 14KR 团长以下十余人。

九月十八日

杨爱源删(十五)戌电：120D(贺龙)王旅微(五)日在桑干河(大同南)与由大同南下之敌步骑炮六百余、汽车十六辆遭遇，激战数小时，毙敌三百余。

九月廿日

朱德筱(十七)电：115D(林彪)一部，十七日在汾阳吴城镇附近伏击，西开敌汽车九辆被我烧毁，计缴无线电一架、步枪卅余支，俘敌三名。

九月廿三日

朱德号(廿)电：一、邓支队一部，本月一日在迁安附近(冀东)消灭敌军一营，俘敌营长以下官佐七名，士兵八十余，步枪五十余支。

二、天津南青县，伪军史永朝部队，人枪六十余，灰日(十)反正。

十月七日

萧御寰江(三)微(五)电：一、聂司令陷电称：广灵南犯敌千余昨与我 359B一部激战中。

二、由盂县北犯敌正与熊支队在五台以南地区激战中。

三、代县敌昨(廿九)日陷五台，现与我赵支队对战中。原平又续增二千余。浑源增敌千余，亦正在配合进犯中。

四、据刘伯承(129D)冬电称：阳泉(正太路)有敌四千余，系河村兵团高桥部队，系由绛县侯马调来者，有开盂县讯。

五、聂司令冬电称：定襄敌进占水冶河边村。盂县北犯敌三千余，被围困于下耿家庄，今突围窜五台。

六、120D（贺龙）冬电：我717i,718i之一部与进攻之敌四千余，在广灵以南地区苦战六昼夜，终将敌击溃。是役，敌伤亡八百余，获山炮一门。

朱德虞（七）电：

进犯阜平（冀察边区）之敌四千余，炮廿余门，六日先头千余进至华法附近，遭我陈支队一部伏击，毙敌三百余。

萧御寰鱼（六）电：据359B冬电，东（一）晚袭击广灵西南之敌三百余，向漫山溃窜，我跟踪追击，敌凭岩石顽抗，我由敌背登山夹击，敌不支，坠岩死者百余人。

十月十四日

朱德文（十二）电：一、宋邓纵队一部，四日晚袭占察东赤城，守敌二百余全被我消灭，获步机枪百余支。

二、萧支队一部，九日晚将津浦路沧州南之泊头车站全部毁坏。

十月十七日

萧御寰文（十二）电：一、120D（贺龙）十日电：警卫第六团一部，九日在平绥路丰镇（大同北）西南之四号九号附近，将伪西北边防剿匪总队八十余，全部解决，俘伪队长以下五十余人。

二、129D（刘伯承）十一日电，385B一部，十日破坏元氏、高邑（石家庄南）平汉路千余公尺。

萧御寰元（十三）电：破坏交通情形：一、邢支队九日晚，破坏津浦北段冯家口附近铁道三里及小桥一座。

二、何支队破坏泊头东站南铁路四里。

三、独立支队九日晚，破坏正太路阳泉附近铁路四里；十日晨西开车一列全翻，我伏兵以手榴弹猛轰，毙敌卅余。

十月卅一日

朱德俭(廿八)电：华北之敌企图肃清华北我军，月前以五万兵力围攻我晋冀察边区。我以一部不断围袭固守军区内各据点之敌，另一部分出包围线外配合我平绥、平汉、正太、同蒲等线各部队，分袭敌之后方。现敌之围攻已告失败，除少数残敌固守据点遭我围困袭击外，余大部敌人自马日起，相继向平汉、平绥、正太、同蒲等线撤退，以应援其后方。阜平、柏兰台、石咀经我先后缴获大部军用品及粮秣，我追击部队东南已达阜平东党城、南面抵正太路阳寿段，北面抵广灵以东地区。

总计诸役，敌被我击毙正亚、清水两个联队长、伤亡五、六千人。

十一月十一日

萧御寰鱼(六)电：贺师 120D 716 团三日晚在五台以东之 厖阳河，袭击步骑炮连〔联〕合之敌五百余，敌不支，向五台溃退，我跟踪追击。四日午与聂部赵支队在南茹村将残敌夹击，将敌全部歼灭。旋敌由五台增兵二百余，亦被我击溃。计三、四两日，获火炮二门、小炮六门、步枪三百四十余支，轻机枪卅一挺，战马一百五十三匹。

〔国民政府国防部史政局及战史会档案〕

14. 叶剑英转报朱德彭德怀部坚决打击侵犯晋冀察边区日军战绩呈

(1938 年 9 月 30 日)

委座钧鉴：谨将朱、彭总副司令俭电译抄呈阅。敬请鉴核。

附抄电三纸

职　叶剑英　谨呈

九月卅日

委员长蒋钧鉴：敌军刻正向冀、晋、察边区大举进攻中，截至本晨止，情况如次：平汉方面：进占曲阳之敌千余人，日来加筑工事与飞行着陆场，梗日开始向南、北孝墓攻击。东旺敌数百，宥日向下河攻击。唐县敌千余向下罗镇攻击；均与我陈支队激战中。正定敌增至二千余，有向灵寿前进模样。平山敌千余已占孟贤村、西回舍之线，与我熊支队一部激战中。易县有敌数百，向涞源前进。正太方面：井陉敌八百余向温汤镇前进；阳泉敌千余；寿阳、平定各有敌数百；盂县敌约四千人，二十八日分两路进攻三社，现与我熊支队在中社附近激战中。同蒲方面：忻县、原平、代县各有敌两千余；崞县、定襄各有五百余；代县敌向东修汽车路；山阴、应县之敌连日增加二千余人；北面浑源、广灵之敌已增至四千余人；蔚县、谢家堡敌四千余向灵邱、涞源攻击，正与我王旅及杨支队对战中。西千营有敌千余人。查敌此次向晋、冀、察边区进攻，由过去迭次进攻之惨败教训已加慎重，采用逐渐跃进，逐段肃清，构筑据点，修筑公路，步步稳进，不断后方供给，企图逐渐缩小包围线，以收分进合击之效；同时以空军滥施轰炸，使用毒气和大肆烧杀等残暴行为。为粉碎敌人此次进攻，于马日起，我聂司令所部连日均在与敌激战，除令该聂司令广为动员民众，帮助作战，彻底进行清野空舍，开展敌人后方游击战争；同时集结主力，予敌以坚决打击，彻底粉碎围攻外；并令该区周围职部各兵团配合作战矣。谨闻。职朱德、彭德怀叩。俭。

〔国民政府国防部史政局及战史会档案〕

15. 八路军办事处关于八路军在晋察等地抗日情形报告

（1938 年 11 月 24 日）

顷奉朱、彭总副司令来电称：

（一）我在大青山一带活跃之支队一部，于十七日向百灵庙附近之伪军袭击，当将其击溃，毙敌廿，缴获步枪及马匹甚多。我另一部袭击陈思浩（译音）西面之敌，毙敌十余人。

（二）我贺师王旅七一七团之一部，十七日在蔚县南之明铺地方，伏击由蔚县南开驰之汽车十五辆，上载敌人百余及枪枝弹药，经我猛击结果缴获小炮二门、迫击炮一门、机关枪二挺、步枪六十余、电话机二架、并大量弹药，汽车全为我焚毁未几。敌由蔚县开来增援汽车十余辆，载敌三百余名，并派飞机四架作掩护向我反攻，仍被我全部击溃。查此次战役，我共伤亡八十余员名，内伤团参谋长陈炳岳及教育股长、宣传股长各一、连政治指导员四、连长二。

（三）我贺师七一八团之一部同日袭击义泉岭之敌，激战数小时，连夜未奏效，敌以照明弹、瓦斯弹及瓦斯手榴弹回击，我中毒者一个排。

（四）我活跃太原附近之支队一部，九日在阳曲西南方西寨一带伏击敌汽车一辆，毙敌数人。后敌复由太原驰来汽车十一辆，载兵数百名，并附炮二门，与我作遭遇战，激战数小时，我将其全部击溃，获步枪廿支、军用品一部，并俘获营妓朝鲜妇女十人。

第八路军办事处

十一月廿四日于衡阳长街三十三号

〔国民政府国防部史政局及战史会档案〕

16. 叶剑英转报八路军于晋北广灵等地歼敌战绩呈

（1938年11月25日）

委员长蒋钧鉴：顷奉朱、彭总司令马电开：

一、敌汽车十二辆及骑兵一部，于十一日晨由广灵南开至张家湾附近，被我贺师一部伏击，该敌全部溃退，毁汽车一辆，毙敌四十余，内有中队长一名，俘日兵及汉奸各一名，缴获轻机枪三挺，步枪卅一支，手枪一支，及军用品一部。我军亦伤亡政治处主任、教导员、排长三人，战士四人。

二、冀、晋、察杨支队一部，灰日在涞源北中庄附近，击毁敌北开汽车二辆，毙敌三十余名，俘日兵一名，伪军三名，缴获步枪二支，军用品一部。我军亦伤亡四人。又据俘敌供称：敌常岗旅团长上月效日在郑家庄附近被我击毙。

三、敌军三千余向我大青山支队夹攻，经我诱至大滩附近，使敌相互误认，自行激战达四小时，死亡百余名。八日，该敌即分途撤退。

四、我高部支团便衣队，虞日，在介休西之东内封击毙敌军官四员，内有太原特务机关宣抚班队长铃木猛、分队长栗原政木加对及一〇八师团经理部大尉村岗三郎，并缴获步枪二支、刀一把、照像机、望远镜各三个。

五、敌军四百余，廿日由东冶头向清澄口前进，被我刘师一部伏击，敌伤亡过半，残余向昔阳溃窜。

职　叶剑英呈　十一月二十五日

〔国民政府国防部史政局及战史会档案〕

17. 蒋介石关于八路军在晋冀察边区歼敌嘉奖密电稿

（1938年11—12月）

（1）11月2日密电稿

朱、彭总副司令：俭午电悉。△密。贵集团军忠勇奋发，迭予敌重创，至堪欣慰。所有出力部队希传谕嘉奖为要。（衡山）中〇。冬酉。令一元。印。

（2）12月7日密电稿

朱、彭总副司令：东酉电悉。△密。贵总、副司令统帅有方，迭挫顽寇，聂部斩获特多，厥功尤伟。希即传谕嘉奖，以资鼓励。桂。中〇。阳申。令一元。印。

〔国民政府国防部史政局及战史会档案〕

18. 朱德等报告八路军在晋获得敌机一架已飞西安电

（1938年12月3日）

蒋委员长钧鉴：职部前在晋所获敌机一架，昨（冬日）已整理完毕，飞往西安。特电奉闻。

职 朱 德
彭德怀 叩。江。

〔国民政府国防部史政局及战史会档案〕

19. 八路军总部关于冀晋察边区抗敌战斗报告①

（1938年12月22日）

目次

甲、冀晋察边区

一、边区

二、冀中

三、冀察热宁纵队

乙、第一一五师

丙、第百廿师

丁、第一二九师

① 此件为1938年12月22日八路军总部油印《十、十一两月战斗汇报》全文。

一、平汗〔汉〕路西部队

二、路东纵队

三、东进抗日挺进纵队

戊、全军缴获及我军损失一览表

己、伪军反正

甲、冀晋察边区

（一）于九月间开始，敌集中一〇九师团山下兵团、廿六师团铃木兵团及伪蒙军等各一部不下五万人，分由平汉、平绥、正太、同蒲向冀晋察边区作大举围攻。经我军区部队及贺师张、王两旅，刘师一部，吕纵队及宋、邓纵队各一部之配合，截至十一月止，恶战两月，大小战斗六十七次，破路廿四次，始将敌围攻粉碎，谨将粉碎敌人大举围攻中重要战斗简录如后：

（1）王震旅于直峪、冯家沟、聂家沟、漫山、晏子沟线阻浑源、广灵南进之敌，自九月廿五日至十月一日止，于敌步、骑、炮兵共四千余并配以飞机，常在三至七架，不断向我阵地轰炸，苦战六昼夜，毙敌八百余，尤以廿八日夜战斗最烈，敌全线向我猛攻，终遭我坚决抵抗，敌未得逞，我七一八团第一营长刘光明及连长二员身先士卒，在反复冲锋肉搏中均负重伤，阵亡连长三，以下伤亡四百余名，夺获山炮一门（已毁），轻机枪五挺，步枪四十余支，我损坏步枪三十余支，轻机枪二挺。十月一日夜，袭击吉略沟（浑源东南），守敌四百余向漫山窜，我乘敌溃乱之际向敌猛追，因山峻路险，敌跳岩跌死百七十余人，击毙敌五十余，缴获步、机枪卅余，跌毁步、机枪甚多，获军用品甚多。

（2）盂县经柏兰犯五台敌四千余，被我赵尔六支队及熊伯涛支队两部包围于耿家庄山谷中，自九月卅日起至十月二日止围攻三昼夜，毙敌联队长清水，以下敌一千二百余，终以火力弱未能消灭该敌，二日午在定襄敌增援下，在飞机、大炮轰炸及大量毒气掩护下，向五台突围。是役，我军区参谋长唐延杰负伤，以下伤亡八百余（内中毒二百余），我遗失步枪廿余支。

（3）十月二日，王旅补充团于石门子（涿鹿、桃花堡间）与敌七百余遭遇，激战两小时，将敌击退，毙敌百余，获轻机枪二挺，步枪十余支，我负伤团政治处主任张文喜，以下伤亡六十余人。

（4）十月三日晚，我骑兵营高门屯（定县西北）一部越过敌工事，直捣敌司令部，缴获汽车一辆（当毁），毙敌五十余，获公文三皮箱，通讯器材及卫生材料各一部，敌司令部及守兵二百余被击散。

（5）进占阜平之敌三千余经我十月二、四两日于党城王快一带阻击，毙敌三百五十余。六日阜平敌约千人西犯，被我陈漫远支队于法华以东地区猛烈伏击，将敌击退，毙敌三百余，缴获步、机枪八十余，同时阜平向东开敌辎重部队二百余人，大车八十余辆，经王林口被我伏击，毙敌廿余人，马五十余批，获大车卅余辆，我共伤亡官兵二百余。

（6）十月九日，五台犯耿镇敌三千余，经我赵尔六支队在河口村截击，毙敌七十余。犯洪子店之敌经我熊伯涛支队及刘师独立游击支队击退。同日正定犯灵寿敌三千余，汽车十余辆被我熊伯涛支队一部及配合地方游击队击退，毙敌二百余，遗尸十余具，我伤连长二，以下伤亡六十余。同日，灵邱西犯敌四千余被我王旅阻击未逞。同日，阜平敌以飞机、大炮、毒瓦斯掩护，猛烈突围西犯，我伤亡二百五十余（中毒三十余人）。十日，该敌与耿镇东犯敌会合石咀，沿途经我袭击，共毙敌百余人。

（7）十月十日晨，敌七百余人，大车四百余辆经王安镇向涞源前进，被我杨成武支队全部歼灭，毙敌五百余，俘敌卅七人，缴获步枪三百余支，机枪十五挺，骡马二百余匹，军用品甚多，我伤亡连长三名，以下伤亡三百四十六名。同日，我陈漫远支队袭入王快街，毙敌百余，俘获人、枪各二。同日，涞源敌五百余犯插箭岭，被我杨成武支队另一部击溃。

(8) 十月十二日，王震旅陈团夜袭白波头(繁峙东)，守敌日伪军二百余被我击毙百余，残敌退守房屋顽抗，被我悉数纵火焚毙。是役计获轻机枪二挺，步枪十余支，余被烧毁俘敌三名，我伤亡指战员百六十余名(伤正副连长各一员)。

(9) 进占大人庄清水河(广灵、浑源间)之敌约三千人，被我王旅补充团及游击队截击，自十一日至十三日止围攻三日，共毙敌百余。我伤正、副连长各一，阵亡连长一，以下伤亡五十余。

(10) 正定敌六百，十月十四日向灵寿进攻，复被击退，敌伤亡三十余。同日，我追击五台退盂线之敌于柏兰镇及牛刀岭地区，毙敌八十余，敌向我毒攻，我中毒八十余人，缴获驮马三十余匹。

(11) 陈漫远支队十七日于东河南以东地区设伏，毙敌八十余。同日杨成武支队于党城附近毙敌八十余，获步枪三十余支，我伤亡百余。十八日，我杨成武支队尾击龙泉关(阜平东)东撤之敌二百余。十九日，台怀二千余犯石咀镇，遭我赵尔六支队伏击，激战三小时，毙敌百余，我亦伤亡官兵百余。

(12) 杨成武支队一部十月廿日于党城、王快间伏击西开敌步、骑六百余，大车二百余辆，被我完全击溃，毙敌二百余，遗尸五十余具，我伤亡百八十余，阵亡连长三，副连长一。廿一日，我赵尔六支队袭击南庄村(五台东)，守敌三百余死伤过半，并焚毙据房顽抗敌十余，我伤亡一百十三人。

(13) 盘踞阜平敌经我不断袭击，死伤惨重，于十月廿二日东撤，经我陈漫远支队尾追至王快附近与敌激战两小时，毙敌两百余，获大车三辆，我伤亡百余。廿五日，我袭入阜平城，毙敌七十余，另敌六十余顽守家屋，被我施火烧死，人、枪与房灰烬，获步枪廿七支。廿七日，阜平敌全部东退，我收复阜平城。廿八日，我杨成武支队尾敌追至王快，与敌剧战四小时，毙敌二百余，敌以大炮、毒气掩护向党城溃退，获大、小车五十余辆，俘敌日兵三名，我亦伤亡官兵二百余，中毒百余人。廿四日熊伯涛支队一部移穰东，毁敌火车一列，毙敌十余，俘日兵二名，获步枪六支。

（14）敌伪蒙派遣军常冈宽治旅团长率张北支队步兵七百余，汽车廿一辆由广灵南下赴灵邱视察防务，被我王震旅于张家湾、郑家庄附近猛烈伏击，毙敌旅团长及少佐二，以下毙敌二百余，遗尸百余具，残敌退张家湾以北高地顽抗。此役，计获机枪七挺，步枪五十余支，掷弹筒二，山炮一门，俘敌二名，我重伤副营长二，连长四，阵亡连长二，以下伤亡百廿余。

（15）敌山冈师团一三五联队之蚋野大队五百余，十一月三日晨向我高洪口（五台东）赵尔六支队进攻，正战斗之际，我贺师张宗逊旅一部向敌侧后攻击，以大部进至滑石片附近，断敌归路，激战至午，该敌被我击退，乘黑夜向西逃窜，廿二时许经过我伏区，敌在我火网交织下死伤二百余，残敌向五台溃退。四日晨，适我赵尔六支队第六大队赶到，与我追击部队夹击于南庄村甄家湾一带（五台东）将敌全部歼灭。是日午复由五台来援敌二百余进至阁子岭附近，被我赵支另一部击退。此次我缴获大炮二门、小炮四门、步枪三百四十七支，机枪卅一挺，无线电一架，战马一百五十三匹，俘敌十余人，我伤亡官兵三百八十余，损坏步枪四十余支，重机枪一挺。

（16）十一月十一日晨，我王震旅长率陈冬尧团于广灵南张家湾附近设伏，击溃南窜敌二百余，汽车十二辆，获机枪三挺、步枪卅一支，毙柏叶中尉一员，以下敌四十余人，俘日兵一名，毁汽车一辆，我伤亡八十余。十七日，我王旅刘转连团于明堡（蔚县南）设伏，蔚县南开敌汽车卅五辆，载敌兵百余及物品等，战约两小时，将敌全部歼灭，获迫击炮三门，轻机枪二挺，长短枪五十余支，汽车全毁。下午敌复以汽车十余辆满载敌军，被我击退，击毙敌田原大队长以下卅余。此役我负伤参谋长陈嵩岳，以下伤亡百余。

（17）十一月廿九日，王震率领刘转连团于灵邱北之开敌四百余，汽车七辆，毙敌百余，我向敌冲锋时，敌以大炮及毒攻，同时义泉岭敌亦向我增援，我负伤营长、连长各一，以下伤亡一百二十余，王震旅长以下中毒三百余人，失枪五十余支，另一部在直峪以南及广灵西之南村共毁汽车五辆。

（二）冀中纵队为配合冀晋察边区作战，当敌西犯，我不断向平汉北宁路及津浦线袭击、破路。

（1）共破路五十七次，枣村、杨村（天津西）两车站曾一度被我占领并烧毁枣村车站，两次袭入沧州城，毁桥七座。十月十六日，我赵游击支队袭占徐官屯（青县南）日本青年干部学校一所，被我全获，俘日教官傒春部郎，学生四十二名（中国人）廿余。十一月廿五日，我于新乐寨西店间以地雷爆毁敌火车一列，炸死日人七名。

（2）自晋冀察边区粉碎敌围攻后，自十一月初起，平津、保定、沧州敌山下兵团二千余之兵力配合伪皇协军，分向我霸县、雄县地区不断进犯；望都敌五百余东犯；八日，安次敌三百余南犯；十二日沧州敌五百余西犯；十八日，天津敌七百余西犯；廿四日，永清敌五百余南犯，均被我先后击退，永清伪军朱连奎部被我消灭，前后大小战斗四十七次。

（3）共缴获步、机枪四百五十余支，山炮、迫击炮各一门，毙敌二千余，俘日军廿一人，伪军三百余，汉奸三十余，毁坏敌汽车七辆，获大车七十余辆，马一百三十余匹，我伤亡一千九百余。

（三）冀察热宁纵队

（1）十月初，正当敌围攻晋冀察边区，该纵队为策应边区作战，以一部于十月四日袭占赤城，消灭日伪军二百余，获步枪机枪百余支。另一部猛袭龙关城，经我围攻三昼夜，以数度强攻均未奏效，守敌七百余守城不出，我伤亡二百余。十月十九日，我即占鸡鸣驿，守敌卅余悉被消灭，获步枪十六支，轻机枪一挺，一部攻占下花园车站及煤矿厂，守敌四十余被击溃。同日，一部袭击宣化未逞，我伤亡八十余。十一月廿二日，我乘胜南下围攻涿鹿城，我军曾一度突入城内，毙敌二百余，后由桃花堡北援敌赶到，敌我恶战竟日，我伤亡官兵三百余，大小战斗十四次。

（2）冀东部队配合地方游击队仍活动于山海关、迁安、兴隆、蓟县地区，与敌不断苦战，因电台不通，详情不明。

（四）综合计两月内大小战斗一百六十七次，计击毙敌旅团长常冈宽治，联队长正亚及清水大队长原田长译、伪皇协军司令朱连奎等共六员，俘日教官徯春部郎，以下伤亡日伪军九千四百二十余人，毙敌骡马五百余匹，俘日兵一百一十名，伪军三百三十一人，汉奸卅三人，缴获步枪一千七百一十九支，手枪廿七枝，机枪八十八挺，山炮四门，小山炮四门，迫炮四门，掷弹筒四，毁坏山炮一门，获无线电一架，有线电话机十一架，获马六百廿三匹，获大车五百五十三辆，自行车四十八辆，毁敌火车五列，汽车六十七辆，收电线三万二千余斤，毁桥梁廿一座。

（五）我负伤军区参谋长唐延杰，三五九旅七一七团参谋长陈嵩岳，补团政治处主任张文喜及营长七，副营长五，游击队长三，连长三十九名，阵亡连长八，以下负伤四千一百人，阵亡三千二百五十人及阜平、杏树咀、义泉岭（灵邱北）、王快（阜平东）、柏兰（五台东）等敌人六次毒攻，我王震旅长以下官兵中毒共七百一十余人，我损失步枪一百四十五支，重机枪一挺，在敌人进攻，飞机大炮轰炸下，死伤民众及毁坏房屋民财惨重。

乙、一一五师

（一）十月六日，我陈光旅于石家庄（汾阳属之三泉镇西廿里）击溃离石向东开之敌五百余，毙敌百余，获驮马六头，我伤亡五十余。汾阳、孝义敌二千余，十一月二日晚，乘黑夜进占田屯三泉镇，与我补充团激战三小时，三日，敌续向下堡进攻。是晚，我乘敌立足未稳，向敌作猛烈夜袭，当将敌全部震动，激战二小时，毙敌八十余人，夺获步枪三支，获手榴弹十余枚，钢盔八头。五日，敌由下堡南退，我尾敌追至胡家窑，我一部已将敌尾切断百余，大车数十辆，正激战，复由孝义西开敌二千余，分两路急援，向我猛攻，我以众寡悬殊向西稍撤，计毙敌百余。六日，敌占领兑九峪。计二至六日大小战斗四次，我阵亡连长二员，负伤连长一员，以下伤亡百七十七人，敌死伤约二百人，我彭明治团十月中旬至十一月底共破铁路九次(介休、灵石段)，击坏、击毁敌火车各一列，收电线五千余斤，毁铁桥四座，我伤亡五十余。

（二）我徐海东旅田守尧团十月一日于垣曲、济源间之南坡杨庄附近伏击封门口东撤之敌四百余，毙敌百余，骡马卅余头，缴获步枪四枝，手枪一枝，我伤亡五十余，计破坏平汉(汤阴、新乡段)道清铁路廿七次，共收电线一万七千余斤，毁桥九座，尤以十月廿二日晚我田守尧团袭占李河车站(修武西)，守敌日伪军百五十余，除极少数逃修武，余被我消灭，毙敌百余，俘十余(内日兵二名)，车站票房被我烧毁，缴获步枪卅二支，机枪二挺，我伤亡百廿余。十月廿四日，辉县敌五百余进占高村。廿五日修武敌八百余占簿壁，均被我击退，共毙敌百余，我伤亡七十余。十月十九日，辉县敌四百余复陷高村，被我击退。十一月十六日，我韦杰团于道清路东段徐草坡(浚县北)与敌快速部队遭遇，毙敌百六十余名。我以手榴弹击毁敌汽车、装甲汽车各一辆，我阵亡营长张友生，以下伤亡百四十余人。

(三)综合大小战斗十五次，破路卅六次，缴获步枪八十四支，手枪七支，机枪四挺，获手榴弹十余枚，钢盔八头，毁火车二列，毁汽车、装甲汽车各一辆，毁桥十三座，收电线二万三千余斤，毙敌一千二百余，生俘日兵二，伪军廿余，获马十六匹，我阵亡营长张友生，连长二员，负伤连长一，以下伤亡九百余名。

丙、百廿师

(一) 当该师主力配合晋、冀、察边区作战，各游击支队沿同蒲、平绥线共大小战斗五十七次，破路四十二次。

(1) 十一月七日，阳武(崞县西)敌中村部队共步、骑、炮五千余，唐克、汽车共八辆，在飞机三架掩护下向阳武谭家窑以西山地进犯，被我游击第二支队及张宗逊旅一部猛烈伏击，并以一部绕攻敌侧后，激战竟日，终将敌击退。是役，毙敌四百余，我伤亡三百余。

（2）十月八日，袭击祁县东北之西古村伪军乔效息部日军共百余，均被我击溃，毙敌日籍指导官一员，以下廿余人，获轻机枪一挺，步枪十余支，我亦伤亡廿余。

（3）警备第六团十月九日袭击丰镇西北之四十九号，消灭伪西北边防剿匪总队刘崇贤部六十余。

（4）十一月五日归绥、武川、陶林旗、下营之敌共三千余，向我大滩之大青山李井泉支队围攻，因我有计划退出敌围攻线外，使敌扑空。七日，敌到达大滩附近，敌自己误会混战数小时，双方伤亡颇大。八日，敌全退出。

（5）同蒲、平绥铁路及阳曲西南、归绥以北公路两月内被我破坏共四十二次。

（二）缴获

（1）缴获步枪二百五十一支，轻机枪十三挺，手枪六支，毁敌火车二列，汽车八辆，大车九十六辆，收电线八千余斤，毁桥十五座。

（2）毙敌九百余，战马七十六匹，俘伪军大队长刘崇贤一名，以下廿四人，日军二名，获马一百六十三匹。

（三）我伤亡营长二员，连长五，阵亡连长二员，以下伤亡五百五十余人，损失步枪十五支，轻机关枪二挺。

丁、一二九师

（一）平汉路西

（1）十一月十日，井陉、平定、昔阳之敌共二千余分向东回、东冶地区围攻，计昔阳东犯敌四百余，经我三五九旅七六九团迎击，于东冶东南之泥澄口附近被我歼灭三百余，残敌八十余退据泥澄口，又被我包围歼灭。十二日，敌另一部五百余进王得寨（东冶东北），复被我七六九团独立团及地方游击队猛烈袭击，毙敌百六十余人。十六日，敌向测鱼、平定、昔阳撤退。十一月十三日芹泉、寿阳、长凝敌亦南犯，均被我游击队击退。

（2）我独立游击支队一部于十一月廿四日，于寿阳北之宗艾附近，击溃寿阳北犯敌四百余，毙敌大尉石川一名，以下卅余。十一月卅日，平定、寿阳敌千二百余向上、下龙泉松塔，经我不断袭击，于本月二日向平寿窜去。

(3) 廿四日晨，汤阴、辉县、获嘉敌二千余，经吴村、赵固、高村向我驻道清路、修武东北老磨庄附近之补充团急袭，该敌先以骑兵五百余，着中国制服伪装我军，以快速动作向我抄袭，后以步炮兵向我猛攻，混战至午，始脱敌围，我伤亡百六十余，失步枪卅七支，敌伤亡亦数十人。

(4) 十月十三日，沙河敌二百余占渡口，及十六日观台、彭城西犯之敌七百与我先遣支队激战两日，均被我击溃，毙敌百余，获枪廿余支。

(二) 路东纵队

(1) 十月十五日，我青年纵队袭击南和城，因敌设防坚固未奏效，我伤亡六十余。十月十七日，我第四支队袭占党山城，守敌百余被击溃。

(2) 十一月十五日，内邱敌千余、唐克汽车共五十余辆，经党山、隆平东犯，被我东纵一部于大旧城(隆平东)附近，战约二小时。十六日，被我阻击于官亭。十七日，进逼南宫，我以敌我技术、兵器不相称，我不能凭城顽抗，南宫遂被敌占。敌占南宫后，廿一日以二百余人、汽车廿余辆犯孙家庄九宫(城东南)。廿二日，复以两路犯七级村(城南)，均被我击退，共毙敌百余。同日，我一部袭击南宫城，毙敌十余。廿三日，敌骑五十余犯霍照、尚庄(城东南)，被我悉数消灭。是午，敌以汽车廿余辆亦被我击溃，毙敌卅余，毁汽车三辆，南宫敌经我迭次打击与围困，于廿五日弃城分向隆平、新河逃窜。廿六日，我尾敌于田苏庄(新河南)，击毁敌汽车六辆，毙敌六十余，获枪十余支。是日，该敌与赵县东犯敌四百余，会合宁晋城。廿七日，敌以汽、装甲车五十余辆犯尧台大陆村(宁晋东北)，与我东纵二团激战四小时，将敌击退，毙敌二百余，俘伪保安队长一名，日兵三名，毁汽车二辆，我第二团团长余伦胜负伤，以下伤亡七十余名。卅日，敌再倾全力犯大陆村，复被我东纵第一团击退，我即乘胜追击该敌，于刘潞村将敌掩护部队二百余，汽车五辆包围，反复冲锋四次，毙敌百余，毁汽车一辆，残敌夜深向宁晋突围逃去，我负伤副团长，黄光霞负重伤，以下伤亡九十余人。

(3) 平汉(及平汉以东公路)、津浦线我共破路卅一次。十月廿三日晚，我第五支队袭占德州北之安陵车站，守敌廿余被我消灭，我阵亡大队长阎撒吕及以下伤亡廿余，车站为我烧毁。十一月十五日，冀鲁支队袭击恩县车站，与守敌二百余激战彻夜，我负伤支队长孙超及连长二，以下伤亡廿余人。

(三) 抗日挺进纵队

(1) 我对津浦路共破路廿一次，我两次袭占张庄(平原 禹城间)、泊头(沧州南)车站，颠覆敌火车二列，获步枪卅七支、马八十二匹，毁桥六座，收电线六千余斤，毙敌三百五十余，俘敌伪军五十八人，日军两名，我阵亡连长二名，以下伤亡八十四人。

(2) 盐山孟村(沧州东南)、临邑、济阳伪皇协军刘纪成、邱训伯、徐连参等部约千人，被我先后肃清。十二月中旬，我两次击退盐山、沧州南犯之敌。十一月六日，收复临邑，共缴获步、机枪四百六十八支，击毙日顾问二名，日兵三十余，伪军二百余，俘伪军六百余，汉奸十一名，获电话机四部，马卅七匹，我阵亡连长二员，以下伤亡二百九十余人。

(四) 十一月十日，敌重轰炸机一架(已打毁)误落束鹿北之辛集被我捉获，司机六名，当被地方游击队击毙，获高射机关枪一挺，重机关枪二挺，降落伞二个，无线电台一架。

(五) 大小战斗八十九次，破路八十六次，缴获步枪五百四十五枝，机关枪廿一挺，手枪十九支，飞机一架，无线电一架，有线电话机四部，降落伞二个，自行车一四七辆，大车卅八辆，收电话线五万四千七百六十斤，毁敌汽车十五辆，装甲车二辆，火车五列，毁禹县、张庄、安陵、泊头等车站，桥梁十八座，毙敌大尉石川一员，以下击毙日伪军二千七百五十余人，马二百零一匹，俘日军五，俘伪大队长一，伪军司令邱训伯、刘纪成、伪营长徐连参以下七百零一，汉奸十一人，获马一百五十九匹。

（六）我负伤东纵第一团副团长黄光霞，第二团长余伦胜，冀鲁边支队长孙超，营、连长各二员阵亡，第五支队第二大队长阎撤吕，连长六员，以下共伤亡一千六百余，失步枪卅七枝。

戊、两个月战斗之缴获及我军损失一览表：（表见第130页）

己、伪军反正

对争取伪军反正工作，在我军及胜利影响下，亦获不少成绩计：

（1）十月十日，太原伪军连长罗春山率队六名，携枪七枝，投诚我军。

（2）绥远伪自卫军苏玉龙率部百余，十月廿三日于归绥东之白塔反正，并将该地伪警察全被解除。同日，伪西北边防自治军第三师因内部反正空气高涨，被敌察觉，十月廿三日晨，敌七百余包围，其旅长武毛率部二千二百余突围反正。

（3）毕克齐伪军十月廿九日一个团反正。同日，武川伪军亦有两个连反正。

（4）冀中永清东之调河头镇伪皇协军全部反正，拘捕日高级指导官野福一员。

〔国民政府国防部史政局及战史会档案〕

20. 程潜报告八路军在冀晋等地区作战情况密电①

（1939年1—3月）

（1）1月22日电

急。重庆委员长蒋：顷据庞瑞伯上钧座元酉参战电称：抗密。

① 摘自程潜致蒋介石的军事文电。

两个月战斗之收获

区分 数目 队别	战次	斩										
		击毙		俘获				武				
		日伪军	战马	日军	伪军	汉奸	骡马	步枪	手枪	机关枪	山炮	迫炮
晋冀察边区	167	9430	500	110	331	33	623	1719	27	88	8	4
第一一五师	15	1200	87	2	20		16	84	7	4		
第一二零师	57	900	76	2	25		163	251	6	13		
第一二九师	89	2750	201	5	705	11	159	545	19	21		
合计	328	14280	864	119	1081	44	961	2599	59	126	8	4
备考	一、此统计冀东活动部队未列入。 二、总计战斗三百廿八次，破路二百五十九次，这些 三、收电线按斤计算。											

及我军损失一览表

获								破坏						我军损失			
器			器具														
掷弹筒	飞机	毁山炮	无线电	有线电话机	降落伞	大车	自行车	铁(公)路	桥梁	火车	汽车	装甲汽车	收电线	伤亡	中毒	损失步枪	轻重机关枪
4		1	1	11		553	48	95次	21	5	67		32000	7400	710	145	1
								36次	13	2	1	1	23000	900			
						96		42次	15	2	8		8000	550		15	2
	1		1	4	2	38	147	86次	18	5	15	2	54760	1630		37	
4	1	1	2	15	2	687	195	259次	67	14	91	3	117760	10480	710	197	3

破路均在战斗中进行的，故我军大小战斗共约五百余次。

据刘师长伯承真辰电称：(1)吕纵队之二十二支队鱼日辰在定县东十里之处伏击由定县开安国之汽车十三辆、唐克车二辆，当被该支队猛烈射击，计炸毁汽车六辆，毙敌五十余。残敌狼狈逃去。(2)吕纵队独立支队一部鱼日在津保公路设伏，毙敌二十余，毁汽车七辆，确获汽车四辆。又，我挺进支队虞日在霸县以北之古瓦庄，击毁敌汽车三辆，生擒寇卒及车夫各一，伤亡十余。(3)鱼日午，由博野开安国之敌百余、装甲车一辆，唐克车一辆触发我预埋之地雷，悉将装甲车及唐克车完全炸毁，敌兵百余亦被我予伏部队加以消灭。此次缴获重机枪二挺、轻机枪七挺、步枪七十余支、小炮一门。等情。谨闻。程潜。养已。行参战。印。〔自洛阳发〕

(2) 2月1日密电

急。重庆委员长蒋、何总参谋长、徐部长：坎密。(一)〔略〕，(二)朱彭电报：和顺之敌宥晨分两路南犯，右路约二千被我桂支队于辽县北十五里之丰候镇附近截击，毙敌百余，现仍对峙中。左路之敌感日由松烟线南犯，当日进占拐儿镇南十里之箕山寨，与我张支队一部对峙中。各等情。程潜。东戌。行参战。印。〔自长安发〕

(3) 2月4日密电

特急。分三份。重庆委员长蒋、何总参谋长、徐部长：坎密。朱彭卅电称：由和顺分三路南进犯之敌中路二千余，昨由丰候镇向辽县进击，在曹家沟遭我桂支队截击，当激战三小时，毙敌五十余，该敌当晚进辽县北五里之殷家庄。右路敌千余进占和顺西之寒湖村，分两路南犯，一路经前掌马家庄进到下交附近，被我桂支队另一部伏击，激战二小时，毙敌卅余。另一路经杨光占该两路之敌于昨黄昏进抵辽县西之石匣村，与我桂支队对峙中。左路敌千余由拐儿镇西进，沿途被我陈旅截击，敌伤亡甚重。昨日敌被我阻击于辽县东柏营村、苏亭村，敌约三百余完全被我击退，缴获子弹、炮弹.食品各一部。敌大部继续西犯，本日拂晓前敌三路五千余人会战辽县，当与我辽县附近部队发生激战，因我受敌三面夹击，我出辽县，该城当为敌占领。后敌约千余继向南犯，刻已进占梁峪，正与我陈师之一部对峙中。连日战斗我伤亡甚众。敌屡施放催泪毒气弹，我中毒官兵百余。各节等情。程潜。豪已。行齐战。印。〔自长安发〕

(4) 2月4日密电

急。重庆。蒋委员长、何总参谋长敬之兄、徐部长次宸兄：坎密。战绩乙。朱彭冬午电称：我桂、张两支队已克复辽县各等情。特闻。程潜。支亥。行参战。印。〔自长安发〕

(5) 2月9日密电

限即刻到。分三份。委员长蒋、何总长敬之兄、徐部长次宸兄：坎密。朱彭一月艳戌电称：由正太线南犯和顺、辽县之敌，已增至一旅团以上之兵力，该敌陷和顺，分三路南犯辽县，计：左路经松烟、拐儿镇共一千六百人，昨、今两日被我一二九师三八五旅一部及七七二团张支队一部截击于栗城东西地区。敌以险顽抗，大肆毒攻，敌我伤亡均重，现正围攻中。中路约三千余人，现和辽公路二犯辽县，沿途被我桂干生支队阻止。越三天，该敌今午已逼近辽县附近激战中。右路千余经寒湖、马家庄犯辽县，被桂干生支队一部阻击，现仍在辽县城西之石匣村对峙中。我六八六团及决死队第三团已赶到辽县附近，但辽县城已危在旦夕，估计进犯和辽之敌是敌之大举进犯晋东南之开始，为配合冀中、冀南各区进攻之形成，为扫荡整个华北之作战并平汉、正太、同蒲各线敌之调动正忙，各线兵力现有增加，估计各该线之敌亦将配合犯和辽之敌向晋东南抗战根据地进攻，今后晋东南形势将转严重。现又以粉碎敌之新进攻，保卫晋东南抗日根据地为口号，广宣民众积极参战，督率拥护持久作战，目前进犯和辽之敌此状况已成过去。除复饬应速集结有力部队打破敌扫荡晋东之企图，以保太行山游击根据地，并催报该方近情外，谨闻。程潜。佳午。行参战。印。〔自长安发〕

(6) 2月18日密电

分三份。重庆委员长蒋、何总长、徐部长：坎密。朱彭寒亥电：据吕司令文电称：微日，在晏家桥（占县北）战斗中俘敌兵小林操供称：河间献县运河敌系第十一师团廿二旅团四十四联队，由汉经南京北开津浦线，于上月删日始抵泊头沧州，宥日到献县，师团长为渡允雄中将，旅团长为里岩羲少将，联队长为平田梁六郎水伪，第四中队长为这胜务善夫少佐。我于去年十二月十日在通城，并由华中抽调编为混成联队归木间少将指挥。联队为七十个大队，每大队四个中队，每中队为三个小队，每小队六个分队，每分队重机炮、机炮五门，每中队三百余人，并称该大队大半是日本中大学生，厌战情绪高，战斗力弱。等语。查敌十一师团第十旅团番号。近据廖磊报，在宋埠尹河博莱等处发现其廿二旅团，是否确已转移，曾再电朱彭及李长官重行详侦矣。程潜。巧。行参谋。印。〔自长安发〕

(7) 3月17日密电

重庆委员长蒋、何总长敬之兄、徐部长次宸兄：稔密。据朱德寒酉电称：据报：一、我一部真日袭塘湖南之东西林泉，敌伤亡数十余。该敌冬晨向塘湖庙退，我跟踪追击，复激战于塘湖，敌伤亡百余，残敌向易县逃窜，塘湖为我克复。是役，我伤亡官兵五十余人。二、真日，进占远台山比后之敌烧民房数十间，大量放毒，我中毒者五十余。三、白堡之敌六百余被我不断袭击，该敌文日向神星满城逃窜，白堡、翟家佐、石家佐为我克复。四、文日，静乐敌千余西马坊游击与我张旅一部对战中。等情。谨闻。程潜。筱戌。行参战。印。〔自长安发〕

(8) 3月20日密电

急。重庆委员长蒋、何总长敬之兄、徐部长次宸兄：稔密。据阎长官筱未二参战电称：稔密。本四八周元月铣至养日俘获杀伤……第十八集团军吕纵队一部□、筱两日在沧州附近毙敌官兵四十余，居支队巧在大方庄、封口、土头等处获枪二十余支，毙敌七十余。吕纵队一部，巧在霸县属辛店毙敌三十余。赵支队巧在五台属南茹村毙敌三十余。吕纵队之便衣队，智在天津车站毙敌二十余。刘师陈再道旅，智在平乡郭家桥毙敌二十余。武支队智在插箭岭、五台北毙敌三十余。杨支队马在塘湖毙敌百余。晏原宁部养在和顺原家湾毙敌百余。居、刑两支队养在盐山、沧州东毙敌官兵百余。补报上周独二旅第五、六两团在蒲县属胡家上土、宁属、道家、曲峨、割麦等处俘敌兵一，获步枪一支、伤毙约四百余。直辖第六、七两团在灵石属垄庆和临汾属岭儿、上涧、北土门等处获步枪三支、马一匹、钢盔二顶、伤毙敌百余名、骡马十二匹。等情。程潜。号酉。行参战。印。〔自长安发〕

〔国民政府国防部史政局及战史会档案〕

21. 卫立煌关于第二等战区八路军战绩电①

(1939年1—3月)

(1) 1月16日电②

(七) 刘师一部灰夜袭入高塘(鲁北)，激战全夜，毙百余，夺获轻机枪一挺、步枪十余支。

---

① 摘自卫立煌致蒋介石、徐永昌等的军事电文。

② 此件系“大寨赛密铣亥地电”。

(2) 1月22日电①

据朱、彭智、马各电:(一)昔阳原驻敌千余,皓、智续由平定增敌三千余,一部南犯国庆窝被击退。(二)熊支队筱在青城镇(盂县东南)附近击毁北开汽车一辆,毙敌廿余,俘翻译官一名。(三)五台敌三百余.巧犯南茹村(五台东北)。经我赵支队迎击,毙敌六十余,获枪七支。皓增援敌三百余,迄仍激战中。(四)铣日,彭城(鹿县西北)之敌,经我刘师一部袭击,筱晨南向蒲台溃窜。我正追击中。(五)临城西占鹿庄之敌五百余,删日以来,经我刘师陈旅一部不断袭击,共毙八十余,夺枪廿余支。据卤获文件查知,该敌为14师团赤峡第十联队,去年十二月二日始由武汉北调。(六)易县敌四百余,巧占唐湖(易县西南),夜经杨支队一部袭击,毙百余,皓晨易敌三百增援,激战中。

(3) 1月24日电②

(四)昔阳分路南犯之敌共约二千五百余,养经倪支队分头还击,共毙敌二百余。迄日没时,敌先头千余侵入和顺城,我仍在城南阻敌南犯。(五)刘师一部智袭击钜鹿,我毙敌甚众,夺马十余匹,军品一部。(六)霸县敌二百余,汽车十余辆,巧向东北辛店进犯,被我吕纵队一部击溃,毙敌卅余,夺获汽车二辆,步枪十余支。(七)吕纵队便衣队铣在杨柳清(天津西)附近。击毁汽车二辆,毙敌副官以下数名,夺枪一支。另一部智混入天津车站,以手榴弹毙敌十余。

(4) 1月25日电③

(八)吕纵队一部筱在杜林镇(沧州西)击溃伪军一部,毙伪司令刘佩巨及少校以下官兵卅余,缴获汽车一辆,机步枪十余支。另

① 此件系“大寨赛密养亥地电”。

② 此件系“大寨赛密敬亥地电”。

③ 此件系“大寨赛密有亥地电”。

一部巧在堑头大户庄(安国东南)毙安国来犯之敌七十余，夺枪廿余支，马十三匹。

(5) 1月30日电①

据朱、彭感、俭各电：(一)据报定县一带之敌为桑木师团、小野旅团部□部队。(二)保定敌七百梗东占喇叭镇，有犯高阳样。(三)吕纵队一部巧在琉璃河以东击溃敌百余，俘伪军十余、日军三名，缴获山炮一门、轻机枪四挺、步枪四十余支、汽车三辆、马十余匹。(四)沧州敌千余，有陷河间。又蠡县、安国一千六百余，有会陷肃宁，我段纵队正增援反攻中。(五)我冀南游击队敬晚袭击杰阳庄(宁晋东南)，焚毙敌五十余，夺获七五战炮一门。(六)永年敌七、八百，梗陷曲周，敬南犯尤村，被我刘师一部击退，毙敌五十余。(七)彭支队一部，有晚袭击丰县，毙敌百余俘伪军十余，夺枪七十余支，毁汽车三辆。等情。

(6) 2月3日电②

据朱彭世东各电：(一)卅陷辽县之敌为第十师团第八旅团合冈光男部队五、六千人，现一部南犯，今与我在梁峪附近激战中。(二)我独立支队一部，俭攻占北合流车站(榆次东)，毙敌廿余，缴获轻机枪一挺、步枪七支。(三)五台敌增至一千五百余，炮十余门。传有某兵团长已至该地。俭有一部三、四百，炮三门，向东南裴家沟进犯，被击退。(四)据报岱岳(雁门关北)近增敌汽车三百余辆，南北运输甚忙，多系军品，尚无大部队。(五)潢城(曲阳西北)敌五百余，炮五门，感向灵山(曲阳北)以西进犯，经我独四团迎击激战五小时，毙敌甚众，夺枪廿余支。我独四团团长许供坚阵亡，伤亡排长以下官兵五十余名。(六)高阳俭被敌千余占领。保定现有敌三千

① 此件系“洛阳赛密卅亥地电”。
② 此件系“洛阳赛密江亥地电”。

余，刻向高阳赶修公路，我吕纵队一部袭击中。（七）蠡县敌千余，有午陷联宁，当晚经我吕纵队收复，毙敌百余，缴获步枪四十余支，军品甚多。等情。

(7) 2月4日电①

（八）平乡敌五百余，敬东犯郭家庙，被我刘师陈旅一部击退。同日晚，该敌另一部分袭肥乡、广平，毙敌六十余。（九）彭支队一部艳晚袭陇海线黄楼车站，俘日伪军五名，夺枪廿三支。另一部卅在丰县东北孙井庄击溃敌二、三百，俘日伪军六十余，夺枪八十余支。

(8) 2月10日电②

（五）宛平西犯敌二千余，支有一部侵入斋堂（北平西），刻仍与我宋邓纵队一部激战中。

(9) 2月17日电③

前奉虞申令一元电，经饬各部遵照部署在案。兹据朱彭寒电称：遵拟定部署如次：（一）贺师张旅破坏阳曲至大同段，□□破坏大同至张家口段。（二）聂部破坏正太线寿阳至石家庄段及石家庄至定县段。刘师破坏石家庄至滋县段。（三）宋邓纵队破坏平绥、宣化至北平段。（四）吕正操部破坏北宁县及津浦路之天津至沧州段，肖华纵队破坏沧州至德州段。等情。

(10) 2月20日电④

据朱、彭寒铣各电：（一）贺师冀中部队分道击敌，于元、寒等日

① 此件系“洛阳赛密支亥地电”。
② 此件系“洛阳坎密蒸地电”。
③ 此件系“洛阳赛密筱辰天电”。
④ 此件系“洛阳坎密号未天电”。

光复饶阳、肃宁、任邱等县，俘日伪军五十余，获步枪七十余支。(二)满城敌四、五百，元晨向我北面配霖猛攻，与我杨支队一部激战终日，毙敌百余，残敌向满城溃退。(三)吕纵队一部鱼日破坏运宁路万堡车站东铁桥一座，十日移出，敌难修复，俘守敌二名。(四)贺师张旅一部，真将盘据厂汉营(凉城东南)日伪三百余击溃，跟追至凉城附近，击毙敌人、马各四、五十，俘卅余，缴获步枪卅支。

(11) 2月27日电①

甲、据朱彭梗电：(一)刘师一部文在武邑西南刘仲镇击溃由衡水开来伪军二百余，获长短枪十八支。又衡水日伪军五百余，寒窜武邑城西，与我刘师一部激战中。(二)安阳敌七百余，皓午进攻饶阳，哿日一部分向东南及东北游击，均被我军击退。(三)贺师一部巧夜袭击兰村(阳曲西北)，毙敌百余，获枪十余支。乙、武士敏有电：张团马、梗等夜分在梁官村(礼县西南)、谷村、祁城村及梁官堡、何家湾先后破坏铁道四、五里，各该处首敌纷纷应援，被我分别击退，毙二、三十，获电线四百余斤。(二)沈团马、梗等夜先后在东观镇、北洸村(太谷西南)、太谷间破坏铁路二、三里，获电线三百斤，毙敌十余。等情。

(12) 3月13日电②

甲、晋南(一)佳日，两渡镇敌约百余通过平泉村、雷家庄(灵石西北)进扰，被我十八集团军陈支队一部击毙廿余，余敌回窜。

冀中(一)涿州北长沟敌七百余，感日西犯，被我邓纵队一部击溃，毙敌卅余。(二)宥日，吕纵队一部袭击安次，毙敌甚众，获步枪四十支、机枪二挺。

---

① 此件系“洛阳赛密沁亥天电”。

② 此件系“洛阳稔密元亥天电”。

(13) 3月14日电①

据吕正操齐电:(一)冀伪省府上月有日移保定,敌杉山大将亦到保,稍停即返平。(二)深县、辛集、束鹿、深泽汽车路已竣。(三)安平、深县之汽车路敌正赶修,我挺进支队正向该方面加紧破坏。

(14) 3月20日电②

铣辰,令一游电奉悉。据朱德转彭德怀文电称:(甲)敌大举扫荡冀中、冀南,依据铁路推进,并以沧石路南之德州、南宫、临城线,邢台、威县、临清、高塘、济南线,邯郸、大名、冠县、聊城线屯积大兵为基本线,一知我军所在,即以轻快部队分路包围。(乙)我以坚持冀中、冀南平原游击,保卫西北,策应晋鲁,作战部署如次:(子)以有力一部在冀中、冀南游击,配合民众武力,巩固抗日根据地。(丑)另一部进出津浦、平汉袭敌进攻基础地,破坏铁路、以夹击冀中敌。(一)陈光率六八六团进出长清、肥城敌,微到郓消灭日伪军刘本功部,获枪三百,毙伪团长以下四百余。(二)贺龙率一二〇师一部及吕正操部,号在河间激战,伤亡二百余。(三)徐向前率陈再道之东进纵队及刘师一部在冀南活动,尤以江、支在枣强、高塘战最烈,伤亡六百余。(四)刘伯承率三八六旅及先遣支队转到磁县、邢台线平汉两侧与该地带,依〔与〕磁县附近敌战斗中。(五)秦华率部袭击沧县、德县线上敌,在陵县消灭日伪军三百余,获机步枪二百余。(六)聂荣臻进至完县、满城以东,袭击保定、涿州敌。等情。查各该部均在冀鲁境内,似无大部回晋之事。

(15) 3月23日电③

据朱彭智电:甲、晋省(一)晋祠(阳曲西南)有敌七百余,时在

① 此件系"洛阳坎密寒申勇电"。
② 此件系"洛阳赛密号酉天地"。
③ 此件系"洛阳赛密梗亥地电"。

附近窜扰；王封镇(阳曲西北)有敌四百余，赶筑工事，并即阳曲修筑公路，我贺师张旅一部袭击中。(二)贺师王旅一部元夜袭击灵邱城，激战彻夜，破坏灵邱广灵间电线十余里，并在看家楼(灵邱北)埋置地雷，炸毙敌卅余。乙、冀鲁(一)我邓宋纵队铣袭击高碑店、东西皮营之敌，俘三名，夺枪八支，马十余匹。(二)饶阳敌日伪七百，炮三门，寒向东北进犯，经我吕纵队一部击退，毙敌指挥一名，以下伤亡百余。(三)我挺进支队一部，灰夜袭入深县及旧县镇(深县西)，巷战至烈，敌顽抗未能解决。(四)宁晋有日伪军各七、八百，束鹿有敌五百余，馆陶、邱县、堂邑、华县各有日伪军二百、五百或七、八百。等情。

〔国民政府国防部史政局及战史会档案〕

22. 叶剑英转报八路军在冀中冀南歼敌战绩呈

(1939年2月)

(1) 致何应钦呈(2月10日)

总参谋长何钧鉴：谨将朱、彭总、副司令来电译抄呈阅。

职　叶剑英呈

二月十日

总参谋长何钧鉴：(一)困守冀中任邱之敌连日经过贺师□□□团之攻击、扰袭战斗后已告收复，守城之敌一部分被歼灭，一部分向河间逃窜。(二)逃窜河间之残敌配合敌之一部援军合计千余，炮十余门，于是日向我大曹村进犯，以猛烈炮火并施放大量毒气，经我官兵顽强抗击，反复冲锋肉搏四次，均被击退。我官兵虽在毒气攻击之下，仍前扑后继，复突破敌之两套防线，残敌即退入城外，到大曲堤之线固作顽抗，是役敌伤亡三百余，缴获步枪四十余支，轻机枪三挺，我伤营长以下百余，□□□团长黄新廷，政委、参谋长及两个营长以下官兵中毒者千余人。(三)敌之另一部两千余人分四路向平西进攻,每路各五、六百人,进攻目标为斋堂,我宋、邓部已击退其两路,敌另两路于是进占斋堂,我宋、邓部正打击进攻之敌,以保卫平西根据地。朱德、彭德怀叩。佳。

(2) 致何应钦呈(2月17日)

总参谋长何钧鉴:谨将本军朱、彭总、副司令铣电译抄呈阅

职 叶剑英呈

二月十七日

总参谋长何钧鉴:

(一) 自敌寇河北增兵,积极向游击区进犯以来,冀中、冀南战况日益严重,占领武强县城之敌先头部队已抵圈头镇,现正向衡水猛犯中。武邑之敌南犯枣强,饶阳之敌约七百余人,十日起在机械化部队掩护下南犯,进占邹村、任公村等地。十一日晨复分三路猛袭我吕部驻在东、西龙黄村及隰村三地部队,我军奋勇抵抗,因敌寇过多,战斗未能即决,激战三小时后,我贺师七二五团跑步赶到增援,反复冲锋数次,至黄昏将敌全部击退,我正追击中。是役毙敌百五十余,我亦伤亡百余。安平之敌向深县进攻,晋县、宁普、隆平、钜鹿、广宗、景县、清渝、威县八县之敌分路向冀县、枣强、南宫合击。

(二) 此次敌寇进犯均配有轻快武器,来势甚猛,职等已令贺、刘、吕各部以坚持平原游击战方针,灵活进击,将部队分组,多数集团转入敌之侧后方袭击,分途围困敌人,如阻止敌寇修路,断敌后方交通,袭击其运输部队,打击敌之往返部队等,惟各友军如不能密切配合,估计冀南、冀中各县城均已难保。

(三) 在此次敌人大举进攻中,证明了凡有坚强抗日政权、坚强抗日民众组织之地区,群众参战及配合工作均属积极,反之则成

混乱状态，对作战部队毫无帮助。

（四）战况日趋严重，击退敌寇计划，必须各友军密切联系，鹿主席处已多日不能取得联络，致几次战斗无法配合作战，如长此失去联络，深恐有被各个击破之虑，恳请转令鹿主席，注意与职部联络并配合作战，以利支持华北抗战。是否有当，伏乞电示祗遵。职朱德、彭德怀。铣。叩。

（3）致何应钦呈（2月21日）

总参谋长何钧鉴：谨将朱、彭总、副司令来电译抄呈阅。

职　叶剑英谨呈

二月二十一日

总参谋长何钧鉴：

（一）冀中方面：

（甲）一、九日有敌寇千余由献县进到武强县南之圈头镇。十日继续南犯。

二、盘据武邑之敌千余南犯。

三、十日在东西横龙村与我接触之饶阳南犯敌寇百余，当晚退到武强西地区。

四、安平敌寇似已向深县进犯。

（乙）上月二十八日有敌四百余分乘汽车四十余辆，由献县开大城至沙河附近，被我一部伏击，毙寇百余名，毁汽车二十余辆。

（丙）五日有敌寇二百余分乘汽车五辆，向粮子关前进，我聂部熊支队一部在关西前、后埋伏，俟汽车开到，即勇猛袭，当被我击毁汽车两辆，毙敌七十余，缴获轻机枪一挺，步枪十余支，大衣、军毯十一部。

（二）冀南方面

一、八日，广宗敌一部向东北进犯，刻已进到苏村、钜鹿，敌乘汽车二十辆，同时东进到王宫村与我周、冀两支队激战三小时。

二、八日午，束鹿敌向新河进攻，在大杨村被我冀、豫支队截击。晋县之敌分乘汽车三十余辆，同日占领重集，同时位伯敌在旧城周围，与我东纵二团及李支队对战。

三、八日阜城敌六百余，占领武邑。又景县西进之敌占王谦寺，该两路敌再向南犯，合攻冀县、枣强，与我东纵一团及第五独立支队对战中。

四、东纵集团在枣强、武邑、阜城地区，五旅集团在宁晋、藁城晋东地区，东纵集团在南宫、钜鹿、威县、清河、池城。职朱德、彭德怀。真酉。叩。

〔国民政府国防部史政局及战史会档案〕

23. 叶剑英转报八路军破坏日军后方铁路情形呈

(1939年2月26日)

总参谋长何钧鉴：顷奉朱、彭总、副司令汇集巧夜总破坏敌人后方铁路之梗亥电一件，谨抄呈鉴核。

附抄电一件

职　叶剑英谨呈

二月二十六日

总参谋长何钧鉴：谨将职部巧夜总破敌后方铁路情形汇呈于下：

甲、平汉线

（一）我陈旅一部在定县、清风店之间破坏铁路三段，并获取电线二百余斤。

（二）我张支队一部在邢台、沙河之间破坏铁路二里，获取电线五百余斤，又炸毁东马庄附近铁桥一座，另一部在临洺关迤北破坏铁路一里，又另一部破坏内邱、沙河间铁路一段，同时挖路一里余，并获取电线四百斤，道【钉】四百个。

（三）我邓纵队一部袭击窦店车站，因敌戒备极严，未获胜利。

（四）我吕纵队一部在徐水、固城间破坏铁路一段，毁电杆五十余根。

乙、正太线

（一）我熊支队一部在微水、井陉间破坏铁路三段，获取道钉四十余个，电线二百余斤。另一部破坏娘子关、下盘石间铁路一段，运回铁轨二条。

（二）我桂支队一部在寿阳、芹泉间破坏铁路一段，获取电线三里。另一部在上湖、芦家庄间准备破坏铁路时，适有敌车一列向西开行，被我猛烈射击，敌伤亡极众。

丙、津浦线

（一）我邢支队在连镇、安陵间破坏铁路一里余，收获电线六里。另一部袭击东光迤北夫子口车站之敌人，因敌有戒备未奏效果，我军伤亡十余人。

（二）我刘师一部在安陵、东光间破坏铁路六里余，并收获电线六百余斤。

（三）我萧纵队一部在泊头、冯家口间破坏铁路六里，收道钉三百余个，铁轨五条，电线七百余斤。另一部在泊头、东光间破坏铁路五里，获取铁轨七条，螺丝钉百余个，毁电杆十余根。又曾支队破坏桑园、德州间铁路六里，获取铁轨五条，毁电杆百余根，收电线三百余斤，螺丝钉五百余个。又敌人三百余，火车数十辆，在庆延路上通过，被我埋伏设地雷炸毙敌人廿余名，炸毁火车七辆。

丁、平绥线

（一）我李支队一部袭击萨拉齐东麦达召车站之敌，敌人伤亡甚重，我亦伤亡廿余人。另一部袭击平地泉西十八台之敌人，我军将在获胜之时，敌由卓资山增来百名，此役我伤亡排长一员，兵士卅余人，损失步枪十四支。

（二）我宋纵队一部在昌平、沙河间破坏铁路一段，获取电线五百余斤，道钉四百余个。

（三）我王支队一部袭击罗支车站，攻入后获取军用车一部。

戊、北宁线

（一）我吕纵队朱支队一部在胥各庄、田庄间破坏铁路三里，毁电线杆卅余根。适有敌车一列驶来，即行出轨。又我另一部在安定、魏善庄间破坏铁路一段，获取道钉七十余个，电线三百余斤，同时敌由黄村开来之巡查队，即被我军击退。职朱德、彭德怀叩。梗亥。

〔国民政府国防部史政局及战史会档案〕

24. 朱德彭德怀关于八路军在山东东阿平阴一带歼敌战绩电

（1939年2月29日）

部长徐钧鉴：据职部陈代师长光皓电报称：（一）铣日我彭支队将盘据金阿东南之唐王庄敌伪全部解决，获长、短枪十三枝，日伪旗数面。（二）东阿、平阴敌兵三百余分途进袭平阴东南之石横、南茅镇，与我激战五小时许，将敌全部击退，毙敌宪兵司令山吉及佐藤大尉各一名，毙敌百一十余人，我缴获轻重机关枪各一支，步枪十七支，望远镜三付，其他军用品一部，我阵亡参谋一，连长以下伤亡学生三十五名。（三）巧日平阴敌伪共五百余，分三路袭击黄坡（平阴西南），第一区激战数小时，后因敌援兵赶到，即退出战斗，敌死亡八十余，我伤亡排长各三，战士卅余，损失步枪十一支。等情。谨闻。职朱德、彭德怀叩。艳。

〔国民政府国防部史政局及战史会档案〕

25. 程潜转报八路军于晋东南陷敌后所提抗战决策电

（1939年3月2日）

长安。重庆委员长蒋、何总长、徐部长：坎密。朱彭回电称，进犯晋东南之敌于上月未陷和顺后，继陷翼城。旬日来，和顺敌大事屯积粮弹。临汾敌二、三千人，于十八日进占浮山。洪赵敌廿日又分三路向安泽进犯，已抵苏堡镇。灵石敌来犯静昇。同蒲南段敌第廿师团向侯马、横岭关集结。平汉南段敌移驻安阳，似此敌已大规模开始向晋东南扫荡。又，估计晋东南地区辽阔，地形复杂与险要，交通不便，军民团结，民众动员工作进步，尤有粉碎敌围攻计划及惨败之教训，敌向晋东南区域之扫荡作战，始则可能为局部的，逐渐分割，逐渐推进，逐渐缩小，构筑据点，修筑交通路和取慎重与持久的姿态。安泽、沁水、垣曲、晋城、林县、陟县、辽县、子洪口等地，可能成为敌之最近攻夺目标了。职等为确保晋东南抗日根据地，并藉一切有利条件对进犯之敌以基本歼灭之目的，拟采如下对策：甲、立即协同政府各抗日民众团体，进行广泛深刻反对敌新进攻，陷落区总动员，以求一切工作适合于战争与集中一切力量争取战争之胜利。乙、职路在晋东南之部队，目前暂以现姿势，极力抗击进驻之敌，并准备适时集中主力突击。丙、我在河北部队均极力反攻，以策应晋东南之作战。丁、组织职路晋冀察边区、晋西北、晋西部队之切实配合作战。戊、拟请钧座即饬令晋南各友军部队，抗击临汾、翼城线东犯之敌，配合作战。等情。除复饬对策丙项不如将冀境该军有力部队转移至晋东南，直接参加作战较为有利，戊项转卫长官核办外，谨闻。程潜。冬亥。行参战。印。

〔国民政府国防部史政局及战史会档案〕

26. 叶剑英转报八路军在冀晋鲁歼敌战况战绩呈

（1939年5月）

（1）致徐永昌呈（5月27日）

部长徐钧鉴：谨将朱总司令长官、彭副司令漾电译抄呈阅。

职　叶剑英谨呈

五月廿七日

附抄电一件

部长徐钧鉴：谨将冀、晋、鲁职部最近战斗情形分呈于下：（一）敌寇千余名巧日由易县进占大龙华。我杨成武、赵玉昆两支队于马日向该敌袭击，当即击溃。计击毙四百余名，俘小队长一名，兵士八名，伪军十余名，伕役百余名，缴获步枪百二十五支，轻机枪十五挺，重机枪二挺，山炮一门，小炮三门，汽车三辆，残敌已向梁各庄、望都、定县一带溃窜。（二）江日我津浦支队一营约八百余人于恩县、茌平间受敌袭击，损失奇重，除击退八十余人外，余均遭伤亡。又敌寇约六、七千名于冬日起即围攻肥城、平阴、东阿、东平、汶上、宁阳等地区。微日我陈光师于东阿、肥城间之大董庄附近遭敌进攻，以敌势较强，我军伤亡六百余人，失散三百余人，大行李亦损失殆尽。（三）我陈士渠支队铣日在灵石西双池镇以南吕家庄附近与敌寇激战，我支队伤亡二百余人，陈支队长受重伤，政治主任王丽水、一团长杨尚儒、二团长王耀南、政治委员刘振珠均已伤。汾阳、三泉之敌寇约千余名，于筱日分三路西进，现已进至柳林。

职　朱德彭德怀叩。漾。

(2) 致蒋介石呈(5月29日)

委座钧鉴：谨将朱、彭总、副司令梗电译、抄呈阅。

职 叶剑英谨呈

五月廿九日

附抄电一件

委座钧鉴：(一)易县西梁各庄一带敌寇约七百余进占大龙华，其企图拟打通易县、涞源间之交通，我杨成武部于皓日向该敌围攻，激战至马日即歼敌五百余名，生俘敌小队长一名，兵士十余名，并缴获大炮一门、小炮三门、轻机枪十余挺，重机枪八挺，步枪百三十余支，子弹及军用品等甚多。(二)盘据太原北凌井之敌寇约二百余，被我张旅一部将该敌包围，敌即顽强抵抗，激战至筱晨，击毙敌寇百五十余名，内有警备队长石岗丁吠一名，并缴获步枪二十余支，马十余匹及军用品一部，残敌在敌机二架及太原援军一部掩护下，已突围向太原溃窜。(三)敌寇百余名在河间东大村庄一带正在掩护修路之际，被我贺师一部于灰日将该敌击毙七十余名，残敌向杜生镇逃窜。是役我缴获步枪四十余支，马四匹及军用品一部。(四)我某纵队一部于元日破坏威县、成安间公路十余里，另一部破坏临漳至成安间公路十五里，毁桥梁二座。(五)我某支队一部于真日晚破坏元氏至高邑间铁路二里，当晚颠覆火车一列，敌寇死伤二十余名。我另一部将沿路电线破坏，计砍倒电杆百余根，收回电线五百余斤。职朱德、彭德怀叩。梗。

〔国民政府国防部史政局及战史会档案〕

27. 周恩来为送左权著《一月来华北战局概况》与刘维京往来函

(1939年6月)

(1) 周恩来致刘维京函(6月2日)

维京我兄有道：久未领教，甚以为念，兹送上十八集团军副参谋长左权所著之《一月来华北战局概况》一文及其总统计表一份，希赐存查，可作华北战斗参考材料看也。专白，敬请勋安。

弟　周恩来

六月二日

一月来华北战局概况

左　权

（4月1日至30日）

敌人以着巨大兵力对华北各个抗日根据地的扫荡作战已历七个月了。虽初步的完成了扫荡计划中之某些部分，进占了某些所欲占之城镇，然扫荡目的是没有达到的。总观一月来华北战局：一方面在敌已扫荡了的区域，仍然进行着紧张的战斗，同时敌之主力一部逐渐向南转移，向着晋东南、鲁西、津浦线中段及陇海路东段进行扫荡作战。敌之扫荡华北是进攻西北之必要准备步骤。目前，敌之扫荡目标逐渐向南转移，这说明着敌之进攻西北期间已日益接近。又据各方探报，近日大批敌军在塘沽登陆，关东军向华北转运，这使我们更加认识保卫西北的战斗任务更加严重与迫切了。坚持华北，就是保卫西北。以坚持华北抗战的胜利粉碎敌人向西北的进攻，这是华北每个军民的光荣任务。

兹将四月来华北战况概述如次：

（一）晋东南。早已多次指出，自一月二十二日至二月二日之辽河战斗起，敌人已开始了对晋东南抗日根据地新进攻。同时也指出每次敌人的进攻，是以持久的方针，慎重的行动，周详的计划，用更毒辣的手段，在作战指导上，他将采取逐渐的局部分划，步步推进，修筑后方联络线，修筑据点，防我袭击，并逐渐缩小围攻圈，争取作战之优势，以图压迫我于不利地区，一举歼灭我军。两、三个月来，敌进攻晋东南情况的发展，已完全证明了这一判断的正确。敌人自占领和顺以后，接着曲沃之敌进占翼城、洪洞，临汾之敌于三月间先、后攻占安泽、浮山。本月初，平遥、介休之敌约四千余，分三路于四日攻陷王和、王陶，与我决死某纵队及某军部队激战多日，敌被我阻于王和、〔王〕陶之线，又以该敌后路被我截断，不断遭我围攻、袭扰，王陶敌不支，退守王和及其以北地区，王陶遂为我克复。接着太谷、祁县、平遥之敌以约一旅团之兵力在××师团长亲自指挥之下，分大小十余路，其势汹汹的向白晋公路我武师防地进犯，这是这一月来晋东南境内的大事变，也是我晋东南军民粉碎敌人新进攻中英勇斗争的又一页。这一战斗的经过，是当王陶敌退王和，祁县敌进占子洪镇之后，敌即以主要兵力迂回分水岭、南北关等地，其兵力及进攻路线是：中路以约数百之敌，由太谷犯白狮岭，以同等的兵力由梁村犯神堂头，以约千余人由峪口进犯，企图迂回盘托；在左翼方面，经段家坪进犯之敌迂回固城、程家庄犯木瓜凹，石灰窑之敌迂回北关，上店之敌迂回南关、水磨头犯南岭，和石门之敌由智家庄犯石板沟，北楼子店之敌迂回分水岭；另一路又由张家庄犯楼子底，迂回分水岭。在右翼方面，由东盱底犯云山之敌，迂回来远镇，太谷敌约七、八百人经马岭关进至白壁地区，遭我八路某支队打击后，随即后撤。总观敌之行动部署，原欲以分进合击、分段截击之姿势，企图在白晋公路北段及其两侧地区，一举而消灭我之有生力量。自十一号开始激烈战斗后，我英勇的武师与敌激战数昼夜，给敌巨大杀伤，但以我作战地境多遭分割，兵力疲惫，为保持主动地位，随即转移新地区，敌图歼灭我有生力量之毒计，终无以得逞。嗣而敌继续沿白晋公路南进，深入权店，威胁沁县，并以有力部队东犯故城、石盘及云簇，威胁榆社、武乡。同时更企图截我武师转进道路，又遭我武师之严重抗击。我王旅长、赵团长在英勇战斗中先后光荣负伤。后又以我八路军某某部先后赶到，八路军某支队一部挺进太谷，使深入之敌无法立脚，不得不狼狈北撤，在我追赶截击之下，逼使敌不得不一直退往南关及其以北地区。廿一日晚，我八路军某部复奇袭南关，突破敌之防卫工事，毙敌五十余人，缴步枪十余支，轻机枪一挺，使敌更感不安。我周副营长得标同志亦在此役中英勇殉国。现南关至子洪口线之敌约有千余人，分驻子洪口、盘托、东西盘支、东西团城、及北关、南关各地，其防卫工事亦已相当完成，似有久驻以作将来继续进犯之前进阵地的模样。进犯白晋公路敌主力陆续北撤同蒲路后，初向南及正太路转移；一部三千余人进至榆次、阳泉之线，并向和顺方面延伸，截至近日止，和顺之敌已增至约二千余，并不时向东南之平松村及西南之东、西喂马一带进扰，似有逐渐向南推进或图配合平汉线之敌向我进犯模样。该敌迭经我八路某部不断痛击后，现仍无大动作，惟平定、阳泉仍各有敌千余，似图伺机再动。我某支队在平定、昔阳、和顺沿线袭敌，打击敌运输交通，破坏电线，敌后方联络颇感不安。该支队以有力部队，复于二十四日将寿阳以东之张净镇铁桥炸断，并在铁桥以东炸毁敌火车一列，敌伤亡损失极重，致正太线交通中断多日。平汉线之敌近日亦有增加，南北调动似更频繁，但其主力似尚在南段。二十日，邢台敌约二千余，分三路西犯营头龙泉寺，计一路经年范、九佳；一路经石头庄、漳河；另一路由皇寺镇经西黄村。经我八路军某支部阻击，该敌于二十一日攻陷营头龙泉寺。道清线之敌仍为第十四师团，其驻博爱敌以步、骑、炮六百余北犯长坪大、小口后，续向忻西裤房前进，被我某军击溃。我跟追并围攻博爱，歼敌甚众。九日，某军某队进击(辉县西)薄壁镇，毙敌炮手一名，毙伤日军二十余，伪军四十余，颇有缴获。另一部进击水冶镇，敌伤亡三十余。十一日夜，某军游击队在章家营(安阳南)炸毁敌汽车数辆。十二日，在淇县北炸毁铁甲车二辆、炮车一辆、毙敌四十余。十六日，我某军一部在水冶镇与南犯敌遭遇、获胜，毙敌三十余，缴获步枪数支。二十二日，袭击盆窑，毙敌哨兵二名，伤敌十余名。我某军某部二十七日攻克博爱西之许良，并将迭次反击之敌击溃。辉县之敌十六日分三路，一路北犯，一路进至高村镇，一路进至东磊，另一路向三交上前进。以上各路之敌均被我击退。一月来，敌以三、五、七架，多至十余架飞机，每日在晋东南区各地不断盘旋，并在未设防城市滥事轰炸，尤以长治为甚。我军民略有损伤。

根据上述各种情况，明白的看出晋东南周围战况仍在继续紧张的发展中。钻入我边缘各据点之敌，正在加筑工事，屯集粮弹，或逐渐集结兵力，或不断四出袭扰，准备继续的进攻。为坚持华北抗战与保卫大西北，保卫晋东南，粉碎敌之新进攻，具有极大意义。我晋东南的英勇军民应时刻准备迎头痛击任何一个方向可能钻进来的敌人。

（二）冀中。冀中苦战快将七个月了，县城早被敌人占领。敌以县城为据点，组织多数机械化快速部队四出扫荡，寻求我主力作战。战况不仅没有减轻，相反的一个月来敌人犹不断的向冀中增兵，战况更为加激。敌之毒辣方法亦更加强。现根据各种材料可看出：

第一，在军事方面：（一）加强各据点工事，修复城墙。（二）修各据点之公路及后方联络线。（三）依据各据点四出游击和集结几个据点的兵力，同时向我某一处进攻与袭击，图以积极的行动来达成其已占领之城镇或据点之巩固。同时，逐渐扩大其占领地与消灭我有生力量。（四）采突然袭击或拂晓、夜晚袭击。

第二，在政治方面：（一）加紧欺骗宣传，大肆散发标语、传单、布告等。（二）特务机关与宣抚班造谣挑拨阴谋加强。（三）强化伪组织。（四）开各种大会，庆祝顽固份子对抗日力量磨擦胜利，欢迎顽固份子入城。（五）进行火线上喊话。

第三，抢掠我财力、人力、物力：（一）到处抢掠棉花，宣传种棉。（二）抢掠硝矿。（三）敌行进时携带大批大车，多至两、三百辆，沿途抢掠民众财务、家具、农具，以至牛、马、自行车。（四）抢掠妇女，强奸之后向其家属索取赎款。（五）向近城各村庄索款，大村二、三百元，小村五十元。（六）强迫使用伪河北银行及联合准备银行纸钞，以伪钞收买法币及边区银行纸银，限四月十五日前兑完，逾期如再使用法币及边区纸币，一角者监禁十年，五元者枪毙。(七)登记民间枪支，准备没收民间枪支。(八)征发粮食、牛、马、鸡蛋、马草等，同时在各县设立粮食站，没收、征发和强掠之粮食，减低价格出卖，以欺哄民众。(九)强征壮丁，规定每县强征三、五百不等。在某城郊、每村庄中强迫抽壮丁一人至三、五人不等，组织伪保安队与警察。(十)强征十二、十三岁的青年儿童送到各城市受训，实行奴化教育，较大年龄及老年人亦强迫进城，给所谓新的教育。(十一)大量征发民伕及大车，每县多至五、六百辆者，搬运所抢掠材料。(十二)大量征用民夫修城、修路及作防卫工事。但不管敌之手段如何毒辣，除极少数的民族败类为敌所利用外，广大的冀中英勇军民在贺龙、关向应、吕正操、程子华等同志坚强领导之下，广泛的开展了游击战争，坚持平原战斗，给敌不少打击，而使扫荡之敌日感困难，消耗损失日增，敌之毒辣计划无由得逞。一月来该区内战斗不下五十余次，其主要者如次：

河间敌一部三百余，二日晨向献县前进，在商家林附近遇我八路军某团一部阻击，激战二小时，毙敌五十余名。同晚，我另一部袭击献县城，毙敌甚多。八路军某旅某团一部于三日晚夜袭河间城，敌退守据点顽抗。我生俘日伪军二名，缴步枪数支，子弹数百发。次日晚该团另一部复袭任邱城，敌以步、机枪、掷弹筒向我猛射，激战通夜，敌极恐慌。五日，由献县开河间敌汽车二十余辆，满载炮弹，并有兵一百余名，被我某部伏击部队截击，战三小时，毙敌二十余名，炸毁汽车两辆，获粮弹一部。我某团一部六日与人和镇开大城之敌二百余遭遇，激战至午刻，敌不支向人和镇溃退，敌我各伤亡二十余名。八日，我某师某团一部将由献县西犯陌南之敌全部击溃，毙敌十余名，我缴步枪数支。九日，我某师某团一部袭击吕公堡(大城至任丘间)，修路之敌民夫闻枪声四处逃散。我与敌战二小时，敌伤亡七、八名。十日，在河间属之米各庄，我某支队伏击，毙敌三十余名；另一部在河间北之八里庄毙敌四名，获手枪一支，自行车一辆。同日，任邱敌八百余向米各庄进犯，被我击退，敌伤亡百余，缴获步枪十余支，军用品一部。十六日，高阳西南之辛兴敌五百余南犯大团丁，被我击退。十八日，肃宁敌向大史堤进犯，与我激战数小时，毙敌六十余名。二十日，新城南白沟敌二百余乘汽车十余辆西犯高畈，在上社村被我击溃，毙敌六十余名，毁敌汽车三辆。驻河间敌第二七师团渡往行动队主力约二千余人，并一部伪军共万余人，于二十二日黄昏向城东北方面进犯。我为消灭此敌，先以少数游击队在前引诱，以一部占领齐会（河间东北十里）阵地，构筑坚固据点。我贺师某旅纵队及吕纵队一部集结于齐会以西地区，二十三日上午九时，敌开始向齐会猛攻，激战竟日，敌我伤亡奇重。二十四日晨，敌以全力向齐会包围，并大举毒攻，企图一举歼灭我守齐会部队，一时战斗至为激烈，我贺师长督率所部不惜一切牺牲，顽强抵抗，在我火力与反冲锋灵巧配合之下，给进攻之敌以巨大杀伤，无法突入我阵地，而我预伏之突击队在贺师长亲自指挥之下，乘敌锐气顿挫之际，奋勇向敌两翼猛烈突击，激战十余小时，敌不支，又施毒攻。我贺师长亲至前线，身中重毒，但仍继续督促所部坚持消灭此敌，战至二十五日晨，始将该敌全部消灭。残敌向西南逃窜，我奋勇跟踪至昌古寺附近，复被我追及，激战四小时，被我歼灭大部。入晚，残敌乘黑夜向河间方向溃退，与由河间来援敌会合，向河间窜去。是日〔役〕苦战三昼夜，敌共伤亡七百余，死尸被敌当时焚烧者外，我共拾得遗尸百余具，但均割去两臂；生俘日兵五名，缴获步枪二百余支、短枪五支、轻机关枪十余挺、掷弹筒三支、炮架一座、炮弹四十余箱、防毒面具七十余个、毒瓦斯十余筒、望远镜两个、子弹万余发、大车五十余辆，其中满载食品、大米、罐头。死尸身上之大衣、军毯及其他军用品等甚多。是役，我中毒及伤亡自贺师长以下共计官兵七十余，我某旅政治部副主任康世修，营长李祥发、田其民，副营长周凯龙、蒋玉和，连长刘英良、方凤鸣、戴万顺、戴云武，副连长段凤，政治指导员李金勋、丁堂清、周至友、张凯锋、杨致清、曾云华等均光荣负伤。我某团政治处主任朱副昆，连长陈相廷、向荣发，副连长何清，政治指导员戴光等在战斗中均光荣殉国。二十五日，青县唐官屯、赵扶等处敌各三百余，炮两门，骑兵三十名向大城子、开河以南棣家村一带进攻，被我某团全部击溃，敌伤亡奇重，狼狈退回赵扶。二十六日，我某部将由大城进犯小青山、头村附近之敌四百余，大车六、七十辆截获，毙敌数十名。二十七日，我与阜阳（大城西）向魏祜进犯之敌三百余激战四小时，敌不支向阜阳溃退。二十八晨任邱、大城、米各庄等处敌共千余，炮数门，分三路复向河间东北佛堂合击。我某师一部与敌对战终日。黄昏，我突击部队赶到，激战四小时。敌不支向北溃窜。是役，毙敌百六十余名，我缴获步枪二十余支，军毯、大衣各十余件，大车数辆，罐头、食品甚多，军用文件各一部。我某团营长于廷景，副营长王志雄，连长孔仁、田有年、何致九，指导员邹恩剑、王介成、张海泉、高最得、陈富贵，医生刘龙生等先后负伤。营教导员伍前进，连长刘思海，指导员吴玉林、王善停、牟汉亭在战斗中壮烈牺牲。

（三）冀南。与冀中战局相似的冀南一月来战斗是紧张的进行着。进占各城镇之敌，一方以各个城镇为基点修复城墙，修筑交通路，以机械化部队四出扫荡，同时更以有力部队于南宫、宁晋、成安、大名等地保守机动。

我方主力部队八路军配合冀南民众武装，一月来英勇作战，概况如下：一日由芝蓝北犯之敌三百余，汽车两辆，在赵马被我八路军某团击退，毙敌二十余名。三日，我夜袭枣强城，冲入城内，毙敌甚众，我赵营长正奎光荣负伤。五日晚，我一部袭阜城，缴获步枪五支，刀五把，电话机一架，生俘伪军五名。四日夜，我袭击楚旺西福王庙，与伪军郭德部激战三小时，敌伪伤亡百余，缴获步枪四十余支，生俘伪军十余名。同日晚，我另一部袭入威县城，当占领东南门，与敌激战三小时。七日夜，袭击钜鹿、广宗两城。九日夜，我袭景县城，炸毁汽车二辆，获枪二支。十日晚，我一部破坏平汉路端庄至周庄段铁路一里并将公路破坏卅余段。另一部破坏官庄至邢台段，炸毁铁路五里。另一部将石家庄、邢台间铁路破坏两段，收电线十余斤。十一日，广平之敌伪百余，经韩村向王村进犯被击退。同日，我另一部在南宫西阎疃与敌二百遭遇，毙敌三十余名。同晚，另一部袭击南宫城，又一部袭击景县。十二日，在宁晋东北之朱家庄设伏，毙敌廿余名，缴获手枪一支，步枪五支，马二匹。同时夜袭曹集，将城炸毁三丈余。同日，曲周之敌一百余，分二路南犯北汇瓜精庄，一路由曲周经何寨、赵庄，另一部经安儿寨赵河北汇前进，与我激战数小时，将敌击退，敌伤亡五十余名，生俘伪军三名，缴获步枪两支，自行车一辆。辛集之敌两百余，乘汽车十二辆向白狮子庄进犯，与我击战四小时，又被全部击退，击毁汽车二辆，毙敌五十余，生俘日司机一，缴获步枪十余支，炮弹十余箱。宁晋敌百余，汽车十余辆，满载粮、弹向西旺前进，被我伏击，毁汽车二辆，毙敌十余，粮食、枪弹一部，战马四匹。十九日，我在钜鹿以北旧城伏击，毙敌二十余。晋县敌汽车五辆，日军百余，沿沧、石路开至范庄，被我击散汽车数辆。二十五日，我一部在广平西北之潘寨、漳林与敌激战半日，敌伤亡五、六十名。同时，我另一部袭击衡水之留仲，毙敌廿余名。广平敌仅百余进犯广平固店，被我一部击退，敌伤亡卅余。二十日，宁晋敌百余，汽车十余辆经西芋向白氏口进犯，遭我伏击，毁汽车一辆，毙敌廿余、马五匹。我藁城游击队袭正定城，生俘伪军十余名，缴获步枪十余支，子弹三百余发。二十五日，消灭土匪俞×及汉奸王子耀部。

上述的一切，虽概略记载，已可明白看出冀南战况迄未减轻。坚持冀南平原游击战争的英勇军民正在再接再厉的反攻着敌人的扫荡，以图恢复冀南。让那些无气节的不负责的人们临阵逃脱吧，让他们去污蔑八路军游而不击不打仗吧，八路军全体与不愿当亡国奴的人民，是始终坚持着冀南抗战，不顾一切牺牲，不怕艰难困苦，誓死与敌周旋，直到获得最后胜利之日。

（四）晋南战线。中旬以来，晋南三角地区内的战况极为紧张，一面三角地区内之敌配合着华北各战区扫荡战，尤其配合向晋东南新进攻，沿着同蒲铁路向两翼扩张，不时进袭；另一方面我军早已积极行动，向敌主力采取攻势转移。激战匝旬，我军发展迅速，斩获甚多，给三角区域之敌强大痛击。仅就所得战况节录如下：十日，某军一部攻入夏县城，另一部将安邑、运城增援之敌千余击溃，毙敌甚众，残敌狼狈退回。某一部十日晚攻入堰掌镇；另一部在张店镇郭王堡附近将由闻喜、水头来援之敌血战终日，敌伤亡奇重；又一部攻路西郭村、大泽村并包围浚山峙。十四日，逼近绛县，围攻横岭，某军一部攻占路村。我军各部分头向张村、填池、十里岭攻击，曾一度冲入村内，毙敌六十名。某军连日攻击闻喜，十四日，先后攻占杨社、坡底、崔家河，敌伤亡甚众，遗弃尸体百余具，残敌藉毒瓦斯掩护溃窜。另一部进击东镇、闻喜，破坏交通。某师十四日攻占翼城西关及城南之史村一带，并对该城包围。次日，曲沃敌二千余在飞机掩护下来援，在南樊镇（曲沃东南）被该师某团截击，敌伤亡甚重，退回曲沃。

（五）晋察冀。胶着状态的晋察冀边区周围的战况已形成几个月了。在长期相持的战斗中，敌人的阴谋诡计是天天加多的，即战斗行动上亦尝尝变更其战术动作，总求出我不意给我打击，如远道奔袭，黄昏、拂晓、半夜突然袭击，诱伏我军等等，均为晋察冀边区周围之敌人所采用。敌人是否能达到他所期望的目的，这不决定敌人战术之诡计多端，而看我方抗战部队组织与指挥战斗之灵活或呆笨。在敏捷灵活的晋察冀边区的军事指挥下是给了敌人残酷的进攻以沉痛的打击的。一月来主要战斗如下：

党城敌四百余，于二日向我寨地里进犯，与我八路军某支队激战二小时，被我击退。是役，敌伤亡三十名。同时，涞源之敌三百余西犯，灰日到上、下北家，亦被击退，毙敌二十余名。我另一部在广灵南之顺峪炸毁敌汽车五辆，毙敌四十余名，并破坏该处电线十余里。十日晚，某支队一部袭入新乐城，缴获军用图一张。另一部将寨西附近铁路破坏一段，收电线千余斤。十二日，我某支队攻入党城。十三日，灵寿敌八百余北犯慈峪北北译庄，激战数小时，因敌众我寡，该地为敌占领，并继续向岔路村进犯，我增援部队赶到，将敌全部击退，残敌溃窜慈峪后，迭经我不断袭击，敌无法立足，慈峪遂为我克复。二十九日，盂县之敌一部进占西河镇，并在该地赶修公路。同日，我一部在陉井〔井陉〕以西之北峪村炸毁敌火车一个，毙二十余，破坏电线三里。大营敌六百余，十五日南犯柔峪被我某旅一部击退，并毙敌二十余，缴获步枪十余支。又由党城进占灵山镇之敌，继向涧子沟进犯，被我全部击退，并毙敌百余，缴获步枪二十余支。党城口南之敌，十九日分三路犯土岭，当即发生恶战，毙敌井出大鸽以下五十余名，敌退口南。另一部同日在平山、温塘间伏击敌运输部队，毙敌五十余，战马二十余匹，缴获步枪十余支，战马四匹。我某部在定襄东南之邯村伏击，毁敌汽车两辆，毙敌十余，其余周围守据点之敌时时四出骚扰，抢劫人民粮食、财产，并不断与我发生战斗，但均被我军击溃。最近五台有敌四、五百名，并图北犯豆村镇。盂县至榆社敌千余，汽车五十余辆，扬言北犯。党城之敌亦较前增加，有西犯模样。涞源有敌八百余。灵邱、大营、沙河、繁峙之敌亦有增加，并经常有三、五百不等之兵力四处游击，均先后遭我袭击。二十六日起平绥、平汉两线之敌共约二千以上之兵力，分三路向涞源以北，斋堂为中心之地区进犯，计一路由房山良乡出发，西进至河北村，再分成三路向斋堂前进，与我八路军某支队沿途截击和阻击，毙敌十余名。一路由安平至胡堂，经我八路一部顽强抗击，将敌全部击退。另一路向桃花堡、矾山南犯大龙门，沿途遭我严重之打击后，敌不支向北溃退。直至二十九日止，我将敌各路之围攻部队先后击退，计共毙敌四百余。我缴获步枪卅余支、战马十余匹、军用品一部。我涞源以北地区乃又转危为安。(五月十三日)

晋东南战斗

地点	战斗	敌伤亡	缴获		炸毁	
南关	1次	50余	步枪10支	轻机枪1支		
张静镇	1次				铁桥1座	火车一列
龙泉寺	1次					
薄壁	1次	60余				
水冶镇	1次	30余				
韦家营	1次				汽车数辆	
淇县	1次	40余			炮车1辆	铁甲1辆
水冶镇	1次	30余				
盆窑	1次	10余	步枪6支			
许良	1次					
辉县	1次					
总计	13次	220余	步枪16支	轻机1支	铁桥1座	
					汽车数辆	
					炮车1辆	铁甲1辆
备考						

冀中战斗（约五十余次）

地点	战斗	毙敌	缴获					炸毁	俘掳	我伤亡
商家林	1次	56								
献县城	1次									
河间	1次		步6支	子弹600发					2	
任邱	1次	20								
献县	1次	23			粮弹一部			汽车2		
人和镇	1次	20								
陌南	1次	10	步6支							
吕公堡	1次	8								
米各庄	1次	30								
辛兴	1次									
八里庄	1次	4			自行车1辆					
米各庄	1次	100	步10支		军用品1部	手枪1支				
大史堤	1次	60								

续表

地点	战斗	毙敌	缴		获			炸毁	俘掳	我伤亡
河间	1次	700	步 200 支	子弹1000余 毒瓦斯10筒 炮架 1 支	炮弹40箱 防毒面具70	手枪 5 支 大车50辆	轻机 10 支 掷弹筒 3 支	汽车 3	5	70
百沟	1次	60								
棣家桥	1次									
小青山	1次	10								
魏庄	1次									
佛堂	1次	160	步20	军毯 10 条	大衣10件			汽车 6		17
总计	19次	1261	步 242	子弹1600余 毒瓦斯10筒 炮架 1 支	粮弹 1 部 自行车 1 辆 军用品 1 部	手枪 6 支 大车50辆	轻机 10 支 掷弹筒 3 支	汽车 11辆	7	87
备考										

冀南战斗

日期	地点	战斗	敌伤亡	缴获				炸毁	破坏		俘掳
1	赵马	1次	20余								
3	枣强	1次	1								
5	大城	1次		电话机1	步5支		刀5把				5
4	福王庙	1次	100余		40						10
4	威县	1次									
7	钜鹿	1次									
9	景县	1次			2			汽2辆			
10	端庄	1次							铁路1里	公路3段	
10	官庄	1次							铁路5里		
10	石家庄	1次				电线10斤			铁路2段		
11	韩村	1次							铁路1里	公路30段	
11	王疃	1次	30余								

续表

日期	地点	战斗	敌伤亡	缴获				炸毁	破坏		俘掳
11	南宫	1次									
11	景县	1次									
12	朱家庄	1次	20余		5	手枪1支	马1匹				
12	曹集	1次									
12	曲周	1次	50余	自行车1部	2			城墙3丈			
12	狮子庄	1次	50余		10	炮弹10箱		汽3辆			3
12	西旺	1次	10余				马4匹				1
19	旧城	1次	20余					汽2辆			
19	范庄	1次									
25	潘寨	1次	60余								
25	留种	1次	20余								
	固店	1次	30余								

续表

日期	地点	战斗	敌伤亡	缴		获		炸　毁	破	坏	俘掳
	白氏口	1次	20余				马5匹	汽一辆			10
	正定	1次			步10	子弹300余		汽一辆			10
总计		26次		电话机1个	步70余	电线10斤	刀5把	汽8辆	铁路6里	公路30里	39
				自行车1部		手枪1支	马10匹				
						炮弹10箱					
						子弹300余					

晋南战斗

日期	地点	战斗	毙敌
10	夏县	1次	
	横岭	1次	60余
	杨在坡至崔家河	1次	100余
14	翼城	1次	
总计		4次	160余
备考			

晋 察 冀 战 斗

日期	地点	战斗	敌伤亡	缴	获	炸毁	破坏
20	寨地里	1次	30余				
20	上下北家	1次	20余				
20	顺峪	1次	40余			汽5辆	电线10里
10	新乐城	1次		军用图1部	电线1000斤		铁路1段
10	清风店附近	1次			电线1000斤		
12	党城	1次					
13	慈峪	1次					
29	西河镇	1次					
29	北峪村	1次	20余			火车头一个	电线3里
15	柔峪	1次	20余	步10余			
15	灵山镇	1次	100余	步20余			

续表

日期	地点	战斗	敌伤亡	缴	获	炸毁	破坏
19	党城	1 次	50余				
19	平山	1 次	50余	步10余	马 4 匹	汽 2 辆	
	温塘间	1 次			马20余匹		
	邯村	1 次	10余				
	齐堂	1 次	10余				
	胡堂	1 次	400 余	步30余	马10余		
总计		16次	750 余	军用品 1 部	电线2000斤	汽 7 辆	电线13里
				步70余	马34匹	火车头 1 个	铁路 1 段

四月份华北战斗总统计表

战斗次数		213 次
毙伤敌		3477名
俘掳		498 名
缴获		步枪 356 支
		手枪 27 支
		轻重机枪32支
		山炮架 1 个
		电话机 2 个
		毒瓦斯20筒
		防毒面具 120 个
		望远镜 2 个
		钢盔 200 个
		大车72辆
		大衣军毯 600 件
		子弹3000余发
		自行车 2 辆
		刀 5 把
		马30匹
		炮弹40余箱
		铁轨 230 余条
		电线 13,000 余斤

续表

缴获	道钉螺丝钉10,000
	军用图1部
	军用品1部
炸毁	火车头22个
	倾覆火车6列
	铁桥4座
	汽车34辆
破坏	铁路78里 公路200余里
我伤亡	2432名
我方损失	步枪手枪123支
	轻机关枪12支
	步枪子弹2,002,700余发
	手枪子弹2,500余发
	炮弹1,300余发
备考	

(2) 刘维京复周恩来函(6月6日)

恩来先生惠鉴：敬复者接涌琅笺暨刘参谋长《一月来华北战局

概况》一册备悉。十八集团军在华北英勇作战事迹，读之兴奋异常，如各线战事均奏此伟绩，则战局前途当逾增光彩矣。除交主管处编入战史外，特复，并颂勋绥。

弟　刘〇

六月六日

〔国民政府国防部史政局及战史会档案〕

28. 叶剑英转报八路军粉碎日军对晋东南扫荡经过呈

(1939年7月20日)

委员长蒋钧鉴：谨将朱、彭总副司令皓电译抄呈阅。

附抄电一件

职叶剑英谨呈

七月廿日

委座钧鉴：谨将敌进攻晋东南开始及收复辽、榆、武等县经过电呈如下：(甲)敌大举扫荡晋东南已有月余矣。(一)沿白晋公路闯入者约三万余人，系一〇九师团全部及混成第九旅团，微日陷沁县，鱼日陷武乡，艳日陷虒亭镇，八日进抵夏店。(二)由和顺南犯之敌约一联队以上之兵力，江日陷寒王镇，支日陷辽县。(三)由太谷经石拐进攻之敌约千余人，支日陷阳光占(辽县西北)。(四)由介休南犯敌三千余人，支日占王沟，虞日占郭道镇。(五)由安泽东犯之敌二千余人，微日占元驿，虞日占沁源。(六)由洪洞沿临屯公路东犯敌四千余，鱼日占良马镇，齐日抵屯留、长子附近。(七)由武安西犯敌五、六千人，齐日占涉县，另一部七、八百佳日进攻石门沟(涉县西北)。(乙)为坚决粉碎敌人之扫荡，巩固晋东南抗日根据地作战上的决心，持久的广泛游击战争展开，主力于敌之数路翼侧击截尾，断敌之进路，协同政府及民众团体彻底坚壁清野，疲惫驰困敌人，以求得逐渐的消灭深入之敌。近日来一二九师及晋冀察边区游击支队特务团等与敌不断的激烈战斗。(一)三八五旅徐、姚支队主力于东日进袭和顺以北孟壁村，毁敌汽车一辆，毙敌十余，缴获步枪五支，俘日兵一名，缴电话机一架，江日突袭和顺北之南李阳，激战数小时，敌据堡顽抗未奏效。江日与和顺南进之敌激战于和辽间之寒王镇附近，截断和辽公路。鱼日午，急袭辽县西石匣之敌，自晨至午激战数小时，敌被我全部击溃，毙敌三百余人，缴枪卅余支，军用品甚多，余敌七、八百人向榆社方向逃窜，该旅主力尾追至榆社、陌铭，同时该旅另一部追击辽县之敌，桂支队又截断寒王镇以北公路，使辽县敌无法立足，于是日午我攻克辽县城，毙敌百余人，敌遗尸廿具，缴获轻、重炮多门次，又追至寒王镇与敌激战，敌据房屋顽抗，未攻克。现该旅一部仍与该敌相持中。(二)桂支队主力除配合三五八旅作战外，其一部于冬日在石拐附近击毙由太谷南犯敌廿余人，江日尾击犯阳光占之敌，于支、微两日不断截击袭占阳光占之敌人，其另一部仍在井陉、石家庄线以南破袭正太路。(三)三八五旅特务团部于上月中旬即展开于白晋公路以北及东北地区阻敌南进，东至支日连向该线之敌作宽正面之袭破，计划先后毁敌新建木桥五座，破坏公路五十余里，收电线二百余斤，又夺取堡垒八个，毙敌八十余名，缴步枪九支，俘敌一名。微日，该旅除以有力一部续在原地活动外，主力尾击武乡之敌，一部激战于武乡附近，虞、齐两日袭击石盘、云簇向榆社进犯之敌二千余人，于榆社以西十余里处血战两日后将敌击退，毙敌三百人，缴步枪卅余支，重要文件一部，我伤亡三百余人，当我追击该溃窜之敌时，太谷方向来援之敌千余人，当与该旅之一团发生激战，数度反复冲锋，该团长丁思林因身先士卒即光荣殉国。是役，计伤亡该团长以下三百余名。(四)我特务团除以一部配合三八六旅作战外，团主力于虞日阻击由沁县南下之敌于新店附近，战二小时许，终以敌众我寡，我伤亡八一人。次日，又阻敌于夏店附近，战斗激烈。(五)我张、赵两支队各一部于鱼日起南北夹击由武安西犯之敌，连日均有激战，详情尚待续报。一二九师骑兵团佳日在石门沟(涉县西北)附近与由涉县进犯之敌激战，现仍在对峙中。(六)鱼日，辽县至石匣之敌被我陈锡联旅击溃，退至榆社，又敌七、八百人于齐日退云簇以东，被我陈赓旅追上，敌会合榆社后，企图固守榆社并打通武乡联系。我陈锡联、陈赓两旅主力尾击溃退之敌均先后达至榆社附近，汇合进攻榆社敌并切断通辽县和顺、武乡及白晋公路等道路，激战四昼夜，敌以设防不及，四方无援，加以榆社民众彻底清野空舍，一切接济无着，在我冒雨不断强攻之下，无法立足。本日该敌分两路，一向社城双建镇，一向社城以东于陵村、北寨向北撤退，除以一部尾敌追击外，当即克复榆社城。月余以来我军冒雨不断转移作战，部队极为疲乏，尤以弹药缺乏，榆社战斗两旅弹药消耗殆尽，最后纯用手榴弹与白刃强攻，伤亡特大，敌亦得以在其强大火力掩护之下安全撤退，我缴获微弱。(七)陈锡联、陈赓两旅主力灰日克榆社后，即转向武乡进攻，并以特团一部截断夏店、武乡大道，于真晨二时开始接触，战至四时左右，遭大雨倾盆，我冒雨猛攻连夺城北阵地，敌不支，除南岸敌三千余人向南溃窜外，余约二千余人均向沁县逃窜，我当即克复武乡城，敌弃尸十余具，别无缴获，我伤亡七十余人。(八)旬日来本部上述各兵团不断转移作战，虽未能基本阻止敌之深入，已经给予敌人极大的消耗，损失困难尤多，收复辽县、榆社、武乡等战斗，我伤亡亦已达千五百人以上，内团长丁思林一员，营连长廿余员。职 朱德、彭德怀叩。皓。

〔国民政府国防部史政局及战史会档案〕

29．朱德彭德怀关于八路军在鲁西歼敌战与蒋介石往来电

（1939年8月）

（1）致蒋介石密电（8月7日）

渝委员长蒋：嵩密。加表。据陈代师长辛江午电报称：敌人大举扫荡鲁西计划截止上月中旬止，基本上被我粉碎后，鲁西战局暂告稳定，我乘机分向津浦路及济宁至东阿公路不断破坏，迭获成绩，敌人防不胜防。敌为保障该路安全、驱逐我军计，于上月三十日由济宁、汶上抽出铁池、长田两部，共约步、炮四百余东日由汶上西北进占靳家口（东平湖西岸），当与我杨勇团一部接触，我为诱敌深入计，冬日该敌继续西犯，十时进抵梁山任村附近，我即以师直属特务营与敌正面保持接触，杨勇团一部绕敌后与特务营夹攻该敌，激战一昼夜，战况甚烈，直至江晨，始将敌大部歼灭，少数向汶上脱逃，毙敌三百余，俘日官兵廿四人，是役计缴获九二式步兵炮一门，七五小炮两门，轻机关枪十余挺，重机关枪五挺，步枪百五十余支，掷弹筒三个，小型电发报机兼无线电话一装之电台一架，有线电话兼收发报机两架，战刀十余并缴获炮弹五百余发，骡马五十余匹，军用品文件甚多，等情，除饬速详讯俘敌口供、清查文件具报，并分报外，谨闻。朱德、彭德怀叩。虞未。印。

（2）致蒋介石密电（8月8日）

委员长蒋：嵩密。（加表）。扫荡鲁西之敌被陈师粉碎后，本月冬日又复将山口、长田全部歼灭各地，敌老羞成怒，东平、汶上之敌亦于支日西开装甲汽车九十余辆，步、骑、炮兵千余，在飞机七、八架掩护下，微日进至梁山附近，寻找我作战，企图报复，当又与我杨师团一部接触，我以寡不敌众，略事后撤，敌于午后即分三路进占寿

张集。该敌现仍向我前进中，估计该敌有寻找我主力作战与逼我脱离鲁西地区企图，为巩固鲁西根据地，除饬该师积极动员军民灵活机动，给予报复之敌以重大打击并分报外。谨闻。朱、彭。齐辰。印。

(3) 蒋介石复密电稿(8月11日)

朱总司令、彭副总司令：虞未、齐辰两电均悉。密。鲁西歼敌，斩获甚多，殊堪嘉慰。特复。渝。中〇。真酉。令一游。

〔国民政府国防部史政局及战史会档案〕

30. 叶剑英转报聂荣臻部在晋冀察边区歼敌战况函

(1939年9月30日)

军令部第一厅：接晋冀察边区聂司令敬电：

一、我三分区自养日起连日与敌激战，现仍在店头、下河之线激战中。漾日，由石家庄增平山敌千余人，由阳泉增盂县敌二千余、炮十余门，河底有敌千二百余，阳泉敌千余，连日运输频繁。

二、进占曲阳之敌，漾日与我陈支队激战终日，薄暮敌退东流。同日，敌由定县增援三百余人，汽车五、六十辆，内敌高级司令一人。

三、进攻店头之敌与我陈支队另一部激战整日，将敌击溃。敌于沟中施放毒瓦斯，我中毒者二十余人。同日，唐县敌数百，开店头增援。

四、犯平山西回舍之敌被我熊支队击退。

五、广灵敌百余强拉民夫，漾日修补灵邱之公路。后增敌二千余，分五路进攻大同东南之许堡、石村、团堡村、大王村等地。浑源敌进占南土岭修汽车路。广灵敌一部漾日向火烧岭进犯。

六、朔县敌步兵千余，廿日向井平、平鲁开去，项城内有敌千三百余，大炮八门，另有伪蒙军百余人，马日由忻县北开敌汽车卅六辆，坦克车数辆，载步兵百余，沿途发炮，惊惶异常。

七、我陈旅一部养夜袭击柏乡县城，并准备打敌援兵，城敌三百余据城坚守，我正猛攻未下，漾晨由内镇增援敌三百余，装甲车五辆，我乃以一部监视城敌，主力转移城北八里庄迎头痛击援敌，毙敌百余，毁敌装甲车四辆，我亦伤亡百余人，阵亡营教导员一名，伤营长、教导员各一人。

八、长凝敌四千余向我鱼儿池进犯，被我击退，毙敌五、六十。

九、进攻永平之敌已于回日退回邯郸。

第八路军驻汉办事处叶剑英

九月卅日

〔国民政府国防部史政局及战史会档案〕

31. 叶剑英转报朱彭所部于晋北广灵歼灭日军战绩呈

(1939年11月2日)

委员长蒋钧鉴：

顷奉朱、彭总副司令东电，谨抄呈鉴核。

附抄电一件

职 叶剑英 谨呈

十一月二日

委员长蒋钧鉴：职部聂司令荣臻世电：我贺师王旅一部，俭晨在广灵县南之张家湾附近，伏击敌独立第二旅之一部约近千人，激战半日，适来敌之轰炸机一架助战，我军仍奋勇进攻，将敌击溃。此役，敌之旅团长常剀宽冶少将及少佐两名均被击毙，敌伤亡大、中尉以下三百余人，遗尸百余具，毁汽车二十五辆，生俘寇兵四名，获步枪五十余支，轻机关枪十余挺，山炮一门，其他文件、地图、军用品甚多。我伤亡营长以下百十余名，复在敌尸身搜得命令一件，悉该敌是由怀来开至广灵、灵邱一带增援者。等情。除饬令该部继续努力肃清晋冀察军区残敌外，谨此奉闻。职朱德、彭德怀叩。东酉。

〔国民政府国防部史政局及战史会档案〕

32. 朱德彭德怀报告八路军击溃向冀中扫荡之日军情况电

(1939年11月14日)

部长徐钧鉴：据职部吕司令正操电称：(甲)敌廿五师团主力及一一〇师团一部兵力共近二万人，炮数十门，飞机十余架，坦克五十余辆，汽车、装甲车三百余及化学兵种，于上月删日开始向我冀中大举扫荡，计：(一)大清河北兵力七千余，炮卅余门，坦克十余，汽车百余，配合骑兵、空军、化学兵种等向大清河以北、永定河以南地区进犯。(二)子牙河以西，猪龙河以东河间五县，滹沱河以东武邑、阜城、东光、景县兵力六千余，炮卅余，坦克十余辆，汽车、装甲车百余辆，向子牙河以东地区进犯。(三)深泽、饶阳、安平兵力五千余，炮十余门，坦克十余辆，汽车五、六十辆向滹沱河以西地区进犯。(乙)自删日起我各部队开始与敌接触，经十六昼夜之激战，由于官兵英勇，战术运用灵活，截止世日止，将敌全部击溃，残敌狼狈向各据点逃窜。是役，计毙敌二千余，缴获长、短枪百余支，轻、重机枪十余挺，战马五十余匹，毁车三十余辆，军用品甚多，我亦伤亡官兵千余，中毒者千五百余名。等情。谨闻。职朱德、彭德怀叩。寒。

〔国民政府国防部史政局及战史会档案〕

33. 军令部第一厅调制第十八集团军十月份歼敌战绩表

(1939年11月20日)

类别		数目	附记
作战次数		265	本表系根据朱德彭德怀真(十一)代电调制
毙伤敌伪		6575	
毙敌骡马		300	
俘虏	日军	25	
	伪军	56	
	战马	1150	
缴获	步马枪	2935	
	短枪	6	
	轻机关枪	38	
	重机关枪	7	
	野炮	1	
	山炮	1	
	掷弹筒	1	
	有线电机	3	
	无线电话机	5	
	战刀	20	
	防毒面具	200	
	钢盔	200	

二十八年十一月二十日军令部第一厅第一处调制

续表

	照相机	4
	日旗	6
交通破坏	次数	122
	铁路	152公里
	公路	272公里
	大小桥梁	36座
	电杆	1270根
	收回电线	29330斤
	毁敌无线电机	5
	炸毁火车	4列
	车头	2
	击落敌机	1
	装甲汽车	5
	汽车	81
	大车	300
伪军反正	次数	3
	人数	360
	步枪	200
	重机关枪	3
	钢炮	1
	高射机关枪	1

续表

	该部伤亡	2180	

〔国民政府国防部史政局及战史会档案〕

34. 叶剑英转报八路军在晋察冀边区反日军扫荡部署呈

(1939年12月12日)

委员长蒋钧鉴：顷奉朱、彭总副司令齐电一件，谨抄呈阅。

职 叶剑英谨呈

十二月十二日

委员长蒋钧鉴：谨将职部最近反敌扫荡部署情况呈报如下：(一)敌人已在华北积极部署更番扫荡，除晋西、冀中局部开始扫荡与加紧巩固交通线外，晋冀察区已陷入大举扫荡战斗中。(二)为确保华北抗战根据地，粉碎敌人更番扫荡企图，并相机规复上党，近已发动全华北大规模截击敌之交通线，策应全国各方作战，以执行委座皓甲元电令：冬季攻击作战目的，职部部署如下：(甲)A.上党一带一二九师三八五旅一个团及先遣支队一部监视与打击和辽一带之敌，保证白晋、长武、正太各线我军之安全。B.一二九师三八六旅及三四四旅一个团主要配合当地游击队东西夹击白晋公路北段，置重点于虒亭、南关间，确实断绝之。C.三四四旅两个团、一二九师四个团南北夹击长武公路，重点置于涉县、黎城间，而确实断绝之。D.以上述部署系配合庞、范两军规复上党，而规复上党之整个作战部署另令行之。(乙)平汉线方面：A.以肖克部两团截断宛平至涿县之线并相机袭击涿州、芦沟桥。B.吕正操两团截断望都至保定之线并相机袭击望都、保定。C.一二九师张贤约支队配合冀游击队袭击临城沙河之线并截断邯郸、磁县段。D．平汉线两侧各大小游击队以配合上述作战企图向平汉线作宽正面的不断的袭击与破坏。(丙)正太路方面：A．正面以桂支队两团确实截断井陉至娘子关段，以策应配合晋冀察边区作战。B．另一团配合当地游击队向平定至太谷线作宽正面之袭击与破坏。(丁)同蒲线方面：A．一二〇师三五八旅两个支队袭击忻县至大同之线，置重点于雁门关南北，并策应配合晋冀察边区作战。B．以一一五师陈支队两个团袭击灵石至太谷之线。(戊)平绥线方面：A．肖克之有力一部置重点于昌平、怀来间，袭击平绥东段。B．以大青山支队袭击归绥东西近郊。C．以肖克冀东之游击队分袭天津至山海关及平古北宁各线。(己)津浦线方面：A．以吕正操一部配合一一五师挺进纵队之一部，置重点于沧州、东光间，夹击德州至静海之线。B．以一二九师宋任穷一部一一五师挺进队一部夹击德州至济南之线。C．以一一五师三四三旅之主力及山东纵队一部夹击济南至铜山之线。D．山东纵队之另一部配合当地游击队向胶济路作宽正面之袭击与破坏。(庚)陇海线方面：A．以一一五师彭支队袭击铜山至东海之线。B．以一一五师杨支队袭击民权至砀山之线。(辛)晋冀察区聂荣臻部及一二〇师贺龙一部则以粉碎向晋冀察区扫荡之敌为基本任务。谨电奉闻。职朱德、彭德怀叩。齐

〔国民政府国防部史政局及战史会档案〕

35．朱德彭德怀报告八路军一一五师歼灭侵犯徐州日军经过电

(1939年12月18日)

总参谋长何钧鉴：敌寇步骑千余名，附战车、装甲汽车及汽车等六十余辆，于齐日晨由徐州北犯，被职部一一五师第三四三旅陈光部予以猛烈奇袭，敌寇几完全为我歼灭。此役，计击毁敌寇战

车六辆，装甲汽车二辆，汽车十辆并击毙敌寇五百余，残敌即向徐州溃退。我军所有俘获正在清查中。职朱德、彭德怀叩。巧亥。

〔国民政府国防部史政局及战史会档案〕

36. 军令部第一厅调制第十八集团军十一月份歼敌战绩表

（1939年12月18日）

第十八集团军十一月份战绩表

			附记
大小战斗次数		314	
毙伤中将旅团长以下敌伪		7267	本表系根据朱德彭德怀文(十二)电调制
毙敌马骡		71	
俘获	日军	52	
俘获	伪军	135	
俘获	马骡	1790	
缴获	步枪	1175	
缴获	重机枪	7	
缴获	短枪	45	
缴获	轻机枪	39	
缴获	迫击炮	2	
缴获	山炮	5	
缴获	野炮	2	
缴获	掷弹筒	22	
缴获	有线电话机	9	

军令部第一厅第一处调制

二十八年十二月十八日

续表

	无线电机	3
	望远镜	5
	战刀	21
交通破坏	次数	157
	公路	157 里
	铁路	30 里
	大小石桥	25 座
	电杆	1030
	收回电线	12470
	毁敌汽车	58
	车头	2
	火车	5 列
毁煤矿		2 所
伪军反正五次		410 名
日军投诚		1
该部伤亡		5240
中毒者		150
损失	步枪	98
	轻机枪	1

〔国民政府国防部史政局及战史会档案〕

37. 程潜报告八路军在潞城长治一带歼敌战绩密电

(1939年12月20日)

急。重庆委员长蒋：狮密。朱德筱戌电称：据徐旅长铣亥电报称：甲、寒、删两日，由潞城东开敌步骑兵约千余。寒日，敌在赵店、黎城间遭我韦团一部伏击，战二小时，敌伤亡三十余，我亦伤亡十余，消耗弹药二万余发。乙、张团一部于删日在潞城南之潞庄伏击由潞城来敌汽车卅辆，战数小时，我毁敌汽车三辆，缴获军用品甚多，现壶关城及其附近有敌五百余，长治有敌三百余，黎城有敌三百余，其西南赵赤镇有敌百余。等情。除饬长治、壶关、黎城等处，敌人既为数无多，必极空虚，希激励各部积极攻击，务期克服各该要点，进而肃清上党残敌等语外，谨闻。陕。职程潜。号辰。利知。印。〔自西安发〕

〔国民政府国防部史政局及战史会档案〕

38. 程潜转报八路军在晋东南地区战绩电①

(1940年1月)

(1) 1月1日 电②

朱、彭俭电称：我一二九师及三四四旅克黎城、东阳关、涉县后，现武安以西、潞城以东已无敌踪，对规复上党作战已开一新局面。除饬令范军照现在部署、集结主力向长子之敌进击，乘胜规复长子与屯留，庞军应以主力强攻壶关、规复壶关，然后向长治攻击外，已令一二九师以有力一部，立即转移至潞城、襄垣地区，配合白

① 摘自程潜致蒋介石等的军事文电。
② 此件系"长安狮密东辰健渡电"。

晋路北段原有部队，确实切断白晋路线据点之敌，主力配合南面之部队聚歼上党之敌而规复上党。等情。

(2) 1月11日电①

朱德震午电称：(甲)长子方面，向我范军进犯之敌，与范军尘战两昼夜，该敌仍有南犯高平模样，现壶关、长治有敌约千人，潞城微子镇共有敌约一千七百人。(乙)军以扩大东向战果，规复上党之目的，改订部署如下：(一)范军以现有部署，侧击南犯之敌，力求于野战中消灭该敌。(二)一二九师特务团及陈赓旅一部，对微子镇、潞城黄碾镇之敌进击。(三)一二九师陈赓旅三四四旅一部及总部特务团主力，以原有部署东西夹击白晋公路而截断之。(四)一二九师之一部监围屯留之敌。(五)庞军应以全力向长治猛攻，所遗围攻壶关任务由三四四旅接替之。(丙)庞军与三四四旅作战分界线为荫城镇、西家庄、壶关镇、王村，线上属庞军，与范军分界线仍旧。除分令外，谨电奉监〔鉴〕。等情。

(3) 1月16日电②

朱德转徐海东世电称：我一部于齐午进袭壶关镇，战至未时，数次反攻均未得手。现正在城周监围该敌中。等情。

〔国民政府国防部史政局及战史会档案〕

39. 李宗仁转报新四军豫鄂挺进纵队坚持敌后游击战情况代电

(1940年1月)

第五战区司令长官部代电　光乡一字第三三三号

重庆委员长蒋：谨将陆军新编第四军豫鄂挺进纵队司令李先

① 此件系"长安狮密真未健渡电"。

② 此件系"长安狮密铣午健度电"。

念报告乙件随电呈察，恳请钧座转饬该部遵令开回江南指定作战区域，为祷。光。职李宗仁。有已。瑜绵。

附抄陆军新编第四军豫鄂挺进纵队司令李先念报告乙件

中华民国二十九年一月

报告　民国二十九年一月六日于纵队司令部

窃职奉军司令部命，于豫鄂边区坚持敌后游击战争，配合正面我军行动迄今年余，经过大小战斗一零四次，杀伤日军六八零名，伪军七三零余名，击毙日军三九零余名，伪军二六零余名，击伤日军官五名，伪师长一名，伪总参谋长一名，伪营、连长各一名，击毙日军官三名，伪团长一名，生俘日军五名，伪军一千九百二十余名，伪军反正投降者二千三百五十余人，击伤敌骡马百余匹，缴获大、小炮二十八门，重机枪三十二挺，轻机枪六十一挺，步、马枪三千三百六十四支，手枪、驳壳枪一百二十五支，掷弹筒十个，炮弹二百个，望远镜十架，毒瓦斯八筒，防毒面具四十一个，钢盔一百五十顶，指挥刀一把，电话机大、小二十八架，收电线共二十余斤，骡马一百五十匹，指南针五个，测量器一架，照相机一架，军毯十八件，大衣二十五件，雨衣二十七件，伪军被单五百余，手表五个，西药二十余箱，日本饭碗一百零四个，破坏、击毁敌汽车十五辆，汽船三十余支，公路共五百余里，桥梁十余座，铁丝八百余处，收电铁丝八百余斤，电杆四百余根，摧毁伪政权五百余处，早已分呈各上级报告在案。近因我军反攻，为配合各路达到预期之战斗目的，曾派出部队于京钟、京应、汉宜、应宋、襄花、平汉各路出击，战斗状况分别于左：

(1) 十二月四日拂晓，敌调齐安、应宋、河平坝诸路之敌约二千余，炮三门，飞机一架向马家坤纵队司令部围攻甚烈，激战十五小时之久，我全部安然突围退出。是役，我伤亡二十余人，敌伤亡五十余人，我并以少数兵力坚持该地，使敌捉摸不定，不敢久停，狼狈窜去。

(2) 十二月五日纵队一团队之一部袭击平汉路鸡公山附近胡店之敌约百余人，激战约两小时，被我将敌击溃，缴获军用品甚多，我伤亡一名。

(3) 十二月九日，纵队一团之一部于平汉路之信阳杨柳河附近与敌约三百余，炮二门□□激战数小时，我以诱敌伏击，毙敌四十余人。敌遂溃不成军，狼狈逃窜。我奋勇追击，获步枪二十余支、军用品甚夥。

(4) 十二月九日，纵队二团之一部于襄花路之花园附近，截击敌之运输汽车十余辆，焚毁二辆，获步枪二十余支、马三匹，开车之敌二十余人全部歼灭。

(5) 十二月十二日，纵队之三团队与一团队各一部袭云梦伪军陈守杰、黄成贤两部共余八百余人，出敌不意，当将敌击溃，而敌复纠合千余向我反攻，我以目的已达，即安然撤退。

(6) 十二月十三日，纵队之四团队之一部在汉宜路及刁汊湖湖区截击敌寇，两次战斗约计数小时，于汉宜路焚毁敌运输汽车两辆，夺获军用品甚多，在刁汊湖俘虏日寇妇女二人，并当场击毙敌一名。现该日妇二人正由纵队司令部政治部施以感化教育中。

(7) 十二月十三日，纵队三团之一部在安应路夜袭陈家港之伪军四百余，激战数小时，毙敌五十余人及伪军大队长一名，余敌窜入碉堡死守不出，我以久战不利亦即安然回防。

(8) 十二月十七日，纵队特务大队之一部于京钟路袭击孙家桥之敌八、九十人，次日，十八于小花园诱敌伏击及罗家坤附近激战，计毙敌二人，伤数人，我无伤亡。

(9) 十二月十八日夜，纵队五团队之一部为配合前线反攻起见，于应宋路之贾店附近袭击敌军运输及破坏交通，该部到达时即将老店子桥一座烧毁并破坏沿路电线数里，计收细电线二十余斤。至十二时，敌由应城开来汽车四十余辆，满载弹药及敌军数百名，我部即予以猛烈袭击，激战约一小时，敌因事出意外，损失甚重。

（10）十二月十九日夜，纵队之武装侦察队袭击宋河之敌约数十名，敌仓惶退据宋河南面之高地，我无伤亡，至拂晓，安然退回原防。

（11）十二月二十日拂晓，罗店之敌步、骑约五十余人向马家河游击，至中途被我五团之一部击溃。又雷公店至平坝间之石家桥一座被我直属大队破坏。

（12）十二月二十七日夜，纵队之武装侦察队袭击宋河之敌约百余人，并将宋河之维持会破坏，当场生擒维持会长王家裕及获得伪组织文件甚夥。

（13）俭夜，纵队之一团之一部于安应公路之老鼠岗、宋家湾破坏桥梁一座、公路一段、电线十余里，收回电线六十余斤。

（14）艳夜，纵队二团之一部于×××附近破坏大石桥一座。

（15）陷夜，二团之一部于安山公路破坏桥梁一座，收电线百余斤。

（16）一月四日晨，我军一部进驻徐店与由田店开出之敌五十余人遭遇，发生激战，相持至午十二时，我以任务完毕安然退出战斗。是役，截获敌军粮数百担，因一时无法运出，大部焚毁，敌伤亡七、八名，我轻伤五名。

（17）一月四日晚，我军二团之一部在襄花路附近出动，打击敌人，事机不密被汉奸部队探悉，报告敌人，敌二千余人向我军围击，我以众寡悬殊，突围而出。是役，我死伤一百余人，损失枪枝一百余支，敌亦有伤亡。

（18）一月四日晚，我五团队在宋应公路出动，破坏桥梁数座，电线二十余里，路基亦大部被我掘毁，拂晓，任务完毕，安然退出。职除上列分呈外，现正准备于各据点及交通线配合反攻，进行大规模破坏、截击、扰乱等工作。故特具呈钧部，恳祈详为指示今后配合作战之方针，以完成我军反攻之任务。

〔国民政府国防部史政局及战史会档案〕

40．朱德彭德怀报告八路军在晋绥抗击日军战绩电

（1940年2月3日）

委员长蒋钧鉴：据职部贺师长龙电称：职师张旅及雁北、大青山两支队于上月养日，在同蒲路北段及平绥路进行第二次总攻击，兹将成绩汇报如下：

（甲）张旅季团破坏同蒲路太原北黄家岭至忻县南麻会镇铁路五段。贺团破坏忻县北冷头至小原平铁路三段。公路、电线亦为我同时破坏，电杆一百卅余根，收电线千余斤。忻口敌三百余向我出击，被我击溃，毙敌卅余名。（乙）我雁北支队主力破坏宁武北杨方至七里滑铁路七段，电杆四十余根，收电线七百余斤。一部份袭宁武麻峪寨之敌，战数小时，我一度袭入麻峪寨村内，敌退守高房据点顽抗，毙敌十余，我阵亡排长文牟广一员，伤亡士兵五名。（丙）我大青山支队一部破坏平绥路集宁西八苏木及旗下营铁路三段，另一部破坏集宁、和兴间公路廿余里，砍电杆卅余根，收电线一百余斤。等情。除饬该师仍继续不断破袭敌外，谨闻。职朱德、彭德怀叩。江。

〔国民政府国防部史政局及战史会档案〕

41．朱德彭德怀关于八路军在山东滕县金乡一带歼敌战绩电

（1940年2月6日）

部长徐钧鉴：据职部陈代师长光上月有电报称：（甲）××敌三百余，铣日进犯涧头集，该敌在极猛烈炮火掩护下向我攻击数次，均未得逞，黄昏后，我援军赶到，将敌包围，战约一小时，敌施放大量

毒气，掩护逃窜，中途复被我伏击，终将敌击溃，毙敌百余名。（乙）巧日，我一部于滕县南之夏镇，与敌伪军百余人遭遇，激战一小时，我将敌全部击溃，敌死伤二十余，我缴获长、短枪十五支，大衣十余件，日旗一面。（丙）金乡、鱼台、丰县敌伪军五百余，皓日，向鱼台西南周大庄、黄营进攻，与我彭支队一部激战终日，毙敌百余名。等情。谨闻。职朱德、彭德怀叩。鱼。

〔国民政府国防部史政局及战史会档案〕

42．朱德彭德怀关于八路军在山东胶东半岛歼敌战绩电

（1940年2月10日）

部长徐钧鉴：据职部徐副师长向前佳电报称：（甲）我一部于上月陷日拂晓，进袭黄县，与敌战约二小时，毙伤敌廿余，我亦伤亡十三名。另一部陷夜袭击蓬莱城×垣，因敌发觉对战约二小时，我即转移。（乙）陷、世两晚，我一部发动群众二十余分途破坏蓬莱至黄县、蓬莱至福山两公路四十余里，掘毁路基八十余里，收电线三百余斤。（丙）鱼日，我一部攻袭平度以北代宿、恼城两据点之敌，激战一小时将敌全部击溃，该地当为我占领，残敌向旧庄溃窜，是役毙敌廿余，获军用品一部，我伤亡排长以下十余名，消耗步枪弹二千九百余发，手榴弹七四枚。等情。谨闻。职朱德、彭德怀叩。灰。

〔国民政府国防部史政局及战史会档案〕

43．朱德彭德怀报告晋绥游击队歼击日伪军战绩电

（1940年2月14日）

部长徐钧鉴：据职部贺师长龙元电称：（一）我大青山支队一部

于东日进击固阳庙、尔陵间之敌伪救国军二师一团之敌四百余人，当被我全部击溃，毙伤百余，生俘连、排长以下五十余名，获步枪卅余支，短枪五支，冲锋枪二支，战马二十余匹，军用品一部，我伤卅余名。(二)由于我在归、萨、托三县游击队不断向平川一带修路之敌，积极袭击，摧毁伪组织，该地群众甚为兴奋，敌到各村拉壮丁时均起反抗，并愿参加我军与敌拼。现敌已将蒙伪军一二二师改为保安大队常川修筑公路，镇压群众，我游击队仍不断向敌进袭中。(三)由于大青山一带游击队的活跃，敌伪工作之开展绥境游击战有大发展，敌对此甚感棘手，忿将省警察局长扣押，并将伪一四师韩部严之七个团武装解除，该师长惧而逃跑，团长已遭被捕，其余伪军亦大起恐慌，伪机关军政人员逃跑甚多。等情。除分报外，谨闻。职朱德、彭德怀叩。寒酉。

〔国民政府国防部史政局及战史会档案〕

44．朱德叶剑英等报告八路军在晋绥地区对敌作战情况呈电

(1940年2月)

(1) 朱德等致徐永昌电(2月8日)

部长徐钧鉴：据职部贺师长龙转李支队长井泉支电报称：东日，毕克齐(归绥西)之敌四百余分向□塘(武川西南)合击，因我事先探悉敌之企图，我采取迎击反伏击，计该进攻之敌先后被我于大涨南丘里一带击退，战斗竟日，敌伤亡惨重。我获步枪五十余支，战马七匹。冬日，毕克齐、察索齐之敌约五百余续北犯，企图报复和搬死尸，复经我打击，该敌不支，仍退回铁道线，惟敌所到之处，如前后师、房扬等共十余村均被敌烧毁。计以上两役我共伤亡官、兵八十余名。等情。谨闻。职朱德、彭德怀叩。齐。

(2) 朱德等致徐永昌电(2月20日)

部长徐钧鉴:据职部贺师长报称:(甲)我大青山支队一部,上月江日袭击陶林西南之章但头,毙敌廿余,生俘日翻译官武田一名,获步、手枪各一支。(乙)棋下营及以北武川、陶林等据点之敌步、骑二千余,汽车百余,上月筱日分四路向于沟子、大匹四(均在陶林西北)合击,与我大青山支队在大西坡、瑢营子附近对战,敌死伤甚重,不支,于巧日回窜。是役,先后毙敌二百余,我阵亡连长萧长文一员,以下伤亡百余名。(丙)本月东日,我东支队一部袭击旧绥西之敌匋齐车站,当攻入站内,生俘巡察官一名,日寇三名,获长、短枪十余支,战马五匹,并将该车站设备炸毁,破铁路一段。等情。谨闻。职朱德、彭德怀叩。智。

(3) 叶剑英致蒋介石呈(2月25日)

渝总字第二七九号

委员长蒋钧鉴:顷奉朱、彭总副司令马电二件,谨抄呈阅。

职 叶剑英谨呈

二月廿五日

委员长蒋钧鉴:据职部贺师长龙报称:(甲)寒拂晓,我李支队一部于集宁以西之福生庄、义道间埋设地雷四枚,部队伏于铁道两边,五时廿分许,适有敌东开火车一列,备载骡马、羊毛等物于车,兵百余名,至该处当将我预设地雷触发,我伏兵乘势四起,以手榴弹猛掷,战约四十分钟,敌全部为我歼灭。正解决战斗之际,复由三道营卓资山方向增来援敌汽车十余辆,又战半小时,因众寡悬殊,我始退出战斗。是役,计毁火车一列,先后毙敌百廿余,获步枪三枝,余均炸毁,我伤亡六十七名,内伤连长李士文。(乙)我大青山支队一部,删晨,袭击平绥线线室绅齐车站之敌,一度攻入站内,与敌混战约五十分钟,敌退入房屋顽抗,因拂晓我即撤出。是役,毙敌卅余,获步枪二支,日旗一面,并将车站设备炸毁一部,我伤连长柯天才一员，以下伤亡廿一名。等情。谨闻。职朱德、彭德怀叩。马。

部长徐钧鉴：据职部贺师长龙报称：职师部为执行委座齐令一元电，向当前之敌积极袭击，配合绥西作战，我×旅一部不断分向阳方口、段家岭、轩岗（朔县、原平段）一带攻袭，与敌战斗旬日，大、小战斗十余次，破坏铁路共十余里，公路卅余里，收电话线五千余斤，敌则常夜枪炮乱放，恐慌异常，惟敌依据点不断增援，仍图巩固。计巧日由忻县增静乐之敌三千余，筱日朔县增五台之敌千余，其静乐敌约二千人，皓晨西犯，进至黄家坞附近，五寨敌人有南犯企图，判断该敌有向岚县、岢岚进犯模样，以掩护铁路线安全，现在与我对战中。等情。除饬该部积极打击西犯之敌外，谨闻。职朱德、彭德怀叩。马。

〔国民政府国防部史政局及战史会档案〕

45. 程潜转报第二战区八路军战况电①

（1940年2—4月）

（1）2月4日电②

谨将第二战区所属各部队元月份上、中旬战绩电呈如下：十八集团军直属部队于支、鱼、阳、文、寒、铣、皓等日在潞城、辽县、和顺、平定、寿阳各附近计作战七次，共毙伤敌伪百七十余，俘日兵二名、骨伪军一名。我伤亡官兵二员名。（二）一一五师于元、删、筱、巧、等在壶关、潞城、长治各附近与敌二四及三六两师团部队计作战六次，共毙伤敌百九十余，我伤亡官兵百十余。（三）一二零师于筱、巧、皓等日在忻口附近、在绥东察素齐车站计作战三次，毙伤

① 摘自程潜致蒋介石的军事文电。
② 此件系"长安狮密支午计深电"。

敌伪六十余，我伤亡官兵四六员名，获步枪五支，收电线七十斤，破坏铁道里许。(四)一二九师于冬、支、鱼、阳、齐、灰、真、元、寒、铣、筱、巧、皓等日在黎城、东阳关、潞城、沁县及南关镇各附近与敌第二十一零〔与〕九二六各师团部队，计作战二三次，共毙伤敌四一八名，我伤亡二八八员名，俘日兵八名、伪军四名，获掷弹筒三、步枪七支、骡二头、收电线一四七〇斤，击毁敌汽车十六辆，破坏电杆一三〇根、铁道三里、公路七里。

(2) 3月4日电①

谨将第二、八两战区所属各部队元月份下旬战绩汇呈如次(午)十八集团军一、第一二〇师养日在武川附近毙敌伪廿名，俘伪军十名，获步枪六支。二、第一二九师于敬、有、感、俭等日在辽县、沁县、武乡各附近，与敌第廿六师团及独四旅团，计作战十一次，共毙伤敌七十五名。我伤亡官兵二十九员名，获步枪七支、收电线六百斤、击毁汽车二辆。

(3) 3月14日电②

谨将第二、八两战区二月份上旬战绩电陈如次(甲)二战区十八集团军一、第一一五师支日于壶关附近与敌卅六师团作战，一次毙伤敌二十余。我伤亡十一名。二、一七〇师东、支、江、齐等日在武川、忻口各附近与敌二六师团及伪军作战五次，毙伤敌伪百五十余。我伤亡官兵卅二员名，俘伪军九名，获步枪二十支、马十七匹。三、第一二九师于虞、齐、灰等日在辽县、沁县、潞城、襄垣各附近与敌卅六师团作战七次，共毙伤敌百七十余，我伤亡官兵八十一员名，获马五匹，收电线二百余斤。

---

① 此件系"长安止密支申计深电"。
② 此件系"长安止密寒午计深电"。

(4) 3月27日电①

谨将第二、八两战区所属各部队二月中旬战绩电告如次：(甲)二战区(辰)十八集团军一、一二〇师寒、删等日在集宁附近，与伪军作战三次，毙伤敌伪一四零。我伤亡官兵八，获步枪五支。二、一二九师真、删等日在襄垣、潞城、沁县城附近，与敌卅六师团、与伪军作战四次，毙伤敌伪一七零。我伤亡官民九零。

(5) 3月28日电②

谨将第二、八两战区所属各部队二月下旬战绩电陈如次：(甲)二战区(己)十八集团军一二〇师梗日在武川附近，与伪军作战一次，毙伤伪军五十名。我伤亡官兵二十七名，俘伪军三名，获马十匹。一二九师有、感等日在辽县、榆县附近，与敌独四旅团作战三次，毙伤敌九十名。我伤亡官兵五十，获步枪二支。

(6) 4月10日电③

谨将第二战区所属各部队三月上旬战绩电呈如次：(辰)第十八集团军一、第一一五师虞日在壶关附近，与敌第卅九师团作战一次，毙敌一〇〇。我伤亡官兵五六二、第一二〇师冬、鱼、虞、齐等日在五台、忻县及绥远、武川各附近，与敌独三旅团及伪军作战三次，毙伤敌伪五〇〇，我伤亡官兵二七七，俘敌一，获步枪八三。第一二九师虞、齐等日在辽县附近与敌独四旅作战二次，毙伤敌九十。我伤亡官兵六一，获步枪一〇。

〔国民政府国防部史政局及战史会档案〕

---

① 此件系“长安卷密沁酉计深电”。

② 此件系“长安狮密俭午计深电”。

③ 此件系“长安卷密真戍计深电”。

46. 叶剑英转报八路军在苏鲁地区歼敌战绩呈

（1940年3月20日）

渝总字第293号

委员长蒋钧鉴：顷奉朱、彭总、副司令鱼、灰、删电各一，铣、筱电各二，谨抄呈钧阅。附抄电七件。①

职 叶剑英谨呈

三月二十日

委员长蒋钧鉴：谨将职军二月份战斗缴获、消耗统计呈报如下：（甲）大小战斗三百二十五次，毙伤敌伪军七千四百五十余名，俘日军廿三名，伪军九百七十余名，骡马一百卅七匹。（乙）缴获步马枪一千七百五十二支，掷弹筒七个，迫击炮二门，电话机三架，望远镜八付，自行车五十四辆，大车三十三辆，钢盔卅二顶，日本大衣卅七件，日旗九面，伪旗十九面。（丙）破路五十四次，破铁路卅余华里，公路三百余里，炸毁火车五列，车头一个，汽车廿九辆，桥梁十座，车站五个，砍电杆三百八十余根，收回电线二万七千三百余斤。（丁）伪军反正者四次，共三百七十名。（戊）我军阵亡官兵八百零二员，伤官兵三千五百零八名。损失步枪二百四十八支，轻机枪七挺，重机枪二挺。（己）消耗步枪弹二百五十七万三千五百余发，迫击炮弹二百七十六发，山炮弹二十七发，手枪弹四万二千三百余发。请予备案，并补发消耗弹药为祷。职朱德、彭德怀叩。删。

〔国民政府国防部史政局及战史会档案〕

---

① 仅存删电一件。

47．程潜转报八路军在晋西南粉碎日军局部扫荡企图密电

（1940年3月30日）

急。重庆委员长蒋、何总长敬之兄、徐部长次宸兄、军令部第二厅：卷密。（甲）邓宝珊感电：一、离石敌二千余有午进占碛口，我十八集团军大部仍在河东之敌侧背积极反攻活动，与敌决战。二、离石有敌甚多。大武镇有敌千余。三、三交、井泉仍有敌二千余做木船，有在枣林坪、界首之间渡河企图。（乙）朱德感电：军渡敌经我袭击，已于漾日退回柳林。（丙）卫长官感电：一、翼城附近敌宥日由临汾增来三千余，扬言进犯沁水、阳城。二、尉郭（夏县北）、曹张（安邑北）一带敌二千余，有与临晋、河晋敌会犯稷王、山样。三、长江南苏店、韩店敌八百余有南犯企图。各等情。判断晋敌似仍以攻为守之目的，有分区施行局部扫荡之企图。除饬部严防外，谨闻。陕。程潜。卅己。计明。印。　〔自西安发〕

〔国民政府国防部史政局及战史会档案〕

48．程潜报告冀察鲁苏两战区八路军战绩电①

（1940年3—5月）

（1）3月14日电②

二月上旬战绩。（甲）冀察战区（三）第十八集团军部队冬、齐等日于枣强、定县、完县、安次一带作战，毙伤敌百九十余名，俘敌二名，获步枪八支、手枪一支、电线千五百斤，破坏公路十里。我伤亡

① 摘自程潜致蒋介石等的军事文电。
② 此件系“长安狮密寒午计深电”。

六十五名，损失枪三支。(乙)鲁苏战区(六)第十八集团军部队于莱芜、寿光、泰安、招远、黄县、平度、掖县、济阳、郯城、东阿等地作战十三次，毙伤敌五百九十名，俘日伪军三十五名，获迫击炮一门、轻机枪六挺、长短枪一百四十四支，破坏公路一百八十里，收电线七百斤，毁汽车四辆。我伤亡官兵二百七十七员名。

(2) 4月14日电①

三月上旬战绩。(甲)冀察战区(二)中共部队冬至灰日于冀中一带作战八次，毙伤敌伪二百四十余名，获步枪百余支、手枪十余支、轻机枪二挺、手榴弹五十余颗、毁大木桥一座。我伤亡官兵约百员名，损失长短枪廿余支。(乙)鲁苏战区(六)中共部队微、鱼、齐等日于莱芜、睢宁一带作战三次，毙伤敌伪二百四十余名，获轻机枪二挺、步枪二十余支。我伤亡官兵一百九十余员名。

(3) 5月3日电②

鲁苏、冀察两战区三月下旬战绩。(甲)鲁苏战区中共部队马至陷日于章邱、郯蒙、黄县、聊城、东阿、滕城、临淄、平原等地作战十二次，共毙、伤敌伪二百五十余名，获步枪一百卅一支、手榴弹百枚，俘敌伪军百余名，破坏公路卅二里、石桥二座。我伤亡官兵四十余员名。(乙)冀察战区(四)中共部队马至世日于安平、定县、安国、衡水、平型关、满城、元氏、赞皇、景县、深泽、永清、石家庄、肥乡、永年等地作战二十八次，毙伤敌伪八二零名，获炮一门、步枪五五支、手枪七支、轻机枪一挺、掷弹筒二个、马二十六匹、自行车二二辆，俘敌伪四十六名，破坏公路三五〇段又七五里、桥四座。我伤亡官兵五一〇员名。

〔国民政府国防部史政局及战史会档案〕

---

① 此件系"长安0608密卯寒计深电"。

② 此件系"长安卷密辰江计深电"。

49．朱德等报告八路军在晋冀等地区抗击日军战况战绩电①

（1940年3—4月）

（1）致蒋介石电(3月4日)

委员长蒋钧鉴：谨将职部最近战斗情况呈报如下：(甲)据职部贺师长龙东电称：我克服方山战报如下：艳日，由临县东窜敌当夜陷方山。我一部跟踪追击，并不断向该敌围困。至陷晨，我猛攻冲入城内，与敌巷战数小时，敌不支，向离石方面窜去。我一部正尾追中，方山当为我克服。是役，毙敌三百余，我伤亡百十余名，消耗步枪弹一万五千一百余发。(乙)据职部刘师长伯承冬电称：(一)我李队一部于有晚袭景县西青蓝之敌，将敌全部击溃，向景县逃窜，计毙敌卅余名，缴获步枪廿余支，子弹数百粒，自行车七辆，军衣廿余件，俘伪军十余名。(二)该支另一部于梗日伏击由衡水至赵家圈之敌，战一小时，将敌击溃，毙敌十余，获骡马廿余匹，自行车四辆。(三)陷日贾市庄(赵县东北)之敌进犯大章村，被我李支队截击，毙敌廿余，获战马两匹。世日，新河日伪九百余，汽车百五十余，向东北孙村进犯，与我一部战约两小时，毙敌卅余名，我伤亡十余。(四)藁城西南何家庄日伪一百余，□日被我包围，战两小时，毙敌十余，复由藁城增来援敌三百余，我因腹背受敌乃撤出战斗。(五)我周支队一部宥日在阎村(钜鹿西北)伏击大韩寨出来之敌百余，毙敌廿余，获战马五匹、军用品一部。(丙)据职部聂司令荣臻冬电称：我陈支队于虞晚将井陉微水镇大桥破坏，适敌东开火车一列驶至，致出轨落于河内，我乘机予以猛击，敌淹毙与死伤五十余名，残敌四散逃窜，该路尚未通车。职朱德、彭德怀叩。支。

① 此件各电系由叶剑英转呈，因转报之呈文残缺不全，故略去。

(2) 致蒋介石电(3月6日)

委员长蒋钧鉴:(甲)据职部刘师长伯承电称:(一)艳晨,回隆、楚旺等据点之敌伪约八百余,各附汽车数辆,炮一门分路向我旧县游击队进犯,接触后,我主力赶到,与敌激战数小时。黄昏,我以猛烈突击将其击溃,毙伤敌百余名,缴获战马四匹,日式马枪十支,其他军用品一部,我方伤亡四十余。(二)世日,我桂支队一部配合河北民军杨秀瑱属一部袭击俭氏村、南、北岩村之敌伪,当冲入村内与敌激战数小时,计毙伤敌五十余名,俘掳敌伪五名,缴获步枪八支,手枪二支,自行车六辆,战马数匹,其他军用品一部,我亦阵亡营长周人贵一员,以下伤亡十余名。(三)世夜,我桂支队另一部进袭赞皇以东泉龙门之敌伪,敌不支败退,战数小时,敌消耗死伤甚重。(乙)据职聂司令荣臻江电称:(一)艳日,安国之敌百余人分两路进至南王庄、聂庄,与我吕纵队一部战一小时许,被我击溃,毙伤敌卅余,获自行车七辆、步枪三支。(二)我另一部于东日在骁〔饶〕阳附近之官庄伏击由城内出来敌百余,战廿分钟,计毙伤敌十余,获战马二匹、步枪二支。两次我伤排长一,以下十五名。职朱德、彭德怀叩。鱼。

(3) 致蒋介石电(3月11日)

委员长蒋钧鉴:据职部吕司令正操阳电称:(一)上月梗日晨,永清东别古庄之敌三百余向马家场前进,当与我刘团一部接触,我即以一部由甄庄向该敌翼侧包围,并派一部急袭别古庄,战约数小时,伤亡甚重,敌向别古庄回窜,计毙伤敌八十余名,我阵亡连、排长各一,伤排长、班长以下卅余名。(二)梗日,后奕(永清南)敌百五十余向我驻大王庄刘团一部进攻,战约五小时,敌向我冲锋六次,放毒二次,我官兵虽大部中毒,仍沉着抵抗,终将敌击溃,毙伤敌卅余,我伤亡廿余,中毒共一百七十名。(三)俭日晚,我张团一部袭击北宁路之万庄、车庄，曾一度占领该两据点，缴获步枪八支、短枪五支、军用品一部，俘伪军廿余，我亦伤亡十余名。等情。谨闻。职朱德、彭德怀叩。真。

(4) 致徐永昌电(3月16日)

部长徐钧鉴：据职部萧副师长克电称：(一)佳日晚，我邓支一部袭击涞水城，敌恐慌异常，紧闭城门，彻夜鸣枪未停，同时该支另一部破坏平汉路一段，炸毁敌车箱三个，毙敌卅余名，缴轻机枪七挺、步枪廿余支。我亦伤亡士兵七名。(二)平西周围各据点敌近增至四千余，永定河北岸之敌七百余，文日进至小子洞、克庄一带。大翔村以北增到该处敌七百余。高庄之敌汽车十余，满载粮弹，敌似有扫荡平西模样。等情。谨闻。职朱德、彭德怀叩。铣。

(5) 致蒋介石电(3月17日)

委员长钧鉴：据职萧副师长克上月敬电报称：(甲)文日夜，我一部袭击怀来西南礬山堡，扰井沟、勺庄之敌伪，冲入村内将敌大部歼灭，获步枪十余支，轻机枪二挺并收回电线百余斤。(乙)怀来东南镇边城、马跑泉之敌三百余，于二月中旬开向我永定河以北地区部队进攻，经两日激战，终将敌击溃，残敌纷向原地窜去。两役计毙伤敌二百五十余，我伤亡百卅余名。等情。谨闻。职朱德、彭德怀叩。筱。

(6) 致徐永昌电(3月17日)

部长徐钧鉴：据职部聂司令荣臻报称：(一)微日，我一部进袭井陉矿之敌，途中与伏敌五百余遭遇，激战数小时，我退出战斗。我阵亡大队长一，以下伤亡官兵五十余名，损失长、短枪廿余支，敌死伤百廿余名。(二)近日敌机甚活跃，佳日由×飞来敌机数十架，在涞源东南银坊、河台、林泉一带，投弹二百余枚，毁民房百余间。我方死伤七十余名。等情。谨闻。职朱德、彭德怀叩。筱。

部长徐钧鉴：据职部聂司令荣臻报称：我一部于上月感日进到平山至回舍镇间，埋设地雷数颗，当时适由平山西开汽车十五辆，至该地将地雷触发，我伏兵四起，并以手榴弹向敌投掷，击毁敌汽车五辆，毙伤敌廿余名。事后据传息，有一司令黄川被击伤，至石家庄休养，因伤过重，于本月冬日毙命。等情。谨闻。职朱德、彭德怀叩。筱。

(7) 致蒋介石电(3月21日)

委员长蒋钧鉴：据职部聂司令荣臻报称：(一)寒日，五台西南东冶镇之敌四百余向东南进犯，进占坪上村，我正向该敌进攻中。(二)真日，我一部袭击东冶镇南上岭村之敌，激战一小时，当冲入村内，将敌一矿井机器全部炸毁，毙伤敌七十余名，俘敌矿警十五名，获步枪廿余支，弹药、军用品一部。(三)近涞源南插箭岭之敌百余图掩护修至走马驿公路，我正派部队袭阻中。等情。谨闻。职朱德、彭德怀叩。马。

(8) 致徐永昌电(3月21日)

部长徐钧鉴：据萧副师长克皓电称：(甲)平汉、平绥两线之敌共七千余，本月文日，分四路向我平西根据地大举扫荡，与我大小战斗二十余次。至筱日，终被我完全粉碎，歼敌八百余，缴获步枪一百七十余支、轻机枪十七挺、手枪十七支、辎重骡马四百余匹，给养弹药及其他军需甚多。(乙)敌分四路扫荡是以斋堂为中心，一路一千二百余人，附炮十七门，文日由涿鹿东犯，经矾山堡向我塘洞前进，攻我一部，于老婊岭附近激战三昼夜。一路二千余人于文日由平绥线南口南犯，与我一部激战于大村附近。一路一千六百余人于文日由高×之河北村向西北犯，进占红煤厂，一路一千七百余人于文日由桃花堡(涿鹿西南)东犯,经圣佛堂,寒日进占谢家堡。数路之敌经我数日袭阻与痛击后,于删日先、后会合于斋堂、清水与我大战三日,于斋堂西南之洛家铺歼敌五百余,毙敌指挥官二员。自筱日起,溃败四窜,我追击部队一部复于礬山堡附近,将敌辎重队一部完全歼灭,缴获骡马三百余匹。(丙)寒日,敌机一架飞大安山附近助战,被我击落,缴落获无线电一架、重机枪一挺。(丁)我军伤亡消耗正清查中。职朱德、彭德怀叩。马。

(9) 致徐永昌电(3月23日)

部长徐钧鉴:据职部刘师长伯承报称:(一)虞晚,我东纵一部袭击新河之敌,毙敌十余,并毁大木桥一座。(二)清河西北庵上敌三百余,灰日,分犯倪家庄,与我战约二小时,敌不支,溃窜。我毙敌廿余名,获军用品一部。于真晚复袭击庵上之敌,激战三小时,毙敌廿余名,敌退守房屋顽抗。我伤连长一名,以下十余名。(三)藁城敌伪二百余,铣日,南犯倪家庄,与我李支队激战一小时,将敌大部击溃,残敌回窜藁城。是役,毙敌廿余,俘伪警备连长一员,士兵三名,缴获步枪十余支,战马十余匹,自行车九辆。我伤排长以下七名。(四)驻晋东四芝【蓝】之敌伪共三百余,筱晨南犯,与我战三小时,被我击溃,毙敌卅余名,获步枪十余支、战马五匹、大衣十余件、望远镜一副。等情。谨闻。职朱德、彭德怀叩。梗。

(10) 致蒋介石电(3月24日)

委员长蒋钧鉴:据职部刘师长伯承皓电报称:(甲)巧日,分向我广平、曲周、邱〔丘〕县、南馆陶等地区扫荡后,敌经我张、徐两旅,将敌分途痛击,历四昼夜之激战,截至马日,敌不支,分途回窜,又遭我沿途截击,敌伤亡甚重。是役,毙、伤敌在三百以上,我方伤亡二百余名,现仍向各据点之敌围袭中。(乙)南乐城西文集中敌四百余,铣日,合击大名西之焞秘集,与我张旅一部激战二小时,毙敌卅余，敌即退至大张庄，我仍向该敌追击中。等情。除分报外，谨闻。职朱德、彭德怀叩。敬寅。

(11) 致蒋介石电(3月25日)

委员长蒋钧鉴：据职部刘师长伯承号电报称：兹将我各部队自上月真日起至本月微日止，配合民众地方团体，不断向敌交通破袭战绩，汇集报告如下：(一)冀南被我断绝者计有邢家湾至钜鹿段、至大营段，钜鹿至新河段，威县至广宗段等公路，均自被破坏后，迄今尚未完全修复。(二)冀西彻底破坏之公路，计有内邱至柳林段，临城至内镇、至高邑段，西北之马岭至南佐、北佐段等，以上公路至今尚未修复，并将平汉线鸭鸽营至内镇及内邱、至五官庄等两段彻底破坏各一次，正太路张净镇之铁桥被炸毁。(三)在我大破袭后，敌人所发生的反应：(甲)有些地方感觉难于应付，则纷请增援，士兵情绪降低。(乙)多方强迫群众继续修路，增加据点，并组织小部队经常巡路和令各车站每十分钟联络一次。(丙)将铁路两旁均加宽、深各八尺护路沟，在我必经之路一带设地雷炸弹，并在电杆上系手榴弹。(丁)强迫伪自卫团护路，村轮流放哨，遇我破路时即鸣钟、击鼓、打枪作警报。(戊)汽车运输多带帆布、木板、铁板，并带修路器具。(己)在我必经之路上设伏兵，并组织汉奸武装向侧后骚动，加强其特务工作及情报网。(庚)汽车、火车在行驶时均降低速度。等情。谨闻。职朱德、彭德怀叩。有。

委员长蒋钧鉴：据职部贺师长龙报称：(甲)我一部于皓、号两日大破袭沧石路，计(一)我动员民众共约五百以上将深县至旧城段、至安平段，将晋县至藁城段、至永鹿等段公路彻底破坏，砍电杆千余根，收回电线万余斤。(二)我一部于号日夜分路袭击束鹿、旧城、晋县、南家庄等处，战数小时，毙敌甚众，将苏家庄之敌据点完全摧毁，敌损失消耗极重。(三)马日，我一部击退由安平出来之掩护修路敌伪百余人，同时，我另一部将敌强迫群众由晋县修至深县公路敌伪百余击溃，共毙伤敌六十余人，缴获军用品一部，正清查中。(乙)梗晨，岚县之敌千二百余南犯普明，我三五八旅配合当地民众武装与该敌激战终日，向敌冲锋数次，乃将敌全部击溃，窜退岚县。是役毙伤敌百卅余，我阵亡营长、营副各一，连长三名，伤连长一，排长以下伤亡百五十余名，缴获待查。等情。谨闻。职朱德、彭德怀叩。有。

(12) 致徐永昌电(4月1日)

部长徐钧鉴：据职部萧副师长克艳电称：(一)平谷、密云、蓟县、宝坻、三河等据点敌共约千余，于删日分路向平谷以北山岳地区进犯，当被我冀东支队一部阻击于鱼子山附近，激战数小时，终被我击溃。是役计毙、伤敌百六十余。(二)我冀东支队另一部乘敌向我进攻，后方空虚之际，以一部向蓟县之敌绕袭，当突破敌坚固工事，攻入城内与敌巷战。敌不支，向城东逃，蓟县当为我克复。毙伤敌六十余名，获步枪弹三千余发、步枪六支、手枪三支。同时，以一部袭击蓟县东柳河套之敌，曾一度攻入村内，毙、伤敌四十余名，获轻机枪二挺、步枪廿七支，其他军用品一部。(三)铣、筱两日，我另一部分途袭击平谷东南黑峪、韩庄、卢家峪等敌据点，战数小时，敌死伤共约七十余名。等情。谨闻。职朱德、彭德怀叩。东。

(13) 致徐永昌电(4月3日)

部长徐钧鉴：据职部贺师长龙有电称：(甲)晋西北朔县敌汽车六辆，敌六百余，巧晨，南犯于窑子头附近，被我雁北支队伏击，激战一小时，朔县敌汽车十辆满载敌兵来援，当与我发生激战。至午，敌不支窜回据点。是役，我击毁敌汽车五辆，毙敌卅余名。(乙)冀中安平敌六百余，附汽车卅五辆，在敌机数架掩护下，于巧日分五路向安平、东义门分区我王支队一部驻地合击，经四小时激战，终将敌全部击退。皓日，我向肃宁转移，该敌分四路向我合击，与我遭遇于东杨村附近，激战三小时，我因众寡不敌，乃继续向北转移。是役，毙敌百余名。等情。谨闻。职朱德、彭德怀叩。江。

(14) 致蒋介石电(4月8日)

委员长蒋钧鉴：据职部杨支队长得志虞末电报称：冀鲁豫边区各据点之敌共约六千余，坦克汽车八十余辆，在飞机八架掩护下，自支辰起，分数路向我濮县、濮阳及东明地区猛犯。计(一)由阳谷、寿张向范、濮南犯之敌千余，经我一部沿途阻击，于是日陷范县，微日继续南犯刻与我濮县附近激战中。(二)荷泽西犯，与由考城北犯之敌各千余，微日分陷东湾城、东明集；鱼日续北犯，现在高村以北恶战中。(三)长垣敌汽车八十余辆、骑兵数百在飞机数架掩护下，微晨北犯，鱼日与我主力在濮阳以南展开血战，反复肉搏十余次，敌我伤亡均重，刻仍激战中。同时，滑县东南留固集、上官村之敌七、八百亦向东犯，与另一部对战中。(四)鱼日，由邯郸增大名敌千余及东南之龙王庙敌四、五百，该敌有配合各路之敌向南乐、清丰进犯模样。等情。除分报外，谨闻。职朱德、彭德怀叩。齐午。

(15) 致徐永昌电(4月10日)

部长徐钧鉴：谨将职军最近战斗情况报告如下：(甲)据职部刘师长伯承报称：(一)我陈旅一部冬晚袭击白晋路后杨村辽店东北之敌，战两小时，毙敌十余，我伤五名。另一部袭击赤壁桥，战一小时，毙敌数人，我安全退出。(二)微日，我一部在梁家脑(井陉西南)诱伏旧关之敌百余，战一小时，将敌全部击溃，毙敌十余，缴获步枪五支、掷弹筒一个，我伤连长一员，以下伤亡数人。(三)冬日，敌伪共千余，向大名西之魏县镇合击，与我一部激战终日，反复冲锋数次，至廿一时，将敌全部击溃，毙、伤敌百五十余，内毙日军六十余，俘日军官佐两名，马五匹，敌弃尸十余具，缴获步马枪廿余支，刺刀十余把，战马六匹，日旗二面，钢盔三顶，其他军用品一部。我消耗步枪弹五千余发，手枪弹七百余发，伤连长、连副二、排长一，以下伤亡百余名。（四）我东纵一部江晚袭击枣强南大营之敌，当即冲入工事内与敌战二小时，敌即施放毒气，我中毒五十余名。是役，毙日兵六名，伪军十余名，获五色旗及青天白日满地红国旗一面。（乙）据职部聂司令荣臻电称：昌平南姚村镇之敌四百余。微日，向东北东陶沈我阵地进犯，与我杨支队一部激战五小时，将敌全部击溃，毙伤敌指挥官一，以下百余。我伤亡五十余名。等情。谨闻。职朱德、彭德怀叩。灰。

(16) 致蒋介石电(4月11日)

委员长蒋钧鉴：据职部聂司令荣臻报称：（一）我熊支队一部配合当地自卫军和群众共一万三千余人，于上月俭日，分途大肆破路，将田村至灵寿，灵寿至化皮镇、正定至行唐间公路二百七十余段，并收回电线九百余斤。（二）我特务团鱼日破坏平山至回舍镇公路数段。虞日，该团一部在平山、回舍镇间设伏，正午由回舍镇出来修路之敌三百余，我伏兵四起与敌激战三小时，将敌全部击溃，狼狈逃窜回舍镇。是役，毙伤敌卅余，缴获修路器具甚多，我伤亡十余人。现该路仍未修复。（三）灵邱之敌二百余，齐日，外出骚扰，与我杨成武支队一部在王庄婉堡（灵邱西）遭遇，激战二小时，敌全部击溃。是役，毙伤敌五十余名，缴获步枪十余支、防毒面具三个、其他军用品一部。我伤排长一员，班长以下伤亡十余名。消耗步枪弹一万三千三百余发，手榴弹五百余个。等情。谨闻。职朱德、彭德怀叩。真。

(17) 致蒋介石电(4月12日)

委员长蒋钧鉴：据职部刘师长伯承电称：（一）我东纵一部微晚配合当地民众三千余，将南宫至新河及钜鹿两公路各破坏卅余里，并将南新公路电杆砍断四十余根，收回电线千余斤。（二）东纵另一部鱼日在武城南半湖屯伏击南开敌二百余，战三小时，毙伤敌三十余，缴步枪十余支，自行车十余辆，军用品一部，战马十余匹，俘伪军廿余名。(三)鱼日，南宫出城之敌二百余，乘车十余辆，到东南贴玩村强迫民众修路，与我遭遇，战两小时，敌不支溃窜，计毙敌廿余名。该晚，另一部配合民众将大高村通赵村公路彻底破坏。(四)枣强南大屯日伪百余，齐日，东出抢粮，被我东纵一部击溃，毙卅余，我获军用品一部。等情。谨闻。职朱德、彭德怀叩。文。

(18) 致蒋介石电(4月14日)

委员长蒋钧鉴：据职部刘师长伯承电称：(一)江晚，我杨秀林一部袭击庞曾(邢台西)据点之敌，激战整夜，将敌大部消灭，残敌向邢台逃窜，该据点当为我克服，毙伤敌百余，我亦伤连长以下卅余名。(二)微日，我东纵及杨秀林各一部并动员群众五百余，强袭北蒋(元氏东南)、榆林村(高邑西)及高邑车站，毙伤敌七十余名，内伪公安局小队长一名，破坏赞皇至高邑之公路六段。等情。谨闻。职朱德、彭德怀叩。寒。

(19) 致蒋介石电(4月15日)

委员长蒋钧鉴：据职部刘师长伯承报称：(一)灰日，我东纵一部击溃由肥乡出扰之敌步骑兵百余，毙敌廿余名。同日，该纵队一部动员民众二千余，破坏肥乡至广平间公路十余里，砍断电杆百余根。(二)东日，我一部于永年西北石官营伏击由永年出犯敌，战一小时，毙伤敌十余名。同日晚，我另一部配合群众三千余名，将永年至临洺关间公路破坏二十余里，毁桥梁三座。(三)我三纵一部于灰日在赵中村与赵县出扰之敌五十余名战数小时，将敌击溃，毙伤敌卅余名。(四)佳日，我东纵一部进袭赵县西南之高村，将守敌伪全部消灭，俘伪军十余名，获步枪十余支，军用品一部。同日，我高邑游击大队袭击高邑东之白沔村，将修公路敌百余击溃，毙伤敌十余名。(五)我先纵队一部于真晚袭击清河西北庵上之敌，战约三小时，敌退窜堡内，计毙伤敌廿余名。(六)同日，先遣纵队另一部于清河东之陈庄击退出扰抢粮敌九十余名。(七)灰日，我先纵一部于清河南南堤中容屯伏击由官庄向东北出扰敌三百余，激战数小时，毙伤敌四十余名。(八)我一部于灰夜袭击娄子(枣强西南)，当即冲入村内与敌激战，亏敌全部击溃，俘日人四名，缴获甚多，正清查中。等情。谨闻。职朱德、彭德怀叩。删。

委员长蒋钧鉴：据职部刘师长伯承本日十六时报称：(一)寒晚，被我汪乃贵旅击溃、退长城镇之敌，于东日拂晓复被该旅追及，当即继续向该敌猛攻。同时，我陈锡联旅猛袭该敌侧背，敌不支，于本午狼狈向晞贵脱逃。我汪乃贵旅当即克复长城镇，计共毙伤敌二百余，缴步枪廿支，及军用品大部，敌遗尸十余具，我伤连长一名，指导员一名，以下八十余人，亡排长以下廿余人，正饬该旅尾追该敌中。(二)我警备旅四团一部，昨晚破虒亭、夏店公路一段，收电线六百余斤。(三)我欧阳团一部，元日拂晓，进袭沁县以南白家沟敌据点，激战两小时，毙敌六人，我伤战士五人。因敌碉堡顽抗，沁县敌百余南援，故未能消灭该敌。(四)我边纵队王树声部主力，元晚进袭太谷、榆次间道路，迄元日午仍在战斗中，详情待续报。等情。除分报外。谨闻。职朱德、彭德怀叩。删。

(20) 致蒋介石电(4月16日)

委员长蒋钧鉴：据职部吕司令正操灰电报称：(甲)武邑敌百余，虞晨，向×七营进犯，与我一部在×七营附近激战约一小时，将敌全部击溃，毙敌廿余，生俘敌翻译官一名，缴获战马三匹，自行车八辆，日旗三面，我亦伤亡十七名。同日，我另一部袭击武邑东北夹河之敌，战约三小时，毙敌卅余，我伤亡班长以下十余名。(乙)我一部发动群众二千余，破坏武邑至赵桥公路十六里许。同晚，我另一部配合群众四千余，破坏武邑附近公路约廿余里，收回电线三百五十余斤。(丙)江晓，我发动民众五千余分途向东光至崔家庙间公路施行破坏廿余里，并将惠河附近大木桥一座烧毁，收回电线五百余斤。另一部破坏泊头至河间公路十七里许，收回电线二百余斤。等情。除分报外，谨闻。职朱德、彭德怀叩。铣。

(21) 致蒋介石电(4月19日)

委员长蒋钧鉴：据报(一)支日，我杨支队一部袭击蔚县城东郊飞机场，与守敌百余战一小时，将敌全部击溃，毙敌廿余名，俘伪军十余，缴获步枪廿余支，电话机一架，指挥刀五把，自行车九辆，其他军用品一部。(二)广灵据点之敌百余名，六日，与我杨支队一部对战二小时，毙敌数十，余均逃窜，据点即为我收复。另一部将官庄敌伪二部驱逐。(三)删日，棘舍(平山西)敌二百余分向南荣村、孟儿庄进犯，与我熊支队一部战数小时，敌不支溃退，毙伤敌五十余，我伤亡廿余名。(四)删晚，熊支队另一部将唐县至望都间公路破坏卅余里，砍电杆五十余根，收电线八百余斤。(五)我冀南东纵队于元晚配合各该地民众共约万余，向各交通线举行大破坏，成绩报告如下：(甲)平汉内邱至邢台间铁路破坏约十里，砍倒电杆五十余根，收电线八百余斤，取道钉螺丝千余件。(乙)破坏南宫至娄子镇间公路廿余里、至钜鹿五十余里、至西孟村十余里、钜鹿至官亭十里、冀县至娄子镇十余里、邱县至大名四十里、广平至大名四十余里，并砍电杆百五十余根，收回电线六百余斤。等情。谨闻。职朱德、彭德怀叩。皓。

(22) 致蒋介石电(4月20日)

委员长蒋钧鉴：谨将职部最近战斗情况呈报如下：(甲)我陈赓旅于寒日进攻沁县至新店间之敌，于当日将新店出击之敌二百余击溃、逃窜。沁县、长治之敌二千余北援，现尚相持对战中。(乙)铣日，该旅一团袭击丈八庙之敌，一度冲入街中，激战约数小时，伤敌百余号，夜复向该敌袭击。张店之敌数百来援，被我预设夺取张店之主力一部前后夹击，将两地援敌完全击溃，向苏店逃窜，我正在追击中。(丙)筱日，唐县之敌五百余，一路经黄金村，一路经葛堡合击我魏庄部队，被我陈支队之游击小组沿途打击，及被魏庄陈支队一部之迎击，激战数小时，敌死伤五十余，即向唐县窜去。我阵亡队长一员，以下十二名。(丁)筱日，清风店之敌数十到北渠河一带抢掠，被我游击小组击退。职朱德、彭德怀叩。哿。

(23) 致蒋介石电(4月21日)

委员长蒋钧鉴：据职部刘师长伯承报称：(一)我陈锡联旅一部于文日破坏昔阳、和顺间关帝庙段公路二里许，收回电线二百四十余斤。一部于鱼日破坏昔阳至以东资头段一里许。(二)该旅一部于虞日夜在昔阳、和顺段公路上关帝庙附近设伏，与敌辎重队百余激战约三小时，将敌全部击溃，缴获骡马十余匹，军用品甚多。(三)真日，我一部袭击和顺北关帝庙之敌，战二小时，仅给敌以杀伤，我即退出。(四)我×支队一部于寒日在邢台西南之羊危庄附近伏击，将敌武装便衣探六人全部生擒，缴获手枪六支。(五)我一部于巧日进袭壶关之敌，激战两小时，因敌退至城垣抵抗，我即退出战斗。计毙伤敌卅余，我伤亡五十余名。同时，以一部将壶关至长治电线破坏一里许。等情。谨闻。职朱德、彭德怀叩。马。

(24) 致蒋介石电(4月26日)

委员长蒋钧鉴：据职部刘师长伯承梗电报称：(一)齐日，我骑团一部与聊城南三级阳谷一带来犯之敌四百余遭遇，战两小时，毙敌十余，我获自行车五辆。(二)文日，我东纵队一部将枣强至董家庄公路彻底破坏，砍电杆卅余根，收电线二百余斤。(三)我青纵队一部，元日于钜鹿东北辛庄与东犯之敌二百余遭遇，我猛击，毙敌五十余，我亦伤亡连副一，以下廿余人。(四)皓日，青纵队另一部动员民众六千余，将钜、广间刘洒无至后马井公路破坏，掘大沟二百余条。等情。除分报外。谨闻。职朱德、彭德怀叩。宥申。

〔国民政府国防部史政局及战史会档案〕

50. 朱德彭德怀报告八路军四月份战斗缴获统计电

（1940年4月18日）

委员长蒋钧鉴：谨将本集团军四月份战斗缴获统计汇报如下：(甲)战斗次数四二五次，毙伤敌伪三八九四人，毙骡马二十七匹，俘日军八名，伪军一一五名，骡马四一六匹。(乙)缴获步马枪一五一七支、短枪三七支、轻机枪九挺、掷弹筒九个、汽车三辆、自行车九十一辆、电报机五座、毒气筒十七个、防毒面具十一个、钢盔一九八顶、战刀十五把、望远镜二个。(丙)破坏交通三七三次，破坏铁路一四七里、公路二六五五里，炸毁桥四九座，毁电杆二二七〇〇根，收电线二三九六〇斤，毁敌汽车二六辆，颠覆火车三列，火车头二个，车箱七〇余辆。(丁)伪军反正五次，共二百七十八名。(戊)我军伤亡、损失、阵亡官兵一七二九名，中毒三一三〇名，负伤二〇八二名，损失轻机枪五挺，步枪三四〇支，除消耗弹药另电呈报外，复闻。职朱德、彭德怀叩。巧。

〔国民政府国防部史政局及战史会档案〕

51. 朱德彭德怀报告八路军三月份战斗俘获统计电

（1940年4月20日）

委员长蒋钧鉴：兹将职军三月份战斗俘获统计报告如下：(一)大小战斗共三六〇次，(甲)毙伤敌官兵六六三七名，伪官兵二一七〇名，骡马三七五匹。（乙）俘日军十九名，伪军七九七名，骡马六六七匹。（二）缴获：（甲）步马枪四九〇八支、轻机关枪六五挺、重机关枪四挺、山炮三门、迫击炮四门、掷弹筒十三个、无线电台三架、无线电话机一架、有线电话机十六架、收音机六架、钢盔二五四顶、防毒面具一一〇副、望远镜八副、照像机四架、自行车一二三辆、日、伪军旗一五九面。（乙）获步机枪弹一六一七三六一发、炮弹八七三发、手榴弹二〇五六枚。（三）爆破：（甲）破路七七次，共计八八三〇里。毁桥六座。砍电杆五一五〇根，收回电线二六二五〇斤。（乙）炸毁仓库三个，炸毁矿井三个，颠覆火车二列。（四）伪军反正者六八次，共四二五名。（五）我军：（甲）阵亡官兵一一三〇名，负伤官兵四九〇六名。中毒官兵八二四名。（乙）损坏及损失步枪四六五支，轻机枪八挺。等情。谨闻。职朱德、彭德怀叩。号。

〔国民政府国防部史政局及战史会档案〕

52. 朱德彭德怀报告八路军在鲁豫等地区抗日战况战绩电

（1940年5—6月）

（1）致徐永昌电（5月2日）

部长徐钧鉴：据职部陈代师长光敬电称：津浦线德县、平原及陵县凤凰店等处之敌步、骑、炮三千余，巧晨分四路向陵县以南我□（电码不明）纵队合击，经我游击部队沿途截击伏击，东北两面之敌被我夹击于董居家东北十五里处，西、南两面之敌即向我董居家阵地猛攻。是午，与我展开激战，敌在猛烈炮火掩护下，向我阵地数度冲锋，均未得逞，至十六时许，我主力从敌左侧反攻，我高连长身先士卒，虽身负重伤，仍率部与敌反复冲锋四次，终将敌击溃，敌遗尸百余具，被阻于东面之敌见西、南两路惨败亦狼狈逃窜。等情。

谨闻。职朱德、彭德怀叩。冬午。

(2) 致蒋介石电(5月4日)

委员长蒋钧鉴：据部：(甲)杨得志支队一部，冬日于滑县东伏击由留固南开上官庄之敌汽车二辆，战一小时，将敌全部消灭，毁汽车二辆，毙敌卅余名，缴获步枪三十余支，轻机关枪一挺，其他军用品甚多。(乙)上月有日，枣强敌汽车二辆，载敌兵卅余东开，被我东纵队俞团一部于大辛庄将敌全部消灭，毙敌中少尉队长各一，以下卅余名，缴获迫击炮一门，轻机枪一挺，掷弹筒一个，步枪廿余支，钢盔廿六顶，指挥刀三把，弹药一部，其他军用品等物甚多。等情。除分报外，谨闻。职朱德、彭德怀叩。支酉。

(3) 致徐永昌电(5月5日)

部长徐钧鉴：据职部贺师长龙江电称：谨将我肖纵队在平西、平北一带战斗报告如下：(一)该纵队一部东日袭击宛平城琉璃庙子之敌，将附近据点彻底摧毁，毙敌军官西岗中尉、田江中尉，以下五十余，俘伪百余，缴获轻机枪三挺、步枪八十余支、战刀廿余把、子弹万发、军用品文件甚多。(二)上月勘晚，袭击平绥路岔道镇(昌平西北)之敌，激战两小时，毙敌廿余，我伤亡十余。(三)四海堡、永宁(昌平北)敌伪六百余，有日向娄塘进犯，与该纵队一部激战三小时，将敌全部击溃，毙敌中尉一，以下六十余，伪营、连长各一，获步枪十余支、军用品一部，我伤亡廿余。同日，另一部在涿县附近与敌百余遭遇，战二小时，敌不支溃退，缴获步枪十余支、电话机一架、自行车六辆。(六)陷日，一部在南满门(延庆以北)打击外出抢掠之敌二百余，毙敌四十余，俘伪廿余，获轻机枪两挺、步枪卅余支，我伤亡廿余。等情。除分报外，谨闻。职朱德、彭德怀叩。微酉。

(4) 致蒋介石电(5月10日)

委员长蒋钧鉴：据职部刘师长伯承灰晨电称：(甲)师属特务团由五日到七日破坏太谷至来远间铁路五段，毁桥八座，收回电线四百余斤，毁汽车二辆，并将太谷向南增援之敌两次均被击退。该团二营营长杨魁元于该役光荣殉国。八日，仍继续破坏南团柏(太谷南)附近铁路约五里，将该地铁桥彻底炸毁，并收回电线六百余斤。连日敌机十数架轮番轰炸，该团伤亡官兵三十余名。(乙)决死一纵队于六日破坏固亦至石拐子间铁路二十余里，搬回铁轨十六条，收回电线千余斤，枕木、电杆完全烧毁。同时，以一部袭击牛寺、漳源、固亦，以一部袭击赵城东北之刘家庄，反复冲锋，战斗至为激烈，卒将刘家庄之守敌百余全部歼灭，缴获步枪四十余支、骡马各一匹、军毯五十余床、军衣四十余套、皮包卅余个、子弹六十余箱、炮弹一箱、其他军用品、文件一部。四二团营长白文宣于该役光荣殉国。(丙)我王旅姚团于九日晚袭击赤壁魏家坡之敌，破坏白晋路约十里，毁桥一座，收电线二百余斤。等情。除分报外，谨闻。职朱德、彭德怀叩。灰申。

(5) 致徐永昌电(5月12日)

部长徐钧鉴：据职部陈代师长光齐午电称：(甲)冬日拂晓，我邢支队一部袭击无棣城，连破敌铁丝网两层，一度攻入城内，与敌伪巷战约三小时，敌退守据点顽抗，战至六时许，我始撤出。是役，毙敌百余，获轻机枪二挺，步枪廿余支，军用品一部，我伤亡五十八名。(乙)江日，我一部进袭聊城东南之花牛集之敌伪，战约一小时，被我完全击溃，当将花牛集、花牛槽占领，毙敌百五十余，获步马枪百余支，电话机一架，我伤亡营、连长各一员，以下七十余名。(丙)东晨，我一部袭击滕县东南之南沙河据点，战约二小时，将敌村内两个坚垒占领，毙敌小队长铃木义，以下十余名，获步枪六支，我伤亡十七名。等情。谨闻。职朱德、彭德怀叩。文辰。

(6) 致蒋介石电(5月13日)

委员长蒋钧鉴：据职部刘师长伯承文亥电报称：(甲)东纵一部，齐日将平乡附近公路破坏一段，约七里，收电线百余斤。同日，另一部在平汉线附近破坏铁路一段，毁铁轨三条，炸毁铁桥一座。一部佳晚在内邱、邢台间破坏铁路一段，收电线百余斤。(乙)辽县敌二千余人，其一部约千人配炮五门于今日西犯，黄昏后陷管头村(辽县、榆社间)，我正向该敌进击中。另一部五百余附炮三门南犯，于当日午占火神庙，当被我一部击溃，毙敌十余名。等情。除分报外，谨闻。职朱德、彭德怀叩。元辰。

委员长蒋钧鉴：据职部刘师长伯承真电报称：我冀南李支队一部，微晚攻袭南宫东南灼寿庄之敌百余，激战数小时，敌向我施放大量毒气，我官兵中毒者百余名。至午夜，我复向该敌猛攻，混战至鱼晨，卒将敌大部歼灭，残敌狼狈窜回南宫。是役，计毙敌中队长大道士一员，以下六十余名，缴获步枪廿余支、战马十匹、自行车五辆、瓦斯罐十余筒、其他军用品、文件各一部，并生俘日兵二名，该中队长妻一名(系被迫之中国女子)。我伤营长、连长以下各一员，以下伤亡卅余名。据得日文件证实，在冀南区之敌为第一混成旅团，被我歼灭者为该旅团第廿七联队廿九大队之第三中队。等情。除分报外，谨闻。职朱德、彭德怀叩。元酉。参战。

(7) 致徐永昌电(5月13日)

部长徐钧鉴：据职部陈代师长光真电报称向鲁南抱犊崮山劢扫荡之敌总数不下二万，据各处所得文件证实，参加作战之番号计有：驻临沂、新泰之卅二师团、二一一田中联队之各一部及驻徐州之廿一师团一部、驻济南、临城段之独十混成旅团、驻辛莒汉之独六混成旅团之一部，该敌遭我之打击、歼灭后，现均分途固守各山口整补，并在各要口修筑据点，推行伪企图，继续扫荡。现除饬各部队严密侦察并准备继续打击来犯之敌外，谨报幸闻。职朱德、彭德怀叩。元酉。

(8) 致徐永昌电(5月15日)

部长徐钧鉴：据职部吕司令正操寒电报称：(一)鱼辰，固守西南渠沟之敌六百余分途西犯，于西杨娘庄附近与我李支队警卫营接触，激战三小时，敌向我猛攻五次均被击退后，敌大肆施放毒气，我官兵大部中毒，不得已乃向东转移，毙敌百余名，我伤亡连长以下八十余名，中毒二百七十余名。(二)江日，霸县敌步兵四百余、骑兵二百余、附炮五门，向我驻双×(霸县西)部队合击，我当予敌迎击，战约二小时，复由新城、雄县增来敌六百余向我猛攻，激战至黄昏，该地为敌进占，毙敌二百余，我伤亡百余，失联络廿余名。(三)元日，我朱支队一部进袭新城至公开营附近，与敌百余遭遇，战二小时，敌不支窜回城内，敌死伤十余名。等情。除分报外，谨闻。职朱德、彭德怀叩。删。

部长徐钧鉴：据职部吕司令正操真电报称：(一)我刘团于俭日配合群众分途将正定至无极公路破坏廿余里。另一部于同日配群将定县至安国间破坏卅余里。(二)东日，我刘团动员群众五千余，继续破坏安国、定县段公路卅余里，同时另一部于藁城动员民众三千余，破坏正定东、赵店以西公路十余里。(三)我阳团一部文日在深泽东南之幸庄与敌百余遭遇战数小时，敌伤亡廿余，我亦伤亡十七名。(四)东日，我团一部袭击深县东北之溪村，并以主力埋伏于时村，七时许，深县之敌百余出击，当被我击溃，毙伤敌卅余，我伤亡排长以下廿余名，等情。除分报外，谨闻。职朱德、彭德怀叩。删。

(9) 致蒋介石电(5月17日)

委员长蒋钧鉴：据职部贺师长龙电称：甲、支日，攻克兴县后，即以一部跟敌尾击，主力设伏于廿里铺及大蛇头界河口以北地区，横宽六十余里，由兴县廿里铺向岚县败退之敌沿途遭我袭击，该敌溃退极为狼狈，我乘胜穷追，直逼岚县城郊，刻在围攻。是役，经四昼夜之激战，毙敌七百余，缴获正清查中。我五八旅七一五团团长顿兴仁同志身先士卒，英勇负伤，以下伤亡官兵四百七十余人。乙、(一)敌四百余乘汽车廿余辆，分三路向陶林西之地带进攻，与我大青部队展开激烈战斗，因众寡不敌即撤出战斗，毙伤敌七十余名，我损失步枪三支。(二)×日，敌步兵三百余，汽车十三辆，向楼湖〔?〕合击，与我李支队一部接触，因敌我力量悬殊，冲出敌重围，损失步枪十余。(三)有日晨，我李支队另一部袭击陶林北桥，将守敌伪大部消灭，我缴获步枪廿九支，机枪五十余支，其他军用品甚多。(四)支日，该支队另一部于乌兰花以西廿里处边境，与敌百余汽车六辆，发生激战，是晚终将敌击退，毙伤敌七十余，毁汽车二辆，我损失步枪六支，轻机枪一挺，阵亡官兵十四名。等情。除分报外，谨闻。职朱德、彭德怀叩。筱亥。

(10) 致徐永昌电(5月23日)

部长徐钧鉴：据报：(一)我汪乃贵旅在冀西之一部，冬日配合杨秀峰游击队，夜袭元氏西北千佐之敌，战三小时，毙敌伪廿余，俘伪军六名，并烧毁敌子弹库一所，轻机枪两挺。(二)灰晚，该两部复将鸭鸽营(高邑南)附近铁路破坏五里，并毙巡路之敌廿余，俘伪军三名，收回道轨二百余斤。另一部袭击临城，将北门一度攻陷，毙敌卅余，炸毁火车一列。我伤亡十余名。等情。谨闻。职朱德、彭德怀叩。梗。

(11) 致蒋介石电(5月24日)

委员长蒋钧鉴:据职部刘师长伯承梗电称:我李支队一部连日在平汉路袭敌所得成绩于下:(一)元日,在宁晋东北赵堡截击大队村出外抢粮之敌百五十余,战两小时,由四芝蓝境增援敌百余,又激战一小时,毙敌卅余,我伤亡廿余名。(二)宁晋柏乡敌伪五百余,自行车百余,元日,向河北庄大南里进犯,与该支队一部战两小时,将敌全部击溃,毙敌伪警备队长一,以下卅余名,俘伪军十余,获步枪十余支,自行车五十余辆。(三)寒日,该支一部动员民众千余,将任县至邢家湾公路破坏约廿里,收电线五百余斤。(四)删晚,另一部配合民众二千余,将贤门接至载市庄(宁晋东北)公路破坏廿余里。次晨,伏击到贾市抢掠之敌二百余,战二小时,毙敌约卅余。我伤亡十余,获大车二辆、米四十余袋、牛四头、骡马廿余匹、军用品一部。(五)筱晚,复将大队村(宁晋东北)至四芝蓝公路破坏廿余里,收电线三百余斤。等情。除分报外,谨闻。职朱德、彭德怀叩。敬。

(12) 致徐永昌电(5月26日)

部长徐钧鉴:据职部刘师长伯承养电称:(甲)我青纵一部于皓晨袭击占据观台西南西瞻沟之敌伪军百余,经数小时激战,将该敌全部解决,毙敌伪队长周组武一员,以下卅余名,俘伪军四十七名,缴获长、短枪八十余支。(乙)桂支队一部皓日于昔阳东之东冶头西北击溃出扰之敌百五十余,毙敌廿余,战马八匹。(丙)韦旅一部马晚袭击壶关北之东长林守敌,损失甚重,我缴获毒气弹十余枚。等情。谨闻。职朱德、彭德怀叩。宥。

(13) 致徐永昌电(5月27日)

部长徐钧鉴:据职部杨支队宥晚电称:我支主力有晚分途向长垣城及滑县东南上官村、留固集等据点袭击,计一路进袭长垣城,因封锁消息不严为敌侦知，行至城北十里处适与由城内向我前进之敌二百余遭遇，当展开激烈战斗，我即占领阵地以火力向敌猛射，敌死伤甚重，后敌由城内继续增援，我因众寡不敌始向东北转移。是役，敌死伤五十余，我伤排长二员以下伤卅八名。一路袭击滑县东南上官村橇桥，一度攻入村内，激战约一小时，毙伤敌甚重。另一路猛袭留固集，连破敌防线铁丝网两层，攻占镇西南端，残敌坚守东北房屋顽抗，未克。是役，毁敌停放村内汽车四辆，毙伤卅余，缴获军用品一部，我伤亡排长一员，以下伤亡廿一名。等情。除分报外，谨闻。职朱德、彭德怀叩。感辰。

(14) 致蒋介石电(5月29日)

委员长蒋钧鉴：据报梗晨曲周、鸡泽、永年、沙河、临洺关等处之敌二千余，分路向我驻东辛寨、庄交口、固北、园李等处之独立支队合击，其主力约九百余，有日向东辛寨猛犯，经我一部迎击，当与敌在东辛村外二百米处展开激战，敌以炮弹施放大量毒气，我中毒官兵轻、重千五百余，但仍坚守阵地与敌反复肉搏不下十余次，激战至十七时许，因我阵地全为敌炮火摧毁，我稍后撤至村内抗拒对峙。至晚六时，我始撤出战斗。是役，计毙伤敌约五百余，缴获三八式步枪六十余支，其他军用品甚多。我阵亡营长二员，科长一员，连长以下伤亡二百八十余名。等情。谨闻。职朱德、彭德怀叩。艳。

(15) 致徐永昌电(6月1日)

部长徐钧鉴：据徐副师长向前艳电称：(一)我五支队一部，养日于招远东南□山店附近伏击由道头集(招远南)骚扰之敌，伤敌五十余，当将该敌包围，大部被我消灭，毙敌卅余名，缴获部〔步〕枪十余支、掷弹筒一、子弹二、三十发、钢盔二顶，防毒面具五付，其他军用品一部。(二)同时，该支队以一部乘机袭击道头集，正包围间，援敌已到，故未将该敌全部解决，伤毙敌十余名。(三)据荷落日□之敌伪五百余向南进击，与我一部激战半夜，终为我全部击溃，毙伤敌伪十余名，生擒敌伪十余名，获长、短枪六十余支，军用品甚多。等情。谨闻。职朱德、彭德怀。东。

(16) 致徐永昌电(6月2日)

部长徐钧鉴：据吕司令正操电称：甲(一)新城东南各据点敌连日分途向我激战，于养日泗庄镇敌五十余北犯，被我杨团击溃。后由毛家市出来敌百余，进至中小庄遭我伏击，北窜。同日午，新城敌二百余南犯，与我四支接触，激战二小时，敌不支向西窜去，计先后毙伤敌六十余，我亡营长一，以下官兵廿余人。(二)马晚，我朱、杨□等部发动民众七百余，破坏新城昝岗公路□余里，适由小庄敌百余向我出击，遭我伏击，毙敌甚多，残敌窜回据点，缴获长短枪十余支、机枪两挺、钢盔廿余顶，破坏公路十余里，收回电线三百余斤。四庄十四铺(新城南)出动之敌亦被我击溃，毙伤敌卅余，活捉敌二员，伪军三名。乙、我各部为打破敌修石家庄、德州铁路，于有晚进行南北大破坏，计：(一)我四支队动员群众在六千以上，将束鹿至×〔衡〕水间公〔铁〕路彻底破坏十余里，并砍电杆二百余根，收回电线二千余斤，该路日来未能通车。(二)我赵支队一部分途进袭沧石路，武强西之铺头村、大田庄敌全部毁灭，据点建筑物全部摧毁，计毙敌五十余名，生擒大田庄守敌伪卅余名，缴获步枪四十余支，战马三十余匹，其他军用品甚多，正清查中。(三)我邵支队一部袭击武强，战一小时，毙敌廿余名。(四)我朱支队一部于宥日在新城东北木幅营西南伪装民伕修路，截击敌大车一辆，俘日军八名，缴获步枪二支、钢盔四顶、子弹三百余发、防毒面具六个、大车一辆、其他给养、军用品甚多。丙(一)我王旅一部于宥日在元氏西南与敌伪百余遭遇，将敌击溃，毙伤敌十余名。(二)我朱支队一部于养日在新城西南击退由新城出击敌百七十余，毙敌廿余名，我伤、亡十余名。(三)有晚，我南县〔皮〕交河游击部队进袭献县东南草桥，激战一小时，将守敌全部解决，计生掳敌伪四十三名，缴获长枪卅三支、子弹二千三百余发、其他军用品甚多。等情。除分报外，谨闻。职朱德、彭德怀叩。冬晨。

(17) 致徐永昌电(6月3日)

部长徐钧鉴：据职部吕司令正操有电报称：(甲)鱼日，我江团部动员民众千余，将安国、安平公路破坏十余里。齐日，一部继续将安国至以北西伯章公路破坏十余里，一部继续于佳、灰两日动员民众一千余，将深县西大各村东、西沧石公路破坏十余里，并收电线四百余斤。(乙)张团一部寒日击溃由肃宁东南出犯之敌四十余，毙伤敌十余名。智日，一部将深县大田庄、豆铺沧石公路破坏数里，并击溃由豆铺向我出扰敌百余。三团一部于正定西北击溃由新乐、南皮向我出击敌百余，毙敌十余名。皓日，晋县敌百五十余东犯，抢掠我之麦粮，至大旺被击溃，计敌伤、亡近百，毙敌伪军廿余名，马三匹。我获战马数匹，军用品一部。(丙)我便衣队一部敬日于保定南张登将出犯敌五十余名击溃，俘敌一名，获步枪一支。等情。除分报外，谨闻。职朱德、彭德怀叩。江午。

(18) 致徐永昌电(6月4日)

部长徐钧鉴：据报：(甲)杨德志支队一部，冬日于滑县东伏击由留固南开上官庄之敌汽车二辆，战一小时，将敌全部消灭。毁汽车二辆，毙敌卅余名，缴获步枪三十余支、轻机关枪一挺、其他军用品甚多。(乙)上月有日，枣强敌汽车二辆，载敌兵卅余，东开，被我东纵队俞团一部于大辛庄将敌全部消灭，毙敌中、少尉队长各一，以下卅余名，缴获迫击炮一门、轻机枪一挺、掷弹筒一个、步枪廿余支、钢盔廿六顶、指挥刀三把、弹药一部、其他军用品等物甚多。等情。除分报外，谨闻。职朱德、彭德怀叩。支酉。

(19) 致徐永昌电(6月5日)

部长徐钧鉴：据职部聂司令荣臻报称：(甲)进犯柏蓝镇等地之敌陷、世两日被我击溃后，退集定、襄坪、上村、窑头(五台南)一带，约两千余，该敌复于东日分路向西窑头进犯，刻与我邢支队一部对战中。(乙)灶赵(曲阳东南)之敌二百余经常四出抢掠，我陈支队一部冬晚向该敌急袭，激战两小时，敌不支，向曲阳城窜，毙伤敌五十余名，遗尸十余具，缴获满载布匹大车三辆，修械机器一架，自行车八辆，我伤亡廿余名。等情。谨闻。职朱德、彭德怀叩。微。

(20) 致蒋介石电(6月6日)

委员长蒋钧鉴：据职部刘师长伯承来电称：为配合我冀鲁豫边区军向敌反扫荡，我以陈锡联旅等各部于号、养两日向平汉线之敌，磁县南侧之武沙段对敌行大破袭，已得战果如下：(甲)我陈锡联旅主力于号辰袭击石岗、樊下曹(沙河以西)，伪军高德林部，大半被我击溃，敌退据房屋顶顽抗。该伪一军二团七百余配合早清部百余由璎司窑、边台二路来援，于中、下关将敌全部击退，我跟踪追击，将敌消灭一部。残敌全部向璎司窑窜去。黄昏时，我以全力猛攻石岗、樊下曹之敌，连陷敌据点十余个，除少数死守坚固民房外，大部被我歼灭。是【役】伤毙敌百余，我缴获步枪三百余支，机枪二挺，短枪十余支，掷弹筒三个，俘伪军五十余，军用品甚多，我亦伤亡营长以下官兵百余名。(乙)养日晚，我×旅一部配合张支队一部及武安游击部队袭击武安属之纸房、和村之敌，当即攻入和村，夺敌堡垒数座，敌退入土洞和民房顽抗，我再数度强攻不下。是役，敌我伤亡各五十余，我消耗弹药三千余发，另一部破坏武邯公路十余段，收回电线三百余斤，除分报外，谨闻。职朱德、彭德怀叩。鱼。

委员长蒋钧鉴：据职部吕司令正操支电称：我王旅一部于上月陷日晚，进袭武安西玉泉岭之敌伪，毙伤敌四十余名，生擒敌伪两名，缴获步枪廿余支，军用品一部，我阵亡政治指导员一，以下官兵廿余名，伤连长一，以下官兵三十余名，损坏步枪十余支，消耗步枪弹四千七百余发，手榴弹百一十余颗。等情。谨闻。职朱德、彭德怀叩。鱼。

(21) 致蒋介石电(6月8日)

委员长蒋钧鉴：据职部贺师长龙江电报称：(甲)上月寒晨，我大青山支队一部于萨县之包坝子毙敌十余，缴获步枪一支。我伤连长卢文穷一员，士兵八名。艳日，元井乌蓝花东北之敌百余，分乘汽车五辆，向我住乌拉那部队进犯，在乌拉那附近被我击溃，毁汽车四辆，毙敌卅余，获军用品一部，我伤亡十余名。等情。除分报外，谨闻。职朱德、彭德怀叩。齐辰。

委员长蒋钧鉴：据职部刘师长伯承鱼电报称：(甲)武安西北营牛之敌百余，江日北犯，被我先队一部击退，毙敌十余，获步枪一支，我亦伤亡九名。(乙)我另一部配合群众五百余于支夜将和村至八特镇间公路破坏一段，收回电线百余斤。冬日，和村之敌百余西犯，企图抢割黄麦，被我先支队一部击退，毙敌数十，我伤班长以下五名。除分报外，谨闻。职朱德、彭德怀叩。齐。

(22) 致徐永昌电(6月9日)

部长徐钧鉴：据杨支队长得志齐亥电报称：(一)冀豫鲁边区据点之敌总达万余人，于鱼、阳两日向我濮阳、濮县、东明地区大规模扫荡，计：(甲)大名龙王庙之敌二十余向我南乐、清丰地区前进，正与我一部接触中。(乙)濮阳方面之敌千余人分两路西犯，与我激战，刻已进至小滩镇。(丙)进占濮阳之敌千余人，与我一部正在濮县附近及其以南之小滩州地区鏖战中。(丁)长垣之敌千余人正向我濮阳推进,刻与我有力一部在濮阳南之大桑村对战中。(戊)白道口之敌六百余人东犯,被我阻击于中赵集(濮阳西附近),并有飞机多架助战。(己)五陵集之敌千余人,配合飞机四架,向井店镇进犯,与我另一部对战中。(庚)战庄集、旧县、楚旺之敌兵二千余正向我清丰、南乐地区东犯中。(辛)安阳增敌四千余人正向我合击中。(二)以上各路之敌均于虞、齐两日向我猛烈合击,各路均与我发生激战。同时,虞日在桑村附近敌四千余,飞机十余架,坦克车共百余辆,炮卅余门,与我韩旅主力展开恶战。敌我伤亡均重,尤以该旅陈团第三营遭敌四面围击,在战车、飞机、大炮猛烈下全营状烈殉国,详情待报。等情。除分报外,谨闻。职朱德、彭德怀叩。佳亥。

(23) 致蒋介石电(6月9日)

委员长蒋钧鉴:据职部聂司令荣臻有电报称:(一)敬晚,我黄支队突然向宛塔、李垣、唐县等据点之敌总攻袭,激战数小时,即将李垣等据点攻占,守敌一部被我歼灭,遗弃尸体及军用品甚多。我攻占该据点后,即以迅速之行动猛攻唐县,激战甚烈,将敌建筑之工事、铁丝网完全摧毁。敌无据可守,不得不全部逃窜,唐县城当为我收复。(二)占渚子店之敌经我激烈反攻,伤亡甚重,敌不战,向温汤(平山西)溃窜。我即跟踪追至温汤,正围攻中。又,由河口村犯高洪口、五台之敌一部,被我包围于高洪口附近,正歼灭中。等情。除分报外,谨闻。职朱德、彭德怀叩。佳申。

(24) 致徐永昌电(6月10日)

部长徐钧鉴:据职部宋司令明志、黄政委克诚佳未电称:(一)长垣北犯与我在大桑村附近激战之敌千余,数度肉搏,向我猛扑,均未得逞。后东明敌逐渐增援,于佳午敌以全力在飞机、坦克猛烈炮火掩护之下，进陷濮阳城。刻东明尚有敌二千余，正继续向濮阳前进中。(二)大名龙王庙敌二千余，向南乐急进。观城小滩镇敌数千余续向西犯。白河口、滑县、留固等据点敌步、骑、炮二千五百余，企图将我包围于南乐、清丰狭小地区，以达歼灭我军之计。刻正与我在南乐附近恶战中。等情。谨闻。职朱德、彭德怀叩。灰子。

(25) 致徐永昌电(6月11日)

部长徐钧鉴：据职部贺师长龙佳电报称：(一)江午，我张旅及罗卫旅各一部，将由交城开拔出扰敌汽车六辆，寇兵二百余击溃，毙敌卅余人，毁汽车一辆，我阵亡营长李清一名，伤亡排长以下十余。(二)彭团侦察连一部往阳曲侦察，于古交附近与敌百余遭遇，战两小时，将敌击溃，毙敌数十余，汉奸二名，缴获步枪二支，骡马五匹，我伤亡十五名。(三)上月世日，我骑兵一部袭击黄花铺，战二小时，将敌全部击溃，毙敌廿余，缴获步枪七支、马廿余匹、军用品一部，我阵亡班长一，战士六名。等情。谨闻。职朱德、彭德怀叩。真。

(26) 致徐永昌电(6月12日)

部长徐钧鉴：据职部陈代师长光佳亥报称：(甲)鱼晚，寿张城之敌五百余人，附炮七门，向我杨旅驻地点虎庙(寿张南)部队进犯，与我遭遇，激战数小时，被我击溃，敌向城内退窜，计是役毙伤敌百余，我获步枪二支，战马三匹，我伤连长一，亡排长陈辛泉，以下伤亡四十七名。(乙)我另一部虞晚袭击临沂以东之高辛店敌据点，战三小时，将敌全部房屋占领，该敌退入高楼一座顽抗，及敌援军赶到，我已退出战斗，计毙敌十余，获马枪十余支，我伤亡十八名。等情。谨闻。职朱德、彭德怀叩。文午。

(27) 致蒋介石电(6月12日)

委员长蒋钧鉴：(甲)据职部刘师长伯承电称：(一)东晚，我一部分途破坏武安至东北赵店间、至西北营井间公路各一段，共五里许，砍电杆二十余根，收电线三百余斤。同时，以一部袭击赵店，毙伤敌十余名。(二)冬日夜，我尹旅一部动员民众千余破坏官庄、孔站、内邱西至东北杨村间公路十余里，破〔砍〕电杆百余根，收电线七百余斤。(三)我汪旅一部于支晚破坏平定至阳泉间公路一段，砍电杆十余根，收电线百余斤，并以一部袭击阳泉车站，毙伤敌十余名。微日，击溃由平定、阳泉向我出击之敌百余名，击伤敌廿余名。同日，我另一部将正太路阳泉至寿阳段铁桥二座全部炸毁，我消耗地雷十六个，手榴弹百余颗。同时，另一部袭击昔阳城，敌消耗损失甚大。次日，该城敌百余西犯，中途被我伏击，毙伤敌二十余人。(乙)据职部贺师长龙报称：佳日，五寨敌六十余名，押大车廿余辆，满载食品向三岔前进，中途被我特一旅部击毙敌十余名，残敌向五寨回窜。我缴获大车七辆，文件一部。同日，我又将五寨至三岔电线破坏七里，砍电杆卅余根，收电线二百余斤。等情。谨闻。职朱德、彭德怀叩。文。

(28) 致蒋介石电(6月13日)

委员长蒋钧鉴：据吕司令正操灰电报称：(一)新城东南泗庄镇小庄敌二百余，永清西渠沟镇四辛庄敌一百余，于冬日分途进占野场以东公井营、沙河口之线，我朱支队即以一部进袭该敌，激战数小时，计毙伤敌八十余名。我阵亡连长赵琴，伤参谋一，连长一，以下官兵伤亡三十余名。(二)束鹿之敌企图打通沧石路，不断外出强拉民众。虞日，赵家屯(束鹿东南)敌卅余进至昆河一带强拉民伕，被我回民支队一部击退。佳日，束鹿之敌六十余分乘汽车一六辆进至以东之河辛庄一带，强拉民夫，又被我该支队击溃，毙伤敌十余名，缴获一部。等情。除分报外，谨闻。职朱德、彭德怀叩。元未。

(29) 致蒋介石电(6月14日)

委员长蒋钧鉴：据职部聂司令荣臻元电报称：(甲)满城敌百余，附炮七门，七日晨，向城东南之北守村进犯，被我杨成武支队一部击退，毙敌廿余，生俘敌五名，获步枪六支，军用品一部，我亦伤亡十一名。(乙)定县岩大桥之敌百卅余，佳日向庞村进犯，与我陈漫远支队战约一小时，毙敌廿余名，生俘伪军一名，残敌向原处窜去，我伤排长一员，以下伤亡十七名。等情。谨闻。职朱德、彭德怀叩。寒。

委员长蒋钧鉴：据职部聂司令荣臻文电报称：我郭支队一部前为策应主力打击向五台以东地区扫荡之敌，自上月中旬起，积极分向繁峙、代县一带敌据点佯攻，截至本月江日止，共与敌大、小战斗八次，连攻克峪口、河口、聂营镇、东西上社、槽村等据点，敌伤亡百五十余，生俘伪军九名，获步枪七支，军用品一部，并破坏繁代间公路廿余里及崞县以北铁路二里许，收回电线五百余斤。同时，另一部在东塘湖附近击溃由北安塔北犯之敌百余，毙敌廿余名，是役，我伤排长一员，以下六名，亡二十八名。等情。除分报外，谨闻。职朱德、彭德怀叩。寒。

(30) 致徐永昌电(6月14日)

部长徐钧鉴：据职部徐副师长向前元辰电称：(甲)新泰、莱芜等处集敌二千余，自虞日复向新、莱间及以东地区扫荡，经我廖、马两支队连日分途痛击，东□之敌被我围击于土门一带，激战三昼夜，敌死伤惨重，残敌不支，于灰日突围回窜，刻我已追抵新泰附近。由莱芜、新泰、蒙阴等据点合击之敌千余，经我沿途打击，该敌于是午进抵大叨墟附近后，我乘其深入向敌猛烈反攻，激战彻夜，将敌全部击退，狼狈西窜。次晨，新泰敌七百来援，该敌得势后，复会攻蒙阴寨，刻仍在激战中。是役先后毙伤敌伪五百余，我亦伤亡二百卅余名。(乙)佳日，我廖支队一部在新、掖间伏击敌东开汽车六辆，毙敌五十余，击毁敌汽车四辆，获步枪十余支，军用品一部。同时，另一部强攻盘据大口以东茅茨之敌百余，将敌完全击溃，毙敌卅余，夺获长枪五支，军用品一部。残敌向大口方面窜去，茅茨当为我收复。等情。除分报外，谨闻。职朱德、彭德怀叩。寒午。

(31) 致徐永昌电(6月15日)

部长徐钧鉴：据萧副师长克电，谨将六月下半月平西、平北各地战况分报如下：(一)古北口以西之冯家营敌二百余，于删日向南进犯，与我一部接触，当将敌击溃，毙伤敌廿余名。后该部又大举进袭怀柔属之丙沟敌伪四十余，毙伤敌十余。(二)宥日，古北口南之石匣日伪□百余人分路西犯石堂路□□沟，经我各部节节抵抗，敌伤亡甚重。次日，该敌复向西北之□□岭、□□庄进击，与我激战一昼夜，毙敌百余。(三)我白团一部感晨与日伪百余遭遇，激战三小时，毙敌过半。后由延庆增援步、骑三百余、汽车七辆，又与接触，激战一日，将敌完全击溃，毙伤敌百五十余，俘敌伪十余名，获步枪卅余支，毁汽车一辆。我伤亡八十余名，该团政治委员张敝元身先士卒光荣殉国。(四)楼山伪军三百余，武器齐全，不堪日人奴役，于马日反正，投诚我军。等情。谨闻。职朱德、彭德怀叩，删。

(32) 致蒋介石电(6月16日)

委员长蒋钧鉴：据职部刘师长伯承报称：(一)东日，钜鹿西郝家湾之敌百余向北哈附近(钜鹿北)进犯，与我青纵队一部接触，复由南之小吕寨增援汽车五辆，载敌百余名，分路向我围击，激战数小时，敌死、伤队长以下四十余名，我阵亡排长一，以下伤亡二十余人，消耗步、枪弹三千二百余发。(二)东日，我一部配合民众五百余，将曲周公路破坏，并收回电线二百余斤。同日，我另一部于威县东北之张台村击溃由二刘镇出扰抢粮之敌七十余名，毙伤敌廿余名。(三)是日，二刘镇之敌复以七十余外出抢粮，又被我击溃，敌死伤十余名。(四)江日，我特务团一部袭击沙容(曲周)之敌，战三小时，因敌有防，登房顽抗，终未得手，毙伤敌廿余，我伤排长二，以下官兵廿余，损失步枪一支，消耗步、机枪弹约万发，手榴弹九十余。(五)江日，隆平及以东之化户营等据点之敌共约百余，与我一部接触，战二小时，敌不支回窜。钜鹿至雄中大马型附近，复被我纵队一部埋伏截击。是役，计毙伤敌五十余名(内翻译军官一)，我伤亡排长以下廿余名，消耗步、机枪弹三千七百余发。等情。谨闻。职朱德、彭德怀叩。铣。

(33) 致蒋介石电(6月18日)

委员长蒋钧鉴：据职部刘师长伯承真亥电报称：(甲)广宗、钜鹿等据点之敌近日不时四出蠢扰，强抽壮丁，抢夺民财。微日，广宗敌八十余向柏社进扰，被我东纵一队击退，毙敌十余名，夺获步枪一支。同日，钜鹿敌二百余，分向城东北之刘肇及城东之孟庄进犯，与该纵队之一部战约一小时，毙敌廿余，敌势不支，分向城内窜去。我亦伤亡十一名。我陈支一部，灰晚，配合决死队将白晋路沁县以北漳源段破坏二里许，取回铁轨廿八条，并炸毁铁桥一座，收电线四百余斤。真辰，漳源敌百余向西华甫进犯，被决死队一部击退，毙敌七名。等情。谨闻。职朱德、彭德怀叩。巧晨。

(34) 致徐永昌电(6月18日)

部长徐钧鉴：(一)晋东南修筑白晋路之敌迭遭我刘师之不断打击与破坏后，敌为了巩固其白晋交通，并企图打击我太行根据地之部队，于六月中旬前后，集中其扫荡各区兵力共约千余人，于本月之有日前后，由正太路增辽县敌六千余，由白晋线分增沁县敌二千余，新店、虒亭、夏店各千五百余。宥日，各该敌开始正向我□武襄区猛犯，计：(甲)辽县敌五千余，宥辰向西北之石匣、长城进犯，经我×师□旅之猛烈反击后，感日，据温城之敌复向西犯，会攻榆社，刻该旅正与敌激战于辽县、榆社间之管头以北。(乙)沁县敌二千余，宥日东犯，陷启村，感日复陷武乡。东犯沿途经我刘师陈旅一部不断截击，敌伤亡甚重。感午，敌与我直属特务团一部激战于扃庄村，未日辰终以众寡不敌，我即退出战斗。(丙)虒亭、新店之敌三千余附炮十余门，在敌机数架掩护之下，于同时东犯，在史北镇与刘师陈旅主力激战终日。至晚，敌于至烈炮火掩护之下陷我史北镇。感日，复与该旅所部在该镇及龙王堂地区激战一昼夜，至俭辰，该敌配合由夏店刘下村敌及由武乡东犯敌会合于西营。八时许，三路敌齐集在炮火掩护下猛烈向我冲击，惟我士气极旺，虽在敌之猛烈火炮威胁，不稍后退，终能坚持阵地。(丁)陈支队前后与敌搏战数次，约十一时许，终以众寡悬殊，城底村、下合、西头下及王家角等地连续为敌所陷，至十二时我集全力向敌猛烈反攻，血战约二小时，顽敌全被击溃，以上各要地均为我相继规复。残敌集结西营及其附近地区正与我隔河对峙中。是役，敌我损失均大，实情待报。(二)结集武乡东南西营地区之敌约三千余，于是日黄昏向我刘师陈旅及特务团之各一部乘敌立足未稳之际猛烈反击，激战一晚，敌不支，分向辽县、武乡、史北镇各线溃窜，我当即克复武乡南各要点并即向逃退之敌追击，于艳日拂晓，我一部进占史北镇，另一部追击武乡及洪水镇又与逃窜之敌接触，现仍在对战之中。俭日，与我范旅对战于辽县、榆社间。管头地区之敌二千余，次日复继续西犯，是日午敌陷榆社，刻韩旅正猛烈攻袭中。查此次敌乘夏收之际大举进犯，所到之处如西营、上北漳、上合、岚头一带烧毁民众熟麦甚多。除饬各部继续向该地之敌猛烈进击，并打击陷榆社之敌，以期收复该地外，并已饬各部协同政府加紧努力，帮助农民收割熟麦，以求彻底粉碎敌之阴谋毒计而巩固我太行根据地。(三)徐副师长向前鱼晨电称：甲、蒙阴平邑、大汶口之敌约千余、大炮十余门分三路向我蒙阴以北进犯，太平邑敌向我白马关进犯，被×团主力打击于云头八亩一带。大汶口之敌千一百余名分四股合击于熊家楼，与我一支队一部激战整日，毙、伤敌五十余，蒙阴敌千余人进到盘东沟，被我击溃，现正在追击中。乙、新泰敌六百余、炮二门来援，遭我伏击，战二小时，被我消灭一部，残敌退回新泰城。计毙敌四十余，获军用品甚多。丙、我一支队一部哿日于沂水至木位间伏击，敌五十余被我全部击毙，毁炮一门，机枪五挺，毁枪廿余支，军用品甚多。（四）据萧副师长克筱电报称：五月上旬我县城沿线分区扫荡之敌万余，经我各部队月余苦战，将扫荡计划全部粉碎后，六月八日平通之敌复集结五千余兵力向蓟县、平谷之间密云地区大举扫荡。经数日激战，扫荡之敌卒被我击溃，伤毙敌三百余，我缴获长短枪十余支、轻机枪五挺、俘伪军四十名并攻克碉堡垒一个。廿日，敌复集结千余人向我凤子山、监山地区围攻，大小数十战，迄至本月七日止，各线受我积极之打击下，伤亡惨重，分途逃回原地。此役经十八日苦战，我伤亡消耗亦甚重大，敌在战斗中曾施放大量毒气，故伤亡亦二百余。详情正清查中。以上各等情除分报外，谨闻。职朱德、彭德怀叩。巧申。

（35）致蒋介石电(6月19日)

委员长蒋钧鉴：据职部徐副师长向前电称：（一）鸢老之敌伪四百余于上月宥日，分路进犯牛头镇□家桥，与我马宝刚支队接触，当将其一路击溃，敌南窜。后又遭我沿途截击，激战一昼夜，敌伤亡极重，沿途群众被日军残杀者百余人。（二）俭日，该敌突集四百余向我驻集马□之□支队进攻，激战至黄昏，因众寡悬殊，我突围退出。是役，计毙伤敌百五十余，我伤亡百余人。等情。谨闻。职朱德、彭德怀叩。皓。

（36）致蒋介石电(6月20日)

委员长蒋钧鉴：据职部萧副师长克删电报称：①齐日，我陈团一部进击滦平西汤河、东北白马关、西北之司营子敌据点，正激战之时，适由东飞来敌机一架，向我进攻，低空侦炸。我军当以机枪向敌机扫射，当命中该机油箱，当即起火南堕。经我派队往白马关西南之黄家沟觅找机身及驾驶员，被焚毁。我获残骸及机内无线电、望远镜各一架。②司营子之敌当被我全部歼灭，毙敌卅余，我缴获步枪廿余支，轻机枪一挺，其他军用品甚多。等情。除分报外，谨闻。职朱德、彭德怀叩。哿。

(37) 致徐永昌电(6月21日)

部长徐钧鉴：据杨支队长马晨电称：内黄敌步骑三百五十余，皓晨，向西南进犯，我一部节节抗击，诱敌深入，十时许，敌进至草坡附近，我主力即向敌两翼猛击，激战三小时，敌我反复冲锋四次，至十四时许，将敌全部击溃，残敌狼狈向内黄城内逃窜，我乘胜追击，刻已进抵城郊，正向该敌围袭中。是役，先后毙敌八十余，缴获战马五匹，其他军用品甚多，我伤亡四十八名。等情。谨闻。职朱德、彭德怀叩。马亥。

(38) 致蒋介石电(6月22日)

委员长蒋钧鉴：据职部刘师长伯承架〔哿〕电称：此次，我陈锡联旅及东纵队各一部为配合我杨得志部粉碎敌寇对冀鲁豫之大扫荡，所破坏成绩如下：(一)文日，配合当地民众二千余，破大邯公路廿余里，砍电杆四十余根，收电线千余斤。另一部配合民众二千余将遍广、南连两公路彻底破坏，砍电杆百余根，收电线二千余斤，我向遍城作连夜袭扰，敌消耗甚大。(二)元晚，我一部将邯成、大广公路各破坏廿余里。另一部配合群众八百余，向龙王庙之敌袭击，毙敌百余，又将至大名公路破坏十余里，砍电杆百余根，收电线百余斤。同时破坏肥广公路十余里，挖道沟廿余条，砍电杆八十余【根】，收电线四百余斤。一部向大名北张庄之敌袭扰，敌鸣枪竟夜。(三)

删晚，袭击楚旺镇之敌，战三小时，毙敌四十余。我伤亡排长以下十余名，损失步枪五支。等情。除分报外，谨闻。职朱德、彭德怀叩。养。

(39) 致徐永昌电(6月24日)

部长徐钧鉴：据职部吕司令正操号电称：(甲)我一部支日在□庄头附近伏击敌由献县东开汽车三辆，当毁汽车一辆，毙敌十余，残敌回窜崔尔庄、平吏。该敌复配合崔尔庄之敌二百余，向我反攻，我即以一部抗击，以主力绕道猛袭崔尔庄据点，战约一小时，向我反攻之敌即被胁退回。又马连坦之敌二百余来援，我因众寡悬殊，始撤出战斗。次晨，该敌复以二百余向东南之南王庄进犯，与我另一部激战二小时，将敌全部击退，残敌回窜崔尔庄。是役，毙敌县警备司令王公选，副司令王公域，翻译官各一名，以下四十余，获步枪五支、手枪二支、马两匹、大车二辆、军用品一部。我亦伤亡廿五名。(乙)虞日，献县西大章镇之敌二百余来犯，与我一部在张村、路家庄、尹村一带激战，同时，南镇北之敌两路来援，均被我击退。是役，毙敌廿余，生俘伪军三名，获步、手枪四支、战马六匹、大车三辆、军用品一部。我亦伤亡廿五名。(丙)删晨，杜村、木门店、新集(均青县西南)之敌向我齐家店、陈庄一带进犯，经我沿途截击，敌不支。是午，该敌向原路窜回，计毙伤敌伪廿余名，我亦伤亡十余。等情。除分报外，谨闻。职朱德、彭德怀叩。敬午。

部长徐钧鉴：据职部刘师长伯承养电称：为阻碍敌规复白晋路北段修路计划，我王树声部及师直特务团继续向该线北极〔段〕及同蒲路破袭，计：(一)删日，破坏东错镇至南团柏铁路约五里，取回道钉螺丝五百余件，收电线百余斤。(二)铣日，复将析〔祁〕县至东观镇铁道破坏十余里，收电线五百余斤。另一部袭入析〔祁〕县纱厂，当将敌卫兵二名击毙，与敌战约一小时，毙敌不详。(三)筱午，析〔祁〕县敌百五十余，压迫群众修路，遭我一部伏击，毙敌十余，群众全部散逃。待平遥、太谷援敌到时，我已转移。是晚，又以另一部动员民众二千余将子洪镇以北铁路破坏约廿余里，铁路枕木、路基均彻底破坏，并收回电线千二百余斤。等情。除分报外，谨闻。职朱德、彭德怀叩。敬酉。

(40) 致徐永昌电(6月25日)

部长徐钧鉴：据职部杨司令得志江午电报称：甲、马日，平乡、曲周之敌四百余分四路向我南、北龙堂进犯，与我一部激战数小时，敌不支溃退。毙伤敌九十余名。我伤亡连长及士兵六十余名。养日，大名、陶馆〔馆陶〕之敌、伪共约千余，炮十余门，机关枪廿余挺，在飞机四架掩护下分路向我驻陶馆〔馆陶〕以西进犯，激战约五小时，后我主力赶到，将其包围，激战至晚，将敌一个中队全部歼灭，计毙敌指挥官二员，以下三百余人，我伤亡士兵二百余名，缴获军用品甚多，正清查中。乙、清丰之敌步、炮兵三百余，佳日向城东北进犯，与我四团在王毛集附近激战。我周政委钦复同志身先士卒与我【敌】肉搏，头部负重伤，但仍坚持指挥。激战约十六时，卒将敌一部击溃，残敌向清丰回窜，现在追击中。我周政委因伤甚重，于是日七时许光荣殉国。是役，毙敌百名以上，缴获正清查中。我阵亡团政委一员，以下伤亡廿余。又同日晚，我另一部打击清丰以西韩村集之敌，激战数小时，敌退守房屋顽抗。拂晓，我始撤出战斗。是役，敌死伤甚重，我伤亡卅余名。丙、数日来，职部向敌反攻，战况如下：(一)马日，我韩旅一部伏击之留集(濮阳东南)出犯之敌，四百余亦被我全部击溃，一部为我歼灭，一部袭占坍镇(濮阳东)，当将守敌二百余击退，毙敌四十余人，获步枪廿支，军用品一部，残敌向文留集退窜，我正追击中。(二)养晚，我韩旅、陈旅主力袭击王堡寨(清丰东南)之敌据点，当时冲入寨内与敌肉搏，毙伤敌五十余，该敌进入炮楼，我继续施行火攻和掘挖楼角，战至天明，该敌施放毒气，我伤亡官兵二百余人，我营长王和阵亡。(三)韩旅一部于养晚一度袭入清丰城，与敌激战数小时，敌我伤亡均重，俘伪军十余名，获步枪数支。(四)梗日，我韩旅主力攻溃兵五百余名，追至濮阳东南之哈庄附近为我截断一部，毙敌百余，获无线电一架、步马枪七十余支，洋马百余匹，军用品甚多，残敌窜入阵地，我军刻已进迫濮阳城下。又，我直属王营配合游击部队于梗晚袭敌占清丰城，毙伤敌伪六十余，缴获甚多。敬辰，南乐方面之敌汽车廿辆来援，刻已与我在城郊对战中。我另一部同日于张厂寨(濮阳北)伏击敌汽车十余辆，当击毁三辆，毙敌廿余。等情。谨闻。职朱德、彭德怀叩。有。

(41) 致蒋介石电(6月25日)

委员长蒋钧鉴：据职部吕司令正操梗电报称：(一)虞日，固安集结敌百五十余，向我郭家庄之部队进攻，与我激战至黄昏，敌死伤五十余人。(二)齐日，固安属路屯、五庄、周屯敌共百余，向我一部进攻，当被我击溃，计毙伤敌三十余名。(三)灰至元日，我一部动员群众，将沧石路冯马至晋县破坏四里许，垒头至举城间、侯马至晋县间等段公路各破坏五里许。(四)元日，固安属商家林、葳桥、沙板等据点之敌，以五百余之兵力，分路向我驻北漳部队合击。与我激战竟日，终被我击溃全部，计毙敌百十余，遗尸四十余具，缴获手枪二支、步枪十余支、自行车、弹药、军用品甚多。(五)寒日，饶阳豆店遭我一部伏击，敌不支向北溃退。计毙伤敌四十余，我缴获步枪五支，掷弹筒一个，军用品一部。我伤亡卅余名，消耗步枪弹三千四百余发、手榴弹几十余枚。(六)皓夜，我一部配合群众千余，将赵县至衡水公路破坏十余里，另一部号日设伏于张家村，适由赵家桥出扰之敌数十余，当将其击溃，获自行车五辆、步枪二支、军用品一部。等情。除分报外，谨闻。职朱德、彭德怀叩。有未。

(42) 致徐永昌电(6月26日)

部长徐钧鉴：据报：(一)唐县之敌近常以廿或三、五十不等外出扰乱游击。筱日午，敌一部进至百家场附近，被我杨支队一部伏击，激战二小时，我以数度冲锋，因该敌扼守阵地顽抗未逞。是役，毙伤敌廿余，我亦伤亡廿余。(二)该支队一部皓晚袭击郎庄据点之敌，计毙伤三百余名，我亦伤连长王志明一，以下伤亡官兵卅余名，缴获辎重一部。(三)梗日，东庄集旧县等据点敌伪军约七百余，分路向我杨得志支队驻东西叶庄一带之部队进击，与我激战数小时，敌伤亡一百七十余名，我缴获弹药军用品一部，伤亡官兵八十余名。等情。除分报外，谨闻。职朱德、彭德怀叩。宥子。

部长徐钧鉴：据职部聂司令荣臻俭电报称：(甲)由洪子店溃窜平山西温汤之敌五百余，有日，经我某支队一部彻底猛攻，激战至宥晨七时，敌卒被我击溃，计毙伤敌约三百余，残敌狼狈窜回。(乙)进犯高洪口之敌三百余，其一路百余，有日被我□支队一部全部歼灭，余路敌当即窜回河混。我即克复高洪口，缴获正清查中。等情。除分报外，谨闻。职朱德、彭德怀叩。宥酉。

(43) 致蒋介石电(6月27日)

委员长蒋钧鉴：据职部刘师长伯承敬电称：巧日，赞皇、临城、内邱之敌共约千余，分路向以西山地进犯，经民军杨秀林部沿途截击敌死伤甚众。皓晨，该敌攻陷官都，我趁敌立足未稳向敌猛袭，并以一部断敌后路，激战至皓未，敌不支，分两路向郝家庄、郝庄溃窜，企图固守该两据点顽抗，我乘胜追击，复与敌激战彻夜，至皓拂晓，将该处敌人全部击溃，残敌分向赞皇等地方向溃去。是役，先后毙伤敌百余。查此次敌人进攻，全着灰色军服，并在退却道中埋置地雷加以伪装。我追击部队因不慎触发数枚。同时，敌人溃退时，沿途惨烧民房，我存于郝家庄之旧棉衣八百余套，亦全为敌烧毁。等情。除分报外，谨闻。职朱德、彭德怀叩。感午。

(44) 致徐永昌电(6月27日)

部长徐钧鉴:据职部杨支队长有午电称:(甲)敬晚,我一部袭击浚县西南之道口,激战四小时,我占领该镇西南据点,敌退据东北角。我再次强攻,敌凭该处最有设备之坚固工事、高楼顽抗,我即撤出战斗。是役,毙伤敌四十余,我亦伤亡卅余名。同日,我另一部袭滑县城,将敌城外两座碉堡夺取,旋即攻占南关,敌退守城楼顽抗,战至拂晓,毙敌卅余,我伤连长一员,以下廿一名。等情。除分报外,谨闻。职朱德、彭德怀叩。感子。

〔国民政府国防部史政局及战史会档案〕

53. 朱德彭德怀报告八路军五月份战斗俘获统计电

(1940年6月10日)

部长徐钧鉴:谨将本集团军五月份战斗俘获统计呈报如次:(一)大小战斗共四五八次。(甲)毙伤敌官兵共五一五〇名,伪官兵二二一〇名,骡马二一〇匹。(乙)俘日军一七名,伪军四〇八名,骡马四五五匹。(二)缴获:(甲)长、短枪九二五支,手枪二五支,轻机枪一五挺,迫击炮二门,掷弹筒九个。(乙)有线电话机八架,无线电台四座,自行车二一八辆,大车一七〇辆,望远镜一个,指挥刀五把,钢盔三五一顶,瓦斯弹一三罐,日伪军旗三四面。(丙)步枪子弹二一〇箱,炮弹二〇箱,手榴弹一一箱。(三)炸破:(甲)破敌交通二四二次,破铁路五四一里,公路一四九〇里,毁大小桥梁四六座。(乙)砍断电杆五一七〇根,收回电线一五一五〇斤,(丙)颠覆火车五列,火车站四所,毁火车三、五辆,仓库一所。(四)伪军反正四次,四〇一名。(五)我军:(甲)阵亡官兵一七一〇名,负伤官兵三一七〇名,中毒官兵八八一名。(乙)损失步、马枪三五四支,轻机枪三挺。等情。除分报外,谨闻。职朱德、彭德怀叩。灰午。

〔国民政府国防部史政局及战史会档案〕

54. 朱德彭德怀报告八路军缴获石家庄特务机关长重要通令电

(1940年6月25日)

委员长蒋钧鉴：据职部刘师长伯承养电称：冬日，我杨支队配合杨秀峰先生所部民军一部袭击南佐(元氏西北)中，获敌石家庄特务机关长给各县联络员重要通令一份云：为使平汉路以西匪团即行消灭计：(一)对封锁区内居住之匪团一律进行物质封锁。(二)不问品种，搬进或售出一物亦在禁止之列。(三)各县伪政权须与当地驻军密切联络。(四)各县知事应制定封锁敌区之计划。(五)对我向就区送资之徒应加逮捕，各县应配合游击哨严密检查并收情报。(六)以封锁之乡村为监视区域，令该村伪自卫队经常监视检查。(七)在封锁线附近，设立对车、马、行人检查所，并巡道路与当地驻军连系。(八)各县知事应制定罚则，没收违反者之财物，惩罚本人。对密告违反者，可给以奖励。(九)各县知事对本区域物资流动状况，应常向特务机关作报告。等情。谨闻。职朱德、彭德怀叩。有。

〔国民政府国防部史政局及战史会档案〕

55. 朱德彭德怀报告刘伯承部破袭敌交通战绩电

(1940年6月25日)

部长徐钧鉴：据职部刘师长伯承号电报称：兹将我各部队自上月真日起至本月微日止，配合民众地方团体，不断向敌交通破袭，战绩汇集报告如下：(一)冀南被我断绝者计有邢家湾至钜鹿段、至大营段，钜鹿至新河段，威县至广宗段等公路均至被破坏后，迄今尚未完全修复。(二)冀西彻底破坏之公路计有：内邱至柳林段，临城至内镇、至高邑段，西北之马岭至南佐、北佐段，以上公路至今亦未修复，并将平汉线鸭鸽营至内镇及内邱至五官庄等两段，彻底破坏各一次。正太路张净镇之铁桥被炸毁。(三)在我大破袭后，敌人所发生的反映：(甲)有些地方感觉难于应付，则纷请增援，士兵情绪低落。(乙)多方强迫群众继续修路，增加据点，并组织小部队经常巡路，并令各车站每十分钟联络一次。(丙)将铁路两旁均加宽深各八尺护路沟，在我必经之路一带设地雷炸弹，并在电杆上系手榴弹。(丁)强迫伪自卫团护路，村轮流放哨，遇我破路时，即鸣钟、击鼓、打枪作警报。(戊)汽车运输，多带帆布、木板、铁板，并带修路器具。(己)在我必经之路上设伏兵，并组织汉奸武装，在侧后骚动，加强其特务工作及情报网。(庚)汽车、火车在行驶时，均降低速度。等情。谨闻。职朱德、彭德怀叩。有。

〔国民政府国防部史政局及战史会档案〕

56. 朱德彭德怀报告八路军在冀鲁察热等地区战况战绩电

(1940年7—8月)

(1) 致蒋介石电(7月1日)

委员长蒋钧鉴：据刘师长伯承东电称：(一)我易旅一部于梗日在枣强东北龙华镇至李石店间伏击由龙华出扰敌汽车一辆，战数小时，被我全部消灭，毙敌石库少尉以下十余人，缴获步枪十余支，获敌汽车一辆。我阵亡连长一员，以下伤亡卅余名。(二)俭日，钜鹿敌二百余协同南宫敌百余，分途正向钜鹿、南宫间之孟家庄出击，与我徐旅一部接触，战二小时，敌终被我击溃，毙伤敌卅余名，缴获军用品一部，我伤亡十余名。等情。除分报外，谨闻。职朱德、彭德怀叩。东。

委员长蒋钧鉴：甲、据职部徐副师长向前电报称：(一)新泰之敌步骑炮兵共百余，微日，进占蒙阴寨。鱼辰，忽向双泉镇进攻，当与我廖支队一部激战。是役，将敌全部击溃，残敌向郦狱庄、南岳山溃退，刻我正尾敌追击中。是役，毙敌四十余，我亦伤亡廿九名，获军用品一部。(二)新泰敌千余，于文日分路东犯温村，与我一部在东西高都附近激战数小时，终被我击溃。是役，毙伤敌百余名，缴获军用品一部。(三)据报本月青岛敌三千余，用舰南驶，开赴粤南。乙、据萧副师长克上月俭电报称：职部白团自挺进至察边长城地区后，先后曾获得许多大小胜利，并将该区敌伪政权，全数摧毁。承德之敌极为惊慌，日来派机四出，以图侦察我军，并调集滦平一带之敌于潮河地区，以图阻我继续深入。本月齐日，×团一部复续向东北挺进，丰宁西南潮河西岸大小龙潭附近，遇敌机一架，向我轰炸，当为我对空部队射击击落，机体均被烧毁，驾驶员一名亦烧毙。我获轻机枪一挺。等情。查该部不避艰险，深入敌寇心脏，迭予敌予以重创。除饬令萧副师长传令嘉奖外，谨闻。朱德、彭德怀叩。七月一日。参战。

(2) 致蒋介石电(7月3日)

委员长蒋钧鉴：据职部刘师长伯承电称：(一)寒夜，我尹旅一部，配合临城游击队袭岗西(临城西)之敌。敌不支，向临城逃窜，我克服岗西，毙敌十余名。(二)赞皇南嘉应寺敌二百余，删日，西出至昌欽抢粮，被击溃。毙敌廿余，获骡马三头。又，三百郤(寺阳南)敌百余，删日南犯，于混塔附近，与我游击队遭遇，毙敌廿余，获粮食甚多。等情。除分报外，谨闻。职朱德、彭德怀叩。江未。

委员长蒋钧鉴：据职部刘师长伯承电称：哿午，我韩旅一部伏击由微子镇东犯王掌之敌三百余，毙敌四十余，俘敌一员。我阵亡排、班长各一名，伤士兵廿余名。又该晚，我磁县游击队袭击许家沟

(磁西)伪青年队，俘伪队长一名；另一部袭纸房，战一小时，毙敌十余名。我方伤亡七名。等情。除分报外，谨闻。职朱德、彭德怀叩。江申。

(3) 致蒋介石电(7月6日)

委员长蒋钧鉴：据职部吕司令正操冬电报称：养日，安国敌信岛中队长率部廿余，汽车二辆，向伍桥前进，为我预先侦知，在南张庄附近，被我全部歼灭，毁汽车二辆，毙敌信岛中队长一员，以下廿余名，缴获步枪八支，手枪二支、掷弹筒一个，其他军用品甚多，我伤亡数名。同时，雄县北和岗之敌百五十余，向囤里进犯，被我一部在新城东板家窝附近击退，毙敌廿余，获战马二匹，军用品一部。同时，我另一部袭击霸县西陶孟务之敌，激战约一小时，将敌全部击溃，毙敌十余名，残敌东窜去，陶孟务为我收复，获皮帐篷二个、自行车五辆、照像机一架，我伤亡共八名。等情。除分报外，谨闻。朱德、彭德怀。鲁。鱼亥。参战。

(4) 致徐永昌电(7月12日)

部长徐钧鉴：据职部吕司令正操巧电报称：平汉路完满一带之敌，近不断向我进犯，企图抢夺沿线两侧已熟之夏麦。佳日，定县北唐河桥、清风店八百余敌西犯北庞村一带，当被我陈漫远支队一部击退，毙敌十余名，俘伪军一，获步枪一支。我伤侦察队长、政治指导员各一员、以下五名。佳日，曲阳西南辛庄敌四十余企图西犯，当被我李支队一部击退，毙敌十余名。元晨，定县西南明月店之敌百余向新匿沙井进犯，复被该支队一部击退。鱼日，完县敌百余向城东南乡村进犯，当被我陈支队一部击退，毙伤敌廿余。我伤亡十四名。佳、真、元等日，该支队复在保定、元顺桥间将敌电线大部破毁，收电线四百余斤，并将予家庄、阳邑之大桥二座彻底破坏。寒日，陈团于唐桥西南之累家平峭，击退由唐县向我进犯之敌百余，毙敌□

副小队长各一员，以下五十余人。我亦伤副营长张文焕、连长李十回及政治指导员王贵敏等三员，以下伤亡卅余。等情。除饬该司令督饬所部积极向平汉线活动，打击敌之出击部队，以保夏收并分报外，谨闻。职朱德、彭德怀叩。文。

(5) 致蒋介石电(7月12日)

委员长蒋钧鉴：据职部徐副师长向前灰日电称：(甲)博山、莱芜、新泰等处之敌共有千余人，有日，分路向我莱芜东南地区扫荡，与我支队接触于杨家桥、徐家篙附近，激战甚烈，双方伤亡甚重。其新泰进犯之敌五百余人，遇我另一部伏击，将其全部击溃。(乙)我随营学校一部，于佳晚袭侵〔击〕西林镇，毙敌四十余，获九二式轻机枪二挺、俘日军一、伪军七名。等情。谨闻。职朱德、彭德怀叩。文未。

(6) 致徐永昌电(7月13日)

部长徐钧鉴：据职部吕司令正操佳电报称：(甲)武邑之东北王吕池、赵桥之敌四百余，上月删日，分途向城北之怀甫镇进犯，被我赵支队一部打击后，敌不支，向南退去，毙敌八十余。(乙)东川宣日①我于支队一部配合民众二千余，将束鹿西北范家庄至晋县间公路及束鹿至西南之北智邱公路共破坏十六里，并击溃由北智邱出犯敌百余，毙敌十余名。(丙)王旅一部于支日强袭元氏西北之马岭，将守敌大部消灭，俘日军一名，伪军五名，毙伤敌四十余，获电话机一架，收短枪十余支。我亦伤亡连长一，以下伤亡四十余名。微日，南犯元氏敌伪军共七百余，分途向元氏、赞皇地区进犯，激战整日。至今晨将敌全部击溃。毙伤敌百余，缴获战马五十匹。等情。除分报外，谨闻。职朱德、彭德怀叩。元。

---

① 原文如此，疑有误。

(7) 致蒋介石电(7月13日)

委员长钧鉴：据吕司令正操灰电报称：(甲)新城东南泗杜敌百余，乘汽车十辆，向北开以庄，中途被我朱支队一部截击，战一小时，敌不支，回窜。我毙敌廿余，缴获弹药百余发。又，武强敌五十余，虞日，南犯，被我赵支队一部击退，缴获步枪六支，子弹百余发，军用品一部，俘伪军三名。佳日，×支队一部，于束鹿以南北营、东营、遗村设伏，适由北智邱开束鹿之敌汽车四辆，经激战一小时，我将敌击退，毁敌汽车一辆，生俘敌探二名，伪军三名，缴获弹药千余发。等情。除分报外，谨闻。职朱德、彭德怀叩。元。

(8) 致蒋介石电(7月15日)

委员长蒋钧鉴：据萧副师长克电，谨将六月下半月平西平北各地战况分报如下：(一)古北口以北之冯家营敌二百余，于删日向南进犯，与我一部接触，当将敌击溃，毙伤敌廿余名。后该部又大举进袭怀柔属之丙沟敌伪四十余，毙伤敌十余。(二)宥日，古北口南之石匣，日伪数百余人，分路西犯石堂路□□沟，经我各部节节抵抗，敌伤亡甚重。次日，该敌复向西北之□□岭、□□庄进击，与我激战一昼夜，毙敌百余。(三)我白团一部感晨与日伪百余遭遇，激战三小时，毙敌过半。后田延庆增援步骑三百余，汽车七辆，又与接触，激战一日，将敌完全击溃。毙伤敌百五十余，俘敌伪十余名，获步枪卅余支，毁汽车一辆；我伤亡八十余名。该团政治委员张敝元，身先士卒，光荣殉国。(四)楼山伪军三百余，武器齐全，不堪日人奴役，于马日反正投诚我军。等情。谨闻。职朱德、彭德怀叩。删。

(9) 致徐永昌电(7月16日)

部长徐钧鉴：谨将职军陈代师长光报告二件，电呈如下：(甲)上月艳电：(一)号日，某城敌寇五百余，向西北进犯，被我曾支队一部包围，于梳洗附近，恶战一昼夜，敌死伤甚重。翌晨，敌不支退回，我乘胜追击，被我包围于便村集，刻正围歼中。(二)敌对清丰、濮阳地区扫荡遭我严重打击后，复于九日，该敌又转向东平湖西北之寿张、聊城、阳穀、东阿、在平地区大举扫荡，迄今仍在激战中。此次敌扫荡，特别取重夜间动作，不走大路，专行小路合击，并以一部之主力，秘密控制我不能转移地区之翼侧，到达每地均采以步兵汽车搜札，反复扫荡。(三)据息，敌拟增华北两个师团，并有于本年八月起，继续进行大规模之扫荡，确否?待证。(乙)佳电据报，费县之敌二五〇余，附炮二门，配土匪三百余，于×午，乘雨浓雾之际，向城西之外平安庄袭击，该地抗日自卫团，即坚决固守围寨抗击，围寨全被猛烈炮火摧毁，我即利用塌墙、弹坑坚守顽抗。是日，敌屡次冲锋均被击退，至午刻，我弹药消耗殆尽始退出。是役，计毙伤敌伪六十余。敌进入村后，大肆屠杀居民，遭毒手者达七十余，牲口财物掠劫一空，附近居民对敌此等行为莫不痛恨入骨。查大平安庄民众自卫团，以低劣之武器，抵御现代化之敌寇进攻，虽围寨全被摧毁，而仍能固守与敌激战七、八小时，实为我民众参战坚决英勇之模范，除饬陈代师长就近褒扬嘉奖与抚恤被燹同胞外，谨闻。职朱德、彭德怀叩。铣。

(10) 致蒋介石电(7月18日)

委员长蒋钧鉴：据职部聂司令荣臻电报称：(甲)姚村镇(易县南)之敌四百余，炮二门，于东日西犯，占樊村店，企图在该处筑据点，我杨成武支队两个团于东晚袭击，当即攻入镇内，并夺得多处房屋，敌顽守孤房。我以迫击炮、手榴弹攻击，敌伤亡甚重。后易城敌三百余来支援，复遭我伏击，退回。毙伤敌四十余。于江日分两路来援①，中途又遭我击溃，毙敌廿余。是役，计敌伤亡二百余，我获

① 原文如此。

军用品一部，我亦伤连长王圣若，亡排长一名，以下伤亡百余名。(乙)(1)固守温汤之敌，自宥日遭我重大打击后，残敌向井陉城逃窜，企图复犯，复于艳晚配合贾社之敌千二百余，分路向庄头、胡雷、小寨、桃王庄、黑水坪、胡仁村进犯。陷辰，我郭支队一部在胡仁村与敌接触，当激战时，复由娘子关增来援敌千三百余，向胡仁村进犯，我以有力一部向敌猛攻，敌不支，向贾村逃窜，我正追击中。一部敌石井大队，陷日率敌二百余增援，由唐县出敌四百余，向显高和进攻，占北罗镇，该敌继续向西北进犯样，我即迎击。(丙)(1)东日晚，由平汉路之高碑车站逃出敌伪十五名，携步枪十六支，向我骑士团投降。(2)宥午，峙城之敌五十余运输部队，骡马六十余匹，均载食物东开，遭我伏击，于白家庄、染抡附近之郭支队一个营截击，被我全部消灭。骡马食物全部缴获。(丁)正定、清风店敌百余名，敬午西犯，被我陈支队一部击溃，毙伤敌十余名，缴获战马一匹。又广灵西南之敌二百余，寒日，拟向我进犯，被我支队一部击溃，毙伤敌廿余。潜日晚，我另一支队一部，进袭易县西梁协庄敌，消耗甚大，枪炮声终夜未停。同时，一部进袭太陵，毙伤敌甚众。等情。除分报外，谨闻。职朱德、彭德怀叩。巧未。

(11) 致徐永昌电(7月19日)

部长徐钧鉴：据职部吕司令正操俭电称：因各部报告迟到，兹将七月佳至巧日战斗呈报如下：(一)固安敌三百余，分乘汽车廿余辆，佳日，经沙河口向桂子里进犯，被我杨支队一部击退，毙伤敌卅余，缴获自行车十余辆，我伤亡十余名。同日，霸县金家营之敌二百余，在百老店附近遭我刘团一部伏击，毙敌廿余，我伤亡六人。(二)删日，霸县金家营敌百余，向圈子村抢掠，被我刘团一部伏击，获自行车五辆。另一部伏击周家务围〔之〕敌，激战二时许，缴获步枪五支，毙敌十余名。(三)我刘团一部铣日在胡家务伏击□青县来援敌伪百余，毙敌十余。又在许家店(新城东南)伏击白准镇中运动之敌二百余，毙敌卅余。我亡营教导员赵洪才，以下伤亡十名。是日，杨团一部在蠡县南南北林里与敌伪二百余遭遇，战三小时，毙敌四十余，获步枪弹千余发。又敌伪百余，筱日，向西北之赵家务进犯，被我杨团一部截击，战二小时，敌不支溃退。计毙敌十余，马五匹。另一部在新城南小营伏击，毙敌卅余，生俘十余，获长短枪十余，俘伪分队长一名。(五)巧日，我杨团一部出击罗屯据点敌二百余，毙敌廿余，生俘十余，获步马枪十余支。等情。谨闻。职朱德、彭德怀叩。皓。

(12) 致徐永昌电(7月20日)

部长徐钧鉴：据聂司令荣臻电称：甲、(一)上月□晚，我邓支队一部，强袭浑源南抢风岭之敌，攻入村内，与敌激战两小时，毙敌甚众，毁敌装甲车一辆、我伤亡十余名。宥日，该敌忽向我反攻，与我在村内遭遇，激战一小时，将敌击溃，毙敌五十余、我亦伤亡十余名。(二)是晚，我一部袭击灵邱西南□头，毙敌十余名。次晨，灵邱古路河及南坡头之敌三百余分向我东长城进犯，被我另一部击退，毙敌卅余。(三)我熊支队一部，真晚，袭击盂县北之上社，毙敌十余，俘汉奸四名。乙、我回民支队一部，七月俭日于衡水、圩家村间伏击由衡水向安家村运动之敌伪九十余，战约两小时，将敌大部消灭，毙伤七田队长以下五十余人，俘敌伪十余名。缴获平射炮一门，步枪七十余，马二匹，其他军用品一部。我亦伤亡卅余名。丙、(一)真夜，我杨成武支队一部袭击易县以南谢村据点之敌，激战昼夜，敌退守碉堡顽抗，未奏效。次晨，姚村、易县之敌五百余，【分】两路来援，我事先已撤出战斗。又该村之敌南犯，经我沿途截击，是晚，窜抵向阳、潦水之线。元晨，该敌继续南犯，与我一部激战整日。寒晨，将敌击溃，残敌分向姚村、易县方面窜去，计三昼夜，毙伤敌二百余，我伤亡连长一员，以下九十三名。获军用品一部。(二)灰日，我杨支队一部附炮兵连，于保定、于家庄间伏击敌南开火车一列，毙敌卅余，毁车头一个，车皮十余节，同时将保定南祝泽村铁桥一座炸毁，敌二日内未能通车。文夜，我复将于家庄、方顺桥之铁路破坏卅余里，收回电线一千一百余斤。江日，行塘之敌百余，向西南进犯，被我熊支队一部，在西瓦仁村附近击退，毙敌四十余，我亦伤亡三十九名，等情。丁、(一)台怀、五台东南之敌，在台怀庙会，召集平津各地之教士，向附近之群众，加紧进行阴谋欺骗宣传，我邓支队为打破敌武断宣传，不断向敌袭击。元日，我分途进攻台怀及东南之黄土咀，毙敌廿余名。同时一部将台怀至煤岩段之交通破坏，收电线四百余斤。(二)寒日，我继续攻台怀宣粤寺，曾一度攻入寺内会场，毙伤敌四十余名。(三)寒日，我熊支队一部袭击平山西回舍之敌，毙敌卅余名。同时我黄支队一部袭击获鹿之敌，毙伤敌六十余名，我伤亡排长一，以下廿余名。删日，行塘南化镇之敌二百余，向该支队进攻，被我一部在灵寿以北寨清附近击溃，毙敌廿余名，我伤连长一员，以下伤亡十余名。(四)筱日，我游击支队一部，在唐县、望都间之苏家湾附近，伏击由望都西开敌汽车两辆，计毙敌鞍宿善一郎缓二员①，以下十四名，我缴获步枪五支，手枪三支，指挥刀一把，弹药三百余发，其他文件、地图、军用品甚多。等情。除分报外，谨闻。职朱德、彭德怀叩。号午。

(13) 致蒋介石电(7月20日)

委员长蒋钧鉴：据职部吕司令正操真辰电称：甲、(一)养日雄县敌伪百余，向河渝瑀(雄县东北)进犯，被我江团一部阻击，窜去。冬日，团一部，于泗县〔?〕、新城附近，截击由汤家营出击敌伪五十余，被我击溃，向西窜去。(二)上月回至艳，连日永清、固安外围各据点，敌常以五十至三〇〇向四周扫荡。又回晨，敌百余由养马庄向李刘寰、永清西南进犯，被我江团一部击溃。次日晨，该敌配合牛驼大辛阁(固安以南)敌步骑炮三〇〇余向我江团驻南杏张家□之部队

① 原文如此。

进攻，当即展开激战，敌大肆放毒，终为我击溃，敌伤亡甚重，向东窜去。感日，由固安南犯敌百余，进抵西南之大辛庄，烧毁窗草一部，即返原阱。艳日，独流敌伪步骑五十余，向东南进犯，在王明庄被我江团一营一部阻击，狼狈北窜。同日，新城敌步马百余，汽车装甲车八辆东犯，与我一部接触，战二小时，敌我各伤亡十余人。计以上各战斗，敌死伤三百余，我伤营教导员一、连长、政指各一，排以下官兵五十余，中毒百三十余。俘伪军十余、敌军一名，缴获步枪廿余支，自行车五辆，钢盔五顶。乙、我活动于沧石路沿线部队，自上月敬日以来，每日战果如下：敬日，我一部将献县东南东禅坊出击之敌百余，在孙家庄附近击退，毙敌十余；是晚，我发动民众三千余，将深县至安平间公路破坏廿余里，掘断深沟数十处。隔晨，我部强袭肃宁西南之大王庄据点，激战约一小时，将守敌伪卅余全部歼灭，该村当为我收复。计缴长短枪廿余支、自行车七辆，其他军用品甚多。并生俘敌伪队长一员，以下廿一名。我伤排长一名，以下伤亡十余名。同时一部袭淮镇以东之崔尔庄，毙敌甚多，并配合群众将崔尔庄以东沧石路破坏十八里许。是日午，武强西南铺头之敌百余，向西进犯，被我在韩庄附近击退，生俘敌军一名，毙敌十余，缴获步枪一支，我伤亡班长一，以下十余名。是日，三龙圈头(武强南)敌百五十余向西南进犯，被我分途击溃，俘伪军四名，毙伤敌廿余，夺获长短枪七支，我伤亡十三名。另一部同日晚，将深县至榆科间公路破坏十余里许，砍电杆数十根。冬日，新城之敌汽车十余辆，向杨家营进犯，被我在青菱附近伏击，将其击退，汤家营来援之敌，忽遭我在许家营之埋伏部队截击，将其击退后，被我回攻于青埠之敌，向小庄突围逃窜，又遭我在陈庄伏击，该敌在小庄敌人援助下脱逃。是役，计先后毙伤敌五十余，毁汽车三辆，缴获军用品甚多，我伤亡廿九名。江日，加极西北苏村之敌百余，向南进犯，被我在刘家庄、贻古庄附近击溃，毙敌十余，我伤亡九名，等情。除分报外，谨闻。职朱德、彭德怀叩。咨。

委员长蒋钧鉴：据职部聂司令荣臻电报称：（甲）郭支队一部，真日，在盂县、上庄间伏击由盂县北开敌汽车五辆，战一小时，我毁敌汽车二辆，毙敌十余名，余敌四逃。此役，缴获步枪一支。同时，该支队一部，将盂县至河底线公路全部破坏。当日晚，该支队复进袭上庄，毙敌十余名。（乙）元日，九团一部将灵寿、行塘间公路全部破坏，迄今尚未通车。寒日，该团一部于平山南击退由回舍南犯高家庄之敌百余，俘敌伪军四名，获步枪二支，军用品一部。除分报外，谨闻。职朱德、彭德怀叩。智酉。

（14）致徐永昌电（7月21日）

部长徐钧鉴：据吕司令正操电称：甲、（一）艳日，新城东南泗庄镇之日汽车七辆，向东北之汤家营窜去，途中被我伏击于安辛庄，毙伤敌五十余，击毁汽车一辆，缴获军用品一部。（二）东日，新城敌汽车十余辆，向汤家营东开，中途遭我连续四次伏击，毙伤敌百余名，毁汽车两辆，我缴获军用品甚多。（三）大清河沿公路旁高粱苗已深数尺，敌为防我破袭交通计，将沿汽车路百米之内高粱苗全部削倒。近霸县东北辛店一带之公路线，被我数次破坏，已不能通车，我收回电线千余斤。乙、（一）上月有日，我常支队一部，连克献县、大麒麟口两据点，守敌全部消灭，毙敌五十余，俘伪六十余，并缴获步枪六十余支，轻机枪二挺，子弹千余发，掷弹筒三个、望远镜、照相机、电话机、收音机各一架，骡马廿余头，其他军用品甚多。同月，另一部袭击刘路（献县西北）据点之敌伪军，六十余全部俘虏，缴获步枪五十余支，马廿余匹，军用品甚多，大车三个。以一部分袭商官林（献县北）据点之敌，毙敌百余名，俘伪军七十余，我伤亡官兵卅余名。（二）有晚，我独立营夜袭富庄驿、献县，激战二小时，因敌固守房屋碉堡顽抗，未奏效。宥日，在穆村（交河西）将修路之敌包围，战三小时，毙敌数十名，残敌逃回交河城。宥日，富庄驿敌三十人窜油瓶村，沿途遭我伏击，毙敌七名，我缴获轻机枪一挺、步枪六支、手枪一支、望远镜一付、自行车二十七辆。(三)艳日，我于支队一部，袭击大阴庄之敌，当冲入村内与敌战二小时，敌不支溃散，俘伪军廿余名，我缴获步枪十七支、子弹三百余发、大刀廿余把、自行车三辆、骡马三匹，其他军用品一部。丙、(一)盘踞鹿盛、南沙汽之敌伪百五十余。删日，被我于支队一部歼灭，大部残余向東鹿逃窜。毙敌卅余、俘五十余，其他军用品甚多。(二)霸县、新城及其附近各据点之敌，经我不断进击，极为恐慌。直至删日，由平汉线增新城之敌已达二千余，该敌有扫荡清河北模样。等情。除分报外，谨闻。职朱德、彭德怀叩。马未。

(15) 致蒋介石电(7月21日)

委员长蒋钧鉴：兹谨将职部刘师长伯承战报五件呈报如下：(甲)佳电：(一)白晋路北段敌千余人，齐日分二路进犯：一路由沁县进到乌苏村、古县镇北，一路由新店进至北林胡场集古县镇与陈赓旅接触，敌有续向沁源前进模样，同蒲线洪洞及其附近之据点敌陆续增加。鱼、虞两日，该敌约千余向□繁镇草帽岭增来，并原有共三千余名，有扫荡我太岳区企图，以配合白晋西犯之敌。(二)我韦旅配合地方武装五百余，冬晚分段破袭潞屯公路，一部并攻入关村南垂镇，守敌二百余被我击毙百余。次日又增来敌步骑三百余，向我略有接触。另一部是晚攻入北庄，敌不支向潞城溃退，我跟踪追击至城郊，毙敌廿余。先后我缴获弹药廿余箱，军用品甚多并破坏公路十余里，砍毁电杆廿余根，收回电线百余斤。(三)大名、肥乡、广平、曲周等地之敌步、骑、炮兵共三千余，附汽车坦克十余辆，于上月号日起，分数路向我大名以北地区扫荡，经我徐、张两旅主力分途连日阻击，全部击溃，敌伤亡甚重。梗日，该敌退至平固店打虎寨、苏庄一带，后经我继续攻击，并一部在敌侧后大肆破袭，截至感日，各路敌先后被我击退。是役，计毙伤敌五百余以上，毁装甲车一辆，获战马十七匹，其他军用品甚多，破坏大广、肥曲等公路八十余里，砍断电杆三百余根，我阵亡团政治委员史钦深以下百五十五名，伤连长二员，以下百一十余名，损坏轻机枪四挺，步枪百二十余支。（乙）灰电：齐晚，王旅一部袭击平定西南阳之敌，战两小时，敌不支逃窜。我缴获小型电台机、观测机各一架，防毒面具、钢盔各三顶，文件一部，其他军用品甚多。上月马日，我纵队一部在衡水赵家向敌伏击，毙敌喜雄小队长以下廿余，获自行车八辆，军用品一部。冬日，动员民众千余，分将南宫至马村、大高村公路各破坏约廿里，收电线千余斤。又一部江日在浮图店（鸡泽西南），伏击由鸡泽外出敌七十余，毙敌廿余，内有敌军官一，获炮弹五箱、照像机二架、指挥刀两把。我伤亡廿余。佳晚，我一部配合民众千余在平晋段施行大破袭，计破坏百余里，炸毁木桥二座，砍电杆五十余根，收电线七百余斤。（丙）寒电：元晚，我陈锡联旅一部向白晋北段子洪、盘陀之敌在协同动作之时向敌猛攻，激战两小时，毙敌五十余，敌不支溃退，盘陀为我占领，当炸毁火车头一个，获大炮廿门、汽车二辆、步枪廿余枝、军用品甚多。我伤亡百余名。（丁）删电：寒日，我陈旅一部向白晋路新店、虒亭间分向修路之敌百余袭击，将敌二千余俘获，缴获修路工具五百余件，抬回铁轨廿余条，取回铁钉千余个，我伤连、排各一，以下伤亡十余名。是晚，另一部破夏店至水泉村新修铁道，取回铁轨十余条，烧木桥一座，焚道木六百余根，砍电杆三十余根，收电线四百余斤。（戊）筱电：（一）微晚，我特务团一部袭击磁县以西纸房和村之敌，毙敌廿余，我亡排长一，以下伤亡十余。（二）王旅一部虞晚袭击临城山刘村、谢击仁村之敌，战二小时均为我攻克，敌向临村逃窜，我获长短枪十余支，自行车五辆，军用品一部并收电线二百余斤，砍电杆五十余根。另一部袭邢台台×羊范之敌，激战三小时，毙敌五十余，毁碉堡一座，获步枪一支，军用品一部，我伤连长、指导员各一，以下伤亡廿余名。（三）文晚，陈旅一部袭击辽榆间蜡岭底之敌，将敌一部击溃，其残余部驱散。另一部向铺上附近敌碉堡袭击，将敌铁丝网两道突破，战两小时，毙敌廿余，我伤亡十余。寒晚，复向管头之敌袭击，缴获步马枪廿余支。我伤连排长各二，以下伤亡十一，并将辽县至石匣、魏家庄至小岭底公路破坏。(己)皓电：(一)榆社之敌二百余本晨东犯讲堂镇，与我陈锡联旅一部接触，战三小时，敌不支窜回榆社，毙敌伪廿余，我伤亡五名。(二)辽县敌三百余名开管头，现该处共有敌五百余，榆社附近现有八百余，武乡以西之东村仍有敌五百余。等情。谨闻。职朱德、彭德怀叩。马。

(16) 致蒋介石电(7月22日)

委员长蒋钧鉴：据职部刘师长伯承马电称：(一)我九旅为策应杨贤志支队濮阳地区反扫荡战，集中兵力分向大名、堂邑、冠县等据点之敌袭击，并将该交通完全断绝。铣日晚，北闯至冠县、朝城间敌百余，分路向我大名东等地区进击，占张鲁集、张铁集，现仍与我激战中。又，北闯大名之敌步、骑、炮千余，汽车、战车多辆，于名日〔?〕分向大名北、广平、曲周、馆陶、邱县地区扫荡，与我一部接触，激战数小时，毙伤敌六十余。现已分途向该敌进击中。(二)大名东南龙王庙之敌约百余，于元日向东进占东陶集，并修筑据点。我正向该敌围击中。等情。除分报外，谨闻。职朱德、彭德怀叩。养午。

委员长蒋钧鉴：据职部贺师长龙皓电报称：工卫旅连日向平□铁路大肆破坏，另一部于支晚将平遥、连□村间铁路破坏一里许，另一部攻入宁固阜车站，毙敌军犬一支，获军用品甚多。平遥敌汽车七辆，满载敌军配合宁固阜左家堡处之敌，向我进驻左家堡部队合击，激战数小时，敌不支，向南庄溃退，我跟踪追击。又，敌汽车一辆翻入汾河，淹死敌廿余。是役，计毙敌五十余，我亦伤亡卅余名，中毒四十余。齐晚，我将无禾堡、武功村铁路全部破坏，收电线五百余斤。翌日黄昏时，我又将该宴堡附近之汾河铁路炸毁，该敌企图报复，于是集结平遥、文水、汾阳、宁固阜等处之敌千五百余，于虞晨向永乐村(平遥西北)合击，当与工卫旅一部接触，激战至午，毙敌伪警卫连长一，以下伤亡四十余名。又，我张旅一部，元晚猛袭岢岚城，进抵城垣，敌拒城堡顽抗，激战四小时，毙伤敌甚重。我伤连长李树清一员，以下伤亡十七名。铣日，该旅再度攻袭岢岚，当冲入关堡，敌死守城垣顽抗，激战彻夜，敌死伤数十名，我亦伤亡卅余名。等情。除分报外，谨闻。职朱德、彭德怀叩。养亥。

(17) 致蒋介石电(7月23日)

委员长蒋钧鉴：据职部徐副师长向前电称：(甲)我四支队一部，铣日于新泰、下汶口间之侯家庄截击日伪军一部，俘伪军五十余，获长短枪卅余支。(乙)二支队一部，筱晚，袭击临沂以北之鹅庄之敌，战约二小时，将敌击溃，俘敌四名，毙敌十余，获军用品甚多。(丙)筱晚，我一支队一部，冲入蒙阴县城，与敌巷战四次，同时，将大兵房烧毁四间，敌伤亡甚众，我获枪十余支，俘伪军廿余。同日，我九支队一部在日照至莒县间破坏公路卅余里，收电线百斤。等情。谨闻。职朱德、彭德怀叩。梗。

(18) 致蒋介石电(7月24日)

委员长蒋钧鉴：据职部刘师长伯承马午电称：(甲)我徐旅一部皓晚袭击尧山与高村据点之敌，一度攻占高村，毙敌十余，缴获步枪三支，日旗一面，其他军用品一部。我伤指导员一名，以下伤亡七名。同晚，我另一部配合群众七百余，将内邱、尧山间公路破坏十余里，收电线五百余斤。号日，钜鹿之敌二百余，向东北进犯，被我在小庄附近袭击，毙伤敌十余，获军用品一部，我伤亡六名。等情。(乙)(一)灰晚，我陈赓旅一部，于虒亭、夏店间破坏白晋路一段，并收电线二百余斤。(二)陈锡联旅一部，于元日进袭辽县北之寒王镇，俘自卫团长及伪兵各一名。皓日，该部一部将平顺北至关帝庙间公路破坏十余段、收电线三百余斤。同时，一部进袭大邮，毁铁丝网三层，毙敌十余名。(三)王旅一部，删晚，于交城西北之澄底及滲泥沟共毙伤敌十余；我伤连长、营教导员及团青年干事各一名，以下伤亡十七名。(四)决死纵队一部于文日破坏长治至潞城公路数段，收电线四百余斤。一部于敌后退时，攻占长治东北南垂镇、毙伤敌十余名。皓日，一部将黄碾、潞城间电线破坏十余里，毙敌一名。智日，一部于潞城西北击溃由潞城出击之敌三百余，毙敌卅余名。(丙)梗晚，我韦支队一部猛袭观台(安阳西北)，经数小时激战，我将守敌大部歼灭，毙敌卅余，残敌狼狈向安阳窜去，我当将观台全部占领。获战用品甚多，并将铁桥一座全部炸毁，以东铁道同时亦被我大部破坏。等情。除分报外，谨闻。职朱德、彭德怀叩。敬。

委员长蒋钧鉴：据职部聂司令荣臻养电报称：(甲)涞源南之南坡头敌扬鹏经我邓支队一部连日不断攻袭，敌消耗甚多。巧日，复向该敌猛攻，将敌全部驱逐，当即占领该据点，毙敌廿余。(乙)筱日，邓支队一部配合民众千余，将盂县北苌池至上社间公路破坏十余里。同时盂县敌百余向东北进犯，当被我击退，毙敌十余名。是日晚，该支队另一部追袭五台东南坡之敌，激战二小时，我连突破敌铁丝网数层，毙伤敌廿名，我亦伤亡连长、指导员，以下十余名。(丙)陈支队一部，智日于曲阳、定县间之孟家庄与敌百余遭遇，战一小时，将敌击退，毙敌小队长一，以下十余名。等情。除分报外，谨闻。职朱德、彭德怀叩。敬。

委员长蒋钧鉴：据职部吕司令正操电称：(甲)江晨，永清东北韩村、五苯、曹家务等处敌五百余①，分四路向我张庄子合击，与我朱占魁支队一部激战竟日，敌复陆续增加，因我寡敌众，始撤出

① 原文如此，疑有误。

战斗。是役，敌死伤五十余，缴获步枪二支；我伤连长一员、阵亡排长一员，以下伤亡廿余人。又大驼庄之敌二百余，向永沟东南之瀔□进犯，被该支队另一部击退，毙伪队长一名，以下廿余；俘伪军一名，获步枪一支。同日，古庄敌百余，与我在西河营永东遭遇，毙敌十余名，我亦伤亡十余。(乙)次日，新城北□□□之敌百余，向东马岭进犯，被我击退，敌伤亡卅余，缴获自行车十一辆，我伤亡十余名。寒晚，我动员群众千五百余，将新城、徐水间公路破坏廿余里，并炸毁桥梁一座。同日，敌百余北犯，被我在霸县附近伏击，毙伤敌十余，我亦伤亡十四名。(丙)束鹿、深县、武强、衡水等处。灰、真等日，由石家庄时瓢及泊艳镇、景县增到敌二千五百余。同日，该敌配合新河、冀县之敌数路，向深县以南地区扫荡。另一部约六百余，向我回支队在深县东南之贡家台激战整日，毙敌百五十余名；我亦伤亡连长二名，以下九十余名。现仍与该敌周旋中。同晚，我另一部强袭饶阳西南圣水之敌据点，激战通夜，敌施放大量毒剂，我中毒指战员二百余。至拂晓，除一部约卅余，固守最后一个堡垒顽抗外，全部被歼灭。是役，计毙敌百五十余，获步、手枪廿七支，望远镜一付，钢盔十余顶，自行车廿二辆，及军用品甚多；我伤亡八十余名。删晚，我一部猛袭献县东南之敌各据点，当将该地守敌据点十余人全部歼灭；另伪军十余，自将队长击毙，乘机反正。我缴获步枪十余支，军用品甚多；我伤亡十余名。(丁)我邓支队一部，元日，设伏于新城东南小陈家庄附近。寒日，霸县敌汽车六辆，开赴西井，被我伏击部队毙敌小队长一名，以下六名，毁敌汽车二辆，我获长短枪五支。七月佳日，该支队另一部于安次西与敌三百余遭遇，将敌击溃，毙敌卅余，我缴获汽车四辆，并烧毁大车七辆，自行车三辆，我阵亡连长一名，以下伤亡十余名。等情。谨闻。职朱德、彭德怀叩。敬。

(19) 致蒋介石电(7月29日)

委员长蒋钧鉴：据职部陈代师长光宥申电称：萧、宿间以南突集敌七百余，分路向我彭支队进攻，激战一昼夜，其一路被我完全歼灭，毙伤百余，俘敌十余，共获步枪百支，机枪五挺，钢炮二门，掷弹筒三个，电话机一架、密码一本，其他军用品极多；我伤亡七十余，耗子弹万余发。除分报外，谨闻。职朱德、彭德怀叩。艳。

委员长蒋钧鉴：据职部刘师长伯承敬日电称：(甲)我陈锡联旅，配合张支队以及地方武装，宥晚在武、沙、邢，向敌交通据点破袭，均甚得手。该旅又一部配合民众破坏宫庄至邢台段铁路十公里，当与出击之敌战三小时，被我击退溃回据点。我收回电线千余斤，撤回铁轨四条，取道钉二百余件。我伤亡卅余，耗弹药三千余发。(乙)我张旅一部袭击邢台西尹郭村敌四百余，敌甚恐慌，未敢出动。复中石庄头增来伪军百余，被我击溃，毙敌卅余，俘伪伤兵甚多，缴获步枪十余支。次日，黄昏时，我一部一度向尹郭村据点敌强攻，敌不战向东逃去，我即占领该村，摧毁堡垒十余个，获粮食、军用品甚多，我先后伤亡廿余。除分报外，谨闻。职朱德、彭德怀叩。艳。

(20) 致蒋介石电(7月30日)

委员长蒋钧鉴：据吕司令正操电称：(甲)(一)删日，我一部于博野北伏击由林堡出击之敌五十余，获战马二匹。筱日晚，我袭击林堡，与敌战数小时，毙伤敌十余，我获敌所储存的棉花千余斤，其他军用品一部。(二)筱日，我另一部在深县西北之北章村击退由旧城(为县西)北去打粮敌伪六十余名，毙伤廿余名，我缴获轻机枪一挺，步枪二支，子弹百余发，自行车三辆，大车一辆，骡马三匹。(乙)(一)朱支队一部，养日于新城东北达子营，击溃由新城出扰之敌百余，毙敌十余名，我获长短枪二支，自行车十三辆。(二)于支队一部是晚袭击安国南伍仁桥，与敌激战彻夜，毙伤敌伪六十余。马日，一部将晋县东沧石路新垒头至范家干线路基大部破坏，电杆全部砍去。敬日，该部复将深县新旧城至和乐寺及旧城至西大陈公路路基破坏共廿余里。(三)赵支队一部于梗日晚分途进袭深县东北之北溪村与武强西、大固钲东北之杨庄等据点，守敌恐慌异常，枪炮之声彻夜未停。同时并将深武间公路大部破坏，截至宥日，深武间沧石路均未通车。另武强小范间公路，亦被我□大队破坏。等情。除分报外，谨闻。职朱德、彭德怀叩。陷。

(21) 致蒋介石电(8月2日)

委员长蒋钧鉴：据职部刘师长伯承东日电称：(一)梗午，由同冶向南岭底(元氏西)进犯之敌百余，被我王旅一部伏击，将敌击溃，伤敌卅余，俘日人一名，伪军三名，缴获长短枪十余支，军用品一部，我伤连长一，班长以下十余名。(二)王韦旅一部，宥晚袭入水冶镇(安阳西)以南之下坡镇，伪守军卅余全部被我解决，毙伤敌十余，俘廿余，缴获长短枪廿余支，其他军用品甚多。(三)感晨，衡水敌百余，开往武邑，于苏正镇附近，遭我伏击部队猛烈进击，激战四小时，将敌全部解决。缴获、伤亡正清查中。等情。谨闻。职朱德、彭德怀叩。冬未。

(22) 致徐永昌电(8月4日)

部长徐钧鉴：据职部吕司令正操冬电称：养日，同冶镇(石家庄西南)之敌二百余，向我警备旅一部进犯，激战二小时，将敌全部击溃，毙伤敌六十余名，生俘日兵三名，缴获钢盔八顶、刺刀、水壶各十余件，遗尸廿余具。我伤政委、连长、排长各一，以下伤亡廿余名。等情。除分报外，谨闻。职朱德、彭德怀叩。支酉。

(23) 致徐永昌电(8月9日)

部长徐钧鉴：据聂司令荣臻养电报称：(甲)行唐敌一部百余，上月艳日西犯，被我熊支队一部击溃，毙伤十余，生俘伪军二名，并将行唐、灵寿间电话破坏，收电线千余斤。(乙)虞日，寿阳敌五十余向南出扰，被我郭支队一部击退，毙敌廿余，俘伪军二，缴获步枪七支。我另一部袭击定襄以南之温川之敌，毙敌十余以上。两役我伤亡十余名。(丙)东日，我郭支队一部袭击曲阳东北黄水之敌百十余。同时，另一部将五台山与冶镇间电话破坏十余里，收回电线二百余斤。又，该支队一部攻入河边村(定襄东)毙敌五十余。敌阵亡军官一名，缴获轻机枪一挺，步枪十五支，生俘伪军六名。我伤亡廿余名。(丁)我□支队一部，冬晚，在平汉路望都以南袭击敌南下火车一列，毙敌数十余。同晚，另一部将望都、定县间电线破坏数段，收回电线六百余斤。(戊)我阳支队一部，七月陷日，在蒲县九宫口间伏击南开之敌二百余，激战二小时，毙敌五十余，获战马卅余匹，军用品甚多，我伤亡廿七名。等情。除分报外，谨闻。职朱德、彭德怀叩。佳辰。

(24) 致蒋介石电(8月15日)

委员长蒋钧鉴：据职部刘师长伯承寒电称：驻邱县西之白庄日伪军混合分队，经我东纵刘团不断袭击，于真日该伪军将日军五人枪毙后，全部反正，投入刘团。是日，我复向据守邱县之敌进击，连突破敌之工事，冲入城内，同时，伪军×团因不堪敌之压迫，全部百余人乘机反正，投入我军。两次共毙敌军卅余，伪军反正者共百十余。缴轻机枪一挺、步枪五十余支、短枪三支、毒瓦斯罐十五个。等情。谨闻。职朱德、彭德怀叩。删未。

委员长蒋钧鉴：据职部陈代师长光元午电称：我张支队一部，东晚攻克□县属崖城伪据点，伪敌被我全部歼灭，并将古城来援之敌二百余击溃。计获长短枪卅余支，生俘伪县府主任一、伪军廿余、汉奸廿余。我阵亡连长、政指各一，以下伤亡卅余名。冬晚，我张光中支队一部进袭兰陵、峄县东南廿里之朱村，毙敌十余，并破坏台摩公路廿余里，收电线二千余斤。同日晚，我徐支队一部袭击岂城〔?〕沙沟镇之敌，毙伤□长以下十余，我伤亡□名。我梁支队一都配合当地武装于江晚进袭临沂西南之峰岩寺、碑俐庄、摩山一带伪组织，激战竟日，将敌伪全部解决，该村敌伪各百余名，生俘日军四人，伪军二百余人，缴获长短枪百六十余支，子弹四千余发，我伤亡五十余人。是晚，我张支队一部袭击滕县附近敌伪据点，战三小时，敌不支，向西逃窜，计毙敌伪五十余人，缴获步枪十余支、战马四匹、日旗一面、军用品一部。我伤亡十余人。费县、要温、铜鼓敌百五十余人，附炮二门，配合伪军五千余，于文日分三路，向错石西南夏官庄我张支队一部进犯，激战二小时，被我击溃，毙敌六十余人，我伤亡十余人。等情。除分报外，谨闻。职朱德、彭德怀叩。删酉。

(25) 致蒋介石电(8 月 19 日)

委员长蒋钧鉴：据刘师长伯承十六日电称：(甲)我徐旅一部江晚将高邑至柏乡间敌电线破坏数段，收回电线千余斤。次晨，该部住在柏乡城巧之自路村附近□□，由高邑东开之敌百余，激战约二小时，将敌全部击溃，毙敌小队长一员，以下廿余名。缴获长短枪十四支、望远镜一副、军用品甚多。我伤正副排长各一，以下伤亡十七名。(乙)七日，我徐旅一部，于钜鹿以北之浏上附近伏击敌由斧阳河口驶木船百三十余支，当被我击沉卅三支，毙淹敌甚多。等情。除分报外，谨闻。职朱德、彭德怀叩。皓。

(26) 致蒋介石电(8 月 21 日)

委员长蒋钧鉴：据职部吕司令正操帑电报称：我朱占奎支队连日伏袭新城、霸县之敌，战果如下：佳日，我一部于北盂、赵各庄伏击由霸县北进之敌百余，将敌击溃。毙伤敌十余，俘伪军九名，获三八式步枪七支、子弹二百余发。真日，又袭击环县北之东粧营、毙敌十余。我伤亡七名。又，据寒日我一部袭击泗庄(新城东南)之敌，敌坦克二辆增扰，经我猛烈抗击后将敌击溃。毙敌廿余，毁汽车二辆。我伤亡十余名。一部伏击渠沟进犯敌百五十余，战二小时，敌不支回窜，毙伤敌廿余名。除分报外，谨闻。职朱德、彭德怀叩。马酉。

委员长蒋钧鉴：据职部贺师长龙电称：向我晋西北大举扫荡之敌二千七百余为第九混成旅团村上部队，骡马三百余头。上月筱日，向娄烦镇(静乐南)西南地区猛烈进攻，企图配合岚县南犯之敌合击方山，当与我张旅一部接触，我节节抗击至朱□镇。午刻，我主力赶到，将敌四面包围，展开激战。敌则大肆施放毒气，企图冲出重围，终未得逞。战至黄昏，我即〔将〕敌全部歼灭，除生俘二员外，余均为我击毙，获步枪二十余支，轻机枪十余挺，电台一架，骡马百七十余头，文件及其他军用品甚多，我伤亡官兵百余。等情。除分报外，谨闻。职朱德、彭德怀叩。马未。

(27) 致蒋介石电(8月22日)

委员长蒋钧鉴：据职部刘师长伯承电称：我青纵队一部于寒晨在邯郸、肥乡间下藩岗寨附近设伏，埋设地雷数枚。次日晨，便有汽车八辆，满载军用品等物，另有官兵百余，由邯郸东开，八时许，驶入我设伏区，其先头三辆，触发地雷，全部炸毁，我埋伏部队突然四起，以手榴弹向敌猛掷，激战约一小时，除少数敌突围逃走外，余大部为我歼灭。是役，计毁敌汽车八辆、毙敌六十余，生俘敌三名，缴获正清查中。我伤亡廿余。等情。谨闻。职朱德、彭德怀叩。养。

(28) 致蒋介石电(8月23日)

委员长蒋钧鉴：据职部刘师长伯承鱼电称：(一)我陈纵队一部，于□夜分路进袭张庄、翼村(均大名西北)，曾一度攻入村内，与敌激战甚久，毙伤敌廿余名。(二)该旅另一部袭击同蒲年营(楚旺镇西北)之敌，当即突破敌坚固工事，攻入村内，与敌激战三小时，毙伤敌卅余，我伤排长一，以下伤亡官兵廿余名，损失步枪四支、轻机关枪一挺，消耗枪弹五百余发、手榴弹百余颗。(三)特务团一部，于陷日在大名以西、旧魏县东南之汇寨附近，击溃由张庄向我进犯之敌百余，毙伤敌十余。我缴获军用品一部。(四)我筑纵队一部于陷夜进犯袭堂以东道口镇，将敌伪廿余人全部消灭。生俘十余名，获步枪十余支，战刀一把，其他军用品一部。我仅伤亡士兵五名。等情。除分报外，谨闻。职朱德、彭德怀叩。梗。

〔国民政府国防部史政局及战史会档案〕

57. 朱德彭德怀报告八路军六月份战斗缴获统计电

(1940年7月12日)

部长徐钧鉴：谨将职军六月份战斗缴获统计呈报如下：(甲)大小战斗共五二〇次。(乙)敌伤官兵六四三〇余名，亡官兵三二四〇余名，毙敌骡马四五〇余匹，俘敌官兵六二〇余名，俘伪官兵一四六〇余名，战马四〇八匹。(丙)缴获长短枪一五五三支、手枪一六〇余支、轻机枪卅七挺、重机枪三挺、掷弹筒十四个、迫击炮三门、无线电五架、有线电机廿三架、大车一六〇余辆、自行车一五〇余辆、钢盔四一〇余顶、毒瓦斯三十余筒、刺刀十五把、照像机四架、伪军旗八六面、步枪弹七十余箱、手榴弹三五〇箱、各种炮弹廿余箱。(丁)破坏公路二一五次，共一五六七里，铁路五十余里，收回电线三九五七〇斤，毁敌汽车九二辆，击落敌飞机二架。(戊)伪军反正四次，共三七〇余名。(己)我军阵亡官兵二四六〇余名，伤四三〇〇余名，中毒八百余名。(庚)我军损失步马枪六二支，轻机枪十五挺。(辛)消耗步机枪弹三七八〇〇余发，各种炮弹一六三〇余发，各种短枪弹五九四五〇余粒、地雷三一〇余个。等情。谨闻。职朱德、彭德怀卯。文午。

〔国民政府国防部史政局及战史会档案〕

58. 朱德彭德怀报告八路军七月份战斗俘获统计电

(1940年7月13日)

部长徐钧鉴:谨将本集团军七月份战斗俘获呈报如下:(甲)大小战斗一一二次,毙伤敌官兵四七五〇名,伪官兵二四三〇名,生俘日官兵十四名,伪官兵二一九〇名,获骡马二五六匹。(乙)缴获:一、步马枪一五五七支、手枪九四支、轻机枪廿一挺、野炮一门、掷弹筒九个。二、获自行车一四三辆、有线电话机十一架、电台六架、望远镜十八个、收音机二架、照像机廿二架、大车三一五辆、防毒面具一五五个、钢盔廿六顶、指挥刀十九把、观测机一架、日伪旗一五二面。三、机枪子弹四二三〇〇发,手榴弹九八〇颗,各种炮弹六四〇发。(丙)炸破:一、破坏公路二七六次,共破坏三五八三里,破铁路卅八次,共五二六里,炸铁、木、石桥廿九座。二、砍电线杆二七一七根,收回电线二九三〇〇斤,汽车四六辆,颠覆火车七列,炸毁甲车一辆。三、毁山炮三门,轻机关枪十五挺。敌伪军反正七次,共四五六名。(丁)我军:一、我阵亡官兵一〇〇一名,负伤士兵二〇二〇名,重伤官兵三六〇名。二、损失步枪一二五支,轻机枪九挺,消耗步机枪弹三八五四七一发,手榴弹四九七三个。等情。除分报外,谨闻。职朱德、彭德怀。元午。

〔国民政府国防部史政局及战史会档案〕

59. 叶剑英转报八路军在冀晋地区反击日军扫荡呈

(1940年10月24日)

委员长蒋钧鉴:顷奉职军总司令朱、副总司令彭巧、马来电三件，谨抄呈阅。

职　叶剑英谨呈

十月廿四日

委员长蒋钧鉴：谨将职部最近战报汇呈如下：(甲)萧司师长克删电称，北平门头沟、房山、涿州、涞水等处之敌共五、六千，自元日起分路向我平西根据地扫荡，均向升水河、斋堂合击，门头沟敌千五百余寒日进至前、后桑峪，同日由红煤厂、大安岳分两路西进敌千五、六百先头部队已窜抵长沟金鸡台、涞水、古路；北犯之敌千四百余追至张坊西之岭各庄附近，由磐山堡南进之敌千二百余，寒日窜至张坊、黄峪附近桃花堡、榆林村，南进之敌五百余已窜抵大麟河北，同日由石食堡南进敌二百余窜抵体庄宋涧附近。我正分途与敌在激战中。(乙)贺师长龙删电：(一)平鲁各据点之敌共出动步骑二百卅余人，微日向南进犯，我在南庄附近击溃之，毙伤敌四十余名，获战马四匹及军用品一部并夺回驴四十余头。(二)近日我一部在清太间与敌战斗三次，共获步枪卅余支，俘伪军廿余。另一部攻占交城东之杨渡村，毙敌廿余，获步枪廿余支，手机枪两挺。(三)古交河口、静乐、岚县东村、丰润等处敌千余于鱼日向娄烦镇附近进犯，与我激战三日，敌不支回窜，是役计毙敌六十余，获步枪十余支、军用品甚多。(四)决死二纵队一部微晨在东水东南交子村与北村外出敌百余激战一小时，敌败退至仁岩村附近，毙敌指挥官一名，以下廿余。(五)张旅一部于漾日袭占阳曲北之西关村据点，击溃东关口兰村西处援敌，毙敌三十余，俘日军四名，获步枪四枝，军用品一部，我伤连长一，以下伤七十余名。等情。谨闻。职朱德、彭德怀叩。巧。

委员长蒋钧鉴：据职部刘师长伯承皓电称：(一)向太行北段扫荡之敌为独立第四混成旅团德江、铃木、坂井等三个大队，片山旅团长亲自指挥及三十六师团一部共约六、七千人，正在东田镇附近被我陈赓旅及决死队等部打击后，除一部千余向襄垣、虒亭退走外，大部于铣日向洪水逃窜，是日复被我两陈旅东、西夹击，敌伤亡甚重。(二)武安鱼日经纪城、阳邑向西北犯之敌独立第一混成旅团一千三百余被我尹旅利用山地抗击，毙伤敌二百余，后敌回窜阳邑。真日复遭我猛烈夜袭，与敌战斗竟日，将敌击退。总计以上各段共毙伤敌约千五百余人，缴获及我方伤亡待查，现辽县、武乡、襄垣、潞城、和顺间已无敌踪。等情。谨闻。职朱德、彭德怀叩。马。

委员长蒋钧鉴：当敌人扫荡浊漳河上游，我反扫荡战结束之际，敌复由同蒲路太谷向沁县白晋、潞城，平汉路邯郸向武安，正太路向辽县等据点增兵不下七千余，配合原来据点之敌自号日起突向浊漳河、黎城、攀龙、观浡及清漳河、桐峪、西管井、涉县地区扫荡，现正与我一二九师决死队一部激战中，敌企图摧毁我抗日根据地，滥行烧杀对我山沟村落亦行飞机轰炸，成熟之秋粮亦多被焚烧，冬季将届，数千难民陷于饥寒，我军现正协同地方政府努力救济中。等情。谨闻。职朱德、彭德怀叩。马。

〔国民政府国防部史政局及战史会档案〕

60. 朱德彭德怀关于八路军在太行山区歼敌战绩电

(1940年11月8日)

部长徐钧鉴：兹将太行山区部队战斗汇报如下：(一)卅四团团部五日晚袭击肥村(武奉南)之敌，缴获步枪一枝，子弹十余箱，我阵亡排长一，伤亡战士二名，消耗步弹六十余发。(二)我卅四团全部及磁县地方武装九日晚对磁县武安敌据点进行大破袭，计砍电杆二三八根，收回电线一一二三斤，毁碉堡一座、听话机一，我伤亡战士十一名，消耗炸药二包、步弹六〇发。(三)五旅十三、十四团各一部，十二日夜分途袭击小岭逢铺上（辽榆间）之敌，击毙伪军四百余，毙伤敌甚重，破铁丝网二层，公路八里。我伤亡五名，消耗机步枪【弹】二〇九〇发、炸弹一〇九个，损失步枪三枝。（四）十三团一营在太谷十天袭敌五次，伏击敌二次，毙伤敌一百余，炸毁火车头一、汽车一、大炮一，缴获步枪一，我消耗机步枪弹二千余发。（五）决死三纵队九团一部六日夜破坏黄碾公路数段、木桥一座、电线五里，收回电线五十余斤。又该团主力于九日晚向潞城附近各公路大破坏，计破公路廿余里、桥二座、电线廿里，收回电线百余斤。黄碾敌百余向我出击，被我击溃，毙伤敌十余、毙马一。我伤亡七，失步枪二，消耗子弹二百七十余发、炸弹十余个。（六）六旅十团一部，八日夜破白青路小河附近铁路一段、桥一座，收回电线千二百余斤，抬回铁轨七条。等情。除分报外，谨闻。职朱德、彭德怀叩。齐。

〔国民政府国防部史政局及战史会档案〕

62. 朱德报告八路军在河南积极打击日军情形电

(1941年10月19日)

部长徐钧鉴：顷据彭副总司令德怀铣电称：据一二九师刘师长伯承删电呈称：职部自奉命配合河南方面友军作战后数日来，我各部即积极向敌之主要交通线进行破击，所得战果及敌寇动态如次：(甲)职属陈旅及张旅主力于灰晚东、西夹攻邢台、沙河段平汉路，陈旅于是夜十二时开始进入战斗，至真日上午十时，战斗甚为激烈，经过反复冲击，我卒攻克邢台西之碉堡三座，张旅攻占沙河南关沿铁道线之守望碉楼据点数处，敌以装甲车数度增援均被击退，计毙伤敌伪军百余名，俘伪军三十余，获步枪八十余枝，子弹二千余发，破坏铁路及护路沟等数处。(乙)职属徐旅一部于真日向内邱附近敌据点进袭，毁敌据点二个，俘伪军十余人。(丙)职属陈部于灰、真两日积极破击白晋路沁县至襄垣段，计毁双桥、新店、平栏等敌伪据点五个，俘伪军十八人，破坏铁路三十余里，铁桥二座。(丁)范部于真晚进击寿阳城附近之敌，因事先被敌发觉，致收效颇微。现我各部正积极分头袭敌，以收钳制、分散敌寇之效。详情当继续呈报。等情。据此，谨电奉达。等情。据此，谨电报告。职朱德叩。皓。

〔国民政府国防部史政局及战史会档案〕

63. 周恩来转报八路军在晋鲁等地歼击日军战斗呈

(1941年12月8日)

委员长蒋钧鉴：顷接第十八集团军朱总司令德呈钧座东、江午、江酉等电共叁件，谨特译抄呈阅。肃此，敬请钧安。

附抄电三件。

职　周恩来谨呈

十二月八日

委员长蒋钧鉴：顷据彭副总司令德怀上月养电称：据一二九师刘师长伯承铣电呈称：黎城、辽县之敌三十六师所部共五千余，附山炮十余门，自灰日起向我水腰、黄烟洞、桃花寨地区猛犯，一周以来全线猛烈恶战，计毙伤敌伪千余，缴获极多。兹将灰日至删日战况简报如次：灰日，该敌集中全部主力由僻下庄、赵牯之线直向桃花寨及水腰等地猛犯，敌机亦向该地区进行恶毒轰炸并施放瓦斯实行毒攻，激战竟日敌未得逞。真日，敌千余人强攻水腰以南之陵口阵地均遭溃败。是役，计毙伤敌二百余，缴获颇多。元日，敌复集中炮队掩护其步兵进攻桃花寨，激战终日，经我欧团反复冲杀，该阵地失而复得者数次，敌死伤三百余。寒日，复激战一昼夜，敌三次强攻桃花寨，均被我欧团坚决抗击，毙伤敌五百余，我亦伤亡五、六百人；同时，我孔团及决死队某部复于寒日由外围分向敌之侧后东崖店、高家岭之线袭击，敌在我里外夹击之下势呈不支，向南窜去，我当即收复东崖店、高家岭等十余村庄并乘胜向岩头、西井之敌猛攻。删日，敌复向桃花寨、黄烟洞等地进犯，激战仍在继续中。等情。据此，谨电奉达。等情。据此，谨电报告。职朱德叩。东。

委员长蒋钧鉴：顷据彭副总司令德怀上月梗电称：据一二〇师贺师长龙养电呈称：六日拂晓，左云（晋西北）、威远堡、元堡子、曾子圩等处之敌约五、六百人携火炮三门，分三路合击我驻固城堡、曾子圩之骑兵一部，当被我发觉，先敌占领有利阵地，遂展开激战，我军一部增援，猛烈突击敌之侧背，敌不支向后退却，我亦转回原防。是役，计毙敌数十人，缴获步枪廿余支及其他军用品甚多。七日，我游击队一部袭击朔县、井坪、东城敌据点，奋勇攻入村内，毙敌五十人，夺回山羊二百余支、牛廿余头、驴廿匹。等情。据此，谨电奉达。等情。据此，谨电报告。职朱德叩。江午。

委员长蒋钧鉴：顷据彭副总司令德怀上月俭电称：据一一五师陈代师长光养电呈称：（甲）向我蒙南地区“扫荡”之敌经我曾旅反复抗击后，已于灰日向临沂、费县方面溃退。曾旅复于敌伪溃退之际，配合当地民兵勇猛进击，获得重大战果，计毙伤敌伪四百余，俘伪军三十余，缴获步枪七十余支、轻机枪三挺，夺回被劫去之耕牛二百余头并缴获其他军用品极多。（乙）“扫荡”蒙阴东北之敌，于佳、灰、真日在蒙阴以东地区及其东南地区遭我王旅、廖旅痛击后即呈动摇之势；同时，我各游击部队亦挺至敌后，积极破击敌之交通联络。敌困于我军腹背夹击之下，当即纷纷后撤，我各部乘势尾追，计歼敌二百余，缴获颇多。等情。据此，特电奉达。等情。据此，谨电报告。职朱德叩。江酉。

〔国民政府国防部史政局及战史会档案〕

64. 叶剑英转报朱德等关于八路军二月份歼敌战果呈

（1943年3月14日）

部长陈钧鉴：奉到朱、彭总、副司令文电一件，谨译抄呈鉴核。

附抄电一件

职叶剑英谨呈

三月十四日

部长陈钧鉴：谨将职军二月份战斗结果汇呈于下：（一）总计大、小战斗二四七次。（二）毙伤敌、伪军三一四九〇名，骡马二二九匹。（三）俘掳敌寇十三名，敌伪五七九名，骡马百匹。（四）缴获步枪五〇四支，轻机枪二十二挺，重机枪五挺，手枪七支，山炮三门，迫击炮一门，掷弹筒三支，瓦斯箱千余个。(五)缴获步、机枪弹二十万零四千余粒，手榴弹二千余个，炮弹二十余箱。(六)自行车五十余辆。(七)钢盔二百个。(八)破坏铁路一〇四里，取回铁轨一七三条，取回道钉九三〇〇个，收回电线一万九千五百余斤，毁电杆一千七百余根。□□□火车九列，炸毁铁桥数座。(九)破坏公路九百余里，毁汽车四十一辆，装甲车五辆，大车三百余辆。(十)军衣、军毯等其他军用品尚在清查中。(十一)职军伤亡官兵三千六百二十六名。职朱德、彭德怀同叩。文。

〔国民政府国防部史政局及战史会档案〕

65. 朱德彭德怀关于八路军侧击忻口南下日军战斗情况电①

(1943年3月30日)

军令部长徐钧鉴：兹将职军配合忻口战役战绩补报如次：溯自民国二十六年酉月齐日崞县失守，灰日原平继陷，此时忻口告急，而我大军已集中于忻口及其以西地区，敌攻陷崞县、原平后，即以坂桓指挥第五师团及关东第一、第二十师团等部共约五万余人，于酉元日以中央突破方法攻击忻口阵地之南怀化高地。当时我卫总司令立煌指挥主力，区分左、右、中三方面兵团，展开于龙王堂、界河铺、大白水、南峪之线，而以忻口附近阵地为轴心对敌展开壮烈之保卫战。当时职军奉命担任断绝日寇在晋北之交通，袭击敌人来往车辆、人马、辎重，并袭夺敌人之飞机场、粮食站、交通站等，以配合友军在忻口进行决战。在原平失守后，职军即积极开始执行此次配合友军作战任务。除在宁武、朔县之线积极配合作战外，并有主力一

① 此电系1943年3月30日发出。

部深入晋北一带，积极对敌破袭并相继攻克灵邱、广灵、蔚县、涞源、平型关、团城口、宁武等重镇，有力的配合了正面友军作战。由元至皓，正面友军迭次向敌反击，歼敌颇重，阵线稳固。敌后我军积极破袭，将阳明堡敌机全部焚毁，雁门关南北交通要道被我全部切断，迫使敌人不得不由地上交通变为空中运送给养，迫使该敌孤立作战。至戌月初，敌在晋东方面斜刺我军侧背，我联络线有被敌截断之虞，我国军遂于戌冬夜自动放弃忻口阵地，向太原转移。在此役中，职军先后与敌作战(破袭在内)百二十余次，焚毁敌机二十四架，毁汽车百一十余辆，消灭敌人三千五百余名，俘敌百五十余名，缴获大炮五门，长短枪六百八十余枝。兹将几个主要战斗呈报如下：(一)收复涞源、紫荆关、平型关、团城口战斗。职军派出之挺进纵队，于酉真晚向涞源袭击，当即攻克该城。守敌除一部被歼外，残敌向易县逃窜。酉寒日，该部复在平型关之小寨地区截击敌之汽车一百三十余辆，战至删日黄昏全部被我击溃。该部另一部于删日乘敌不备攻克紫荆关，毙敌甚众；铣晚继克平型关、团城口敌之据点。前后数役我毙伤敌寇三百五十余名，缴获轻重机枪七挺，步马枪百余枝，并将平型关至团城口公路全部破坏，使敌后方交通陷于停顿状态。(二)新庄战斗。一二零师一部侦知敌寇兵车三十余辆，自怀仁南驶该师，遂于酉真黄昏以前设伏于途中之新庄附近，待黄昏时敌车驶至我伏击圈内，我则奋起猛击，敌猝不及防，怆惶下车应战，经三小时的激战，敌在我白刃冲锋下死伤枕藉，全部溃散，除少数敌军逃脱外，大部就歼。是役，我毁敌汽车十八辆，歼敌二百四十余名。(三)十里铺(崞县北)战斗。酉文日，敌运输汽车数十辆满载给养、弹药由北南驶向忻口前线输送。我一二零师闻讯，当即派出劲旅一部远道赶至截击。在崞北之十里铺与敌接触，当即展开激战约一时许，将敌全部击溃，残敌向崞县逃窜。此役，计毙敌一百二十余名，毁汽车十二辆，缴获甚多。(四)攻克宁武战斗。酉元晨，敌以坦克、装甲汽车五十八辆，满载步、骑、炮兵由朔县向宁武增援，我骑兵营已预先将公路破坏，并在宁武以北十里处之马家湾设伏，将敌全部击溃，毙敌甚众。宁武敌在我围攻和求援无望下，大起恐惶，乃乘夜突围逃走。该城遂为我军协同友军克复。此役，敌伤亡在二百名以上，我伤亡甚微。(五)阳明堡战斗。阳明堡在崞县以北。敌寇攻占崞县后，筑有飞机场，停机数十架，每日起飞轰炸忻口正面友军阵地。职属一二九师为配合友军作战，乃派出七六九团一营兵力于酉皓晚，在赵宗德营长率领下，以迅雷不及掩耳之势，突入阳明堡敌机场，当即将停放之敌机二十四架悉数炸毁。敌闻警整队向我猛扑，我即利用飞机残骸与敌展开白刃战，反复肉搏约一时许，在敌装甲汽车未到前，我始安全退出战斗。是役，除炸毁敌机二十四架外，并毙伤敌军百八十余名。我营长赵宗德于是役殉国，及以下伤亡三十余人。(六)周庄战斗。酉月养日，一二零师一部于周庄附近设伏，将大同南驶汽车三十二辆全部击毁。岱岳敌闻讯增援，又在我截击下全部击溃。是役，毙敌二百三十余名，我仅伤亡二十一人。(七)王董堡战斗。酉梗日，一二零师派出一个团主力于王董堡附近设伏。十时许，敌汽车八十余辆由崞北开，当即被我截住与敌展开激战。同时，敌机四架又来助战，但我军仍不顾一切猛勇冲杀，战一时半，终将敌击溃，残敌仍窜回崞县。是役，毁敌汽车二十四辆，毙敌百余名，缴获亦多。(八)收复灵(邱)、广(灵)战斗。职属杨成武支队于酉删晨在灵、广之间截击敌运输队，将其大车一百三十余辆及护送敌军八十余全部解决，该支队复乘胜向灵、广进击，于敬日先后克复两城，歼敌三百余名，残敌向蔚县溃去。同时，我另一部于灵、广间之孙家庄击溃增援之敌，并将其间公路全部破坏，使敌前后方交通陷于断绝状态，先后共歼敌五百余名，缴获大炮五门，长短枪二百余支。(九)黄崖头战斗。敌自旧关侵入正太线时，职为打击与迟滞进犯之敌计，令一二九师于戌冬日派出主力一部往袭黄崖头之敌，激战竟日将敌大部歼灭。是役，毙敌四百七十余名、战马二百余匹，缴获枪支二百五十余支，及军用品一部。谨闻。职朱德、彭德怀。寅陷。叩。

〔国民政府国防部史政局及战史会档案〕

66.《解放日报》刊载"国共两党抗战成绩的比较"文

(1943年8月23日)

第一　全国

共产党抗击全国敌军共三十六个师团六十万人的百分之五十八(三十五万人),国民党仅仅抗击百分之四十二(二十五万人);共产党又抗击伪军共六十二万人的百分之九十以上(五十六万人),国民党仅仅牵制伪军不足百分之十。其详情如此:

全国敌军兵力总计二十七个半师团、十五个独立骑兵旅团,如以两个旅团折合一个师团计算,共为三十六个师团兵力。就中国共产党所领导的军队,即八路军、新四军抗击者为二十一个师团,占总兵力百分之五十八,由国民党军队所抗击者为十五个师团,占总兵力百分之四十二。此种比例仅就其分布状况计算,实则共产党军队所抗击者较上述数目还多些,至于海南岛、广九路区域,共产党游击部队所抗击的敌军尚未计算在内。

第二　华北

敌军八个师团、十个独立旅团,合计为十七个师团,共产党军队(八路军)抗击了百分之八十三,国民党军队仅仅抗击了百分之十七。计:

敌军番号	主官姓名	分布地区
第二十六师团	师团长柴山	大同、归绥、朔县、集宁
第二十七师团	久田方吉	天津——秦皇岛段、北宁路沿线
第三十六师团	冶本	晋东南沁县、晋城、潞城
第四十一师团	清水见炬	天津、沧县、献县(主力近有南调讯)
第五十九师团	柳川	山东泰安、淄川、惠民、邱县、寿张
第一一一师团	林次	河北定县、邢台段、平汉沿线及德石路西段
独立第一旅团	小松	河北河南交界之沙河、琪县、大名、林县
独立第二旅团	中田	察哈尔、万全、阳原、蔚县
独立第三旅团	毛利末广	山西忻县五台繁峙武宁
独立第四旅团	泾田酒	山西榆次盂县达县
独立第六旅团	奥村	北平附近
独立第七旅团	正井义人	山东河北交界之德州、广云、蒲台、章丘
独立第八旅团	喜田	河北石家庄、邢台、广宗、宁晋
独立第九旅团	池上贤吉	冀中衡水、武强、铙阳、晋县
独立第十旅团	田中信男	河北定兴、涿县、平汉路两侧

以上共六个师团、九个独立旅团，全部为共产党领导的军队（八路军）所抗击。

以下五个师团、一个独立混成旅团、两个骑兵旅团为共产党军队（八路军）与国民党军队共同抗击之敌军。

敌军番号	主官姓名	分布地区	抗击百分数	
			共产党	国民党
第十七师团	酒井康	江苏砀山、淮安、赣榆	七十	三十
第三十二师团	石井卜雄	山东济宁、滕县、临沂、莒县	八十	二十
第三十五师团	林西（林玉）	开封新乡、滑县	五十	五十
第三十七师团	长野义佩	晋南三角地带	三十	七十
第六十九师团	井上真卫	山西临汾、离石、清源、沁县	七十	三十
独立第五旅团	内田银之助	胶东半岛	七十	三十
独立骑兵第一旅团		归绥、包头、固阳	二十	八十
独立骑兵第四旅团	左久闻为人	河南山东交界之永城、太康、民严城	四十	六十

第三　华中

敌军十三个师团、三个独立旅团，合计十四个半师团，共产党领导的新四军抗击百分之四十七，国民党军队抗击百分之五十三。计：

敌军番号	主官姓名	分 布 地 区
第六师团	神田正镩	武汉、黄岗、黄陂
第十五师团	井酒直次	(有被击毙讯)南京、镇江、高××
第五十师团	上野一霍	鄂中汉川、云梦、潘江
第六十师团	小 林 元	上海——镇江段、京沪路沿线
独立第十二旅团	元 庚	苏中阜宁、宝应、江都、海门

以上四个师团、一个旅团全部为共产党(新四军)所抗击。

第十三师团	内山英太郎	宜昌、沙市、当阳
第二十四师团	大贺茂	南昌、德安、安义
第七十师团	内田孝引	浙江金华、桐庐、嵊县

以上三个师团全部为国民党军队所抗击。

以下八个师团、两个独立旅团为共产党(新四军)及国民党所共同抗击。计:

敌军番号	主官姓名	分布地区	抗击百分数	
			共产党	国民党
第三师团	山本三男	豫南信阳、湖北孝感、随县、礼山	五十	五十
第二十二师团	大城三治	沪杭甬铁路沿线	二十	八十
第三十九师团	澄田滨四郎	鄂西钟祥、荆门、江陵	二十	八十
第四十师团	青木敬一	湖北岳阳、鄂南通城、大冶、咸定	三十	七十
第六十八师团	中山淳人	南浔路北段及九江蕲春沿江	三十	七十
第一一六师团	武内十二郎	湖口、芜湖沿江	四〇	六十
独立第十三旅团	早　　淋	安徽合肥、蚌埠、滁县	六十	四十
独立第十七旅团	高昌彪	湖北、沔阳、监利、华容、石首	三十	七十

第四　华南

敌军三个半师团、两个独立旅团，合计四个半师团。计：

敌军番号	主官姓名	分 布 地 区
第十八师之一旅团	牟田廉	滇西腾冲
第五十六师团	渡边正夫	
第五十七师团	中野英光	广九路沿线
第一〇四师团	藤田彦一	广州、从化、三水
独立第十九旅团	松井贯一	粤东汕头、潮汕
雷州独立旅团		雷州半岛

以上大体为国民党军队所抗击，但广九路及海南岛地区，中共领导之游击队亦抗击了敌军一部份。

第五

目前日寇在华军队均不足编制定额，各师旅团之间亦均参差不齐，约计敌目前在华兵力三十六个师团只有六十万人左右，国民党三百余万依靠外援，并藉全国财富所供给的军队抗击日军不过二十五万；共产党军队（八路军、新四军）只有五十万，凭藉甚劣之装备（政府不予补给）与各个财富甚差之抗日民主根据地，反而抗击了日军三十五万，尚有伪军六十二万，其中大部份是国民党军队叛国降敌伪化的，一般地国民党是不打这些伪军的，几乎全部（百分之九十以上）都为共产党所抗击。

中华民族之兴亡究竟系于共产党，还是系于国民党，就和同盟国合作上说，究竟是共产党起了大的配合作用，还是国民党起了大的配合作用，三岁小孩也是明白的了。

〔国民政府教育部档案〕

67.《解放日报》刊载"中国共产党抗击全部伪军概况"文

(1943年8月23日)

全国伪军六十二万余人，大部份为国民党军队所伪化，其中百分之九十(五十六万)以上由共产党所抗击，国民党对之一枪不打，仅在广东方面有约六万伪军任其自生自长，除共产党打了一部份外，勉强算作被国民党牵制，兹将伪军情况概述如此：

全国伪军除正规军外，尚有各省、县的伪地方武装，全国伪正规军三十二万七千四百人，地方武装二十九万九千八百人，共计六十二万七千二百人。计：

	伪正规军	伪地方武装
华　北	209,400	178,000
华　中	94,800	85,000
华　南	23,200	36,800

除华南伪军外，华北、华中敌后全部伪军均在敌人驱策下不断地配合敌寇对共产党"扫荡"与"清乡"。数年来伪军参加正面战场向国民党作战者只有一次，即一九四三年夏季湘北、鄂南之战，有伪武汉行营直属的一个师(第二十九师)参加。华北、华中伪军对正面战场一贯是和国民党军队和平相处，对共产党则配合敌寇积极

进攻，因此，华北、华中全部伪军共五十六万七千二百人为我八路军、新四军所抗击，占全部伪军（包括华南）百分之九十强，而国民党方面所牵制（不是抗击）者仅华南伪军六万人，不过占全部伪军百分之十弱而已，何况华南伪军中亦有一部份为共产党之游击队所抗击，并非全部被国民党牵制。

68. 八路军新四军一年来战绩表

（1943年）

八路军一年来战斗统计（由民国三十一年"七七"至三十二年"七七"止）

一	大小战斗	二二七二五
	毙伤日军	五五六三七人（内毙日军一八五四六人）
	毙伤伪军	六二四〇五人（内毙伪军二〇八一三人）
	俘日军	二九六人
	俘伪军	三一一六一人
	日军投诚	二三人
	伪军反正	四七二八人
	毙伤骡马	一九〇〇匹
	获敌伪骡马	四八九八匹
二	缴获步马枪	三六六〇八支
	轻机枪	四四五挺
	重机枪	三四挺
	驳壳枪	八〇〇支
	手枪	一九三四支
	掷弹筒	一三〇个
	迫击炮	四〇门
	平射炮	五门
	山炮	一门
	各种枪弹	一二五五三〇四发
	手榴弹	三〇六三九颗
	各种炮弹	二八八六发
	无线电机	一二台
	电话机	四四七架
	收电线	六九六七〇四斤
三	破坏飞机	七架
	火车	七八列
	汽车	三五七辆
	铁路	三一九里
	公路	二〇三九〇里
	铁桥梁	四八四里
	封锁沟	二一八六〇里
	封锁墙	一〇三二里
	兵营	八座
	碉堡	七六四八座
	攻击据点	六一三处（内县城三十座
四	我军伤亡	伤 一八一六七人；亡 一一三七八人
五	我军损失	步马枪 七六九六支
		轻机枪 一六一挺
		重机枪 一五挺
		迫击炮 五门
		掷弹筒 四五个
		驳壳枪 三六八支
		手枪 一九八支

新四军一年来之战绩　　（时间同前）

	项目	数量
一	大小战斗	四四八二次
	毙伤敌伪	三九八七九人
	俘敌伪	九九二三人
	反正投诚敌伪	七九二一人
	毙伤骡马	四三七匹
	获骡马	
二	缴获步马枪	二六六七二支
	短枪	一九〇二支
	轻机枪	三〇二挺
	重机枪	二八挺
	掷弹筒	三九个
	迫击炮	八门
	平射炮	四门
	各种枪弹	八九三四六七发
	各种炮弹	二〇一发
	手榴弹	二四六八九颗
	无线电台	一一台
	电话机	一七一架
	收电线	四二九三一斤
三	破坏铁路	九三里
	公路	二三九四里
	桥梁	三九二座
	飞机	一架
	汽车	二一三辆
	汽船	六四艘
	木船	一八四支
	碉堡	六九一座
	克据点	一九七处（内县城十六个）
四	我军伤亡	六〇二九员

〔国民政府教育部档案〕

（三）百团大战

1.《新中华报》刊载蒋介石等关于百团大战嘉奖电①

（1940年8—9月）

（新华社晋东南十三日电） 八路军"百团大战"捷报传至各方后，为全国人民所庆贺，蒋委员长特电嘉奖。兹录二战区卫【副】司令长官贺电如下：

"×日×号电均敬悉。查顽寇陆续增兵，企图扫荡华北，截断我西北国际交通，兄等抽调劲旅，事以迎头袭击，粉碎其阴谋毒计，至深佩慰。除已饬各部迅速动作，配合各部作战，完成兄等歼敌大计外，谨此电复。弟卫立煌。宥。"②

"朱副司令长官：××三电均敬悉。贵部发动百团大战，不惟予敌寇以致命之打击，且予友军以精神上之鼓午。我××部队配合贵集团军于某日开始向当地顽敌袭击。除饬加紧动作，策应牵制外，敬复。弟卫立煌。俭。"③

（新华社晋东南十一日电） 八路军百团健儿连日以来，仍继续发挥其伟大威力，向各地猛烈破坏，据前方捷报，在鲁冀晋各地毙伤敌又达一千五百以上。蒋委员长顷特饬电朱副长官、彭副总司令传谕嘉奖。兹将该电原文探志如下：

"朱副长官、彭副总司令：迭电均悉。贵部窥此良机，断然出击，予敌甚大打击，特电嘉奖。除电饬其他各战区积极出击，以策应贵

---

① 选自1940年9月22日延安出版之《新中华报》第八版。

② 发电时间为1940年8月26日。

③ 发电时间为1940年8月28日。

部作战外，仍希速饬所部积极行动，勿予敌喘息机会，彻底断绝其交通为要。中正。”①

〔军事委员会政治部档案〕

2. 叶剑英转报八路军百团大战兵力部署电呈

(1940年8月27日)

委员长蒋钧鉴：谨将总司令朱、副总司令彭养、梗、敬三电译抄呈鉴察。

附抄电三件。②

职 叶剑英谨呈

八月廿七日

委员长蒋钧鉴：(一)奉委座迭次电称：敌在太原集中两师团之兵力，渐增强晋南，准备进攻潼、洛。又据职部各兵团迭次报称：关外之敌向关内增加，津浦及冀中、冀南敌陆续南移，向陇海东段集中，似有进攻潼、洛，犯我西北，断我西北国际交通线企图。(二)为打击敌人企图，配合晋南及华中各友军作战，保卫西北，打破敌消灭华北抗日根据地实行这一政策的毒计，职部决以组织百团兵力，对正太线进行大规模的进攻战，限期截断该线，彻底毁灭铁路交通及主要公路线，进行大规模的破坏，截断其交通，以彻底粉碎敌寇进犯西北之企图，争取整个战局之好转。百团大战已经历一月余之准备，但恐电报机密不密，恐有泄漏，故未早报，特此申明。(三)百团大战除职部之一一五师主力、山东部队未编入战斗序列外，一二〇师、一二九师、晋察冀军区各部主力及决死队之请求参战，部署

---

① 发电时间为1940年9月4日。

② 此处为养电、梗电。敬电缺。

计一〇五个团。这是华北抗战以来，空前未有之积机〔极〕主力〔动〕向敌进攻。谨将大战兵力部署报告如下：（甲）正太线卅个团。（乙）平汉线由芦沟桥至邯郸段十五个团。（丙）同蒲线大同至洪洞十二个团。（丁）津浦线由天津至德州段四个团。（戊）汾军公路六个团。（己）白晋线六个团。（庚）北宁线二个团。（辛）平绥线二个团。（壬）沧石线四个团。（癸）德石路四个团。（子）邯济线三个团。（丑）代县至蔚县四个团。（寅）平太线×××至大同六个团。（卯）辽平线辽县至平顺三个团；宁武、岢岚、静乐四个团，共一〇五个团。并已分为三个集团，分由聂荣臻、贺龙、关向应、刘伯承、邓小平指挥之。大战已于八月廿号廿时开始，战斗序战胜利，已全部取得正太全线交通截断，大战正在发展中，战况请见战报。请分电各战区、各友军部队，抑制当前之敌，以利大战之进展。谨电奉闻。职朱德、彭德怀。养。

部长徐钧鉴：（甲）百团大战第一要报。据聂司令荣臻马日电称：（一）我杨成武部自昨晚廿一时投入战斗，向正太井陉、娘子关段及井陉以北各据点之敌施展迅雷不及掩耳之突然猛攻。截至马日止，获得序战胜利，连克乏驴岭、北峪、地都等据点，残敌共二百余，被我完全消灭，缴获正清查中。乏驴岭至地都段铁路及铁道、桥梁、碉堡、电线等悉被我破坏，并动员万余民众参加，在我派专人指挥下，继续彻底破坏中。我一部攻战贾庄镇、东王舍（均井陉北），守敌百余亦被我毁灭殆尽，并完全占领井陉煤矿（即东王至新矿），解放工人二千三百余，所有矿井机器全部炸毁，缴获正清查中。（二）我郭天明部正向娘子关移动猛攻中，该地机枪声猛烈。（乙）刘师长伯承马晨电称：我陈赓旅二十四时攻击芦家庄（寿阳西南），连克碉堡四座，残敌七十余退守村椽，复被我围攻消灭殆尽，我完全占领芦家庄。此次获步枪五十三支，轻机枪二挺，生俘日军三名。芦家庄以西十里以内铁路、桥梁完全被我破坏。等情。谨闻。职朱德、彭德怀叩。梗。

〔国民政府国防部史政局及战史会档案〕

3. 军令部第一处转百团大战部署略图致徐永昌签呈

（1940年11月11日）

签呈　民国二十九年十一月十一日于第一处

查朱副长官所呈百团大战部署略图，即本年八月廿日该集团军于冀、晋等地所采攻势时之部署，业经先后据报，将该部署附图并将战果分次汇表，呈请委座核阅，并对朱副长官嘉勉在案。本件事既过时，且系重件，拟存查。当否？乞示。

附原件

如拟。

徐永昌（印）

十一月十三日

呈为赍呈百团大战部署略图，仰乞鉴核事：案奉钧座迭次电令指示，敌寇有进攻西北、截断国际交通可能，饬即分途出击，牵制敌人等因。奉此。职等遵拟百团攻击部署，业于养午电呈在案。当在本月二十日配备妥当，开始总攻正太、同蒲、平汉等线，其他华北全线交通亦于同日、同时出击。各方情况迭经先后电呈，有案可稽。

兹为钧座明瞭一百零五团兵力部署起见，谨为绘具部署略图一份，备文赍呈钧座鉴核。是否有当，伏乞指示祇遵。谨呈

委员长蒋

附呈百团大战战役部署略图一份〔略〕

第二战区副司令长官兼十八集团军总司令　朱德

国民革命军第十八集团军副总司令　彭德怀

方针①

为打击敌人企图，配合晋南及华中各友军作战，保卫西北，打破敌消灭华北抗日根据地，实行这一政策的毒计。

兵力部署　　如图所示(计一〇五个团)

开始时间　　八月二十日二十时

审核意见

据敌八月二十四日播音宣称：我军破坏京汉及正太铁道，计被破坏铁桥十处，铁路十余处。又据朱、彭总、副司令梗电报告：乏驴岭至地都段铁路及铁道、桥梁、碉堡、电线悉被我破坏，并占领井陉煤矿，所有矿井机器全部炸毁。两相对照，均属相符。拟复勉，并将实施情形通令各战区参考。当否，乞示。

可。

何应钦(签字)

〔国民政府国防部史政局及战史会档案〕

4. 叶剑英转报八路军百团大战战报战绩电呈

(1940年9月)

(1) 致徐永昌呈(9月1日)

部长徐钧鉴：顷奉总司令朱、副总司令彭百团大战第二号至十号要报来电，谨译抄呈阅。

附抄电共九件

---

① 为百团大战战役部署图上的部分文字。

职　叶剑英　谨呈

九月一日

部长徐钧鉴：据刘师长伯承马亥电报称：(一)我汪旅一部胡震团马晨攻占正太路桑掌村、铁芦沟(在阳泉西)，守敌全被消灭，并击溃阳泉出犯之敌，共毙敌百余，生俘日军五十二名、伪军十六，缴获轻机枪四挺、步枪五十余枝、手枪七枝、无线电二架。另一部攻击燕子沟(阳泉西)，消灭敌伪三十余，生俘日伪兵十名，解放工人团十余人，缴获待详报。该线铁路、桥梁正大肆破坏中。(二)陈赓旅谢团自攻占芦家庄后，马晨复攻克沾尚镇、马道岑(寿阳西南)，缴获正清查中。该线所有铁道、车站、桥梁、大道、电线、碉堡尽被破坏。该路另一部配合地方游击队，是晚，郭村桥(榆次南五里)被我破坏，并击毁太谷北驶火车一列，毙伤敌百余，缴获正清查中。(三)贺师长酉电称：我张旅艳晚廿时攻击康家会(静乐东)，激战至马晨，将敌全部消灭。是晨，静乐敌千余，汽车二十辆来援，被我击溃。此役共毙敌二百余，缴获迫击炮二门、重机枪二挺、轻机枪二十三挺、步枪百余枝、手枪十余枝，毁汽车二辆，俘日兵十余名。现我仍在宁武，与忻县西冯城敌激战中。等情。除分报外，谨闻。职朱德、彭德怀叩。养。

部长徐钧鉴：据萧司令克养辰电称：(甲)艳晚，我张光顺团攻击怀来西南之矾山堡一带，敌在镇内依房屋顽抗未效，战至翌晨，怀来增来敌汽车十一辆，共载敌兵约三百余，与我激战四小时，在敌人内应外援夹攻下，我不得不退出战斗。是役共毙伤敌二百余，缴获步、机枪七十余支，战马十四匹，弹药、军用品甚多，击毁敌汽车三辆。现该敌被我包围中。(乙)陈方〔仿〕云〔仁〕团同日黄昏攻克桑园九灿，该地守敌日伪军五十余被我完全歼灭，并将三营至怀来大桥破坏。矾山堡敌百余，企图出击，被我团击退。该地区伪政权尽被摧毁。民众对我军极表欢迎，热烈参加破路等工作。等情。谨闻。职朱德、彭德怀叩。漾酉。

部长徐钧鉴：（甲）据刘师长伯承养未电称：（一）陈锡联旅郑国仲团马晨进攻阳泉，进至狮垴（阳泉西南）附近，与阳泉出犯之敌四百余遭遇，激战二小时，将敌击溃。敌死伤甚众。缴获轻机枪六挺、步枪六十余枝，敌遗尸六十余具。是役，该旅政治主任卢仁灿身先士卒，奋战殉国，并伤亡官兵三十余人，现正尾追敌，向阳泉攻击中。（二）陈赓旅黄、郭两团马日攻击平定，敌凭抵抗。我此次强攻，均未得逞。同时该部以炮向城内之敌猛烈轰击，均命中，数处起火，敌死伤甚重，现仍围攻中。该旅另一部攻击平定西南据点，敌百余据碉堡顽抗，我强攻尚未得手。敌向我大施放毒气，我中毒连长以下官兵四十余人。该旅除以洪团于马晚攻克卒庄、小庄、燕子沟（均阳泉、寿阳间）等据点，守敌共七十余全被消灭，生擒日伪军七名，获步枪廿余枝、轻机枪三挺、掷弹筒五个，该段桥梁均被破坏。（乙）据贺龙师长养日亥电称：（一）我张、董团马晚配合地方游击队及民众破坏同蒲路宁武、原平段铁路廿余里，毁桥七座，收电话线五千余斤。该段铁路破坏后即下大雨，被水冲坏路基、桥梁多处，不能通车。（二）忻县西出之敌，于马午被我击溃，毙敌百余。康家会战斗，缴获敌文件得悉：静、忻为独立第九混成旅团转上川九大队，尚有一大队分驻岚县、岢岚、五寨。旅团长越生驻忻县。等情。谨闻。职朱德、彭德怀叩。梗未。

部长徐钧鉴：〔百团大战第五号战报〕据聂司令荣臻梗子报称：（甲）我郭天明部陈、林两团哿日进攻娘子关，连克附近碉堡数处，当将娘子关大部房屋、山巅要地占领，炸毁火车二列、车箱四十余辆，同时娘子关西之磨河滩及附近碉堡之敌亦遭我击溃，残敌三百余统退守娘子关东南堡垒与地洞内，正继续扫除中。是役，共毙伤敌三百余名，缴获正清查中。磨河滩及娘子关大部房屋及周围要地完全被我占领，残敌不难消灭。（乙）郭部李、赵两团正向阳泉东南移穰、程家龙庄及上下盘石攻击中，详情待报。（丙）倪文团马晨破坏平汉路新乐、正定段十余里，收电话线千余斤，并击毁汽车三辆，毙敌三十余，缴获步枪十二支，文件一部。等情。谨闻。职朱德、彭德怀叩。有辰。

部长徐钧鉴：百团大战第六要报。（一）据吕司令正操养日电报：我朱占奎部陈德仁团马日拂晓破坏北宁路大兴、廊房，毁铁路七里许。一部当冲入安定车站，将铁丝网捣毁，毙伤敌三十余人，伪满籍伪警二名，收电线五百余斤。该团另一部于南寺×附近截获固安开房廊〔廊房〕之敌汽车二辆，缴获日货甚多，俘汉奸两名。及〔另〕固安、凤百敌出犯，被我击溃。另一部于胜芳（坝县东）以西击沉上驶大船七只、汽船一只，及押运船。伪军九十余亦全被击毙。（二）宋司令任穷马晨电报：我徐绍恩团哿晚破坏平汉路邯郸至磁县段铁路五里，敌兵车一列北驶至磁北破坏处立即停车，被我猛烈火力射击，敌怆惶应战。后敌主力约五百余人下车向我进攻，尘战数小时，我即退出战斗。翌晨，成安敌二百余人向我侧击，被我击溃。是役，共毙伤敌三百余人，缴获轻机枪一支，步枪二十余支，我亦伤营长一名、排长一，以下损失步枪十余支①，手枪二支。等情。除分报外，谨闻。职朱德、彭德怀叩。有。

部长徐钧鉴：百团大战第七要报。据职部聂司令荣臻养电称：（一）退守娘子关及东南碉堡残敌，经我郭天明部陈、林两团强攻，激战至马午止，将该敌完全肃清，毙敌四百余人，生俘日军十名，缴获山炮二门、轻重机关枪十二挺、手掷弹筒十余个、步枪百余支、无

---

① 原文如此。

线电一架、弹药、军用品甚多。敌见势危急，对武器破坏和埋藏甚多，我正搜查中。娘子关已完全被我占领。磨河滩铁桥被我炸毁。(二)杨成武部马晨攻占蔡庄、南峪(井陉西)，歼敌六十余，俘日兵七名，缴获步枪卅余支，将乏驴岭铁桥炸毁。另一部仍继续向岗岭(井陉北)进攻中。郭天明部韩团马晨攻占巨城镇、娘子关，毙敌六十余人，获枪四十余支、军需品甚多。等情。谨闻。职朱德、彭德怀叩。有。

部长徐钧鉴：百团大战第八要报。据职部刘师长伯承养电称：我陈赓旅陈正洪团配合决死队，马晚突向白晋路南关沁县段攻击。战报如下：(一)陈团智晚乘大雨攻击漳源(沁县北)，三层铁丝网冲破。当攻入街内，敌四百余退守民房顽抗，经我强攻，歼敌过半。翌晨正肃清残敌之际，复由沁县来援百余向我猛攻，恶战四小时之久，将敌击退。敌伤亡甚重。刻我军大肆破坏中。是役，共毙伤敌四百余，缴获正清查中。我副团长吴隆煮身先士卒受伤，因流血过多，于马晨逝世。以下伤亡官兵二百余名。陈团另一部马晨攻击故城(武乡西北)，经数次强攻未遂，敌施放大量毒气，我中毒官兵百余，伤亡五十余，敌死伤尤重。现漳源至石壁南段铁路完全破坏，不能通车。(二)决死队智、马，以【一】部分头攻击回松村、牛寺(沁县北)，因敌顽抗，未奏效，然敌死伤甚多，并将沁县北至漳源铁路全破坏，收电线八百余斤。沁县、襄恒段破击部队结果待报。等情。谨闻。职朱德、彭德怀叩。敬。

部长徐钧鉴：百团大战第九战报。据职部刘师长伯承梗电报：(甲)我汪乃贵部正扫清正太路寿阳、阳泉段之敌，进展甚速，连战皆捷。据胡震团马晚攻克坡头车站①，毙敌十四名、伪兵八名，俘日

---

① 原文如此。

兵三名，夺获勾水车头两个、车皮十辆，车站站长当被我击毙，缴获步枪廿支、轻机枪二挺、掷弹筒二个、子弹七箱、粮食、文件一部。陈团养日十六时，将××车站之敌四十余完全消灭，获步枪十八支、手枪四支、无线电二架、电话机四架、车皮五辆，生俘日军六名、伪军二名，毙敌宣抚员二名。(二)养晚，攻占张净镇，守敌廿余大部被消灭，十余残敌向头泉逃，亦被我消灭。缴步枪十余支、轻机枪一挺、电话机一架、子弹数箱。(三)智晚，齐团占领辛莎、鞬庄，破坏石、铁桥共十一座。同日，×团占领燕子登，毙敌十余名，缴获物品甚多，俘伪军八名，解放矿工六百余人，我重伤连长一名，以下伤亡廿余名。(四)寿阳敌三百余及伪军百余被我围攻多日。该敌养午企图向西突围，被我陈旅×团击溃。敌死伤五十余，遗尸卅余具，俘日军廿一名、中尉小队长一名、伪军五十余，获步枪六十三支，轻机枪二挺、无线电二架、电话机三架、军用品、文件甚多。(五)寿阳之敌一小队，马日被我桂干生、李林两部击溃，毙敌小雒阳斯术中尉以下五十余，获轻机枪三挺、步枪廿余支。(六)吴、陈旅一部配合地方武装在榆次南津村、太自村一带破坏铁路二里许，收电线千余斤。等情。谨闻。职朱德、彭德怀叩。宥。

部长徐钧鉴：百团大战第十要报。据职部贺师长龙养电称：(甲)我五支队一部袭击忻县以西之奇村据点，当即攻入村内，击毙敌人十余。同晚，该部夜袭后镇间公路，破坏数段，砍电杆百余根，收回电线五百五十余斤。另一部袭合索村，毙敌十余，俘伪军四名，并将奇村至合索公路破坏二里许，毁木桥一座，收电线百余斤。马晨，该支队一部袭击北贾村，连突破敌铁丝网二层，冲入村内，毙敌九十余，我伤连长二员，以下伤亡廿七名。(乙)关城镇(离石东)之敌三百余北犯，被我王团一部在小神头附近击退，毙敌卅余，获军用品一部，我伤亡廿一名。(丙)我续范亭部进袭五寨，激战数小时，毙敌甚多。马晨，小河头敌一百余向五寨增援，被我另一部在城北之西石附近伏击，毙敌四十余名。晚，该部配合民众千余，将五寨至三岔堡、五寨至宁武公路电线破坏卅余里。(丁)决死二纵队一部配合民众六百余，将大武和离石公路彻底破坏。同时，另一部将大武以北峪口镇电话破坏十余里电线，交通已中断。等情。谨闻。职朱德、彭德怀叩。寝。

(2) 致徐永昌呈(9月2日)

部长徐钧鉴：顷奉总司令朱、副总司令彭百团大战第十一至第十九号要报来电，谨译抄呈阅。

附抄电七件

职　叶剑英　谨呈

九月二日

部长徐钧鉴：兹将百团大战情况续报如下：

百团大战第十一要报。据刘师长伯承敬电报称：(甲)我张光顺旅部于梗晚攻击邢台车站，我连突破敌数处铁丝网，当进攻〔时〕，敌即退入车站固守。我除将站内火车头二个炸毁外，并炸毁水塔数座，破坏铁路一段。(乙)我特务旅哿晚于邢台、沙河间破坏铁路数段，并收回铁轨四十余条，路旁道沟亦被填平数百丈。马日，该旅复于邢台附近破坏铁路数段，并颠覆敌北驶火车一列。(丙)我方良旅黄光马团一部于哿晚将冯李铁桥长一里许全部炸毁，并炸毁木桥一座，攻克碉堡二座，毙伪军八名，收电线八里，并缴获军用品一部。(丁)桂杆丰〔干生〕旅一部哿晚向石德路大举进袭，共挖道沟四十余里，破电线六里。(戊)陈锡联旅石志本团一部，养晚进袭榆社沿壁村、铺上、五架村等各据点，毙敌甚众，并将王景村碉堡一座攻克，守敌廿余亦被我全部消灭。我亦阵亡连长、排长各一员，以下十余名。

百团大战第十一要报。刘师长宥辰电称：我一部哿晚进袭霍县以南车站，当即占领该车站及将附近铁路完全破坏，释放修道工人五十余人。另一部出击霍县车站，因敌顽抗，未奏效。计毙伤敌三十余。马日，我一部于赵城北五里处设伏。是午，霍县南开敌轻装队五十余人全被我消灭，获步枪二十支、子弹五箱，骡马十六匹，粮面千余斤、被服、弹药一部。同日，另一部破坏洪洞、赵城间铁路数段，收电线七百余斤。

百团大战第十二要报。据贺师长敬电报称：(甲)我杨家球团于哿晚进击阳曲以北之北龙泉，激战至马日晚，经多次猛攻，于养辰为我攻克，守敌除大部被我消灭外，残敌正向忻县西之宋家庄溃窜，后复被我予备部队截击，继向以西营尾庄溃窜，又遭我刘彬团迎头痛击，该敌经我一再伏击后狼狈回窜。是役，除攻克北龙泉外，计毙敌二百余、骡马百余头，北龙泉之敌营房及军事建筑物被我捣毁。(乙)三交(忻县西南)敌汽车四辆，马日，向朱家庄开进，被我刘团击溃，毙敌十余名。(丙)杨团于马日进击忻县西南平社车站，敌伤亡甚重，我并将以南之铁桥二座全部炸毁，并破坏铁路数段，运回铁轨数十根。(丁)阳曲西北思西、关口、高村等据点之敌，马日向我思西南各地进犯，激战至黄昏，我因众寡不敌，退出战斗。是役，毙敌六十余。

百团大战第十三要报。(甲)据刘师长有电报称：(一)进犯寿阳东南五顷、垴山阵地之敌，经我陈锡联所部击溃后，整日敌机十余架轮流向我轰炸，终因地区小，敌我损失均重。(二)阳曲东南榆次段敌千余，在敌机十余架掩护下，梗日向陈赓旅阵地进攻，现与决死队苏鲁团在芦家庄以西对战中。(三)我汪乃贵旅宋凤团之一部，于马日破坏和顺、杜庄至关延庙间公路数段，炸毁石桥一座，收电线二百余斤。(乙)据贺师长敬电报称：汾阳敌八百余马日东开，言将增太原，文水敌亦开太原集中。现文水敌仅百余，甚恐慌，日来均紧张，闭城门固守。(丙)据杨司令有电报称：豫北敌梗日北运汽车甚多，内有坦克车卅余辆亦北运，并言将由所谓新中央军接防，“中央军"廿三路第一×及其他等部共约六千人。豫南各伪组织极为恐慌，声言此次日军战事失利，关系重大。日军内部连日亦发生逃亡，已达十余名之众。职朱德、彭德怀叩。感。

部长徐钧鉴：百团大战第十四要报。据聂司令荣臻电称：郭天明部一部配合繁峙独立团，漾晚分将公路破坏多段，并攻占大营，缴获步枪十余支、轻机枪二挺、掷弹筒卅三个、迫击炮一门、日旗一面、战马十余匹、文件、军用品甚多。翌晨，繁峙之敌三百余来援，正与我在蔡家庄以东地区对战中。敬午，我独立团于弧山村附近击溃东犯之敌百余，毙敌卅余，毁敌汽车四辆，获步枪十五支、手枪一支、军刀三把、军用品一部。繁峙至灵邱公路已被我彻底破坏。等情。谨闻。职朱德、彭德怀叩。宥。

部长徐钧鉴：百团大战第十五要报。据职部刘师长伯承有午电称：(甲)我陈赓旅黄成智团一部配合决死队，敬晚攻击魏家坡(沁县南)，一度占领该地，毙伤敌卅余，获步枪、掷弹筒各一，俘伪军三名，破坏魏家坡至虒亭镇段铁路十余里，收回电线千余斤。(乙)连日来敌机十余架，沿白晋路北段两侧往返侦察、轰炸，被炸伤、亡官兵四十余名、骡马廿余。(丙)正太路敌机轰炸尤甚。等情。谨闻。职朱德、彭德怀叩。宥。

部长徐钧鉴：百团大战第十六要报。据职部刘师长有电称：我皮定均团于敬晚十时向观台、安阳两铁桥攻击，守敌卅余被我完全消灭，后彰德敌一部来援，被我击溃。是役，共毙敌四十余，该铁桥大部被炸毁，我亦伤亡卅余。等情。谨闻。职朱德、彭德怀叩。宥。

部长徐钧鉴：百团大战第十七要报。据职部聂司令荣臻有电称：(一)杨成武部自攻克娘子关后复攻占华泽关，歼敌五十余，缴步枪卅余支、电话机三架。(二)郭天明部、陈垣焕部敬晚将围困在娘子关西北附近碉堡敌伪七十余全部消灭。同晚，李团进攻移穰车站，完全占领，敌退守碉堡。现我仍强攻中。移穰车站水塔及附近之大石桥完全被我破坏，缴获正清查中。(三)敬日，由石家庄西开敌步、炮兵一千六百余于获鹿下车后继续西犯，抵微水、井陉一带，正与我熊伯焘部对战中。等情。谨闻。职朱德、彭德怀叩。感。

部长徐钧鉴：百团大战第十八要报。据职部刘师长伯承电称：梗日榆次段向东犯之敌千余，被我陈赓旅阻击于东建公路附近，经一昼夜激战，敌屡进屡败，直到敬晨，我将敌全部击溃。同时，我谢团一部协力续击该敌于西洛附近，计毙伤敌三百以上，俘日兵六名、伪军七名，缴获迫击炮二门、轻重机枪五挺、步枪八十余枝、掷弹筒九个、战马卅余匹，其他军用品甚多。我伤亡官兵二百余，中毒百五十余人。现我正向榆次猛追中。敬日，敌机八架在东建公、铁路以南一带施行轰炸，共投弹近二百枚，死伤军民百余人。等情。谨闻。职朱德、彭德怀叩。感。

部长徐钧鉴：百团大战第十九要报。据聂司令荣臻有电称：守工岩会碉堡之敌(寿阳以东)，敬晚被我郭天明部韩团完全消灭，获步枪六十余枝、掷弹筒五个、机关枪三挺、迫击炮三门，附近所有铁路、桥梁完全破坏，阳泉已陷我包围中。等情。谨闻。职朱德、彭德怀叩。感。

(3) 致蒋介石呈(9月4日)

委员长蒋钧鉴：顷奉总司令朱、副总司令彭百团大战要报第廿、廿二、廿五、廿六、廿七、三十、卅一、卅二、卅三号来电，谨译抄呈阅。

附抄电二件

职　叶剑英　谨呈

九月四日

委员长蒋钧鉴：谨将百团大战第二十、廿二、廿五、廿六、廿七号要报呈报如下：

百团大战第廿号要报。据刘师宥亥电报称：我范旅齐团漾日攻×狼峪(阳泉西)之敌，百余退据碉堡，被我猛攻，敌大放毒气。我中毒者范旅政委赖际发以下百余人。是役，计缴获步枪四十余支、轻机枪一挺，获粮食万余斤，敌死伤百余人。该旅另一部×日攻盂县，向芹泉解围之敌二百余人，正在芹泉以北地区激战中。峡谷东、西附近桥梁四座均被我炸毁，现由赛鱼至芹泉段长五十余里铁路及一切建筑物已被我破坏无余。据阳泉敌为争夺西南狮垴高山据点，连日以步、炮兵三、四百不等，在飞机掩护下向陈锡联旅之狮垴阵地猛犯，尤以敬日下午战斗激烈，卒将敌击溃，敌死伤甚重，死伤遍野，缴获机、步枪七十余支，我伤亡四十余人。(乙)我包围寿阳之陈赓部李林团于漾晚在我炮火力掩护之下猛烈强攻，激战彻夜，轰毁城垣数处。我即以一部从破城处冲入城内，并完全占领寿阳车站。激战至翌晨，因敌顽强抵抗，大肆放毒，同时飞机七架不断轰炸下，我立即撤出战斗，寿阳车站及附近铁道完全为我破坏。又和顺敌约四百余，有晨向西北九京村进犯，与我范旅宋团激战中。该敌一部梗晚破坏昔阳、平定间公路十余里，炸毁敌汽车二辆，收电线五百余斤，毙敌十余，俘伪军四名，缴获枪五支。

百团大战廿二要报。据刘师长伯承宥酉电报称：(甲)敬日，敌机二十三架在杇杰坡循环阵地轰炸，死伤军民数百余，将狮恼山麓各地房屋大部炸坍，敌人屡次进犯争夺未逞。宥晨，阳泉敌一个大队以上兵力，在飞机廿余架扫荡轰炸下，向我大举反攻。刻与我陈旅激战中。(乙)陈旅郭团宥日攻克冶西村(平定西南)，守敌百五十余，除十余逃向平定外，余均为我消灭。计缴获迫击炮二门、掷弹筒二个、轻机枪一挺、步枪廿五支、军用品、文件甚多。我伤亡、中毒共百五十余人。(丙)有晨，和顺西北犯九京村之敌于有午被我陈旅击溃，敌不支逃回和顺。是役，敌死伤八十余，夺获步枪十五支、军用品一部。该团另一部将和昔公路破坏三里，收电线五百余斤。

百团大战第廿五要报。据刘师长伯承宥亥电报称：(甲)我徐深吉旅陈团一部将鲁营(临城县)以南之石桥炸毁，并将守桥之敌击退，收回电线六百余斤。我阵亡排长以下二十二人。敬晚，该旅一部夜袭古鲁营，当将该镇占领，生俘伪军二十五名，毙敌三十余，缴获长、短枪二十八支、轻机枪二挺、军用品甚多，我伤亡三十九名。(乙)我尹先炳旅示垂冒①团将邢台与白塔间大、小铁桥炸毁五座。另一部袭击连荫车站，激战数小时，未得手。翌晚，该旅一部强攻，当将该村及以北碉堡三座完全占领，毙敌二十余，我阵亡政治指导员、排长各一员，以下十八名。(丙)漾日，观台(磁县西南)之敌五百余向西进犯丁冶、东岗，被我张旅徐团击退，毙敌五十余。是日，该旅另一部于固义村与离县出扰敌四百余遭遇，激战三小时，敌我死伤均重，终将敌击溃。

百团大战第廿六要报。据刘师长敬亥电报称：(甲)我徐旅自号晚起向平汉线内邱、高邑段大肆破袭。号晚，该旅陈团将高邑以南鸭鸽营、古鲁营间铁路破坏三里许，并将该线电话完全破坏。驻高邑及鸭鸽【营】之敌三百余乘汽车来援，被该旅另一部击退，毙敌五十余。同晚，李团攻入冯村据点，毙敌甚重，并破坏冯村以北铁路一段，收电线千余斤。马晨，我陈团猛攻高邑南镇车站，援敌百余均被我歼灭，该镇当被我占领。残敌退入最后一个堡垒坚守顽抗，激战至午，柏乡、高邑之敌两路来援，复战二小时，我始撤出战斗。是役，计先后毙敌七十余，缴获长短枪廿一支、军用品甚多，我伤亡连长一员，以下伤亡四十余名。(乙)我岳旅黄

① 原文如此。

团号日进袭平汉线安阳以北丰乐镇车站，毙敌十余，并将该站设备及铁道破坏一部，漳河铁桥亦为我炸毁一座。同时，另一部攻占磁县西南之三鱼镇，守敌五十余被我大部歼灭，缴获步枪十三支，我伤亡卅余名。该旅方团一部号晚分途进击长治东南河口村据点，毙敌十余，收回电线千余斤。(丙)决死三纵队一部，马日在南垂附近伏击由长治回潞城前进之敌，毙敌卅余，缴获长、短枪八支、军用品一部。

百团大战第廿七要报。据贺师长感电报称：(一)我彭旅李团敬晨攻占丰润村(静乐南)据点，守敌百余，除一部死守碉堡外，大部被我消灭，且两次击退静乐南增援之敌。敌机多架终日狂炸。是役，计毙伤敌百余人，缴获步、机枪二十余支，我重伤营长张述之以下百三十余人。(二)决死队一部敬晚袭击五寨城，曾一度冲入南关，毙敌廿余人，俘敌兵二名、伪军六名，获步枪三支、机枪一挺，并破坏五寨至宁武间公路十余里。等情。谨闻。职朱德、彭德怀叩。艳午。

委员长蒋钧鉴：谨将百团大战第三十至第三十三要报呈报如下：

第卅。刘师长伯承俭亥电：(甲)连日由同蒲路南段及阳曲增榆次之敌约三千人，感日并以二千五百人第二次东犯，刻与我陈赓旅在段廷、卢家庄一带激战中。(乙)阳曲向狮脑山进犯之敌军及武装日伪军千四百余人，经我陈锡联旅迎头痛击后，敌受创极重。我军阵地被敌突破一部。迄至俭晨，敌我仍猛烈争夺中。(丙)我陈赓旅谢、高两团各一部为阻止敌人东进，乘敌立足未稳之际，于感晚进击东赵、西洛、榆次等据点。长凝镇敌鸣炮，彻夜未停。详情待报。俭日，敌机五架飞长治以东道坪一带轰炸，投弹甚多。我军行李炸毁一部，伤卅余人。

第卅一。刘师长梗晨电：(甲)哿晚，我皮团一部配合决死队一部破坏潞城、黄碾间公路二里许，收电线四百余斤；一部攻黄碾，因汉奸告密，敌人有备，未果。我决死队一部，智、养两日在潞城、微子镇间破坏公路十余里，收电线五百余斤。智晨，潞城敌六百余北犯，被我决死队第三纵队坚决抗击，后敌人继续增援，向我猛攻，敌进占玄家，我以众寡不敌退出战斗。是役，决死队政治委员董天知亲临前线指挥，不幸连中四弹，光荣殉国，以下伤亡百余人，敌死伤亦重。

第卅二。聂司令荣臻敬晨电：(一)平汉线方面：(甲)我游击第二支队主力，于廿二日晚攻击保定、望都段之各据定。一部进攻方顺桥车站，守敌百余除被逃脱四十余名外，全部被我消灭，并击退由北来援敌百余，我完全占领车站，将一切建筑物、铁路等炸毁。是役，我获步枪卅余支、轻机枪一挺、汽车三辆、军用品甚多。(乙)我宋立林团主力马晚攻占漕河镇。漕河铁桥被我炸毁。另一部同晚破坏姚村(易县南)至固城及奇村至姚村公路各一段，桥梁、电线被我全毁。(丙)我游击一支队主力，于养晚破坏望都、定县间铁道数处，并将东不落冈线之唐河两座铁桥破坏。一部收回电线六十余斤，另一部攻克勒坝镇据点(望都西)，守敌三十余全部消灭，生俘日军一名、伪军十余名，获步枪廿四支、轻机枪、掷弹筒各一，并毁黄厂小铁桥一座。(丁)我韩宝书团主力梗日进击曲阳城，未奏效。另一部同晚破坏定县、新乐段铁路四里，拆铁路枕木三千余根。(戊)游三支队发动民众五千余人，养日将定县、唐县间公路彻底破坏，并消灭伪军一部。(己)平汉线定县、新乐段自我军开始动作以来，已三日不通车。(二)正太路方面：(甲)我右翼队一部于有日完全占领移穰镇车站，守敌四十余名悉被歼灭，将该站水塔、锅炉等一切建筑物全部炸毁，并将铁桥三座、大小石桥、路基等全部炸毁。(乙)五支队有日将娘子关以东所有石桥彻底炸毁。近日敌以飞机输送粮弹。(丙)我予备队一部有日攻克关头据点(盂县东北)，将守敌卅余全部歼灭。刻正向会里围攻中。

第卅三。贺师长龙宥午电：(甲)我张宗逊部于×晚破坏黄寨(阳曲北)以南铁路三里，收电线五百余斤。(乙)我特务团敬晚破坏坪社(忻县西)至忻县铁路二里。是晚廿时，向忻县南开火车一列，被我在忻县南十里处猛袭，敌车急驰，至我破坏处，该车一部出轨，当被我伏击队炸毁火车头一个、车皮三辆，毙敌卅余，获步枪十支、手枪三支，敌伪文件多种，俘太原伪绥署处员一名。现阳、忻间交通不通、等情。谨闻。职朱德、彭德怀叩。世。

(4) 致蒋介石电(9月8日)

委员长蒋钧鉴：据职部刘师长虞酉电称：(甲)为彻底破坏白晋铁路之太谷、襄垣段，配合白晋南段友军作战之目的，职主力陈赓、陈锡联两旅、边纵王树声部及决死一纵队各部，于微晚开始向白晋沿线各据点之敌总攻，共经二日三夜激战，刻已取得如下之胜利：计毙伤敌四百余人，缴获步枪四百余支(内被烧坏及敌损坏者三百余支)、轻机枪四挺、掷弹筒二个、炸弹四百余箱、西药一部、胶鞋千余双、电话机三部、无线电一架、望远镜二具、其他军用品无算。炸毁车站三所、车皮三十余辆、火车三列、汽车廿二辆、胶皮软大车五十余辆、西药一库、汽油一库、子弹百万发、大小铁桥卅余座，并烧枕木十余万条，挖毁铁道总长八十余里，运回铁轨千余条，电线五十余里，并救出被敌强征之东北同胞十余。我伤亡营长以下四百余员。兹将战斗经过简报如下：(一)陈锡联旅主力突击南关，与守敌激战彻夜，于鱼午将敌大部歼灭，占敌坚固堡垒十余座，毁汽车二辆。敌之另一部约百余，固守坚固堡垒两座，守备子弹库及西药库，战至本晨，仍未攻下。后施之火攻，始克奏效，但可惜百万发子弹及全库西药均被炸毁。(二)该旅之另一部，向来远偶桥北各据点之敌攻袭，激战至鱼晨。到子洪镇方向开来火车三列，载兵五百余，于来远北端与我激战。至晚，战斗尤为激烈。至本晨，始将该敌击溃，并毁火车二列。该旅之又一部攻袭分水岭，动摇权店线之敌。鱼晨，攻占分水岭附近敌堡垒两座，并击溃向南关镇增援敌二百余。该师属特务团及太谷附近之各游击部队，已将子洪镇至太谷东观镇间之公路大部破坏外，现正阻止由太谷来援之敌，并尾击子洪镇南犯之敌中。(三)由纵队袭权店、漳源镇段，于鱼辰攻占故城镇，缴获军用品一部，停放于权店之敌火车一列、汽车十辆均被我炸毁。虞日，南沟敌二百余，图向我侧击，当被我击退。(四)陈赓旅及总部特务团，东西夹击漳南店及沁县南至襄垣段。一部将漳源镇敌堡垒大部攻占，守敌三百余被歼过半，毁敌汽车三辆，一度攻占固村，毁铁路十余里，收电线三千余斤。沁源、新镇、虒亭、夏店、襄垣之敌均被我监视包围中。(五)决死队破坏公路廿余里，毁桥梁四座，收电线二千余斤，毁敌汽车两辆，并分途袭攻常村镇夏店，与击退由夏店西犯之敌骑三百余。(乙)以上各段由太谷至襄垣间之敌已被我各个切断，但因重火器不足，致未将其全部歼灭。敌各该段之铁道、公路、桥梁已为我一部破坏，交通已全部断绝。现我除将主力结集于机动地区，准备打击可能来援之敌外，正在继续大肆破路与监视包围各该据点之残敌中。(丙)白晋沿线两侧民众参加作战极为踊跃，计有组织之参战民众共约两万余人，对于破坏尤为积极。(丁)被敌捉去修路之东北同胞饱受敌寇残酷苛待，痛苦万分，被我营救解放后，情绪极为高涨，现正配合我破路中。等情。除分报外，谨闻。朱德、彭德怀叩。齐申。

(5) 致蒋介石呈(9月10日)

委员长蒋钧鉴：谨将职军百团大战要报来电译抄呈阅。

附抄电二件。

职　叶剑英呈

九月十日

委员长蒋钧鉴：谨将百团大战要报汇呈如下：

百团大战第卅四要报。据刘师长伯承冬午电报称：(甲)艳晨，阳泉狮垴之敌六百余人在飞机掩护下西犯，被我陈旅郑团阻击于桑掌坡头附近，与我激战终日。敌曾数度强攻，均未逞。是日五时许，陈锡联旅长亲率有力一部出辛兴南端，向敌猛烈侧击，将敌截断数段，除部分被我消灭外，余敌凭坡路、土坑及房屋顽抗，并大肆施放毒气。黄昏时，该敌在毒气掩护下向东逃窜。是役，计毙伤敌二百余，我亦伤亡百余，旅长陈锡联、〔政治委员〕谢富治、参谋长曾绍山等以下中毒百余人。缴获待报。(乙)感、俭酉夜，陈赓旅一部将段廷、东赵、榆次东段铁路破坏，收电线数百斤，并在东赵、长凝城占其合作社二个，获罐头及军用品甚多。该旅活动于阳曲以南平原之武装便衣队，感夜破坏徐沟至太谷铁路一段，并将徐沟外出警察巡查部队共百余人全部歼灭，获步枪廿八支，俘虏八名，我伤亡十余人。

百团大战第卅五要报。据刘师长艳电报称：(甲)我尹旅冷团一部敬晚破坏平汉路官庄、内邱间之铁路一段，并收回电线一部。(乙)×旅李团各一部于敬晚大举破坏石德路枣强西南贾庄、青兰一段，将路基挖毁十二里，挖横沟百廿余条。收电线千五百余斤。并击退企图向我出扰之敌。是役，毙敌廿余。(丙)宥日午，青兰敌集三百余，分途向枣强东北唐家(树林)合攻，当被我桂旅陈团击溃，毙伤敌廿余。(丁)宥晚，该部另一部将峨峰东西公路大部破坏，收电线六百余斤，缴获收〔修〕路工具廿余件，并将羊坡敌砖窑破坏，解放工人四十余。

百团大战第卅六要报。据刘师长伯承世戌电称：(甲)我平支队破【坏】公路数里，收电线二千余斤。感晚，攻克北渡海(昔阳北)，歼敌十余名。俭晚，陈支队将和顺至辽县公路破坏十余里，消灭敌人卅余，获步枪十余支、轻机枪一挺、电话机一架、车刀一把，破坏桥三座。现辽和公路已为我完全截断。(乙)艳辰，昔阳之敌二百余人西犯，与我师特务营一部及地方游击队激战数小时，我特务营营长李光寿及连副一均英勇牺牲，以下伤亡十余名。现与该敌在杨家峰附近对战中。感晚，我陈旅一部配合游击队复攻克石港口(辽县北)，毙伤敌十余人，一部袭辽县许村北郊，哨棚二个焚毁，俘获敌哨兵人、枪各二。

百团大战第卅七要报。据贺师长陷电报称：决死四纵队孙团连日在古郊地区活动极为积极。宥晚，该一部配合民众千余将交城至西南之间公路、电线全部破坏，并烧毁桥梁四座，收电线五百余斤。一部将交城至高白(交城东北)之公路大部破坏。另一部猛攻开栅，一直冲入镇内，毁敌汽车二辆，毙敌廿余。文水一部于当晚赴援开栅，当被该团另一部猛攻，将敌击退，毙敌十余名。

百团大战第卅八要报。(甲)刘师长陈旅石团一部，宥晚将子洪口至太谷之间公路全部破坏，并收回电线百余斤。(乙)祈县太谷一带我地方游击队，宥晚于子洪口来远间设伏，敌南开汽车一辆，车中敌十余全被我歼灭，汽车亦被我焚毁，获步枪十余支、弹药一部。(丙)本部欧团一部，艳晚，将沁县、段村间铁道破坏二里许，收回电线二百余斤，并击退由沁县出击之敌百余名。等情。除分报外，谨闻。职朱德、彭德怀叩。东辰。

又电：据报晋南敌近日转移情形如下：(甲)由同蒲路廿七、八、九日止，每日北移敌一千余人，合计约四千人。卅一日，又有兵车两列北开。(乙)白晋路廿七日由长治开沁县敌骑步兵八百余。廿九日，又由长治北移沁县敌三千五百余。现沁县集敌三百余，一部北开，一部昨开抵榆社。等情。谨闻。职朱德、彭德怀叩。东辰。

又电：(一)百团大战自开始迄今，历旬日以来，首先在正太路上我已获得伟大的成功，计我刘集团破坏阳泉至榆次段铁路长一百六十余里已彻底破坏，路轨亦已毁灭。另一部将该县所有桥梁、电话全部炸毁，铁道、车站毁灭一部。所有之铁轨，除一部被民众运走外，大部枕木由烈火焚烧，铁轨均弯曲无用。详情待报。且连日由晋南续援正太路之敌约有一旅团之兵力，其先头已达正太西段榆次、东赵一带。白晋路由长治增沁县之敌二千余，经武乡、榆社分向辽县一带进犯。井陉、石家庄、定县沿线集敌六千余，其先头部队进至娘子关、井陉之线。阳泉、寿阳、芦家庄之敌亦向东、西进犯。以上敌人向我积极反攻，企图恢复正太路。敌飞机不断在正太沿线及附近山地大肆轰炸，正太线及武、榆、辽一带山地，均展开激战。我仍坚持正太路破坏外，正集结优势兵力打击当前敌援兵中。等情。谨闻。职朱德、彭德怀叩。江未。

委员长蒋钧鉴：谨将职部百团大战最近要报汇呈如下：

第廿一。刘师长伯承感电称：(甲)我桂旅赵团，养日。发动群众二千，将故城西北至榆社间公路破坏三十余里，挖断路基三百余处，毁木桥七座，砍电杆百五十余根，收回电线千余斤。梗晚，该旅陈团一部强袭故城东北之敌据点，激战至晨，将守敌八十余全部歼灭，俘敌兵一名、伪军队长一及以下廿五名，缴获长短枪廿余支、电话机四架，毁汽车三辆，军用品甚多。我阵亡营长赵连三一员，以下伤亡卅九名。(乙)我除陈团一部梗晚破坏白晋路沁县以北漳源镇至牛寺段铁路三里许，炸毁桥梁三座。正破坏之际，漳源敌百余向我进攻，被我击退，毙敌十余。同时又一部将前庄至□台间公路破坏五段。

第廿三。肖副师长克宥电：(甲)养日，我陈团主力进出北宁县唐山间，连克曹家口、粮官、屯唐，并击溃西北等地援敌，毙敌伪二百余。同时在冀东区动员民众三千余参战。养、梗、敬三日，将开平至古冶段铁路及其以北地区之公路、桥梁大部破坏。(乙)梗晚，我单支队一部袭入鲁各庄(平谷西南)，将该地敌伪四十余全部消灭。该支队另一部，梗午，将敌西北之胡家营警备队卅余消灭，获步枪卅八支、轻机枪二挺，俘敌十八名，〔获〕自行车廿四辆、望远镜一副、子弹数箱。(丙)平北我刘锺支队于养晨袭击龙关县，当即全部占领。守敌六十余被我消灭，俘日军十一名、伪军七名，获枪卅四枝、电话机一架、军用品甚多。同时，赤城敌百余乘汽车五辆冒雨来援，与我遭遇，被我击退，毁敌汽车二辆，毙敌廿余，我亦伤副营长刘镇一名，以下伤亡卅余名。（丁）平西我黄光剑团主力，养日袭占安各庄、燕池〔雁翅〕二敌据点。宛平西北守敌百余，除被我消灭四十余外，余向宛平逃去。获汽车二辆、步枪十八支、被服二百余件。另一部梗晨破坏鲍家口至水营口之公路数段，收电线五百余斤。（戊）冀东民众闻知我发动百团大战后，兴奋异常，热烈参战，积极破坏敌交通。

第廿四。聂司令荣臻感电：（一）前增井陉以北岗头、东王舍一带之敌，有晨向我两处攻击，被我均击退，现正在该地对战中，敌仍有待援反攻模样。有日，复由石家庄增来获鹿之敌三百余。（二）我赵尚支队配合地方武装，卻、马两日向五台、繁峙、盂县一带破坏，共计毙伤敌二百余，破坏公路七十余里，收电线五千余斤，又得汽车三辆。现五台至台怀×村，盂县上社、会里，盂县至黄土寨等公路已被我截断，参加破路民众达二万余人，情绪极高，日夜不断挖路，现仍在彻底破坏中。上下社、会里村、台怀各据点之敌被我围困，当不难克服。

第廿八。（甲）据贺师长龙俭电称：有晚，续范亭部一部袭击三村镇、东剧、阎家坪据点之敌，当攻入村内，毙敌廿余。同时，另一部将五寨至三井南孟家坡间电线完全破坏，收电线千余斤。同晚，该部另一部将丘寨北至小河头间电线破坏十五里，收回铁丝五百余斤。（乙）据肖副师长俭电称：自我攻占蓟县后，我邵支队一部乘胜向西北进展，已进抵平谷城郊，该城交通被我完全截断，刻已将该城围攻中。又敌机五架，每日向我根据地泽店等处轰炸，毁民房甚多，死伤民众数十人。

第廿九。（甲）我张旅徐团敬晚攻克平汉县沙河南之赵泗水，毙敌卅余，缴步枪十余支、掷弹筒两个。同时，另一部袭击周村，毙敌十余，并将周村至王化堡间铁路破坏一段，收电线二百余斤。（乙）我徐旅吴团一部敬晚将内邱南至官庄段电线彻底破坏，收电线千余斤。同时，另一部将冯村铁桥炸毁一部。（丙）决死队一部敬、有两日破坏沁县至武乡间公路廿余里，电线、交通已三日不通。沁县敌百余东出，企图掩护修复该路，复被该部在长街附近伏击，毙敌中队长雷损三样以下廿余名。(丁)夏店、五阳之敌二百余，有日进至襄垣城附近，我另一部乘敌立足未稳猛烈袭击，战二小时，毙敌廿余。残敌向夏店窜去。等情。谨闻。职朱德、彭德怀叩。世。

(6) 致徐永昌呈(9月11日)

部长徐钧鉴：顷奉总司令朱、副总司令彭微日百团大战要报来电，谨译抄呈阅。

附抄电一件。

职　叶剑英谨呈

九月十一日

部长徐钧鉴：谨将职部百团大战要报汇呈如下：

百团大战第四十二要报。据贺师长世电报称：感晚，续范亭旅一部在平汾间破坏木桥、石桥十一座，并将白石村扰敌百余击溃，毙敌十余名，缴获轻机枪一挺、步枪三支、军用品一部，破坏铁道二里，炸毁铁轨五十余条，焚枕木二百余根，收电线二百余斤。

百团大战第四十六要报。据聂司令荣臻俭筑电称：(一)我朱团于马日动员群众千余，将浑源南鼻子岭至东箭岭线公路彻底破坏，收电线百余斤。(二)养日，宋团一部将徐水以北固城、临西佛、姚村、解村至以北易县等公路共破坏十余里，砍电线杆九十余根，收回电线四百余斤。(三)我李团曾支队一部将定县以西公路彻底破坏，收电线三百五十余斤。(四)梗晚，我韩团一部破坏定县、新乐间平汉铁路十余里，取回道钉百余颗及电线数百斤，并击退由寨西店出扰敌百余，毙敌十余名。(五)梗晚，我另一部于望都东北十五里，计破铁路一里，取回道钉六十余颗，收电线百余斤。正破坏之际，与方顺桥出击敌百余战二小时，被我击退，毙敌小队长一名，以下廿余名，并缴获步枪五支。（六）敬日，我游击部队击退由曲阳东北强行修路之敌伪五十余，敌死伤较重。（七）有日，我黄支队一部破平汉路定县、望都间铁道三百米达，砍电杆七十余根，取回道钉二百五十余颗，收回电线百余斤。（八）感日，我游击支队一部动员群众五百余人，将寿阳附近之公路破坏三里许，收电线百余斤。同时，我骑兵营一部掩护破路，并袭击寿阳，一度攻入城内，与敌巷战至拂晓。我阵亡连长一，以下伤亡官兵二十余名。

百团大战第五十要报。据聂司令荣臻俭戌电报称：（甲）井陉新矿（东王舍）经我杨成武部马至有日五日夜之大破坏后，已将该矿完全毁灭，其设备完全被我彻底炸毁。计毁机器×下〔?〕，大高库廿盘，水滤大发动机三盘，水垤足十盘，炼钢炉十三座，炼铁炉十座，风车五个，煤筒二个，锅头九个，锅炉汽表十个，大发电机一座，大机器一八三部，所有电汽布置全部炸毁。另烧毁机器油一百六十六桶（计八万一千余斤）。（乙）烧毁房屋二百二十八间，破坏煤矿铁道六里，铁轨一千六百余条，烧枕木万二千余斤，炸铁桥四座。（丙）制炮机器被我破坏后灌水淹没廿余丈深。因新矿坑贯通，老矿（冈岭）亦被水淹停工。同时，煤矿囤煤万余吨，以煤油灌毁，大火至今未熄。（丁）井陉煤矿地方周围约占四百□里，平均每日可产煤六千吨。新矿自开采以来，挖掘百孔地道，长达四里距离。该矿在抗战前系中外合办，设备较为完善，主要机器均为德国制造（日本不能制）。据该被俘工程师协乔市谈称，该矿机器已全不能用。倘将现成机器重新装设，需时六个月才能恢复。如向德国现购，需时一年。所破坏各种机器，按战前价值标准，敌人损失计约三千万元之巨。（戊）该矿矿工共计三千余人，同时老矿被水淹停工，该矿失业工人亦纷纷来归。

百团大战第五十五要报。据刘师长伯承东午电报称：（一）落摩寺（寿阳东南）之敌百余人被我围困十余日之久，敌食尽粮荒，数度企图突围抢粮，均被我击退。世日，我陈锡联旅郑团一部配合炮数门，强攻该据点，经一小时将该据点完全占领，守敌被我全部消灭，生俘日军二名，缴获一三式山炮一门、重机枪二挺、轻机枪四挺、掷弹筒十五个、步枪卅二支、无线电一架、炮弹百余发、军用品甚多。我阵亡连长一员，以下伤亡卅余名。（二）俭日，长治东南敌五百余，并有飞机廿二架助战，向郁坪、道坪东犯，与我陈赓旅谢家庆团及决死队一部激战竟日，终被我击溃，毙伤敌百余，缴获正清查中。等情。谨闻。职朱德、彭德怀。微午。

（7）致蒋介石电（9月11日）

委员长蒋钧鉴：谨将百团大战第五十六要报汇呈如下：

第五十六要报。据刘师长支亥电称：（甲）我高团发动民众二千余，于敬晚将广平、大名间汽车路彻底破坏。另一部同时进袭临樟东南之马寨敌据点，将守敌三十余人全部肃清。我获步枪二十支、轻机枪一挺、掷弹筒二、军用品甚多。我伤连长刘忠，以下伤亡十四名。（乙）养日，我王团一部于南和东南之东道附近设伏，适敌由东开汽车三辆载敌兵八十余，遭我猛击，除被逃脱敌汽车一辆、士兵三十余人外，余被我歼灭。缴获步、马枪卅余支、轻机枪二挺、子弹数箱，伤亡十余名。该团另一部梗晚破坏广平到曲周至邱县两条汽车路各一段，炸毁木桥二座。（丙）我陈团主力于敬晚袭占枣强以南之大城村敌据点，守敌伪军廿余，反正者十二名，俘伪军六名，获枪十支。江日，由钜鹿城出来敌三百余人，内骑兵七十余，向我高团驻地之定容庄（广宗东北）进攻，激战至黄昏，被我击退。是役，毙伤敌百廿余名，战马五十余匹，我缴获战马十二匹、步枪七支、望远镜一【副】、皮鞋十余双。我伤该团参谋长刘明鉴以下百十余名。（戊）尤胡敌四百余人于感日分三路向我广平东犯，被决死二纵队、我韦旅一部分头痛击，毙伤敌四十余。我缴获正清查中。

第六十五要报。据刘师长齐日电称：向榆次东南山岳地带合击之敌，经我各部分头痛击，激战数小时外，截至鱼日止，各路进犯之敌均被我击退。综合战况如下:(一)进犯龙泮、沾尚之敌江日被我汪乃贵副旅长指挥所部击溃，毙伤敌百余。敌分向昔阳、平定窜去。我尾敌猛追。次晨，我抵昔阳南之孟壁村，与溃退之敌三百余遭遇，激战二小时，毙敌百余，残敌窜昔阳。我占领孟壁村。共计缴获步枪四十余支、机枪四挺。我汪副旅长乃贵负伤，以下伤亡八十余人。现和昔公路已为我完全切断。(二)进至京上村、马坊镇(均在和顺西北)之敌，江、支两日经我陈锡联旅打击，敌南窜。鱼〔日〕，该敌在寒胡西南之西溪张建村附近被我陈明一部猛烈伏击，毙伤敌八十余，获战马六十余匹，缴获一部，敌遗尸七十余具。是役，我负伤营长李官钧一员，以下伤亡五十余人。(三)犯五拐之敌千余，支、微日被我陈赓旅一部及决死队一部痛击后南窜，复经我沿途各部截击，敌死伤惨重，状极狼狈。其先头一部百余，鱼午于榆社北之××庄附近激战，至黄昏时将敌毁灭。尚有残敌廿余逃散附近山地，我正搜剿中。缴获待清查后再报。五石拐南窜之敌一部六百余名，同日晚窜孔家庄(榆社东北)，亦被我陈旅及决死队另一部截击，至虞晨仍激战中。详情待报。

第七十要报。据聂司令电称:(一)我韩团一部于齐日攻分角翼(忻州东南)敌据点，守敌伪军五十余人全部消灭，生俘日军三名，伪军四名，获步枪卅四支，轻机枪二挺，掷弹筒三个，小钢炮一门，军用品甚多。(二)甲、我于鱼日在正太路北段开展大的胜利，盂县城被我围攻多日，敌集五、六千兵力向我反攻。乙、虞日，由榆次继续东援敌军三千余人，在飞机掩护之下，经太安、寿阳西南窜到宋艾镇、解愁镇之线(盂县西南)，齐日，向盂县及以北城武村增援，企图解救被围困盂县城之敌。在城武村附近与我陈、杨两团激战数小时。是役，该敌损失甚重，残敌窜至下神东南之元御村、峪沟村一带，正与我对战中。(三)阳泉齐日出击敌二千八百余人，由敌酋片山旅团长率领，经河底镇、牵牛镇北犯，向我上塔村(盂县东北)，向陈、李两团主力猛攻，激战竟日。是晚，始将该敌击退。双方伤亡均重，该情待报。我特务团主力于虞晚进袭回舍镇(平山西北)，敌二百余人顽强抵抗，战至翌晨，该镇完全为我克复。毙敌数十，俘日军二名，伪军十余名。残敌向平山逃窜，我乘胜尾追，先头已迫近平山。此役，我缴获步、马枪卅余支，子弹七箱，毒瓦斯八筒，及其他军用品甚多。

第七十六要报。据吕司令俭电报称：我朱支队刘团一部于敬日袭击由保定东开张登之敌汽车七辆，经三小时激战，将敌全部歼灭，并将汽车当场烧毁，生俘伪县长一名，获步枪八十余支、收音机一架、弹药及其他军用品甚多。是日，张登敌百余出扰，并捕去我政府工作人员五十余人，沿途经我伏击，当将敌击溃，将政府工作人员全部救出。等情。谨闻。职朱德、彭德怀叩。真。

(8) 朱德等致徐永昌电(9月12日)

部长徐钧鉴：元、养各电敬悉。此次职军秉承钧座意旨，组织百团大战，对华北敌寇交通联络予以极大之破坏，并已取得极大之胜利，激奋广大民众积极配合作战。此次战役经过，除按日摘要电呈外，谨将全线战果总结概况如左：正太线自八月二十日开始进攻破坏，至九月十日止，正太全线所有沿线铁轨、枕木、桥梁、要道及一切工程建设均施彻底破坏。至九月十日止，估计该路长期不能通车者当在三分之二以上，沿线敌寇据点亦已多数克复，该地区之伪军、伪组织均摧毁迨〔殆〕尽。平汉、同蒲两路亦破坏多处，最近当难恢复交通。其他如沧石路、石德路、邯济路、平辽路与白晋公路等，均已大部破坏，且现仍继续破坏中。自灰日起，正太路之破坏作战已暂告一段落，除暂留十个团之兵力继续阻扰其修筑道路、桥梁外，主力已陆续在该线两侧集结，准备转移方向继续扩大战果，给晋南、华北各地敌寇以更大之打击，彻底粉碎敌寇进攻西北之阴谋，并错乱其部署。惟职军各种弹药均感缺乏，影响作战至巨，曾于微电中汇列、请领，兹复分类详呈，恳予补充，以济急需。谨乞赐复。职朱德、彭德怀叩。文。印。

(9) 致蒋介石呈(9月14日)

委员长蒋钧鉴：顷奉职军总司令朱、副总司令彭虞电一件，谨抄呈阅。

附抄电一件　　　　　　　　　　职　叶剑英谨呈

九月十四日

委员长蒋钧鉴：谨将职部百团大战第六十二至第六十四要报电呈如下：

第六十二。吕司令正操微电称：自上月敬日起至九月江日止，我江、陈、盛、于、张、黎等团及马支队连日配合民众五万余人，向各交通要道进行破坏。计有如下成果：(一)沧石路献县至淮镇，小范至武强、至旧城、深县、至和乐寺、大陈庄，共破坏约二百余里。并于江晚袭击深县东之大田庄、郎里、小榆林出动之敌三百余，毙伤敌四十余名。我伤亡廿余名。(二)石德路晋县至辛集、束鹿至武邱、四贸芝至罗启、大安至赵县等段，共破坏百余里。梗日，袭大安，毙敌十余名。(三)高碑店至新城、至十里铺，各破坏十余里。大安至大卒庄、驻马庄至彭村各十余里。牛驼至渠沟、陈村至太平庄各段各破坏十余里以上，共毁敌碉堡十余座、炮楼四个、木桥六座，砍电杆六十余根，收电线五十余斤。

第六十三。聂司令荣臻东电称：(一)艳、陷，我杨成武支队一部将威州、孙庄(获鹿西北)间大木桥六座破坏过半；另一部将黄岩至三岔口公路破坏，收电线百余斤。(二)我李支队一部世晚配合民众千余，将新乐至行唐、灵寿至仡皮镇公路各破坏十余里，收电线千余斤；另一部袭击正定城附近之柏棠，俘敌兵兆之真次一名，伪军十余，获长短枪六支。(三)黄支队一部，感日晚，在望都北十五里许至高腰铺间破坏铁路十里，砍电杆卅余根，收回电线千余斤，搬回铁轨十余条，夹板四十余块，枕木六十余根，道钉四千余斤。(四)俭日，唐县敌二百余进至高门，与我韩团破坏部队遭遇，战约二小时，毙敌宪兵队长漆畹知一，以下卅余。我伤亡、失联络共廿余名。(五)刘师长鱼电称：我陈赓旅陈正宏团一部，支晚袭击深县东北路村，当攻占敌碉堡四座，毙敌六十余。我阵亡排长杜明义一员，以下伤亡廿余名。

第六十四要报。聂司令荣臻虞电称：我各部以破竹之势先后攻克会理、关头、上下社后，继续向盂县逼进。我部郭天明部于微黄昏时开始猛攻兴道村(盂县北)，激战一昼夜，盘踞该处之敌约二百余大部被我歼灭。计缴获山炮二门、迫击炮三门、重机枪十二挺、步枪百余支、手枪十支、掷弹筒十余、无线电、探照器一架、战刀十余把、望远镜三个、战马卅余匹、子弹、军用品甚多，俘日军四名。我方伤亡正清查中。鄂村及其附近碉堡据点已被我完全占领。我乘胜向盂县进逼中。等情。谨闻。职朱德、彭德怀叩。虞。

(10) 致蒋介石呈(9月16日)

委员长蒋钧鉴：顷奉总司令朱、副总司令彭百团大战要报来电，谨译抄呈阅。

附抄电三件

职　叶剑英谨呈

九月十六日

委员长蒋钧鉴：谨将百团大战要报汇呈如下：

百团大战第卅九要报。据聂司令荣臻俭电报称：(甲)本部刘团一部智日进至某展、新乐间，将敌电线交通大部破坏，并将定县河铁桥炸毁，收电线三百余斤。(乙)我吴支队一部于养日拂晓猛攻灵寿，在县北之新乐对战整夜，并击溃由城内出击之敌百余。漾日，该支队配合刘团一部，分途袭击灵寿及新乐西南之皮化、曲阳至行唐北各据点，守敌极恐慌。同日，并将灵寿至城西至城□间各公路大部破坏。(丙)韩支队一部于艳晚分路进袭易西大小泉、梁各庄及太陵等各据点，未奏效。俘汉奸二名，获侦探一名，手枪十一支，收电线百余斤。另一部于徐水附近收回电线五百余斤。郭支队韩团一部，艳晚，袭攻御□将东各据点，毙敌甚多。养日，复将台怀、五台北口村间公路电线全部破坏。该支队一部配合民众千余，将寿阳之下庄至盂县公路彻底破坏，盂县至上社公路亦为我全部破坏。

百团大战第四十要报。据聂司令荣臻俭电报称：(甲)于东日，我王旅张团一部攻占头泉及获鹿黄岩西敌碉堡一座，毙敌廿余，解放路工两千余名。并将附近铁路破坏十余里，收电线三千余斤。(乙)宽峰、三岔、上安(获鹿西)等据点敌六百余，感晨分向我南北平头李支队一部猛犯，迄今未停，仍在平头南山对战中。

百团大战第四十一要报。据刘师长伯承世亥电称：(甲)我陈旅陈正宏团配合决死队一部及群众两千余，于卅晚，将沁县至河挪沟、固亦、□〔狮〕垴、漳源铁路破坏，并将沁县以南铁桥二座炸毁，破坏铁路廿余里，拆回铁轨百余条，取道钉二千件，电线一千八百余斤。现沁县至段村、固亦以南交通全被我截断。一部将漳源镇敌击退攻克后，纵火烧毁，毙敌廿余。(乙)有日，沁县伪警备队六十人由公路向武乡前进，至北陂，被决死队一部截击，毙日伪卅余名，内有中队长一名，缴获钢盔、军毯各十余件，文件及其他军用品甚多。我方伤亡班长以下十余名。

百团大战第四十三要报。据吕司令正操俭电报称：当我百团大战开始时，河、献、肃、滦、武、深、雄等县之敌共两千余，分途向我扫荡。除以一部向扫荡之敌积极袭击牵制外，哿至有日，我张旅两团所进行交通战果汇报如下：哿日，破坏武强至小范公路十余里，砍电杆八十余根，收电线六百余斤。养日，破坏武强至深县公路十余里，毁碉堡三座。敬日，配合群众七千余，将大田、郎里、小榆株、鹿庄、深县、沧石路彻底破坏，填侧沟卅余里，毁碉堡五座，俘伪〔军〕十余，砍电杆百余根，收电线八百斤。及晚将大田庄（深县东）之敌百余击溃，毙廿余名。

百团大战第五十四要报。据贺师长龙江辰电报称：（甲）我雁北支队一部，卅日夜袭浠桥，连摧毁敌碉堡两座，激战至拂晓，毙敌五十余。同时，一部将界机附近公路破坏九里许，毁桥梁一座，收电线二百余斤。（乙）我大青山支队一部，敬日于察素齐以北之古城附近，伏击由察北开之敌三百余，将敌大部消灭，生俘伪蒙军十一名，毙敌六十余，获长短枪二十余枝。东日，该部将守西南铁路旁之敌击毙七十余。同日，该支队另一部击溃陶林附近之敌百余，毙敌五十余，获步枪三十余支，战马廿余匹，军用品甚多。我伤亡廿一名。（丙）续范亭部艳日配合民众千余，将五寨岢岚公路之商家坪、孙家坪段彻底破坏，收电线三百余斤。等情。谨闻。职朱德、彭德怀叩。支亥。

委员长蒋钧鉴：谨将职部百团大战最近要报电呈如下：

第五十二。贺师长龙冬电：（甲）我独二旅康团于世拂晓捣袭同蒲路北段之杨方口车站，激战三小时，当将该站占领。后朔县、宁武之敌约二百余，曾两度来援，均被我击退。是役，共毙敌百廿余，俘日工务队长一，以下四名，获轻机枪两挺、步枪廿一支、电话机四部、望远镜一副、战刀两把、其他军用品甚多，并将车站及铁路全部毁坏。（乙）我独一旅×团一部，陷晚袭击岚县南之寨子村，战至拂晓，将敌第二道工事占领，敌退入两个碉堡顽抗，毙敌卅余。我伤排长一员，以下伤亡廿一名。同时，另一部袭击普明镇，毙敌廿余。

第五十三。吕司令正操冬电：（甲）上月马晚，我×支队杨团一部破坏沧州至松林店段铁路一里许。同日，该团另一部将高碑店东开新城之敌汽车二辆击溃，毙敌廿余，获步枪七支、自行车六辆。梗晚，将新高公路破坏三里许，收电线千五百余斤。养晚，该队陈团一部攻入北宁路之万庄车站，毙敌廿余，内日籍站长一名，获步枪十支、电话机二部，将站内设备炸毁，并破坏铁路二里许。北宁路自遭破坏后，三日未通车。同日晚，我杨团一部猛击平汉之高碑店车站，连破敌外围铁丝网三层，攻入站内，毙敌卅余，俘伪军五名，获步枪八支、手枪一支、战刀一把、日旗三面、电话机三部、军用品甚多。我伤廿七名。漾日，杨团一部将高碑店至新城公路破坏十余里，毁木桥一座。同时，另一部配合民众二千余，将新城至小留、民庄公路完全破毁，收回电线三千余斤。敬日，我陈团在北固公路间，伏击由平南开之敌百余，毙敌五十余，获步枪廿七支、军用品一部，我伤亡卅二名。(乙)俭日，河间敌二百余东犯，被我常支队张团一部在欢×以西击退，毙敌四十三名，我伤亡二十一名。

第五十八。贺师长龙支电称：阳泉东北仁岩之敌百五十余，冬日北陷马西村后，敌转向西北高地，进攻张旅×团阵地，该团当即迂回击敌，经一小时侧、正面配合，将敌击溃，毙敌五十余，毁汽车一辆，获山炮一门、炮弹五十余发、望远镜二付、汽油二桶、其他军用品甚多。等情。谨闻。职朱德、彭德怀叩。支。

委员长蒋钧鉴：谨将百团大战要报汇呈如下：

百团大战第五十九要报。据聂司令鱼午电报称：(甲)盂县以东之会理村经我支队一部猛烈围攻后，已于东日全部为我占领，敌狼狈向盂县溃窜。(乙)我郭支队另一部于攻入盂县以北会理后，当天继续向南进击。支辰，我攻克下社敌据点，消灭守敌卅余。同时，该有力一部复乘下社残敌击溃之际，跟踪追击，激战一昼夜，又将上社完全攻克。守敌大部歼灭。缴获甚多，刻正清查中。除饬该部以再接再厉之精神，继续向南进击盂县附近。等情。

百团大战第六十要报。据吕司令正操微电报称：(甲)我朱占奎支队崔副炳团一部，冬晚于北宁路廊房西北万庄、安定间设伏，敌由北平开来运货车一列，炸毁敌车头一、车箱十余辆，内有二辆载棉花，当被我缴获。同时，并破坏铁道百余公尺，俘工人二名。川〔?〕长一名，伪警四名，缴获步枪四支，列车时间表一份，其他货物、军用品甚多。(乙)朱支队杨秀昆团一部，于同时将安次至马头镇间公路破坏，收电线百余斤。等情。

百团大战第六十一要报。据称：(甲)决死队第三纵队雷团一部于黄碾(潞城西)西炸毁公路洋灰桥一座，收电线三里，并击溃由黄碾潞城出击之敌，毙敌十余名。(乙)白晋路沁县附近各据点之敌，近日均领有毒气筒，并且在附近试放。该情已被侦悉。(丙)敌机多架连日在清漳沿岸侦察，企图不明。等情。谨闻。职朱德、彭德怀叩。号子。

(11) 致徐永昌呈(9月19日)

部长徐钧鉴：顷奉总司令朱、副总司令彭百团大战要报来电，谨译抄呈阅。

附抄电二件①

职　叶剑英

九月十九日

部长徐钧鉴：(甲)百团大战自八月二十日起、本月十日止，第一阶段一个月份之作战任务，在廿天的艰苦作战中，已获得大的战绩。现战局已进入第二阶段，基本已获得之战果正继续向有利方向发展扩大，贯彻百团大战之预定目的。(乙)根据不完全的报告，第一阶段分次战绩总结如下：(一)大小战斗二百六十五次。(二)毙伤日军一〇二五二名(伪军在内)，骡马四五〇匹，俘虏日兵一五五人，日本移民三四人，伪军六七五人，俘获汉奸一八三名，骡马三六〇匹。(三)缴获步、马枪二千余支，手枪五三支，轻机枪九七挺，重机枪一九挺，山炮六门，迫击炮一十二门，平射炮三门，掷弹筒九八个，信号枪二支，汽车三辆，探照器一架，大车二三〇辆，无线电一

① 原缺一件。

九架，有线电话机七四架，自行车二九八辆，望远镜二二个，收音机一五架，照相机一八架，日本军毯九二〇床，日制呢大衣一二一〇件，皮鞋一八〇双，日本战刀四八把，钢盔七三〇顶，日伪军旗五七面，军用地图五幅，瓦斯筒一一〇个，修路工具七四二〇件，防毒衣具三八一个，汽油五五箱，粮食八一一〇〇〇斤，缴获步机枪弹八〇七〇〇〇粒，炮弹三五〇发，手榴弹一四九七颗，没收日本商店十四户。(四)彻底破坏铁路六二五里，公路一五三〇里，桥梁七四三座，火车站一五个。炸毁铁道八二九里。炸毁矿厂二个，收电话线一八〇六〇斤。毁电线杆二一六一〇根，击毁火车九列，火车头六个，车箱七四个，铁轨一四七七〇条，枕木一二〇〇〇条，汽车三七辆，装甲车、汽车八辆，战车二辆，木船四支，汽艇二艘，仓库三所。(五)解放煤矿工人五五七九名，铁路工人四二一名，修路同胞三二八〇〇名。伪军反正共九次，共四七〇名。(丙)我军负伤旅政治部主任卢仁灿，副旅长汪乃贵，团长于臣城，团参谋长刘明鉴，支队参谋长熊进臣，营长张述之、李当钧、赵连三，连长高谭福。阵亡团长吴龙煮，纵队政委董天知，营长李光陛，团长李和辉。中毒伤旅长陈锡联、范子侠，旅政委赖际发、谢富治，旅参谋长曾绍山等。负伤官兵三一九五名。阵亡官兵九八〇名，中毒官兵一六〇五名。总计伤亡官兵五七九九员。另失联络三一名。死伤骡马一六九匹。损坏步、马枪二四四支，手枪六〇支，轻机枪一五挺，轻、重机枪弹二七六四六六〇粒，手榴弹六六四八个，各种炮弹三一八四发，地雷五八七发，黄色炸药一三〇〇〇公斤。谨闻。朱德、彭德怀叩。删午。

(12) 致蒋介石呈(9月24日)

委员长蒋钧鉴：顷奉总司令朱、副总司令彭文皓来电，谨译抄呈阅。

附抄电二件

职　叶剑英谨呈

九月廿四日

委员长蒋钧鉴：谨将百团大战要报汇呈如下：

第六十八要报。据聂司令荣臻齐日电报称：(甲)正太线：(一)我王旅一部东日在微水镇以东埋设地雷数个，炸毁西开火车一列，死伤敌九十余名。江日，微水、上安之敌共约五百余向该旅进犯，已被我击退，详情续报。(二)我邱团一部鱼日袭击井陉西之大峪西北浪庄，守敌甚为恐慌。同时，娘子关及以下区域之敌各以三百余分路向以北山麓黄龙岩、角家庄一带出击。虞日，均被我击退，窜回原地。敌死伤百九十余，遗尸体七十余具。我缴获步枪二支，弹药及其他军用品一部。(乙)平汉线：(一)冬晚，我黄支队一部将正定西南长寿、新乐铁路破坏一处，并击毙护路敌三名。同时，我骑兵团一部破坏长寿车站到化皮镇间公路十余里。是日，高支队一部在滦源附近将敌伪军击毙廿余名，夺得步枪四支，子弹六百余发。(二)江晨，我黄支队一部破坏方余以东铁路，炸毁铁桥一座，收电线百余斤。同日，我××支队一部将灵寿至曲阳段、新乐至灵寿段共破坏十余里，砍电线杆二百余根，收回电线千余斤，并炸毁灵寿东关石桥九座，并击退由上曲阳进扰敌。(三)支日，我骑团分途破坏长寿、新乐间、长寿至行唐间公路计十一里，收电线四百余斤，并毙查路之敌七名，获步枪两枝，俘伪军、汉奸三名。同晚，我黄支队另一部将良各庄以西公路木桥一座焚烧。(四)鱼日，该支部配合群众六百余，将完县附近公路破坏七里许，收电线二百余斤。

第八十六要报。据贺师长龙删电报称：(一)我大青山支队一部，微日在归绥东北中代伏击由旗下营开犬滩敌运粮汽车五十余辆，激战两小时，毙敌卅余，毁汽车二辆。陶林敌千余，炮数门，于齐日分向柳家庄我刘团一部合击，激战竟日，毙伤敌百余，我失联络政治指导员、副连长各一，以下伤亡廿余名，损失步枪十余支。(二)我傅团一部，是晚将岚县至察子村公路破坏十余里，收电线四百余斤。

百团大战第八十八要报。据刘师长伯承筱电称：(一)鱼日，我甘团一部向南馆陶进袭，中途与敌遭遇，战数小时，毙敌廿余名，俘二名，我伤亡十余。连日敌伪二百余，灰日午犯马头集，被我击退，敌伤亡廿余，我伤亡十余名。我桂旅一部于上月有、感、俭三日动员民众三千余，将敌成安之公路彻底破坏，并将成安附近修公路敌伪毙伤百余，我亦伤亡四十余。等情。除分报外，谨闻。职朱德、彭德怀。文酉。

委员长蒋钧鉴：谨将职部最近战况呈报如下：(甲)徐副师长向前文电称：我山东部队为响应百团大战，正在积极行动中。其所获战果计有：(一)江夜，我三支队一部进胶济路，向狼村车站攻击，毙敌十余名，夺获步枪九支，军用品一部。(二)微夜，五支队袭击招远南道关，曾一度攻入集内，将敌营房全部毁灭，毙敌五十余名。灰晨，招远敌八十余人分乘汽车三辆向道头驰援，于道头东北八里处半壁店附近遭我猛击，除十余残敌逃脱外，余被我歼灭，计俘日军二名，伪军四名，缴九二式重机枪一挺，捷克式轻机枪二挺，步、马枪四十余支，毒瓦斯百余筒，掷弹筒六个，子弹三百余发，钢盔二十余顶，日伪军旗六面，炸毁汽车三辆。同日晚，另一部袭击招远西朱昌，毙敌卅余，获步枪廿余支，子弹千余发。(三)冬夜，我特务团一部攻袭临沂西北之半程，当将该地敌伪全部驱逐，毙伤敌伪卅余，获长短枪十余支，半程即告克复。(四)我二支队一部袭击沂水西南六十里之铜井，曾一度进占该集西北门，我伤亡营长以下官兵六十余名。(乙)陈代师长光佳电称：(一)费县敌三百余，于上月艳日西犯纸房、良田庄一带，当被我张支队×团一部猛击，激战数小时。迄晚，我复乘敌立足未稳，向敌猛袭，肉搏数次，将该敌击溃。计毙敌百余，获防毒面具、食品等甚多。(二)上月廿日，费县敌配合天寶山敌共五百余，向我油房(费县西)进犯，当与我某团一部发生激战。至晚，我因工事被毁，退出战斗。是役，毙伤敌队长以下十余名。(三)

虞晚，我皮团一部及当地人民武装，将磁县北马头镇至白马村段铁道破坏，取回螺丝钉千余个，铁轨十余条，烧木桥一座，解放工人十余名，获修路工具三十余件，击毙马头镇巡路之敌五名。今皮团一部复又破坏磁县至林坛段铁路，取道钉八百余，夹板廿余块，工具廿余把。解放工人卅余名，砍电杆廿余根，收电线四百余斤。(四)榆社、营头、铺上之敌，于铣日出来修路，遭我石团伏击，毙伤敌卅余名。等情。谨闻。职朱德、彭德怀叩。皓。

(13) 致蒋介石呈(9月28日)

委员长蒋钧鉴：顷奉总司令朱、副总司令彭齐日百团大战要报来电，谨译抄呈阅。

附抄电一件

职　叶剑英谨呈

九月廿八日

委员长蒋钧鉴：谨将百团大战要报续呈如下：

第七十要报。据聂司令支申电报：(甲)我吴团一部虞晨在东山底附近，伏击由大营开台怀镇南开之敌百五十余名，缴获长短枪十二支，电话机二架、钢盔十顶，军用品一部。东日，我李团一部袭击繁峙东北之泽清岭据点，激战数小时，大营荣风岭之敌两路来扰，均被我军击退。此役毙敌五十余，我亦伤亡廿余名。(乙)我郭支队一部冬日于冶铁、异天湾(定襄东南)间伏击南开之敌百余，毙敌廿余名，获机枪三支，战马八匹，我伤亡十二名。等情。

第七十三要报。据刘师长江辰电报称：(甲)观台(磁县西)之敌二百余，连日向西北进犯，被我韦旅一部击退，毙伤敌百余，缴获步枪十余支、望远镜二付，军用品甚多，敌伤亡卅余名。(乙)我徐旅一部冬日于平乡西北之郝桥附近，击退由郝桥出扰之敌百余，毙敌卅余，俘伪军七名，获长短枪十一支，军用品一部。同晚，该旅另一部将任县至马庄桥间公路破坏十余里。次日晚，该部将平乡西北之邺庄桥、梁家渡两座桥梁破坏。同晚，另一部将高邑至马庄、至柏乡间公路破坏十余里。等情。

又据吕司令正操鱼日报称：（甲）我一部文日大袭击入内黄西之东庄，与敌争据点，毙敌十余人。另一部于敬日晚袭击滑县效常屯之敌，激战数小时，毙敌四十余，缴获马步枪六支，手枪五支，我伤亡政指以下十余名。濮阳、清丰、滑县、五陵集等处之敌伪约千七百余名，在飞机、坦克车、骑兵掩护配合之下，于冬日分六路向濮阳、内黄间之沙漠地带出击，被我一部在西王寿、砍头台与濮阳、清丰之敌激战六小时。将敌击溃，毙敌二百余。其他各路敌各窜回原地，缴获正清查中。等情。谨闻。职朱德、彭德怀叩。齐申。

（14）致蒋介石呈(9月29日)

委员长蒋钧鉴：顷奉总司令朱、副总司令彭养、梗来电，谨译抄呈阅。

附抄电三件

职　叶剑英谨呈

九月廿九日

委员长蒋钧鉴：谨将百团大战要报汇呈如下：

第九十六要报。据刘师长伯承养午电报称：（一）我韦旅将长治敌飞机场及仓库等经我便衣队侦察准确后，组织精锐之游击队三百余人，于皓晚廿一时迅速行动，向长治关村镇机场附近，乘敌不备猛攻机场，冲击停放机场飞机四架，被我炸毁三架、炸伤一架。一部袭入关村，将该两个仓库（火药制造资料）烧毁，激战二小时之久。长治敌四百余来援，与我激战一小时。我以任务完成，即退出战斗。是役，毙敌百余，缴获步枪卅余支，子弹、军用品甚多。同时，该团另一部破坏长治至潞城公路十余里，收电线三百余斤，毁桥二座。据报，翌晨，敌机遗骸及死伤敌军均运入城内，宣布戒严，并封锁消息，禁止往外传其损失。

第九十八要报。据刘师长伯承敬电报称：（甲）大名敌一部百余，掩护大车十余辆，养日北开，被高团一部击溃，全部大车及骡马卅余匹被我夺获。后肥乡敌汽车四辆来援，复被我刘团一部截击，激战约二小时，缴获敌汽车四辆，我当即安全撤去。是役，毙敌百余人。（乙）同日，南宫敌百余，被我赵团一部击溃，毙敌十余。（丙）李团一部于养晚袭击南宫西南司家屯敌据点，毙敌十余。同日，任县敌四百余名向任、尧间扫荡，当与我陈团一部激战于×村梗店，毙敌五十余，我营副武海于是役中牺牲。（丁）养晚，我高团一部动员群众一千二百余，将肥乡、广平段公路破坏数段，收回电线二百余斤。

第九十九要报。据刘师长梗电称：（甲）马晚，冷团大举破击邢台、白塔间铁路，将北大口铁桥全部破坏，并收电线二千余斤，又破坏邢台至苏村公路数十余里。邢台、苏村敌汽车三辆，满载敌兵西犯，被我击溃于娠尔庄，毙敌十余人。（乙）皮团主力于马晚攻击平汉交通廿余里，磁县、双庙间破坏铁道数里，收电线千余斤，并击溃由磁县出扰之敌。又一部于磁县北马头镇西至峰峰间铁道一段破坏，炸毁铁桥二座，收电线千余斤，并击溃林檀出犯之敌百余。等情。除分报外，谨闻。职朱德、彭德怀。梗亥。

委员长蒋钧鉴：据徐副师长向前艳亥、养、酉两电报称：临沂、沂水、新泰等各据点之敌计四千余名，分九路向我孙祖（临沂西北）地区扫荡，战斗经过如下：（一）南曲（临沂西北）之敌四百余、炮两门，于巧〔日〕敌北犯，陷青驼寺，与我三支队一部战斗，双方伤亡均重。（二）临沂城经白沙埠、李官庄（临沂西北）北犯之敌四、五百人，巧日拂晓与我孙继光〔先〕支队一部，于高里、秦店子、青驼寺以东地区附近激战竟日，被我阻击于冯家楼子地区。（三）铜井（沂水西南)敌三百余人、炮三门,筱日一部向西南移动,与我马支队接触,战斗极烈。该敌是日占玉皇山,现在玉皇山一带与我对战中。(四)临沂继续出击敌七百余,筱日沿沂河西岸,经船流(临沂北)北进。(五)蒙阴敌九百余,于筱日进陷垛庄(蒙阴东南),沿途被我李、徐两部阻击,敌伤亡五十余。(六)坦埠镇(沂水以西)敌七百余、炮四门、骑兵八十名,巧晨西进,陷岸堤,与我廖容标支队主力激战数小时,被我击溃,毙敌、伤敌四十余,敌弃尸廿余具。我获战马八匹。(七)陷岸堤、玉皇山、东泉山之敌,巧日复向南犯,并有飞机六架助战,沿途被我顽抗,毙敌甚重,残敌窜抵依汉附近。铜井之敌,刻与我廖支队陈团对战中,详情待报。以上各路之敌,于皓日共分九路进攻。我各部队之主力随即转到敌翼侧及后方。各路围攻之敌于扑空后,继由临沂、铜井、蒙阴等据点出动敌二千余,皓晚经过沂河,进陷河长、葛沟镇,抵达临沂、沂水之间。號晨,继向东南猛攻。是日,该敌千余人及先头兵百余,窜至辛庄地区,被我孙支队主力赶到,我即转到马坪地区。刻正在马坪西北地区激战中。北面莱、新、博各据点之敌亦同时分头侧击,企图合击我鲁村据点,形势紧张。我现正集中主力向该敌打击中,详情候报。谨闻。朱德、彭德怀叩。梗。

委员长蒋钧鉴:谨将职部百团大战最近要报呈报如下:

第九十一。聂司令荣臻马电称:井陉、阳泉、盂县、寿阳等地之敌步、骑、炮共四千余,企图威迫我军脱离铁路线,掩护其修路。自巧日起分途向我正太路以北地区反攻。其一路约有五百余,巧日由井陉北犯,径我获鹿支队及陈团战于娘子关以北横河槽、辛庄地区,毙敌二百余。该敌复于号日配合阳泉城经巨镇北犯之敌千余,號日陷沙井、庄头。是午,继向仙人村西北进犯,经我猛烈反攻,激战至马日,敌回窜庄头、沙井,刻仍与我激战中。盂县敌一部约七百余,是午东窜×村镇,另一部五百余,北窜城五村、河口地区,均与我激战中。皓日,寿阳敌千余向我西烟镇北犯,经我李团截击,毙伤

敌百五十余。

第九十二。聂司令养电：(甲)唐县敌三百余，附炮四门，号晨西犯，被我游击军一部在东都亭附近伏击，毙敌卅余。是午，该敌窜至雹水，经该军另一部打击，敌回窜北罗镇，复向我反攻，刻与我在雹水附近激战中。(乙)曲阳敌二百余向东北进犯，刻与我韩团一部在南北伏城附近对战中。又清风店之敌百五十余，号日向以西之东、西冯村进犯，被我击退，毙伤敌廿余。我伤亡五名。

第九十三。肖副师长克号电：(甲)本月鱼至齐日，五、六支队配合群众六千余，将蓟县至平谷、密云间公路、电线完全破坏，并连攻克蓟县西北营房，平密间之峪口、西樊各庄据点，毙敌百余，缴获长短枪卅余支。同时，×支队另一部攻占玉田东南木桥，守敌五十余悉被歼灭，获手、步枪四十支，俘敌十余名。我伤亡卅余。另一部在水塔附近毙敌伪密云县长一名，以下卅余，获步枪、手枪十支，军用品一部。我伤亡廿七名。(乙)陈团一部于齐日在界岭口附近击溃由抚宁北开之敌二百余，毁敌汽车四辆，毙敌六十余，获长短枪四十九支、轻机枪一挺、军用品甚多。我伤亡卅名。等情。谨闻。职朱德、彭德怀叩。养。

(15) 致蒋介石电(9月30日)

委员长蒋钧鉴：我百团大战仍在各线继续扩大战争，坚持争取更大之胜利中。平汉线及同蒲北段已多日不能通车。正太沿线所有敌建筑物经一再爆炸，已取得根本上之彻底毁灭，铁轨、枕木绝大多数均被毁坏，路基已挖毁一部，详细战绩另报。现仍在破坏作业中，破坏工程扩大，可保该线长期不能通车。唯敌仍企图抢救正太路，连日来由石家庄方面西扰之敌二千余人，被我阻击于五里铺地区，不能续进，对我颇感威胁。同蒲、白晋南段之敌不断北移，其先头部队四千余人已达榆次附近一带，正与我陈齐对战中，继续仍在北运。除饬各部队加紧破坏作业，打击敌寇出击部队外，谨电奉闻。职朱德、彭德怀。陷晨。

〔国民政府国防部史政局及战史会档案〕

6.《新中华报》刊载百团大战战绩初步总结电讯

(1940年9月22日)

百团大战战绩初步总结①

(新华社晋东南十五日电)十八集团军决死队以百团精锐配合着华北之广大民众进行之百团大战，这是抗战以来空前未有的积极自主的向敌进攻战，是华北交通总攻击战，是敌后游击战争空前的、伟大的创举，是粉碎敌寇准备进攻我西北大后方与进攻我西南之企图，及粉碎对华北囚笼政策为目的的大战。百团大战是八月廿日晚廿时开始发动的，由于我前线将士艰苦奋斗，英勇用命，百团大战第一阶段一月之内的作战任务，已于九月十日仅廿天内获得基本上的成功。现战局仍在继续发展，我军正拿着已获得之战果，向有利方向继续扩大，贯彻百团大战之预定目的，彻底完成百团大战预定美满的战果。谨先将第一阶段所获之成绩之不完全的统计(因通讯不便不能及时汇报)公告国人：

第一，百团大战是全国全华北之向敌交通命脉总攻击战，其作战地区除津浦线南段、胶济线全线、平汉路南段、道清路、同蒲路南段外，其他华北主要交通线全包括在我攻击与破毁之中。而第一阶段之破坏重点则在正太路。廿天内，破路战绩概略如下表：毁坏：(一)技术工物：铁路六二五里，公路一五三〇里，桥梁七八座，火车站一九所，炸毁隧道八处，碉堡六七座，煤矿二个，收电线四八〇六〇〇斤，毁电杆一二一六一〇根。(二)车辆、船只：毁火车九列，火

① 此文为第十八集团军总司令部、野战政治部所撰写。

车头六个，铁轨三四七七〇条，车皮七三辆，枕木一一二二〇〇〇条，毁汽车七七辆，毁装甲汽车八辆，木船四十只，汽艇两艘，仓库三所。解放工友：煤矿工友五〇三八人，铁路工友四二一人，修路同胞三二五〇〇人。在这一战绩中得特别指出：(甲)正太全线计长四百余里，经我廿天的大破坏后，全线三分之二已被我彻底毁灭，枕木、铁轨全被炸毁，不能复用，铁道路基大部被挖毁，全线技术工物，如桥梁、隧道、水塔、车站，绝大多数被我彻底炸毁，该路已长期不能通车。(乙)平汉北段曾中断交通十天，同蒲北段中断七天，现在其他各线及平汉、同蒲交通仍遭我不断破坏，仍在时断时续之中。(丙)井陉煤矿东王舍新矿被我破坏极巨，计自二十一日起至廿五日止，整整五昼夜之破坏，该矿所有机器均被我毁坏无遗。计被我彻底破坏之机器名称、数目如下：大高平二、盘水魔大发动机三、盘水垤足十盘，炼钢炉五个，炼铁炉十个，风车五座，烟筒两个，烟导九个，锅头九个，大发动机一座、大机器十八部，所有电器装置完全炸毁，烧毁机器油八万七千余斤，炸毁矿内房屋二百廿八间。据我俘虏之日工程师协乔市供称：井陉矿山方圆约四百平方里，平均每日可产煤六千吨，新矿自开采以来，挖掘的矿道长度，已达四华里。该矿在战前原为中德合办，故设备较完善，机器均为德国制造(日本不能造)现因被我大爆炸，已全不能用。如有现成机器重新装置，计需时间约四个月至六个月才能恢复；如向德国再购，需时一年。如就被破坏这些机器估价来说，即使以战前的价格为标准，亦值金二千五百万元；如再加上其他各项，则敌寇之损失实有三千万元之巨。

第二，百团大战虽以破坏敌之交通为主要方针，但任何一次破路行动，都必须在战斗下进行，都必须给敌寇重大打击与消灭，才能完成破路任务。在廿天的破路过程中，也就是我们与敌进行残酷肉搏血战的过程。计遭受我军打击的敌人有第一一〇师团全部，第卅六师团、第卅七师团之主力，第廿六师团、第廿七师团之大部，独立第一、第三、第四、第七、第八、第九、第十五等混成旅团，及其他交通、运输、铁道、工兵部队，与华北之伪治安军、伪志愿军、伪蒙军、伪满军、伪冀东防共军、日寇之武装移民及其他各地之伪守备部队、伪警察、伪宪兵、特务机关等。而其中遭我打击最大、失败最惨者为独立第四混成旅团。该旅团之德江、原田两大部队几被全部歼灭，余部亦消灭及半。次为第卅六师团之永野支队(等于两个大队)，被我歼灭大半，永野中秋中佐当场毙命。再次为独立第九混成旅团遭我严重打击，尤以该团之大府大队被我全歼。在廿天之战斗，敌寇约百架飞机不断更番向我轰炸，尤以娘子关、狮堖山，轰炸尤烈。在廿天的战斗及胜利之初步统计，概如下表：大小战斗次数三六五次，斩获：(一)毙伤日军四三八五名、伪军一八〇〇名、骡马四五〇匹，俘虏日军九四名、日本国民廿四名、伪军六七九名、汉奸一八三名、马九六〇匹。(二)武器：步马枪一七七〇支、手枪五三〇支、轻机枪十挺、山炮七门、迫击炮十二门、平射炮三门、掷弹筒六四个，信号枪十二支。(三)军用品：汽车三辆、探照器一架、大车二三〇辆、无线电机十九架、有线电机七四架、自行车二九八辆、望远镜二二付、收音机十五架、照相机十八架、日本军毯九二〇条、黄呢大衣一二一〇件、皮鞋一六二〇双、日本战刀四八把、钢盔七三〇顶、日伪军旗五七面、军用地图七幅、瓦斯筒一一〇个、修路工具七四二〇件、防毒面具三八一付、汽油(机器油在内)一〇五箱、粮秣六一一〇〇斤。弹药：步机枪弹八〇七〇〇发、炮弹三五〇发、手榴弹一四九七个。(四)没收日本商店十四户。此外尚有伪军反正九次，计四百七十余人，武装齐全。正太沿线特务机关及伪政府各地伪组织，悉数被我全部肃清，其他各伪组织亦肃清不少。正太线民众重见我青天白日满地红之光辉国旗，又归祖国怀抱，无不称快。

第三，我参战各团纵横散布广大地域，均能在统一意志之下，英勇用命，严守纪律，在基本上完成了自已所负担之任务。除正规军、地方军共百〇五团参战外，各地游击队均积极参战，各区之民众配合作战及破坏，极为踊跃。计前后参战民众约在十五万人左右。但在战斗中我伤亡损失亦不少，计如下表：(一)人员、马匹：阵亡官兵九八七名，负伤官兵三二〇四名，中毒官兵一三一〇名，失连络人员三一名，死伤马一〇九匹。(二)武器：步马枪二四四支、手枪六〇支、轻机关枪一五挺、重机枪九挺。(三)弹药：步机枪弹二九六四六六〇发、手榴弹八〇三四八发、各种炮弹三一八四发、地雷五八七发、黄色炸药一三〇〇公斤。这些在百团大战中英勇负伤、光荣殉国的将士，他们都是中华民族的优秀儿女，民族解放的战士，其中有约一半是中国共产党的优秀党员，和不少的八路军与决死队的优秀模范的干部。如决死队某纵队政治委员董天知同志、八路军之团长李和辉同志、副团长吴龙煮同志、营长李光陞同志等四名。他们效忠于民族人民的事业，流尽了最后一滴血。又如八路军某旅政治部主任卢仁灿同志，某旅副旅长汪乃贵同志，某团团长于臣城同志，某分区副参谋长熊德臣同志，某团参谋长刘明鉴同志，营长张述之同志，营长李富钧同志，营长赵连三同志，教导员、营长等十一名光荣负伤。又八路军旅长陈锡联同志，范子侠同志，旅政委谢富治同志，旅参谋长曾绍山同志等，均中毒伤。我们谨向为国牺牲的英勇将士致沉痛的哀悼，谨向踏着你们的血迹，贯彻百团大战的战果到最后胜利，对中毒的英勇将士致以热切的慰问与关怀。

第四，百团大战第一阶段之作战任务基本上完成了，这个胜利无论国内、国际均有很大的影响，他严重地打击了敌寇进攻西北、进犯西南，以及南进政策的企图，严重地打击了在华北实现“囚笼政策”的企图，他大大的兴奋华北的军民，兴奋了全国一切抗日的军民，兴奋了国际和平人士，他特别打击了敌寇的“以华制华”的阴谋毒计，推动了全国军民更加加紧坚决抗战，更加团结进步。同时，他对于克服目前投降危险与抗战困难，也起了极大的作用。在华北已部份的错乱了敌人兵力的部署，在其继续扩展胜利中，将根本改变敌我现势。目前战局已进入第二阶段，这阶段中之中心任务，就是继续使第一阶段的胜利战果扩大到全华北及整个敌后区域去，扩大到一切有利的方面去。我们愿意与一切的抗日军民手拉手、肩并肩的继续百团大战的精神，扩大百团大战的战果到各个战线上！把百团大战的模范行为发扬扩大起来！第十八集团军总司令部野战政治部。一九四〇年九月十四日。

〔军事委员会政治部档案〕

7．叶剑英转报八路军百团大战第二阶段战斗部署呈

(1940年9月30日)

委员长蒋钧鉴：顷奉总司令朱、副总司令彭养有来电，谨抄呈阅。

附抄电二件

职　叶剑英谨呈

九月三十日

委员长蒋钧鉴：(一)我百团大战第一阶段取得预期胜利后，又扩大第一阶段之战果，配合友军粉碎敌人可能向西北、华南及重庆进攻之企图，造成华北战局上的新局面，我百团大战第二阶段之战役以向华北各主要交通线继续总攻击，期以缩小敌占领区，扩大我之根据地之目的。我各兵团概于晉日部署完毕，马晚各线同时开始攻击。(二)我第二阶段作战之参战兵团，仍以第一二〇师、第一二九师、晋察冀军区大部，冀中、冀南部队、挺进军一部及决死队，总计兵力亦在百团之上。其部署如次：(甲)第一二〇师及决死队一部，破坏同蒲线太原至大同段；一部破坏太原至离石段。(乙)晋冀察军区主力，破坏代县至平型关、至蔚县，蔚县至浑源及涞源、涞水段；一部破坏平汉线高碑店至石家庄段。(丙)冀中部队主力，

继续破击沧石路及石德路两线；一部破击平汉路北段。(丁)冀南部队全力配合冀中，破坏德石线及邯郸、成安至大名线；一部破击平汉线石家庄以南段。(戊)第一二九师及决死队大部，破坏平辽线、辽榆武沁线、白晋线北段，并以主力的二个兵团结集于辽榆间地区，利用该地区山地之有利地形，准备歼灭一切可能来援之敌。(己)挺进军一部，破击平绥东段及平汉线北段，另以一部向北宁线发展。(三)各线战斗进展颇大，并已取得连日胜利，战斗情形及时呈报。敬乞令晋南、晋西各友军继续向当前之敌积极活动，职等令一一五师及山东纵队同时破击津浦线、胶济线及陇海线东段，以扩大战果。但因鲁省之磨擦事件仍继续发生，使我一一五师及山东纵队受彼牵制，影响作战计划殊非浅鲜。恳予电转沈主席及各友军，以大局为重，停止向我一一五师、山东纵队之挑衅行动，使我取得配合作战之功效，是所盼祷。职朱德、彭德怀。养酉。

委员长蒋钧鉴：谨将职部百团大战最近要报汇呈如下：

第一〇一。刘师长伯承有电：我军百团大战第二阶段作战铣日开始攻击后，进展迅速。谨将辽县、榆社线战况呈报如下：(一)陈赓旅及决死队一部，漾日起攻击榆社城之敌四百余人，经我数度强攻，城郊四周碉堡被我完全攻破，城东南乃然学校亦被我占领，歼敌百余，现残敌固守文庙。另一部，同时攻占沿毕村、王普镇(均榆社东)，共歼敌百七十余，缴迫击炮两门、机关枪八挺、步枪四十余支、掷弹筒九个、无线电一架、战马卅余匹，俘日军一名。(二)陈锡联旅梗晚攻克辽县以西数据点，歼敌八十余，获轻机枪二挺、掷弹筒三个、日旗二面、军犬四只，军用品甚多。辽县亦正被该旅围攻中。敬午，辽县敌二百余，企图向西增援，被我郑团一部击溃，毙敌五十余，生俘一名。

第一〇二。刘师长有申电：(一)梗晚，我范旅×团攻克南长胜据点，守敌大部被我消灭，获掷弹筒一、步枪十二支。残敌向平定逃窜，该团正尾追中。并破坏昔阳、平定段公路。(二)聂齐团于同晚分向昔阳、和顺之线×村〔进攻〕，激战至敬晨，一部攻克昔阳东南之风居村，歼敌十余，获步枪八支，残敌向昔阳逃窜。另一部同时攻克才壁村(和顺西)，歼敌廿余，缴步枪十五支，轻机枪一挺。(三)范旅宋团于本晨攻克辽县、和顺之敌据点，我歼敌三十余，缴获颇多，正在清查中。平辽线交通已被我截断多段。辽县、和顺敌正被我围攻中。是役前后，我伤亡百五十余名。等情。谨闻。职朱德、彭德怀叩。有。

〔国民政府国防部史政局及战史会档案〕

9. 叶剑英转报八路军百团大战战报战绩电呈

(1940年10月)

(1) 致蒋介石呈(10月1日)

委员长蒋钧鉴：顷奉总司令朱、副总司令彭真、有来电，谨译抄呈阅。

附抄电四件

职　叶剑英

十月一日

委员长蒋钧鉴：谨将职部百团大战最近要报汇呈如下：

第六十七要报。据聂司令荣臻东、鱼两电称：(一)平汉线一带养午我黄支队一部击退由曲阳外捕捉民夫修路之敌，毙敌五十余人。(二)养晚，另一部炸毁清风店西南铁桥一座。又一部，在方顺桥、南卒店间破坏铁道达百米，并将唐县至望都公路破坏十余里，共收回电线五百余斤。(三)正太路我盂县袭击部队，于感、俭两日将盂县至东会里、至东南河底之间两段公路彻底破坏三十五里，炸毁石桥五座、木桥二座。(四)同蒲线忻县以东五段，一昼夜我破坏定、忻间公路十四段，计五里许。并袭击蔡村守敌，俘虏伪军四名，缴获步枪四支，子弹二百余发。二支队以分区部队分途袭击破坏，一部袭击东冶镇(五台西南)，曾一度攻入该镇，毙伤敌廿余名，将该镇至五台间公路破坏廿余段，计十六里，收回电线四百余斤。(五)五台以东至桑河口段、石盘口至以北河口间公路被我截断，炸路侧悬崖十余丈。(六)雁北灵代线：我雁北支队一部于感日进袭繁峙东大营镇，战数小时，毙伤敌十余名，缴获一部。于陷日我将灵丘至大营镇间公路彻底破坏五里许，收回电线五百余斤。

第九十四要报。根据贺师长养日电称：(甲)我邵冥离①刘左两团主力，于马晚向宁武、静乐线敌之各据点进攻。刘团一部攻击敌马头营据点，将守敌四十余全部消灭；另一部进攻东窑镇(宁武南)、宁化堡(静乐北)，敌二百余人，炮三门急驰北援，于马头营附近遭我左团截击，敌大部为我消灭，残敌百余人狼狈窜回宁化堡。是役，我缴获步枪四十余支，掷弹筒四个，三八式日造步兵炮三门、炮弹十余箱、电话机四架，俘日兵二名、内景小队长一员，伤亡廿余名，其他军用品甚多。现我继续围攻中。(乙)我先头部队一部，马日下午，于候河堡、万庄村、上道村地区与敌五百余遭遇，战约三小时，为我击溃。我获掷弹筒二个、步枪四支、战马十四、军毯、大衣六十余件。

第一〇五要报。据刘师长伯承有电报称：困守榆社城内文庙之敌，经我不断围攻后，慌恐异常，本午该敌在飞机五架掩护下，企图冲出我×旅包围，脱离该据点，在城西郊数里处，复被包围。敌见无险可守，乃向我大肆放毒气，激战十五小时许，始将敌四百余全部消灭，生俘日兵十余名，缴获山炮三门、平射炮四门、迫击炮五门、轻机枪十七挺、掷弹筒廿余个、步枪二百余支、无线电二架、有线电话机十架、马四十余匹、军用品、文件甚多。我伤亡官兵约二百余

① 原文如此。

人。陈赓旅长、周希汉参谋长以下中毒二百人以上。谨闻。职朱德、彭德怀叩。有戌。

委员长钧鉴：韦旅皓晚袭击长治敌飞机场，业于梗日电呈在案。据刘师长伯承敬日电报称，此次袭击长治机场，炸毁飞机，出力部队为我方升普团第一营营长钱光大指挥，并亲率部队冲击机场守敌，并与长治来援之敌进行数次搏战，予敌重伤，获得胜利。我钱光大营长及四连政指、班、排长等七名英勇负伤，第四连三排长王远明及班长二名，战士廿余人，事先侦察确实。该等均为此次最出力有功人员，请委座给奖，以资鼓励，为祷。职朱德、彭德怀叩。有。

委员长蒋钧鉴：谨将职部百团大战最近要报汇呈如下：

第七十五：(甲)据刘师长灰电称：齐晚，我陈正洪团全部及白晋游击队主力，并发动民众数百人，大肆破袭白晋铁路沁县以南虒亭镇、夏店镇段，敌三百余几次反攻，全被我击退，毁铁轨八十余条、枕木四十余根，收电线六百余斤，计毙敌三十余。我指导员傅兴隆、排长王新年负伤，以下伤亡卅余。另一部，同晚破坏漳源南关镇段，烧毁枕木、铁轨甚多。(乙)据吕司令灰电称：我回民支队一部于鱼日动员民众七千余人，内有妇女九百余，大肆破坏德石路滹鹿至南庄段廿余里，挖深沟百余条。支晚，黎克裕团主力袭击肃宁以北之青口镇，克复该敌碉堡，毙敌廿余。另一部进袭官庞，因敌据高顽抗，未奏效，毙敌数名。又我×团一部，微晚发动民众千余，破坏沧石路一段，并在田村附近袭击由旧城开来敌汽车四辆、载敌百人，被我毁汽车二辆，毙敌十余，残敌逃回旧城，我获步枪一支。

第七十八。据吕司令正操江电称，(一)我马支队以×团主力于上月俭日反攻赵县、高村，另一部以主力在赵、高间设伏，适由赵县来援敌二百余被我截击，战数小时，毙敌小队长一，以下伤亡百五十余，缴步枪五十余支、小电台一架、掷弹筒八十余、刺刀廿余把、钢盔十余顶。我阵亡排长一，以下伤亡四十余名。（二）东晚，我姚团一部，在井陉、石家庄间顺家铁桥击溃敌人千余，当将其铁桥炸毁，已不能通车。据刘师长伯承佳电称：沁县、漳源之敌三百余企图在以西之家口庄、王村、郭村诊筑公路碉堡，现已修至王村。江日，被我陈正洪团配合民众千余将其全部破坏。另一部在沁县新店收电线五百余斤，砍电杆卅余根。等情。谨闻。职朱德、彭德怀叩。真。

委员长蒋钧鉴：谨将职部最近战报汇呈如下：

（甲）陈代师长光微电称：（一）江日，我张支队一部，在邹县附近与日伪八百余遭遇，战数小时，被我全部击溃，生俘自卫团长、副官十一名及士兵十余，获长短枪五十余支，军用品一部。我伤亡五名。（二）支日，我张支队一部袭击枣庄，曾一度冲入村内，毙敌十余及指挥官一名，获大小皮包四个、文件、军用品一部，西药五箱。

（乙）聂司令荣臻宥电：（一）张家口、宣化敌继续南援，宥日计北到蔚县之敌汽车六十余辆，输送敌军，现蔚县敌三千余。宥、梗两日，该敌由涞源增援，被我击溃于北宫口、曹家堡一带，正激战中。另由涿鹿南援之敌汽车十余辆，载敌二百余，正与我肖克军一部于桃花堡附近激战中。广灵增灵邱之敌二百余，宥日被我杨支队一部于张家沟附近击退，毙敌卅余，缴获一部。（二）据由涞源城逃出之难民及反正伪军称，涞源城内敌经我数次猛攻，及城外据点被我攻克后，势甚动摇，现不能昼夜构修城垣及城守防。（三）涞源附近经我连日战斗，计被我攻克上下北头、白石口、马圈、孙庄、金家井、王家村、北口中稜、×家咀、北石拂等十余处，获步枪三百十余支、轻机枪廿余挺、重机枪九挺、掷弹筒十一个、战马百一十匹、电话机十二架、缝衣机六架、大衣二百余件、军毯四百三十床，俘日军小队长一，士兵十八名，伪军七十三名，被我烧毁物资未算，甚多。我伤亡官兵共五百余，另中毒者二百余名。(四)涞源城及插箭岭(涞源南)、张家峪、石家堡、庄口庄等据点，正被我继续猛攻中。宥日，敌机四架飞涞源城上空输送粮弹，其中有投我方，计获粮食甚多。职朱德、彭德怀叩。俭。

(2) 致蒋介石呈(10月3日)

委员长蒋钧鉴：顷奉总司令朱、副总司令彭感日来电，谨译抄呈阅

附抄电二件

职　叶剑英谨呈

十月三日

委员长蒋钧鉴：谨将职部百团大战最近要报汇呈如下：

第九十五要报。根据刘师长伯承梗电称：(甲)枣强城区于庄等据点之敌四百余人、炮三门，于养日晨向我枣强以东地区出击，与我李林嘉主力接触，激战二小时，我陈耀元团主力及易旅之黄光霞团一部，即向该敌后侧击，除被逃脱一部外，大部被我消灭，缴获八八式野炮一门、轻机枪八挺、重机枪二挺、步枪五十余支、大车廿余辆及其他军用品甚多，刻正搜查中。我伤亡百八十余人，详情待报。(乙)我韦旅黄新友团主力与师部特务团一部，马晚破坏丰乐到观台矿之铁路一段，电杆线为我彻底破坏。于养晨，观台之敌二百余人向东南出击，于×善附近，与该团激战之际，我另以一团绕击李家庄之敌，受我南北夹击，不支溃退。另一部八十余，再向我侧击，毙敌廿余人，生俘伪军七名，日兵八名，缴获枪十七支、轻机枪一挺、照相机一架。(丙)我陈赓旅之陈正洪团，于马晚破坏白晋铁路漳源镇以北铁路一段，约八里许，毁铁桥、石桥各一座，铁轨百五十余根，枕木数千条，夹板、道钉五百余个，电线五百余斤。

第一一三要报。据聂司令荣臻宥日酉电称，百团大战第二阶段

涞源作战已于养日开始，攻击已获得胜利。现将养、梗、敬日战况报告如下：（一）我焦支队徒子塔团梗晚攻击涞源以东三甲村据点之敌，战至敬日拂晓，始将该据点攻克。敌一百八十余全被我消灭，获步枪八十余支、轻机枪七架、掷弹筒四个，生俘日军小队长一名、士兵十八名、伪军卅五名，战马廿匹、军用品甚多。该团另一部，梗晚攻击中庄甫塘峪（涞源北），战约一小时，敌不支，溃窜至高台庙，激战至敬日晨，将敌大部肃清，击毁敌汽车二辆，缴获正清查中。（二）韩庄支队之朱学辉部梗晚攻击曹沟堡（涞源北）等据点，另一部攻击张家峪、刘家咀（涞源西）等据点，敌人顽抗，刻我正围攻中，缴获待报。（三）杨成武部养晚分向东西圈堡（涞源东北）困守碉堡之敌出击，敌大肆施放毒气，未能奏效，将碉堡附近高地馒头山占领，于梗晚复向城郊攻击，将附近碉堡大部占领，残敌卅余退出，最后一个碉堡被我围攻中。是役，缴获轻机枪三挺、重机枪一挺、步枪五十余支。另一部梗晚攻击涞源城，将城郊敌大部消灭，一部窜入城内。敬日，涞源之敌二百余，一度增援，被我击退。等情。谨闻。职朱德、彭德怀叩。感戌。

委员长蒋钧鉴：谨将职部百团大战要报汇呈如下：

第七十九要报：（甲）据贺师长龙文电报称：（一）鱼晚，我大青山支队一部，将归绥至毕克齐及察素齐以西之电线各破坏十余里，收回电线五百余斤。（二）我傅团一部五日在岚县南下马铺与敌三百余遭遇，激战五小时，将敌击溃，毙敌七十余名。我伤政指、排长各一名，以下伤亡六十余名。（三）齐日，我刘团一部在康家源（柳林附近）与柳林出动之敌四百余，激战二小时，毙敌十余，敌不支，向柳林回窜。（乙）据刘师长伯承鱼电称，兹将平汉路东各部连日破击成绩呈报如下：（一）我刘、李两团配合地方部队，于上月齐至有日止，破坏任尧公路、任邢公路、南平公路各约廿里，平乡、长河镇间公路十余里，任邢间木桥、广平以西木桥均为我破坏，砍电杆二百五十余根，收电线三千余斤，并攻克任县西北安庄等据点，生俘伪军卅余，缴获长短枪廿余支。(二)大名东南东里集敌伪五百余名，冬日向我高团进犯，被我埋伏部队给以猛烈攻击，毙伤伪队长以下九十余名，生俘五名，日伪旗二面。我伤排长以下十余名。等情。

第一百要报。据刘师长梗电称：(甲)马日，我陈团动员民众三千余，破坏景县西龙华至青兰间铁道三段，毁路基约四里，收电线七百余斤，龙华至西北李石店间道路均被大部破坏，收电线千三百余斤，并击溃由李石店出击之敌汽车八辆，毁汽车二辆。(乙)养晚，赵团一部配合民众千余，将晋×至李七庄公路破坏数里，挖沟百余条。(丙)晚陵团一部配合民众千五百余，破坏龙华、贾庄公路约七里。又一部配合民众千余，把龙华至青兰间铁道破坏数段，并颠覆敌轻便火车一列，缴获军用品一部。(丁)我沁县游击队，近日每晚破坏沁县南北铁路，搬回并投入沟中铁轨二百五十余根，获步枪十五支，汽油六桶。

第一一五要报。据聂司令荣臻宥日亥电报称，(一)白石(涞源南)据点经我杨成武部一部养、梗晚两次袭击，被我占领，毙敌五十余人，除窜插箭岭外，余均被我消灭。同晚，我曾支队唐团一部攻克下北头(涞源南)，守敌七十余被我歼灭过半，残敌窜回涞源城。插箭岭敌经我养、梗日强攻后受重伤，刻仍被我围攻中。涞源以南除插箭岭外，其余据点均被我克复。(二)困守西源堡(涞源东北)之敌十余人被我火攻烧毕，蔚县至涞源公路已被我破坏。梗日，该敌由怀来、涿鹿、蔚县抽出，向涞源增援部队二千余，正被我阻击于九宫口、曹沟堰(蔚县东南)一带激战中。连日敌飞机三、五架不断向我轰炸。等情。谨闻。职朱德、彭德怀叩。感亥。

(3) 致蒋介石呈(10月6日)

委员长蒋钧鉴：顷奉总司令朱、副总司令彭皓日来电，谨译抄呈阅。

附抄电二件

职 叶剑英谨呈

十月六日

委员长蒋钧鉴：谨将职部百团大战要报汇呈如下：

第八十四要报。据刘师长伯承寒电称：(一)灰日，我易旅于崔刘击溃由临城向西北出犯敌二百余，毙伤敌六十余名，我缴获步枪五支、战马二匹、其他军用品一部。(二)敬晨，我桂支队一部于枣强以东、青兰以西伏击由青兰西开敌汽车一辆，当被我全部歼灭。计毙敌三十余，击毁汽车一辆，我缴获轻机枪四挺、掷弹筒二个、其他军用品一部。我伤亡十余名。等情。

第九十要报。据贺师长龙号电报称：(一)我师一部真日将神池以西义井镇至八角堡之公路电线破坏，收回电线四百余斤，并击退由义井援敌百余，毙伤敌十余名。(二)寒日，我一部于梗村、普明通岚县西南间公路毁桥一座，收电线五十余斤。(三)删日，我×团一部在和家井与宁化堡之敌百余对战数小时，最后该敌被我包围，激战于份娄村，至筱晨，大部被我消灭。余敌向宁化堡逃窜。计毙伤敌百十余名，我伤亡连长以下官兵七十余。(四)号日，我一部破袭徐沟至太谷间铁路，即与徐沟出击伪军廿余名接触，我喊中国人不打中国人之口号，该伪军甚为感动，即不支缴械，被我俘伪军三名，步枪十余支、自行车十余辆，其他军用品、文件一部。是日，徐沟敌伪百余，向我东南进击，被我于杨李附近击溃，毙伤敌二十余名。

第一三五要报。据刘师长伯承东电报称，(一)辽县、榆社增援之敌，已于艳申电呈报在案。计武乡敌千二百余人企图营救管头之敌，卅日到达管头西红崖头，被我陈锡联旅、陈赓旅各一部包围，作战至黄昏，敌据村庄顽抗。是晚，我冒雨连续夜袭，与敌反复肉搏数次，毙敌三百余人。本日晨，该敌在飞机五架掩护下向西突围，于王景村附近复被截击，现正在王景村以南高地激战中。和顺之敌二百余，本晨已到达王景村附近，辽县敌五百余，均已进抵魏家庄附近，以上和、辽增援之敌，刻正与范子侠旅及陈锡联旅一部激战中。榆次向东进之敌，均被决死队及陈赓旅一部击溃。

又：据陈代师长光铣电报称：(甲)丰县、砀山等处之敌集结约二千余，汽车六十余辆，坦克五辆，炮十余门，于本月灰日起，开始向我豫东扫荡，于养日在丰县东北之丁兰集附近与我彭支队激战终日，反复冲锋十余次，毙伤敌寇百余，敌大肆放毒气，我伤连长陈开德、排长二、以下百九十余名。现金乡、单县、鱼台、沛县等处之敌军在不断增加中。(乙)我彭支队一部元日将徐河口(郯城南)伪匪五百余大部消灭，生俘敌伪各百五十余，缴获长、短枪百余支，战马十余匹，我伤亡连长以下卅余名。另一部将头城至察头段公路破坏，并破坏石桥一座，刻已不能通车。(丙)我梁支队一部宥日在郯城南与伪自卫队百余遭遇，当被我击溃，毙伤卅余名，我缴获步枪廿余支。谨闻。职朱德、彭德怀叩。皓酉。

(4) 致蒋介石呈(10月7日)

委员长蒋钧鉴：顷奉总司令朱、副总司令彭铣日来电，谨译抄呈阅。

附抄电一件

职　叶剑英谨呈

十月七日

委员长蒋钧鉴：谨将职部百团大战初步总结补报(续第八十三要报)如下：

(一)在我廿天以正太路为中心的交通总破坏与敌进行艰苦的战斗，计遭受我军袭击之敌人有一一〇师〔团〕全部、卅六师团、卅七师团之主力、第廿六师团、廿七师团之全部、独立第一、第三、第四、第七、第八、第九、第十六等混成旅〔团〕和其他铁道运输工兵等，与华北伪治安军、伪皇协军、伪蒙军、伪满军、冀东南剿共军、日寇之武装移民，及其他各地伪警、伪宪兵、特务机关等。而其中遭我打击最大、失败最惨者为独立第四混成旅团。该旅团之德江、陈田两大队几全部歼灭。其次为第卅六师团之永野等三个支队被我消灭大半。永野千秋中佐被我当场击毙。于榆社中村双峰附近战斗中，独立第九混成旅团遭我严重打击，尤其该旅团之大村大队被我全部歼灭。在廿天战斗中，敌飞机百余架不断轮流向我轰炸，尤以娘子关、狮垴轰炸尤惨。等情。谨闻。朱德、彭德怀叩。铣辰。

(5) 致蒋介石呈(10月8日)

委员长蒋钧鉴：顷奉职军总司令朱、副总司令彭梗俭来电，谨抄呈阅。

附抄呈电二件

职　叶剑英谨呈

十月八日

委员长蒋钧鉴：百团大战第一〇八要报。据刘师长伯承宥来电称：(一)困守管头(榆社东)之敌二百余(由板津大队长率领)，昨天突向陈锡联旅再度进犯，当被我歼灭过半。计缴获机枪二挺、步枪卅余支、军用品一部。刻残敌仍固守碉堡，与我顽抗中。(二)本晨，昔阳敌步骑兵五百余人、炮七门，南援，本午到达和顺南十里处，被我范旅击溃。现该敌被阻止于和顺附近，正激战中。(三)自敬日起，敌机每日五至八架飞榆社、辽县、和顺一带，轮流轰炸，因部队防空注意，损失不大。(四)辽县石匣正在我猛烈围攻中。据刘师长马电报称：(甲)韦旅方团一部铣晚分途攻袭长治以北关村南，当毙敌甚多，并一度攻入关村镇，共俘自卫团兵四名，收电线千余斤，获军用品一部。筱晚，该部复向长治东北之河口敌袭击，当克敌碉堡数座，毙敌甚多。（乙）决死队三纵队一部于铣日将长治、潞城间电线全部破坏，收电线七百余斤，并一度袭入该村敌据点，缴获军品一部。巧日，潞城黄碾、微子镇等地敌三百余，向潞城北江家庄进攻，经我该纵队一部英勇抗击，将敌击溃，毙五十余。（丙）师直属特务团一部，铣晚将武安站于特、疆柏间电线大部破坏，收电线二百余斤。铣日，和村敌一部向王景村进犯，当被该团一部击溃。

百团大战第一一一要报。据贺师长龙宥电称：（一）我竽旅一部于养袭击宁武东南轩岗，当攻入车站，毙伤敌卅余，获步枪廿余支，轻机枪十挺，其他军用品甚多。轩岗车站被我全部焚毁。另一部将轩岗以西后口之支中铁桥一座炸毁，并破坏轩岗东西铁路十余里，收电线八百余斤，轩岗附近铁路已为我全部占领。现正继续毁灭铁道、桥梁中。（二）竽旅一部，养日将崛䍧异至珍间铁路破坏。敬日，宁武敌二百余出击，被我击溃、消灭一部，余回窜宁武城。我击破宁武至轩岗间铁路。同晚，另一部袭击狼窝寨，毁敌碉堡两座，毙伤敌十余，获步枪五支，收电线五百余斤，我伤亡连长以下十余名。据徐副师长向前养亥报称：（甲）进陷葛淞、镐河等处之敌万部六百余人，在椰烟至道口与我特务团主力战斗竟日，该敌是日继陷十字路、童衰、南易，为我反攻、击溃之残敌退至惶×镇、莒县南。（乙）博山、莱芜、新泰之敌共三千余人，配合临沂扫荡我县庙之敌，于筱攒班王路进攻我鲁村山东南，与我杨国夫一部激战一昼夜，敌机大肆轰炸，及敌人强烈炮火猛攻下，我军激战三小时，敌一路百余为杨支队王团击溃，窜回莱芜。现鲁林仍有敌二千，我正反攻中。详情待报。等情。谨闻。朱德、彭德怀。梗亥。

委员长蒋钧鉴：谨将职部最近战报汇呈如下：（甲）贺师长龙有电：（一）我大青山支队为配合百团大战胜利之开展，向当前之敌大肆破坏，计佳日以一部于厕沟庭子击溃大滩（陶井）外出敌骑五十余，毙伤敌十余。（二）灰日，一部将大滩至乌兰花公路电线破坏十余里，并袭击××之敌伪李海龙部，毙伤敌十余，我伤亡连长胡京良以下十五名。（三）灰日，我另一部将陶林至三道营、武川至乌兰花间交通全部截断，并砍断电杆千根，收电线千四百余斤，伏击出扰敌，获长短枪五支。（四）真日，乌兰花问之敌人百余外出，图修复交通，被我伏击回窜，毙伤敌十余。（五）续范亭部号夜分途向五寨及其南之风子头、神池以西义井镇等处之敌袭击，毙伤敌共百余名，夺获步枪十余支、机枪三挺，我亦伤亡六十余。（六）同夜，我张旅一部进逼宁武车站，破坏宁武至以北石湖河，敌碉堡亦被我攻占两座。刻我仍向该敌围攻中。朔县、神池来援木昉之敌四百余，于敬晨分三路驰援，与我彭团在杨方口南激战竟日，卒将敌全部击溃，毙伤敌百余，获步枪廿余支，日旗二面，弹药等军用品甚多。该团政委张世良负伤，以下伤亡六十余名。（七）我彭旅一部于养晚续袭宁化堡以北马头沟，将宁武出犯敌击退，毙伤敌廿余。（八）我杨团于宁武、段家岭间破坏铁路五里，炸毁枕木四百余，运回铁轨五十余条，解放路工二百余名，并击毁由长梁西驶敌火车头一个，车箱全部颠覆，毙伤敌十余。同时，该团另一部袭击段家岭车站，毙敌九名，缴粮一部。（乙）刘师长伯承俭电：（一）武安敌四百余，于敬日西犯阳邑，被我杨团一部截击于阳邑以东，当毙敌卅余，获步枪十余支、战马五匹，敌溃退武安。（二）丘阳敌三百余，敬日向要塀东北土合村进犯，被我特务团一部击溃，毙伤敌廿余，获长短枪五支、钢盔四顶、军用品一部，我伤六名。（三）我感日攻占辽县以西石匣镇，缴获甚多，计有山炮、迫击炮各一门，轻重机枪六挺，步枪七十余支，子弹、军用品一部，俘敌伤兵八名。×县敌百余来援，遭我击退，毙伤敌五十余。辽县孤城，刻在我围攻中。（四）沁县及东村（武乡西）等处之敌约千七百余，今晨向榆社北魏城①，正在武乡

① 原文如此。

北与我恶战中。(丙)陈代师长光感电：(一)我杨旅一部于养晚强袭寿张西南之张家口据点，当攻入村内与敌激战三小时，将守敌伪军百卅余全部消灭，生俘伪区长以下百余，获步枪百余支，手枪九支，电话机十架，军衣五十余套，皮鞋五十余双，军用品甚多。我阵亡排长一，伤排长二，以下伤亡六十九名。(二)邹坞(临城东)之敌百余，敬日掩护民伕数百，图修补临枣铁路，遭我彭支队袭击，民伕大部逃散，该路仍未修复。(丁)聂司令荣臻俭电：(一)敌独立第三旅及第九等混成旅团各一部共六千余人，自巧日起则由忻县、定襄、榆次、寿阳、芹泉等地向盂县附近及以北山地进攻，与我郭天明及熊伯涛支队各一部及地方民众武装苦战兼旬，予敌以痛击。养日，该敌在飞机七架掩护下，向滹沱河南活川口、枣园村、梁家寨一带进犯；同日，五台敌五百余同时东犯，企图占河口村。以上之敌经我郭天明部葛团及熊部李团等部迎头痛击，敌受重创。余均于敬、有两日分向各据点撤退，复被我各部沿途痛击，尤在盂县东北下社、盂县北等地击溃。现我各部正向敌尾追中。连日战斗，毙伤敌三百余，我重伤团长刘东记一名、营长一名，以下伤亡官兵百余，缴获正清查中。现盂县以北及东西地区已无敌踪。(二)此次敌人北犯，目的为向我报复和掩护修路，经我英勇苦战，将敌计划完全打破。等情。谨闻。职朱德、彭德怀叩。俭。

(6) 致蒋介石呈(10月28日)

委员长蒋钧鉴：顷奉职军总司令朱、副总司令彭有电二件，谨抄呈阅。

职　叶剑英谨呈

十月廿八日

委员长蒋钧鉴：此次百团大战，华北各铁路，尤其正太路，不仅被我彻底破坏，且将沿线及其两侧之伪组织全数催毁，或自行解散反正，民众极为兴奋，积极参战，使敌遭受严重损失。敌愤怒异常，大肆烧杀，以图报复，特别正太线南北地区，民众遭杀戮者空前未有，其状极惨。据已调查者，被杀民众在两千以上，被烧房屋数万间，其他被毁坏抢劫之财物无算。除当地地方政府及军队拨款救济以应急外，现将敌寇印发之布告、传单、命令摘要报告如下：(甲)九月三日，×驰上部队长屠杀民众命令(系日文，油印，长方纸块，由空中掷下者)，为根绝敌根据地区住民之利敌害我之行动，应彻底烧毁扫除之。(乙)山西派遣军×××布告(长形石印，各地张贴)声称：各铁路交通突遭共匪八路军之破坏，抱憾之至，皇军以坚忍之意志，并施行猛裂〔烈〕之手段，向八路军冲击，毫无回顾之余地。等语。其他挑拨欺骗之传单很多，如云：可怜之杂牌军，中央军在背后欢喜大笑。算①被袭击铁路及据点的命令所欺骗。现在八路军跟日军对面，其结果可知，长期抵抗的八路军必将全灭。等语。谨闻。职朱德、彭德怀叩。有。

委员长蒋钧鉴：谨将职部最近战报汇呈如下：(甲)肖副师长铣电：(一)灰日，我一部将高山寺(昌平)之敌伪百余消灭大半，毙敌伪五十余，生俘廿余，获轻机枪二挺、步枪五十余支、电话机一架，并破坏长岭公路四十余里。(二)长头沟之敌三百余，虞日进占青白村以东山地，建筑堡垒，佳晚被我一部袭击，毙敌四十余。我伤亡卅余名。(三)真晚，袭击千军台之敌，毙伤敌四十余，获步枪十余支、大衣卅余件。我伤政指、排长各一员，以下伤亡廿余。真日□时马黄峪、砦山堡以北敌三百余，向扶羊、石虎进犯，被我击溃，毙敌小队长以下四十余。(乙)贺师长巧电：我独二旅一部于梗晨八时与右玉出犯之敌百余在金奴窑北山激战，毙敌大队长一，以下四十余，获步枪廿余支、战马六十余匹、子弹两大箱、其他军用品甚

① 原文如此。

多，我伤亡连长以下卅余名。（丙）吕司令正操号电：（一）四日晚，黎团一部攻克大城南石家堰、刘庄、皖自庄等据点，毙敌六十余，获步枪四十余支、机枪四支、自行车十余辆。我伤亡廿余。五日夜，该团另一部收复青县西站邹庄子碘据点，并将该桥彻底破坏。九日，另一部袭击大城南白羊昌桥据点，敌受迫退出。（二）皓夜，我杨团一部发动民众四百余，破坏新城至龛虎庄公路五里许，电线亦一并破坏。五日夜，另一部在新城东南大卢昝伏击出犯之敌，击溃之。（三）大城西阜草村敌伪百余，于微日向南蔡村进犯，与我黎团一部战数小时，获步枪五支、其他军用品一部。鱼日，我×团一部袭击枕亦西南吴家卢，毙伤敌伪廿余，获步枪六支、子弹数百发及军用品、文件甚多。我伤亡排长刘聚良以下十余人。（四）文日，我焦团一部进袭肃宁以北景家，当占领该据点。同时，该团主力曾一度攻占西关，该城守敌异常恐慌。（丁）刘师长伯承电称：我陈丹部于上月养日北岭山战斗，缴获文件中得悉：先后与我战斗之敌为独立混成旅第七旅团，旅团长为濑埚，驻沧州。（一）该旅团赘淞立步兵第二十七、第二十八、第二十九、第三十大队（简称二一八九等大队），并附有炮兵队、通信队、工兵队。此次战斗被我消灭的第二十七大队所属之第三四中队。（二）该旅团所辖警备区为沧县、东光、南皮、监山、吴桥、宁津、交河、景县、武邑、衡水、献县等十八县。等情。谨闻。职朱德、彭德怀叩。有。

〔国民政府国防部史政局及战史会档案〕

10. 朱德等著《论八路军百团大战》①

（1940 年10月）

目录：

---

① 原为新四军豫鄂挺进纵队政治部出版之油印本。未标出时间，据内容判断，当为 1940 年 10 月。

卷首　插图

一、扩张百团大战的伟大胜利……………………………朱德

二、百团大战的意义及其影响…………………………彭德怀

三、论八路军在华北反“扫荡”的百团大战………《新中华报》

附录：

一、蒋委员长嘉奖八路军电〔略〕

二、卫司令长官贺电〔略〕

三、八路军一二〇师“百团大战”初步战绩统计

四、八路军“百团大战”冀察晋边区北线初步战绩统计

卷首

华北八路军进行的百团大战是抗战三年余来的一件空前伟大举动，它向全国人民指出：中国独立自主的抗战只要全国一致团结，坚持到底，不久即可进入反攻阶段，最后胜利一定属于我们。目前，正当隐藏在抗日阵营中的亲日派、投降派，在日寇的威胁利诱之下积极活动，阴谋葬送我们的抗战建国的神圣事业，因此，民族危机更加加深的时候，捷报频传的八路军的百团大战，如象一个巨大的号召全国军民“团结抗战”的号角。为着使各地抗日军民对于这一伟大的战役反攻有一个清楚的认识，并能以更进一步研讨它的经验教训，特选有关于这次大会战的论文三篇集为一小册，以饷〔飨〕各地抗日同志(这三篇文章都是从电报中译出，或有脱漏之处，或文字上与原文相出入之处)。

扩张百团大战的伟大胜利①

朱　德

“百团大战”是我军在敌后方进行的大规模的战役进攻，是我军政民共同发动的伟大的交通战和经济战的总攻击。这一个战役

① 时间为1940年9月25日。

进攻曾给华北战局很大影响，它将缩小敌占区，扩大我战区，打破敌后抗战的严重困难，造成华北抗战的新局面。目前，大战仍在继续中，但初步战果已经发现出空前伟大的收获，而为全国同胞所同心庆祝。八路军的全体将士，华北的许多游击队，以及广大的人民正在再接再厉，浴血奋战，为扩张这一伟大胜利，告慰全国同胞而继续斗争。

在目前的形势之下，百团大战虽然是胜利的游击战争的战役进攻，但它带有全国性的伟大的战略意义。首先，它牵制了敌人进攻我大西北后方及进攻我西南的企图。最近，敌谋南路由越南进攻昆明，中路由宜昌进攻重庆，北路由洛阳进攻西安，以威迫我全国屈服，而我百团大战的伟大胜利就部份的错乱了敌人的部署，至少要迟延敌人的进攻。同时，更加强了全国同胞的胜利信心，促进了全国的团结，使敌人难于实现其威迫利诱之阴谋。

其次，这一胜利的战役进攻，打破了敌人对付我抗日根据地的"囚笼政策"。敌人企图利用它的铁路、公路据点和碉堡来封锁我抗日根据地，陷我于绝境，而我们则必须切断敌人的交通命脉，以制敌之死命。因此，敌后战争的斗争形式，主要的是交通战争。此次巨大的交通总攻击战，不但严重的打击了敌人对我的军事封锁，并陷敌人的军事行动于非常的困难之中。我们更克复了许多碉堡和据点，缩小了敌占区，扩大了我占区，使许多沦陷已久的地方，重新飘扬起青天白日旗，这也就更增加了我国抗战胜利的因素。最后，这个胜利的战役进攻，严重的打击了敌人的"以战养战"的阴谋。我们不但打破了敌人对于抗日根据地的经济封锁，而且还切断了敌人的经济运输，破坏了敌人的经济开发，特别是破坏了井陉煤矿，使敌人不能利用我华北广大的煤矿的出产品，无疑是对敌人的一个极严重的打击。八路军能够取得这样伟大的胜利，是有它的历史根据的。首先，在抗战开始以后，敌人挟其优越的武器和兵力向我内地长驱直入时，八路军曾奉蒋委员长的命令，首先以英勇的姿态和敌人采取正相反的方向，向敌后深入挺进，配合了华北广大人民创造了华北广大的抗日根据地，壮大了人民抗日的武装力量。没有这个时期的八路军的英勇和艰苦的奋斗，就不能有今日百团大战的伟大胜利。其次，在武汉失守以后，敌人曾抽调一部精锐，到华北各抗日根据地进行轮番的“扫荡”，从军事、政治、经济和文化加紧残酷的进攻，企图摧毁我抗日根据地，而我华北广大军民则对敌人展开最热烈紧张的、胜利的反“扫荡”战争，巩固了华北各抗日根据地，锻炼和加强了抗日的武装力量。没有这个时期八路军的英勇和艰苦的斗争，也就不能够有今日百团大战的伟大胜利。正因为八路军具有这种历史的根据，所以才能够造成我今日的战胜敌人的条件。

这个条件是什么呢？就是我们能够以人民为基础，依靠发动华北千千万万广大人民的人力物力，团结一致，自力更生来对付敌人。百团大战的胜利又重复地证明，只有坚持团结进步的方针，只有坚决执行三民主义，才能够发动群众，才能取得胜利。我们要取得抗战胜利，就必须敢于发动群众和依靠群众，否则就只有失败。

百团大战的初步展开，虽然已经取得伟大的胜利，然而检阅这一次战役经过，我们仍然深感到成绩的不很够。我们虽然彻底的破坏了正太路，切断了同蒲路和平汉路的北段，破坏了许多其他的铁路交通，但是，对于津浦和平汉路的南段，对于胶济路东段，对于黄河两岸的敌人的交通网，我们还不能够进行最有效的大规模的破坏，因为在这些地方，我们还未能够积极发动民众、依靠民众。因此，我们迫切的要求这些地方能够大胆而迅速的把民众发动起来。只有这样才能将百团大战的伟大的胜利，扩大到敌后的各部水陆交通的战线上去，才能配合正面的抗战，更有效的打击敌人和争取反攻阶段的迅速来到。同时，百团大战虽然取得了伟大的胜利，但我们决不能因此而自满，我们必须估计到，敌后抗战的坚持仍然还存在着严重的困难，这主要的就是弹药和给养的困难。因此，我们热烈的希望我最高军政当局、全国一切抗战的同胞们及海外侨胞，予我们以源源的帮助。我军全体指战员和政工人员必须更加发扬我艰苦奋斗的模范精神，同时，力求自力更生，以做到给养困难的解决。只有这样，敌后抗日武装才能继续坚持，才能扩张已得的胜利。

在敌后抗战的历史上，空前的百团大战开始的二十日中，我们的团长李和辉同志，副团长吴龙煮同志，营长李光升同志，以及军分区政治委员董天知同志等和其他指战员、政工人员千余人，已经为中华民族的解放神圣事业而光荣地流尽了最后的一滴血。这里我仅向他们表示崇高无上的敬意。我们的旅长陈锡联同志、范子侠同志，副旅长汪乃贵同志，旅政委谢富治同志、旅政治部主任卢仁灿同志和旅参谋长曾绍山同志，以及其它团营级干部指挥员、政治工作人员和战斗员四千余人，都在这次战争中光荣的负伤或中了毒，这里我仅向他们表示最热烈的慰问之忱。希望我八路军全体指战员和政工人员发扬牺牲者的英勇坚决精神，再接再厉，愈战愈奋，胜不骄败不馁，继续扩大百团大战的伟大胜利，并且配合友军，在蒋委员长的领导之下，踏着死者的光荣血迹，勇敢前进，到抗战的最后胜利！

蒋委员长电奖八路军　　　　原电

朱副司令长官：彭副司令迭电均悉，贵部窥破时机，切断华北交通，予敌甚大打击，特电嘉奖。除电饬其他各战区出击，以策应贵部作战外，仍企速饬所属积极行动，勿与敌喘息机会，彻底断绝其交通为要。中正。

百团大战的意义及其影响
——八路军副总司令彭德怀同志
1940 年 8 月 31 日对新华社记者的谈话

新华社华北分社记者于八月卅一日往谒十八集团军彭副总司令，叩问百团大战之意义及其影响。承赐接见，并发表谈话如次：

记者问：百团大战在华北抗战中意义如何？

答：这一次百团大战及其所获得的胜利，在华北抗战历史上，乃至在全国抗战历史上，都占很重要的地位。在敌人后方进行主动的大规模的战役进攻(百团大战)，这还是第一次。在这以前，在蒋委员长领导之下，三年来，我们与敌人进行了无数次的战斗，坚持了华北敌后的抗日游击战争，曾经在不断战斗中削弱敌人和强大自己，为今日的百团大战准备了有利条件。但是，过去敌后的一切战斗，大半以反对敌寇“扫荡”为主，虽然这些战斗也会给敌人严重的打击，但在军事布置上，还不是主动的大规模的战役进攻，这种形势是由于过去客观条件所形成的。这一次百团大战，我军完全处在主动地位，调集了八路军、决死队等一百个团以上的兵力，向敌寇的各条交通线，如正太、同蒲、平汉、平绥、北宁、津浦、胶济等路，进行大规模的战役进攻。这一战役进攻，在华北抗战历史上是空前的，在全国抗战历史上亦是不多见的，因为这一战役进攻，缩小了敌占区，扩大了我战区，也就是华北战局转换的开始；这一战役进攻的胜利，将为华北创造出一个新的局势，这个新的局势将更能牵制敌人、阻滞敌人向我大后方进行正面的进攻。这一战役进攻的初步的胜利，已经有了许多重大的收获：正太路全线已在我军掌握之中，沿线重要建筑，如隧道、铁道、桥梁、车站、水塔等均已大部破坏，二百里路基全部彻底毁灭，使敌寇在太行山脉的交通要道被我切断，使敌寇在平汉路与同蒲路之间，河北与山西之间失掉联系，陷于首尾不能呼应的困境。在平汉路、同蒲路、平绥路、北宁路等处，我军亦同时出动，开展大规模的破坏与袭击，给了敌寇不少的打击。但这些胜利还只是这一战役的初步，各路战斗尚在继续开展中，由于我军将士用命与民众之参加，战果必继续扩大，更加增加敌寇的困难，更加缩小敌占区，扩大我收复区，而这种情形，是华北抗战局势开始转换的一个重要的关键。华北抗战局势转换是与全国战局密切联系的，此次百团大战的胜利，并不是最后的反攻，因为目前全国抗战仍然处在相持阶段中，要从相持阶段进到反攻阶段，必须我们更大的努力。这一次百团大战就是我们在这方面加强努力的一个表现，百团大战已经获得重大的战果。

问：这一胜利将在国际国内形〔引〕起何种影响？

答：自百团大战开始以后，已经引起了国际、国内人士重大注意。如美国合众社驻北平记者在敌寇严密监视之下，仍能发出电讯，报导我百团大战的胜利。在国内，我大后方广大军民对这次百团大战更表示极大兴奋，各地友军先后来电慰勉，尤为可感！概括言之，百团大战的胜利，在国际、国内已经引起如下的影响：

第一、百团大战的胜利，大大的提高了全国军民对抗战的信心，严厉的打击了悲观失望的情绪。这一胜利证明我抗战力量日益生长强大，而敌寇则日益削弱，证明我国有着伟大的力量，足以克服当前的危险与困难。同时，由于有百团大战的胜利，兴奋了全国军民，因此，我国的抗战力量也必将更加生长，更加发展，更加坚决，更加便利于我们去克服当前的抗战困难。百团大战的胜利给了敌寇挑拨离间者的阴谋以重大的打击，更加加强了我国内部的民族团结。事实证明，只有在民族团结这个条件之下，我们才能组织百团战役胜利的成功。随着百团大战胜利的扩大，我们的民族团结也必将更加巩固团结起来。百团大战的胜利，是华北敌后三年来力求进步的结果，没有各个抗日根据地军事、政治、经济、民运各方面的进步，这个胜利是不可能的。因此，百团大战向全国同胞昭示着这样一个真理：力求进步乃是争取胜利的正确道路。在百团大战胜利的影响之下，将更加推动全国的进步，这是无庸怀疑的。总之，百团大战在我国内部所引起的影响，是推动我全国军民更加坚决抗战，更加团结进步，对于克服当前的投降危机与抗战困难起了很大的作用。

第二、百团大战的胜利，在敌占区内及在敌远后方也起了非常重大的影响。首先是敌占区内的广大人民在百团大战胜利的影响之下，开展了坚决的对敌斗争，例如在正太路沿线，这种斗争在继续扩大着。敌占区内外广大人民的对敌斗争，对于我们战争的进行有极重大的关系。其次，如敌占区内一切敌伪组织，在我百团大战胜利的影响之下，更加动摇起来，这就便于我们去瓦解这些伪组织，并争取每个不愿做亡国奴的中国人，重回祖国的怀抱，这就使得敌占区内的统治更加困难，更加动摇，而便于我们去开展敌占区的工作，扩大抗日区，包围敌寇，粉碎敌寇“以华制华”、“以战养战”的阴谋毒计。在敌人远后方，如东北各地，我抗日义勇军曾经冒着重大的艰难危险，进行了不断的战斗。这一次百团大战的胜利，远达冀、察、热、辽、绥边，给东北义勇军以极大的兴奋，使东北同胞深刻感到自己不是孤军奋战，而与华北的抗日军队是有着密切的联系，而敌人远后方的义勇军的活跃，对我华北抗战也将起有力的配合。

第三、百团大战给予敌寇内部的影响也是很大的。这一次百团大战的胜利，不仅打击了敌寇军事上的正面进攻，如窥伺我大西北及进攻我大西南，且也打击了敌寇政治上的阴谋诱降，使近卫“解决中国事变”的企图，在我铁拳打击之下，受到严重的挫折。因此，敌国内部的矛盾，将继续激化起来，敌国人民的反战运动也将在我百团大战胜利的影响之下更加推动。这些情形的增长起来，使敌寇实行南进政策时，遇到更大的困难。虽然敌寇现在已经开始侵入越南，但是由于我们百团大战的胜利继续扩大，由于敌国内部矛盾加深，与敌国人民反战运动增长，敌寇的顾虑必然增多，因此，我们百团大战的胜利，对于越南以及南洋各地人民反对日本帝国主义侵略的斗争也是有了帮助的。

第四、在国际上，我们百团大战的胜利，对于各国反对帝国主义战争的革命人民是一个很大的兴奋，因为我们中国神圣的民族抗战乃是国际反对帝国主义强盗战争的一个组成部份，中国抗战与国际革命运动是息息相关的。百团大战的胜利，必将促进国际革命运动的更加发展，必将引起各国人民对中国抗战更大的同情。

这次百团大战的胜利，也向全世界又一次显示了中国民族的斗争力量，这对于那些企图出卖中国，强迫中国对日投降的帝国主义者，是一个警告；而对于那些愿意帮助中国抗战的国家，表示了中国民族是有着伟大力量与伟大前途。因而在我国抗战外交方面，也就发生了良好的影响。

问：百团大战对八路军本身的影响如何？

答：八路军在中国共产党领导之下，在华北一万万的民众赞助之下，三年来坚决拥护蒋委员长的抗战国策，坚持了华北敌后抗战，创造了许多抗日根据地，维护了敌后方广大民众的信仰，使青天白日满地红的国旗插遍了华北的每一个角落。但是，大家都知道，八路军开赴华北抗战时只有十几个团，这十几个团在华北辽阔的国土上，担负起了异常艰巨、异常重大的任务，与几十万敌军在华北战场上进行了三年来的长期战争。它没有像敌寇与投降份子所想象的那样被征服、被消灭，而且在战争中更加壮大了，成为不可战胜的、团结得象一个人一样的铁军。

问：为什么八路军能够获得这样伟大的胜利与发展呢？

答：这就因为八路军乃是中国人民的军队，在华北的八路军和华北的一万万人民是血肉相联的，华北的八路军确是代表华北一万万人民的利益。在华北的八路军坚持抗战、团结、进步的方针，坚决实行三民主义，这都是华北一万万人民的共同要求。正因为八路军与广大人民有这种不可分离的联系，所以它才能够大大发展，才能进行胜利的百团大战。这一次百团大战的胜利，八路军全体将士更加感到自己的责任，感到自己应该在华北战场上，更加负责保卫民族的利益。在百团大战胜利之后，八路军必将继续发展，而且更加巩固起来。因为华北广大人民将更加热烈的拥护八路军与参加八路军。八路军的发展与巩固，乃是国家民族的幸福与全国人民的幸福。这一次百团大战的伟大胜利，有益于我国抗战事业，将是不可限量的。最后还有一点要说到的，这一次百团大战乃是八路军艰苦作战、英勇牺牲的表现，八路军全体将士此后必当使这种精神更加发挥，创造更伟大的成绩。我们希望一切参加百团大战的其他抗日军队，以及尚未参加百团大战的其他抗日军队，都能继续百团大战的精神，展开新的战斗，争取新的胜利。

问：百团大战现已获得不少胜利，据目前情况观察，战局发展形势如何？

答：百团大战目前所获得的胜利，还只是初步的胜利。我们力求扩大战果，把目前在正太路上所得到的伟大胜利扩大到各个战线上去，扩大到对敌斗争的各方面去。随着军事与交通的各方面的进攻，开展政治、经济、文化各方面的进攻，以争取更大的与更多的胜利。如果能在交通线上继续获得巨大胜利，我们就能在华北战场上保持有利形势，严重的打击敌寇。但是敌寇决不会就这样死亡下去的，敌寇在我们的严重打击之下，必将更疯狂的组织新的进攻，新的扫荡，向我进行更残酷、更毒辣的报复。近日敌寇飞机在正太路一带向我大肆轰炸、以及大举施放毒气，是明显的证据。因此，在百团大战胜利之后，华北抗战必将进入更尖锐、更激烈、更紧张的环境中，我们必须更加加紧准备应付新的战斗，决不能因为目前的胜利而有骄傲轻敌的心理，任何丝毫骄傲轻敌心理，都将会造成严重的损失。倘若我们能够加紧准备，努力巩固与扩大目前的胜利，积极开展向敌寇进攻，并且依靠广大民众力量去开展对敌进攻，我们就可以立于永远不败的地位。

论八路军在华北反“扫荡”的百团大战
——延安《新中华报》九月六日载

正当着国际形势大变动，日寇乘机企图迅速解决“中国事变”，先进行襄宜战役的进攻，接着封锁我西南国际交通，并企图进攻洛阳、西安，以切断西北之中苏交通，同时大规模的轰炸我行都重庆，加紧政治分化与逼我投降的时候；正当着日寇在华北敌后加紧筑堡、修路、封锁河川，破坏我根据地的人力、物力、财力，而推行其“治安肃正计划”的时候；正当我国抗战进入第四个年头，投降妥协危机与困难空前增加的时候，在华北的八路军主力，以百团精兵于八月廿日晚，同时从各方面大举向华北敌寇的大动脉同蒲、正太、白晋、平汉、北宁、平绥、津浦等各铁路及华北所有各公路，以及其周围之各据点，进行空前未有的大规模的战役进攻（不是战略反攻）。这对于中国抗战有极重大的意义。

这一百团的反“扫荡”，完全是我方在敌后主动发动的大规模的战役进攻。这在抗战三年来还是空前的创举，特别发生于目前形势下，它将写出中国抗战史上光辉的一页。就在世界战争历史上，在游击战争中进行这样大规模的主动的进攻的战役，也是空前所未有的。这样的百团大战，在全世界陆战上也是最大的事情，毫无疑义的，它将引起全中国以及全世界的注意。敌寇在华北驻扎的军队，有十个师团和十二个独立旅团（伪军尚不在内），不断的进行华北的扫荡，而我八路军的反扫荡工作也是不断的在进行的。但象这一次的百团精兵的反扫荡的战役进攻则尚是空前的。目前虽还在开始，然而根据这两天的捷报，它已取得了序幕战的初步的辉煌伟大胜利。占领了从一九三七年十月二十六日失守后、从未曾克复过的太行山上隘口天险的娘子关，每日杀敌约以千计。敌军虽已调兵增援，但根据目前的形势观察，敌军未及事先察觉我之企图与准备，到了我之战役进攻已经开始，然后想防止或根本破坏我方战役进攻的计划，已不可能。这百团大战给敌人迅速“解决中国事变”与“南进政策”以很大的破坏，不但打击了敌之士气，消耗了敌之力量，破坏了敌后方的伪组织与秩序，而且也必然迫使敌军继续调动兵力，增援被打击最严重的地点。这必然要使得敌军现在的部署的推行发生新的弱点，使得敌军在战局上受到牵动，以至破坏敌之新的战略进攻计划与准备。同时也将打开华北游击战的新局面，打破敌之封锁与“囚笼政策”，而开辟新的胜利局面。这一百团大战的捷报不断飞来，毫无疑义将更激发起全中国人民抗战的情绪，更加强抗战胜利的信心，将使全中国人民对八路军更加爱戴与拥护，将使全中国人民特别是行都重庆的被难同胞得到快慰。这一百团大战将使华北以及全八路军与各友军更加亲密团结起来，并将激励我前线各个军队更加积极的活跃起来。其结果毫无疑义的，必然或多或少的改变目前抗战的形势，走向于我有利与敌不利的方向。这一百团大战将使华北八路军游击队，以及各地参战的人民得到最好的锻炼，使八路军游击队的战斗力提高，使华北人民抗战的力量与组织更加加强，这对于坚持华北敌后游击战争有着重大的意义。最后，这一百团大战将给予全世界爱好和平的人士以良好的影响，一新国际对我抗战的观感，这对我国争取外援上与联络东方殖民地民族与被压迫民族的解放运动上，也有着重大的作用。这百团大战的战役进攻还正在开始，还要向原来计划的方向大大展开起来。我们庆祝已得的伟大的初步的胜利，我们盼望着全国的将士们积极动作起来，配合着这战役的进攻，争取各战场上的战役战斗的胜利，粉碎敌寇新进攻的企图。

卫司令长官致电八路军庆贺

朱副司令长官：×至×日×电均敬悉。查敌寇陆续增兵，企图"扫荡"华北，截断我西北国际交通，兄等抽调劲旅，给以当头痛击，粉碎其阴谋毒计，至深佩慰！除已饬各部迅速动作，配合贵部作战完成兄等歼敌大计外，特电奉复。

弟　卫立煌叩。

八路军一二〇师"百团大战"初步战绩统计

（新华社晋西北廿二日电）我一百廿师及新军在八月廿日起至十月八日止，参加百团大战的初步战绩统计如下：大小战三百十六次，击毙敌人六千四百余名，毙敌马五百五十余匹，俘日军四十六名，俘伪军三百四十五名，俘战马一百九十八匹，缴获长短枪七百六十七支、轻机枪二十六挺、重机枪二挺、掷弹筒十四个、迫击炮二门、山炮二门、电话机十六架、电话线九万七千六百六十余斤、自行车九十二辆、望远镜十六架，破坏铁路一百七十余里，破坏汽车路一百九十余里、毁桥梁七十九座，破坏电线一千三百八十余里，击破火车头四个，击破火车箱六列，毁汽车二辆，毁装甲车二辆，破坏小火车廿辆，毁渡船廿六支。我方伤亡指战员一千〇八十一名。

八路军“百团大战”冀察晋边区北线初步战绩统计

（新华社冀察晋二日电）冀察晋边区北线之涞源、灵丘战役总结报告。自九月二十二日至十月十日，为时共十九天，大小战斗六十二次，获得战绩如下：光复据点十六处；俘日军七十七名，朝鲜翻译官一名，共七十八名；缴获重机枪八挺、轻机枪二十五挺、步、马枪二百二十五只、掷弹筒十八个、短枪六支、轻机枪预备筒六九个、重机枪预备筒三个、刺刀一百八十六把、马刀七把、战刀五十七把、指挥刀一把、工作器具二百四十把、重机枪镜十个、机枪弹十三箱、掷弹筒筒杆二个、步枪子弹三万八千四百九十四发、子弹盒卅二个、掷弹百十发、手枪子弹三一四枚、炮弹二箱、烟幕弹二个、瓦斯弹六个、硫磺弹二九、照明弹三、穿甲弹六六三〇发、演习子弹卅一箱及三四八〇四〇发、火药六十斤、子弹壳七万颗、无线电台两架、电话机十二架、电池十八个、电线二万四千一百四十斤、钢盔一百九十二顶、防毒面具七十二副、军服一百六十九件、大衣一百一十二件、毛衣二百四十一件、军毯七百五十五床、皮带一百七十条、军衣二百一十三件、皮大衣二百六十件，毁汽车七辆、桥梁十四座，破坏公路一百五十里，破坏碉堡五十七座，敌伤亡约二千余人。

〔军事委员会政治部档案〕

（四）坚持在大江南北的游击队

1. 钱之光转报新四军陈毅支队在丹阳南京间与民众配合抗敌呈

（1938年6月22日）

委座钧鉴：接叶军长、项副军长马电开：

一、我陈支队一部十七日进袭南京、镇江间之下蜀车站。敌据坚顽抗，我当将附近铁路、电线完全破坏。

二、我陈支队一部，十八日晨在镇江南卅里之卫岗附近，伏击南开敌三百余人，当毙敌土井少佐一名、今井大尉一名、日兵卅余人，其余狼狈溃散。我缴获步枪廿余支、短枪二支、日币七千五百余元、日寇文件及其他军用品甚多。我伤亡十四人。

三、我军自卫岗转移以后，镇江敌五百余，附炮数门、坦克数门〔辆〕、装甲车十五辆，到卫岗及东昌卫附近惨施烧杀。我军闻讯，当即返击，敌望风窜回镇江。

四、我陈支队另一部，于十七、十八两日分途将镇江、丹阳间刘家村附近铁路、湖堤东三桥段公路及南京附近双庙、张庙段公路完全破坏。

五、我军到达南京地区后，民众极为兴奋，军行所至，常有数百武装民众配合行动，抗敌情绪极高。

新编第四军驻汉办事处职钱之光谨呈

六月廿二日

〔国民政府国防部史政局及战史会档案〕

2. 钱之光等转报新四军叶挺部于苏皖地区抗击日军战绩呈

（1938年7—10月）

（1）钱之光致军令部第一厅呈(7月1日)

军令部第一厅：接叶军长、项副军长艳电开：

一、我第四支队周部，二十七日晨，在小关附近伏击由舒城南开桐城之敌二百余人，当将敌全部击溃，敌狼狈南逃，我跟踪尾追与截击。至下午七时许，在吕亭驿附近，将该敌大部消灭，缴获甚多，正清查中。

二、陶吴镇、禄口镇之敌各二百余，二十八日向横溪桥进攻，当被我粟部配合民众武装将敌击退。

三、由于我军在南京附近积极活动，日寇大感威胁，连日增兵，计江宁增二千余人，秣陵关二百余人。俭日，由句容、镇江开宝堰六百余人，洪蓝埠百余，常州七千余。

新编第四军驻汉办事处职钱之光代谨呈

七月一日

（2）钱之光致蒋介石呈(7月2日)

委座钧鉴：接叶军长、项副军长东电开：我陈支队一部，俭晨在镇江西南之竹子冈附近，伏击敌军汽车九辆，当俘敌华中特务机关部经理官明经政南一名，日币数千元，文件及其他军用品甚多。该俘敌旋以伤重毙命，我乃转移至孔家边附近，待机伏击援敌。午后，敌步骑四百余人，附炮四门驰援，复被我猛烈突击，将敌全部击溃，毙敌三十余人，我亦伤亡十一人。

新编第四军驻汉办事处职钱之光谨呈

七月二日

(3) 钱之光致蒋介石呈(7月4日)

委座钧鉴：接叶军长、项副军长冬电开：我陈支队傅团上月元日破坏江南铁道采石矶、铜井间铁桥三座。寒日，破坏南京、镇江线及南京至秣陵关间公路一段。哿日，破坏磁湖、南京间之铁桥一座，并将禄口、朱门两处伪政权摧毁，收轻机枪四挺、步枪六十余支。因通讯阻障，昨始得报。

新编第四军驻汉办事处职钱之光谨呈

七月四日

(4) 钱之光致徐永昌呈(7月5日)

军令部部长徐钧鉴：接叶军长、项副军长江电开：

一、我陈支队之一部，连日将丹阳、金坛间敌新修之濯缨桥，丹阳南东马厂之东石桥，丹阳北之东三桥全部破坏，镇江至溧水之公路爬平。并于东夜袭丹阳城，敌紧闭城门顽抗，连日不敢出城，恐慌异常，宣布前发良民证无效，须从新登记。

二、我陈支队一部摧毁禄口、朱门伪政权时，该处正征集青年妇女卅余人，准备即送南京供寇军蹂躏，当经讯明，一一护送回家。民众抗敌情绪益加兴奋。

三、近数日，敌自徐州撤到京、镇一带者甚多，皆衣履不整，极形狼狈，并运到敌死尸甚多。据云均为黄河决口所淹毙，为数近两万。

新编第四军驻汉办事处职钱之光谨呈

七月五日

(5) 钱之光致蒋介石呈(7月10日)

委座钧鉴：接叶军长、项副军长齐电开：江南游击队朱永祥部纪律最坏，欺凌民众，不亚匪寇，近由战区司令长官部将其撤职。讵朱逆不惟不思悔悟，反派其参谋长林楚才去南京，与敌寇接洽叛国。本月六日，敌派伪军二百余人，到朱门附近接应朱逆叛变。幸本军奉到司令长官电令，对该部严格监视，相机解决，当即派队向伪军迎击，将其全部击溃，一面派队配合民众武装，分途截追朱逆，当将朱部完全解决，缴获步枪一百五十支、轻机枪七挺、重机枪二挺、迫击炮二部。此项枪械，即发当地民众自卫。至朱逆永祥及其副司令韩令昌，均已捕获，解送战区司令长官部法办。该地自朱部解决后，民众抗日情绪益为发扬。

新编第四军驻汉办事处职钱之光谨呈

七月十日

（6）钱之光致军令部第一厅呈(7月11日)

军令部第一厅：接叶军长、项副军长灰电开：

一、自我攻占新丰车站后，日寇大为恐慌，京沪沿线大量增兵，并在丹阳、大屯冈一带大肆烧杀，闻有二百余人被其残害。

二、我陈支队一部，将金坛、常州公路之第四、第十、第十六、第十七、第廿、第廿一、第廿六等处桥梁彻底破坏，并在该处截敌汽车二辆，获军用品甚多；另一部在京沪公路小河至江阴间破坏十余里，全部掘为水田。

新编第四军驻汉办事处职钱之光谨呈

七月十一日

（7）钱之光致徐永昌呈(7月18日)

军令部部长徐钧鉴：接叶军长、项副军长筱电开：我陈支队一部灰日在南京、句容间之×塘市附近，伏击敌南开汽车九辆，载敌二百余人。正包围解决之际，敌分由南京、句容增援四、五百人，在飞机、坦克掩护之下，猛烈驰援，我乃转移。计掳毙敌四十余人，毁汽车四辆，获军用品一部，我伤亡各二人。

新编第四军驻汉办事处职钱之光谨呈

七月十八日

（8）钱之光致徐永昌呈(7月24日)

军令部部长徐钧鉴：接叶军长、项副军长养电开：我陈支队一部删日在南京、镇江间之下蜀街附近，消灭汉奸武装孟、谢两部约百余人，缴长短枪六十余支、轻机枪两挺、子弹两千余发。

新编第四军驻汉办事处职钱之光谨呈

七月二十四日

（9）钱之光致蒋介石呈(8月25日)

委座钧鉴：接叶军长、项副军长敬电：

一、我陈支队一部，陷夜扑灭南京、镇江间高资镇敌之绥靖队，获驳壳枪四支、手枪一支、步枪十四支，毙敌十五人，俘数人，驻下蜀之敌仓慌退集龙潭，驻高资敌百余人不敢出援，残敌狼狈窜往镇江。我乘机大量破坏铁路，现镇江、南京间交通已断绝三日。

二、该支队另一部配合地方武装，艳日在丹阳北之孔家村、东吴桥附近，破坏铁道一段，镇江开上海敌车一列，当被颠覆，我乘机猛击，当即毙敌数十人，内军官五人。嗣因敌援大至，我乃安全撤退，毫无伤亡。

三、该支队另一部，陷夜在丹阳、镇江间之西山背破坏铁道一段，并伏击敌由镇江东开火车一列，毙敌十余人，我亦伤亡十余人。现镇江、丹阳间交通，亦已断绝两日。

新编第四军驻汉办事处职钱之光谨呈

八月廿五日

（10）钱之光致军令部第一厅呈(8月26日)

军令部第一厅：接叶军长、项副军长敬电：

一、我陈支队一部，养日动员当地群众四千余人，配合四集团军之一部及句容地方游击队，在东昌街、天王寺一带破坏公路十余段，每段长二、三里，深三、四尺，毁桥梁五座、电线、电杆卅余里，仍在继续破坏中。另一部将溧水、天王寺间之公路桥梁，均已彻底破坏。

二、南京向秣陵关、陶吴镇前进之敌千余人，本月廿六日进抵丹阳镇；由采石东进之敌千余，刻到霍里、石马附近；当涂东进之敌三、四百人，到薮汉桥、护驾墩附近；句容、天王寺增敌六百余人；溧阳西北之谢村亦到敌，似系溧阳敌丹生部队；另芜湖进抵清水河之敌，亦有配合向我进攻模样。我正准备粉碎敌各路围攻。

新编第四军驻汉办事处职钱之光谨呈

八月廿六日

(11) 钱之光致蒋介石呈(8月27日)

委座钧鉴：接叶军长、项副军长有电：

一、我四支队周部，十六、七两日在舒城、桐城间，大量破坏公路电线，并击毁敌汽车十余辆。嗣敌汽车百余辆驰援，激战时许，毙敌多人。终以众寡悬殊，我乃安全转移。

二、我粟支队一部，十六日在天戒湖东岸中窑附近，击沉敌上驶湾沚汽车一辆，毙敌多人，余二辆仓惶遁走。我阵亡一人。

三、我粟支队一部，十七日晨在当涂、芜湖间伏击敌火车一列，经猛烈突击，毙敌甚多。嗣敌援大至，我乃退出，计伤亡三人。

新编第四军驻汉办事处职钱之光谨呈

八月廿七日

(12) 钱之光致军令部第一厅呈(8月29日)

军令部第一厅：接叶军长、项副军长沁电：

一、我陈支队一部，梗日在丹阳东南东头桥附近，配合隔河友军王部夹击由金坛北驶敌汽艇六艘，当即毙敌廿余人。余敌登岸顽抗，经我反复突击，并抄击敌后，卒将其大部消灭，残余小部向丹阳溃窜。击毙敌人，除堕落水中外，东岸遗尸卅余具，生俘一人，获枪数支，其余大部枪支被敌抛置河内，正捞取中。是役，我亦伤连长二、亡一，战士伤亡廿余人。

二、陈支队一部配合民众，在天王寺、句容间破坏公路，适敌汽车驶来，当经猛烈突击，毙敌十余人，毁汽车一辆。

三、宥日，敌步骑千余，配炮数门、飞机十余架，向我天马山、鸡笼山一带猛攻，经我张支队分击敌军前后左右，猛烈突击，激战终日，予敌重创，敌毫无进展。

四、第四支队一部，宥晚袭击舒城、桐城间大树街之敌数百人，经我猛烈冲锋，连续突破敌人三道工事，毙敌无算，缴获马步枪廿余支、望远镜一架，其他军用品甚多。

新编第四军驻汉办事处职钱之光谨呈

八月廿九日

（13）钱之光致蒋介石呈(9月5日)

委座钧鉴：接叶军长、项副军长江电：

一、我第四支队一部，东日在桐城南项家河附近，伏击敌由桐城南开汽车数辆、骑兵数十，经我猛烈突击，当毙敌卅余人，获枪十余支、子弹四箱，其他军用品、文件甚多，并毁敌汽车一辆。同日，该支队并将附近之杨桥完全烧毁。

二、我第四支队另一部，陷日在合肥、舒城间之董家岗附近，伏击敌汽车一辆，毙敌卅余人，获军用品甚多。

三、我张支队一部，有午在鸡笼山与敌激战，结果毙敌廿余人，我方无伤亡；获敌作战命令、石井旅团作战命令、地图各文件等，及军用品甚多。

四、我张支队一部，寝日伏击敌由小丹阳驶当涂车一辆，毙敌十余，伤廿余，车被击毁，获军用品甚多。

新编第四军驻汉办事处职钱之光谨呈

九月五日

(14) 钱之光致军令部第一厅呈(9月6日)

军令部第一厅：接叶军长、项副军长鱼电：

一、我四支队一部，一日在桐城、潜山公路之范家岗附近，伏击敌南开汽车数辆，当经两路猛烈突击，除先头车辆狼狈逃脱、毙伤不计外，当场击毁敌车一辆，内有敌官兵十余人，并有白种形似意大利人者三人，获长短枪八支、子弹四箱、文件数十件，其余军用品甚多，我受伤五名。

二、我支队另一部，三日在棋盘岭附近，伏击敌由安庆开桐城汽车八十余辆，被我击毁卅余辆，毙敌四十余人，获枪廿一支，文件、弹药及其他军用品甚多。嗣安庆敌步、骑、坦克大部来援，我乃安全转移，我阵亡一人、伤五人。

新编第四军驻汉办事处职钱之光谨呈

九月六日

(15) 钱之光致蒋介石呈(9月15日)

委座钧鉴：顷奉叶军长、项副军长寒电开：

一、我第四支队一部，十二日晚在舒城、合肥公路之花子岗附近，伏击敌由桃溪开合肥汽车一百五十余辆。我军乘其通过半数，猝起突击，当击毁敌汽车五十一辆，毙八十余人，伤者不计其数，缴获三八式步枪廿四支、轻机关枪一挺、刺刀七十余把、重要文件六十余件、军用地图七十余幅、军旗十余面、西药廿箱、弹药及其他军用品无算，我无伤亡。

二、我张支队一部，真晚配合地方游击队数百，分四路袭击驻陶吴之敌，该敌仓惶向秣陵关逃窜。另一部真晚配合地方武装，破坏陶吴地〔区〕之桥梁数座，毁公路电线数里，现该路已不通车。同时并将禄口至秣陵关间公路电线彻底破坏。

新编第四军〔驻汉〕办事处职钱之光谨呈

九月十五日

(16) 钱之光致蒋介石呈(9月15日)

委座钧鉴：顷奉叶军长、项副军长寒电开：

一、我陈支队二日在镇江、句容破坏公路数段，现尚未修复。四日，在南京附近江宁镇截获汽车一辆，内德国人三名，经好为解释后释放。

七日，在金坛、溧阳间袭击仓甓桥之敌，毙敌廿余人。

八日，摧毁麒麟门、汤水、楼家山一带汉奸政权组织，并建立当地游击队。

九日，镇江、句容、丹阳之敌，分五路向宝堰进攻，每路四、五百人，附骑、炮兵及坦克车，经我分头迎击，并分出敌后，内外夹击，激战五、六小时，毙敌卅余人，我亦伤亡廿余。

二、另东出武进之挺进队，配合管部破坏京沪公路，吕城以下计七十余里绝难修复。敌受我重大威胁，近在各据点重要桥梁、车站及市镇，均大量增兵。

新编第四军驻汉办事处职钱之光谨呈

九月十五日

(17) 钱之光致军令部第一厅呈(9月16日)

军令部第一厅：顷奉叶军长、项副军长删电开：

一、我四支队一部，十三日晨在安庆、高河铺间伏击敌汽车八十辆，当击毁汽车七辆，毙敌廿八人，俘日兵三名，缴枪五支、军用地图十二幅、重要文件三百件、毛毯百余条，其他军用品甚多，我伤排长一人。

二、我四支队另一部，十三日消灭安庆西洪家铺一带伪维持会数处，缴长短枪廿八支，经民众请求，枪毙著名汉奸十余名。

三、我二支队一部，鱼晚袭击当涂东北石马矿山守敌二百余，战约二小时，毙敌警戒兵十余名。

同日，另一部在溧水城郊附近获著名汉奸吴之章一名。

四、我二支队一部，虞、齐两夜连续袭击南京附近之江宁镇及板桥车站，毙敌卅余人，获枪十余支。另一部于齐日、灰日将禄口、秣陵关、陶吴地区及当涂、藏汉桥间公路、桥梁、电线完全破坏。

新编第四军驻汉办事处职钱之光谨呈

九月十六日

(18) 钱之光致徐永昌呈(9月21日)

军令部部长徐钧鉴：顷奉叶军长、项副军长皓电开：

一、我四支队一部，寒日在舒城、合肥间之五十里馆附近，伏击敌由合肥南开汽车八十余辆，经我猛烈突击，当击毁汽车十余辆，毙敌数十人，获枪十余支、子弹千余发、大米十余包。同日，另一部配合地方武装伏击六安方向开动之敌千余，经我勇敢射击，敌死〔死敌〕伪二百余名，生俘一名，获长短枪廿余支、军旗三面、军服甚多。

二、删晚，敌骑兵千五百余，在六合公路之卅里岗附近露营，我得报后，即选派猛勇战士数名，突入敌营，以手榴弹猛掷，当毙敌数十，并夺获马数匹，安然返回。

三、四支队一部，铣晚在安合公路伏击敌由合肥开出之汽车四十余辆，当炸毁大汽车七辆，焚烧汽油百五十余箱，毙敌三十余人，获军用品甚多。

四、我四支队一部，筱晨在安庆、桐城间棋盘岭附近，伏击敌装甲车一辆、汽车二辆，敌下车顽抗，经我猛烈射击，当毙敌四十余人，活捉一人。

五、我张支队一部，寒晚破坏京湖公路三段、桥梁二座。另一部袭击溧水以东之敌。删日，敌增援千余，与我激战数小时，敌损伤颇众，我无损伤。

六、我张支队一部，巧晚袭击当爱矿山、张家村一带守敌及伪警李保大部，当被我手榴弹炸死十余名，残部退守坚固房屋顽抗，经我全部焚毙。

七、另一部同日配合地方武装，袭击当堰、霍里镇伪维持会，获枪数支，生俘伪维持会长任子方三名。

八、我四支队一部，十三日两次在肥六公路之金楞附近，袭击敌人两次，毁敌汽车二辆，毙敌五、六十人。

新编第四军驻汉办事处职钱之光谨呈

九月廿一日

(19) 钱之光致蒋介石呈(9月24日)

委座钧鉴：顷奉叶军长、项副军长养电开：

一、我四支队一部，皓日在桐城、舒城间大关附近，遇敌步骑千余人向北行动，经我集中火力猛击，毁敌马车十余辆，打毙敌人马十余。我安然全冲过公路以东，复遇敌二百余人，正在附近农村抢掠，我立即奇袭，毙敌卅余人，活捉三人，获步枪两支、子弹四十余排〔发〕，其他军用品甚多。该支队另一部同时袭击伙递〔?〕敌五十余人，毙敌小队长一名、士兵三名，敌伤四、五人，残敌狼狈溃散。我夺回民间被抢物品甚多，均经发还原主。

二、我四支队一部，廿日在桐城东乡破获汉奸组织，获枪五十余支，我无损伤。

三、我陈支队一部，寒日袭击丹阳、武进间之陵口车站，毙敌十余人，我伤亡二人。次日，敌增兵数百，固守该处。该支队另一部，删日在高资、下蜀间伏击敌火车一列，当杀伤敌兵卅余人。

四、我张支队一部配合地方群众，铣日破坏汤水南道路、桥梁数处。

新编第四军驻汉办事处职钱之光谨呈

九月廿四日

(20) 钱之光致徐永昌呈(9月28日)

军令部部长徐钧鉴:顷奉叶军长.项副军长感电开:

一、我陈支队一部，哿日袭击金坛、武进间黄〔皇〕塘镇之敌，经我猛烈冲锋，将其工事占领，守敌全被我击毙，我方亦伤亡官兵连长以下数人。此役获步枪数支、子弹数千发、炸弹十余枚，其他军用品甚多。

二、我四支队一部，皓晚在合肥附近捣坏汉奸组织、日本特务机关数处，获枪五十余支、轻机枪一挺、手提〔?〕一架、子弹数十发、日金数百元、收音机数座、其他军用品甚多。

三、我张支队一部，马晚解决当涂属章汉桥伪维持会，毙汉奸数名，获长短枪卅余支。

四、陈支队一部，删日挺入武进北之责夏墅，与敌七百余遭遇，经我猛烈射击，毙敌卅余，敌即占领村庄据守顽抗，相持至晚，敌乘夜遁去。

五、我一部哿日配合地方群众，破坏镇沪公路(武进至江阴间)之桥梁，计虑门桥、东庄桥、西石桥、黄地桥、庚拧桥等十余座。

六、我一部进抵苏州、无锡、常熟地区后，民众纷起响应，敌伪曾认该地区伪政权极为普遍与巩固，近亦多被我摧毁，敌伪极形恐慌，正由各方增援中。

新编第四军驻汉办事处钱之光

九月廿八日

(21) 钱之光致军令部第一厅呈(10月1日)

军令部第一厅:顷奉叶军长、项副军长艳电:

一、我张支队一部，感日在秣陵关附近捣毁伪维持会一处，缴获长短枪十余支、轻机枪一挺。同日，另一部将当涂章汉桥之汉奸武装击溃，毙敌十余名，获枪十余支。民众乘敌溃退之际，纷起截击，复毙敌甚夥。

二、我四支队一部，敬午伏击安桐公路之敌约三百余人，毙敌卅余人，余众仓慌溃窜。我获短枪卅余支、子弹两箱、其他军用品甚多。我亦伤亡数人。

三、我张支队一部将进攻河南街之敌先头部队击退，猛进十余里，遇援敌反攻，我乃转移。计毙敌廿余人，我亦伤亡六人。

新编第四军驻汉办事处钱之光

十月一日

(22) 叶剑英致军令部第一厅呈(10月4日)

顷奉叶军长、项副军长冬电开：

一、我张支队感晚选派忠勇将士数人，化装混入南京题〔安〕德门，张贴标语布告，并于归途捕获敌探一名，获驳壳一支。敌伪当晚宣布特别戒严，连日断绝交通，不准入城，恐慌异常。

二、该支队另一部，俭晚配合地方群众，将禄口桥破坏，并在附近埋设地雷。次日，敌派队修桥，复炸毙敌二十余人，桥仍未修复。

三、张支队一部，艳晚配合地方武装，袭击当涂之敌，激战数小时，因雨大水涨，部队不能灵活运动，当涂未下，只将铁道破坏数段，安然撤退。此呈

军令部第一厅

新编第四军〔驻〕武汉办事处叶剑英

十月四日

(23) 钱之光致徐永昌呈(10月7日)

军令部部长徐钧鉴：顷奉叶军长、项副军长鱼电开：

一、我张支队一部，东日在上脉埠捣毁伪组织一处，缴获短枪

数支，击毙汉奸三人。同日，另一部在竹篑桥消灭伪军一部，捉重要汉奸三名，获机枪一挺、长短枪十余支、马三匹、炸弹千余枚、子弹三箱。又一部亦于该日在溧水县汽车站捉汉奸二人，获短枪二支。

二、张支队一部，陷日配合地方武装，消灭湖熟、龙都汉奸组织一处，获长短枪十余支。

三、我另一部，江晚配合群众数百，将柘塘附近公路破坏十余里，毁桥二座。另一部在析桥街西南活捉汉奸一名，获长短枪三支。

新编第四军驻武汉办事处职钱之光谨呈

十月七日

〔国民政府国防部史政局及战史会档案〕

3. 叶挺项英关于新四军对敌作战情形报告①

(1939年3月10日)

第一、我军进入江南地区作战时期

1. 在未进入江南地区(去年六月以前)，敌军主要的据守城市如芜湖、南京、江宁、句容、溧阳、天王寺、丹阳、宣城、金坛、镇江、武进等地，除京、芜、镇、常有来往之敌外，其余各城市常驻有部队很少，多则不过五百余，民气消沉，维持会林立，加之地方武装如夏明才、朱永祥、余宗陈等部，不仅无积极行动，反藉抗战为名，与地方火并，敲榨勒索，敛财殃民，形成土匪倾向。而地方人士在敌寇威迫与游击队滋扰之下，不了解中央国策，对抗战失望，仅仅组织自卫，专力防匪，对敌寇采取敷衍妥协办法。因此，敌军此时能三五成群，下乡焚杀，任意掠夺，奸淫掳抢，无所忌惮。

① 1939年5月10日，何应钦于报告上批示："此报告颇有价值，可供我军战术研究之资料.如军令部无此同样之报告，可将此全份送军令部。"

2．自我军进入京、镇、当、芜地区后，首先宣布委座及中央政府抗战国策，并多量散发委座迭次对抗战时局宣言，引起广大居民的兴奋和欢迎，尤以委座告沦陷区同胞书散发最广，影响最大，人民中始知抗战正在进展，日寇力量日益削弱。而中央政府顾念沦陷区同胞之德意，普遍得有明确认识。同时，本军坚决以积极动作进扰敌军，争取战斗胜利，与宣传作实际配合。经过卫冈、新塘、新丰、句容、高资、下蜀、江宁车站、鸡笼山、永安桥、薛镇等地战斗，予敌巨创，威逼京、镇，敌胆为寒。此时正配合着我国军主力，在徐州及沿江战线上的活动。敌寇在江南日夕数惊，更使江南民气极大兴奋，抗战决心增强。比如七、八两月间，曾动员十七万居民进行破坏交通，江南抗战从消沉中有了很大开展。这是本军进入江南地区后的概况。

第二、敌情

甲、敌人采取之策略

1．第一时期为我军初进入战区至九月中旬。因我军积极进袭，在卫冈、句容、新丰、下蜀、高资、东昌街、江宁车站、鸡笼山、永安桥、薛镇等战斗，斩获甚众，敌受严重打击。尤以本军一部于丹阳、珥陵地带，配合友军七九军，将敌人下乡部队二百余人全部歼灭，于战局转变，有决定作用。于是，敌寇变更办法，遂处处设防，阻塞交通。复因伪组织纷崩瓦解，民众抗战情绪奋发，敌遂用尽一切方法，集结兵力，巡击我军，冀达到驱逐我军企图，但均归失败。

2．第二时期为九月至十一月底。当时武汉吃紧，京芜、京沪国道为敌交通枢纽，受我军不断胜利与威胁，敌不得不抽兵增援，进行进攻防御，将所有市镇交通要道均分兵驻守，深沟高垒，以主力采取分进合击办法，前后战斗约二十余次，均为我击败，敌之企图，当仍均失败。

3．第三时期为十二月份起至现在。敌新筑公路，建立星罗棋布之据点，除城市集中构有较顽固之据点外，并在交通道五里至十里左右树立碉垒式据点，欺我火力微弱，企图缩小我军活动范围，分区扫荡，并进行政治欺骗、分化收买、引诱利用，以达到分裂我民心、破坏我军影响等阴谋。

乙、敌人战术优点

1．敌后区交通便利，无殊天罗地网，运动增援迅速，且能荫蔽协同动作，与时间配合均很适当。

2．敌军班排下级干部强，战斗动作熟练，不论任何环境，均沉着，善于掌握部队。

3．敌军善于利用地形、地物伪装，荫蔽前进，组织火力射击，比我准确。

4．敌兵善于游泳。

5．敌人运用战术很机动与灵活，善能抓着我军弱点；如受我军打击时，立即迅速改变其战术方法。

6．善于利用村落战斗。

7．敌军由于武士道的教育，受军阀欺骗宣传，养成战斗顽强性，死不缴枪，但现在在程度上降低了。

8．敌善于研究我军政治工作，对策上以一切方法破坏与降低中国抗战力量；常以金钱收买汉奸，动摇民心，欺骗民众，收买土匪两面派，以华制华。此乃由军事进攻改以政治进攻办法。

9．敌人通讯连络迅速准确。

丙、敌人所采运之战术

1．强化其星罗棋布之据点，修复与新补公路，依赖其据点公路，以缩小我军活动范围。并实行分区扫荡计划后利用交通迅速组织流动巡查队，人数一中队以上，梭巡各支点间，昼夜不息，发现我军袭击时，各据点分途增拨合击。

2．采取分进合击，夜行晓袭，善能遵守时刻协同动作（分进合击，其中有两路主力，但敌后是空虚的）。若某路发现我军，则其他各路，均转向这一目标前进。

3．敌常采轻装掩进，伪装远袭，有时伪装撤退，以埋伏打击我军。

4．敌常利用河道运动，避大道走小路，取曲线式前进，进行迂回包围。

5．敌常于树上、房顶放哨，在公路桥梁处处设伏，企图预防与伏击我运动和破坏桥梁公路之部队。有时夜间转移宿舍，使我袭击部队落空，并侧击我军。

6．以声东击西的办法欺骗我军。

7．敌与我军遭遇时，就地伏下，然后以火力摧毁我军，再掩护其前进。

8．敌通讯连络法：夜间以红绿信号枪，战时以旗语连络，班排则以记号指挥，每据点内设有小无线电机，联络便易。

9．敌在铁道、公路交通线上，除以据点维护外，每次虽被我军破坏甚广，但因地区开阔平坦，可改路旁田中驶行。并以保甲制分段强迫担保护修，敌军随带铁板帆布，以为通过破坏桥梁之需。

10．沿江则以兵舰、铁甲汽船上下来往巡查，内河水浅则以小划子加以摩托，驶行便捷。

丁、敌人据点

敌人据点构造法：利用巩固之独立民房，略加修葺改造成功，墙凿枪眼，外围铁丝网，房顶筑机关枪掩体，设有瞭望哨，夜晚扃闭门户，另辟地道与屋外交通地道出入口另有三道散兵壕相贯通，并设有掩盖物。散兵壕外，遍布铁丝网，上系煤油箱及铜铃，以备我军接近时报警。据点侧防之散兵壕，通常距其据点约五十米达，并附交通壕，担任交通联络。每一据点，通常容四十至百人，常设有二、三班人守护，守兵与居民隔开驻扎，在情况紧张时，夜间三五成群，分散睡觉。据点内设有探照灯。

第三、我军活动地区苏皖边之地形交通条件

1．地区狭小。本军活动地区数经变更，现缩定为南陵、繁昌、芜湖、当涂、南京、江宁、句容、镇江、丹阳等九县，北临长江，南向则以县之界线为限，全部区域成半月形平面。

2. 地势平坦少山。自芜湖东南与东北，南京以南，句容、镇江、丹阳间，全属开阔平原，平坦无涯。此外虽有少数峦山，如小丹阳东之横山，当涂东北之太平山、鸡笼山、夜合山，句容东南之茅山，句容以北之北山等，但均面积偪促，半为孤山，咸为濯灌土壤，光滑，毫无树木可资掩蔽，山麓山顶之大庙寺，亦已为敌焚毁。

3. 河川多，并成水网。如芜湖东北、东南，小丹阳之南大官圩，南陵以北及清弋江，皆成水网，水深泥底，无法徒涉。水面超过陆地为七、八尺，全赖土堤防护，小丹阳之石臼湖，水患时兴，有淹没小丹阳附近，波及其西南之虞。

4. 公路星罗棋布，不怕破坏，并强迫附近人民作报告，昼夜组织巡查队，修复极易。

5. 据点林立，各据点距离大约五里至十里，并在据点空隙间，常有伪军驻扎与活动。

6. 铁路两侧，肃清民房，防我潜伏破坏。

7. 水道上利用木船、汽船、橡皮划子运动。

8. 森林缺少，且乡村多狗，我军运动时，犬吠不息。

9. 惟村落多，可藉之便运动与隐蔽。

第四、我军战斗之缴获

自进入战区后，于六月十八日卫冈战斗起，至一月份止，共计大小战斗二九九次，总获枪支一千九百二十四支。详情另附一年作战成绩统计表〔略〕。

第五、我军所采之战术

1. 在第一时期：我军乘敌不知我军性能，并不及预防，疏忽无备，遂采用积极进袭伏击敌人，成绩颇大。尤以痛击汉奸伪组织，准其自新，更发动与提高民众抗战热忱。

2. 在第二时期：针对敌人战术之变更，我军所采战术：(一)分途派得力部队配合地方民众，袭扰与彻底破坏公路、铁道、桥梁，尤以京镇、京芜、京杭等干线，阻敌交通运输，迟滞敌之计划，并得配合与策应我军主力，保卫武汉任务。(二)伏击敌运动部队与车辆，袭击敌伪薄弱点，以战斗胜利调动吸引疲惫与分散敌人。(三)动员地方民众，配合粉碎敌人扫荡围攻计划，乘敌分进合击中击破其薄弱之一路，或袭击敌之侧后。

3. 第三时期：在敌施行公路据点政策，企图缩小我军活动范围，并分区扫荡时，我军所采之战术对策：(一)以积极行动袭扰和打击敌之护路与修筑据点部队，阻敌公路据点计划施行。(二)各活动区组织许多精干游击小队，从敌空隙穿插敌侧后，分途袭扰敌人，断敌交通，疲惫敌人。(三)另集结适当兵力，组织一、二突击队，乘敌调动中，求得突击与打击敌人。(四)实行民众的游击战术与地方民众打成一片，坚持在侧后作战，有时集中打敌，有时在敌大举进攻中，以民众掩蔽下，化装为民，以掩敌耳目。(五)强袭敌据点，另以有力部队埋伏敌必经道上，以伏击敌人，争取胜利。

第六、后方勤务

1. 由于我军地区狭小，地形犬牙相错，前后方交通线长而不便，后方勤务极感困难。同时必经敌封锁线之威胁，邻近友军常限制通过，因受此困难，前方物质、弹药不能得到及时供给，伤病员有时赖民力掩护诊治，送后不易。

2. 物质困难，经济无法维持。前方米价已涨至每元十三斤，不仅生活不能改善，日不饱食。至于衣服破烂，每班平均毯子四床。江南雨水多，雨伞笠笠无效，每次行军，遍身透湿，赤脚难行，故影响军风纪不整。

3. 江南气候水土不合，指战员生病者极多，伤员逐增，因无药治疗，经济不支购买，伤病者不能立愈，亦增加我军困难条件。

职　叶　挺(印)　项　英(印)　谨拟

中华民国二十八年三月十日

〔国民政府国防部史政局及战史会档案〕

4. 叶挺等关于新四军在苏皖溧水当涂等地抗击日军情形与蒋介石往来密电

（1939年4月）

（1）叶挺等密电(4月20日)

重庆蒋委员长：田密。谨将职部连日来战斗汇报如次：(一)王团一部配合延陵常备队，支日，于延陵（金坛西北）附近伏击宝堰向延陵前进敌七十余，战约二小时。因宝堰敌增援，我即转移。毙敌十一，伤九，我亡四伤六。(二)王团一部及地方武装管文蔚部，支晚，袭击驻守黄泥桥、江桥、跳板桥（武进、奔牛间）之敌，将敌击溃，毙敌十余，将桥梁破坏。(三)王团一部配合管部，微晚，袭击孟河（丹阳以东）之敌，战约两小时，因禅（埤）城敌援，我即撤退。敌伤亡卅余，我亡七伤十三。(四)卢团一部，虞晚，破坏金坛、薛埠间电线八里。并将铜板桥破坏。该团另一部将珠琳桥、薛埠间电线破坏六里。(五)叶团一部，齐晚，袭击薛埠之敌，因敌固守工事，未奏效，仅破坏电杆廿余根。(六)叶团一部配合地方武装，灰于铜板桥、后阳干间（金坛以东）伏击敌之巡路队四十余，战约半小时，敌不支溃退。敌伤四亡五，我伤亡各二。该团之另一部袭击天王寺、薛埠间守桥之敌。因敌固守工事未奏效，仅破坏电线里许。(七)佳晨，湾沚、黄池两地之敌由马山铺、方村、池溪分三路进攻我驻里头桥之张支队一部。我闻讯后即转移侧翼，分途抗击，敌受我不断打击后，于灰晨向新阳、高淳窜去。敌伤亡十余，我亡五伤十。(八)陷晨，敌二百余分三路进攻我驻谢筋〔?〕（溧水西北）之黄团一营一部及地方武装，我与敌战约四小时，敌将当地民众杀伤廿余，民房烧毁九栋后退去。此次毙敌军官二、士兵五，伤卅余。我伤亡各七。（九）卢团二营一部佳晚袭击溧水、方边之敌，因敌固守工事未奏效，仅破坏电线七里。（十）黄团二营一部，元日袭击东花津（当涂以东）之伪绥靖队，我将其击溃，后青嫖〔?〕敌援，战约一小时，仍将其击溃。敌伤亡廿余，俘虏伪军一名。我伤连长一、亡六，缴获驳壳一支。谨报。南。职叶挺、项英。号午。参。印。〔自泾县发〕

（2）蒋介石复密电稿（4月24日）

（有线）泾县新四军叶军长、项副军长：号午参电悉。〇密。当我各战场正在积极反攻敌人之际，该军能相机策动，予敌以重大打击，殊堪嘉奖。仍仰转饬所属继续努力，以竟全功为要。中〇。敬未。令一元远。印。

〔国民政府国防部史政局及战史会档案〕

5. 叶挺等关于新四军在苏皖全椒丹阳等地抗击日军情形与蒋介石往来密电

（1939年5月）

（1）叶挺等密电（5月27日）

重庆委员长蒋：鹤密。谨将职部四月上旬未报战斗及四月中旬战斗汇报如下：（壹）杨团一部江晚袭击东关车站之敌伪军五十余。我冲入街内，敌固守房屋顽抗，因敌增援，我即撤退。敌伤亡廿余，俘伪军五（内维持会长一人），我亡副连长、排长各一，并破坏铁路、电线各六里。（弍）周团一部支日于腰铺附近（滁全公路）伏击敌汽车四辆，因被敌发觉过早，形成正面战斗，地形于我不利，故撤退。敌伤亡不详。我无伤亡。（叁）高支队特营，微日将顺河（寿县以北）

之伪维持会焚毁，俘虏汉奸八，获步枪三支。(肆)杨团一部，鱼日向淮南路终日游击，于裕溪口附近有敌松尾部队三百余、伪军五十余，运兵船一艇，企图向我包围。我事先侦知，迅速撤至重心后，敌扑一空。俟敌撤出时我即紧跟敌后猛击，敌不支窜去。敌亡六，俘伪军①，获步枪四〔支〕，击沉汽船一。我伤班长一。(伍)杨团一部，鱼日将怀远附近关帝庙之伪维持会摧毁，当获伪队长一，获长短枪十五支。(陆)管属一部，虞日袭击陵口(丹阳东南)之敌，冲锋数次，一度占领敌之工事，因丹阳之敌赶援，我遂撤退。敌伤亡卅余，我伤亡十三，获军用品一部。我撤至途中，适有敌火车一列由武进西开，我以机关枪猛击，当毙敌十余，乘客亦有伤亡。(捌)〔柒〕周团一部，虞未向全椒附近游击，与敌伪百余遭遇。因敌我众寡悬殊，我遂向石沛桥撤退，敌跟踪进击，被我另一部伏击，将敌击退，敌伤亡十余，我伤亡五。谨报。本。职叶挺、项英。感已。参。印。〔自泾县发〕②

重庆委员长蒋：鹤密。(玖)〔捌〕管属一部，佳晚于陵口、吕爵间(武进西北)伏击由武进西开火车一支〔列〕，我以机枪及手榴弹猛击，车头受创，当即停驶。我与敌之火车队战斗，因武进之敌赶援，我遂撤退。次日，铁路两旁血迹斑斑。(拾)〔玖〕文日，溧水之敌百余角〔向〕朱家边进犯，我萧团一部闻讯即开往阻击，激战甚剧，敌不支退去。敌伤亡十七。我伤三亡五，并破坏电线约六里许。(拾壹)〔拾〕元午，宝堰出扰之敌七十余，于西旸(句容东南)与友军一部遭遇。我王团一部赶援，将敌击退。我跟踪追击约七里许，中途敌设伏，因我处地形不利，遂撤退。敌伤亡廿五名，我伤九(内连、排长各一，班长二)亡十五(内排长一、班长三)，失轻机关枪二挺、步枪十七支，损坏步枪八支。(拾弍)〔拾壹〕黄团一部，元日于大花津、护驾墩间伏击敌汽船数支，我以机枪猛击，予敌杀伤甚重。敌恃火力强行

① 原文如此，当有脱字。

② 感已参电为感午参电的一部分，故也辑录在此。

登陆。因敌众我寡，遂撤退。敌伤亡卅余，我伤十三亡八(内副连长一)，失轻机关枪、驳壳【枪】各一，步枪五。(拾叁)〔拾式〕高支特营，元日袭击九龙岗(定远以西)之敌，因敌固守顽抗，未奏效，我即撤退。敌伤亡十余。(拾肆)〔拾叁〕卢团一部，元亥袭击湖熟之敌，我猛冲数次均未奏效，同时，熇京之敌增援，我遂撤退。敌伤亡卅余，我伤五亡八(内连长一员)。一部破坏京沪公路二段。又一部配合民众破坏桥梁溧水间〔?〕公路三丈余，并破坏电线四里。(拾伍)〔拾肆〕五团一部夜袭击秦石山渡之伪军，将其击溃。敌伤亡八，俘虏伪军一，获步枪六。谨报。南。职叶挺、项英。感午。参。印。〔自泾县发〕

重庆委员长蒋：鹤密。(十六)〔拾伍〕萧团一部，寒日复袭击湖西之敌，因敌固守未奏效，我即撤退。敌伤亡十余，我伤三亡一。另一部破坏湖淳间公路、电线各三里。又一部配合民众三百余破坏京建路乌柘段约四里及电线六里，并毁水门汀桥一座。(十七)〔拾陆〕孙团一部配合民众六百余，寒亥将裕繁公司、荻港间铁路破坏数段，拂晓荻港之敌分两路追〔向〕我进攻，我奋勇冲击，将敌击回荻港，敌伤亡五。(十八)〔拾柒〕谭团一部，铣晨于五里亭(铜陵以东)伏击由铜陵至顺安之运输敌二百余，因铜陵之敌出援，我即撤退。敌伤亡廿八，我伤亡四，并破坏电线六里。(十九)〔拾捌〕周团一部，铣日向滁全公路附近游击，于十字路与敌伪军百余遭遇，将敌击退。敌伤亡卅，我伤亡各五。(二十)〔拾玖〕卢团一部，铣晚袭击高楼门(南京东南)之敌，将其大部歼灭，因南京之敌增援，我遂撤退。敌伤亡卅余，俘伪军一，及照像技师一，我伤亡卅二，缴获轻机关枪、驳壳各一。另一部袭击土山镇(南京以南)之敌，因敌固守未奏效，并破坏京湖间公路、电线各一段。(二一)〔式拾〕王团一部，筱晚配合友军一部将京沪路苏腊加附近之路轨破坏十余段，约四公里，复将敌之巡路队击溃。敌伤二十余。(二二)〔式拾壹〕谭团一部，巧晚袭击阳西石山脚(大通以东)之重心，因敌避入室内顽抗，未奏效，我即撤回。闻敌伤亡各三，我伤亡各一。(二三)〔式拾式〕管属山〔三〕部，皓日于京沪路陵口附近埋伏，适敌沐鬍午〔？〕由武进西开，我以手榴弹、机步枪猛击，当毙敌廿余，伤数名，并毁敌轻机关枪八挺，我伤亡三名。等情。谨报。南。职叶挺、项英。感午。参。印。〔自泾县发〕

重庆委员长蒋：鹤密。(式肆)〔式叁〕王团一部，哿晚袭击新丰镇(武进西北)之伪绥靖部队，将其大部歼灭。敌伤亡廿余，俘伪军一，获步枪三支，我伤二。(式伍)〔式肆〕黄团一部，哿晚袭击横溪桥(石臼湖以北)之敌，因敌固守未奏效，我遂撤退。敌伤亡十余，我伤亡六。同时，叶团一部于珠琳桥附近破坏电线十余里，获铁线百八十余斤。(式陆)〔式伍〕哿辰，顺安、获港两处之敌各五百余，企图向我谭支队白副团地区扫荡，一路由顺安出发，于东廊村(顺安以东)与我【白】副团接触，战约一时，敌不支退回顺安。约半小时，敌复向我黄毛岭进攻，激战半日，敌不支退回顺安。同时，获港之敌分三路向黄浒、孙村镇、马厂一带进攻，我孙团分头抗战。敌一度占领孙村。我主力增援反攻，战至夜，我复将孙村夺回。残敌向乌金岭一带窜去。次日，顺安之敌五百余经钟鸣、赤滩，至牧家亭宿营。养辰，分两路向我【白】副团地区新屋基一带进攻。同时，顺安之敌二百余及新桥头【敌亦】向新屋基前进，并有敌机两架配合向我进攻，激战半日，因敌我众寡悬殊，我遂撤退，新屋基遂被敌占领。翌晨，【白】副团集中主力反攻，战至中午，将新屋基收复，残敌向顺安窜去。此次向我扫荡之敌经我官兵奋勇抗击，激战三日，卒将敌击退。此役，敌前后被击毙二百余，我伤亡官兵四十五员名，缴获军用品一部。谨报。南。职叶挺、项英。感午。参。印。〔自泾县发〕

(2) 蒋介石复密电稿(5月31日)

(有线)泾县叶军长、项副军长：感午参电悉。○密。该军游击屡有斩获，至堪嘉慰。仍希继续努力破坏交通，使敌兵力无法转运为要。中〇。世申。令一元琦。印。

〔国民政府国防部史政局及战史会档案〕

6. 叶挺项英总结一年来新四军抗击日军经验及建议报告

（1939年10月）

陆军新编第四军作战的情形

二十八年十月

兹将本军作战情形略分三个时期说明于后：

甲、第一时期（二十七年六月——九月）

展开后向敌各方积极进攻，主要用战斗来打击、消灭守备各交通线的敌人。

乙、第二期（二十七年十月——二十八年一月）。

主要战斗中心在茅山。敌人以防御攻势对我，我由外线转为内线。同时，我三支队奉令担任皖南青弋江守备任务，取得了胜利。

丙、第三期（二十八年一月——九月）

本期一【方】面本军向敌人实行反击的进攻，另一方面由于敌人新政策与军事“扫荡”的实施，在军事上形成艰苦的纠缠。

总之，本军是坚持大江南北敌后的游击战争，至今已获得将近八百次战绩（详见另表〔略〕）。

军　长　叶挺

副军长　项英

关于一年余作战的经验与心得

一、根据十七个月的作战经验，职军能在江南这样地形和敌人严密封锁的梅花桩的条件下坚持作战，能够利用敌人的空隙，打击敌人，最基本的就是能取得民众的拥护。在这一个基本的条件下，所以能够存在，能够坚持，能够利用敌人的弱点，取得很多胜利。

二、拿作战的许多经验，虽然取得广大民众的拥护，但是对于汉奸的注意和警觉如若不够，封锁消息不十分注意，游击战争要靠秘密，露了目标，那非挨打不可。因此，对于消息的封锁和保守秘密，应十分注意。常常转移地区和宿营地，使我们能够保守秘密。这些都是我们的作战经验与教训。

三、在敌人这样的条件下作战，重在机动与秘密的行动，这是作战的基本条件之一，同时，行动需机警，否则有受敌人打击的可能。

四、侦察工作要严密，警戒要周到，不能疏忽，作战前的部署，必须考虑当时敌情，进攻时需迅速、秘密的接近敌人，实行突然的猛攻，这是攻击致胜的要诀。本军侦察费少，不能得到战役的侦察工作，只能在政治动员上，依靠于民众帮助。今后为配合第二期抗战需要，希望增加一些侦察费。

五、十七个月的战斗经验，手榴弹是消灭日寇最有威力的火器，特别是在接近敌人肉搏冲锋时，无论伏击、袭击都表现很大的威力。在技术上，还需要加紧训练。同时手榴弹的缺乏，使本军不能彻底发挥威力，今后希望如数予以补给。

六、伏击战斗前，一定要有周密的部署，而且要有自觉纪律的素养，必须等敌到达伏击圈内，然后施用突然的猛烈的火击，迅速的冲锋，使敌人不能把火力展开，不能利用原有的地形进行抵抗。

七、根据伏击汽车的经验，需要布置严密而有组织的火网，使机关枪、手榴弹有组织的、有秩序的绵延射发。

八、进攻敌人的据点，伏击敌人的经验，应首先估计敌人的增援，在部署上对于增援方面，不但要有警戒，而且需要相当大的兵力部署着。

九、在战斗中，尽可能不要与敌人形成正面战斗，以假杀〔?〕敌人火力的强度，应该将自己的火力，在正面扼制敌人，掩护主力转向侧翼攻击，或者主力纵深配备，在侧面防御敌人从翼侧包围，争取主动。这是本军作战经验所得的三个原则：

（一）我们由内线作战，转变为外线作战。

（二）把敌人后方变成前方，把敌人的后方变成我军前线。

（三）要争取主动转移和支配敌人，必须作战与破坏并重、并施。

十、发觉敌人分进合击时，力求迅速脱离他的合击点，绕到敌人后侧，打击敌人一路或数路。

十一、无论攻击敌人、袭击敌人或伏击敌人，尽可能采取歼灭敌人的手段，以动摇他的意志，造成他的恐惧心。当袭击敌人时，一面注意敌人的袭击，同时，袭击敌人以后，要防备敌人的反袭击。

十二、我们和敌人形成正面作战的时候，应该尽量发挥火力的威力，但须注意机关枪在发射后，应该继续转移阵地，否则就被敌火力抓住。

对今后军事上的建议

一、本军现在江南活动地区太过狭小，且多湖沼地带，此种地形之不利，使我无大踏步进退与广阔回旋之余地，游击战要求高度的、积极灵活的机动性，因之大受限制，为求得在抗战第二阶段中胜利的开展敌后游击战争，不宜限定游击地区的划分与强调作战境界的分割。

二、敌之梅花桩、据点线，俨为星罗棋布之多，其在公路交通线上的火力，互相连系，通过非易。因此，我应组织精悍力强的大小部队，灵活的穿插转移，着重打击少数敌人，消灭汉奸武装，积小胜为大胜，粉碎敌人企图，稳定占领点、线的迷梦。

三、对敌据点的进攻战，是今后作战的特点，同时对敌人交通命脉的铁道、公路，予以大的破坏，达到阻止和迟滞敌之军事行动，是部署战役作战的必要方针。但本军现有条件，火力既弱，工兵又未建立，攻击据点与破坏交通诸感困难，是以恳请发给大量爆破器材，并抽调炮兵协助作战。

四、军队与民众的关系，正如鱼之干水。委座曾一再训示军民合作意旨，凡能获得民众赞助与拥护者，便可获得胜利的保证，尤其是当着今天敌人亡我阴谋着重政治进攻，——分化军民团结，夺取群众破坏抗战之际，更应团聚千百万人民于军队周围，使敌无法施展其挑拨离间的技俩，是〔具〕有绝对的意义，这就需要改良民生，开放民权，实行民主政治，提高民众抗战热情与积极参加抗战。

五、为使游击战争策应灵便，动作协调起见，莫善于利用电信指挥。如侦察敌情能适时报告，伏击战斗中要使通讯的技术严密，获得指挥上的迅速达成战果，利用电话是更为必要的。因此，希望酌予增援小型无线电收发报机及电话等器材，使能不失战机扩大胜利。

军　长　叶挺

副军长　项英

〔国民政府国防部史政局及战史会档案〕

7. 叶挺项英报告江南江北日军兵力分布及动态电

（1939年11月9日）

部长徐钧鉴：谨将职军当面敌情汇报如下：敌兵力位置：（一）江南方面：甲、十五（岩松义雄）师团分布如次：A、该部约万余人驻南京。B、五一（池田）联队一部野田都本二大队共一千五百余（内由东北调来一部六百余）骑兵，西山、掘田两队三百八十余，炮兵伊籐中队百余，工兵角田队一百九十余，均驻金坛。北村中队驻珠琳。

粟田中队七十余驻薛埠，近由京增来四百余。文田小队三十余驻直溪桥。太田队六十余驻白塔。籐田中队一百八十余驻下新浓。青木队七十余驻黄塘。川樾队六十余驻瑚头。前川大队八百余驻溧水。曹元中队二百余驻洪蓝埠。高桥中队三十余驻柘塘。□□二十余驻禄口。C、句容驻山本部队二百余。天王寺驻伊籐部一百二十余、埃崎炮兵三十余、小原机枪队三十余。D、五四(大熊)联队金泽部队三百余驻土桥。和田中队五十余驻秣陵关。敌〔?〕三十余驻陶吴。石田队三十余驻横溪。民田队三十余驻湖熟。E、石井部队三百余驻当涂。佚野部驻〔驻字衍〕百八十余驻小丹阳。F、五二(高品魁)联队前原部五百余驻慈湖，近又到湖北溃敌甚多，番号在侦察中。吉田部八百余驻湾地〔址?〕，三百余驻九里山。小林队百余驻黄池。高淳驻敌四百，番号不明。乙、九山铁道警备队(第十一师团二二旅团)分布如次：A、警备部及所属九四大队(高木)九百余驻镇江。B、丹阳驻平间大队及新增加三千余(内东北人占半数)。C、五二(讨户)大队九百余驻染〔武〕进。D、沙队四十余驻吕城。大野中队百余驻埤城。E、井五三大队驻无锡。F、五一(瘾井)大队驻上海。丙、十七(广野)师团所部驻地如次：A.广�直属队八百余驻苏州，并附伪军龚国栋部千余。B、蓝尼部队五百余驻常熟，并附伪军仲炳文部三百余。C、六六联队八百余分驻桃进、沙桥、夏墅、魏村、奔璀、孟沙、戚墅堰等地。D、六九联队分驻屺亭、槽河桥、高远村、漕桥(宜兴东北)、江阴一带。丁、川岛警备队分布如次：A、三山镇驻敌三百余，感日由芜【湖】增一百余。B、峨桥敌二十余。伏龙山百余。横山桥四十余(均在繁昌北)。戊、一一六(筱反)师团一三三(石谷)联队分布如次：A、上田小林二部共六百余，驻荻港、铁知山两地。B、铜陵现有敌千余。C、大通驻敌三百余(据报为三满旅团师部，确否待查)。D、新庙湾、张村、铜官山、龙口岭、垄上吴、店门口一线(大通、铜陵以东)有敌五百余。(二)江北方面：甲、第二师团分布如次：A、一部约二团分驻津浦线，另一部驻浦口一带。B、三十联队及伪军万余分布于淮南路沿线。C、昌水见旅团五千余分驻商邱、砀山、夏邑、永城、亳县等地(该旅团属何师团,在侦察中)。(三)江南敌之动态:甲、金坛敌计划构筑珠琳与直溪桥通金坛西(薛埠)至罗村、天王寺至东湾公路,并令各伪村【长】在每户抽民工一人建立。乙、金坛敌二百余进占东南之夏溪,敌五十余占厚圩,又敌五十占尧塘。现三处均已构筑据点。丙、据报薛埠敌似在该镇建筑营房六十余,并派敌五十余进以〔驻〕南罗,准备构筑据点。天王寺敌派出五十余,向其以南蔡港进攻,并有向东湾以西溧山构筑据点之企图。丁、肖湖以南各地之敌,近为出击姿态,常向以南游击。戊、铜陵、大同〔通〕之敌积极赶修至张村公路,并令各伪组织【在】各村抽民工五十人。已据报敌有在铜官山、狮子山(铜陵东)凿砂,企【图】开【采】铜官山为铁矿。庚、据报敌近集中敌伪谭朝宗部,准备扫荡镇江以南之我军。职叶挺、项英叩。佳。印。

〔国民政府国防部史政局及战史会档案〕

8. 叶挺项英汇报新四军在苏皖镇江六合芜湖铜陵等地袭击日军情形密电

(1940年1—8月)

(1) 1月18日密电

重庆委员长蒋、军政部长何、政治部长陈钧鉴:痕密。谨将职军上月未及呈报战斗,及元月上旬战斗汇报如下:(一)上月智日,卢团一部配合地方武装,于郭庙附近,与敌伪二十余激战约三小时,当击毙敌伪十余名,我因受地形限制,尚未将敌全部消灭,我无损失。(二)上月世日,管部一部,由吕城、本〔奔〕牛间之潘家矿附近铁道埋设地雷,适有敌兵车一列南驶,经过该处,当触我地雷,炸毁车头,车箱倾倒路旁,死伤颇众。后因吕城、本〔奔〕牛等处之敌,向我出击，我遂分散转移。(三)上月世日，卢团一部设伏于淳化东北之七里岗，以小部诱敌，当有淳化之敌分二路向我出击，进至埋伏地，我即迅速以全力向敌突击，经我官兵英勇与敌肉搏数次，将敌全部击退。我乘胜追击到淳化附近，旋又土桥、湖熟两地之敌增援赶至，当又激战三小时，我因夜暗，势难奏效，遂转移。此次战斗，计敌亡十八、伤八，俘获警犬一只，我伤副营长、排长各一，及士兵六，亡士兵十二。(四)豪晚，孙团派出三部，向横山桥、三山、枯竹岭三处之敌进行袭扰，各激战一小时，我在三山一带，破坏电线数里，卤获电线百斤，后因芜湖方面敌增援百余，我即退。此战斗，敌伤亡十余。我另一部到旧县，将伪特务班包围，以手榴弹猛炸，当击毙六名，其余窜逃，我亡一。(五)支晚，傅团一部，袭击红花山(繁昌西北)飞鹅冲之敌，战约一小时后，矿山敌五十余增援，向我出击，又激战一小时，敌不支，狼狈退守据点。计敌伤亡十余，我伤二、亡一。(六)微晚，孙团一部袭击雇山桥之敌，激战二小时。因敌凭工事顽抗，未奏效。计敌伤亡各二，我伤二。(七)齐晨，三山、横山敌百余，附炮二门，经松林口、集岭进至夫行冲、七里井(繁昌东北)发炮数发，向我威力侦察。我孙团当以一部猛烈侧击，激战约两小时，将敌全部击溃。此战斗，敌伤亡十余，我伤二、亡一。(八)齐晚，梁团一部袭击津浦路谨〔谨字衍〕板桥车站之敌，敌恐慌死守据点，战半小时，因难奏效，遂转移。此次战斗，敌亡二，我伤二。谨闻。泾。职叶挺、项英。巧午。参。印。

(2) 1月30日密电

重庆委员长蒋、军政部部长何、政治部部长陈钧鉴：痕密。谨将职军一月上旬未及呈报战斗及中旬战斗，汇报如下：(一)江晚，卢团一部，袭击小丹阳之敌，因敌凭工事顽抗，机枪乱射，战约一小时，我见势难以奏效，即撤退。(二)支晚，卢团一部配合当地民众，将丹博公路破坏一段，并有大、小桥梁各一座，数日不能通车；另一部又破坏京建路，计三里，桥梁二座。东晨，敌汽车数辆经过，当颠覆二辆，敌亡十余名。(三)虞晚，卢团一部又破坏南京至湖熟公路一段。(四)齐日晚，卢团一部袭击寨宵村敌伪军三十余，敌不支，大部窜逃，仅毙敌三名，俘伪军一名，缴军用品一部。我另一部又破坏溧当公路一段。(五)灰日，镇江敌集中伪军计二千余名，配合海空军，分三路向我住扬中之管部进攻。我部与敌猛烈激战，约七、八小时，因敌继续增援，我兵力处于劣势，当即分散转移，并于敌翼侧进行大规模游击激战，扬中遂被敌占据。此役，敌伤亡百余名，我伤亡六十余。(六)真辰，永城〔?〕之敌骑兵百余、伪军百余，附炮二门，向东北椅天村出击。我彭支队一部，当即派队至张老庄附近，与敌遭遇，激战四小时，将敌全面击溃。此战斗，伤亡敌伪军二十余名，获马二，我亡连长一士兵二，伤排长、士兵二。(七)真日，六合敌百余名向大营集进犯，附近周团一部闻讯当分三路向敌袭击。经我官兵数次冲锋，遂当将敌全部击溃。此次战斗，我获步枪四支，望远镜、大衣、钢盔各一。(八)真日，我彭支队一部，在夹沟东之寿疃集，伏击由夹沟驶来敌汽车五辆，内载敌伪军百余，当被我猛烈截击，冲锋数次，当击毁敌汽车三辆，毙敌五十余，残敌仓皇败窜。是役，我亦阵亡连排长六员、士兵十四，伤十余。同日，我另一部袭击石头之□东敌三十余名，将其击溃。此次战斗，敌亡八、伤六，我伤亡九名。(九)元日，卢团三营在郭庄庙北，伏击由畏林头方面向郭庄庙前进之敌伪军，共六十余，当被我猛烈攻击，激战五小时，经我反复肉搏数次，竟将敌击溃。此次战斗，毙敌少尉队长及医生各一，以下敌伪伤亡三十余，我伤亡官兵各三，缴获日式轻机枪三挺、掷弹筒一个、步枪二十余支、驳壳六支。(十)删辰，繁昌、横山桥敌四百余，进至马家坝；另一路铁矿山敌百余，由乌金岭进至红花山。我孙团一营，予以迎击，激战四小时，马家坝之敌向我穷追，我即转移。(十一)删申，横山桥及荻港敌三百余，进占孙村以南毛山，当被我傅团一部猛勇冲杀，将敌击溃，敌退据孙村。当晚，我派部轮流袭扰，敌终夜惊惶；铣晨，敌全部败窜，当又被我伏击，敌狼狈不堪。此次战斗，计敌伤亡三十余，我伤五、亡二。(十二)删晚，向繁昌进犯之敌宿营于无量寺。铣晨，正整装待发，警戒疏忽之际，当被我孙团一营忽袭击，敌仓卒，旋即向旧县溃退。(十三)筱晚，管属一部袭击扬中之敌，战约一小时，将伪军消灭一部，后因敌固守工事顽抗，遂撤退。此次战斗，敌伤亡十二名，俘虏伪军六名，缴获驳壳二支。(十四)马晨，汤水、下蜀、龙潭之敌约六百余，分三路向我住龙潭东南下家卢团一部围攻。我闻讯与〔于〕转移中途与句容之敌遭遇，战约三小时，因各处敌援迫近，我即撤退。此次战斗，我伤亡十三名。谨报。泾。职叶挺、项英。陷午。参。印。

(3) 2月7日密电

分送。三份。渝蒋委员长、军政部长何、政治部长陈钧鉴：甸密。谨将职元月下旬战斗汇报如下：(一)梗日，卢团一部〔于〕博望附近，伏击该地出扰之敌，当被我猛击，战约二小时，丹阳敌增援，我遂撤退。此次战斗，敌伤亡多名，我伤二、亡四，获轻机枪一挺，步枪十余支。(二)梗晚，彭支队一部，袭击灵壁东北沙滩之敌伪军，当经官兵英勇袭击，激战半小时，将敌大部消灭，敌小部逃窜。此次，敌伤亡十七名，我伤七、亡一，并俘虏伪军十一，缴获步枪二十支，马二匹。(三)敬日，梁团一部袭击临淮关西南黄家湾之伪维持会，敌极恐慌；同时，临淮关敌约三十余增援，当被我另一部予敌迎头痛击，肉搏二、三次，将敌击溃。此次，敌伤六、亡三，我伤一。(四)陈团一部游击于金坛社头附近，与下新河出扰之敌七十余遭遇，激战一小时，双方撤退。此次战斗，敌伤亡各二，我伤亡各一，并损失步枪一支。(五)感晚，游击纵队一部渡江袭击芜湖西南荻港之敌，激战二小时，因敌凭据点顽抗，加之天将拂晓，我即转移，计毙敌七、伤四，并缴获军用品甚多。(六)感、俭二日晚，傅团各派一部先后击毙荻港东南石湾周敌二百，激战二小时，敌困守工事，并以猛烈炮火乱射。我已达消耗敌之目的，遂即转移。此次战斗，计敌伤亡二十余，我伤四、亡三。(七)俭日，傅团又袭击石湾周、宝菱公路敌五十余，激战一小时，敌甚恐慌，据守工事顽抗，并以机炮射击，故未奏全功；于艳、陷二日晚又分途袭击铁矿山、石湾周二处之敌，各战约一小时，敌增援赶到，亦被我击溃。此役，毙敌二十余，伤四。(八)陷日，江苏萧县西北里铺敌五十余，附炮二门，轻机枪五挺，汽车一辆，掩护修筑萧县至黄槩公路。我彭支队一部闻讯向敌进袭，激战三小时，当将敌全部击溃。此役，敌伤亡计五十余，马六匹，我亦伤亡二十余，并缴获步枪二支及其他军用品一部。谨报。泾。职叶挺、项英。虞午。参。印。

(4) 2月19日密电

分送三份。渝蒋委员长、军政部何部长、政治部陈部长钧鉴：甸密。谨将职军元月下旬未汇报战斗及本月上旬战斗一并汇报如下：(一)孙团一部，回晚，袭击峨桥之敌，战约一小时，因敌工事坚固，故未奏全功，我即撤退。此役，敌伤亡数十，我伤亡二名。(二)王团一部，感日，于丁庄铺附近(丹阳附近)伏击丹阳出扰之敌三十余名，战约二小时，将敌击退，并俘敌数名，我无伤亡。(三)卢团皓日一部袭击横山(当涂以东)丝厂之敌，战约二小时，敌固守房屋顽抗，因地形平坦，不易接近，我即撤退。此役，敌伤亡各二名，我无伤亡。(四)卢团一部，俭日，袭击大王山(当涂以东)铁矿公司之敌，我当将该公司夺取，并将其全部击退后撤回。此次，敌伤亡十余名，我伤连长以下三名，并缴获长短枪二十七支，步弹数百发，手榴弹数十枚。(五)管团一部，俭日，袭击东大圩(扬中以南)之伪军四十余，战约二小时，被我击溃。此次，敌伤亡甚重，我伤亡二名，我俘虏伪军八名，缴获轻机枪一挺，步枪十五支，手榴弹数十枚，步弹三十发，敌旗一面。(六)王团一部，东日，袭击新丰车站(丹阳以北)之敌，战约二小时，因敌顽抗，我即撤回。此次，敌伤亡十余名，我伤参谋、连、排长各一，缴获长短枪七支及军品一部。(七)王团一部，微日【于】，藏孟河附近与敌遭遇，战约二小时，因地形不利，我即转移。此役，敌伤亡不详，我伤指导员一，亡士兵八名，并损失轻机枪一挺、步枪四支、驳壳枪一支及弹药一部。(八)王团一部，虞晚，袭击高资(丹阳以西)之敌，将敌击溃。此次，敌伤亡六名，我无伤亡，并俘虏敌二名，获步枪六支。(九)王团一部，齐晚，于新丰车站附近，捕获伪军二名，缴获驳壳二支。(十)孙团一部，灰晚，分别袭击伏龙山、峰桥二处之敌，因敌固守工事不出，我即撤退。此役，敌伤亡数名，我伤一名，并破坏电线六里，掳获电线八十余斤。职叶挺、项英。皓午。印。〔自泾县发〕

(5) 2月29日密电

重庆蒋委员长、军政部长何、政治部部长陈钧鉴：甸密。谨将职军本二月中旬战斗，及上旬战斗一次并呈汇报如下：(一)王团一部，微晚，袭击汤水(镇江以西)之敌，激战约一小时，将敌击溃。此次，敌伤亡不详，我俘虏伪军十名，缴获步枪四支。(二)寒日，峨桥敌向我驻新兴街(繁昌东北)之孙团一部进攻，战约二小时，反复冲锋数次，终将敌击退。此次，敌伤亡四名，我伤亡各二名。(三)王团一部，配合民众二百余，铣日，将镇澄路孟碑段破坏七里。(四)王团一部，筱日，于九江村(金坛以西)附近，破坏电线，适有敌汽车两辆西驶，我正激战，旋因敌施放毒气，我遂撤退。此次，敌伤亡不详，我伤二名，并获铁线数十斤。(五)卢团一部，筱日，于周望村(江宁东南)附近埋藏炸药包，适有敌汽车数辆南开，当即炸毁汽车两辆，残敌顽抗，激战一小时。后因淳化敌增援，我即撤退。此次，敌伤亡三十余名，我无伤亡。同日，我卢团另一部，将小丹阳至横溪桥(石臼湖以北)新公路破坏十八里，及大小桥梁十座。(六)傅团一部，巧晚，袭篱笆桥(铜陵东北)之敌，战约二小时，将敌击溃。此次，敌伤亡十余名，俘虏日寇山本延申一名，我无伤亡。(七)皓辰，横山桥之敌分途向我积岭、新兴街(繁昌以北)进攻,激战颇烈,反复冲锋数次,将敌击退。此次,敌伤亡颇多,我伤排长以下五员名。谨报。职叶挺、项英。艳午。参。印。〔自泾县发〕

(6) 3月30日密电

重庆蒋委员长、军政部何部长、政治部陈部长钧鉴:匙密。兹将职军本(三)月中旬战斗呈报如下:(一)黄团一部,真日于铜陵城郊之施家吴,与敌八十余遭遇,战约二小时,敌不支溃退,敌伤亡三十余,俘虏寇兵宫地三千夫一名,我伤亡各三名。白团之一部,文日,伏击老郎街(扬中以南)出扰之敌,战约一小时,因油坊桥之敌增援,我遂转移。此次,敌伤亡五十余,我伤亡连、排长以下七员名。同日,该部之另一部,于三茅镇附近,伏击该镇出扰之敌,战约一小时,敌不支溃退。此次,敌伤亡七十余,我伤亡连长以下二员名,损失轻机枪一挺、步枪三支、驳壳枪二支。(二)二支队一部,文晚,将京杭国道破坏一段,长六里,收电线六十斤。(三)二支队一部,元晚于新塘市(浦容西北)附近,伏击敌汽车二辆,将敌大部歼灭,并将【敌汽车】全部焚毁。此次敌伤亡十余名,俘虏寇兵一名,我无伤亡。同晚,我段团一部,将镇丹公路破坏一段,约五里,收电线三十余斤。一支队一部,寒晚将金坛附近之电线破坏数处,收电线八十余斤。(四)删日,句容、汤水、陈武庄三处之敌,分途向我驻句容以北西岗村之二支队一部进攻,因敌情不明,我遂北撤。复与敌之另一路遭遇,战约半小时,始突围。又与敌遭遇,复战约一小时,赖我官兵奋勇冲击,始突围而出。此次,敌伤亡不详,我伤亡官兵三员名,损失步枪八支,手枪一支。(五)卢团三营一部,删日,袭击湖熟之敌,战约一小时,因敌固守顽抗,尚未奏效,我遂转移,并破坏公路五里。同时,该团之另一部,分别袭击柘塘、小丹阳、横溪、薛埠等处之敌,各该处之敌,均固守不出,仅予敌损耗后,我遂转移,并破坏公路十五里。(六)孙团一部,删晚,袭击峨桥之敌,战约一小时,因敌固守顽抗，未奏效，我遂转移。此次，敌伤亡五名，我伤亡各一名。(七)王团二营便衣队数名，铣日于夏墅镇附近，击毙哨兵二名，缴获步枪二支及弹药一部，并收电线五十余斤。同晚，段团一部袭击延陵之敌，战约半小时，敌避入室内顽抗，故未奏效，我遂转移。敌伤亡不详，我伤亡数名。该团又一部分赴丹金、镇丹、镇宝各路大肆破坏路二十余里，收电线二百余斤。(八)白支队一部，铣日，袭击桥头之敌，战约半小时，因敌固守工事顽抗，我即转移。我二支队另一部，同时，袭击高资之敌，敌损耗甚大。并将京杭国道破坏一段十五里，及桥梁二座，收电线五十余斤。又破坏横溪至小丹阳间公路二里，及桥梁二座。(九)卢团一部，铣日，袭击下蜀之伪绥靖队，战约一小时，将敌全部击溃。此次，敌伪伤亡二十余，缴获步枪十支及军用品一部。(十)孙团一部，筱晚，袭击岑桥之敌，战约一小时，敌凭工事顽抗，仅予敌大量消耗，后我遂转移。(十一)巧未，瓦窑(湾沚以南)之敌进至张家街压迫民众，我孙团闻讯，即派队前往痛击，战约半小时，敌不支溃退。此次敌伤亡十余，我伤亡三名，缴获军用品甚多，收电线四百余斤。(十二)王团便衣队，巧日于东库厂附近，伏击珥陵出扰之敌，战约半小时，我予敌消耗后，即转移。此次，敌伤亡数名。(十三)孙团一部，哿日，袭击峨桥之敌，战约一小时，敌因固守顽抗，我遂转移。此次，敌亡三名，我伤一名。谨报。泾。职叶挺。陷巳。参。印。

(7) 4月10日密电

渝。蒋委员长、政治部陈部长、军政部何部长钧鉴：叟密。谨将职军上(三)月下旬大小战斗及破坏汇报如下：(一)第二支队侦察连，养日于湾沚东北之五泗渡与伪绥靖队十余名遭遇，战约半小时，将敌大部歼灭。此次，敌亡五，并俘虏四名，我伤二名，缴获步枪六支，弹药一部。(二)黄团一部，敬日，袭击珥陵之敌，战约半小时，因敌固守工事顽抗，故未奏效，我遂撤退。(三)王团一部，有日，伏击石湾周出扰敌，战约一小时，敌不支溃退。此次，敌伤亡六十余，我伤亡六名，缴获弹药一部。同日，该团另一部，配合群众千余，将镇澄公路破坏一段，长六里，收回电线七十余斤。(四)王团一部，感辰，袭击石湾周之敌，战约半小时，敌即向铁矿山溃窜，敌伤亡不详，我伤亡各一名。(五)陈支队一部，俭日，袭击巷庄(句容东北)之敌，战约半小时，敌不支溃退。此次，敌亡七名。同晚，该支队另一部，将镇澄公路破坏一段，长五里，并收电线二百余斤。(六)管属一部，俭日，袭击安家舍(丹阳东)之敌五十余，战约一小时，因敌固守工事顽抗，致未奏全效。此次，敌伤亡二十余名，我伤二名。该部之另一部，袭击镇澄路谏壁附近掩护修路之敌，战约半小时，敌不支溃退。此次，敌伤二名。该部之另一部，于扬中三茅镇附近，伏击该镇出扰之敌，战约三小时，敌不支溃散。此次，敌伤亡十余名。(七)艳日，丹阳之敌二百余，向我驻柳茹(丹阳西南)之段团一部进攻，战约六小时，因敌增援赶到，我遂撤回。此次，敌伤亡二十余，我仅伤三名。(八)卢团一部，陷日，伏击汤山之敌，战约四小时，因敌增援，我遂转移。此次，敌伤亡三十余，我伤七名。是晚，孙团一部，袭击磐山(繁昌西北)之敌，战约一小时，因敌固守工事顽抗，故未奏效，我遂撤退。此次，我伤亡各一，敌伤四、亡五。谨报。泾。职叶挺。灰申。参。印。

(8) 4月25日密电

渝蒋委员长、军政部何部长、政治部陈部长：叟密。谨将职军本月上旬各交战区【战斗】及破坏电报如次：(一)东日，白兔镇(句容世日)之敌伪军，于该镇召集民众，举行庆祝汪逆伪中央政府成立大会。我段团闻讯，当即派队前往袭击，先以便衣队混入会场，突以手榴弹猛掷，里外夹攻，战约半小时，将敌全部击溃。此次，敌伤亡十六名，俘虏伪巡官以下十一名，我伤亡一名，缴获步枪十二支。同日管属军于〔与〕扬中三茅镇附近之敌五十余遭遇，战约四小时，敌不支溃退。此次，敌伤亡六名。是夜，管属又一部配合民众，将镇澄公路之路基破坏八里，并收电线六十余斤。(二)管属一部配合民众，江日，破坏镇澄公路一段，长三里，并收电线二十余斤。同日，直溪桥之伪军六名，携械向我反正。(三)黄团一部，江日，袭击石湾周之敌二百余，战约一小时，敌避入室内顽抗，我即转移。此次，敌伤亡四十余，我伤亡六名，缴获弹药一部。同日，□团之另一部，袭击铁矿山之敌，战约三小时。此次，敌伤亡四，我无伤亡。(四)孙团一部，支日，袭击伏龙山之敌，战约二小时，因敌固守工事顽抗，未奏效，我即转移。此次，敌伤亡各四，我伤一、亡二名。同日，该团之另一部破坏九战区附近电线数里。苏团一部，鱼日，袭击柘桑煤山之敌，战约一小时，我予敌猛杀后即转移。同日，陶吴之伪军十余人，携轻机枪一挺、步枪六支，向我苏团反正。孙团一部，鱼日，于铁矿山附近游击于红菱山附近，遭遇敌四十余，我以机、步枪猛烈扫射，激战约一小时，敌不支溃退。此次，敌伤亡十四名，我伤亡各二名。同日，该团之另一部，向石湾周方面游击，于章村附近与敌三十余遭遇，战约一小时，均有伤亡，敌不支，向石湾周退去。此次，敌伤亡九名，我伤亡各一，缴获弹药一部。(五)第二支队一部，虞晚，破坏溧武路一段，长五里，收电线四十余斤。战区补充团一部，齐晚，袭击鲁港以南皂马山之敌，战约半小时，因敌固守顽抗，故未能收效。此次，敌伤亡四名，我伤亡一，并破坏电线数里。(六)孙团一部，佳晚，袭击铁矿山之敌，战约一小时，因敌众我寡，未便恋战，当即转移。此次，敌伤亡五，我伤一名。灰日，秀陵关之凤凰山矿工不愿受敌人压迫，向我苏团反正。谨报。泾。职叶挺。号戌。参。印。

(9) 4月30日密电

分送渝蒋委员长、军政部长何、政治部长陈：老密。兹将职军本年四月中旬战斗及破坏汇报如下：(一)元日，□□吕城、□国等处之敌，分三路向我驻大华镇(丹阳东)之管属一部进攻，战约半小时，因敌众我寡，遂即转移。此次，敌伤亡二十余，我伤亡连长、政指以下十余员名。(二)孙团一部，寒晚，袭击□江□之敌，我突以机、步枪及手榴弹攻击，敌依工事顽抗，战约两小时，敌伤亡七名，我伤亡各一名。同晚，苏团一部，破坏□□〔淳〕化至索墅间公路三处，桥梁一座。(三)筱辰，敌五百进犯黄浒，我王团闻讯，即派队截击，适敌进攻，我集中火力突然猛击，战约二小时，敌不支，向石湾周方面退去。此次，敌伤亡不详，我伤排长、战士各一，并缴获步枪一支。筱日，管部以官主任及〔?〕率战士数名，于安家舍附近，遇敌顽强抵抗，战约半小时，弹药殆尽，该员遂率队安返。此次，敌伤亡十二名，我损失手枪二支。是晚，我另一部砍断溧武路之电杆二十余根，收电线二十余斤。又我于江南螺皋、薛埠间砍电杆三根，收电线二十余斤。(四)第二支队游击队，巧晨，于秣陵关附近，伏击该镇出扰之敌，战约一小时，敌不支溃退。此次，敌伤亡十五名，并俘虏一名，收电线二十余公斤。同日，孙团一部袭击小确山(繁昌以西)敌据点，敌依工事顽抗，激战二小时，我因恐敌截击，遂即返防。此次，敌伤亡二名，我伤亡三名。同时，该团之一部，袭击石湾周守备之敌，我进至该工事前，突以机、步枪猛击，激战约一小时，敌凭工事顽抗，不易攻克，我即撤退。此次，敌伤亡二，我伤亡各一。(五)黄团一部，皓日向石湾周方向游击，于董家与敌遭遇，战约二小时，将敌激〔击〕溃。此次，敌伤亡十余，我伤亡三，缴获长短枪八支。(六)□团一部，□晚，袭琴复安之敌，敌利用工事顽抗，战约二小时，我目的既达，遂即撤回。此次，敌伤亡七，我伤亡士兵各二。同时，该团三营抽选精锐之一部，袭击石湾周之敌，战约二小时，敌以机炮乱射，我冲锋数次，受敌火力压制，遂即转移。此次，敌伤亡十余，我伤亡士兵各二。谨报。泾。职叶挺。陷亥。参。印。

(10) 5月10日密电

重庆蒋委员长、军政部长何、政治部长陈：帝密。兹将职军上

(四)月下旬战斗及破坏谨呈如下：(一)第二支队一部，马日，袭击句㟲〔容〕东门外之伪警，战约半小时，我予敌杀伤，即转移。此次，伪警伤亡十一名。同时，该支队之另一部，于京杭国道破坏电线七里，收铁丝七十余斤。(二)黄团一部，马日，向顺安以北地区游击，于泉郎冲与敌百余遭遇，激战约一小时，敌不支，向坝棣头窜去。此次，敌伤亡二十余，我伤八名，并缴获驳壳枪一支、炮弹一箱。(三)回午，铁矿山、三山、横山等处敌二千余，石湾周敌五百余，伏龙山敌数百名，分途向我繁昌大举进攻，我孙团分途抗击，激战半日，反覆数次，均未得逞，因敌各路逐渐迫近，向我猛扑，我受敌火力压制，即转移，繁城遂被敌陷。是役，敌我伤亡颇重。是夜，敌少数南犯，进至白马山、铁门闩一线，与我孙团激战终夜，因敌众我寡，且敌不断增援，于此日拂晓，中分徐被敌占领，我即转移至中分徐以南高地，与敌对峙中。有日，孙村之敌步骑共五百余，向我黄团进攻，于赤沙滩、九郎庙一线，与敌接触，激战终日，因顾虑中分徐之敌攻，遂于黄昏后转移地区。是役，敌伤亡六十余，乘马二十余匹，我伤亡二十余。是夜，段团一部，分途袭击薛埠、珠琳、直溪桥三处之敌，因敌据屋顽抗不出，我转至金丹路破坏电线一段，收铁丝百余斤。宥卯，三里店之敌约一联队兵力，沿公路前进，我付团长以团主力及军特务营，前往父子岭、上下经板、北贡里一线，阻击敌北进。是时，敌以汽车四辆，敌机六架掩护之下，向三姓街前进，我以主力位于父子岭高地，向敌中途予以猛烈截击，虽在敌机轰炸及炮火猛轰之下，我官兵奋不顾身，与敌反复肉搏数次，血战七小时之久，将敌阻止于三姓街、刘家铺、烟燉铺一线，敌并将沿公路之民房焚毁。是役，敌伤亡三百余，我伤亡官兵八十余员名，缴获步【枪弹】万余发、钢盔三十余、军帽九十余顶、敌旗二十余面、战马数匹，南、繁、青地图各一张，北山义一联队编定表一份，并毙敌军马三十余匹。同时，繁昌方面之敌步兵四千余，骑兵一千余，由中分徐、桂村桥、经牧家亭转方村、水龙山，出甀家湾；另一部约千余，由载家山经六里丁，进占何家湾，我王团主力，于何家湾东南之内荷岭高地抗击，激战终日，我占优势地形，敌虽以步兵配合，并以骑兵冲锋，终未得逞。是役，敌伤亡百余，我伤亡官兵三十余员名。又铜陵方面之敌千余，由王家店经孙家至萝葡冲，与我黄团二营接触，战约二小时，因敌众我寡，遂即转移。此次，敌伤亡二十余，我伤亡十余。是夜，二支队一部，于京杭国道破坏电线一段，收铁丝三十余斤。(四)俭晨，中分徐之敌四百余，分路向我孙团进犯，经迎头痛击，激战半日，敌不支仍溃回原处。此次，敌伤亡二十余，我伤亡八名，缴获军用品甚多。同日，段团一部进攻句容伪区署之伪军，战约一小时，将该伪军全部击溃，计缴获步枪六支、大刀三十余把、军用品一部、马四匹。第二支队一部，艳日，袭击小丹阳之敌伪军，战约半小时，我将敌工事占领，敌不支溃退，我将敌工事摧毁。此次，毙伪军八名，俘虏伪军四。是役，获步枪十余。该支队于〔与〕另一部，于同晚破坏洪竺租至博谿公路一段，计约四里。又卢团一部，袭击博望之敌，战约三小时，将工事完全摧毁，占领据点。是役，伤亡敌伪十余，我伤一名，缴获步枪二十余支、驳壳二支、左轮一支、敌旗一面、军品一部。又另一部驻麻桥之敌二百余，向我驻北头河之孙团一营进攻，激战半日，敌不支溃退。是役，敌伤亡二十余，我伤亡十余。孙团三营分路袭击繁昌之敌，战约二小时，我予敌杀伤后，遂即转移。此次，敌伤亡不详，我伤亡八名。又该团之另一部，在铜村坝附近，破坏电杆四十余支，铁丝七十余斤。(五)孙团所组织突击队，陷午袭中分徐之敌，先以一部稳定敌之据点，与敌激战，其主力攻阵地，战约一小时，敌伤亡二十余，截获敌班长以下十三名。是晚，该团之另一部，与口山附近伏击繁城向孙村抢粮之敌战约半小时，将敌击溃。此次，敌亡三，我无伤亡，缴获军用品一部。谨报。泾。职叶挺。灰未。参。印。

(11) 5月20日密电

重庆委员长蒋、军政部长何、政治部长陈钧鉴：帝密。职部本五月上旬之各次战斗及破坏情形如下：(一)东辰，湖熟之敌三百余，向我驻郭庄庙附近之卢团一部进攻，于唐家庄展开血战，经四小时战斗，击退。此役，敌伤亡二十余，我伤二名。(二)东午，九郎庙(繁昌西南)之敌百余名向繁昌撤退，与孙团三营激战三小时，敌不支。此次，敌伤亡十余，我伤亡各三名。是晚，该团之另一部袭击铜陵村坝(繁昌以南)之敌百余，激战四小时，敌固守工事不出。此次，敌伤亡二十余，我伤四、亡五。(三)王团一部，冬晚，袭击天王寺以东唐陵附近守桥之敌，战约四小时，因敌据守工事顽抗，我乃撤退。此次，敌伤亡不详。我无伤亡。我于撤退途中，破坏溧武路七段，计长十余里，收电线百余斤。(四)孙团一部，江寅，于铁门闩(繁昌以南)附近，伏击由繁昌出扰之敌，战约三小时，因敌增援赶到，我遂撤退。此次，敌伤亡十余，我伤亡官三员，士兵三名。同日，中风村(繁昌南)之敌三百余，向我驻八房村之孙团一部进攻，战约三小时，将敌击溃。此次，敌伤亡二十余，我伤亡班长以下十余名。(五)王团卫兵营，江晚，袭击金坛以西双墩之敌，激战三小时，予敌重创损失伤亡后，我遂安全撤回。此次，敌伤亡三十余名。同晚，宝堰之敌三百余，分途进攻延陵。我段团闻讯，当即前往伏击，与敌战约一小时，阻敌于延陵以西地区。次日，敌仍退回宝堰。此次，敌伤亡三十余，我伤亡士兵各三名。(六)第二支队一部，江晚，向句容西南地区游击，于慈练台附近与敌伪军遭遇，战约二小时，敌伪不支回窜。此次，敌伪伤亡十余，我伤亡士兵三名，缴获步枪一支。(七)段团一部，支日，□〔于〕金丹公路之白杨桥附近埋置地雷，适有敌汽车一辆由北至南触我地雷爆炸，当将敌车及军品具毁，并炸毙伤敌二十余。同时，该团便衣队，于张墅桥附近，与奔牛下乡之敌遭遇，我击毙敌四名，伤敌二名。同时，我王团一部，袭击珠琳镇以西九江村之敌，战约一小时，我遂转移地区。此次，敌伤亡十余，我伤二、亡一，并收电线五十余斤。(八)孙团，微亥，分途向繁昌之敌攻击，激战终日，鱼日拂晓，我以主力猛攻，遂将县城夺回，敌向三山方面狼狈窜去。是役，敌伤亡颇众，我亦有伤亡。是晚，段团一部，于京杭国道句天间破坏电线十余里，收获铁丝百余斤。（九）段团虞日于天王寺附近，击毙敌数名，其余哨兵向天王寺遁窜，我跟踪，中敌埋伏，经战一小时，我始突围而出。此次，敌伤亡甚重，我亦有光荣牺牲。（十）黄团一部，虞日于铜陵以东地区游击，于鸡头附近遇敌百余，经我陆续向敌猛攻，敌不支溃退。此次，敌伤亡三十余，我伤亡十余。（十一）第二支队直属队一部，虞日于句容附近地区游击，与由涟水〔？〕、句容出扰之敌约二百余人遭遇，战约二小时，我沉着抵抗，敌不支溃退。此次，敌伤亡二十余，我伤亡约十名。（十二）我卢团一部，齐晚，袭击淳化之敌，战约半小时，敌不支溃退。此次，敌伤亡二十余，我仅伤亡数人，并将敌工事毁坏，安全撤回，缴步枪二支、手榴弹十余颗、敌旗三面、敌军用品一部。（十三）韶团于金丹公路横塘附近，正破坏公路之际，由金、阳出扰之敌，与我掩护部队接触，经战半小时，敌不支仍向原路遁去。此次，敌伤亡十余名，我收电线百余斤。是日，易团之一部，于丹镇公路之马陵破坏电线数里，收获电线二百余斤。（十四）黄团一部，佳日，向顺安附近游击，于东廊村附近，与敌五十余名战约半小时，敌不支退回顺安。此次，敌伤亡各六名，我伤亡各二名，并缴步枪二支、刺刀二把、弹药一部。（十五）卢团一部，灰日，袭击西塘头（句容以北）之日伪军二百余，战约一小时，将敌大部歼灭。敌由句容方面增援，我复与敌反复肉搏三次，仍未解决战斗，因句容、阳山两方之敌再度增援，我乃【迅】速转利〔移〕。此次，敌伤亡四十余，内绥靖队长一名，我阵亡官兵三、伤七，缴获步枪十余支、伪旗十面，俘虏伪军十余名。（十六）孙团于灰日袭击伏龙山之敌二百余，战约半小时，因敌我悬殊，未便恋战，我遂转移。此次，敌伤亡二十余，我伤四、亡三。谨闻。泾。职叶挺。号午。参。印。

（12）5月31日密电

分送。渝蒋委员长、军政部长何、政治部长陈钧鉴：帝密。谨将职军本(五)月中旬所经大小战斗及破坏汇报如下:(一)管属一部,文日,袭击墅桥(金坛东北)之敌伪军三十余,战约二小时,敌不支溃退。此次,敌伤亡三名。同日,孙团一部,于红花山(繁昌西南)之麓,伏击该山出击之敌二十余,战约半小时,因敌增援赶到,我遂转移。此次毙敌四名。(二)段团一部,元日,于延陵附近,伏击珥陵向延陵前进之敌百余名,战约三小时,敌增援赶到,我遂转移。此次,敌伤亡十余。同日,天王寺之敌伪军三十余,向我驻周家边(天王寺以北)之段团一部进攻,激战三小时,敌不支溃退。此次,敌伤亡十余。是晚,该团另一部袭击太平山(金坛以东)之敌伪军二十余,战约一小时,敌固守工事顽抗,故未奏全效,我遂转移。此次,敌伤亡不详,我无伤亡。段团一部,寒日,袭击丁庄铺(丹阳以西)之敌伪军八十余,战约一小时,因敌固守工事顽抗,仅予敌损伤后,我遂转移。此次,敌伤亡不详,我无伤亡。是晚,孙团一部袭击石湾周(荻港东南)之敌,战约一小时,因敌工事坚强,未奏全效,我遂转移。此次,敌伤亡数名,我伤亡各一名。(三)孙团一部,铣日,向铜陵东南地区口于鸡头(顺安东南)附近,与长童山出扰之敌百余遭遇,战约一小时,敌不支向顺安方向退去。此次,敌伤亡六名,我伤亡各一。是晚,该团之另一部,袭击痛山及小磕山(繁昌西北)两地之敌,各战约一小时,因敌固守工事顽抗,不生全效,我予敌杀伤后,即转移。此次,敌伤亡二十余,我伤亡各四,并破坏电线二里,掳获电线三十余斤。(四)段团一部,筱日,袭击延陵之敌,战约一小时,因敌固守工事顽抗,势难奏效,我遂转移。此次,敌亡二、我伤亡各二。(五)卢团一部,巧晚,袭击徐溪桥(溧水以东)之敌伪军,战约一小时,敌不支溃退。此次,敌伤亡七名,我伤亡三名,缴获步枪二支、大刀二把,俘虏伪军四名。同晚,段团长焕竞亲率一营兵力再攻延陵之敌,战约二小时,我防军猛攻数次,因敌工事坚固,故未攻入,我遂转移。此次,敌伤亡三十余名,我伤亡四名,并伤民众参战者三名。同晚,孙团一部袭击峨桥之敌,战约二小时,因敌工事坚固顽抗,故未奏效,我遂转移。敌伤亡二十余，我亡班长、战士各二。该团之另一部，于顺安东南地区黄毛岭与敌遭遇，战约二小时，敌不支溃退。此次，敌伤亡十余，我伤亡各二，并缴获军用品甚多。(六)段团一部，皓日，袭击西旸之敌(金坛西北)，战约半小时，将敌完全击溃。此次，敌伤亡二十余，我伤亡五名，并缴获步枪八支。是晚，孙团王营全部于芜湾间活动，将江南铁路破坏一段，计二百米，将铁轨全部投入河中，并破坏电线二里，掳获电线七十余斤。旋即转移，袭击庙前之敌百余，战约一小时，因天将拂晓，我遂撤退。此次，敌伤亡二十余，我伤亡七名。(七)黄团一部，智日，于铜陵东南与在塔山岭与老鸦岭出扰之敌五十余遭遇，战约三小时，敌不支，向原路遁去。此次，敌伤亡十余，我伤亡各三名。谨闻。泾。职叶挺。世未。参。印。

(13) 6月11日密电

Chg 委员长蒋、部长何、部长陈：帝密。兹将职军五月中旬未及呈报战斗一次，及下旬所经各次战斗及破坏情【况汇】报如下：(一)第二支队，皓日，向句容东北地区游击，于陈武庄附近，与敌伪军五十余遭遇战半小时，将敌伪击溃。此次，敌伪伤亡六名，我无伤亡，并缴获步枪一支。(二)第□团一部，马午，向铜陵以东地区游击，在鲢山与敌百余遭遇，战二小时，敌不支撤回。此次，敌伤亡二十余，我伤亡八，缴获军用品一部。同晚，第五团一部袭击库山(繁昌西北)之敌五十余，战约一小时。此次，敌伤亡数名，我伤亡各一。同时，该团破坏鲁港、三山间公路一段，并破坏电线五里，掳获电线七十余斤。(三)梗午，武〔顺〕安之敌一百五十余，向我南殷桥之六团一部进占，激战三小时，将敌击溃，敌伤亡二十余。敬晚，第五团一部，拟袭击库山之敌，途经马家坝街头，发觉敌人埋伏，我以机枪射击，对敌猛冲，白刃撕〔厮〕杀，血战一小时，敌不支溃窜。此次，敌伤亡五名，我伤亡各一，并缴获军用品一部。(四)第二支队于皓晚，在陈武庄附近伏击由句容向该地前进之敌，战约一小时，因句容之敌赶援，我遂转移。此次，敌伤亡不详，我无损失。(五)第三支队一部，有晚，袭击龙都之伪警，激战三小时，将其全部击溃。此次，敌伪伤亡数名，我俘虏伪警十三名，并缴获步枪十余支。同晚，第五团一部袭击红花山之敌，战约一小时，敌伤亡十余，我亡六名。有晚，该团之另一部袭击石湾周之敌二百余，战一小时，毙敌数名，我伤亡各三人。同时，该团之另一部伏袭龙山之敌，激战二小时，敌伤亡三十余，我伤亡各八。又第三团一部袭击索山圩之敌，激战二小时，敌不支逃窜，我遂克复该圩，将敌工事悉数破坏。此次，敌伤三十余，我伤七、亡九，并缴获军品一部。(六)第四团一部，宥晚，袭击津兰埠之敌，击毙敌哨兵二名。同日，第六团一部，于京杭国道天王寺破坏电线一段，并袭向□(句容东南)之敌，激战二小时，因天王寺敌增援赶到，我遂转移。此次，敌伤亡不详，我无伤亡。该团另一部，于镇、丹间破坏电线一段，掳获电线二百多斤。同晚，第六团一部，于镇江、宝堰间破坏电线一段，掳获电线五十余斤。(七)管属辎〔?〕，感日，于童家桥附近，伏击由埤城出扰之敌，战约一时，毙敌官二、士兵六，我亦伤亡□。(八)第五团一部，俭晚，袭峨楞之敌六十余，战约一小时。此次毙敌数名，我亦伤亡各二。(九)第五团一部，艳晚，袭击潘家桥，并破坏电线数里，获电线数十斤。(十)第五团一部，陷日，袭击小磕山及库山两处之敌，战数时。此次敌伤亡各三、我伤二。同晚，第二支队一部，袭击秣陵关以北之殷巷镇附近之伪维持会，战约半小时，将敌击溃。计毙伪军四名，我无伤亡，并缴获步枪十余支，克日伪军九名，及其他一部。同时该支队又一部，袭击拓塘之敌，战约半小时，敌固守工事顽抗，故未奏效，我遂退回，于途破坏电线五里，掳获电线四十余斤。(十一)第四团一部袭击店岗之敌，【敌】固守工事顽抗，我仅予敌损伤，遂即退回，并破坏电线一段，掳获电线二十余斤。同时，该团另一部袭扰溧水及五里桥两处之敌，各该敌异常恐慌，以机枪猛射，我被敌炮火压制，我遂即退回。此次闻敌伤亡，我无伤亡。谨报。泾。职叶挺、项英。真辰。参。

印。

(14) 6月30日密电

重庆委员长蒋、部长何、部长陈：帝密。兹将职军本六月中旬所经各次战斗及破坏情形汇报如次：(一)第六团便衣队，真日，于镇句公路之沙沟桥附近，伏击由镇江南开之敌车三辆，我以手榴弹投掷，当将人车具毁，我即转移。同时，该团之另一部，于陈武庄附近破坏电线一段，获铁丝八十余斤。(二)第五团一部，寒晚，袭击库山之敌，战约一小时，由红花山增援之敌赶到，我即转移。敌伤亡数名，我伤二、亡一。(三)第三团一部，铣日，向铜陵以东地区游击，于县城附近与敌遭遇，战约二小时，敌不支溃退。此次，敌伤亡二十余，我缴获子弹千余发及军用品一部。同时，该团之另一部，袭击索山圩之敌，战约一小时，因鲤鱼山之敌赶到，我即转移。此次，敌伤亡中队长以下二十余员名，我伤亡十余，获步枪四支、左轮枪一支、手榴弹二十八枚及军用品一部。同时，该团另一部，于铜陵附近，伏击由三山前往掩护修路之敌，战约一小时，将敌击溃。此次，敌伤亡六名，我伤亡各三名。(四)第三团一部，筱日，向乌城涧以北地区游击，于赵家坪与敌遭遇，战约一小时，将敌击溃。此次，敌伤亡各三，我伤亡各一，并获步枪一支。(五)第五团侦察班，巧日，于三山附近破坏电线一段，获电线八十余斤。(六)第三团之一部，皓日，向繁昌以西游击，于祝家山附近伏击由鲤鱼山出扰之敌，战约二小时，敌不支溃退。此次，敌伤亡十余，我伤亡七名，获迫炮弹八枚。(七)第四团一部，哿晚，掩护队于油圩附近，布放漂雷五具，我西江递步哨安全返防。谨报。泾。职叶挺。三十申。参。印。

(15) 7月22日密电

重庆蒋委员长、何部长、陈部长：帝密。谨将职部七月上旬战斗判明如下：(一)东辰，三团便衣二十余人，前往获港西南之坝埂头袭击守备之敌，战约一小时，计毙敌十余，我无伤亡。因敌增援，且任务达成，故即撤至坝埂头、长童山间，破坏电话线十余里，收获电线三百余斤，后安返。(二)第二团一部，于冬晨在延陵东北之袁巷里附近，遭遇掩护修筑延陵、珥陵间公路之敌百余，正激战中，蔓桥之敌百余来援，与我只激战半日，因近黄昏，我后撤。是役，敌伪伤亡近百，我牺牲十六、伤官兵三十余。(三)冬晚，□团侦查员数名，破坏三山至舸桥间敌电话线三里，收获电线二十余斤，后安返。(四)第五团侦查队，于微晚前往漕港、三山镇侦查，当将该两地间电话线破坏六里，收线八十余斤。(五)第三团一部，于鱼辰袭击鲢鱼山守备部队八十余，该部以便衣队化装民众，秘密接近，破坏障碍物全部，突入与敌血战一小时，因索山圩之敌来援，我遂撤退。此役，敌伤亡十余，我缴获步枪一支、弹药一部，士兵伤二、亡三。(六)第五团一营，虞晚，派出一部，前往马家坝游击，进至街头时，与库山出击之敌三十余遭遇，我冲杀数次，战一小时，敌向原地退去，遗尸数具，我缴获弹药一部，士兵伤亡各二。(七)第三团虞晚，编成突击队，轻装进抵鲢鱼山西北之马村伏击，驰往鲢鱼山之敌五十余出扰，敌进入我伏击圈时，该队一部以机枪扫射，其余猛烈冲击，敌顽强抵抗，激战一小时，死伤十余，纷向原地逃退。我伤亡各三，计缴获掷弹筒二个、炮弹五枚、弹药一部。该队于战后又炮击鲢鱼山及坝埂头间之敌电线数处，掳获电线七十余斤。(八)第三团便衣队及步兵一部，灰酉，至鲤圩游击，适与由玉楼山前来索山换防之敌三十余遭遇，战约一小时，后敌不支向来路溃退。是役，敌伤数名，我伤亡各一。(九)同灰晚，该三团另派化装之小部队，到坝一吴与老鸦岭间破坏电线五里，掳获八十余斤。谨闻。泾。职叶挺。养未。参。印。

(16) 8月3日密电

重庆蒋委员长、军政部何部长、政治部陈部长钧鉴：孟密。谨将职部七月中旬战斗汇报如下：(一)真晚，第五团侦察班前往横山、库山间破坏电线约三里，收线四十余斤。(二)二支队一部，文日，于水阳自〔至〕黄池间、池边之〔至〕雁超徒门，与敌激战三小时，击沉敌艇十三艘，计载敌兵八十余，除击毙外，余均淹死战斗二时，敌百五十余来援，即续战五小时，将敌击溃，缴获敌军用品一部。此次共击毙敌百五十余，我伤连、排长各一，亡连长、副排长各一，正副班长二、士兵六。(三)文晚，五团派出便衣队，分向荻港、峨桥附近，破坏电线一段，掳获电线八十余斤。(四)二支直属一部，元辰，于句北区游击，与敌伪军六十余遭遇，激战二小时，将其击溃后，由句容增敌五十余，激战三小时，敌不支后退。此次，敌伪军伤亡三十余，我伤亡八名。(五)第五团侦察队，于寒三时于横山破坏敌电线三里，掳获电线四十余斤。(六)筱日晚，王团一部袭击红花山之敌三十余，战一小时，敌固守顽抗，伤亡不明，迭〔我〕无损失。(七)巧晨，敌七百余，由句容、汤水、东昌街等处，分四路向我驻余家山之二支一部围攻，我沉着应战，激战二小时，突围而出，仅〔伤〕三、亡一，并毙敌三名。又补报七月上旬战斗如下：(一)第四团一部，江晚，袭击淳化敌伪，约激战三小时，敌不支退至镇外高地顽抗，机、步枪乱射，我以耗敌任务已达，遂撤回。此次毙敌十八名，缴获步枪三支、文件数件及军用品一部，我无损伤。(二)鱼日，句容、天王寺等处，派驻敌五百余，分三路进攻我峪下山(天王寺西北)及二支直属一部，我先占有利地形迎击，经战五小时，因敌来援，我即撤回。此次，敌伤亡三十余，我亦伤亡二十余。(三)二□一部，庚日，袭击陶吴之敌，【敌】据屋顽抗，我受敌火力压制，乃转移。此次，敌伤亡各二，我伤亡各一。同时，三支另一部，亦破坏路基。我掩护部队分别袭击横溪、禄口、秣陵关等处之敌，我于任务已达成后，即转移。谨报。泾。职叶挺。江午。参。印。

〔国民政府国防部史政局及战史会档案〕

9. 叶挺汇报新四军在江南句容繁昌等地抗敌情形密电

(1940年3月)

(1) 3月10日密电

渝委员长蒋、军政部部长何、政治部部长陈钧鉴：匙密。谨将职军上二月下旬战斗汇报如下：(一)马日，溧水之敌二百余，向我驻山角之卢团一部进攻，于沆村与敌接触，战约二小时，双方撤退。此次，敌伤亡五名。(二)卢团三营一部，马晚，动员民众二千余，将句容至土铺间公路破坏约十余里，及桥二座。(三)养晨，敌二千余附飞机六架，向我繁昌进攻，与我傅团及友军血战终日，因敌众我寡，遂即转移。是晚，我分途进攻繁城，战约三时，敌不支溃退，我遂将繁昌克复。此次，敌伤亡百余，我伤亡官兵共五十六员名。(四)养日，金坛之敌八十余，向我驻徐家村(张〔长〕荡湖以西)附近之段团一部进攻，战约二小时，将敌击退。同时，敌之另一路，由薛埠方面向我进攻，亦被我击退。此次，敌伤亡二十余名，我伤亡排长以下五员名，并缴获手榴弹七十余枚。(五)傅团一部，养晚，袭击大通北门外之伪军，战约一小时，将敌大部歼灭，我即撤回。此次，敌伤亡二十余名，我无伤亡，并缴获步枪六支。(六)梗日，慈溪、东坝两地之敌，向我陈支队驻社渚之野战医院进攻，战约一小时，因敌我众寡悬殊，我即撤退。我损失药品、器材一部。同时，南渡、上兴埠、下张等地之敌，向我陈支队司令部进攻，我即派队阻击于东安里附近，与敌接触，战约四小时，敌不支溃退。次日，敌复向我竹箕桥进攻，战约三小时，敌一度占领该镇，经我不断袭击，敌不支仍退回下张、上兴埠一线。此役，敌伤亡三十余，我亦颇有伤亡。(七)张团便衣队，梗日，袭击埤城之敌，战约一小时，因敌增援赶到，我遂撤退。此次，敌伤亡十余名，我缴获步枪十余支。(八)敬日，天王寺之敌四百余，内骑兵五十余，向我驻下张附近之梅部进攻，战约一小时，因敌众我寡，遂即转移。此次，敌伤亡二十余，我伤亡二名。(九)管属部，敬日，于榆中川南之万福桥附近，击毙汉奸三名。(十)王团一部，有日于榆中川南附近，击毙汉奸三名。(十一)王团一部，有日于竹篑桥附近，击毙敌哨兵二名，并缴获步枪二支，弹药一部。(十二)段团一部，宥日袭击延陵之敌，战约一小时，因敌固守工事顽抗，我遂撤回，故未奏效。同日，该团之另一部，于丹阳城下击毙伪军一名，击伤伪军二名。(十三)王团一部，艳日，袭击孟河之敌，战约一小时，因敌增援赶到，我即转移。此次，敌伤亡各一名，我伤二名。谨报。泾。职叶挺。灰申。参。印。

(2) 3月20日密电

重庆蒋委员长、军政部部长何、政治部部长陈钧鉴：甸密。谨将职军本三月上旬战斗汇报如下：(一)东日，珥陵之敌向丹阳前进，我王团即派队前往截击，于麦溪附近与敌遭遇，战约二小时，因敌增援，我遂转移。此次，敌伤亡三十余名，我伤二、亡一。(二)段团一部，虞晚，配合群众五百余，将镇丹路五凤桥至马陵之桥梁破坏六座。(三)孙团一部，齐日向三山方面游击，发现敌由芜湖上驶汽船一艘，我以猛烈火力射击，敌被我击毙二、伤四，后向东驶去。是晚，王团一部将镇澄路破坏数段，计长二十二里，并收电线百余斤。(四)王团一部，佳辰，袭击南京之麒麟门伪军，战约一小时，将敌击溃，因地形不利猛追，我即撤回。此次，敌伤亡八名，我缴获步枪三支，伪旗一面，文件一部。是晚，该团之另一部，袭击谏均之伪军五十余，战约半小时，因敌增援，我遂转移。此次，敌伤亡三十余名，我伤亡班、排长各一员。并俘虏伪军二名。(五)二支直属一部，佳日于东渡村(京建路上)附近，伏击禄口出扰之敌，战约一小时，敌不支溃退，我跟踪追击至邵家塘附近，因敌增援，我遂转移。此次，敌伤亡二十，我伤一名。(六)孙团一部，佳日，袭击伏龙山之敌，于途中与敌遭遇，战约一小时，敌不支溃退。此次，敌伤亡四名，我伤二名。(七)王团一部，灰日在京杭国道之礼泥墅附近，伏击敌汽车二辆，战约半小时，并将车辆全部焚毁，击毙敌二十余名，后因敌增援，我遂撤回。(八)管属一部，灰日于杨中青龙桥附近，伏击由老郎桥〔街〕出扰之敌，战约一小时，因油刻桥之敌增援，我遂转移。此次，毙敌五名，同时，毙敌骡马六匹，我无伤亡。谨呈报。泾。职叶挺。号已。参。印。

〔国民政府国防部史政局及战史会档案〕

10. 孟繁纶报送新四军江南江北部队游击战绩概要表册

(1940年4月)

陆军新编第四军游击战绩概要表 廿七年十一月份

作战

次数：一

部队：卢团一部

日期：十一月一日晚

地点：京建公路

经过时间：二小时

敌人番号、兵力及兵种：破坏

战斗经过概要：是日晚，我将京建公路秣溧段及京杭国道一段彻底破坏，并毁桥五座。

作战

次数：二

部队：张团一部

日期：十一月一日

地点：东阳镇

经过时间：一小时

敌人番号、兵力及兵种：敌伪军数十名

战斗经过概要：我进攻东阳镇之敌伪军，当即消灭其一部，并缴获轻机枪一挺，步枪二支，其他军用品一部，敌伤亡十余名，我仅伤六名。

作战

次数：三

部队：杨团全部

日期：十一月二日

地点：庐江

经过时间：三小时

敌人番号、兵力及兵种：解决旧县长及伪保安团千余

战斗经过概要：奉省府令解决旧县长。我于是夜全部出动，将该县保安团千余全部解决，缴获甚多，全交还新县长。

作战

次数：四

部队：张团一部

日期：十二月二日

地点：南京汤山之间

经过时间：一小时

敌人番号、兵力及兵种：截击敌汽车九辆

战斗经过概要：我一部于该处伏击敌汽车九辆，因布置不周，仅击伤敌五名。

作战

次数：五

部队：叶团便衣队

日期：十一月三日

地点：宝堰街

经过时间：二十分钟

敌人番号、兵力及兵种：敌川口小队长

战斗经过概要：我便衣队潜入宝堰街，击毙敌川口小队长一名，获手枪一支，我目的已达，当即退出。次日，敌由金坛增调百余名至宝堰。

作战

次数：六

部队：二支侦察连

日期：十一月三日

地点：土山镇

经过时间：半小时

敌人番号、兵力及兵种：守敌步兵三十余

战斗经过概要：我于是晚袭击该镇之敌，敌据守顽抗，并有京敌来援，我乃与之展开激战，当毙敌十余。是役，我亦伤亡五人。

作战

次数：七

部队：二支一部

日期：十一月三日

地点：天王寺

经过时间：一小时半

敌人番号、兵力及兵种：守备之敌步炮兵二百余战斗经过概要：我派队袭击该敌，敌先占领街道，我以手榴弹猛击，当毙敌七、伤七。残敌退守房屋顽抗，并以机炮乱射，我任务既达后，遂安返。是役，我伤七亡三。

作战

次数：八

部队：黄团一部

日期：十一月四日

地点：禄口

经过时间：一小时

敌人番号、兵力及兵种：守备之敌伪军六十余

战斗经过概要：我击该敌，当毙伪警哨兵一名，获步枪一支。敌坚守顽抗，且地形不利攻守，我遂安全转移。

作战

次数：九

部队：张团一部

日期：十一月六、七日

地点：新丰铁桥

经过时间：一小时

敌人番号、兵力及兵种：破坏

战斗经过概要：我将新丰铁桥破坏五、六尺、坦克车二辆。敌来援，激战一小时，毙敌十余名，我任务完成，安然返防。又七日，复将该铁道螺丝破坏卅余处，恰遇敌坦克车四辆过此，我遂加以猛击，当毙敌五名后，我即撤回。

作战

次数：十

部队：二支一部

日期：十一月七日晚

地点：溧水

经过时间：一小时

敌人番号、兵力及兵种：守敌数十

战斗经过概要：我袭击该敌，连攻数次，因敌固守工事顽抗，致未奏全效，我旋即转移。是役，毙敌二伤四，我亦伤亡二名。

作战

次数：十一

部队：孙团一部

日期：十一月十日

地点：虾鱼沟

经过时间：一小时半

敌人番号、兵力及兵种：敌步骑炮百余名

战斗经过概要：湾沚敌百余，经大洋桥向我阵地进犯，我乃沉着应战，敌不支溃退。此次毙敌十余，伤敌二十余，我伤亡十三名。

作战

次数：十二

部队：孙团一部

日期：十一月十一日

地点：虾鱼沟

经过时间：一小时

敌人番号、兵力及兵种：敌步炮兵八十余

战斗经过概要：敌沿新圩堤向我该处阵地进犯，当敌进到我阵地前沿对〔时〕，我予猛烈火力射击，敌不支溃败。此次敌伤亡九名，我亦伤四名。

作战

次数：十三

部队：二支直一部

日期：十一月十二日

池点：北公坝

经过时间：二小时

敌人番号、兵力及兵种：敌步炮兵二百余

战斗经过概要：敌由大洋桥向我北公坝阵地进犯，并以机炮向我猛射，我谭副司令亲临指挥，经猛烈还击后，敌向原路退去。敌伤亡廿余，我伤九亡五名。

作战

次数：十四

部队：黄团一部

日期：十一月十三日

地点：霍里

经过时间：三小时

敌人番号、兵力及兵种：敌伪军步炮兵七百余

战斗经过概要：我黄团一部进击该处之敌伪军七百余，完全击溃，毙敌伪军一百卅余，内队长一，获驳壳枪一支，军用品一部，我伤士兵二亡一名。

作战

次数：十五

部队：黄团一部

日期：十一月十三日晚

地点：京建公路

经过时间：二小时

敌人番号、兵力及兵种：破坏

战斗经过概要：我于是晚【在】该路秣稜段破坏公路约二里，并毁木桥三座，收割电线数里。

作战

次数：十六

部队：孙团二营

日期：十一月十四日

地点：红锡镇

经过时间：四小时

敌人番号、兵力及兵种：敌步骑炮兵四百余

战斗经过概要：劳山镇之敌向我红锡镇阵地追击，我沉着应战，自十五时激战至十九时，我谭副司令亲临指挥，遂将敌击退。敌伤不明，我伤七亡四名。

作战

次数：十七

部队：黄团一部

日期：十一月十四日

地点：杨泗渡

经过时间：一小时

敌人番号、兵力及兵种：敌步兵数十

战斗经过概要：敌汽船四只于该处登岸，当被我击退。旋敌由乌溪镇增援百卅余，并汽船四支，经杨泗渡至裘公渡。我无伤亡安返。

作战

次数：十八

部队：三支一部

日期：十一月十四日

地点：瓦窑

经过时间：三小时

敌人番号、兵力及兵种：敌步炮兵约二百余

战斗经过概要：敌另一部由寒泥沟火力掩护下强渡，突击我瓦窑阵地，与虾鱼沟等守备部队激战，因敌我悬殊，瓦窑遂被敌占领。

作战

次数：十九

部队：二支侦察连

日期：十一月十四日

经过时间：二小时

敌人番号、兵力及兵种：破坏

战斗经过概要：我袭扰该敌，迫近城下，敌固守不出，我乃将铁道破坏百余公尺、桥梁数座后安返。

作战

次数：二十

部队：黄团侦察连

日期：十一月十四日

地点：京建公路

经过时间：一小时

敌人番号、兵力及兵种：破坏

战斗经过概要：我将该路京秣段之敌军用电话线十余里，电杆五里，公路三段彻底破坏并毁大桥二座。

作战

次数：二十一

部队：三支直一部

日期：十一月十五日

地点：瓦窑

经过时间：二小时

敌人番号、兵力及兵种：敌步炮兵二百余

战斗经过概要：我守备队集结以猛烈反击，瓦窑阵地遂为我夺回，敌退守芳山。是役，我伤亡甚多。

作战

次数：二十二

部队：二支直一部

日期：十一月十五日晚

地点：溧武公路

经过时间：一小时

敌人番号、兵力及兵种：破坏

战斗经过概要：我毁该路洋桥一座，旋与敌巡查队遭遇，击毙敌一伤一，我无损失。

作战

次数：二十三

部队：二支直一部

日期：十一月十五日晚

地点：溧天公路

经过时间：二小时

敌人番号、兵力及兵种：守备之敌步兵约五十余

战斗经过概要：我于是晚将该溧天公路彻底破坏约五里，并袭

扰天王寺守备之敌，敌固守工事不出，我予敌消耗后转移，敌死伤不详，我无伤亡。

作战

次数：二十四

部队：张团一部

日期：十一月十五日

地点：京沪铁路

经过时间：二小时半

敌人番号、兵力及兵种：破坏

战斗经过概要：我张团一部于删晚破坏高资、下蜀之间铁路两段，并拆去铁轨五十余根，埋伏甚久，天将亮时始安返。

作战

次数：二十五

部队：叶团一部

日期：十一月十五日晚

地点：京沪铁路

经过时间：一小时

敌人番号、兵力及兵种：破坏

战斗经过概要：我叶团一部于镇江、新丰间之西山背附近，拆毁铁轨十余丈。

作战

次数：二十六

部队：张团一部

日期：十一月十五日

地点：泗村

经过时间：二小时

敌人番号、兵力及兵种：敌步炮兵百余

战斗经过概要：我张团一部于我泗村伏击内〔句〕容击来之敌百余，全部被我击溃，伤亡约七十余，我亦伤十亡七名。

作战

次数：二十七

部队：一支特务营

日期：十一月十五日

地点：溧金公路

经过时间：一小时

敌人番号、兵力及兵种：破坏

战斗经过概要：我部彻底破坏薛镇、天王寺间之溧金公路上里亭桥梁二座。

作战

次数：二十八

部队：张团一部

日期：十一月十五日

地点：句溧公路

经过时间：二小时

敌人番号、兵力及兵种：破坏

战斗经过概要：我破坏句容、天王寺间之二圣桥、大洋桥二座，敌数天未修。

作战

次数：二十九

部队：黄团一部

日期：十一月十五日晚

地点：塌桥附近

经过时间：二小时

敌人番号、兵力及兵种：破坏

战斗经过概要：宣湖铁路二段约百余公尺为我破坏，并将枕木、电杆全部焚毁。

作战

次数：三十

部队：周团一部

日期：十一月十六日

地点：庄集附近

经过时间：一小时

敌人番号、兵力及兵种：出扰之敌步兵百余人

战斗经过概要：我于该处袭击出扰之敌百余人，敌不支逃窜，我并破坏铁道一段。是役，敌伤二十三亡十二，我伤四亡五名。

作战

次数：三十一

部队：三支直一部

日期：十一月十六日

地点：寒泥沟

经过时间：一小时

敌人番号、兵力及兵种：湾址之敌步炮兵六十余，附机炮各二

战斗经过概要：湾址之敌步炮兵六十余，附机炮各二，向我寒泥沟强渡，经我守备部队猛烈射击，敌不支退去，敌伤亡不详，我仅伤二名。

作战

次数：三十二

部队：三支直一部

日期：十一月十六日

地点：洪宣埠

经过时间：一小时

敌人番号、兵力及兵种：守备之敌人数不详

战斗经过概要：我派游击队百余袭扰该处之敌，战约一小时，仅予敌消耗，当击毙敌三伤二，我无伤亡。

作战

次数：三十三

部队：三支便衣队

日期：十一月十六日

地点：矿山附近

经过时间：半小时

敌人番号、兵力及兵种：敌步兵十余人

战斗经过概要：我便衣游击队于矿山附近将下乡采买之敌击毙五名，余仓惶遁去。

作战

次数：三十四

部队：三支直一部

日期：十一月十七日

地点：夫子缺

经过时间：二小时

敌人番号、兵力及兵种：敌步骑炮百余名

战斗经过概要：敌向我夫子缺左翼守备部队攻击，激战甚烈，经〔当〕我援兵将赶到之际，敌即向湾址溃退。敌伤亡不明，我仅伤三名。

作战

次数：三十五

部队：孙团一部

日期：十一月十七日

地点：红锡镇

经过时间：二小时

敌人番号、兵力及兵种：敌四百余，附重机枪、炮各四名〔门〕

战斗经过概要：敌向我红锡镇地带进攻，我乃顽强抗击，经战二小时许，因敌多我寡，且我伤亡过重，即撤退，该镇遂被敌占领。敌伤亡二十余，我亦伤亡三十余人。

作战

次数：二十六

部队：三支直一部

日期：十一月十七日

地点：清水潭

经过时间：二小时

敌人番号、兵力及兵种：敌步兵三百余附炮四门

战斗经过概要：红锡镇之敌向我清水潭阵地进攻与我守备部队激战约二小时之久，经我数次反击，又因天黑该敌始退回原处。

作战

次数：三十七

部队：黄团一部

日期：十一月十七日

地点：采石

经过时间：一小时半

敌人番号、兵力及兵种：敌步兵五十余人

战斗经过概要：我一部袭击采石之敌，经战一小时之久，当毙敌五伤三名，我获敌轻机枪一挺。敌伤亡不明，我伤亡各一名。

作战

次数：三十八

部队：孙团一部

日期：十一月十七日晚

地点：红杨树

经过时间：四小时

敌人番号、兵力及兵种：敌步炮约三百余

战斗经过概要：我以一部袭击崔家山，另以主力向红杨树之敌进击，敌因受双方夹击，恐慌万状，除以机枪及炮乱射外，旋即向湾址溃退，我即收复红杨树阵地。此役，敌伤亡二十余，我亦伤亡十余，我缴获炮弹数十枚，军用品一部。

作战

次数：三十九

部队：张团一部

日期：十一月十七日

地点：小金山

经过时间：一小时

敌人番号、兵力及兵种：敌步炮兵百余

战斗经过概要：我一部于该处伏击武进出扰之敌百余，战约一小时，敌不支，向原路溃退。此次敌伤十亡六，我伤士兵五亡二名。

作战

次数：四十

部队：黄团一部

日期：十一月十八日

地点：丁家桥附近

经过时间：一小时

敌人番号、兵力及兵种：敌步兵五十余

战斗经过概要：我派队于和尚桥西之丁家桥附近游击，遇由霍里来犯之敌五十余，当即激战。后敌由石马增援。我遂转移，计毙敌二伤五，我阵亡二伤一名。

作战

次数：四十一

部队：黄团一部

日期：十一月十八日

地点：乌溪附近

经过时间：一小时

敌人番号、兵力及兵种：敌步炮兵百余

战斗经过概要：宣城之敌经乌溪返黄池，被我伏击，当毙敌四伤敌三名。后敌来援，我即转移，

作战

次数：四十二

部队：张团一部

日期：十一月十二日

地点：京杭国道

经过时间：一小时

敌人番号、兵力及兵种：破坏

战斗经过概要：我部将京杭国道汤水至句容间之西润桥完全

破坏。

作战

次数：四十三

部队：张团一部

日期：十一月二十一日

地点：京沪铁路

经过时间：半小时

敌人番号、兵力及兵种：破坏

战斗经过概要：我一部于下蜀仓头破坏铁路二段，计毁铁轨数十根，后安返。

作战

次数：四十四

部队：张团便衣队

日期：十一月二十二日

地点：淳化

经过时间：半小时

敌人番号、兵力及兵种：敌特务机关便衣队

战斗经过概要：我便衣队至该淳化附近伏击，适遇由南京敌特务机关派出之便衣队五名向我开枪，当被我完全消灭，并缴获驳壳枪三支，手枪二支，我无损失。

作战

次数：四十五

部队：张团一部

日期：十一月二十二日

地点：四桃渡

经过时间：一小时

敌人番号、兵力及兵种：敌步兵十五名附机枪一挺

战斗经过概要：我袭该敌，当击毙敌八名，缴获步枪四支、大衣七件、广播机一架、子弹一部。我亡二伤十名。

作战

次数：四十六

部队：二支直一部

日期：十一月二十四日

地点：溧金公路

经过时间：一小时

敌人番号、兵力及兵种：破坏

战斗经过概要：溧金公路溧水至天王寺一段，被我彻底破坏数里，数日使敌不能通车。

作战

次数：四十七

部队：张团一部

日期：十一月二十四日

地点：丹阳附近

经过时间：一小时

敌人番号、兵力及兵种：敌约数十名

战斗经过概要：我袭击丹阳以东修公路之敌，当击毙六伤二十余名，其余退回城内。此次我亦伤四亡一名。

作战

次数：四十八

部队：黄团一部

日期：十一月二十五日
地点：黄池附近
经过时间：一小时
敌人番号、兵力及兵种：敌步炮兵八十余
战斗经过概要：我于二十四日派队一班至黄池侦察，因汉奸密告，敌于此日以八十余人向我包围，幸我警觉，即离开驻地。后敌包围村庄时，以〔以字衍〕该班予以猛烈射击，当毙敌五名，我仅轻伤一名。

作战

次数：四十九
部队：黄团一部
日期：十一月二十日
地点：小丹阳附近
经过时间：一小时
敌人番号、兵力及兵种：敌步炮兵二百余名
战斗经过概要：石马矿山敌二百余向我进攻，旋被我痛击后，仓慌逃去，我进击十余里，毙敌二伤三名。

作战

次数：五十
部队：张团一部
日期：十一月二十五日
地点：金舒公路
经过时间：半小时
敌人番号、兵力及兵种：敌步兵约卅余
战斗经过概要：我于金丹公路袭击修公路之敌，当毙二伤五，我无伤亡。

作战

次数：五十一

部队：二支侦察连

日期：十一月二十六日晚

地点：雨花台

经过时间：一小时

敌人番号、兵力及兵种：敌伪军五十余人

战斗经过概要：我部袭击雨花台之敌伪军五十余，当毙敌五名，伤甚多，敌不支，向城内溃退，我即以猛烈火力向城内射击，京敌大感恐慌。是役，我获步枪二，驳壳枪一支。我复于二十七日晚将大定场附近公路破坏二段，毁桥梁一座、电线五里，后遂转移。

作战

次数：五十二

部队：张团一部

日期：十一月廿六日

地点：镇句公路

经过时间：二小时

敌人番号、兵力及兵种：破坏桥梁五座

战斗经过概要：我将镇、句公路间之沙沟桥、东坝桥、黄梅桥、官汤桥、□桥全部破坏。

作战

次数：五十三

部队：张团一部

日期：十一月廿七日

地点：镇江

经过时间：三小时

敌人番号、兵力及兵种：修路之敌一百七十余

战斗经过概要：我率一部伏击修路之敌，因敌火力甚强及我主力未赶到，只〔只字衍〕仅毙敌十五名，伤十三名，我无损失。

作战

次数：五十四

部队：叶团大部

日期：十一月廿七日

地点：白兔镇附近

经过时间：三小时

敌人番号、兵力及兵种：敌步炮兵七、八百名，分四路向我围攻

战斗经过概要：敌由镇江、丹阳、句容、宝堰分四路向我驻地围攻，每路一百七、八十人不等，我迅即占领阵地抵抗，激战三小时，因敌各路迫近，我乃分途撤退。是役，伤亡敌兵五十余，我阵亡营长一，伤排长五，共伤官兵廿五名。

作战

次数：五十五

部队：三支直一部

日期：十一月卅日

地点：红锡镇

经过时间：二小时

敌人番号、兵力及兵种：敌步骑兵二百余附炮数门及机枪数挺

战斗经过概要：湾址之敌二百余向红锡镇前进，经我游击队隔岸守备队沉着抵抗，敌退回崔家山，与我对峙中。

作战

次数：五十六

部队：三支直一部

日期：十一月卅日

地点：寒泥沟、夫子缺等地

经过时间：三小时

敌人番号、兵力及兵种：敌步炮兵六百余

战斗经过概要：敌分三路向我进攻，被我奋勇击退。崔家山之敌复于十时由湾址增援三百余，又分三路向我围攻，每路二百余。一路向我寒泥沟围攻，该地当被敌占领；一路继向我夫子缺进攻；一路向我夏高桥攻击；而另一路向清水潭进攻，均被我击退，敌伤亡五十余，我亦伤亡十五名。

作战

次数：五十七

部队：二支一部

日期：十一月卅日

地点：大施家村

经过时间：四小时

敌人番号、兵力及兵种：敌三百余

战斗经过概要：敌三百余分五路向我张团驻地进攻，该团仅一营直属队应战，激战四小时，因敌炮火甚烈，我即退回阵地。此次敌伤亡卅余，并俘敌新兵一名，我亦伤亡十余名。敌占领大施家村、新河庄、成桥焚烧后，即撤回金坛。敌伤亡不明，我伤亡各二名。

陆军新编第四军游击战绩概要表

二十七年十二月份

作战

次数：一

部队：孙团一部

日期：十二月三日

地点：湾址附近

经过时间：一天

敌人番号、兵力及兵种：敌步炮骑八百余

战斗经过概要：敌分四路向我夫子缺到清水潭一线进攻，一路由虾鱼沟向夫子缺，一路由红锡镇向清水潭，一路由姚湾村向清水潭侧击，各路均发生激战。至十时许，清水潭、马家园、十家人等阵地先后被敌占领，经我奋勇抵抗，卒将敌相继击溃，马家园、十家人、清水潭完全克服。此役，敌伤亡百余，我亦伤亡四十余人。

作战

次数：二

部队：杨团一部

日期：十二月三日

地点：新安桥

经过时间：一小时

敌人番号、兵力及兵种：敌约数十名

战斗经过概要：我一部游击至新安桥，遇敌汽船二艘，从该地登陆，被我突然袭击，毙敌廿三名，余敌溃退。我获日旗一面、子弹一部、我损失甚微。

作战

次数：三

部队：孙团一部

日期：十二月四日

地点：红锡镇

经过时间：五小时

敌人番号、兵力及兵种：敌步炮兵三百余

战斗经过概要：我袭击红锡镇之敌，先将敌排哨完全消灭，后与敌接触，敌以炮火轰击，我乃占领崔家山高地，激战三小时，敌不支，狼狈退回湾址，我即克服红锡镇阵地。此役，敌伤亡百余，我亦有伤亡，略有缴获。

作战

次数：四

部队：周团一部

日期：十二月四日

地点：夏家阁

经过时间：半小时

敌人番号、兵力及兵种：敌步兵十四名

战斗经过概要：我袭击该处出扰之敌，因我地形不熟，兵力未配备，仅杀伤敌三名，我伤五亡四，内连长一。

作战

次数：五

部队：黄团一部

日期：十二月六日

地点：东庄

经过时间：一小时

敌人番号、兵力及兵种：敌八十余

战斗经过概要：敌进攻东庄，损民众百余。我驻该地附近黄团闻讯即赶到，与敌接触，敌不支，向濮矿溃退，始将群众救出。

作战

次数：六

部队：黄团一部

日期：十二月七日

地点：薛丹公路

经过时间：一小时

敌人番号、兵力及兵种：破坏

战斗经过概要：我将薛镇、小丹阳间公路【路】基破坏数段，毁桥梁二座，并扰击薛镇之敌后安返。

作战

次数：七

部队：黄团一部

日期：十二月八日

地点：横岗桥附近

经过时间：二小时

敌人番号、兵力及兵种：敌步七十余

战斗经过概要：我埋伏横岗桥附近，遇敌七十余出扰，遭我猛烈射击，当毙敌五伤六。后因敌援，旋即退，撤回，我伤士兵一名。

作战

次数：八

部队：周团一部

日期：十二月十日夜

地点：巢湖北按子

经过时间：半小时

敌人番号、兵力及兵种：巢县维持会

战斗经过概要：我于是夜袭击该县伪维持会，毙该会书记一名，炸伤该会会员二名，我方轻伤一名。

作战

次数：九

部队：黄团一部

日期：十二月十一日

地点：谢村

经过时间：半小时

敌人番号、兵力及兵种：敌二十余附炮一门

战斗经过概要：该敌进袭我谢村，当被我击溃，计毙敌一伤二，我亦伤亡三名。

作战

次数：十

部队：孙团一部

日期：十二月十一日

地点：湾址

经过时间：一小时

敌人番号、兵力及兵种：据点之敌

战斗经过概要：我分三路潜入湾址街扰敌，炸弹四处爆发，敌从仓皇中逃避，并有一部于天主【教】堂与我接触激战。是役，我缴获手榴弹五发，迫击炮弹一箱，敌伤亡十余名。

作战

次数：十一

部队：孙团一部

日期：十二月十二日

地点：黄墓渡附近

经过时间：一小时

敌人番号、兵力及兵种：敌步骑炮二百余

战斗经过概要：我于黄墓渡附近游击侦察，与敌遭遇激战，敌不支溃退，我即占领该地。是役，敌伤五名，我无损失。

作战

次数：十二

部队：黄团一部

日期：十二月十日

地点：采石附近

经过时间：一小时

敌人番号、兵力及兵种：伪军百余枪八十余支

战斗经过概要：我进袭该处之伪军，缴获轻机枪一挺，步枪三支，毙敌七，我阵亡参谋长一，伤亡士兵四，残敌向铜井溃退。

作战

次数：十三

部队：叶团一部

日期：十二月十三日

地点：佘家山附近

经过时间：一小时

敌人番号、兵力及兵种：敌步兵四百余

战斗经过概要：敌向我分途合击，我选择敌兵力薄弱之一路，旋因敌各路相继迫近，我即撤退。是役，敌伤亡二十余，我亦伤七亡四名。

作战

次数：十四

部队：孙团一部

日期：十二月十四日

地点：奎潭

经过时间：三小时

敌人番号、兵力及兵种：敌步炮骑兵三百余

战斗经过概要：我与敌遭遇激战，敌不支溃退。现奎潭一带为我三支驻守。此役，敌伤亡三十余，我亦有伤亡。

作战

次数：十五

部队：杨团一部

日期：十二月十四日

地点：铜城闸

经过时间：二小时

敌人番号、兵力及兵种：守据点敌数百

战斗经过概要：我分两路袭击敌据点，一部袭击铜城闸之车站敌三百余，我猛掷手榴弹，炸毁岗棚数座，当毙敌三十余，获军用品一部。我另一部袭入长岗集，突破铁丝网数道，敌不防，退窜数里，当毙敌二十余人。

作战

次数：十六

部队：叶团一部

日期：十二月十四日

地点：延陵附近

经过时间：三小时

敌人番号、兵力及兵种：敌步炮骑兵八百余

战斗经过概要：敌分四路向我延陵叶团二营及西庄湖一支特务营进攻，我同时应战，敌在其火力掩护之下，分途遇〔与〕我逼近，我随即转移阵地，敌伤亡二十余人。

作战

次数：十七

部队：管部一部

日期：十二月十四日

地点：黄泥山

经过时间：三小时

敌人番号、兵力及兵种：敌步炮兵数百余

战斗经过概要：我分五路围攻镇、澄公路孟河至埤城间黄泥山，我管部当与敌于【黄】泥山北遭遇，计毙敌二十余，俘一名，我无损失。

作战

次数：十八

部队：八团一部

日期：十二月十五日

地点：龙城

经过时间：二小时

敌人番号、兵力及兵种：汉奸部队步兵七百余

战斗经过概要：我袭击龙城汉奸葛傅红、徐德恒、杨建再部七百余，全部为我击溃，并俘掳四十六名，内中队长一名，步枪四十六支，驳壳枪六支，马三匹，敌伤亡三十余，我伤四亡三，残匪逃窜。

作战

次数：十九

部队：叶团一部

日期：十二月十六日

地点：毕居

经过时间：一小时半

敌人番号、兵力及兵种：敌运输队五十余

战斗经过概要：我埋伏该处附近，遇敌运输队五十余，当予以猛击。旋敌增援赶至，我以众寡悬殊，即行撤退。此役，敌伤亡三十余，我伤亡十余。

作战

次数：二十

部队：黄团一部

日期：十二月十六日

地点：小丹阳

经过时间：二小时

敌人番号、兵力及兵种：守敌百余

战斗经过概要：我袭击敌，敌退守天主【教】堂顽抗。旋因狂风暴雨，全身透湿，我仅予猛烈杀伤后，即安全撤退。

作战

次数：二十一

部队：杨团一部

日期：十二月十七日

地点：裕溪镇

经过时间：半小时

敌人番号、兵力及兵种：守敌数十名

战斗经过概要：我袭击该处守敌，因敌无准备，狼狈逃窜。是役，毙敌三十余，获步马枪四支，军用品一部，我无伤亡。

作战

次数：二十二

部队：傅团便衣队

日期：十二月十七日

地点：丁家桥

经过时间：一小时

敌人番号、兵力及兵种：敌步骑数十人

战斗经过概要：我派便衣队至铜陵敌后扰乱，于丁家桥与敌先头部队遭遇，战〔我〕乃猛烈袭击，当毙敌二，获皮包、大衣、雨衣、包袱各一件。后敌增援骑兵赶至，我遂撤退。是役，我亡二伤三。

作战

次数：二十三

部队：黄团一部

日期：十二月二十三日

地点：宋门

经过时间：二小时

敌人番号、兵力及兵种：敌伪军百余名

战斗经过概要：我在该处与敌伪军百余接触，激战两小时，将其全部击溃，计毙敌十余，我亦伤亡官兵十余名。

作战

次数：二十四

部队：孙团一部

日期：十二月廿五日

地点：中分徐

经过时间：二小时

敌人番号、兵力及兵种：敌步炮兵二百余

战斗经过概要：我向繁昌附近游击，于中分徐与敌遭遇，敌不支，向青山溃窜。是役，敌伤亡十余，我亦伤三亡七名。

作战

次数：二十五

部队：叶团支特务营

日期：十二月廿五日

地点：西庄湖

经过时间：二小时

敌人番号、兵力及兵种：敌步炮兵二百余

战斗经过概要：敌分四路进攻延陵，被我部于西庄湖应战，敌伤亡五十余，并俘敌一，系台湾籍。

作战

次数：二十六

部队：周团一部

日期：十二月廿六日

地点：龙城

经过时间：一小时

敌人番号、兵力及兵种：葛傅红匪部百余

战斗经过概要：我袭击盘据梁园、石塘桥、马集、龙城头集一带之残匪葛傅红部。该匪毫无斗志，未经抵抗，即四散无踪，俘匪七名，获步枪二支。

作战

次数：二十七

部队：孙团一部

日期：十二月廿六日

地点：繁昌

经过时间：三小时

敌人番号、兵力及兵种：原驻敌二百余

战斗经过概要：敌分两路向我中分徐一带进攻，我陈营随即出发应战，于中分徐遭遇，我先占有利地形侧击，敌不支，向三山街退去，繁昌遂告收复。

作战

次数：二十八

部队：黄团一部

日期：十二月十九日

地点：新市附近

经过时间：一小时

敌人番号、兵力及兵种：出扰之敌

战斗经过概要：我于附近伏击由小丹阳出扰之敌四十余，当将【敌】击溃，并毙三伤一，我无损伤。又便衣队数名至禄口附近，击毙下乡之伪绥靖队长一名。

作战

次数：二十九

部队：孙团一部

日期：十二月廿七日

地点：戴家桥

经过时间：一小时

敌人番号、兵力及兵种：江门冲运动之敌四十余

战斗经过概要：我猛烈袭击该永济桥，将敌完全击溃，我即安返。是役，敌伤亡十余名，我轻伤二名。

陆军新编第四军江南部队游击战绩概要表

廿八年一月份

作战

次数：一

部队：黄团一部

日期：一月一日

地点：横山

经过时间：五小时

敌人番号、兵力及兵种：敌步骑炮三百余

战斗经过概要：横山、陶吴、小丹阳三处之敌，分三路向我黄团一营进攻，我当以一、三两营予敌迎击，激战约七小时，至晚敌自行撤退。是役，毙敌十余，我伤五亡四。

作战

次数：二

部队：叶团一部

日期：一月一日

地点：龙潭

经过时间：一小时

敌人番号、兵力及兵种：守备之敌番号不明

战斗经过概要：我黄团一部袭击该处守备之敌，战约一小时，因敌据点坚固，故不能将敌全部消灭，仅毙敌十余，缴步枪一支。后我无伤亡，并安全撤回。

作战

次数：三

部队：叶团一部

日期：一月二日

地点：下蜀

经过时间：一小时

敌人番号、兵力及兵种：汉奸部队兵力约八十余人

战斗经过概要：我叶团一部与汉奸部队遭遇战约一小时，当将敌伪全部击溃，并缴获轻机关枪一挺，敌伤十余，我伤二亡一。

作战

次数：四

部队：二支直属一部

日期：一月二日

地点：陆郎桥

经过时间：一小时

敌人番号、兵力及兵种：敌步兵七十余

战斗经过概要：牧龙亭之敌进攻陆郎桥，与我张支一部激战约一小时，经我官兵猛击，当将敌全部击溃，敌伤亡各三，我亦伤二。

作战

次数：五

部队：叶团一部

日期：一月五日

地点：埠城盂河间

经过时间：一小时

敌人番号、兵力及兵种：敌约八十余人

战斗经过概要：该埠城敌出来游击，当我叶团一部迎头痛击，并将敌击溃。后敌增援，又与我激战约一小时，敌不支，亦被我击溃。毙敌十余，伤敌二十余，我伤亡计七名。

作战

次数：六

部队：二支队直属一部

日期：一月七日

地点：西阳附近

经过时间：四小时

敌人番号、兵力及兵种：敌一百三十余

战斗经过概要：我于西阳附近设伏，敌由西阳向马溪撤退，中我伏击，战约四小时，敌退守房屋顽抗，我即撤退。此次敌伤亡三十余名，我伤十二名亡十名。

作战

次数：七

部队：黄团一部

日期：一月七日

地点：博望

经过时间：三小时

敌人番号、兵力及兵种：敌步兵五十余

战斗经过概要：洪三埠出援之敌至博望附近，被我黄团伏击，战约三小时，将敌大部消灭，残敌溃退，计缴获掷弹筒一个，步枪十支，炸弹、其他军用品一部，敌伤亡三十余，我亡十八伤十一。

作战

次数：八

部队：叶团一部

日期：一月七日

地点：九里山附近

经过时间：半小时

敌人番号、兵力及兵种：敌步兵四十余

战斗经过概要：经九里山附近出扰之敌，经我叶团一部设伏，战约半小时，敌即溃退，敌伤亡不明，我无伤亡。

作战

次数：九

部队：黄团一部

日期：一月七日

地点：横山

经过时间：七小时

敌人番号、兵力及兵种：敌步骑炮四百余

战斗经过概要：袜〔秣〕关、禄口等处之敌四百余，分三路向横山进攻，与我黄团大部展开激战约七小时，敌不支溃退，计敌伤亡五十余，我亦伤亡十一人。

作战

次数：十

部队：卢团一部

日期：一月七日

地点：新和庄

经过时间：半小时

敌人番号、兵力及兵种：□□

战斗经过概要：我卢团便衣队于新和庄附近遇敌，激战半小时，敌不支溃退，仅毙敌二，我无伤亡。

作战

次数：十一

部队：孙团一部

日期：一月八日

地点：吴家村

经过时间：一小时

敌人番号、兵力及兵种：敌步兵四十余

战斗经过概要：我向顺安附近游击，与顺安出扰之敌于吴家村遭遇，激战约一小时，将敌击回顺安，敌伤亡不明，我仅伤二。

作战

次数：十二

部队：孙团一部

日期：一月八日

地点：七房村

经过时间：约一小时

敌人番号、兵力及兵种：敌四十余

战斗经过概要：我温参谋国德亲率孙团一营一部，于七房村附近设伏，敌进至我火力网，我予敌猛袭，激战约一小时，敌复增援，被我击溃。此役敌伤亡三十余，我温参谋牺牲，伤战士五名。

作战

次数：十三

部队：孙团一部

日期：一月八日

地点：锅冲

经过时间：约一小时

敌人番号、兵力及兵种：敌步兵约三十余

战斗经过概要：我予〔于〕锅冲附近设伏，敌中我伏，战约一小时，将敌击溃。此次战斗，敌伤亡十余，我亦伤亡七名。

作战

次数：十四〔略〕①

---

① 内容与前"十一"相同，故略。

作战

次数：十五

部队：二支直属一部

日期：一月八日

地点：施家庄

经过时间：半小时

敌人番号、兵力及兵种：敌步兵五十余人

战斗经过概要：我予以猛袭，敌即固守房屋顽抗，战约半小时，我因攻坚不易，故遂撤回，敌伤亡不明，我无伤亡。

作战

次数：十六

部队：卢团一部

日期：一月九日

地点：秣陵关

经过时间：二小时

敌人番号、兵力及兵种：伪浙江绥靖队第五区第四支队

战斗经过概要：卢团一部九日于秣关附近游击，与浙江伪绥靖第五区第四支队遭遇，战约二小时，将敌击溃。此役毙敌伪队长以下数名，俘虏十名，缴获步枪十支，伪旗一面，我伤四名。

作战

次数：十七

部队：卢团一部

日期：一月九日

地点：博望

经过时间：半小时

敌人番号、兵力及兵种：守备之敌卅余

战斗经过概要：我予守备博望之敌袭击，战约半小时，敌退守房屋顽抗，我即撤退，敌伤亡不详，我无伤亡。

作战

次数：十八

部队：孙团一部

日期：一月十日

地点：繁昌

经过时间：一日

敌人番号、兵力及兵种：敌四百余配骑兵二十余

战斗经过概要：峨桥、伏龙山之敌分二路向我进攻，我陈营与敌接触，敌即退至马家坝。次日，敌继向繁昌进攻，激战约三小时，敌即占繁昌，敌伤亡二十余，我伤五亡四。

作战

次数：十九

部队：黄团一部

日期：一月十一日

地点：禄口

经过时间：半小时

敌人番号、兵力及兵种：守备之敌二十余

战斗经过概要：我予该处之敌袭击，敌甚恐慌，我散发大批传单后，即撤退，敌伤亡不详，我无伤亡。

作战

次数：二十

部队：黄团一部

日期：一月十二日

地点：洪首埠

经过时间：一小时

敌人番号、兵力及兵种：守备敌二十余

战斗经过概要：我予该处守备之敌袭击，敌凭工事顽抗，我散发传单后即撤回，敌伤亡不详，我伤亡一名。

作战

次数：二十一

部队：黄团一部

日期：一月十三日

地点：陆郎桥

经过时间：一小时

敌人番号、兵力及兵种：敌六十余名

战斗经过概要：铜井之敌伪军六十余名，向陆郎桥进攻，我黄团予以痛击，当将其击溃，俘虏敌伪军三名，缴获步枪二支，我伤三名。

作战

次数：二十二

部队：孙团一部

日期：一月十三日

地点：繁昌附近

经过时间：约二小时

敌人番号、兵力及兵种：敌四百余

战斗经过概要：十一日占领繁昌之敌，经我游击小组在敌后不断袭扰，并集结主力准备反攻，该敌闻讯，即向峨桥、横山撤退，繁昌被我收复。

作战

次数：二十三

部队：黄团一部

日期：一月十四日

地点：陶吴

经过时间：一小时

敌人番号、兵力及兵种：伪绥靖队四十余

战斗经过概要：我予驻守陶吴之敌伪绥靖队袭击，战约一小时，将敌击溃，俘虏敌伪七名，汉奸三名，缴获步枪七支，我伤一名亡二名。

作战

次数：二十四

部队：孙团一部

日期：一月十五日

地点：徐家村

经过时间：一小时

敌人番号、兵力及兵种：敌约二十余名

战斗经过概要：我孙团一部向峨桥游击，与峨桥出扰之敌遭遇，战约一小时，敌不支溃退。此役毙敌数名，我无伤亡。

作战

次数：二十五

部队：卢团侦察班

日期：一月十六日

地点：狸头桥

经过时间：半小时

敌人番号、兵力及兵种：土匪部队数目不详

战斗经过概要：我与狸头桥附近山中之土匪部队遭遇，将其击溃，我击毙数名，获短枪一支，我无伤亡。

作战

次数：二十六

部队：二支游击第一大队

日期：一月十六日

地点：朱门附近

经过时间：一小时

敌人番号、兵力及兵种：伪绥靖二百余

战斗经过概要：我与敌遭遇战约一小时，敌即溃退，我亦撤回。此次敌伤亡数名，我伤三名。

作战

次数：二十七

部队：二支队一部

日期：一月十七日

地点：天王寺

经过时间：一小时

敌人番号、兵力及兵种：守天王寺之敌六十余名

战斗经过概要：我进袭天王寺守备之敌，进至街口，因敌发觉，我仅予敌打击及散发传单后撤回。

作战

次数：二十八

部队：二支队一部

日期：一月十八日

地点：黄池

经过时间：一小时

敌人番号、兵力及兵种：黄池守备之敌六十余名。

战斗经过概要：我予敌猛击，敌除以一部固守工事外，另一部向河南街方向窜去。我予敌杀伤后即撤退。敌伤亡数名。

作战

次数：二十九

部队：二支直属一部

日期：一月十八日

地点：陆郎桥

经过时间：一时半

敌人番号、兵力及兵种：敌联合兵种二百余人

战斗经过概要：敌联合兵种二百余向我进攻，战约一小时，敌即占领该地，我仍不断袭击。次日，敌撤退。此次敌伤亡十余名，我无伤亡。

作战

次数：三十

部队：三支侦察队

日期：一月十九日

地点：张家亭

经过时间：半小时

敌人番号、兵力及兵种：敌三十余

战斗经过概要：我侦察队予顺安向钟鸣游击之敌伏击，敌不支，即向顺安方向溃退。此役敌伤亡数名，我亡一名。

作战

次数：三十一

部队：一支队特营一部

日期：一月十九日

地点：理庄桥

经过时间：半小时

敌人番号、兵力及兵种：敌二十余名

战斗经过概要：我特营一部，向金坛以北地区游击，进至理庄桥附近，与敌遭遇，战约半小时，将敌击溃。此次敌伤亡十余名，我亡二名伤一名。

作战

次数：三十二

部队：黄团一部

日期：一月二十一日

地点：朱门附近

经过时间：半小时

敌人番号、兵力及兵种：敌三十余

战斗经过概要：我于朱门附近游击，与敌三十余名遭遇，战约半小时，敌不支，退回朱门固守。此次敌伤亡十余名，我亦伤亡十二名。

作战

次数：三十三

部队：叶团一部

日期：一月廿一日

地点：杨家山

经过时间：一小时

敌人番号、兵力及兵种：敌步兵数十名

战斗经过概要：我于杨家山附近设伏，适有敌由溧水向杨家山前进，我予以猛袭，敌不支溃退。此次敌伤亡十余，我阵亡陈参谋以下三名。

作战

次数：三十四

部队：孙团一部

日期：一月二十一日

地点：萱湾公路

经过时间：一小时

敌人番号、兵力及兵种：敌汽车二辆，载敌兵四十余。

战斗经过概要：湾址南开之敌车，我予〔于〕公路埋伏，予敌伏击。后九里山之敌赶援，我即转移。此次敌伤亡数名，我伤亡五名。

作战

次数：三十五

部队：三支队特务营

日期：一月二十二日

地点：横山桥

经过时间：二小时

敌人番号、兵力及兵种：敌百余名

战斗经过概要：我予守备横山之敌袭击，敌即退守据点顽抗，我即撤退。此次敌伤亡十余名，我伤亡备一名。

作战

次数：三十六

部队：黄团一部

日期：一月二十二日

地点：丹薛间

经过时间：半小时

敌人番号、兵力及兵种：敌数十余名

战斗经过概要：我破坏丹薛间公路，并以一部佯攻薛埠之敌，战约半小时，敌固守不出，我破坏完毕即撤回，我破坏公路约一里许。

作战

次数：三十七

部队：黄团一部

日期：一月二十二日

地点：官徒门

经过时间：二小时

敌人番号、兵力及兵种：叛部夏明才部约二百人

战斗经过概要：我予以猛袭，战约二小时，将敌歼灭过半，残敌星散。此次敌伤亡四十余，我俘虏三十余，缴获步枪四十五支，轻机枪三挺，驳壳五支，步弹五百余发，及其他军用品甚多，我伤亡十六名。

作战

次数：三十八

部队：黄团一部

日期：一月二十三日

地点：天王寺附近

经过时间：一小时

敌人番号、兵力及兵种：溧水及天王寺之敌共三百余

战斗经过概要：我于天王寺附近设伏，因斩断电线，致敌发觉，即由天王寺、溧水两处向我突击，我稍与敌接触即转移。此次敌伤亡数名，我亦伤亡三名。

作战

次数：三十九

部队：黄团一部

日期：一月二十三口

地点：亭头

经过时间：一夜

敌人番号、兵力及兵种：敌约三百余名

战斗经过概要：我于官陡门战斗后，撤至亭头晚餐。横山、黄池之敌乘我警戒疏忽，分两路向我夹击，混战一夜，次晨双方撤退。此次我伤亡副营长及队长以下卅六名，损失步枪三十一支，轻机枪一挺，敌人伤亡不详。

作战

次数：四十

部队：黄团一部

日期：一月二十四日

地点：花墩树

经过时间：一小时

敌人番号、兵力及兵种：敌数十名

战斗经过概要：我予该处之敌猛袭，战约一小时，因湾址之敌增援，我即转移。此次敌伤亡不详，我无伤亡。另破坏公路一段，电线数里。

作战

次数：四十一

部队：孙团一营之一部

日期：一月廿四日

地点：西江村

经过时间：一小时

敌人番号、兵力及兵种：敌步兵七名余

战斗经过概要：我于西江村附近游击，与何家村出扰之敌遭遇，战约一小时，将敌击溃。此次敌伤亡数名，我无伤亡。

作战

次数：四十二

部队：孙团一部

日期：一月二十四日

地点：黄毛镇

经过时间：一小时

敌人番号、兵力及兵种：敌步兵二百余人

战斗经过概要：我向顺安方向游击，于黄毛镇与顺安出扰之敌遭遇，战约一小时，将敌击溃，敌伤亡数名，俘虏汉奸二名，我伤亡各一名。

作战

次数：四十三

部队：孙团二营一部

日期：一月二十五日

地点：铜官山

经过时间：一小时

敌人番号、兵力及兵种：敌步兵四十余

战斗经过概要：我于铜官山附近埋伏，敌由公路经过，我予以猛袭，战约一小时，将敌击溃，敌伤亡十余名，缴获马三匹，及军用品一部，我伤二名亡二名。

作战

次数：四十四

部队：孙团一部

日期：一月二十五日

地点：代〔戴〕家村

经过时间：半小时

敌人番号、兵力及兵种：敌步兵十余名

战斗经过概要：我向峨桥附近游击，与峨桥出扰之敌遭遇，战约半小时，将敌击退。此次敌伤亡数名，我无伤亡。

作战

次数：四十五

部队：孙团一部

日期：一月二十五日

地点：东洋冲

经过时间：半小时

敌人番号、兵力及兵种：敌步兵二十余

战斗经过概要：我向峨桥方向游击，于东洋冲与敌遭遇，战约半小时，不支败退，敌伤亡数名，我无伤亡。

作战

次数：四十六

部队：叶团一部

日期：一月二十六日

地点：麦溪镇

经过时间：一小时

敌人番号、兵力及兵种：敌步炮兵四百余

战斗经过概要：丹阳、延陵两处之敌约四百余，分三路进攻我驻麦溪镇之叶团一部，战约一小时，将敌击退。此次敌伤亡数名，我无伤亡。

作战

次数：四十七
部队：叶团一部
日期：一月二十六日
地点：丹镇、丹金公路
经过时间：三小时
敌人番号、兵力及兵种：破坏
战斗经过概要：我配合民众千三百余，破坏公路约三小时，计长八里许。

作战
次数：四十八
部队：黄团游击队
日期：一月二十七日
地点：南山村
经过时间：半小时
敌人番号、兵力及兵种：敌步兵三十余
战斗经过概要：我游击队向丹阳以北地区活动，于南山村与丹阳出扰之敌遭遇，战约半小时，将敌击退。此次敌伤亡数名，我无伤亡。

作战
次数：四十九
部队：孙团三营
日期：一月二十七日
地点：晏公殿
经过时间：六小时
敌人番号、兵力及兵种：敌步炮兵二百余
战斗经过概要：敌向晏公殿进攻，我事先闻讯，即占领有利地形，与敌迎战，激战半日，敌向我冲锋数次，均未得逞，终将敌击溃，此次敌伤亡三太君以下卅余员名，我曾营长及五名战士负伤，亡战士六名。

作战

次数：五十

部队：孙团一部

日期：一月二十九日

地点：横山桥

经过时间：二小时

敌人番号、兵力及兵种：敌步炮兵百余附炮二门

战斗经过概要：我袭击该守备之敌，因敌固守工事，我则强攻，战约二小时，因受敌火力压迫，我即转移。此次敌伤亡十余名，我伤亡七名。

作战

次数：五十一

部队：孙团一部

日期：一月廿九日

地点：峨桥

经过时间：二小时

敌人番号、兵力及兵种：敌步兵六十余

战斗经过概要：我予该处守备之敌猛袭，战约二小时，敌固守工事顽抗，我即撤回。此次闻敌伤亡数名，我无伤亡。

作战

次数：五十二

部队：孙团一部

日期：一月三十日

地点：李家村

经过时间：半小时

敌人番号、兵力及兵种：敌步兵三十余

战斗经过概要：我袭击该处守备之敌，战约半小时，敌退守房屋不出，我即撤退。

陆军新编第四军游击战绩概要表

二八年二月份

作战

次数：一

部队：王团一营一部

日期：二月一日

地点：徐巷里

经过时间：二小时

敌人番号、兵力及兵种：由句容至宝堰之敌步兵八十余

战斗经过概要：我于徐巷里埋伏，敌由句容至宝堰经过徐巷里，我予以猛击，战约二小时，敌不支败退。此次敌伤亡卅余，我阵亡连排长以下十一名，伤正副营长、部下十五员名，缴获步枪一支。

作战

次数：二

部队：叶团便衣队

日期：二月二日

地点：高资

经过时间：半小时

敌人番号、兵力及兵种：镇江伪绥靖队共百余名

战斗经过概要：我便衣潜入高资，击毙伪绥靖队长一员，敌异常恐慌，秩序大乱，我缴获驳壳一支伤二名。

作战

次数：三

部队：叶团一部

日期：二月四日

地点：丹阳

经过时间：半小时

敌人番号、兵力及兵种：守城哨兵及公安局之敌数目不详

战斗经过概要：我便衣队将该城西门哨兵击毙四名，并入城向公安局投手榴弹五枚后安返，敌死伤十余，我无损失。

作战

次数：四

部队：二支队侦察连

日期：二月五日

地点：黄池

经过时间：一小时

敌人番号、兵力及兵种：守备之敌步兵百余

战斗经过概要：我夜袭击敌，敌固守顽抗，我乃撤回，敌伤亡四名，我伤二名。

作战

次数：五

部队：黄团一营

日期：二月五日

地点：小丹阳

经过时间：二小时

敌人番号、兵力及兵种：日伪军步兵五十余

战斗经过概要：我予敌袭击，因敌固守不出，我即撤回。计毙敌六名（内有伪公安局长一员），伤敌十六名，我亡二名，伤政指一名，及战士二。

作战

次数：六

部队：黄团七部

日期：二月五日

地点：章汉桥与薛镇间

经过时间：一小时

敌人番号、兵力及兵种：破坏

战斗经过概要：我于是夜破坏该当涂薛埠公路上桥梁一座，电线二里，电杆八里。

作战：

次数：七

部队：叶团一部

日期：二月六日

地点：上党

经过时间：五小时

敌人番号、兵力及兵种：敌步兵百余

战斗经过概要：该敌进攻上党，与我遭遇，被我击退，敌向镇江窜去。计敌伤亡廿余名，我伤亡各一名。

作战

次数：八

部队：黄团便衣队

日期：二月七日

地点：洪蓝埠

经过时间：半小时

敌人番号、兵力及兵种：敌步兵十余名

战斗经过概要：毙敌哨兵二名，获步枪二支。

作战

次数：九

部队：叶团特务连

日期：二月七日

地点：洪蓝埠

经过时间：二时半

敌人番号、兵力及兵种：守备之敌步兵六十余

战斗经过概要：晨袭击，将哨兵击毙。溧水之敌出援，我因地形不利，即退出，缴获步枪一支，我遗失步枪五支，驳壳一支，伤亡各三名，敌伤亡不详。

作战

次数：十

部队：三支侦察排

日期：二月七日

地点：张家亭

经过时间：一小时

敌人番号、兵力及兵种：敌步兵卅余，骑兵十余

战斗经过概要：该排于张家亭附近伏击自顺安向朱村运动之敌，因朱村之敌增援，我即转移。此次计毙敌三名，及马三匹，我伤副连长及战士各一。

作战

次数：十一

部队：三支特务连

日期：二月七日

地点：铁矿山

经过时间：一小时

敌人番号、兵力及兵种：敌步兵八十余

战斗经过概要：我击溃自荻港向乌金岭运动之敌，计敌伤亡七名，我伤一名。

作战

次数：十二

部队：孙团一部

日期：二月八日

地点：伏龙山

经过时间：一小时

敌人番号、兵力及兵种：守备之敌步兵五十余

战斗经过概要：我予敌袭击，激战甚烈，因我处地形不利，仅与敌杀伤后，我即转移。此次敌伤亡十余名，我伤亡数名。

作战

次数：十三

部队：王团二三营

日期：二月八日

地点：东湾

经过时间：三小时

敌人番号、兵力及兵种：敌步兵二百余

战斗经过概要：我强攻该据点，激战甚烈，冲锋数次，即将据点占领。天王寺之敌，两次增援，均被我击退。后因由薛埠增援，我即

撤退。此次敌伤亡百五十余名，我缴获轻机枪一挺，步枪廿余支，我亦伤二十五、亡二十。

作战

次数：十四

部队：孙团一部

日期：二月十日

地点：繁昌

经过时间：二小时

敌人番号、兵力及兵种：敌步骑炮兵三百余

战斗经过概要：我予〔于〕孙村附近阻敌前进，峨桥之敌乘机绕道进占繁昌，后经我集结主力反攻，敌不支撤退，我即将繁昌收复。此次敌伤亡十余，我伤十亡五。

作战

次数：十五

部队：孙团一部

日期：二月十二日

地点：脚岭

经过时间：半小时

敌人番号、兵力及兵种：敌步兵三十余

战斗经过概要：我伏击由大通出扰之敌于脚岭，敌退高地顽抗，我因店门口之敌增援，我即撤回。此次毙敌八、伤敌五名，俘虏敌山本竣一一名，我伤亡各一。

作战

次数：十六

部队：孙团便衣队

日期：二月十三日

地点：三山街

经过时间：半小时

敌人番号、兵力及兵种：守备之敌

战斗经过概要：我潜入三山街，将敌哨兵击毙一名，秩序大乱，我予乱中撤退。

作战

次数：十七

部队：黄团一部

日期：二月十四日

地点：陶吴

经过时间：一小时

敌人番号、兵力及兵种：该伪绥靖队

战斗经过概要：我乘敌不备，予以突然袭击，敌不支败退。此次敌伤亡十余名，我缴获步枪三支，及其他军用品一部，我亡二名。

作战

次数：十八

部队：叶团三营

日期：二月十四日

地点：湖熟

经过时间：一小时

敌人番号、兵力及兵种：伪绥靖队步兵二百余

战斗经过概要：我夜袭该敌，将敌击退。此次敌亡六名，我缴获步枪四支，驳壳二支，伪旗一面，其他军用品一部，我伤三名无亡。

作战

次数：十九

部队：孙团一部

日期：二月十五日

地点：峨桥

经过时间：半小时

敌人番号、兵力及兵种：守备之敌步兵数十人

战斗经过概要：我夜袭该敌，敌固守工事顽抗，我仅予敌消耗后，即撤回。此次敌伤亡不明，我无伤亡。

作战

次数：二十

部队：王团一营

日期：二月十七日

地点：延陵

经过时间：五小时

敌人番号、兵力及兵种：敌池田部步兵第八中队及丹阳伪警察部六十余人

战斗经过概要：我强攻敌之据点，激战五小时之久，反复冲锋数次，将敌大部消灭，残敌仍占领该据点。此次毙敌官兵卅余员，俘敌一名，缴获轻机枪一挺，掷弹筒二个，步枪十余支，及其他军用品一部，我亡官兵六伤十三。

作战

次数：二十一

部队：孙团一部

日期：二月十七日

地点：沈家桥

经过时间：半小时

敌人番号、兵力及兵种：敌步兵二十余

战斗经过概要：我向顺安附近游击，与敌遭遇，战半小时，因朱村之敌出援，我即撤回。此次敌伤三亡一名，我无伤亡。

作战

次数：二十二

部队：孙团一部

日期：二月十八日

地点：鸡头

经过时间：一小时

敌人番号、兵力及兵种：敌步兵百余名

战斗经过概要：我于该敌附近伏击顺安出扰之敌，正激战中，因敌增援，我即撤退。此次敌伤三亡五，我伤、亡各一名。

作战

次数：二十三

部队：叶团一部

日期：二月十八日

地点：官塘

经过时间：半小时

敌人番号、兵力及兵种：守备之敌步兵二百余

战斗经过概要：我予猛袭，敌不支溃退。此次敌伤亡不明，我无伤亡。

作战

次数：二十四

部队：叶团一部

日期：二月十八日

地点：洪蓝埠

经过时间：一小时

敌人番号、兵力及兵种：守备之敌步兵二百余

战斗经过概要：我夜袭该敌，因敌工事强固，故未攻下。我予敌损耗后，即撤退。此次毙敌六名，我无伤亡。并破坏电线五里、公路六段。

作战

次数：二十五

部队：叶团一部

日期：二月十八日

地点：张家亭

经过时间：一小时

敌人番号、兵力及兵种：敌步兵四十余

战斗经过概要：我向顺安附近游击，与敌遭遇，将敌击回顺安。此次敌伤三亡四，我伤亡各一。

作战

次数：二十六

部队：傅团一部

日期：二月十八日

地点：月子桥

经过时间：半小时

敌人番号、兵力及兵种：敌运输队五十余

战斗经过概要：我于该地伏击敌之运输队，因三山之敌赶援，我即撤退。此次敌伤亡十余名，我亦伤四亡一名。

作战

次数：二十七

部队：黄团一部

日期：二月十八日

地点：朱门

经过时间：一小时

敌人番号、兵力及兵种：伪绥靖队(数目不详)

战斗经过概要：我袭击该敌，敌不支溃退，毙伪军三名，俘虏该伪军首领贾其中以下三名，并破坏桥梁一座，我无损伤。

作战

次数：二十八

部队：黄团一部

日期：二月十八日

地点：秣陵关

经过时间：一小时

敌人番号、兵力及兵种：守备之敌步兵约五十余

战斗经过概要：我与敌袭扰后，散发大批宣传品安返，敌伤亡不明，我无损失。

作战

次数：二十九

部队：黄团一部

日期：二月十八日

地点：禄口

经过时间：半小时

敌人番号、兵力及兵种：守备之敌步兵约五十余

战斗经过概要：我化装伪军，出敌不意，突然袭击，敌退入工事顽抗，我仅予以损耗后撤回。敌伤亡不详，我无伤亡。

作战

次数：三十

部队：黄团一部

日期：二月十九日

地点：新市与小丹阳间

经过时间：一小时

敌人番号、兵力及兵种：土匪三十余名

战斗经过概要：我于小丹阳附近游击，与土匪卅余名遭遇，予以痛击，将其全部击溃，计缴获步枪八支，俘虏四名，我无损伤。

作战

次数：三十一

部队：黄团一部

日期：二月十九日

地点：黄池河南街

经过时间：三小时

敌人番号、兵力及兵种：守备之敌步炮兵百余人

战斗经过概要：我潜伏敌之驻地附近，突以手榴弹猛击后即撤回，敌甚恐慌，以机步枪乱射，达三小时之久。

作战

次数：三十二

部队：黄团一部

日期：二月十九日

地点：九里山

经过时间：二小时

敌人番号、兵力及兵种：守备之敌步兵约八十余

战斗经过概要：我予敌袭扰，敌甚恐慌，以机步枪乱射，我因敌凭工事顽抗，故破坏电线五里后即撤回。

作战

次数：三十三

部队：叶团八连

日期：二月十九日

地点：乌城涧

经过时间：一小时

敌人番号、兵力及兵种：敌步兵七十余

战斗经过概要：我向顺安附近游击，与顺安出扰之敌遭遇，将敌击回顺安。此次敌伤亡廿余，我伤亡数名。

作战

次数：三十四

部队：黄团一部

日期：二月二十日

地点：洪蓝埠

经过时间：一小时

敌人番号、兵力及兵种：守备之敌步炮兵约百人

战斗经过概要：我袭击该地之敌，因敌设置铁丝网数层，工事坚固，我仅予敌消耗后撤回。敌终夜枪炮声不绝。

作战

次数：三十五

部队：叶团三营便衣队

日期：二月廿二日

地点：狗见田

经过时间：半小时

敌人番号、兵力及兵种：敌步兵四十余

战斗经过概要：我与顺安向钟鸣街前进之敌遭遇，将敌击退。此次敌伤亡数名，我伤亡数名。

作战

次数：三十六

部队：王团一部配合地方武装

日期：二月二十三日

地点：道墅桥

经过时间：二小时

敌人番号、兵力及兵种：敌步兵三十余

战斗经过概要：我向延陵以东地区游击，进至该地，与敌遭遇，将敌击退。此次敌伤五亡十余名，我亡六伤四，缴获步枪五支。

作战

次数：三十七

部队：王团一部配合地方武装

日期：二月廿三日

地点：白岗

经过时间：一小时

敌人番号、兵力及兵种：守备之敌步兵数不详

战斗经过概要：我突然袭击该地驻敌，敌甚恐慌。同时动员当地民众千余，将附近公路破坏十余里，并毁坏桥梁两座、电线十余里。后因敌凭工事顽抗，故即撤退。

作战

次数：三十八

部队：孙团二营四连

日期：二月廿五日

地点：叶山

经过时间：一小时

敌人番号、兵力及兵种：敌步兵五十余

战斗经过概要：我予该地伏击顺安出扰之敌，激战一小时，敌溃退。此次敌伤亡廿余名，我亡三伤七名。

作战

次数：三十九

部队：黄团一部

日期：二月廿六日

地点：曾庄（云台山）

经过时间：四小时

敌人番号、兵力及兵种：敌步兵四百余

战斗经过概要：敌分四路向我包围，激战四小时，我反复冲锋；肉搏四次，始突围而出。此次敌伤亡四十余，我亡四十二伤十。

作战

次数：四十

部队：黄团一营一二连一部

日期：二月廿六日

地点：丹薛间

经过时间：□□□

敌人番号、兵力及兵种：破坏

战斗经过概要：破坏公路旁电线电杆九里许。

作战

次数：四十一
部队：孙团之便衣队
日期：二月廿八日
地点：峨桥
经过时间：一小时
敌人番号、兵力及兵种：守备之敌步兵四十余
战斗经过概要：我潜入街内，接近敌之驻地，突以手榴弹猛击，当毙敌十余名，房屋燃烧，秩序大乱。我予〔于〕乱中撤退，我伤亡数名。

作战
次数：四十二
部队：孙团三营一部
日期：二月二十八日
地点：伏龙□
经过时间：一小时
敌人番号、兵力及兵种：守备之敌步兵四十余
战斗经过概要：我予敌猛袭，占领第一道工事，因石□镇敌赴援，我即撤回。此次敌伤亡十余名，我伤亡数名。

陆军新编第四军游击战绩概要表
廿八年三月份

作战
次数：一
部队：卢团一部
日期：三月一日
地点：洪蓝埠
经过时间：一小时

敌人番号、兵力及兵种：守备之敌步兵

战斗经过概要：我袭扰该地之敌，因敌固守顽抗，未奏效，我即撤退。又破坏电线七里许。

作战

次数：二

部队：孙团二营

日期：三月一日

地点：叶家湖

经过时间：八小时

敌人番号、兵力及兵种：敌步兵四十余

战斗经过概要：我伏击顺安出援之敌步兵百四十余于叶家湖，激战四小时后。敌我两方均增援，复战四小时，敌不支溃退。此次敌伤廿余亡十五名，我伤九名。

作战

次数：三

部队：卢团七连

日期：三月一日

地点：杨令桥

经过时间：半小时

敌人番号、兵力及兵种：破坏

战斗经过概要：将溧水西北之桥全部破坏。

作战

次数：四

部队：傅团一部

日期：三月二日

地点：孙村镇附近

经过时间：半小时

敌人番号、兵力及兵种：川岛警备部队、田中部队百余

战斗经过概要：我向荻港游击，于孙村镇附近与敌遭遇，将其击退，我跟踪追击约七里许。此次敌伤亡廿余名，我伤五亡二。

作战

次数：五

部队：王团二营

日期：三月三日

地点：索墅镇

经过时间：一小时

敌人番号、兵力及兵种：伪绥靖队三十余

战斗经过概要：我出敌不意予以突然袭击，将其大部歼灭，我俘虏伪队长一员，敌伤亡廿余，我无损失，并缴获长短枪十四支。

作战

次数：六

部队：傅团一部

日期：三月三日

地点：横山

经过时间：二小时

敌人番号、兵力及兵种：守备之敌步兵四十余

战斗经过概要：我予以袭击，正激战中，因三山之敌增援，我即撤退。此次敌伤亡八名，我伤二名亡一名。

作战

次数：七

部队：卢团八连

日期：三月五日

地点：洪蓝埠

经过时间：一小时

敌人番号、兵力及兵种：破坏

战斗经过概要：我于是夜破坏该地电线约六里。

作战

次数：八

部队：王团一、二两营

日期：三月七日

地点：上下会

经过时间：半天

敌人番号、兵力及兵种：敌步兵二千五百余附骑兵五百余

战斗经过概要：敌八路进攻，被敌〔将我〕重叠包围，经我分头抗击，英勇突围，我转至郑家庄附近高地，敌利用开阔地运动后重叠包围，得〔经〕我官兵奋勇冲锋，肉搏数次始突破，一面撤退。此役敌伤亡约四百余，萧主任英勇牺牲，并伤亡官兵一百卅五名，损失军用品一部。

作战

次数：九

部队：卢团二营

日期：三月七日

地点：禄口

经过时间：一小时

敌人番号、兵力及兵种：守备之敌步兵约数十人

战斗经过概要：我袭击该敌，先毙敌哨兵一名，继以手榴弹投

入驻地，敌甚恐慌，避入室内顽抗，我即撤退。敌枪声终夜不息。敌伤亡不详，我无伤亡。

作战

次数：十

部队：黄团二营

日期：三月七日

地点：青山

经过时间：一小时

敌人番号、兵力及兵种：守备之敌步兵四十余

战斗经过概要：我拟袭击敌据点，被敌发觉，即有准备接触一小时。后因敌占有利地形，我即撤退，敌伤亡不明，我无伤亡。

作战

次数：十一

部队：王团一部

日期：三月九日

地点：埤城

经过时间：一小时

敌人番号、兵力及兵种：守敌步兵番号数目不详

战斗经过概要：我配合地方武装，夜袭该敌，毙敌甚众（数不详），我伤三亡八。

作战

次数：十二

部队：卢团三营

日期：三月九日

地点：吴家庄

经过时间：一小时

敌人番号、兵力及兵种：敌步兵四百余

战斗经过概要：敌分四路围攻，我闻讯即先转移宿营地，敌遂扑空，并被我不断侧击，敌向原路退回，敌伤亡不详，我无损失。

作战

次数：十三

部队：孙团一部

日期：三月九日

地点：东庙湾

经过时间：一小时

敌人番号、兵力及兵种：敌步兵三十余

战斗经过概要：我伏击伏龙山出扰之敌，战约半小时，因伏龙山之敌增援，我即转移。此次敌伤三亡六，我伤一亡三。

作战

次数：十四

部队：王团一部

日期：三月十日

地点：直溪桥

经过时间：一小时

敌人番号、兵力及兵种：伪军步兵六十余

战斗经过概要：我争取该直溪桥伪军，但被敌人发觉，我派队掩护，与敌战约一小时之久，伪军竟全部人枪反正。

作战

次数：十五

部队：王团三营

日期：三月十二日

地点：闸头(金坛以东)

经过时间：三小时

敌人番号、兵力及兵种：敌步兵百余

战斗经过概要：我胡参谋长发坚亲率二团一部强攻闸头之敌百余名，正激战中，因薛埠之敌增援赶到，我复战一小时，因敌占有利地形，我即撤退。此次敌伤亡八十余，我牺牲胡参谋以下十员名，伤二十五名。

作战

次数：十六

部队：孙团一部

日期：三月十二日

地点：鲢鱼山

经过时间：一小时半

敌人番号、兵力及兵种：敌步兵六十余

战斗经过概要：我于该地伏击顺安向黄浒运动之敌，将其全部击退窜回顺安。此次敌伤五亡三，我伤亡各一名。

作战

次数：十七

部队：黄团二营

日期：三月十三日

地点：骑龙岗

经过时间：二小时

敌人番号、兵力及兵种：敌步兵六十余

战斗经过概要：敌向我进攻，我事先闻信，前往截击，将其击退。我追至马桥，敌进入据点顽抗，后战二小时。因双沟之敌增援，

我即转移。此次敌伤亡十余名，我伤三亡二名

作战

次数：十八

部队：卢团一部

日期：三月十三日

地点：五里桥

经过时间：半小时

敌人番号、兵力及兵种：破坏

战斗经过概要：我于夜间破坏溧水西公路上之五里桥一座。

作战

次数：十九

部队：王团一部

日期：三月十四日

地点：泥山

经过时间：四小时

敌人番号、兵力及兵种：敌步兵六百余

战斗经过概要：敌分三路进攻，我奋勇顽抗，因弹尽，我暂时转移。翌晨，我集结兵力反攻，将该敌击溃，遂将泥山收复。此次毙敌二十余名，我伤十五名亡十一名，失机枪一挺，步枪八支。

作战

次数：二十

部队：黄团侦察队

日期：三月十四日

地点：黄池

经过时间：一小时

敌人番号、兵力及兵种：守备之敌步炮兵

战斗经过概要：我袭击该地之敌，因敌困守顽抗，我遂撤退。是夜，敌枪炮声不绝。敌伤亡不详，我无损失。

作战

次数：二十一

部队：孙团一部

日期：三月十四日

地点：大通、荻港间

经过时间：三小时

敌人番号、兵力及兵种：破坏

战斗经过概要：我将大通、荻港间之敌电话线破坏三十余里，收电线五百余斤。

作战

次数：二十二

部队：三支侦察连

日期：三月十五日

地点：湾址附近

经过时间：半小时

敌人番号、兵力及兵种：破坏

战斗经过概要：破坏电线五里。

作战

次数：二十三

部队：王团一部

日期：三月十五日

地点：镇句公路

经过时间：一小时

敌人番号、兵力及兵种：破坏

战斗经过概要：破坏镇句公路一段十余里，数日不通车。

作战

次数：二十四

部队：王团一部

日期：三月十六日

地点：丁岗(镇澄路)

经过时间：□□□

敌人番号、兵力及兵种：敌汽车一辆

战斗经过概要：我伏击敌汽车一辆，当即焚烧，毙敌十余名，获军用品一部，我无伤亡。

作战

次数：二十五

部队：黄团一营

日期：三月十六日

地点：陶吴

经过时间：一小时

敌人番号、兵力及兵种：守备之敌炮步兵百余

战斗经过概要：我配合地方武装袭扰该敌，敌甚恐慌，枪炮声终夜不绝。我因敌凭工事顽抗，故未强攻。敌伤亡不详，我无伤亡。

作战

次数：二十六

部队：王团一部

日期：三月十六日

地点：卫岗

经过时间：一小时

敌人番号、兵力及兵种：伪绥靖队百廿一人反正

战斗经过概要：镇江二区卫岗伪绥靖队队长姜布安，经我二团劝导后，于十六日率领百二十一人、长短枪八十余支、轻机枪一挺反正，因遇敌截击，我即派队迎战，竟将敌击退。

作战

次数：二十七

部队：孙团二连

日期：三月十九日

地点：乌城涧

经过时间：一小时

敌人番号、兵力及兵种：敌步兵四十余

战斗经过概要：我于该地伏击顺安出扰之敌，将其击回顺安。此次敌伤亡九名，我伤七亡八名。

作战

次数：二十八

部队：黄团一部

日期：三月十九日

地点：小丹阳

经过时间：一小时

敌人番号、兵力及兵种：守备之敌步兵七十余

战斗经过概要：我配合地方武装袭扰该敌，投手榴弹数枚，敌甚恐慌，枪声终夜不绝。

作战

次数：二十九
部队：孙团一部
日期：三月二十日
地点：峨桥
经过时间：一小时
敌人番号、兵力及兵种：守备之敌步兵六十余
战斗经过概要：我配合地方游击队予以袭击，敌因固守工事顽抗，攻击未奏效，遂撤退。我伤亡各一，敌伤亡不详。

作战
次数：三十
部队：二支侦察连
日期：三月廿一日
地点：东门渡
经过时间：四小时
敌人番号、兵力及兵种：敌步兵二百余
战斗经过概要：湾址之敌进犯东门渡，当与我一〇八师之一部接触，我闻信后即增援配合夹攻，敌不支，乘船渡河回窜，我集中火力猛烈射击，将敌船击沉一只，淹毙敌数名，残敌向湾址窜去。此次敌伤亡廿余。我伤六亡五。

作战
次数：三十一
部队：黄团一部
日期：三月廿一日
地点：朱家窑
经过时间：二小时
敌人番号、兵力及兵种：敌伪军步兵百余

战斗经过概要：敌向我进攻，我予敌迎头痛击，将其击溃。此次敌伤亡五名，我伤一亡二名。

作战

次数：三十二

部队：黄团六连

日期：三月廿一日

地点：上庄

经过时间：二小时

敌人番号、兵力及兵种：敌伪军步兵三十余

战斗经过概要：我突然予敌猛击，将敌击溃，我追至当涂城郊驻地，敌恐慌异常。此次敌伤六亡七，我伤三亡二，缴获日伪旗各一面。

作战

次数：三十三

部队：孙团一部

日期：三月廿一日

地点：坝埂头

经过时间：一小时

敌人番号、兵力及兵种：敌步兵卅余

战斗经过概要：我于该地伏击横山出扰之敌，将其击退。此次敌伤三亡五，我伤二亡三。

作战

次数：三十四

部队：卢团一部

日期：三月廿一日

地点：溧武路

经过时间：半小时

敌人番号、兵力及兵种：破坏

战斗经过概要：我破坏该路上之电线约七里许。

作战

次数：三十五

部队：黄团一部

日期：三月二十二日

地点：马厂里

经过时间：二小时

敌人番号、兵力及兵种：敌步兵卅余

战斗经过概要：敌向我进攻，被我迎头痛击，将其击退。此次敌伤亡六名，我无伤亡。

作战

次数：三十六

部队：王团一部

日期：三月廿二日

地点：访仙桥

经过时间：二小时

敌人番号、兵力及兵种：汉奸武装杨部

战斗经过概要：我强攻该地，激战颇久，终将敌完全歼灭。此次敌伤亡五十余名，我缴获轻机枪四挺，步枪七十一支，驳壳九支，手枪三支，我伤廿二亡九名。

作战

次数：三十七

部队：王团一部

日期：三月廿二日

地点：埠城

经过时间：一小时

敌人番号、兵力及兵种：守备之敌步兵七十余

战斗经过概要：我袭击该镇之敌，因对敌情判断不正确，反受敌包围，经我官兵奋勇冲击，始突围而出。此次敌伤亡廿余名，我伤廿亡十五名，并损失轻机枪一挺，步枪三支。

作战

次数：三十八

部队：王团一部

日期：三月廿三日

地点：禄口秣关间

经过时间：半小时

敌人番号、兵力及兵种：破坏

战斗经过概要：破坏该地电线三里许。

作战

次数：三十九

部队：黄团一部

日期：三月廿三日

地点：大官圩

经过时间：三小时

敌人番号、兵力及兵种：敌步炮兵五百余

战斗经过概要：敌分四路向我包围，我事先闻信，分别转至敌侧袭扰，将敌各个击破，敌乃由原路退回。此次敌伤亡卅余名，我伤亡各五名。

作战

次数：四十

部队：孙团一部

日期：三月廿四日

地点：顺安

经过时间：一小时

敌人番号、兵力及兵种：守备之敌步兵约数十人

战斗经过概要：我夜袭击该敌，因敌守工事顽抗，我以火攻，将敌房屋焚烧一部，敌即转移高地抗击。我受地形限制，遂撤回。此次敌伤三亡五，我伤二亡一。

作战

次数：四十一

部队：卢团特务连

日期：三月廿四日

地点：溧武间

经过时间：一小时

敌人番号、兵力及兵种：破坏

战斗经过概要：破坏电线六里许。

作战

次数：四十二

部队：叶团一部

日期：三月廿五日

地点：甓桥

经过时间：一小时

敌人番号、兵力及兵种：敌松村联队步兵四十余

战斗经过概要：我伏击由金坛进攻甓桥之敌，将其击溃。此次

毙敌三山少尉一名，并俘虏一名，缴获望远镜一架，及其他军用品一部，我伤二亡一。

作战

次数：四十三

部队：孙团一部

日期：三月廿五日

地点：峨桥

经过时间：一小时

敌人番号、兵力及兵种：守备之敌步兵约六十余人

战斗经过概要：我夜袭击该敌，因敌固守房屋顽抗，我即转移。此次敌伤二亡四名，我伤战士二名亡一名。

作战

次数：四十四

部队：孙团一部

日期：三月廿六日

地点：东廓村

经过时间：一小时

敌人番号、兵力及兵种：敌步兵卅余

战斗经过概要：我向顺安附近游击，与敌遭遇，因顺安之敌增援，我即撤回。此次敌伤三亡二名，我伤亡各一名。

作战

次数：四十五

部队：卢团五连

日期：三月廿七日

地点：溧水

经过时间：一小时

敌人番号、兵力及兵种：守备之敌步炮兵约三百余

战斗经过概要：我夜袭击该城，敌凭城垣顽抗，我即撤回。敌彻夜枪声不息。敌伤亡不详，我无伤亡。

作战

次数：四十六

部队：卢团一部

日期：三月廿七日

地点：溧洪间

经过时间：半小时

敌人番号、兵力及兵种：破坏

战斗经过概要：破坏该地公路电线五里许。

作战

次数：四十七

部队：卢团一部

日期：三月廿八日

地点：溧洪间

经过时间：二十分钟

敌人番号、兵力及兵种：破坏

战斗经过概要：破坏该公路电线约三里许。

作战

次数：四十八

部队：卢团一部

日期：三月廿八日

地点：溧水

经过时间：一小时

敌人番号、兵力及兵种：守备之敌步炮兵三百余

战斗经过概要：我袭击该城，因敌固守顽抗，我予敌损耗后安返。

作战

次数：四十九

部队：卢团一部

日期：三月廿九日

地点：溧水城

经过时间：一小时

敌人番号、兵力及兵种：守备之敌步炮兵四百余

战斗经过概要：溧水之敌因增防，我又夜袭该敌，敌甚恐慌，并连夜机枪声不息，我完成任务后仍撤回。

作战

次数：五十

部队：卢团一部

日期：三月廿九日

地点：溧武路城附近

经过时间：二小时

敌人番号、兵力及兵种：破坏

战斗经过概要：我配合地方武装，于是晚分头破坏溧武路电线八九里，并破坏距溧城五里之大桥一座。

作战

次数：五十一

部队：孙团一部

日期：三月廿九日

地点：新庙湾

经过时间：一小时

敌人番号、兵力及兵种：守备之敌步兵约五十余

战斗经过概要：我袭击该庙之敌，因敌依据房屋顽抗，我即撤回。并破坏电线四里许。

作战

次数：五十二

部队：卢团三营一部

日期：三月廿九日

地点：禄口

经过时间：二小时半

敌人番号、兵力及兵种：伪军五十余，敌步兵二百余，坦克车三辆。

战斗经过概要：我夜袭该地伪军，敌死守房屋顽抗，我猛掷手榴弹，敌伤亡卅余。将解决战斗时，敌二百余附坦克三辆来援，被我伏击，予敌重大杀伤，敌即溃退，敌伤亡五十余，我伤亡各七。

陆军新编第四军游击战绩概要表

廿八年四月份

作战

次数：一

部队：卢团一部

日期：四月一日

地点：方边

经过时间：一小时

敌人番号、兵力及兵种：守备之敌步兵四十余

战斗经过概要：我集中火力向敌猛击，敌固守工事顽抗，故未奏效。我破坏溧武间电线约八里后撤退。敌伤亡不详，我无伤亡。

作战

次数：二

部队：黄团一部

日期：四月一日

地点：上庄

经过时间：二小时

敌人番号、兵力及兵种：敌步兵五十余

战斗经过概要：青山出扰之敌向我进攻，事先被我侦悉，已有周密布置，俟敌进入火网，将其大部歼灭，残敌则向青山前面窜去。此次敌伤亡廿余，我伤亡各三名。

作战

次数：三

部队：王团一部

日期：四月二日

地点：桥头尚〔高〕资间

经过时间：一小时

敌人番号、兵力及兵种：破坏

战斗经过概要：我配合地方武装，动员铁路工人卅余，民众千余，破坏该处铁路七里，并断电线卅余里。

作战

次数：四

部队：卢团三营

日期：四月二日

地点：赵武庄

经过时间：四小时

敌人番号、兵力及兵种：敌步炮兵共千余人

战斗经过概要：敌分六路向我进攻，我先击溃敌之一路，各路之敌相继迫近，我即突围而出。此次敌伤亡四十余，我伤营附以下八员名，亡书记、排长以下廿二员名，损失驳壳二支，步枪十九支。

作战

次数：五

部队：王团一部

日期：四月三日

地点：家匀〔京句〕公路

经过时间：一小时

敌人番号、兵力及兵种：破坏

战斗经过概要：我二团一部动员民众三千余，破坏该路卅里、桥梁五座。

作战

次数：六

部队：叶团一部

日期：四月四日

地点：溧武公路

经过时间：一小时

敌人番号、兵力及兵种：破坏

战斗经过概要：我于是夜进行破坏，然因敌梭巡不断，故宜仅破坏电线五里。

作战

次数：七
部队：王团一部
日期：四月四日
地点：西仙桥
经过时间：一小时
敌人番号、兵力及兵种：敌步兵六十余
战斗经过概要：我予敌突然猛袭，将敌全部击溃，并将该桥毁坏。因汤水之敌增援，我即撤回。此次敌亡廿余名，伤十余名，我伤十名亡五名。

作战

次数：八
部队：王团一部
日期：四月四日
地点：延陵
经过时间：二小时
敌人番号、兵力及兵种：敌步兵七十余
战斗经过概要：我于延陵附近伏击，将敌包围，因敌增援，我即撤退。此次敌伤亡廿余名，我伤六名亡四名。

作战

次数：九
部队：王团一部
日期：四月四日
地点：黄泥家桥
经过时间：半小时
敌人番号、兵力及兵种：守桥之敌步兵三十余
战斗经过概要：我予敌猛击，将敌击溃。此次敌伤亡十余名，

我无伤亡，并将该桥完全破坏。

作战

次数：十

部队：卢团二营

日期：四月四日

地点：方边

经过时间：二小时

敌人番号、兵力及兵种：守备之敌步兵百余

战斗经过概要：我予敌猛袭，该敌固守工事顽抗，我破坏公路十二里，电线十四里，后退。

作战

次数：十一

部队：孙团一部

日期：四月五日

地点：沈家桥

经过时间：一小时

敌人番号、兵力及兵种：敌步兵四十余

战斗经过概要：我向顺安附近游击，与敌遭遇，激战颇烈，因朱村、顺安之敌增援，我即撤退。此次敌伤亡十余名，我伤二名亡三名，并俘虏敌通讯班长六家信男一名。

作战

次数：十二

部队：王团

日期：四月五日

地点：盂河

经过时间：二小时

敌人番号、兵力及兵种：守备之敌步兵约九十余

战斗经过概要：我袭击该敌，因敌凭强固工事顽抗，同时敌城增援百余，我即撤退。此次敌伤亡廿余名，我伤十亡七名。

作战

次数：十三

部队：叶团一部

日期：四月八日

地点：薛埠

经过时间：半小时

敌人番号、兵力及兵种：守备之敌步兵三十余

战斗经过概要：我袭击该敌，因敌固守工事，未奏效，我即撤退，并破坏电杆廿余根。

作战

次数：十四

部队：卢团二营

日期：四月九日

地点：溧武路

经过时间：一小时

敌人番号、兵力及兵种：破坏

战斗经过概要：破坏该公路之敌电线七里。

作战

次数：十五

部队：黄团一部

日期：四月九日

地点：谢村

经过时间：四小时

敌人番号、兵力及兵种：敌步炮兵二百余

战斗经过概要：敌分三路向我进攻，我予敌痛击，将敌全部击溃，残敌向禄口方向窜去。此次敌伤亡官兵四十余名，我伤亡各七名，敌溃退时，并惨杀民众廿余、焚烧房屋九栋。

作战

次数：十六

部队：二支直属部队

日期：四月九日

地点：狸头桥

经过时间：六小时

敌人番号、兵力及兵种：敌步炮兵一千二百余

战斗经过概要：黄池、湾址之敌分三路向我进攻。我事先闻讯，即将部队移伏敌侧翼，诱敌深入。是晚，我分数路予敌猛击，激战终宵。翌晨，敌向高淳水阳方向窜去。此次敌伤亡十余名，我伤十五名亡十名。

作战

次数：十七

部队：孙团三营

日期：四月十日

地点：凤凰山

经过时间：二小时

敌人番号、兵力及兵种：敌步炮兵五百余附炮数门

战斗经过概要：朱村、顺安两地之敌，向我铜陵县政府驻地凤凰山进攻，我派队前往阻伏击，将敌击溃，残敌向顺安方向窜去。此

次敌伤九亡六名，我伤七名亡五名。

作战

次数：十八

部队：叶团一部

日期：四月十日

地点：铜板桥附近

经过时间：一小时

敌人番号、兵力及兵种：敌步兵四十余

战斗经过概要：我于该地伏击出扰巡之敌，将敌击退。此次敌伤亡九名，我伤亡各二名。

作战

次数：十九

部队：叶团一部

日期：四月十日

地点：天王寺附近

经过时间：半小时

敌人番号、兵力及兵种：守桥之敌步兵四十余人

战斗经过概要：我袭击该敌，因敌固守工事顽抗，我即撤退，未奏效。此次敌伤亡不详，我无伤亡，我并破坏电线七里。

作战

次数：二十

部队：三支特务连

日期：四月十二日

地点：团庙

经过时间：一小时

敌人番号、兵力及兵种：守备之敌步兵三十余

战斗经过概要：我予敌猛击，敌不支，向坝埂头方面窜去。此次敌伤亡各三名，我伤一名亡二名。

作战

次数：二十一

部队：黄团一部

日期：四月十三日

地点：花津

经过时间：一小时半

敌人番号、兵力及兵种：敌绥靖队及增援敌步兵二百余

战斗经过概要：我进袭绥靖队，战半小时，将其大部歼灭。后青山之敌赶援，我激战一小时，亦将其击溃。此次敌伤亡廿余名，我亡六伤四名，并缴获驳壳一支，俘虏日寇一名。

作战

次数：二十二

部队：孙团一部

日期：四月十四日

地点：三江口

经过时间：一小时

敌人番号、兵力及兵种：敌步兵四十余

战斗经过概要：我向顺安地面游击，与敌遭遇，激战后，敌不支溃退。此次敌伤亡不详，我无伤亡。

作战

次数：二十三

部队：叶团一部

日期：四月十四日

地点：溧武公路

经过时间：一小时

敌人番号、兵力及兵种：破坏

战斗经过概要：我于是晚破坏铜板桥至珠琳桥间电线一里，破坏铜板至金坛间电线杆廿八根，并将电线收回。

作战

次数：二十四

部队：王团二营一连

日期：四月十五日

地点：炭渚镇

经过时间：一小时

敌人番号、兵力及兵种：敌之步兵伪军廿余

战斗经过概要：我予敌猛袭，赖我官兵奋勇冲击，将敌工事占领，歼敌大半。此次敌伤亡十余名，我亡连、排长各一员，无伤，并缴获步枪七支，刺刀、大刀各四把，步弹四百余发。

作战

次数：二十五

部队：孙团一部

日期：四月十八日

地点：董村

经过时间：一小时

敌人番号、兵力及兵种：敌步兵二十余名

战斗经过概要：我予护路之敌突然猛袭，护港之敌增援，我即转移。此次敌伤一亡一名，我伤一名。

作战

次数：二十六

部队：黄团一部

日期：四月十九日

地点：小丹阳

经过时间：半小时

敌人番号、兵力及兵种：守备之敌步兵不详

战斗经过概要：我予敌袭击，因敌固守工事顽抗，我即撤退，故未奏效，但敌终夜枪声不息。此次敌伤亡不详，我无伤亡。

作战

次数：二十七

部队：孙团一部

日期：四月十九日

地点：曹家凹

经过时间：半小时

敌人番号、兵力及兵种：守备之敌步兵数目不详

战斗经过概要：我予敌袭击，因敌固守工事顽抗，故未奏效。此次敌伤亡不详，我无伤亡。

作战

次数：二十八

部队：孙团一营二连

日期：四月廿二日

地点：董店落花井一带

经过时间：四小时

敌人番号、兵力及兵种：敌步炮兵三百余

战斗经过概要：我袭击掩护修路之敌，激战甚久，敌不支，向

获港退回。此次敌伤亡廿余名，我伤七名亡四名，并俘虏为敌修路工人十一名，缴获工作器具十五。

作战

次数：二十九

部队：傅团一部

日期：四月二十二日

地点：沈家桥

经过时间：一小时

敌人番号、兵力及兵种：敌步兵四十余

战斗经过概要：我伏击自朱村向顺安运动之敌，不支，退回朱村。此次敌伤七亡六名，我伤排长以下八员名、亡五名。

作战

次数：三十

部队：王团一部

日期：四月二十四日

地点：魏村庄

经过时间：二小时

敌人番号、兵力及兵种：敌步兵四十余

战斗经过概要：我乘敌警戒疏忽，突然予以猛袭，敌不支溃退。此次敌伤亡不详，我无伤亡。

作战

次数：三十一

部队：挺纵队独大队

日期：四月廿四日

地点：魏村、圩塘、孟河等地

经过时间：二小时

敌人番号、兵力及兵种：守备之敌步兵二百余

战斗经过概要：我夜袭该地之敌，先后将魏村、圩塘两地之敌击溃，敌退窜武进，敌伤八亡十一名，我无损失。孟河之敌，凭工事顽抗，我猛掷手榴弹后，即撤退，敌伤亡不详，我无损失。

作战

次数：三十二

部队：卢团一部

日期：四月廿四日

地点：郭庄庙

经过时间：四小时

敌人番号、兵力及兵种：敌步兵三百余

战斗经过概要：敌分三路向我包围，我转移至敌翼侧，分头袭击，将敌各个击溃。此次敌伤亡廿余，我伤三名亡二名，并破获电线十余斤。

作战

次数：三十三

部队：卢团一部

日期：四月廿四日

地点：方边

经过时间：半小时

敌人番号、兵力及兵种：守备之敌步兵数目不详

战斗经过概要：我予敌袭击，因敌固守工事顽抗，故未奏效。此次敌伤亡不详，我无伤亡，并破坏电线四里详〔许〕。

作战

次数：三十四

部队：卢团一部

日期：四月二十六日

地点：湖熟

经过时间：半小时

敌人番号、兵力及兵种：守备之敌步兵约七十余

战斗经过概要：我予敌袭击，因敌固守顽抗，未奏效，机枪声终夜不息。此次敌伤亡不详，我无伤亡。

作战

次数：三十五

部队：叶团一部

日期：四月廿七日

地点：三山

经过时间：二小时

敌人番号、兵力及兵种：敌步兵八十余

战斗经过概要：我于该地埋伏，敌进入火网后，我予以猛击，将敌击溃。此次敌亡八伤卅余名，我伤三名亡二名，并俘虏敌翻译员及汉奸各一名，缴步枪六支。

作战

次数：三十六

部队：四支特务队

日期：四月廿七日

地点：薛埠至阳干间

经过时间：半小时

敌人番号、兵力及兵种：破坏

战斗经过概要：破坏该地溧武路电线三里许。

作战

次数：三十七

部队：卢团特一连

日期：四月廿七日

地点：天王寺之方边

经过时间：三小时

敌人番号、兵力及兵种：守敌步兵约二百余

战斗经过概要：我分头予敌袭击，敌转移迅速，复向我包围，经我官兵奋勇数次冲锋，始突围而出。此次敌伤亡不详，我伤亡各二名，并破获电线卅余斤。

作战

次数：三十八

部队：三支特务连

日期：四月廿七日

地点：石佛庙

经过时间：一小时

敌人番号、兵力及兵种：敌步兵四十余

战斗经过概要：我向顺安附近游击，与敌遭遇，经我痛击，敌不支，溃向原路遁去。此次敌伤四亡二名，我伤二名亡一名。

作战

次数：三十九

部队：一支直属一部

日期：四月廿八日

地点：下新河

经过时间：半小时

敌人番号、兵力及兵种：守备之敌步兵数目不详。

战斗经过概要：予敌袭击，敌固守房屋不出，我逼近敌工事，以手榴弹猛击，敌甚恐慌，我因未奏效撤退。此次敌伤亡不详，我无伤亡。

作战

次数：四十

部队：傅团一营

日期：四月廿八日

地点：塌里村

经过时间：一小时

敌人番号、兵力及兵种：青水师团伴野大队之交通队三十余

战斗经过概要：我于该地埋伏，敌进入火网后，以机枪、手榴弹猛击，将敌大部歼灭。此次敌伤亡卅余名，我伤十五名亡十七名，缴获步枪八支，刺刀八把，左轮一支，其他军用品一部。

作战

次数：四十一

部队：卢团一部

日期：四月廿八日

地点：方边

经过时间：一小时

敌人番号、兵力及兵种：守备之敌步兵七十余

战斗经过概要：我予敌袭击，因敌守工事顽抗，故未奏效。此次敌伤亡不详，我无伤亡，并破坏敌电线五里许。

作战

次数：四十二

部队：卢团一部

日期：四月廿九日

地点：刘家（溧水东北）

经过时间：一小时

敌人番号、兵力及兵种：敌步兵四十余

战斗经过概要：我于该地伏击敌汽车，敌一部下车抵抗，我终将敌击溃，并毁汽车一辆。此次敌伤亡十余名，我伤五名亡二名。

作战

次数：四十三

部队：卢团一部

日期：四月廿九日

地点：新村

经过时间：二小时

敌人番号、兵力及兵种：敌步兵百余

战斗经过概要：敌分两路向我包围，我事先闻讯，即派队阻击，将敌击溃。此次敌伤亡廿余，我伤三亡五名，并破获电线六里。

作战

次数：四十四

部队：卢团一部

日期：四月廿九日

地点：郭庄庙

经过时间：二小时

敌人番号、兵力及兵种：敌步兵五百余

战斗经过概要：溧水徐溪桥、方边之敌，分三路向我包围，我转移敌侧翼，予以痛击。敌后向包围，我即转移。此次敌伤亡四十余，我伤十二名亡七名

作战

次数：四十五

部队：孙团一部

日期：四月廿七日

地点：横山街

经过时间：二小时

敌人番号、兵力及兵种：守备之敌步兵九十余

战斗经过概要：我予敌猛袭，激战甚久，因三山、峨桥两处之敌赶援，我即转移。此次敌伤九亡七名，我伤七名亡三名。

作战

次数：四十六

部队：叶团一部

日期：四月卅日

地点：峨桥

经过时间：一小时

敌人番号、兵力及兵种：守备之敌步兵四十余

战斗经过概要：我予敌袭击，因敌固守工事顽抗，故未奏效。此次敌伤亡不详，我伤三名亡二名。

作战

次数：四十七

部队：三支特务连

日期：四月廿七日

地点：石佛庙

经过时间：一小时

敌人番号、兵力及兵种：敌步兵四十余

战斗经过概要：我向顺安附近游击，与敌遭遇，经我痛击，敌

不支溃，向原路遁去。此次敌伤四亡二名，我伤二名亡一名。

陆军新编第四军游击战绩概要表
二八年五月份

作战

次数：一

部队：王团二营

日期：五月一日

地点：姊妹岗

经过时间：一小时

敌人番号、兵力及兵种：敌汽车十二辆，载敌步兵二百余

战斗经过概要：我于该地埋伏，敌车经过，我予以猛击，当毁敌车五辆，毙敌九十余，我伤亡各一。因敌火力犹强，致未扩张战果，予敌杀伤。

作战

次数：二

部队：黄团一部

日期：五月一日

地点：陆郎桥朱门

经过时间：四小时

敌人番号、兵力及兵种：守备敌步兵五十余，伪绥靖队三十余

战斗经过概要：该敌向我驻地黄团一部进攻，我闻讯分散隐蔽两侧，至晚我配合地方武装一部，向敌猛袭，因霾里敌援，我即转移。结果敌伤亡廿五，我伤九亡七。

作战

次数：三

部队：黄团一连配合地方武装

日期：五月一日

地点：当涂

经过时间：二十分钟

敌人番号、兵力及兵种：守备之敌步炮兵数不详

战斗经过概要：我向城郊游击被发觉，以机炮乱射，我仅散发大批传单安返，敌终夜炮声不息。

作战

次数：四

部队：叶团三营及孙团一部

日期：五月一日

地点：峨桥

经过时间：三小时

敌人番号、兵力及兵种：守备之敌及增援敌步炮兵共百七十余

战斗经过概要：我袭击该地之敌，该敌固守顽抗。同时横山之敌增援，我即转移，敌进至肺心圩。我孙团赶援，将敌击溃，敌伤十五亡九，我亡五伤七。

作战

次数：五

部队：卢团一部

日期：五月一日晚

地点：湖熟

经过时间：三小时

敌人番号、兵力及兵种：守备之敌步兵数不详

战斗经过概要：我袭击该敌，因敌固守工事，我冲锋数次，均

未奏效，我即转移，毙敌九伤十五，我伤十三亡三。

作战

次数：六

部队：叶团一部

日期：五月二日

地点：茅山顶

经过时间：一小时

敌人番号、兵力及兵种：守备之敌步兵数不详

战斗经过概要：我予该顶庙内敌以袭击，当毙敌四名，敌避入室内顽抗，我即撤退，故未奏效，并破坏溧武路电线十里。

作战

次数：七

部队：一支特务队

日期：五月二日

地点：西岗

经过时间：一小时

敌人番号、兵力及兵种：守后阳之敌及薛埠撤退之敌步炮兵共百余

战斗经过概要：我将后阳街驻敌击溃后，即于西岗伏击薛埠撤退之敌，因机枪发生障碍，仅毙敌十伤四，我伤十。

作战

次数：八

部队：王团一部

日期：五月二日

地点：薛埠

经过时间：半小时

敌人番号、兵力及兵种：守备之敌步兵数不详

战斗经过概要：夜袭薛埠，因敌戒备甚严，遂将该地电线破坏五里许而返。

作战

次数：九

部队：王团二营一部

日期：五月二日

地点：乌龟桥

经过时间：半小时

敌人番号、兵力及兵种：敌汽车二辆，载敌步兵三十余

战斗经过概要：我毁敌汽车一辆，并死伤敌十六名。另一辆仍由原路遁去。残余之敌凭车顽抗。我因受敌火力压迫，即行撤退，我无损伤。

作战

次数：十

部队：黄团三连配合地方武装

日期：五月二日晚

地点：溧水柘塘禄口

经过时间：一小时

敌人番号、兵力及兵种：各该地守备之敌步兵数不详

战斗经过概要：我分途袭扰各该处之敌，敌甚恐慌，机枪声終夜不息。另侦察排分组破坏电线十五里。

作战

次数：十一

部队：延陵常备队

日期：五月二日

地点：丹阳

经过时间：三小时

敌人番号、兵力及兵种：驻敌步兵

战斗经过概要：我夜袭该敌，敌凭工事顽抗，未奏效，即将丹阳至珥陵间公路电线桥梁全部破坏，并在丹阳南门毙伪警二、活捉二。

作战

次数：十二

部队：卢团一二连

日期：五月二日晚

地点：方边

经过时间：二小时

敌人番号、兵力及兵种：守备之敌步兵数不详

战斗经过概要：我进扰该地之敌，因敌固守顽抗，未解决战斗。后溧水敌增援，我即转移，敌伤亡不详，我无损伤。

作战

次数：十三

部队：卢团一部

日期：五月三日

地点：柘塘禄口

经过时间：一小时

敌人番号、兵力及兵种：守备各该地之敌步兵数不详

战斗经过概要：袭扰各该地之敌，因敌固守不出，以机枪乱射，我破坏电线五里，即转移。

作战

次数：十四

部队：黄团一部

日期：五月四日晚

地点：陶吴横溪桥

经过时间：四小时

敌人番号、兵力及兵种：守备之敌步兵数不详

战斗经过概要：我予敌袭击，因敌固守，我即撤回，敌伤亡卅五，我伤十二亡五。

作战

次数：十五

部队：黄团三连配合地方武装

日期：五月四日晚

地点：柘塘

经过时间：三小时

敌人番号、兵力及兵种：守备之敌步兵数不详

战斗经过概要：我分两路进袭，猛冲数次，敌固守顽抗，一部躲入地洞，我即转移。另一部破坏溧柘间电线约十里。

作战

次数：十六

部队：黄团一部

日期：五日四月晚

地点：博望以南之林梗

经过时间：六小时

敌人番号、兵力及兵种：守备之敌步兵数不详

战斗经过概要：我进扰该敌，战至拂晓，因石臼湖敌增援，我即转移，敌伤亡卅余，我伤八亡十二。

作战

次数：十七

部队：卢团特一连配合地方武装

日期：五月四日晚

地点：溧水

经过时间：半小时

敌人番号、兵力及兵种：守备之敌步兵数不详

战斗经过概要：我予以袭击，因敌固守工事，我便转移。

作战

次数：十八

部队：卢团一部

日期：五月四日晚

地点：南京东南之仓波门

经过时间：二小时

敌人番号、兵力及兵种：守备之敌步兵数不详

战斗经过概要：我袭击该地之敌，敌固守工事顽抗，未奏效。后转至淳化附近，将敌之煤矿炸毁。此次敌伤亡廿五，我亡三伤六。另一部破坏湖淳间电线五里。

作战

次数：十九

部队：王团三营

日期：五月四日

地点：金溧公路

经过时间：二小时

敌人番号、兵力及兵种：破坏

战斗经过概要：破坏该公路十里，水门汀桥梁两座，电线十五里。

作战

次数：二十

部队：黄团一部

日期：五月五日

地点：横溪、陶吴、溧水

经过时间：一小时

敌人番号、兵力及兵种：该地一带守备之敌步兵

战斗经过概要：我分头向该地之敌积极袭扰，敌均固守不出，我遂将该地一带之公路电线、桥梁全行破坏，敌甚恐慌，我即转移。

作战

次数：二十一

部队：黄团七连

日期：五月五日

地点：黄池河南街

经过时间：二小时

敌人番号、兵力及兵种：守备之敌步兵数不详

战斗经过概要：我予以袭击，猛烈冲击数次，敌甚恐慌，同时敌援赶到，我遂转移。此次敌伤五亡三，我伤二。

作战

次数：二十二

部队：黄团一部

日期：五月五日(晚)

地点：小丹阳

经过时间：半小时

敌人番号、兵力及兵种：守备之敌步兵数不详

战斗经过概要：我袭击该地之敌，另一部配合地方武装，破坏薛镇至章汉桥间电线三里，桥梁二座，我即转移，我伤四亡六，敌伤亡不详。

作战

次数：二十三

部队：王团特务连

日期：五月五日

地点：镇句公路

经过时间：一小时

敌人番号、兵力及兵种：破坏

战斗经过概要：五日晚，破坏该路上之洛阳桥一座，及京沪铁路一里许。

作战

次数：二十四

部队：二支特一连

日期：五月五日

地点：溧水至秣陵关

经过时间：半小时

敌人番号、兵力及兵种：破坏

战斗经过概要：我埋地雷于该地，敌车碰击爆发，当毁敌汽车一辆。

作战

次数：二十五

部队：卢团九连配合挺进六团三营

日期：五月六日(晚)

地点：方边

经过时间：一小时

敌人番号、兵力及兵种：守备之敌步兵数不详

战斗经过概要：我向方边猛袭，因敌固守工事，未奏效，我即撤回。

作战

次数：二十六

部队：孙团二营

日期：五月七日

地点：横山桥

经过时间：二小时

敌人番号、兵力及兵种：守备之敌步炮兵百余

战斗经过概要：我予敌猛袭，一度占领敌之阵地，敌避入室内，施放毒气，我官兵中毒者十七名，因无防毒配备，故即撤退。同时我另一部伏击由三山增援之敌七十余，续战一小时，当被我击溃窜回三山岭，毙敌士沃参谋以下卅余，伤十七，我伤官兵九亡十名。

作战

次数：二十七

部队：孙团一部

日期：五月七日

地点：日子桥

经过时间：一小时

敌人番号、兵力及兵种：三山向横山增援之敌步兵七十余

战斗经过概要：我予该地伏击增援之敌，敌不支，退回三山，敌伤亡十五，我伤四亡三。

作战

次数：二十八

部队：叶团三营一部

日期：五月七日

地点：峨桥

经过时间：一小时

敌人番号、兵力及兵种：守备该地及石炮镇增援之敌

战斗经过概要：我予敌袭击，敌凭工事顽抗。后石炮之敌增援，我因众寡悬殊，故撤退，敌伤亡六，我伤一亡二。

作战

次数：二十九

部队：管属一部

日期：五月七日

地点：罗墅湾

经过时间：一小时

敌人番号、兵力及兵种：守备之敌步兵三十余

战斗经过概要：我进袭该敌，因敌工事强固，仅毙敌六伤七。当敌增援百余，我即撤回，我无损伤。

作战

次数：三十

部队：王团二营一部

日期：五月七日

地点：溧水东北

经过时间：一小时

敌人番号、兵力及兵种：破坏

战斗经过概要：我配合地方民众五百余，破坏溧水东北之三关桥一座，并毁路基八里许。

作战

次数：三十一

部队：卢团特连

日期：五月八日(晚)

地点：溧水北牌楼庄

经过时间：三小时

敌人番号、兵力及兵种：该地出扰之敌步兵百余及绥靖队一部

战斗经过概要：我向溧水附近游击，于该地与敌遭遇，将其击溃，复将伪军全部击溃，敌伤亡三十余，我伤七亡七。

作战

次数：三十二

部队：王团二营一部

日期：五月八日

地点：载岗山

经过时间：半小时

敌人番号、兵力及兵种：敌火车十余辆

战斗经过概要：袭击敌列车，当毙敌八名，并击毁数处，敌即狼狈开去。我无伤亡安返。

作战

次数：三十三

部队：孙团二营一部

日期：五月八日

地点：何家桥

经过时间：一小时

敌人番号、兵力及兵种：三山至峨桥行动敌步骑七十余

战斗经过概要：我在该地埋伏，被敌发觉过早，敌占领高地顽抗。同时三山之敌增援，我即撤退。此次敌伤六亡四，我伤三亡二。

作战

次数：三十四

部队：叶团三营一部

日期：五月八日

地点：峨桥

经过时间：三小时

敌人番号、兵力及兵种：守备之敌步兵数不详

战斗经过概要：我予敌袭击，敌固守工事顽抗，未奏效。敌伤亡不详，我无损失。

作战

次数：三十五

部队：管属一部

日期：五月八日

地点：陵口

经过时间：三小时

敌人番号、兵力及兵种：守备敌步兵数不详

战斗经过概要：我予敌猛袭，当将该镇占领，因敌增援三百余，

我即撤退，并于途中伏击敌火车一列，共伤敌六十余亡三十余，我伤亡各五。

作战

次数：三十六

部队：卢团一部

日期：五月八日晚

地点：湖熟

经过时间：八小时

敌人番号、兵力及兵种：守备之敌步兵数不详

战斗经过概要：我袭击，敌固守工事顽抗，战至拂晓，敌不支，狼狈溃退，我将其据点焚毁。此次敌伤七亡二十五，我亡十三伤十二人，缴获步枪八支，炸弹八个，及其它军用品甚多。

作战

次数：三十七

部队：孙团二营一部

日期：五月八日

地点：横山桥

经过时间：半小时

敌人番号、兵力及兵种：守备之敌步兵数不详

战斗经过概要：我予敌袭击，因敌守工事顽抗，未奏全效，敌伤二亡四，我伤一名。

作战

次数：三十八

部队：傅团一营一部

日期：五月九日

地点：谢家陇

经过时间：一小时

敌人番号、兵力及兵种：敌运输队百余人

战斗经过概要：我猛击由铜陵向顺安前进之敌运输队，毙敌十三伤卅二。后铜陵之敌增援，我即撤退。我缴获掷弹筒、军用品甚多，我伤四亡五。

作战

次数：三十九

部队：管属一部

日期：五月九日

地点：陵口吕城间

经过时间：一小时

敌人番号、兵力及兵种：敌西开列车十余辆

战斗经过概要：我伏击敌车，将车头击坏，当即停驶，敌依车顽抗，我予敌杀伤后安全撤回，敌伤亡不详，我无损伤。

作战

次数：四十

部队：王团一部

日期：五月九日

地点：湖熟

经过时间：二十分钟

敌人番号、兵力及兵种：守备之敌步兵

战斗经过概要：我将敌哨兵二名击毙，获步枪二支，敌向我追击，我逐渐抵抗退回，我亡一名。

作战

次数：四十一

部队：孙团八连一部

日期：五月九日(晚)

地点：店门口(铜陵以南)

经过时间：半小时

敌人番号、兵力及兵种：敌之军事哨步兵十余

战斗经过概要：我予敌猛袭，将敌大部歼灭，我即迅予撤退，敌伤四亡四，我伤四亡一。

作战

次数：四十二

部队：三支直属特连

日期：五月九日

地点：太平街

经过时间：二十分钟

敌人番号、兵力及兵种：守备敌步兵四十余

战斗经过概要：我乘敌警戒疏忽，以手榴弹猛击，敌避入室内顽抗，我即转移，敌伤七亡六，我无伤亡。

作战

次数：四十三

部队：卢团八连

日期：五月十二日

地点：溧水南朱家边

经过时间：二小时

敌人番号、兵力及兵种：守备之敌步兵百余

战斗经过概要：我先闻信，即派队前往阻击，将敌击溃，向方边窜去，将溧武路电线破坏六里便转移。此次我伤三亡五，敌伤六

亡十一。

作战

次数：四十四

部队：叶团三营一部

日期：五月十二日

地点：峨桥

经过时间：半小时

敌人番号、兵力及兵种：守备之敌步兵数不详

战斗经过概要：我予以袭击，因敌固守，以机枪扫射，即撤回，敌伤二亡三，我亡八名。

作战

次数：四十五

部队：王团三营

日期：五月十三日

地点：西阳

经过时间：三小时

敌人番号、兵力及兵种：宝堰进犯之敌步兵约七十余

战斗经过概要：友军某部于该地与敌遭遇，我闻讯赶援，敌即佯退，我猛追，复中敌反伏，激战二小时，我即撤退，敌伤亡廿五名，我伤九亡十五名，失步枪十七支、机枪两挺，坏步枪八支。

作战

次数：四十六

部队：王团一部

日期：五月十三日

地点：石山渡

经过时间：一小时

敌人番号、兵力及兵种：守备之敌伪军步兵数不详

战斗经过概要：我予以袭击，敌不支溃散，缴枪六支，敌伤官一兵三，并俘伪军一名，我任务达成即撤回，无损伤。

作战

次数：四十七

部队：黄团六连

日期：五月十三日

地点：一小时

敌人番号、兵力及兵种：丹阳、湖熟汽艇数艘

战斗经过概要：我于该地埋伏，当有敌汽艇数艘前来，我以机枪猛击，予以杀伤。后敌恃火力登岸，因敌众我寡，我即撤退。我伤十三亡七，敌伤亡三十二。

作战

次数：四十八

部队：卢团四连

日期：五月十三日

地点：湖熟

经过时间：四小时

敌人番号、兵力及兵种：守备之敌步兵数不详

战斗经过概要：我向敌猛攻数次，敌固守工事顽抗，因南京之敌增援，我即撤退。此次敌伤亡卅余，我亡八伤五，又进行破坏公路三里及电线四里。

作战

次数：四十九

部队：卢团三连

日期：五月十四日

地点：湖熟

经过时间，二小时

敌人番号、兵力及兵种：守备之敌步兵数不详

战斗经过概要：我予敌袭击，因敌固守工事，我即转移，敌伤亡十七，我伤三亡一。我并破坏公路电线九里，及桥梁一座。

作战

次数：五十

部队：孙团五连协同地方

日期：五月十四日(晚)

地点：荻港裕繁公司间

经过时间：半小时

敌人番号、兵力及兵种：该地敌步炮兵二百余

战斗经过概要：我协同地方民众六百余，破坏铁路。至拂晓，敌分两路向我进攻，我沉着抵抗，将敌击溃。此次敌伤四亡二，我无伤亡。

作战

次数：五十一

部队：卢团七连

日期：五月十五日

地点：湖熟

经过时间：二小时

敌人番号、兵力及兵种：守备之敌步兵数不详

战斗经过概要：我又予敌袭击，因敌固守工事顽抗，我即破坏公路二里、电线四里，及桥梁二座，即撤回。

作战

次数：五十二

部队：卢团一部

日期：五月十六日

地点：南京东南高桥门

经过时间：半小时

敌人番号、兵力及兵种：守备之敌步兵数不详

战斗经过概要：我予敌袭击，猛冲数次，敌固守工事。同时南京敌联合兵种约三百余赶援，我即撤退。敌伤亡卅三，俘大汉奸一，并照像师一。此次我伤十七亡十五，并缴获机枪、驳壳各一。

作战

次数：五十三

部队：卢团一部

日期：五月十六日

地点：土山镇

经过时间：半小时

敌人番号、兵力及兵种：守备之敌步兵数不详

战斗经过概要：我予敌袭击，敌极恐慌，机枪声深夜不息。我另一部破坏京芜间公路电线一段。此次敌伤亡不详，我伤五亡三。

作战

次数：五十四

部队：傅团一部

日期：五月十六日

地点：五里亭

经过时间：一小时

敌人番号、兵力及兵种：敌之运输队二百余

战斗经过概要：我于该地埋伏之，敌运输队由铜陵向顺安前进，敌之运输队二百余，先将敌尖兵大部歼灭，复与敌主力接触。后因铜陵敌增援，我即撤退，并将铜顺间电线破坏约六里。此次敌伤十一、亡十七，我伤三亡一。

作战

次数：五十五

部队：王团特连

日期：五月十七日

地点：苏游村

经过时间：半小时

敌人番号、兵力及兵种：敌巡路队四十余

战斗经过概要：我配合友军一部，破坏路轨十余段，约四公里，并毙敌巡路队廿余，及驻当地之敌十余人，我无伤亡。

作战

次数：五十六

部队：傅团一部

日期：五月十八日

地点：阳西石山脚

经过时间：半小时

敌人番号、兵力及兵种：两处守备之敌步兵共八十余

战斗经过概要：我予敌猛袭，敌进入室内顽抗，未奏效，我即撤退，我伤亡各一，闻敌伤亡各三。

作战

次数：五十七

部队：王团一部

日期：五月十八日

地点：京湖公路

经过时间：二小时

敌人番号、兵力及兵种：

战斗经过概要：破坏南京湖熟间公路长十五里许。

作战

次数：五十八

部队：傅团三营一部

日期：五月十八日

地点：坝埂头

经过时间：一小时

敌人番号、兵力及兵种：守备之敌步炮兵四十余

战斗经过概要：我袭击占领敌工事，敌退入室内，以机枪射扫，我即撤回，未奏全效，敌伤八亡十，我伤亡各一。

作战

次数：五十九

部队：管属一部

日期：五月十九日

地点：陵口附近

经过时间：半小时

敌人番号、兵力及兵种：敌西开列车

战斗经过概要：我于麦田中埋伏，适敌车西开，我以手榴弹及机步枪猛击，当伤亡敌卅余，并毁轻机枪八挺，我任务已达撤退，我伤三亡一。

作战

次数：六十

部队：王团一部

日期：五月廿日

地点：新丰镇

经过时间：半小时

敌人番号、兵力及兵种：伪绥靖队一部数不详

战斗经过概要：我予以猛袭，敌不支溃窜，我任务达成即撤回，缴枪三支，俘二名，我轻伤二名。

作战

次数：六十一

部队：黄团一部

日期：五月二十日

地点：横溪桥

经过时间：一小时

敌人番号、兵力及兵种：守备之敌步兵数不详

战斗经过概要：我予敌袭击，猛冲数次，因敌固守工事顽抗，我即撤退。结果敌伤四亡八，我伤五亡一。

作战

次数：六十二

部队：傅团一部

日期：五月二十日

地点：东廊村

经过时间：一小时

敌人番号、兵力及兵种：敌步炮兵五百余

战斗经过概要：顺安敌向我进攻，我予以猛击，敌不支，退回顺

安，敌伤六亡三，我伤六亡二。

作战

次数：六十三

部队：傅团一部

日期：五月二十日

地点：黄毛岭

经过时间：七小时

敌人番号、兵力及兵种：敌步兵三百余

战斗经过概要：顺安之敌向我进攻，我官兵沉着抵抗，率〔卒〕将敌击溃。此次敌伤亡一百二十余，我伤官兵廿二员、亡十五员。

作战

次数：六十四

部队：孙团一部

日期：五月二十日

地点：孙村镇

经过时间：一日

敌人番号、兵力及兵种：敌步炮兵五百余

战斗经过概要：荻港之敌分三路向我进攻，因众寡悬殊，我即撤退，孙村遂被敌占领。我主力增援，与敌激战终日，至黄昏时，敌不支，退回乌金岭一带，我收复孙村，敌伤亡卅五，我伤十一亡十。

作战

次数：六十五

部队：叶团一部

日期：五月二十日

地点：珠琳桥

经过时间：半小时

敌人番号、兵力及兵种：破坏

战斗经过概要：破获该处电线一百八十斤。

作战

次数：六十六

部队：孙团一部

日期：五月二十一日

地点：红毛山

经过时间：四小时

敌人番号、兵力及兵种：敌步炮兵五百余

战斗经过概要：我向孙村镇撤至该地之敌进攻，一度占领红花山头，后因乌金镇之敌向我包围，我即撤回，敌伤亡官兵八十九名，我伤九亡十。

作战

次数：六十七

部队：傅团二营

日期：五月二十一日

地点：新屋基

经过时间：一小时

敌人番号、兵力及兵种：敌步骑炮兵并有敌机二架配合

战斗经过概要：顺安之敌二百余，分两路向我进攻，因众寡悬殊，我即撤退。此次敌伤十六亡九，我伤八亡八。

作战

次数：六十八

部队：卢团一部

日期：五月二十二日
地点：上村(郭庄庙东)
经过时间：半小时
敌人番号、兵力及兵种：敌步炮兵四百余
战斗经过概要：天王寺、溧水、湖熟、秣陵关四处敌向我围攻，我闻讯即分伏敌侧，我以机步枪迎击，予敌杀伤甚重，因敌众我寡，我即撤退，敌伤亡官兵廿九，我伤六亡七。

作战
次数：六十九
部队：傅团一部
日期：五月二十二日
地点：铜陵关帝庙
经过时间：半小时
敌人番号、兵力及兵种：守备之敌数不详
战斗经过概要：我予敌猛击，敌固守顽抗，未奏效，敌伤亡不详，我无伤亡。

作战
次数：七十
部队：孙团一部
日期：五月二十二日
地点：横山桥
经过时间：一小时
敌人番号、兵力及兵种：守备之敌步兵数不详
战斗经过概要：我予以袭击，因敌固守工事顽抗，未奏效，敌伤亡不详，我无伤亡。

作战

次数：七十一

部队：傅团全部

日期：五月二十二日

地点：新屋基

经过时间：六小时

敌人番号、兵力及兵种：占领该地之敌步炮兵百余

战斗经过概要：我集中主力向敌反攻，战至中午，敌不支溃退，敌伤四八名，亡五六名，我伤十一、亡十七。

作战

次数：七十二

部队：孙团一部

日期：五月二十三日

地点：红花山

经过时间：一小时

敌人番号、兵力及兵种：敌步炮兵五十余

战斗经过概要：乌金岭之敌向我进犯，我沉着应战，将敌击退，敌伤亡六名，我亡三名。

作战

次数：七十三

部队：一支独立营一部

日期：五月二十四日

地点：七里亭

经过时间：一小时

敌人番号、兵力及兵种：守备之敌步兵数不详

战斗经过概要：我乘敌无备，予敌猛袭，敌据屋顽抗。薛埠敌赶

援，又被我伏击，因敌续增，我即撤退，敌死三伤七，我亡一伤二。

作战

次数：七十四

部队：孙团一部

日期：五月二十四日

地点：枯竹岭铁矿山

经过时间：一小时

敌人番号、兵力及兵种：守备之敌步兵数不详

战斗经过概要：我予该两地守备之敌以袭击，因敌固守工事，未奏效，敌伤亡不详，我无伤亡。

作战

次数：七十五

部队：傅团一部

日期：五月廿五日

地点：溧武路

经过时间：半小时

敌人番号、兵力及兵种：守备之敌数不详

战斗经过概要：我予敌袭扰，敌固守工事，以枪炮乱射，未奏效，我即撤回，敌伤二亡四，我无伤亡。

作战

次数：七十六

部队：一支特连

日期：五月廿五日

地点：溧武路

经过时间：半小时

敌人番号、兵力及兵种：敌之巡路队附坦克数量〔辆〕

战斗经过概要：我通过时与敌遭遇，敌以机枪扫射，当我亡一，因敌我众寡悬殊，我即撤回。

作战

次数：七十七

部队：孙团一部

日期：五月廿五日

地点：枯竹岭

经过时间：半小时

敌人番号、兵力及兵种：守备之敌步炮兵百余

战斗经过概要：我以手榴弹猛击，敌避入工事内顽抗，未达全效，我即撤回。闻敌伤九亡十三，我无伤亡。

作战

次数：七十八

部队：孙团一部

日期：五月二十五日

地点：横山桥

经过时间：半小时

敌人番号、兵力及兵种：守备之敌步兵数不详

战斗经过概要：我予以袭击，因敌固守顽抗，未奏效，我即撤回。敌伤亡不详，我无伤亡。

作战

次数：七十九

部队：傅团一部

日期：五月廿五日

地点：何家桥(大通东)

经过时间：半小时

敌人番号、兵力及兵种：敌之运输队廿余

战斗经过概要：我伏击大通向东江村前进之敌运输队，敌不支溃退，敌伤二亡四，我无伤亡，并破坏电线二十里。

作战

次数：八十

部队：一支特务队

日期：五月廿六日

地点：薛埠天王寺

经过时间：一小时

敌人番号、兵力及兵种：守备敌步骑百余

战斗经过概要：我正在破坏天薛公路中，敌闻讯向我进攻，被我伏击队痛击，即撤退。敌伤亡不详，我无伤亡。

作战

次数：八十一

部队：卢团一部

日期：五月廿七日

地点：湖熟

经过时间：一小时

敌人番号、兵力及兵种：守备之敌步兵数不详

战斗经过概要：我予敌袭击，敌占有利地形顽抗，我即撤退，敌伤四亡八，我伤三亡五。

作战

次数：八十二

部队：卢团一部

日期：五月廿七日

地点：方边

经过时间：半小时

敌人番号、兵力及兵种：守备之敌步兵数不详

战斗经过概要：我予敌袭击，敌固守工事顽抗，我收溧武路电线十斤，敌伤十亡六，我伤三亡一。

作战

次数：八十三

部队：孙团一部

日期：五月廿八日

地点：枯竹岭

经过时间：一小时

敌人番号、兵力及兵种：守备该地敌步炮兵百余

战斗经过概要：我予以袭击，因敌固守顽抗，我即撤回。敌伤亡不详，我无伤亡。

作战

次数：八十四

部队：孙团一部

日期：五月廿九日

地点：铁矿山

经过时间：一小时

敌人番号、兵力及兵种：守备之敌步兵数不详

战斗经过概要：我袭击该地之敌，因敌固守工事顽抗，未奏效，我遂撤回。我伤亡各一，敌伤三亡五。

作战

次数：八十五

部队：孙团一部

日期：五月卅日

地点：陈城圩

经过时间：半小时

敌人番号、兵力及兵种：敌步炮兵四十余

战斗经过概要：我向顺安向荻港前进之敌猛击，敌不支，向荻港窜去。敌伤亡三，我伤一。

作战

次数：八十六

部队：一支直属队

日期：五月卅日

地点：直溪桥

经过时间：一小时

敌人番号、兵力及兵种：守备之敌步兵数不详

战斗经过概要：我化装至该地附近，与敌巡查遭遇，当场敌死伤各一，获步枪一支，残敌后退，我乘势追，至街口，敌援赶至，我因众寡悬殊，遂撤回，我伤二名。

作战

次数：八十七

部队：孙团一部

日期：五月卅一日

地点：铁矿山

经过时间：半小时

敌人番号、兵力及兵种：敌之军事哨

战斗经过概要：我乘敌疏忽，以手榴弹猛击，当毙敌七伤三，我因任务完成后撤回，我无伤亡。

陆军新编第四军游击战绩概要表
二八年六月份

作战

次数：一

部队：王团一部

日期：六月一日晚

地点：直溪桥

经过时间：半小时

敌人番号、兵力及兵种：守备之敌步兵四十余

战斗经过概要：我夜袭该地，适友军经过，为敌发觉，我攻击时，仅毙哨兵二名，因敌顽抗，未奏效，我即撤退。另一部破坏珥陵至丹阳公路约一里，毁桥一座，收电线五十余斤，我亡一。

作战

次数：二

部队：叶团配合管属一部

日期：六月一日晚

地点：吕城奔牛

经过时间：三小时

敌人番号、兵力及兵种：敌步兵百余人

战斗经过概要：我正破坏吕城、奔牛段之铁道时，适有敌巡列车驶至，当与我掩获队激战。后因敌增援，我即撤退。此次毙敌十余，我伤三。另一部破坏丹阳、陵口段铁道约十里，收电线四十余斤。

作战

次数：三

部队：叶团一部

日期：六月一日晚

地点：陵口

经过时间：半小时

敌人番号、兵力及兵种：守备之敌伪军数十名

战斗经过概要：我迫近敌车站，突以手榴弹猛袭，予敌杀伤甚重，我即撤回。此次敌伪伤亡计十余名。

作战

次数：四

部队：黄团一部

日期：六月一日晚

地点：秣陵关

经过时间：一小时

敌人番号、兵力及兵种：守备之敌八十余

战斗经过概要：我予敌袭击，因敌凭工事固守顽抗，故未奏效，我遂转移，并以另一部分途破坏秣陵关至横溪公路四段桥一座，电线十二里，秣陵关至禄口公路三段，收电线八里。

作战

次数：五

部队：黄团一部

日期：六月一日晚

地点：叶家桥

经过时间：半小时

敌人番号、兵力及兵种：伪警分局之伪警数十名

战斗经过概要：我迫进，突然予敌猛击。嗣后又经我官兵数次冲锋，当将敌伪全部消灭，计敌伪伤亡二十余名，并活捉分局长王耀庭一名，伪警二名，缴获长短枪十余支，短刀、伪旗、公文箱各一，我亦伤亡十。

作战

次数：六

部队：黄团一部

日期：六月二日晚

地点：禄口柘塘

经过时间：半小时

敌人番号、兵力及兵种：二处守备之敌约百余

战斗经过概要：我予敌袭击，因敌固守工事顽抗，并以火力向我乱射，致未奏效。另一部破坏溧水西北禄口段公路六段，收电线六里。

作战

次数：七

部队：卢团一部

日期：六月三日晚

地点：湖熟

经过时间：二小时

敌人番号、兵力及兵种：守敌百余名

战斗经过概要：我予敌袭击，因敌固守工事顽抗，仅予敌消耗后我即转移。我另外一部，分途破坏湖熟至大夏家边公路十段，另溧水至乌山公路十五段、桥一座。

作战

次数：八

部队：傅团一部

日期：六月五日晚

地点：长龙山

经过时间：二十分钟

敌人番号、兵力及兵种：敌四十余名

战斗经过概要：由顺安退往长龙山之敌，我突然地给予猛烈袭击，敌甚恐慌，并以机炮乱射，我因受敌火力压迫，故撤退。

作战

次数：九

部队：傅团一部

日期：六月五日晚

地点：老鸦山

经过时间：半小时

敌人番号、兵力及兵种：守备之敌三十余名

战斗经过概要：我予敌袭击，敌甚恐慌，以机步枪向我乱射，我仅毙敌哨兵二名。

作战

次数：十

部队：卢团一部

日期：六月五日晚

地点：湖熟淳化土山

经过时间：一小时

敌人番号、兵力及兵种：三处守备之敌约三百余名

战斗经过概要：我分途袭击三处之敌，当以火力猛击，敌恐慌异常，并以机炮乱射，至深夜未息，未奏效，后我遂转移。另一部破坏土山至湖熟公路十段，收电线十余里。

作战

次数：十一

部队：傅团一部

日期：六月六日晚

地点：龙口岭

经过时间：半小时

敌人番号、兵力及兵种：守备之敌三十余名

战斗经过概要：我予该龙口岭之敌袭击，因敌固守工事顽强抗袭，故未奏全效，后我始转移。

作战

次数：十二

部队：傅团一部

日期：六月六日晚

地点：寨山

经过时间：半小时

敌人番号、兵力及兵种：守备之敌四十余

战斗经过概要：我乘敌警戒疏忽之际，当追近敌工事，突以手榴弹予敌猛袭杀伤后，我遂撤回。复转至江边，击坏敌汽艇一艘，以此计毙敌八名。

作战

次数：十三

部队：叶团及管属一部

日期：六月七日晚

地点：丹阳

经过时间：二小时

敌人番号、兵力及兵种：守敌一百五十余名

战斗经过概要：我分两路进袭该敌，东一路攻入车站，将敌大部歼灭后，因敌增援赶至，我即撤退。此次敌伤亡廿余名，我伤亡九名。

作战

次数：十四

部队：傅团一部

日期：六月七日晚

地点：石山脚

经过时间：半小时

敌人番号、兵力及兵种：守备之敌四十余

战斗经过概要：我予敌袭击，因敌固守工事顽抗，我见势难奏效，遂即转移。

作战

次数：十五

部队：王团一部

日期：六月八日

地点：西阳

经过时间：三时半

敌人番号、兵力及兵种：敌步骑兵约三百余

战斗经过概要：南镇敌分四路向我进犯，我闻讯后，当即转布于敌翼侧，予运动之敌猛烈侧击，计击毙敌三十余。后因敌援赶至，我遂分别转移。

作战

次数：十六

部队：一支直属一部
日期：六月八日
地点：薛埠
经过时间：二十分钟
敌人番号、兵力及兵种：敌约三十余
战斗经过概要：我部进至薛埠街口时，当遭遇敌军三名，我遂以猛烈火力射击，当毙敌二伤敌一，我亦伤亡各一，遂转移。

作战
次数：十七
部队：叶团及管属一部
日期：六月八日晚
地点：陵口
经过时间：半小时
敌人番号、兵力及兵种：守备之敌五十余
战斗经过概要：我予敌袭击，因敌固守工事顽抗，我仅以手榴弹猛袭，予敌杀伤甚重后，我即撤退。此次敌伤亡十余，我亦伤二。

作战
次数：十八
部队：叶团及管属一部
日期：六月八日
地点：陵口
经过时间：半小时
敌人番号、兵力及兵种：敌步兵约三十余名
战斗经过概要：我破坏陵口吕城间铁道五处，长约四公里，收电线八十余斤，及至途中与敌出巡部队遭遇，当发生激战，毙敌十余名后，因敌援赶至，我遂撤退。

作战

次数：十九

部队：傅团一部

日期：六月八日晚

地点：长重〔童〕山

经过时间：十分钟

敌人番号、兵力及兵种：敌步兵约二十余名

战斗经过概要：我拟袭击敌之军事哨，因敌黄昏时已撤退，仅将敌之哨所焚毁。后因附近之敌出击，我即撤回。

作战

次数：二十

部队：孙团一部

日期：六月八日

地点：汀家洲

经过时间：半小时

敌人番号、兵力及兵种：敌汽船一支兵力不详

战斗经过概要：我向江边游击，当遇敌引驶汽船一支，我遂以机步炮猛击，敌不支，向东窜逃，敌伤亡七。

作战

次数：二十一

部队：王团一部

日期：六月八日

地点：湖熟

经过时间：二十分钟

敌人番号、兵力及兵种：守备之敌七十余

战斗经过概要：我将敌哨兵击毙二名后，拟行攻击，敌遂向我出击，攻未奏效，后遂行转移。

作战

次数：二十二

部队：卢团一部

日期：六月九日

地点：湖熟

经过时间：二小时

敌人番号、兵力及兵种：守备之敌七十余

战斗经过概要：我袭击该处之敌，因敌固守工事顽抗，势难奏效，我遂撤退。并另一部在青龙山附近游击，缴获敌由空中放下之小型无线电机一架。

作战

次数：二十三

部队：陈支直属一部

日期：六月十日晚

地点：珠琳桥

经过时间：二时半

敌人番号、兵力及兵种：守备之敌二十余

战斗经过概要：我逼近敌之驻地，以手榴弹猛击敌之阵地，敌甚慌乱，正激战中，薛埠之敌赶援，幸我因事先将公路破坏一段，故敌未及赶到，我即先行撤退。此次敌亡三，我伤亡各一。

作战

次数：二十四

部队：卢团一部

日期：六月十日晚

地点：溧水

经过时间：半小时

敌人番号、兵力及兵种：守备之敌五百余名

战斗经过概要：我予敌袭击，敌甚恐慌，以机炮乱射，至深夜不息。我另一部破坏京建路四段，收电线十七里。

作战

次数：二十五

部队：孙团一部

日期：六月十日

地点：枯竹岭附近

经过时间：半小时

敌人番号、兵力及兵种：敌步兵四十余

战斗经过概要：我正拟向荻港袭击，当运动中，忽与由枯竹岭出来之敌遭遇，猛烈激战。后因敌增援赶到，我即撤退。

作战

次数：二十六

部队：傅团三营

日期：六月十一日晚

地点：龙口岭

经过时间：二小时

敌人番号、兵力及兵种：守备之敌卅余名

战斗经过概要：我予敌猛击，一度占领敌之阵地，并用火攻，敌遂避入室内死守。正混战中，石山脚敌增援赶到接战。后我因敌众我寡，遂即撤退。此次敌伤亡十余，我亦伤四亡二，并缴获日旗二面，及其他军用品一部。

作战

次数：二十七

部队：傅团一部

日期：六月十二日晚

地点：铜陵

经过时间：半小时

敌人番号、兵力及兵种：守备之敌步骑炮二百余名

战斗经过概要：我袭击铜陵之敌，固守城垣顽抗，以机枪扫射，我因消耗敌人目的既达，故撤回，在途中并破坏铜陵至坝梗头电线十七里。

作战

次数：二十八

部队：叶团及延陵常备军

日期：六月十三日

地点：前塘

经过时间：四小时

敌人番号、兵力及兵种：敌骑兵三十余

战斗经过概要：敌骑兵由丹阳向我进犯，我闻讯当即分途予敌迎头痛击，经我官兵数次冲击，混战达四小时之久，当将敌全部击溃，敌伤七亡二，我缴获马二匹。

作战

次数：二十九

部队：叶团一部

日期：六月十三日

地点：镇句间

经过时间：一小时

敌人番号、兵力及兵种：敌汽车十二辆满载步兵

战斗经过概要：我正在破坏中，适有敌汽车十二辆由句开镇，与我接触，战约一小时，因敌众我寡，遂撤退。此次敌伤五。

作战

次数：三十

部队：卢团一部

日期：六月十三日

地点：周望村

经过时间：一小时

敌人番号、兵力及兵种：敌汽车二辆

战斗经过概要：我向南京湖熟游击，适遭遇由京驶湖熟敌汽车三辆，我以机枪予敌猛射，后因敌众我寡，故撤退。此次敌伤亡十余，我亦伤亡各一。

作战

次数：三十一

部队：叶团三营一部

日期：六月十三日

地点：横山桥附近

经过时间：半小时

敌人番号、兵力及兵种：敌步兵六十余

战斗经过概要：我先将敌之电线破坏，并埋炸药于途中，适有横山桥出扰敌尖兵触导火线，当即炸毙，我乘机予敌猛烈袭击，敌不支溃退，敌伤亡五名。

作战

次数：三十二

部队：卢团一部

日期：六月十三日

地点：湖熟

经过时间：二小时

敌人番号、兵力及兵种：守备敌七十余名

战斗经过概要：我予该敌袭击，敌固守工事顽抗，我见势难奏效转移。

作战

次数：三十三

部队：卢团一部

日期：六月十七日

地点：徐汉桥

经过时间：半小时

敌人番号、兵力及兵种：守备之敌三十余名

战斗经过概要：我予敌袭击，敌恐慌，固守工事顽抗，故未奏全效，遂转移。

作战

次数：三十四

部队：黄团一部

日期：六月十八日

地点：洪蓝埠林梗

经过时间：一小时

敌人番号、兵力及兵种：守备之敌百余名

战斗经过概要：我分途进袭该处敌，敌即凭工事顽抗，我仅予敌猛烈火力射击，敌伤亡约十余名。

作战

次数：三十五

部队：卢团一部

日期：六月十八日

地点：五里牌

经过时间：半小时

敌人番号、兵力及兵种：守备之敌三十余名

战斗经过概要：我袭击该敌，敌极恐慌，当以机炮乱射，竟达数小时之久，我见消耗敌之目的既达，遂转移。

作战

次数：三十六

部队：傅团一部

日期：六月十八日

地点：朱村附近

经过时间：一小时

敌人番号、兵力及兵种：敌步骑炮约二百余

战斗经过概要：龙口岭、石山脚、龙形山三处之敌，向我朱村进犯，当与我接触，战约一小时，因敌我众寡悬殊，我即撤退，朱村遂被敌占领。此役敌伤二亡五，我伤二亡一。

作战

次数：三十七

部队：傅团一部

日期：六月十九日

地点：狸外郎坑一带

经过时间：五小时

敌人番号、兵力及兵种：敌约二百余

战斗经过概要：进占朱村之敌，继续向我进犯，我闻讯当即派队予敌迎头猛击，敌不支，向龙潭泊方面窜去，又被我另一部截击，战约一小时，我主力赶到，卒将敌全部击溃。此次战斗，敌伤亡五十余，我伤官一兵五亡兵九。

作战

次数：三十八

部队：孙团一部

日期：六月十九日

地点：孤山附近

经过时间：

敌人番号、兵力及兵种：敌约三十余

战斗经过概要：我于孤山附近埋置炸药，当有由三山出击之敌经过，触我炸药爆炸，炸死敌人马各五，我安返。

作战

次数：三十九

部队：叶团一部

日期：六月二十一日晚

地点：魏村镇

经过时间：五小时

敌人番号、兵力及兵种：敌步兵约二百余

战斗经过概要：我以一路攻击魏村之敌，另一路阻止□孟河敌之增援。我魏村方面，与敌冲杀数次，毙敌颇众，后因敌驻地着火，将敌大部焚毙。另一部与孟河援敌激战，将其阻止，未能赶到，我任务完成，遂分别撤退。此役毙敌八十余，缴获步枪八十支，我伤十七亡十九。

作战

次数：四十

部队：傅团一部

日期：六月二十一日

地点：青阳山宋家冲

经过时间：七小时

敌人番号、兵力及兵种：敌步炮约四百余人

战斗经过概要：挂岭一带之敌，向我大成山进攻，我将其击溃后，次日敌四百余分两路又向我进攻，奈我官兵沉着抗击，敌虽数次向我冲击，均未得逞，战至中午，敌不支，向里郎坑窜去。是晚，我仍予敌不断袭击，敌极恐慌，于养晨敌即全部向朱村方面败窜。此役敌伤亡五十余，我伤亡各二。

作战

次数：四十一

部队：傅团一部

日期：六月二十三日晚

地点：牛形山附近

经过时间：一小时

敌人番号、兵力及兵种：敌步骑炮约四百余

战斗经过概要：向朱村方面败窜之敌，当行至牛形山，被我伏击，经我猛击后，敌狼狈败窜。此次敌兵亡十九伤十一，我亡三伤六。

作战

次数：四十二

部队：卢团一部

日期：六月二十三日
地点：汤水毛庄
经过时间：二小时
敌人番号、兵力及兵种：伪警察二班约二十余名
战斗经过概要：汤水之伪警下乡骚扰抽捐，我闻讯，当将敌包围，予以猛袭，将其全部解决。此役毙敌伪十余，俘十二名，并缴获步枪十支、驳壳二支，日钞数十元，我亦伤亡各五名。

作战
次数：四十三
部队：傅团一部
日期：六月二十三日
地点：石山脚
经过时间：一小时
敌人番号、兵力及兵种：敌约三十余
战斗经过概要：我袭击石山脚之敌，经我官兵英勇冲锋数次，当将敌全部击溃。此次敌亡六，我缴获毒弹及烟幕弹各二筒，敌旗三面，文件及其他军用品各一部。

作战
次数：四十四
部队：孙团一部
日期：六月二十三日
地点：高梗桥
经过时间：半小时
敌人番号、兵力及兵种：敌汽船三支，载兵数十名
战斗经过概要：我向江边一带游击，适有敌汽船下驶，我以猛烈火力射击，敌甚恐慌，仓慌向东驶去。

作战

次数：四十五

部队：孙团一部

日期：六月二十四日晚

地点：旧县镇

经过时间：半小时

敌人番号、兵力及兵种：守备之敌八十余

战斗经过概要：我予该处之敌袭击，敌固守工事顽抗，我因敌坚不易，遂即撤退，故未奏效。

作战

次数：四十六

部队：叶团一部

日期：六月二十八日

地点：丹阳附近

经过时间：二小时

敌人番号、兵力及兵种：敌步兵约三十余

战斗经过概要：我拟袭击丹阳之敌，行至途中，与丹阳出扰之敌遭遇激战，我因地形不利即转移，敌即跟踪追击，当被我掩护部队伏击，将其击溃。此次计敌伤亡十余，我伤亡各一，缴自行车一辆。

作战

次数：四十七

部队：叶团一部

日期：六月二十九日

地点：殷家庄

经过时间：三小时

敌人番号、兵力及兵种：敌约三百余

战斗经过概要：丹阳之敌分数路向我驻丹阳北约九里之殷家庄叶团进攻，我闻讯当与敌激战，后因弹尽遂撤退。此次敌伤亡四十余，我亡三伤四。

作战

次数：四十八

部队：三支直属一部

日期：六月卅一日

地点：张村

经过时间：一小时

敌人番号、兵力及兵种：敌约二十余

战斗经过概要：我拟向新庙湾游击，当行至张村，忽与青山出扰之敌遭遇，我即迅速向敌猛击，敌不支，向新庙湾方向败窜，敌伤亡各二。

陆军新编第四军游击战绩概要表
二八年七月份

作战

次数：一

部队：黄团一部

日期：七月二日

地点：小丹阳

经过时间：二小时

敌人番号、兵力及兵种：守备之敌六十余

战斗经过概要：我逼近敌之驻地，予敌猛烈袭击，后因敌增援，我遂引退。此次敌伤四亡六，我缴获步枪一支。

作战

次数：二

部队：傅团一部

日期：七月四日

地点：龙口岭附近

经过时间：十分钟

敌人番号、兵力及兵种：巡查之敌二名

战斗经过概要：龙口岭敌军官二名出外巡查，当被我伏击，将敌击毙，我缴获左轮手枪各一支，铜盔手表各一个。

作战

次数：三

部队：孙团一部

日期：七月四日

地点：枯竹岭

经过时间：半小时

敌人番号、兵力及兵种：守备之敌六十余

战斗经过概要：我袭击该处之敌，敌即凭工事以机枪乱施射击，我见势难奏效，遂即撤退。

作战

次数：四

部队：孙团一部

日期：七月五日

地点：铁矿山

经过时间：二小时

敌人番号、兵力及兵种：守备之敌三十余

战斗经过概要：我予敌以猛击，敌极恐慌，当凭工事顽抗，敌伤亡各三名。

作战

次数：五

部队：王团一部

日期：七月六日

地点：新丰

经过时间：一小时

敌人番号、兵力及兵种：伪军总司令部步兵约二十余

战斗经过概要：我进袭该敌，当被我数次冲击，将敌大部击溃。此次敌伤七亡四，我缴获卜驳五支，手枪、步枪各一支。

作战

次数：六

部队：傅团一部

日期：七月六日

地点：新庙湾附近

经过时间：半小时

敌人番号、兵力及兵种：敌步兵约十余

战斗经过概要：我向铜陵附近游击，与新庙湾附近出扰之敌遭遇，我迅即展开，予敌猛烈火力射击，将敌击溃，缴获钢盔二顶，皮包一个，我无伤亡。

作战

次数：七

部队：孙团一部

日期：七月六日晚

地点：石湾周

经过时间：二小时

敌人番号、兵力及兵种：守备之敌六十余

战斗经过概要：我袭击该处之敌，奋勇冲击，曾一度占领敌之阵地，因敌之火力旺盛，我即撤退，故未奏全效。此次敌伤亡廿余，我伤六、亡官一兵五。

作战

次数：八

部队：孙团一部

日期：枯竹岭

经过时间：二小时

敌人番号、兵力及兵种：守备之敌四十余

战斗经过概要：我予敌袭击，因敌固守工事顽抗，我遂撤退，故未奏全效。

作战

次数：九

部队：孙团一部

日期：七月六日

地点：横山桥

经过时间：半小时

敌人番号、兵力及兵种：守备之敌七十余

战斗经过概要：我予敌袭击，因敌固守工事顽抗，我见势难奏效，遂即撤退。我另一部破坏龙山敌之电杆十余根，收电线一束。

作战

次数：十

部队：孙团一部

日期：七月六日晚

地点：横山桥

经过时间：半小时

敌人番号、兵力及兵种：守敌七十余

战斗经过概要：我袭击横山桥，进至东昌街，与敌遭遇接触，因敌固守顽抗，故未奏效。此时敌伤亡十余，我伤官一兵三、亡官二。

作战

次数：十一

部队：王团一部

日期：七月九日

地点：胡家边

经过时间：一小时

敌人番号、兵力及兵种：敌汽车一辆

战斗经过概要：我予天王寺以西之胡家边伏击敌出巡汽车一列，我以手榴弹集中火力，向敌猛击，当将敌车炸毁，毙敌六伤敌十三。

作战

次数：十二

部队：卢团一部

日期：七月九日

地点：淳化

经过时间：一小时

敌人番号、兵力及兵种：守敌八十余

战斗经过概要：我袭击该敌，因敌固守工事顽抗，故未奏效，敌亡六。同日晚，我另一部破坏淳化至土山间电线约五里。

作战

次数：十三

部队：挺进队一部

日期：七月十日

地点：夏墅桥

经过时间：二十分钟

敌人番号、兵力及兵种：敌步兵七名

战斗经过概要：我游击至该地酒店，击毙敌之翻译二名。居我另一部破坏金坛丹阳间公路十余里及桥一座，收电线三十余斤。

作战

次数：十四

部队：一支直属一部

日期：七月十一日晚

地点：直溪桥

经过时间：一小时半

敌人番号、兵力及兵种：守敌四十余

战斗经过概要：我袭该地之敌，因敌固守工事顽抗，故未奏效。另一部破坏直溪桥、珠琳桥间公路十余里、桥两座，收电线卅余斤。

作战

次数：十五

部队：一支直属一部

日期：七月十二日晚

地点：珠琳桥

经过时间：一小时

敌人番号、兵力及兵种：守备之敌三十余

战斗经过概要：我袭击该敌，当将敌工事摧毁一部，后因敌凭工事顽抗，未奏效。我另一部并破坏公路廿余里，收电线百余斤。后遂撤至途中，又遇敌伏击，激战甚久，我将敌全部击溃。此次计毙敌官少尉一员、兵四、伤七，我亡排长一、战士五、伤二。

作战

次数：十六

部队：一支直属一部

日期：七月十二日晚

地点：胡家桥

经过时间：一小时

敌人番号、兵力及兵种：守备之敌卅余

战斗经过概要：我破坏金丹路大里桥一座，收电线廿余斤。后以一部袭扰该地之敌，因敌固守工事顽抗，我即撤回，未奏效。

作战

次数：十七

部队：卢团一部

日期：七月十二日晚

地点：方边

经过时间：半小时

敌人番号、兵力及兵种：守敌卅余

战斗经过概要：我予敌袭扰，该敌固守工事顽抗，我仅予敌损耗，遂即撤退。

作战

次数：十八

部队：叶团一部

日期：七月十三日晚
地点：珥陵胡家桥
经过时间：二小时
敌人番号、兵力及兵种：守敌约贰百余
战斗经过概要：我分两路进击该两处之敌，因敌凭守工事顽抗，未奏效。我另一部并破坏该段公路约十余里，毁桥一座，收电线十余斤。

作战
次数：十九
部队：王团一部
日期：七月十三日晚
地点：宝堰
经过时间：三小时
敌人番号、兵力及兵种：守备之敌百余
战斗经过概要：我进袭该敌，因敌守备严密，我转将伪警署攻下，并破坏天句路十余里，收电线十余斤，毁桥二座。此次敌亡六伤廿五，俘伪警四名。

作战
次数：二十
部队：叶团一部
日期：七月十四日
地点：白兔镇
经过时间：一小时
敌人番号、兵力及兵种：守敌步兵八十余
战斗经过概要：我进行破坏镇句公路卅余里，收电线廿余斤后，并以一部便衣队进袭白兔之敌，将敌哨兵击毙二名。

作战

次数：二十一

部队：叶团一部

日期：七月十四日

地点：东昌街

经过时间：一小时

敌人番号、兵力及兵种：守敌步兵约百余

战斗经过概要：我于破坏镇句公路廿余里，收电线百斤，毁桥二座后，并袭击该地守敌，因敌固守工事，故未奏效。

作战

次数：二十二

部队：卢团一部

日期：七月十四日晚

地点：淳化

经过时间：半小时

敌人番号、兵力及兵种：守敌八十余

战斗经过概要：我袭扰该敌，敌甚恐慌，固守工事不出，我仅予敌以火力杀伤，毙敌三。

作战

次数：二十三

部队：傅团一部

日期：七月十四日

地点：狮子山附近

经过时间：半小时

敌人番号、兵力及兵种：敌三十余

战斗经过概要：我向狮子山附近游击，与张村出扰之敌遭遇，因敌增援，我即撤回。

作战

次数：二十四

部队：叶团一部

日期：七月十五日晚

地点：寨山

经过时间：五小时

敌人番号、兵力及兵种：守敌四十余

战斗经过概要：我强攻该地守敌，一度占领敌之工事。铁矿山之敌增援，我复战二小时，因天已拂晓，我即撤回。此次敌伤官一、士兵十七，亡士兵十三，我伤官一、兵六、亡士兵五。

作战

次数：二十五

部队：叶团一部

日期：七月十六日

地点：白兔镇

经过时间：二十五分钟

敌人番号、兵力及兵种：敌哨兵十余

战斗经过概要：我便衣一队原拟刺杀敌酋，因敌戒备森严，仅击毙哨兵五名，后即撤回。

作战

次数：二十六

部队：傅团一部

日期：七月十八日

地点：大尖山

经过时间：二小时

敌人番号、兵力及兵种：敌步兵约二十余

战斗经过概要：我予大尖山麓伏击张村出扰之敌，我予敌猛击，因老雅山之敌增援，我即撤退。此次敌伤亡各四，我亡副连长一、士兵五，伤排长一、士兵五。

作战

次数：二十七

部队：孙团一部

日期：七月十九日

地点：红花山孙村镇

经过时间：五小时

敌人番号、兵力及兵种：敌约二百余

战斗经过概要：敌分两路向我进犯，我当展开激烈战斗，因受敌火压迫，红花山遂被敌占。后我集中力量继续猛攻，当将敌击溃。

作战

次数：二十八

部队：黄团一部

日期：七月廿日

地点：朱门

经过时间：一小时

敌人番号、兵力及兵种：伪绥靖队七十余

战斗经过概要：我突然予该处之敌猛击，敌极恐慌，经我官兵数次冲锋，当将敌全部击溃。此次敌亡三伤二，我伤二亡一，俘伪军三，缴获步枪三支，伪旗一面，马刀一把。

作战

次数：二十九

部队：叶团一部

日期：七月廿五日晚

地点：玶陵

经过时间：一小时

敌人番号、兵力及兵种：守备之敌百余

战斗经过概要：我予敌袭击，该敌固守不出，我迫近敌之驻地附近，以手榴弹猛击，当毙敌三伤五。后因敌死守工事顽抗，我即撤退。

作战

次数：三十

部队：傅团一部

日期：七月廿五日

地点：龙口石

经过时间：一小时

敌人番号、兵力及兵种：守备之敌四十余

战斗经过概要：我予敌袭击，敌固守工事顽抗，故未奏全效，遂转移。此次敌伤亡各一，我伤亡各三名。

作战

次数：三十一

部队：卢团一部

日期：七月廿五日

地点：柘塘

经过时间：一小时

敌人番号、兵力及兵种：守敌七十余

战斗经过概要：我予敌袭扰，敌甚恐慌，固守工事顽抗，并以机枪乱射，我予敌消耗目的既达后，遂转移。

作战

次数：三十二

部队：王团一部

日期：七月廿七日

地点：白兔镇

经过时间：二小时

敌人番号、兵力及兵种：守备之敌计百二十余

战斗经过概要：我破坏金坛、丹阳间公路，计长十二里，收电线百五十斤，毁桥三座。又另一部袭扰白兔之敌，因敌固守工事顽抗，故未奏全效。

作战

次数：三十三

部队：傅团一部

日期：七月廿七日

地点：螺蛳山

经过时间：一小时

敌人番号、兵力及兵种：敌步兵四十余

战斗经过概要：我于该地伏击丁桥出扰之敌，当突然给敌猛击，敌不支，仍由原路遁去。此次敌伤六亡四，我伤九亡官一兵三名。

作战

次数：三十四

部队：傅团一部

日期：七月廿七日

地点：金塘冲

经过时间：半小时

敌人番号、兵力及兵种：敌步兵十余

战斗经过概要：我于该地伏击顺安出扰之敌，被我猛击，敌不支，败窜而逃。此次敌伤亡各一。

作战

次数：三十五

部队：孙团一部

日期：七月廿九日

地点：峨桥附近

经过时间：半小时

敌人番号、兵力及兵种：敌步兵十余

战斗经过概要：我于峨桥附近伏击由峨桥向三山前进之敌，正激战之际，因敌增援，我即撤回。此次敌伤三亡二，我伤亡各一名。

作战

次数：三十六

部队：二支一部

日期：七月廿九日

地点：东门渡（宣城以北）

经过时间：二小时

敌人番号、兵力及兵种：敌约百卅余

战斗经过概要：我配合一〇八师将进攻东门渡之敌击溃。此次敌亡十余，我伤亡计五名。

作战

次数：三十七
部队：傅团一部
日期：七月廿九日
地点：钟鸣附近
经过时间：三小时
敌人番号、兵力及兵种：伴野大队之敌六百余
战斗经过概要：我配合友军侧击该敌，经我官兵英勇冲锋数次，敌不支，全部败窜，我当将顺安收复。

作战
次数：三十八
部队：孙团一部
日期：七月卅日
地点：石湾周
经过时间：二小时
敌人番号、兵力及兵种：敌约五十余
战斗经过概要：我掩护流动炮兵要击江中敌舰，当袭击该石湾周之敌，我炮兵任务完成，遂安返。此次我伤亡各一。

作战
次数：三十九
部队：孙团一部
日期：七月卅日
地点：铁矿山枯竹岭
经过时间：二小时
敌人番号、兵力及兵种：敌约百余
战斗经过概要：我又配合流动炮兵进行袭击该敌，敌甚恐慌，当工事顽抗，我伤亡各二名。

作战

次数：四十

部队：卢团一部

日期：七月卅日

地点：寿山

经过时间：二小时

敌人番号、兵力及兵种：敌八十余

战斗经过概要：涞水之敌向我进攻，我闻讯即占领有利地形，予敌迎头痛击，将敌全部击溃。此次敌伤亡卅余，我伤九亡五。

陆军新编第四军游击战绩概要表

二八年八月份

作战

次数：一

部队：王团一部

日期：八月一日

地点：下蜀车站

经过时间：一小时

敌人番号、兵力及兵种：守敌伪绥靖队三十余人

战斗经过概要：我袭击该车站之敌，因敌据工事顽抗，加之敌增援赶到，我即撤退。此次敌亡六伤七，我伤二。

作战

次数：二

部队：叶团一部

日期：八月二日

地点：乌金岭长兴岭

经过时间：四小时

敌人番号、兵力及兵种：守敌步兵四十余名，炮三门机枪三架

战斗经过概要：我扰袭敌之阵地，先以小部去摸敌哨，被敌发觉，增援五十余名，与我发生激战。后因天将拂晓，我遂撤回。此次敌伤七亡五，我伤亡各一。

作战

次数：三

部队：叶团一部

日期：八月三日

地点：下蜀车站

经过时间：一小时

敌人番号、兵力及兵种：守敌四十余

战斗经过概要：我分路袭击该车站附近之敌，敌不支溃退，我正追击中。因敌援军赶到，我因敌众我寡，遂撤退。此次敌亡十、伤官一兵十二，我伤三。

作战

次数：四

部队：一支队一部

日期：八月六日

地点：黄金山

经过时间：一小时

敌人番号、兵力及兵种：敌步骑二百余

战斗经过概要：敌步骑二百余与我发生遭遇，我因敌情不明，遂即撤退。此次敌伤亡各二，我无伤亡。

作战

次数：五

部队：孙团一部

日期：八月七日

地点：江边

经过时间：半小时

敌人番号、兵力及兵种：敌舰三艘汽艇四支

战斗经过概要：我向江边游击，适遇敌舰汽艇驶过，当将其先头汽艇一支击伤，余皆仓皇返去，我任务已达遂撤。

作战

次数：六

部队：卢团一部

日期：八月八日晚

地点：

经过时间：二小时

敌人番号、兵力及兵种：敌约二十余

战斗经过概要：淳化敌前进至汤山附近，入我埋伏点，便突然予以杀伤。后因敌占有利地形，我遂撤退。此次敌亡七(内官一)，我伤二亡三。

作战

次数：七

部队：一支队直属一部

日期：八月十日

地点：竹镇

经过时间：一小时

敌人番号、兵力及兵种：敌步兵四百余

战斗经过概要：薛埠敌分向我进攻，我闻讯即往截击，遂在中途与敌遭遇，结果仅发生小接触，双方引退。此次敌伤五亡二。

作战

次数：八

部队：卢团一部

日期：八月十日

地点：官塘白马桥间

经过时间：二小时

敌人番号、兵力及兵种：敌约三百余

战斗经过概要：进攻上与埠之敌窜回我埋伏点，即猛烈截击，将敌全部击溃，窜回原地。此次敌伤亡各三，我伤五亡九。

作战

次数：九

部队：叶团一部

日期：八月十一日

地点：矿山基地

经过时间：一小时

敌人番号、兵力及兵种：守敌一百六十余

战斗经过概要：我予敌以猛烈袭击，敌以机炮乱射于凭工事顽抗，我遂撤回，故未达全效。此次敌伤三亡一。

作战

次数：十

部队：黄团一部

日期：八月十二日晚

地点：柘塘

经过时间：一小时

敌人番号、兵力及兵种：溧水东北柘塘守敌

战斗经过概要：我袭击该敌，因敌固守工事顽抗，故未奏效。又另一部破坏柘塘到秣关电线六十余。

作战

次数：十一

部队：卢团一部

日期：八月十三日

地点：柘塘

经过时间：一小时

敌人番号、兵力及兵种：守敌五十余

战斗经过概要：我袭击该敌，当将伪军一部击溃，后因敌仍凭工事顽抗，故未奏全效。另一部破坏柘塘至溧水间公路约数段后，遂撤退。此次敌亡二伤三，我伤亡各一。

作战

次数：十二

部队：傅团一部

日期：八月十三日

地点：朝阳山附近

经过时间：一小时

敌人番号、兵力及兵种：敌步兵二十余人

战斗经过概要：我派精干小队埋伏于朝阳山附近，伏击该山下乡抢劫之敌，经激战一小时，将敌击溃。此次敌伤三亡五，我伤二。

作战

次数：十三

部队：管部一部

日期：八月十三日晚

地点：奔牛

经过时间：一小时

敌人番号、兵力及兵种：守敌八十余

战斗经过概要：我猛冲入敌据点内，敌甚恐慌，当进入地洞固守，并凭工事顽抗。我因目的已达，遂撤回。我另一部破坏孟河至奔牛公路长二十余里。

作战

次数：十四

部队：黄团一部

日期：八月十三日晚

地点：当涂东北矿山

经过时间：一小时

敌人番号、兵力及兵种：守敌步炮一百三十余

战斗经过概要：我袭扰该敌，敌甚恐慌，并凭工事顽抗，我当击毙敌二十余，我伤三亡四。

作战

次数：十五

部队：管部一部

日期：八月十四日

地点：杨中

经过时间：一小时

敌人番号、兵力及兵种：敌侦察机一架

战斗经过概要：敌机一架在低空侦察，我即以机步枪构成火力网，对空射击，当被击落，并毙敌驾驶员三名。此次我缴获机枪、

照像机各一。

作战

次数：十六

部队：王团一部

日期：八月十四日晚

地点：天金路上

经过时间：半小时

敌人番号、兵力及兵种：敌车二辆载敌六十余人

战斗经过概要：我在南镇街附近伏击敌汽车二辆，因射击过迟，形成正面战斗，我即撤退。此次敌亡三，伤不明，我无伤亡。

作战

次数：十七

部队：卢团一部

日期：八月十五日晚

地点：湖熟

经过时间：二小时

敌人番号、兵力及兵种：守敌一百三十余

战斗经过概要：我分二路进袭该敌，因敌死守工事顽抗，故未奏效。此次敌亡六，伤不明，我伤亡各一。

作战

次数：十八

部队：卢团一部

日期：八月十八日晚

地点：溧水

经过时间：一小时

敌人番号、兵力及兵种：守敌步炮七百余

战斗经过概要：我袭击该敌，因敌凭工事以火力顽抗，故未奏效。我另一部破坏溧水至长兴桥间电线约四里。

作战

次数：十九

部队：王团一部

日期：八月十九日

地点：白兔镇

经过时间：二小时

敌人番号、兵力及兵种：守敌百二十余

战斗经过概要：我猛冲敌据点，因敌火力甚强，未奏效，撤退里许，敌向我追击，当中我伏击，敌仍窜回。此次敌亡三伤五，我仅轻伤二名。

作战

次数：二十

部队：卢团一部

日期：八月十九日晚

地点：方边

经过时间：一小时半

敌人番号、兵力及兵种：守敌三十余

战斗经过概要：我袭击该处之敌，因溧水、天王寺两处之敌来援，且敌众我寡，遂撤退。此次敌伤亡十余，我伤二亡三。

作战

次数：二十一

部队：叶团一部

日期：八月十九日

地点：枯竹岭马厂

经过时间：一小时

敌人番号、兵力及兵种：守敌七十余

战斗经过概要：我分袭枯竹岭、马厂两处守备之敌，敌甚恐慌，且固守工事不出，因□难奏效，我遂撤退。敌伤亡不明，我无伤亡。

作战

次数：二十二

部队：卢团一部

日期：八月二十三日

地点：柘塘附近

经过时间：二小时

敌人番号、兵力及兵种：敌步兵约二十余

战斗经过概要：柘塘之敌二十余，下乡抢劫，我闻讯便予敌迎头痛击，当将敌全部击溃。此次敌伤亡各二名，我伤亡三名。

作战

次数：二十三

部队：傅团一部

日期：八月二十三日

地点：大郎冲

经过时间：三小时

敌人番号、兵力及兵种：清水师团伴野大队之哲联队步兵六十余人

战斗经过概要：我伏击大尖山出扰之敌，经我数次冲锋，当将敌全部击溃。此次敌亡廿一伤十五，我伤十七亡四。

作战

次数：二十四

部队：孙团一部

日期：八月二十三日

地点：横山桥附近

经过时间：半小时

敌人番号、兵力及兵种：守敌五十余

战斗经过概要：我于横山、三山间破坏电线四里后，进行袭击该地之敌，因敌固守工事顽抗，未奏效，速即转移。此次我仅伤二名。

作战

次数：二十五

部队：卢团一部

日期：八月廿五日

地点：淳化

经过时间：半小时

敌人番号、兵力及兵种：守敌八十余

战斗经过概要：敌刚在集合，我突然予敌以火力，予敌杀伤，敌即展开与我激战，约半小时之久，因敌众我寡，势难奏效，遂撤退。此次敌伤五亡三，我仅轻伤一。

作战

次数：二十六

部队：孙团一部

日期：八月廿七日

地点：马家坝

经过时间：二小时

敌人番号、兵力及兵种：敌步兵百余

战斗经过概要：三山、横山两处之敌，向我进攻，我闻讯当予敌迎击，猛烈激战，约二小时后，当将敌击溃。此次□敌亡廿余，我伤八亡六名。

作战

次数：二十七

部队：叶团一部

日期：八月廿八日

地点：朱家下隍

经过时间：二小时

敌人番号、兵力及兵种：敌六十余

战斗经过概要：我伏击由宝堰向句容前进之敌步兵约六十余人，被我猛击，战约二小时，敌极恐慌之际，宝堰之敌增援，我遂转移。此次敌伤十亡廿，我亦伤三亡一。

作战

次数：二十八

部队：孙团一部

日期：八月廿八日

地点：望江垅

经过时间：半小时

敌人番号、兵力及兵种：守敌三十余

战斗经过概要：我伏击该地出扰之敌，战约半小时之久，因敌固守工事，势将难易以奏全效，后遂转移。

作战

次数：二十九

部队：卢团一部

日期：八月卅日

地点：柘塘

经过时间：半小时

敌人番号、兵力及兵种：守敌四十余

战斗经过概要：我伪装混入街心，当捕捉敌一名，后因敌不走，及柘敌发觉，敌以机炮乱射，我当将俘敌一名击毙后，而相机退出，敌伤亡不明，我无伤亡。

陆军新编第四军游击战绩概要表

二十八年九月份

作战

次数：一

部队：管属一部

日期：九月五日

地点：新丰站以南

经过时间：

敌人番号、兵力及兵种：敌火车一列

战斗经过概要：我先将京沪铁道之路轨破坏一段后，并埋置手榴弹，次日敌修路队拟修复，触发手榴弹，炸毙敌十伤六，并倾覆敌列车一列。

作战

次数：二

部队：王团一部

日期：九月五日晚

地点：奔牛

经过时间：一时半

敌人番号、兵力及兵种：敌警戒部队九名

战斗经过概要：我予敌猛击，当将敌据点夺取焚毁，将敌全击毙后，我即转移。此次敌亡九，我伤二。

作战

次数：三

部队：卢团一部

日期：九月五日晚

地点：方边

经过时间：一小时

敌人番号、兵力及兵种：守备之敌三十余

战斗经过概要：我部袭扰该敌，敌甚恐慌，并凭工事顽抗，我因消耗敌之目的既达，故撤回。

作战

次数：四

部队：王团一部

日期：九月六日

地点：奔牛

经过时间：半小时

敌人番号、兵力及兵种：敌小队长三名

战斗经过概要：我伪装混入街上，将敌小队长三名击毙。此时奔牛敌大起恐慌，我安返，我亡一。

作战

次数：五

部队：卢团一部

日期：九月六日晚

地点：溧天路

经过时间：二小时

敌人番号、兵力及兵种：破坏

战斗经过概要：我部进行破坏溧水、天王寺间公路一段，并收回电线二十余斤。

作战

次数：六

部队：傅团一部

日期：九月六日晚

地点：新庙湾三江口

经过时间：各约半小时

敌人番号、兵力及兵种：敌运输船二只

战斗经过概要：我一部破坏新庙湾至朱村石桥一座，电线二十里。另一部在三江口(顺安北)、汀家沟等地，袭击敌船各一只。

作战

次数：七

部队：王团全部

日期：九月八日

地点：夏墅镇

经过时间：五小时

敌人番号、兵力及兵种：敌步炮约一百余

战斗经过概要：我袭击该敌，因敌顽抗，且奔牛之敌约百余增援，我官兵沉着应战，当将敌大部击溃。后敌又增援百余，因敌众我寡，遂转移。此次敌伤亡计一百八十余名，我伤官一兵十一，亡官二兵三十，缴获步枪二十六支，手枪六支，指挥刀三把及其他军用品一部。

作战

次数：八

部队：王团一部

日期：九月八日晚

地点：季家桥

经过时间：三小时

敌人番号、兵力及兵种：敌约百五十余

战斗经过概要：由武进乘民船至魏村敌百五十余，我部闻讯，即伏击，该敌一部经我猛击，当将敌船全部击沉，残敌死守河岸顽抗。后因敌两路增援，我遂转移。此次敌伤亡计八九十名，我亡副营长、政指、班长各一，伤士兵十一名。

作战

次数：九

部队：卢团四连

日期：九月九日

地点：山口村

经过时间：四小时

敌人番号、兵力及兵种：巡路队十余

战斗经过概要：敌巡路队被我完全解决后，龙潭敌增援约五百余，当续激战。后因天晚，双方均撤退。此次敌伤亡廿余，我伤亡各二。

作战

次数：十

部队：一支直属一部及段团一部

日期：九月九日晚

地点：澹泽

经过时间：七小时

敌人番号、兵力及兵种：敌约五百余

战斗经过概要：我予敌袭击，当将敌工事摧毁一部。后镇江敌分两路增援，当被我伏击部队猛烈截击。镇江之敌又续来援，我亦迎头抗击，激战甚久。后因敌众我寡，故撤回。此次敌伤亡计百余名，我亦伤三亡一。

作战

次数：十一

部队：段团一部

日期：九月九日晚

地点：新丰站

经过时间：三小时

敌人番号、兵力及兵种：敌步骑炮约三百余

战斗经过概要：我分途袭扰镇江以南苏游、新丰、殷家各地之敌，因敌固守工事，均以机炮乱射甚久，我仅已达到消耗敌之目的，并破坏敌电线计十余里后安返。

作战

次数：十二

部队：管部一部

日期：九月十一日

地点：姬庄

经过时间：一时半

敌人番号、兵力及兵种：敌汽车三辆，载敌七十余

战斗经过概要：我与敌遭遇时，当即以火力猛击，计毁敌汽车二辆。后因敌增援赶至，我遂转移他处。此次敌伤亡三十余。

作战

次数：十三

部队：王团一部

日期：九月十一日

地点：夏墅附近

经过时间：半小时

敌人番号、兵力及兵种：敌官兵各三

战斗经过概要：我部在夏墅一带游击，当遇敌官兵各三名，将其击毙，我缴获步手枪各一支。

作战

次数：十四

部队：段团一部

日期：九月十一日晚

地点：丹阳珥陵

经过时间：二小时

敌人番号、兵力及兵种：敌步炮兵约三百余

战斗经过概要：我破坏金丹公路约六里时，被丹阳珥陵敌发觉后，竟向我出击，当与我掩护队接触，激战甚久，仅予敌以杀伤后，我即撤回。此次敌伤六亡三，我伤亡各一。

作战

次数：十五

部队：卢团一部

日期：九月十一日晚

地点：京句路

经过时间：一小时

敌人番号、兵力及兵种：破坏

战斗经过概要：我部游击至京句路间，遂破坏京句公路之电线约六里长。

作战

次数：十六

部队：二支直属一部

日期：九月十二日晚

地点：店冈

经过时间：一小时

敌人番号、兵力及兵种：敌约六十余

战斗经过概要：我部游击至溧水、天王寺间店岗该〔？〕处，中敌伏击，当与敌激战，因敌众我寡，遂撤出。此次敌伤亡各一，我失短枪一支，伤官兵各一，亡兵二。

作战

次数：十七

部队：傅团一部

日期：九月十二日晚

地点：坝埂头

经过时间：约四十分钟

敌人番号、兵力及兵种：敌汽艇数只

战斗经过概要：我在坝埂头袭击江中敌游动汽艇，敌即开炮还击数十响后，乃逸去。

作战

次数：十八

部队：

日期：九月十二日晚

地点：铜陵

经过时间：二小时

敌人番号、兵力及兵种：守备敌百二十余

战斗经过概要：我袭扰铜陵，被敌发觉，城中警钟乱鸣，机枪乱射，约二小时，我即转移至新庙湾，当破坏电线八里。此次我伤兵二，亡官一。

作战

次数：十九

部队：孙团一部

日期：九月十二日晚

地点：望江陇

经过时间：二小时

敌人番号、兵力及兵种：守敌八十余

战斗经过概要：我袭击该处之敌，敌受创后，凭据点顽抗，我未强攻，即破坏附近之电线二里许后撤回。此次敌伤亡各三，我伤亡官兵各一。

作战

次数：二十

部队：孙团陈营

日期：九月十三日

地点：铜山

经过时间：三小时

敌人番号、兵力及兵种：守敌步炮兵共三百余

战斗经过概要：我文晚破坏横山桥一带敌之电线后，次日三山、横山、峨桥三处之敌三路包围，向我猛攻，经三小时血战，将敌击溃。此次敌伤亡三十余，我伤官二兵六，我亡官三兵二十。

作战

次数：二十一

部队：孙团一部

日期：九月十三日

地点：黄浒

经过时间：三小时

敌人番号、兵力及兵种：敌步兵百数十名

战斗经过概要：铁矿山、望江陇两处之敌向我进犯，我即沉着应战一小时，敌不支溃退。此次敌伤亡二十余，我伤官一兵三、亡兵一。

作战

次数：二十二

部队：段团一部

日期：九月十三日晚

地点：镇丹路

经过时间：五小时

敌人番号、兵力及兵种：破坏

战斗经过概要：我部进行破坏镇江至官塘桥敌新修之公路，完全被我破坏，计约十余里。

作战

次数：二十三

部队：卢团四连

日期：九月十三日晚

地点：担子村

经过时间：二小时

敌人番号、兵力及兵种：守敌四十余

战斗经过概要：我部袭击溧水以南担子村之敌，战约二小时后，因汤水敌援，我便转移。敌伤亡不明，我伤一。并将汤水至新塘市间电线破坏约八里、电杆四十余根后安返。

作战

次数：二十四

部队：张支直属一部

日期：九月十三日晚

地点：孙家

经过时间：一小时半

敌人番号、兵力及兵种：敌约七百余

战斗经过概要：天王寺、溧水等敌分五路向我司令部围攻，我闻讯后，即以小部与敌抗击，大部突围，使敌猛扑一空。此次敌伤五亡七，我伤官兵各一、亡兵六。

作战

次数：二十五

部队：张支一部

日期：九月十三日晚

地点：索墅镇

经过时间：三小时

敌人番号、兵力及兵种：敌步兵约三十余

战斗经过概要：我袭扰该敌，当将敌工事摧毁一部后，因湖熟敌援，我即撤退。此次敌伤亡二十余，我伤官一兵三、亡兵四，缴获日旗三面。

作战

次数：二十六
部队：卢团一部
日期：九月十三日晚
地点：溧天路
经过时间：一小时
敌人番号、兵力及兵种：破坏
战斗经过概要：我部进行破坏溧水、天王寺间公路一段，电线三十余斤。

作战
次数：二十七
部队：段团一部
日期：九月十四日
地点：六家村
经过时间：二小时
敌人番号、兵力及兵种：破坏
战斗经过概要：丹阳出扰之敌百余人，至新丰站西北与我遭遇，我当予敌以猛击，敌不支溃退。此时敌伤亡各二，我伤官一兵二、亡兵一。

作战
次数：二十八
部队：傅团一部
日期：九月十四日
地点：羊山矶
经过时间：三小时
敌人番号、兵力及兵种：巡路队五十余
战斗经过概要：我伏击大通至羊山矶巡路队之敌，当经我官兵数次冲锋，敌不支溃败逃窜。此次我伤一。

作战

次数：二十九

部队：卢团一部

日期：九月十五日

地点：王刚巷

经过时间：半小时

敌人番号、兵力及兵种：

战斗经过概要：我部遭遇由句容、天王寺间敌行驶汽车，当予敌以猛烈杀伤，计毙敌十余名后，我即安返。

作战

次数：三十

部队：卢团一部

日期：九月十五日

地点：句天路

经过时间：半小时

敌人番号、兵力及兵种：破坏

战斗经过概要：我部进行破坏句容至天王寺公路电线五里。

作战

次数：三十一

部队：卢团一部

日期：九月十六日

地点：索墅湾化间

经过时间：半小时

敌人番号、兵力及兵种：敌三十余

战斗经过概要：我部遭遇该敌，与敌激战，敌不支溃退后，我即转移。此役毙敌数名，我伤亡各一。

作战

次数：三十二

部队：段团一部

日期：九月十八日

地点：麦溪

经过时间：一小时

敌人番号、兵力及兵种：敌七十余

战斗经过概要：我部于丹阳西北麦溪伏击丹阳出扰之敌，当被我官兵猛勇冲锋数次，将敌全部击溃，敌伤亡二十余，我伤亡各一。

作战

次数：三十三

部队：孙团林营、傅团徐营

日期：九月十九日

地点：黄浒

经过时间：四小时

敌人番号、兵力及兵种：敌步炮二百三十余

战斗经过概要：铁矿山敌经孙村西进，占领黄浒，我林营即占领黄浒北之象山一带高地，激战四小时，我徐营驰援，敌不支，分二路向铁矿山狼狈逃窜，我予敌猛追数里后撤回。此次敌伤十余，我伤官一兵四、亡官兵二。

作战

次数：三十四

部队：傅团一部

日期：九月二十日晚

地点：铜陵

经过时间：一小时

敌人番号、兵力及兵种：守备之敌约五百余

战斗经过概要：我袭扰该铜陵敌，敌甚恐慌，当用机枪向我乱射，一小时始停，我即转移，并进行破坏铜陵至大通电线二十余里，收电线百余斤。

作战

次数：三十五

部队：孙团一部

日期：九月二十一日晚

地点：横山桥

经过时间：一小时

敌人番号、兵力及兵种：敌步兵九十余

战斗经过概要：我袭扰该横山桥之敌，因敌固守工事顽抗，未奏效，我即转移，并破坏该地至三山间电线约数里。此次我伤一。

作战

次数：三十六

部队：孙团一部

日期：九月二十一日晚

地点：枯竹岭寨山

经过时间：一小时

敌人番号、兵力及兵种：守敌五十余

战斗经过概要：我袭扰该地，因敌凭工事顽抗，故未奏效，我便转移。

作战

次数：三十七

部队：段王团各一部

日期：九月二十二日晚

地点：九里镇

经过时间：八小时

敌人番号、兵力及兵种：敌步骑炮千余

战斗经过概要：丹阳、珥陵、宝堰、白兔等地敌约千余，分六路向我开攻，我闻讯后即展开部队，与敌猛烈激战，将九里镇一路之敌击溃后，因各路之敌相继迫近，加之地形不利，我即转移。此次敌伤亡百二十余，我亦伤六亡二十，缴获步枪八支，及军用品一部。

作战

次数：三十八

部队：二支直属一部

日期：九月二十二日

地点：桑园蒲

经过时间：一小时

敌人番号、兵力及兵种：敌步兵二十余人

战斗经过概要：博望敌约二十余向我桑园蒲进攻，我部闻讯，当派队予敌迎头痛击，将敌击溃。此次毙敌一伤七。

作战

次数：三十九

部队：二支直属一部及卢团一部

日期：九月廿四日

地点：淳化

经过时间：二小时

敌人番号、兵力及兵种：敌步骑炮约三百余

战斗经过概要：湖熟敌分二路向我埋伏进攻，我部闻敌进攻，当以一部抗击，大部转移猛袭淳化之敌，奈敌顽抗而未奏全效。此次计毙敌伤亡约四十余，我伤官一兵二、亡兵一。

作战

次数：四十

部队：管属一部

日期：九月二十五日晚

地点：奔牛

经过时间：五小时

敌人番号、兵力及兵种：破坏

战斗经过概要：我部将京沪路铁道破坏一段（长约半里），次日敌竟未能通车。

作战

次数：四十一

部队：管属一部

日期：九月二十七日（晚）

地点：奔牛车站

经过时间：二小时

敌人番号、兵力及兵种：守备之敌约七十余人

战斗经过概要：我袭击镇澄路奔牛车站之敌，因敌凭工事顽抗，加之敌援，我遂转移。此次敌伤五、亡官一兵八，我伤兵二官一、亡兵二。

作战

次数：四十二

部队：段团一部

日期：九月廿七日(晚)

地点：镇句路

经过时间：七小时

敌人番号、兵力及兵种：破坏

战斗经过概要：我部进行破坏镇句公路计约二十余里后，即安返，料敌一时难以修复。

作战

次数：四十三

部队：段团一部

日期：卅日(晚)

地点：天句路

经过时间：三小时

敌人番号、兵力及兵种：破坏

战斗经过概要：我部进行破坏天王寺、句容间公路，计约路基五段(每段约一二里不等)。

陆军新编第四军游击战绩概要表

二八年十月份

作战

次数：一

部队：管属一部

日期：十月一日

地点：新丰至奔牛间

经过时间：二小时

敌人番号、兵力及兵种：破坏京沪路新丰至奔牛铁道战斗经过概要：我将该段铁路破坏计四里多，电话线百余斤，现敌不能通车。

作战

次数：二

部队：二支特务营

日期：十月二日

地点：山口村

经过时间：三小时

敌人番号、兵力及兵种：护路之敌约四百余

战斗经过概要：我张支一部于前一日晚在山口村埋置地雷后，以一部设伏，次日当即予以伏击，将敌消灭。龙潭、仓头敌援兵三百余赶至，又与之激战，结果敌不支败窜。此役计颠覆敌火车一列，并夺获军用品一部，敌伤亡百余，我亦伤亡十余。

作战

次数：三

部队：段团一部

日期：十月三日

地点：杨家村

经过时间：二小时

敌人番号、兵力及兵种：句容敌汽车二辆

战斗经过概要：我部密伏于阳水，次晨当有敌车二辆驶至，遂被我全部击毁，适敌增兵赶至，亦被我击溃，计敌伤亡四十余，我亦伤亡十余。

作战

次数：四

部队：傅团一部

日期：十月三日

地点：龙口镇附近

经过时间：二时半

敌人番号、兵力及兵种：驻守之敌十余名

战斗经过概要：我袭击龙口岭附近之敌之警戒线部队十余名，大部歼灭后，有石山脚之敌出扰，我沉着抗击，敌不支，向原路窜回。此次敌伤亡二十余，我伤亡十余。

作战

次数：五

部队：孙团一部

日期：十月四日

地点：横山桥

经过时间：二小时

敌人番号、兵力及兵种：守备之敌约数十人

战斗经过概要：我袭扰横山之敌，当时敌出击至河沿山，竟为我军英勇击溃。

作战

次数：六

部队：孙团一部

日期：十月九日

地点：横山桥

经过时间：二小时

敌人番号、兵力及兵种：守敌数不详

战斗经过概要：我予横山之敌袭击，因敌固守工事顽抗，故未奏全效，我安返，敌伤亡不明，我仅伤二。

作战

次数：七

部队：孙团一部

日期：十月九日

地点：三山街

经过时间：一小时

敌人番号、兵力及兵种：守备之敌步炮约五十余人

战斗经过概要：我予敌袭击，因敌固守工事顽抗，故未奏全效，而仅达消耗敌之目的。

作战

次数：八

部队：孙团一部

日期：十月九日

地点：铁矿山

经过时间：一小时

敌人番号、兵力及兵种：守备之敌

战斗经过概要：我予敌袭击，敌异常恐慌，以机步枪乱射，我消耗敌人目的既达，遂撤回，敌伤亡不详，我仅轻伤一。

作战

次数：九

部队：孙团一部

日期：十月九日

地点：峨桥

经过时间：二小时

敌人番号、兵力及兵种：守备之敌

战斗经过概要：我予该敌袭击，因敌固守工事顽抗，我袭扰目

的既达，遂即撤回。

作战

次数：十

部队：孙团一部

日期：十月十日

地点：横山桥

经过时间：二小时

敌人番号、兵力及兵种：守备之敌约数十人

战斗经过概要：我孙团一部予敌以袭击，因敌工事坚固，故仅达扰敌目的，我无伤亡。

作战

次数：十一

部队：三支直属一部

日期：十月十日

地点：石湾周

经过时间：一小时

敌人番号、兵力及兵种：守备之敌约百余

战斗经过概要：我予石湾周之敌袭击，因敌占优势地形，并以机炮向我扫射，仅予敌消耗后，遂撤回，计敌伤七，我伤亡四。

作战

次数：十二

部队：段团一部

日期：十月十日

地点：王巷

经过时间：三小时

敌人番号、兵力及兵种：敌汽车五辆内载敌百余

战斗经过概要：我部见由天王寺驶句容公路之敌汽车驶至，当以火力猛袭，毁车两辆。后敌援约五百余赶至，因敌众我寡，我仅稍接触后即转移。此役敌伤亡五十余，我亦伤亡十余。

作战

次数：十三

部队：二支直属一部

日期：十月十三日晚

地点：上下象村

经过时间：一小时

敌人番号、兵力及兵种：敌伪绥靖队二百余

战斗经过概要：我部向京当铁道破坏，当行经至当涂东北上下象村时，与敌遭遇激战，敌援赶至，因敌众我寡，遂撤退。此次敌伤亡十余，我亦伤亡三人。

作战

次数：十四

部队：二支一部

日期：十月十四日晚

地点：龙潭

经过时间：二小时

敌人番号、兵力及兵种：敌伪绥靖队

战斗经过概要：我部进行袭击龙潭之敌，将敌大部消灭，因残敌固守工事顽抗，致未全部予敌消灭。计缴获驳壳步枪十六支，其他伪旗、军用品一部，敌伤亡十余，我仅伤亡二。

作战

次数：十五

部队：傅团一部

日期：十月十四日

地点：紫沙洲

经过时间：一小时

敌人番号、兵力及兵种：敌千余分五路进攻，并以飞机、兵舰、汽船助战。

战斗经过概要：敌各路迫近，我沉着应战约一小时之久，因敌我众寡悬殊，我即分散行动，次日归队完毕。计敌伤亡十余，我伤计九。

作战

次数：十六

部队：管团一部

日期：十月十五日

地点：中王村

经过时间：一时半

敌人番号、兵力及兵种：敌火车数辆内满载敌军

战斗经过概要：丹阳、陵口间我埋置地雷，敌火车压触我地雷爆炸后，我即以火力猛击，战约一小时半。后敌四路驰援，又激战甚久，因敌众我寡，遂即转移。此役计敌伤亡百余，我亦伤亡十余。

作战

次数：十七

部队：孙团一部

日期：十月十七日

地点：横山桥

经过时间：二小时

敌人番号、兵力及兵种：守备之敌约五十余

战斗经过概要：我予横山桥守备之敌袭击，因敌固守工事顽抗，以机炮猛击，我袭击敌人目的既达，遂即转移。此次计敌伤亡十余，我仅伤二。

作战

次数：十八

部队：孙团一部

日期：十月十八日

地点：横山桥

经过时间：一时半

敌人番号、兵力及兵种：守备之敌七十余

战斗经过概要：我袭击该敌，战约二小时，因三山、峨桥两地之敌增援赶到，我即转移，计敌伤亡七人，我无伤亡。

作战

次数：十九

部队：孙团一部

日期：十月十九日

地点：横山桥

经过时间：一时半

敌人番号、兵力及兵种：驻守之敌约数十人

战斗经过概要：我袭击横山桥之敌，冲进街上，当猛投手榴弹，敌极恐慌，竟依赖工事顽抗，是以仅达消耗敌之目的。

作战

次数：二十

部队：孙团一部

日期：十月十九日
地点：坝埂头至太平街
经过时间：一小时半
敌人番号、兵力及兵种：破坏
战斗经过概要：我破坏坝埂头至太平街之电话线长约数里。

作战
次数：二十一
部队：孙团一部
日期：十月二十一日
地点：月子桥
经过时间：半小时
敌人番号、兵力及兵种：敌步兵约二十余人
战斗经过概要：横山出扰之敌二十余人，到月子桥巡查交通线，为我迎击，战约半小时，敌不支溃退，敌伤亡不明，我伤亡六人。

作战
次数：二十二
部队：孙团一部
日期：十月二十一日
地点：横山桥
经过时间：二小时
敌人番号、兵力及兵种：敌约数人
战斗经过概要：我袭扰横山桥守备之敌，敌极恐慌，并固守工事顽抗，战约二小时，仅予敌消耗，计敌伤亡八名，我亦伤五。

作战
次数：二十三

部队：孙团一部

日期：十月二十四日

地点：月子桥

经过时间：二小时

敌人番号、兵力及兵种：

战斗经过概要：我破坏电话线八里，敌未出击。

作战

次数：二十四

部队：段团一部配合群众六千余

日期：十月二十六日晚

地点：丹阳

经过时间：三小时

敌人番号、兵力及兵种：守备之敌

战斗经过概要：我以一部于镇丹公路进行大破坏，另一部袭击丹阳守备之敌，因敌凭工事顽抗，故未奏全效。此次闻敌伤亡十余，我伤亡共五名。

作战

次数：二十五

部队：段团一部

日期：十月廿五日

地点：奔牛新闸间

经过时间：二小时

敌人番号、兵力及兵种：

战斗经过概要：由丹阳上驶火车数辆至奔牛、新闸间，当触地雷爆炸，车列倾覆后，我突予敌猛袭。敌援兵赶至，继又激战，因敌我众寡悬殊，故撤退。是役敌伤亡三十余，我亦伤亡十六。

作战

次数：二十六

部队：孙团一部

日期：十月廿五日

地点：河沿山

经过时间：二小时

敌人番号、兵力及兵种：敌步兵五十余，伪三十余。

战斗经过概要：横山出扰之敌伪至河沿山，企图构筑据点，我乘其配备未毕之际，突然予以猛烈袭击，敌不支，向原处窜去。此役计敌伤亡六名，我亦伤二。

作战

次数：二十七

部队：段团一部

日期：十月二十七日

地点：麦溪

经过时间：二小时

敌人番号、兵力及兵种：敌二百余

战斗经过概要：丹阳之敌二百余，向我延陵一带进攻，我部闻讯，当予敌迎头痛击。后敌援兵赶至，又激战甚久。后双方均已撤退。此役敌伤亡三十余，我亦伤亡六人，并缴获日伪旗及军用品一部。

作战

次数：二十八

部队：段团一部

日期：一月廿八日

地点：延陵一带

经过时间：五小时

敌人番号、兵力及兵种：敌步骑约三百余

战斗经过概要：延陵、珥陵、宝堰之敌三百余，分向延陵围攻，我部当与敌展开激战，经战五小时之久，因敌众我寡，除抗击外，故遂撤退。此次敌伤亡二十余，我亦伤亡十二名。

作战

次数：二十九

部队：段团一部

日期：十月廿八日晚

地点：卫岗附近

经过时间：三小时

敌人番号、兵力及兵种：

战斗经过概要：我部将镇句上岗附近之公路破坏数里，并收电线二百余斤后安返。现敌不能通车。

作战

次数：三十

部队：孙团一部

日期：十月廿八日

地点：岳山南山间

经过时间：二时半

敌人番号、兵力及兵种：敌步炮兵百三十余名

战斗经过概要：三山出扰之敌，与我遭遇，激战一小时，峨桥、横山两处之敌援兵赶到，将我包围，我官兵奋勇顽抗，战约半小时，我令一部驰援赶至，再战一小时许，突围而返。此役敌伤亡四十余，我伤亡二十余，并夺获弹药数百发。

作战

次数：三十一

部队：段团一部

日期：十月二十九日晚

地点：花岗社附近

经过时间：三小时

敌人番号、兵力及兵种：

战斗经过概要：我部破坏句天路花岗社附近之公路，当将该路基破坏约数段，并收电线一百二十余斤后，我遂安返。

作战

次数：三十二

部队：段团一部

日期：十月二十九日

地点：安村

经过时间：一小时

敌人番号、兵力及兵种：敌约五百余

战斗经过概要：丹阳、珥陵二处之敌向我安村进攻，我部当予敌迎击，激战一小时后，因敌众我寡，故转移。此次敌伤亡不明，我仅伤亡二，其他无损失。

作战

次数：三十三

部队：孙团一部

日期：十月廿九日

地点：河沿山

经过时间：一小时

敌人番号、兵力及兵种：敌伪各三十余

战斗经过概要：由横山出扰之敌伪，伏于河沿山，待我向之攻击，经我官兵奋勇激战一小时后，敌不支，向原地溃退，我即乘胜追击。计敌伤亡十五，我仅伤二。

作战

次数：三十四

部队：段团一部

日期：十月三十日

地点：青山

经过时间：三小时

敌人番号、兵力及兵种：敌步骑炮二百余

战斗经过概要：镇江之敌数千余向我进攻，被我官兵奋勇激战约三小时，当将敌完全击溃。后白兔敌增援二百余赶至，又激战后，我即转移。此役敌伤亡二十余，我伤亡仅五。

作战

次数：三十五

部队：段团一部

日期：十月三十一日

地点：仙塘桥

经过时间：一小时

敌人番号、兵力及兵种：敌约二百余

战斗经过概要：句容之敌约二百余，向我址仙塘桥进攻，我部闻讯，当予敌迎击，激战一小时后，因敌众我寡，遂即转移。是役敌伤亡十余，我仅伤二。

陆军新编第四军游击战绩概要表

二八年十一月份

作战

次数：一

部队：二支直属一部

日期：十一月七日

地点：王子寿

经过时间：二小时

敌人番号、兵力及兵种：敌步兵七十余

战斗经过概要：洪首〔兰〕埠之敌出于王子寿修路，我于王子寿附近埋伏，敌中我伏，当予敌猛击，战约二小时，因敌增援赶到，我逐渐抵抗转移。此次敌伤亡四十余，我亦亡二。

作战

次数：二

部队：孙团全部

日期：十一月八日

地点：繁昌城

经过时间：十一小时

敌人番号、兵力及兵种：敌步炮兵六百余人，附炮五门

战斗经过概要：赖山、横山、峨桥等处之敌，向繁昌城进攻，我分兵抗击，激战自晨至午，敌进占东门，我主力赶到反攻，进行巷战，至黄昏，敌不支逃窜，我乘胜追击七里许。此次计夺获敌弹药、日旗等军用品甚多，敌伤亡九十余，我伤亡六十六。

作战

次数：三

部队：王团一二两营、段团全部

日期：十一月八日

地点：九里镇

经过时间：一日半

敌人番号、兵力及兵种：敌步炮兵四百余

战斗经过概要：宝堰之敌向我段团进攻，我于九里镇埋伏与正激战中，我王团率部赶援，予敌夹击，将敌大部歼灭。丹阳、白兔之敌增援，赖我官兵奋勇杀敌，将敌大部歼灭后。因敌又大部援至，我即转移。是役计缴获敌枪百六十五支，轻重机枪六挺，掷弹筒三个，其他军用品甚多，计敌伤亡三百余，我伤亡二三五名。

作战

次数：四

部队：傅团一部

日期：十一月八日晚

地点：铜谢间

经过时间：一小时

敌人番号、兵力及兵种：破坏

战斗经过概要：我傅团一部，破坏铜陵至谢家坑电线约三里，折回四十余斤，后安返。

作战

次数：五

部队：傅团一部

日期：十一月九日晚

地点：蒋家湾

经过时间：二小时半

敌人番号、兵力及兵种：守敌步兵三十余又援兵百余

战斗经过概要：我袭击蒋家湾之敌，敌不支逃出据点外抵抗，我正强袭中。埂埂头之敌来援，我予以迎头痛击，因天将拂晓，遂即撤回。计敌伤亡十余，我亦亡六。

作战

次数：六

部队：孙团全部

日期：十一月十日

地点：大官圩

经过时间：一时半

敌人番号、兵力及兵种：守之敌数目不详

战斗经过概要：坝埂头、荻港二地之大官圩之敌，经我分头袭扰，敌甚恐慌，终夜枪声大作，我消耗敌之目的已达，故遂转移，途中并收敌电线百余斤。

作战

次数：七

部队：傅团一部

日期：十一月九日晚

地点：大丁间

经过时间：一小时

敌人番号、兵力及兵种：破坏

战斗经过概要：我破坏大通至丁家电线九里，并折回电线约百余斤，安返。

作战

次数：八

部队：孙团全部

日期：十一月十日晚

地点：荻坝间

经过时间：二小时

敌人番号、兵力及兵种：破坏

战斗经过概要：我破坏荻港与坝埂头之间电线十余里，折回电线两百余斤。

作战

次数：九

部队：傅团一部

日期：十一月十日晚

地点：枫蒋间

经过时间：一小时半

敌人番号、兵力及兵种：破坏

战斗经过概要：我傅团一部破坏小枫树至蒋家湾之电话五里，并收回电线约七十斤。

作战

次数：十

部队：王团全部

日期：十一月十一日

地点：曹庄

经过时间：三小时

敌人番号、兵力及兵种：敌步炮兵约三十余人

战斗经过概要：句容、宝堰、天王寺等地之敌约三千余，向我西阳、延陵、九里一带扫荡，我王团全部即向丁庄一带转移。次日，于曹庄附近与敌遭遇，我分一路于马桥与敌接触，后此路被敌冲散，我南路集和兵力反攻，始突围而出。计敌伤亡四十余，我伤亡十六。

作战

次数：十一

部队：王团便衣队

日期：十一月十二日

地点：镒上瞿

经过时间：半小时

敌人番号、兵力及兵种：守备之敌及增援之敌共约百余

战斗经过概要：我向该镒上瞿进袭，先击毙敌哨兵三名，敌侧四出包围，我以手榴弹猛击，予敌伤后，我即分散转移。敌伤亡不明，我仅伤一。

作战

次数：十二

部队：孙团大部

日期：十一月十三日晚

地点：汤口坝

经过时间：十七小时

敌人番号、兵力及兵种：敌步炮兵五百余，骑兵九十余及援敌百余

战斗经过概要：荻港、石湾周之敌向我进攻，我大部于汤口坝堵击，接触激战，自丑至未，仍在对峙中。申刻，三江口敌来援，我三次奋勇冲杀，突破敌之阵地，尘战至晚，敌不支溃退，当缴获弹药等军用品一部，计敌伤亡三百廿余，我伤亡六十九名。

作战

次数：十三

部队：傅团大部

日期：十一月十四日

地点：舒家店钟鸣

经过时间：六小时

敌人番号、兵力及兵种：敌步兵千余

战斗经过概要：我部元晚向汤口坝驰援，适遇贵池、铜陵梅墟、张墟、张家冲等处敌，敌进至舒家店肆扰，我以主力迎击，敌不支，敌退钟鸣，我先占钟鸣、枣树湾高地，将敌击向黄浒溃窜。删晨，敌分向原地退回。计敌伤亡五四，我伤亡十四名。

作战

次数：十四

部队：二支直属一部

日期：十一月十四日晚

地点：溧山

经过时间：二小时

敌人番号、兵力及兵种：守备之敌数目不详

战斗经过概要：天王寺以南溧山守备之敌，我予该敌猛袭，敌固守工事顽抗，故未奏效，仅予敌弹药耗后，我即转移，敌伤亡不明，我无伤亡。

作战

次数：十五

部队：孙团全部、段团三营

日期：十一月廿一日

地点：繁昌城

经过时间：十一小时

敌人番号、兵力及兵种：敌步炮兵约六千余

战斗经过概要：三山、横山桥、荻港等处敌，于马辰分五路向我繁昌进犯，我孙团派队分头痛击，段团亦增援，激战正烈。嗣因敌各路逼近，敌众我寡，我即转移城郊高地，与敌不断接触。黄昏时，曾集结主力反攻一次，未奏效。此次计敌伤亡九十余，我伤亡十四名。

作战

次数：十六

部队：孙团全部、段团一部

日期：十一月廿三日

地点：繁昌城

经过时间：五小时

敌人番号、兵力及兵种：敌步炮约二千余

战斗经过概要：马口进占繁昌之敌，因被我包围与不断扰击，敌异常恐慌，似此于梗日拂晓前，敌竟开始突围，我即乘机猛扑，敌不支，向马家坝溃退，我分一部截至马家坝猛追，敌分向横山等地逃窜，我遂克复繁昌城。敌伤亡数十，我伤亡十一名。

作战

次数：十七

部队：傅团一部

日期：十一月廿四日

地点：顺安附近

经过时间：一小时

敌人番号、兵力及兵种：敌步兵九十余

战斗经过概要：长龙山之敌固守工事，我正破坏顺安附近敌所搭之浮桥，该敌分头向我包围，我沉着予敌迎头痛击，敌不支，向长龙山溃退，敌伤亡不明，我仅伤二名。

作战

次数：十八

部队：傅团一部

日期：十一月廿四日晚

地点：蒋坝间

经过时间：二小时

敌人番号、兵力及兵种：破坏

战斗经过概要：我傅团一部进袭蒋坝间，当破坏敌电线十余里，并折收四百余斤。

作战

次数：十九

部队：傅团一部

日期：十一月廿五日晚

地点：扫把沟

经过时间：二小时

敌人番号、兵力及兵种：破坏

战斗经过概要：我傅团一部进至扫把沟附近，破坏敌电线十里，收回约百余斤。

作战

次数：二十

部队：傅团一部

日期：十一月廿六日晚

地点：石山脚

经过时间：一小时

敌人番号、兵力及兵种：守敌步兵四十余人

战斗经过概要：我袭扰该敌石山脚守备之敌，因敌固守工事，顽强抵抗，我以猛烈火力射击，在予敌杀伤后，遂转回。此次敌伤亡七，我伤亡三名。

作战

次数：二十一

部队：孙团一部

日期：十一月廿七日

地点：马家坝

经过时间：一小时

敌人番号、兵力及兵种：敌步兵百余

战斗经过概要：横山、枯竹岭之敌出扰，于马家坝抢劫，我闻讯，乘机迎击，将敌击溃，敌伤亡二十余，我伤亡各二。

作战

次数：二十二

部队：傅团一部

日期：十一月二十七日晚

地点：顺安

经过时间：半小时

敌人番号、兵力及兵种：敌步兵约二十余人

战斗经过概要：我傅团一部破坏铜陵至新庙湾间之敌电线，及贵村之敌汽车桥后返队，时途中遭遇敌巡查队，我部予敌猛击，当将敌击溃，敌伤亡不明，我无伤亡。

作战

次数：二十三

部队：一支直属一部

日期：十一月二十八日

地点：杭家

经过时间：二小时

敌人番号、兵力及兵种：敌步兵约四百余

战斗经过概要：丹阳、洱陵、直溪等处之敌约四百余人，分三路向我进行扫荡，我闻讯后，即于杭家附近予敌迎头抗击，经我官兵奋勇，激战二小时，将敌击溃，计敌伤亡十七，我伤亡各二。

陆军新编第四军游击战绩概要表
二八年十二月份

作战

次数：一

部队：孙团一部

日期：十二月五日

地点：望江垅

经过时间：一小时

敌人番号、兵力及兵种：守备之敌约五十余

战斗经过概要：我袭击该敌，敌受我火力威胁，甚为恐慌，并固守工事顽抗，故未奏全效，遂即转移，敌伤亡各二，我伤亡各一。

作战

次数：二

部队：孙团一部

日期：十二月六日

地点：望江垅

经过时间：半小时

敌人番号、兵力及兵种：敌步兵五十余

战斗经过概要：我再袭该敌，敌仍凭工事顽抗，以机炮乱射，我予敌消耗目的已达，遂转移，敌伤亡不详，我无伤亡。

作战

次数：三

部队：孙团一部

日期：十二月六日

地点：枯竹岭

经过时间：二小时

敌人番号、兵力及兵种：守备之敌百余人

战斗经过概要：我孙团一部袭击该守备之敌，当突破第一道铁丝网，我并以手榴弹向敌猛掷，因该敌顽守工事不出，仅予敌火力杀伤，遂撤回，敌伤十二亡四，我伤四亡二名。

作战

次数：四

部队：段团便衣队

日期：十二月八日

地点：丹阳城内

经过时间：二十分钟

敌人番号、兵力及兵种：守备之敌步炮兵六百余人

战斗经过概要：我先以便衣队潜入城内，投手榴弹数枚，炸毁水泥桥一座，敌甚恐慌，当四处扰动，我便衣乘混乱中退出城外后，我城外部队接触，敌未出城，我遂转移。

作战

次数：五

部队：孙团一部

日期：十二月八日

地点：三山

经过时间：两小时

敌人番号、兵力及兵种：守备之敌二百余人

战斗经过概要：我袭击该处之敌，先以机枪、手榴弹火力猛击，冲破敌两层铁丝网，敌凭工事强抗，复分两路出击，截我归路，我即机动撤退，并将敌击回据点。此次敌伤八亡七，我伤一亡三。

作战

次数：六

部队：孙团一部

日期：十二月八日

地点：三山至横山桥

经过时间：半小时

敌人番号、兵力及兵种：破坏

战斗经过概要：我袭击三山敌以后，转移地区至三山、横山间，破坏电话六里，计收电线百余斤，后安返。

作战

次数：七

部队：孙团一部

日期：十二月八日

地点：望江垅

经过时间：一小时

敌人番号、兵力及兵种：守备之敌数不详

战斗经过概要：我另一部袭扰该敌，敌极恐慌，并以机枪向我方乱射，约一小时之久后，威胁及消耗敌目的既达，于是安全撤回。

作战

次数：八

部队：段团一部

日期：十二月九日

地点：珠琳桥

经过时间：一小时

敌人番号、兵力及兵种：守备之敌步兵约六十余

战斗经过概要：我突袭该珠琳之敌，敌凭工事顽抗，我以火力限制，故未奏全效，仅收电线五十斤。

作战

次数：九

部队：孙团一部

日期：十二月九日

地点：枯竹岭

经过时间：一小时

敌人番号、兵力及兵种：守备之敌步兵五十余

战斗经过概要：我袭击该敌，予敌杀伤后，即转移，敌伤四亡二，我伤亡各一名。

作战

次数：十

部队：卢团一部

日期：十二月九日

地点：黄梅桥

经过时间：一小时

敌人番号、兵力及兵种：破坏

战斗经过概要：我破坏黄梅桥附近公路约一里许，并破坏桥一座。

作战

次数：十一

部队：段团一部

日期：十二月十日

地点：珥陵

经过时间：一小时

敌人番号、兵力及兵种：守敌步兵五十余

战斗经过概要：我突然予敌袭击，敌凭工事顽抗，我因受敌人火力压制，势难奏效，故遂撤回。

作战

次数：十二

部队：孙团一部

日期：十二月十日

地点：磨山

经过时间：四小时

敌人番号、兵力及兵种：敌步兵五十余

战斗经过概要．敌在该地掩护修理三山电线，我一部从网山南山向敌冲杀，结果敌不支溃退，我因距敌据点过近，且地形不利追击，故遂转移他处。敌伤亡各四，我伤三亡二。

作战

次数：十三

部队：卢团一部

日期：十二月十日

地点：百家庄

经过时间：一小时

敌人番号、兵力及兵种：守敌步兵六十余

战斗经过概要：我袭击该敌，敌分散固守，以火力顽抗，致未奏效，我便撤回，敌伤亡不详，我伤五。

作战

次数：十四

部队：孙团一部

日期：十二月十日

地点：峨桥

经过时间：一小时

敌人番号、兵力及兵种：守敌步兵四十余

战斗经过概要：我以手榴弹、驳壳枪予敌猛击，敌恐慌死守不出，经袭约一小时后，因不易奏全效，我遂转移，敌伤二亡一，我仅伤一。

作战

次数：十五

部队：孙团一部

日期：十二月十日

地点：峨桥伏龙山间

经过时间：一小时

敌人番号、兵力及兵种：破坏

战斗经过概要：我孙团一部进袭峨桥、伏龙山间，当破坏敌电线六里许，获电杆计十余根，安返。

作战

次数：十六

部队：孙团一部

日期：十二月十一日

地点：喻家祠

经过时间：五小时

敌人番号、兵力及兵种：敌步兵百余人

战斗经过概要：我向望江垅黄游击，与敌遭遇激战后，敌不支，向原路溃窜。此次敌伤九亡七，我伤亡各二名。

作战

次数：十七

部队：傅团一部

日期：十二月十三日晚

地点：大通至铜陵间

经过时间：二小时

敌人番号、兵力及兵种：破坏

战斗经过概要：傅团一部进扰铜大间，计破坏电线十余里，收电线二百余斤。

作战

次数：十八

部队：卢团一部

日期：十二月十四日

地点：洪博公路

经过时间：二小时

敌人番号、兵力及兵种：敌步兵约八十人

战斗经过概要：我破坏该地大桥两座返回，中途敌巡路队赶到，以机枪向我乱射无效，我安全返回，敌伤亡不详，我无伤亡。

作战

次数：十九

部队：卢团一部

日期：十二月十四日晚

地点：石马矿山

经过时间：一小时

敌人番号、兵力及兵种：守备步炮兵百余人

战斗经过概要：我袭扰该敌，迫近据点，当集中火力向敌猛击，因敌凭工事顽抗，未奏效，敌伤五亡二，我无伤亡。

作战

次数：二十

部队：孙团一部

日期：十二月十四日

地点：黄墓渡

经过时间：十二小时

敌人番号、兵力及兵种：敌步炮百余

战斗经过概要：伏龙山敌进犯友军，我闻讯配合侧击，激战至次晨，敌不支溃退。此次敌伤亡官兵二八名，我伤五亡四。

作战

次数：二十一

部队：孙团一部、傅团全部

日期：十二月十五日

地点：黄许〔浒〕东北繁昌城郊

经过时间：十二小时

敌人番号、兵力及兵种：敌步炮兵一千七百余，并配合飞机六架

战斗经过概要：荻港、铁矿山进犯之敌千七百余人，我奋勇迎击，敌突至城郊，与我对峙。至午后七时，经我反攻，敌一部溃退孙村，我傅团预伏于三□山一带，又予敌截击，敌慌乱向铁矿山窜去。敌伤亡百余，我伤二八亡二十。

作战

次数：二十二

部队：傅团一部

日期：十二月十五日

地点：孙村

经过时间：一小时半

敌人番号、兵力及兵种：守敌步兵一部

战斗经过概要：我向繁昌退据孙村之敌袭击，敌不支向钟鸣、顺安方向窜去。我并缴获弹药一部，敌伤九亡五，我伤二亡三。

作战

次数：二十三

部队：孙团一部

日期：十二月十五日

地点：马家坝

经过时间：九小时

敌人番号、兵力及兵种：□山森木大队一部及伪军百余

战斗经过概要：该敌配合芜敌，犯我繁昌，由枯竹岭、□□、马家坝进攻，我予以迎头痛击，敌不支，向原路逃窜。敌伤亡十六，我伤三亡二。

作战

次数：二十四

部队：孙团一部

日期：十二月十六日

地点：七里镇之线

经过时间：八小时

敌人番号、兵力及兵种：敌步骑炮兵千五百余

战斗经过概要：我向繁昌城郊之敌猛攻激战，将敌阵地全部占领，敌不支，向七里井溃退，我即跟踪追击，至七里井、铜山之线。直至晚午，仍在激战。计杀伤敌官兵三百六十余，我伤官九兵十九、亡二十名。

作战

次数：二十五

部队：傅团一部

日期：十二月十六日

地点：望江垅

经过时间：一小时

敌人番号、兵力及兵种：守备之敌步兵数不详

战斗经过概要：我袭击该敌，敌以炮火掩护，分两路出击，均被击溃，我亦撤退，敌伤亡不详，我无伤亡。

作战

次数：二十六

部队：傅团一部

日期：十二月十七日

地点：铁矿山

经过时间：一小时

敌人番号、兵力及兵种：守备之敌步炮兵数不详

战斗经过概要：我袭击该敌，敌固守工事，以机炮乱射，我以消耗目的既达，遂即转移。此次敌伤四亡三，我无伤亡。

作战

次数：二十七

部队：傅团一部

日期：十二月十九日

地点：峨桥

经过时间：一小时

敌人番号、兵力及兵种：守备之敌数不详

战斗经过概要：我击该地之敌，未奏全效，即转移至峨桥、三山间，破坏电杆数里，敌伤□亡三，我亡二。

作战

次数：二十八

部队：一支一部

日期：十二月十九日

地点：直溪桥附近

经过时间：一小时

敌人番号、兵力及兵种：敌步□兵十余

战斗经过概要：我袭直溪桥，进至附近，与敌遭遇，敌不支，仍由原路退回，敌伤二亡□，我无伤亡。

作战

次数：二十九

部队：二支一部

日期：十二月十九日

地点：土山镇

经过时间：一小时

敌人番号、兵力及兵种：伪□□队数不详

战斗经过概要：我袭该敌□□工事外围，敌凭工事顽抗，致未奏全效，敌伤二亡四，我无伤亡。

作战

次数：三十
部队：二支一部
日期：十二月二十日
地点：博望
经过时间：二小时
敌人番号、兵力及兵种：守备敌步兵数不详
战斗经过概要：我袭击博望敌，正激战中，小丹阳敌车四辆驰援赶至，我遂撤回，敌亡二，我伤亡各一。

作战

次数：三十一
部队：孙团一部
日期：十二月二十日
地点：积岭
经过时间：二小时
敌人番号、兵力及兵种：敌步兵百余人
战斗经过概要：横山桥、三山掩护修路之敌，强拉民伕百余名，强迫修理公路，我突予袭击，将敌完全击溃，敌伤亡不详，我伤亡各二。

作战

次数：三十二
部队：卢团一部
日期：十二月二十日
地点：郭庄庙
经过时间：三小时
敌人番号、兵力及兵种：敌伪军步兵六十余
战斗经过概要：我配合地方武装，向该地附近游击，与敌遭遇激战后，敌死伤过半，我因受地形限制，未将敌全部歼灭，敌伤四亡十二，我无伤亡。

作战

次数：三十三

部队：傅团一部

日期：十二月二十日

地点：望江垅

经过时间：一小时

敌人番号、兵力及兵种：守备敌步炮兵二百余

战斗经过概要：我袭击该地，敌以猛烈炮火向我射击，敌消耗甚巨，我任务达到，遂即转移，敌伤亡不明，我亡二。

作战

次数：三十四

部队：孙团一部

日期：十二月廿一日

地点：峨桥伏龙山

经过时间：二小时

敌人番号、兵力及兵种：守备之敌步兵数不详

战斗经过概要：我分头袭该地守敌，敌极恐慌，固守工事顽抗，我消耗目的既达，遂撤回，敌伤亡不详，我伤亡各二。

作战

次数：三十五

部队：孙团一部

日期：十二月廿一、廿二日

地点：繁昌城

经过时间：三十二小时

敌人番号、兵力及兵种：三山、横山进犯敌步炮兵三百余名，炮四门，铁矿山援敌步兵五百余，峨桥、三山援敌步炮兵四百余，炮十余门。

战斗经过概要：该敌来犯，我在积岭等处截击，当即将敌击溃。养辰，敌增援续犯，我猛烈还击，敌遂溃退。敌再以炮兵掩护增援，进占繁城，我复对敌激战，敌不支，仍退窜原处。是役，敌发炮六百余响，消耗颇大。此次敌伤官兵五十六、亡五十一，我伤十三、亡十名。

作战

次数：三十六

部队：卢团一部

日期：十二月廿一日

地点：横溪桥

经过时间：二小时

敌人番号、兵力及兵种：守备之敌步兵数不详

战斗经过概要：我袭击该敌，敌甚恐慌，固守工事顽抗，致未奏全效，我遂撤回，敌亡二，我伤亡各一。

作战

次数：三十七

部队：卢团一部

日期：十二月廿二日

地点：湖熟

经过时间：二小时

敌人番号、兵力及兵种：守敌步兵数不详

战斗经过概要：我袭击迫近据点时，将敌街口据点之木栏擂

毁，先与绥靖队激战，继将敌全部击溃。后据点内敌出援，我冲锋数次，未奏效，遂撤退。此次敌伤十六、亡十三，我伤三、亡五。

作战

次数：三十八

部队：卢团一部

日期：十二月廿二日

地点：石马山

经过时间：二小时

敌人番号、兵力及兵种：守备之敌步兵数不详

战斗经过概要：我袭击该敌，敌利用强固工事，以火力向我压制，我见难以奏效，遂撤回。此次毙敌二七，我伤亡各二。

作战

次数：三十九

部队：段团一部

日期：十二月廿三日

地点：白塔附近

经过时间：一小时

敌人番号、兵力及兵种：敌步兵三十余名

战斗经过概要：我向丹镇路游击，于白塔附近与敌遭遇，战约一小时，将敌击退，毙敌四伤二，我无伤亡。

作战

次数：四十

部队：卢团一部

日期：十二月廿三日

地点：清化

经过时间：二小时

敌人番号、兵力及兵种：守备之敌步兵数不详

战斗经过概要：我袭击该敌，当冲进据点时，因敌利用强固工事，以机炮火力向我压迫，我见难以奏效，即行撤退，敌伤亡各四，我伤亡各二。

作战

次数：四十一

部队：孙团一部

日期：十二月廿三日

地点：峨桥伏龙山间

经过时间：一小时

敌人番号、兵力及兵种：破坏

战斗经过概要：破坏电线七里许，并收获电线百余斤。

作战

次数：四十二

部队：卢团一部

日期：十二月廿四日

地点：洪博公路

经过时间：三小时

敌人番号、兵力及兵种：破坏

战斗经过概要：我三次破坏该路十余里，并大桥三座，因此不能通车。

作战

次数：四十三

部队：段团一部

日期：十二月廿五日

地点：一步桥

经过时间：三小时

敌人番号、兵力及兵种：敌步炮兵六十余

战斗经过概要：敌企图向我路九里附近部队袭击，我闻讯前往阻击，当将敌击退，敌伤九亡五，我伤亡各二。

作战

次数：四十四

部队：王团一部

日期：十二月廿五日

地点：东流镇

经过时间：二小时

敌人番号、兵力及兵种：守备之敌伪军步兵五十余

战斗经过概要：我乘敌戒备疏忽，突然予敌猛袭，将敌击溃，敌伤十三亡十五，我伤三。

作战

次数：四十五

部队：卢团一部

日期：十二月廿五日

地点：林家桥(龙潭以西)

经过时间：二小时

敌人番号、兵力及兵种：敌步兵数不详

战斗经过概要：二十四日晚，我埋地雷于铁道上。翌晨，当有敌火力〔车〕一列触我地雷，手榴弹同时爆炸，我乘机以火力猛击。后因增援敌至，我因地形限制，遂撤退。敌亡二十二、伤二十七，我伤七亡九。

作战

次数：四十六

部队：一支管属便衣队

日期：十二月廿六日

地点：□虎车站

经过时间：二十分钟

敌人番号、兵力及兵种：守备之敌数不详

战斗经过概要：我潜入该站，向守备该站之敌驻地投手榴弹，敌甚恐慌，秩序大乱，我乘敌混乱时撤退，敌伤十二亡五，我无伤亡。

作战

次数：四十七

部队：孙团一部

日期：十二月廿六日

地点：峨桥

经过时间：二小时

敌人番号、兵力及兵种：守备之敌数不详

战斗经过概要：我袭击该地守敌，我以强烈火力猛击，敌恐慌异常，依据工事顽抗，我予敌杀伤后遂转移。另派队员破坏该据点到伏龙山间电线六里而回。此次敌伤三亡五，我伤一亡二。

作战

次数：四十八

部队：孙团一部

日期：十二月廿六日

地点：伏龙山

经过时间：二小时

敌人番号、兵力及兵种：守备之敌数不详

战斗经过概要：我袭该地守敌，敌甚恐慌，凭工事顽抗，我予敌火力杀伤后，即撤回。敌伤五亡四，我伤一亡二。

作战

次数：四十九

部队：段团一部

日期：十二月廿七日

地点：前巷附近及耿庄间

经过时间：四小时

敌人番号、兵力及兵种：敌步炮兵四百余

战斗经过概要：敌分三路向我驻地西庄、湖头进攻，我闻讯前往阻击，与敌接触，因敌众我寡，故即转移。后于西庄湖、头耿庄间与敌遭遇，因敌分数路向我包围，我即撤退。此次敌伤十二亡十三，我伤十二亡十五。

作战

次数：五十

部队：傅团一部

日期：十二月廿七日

地点：孙村

经过时间：三小时

敌人番号、兵力及兵种：敌步炮兵二百余

战斗经过概要：该璜山之敌，经乌金岭向我孙村进犯，我预先占有利地形，当予敌迎头痛击，全部溃退至原据点。敌伤十二亡四，我伤三亡二。

作战

次数：五十一

部队：孙团一部

日期：十二月廿七日

地点：马家坝

经过时间：二小时

敌人番号、兵力及兵种：步炮兵百余又援敌六十余

战斗经过概要：我闻霜岭之敌出扰，即埋伏于马家【坎】以西香坊附近截击，敌受我火力杀伤，其增援部队亦被我击溃，我尾追数里，始撤回。敌伤二十四亡十八，我伤亡各六。

作战

次数：五十二

部队：孙团一部

日期：十二月廿八日

地点：峨桥

经过时间：二小时

敌人番号、兵力及兵种：守备之敌步兵约五十余人

战斗经过概要：我袭击该敌，敌固守工事不出，我予以猛攻，未奏效，遂撤回，敌伤五亡三，我伤二亡一。

作战

次数：五十三

部队：孙团一部

日期：十二月廿八日

地点：伏龙山

经过时间：二小时

敌人番号、兵力及兵种：守备之敌步兵数不详

战斗经过概要：我射击该敌，以机枪向之猛射，敌不敢逾出工事，死守顽抗，我以任务完成，遂转移。此次敌伤五亡三，我伤二亡一。

作战

次数：五十四

部队：孙团一部

日期：十二月廿八日

地点：鲁伏间

经过时间：二小时

敌人番号、兵力及兵种：破坏

战斗经过概要：破坏鲁港、伏龙山间敌电杆三十余根，约十里，计收电线百余斤。

作战

次数：五十五

部队：卢团一部

日期：十二月卅一日

地点：七里岗(淳化东)

经过时间：五小时

敌人番号、兵力及兵种：守备之敌步兵数不详

战斗经过概要：我设伏诱敌，敌果中我计，我以各个击破，敌败退，我追击至淳化附近，敌各路援兵至，我遂撤回。此次敌伤八亡十八，我伤八亡十二名。

作战

次数：五十六

部队：孙团一部

日期：十二月卅一日

地点：石湾岗

经过时间：三小时

敌人番号、兵力及兵种：守备之敌步兵数不详

战斗经过概要：我突击该敌，敌死守工事不出。后铁矿山敌增援，因敌众我寡，遂转移。敌伤十四亡七，我伤四亡三。

陆军新编第四军江北部队游击

战绩概要表

二十八年一月份

作战

次数：一

部队：四支特务营

日期：一月六日

地点：十里铺

经过时间：三小时

敌人番号、兵力及兵种：伪军马少泉部，计步兵约二百余

战斗经过概要：我特务营协同怀宁县常备队，将该敌全部消灭，缴获轻机枪三挺，平射机枪二挺，步枪一二六支，驳壳十支，手提三架冲锋枪一架，左轮二支，我仅伤四人。

作战

次数：二

部队：八团一部

日期：一月十一日

地点：磨店子(合肥东北)

经过时间：二小时

敌人番号、兵力及兵种：伪维持会步兵二百余

战斗经过概要：我八团一部于十一日拂晓袭击该敌，当将其全部解决，俘敌一百余，敌匪首刘孟乙及其父均被俘，敌伤亡十余，缴步马枪百支，机枪一挺，及其他军用品甚多，我伤一名。

作战

次数：三

部队：四支特务营

日期：一月二十一日

地点：怀宁沟口

经过时间：一小时

敌人番号、兵力及兵种：伪维持会步兵百余

战斗经过概要：我特务营协同怀宁县常备队，将该地维持会消灭，缴获步马枪五十二支，驳壳枪四支，左轮一支，我无伤亡。

作战

次数：四

部队：八团二营

日期：一月廿四日

地点：大兴集(淮南路)

经过时间：半小时

敌人番号、兵力及兵种：守敌约十余名

战斗经过概要：我八团二营便衣队，将该地守敌击毙一名，获步枪一支，刺刀一把，我亡一名。

作战

次数：五

部队：四支特务营

日期：一月廿六日

地点：怀宁石碑

经过时间：十五分钟

敌人番号、兵力及兵种：敌汽艇三艘

战斗经过概要：我特务营在该处游击，适遇敌汽艇三艘经过，我即向其射击，敌甚恐慌。

作战

次数：六

部队：四团二营

日期：一月卅日

地点：淮南路俄彦村

经过时间：一日

敌人番号、兵力及兵种：驻守敌步兵六十余名

战斗经过概要：二营一部袭扰淮南路俄彦村之敌，敌畏守原阵地不出，我以任务完成，安返原防。

陆军新编第四军游击战绩概要表

廿八年二月份

作战

次数：一

部队：周团一部

日期：二月四日

地点：淮南铁路(桥头集)

经过时间：二小时半

敌人番号、兵力及兵种：守敌五十余

战斗经过概要：我夜袭昂集、桥头集间之敌，敌固守顽抗，我即破坏淮南铁路约八里，并将铁轨运走，得螺钉八十斤，电线四十

斤。其后，我安返原防。

作战

次数：二

部队：周团二营

日期：二月十日

地点：淮南路桥头集以东

经过时间：一小时

敌人番号、兵力及兵种：破坏

战斗经过概要：我二营于十日夜间破坏该地铁路三里，电线四十斤，敌未出击，我安然返原防。

作战

次数：三

部队：周团一营

日期：二月十五日

地点：淮南铁路

经过时间：一小时

敌人番号、兵力及兵种：桥头集守敌五十余

战斗经过概要：我袭击桥头集之敌，敌固守不出，亦未还击，当即分头破坏该站以东之铁道五里余。

作战

次数：四

部队：周团一部

日期：二月十九日

地点：梁园附近

经过时间：三小时

敌人番号、兵力及兵种：合肥敌步骑炮兵二百余

战斗经过概要：该敌向我驻地进攻，我予以迎头痛击，敌乃退至距梁园五里之六刘岗一带，与我对峙。我周团长亲率一部精锐部队，分途向敌袭扰，敌不支退去。敌伤亡不明，我无伤亡。

作战

次数：五

部队：周团一部及挺团一部

日期：二月二十一日

地点：方家集

经过时间：十二小时

敌人番号、兵力及兵种：由合肥南来敌步骑炮联合兵部队共七百余人

战斗经过概要：该敌于本晨六时，经昂集进犯柘集西北方家集我周团挺团驻地，经我周团长即已亲临前线，先占领优势阵地，向敌痛击，我士兵奋不顾身，当即将敌击溃。后为我挺团一部及游击大队分途堵截其退路，敌溃乱不堪。此次敌亡百余，伤二百三十余，我亡三十八名，伤五十四名。

陆军新编第四军游击战绩概要表

二十八年三月份

作战

次数：一

部队：杨团一营

日期：三月一日

地点：备头集(淮南路)

经过时间：一小时半

敌人番号、兵力及兵种：伪维持会

战斗经过概要：我夜袭该敌，俘该处著名之伪维持会长一名，敌甚恐慌，终夜枪声不息。我并破坏电线十余里。

作战

次数：二

部队：杨团一营

日期：三月二日

地点：淮南路太平巷

经过时间：一小时

敌人番号、兵力及兵种：袭击破坏

战斗经过概要：我扰袭敌据点，敌甚恐慌，终夜枪炮声不息。我以任务已达，遂撤回，并破坏电线数里，火车一辆。

作战

次数：三

部队：周团一部

日期：三月十六日

地点：常山岭(滁县)

经过时间：一小时

敌人番号、兵力及兵种：汉奸武装余弼臣部步兵约五十余

战斗经过概要：匪首当场为我击毙，大部消灭，缴获长短枪四十余支，马十余匹。我无伤亡，民众甚为欢喜。

作战

次数：四

部队：江北游击纵队一部

日期：三月十七日

地点：乌衣镇

经过时间：三小时

敌人番号、兵力及兵种：守备之敌六十余

战斗经过概要：我进攻至该镇街上，敌守坚顽抗，经我猛袭，并投手榴弹多枚，敌极恐慌，以机炮乱射，战约三小时，敌伤亡不明，我伤三名。

作战

次数：五

部队：特务营一部

日期：三月二十日

地点：担子街车站(津浦路)

经过时间：二小时

敌人番号、兵力及兵种：敌伪军步兵约百余名

战斗经过概要：我在距该路约五十余米达处，适遇敌伪军，我立即向敌猛冲，敌即退守车站，约二小时，我遂撤退。敌伤亡廿余，我伤三名。

作战

次数：六

部队：特务营一部

日期：三月二十日

地点：滁县附近

经过时间：二小时

敌人番号、兵力及兵种：敌伪军步兵一队

战斗经过概要：我在城郊游击，适伪军一队正集合民工修筑铁道，我突然袭击，敌溃退城中，当缴获步马枪三支，及甚〔其〕他军用品甚多。此次敌伤亡各十余名，俘敌三名，我伤五名。

作战

次数：七

部队：周团与挺团各一部

日期：三月二十三日

地点：管店至施家邱(津浦路)

经过时间：二小时

敌人番号、兵力及兵种：破坏

战斗经过概要：我于夜间破坏三界车站至管店车站间铁道约四里，完成任务后安返。

作战

次数：八

部队：游纵一部

日期：三月二十五日

地点：腰铺

经过时间：三小时

敌人番号、兵力及兵种：敌步兵三百余

战斗经过概要：敌由乌衣镇向该地进犯，我当予敌痛击，敌不支向担子街溃退。此战斗，敌伤亡九名，我无伤亡，得军用品甚多。

作战

次数：九

部队：特务营一部

日期：三月二十六日

地点：天河(滁县北)

经过时间：一小时

敌人番号、兵力及兵种：守备之敌步兵四十余战斗经过概要：我夜袭该敌，因敌由滁县增援，我遂引退。此次敌伤十亡五，我伤一名。

作战

次数：十

部队：特务营一部

日期：三月二十六日

地点：沙河镇

经过时间：四小时

敌人番号、兵力及兵种：守备之敌步兵五十余

战斗经过概要：我特务营一部夜袭该敌，敌仓皇应战，甚为恐慌，天晓，我安返原地。此次毙敌七名伤九名，我伤二名。

作战

次数：十一

部队：特务营

日期：三月三十一日

地点：徒子岗

经过时间：三小时

敌人番号、兵力及兵种：滁县敌军用汽车三辆载敌步兵百余

战斗经过概要：敌沿滁全公路向徒子岗前进，副营长即率队至附近埋伏，突然袭击，敌下车顽抗，战三时许，卒不支退去。时因敌援已到，我未穷追。此次敌亡三十余、伤二十余，毁汽车三辆，缴获步枪五支，我亡二、伤五。

陆军新编第四军游击战绩概要表

廿八年四月份

作战

次数：一

部队：游击纵队一大队一部

日期：四月二日

地点：滁全公路之腰铺

经过时间：一小时

敌人番号、兵力及兵种：滁县敌步炮兵□□，附机枪六挺，□□二□。

战斗经过概要：敌于上午九时进犯腰铺，当被我在该区域活动之二营予以猛烈侧击，将〔其〕击溃，敌沿公路逃窜。我乘机追至距滁城一里之地，敌甚恐慌。此次敌伤三、亡三，我伤三、亡二。

作战

次数：二

部队：特务营

日期：四月三日

地点：三岔路（滁全公路）

经过时间：一小时

敌人番号、兵力及兵种：敌载兵汽车二辆

战斗经过概要：我部在滁县南滁全公路一带游击，至三岔路时，适遭遇敌载兵汽车二辆驶至，我当予以伏击，结果毁敌车一辆，□缴获军用品甚多。敌亡二、伤三，我伤二人。

作战

次数：三

部队：游纵一大队

日期：四月八日

地点：腰铺

经过时间：三小时

敌人番号、兵力及兵种：滁县敌步兵约百余

战斗经过概要：敌自前次被我击退后，又继续向我进犯，与我部激战达三小时，因众寡悬殊，我遂退□。现我军仍分途向敌袭扰中。此次敌伤亡十五人，我伤八、亡四。

作战

次数：四

部队：游纵一部

日期：四月十四日

地点：腰铺

经过时间：三小时

敌人番号、兵力及兵种：敌步炮兵三百余，炮二门，机枪□挺。

战斗经过概要：八日，占腰铺敌因被我游击纵队派队日夜袭扰，向滁县退去。本日敌又向我围攻，因我早得讯，退出敌包围线外，与敌接战。我反复冲锋，敌不支向滁县退去，我追击数里始返。敌亡五、伤十五，我伤亡各三。

作战

次数：五

部队：军特务营

日期：四月廿二日

地点：施家集

经过时间：三小时

敌人番号、兵力及兵种：敌步兵四百余

战斗经过概要：滁县敌四百余，袭击县政府之驻地施家集，当被我常备队发觉，占领阵地顽抗。我特务营即攻敌左侧，八团三营攻敌右侧，敌遂不支，狼狈溃退。敌伤亡不明，我无死伤。

作战

次数：六

部队：秦团三营一部

日期：四月廿四日

地点：蚌埠南八十里之南岳庙

经过时间：三小时

敌人番号、兵力及兵种：伪维持会武装十余名

战斗经过概要：我夜袭该敌，缴获步马枪六支，俘伪维持会人员六名。蚌埠敌因援汽车八辆，满载敌兵，驶至秦家桥，又遭我伏击，敌伤亡甚重，旋怆惶退去。我安返，无伤亡。

作战

次数：七

部队：秦团一营一部

日期：四月廿六日

地点：蚌埠南之马头城

经过时间：一小时

敌人番号、兵力及兵种：敌伪军步兵约三十名

战斗经过概要：是夜，我向敌进袭，先以手榴弹猛投，将敌全部击溃，敌即施放催泪性毒瓦斯，我即有一部中毒，亡战士一。我乃一面撤退，一面将中毒人员运走。此次激〔缴〕步马枪十七支。

作战

次数：八

部队：四支特务营

日期：四月二十六日

地点：田家巷附近

经过时间：一小时半

敌人番号、兵力及兵种：煤矿之敌步炮兵约八十人

战斗经过概要：我一部夜袭该敌，敌凭工事顽抗，我以手榴弹猛掷，敌复以大炮射击，我乃撤退，致未奏效，但敌甚为恐慌。

陆军新编第四军游击战绩概要表

二十八年五月份

作战

次数：一

部队：詹团一部

日期：五月三日

地点：东关车站(淮南路)

经过时间：二小时

敌人番号、兵力及兵种：车站守敌步兵三十余，伪军二十余。

战斗经过概要：夜袭该敌，当被我攻入街内，因先暴露企图，敌有准备，激战二小时后，敌军增援，我即撤退。此战斗毙敌十三、伤十余，俘维持会副会长及办事员共五人，我亡政指、排长各一，并破坏铁道六里，电线一段。

作战

次数：二

部队：军特务营

日期：五月四日

地点：腰铺

经过时间：一小时

敌人番号、兵力及兵种：敌汽车

战斗经过概要：我在该地准备伏击敌汽车，久候未至，我正准备撤走，而敌车恰至，我即向敌击，未奏效。敌伤亡不明，我无伤亡。

作战

次数：三
部队：四支特务营
日期：五月五日
地点：泥河附近(寿县东北)
经过时间：约一小时
敌人番号、兵力及兵种：追捕该地伪维持会武装约十名
战斗经过概要：我部于此日经过该地，该地维持会武装闻讯先逃，我予以猛追，结果缴获步马枪三支，伪旗九面，俘汉奸八名，我无损失。

作战
次数：四
部队：詹团一部
日期：五月六日
地点：怀远附近关帝庙
经过时间：一小时
敌人番号、兵力及兵种：伪维持会步兵约二十名
战斗经过概要：我将该地伪维持会消灭，缴获步马枪十四支，驳壳枪一，俘伪队长一名，我无损失。

作战
次数：五
部队：秦团二营
日期：五月六日
地点：〔？〕附近
经过时间：三小时
敌人番号、兵力及兵种：敌步兵三百余配合海军五十余
战斗经过概要：敌伪向我二营之驻地进攻，因我早得报告，转

移至敌包围圈外，使敌企图落空。当敌大部退返之际，我以一部向其中一路猛击，毙敌六，获步枪三、驳壳一，毁汽船一，俘警伪四，我亡排长一。

作战

次数：六

部队：游击纵队便衣队

日期：五月七日

地点：石浦桥

经过时间：六小时

敌人番号、兵力及兵种：全椒敌伪军步炮兵约百余

战斗经过概要：该地伪军向城三里外游击，与我部接触，战约四小时，因众寡悬殊，我即撤至石浦桥，敌并跟踪追击，大施烧杀。后我侦察部队赶至，战二小时，我将敌击溃，并追击五里。计敌伤六名，我无损失。

作战

次数：七

部队：四支特务营

日期：五月十三日

地点：九龙岗

经过时间：半小时

敌人番号、兵力及兵种：守敌五十余

战斗经过概要：袭击该地敌，敌无准备，我以机步枪及手榴弹猛击，敌死守据点，我猛攻半小时，未奏效，始撤退。敌亡十余、伤十余，我无伤亡。

作战

次数：八

部队：游击纵队一部

日期：五月十四日

地点：徒岗镇(滁全路)

经过时间：一小时

敌人番号、兵力及兵种：破坏

战斗经过概要：于该日晚，动员民众百余，配合破坏滁全公路十三里，并毁徒岗镇北桥梁一座。

作战

次数：九

部队：游纵一部

日期：五月十六日

地点：十字路

经过时间：二小时

敌人番号、兵力及兵种：敌伪步兵百余人

战斗经过概要：我部在十字路一带游击，与敌伪遭遇，敌以猛烈火力向我射击，战二小时后，双方撤退，敌伤亡二名，我无伤亡。

作战

次数：十

部队：秦团一部

日期：五月二十日

地点：黄疃窑

经过时间：一小时

敌人番号、兵力及兵种：敌汽艇五只

战斗经过概要：我在该地袭击敌汽艇五只，当被我击沉一只。敌兵二十余人全被淹毙，余四艘狼狈驶去。我无损失。

作战

次数：十一

部队：秦团一营

日期：五月二十三日

地点：淮河附近

经过时间：一小时

敌人番号、兵力及兵种：敌汽艇三只

战斗经过概要：我在淮河边袭敌汽艇，毙敌十余，伤五人，获鸡蛋四十担，伪票一百六十元，及其他军用品甚多，我无损失。

作战

次数：十二

部队：四支特务营

日期：五月二十五日

地点：九龙岗附近

经过时间：二小时

敌人番号、兵力及兵种：下窑之敌步兵百余，伪步兵五十余。

战斗经过概要：我袭击该地之敌，因敌据点坚固，致未将敌全部消灭，仅毙敌中队长一名，士兵十余，伤二十余，俘敌职员一名、伪军八名，获步马枪四支，我亡五、伤十二。

作战

次数：十三

部队：詹团二营

日期：五月二十八日

地点：将军岭

经过时间：三小时

敌人番号、兵力及兵种：岗集出扰之敌步骑炮兵□百余

战斗经过概要：我在合肥以西之将军岭，遭遇由岗集出扰之敌，我即将其击溃。此次战斗，毙敌四、伤十余，我无损失。

作战

次数：十四

部队：周团一部

日期：五月三十一日

地点：桥头车站

经过时间：二小时

敌人番号、兵力及兵种：守备之敌步兵约四十名

战斗经过概要：我向敌猛袭，后敌守工事顽抗，恐慌异常。敌伤亡各五名，我无伤亡。

陆军新编第四军游击战绩概要表

二十八年六月份

作战

次数：一

部队：成团一部

日期：六月二日

地点：马头城（怀远南）

经过时间：一小时

敌人番号、兵力及兵种：该地伪军步兵百余

战斗经过概要：我夜袭该地伪军，将敌击溃。此次敌伤五、亡八，我伤四、亡六，缴获步马枪二十二支，子弹百余发，手榴弹二十余枚。

作战

次数：二
部队：成团一部
日期：六月五日
地点：马头城（怀远南）
经过时间：一小时半
敌人番号、兵力及兵种：该地敌伪步兵三百余
战斗经过概要：我再度袭敌，将敌全部击溃，结果敌伤亡二十余，我伤九、亡五，缴获敌步马枪十九支，及其他军用品甚多。

作战
次数：三
部队：游纵二大队五连一部
日期：六月六日
地点：芜无公路
经过时间：约一小时
敌人番号、兵力及兵种：破坏
战斗经过概要：该连一部，在芜湖通无为伪公路之二坝，破坏电线电杆二里，并设置炸弹于电杆下，炸伤查路之敌四名。

作战
次数：四
部队：周团一部
日期：三月七日
地点：滁县城郊
经过时间：一小时
敌人番号、兵力及兵种：滁县城之敌步兵约二百
战斗经过概要：我夜袭该城守敌，敌退守城中，异常恐慌，我因城防坚固，未强攻，仅将敌在城外收买米粮的店铺三家焚毁而返。

作战

次数：五

部队：周团一部

日期：六月七日

地点：中淳车站

经过时间：一小时

敌人番号、兵力及兵种：伪区署步兵约卅余

战斗经过概要：我夜袭该地，当将区署完全炸毁，计毙伪区署人员三十一名，防共团员十三名，日军九名，内有女子一人，并俘维持会陈志国等六名，我无伤亡。

作战

次数：六

部队：林团一部

日期：六月八日

地点：徒岗镇附近(滁全公路)

经过时间：一小时

敌人番号、兵力及兵种：敌运输汽车十四辆

战斗经过概要：我在滁全公路徒岗镇附近伏击敌车，战约一小时，因敌增援，我即撤退。此次敌伤亡二十余，我伤亡各二。

作战

次数：七

部队：成团一部

日期：六月八日

地点：淮南车站

经过时间：一小时

敌人番号、兵力及兵种：步兵约五十余

战斗经过概要：袭击敌之守备部队，因敌凭坚固工事顽抗，未奏效，仅以猛烈火力予敌杀伤。同时，另一部袭车站西之伪军，将其全部击退。此次敌亡三、伤五，俘敌四，我伤一、亡三。

作战

次数：八

部队：林团一部

日期：六月九日

地点：肖家岭(腰铺附近)

经过时间：二小时

敌人番号、兵力及兵种：巡路敌卅名

战斗经过概要：我在该地伏击敌巡路队三十名，激战后，因敌增援，我即撤退。敌伤亡廿余，亡我排长一、战士一，伤战士二人。

作战

次数：九

部队：游纵一部

日期：六月十日

地点：姚沟(无为南)

经过时间：约半小时

敌人番号、兵力及兵种：敌舰一艘

战斗经过概要：在该地附近与敌舰接触，后退回，并捕获敌探一名。

作战

次数：十

部队：周团一部

日期：六月十四日

地点：蚌埠附近

经过时间：一小时

敌人番号、兵力及兵种：伪步兵约四十名

战斗经过概要：寒晚，在蚌埠附近消灭该伪军，获步马枪二十三支，并俘伪军八名，我伤二名。

作战

次数：十一

部队：詹团一营一部

日期：六月二十一日

地点：回屏山（全敌〔椒〕）

经过时间：一小时半

敌人番号、兵力及兵种：守备之敌步兵约四十余

战斗经过概要：我袭击该地之敌，猛投手榴弹，将敌击毙十五名，伤四名，并破坏铁道一里，我亦伤亡各一。

作战

次数：十二

部队：詹团二营一部

日期：六月二十八日

地点：腰铺（滁全公路）

经过时间：三小时

敌人番号、兵力及兵种：守备之敌步兵约七十余

战斗经过概要：袭击腰铺之敌，战约三小时，敌固守不出，恐慌异常。敌军乘汽车数辆增援，我遂撤退，无伤无亡，敌伤亡不明。

作战

次数：十三

部队：秦团一营一部

日期：六月二十八日

地点：合肥飞机场

经过时间：约一小时

敌人番号、兵力及兵种：机场守敌及敌车

战斗经过概要：袭扰合肥飞机场，同时一部袭击合肥东关敌车，均未奏效，但敌终夜机炮声不绝，甚表恐慌。

作战

次数：十四

部队：秦团二营一部

日期：六月二十八日

地点：撮镇(合肥东南)

经过时间：一小时许

敌人番号、兵力及兵种：车站守敌并敌车两列

战斗经过概要：我袭撮镇之敌，并于该地破坏电线二十里，电杆一百二十二根。后敌合肥开来火车两列，载兵三百余增援，我抗击一小时，因我任务已成，遂撤退。此次敌伤亡不明，我无伤亡。

作战

次数：十五

部队：秦团一部

日期：六月廿八日

地点：桥头集(淮南路南端)

经过时间：二小时

敌人番号、兵力及兵种：驻敌步兵

战斗经过概要：晚九时，袭击该地驻敌，经我三路猛袭，敌恐

慌万状，退守工事顽抗，我遂撤退。此次敌伤亡甚多，我无伤亡，并破坏电线杆四十二根，电线五十五斤。

作战

次数：十六

部队：林团一部

日期：六月二十八日

地点：滁县城郊

经过时间：二小时

敌人番号、兵力及兵种：守城之敌步骑炮兵三百余

战斗经过概要：我在北门外先以少数便衣队袭扰守城之敌，结果诱敌三百余向我追击，至我伏兵圈内，遭我主力猛击，将敌击溃。我以任务完成，遂撤回。此次敌亡五、伤十五，我伤四人。

作战

次数：十七

部队：林团一部

日期：六月廿九日

地点：滁全公路上

经过时间：一小时

敌人番号、兵力及兵种：出扰之敌步兵约卅

战斗经过概要：我于此日在滁全公路上，与出扰之敌遭遇，战一小时，敌伤亡各三，我无伤亡。

作战

次数：十八

部队：秦团三营一部

日期：六月二十九日

地点：合肥飞机场

经过时间：一小时

敌人番号、兵力及兵种：飞机场驻敌步兵

战斗经过概要：袭扰该飞机场，【敌】据工事顽抗，甚恐慌。后其□，我遂撤回。敌伤亡不详，我无损失。

陆军新编第四军游击战绩概要表
二八年七月份

作战

次数：一

部队：秦团一营

日期：七月二日

地点：梁园

经过时间：三小时

敌人番号、兵力及兵种：合肥敌步炮兵约二百余

战斗经过概要：该敌于冬晚经店埠向我驻地进袭，我先侦知，遂随敌尾进，至距梁园西十二里之高塘集，当被我七团一营击退。并将敌包围于许漕坊围内，敌以机炮向我抗击，达三小时之久。后敌冲出一路，往磨子店向合肥退去。此战敌亡五、伤八，我无伤亡。

作战

次数：二

部队：梁团二营

日期：七月二日

地点：田家庵

经过时间：约四小时

敌人番号、兵力及兵种：守备之敌步兵约二十余

战斗经过概要：冬日，我袭扰该敌二次，该营一连长复亲率--

排兵力，附机枪一挺，于深夜袭击，该敌甚为恐惧。因敌工事强固，未奏效。

作战

次数：三

部队：秦团一营一部

日期：七月二日

地点：黄疃窑(九津河东南岸)

经过时间：三小时

敌人番号、兵力及兵种：敌汽艇九艘

战斗经过概要：我蔡营副率该营之一排兵力，于二日在该地伏击田家庵经黄疃窑之敌汽艇，我以火力猛射，敌亦还击，并用火力掩护三艘进攻，终为我击退，结果击沉敌汽艇二艘，敌伤亡五十余，我伤副连长一、政工股长一。

作战

次数：四

部队：詹团侦察排

日期：七月三日

地点：腰铺

经过时间：一小时

敌人番号、兵力及兵种：守敌步兵约五十余

战斗经过概要：我冲破敌铁丝网一道，因敌火力强，故未强攻而撤退。此次敌伤亡不详，我伤亡各一。

作战

次数：五

部队：梁团一部

日期：七月三、四日

地点：徐桥等地

经过时间：三小时

敌人番号、兵力及兵种：敌派车七辆步工兵二百余

战斗经过概要：我将蚌埠至刘府考城上窑公路与蚌埠至凤阳公路间之徐桥破坏，于支日该敌前来，用水泥、石头建筑，我当向敌猛击，因敌增援，我即撤退，敌伤亡分队长以下十余人，我伤连附一、战士六，亡班长、战士各一。

作战

次数：六

部队：秦团一营

日期：七月四日

地点：撮镇车站

经过时间：二小时

敌人番号、兵力及兵种：该地守备之敌步兵

战斗经过概要：我分两路于此日袭击该敌，因敌固守工事，并以其优势之火力向我扫射，战约二小时，仍未奏效，我乃撤退。此次敌伤亡不明，我无伤亡。

作战

次数：七

部队：詹团一部

日期：七月五日

地点：全椒城

经过时间：半小时

敌人番号、兵力及兵种：该地守备之敌步兵

战斗经过概要：该部袭扰全椒城之敌，未奏效而返。

作战

次数：八

部队：秦团一营一部

日期：七月六日

地点：烔炀附近铁道

经过时间：二小时

敌人番号、兵力及兵种：破坏并袭扰该地附近之敌步兵

战斗经过概要：我在淮南路合、巢段烔炀附近破坏铁道数段，电杆一百四十余根，收电线二千一百二十余斤。同时我派一班人袭扰烔炀之敌，敌未还枪。因破坏任务已达，遂撤退。

作战

次数：九

部队：秦团三营

日期：七月七日

地点：合肥撮镇间

经过时间：二小时

敌人番号、兵力及兵种：敌步炮机械化兵种约百人

战斗经过概要：我将合撮间铁道破坏十余里，得螺丝钉五百个，电线五百斤，电杆甚多。后敌援到，企图包围我军，混战二小时，敌又开来铁甲车两辆，我即撤退。此次敌伤亡廿余，我伤五。

作战

次数：十

部队：秦团侦察排配合一营一部

日期：七月八日

地点：撮镇

经过时间：二小时

敌人番号、兵力及兵种：守备之敌步兵约四十余

战斗经过概要：我分三路进袭该地之敌，及太平巷、桥头各据点，敌甚恐惧，退守工事顽抗，战约二小时，我安全撤退。敌伤亡十余，并破坏铁道二段，电杆三百六十根，收电线四十余斤，螺丝钉一百五十个，我无伤亡。

作战

次数：十一

部队：秦团一连

日期：七月八日

地点：桥头集（淮南路）

经过时间：前后约十二小时

敌人番号、兵力及兵种：该地之敌步兵四十余

战斗经过概要：我在桥头集设伏，由连长亲率两班至桥头、炯炀间破坏铁道四里，电杆卅余根，收电线八百余斤。次晨，该地敌出扰，至我伏击圈内，当予袭击，敌亡大队长一名，并伤亡廿余，我伤排长一、战士七。

作战

次数：十二

部队：詹团三连

日期：七月八日

地点：滁县北门外

经过时间：数小时

敌人番号、兵力及兵种：守备队

战斗经过概要：齐日，袭扰该敌，战约数小时，我即撤退，敌甚恐慌。伤亡不明，我无伤亡。

作战

次数：十三

部队：秦团一营一部

日期：七月八日

地点：炯炀河(淮南路)

经过时间：一小时

敌人番号、兵力及兵种：下乡游击之敌易岳队步兵

战斗经过概要：我在该地袭击敌下乡游击之易岳队，敌不支溃退，当毙敌二名，内游击司令一名，我伤三。

作战

次数：十四

部队：秦团一营一部

日期：七月十二日

地点：合肥飞机场

经过时间：半小时

敌人番号、兵力及兵种：守备之敌步兵

战斗经过概要：我袭扰该据点，敌甚恐慌，终夜机炮不停，并在飞机场附近捉获该地维持会长王少成一名。

作战

次数：十五

部队：张团一部

日期：七月十五日

地点：大通煤矿(田家庵)

经过时间：一小时

敌人番号、兵力及兵种：田家庵大通煤矿驻敌步兵

战斗经过概要：我夜袭扰，该敌恐慌异常，退守工事，凭火力顽抗，战一小时，我安全引退，敌伤亡不明，我无伤亡。

作战

次数：十六

部队：林团一部

日期：七月十六日

地点：三界车站

经过时间：三小时

敌人番号、兵力及兵种：车站守备队

战斗经过概要：因敌火力强于我，激战三小时，未奏效，我安返。敌伤亡不明，我无伤亡。

作战

次数：十七

部队：周团二营一部

日期：七月十六日

地点：滁县东关

经过时间：一小时

敌人番号、兵力及兵种：滁县敌伪步兵三百余

战斗经过概要：我于铣晨袭扰滁县东关后，即撤退至滁县东北之黄道山，该敌即分三路向黄道山进攻，我予以迎头痛击，战一小时，将敌完全击溃，敌伤九、亡四，我伤二人。

作战

次数：十八

部队：詹团一营

日期：七月十七日

地点：安定桥(津浦南段)

经过时间：四小时

敌人番号、兵力及兵种：守敌步兵

战斗经过概要：我袭击该敌，当冲破敌铁丝网二道，投弹十余枚，敌正准备攻第三道铁丝网，将该敌亡二伤五全部消灭。恰敌火车一列增援，我遂撤退。

作战

次数：十九

部队：周团一部

日期：七月十八日

地点：张八岭附近

经过时间：二小时许

敌人番号、兵力及兵种：敌巡路队卅余

战斗经过概要：周副司令亲率该团一部，在该地伏击敌巡路队卅余，当毙敌八名。我正准备抬敌，遂引退，时敌援兵赶至，我即予敌杀伤廿余。我因任务完成，即撤回。此战斗缴获步枪四支，及其他军用品等甚多，我亡五、伤六。

作战

次数：二十

部队：詹团一部

日期：七月十九日

地点：江浦北关

经过时间：一小时半

敌人番号、兵力及兵种：敌车一辆，骑兵廿余。

战斗经过概要：该团汪参谋率同侦察排长一人，于皓日在江浦北关发现敌战车一辆，我即投手榴弹，敌当用机炮向我还击，并派骑兵廿余追击。后因我红枪会增援，卒将敌击退，敌伤亡不明，我无损失。

作战

次数：二十一

部队：秦团二营一部

日期：七月二十日

地点：合肥飞机场

经过时间：半小时

敌人番号、兵力及兵种：该地驻敌步兵百余人

战斗经过概要：该营政教率领，于七月二十日分三路袭扰合肥东关飞机场、车站等地，未奏效，我即毁电线四里，安返。敌我各无伤亡。

作战

次数：二十二

部队：詹团一部

日期：七月二十日

地点：津浦铁路南段

经过时间：一小时

敌人番号、兵力及兵种：破坏

战斗经过概要：哿夜，破坏铁道电线约一里长。

作战

次数：二十三

部队：梁团三营

日期：七月廿日

地点：蚌埠

经过时间：约五小时

敌人番号、兵力及兵种：破坏袭击

战斗经过概要：我于智日破坏蚌埠至刘府公路桥梁三座，晚十时，分二路进袭蚌埠南门，被敌发觉，以机炮向我齐射，该营沉着应战，又战一小时。后敌铁甲车一辆增援，并以机炮掩护步兵向我反攻，我遂引退，敌伤亡不明，我亡四、伤十三。

作战

次数：二十四

部队：詹团一部

日期：七月二十日

地点：含山

经过时间：二小时

敌人番号、兵力及兵种：含山土匪二十余

战斗经过概要：我詹团智日在含山剿匪，将匪徒廿余全部击溃，俘匪六名，获步枪四、驳壳一，我伤一。

作战

次数：二十五

部队：詹团一部

日期：七月二十日

地点：浦口附近

经过时间：一小时

敌人番号、兵力及兵种：电话兵六十余

战斗经过概要：我进至该地，与敌修理电话工人六十余遭遇，战约一小时，毙敌一、伤敌二，我无伤亡。

作战

次数：二十六
部队：秦团特务连
日期：七月二十三日
地点：合肥店埠间
经过时间：半小时
敌人番号、兵力及兵种：敌宪兵一部
战斗经过概要：我特务连副连长于是夜率领侦察班，正破坏合肥、店埠间电线时，恰与敌宪兵遭遇，战半小时，我遂引退，敌伤亡不明。

作战
次数：二十七
部队：詹团一部
日期：七月二十三日
地点：东葛
经过时间：一小时
敌人番号、兵力及兵种：守备敌步炮兵
战斗经过概要：该团汪参谋率领侦察排一部，袭扰该敌。后敌增援，以机炮向我猛射，我遂引退。敌伤亡各一，我无损失。

作战
次数：二十八
部队：林团一部
日期：七月二十七日
地点：沙河集
经过时间：一小时
敌人番号、兵力及兵种：伪区署及敌步兵
战斗经过概要：因我方对敌判断不准，故未完成任务，仅毙敌

三、伤五，我伤三人。

作战

次数：二十九

部队：秦团一营

日期：七月二十七日

地点：昂集

经过时间：四小时

敌人番号、兵力及兵种：敌步兵二百余

战斗经过概要：撮镇之敌二百余，于感日向我秦团一营之驻地进攻，敌全部被我分途击退。此次敌伤十一、亡五，我伤八、亡五。

作战

次数：三十

部队：周团三营一部

日期：七月二十九日

地点：张八岭附近

经过时间：一小时半

敌人番号、兵力及兵种：敌步兵二百五十余人

战斗经过概要：我于廿九日至津浦路之张八岭附近，伏击由滁县出来巡路之敌五十余，经我以机枪、手榴弹猛袭，将敌击溃。后滁县敌二百余增援，战约一小时，我即撤回。计毙敌六、伤敌四，我伤四。

作战

次数：三十一

部队：秦团一部

日期：七月三十日

地点：合肥附近

经过时间：半小时

敌人番号、兵力及兵种：步兵百余

战斗经过概要：敌出城游击，与我遭遇，战约半小时，因敌凭其火力顽抗，我即撤回。敌伤亡不明，我无伤亡。

作战

次数：三十二

部队：秦团一部

日期：七月三十日

地点：岗集(合肥北)

经过时间：半小时

敌人番号、兵力及兵种：伪匪约二十余

战斗经过概要：我在该地消灭伪匪全部，并俘获该匪首，及步枪六支，我无损失。

作战

次数：三十三

部队：詹团二连

日期：七月三十日

地点：江浦附近公路

经过时间：一小时

敌人番号、兵力及兵种：由江浦开来敌汽车二辆。

战斗经过概要：我于是夜在公路两侧埋伏，至世晨，由江浦开来敌汽车二辆，将入伏击地时，被汗〔汉〕奸告密，敌即后退，我乃乘势夹攻，当毁车一辆，其余敌车退回江浦，我无损失，敌伤亡不明。

作战

次数：三十四

部队：詹团二营

日期：七月卅一日

地点：江浦

经过时间：一小时

敌人番号、兵力及兵种：守备之敌

战斗经过概要：我袭击江浦敌，战约一小时，因该城外壕沟甚宽，不能接近，即撤退。我伤二、亡一，敌死伤不明。

作战

次数：三十五

部队：秦团五连

日期：七月卅一日

地点：淮河边

经过时间：三小时

敌人番号、兵力及兵种：敌汽艇三艘

战斗经过概要：世日，在淮河边袭击敌汽艇，当击沉一艘，伤二艘，敌伤亡五十余，我伤七、亡四。

作战

次数：三十六

部队：秦团一部

日期：七月卅一日

地点：闰桥(田家庵)

经过时间：三小时

敌人番号、兵力及兵种：该地守敌步兵约五十人

战斗经过概要：我袭击该敌，因敌凭工事顽抗不出，我即安全撤回。此次毙敌十余、伤九人，我亡三。

陆军新编第四军游击战绩概要表

廿八年八月份

作战

次数：一

部队：秦团一营

日期：八月二日

地点：撮城昂集

经过时间：四小时

敌人番号、兵力及兵种：来攻敌步兵三百余

战斗经过概要：冬日，敌三百余，番号不明，企图向我秦团一营之驻地进攻，被我反包围，敌不支，向撮城溃退，我并追击三里始返。此次敌伤亡十七，我伤八、亡五。

作战

次数：二

部队：秦团一部

日期：八月二日

地点：合肥城郊

经过时间：半小时

敌人番号、兵力及兵种：敌步炮兵百余

战斗经过概要：冬日，合肥之敌百余，向城郊游击，与我秦团另一部发生遭遇，因敌凭火力顽抗，我即撤回。此次敌伤亡不详，我无伤亡。

作战

次数：三

部队：彭团一部

日期：八月二日

地点：宋庄(睢县南)

经过时间：三小时

敌人番号、兵力及兵种：未山部队步兵约二百余

战斗经过概要：我在睢县南之宋庄，伏击由太康开杞县之敌未山部队，约二百余，进我伏击地，即奋勇冲杀，将敌全部击溃。此次毙联队长一名，日兵廿余名，伤敌甚多，缴获步枪十支，马五匹，我马敬华大队长亦壮烈牺牲。

作战

次数：四

部队：周团一部

日期：八月三日

地点：沙河集附近

经过时间：一小时

敌人番号、兵力及兵种：敌步兵三十余

战斗经过概要：江日，袭击沙河集查路之敌，战约一小时，将敌击散，敌伤亡十余，我轻伤二名。

作战

次数：五

部队：彭部队一部

日期：八月四日

地点：王家窑

经过时间：二小时

敌人番号、兵力及兵种：伪军张天柱部

战斗经过概要：支日，袭击王家窑地方伪军，并俘张逆之弟五等数名。后淮河对岸之敌七十余、伪军十余出援，我即迎头痛击，敌

不支退回，损失奇重。

作战

次数：六

部队：彭部三团一部

日期：八月五日

地点：怀远城

经过时间：三小时

敌人番号、兵力及兵种：怀远西门守备之敌步骑炮兵三百余

战斗经过概要：微日，袭击怀远西门守敌，当发生激战，我突击队奋勇攻击，冒敌炮火，强占西门敌阵地，予敌以重大杀伤，敌溃退，我任务完成安返。此次敌伤亡不明，我伤七、亡三。

作战

次数：七

部队：詹团一部

日期：八月六日

地点：江浦城

经过时间：一小时

敌人番号、兵力及兵种：江浦守敌步兵

战斗经过概要：六日，詹团一营分三路袭击江浦守备之敌，因城壕宽大，不能接近，我即撤回。此次敌伤亡不详，我伤二、亡一。

作战

次数：八

部队：詹团二连

日期：八月六日

地点：江浦附近公路

经过时间：一时半

敌人番号、兵力及兵种：敌汽车两辆

战斗经过概要：鱼日，我詹团二连在江浦附近公路伏击，适有自江浦开来之敌汽车二辆，将入伏击地带，被汉奸告密，敌车即后驶，我猛烈夹击，毁车一辆，残车退回江浦。

作战

次数：九

部队：詹团四连

日期：八月八日

地点：江浦城

经过时间：一小时

敌人番号、兵力及兵种：江浦之敌步兵

战斗经过概要：齐日，詹团四连夜袭江浦之敌，敌凭城墙顽抗，战约一小时，未奏效，我即撤回。敌伤亡不明，我无伤亡。

作战

次数：十

部队：詹团二营一部

日期：八月八日

地点：腰铺附近公路

经过时间：四小时许

敌人番号、兵力及兵种：敌汽车五辆，步炮兵二百七十余。

战斗经过概要：齐日，在腰铺附近截击由滁县开来之敌汽车五辆。后腰铺敌七十余，附炮一门、机枪三挺来援。正激战中，又由滁县开来敌汽车五辆，载兵二百余，向我夹击，我即撤退。敌伤

十二、亡七，我伤五、亡四。

作战

次数：十一

部队：梁团三营一部

日期：八月八日

地点：刘府

经过时间：一小时

敌人番号、兵力及兵种：刘府守备之敌步兵

战斗经过概要：齐日，袭击刘府守备之敌，因敌凭坚固工事顽抗不出，强攻未奏效，我即撤回。敌伤五、亡四，我伤一、亡一。

作战

次数：十二

部队：詹团三营

日期：八月八日

地点：考城东北老山

经过时间：半小时

敌人番号、兵力及兵种：土匪

战斗经过概要：齐日，围剿考城东北老山之土匪，将匪击散，并捉获匪首王铁军一名，缴获长短枪四，我伤八、亡七。

作战

次数：十三

部队：林团一部

日期：八月九日

地点：池河镇

经过时间：半小时许

敌人番号、兵力及兵种：土匪

战斗经过概要：佳日，林团一部在池河镇(定远东)，消灭该地土匪一部，俘匪首二名，匪众一百名，缴获长短枪三〇支，我无损失。

作战

次数：十四

部队：彭部三团一部

日期：八月十日

地点：门桥小张庄

经过时间：六小时

敌人番号、兵力及兵种：怀远之敌伪联□□□步骑炮二百余

战斗经过概要：彭部三团一部封锁、切断敌粮和交通。灰晨，怀远之敌向城西门桥、小张庄进攻，突破我封锁。因我事先得知，转有利阵地伏击，待敌接近我伏击地带，趁敌不备，突然冲杀，敌溃退怀远城中，据城顽抗，我即撤回。此次敌伤亡五十余，我伤十无亡。

作战

次数：十五

部队：彭部队一部

日期：八月十日

地点：瓦岗刘寨

经过时间：三小时

敌人番号、兵力及兵种：汉奸武装百余人

战斗经过概要：灰日，彭部另一部进击该地汉奸武装，即占领瓦岗、刘寨两据点，将该匪全部击溃。此次毙匪首两名、匪众十余，

缴获机枪一挺、步枪十支，我伤亡各二。

作战

次数：十六

部队：周团三营

日期：八月十一日

地点：张八岭沙河

经过时间：三小时

敌人番号、兵力及兵种：敌步兵四百余，伪警二百余。

战斗经过概要：真日，周团三营进击张八岭，并以一部袭击沙河。同时，我八团二营在沙滁间伏击敌增援队。当张百岭、沙河战斗时，由滁增敌二百余，被击溃后，伪警二百余，继续增援，我奋勇反复肉博数次，因地形不利，即撤回。此次敌亡九，伤甚多，我伤四、亡二。

作战

次数：十七

部队：周团二营

日期：八月十二日

地点：李山头

经过时间：共三小时半

敌人番号、兵力及兵种：敌之巡路队二十余及增援步兵二百余

战斗经过概要：周团四连元晚伏击于张八岭南二里，五连在沙河集以东之李山头伏击，六连在三樊家为预备队，打击敌增援部队。时通过张百岭道路之敌约廿余开来增援，与我五六连激战三小时后，敌遂有增援，我即撤退。敌亡九、伤四，我伤亡各一。

作战

次数：十八

部队：詹团一部

日期：八月十二日

地点：庙山寺

经过时间：三小时

敌人番号、兵力及兵种：敌伪步兵二百余

战斗经过概要：文日拂晓，滁县敌伪二百余，进攻张二房(滁县西南)之滁县常备队，被我驻庙山寺詹团一部发觉，我当占领有利地形，配合常备队，与敌激战，敌不支溃退，我因敌情不明，未予穷追。此次敌伤亡二十余，我伤亡各二。

作战

次数：十九

部队：梁团一部

日期：八月十二日

地点：田家庵矿山

经过时间：一小时

敌人番号、兵力及兵种：敌伪步兵二百余

战斗经过概要：文日，梁团一部袭击田家庵矿山守备之敌伪二百余，敌凭火力顽抗，战约一小时，未奏效，我即撤回。此次敌伤亡不详，我无损失。

作战

次数：二十

部队：詹团一部

日期：八月十三日

地点：浦口花旗营间

经过时间：二小时

敌人番号、兵力及兵种：敌步兵二百余

战斗经过概要：元日，在浦口花旗营间设伏，因不周密，被敌发觉，敌即开来火车一列，载敌二百余，分途向我包围，我奋勇抗击，激战二小时，因众寡悬殊，我即撤退。此次敌伤亡不详，我伤八、亡七。

作战

次数：二十一

部队：梁团侦察排

日期：八月十三日

地点：刘府

经过时间：半小时

敌人番号、兵力及兵种：守备之敌步兵

战斗经过概要：梁团侦察排于元日袭击刘府守备之敌，因铁丝网不能接近，战约半小时，未奏效，我即撤退。敌伤亡不详，我无损失。

作战

次数：二十二

部队：詹团一部

日期：八月十四日

地点：江浦

经过时间：一小时

敌人番号、兵力及兵种：守备敌步兵

战斗经过概要：詹团另一部，于寒日袭江浦守备之敌，敌凭城顽抗，战约一小时，因敌增援，我即撤回。敌伤亡不详，我无伤亡。

作战

次数：二十三
部队：詹团二连
日期：八月十四日
地点：江浦三里桥
经过时间：五小时
敌人番号、兵力及兵种：敌步兵百余
战斗经过概要：詹团二连，元夜将江浦附近之三里桥破坏，即转移至离三里桥三里处休息。寒日，江浦之敌百余，分两路进攻三里桥附近活动之常备队，九团闻讯，即援救，集中火力向敌猛攻，将敌击溃，而将常备队救出，残敌向江浦溃窜。敌伤亡廿余，我亡一、伤二。

作战
次数：二十四
部队：詹团一部
日期：八月十四日
地点：桥林镇
经过时间：一小时
敌人番号、兵力及兵种：敌步兵
战斗经过概要：詹团另一部，于寒日夜袭桥林镇守备之敌，战约一小时，因敌工事坚强，未奏效，我即撤回。敌伤亡不详，我无伤亡。

作战
次数：二十五
部队：秦团一连
日期：八月十五日
地点：太平寺桥头集间

经过时间：一小时

敌人番号、兵力及兵种：敌步兵廿余

战斗经过概要：删日，秦团一连于太平寺、桥头集间破坏铁道，适敌巡路队廿余赶至，我即迎头痛击，将敌击溃。此次敌伤三、亡六，我无伤亡。

作战

次数：二十六

部队：周团一部

日期：八月十五日

地点：梁山南

经过时间：半小时

敌人番号、兵力及兵种：敌火车一辆

战斗经过概要：周团一部于删日至张八岭、沙河间之梁家岗伏击敌火车一辆，激战半小时，因敌增援，我即撤回。敌亡一，我伤亡各一。

作战

次数：二十七

部队：詹团二营

日期：八月十七日

地点：潭墩子

经过时间：四小时

敌人番号、兵力及兵种：敌步兵九百余

战斗经过概要：筱日，在全椒北潭墩子一带行动，因汉奸告密，暴露企图，腰铺、乌衣、全椒、滁县、坦子街、张八岭、沙河集等处之敌，集中九百余，分三路向我分进合击，当被我侦悉，即占有利地形，与敌激战，因敌众我寡，各路分散迫近，我即转移。敌伤亡五人，我亡排长一。

作战

次数：二十八

部队：詹团一部

日期：八月十七日

地点：腰铺

经过时间：二小时

敌人番号、兵力及兵种：敌步兵五十余

战斗经过概要：詹团一部，于筱日袭击腰铺之敌，战约二小时。此战敌伤亡不明，我伤一。同晚，该团另一部破坏腰铺分路一段，敌甚恐慌。

作战

次数：二十九

部队：詹团侦察排

日期：八月十七日

地点：腰铺

经过时间：一小时

敌人番号、兵力及兵种：守备之敌步兵五十余

战斗经过概要：詹团侦察排，又于筱日袭扰腰铺守备之敌，因敌凭工事顽抗，我即撤退。此次敌伤五、亡四，我伤二、亡一。

作战

次数：三十

部队：周团一部

日期：八月十九日

地点：张八岭附近

经过时间：二小时半

敌人番号、兵力及兵种：破坏

战斗经过概要：周团一部，于皓日配合当地群众百余，破坏张八岭附近铁轨约三里，并收电线七百余斤。

作战

次数：三十一

部队：秦团一部

日期：八月廿二日

地点：合肥昂集

经过时间：一小时

敌人番号、兵力及兵种：敌巡路队廿余

战斗经过概要：养日，秦团一部在合肥东之昂集破坏铁轨，适敌巡路队廿余至，战约一小时，因敌情不明，即撤退。此次敌伤亡不明，我无损失。

作战

次数：三十二

部队：詹团四连

日期：八月廿三日

地点：刘府

经过时间：四小时

敌人番号、兵力及兵种：刘府敌便衣队廿余

战斗经过概要：梗日，詹团四连便衣队与敌便衣队遭遇，战约二小时，将其击溃。后开来敌汽车一辆增援，我先占领有利地形，与敌战约二小时，敌不支，向蚌埠退去。此次敌伤亡廿余，我伤二、亡二。

作战

次数：三十三

部队：秦团五连

日期：八月廿四日

地点：岗集

经过时间：四小时

敌人番号、兵力及兵种：守备之敌步兵

战斗经过概要：敬夜，秦团五连袭击岗集守备之敌，因敌凭火力顽抗不出，我即撤回。此次敌伤亡不明，我伤二、亡二。

作战

次数：三十四

部队：四支特务四连一部

日期：八月廿四日

地点：凤阳附近

经过时间：半小时

敌人番号、兵力及兵种：守敌步兵十余人

战斗经过概要：四支特务营四连侦察员，敬日潜入凤阳附近侦察，当毙敌班长一名，获手枪一支，我安返。

作战

次数：三十五

部队：周团一营

日期：八月廿七日

地点：李家山

经过时间：五小时

敌人番号、兵力及兵种：巡路之敌步兵十六名及增援敌步兵战斗经过概要：感日，周团一部在沙河集北段李家山伏击巡路之敌十六名，当被我奋勇夹击，战约一小时后，又与敌增援部队战四小时，因敌继续增援，我即撤回。此次敌共伤七、亡二十七，我伤五、亡二。

作战

次数：三十六

部队：周团三营

日期：八月廿七日

地点：明光南

经过时间：三时卅分

敌人番号、兵力及兵种：查路之敌十余及增援之敌百余

战斗经过概要：廿七日，周团三营在明光南伏击查路之敌，当被我猛烈击退。后由明光开来百余增援，战三小时，经我奋勇冲杀，将敌全部击溃。此次毙敌少佐石川一员、敌兵廿余，伤敌十余，我亡十二、伤十一。

作战

次数：三十七

部队：成团一部

日期：八月廿九日

地点：石佛寺

经过时间：一小时

敌人番号、兵力及兵种：敌汽车二辆，载敌步兵六十余，及增援之敌步骑炮二百余，飞机多架。

战斗经过概要：感日，成团一部在江浦、浦口间之石佛寺伏击，适有敌汽车二辆载敌六十余，由浦口开往江浦，至我伏击地，我即予敌突击，敌恐慌下车抵抗约一小时，敌由浦口开来步骑炮兵二百

余，并有飞机助战，因敌我悬殊，我即退。此次敌伤亡五十余，我伤廿九、亡十。

陆军新编第四军游击战绩概要表
廿八年九月份

作战

次数：一

部队：詹团一部

日期：九月二日

地点：滁县城

经过时间：二小时

敌人番号、兵力及兵种：守备之敌步兵

战斗经过概要：詹团一部于二日夜，掩护罗支队东进，袭敌守备部队，因工事坚固，并设地雷，不易接近，战约二小时后，仅散发宣传品一部，撤回原防。敌伤亡不明，我无伤亡。

作战

次数：二

部队：彭部张团一部

日期：九月二日

地点：马牧集(永康间)

经过时间：二小时

敌人番号、兵力及兵种：伪军张世杰部八十余

战斗经过概要：是夜，进袭该敌，当将敌击溃，俘伪首张世杰以下廿人，缴获步枪廿五支、马八匹。此战毙汉奸二、伪军十五，伤十余，我亦伤八、亡四。

作战

次数：三

部队：五支特务营

日期：九月二日

地点：横山集(明光西南)

经过时间：

敌人番号、兵力及兵种：张郢子部土匪七十余

战斗经过概要：将明光西南之该地土匪击溃，毙匪五、伤九、俘一，我伤三、亡三，缴获步枪一支。

作战

次数：四

部队：秦团一部

日期：九月四日

地点：腰铺

经过时间：四小时

敌人番号、兵力及兵种：腰铺守备之敌步兵

战斗经过概要：我部袭击该敌，因敌工事强固，死守顽抗，未奏效，我即撤回。此次敌亡三、伤五，我亦伤亡各三。

作战

次数：五

部队：四支詹团一营八团二营

日期：九月五日

地点：莱安

经过时间：一日

敌人番号、兵力及兵种：敌步骑炮三百余

战斗经过概要：进占莱安之敌，由莱安向百来桥突犯，途经复兴集，被我周团二营迎头痛击。后我詹团一营及五支队教导队继

续增加，三面夹击，激战一日，将敌击溃，我追击一里，敌退莱安，我九团二营又复该晚继续袭击莱安敌，敌甚恐慌，而向滁县窜退，我即克服莱安城。计毙敌队长以下十八名，伤廿余，我亦伤十六、亡十五。

作战

次数：六

部队：林团一部

日期：九月七日

地点：兴隆集

经过时间：半小时

敌人番号、兵力及兵种：合肥之敌步兵十余，随带轻机枪一挺

战斗经过概要：敌掩护敌奸运输，买卖物品，被我便衣队突然袭击，当毙敌小队长以下六名，伤敌二名，余敌向合肥逃去。我缴获机枪一挺，步枪六支，我伤副队长一，无亡。

作战

次数：七

部队：彭部张团一部

日期：九月七日

地点：夏邑县城

经过时间：三小时

敌人番号、兵力及兵种：敌伪步兵五百余

战斗经过概要：我张团一部袭击该地敌伪，当我逼近至该地，击其警戒部队时，城内敌闻枪声，即紧闭城门，经我猛射，未克。此次敌伤亡三十余。

作战

次数：八

部队：游纵一部

日期：九月七日

地点：兴隆州

经过时间：半小时

敌人番号、兵力及兵种：敌汽艇一艘

战斗经过概要：七日拂晓，我在兴隆州发觉敌艇掩护汉奸偷运粮食，顺水下驶，经我猛射，将其击伤，并毙敌二，我无伤亡。

作战

次数：九

部队：梁团一部

日期：九月九日

地点：桥林

经过时间：四小时

敌人番号、兵力及兵种：守敌步兵二百余

战斗经过概要：江浦之敌，分水陆两路向桥林进犯，我得报予敌迎头痛击，将敌击溃。此次敌伤五、亡二，我伤二、亡一，

作战

次数：十

部队：游纵一部

日期：九月十日

地点：东关太平桥

经过时间：一小时

敌人番号、兵力及兵种：东关太平桥守敌步兵

战斗经过概要：我一部袭击该敌，因经石涧埠、余家村时，被红枪会中通敌份子告密，当我袭击时，该敌先有准备，未奏效，我即撤退回。敌伤亡不明，我无伤亡。

作战

次数：十一

部队：彭部一部

日期：九月十二日

地点：永涡宿边区

经过时间：一小时

敌人番号、兵力及兵种：著匪黄继昌、黄秋等股六十余

战斗经过概要：该匪经常蹂躏地方，并受汉奸指使，人民痛恨已极。文日，我部将匪全部消灭，并生俘该匪首领以下六人，人心大快。此次缴获步马枪五支，敌伤亡卅余，我伤七、亡四。

作战

次数：十二

部队：梁团一部

日期：九月十六日

地点：凤阳城

经过时间：一小时

敌人番号、兵力及兵种：凤阳西关守备之敌步兵

战斗经过概要：我分两路予敌袭击，被敌哨发觉，向我射击，我当将哨兵击毙一名，并以手榴弹向敌城内猛攻，敌闭城顽抗，我即撤。敌伤三、亡一，我伤二、亡一。

作战

次数：十三

部队：彭部一部

日期：九月十七日

地点：小王集

经过时间：半小时

敌人番号、兵力及兵种：小王集汉奸王福来部

战斗经过概要：筱夜，袭永城近郊小王集汉奸王福来部之秘密后方一处，我予以袭击，得步枪一，俘民众六，经解释后释放，当地民众甚为欢迎。敌伤亡不明，我无伤亡。

作战

次数：十四

部队：詹团一部

日期：九月十七日

地点：滁县城北关

经过时间：二小时

敌人番号、兵力及兵种：该城守备之敌步兵

战斗经过概要：我夜袭滁县北关守敌，激战二小时，敌固守顽抗，未奏效，我即撤退。此次敌伤二名，我无伤亡。

作战

次数：十五

部队：詹团一部

日期：九月十九日

地点：明光石坝

经过时间：三小时

敌人番号、兵力及兵种：该地之敌步兵

战斗经过概要：我分两路夜袭，当逼近敌驻地，即先向敌掷手榴弹，继以火攻，因房屋坚固不燃，敌顽强抵抗，未奏效，我即撤退。

此次敌伤四、亡三，我伤二。

作战

次数：十六

部队：詹团一部

日期：九月十九日

地点：管店附近

经过时间：半小时

敌人番号、兵力及兵种：破坏

战斗经过概要：效夜，动员民众配合，将管店附近铁道破坏约十四米达，并切断电线杆七根。后我埋置地雷，将敌火车一辆炸毁，并毙敌四。

作战

次数：十七

部队：梁团一部

日期：九月廿日

地点：龙头集

经过时间：约一小时

敌人番号、兵力及兵种：怀远三区龙头集著匪叶从昌

战斗经过概要：该匪劫守区署枪支十余，我受魏区长请，即派队协同区署武装，将匪全部击溃，所获枪支全交区署。

作战

次数：十八

部队：梁团一部

日期：九月廿一日

地点：九龙岗

经过时间：一小时

敌人番号、兵力及兵种：伪军步兵

战斗经过概要：我夜袭该地伪区署，同时分一路袭扰守矿之敌，钳制之伪军死守堡垒顽抗，我以火力将伪区署房屋五间全部焚烧，死伪军廿余，俘一名，我伤二名，无亡。

作战

次数：十九

部队：罗支队一部

日期：九月廿一日

地点：青龙厂

经过时间：五小时

敌人番号、兵力及兵种：敌伪军步兵七百余

战斗经过概要：合肥敌进犯青龙厂，当被我配合地方武装袭扰约两小时，敌不支溃退。我林团主力得讯驰援，又截击该敌，约三小时，敌不支，乃向合肥逃窜。此次敌伤亡四十余，我伤十一、亡九。

作战

次数：二十

部队：彭部一部

日期：九月廿二日

地点：商邱书桥

经过时间：一小时

敌人番号、兵力及兵种：汉奸朱庆章及通敌之红枪会

战斗经过概要：我本拟打击隆海路东段附近之敌，经商邱三区书桥时，该地大汉奸朱庆章勾结当地通敌之红枪会，阻我前进，

经我官兵奋勇冲杀，将汉奸首领朱庆章活捉，敌伤亡不明，我无伤亡。

作战

次数：二十一

部队：成团一部

日期：九月二十二日

地点：沈家巷车站

经过时间：一小时半

敌人番号、兵力及兵种：驻敌军步兵八十余，并伪军十余。

战斗经过概要：我分两路袭击，攻入街中，街中伪军仓皇退至车站，与日军固守，我继攻无效，故即撤退。我俘汉奸二、伪军死伤各三，我伤二、亡四。

作战

次数：二十二

部队：彭部二部

日期：九月廿六日

地点：石弓山（涡阳东北）

经过时间：五小时

敌人番号、兵力及兵种：宿县、临溪、睢溪口等处集合之敌步炮兵四百余人，汽车十七辆、炮四门

战斗经过概要：该敌占涡阳东北之石弓山，在该地烧杀。我得报后，派队夹击，将其击溃，我克复石弓山后乘胜追击，进逼临溪，突破敌第一道防线，继因攻第二道防线未效，我即撤回。此次敌伤亡五十余，我亡八、伤十七。

作战

次数：二十四

部队：彭部一部

日期：九月廿八日

地点：双桥

经过时间：一小时

敌人番号、兵力及兵种：汉奸武装程友生、王福纯部。

战斗经过概要：将汉奸部击溃，并俘程、王两汉奸首领及匪众数人，缴获长短枪四支，马三匹，我无损失。

陆军新编第四军游击战绩概要表
廿八年十月份

作战

次数：一

部队：彭部一部

日期：十月二日

地点：永城大回村

经过时间：二小时

敌人番号、兵力及兵种：敌步兵五百余、骑兵百余及汽车数辆。

战斗经过概要：我夜袭进犯大回村之敌，该敌恐慌万状，不支而逃退，我追击数里，遂克大回村，敌伤亡十余，我伤三、亡二。

作战

次数：二

部队：四支詹团一部

日期：十月四日

地点：浦合公路

经过时间：一小时

敌人番号、兵力及兵种：敌汽车两辆

战斗经过概要：我伏击敌汽车二辆，击毁一辆，另一辆逃回，敌援至，我即返。日军死伤五十余，我亡政指一、战士八，伤营长一、战士十。

作战

次数：三

部队：秦团一部

日期：十月十五日

地点：九龙岗

经过时间：二小时

敌人番号、兵力及兵种：敌伪警备队三百余

战斗经过概要：我夜袭敌，并以火攻，敌守工事顽抗，我即撤回，敌伤亡十五，我亡二、伤六。

作战

次数：四

部队：彭部一部

日期：十月十五日

地点：韩楼(夏邑南)

经过时间：二小时

敌人番号、兵力及兵种：伪剿共军一支队刘文义部

战斗经过概要：我星夜向敌袭击，该敌被我击溃，俘队长以下四十余，缴获步枪十余支，及汉奸文件甚多，我亡六、伤十，敌亡不明。

作战

次数：五

部队：彭部队一部

日期：十月十六日

地点：曹油坊(永城东)

经过时间：三小时

敌人番号、兵力及兵种：汉奸王景玉部武装六十余

战斗经过概要：我星夜向敌袭击，将敌击溃，缴获步枪卅七支，机枪一挺，驳壳枪一，掷弹筒一，敌伤亡卅余，我伤廿二、亡十七。

作战

次数：六

部队：彭部一部

日期：十月十七日

地点：李楼(濉溪口北)

经过时间：一小时

敌人番号、兵力及兵种：敌步兵二百余人

战斗经过概要：我夜袭敌，因敌坚守工事顽抗，我即撤回，敌伤亡廿余，我伤亡各五。

作战

次数：七

部队：四支队秦团一部

日期：十月十七日

地点：全椒县

经过时间：一小时

敌人番号、兵力及兵种：敌伪步炮兵三百余

战斗经过概要：我夜袭守城之敌，敌机炮不断向我射击，固守不出，我即撤回，敌伤三、亡二，我伤亡各一。

作战

次数：八

部队：秦团一部

日期：十月十八日

地点：秦集(蚌埠南)

经过时间：二小时

敌人番号、兵力及兵种：伪维持会自卫团四十余人

战斗经过概要：我夜袭敌，将敌击溃，缴获长短枪八支，俘伪官兵各一，敌伤亡各二，我伤二、亡一。

作战

次数：九

部队：秦团一部

日期：十月十九日

地点：武店(蚌埠南)

经过时间：一小时

敌人番号、兵力及兵种：敌步兵三百余

战斗经过概要：我袭扰占领武店之敌，敌甚恐慌，翌日向蚌退去。敌伤四、亡三，我无损失。

作战

次数：十

部队：秦团一部

日期：十月二十日

地点：毛草领(滁县南)

经过时间：二小时

敌人番号、兵力及兵种：敌步兵一班及增援步兵二百余

战斗经过概要：我埋伏队被敌发觉，敌增援，与我激战，该敌

被我击溃后，残部逃回滁城，敌亡廿、伤十，我伤一。

作战

次数：十一

部队：彭支一部

日期：十月二十日

地点：马村桥（涡阳北）

经过时间：三小时

敌人番号、兵力及兵种：敌骑四百余及伪军王福侃部和汽车廿一辆

战斗经过概要：敌犯马村桥，我迎击，敌退刘楼。我进袭，敌又退夏桥，烧民房。我再追击，敌退盛店。我因情况不明，未穷追。敌伤亡卅余，我亡十、伤十二。

作战

次数：十二

部队：游纵特务连

日期：十月二十日

地点：白马州

经过时间：半小时

敌人番号、兵力及兵种：敌步兵百余

战斗经过概要：敌机受伤，落白马州。我特务连往，收获敌机零件，适敌机六架掩护江中登陆敌百余，与我其遭遇，因众寡悬殊，我即撤回。敌伤亡不明，我无损失。

作战

次数：十三

部队：秦团一部

日期：十月二十日

地点：滁县南关

经过时间：半小时

敌人番号、兵力及兵种：守备之敌步炮兵

战斗经过概要：我夜袭守城敌，城内敌甚恐慌，枪炮乱放，我即返，敌伤亡不明，我无伤亡。

作战

次数：十四

部队：彭支一部

日期：十月二十日

地点：曹油坊（永城东）

经过时间：二小时

敌人番号、兵力及兵种：汉奸王景玉部下伪营长邱藻胜部步兵三百余人

战斗经过概要：我进袭，将敌击溃，缴获步马枪百卅支，轻重机枪各二，驳壳一，俘邱逆以下百五十余人。

作战

次数：十五

部队：秦团一部

日期：十月二十一日

地点：观音李（刘府南）

经过时间：一小时

敌人番号、兵力及兵种：敌伪步兵百余

战斗经过概要：我夜袭敌，因敌固守工事顽抗，我即撤回，敌亡三，我无损失。

作战

次数：十六

部队：游纵侦察班

日期：十月二十一日

地点：淮南路东关车站

经过时间：半小时

敌人番号、兵力及兵种：敌铁道守备队三十余伪军一部

战斗经过概要：侦察班化装混入，夜袭该站人，毙敌四，缴获步枪三支，伪军四名携枪反正，我无伤亡。

作战

次数：十七

部队：彭支队一部

日期：十月二十二日

地点：孙楼（萧县南）

经过时间：二小时

敌人番号、兵力及兵种：汉奸张先进部

战斗经过概要：我进袭，将敌击溃，缴获步枪四十余支，并毙张逆及俘伪军五十余，我无损失

作战

次数：十八

部队：彭支一部

日期：十月二十三日

地点：曹油坊（永城东）

经过时间：六小时

敌人番号、兵力及兵种：汉奸王景玉部下石周部

战斗经过概要：我围击敌六小时后，该敌自动缴枪，计获步枪

卅余，轻机枪二，高射机枪一，迫击炮一，我伤十、亡七。

作战

次数：十九

部队：彭支一部

日期：十月二十九日

地点：马头寺（夏邑南）

经过时间：一小时

敌人番号、兵力及兵种：伪剿共军第二路军长张仁杰部步〔兵〕千余

战斗经过概要：我突击队于是夜架云梯入西门，以手榴弹猛烈投击，敌紧急集合，激战一小时，敌不支，退南门据点固守，我即撤退。缴获步枪十五，驳壳一，马二匹，伤亡三百余，俘副官长一，我伤十一、亡二。

陆军新编第四军游击战绩概要表

二十八年十一月份

作战

次数：一

部队：秦团一营

日期：十一月一日

地点：水口雷官集

经过时间：一小时

敌人番号、兵力及兵种：汉奸武装约二十余

战斗经过概要：秦团一营于东日向该地行动，捉获汉奸三名，并将伪武装全部解决。

作战

次数：二
部队：秦团一营一部
日期：十一月三日
地点：乌衣车站
经过时间：一小时
敌人番号、兵力及兵种：该地守敌五十余
战斗经过概要：秦团一部于江夜袭击乌衣车站之敌，因敌固守工事不出，我即撤回原防。这次我无损失，敌伤亡较多。

作战
次数：三
部队：彭部一部
日期：十一月三日
地点：张家楼
经过时间：一小时
敌人番号、兵力及兵种：伪军王朴臣部步兵四百余
战斗经过概要：彭部一部于江夜袭张波〔家〕楼，我乘敌甜睡，以机枪向敌猛击，将敌全部击溃。此次缴获甚多，我无损失。

作战
次数：四
部队：秦团
日期：十一月三日
地点：乌衣镇
经过时间：一小时
敌人番号、兵力及兵种：该敌约百余，轻重机枪三挺。
战斗经过概要：江夜，我袭击乌衣镇，因敌固守据点，并以机枪向我猛射，我即撤回。此次敌伤亡十名。

作战

次数：五

部队：四支秦团一部

日期：十一月五日

地点：乌衣车站

经过时间：二小时

敌人番号、兵力及兵种：该地之敌六十余

战斗经过概要：秦团一部于江夜袭击该地之敌，毙敌大队长一名。六日，敌屠杀该镇群众五百。

作战

次数：六

部队：詹团一部

日期：十一月六日

地点：合肥撮镇间

经过时间：三小时

敌人番号、兵力及兵种：敌火车一列增援敌步兵百余

战斗经过概要：詹团一部伏于该地，袭击敌西开火车一列，炸毁敌车箱两个，后敌增援，我即撤回。此次敌伪伤亡十余。

作战

次数：七

部队：詹团一部

日期：十一月六日

地点：店埠

经过时间：一小时

敌人番号、兵力及兵种：由撮镇向店埠出扰之敌五十余

战斗经过概要：鱼未，敌伪五十余，由撮镇向店埠扰乱，我林团一部前往，将敌击溃，救护民众二名，敌伤亡各一，我亦伤亡二名。

作战

次数：八

部队：梁团一连

日期：十一月九日

地点：刘府

经过时间：一小时半

敌人番号、兵力及兵种：运动之敌六十余

战斗经过概要：梁团一连于佳夜在刘府袭击敌人，与敌遭遇，结果敌伤十人。

作战

次数：九

部队：游纵特务连一部

日期：十一月十一日

地点：鲁港

经过时间：半小时

敌人番号、兵力及兵种：伪警二十余人

战斗经过概要： 游击纵队特务连于真申袭击鲁港过渡之敌，俘伪警二名，获步枪三支。

作战

次数：十

部队：彭部一部

日期：十一月十二日

地点：永城西

经过时间：一小时

敌人番号、兵力及兵种：永城出扰之敌

战斗经过概要：永城敌常以汽车向我空隙冲击，并指示汉奸在城西建立良民会，集合武装百余，常出发抢劫，民众恨之入骨，我彭文得报，便派队袭击，将其全部击溃。此次敌伤亡甚多。

作战

次数：十一

部队：秦团

日期：十一月十二日

地点：全椒西门

经过时间：一小时

敌人番号、兵力及兵种：全椒西门守敌二百余

战斗经过概要：该团二连于文夜袭扰该敌，敌死守不出，我即撤回。是役，我无损失，敌伤亡不明。

作战

次数：十二

部队：彭部一部

日期：十一月十三日

地点：白树集(永城西)

经过时间：三小时

敌人番号、兵力及兵种：由永城西犯之敌步骑炮二百余

战斗经过概要：敌伪步骑炮联合部队二百余，于永城西犯。我彭部一部得报，即驰往袭击，敌闻风先退，追十余里，敌掩护部队且战且退，我追至永城撤回。此次敌伤亡廿余。

作战

次数：十三

部队：彭部

日期：十一月十五日

地点：观音堂

经过时间：一小时

敌人番号、兵力及兵种：汉奸部队张际吝、王学端部，共约百余人。

战斗经过概要：删日，彭部袭击该地之敌，战约一小时，并俘张逆以下十余，毙敌十余。解决战斗时，张逆之子率部百余向我反攻，又战一小时，将敌全部击溃。此次缴获甚多。

作战

次数：十四

部队：秦团

日期：十一月十七日

地点：腰铺

经过时间：二小时

敌人番号、兵力及兵种：该地之敌步兵二百余

战斗经过概要：该团一营及特务四连围击腰铺，集结主力打击，敌固守不出，我即撤回原防。此次敌伤亡十余。

作战

次数：十五

部队：秦团

日期：十一月十七日

地点：沙河集

经过时间：一小时

敌人番号、兵力及兵种：沙河集守敌步兵约六十余

战斗经过概要：该团九连夜袭该地之敌，敌甚恐慌，我以袭扰任务完成，即撤回，我无伤亡，敌伤亡不详。

作战

次数：十六

部队：游纵便衣队

日期：十一月十八日

地点：淮南路东关车站

经过时间：一小时

敌人番号、兵力及兵种：东关车站之守敌百余，援敌百余

战斗经过概要：我便衣一部于巧长袭击淮南路东关车站，出敌不意，即以猛袭。当毙敌伪廿余，后驻巢县敌百余驰援，我即撤回。

作战

次数：十七

部队：周团

日期：十一月廿日

地点：秦栏镇

经过时间：二小时

敌人番号、兵力及兵种：伪绥靖队约百余人

战斗经过概要：我哿日十时，袭击该地之敌，当将其全部消灭。

作战

次数：十八

部队：梁团一营

日期：十一月廿日

地点：马头城附近之朱村

经过时间：三小时

敌人番号、兵力及兵种：守备敌伪军卅余

战斗经过概要：我梁团一营分三路袭击该敌，敌发觉还击，我部猛攻敌碉堡，敌增援，又被我击退。此次敌伤亡十余。

作战

次数：十九

部队：周团

日期：十一月廿二日

地点：来安附近

经过时间：二小时

敌人番号、兵力及兵种：占来安之敌

战斗经过概要：来安经我周团猛袭后，当即将该城克服，我缴获甚多。

作战

次数：二十

部队：彭部一部

日期：十一月廿二日

地点：东刘楼

经过时间：四小时

敌人番号、兵力及兵种：伪军张子行、李元甫部二百余

战斗经过概要：我彭部袭击该敌，敌甚恐慌。我另一部袭击夏邑西南孙楼伪维持会，将其大部消灭。此二战，闻我缴获甚多。

作战

次数：二十一

部队：秦团
日期：十一月廿四日
地点：珠龙桥
经过时间：六小时
敌人番号、兵力及兵种：由滁出扰之敌步兵二百余
战斗经过概要：由滁出扰之敌二百余，追击我罗支队，被我秦团三营迎头痛击，将敌击溃。此次敌伤亡十余。

作战

次数：二十二
部队：詹团
日期：十一月廿四日
地点：大王岗
经过时间：一小时
敌人番号、兵力及兵种：撮镇出来巡路之敌约五十余
战斗经过概要：我詹团一连伏击由撮镇出巡之敌四名，被我以手榴弹将敌击溃后，又出敌三人，以机枪向我射击，又被我击溃。敌开火车一列，我即撤退。

作战

次数：二十三
部队：彭部一部
日期：十一月廿七日
地点：丁桥
经过时间：二小时
敌人番号、兵力及兵种：伪军张殿臣部
战斗经过概要：我与该敌潜伏战二小时，被敌击溃，该敌即撤退堡垒。此次敌死伤甚多。

作战

次数：二十四

部队：彭部一部

日期：十一月廿九日

地点：大槐庄

经过时间：一小时

敌人番号、兵力及兵种：伪军张荆汝部约五十余

战斗经过概要：经我猛烈袭击后，并获张逆之子张文喜以下十五名。

作战

次数：二十五

部队：梁团

日期：十一月廿九日

地点：凤阳县

经过时间：半小时

敌人番号、兵力及兵种：敌伪联合部队六百余

战斗经过概要：该敌企图进攻我梁团驻地，我即转移，恰与敌遭遇，约战半小时，被我击溃，该敌东撤，将凤阳包围，损失甚重。此次敌伤亡五人。

陆军新编第四军游击战绩概要表

廿八年十二月份

作战

次数：一

部队：彭部一团

日期：十二月三日

地点：杜集

经过时间：四小时

敌人番号、兵力及兵种：伪和平救国军第一路第一支队

战斗经过概要：我于三日夜袭该地之敌，敌固守工事，经我勇猛冲击，敌伤亡甚众，缴获在清理中。

作战

次数：二

部队：彭支三团

日期：十二月三日

地点：商邱南济阳集

经过时间：四小时

敌人番号、兵力及兵种：伪和平救国军第二路二支队

战斗经过概要：经我猛击，将敌全部消灭，我缴获无算。

作战

次数：三

部队：秦团一、二营

日期：十二月四日

地点：滁全腰铺

经过时间：半小时

敌人番号、兵力及兵种：由腰铺出扰之敌卅余

战斗经过概要：我秦团一、二营于四日晨伏击由腰铺出扰之敌，激战半小时，因我兵力雄厚，敌不支，仍向原路逃窜。是役，我无伤亡，敌伤亡不明。

作战

次数：四

部队：游纵警卫连

日期：十二月四日

地点：白马州

经过时间：二小时

敌人番号、兵力及兵种：登陆之敌百余

战斗经过概要：敌登陆之敌百余，向我进犯，经我迎头痛击，将其全部击退。此次敌伤亡四名，我无损失。

作战

次数：五

部队：梁团三连一排

日期：十二月四日

地点：孝宜詹禹帝庙之间

经过时间：三小时

敌人番号、兵力及兵种：由黄童窑出来之敌兵力不详

战斗经过概要：由黄童窑出来之敌，恰遇我梁团三连一排，遭遇战约三小时，毙敌甚多，缴获军用品一部。

作战

次数：六

部队：游纵一部

日期：十二月五日

地点：小新洲

经过时间：二小时

敌人番号、兵力及兵种：赵日昇部百余名

战斗经过概要：五日晚，我游击纵队与伪赵日昇部发生激战，敌不支溃退。

作战

次数：七

部队：秦团二营

日期：十二月五日

地点：滁全公路

经过时间：二小时

敌人番号、兵力及兵种：敌汽车二十五辆

战斗经过概要：我以手榴弹向敌猛击，即将敌击溃，并被我焚毁二辆。后又开来八辆，我因地形不利，我即撤退。此次敌伤亡四十余，我伤亡十余。

作战

次数：八

部队：詹团二营侦察队

日期：十二月六日

地点：合肥飞机场

经过时间：一小时

敌人番号、兵力及兵种：合肥飞机场之守敌

战斗经过概要：我詹团侦察队于六日击扰合肥飞机场，主要配合五路军一三八师袭击岗集，我侦察队以手榴弹向机场猛掷，敌恐慌万状，我无伤亡。

作战

次数：九

部队：周团一部

日期：十二月六日

地点：秦栏集

经过时间：四小时

敌人番号、兵力及兵种：敌汽车及伪军

战斗经过概要：我周团一部于六日伏击敌汽车，将敌击溃。此次敌伤亡和我缴获颇多。

作战

次数：十

部队：周团一部

日期：十二月七日

地点：天阳公路间

经过时间：三小时

敌人番号、兵力及兵种：破坏

战斗经过概要：破坏敌公路一段，五里许。

作战

次数：十一

部队：秦团一营

日期：十二月八日

地点：石沛桥

经过时间：五小时

敌人番号、兵力及兵种：全椒之敌三十余

战斗经过概要：全椒之敌三百余进犯石沛桥，该李专员所部之谭支队，不支，向东王集退去。我闻炮声驰援，战约五小时，将敌击退，并将该敌追至全椒城附近。

作战

次数：十二

部队：秦团一营

日期：十二月八日

地点：石沛桥

经过时间：三小时

敌人番号、兵力及兵种：全椒之敌三百余，附炮二门、轻机枪十一挺。

战斗经过概要：敌向石沛桥我秦团驻地进犯，我集中力量向敌猛攻，反复肉搏数次，结果被我击溃。此次敌伤亡不明，我缴获军用品一部。

作战

次数：十三

部队：游纵队

日期：十二月十日

地点：东关车站附近

经过时间：一小时

敌人番号、兵力及兵种：袭扰

战斗经过概要：我十日晚，破坏淮南路车站附近之铁道后，敌百余增援，我任务已达安返。

作战

次数：十四

部队：游纵五连

日期：十二月十一日

地点：白马洲

经过时间：三小时

敌人番号、兵力及兵种：敌登陆部队八十余

战斗经过概要：该敌登陆，向我游击纵队进犯，我游纵五连与敌激战，敌败退，窜回敌舰。

作战

次数：十五

部队：彭支队二团

日期：十二月十四日

地点：城东寨墙

经过时间：

敌人番号、兵力及兵种：永城敌骑三百余，平射炮五门、轻重机枪。

战斗经过概要：该敌经我彭支队二团猛击后，损失奇重，狼狈返去。

作战

次数：十六

部队：秦团一部

日期：十二月十五日

地点：坚镇

经过时间：一日

敌人番号、兵力及兵种：敌三百余

战斗经过概要：敌三百余向我进犯，被我击退。此次敌伤亡百余。

作战

次数：十七

部队：挺进纵队四团

日期：十二月十七日

地点：天杨公路大仪集

经过时间：二小时

敌人番号、兵力及兵种：伪军

战斗经过概要：我挺纵队四团将大仪集伪军全部消灭，计俘敌二十五名。

作战

次数：十八

部队：彭部一纵队

日期：十二月十八日

地点：夏邑东南部庙

经过时间：三小时

敌人番号、兵力及兵种：土匪张凤光部

战斗经过概要：土匪张凤光部，四月用我军及大夏邑常备队，抢劫民间饰物，经我猛击，结果俘获甚多，敌死伤亦众。

作战

次数：十九

部队：周团一营

日期：十二月十九日

地点：天杨公路滁家集

经过时间：二小时

敌人番号、兵力及兵种：伪警察队

战斗经过概要：我将该敌全部消灭，俘获甚多，并破坏天杨间电杆二十余根。

作战

次数：二十

部队：梁团三营

日期：十二月二十日

地点：九龙岗

经过时间：一小时

敌人番号、兵力及兵种：土匪三十余

战斗经过概要：将该匪包围消灭，并俘十余。

作战

次数：二十一

部队：成团

日期：十二月二十一日

地点：小让家车站附近

经过时间：一小时

敌人番号、兵力及兵种：伪维持会

战斗经过概要：我军于廿一日晚袭击小让家车站附近之伪维持会，敌不支撤退，我缴获军用品甚多。

作战

次数：二十二

部队：成团秦团

日期：十二月廿一日

地点：周家岗

经过时间：三小时

敌人番号、兵力及兵种：敌一千六百余

战斗经过概要：敌分三路向我进攻，被我分途击退。

作战

次数：二十三

部队：秦团一连

日期：十二月廿二日

地点：滁县西关

经过时间：一小时

敌人番号、兵力及兵种：敌伪步兵二十余

战斗经过概要：我二连一部袭击滁县西关后，敌伪追击我军，我占有利地形，将其击退。

作战

次数：二十四

部队：詹团一、二营

日期：十二月廿四日

地点：古河

经过时间：十小时

敌人番号、兵力及兵种：敌步兵百余

战斗经过概要：敌由程家市犯古河，被我击退。

作战

次数：二十五

部队：詹团二营

日期：十二月二十四日

地点：小集堵

经过时间：二小时

敌人番号、兵力及兵种：六百余人

战斗经过概要：我堵击该敌，敌不支向张罗方面溃退。

作战

次数：二十六

部队：彭支一部

日期：十二月二十四日

地点：丁楼

经过时间：一小时
敌人番号、兵力及兵种：敌四百余附战车十二辆
战斗经过概要：敌向我进犯，被彭支队一部击退。

作战
次数：二十七
部队：彭部一部
日期：十二月廿五日
地点：梅小集
经过时间：约一小时
敌人番号、兵力及兵种：敌骑百余、炮三门
战斗经过概要：敌与我接触，发炮廿余发，即退去。

作战
次数：二十八
部队：林团一部
日期：十二月廿七日
地点：石盘山
经过时间：一日
敌人番号、兵力及兵种：五百余
战斗经过概要：敌向我进攻，被我迎头痛击，将其击溃。

作战
次数：二十九
部队：林团一部
日期：十二月卅日
地点：程驾桥
经过时间：六小时

敌人番号、兵力及兵种：敌百余、夫子六十余。

战斗经过概要：退回六合之敌，向我程驾桥进攻，被我迎头痛击，敌不支退回。

作战

次数：三十

部队：游纵队一部

日期：十二月卅日

地点：阳家沟东南

经过时间：一小时半

敌人番号、兵力及兵种：敌汽艇三艘载敌六

战斗经过概要：敌企图登陆，被我击退。

陆军新编第四军 军　长　叶挺
副军长　项英

中华民国　　年　月　日

〔国民政府国防部史政局及战史会档案〕

11. 第三战区第二游击区总指挥部关于江南战场新四军各部驻地①

(1940年7月1日)

〔上略〕

为新四军军司令部暨各支队司令部、各团团部驻地由。

新四军军司令部位置于云岭附近。

第一支队支队司令部驻竹箦桥附近

第二团团部驻淳化附近。

---

① 摘自《第三战区第二游击总指挥部于溧阳阵中日记》。

第六团团部驻禄口附近。

第二支队支队司令部驻老虎头附近。

第三团团部驻内外郎坑。

第四团团部驻老虎头附近。

第三支队支队司令部驻方村。

第一团团部驻雳岭一带。

第五团团部驻中分徐附近。

〔下略〕

〔国民政府国防部史政局及战史会档案〕

12. 第三战区第二游击总指挥部关于新四军在皖南繁昌等地区歼敌情形日记

（1940年9月）

九月十一日　星期三　月龄　八月初十日　天候晴　风向南

〔上略〕

为电呈新四军灰日战况由。

司令长官顾：○密。（加码）据新四军叶军长真酉电称：矿山、梓山一带之敌二百余，于灰晨犯占繁昌城东郊之峨山头。我得报后即派第三支队第五团分两路前往迎击，一由天门闩至大庄，一由马冲至寨筐山，经我官兵奋勇夹击，激战一小时，我即收复峨山顶阵地。残敌向原地窜回。是役，计敌伤亡十余，我伤二亡一。等情。谨闻。溧。职冷欣叩。总。文酉。李。

〔下略〕

九月二十日　星期五　月龄　八月十九日　天候晴　风向南

〔上略〕

为转委座卅令一元略电，并规定新四军任务由。

新四军叶军长：○密。(加码)极机密。奉司令长官顾寒已裕二千电开：奉委座卅令一元略电开：训令：查游击战术惟一之要旨，即在准备充分，行动秘密，各战区应以第十八集团军此次在正太、同蒲、平汉各路之游击破坏动作为法则，拟定自本年九月起至十二月止之持久计划，加强敌后之游击战斗，专以敌之公路、铁道、水路各交通线，与兵站、仓库、飞机场、汽油栈站等实施有计划有组织之长期破坏。在此游击期间，其第一要义，务使敌军抽调其在各地区之部队兵力，破坏其十月间秋季攻势，造成与我军之有利形势，仰各战区迅即遵循本会迭次下达关于游击之训令，又本会所示之意旨，切实研究，拟定整个游击计划，一面实施，一面具报。等因。除电复及分令有关部队并转饬第一游击区，迅以现在武、康、吴、长一带游击之江南第一挺进纵队，挺进沪、杭沿线，协同原在该地区游击之第一九二师，加强浙西地方之游击，及游击计划，另电颁饬遵行外，兹先电指示如下：(一)原在游击区内各部队及我第一线各军出击队，应即加紧敌后游击，及对敌后之水陆交通线、仓库、场栈先期发动有计划之破坏与袭击。(二)本部兹策定本年九、十两月为第一期，十一、十二两月为第二期，分期实施有力之持久游击作战。(三)第二游击区应迅以原在溧阳、广德附近整训之第六十三师冷欣部、忠义救国军俞一则部挺进京沪。(四)协同原在该区游击之新四军及第四十师挺进第二纵队独立三十三旅各一部，对敌实施大规模之破坏扰袭，牵制消耗疲惫敌人，破坏其十月间秋季攻势，并使我军转为有利态势，以完成我第一期游击作战之目的。上三项，仰即遵照具报。等因。除分令第六十三师、忠义救国军遵照，及第四十师独立第三十三旅、挺二纵队各抽派有力一部，均定于马日出动，向京、沪线挺进外，该军应仍在原指定区积极活动，努力破坏南京、芜湖等处敌之据点，牵制其兵力，并应随时与友军切取连络，协同策应。希即遵照，并将实施情形随时具报为要。上官云相。溧。冷欣代。嵤辰。李。印。

〔下略〕

九月二十一日　星期六　月龄　八月二十日　风向南

〔上略〕

为转委座支午令一元略二电饬新四军遵照由。

新四军叶军长：〇密。(加码)极机密。奉司令长官顾删戌裕二千电开：奉委座支午令一元略二电开：通令：据朱德、彭德怀养电称：为打破敌寇转移兵力，进攻潼、洛，犯我西北之企图，特配合晋南、华中各友军作战，決以大兵力对正太等线进行大规模之进攻，彻底毁灭敌之铁路、公路，截断其交通，以保卫我西北国际路线之安全与我华北抗日之根据地，经月余之秘密准备，于八月廿日廿时开始，即已取得正太线交通截断之序战胜利，现大战正在发展中。拟请分电各战区，各自抑置当面之敌，以利大战之进展。等语。查该集团军遵奉命令，窥破好机，为有组织有计划之大规模游击战，且统一其实施，准备充分，行动秘密，予以重创，得收相当战果，业经传令嘉奖，并饬继续积极行动。着各战区仰体本委员长卅令一元略手令之意旨，参考该集团军之准备计划与实施要领，加紧敌后游击，以策应其作战。等因。查委座卅令一元略电手令，经以寒巳裕二千电饬遵在案，仰各分别仿效该集团军作战要领，加紧敌后游击，并努力抑置当面之敌，策应其作战为要。等因。查长官顾寒巳裕二千电，经以本部嵤辰李电饬遵在案。特电遵照仿效实施具报为要。上官云相。溧。冷欣代。马辰。李。

〔下略〕

九月念四日　星期二　月龄　八月二十三日　天候晴　风向南

〔上略〕

为转新四军叶军长马辰参电由。

总司令上官：〇密。本部遵奉长官顾微已裕二千电，经已部署分令各部实施，并以巧申李电呈报在案。顷据新四军叶军长马辰参电称：职部江南一、二支队，自交通中断以来，迄未恢复，且电讯器材早罄，联络久断，钧令无法转达。同时，职军各部各种弹药与爆破器材，已将五月未得补充，屡电呈请，未奉批准，执行任务，颇感困难。等情。谨电鉴核。溧。职冷欣叩。回午。李。印。

〔下略〕

〔国民政府国防部史政局及战史会档案〕

13. 顾祝同关于赋予新四军于荻港一带布雷任务等情电①

(1940年10月5日)

司令长官顾微争名电

(甲) 已赋予新四军作战任务，并作指示如下：(一)新四军着即改归第三十二集团军总司令上官云相指挥。(二)第三支队准归还该军建制，担任焦家湾、旧县镇、荻港至坝埂头间之布雷作战，并对当面之敌不断袭击。该支队应经常在由南陵经戴家会、六里丁至何家湾大道以北地区活动，俾与敌保持接触，加紧布雷，期能确获战果。(三)为便利指挥及加紧布雷暨袭击作战，该军应在前方适当地点，选定战斗指挥所前进指挥部。该军直辖部队及所属战列部队，应由现在位置向前推进，期与该第三支队之连系益臻切密。俾能适时加入作战，扩大战果。(四)已令唐兼总司令拨出一个布雷分队，携带漂雷三十具，改配该军第三支队使用。该项漂雷使用完时，仍续予补充。(五)该军长应严饬所属停止似〔似字衍〕任务以外之

① 摘自《第二十三集团军战斗详报》。

一切活动，避免与友军及地方政府发生龃龉，以利抗战。

（乙）贵集团军与三十二集团军作战地境，改定为庙首、铜山、徐苏口、黄栗树、小街口、燕窝塘、何家湾、峡山口、下楼铺，沿经过乌城涧、石佛庙、三江口之无名河、坝埂头，至长江北岸之线，线上属贵集团军。

（丙）着第一四四师即解除布雷任务，主力控置后方适当地点，原配属该师之布雷分队及漂雷三十具，改配新四军第三支队使用。上三项，除分电上官总司令遵照外，希遵照具报。

〔国民政府国防部史政局及战史会档案〕

14. 周恩来转报八路军在苏北抗击日军战绩呈

（1941年12月12日）

委员长蒋钧鉴：顷接第十八集团军朱总司令德呈钧座齐电一件，谨特译抄呈阅。肃此，敬请钧安。

附抄电一件。

职　周恩来谨呈

十二月十二日

委员长蒋钧鉴：顷据江北张指挥云逸支电称：江北各部队于十一月之战斗简报如次：（一）苏北粟部，于上月（十一月）支日，进攻泗阳县境之临河镇北之洋河敌伪据点，经激战两小时，将敌全部击溃，我当将该地收复。是役，计俘敌伪四十余人，缴步枪三十余支。（二）粟部之另一部，于真日在久隆镇（海门东）与敌遭遇，战约七小时，将敌全部击溃。是役，计获步枪、短枪共八十余支，俘敌伪百余人，我粟部伤亡排长以下四十余人。另一部于铣日，进袭福臻庙（新河桥西北）之敌伪据点。我神速行动，当将伪盐城特务总队第三支队陈金尧部全部包围，激战二小时，将敌伪全部歼灭。是役，计俘伪营长以下二百余名，缴获步枪一百余支，其他军用品甚多。(三)粟部之刘团，于筱日与进占通洋码头、通洋港(盐城东北)之敌伪五百余激战数小时，将敌全部击溃，该地当为我收复，缴获颇多。刘团之另一部，于同日在郑桥与敌遭遇，将敌击溃。计毙伤敌伪三十余。(四)巧日，涟水之敌伪二百余，进至大薰庄(涟水以南)抢粮，当遭我地方自卫队予以伏击，毙敌伪二十余人，获步枪十余支、轻机枪一挺、其他军用品甚多。(五)我苏北地方武装一部，于陷日进击兴化以东之竹横港之敌，经激战三小时，反复冲锋数次，因敌据坚固工事顽抗，未奏效，我军当即安全退出战斗。其另一部伏击由东台西驶兴化之敌汽船一艘，当被我击沉，该敌除大部淹毙外，俘敌伪三十余名。等情。据此。谨电报告。职朱德叩。齐。

〔国民政府国防部史政局及战史会档案〕

〔五〕日军侵华暴行及其失败

(一) 南京大屠杀

1. 金陵大学非常委员会就日军在南京暴行致日本大使馆函

(1937年12月)

一九三七年十二月十六日迄二十七日金陵大学非常委员会与日本大使馆之函件

(附注)

一、此项函件,必要时可秘密传观,惟望用稳妥方法抄送一份与外交部,另抄一份送我弟。

二、此项函件,大多为予代表国际安全区委员会所发,并涉及在大使馆中所举行之谈话,惟所述尚不完全,只能表现全局之一鳞半爪。

三、日人于十二月十三日入南京,其大使馆人员于十五日抵京,其任务实欲减轻日军与外人及外人利益之冲突。田中领事,予以为曾与彼略有往还。

四、最初日官方不信我言,经一再证以事实,并历举奸淫掳掠之事件,彼等始表示觉悟。最初允嘱宪兵维持(此时在南京之日宪兵只十七人,而其失统驭力之军队在五万人以上),并向我第二次声明,"已发新令"严诫部属遵守纪律。

五、在后半期,彼等曾照高级将领所定方式,则称各方面皆见进步,都已不成问题。

六、惟负责长官三人中之二人,实深感痛苦,曾经日人要求请其呈报真相，以便与日军交涉。由此足见日本之文职官吏，一方面为军人掩饰，一方面向军人劝告之真相。

七、日军将领残酷之态度，非笔墨之可表述，欲作全部真相之叙述，我既无此裕暇，亦无此心绪。

八、我人已完全与外界隔绝，今日能得闵〔间〕避免检查，递此消息，实属第一次。

M.S.B① 启

(每一日期即代表一函，具有连续性)

〔十二月十六日〕　本校与贵大使馆适为接邻，今仅以其秩序与安全问题，非正式有所烦渎。我等成〔曾〕闻日军官之正式宣言，谓皇军无扰害平民之意，故我人深信，在贵当局所满意之政府下，恢复和平生活，并非难事。惟在目前人民之困苦颠连，实难尽述，兹只就接近贵大使馆之本校及本校医院、附中与农村服务训练学校中所发生者，略举数端，以备参考。

(一) 十二月十四日，兵士在本校小桃园农业经济科房屋前撕毁美国国旗及美国大使馆之告示，并抢劫住居该处教员及助教数人之财物。在数处候钥匙不至，竟破门而入。

(二) 十二月十五日，本校新建藏书楼大厦中收容难民一千五百人，有妇女四人当场被奸，二人掳去，奸后释回，三人被掳后迄今未归，另一人被掳去，为大使馆附近贵国宪兵所阻得释回。兵士此种举动，使被掳者之家属邻居以及此间附近之华人皆深感痛苦，倍觉惊惶。今晨安全区域中其他各处向余报告同样性质之事件，竟有一百余件之多。此事合本非本人所应过问，所以一再奉渎者，实欲使阁下明瞭与尊处接邻金大中所发生之事件，实只为兵士奸淫掳掠造成民众水深火热之现象之一例而已。我人深望军队纪律能早

① 函件署名者M.S.B即美籍金陵大学历史学教授贝德士博士。

日恢复，目前人民惊恐已达极点，即出门购食亦感踌躕，恢复平常生活与工作似不可能。我人深盼贵〔军〕当局能由军队统率，以有条理之步骤进行正当之搜查，勿任三五成群之兵士任意闯入人家，每有同一地点一日之中被掠十次以上，所有金钱、食物皆被洗劫一空。我人又复请求，为日本皇军及日本帝国之荣誉计，为日本当局与中国平民之善邻关系计，为君等亦有妻女姊妹之同情心计，南京居民之家属，幸加保护，勿任再受兵士之蹂躏。中国军队之混乱与失败，实予日本军队以获得中国人民信仰之良机，倘因对群众福利道德观念取淡漠之态度，延缓实行，失此良机，实为各有关系者共同之不幸。

〔十二月十六日〕　　今晨奉上一函，第二节中尚有补充，兹述之如下：

昨晚本校小桃园农业经济房屋中，妇女三十人，经大批兵士屡次侵扰，遍遭蹂躏。余曾亲自详细调查，确信其报告之确实。此间附近之现状，实足惊心惨目。我人深信，贵国既已表现军力之过人，亦应表现慈善心之异众。此数万无辜良民，实亟需获得生命财产之保障。本校实处安全区域中，故该区现状及种种问题，皆与本校有直接之影响。贵军军官，一部分态度亲善，深能瞭解该区成立之意义与工作，惟另有一部分军官则态度异常强硬，且遇事怀疑，幸为明白解释。国际委员会自成立迄今永抱公开之态度，凡我办公室等房屋以及一切举动，皆随时随地公开接受检查。本委员会并希望平常状态早日恢复，俾得早日卸除此慈善事业之责任。今则受战争影响，离家避难，在恐怕中过生活之民众，不得不打破巨大困难为之求食粮与住所。

〔十二月十七日〕　　恐怕现象，残暴行为，于尊处房屋中眺望皆是，于尊处邻居中，继续发生。

（一）本校藏书楼中住有大批难民，兵士屡次侵入，挺枪刺，要求交出金银、表与女人。多数难民，经连日洗劫，已无金银与表可献，兵士等即打破附近窗户，将其推挤而出。本校职员一人，即因此受伤。

（二）在本校藏书楼中以及附近各处，仍有妇女多人为兵士所奸污。

（三）兵士向本校非武装之守门者索女人，守门者无以应，即遭痛击。

（四）昨晚美侨之私产数处，悬有美国【国旗】及大使馆之告示，乃亦遭游散兵士屡次侵入，有数处且侵入数次。此中有数宅即为本校美籍职员三人之住宅。

凡上所述，实只为多数南京居民最近所经验之极小部份之实例，我人深盼阁下能对证贵国政府关怀中国民众福利之宣言与保护外侨财产之保证，详加考核，是否相符。我人决不愿以私人得失，屡加烦渎，然另有身亲之事件二端，仍欲举以相告，盖思藉以此表示兵士失驭横行之程度已至斯极耳。昨日本校一美国职员突遭某军官之殴击，其所述理由，实属虚构，未经详查，遽加无理。夜间，余本人及另一美侨，为一酒醉之兵士，持步枪在卧榻上强拽而出。我人作此申述，并非为金大要求特殊之保护，惟念本校与贵使馆一墙之隔，尚屡遭侵扰，是证维持秩序为若何紧迫之举，我人深信日本军队有保持尊严举动之效能，必须愿使被征服之人民有在善良环境秩序中工作与生活之机会。所不解者，事实乃与希望不符，于本地民众及日本名誉再遭蹂躏之前，仍未见有何举动。

〔十二月十八日〕　兵士奸淫掳掠，仍未改其态，各处之困苦惊惶，一如往日。本校中所收容之难民已逾一万七千人，多数皆为妇孺，亟盼早获安全。此外由他处纷纷投奔本校者仍源源而来，盖他处之状况较此间更劣。然予仍不能不将此“比较安全”区域中在最近二十四小时中之纪录，上尘清听。

（一）在本校中，一震骇欲狂之幼童被杀于枪刺之下；另一幼童受重伤将死；八妇人被蹂躏；本校职员数人，因欲救护此不幸之妇孺，给以食粮，皆被兵士无理由加以痛击。兵士昼夜爬墙出入校地者不可计数。多数人经此惊扰，震骇惶惧，不能阖目者已有三昼夜。倘此震骇与失望任其延长，或兵士侮辱妇女时，激起反抗因而造成大规模屠杀之惨剧，其责任当由贵当局负之。美国国旗业经兵士以轻蔑之态度擅加撕毁。

（二）金银街蚕桑科房屋中，二妇人被蹂躏。

（三）胡家莱园十一号本校农具院房屋中，二妇人被蹂躏。

（四）汉口路十一号，本校职员住宅中，二妇人被蹂躏。

（五）汉口路二十三号，本校美籍职员住宅中，一妇人被蹂躏。

（六）小桃园本校农业经济院房屋，屡经侵扰，其中妇女已逃避一空。予今晨亲赴彼处视察，突有兵士六人围询，其中一人竟以手枪相向，指扣枪机，其势凶凶，实则余只谦礼请问，彼等在彼有何困难耳。

凡上所述，尚未足表现一般民众所受之苦痛，盖游散兵士，侵袭民居，搜掠财物，蹂躏妇女，一处一日遭十次，一夜遭六次以上者，实不可胜数。立加管理，实属万急。贵馆某代表曾言，在此等房屋前，以及其他大批难民聚集之场所前，将派驻宪兵，然迄今乃未见一宪兵之出现。实则兵士到处爬墙侵入人家，少数宪兵也无济于事，非切实整饬一般纪律，不能有何效果。秋山大队司令部现住旧何应杰〔钦〕(译音)之住宅中，于兵士未能就范以前，实使此间附近感到异常之危惧，然贵国高级将领若有维持秩序之意，此项部队即可转变为保证安全之工具。此间及全城民众为饿寒所迫，有趋向极端之势，盖彼等之食粮与金钱既已尽为兵士所搜夺而去，彼等之衣服被褥又同遭洗劫，不能耐严寒之侵袭，大都已病不能兴。不知日本当局将若何解决此项问题？街头巷尾则闻涕泪相告，日军所到之处无一人一室可获安全。此决非日本政治家所愿闻之现象，南京全体居民意想中之日本，实较此为佳。此项恐怕与痛苦发生之地，与贵馆实只一墙之隔，深愿贵馆同人之一能偕同鄙人，前往作实地之视察。此函走〔动〕笔至此，不能不立时中断，盖有兵士七人，正来此处作日常之“巡查”，实则搜索妇女，待确定后备夜间实行掳掠也。余昨夜宿此间，此后仍拟继续留此，俾无辜妇孺略得臂助。余与外籍友人在此做慈善工作，屡受贵国军官之威胁，他日为酒醉或越轨兵士或杀或伤，责任所在，不辨自明。此函之作，纯持谦和友善之精神，惟求表现日军入城五日来我人所经验之不幸失望。立加纠正，实属至急。

〔十二月二十一日〕　(致FUKUDA)谨遵今晨所嘱将下列事实笔录察核。凡此实事，大半为我等晤面后所目睹，其余他人所报告者，亦皆经予详细调查，认为确凿。

(一) 今日下午本校藏书楼中七人为兵士所掳去，此中有本校职员，彼等皆无为中国兵士之嫌，被掳理由，实将强迫服役，此与贵国告示，显有违背。

(二) 头条巷四号靠近贵大使馆大厅，今日下午有二兵士蹂躏一妇人，观此尚能言少数宪兵可以恢复秩序耶？

(三) 今日余赴大使馆专访时，舍下又遭第四次之抢劫。其他本校房屋今日遭劫者有七处之多，另有多处皆遭兵士侵入。

(四) 大批兵士受长官命令到处放火，致令千万平民失其家室，无恢复平常生活与工作之希望。

(五) 双龙巷本校医院大门贴有贵馆告示，今日仍为兵士打开冲入。兵士拟劫走院中救护车，幸经一美国人阻止未果。

(六) 兵士劫走贫民食粮、被褥之后，仍迫令代为挑负而去，余处今日下午有此种记录五项之多。

(七) 在教会学校隔壁之安乐里中，余得红十字会急救部电话，谓有三人，因昨不能应兵士妇女、金钱之要索，身受重伤需予协助，该处房屋楼上一妇人昨晚受蹂躏。当余入此屋时适有二兵士进行洗劫。即担任医药事务者亦告余，谓彼高家酒馆五十八号家中，昨晚又有二妇人被奸污。

（八）余返程经五台山南贫民所居之草屋数百所，或言昨晚状况较佳，或言更劣，兵士仍掳劫少女。贫民所积本无几，一旦再遭洗劫，实不能生活矣。

（九）昨日五台山美国小学所悬之美国国旗，又第二次为兵士所撕下加以践踏，并恫吓工役等不得再行悬挂。

昨晚状况，被奸被杀之人数虽已较前为少，惟侵袭民居，肆行掳劫与放火焚烧，或且有甚于前。国际委员会之委员二人，昨乘车行数英里未见一宪兵，足见尚未切实振作。倘高级将领之意旨，确欲毁坏全部人民之家庭，夺取其最后之食粮与衣服，何妨坦白声言，勿再使彼等与我等受此蒙蔽，仍保持秩序可以恢复之希望。

〔十二月二十二日〕　传若干地方之情形在昨夜及今晨已较前稍好，但就下列各事而论，仍属甚为无耻。

（一）今晨五时许，金大图书馆突有十一人被日军武力抓去。该馆之门上虽贴有宪兵之通知，亦为士兵打破。彼等仍与昨日午后之情形无异，态度极为蛮横，故无人敢于发出警号。旋又有日兵来抓去一人。昨日下午被抓之七人中有一部分为吾人之职员，至今仍杳无消息。在此种恐怖及不安定情形之下，欲雇工人从事普通之工作自不可能。

（二）昨晚十点钟，有日军四人乘汽车至金大之大门前，其中一人即举刺刀阻止看门之人前往领事警察报告。日军三人旋即步入门内，所有工人乃呼警察至，劝彼等离去。今晨十时以前日军曾来五次，宪兵之通知毫无效力。

（三）今晨日军仍继往大学宿舍抢劫，即美国人民所住之处亦未能免。

(四）今晨余与同事三人分往各街道进行事务，但通街并未见有宪兵之踪迹。吾人固知此地有若干宪兵，但为数太少，态度又甚温和，故不足维持纪律。

（五）日军仍继续其有组织之掳劫，附近各处即发生不少，彼等每将脏物用汽车装去，然后放火。现贫无所归之人，惟见其日益增加。

（六）昨晚有日军七人闯入铜银巷女子圣经教员讲习所奸污妇女。

（七）若干处之难民收容所皆有日军前往搜索妇女及财物，宪兵之通告无效力。

（八）小桃园之金大农业经济研究所，昨晚被日军将该处工人捉去时即将所有钥匙抢去，至该工人则至今仍未释放。

（九）金大农桑系今晨仍照常有日军前往。有一酗酒之日兵曾强拉三人为彼搬运在他处偷来之酒。彼在难民中抢劫财物时并曾放枪三次。

（十）邮政局某忠实之职员称，局内中外邮件大都为散兵所拆，损失如何自不得知。在南京发生战事之时，系运至奇望街邮政总局存储。

以上各条皆系所亲见或直接访得，其他类〔似〕之事自不胜枚举。足见日军并未真正执行所谓纪律，若干人之财物为日军所抢，并被彼等欧打，其原因自系勒索不遂。此种情形在夜间尤甚。

〔十二月二十五日〕　予已有数日未作函奉渎，在此时期几乎每日皆有若干之困难发生。至今日情形则较以前尤坏。若干之散兵皆成群结队在各处抢掠财物，奸淫妇女，并拉去若干妇女，彼等即无纪律亦无长官约束。兹略举数条如下：(一)顷有日军若干人闯入金陵大学，于抢劫之后并将运送难民粮食之汽车开去。(二)在蚕桑系之房屋内，每日至少发生奸淫之事十余起。(三)吾人之住宅仍日夜有日军闯入，彼等于伤害妇女之外，复任意偷抢各物。美国人民现时之住宅亦复如此。(四)日军遇有阁下所派军事警察之通告即行撕毁。(五)今晨我辈之某美国同事曾被一日本军官所殴，彼佩有大使馆发给之臂章，该日军官突然趋近彼之身旁，汹汹然将彼之臂章撕毁。(六)其他房屋亦每日必有数次为日军闯入。阁下新贴之通告完全无效。彼等到处搜寻妇女及赃物。(七)秩序之紊乱完全系兵士所为，吾人毫无何种防卫，附近亦未派有军事警察。

〔十二月二十七日〕　　(致日本大使馆官吏书)

在一星期以前，承示日军即将换防，并增加军事警察，重申严正之纪律，数日以内即可恢复秩序等语。但可耻之暴乱现仍继续发生，亦未见有何办法加以取缔。兹特将金大紧邻贵处之地所发生之事累举数条奉告，至于校内其他各处之事则无法一一缕列。

(一)昨日午后有一士兵在上海路阴阳营金大所办之专修科内，将悬挂国旗之绳索割断，并将美国国旗携去。

(二)昨晚十一时至十二时，有日军三人乘汽车至大学校门，声称彼等系由司令部派来视察。彼等当即将看门之人监视，吓禁声张，旋即搜得女子三人逞其兽欲。其中一人年仅十一岁。彼等并带去女子一人。

(三)散兵仍继续强迫人民为彼等工作，因此人心惶惶，大为不安。昨日有兵士一人硬欲将鼓楼医院某工人带去，吾人之仆役及看门人亦曾被拉去数人。

(四)吾人之住宅多处，每日皆有兵士闯入，搜寻妇女及其他各物。在今晨一点钟以内，即有两处房屋发生此事。

(五)铜银巷之女子圣经教员讲习所，历受日兵之种种摧残，贵处以前亦曾允特别保护，但迄未派有军事警察前往。昨日有兵士三四人为一队，曾先后前往七次，将以前抢剩之衣物及粮食抢去，并奸污女子七人，其中一人年仅十二岁。昨夜又有兵士多人前往四次，每次约十二人至十四人，被奸污之妇女达二十人。

一般人生活皆充满苦痛与恐惧，此种苦痛与恐怖完全出之日本兵士。日本军官曾允保护彼等。但每日为兵士伤害者辄千百人，少数地点固有警察协助，吾人对之亦甚为感激。但彼等究未能恢复安宁秩序，不过使一般兵士避往其他各处胡行乱为耳。

日军对于本身之名誉岂有真漠不关心耶？日本军官曾声明不伤害平民，彼等是否愿意实行耶？

当予作此函之际，即有一兵士在本校教员宿舍中提得妇女一人，彼并掣出手枪拒绝某美侨往援，此即所谓秩序耶？

若干人皆思回家，但因日夜不断之奸淫、抢劫以及强拉人民，彼等又何敢冒此危险。果欲维持治安，势须严厉执行纪律，并多派警察始克有济。少数地方之情形势已稍好，但在两星期之军事恐怖以后，仍不免为一种可耻之事也。

〔此项文件，因作者所处地位关系，未至发表之时，务祈严守绝对秘密。〕

〔国民政府教育部档案〕

2. 东京《日日新闻》关于日军在南京杀人比赛的报道①

(1937年12月)

十二日浅海、铃木两特派员发于紫金山麓：片桐部队之勇士向井敏明及野田岩两少尉于入南京城在紫金山麓攻略战时开始作最珍贵之“斩杀一百人竞赛”，以一百零五对一百零六之记录，该两少尉于十日正午会面时所作之谈话。

野田：“喂，我是一百零五人，你呢？”

① 此件系国民政府国防部审判战犯军事法庭编译室1947年翻译。

向井："我是一百零六人，……"

野田、向井："哈哈……"

野田、向井："姑不论何人于何时先杀一百人，作为已往事实不分胜负，现在我们再开始改为作斩杀一百五十人之比赛，好吗？"

向井："我们于不知不觉中，斩杀已经超过一百人了，多么愉快！我已答应俟战争了时，将这把刀赠送贵社。十一日下午三时，我在紫金山中肃清残敌时，于枪林弹雨中发挥我的刀，并无一颗敌弹中我身上。"语后并以所佩斩杀一百零六人之生血刀相示。

〔战争罪犯处理委员会〕

3. 南京市崇善堂呈报《南京市崇善堂掩埋工作一览表》①

(1938年)

南京市崇善堂掩埋工作一览表

区别	时间		队别	收尸处所	掩埋地点	尸数				备注
	年	月				男	女	孩	合计	
城区	中华民国廿六年	十二月	崇字掩埋队第一队	沐府西门至估衣廊	五台山	96	22	6	124	十二月二十六日至二十八日
			第二队	挹江门以东	城根	342	38	12	392	
			第三队	新街口以南	五台山	83	7	1	91	
			第四队	中华门以东	城根	352	34	18	404	

① 此件系南京大屠杀案敌人罪行材料京字第十三号证据，引自谷寿夫案证据第二号。原档无明确时间，据材料形成时间判断当为1938年4月后。

续表

区别	时间 年	时间 月	队别	收尸处所	掩埋地点	户数 男	户数 女	户数 孩	户数 合计	备注
城区	中华民国二十七年	一月	第一队	北门桥至唱经楼	红土桥至北极阁	273	29	9	311	一月三日至二月四日
			第二队	兴中门至小东门	城根	350	51	22	423	
			第三队	老王府至卢政牌楼	观音庵后竺桥东首	284	46	4	334	
			第四队	小膺府至莲子营	城根	432	31	25	488	
		二月	第一队	鼓楼至大石桥	鼓楼及倒钟场、浮桥等处	354	13	8	375	二月五日至三月六日
			第二队	御史廊至高桥门	土城根及南城	587	28	7	622	
			第三队	花牌楼及洪武路	三条巷、大中桥、城根等处	529	24	15	568	
			第四队	长乐路至半山园	城根	878	36	28	942	
		三月	第一队	太平门至富贵山	城根及山脚	610	22	16	648	三月七日

续表

区别	时间 年	时间 月	队别	收尸处所	掩埋地点	尸数 男	尸数 女	尸数 孩	尸数 合计	备注
城区	民国二十七年	三月	第二队	大树城至蓝家庄	城根	472	39	17	528	至四月八日
			第三队	石板桥至尚书街	公园东边及浮桥	715	48	62	825	
			第四队	清查城内东半边	附近各荒地菜园	385	54	35	474	三月七日至四月六日
			共计			6,742	522	285	7,549	
乡区	中华民国二十七年	四月	第一队	中华门外兵工厂、雨花台至花神庙	附近各荒地菜园	25,752	567	293	26,612	四月九日至十八日
			第二队	水西门外至上新河	附近各荒地菜园	18,429	336	23	18,788	四月九日至二十三日
			第三队	中山门外至马群	附近各荒地菜园	33,601	191	36	33,828	四月九日至五月一日
			第四队	通济门外至方山	附近各荒地菜园	24,839	475	176	25,490	四月七日至二十日
			共计			120,621	1,569	528	104,718	
总计						109,363	2,091	813	112,267	

附件一

本堂哀悼同胞遍地惨死尸体，特组织崇字掩埋队与红卍字会合作，红卍字会担任西城掩埋，本堂担任东城掩埋，共立四队，每队主任一人，供伙食，无薪给，队员一人日给食米八合，队员十人，日给米□六合。本队戳记于中华民国二十七年十二月三十日因本堂通行证被伪宪兵搜去未还，其随伪宪兵来者翻译等，依仗敌势，百般威吓，顺便劫去衣物甚多，三次搜查，室中如洗，敌人威胁惨辱，已非人所能受，熟知我同胞为其走狗，伤心害理，尤甚于敌，迄今回忆，仍胆战心惊也。

附件二

城外民众未能避难他方，又未入难民区者，日间集中一处，守望相助，不幸为日寇所见，多数被难。有背部受枪伏地者，此逃避遭祸也；有向侧卧刀戳流血者，此生前被打也；有口鼻流血面青腿折者，此生前被多人拳打脚踢也。妇女更有蓬头掩面割乳刺胸无小衣者，此生前受辱也；又有妇女昂头怒目张口露齿，手足撑持，小衣破碎者，此生前拒奸也。惨哉！惨哉！每天夜间则结党成群向远方逃避，一闻声音，即匿草堆中，或避田埂下。最危险时间，系天明以后，强寇登高望远，逃难人被其看见，则枪弹飞来，内有妇女手示立站，即刻追来，野性大作，不从固死，从亦轮奸而死，不停步仍走者，则枪声愈密愈多，死伤益众，故被难之人乡区多于城区。本堂得各种报告不禁泪如雨下，哀悼同胞默祷时日，曷丧而已。

〔战争罪犯处理委员会档案〕

4. 郭沫若拟《为日寇暴行告全世界友邦军人书》稿签呈①

（1938年6月22日）

签呈　六月二十二日于第三厅

案准六月十二日秘书处函，以奉交下委员长机密甲字第1710号手令一件，并奉批："交第三厅克日拟稿呈核"等因，并附抄原令到厅。兹经拟就《为日寇暴行告全世界友邦军人书》稿一篇，理合检同原稿签请鉴赐核转。谨呈秘书长张转呈

部长陈

副部长黄
　　　周

附呈《为日寇暴行告全世界友邦军人书》稿一篇

职郭沫若（印）

为日寇暴行告全世界友邦军人书

日军屠杀平民伤兵俘虏

奸淫焚烧劫掠

摧毁文化机关

飞机滥施轰炸

侮辱友邦官吏侨民

中国与世界互相关联

全世界应一致奋起阻止强暴

中国民族向以酷爱和平著闻世界，国民政府外交政策尤以增进各国邦交，维持国际和平为职志。历年以来，本此目的努力未尝稍懈。不幸东邻日本之政策与行动常与吾人维持和平之主旨背驰，数十年来殆无时不以侵略中国为目的，吾人虽以最大之努力从事

① 郭沫若时任国民政府军事委员会政治部第三厅厅长。

维持和平之工作，乃终属无效。去年七月七日之卢沟桥事变，掀起东亚历史上未曾有之巨大战祸，此诚吾人所最痛心者。

战争原为人类最残酷、最不幸之事。立国于世，均有军备之设置，即在防止此事之发生，维持和平，使人类与文化得遂其生生不息之进展。即使万不得已，于两国之间有兵戎相见之事，于战争之内容与范围，亦必严加限制，使流血与破坏之惨祸，仅限于直接参加战斗之战斗员及军事目标，对于非战斗员之一般民众，不愿使其蒙何等损害，此为文明人类应有之义务，亦为战时国际公法所严格限制者，从事战斗之双方，均应遵守弗渝。

但此次之中日战争，日本所加诸中国者，完全与此相反。十余月来，日本在中国各战区前方后方，以及在我军退出之地区内，所演之种种暴行，种种残酷手段，实为人类有史以来所未有。日本军人残暴行为，罄竹难书，兹仅将数点简单披露于下，幸我贤达友邦军人，为维持人类文明，为维持正义人道计，群起阻止此人类空前悲惨事实。

日本军人在中国所演之暴行，最大者当为屠杀无辜之平民，无论男女老少，任何职业之人，均难免其毒手，就中以青年壮丁之被杀，尤为惨烈。日军以彼等为抗日之中坚力量，务必力事铲除，往往大批壮丁任意被以罪名，捆赴旷野，用机枪扫射。南京沦陷后之十余日中，每日有卡车十余辆满载壮丁运往城外枪决，为数在十万左右。平民中之知识分子，如大学教授、公务员、新闻记者及学生等，均认为抗日分子，多被屠杀或逮捕。平津地方有学生数百被杀，北平燕京大学学生有二百人被捕，其他地方，数目多寡，虽有不同，情形初无二致。尤令人痛恨者，对于难民伤兵，亦加残害，对于投降之俘虏，亦任意加以杀戮，人类至残酷至暴虐之事无复有过之，于是日军因纪律之废弛，杀人一惟其好恶是视，日本大阪《每日新闻》三月载日本士兵谈话中，以每日杀人多寡相竞争，此种出自日本大新闻之记载，尤足证明日军屠杀之惨烈状况。由此大规模屠杀之结果，在我退出之各城市中，无论大街小巷，均尸体狼藉，大小池塘，莫不充满浮尸，文明各国新闻记者与宗教家，以第三者之立场，不避艰险，亲入此等地区，目堵此种残杀状况，莫不叹为人世间未曾有之惨状，摄取多数照片，依正义人道之立场，而呼吁于全世界者，已屡见不鲜。

日军除屠杀之外，尚有奸淫妇女、抢劫财物、焚烧房屋等暴行。在我军退出之各地区内，奸淫殆已成为日军之经常行事。壮年妇女，固不待论，即老妇、幼女，亦不免于横遭侮辱。其因轮奸而致死亡，或因拒绝要求而被害者，所在皆是。此中惨状，有令文明人士未便形之于辞，公之于世者。日军竟能泰然为之，而毫不知耻。关于劫掠财物之事，凡占领地内，多十室九空，无夕〔锡〕、苏州一带富户，受祸尤烈，举凡货币金银及其他贵重物品，概被劫掠。上海有由前方调回之敌兵，竟有腰缠金戒子四、五十枚，而自鸣得意者，其劫掠情形可想而知。至于焚烧房屋，陷入日军手中之地区，殆成为普遍现象，往往烟火蔽日，惨不忍睹。上海闸北之大火，延长数里之遥，历时五日之久，浦东大小市镇，焚烧达十五日，南市一带，成为废墟，南京房屋之焚烧，继续至数星期，平民何辜，庐舍悉成灰烬。

日军对我文化机关，尤肆意加以毁灭，在陷入日军手中之区域内，我文化及教育机关，均被占据，教员学生，多被逮捕，有价值之重要文献，均运往其本国。如浙江大学之重要图书，悉被运走；南浔嘉业堂藏书楼内宋元明时代之珍本书籍，均为其运走。上海交通大学校舍被收作东亚同文书院之校舍，其他各地学校，或毁于兵燹，或被占据，殆无一保持原状者。

上述诸项，为日军在战区内之直接暴行。尚有飞机在我后方之滥施轰炸，其横暴程度，亦复出人意表〔外〕。自战事开始以来，日机连日连夜在全中国各地，不问其为设防城市与非设防城市，不问其为武装区域与非武装区域，不问其为战斗员与非战斗员，一律施以轰炸。各地平民之被炸死，日以千百计，平民房屋之被炸毁，日以数十或百计，即伤兵医院与红十字救护队等，亦不能免其涂毒。最近广州市之被炸，数日之内，平民被炸死者，几近万人。各地被炸后，老幼平民之断肢折股情形，繁华街市之变成废墟状况，景象极为悲惨。除平民房屋外，对于文化机关与历史纪念馆等，亦大肆轰炸，远者如天津南开大学，近者如湖南大学、广州中山大学、广州中山纪念馆等，或完全被毁，或局部被毁。其他全国大小教育文化机关之被炸者，不计其数，其中图书文物之遭焚毁，研究资料之被毁灭，实为文化界之莫大损失。

尤令人深疾痛恶者，对我之狂施轰炸犹以为未足，对于友邦大使及侨民，外国军舰及商船，外人经营之学校、医院、教会等，亦施以之同样狂暴行为。前任英国驻华大使许阁森，以大英帝国代表之资格，而被炸伤。美舰巴纳号及英舰圣虫号虽于舰上高悬英、美国旗亦遭受轰炸之祸。此外，外国侨民在陆地之被炸死，其在各地所经营之学校、教会、医院之被炸毁，更属繁多，有各国侨民自己之惨痛纪录，足资证明。

日军对于外侨之暴行，不仅飞机之轰炸，即在我退出地区内，亦频施暴行，如国旗之被侮辱，身体之被殴打，财产之被劫掠等，种种非行，层出不穷。在南京地方，美国国旗被侮辱之事，一个月内发生至十五次之多。在上海方面，美国新闻记者，曾被日本哨兵殴打，德国医生，曾被日兵用刺刀刺伤。至于外侨住宅之被侵入，财产之遭损失，更属更仆难纪。

由前面之叙述，可知日军之在中国，焚烧屠杀，奸淫劫掠，无所不为，比之往昔野蛮军队之所为，有过之而无不及。乃更毁灭文化，侮辱外侨，此不仅违反战时国际公法，且实灭绝人道，为现代文明人类之奇耻大辱。彼日军之所以甘冒此大不韪者，实因野心遮断其理智，利欲绝灭其良心，故恬不知耻，而无所顾忌。

吾人因此有不能已于言者，日本军部之野心，实无止境，日故首相田中奏折云：“欲征服中国，必先征服满洲，欲征服世界，必先征服中国"。可知昔日夺取满洲，为日本侵略中国之第一步，今日之略取中国，又系他日进吞世界之先声。全世界人士应知有所警惕，不能一误再误，坐视敌人日趋蛮横。中国今日之抗战，一面在保卫本国之独立生存，另一面亦在保卫世界之人道正义。中国之存亡，在今日实即世界文明之消长。中国之与世界，实同其命运，不可分亦不能分也。深望我友邦军人，明白此唇亡齿寒之关系，对于日军之侵略暴行，认识其性质之严重，共同奋起，予以制止。庶几世界之和平有所保障，人类之文明得以维持。此固不独中国与中国人之不幸，实全世界全人类之大幸也。区区之意，幸谅察焉！

〔军事委员会政治部档案〕

5. 世界红卍字会南京分会请求拨助赈款呈

(1938年10月14日)

呈为呈请拨助赈款，以利救济事：窃查南京自经事变，团体四散，避乱远徙者实繁有徒，而遗留难民达二十万人，大都贫苦无力居多，寒无以衣，饥无以食。伤亡遍地，尸骨满街，有病无处求医，被焚无可居住。其惨痛情形不堪卒述。本会爰于是时开办粥厂两处，就食者日有二万余人；设立诊所二所，求医者日亦三、五百人；掩埋尸体统约四万余具；散放衣、米、杂粮、物品数亦巨万。洎至夏令，埋葬邱垄之处，培土消毒，以重卫生。又复注射种痘，以防疫疠。交秋续又备办药品，广施散放。种种设施，统计资金支付已达拾捌万以上，均皆捐募而来。十月以旋，除粥厂于五月杪停办外，余仍照常工作，未尝或间，但期限既久，深感力尽筋疲。矧夫大乱初平，元气未复，百业疲敝，满目疮痍。加以时渐转冬，啼饥号寒，必较往年为甚。倘不亟图拯救，其何以慰生民而救困苦。但本会职责所在，以往既不能事废半途，未来则尤应致力。惟是募捐已成弩末，存储早竭泽而渔。五夜旁皇，莫知所措。拟请钧座拨助款项，尽量维护，俾劫后灾黎均沾惠泽。理合缕陈缘由，呈请鉴核。伏乞批示祇遵，实为德便。谨呈

行政院院长梁

世界红卍字会南京分会会长陈冠麟

中华民国二十七年十月十四日

〔汪伪政府档案〕

6. 世界红卍字会南京分会救济队掩埋组关于掩埋尸体情况统计表

（1938年）

世界红卍字会南京分会救济队掩埋组掩埋尸体具数统计表[1]慈字第　号

区别	埋葬地址	尸体具数			合计	月日	备注
		男	女	小孩			
城内区	清凉山后山	一二九			一二九	十二·二十二	在收兵桥一带收殓
城内区	金陵大学农场	一二四	一		一二五	一·二十六	在西桥塘内收殓
城内区	五台山荒山	一七	二		一九	二·二	在汉中路一带收殓
城内区	清凉山坟地	四九			四九	二·六	在龙蟠里一带收殓
城内区	韩家巷西仓山上	一四七		二	一四九	二·七	在西仓塘内收殓
城内区	五台山荒山	一六		四	二〇	二·十一	在上海路一带收殓

[1] 此件系南京大屠杀案敌人罪行材料京字第十六号证据。原档无时间，据内容判断，当为1938年10月以后。

区别	埋葬地址	尸体具数			合计	月日	备注
		男	女	小孩			
城内一区	古林寺山上	一〇七	二		一〇九	二·十四	在古林寺山上收殓
	阴阳营南秀村	六五〇	二	二〇	六七二	二·十九	在城北各处收殓
	古林寺后山	一五四			一五四	二·二〇	在龙池庵收殓
	同上	二九	一		三〇	二·二二	在城北各处收殓
	阴阳营北秀村	三三七			三三七	二·二七	同上
	总计	一，七五九	八	二六	一，七九三		
城外区	中华门外望江矶	一〇〇	九		一〇九	十二·二二	在城内各处收殓
	中华门外高辇柏村	二五〇	一一		二六一	同上	同上
	中华门外普德寺	二八〇 六，四六八			二八〇 六，四六八	十二·二八	同上
	上新河黑桥	九九六	二		九九六①	一·十	在上新河一带收殓
	中华门外望江矶	四〇七	二十一	三	四三一	一·二三	在城内各处收殓
	水西门外二道杆子	八四三			八四三	二·七	在水西门外河边收殓

① 应为九九八。

续表

区别	埋葬地址	尸体具数			合计	月日	备注
		男	女	小孩			
城外区	上新河太阳宫	四五七			四五七	二·八	在太阳宫河下收殓
	水西门外南伞巷	一二四	一		一二五	二·九	在水西门外各处收殓
	上新河二埂	八五〇			八五〇	二·九	因尸已烂就地收殓
	上新河江东桥	一八五〇			一八五〇	二·九	在江东桥一带收殓
	上新河棉花堤	一八六〇			一八六〇	二·九	因尸已烂就地收殓
	汉西门外广东公墓	二七一	一		二七二	二·十一	在汉西门外一带收殓
	水西门外大王庙	三四			三四	二·十一	在水西门外塘中收殓
	下关渡匝里	一,一九一			一,一九一	二·十二	因尸已烂就地收殓
	中央体育场公墓地	八二			八二	二·十四	在体育场附近收殓
	上新河中央监狱	三二八			三二八	二·十四	在中央监狱内收殓
	上新河观音庵空场	八一			八一	二·十五	在该处火场内收殓
	上新河凤凰街空场	二四四			二四四	二·十六	在该处西街收殓
	汉中门外二道杆子	一,一二三			一,一二三	二·十八	在该处河边收殓

续表

区别	埋葬地址	尸体具数			合计	月日	备注
		男	女	小孩			
城外区	上新河北河口空场	三八〇			三八〇	二·十八	在北河口一带收殓
	下关九甲圩	四八〇			四八〇	二·十八	在下关沿江边收殓
	下关鱼雷军营旁	五二四			五二四	二·十九	因尸体已烂就地收殓
	下关草鞋闸【峡】空地	一九七			一九七	二·二十	在鱼雷营码头收殓
	同上	二二六			二二六	二·二一	同上
	下关鱼雷军营码头	五,〇〇〇			五,〇〇〇	同上	因尸已烂就地收殓
	下关石榴园	一四七			一四七	同上	在幕府山旁收殓
	幕府山下	一一五			一一五	同上	在草鞋峡后收殓
	上新河五福村	二一七			二一七	同上	在五福村电台等处收殓
	下关草鞋闸【峡】空地	一五一			一五一	二·二二	在鱼雷营码头收殓
	下关鱼雷军营码头	三〇〇			三〇〇	同上	因尸已烂就地收殓
	中华门外普德寺义地	一〇六			一〇六	二·二三	在城内各处收殓

续表

区别	埋葬地址	尸体具数			合计	月日	备注
		男	女	小孩			
城外区	下关姜家园	八五			八五	二·二五	在下关各处收殓
	下关石榴园	一,九〇二			一,九〇二	二·二六	在幕府山旁收殓
	下关东炮台	一九四			一九四	同上	在煤炭港码头收殓
	下关上元门外	五九一			五九一	二·二七	在上元门内一带收殓
	中华门外望江矶义地	八七			八七	二·二八	在城北各处收殓
	下关石榴园	一,三四六			一,三四六	三·一	在幕府山旁收殓
	三汊河西南空场	九九八			九九八	同上	在三汊河一带收殓
	和平门外永清寺旁	一,四〇九			一,四〇九	三·二	在该处大涡子收殓
	下关石榴园	七八六			七八六	三·三	在幕府山旁收殓
	下关煤炭港江边	一,七七二			一,七七二	三·六	因尸已烂就地收殓
	下关海军医院后堤边	八七			八七	三·一四	在该处及怡和码头收殓
	三汊河后边	二九			二九	三·一五	在该处一带收殓

续表

区别	埋葬地址	尸体具数			合计	月日	备注
		男	女	小孩			
城外区	上新河甘露寺空场	八三			八三	三·一五	在该处一带收殓
	中华门外华严寺山顶	一〇〇			一〇〇	三·一九	在安德门一带收殓
	中华门外普德寺西安里堂	七九九			七九九	三·二五	在城内各处收殓
	太平门外城墙根	五〇〇			五〇〇	三·二七	因尸已腐就地收殓
	上新河甘露寺空场	三五四			三五四	三·二三	在该处一带收殓
	中华门外安德里西山上	一三三			一三三	三·二四	在上新河附近收殓
	中华门外普德寺义地	一,一七七			一,一七七	四·一四	在城南北各处收殓
	上新河贾家桑园空地	七〇〇			七〇〇	四·一六	在上新河各处收殓
	三汊河空地	二八二			二八二	四·一九	在三汊河口一带收殓
	下关煤炭港空地	三八五			三八五	四·二七	在江边水上收殓
	下关兵站处江边	一〇二			一〇二	四·二九	在下关沿江边收殓

续表

区别	埋葬地址	尸体具数			合计	月日	备注
		男	女	小孩			
城外区	中华门外普德寺	四八六			四八六	四·三〇	在兵工厂及城内收殓
	下关石榴园	五一八			五一八	五·一	在兵站处江边收殓
	老江口埂边	九四			九四	五·一五	同上
	下关江滩边	六五			六五	五·一八	在江边水上收殓
	上新河黑桥	五七			五七	五·二〇	在上新河江边收殓
	中华门外普德寺山上	二一六			二一六	五·二六	在城内各处收殓
	下关煤炭港	七四			七四	五·三一	在该处江边收殓
	中华门外普德寺山上	二六			二六	六·三〇	在城内各处收殓
	同上	二九	五	一	三五	七·三一	同上
	同上	一四	四		一八	八·三一	同上
	中华门外普德寺	三一	八	九	四八	九·三〇	同上
	同上	四二	一三	七	六二	十·三〇	同上
	总计	四一，一八三	七五	二〇	四一，二七八①		
附记	总共肆万叁仟零柒拾壹名②						

① 应为四一三三〇。
② 应为肆万叁仟壹佰贰拾叁名。

〔战争罪犯处理委员会档案〕

7. 周一渔请求补助经费以续办慈善事业呈

(1938年12月6日)

为请求补助解除困难，以便继续办理慈善事业，仰副钧会赈济宗旨事：窃敝堂办理恤嫠、保婴、施诊、施药、赊材、给米及补助贫嫠子女读书等慈善事业，自前清迄今百有余年，从无间断。即此次事变，敝堂亦在难民区内成立诊疗所，组织掩埋队，及办理其他救济事宜。……谨呈

江苏省振务委员会

南京市崇善堂堂长周一渔谨呈

堂址南京城内金沙井三二号

中华民国二十七年十二月六日

〔日伪振务委员会档案〕

8. 高冠吾书《无主孤魂碑》碑文

(1939年1月)

中华民国二十七年十月，余奉命董京市。惟时去南京事变将及一载，城闉、丛莽、山颠、水溪有遗骨焉。余既收残骸于城上，得二十有六，而瘗之。越二月，村民来告茆山、马群、马鞍、灵谷寺诸地遗骨尤多，乞尽瘗之。乃下其事于卫生局，选夫治具，悉收残骨，得三千余具，葬于灵谷寺之东，深埋以远狐兔，厚封以识其处，立无主孤魂之碑，且使执事夏元芝以豚蹄、只鸡、酒饭奠之，俾妥幽魂。呜乎！诸君遭时丧乱，膏血肉于荒原，寄骸骨于丘陇，为军为民，为男为妇，为老为稚，有后无后，举莫能知。人生憯痛，莫大于生无所养，死无所

丧，况暴骨无依如诸君者。虽然死生有命，修短有数，洵如达人之论，彭殇可齐，随化俱尽。盖人之所争者，不在久暂之岁月，而在不朽之德业与精神也。余既怜而瘗诸君，又以为诸君告。二十八年一月，督办南京市政府高冠吾记。

〔战争罪犯处理委员会档案〕

9. 陈光敬撰《写在敌人罪行照片集子前面的几句话》①

(1946年1月14日)

空气一天比一天紧张，事态一天比一天严重，在二十六年十二月十三日的一个早晨，我们的首都——南京也终于给敌人占领了。在那个时候，所有未能退出城的人民，一批一批的被敌人拖上卡车，在煤炭港扫射了，在汉中门扫射了，在大方巷扫射了！更有残无人性的，在草鞋峡的五、六万人大屠杀，扫射之后加以刺击，刺击之余加以烧毁，最后再投入长江以饲鱼鳖。

逃走吗？何处是生路？！八卦洲江中漂流着满江的尸体，不都是逃走的去路吗？水电营江边垒垒高耸着的坟墓，不都是逃走者的归宿吗？！何处是生路？！

不逃吧，也不是办法。红卍字、崇善堂等机关团体以及私人掩埋的几十万具尸体的数字，不都是不逃走的结果吗？大街小巷横七竖八底倒着在那里的，不都是躲着的结果吗？这间房间，那间厅堂里的肢离体裂、血肉模糊的，不都是藏在家里不肯出门的人吗？！

杀！杀！杀！昏天黑地底杀，天摇地动底杀，藏也是杀，躲也是杀，逃走也是杀，不逃走还是杀，蹲在难民区还是杀。南京城内的血水如长江里的水一样的流着，尸体象紫金山一样的堆着。精华的南

① 此件为南京大屠杀案敌人罪行材料京字第陆号证据。

京城变成阴风惨惨、鬼哭神号的地狱。

而今抗战胜利了，敌人的罪行，我们正在这里收集了。我们带领了掩埋者和摄影者到这些给敌人销灭未完的荒冢上来拍摄照片，我们对这些惨遭杀戮的同胞不禁要号啕大哭，纵然将敌人全部杀死，又何能补救这个永远不能弥补的创伤。

陈光敬①记于三十五年元月十四日拍照后

〔战争罪犯处理委员会档案〕

10. 国防部审判战犯军事法庭检查官对战犯谷寿夫的起诉书

（1946年12月31日）

国防部审判战犯军事法庭检查官起诉书

被告：谷寿夫，男，年六十五岁，日本人，住东京，军官。

右开被告，民国三十五年度侦字第三五号战犯案件，业经侦查终结，认为应行起诉。兹将犯罪事实及证据，并所犯法条叙述如左：

一、事实：

谷寿夫，日本东京都中野区富士见町人，曾先后在日本陆军士官学校及陆军大学毕业，为日本侵略运动中之一激进军人。一生充任军职，历任陆军士官学校学员队副及大尉，参谋本部部员，及陆军大学教官。民国十七年任第三师团参谋长，调至我国山东济南等地，阻碍我国之统一运动。旋调参谋本部演习课长，陆军省军事调查委员长。至民国廿六年八月，率军来华，在香月指挥下，至永定河作战，继向保定、石家庄前进，在途纵使部属任意抢劫居民陈嗣哲家中衣被、古玩廿八箱及红木家具等物。并强迫

① 时任首都地方法院检察处书记官。

我国妇女作肉体之慰安。旋会合预备部队牛岛、未松两师团，合为一军，名柳川兵团，于十一月初旬，实行杭州湾登陆后，由杭州而昆山、太湖，直扑南京，攻陷中华门，于是年十二月十三日晨进城，分驻中华门外一带。该犯于十七、十八两日，参加进城式及慰灵祭，以宣扬其威武。并为摧残我国抵抗精神与民族意识起见，与中岛今朝吾部，发动举世震骇，旷古惨劫之南京大屠杀，被害达数十万人之众。其所属部队，于留驻之十二月十三日至廿一日，周余期间之罪行：第一为屠杀，计在中华门外鸡鹅所、南村、沙洲圩、赛虹桥、集合村、涉公桥、双桥、雨花台等处，及城内门东中营、转龙巷、仓门口、锦绣坊、仁厚里、瞻园路、莲子营一带，枪杀与刺杀及以其他残酷方法杀害李锦有、王珍全、陈锦福、张书城、周洪氏、韩马氏等九百余人。就其杀人之原因言，吴学诗等拉伕不从被杀，李又名等完成伕役亦被杀，殷德才等见放火施救既被杀，张贡才等见燃烧民房哀恳亦被杀。又李孙氏之被杀，以其避难于防空壕中。韩马氏等数十人之被杀，因强索柴米之告罄。又向赵陆氏等索姑娘不获杀之，强奸周张氏等不遂杀之，强奸或轮奸杨刘氏等后又杀之。又张世准等维护子女而被杀，王二毛见父母被害号泣而被杀。就其杀人之手段言，邓家镛则缚而杀之，盛怀连则迫令跪地而杀之，冯天祥等则集体而杀之，莫启东等则先刑而后杀之，程永庆则刺伤而后勒死之，童章余等则枪毙之余又焚其尸。是无事不可杀，无人不可杀，无地不可杀，无术不可杀，诚近代文明史上之耻辱。其次为强奸，计在城内外沙洲圩、赛虹桥、九儿巷、安德门一带，强奸陈二姑娘及轮奸杨刘氏等四十余人。又次为肆意破坏财产，计在上列地带被害者有盛实甫、张老存等十数户。种种罪行，罄竹难书。及战事结束后，该犯在日本东京被捕，由中国驻日代表团嘱解来华，经国防部战犯管理局移送侦查到处。

二、理由：

查该被告以其毕生精力，推行日本征服东亚必先征服中国之侵略国策。历任参谋本部部员、演习课长、陆军省军事调查委员长，参预侵略之阴谋，及支持对我国之侵略行动。历任士官学校队副、教官及参谋长、旅团长、师团长，训练以侵略为目的之军事人才与部队。又进兵我国，阻碍我国之统一运动，侵害我国之主权，及参加对我之侵略战争。此项事实，有日本内阁迭次之各种策动，如近卫声明，广田三原则，东亚新秩序等文告与行动，可以覆按。并有关东军司令官本庄繁致日本陆相书，以及华北驻屯军参谋长酒井隆受命发动华北侵略行动之战犯酒井隆卷证可稽。即该被告对于迭任各职，亦供认不移。复有其自撰之履历存卷足证(见侦查卷)，均相吻合。次查该被告行军所之，在河北保定，抢劫陈嗣哲之衣服、古玩二十八箱，及红木家具。在南京中华门附近，勒索韩马氏等柴米，告罄之余，加以杀害。此类罪行，有被害人即现任司法官陈嗣哲等及目睹之证人黄昌庆等数十人，分别具结证明，并由首都地方法院检察处及南京临时参议会，先后派员调查属实(见附件丙)。又查该被告纵属在南京中华门内外之沙洲圩，强奸周丁氏及陈二姑娘等三人，于赛虹桥强奸刘宝琴等四人，于九儿巷、黄泥塘各处，强奸或轮奸伍大毛等十余人。又于行军途中及在南京雨花台等处，向陈王氏等强索姑娘作肉体之慰劳。以上事实，亦各有被害人或目睹之证人陈士兴、刘李氏、陈二姑娘、伍李氏、朱修谷、贾学书等分别具结或到庭证明历历(见侦查卷及附件乙)。复经地检处及临参会派员查明无讹。又查该被告纵属在南京中华门内外鸡鹅所枪毙李锦有等三人，于南村枪毙王竹全等二人，于沙洲圩枪毙陈锦福等四人，于门东各地枪毙周小二子等数百人。又于新路口刺杀夏淑兰等八人，于雨花台各地刺杀赵殿高等数十人。又于正觉寺、雨花路、石观音、四方城各地，集体屠杀广善等八十余人。在土城头、高辇柏村各地，先刑后杀张李氏、老候、莫启东等人。又于西街等地，将童章余等杀毙之余，又焚其尸。此类犯罪事实，除有证人黄修印、陆隆、王万氏、吕张氏、王田氏、王富有等数十人分别具结或到庭证明属实外，复有调查卷可稽(见侦查卷及附件甲)。又查该被告纵属在长乐路、中华门、膺府街等处,肆意破坏陈沈氏、王子亭、陈长余、冯兆美、刘汉钦等户之财产,既有被害人或目睹之证人丁万和、陈沈氏、陈长余、叶姚氏等分别具结或到庭证明在卷,又有调查人签注可资佐证(见侦查卷及附近丙)。综上以观,该被告于战前及战时,违反国际条约及公约,阴谋预备发动并支持对我国之侵略,复违反战争法规及惯例,直接或间接施暴行等犯罪行为,实属罪证确凿,无可饰辩。虽该被告仍一再辩称:(一)本人在返日之前,并未闻部属有强奸杀人一类罪行,所谓种种暴行殊难置信。(二)当时到南京部队繁多,纵有罪行,亦不能证明为本军所为,本人实难负责。(三)本人统属部队甚严,并一再告诫,不得对非战斗人员加以暴行,本人部队曾作战各地,并无人指控有何罪行,足证南京之大屠杀,并非本军所为。(四)设立慰安所系向当地长官商量,并征求慰安妇女之同意,始行设立云云。然查南京之大屠杀,为日本摧残我国抗战精神与民族意识之行动,在作战之中,我国国土沦陷过多,除南京外,亦不无他处如南京之大屠杀,不能因该被告在他处无类此大屠杀,即证明在南京亦无此类暴行。况该军在保定抢劫平民财产,有被害人证明在卷,是其部属并不如所陈之良善。其次,南京之大屠杀,被害人达数十万之多,而最初一周,亦即大屠杀之最高峰,即该被告之驻区。就现存证据言,则无时无地,不有种种暴行发生,而该被告竟诿称一无所知,一无所闻,显见情虚畏究,饰词诡辩。且南京大屠杀,既为举世共知之事实,并有影片、照片、各种记载、档案以及数千份表结,数十人到庭结证属实,殊难因被告空言不能置信,免其刑责。又况中华门内外一带,为该被告驻军之区域,此系该被告所自认。在其驻军期内,有屠杀、奸淫种种暴行,被害人可证明者,已达数千之众。该被告所属,不自行犯罪,决无任其他部队前来犯罪之理。又其他部队,各有驻区,亦各有可杀可奸之对象,又决无舍近图远之理。况进攻中华门者,为该被告之部队,进城即杀人,尤将何以诿卸。再欢，我国妇女及社会风尚，向无以肉体作慰劳之习惯，即本国行军，亦不能使其同意牺牲色相，况为敌军。且就其在南京强索妇女不遂杀人观之，尤足证所谓征其同意为虚饰。至于被告之服役，及来华作战，固系奉行国策，执行命令。第阴谋侵略及发动侵略战争，均系违反国际条约，破坏国际和平之行为。且该被告于作战期间，纵属肆意屠杀、强奸、抢劫，尤属违反战争法规，决难减免其罪责。是该被告种种罪行，实无诿卸余地。查国联盟约第十条，九国公约第一条，均揭著应尊重会员及我国领土之完整，与政治之独立。巴黎非战公约，则斥责以战争为随行国家政策之工具。海牙和约，关于敌对行为，又有明文。讵该被告，始则对于侵略之阴谋与行动，作有力之支持。继则出兵山东，阻碍我国之统一运动，侵害我国之主权。终则参加对我不宣而战之侵略战争。显系违背各该国际公约之规定，自应成立破坏和平罪。又其在我国作战期间，肆意抢劫及破坏财产，对于平民作有计划之屠杀与强奸，强迫妇女入慰安所，以及强奸之后加以杀害，拉夫之余，予以屠戳〔戮〕，与夫集体屠杀，杀后焚尸等暴行，违背海牙陆战法规第二十三条第一项第三款、第七款，第二十八条，第四十六条第一项，第四十七条，应构成战争罪及违反人道罪。以上违反和平罪，虽连续达二十余年之久，战争及违反人道罪，虽反复行之，然既系基于概括之故意，自应各论以一罪。又违反和平罪，与战争及违反人道罪，并非有方法结果关系，自应分别论罪，合并处罚。又该被告处心积虑，从事侵略，破坏国际和平，侵犯我国主权，在战争中又以违反人道及战争法规，种种暴行，加诸手无寸铁之平民，并在南京造成旷古未有之浩劫，穷凶极恶，举世共愤，并应科处极刑，以维正义与和平。

据上论结，爰依《中华民国战争罪犯审判条例》第一条，第二条第一款、第二款、第四款，第三条第一款、第四款、第六款、第十七款、第二十四款、第二十七款、第三十六款、第三十八款，第四条，第八条，第九条，第十条，第十一条，第十二条。《刑法》第二百二十三

条。《刑事诉讼法》第二百三十条第一款起诉。此致
本庭审判官

计送卷贰宗及原卷壹宗，附证件叁件【缺】

中华民国卅五年十二月廿五日

国防部审判战犯军事法庭主任检察官陈光虞

本件证明与原本无异。

中华民国卅五年十二月卅一日

书记官张殿桐

〔战争罪犯处理委员会档案〕

11. 周一渔关于南京大屠杀及收尸情形陈述笔录

(1947年2月3日)

右证人民国三十六年度审字第壹号，为谷寿夫战犯一案，于民国三十六年二月三日上午十一时，在国防部审判战犯军事法庭讯问。本庭出庭官佐如左：

审判长　石美瑜

书记官　施　泳

命引证人周一渔入庭。

问：姓名、年籍等项？

答：周一渔，年六十岁，南京人，住中华路金沙井32号。

问：本庭听说当南京沦陷你在崇善堂做过埋尸体工作吗？

答：崇善堂是大家办的，我当时是董事长，经手收埋尸首有十一万二千二百六十六具，印有统计表，容我明日送来给庭上参考，尚有未掩埋者为数尚多。(附抄表一份附卷)

问：本庭现定于二月六日起在励志社公审谷寿夫战犯，届时仍请你出庭作证陈述关于南京沦陷时日军之暴行。

答：可以的。

问：日军何时进城呢？

答：二十六年十二月十三日进城。

问：是谁部队进城呢？

答：谷寿夫部队先进城，到十四日中岛部队始进城。

问：你当南京沦陷时有离开没有？

答：未离开。

问：你家有被害没有？

答：没有。

问：你曾亲眼看到日军暴行吗？

答：屠杀者我目睹有七、八次，有十个一次，八个一次。

问：大约怎样被害呢？

答：当收尸时看到，有用刺刀由前后刺入的。

问：你在何处收尸呢？

答：随处收的，当时遍地皆是尸体。

问：还有怎样被害的？

答：亦有日军在地下室外面，用枪打进地下室去。

问：当收埋时有工人在场？

答：有的。

问：现在尚可以找到当时工人吗？

答：可以的。容我找到后于二月六日带到出庭作证。

问：当收尸时，所收的尸体有军人在内没有？

答：均是穿老百姓衣服，没有穿军装的，男女老幼均有。

问：你曾看到最惨的被害吗？

答：我亲见在内桥菜市斗母宫地方，有一卖鸡女人，约有五十余岁，光□被日军轮奸后，用破布等件塞入阴户，致该妇腹胀而死。时间是在二十六年十二月十六日。

问：南京沦陷时，屠杀最多的是在什么时候呢？

答：进城第一星期杀的顶多，亦有烧的。

谕知作证之义务及伪证之处罚，命具结附卷。

周一渔

以上笔录经授示证人，认为无异，愿签名如上。谕本案证人周一渔候再传讯返庭(当庭送达传票，送达证附卷)。

中华民国三十六年二月三日

书记官　施　泳

审判长　石美瑜

证人结文(讯问后)

今到场为证人，系据实陈述，并无匿饰增减。此结。

证人周一渔

中华民国三十六年二月三日

注意：刑法第一百六十八条规定：证人供前或供后具结而为虚伪陈述者，处七年以下有期徒刑。

〔战争罪犯处理委员会档案〕

12. 国防部审判战犯军事法庭对战犯谷寿夫的判决书及其附件

(1947年3月10日)

国防部审判战犯军事法庭判决　三十六年度审　字第一号

公诉人：本庭检查官。

被　告：谷寿夫，男，年六十六岁，日本人，住东京都中野区富士见町五十三号，日本陆军中将师团长。

指定辩护人：梅祖芳律师。

张仁德律师。

右被告因战犯案件，经本庭检察官起诉，本庭判决如左：

主文：

谷寿夫在作战期间，共同纵兵屠杀俘虏及非战斗人员，并强奸，抢劫，破坏财产，处死刑。

事实：

谷寿夫系日本军阀中剽悍善战之将领，远在日俄战役，即已从军，并著战绩。迨民国二十六年中日战起，充任第六师团长，于是年八月，率部来华，参预侵略战争。先转战于河北永定河及保定、石家庄等处。同年十一月杪，我京沪沿线战事频告失利，转移阵地，扼守南京。日本军阀以我首都为抗战中心，遂纠集其精锐而凶残之第六师团谷寿夫部队，第十六师团中岛部队，第十八师团牛岛部队，第一一四师团末松部队等，在松井石根大将指挥之下，合力会攻，并以遭遇我军坚强抵抗，忿恨之余，乃于陷城后，作有计划之屠杀，以示报复。由谷寿夫所率之第六师团任前锋，于二十六年十二月十二日（即农历十一月十日）傍晚，攻陷中华门，先头部队用绳梯攀垣而入，即开始屠杀。翌晨，复率大军进城，与中岛、牛岛、末松等部队，分窜京市各区，展开大规模屠杀，继以焚烧奸掠。查屠杀最惨厉之时期，厥为二十六年十二月十二日至同月二十一日，亦即在谷寿夫部队驻京之期间内。计于中华门外花神庙、宝塔桥、石观音、下关草鞋峡等处，我被俘军民遭日军用机枪集体射杀并焚尸灭迹者，有单耀亭等十九万余人。此外，零星屠杀，其尸体经慈善机关收埋者十五万余具。被害总数达三十万人以上。尸横遍地，惨绝人寰。其残酷之情状，尤非笔楮所忍形容。如十二月十五日下午一时，我军警二千余名，为日军俘获后，解赴汉中门外，用机枪密集扫射，饮弹齐殒，其负伤未死者，悉遭活焚。同月十六日下午六时，麇集华侨招待所之难民五千余人，被日兵押往中山码头，用机枪射杀后，弃尸江中，仅白增荣、梁廷芳二人，中弹受伤，投身波中，与漂尸同流，得以幸免。同月十八日夜间，复将我被囚幕府山之军民五万七千四百十八人以铅丝扎捆，驱集下关草鞋峡，亦用机枪射杀，其倒卧血泊中尚能挣扎者，均遭乱刀戮毙，并将全部尸骸，浇以煤油焚化。又如十二月十二日，乡妇王徐氏，在中华门外下码头，遭日军枭首焚尸。同月十三日，乡民魏小山，因谷寿夫部队在中华门堆草巷纵火，驰往施救，致被砍死。同日，僧隆敬、隆慧、及尼真行、灯高、灯元等，亦于中华门外庙庵内，悉遭屠戮。十四日，市民姚加隆携眷避难于中华门斩龙桥，又遭日军将其妻奸杀，八岁幼儿，三岁幼女，因在旁哀泣，被用枪尖挑入火中，活焚而毙。同月十三日至十七日，时值严寒，驻中华门外日军，勒令乡民三十余人，入水捞鱼，从则冻毙，违亦遭戮。并将一老叟，绑悬树梢，以枪瞄准，作打靶练习，终至命中，绳断跌毙。又日军官二人，以杀人为竞赛，其一杀达百零五人，一则以杀百零六人获胜。同月十九日，乡妇谢善真，年逾六旬，被日军在中华门外东岳庙用刀刺杀，并以竹竿插入阴户，均属惨无人道。计自十二月十二日至同月二十一日，我首都无辜军民，被日军残杀而有案可稽者，达八百八十六起。（见附件甲一号至二八号，乙一号至八五八号。）其在中华门一带被害者，除以上列举外，尚有王福和、柯大才、卓吕同、沈有功、刘广松、曾文党、余必福、陈萧氏等三百七十八案。（详见附件甲九、一三、一八、一九、二〇、二四、二六、二八号，乙一号至三七〇号。）日军陷城后，更四出强奸，一逞淫欲。据外侨所组国际委员会统计，在二十六年十二月十六、十七两日，我妇女遭日军蹂躏者，已越千人。且方式之离奇惨虐，实史乘所未前闻。如十二月十三日，民妇陶汤氏，在中华门东仁厚里五号，被日军轮奸后，剖腹焚尸。怀胎九月之孕妇萧余氏，十六岁少女黄桂英，陈二姑娘，及六十三岁之乡妇，亦同在中华门地区，惨遭奸污。乡女丁小姑娘，在中华门堆草巷，经日军十三人轮奸后，因不胜狂虐，厉声呼救，当被刀刺小腹致死。同月十三日至十七日，日军在中华门外，于强奸少女后，复迫令过路僧侣续与行奸，僧拒不从，竟被处宫刑致死。又在中华门外土城头，有少女三人，因遭日军强奸，羞愤投江自尽。凡我留京妇女，莫不岌岌自危，乃相率奔避于国际委员会所划定之安全区。讵日军罔顾国际正义，竟亦呈其兽欲，每乘黑夜，越垣入内，不择老幼，摸索强奸。虽经外侨以国际团体名义，迭向日军当局严重抗议，而日将谷寿夫等均置若罔闻，任使部属肆虐如故。再，日军锋镝所至，焚烧与屠杀常同时并施。我首都为其实行恐怖政策之对象，故焚烧之惨烈，亦无伦比。陷城之初，沿中华门迄下关江边，遍处大火，烈焰烛天，半城几成灰烬。我公私财产之损失，殆不可以数字计。中华门循相里房屋数十幢，均遭烧毁，居民何庆森、夏鸿贵、毕张氏等数百人，庐舍成墟，栖息无所。中华门钓鱼巷、湖北路、长乐路、双闸镇各处居民曾有年、常许氏、冯兆英等房屋数百幢，亦俱焚烧，荡然无存。至十二月二十日，复从事全城有计划之纵火暴行，市中心区之太平路火焰遍布，至夜未熄。且所有消防设备，悉遭劫掠，市民有敢营救者，尽杀无赦。日军更贪婪成性，举凡粮食、牲畜、器皿、古玩，莫不劫取。如在石坝街五十号，抢掠国医石筱轩名贵书籍四大箱，字画古玩二千余件，木器四百件，衣服三十余箱。又在集庆路、任管巷等处，掠劫民间牲畜、粮食、钱财，不可胜计。即国际红十字会病院内，护士财物，病人被褥，难民食粮，亦遭洗劫一空。美大使馆职员陶格拉斯晋钦(Douglas Jenkine)、美籍女教士格蕾丝苞尔(Miss Grace Bauer)、德人乌拉比、巴赤德、波濮罗、蒸姆生(Rabe, Barchardt, Poblo, Jeimssen)等住宅，并经先后搜劫，损失綦重。种种暴行，更仆难数。日本投降后，谷寿夫在东京被捕，经我驻日代表团解送来京，由本庭检察官侦查起诉。

理由：

查本案被告谷寿夫，于民国二十六年，由日本率军来华，参预侵略战争，与中岛、牛岛、末松各部队，会攻南京，因遭我军坚强抵抗，血战四昼夜，始于是年十二月十二日傍晚，由中华门用绳梯攀垣而入。翌晨率大队进城，留驻一旬，于同月二十一日，移师进攻芜湖各情，已据供认不讳。(见侦查卷六六页，审判卷七宗一六页、二三页。)至其陷城后，与各会攻部队，分窜京市各区，展开大规模屠杀，计我被俘军民，在中华门、花神庙、石观音、小心桥、扫帚巷、正觉寺、方家山、宝塔桥、下关草鞋峡等处，惨遭集体杀戮及焚尸灭迹者，达十九万人以上。在中华门、下码头、东岳庙、堆草巷、斩龙桥等处，被零星残杀，尸骸经慈善团体掩埋者，达十五万人以上。被害总数共三十余万人。此项事实，匪特已据身历其境之证人殷有余、梁廷芳、白增荣、单张氏、鲁苏、殷南冈、芮万缘、毕正清、张玉发、柯荣福、潘大贵、毛吴氏、郭岐、范实甫、姚加隆、万刘氏、徐承铸、僧隆海、莲毕、尼慧定等一千二百五十余人，及当时主持掩埋尸体之许传音、周一渔、刘德才、盛世征等，具结证明。（详见附件甲一号至二八号，附件乙一号至八五八号，京字九号至一二号各证暨本庭侦查及审判笔录。）且有红卍字会掩埋尸体四万三千零七十一具，崇善堂收埋尸体十一万二千二百六十六具之统计表，及伪南京督办高冠吾为丛葬于灵谷寺无主孤魂三千余具所立之碑文为凭。（见京字三号、一六号、一七号各证。）复经本庭按丛葬地点，在中华门外雨花台、万人坑等地，发掘坟冢五处，起出被害人尸骸头颅数千具，由法医潘英才、检验员宋士豪等，验明尸骨，多有刀砍、中弹、或钝器击损伤痕，填具鉴定书在卷可稽。（见本庭勘验笔录及京字一四号证。）并有当时日军为炫耀武功，自行拍摄之屠杀照片十五帧，及实地摄制之屠城电影，经我军于胜利后扣获，可资印证。（见京字一号、二号及一五号证。）至陷城后，日军各部队分窜各区，奸淫肆虐，如乡妇陶汤氏被奸后剖腹焚尸，丁小姑娘遭轮奸后刺死，即妊妇、老妪亦同遭奸污。又放火烧毁民房、掠劫财物，以及闯入安全区内强奸妇女，劫取外人财产等情，亦据各生存之被害人及目睹之证人萧余氏、陈二姑娘、柯荣福、方鹤年、张孙氏、范实甫、张万氏、周一渔、何庆森、夏鸿贵、毕张氏、倪春富、曾有年、常许氏、冯兆英、石筱轩、徐兆彬等百余人，分别结证是实。核与国际委员会所组南京安全区内档案列举之日军暴行，及外籍记者田伯烈(H.J.Timperley)所著《日军暴行纪实》，史迈士(Lewis S.C.Smythe)所作《南京战祸写真》暨当时参加南京战役之我军营长郭岐所编《陷都血泪录》胪载各节，悉相吻合。（详见附件丙、丁、戊、己，及京字九号至一二号各证暨本庭侦查及审判笔录。)又经当时留京之美籍教授贝德士(M.S.Bates)、史迈士(Leuis S. C.Smythe)本于目击实情，到庭宣誓并具结证明无异。是会攻南京之日军各将领，共同纵兵，分头实施屠杀、强奸、抢劫、破坏财产之事实，已属众证确凿，无可掩饰。虽据辩称：(一)被告部队入城后，系驻扎中华门，于十二月二十一日全部开赴芜湖，当时中华门一带，正值激战，居民迁徙一空，并无屠杀对象，且被害人均未能指出日兵番号，故屠杀事件，应由中岛、末松，及其他部队负责，即罪行调查表亦多载有“中岛”字样，可见与被告无涉。(二)被告所属部队，军纪严肃，可保证未曾杀害一人。除已经证人小笠原清到庭证明外，应请传讯被告所属之参谋长下野一霍，旅团长坂井德太郎，柳川参谋长田边盛武，高级参谋籐本铁熊等，即可明瞭。(三)本案证据全系伪造，不足为论罪根据等语，以为免责之辩解。但关于第一点，按共同实施犯罪行为之人，在合同意思范围以内，各自分担犯罪行为之一部，相互利用他人之行为，以达其犯罪之目的者，即应对于全部所发生之结果，共同负责(参照最高法院二十八年上字第三一一〇号，二十六年渝上字第一七四四号各判例)。被告既系会攻南京之高级将领，因遭守军猛烈抵抗(见审判卷七宗一六页)，乃于陷城后，会合中岛、牛岛、末松等部队，分窜各区，实施大屠杀及奸掳、焚烧等暴行，我被俘军民惨遭杀戮者，达三十余万人之众，已与监督不严之偶发事件，显有不同。况经当时驻京外侨，以国际团体名义，于二十六年十二月十四日至二十一日，即在被告部队驻京之期间内，前后十二次，分向日军当局及日大使馆，提出严重抗议。并在照会内，附录日军烧、杀、淫、掠暴行，计一百一十三案，促请日军注意管束部属，防止暴行扩大(见南京安全区档案原文一至四九页，及附件己、京字一〇、一一号各证)。而被告等各将领，又均置若无睹，纵兵肆虐如故，且反将此种惨烈屠城情状，摄成电影及照片，藉以表彰战绩。其系与各会攻将领，基于合同意思，共同纵兵，分头窜扰，而作有计划之大规模屠杀及焚烧奸掠、至为明显。纵令被告部队，仅在旬日间，分担京市一隅之屠杀等暴行，然既与各会战将领，本于联络之犯意，互相利用，以达其报复之目的。依照上开说明，即应就全部所发生之结果，与松井、中岛、牛岛、末松、柳川各将领，共同负责。奚容以罪行调查表载有"中岛"字样，以及被害人未能指出日兵番号等词为藉口，希图诿卸。矧查京市各区，屠杀奸掠等事件，泰半系发生于被告部队驻京之期间内(即十二月十二日至同月二十一日)，即在被告自承为其防区之中华门一带而遭烧杀淫掠之居民有案可稽者，已达四百五十九起(详见附件甲九、一二、一八、一九、二〇、二四、二六、二八号、乙一至三七〇号，丙一至二一号，丁一至五七号，戊一至三号各证，暨本庭侦察及审判笔录)。其中被害人家属及证人，且多能切实指明被告部队之罪行。如据范文卿之子范实甫供称："谷寿夫部下杀人、放火、强奸、无所不为，最残忍的，要算是谷寿夫部队，杀人最多约有十几万人。我家对门丁道台的孙女，被谷寿夫部下十三个人强奸，这小姑娘因受不了惨叫，被日军一刀刺破小腹而死。我还看见邻人魏小山，因谷寿夫部队放火，他去救火，被日军一刀砍死。"丁长荣供称："我儿子丁连宝，被谷部(指被告)士兵用枪打，又戳一刀死了。当时一共打死七个人。又在中华门、赛虹桥，见两个妇女被日军强奸后，用刺刀从阴户刺入腹部，致腹破肠流而死。"徐承铸供称："我胞兄徐承耀，被谷寿夫部队拉夫，经母亲哀求，不肯释放，当被拉到雨花台下，用枪打死。"又据证人欧阳都麟供称："日军谷寿夫部队，攻陷南京，由中华门首先进城，先行屠杀，就此两天内(十二、十三两日)，中华门内外，遍地尸首，惨不忍睹。有的用刺刀刺孕妇腹部，致腹破胎坠而死。有的用刺刀从妇女阴户刺入，刀尖透出臀部致死。亦有八十岁老妇，被强奸致死。"证人张鸿如供称："日军于二十六年农历十一月初十晚进城，杀人放火奸淫最厉害的，是谷寿夫部队。"各等语(见本庭审判卷一宗三〇页，三宗三五页、三九页、四三页，七宗六〇页、六一页）。尤足见被告部队分担实施暴行之事实，昭然若揭，尚何有狡赖之余地。关于第二点，查被告部队，远在保定、石家庄一带作战时，即曾抢劫居民陈嗣哲所有之衣服、古玩二十八箱，及红木家具等物多件。又在浙江德清县境，惨杀平民卜顺金、卜玉山等人（见附件乙八四六号，戊四号各证）。是其军纪之败坏，已可概见。追会攻南京陷城后，更暴行累累，凶残无匹，乃反谓军纪严肃，未曾杀害一人，显属遁辞。至证人小笠原清，于被告部队会攻南京之时，尚在日本求学，徒以臆测之词，漫谓被告部队在南京并无暴行，自属无可采信。又查被告所属参谋长下野一霍，旅团长坂井德太郎，及柳川参谋长田边盛武，高级参谋籐本铁熊等，均系参与会攻南京之高级军官及参谋长官，对于实施有计划之南京大屠杀事件，本有共犯嫌疑，纵使该嫌疑犯等到庭为被告所预期之陈述，亦不外瞻徇袒庇，自难据为被告有利之判决。兹被告犹斤斤请传该嫌疑犯等到庭作证，无非藉端希图延宕。关于第三点，查本案证人千余人，均系身历其境，将当时目击日军暴行痛陈如绘。被害人尸骸头颅数千具，并经本庭在丛葬地点掘出。灵谷寺无主孤魂三千余具之墓碑，至今犹存。郭岐所编《陷都血泪录》，远在民国二十七年即在西安写成，并于同年八月披露于西京平报（见京字一二号证第一页）。国际委员会所组南京安全区之档案，外籍记者田伯烈所著《日军暴行纪实》，及美籍教授史迈士所作《南京战祸写真》，皆为当时未曾参加作战之英、美、德人士，本其目睹情形，所作之日军暴行实录。日军以杀人为竞赛娱乐，且系在被告本国《东京朝日新闻》登载（见京字一〇号证第二八四及二八五页）。屠杀照片及屠城电影，俱为当时日军所摄制，藉以夸耀武功。均系被告及会攻南京各将领共同实施暴行之铁证。被告竟以空言抹煞，妄指为伪造，可谓毫无理由。综上各点抗辩，均属狡展图卸，殊无可采。查被告在作战期间，以凶残手段，纵兵屠杀俘虏及非战斗人员，并肆施强奸，抢劫，破坏财产等暴行，系违反海牙陆战规例，及战时俘虏待遇公约各规定，应构成战争罪，及违反人道罪。其间有方法结果关系，应从一重处断。又其接连肆虐之行为，系基于概括之犯意，应依连续犯之例论处。按被告与各会攻将领，率部陷我首都后，共同纵兵肆虐，遭戮者达数十万众，更以剖腹、枭首、轮奸、活焚之残酷行为，加诸徒手民众与夫无辜妇孺，穷凶极恶，无与伦比。不仅为人类文明之重大污点，即揆其心术之险恶，手段之毒辣，贻害之惨烈，亦属无可矜全。应予科处极刑，以昭炯戒。

据上论结，应依《刑事诉讼法》第二百九十一条前段；《海牙陆战规例》第四条第二项，第二十三条第三款、第七款，第二十八条，第四十六条，第四十七条；《战时俘虏待遇公约》第二条，第三条；《战争罪犯审判条例》第一条，第二条第二款，第三条第一款、第四款、第二十四款、第二十七款，第十一条；《刑法》第二十八条，第五十五条，第五十六条前段，第五十七条，判决如主文。

本案经本庭检查官陈光虞莅庭执行职务。

中华民国三十六年三月十日

国防部审判战犯军事法庭

审判长　石美瑜

审判官　宋书同

审判官　李元庆

审判官　葛召棠

审判官　叶在增

右正本证明与原本无异。

书记官　张体坤

中华民国三十六年三月十日

审判官　孙建中

审判官　龙钟煌

审判官　张体坤

谷寿夫战犯案判决书附件

（1）关于分散屠杀部分统计节录

民国二十六年十二月十四日，市民刘广松在沙州圩被机枪射击致死。

民国二十六年十二月十二日，市民曹文党在雨花台被刺刀刺死。

民国二十六年十二月十五日，市民余必福在小市口被刀杀死。

民国二十六年十二月十三日，市民宋小四子，在胭脂巷口被刺刀刺死。

民国二十六年十二月十二日，市民陈萧氏在长乐路三六九号内，被乱刀刺死。

民国二十六年十二月十三日，市民钱永祥，在雨花台五十三号门外，被刺刀刺胸部致死。

民国二十六年十二月十二日，市民陈保衡，在雨花台一三六号，被用刀杀死。

民国二十六年十二月十二日，市民李其荣，因言语不通，在沙洲圩被杀。

民国二十六年十二月十二日，市民李发来，在沙洲圩因言语不通，被用刺刀刺死。

民国二十六年十二月十二日，市民郑富生，在雨花台因鸡蛋被抢，恳求发还，致被枪杀。

民国二十六年十二月十二日，市民张德万，在沙洲圩因言语不通，被用刀刺杀。

民国二十六年十二月十二日，市民景根旺，在沙洲圩被用刀杀死。

民国二十六年十二月十五日，市民史汉章之妻许氏，在宝塔根被用刀杀死。

民国二十六年十二月十二日，市民王老汉，在宝塔山被刺杀。

民国二十六年十二月十五日，市民贾老四，在扫帚巷五一一号被刺杀。

民国二十六年十二月十二日，市民施裕卿在宝塔根被刺杀。

民国二十六年十二月十四日，市民鲁马氏，在宝塔根被用刀杀死。

民国二十六年十二月十二日，市民王王氏，在宝塔根被刺杀。

民国二十六年十二月十四日，市民张王氏，在宝塔根九五号门前，因迫其拉车不从，致遭刺杀。

民国二十六年十二月十四日，市民陈国富，在宝塔根十二号门前被刺杀。

民国二十六年十二月十三日，市民王士喜，在宝塔根一五三号被刺杀。次日，复击毙王二喜、三喜等三人。

民国二十六年十二月十三日，市民於锦廷，在沙洲圩被枪毙。

民国二十六年十二月十三日，市民王树堂，在城南义冢地被枪击致死。

民国二十六年十二月十二日，市民僧松泉，在中华门外鸡鹅所三元庵大殿上，被用枪击毙。同时遭害者有一李姓道人，及一不知姓名之市民。

民国二十六年十二月十二日，市民陈国富，在雨花台合作社遭杀害。

民国二十六年十二月十五日，市民张高氏，在雨花台二六号宅内，被用刀砍断头颅。

民国二十六年十二月十五日，市民张陈氏，在雨花台二六号宅内，因被奸未遂，致遭刀砍头部而死。

民国二十六年十二月十四日，市民窦长刚，在宝塔根一二四号门前遭杀害。

民国二十六年十二月十四日，市民王朝广，在雨花台止足亭，被指为俘虏而杀害。

民国二十六年十二月十四日，市民张来喜，在雨花台二六号宅内，因日军强奸其母，哀求免饶而被杀。

民国二十六年十二月十四日，市民陈士民，在雨花台一一号被杀。

民国二十六年十二月十四日，市民陈王氏，在雨花台一号，因拒抗强奸，致被杀死。

民国二十六年十二月十三日，市民金宜春，在李府街一号门前，被用刀杀死。

民国二十六年十二月十三日，市民马忠华，在沙洲圩被枪击毙。

民国二十六年十二月十三日，市民孙宝学，在李府街二号门外，被用枪击毙。

民国二十六年十二月十七日，市民七人，在南门外双桥河东岳庙门外遭枪杀。

民国二十六年十二月十九日，市民傅兆元，在军师巷二七号遭枪击毙。

民国二十六年十二月间，学生王清荣，在中华门外遭机枪射杀。

民国二十六年十二月间，学生马小四子，在中华门外遭机枪射毙。

民国二十六年十二月十四日，朱生辉在九儿巷九号门前遭枪杀。同时被害者尚有十九号之邻人五人。

民国二十六年十二月十三日，市民濮孙氏及其婿，在北山门三二号，被拖至扫帚巷三号门外枪杀。

民国二十六年十二月十三日，市民夏福仪，在北山门家中，被拖至扫帚巷三号门外枪杀。

民国二十六年十二月十三日，市民曹玉兰在沙洲圩被枪杀。

民国二十六年十二月十三日，市民臧世奎，在窑湾街四四号，遭机枪射毙。

民国二十六年十二月十四日，市民王开香，在珍珠巷厕所内被枪杀。

民国二十六年十二月十四日，市民童杨氏，在赛虹桥因言语不通，被枪击后用火焚死。

民国二十六年十二月十四日，市民童璋余，在赛虹桥因被拉夫未从，致遭枪杀。

民国二十六年十二月十四日，市民姜锦山，在下码头河边被枪杀。

民国二十六年十二月十四日，市民王天财，在沙洲圩被机枪击毙。

民国二十六年十二月十四日，市民吉世远，在沙洲圩被用枪击毙。

民国二十六年十二月十四日，市民邹李氏及孙万祥夫妇，在赛虹桥西城脚下，被用机枪射毙。

民国二十六年十二月十四日，市民周张氏及其夫周万祥，在赛虹桥西城角下，被用机枪射毙。

民国二十六年十二月二十日，市民濮世春，在雨花路老万全后进被刺杀。

民国二十六年十二月十四日，市民周得云，在邓府山被枪击胸部身死。

民国二十六年十二月十四日，市民韩德有，在郭家山岗，因言语不通被枪毙。

民国二十六年十二月十二日，市民赵殿高，在下码头被拉夫服役，行至中华门火车站，竟遭刺杀。

民国二十六年十二月十四日，市民周宏思，在邓府山被枪杀。

民国二十六年十二月十四日，市民杨刘氏，在黄泥塘被枪击头部身死。

民国二十六年十二月十九日，市民童月樵，在三坊巷为日军搬运皮箱，因走路迟慢而被杀。

民国二十六年十二月十三日，市民鄢冬生，在上方镇街后被枪杀。

民国二十六年十二月十三日，市民柳老大，在城外煤灰堆被枪杀。

民国二十六年十二月十三日，市民周在贵，在五贵桥为日军拾物后，被枪击身死。

民国二十六年十二月十五日，市民张海秋，在豆腐巷凤游寺门口被击毙。

民国二十六年十二月十二日，市民周洪氏，在大履福街三九号门前被击毙。

民国二十六年十二月十二日，市民李又民，在集合村与其徒王小和尚同被击毙。

民国二十六年十二月十九日，市民吴学诗，在把板桥被击毙。

民国二十六年十二月十三日，市民盛怀连及左小马二人，在涉公桥边被击毙。

民国二十六年十二月十九日，市民张振香，在涉公桥二四号家中被枪杀。

民国二十六年十二月十二日，市民唐起发，在涉公桥十二号被枪杀。

民国二十六年十二月十九日，民妇谢善真，在双桥门东岳庙，被用刀刺杀，并将其衣服脱下，阴部插进竹竿一根。

民国二十六年十二月十五日，市民黄其兴，在双桥门东岳庙被杀。

民国二十六年十二月十三日，市民徐子金，在门东转龙巷一九号被杀。

民国二十六年十二月十三日，市民周小二子，在门东正觉寺内被杀。

民国二十六年十二月十三日，市民周乔氏，在门东正觉寺内被枪杀。

民国二十六年十二月十三日，市民周宏元，在门东正觉寺内被枪杀。

民国二十六年十二月十五日，市民刘金泉，在门东正觉寺内，被拖至乌衣巷口枪杀。

民国二十六年十二月十三日，市民李发芝，在正觉寺内遭枪杀。

民国二十六年十二月十三日，市民李宏奎，在正觉寺内遭枪杀。

民国二十六年十二月十三日，市民郭荣寿，在门东正觉寺内遭枪杀。

民国二十六年十二月十四日，市民曾金堂，在钱家村遭枪杀。

民国二十六年十二月十二日，市民仲结巴子，在万竹园被枪杀。

民国二十六年十二月十三日，市民盛有华，在信府苑一六号被刺死。

民国二十六年十二月十三日，市民储春香，在李府街一号，被用刀杀死。

民国二十六年十二月十三日，市民朱正邦，被拖至鸽子桥用刀砍死。

民国二十六年十二月十三日，瓦工陈寿人等八人，被拉夫至一人巷，均被枪杀。

民国二十六年十二月十三日，平民贾长源，在涉公桥北村一四号被枪杀。

民国二十六年十二月十三日，商民毛生云，在窑湾街被杀死。

民国二十六年十二月十二日，茶役杨春怀，在雨花路八〇号家中，因言语不通被杀。

民国二十六年十二月十二日，市民魏为仙、魏邱氏、甘太信，在大树城一号，被拉夫未从，致遭枪杀。

民国二十六年十二月十三日，工人方镜如，在内桥湾被枪杀。

民国二十六年十二月十三日，农民于殿治，在花路岗被拉至城头上，用刺刀刺死。

民国二十六年十二月十五日，农民马金和，在库上难民区被枪杀。

民国二十六年十二月十三日，农民方金山，在李府巷三号家中，因未向日军行礼被杀。

民国二十六年十二月十八日，佣工解平德，在拖板桥被枪杀。

民国二十六年十二月十四日，农民王文家、王留柱，在扫帚巷一一九号，被刺刀刺死。

民国二十六年十二月十四日，皮工高锦有，在扫帚巷被枪杀。

民国二十六年十二月十五日，市民於怀源，在扫帚巷五一号家中被枪杀。

民国二十六年十二月十五日，农民孙廷标，在正学路被枪杀。

民国二十六年十二月十四日，农民陈有森，在双桥门被枪杀。

民国二十六年十二月十四日，市民赵殿高，在五贵桥被杀。

民国二十六年十二月十八日，市民王乐氏，在拖板桥被枪杀。

民国二十六年十二月十八日，市民王长怀，在拖板桥因拉夫不从被杀。

民国二十六年十二月十六日，市民孙良盛，在沙洲圩被枪杀。

民国二十六年十二月十六日，市民魏大顺，在沙洲圩被枪杀。

民国二十六年十二月十六日，市民李永之，在沙洲圩被枪杀。

民国二十六年十二月十五日，农民赵启贵，在沙洲圩朱家窝被枪杀。

民国二十六年十二月十三日，市民陶成壁，在沙洲圩被枪杀。

民国二十六年十二月十四日，市民潘永涛，在沙洲圩被枪杀。

民国二十六年十二月十六日，市民查桂鑫，在长乐街二四号被枪杀。

民国二十六年十二月十四日，农民马韩氏，在边营被枪杀。

民国二十六年十二月十三日，农民张福龙，被拉至赛虹桥枪杀。

民国二十六年十二月十五日，木工唐金和，在赛虹桥南村被枪杀。

民国二十六年十二月十五日，市民张书成，在赛虹桥北村，被拉夫至西城角，遭枪杀。

民国二十六年十二月十五日，市民冯永章，在库上八号家中被枪杀。

民国二十六年十二月十四日，市民马孝和，在库上九号家中被枪射死，又肚腹被刺一刀。

民国二十六年十二月十五日，市民戚文和，在中华门车站被枪杀。

民国二十六年十二月十三日，市民周少侯，在中华门外被拉夫，因年老无力遭枪杀。

民国二十六年十二月十七日，农民张孝斌、王竹全，在城南村南岳行宫看门被杀。

民国二十六年十二月十五日，商民秦光第，在磊功巷二二号被拉至十九号枪杀。

民国二十六年十二月十五日，市民徐小洪，在厨子营口被枪杀。

民国二十六年十二月十三日，市民高凤鸣，在麟凤阁被杀。

民国二十六年十二月十三日，市民王凤栖，在麟凤阁被杀。

民国二十六年十二月十二日，市民王立宽，在珍珠巷一三七号家中，被刀刺死。

民国二十六年十二月十二日，市民王开申，在西街被刀砍死。

民国二十六年十二月十五日，市民王宗福、王金氏，在转龙巷南口家中，被枪击死。

民国二十六年十二月十二日，市民郭有文，在双桥门三〇号家中，被枪射死。

民国二十六年十二月十三日，市民张育有，在珍珠巷家中被打死。

民国二十六年十二月十三日，市民郭兆意，在珍珠巷地下室被枪杀。

民国二十六年十二月十三日，市民王顺林、王小顺子，在珍珠巷被打死。

民国二十六年十二月十八日，市民杭银珠，在赛虹桥被打死。

民国二十六年十二月十三日，市民刘大左子，在赛虹桥被屠杀。

民国二十六年十二月十六日，市民冯成来，在赛虹桥被打死。

民国二十六年十二月十三日，市民董孙氏，在赛虹桥被枪打死。

民国二十六年十二月十八日，市民王文邦，在赛虹桥被枪打死。

民国二十六年十二月十三日，市民秦张氏，在赛虹桥十二号被打死。

民国二十六年十二月十三日，市民曹步云，在红梅巷二〇号被打死。

民国二十六年十二月十四日，市民周万祥，在赛虹桥十二号家中，被枪打死。

民国二十六年十二月十三日，市民刘宝发，在赛虹桥家中被打死。

民国二十六年十二月十二日，小贩王香连，在中华门涉公桥南九号被枪杀。

民国二十六年十二月十三日，市民王香达，在赛虹桥九号家中，被刀刺死。

民国二十六年十二月十三日，市民唐大参子，在赛虹桥十二号家中被打死。

民国二十六年十二月十三日，市民贾长延、贾富延、贾小连子等三人，在赛虹桥桥北十四号，被枪打死。

民国二十六年十二月十三日，市民蔡包氏，在窑湾一六七号被打死。

民国二十六年十二月十三日，市民曹玉兰、曹张氏，在珍珠巷一六八号，被枪打死。

民国二十六年十二月十六日，市民王金堂，在糖坊桥六八号，被拉出用机枪射死。

民国二十六年十二月十五日，市民胡兆明、胡兆林，在小心桥三十二号被枪杀。

民国二十六年十二月十三日，市民陈锦富，在沙洲圩被枪打死。

民国二十六年十二月十二日，市民张同富，在雨花路被机枪射死。

民国二十六年十二月十四日，市民邓甫银，在七里街被机枪射死。

民国二十六年十二月十三日，市民柯徐氏，及房客吴庆伦、王有发、王王氏、周王氏、王小孩等五人，在石观音十七号门口防空洞被杀。

民国二十六年十二月十三日，市民×××，在小心桥，被步枪射死。

民国二十六年十二月十四日，市民陶金芝及不知姓名二人，在门东转龙巷九号附近塘边，同被步枪打死。

民国二十六年十二月十三日，市民董兴义，在转龙巷八号被枪杀。

民国二十六年十二月十三日，市民朱国友，及其子德成、德铭，在中华路锦绣坊口，同被枪杀。

民国二十六年十二月十四日，市民周丁氏，在沙洲圩因抗拒强奸被杀。

民国二十六年十二月十二日，市民胡长生，在雨花路被枪打死。

民国二十六年十二月十三日，市民郭永祥，在宝塔根一五九号门口，被刺刀刺死。

民国二十六年十二月十三日，市民夏学香，在宝塔根一〇八号门口，被刺刀刺死。

民国二十六年十二月十四日，市民施庆来、王张氏，在沙洲圩、仓圩被枪杀。

民国二十六年十二月十五日，市民陈福元，在沙洲圩被刺刀刺死。

民国二十六年十二月十三日，市民井盛华，在雨花路被刺刀刺死。

民国二十六年十二月十三日，市民林鸿喜、林陈氏，在沙洲圩沈家庄被枪杀。

民国二十六年十二月十四日，市民屈贵富，在厨子营四〇号家中，被搜劫身上财物后枪杀。

民国二十六年十二月十三日，市民高祥松，在宝塔山被击毙。

民国二十六年十二月十三日，市民王南生，在宝塔山被击毙。

民国二十六年十二月十三日，市民郭文涛，在宝塔根被杀。

民国二十六年十二月十三日，市民汪步阶，在宝塔山孙能炳门前被枪杀。

民国二十六年十二月十五日，市民刘仁源，在宝塔根被枪击毙命。

民国二十六年十二月十五日，市民黄天义，在宝塔根一六号，因拉夫不从被击毙。

民国二十六年十二月十四日，市民刘鸿宾，在宝塔根九三号门前被枪杀。

民国二十六年十二月二十一日，市民杜云卿，在雨花路一〇三号门前被击毙。

民国二十六年十二月二十一日，市民杜怀根，在雨花路一〇三号被机枪射死。

民国二十六年十二月十八日，市民吴天才，在雨花路被指为俘虏而击毙。

民国二十六年十二月十九日，市民王有才，在沙洲圩被杀。

民国二十六年十二月十四日，市民李吉松，在油坊桥因言语不通被击毙。

民国二十六年十二月十四日，市民吴三奶奶，在燕翅口三十六号门口，被用刀杀死，并以竹竿插入阴户。

民国二十六年十二月十四日，市民王文佳，在燕翅口被刺杀。同时被杀者有其子等六人。

民国二十六年十二月十四日，市民谢德班，在燕翅口被拖至制造局杀害。

民国二十六年十二月十四日，市民黄永安，在燕翅口一二号被拖至制造局杀害。

民国二十六年十二月十三日，市民吉田士，在燕翅口二十二号被刺杀。

民国二十六年十二月十三日，市民吉鲁氏，在燕翅口二十二号被杀。

民国二十六年十二月十三日，市民华廷邦，在燕翅口被刺杀。

民国二十六年十二月十二日，市民华锦山，在燕翅口被刺杀。

民国二十六年十二月十四日，幼童王牛桂子，在燕翅口被拉至制造局刺杀。

民国二十六年十二月十三日，市民李诶基，在小心桥三四号被杀。

民国二十六年十二月十二日，市民王兆富，在宝塔根被枪杀。

民国二十六年十二月十二日，市民王兆敖，在宝塔山被枪杀。

民国二十六年十二月十四日，市民石厚英，在小心桥家中，被用刀刺入背部致死。

民国二十六年十二月十二日，市民王长泰，在宝塔山被杀。

民国二十六年十二月十二日，小孩王小五，在宝塔山被枪击毙。

民国二十六年十二月十二日，小孩王双喜，在宝塔山被枪击毙。

民国二十六年十二月十三日，市民梅祥万，在宝塔山被枪击毙。

民国二十六年十二月十三日，市民张荣富，在宝塔山被枪击毙。

民国二十六年十二月十二日，市民凌起发，在五显庙被杀害。

民国二十六年十二月十三日，市民王克田，因残废不及走避被杀。

民国二十六年十二月十三日，市民金正源，在小市口被杀。

民国二十六年十二月十三日，小孩魏大毛，在小市口因言语不通被杀。

民国二十六年十二月十三日，市民李永来，在珍珠巷塘边被杀。

民国二十六年十二月十三日，市民许二姑娘，在中华门外火车站被杀。

民国二十六年十二月十三日，市民俞友钟，在宝塔山因言语不通被杀。

民国二十六年十二月十四日，市民王家富，在小市口被枪决。

民国二十六年十二月十四日，市民朱玉成，在小市口被枪杀。

民国二十六年十二月十二日，僧宗法，在雨花台被枪杀。

民国二十六年十二月十二日，市民毕恒宝，在循相里被刺死。

民国二十六年十二月十二日，市民姜兆龙，在循相里被刺死。

民国二十六年十二月十四日，市民李王氏及周岁之男孩，在沙洲圩同遭击毙。

民国二十六年十二月十九日，市民王连保，因母在沙洲圩被奸，其父往救，乃与其父同遭杀害。

民国二十六年十二月十二日，市民施庆来，在赛虹桥被刺死。

民国二十六年十二月十五日，市民张泽民，在昇州路被拖至南门桥，迫令修理电灯，因不从被杀。

民国二十六年十二月十六日下午，市民王宗福，在转龙巷被拉至地洞内刺杀。

民国二十六年十二月十六日，市民胡登山，在武定门被杀。

民国二十六年十二月十六日，市民陈复生，在武定门被杀。

民国二十六年十二月二十日，市民吴春生，在沙洲圩被用刀刺伤成残废。

民国二十六年十二月十四日，市民周王氏，在半边营一六号家中被刺死。

民国二十六年十二月十三日，市民姚更宝，在扫帚巷一一一号，被机枪射死。

民国二十六年十二月十三日，市民柯刘氏，在扫帚巷被刺杀。

民国二十六年十二月二十二日，平民杨小二，在沙洲圩青石埂被枪杀。

民国二十六年十二月间，平民高大发，在宝塔根一〇五号被枪杀。

民国二十六年十二月间，柴贩谢来本，在循相里西首被步枪击毙。

民国二十六年十二月间，小贩汤小顺，在门东仁厚里五号被枪杀。

民国二十六年十二月间，平民郭永贵，在宝塔根一五九号被枪杀。

民国二十六年十二月间，平民王益金、王方成二人，在窑湾街被杀。王小狗一人被拉去，至今生死不明。

民国二十六年十二月十三日，平民左少甫，在仁厚里二十一号被枪杀。

民国二十六年十二月间，小贩王玉金，在窑湾街被杀。

民国二十六年十二月间，小贩唐怀德，在窑湾街被杀。

民国二十六年十二月间，小贩张大章子，在赛虹桥被刀砍死。

民国二十六年十二月间，小贩杨清山，在窑湾街被杀。

民国二十六年十二月间，小贩陆金春等四人，在窑湾街均被杀。

民国二十六年十二月间，小贩郭玉标，在珍珠巷被杀。

民国二十六年十二月间，工人姚加隆一家三人，均被机枪射杀。姚加隆本人被枪伤头部，至今子弹尚未取出。

民国二十六年十二月十一日，小贩李长生，在赛虹桥地下室被枪杀。

民国二十六年十二月间，市民王王氏，在窑湾街被枪杀。

民国二十六年十二月间，平民沈兰英，在下码头被枪杀。

民国二十六年十二月间，小贩姜锦山，在下码头被枪杀。

民国二十六年十二月间，平民毛史氏、毛秀英二人，在下码头均被枪杀。

民国二十六年十二月间，小贩尤小闺娘，在下码头被枪杀。

民国二十六年十二月间，小贩宋继德，在下码头被枪杀。

民国二十六年十二月间，小贩叶学古，在下码头被枪杀。

民国二十六年十二月十日，僧果诚，在中华门外窑湾避难室被刺刀戳死。

民国二十六年十二月间，学生郭大兴，在宝塔根一六三号，被刀戳死。

民国二十六年十二月十六日，小贩张德志，在转龙居六号被枪杀。

民国二十六年十二月十五日，平民张远绥，在糖坊桥十八号，被指为国军遭枪杀。

民国二十六年十二月十三日，小贩张宗源，在千章巷十三号被枪杀。

民国二十六年十二月十三日，小贩徐宝珊，在赛虹桥北村十三号被枪杀。其妻徐张氏抱小孩向前求饶，亦被枪杀。

民国二十六年十二月十三日，平民郭芝栋，在宝塔根一八三号，被枪伤数处。其侄郭兆基、表兄许家楼，均被枪杀。

民国二十六年十二月间，商民朱长有，在下江考棚被枪杀。

民国二十六年十二月十二日，杨薛氏在雨花路八号被枪杀。

民国二十六年十二月间，徐德宝在赛虹桥六号遭打死，其女徐秀英被奸致死。

民国二十六年十二月间，市民潘长生，在赛虹桥被枪杀。

民国二十六年十二月间，小贩吴七斤子，在赛虹桥被枪杀。

民国二十六年十二月间，小贩刘文达，在赛虹桥被枪杀。

民国二十六年十二月间，小贩殷正国，在中华门外正学路一六五号被枪杀，并将住屋焚毁。

民国二十六年十二月间，茶役王成宝，在宝塔根一百号，被迫搬运木料后，遭机枪射杀。

民国二十六年十二月间，小贩黄喜宝，在赛虹桥被刀戳毙。

民国二十六年十二月间，小贩周丁氏，在窑湾街被枪杀。

民国二十六年十二月间，小贩王小狗子，在窑湾街被枪杀。

民国二十六年十二月间，小贩徐小波，在窑湾街被枪杀。

民国二十六年十二月间，小贩王小汉子，在窑湾街被枪杀。

民国二十六年十二月间，小贩郑坤，在窑湾街被枪杀。

民国二十六年十二月间，小贩王玉奎，在窑湾街被枪杀。

民国二十六年十二月间，吴守礼一家五口，在窑湾街均被枪杀。

民国二十六年十二月间，小贩戈富祥、戈羊骡子，在珍珠巷均被杀害。

民国二十六年十二月间，小贩张怀、张永发、张连才，在珍珠巷被枪杀。

民国二十六年十二月间，小贩李三，在珍珠巷被杀。

民国二十六年十二月间，小贩梁从仁，在宝塔根一五七号被杀。

民国二十六年十二月间，小贩何林珠兄弟二人，在下码头被枪杀。

民国二十六年十二月间，小贩余柏松，在下码头被枪杀。

民国二十六年十二月间，小贩施兆福，在中华门外循相里西首被枪杀。

民国二十六年十二月十一日，小贩崔广庆，在循相里被枪杀。

民国二十六年十二月间，小贩朱子福，在中华门外儿子桥被枪杀。

民国二十六年十二月二十日，张陈氏在中华门外采石镇被枪杀。

民国二十六年十二月间，张王氏在雨花台被枪杀。

民国二十六年十二月间，小贩赵太富，在下码头被枪杀。

民国二十六年十二月间，小贩臧功发，在下码头被枪杀。

民国二十六年十二月间，小贩张子华，在下码头被枪打后，用火焚毙。

民国二十六年十二月十三日，小贩黄小二之子，年甫六岁，在门东正觉寺内，被刺刀戳毙。

民国二十六年十二月十三日，农民王义源，在沙洲圩被枪杀。

民国二十六年十二月十二日，工人杨长喜，在宝塔根门前被枪杀。

民国二十六年十二月十三日，农民陈恒友，在雨花台一号被枪杀。

民国二十六年十二月十四日，商民张世准，在雨花路五十一号被枪杀。

民国二十六年十二月十四日，商民王学□，在宝塔根二一六号被枪杀。

民国二十六年十二月十四日，郭智卿在宝塔根一〇四号被枪杀。

民国二十六年十二月十三日，鱼贩于金有，在下码头被枪杀。

民国二十六年十二月十八日，小贩杨玉龙，在雨花路十号被枪杀。

民国二十六年十二月十八日，平民吴陈氏，在雨花台被枪杀。

民国二十六年十二月十八日，平民张永生，在雨花台被迫搬运炮弹，至中途遭枪杀。

民国二十六年十二月十五日，叶田氏在雨花台被枪杀。

民国二十六年十二月十二日，陈筱香在雨花台一号，因拒奸遭枪杀。

民国二十六年十二月十二日，小贩耿田有，在雨花台二十号被枪杀。

民国二十六年十二月十四日，小贩高洪香，在雨花台被枪杀。

民国二十六年十二月十四日，商民徐广富，在雨花台三十八号被枪杀。

民国二十六年十二月十四日，农民陈士荣，在雨花路一号被指为国军遭枪杀。

民国二十六年十二月十三日，学生王二毛，在雨花台二十号遭枪杀。

民国二十六年十二月十二日，帮工吴兆有，在涉公桥北村七四号被枪杀。

民国二十六年十二月十四日，徐张氏在赛虹桥被杀害。

民国二十六年十二月十四日，平民张树珍，在赛虹桥北村被枪杀。

民国二十六年十二月十四日，商民卫永和，在门东新路口十一号被枪杀。

民国二十六年十二月十四日，商民盛有元，在信府苑十六号被刺刀刺死。

民国二十六年十二月十六日，教员朱实秋，在雨花门四方城被杀。

民国二十六年十二月十四日，商民马富芝，在信府苑十号被刺死。

民国二十六年十二月十六日，市民朱孝悦，在雨花门四方城被杀。

民国二十六年十二月十六日，农民陈运宏，在武定门三十五号被枪杀。

民国二十六年十二月十三日(即农历十一月十一日)，工人曹步银，在珍珠巷被伤害致死，并纵火焚毁其房屋。

民国二十六年十二月十三日，厨役李长友，在雨花路六十七号，被用刺刀刺死。

民国二十六年十二月十三日，农民李宏涛，在门东正觉寺内，被用刺刀刺死。

民国二十六年十二月十二日(即农历十一月十日)，任孙氏在中华门外涉公桥南八号，被用刺刀刺死。

民国二十六年十二月十五日，茶役唐怀有，在中华门外涉公桥，被用刺刀刺死。

民国二十六年十二月间，商民马明庆，在雨花路九十八号，被用刺刀刺死。

民国二十六年十二月间，马明春在雨花路九十八号被枪杀。

民国二十六年十二月十三日，农民李其山，在雨花村四十二号，因不谙日语被枪杀。

民国二十六年十二月间，农民李蒋氏，在向花村四十号，因不谙日语遭枪杀。

民国二十六年十二月十二日，小贩王三喜，在南门外宝塔根一五三号，被用刺刀刺死。

民国二十六年十二月十二日，市民杨兴元，在沙洲圩被枪杀。

民国二十六年十二月十二日，市民冯国宏，在雨花路三十七号家中，因开门稍缓被枪杀。

民国二十六年十二月十二日，市民杨何氏、杨春槐，在雨花路一〇七号家中被枪杀。

民国二十六年十二月十二日，市民陆玉龙，在南村防空洞内，被机枪射死。

民国二十六年十二月十二日，市民季武松、季孙氏，在循相里防空洞内，同被步枪射死。

民国二十六年十二月十二日，鸡鹅所三元庵道人胡得奎，在该庵大殿被枪杀。

民国二十六年十二月十二日，市民李锦有，在三元庵后门口被枪杀。

民国二十六年十二月十二日，市民唐启全在沙洲圩高桥，因言语不通被枪杀。

民国二十六年十二月十三日，市民孙长泰，在扫帚巷空地被枪杀。

民国二十六年十二月十三日，市民吴万氏、吴有华，在扫帚巷十九号家中，同被枪杀。

民国二十六年十二月十三日，市民魏兴荣，在雨花路被枪杀。

民国二十六年十二月十三日，市民陈德新、陈宝龄、陈保恒、陈富仁等，在雨花路一三六号家中，同被枪杀。

民国二十六年十二月十三日，市民汤老四、汤忠涛，在门东仁厚里五号家中被枪杀。

民国二十六年十二月十三日，市民居得标、韩马氏，在仁厚里库上七号家中，被步枪打死。

民国二十六年十二月十三日，市民周氏，在扫帚巷十一号，被枪打死。

民国二十六年十二月十三日，市民张海珊，在雨花台地洞口被枪杀。

民国二十六年十二月十三日，陈翠女、陈黄氏、陈恒高、陈恒有、陈许氏、陈小四、马一贵等，同在循相里西防空洞旁被枪杀。

民国二十六年十二月间，市民王厚仁、朱小六，在扫帚巷一一一号被枪杀。

民国二十六年十二月十三日，市民王仁明，在沙洲圩因言语不通被枪杀。

民国二十六年十二月十四日，小贩郭志高，在宝塔根一二〇号被烧死。

民国二十六年十二月十四日，朱尚标在循相里被枪杀。

民国二十六年十二月十三日，市民俞开樵，在扫帚巷一〇三号被枪杀。

民国二十六年十二月十三日，市民李开发，在扫帚巷十一号家中，被绑至雨花台枪杀。

民国二十六年十二月十三日，市民李祥科，在宝塔山二〇四号门口被枪杀。

民国二十六年十二月十三日，市民高金友，在扫帚巷八七号门口被枪杀。

民国二十六年十二月十三日，市民冯天祥，在雨花路被步枪射死。

民国二十六年十二月十三日，市民张银山、张振江，在循相里福德祠被枪杀。

民国二十六年十二月十三日，市民朱顺成、朱振良，在赛虹桥被枪杀。

民国二十六年十二月十三日，市民徐成霞，在雨花路同仁堂门口被枪杀。

民国二十六年十二月十三日，市民张任氏，在扫帚巷桥下被枪杀。

民国二十六年十二月十三日，市民姚怀春，在扫帚巷一一一号被枪杀。

民国二十六年十二月十三日，市民尹广义、尹广仁，在库上被枪杀。

民国二十六年十二月十三日，市民刘王氏、刘凤业，在窑湾家门口被杀。

民国二十六年十二月十三日，市民钱老头，在扫帚巷南洋公所内被枪杀。

民国二十六年十二月十三日，市民井森敖，在宝塔山旁被枪杀。

民国二十六年十二月十三日，市民张疯子，在扫帚巷燕翅口河边被刀刺死。

民国二十六年十二月十三日，市民陈永才、陈六子、陈小二，在雨花路同被枪打死。

民国二十六年十二月十三日，市民王殿臣，在西街一三七号，因言语不通被枪杀。

民国二十六年十二月十三日，市民华金山、华廷榜，在扫帚巷燕翅口河边被枪杀。

民国二十六年十二月二十日，孙刘氏在雨花路被奸后杀死。

民国二十六年十二月十三日，市民方长明，在扫帚巷一〇三号，被刺刀刺死。

民国二十六年十二月十三日，市民柯大顺，在扫帚巷二七号，被刺刀刺死。

民国二十六年十二月十三日，市民王孝荣，在沙洲圩龙王庙江堤被杀。

民国二十六年十二月十四日，市民陈长贵、孙永林、袁启有、徐锡龙、乐期立，在宝塔山，同被刺刀刺死。

民国二十六年十二月十四日，市民高大有，在宝塔根一〇五号，被缚在椅上枪杀。

民国二十六年十二月十五日，市民郭永昌、郭兆基，在宝塔根家中，同被枪杀。

民国二十六年十二月十五日，市民杨家宝，在扫帚巷被砍去两臂而死。

民国二十六年十二月十五日，市民刁金标，在扫帚巷三号，被刺刀刺死。

民国二十六年十二月十二日，董秀英在制造局后三院，被机枪射杀。

民国二十六年十二月十八日，市民王克生，在沙洲圩被刺死。

民国二十六年十二月十八日，市民王金福，在雨花路看门被杀。

民国二十六年十二月十六日，市民袁庆福，在沙洲圩被枪杀。

民国二十六年十二月十六日，市民黎保民，在门东救济院被枪杀。

民国二十六年十二月十五日，市民张正庭，在中华门外被枪杀。

民国二十六年十二月二十日，机工陈习荣，在正学路七四号被刺杀。

以上计三百七十案，系在中华门地区发生者。

民国二十六年十二月十三日，市民张金生，在城南义冢地附近被枪杀。

民国二十六年十二月十三日，市民何达珠，在城南义冢地被枪杀。

民国二十六年十二月十二日，农民王李氏，在高辇柏村被炸死。

民国二十六年十二月十二日，市民毛盛云，在城南义冢地被枪杀。

民国二十六年十二月十二日，市民张志发，在城南义冢地被枪杀。

民国二十六年十二月十二日，市民刘凤业，在城南义冢地被枪杀。

民国二十六年十二月十三日，市民王王氏，在城南义冢地被枪杀。

民国二十六年十二月十二日，市民刘管氏，在城南义冢地被枪杀。

民国二十六年十二月十二日，市民吕马氏，在城南义冢地被枪杀。

民国二十六年十二月十二日，市民张得胜，在方家巷长生寺被杀。

民国二十六年十二月十四日，市民汪少坤，在双塘因言语不通被枪杀。

民国二十六年十二月十四日，市民郑韩氏，在凤凰村二十二号，因言语不通被枪杀。

民国二十六年十二月十三日，市民郎如兴，在大光路被刺死。

民国二十六年十二月十二日，市民程玉书，在刘家高地被枪杀。

民国二十六年十二月十五日，市民周张氏，在邓府山五家祠堂内被枪杀。

民国二十六年十二月十五日，市民陈广荣，在能仁里因言语不通被杀。

民国二十六年十二月二十一日，市民隆禹之，在四圣堂被拖至三坊巷空地击死。

民国二十六年十二月十五日，贾长龄、贾王氏及其怀抱中之五岁小女，在后宰门四四号，同时被枪杀。

民国二十六年十二月间，商民戴丙齐、戴存溥，在大石坝街七十号家中被杀。

民国二十六年十二月十二日，窑工常德盛，在汪家村五号，被枪射杀。

民国二十六年十二月十三日，市民杨余九，在长乐路八十五号，因拉夫不从被枪杀。

民国二十六年十二月十三日，市民郑培良，在贡院街世界游戏场被杀。

民国二十六年十二月十三日，市民尹少棠，在贡院街世界游戏场被杀。

民国二十六年十二月十三日，市民张少岩，在贡院街世界游戏场被杀。

民国二十六年十二月十二日，市民王有发，在小街家中被刺死。

民国二十六年十二月十四日，市民殷德才，在瞻园路一一三号门口被枪杀。

民国二十六年十二月十三日，市民朱智礼，在中营十六号家中，被绑在柱上，用枪打死。

民国二十六年十二月十七日，市民韩永平，在长乐街五八号被刺刀刺死。

民国二十六年十二月十二日，市民梁有福，在城南村防空壕被机枪射死。

民国二十六年十二月，市民樊步举，在长乐街被刺死。

民国二十六年十二月十四日，市民许朱氏，在大百花巷被乱刀刺死。

民国二十六年十二月十四日，市民叶其瑞，在赡园路水巷口被枪杀。

民国二十六年十二月十二日，市民方德高，在城南村被枪杀。

民国二十六年十二月十四日，市民朱志礼，在中营十六号家中被击毙。

民国二十六年十二月十四日，市民马春华，在边营八号门前被枪杀。

民国二十六年十二月十六日，市民高大有，因在家看门被枪杀。

民国二十六年十二月十六日，市民窦长海，因在家看门被枪杀。

民国二十六年十二月二十一日，市民赵景平，在义仓巷被枪杀。

民国二十六年十二月十二日，市民刘怀礼，在通惠里四十二号，因言语不通被杀。

民国二十六年十二月十二日，市民张冯氏，在通惠里三十号被杀。

民国二十六年十二月十三日，市民樊杨氏，在土城头被用刀刺杀。

民国二十六年十二月十三日，市民陈二，在土城头家中看守门户，被用刺刀杀死。

民国二十六年十二月十二日，市民潘刘氏，在通惠里三十四号，因言语不通被杀死。

民国二十六年十二月十八日，市民陈文礼、蒋赵氏，在小心里二十七号被刺死。

民国二十六年十二月十二日，市民丁高超，在制造局家中看守门户被刺死。

民国二十六年十二月十三日，市民吴文金，因年老在菱角市五号家中被枪杀。

民国二十六年十二月十三日，市民刘兆昌，在船板巷被刺死。

民国二十六年十二月十八日，市民解平富，在拖板桥，因救护其弟被杀。

民国二十六年十二月十八日，市民解汤氏，在拖板桥被枪杀。

民国二十六年十二月十八日，市民朱兆山，在拖板桥因言语不通被杀。

民国二十六年十二月十三日，市民凌起兴，在西街五显庙，因言语不通被杀。

民国二十六年十二月十二日，市民王庆臣，在西街被刺杀。

民国二十六年十二月十二日，市民陈徐氏，在珍珠巷塘边，因拒奸被杀。

民国二十六年十二月十八日，市民熊谢氏，在东河沿被杀。

民国二十六年十二月十三日，市民马在山，在城门口因言语不通被杀。

民国二十六年十二月十三日，市民汪瑞珍，在钱家村被杀。

民国二十六年十二月十三日，市民娄如林，在许家湾被指为俘虏刺杀。

民国二十六年十二月十三日，市民张世埠，在大思古巷被杀。

民国二十六年十二月十二日，市民王寿松，在土城头被机枪射死。

民国二十六年十二月十五日，市民李德居，【在】小行桥三十一号被刺杀。

民国二十六年十二月二十日，市民蔡宋氏，在集合村二十八号被杀。

民国二十六年十二月二十日，市民燕树海，在集合村被杀。

民国二十六年十二月十二日，市民朱步久，在西营村铁路旁被拉夫，因年迈不能工作遭杀死。

民国二十六年十二月十四日，市民王得志，在西营村被杀。

民国二十六年十二月十二日，市民张李氏，在土城头十九号看守房屋被杀。

民国二十六年十二月十三日，市民夏聂氏，在新路口五号被刺杀。

民国二十六年十二月十三日，市民夏淑芬，在新路口五号被刺死。

民国二十六年十二月十三日，市民夏淑兰，在新路口被刺杀。

民国二十六年十二月十三日，市民赵其贵，在王府巷被指为俘虏遭刺死。

民国二十六年十二月间，市民杨志银，在仁义桥被枪杀。

民国二十六年十二月十三日，小孩汤丫头，在土城头被杀。

民国二十六年十二月十三日，市民樊王氏，在养回红村被杀。

民国二十六年十二月十四日，市民赵陆氏，在杏花村被杀。

民国二十六年十二月十五日，市民罗何氏，在千佛庵被杀死。

民国二十六年十二月十五日，市民葛先楼，在门东被枪杀。

民国二十六年十二月十四日，市民余皆源，在门西城头上被刺杀。

民国二十六年十二月十三日，市民梁本茂，在门东被杀。

民国二十六年十二月十四日，市民吴瑞全，在军师巷被杀。

民国二十六年十二月十四日，市民张锦昌，在军师巷被杀。

民国二十六年十二月间，小贩臧世奎，在下码头被杀，所住房屋并遭焚毁。

民国二十六年十二月间，小贩王开田，在西街被刀砍死。

民国二十六年十二月间，小贩王家户，在小市口被刀戳死。

民国二十六年十二月十二日，农民孙哑子，在井二村三号，被刺刀戳死。

民国二十六年十二月十日，工人邵源岭，在窑湾街被刺杀。

民国二十六年十二月十日，商民王贵锡，在能仁里六四号，因言语不通被枪杀。

民国二十六年十二月十日，王孙氏在井二村被机枪射死。

民国二十六年十二月十日，僧人道纯，在养回红村被枪杀。

民国二十六年十二月十一日，农妇尹陆氏，在高辇柏村被枪杀。

民国二十六年十二月十一日，小贩董新福，在邓府山因敌军索取财物未遂被杀。其子董志谨，亦同时被害。

民国二十六年十二月九日，农民蒋东淦，被拉夫至中途遭杀害。

民国二十六年十二月十一日，农妇贾红英，在贾家村被枪击毙命。

民国二十六年十二月九日，农民蒋东旺，在向花村九号，被拉夫至中途遭枪杀。

民国二十六年十二月九日，农民蒋海畴，在向花村四号，被拉夫至中途遭枪击毙命。

民国二十六年十二月九日，农民蒋海祥，在向花村四号，被拉夫至中途遭枪杀。

民国二十六年十二月九日，农民蒋海青，在向花村九号，被拉夫至中途遭枪杀。

民国二十六年十二月十六日，小贩韩文锐，在仓巷八十五号，被用枪恫吓而死。

民国二十六年十二月十四日，商民邓嘉镛，在门东骂驾桥被杀。

民国二十六年十二月十三日，农民刘李氏，在标巷十三号被枪杀。

民国二十六年十二月十二日，窑工曹祥兴，在汪家村五号，被机枪射杀。

民国二十六年十二月十二日，商民张炳隆，在南京上新河南街三十六号遭枪杀。

民国二十六年十二月十二日，农民李永源，在草场村被枪杀。

民国二十六年十二月十三日，商民萧汉奇，在大牵牛巷被枪杀。

民国二十六年十二月十五日，商民吴以鼓，在煤灰堆三十一号被枪杀。

民国二十六年十二月十二日，张马氏在西街一五一号被枪杀。

民国二十六年十二月十三日，小贩朱知礼、朱长喜，在门东六号被枪杀。

民国二十六年十二月十六日，×××在鼓楼二条巷难民区，被机枪射死。

民国二十六年十二月间，小贩王二喜，在宝塔根一五七号被枪杀。

民国二十六年十二月间，平民黄海泉，在致和街一一〇号，因工作不力被枪杀。

民国二十六年十二月间，小贩刘毛尿兄弟三人，均被枪杀。

民国二十六年十二月间，农民张汉全，在向花村十四号，被拉夫至中途遭枪杀。

民国二十六年十二月十二日，小贩陈德龄、陈保龄、陈富仁，在雨花路一三六号，均被枪杀。

民国二十六年十二月十二日，农妇李徐氏、任氏，在三汊河北圩村二十号被枪杀。

民国二十六年十二月间，小贩邓能兴，在新营村被枪杀。

民国二十六年十二月十四日，小贩丁小春，在长乐街五二号，被拉夫至中途遭枪杀。

民国二十六年十二月十三日，商民戴正才，在凤游寺三十二号，被刺刀戳死。

民国二十六年十二月十三日，小贩夏小六子，在新路口五号被枪杀。

民国二十六年十二月十三日，银匠聂佑成，在新路口五号被枪杀。

民国二十六年十二月十三日，平民聂陈氏，在新路口五号被刺杀。

民国二十六年十二月十四日，商民夏治平，在凤游寺被刀刺毙。

民国二十六年十二月十四日，商民杨耀发，在信府巷十号被枪杀。

民国二十六年十二月十八日，黄王氏在信府河渡口被枪杀。

民国二十六年十二月十五日，成衣匠朱华兴，在下江考棚被用刺刀刺死。

民国二十六年十二月十四日，成衣匠朱长友，在下江考棚被用刺刀刺死。

民国二十六年十二月十四日，商民史而孝，在信府巷十号被枪杀。

民国二十六年十二月十四日，小贩朱万寿，在半边营三十六号，被用刺刀刺死。

民国二十六年十二月十四日，茶商王谟，在半边营十六号被枪杀。

民国二十六年十二月间，商民吴承荣，在花露岗十三号，被刺刀刺杀。

民国二十六年十二月十三日，机工池立良、池老三两人，在陈家牌坊十四号，被刺刀刺死。

民国二十六年十二月十二日，商民方富馨，在铁心桥因言语不通，被刺刀刺杀。

民国二十六年十二月十四日，机工杨玉亭，在陈家牌坊三十一号，被用刺刀刺死。

民国二十六年十二月间，农民王福金，在能仁里十四号被枪杀。

民国二十六年十二月间，贾沈氏在贾家西村二十八号，被刺刀刺杀。

民国二十六年十二月十三日，张宝丰在钞库街五十七号，被用刺刀刺杀。

民国二十六年十二月十二日，平民陈谋卿，在长乐路三六九号，被用刺刀乱戳毙命。

民国二十六年十二月十二日，农民邓泽民，在能仁里被拉至京芜路油坊桥，遭枪杀。

民国二十六年十二月十二日，农妇徐徐氏，在周家楼子被机枪射杀。

民国二十六年十二月十二日，农民周正松，在周家楼被机枪射死。

民国二十六年十二月十二日，农妇周周氏，年已六十五岁，被枪杀。

民国二十六年十二月十三日，农民景根寿，在景家村被用机枪射杀。

民国二十六年十二月十三日，农民景根旺，在景家村一号被枪杀。

民国二十六年十二月十三日，农民景小狗，在景家村被枪杀。

民国二十六年十二月十八日，佣工张庭伦，在送驾村被枪杀。

民国二十六年十二月十二日，雇工欧文元，在响磨丁村被机枪射杀。

民国二十六年十二月十三日，夏文氏在集合村被枪杀。

民国二十六年十二月十三日，农民孙在善，在李府街被刺刀刺杀。

民国二十六年十二月十三日，佣工王佐堂，在上家楼被射杀。

民国二十六年十二月十三日，平民张鸿鑫，在集庆路二百二十号，被拉夫至途中遭枪杀。

民国二十六年十二月十六日，平民陈步洲，在三牌楼被枪杀。

民国二十六年十二月间，车夫滕金四，在中央路六号被枪杀。

民国二十六年十二月十四日，商民张步洲，在上新河新河口九二号被枪杀。

民国二十六年十二月十四日，农民尤栋臣，在上新河区被枪杀。

民国二十六年十二月十四日，农民魏大，在上新河区，因被拉夫至中途遭枪杀。

民国二十六年十二月十六日，陈徐氏在湖北路被枪杀。

民国二十六年十二月十六日，农民赵有才，在皇城标营六号被枪杀。

民国二十六年十二月十六日，农民高和成，在后宰门十二号被枪杀。

民国二十六年十二月十六日，瓦匠段德宝，在五所村十九号被枪杀。

民国二十六年十二月十六日，商民刘永发，在难民区大方巷，被拉夫至下关遭枪杀。

民国二十六年十二月十七日，村民崔士忠、崔至金二人，在四所村被枪杀。

民国二十六年十二月十七日，米贩胡振海，在美大使馆难民区被枪杀。

民国二十六年十二月十七日，米贩胡家福，在美大使馆难民区被枪杀。

民国二十六年十二月十五日，警士丁通，在小党家巷十六号被枪杀。

民国二十六年十二月十七日，车夫周大富，在中山北路难民区被枪杀。

民国二十六年十二月十八日，苦力王凤鸣，在小心桥被枪杀。

民国二十六年十二月十八日，绒工唐桂发，在南台巷二十二号被枪杀。

民国二十六年十二月十八日，工役王福元，在阴阳营被枪杀。

民国二十六年十二月十八日，工人井昇荣，在秣陵路一九〇号，被刺刀刺杀。

民国二十六年十二月十八日，佣工尚老太，在估衣廊一三三号被枪杀。

民国二十六年十二月间，小贩刘胡氏，在估衣廊被枪杀。

民国二十六年十二月间，村民周楚材，在乌鱼朱庄被枪杀。

民国二十六年十二月间，茶工何德坤，在大方巷被机枪射杀后弃尸河中。

民国二十六年十二月十八日，农民徐大办，在孝陵区牌楼镇被枪杀。

民国二十六年十二月间，小贩孙金文，在广义巷十六号被枪杀。

民国二十六年十二月十三日，农妇储刘氏，在李府街一号被枪杀。

民国二十六年十二月十四日，农民王怀祥，在阴阳营难民区内，被机枪射杀。

民国二十六年十二月十二日，农民周玉春，在太平乡六保被枪杀。

民国二十六年十二月十二日，农民殷寿江，在孝卫街东洼村被枪杀。

民国二十六年十二月间，苦力蒋恒玉，在文正桥八号，被刺刀刺死。

民国二十六年十二月十五日，柴贩李明金，在浦口后河沿被枪杀。

民国二十六年十二月十三日，工人张如金，在浦口被刺刀刺杀。

民国二十六年十二月十三日，苦力樊金标，在浦口下码头，被刺刀刺死。

民国二十六年十二月十三日，苦力金升田，在下码头被枪杀。

民国二十六年十二月十三日，市民车光森、王贵才，在毛光渡叶家套被枪杀。

民国二十六年十二月十三日，市民童月樵，在新桥被枪杀。

民国二十六年十二月十三日，市民李吴氏，在新桥船板巷二号门口被枪杀。

民国二十六年十二月十三日，市民梁本荣，在仓门口十二号被枪杀。

民国二十六年十二月十三日，市民周长松，在内桥被枪杀。

民国二十六年十二月十三日，市民徐裕祥、徐兆荣，在南京白衣庵被枪杀。

民国二十六年十二月十三日，市民王金氏，在韩龙巷南首被枪杀。

民国二十六年十二月十三日，市民徐平贵、徐胡氏，在小行里被枪杀。

民国二十六年十二月十四日，市民汪震富，在四圣堂被枪杀。

民国二十六年十二月十四日，市民张王氏，在见子桥被刺刀刺死。

民国二十六年十二月十五日，市民俞永年，在凤游寺二十号家中被枪杀。

民国二十六年十二月十五日，市民蒋启炳，在边营东巷口被枪杀。

民国二十六年十二月十五日，市民程永发，在小百花巷十二号家中被刺杀。

民国二十六年十二月十五日，市民潘承立，在新路口井旁被枪杀。

民国二十六年十二月十二日，市民孙永兴，在西沿村被枪杀。

民国二十六年十二月十二日，市民薛成荣，在大定坊被枪杀。

民国二十六年十二月十二日，市民陈明德、张福财，在南京市难民区被杀。

民国二十六年十二月十三日，市民张锡林，在河湾村河边被枪杀。

民国二十六年十二月十三日，市民王永生，在井西村河边，被刺刀刺死。

民国二十六年十二月十三日，市民陈陶氏，在桥西里三四号家中被枪杀。

民国二十六年十二月十三日，市民万学炎，在难民区被枪杀。

民国二十六年十二月十三日，市民杨定刚，在七桥瓮被枪杀。

民国二十六年十二月十三日，市民刘寿金，在太平桥二五号被枪杀。

民国二十六年十二月十三日，市民王瑞宝，在善司庙门口被枪杀。

民国二十六年十二月十三日，市民陶荫春，在迈皋桥被枪杀。

民国二十六年十二月十三日，市民桂孔星，在太平乡被枪杀。

民国二十六年十二月十三日，市民金文亮，在洪武路曲园茶馆被枪杀。

民国二十六年十二月十三日，市民刘长义，在安德门被杀。

民国二十六年十二月十四日，市民王文金，在四条巷难民区被枪杀。

民国二十六年十二月十五日，市民张东成，在薛家村被步枪打死。

民国二十六年十二月十五日，市民张锦和、张袁氏，在安乐塘地下室被枪杀。

民国二十六年十二月十五日，市民刘孝思，在安德门因言语不通被枪杀。

民国二十六年十二月十六日，市民张士顺，在鼓楼难民区被杀。

民国二十六年十二月十六日，市民倪汉有，在老菜市六七号被枪杀。

民国二十六年十二月十六日，市民马金和，在五条巷雨花里十一号被枪杀。

民国二十六年十二月十六日，市民王金喜，在小思古巷被枪杀。

民国二十六年十二月十七日，市民陈顺兴，在中所巷被打死。

民国二十六年十二月十八日，市民方长藻，在三条巷被枪杀。

民国二十六年十二月十七日，市民王竹华，在南岳行宫被枪杀。

民国二十六年十二月十九日，市民沃兆华，在天板桥被枪杀。

民国二十六年十二月二十日，市民谈志明，在太平桥一号，被用刺刀刺死。

民国二十六年十二月十三日，市民胡李氏，在汪家村三十七号，被用机枪射死。

民国二十六年十二月十六日，市民邵兆祺，在西街二十七号家中被枪杀。

民国二十六年十二月十六日，市民王大毛，在校门口被打死。

民国二十六年十二月十六日，市民陈彩三，在后宰门四十三号门口被枪杀。

民国二十六年十二月十六日，市民刘先振，在中山码头被机枪扫射毙命。

民国二十六年十二月十六日，市民蒋其文、蒋其法，在五条巷口被砍死。

民国二十六年十二月十六日，市民靖士荣，在难民区被用刀杀死。

民国二十六年十二月间，佣工戚红仁，在鼓楼湖北路三十六号，被刺刀刺死。

民国二十六年十二月十七日，商民范永昌在王府巷六十一号，被用棍殴致死。

民国二十六年十二月间，工人刘传发，在俘虏营被迫从事不合规定之工作，致受伤而死。

民国二十六年十二月十二日，小贩阎振标，在三牌楼斜桥被刺死。

民国二十六年十二月十三日，学童刘古全，在半章巷口被刺刀乱戳致死。

民国二十六年十二月十四日，农民孔祥荣、孔祥华二人，在五条巷十二号被枪杀。

民国二十六年十二月十五日，平民张杜氏，在塘坊桥十八号，因被索取财物未遂遭枪杀。

民国二十六年十二月十五日，厨役余元山，在水西门外，被捆绑掷于塘中，复用刀对其头部刺杀，致溺于水中而毙。

民国二十六年十二月十七日，茶商金宏春，在鼓楼二条巷口被机枪射击，复用刀戳其头部而死。

民国二十六年十二月十二日，农民李松林，在万寿桥被用刺刀贯穿喉部而死。

民国二十六年十二月十六日，布贩戴光玮，在鼓楼二条巷被机枪射死。

民国二十六年十二月十六日，平民朱巧富，在鼓楼二条巷二号，被机枪射杀。

民国二十六年十二月十六日，皮匠费德芝，在鼓楼四条巷，被枪杀。

民国二十六年十二月十五日，中山北路四十七号居民何义方，被射杀于鼓楼五条巷鱼池坑内。

民国二十六年十二月十六日，商民江金荣，在五条巷挹华里，被指为国军，遭枪杀。

民国二十六年十二月十六日，商民陶士栋，在五条巷挹华里七号，被指为国军，遭枪杀。

民国二十六年十二月十六日，工人张家志，在山西路难民区，被拉至宝塔桥，遭机枪射杀。

民国二十六年十二月十六日，欧阳王氏之子欧阳童，在二条巷难民区内被枪杀。

民国二十六年十二月十六日，厨工李元发，在大方巷难民区内遭枪杀。

民国二十六年十二月十六日，居民尚德仁，在华新巷难民区内被枪杀。

民国二十六年十二月十六日，茶商严必富，在阴阳营难民区内，被机枪射杀。

民国二十六年十二月十二日，农民吕五弟，在响磨丁村五十四号被枪杀。

民国二十六年十二月十五日，商民萧作梅，在金陵神学院内，被指为军人，遭乱刀戳毙。

民国二十六年十二月十五日，皮匠陈坤源，在华举人巷三十二号，遭乱刀戳毙。

民国二十六年十二月十五日，工役宋啼英，在模范马路一四八号被刺杀。

民国二十六年十二月十三日，小贩周永恒，在菱角市被用刺刀戳毙。

民国二十六年十二月十三日，小贩徐立柱、徐永顺、徐成东、徐唐氏，在广义巷十六号，被大刀砍死。

民国二十六年十二月十五日，平民郑忠魁，在忠信里三号被枪杀。

民国二十六年十二月十二日，窑工曹小明，在汪家村被枪杀。

民国二十六年十二月间，残废平民王荫庭、王钱氏，在芜湖梧桐树巷①，被刺刀戳毙。

民国二十六年十二月间，平民袁清槐，在上新河被枪杀。

民国二十六年十二月间，商民田朝权，在龙潭镇被枪击毙命。

民国二十六年十二月十三日，茶役郝立切，在大光路被用刀刺戳毙。

民国二十六年十二月间，农民吴广如，在吴家墩三十二号被枪杀。

民国二十六年十二月间，工人王德祥，在难民区被枪击毙命。

民国二十六年十二月十三日，农民石养才、徐氏、小二子，在御道街十七号，被刺刀刺杀。

民国二十六年十二月十三日，工人杨玉山，在天主堂后街被刺刀刺死。

---

① 原文如此。

民国二十六年十二月十三日，瓦工唐正年，在南台巷二十二号，被刺刀刺死。

民国二十六年十二月十三日，学童管风发，年甫十一岁，被刺刀刺杀。

民国二十六年十二月十三日，瓦匠王有才，在秣陵路口被刺刀刺杀。

民国二十六年十二月十七日，苦力张国强，在铜银巷三号，被绑在树上，以刺刀刺杀。

民国二十六年十二月十三日，工人周宝相、周得胜父子二人，在难民区同遭杀害。

民国二十六年十二月十六日，平民王金水，在阴阳营被枪杀。

民国二十六年十二月十五日，小贩罗来存，在阴阳营难民区被枪杀。

民国二十六年十二月十五日，商民丁学文，在估衣廊一二一号被枪杀。

民国二十六年十二月间，平民张鸿启，在太平路磨盘巷口被枪杀。

民国二十六年十二月十四日，农民金宜保，在标营一号被枪杀。

民国二十六年十二月十四日，农民路大红，在蓝旗街七号被枪杀。

民国二十六年十二月十四日，农民潘大八子，在尚书巷一号被枪杀。

民国二十六年十二月十四日，农民赵有才，在阴阳营难民区被枪杀。

民国二十六年十二月十三日，农民张家福、金振兴、王家猷、金照荣、王小和尚，在金陵村均被枪杀。

民国二十六年十二月十二日，平民黄正学，被押至阴阳营枪杀。

民国二十六年十二月间，农民周玉田，在光华门内蓝旗街十三号，被刺刀刺杀。

民国二十六年十二月间，缝衣匠刘英清，在中正路六一二号遭刺杀。

民国二十六年十二月十五日，居民李光森，在丹凤街七四号，被刺刀刺杀。

民国二十六年十二月十三日，工人马金华、郭云华，在董家巷遭刺杀。

民国二十六年十二月十五日，茶役杨文复，在建邺路二九号，因不谙日语被刺杀。

民国二十六年十二月间，工人陈大，在石鼓路一一八号，被刺刀戳入肚部而死。

民国二十六年十二月十四日，医士赵善成，在城北难民区被刺刀戳毙。

民国二十六年十二月十三日，米商李殿举，在万竹园被刺刀刺死。

民国二十六年十二月十三日，鞋匠王云龙，在红土桥口被刺刀刺死。

民国二十六年十二月十三日，机工徐宾南、徐泽炳，在金陵圣学内，均被刺死。

民国二十六年十二月十三日，小贩汤志源，在光华路六十一号，被用刺刀连刺八刀毙命。

民国二十六年十二月十三日，工人梁保林，在竺桥市口被用刺刀刺死。

民国二十六年十二月十三日，龚黄氏在浦口小河西被杀死。

民国二十六年十二月间，农民端恒华，在中牌楼东被刺刀刺杀。

民国二十六年十二月十三日，农民程小纯，在光华门内双龙巷五号被枪杀。

民国二十六年十二月十五日，苦力徐殿源，在关东闸八十三号被枪杀，并将房屋焚毁。

民国二十六年十二月十五日，苦力陆鲁焕，在东关闸被枪杀，并纵火焚毁房屋。

民国二十六年十二月十四日，农民蔡天福，在任管巷被枪杀。

民国二十六年十二月十五日，苦力靖荣，在东关闸四十七号被枪杀。

民国二十六年十二月十五日，机工李长顺，在高家苑一号被刺杀。

民国二十六年十二月十二日，农民周大永，在周家楼子被机枪射死。

民国二十六年十二月十八日，农民杨荣洲，在井二村二十一号被枪杀。

民国二十六年十二月十二日，农民吕长兴，在草家楼被机枪射杀。

民国二十六年十二月十三日，农民李长发，在响磨丁村五号，被机枪射杀。

民国二十六年十二月十八日，雇工陈兴林，在响磨丁村被枪杀。

民国二十六年十二月十三日，鱼贩胡长荣，在西城根二十九号被枪杀。

民国二十六年十二月十三日，曹陈氏在汪家村被杀。

民国二十六年十二月间，工人殷华芳，在桑树园被枪杀。

民国二十六年十二月间，警士黄正生，在安德门分驻所，被机枪射杀。

民国二十六年十二月十二日，农民汪四瞎子，在汪家村六号被枪杀。

民国二十六年十二月十二日，吴马氏，年已六十八岁，被迫搬运物件，因力不能胜遭枪杀。

民国二十六年十二月十三日，学童类正兴，在南圩乡大胜村被枪杀。

民国二十六年十二月十二日，农民丁炳南，在南圩乡小洪庙被枪杀。

民国二十六年十二月十六日，农民荣长有，在安德门十四号被枪杀。

民国二十六年十二月十五日，农民王金和，在唐家凹四号被枪杀。

民国二十六年十二月十五日，农民王子龙，在唐家凹四号被枪杀。

民国二十六年十二月十三日，农民王朱氏，在唐家凹四号，被机枪射杀。

民国廿六年十二月十三日，农民王小四，在唐家凹四号，被机枪射杀。

民国廿六年十二月十三日，农民王小麻子，在唐家凹四号，被机枪射杀。

民国廿六年十二月十二日，农民尹大扣，在尹西村卅二号，因不谙日语被枪杀。

民国廿六年十二月十三日，缎工梁本茂，在朝天宫被枪杀。

民国廿六年十二月十二日，农民朱保书，在草场村被枪杀。

民国廿六年十二月十七日，农民查宏宝，在安德里被刺刀刺杀。

民国廿六年十二月十八日，农民查声祥，在安德里被刺刀刺杀。

民国廿六年十二月廿日，农民臧千祥，在安德里被刺刀刺毙。

民国廿六年十二月十五日，农民蒋茂和，在安德里被枪杀。

民国廿六年十二月十三日，农民汪有忠，在安德里被刺刀刺毙。

民国廿六年十二月十四日，市民晋任氏，在谷秀乡任管巷被打死。其房屋被烧毁，牲畜遭焚毙。

民国廿六年十二月十三日，市民陈邦发，在金川门外西所村被枪杀。

民国廿六年十二月十三日，市民陈天才，在上新河镇金寿公所被枪杀。

民国廿六年十二月十六日，吴鸿鸣在上海路被枪杀。

民国廿六年十二月十六日，潘春霆在白下路内桥被杀死。

民国廿六年十二月十二日，刘李氏在标营十三号被杀死。

民国廿六年十二月十三日，市民陈少卿，在古钵营四号内被枪杀。

民国廿六年十二月十六日，童炳松在鼓楼渊声巷被屠杀。

民国廿六年十二月十三日，市民杨春方，在绿竹园被刺死。

民国廿六年十二月十二日，戴二哥在万寿桥被杀死。

民国廿六年十二月十二日，市民周在贵，在五贵桥被杀。

民国廿六年十二月十二日，市民马开华，在三茅宫冶山道院被打死。

民国廿六年十二月十二日，刘亭芝在标营十三号被杀。

民国廿六年十二月十三日，市民王瑞宝，在本京普司庙被枪杀。

民国廿六年十二月十三日，赵玉年在致和【街】一号，被枪杀。

民国廿六年十二月十二日，市民谢德源，在明瓦廊五号被枪杀。

民国廿六年十二月十三日，市民胡龙有，在施家巷地藏庵口被刺死。

民国廿六年十二月廿一日，市民吴学林，在兴中门外被枪杀。

民国廿六年十二月十三日，市民李长庆，在太平乡八保被枪杀。

民国廿六年十二月十三日，市民易长生，在太平乡第八保被枪杀。

民国廿六年十二月十三日，市民杨得意，在太平乡第八保被枪杀。

民国廿六年十二月十三日，市民萧福堂，在太平乡六保被枪杀。

民国廿六年十二月二十日，市民张万义，在中央门被杀。

民国廿六年十二月十二日，市民王贵云，在太平乡被机枪射杀。

民国廿六年十二月十五日，市民奚恩俊，在华侨路被掳去，生死不明。

民国廿六年十二月间，市民唐学成，在生计处廿九号被枪杀。

民国廿六年十二月十五日，市民吴敬文，在华桥路兵工厂被虏去，生死不明。

民国廿六年十二月间，市民宋怀泉，在大光路小棚口被砍毙。

民国廿六年十二月十四日，市民吴邦明，在鼓楼被虏去，生死不明。

民国廿六年十二月十四日，李茂生在鼓楼二条巷被枪杀。

民国廿六年十二月十四日，市民李成旺，在东瓜塞南凹山被刺死。

民国廿六年十二月十四日，市民路大红，在阴阳营水塘边，被机枪射死。

民国廿六年十二月十四日，市民潘春亭，在内桥中国银行前被打死。

民国廿六年十二月十四日，市民陈润之，在大方巷口被机枪射死。

民国廿六年十二月二十日，严正标在三牌楼斜桥街被枪杀。

民国廿六年十二月十五日，市民朱兴儒，在天牧路被刺死。

民国廿六年十二月间，市民陈广汉、路刘氏、梅老家、徐陆氏、苑永发、韩余氏等，在江家村、枣林村、徐家村、四合圩、笆斗山、江边等处，分别遭屠杀。

民国廿六年十二月十三日，市民马玉山、马永生，在红土桥千章巷四十一号被刺死。又马伍氏被刺伤胸口。

民国廿六年十二月十三日，市民李吴氏，在新桥船板巷二十二号被枪杀。

民国廿六年十二月十五日，市民蒋长名，被拉夫至江宁县马鞍山脚遭枪杀。

民国廿六年十二月十三日，市民韩宝洲，在成贤街浮桥口被枪杀。

民国廿六年十二月十三日，市民陈沈氏、陈顺生、陈王氏，在老王府路被杀死。陈婉如被用大衣蒙头窒息而死。

民国廿六年十二月十三日，市民黄嘉祐，在上新河镇金寿公所被枪杀。

民国廿六年十二月十三日，市民李福义、李学才，在玉带巷被枪杀。

民国廿六年十二月十三日，市民孙瑞丰，在明瓦廊五号，被刺死。

民国廿六年十二月十四日，市民刘学铭，在城内大光路菜市口被砍死。

民国廿六年十二月十三日，市民戴宝平，在滕家庄被枪杀。

民国廿六年十二月十三日，市民左双林，在实辉巷卅一号被刺杀。

民国廿六年十二月十五日，市民阮成先，在管家桥卅三号被枪杀。

民国廿六年十二月十五日，市民田兴道，在后宰门十四号被枪杀。

民国廿六年十二月十五日，市民张林世，在后宰门被枪杀。

民国廿六年十二月十五日，市民靳树棠，在香林寺被枪杀。

民国廿六年十二月十五日，市民张美义，在三牌楼将军庙被枪杀。

民国廿六年十二月十五日，市民张士江，在安乐塘地下室被枪杀。

民国廿六年十二月十四日，市民戴呆子，在估衣廊一三三号被枪杀。

民国廿六年十二月十三日，市民赵永珠，在浦口后河沿被枪杀。

民国廿六年十二月十二日，市民王来银，在双乐园八十六号被枪杀。

民国廿六年十二月十二日，张福元在薛家村被枪杀。

民国廿六年十二月十三日，市民刘锡进，在汉中路铜银巷口被刺死。

民国廿六年十二月十六日，市民梁坤尧，在宁海路被机枪射死。

民国廿六年十二月十五日，市民杨宗林，在难民区陆军大学，被机枪射死。

民国廿六年十二月十三日，市民程朝本，在梁家巷口被杀。

民国廿六年十二月十三日，叶正卿在黑龙江路东口被枪杀。

民国廿六年十二月十五日，市民高长瀛，在磊公巷二十二号被枪杀。

民国廿六年十二月十六日，市民黄永龄，在五台山被枪杀。

民国廿六年十二月十四日，市民林士荣，在大光路生计处南城墙根被枪杀。

民国廿六年十二月十三日，范周氏、范明保、范小五子等三人，在四方城十四号被枪杀。

民国廿六年十二月十六日，市民王小羊子，在眼香庙被枪杀。

民国廿六年十二月十二日，市民莫启东，在安德门石子岗被枪杀。

民国廿六年十二月十六日，市民萧宏有，在四方城十八号被杀。

民国廿六年十二月十二日，市民郭绍周，在养虎巷五十八号，被用棍打死。

民国廿六年十二月十四日，市民聂声发，在安德里三十五号，被拖至柴洲边打死。

民国廿六年十二月十四日，市民芮耀庭，在中德门被枪杀。

民国廿六年十二月十二日，市民姜大荣，在毛公渡被枪杀。

民国廿六年十二月十二日，市民姜大平，在毛公渡被枪杀。

民国廿六年十二月十二日，姜受征在江家村，被拉夫至江宁县郭家村遭枪杀。

民国廿六年十二月十三日，市民程老六，在汪家村四十一号被枪杀。

民国廿六年十二月十四日，韦刘氏在毛公渡柴洲边被枪杀。

民国廿六年十二月十一日，市民董志谨，在邓府山附近被杀。

民国廿六年十二月二十日，市民黄刘氏，在桑树园七号被打死。

民国廿六年十二月二十日，市民李广来，在桑枝园二十三号，被用棍殴毙。

民国廿六年十二月十二日，市民孙启林，在单家楼子被枪杀。

民国廿六年十二月十四日，市民蔡广发，在荷塘村被烧死。

民国廿六年十二月十七日，周叶氏在毛公渡圩埂边被枪杀。

民国廿六年十二月十六日，市民牛长春，在鼓楼二条巷被枪杀。

民国廿六年十二月十六日，市民方施氏，在大石桥被枪杀。

民国廿六年十二月十四日，市民赵福祥，在阴阳营被枪杀。

民国廿六年十二月十四日，市民王怀祥，在蓝旗街被拉至小塘边枪杀。

民国廿六年十二月间，市民朱邦基，在五条巷被机枪射毙。

民国廿六年十二月十八日，市民樊万氏，在建邺路一一三号被击毙。

民国廿六年十二月十八日，市民史凤庆，在内桥湾被击毙。

民国廿六年十二月十五日，市民蒋王氏，在蒋家街被击毙。

民国廿六年十二月十三日，市民杨小罗，在汪家村五号被枪杀。

民国廿六年十二月十五日，市民葛玉成，在尧化门被枪杀。

民国廿六年十二月十四日上午，农民赵洪金，在莲子营八号被枪杀。

民国廿六年十二月十七日，农民邓连兴，在西营村廿八号被枪杀。

民国廿六年十二月十五日，米贩邓嘉镛，在骂驾桥六号，被用绳扎绑于板凳上，以机枪射杀后，弃尸江中。

民国廿六年十二月十二日，理发匠陈志先，在莲子营十五号被枪杀。

民国廿六年十二月十三日，商民陈荫槐、陈宗萱，在木匠营九号被枪杀。

民国廿六年十二月十三日，司法院职员张家荥，在木匠营十八号被枪杀。

民国廿六年十二月十二日，平民卢绕齐，在养虎巷十九号被枪杀。

民国廿六年十二月十二日，卢小红子，年甫十二岁，在养虎巷被枪杀。

民国廿六年十二月十二日，卢陶氏在养虎巷被枪杀。

民国廿六年十二月十二日，苦力宋双宝，在养虎巷五十二号被枪杀。

民国廿六年十二月十二日，菜贩宋于氏，年六十八岁，在养虎巷五十二号被枪杀。

民国廿六年十二月十二日，鱼贩宋立金，在养虎巷五十二号被枪杀。

民国廿六年十二月十三日，居民张成安，年七十二岁，在木匠营被枪杀。

民国廿六年十二月十二日，农民汪必顺，在汪家村九号，因不谙日语，遭枪杀。

民国廿六年十二月十三日，农妇张玉霖，年六十二岁，在贾家东村被枪杀。

民国廿六年十二月十三日，瓦匠黎志喜，在贾家东村，被拉夫至中途遭枪杀。

民国廿六年十二月十三日，农民贾正宏，在贾家东村，被拉夫至中途遭枪杀。

民国廿六年十二月十三日，小贩王和发，嫂王刘氏，在东花园均被枪杀。

民国廿六年十二月十三日，小贩张连保，在踹布坊被用刺刀在胸口、喉部连戳四刀而死。

民国廿六年十二月十三日，农民张郎氏，在紫竹林二号被枪杀。

民国廿六年十二月十二日，农民刘广和，在汪家村八号遭枪杀。

民国廿六年十二月十二日，农民汪大云，在汪家村八号，因不谙日语遭枪杀。

民国廿六年十二月十四日，工人戴可富，在汪家村被枪杀。

民国廿六年十二月十三日，农民程光仁，在汪家村四十一号被枪杀。

民国廿六年十二月十二日，农民朱德全，在汪家村廿号遭枪杀。

民国廿六年十二月十三日，工人陈广荣，在汪家村被枪杀。

民国廿六年十二月十二日，农民朱必梁，在汪家村廿三号遭枪杀。

民国廿六年十二月十三日，工人杨少修，在汪家村二十二号被枪杀。

民国廿六年十二月十三日，纸匠伍尚智，在伍家村被枪杀。

民国廿六年十二月十二日，农民伍明富，在伍家村三号，因不谙日语遭枪杀。

民国廿六年十二月十三日，农民王大富，在贾家东村遭枪杀。

民国廿六年十二月十四日，农民贾正金，在贾家东村被枪杀。

民国廿六年十二月十二日，农民尹徐氏，在尹西村廿三号被枪杀。

民国廿六年十二月十二日，农民陈加兴，在安德门被刺杀。

民国廿六年十二月十三日，农民伍明元，在伍家村被枪杀。

民国廿六年十二月间，僧人戴金生，在武定门正觉寺被刺杀。

民国廿六年十二月十二日，农民邓义山，在万寿桥被刀砍死。

民国廿六年十二月十二日，平民张得洪、陈老二、陈二子，在双闸镇二十五号，均被刺刀刺死。

民国廿六年十二月十三日，工人高老五，在刘高村五号，因言语不通被枪杀。

民国廿六年十二月十五日，农民尹启富，在景家村二十号被枪杀。

民国廿六年十二月十五日，农民尹单氏，在景家村二十号被枪杀。

民国廿六年十二月间，缎工李玉良，在中华门内被枪杀。

民国廿六年十二月十四日，农民唐仁兴，在景家村七号被刺死。

民国廿六年十二月十五日，学生于德明，在金陵中学被枪杀。

民国廿六年十二月十五日，茶役薛小五，在建邺路廿九号被枪杀。

民国廿六年十二月间，学生叶云华，在阴阳营难民区被枪杀。

民国廿六年十二月十四日，苦力周宝银，在牵牛巷被枪杀。

民国廿六年十二月十二日，农妇孙王氏，在高辇柏村被奸杀。

民国廿六年十二月十二日，农民王子源，在曹夏西村被枪杀。

民国廿六年十二月十六日，市民张玉清，在煤炭巷被刺刀刺死。

民国廿六年十二月十六日，市民赵三，在沙塘湾光明庵前被枪杀。

民国廿六年十二月十五日，市民周汉卿，在三条巷难民区被枪杀。

民国廿六年十二月十五日，市民武杨氏，在建邺路二九号被枪杀。

民国廿六年十二月十五日，市民熊长庚，在莫愁路被枪杀。

民国廿六年十二月十五日，市民阎宝和，在上海路被枪杀。

民国廿六年十二月十七日，市民朱在鑫、朱在祥，在太平路二六八号被杀害。

民国廿六年十二月十七日，市民夏长祥，在草桥被枪杀。

民国廿六年十二月十八日，市民伍正坤、伍正斌，在止马营被枪杀。

民国廿六年十二月十一日，市民姜义金，在曹家码头被枪杀。

民国廿六年十二月十三日，农妇王娄氏，在高辇柏村被奸杀。

(2) 关于纵火焚烧部分统计节录

1. 民国二十六年十二月十三日，纵火焚毁安德门区海新乡后头街八号陈辅贤房屋一间，所有家具、农具，均化灰烬。（证人即被害人陈辅贤、陈长馀。）

2. 民国二十六年十二月十三日，在海新乡七桥巷，烧毁农民朱顺兴草房三间及家具、农具多件。（证人朱顺兴、杨定魁。）

3. 民国二十六年十二月十三日，在海新乡七桥巷四三号，烧毁农民张万林瓦房二间、厢房一间及家具、粮食甚夥。（证人张万林、张锦荣。）

4. 民国二十六年十二月十三日，在安德门区海新乡七桥巷四四号，焚毁农民张志有草房四间、厢房二间及家具、农具多件。（证人张志有、杨定魁。）

5. 民国二十六年十二月十二日，在海新乡李家圩十六号，焚毁农民李崔氏农具、家具多件。（证人李崔氏、李巨茂。）

6. 民国二十六年十二月十三日，在海新乡七桥巷三十四号，焚毁农民万文生瓦房三间、草房一间、厢房一间，及家具多件。（证人万文生、杨定魁。）

7. 民国二十六年十二月十三日，在海新乡李家圩十三号，焚毁农民李韦氏瓦房三间，粮食十担，及农具、家具多件。（证人李韦氏、李存兴。）

8. 民国二十六年十二月十三日，在海新乡李家圩七号，焚毁农民李巨有草房四间，稻十五石及农具、家具多件。（证人李巨有、李存兴。）

9. 民国二十六年十二月十三日，在海新乡桥西里十七号，焚毁村民季裕高草房一间，厢房一间及家具多件。（证人季裕高、吴大林。）

10. 民国二十六年十二月十三日，在海新乡七桥巷，焚毁农民洪杨氏草房三间及家具多件。(证人洪杨氏、杨定魁。)

11. 民国二十六年十二月十三日,在海新乡七桥巷五号,焚毁村民徐有为瓦房四间,草房二间及家具等件。(证人徐有为、杨定魁。)

12. 民国二十六年十二月十三日,在谷秀乡任管巷十二号,焚毁农民任长清家具及农具等件,并抢去驴一匹。(证人任长清、刘恩心。)

13. 民国二十六年十二月十二日(即农历十一月十日),在谷秀乡任管巷七号,焚毁农民任文祥瓦房一间,并抢去驴一匹,粮食五石。(证人任文祥、晋大安。)

14. 民国二十六年十二月十三日(即农历十一月十一日),在赛虹桥焚毁村民唐怀有房屋五间,并将唐怀有刺刀戳毙。(证人唐徐氏、任长洲。)

15. 民国二十六年十二月十三日,在安德门海新乡七桥巷三十五号,焚烧农民张正华瓦房六间,厢房一间,草房二间及家具等件。(证人张正华、刘锦荣。)

16. 民国二十六年十二月十三日,在海新乡七桥巷四二号,焚毁农民陈家荣瓦房四间,厢房二间及家具等件。(证人陈家荣、刘锦荣。)

17. 民国二十六年十二月十三日,在海新乡七桥巷十六号,焚毁村民刘锦荣草房二间及家具等件。(证人刘锦荣、周恒荣。)

18. 民国二十六年十二月十三日,在安德门海新乡后头街四号,焚毁农民陈长馀瓦房三间,稻子三十担,小麦十五担,黄豆八担及家具等件。(证人陈长馀、陈长银。)

19. 民国二十六年十二月十三日,在海新乡后头街六号,焚毁农民陈沈氏瓦房四间,稻四十担,米六担,小麦二十担及农具、家具等件。(证人陈沈氏、陈长馀。)

20. 民国二十六年十二月十三日,在安德门海新乡七桥巷十五号，焚毁村民周恒荣草房二间及家具等件。（证人周恒荣、刘锦荣。）

21．民国二十六年十二月十三日，在海新乡七桥巷，焚毁村民王培林草房一间及家具等件。（证人王培林、杨定魁。）

22．民国二十六年十二月十一日，在双闸镇二号，焚毁村民王金和草房一间，面粉十三袋及茶社内一切生财用具。（证人赵端庸。）

23．民国二十六年十二月十三日，在安德门海新乡后头街三号，焚毁农民陈朱氏草房一间，米八担及农具、家具等件。（证人陈朱氏、陈长馀。）

24．民国二十六年十二月间，在膺府街一〇三号，焚毁平民余筱江房屋三间。（证人余筱江、张士扬。）

25．民国二十六年十二月十七日（即农历十一月十五日）下午五时，用流火弹放射于剪子巷之房屋上，计焚毁瓦屋二十四间。（证人陶秀夫、丁松诚。）

26．民国二十六年十二月十四日，在海新乡高桥镇，焚毁徐有全粮食行瓦房七间，草舍两间及家具等件，并抢去稻三百七十石，麦一百五十石及犁牛一匹。（证人徐有全、吴大林。）

27．民国二十六年十二月二十一日，焚毁尖角营五十二号张学富房屋二十余间。（证人张学富、张学仁。）

28．民国二十六年十二月十六日（即农历十一月十四日），焚毁任管巷农民任文明瓦房一间，草房间半及稻、麦、豆各十石。（证人任文明、晋大安。）

29．民国二十六年十二月十三日，在安德门海新乡十三号，焚毁村民朱顺义草房二间及家具等件。（证人朱顺义、杨定魁。）

30．民国二十六年十二月十九日（即农历十一月十七日），在钓鱼台八十四号，焚毁平民丁万和平房二间。（证人丁万和、黄昌庆。）

31. 民国二十六年十二月十九日(即农历十一月十七日)，在钓鱼台焚毁平民黄昌庆平房四间。(证人黄昌庆、丁万和。)

32. 民国二十六年十二月十三日，在海新乡七桥巷四号，焚毁农民桑在富草房四间及家具、农具等件。(证人桑在富、杨定魁。)

33. 民国二十六年十二月间，在长乐路二百十号，焚毁盛实甫所开之永康百货店房屋二间及家具、生财等件。(证人盛实甫、张家树。)

34. 民国二十六年十二月间，在扫帚巷二十号，焚毁商民刘汉钦房屋十二间及家具、货物等件。(证人刘汉钦、时思松。)

35. 民国二十六年十二月间，在循相里四九号至五三号，焚毁商民何庆森平房五间及家具等件。(证人何庆森、张士扬。)

36. 民国二十六年十二月间，在循相里二五号至三三号，焚毁商民夏鸿贵平房九间及家具等件。(证人夏鸿贵、张士扬。)

37. 民国二十六年十二月间，在循相里一六〇号，焚毁商民毕张氏平房五间及家具等件。(证人张士扬、毕张氏。)

38. 民国二十六年十二月间，在循相里三七号，焚毁商民卢洪九平房六间及家具等件。(证人卢洪九、张士扬。)

39. 民国二十六年十二月间，在循相里二二号，焚毁商民胡锡三平房十间及家具等件。(证人胡锡三、张士扬。)

40. 民国二十六年十二月间，在中华门十七号，焚毁商民汪戴氏平房二间及家具等件。(证人汪戴氏、张士扬。)

41. 民国二十六年十二月间，在循相里二九号至三一号，焚毁商民周佑之平房六间及家具等件。(证人周佑之、张士扬。)

42. 民国二十六年十二月间，在循相里九号，焚毁商民袁恩寿平房二间。(证人袁恩寿、张士扬。)

43. 民国二十六年十二月间，在循相里五五号，焚毁居民陈东荣平房四间及家具等件。(证人陈东荣、张士扬。)

44. 民国二十六年十二月十七日(即农历十一月十五日)在小

膺府街十四号焚毁平民卢继野平房十二间。(证人卢至钦、王耀庭。)

45. 民国二十六年十二月十六日(即农历十一月十四日)在门西来凤街十三号,焚毁居民史照财房屋三间及家具等件。(证人史照财、周一渔。)

46. 民国二十六年十二月二十日,在西钓鱼巷十四号,焚毁平民王朱氏大小平房十五间及家具等件。(证人王朱氏、曾有年。)

47. 民国二十六年十二月二十日,在西钓鱼巷十四号,焚毁曾有年瓦房大小十五间及家具等件。(证人曾有年。)

48. 民国二十六年十二月十七日,在谷秀乡任管巷六号,焚毁农民刘思心瓦房一间及家具、粮食等件。(证人刘思心、任长清。)

49. 民国二十六年十二月十七日,在长乐路二二〇号,焚毁商民冯兆美平房九间及家具、生财等件。(证人冯兆美、盛仲卿。)

50. 民国二十六年十二月十三日,在中华门外西街一七一号,焚毁商民尚谷氏平房五间及家具等件。(证人尚谷氏、薛瑞常。)

51. 民国二十六年十二月十七日,在长乐路二一四号,焚毁盛仲卿所开之森源祥金腿号大小房屋十四间及生财等件。(证人盛仲卿、冯兆美。)

52. 民国二十六年十二月十七日,在长乐路二二二号,焚毁平民潘守华大小平房三间及家具、生财等件。(证人潘守华、张宗仁。)

53. 民国二十六年十二月十七日,在长乐路一七三及二二六号焚毁商民张宗仁大小平房六间及家具、生财等件。(证人张宗仁、潘守华。)

54. 民国二十六年十二月十九日,在钓鱼台七二号,焚毁商民王子亭房屋、家具等件。(证人王子亭。)

55. 民国二十六年十二月十九日,在钓鱼台八十六号,焚毁商民张志存平房四间及家具等件。(证人丁万和、张志存。)

56. 民国二十六年十二月十七日,在长乐路一九六号,焚毁商民刘万清大小房屋十四间及家具等件。(证人刘文清、沈玉成。)

57. 民国二十六年十二月十一日，在双闸镇二五号，焚毁商民高维正草房八间及生财等件。(证人毛龄福、高维正。)

以上计五十七案，系发生于中华门地区者。

58. 民国二十六年十二月十三日(即农历十一月十一日)，在梁塘村十六号，焚毁农民刘国荣草房七间、米十担、小麦十担、黄豆十五担，以及农具、家具等件。(证人刘国鸿。)

59. 民国二十六年十二月十二日(即农历十一月十日)，在高辇柏村，焚毁农民王庚有房屋，被害人因往施救，致被烧杀。(证人王陶氏。)

60. 民国二十六年十二月十三日(即农历十一月十一日)，在汤家坝二十五号，焚毁农民崔杏铭瓦房三间、草房三间及家具、农具等件。(证人崔杏铭、李家炎。)

61. 民国二十六年十二月十五日(即农历十一月十三日)，在南京人和街十五号，焚毁前南京宪兵司令谷正伦西式洋房一栋。(证人倪春富。)

62. 民国二十六年十二月间，在下关五所村一四一号，焚毁村民张树成房屋一间，及家具等件。(证人张树成。)

63. 民国二十六年十二月十四日(即农历十一月十二日)，在中牌楼西，焚毁农民陈保全瓦房三间及家具、农具等件。(证人陈保全、吴忠亮。)

64. 民国二十六年十二月十七日(即农历十一月十五日)，在中牌楼，焚毁农民王长富草房二间及家具等件。(证人李光成、王长富。)

65. 民国二十六年十二月十三日(即农历十一月十一日)，在黄家营，焚毁农民马德义瓦房二进计六间及粮食、家具等件。(证人马德义、任长松。)

66. 民国二十六年十二月十九日(即农历十一月十七日)，在建康路东段四七五号，焚毁程凤鸣开设之震馀米行房屋三十一间及家具等件。(证人蔡长山、程凤鸣。)

67. 民国二十六年十二月十九日(即农历十一月十七日)，在建康路五三九号，焚毁高家桢所开之粮食行，计楼房上下二间、平房一间。(证人高家桢、洪少林。)

68. 民国二十六年十二月十七日(即农历十一月十五日)，焚毁长乐路二〇四号及一六九号张俊房屋两进及家具等件。(证人潘守华、张俊。)

69. 民国二十六年十二月二十日(即农历十一月十八日)，焚毁中牌楼农民李光成瓦房三间、草房七间及家具、农具等件。(证人李光成、王长福。)

70. 民国二十六年十二月二十日(即农历十一月十八日)，焚毁中牌楼吴松盛草房二间及家具、农具等件。(证人吴松盛、孙恒兆。)

71. 民国二十六年十二月十四日(即农历十一月十二日)，焚毁中牌楼曾文华瓦房三间及家具等件。(证人曾文华、张春有。)

72. 民国二十六年十二月十二日(即农历十一月十日)，焚毁中牌楼张春有草房五间及家具等件。(证人张春有、吴松盛。)

73. 民国二十六年十二月十八日(即农历十一月十六日)，焚毁中牌楼曹德富草房三间及家具等件。(证人曹德富、萧金发。)

74. 民国二十六年十二月二十日(即农历十一月十八日)，焚毁中牌楼吴松明草房一间、瓦房六间及家具。(证人吴松盛、吴松明。)

75. 民国二十六年十二月十三日(即农历十一月十一日)，焚毁中牌楼农民萧金发草房四间。(证人萧金发、曹德富。)

76. 民国二十六年十二月十四日(即农历十一月十二日)，在中牌楼焚毁农民孙恒春草房二间及家具等件。(证人孙恒春、任自强。)

77. 民国二十六年十二月十七日(即农历十一月十五日)，在中牌楼焚毁农民谈兴桂草房二间及家具等件。(证人谈兴桂、孙恒春。)

78. 民国二十六年十二月十二日(即农历十一月十日)，在中牌楼焚毁徐继贵草房三间及家具等件。(证人徐继贵、吴松盛。)

79. 民国二十六年十二月十七日(即农历十一月十五日)下午二时，焚毁曹都巷二号僧梓涛平房、楼房十三间及家具等件。(证人僧梓涛、薛瑞祥。)

80. 民国二十六年十二月十五日(即农历十一月十三日)，在中山路司法院，焚毁杨功勋家具及衣服等件。(证人刘星财、谢维钧。)

81. 民国二十六年十二月十九日(即农历十一月十七日)，在建康路四七号，焚毁平民程荣年房屋大小十八间。(证人程荣年、蔡长山。)

82. 民国二十六年十二月十八日，在湖北路四号，焚毁居民常许氏平房八间。(证人常许氏、王周氏。)

83. 民国二十六年十二月十五日(即农历十一月十三日)，在白下路一七八号，焚毁商民邓德源店屋一间及生财等件。(证人李长春、邓德源。)

84. 民国二十六年十二月十九日(即农历十一月十七日)，在建康路五三九号，焚毁商民洪少林楼房六间、披房二间。(证人蔡长山。)

85. 民国二十六年十二月十六日，在裘家湾六十号，焚毁小贩孙发堂瓦房四间及家具等件。(证人孙发堂、陈季年。)

86. 民国二十六年十二月十二日，在中牌楼西焚毁农民李荣发草房三间及家具等件。(证人李荣发、李光成。)

87. 民国二十六年十二月十四日，在中牌楼西，焚毁农民郑光波草房二间。(证人郑光波、李光成。)

88. 民国二十六年十二月十三日，在下关圣公会，焚毁居民廖士淦瓦房二间及家具等件。（证人廖士淦。）

89. 民国二十六年十二月十三日，在军师巷十四号焚毁商民王大铮房屋六间及家具等件。（证人王大铮、王郭氏。）

90. 民国二十六年十二月十四日，在建邺路四五号，焚毁平民万锦棠铺房十四间及家具等件。（证人汪桂龙、万锦棠。）

（3）关于奸淫部分统计节录

1. 民国二十六年十二月十八日（即农历十一月十六日），日军三人在黑廊巷十七号，将李元森之妻李潘氏强奸，其子文彬因呼救被枪杀。（证人被害者之夫李元森及目睹杀者杨金龙、李元洪）

2. 民国二十六年十二月十九日（即农历十一月十七日），在李府街将农民孙宝庆之嫂孙陈氏轮奸，当夜毙命。（证人孙宝庆、金储氏）

3. 民国二十六年十二月十三日（即农历十一月十一日），在南门外沙洲圩许家湾村，将陈二姑娘连续强奸数次。其伯父陈锦福为其求饶，当场被杀。（证人被害者陈二姑娘及其父陈锦源）

4. 民国二十六年十二月十六日（即农历十一月十四日），在四方城十八号，将萧小五子强奸后，用刀杀死。（证人萧宏贵）

5. 民国二十六年十二月十九日，在沙洲圩将王朱氏强奸，该氏不堪凌辱，跳塘自尽。（证人王三）

6. 民国二十六年十二月十四日（即农历十一月十二日），在任家花园将周奚氏由地洞内拖出，强奸未遂，当场枪杀毙命。（证人周陈氏）

7. 民国二十六年十二月十四日（即农历十一月十二日），在黄泥塘地洞内，将杨周氏轮奸后，复用枪杀。（证人杨广才）

8. 民国二十六年十二月二十日（即农历十一月十八日），在中华门外赛虹桥南村十一号，将刘陈氏连续强奸，其夫刘学德因受吓

而死。(证人被害人刘××及目睹者唐刘氏)

9. 民国二十六年十二月十三日,在珍珠巷二三八号,将年甫十四岁之幼女伍大毛强奸后杀毙。(证人魏正荣、董庭如)

10. 民国二十六年十二月十四日(即农历十一月十二日),在九儿巷十九号,将唐荷弟子强奸后杀死。(证人丁长荣)

11. 民国二十六年十二月十三日(即农历十一月十一日),在门东仁厚里五号,将陶汤氏轮奸后,用步枪射击,又用刺刀刺其小腹,复纵火焚烧其尸。(证人柯荣福、方鹤年)

12. 民国二十六年十二月十三日(即农历十一月十一日),在赛虹桥北村十四号,将贾长源之妻贾彭氏强奸,同月十七日复连遭数次强奸。(证人贾盛氏、陈张氏)

13. 民国二十六年十二月十五日(即农历十一月十三日),赛虹桥北村五十五号张孟氏,在分娩期中被强奸,因伤重而死。(证人张陈氏、冯徐氏)

14. 民国二十六年十二月十七日,日军两名,在赛虹桥北村十二号之一,将刘宝琴轮奸。(证人刘李氏)

15. 民国二十六年十二月十六日(即农历十一月十四日),在百花巷五号,将徐洪氏及其母,先后强奸十数次,复将其弟洪德清、弟媳洪王氏及内侄洪云保枪杀,并将所有财物抢劫一空。(证人即被害人徐洪氏)

16. 民国二十六年十二月间,日军三名,在佛心桥二十号,将陈吴氏轮奸,致伤重而死。(证人陈云龙)

17. 民国二十六年十二月十八日(即农历十一月十六日),黄泥塘伍马氏,被日军数人轮奸后,用刀杀死。(证人伍陈氏)

18. 民国二十六年十二月十八日(即农历十一月十六日),沙洲圩梁杨氏,因被日军两名强奸不从,推入水中淹毙。(证人陈瑞麒)

19. 民国二十六年十二月十四日(即农历十一月十二日),雨

花台二十号王蔡氏，被日军强奸未遂，致遭枪杀。(证人王富有)

20. 民国二十六年十二月十四日(即农历十一月十二日)，雨花台二十号王正和，因日军强奸其妻，出而护卫致被砍死。(证人王富有)

21. 民国二十六年十二月间，尖角营六号王张氏之媳，被日军强奸，其母出而救护，被刺而死，并将所有房屋纵火焚烧。(证人王张氏、张学富)

以上计二十一案，系在中华门地区发生者。

22. 民国二十六年十二月十四日，日军三名，在湖北路二十八号凤来栈，将年甫十五岁之幼女陈代弟轮奸。(证人杨朱氏)

23. 民国二十六年十二月十五日，状元境四十六号吕王氏，在分娩后甫五天，被日军强奸未遂，母子均遭日军用被褥窒息而死。(证人吕兴隆)

24. 民国二十六年十二月十八日，孝陵区牌楼镇河沿头埠三号农妇陆荷英，被日军二名轮奸后，用刺刀刺入小腹毙命。(证人陆国宾)

25. 民国二十六年十二月十六日下午三时，北平路五十一号姜张氏，被日军四名轮奸，致伤重毙命。(证人张碧城)

(4) 关于抢劫部分统计节录

1. 民国二十六年十二月十二日，在任管巷，抢劫农民任长松驴、牛各一匹，并家具等件。(证人任长松、任兴福)

2. 民国二十六年十二月十二日，在任管巷三十号，抢劫猪一头及粮食十石。(证人任长银、任兴福)

3. 民国二十六年十二月十七日，在任管巷，抢劫农民任发明牛一匹，及家具等件。(证人任发明、任发贵)

4. 民国二十六年十二月十四日，凤游寺十一号商民沈秀荣被拉伕，至今生死不明。同月十五日晚，日军复率多人，将沈秀荣家

所有家具及生财，抢劫一空。（证人华云喜、沈王氏）

5. 民国二十六年十二月间，在南京中山北路三百二十三号之一，抢劫徐复兴牛乳厂荷兰种乳用牛三十二头并干草二百担。（证人徐兆彬、陈舟龙）

6. 民国二十六年十二月十四日，在凤游寺抢劫商民王加德所有家具、财物等件。（证人方述福、王韩氏）

7. 民国二十六年十二月二十日，在白下路穆家巷一号，抢劫胡廷珍家所有财物，将阖家老幼痛殴后，纵火焚烧房屋，并将胡樊氏掳去，至今生死不明。（证人胡廷珍）

8. 民国二十六年十二月间，在大石坝街五十号，抢劫国医石筱轩名贵书籍四大箱、字画古董两千余件、木器四百件、衣服三十余箱。（证人石筱轩、张玉麟）

9. 民国二十六年十二月间，在集庆路抢劫小贩王德奎财物多件。（证人王德奎、严顺林）

（5）关于集体屠杀部分统计节录

1. 民国二十六年十二月十八日（即农历十一月十六日）夜间，日军将被俘之国军及难民计五万七千四百十八人囚禁于幕府山之下四五所村，断绝饮食，冻饿死者甚多。复用铅丝两人一扎，排成四路，驱至下关草鞋峡，用机枪悉予扫射后，复用刺刀乱戳，最后浇以煤油，纵火焚烧，残余骸骨悉投于江中。在此大屠杀中有教导总队冯班长，及保安队警察郭某，将绑扎挣脱，佯仆地上，拖尸盖身，因而得免。

2. 民国二十六年十二月十五日（即农历十一月十三日）夜间，有平民、官兵共九千余人，被日军俘获，押往海军鱼雷营，用机枪集体扫射，除殷有余等九人逃出外，其余全体牺牲。

3. 民国二十六年十二月十六日（即农历十一月十四日）傍晚，有难民五千余人，被日军由华侨招待所押至中山码头江边，用机枪集体射死，当时有梁廷芳、白增荣两人跳江自戕，幸而脱险。

4. 民国二十六年十二月十六日(即农历十一月十四日)上午，日军在鼓楼五条巷四号难民区内，搜捕青年徐静森等十余人，押至大方巷广场上，以机枪扫射。

5. 民国二十六年十二月十四至十七日在煤炭港英商和记公司内，将首都电厂工人许江生等四十五人，捕禁于煤炭港下游之江边，初以机枪扫射，继集薪油之类，堆积茅屋四周，放火燃烧，致被害人一部份有被烧死者。

6. 民国二十六年十二月十八日(即农历十一月十六日)，在下关南通路之北，将我军人及难民约三百余人，集合该处麦地内，用机枪射杀，无一幸免。

7. 民国二十六年十二月十五日(即农历十一月十三日)下午二时，在挹江门姜家园南首，将居民三百余人集中，用机枪射杀，或纵火烧毙，无一幸免。

8. 民国二十六年十二月十六日(即农历十一月十四日)，在鼓楼四条巷难民所，将张义魁等五十余人，集体枪杀。

9. 民国二十六年十二月十七日(即农历十一月十五日)，在三叉河放生寺，及慈幼院难民所等处，集体枪杀平民四五百名。

10. 民国二十六年十二月十五日，在北圩，将熊桂弟等三十余人，集体用机枪射杀。

11. 民国二十六年十二月十八日(即农历十一月十六日)，在大方巷难民区内，将青年单耀亭等四千余人，押送下关，用机枪射杀，无一人生还。

12. 民国二十六年十二月十六日(即农历十一月十四日)上午十时，在中山北路前法官训练所旧址，将平民吕发林、吕启云、张德智、张德亮、张德海等一百余人，拖至四条巷塘边，用机枪射杀、无一幸免。

13. 民国二十六年十二月十二日晚六时，在中华门外西街一四五号，将张玉发一家，及亲戚王福和、张书新、张马氏、张玉根、张玉小六子、张小狗子等十二人，悉予枪杀，仅张玉发本人面部受伤，幸免于死。

14. 民国二十六年十二月十九日（即农历十一月十七日）上午，在龙江桥江口，将我军民五百余名绑扎后，全体堆于马路空地旁，以机枪射杀后，纵火烧毙，尚有气息者，更以刺刀连续刺毙。

15. 民国二十六年十二月十六日上午，在鼓楼五条巷四号难民区内，将军民石岩、陈肇委、胡瑞卿、王克村等数百人，驱集大方巷广场上，以机枪射杀。

16. 民国二十六年十二月十五日下午一时，在司法院难民所内，将着制服长警一百余名，改装者三百余名，另有军民一千余名，总共二千余名，排成四队，用机枪十二架及步枪，押送至汉中门外，分别捆扎，用机枪扫射，其已死及受伤者，复用木柴汽油焚烧。

17. 民国二十六年十二月十六日(即农历十一月十四日)，在傅佐路十二号，将平民谢来福、李小二等押送大方巷塘内枪杀，罹难者二百余名。

18. 民国二十六年十二月十四日(即农历十一月十二日)，在石观音十七号，将居民柯大才、柯徐氏、柯荣贵、柯方氏、柯荣春、柯根荣、小巧子、赵雪美等八人集体枪杀。

19. 民国二十六年十二月十三日(即农历十一月十一日)，在门东小心桥三八号消灾庵内，将避难该庵之平民卓吕同、卓三元、吴朱氏等计九名，以步枪射杀，其未死者复以刺刀戳毙。该庵住持慧定腿部及小肚均受枪伤，幸免于难。

20. 民国二十六年十二月十三日(即农历十一月十一日)，在扫帚巷十七及五十二号，将沈有功、梁本义等十二人枪杀。

21. 民国二十六年十二月间，在城外宝塔桥，及鱼雷营一带，屠杀军民三万人以上，在燕子矶滩，屠杀我解除武装青年在五万人以上，尸横遍野，惨不忍睹。

22. 民国二十六年十二月间，在上新河地区，屠杀军民二万八千七百三十人，所有尸体，均由湖南木商盛世徵、昌开运等掩埋。

23. 民国二十六年十二月间，军民五百余名在下关九甲圩江边等处，被枪杀，所有尸体，由红十字会会员姜鑫顺，抬至仁丹山，及姜家园南首等处掩埋。

24. 民国二十六年十二月间(即农历十一月间)，难民五千余名，士兵二千余名，在南门外附近凤台乡，花神庙一带，被屠杀，所有尸体，由芮方缘、张鸿儒、杨广才等，会同红万字会分别掩埋于雨花台山下及望江矶、花神庙等处。

25. 民国二十六年十二月十三日(即农历十一月十一日)，在通济门外四方城一号龙华寺，将避难该寺地下室内之难民约三十余人，加以枪杀，并用刺刀戳毙。

26. 民国二十六年十二月十三日(即农历十一月十一日)，在武定门四四四号正觉寺内，将该寺僧人慧兆、德才、宽宏、德清、道禅、刘和尚、张五、源谅、黄布堂、晓侣、慧璜、慧光、源悟、能空、倡修、广祥、广善等十七人，集体枪杀。

27. 民国二十六年十二月十四日(即农历十一月十二日)，在太平乡第一保第五甲，将农民陈生桂、王长怀、孙尚仁、赵王氏、葛步广、董长明、董长洪、赵富贵、周殿臣、谢周氏、王永桥、易吴氏、王立春、赵玉喜、葛沈氏等十五人，加以集体枪杀。

28. 民国二十六年十二月十二日(即农历十一月十日)，在南门外方家山长生寺，将该寺僧人十九人，集体以步枪射杀，该寺住持隆海，躲存地藏菩萨佛龛中，幸免于难。

以上九、一三、一八、一九、二〇、二四、二六、二八各案，系发生于中华门地区。

〔战争罪犯处理委员会档案〕

13. 中国驻日代表团成员王丕丞关于日军在南京杀人比赛罪证的代电

（1947年6月9日）

南京国防部第二厅厅长郑钧鉴：(36)辰俭(2100)电奉悉。据本组参谋赵鸿福转据韩国人朴在文密报称：田中军吉大尉，系南京杀人比赛时两日本军官之一，潜居东京，闻中国查办南京杀人比赛凶手甚急，正准备立即逃避等语。并提供田中持刀杀人照片两张，及田中队之《皇兵》刊物一种。细检《皇兵》刊物内容，虽未明述该田中即为南京杀人比赛主凶，但持刀砍杀绑跪之中国人，及斩杀三百人之队长爱刀照片二种，确系田中所为。该犯实具备《战争罪犯审判条例》第二条第二款，及第三条第一款之罪。当时因恐其闻风潜逃，故就近密请盟军代为缉捕，送请国内审询更充实之证据。所有田中军吉亲手持刀杀人照片，及《皇兵》刊物，已随同该田中交请上海战犯管理处接收，计已转呈。此间仍在继续搜觅其他证件中。奉询谨复。职王丕丞。(卅六)已佳。军人。

〔战争罪犯处理委员会档案〕

14. 国防部审判战犯军事法庭检察官对战犯向井敏明等人的起诉书

（1947年12月4日）

国防部审判战犯军事法庭检察官起诉书

被告：

向井敏明：男，年三十六岁，日本山口县人，炮兵小队长。

野田毅(即野田岩)：男，年三十五岁，日本鹿儿岛人，副官。

右开被告，民国三十六年度侦字第十九号战犯案件，经侦查终结，认为应行起诉。合将犯罪事实暨证据，并所犯法条分述于左：

（一）犯罪事实

向井敏明与野田毅（即野田岩），均日本人，同在敌十六师团富山大队服务。向井敏明充任炮兵小队长，野田毅充任副官。七七事变后，被告等随军来华。民国二十六年十二月五日，于我江苏句容县入城时，向井杀我国人八十九名，野田杀七十八名。同年十二月十一日南京攻城战，该被告等复作杀一百五十人之比赛于紫金山麓，向井杀一百零六名，野田杀一百零五名。胜利后，经驻东京盟军总司令部逮捕，解送本庭侦察。

（二）证据暨所犯法条

右列事实，业经敌随军特派员浅海光本及浅海铃木等，先后将目睹情形电达东京各报纸连篇登载，万口争传，誉为勇壮。并经远东国际军事法庭中国检察官办事处获之《东京日日新闻》可资考查核对。该报所登载被告等之照片，亦属相符。证据确凿，自难任其空言狡展，免除刑责。核其所为，实不无构成战争罪犯审判条例第二条第二款，第三条第一款之重大嫌疑。查该被告等共同实施犯罪行为，依法皆为正犯。又其以同一意思连续而为同一行为，应从一重处断。合依《战争罪犯审判条例》第一条第一项，第二十六条；《刑事诉讼法》第二百三十条起诉。此致

本庭审判官

军法检察官　李　璿

中华民国三十六年十二月四日

右正本证明与原本无异。

书记官　方家模

〔战争罪犯处理委员会档案〕

15. 国防部审判战犯军事法庭对战犯向井敏明等人的判决书

(1947年12月18日)

国防部审判战犯军事法庭判决　三十六年度审　字第十三号

公诉人：本庭检察官

被告：

向井敏明　男，年三十六岁，日本山口县人，炮兵小队长。

野田岩(即野田毅)　男，年三十五岁，日本鹿儿岛人，日军第十六师团富山大队副官。

田中军吉　男，年四十三岁，日本东京人，日军第六师团第四十五联队中队长。

指定辩护人：

薛诵齐律师。

崔培均律师。

右被告等，因战犯案件，经本庭检察官起诉，本庭判决如左：

主文：

向井敏明、野田岩、田中军吉在作战期间，共同连续屠杀俘虏、及非战斗人员，各处死刑。

事实：

向井敏明、野田岩在作战期间，隶属日军第十六师团中岛部队，分充少尉小队长及副官。田中军吉隶属第六师团谷寿夫部队，充任大尉中队长。于民国二十六年十二月会攻南京之役，因遭遇我军坚强抵抗，衔恨之余，乃作有计划之屠杀，藉以泄愤。田中军吉在京城西南郊一带，以"助广"宝剑，连杀俘虏及非战斗人员达三百余名。向井敏明、野田岩则在紫金山麓，以杀人多寡为竞赛娱乐，各挥利刃，不择老幼，逢人砍杀，结果野田岩戮毙百零五人，向井敏明则以杀百零六人获胜。日本投降后，野田岩等，先后在东京被盟军总司令部缉获，经我驻日代表团解送来京，由本庭检察官侦查起诉。

理由：

查本案被告向井敏明及野田岩，于会攻南京之役，在紫金山麓，以屠杀俘虏及非战斗人员为竞赛娱乐。结果野田岩共杀百零五人，向井敏明则以杀百零六人获胜之事实，匪特在当时留京外籍记者田伯烈(H.J.Timperlay)所著《日军暴行记实》内，已有详明记载(见谷寿夫战犯案卷内附件已)，即核与远东国际军事法庭中国检查官办事处搜获之当时《东京日日新闻》所载该被告等如何在紫金山麓作"斩杀百人"之竞赛，如何于完成屠杀超越记录后，各举血刀，含笑相向，谈论胜负各情，亦相吻合。并有该被告等，分执凶刀，藉以炫耀武力之合摄照片标载"百人斩竞之两将校"等字样，可资佐证。再参以南京大屠杀案已决犯谷寿夫之确定判决所载：日军分窜城内外，展开大规模屠杀，其中有杀人比赛一节，即系本件被告向井敏明及野田岩之罪行。是时我被俘军民遭集体杀戮及焚尸灭迹者达十九万人以上，被零星残杀尸骸经慈善团体掩埋者达十五万人以上，均为该确定判决确切证据所认定之事实，并经本庭在丛葬地点起出尸骸头颅数千具为凭。综上参互以观，则被告向井敏明及野田岩，系南京大屠杀案之共犯，实属毫无疑义。乃该被告等，自知无可讳饰，竟谓《东京日日新闻》系虚伪登载，专为被告颂扬武功，以博日本女界之羡慕，期能早日获得佳偶云云。然查在作战期间，日军当局对于军事新闻之统制检查，本极注意。而《东京日日新闻》系日本重要刊物，如果该被告等并无此项杀人竞赛之事实，绝无故为虚构以巨大篇幅，专为该被告等宣传之理。况该项新闻之登载，既经本庭引用上开各项确切证据予以证实，即非通常传闻者可比，自得据为判决之基础。至谓以杀人为竞赛之凶残兽行，可作征婚广告，以博女性欢心，更为现代人类史上所未前闻。其抗辩各节，均属无可采取。次查被告田中军吉，系已决犯谷寿夫之直隶部属，在谷寿夫攻陷京城实施屠杀时，曾携"助广"军刀参与，已为该被告所自承之事实(见本庭本年十二月十二日笔录)。而敌酋谷寿夫等，当时率部在我首都作惨绝尘寰之屠杀，历时十余日，遭戮者三十余万众，匪特有本庭三十六年度审字第一号确定判决可据，且为举世共闻之事实。被告田中军吉，既居于谷寿夫直隶部属之地位，持刀参与，且在混乱斩杀中，我被俘军民死于该被告所携之"助广"军刀下者逾三百人，此有日本军官山中峰太郎所编《皇兵》一书，刊登该被告之军刀照片标载"曾斩三百人之队长(指田中军吉)爱刀助广"等字样可稽，并有该被告亲自挥刀斩杀平民之照片获案，可资印证。其系南京大屠杀案中实施杀人共犯之一，亦无可疑。虽据辩称：照片所摄伊本人系穿衬衫，显在夏令，而攻陷南京系在冬天，可见该照片仅能证明伊在另一地方斩杀一人等语。然勿论在挥刀奋力猛斩之顷，为便利动作，纵在冬令脱卸外衣，本属常事，已不容斤斤执此，希图避就。且参与南京大屠杀之事实，已属众证确凿，有如上述，更奚容藉端狡展之余地。按被告等连续屠杀俘虏及非战斗人员，系违反《海牙陆战规例》，及《战时俘虏待遇公约》，应构成战争罪，及违反人道罪。其以屠戮平民，认为武功，并以杀作竞赛娱乐，可谓穷凶极恶，蛮悍无与伦比，实为人类蟊贼，文明公敌，非予尽法严惩，将何以肃纪纲而维正义。爰各科处极刑，以昭炯戒。

据上论结，应依《刑事诉讼法》第二百九十一条前段；《海牙陆战规例》第四条第二项，第二十三条第三款，第四十六条第一项；《战时俘虏待遇公约》第二条，第三条；《战争罪犯审判条例》第一条，第二条第二款，第三条第一款，第十一条；《刑法》第二十八条，第五十六条前段，第五十七条，判决如主文。

本案经本庭检察官李璿莅庭执行职务。

中华民国三十六年十二月十八日

国防部审判战犯军事法庭

审判长　石美瑜

审判官　李元庆

审判官　孙建中

审判官　龙钟煌

审判官　张体坤

右正本证明与原本无异

书记官　施　泳

中华民国三十六年十二月十八日

〔战争罪犯处理委员会档案〕

16. 远东国际军事法庭关于日军在南京进行大屠杀罪行的判决

(1948年11月4日)①

一九三七年十二月初，当松井所指挥的华中派遣军接近了南京市的时候，百万居民的半数以上及全体中立国的国民——其中除少数留下来以便组织国际安全地区以外——都逃出了南京。中国军队除留下五万左右以便保卫南京外，其余都撤退了。一九三七年十二月十二日夜，当日军猛袭南门时，留下的五万军队中的大部分，就从南京市的北门和西门撤退了。因为中国军队差不多已全部从南京市撤退，或已弃去武器和军服到国际安全地区中避难。所以，一九三七年十二月十三日早晨，当日军进入市区内时，完全没有遭遇抵抗。日本兵云集在市内并且犯下了种种暴行。据目睹者之一说：日本兵完全像一群被放纵的野蛮人似地来污辱这个城市。据目睹者们说：南京市像被捕获的饵食似地落到了日本人的手中；该市不像只是由有组织的战斗所占领的；战胜的日军捕捉他的饵食犯

① 此为远东国际军事法庭的宣判时间。

下了无数的暴行。日军单独的或者以二三人为一个小集团在全市游荡，实行杀人、强奸、抢劫、放火。当时是任何纪律也没有的，许多日军喝得酩酊大醉。日军在街上漫步，一点也未被开罪，并且毫无缘由不分青红皂白的屠杀中国人的男女和小孩，终至在大街小巷都横陈着被害者的尸体。据另外一个证人说：中国人像兔子似的被猎取着，只要看见那个人一动就被枪击。由于这种不分青红皂白的屠杀，在日方占领南京的最初两三天内的期间，至少有一万二千人的非战斗员的中国男女和儿童被害了。

强奸事件很多，不管是被害人或者为了保护她的家族，只要稍微有一点抗拒，经常就得到被杀害的处罚。全城中无论是幼年的少女或老年的妇人，多数都被奸污了。并且在这类强奸中，还有许多变态的和淫虐狂行为的事例。许多妇女在强奸后被杀，还将她们的躯体加以斩断。

在占领后的一个月中，在南京市内发生了二万左右的强奸事件。

日本兵向老百姓抢劫他们所想要的任何东西。据目睹者说：日本兵在街道上唤住没有携带武器的平民，搜查他们的身体，如果搜不出任何值钱的东西，就将其枪杀。无数的住宅和商店被侵入和被抢劫。被抢去的物资用卡车运走。在日本兵抢劫了店铺和仓库以后，经常是放一把火烧掉它，最重要的商店街的太平路被火烧掉，并且市内的商业区一块一块的、一个接着一个的被烧掉了。日本兵竟毫无一点理由的就把平民的住宅也烧掉。这类的放火在数天以后，就像按照着预定的计划似的继续了六个礼拜之久。因此，全市约三分之一都被毁了。

对于一般男子的有组织的大量屠杀，显然是得到了指挥官的许可而实行的。它的藉口是中国兵脱下了军装混入在平民之中。中国平民被集成一群一群的，反绑着手，押运到城外，用机关枪和刺刀集体的被屠杀。据现在所知道的，达到兵役年龄的中国男人，这样被害的达两万人。

德国政府从它的代表者得到报告说："这不是个人的而是整个陆军，即日军本身的残暴和犯罪行为。"在这个报告的后段中，曾形容"日军"就是"兽类的集团"。

在城外的人们比在城内的人稍稍好一点。在南京四周二百华里（约六十六英里）以内的所有村庄，大体上都处于同样的状态。

居民为了躲日本兵，逃到了乡间，在各处他们都组织了难民村。日本人占领了许多这样的村落，对于这些难民也施以像对待南京居民一样的办法。从南京逃出的平民中，有五万七千人被赶上和被拘禁。在拘禁中，他们遭受了饥饿和拷问，以致许多人都死掉了。许多未死的人，又被机关枪和刺刀杀死了。

好些中国兵在城外放下武器投降了。在他们投降后七十二小时内，在长江江岸被机关枪扫射而集体的被屠杀了。这样被屠杀的俘虏达三万人以上。对于这样被屠杀的俘虏，连虚饰的审判都没有实行过。据后来估计，在日军占领后最初六个星期内，南京及其附近被屠杀的平民和俘虏，总数达二十万人以上。这种估计并不夸张，这由掩埋队及其他团体所埋尸体达十五万五千人的事实就可以证明了。根据这些团体的报告说：尸体大多是被反绑着两手的。这个数字还没有将被日军所烧弃了的尸体，投入到长江，或以其他方法处分的人们计算在内。

日本大使馆的馆员是随着陆军的前锋部队一齐进入南京城的。十二月十四日，日本大使馆的某一馆员通知南京国际安全地区委员会说："陆军决心给南京以沉痛的打击，但大使馆正试行缓和其行动。"大使馆员又通知上述委员会的委员说：当占领南京市时，为维持市内秩序，由陆军指挥官所配置的宪兵仅有十七名。这些大使馆员当知道了他们对日军当局的劝告毫不生效时，他们就向外国传教师说：传教师可以试向日本内地泄露出实际情形，并藉此引起舆论的注意，使日本政府会迫于舆论，不得不约束一下日本陆军。

据巴兹博士(Dr.Bates)作证说：南京失陷后在两礼拜半到三礼拜的期间恐怖达于极点，从第六礼拜到第七礼拜的期间恐怖是严重的。

据国际安全地区委员会干事斯麦士(Smythe)说：在最初的六个礼拜中，曾每天提出两次抗议。

松井在十二月十七日以前是留在后方地区的，十七日那天举行了入城式，十二月十八日举行了战死者的慰灵祭。之后，他发表了一个声明，声明中(假惺惺地)说："本人对于遭受战祸的数百万江浙地方无辜民众的损失，实不胜其同情之念。在这样的时候，特别期望中国四万万人民加以反省。"松井在南京市内约停留了一礼拜左右。

当时是大佐的武藤，在一九三七年十一月十日被任为松井的幕僚。他在进攻南京的时期中随同着松井，并参加了占领南京市的入城式。无论是武藤和松井都曾承认，南京失陷后，当他们在后方地区的司令部中的时候，已听到过在南京所犯的暴行。松井承认曾听说过，许多外国政府已对这类暴行提出了抗议。但是，并没有采取任何有效方法来改善这类情形。一位目睹者向本法庭提出了十二月十九日市内商业区燃烧时，松井当时是在南京的证据。这个证人亲自看见在这一天内，仅仅主要的商业街道，就发生了十四件火灾。在松井和武藤进城以后，好几个礼拜中情形也依然没有改变。

在南京的外交团的人们，新闻记者和日本大使馆馆员，都曾报告过南京及其附近所犯暴行的详情。日本派到中国的无任所公使伊藤述史，从一九三七年九月至一九三八年二月是留在上海的。关于日军的行为，他从南京的日本大使馆，外交团人员及新闻记者方面得到了报告，并将报告的大要送给了日本外务大臣广田。广田将这些提供着关于南京所犯暴行的情报、报告及其他许多报告，都转送给陆军省。当时陆军省的次官是梅津。这些报告曾在联络会议中加以讨论。这种会议，总理大臣、陆海军大臣、外务大臣广田、大藏大臣贺屋、参谋总长及军令部总长是照例出席的。

关于暴行的新闻报导曾散布到各地。当时担任朝鲜总督的南(次郎)也承认曾在报纸上看到过这类报导。由于这类不利的报导，以及在世界各国所引起的舆论的压迫，结果使日本政府召回了松井及其部下将校约八十名，但是对于他们没有采取任何处罚的措置。松井在一九三八年三月五日回到日本后，被任命为内阁参议。一九四〇年四月二十九日，由于中日战争中的"功劳"，日本政府还给他叙勋。松井解释他之所以被召还说：他之所以由畑(俊六)接替，并不是为了他的军队在南京犯了暴行，而是他认为他的工作到了南京业已终结，于是希望从陆军中退隐。他至终都没有受到处罚。

日本陆军的野蛮行为是无可原宥的。这并不是最后攻入了一个顽强坚守的阵地因一时照顾不及的军队所为。强奸、放火及杀人，在占领南京后至少有六个礼拜中，在松井和武藤入城后至少有四个礼拜中，一直不断地在大规模的进行着。

一九三八年二月五日，新任南京守备队司令官的天谷少将，在南京日本大使馆中曾对外国的外交团发表声明，对于将南京日人暴行的报告发送各国的外人态度加以斥责，并非难这些外国人是煽动中国人的反日感情。这一天谷少将的声明，反映了日本军部对于某些在华外人的态度，这些外国人对于日本不受任何约束对中国人民实行"膺惩"战的政策是具有敌意的。

〔战争罪犯处理委员会档案〕

（二）日军在华北江南各地的暴行

1. 军委会政治部编“日寇暴行录”

（1938年6月）①

日寇暴行录

上篇　日寇在占领区域内的暴行

（一）屠杀平民

日寇的暴行，第一便是屠杀平民。

每当一个城市沦陷敌手的时候，敌人即藉名搜索我军，按户清查，凡形迹可疑者一概枪杀。搜出一顶军帽，一支警哨，一套童子军服装，一件黄短袄，固然都不免死刑，甚至一本党义，一张爱国文字图画，一件青布衬衫或草绿色衣服，一张南方报纸（在华北地方时）都会构成一桩罪状。

当敌人经过街头巷口时，常常用机关枪扫射居民的房屋以取乐，因此，中流弹而死的平民不计其数。有时在路上碰着平民，更随他高兴，刀刺枪杀，不算什么，弄得街道上尸首狼藉，惨不忍睹。

日寇最痛恨的是智识分子，如大学教授、公务员、新闻记者及青年学生等等，认为这些人都是抗日份子，一概杀死。平津沦陷后，学生数百人的被杀，燕大学生二百人被捕的惨剧，这是任何人所知道的事实，其他秘密被杀的更不计其数。因此，凡是穿着反〔翻〕领衬衫的，梳着西式头发的，穿着中山装、学生装的以至衣装稍为较整齐的人们，都有生命的危险。

当时平津的智识份子，多半化装做难民或是乡下人，逃出北平

① 原件无日期，此系由文内内容推知。

向南边跑去，但通过天津车站这个鬼门关的时候，必须经过日寇严密的检查与盘问，形色稍为张皇或是胆子小些应答不能流利的，都被他们扣留起来。平均每天总有三四十人在被扣留之后，屈死在暴寇的刺刀之下。

日寇其次痛恨的是壮丁，凡是身体健壮的，额上有帽痕的，或掌上有老茧的，剃和尚头的，以及手臂上刺有花纹的人们，都有丧命的资格。这些往往成批成群的被日寇捆载到旷野上，命令他们排成队伍，然后用机枪扫射，射后还细细翻检尸体，如果有受伤而未断气的，再补上几刺刀，结果性命。豫北安阳县陷落后，敌军到城里别开生面，说中国人手腕上刺有黑点者，都是党员的标志，要是有三点者便是三民主义的信徒，一概加以惨杀。

南京失陷后，敌人借口难民区内藏有中国军队，不顾国际信义，冲入区内，把所有的壮丁，捆绑而去，一连十多天，每天总有十几辆卡车满载着难民区里无辜的老百姓向城外驶去，加以种种的虐杀，统计城内城外被敌人屠杀的约有五万人上下。大上海失守后，南市难民区内的数千青年壮丁，也都被日寇非法搜捕，一去不回。

青年妇女不必说，当然也不能幸免，一批一批地被倭寇掳去强奸，奸后还要把肚皮剖开杀死，所受蹂躏，较男子们更厉害、更凄惨。

其他若七八岁的小孩子，五六十岁的老头儿，老太婆，只要是中国人都该死。有一次凤阳的儿童，被杀者百余名，而被迫作娈童的也有数十名，甚至黄口婴孩也被挑在刺刀上肩着走。

做父母的因为敌人奸淫自己的女孩子，上前救护，都给敌人用刺刀刺死。敌人要是在民家搜索不出年青女子的时候，就要迁怒家人，把全家杀掉。

日寇一点礼貌也不讲，在水缸里赤条条的洗澡，在河沟里脱光衣裳钓鱼，像这样不讲礼貌的暴寇，却一定要中国人对他们讲礼节。有一次，在安阳地方，一个乡下人走过一条桥，因为没有朝着敌军的岗兵行礼，就被推落河里，活活淹死。

敌人占领山西平遥的第七天，有四个敌兵到一个汉奸家里去要牌打，后来因为嫌桌子旧，要换新桌子，一句话不合，敌兵咕噜一声，一把刺刀戮上了"顺民"的肚皮。

上面所说的都是我国同胞被害的事实，关于残杀的方法，更是惨无人道，笔难尽述，比较普遍的，除个别枪杀外，则有：

1. 扫射　这是最平常的一种方法。便是把中国人数十数百整批的捆缚起来，架起机关枪来扫毙。

2. 刀刺　随手在街道上用刺刀杀死中国人，已经成为日军的家常便饭。更凶狠的办法是拿大批壮丁、难民的衣服剥光，缚在树上，用刺刀遍身乱穿，有时先把刺刀用火烧红后再刺。

3. 锥刺　刀刺之外有时候还用锥子或针，向人身上乱戮，从眼睛、喉咙到胸口、肚皮，直刺成个鲜血淋淋的血人。

4. 烧死　宝山、闸北、宣城给敌人占领后，许多不及逃出的老百姓统被敌人拘捕了去，把每个人的两只眼睛挖出，然后用火烧死。至于烧死的方法有形形色色，他们通常采用的方法，是把几十个男女老幼关在一间茅屋里，用砖石把屋门顶住，就在外面浇上了汽油，然后放火焚烧，屋里的人透出哭喊的声音，惨不忍闻，而日寇反拍手欢呼，引以为笑乐。南京失陷后，日寇故意在太平路上放过一次大火，火起后，他们用欺骗和强迫的方法，要老百姓赶去抢救，等老百姓到了那边之后，统给日本鬼子捆缚起来，丢在火里，活活烧死了。

5. 毒打　日寇常常将被捉到的我们的同胞反绑或倒挂起来，用鞭子或烧红的火把毒打一顿，弄得你不死不活。

6. 毒死　敌人利用汉奸向难民们贩卖含有毒质的糕饼与食盐，被毒死的人不计其数，死后浑身肿胀，状极可怕。

7. 活埋　日寇占领上海、南京之后，许多苦力和壮丁整批地给敌人赶到空地上，要他们自己挖掘土坑，等到挖好后，强迫他们跳下坑里去，日寇拿着手枪守住坑口，不准一个爬出，随着将一层层的泥土把坑口掩上，将他们活活的埋在里面。

8. 淹死　敌人侵入山东的时候，靠海岸一带的渔民，每天总有几十个人给敌人缚住手脚，抛到海里去。占领南京后，常常把老百姓推下长江，如果看见被推下去的老百姓，还在水面上浮沉挣扎，就干脆的举枪把他打死。

9. 灌死　敌人捉到了他们认为形迹可疑的人，往往把他们倒挂起来，把冷水从鼻孔里灌进去，又用藤条来打个半死。其目的是迫着他们招出关于我们这方面的口供。

10. 撞死　敌人看待我们同胞连鸡犬都不如，他们的军用汽车在街上毫无秩序的故意横冲直撞，把我们的同胞撞死车下，这种事情是天天有得发生的。

此外，还有许多人死在无法形容的毒刑以及令人不能相信的惨酷手段之下。

敌人杀死我们的同胞还不算数，在杀戮的同胞身上，时时再加以尽量的侮辱和戏弄。当日寇攻入济宁的时候，故意要清真回教的同胞杀猪吃肉。有时街上碰着妇女则藉名检查，强迫他们自己脱光衣服，浑身摸索，无所不至。遇着他们酒醉高兴的时候，往往掏出尖刀，在我们老百姓的脸孔上面刻划"亡国奴"三个血淋淋的字。对于暴露在街头的尸体，他们也不肯放松，有时拿玻璃插入肛门，以为儿戏。在沦陷的平津地方，就是在深夜里，他们还不准民家关上大门，为的是便利倭寇随时能够自由闯进，实行胡闹。

（二）焚烧房屋

日寇侵入我们的城市、乡村后，屠杀民众之外，便是放火焚烧与抢劫财物。不管是政府机关、学校、书店、商店、医院、教会、民房、庙宇，也不管房屋里面有没有人躲在那儿，一概是东放一把火，西放一把火，烧它个乾乾净净。有时怕砖瓦不容易燃烧，在房子内外浇灌了许多煤油后再放火。去年冬天的时候，日寇因为怕冷，从未烧尽的屋子里把家具、窗户拆下来烧火取暖。等到火烤好了，跟着又把房子也烧了。他们是不许救火的，任其一连燃烧过去，往往变成漫天大火，许多屋宇都变成了瓦砾场。

我们再将各地被焚毁的惨状，简略的列举几个来证实日寇的暴行：

1. 天津　敌人在去年自七月二十九日起，开始用飞机、大炮向天津市区里猛烈轰炸，轰炸的结果，起了数十处的大火，因为炮火不停，消防队无法出动，只好任其延烧。结果，南开大学、中学市政府、车站及项家胡同一带，全部烧尽。女师学院也被燃烧。这个火头一直燃到地纬路一带，直烧到三十日的早晨，还没有熄灭到了三十一日的早晨，倭寇又向着大胡同一带的建筑物开始轰炸同时留在天津城里的日本浪人，便在河北一带趁火打劫。

2. 上海　敌人动员了海陆空军近三十万，花费了七十几天工夫，牺牲了十几万人的结果，才算勉强占领了上海，因此他们蓄积着满肚皮的忿怒，兽性也格外发作得利害。在闸北所放的火头，连绵七里不断，南市的大火一连五天不能熄灭，站在租界的高房子顶上，可以看见闸北、南市一带，遍满了冲入云霄的浓烟。浦东方面的大小市镇也被焚烧了十五天之久。日寇同时还架起机关枪等在各条路口，向着从火窟里逃出来的难民猛烈扫射，可怜这些难民不被烧死也被扫射而死了。

3. 南京　敌人进城后，到处纵火狂烧，自新街口到中华门以及夫子庙、太平路、中正街、陵园新村一带，除开被敌人占用的房屋外，所有高大建筑、商店、民房等均付之一炬，浓烟烈火，一连烧了三十多天。

4. 广德　敌人初到广德时，还没有露出本来兽性的面目，可是在准备退出的那天，即四城纵火，极力破坏，并且派人远至环城二十里以内的地区，挨户焚烧。广德全城，已成焦土，登城俯瞰，仅有一临风欲倾的天主堂十字架与一残破不堪的宝塔，悄然对峙于无边灾荒的瓦砾中。乡村农家十之八九均为茅屋，火炬一掷，全村瞬刻变为灰烬。农民恋念乡土，亦无钱逃亡，敌军走后，即含痛忍泪，重新搭盖，等到搭盖之后，敌人又重往焚烧，因此，那地方的贫农受祸最惨。

5. 安吉　敌人先后曾到过安吉三次，在第二次和第三次侵入的时候即大肆焚杀，县城附近南乡以及被称为本县精华的递铺，全被焚毁，全县城所残存的房屋，统计起来还不到三十家。损失总在七百万元以上，而人口的损害尚无从计算。

6. 其他各地　杭州的三日大火，无锡的十余天大火，其他若芜湖、常州、镇江、扬州、太原、临汾各地方，无一不被烧成一片焦土，变为死城。

（三）劫掠财物

劫掠财物也是日寇的拿手好戏。或者在放火之前，大肆抢掠，或者是一面放火，一面搜索，有的时候是敌人自己直接动手，沿街按户，到处劫抢，有的时候是间接的指使汉奸们去替他们搜寻。每占一处，那地方的机关、学校、民众等等，总不能免却日寇的劫夺，里面所留存的东西都被运走。有时遇着日寇需要某种东西的时候，往往跑进商店强行劫取。要吃的时候，也是同样的就跑到糖食店、海货店里去随手拿去。至于工厂里的机器，多半给他搬走一空，不搬走的改充军器修理厂。此外，寇兵时时把人家家里的地板、天花板、墙壁扒开，企图发现什么宝贵的东西，如果找不到什么，就恼羞成怒，将门窗及笨重的东西完全给你破坏了事。一家民居、一家商店，经过如此的抢掠，平均总要在十次以上。有时连外侨的财产也难幸免。

我们在一个战死的日本士兵名叫吉田的身上搜到一本日记，在那上面他曾经有着这样一段的记载："今天又吃到了许多的鸡肉、牛肉，像这样不花一个大钱，而天天能够得到这样好的东西吃，真是愉快啊！"这足以证明作为日寇掠夺行为的一个自供了。

敌人抢去的东西，概略说来，有下面那几种：

1. 粮食　日寇远道来此，深入内地，作战所带食粮不多，所以最主要的就是搜劫食物，除了消耗之外，剩下的粮食，在他们退走的时候，常因为携带不便，就把米、面等食物朝水塘里抛，在剩下来的酱缸、酒糟里，丢进一个人头或一只人手，绝不肯剩留丝毫，要使我们的兵士找不到东西吃。这是敌寇在劫夺之外的用心。

最近南京国际救济委员会买了黄豆一百吨，预备救济难民，运到下关时候，竟亦被日寇抢去。这个事实已经为世界的人士所知道了。

2. 家畜　粮食之外，要算家畜最好，猪啊，鸡啊，都搜劫而去。敌兵到民家去捉鸡，还要老百姓恭恭敬敬的送去，半路上鸡逃了，"反抗"的罪名又要加到老百姓的头上。

3. 钱币、首饰　他们对于中国的钱币、金银的首饰和器物，没有一件不要。有一回敌兵从前方被调回一部份，当他们经过上海的时候，一个新闻记者亲眼看见这些寇兵的身上部挂着金戒指四五十只，用绳穿成一串，当做饰物。其他如庙里的铜佛以及难民身上的铜钮扣，都被当做金的东西抢去。

4. 铜、铁　日本国内，铜、铁的产量极少。平时已不够用，遑论战时，因此对于我们民间大小铁器与铜器，都尽量搜刮，运回日本，以资补充。

5. 衣服、被褥　对于我们老百姓的衣服、被褥，检查其中稍为完好一些的都被取去，有时把抢到的皮袍当腰一截，当着短袄披在身上，扬长而去，不以为耻。

6. 书画、古玩　在苏州，在杭州，本来有许多收藏古玩、字画的富户人家，都给敌寇搜劫一空。南浔的嘉业堂藏书楼里的宋、元、明版等珍本，都被一箱一箱的扛了去。杭州浙江大学里的重要图书，也都被运走了。

7. 家具　苏州、无锡等地的人家，比较富裕，他们都备有红木桌椅、紫檀家具，这些贵重的东西，自然要受到日寇的垂涎，他们将细巧的通搬回了日本，但粗笨搬不走的却被摧毁，斫作柴烧。

8. 日用杂物　平民难民身上所带的零碎物件，若香烟、烟嘴、手表、电筒、钢笔及小本子，敌人藉名检查，随手牵羊的拿去。

除开上面所说的财物之外，小孩子、妇女与壮丁也有被敌人掳去的。在上海南市的难民收容所里，我们天真活泼的小同胞，除开吃奶者外，有六百多个完全被运到日本去了。各处年轻的女子成批的给寇兵拖去，强迫她们充当敌人军队里的“随营妓女”，供敌兵发泄兽欲。年轻力壮的壮丁们的大批捉去，更是常有的事实。

（四）奴役人民

在敌人占领区域内来不及逃出来的老百姓们，除开被杀之外，其余的都给任意拉去，派充敌军的伕役，一天到晚做着苦工，不获片刻的休息，稍不如意就被拷打，甚至用惨酷的方法杀死。

敌人奴役我同胞的方法，约有下列的几种。

1. 做运输工作　年青有气力的，都被逼令扛运东西，笨重的弹药箱，抢来的米粮、食盐、木材等都背上了他们的肩头。动作稍为缓慢一些，鞭子、刺刀就会落到他们的身上。

2. 建筑防卫工事　日寇利用我们的百姓来补充他的人力。所有掳去的壮丁，多被编成队伍，送到前线去替敌人挖掘战壕，搭架桥梁，以及修筑公路等事。铁路上有经验的工人，则被迫着赶修铁道，以利敌人的运输。

3. 押赴前线作战　敌人采用“以华制华”的毒计，把俘去的壮丁，编队训练后押往前线，在敌人监督无法逃走之下。强迫他们向我方冲锋作战。要使中国人来杀中国人，真是毒辣不过的手段。

4. 强迫担任向导　日寇因为对于我国的地理不熟，常常拉着我们的老百姓，用枪口押着，替他们做向导，等到目的地到达之后，便把这些向导杀死，以灭其口。

5. 征发食粮　日寇到了一个地方，常常向我们的老百姓强迫指派粮食，每天每家应供给敌军多少，任凭敌人规定。米、面和鱼、肉、蔬菜等，不但代价没有，假使迟延一些，还要遭受种种的威胁。

6. 威迫代找妇女　敌人每到一处，就向我们老百姓们强索妇女去做营妓，以供其兽欲。

7. 掩埋尸体　日本强盗随处杀人，杀了之后，又指派其他未被杀的壮丁前往掩埋和打扫满街遍地的血肉狼藉的尸体。

8. 派充杂役　屠杀未尽而又年老体弱的同胞，就被派充做打杂或做日军的奴仆，当敌人走路疲累的时候，要他们背负枪械，脚趾觉着痒的时候，就令他们给他捏。其他种种侮辱的事情，讲述不尽。要是稍不迎合敌寇的意志，就拳打脚踢，横施虐待。

（五）压榨民众

日寇国内财政的收支，在平时已经是入不敷出，这次侵略中国的结果，更弄得百孔千疮，难以支持。因此想出种种欺骗的方法，在中国的民众身上剥削榨取，来供给他们侵略的费用，用心之毒辣，可谓无以复加。

1. 发行公债　日寇自从在华北、华中抢去广大的土地之后，就实行劫夺华北、华中各地的食盐、煤、铁等矿产，因为缺乏资本，无以开发，由是决定组织公司，发行公债，强迫我国民众购买。

2. 行使伪钞　日寇在华北方面成立了伪联合准备银行，发行伪钞票，强迫我人民使用，以冀扰乱我国金融。因为没有确实的准备金，自然是不会得到人民的欢迎。天津租界里的一般商店及大公司，也都拒绝收用，于是敌人恼羞成怒，遂定出条例，凡旅客携带法币二百元以上者，勒令以一半兑换伪钞，否则立刻没收。在南京方面，敌人强迫老百姓拿中国钞票先买日寇的军用伪票后，可以再用伪票去买他们的必需品，说是价钱非常便宜。结果是伪票到手之后，并不能买到东西，使大家上了个大当。战区里生产停顿，住在里面的人民和逃难的同胞本来就没有多少的储蓄，给敌人这样的剥削，更弄到袋里空空，只好等着饿死。在归绥、包头，敌人强令该两市商民，废止国币，改用伪钞。其他各地方则敌兵从身边拿出来的，有日币，有伪钞，有军用票，随处强迫我们民众使用，老百姓们在敌人的淫威之下，未敢拒绝，明知不能通用，也只好收下来。其苦痛可想而知了。

3. 假造中央票　敌人因为我们中央银行的法币，信用卓著，竟铸印假的中央钞票来欺骗我民众，强迫我民众施用，这种无耻的行为，只有日本强盗才做得出。

4. 敲诈汉奸　河北大名里的汉奸三人，曾受倭寇命令，每人摊派五百块钱，作为犒赏寇军之用，汉奸们做了人家的奴隶，还要受到剥削，想必不是他们自己初料所及的吧！

（六）摧残文化

一个民族的文化，就是一个民族的精神表现。自从抗战以来，我文化方面已发挥着很大的作用和力量，日本强盗看清楚了这点，所以在利用武力侵占我国土地，屠杀我民众之外，对于我国灿烂的文化，想尽种种办法来施以摧残破坏。

1. 破坏文化机关　敌人每次占领一个地方，对于文化机关总是放火焚烧，杭州的之江大学被敌用煤油纵火烧掉，该校图书馆所有重要书籍，则概被运走。至于没有被焚毁的学校，如北平的师大、北大、清华等校的校舍，则都被占去，作为兽军的兵营和办事处。在被占领区域之内，我们的学校完全停顿，而在战区外的学校，亦屡遭受空袭。

2. 封禁报馆、发行伪报　敌人在占领平津之后，对于新闻报纸，如主张正义的《大公报》，《益世报》都被禁止发卖，《申报》记者王研石，《益世报》经理孙宝堂，《新天津报》社长刘中儒等都被敌人逮捕，除王研石已脱险外，其余至今生死不明。此外并设立天津新闻检查所，对于新闻滥施检查。一方面还强行接收报馆，如华北日报馆、北京晨报馆等，完全由敌人派汉奸主持，每天刊登的都是些夸耀日寇胜利的消息，及占领某地某地等谣言，因为没有销路，又去强迫各商店与住民定阅。上海失陷后，《申报》、《大公报》等都被迫停刊，继续存在的《大美晚报》、《导报》等，因系外商经营，幸免检查。他们有时也登载着我军胜利的消息，痛斥暴敌的兽行，在困难的环境下面奋斗着，可是他们却时常受着敌方手榴弹的光顾。

3．实施奴化教育　另一方面对我被占领区域内的青年学生们也不肯丝毫放松。上海、北平、天津各大学的学生为数极少，课程是完全被限制的。中学、小学在平津则强迫开学，教科书则加以删改。在上海租界内各学校勉强维持，但有关抗战的书籍早已不能公开阅读了，甚至几个学生聚合起来唱唱歌都被禁止。北平的某教会大学虽在继续办理，但是操场已改充敌人的军用操场，而学生也临时搬到大陆商场去上课。

（七）侮辱外侨

中国自抗战以来，已经得到国际间的同情，在中国的外国侨民，更进一步，时时出钱出力帮助我们，因此受了日寇的忌恨，视着眼中钉，但是又无可奈何，只得找寻机会，对于外侨施以难堪的侮辱。

去年曾发生过日本飞机扫射英大使许阁森的案件和轰炸美舰巴纳号案，这是人所共晓的事情。现在且再举几件事实来看看日寇的野兽本相。

1．侮辱国旗　国旗是代表整个国家的徽识，文明人对本国国旗固极端崇敬，对别国国旗亦当同样崇敬。但是日寇自侵华战争爆发以来，对于各外国国旗竟任意撕毁践踏，这类事情时常发生，引起了各国的抗议。单在南京一个地方，一个月内对于美国国旗的侮辱事件便发生过十五次之多。

2．抢劫财产　日寇对于欧美各国华侨的人民财产，常常纵容敌兵去抢掠。在上海有英商时希公司存置虹口区内货栈的大批货物，被日寇一连三天，用载重汽车全部抢去。在南京则数次侵入美国教会，抢劫财物，且将房屋放火烧毁。英商赖安仁公司被抢，所有存酒皆被日寇喝得精光。

3. 殴打外侨　在上海方面，今年的三月初，有一个美国记者，步行经过外白渡桥时，因为未向日本哨兵行礼，日本哨兵竟把他嘴里衔的烟斗夺下来，掷在地上。还有一次，一位德国医生偕同朋友在虹桥方面作骑马游玩，碰着一个喝得醉醺醺的兽兵，用刺刀向此德侨头部乱刺，以致眼睛受伤，鼻梁亦流血不止，幸亏有两个警察赶来劝住，这位德侨才算保全性命，可是他的一只眼睛却从此瞎掉了。还有一次，一位美籍女教员经过白利南路时，碰着一个兽兵，想要抢夺她手中所拿的皮包，女教员不肯，并大声叫救，兽兵眼见不能达到目的，遂将女教员连打几个巴掌，把她推倒在烂泥里。公共租界的英籍巡捕，有一次乘着机器脚踏车巡街的时候，因为在日本军用汽车前面停了一下，寇兵说是妨害了他们的运输，把这位巡捕拖到司令部里，打了一顿。其他若沧州、杭州、南京各地，都有类似的事情发生过。

（八）奸淫妇女

在被占领的区域内，成千成万的妇女，下自十二、三岁的黄发幼女，上至五、六十岁的佝偻老妇，被敌人任意加以凌辱、奸淫、虐杀的不知多少。有的被敌人编成队号，迫令为满足兽欲的营妓，在过度轮奸之后，或被割乳挖阴，或被破肠开肚，在种种惨绝人寰的酷刑之下而牺牲的，更不知有了多少。

1. 北平　北平是五百年来我国的文化中心和军事重镇，自二十六年七月二十九日中国军队退出，北平遂成为日寇铁蹄下的践踏物了。日寇进城以后，起初是公开地把北平的妇女整批捉去，以供他们兽欲的发泄。曾经有好几次，趁着下午三、四点钟光景，正是北平东安市场最热闹的时候，敌寇拥到了，把各个大门关上后，即开始搜索，场内青年的妇女，一概被捕，用载重汽车押送而去。这类的事情闹得满城风雨，人心恐慌非常，维持会的汉奸们，深感像这样的事情要是继续不断的发生，不独人心无法维持，就是自己心爱的妻子也有被劫的危险，乃战战兢兢、委曲婉转地向寇首香月提出意见，由他们（汉奸们）设法供给。这样一来，虽然大规模而公开的绑劫减少了一些，可是行路女人的失踪和故意加陷，跑进民家，看见妇女，就指她犯了某种重大嫌疑而将其带走的事件，还时常发生。所有妇女，给他们绑去的，不用说，没有回来的希望了。

2. 安阳　安阳失陷时，日寇是从小西北门进去的，沿小西北门一带的商民全遭惨杀，单是某个挂面馆一店内，就堆积了二十几个死尸。血流满街，腥臭气弥漫着全城。敌人除了在城内肆行烧杀淫掠的暴行外，还不时跑到四郊的乡村去寻找女人，发泄他们的兽欲。有一天，某村董姓家的一个中年妇人同一名雇工，在该村东边田地上折花，有二个日寇从旁经过，一眼看见女人，马上就跑到她面前，将她按倒在地上，强行轮流奸污，女人又是气愤，又是害羞，无论如何的挣扎，也逃不出这群魔鬼的蹂躏，只得用折下的花朵掩了脸，任凭着恶运的支配。日寇轮奸多时，还觉不足，又把雇工的衣服剥光，抬在女人的身上，强迫玩弄，那些兽兵站在一旁，拍手大笑尽兴而去。

3. 广德　安徽的广德，在过去四十四天的沦陷期间，不但城内没有一间完整的房屋，即四郊十公里内的庐舍、草木亦全化为灰烬。中央社记者曾在敌军退出后进城视察，见城内除我们的游击队外，已无居民，破瓦颓垣，断胫残肢，到处皆是。尤其令人不忍看的，就是尚有未掩埋的我被害女同胞，模糊的两股中间各插有尺许的木桩一枝。沦为敌军司令部的孙正和北号门板上，有一个被敌人钉毙的裸体妇女，两乳全被挖掉了，颈部、阴部满是斑斑血点，两股间也插有一根木桩。

4. 南京　有一位在南京目击倭寇暴行的德籍某君，写给他友人的信中说："南京被夺去的时候，日寇除了屠杀壮丁、焚毁房屋外，就是搜捕妇女以发泄他们的兽欲，凡妇女不顺从他们的兽行者，日寇马上把她们钉死在墙上，剖腹示众，或者用尖木棍深深地刺入两腿中间，抛弃在街上，令其他妇女知所畏惧，以便无抵抗的发泄他们的兽欲。在日寇住的地方，妇女必须裸体仰卧在那里，盖上薄毯，随时供应他们的蹂躏，直到把她们蹂躏到不能蹂躏时，就把她们丢在街上听凭她们在宛转呼号中送掉了性命。有很多被强奸的幼女，在被奸的一两天之后便死掉了。”

至于苏州、无锡、上海那些江南富裕而素称出美女的地方，所受他们的蹂躏，更加厉害。上海有孕妇被敌人迫使翻斤斗而致死的，尤其是别开生面的暴虐。

下篇：日寇加于阵地及我们后方的暴行

在上一篇里，我们简要的把敌寇对于占领区域的暴行说了许多，现在我们继续着来叙述敌人在阵地上加于伪满军队的猜忌和虐待，对于反对战争的自己军人的毒辣手段，以及加在我们后方的各方面的轰炸和虐杀。

(一) 压迫反战运动

日寇发动这一回的侵略战争，驱使几十万安居乐业的民众来到中国战场送死，无非是为着满足他们国内极少数的军阀们贪婪的欲望。这不但是早为我们所知道，经过了将近一年的战争，日本的一般国民也渐渐地觉悟到了。

五月四日香港报根据某外国人的消息，登载有下面这样个的事实：日本国内反战情绪极为高涨，有许多不愿应征的士兵，只有走上自杀的一条路上去。最近有一家人家，妻子死了，剩下两个儿女，全靠父亲自己抚养，这一回政府征兵征到他们的父亲头上来，他因为两个儿女没人照顾，而请求官厅替他收养，又被拒绝，他非常失望，便把一对儿女处死之后自杀了。像这样因为厌恶战争而出于自杀的事情，几乎每日都有好几起。

五月十一号的东京电报，日本反对侵略战争的民众，被日本警察逮捕的达五千余人，其中少将军官及各级军官有二十二名，这些军官都受死刑的判决，在“卖国贼”的罪名之下送掉了他们的性命，这个数目是多么可观啊！不过这还是日本政府所愿意发表的数字，实在的数目，到底有多少，我们虽不得而知，恐怕总是十百倍于这个数目吧。

在国内他们政府是这样的对付他们的反战民众，既被征发而且运到中国战场之后的士兵，日本军阀是怎样的对待他们的呢。无疑的，在战场上的日本反战士兵，为着他们有了武装，他们可以利用握在他们手中的武器对付他们的军阀，来达到他们的反战目的，他们也可以携带武器投降到我们这边来，更可以很便利的实行自杀。在献桥作战的时候，日本骑兵少尉掘冈武一的携械投降，就是一个有力的证据。关于自杀的案件，单就敌酋畑俊六的自供，在华南方面已经发生过一千多起，全部统计起来，更是可惊的一个数目。在最近的香港电讯中，我们知道，在六月四号那天，上海方面有四个日本兵企图叛变，在南京路东亚旅馆第三百十二号的房间里被日本当局逮捕，即刻遭了枪决。在被逮捕被枪决和自杀、投降之外，被他们军阀所发觉，施以种种拷打和强迫招认的案件更是很多。在四月二十一那天，上海敌军法庭判决反战官兵，执行枪决的有二十一名，他们被枪决之后，行文东京政府，把他的家属监视起来，时时加以拷问，使得死者的家属，不但不能够稍为表示悲伤的情感，而且还要他们具悔过书，供认埋怨死者思想的不正确和叛逆无道。

（二）虐待伪军

伪满军队是被驱迫到关内来作战的，到底中国人仍旧是中国人，所以日寇对于伪军并不信任，伪军里头都夹杂有日本的军官，用以监督伪军的思想及行动，要是伪军稍有一些怀疑，就把他们缴械枪毙。

山东省日照县沦陷后，先进城的伪满军，不忍随便杀害老百姓，给敌方军官看见，觉得可疑，于是强令数十名伪军和被捕的乡民都拿刀对斗，使他们自相残杀，日寇军官则坐在旁边喝酒为乐。

三月初，敌军在风陵渡被我俘虏了一连人，里面仅有四个日本军官，其余都是我们的东北同胞，可是都是哑子，不会讲话，后来方知道是被敌人骗他们吃了一种哑药或强打哑针所致。

我们只要看一看近来伪军反正事实的不断发生（伪军慕兴亚部的反正是最显著的），就可以晓得这是寇军压迫他们、虐待他们的日益剧烈的反证。

（三）屠杀俘虏及伤兵

日寇对于我国人民的种种残杀淫掠行为，可谓穷凶极恶，惨绝人寰。他们对于俘虏、伤兵更是无所容赦，绝不给他们有一个幸免的机会，绝对没有信义和公法可言。他们认为俘虏、伤兵都是中国的武装力量，因此，他们憎恨的心理更加强烈，而对付的方法更是残忍。

在二月间青岛陷落的时候，我们来不及退出的士兵、警察三千多人，都成了日寇的俘虏。首先他们将这一般俘虏，各别在几个暗黑的屋子里。在那些屋子里，不但躺的地方没有，连站脚的地方也没有，既不给你吃喝，又不准你出外便溺，在寒冷的北地的二月天里，整整地关了一天。第二天的清早，寇兵就把他们拖出，集合在一个操场上，要他们排成一队，队的头尾由寇兵守住，经过一度报数之后，便用着三架机关枪扫射，杀得一个不留。扫射之后又经过一次检查，检查的结果，其中还有没断气的，再用刺刀补上几刀，结果了他们的生命。

在去年十二月十二日，南京陷落后，留在南京医院里来不及运走的残废官兵，都分别躲在平民家里以避日寇的耳目。日寇攻入南京之后，每日分派兽兵到处搜捕伤兵，并且下令准其兽兵拿人请赏，凡捕获排长一名者奖五十元，连长二百元，营长五百元，团长以上则赏以重金，每日失踪及被捕者百数十人。甚至受伤残废的平民，都当做伤兵加以逮捕。他们把这些伤兵通通押送到我们从前的军政部而今成为敌军司令部里，在部里原先有一个庞大的草场，敌兵预先制好的木的十字架几十个，遍插在场的四周，把被捕获的我们受伤的官兵所穿的红十字衣服剥光，勒悬在木的十字架上，然后派敌兵持长枪站在相当距离的地方，先试射三枪，不死的就用刺刀猛刺，或是乱割至死。伤兵补上一枪省得运送的麻烦，何况是对待我国的同胞呢？

（四）施用毒气

数十年来敌寇惯用的毒化政策，最普遍的是贩卖鸦片，他打算把我们同胞每个人都给你染上烟瘾，好任他们宰割。敌人在东北、平津所用的毒化政策，已经暴露在全世界人士的耳目之中了。南京陷落之后，太平路上陈设的烟榻，更是无可掩饰的事实。可是，敌寇还觉得用鸦片政策来消灭我们种族的方法来得太缓，时常还利用无耻的汉奸在水井里或是在贩卖的食物里施放毒物，图以毒死我们的同胞。可是，敌寇还觉得这种毒杀范围有限，还不能够满足他们的兽性，趁着这次战争的时期，把大批的毒菌弹、毒气弹运来中国，企图在极短的时期，消灭尽我们的同胞。

在上海抗战时期，租界上发觉敌人利用汉奸、小贩把毒物掺入食物的事情。几几乎每天都有好多起，被毒死的也很不少。最近沿着长江各镇，发现大批含有毒素、味带辛辣的食盐甚多，据调查结果，知道是敌寇在我们芜湖的盐仓里撒放毒质后，用兵舰运到沿江各镇，把价格贬得特别便宜，以饵一般民众，再由汉奸辗转运到上游各市兜售。这种毒辣政策，在被发觉之前，受害者不计其数。

中央社从亳县五月二十三日发出的电讯中，说是我军某部在萧县东南张二庄一带和敌人激战数日，予敌重创，后来因为敌人使用催泪瓦斯弹，以致我方略有伤亡。其他晋西、豫东各战场的部队，时时都有同样的报告。再从前方负伤归来的战士们的伤痕上，也明明白白指明了敌人采用了达姆毒弹。这是铁一般的事实，足以证明敌人的暴行。还有，我们在台儿庄大胜利中，卤获了许多敌寇的战利品，目前一部份是陈列在武昌市商会的战利品展览会中，在这些战利品中间，陈列着许多各种各色敌人所使的毒弹，在各个弹壳的铁皮上是明明白白地刻上日本的文字的。

（五）轰炸无设防区域

敌人在占领区域内，固然是恣意施展他们的兽行，发泄他们的兽欲，而对于尚未占领的地方，便用飞机轰炸的方法来到处乱丢炸弹或用机关枪扫射，日本飞机不仅以我军事机关为轰炸的目标，即对于我非战斗员及无设防的城市亦横加摧毁。

当大上海沦陷后，敌人便派出大队轰炸机，向素以天堂著称的苏州轰炸，一连几天，从清晨以至深夜，敌机分批轮流向城内城外乱丢炸弹，每日至少在百枚以上，有一次，竟投了七百余枚，人民死伤的数目简直无法统计。

郑州在三月中曾被敌机光顾，施以狂炸。以前，虽常有敌机飞来侦察，并未投弹，所以，这次大家都没有戒备，以致受了很大的损失，无辜的平民死伤得不少（火车站的票房也给炸得七穿八洞，旅行社招待所对面的机厂炸毁了，招待所左右的房子都炸成了一堆破砖碎瓦，其他若邮政局、中国旅行社、华安饭店都完全坍倒，死伤了几百人）。自从那次以后，大家都昼伏夜出，白天在街道买不到东西，一切机关、银行、商店都改在晚上六时以后方开始活动。最近五月十三日敌机又第二次光顾，清晨六时有敌机十二架侵入，投弹二三十枚，又用机枪先后扫射三次，然后飞去。不料不到半小时，敌机突又折回，于是轰炸爆裂声、房屋倒坍声又轰然大作，结果以北门内外被炸得最厉害，附近三、四里内，烟焰弥漫，焦头烂额、断股残臂的惨死平民遍陈于血泊烈火中。

自入抗战第二期后，徐州在军事关系上更显重要，故敌机时常去投掷炸弹。五月十四日，敌机五十四架自晨六时起，至下午六时止，更番不断地轰炸，投弹目标完全集中于徐州城市，一共丢了大小烧夷弹二百八十余枚。那一天因竟日警报、施救困难、以致死伤平民七、八百人，焚毁房屋达三千间，投弹延烧区域为大同街、六安街、卧佛寺等一带地方，徐州中学、铜山师范、徐女师、徐报社、省民教馆、电灯公司、电话局、电报局、交通银行、花园饭店、三阳医院、法国天主堂均被炸毁。宏裕桥门前及卧佛寺一带之贫民窟五、六百家，亦尽罹浩劫。轰炸之惨，延烧之广，实为徐州遭空袭以来之第一次。

最近十几天以来，敌机又轮流轰炸广州，每日死伤人数都有二千以上，房屋塌毁焚烧，亦在数千。在南国六月天的现在，已经酷热非常，通衢大巷的瓦砾颓垣之下，而来不及发掘的残尸支骸，多已臭烂，在惨目惊心的市区里，到处腥臭迫人，蝇蚋聚嘬，凄惨的形状，实非笔墨所能形容于万一。

此外，若汉口、武昌、西安、长沙、桂林各地，敌机无不时来光顾，乱抛炸弹。若将各处被炸情形一一详细记述下来，可以成为厚厚的一本书，上面所记各地的被炸情形，不过是其中一小部份罢了。

（六）轰炸文化机关

文化是一个民族的生命，在我们中华民族的四千年的历史上，有过汉、唐的强盛，都是靠着当时文化凌驾诸国之上的缘故。欧美的强盛，就是代表欧美文化的进步，就是战争上所用的枪炮子弹，那一个不是文化的结晶品。敌寇看透了这一点，在屠杀、施毒等等现实的暴行之外，蓄意摧毁我们的文化机关，使得我们子子孙孙永远做日寇的奴隶，没有翻身的日子。

敌寇夺去朝鲜、台湾之后，在朝鲜、台湾施行种种奴隶教育，不准朝鲜、台湾的人民谈他本国的历史，强迫他们学习日本的语言文字，使他们逐渐忘记了自己的祖国。在东北四省占领之后，日寇也同样的施行这种的手段。据报纸的记载：这次平陆被占领之后，当地教员、学生被敌人活埋的有三百多人。

上海抗战的期间里，战区附近的学校和文化机关，被敌人轰炸破坏的有十四个大学，损失达七百万元，中学二十七间，损失达二百多万元，小学四十四间，损失达三十万元左右，其他八个文化机关，损失一百八十六万元以上。这单就上海一市而论，此外如天津的南开大学、女子高师，长沙的湖南大学，厦门的厦门大学，其他各省各 市的大学、中学、小学，受害的不胜枚举。最近这十几天的轰炸广州，纪念总理为革命精神中心的中山大学也遭了猛烈的破坏。

教会和外国人所办的学校，也在敌寇忌恨之内，六月八号那天，广东岭南大学的被炸是一个绝好的事实。

（七）轰炸慈善机关及红十字会

国际间曾有共同的规约：无论任何战争，对于慈善机关不得侵害毁坏，对于红十字会人员及其救护队，更不准伤害或阻挠其工作。但是残暴成性的日寇是蔑视这种规约的。在战线上如果碰着红十字会救护队，不特要阻挠他们的工作，并且还要将这批在枪林弹雨中冒险作救护工作的队员们，加以逮捕，甚至杀死。对于慈善机关若天主堂、孤儿院与难民收容所等，亦皆毫无顾忌的滥施轰炸。下面且将嘉兴、郑州及徐州方面的被炸情形写出来作为例证罢。

嘉兴的天主堂在中山纪念堂附近，是一所很高大很富丽的罗马式的建筑，一个礼堂可以容一千多人，礼堂前有二砖砌高柱，矗插天空，上面挂了两大幅意大利国旗，人们都以为这是嘉兴的一个比较安全的地方，有许多人避难在这里面。不意去年十月八日，敌机竟向这些座天主堂投下炸弹十余枚，炸得天主堂仅仅剩了那个挂着意国国旗的高柱，其余一切建筑都毁了，避难的人都遭了殃。天主堂的右侧有一个收容嘉兴孤儿的仁爱堂也被轰炸，有七十多个孤儿都惨死了。另外一位带领孤儿的法籍神父也被炸死了。附近一座插着红十字旗的医院也被炸毁，死伤了无数的病人。

最近徐州站东之美国长老会的马可福音堂，被敌机于五月十一日前往连炸三次，该堂面积七亩，所有石基、礼堂、教友住宅及围墙均全部震塌，堂中之陈设及图书亦被烧毁。

五月十三日，敌机空袭郑州，美国设立之华美医院及意国天主教堂皆成为投弹的目标，计华美医院周围落七弹，毁房两间，死伤难民十余人，意教堂共中十五弹，全堂尽毁，伤二人。

广州的法国医院也在六月六日那天，遭了敌机的光降，该院全部房屋被毁，病人死伤极多。

（八）轰炸难民

战区的可怜的老百姓们，因为给敌人占领了他们的家乡，职业去掉了，生活失了保障，父母妻子，备受敌人奸淫残杀，仓皇逃避到他乡去做难民，这种景况已经是够凄惨的了，可是万恶的敌人似乎觉得对待他们还不够残酷，常常派出许多飞机去尾追轰炸。

上海未失守之前，许多从杨树浦、虹口、闸北等战区逃出来的人们，有一部份聚集在南站上等车，敌机飞来了，朝着正在焦闷地等车的几百个难民堆里，疯狂似的丢了十几枚炸弹，接着又低飞用机枪扫射，直炸得血肉横飞，始满意地悠然飞去。

距离南京一百八十里的芜湖自去年十二月四日起开始，被敌机投弹轰炸，英商德和轮船就是在那天炸沉的，船上的许多逃难的人不被炸死，也被淹死了。

在近常熟的一条小河里，曾经有人发现过四五十具的浮尸，河水已完全变成红色，河边还横七竖八地躺着一百多个死尸，那是一批难民逃难时，路过此处被敌机炸死的。

类似的惨剧，几乎没有一处没有，没有一天不在演着。同胞们，千万不要忘记这个民族大仇啊！

〔军事委员会政治部档案〕

2. 王修身关于岳阳城内日军暴行等情密电

(1939年2月11日)

重庆委员长蒋：积密。据报：一、据岳阳逃出难民谈，岳阳城内男女青年被敌残杀两千余名，妇女因奸而死者八百余人，十二岁至五十岁妇女无一幸免，在岳民众均被打毒针。二、岳阳刻驻敌八、九百人，炮十余门，轻重机关枪约卅挺，坦克车四辆。三、白螺矶刻驻敌七、八百人，汽艇五、六十只，城陵矶驻敌五百余人、汽艇百余只。四、应城又由汉口增到敌人约千名，炮□门，并有汽车卅余辆、坦克车十余辆。五、京山、皂市之敌无变化。职王修身。真酉。警参。印。

〔国民政府国防部史政局及战史会档案〕

3. 卫立煌关于日军在豫拉伕勒索破坏金融情形密电

(1939年3月9日)

重庆参谋总长何：谨将豫敌在占领区域内强迫征款征人，及破坏我方金融情形，汇呈如次：甲、征款。一、元月，邯郸敌按每两丁银征洋二元。二、二月，汴敌利用汉奸，调查富户及大商家，勒借款项不遂，即毒打或枪毙。三、俭日，詹店敌召集保甲长开会，令筹洋三千元，修筑铁路、公路。四、沁阳敌每月强迫每保捐洋十元。五、三月冬未，沁阳敌小田召集保长开会，规定每亩地每月征洋六元。六、冬日，博爱敌因强征款项多未缴齐，羁押商民甚多。乙、征人。一、元月，伪安阳新民会强选青年二十余名，送往北平受训。二、二月庚日，淮阳敌掳幼女十余名，运送开封。三、汴敌强征民伕七、八千，修筑三刘寨河堤。四、巧日，詹店敌勒令每保派壮丁二百名，赶修詹店以北铁路及通木乐店公路。五、敬日，詹店敌迫令每保选送青年妇女二十五名，成立军乐队，嗣经民众跪请，改为每保八名，其余十七名每名缴洋四百元。六、据报有日新乡敌井关令汲、淇、辉等县征壮丁一万二千人，限三日缴齐。七、沁阳敌迫令每保每月派伕一名。八、三月征日，沁阳敌限令崇义、西向、柏香等处，各选送壮丁二十名备用。丙、破坏金融。一、二月东日，获嘉敌召集沿道清线各保长开会，将以伪准备银行钞票五十万元，在获嘉成立兑换处，专兑我方法币，江日即运到伪钞二十万元，开始兑换。二、真日，新乡敌成立伪准备银行，以九折收买我法币，并布告限三月东日禁用我法币。三、铣日，焦作敌由新乡伪银行运到伪钞二万元，并宣布我法币暂按九折兑换，号日以后，即按六折兑换。四、皓日，安阳敌极力推行伪钞，我中央银行法币，民众不敢使用，其他各银行法币，亦不敢公开使用，且须贴水。五、感日，沁敌布告，自三月冬日起，我中央法币一律作废。六、俭日，博爱敌令伪县府以伪钞强迫收买我四行法币，按九折兑换。除已饬各部加强政工力量，揭破其阴谋外，谨闻。洛。卫立煌。佳未。勇。印。

〔国民政府国防部史政局及战史会档案〕

4. 罗卓英关于日军在庐山尽性屠杀民众等情密电

(1939年4月30日)

急。渝。委员长蒋：玉密。据杨遇春敬电称：(一)据确报，此次敌攻庐山，伤亡官兵一千六百余，敌大久保联队长筱日在土坝岭被我击毙。(二)庐山失陷后，倭寇尽性屠杀二千余，闻法国教士罗德功后被敌杀毙。等情。谨闻。罗卓英。卅巳。森。印。

〔国民政府国防部史政局及战史会档案〕

5. 汤恩伯关于随枣日军败退沿途烧杀奸淫等情密电

(1939年5月28日)

特急。重庆委员长蒋：玉密。据十三军张军长有酉电称：万和店、山头店、沙河店、合河、新城等沿途村镇被敌烧掠一空，难民状极可悯，恳祈设法救济。二、我落伍伤病兵全被杀戮，暴尸路旁，臭气熏天，已令地方负责掩埋。三、闻新城、王老庄各有六、七十岁之老妪被敌轮奸后枪杀，并未能逃走之老人，二、三两区共六十余人均被惨杀，尚有被铡三段及被刮皮者，残敌兽行，无不发指。四、据各处报告之综合，证实经天河口、沙河店、新城北犯之敌，骑兵在五千以上，步兵约七千余，战车约六、七十辆，炮约二十门，敌死尸者已焚者千余具，马死七十余匹，战车毁毁八辆。谨闻。等语。谨闻。职汤恩伯。俭未。参二。印。

〔国民政府国防部史政局及战史会档案〕

6．叶剑英转报日军决开沙河滹沱河冀中七县民众淹毙惨状致陈诚密电

（1939年7月25日）

部长陈钧鉴：谨将朱、彭总副司令马电译抄鉴核，附抄电一件（因字迹不清，请代抄一份做为参考）。职叶剑英谨呈。七月廿五日。

部长陈钧鉴：顷接吕司令正操筱□□称：冀中敌寇企图灭亡我抗战军民及破坏我国民经济乃非一日，际兹雨□，竟在安平、安国间之流罗附近挖掘沙河、滹沱河之堤岸多处，现安平、饶阳、博野、蠡县、任邱、高阳、河间等县已成泽国，人民、牲畜淹毙者不计其数，所有屋舍多已倒塌，田禾几淹没殆尽，为状极惨。等情。职等已电令该司令积极设法抢救灾民，并向民众作广泛之宣传，揭破敌寇之残暴行为，提高民众之抗敌情绪。谨此报呈，并请拨款救济，以慰民望而利抗战。是否有当，伏乞鉴核祇遵。职朱德、彭德怀叩。马辰。

〔国民政府国防部史政局及战史会档案〕

7. 第三十三集团军关于日军在江南各地暴行统计表①

(1939年9月)

第三十二集团军江南战场九月份上半月当面敌军对强占地之阴谋暴行概见表

区分：阴谋暴行

一般的：

(一) 利用汉奸四处收买粮食，以作军粮或运回敌国。

(二) 常利用茶社集合民众作荒谬宣传，企图消逝民族意识。

(三) 各处训练壮丁，企用我人力达以华制华之毒计。

(四) 现拟至各处设立丝行，收蛾收茧。

(五) 对各地名〔民〕众隙〔？〕施小惠，以遂其怀柔政策。

分见的：

(一) 武进东门外水门桥被我炸毁，敌迁怒民众，焚毁附近民房数间，并枪杀数人。

(二) 卜弋敌被我袭击，迁怒民众未与报信，卒枪杀数人。

(三) 管文蔚部士兵七名在河渎被敌捕去，于孟河用钉在门上活活钉死。

(四) 丹阳敌前在西门外捕乡民六人，旋带至北门外惨杀。

(五) 丹阳敌产业合作社现运到大批日本辅币。

(六) 丹阳敌转运社前收我小麦万三千余包运沪，现犹收买中。

(七) 金坛属之南洲村民房八十余间被敌拆毁，所有砖瓦、木

---

① 原件系表格式。

料运往城中构筑工事和营房，并勒令伪县长封存北门外各村柴草。

（八）金坛敌将前日甓桥之役俘我士兵五名，在大南门外东下坵，用刺刀刺死，状极惨酷。

（九）金坛敌现于南门外设壮丁训练所。

（十）溧水敌常对民众作种种荒谬宣传，并发赈米、扇子、火柴等，企收揽民心。

（十一）溧 水 敌赤尾队长前在乌山一带向我民众宣传中日为兄弟之邦，自应携手。又上月马日，每人给盐米并法币一元。

（十二）敌近在土山分批训练壮丁。

（十三）柘塘敌前出发至曾村时，打死小孩六，并捕去九人。

（十四）高淳敌支日召民众开会，到会者每人给铜元千文，以遂怀柔毒计。

附记：

一、本表仅就各部队报部敌阴谋暴行之显著者摘汇。

二、本表续上月份表调制。

第三十二集团军江南战场九月份下半月当面敌军对强占地阴谋暴行概见表　十月二日参二课调制

区分：阴谋暴行

一般的：

（一）在各据点附近村镇散发荒谬传单，并作口头宣传，期麻醉我民众。

（二）勒令各伪乡保长征训壮丁，并征收各种捐款。

（三）大量收买稻米，并倾销仇货。

（四）破坏我法币信用，降低法币价格。

分见的：

（一）前皇敌强拉民伕，拆除该镇杨氏宋祠，将砖瓦移作防御工事之用。

（二）丹阳敌在城内抽壮丁五百名，编组自卫团。

（三）金坛前到新兵七八百名，均系我东北壮丁。

（四）金坛敌将全城典当铺内铜、锡百余石完全收去。

（五）金、丹敌雇去民伕百五十名开青岛，用途不明。

（六）金坛敌近设营业部，收买米、粮甚多。

（七）武进敌以我军曾在东载桥毁敌汽车，迁怒当地民众，卒烧毁该处民房数百间，枪杀民众百余人。

（八）镇江面粉厂现完全为敌方占有。又该地煤油商须向敌洋行缴纳佣金，否则勒令歇业。

（九）高淳敌将各商店铜元悉数收集，存放县府粮柜，令居民以法币一元换铜元五千，图吸收我法币，并买好民心。

（十）高淳敌遍贴布告招民众回城，回城者给铜元百枚，并迫令各商店营业。

附记

（一）本表系各部报部敌阴谋暴行之显著摘录之。

（二）本表续上半月份表调制。

〔国民政府国防部史政局及战史会档案〕

8. 日军在湖南桃林滥杀无辜威逼乡民充其耳目的布告

（1941年2月21日）

敌军到了什么地方的时候，当地住民如果不即刻报告宣抚班（晚上也是一样），则将其房子烧却，住民不分男女一律射杀。这意思本部早已布告了，可是昨天夜里（二月十日），敌军一百多人，潜入第七保（视田、张家二屋、方家）企图蠢动，该地住民一个都没有来桃林报告，以致皇军英勇将士二位负伤，所以良民射杀，房子烧却。以后望各位父老昆季们，理解皇军旨意，不要害怕敌军，为皇军做耳目，赶快的报告，以便跟踪追剿，并且给以重重的报酬。大家要想一想，皇军来桃林已经数年了，对于真正良民是切实保护的，对于阻挠和平的游击与蒋军，是彻底歼灭的。望大家不要听游匪虚伪宣传，隐匿敌情，致受惩治。切切此布。

昭和十六年二月十一日

警备队长
桃林
宣抚班长

〔赈济委员会档案〕

9. 第四战区桂柳会战中日军暴行纪实①

(1944年10月)

敌寇暴行：

(1) 卅三年十月四日，金鸡乡被敌侵扰，乡属各村房屋被焚毁一空。同月十四日，联平村被焚毁房屋八十余间，村民被杀害四百余，猪牛被宰五百余，粮食、谷米损失无法统计。

(2) 卅三年十月五、六两日，敌在三达乡枪杀民众十余。同月十五、六两日，金鸡乡之盘利，石道村、古秀村、鸭塘、白藤一带，被搜索山林及村庄，掳去妇女奸淫，枪杀壮丁、儿童，计无辜被杀害尸骸遍野。伤心哉，寇军之残无人道。

(3) 卅三年十月十三日，敌寇万余，马八百余，途过麦横村，无辜杀害该村村民男女共一百人，财物被掳掠一空，情景凄凉。敌寇之暴行，诚属令人发指，胥非笔墨所能形容于万一。

(4) 卅三年十月六日，敌寇一部到达石咀、瑶新、古斋等村驻

① 此件摘自《第四战区抗战纪实续编》。

扎。十月十八日，至天平乡各村搜刮物资，庐舍为圩，民众流离失所，无家可归，穴居山林田野，敌犹时出惊扰，一见人民无论男女老幼，无不惨遭射杀，遇妇女被其掳去，每每轮奸至死。敌寇之无人性，由其种种暴行暴露无余矣。

〔国民政府国防部史政局及战史会档案〕

10. 谢恬英谢恬杰为第二十九军军医处长谢振平遭日军虐杀等情致蒋介石呈

(1945年12月15日)[①]

窃民叔父谢振平，字存冈，前廿九军军医处长，于秦市长德纯任内转任北平市卫生局长。于任内适逢七七变起，原已奉令随军撤退，嗣又奉宋军长哲元、张市长自忠两长官急谕，留乎〔平〕照顾东四牌楼六条胡同卫戍医院内芦沟桥作战受伤官兵八百余人，并嘱俟该伤员等得有妥善救护安置后，再行南下随军工作，因之未能随军同时撤退。不意廿九军七月廿九日撤退后，八月八日日军即进驻市内，暴日驱豺狼之师，骄狠暴戾，肆逞凶威，更大事搜捕我方工作人员，以泄积恨。叔父因在廿九军历史较久，并因历年追随宋军长从事察北、察东、喜峰口等战役关系，久已为日寇所嫉视，复因在七七事变前夕，昼夜督率卫生局所属员役及清道夫等在市内挖掘战壕，堆筑堡垒，并联合北平中央防疫处，筹措市民防空、防毒器材，更向军部索得武器一批，拟必要时分发卫生警及清道夫等，协助当局，维护治安，准备巷战等工作，更深为一般汉奸及日人所痛恨。故日军入城后，即首先四布奸探，设法搜捕，适八月十五日夜十一时，民叔父正在北新桥大头二号召开廿九军留平高级干部军事会议时（忆当时出席者有廿九军军部俞副官长睿明，冀察绥靖公署徐教

① 此系收文时间。

育处长菊航等），为汉奸探悉，乃报由日本宪兵队前往逮捕。因事出仓促，民叔父为救护其他与会人员计，乃令彼等越后墙逃逸，自己亲开前门应名就逮。当被带至东交民巷日本宪兵队，翌日晨后到家中严行搜查，重要财物，悉被劫去，并将大门封闭。其后日本宪兵队在东城煤碴胡同设立分队，民叔父又被移禁煤碴胡同。其初尚准许家属递送衣物，两月后该宪兵等即谓并无此人。嗣后查据北平西河沿振声饭店经理金良铎称：曾与民叔父在煤碴胡同宪兵队被拘一室，目睹民叔父日日惨遭日人非刑拷打，灌凉水，卧钉床，电烙，过电等酷刑，每次过堂完毕均因受刑不过，神志昏迷，不省人事，致民叔父混身血渍淋淋，皮肉臃肿溃烂，竟不能穿着衣物。更有一次自上午九时提出审讯，直至翌日午后四时始被抬回，因受刑不过，气绝竟达三小时之久。终致受刑过甚，损及内脏，而致咯血。然暴日非但不予医疗，反日仅给以些许干腐米糊果腹，并停给饮水。而民叔父始终抗敌不屈，坚拒吐露任何口供，日人无奈，乃于病中在午夜时分扯至后院杀戮，并以汽车运出城外，消尸灭迹，时当在廿六年十月中旬也。日本投降后，民等亟谋查找真象，乃急自大后方飞平，终因年代较久，各方亦已诸多变迁，非但当时人证无从面质，即当时案卷亦甚难稽考。唯据振声饭店经理金良铎称：当时该煤碴胡同宪兵队长为赤藤，主管该案者为特务班长汐海茂，军曹松浦及西村铃木、足笠等，彼等性极惨暴，尤以汐海茂为最，因彼居平多年，对于我国情形均甚熟习，闻当时伪组织官吏，均系汐海茂一人荐用。彼等毫无人性，共同对民叔父虐待，集体拷打，行刑，杀害，尤非民叔父一人如此，为彼等虐杀之我党政军首恼〔脑〕及无辜同胞，实不可以数计。闻汐海茂后调济南宪兵队，又调开封宪兵队，直至日本投降时尚任职开封。足笠则仍在北平，其余松浦、赤藤、铃木等则不悉现在何处。又据前《民国日报》经理邓方中称：当时亦曾与民叔父同居一室，据云当时该宪兵队翻译为韩人朴青山（朴读漂），曾于问案时担任翻译，该朴某任职该宪兵队为时甚久，其后调西单宪兵分队，曾与一中国女子结婚，住西单舍饭寺十六号，与当地花园饭店及附近住户均甚熟习，人称朴翻译。当赴舍饭寺查问，据云业于一年前迁移，至迁移何地则不□悉，但悉该朴某现尚在平，因据花园饭店伙友李某称，前数日（当在三十四年十一月末旬）尚在街上与朴某晤面也。

又民叔父曾以历年薪俸积蓄，分于廿六年三月十四日存入前门外聚义银号国币伍千元，廿六年六月七日存入打磨厂义聚银号国币伍千一百元。及民叔父被捕后，当持折分赴该两银号提取，拟以此款作为营救费用，讵料该聚义银号经理王振亭及义聚银号经理刘仲五，非但不予支付，且以日本宪兵队为藉口，以恫吓胁迫手段坚欲索回存折，幸民等未受其欺，至今存折仍保存在手。似该王振亭、郭仲五二人非但不念同胞急难之义，反凭借敌寇势力，欺压胞泽，乘人之难，实属认贼作父，泯没天良。其后该二人夤缘权要，勾结敌伪，投机倒把，囤积居奇，无所不为，致该两银号业务均蒸蒸日上，后竟均改为银行。似此人类蟊贼，民族败类，拟恳一并依法惩办，以申冤抑而维国法。

伏维沉冤八年，莫由申诉，今幸日寇投降，主权光复，各方正在奉命进行敌人罪行调查及惩处奸伪，而钧座复责临故都，垂询民隐，抚字黎庶，复允枉曲人民直言上陈。民等何幸，逢此眷顾，谨于馨香感戴之余胪述经过，并附陈哀恳事项六条，叩恳钧座俯赐昭雪，以申冤抑而慰忠魂。临书迫切，不胜徬徨待命之至。谨呈

国民政府主席蒋

民职河北省政府建设厅技　士　谢恬英

视察员　谢恬杰　　同叩上

附呈哀恳事项六条

一、恳饬主管机关从速逮捕翻译韩人朴青山，因该朴青山对

当时该宪兵队经手案件均甚熟习也。

二、恳将当时(廿六年八月)煤碴胡同日本宪兵分队长赤藤，特务班长汐海茂，及军曹松浦、西村、铃木、足笠等列为战争罪犯，责令日本政府拘送到案，依法惩办。

三、恳祈谕令开封第五战区刘司令长官经扶，及河南省政府刘主席书林就近拘捕汐海茂(现尚任职开封日本宪兵队)，鞫讯关于此案经过及赤藤、松浦、寺井、足笠、铃木等五人真实姓名、年龄、籍贯及现在居住地。

四、恳责令日本政府赔偿一切损失。

五、恳祈政府从优褒恤。

六、恳饬北平市政府速将聚义银号经理王振亭、义聚银号经理郭仲五捕送法院依法惩办。

〔国民政府档案〕

11. 叶剑英报告解放区被日军破坏蹂躏情形函

(1946年1月30日)

联合国救济总署、中国救济总署、冀热平津区救济分署主任鉴：

中国解放区军队和人民，在八年抗战中，于毫无外援之艰苦情况下，在敌后坚持抗战。他们不论对于中华民族，或对于盟国之反法西斯事业，皆有莫大贡献。因解放区深处敌后，更因解放区人民对敌斗争之无比坚决，其所受敌寇之破坏与蹂躏，最为残酷。解放区人民所蒙受之战争损失，亦较其他地区更为严重。八年中，敌伪对解放区曾进行无数次之反复“扫荡”与“清剿”。自一九四〇年以后，更施行所谓“三光政策”，制造所谓“无人区”，使解放区人民受到亘古未有之残害与损失。兹据延安中国解放区临时救济委员会所接晋绥、晋察冀、冀鲁豫、太行、山东、淮海六解放区之初步调查：在战争期间，被敌人屠杀之人民，近二百万，被敌寇掳去者，亦达七十万。由于战争而被破坏之房屋，约在五百六十九万间以上。人民粮食损失，共约两万万七千万石。若再加入其他损失，以及由战争所造成之间接损失，如土地荒芜，普遍灾荒等，则其损失之大，更难计数。

各解放区民主政府，曾竭尽全力，进行救济与恢复工作。在延安中国解放区临时救济委员会领导下，各解放区多先后成立救济分会，以协助地方政府，进行救济善后工作。据截至一月十四号所接获之不完全统计：各解放区已先后发放赈粮一千三百三十余万斤，赈款二十余万万元（法币），及巨量煤、盐、棉花等其他日用品，使大批难胞，得免冻馁。然由于解放区所受损失，过于重大，现仍有五百余万难胞缺乏衣食，陷于饥饿境地。为能迅速进行急赈工作，急盼在贵署协助下，能在最近期间，即能从贵署分配到粮食、衣服、医药，或其他救济物资，为开始工、农业之善后，并希望贵署，亦能供应为恢复工、农业所需之最必要装备。余将负责保证，所得救济与善后物资，将全部用于救济受灾难之平民，及最必要之善后工作，绝不作其他使用。

为使贵署能实地了解解放区人民之受灾情形，余极愿介绍，并协助贵署人员到晋绥、晋察冀、冀鲁豫、太行、山东、淮海等区，如贵署愿派员前往以上任何地区，进行实地调查时，在余接到贵署通知后，极愿为贵署服务，并尽最有效之协助。专此函请查照。藉颂公安

叶剑英

一九四六年一月三十日

〔国民政府行政院善后救济总署档案〕

12. 冀中行署关于日军决开白洋淀滹沱河等堤全区三十五县灾情报告①

（1946年）

千里沃野尽被淹没

民国三十一年（一九四二）七月下旬，北岳区各地天雨连绵，山洪暴发，冀西诸河大水直泻入冀中平原，又值八月上旬冀中大雨，滹沱河、沙河、唐河、潴龙河、子牙河均暴涨，白洋淀水亦与岸平。敌为淹毁我冀中军民，密令沿岸各敌决堤引水向低洼处横溢，计白洋淀三十二连桥，淀南之孟中峰堤、滹沱河沿岸、潴龙河沿岸之高晃、大汪村各堤及沙河、唐河均同时溃决，肃宁以北、河间以南、安平至饶阳公路一带，沙河、滹沱河中间地区，唐河西侧，津保路以北至白洋淀，沧石路两侧与建国地区悉成泽国，千里平原覆成茫茫大海，房屋田园多被淹没，一般被水地区都是水深五、六尺，文安县不少村庄则水没至房顶。掘堤之后敌寇复继之以出扰劫掠屠杀奸淫，冀中民众莫不恨之入骨。受害至为深重，总计此次大水灾，敌共决堤一二八处，使全区三十五县无县无灾，全区平均在八成灾以上，只十成九成灾者即达十五县，被灾村庄六七五二个，占全冀中及总村数95%，被淹田园一五三八二〇〇亩，被冲房屋为一六八九〇四间，损失财物值一万万六千万元以上，灾民有二百万人，是历史上的空前巨灾（冀中行署五年来政府工作报告）。

〔国民政府行政院善后救济总署档案〕

---

① 该件摘自中国解放区临时救济委员会晋察冀分会编印之《日本法西斯八年来在边区的暴行》。

（三）施放毒气与散播细菌

1. 朱德彭德怀报告日寇在豫北地区滥施霍乱及疟疫病菌罪行电

（1938年10月11日）

顷奉朱、彭总副司令灰电开：

一、二、三项(略)

四、豫北敌以迭遭我袭击伤亡惨重，乃在道清路两侧地区滥施霍乱及疟疫病菌，民众罹毒者甚众，内黄、博爱等县尤剧，每村均有百数十人，惨绝寰宇，无复人性。

第十八集团军武汉办事处

十月十一日

〔国民政府国防部史政局及战史会档案〕

2. 军事委员会转报日军派遣汉奸潜入散播细菌等情致重庆卫戍总司令部电

（1939年6月1日）

据铁道部运输司令钱宗泽宥未运警谍电称：(一)敌利用夏初气候，派汉奸冒充难民，携带热水瓶，内藏霍乱、鼠疫、赤痢、伤寒等传染病菌，潜入粤、桂、滇、蜀，设计散发于我军阵地水质中，并兼探我陆、空军情况。其派往重庆、桂林、西安、金华、韶关等处者，已于四月十六日分由海南岛、厦门、汕头、温州、汉口出发；第二批现在潜伏虹口福民医院内实习，不久由南通、长江赴各处工作。(二)敌在淮盐内掺加毒质，运往我内地，以图毒死我民众。该盐经炒后，即变黑色。等语。除分电外，特电希严密查察。

〔重庆卫戍总司令部档案〕

3. 黄绍竑等关于日军在浙江金华等地散播细菌及疫情函电

（1940年12月—1941年2月）

（1）黄绍竑致蒋介石电（1940年12月5日）

上月二十八日敌机空袭金华，二架散布白烟，并有鱼子状颗粒落下，经人民搜集送检，由本省卫生处陈万里、军政部第二防疫大队刘经邦、福建省卫生处防疫专员柯主光、本省卫生处第二科长郑介安、本省卫生试验所技正吴昌丰五员，在严密检验下，鉴定其形，业经辨明系鼠疫杆菌。除继续由该员等施行其他生物学试验外，谨电呈报。

（2）顾祝同致蒋介石电（12月6日）

查敌机近在浙省境内散播毒物，业经该省卫生处检查断为鼠疫杆菌，则以后继续散播传染堪虞。敬请转饬卫生署所属中央防疫处生物学研究所赶制大量鼠疫菌苗及血清，以应亟需。

（3）军事委员会桂林办公厅主任李济琛致行政院院长电（12月27日）

案据江南兵站统监部统监陈劲节十二月十日报告称：查敌机最近飞袭金华，播散鼠疫病菌。寇性残暴，难免不随处播散病菌。桂林人烟稠密，鼠类潜滋，一经发见，尤易蔓延。兹为防范未然起见，除饬由本部卫生处会同广西省卫生处倡导军民捕鼠运动，并在本部驻地邻近村落订定搜捕办法，借利推行外，亟应扩大倡导。拟请钧座通饬所属推行灭鼠运动，以防疫疾，借杜传染。等情。正拟办中，旋复据该统监十二月十四日亥寒卫仁桂代电称，查敌机飞袭金华播散鼠疫菌一节，经以亥鱼代电报请鉴核在案。兹准第二防疫大队刘队长亥真电查报，宁波于酉陷发现鼠疫，经防治后，至戌删扑灭，共死民众八十二人，疫区建筑戌陷全部焚毁。衢县戌文发现鼠疫，至亥微共死民众十三人。两处于疫发前均有敌机掷下小麦谷类，且混有跳蚤。戌俭敌机复于金华散布白烟，即有鱼子状颗粒落下，经检验发见鼠疫杆菌，可证来源确系敌机散布。除已分呈转令各地注意预防外，特复。等由。谨电察核。各等情。据此。查鼠疫系九大传染病之一，传染性甚为剧烈，现虽仅发现于浙江，然敌性残暴，将来难免不随处播散，似应及早预防。惟兹事体大，不仅有关各地驻军，而于各省地方卫生行政尤具有巨大密切之关系，殊非一地或某一部队之财力、物力、人力单独预防所能奏效。除已饬该统监转饬各总监部卫生处会同各驻在省卫生处先行倡导军民推动捕鼠运动，以防疫疾，借杜传染，并分呈本会外，拟请钧院饬交有关部会迅即会商，统筹整个有效防止办法，通令全国遵行，以资妥善，实为公便。

（4）浙江省卫生处陈万里等致黄绍竑报告（12月）

查万里于二十七日赴衢县视察该县鼠疫防治情形，途经金华，见敌机一架散布白色物品，且有白雾一缕随之，当请许县长搜集备检，并电呈在案。二十九日在衢得方岩本处电话，悉二十八日金华空袭时，又有敌机两架在南门外散布白烟，并有鱼子状颗粒落下，有人收集专送民众医院检查，见有革兰氏染色法阴性杆菌，而未能确切判断究系何种病原微生物，请派员至金鉴定等语。万里以事关重大，即饬本处卫生试验所在衢工作之技正吴昌丰返金详密检查，当晚便得吴技正电告，谓确系鼠疫杆菌。经邦适奉本战区司令长官顾祝同命来衢视察，主光奉福建省卫生处长命，来浙协助防治鼠疫，均先后到衢，特会同赶乘是日夜车来金，三十日晨到达后，即赴民众医院。查是项敌机投下物质，如鱼子状颗粒，微有粘性，淡黄色，遇水溶解，均由五里牌楼广合顺皮革厂某职员在陈宝庆车夫之黄色车篷上搜集而得。其涂片在显微镜下，所有经共同鉴定，在形态学上确系鼠疫杆菌。兹求翔实计，正由主光及吴技正继续培养并行动物试验中，惟尚须数日始有结果。但依一般判断，二十八日敌机掷下物品中混有鼠疫杆菌，已无疑义，是则敌人采用不顾人道之细菌战，已深明确之证例。

此次鄞、衢先后发生鼠疫，发病均极迅速，并无一般鼠疫流行病学上先行预发象征，如大量死鼠之发见等等。且据调查所得，鄞县于发病之前一周，敌机曾在疫区投下小麦，衢县于十月四日，在现在疫区中心，敌机亦投下谷类及小米，其中且混有跳蚤（是项跳蚤曾由县防护团搜集，呈全省防空司令部转送省政府发交本处化验，但其辗转投递，到处已在十一月三十日，其后培养仅有杂菌发育，未能证明致病细菌）。但敌机此种行动，适与该两县鼠疫发现地点相一致，依照万里等以科学的并客观的推论，该两县鼠疫之所以发生，似与敌机散布是项物质有极大之关联，且证以最近敌机在金华掷下鼠疫杆菌之举动，又可得一敌机施行细菌战之证明。

敌人用心既已如此毒辣，吾人为求安定后方、抗战胜利起见，非加紧防制对策不可，而此次防疫工作之有效推动，加强行政方面之力量较重于技术之防治是实事势上所必然。为此除组织调查团分发各地详查外，谨会同条拟敌机散布细菌紧急防治办法四点〔防治办法略〕罗列于后，伏祈钧夺施行。

（5）卫生署致行政院秘书处函（1941年2月7日）

案准贵处本年一月八日勇陆字第二一三号函开：准军事委员会桂林办公厅主任李济琛代电：为敌机飞浙撒播鼠疫菌，请统筹防止办法一案，奉谕交卫生署会商军政部军医署迅行统筹设法预防具报等因，抄同原件函属查照到署，自应遵办。查本署前奉军事委员会委员长蒋二十九年十二月二十日侍秘渝字第五二五六号亥号代电，略以据报浙江鄞县、慈溪、庆元、龙泉五县均发生鼠疫，情态严重，饬即迅筹切实有效之防治办法，妥慎施行，务遏疫势，毋使蔓延。等因。奉此。经即会同军医署并邀请国联防疫专家伯力士博士等举行紧急会议，经已拟具防制敌机散播鼠疫菌实施方案（技术部分）。除已将所拟方案[方案略]电呈军事委员会外，兹随电检送该方案一份，即希察照转陈。

又本署顷据浙江省卫生处处长陈万里有卫三永代电呈送鄞县鼠疫防治工作经过简报，略以鄞县城区开明街、东后街一带于十月三十日发现鼠疫，经检验证实。当由本处派技正王毓榛驰往会同各方积极防治。万里复于十一月九日偕同卫生署第十七医疗防疫队及本处巡回医疗防疫队，携带药械前往办理防治工作。鄞县当局于十一月六日成立防疫处，封锁疫区，设立隔离病院，计收容疫区居民二百五十三名，死亡六十一名，民众受注射者二万三千三百四十三人，此外并成立疫区善后委员会，办理疫区民众之救济及什物消毒工作。经努力防治，现鄞县鼠疫已于短期内予以扑灭。等情。据此。用并函达。

〔国民政府行政院档案〕

4. 抗战八年来敌军用毒经过报告书①

（1945年9月）

目　　录

一、绪言

二、敌化学战主要人物及其陆空军化学部队编制与装备概要

① 沿用原标题。

三、敌在华使用毒气及毒菌种类与我军伤亡概况

四、敌驻华之化学部队及工厂概况

五、卤获敌化学战资料及兵器照片

六、敌在华用毒重要战例及其有关图表

七、我国防毒对策之检讨

一、绪言

敌寇侵华，使用毒气，残害我军，至惨且烈。考用毒原为《海牙条约》中所禁绝，故对敌用毒情报之汇集常感困难，然本处用尽各种方法，搜集有恒，日积月累，乃成此篇，以作建军及编史之参考资料。

敌人用毒经过可分为三个时期：第一为“萌芽时期”，由第一次欧战至“七·七”事变止。第二为“试验用毒时期”，由“七·七”事变至武汉会战止。第三为“大量用毒时期”自武汉会战至卅四年五月八日豆腐店之役止。

第一、萌芽时期

第一次欧洲大战时，敌曾派遣数批观战团分赴欧洲各战场观战，对欧战用毒，搜有资料不少。欧战结束，敌改组军部之技术本部，成立科学研究所，该所第三部之工作为化学战情报搜集、兵器之仿制等事宜。尔后敌军部派岸本赴美考察边森(Edgewood)化学兵工厂，历时凡三月，返后又重行改组第三部，扩充为六科。同时海军本部之技术研究所，亦从事于毒剂之研究。然主要工作尚偏于化学兵器及防毒，至于化学部队之成立则未遑及也。

民国八年，日本常备军由廿一个师团缩编为十七个师团，以编制之经费，积极求军队现代化、精兵化，对化学战之设施，亦同时增强。昭和二年八、九月间(民国十六年)，敌举行所谓“特别阵地攻防演习”，地点系在东京近郊富士山麓，参加部队有二十四师团野战第一联队，十五榴弹炮一大队，炮兵学校，及技术本部将校，参加者合计一五〇〇〇员名。其演习目的在试验日本自制化学兵器之

威力及其使用方法，并使官兵对毒剂之效力、防毒、救毒等，获有相当了解。其后不断演习，多冠以“特别”二字，考其用意，无非藉以□人之耳目而已。

昭和十一年（民国廿五年）日本陆军当局在财政困难情况中，实行建设新军之五年计划，考其主要目的，在积极加强其机械化及化学部队编制与装备，惟是时仅成立小规模之试验性质之部队。迨“九·一八”事变以后，日本军备扩展乃形活跃，军部当局以“非常时期”为号召，蒙蔽其本国民众及列强，作军备庞大之预算，计军扩数目占全国支出百分之四十，于是将化学兵队列入其新编军队内。在都市方面，复不时举行防毒演习，甚至小学校亦将防毒训练列入必修课内。航空方面，则有撒毒及投毒气炸弹之研究。至其演习，均用“特殊攻防”之名目，兵种则称为“特种兵”或“工兵作业队”藉以掩饰其化学战战备真实状况。

“九·一八”以后，敌除陆续增加陆海空各化学战勤务人员外，并加强化学战装备。民国廿三年以后，军部陆续以直接或间接手段，对民营化学工业施以改造与控制，故其化学战军备之生产，遂与时俱增。例如，“液化氯”之消耗，民国十九年为二百五十公吨，民国廿三年达二千公吨；漂白粉之生产量，民国十九年为四万四千二百九十公吨，民国廿二年即达五万八千八百廿八公吨。同时，电解制氯工厂由数厂增至十余厂之多。此皆其化学战兵备扩充之明证也。

“七·七”事变以前，敌驻华部队虽仍无正式化学兵部队，然实际则近战化学兵器经常配属于步兵。例如绥远百灵庙一役，我军卤获敌用催泪筒及发烟筒数种。敌陷平、津，据报载曾以飞机在津投掷毒弹，惜未获实证。敌攻我南口，据我军前线战斗日记所载，亦曾用毒。然是时敌不敢大胆用毒者，恐受各国舆论之斥责制裁也。

第二、试验用毒时期

“七·七”事变后，继之而起为淞沪战役。敌初蹋处一隅，数度增援，屡攻不逞，于是乃行用毒。民国廿六年八月廿日，敌机袭江阴江防部队，投毒气弹数枚。八月廿四日，吴淞我防守水电厂之警察总队，被敌攻击，敌施放催泪性毒剂。十月，敌再犯罗店北周宅、刘行、蕴藻浜，皆施放催泪及喷嚏性毒气。是时我军毒伤仅廿余人。卅九军并在阵地获得敌催泪性手榴弹一枚。此乃不可消灭之实证也。

淞沪战役末期，敌偷袭金山卫，其登陆作战时，系由发烟队施放烟幕掩护。同时，华北方面，敌攻忻口不克时，亦曾藉催泪性毒气，以奏突破之效。

敌初期用毒纯系步兵，敌所有第一线步兵均携有少量烟幕罐及催泪性手榴弹、催泪筒等。至敌我相距数十公尺时，即毒袭我军。其施毒人员系以每联队内之发烟兵编成步兵发烟班，有时或以"工兵作业队"担任之。至其施放之战术与技术，尚属试验性质，故多未能奏效。然因我军无防毒之训练，对毒剂认识尚鲜，甚至敌偶施烟幕，亦误惊为毒袭，张慌失措，战斗力遂为之减低，殊可惜也。

徐州会战，我军坚强抵抗，敌每于攻坚不克或遭遇我军强袭或偷渡时，乃施放毒气以求一逞。台儿庄一役，我军与敌争夺台儿庄东北角之民房，两方相距仅一、二十公尺，敌乃投掷催泪筒于我占领之民房内，我卅一师九十三旅六团三营之士兵即以正燃之催泪筒还掷敌方，此一例也。又五月三日，敌四千余分三路猛攻我大官庄阵地，我军出击数次，当敌阵地动摇时，我乘胜追击，敌急施放催泪性毒剂以解围困。此敌用毒以掩护退却又一例也。

民国廿七年六月一日，敌薄暮使用烟幕筒，攻我上窑阵地。六月四日，攻我寿县白家郢，敌使用催泪性之绿色筒。在白昼时敌步兵仍能近迫我军者，乃利用毒剂之效果也。

安庆战役，敌攻香口，遭我猛烈抵抗，于六月廿六日午夜二时四十分，施放喷嚏性毒烟，我军正面部队遭受奇袭，士气大受打击，抵抗未久，即放弃阵地退却。继之有湖口流斯桥之役，我包围敌军辎重之一部，敌赖毒烟与烟幕混合施放，得以逃脱。此时，敌发觉化学战之重要，其步兵联队乃组织临时瓦斯队，并增派各级司令部化学战勤务人员。然敌尚属局部用毒，对用毒之技术，亦未充分完成，步兵指挥官仍多未了解化学兵器之特性，结果收效未宏。敌上级官长确认我部队缺乏防毒训练，正为彼用毒良好对象，乃根据徐州及安庆两战役用毒之经验，汇著《毒瓦斯用法及其战例》一书，散发各级指挥官。其企图据该书要旨所言，乃使干部以下至次期武汉作战以前彻底了解毒气运用之方式。

敌是时用毒部队，据调查，敌曾自步兵各联队中挑选士兵一百廿名，编成瓦斯中队，施以一月之训练后，即派出作战。其次有临时发烟队及迫击炮大队等，专任毒气之施放。各炮兵亦备有毒气弹。敌各种部队防毒编制与装备积极改善，根据俘虏口供及战利品研究，敌部队大多数配有面具，其部队防毒训练，亦因准备用毒，更形加紧训练。

武汉外围会战时，敌即准备良好之化学部队，其重要用毒战役有瑞昌郎君山之役，广济松阳桥之役，浠水之役。此期敌用毒之战术与技术已加以改进，用毒之量数大增，次数亦频繁。

广济一役，敌使用大量毒烟，致我军官兵中毒伤亡达二千余人。盖敌于毒烟有效时机，其第一线步兵戴面具追随毒烟之后，突入攻击我中毒官兵昏迷之际，致为所害。

第三、大量用毒时期

武汉会战后，战况与前不同，我转进山岳地带以行抵抗，地形较为复杂，毒气受天候、地形之限制因而较大，于是敌用毒方式乃改为炮击毒气弹、化学迫击炮弹及投掷毒气炸弹等。

用毒之种类亦由扰乱性之催泪剂进而使用糜烂性之芥子气、路易氏气，化学部队与各级化学勤务人员编制亦形扩大，前期之临时发烟大队、中队渐由炮兵及野战瓦斯中队代替之。

敌由国内调来正规化学兵部队，确实查明之番号计有：

廿八年，佐佐木及甘甘少将率领，分开上海、大沽等地之两个瓦斯联队（每联队人员一二〇〇人）。

廿八年五月间，敌自津调晋之“特种化学兵大队”（大队长系途提漏三郎，辖四个中队，第一、二中队为毒气地雷队，第三、四为毒瓦斯队）。

九月间，由大阪化学兵工厂调来技士一二〇人，经沪转京担任瓦斯教官。

十月间，由大阪调来第九化学兵团（团长羽岛，驻上海）。

廿九年三月间，敌由横滨开来第一独立化学大队（大队长重松王三，驻广州），第二独立化学大队（大队长边竹夫，驻汉口）。

同年，大阪工业社又派大批技师来华，担任化学部队教官。

卅年四月，由东京调华新编第四化学兵团（团长萱野达树，辖三个大队，九，十，十一，每大队约一〇〇〇人，分驻南昌、岳阳、宜昌）。

卅年十一月，又发现敌由大阪调来第卅一及卅二化学兵联队（大队长大孑操乙、原桦新两人，驻汉口，每联队人员一五〇〇人）。

同年，由东京派来化学家八十余人，在汉口组织瓦斯教练班。

廿八年下半年起，敌遂广泛用毒，根据湖北会战卤获敌文件，其编制、装备稍有变更，山地战之士兵背囊改为背袋，并穿日本式布鞋，每兵携带瓦斯筒、烟幕罐各乙个，盖系针对我山地战而改善之装备也。

至用毒种类，除仍用催泪、喷嚏性两种外，并更增加杀伤性毒气。廿九年春，敌在晋夏县使用糜烂性毒剂，我军获得未炸之五十公斤毒气炸弹及七五公分山炮弹各乙枚，经化验结果，系芥子气与路易氏气混合剂。又绥远临河之役（廿九年二月十七日）用飞机投下糜烂性毒弹七十六枚，军民中毒者甚多。据报，敌亦曾使用窒息性之毒剂，惜未获确证。

敌除调来大批化学部队，大量使用于各战场，并一再企图实施其细菌战。卅年十一月发现敌由大阪调来之第卅一、卅二化学兵联队，其大队之建制内即有瓦斯细菌中队之编制。

敌用飞机施放细菌，始于廿九年十月廿七日在宁波城郊播散麦子夹有跳蚤，二日后该地即发现鼠疫，两星期内死亡五十余人。浙江衢县亦有毒菌之播散，计患鼠疫而死者达十四人。此外金华上空敌机散播白色粉状类似鱼子之物质，经金华及民众两医院之检验，当中亦有类似鼠疫之微菌存在。

敌地面军使用毒菌，计有廿八年十月调来上海之细菌化学家卅余人，领队为河源博士，其后转往晋、鄂等地，专门指导用毒用菌事宜。又上海福民医院为细菌之养所，其培养毒菌计有“鼠疫”、“霍乱”、“伤寒”、“白喉”、“赤痢”等五种。其使用方法为先制成雪茄烟包，分蓝、黄两色，分发各部队，于退却时即投于民房、水井内。至若使用毒菌之组织，有“毒菌密谋队”，多由汉奸充当队员。廿八年四月间，曾有汉奸冒充难民，携带盛有毒菌之热水瓶，潜入后方活动。绥西亦发现类似之组织，名曰“毒菌队”。常德战役亦获有敌用毒菌之情报，然以施用方式不良，战地条件不适宜，未能生效，实为我军民之福也。

卅一年以后，在华敌化学部队未发现有新番号，而调动频繁，番号、编制、人员多有变异，亦未见大规模集中使用。卅二年，常德战役敌用毒达七十七次，攻取一阵地用毒最多竟达十八次，仁和坪之战斗，其战术已由分散的、局部的、试验的进而为集中的、全面的炮兵射击方式。毒剂种类以喷嚏及糜烂性为主，每于重点争夺际，不惜一再用毒，使用混合毒剂射击，以求一逞。衡阳一役，即偏重于据点之攻击，由此可见敌人用毒较前更为惨烈矣。

敌最后一次用毒为卅四年五月八日上午三时卅分豆腐店之役，据第一战区卅一集团军八十五军一一〇师之战报，所用毒剂为苯氯乙酮。

敌化学战主要人物调查表

级职	姓名	年龄	籍贯	出身	备考
技术院总裁	多田礼吉				系据东京卅四年五月廿二日广播，其他未详。
中将化学兵监	西原贯治	五六	东京	步科	
大佐化学兵监部附	村中嘉二郎	四七	石川	步科	
少将关东军化学部长	山胁正男	五二	高知	炮科	
大佐关东军化学部附	加藤正次	五四	山梨	步科	
少将关东军化学部研究部长	秋山金正	五〇	冈山	化(炮)	系炮科中之学化学兵者
大佐关东军化学部研究部员	丹羽利男	四五	广岛	化(炮)	同上

续表

中佐关东军化学部研究部员	山内俊大郎	四三	鹿儿岛	炮科	
少佐关东军化学部研究部员	武田久米彦	四五	长野	气象(炮)	系炮科中之学气象者
同上	松田三雄	三五	和歌山	炮科	
陆军公主岭制毒教导队少佐队长	外松寿	三六	福岛	化(步)	系步科中之习化学兵者
中佐关东军化学部练习队队长	深山松男	四五	广岛	炮科	
少佐关东军化学部练习队大队长	辻政彦	三五	岐阜	步科	
同上	片山满雄	三五	香山	炮科	

附记：本表系根据敌昭和十八年停年名册而制

敌陆军军司令部直属野战瓦斯队编制装备调查表

单位		名称 / 数量	人员	马匹	九四式轻迫击炮	消撒毒车			积载车			辎重车辆	轻修理车	除毒车	备考
						消车前车	消车后车	撒车后车	人员用	毒液用	化资用				
队本部		气象班	六一									一〇			
队本部		器材班													
迫击炮大队		本部	九五六												
迫击炮大队	第一中队	第一小队			四										
迫击炮大队	第一中队	第二小队		三九七	四										
迫击炮大队	第一中队	第三小队			四										
迫击炮大队	第一中队	段列													
迫击炮大队		第二中队			一二										
迫击炮大队		第三中队			一二										
迫击炮大队		段列													

续表

瓦斯中队	本部													
	第一小队				三	三	三	一	三	一				
	第二小队	二一一			三	三	三	一	三	一				
	第三小队				三	三	三	一	三	一				
	段列				三	三	三		三	三		一组	一组	
总计		一二三八	三九七	三六	一二	一二	一二	三	一二	六	二八	一组	一组	
附记	一、本表系根据敌件加以整理调制而成。 二、敌件载野战瓦斯队有追击炮若干队，究应有若干，未见详载，待续。 三、右表中之瓦斯中队系甲种编制，乙种编制则以驮马、驮卒分【任】化资及兽医卫生材料之搬运，无辎重车辆之装备，其编制人员为四〇九名，马一八一匹。 四、敌件载甲种编制瓦斯中队共有车七七辆，但右表统计尚不足二〇辆，缺乏数是否包含于段列之除毒车等两组以内，待查证。													

查敌侵华蓄心以毒气战歼灭我之野战军，本处已获铁证，略述其实况如上。然敌犹多方狡辩，掩饰其暴行，又复诬我用毒。其暴行可恨，其用心更【可】诛，世人莫不公认者也。

二、敌化学战主要人物及其陆空军化学部队编制与装备概要

查敌化学战之主要人物，其出身系由步科、炮科转习化学兵科为多，本节附表所调查仅限于负化学战直接任务之人物，至化学部队、海空军方面人员，因调查不详，兹从略。

附表第一：敌化学战主要人物调查表

编制与装备系根据战术之要求而产生，而战术之转变又系于战术指导者之思想，故研究敌化学战编制与装备，不可不细究其战术思想之根底，以洞悉其编制之原则、装备之特点。

敌之战术思想以侵略性的战略为基础，藉大陆独占达其并吞全世界之野心，侵略中国，对付苏、美，即其战术之着眼点，故敌战术之特质为：(1)侵略的(2)攻击的(3)精兵主义(4)以最少之时间与物力换取最大之战果(5)不顾世界列强之制裁、使用诸般战斗手段(6)对我国运用特殊之战术与对策。

敌因战术运用不同，故其化学部队编制与装备遂有所变异，即调派来华之化学部队多少与本来之编制、装备不同。其所以然者，盖以对我作战之战术不同，情况复杂，而敌化学部队来华初次使用，实含有试验性质，故编制、装备时时改变，藉以配合战术之要求也。今将敌化学部队编制与装备分为两部份讨论：

其一，未曾来华之敌化学部队编制与装备；其二，来华作战之敌化学部队编制与装备。最后附以敌陆空军化学勤务人员编制与装备。

其一：未曾来华之敌化学部队编制与装备

(甲)敌陆军军司令部直属野战瓦斯队

军直属野战瓦斯队为具有用毒、消毒两种性能之化学部队，其特点为所辖迫击炮大队(若干未详)之毒化能力颇强大，其瓦斯中

队消毒、用毒车辆系分两种，即汽车及驮马两种，而瓦斯中队之编制乃包含撒毒、消毒及除毒三种业务。瓦斯队实际相当庞大，或即化学兵联队相象之编制，未曾在我战场使用。

附表第二：敌陆军军司令部直属野战瓦斯队编制、装备调查表

(乙)敌陆军战时师团制毒队

制毒队系特种化学兵编制，乃配属于敌甲种师团之甲或乙种编制内，以轻装甲车队编成，其任务在战斗间任弹药补充、资材之运搬及消毒作业，有时任紧急之搜索、指挥、连络任务，此种编制运动性系全部摩托化，在我国战场尚未使用。

附表第三：敌陆军战时师团制毒队编制装备调查表(见第920页)

其二：来华之敌化学部队编制与装备

(甲)敌步兵联队临时发烟(毒瓦斯)大队

敌来华用毒部队，系以临时编成为主，盖由于战术使用之主眼，多注重局部用毒，故临时编制易于分割使用。临时发烟大队乃适应大规模用毒时之编制，其编制乃以若干瓦斯中队及大队本部一编成之。瓦斯中队系侵华后设立之部队，与国内之编制亦不同。

该大队用毒方式系使用吹放之喷嚏性毒烟罐(所谓"赤筒"或"决胜瓦斯筒")为主，每一分队携带此种毒瓦斯廿四箱，每分队用毒正面达二百公尺。

附表第九：敌步兵联队临时发烟(毒瓦斯)大队

敌陆军战时师团制毒队编制装备调查表

单位		人员	消车后车	轻装甲车	被牵引车	载重汽车	乘用汽车	备考
队本部								
第一小队	第一分队		一	一				
	第二分队		一	一				
	第三分队		一	一				
	第四分队		一	一				
	第五分队						二	载重汽车计人员用及装载漂白粉用各一辆
第二小队			四	四			二	同上
第三小队	第一分队			二	二			
	第二分队			二	二			

续表

第四小队	第一分队							
	第二分队							
	第三分队							
段列	第一分队							
	第二分队							
	第三分队							
总计		二〇〇	八	一二	四	二七	四	载重汽车二七辆,未载分配法
附记	一、本表系根据敌件加以整理调制而成。 二、制毒队系由敌甲种A、B师团内之轻装甲队编成,在我国战场尚未发现。 三、轻装甲车之任务,战斗间,在敌弹下,任弹药之补充,战斗资材之搬运及消毒作业等;有时任紧急之搜索、指挥联络等。							

敌步兵联队临时发烟(毒瓦斯)大队编成调查表

民国三四年七月防毒处调制

- 临时发烟大队
  - 大队本部
    - 指挥班
    - 气象班—(军官一,士兵若干名,携带器〔气〕象器材)
    - 通讯班—(步兵联队通讯队编成,携带有线电话器材)
    - 救护班
  - 第一中队——同右〔左〕
  - 第二中队
    - 指挥班
    - 第一小队
    - 第二小队
      - 第一分队
      - 第二分队
      - 第三分队
        - 第一作业组—(作业兵三名、预备作业兵一名)
        - 第二作业组—(同右)
        - 第三作业组—(同右)
        - 第四作业组—(同右)

      分队长一
      作业兵二
      驮　卒七
      辎重兵六
      毒瓦斯二四箱
      放毒正面二〇〇公尺
    - 第三小队
    - 材料小队
    - 大行李
  - 第三中队——同上

附记:

一、本表系根据俘获敌件加以整理调制而成。

二、临时发烟大队，为适应大规模之毒气攻击时，以若干瓦斯中队及大队本部编成之。

三、野战瓦斯中队为敌侵华战事后设立之部队，曾使用于各重要战役，其详细装备待查。

四、作业组所属之预备作业兵兼任警戒、连络勤务。

五、瓦斯中队亦有以汽车代替驮马编成者，其汽车则以担任运搬及补给为主。

（乙）敌步兵联队临时发烟（毒瓦斯）中队

敌使用最为广泛之用毒部队为发烟中队，乃以实施局部之用毒为目的。其编成之特点系以联队内编制原有发烟兵为基干，以指挥机关及若干小队适宜编成之。其分队又分为作业组若干组，每组三人，每作业组携毒瓦斯三箱，放毒正面廿五公尺。

附表第十：敌步兵联队临时发烟(毒瓦斯)中队

敌步兵联队临时发烟毒瓦斯中队编制【装】备调查表

民国卅四年七月　防毒处调制

区分		中队长及指挥小队	第一小队	第二小队	第三小队	合计
人员		中队部军官一 准尉一 特务长一 发烟军士一 传令五 马佚一 卫生兵一 计一一员名	小队长军官一 第一分队 长一 兵一〇 第二分队 长一 兵一〇 第三分队 长一 兵一〇 第四分队 长一 兵一〇 马佚 六 名 计五一员名	同左 计五一员名	同左 计五一员名	计一六五员名
马匹	乘	一				一四
	辂		六	六	六	一八匹
车辆			六	六	六	一八辆
化资			三六箱 一五四〇筒	三六箱 五四〇筒		一六二〇筒

一、本表系根据敌件加以整理调制而成。

二、临时发烟中队以实施局地之发烟(毒气攻击)协助兵联合队以下之战斗，照目的以步兵联队之发烟兵为基干，以指挥机关及若干小队适宜组成立之，小队由若干分队、分队由三人一组之作业组若干编成为常则。

三、每马辂车一辆，载毒瓦斯六箱，每箱装毒瓦斯一五，如临时中队以三小队编成时，共携毒瓦斯一〇八箱，计一六二〇箱。

四、作业组以三人组成，携带毒瓦斯三八箱，放毒正面为二五公尺。依此据算，每分队放毒正面为七五公尺，每小队为三〇〇公尺，每中队九〇〇公尺。

（丙）敌陆军师团特种瓦斯大队

师团特种瓦斯大队，其编制以抛射中队及撒毒中队各一个以上，与本部及段列编成之部队，于大规模用毒时使用之。撒毒中队装备以撒毒车十六辆、轻便撒毒器八十个为主，抛射中队以抛射器十八门为主。未在我国战场使用。

附表第四：敌陆军师团特种瓦斯大队

敌陆军师团特种瓦斯大队编制装备调查表

特种瓦斯大队
官兵约五〇〇人
毒气抛射器一八门
撒毒车一六辆
轻便撒毒器八〇
毒气弹若干
消毒器材若干

- 本部
  - 指挥小队
  - 气象小队
  - 通信小队
  - 高射炮小队
- 抛射中队
  - 第一小队
  - 第二小队
    - 第一分队
    - 第二分队
    - 第三分队
  - 第三小队
- 撒毒中队
  - 第一小队
  - 第二小队
    - 第一分队
    - 第二分队
    - 第三分队
    - 第四分队
  - 第三小队
- 段列
  - 第一小队
  - 第二小队
  - 第三小队
  - 第四小队
  - 第五小队

附记：

一、本表系根据敌件加以整理调制而成。

二、该大队系专负大规模之施毒部队，以抛射及撒毒二中队为基干。

三、该大队下辖抛射或撒毒中队各一个以上。

四、武器之分配及各单位兵员之多少，敌件未见详载，容续查。

（丁）敌陆军师团独立瓦斯大队

独立瓦斯大队之特点为具有高度之毒化能力。大队下辖三个中队，装备以轻、重抛射器及火焰喷射器为主。更可异者，即三个中队随时可全部成为抛射中队或三个火焰中队，故具有摧毁坚强工事之可能，系敌最近装备之部队，未在我战场发现。

附表第五：敌陆军师团独立瓦斯大队

敌陆军师团独立瓦斯大队编制装备调查表

- 独立瓦斯大队
  - 本　　部
  - 第一中队
  - 第二中队
  - 第三中队
    - 本　　部
    - 第一小队
    - 第二小队
      - 第一分队
      - 第二分队
      - 第三分队
      - 第四分队
    - 第三小队
    - 段　　列
      - 第一分队
      - 第二分队
      - 第三分队
      - 第四分队
  - 段　　列
    - 第一小队
    - 第二小队
      - 第一分队
      - 第二分队
      - 第三分队
    - 第三小队

轻抛射器九六门

重抛射器四六门

火焰发射器一四〇个

附记：

一、本表系根据敌件整理调制而成。

二、据敌件载，独立瓦斯大队之三个中队可均为抛射中队及一个火焰发射中队。

三、敌件未见详载该大队人员及武器之分配，容待查。

四、大队之武器装备具有高度之毒化能力，且有摧毁坚强工事之可能，中国战场尚未发现。

(戊)敌陆军师团瓦斯大队

该大队与前述之独立瓦斯大队、特种瓦斯大队不同者，系专以适应山地化学战而编成者。其编制人员较少，化资及用毒器材，乃以手推车代替撒毒车者，并特配备轻机枪、步枪等轻武器。是否在我国战场使用，无从判断，但由其用毒装备而言，可能于来华后加以改编再行使用。

附表第六：敌陆军师团瓦斯大队

敌陆军师团瓦斯大队编制装备调查表

名称 数量 单位	人员	一一年式轻机枪	三三式步枪	三八式快慢枪	一四式手枪	化资车	手推车	轻修理车	备考
本部	七〇			六〇	一	一八	二		
第一中队	一一〇	一	七三	三〇		一五	二		
第二中队	一一〇	一	七三	三〇		一五	二		
第三中队	一一〇	一	七三	三〇		一五	二		
段列	一一〇		三九	五五		二二	二	一	
总计	五一〇	三	二五八	二〇五	一	八五	一〇	一	

附记

一、本表系根据敌件加以整理调制而成。

二、该大队之化资，系装于化资车及手推车内，为适应山地作战，即以手推车等代替撒毒车。

三、该大队系适应山地战毒气攻击之部队。

四、中队下辖小队若干，及大队携带化资若干，敌件未见详载，容待后查。

（己）敌陆军师团独立瓦斯中队

该中队分摩托及驮马两种编制，适应地形而有所变更，其用毒装备为轻抛射器及重抛射器与牵引式撒毒车、消毒车等。

附表第七：敌陆军师团独立瓦斯中队

敌陆军师团独立瓦斯中队编制装备调查表

一、摩托独立瓦斯中队
- 本部
- 第一小队
- 第二小队
- 第三小队
- 第四小队
- 第五小队

轻便毒气抛射器若干

重毒气抛射器若干

牵引式消毒车、牵引式撒毒车、轻修理车、预备车——七七辆

人员二〇〇名

二、驮马独立瓦斯中队
- 本部
- 第一小队
- 第二小队
  - 第一分队—驮马五匹
  - 第二分队—驮马五匹
  - 第三分队—驮马五匹
- 第三小队——驮马一五匹
- 段列
  - 第一分队、第二分队、第三分队、第四分队——化资材料
  - 第五分队——卫生材料

人员四〇〇名

马匹一八〇匹

消毒器材若干

瓦斯抛射器若干

修理器材若干

附记：

一、本表系根据敌件加以整理调制而成。

二、中队长为上(中)尉级。

三、摩托及驮马两种编制似系适应地形而决定者。

(庚)敌独立化学兵联队

根据可靠之情报，敌国内可能有庞大之化学兵联队单位存在，全国五一十联队，其所辖大队为四个，即瓦斯迫击炮大队(有一〇、五公分炮廿四门)、瓦斯抛射器大队(一五、五公分抛射炮廿四门)、吹放钢瓶大队(轻吹放钢瓶(卅公斤)一二〇个)、瓦斯工兵大队(有布毒、火焰、消毒三个中队)。编制系以集中使用为主，但亦能分辖使用。

附表第八：敌独立化学兵联队〔略〕

(辛)敌陆空军化学战勤务人员

敌陆空军化学战勤务人员系担任化学战参谋之业务，主持化学战技术训练等业务，并为防毒之指导人员，有时局部用毒，亦由此等勤务人员编成之，故不能仅以普通勤务人员视之。其编制人员分三级，最上级为化学军官，中级为化学军士，底级为化学兵、特务兵，于来华各部队中分别配属。

附表第十一——十五

三、敌在华使用毒气及毒菌种类与我军伤亡概况

敌在华使用毒气及毒菌之统计与夫伤亡概况，经本处历年不断之搜集与整理，已获有可靠之结果，兹将统计之表格列后，附以结论如左：

用毒次数(以正式报告为限)计一三一二次。在八年中用毒最多之年度为廿八年度(计四五五次)，其次为廿九年度(计二五九次)，第三为卅年度(计二三七次)，第四为卅二年度(计一三七次)。盖廿八、廿九、卅各年度我敌作战最称激烈，故用毒次数加多。卅三年度我军尚未占绝对优势之制空权，故敌用毒多以炮兵为主。卅三年度以后制空权全在我手，敌炮兵行动困难，用毒因亦不易也。

用毒方式敌乃根据战术要求而更改，初期作战时以毒烟罐局部施放为主，八年中合计使用二三〇次，其中以廿八年度之七六次为最多。使用兵器以近战兵器较少(计一一四次)，炮兵射击较多，

〔附表第十一〕敌陆军骑兵旅团化学战勤务人员编制调查表

区分			化学军官	化学军士	化学兵	特务兵	官兵合计	备考
骑兵	司令部		一	一	六	二	一〇	司令部行李配有化学兵一名、特务兵二名。
	骑兵第一联队	本部	一	一	五	三	一〇	本部行李配有化学兵一名、特务兵三名。
		第一中队		一	一〇		一一	
		第二中队		一	一〇		一一	
		第三中队		一	一〇		一一	
		第四中队		一	一〇		一一	
		重机枪中队		一	六		七	
		小计	一	六	五一	三	六一	
	骑兵第二联队		一	六	五一	三	六一	

续表

旅团	骑炮联队				一	五	六	
旅团	重机枪队	本部		一	五	二	八	本部行李配有化学兵一名、特务兵二名。
旅团	重机枪队	第一中队		一	一〇		一一	
旅团	重机枪队	第二中队		一	一〇		一一	
旅团	重机枪队	小计		三	二五	二	三〇	
旅团	装甲自动车队			一	六		七	
旅团	速射炮中队					二	二	中队行李配有特务兵二名。
旅团	辎重队	本部		一			一	
旅团	辎重队	第一中队		一	三		四	
旅团	辎重队	第二中队		一	三		四	

续表

骑兵旅团	辎重队	第三中队		一	三		四	
		第四中队		一	三		四	
		小计		五	一二		一七	
	总计		三	二二	一五二	一七	一九四	
附记			本表系根据敌件加以整理调制而成。					

〔附表第十二〕敌航空部队化学战勤务人员编制调查表

区分		化学军官	化学军士	化学兵	官兵合计	备考
航空军司令部		一	一	三	五	
飞行师团司令部		一	一	三	五	
飞行战队	本部	一	一	一〇	一二	
	中队		一	五	六	
	材料厂		一	五	六	
	小计	一	三	二〇	二四	
独立飞行中队		一	一	五	七	
直协飞行中队			一	五	六	
飞行情报队			一	四	五	
飞行场勤务队			二	二〇	二二	

附记

一、本表系根据敌件加以整理调制而成。

二、各单位隶属关系不能固定，故未统计。

〔附表第十三〕敌陆军特种兵部队化学战勤务人员编制调查表

区分		化学军官	化学军士	化学兵	官兵合计	备考
独立轻装甲车队	本部			一	一	
	第一小队			一	一	
	第二小队			一	一	
	第三小队			一	一	
	段列		一	二	三	
	小计		一	六	七	
炮兵情报班	本部		一	五	六	
	地上标定		一	五	六	
	炮兵原点		一	五	六	
	音源测定		一	五	六	
	小计		四	二〇	二四	
(甲)野战高射炮队			一	一〇	一一	

续表

区分			化学军官	化学军士	化学兵	官兵合计	备考
铁道联队	本部		一	一		二	
	第一大队	本部		一	一三	一四	
		第一中队		一	二四	二五	
		第二中队		一	二四	二五	
		小计		三	五一①	五四②	
	第二大队			三	五一	五四	
	第三大队			三	五一	五四	
	第四大队			三	五一	五四	
	材料厂			一	一〇	一一	
	小计		一	一四	二一四	二二九	
野战气象队	甲编制			一	一二	一三	
	乙编制			一	八	九	
辎重兵	架桥材料中队			一	六	七	

续表

<table>
<tr><th colspan="4">区　　分</th><th>化学军官</th><th>化学军士</th><th>化学兵</th><th>官兵合计</th><th>备考</th></tr>
<tr><td rowspan="6">辎重兵</td><td colspan="3">马　厂</td><td></td><td>一</td><td>二</td><td>三</td><td></td></tr>
<tr><td rowspan="3">兵站</td><td colspan="2">辎重兵中队</td><td></td><td>一</td><td>六</td><td>七</td><td></td></tr>
<tr><td rowspan="2">汽车中队</td><td>本部</td><td>一</td><td>一</td><td></td><td>二</td><td></td></tr>
<tr><td>中队</td><td></td><td>一</td><td>一</td><td>二</td><td></td></tr>
<tr><td colspan="3">牵引式自动车队</td><td></td><td>一</td><td>六</td><td>七</td><td></td></tr>
<tr><td colspan="3">小　计</td><td>一</td><td>六</td><td>二一</td><td>二八</td><td></td></tr>
<tr><td>附记</td><td colspan="8">本表系根据敌件加以整理调制而成。</td></tr>
</table>

① 原文如此，当为“六一”。
② 原文如此，当为“六四”。

〔附表第十四〕敌陆□部队化学战勤务人员编制调查表

区分			化学军官	化学军士	化学兵	特务兵	官兵合计	备考
陆军	甲种师团	司令部	一	三	七	六	一七	
		步兵团	三	七六	六四四	八二	八〇五	
		(甲)战车大队	一	六	二八		三五	
		骑兵或搜索联队	一	四	三一	三	三九	
		(甲)野山炮联队	一	二二	二三五		二五八	
		工兵联队	一	三	四〇	五	四九	
		通讯队			一	三	四	
		辎重(輓马)联队	一	八	四二		五一	
		卫生队		一	二	八	一一	
		野战病院			一	三	四	
		小计	九	一二三	一〇三一	一一〇	一二七三	
	骑兵集团司令部		一	一	五		七	

续表

区分			化学军官	化学军士	化学兵	特务兵	官兵合计	备考
陆军		骑兵旅团	三	二二	一五二	一七	一九四	
	特种部队	独立轻装甲车队		一	六		七	
		炮兵情报班		四	二〇		二四	
		(甲)野战高射炮队		一	一〇		一一	
		铁道联队	一	一四	二一四		二二九	
		(甲)野战气象队		一	一二		一三	
		辎重兵	一	六	二一		二八	
		小计	二	二七	二八三		三一二	
航空队		航空军司令部	一	一	三		五	
		飞行师团司令部	一	一	三		五	
		飞行战队	一	三	二〇		二四	
		独立飞行战队	一	一	五		七	

续表

区分		化学军官	化学军士	化学兵	特务兵	官兵合计	备考
航空队	直协飞行中队		一	五		六	
	飞行情报队		一	四		五	
	飞行场勤务队		二	二〇		二二	
附记	本表系根据敌件加以整理调制而成。						

〔附表第十五〕敌陆军甲种师团化学战勤务人员编制调查表·民国三四年九月防毒处调制

区分				化学军官	化学军士	化学兵	特务长	官兵合计	备考
师团司令部				上(中)尉一	三	七	六	一七	行李内有化士一名，兵二、特务兵二八.
步兵	本部				一	五	一	七	行李内有特务兵一
步兵	步兵第	本部		一	一	八		一〇	
步兵	步兵第	第一	本部		一	五		六	
步兵	步兵第	第一	第一中队		一	一〇		一一	
步兵	步兵第	第一	第二中队		一	一〇		一一	
步兵	步兵第	第一	第三中队		一	一〇		一一	
步兵	步兵第	第一	第四中队		一	一〇		一一	
步兵	步兵第	第一	重机枪中队		一	一〇		一一	

续表

团	一联队	大队	步兵炮小队		一	五		六
			大行裹			二	四	六
			小行裹			一	二	三
			小计		七	六三	六	七六
		第二大队			七	六三	六	七六
		第三大队			七	六三	六	七六
		通讯队			一	五		六
		步兵炮中队			一	一〇	一	一二	特务兵系行裹内配属者
		联队炮中队			一	六	二	九	中队行裹化兵一、特务兵二
		大行裹			一	二	四	七
		小行裹				一	二	三
		小计		一	二六	二二一	二七	二七五
	步兵第二联队			一	二六	二二一	二七	二七五
	步兵第三联队			一	二六	二二一	二七	二七五
合计				三	七九	六六八	八二	八三二

续表

战车（甲）大队	本　部	一	一	三		五	
	第一中队			五		六	
	第二中队			五		六	
	第三中队			五		六	
	大队段列			一〇		一二	
	小　计	一	六	二八		三五	
骑兵（或搜	本　部	一	一	四		六	
	第一中队			一〇		一一	
	第二中队			一〇		一一	

续表

索)联队	重机枪小队				六		七	
	联队行裹				一	三	四	
	小计			一	八七①	三	一〇九②	
野(山)炮(甲)联队	本部		一	一			二	
	第一大队	本部		一			一	
		第一中队		一	一五		一六	
		第二中队		一	一五		一六	
		第三中队		一	一五		一六	
		大队段列		一	一〇		一一	
	第二大队			五	五五		六〇	
	第三大队			五	五五		六〇	
	第四大队			五	五五		六〇	
	段列			一	一五		一六	
	小计			二二	二三五		二五六	

① 原文如此，当为"三一"。 ② 原文如此，当为"三九"。

续表

工兵联队	本部		一	五		七	
	第一中队		一	一六	一	一八	小行李配有特务兵一
	第二中队		一	一六	一	一八	同右
	器材小队			二		二	
	联队大行裹			一	三	四	
	小计	一	三	四〇	五	四九	
通讯队				一	三	四	大行李有特务兵二名，小行李化兵、特兵各一名
	本部	一	一	一		三	

续表

辎重（輓马）联队	第一中队		一	六		七	
	第二中队		一	六		七	
	第三中队		一	六		七	
	第四中队		一	六		七	
	第五中队		一	六		七	
	第六中队		一	六		七	
	第七中队		一	六		七	
	小　计	一	八	四二		五一	
卫　生　队				二		一一	大行李配有化学士、兵各一，特兵一，小行李配有化学兵一，特兵四

续表

野战病院					四	本部行李配有化兵一、特兵三
总计	一〇	一三二	一〇八二	二〇	一三二八	
附记	本表系根据敌件加以整理调制而成。					

八年合计七五九次。至于飞机投掷及布毒合计仅七九次。其所以然者，盖炮兵毒弹射击为最能把握时机、最能予我奇袭之故也。考炮兵射击毒弹，又以迫击炮及榴弹炮为主，其所以然者，盖可于一定时间内集中射击多量毒剂于一地之故也。至使用吹放钢瓶及布毒车等，敌亦有准备，其部队正规编制亦完善，然在我战场似未曾实施。

毒气之战术上运用，敌人初则仅求扰乱，使用催泪性毒剂，八年合计仅二五八次。继则要求制压，使用喷嚏性毒剂解，遂兼用数种毒剂混合剂，以混淆我军。其中以“催泪喷嚏”混用之次数为最多，共三七一次。至以三种或三种以上之毒剂混用，如“催泪喷嚏窒息混合剂”，八年来合计仅十次而已。至糜烂性毒剂之使用，八年合计为七八次。

敌认为制式毒剂者仅五、六种而已，催泪性之苯氯乙酮，喷嚏性之二苯氯胂、二苯氰胂（无亚当氏气），糜烂性之苯〔芥〕子气及路易氏气，至于偶或使用窒息性之氯化苦、光气，又中毒性氰氢酸似未能成为敌制式毒剂，究其所以然者，系由于敌资源之限制，产量不多，技术上之困难等原因，对毒剂非有所偏爱也。

我中毒之死亡率逐年降低，查其原因，一方由于敌用毒之次数有所增减，他方由于我部队防毒训练加紧，官兵对毒袭知所应付。例如民国廿六年用毒次数仅九次，然死亡率达，计达二八八次。后以我防毒训练加紧，士兵对化学战性质渐多了百分之二八点六，民国廿八年用毒达四五五次，死亡率降低至百分之一五弱，廿九年度用毒次数二五九次，死亡率仅百分之一而已。至若卅年用毒次数为二三七次，而死亡率达百分之十六弱者，乃由敌用毒技术改善、用毒量增多，战斗惨烈有以致之也。

再死亡率与毒剂种类之关系据防毒官报告统计，死于糜烂性之毒伤为最多，至中催泪、喷嚏性而致死亡者，多为中毒后敌突击至我阵地，以刺刀惨杀，或救护不良等所致。再者，敌每于炮兵射击爆炸弹之前，施行毒弹射击，或同时行混合射击，士兵因之致死。

附表第十六——二十

〔附表第十六〕抗战期中敌人在华用毒次数统计表

年度＼战区＼次数	一	二	三	四	五	六	七	八	九	苏鲁	冀察	合计
廿六年度		2	5								2	9
廿七年度	2	16	23		10				41	12	1	105
廿八年度	44	117	56	25	47			3	151	3	9	455
廿九年度	19	106	41	22	20	15		10	16	6	4	259
卅 年 度	81	70	7	1	8	22	12		27	3		231
卅一年度	10	17	15		8	4	4	8	7	1	2	76
卅二年度	7	7	2		7	92	5	1	15		1	137

卅三年度	5					4	1	2	25	1		38	
卅四年度	2											2	
小　　计	170	335	149	48	100	137	22	24	282	26	19	1312	
附　　记	一、本表统计系根据抗战以来防毒军官及各部队呈报调制。 二、本表材料系以卅四年九月十五日以前为限。												

〔附表第十七〕抗战期中敌人在华用毒方式统计表

区分 次数 年度	毒烟罐	近战具	炮兵射击	飞机投掷及布毒	未详	合计
廿六年度	2		2		5	9
廿七年度	26	10	49	2	18	105
廿八年度	76	27	273	22	57	455
廿九年度	68	23	156	11	1	259
卅年度	16	9	176	30		231
卅一年度	10	14	41	6	5	76
卅二年度	30	22	41	7	37	137
卅三年度	2	9	19	1	7	38
卅四年度			2			2
小计	230	114	759	79	130	1312
附记	一、本表统计系根据抗战以来防毒军官及各部队呈报调制。 二、本表材料系以三十四年九月十五日以前为限。					

〔附表第十八〕抗战期中敌人在华用毒种类统计表

区分 \ 次数 \ 年度	二十六年度	二十七年度	二十八年度	二十九年度	三十年度	三十一年度	三十二年度	三十三年度	三十四年度	小计
催泪	3	22	116	51	33	6	20	7	1	258
喷嚏	3	38	95	57	57	9	24	5		288
窒息		7	18	7	8	4		2		46
糜烂			21	23	19	6	5	4		78
中毒						1				1
催泪喷嚏	1	25	119	80	74	29	33	10		371
催泪窒息			11	4	7	2	4			28
催泪糜烂				2	2	3		1		5
喷嚏窒息		5	12	4	6		5			35
喷嚏糜烂			1	1	4		1			7
窒息糜烂					7	2			1	10
催泪喷嚏窒息			1		6		1			8
催泪喷嚏糜烂			1	3	1			2		7
催泪窒息糜烂				1						1
喷嚏窒息糜烂								5		5
未详	2	9	60	26	7	9	44	7		164
合计	9	105	455	259	231	71	137	38	2	1312

附记：
一、本表统计系根据抗战以来防毒军官及各部队呈报调制。
二、本表材料系以三十四年九月十五日为限。

〔附表第二十〕抗战期中敌人在华用毒我军中毒伤亡统计表

年度＼区分＼人数	中毒人数	中毒后致死人数	中毒死亡率 %	
廿六年度	70	20	28.6	
廿七年度	3003	293	9.7	
廿八年度	13190	634	4.8	
廿九年度	6359	71	1.1	
卅 年 度	5930	930	15.6	
卅一年度	2306	44	1.9	
卅二年度	5051	29	0.5	
卅三年度	1059	65	6.1	
卅四年度				
合　　计	36968	2086	5.64	
附　　记	一、本表统计系根据抗战以来防毒军官及各部呈报调制。 二、卅四年中毒及致死人数具报不详，故未填入。 三、本表材料系以卅四年九月十五日以前为限。			

抗战八年来敌人在华使用毒气一览表

识别	性能	有效时间	防护方法	备考
一、苯氯乙酮				
1. 施放后呈无色至白色烟雾，有类似莲花味。 2. 亦可制成溶液使用。	1. 催泪作用迅速。 2. 虽数量甚少，即能发生效力。 3. 皮肤暴露部分即感受刺激。 4. 上项作用在离开毒气之后随即消失，不留伤害。	1. 施放后有效时间约十分钟。 2. 溶液较持久。	1. 戴防毒面具。 2. 防毒眼镜亦属有效。	此次〔种〕毒气在第一次世界大战尚不知使用，战后方能认识，因具有卓越之催泪能力，曾用于警务及军队防毒训练方面，但正式用于作战尚以此次抗战始。
二、二苯氯胂				
1. 施放后呈无色至淡黄色烟雾，有强烈之刺激性。	1. 作用较苯氯乙酮稍缓，消失亦较难。 2. 刺激眼部及皮肤暴露部分，对于呼吸道上端刺激最为明显。 3. 中毒后流泪、喷嚏，鼻流清水，喉痛、胸闷，中毒重者往往口鼻出血昏倒。	约十分钟。	1. 戴防毒面具。 2. 防毒面具保护不良者，而毒气仍可通过。 3. 防毒口罩效力甚微。	

续表

	4．颇少致死。昏倒人员经数小时后复原。			
三、二　苯　氰　胂				
1．施放后呈无色至淡黄色烟雾，有略带苦杏仁嗅。	同上。惟作用较强。	同上。	同上。	
四、氯　化　苦				
1．施放后呈无色或黄色液滴，有臭虫嗅。	1．催泪并产生恶心呕吐。 2．兼有窒息作用，但伤害能力并不卓越。	在一小时以上。	1．防毒面具。 2．佩戴防毒口罩及眼镜亦有同样功效。	仅见用于三八式炮弹内，且大部分并久失效。

五、氰　氢　酸

续表

1. 无色液滴，气化后无色，有似苦杏仁嗅。	1. 中毒最快，头昏目眩。 2. 胸部紧压。 3. 呼吸困难。 4. 四肢麻痹。	数分钟。	防毒面具。	此种毒气比重小，不持久，不易使用。此次战争在我战场发现，确系首次。
六、芥气				
施放后呈无色或黄色液滴，有葱蒜嗅。	1. 伤害能力极强，吸入或沾染后，无论体内体外接触处皆受伤害，发炎症。 2. 能突透普通皮革及纺织品发生作用。 3. 毒作用最为复杂，中毒后经相当时发作。 4. 治疗费时日，但死亡率可降低。	由数小时至数日。	1. 完全防护颇困难。 2. 戴防毒面具保护头部及呼吸气官，并在身体重要部份涂防毒剂膏。	芥气为第一次大战最有效之毒气，曾被喻为毒气之王。
七、路易氏气				
1. 施放后呈微黄色及无色蒸气，有天竺葵嗅。	同上。惟刺激较强，毒性发作较速。	同上。	同上。	路易氏气第一次世界大战未及使用。
附记	一、上项毒气皆由敌用兵器经过化验之后确定。 二、据俄顾问拉巴新氏报告，敌尚使用光气及氧化碳，待查证。			

〔附表第二十一〕抗战期中敌在各地使用毒菌毒物调查表

年·月/日	被毒区域	散布方式	用毒象徵	中毒症状	伤亡情形	备考
27·4/5	宣城、广德	飞机散布		天花、白喉，传染甚速。		
27·5/29	浙江绍兴柯岩乡	六架飞机洒散	蛛网状白丝，机过即散。			三战区二八年情报
27·6/10	张渚附近桥下胥井	利用小贩在苏州、无锡贩酒出售。				三战区情报
27·7/16	峨哼	将毒拌入食盐，利用盐贩由芜湖往返运输。	盐带绿色			化验后似含木鳖。三战区情报。
	繁昌西北狮子山	投毒湖中	鱼介均死			三战区情报

续表

	马家坝	通毒于刀牌纸烟		重者吐血不止，轻者神经昏瞶。		同上
29·10/4	衢州	飞机散播	麦子夹跳蚤	十日后发现鼠疫	十天死四十人	
29·10/5	诸暨	轰炸机一架播散	白色丝状物，无异臭。			化验结果载《防毒月刊》一卷五、六期合刊
29·10/27	宁波	飞机散播	麦子夹跳蚤	三日后发现鼠疫	半月死五十余人	军医署闽浙办事处消息
29·11	金华	轰炸机二架散放	黄白色液质，降如细雨，落地经久不散。			
30·2	广德城西南	飞机一架撒布	白纸筒内装毒物，着地破烂，臭气逼人，纸条横飞。		未伤人畜	军令消息

续表

29·12	金华	飞机施放	白烟落下成白粉，又如鱼子。			经金华、民众两医院化验，为鼠疫菌，并有杂菌。
30·11	常德	飞机一架散放	麦谷、破布颗粒、棉质纸等物，内含鼠蚤。	接触后即中毒死亡，为鼠疫症。	死亡约二十余	六战区情报
30·11/4	南靖	飞机掷下	球形白色继现无数细丝较蛛丝稍粗，落缠树枝上变蚊，将蚊打死即成灰粉。			刘建绪代电
30·11/20	南靖	飞机掷下	梧桐花瓣甚多	五岁童子误食而死		

续表

30·12/初	福建龙溪	飞机一架投下	圆形落地无声之毒弹，即变蛛网状之细丝，数分钟化为蚊，蚊咬人出血，中毒而死。	传染甚速		闽省卫生处检验发现有旋糖、麦芽糖，发酸，似为浓染无动性短杆菌。
31·2	伊盟黄河右岸	撒于草滩水井中	毒粉	鼻孔流涕，周身战慄。		八战区傅副长官部情报
31·3	绥西丁江湾	病菌队四十余人，投毒于水井、河江中。	水中起白泡沫	头、喉、胃周身疼痛、软麻，发热、涕泪，战栗。		军医署消息
31·3	绥西一带	播撒鼠疫			巳死二百余人	当局实行封锁焚烧，八战区傅副长官部情报。

续表

31·5/25	湘乡善首乡狗尾塘、石板塘等地。	飞机八架投掷塘中	玻璃纸包内装黑小粒，着地纸即烧去纱带束腐黑稻草。			湖南省防空司令部情报
31·7	广东陆丰	飞机七架，散布两种。	一如飞蚊，赤色，一如蜘蛛丝，有粘质。			七战区情报
31·9/1	宜昌沿头溪	飞机一架散下	类似白色纸片，遍寻无着。			兵工署转下
31·9/20	宜都、莲花乡、边路滩、石洋山等地。	侦察机一架散下	初降如苞谷叶，色黑，映日光则显透明白色之蛛网，胶质，转瞬不见。			同上
31·9/22	恩施	飞机一架投掷	类似蛛网状胶质体			六战区情报
31·10	垣曲城内	强迫打针		断绝生育		八集团军情报，似花柳菌苗。

续表

32·1	江山南蔡家山、上下毛村、七里岗。	藉振济为名，施散馒头。	馒头边黑色	腹痛、呕吐、水泻。	死三十余人	三战区情报，似系微菌一种。
32·5/30	三斗坪	通毒于三一牌烟中				六战区情报

前方误为毒伤所致，实不准确也。

至敌企图使用毒菌战，已如绪言所述，本表所列系以正式报告为根据而调制者。

附表第二十一(见第956页)

四、敌驻华之化学部队及工厂概况

敌来华之化学部队，除第二节所述之临时部队，列表于后，以供参考。

查敌来华部队主要驻地为太原、广州、汉口、宜昌等地，盖太原为敌北方用毒之部队及供应根据地，而汉口、宜昌则为华中一带用毒部队供应根据地，广州则为华南一带用毒部队供应根据地也。唯以前敌之化学部队调遣频繁，番号变动不常，故该表仅列最近调查之在华部队情形。

附表第二十二

〔附表第二十二〕敌军化学部队及所在地区调查表

部队名称	所在地区	备考
毒气重炮队	叶县(河南省)	代字吕总禀三部队(恩施卅三亥世代电)
化学兵(一师团)	南京中央大学	顾长官卅四年辰齐电

又敌在华大规模使用毒气战，其毒剂及兵器除由本国大阪、东京各毒气厂补给外，复在我国较重要之据点，利用我原有兵工厂、化学厂，改为毒气制造厂，大量供应。例如，我沈阳兵工厂系我国规模颇大之兵工厂，其中即附设毒气厂，沈阳兵工厂所制毒气炮弹，不乏为我所卤获者。至历年敌在我国各大都市，如南京、广州、汉口、宜昌、太原、济南等地，设立小规模毒气弹装配工厂，或弹药库，或利用我国原有兵工厂改制毒弹，皆系适应作战之需要而临时成

立，不久即行撤销者，兹从略。

附表第二十三——二十四

〔附表第二十三〕敌毒气兵工厂所在地区及产量调查表

厂　　名	所　在　地　区	备　　考
南京化学兵工厂	南京中山门外孝陵卫后街中国农业实验所内	工人约二千余顾长官三四年辰齐电
浦口化学兵工厂	栖霞山下	顾长官三四年辰齐电
毒瓦斯工厂	东山车站北大候庄	何柱国三四年辰有电
济南洛口兵工厂	济南洛口	同上。每日可制毒弹二四〇〇枚。
德州兵工厂	德州	中央社老河口卅四年一月二日电，向当地强征用品。
沈阳兵工厂 瓦斯工厂	沈阳	据敌俘德永清口供，称沈阳兵工厂内分兵器、火药、铸物及瓦斯等厂。

五、卤获敌化学战资料及兵器照片

查敌化学战资料及兵器系用毒重要之物证，为情报判断之根据，本处历年搜集颇为不易，唯因我军常不注重敌文件资料，往往遗失毁坏，或未能运至后方，殊可惜也。

附表第二十五——三十三〔略〕

六、敌在华战例及其有关图表

用毒战例为研究敌化学战术重要参考，唯敌每次用毒虽频繁，但作战规模大者不多，其中足资研究者为常德战役、宜昌战役。常德战役不仅其用毒次数达77次，而我军中毒者亦达1300余人，且用毒方式兼施放、炮击、掷弹筒、飞机多种。

〔附表第二十四〕敌在华各地所存化学兵器种类及数量

兵器种类	数量	所在地区	备考
毒气弹	八〇〇箱	长沙浏阳门外十字岭	顾长官辰齐电卅四年五月一日由岳阳运抵
同上	巨量	宜昌各据点	恩施卅四年寅虞电
同上	二〇〇〇箱	石首	一〇〇军李天霞辰元电
同上	大量	上海	中美合作所潘其武七月四日函大阪兵工本年制，十三军领用。
同上	数箱	武汉	恩施四月十九日代电关东军携带
毒气地雷	不详	埋置仙岳地区佛子岭一带	鲁道源卅四年辰世电

常德敌于十二月七日攻傅家庙（刘家场西）时，其炮兵即射击喷嚏性毒弹达五百余发之多。

再，常德用毒乃使用炮兵射击最多之一次，以炮兵射击易于短时间内集中炮火射击毒剂、奇袭我军也。

常德一役敌虽大规模用毒，但我军因应付有方，防毒排亦出动作业。如十一月三日下午敌犯南县用毒时，我一六三师之防毒排

编号	名称	时间	地点	使用战剂	使用方法	战果	备考
一	香口战役	廿七年六月廿六日	安徽至德县香口镇	喷嚏性二苯氯胂	吹放	我军因防毒面具未全，见敌毒烟纷向后退，致高地为敌占领。	
二	安庆战役	廿七年七月三日	流斯桥附近	喷嚏性毒剂	吹放	流斯桥辎重全部陷入我军包围，辎重车辆甚为危险，遂以担任掩护之步兵放射特种烟筒，迫击炮段列及工兵安然脱险，车辆亦得集结。	
三	高安之役	廿八年五月十八日	高安赤土岗	催泪及喷嚏性	炮兵射击	中毒官兵廿余人，敌之企图在扰乱与威吓我军。	
四	毒袭临河	廿九年二月十七日	绥远临河县城	糜烂	飞机投弹	结果中毒者一百三十七人，送往当地医院治疗。后调查中毒症状为流泪、胸部内胀、呼吸迫促等，睾丸糜烂、皮肤起泡红肿等。被毒区域十余日后，该区域仍有中毒军民数十人。	

续表

五	玉京山战役	廿九年五月一日	山西阳城玉京山附近	喷嚏及催泪性毒气	吹放及炮射击	敌此次使用毒剂吹放及射击天候虽宜，但地形复杂，且我官兵处置得法，故敌企图迄未达到，终被我军击退。	
六	宜昌之役	第一次卅年十月八日午后九时至十时，第二次十月九日午后二时，第三次十月十日午后四时。	湖北宜昌东山寺、峰子岭、烟墩包及宜昌城内。	喷嚏、窒息、糜烂性三种。	炮兵射击、飞机投弹及洒毒。	我军此次发动之宜昌攻势，其任务有二：(1)策应湘北作战。(2)相机收复宜昌。会战结果由奇袭而分别包围、强攻，连续攻克大小据点六十余处。	
七	垣曲之役	卅一年十二月十八日	河南渑池南村、班村、起沟、涧口等。	糜烂、中毒性两种。	炮兵射击	此次敌人用毒动机，据判断防我北渡游击，先行扰乱，次掩护南渡，掠我资源，而我官兵均能适时防御，沉着应战，敌终未得逞。	

续表

八	稷山之役	卅二年六月一日午后十二时	山西稷县马首山	糜烂性	同右	当毒袭时仅留少数兵力扼守占领阵地，余退至无毒地区。除毒伤官兵五员、士兵十八名外，余无任何影响。	
九	湘鄂战役	卅二年十一月三日至十二月廿日	(一)南县、津市二次。(二)仁和坪、子良坪、刘家场等地计十八次。(三)常德附近及城区计三十六次。(四)鄂西宜、当京、钟各附近计十五次。(五)慈利、桃源附近计四次。(六)其他据点计二次(杨家沟、姜家沟因所报县属未详)。	喷嚏剂为主，间或用催泪窒息及糜烂等剂	大部皆属炮射，近战兵器次之，亦有飞机散放者	我军在此战役虽较前各战役为最多，阵地因毒而失陷者八次，攻入敌阵因毒退出者四次，其他各次对于战况均无若何影响。在此役中四十八天，总伤我官兵一千三百余员名，但因毒而死亡只四名，一方系我部队防毒心理之健全及防毒训练之完善，毒气威力终毁灭不了我忠勇官兵杀敌之勇气。又此次战役我部队防毒排能于每袭时执行侦消救等毒任务，实开我防毒之新纪录。致战争结束时，各地均相继收复，恢复原有态势。	本战役敌施毒次数最多，此计其湘鄂各地最显著者。
十	常德战役	卅二年十二月一日	常德	喷嚏糜烂	炮射手掷	常德不幸被放弃	

即前往侦察。又廿二日营盘岗用毒，我防毒排亦前往救等是也。故敌未遂其用毒企图。此实防毒训练加强之效果也。

宜昌一役，敌用毒方法为使用飞机投毒气弹，并以糜烂性战剂为主。衡阳、长沙战役，敌用毒以攻坚为主要目的。总之，各次战役皆足以代表敌用毒一般方式者也。

附表第三十四

再宜昌敌用毒情形，引起国际间之重视，纷纷派遣记者、武官前往实地调查，得有确实详细之铁证，其中糜烂重伤官兵并迁重庆陆军医院治疗，本处特派员前往详细调查毒伤情形，摄得各官兵中毒惨状并调查作战中毒情形，编制报告呈阅。

军政部防毒处汇获敌军化学战资料登记表(毒伤)

编号	名称	来源	内容	用途	备考
一	中毒官兵检验报告书		(一)卅年十月宜昌战役毒伤官兵送渝检验花名册 (二)卅年十二月中牟战役中毒士兵送渝检验花名册 (三)卅一年五月宜昌之役毒伤士兵送渝检验花名册		
二	陆军一〇六师六三五团第三连兵李忠义毒伤照片		廿九年一月十二日上午十一时，在山西壶关东西河南村，该兵中敌糜烂性毒气，经七二兵站医院医治，然背部仍遗有伤痕，并右眼失明。		
三	福建保安第二团三大队上尉中队长朱联英毒伤照片		卅年七月廿四日福清东张战役，敌向我施放芥气，朱队长中毒惨重，救治八日，终因肺部中毒过重，八月一日殉国。		
四	福建保安二团三大队中尉分队长冯斌毒伤照片		卅年七月廿四日福清东张战役，敌向我施芥气，该员足部糜烂。		

续表

编号	名称	来源	内容	用途	备考
五	福建保安二团三大队中士班长陈玉书毒伤照片		卅年七月廿四日福清东张战役,敌向我施放芥气,该员背部全部糜烂。		
六	福建保安二团三大队上等兵刘国金毒伤照片		卅年七月廿四日福清东张战役,敌向我施放芥气,该兵全身中毒糜烂。		
七	福建保安二团三大队上等兵韩其美毒伤照片		卅年七月廿四日福清东张战役,敌向我施放芥气,该兵臀部糜烂。		
八	福建保安二团三大队上等兵林瑞英毒伤照片		卅年七月廿四日福清东张战役,敌向我施芥气,该兵肩背大部糜烂。		
九	一六七师五〇一团通信排上等兵权四成毒伤照片		该兵左脚受糜烂性毒剂之情形		
一〇	一六七师五〇一团八连一等兵玉福钦毒伤照片		该兵两膝及两脚中糜烂性毒剂情形		
一一	一六七师五〇一团卫生队一等兵武法志毒伤照片		该兵两膝及两脚中糜烂性毒剂之情形		

续表

编号	名称	来源	内容	用途	备考
一二	一六七师五〇一团八连一等兵马哈毒伤照片		该兵膝盖脚部中毒情形		
一三	十七军八四师二五一团二营上等兵史恩堂毒伤照片		卅一年十二月十八日被敌□池炮兵队向河南渑池南村施放糜烂性毒剂，该兵中毒胸部溃烂情形。		

抗战八年来送渝中毒官兵检验花名册

部队	阶级	姓名	籍贯	中毒日期	中毒地点	毒伤部位	备考
9师·26团 3营·8连	中尉	王兴发	湖北鄂城	卅年十月八日	湖北宜昌	头、胸、臀部及两足背部	
9·26 3·8	上等兵	李燮如	湖北广济	卅年十月八日	同上	头、面、胸、腹、臀部及四肢	
9·25 3	一等兵	陈述钊	四川成都	同上	同上	头、胸、腹、背部及四肢	
9·26 3·8	上士	唐祝凡	四川渠县	同上	同上	头、胸、背、肩及臀部	
9·25 2·6	中士	田志清	贵州铜仁	同上	同上	头、胸、背、臀部	
9·26 3·8	上等兵	李扬高	四川安岳	同上	同上	头部右侧、胸部及下肢	

续表

9·26 3·8	二等兵	王天祥	四川名山	卅年十月八日	湖北宜昌	头、面、胸、背、腹等部及四肢	
55·164 3	上尉	任全胜	山东兖州	同上	同上	头、面、肩、胸、背等部及左足右大腿	
76·226 1	一等兵	张凯	四川成都	同上	同上	头、胸、腹部及四肢	
76·226 7	一等兵	魏中华	贵州镇安	同上	同上	头、胸、腹部及右上肢下肢	
76·224 1	一等兵	杨丕云	云南元煤	同上	同上	头、胸、腹、背部及四肢	以上各员名系卅年宜昌战役毒伤，军政部第五陆军医院检验□报。
110 特务	二等兵	钟永和	四川梁山	卅年十二月六日	中牟五里岗	两腿、会阴、胸、腹及嘴角部	

续表

110 特务	二等兵	张莲增	河南方城	同上	同上	臀部、会阴、下腹、上肢	
110 特务		王连生	河南南阳	同上	同上	面部、会阴、右腿	以上各名系卅年中牟战役中毒，军政部军医署检验。
121·362 1·3	上士	陈元良	贵州遵义	卅一年五月二日	湖北宜昌	右肩胛部	
121·362 1·3	上等兵	陈占奎	贵州毕节	同上	同上	臀部	
121·362 1·3	下士	王洪昌	贵州遵义	同上	同上	胸部	
121·362 1·3	一等兵	曾超品	湖北枝江	同上	同上	右肩部、两大腿	
121·362 1·3	下士	吴恢武	贵州江口	同上	同上	背、臀部	

续表

121·362 1·3	一等兵	刘开文	湖北宜昌	卅年十月八日	湖北宜昌	背、臀部及两大腿	
121·362 1·3	一等兵	韩礼门	四川云砀	同上	同上	两眼、上肢及背部	
121·362 1·3	一等兵	刘成杰	湖北南漳	同上	同上	右手无名指及膝部	
121·362 1·3	下士	胡布元	湖南澧县	同上	同上	胸、背、臀及膝部	
121·363 1·3	上等兵	朱一成	四川屏山	同上	同上	两眼及臀部	
121·363 3·7	一等兵	伍胜章	四川綦江	五月四日	同上	左上肢□部及两大腿	
121·363 3·7	一等兵	蔡德万	四川岳池	五月四日	同上	两肩、背、右臀部	

续表

121·363 3·7	二等兵	何德明	四川彭水	同上	同上	背部及上下肢	
121·363 3·7	上等兵	王定义	安徽阜阳	同上	同上	背臀部及两大腿	以上各员名系卅一年宜昌战役毒伤，军政部第五陆军医院检验。

七、我国防毒对策之检讨

我国防毒业务初始于敌淞沪用毒，其后任务即日益艰巨，工作繁重，虽人员、器材缺少，然犹负荷重任，以完成其配合国军作战之伟大任务，已八年于兹。本编既已详论敌化学战情况附以论断，今更检讨我国八年来讨〔防〕毒之对策得失，以实本编，藉为建军之参考，语云“前事不忘，后事之师”，即此之谓也。

夫“善战者，先为不可胜”，然后“以待敌之可胜”，防毒者乃“先为不可胜”之对策，“不可胜在己”，故防毒之主眼在如何讲求“在己”之道。

“在己”之道者，首须健全防毒之组织，充实防毒之器材，提高官兵防毒之技能，灌输毒伤之知识，配属防毒部队于战地，斯即防毒对策实施之要则也。

检讨八年来防毒业务实施之情况与夫所获之经验与教训，足资参考改进者有五：

（一）部队防毒训练之实施，经八年来战斗之考验，确知防毒训练为部队不可或少之工作。查本处成立于抗战开始，当时鉴于敌蓄心用毒与夫我国部队无防毒之训练，即派遣防毒军官至各作战部队担任训练及化学参谋之业务，后复历次派遣防毒教育组实施全国之巡回教育，虽环境艰苦，阻碍颇多，然仍施教不辍，颇收效果。凡曾受防毒训练之部队，即对化学战获有相当之认识，对敌毒剂及战法获有深刻之印象，作战之际乃知应付，不为毒袭所乘也。

常德一役，国军大部份皆曾受防毒训练，敌虽用毒剂而守军仍能屹立不动，坚守据点，士气不稍动摇者，盖亦为防毒训练加强之效也。今后我国鉴于八年血战之经验，则加强部队之防毒训练，灌输新军以必要之化学战智识技能，实为当今建军之要务。

（二）防毒器材之欠缺，实为我国建军应加改善之重要缺点。夫器材乃实施任务之工具，语云“工欲善其事，必先利其器”，未有徒手而驱之作战者。抗战八年，物资短少，后方军需物品不克供应作战所需，致各部队防毒器材不但因陋就简，且无法供应全国部队之需求，且使训练工作展开迟缓。反观敌军，则不但其正规化学部队器材充实，装备完善，即陆海空军勤务所装备之防毒器材亦远较我为完善优良，第一线作战官兵皆携有防毒面具及毒伤医疗包等等，其消毒、侦毒及气象站等设备，皆切于实用，器材充实。夫敌乃侵略国，操主动之权，然其部队对防毒器材仍竟为装备，不敢或忽，则我国今后建军，自更应设法急起直追，迎头赶上始为得策也。今当建国建军开始，即应积极充实我新军之防毒器材，改良侦、消、救各方面之仪器用品，成立全国军用气象站、测候所等等，藉以配合新军整训之伟大任务。

（三）防毒业务之组织及防毒工作之展开，历年虽有进展，然以全国国军防毒业务为对象，则深感人员不敷，组织未臻完善，业务之推进犹须设法改善。试观敌军之防毒勤务人员，其配属、编制极为完整，其指挥系统则极为严密，其任务则甚为明确，其地位则为重要，其事权则极统一，不独负参谋建议之权，且负有参加一般作战及指挥化学兵队等之职权。且其历次用毒，考察其作战命令及作战日记文献等，知其各级指挥官与化学战配合妥当，团结协同，运用自如，故业务易于推进，效率易于增加。“知己”必先“知彼”，鉴于敌之化学战情况，我国今后防毒工作改进之道，在调整我国现有之部队防毒组织，采美部队之长，加强各级防毒勤务人员，确实建立化学参谋业务及成立攻守两用之现代化化学部队，以及继续训练新的化学军官干部，藉使迎头赶上，以达成其配合国军之重大任务也。

（四）语云“最善之防御在攻击”，故若能敏速搜集敌情判断敌之企图而先发制人，以消灭其用毒设施，则为防毒对策之上焉者也。今后我军建设现代化国军，不但须注重化学战之编制装备之调整，更应注重敌情搜集、判断其企图，以谋“先机”制人，筹适当之对策为要也。

（五）建军为建国之首要，而讲求国防当注意今后战术思想之变迁。八年以来鉴于抗战之经验教训，深知今后战术指导原则，当注重运动战，今后国防当注重积极之防御。以号称世界铁墙之马其诺防线、齐格菲防线，不转瞬即为敌所摧毁。今后建国不但讲求防御之策，更应建立富于运动性之兵种。查化学兵种乃适应攻击之战术而产生者，化学战争乃攻击性之突破战术也，欲防御敌之攻击，即当讲求我之攻击，所谓“以毒制毒”，又为我今后建军所深为考虑者也。

总之，八年以来，我军经不断之训练，对化学战已获普遍之认识，各级指挥官复能发挥其旺盛之攻击精神，沉着应付，勇往迈进，且能化险为夷，破坏敌用毒之企图，不乏其例也。

至我各级防毒人员独当一面，负艰苦之任务，于器材缺少、环境恶劣之际，犹能坚守岗位，达成任务，斯诚抗战史上不可磨灭之事实也。

〔军事委员会军政部兵工署档案〕

（四）日本侵略者的投降

1．中、美、英等国促令日本投降的开罗宣言

（1943年12月1日）

开罗宣言

一九四三年十一月二十七日，罗斯福总统、蒋主席、邱吉尔首相，偕同各该国军事与外交顾问人员，在北非会议终了后所发表声明如下：

各军事设施乃对日本将来之军事行动所协议而成，我三大同盟决心以不松弛之压力，从海陆空各方面加诸残暴之敌人，此三项压力已经在增长之中。

我三大同盟国此次进行战争之目的，在於制止及惩罚日本之侵略，三国决不为自己图利，亦无拓展领土之意思，三国之宗旨，在剥夺日本自从一九一四年第一次世界大战开始后在太平洋所夺得或占领之一切岛屿，在使日本所窃取於中国之领土，例如东北四省，台湾，澎湖群岛等，归还中华民国。其他日本以武力或贪欲所攫取之领土，亦务将日本驱逐出境。我三大盟国，稔知朝鲜人民所受之奴役待遇，决定在相当时期，使朝鲜自由独立。

根据以上所认定之目标，并与其他对日作战之联合国目标一致，我三大盟国，将坚忍进行其重大而长期之战争，以获得日本之无条件投降。

〔国民政府国防部二厅档案〕

2. 中、美、英等国敦促日本投降的波茨坦公告

(1945年7月26日)

波茨坦公告

一九四五年七月二十六日于波茨坦发出。

一、吾等美国总统、中华民国政府主席、及英国首相，代表吾等亿万国民，业经会商并同意对日本应予以一机会，以结束此次战争。

二、美国、英帝国及中华民国之庞大陆海空军，藉由西方调来之军队及空军，业已增强数倍，即将予日本以最后之打击。彼等之武力，受所有联合国之决心而支持及鼓舞，对日作战，不至其停止抵抗不止。

三、德国无效果及无意识抵抗全世界激起之自由人民力量，所得之结果，彰彰在前，可为日本人民之殷鉴。此种力量，当对付抵抗之纳粹时，不得不将德国人民全体之土地、工业及其生活方式摧毁殆尽。然现在集中对付日本之力量，则较之更为庞大不可衡量，吾等之军力更加以吾人坚决之意志为后盾，若予以全部实施，必将使日本军队完全毁灭，无可逃避，而日本之本土，亦必终归全部破坏。

四、现应即早决定，日本是否仍应继续受其一意孤行，计算错误，使日本帝国已陷于完全毁灭之境之军人所统制？抑或走向理智之路？

五、以下为吾人之条件，吾人决不更改，亦无其他另一方式，犹豫迁延，更为吾人所不容许。

六、吾人坚信，若不将穷兵黩武之军国主义驱出世界，则和平安全及正义之新秩序不能产生。故决将欺骗及误导日本人民使其

忘欲征服世界之政权及势力，永远以扫除。

七、直至如此之新秩序成立时，及直至日本制造战争之力量业已毁灭有确实可信之证据时，日本领土经盟国之指定必须占领，俾吾人在本公告中所陈述之基本目的，得以完成。

八、开罗宣言之条件必将实施，而日本之主权必将限于本州、北海道、九州、四国及吾人所决定其他小岛之内。

九、日本军队，在完全解除武装以后，将被允许返其家乡，得有和平及生产、生活之机会。

十、吾人无意奴役日本人民，或消灭其国家。但对于战争人犯，包括虐待吾人俘虏在内，将处以法律之裁判。日本政府必须将阻止日本人民民主趋势之复兴，及增强之所有障碍予以消除。言论、宗教及思想自由，以及对于基本人权之重视，必须成立。

十一、日本将被许维持其经济所必需，及可以偿付货物赔款之工业，但可以使其重新武装作战之工业不在其内。为此目的，可准其获得原料，以别于统制原料。日本最后参加国际贸易关系当可准许。

十二、上述目的达到，及依据日本人民自由表示之意志，成立一倾向和平及负责之政府后，同盟国占领军队当即撤退。

十三、吾人通告日本政府，立即宣布所有日本武装部队，无条件投降。并对此种行动有意实行予以当适之各项保证。除此一途，日本即将迅速完全毁灭。

〔国民政府国防部二厅档案〕

3. 重庆中央社关于葛拉斯理转日本投降建议照会的电讯

（1945年8月11日）

（重庆十一日中央社电）：据美新闻处华盛顿十一日电，瑞士代办葛拉斯理，十日转美国关于日本投降建议之照会原文如次：

"鄙人谨通知阁下，日本驻瑞士公使，奉其本国政府之命，已要求瑞士政府，以下列诸事通知美国政府。（中间一段与十日东京广播之投降建议相同），日本公使，在致送上述电文时，并日，其本国政府，要求美国政府经由瑞士致送答复日本，并经由瑞典向英、苏两国政府，经瑞士政府向中国政府，提出同样要求。中国驻瑞士公使，亦已经由瑞士政府获得上项通知。鄙人已准备随时接收美国政府之复文，并转致敝国政府。谨向阁下表示最高敬意。葛拉斯理瑞士暂行代办使事。"

〔国民政府国防部史政局及战史会档案〕

4. 中、美、英、苏等国接受日本投降的复文①

（1945年8月11日）

一九四五年八月十一日，美国务卿贝尔纳斯代表中、美、英、苏答复日本求和照会，由瑞士驻华盛顿代办转交日本政府，兹将其要点摘录如下：

1. 日本天皇应授权日本政府向盟国无条件投降，并下令日本海陆空军停止战争。

2. 日本天皇应接受盟国最高统帅之命令。

3. 日本将来政权应由日本人民自决。

4. 一切盟方俘虏及被拘留人民应立即运至安全区域，以备运送回国。

5. 盟军驻管日本至完成波茨坦宣言所指定之任务为止。

〔国民党中央执行委员会秘书处档案〕

---

① 系该复文之摘要。

5.《中央日报》关于日本政府广播请求投降的报道

（1945年8月11日）

（中央社讯）据东京十日广播：日本政府，本日以下列照会，分致瑞士及瑞典政府，托其转致中美英苏四国。日本天皇，切望促进世界和平，早日停止战争，俾天下生灵，得免因战争之持续而沦于浩劫。日本政府，为服从天皇陛下之圣旨起见，已于数星期前，请当时仍居中立地位之苏联政府出面斡旋，俾对诸敌国得恢复和平。不幸此等为促致和平之势力，业已失败。日本政府，为遵从天皇陛下恢复全面和平，希望战争造成之不可言状之痛苦，能速告终结起见，乃作下列决定：日本政府，准备接受中美英三国政府领袖于一九四五年七月二十六日在波茨坦所发表，其后经苏联政府赞成之联合宣言所列举之条款，而附以一项谅解曰：上述宣言，并不包括含任何要求有损天皇陛下为至高统治者之皇权。日本政府，竭诚希望（广播至此中断，并声明请听众稍候，继续收听。昨晚十一时半，恢复续播下列一段。）此一谅解能获保证，且切望关于此事之明白表示，迅速获致。

〔国民政府国防部史政局及战史会档案〕

6.《贵州日报》转发中、美、英、苏接受日本投降的复文

（1945年8月12日）

（重庆十一日中央社电）据美新闻处华盛顿十一日电：美国国务卿贝尔纳斯送交瑞士公使馆代办葛拉斯理，托其转达日本政府之对日本投降建议复文，全文如下：

代办阁下：八月十五之照会奉悉。兹复者，美国大总统已嘱鄙人代表美英苏中四国政府致函阁下，俾经由贵国政府转达日本政府。关于日本政府来电接受波茨坦宣言之条款，然有下列一点，‘附以一项谅解曰：上项宣言，并不包含任何要求有损天皇陛下为至高统治者之皇权。’吾人所采立场如下：自投降之时刻起，日本天皇及日本政府统治国家之权力，即须听从盟军最高统帅之命令。最高统帅将采取其认为适当之权力，实施投降条款。日本天皇，必须授权并保证日本政府及日本帝国大本营，能签字于必须之投降条款。按波茨坦宣言之规定能获实施，且须对日本一切陆海空军当局，以及彼等控制下之一切部队(不论其在何处)发号施令，停止积极活动，交出武器。此外，并须发布盟国最高统帅在实施投降条款时所需之其他命令。日本政府在投降之后，应立即将战俘及所扣侨民，运至指定之安全地点，俾能迅速登同盟国之运输船只。按照波茨坦宣言，日本政府之最后形式，将依日本人民自由表示之意愿确定之。同盟国之武装部队，将留于日本，直至波茨坦宣言所规定之目的达到为止。贝尔纳斯(签字)国务卿。”

〔国民政府国防部史政局及战史会档案〕

7. 日本政府关于投降致中、美、英、苏政府电

(1945年8月15日)

一、关于日本接受波茨坦宣言之各项规定事，天皇陛下业已颁布敕令。

二、天皇陛下准备授权，并保证日本政府及日本大本营签订实行波茨坦宣言各项规定之必需条件。

天皇陛下并准备对日本所有海陆空军当局及在各地受其管辖之所有部队，停止积极行动，交出军械，并颁发盟军统帅部所需执

行上述条件之各项命令。

〔国民政府国防部史政局及战史会档案〕

8. 军令部关于日本投降专使赴马尼拉洽降纪要

(1945年8月23日)

受降纪要　中华民国三十四年八月廿三日
军令部第二厅第一处

日本方面(综合十八至廿二日各方情报):

一、日本洽降专使、大本营副参谋总长河边虎四郎中将等一行,于十九日飞抵马尼拉参与受降会议,并供给盟方关于登陆占领日本本土所必需之情报。

二、河边专使等于廿一日晨,携带盟国统帅部训令返东京,递呈日政府及大本营。

三、据日播:首批盟国占领军,将于廿日以后由空运登陆日本。第二批由军舰载往。

四、登陆日本之美军先头部队,携带各种武器,以备遭遇意外之袭击。

五、盟国最高统帅麦克阿瑟元帅,于廿六日向日本广播,希望于十日内,在东京签订日本之正式投降文件。

〔国民政府国防部档案〕

9. 军令部关于同盟国在东京湾准备受降纪要

(1945年8月27日)

一、日本投降协定,经盟军最高统帅麦克阿瑟元帅改于九月二日(原定八月卅一日签字,因廿二至廿三日受台风影响，特予展期。)在停泊东京湾内之美国“米苏里”号舰上正式签字，各国参加代表如左：

中国：徐永昌上将。

美国：尼米兹元帅。

英国：福拉塞海军上将。

苏联：狄里夫扬柯夫中将。

澳国：布莱梅上将。

法国：莱克勒将军。

荷国：赫夫里区中将。

加拿大及新西兰代表尚未派定。

(八月廿三日美方公布)。

二、日本大本营称：日本本州、四国、九州及其他各地之战斗行动,已于八月二十二日零时完全停止。

(八月廿三日美方公布)。

三、美军十四至十七个师,已由菲岛开琉球本岛,准备从事初期占领日本本土。

(八月廿三日美方公布)。

四、美、英舰队,均在日本近海守候,准备进入东京湾,又于举行投降仪式当日,澳国亦派舰队一队参加。

(八月廿二及廿六日美方公布)。

五、政府下令：凡在首批盟国占领军驻扎区域内(自千叶县之□川以东起,经千叶、多摩川口、府中、八王子、厚木至伊豆半岛一线内)之日军,应尽速提前撤退。上述地区之治安,由警察及宪兵负责维持,并准带小型武器。

(八月廿二日日方广播)。

六、占领东京之任务,定八月底完成。首批占领军有地面部队二万余人。

（八月廿二日日方广播）。

七、盟军空运部队降落机场，为千叶、厚木、横须贺等地机场。

（八月廿二日美方公布）。

八、盟军空运部队，将于九月一日起，在鹿儿岛之鹿屋机场进行大规模降落。舰载部队则于九月二日起，在机场以西之高须登陆。该地及附近日方武装部队即将撤退。

（八月廿二日日方广播）。

九、麦帅警告日大本营称：日机如奉命不论在何地起飞，将遭美机追击。各日机不准以任何方式飞行，否则，视为威胁占领军。

（八月廿四日美方公布）。

十、日本投降条款摘要（八月廿三日美方公布，全文共六条二十二款）：

第一条　下列各款由日政府及大本营执行，于三十四年八月廿四日下午六时（格林威治时间，以下同）生效。

1．保证日本境内之一切陆海军及民用飞机，均停留地面上、海上或舰上，听候盟方处置。

2．日本领海内，日本或日本控制下各海陆军舰船或商船，不得破坏。且在奉到训令之前，除进行中之航行外，不得有所动行。并须将各种爆炸物投入海中，或移往岸上仓库（一百吨以下之商船，从事民用供应活动者除外）。

3．在海上之日本或日本控制之下之舰船，不论在何地点，立须以明语向最接近之美、英或苏联无线电台报告其所在地位，并须燃点舰行灯，前往最接近之盟方港口，或指定之港口待命。其潜艇除照前项规定行动外，并须浮出海面，悬挂黑色长旗，前往关岛之阿格纳港，中途岛，或菲岛之苏必克湾，听候盟方处置。

4．保护盟国战俘及侨民，并供给充分之衣、食、住与医药。其所居住之营房，须有显明之标志。

第二条　下列各款由日本政府及大本营执行，于三十四年八月廿五日下午六时生效：

1. 撤除东京湾区域之水雷、地雷阵地，滩头障碍及使一切沿海防御高射炮，与固定及流动炮丧失作用。

2. 东京湾及其入口之一切各种船舰艇，均不得行动，并解除武装。

3. 与管理海港有关之海军人员，应继续执行正当任务。

4. 东京湾区域之引水工作，应予继续并恢复一切辅助航行之设备。

第三条　下列各款由日政府及大本营执行，于三十四年八月廿七日下午六时生效：

1. 准备横须贺海军基地，供美海军占领及运用。

2. 撤退盟国占领区内日本陆海军及一切战斗部队(警察、宪兵除外)。

3. 为盟军统帅备办膳宿，士兵驻所，营区设备与用俱。

第四条　下列各款由日本政府及大本营执行，于三十四年八月廿八日上午六时生效：

1. 日本参谋本部派员，俟盟方最高统帅代表到达后，立即举行会议，并随时解决各项问题。

2. 供给占领区之向导员及译员。

第五条　为保证安全驶入东京计，应有日船舰一艘，随带引水人员，尽速且不得迟于八月廿六日上午八时以后驶出港口二十英里，引导盟方舰队进入相模湾及东京湾。

第六条　盟军于三十四年八月廿五日上午六时起，采取下列行动：

1. 盟国海军将占领日本本土及沿岸领海，并得在大阪、佐世保、长崎、高须、仁川、青岛、上海、广州、香港、新加坡等港口进行扫雷工作。

十一、

日皇派遣传达停战诏书特使略历调查表

区分	职别	阶级	姓名	籍贯	年龄	期别	经历
中国方面	军事参议官	陆军大将	朝香宫鸠彦王	皇族	五七	二〇	近卫师团长
东南亚方面	战车第五联队长	陆军少将	闲院宫春仁王	皇族	四三	三六	千叶战车学校附陆军骑兵学校研究部主事
伪满方面	日本东方军总司令部参议	陆军中佐	竹田宫恒德王	皇族	三五	四二	参谋本部部员大本营陆军参谋
附记	三十四年八月廿二日曾派陆军中佐孚彦王为中国方面特使，翌日改派陆军大将鸠彦王。						

2. 联合国以飞机日夜在日本本土及为日军控制之上空巡逻监视。

3. 联合国空军将向拘留盟国战俘及侨民之营房投下供应品。

〔国民政府国防部史政局及战史会档案〕

10. 中央社关于麦克阿瑟元帅演说词的电讯

(1945年9月2日)

(中央社美战舰"米密里"号二日合众电)：麦克阿瑟元帅，于签订日本投降仪式中演说称："吾人咸集此间，缔结一庄重之协定，俾得恢复和平。理想与观念之分歧，业已在世界各战场上彻底解决，故目下断无讨论及辩论之必要。吾人在此系代表全球民族之大部份，并非前来以互疑恶意及仇恨之精神相见。凡我胜利者与失败者，实应共同发扬崇高尊严，唯此尊严，方能加惠于吾人行将指向之神圣目标。凡我众人，均应尽力矢守其行将正式担任之工作，余深盼举世人类，亦同样深盼可自此庄严之时刻以后，由过去之流血屠戮中产生一更善美之世界，以信义谅解为基础，谋维持人类之尊严，实现其所珍爱之自由容忍及正义之希望。日本帝国武装部队投降之条件，载于刻在诸君面前之降书内，余以最高统帅之地位，兹布依所代表各国传统精神，余之坚定目的为以正义及容忍继续执行余之责任，并采取一切必需之处置，藉使投降条件确能全部迅速忠实履行。"

〔国民政府国防部史政局及战史会档案〕

11. 日本向同盟国家投降的降书

(1945年9月2日)

投降书全文

余等兹对合众国、中华民国、及大不列颠帝国，各国政府首脑，于一千九百四十五年七月二十六日于波茨坦宣布，尔后由苏维埃社会主义共和国联邦之参加宣言条款，并根据日本国政府、天皇，及日本帝国大本营之命令代表受诺之。右述四国以后称之为联合国。

余等兹布告，无论日本帝国大本营，及任何地方所有之日本国军队，与夫日本国所支配下之一切军队，悉对联合国无条件投降。

余等兹命令任何地方之一切日本国军队及日本国臣民，即刻停止敌等行为，保存所有船舶及军用财产，且防止损毁，并服从联合国最高司令官及其指示，对日本国政府之各机关所课之一切要求，应于以应诺。

余等兹命令日本帝国大本营，对于任何地方之一切日本国军队，及由日本国支配下之一切军队指挥官，速即发布其本身或其支配下之一切军队无条件投降之命令。

余等兹对所有官厅、陆军及海军之职员，命令其遵守且施行联合国最高司令官为实施此投降文件，认为适当而由其自己发出，或根据其委任发出之一切布告及指示，且命令右开职员，除由联合国最高司令官，或根据其事务委任，与解除其任务以外，均须留于各自原有地位，且仍继续行使各个之非战斗任务。

余等兹为天皇、日本国政府及其继续者，承诺切实履行波茨坦宣言之条款，发布为实施该宣言之联合国最高司令官，及其他特派联合国代表要求之一切命令，且实施一切措置。

余等兹对日本国政府及日本帝国大本营命令，即速解放现由日本国支配下所有联合国俘虏及被拘留者，且执行对彼之保护、津贴、给养及对指定地点之迅速运输等措置。

天皇及日本国政府统制国家之权限，置于为实施投降条款采用认为适当措置之联合国最高司令官之限制下。

一千九百四十五年九月二日午前九时四分，于东京湾米苏里号舰上签字之，并根据大日本帝国天皇陛下及日本国政府之命令且以其名义。

重光葵

根据日本帝国大本营之命令且以其名义

梅津美治郎

一千九百四十五年九月二日午前九时四分，于东京湾为合众国、中华民国、联合王国及苏维埃社会主义共和国联邦及与日本国存在战争状态之其他联合国之利益受诺之。

联合国最高司令官	道格拉斯·麦克阿瑟元帅
合众国代表	尼米兹元帅
中华民国代表	徐永昌上将
联合王国代表	福拉赛上将
苏维埃社会主义共和国联邦代表	狄里夫扬柯夫中将
澳大利亚联邦代表	布莱梅
加拿大国代表	哥斯格洛夫
法兰西国代表	莱克勒
荷兰国代表	赫夫里区
纽西兰代表	伊席特

〔国民政府国防部二厅档案〕

12. 中国记者关于东京湾日本投降情形报道

(1945年9月2日)

日本正式投降仪式中之一幕，实际象征性，此一环球战争之史实，已由日本外相重光葵本人默默陈述。重光葵曾先后任日本驻中国、苏联及英国使节，渠本人於此胜利之美国主力舰甲板上将杖跛行，似极痛苦(中日战争初期，重光一腿被朝鲜义士投弹炸断，后制假腿，因而行动不便）。渠着黑色长礼服，条纹裤，戴黑丝帽，外观庄严，但显似不安。重光代表日皇及日本政府，梅津美治郎代表日本帝国军大本营，分别签字似具意义。梅津本日签字之降书，与渠与何应钦将军于一九三五年在塘沽签订之协定实大不同。麦克阿瑟元帅昂然于日本降书上签字，并以各种姿态使用六枝不同之自来水笔。渠首以两枝递予前于柯里几多尔被俘之魏锐特二级上将，及前于新加坡被俘之波西菲将军。渠本人以其旧式之派克自来水笔于日本降书最后签字。历史性之美国国旗两幅，本日载抵本舰。一九四一年十二月七日飘扬于华府上空之美国国旗，本日悬于此舰旗杆，另一美国国旗，乃九十二年前潘莱将军升于日本领土上空者，该旗置于玻璃匣中供众参观。本日仪式顺利进行，唯至终了时，以签字之错误而告混乱，加拿大代表签字于错误地位，法、荷及新西兰代表团亦随而签字。盟国及日本代表为此讨论数十分钟，交换双方代表团之意见，麦克阿瑟元帅参谋长苏赛兰将军复于印制之文件中，亲笔予以更正，日本代表团始接受降书。参加仪式之盟国海陆军将领共七十余人（内有史迪威将军）。惟记者人数则大为超出，莅舰之新闻记者，摄影记者及广播记者当在三百人以上。记者席为特制之木台，舰上最高层记者拥集，同盟社二记者及二日本摄影记者亦到，日摄影记者使用之摄影机系美国制造者。到场之中国记者计有八人，中央通讯社占其四，计为总编辑陈博生，及特派员宋德和，关宗轼，曾息波。陈博生站于五英寸口径之高射炮塔上，关宗轼立于高甲板，曾息波立于舰桥，记者本人则立于十六英寸口径之大炮炮塔。其他记者三人及一拍摄电影之记者亦莅舰工作。我国代表徐永昌将军以新式派克自来水笔于日本降书以中文签字。记者对杨宣诚将军之胡须颇感兴趣，此当日莅舰人员面部之一显著标识。另一引人注意之点，乃代表太平洋法军之法国莱克勒将军之勋章，莱克勒将军满佩勋章共计十二枚之多。

〔国民政府国防部档案〕

13. 盟军驻日最高统帅部命令

（1945年9月2日）

一、帝国大本营兹奉敕令为履行所有日本国军队对联合国最高司令官投降之条款，命令日本国国内外所有指挥官对其所指挥下之日本国军队，及在日本国所支配下之军队，立即停止敌对行为，将其武器就地存置，依左项指示或联合国最高司令官所下达之指示，对合众国，中华民国，联合王国，苏维埃社会主义共和国联邦之各指挥官，无条件投降。对其所指示受降指挥官或指派之代表者，须即取联络，所关细目须俟联合国最高司令官方可变更。右〔左〕列之指挥官或代表者之命令须绝对立即实行：

甲、中国（除满洲）、台湾及法属印度支那北纬十六度以北地区之日本前任指挥官及一切陆海空军与辅助部队，向蒋主席投降。

乙、满洲北纬卅八度以北之朝鲜、库页岛及千岛群岛之日本前任指挥官及一切陆海空军与辅助部队，向苏维埃远东最高司令官投降。

丙、(1)安达曼群岛，尼科巴群岛，缅甸，泰国，北纬十六度以南之法领印度支那，马来亚，苏门达拉，爪哇，小巽他群岛（含峇厘，龙目，及帝汶），布鲁，西兰，安汶，怯义，阿卢，塔龙巴及亚拉佛拉诸群岛，西里伯斯，赫尔玛，赫拉群，荷属新几内亚之日本前任指挥官及一切陆海空军与辅助部队向东南亚最高司令官投降。

(2)帛琉，英领新几内亚，俾斯麦及所罗门群岛之日本前任指挥官及所有陆海空军与辅助部队向澳大利亚陆军最高司令官投降。

丁、日本委任统治诸岛，小笠原群岛及其他太平洋诸岛之日本前任指挥官及所有陆海空军与辅助部队，向美国太平洋舰队最高司令官投降。

戊、日本大本营及日本本土邻接之诸小岛，北纬卅八度以南朝鲜，琉球群岛及菲律宾之日本前任指挥官及所有陆海空军与辅助部队，向美国太平洋陆军部队最高司令官投降。

己、仅前列之各指挥官，为负有受降权限之联合国代表，日本国军队之投降须均向上列指挥官或代表者行之。

日本国大本营，更命令日本国内及国外之各指挥官，对任何地点之所有日本国军队及受日本所支配之军队，均须完全解除武装，依前述联合国指挥官所指定之时间及地点，按现有状态于完整安全之状态下缴呈之。

无特别指示前，日本国本土内之日本国警察机关得免予适用解除武装之规定，警察机关须保留原部署，担负维持法定秩序之责，上即为警察人员及武器之规定。

二、日本大本营于受到本命令后，不可迟滞，须将有关日本国及日本国所支配下之所有地域，下列各点向联合国最高司令官提供之：

甲、所有陆海空及防空部队之位置及兵力配备表。

乙、所有陆海及非军用飞机之数目、型式、位置及有关之状态等完全情报。

丙、日本国及日本国所支配下之所有水上，及潜水舰艇与辅助舰艇而非现役者及建造中者之各个位置、状态与运行之报告表。

丁、日本国及日本国所支配下之凡超过一百吨之商船（含曾属联合国中之某一国，而现受日本统辖者），现役中或非现役中者之位置、状态及运行之报告表。

戊、一切鱼雷或对陆海空军一切障碍物之位置及设施状况，与有关安全通路之详细地图。

己、飞机场，水上飞机基地，防空设施，港口，海军基地仓库，常设或假设之陆上与沿岸防备设施要塞，及其他设防地域之一切军事设施，及建筑物等之位置说明。

庚、联合国之俘虏及被拘留者之所有收容所或其他之拘留所之位置。

三、日本军用或民用之航空站当局，对所有日本陆海军及非军用航空机，在未获其有关处理之通告前，须保证留置陆上、海上、舰上。

四、日本国或日本国所支配下之一切型式海军舰艇及商船，在未得有联合国最高司令官指示以前，不得损毁，且禁止移动。航海中之船舶，须即将所有爆炸物抛置海中，非航行中之船舶，须将一切爆炸物转移沿岸安全之贮藏所。

五、凡日本及日本国所支配下之军事及行政当局须保证左列各项：

甲、所有日本国前所设置对陆海空军行动之一切障碍，不问任何地点，须受联合国最高指挥官之指示而除去之。

乙、为便利航海，立即恢复原有一切设施。

丙、在甲项尚未实施以前，须开放安全通路，并注明标示。

六、日本或在日本所支配下之军事及行政当局，在未得联合国最高司令官指示之前，左列各项，须保持现状，并存在于良好之状态下：

甲、一切兵器，弹药，爆炸物，军用装备，军需品，各种有关战争用具，及一切战争用资料(本命令丙项所规定者除外)。

乙、一切陆上、水上及空军运输、通信之设施与装备。

丙、飞机场，水上航空基地，防空设施，港口，海军基地，仓库，常设或假设之陆上与沿岸防备设施，要塞及其他一切设防地域之军事设施与建筑物等之设计与图样。

丁、凡为制造一切战争用具，及可供军事机关，或准军事机关所使用之其他资产之所有工场，制造场，工作场，研究所，实验所，试验所等技术上重要资料，特许设计图样与发明。

七、日本国大本营对联合国最高司令官接受本命令后，不得延滞，立将前第六项之甲、乙及丁所举之一切项目之数量，型式及位置详细列表呈出。

八、一切兵器，弹药及战争用具之制造及分配即刻停止。

九、对于现留于日本或日本所支配下之区域内盟国俘虏及被拘留者：

甲、所有盟国之俘虏，或被拘留者，须保持其安全及福祉。在未交待联合国最高司令官以前，须付与适当之粮食，居住，被服及医疗，并含必要之管理及补给之业务。

乙、盟国俘虏及被拘留者之收容所或其他拘留所，其中之设备，贮藏品，记录，武器及弹药等，须立即点交右项俘虏或被拘留者中之高级军官或选定代表接收，并由其指挥之。

丙、依联合国最高司令官之指示，须将俘虏及被拘留者运送至安全地点。

丁、日本大本营在奉到本命令后，须即刻将所有盟国之俘虏及被拘留者之地点，详细报告之。

十、凡日本及日本所支配下之军政当局，须协助联合国军队占领日本及日本所支配下之地域。

十一、日本国大本营及日本国各级官吏，于奉到联合国占领军指挥官之指示后，即收集所有日本国民之一切武器并准备缴呈。

十二、日本国及日本国所支配下之军政官吏与私人，于奉到本命令后，对联合国最高司令官与其他联合国官吏所发一切的指示，须诚实迅速执行之，若对本命令执行迟滞或不遵守时，或认为对联合国具有有害行为时，联合国军官官吏及日本国政府得迅速加以严重制裁。

十三、日本国大本营对前述第二项、第七项及第九项(丁)所要求之情报，须迅速报告之。

〔国民政府国防部史政局及战史会档案〕

14.《中央日报》关于日本大本营通令日军武装部队全体投降的报道

（1945年9月3日）

（中央社东京一日路透电）：日本帝国大本营遵麦克阿瑟元帅之训令，通令国内及国外各日军司令，使各武装部队立即停止作战，放下武器，留居原处，向盟军司令无条件投降。中国方面（东三省方面者在外）及台湾，越南（北纬十六度以北）之日军，将向蒋委员长投降。东三省及朝鲜（北纬三十八度以北）及南库页岛方面之日军，则向苏军司令投降。安达曼，尼科巴，缅甸，越南（北纬十六度以南），马来亚，婆罗洲，荷属东印度，新几内亚，俾士麦，及所罗门方面之日军，则向蒙巴顿元帅或澳军司令投降（正确之分界线，由英、澳两方自行决定）。太平洋诸岛上日军司令，则向美太平洋舰队投降。日本本土及朝鲜（北纬三十八度以南）及菲岛日军，则向美太平洋海军总司令投降。各日军司令，均奉命将一切部队全部解除武装，仅本土之日本警察在外，彼等将负责维持治安。凡一切武器军火装具之制造与分配，以备盟军接受，日方供给全部名单。凡拖延或未能实行此令及以后的命令者，当由盟方军事当局及日本政府立即严惩。

〔国民政府国防部史政局及战史会档案〕

15.《中央日报》关于日本向同盟国总投降签字情况的报道

（1945年9月3日）

（一）

（本报讯）东京二日广播：日本向盟国投降书之签字仪式，于二日在美主力舰"米苏里"号之右舷甲板上举行。当日上午八时十五分钟(东京时间),各国代表开始入场。八时四十五分钟,盟国最高统帅麦克阿瑟元帅及美国代表尼米兹元帅入场。举行场所,有长方桌一,向正面自左侧,中国、英国及其他各国代表坐席,自右侧麦克阿瑟元帅,尼米兹元帅及随员六十名坐席。八时五十分钟,日本全权代表重光葵外相及梅津美治郎参谋总长随同九名之随员到场。九时,庄严之签字仪式,在盟国最高统帅麦克阿瑟元帅主持下开始举行。投降书系长一尺五寸,幅一尺之文书二份,均安置桌上。首先重光外相代表日本政府在该二份投降书上签字。继由梅津参谋总长代表日本大本营签字。日方代表签字毕,盟国最高统帅麦克阿瑟元帅签字,后由美国代表尼米兹元帅、中国代表徐永昌、英国代表福拉塞上将、苏代表狄里夫扬柯中将,以及澳、加、法、纽各国代表顺序签字。上午九时十五分,签字仪式告毕,麦克阿瑟元帅将签字之投降文书之一份,亲交日本代表。最后日本代表团乃离开雨云低垂之"米苏里"号。

(二)

(本报特派员自米苏里号主力舰上二日专电)当记者群乘轮驶近此有历史性之旗舰时,白衣水兵已列队表示欢迎。记者群相率集中于舰首前部听候命令。吾等最后奉命站在第二炮塔之上,俯视上铺青色桌布之长桌。其时,海尔赛上将,麦根中将,雪尔曼中将,赛福罗夫中将,泰纳中将等,彼此谈笑甚欢。上午八时正,海军乐队奏美国国歌,舰上人员,俱起立向美国国旗致敬。移时,麦克阿瑟将军偕史迪威将军及其他美军将领莅临,海军乐队又复奏乐。八时半,麦克阿瑟将军,尼米兹将军,史巴兹将军,魏德迈将军,史迪威将军及所有代表均站在麦克风旁。徐永昌将军为首之中国代表站于前,其次英国代表,苏联代表第三,澳洲代表第四,加拿大代表第五,法国代表第六,纽西兰代表第七,荷兰代表第八,其后系五十八名美国海陆将军,分两批站于左。九时差十分,海尔赛将军迎麦克阿瑟将军及尼米兹将军，于海军大将室等候无条件投降典礼之签字。至九时，美国上校麦希毕尔领导由日本外相重光及大本营参谋总长梅津所领导之投降代表，登与米苏里舰接连之小船。九时正，麦克阿瑟将军自海军大将室步出，站于麦克风前宣读宣言，谓代表同盟国接受日本签订无条件投降。日本首席代表重光葵首先签字，其后由梅津签字，降书共有两份，麦克阿瑟语魏锐特及潘西佛尔："可以签字了"，魏氏即去签字，麦克阿瑟签字后，美国代表尼米兹将军签字，其后中国代表徐永昌将军，英国代表海军大将福拉塞将军，苏联代表狄里夫扬柯夫将军，澳洲布莱梅将军，加拿大哥斯格洛夫上校，法国莱克勒将军，纽西兰伊席特将军，荷兰赫夫里区将军签字。签字后十九分钟，麦克阿瑟将军率领所有首席代表入海军大将室，然十一名日本代表仍面对历史性的桌子而立，等待命令。一切就绪后，麦希毕尔上校领导日本代表离开米苏里舰，时数千架B二九式驱逐机正自东方飞来，越过米苏里舰上空，望之有如大朵云二，历史性的典礼于九时三十分结束。

〔国民政府国防部史政局及战史会档案〕

16. 中国记者关于徐永昌参加受降典礼之感想的报道

(1945年9月)

代表我国去东京湾参加日本降书签字典礼的徐永昌将军暨杨宣诚将军等一行，已于本月六日下午三时返抵重庆，本报记者昨特往访徐将军，渠首简单追述此行经过，并称：此次奉命代表我国参与日本降书之签字典礼，在个人殊觉荣幸；但一切光荣则属于我全国国民与英勇将士暨领导抗战八年之蒋主席。

徐将军至此乃叙述其参与此次受降典礼之感想称：当余继麦克阿瑟将军而执笔签字时，不觉有"而今安在哉？"之感，但此非骄傲，因我中华民族并非穷兵黩武之民族，而系一爱好和平之民族。如吾人能由“兵不血刃”之过程而获世界永久和平，宁非大喜。徐氏言至此，即取出本月四日本报所载本报特派员二日米苏里号上所发之专电阅读，旋即继续称：余当时感触之结论，实为“今天是要大家回想的一天，今天每一个在这里有代表的国家也可同样的回想一下过去，假如她的良心告诉他有错误，她就相当勇敢的承认过错而忏悔。”徐将军宣读此段谈话时，声调至为徐缓。

〔国民政府国防部档案〕